Handbuch des schweizerischen Strafprozessrechts

Handbuch des schweizerischen Strafprozessrechts

Niklaus Schmid
em. Professor der Universität Zürich

Zitiervorschlag:
Schmid, Handbuch StPO, N …

Bibliografische Information der ‹Deutschen Bibliothek›.
Die Deutsche Bibliothek verzeichnet diese Publikation in der Deutschen National-
bibliografie; detaillierte bibliografische Daten sind im Internet über ‹http://dnb.
ddb.de› abrufbar.

Alle Rechte, auch des Nachdrucks von Auszügen, vorbehalten. Jede Verwertung
ist ohne Zustimmung des Verlages unzulässig. Das gilt insbesondere für Verviel-
fältigungen, Übersetzungen, Mikroverfilmungen und die Einspeicherung und Verarbeitung in elektronische Systeme.

© Dike Verlag AG, Zürich/St. Gallen 2009
 ISBN 978-3-03751-186-2
www.dike.ch

Vorwort

Die eidgenössischen Räte haben am 5.10.2007 die Schweizerische Strafprozessordnung (StPO) verabschiedet und damit die rund 13 Jahre dauernden Arbeiten an diesem Gesetzgebungswerk zum Abschluss gebracht. Da in der Zwischenzeit ebenso die Schweizerische Jugendstrafprozessordnung (JStPO) sowie die Schweizerische Zivilprozessordnung (ZPO) verabschiedet wurden, ist im Bereich des Verfahrensrechts die schon lange postulierte Rechtsvereinheitlichung herbeigeführt worden. Da damit zu rechnen ist, dass diese Verfahrensgesetze auf den 1.1.2011 in Kraft gesetzt werden, sind nunmehr Bund und Kantone gefordert. Sie haben entsprechende Einführungsbestimmungen zu erlassen und ihre Behörden den Erfordernissen der StPO anzupassen.

Das vorliegende Werk versucht, dem Leser den Einstieg in das neue Verfahrensrecht zu erleichtern. Es basiert auf der Feststellung, dass die StPO nicht eine Neuschöpfung darstellt, sondern an die bewährten Grundsätze und Regelungen des bisherigen schweizerischen Strafverfahrens anknüpft. Daraus folgt, dass die bisherige Literatur und vor allem die Rechtsprechung zu vielen Aspekten der neuen Strafprozessordnung weiterhin Beachtung verdienen. Dabei gilt es naturgemäss, die vom Gesetzgeber gewählten Lösungen kritisch zu hinterfragen, zumal sich bei der StPO die Erfahrung bestätigt, dass Gesetzgebungsprojekte im Verlaufe ihres Werdens nicht notwendigerweise besser, sondern schlechter werden.

In diesem Sinne wird mit dem vorliegenden Handbuch der Versuch gewagt, das in absehbarer Zeit in Kraft tretende Recht auf der Grundlage der Gesetzesmaterialien sowie der bisherigen Lehre und Rechtsprechung zu erläutern. Es baut auf meiner früheren Einführung zum zürcherischen Strafprozessrecht auf und folgt dessen bewährten Grundsätzen und Aufbau (Darstellung gemäss der gesetzlichen Systematik; Behandlung der wesentlichen Grundsätze im Haupttext, Details und Judikaturhinweise in den Fussnoten; durchgehende Nummerierung mit Randnoten). Nebenbereiche des Strafprozessrechts wie die bereits erwähnte JStPO, das Verwaltungsstrafrecht (VStrR) sowie der Militärstrafprozess (MStP) werden nicht behandelt, doch machen zahlreiche Querverweise auf Gemeinsamkeiten, aber auch Unterschiede in den Regelungen aufmerksam. Ein einlässliches Sachregister und Artikelverzeichnis sollen den Zugriff zu den interessierenden Stellen erleichtern.

Berücksichtigt wurde die bis Juni 2009, teilweise auch noch später, zugängliche Literatur und Judikatur.

Angesichts der Fülle des Stoffes mögen insbesondere Studierende das vorliegende Werk (vor allem für das Bachelor-Studium) als zu umfangreich empfinden. Aus diesem Grund erscheint gleichzeitig und ebenfalls im Dike Verlag das auf die Bedürfnisse der Studierenden zugeschnittene Buch DANIEL JOSITSCH, Grundriss des schweizerischen Strafprozessrechts. Parallel und ebenfalls auf diesem Handbuch aufbauend erscheint zudem beim gleichen Verlag das Werk: NIKLAUS SCHMID, Schweizerische Strafprozessordnung, Praxiskommentar.

Für **Hinweise auf Fehler und Mängel** (bei der Erstellung eines solchen Werks im Einmannbetrieb unvermeidlich) und **mögliche Verbesserungen** bin ich auch weiterhin sehr dankbar.

Zollikerberg, im Juni 2009

Niklaus Schmid
In der Tiefe 6
CH-8125 Zollikerberg
nik.schmid@sunrise.ch

Inhaltsübersicht

1. Kapitel:	Grundlagen, Geltungsbereich und Grundsätze der Schweizerischen Strafprozessordnung	1
1. Teil:	Begriffliches; Grundlagen der Schweizerischen Strafprozessordnung und ihrer Anwendung	1
§ 1	Begriff und allgemeine Rolle des Strafprozessrechts	1
§ 2	Überblick über den Gang des Strafverfahrens gemäss der Schweizerischen StPO	5
§ 3	Quellen des schweizerischen Strafprozessrechts und dessen Anwendung	7
2. Teil:	**Grundsätze des Strafverfahrensrechts**	26
§ 4	Vorbemerkungen	26
§ 5	Grundsatz des staatlichen Straf- und Justizmonopols, Erledigungsgrundsatz, StPO 2	28
§ 6	Achtung der Menschenwürde und des Fairnessgebots	30
§ 7	Prinzip des gesetzlichen, unabhängigen und unparteiischen Richters	45
§ 8	Beschleunigungsgebot, Konzentrationsgrundsatz	53
§ 9	Untersuchungsgrundsatz (Instruktionsmaxime), Wahrheitsgrundsatz	59
§ 10	Verfolgungs- und Anklagezwang, Offizial- und Legalitätsprinzip	63
§ 11	Verzicht auf Strafverfolgung, Opportunitätsprinzip	70
§ 12	Anklagegrundsatz (Akkusationsprinzip)	77
§ 13	Unschuldsvermutung, freie richterliche Beweiswürdigung	82
§ 14	Verbot der doppelten Strafverfolgung, Grundsatz von *ne bis in idem*	93
§ 15	Grundsatz der Öffentlichkeit	96
§ 16	Grundsätze der Unmittelbarkeit und Mittelbarkeit	110
§ 17	Grundsätze der Mündlichkeit und Schriftlichkeit	116
§ 18	Prozessvoraussetzungen und Verfahrenshindernisse	118

2. Kapitel: Strafbehörden, ihre Zuständigkeit und Verfahrenshandlungen 123

1. Teil: Strafbehörden, StPO 12–21, JStPO 6–8 123

1. Abschnitt: Einleitung; Grundzüge des Konzepts der Behördenorganisation der StPO 123

§ 19 Mindestvorschriften der Schweizerischen Strafprozessordnung zu den Strafbehörden und deren Organisation, BV 123, StPO 12–14, JStPO 6–8, E StBOG 2, 4 ff. 123

2. Abschnitt: Strafverfolgungsbehörden, StPO 13, 15–17, E StBOG 4–6, JStPO 6 127

§ 20 Polizei, StPO 12 lit. a, 15, JStPO 6 I lit. a, E StOBG 4–6 127

§ 21 Staatsanwaltschaft als Untersuchungs- und Anklagebehörde, StPO 12 lit. b, 16, JStPO 6 I lit., E StBOG 7–22 131

§ 22 Übertretungsstrafbehörden, StPO 12 lit. c, 17, 357 137

3. Abschnitt: Gerichte, StPO 13, 18–21, JStPO 7 139

§ 23 Zwangsmassnahmengericht, StPO 13 lit. a, 18, JStPO 7 I lit. a, E StBOG 56 139

§ 24 Erstinstanzliches Gericht, StPO 13 lit. b, 19, JStPO 7 I lit. b, E StBOG 23–27 142

§ 25 Beschwerdeinstanz, StPO 13 lit. c, 20, JStPO 7 I lit. c, E StBOG 28 und 29 145

§ 26 Berufungsgericht, StPO 13 lit. d, 21, JStPO 7 I lit. d 147

§ 27 Bundesgericht als eidgenössische Rechtsmittelinstanz, BGG 1 ff. 150

2. Teil: Zuständigkeit 152

1. Abschnitt: Allgemeines 152

§ 28 Begriff und Arten der Zuständigkeit 152

2. Abschnitt: Sachliche Zuständigkeit. Abgrenzung der Zuständigkeit zwischen Bund und Kantonen, StPO 22–28 154

§ 29 Allgemeines, kantonale Gerichtsbarkeit, BV 123 II, StPO 22, JStPO 2, 3 II lit. b 154

§ 30 Bundesgerichtsbarkeit im engeren und weiteren Sinn, BV 191a, StPO 23–28, JStPO 3 II lit. b, VStrR 21 156

§ 31 Konkurrenz der Gerichtsbarkeit der Kantone mit jener des Bundes, StPO 26–28. Grundsatz der Verfahrenseinheit, StPO 29 und 30 160

3. Abschnitt: Gerichtsstand (örtliche Zuständigkeit) 166

§ 32 Gerichtsstand, örtliche Zuständigkeit, StPO 31–38, JStPO 10, VStrR 22, MStP 26–32 166

§ 33 Verfahren bei strittigem Gerichtsstand, StPO 39–42, JStPO 10 VII 180

4. Abschnitt: Rechtshilfe 184

§ 34 Nationale Rechtshilfe, StPO 43–53, VStrR 30 184

§ 35 Internationale Rechtshilfe, StPO 54 und 55 189

5. Abschnitt: Ausstand 191

§ 36 Ausstand, StPO 56–60, VStrR 29, MStP 33–37, BGG 34 ff. 191

6. Abschnitt: Verfahrensleitung 206

§ 37 Verfahrensleitung und ihre Aufgaben, StPO 61–65, BGG 32 und 33 206

3. Teil: Verfahrenshandlungen 210

1. Abschnitt: Allgemeine Verfahrensregeln, StPO 66–103 210

§ 38 Vorbemerkungen zu den behördlichen Verfahrenshandlungen 210

§ 39 Mündlichkeit, Verfahrenssprache, StPO 66–68, E StBOG 3, BGG 54 213

§ 40 Geheimhaltung, Orientierung der Öffentlichkeit, Mitteilung an Behörden, StPO 73–75 216

2. Abschnitt: Formalien der Verfahrenshandlungen 220

§ 41 Dokumentationspflicht, Protokolle, StPO 76–79, VStrR 38, MStP 38–41 220

§ 42 Entscheide der Strafbehörden, StPO 80–83 229

§ 43 Eröffnung der Entscheide und Zustellung, StPO 84–88 235

§ 44 Fristen und Termine, StPO 89–94, VStrR 31, MStP 46–47, BGG 44 ff. 239

§ 45 Datenbearbeitung, StPO 95–99 243

§ 46 Aktenführung, Akteneinsicht und Aktenaufbewahrung, StPO 100–103, VStrR 36, 61 II, MStP 43–45 245

3. Kapitel: Parteien und andere Verfahrensbeteiligte 255

1. Teil: Allgemeine Bestimmungen StPO 104–110 255

§ 47 Allgemeines, Begriff und Stellung, StPO 104–108, BGG 39–43 255

§ 48 Verfahrenshandlungen der Parteien, StPO 109–110 260

2. Teil: Beschuldigte Person, StPO 111–114 264

§ 49 Beschuldigte natürliche Person, StPO 111, 113 und 114, JStPO 19 264

§ 50 Unternehmen als beschuldigte Person, StPO 112 270

3. Teil: Geschädigte Person, Opfer, Privatklägerschaft und Zivilklage, StPO 115–126 — 275

§ 51	Geschädigte Person, StPO 115	275
§ 52	Opfer, StPO 116 und 117, MStP 84a-84k	281
§ 53	Privatklägerschaft, StPO 118–121, JStPO 20	283
§ 54	Zivil- (Adhäsions)kläger, StPO 122–126, JStPO 32 III, 34 VI, MStP 163–165	286

4. Teil: Rechtsbeistände, StPO 127–138 — 295

§ 55	Grundsätze, StPO 127	295
§ 56	Verteidigung, StPO 128–135, JStPO 23–25, VStrR 32 und 33, MStP 99, 109 und 110, 127	298
§ 57	Unentgeltliche Rechtspflege für die Privatklägerschaft, StPO 136–138	317

4. Kapitel: Beweismittel, StPO 139–195 — 321

1. Teil: Allgemeine Bestimmungen, StPO 139–156 — 321

§ 58	Beweise im Allgemeinen, Beweiserhebung und Beweisverwertbarkeit, StPO 139–141	321

2. Teil: Personalbeweis, Einvernahmen als Beweismittel, StPO 142–191 — 338

§ 59	Allgemeine Vorschriften zu den Einvernahmen, StPO 142–156	338
§ 60	Einvernahme der beschuldigten Person, StPO 157–161, VStrR 39, MStP 52	361
§ 61	Einvernahme von Zeugen, StPO 162–177, VStrR 41, MStP 74–83	370
§ 62	Aussagen von Auskunftspersonen, StPO 178–181, VStrR 40, MStP 84	388
§ 63	Sachverständige, StPO 182–191, VStrR 43, MStP 85–93	396

3. Teil: Sachliche Beweismittel, StPO 192–195 — 410

§ 64	Beweisgegenstände, Augenschein, Beizug von Akten und Berichten, StPO 192–195, VStrR 44, MStP 40	410

5. Kapitel: Zwangsmassnahmen, StPO 196–298 — 417

1. Teil: Allgemeines — 417

§ 65	Allgemeine Bestimmungen, StPO 196–200, JStPO 26, VStrR 45	417

2. Teil:	**Zwangsmassnahmen, die das Recht der persönlichen Freiheit tangieren, StPO 201–240**	422
§ 66	Vorladung, Vorführung und Fahndung, StPO 201–211, VStrR 42, 51, MStP 51, 58, 78	422
§ 67	Freiheitsentzug im Allgemeinen, polizeiliche Anhaltung und vorläufige Festnahme, StPO 212–219, VStrR 19 III, IV, 51, MStP 54–55	428
§ 68	Untersuchungs- und Sicherheitshaft, StPO 220–240, JStPO 27–28, VStrR 52–60, MStP 56–61	438
3. Teil:	**Durchsuchungen, Untersuchungen und Beschlagnahme**	467
§ 69	Durchsuchungen und Untersuchungen, StPO 241–259, VStrR 45, 48–50, 62–69	467
§ 70	Erkennungsdienstliche Erfassung, Schrift- und Sprachproben, StPO 260–262	488
§ 71	Beschlagnahme, StPO 263–268, VStrR 45–47, MStP 41, 63, 64, 68	493
4. Teil:	**Geheime Überwachungsmassnahmen**	509
§ 72	Überwachung des Post- und Fernmeldeverkehrs, StPO 269–279, MStP 70–70k	509
§ 73	Überwachung mit technischen Überwachungsgeräten, StPO 280 und 281, MStP 71–71c	527
§ 74	Observation, StPO 282–283	531
§ 75	Überwachung von Bankbeziehungen, StPO 284–285	534
§ 76	Verdeckte Ermittlung, StPO 286–298, MStP 73a–73n	537
6. Kapitel:	**Vorverfahren, StPO 299–327**	549
§ 77	Allgemeine Bestimmungen zum Vorverfahren, StPO 299–304	549
§ 78	Polizeiliches Ermittlungsverfahren, StPO 306–307	554
§ 79	Untersuchung durch die Staatsanwaltschaft, StPO 16 II, 308–318, JStPO 30	558
§ 80	Einstellung des Verfahrens und Anklageerhebung, StPO 319–327, E StBOG 14, MStP 114, 116	571
7. Kapitel:	**Erstinstanzliches Hauptverfahren, StPO 328–351**	585
§ 81	Allgemeines, Rechtshängigkeit und Vorbereitung der Hauptverhandlung, StPO 328–334, JStPO 34, VStrR 73–75, MStP 124–129	585
§ 82	Durchführung der Hauptverhandlung, StPO 335–351, JStPO 35 und 36, VStrR 77, MStP 130–154	595

8. Kapitel:	Besondere Verfahren	615
§ 83	Allgemeines	615
§ 84	Strafbefehlsverfahren, Übertretungsstrafverfahren	616
§ 85	Abgekürztes Verfahren, StPO 358–362	628
§ 86	Verfahren bei selbstständigen nachträglichen Entscheiden des Gerichts (sog. Nach- oder Widerrufsverfahren), StPO 363–365, MStP 159	636
§ 87	Verfahren bei Abwesenheit der beschuldigten Person, StPO 366–371, JStPO 36, VStrR 76, 103, MStP 155–158	639
§ 88	Selbstständige Massnahmeverfahren, StPO 372–378	648

9. Kapitel:	Rechtsmittel	659
1. Teil:	Allgemeines	659
§ 89	Begriff und Arten der Rechtsmittel	659
§ 90	Anfechtbare Entscheide, Rechtsmittellegitimation und -verfahren	664
2. Teil:	Rechtsmittel nach der StPO	686
§ 91	Beschwerde, StPO 393–397, JStPO 39, VStrR 26–28, MStP 166–171	686
§ 92	Berufung, StPO 398–409, JStPO 40, MStP 172–183	700
§ 93	Revision, StPO 410–415, JStPO 41, VStrR 84–89, MStP 200–209, E StBOG 31, E BGG 119a, BGG 121–125	721
3. Teil:	Weitere Rechtsmittel und Rechtsbehelfe nach Bundesrecht	743
§ 94	Beschwerde in Strafsachen (Strafrechtsbeschwerde) ans Bundesgericht, BGG 78–81	743
§ 95	Weitere Rechtsbehelfe des Bundesrechts gegen Strafentscheide	787

Anhang

§ 96	Begnadigung, Amnestie, BV 117 I lit. k, StGB 381–384, MStG 232a-e	794

10. Kapitel:	Verfahrenskosten, Entschädigung und Genugtuung	805
§ 97	Allgemeine Bestimmungen, StPO 416–421	805
§ 98	Verfahrenskosten, StPO 422–428, JStPO 44, VStrR 94–98, BGG 62–67 ff., MStP 117, 151	812
§ 99	Entschädigung und Genugtuung, StPO 429–436, VStrR 99–101, BGG 68	827

11. Kapitel: Rechtskraft und Vollstreckung der Strafentscheide 845

§ 100 Rechtskraft, StPO 437 und 438, MStP 210 845

§ 101 Vollstreckung der Strafentscheide, StPO 439–444, JStPO 42 und 43,
StBOG 65 und 66, VStrR 90–93, MStP 211–215, BGG 69 und 70 850

§ 102 Übergangsbestimmungen, StPO 448–456 853

Artikelregister 859

Gesetzes- und Sachregister 873

Inhaltsverzeichnis

Vorwort V
Inhaltsübersicht VII

1. Kapitel: Grundlagen, Geltungsbereich und Grundsätze der Schweizerischen Strafprozessordnung 1

1. Teil: Begriffliches; Grundlagen der Schweizerischen Strafprozessordnung und ihrer Anwendung 1

§ 1 **Begriff und allgemeine Rolle des Strafprozessrechts** 1
1. Unterschiede von materiellem Strafrecht und Strafprozessrecht 1
   1.1. Materielles Strafrecht 1
   1.2. Formelles Strafrecht 1
   1.3. Abgrenzung von materiellem und formellem Strafrecht 2
2. Funktionseinheit von materiellem Strafrecht und Strafprozessrecht 3
3. Durchsetzung des Strafrechts aufgrund der materiellen Wahrheit als Prozessziel 3
4. Justizförmigkeit des Strafprozesses 3
5. Strafprozessrecht im Spannungsfeld verschiedener Kräfte 4

§ 2 **Überblick über den Gang des Strafverfahrens gemäss der Schweizerischen StPO** 5
1. Vorbemerkung 5
2. Vorverfahren, StPO 299–327 5
3. Erstinstanzliches Hauptverfahren, StPO 328–351 6
4. Rechtsmittelverfahren, StPO 379–415, BGG 78 ff. 6
5. Strafvollzug 6

§ 3 **Quellen des schweizerischen Strafprozessrechts und dessen Anwendung** 7
1. Schichten des Strafprozessrechts allgemein – Kurzabriss der Vereinheitlichungsbemühungen des schweizerischen Strafprozessrechts 7
2. Weiteres, im Strafverfahren zu beachtendes Bundesrecht 9
   2.1. Auf Verfassungsstufe 9
      2.1.1 In der Bundesverfassung vom 18.12.1998 und der Ergänzung vom 12.3.2000 10
      2.1.2. Ungeschriebene Verfassungsrechte? 10
   2.2. Auf Gesetzes- und Verordnungsstufe 10
      2.2.1. Schweizerisches Strafgesetzbuch vom 21.12.1937 (StGB) 10
      2.2.2. Jugendstrafgesetz vom 20.6.2003 (JStG) 11
      2.2.3. Schweizerische Jugendstrafprozessordnung vom 20.3.2009 (JStPO) 11

XV

	2.2.4.	BG über das Verwaltungsstrafrecht vom 22.3.1974 (VStR)	11
	2.2.5.	Militärstrafgesetzbuch vom 13.6.1927 (MStG)	12
	2.2.6.	BG über das Bundesgericht vom 17.6.2005 (Bundesgerichtsgesetz, BGG)	12
	2.2.7.	BG über das Bundesstrafgericht vom 4.10.2002 (Strafgerichtsgesetz, SGG)	12
	2.2.8.	BG über Ordnungsbussen im Strassenverkehr vom 24.6.1970 (Ordnungsbussengesetz, OBG) und V über die Ordnungsbussen im Strassenverkehr vom 4.3.1996 (OBV)	12
	2.2.9.	Militärstrafprozess vom 23.3.1979 (MStP)	13
	2.2.10.	BG über die internationale Rechtshilfe in Strafsachen vom 20.3.1981 (Rechtshilfegesetz, IRSG) und V über internationale Rechtshilfe in Strafsachen vom 24.2.1982 (IRSV)	13
	2.2.11.	BG über die Hilfe an Opfer von Straftaten vom 23.3.2007 (Opferhilfegesetz, OHG)	13
	2.2.12.	BG über die Überwachung des Post- und Fernmeldeverkehrs vom 6.10.2000, (BÜPF)	14
	2.2.13.	Weitere Bundesgesetze mit strafprozessualer Ausrichtung	14
2.3.		Internationale Abkommen, Staatsverträge	14
	2.3.1.	Europäische Konvention zum Schutz der Menschenrechte und Grundfreiheiten vom 4.11.1950, von der Schweiz ratifiziert im November 1974 (EMRK)	14
	2.3.2.	Internationaler Pakt über bürgerliche und politische Rechte vom 16.12.1966, Beitritt der Schweiz am 18.6.1992 (IPBPRA, auch UNO-Pakt II genannt)	15
	2.3.3.	Internationale Abkommen und Staatsverträge im Bereich Auslieferung und Rechtshilfe	16
3.	Kantonales Recht		16
4.	Gewohnheitsrecht		17
5.	Sekundäre Rechtsquellen; Rechtsprechung und Literatur		17
5.1.	Rechtsprechung		18
	5.1.1.	Judikatur der Gerichte auf Bundesebene	18
	5.1.2.	Judikatur der Gerichte usw. auf kantonaler Ebene	18
	5.1.3.	Rechtsprechung der EMRK-Instanzen	18
5.2.	Literatur		19
	5.2.1.	Zur Schweizerischen Strafprozessordnung vom 5.10.2007	19
	5.2.2.	Zum früheren, im wesentlichen kantonalen sowie zum ausländischen Strafprozessrecht	19
		5.2.2.1. Schweiz (Auswahl)	19
		5.2.2.2. Deutschland	19
		5.2.2.3. Angloamerikanischer Rechtskreis	20
	5.2.3.	Zivilprozessrecht	20

		5.2.4.	Verfassungsrecht und internationale Konventionen, vor allem EMRK	20
	6.	Anwendung und Auslegung des Strafprozessrechts		20
		6.1.	Strafverfahrensrecht als zwingendes öffentliches Recht	20
		6.2.	Anwendungsbereich des Strafverfahrensrechts, StPO 1	21
			6.2.1. Sachlicher Geltungsbereich. Vom früheren Rechtszustand zur Schweizerischen Strafprozessordnung	21
			6.2.2. Räumlicher Geltungsbereich	22
			6.2.3. Persönlicher Geltungsbereich	22
			6.2.4. Zeitlicher Geltungsbereich	22
		6.3.	Auslegung des Strafprozessrechts	23
			6.3.1. Zur Auslegung im Allgemeinen	23
			6.3.2. Lückenfüllung	24

2. Teil: Grundsätze des Strafverfahrensrechts 26

§ 4 Vorbemerkungen 26
1. Antinomien des Straf- und Strafprozessrechts als Grundproblem 26
2. Arten der Verfahrensgrundsätze 26
   2.1. Zwingende und flexible Verfahrensgrundsätze 26
   2.2. Gesetzlich ausdrücklich geregelte bzw. durch Ableitung gewonnene Grundsätze, systematische Behandlung in der StPO 27
   2.3. Unterscheidung nach dem Anwendungsgebiet 27
3. Wiederholung der Verfahrensgrundsätze in der StPO? 28

§ 5 Grundsatz des staatlichen Straf- und Justizmonopols, Erledigungsgrundsatz, StPO 2 28
1. Justizmonopol nach StPO 2, Justizgewährungspflicht 28
2. Prinzip des Justizmonopols nach StPO 2 I im Einzelnen 29
   2.1. Zusammenhang mit andern Prinzipien 29
   2.2. Ausschluss von Privatjustiz 29
3. Erledigungsgrundsatz, StPO 2 II 30

§ 6 Achtung der Menschenwürde und des Fairnessgebots 30
1. Achtung der Menschenwürde als zentraler Grundsatz 31
2. Gebot von Treu und Glauben, Verbot des Rechtsmissbrauchs, BV 9 und StPO 3 II lit. a und b 31
   2.1. Im Allgemeinen 31
   2.2. Geltung für die Strafverfolgungsbehörden, StPO 3 II lit. a und b 32
   2.3. Geltung für die übrigen Verfahrensbeteiligten 33
3. Grundsätze von *fair trial*, des fairen Verfahrens und der Waffengleichheit, BV 29 I, EMRK 6 Ziff. 1, StPO 3 II lit. c, 1. Satzteil 34
   3.1. Verhältnis von *fair trial* und dem Grundsatz der Waffengleichheit 34
   3.2. Faires Verfahren nach EMRK 6 Ziff. 1, BV 29 I und StPO 3 II lit. c im Besonderen 36
4. Grundsatz des rechtlichen Gehörs, BV 29 II, StPO 3 II lit. c 2. Satzteil, 107 und 108, JStPO 15 39
   4.1. Begriff, Inhalt des rechtlichen Gehörs 39

	4.2. Folgerungen aus dem Grundsatz des rechtlichen Gehörs im Überblick	40
	4.3. Einschränkungen des rechtlichen Gehörs, StPO 108	43
	5. Verbot menschenunwürdiger Beweise, StPO 3 II lit. d, 140	45

§ 7 **Prinzip des gesetzlichen, unabhängigen und unparteiischen Richters** — 45
  1. Grundsatz, Rechtsquellen — 46
  2. Grundsatz des gesetzlichen Richters im Einzelnen — 46
     2.1. Strafrechtliche Sanktionen nur durch Richter — 46
     2.2. Anspruch auf Beurteilung durch den zuständigen Richter — 48
     2.3. Anspruch auf ein gesetzmässig besetztes Gericht — 48
     2.4. Verbot von Ausnahmegerichten — 49
  3. Anspruch auf Beurteilung durch einen unabhängigen und unparteiischen Richter — 50
     3.1. Anspruch im Allgemeinen — 50
     3.2. Sinn der Unabhängigkeit und Unparteilichkeit — 50
     3.3. Notwendigkeit der Unabhängigkeit in staatsrechtlicher, organisatorischer, hierarchischer, sachlicher und persönlicher Hinsicht — 51

§ 8 **Beschleunigungsgebot, Konzentrationsgrundsatz** — 53
  1. Beschleunigungsgebot (Verzögerungsverbot), BV 29 I, EMRK 6 Ziff. 1, StPO 5 — 54
     1.1. Grundsatz und Sinn — 54
     1.2. Grundsatz im schweizerischen Strafprozess — 55
        1.2.1. Ausdrücklich normiertes Beschleunigungsgebot — 55
        1.2.2. Nicht ausdrücklich, aber als Motiv ist das Beschleunigungsgebot hinter zahlreichen weiteren Gesetzesbestimmungen — 55
     1.3. Durchsetzung des Grundsatzes in der Praxis — 56
  2. Konzentrationsgrundsatz (Grundsatz der Einheit der Verhandlungen) — 58

§ 9 **Untersuchungsgrundsatz (Instruktionsmaxime), Wahrheitsgrundsatz** — 59
  1. Ermittlung der materiellen Wahrheit als Verfahrensziel, Doppelbedeutung des Grundsatzes — 59
  2. Pflicht der Behörden zur Ermittlung der materiellen Wahrheit; Untersuchungs-, Ermittlungs-, Instruktions- oder Inquisitionsgrundsatz — 60
  3. Wahrheitspflicht von Strafbehörden und privaten Verfahrensbeteiligten — 61
     3.1. Wahrheitspflicht der Behörden — 61
     3.2. Wahrheitspflicht für die beschuldigte Person, ihren Verteidiger und den Geschädigten bzw. das Opfer? — 62
        3.2.1. Beschuldigte Person — 62
        3.2.2. Verteidiger — 62
        3.2.3. Geschädigter bzw. Opfer — 63

§ 10 Verfolgungs- und Anklagezwang, Offizial- und Legalitätsprinzip 63
1. Allgemeines 64
2. Offizialprinzip, Bedeutung und Begründung 64
   2.1. Begriff, Allgemeines 64
   2.2. Rechtsgrundlagen des Offizialprinzips 64
   2.3. Relativität des Prinzips 65
   2.4. Einschränkungen und Ausnahmen vom Offizialprinzip 65
       2.4.1. Antragsdelikte 65
       2.4.2. Ermächtigungsdelikte, StPO 7 II 66
3. Strafprozessuales Legalitätsprinzip, StPO 7 I 68
   3.1. Begriff des strafprozessualen Legalitätsprinzips 68
   3.2. Legalitätsprinzip im schweizerischen Strafprozessrecht 68
       3.2.1. Primat des Legalitätsprinzips 68
       3.2.2. Rechtsgrundlagen des Legalitätsprinzips; die Justizgewährleistungspflicht 69
       3.2.3. Tendenz: Einschränkung des strikten Legalitätsprinzips 69

§ 11 Verzicht auf Strafverfolgung, Opportunitätsprinzip 70
1. Begriff des Opportunitätsprinzips, bisherige Entwicklung 70
2. Strafbefreiungsgründe nach StGB 52–54 bzw. StPO 8 I 71
3. Opportunitätsprinzip nach StPO 8 II und III 72
   3.1. Verzicht auf Strafverfolgung nach StPO 8 II und III im Allgemeinen 72
   3.2. Die vier Anwendungsfälle des Strafverzichts nach StPO 8 II lit. a-d 73
4. Besondere Fragen bei der Anwendung von StPO 8 74
   4.1. Opportunitätsprinzip bei delegierten Fällen von Bundesgerichtsbarkeit 74
   4.2. Verzicht auf Strafverfolgung und Interessen der beschuldigten Person 75
   4.3. Verzicht auf Strafverfolgung und ungenügender Tatnachweis 76
   4.4. Verzicht auf Strafverfolgung und so genannter Kronzeuge 76
5. Vorgehen bei Anwendung des Opportunitätsgrundsatzes, StPO 8 III 77

§ 12 Anklagegrundsatz (Akkusationsprinzip) 77
1. Anklage- oder Inquisitionsprozess als mögliche Verfahrenstypen 78
2. Anklagegrundsatz im Allgemeinen 78
3. Anklagegrundsatz in seinen konkreten Auswirkungen 79
   3.1. Unvereinbarkeit der Ankläger- und Richterrolle 79
   3.2. Anklage als Prozessthema des Gerichtsverfahrens, Immutabilitätsprinzip 79
   3.3. Unwiderruflichkeit der Anklage 81
   3.4. Anklageprinzip und Zweiparteienverfahren 82

§ 13 Unschuldsvermutung, freie richterliche Beweiswürdigung 82
1. Grundsatz der Unschuldsvermutung, StPO 10 I 83
   1.1. Prinzip im Allgemeinen 83
   1.2. Auswirkungen des Grundsatzes der Unschuldsvermutung 83
       1.2.1. Allgemeines 83
       1.2.2. Einzelfragen 84

		1.2.3.	Vorverfahren und Unschuldsvermutung	85
	2.	Freie richterliche Beweiswürdigung, StPO 10 II		86
		2.1.	Reglementierte oder freie Beweiswürdigung?	86
		2.2.	Überzeugung des Richters im Einzelnen	87
		2.3.	Freie Beweiswürdigung im Einzelnen	87
	3.	Grundsatz *in dubio pro reo*, StPO 10 III		90
		3.1.	In dubio pro reo als Ausfluss der Unschuldsvermutung	90
		3.2.	Einzelne Aspekte von *in dubio pro reo*	92

§ 14 Verbot der doppelten Strafverfolgung, Grundsatz von *ne bis in idem* — 93

1. Grundsatz und Reichweite von *ne bis in idem* im Allgemeinen, StPO 11 I, II — 93
2. Einige Aspekte des Grundsatzes von *ne bis in idem* — 94

§ 15 Grundsatz der Öffentlichkeit — 96

	1.	Begriff und Bedeutung des Öffentlichkeitsgrundsatzes		96
	2.	Arten der Öffentlichkeit		98
		2.1.	Publikumsöffentlichkeit, StPO 69 I, BGG 59	98
		2.2.	Mittelbare oder Medienöffentlichkeit, Gerichtsberichterstattung, StPO 71, 72	98
		2.3.	Parteiöffentlichkeit	100
	3.	Publikumsöffentlichkeit im Besonderen, StPO 69 I, BGG 59		100
		3.1.	Öffentlich durchzuführende Verhandlungen	100
		3.2.	Ausgestaltung der Öffentlichkeit	102
		3.2.1.	Betroffene Verfahrensstadien	102
		3.2.2.	Praktische Umsetzung der Öffentlichkeit	102
	4.	Nichtöffentliche Verfahren, StPO 69 III		103
		4.1.	Allgemeines zum Ausschluss der Öffentlichkeit	103
		4.2.	Fälle des Ausschlusses der Öffentlichkeit nach StPO 69 III	104
		4.3.	Einsichtnahme in schriftlich ergangene Urteile und Strafentscheide, StPO 69 II	105
	5.	Einschränkungen und Ausschluss der Öffentlichkeit nach StPO 70, JStPO 14, BGG 59 II		106
		5.1.	Allgemeine Vorbemerkungen	106
		5.2.	Ausschlussfälle nach StPO 70 I lit. a und b im Einzelnen	107
		5.2.1.	Ausschluss bei gefährdeter öffentlicher Sicherheit oder Ordnung, StPO 70 I lit. a	107
		5.2.2.	Ausschluss bei grossem Andrang, StPO 70 I lit. b	107
		5.2.3.	Ausschluss im schutzwürdigen Interesse einer beteiligten Person, StPO 70 I lit. a	107
		5.3.	Ausschlussfälle ausserhalb StPO 70	108
		5.3.1.	Sitzungspolizeiliche Massnahmen, Ausschluss von Störern, StPO 63 II	108
		5.3.2.	Ausschluss zur Verhinderung von Kollusion, StPO 146 IV	108
		5.3.3.	Schutzmassnahmen nach StPO 149	109
		5.3.4.	Massnahmen zum Schutz verdeckter Ermittler, StPO 151, 288	109

		5.3.5.	Massnahmen zum Schutz des Opfers, StPO 152 i.V. mit	
			149 II, 153 II	109
		5.3.6.	Ausschluss im Verfahren gegen Jugendliche, JStPO 14	109
	5.4.	Wirkungen des Ausschlusses		109

§ 16 Grundsätze der Unmittelbarkeit und Mittelbarkeit 110
1. Begriffe 111
   1.1. Unmittelbarkeit 111
   1.2. Mittelbarkeit 112
2. Vor- und Nachteile der beiden Verfahrensarten 112
   2.1. Unmittelbarkeit 112
      2.1.1. Vorteile des unmittelbaren Verfahrens 112
      2.1.2. Nachteile des unmittelbaren Verfahrens 112
   2.2. Mittelbarkeit 113
3. Schweizerisches Strafverfahren zwischen Mittel- und Unmittelbarkeit 113
   3.1. Unmittelbarkeit im Verhältnis zu EMRK und Verfassung 113
   3.2. Mittelbarkeit und Unmittelbarkeit in der StPO 114
      3.2.1. Unmittelbarkeit und Mittelbarkeit im erstinstanzlichen Gerichtsverfahren, StPO 343 115
      3.2.2. Unmittelbarkeit und Mittelbarkeit im Rechtsmittelverfahren 115

§ 17 Grundsätze der Mündlichkeit und Schriftlichkeit 116
1. Begriffliches, Anwendungsbereiche 116
2. Vor- und Nachteile der beiden Typen 116
3. Mündlichkeit und Schriftlichkeit im Verhältnis zur Unmittelbar- bzw. Mittelbarkeit sowie Öffentlichkeit des Verfahrens 117
   3.1. Mündliches und öffentliches – nichtöffentliches und schriftliches Verfahren 117
   3.2. Mündliches und unmittelbares – schriftliches und mittelbares Verfahren 118

§ 18 Prozessvoraussetzungen und Verfahrenshindernisse 118
1. Begriff und Wesen der Prozessvoraussetzungen und Verfahrenshindernisse 118
2. Arten der Prozessvoraussetzungen bzw. Verfahrenshindernisse 119
   2.1. Unterscheidung zwischen Prozessvoraussetzungen und Verfahrenshindernissen. Anwendungsfälle 119
      2.1.1. Prozessvoraussetzungen 119
      2.1.2. Verfahrenshindernisse 120
   2.2. Prozessvoraussetzungen bzw. Verfahrenshindernisse mit absoluter und solche mit relativer Sperrwirkung 121
3. Folgen nicht erfüllter Verfahrensvoraussetzungen 121
   3.1. Vorübergehende bzw. zu beseitigende Hindernisse 121
   3.2. Prozessvoraussetzungen nicht herzustellen bzw. definitive Verfahrenshindernisse 122

2. Kapitel: Strafbehörden, ihre Zuständigkeit und Verfahrenshandlungen 123

1. Teil: Strafbehörden, StPO 12–21, JStPO 6–8 123

1. Abschnitt: Einleitung; Grundzüge des Konzepts der Behördenorganisation der StPO 123

§ 19 Mindestvorschriften der Schweizerischen Strafprozessordnung zu den Strafbehörden und deren Organisation, BV 123, StPO 12–14, JStPO 6–8, E StBOG 2, 4 ff. 123
1. Allgemeines 123
2. Strafbehörden im Allgemeinen und deren Funktionsstufen 124
   2.1. Ermittlungsbehörden (vorab Polizeibehörden; nachfolgend § 20) 124
   2.2. Untersuchungsbehörden (Staatsanwaltschaft, Übertretungsstrafbehörden; nachfolgend § 21 und § 22) 124
   2.3. Zwangsmassnahmengerichte (nachfolgend § 23) 124
   2.4. Erstinstanzliche Gerichte (Tatrichter der ersten Instanz wie Einzelgericht, Kollegialgericht, Bundesstrafgericht nachfolgend § 24) 124
   2.5. Rechtsmittelbehörden (Gerichte oberer Instanz, die die Entscheide der ersten Instanz überprüfen, also Beschwerdeinstanz, Berufungsgericht; Bundesgericht; § 25–27) 124
   2.6. Vollzugsbehörden (in der Regel Verwaltungsbehörden, StPO 447) 124
3. Kompetenzzuweisungsregeln nach BV 123 II und 191b sowie StPO 12 ff. im Allgemeinen 125
4. Konstante und Variabeln der Organisationsvorschriften nach StPO 12 ff. im Allgemeinen 125
   4.1. Konstante des Grobrasters nach StPO 12 ff., JStPO 6 ff. 125
   4.2. Variabeln im Grobraster der Behördenorganisation 126

2. Abschnitt: Strafverfolgungsbehörden, StPO 13, 15–17, E StBOG 4–6, JStPO 6 127

§ 20 Polizei, StPO 12 lit. a, 15, JStPO 6 I lit. a, E StOBG 4–6 127
1. Funktionen der Ermittlungsbehörden, vorab der Polizei, im Allgemeinen 128
2. Rahmenvorschrift von StPO 15 129
   2.1. Anwendbarkeit der StPO auf die polizeiliche Tätigkeit im Strafverfahren, StPO 15 I 129
   2.2. Ermittlungstätigkeit der Polizei im Allgemeinen, StPO 15 II, 299 ff. 129
   2.3. Weisungsbefugnisse von Staatsanwaltschaft und Gerichten, StPO 4 II, 15 II Satz 2 und III, 307 II; E StBOG 5 I, 13 130
3. Bundeskriminalpolizei als Ermittlungsbehörde des Bundes, E StBOG 4 130
4. Polizei als Ermittlungsbehörde in den Kantonen 131

§ 21 Staatsanwaltschaft als Untersuchungs- und Anklagebehörde, StPO 12 lit. b, 16, JStPO 6 I lit., E StBOG 7–22 — 131
1. Funktionen der Untersuchungs- und Anklagebehörden, vor allem der Staatsanwaltschaft, im Allgemeinen — 132
2. Staatsanwaltschaft als Untersuchungs- und Anklagebehörden nach der Rahmenvorschrift von StPO 16 und 14 III, E StBOG 7–22 — 132
   - 2.1. Funktionen der Staatsanwaltschaft im Rahmen des von der StPO gewählten Staatsanwaltschaftsmodells, StPO 16 — 132
   - 2.2. Schaffung einer Ober- oder Generalstaatsanwaltschaft, StPO 14 III und die weitere Organisation der Staatsanwaltschaft — 134
3. Bundesanwaltschaft als Untersuchungs- und Anklagebehörden des Bundes, E StBOG 7–22 — 136
4. Staatsanwaltschaft der Kantone — 136

§ 22 Übertretungsstrafbehörden, StPO 12 lit. c, 17, 357 — 137
1. Fakultative besondere Übertretungsstrafbehörden nach StPO 12 lit. c, 17, 357 — 137
2. Übertretungsstrafbehörden des Bundes — 138
3. Übertretungsstrafbehörden der Kantone — 138

3. Abschnitt: Gerichte, StPO 13, 18–21, JStPO 7 — 139

§ 23 Zwangsmassnahmengericht, StPO 13 lit. a, 18, JStPO 7 I lit. a, E StBOG 56 — 139
1. Zwangsmassnahmengericht nach StPO 18 im Allgemeinen — 139
   - 1.1. Funktion des Zwangsmassnahmengerichts — 139
   - 1.2. Organisation des Zwangsmassnahmengerichts — 140
2. Zwangsmassnahmengerichte in Bundesstrafsachen, E StBOG 56 — 141
3. Zwangsmassnahmengerichte in den Kantonen — 141

§ 24 Erstinstanzliches Gericht, StPO 13 lit. b, 19, JStPO 7 I lit. b, E StBOG 23–27 — 142
1. Funktion der Erkenntnisbehörden, insbesondere der Gerichte im Allgemeinen — 142
2. Rahmenvorschrift von StPO 19 — 142
3. Bundesstrafgericht als erstinstanzliches Gericht des Bundes, BV 191a I I, E StBOG 23 ff. — 143
4. Erstinstanzliche Strafgerichte der Kantone — 144

§ 25 Beschwerdeinstanz, StPO 13 lit. c, 20, JStPO 7 I lit. c, E StBOG 28 und 29 — 145
1. Funktion der Beschwerdeinstanz nach StPO 20 und 393 ff. — 145
2. Beschwerdeinstanz des Bundes, E StBOG 24 lit. b, 28 und 29 — 146
3. Beschwerdeinstanz in den Kantonen — 147

§ 26 Berufungsgericht, StPO 13 lit. d, 21, JStPO 7 I lit. d — 147
1. Funktion des Berufungsgerichts nach StPO 21 — 148
2. Berufungsinstanz in Bundesstrafsachen? — 149
3. Berufungsgerichte in den Kantonen — 149

§ 27	**Bundesgericht als eidgenössische Rechtsmittelinstanz, BGG 1 ff.**	150
	1. Bundesgericht und seine Rechtsprechung im Allgemeinen	150
	2. Strafrechtliche Abteilung des Bundesgerichts zur Beurteilung der Strafrechtsbeschwerden nach BGG 78–81, Zuständigkeit bei den weiteren, mit Strafsachen konnexen Beschwerden	151

2. Teil: Zuständigkeit 152

1. Abschnitt: Allgemeines 152

§ 28	**Begriff und Arten der Zuständigkeit**	152
	1. Allgemeines	152
	1.1. Begriff und Funktion der Zuständigkeitsregeln	152
	1.2. Besonderheiten der strafprozessualen Zuständigkeitsregeln	152
	2. Arten der Zuständigkeit	154
	2.1. Örtliche Zuständigkeit, Gerichtsstand	154
	2.2. Sachliche oder materielle Zuständigkeit	154
	2.3. Funktionelle Zuständigkeit	154

2. Abschnitt: Sachliche Zuständigkeit. Abgrenzung der Zuständigkeit zwischen Bund und Kantonen, StPO 22–28 154

§ 29	**Allgemeines, kantonale Gerichtsbarkeit, BV 123 II, StPO 22, JStPO 2, 3 II lit. b**	154
	1. Rechtsquellen im Allgemeinen	155
	2. Umfang der kantonalen Gerichtsbarkeit, StPO 22	155
	2.1. Originäre kantonale Gerichtsbarkeit, StPO 22	155
	2.2. Delegierte kantonale Gerichtsbarkeit, StPO 25	156
	3. Sachliche und funktionelle Zuständigkeit der kantonalen Strafbehörden	156
§ 30	**Bundesgerichtsbarkeit im engeren und weiteren Sinn, BV 191a, StPO 23–28, JStPO 3 II lit. b, VStrR 21**	156
	1. Abgrenzung von Bundesgerichtsbarkeit im engeren und weiteren Sinn	157
	2. Bundesgerichtsbarkeit im engeren Sinn, StPO 23–28	157
	2.1. Kompetenznormen von StPO 23 und 24	157
	2.2. Delegation an die Kantone, StPO 25, 26 I, IV	158
	2.2.1. Delegation im Allgemeinen	158
	2.2.2. Delegation und Ermächtigung	159
	2.2.3. Folgen der Delegation	159
§ 31	**Konkurrenz der Gerichtsbarkeit der Kantone mit jener des Bundes, StPO 26–28. Grundsatz der Verfahrenseinheit, StPO 29 und 30**	160
	1. Problemstellung	160
	2. Die verschiedenen Varianten der Konkurrenz	161
	2.1. Konkurrenz der Bundesgerichtsbarkeit i.e.S. und der kantonalen Gerichtsbarkeit, StPO 26 II und III	161

Inhaltsverzeichnis

2.3.	Konkurrenz von Militärgerichtsbarkeit und kantonaler Gerichtsbarkeit, MStGB 220, 221	162
2.4.	Konkurrenz von Verwaltungsstraftaten mit Delikten, die in die kantonale Kompetenz oder jene des Bundes fallen, VStrR 20 III	162
3.	Zuständigkeit für erste Ermittlungen, StPO 27	163
4.	Lösung von Kompetenzkonflikten und Anständen zwischen den verschiedenen Bundes- und kantonalen Instanzen	163
4.1.	Kompetenzkonflikte in Fällen von Bundesgerichtsbarkeit i.e.S. und kantonaler Zuständigkeit, StPO 28	163
4.2.	Kompetenzkonflikte zwischen der Militär- und Ziviljustiz, MStG 223	164
4.3.	Kompetenzkonflikte zwischen den Verwaltungsstrafbehörden des Bundes nach VStR und Strafbehörden i.S. der Bundesgerichtsbarkeit i.e.S. sowie der kantonalen Justiz	164
5.	Grundsatz der Verfahrenseinheit, StPO 29 f.	165
5.1.	Grundsatz, StPO 29	165
5.2.	Ausnahmen, StPO 30	165

3. Abschnitt: Gerichtsstand (örtliche Zuständigkeit) 166

§ 32 Gerichtsstand, örtliche Zuständigkeit, StPO 31–38, JStPO 10, VStrR 22, MStP 26–32 166

1.	Allgemeines	166
1.1.	Bedeutung der Gerichtsstandsregeln	166
1.2.	Verhältnis der Bestimmungen über die räumliche Geltung des Strafrechts in StGB 3 ff. und den Gerichtsstandsbestimmungen von StPO 31 ff.	167
1.2.1.	Strafbarkeit nach schweizerischem Recht als Voraussetzung für einen schweizerischen Gerichtsstand	167
1.2.2.	Einschränkungen	167
1.3.	Rechtsquellen der Gerichtsstandvorschriften	168
1.3.1.	Gerichtsstandsregeln in StPO 31 ff.	168
1.3.2.	Besondere Gerichtsstandsregeln der Bundesgesetzgebung ausserhalb von StPO 31–37	168
1.3.3.	Gerichtsstandsvorschriften des kantonalen Rechts	169
2.	Grundsätze der Gerichtsstandsregelungen, StPO 31 und 32	170
2.1.	Primärer Gerichtsstand: Tatort, StPO 31	170
2.1.1.	Grundsatz gemäss StPO 31 I	170
2.1.2.	Gerichtsstand bei mehreren Handlungs- oder Erfolgsorten, StPO 31 II	170
2.1.3.	Kasuistik zur Gerichtsstandsregelung zu diesen Gerichtsstandsregeln, vorab StPO 31 I	171
2.1.4.	Einheit der Verfolgung; Trennung und Vereinigung von Verfahren, StPO 31 III	172
2.2.	Gerichtsstand bei Straftaten im Ausland oder ungewissem Tatort, StPO 32	172
3.	Besondere Gerichtsstände, StPO 33–37	173
3.1.	Gerichtsstand bei mehreren Beteiligten, StPO 33	173
3.1.1.	Anstifter und Gehilfen, StPO 33 I	173
3.1.2.	Mittäter, StPO 33 II	173

XXV

	3.2.	Gerichtsstand im Fall mehrerer, an verschiedenen Orten verübter Straftaten, StPO 34	173
		3.2.1. Grundsatz	173
		3.2.2. Gerichtsstand des schwersten Deliktes, StPO 34 I Satz 1	174
		3.2.3. Gerichtsstand bei gleich schweren Straftaten, StPO 34 I Satz 2	174
		3.2.4. Spätester Zeitpunkt der Verfahrensvereinigung, StPO 34 II, 42 III	174
		3.2.5. Festlegung einer Gesamtstrafe bei getrennten Urteilen, StPO 34 III	175
	3.3.	Gerichtsstand bei Straftaten durch Medien, StPO 35	175
		3.3.1. Ausgangspunkt; in Frage kommenden Delikte	175
		3.3.2. Regelung des Gerichtsstands	176
	3.4.	Gerichtsstand bei Betreibungs- und Konkursdelikten und bei Strafverfahren gegen Unternehmen, StPO 36	176
		3.4.1. Gerichtsstand bei Betreibungs- und Konkursdelikten nach StGB 163–171bis, StPO 36 I	177
		3.4.2. Gerichtsstand bei Strafverfahren gegen Unternehmen nach StGB 102, StPO 36 II	177
	3.5.	Gerichtsstand bei selbstständigen Einziehungen, StPO 37	177
	3.6.	Gerichtsstand bei Jugendlichen, JStPO 10, VStrR 23	178
4.		Bestimmung eines abweichenden Gerichtsstandes, StPO 38	178
	4.1.	Abweichende Vereinbarung eines Gerichtsstandes durch die Staatsanwaltschaften, StPO 38 I	178
	4.2.	Zuweisung einer Anklage an ein anderes als das nach StPO 31–37 zuständige erstinstanzliches Gericht, StPO 38 II	179

§ 33 Verfahren bei strittigem Gerichtsstand, StPO 39–42, JStPO 10 VII 180

1. Prüfung der Zuständigkeit und Einigung, StPO 39, 41, 42 180
2. Gerichtsstandskonflikte, StPO 40 182
   2.1. Innerkantonale Gerichtsstandskonflikte, StPO 40 I 182
   2.2. Interkantonale Gerichtsstandskonflikte, StPO 40 II f., JStPO 10 VII 183

4. Abschnitt: Rechtshilfe 184

§ 34 Nationale Rechtshilfe, StPO 43–53, VStrR 30 184

1. Geltungsbereich und Begriff, StPO 43 184
2. Grundregeln der Rechtshilfe und gegenseitigen Unterstützung, StPO 43–45 185
   2.1. Grundsätzliche Pflicht zur Rechtshilfe, StPO 44 185
   2.2. Allgemeine Regeln der Rechtshilfe, StPO 45–48 186
3. Verfahrenshandlungen auf Verlangen des Bundes oder eines anderen Kantons, StPO 49–51 187
4. Verfahrenshandlungen in einem andern Kanton, StPO 52 und 53 188

§ 35 Internationale Rechtshilfe, StPO 54 und 55 189

1. Allgemeines, Anwendbarkeit der StPO in diesem Bereich, StPO 54 190
2. Zuständigkeitsfragen, StPO 55 190

5. Abschnitt: Ausstand 191
§ 36 Ausstand, StPO 56–60, VStrR 29, MStP 33–37, BGG 34 ff. 191
1. Allgemeines 191
2. Ausstandsgründe, StPO 56, BGG 34 192
   - 2.1. Generalklausel der Befangenheit, StPO 56 lit. f 192
   - 2.2. Besondere Ausstandsgründe, StPO 56 lit. a-e 196
     - 2.2.1. Bei persönlichem Interesse in der Sache, StPO 56 lit. a 196
     - 2.2.2. Vorbefassung, StPO 56 lit. b, JStPO 9 196
     - 2.2.3. Ehe oder vergleichbare Beziehungen mit Mitglied der Strafbehörde bzw. der Vorinstanz oder mit Rechtsbeistand, StPO 56 lit. c 201
     - 2.2.4. Andere verwandtschaftliche Beziehungen zu Mitglied der Strafbehörde bzw. der Vorinstanz, StPO 56 lit. d 201
     - 2.2.5. Verwandtschaftliche Beziehungen zum Rechtsbeistand einer Partei usw., StPO 56 lit. e 201
2. Ausstandsverfahren, StPO 57–59, BGG 35–37 202
   - 2.1. Einleitung und Durchführung des Ausstandsverfahrens 202
     - 2.1.1. Mitteilungspflicht, Ausstandsgesuch einer Partei, StPO 57 und 58 202
     - 2.1.2. Zuständige Behörden, Verfahren, StPO 59 203
   - 2.2. Ausstandsentscheid, StPO 59 205
3. Folgen der Verletzung von Ausstandsvorschriften, StPO 60, BGG 38 205

6. Abschnitt: Verfahrensleitung 206
§ 37 Verfahrensleitung und ihre Aufgaben, StPO 61–65, BGG 32 und 33 206
1. Begriffliches, verfahrensleitende Behörden, StPO 61 206
2. Aufgaben der Verfahrensleitung, StPO 62–64 207
   - 2.1. Allgemeine Aufgaben, StPO 62 207
   - 2.2. Sitzungspolizeiliche Massnahmen, StPO 63, MStP 49 207
   - 2.3. Disziplinarmassnahmen, StPO 64 208
3. Anfechtbarkeit verfahrensleitender Anordnungen, StPO 65 208

3. Teil: Verfahrenshandlungen 210

1. Abschnitt: Allgemeine Verfahrensregeln, StPO 66–103 210
§ 38 Vorbemerkungen zu den behördlichen Verfahrenshandlungen 210
1. Verfahrenshandlungen im Allgemeinen 210
   - 1.1. Verhandlungshandlungen als Motor des Strafverfahrens 210
   - 1.2. Private und behördliche Verfahrenshandlungen 210
   - 1.3. Arten der Verfahrenshandlungen 211
2. Behördliche Verfahrenshandlungen im Allgemeinen 211
3. Fehlerhafte behördliche Verfahrenshandlungen 211
   - 3.1. Charakter von Gültigkeits- und Ordnungsvorschriften 211
   - 3.2. Unterscheidung von Gültigkeits- und Ordnungsvorschriften 212
4. Folgen der Nichtigkeit bzw. Unverwertbarkeit bei Verletzung von Gültigkeitvorschriften 212

§ 39	**Mündlichkeit, Verfahrenssprache, StPO 66–68, E StBOG 3, BGG 54**	213
	1. Grundsatz der Mündlichkeit, StPO 66	213
	2. Verfahrenssprache, StPO 67, StBOG 3	213
	3. Übersetzungen, StPO 68, MStP 95–98	214
§ 40	**Geheimhaltung, Orientierung der Öffentlichkeit, Mitteilung an Behörden, StPO 73–75**	216
	1. Geheimhaltungspflicht, StPO 73	216
	1.1. Geheimhaltungspflichten für Strafbehörden, StPO 73 I	216
	1.2. Geheimhaltungspflichten für die Privatklägerschaft, weitere Verfahrensbeteiligte und Dritte, StPO 73 II	217
	2. Orientierung der Öffentlichkeit, StPO 74, MStV 36	218
	3. Mitteilung an andere Behörden, StPO 75, E StBOG 59	219
2. Abschnitt: Formalien der Verfahrenshandlungen		220
§ 41	**Dokumentationspflicht, Protokolle, StPO 76–79, VStrR 38, MStP 38–41**	220
	1. Dokumentationspflicht	221
	1.1. Dokumentationspflicht als Ausgangspunkt	221
	1.2. Folgerungen aus der Dokumentationspflicht	222
	1.3. Verbot von Geheimakten	223
	2. Protokollierungspflicht, StPO 76	223
	2.1. Allgemeine Regelungen der Protokollpflicht, StPO 76	223
	2.1.1. Protokollieren als schriftliches Dokumentieren von Verfahrenshandlungen	223
	2.1.2. Ton- und Bildaufnahmen von Verfahrenshandlungen, Einvernahmen per Videokonferenz	225
	2.2. Beweisfunktion des Protokolls	225
	3. Verfahrensprotokoll, StPO 77	226
	4. Einvernahmeprotokolle, StPO 78	227
	5. Berichtigung, StPO 79, E StBOG 31 I	228
§ 42	**Entscheide der Strafbehörden, StPO 80–83**	229
	1. Arten der strafprozessualen Entscheide und ihre Inhalte, StPO 80–82	229
	1.1. Endentscheide (Urteile und Strafbefehle), 80 I, 81 und 82, JStPO 37, MStP 153	229
	1.2. Verfahrens- oder Prozessentscheide, Beschlüsse und Verfügungen	232
	1.2.1. **Verfahrensleitende** Beschlüsse oder Verfügungen (Zwischenbeschlüsse bzw. -verfügungen, Zwischenentscheid)	233
	1.2.2. **Verfahrenserledigende** Beschlüsse oder Verfügungen (Prozessurteile; Einstellungsverfügungen und -beschlüsse)	233
	2. Erläuterung und Berichtigung von Entscheiden, StPO 83, E StBOG 31, BGG 129	234

§ 43	Eröffnung der Entscheide und Zustellung, StPO 84–88	235
	1. Eröffnung der Entscheide, StPO 84, JStPO 37, MStP 152, 154	235
	1.1. Art und Form der Eröffnung, StPO 84 I-III	235
	1.1.2. Eröffnung von Urteilen	235
	1.1.3. Eröffnung von einfachen verfahrensleitenden Beschlüssen und Verfügungen, StPO 84 V	236
	1.1.4. Mitteilungen an Behörden, StPO 84 VI	236
	2. Form der Mitteilung und der Zustellung, StPO 85 und 86	237
	3. Ort der Zustellung (Zustellungsdomizil), StPO 87, VStrR 34	238
	4. Öffentliche Bekanntmachung, StPO 88, 444; E StBOG 60	238
§ 44	Fristen und Termine, StPO 89–94, VStrR 31, MStP 46–47, BGG 44 ff.	239
	1. Fristen im Strafverfahren, StPO 89–92	239
	1.1. Allgemeines, Beginn und Berechnung der Fristen, StPO 89, 90 und 92, BGG 44 ff.	239
	1.2. Einhaltung der Fristen, StPO 91, BGG 48	240
	2. Säumnis, Wiederherstellung von Fristen und Terminen, StPO 93 und 94, MStP 47	241
§ 45	Datenbearbeitung, StPO 95–99	243
	1. Vorbemerkungen, Verhältnis von StPO 95–99 zum BG über den Datenschutz	243
	2. Regelungen von StPO 95–99 im Einzelnen	243
	2.1. Beschaffung von Personendaten, StPO 95	243
	2.2. Bekanntgabe und Verwendung bei hängigem Strafverfahren, StPO 96 und 97	244
	2.3. Berichtigung von Daten, StPO 98	244
	2.4. Bearbeitung und Aufbewahrung nach Abschluss des Verfahrens, StPO 99	245
§ 46	Aktenführung, Akteneinsicht und Aktenaufbewahrung, StPO 100–103, VStrR 36, 61 II, MStP 43–45	245
	1. Aktenführung, Aktenaufbewahrung, StPO 100, 103	245
	2. Akteneinsicht, StPO 101 f., JStPO 15, VStR 36, 61 II, MStP 45	246
	2.1. Allgemeines zur Akteneinsicht	246
	2.2. Akteneinsichtsrecht der Parteien und weiterer Verfahrensbeteiligter in hängigen Fällen, StPO 101 I	246
	2.2.1. Akteneinsicht in persönlicher Hinsicht	246
	2.2.2. Akteneinsicht in zeitlicher Hinsicht	248
	2.2.3. Akteneinsicht in sachlicher Hinsicht	248
	2.3. Akteneinsichtsrecht von Behörden, StPO 101 II	250
	2.4. Akteneinsichtsrecht Dritter in hängigen Fällen, StPO 101 III	251
	2.5. Akteneinsichtsrecht in abgeschlossene Straffälle	251
	3. Vorgehen bei Begehren um Akteneinsicht, StPO 102	251
	4. Aktenaufbewahrung, StPO 103	252

3. Kapitel: Parteien und andere Verfahrensbeteiligte 255

1. Teil: Allgemeine Bestimmungen StPO 104–110 255

§ 47 Allgemeines, Begriff und Stellung, StPO 104–108, BGG 39–43 255
1. Allgemeines zum Parteibegriff im Strafverfahren 255
2. Parteien nach StPO 104, JStPO 18 256
   - 2.1. Beschuldigte Person, Privatklägerschaft und Staatsanwaltschaft, StPO 104 I 256
   - 2.2. Weitere Behörden als Parteien, StPO 104 II 256
   - 2.3. Parteistellung für Verbände? 257
3. Andere Verfahrensbeteiligte, StPO 105 258
4. Prozessfähigkeit, StPO 106 259
5. Rechtliches Gehör und dessen Einschränkungen, StPO 107, 109 II und 108 259

§ 48 Verfahrenshandlungen der Parteien, StPO 109–110 260
1. Verfahrenshandlungen der Parteien im Allgemeinen 260
2. Hauptsächliche Verfahrenshandlungen der Parteien 260
   - 2.1. Eingaben, StPO 109 260
     - 2.1.1. Begriff der Eingabe i.S. von StPO 109 260
     - 2.1.2. Anträge 260
     - 2.1.3. Erklärungen 261
     - 2.1.4. Aussagen 261
3. Formalien der privaten Verfahrenshandlungen, vor allem der Eingaben, StPO 110 261
4. Möglichkeit der Vertretung 262
5. Zeit und Ort der Verfahrenshandlung 263

2. Teil: Beschuldigte Person, StPO 111–114 264

§ 49 Beschuldigte natürliche Person, StPO 111, 113 und 114, JStPO 19 264
1. Begriff der beschuldigten Person 264
2. Abgrenzung der beschuldigten Person vom Zeugen und von der Auskunftsperson 265
   - 2.1. Beschuldigte Person und Zeuge 265
   - 2.2. Beschuldigte Person und Auskunftsperson 266
3. Parteifähigkeit und Prozessfähigkeit der beschuldigten Person 267
   - 3.1. Parteifähigkeit 267
   - 3.2. Prozess-, Vernehmungs- und Verhandlungsfähigkeit, StPO 114 267
4. Stellung der beschuldigten Person, StPO 113 268
   - 4.1. Objekt des Strafverfahrens 268
   - 4.2. Beschuldigte Person als Verfahrenssubjekt 269

§ 50 Unternehmen als beschuldigte Person, StPO 112 270
1. Allgemeines 271
2. Von StGB 102 bzw. StPO 112 betroffene Unternehmen 272
3. Vertretung des Unternehmens, StPO 112 I-III 272
4. Zuständigkeit bei der Verfolgung von Unternehmen, StPO 112 IV 273
5. Weitere Grundregeln des Verfahrens gegen Unternehmen 274

3. Teil: Geschädigte Person, Opfer, Privatklägerschaft und Zivilklage, StPO 115–126 — 275

§ 51 Geschädigte Person, StPO 115 — 275
1. Begriff der geschädigten Person, StPO 115 I — 275
   1.1. Straftatbestände zum Schutz individueller Rechtsgüter — 276
   1.2. Straftatbestände zum Schutz primär allgemeiner, öffentlicher Interessen — 277
2. Stellung der geschädigten Person im Strafprozessrecht — 279
   2.1. Rechte und Pflichten der geschädigten Person im Allgemeinen — 279
   2.2. Strafantragsberechtigter als geschädigte Person, StPO 115 II — 279
   2.3. Berechtigung zur Konstituierung als Privatklägerschaft — 280

§ 52 Opfer, StPO 116 und 117, MStP 84a-84k — 281
1. Begriffe, StPO 116, 117 III — 281
2. Stellung des Opfers, StPO 117 I und II — 282

§ 53 Privatklägerschaft, StPO 118–121, JStPO 20 — 283
1. Begriffe, Voraussetzungen, Konstituierung, StPO 118–120 — 283
2. Rechtsnachfolge, StPO 121 — 284

§ 54 Zivil- (Adhäsions)kläger, StPO 122–126, JStPO 32 III, 34 VI, MStP 163–165 — 286
1. Allgemeines — 286
2. Aktivlegitimation, StPO 122 I, II — 287
3. Zuständigkeit und Einleitung der Zivilklage, StPO 124 I, 122 III, 123 — 287
   3.1. Zuständigkeit, StPO 124 I — 287
   3.2. Einleitung und Rechtshängigkeit der Zivilklage sowie die Folgen, StPO 122 III — 288
   3.3. Sicherheit für die Ansprüche gegenüber der Privatklägerschaft, StPO 125 — 289
4. Adhäsionsverfahren, StPO 122–126 — 289
5. Entscheid im Zivilpunkt, StPO 126 — 290
   5.1. Grundsatz: Zivilentscheid bei Schuldspruch, bei Freispruch nur bei Liquidität des Anspruchs, StPO 126 I — 290
   5.2. Verweisung auf Zivilweg, StPO 126 II und III — 291
      5.2.1. Verweisungsfälle nach StPO 126 II — 291
      5.2.2. Entscheid nur dem Grundsatz nach StPO 126 III — 292
   5.3. Entscheide in Fällen mit Opferbeteiligung, StPO 126 IV — 293

4. Teil: Rechtsbeistände, StPO 127–138 — 295

§ 55 Grundsätze, StPO 127 — 295
1. Ausgangspunkt; Begriff des Rechtsbeistandes — 295
2. Grundregeln für die Rechtsbeistände, StPO 127 — 296

§ 56 Verteidigung, StPO 128–135, JStPO 23–25, VStrR 32 und 33, MStP 99, 109 und 110, 127 — 298
1. Allgemeines, Begriff der Verteidigung — 299
   1.1. Verteidigung im materiellen und formellen Sinn — 299
   1.2. Sinn und Bedeutung der Verteidigung — 299
2. Rechtsgrundlagen — 299

XXXI

	3.	Arten der Verteidigung		300
		3.1. Wahlverteidigung, StPO 129, JStPO 23, VStrR 32, MStP 99		300
		3.2. Notwendige Verteidigung, StPO 130 und 131, JStPO 24, MStP 109 II		300
			3.2.1. Grundlagen	300
			3.2.2. Fälle der notwendigen Verteidigung, StPO 130 I	301
			3.2.3. Sicherstellung der notwendigen Verteidigung, StPO 131 I, II	302
			3.2.4. Folgen der unterbliebenen Bestellung, StPO 131 III	303
		3.3. Amtliche Verteidigung, StPO 132–135, JStPO 25, VStrR 33, MStP 109 II		304
			3.3.1. Grundlagen	304
			3.3.2. Amtlichen Verteidigung bei notwendiger Verteidigung, StPO 132 I lit. a	305
			3.3.3. Amtliche Verteidigung zur Wahrung der Interessen der beschuldigten Person, die nicht über die notwendigen Mittel verfügt, StPO 132 I lit. b, II, III	305
			3.3.4. Bestellung der amtlichen Verteidigung, StPO 133	307
			3.3.5. Widerruf und Wechsel der amtlichen Verteidigung, StPO 134. Rechtsmittel	308
			3.3.6. Dauer der amtlichen Verteidigung	309
			3.3.7. Entschädigung der amtlichen Verteidigung, StPO 135, 426 I, JStPO 25 II	310
	4.	Rechte und Pflichten der Verteidigung		312
		4.1. Rolle der Verteidigung im Allgemeinen, StPO 128		312
		4.2. Rechte des Verteidigung		313
		4.3. Pflichten der Verteidigung		315

§ 57 Unentgeltliche Rechtspflege für die Privatklägerschaft, StPO 136–138 — 317

1. Grundlagen, Voraussetzungen, StPO 136 I — 318
2. Umfang der unentgeltlichen Rechtspflege, StPO 136 II — 319
3. Bestellung, Entschädigung, StPO 137, 138 — 319

4. Kapitel: Beweismittel, StPO 139–195 — 321

1. Teil: Allgemeine Bestimmungen, StPO 139–156 — 321

§ 58 Beweise im Allgemeinen, Beweiserhebung und Beweisverwertbarkeit, StPO 139–141 — 321

1. Begriff des Beweises — 321
2. Grundsätze, Gegenstand und Art des Beweises im Allgemeinen, StPO 139 — 322
   2.1. Gegenstand des Beweises — 322
   2.2. Arten von Beweisen — 322
   2.3. Beweispflicht und Beweisbedürftigkeit, Beweiswürdigung — 323
      2.3.1. Grundsatz — 323
      2.3.2. Ausnahmen, StPO 139 II — 323
      2.3.3. Beweiswürdigung — 325

		2.4.	Verwertbarkeit von Beweisen, die in konnexen Zivil- oder Verwaltungsverfahren erhoben wurden?	325
	3.	Beweisverbote, insbesondere verbotene Beweiserhebungsmethoden, StPO 3 II lit. d sowie 140		326
		3.1.	Begriff, Allgemeines	326
		3.2.	Arten der Beweisverbote	326
	4.	Verwertbarkeit rechtswidrig erlangter Beweise, StPO 141		328
		4.1.	Allgemeines	328
		4.2.	Unverwertbarkeit von Beweisen bei Verletzung von StPO 140, 141 I	330
		4.3.	Verwertbarkeit von Beweisen, erlangt in strafbarer Weise oder unter Verletzung von Gültigkeitsvorschriften, StPO 141 II, III	330
			4.3.1. Beweise in strafbarer Weise erlangt, StPO 141 II	330
			4.3.2. Beweise in Verletzung von Gültigkeits- oder Ordnungsvorschriften erlangt, StPO 141 II, III	331
			4.3.3. Verwertbarkeit ungültiger Beweise zur Aufklärung schwerer Straftaten, StPO 141 II	332
		3.4.	Fernwirkung von Beweiserhebungsverboten, StPO 141 IV	333
		4.5.	Vorgehen bezüglich Akten unverwertbarer Beweise, StPO 141 V	335
	5.	Beweiserhebungsverbote und privat beschaffte Beweise		336

2. Teil: Personalbeweis, Einvernahmen als Beweismittel, StPO 142–191   338

§ 59 Allgemeine Vorschriften zu den Einvernahmen, StPO 142–156   338

1.	Allgemeine Vorbemerkung		338
2.	Einvernehmende Strafbehörde, StPO 142		339
3.	Durchführung der Einvernahme, StPO 143 und 144		340
	3.1.	Formalien zu Beginn der Einvernahme, StPO 143 I-III, VII	340
		3.1.1. Präliminarien, StPO 143 I-III	340
		3.1.2. Sprech- und hörbehinderte Personen, StPO 143 VII	341
	3.2.	Weiteres Vorgehen bei der Einvernahme, StPO 143 IV-VI	341
	3.3.	Einvernahme per Videokonferenz, StPO 144	342
4.	Schriftliche Berichte, StPO 145, 195, VStrR 40		343
5.	Einvernahme mehrerer Personen und Gegenüberstellungen, StPO 146		344
6.	Teilnahmerechte bei Beweisabnahmen, StPO 51, 107 I lit. b, 147–148, VStrR 35, BGG 56		345
	6.1.	Im Allgemeinen, StPO 147	345
		6.1.1. Anwesenheitsrecht, StPO 147 I und III	345
		6.1.2. Fragerecht, StPO 147 I und III	348
		6.1.3. Wiederholung bei Nichtgewährung des Teilnahmerechts, StPO 147 III	349
		6.1.4. Unverwertbarkeit von Beweisen nach StPO 147 IV	350
	6.2.	Im Rechtshilfeverfahren, StPO 148	351
7.	Schutzmassnahmen, StPO 149–156, MStP 98a-d		352
	7.1.	Vorbemerkungen	352
	7.2.	Schutzmassnahmen im Allgemeinen, StPO 149	353
	7.3.	Zusicherung der Anonymität, StPO 150, MStP 98b-98d	355
	7.4.	Massnahmen zum Schutz verdeckter Ermittler, StPO 151	357

7.5.	Allgemeine Massnahmen zum Schutz von Opfern, StPO 152	357
7.6.	Besondere Massnahmen zum Schutz von Opfern von Straftaten gegen die sexuelle Integrität, StPO 153	358
7.7.	Besondere Massnahmen zum Schutz von Kindern als Opfer, StPO 154	358
7.8.	Besondere Massnahmen zum Schutz von Personen mit einer psychischen Störung, StPO 155	360
7.9.	Massnahmen zum Schutz von Personen ausserhalb eines Verfahrens, StPO 156	360

§ 60 Einvernahme der beschuldigten Person, StPO 157–161, VStrR 39, MStP 52   361

1.	Allgemeines zur Bedeutung der beschuldigten Person und ihrer Aussagen	361
2.	Einvernahme der beschuldigten Person im Einzelnen	362
2.1.	Zuständigkeit, StPO 157	362
2.2.	Einleitung und Orientierung über Beschuldigtenrechte, StPO 158	362
2.2.1.	Einleitung der Einvernahme	362
2.2.2.	Orientierung über die Rechte, StPO 158 I	363
2.2.3.	Orientierung über die Ausübung der Verteidigungsrechte, StPO 158 I lit. c	366
2.2.4.	Orientierung über die Möglichkeit, einen Übersetzer beizuziehen, StPO 158 I lit. d	367
2.2.5.	Folgen fehlender Orientierung über Parteirechte, StPO 158 II	367
2.3.	Polizeiliche Einvernahme im Ermittlungsverfahren, StPO 159	367
2.4.	Weiterer Ablauf der Einvernahme, StPO 160 und 161	368
2.4.1.	Befragung zur Sache	368
2.4.2.	Abklärung der persönlichen Verhältnisse im Vorverfahren, StPO 161, 195 II	369

§ 61 Einvernahme von Zeugen, StPO 162–177, VStrR 41, MStP 74–83   370

1.	Begriff des Zeugen, StPO 162, 166. Bedeutung des Zeugenbeweises im Strafprozess	371
2.	Allgemeine Bestimmungen, StPO 162–167	372
2.1.	Zeugnisfähigkeit und Zeugnispflicht, StPO 163, MStP 74	372
2.2.	Abklärungen über Zeugen, StPO 164	373
2.3.	Schweigegebot für die Zeugen, StPO 165	374
2.4.	Ablauf der Zeugeneinvernahme, StPO 162–167, 177 und 142 ff. 375	
2.5.	Entschädigung des Zeugen, StPO 167, MStP 83	375
3.	Zeugnisverweigerungsrechte, StPO 168–176, MStP 75–77	375
3.1.	Grund für die Ausnahmen von der allgemeinen Zeugnispflicht	375
3.2.	Arten von Zeugnisverweigerungsrechten	376
3.3.	Einzelne Zeugnisverweigerungsberechtigte, StPO 168–173	376
3.3.1.	Zeugnisverweigerungsrecht aufgrund persönlicher Beziehungen, StPO 168	376

        3.3.2. Zeugnisverweigerungsrecht zum eigenen Schutz oder zum Schutz nahe stehender Person, StPO 169 — 377
        3.3.3. Zeugnisverweigerungsrecht aufgrund des Amtsgeheimnisses, StPO 170, MStP 77 — 379
        3.3.4. Zeugnisverweigerungsrecht aufgrund eines Berufsgeheimnisses, StPO 171 — 380
        3.3.5. Quellenschutz für Medienschaffende, StPO 172 — 383
        3.3.6. Zeugnisverweigerungsrecht bei weiteren Geheimhaltungspflichten, StPO 173 — 383
    3.4. Ausübung des Zeugnisverweigerungsrechts, StPO 174–176 — 384
        3.4.1. Orientierung sowie Entscheid über Zulässigkeit der Zeugnisverweigerung, StPO 177 III und 174 — 384
        3.4.2. Zeugnisverweigerung als höchstpersönliches Recht, StPO 175 — 386
        3.4.3. Unberechtigte Zeugnisverweigerung, StPO 176, MStP 82 — 387
  4. Beweiswert von Zeugenaussagen bei späterem Rollenwechsel — 388

§ 62 Aussagen von Auskunftspersonen, StPO 178–181, VStrR 40, MStP 84 — 388
  1. Allgemeines — 388
  2. Als Auskunftsperson einzuvernehmende Verfahrensbeteiligte — 389
    2.1. Auskunftspersonen nach StPO 178 — 389
    2.2. Polizeiliche Einvernahmen, StPO 179 — 392
  3. Einvernahme der Auskunftsperson im Einzelnen, StPO 180 und 181 — 393
    3.1. Entscheid über Art der Einvernahmen — 393
    3.2. Stellung, Rechte und Pflichten der Auskunftsperson, StPO 180 — 393
    3.3. Durchführung der Einvernahme, StPO 181 — 394
  4. Beweiswert von Aussagen von Auskunftspersonen bei Rollenwechsel — 395

§ 63 Sachverständige, StPO 182–191, VStrR 43, MStP 85–93 — 396
  1. Begriff und Bedeutung des Sachverständigen — 397
    1.1. Begriff des Sachverständigen, StPO 182 — 397
    1.2. Funktion und Bedeutung des Sachverständigen — 398
  2. Bestellung des Sachverständigen, StPO 182 ff., MStP 87–89 — 399
    2.1. Anordnung des Gutachtens, StPO 182 — 399
    2.2. Anforderungen an die Person des Sachverständigen, StPO 183 — 399
    2.3. Ernennung und Auftrag, StPO 184 — 401
    2.4. Besonderheiten der stationären Begutachtung, StPO 186 — 404
  3. Ausarbeitung des Gutachtens, StPO 185 — 405
    3.1. Erhebungen des Sachverständigen — 405
    3.2. Form des Gutachtens, Stellungnahme der Parteien, StPO 187–189 — 406
    3.3. Entschädigung, Pflichtversäumnis des Gutachters, StPO 190 f., MStP 90, 93 — 408
  4. Beweiswert des Gutachtens, Ergänzung und Verbesserung, StPO 189 — 408

3. Teil:	Sachliche Beweismittel, StPO 192–195	410
§ 64	Beweisgegenstände, Augenschein, Beizug von Akten und Berichten, StPO 192–195, VStrR 44, MStP 40	410

    1. Begriff und Arten der sachlichen Beweismittel   410
    2. Beweisgegenstände, StPO 192   411
        2.1. Begriff und Umfang   411
        2.2. Vorgehen bei der Erhebung   412
    3. Augenschein, StPO 193, MStP 94   412
        3.1. Begriff   412
        3.2. Durchführung, StPO 193   413
    4. Beizug von Akten, Einholen von Berichten und Auskünften, StPO 194 und 195   414
        4.1. Beizug von Akten, StPO 194   414
        4.2. Einholen von Berichten und Auskünften, StPO 195, VStrR 40   414

5. Kapitel: Zwangsmassnahmen, StPO 196–298   417

1. Teil: Allgemeines   417

§ 65 Allgemeine Bestimmungen, StPO 196–200, JStPO 26, VStrR 45   417
    1. Zwangsmassnahmen als strafprozessuale Notwendigkeit   417
    2. Begriff, StPO 196   417
    3. Grundsätze der Zulässigkeit, StPO 197   418
    4. Zuständigkeit, StPO 198, JStPO 26   420
    5. Verfahren, Befehl, StPO 199 und 200   420

2. Teil: Zwangsmassnahmen, die das Recht der persönlichen Freiheit tangieren, StPO 201–240   422

§ 66 Vorladung, Vorführung und Fahndung, StPO 201–211, VStrR 42, 51, MStP 51, 58, 78   422
    1. Vorladungen, StPO 201–206   422
        1.1. Zur Vorladung im Allgemeinen, StPO 201–203, 205   422
        1.2. Freies Geleit, StPO 204, MStP 53   424
        1.3. Polizeiliche Vorladungen, StPO 206   424
    2. Polizeiliche Vorführung, StPO 207–209, MStP 51 III   425
        2.1. Voraussetzungen und Zuständigkeit, StPO 207   425
        2.2. Anordnung, Durchführung, StPO 208 und 209   426
    3. Fahndung, StPO 210 und 211, VStrR 54 III, MStP 58, MStV 28–30   427
        3.1. Grundsätze, StPO 210   427
        3.2. Mithilfe der Öffentlichkeit, StPO 211   428

§ 67 Freiheitsentzug im Allgemeinen, polizeiliche Anhaltung und vorläufige Festnahme, StPO 212–219, VStrR 19 III, IV, 51, MStP 54–55   428
    1. Bedeutung des Freiheitsentzugs im Strafverfahren. Allgemeine Bestimmungen, StPO 212–214   429
        1.1. Bedeutung und Problematik des Freiheitsentzugs im Strafverfahren   429

		1.2. Grundsätze des Freiheitsentzugs, StPO 212	429
		1.3. Weitere allgemeine Regeln des Freiheitsentzugs, StPO 213 und 214	430
	2.	Polizeiliche Anhaltung, Nacheile, StPO 215 und 216, MStP 54 und 54a	432
		2.1. Anhaltung, StPO 215	432
		2.2. Nacheile, StPO 216	434
	3.	Vorläufige Festnahme, StPO 217–219, VStrR 51, MStP 55 und 55a	434
		3.1. Allgemeines zur vorläufigen Festnahme	434
		3.2. Vorläufige Festnahme durch die Polizei, StPO 217	435
		3.3. Vorläufige Festnahme durch Private, StPO 218	436
		3.4. Vorgehen der Polizei, StPO 219	437

§ 68 **Untersuchungs- und Sicherheitshaft, StPO 220–240, JStPO 27–28, VStrR 52–60, MStP 56–61** 438

1. Allgemeine Bestimmungen, StPO 220–223 438
   1.1. Begriffe, StPO 220 438
   1.2. Voraussetzungen der Haft, Haftgründe, StPO 221, VStrR 52, MStP 56 440
       1.2.1. Allgemeines 440
       1.2.2. Allgemeiner Haftgrund des dringenden Tatverdachts, StPO 221 I 441
       1.2.3. Kumulatives Erfordernis eines besonderen Haftgrundes 442
   1.3. Verkehr mit der Verteidigung, StPO 223 447
2. Untersuchungshaft, StPO 224–228, JStPO 27, MStP 56 ff. 447
   2.1. Haftverfahren vor der Staatsanwaltschaft, StPO 224 447
   2.2. Haftverfahren vor dem Zwangsmassnahmengericht, StPO 225 449
   2.3. Entscheid des Zwangsmassnahmegerichts, StPO 226 451
   2.4. Haftverlängerungsgesuch, StPO 227, JStPO 27 II, III, VStrR 57 II 453
   2.5. Haftentlassungsgesuch, StPO 228, JStPO 27 IV, VStrR 59 454
   2.6. Rechtsmittel, StPO 222, JStPO 27 V 455
3. Sicherheitshaft, StPO 229–233, VStrR 59 III, MStP 60 457
   3.1. Anordnung der Sicherheitshaft, Entlassung, StPO 229 und 230 457
       3.1.1. Fälle der Anordnung im erstinstanzlichen Verfahren 457
       3.1.2. Verfahren, StPO 229 457
       3.1.3. Haftentlassung bei Sicherheitshaft, StPO 230 458
   3.2. Sicherheitshaft nach dem erstinstanzlichen Urteil und im Berufungsverfahren, StPO 231–233 458
4. Vollzug der Untersuchungs- und Sicherheitshaft, StPO 234–236, JStPO 28, VStrR 58, MStP 61 460
5. Ersatzmassnahmen für Untersuchungs- und Sicherheitshaft, StPO 237–240, VStrR 60 462
   5.1. Allgemeines, denkbare Ersatzmassnahmen, StPO 237 I-III 462
   5.2. Sicherheitsleistung, StPO 238–240, VStrR 60 463
   5.3. Verfahren der Anordnung von Ersatzmassnahmen, Widerruf, StPO 237 I, IV und V 465

3. Teil:	**Durchsuchungen, Untersuchungen und Beschlagnahme**	**467**
§ 69	**Durchsuchungen und Untersuchungen, StPO 241–259, VStrR 45, 48–50, 62–69**	**467**

1. Allgemeine Bestimmungen, StPO 241–243   467
    1.1. Begriffe, Allgemeines   467
    1.2. Anordnung, Durchführung, StPO 241 und 242   468
    1.3. Zufallsfunde, StPO 243   470
2. Hausdurchsuchung, StPO 244–245, VStrR 19 III, 48, MStP 40, 66   471
    2.1. Voraussetzungen, Zuständigkeit, StPO 244   471
    2.2. Durchführung, StPO 245, VStrR 49   472
3. Durchsuchung von Aufzeichnungen, StPO 246–248, VStrR 50, MStP 67   473
    3.1. Grundsatz, Durchführung, StPO 246 und 247   473
    3.2. Siegelung, StPO 248   475
4. Durchsuchungen von Personen und von Gegenständen, StPO 249–250, MStP 66 II   478
5. Untersuchungen von Personen, StPO 251–252, VStrR 48 II, MStP 65   479
    5.1. Begriff, Grundsätze, StPO 251   479
    5.2. Zuständigkeit, Durchführung, StPO 252   481
6. Untersuchungen an Leichen, StPO 253 und 254, MStP 69   481
7. DNA-Analysen, StPO 255–259   483
    7.1. Allgemeines, Verhältnis zum DNA-Analysen-Gesetz   483
    7.2. Voraussetzungen im Allgemeinen, StPO 255   485
    7.3. Massenuntersuchungen, Anordnung bei verurteilten Personen, StPO 256 und 257   486
    7.4 Abnahme von Proben für DNA-Analysen, StPO 258   488
    7.5. Zum DNA-Profil-Informationssystem, Datenschutz   488

§ 70 Erkennungsdienstliche Erfassung, Schrift- und Sprachproben, StPO 260–262   **488**

1. Erkennungsdienstliche Erfassung, StPO 260 und 261   489
    1.1. Allgemeines, Anordnung, StPO 260   489
    1.2. Aufbewahrung und Verwendung der erkennungsdienstlichen Unterlagen, StPO 261   490
2. Schrift- und Sprachproben, StPO 262   492

§ 71 Beschlagnahme, StPO 263–268, VStrR 45–47, MStP 41, 63, 64, 68   **493**

1. Allgemeines, Grundsatz, StPO 263   494
    1.1. Begriff der Beschlagnahme   494
    1.2. Der Beschlagnahme unterworfene Personen, StPO 263 I   495
    1.3. Arten der Beschlagnahme, StPO 263 I lit. a-d, 268   495
       1.3.1. Beweismittelbeschlagnahme, StPO 196 lit. a, 263 I lit. a, 306 II lit. a   495
       1.3.2. Beschlagnahme zur Sicherstellung von Kosten, Geldstrafen, Bussen und Entschädigungen, StPO 263 I lit. b, 268   495
       1.3.3. Beschlagnahme zur Rückgabe an den Geschädigten, StPO 263 I lit. c, StGB 70 I letzter Satzteil   496

		1.3.4. Beschlagnahme zur Einziehung, StPO 263 I lit. d, StGB 69 ff.	497
		1.4. Zuständigkeit, Formelles, StPO 263 II, III	498
	2.	Einschränkungen der Beschlagnahme, StPO 264	499
		2.1. Allgemeines	499
		2.2. Ausnahmen von der Beschlagnahme, StPO 264 I	499
		2.2.1. Unterlagen aus dem Verkehr der Verteidigung mit der beschuldigten Person, StPO 264 I lit. a	499
		2.2.2. Persönliche Aufzeichnungen etc. der beschuldigten Person, StPO 264 I lit. b	500
		2.2.3. Gegenstände usw. aus dem Verkehr mit Zeugnisverweigerungsberechtigten, StPO 264 I lit. c	501
	3.	Herausgabepflicht (Editionspflicht), StPO 265, MStP 64	503
	4.	Durchführung der Beschlagnahme, StPO 266	504
	5.	Entscheid über die beschlagnahmten Gegenstände und Vermögenswerte, StPO 267, VStrR 92, MStP 68	506
		5.1. Allgemeine Regeln, StPO 267 I und II	506
		5.2. Definitiver Entscheid über das Schicksal beschlagnahmter Gegenstände und Vermögenswerte, StPO 267 III-VI	506

4. Teil: Geheime Überwachungsmassnahmen 509

§ 72 Überwachung des Post- und Fernmeldeverkehrs, StPO 269–279, MStP 70–70k 509

1. Allgemeines 509
2. Rechtsgrundlagen 510
3. Voraussetzungen der Überwachung, StPO 269, Verkehrs- und Rechnungsdaten, Teilnehmeridentifikation, StPO 273 512
4. Gegenstand der Überwachung, Schutz von Berufsgeheimnissen, StPO 270 f. 514
5. Anordnungs- und Genehmigungsverfahren, StPO 269 I, 272–274 517
   5.1. Anordnung, Genehmigungspflicht, StPO 269 I, 272 I 517
   5.2. Genehmigungsverfahren, StPO 273 II, 274 518
   5.3. Durchführung und Beendigung der Massnahme, StPO 275 519
6. Auswertung der Ergebnisse, StPO 276 und 277 520
7. Zufallsfunde, StPO 278 521
   7.1. Umfang der Verwertung, StPO 278 I und II 521
   7.2. Vorgehen bei Zufallsfunden, StPO 278 III und IV 523
   7.3. Verwertung für Fahndungszwecke, StPO 278 V, 278 I^{bis} sowie BÜPF 3 in der Fassung E StBOG 524
8. Nachträgliche Mitteilung der Überwachung, Beschwerde, StPO 279, MStP 70j und 70k 525
9. Private Überwachungen zur Beweiserhebung? 527

§ 73 Überwachung mit technischen Überwachungsgeräten, StPO 280 und 281, MStP 71–71c 527

1. Allgemeines, Zweck des Einsatzes, StPO 280 528
2. Voraussetzung und Durchführung, StPO 281 530

§ 74	Observation, StPO 282–283	531
	1. Begriff, Allgemeines	531
	2. Voraussetzungen, Mitteilung, StPO 282 und 283	533
§ 75	Überwachung von Bankbeziehungen, StPO 284–285	534
	1. Allgemeines, Grundsatz, StPO 284	535
	2. Durchführung, StPO 285	536
§ 76	Verdeckte Ermittlung, StPO 286–298, MStP 73a–73n	537
	1. Allgemeines, Rechtsgrundlagen	538
	2. Voraussetzungen in materieller und personeller Hinsicht, StPO 286–288	540
	2.1. Befugnis zur und Voraussetzungen der Anordnung, StPO 286	540
	2.2. Anforderungen an die eingesetzte Personen, Legende, Anonymität, StPO 287 f.	542
	3. Genehmigungsverfahren, StPO 289	542
	4. Einsatz der verdeckten Ermittler, StPO 290–295	543
	4.1. Pflichten von Führungsperson und Ermittler, StPO 290 f.	543
	4.2. Tätigkeit, Mass und Grenzen des Einsatzes, StPO 293 ff.	544
	4.3. Beendigung des Einsatzes, StPO 297	545
	5. Beweismässige Auswertung der Ergebnisse, Zufallsfunde, StPO 296	546
	6. Nachträgliche Mitteilung der verdeckten Ermittlung, StPO 298, MStP 73m und k	547

6. Kapitel: Vorverfahren, StPO 299–327   549

§ 77	Allgemeine Bestimmungen zum Vorverfahren, StPO 299–304	549
	1. Bedeutung, Begriff und Zweck des Vorverfahrens, StPO 299	549
	2. Einleitung des Vorverfahrens, StPO 300	550
	3. Anzeigerecht, Anzeigepflicht, StPO 301 f., VStrR 19 I, II	551
	4. Antrags- und Ermächtigungsdelikte, Form des Strafantrags, StPO 303 f.	553
	5. Information des Opfers über seine Rechte, StPO 305	553
§ 78	Polizeiliches Ermittlungsverfahren, StPO 306–307	554
	1. Allgemeines zum Ermittlungsverfahren, StPO 15 II, 306	554
	1.1. Funktion des Ermittlungsverfahrens, StPO 306 I	554
	1.2. Aufgaben der Polizei im Ermittlungsverfahren, StPO 15 II, 306 II	555
	2. Zusammenarbeit mit der Staatsanwaltschaft, StPO 307	556
§ 79	Untersuchung durch die Staatsanwaltschaft, StPO 16 II, 308–318, JStPO 30	558
	1. Begriff und Zweck der Untersuchung, StPO 308	559
	2. Eröffnung der Untersuchung, Nichtanhandnahme, StPO 309 und 310	559
	2.1. Eröffnung der Untersuchung, StPO 309	559
	2.2. Nichtanhandnahme, StPO 310	562
	3. Durchführung der Untersuchung, StPO 311–315	563
	3.1. Hauptaufgabe: Beweiserhebung durch die Staatsanwaltschaft, StPO 311–314	563
	3.2. Sistierung, Wiederaufnahme, StPO 314–315	565

	4.	Vergleich, StPO 316, JStPO 16	567
	5.	Abschluss der Untersuchung, StPO 317 und 318	569
	5.1.	Schlusseinvernahme, StPO 317	569
	5.2.	Abschluss, StPO 318	570

§ 80 **Einstellung des Verfahrens und Anklageerhebung, StPO 319–327, E StBOG 14, MStP 114, 116**   571

1. Allgemeines   572
2. Einstellung des Verfahrens, StPO 319–323, MStP 116   573
   2.1. Begriffliches, Abgrenzung   573
   2.2. Gründe für die Einstellung, StPO 319   573
      2.2.1. Haupteinstellungsgründe nach StPO 319 I   573
      2.2.2. Einstellung nach StPO 319 II   575
   2.3. Formalien, StPO 320–321   575
   2.4. Genehmigung, Rechtsmittel, StPO 322, E StBOG 14   576
   2.5. Wirkung; Wiederaufnahme, StPO 320 IV, 323   577
3. Anklageerhebung, StPO 324–327, JStPO 33, VStrR 73, MStP 114–115   579
   3.1. Begriff, Voraussetzungen und Bedeutung der Anklageschrift, StPO 324 I   579
   3.2. Inhalt der Anklageschrift, StPO 325 und 326   579
      3.2.1. Zu den Hauptbestandteilen nach StPO 325 I   579
      3.2.2. Alternativ- und Eventualanklage, StPO 325 II   582
      3.2.3. Weitere Bestandteile, StPO 326   582
   3.3. Zustellung der Anklage, StPO 327, JStPO 33 III   583
   3.3. Kein Rechtsmittel gegen Anklageerhebung, StPO 324 II   584

7. Kapitel: Erstinstanzliches Hauptverfahren, StPO 328–351   585

§ 81 **Allgemeines, Rechtshängigkeit und Vorbereitung der Hauptverhandlung, StPO 328–334, JStPO 34, VStrR 73–75, MStP 124–129**   585

1. Begriffliches, anwendbare Bestimmungen   585
2. Rechtshängigkeit, StPO 328   586
3. Prüfung der Anklage, StPO 329   586
   3.1. Umfang der Vorprüfung durch die Verfahrensleitung, StPO 329 I   586
   3.2. Vorgehen bei Mängeln, StPO 329 II-V   588
      3.2.1. Behebbare Mängel, StPO 329 II, III   588
      3.2.2. Nicht behebbare Mängel, StPO 329 IV   589
4. Vorbereitung der Hauptverhandlung, StPO 330–332, VStrR 75   590
   4.1. Vorbereitung und Ansetzung der Hauptverhandlung, StPO 330–332   590
   4.2. Vorverhandlungen, StPO 332   591
5. Änderung und Erweiterung der Anklage, StPO 333   591
   5.1. Ausgangspunkt: Anklage- oder Akkusations- sowie Immutabilitätsgrundsatz   591
   5.2. Änderung der Anklage, StPO 333 I   592
   5.3 Erweiterung der Anklage, StPO 333 II, III   593
   5.4. Anwendung und Schranken dieser Vorschrift, StPO 333 III, IV   593

6. Überweisung des Falles, StPO 334 — 595
§ 82 **Durchführung der Hauptverhandlung, StPO 335–351, JStPO 35 und 36, VStrR 77, MStP 130–154** — 595
1. Gericht und Verfahrensbeteiligte, StPO 335–337 — 596
    1.1. Zusammensetzung des Gerichts, StPO 335, JStPO 7 II, MStP 130 — 596
    1.2. Anwesenheit der beschuldigten Person und ihrer Verteidigung, StPO 336, JStPO 35, VStrR 74 I, MStP 130–133 — 596
    1.3. Anwesenheit der Staatsanwaltschaft, StPO 337, VStrR 24, 74 I, 75 IV, MStP 130 I — 597
    1.4. Anwesenheit der Privatklägerschaft und Dritter, StPO 338, JStPO 20 II, MStP 163–164 — 598
2. Beginn der Hauptverhandlung, StPO 339, 340 — 599
    2.1. Eröffnung der Hauptverhandlung, Vor- und Zwischenfragen, StPO 339, MStP 134–136 — 599
    2.2. Fortgang der Verhandlung, StPO 340 — 600
    2.3. Eröffnung der «Anträge» der Staatsanwaltschaft, StPO 340 II — 601
3. Beweisverfahren, StPO 341–345, MStP 138–142 — 602
    3.1. Allgemeines, Leitung, Einvernahmen, StPO 341 — 602
    3.2. Zweiteilung der Hauptverhandlung (Tat- bzw. Schuldinterlokut), StPO 342 — 604
    3.3. Beweisabnahme, StPO 343, MStP 138–142 — 605
        3.3.1. Beweisanordnungen des Gerichts — 605
        3.3.1. Beweisanträge der Parteien — 607
    3.4. Abweichende rechtliche Würdigung, Abschluss des Beweisverfahrens, StPO 344 f., MStP 148 — 608
4. Parteivorträge und Abschluss der Parteiverhandlungen, StPO 346 f., MStP 144 — 609
5. Urteil, StPO 348–351, JStPO 37, VStrR 79, MStP 145–147 — 610
    5.1. Urteilsberatung, Beweisergänzungen, StPO 348 f. — 610
    5.2. Bindung an die Anklage, Grundlage des Urteils, StPO 350, MStP 147, 148 I — 611
    5.3. Urteilsfällung, StPO 351 I und II, MStP 146 — 612
    5.4. Eröffnung des Urteils, StPO 351 III, JStPO 37, MStP 152 — 613

8. Kapitel: Besondere Verfahren — 615
§ 83 **Allgemeines** — 615
§ 84 **Strafbefehlsverfahren, Übertretungsstrafverfahren** — 616
1. Allgemeines zum Strafbefehlsverfahren, Voraussetzungen, StPO 352 — 617
    1.1. Sinn des Strafbefehlsverfahrens — 617
    1.2. Zuständigkeit zum Erlass eines Strafbefehls, StPO 352 I — 617
    1.3. Voraussetzungen für den Erlass eines Strafbefehls, StPO 352 — 618
2. Inhalt und Eröffnung des Strafbefehls, StPO 353 — 620
    2.1. Strafbefehl bei Verbrechen oder Vergehen, StPO 353 — 620
    2.2. Strafbefehl bei Übertretungen, StPO 357 — 622
3. Einsprache als Rechtsbehelf gegen Strafbefehle, StPO 354–356 — 622
    3.1. Einsprache, StPO 354 — 622
    3.2. Verfahren bei Einsprache, StPO 355 — 624
        3.2.1. Nachträgliches Beweisverfahren — 624

		3.2.2. Erledigung nach Abschluss des Beweisverfahrens	625
	4.	Verfahren vor dem erstinstanzlichen Gericht, StPO 356	626

§ 85 Abgekürztes Verfahren, StPO 358–362 628
1. Allgemeines 628
2. Grundsätze, StPO 358 630
3. Einleitung, Anklageschrift, StPO 359 f. 631
   3.1. Gesuch um Einleitung des Verfahrens, StPO 359 631
   3.2. Anklageschrift, weiteres Vorgehen, StPO 360 631
4. Hauptverhandlung, Urteil oder ablehnender Entscheid, StPO 361 und 362 633
   4.1. Hauptverhandlung, StPO 361 633
   4.2. Urteil oder ablehnender Entscheid, StPO 362 633

§ 86 Verfahren bei selbstständigen nachträglichen Entscheiden des Gerichts (sog. Nach- oder Widerrufsverfahren), StPO 363–365, MStP 159 636
1. Allgemeines, Zuständigkeit, StPO 363, E StBOG 67 636
2. Verfahren, Entscheid, StPO 364 und 365 637

§ 87 Verfahren bei Abwesenheit der beschuldigten Person, StPO 366–371, JStPO 36, VStrR 76, 103, MStP 155–158 639
1. Allgemeines 639
2. Voraussetzungen des Abwesenheitsverfahrens, StPO 366 640
   2.1. Unentschuldigtes Ausbleiben bei der ersten Hauptverhandlung, StPO 366 I 640
   2.2. Ansetzen einer zweiten Verhandlung, StPO 366 I, II 641
   2.3. Vorgängig gewährtes rechtliches Gehör, StPO 366 IV lit. a 641
   2.4. Weitere Voraussetzungen, StPO 366 IV lit. b 642
3. Verhandlung und Urteil im Abwesenheitsverfahren, StPO 367 642
   3.1. Abwesenheitsverhandlung 642
   3.2. Urteil im Abwesenheitsverfahren 643
4. Neue Beurteilung, StPO 368–370 644
   4.1. Gesuch um neue Beurteilung, StPO 368 644
   4.2. Entscheid über das Gesuch. Hauptverhandlung und Urteil im neuen Verfahren, StPO 369 f. 646
   4.3. Verhältnis zur Berufung, StPO 371, und zur Wiederherstellung, StPO 94 647

§ 88 Selbstständige Massnahmeverfahren, StPO 372–378 648
1. Allgemeines 648
2. Verfahren bei der Anordnung der Friedensbürgschaft, StPO 372–373 649
   2.1. Voraussetzungen und Zuständigkeit, StPO 372 649
   2.2. Verfahren, StPO 373 649
   Entscheid, Rechtsmittel 651
3. Verfahren bei schuldunfähigen beschuldigten Personen, StPO 374 und 375 651
   3.1. Voraussetzungen und Zuständigkeit, StPO 374 I 651
   3.2. Verfahren, StPO 374 II-IV 653
   3.3. Entscheid, StPO 375 653

XLIII

4.	Selbstständiges Einziehungsverfahren, StPO 376–378, VStrR 66–69	654
4.1.	Voraussetzungen, StPO 376, 378	654
4.2.	Verfahren, StPO 377	655
4.2.1.	Vorverfahren, Einziehungsbefehl, StPO 377 I-III	655
4.2.1.	Einsprache, Einspracheverfahren, StPO 377 IV	657

9. Kapitel: Rechtsmittel 659

1. Teil: Allgemeines 659

§ 89   Begriff und Arten der Rechtsmittel 659

1. Begriff des Rechtsmittels, Rechtsbehelf 659
2. Sinn der Rechtsmittel und grundrechtlicher Anspruch darauf, BV 32 III 660
3. Rechtsmittel der StPO, der JStPO und des BGG 661
4. Kategorien der Rechtsmittel 661
   4.1. Ordentliche und ausserordentliche Rechtsmittel 661
   4.2. Primäre und subsidiäre Rechtsmittel 662
   4.3. Vollkommene und unvollkommene Rechtsmittel 662
   4.4. Suspensive und nicht suspensive Rechtsmittel 663
   4.5. Devolutive und nicht devolutive Rechtsmittel 663
   4.6. Reformatorische und kassatorische Rechtsmittel 663

§ 90   Anfechtbare Entscheide, Rechtsmittellegitimation und -verfahren 664

1. Mit Rechtsmitteln anfechtbare Entscheide 664
2. Legitimation zur Einlegung von Rechtsmitteln, StPO 381 und 382, JStPO 38, VStrR 74 I, BGG 81 665
   2.1. Legitimation der Staatsanwaltschaft und weiterer Behörden, StPO 381, 104 I lit. c, JStPO 38 II, VStrR 80 II, BGG 81 I lit. b Ziff. 3, II, E StOBG 15 665
   2.2. Legitimation der übrigen (privaten) Parteien, StPO 382, VStrR 74 I, BGG 81 I 666
       2.2.1. Allgemeines Erfordernis des rechtlich geschützten Interesses bzw. der Beschwer 666
       2.2.2. Legitimation der beschuldigten Person 667
       2.2.3. Legitimation der Privatklägerschaft, StPO 382 II, 121, BGG 81 I lit. b Ziff. 4 668
       2.2.4. Legitimation von weiteren Verfahrensbeteiligten 669
       2.2.5. Legitimation der gesetzlichen Vertreter und Rechtsbeistände 670
       2.2.6. Legitimation der Rechtsnachfolger, StPO 382 III 670
       2.2.7. Legitimation im Rechtshilfeverfahren mit dem Ausland 671
3. Sicherheitsleistung, StPO 383, BGG 62 671
4. Formalien 672
   4.1. Fristen, Fristbeginn, StPO 384, VStrR 31, MStP 46 und 47, BGG 100 f., 44 ff. 672
   4.2. Begründung und Form, StPO 385, BGG 42 673
5. Verzicht und Rückzug, StPO 386 675

	6.	Aufschiebende Wirkung und vorsorgliche Massnahmen, StPO 387 und 388, BGG 103 f.	676
	7.	Beweisergänzungen, StPO 389	676
	8.	Schriftliches Verfahren, StPO 390, BGG 57, 100 ff.	677
	9.	Entscheid, StPO 391 und 392	678

        9.1. Grundsätze der Entscheidfindung, StPO 391 I   678
        9.2. Verschlechterungsverbot, Verbot der *reformatio in peius*, StPO 391 II, III   679
                9.2.1. Verbot der Schlechterstellung der beschuldigten Person als Rechtsmittelklägerin, nach StPO 391 II Satz 1   679
                9.2.2. Anwendungs- und Einzelfragen, Kasuistik zu StPO 391 I Satz 1   680
                9.2.3. Ausnahmen zum Verbot der Schlechterstellung, StPO 391 II Satz 2   682
                9.2.4. Verbot der Schlechterstellung bei Zivilansprüchen, StPO 391 III   683
        9.3. Ausdehnung gutheissender Rechtsmittelentscheide, StPO 392   683

2. Teil: Rechtsmittel nach der StPO   686

§ 91 Beschwerde, StPO 393–397, JStPO 39, VStrR 26–28, MStP 166–171   686

    1. Begriff, Abgrenzung der sachlichen Beschwerde von der Aufsichts- bzw. Disziplinarbeschwerde   686
        1.1. Sachliche Beschwerde   686
        1.2. Beschwerde nach der StPO sowie ihre Abgrenzung von der Aufsichts- und Disziplinarbeschwerde nach dem Einführungsrecht von Bund und Kantonen   686
    2. Zulässigkeit und Beschwerdegründe, StPO 393 f.   687
        2.1. Zulässigkeit der Beschwerde, StPO 393 I   687
                2.1.1. Verfügungen und Verfahrenshandlungen von Polizei, Staatsanwaltschaft und Übertretungsstrafbehörden, StPO 393 I lit. a   688
                2.1.2. Verfügungen, Beschlüsse und Verfahrenshandlungen der erstinstanzlichen Gerichte, StPO 393 I lit. b   690
                2.1.3. Entscheide des Zwangsmassnahmengerichts in den in diesem Gesetz vorgesehenen Fällen, StPO 393 I lit. c   693
        2.2. Beschwerdegründe, StPO 393 II   694
        2.3. Ausschluss der Beschwerde   695
                2.3.1. Ausschluss vor allem nach StPO 394   695
                2.3.2. Weitere Ausschlussbestimmungen   696
    3. Beschwerdeinstanz, StPO 20, 395, JStPO 39 II, E StBOG 28 f.   697
    4. Legitimation   697
    5. Form und Frist, StPO 396   697
    6. Wirkung der Beschwerde, StPO 387   698
    7. Beschwerdeverfahren, Entscheid, StPO 397   698
    8. Endgültigkeit der Beschwerdeentscheide, Bundesrechtsmittel dagegen, StPO 397, BGG 78 ff.   700

§ 92	Berufung, StPO 398–409, JStPO 40, MStP 172–183	700
	1. Begriff und Bedeutung	701
	2. Zulässigkeit und Berufungsgründe, StPO 398	701
	2.1. Zulässigkeit der Berufung, StPO 398 I	701
	2.2. Umfassende Kognition des Berufungsgerichts, StPO 398 II, III	702
	2.3. Beschränkte Berufung bei Übertretungen, StPO 398 IV	703
	2.4. Beschränkung der Berufung im Zivilpunkt, StPO 398 V	705
	3. Berufungsinstanz, StPO 21	705
	4. Legitimation, StPO 381 f., JStPO 38	705
	5. Form und Frist, StPO 399 f.	706
	5.1. Anmeldung der Berufung und Berufungserklärung, StPO 399	706
	5.2. Berufungserklärung, StPO 399 III	707
	5.3. Einschränkung der Berufung, StPO 399 IV	707
	5.4. Vorprüfung, StPO 400 I, II	709
	5.5. Anschlussberufung, StPO 401	710
	5.5.1. Erheben der Anschlussberufung, StPO 401	710
	5.5.2. Umfang und Wirkung der Anschlussberufung	710
	6. Wirkung der Berufung, StPO 402	711
	7. Eigentliches Berufungsverfahren, StPO 403–407	711
	7.1. Eintreten, StPO 403	711
	7.2. Umfang der Überprüfung, StPO 404	713
	7.3. Mündliches Verfahren, StPO 405	713
	7.4. Schriftliches Verfahren, StPO 406	715
	7.4.1. Allgemeines	715
	7.4.2. Voraussetzungen und Anordnung des schriftlichen Berufungsverfahrens	715
	7.5. Säumnis der Parteien, StPO 407	717
	8. Berufungsentscheid, StPO 408 und 409	718
	8.1. Abschreibungsentscheid ohne materielle Behandlung	718
	8.2. Neues Urteil nach materieller Behandlung, StPO 408	718
	8.3. Aufhebung und Rückweisung, StPO 409	719
	8.3.1. Voraussetzungen für einen kassatorischen Entscheid	719
	8.3.2. Vorgehen bei kassatorischem Entscheid, Folgen für erste Instanz	720
	9. Endgültigkeit des Berufungsurteils, Bundesrechtsmittel dagegen, BGG 78 ff.	721
§ 93	Revision, StPO 410–415, JStPO 41, VStrR 84–89, MStP 200–209, E StBOG 31, E BGG 119a, BGG 121–125	721
	1. Begriff und Bedeutung	721
	2. Zulässigkeit, StPO 410 I	722
	2.1. Mit Revision anfechtbare Entscheide, StPO 410 I	722
	2.2. Subsidiarität der Revision, Verhältnis zu andern Rechtsbehelfen	724
	3. Revisionsgründe, StPO 410 I, II, VStrR 84, MStP 200, StBOG 31 II, BGG 121–123	725
	3.1. Allgemeines	725
	3.2. Revisionsgründe nach StPO 410 I, VStrR 84 I, MStP 200 I	726
	3.2.1. Neue Tatsachen und Beweismittel, StPO 410 I lit. a, StGB 65 II	726
	3.2.2. Widersprechende Strafentscheide, StPO 410 I lit. b	730

	3.2.3.	Einwirkung durch eine Straftat; StPO 410 I lit. c, BGG 123 I	732
	3.3.	Revisionsgrund nach StPO 410 II	733
4.		Revisionsinstanz, StPO 21 I lit. b, III, JStPO 41	733
5.		Legitimation, StPO 381 f., 410, JStPO 38, VStrR 85 I, MStP 202	734
6.		Form und Frist, StPO 411, BGG 124	735
7.		Wirkung des Revisionsverfahrens, StPO 387, VStrR 85 III, MStP 203 III, BGG 103	736
8.		Grundzüge des Wiederaufnahmeverfahrens, StPO 412 f., VStrR 85 ff., E BGG 119a, BGG 126 ff.	736
	8.1.	Vorprüfung, StPO 412	736
	8.2.	Revisionsentscheid, StPO 413, MStP 207	737
		8.2.1. Grundsätze bei der Beurteilung der Revisionsgründe	737
		8.2.2. Abweisung des Revisionsgesuchs, StPO 413 I	738
		8.2.3. Gutheissung des Revisionsgesuchs, StPO 413 II-IV	738
	8.3.	Rechtsmittel gegen Revisionsentscheid	740
9.		Neues Verfahren, neuer Entscheid, StPO 414 f., VStrR 87 ff., MStP 208–209, BGG 128 II	740
	9.1.	Neues Verfahren, StPO 414	740
	9.2.	Folgen des neuen Entscheids, StPO 415	741

3. Teil: Weitere Rechtsmittel und Rechtsbehelfe nach Bundesrecht 743

§ 94 Beschwerde in Strafsachen (Strafrechtsbeschwerde) ans Bundesgericht, BGG 78–81 743

1.		Begriff und Bedeutung	744
2.		Anfechtbare Entscheide, BGG 78–80, 90–94	745
	2.1.	Strafentscheide als Anfechtungsobjekt, BGG 78, Ausnahme in BGG 79	745
		2.1.1. Strafentscheide i.w.S. nach BGG 78 I	745
		2.1.2. Anfechtung von Zivilentscheiden, BGG 78 II lit. a	746
		2.1.3. Vollzug von Strafen und Massnahmen, BGG 78 II lit. b	747
		2.1.4. Ausnahme von BGG 79 bei Beschwerdeentscheiden des Bundesstrafgerichts	747
	2.2.	Vorinstanzen, Letztinstanzlichkeit, BGG 80	748
		2.2.1. Im Allgemeinen	748
		2.2.2. Gericht als Vorinstanz	748
		2.2.3. Gericht muss als obere, letzte und zweite kantonale Instanz entschieden haben	748
		2.2.4. Entscheide einer dritten kantonalen Instanz?	749
		2.2.5. Verwirklichung des double-instance-Prinzips bezüglich Urteile des Bundesstrafgerichts	749
	2.3.	Anfechtbarkeit hinsichtlich der Art des Entscheids, BGG 90–94	750
		2.3.1. Endentscheide, BGG 90	750
		2.3.2. Teilentscheide, BGG 91	752
		2.3.3. Vor- und Zwischenentscheide über Zuständigkeit und Ausstand, BGG 92	753
		2.3.4. Andere Vor- und Zwischenentscheide, BGG 93	754

		2.3.5.	Rechtsverweigerungs- und Rechtsverzögerungsbeschwerden, BGG 94	758
3.	Verhältnis zu anderen Rechtsmitteln			759
4.	Rechtsmittelbehörde			759
5.	Recht zur Beschwerde, Legitimation, BGG 81			760
	5.1.	Allgemeines		760
	5.2.	Teilnahme am vorinstanzlichen Verfahren, BGG 81 I lit. a		760
		5.2.1.	Grundsatz	760
	5.3.	Rechtlich geschütztes Interesse als allgemeine Voraussetzung, BGG 81 I lit. b		762
		5.3.1.	Allgemeines zum Erfordernis des rechtlich geschützten Interesses bzw. der Beschwer	762
		5.3.2.	Sonderfall des öffentlichen Anklägers	763
	5.4.	Die nach BGG 81 I lit. b sowie Abs. 2 und 3 aufgeführten Beschwerdelegitimierten		764
		5.4.1.	Beschuldigte Person, BGG 81 I lit. b Ziff. 1	764
		5.4.2.	Gesetzliche Vertreterin oder gesetzlicher Vertreter der beschuldigten Person, BGG 81 I lit. b Ziff. 2	764
		5.4.3.	Staatsanwaltschaft, BGG 81 I lit. b Ziff. 3	764
		5.4.4.	Privatklägerschaft, BGG 81 I lit. b Ziff. 5 in der Fassung der StPO; Änderungsvorschlag nach E StBOG (nur noch Legitimation des Opfers)	765
		5.4.5.	Strafantragsteller, BGG 81 I lit. b Ziff. 6	767
		5.4.6.	Staatsanwaltschaft des Bundes und die beteiligte Verwaltung in Verwaltungsstrafsachen des Bundes, BGG 81 I lit. b Ziff. 7 in der Fassung der StPO	767
		5.4.7.	Staatsanwaltschaft des Bundes nach BGG 81 II	767
		5.4.8.	Gewisse Bundesbehörden, BGG 81 III	767
	5.5.	Weitere allenfalls legitimierte Personen ausserhalb der Liste von BGG 81 I lit. b Ziff. 1–6 und Abs. 2 und 3		768
		5.5.1.	Verwandte der beschuldigten Person	768
		5.5.2.	Weitere Betroffene	769
6.	Kognition, Beschwerdegründe, BGG 95 ff.			770
	6.1.	Vorbemerkungen		770
	6.2.	Verletzung schweizerischen Rechts als hauptsächlicher Anfechtungsgrund, BGG 95		771
		6.2.1.	Schweizerisches Recht nach BGG 95 im Allgemeinen	771
		6.2.2.	Bundesrecht, BGG 95 lit. a	772
		6.2.3.	Verletzung von Völkerrecht, BGG 95 lit. b	774
		6.2.4.	Kantonale verfassungsmässige Rechte, BGG 95 lit. c	775
		6.2.5.	Interkantonales Recht, BGG 95 lit. e	776
		6.2.6.	Verletzung des schweizerischen Rechts	776
	6.3.	Unrichtige Feststellung des Sachverhalts, BGG 97 I		777
	6.4.	Beschränkter Beschwerdegrund bei vorsorglichen Massnahmen, BGG 98		779
7.	Einlegung der Strafrechtsbeschwerde, BGG 100 ff.			780
8.	Wirkung der Strafrechtsbeschwerde, vorsorgliche Massnahmen, BGG 103 und 104			782

9.	Verfahren der Strafrechtsbeschwerde, BGG 29 ff., 102 ff.	783
10.	Entscheid des Bundesgerichts und dessen Wirkung für das nachfolgend kantonale bzw. eidgenössische Verfahren, BGG 107	784
	10.1. Allgemeines	784
	10.2. Reformatorischer Entscheid, BGG 107 II Satz 1	785
	10.3. Kassatorischer Entscheid, BGG 107 II Satz 2	785
11.	Übergangsbestimmungen, BGG 130 f.	786

§ 95 **Weitere Rechtsbehelfe des Bundesrechts gegen Strafentscheide** 787
1. Vorbemerkung 787
2. Instrumentarium des Bundesstrafgerichts, E StBOG 28 788
3. Beschwerde in Zivilsachen ans Bundesgericht
   (Zivilrechtsbeschwerde), BGG 72–77 788
4. Beschwerde in öffentlich-rechtlichen Angelegenheiten (öffentlich-
   rechtliche Beschwerde) ans Bundesgericht, BGG 82–89 789
5. Subsidiäre Verfassungsgerichtsbeschwerde, BGG 113–119 790
6. Revision bundesgerichtlicher Entscheidungen, BGG 121–128 792

Anhang
§ 96 **Begnadigung, Amnestie, BV 117 I lit. k, StGB 381–384,
    MStG 232a-e** 794
1. Grundsätzliches 794
   1.1. Begriffe 794
      1.1.1. Begnadigung 794
      1.1.2. Amnestie, Abolition, BV 173 I lit. k, StGB 384 795
   1.2. Rechtsgrundlagen 796
      1.2.1. Bundesrechtliche Zuständigkeitsvorschriften 796
2. Gegenstand der Begnadigung 797
   2.1. Strafen 797
   2.2. Vollstreckbarkeit der Strafe als Hauptvoraussetzung 798
3. Verhältnis zu den Rechtsmitteln 798
4. Begnadigungsbehörden, StGB 381 798
5. Legitimation, StGB 382 I 798
6. Einreichung des Begnadigungsgesuches 799
7. Wirkung 799
8. Voraussetzungen der Begnadigung 799
   8.1. Fehlen eines abschliessenden Katalogs von
        Begnadigungsgründen 799
   8.2. Begnadigungswürdigkeit als Voraussetzung 800
   8.3. Begnadigung bei behaupteten Fehlurteilen? 801
9. Kantonales Begnadigungsverfahren 801
10. Begnadigungsentscheid, Umfang der Begnadigung 802

10. Kapitel: Verfahrenskosten, Entschädigung und
Genugtuung   805

§ 97 **Allgemeine Bestimmungen, StPO 416–421** 805
1. Allgemeines zu den Kosten und Entschädigungen im Strafverfahren,
   Anwendungsbereich von StPO 416–436, VStrR 94, BGG 62 ff. 805

2.	Kostenpflicht bei fehlerhaften Verfahrenshandlungen, StPO 417	807
3.	Beteiligung mehrer Personen und Haftung Dritter, StPO 418	808
4.	Kostenpflicht von Schuldunfähigen, StPO 419	809
5.	Rückgriff, StPO 420, VStrR 102	809
6.	Kostenentscheid und Rechtsmittel dagegen, StPO 421	810
	6.1. Kostenentscheid, StPO 421	810
	6.2. Rechtsmittel gegen Kosten- und Entschädigungsentscheide	812

§ 98 Verfahrenskosten, StPO 422–428, JStPO 44, VStrR 94–98, BGG 62–67 ff., MStP 117, 151 — 812

1. Begriff der Verfahrenskosten, Grundsätze, StPO 422 f. — 813
   1.1. Verschiedene Arten von Kosten, StPO 422, 424, VStR 94, BGG 65 — 813
   1.2. Grundsätzliche Kostentragungspflicht des Staats, StPO 423 I, JStPO 44 I — 814
   1.3. Weitere allgemeine Vorschriften zu den Verfahrenskosten, StPO 423 II, III, 424 — 814
2. Kostentragungspflicht der beschuldigten Person und anderer Verfahrensbeteiligter, StPO 426, JStPO 44 III, VStR 95, MStP 117 II, 151, BGG 66 — 816
   2.1. Tragung bei Verurteilung, StPO 426 I, JStPO 44 III, VStrR 95 I, MStP 151 I — 816
      2.1.1. Grundsatz — 816
      2.1.2. Ausnahmen von der Kostenauflage, StPO 426 I und III — 816
      2.1.3. Tragung der Kosten bei Tod der beschuldigten Person — 818
   2.2. Tragung bei Einstellung und Freispruch, StPO 426 II, VStrR 95 II, MStP 117 I, II, 151 III — 818
      2.2.1. Grundsatz der Kostentragung durch den Staat, Ausnahme der Auflage an die beschuldigte Person bei rechtswidrigem und schuldhaftem Verhalten — 818
      2.2.2. Voraussetzungen des kumulativ rechtswidrigen und schuldhaften Verhaltens — 819
      2.2.3. Prüfung des rechtswidrigen und schuldhaften Verhaltens für jede Verfahrensstufe — 823
   2.3. Tragung der Verfahrenskosten durch die Parteien im selbstständigen Massnahmeverfahren, StPO 426 V — 823
3. Kostentragung der Privatklägerschaft und der strafantragstellenden Person, StPO 427 — 824
   3.1. Auflagen der Kosten im Zivilpunkt, StPO 427 I — 824
   3.2. Auflage der Kosten bei Antragsdelikten, StPO 427 II — 824
   3.3. Sonderfälle bei Rückzug des Strafantrags, StPO 427 III und IV — 825
4. Kostentragung im Rechtsmittelverfahren, StPO 428, MStP 171, 183, 193, 207 — 825
   4.1. Grundsatz: Kostenauflage nach Massgabe des Obsiegens bzw. Unterliegens, StPO 428 I — 825
   4.2. Abweichen von diesen Regeln, StPO 428 II — 826
   4.3. Kosten der Vor- und Rechtsmittelinstanz, StPO 428 III und IV — 827

§ 99　Entschädigung und Genugtuung, StPO 429–436,
　　　VStrR 99–101, BGG 68　827
　　1.　Ansprüche der beschuldigten Person, StPO 429–432, VStrR 99–101　828
　　　　1.1.　Allgemeines zu den Ansprüchen gemäss StPO 429 ff.　828
　　　　　　1.1.1.　Grundsätze des Anspruches auf Entschädigung,
　　　　　　　　　　StPO 429　828
　　　　　　1.1.2.　Einzelfragen　829
　　　　1.2.　Ansprüche bei Freispruch oder Einstellung im Einzelnen,
　　　　　　　StPO 429, VStrR 99, MStP 117 III, 151 III　830
　　　　　　1.2.1.　Freispruch oder Einstellung, StPO 429 I　830
　　　　　　1.2.2.　Entschädigungen für Aufwendungen zur Wahrung der
　　　　　　　　　　Verfahrensrechte, StPO 429 I lit. a　831
　　　　　　1.2.3.　Entschädigungen für wirtschaftliche Einbussen,
　　　　　　　　　　StPO 429 I lit. b　832
　　　　　　1.2.4.　Genugtuung bei besonders schweren Verletzungen in
　　　　　　　　　　den persönlichen Verhältnissen, insbesondere
　　　　　　　　　　Freiheitsentzug, StPO 429 I lit. c　833
　　　　　　1.2.5.　Prüfung der Ansprüche vom Amtes wegen, StPO 429 II　835
　　　　1.3　Herabsetzung oder Verweigerung der Entschädigung oder
　　　　　　　Genugtuung, StPO 430, VStrR 99 I letzter Satzteil　835
　　　　　　1.3.1.　Allgemeines　835
　　　　　　1.3.2.　Herabsetzungsgründe nach StPO 430 I　836
　　　　　　1.3.3.　Herabsetzungsgründe im Rechtsmittelverfahren nach
　　　　　　　　　　StPO 430 II　836
　　　　1.4.　Ansprüche bei rechtswidrig angewandten Zwangsmassnahmen,
　　　　　　　StPO 431　837
　　　　　　1.4.1.　Ansprüche bei rechtswidrigen Zwangsmassnahmen im
　　　　　　　　　　Allgemeinen, StPO 431 I　837
　　　　　　1.4.2.　Fall der Überhaft, StPO 431 II und III　837
　　　　1.5.　Ansprüche gegenüber der Privatklägerschaft, StPO 432　840
　　2.　Ansprüche der Privatklägerschaft und Dritter, StPO 433 und 434　840
　　　　2.1.　Ansprüche der Privatklägerschaft, StPO 433　840
　　　　2.2.　Ansprüche von Dritten, StPO 434　841
　　3.　Besondere Bestimmungen, StPO 435–436　842
　　　　3.1.　Verjährung, StPO 435　842
　　　　3.2.　Entschädigung und Genugtuung im Rechtsmittelverfahren,
　　　　　　　StPO 436, MStP 171, 183, 193　843

11. Kapitel: Rechtskraft und Vollstreckung der Strafentscheide　845

§ 100　Rechtskraft, StPO 437 und 438, MStP 210　845
　　1.　Problemstellung　845
　　2.　Formelle Rechtskraft, StPO 437　846
　　　　2.1.　Begriff der formellen Rechtskraft, Eintritt, StPO 437, BGG 61　846
　　　　2.2.　Feststellung der formellen Rechtskraft, StPO 438　847
　　　　2.3.　Folgen der formellen Rechtskraft, Vollstreckbarkeit　847
　　3.　Materielle Rechtskraft　848
　　　　3.1.　Begriff der materiellen Rechtskraft　848

3.2.	Auswirkungen der materiellen Rechtskraft	848
3.2.1.	Eintritt des Verbots der doppelten Strafverfolgung (ne bis in idem, Sperrwirkung der abgeurteilten Sache), StPO 11	848
3.2.2.	Feststellungswirkung	848
3.2.3.	Anhang: Verhältnis von Straf- und Zivilurteil bzw. Verwaltungsentscheid	849

§ 101 Vollstreckung der Strafentscheide, StPO 439–444, JStPO 42 und 43, StBOG 65 und 66, VStrR 90–93, MStP 211–215, BGG 69 und 70 — 850

1. Allgemeines zum Strafvollzug, StPO 439 — 850
2. Sicherheitshaft im Strafvollzug, StPO 440 — 851
3. Vollstreckungsverjährung, StGB 99 f., StPO 441 — 852
4. Vollstreckung bezüglich Verfahrenskosten usw. sowie im Zivilpunkt, StPO 442 und 443, MStP 211, 214 — 852

§ 102 Übergangsbestimmungen, StPO 448–456 — 853

1. Allgemeine Bestimmungen, StPO 448 und 449 — 853
   1.1. Anwendbares Recht, StPO 448, JStPO 47 — 853
   1.2. Zuständigkeit, StPO 449, JStPO 48 — 854
2. Übergangsrecht im erstinstanzliche Hauptverfahren und bei besonderen Verfahren, StPO 450–452, JStPO 49 — 855
3. Übergangsrecht im Rechtsmittelverfahren, StPO 453 und 454, JStPO 51 — 856
4. Übergangsrecht bei Strafbefehlen und bei Privatstrafklageverfahren, StPO 455 und 456 — 856

Artikelregister — 859

- Strafprozessordung (StPO) — 859
- Jugendstrafprozessordnung (JStPO) — 865
- Verwaltungsstrafrecht (VStrR) — 866
- Militärstrafprozess (MStP) — 866
- Entwurf Bundesgesetz über die Organisation der Strafbehörden des Bundes (E StBOG) — 867
- Zivilprozessordnung (ZPO) — 868
- Bundesgerichtsgesetz (BGG) — 868
- Strafgesetzbuch (StGB) — 869
- Militärstrafrecht (MStG) — 871

Gesetzes- und Sachregister — 873

1. Kapitel: Grundlagen, Geltungsbereich und Grundsätze der Schweizerischen Strafprozessordnung

1. Teil: Begriffliches; Grundlagen der Schweizerischen Strafprozessordnung und ihrer Anwendung

§ 1 Begriff und allgemeine Rolle des Strafprozessrechts

Literaturauswahl: AESCHLIMANN N 1; HAUSER/SCHWERI/HARTMANN § 1; OBERHOLZER N 1; PIQUEREZ (2006) N 1; DERS. (2007) N 1; SCHMID (2004) N 1.

1. Unterschiede von materiellem Strafrecht und Strafprozessrecht

1.1. Materielles Strafrecht

Die Erfahrung zeigt, dass jede staatliche Gemeinschaft zur Sicherung der Rechts- und Friedensordnung bei schweren Verstössen gegen die Regeln des Zusammenlebens über Mechanismen der vergeltend-strafenden Reaktion verfügen muss. Damit ist der Bereich des **materiellen Strafrechts** angesprochen, welcher primär im Strafgesetzbuch vom 21.12.1937, aber auch in zahlreichen Nebenstrafgesetzen auf eidgenössischer und kantonaler Stufe geregelt ist. Die Aufgabe des materiellen Strafrechts besteht darin, die Straftatbestände zu normieren, also die strafbaren Verhaltensweisen zu umschreiben und die positiven wie auch die negativen Voraussetzungen der Strafbarkeit sowie die Sanktionen als Rechtsfolge beim Vorliegen eines Deliktes festzulegen. Es liegt jedoch auf der Hand, dass sich dieses materielle Strafrecht nicht von selbst verwirklicht. Es sind vielmehr Normen erforderlich, welche bestimmen, welche Behörden mit der Durchsetzung des materiellen Strafrechts betraut sein sollen, in welchem Verfahren dies zu geschehen hat und wie dabei mit Blick auf die verfassungsmässigen Rechte der Verfahrensbeteiligten auf deren berechtigten Interessen Rücksicht zu nehmen ist. 1

1.2. Formelles Strafrecht

Die vorstehend angesprochenen Regeln zur Durchsetzung des staatlichen Strafanspruchs werden als formelles Strafrecht bezeichnet. In einem weiteren Sinn verstanden, gehört einerseits das **Gerichtsverfassungsrecht** dazu, d.h. die Normen, die als Teil des Verfassungsrechts die Organisation und die Tätigkeit der Strafverfolgungsbehörden im Allgemeinen regeln. Andererseits ist hier das 2

Strafprozess- oder Strafverfahrensrecht im engeren Sinn einzureihen, d.h. **die Normen, die den Verfahrensablauf bei der Durchsetzung des staatlichen Strafanspruches regeln.**

3   Zum formellen Strafrecht gehören auch das **Strafvollzugs- oder -vollstreckungsrecht** sowie das immer mehr an Bedeutung gewinnende **Recht der internationalen Rechtshilfe**. Diese Bereiche werden in der vorliegenden Studie nur am Rande behandelt[1].

1.3. Abgrenzung von materiellem und formellem Strafrecht

4   Die **Unterscheidung zwischen materiellem und formellem Strafrecht ist im Sinn des vorstehend Ausgeführten primär eine funktionale.** In der Schweiz war die Unterscheidung freilich vor Schaffung der Schweizerischen Strafprozessordnung insofern von Bedeutung, als seit dem Jahre 1898 gemäss früherem BV 64bis die Kompetenz zur Schaffung des (materiellen) Strafrechts grundsätzlich dem Bund übertragen war, während die Regelung des Strafverfahrens unter Einschluss der Behördenorganisation «*wie bis anhin*» den Kantonen überlassen blieb. Im Jahre 2000 wurde mit dem neuen BV 123 III die Gesetzgebungskompetenz ebenfalls im Bereich des Strafverfahrensrechts dem Bund übertragen, welcher erst mit der Schaffung der Schweizerischen Strafprozessordnung von dieser Kompetenz Gebrauch machte[2].

5   Vor allem im früheren Recht waren diese **Grenzen allerdings teilweise verwischt**, etwa bei den Gerichtsstandsbestimmungen, welche die örtliche Zuständigkeit der Kantone gegeneinander abgrenzten. Diese befanden sich in StGB 340 ff., wurden nun allerdings in die Schweizerische Strafprozessordnung überführt (StPO 29 ff.)[3]. Andererseits enthalten nicht wenige kantonale Gesetze Strafbestimmungen aus dem Bereich der den Kantonen verbliebenen Kompetenz zur Regelung des Polizeistrafrechts (StGB 335 I). Gewisse Regelungsbereiche lassen sich im Übrigen nicht eindeutig dem materiellen Strafrecht oder aber dem Prozessrecht zuweisen. Dementsprechend werden sie in einzelnen Rechtsordnungen im Strafgesetzbuch, in anderen aber in Prozessgesetzen geregelt. Zu nennen wäre hier die Verjährung, die entweder als Frage des Untergangs des staatlichen Strafanspruchs dem materiellen oder aber als negative Prozessvoraussetzung[4] dem formellen Strafrecht zugerechnet werden kann. Ähnliches gilt dort, wo nach dem Opportunitätsprinzip wegen Geringfügigkeit auf die Durchsetzung des staatlichen Strafanspruches verzichtet werden kann[5]. Immerhin hat die

---

[1]   Zur Rechtshilfe hinten N 491 ff.
[2]   Ein Abriss der Entstehungsgeschichte der Schweizerischen Strafprozessordnung vom 5.10.2007 findet sich in N 22.
[3]   Hinten N 438 ff.
[4]   Zu den Prozessvoraussetzungen hinten N 315 ff.
[5]   Hinten N 183 ff. Die entsprechenden Regeln finden sich nun sowohl im StGB (Art. 52–54) wie auch in der StPO (Art. 8 II und III)!

Schweizerische Strafprozessordnung versucht, eine bessere Trennung der Materie herbeizuführen, indem die meisten der prozessualen Bestimmungen – zu nennen sind etwa die vorerwähnten Gerichtsstandsbestimmungen – aus dem StGB in die StPO überführt wurden.

2. Funktionseinheit von materiellem Strafrecht und Strafprozessrecht

Die Tatsache, dass sich die Rechtsdogmatik um Abgrenzungskriterien zwischen materiellem Strafrecht und Strafprozessrecht bemüht hat und die beiden Materien in der Schweiz nunmehr in zwei verschiedenen Bundesgesetzen geregelt sind, darf nicht darüber hinwegtäuschen, dass sie von der Sache her eng verbunden sind und nur zusammen wirken können. Das **Strafprozessrecht ist dabei Diener des materiellen Strafrechts**. Es muss die prozessualen Behelfe zur Verfügung stellen, die notwendig sind, um die Durchsetzung des sich aus dem materiellen Strafrecht ergebenden staatlichen Strafanspruchs und der weiteren Rechtsfolgen zu ermöglichen.

6

3. Durchsetzung des Strafrechts aufgrund der materiellen Wahrheit als Prozessziel

Aufgabe des Strafprozessrechts ist es, festzustellen, ob eine bestimmte beschuldigte Person sich eines gemäss materiellem Strafrecht verpönten Verhaltens schuldig gemacht hat. Ist diese strafrechtliche Verantwortlichkeit festgestellt, wird die Sanktion dafür festgesetzt. Im Zentrum des Verfahrens steht regelmässig das Ringen um ein «*richtiges Urteil*». Das den beschuldigten Personen verurteilende oder freisprechende Erkenntnis soll auf der **materiellen Wahrheit** beruhen: Eine Bestrafung setzt voraus, dass das der beschuldigten Person vorgeworfene, gemäss materiellem Strafrecht verpönte Verhalten jenem entspricht, welches der Beschuldigte, historisch gesehen, gesetzt und auch zu verantworten hat. Der zwingende Charakter des Strafrechts als Teil des öffentlichen Rechts bedingt, dass diese materielle Wahrheit von den zuständigen Strafverfolgungsbehörden von Amtes wegen erforscht wird (**Wahrheits- bzw. Untersuchungsgrundsatz**)[6].

7

4. Justizförmigkeit des Strafprozesses

Es liegt auf der Hand, dass ein blindes, isoliertes Durchsetzen des materiellen Strafrechts, selbst wenn dieses Bemühen strikte der Verwirklichung der materiellen Wahrheit verpflichtet sein sollte, letztlich zu einer des modernen Rechtsstaats

8

---

[6] StPO 6, hinten N 153 ff.

unwürdigen Barbarei führen müsste. Dies vor allem mit Blick auf die Stellung der sich hier gegenübertretenden Kontrahenten:

9 Im Strafprozess tritt der Staat als Vertreter der Gemeinschaft auf, um deren Anspruch auf Vergeltung und Ausgleich kriminellen Unrechts durchzusetzen und damit gewissermassen den Rechtsfrieden wiederherzustellen. Die dafür eingesetzten Strafverfolgungsbehörden sind geneigt, der eines Delikts beschuldigten Person gegenüber regelmässig ihre ganze Machtfülle einzusetzen. Die Gefahr des **Missbrauches staatlicher Macht ist deshalb jedem Strafverfahren inhärent**. Umso bedeutsamer ist es, dass Strafen nur unter strenger Beachtung des dafür vorgesehenen Prozesswegs sowie der etwa in der Bundesverfassung vorgesehenen Garantien und Schranken verhängt werden dürfen. Dieser **Grundsatz der Justizförmigkeit** (oder Prozessförmigkeit) gehört unter der Bezeichnung **due process of law** seit dem 14. Jahrhundert zu den ältesten und auch bedeutsamsten Maximen des angloamerikanischen Strafverfahrensrechts und hat sich prägend auch z.B. auf das schweizerische Strafprozessrecht ausgewirkt.

5. Strafprozessrecht im Spannungsfeld verschiedener Kräfte

10 Strafverfahrensrecht ist zwar formelles Recht, doch wäre es verfehlt, die Materie als rein technisch-formal einzustufen und ihm nur sekundären Stellenwert einzuräumen. Vielmehr brechen beim Strafprozessrecht – weit mehr als etwa im Zivil- und Zivilprozessrecht, aber auch im materiellen Strafrecht – grundsätzliche Fragen des Verhältnisses von Bürger und Staat auf. In **Ausübung der Strafbefugnisse macht der Staat in der für den Bürger empfindlichsten und einschneidendsten Weise von seiner Machtfülle Gebrauch**.

11 Wie der Staat im **Spannungsfeld der widerstrebenden Interessen**, so
– der Gemeinschaft selbst auf Durchsetzung des öffentlichen Strafanspruchs und Bestrafung aller Schuldigen;
– des Verletzten auf Ausgleich des ihm zugefügten Unrechts;
– des Opfers auf den ihm nach heutiger Auffassung zu gewährenden besonderen Schutz und
– der beschuldigten Person auf Respektierung ihrer Freiheitsrechte und Menschenwürde,
diese gegeneinander abgrenzt, ist weitgehend ein Gradmesser für die politische und rechtliche Kultur eines Staates.

12 Die Schwierigkeit, angesichts der vorgenannten, im Strafverfahren aufbrechenden **Antinomien**, die auf dem Spiel stehenden Kollektiv- und Individualinteressen richtig abzuwägen, zieht sich wie ein roter Faden durch das ganze Strafprozessrecht und prägt vor allem die nachstehend im 2. Kapitel[7] zu behandelnden Verfahrensgrundsätze. Eine allgemeine Lösung dieser Interessengegensätze zu

---

[7] Hinten N 79 ff.

präsentieren, ist a priori unmöglich, und stärker als etwa im materiellen Strafrecht befinden sich hier die Anschauungen in ständigem Wandel.

§ 2 Überblick über den Gang des Strafverfahrens gemäss der Schweizerischen Strafprozessordnung

Literaturauswahl: Siehe die Hinweise zu §§ 77–96.
Materialien: BeB 13 ff.; Botschaft 1115 f.

1. Vorbemerkung

Ein Strafverfahren durchläuft von der Eröffnung bis zum abschliessenden verurteilenden oder freisprechenden Erkenntnis üblicherweise verschiedene Stufen. Zum besseren Verständnis der nachfolgenden detaillierten Ausführungen zum Verfahrensrecht erscheint es als angebracht, bereits an dieser Stelle einen kurzen Überblick über die verschiedenen Verfahrensstufen gemäss der neuen Schweizerischen Strafprozessordnung zu geben. 13

2. Vorverfahren, StPO 299–327[8]

Das Strafverfahren wird nicht notwendigerweise, aber häufig, durch eine bei der Polizei erstattete Anzeige oder von dieser Behörde selbst, gestützt auf eigene Wahrnehmungen, eingeleitet. Der Polizei (tätig wird hier vorab die eigentliche Kriminalpolizei) obliegen die ersten Erhebungen, insbesondere die Feststellung des Tatbestandes, die Sicherung der Beweise und des Täters u.ä. (StPO 306 f.). Das Ermittlungsverfahren weist keinen selbstständigen Charakter auf, sondern bildet Teil des von der Staatsanwaltschaft geleiteten Vorverfahrens (als sog. **eingliedriges Verfahren**)[9]. 14

Zum Vorfahren gehört sodann als zweiter Teil die eigentliche **(Straf-)Untersuchung**, üblicherweise vom Staatsanwalt geführt (StPO 308 ff.). In dieser Phase wird durch Einvernahmen der beschuldigten Person, allfälliger Zeugen usw. und Sammeln weiterer Beweismittel der Sachverhalt in tatsächlicher und rechtlicher Hinsicht so weit abgeklärt, dass «*entweder Anklage erhoben oder das Verfahren eingestellt werden kann*» (so noch deutlich VE 326 II). 15

Nach abgeschlossener Untersuchung wird über das weitere Schicksal des Straffalles entschieden. Entweder erfolgt ein Abbruch des Strafverfahrens (in Form einer Einstellung). Oder aber es ergeht ein Strafbefehl, oder aber der Fall wird mittels Anklage zur Beurteilung des Falles dem erstinstanzlichen Gericht über- 16

---

[8] Hinten N 1205 ff.
[9] Hinten N 1205 ff.

wiesen. Gemäss dem Staatsanwaltschaftsmodell, wie es der Schweizerischen Strafprozessordnung zugrunde liegt, erfolgen die **Einstellung** des Verfahrens, der **Erlass eines Strafbefehls** und die **Anklage** durch den Staatsanwalt.

17 Die Anklagen werden **ohne besonderes Zulassungsverfahren beim erstinstanzlichen Gericht** (allenfalls beim Einzelgericht) eingereicht, von diesen indessen vorgeprüft (StPO 329)[10].

3.   Erstinstanzliches Hauptverfahren, StPO 328–351[11]

18 Mit der Übermittlung der Anklage an das erstinstanzliche Gericht (allenfalls dem Einzelgericht, StPO 19 II) ist das Hauptverfahren eröffnet. Kernstück dieses Stadiums ist die **öffentliche Hauptverhandlung**, welche aufgrund eines kontradiktorischen Verfahrens dem Gericht die Grundlage für den anschliessenden Entscheid über Schuld oder Unschuld und damit Verurteilung (mit Verhängung entsprechender Sanktionen) oder Freispruch liefern soll. Diese Verfahrensstufe endet mit dem Urteil, welches mündlich verkündet und anschliessend schriftlich begründet und ausgefertigt wird.

4.   Rechtsmittelverfahren, StPO 379–415, BGG 78 ff.[12]

19 Gegen erstinstanzliche Entscheide sind Rechtsmittel gegeben, die dem Beschwerten die Möglichkeit einräumen, den Entscheid bei einer höheren Instanz anzufechten. Je nach Art des Rechtsmittels ist das entsprechende Verfahren und damit die Überprüfungsmöglichkeit begrenzt, oder aber es findet (grundsätzlich bei der Berufung) eine vollständige Wiederholung der erstinstanzlichen Hauptverhandlung und damit eine umfassende Neubeurteilung des Falls statt.

5.   Strafvollzug[13]

20 Der Strafvollzug, der in seinen Grundzügen im StGB 74–92 sowie StPO 439 ff., im Übrigen aber durch kantonales Recht und verschiedene, regional gegliederte Konkordate[14] geregelt ist, schliesst sich an die rechtskräftige Verurteilung an, soweit nicht Strafaufhebungsgründe (Begnadigung, Amnestie[15], dauernde Straferstehungsunfähigkeit u.ä.) ihn blockieren. Der Strafvollzug wird in diesem Handbuch nur am Rande behandelt.

---

[10] Hinten N 1265 ff.
[11] Hinten N 1277 ff.
[12] Hinten N 1437 ff.
[13] Hinten N 1853 ff.
[14] Für die Ostschweiz vorab das Ostschweizerische Konkordat für den Strafvollzug vom 31.3.1976, LS 334.
[15] Hinten N 1730 ff.

§ 3 Quellen des schweizerischen Strafprozessrechts und dessen Anwendung

Literaturauswahl: AESCHLIMANN N 12; HAUSER/SCHWERI/HARTMANN § 5; MAURER 13; OBERHOLZER N 22; PIQUEREZ (2006) N 115; DERS. (2007) N 115; SCHMID N 22.

JÜRG AESCHLIMANN, Die Zukunft des schweizerischen Strafprozessrechts, Z 109 (1992) 355; FELIX BÄNZIGER, Die schweizerische Strafprozessordnung – ein Projekt mit Zukunft, ZSR 121 (2002) 527 (mit Hinweisen auf die bereits umfangreiche Literatur zum Vorentwurf für eine Schweizerische Strafprozessordnung von Juni 2001); DERS. StPO auf der Zielgeraden, Kriminalistik 2007 645; ANDREAS DONATSCH, Das schweizerische Strafprozessrecht, SJZ 100 (2004) 321; JEAN-LUC EGGER/FILIPPO GRANDI, Il nuove Codice di Procedura penale; un cantiere anche linguistico, LeGes 19 (2008) 31; PATRICK GUIDON, Die Schweizerische Strafprozessordnung, Jusletter 15.9.2009; ROBERT HAUSER/NIKLAUS SCHMID, Die Schweiz auf dem Weg zur Vereinheitlichung des Strafprozessrechts, FS Roland Miklau, Wien 2006, 175; ELISABETH HUG, Vereinheitlichung des Prozessrechts – Bericht aus der Redaktionsstube, LeGes 19 (2008) 9; INSTITUT DU FÉDÉRALISME FRIBOURG SUISSE, Unification de la procédure pénale, fédéralisme et organisation judiciaire (avec des contributions de: ERNEST WEIBEL, PIERRE-HENRI BOLLE, BERNARD BERTOSSA, JEAN-FRANÇOIS LEUBA et ANDRÉ KUHN), Bâle/Genève/Munich 2003; ANDRÉ KUHN, Procédure pénale unifiée: *reformatio in pejus aut in melius?*, Lausanne 2008; ANDRÉ KUHN/CAMILLIE PERRIER, Quelques points problématiques du Code de procédure pénale suisse, Jusletter 21.9.2008; MICHAEL LEUPOLD, Die Schweizerische Strafprozssordnung vom 5. Oktober 2007. Entstehung – Grundzüge – Besonderheiten, BJM 2008 233; PETER MÜLLER, Auf dem Weg zu einer Vereinheitlichung des Strafprozessrechts – eine Zwischenbilanz, ZBJV 135 (1999) 286; GÉRARD PIQUEREZ, Les nouveautés du Code de procédure pénale suisse, RJJ 17 (2007) 93; MARK PIETH, Von der Inquisition zum Sicherheitsstaat: ketzerische Gedanken zur aktuellen Strafprozessreform, AJP 2002 626; FRANZ RIKLIN, Gerichte verlieren an Bedeutung, plädoyer 4/2006 28; DERS. Die Strafprozessrechtsreform in der Schweiz, Goltdammer`s Archiv für Strafrecht 153 (2006) 495; NIKLAUS SCHMID, Halbzeit auf dem Weg «Du juge des vallées à la procédure pénale fédérale» – Einige Gedanken zu den letzten Fortschritten dieses Gesetzgebungsprojekts, Mélanges pour P.-H. Bolle, Bâle/Genève/Munich 2006, 183; FRANK SCHÜRMANN, Der Entwurf für eine Schweizerische Strafprozessordnung und die EMRK, FS Heinrich Koller, Basel/Genf/München 2006, 269; GÉRARD PIQUEREZ, L`avenir de la procédure pénale en Suisse, Z 109 (1992) 366; FRANZ WICKI, Die Schweizerische Strafprozessordnung aus der Sicht des Gesetzgebers, Z 125 (2007) 219.

Materialien: Aus 29 mach 1 S. 13; BeB 3 ff.; ZEV 16 ff.; Botschaft 1095 ff.; AB N 2007 933 ff.

1. Schichten des Strafprozessrechts allgemein – Kurzabriss der Vereinheitlichungsbemühungen des schweizerischen Strafprozessrechts

Gemäss der ursprünglichen Kompetenzausscheidung von BV 64bis (geschaffen im Jahre 1898), fiel das Strafverfahrensrecht primär in die Zuständigkeit der Kantone. Diese Kompetenzzuweisung war schon lange überholt: Einerseits wurde das den Kantonen überlassene Strafverfahrensrecht zunehmend von übergeordnetem Recht bestimmt, nämlich einerseits vom Bundesrecht (z.B. BV; OHG; 21

BÜPF; BVE), andererseits von überstaatlichem Recht wie der EMRK oder dem IPBPR. Die trotzdem noch bestehende Rechtszersplitterung im Bereich des Verfahrensrechts erwies sich zusehends als nicht mehr verantwortbar. Im ausgehenden 20. Jahrhundert mehrten sich deshalb die Stimmen, die eine **gesamtschweizerische Vereinheitlichung** dieser Materie postulierten, wobei sich diese primär auf das eigentliche Verfahren und nur sekundär auf die Behördenorganisation beziehen sollte[16].

22 In der Volksabstimmung vom 12.3.2000 wurde mit dem neuen **BV 123 die entsprechende Kompetenznorm** geschaffen, die dem Bund die Befugnis zum Erlass einer vereinheitlichten StPO übertrug. Bereits vorher waren die Arbeiten zur Schaffung einer Schweizerischen StPO an die Hand genommen worden, indem im Jahre 1994 eine Expertenkommission eingesetzt wurde, um die Frage der Vereinheitlichung näher zu prüfen[17]. Diese präsentierte im Jahre 1997 ihren Bericht «**Aus 29 mach 1**», der eine weitgehende Vereinheitlichung des Strafprozessrechts befürwortete[18]. Im Juni 2001 wurde der **Vorentwurf** in die Vernehmlassung geschickt[19]. Aus diesem Vernehmlassungsverfahren liess sich ablesen, dass gegen die Idee der Vereinheitlichung des Strafprozessrechts kaum noch Opposition vorhanden war und der Vorentwurf in seinen Kernpunkten mit wenigen Ausnahmen weitgehend auf Zustimmung stiess[20]. Der **bundesrätliche Antrag ans Parlament** erfolgte am 21.12.2005[21]. Die parlamentarischen Beratungen begannen mit der Beratung durch den Ständerat als Erstrat zwischen dem 6. und 11.12.2006[22]. Der Nationalrat behandelte die Vorlage vom 18. bis 20.6.2007[23]. Die Differenzbereinigung erfolgte in der Herbstsession 2007 und die Schlussabstimmung am 5.10.2007[24]. Diese Beratungen brachten gegenüber Vorentwurf und bundesrätlichen Vorschlägen keine erheblichen Änderungen; vor allem die

---

[16] Dazu näher m.w.H. etwa Aus 29 mach 1 S. 21 ff.; BeB 9 ff.; Botschaft 1102.
[17] Anfang 1996 überwiesen die eidgenössischen Räte sieben Standesinitiativen, die eine Vereinheitlichung forderten, mit Hinweisen SJZ 92 (1996) 465.
[18] «Aus 29 mach 1. Konzept einer eidgenössischen Strafprozessordnung», Bericht der Expertenkommission «Vereinheitlichung des Strafprozessrechts», hernach vom Eidg. Justiz- und Polizeidepartement, Bern 1997, in die Vernehmlassung geschickt. Nach Durchführung von Hearings mit interessierten Kreisen wurde dem Verfasser dieses Lehrbuchs im März 1999 vom EJPD der Auftrag erteilt, bis März 2001 einen Vorentwurf für eine Schweizerische StPO auszuarbeiten. Der Vorentwurf wurde dem EJPD im Sommer 2000 abgeliefert.
[19] Vorentwurf zu einer Schweizerischen Strafprozessordnung (VE) und Begleitbericht zum Vorentwurf für eine Schweizerische Strafprozessordnung (BeB), Bern, Juni 2001.
[20] Siehe Bericht des Bundesamtes für Justiz über die Ergebnisse der Vernehmlassung (ZEV), Bern, Februar 2003.
[21] Botschaft zur Vereinheitlichung des Strafprozessrechts, BBl 2006 1085 ff.
[22] Beratungen nachzulesen in AB S 2006 982 ff. und 1043 ff. Schlussabstimmung 39 Stimmen für den Entwurf, 2 Enthaltungen.
[23] Siehe AB N 2007 933 ff., 987 ff., 1020 ff. Schlussabstimmung 162:3 für den Entwurf.
[24] AB S 2007 950 (35:0, 7 Enthaltungen), AB N 2007 1732 (175:11 Stimmen).

§ 3 Quellen des schweizerischen Strafprozessrechts und dessen Anwendung

grundsätzliche Richtungswahl «Untersuchungsrichter- oder Staatsanwaltschaftsmodell?» gab bemerkenswerterweise kaum Anlass zu grösseren Kontroversen[25].

Das **Referendum** gegen die Vorlage wurde nicht ergriffen[26]. Es ist zu erwarten, dass der Bundesrat die Schweizerische Strafprozessordnung vom 5.10.2007 auf den 1.1.2011 in Kraft setzt. Auf den gleichen Zeitpunkt soll die Jugendstrafprozessordnung vom 20.3.2009 sowie die Schweizerische Zivilprozessordnung in Kraft gesetzt werden.

2. Weiteres, im Strafverfahren zu beachtendes Bundesrecht

2.1. Auf Verfassungsstufe

2.1.1. In der Bundesverfassung vom 18.12.1998[27] und der Ergänzung vom 12.3.2000 (letztere in Kraft seit dem 1.4.2003), vorab:

BV 7   Achtung der Menschenwürde;

BV 8   Gleichheitsgrundsatz, woraus zahlreiche prozessuale Gebote und Verbote (Willkürverbot, Anspruch auf rechtliches Gehör usw.) abgeleitet werden[28];

BV 9   Schutz vor Willkür;

BV 10   Recht auf persönliche Freiheit; Verbot der Folter und anderer unmenschlicher und erniedrigender Behandlung und Bestrafung;

BV 13   Schutz der Privatsphäre;

BV 29 ff. verschiedene Verfahrensgarantien;

BV 32   Unschuldsvermutung;

BV 123   Kompetenzaufteilung in Strafsachen zwischen Bund und Kantonen (Bund regelt das Strafrecht und das Strafprozessrecht; die Kantone sind für die Rechtsprechung und den Strafvollzug zuständig, Abs. 1 und 2);

BV 173 I lit. k   Zuständigkeit der eidgenössischen Räte für Begnadigung und Amnestie;

BV 188 ff.   Vorschriften über das Bundesgericht, und

BV 191c   richterliche Unabhängigkeit.

---

[25] Immerhin im Nationalrat ein Rückweisungsantrag u.a. zwecks Vorlage einer Alternative in Form des Untersuchungsrichtermodells; dieser wurde mit 143 zu 24 Stimmen verworfen, AB N 2007 942.
[26] Referendumsvorlage in BBl 2007 6977, Referendumsfrist bis 24.1.2008.
[27] SR 101.
[28] Näher hinten N 90 ff.

2.1.2. Ungeschriebene Verfassungsrechte?

25 Die Rechtsprechung des Bundesgerichts dehnte den Katalog der sich aus der **alten Bundesverfassung von 1874 ergebenden Freiheitsrechte** über die geschriebenen auf die ungeschriebenen aus. Diese Praxis – insbesondere zum zentralen Recht auf persönliche Freiheit und Unversehrtheit der Person – auferlegte zusammen mit der bundesgerichtlichen Rechtsprechung zur EMRK[29] dem kantonalen Strafverfahren laufend neue Schranken, insbesondere im Bereich der Behördenorganisation sowie der Zwangsmassnahmen wie Verhaftungen, Durchsuchungen und Überwachungsmassnahmen[30]. BV 64bis in der Fassung von 1898 bzw. BV 123 III in der Fassung von 1998 (die das Strafprozessrecht noch den Kantonen überliessen) wurden durch diese Praxis zunehmend ausgehöhlt. Diese ungeschriebenen Verfassungsrechte sind nun aber weitgehend in die neue BV übernommen worden, so vor allem die persönliche Freiheit in BV 10. Ungeschriebene Verfassungsrechte dürften aus heutiger Sicht kaum mehr vorhanden sein, doch ist ohne Weiteres vorstellbar, dass die sich in ständiger Wandlung und Entwicklung begriffenen Anschauungen neue und alsdann wohl ungeschriebene Grundrechte schaffen werden[31].

2.2. Auf Gesetzes- und Verordnungsstufe

26 Auch nach Inkrafttreten der StPO finden sich ausserhalb derselben in der Bundesgesetzgebung noch diverse Normen mit prozessualer Ausrichtung. Verfahrensnormen finden sich zunächst in Bundesgesetzen mit mehr materiellstrafrechtlicher Ausrichtung. Zu erwähnen sind etwa folgende Bestimmungen aus solchen Bundesgesetzen:

2.2.1. Schweizerisches Strafgesetzbuch vom 21.12.1937 (StGB)[32]

27 Das StGB regelt primär das materielle Strafrecht, enthielt aber von jeher (und auch jetzt noch) ebenfalls **Normen mit eher prozessualer Ausrichtung**. Dies gilt ebenso für die vom eidgenössischen Parlament am 13.12.2002 verabschiedete *Totalrevision des Allgemeinen Teils des Strafgesetzbuchs* (AT StGB), welche am 1.1.2007 in Kraft trat[33], sowie für den Rechtszustand nach Verabschiedung der StPO.

---

[29] Hinten N 42
[30] Hinten N 1136 ff.
[31] So wird neuerdings ein «*Grundrecht auf Computerschutz*» als ungeschriebenes Verfassungsrecht moniert, vgl. dazu AXEL TSCHENTER in AJP 4/2008 383. Das vorab in Deutschland diskutierte *Recht auf informationelle Selbstbestimmung* hat in der Schweiz bisher wenig Echo gefunden, dürfte sich aber weitgehend aus jenem auf persönliche Freiheit ergeben.
[32] SR 311.0.
[33] AS 2006 3459, 3544.

Normen mit strafprozessualer Ausrichtung finden sich im StGB etwa an folgenden Stellen: 28

StGB 20 u.a. Verpflichtung des Richters, ärztliche Gutachten einzuholen;
StGB 30 ff. Strafantrag;
StGB 52 ff. Verzicht auf Weiterverfolgung und Strafbefreiung;
StGB 97 ff. Verfolgungs- und Vollstreckungsverjährung;
StGB 381 ff. Begnadigung.

Eine Reihe von früheren prozessualen Bestimmungen des StGB wie jene von Art. 340 ff. wurden in die StPO überführt und demgemäss im StGB gestrichen[34].

2.2.2. Jugendstrafgesetz vom 20.6.2003 (JStG)[35]

Dieses Bundesgesetz regelt das materielle Jugendstrafrecht, doch enthält es (vor 29 allem im Blick auf die zur Zeit seiner Verabschiedung noch nicht hergestellte Verfahrenseinheit) in Art. 6–8, 21 III und 38–43 auch prozessuale Bestimmungen. Diese Normen wurden bei Erlass der JStPO in diese überführt bzw. durch neue Regelungen ersetzt[36].

2.2.3. Schweizerische Jugendstrafprozessordnung vom 20.3.2009 (JStPO)[37]

Dieses Bundesgesetz regelt die Verfolgung und Beurteilung von Straftaten nach 30 Bundesstrafrecht, die von Jugendlichen i.S. von JStG 3 I verübt werden; enthält dieses Gesetz keine besondere Regelung, gilt die StPO (JStPO 3 I). Das Jugendstrafverfahren wird im vorliegenden Studienbuch nur am Rande behandelt, etwa, indem gelegentlich auf die anwendbaren Bestimmungen verwiesen wird.

2.2.4. BG über das Verwaltungsstrafrecht vom 22.3.1974 (VStrR)[38]

Dieses Bundesgesetz regelt das eidgenössische **Verwaltungsstrafrecht** in mate- 31 rieller wie formeller Hinsicht, das Verfahren in VStrR 19 ff. Diese Materie wurde mindestens vorläufig nicht in die Vereinheitlichung des Strafverfahrensrechts einbezogen[39]. Allerdings wurden verschiedene Anpassungen und Verweisungen an die StPO vorgenommen[40]. Das Verwaltungsstrafrecht wird im vorliegenden Buch nur durch Hinweise auf die zur StPO parallelen Regelungen behandelt.

---

[34] BBl 2007 7118.
[35] BBl 2003 4445; SR 313.0.
[36] Siehe Anträge in BBl 2006 1573 und Referendumstext in BBl 2009 2010.
[37] Referendumsvorlage in BBl 2008 1993, vgl. Botschaft 1098 ff., 1116 ff., 1353 ff. Im Vorfeld der parlamentarischen Beratung wurde die vorgenannte bundesrätliche Vorlage zurückgezogen und am 22.8.2007 durch einen überarbeiteten Entwurf ersetzt, vgl. BBl 2008 3121.
[38] SR 313.0.
[39] Botschaft 1095 f.
[40] Vgl. Vorschläge in BBl 2006 1535 f., definitive Parlamentsbeschlüsse in BBl 2007 7121 (Referendumsvorlage).

2.2.5. Militärstrafgesetzbuch vom 13.6.1927 (MStG)[41]

32 Dieses Gesetz regelt – dem StGB folgend – vorab das **materielle militärische Strafrecht**.

2.2.6. BG über das Bundesgericht vom 17.6.2005 (Bundesgerichtsgesetz, BGG)[42]

33 In diesem Gesetz finden sich Bestimmungen über die:
BGG 1 ff.   Stellung und Organisation des Bundesgerichts;
BGG 72 ff.   Beschwerde in Zivilsachen[43];
BGG 78 ff.   Beschwerde in Strafsachen (kurz: Strafrechtsbeschwerde)[44];
BGG 82 ff.   Beschwerde in öffentlich-rechtlichen Angelegenheiten[45];
BGG 113 ff.   Subsidiäre Verfassungsbeschwerde[46].

2.2.7. BG über das Bundesstrafgericht vom 4.10.2002 (Strafgerichtsgesetz, SGG)[47]

34 Dieses soll ersetzt werden durch das BG über die Organisation der Strafbehörden des Bundes (Strafbehördenorganisationsgesetz, StBOG); der Antrag dazu des Bundesrats vom 10.9.2008 ist zur Zeit im Parlament hängig[48]; im Folgenden wird primär auf das E StBOG verwiesen. Das StBOG soll einerseits die BStP (bezüglich dessen organisatorische Bestimmungen), anderseits das SGG ablösen. Es soll die Organisation der Bundesanwaltschaft wie auch des Bundesstrafgerichts in Bellinzona regeln. Das Verfahren der Bundesanwaltschaft bezüglich der in die Bundeskompetenz fallenden Delikte[49] wie auch jenes des Bundesstrafgerichts richtet sich im Übrigen nach der Schweizerischen Strafprozessordnung.

2.2.8. BG über Ordnungsbussen im Strassenverkehr vom 24.6.1970 (Ordnungsbussengesetz, OBG)[50] und V über die Ordnungsbussen im Strassenverkehr vom 4.3.1996 (OBV)[51]

35 Sie regeln das abgekürzte Bussenverfahren im Strassenverkehr, welches nicht in der StPO geregelt ist.

---

[41] SR 321.0. Vgl. neue Fassung des ersten Buches (Art. 1–60e) gemäss BG vom 21.3.2003 in AS 2006 3389.
[42] SR 173.110.
[43] Hinten N 1719 f.
[44] Hinten N 1628 ff.
[45] Hinten N 1721.
[46] Hinten N 1724 f.
[47] AS 2003 2133, SR 173.71, zum Inkrafttreten V in AS 2003 2131.
[48] Vgl. BBl 2008 8125.
[49] Hinten N 411 ff.
[50] SR 741.03; revidiert am 6.10.1995, AS 1996 1075.
[51] SR 741.031, AS 1996 1078.

2.2.9. Militärstrafprozess vom 23.3.1979 (MStP)[52]

Dieses Bundesgesetz setzt gestützt auf BV 57 ff. die militärgerichtlichen Instanzen ein und regelt deren Verfahren. Der Militärstrafprozess wurde nicht in die Vereinheitlichung des Strafprozessrechts einbezogen[53] und abgesehen von verschiedenen Anpassungen[54] soweit unberührt gelassen. Diese Materie wird im vorliegenden Studienbuch nur am Rande behandelt[55], so durch zahlreiche Hinweise auf die entsprechenden Bestimmungen.

36

2.2.10. BG über die internationale Rechtshilfe in Strafsachen vom 20.3.1981 (Rechtshilfegesetz, IRSG)[56] und V über internationale Rechtshilfe in Strafsachen vom 24.2.1982 (IRSV)[57]

Sie regeln die **Auslieferung, die Rechtshilfe** zur Unterstützung eines Strafverfahrens im Ausland, die **stellvertretende Verfolgung und die Vollstreckung ausländischer Strafentscheide**. Die – in diesem Studienbuch weiter nicht behandelte – internationale Rechtshilfe soll weitgehend im IRSG geregelt bleiben; die StPO enthält dazu nur wenige Vorschriften, die vor allem die kantonale Zuständigkeit in diesen Fällen betreffen (Art. 54 f.)[58].

37

2.2.11. BG über die Hilfe an Opfer von Straftaten vom 23.3.2007 (Opferhilfegesetz, OHG)[59]

Dieses Gesetz hat zum Ziel, die Stellung der Opfer der Straftaten im Verfahren auf kantonaler und auf Bundesebene durch Ausbau der prozessualen Stellung wie auch durch Schadenersatzansprüche dem Gemeinwesen gegenüber zu verbessern. Die früher in diesem Gesetz enthaltenen Sondervorschriften, die die strafprozessuale Stellung des Opfers regelten (Art. 34 ff.), wurden in die StPO übernommen (siehe vor allem StPO 117).

38

---

[52] SR 322.1. Vgl. sodann Detailvorschriften in der V über die Militärstrafrechtspflege (MStV) vom 24.10.2007, SR 322.2.
[53] Botschaft 1095 f.
[54] Vorschläge in BBl 2006 1537 ff., definitive Parlamentsbeschlüsse vom 5.10.2007 in BBl 2007 7123 ff. (Referendumsvorlage).
[55] Etwa hinsichtlich der Konkurrenzfragen, hinten N 411, 427. Zum Militärstrafprozess vgl. den ausführlichen Kommentar von WEHRENBERG/MARTIN/FLACHSMANN/BERTSCHI/SCHMID (Hrsg.), Kommentar zum Militärstrafprozess, Zürich 2008.
[56] SR 351.1. Das Gesetz wurde am 4.10.1996 revidiert; die Bestimmungen sind am 1.2.1997 in Kraft getreten, AS 1997 114.
[57] SR 351.11; Revision vom 6.12.1996 (im Anschluss an die Revision des IRSG vom 4.10.1996) in AS 1997 132.
[58] Dazu hinten N 503 ff.
[59] SR 312.5; Botschaft zum neuen Gesetz in BBl 2005 7165.

2.2.12. BG über die Überwachung des Post- und Fernmeldeverkehrs vom 6.10.2000, (BÜPF)[60]

39 Dieses Gesetz regelte ab 1.1.2002 die **Überwachung des Post- und Fernmeldeverkehrs** einheitlich für alle eidgenössischen und kantonalen Strafverfahren[61]. Die eigentlich strafprozessualen Regeln dieses Gesetzes wurden in die StPO (Art. 269–279) überführt; der (zumeist eher verwaltungsrechtlich ausgerichtete) Rest blieb bestehen[62].

2.2.13. Weitere Bundesgesetze mit strafprozessualer Ausrichtung

40 Auf *eidgenössischer Ebene* bestanden zwei weitere wesentliche BG mit strafprozessualer Ausrichtung: Einerseits das **BG über die verdeckte Ermittlung (BVE)**[63], andererseits das **BG über die Verwendung von DNA-Profilen im Strafverfahren und zur Identifizierung von unbekannten und vermissten Personen** *(DNA-Profilgesetz)*[64]. Die prozessualen Bestimmungen des BVE finden sich nun in StPO 286–298; dieses Gesetz wurde mit Inkrafttreten der StPO vollständig aufgehoben[65]. Die strafprozessualen Normen des DNA-Profilgesetzes wurden in StPO 255–259 überführt, doch blieb dieses Gesetz in seinen übrigen Regelungsbereichen bestehen[66].

2.3. Internationale Abkommen, Staatsverträge

41 Gestützt auf aBV 8 (jetzt BV 54 ff.) wurde dem Bund traditionsgemäss eine umfassende Kompetenz, **Staatsverträge auch in an sich den Kantonen vorbehaltenen Bereichen abzuschliessen**, zuerkannt, also z.B. bisher auch im Gebiete des Strafverfahrensrechts. Diese Staatsverträge gehen dabei als Bundesrecht dem kantonalen Recht vor. Sie sind ihrer Natur nach häufig unmittelbar anwendbar, setzen also für die innerstaatliche Anwendung nicht den Erlass von umsetzenden innerstaatlichen Vorschriften voraus.

2.3.1. Europäische Konvention zum Schutz der Menschenrechte und Grundfreiheiten vom 4.11.1950, von der Schweiz ratifiziert im November 1974 (EMRK)[67]

42 Diese Konvention, die in der Schweiz **unmittelbar anwendbar ist, gewährleistet in einem Katalog die dem Menschen zustehenden Grundrechte**. Es handelt sich

---

[60] SR 780.1; AS 2001 3096; Botschaft in BBl 1998 4241.
[61] Näher hinten N 1136 ff.
[62] Vgl. Botschaft BBl 2006 1096 oben, 1557. Referendumsvorlage in BBl 2007 7143.
[63] SR 312.8. Zur verdeckten Ermittlung hinten N 1182 ff.
[64] SR 363. Vgl. Botschaft in BBl 2006 1241; Referendumsvorlage in BBl 2007 7140. Zu diesen DNA-Bestimmungen hinten N 1089 ff.
[65] Vgl. Botschaft 2006 1096 oben, 1531 oben; Referendumsvorlage BBl 2007 7115.
[66] Hinten N 1098 f.
[67] SR 0.101.

dabei um die von allen staatlichen Instanzen zu beachtenden Mindeststandards. Gewährt das kantonale oder eidgenössische Recht einen weiter gehenden Schutz, so geht dieses vor (EMRK 60). Ergänzt wird die EMRK mit Geltung ab 1.2.1989 durch die Europäische Konvention zur Verhütung von Folter und unmenschlicher oder erniedrigender Behandlung vom 27.11.1987[68].

Mit Blick auf das Straf- und Strafverfahrensrecht enthält die EMRK vorab folgende Garantien:

EMRK 2 Ziff. 1 Recht auf Leben;
EMRK 3 Verbot der Folter;
EMRK 5 Ziff. 1 Recht auf Freiheit und Sicherheit; die Freiheit darf grundsätzlich nur aufgrund eines Gerichtsverfahrens entzogen werden. Anspruch auf Schadenersatz bei konventionswidriger Haft;
EMRK 6 Ziff. 1 Anspruch in Zivil- und Strafsachen auf ein unabhängiges, auf Gesetz beruhendes Gericht; Anspruch auf ein grundsätzlich öffentliches Verfahren mit Abschluss innert angemessener Frist;
EMRK 6 Ziff. 2 Unschuldsvermutung bis zum gesetzlichen Nachweis der Schuld;
EMRK 6 Ziff. 3 Anspruch, innert nützlicher Frist detailliert über Beschuldigungen orientiert zu werden, über genügend Zeit und Gelegenheit zur Vorbereitung der Verteidigung zu verfügen, sich selbst zu verteidigen oder einen selbst gewählten bzw. einen Pflichtverteidiger zur Verfügung zu haben, Fragen an die Belastungszeugen zu stellen und Entlastungszeugen aufzubieten sowie, wenn nötig, einen unentgeltlichen Dolmetscher beiziehen zu können;
EMRK 7 Ziff. 1 Verbot rückwirkender Strafgesetze;
EMRK 8 Achtung des Privat- und Familienlebens, der Wohnung und des Briefverkehrs, und
EMRK 13 Anspruch, Konventionsverletzungen innerstaatlich mit einer wirksamen Beschwerde geltend machen zu können.

2.3.2. Internationaler Pakt über bürgerliche und politische Rechte vom 16.12.1966, Beitritt der Schweiz am 18.6.1992 (IPBPR, auch UNO-Pakt II genannt)[69]

Dieser Pakt, der in der **Schweiz ebenfalls unmittelbar anwendbar ist, gewährleistet im Prinzip die gleichen Freiheitsrechte wie die EMRK**, ohne soweit ersichtlich über diese hinausgehend konkret weitere, im Strafverfahren wesentliche Rechte zu gewährleisten.

43

---

[68] SR 0.106. Wortlaut auch in AS 1989 150 und EuGRZ 15 (1988) 569.
[69] Im Unterschied zu Pakt I (über wirtschaftliche, soziale und kulturelle Rechte, SR 0.103.1). Der IPBPR ist für die Schweiz in Kraft getreten am 18.9.1992, AS 1993 747, 750, 770, 3103; SR 0.103.2; z.Zt. ist für die Schweiz noch keine Individualbeschwerde vorgesehen, näher plädoyer 1/1998 20.

2.3.3. *Internationale Abkommen und Staatsverträge im Bereich Auslieferung und Rechtshilfe*

44 Innerstaatlich werden Auslieferung und Rechtshilfe vom vorne in Ziff. 2.2.10. erwähnten IRSG normiert. Sie werden im Verhältnis zum Ausland in einer **grösseren Anzahl bi- und multilateraler Abkommen** geregelt. Zu erwähnen sind hier:

45 — Europäisches Auslieferungsübereinkommen vom 13.12.1957[70]; unterzeichnet haben nebst der Schweiz etwa Deutschland[71], Frankreich, Österreich[72] und Italien, weitere westeuropäische Länder und Israel;
— Europäisches Übereinkommen über die Rechtshilfe in Strafsachen vom 20.4.1959[73]; dem Abkommen sind neben den Nachbarländern Deutschland, Frankreich, Österreich und Italien noch weitere Länder beigetreten;
— Bilaterale Auslieferungs-Staatsverträge mit verschiedenen Ländern wie Grossbritannien[74]; und
— Staatsvertrag mit den Vereinigten Staaten von Amerika über gegenseitige Rechtshilfe in Strafsachen vom 25.5.1973[75] und BG zum Staatsvertrag mit den Vereinigten Staaten von Amerika über gegenseitige Rechtshilfe in Strafsachen vom 3.10.1975[76].

3. Kantonales Recht

46 Durch die Vereinheitlichung des Strafverfahrensrechts ist die Rolle des kantonalen Rechts in diesem Bereich stark eingeschränkt worden. Die **StPO regelt das Strafverfahren abschliessend**, und ohne ausdrückliche Ermächtigung durch den Bundesgesetzgeber können die Kantone keine abweichenden und ergänzenden Bestimmungen erlassen. Allerdings verbleibt den Kantonen nach StPO 14 (vgl. auch BV 123 II) die Bezeichnung und Organisation usw. der Strafbehörden[77]. Die einschlägigen Normen unter Einschluss jener, die im Sinn von Gerichtsverfassungsrecht die Tätigkeit und die Organisation der Strafverfolgungsbehörden regeln, finden sich einerseits in den **Kantonsverfassungen** (KV)[78] und andererseits in den **Gerichtsverfassungs- oder Organisationsgesetzen** (GVG, GOG, OG

---

[70] SR 0.353.1.
[71] Mit Zusatzabkommen, SR 0.353.913.61.
[72] Mit Zusatzabkommen, SR 0.353.916.3.
[73] SR 0.351.1; inkl. Zusatzabkommen mit Deutschland, SR 0.351.913.61, und Österreich, SR 0.351.916.32; wesentlich auch der Vertrag mit Deutschland über die grenzüberschreitende polizeilich und justizielle Zusammenarbeit (Schweizerisch-deutscher Polizeivertrag) vom 27.4.1999, AS 2003 1026.
[74] SR 0.353.936.7.
[75] SR 0.351.933.6.
[76] SR 351.93; revidiert am 4.10.1996, in Kraft getreten am 1.2.1997, AS 1997 135.
[77] Hinten N 324 ff.
[78] Zu finden in SR 131.211 ff.

o.ä.) oder in den nun im Zusammenhang mit der StPO gemäss Art. 445 besonders erlassenen **Einführungsgesetzen** (EG).

Den Kantonen steht nach StGB 335 die Kompetenz zu, im Bereich des ihnen verbliebenen **Prozess-, Polizei- und Verwaltungs- sowie Steuerrechts Strafnormen** zu erlassen. Die Kantone regeln ebenso die Verfolgung dieser kantonalen (oder allenfalls kommunalen) Straftatbestände autonom. Sie können also grundsätzlich Verfahrensvorschriften erlassen, die von jenen der StPO abweichen. Es ist aber zu erwarten, dass die Kantone darauf verzichten und die StPO als anwendbar erklären. 47

4. Gewohnheitsrecht

Die Bildung von **Gewohnheitsrecht ist im Bereich des Strafprozessrechts grundsätzlich möglich**. Sie ist aber an die gleichen engen Voraussetzungen wie im übrigen öffentlichen Recht geknüpft, d.h., es sind notwendig: 48
- eine echte Lücke im geschriebenen Recht,
- eine langdauernde, ununterbrochene, einheitliche Praxis und
- die Norm muss der Rechtsüberzeugung der anwendenden Behörde und der betroffenen Bürger entsprechen.

Grundsätzlich ist im Bereich des Strafprozessrechts die Möglichkeit der Bildung ebenso von Gewohnheitsrecht *contra legem* nicht auszuschliessen, soweit dadurch die Rechte des verfahrensbeteiligten Bürgers nicht beschnitten werden. Eine derogatorische Kraft des Gewohnheitsrechts ist vor allem dort denkbar, wo ältere Strafprozessordnungen mit den gewandelten Auffassungen über die Ansprüche an ein modernes rechtsstaatliches Strafverfahren nicht mehr Schritt gehalten haben oder gar mit übergeordneten Rechtsnormen oder Prinzipien, insbesondere den Grundrechten, unvereinbar sind. Bezüglich der Schweizerischen Strafprozessordnung, die als neuer Erlass eine relativ hohe Regelungsdichte aufweist und soweit ersichtlich das übergeordnete Recht beachtet, dürfte die Frage allerdings im gegenwärtigen Zeitpunkt nicht besonders aktuell sein. 49

5. Sekundäre Rechtsquellen; Rechtsprechung und Literatur

Rechtssätze bedürfen häufig der Auslegung[79], welcher Aufgabe sich einerseits die Strafbehörden bei der Anwendung des auslegungsbedürftigen Gesetzes, andererseits aber auch die Rechtswissenschaft in wissenschaftlichen Publikationen annehmen. Diese Auslegungsergebnisse, denen oft eine ebenso grosse Bedeutung wie dem vielleicht unklaren Gesetzeswortlaut zukommt, können als sekundäre Rechtsquellen bezeichnet werden. 50

---

[79] Hinten N 73 ff.

5.1. Rechtsprechung

51 Kurze Hinweise in Leitsätzen vor allem auf die kantonale Judikatur im Strafrecht wie im Verfahrensrecht gab schon seit jeher die RECHTSPRECHUNG IN STRAFSACHEN (RS), publiziert von der Schweizerischen Kriminalistischen Gesellschaft; neuerdings finden sich viele Strafentscheide auch in der Zeitschrift FORUMPOENALE [80].

5.1.1. Judikatur der Gerichte auf Bundesebene

52 Prozessuale Entscheide finden sich vor allem in den BGE, der Praxis des Bundesgerichtes (Pra), in TPF (Entscheide des Bundesstrafgerichts in Bellinzona) und in den MKGE (Sammlung der Entscheide des Militärkassationsgerichts). Teilweise werden nachfolgend unpublizierte bzw. nur über Internet zugängliche Entscheide des Bundesgerichts (BGer) zitiert. Diese werden nur mit dieser Abkürzung und dem Datum, falls vorhanden auch den Initialen der Parteien, angeführt (z.B. BGer 13.11.1987 i.S. A.B.), bei neueren Entscheiden mit der Verfahrensnummer.

53 Die im vorliegenden Lehrbuch zitierten Bundesgerichts-, Bundesstrafgerichts- wie die nachfolgend erwähnten kantonalen Entscheide beziehen sich **naturgemäss weitgehend auf das frühere kantonale Strafprozessrecht** oder jenes des Bundes, vorab geregelt in der BStP. Soweit sie allgemeine Fragen wie beispielsweise jene der Vereinbarkeit gewisser Vorschriften bzw. die Beurteilung prozessualen Handelns von behördlichen wie privaten Verfahrensbeteiligten mit den Grundrechten behandeln, verdienen sie indessen nach wie vor Beachtung. Es wird jedoch empfohlen, die angeführten Entscheide bei einer konkreten Fragestellung auf ihre Relevanz für das sich nunmehr nach der Schweizerischen Strafprozessordnung richtende Verfahren und die sich dabei ergebenden Auslegungsfragen zu überprüfen.

5.1.2. Judikatur der Gerichte usw. auf kantonaler Ebene

54 Die kantonale Praxis findet sich häufig in den Rechenschaftsberichten der obersten kantonalen Gerichte, teilweise aber auch in Publikationsorganen wie AJP, BJM, JdT, SJ, SJZ, ZBJV, ZR sowie den bereits genannten RS und forumpoenale.

5.1.3. Rechtsprechung der EMRK-Instanzen

55 Diese wird seit dem Jahre 1974 überwiegend in der EUROPÄISCHEN GRUNDRECHTE ZEITSCHRIFT (EuGRZ), Weil a.Rh.[81], meistens nur auszugsweise auch in der VERWALTUNGSPRAXIS DER BUNDESBEHÖRDEN (VPB)[82], Bern, publiziert.

---

[80] Diese beiden Organe erscheinen bei Stämpfli Verlag AG, 3012 Bern.
[81] Entscheidsammlung auch auf «http://www.dhcour.coe.fr/».

5.2. Literatur

Nachfolgend eine kurze **Auswahl** vorhandener, zumeist umfassenderer Literatur zum Strafverfahrensrecht der genannten Kantone und Länder. Dabei ist zu beachten, dass der Grossteil der angeführten schweizerischen Literatur noch auf dem früher geltenden, primär kantonalen Strafprozessrecht basiert und deshalb nur noch bedingt Gültigkeit beanspruchen kann. 56

5.2.1. Zur Schweizerischen Strafprozessordnung vom 5.10.2007

Vgl. die einleitend zu diesem § 3 erwähnte Literatur zum Entstehen der StPO. 57

5.2.2. Zum früheren, im wesentlichen kantonalen sowie zum ausländischen Strafprozessrecht

5.2.2.1. Schweiz (Auswahl)

JÜRG AESCHLIMANN, Einführung in das Strafprozessrecht. Die neuen bernischen Gesetze, Bern/Stuttgart/Wien 1997; BENOÎT BOVAY/MICHEL DUPUIS/GILLES MONNIER/LAURENT MOREILLON/CHRISTOPHE PIGUET, Procédure pénale Vaudoise, Code annoté, 3ème éd., Bâle 2008; FRANÇOIS CLERC, Initiation à la Justice Pénale en Suisse, vol. I., Neuchâtel 1975; ANDREAS DONATSCH/NIKLAUS SCHMID, Kommentar zur Strafprozessordnung des Kantons Zürich, Zürich 1996 ff. (Loseblatt); ROBERT HAUSER/ERHARD SCHWERI/KARL HARTMANN, Schweizerisches Strafprozessrecht, 6. Aufl., Basel/Frankfurt a.M. 2005 (zit. HAUSER/SCHWERI/HARTMANN); ROBERT HAUSER/ERHARD SCHWERI, Kommentar zum zürcherischen Gerichtsverfassungsgesetz, Zürich 2001 (zit. HAUSER/SCHWERI GVG); THOMAS MAURER, Das bernische Strafverfahren, 2. Aufl., Bern 2003; MANFRED KÜNG/CLAUDE HAURI/THOMAS BRUNNER, Handkommentar zur Zürcher Strafprozessordnung, Bern 2005; NIKLAUS OBERHOLZER, Grundzüge des Strafprozessrechts. Dargestellt am Beispiel des Kantons St.Gallen, 2. Aufl., Bern 2005; WILLY PADRUTT, Kommentar zur Strafprozessordnung des Kantons Graubünden, 2. Aufl., Chur 1996; DANIEL PILLER/CLAUDE POCHON, Commentaire du Code de procédure pénale du Canton de Fribourg, Fribourg 1998; GÉRARD PIQUEREZ, Procédure pénale jurassienne, Fontenais 2002; Traité de Procédure Pénale suisse, 2ème éd., Zurich 2006, DERS. Manuel de Procédure pénale suisse, 2ème éd., Zurich 2007; GRÉGOIRE REY, Procédure pénale genevoise, Bâle 2005; NIKLAUS SCHMID, Strafprozessrecht, 4. Aufl., Zürich 2004; MICHELE RUSCA/EDY SALMINA/CARLO VERDA, Commento del Codice di Procedura Penale ticinese, Lugano 1997; NICCOLÒ SALVIONI, Codice di Procedura penale della Repubblica e Cantone del Ticino, annotato con estratti dai lavori legislativi preparatori, Bellinzona 1999; JOSEF STUDER, Repetitorium Strafprozessrecht, Zürich 2002; THOMAS ZWEIDLER, Die Praxis zur thurgauischen Strafprozessordnung, Bern 2004. 58

5.2.2.2. Deutschland

WERNER BEULKE, Strafprozessrecht, 4. Aufl., Heidelberg 2002; HANS-HEINRICH KÜHNE, Strafprozessrecht, 6. Aufl., Heidelberg 2003; PIQUEREZ (2006) N 86; KLEINKNECHT/MEYER-GOSSNER, Strafprozessordnung. Mit GVG und Nebengesetzen, 51. Aufl., München 2008. 59

---

[82] Bis und mit Band 70 (Jahrgang 2006) in Papierform, jetzt nur noch elektronisch über www.admin.ch/ abrufbar.

5.2.2.3. Angloamerikanischer Rechtskreis

60 PIQUEREZ (2006) N 92; NIKLAUS SCHMID, Strafverfahren und Strafrecht in den Vereinigten Staaten. Eine Einführung, 2. Aufl., Heidelberg 1993.

5.2.3. Zivilprozessrecht

61 Angesichts der Nähe des Strafverfahrens- zum Zivilprozessrecht ist auch die zivilprozessuale Literatur von Interesse. Das Zivilprozessrecht wurde ebenfalls vereinheitlicht[83], sodass die nachfolgend erwähnte Literatur für die Schweizerische Zivilprozessordnung ebenfalls nur noch bedingt aussagekräftig ist.

WALTHER J. HABSCHEID, Schweizerisches Zivilprozess- und Gerichtsorganisationsrecht, 2. Aufl., Basel/Frankfurt a.M. 1990; FRANK/STRÄULI/MESSMER, Kommentar zur zürcherischen Zivilprozessordnung, 3. Aufl., Zürich 1997; OSCAR VOGEL/KARL SPÜHLER, Grundriss des Zivilprozessrechts, 8. Aufl., Bern 2006; HANS-ULRICH WALDER-RICHLI, Zivilprozessrecht, 4. Aufl., Zürich 1996.

5.2.4. Verfassungsrecht und internationale Konventionen, vor allem EMRK

62 *Für das im Strafverfahrensrecht wesentliche Verfassungsrecht sowie zur EMRK:*
ULRICH HÄFELIN/WALTER HALLER/HELEN KELLER, Schweizerisches Bundesstaatsrecht, 7. Aufl., Zürich 2008; BERNHARD EHRENZELLER/PHILIPPE MASTRONARDI/RAINER J. SCHWEIZER/KLAUS A. VALLENDER (St.Galler Kommentar), Die schweizerische Bundesverfassung, Kommentar, 2. Aufl., Zürich/Basel/Genf/Lachen 2008; REGULA KIENER/WALTER KÄLIN, Grundrechte, Bern 2007.

Zur EMRK: neben den internationalen Kommentaren ARTHUR HAEFLIGER/FRANK SCHÜRMANN, Die Europäische Menschenrechtskonvention und die Schweiz: Die Bedeutung der Konvention für die schweizerische Rechtspraxis, Bern 1999; MICHEL HOTTELIER, Les droits de l'homme et la procédure pénale suisse, SZIER 17 (2007) 493; STEFAN TRECHSEL, Human Rights in Criminal Proceedings, Oxford 2005; MARK E. VILLIGER, Handbuch der Europäischen Menschenrechtskonvention (EMRK) unter besonderer Berücksichtigung der schweizerischen Rechtslage, 2. Aufl., Zürich 1999.

6. Anwendung und Auslegung des Strafprozessrechts

6.1. Strafverfahrensrecht als zwingendes öffentliches Recht

63 Das **Strafverfahrensrecht ist als Teil des öffentlichen Rechts grundsätzlich zwingend**. Dies ergibt sich u.a. aus dem aus StPO 7 fliessenden Legalitätsprinzip[84]. Es kann auch dann nicht davon abgewichen werden, wenn die Verfahrensbeteiligten dies übereinstimmend wünschen.

---

[83] Schweizerische Zivilprozessordnung (ZPO) vom 19.12.2008, vgl. Referendumsvorlage in BBl 2009 21. Botschaft in BBl 2006 7221.
[84] Hinten N 178 ff.

6.2. Anwendungsbereich des Strafverfahrensrechts, StPO 1

6.2.1. Sachlicher Geltungsbereich. Vom früheren Rechtszustand zur Schweizerischen Strafprozessordnung

Das Strafprozessrecht gilt generell für jene **Verfahren, welche die Durchsetzung des Strafanspruchs zum Ziel haben**. Nach den Regeln des Strafverfahrensrechts können aber u.U. auch die mit einer Strafsache verbundenen Zivilansprüche durchgesetzt werden (Privatstrafklage, Adhäsionsprozess, StPO 122 ff.)[85]. Anderseits war in einzelnen Kantonen – allerdings nun nicht mehr nach der Schweizerischen Strafprozessordnung – z.B. der Ehrverletzungsprozess nach den Regeln der Zivilprozessordnung zu führen[86].

Sachlich-funktionell galt vor dem 1.1.2011 das kantonale Strafprozessrecht grundsätzlich für das kantonale Strafverfahren, das eidgenössische Strafverfahrensrecht (BStP) für die in die Kompetenz der Bundesbehörden fallenden Straffälle[87]. Mit dem Inkrafttreten der Schweizerischen StPO ist hier eine wesentliche Vereinfachung eingetreten: Nach StPO 1 sind die Regeln dieses Gesetzes in allen Fällen anwendbar, in denen die Strafbehörden von Bund oder Kantonen Bundesstrafrecht anwenden. Grundsätzlich regelt die StPO nunmehr das von den eidgenössischen und kantonalen Behörden betriebene Strafverfahren abschliessend; das Rechtsmittelverfahren vor Bundesgericht[88] wird allerdings nicht durch die StPO, sondern durch das BGG geregelt.

Daraus folgt, dass den **Kantonen** grundsätzlich verwehrt ist, im Bereich des Strafverfahrens eigene Bestimmungen zu erlassen. Vorbehalten sind einerseits Bereiche, die die StPO ausdrücklich den Kantonen vorbehält. Es ist sind dies vorab die Organisation der Behörden (StPO 14) und anderseits Verfahrensregeln, in denen die Kantone ergänzende oder abweichende Bestimmungen erlassen können (vgl. etwa StPO 17 I, 19 II, 142 I Satz 2, 156). Die Kantone können grundsätzlich auch im Bereich des ihnen verbliebenen kantonalen Strafrechts (StGB 335[89]) eigene Verfahrensregeln aufstellen. Der **Bund** kann nach StPO 1 II gewisse Bereiche des Strafverfahrens in besonderen Bundesgesetzen und abweichend von der StPO regeln. Teilweise ist dies für den Bereich der Militärjustiz sowie das Verwaltungsstrafrecht der Fall; hier sind nach wie vor primär die MStP[90] bzw. das VStrR[91] anwendbar.

---

[85] Hinten N 702 ff.
[86] Das Privatstrafklageverfahren erscheint nicht mehr in der StPO, Botschaft 1111 f., hinten N 1349.
[87] Dazu hinten N 411 ff.
[88] N 1628 ff. Einen Zwitterfall sollen die *Revisionen gegen Entscheide der Strafkammern des Bundesstrafgerichts* darstellen, die vom Bundesgericht nach den Regeln der StPO behandelt werden, BGG 119a in der Fassung E StBOG, BBl 2008 8211.
[89] Vorne N 47.
[90] Vorne N 36.

1. Kapitel: Grundlagen, Geltungsbereich und Grundsätze

67   Auch im Bereich des Strafverfahrensrechts **bricht das eidgenössische das kantonale Recht**.

6.2.2.   Räumlicher Geltungsbereich

68   Räumlich gilt das Strafprozessrecht nur innerhalb der Grenzen des Staatswesens, das diese Normen erlassen hat («*locus regit actum*»). In der Schweiz wenden die Behörden mithin nur schweizerisches Prozessrecht an; kantonale Verfahrensvorschriften werden nur von den Behörden jenes Kantons angewandt, der sie erlassen hat. Durch die Vereinheitlichung des schweizerischen Strafprozessrechts, welches auch die innerstaatliche Rechtshilfe (StPO 43 ff.) umfasst und ebenso die Vornahme von Verfahrenshandlungen in andern Kantonen regelt (StPO 49 ff.), haben die hier früher zu beachtenden interkantonalen Regeln ihre Bedeutung verloren.

6.2.3.   Persönlicher Geltungsbereich

69   Was den persönlichen Geltungsbereich betrifft, so ist zu beachten, dass jedes Strafprozessgesetz der Durchsetzung bestimmter Gebiete des materiellen Strafrechts dient. Wer dem materiellen Strafrecht und damit auch dem kongruenten Verfahrensrecht untersteht, bestimmt primär das Erstere. Bezüglich des bürgerlichen Strafrechts finden sich die entsprechenden Regelungen in StGB 3–8; hinsichtlich des Militärstrafrechts in MStG 2 ff.[92].

6.2.4.   Zeitlicher Geltungsbereich

70   In zeitlicher Hinsicht **gelten Strafverfahrensnormen** (unter Vorbehalt besonderer Übergangsbestimmungen) **ab dem Zeitpunkt ihrer Inkraftsetzung**, und zwar auch bezüglich früher begangener Straftaten, für welche ein Strafverfahren bereits hängig ist oder noch gar nicht eingeleitet wurde. Das aus StGB 1 und 2 abzuleitende und in EMRK 7 Ziff. 1 statuierte Verbot der Rückwirkung materieller Strafrechtsnormen gilt im Bereich des Strafverfahrens nicht. Änderungen im Verfahrensrecht sind somit auch zulässig, wenn sie sich für die Beteiligten in hängigen Verfahren nachteilig auswirken können[93]. Das neue Prozessrecht, etwa gemäss Schweizerischer Strafprozessordnung, ist grundsätzlich auf alle im Zeitpunkt des Inkrafttretens am 1.1.2011 pendenten Fälle anzuwenden (StPO 448 I). Es handelt sich hier nicht um eine eigentliche Rückwirkung[94].

---

[91]   Vorne N 31. Für das gerichtliche Verfahren gilt jedoch grundsätzlich die StPO, siehe VStrR 82.
[92]   Alsdann *Unterstellung unter die Militärjustiz,* mit Einschränkungen MStG 9, 9a, 218 und 219. Zu den Konkurrenzen mit der bürgerlichen Gerichtsbarkeit hinten N 427 f.
[93]   BGE 113 Ia 425. Für das Rechtshilfeverfahren IRSG 110a.
[94]   Pra 77 (1988) Nr. 188. – Zum *Übergangsrecht nach StPO 448 ff.* hinten N 1859 ff. Zu beachten vor allem StPO 448 II, der *unter dem früheren Recht vorgenommenen Verfahrenshandlungen* als gültig bezeichnet, auch wenn sie nicht der StPO entsprechen, hinten N 1860.

Der Grundgedanke von StGB 2 II (**Anwendung des milderen Rechts**) schlägt im intertemporalen Strafverfahrensrecht allerdings teilweise ebenfalls durch. Dies gilt im Bereich der positiven bzw. negativen Prozessvoraussetzungen des Strafantrages (StGB 30 ff.) bzw. der Verjährung (StGB 97 ff.), indem hier nach StGB 389 f. das für den Täter günstigere Recht anzuwenden ist. Üblich ist sodann, dass die Übergangsbestimmungen bei erstinstanzlich hängigen Fällen bzw. bei Entscheiden, die vor Inkrafttreten des Gesetzes gefällt wurden, hinsichtlich der möglichen Rechtsmittel noch das alte Recht angewandt wird (StPO 453 und 456).

71

Verfahrenshandlungen, also beispielsweise Beweisabnahmen, bleiben gültig, wenn sie gemäss dem zur Zeit ihrer Vornahme geltenden Recht gültig waren (StPO 448 II). Die früher vorgenommenen Verfahrenshandlungen müssen hinsichtlich der Beachtung der Grundrechte jedoch dem Standard entsprechen, den die StPO vorgibt. Dies gilt vor allem für die Verwertung von durch Eingriffe in die **Freiheitsrechte** gewonnenen Beweise[95].

72

6.3. Auslegung des Strafprozessrechts

Das Strafverfahrensrecht ist wie jedes andere geschriebene Recht häufig auslegungsbedürftig. Es sind auch gelegentlich auszufüllende Lücken festzustellen.

73

6.3.1. Zur Auslegung im Allgemeinen

Die Auslegung auf dem Gebiet des Strafprozessrechts richtet sich nach den allgemeinen Regeln. Ziel der Auslegung ist es nach heute vorherrschender Ansicht, den Sinn der fraglichen Bestimmung im heutigen Verständnis zu ergründen (**objektiv-zeitgemässes Auslegungsziel**). Auszugehen ist regelmässig vom Wortlaut (**grammatikalisches Auslegungselement**), von dessen klarem Sinn abzuweichen nur dann zulässig ist, wenn eine dem Wortlaut entsprechende Auslegung zu einem Resultat führt, das der Gesetzgeber nicht gewollt haben kann und welches in stossender Weise dem Gerechtigkeitsgedanken widerspricht bzw. den Gleichheitsgrundsatz verletzen würde[96]. Beachtung verdienen sodann die Materialien (**historisches Element**) sowie die systematische Stellung der betreffenden Norm im Gesamtaufbau des fraglichen Rechtsgebietes (**systematisches Element**) und

74

---

[95] Zu den entsprechenden Eingriffen mittels Zwangsmassnahmen hinten N 970 ff. – Grössere Probleme sind in diesem Bereich allerdings nicht zu erwarten. Die Tatsache, dass (entgegen den meisten kantonalen Strafprozessordnungen) nunmehr die Zwangsmassnahmen der Observation (StPO 282 f.) und Überwachung der Bankbeziehungen (StPO 284 f.) gesetzlich geregelt sind, führt nicht dazu, dass entsprechende frühere Beweise mit Blick auf StPO 197 I lit. a unverwertbar sind: Es kann davon ausgegangen werden, dass sie vorher grundrechtlich nicht verboten waren (vgl. hinten N 1170, 1176 und 1860). Zu StPO 448 II, hinten N 1860.

[96] Dazu etwa BGE 103 Ia 229.

vor allem das **teleologische Auslegungselement**, das nach den der auszulegenden Norm innewohnenden Wertungen und deren Zweckgedanken[97] fragt.

75 Zunehmend an Bedeutung hat gerade im Strafprozessrecht die **verfassungskonforme Auslegung** gewonnen, d.h. die Berücksichtigung der der strafprozessualen Norm übergeordneten Verfassung. Sie ermöglicht, an sich verfassungswidrige Prozessnormen ohne formelle Aufhebung im Einklang mit der Bundesverfassung bzw. der EMRK anzuwenden und weiter bestehen zu lassen[98]. Einzubeziehen sind je nach Sachlage auch **rechtsvergleichende Überlegungen**. In einem Gebiet wie dem Strafprozessrecht sind die Ergebnisse der Auslegung sodann mit den allgemeinen Zielsetzungen (Durchsetzung des materiellen Strafrechts) und den Grundsätzen des Strafverfahrensrechts[99] in Einklang zu bringen. Letztlich geht es darum, mittels Auslegung der fraglichen Norm jenen Sinn zu geben, welcher ebenso den Ansprüchen der Gerechtigkeit wie jenen der Vernunft und der Praktikabilität Rechnung trägt. Dieses Ziel wird zumeist nicht durch die Anwendung eines Auslegungselementes, sondern durch eine ausgewogene Verbindung der Elemente erreicht[100].

76 Eine Regel, wonach strafprozessuale Bestimmungen **restriktiv**, vor allem zugunsten der beschuldigten Person, auszulegen seien, gibt es nicht. Der Grundsatz **in dubio pro reo** gilt nicht für die Auslegung im Bereich des materiellen und formellen Strafrechts, sondern allein im Rahmen der Beweiswürdigung[101].

6.3.2. Lückenfüllung

77 Stellt man fest, dass ein Strafprozessgesetz eine bestimmte Frage auch auf dem Weg der Auslegung nicht zu beantworten vermag, also eine **Lücke** vorliegt, ist zunächst zu fragen, ob es sich um eine **ausfüllungsbedürftige, echte** Lücke handelt, die nach dem Sinn des entsprechenden Erlasses im Gefüge der gesamten Rechtsordnung von der das Recht anwendenden Behörde auszufüllen ist (sog. **planwidrige Unvollständigkeit des Gesetzes**). Solche Lücken sind in analoger Anwendung von ZGB 1 II und III – die auch im öffentlichen Recht und damit für das Strafprozessrecht gelten[102] – zu schliessen, auch wenn sich die so gefundene Lösung für die betroffene beschuldigte Person nachteilig auswirkt.

78 Im Strafprozessrecht liegen jedoch häufig Lücken i.S. des **qualifizierten** Schweigens vor: Nach dem Sinn des Gesetzes soll mit dem Schweigen angedeutet wer-

---

[97] BGE 83 IV 127.
[98] BGE 106 Ia 136.
[99] Zu diesen anschliessend N 79 ff. – Bemerkenswert JStPO 3 IV, wonach bei der Anwendung der StPO bei der Auslegung «*deren Bestimmungen im Lichte der Grundsätze von Art. 4*» (also Schutz und Erziehung des Jugendlichen usw.) zu berücksichtigen sind.
[100] In diese Richtung auch die Bundesgerichtspraxis, m.w.H. BGE 133 IV 230 («... *un pluralisme pragmatique pour rechercher le sens véritable de la norme* ....»).
[101] Hinten N 241.
[102] BGE 98 Ia 232.

den, dass prozessuales Handeln im betreffenden Bereich ausgeschlossen ist. So sind die gemäss Strafprozessgesetzen ausdrücklich zugelassenen Eingriffe in die Freiheitsrechte als abschliessender Katalog zu verstehen (siehe StPO 197 I lit. a) mit dem Ergebnis, dass nicht erwähnte Eingriffe unzulässig sind[103].

---

[103] Erfordernis der gesetzlichen Grundlage, hinten N 973.

2. Teil: Grundsätze des Strafverfahrensrechts (Verfahrensgrundsätze, Verfahrensmaximen, Prozessvoraussetzungen und Verfahrenshindernisse), StPO 3–11

§ 4 Vorbemerkungen

Literaturauswahl: AESCHLIMANN N 157; HAUSER/SCHWERI/HARTMANN § 46; MAURER 20; PIQUEREZ (2006) N 267; DERS. (2007) N 267; SCHMID N 70.

GUNTER ARZT, Grundrechtsverwirkung im Strafverfahren, FS Niklaus Schmid, Zürich 2001, 633; GÉRARD PIQUEREZ, Les principes généraux de la procédure pénale selon le Code de procédure pénale suisse (art. 3–11 C: la consécration législative de la constitutionnalisation du procès pénal, FS Pierre Tercier, Zürich 2008, 61.

Materialien: Aus 29 mach 1 S. 79; VE 2–12; BeB 31 ff.; ZEV 23; E StPO 3–12; Botschaft 1128 ff.; AB S 2006 989 ff., AB N 2007 942.

1. Antinomien des Straf- und Strafprozessrechts als Grundproblem

79 Dem Strafrecht kommt durch seine general- und spezialpräventive Wirkung die Aufgabe zu, besonders empfindliche Interessen zu schützen und durch die versöhnende, ausgleichende Funktion des Strafverfahrens wie auch der verhängten Sanktionen einen Beitrag zum Rechtsfrieden zu leisten. Dem Schutz des Verbrechensopfers und der gesamten mitbetroffenen Gesellschaft steht der Schutz der in die Maschinerie der Strafjustiz geratenen beschuldigten Person vor eben derselben Gesellschaft als wohl unlösbarer Widerspruch entgegen. Es wurde bereits erwähnt[104], dass diese **Interessengegensätze mannigfacher Art** *das* Grundproblem des gesamten Strafverfahrens darstellen. Viele dieser Antinomien werden durch Begriffspaare, die die gegensätzlichen Standpunkte darstellen, zum Ausdruck gebracht. Als Beispiele seien hier die gegensätzlichen Prinzipien der Legalität und Opportunität genannt[105].

2. Arten der Verfahrensgrundsätze

2.1. Zwingende und flexible Verfahrensgrundsätze

80 Die Verfahrensgrundsätze können zunächst dahingehend unterschieden werden, ob ihnen ein derartiger Stellenwert zukommt, dass sie **unabdingbar** sind, oder ob sie nach zeitgemässem rechtsstaatlichem Verständnis auch **flexibel** ausgestal-

---

[104] Vorne N 10ff.
[105] Hinten N 178 ff., 183 ff.

tet werden können. Zwingende Grundsätze in diesem Sinn sind das Akkusationsprinzip (Anklagegrundsatz[106]) oder der Grundsatz des fairen Verfahrens[107]. Als flexibel könnten das (strafprozessuale) Legalitätsprinzip[108] oder das Immutabilitätsprinzip[109] bezeichnet werden.

2.2. Gesetzlich ausdrücklich geregelte bzw. durch Ableitung gewonnene Grundsätze, systematische Behandlung in der StPO

Einzelne Verfahrensgrundsätze ergeben sich aus **ausdrücklichen Regelungen** wie z.B. der Grundsatz der Öffentlichkeit der gerichtlichen Hauptverhandlung (BV 30 III; EMRK 6 Ziff. 1; StPO 69 sowie nunmehr StPO 3 ff.)[110]. Andere Grundsätze werden **direkt oder indirekt aus übergeordneten Prinzipien**, z.B. der Bundesverfassung oder der EMRK, abgeleitet. Dies galt vor der Schaffung von BV 29 II und StPO 3 II lit. c etwa für den Grundsatz des rechtlichen Gehörs, der aus aBV 4 und EMRK 6 Ziff. 3 lit. a[111] abgeleitet wurde. Der Grundsatz des fairen Verfahrens ergibt sich aus dem Prinzip der Achtung der Menschenwürde (jetzt BV 7 und StPO 3), allgemein aus der EMRK und speziell aus EMRK 6[112], wobei zu beachten ist, dass BV 29 I jetzt in Verfahren ausdrücklich einen Anspruch auf eine «*gerechte Behandlung*» gewährt. 81

Es fällt auf, dass einzelne Verfahrensmaximen einleitend in StPO 3–11, andere hingegen (teilweise abweichend zum Vorentwurf) in späteren Regelungszusammenhängen zu finden sind. So findet sich der Öffentlichkeitsgrundsatz in StPO 69 ff.[113], das Immutabilitätsprinzip in StPO 350[114]. Der Grossteil der das Strafverfahren beherrschenden Grundsätze wird in diesem einleitenden Kapitel behandelt; einzelne Prinzipien werden in späteren Zusammenhängen dargestellt. 82

2.3. Unterscheidung nach dem Anwendungsgebiet

Die Grundsätze können sich auf die **Verfahrenseinleitung** (etwa das Offizialprinzip[115]), die Form der **Prozesshandlungen** (Prinzip der Dokumentationspflicht[116] bzw. der Mündlichkeit oder Schriftlichkeit[117] oder den Grundsatz der 83

---

[106] Hinten N 203.
[107] Hinten N 95 ff.
[108] Hinten N 178 ff.
[109] Hinten N 211.
[110] Hinten N 247 ff.
[111] Zu diesem Grundsatz N 91 ff.
[112] Hinten N 95 ff.
[113] Hinten N 247 ff.
[114] Hinten N 211, 1341 ff. – Bemerkenswert die *andere Anlage der Verfahrensgrundsätze in ZPO 52–58*.
[115] Hinten N 165 ff.
[116] Hinten N 566 ff.

Öffentlichkeit[118]) oder auf die z.B. bei der **Beweisverwertung** zu beachtenden Prinzipien (Grundsatz *in dubio pro reo*[119]) beziehen.

3. Wiederholung der Verfahrensgrundsätze in der StPO?

84 Die Verfahrensgrundsätze ergeben sich wie dargelegt bereits aus dem übergeordneten Recht, namentlich der EMRK und der BV. Sollen sie deshalb, da sie an sich unabhängig von ihrer Nennung in der StPO von den Strafbehörden anzuwenden sind, in jener wiederholt werden? Bereits der Bericht «*Aus 29 mach 1*»[120] hatte postuliert, dass die wichtigsten allgemeinen Verfahrensgrundsätze zu kodifizieren seien[121], und sowohl der VE[122], der E[123] wie hernach die nun vom Gesetzgeber verabschiedete Schweizerische Strafprozessordnung haben sich – trotz im Vernehmlassungsverfahren[124] vorgebrachter Einwände – daran gehalten.

§ 5 Grundsatz des staatlichen Straf- und Justizmonopols, Erledigungsgrundsatz, StPO 2

Literaturauswahl: HAUSER/SCHWERI/HARTMANN § 2; PIQUEREZ (2006) N 291; DERS. (2007) N 271; SCHMID (2004) N 79.

ANDREAS DONATSCH/FELIX BODMER, Outsourcing im Strafverfahren, Z 126 (2008) 347.

Materialien: Aus 29 mach 1 S. 79; VE 2; BeB 31; E 2, 10; Botschaft 1127 f.; AB S 2006 989 f., AB N 2007 942.

1. Justizmonopol nach StPO 2, Justizgewährungspflicht

85 Wie vorstehend ausgeführt[125], regelt das Strafprozessrecht die Durchsetzung des materiellen Strafrechts. Der darin vorgezeichnete Weg ist der einzige, der zur Verhängung von Strafen im Sinn des materiellen Strafrechts führen kann: Entgegen früheren Zeiten gilt heute der **Grundsatz des Justizmonopols** des Staates; die Durchsetzung des materiellen Strafrechts, also das **Verhängen von Kriminalsanktionen, ist nach heutigem Verständnis allein Aufgabe der Allgemeinheit** und somit des Staates. Private Strafen sind damit grundsätzlich ausge-

---

[117] Hinten N 309 ff.
[118] Hinten N 247 ff.
[119] Hinten N 233 ff.
[120] Vorne N 22
[121] S. 79.
[122] Art. 3–12.
[123] Botschaft 1101 verweist auf den mit dem E verfolgten Grundsatz der relativ hohen Regelungsdichte.
[124] So des Bundesgerichts, ZEV 23.
[125] Vorne N 1 ff.

§ 5   Grundsatz des staatlichen Straf- und Justizmonopols, Erledigungsgrundsatz, StPO 2

schlossen und die Aufgaben der Strafbehörden können nicht an Private ausgelagert werden. Die Strafrechtspflege steht also, wie StPO 2 besagt, «... *einzig den vom Gesetz bestimmten Behörden zu*» (Abs. 1), und «*Strafverfahren können nur in den vom Gesetz vorgesehenen Formen durchgeführt und abgeschlossen werden*» (Abs. 2, dazu nachfolgend Ziff. 3). Der materiellrechtlichen Maxime «*Keine Strafe ohne Gesetz*» entspricht in diesem Sinn der prozessuale Grundsatz «*Keine Strafe ohne ordnungsgemässes staatliches Verfahren*». Das Strafrecht ist dem zwingenden öffentlichen Recht zuzurechnen, woraus die Pflicht des Staates abzuleiten ist, das Strafrecht gegenüber denjenigen durchzusetzen, die gegen dessen Normen verstossen. Der Rechtsstaat könnte ebenso durch Faustrecht wie durch fehlende Durchsetzung von Strafgesetzen gegenüber Rechtsbrechern ausgehöhlt werden. Diese, das Gegenstück zum Justizmonopol bildende Pflicht des Staates, für die Durchsetzung des Strafrechts besorgt zu sein, wird als **Justizgewährungspflicht** bezeichnet[126]. Dazu zählt die Pflicht des Staats, für diese Aufgabe die erforderlichen prozessualen Instrumente sowie Behörden bereitzustellen und diese mit den notwendigen Kapazitäten auszustatten. Die Justizgewährungspflicht kommt auch im primär materiellrechtlichen **Offizial-** und im strafprozessualen **Legalitätsprinzip** (Verfolgungszwang) von StPO 7 I zum Ausdruck[127].

2.   Prinzip des Justizmonopols nach StPO 2 I im Einzelnen

2.1.   Zusammenhang mit andern Prinzipien

Das staatliche Strafmonopol kann als Grundsatz nicht isoliert bestehen. Es ist nur dann sinnvoll, ja möglich, wenn der Staat willens und in der Lage ist, den Strafanspruch regelmässig durchzusetzen. Es ist in seinem **Sinn und seiner Wirksamkeit somit abhängig von weiteren Grundsätzen,** insbesondere der Justizgewährungspflicht, dem Offizialprinzip[128] und dem Legalitätsprinzip[129].

2.2.   Ausschluss von Privatjustiz

Mit der Übertragung der Strafgewalt an die Gemeinschaft will der Staat das **Verhängen von Strafen durch den Privaten** grundsätzlich ausschliessen. Das Anmassen von Strafgewalt durch Private würde gegenteils Straftatbestände wie Nötigung (StGB 181), Freiheitsberaubung (StGB 183) usw. erfüllen.

Im Bereich strafrechtlich relevanten Verhaltens – auch solchem, welches nur mit Busse bestraft wird – wäre es also unzulässig, die Ahndung z.B. einem Schiedsgericht zu übertragen. Solche Schiedssprüche wären wegen Widerrechtlichkeit nichtig. Fraglich ist, inwieweit das Verhängen von Strafen ausserhalb (oder am

---

[126]   Hinten N 180 f.
[127]   Hinten N 86, 164 ff.
[128]   Hinten N 164 ff.
[129]   Hinten N 178 ff.

Rande) des eigentlich kriminellen Unrechts gestützt auf zivilrechtliche Absprachen usw. zulässig ist. Das vertragliche Vereinbaren von **Konventionalstrafen** dürfte zwar in der Regel zulässig sein. Fragwürdig sind jedoch die **Betriebsstrafen** sowie die **Selbstjustiz**, etwa bei Diebstählen in Warenhäusern und Selbstbedienungsläden.

3. Erledigungsgrundsatz, StPO 2 II

89 Der Erledigungsgrundsatz, wie er in StPO 2 II umschrieben wird, besagt, dass **Strafverfahren nur in den vom Gesetz vorgesehenen Formen abgeschlossen werden können**. Daraus ergibt sich ein *numerus clausus* der in der StPO enthaltenen Erledigungsformen: Dieses Gesetz sieht neben der Nichtanhandnahme bzw. Einstellung (StPO 310 bzw. 319 ff.) sowie nach durchgeführter Untersuchung nur die Erfahrenserledigung mittels Anklage (StPO 324 ff.) und hernach einem Urteil (StPO 348 ff.) vor. Ferner sind die besonderen Erledigungsformen wie Strafbefehl (StPO 352 ff.) oder jene im selbstständigen Massnahmenverfahren (StPO 372 ff.) zu beachten. Andere Erledigungsformen wie z.B. der Rückzug einer Strafanzeige oder das formlose Abschreiben einer einmal erhobenen Anklage sind demgegenüber nicht zulässig[130].

§ 6 Achtung der Menschenwürde und des Fairnessgebots, StPO 3 I, und die daraus abzuleitenden Prinzipien von StPO 3 II: Grundsätze von Treu und Glauben, Verbot des Rechtsmissbrauchs, des fairen Verfahrens, EMRK 6 Ziff. 1, der Waffengleichheit und des rechtlichen Gehörs, BV 29 II

Literaturauswahl: AESCHLIMANN N 182; HAUSER/SCHWERI/HARTMANN §§ 53, 55, 56; MAURER 23; OBERHOLZER N 474; PIQUEREZ (2006) N 122, 125, 330, 341; SCHMID (2004) N 234; TRECHSEL (2005) 81 (*fair trial*), 222 (*access to the file*).

GUNTHER ARZT, Die Verwirkung strafprozessualer Rechte durch den Angeklagten (BGE 114 Ia 348 = Pra 78 Nr. 1), recht 9 (1991) 27; DANIELA DEMKO, Das «(un-)Gerechte» am Fair-Trial-Grundsatz nach Art. 6 Abs. 1 EMRK im Strafverfahren, in: FS Franz Riklin, Zürich/Basel/Genf 2007, 351; LORENZ ENGI, Was heisst Menschenwürde?, ZBl 109 (2008) 659; PHILIPPE MASTRONARDI, St.Galler Kommentar zu BV 7; MARTIN MIESCHER, Die List in der Strafverfolgung, Bern 2008 (ASR 749); CHRISTOPH ROHNER, St.Galler Kommentar zu

---

[130] Entsprechend wird denn auch in Deutschland die Ansicht vertreten, *Pilotprozesse* seien, da gesetzlich nicht vorgesehen, nicht erlaubt, vgl. den Beitrag von FLORIAN KNAUER in ZStW 120 (2008) 826. In der Schweiz scheint ein solches Verbot kein Thema zu sein, vgl. den Fall BGE 135 IV 20 (der sich allerdings nicht mit dieser Frage befasste).

BV 9; HANSJÖRG SEILER, Abschied von der formellen Natur des rechtlichen Gehörs, SJZ 100 (2004) 377; STEFAN TRECHSEL, Der Einfluss der EMRK auf das Strafrecht und das Strafverfahrensrecht der Schweiz, ZStW 100 (1988) 667; DERS., Akteneinsicht, FS J.N. Druey, Zürich 2002, 993; RENÉ WIEDERKEHR, Fairness als Verfassungsgrundsatz, Bern 2006.

Materialien: Aus 29 mach 1 S. 79, 82; VE 3; BeB 32; E 3; Botschaft 1128 f.; AB S 2006 989 f., AB N 2007 942

1. Achtung der Menschenwürde als zentraler Grundsatz

Zentraler **Angelpunkt jeder Rechtsordnung, jedes staatlichen Handelns und damit auch der Handhabung der Strafgewalt ist die Menschenwürde.** Der Mensch hat Anspruch darauf, dass die ihm aufgrund seiner Existenz zukommenden Eigenschaften und Freiheitsrechte bei jedem staatlichen Handeln beachtet und geschützt werden. Im Zentrum der Rechtsordnung stehen nicht der Staat und seine Ziele als Selbstzweck, sondern das Wohlergehen und der Schutz des einzelnen Menschen. Es geht um eine Wertordnung, *«die es sich zur Aufgabe macht, die Menschenwürde und den Eigenwert des Individuums sicherzustellen»*[131]. Der Grundsatz gilt einerseits mindestens punktuell aufgrund der EMRK. Andererseits hatte ihn die frühere verfassungsrechtliche Rechtsprechung des Bundesgerichts in enger Anlehnung an die Freiheitsrechte entwickelt und auch beschränkt. Es ist kein Zufall, dass die Bedeutung der Menschenwürde in der Praxis des Bundesgerichtes vorab im Zusammenhang mit Entscheiden aus dem Bereich des Strafverfahrensrechts hervorgehoben wurde. In zahlreichen Entscheiden etwa bezüglich der Untersuchungshaft wurde die Menschenwürde als absolute Grenze für Eingriffe in die Freiheit der Verhafteten bezeichnet[132]. Und insoweit ist es folgerichtig, dass der Grundsatz der Beachtung der Menschenwürde in BV 7 (und ebenfalls in StPO 3) an den Anfang des Grundrechtskatalogs gesetzt wurde.

90

2. Gebot von Treu und Glauben, Verbot des Rechtsmissbrauchs, BV 9 und StPO 3 II lit. a und b

2.1. Im Allgemeinen

Der Grundsatz von Treu und Glauben bzw. des Verbots des Rechtsmissbrauchs, der im schweizerischen positiven Recht in ZGB 2 für das Zivilrecht, in BV 9 für das Handeln staatlicher Organe allgemein sowie in StPO 3 II lit. a für jenes der Strafbehörden zu finden ist, gilt als **zentrale Maxime für die gesamte schweizerische Rechtsordnung und damit auch im Straf- und Strafprozessrecht.**

91

---

[131] So in BGE 97 I 49 f. unter Berufung auf ZACCARIA GIACOMETTI.
[132] Etwa in BGE 102 Ia 285, 99 Ia 272. Zum Schutz des Kerngehalts der Freiheitsrechte bei Zwangsmassnahmen, hinten N 973.

Das Recht soll die ethisch-sittlichen Grundnormen der Gesellschaft verwirklichen helfen, und es kann diese Aufgabe nur erfüllen, wenn das Recht in der Anwendung im Ergebnis mit diesen Grundnormen im Einklang steht. Das Gebot der vertrauensvollen Rechtsanwendung und dessen Gegenstücke, das **Verbot des Rechtsmissbrauchs** und damit gekoppelt das **Willkürverbot**, sind immanente Bestandteile jeder Rechtsnorm. Diese Prinzipien sind grundsätzlich von allen Beteiligten des Strafverfahrens zu beachten, auch wenn dies in den Prozessgesetzen nicht immer explizit statuiert ist[133].

2.2. Geltung für die Strafverfolgungsbehörden, StPO 3 II lit. a und b

92 Von Bedeutung ist dieser Grundsatz etwa dort, wo der in ein Verfahren verwickelte Bürger hinsichtlich der **Wahrung seiner Rechte auf die entsprechenden (unrichtigen) Erläuterungen der Behörden** abstellt oder sich durch unklare bzw. widersprüchliche gesetzliche Regelungen irreführen lässt und so eine Frist verpasst. Es würde dem Grundsatz von Treu und Glauben widersprechen, den in einen Irrtum versetzten Betroffenen die falsche Belehrung bzw. die undeutliche Regelung entgelten zu lassen[134]. Es würde ferner diesem Grundsatz widersprechen, den Verfahrensbeteiligten nicht angekündigte Praxisänderungen im prozessualen Bereich (bezüglich Fristen u.ä.) zum Nachteil gereichen zu lassen[135]. Aus BV 29 I und StPO 3 II lit. a folgt sodann, dass ein **überspitzter Formalis-**

---

[133] Mit weiteren Hinweisen BGE 121 I 183, 104 IV 94, 107 Ia 211; Pra 79 (1990) Nr. 205; SJZ 68 (1972) 185 = ZR 71 (1972) Nr. 16; ZR 90 (1991) Nr. 27 S. 95. Siehe auch die Fälle ZR 89 (1990) Nr. 44 und RS 1999 Nr. 623.

[134] Pra 96 (2007) Nr. 22, E. 4.3; ZR 87 (1988) Nr. 97, 96 (1997) Nr. 105, 121; BGE 124 I 258, 123 II 238, 106 Ia 16, 114 Ia 28, 105, 117 Ia 119 und 421, 122 IV 288. Pra 78 (1989) Nr. 75, 76; 90 (2001) Nr. 123, 92 (2003) Nr. 118; zusammenfassend Pra 81 (1992) Nr. 236; ZBJV 116 (1980) 438. In problematischer Weise eingeschränkt in BGer 29.8.2007. 5A_401/2007 (keine Berufung des Laien auf falsche Rechtsmittelbelehrung, wenn Gesetzeslektüre Unrichtigkeit gezeigt hätte; Kritik an diesem Urteil von BEATRICE WEBER-DÜRLER in NZZ Nr. 280 vom 1./2.12.2007); korrigiert in BGer 12.3.2009, 5A_814/2008 in SJZ 105 (2009) 274 unter Verweis auf BGG 49 (vorab der nicht anwaltschaftlich Vertretene kann sich auf Rechtsmittelbelehrung verlassen). Gesetzeswortlaut sollte selbsterklärend sein; es kann nicht verlangt werden, dass Rechtsuchender noch Literatur und Judikatur nachschlagen muss, Pra 96 (2007) Nr. 22, E. 4.3.; BGE 127 II 205. Falsche Rechtsmittelbelehrung kann allerdings nicht ein nicht existierendes Rechtsmittel schaffen, BGE 129 IV 200/201; SJ 126 (2004) 231. Zur falschen Auskunft eines Untersuchungsrichters bezüglich Führerausweisentzug BGer 1.9.2004 in SJZ 101 (2005) 240.

[135] BGE 133 I 275 (bei Praxisänderung des Strafrechts- gegenüber der staatsrechtlichen Beschwerde bezüglich Ruhen der Frist bei Haftentscheid, die aber – vom Bundesgericht übersehen – in Wirklichkeit eine Gesetzesänderung war); BGE 132 II 153, 122 I 57, 111 V 170, 101 Ib 370, 109 II 176. Vgl. auch FZR/RFJ 2003 312 (keine Vorankündigung, wenn sich Entscheid auf Feststellung beschränkt, dass kein Rechtsmittel gegeben ist).

mus verboten ist[136]. Darnach lässt sich die strikte Einhaltung von Formvorschriften dann nicht rechtfertigen, wenn sich dies durch kein schützenswertes Interesse rechtfertigen lässt, zum Selbstzweck wird und in unvertretbarer Weise die Verwirklichung des materiellen Rechts verunmöglicht oder erschwert[137].

2.3. Geltung für die übrigen Verfahrensbeteiligten

Das Prinzip von Treu und Glauben sowie das Verbot des Rechtsmissbrauchs richten sich auch an die übrigen Verfahrensbeteiligten[138], also an die beschuldigte Person[139], die Geschädigten bzw. Privatstrafkläger[140] und die Rechtsbeistände. Es ist jedoch davor zu warnen, auf dem Umweg über diesen Grundsatz namentlich für die beschuldigte Person Pflichten, die sie sonst nicht hat (Wahrheitspflicht; Pflicht, am Verfahren mitzuwirken), zu schaffen[141]. Im Bereich des Strafverfahrens äussert sich der Grundsatz von Treu und Glauben vorab im **Verbot widersprüchlichen Verhaltens** (*venire contra factum proprium*): Wer auf die Wahrung eines Rechts oder einen Standpunkt verzichtet, kann sich nicht nachher auf die Verweigerung bzw. Nichtbeachtung berufen und daraus etwas zu seinem Vorteil ableiten[142].

93

Tendenziell können deshalb **Verfahrensmängel** mit Rechtsmitteln, vorab bei den Rechtsmitteln vor Bundesgericht[143], nur geltend gemacht werden, wenn sie

94

---

[136] Statt vieler Pra 95 (2006) Nr. 51 (Eingabe mittels E-Mail statt schriftlich; Ansetzung einer Nachfrist erforderlich), Pra 91 (2002) Nr. 83; BGE 125 I 166 m.w.H., 127 I 31; SJ 123 (2001) 196; RS 2005 Nr. 647. Zu den Grenzen der Berufung auf dieses Prinzip ZR 106 (2007) Nr. 11 = SJZ 103 (2007) 189 und PKG 2005 Nr. 17.

[137] Pra 96 (2007) Nr. 22, E. 4.1.; BGE 130 IV 183 f.; RVJ/ZWR 2005 216 = RS 2006 Nr. 57.

[138] Z.B. querulatorisches Stellen von Ablehnungsanträgen, ZR 91/92 (1992/93) Nr. 54.

[139] Fall in Pra 88 (1999) Nr. 164 (Beschuldigte Person beruft sich im Rechtsmittelverfahren auf eine schärfere Strafbestimmung, um neuen Prozess zu erreichen, in welchem sie alsdann das Verbot der *reformatio in peius* geltend machen will). Berufen auf Missachtung der Zustellungsvorschriften, wenn Partei Mitteilung trotzdem erhielt, BGE 132 I 249 = Pra 96 (2007) Nr. 64.

[140] Z.B. *schikanöses Stellen eines Strafantrages wegen Sachbeschädigung* im Betrag von Fr. 5.30, BGE 118 IV 291. Opfer will sich nur am Verfahren beteiligen, um dieses zu stören, Pra 88 (1999) Nr. 156 = BGE 125 IV 79 ff.

[141] Dazu BGE 107 Ia 210 = Pra 71 (1982) Nr. 67, BGer 29.11.1989 in NZZ Nr. 117 vom 22.5.1990. Für zurückhaltende Anwendung, mit Überblick über Judikatur und Lehre siehe W.WOHLERS/G.GODENZI in AJP 9/2005 1055 und AJP 5/2006 626. Kritisch vor allem bei der Kostenauflage bei Freispruch etc., hinten N 1787 ff.

[142] BGE 131 I 184 ff. = AJP 5/2006 626 (Bewusster Verzicht auf Anwesenheit des Anwalts bei Verhandlung und nachträgliches Berufen auf ungenügende Verteidigung). ZR 99 (2000) Nr. 36 (Verzicht auf öffentliches Berufungsverfahren); *bewusstes Abfinden mit Verfahrensfehlern*, SJZ 68 (1972) 185 = ZR 71 (1972) Nr. 16 oder mit *Unzuständigkeit*. Verzicht auf Fragerechte des Beschuldigten im Vorverfahren und im erstinstanzlichen Verfahren und Geltendmachung erst vor Berufungsinstanz, TG RBOG 2006 194 = RS 2007 Nr. 284; zwei Jahre zuwarten mit Geltendmachen der Verweigerung rechtlichen Gehörs, TPF 2008 112.

[143] Hinten N 1628 ff.

spätestens in der erst- oder zweitinstanzlichen Hauptverhandlung gerügt wurden[144]. Treu und Glauben steht der Geltendmachung von Verfahrensmängeln etwa im Verfahren vor Bundesgericht aber nur entgegen, wenn sich der betreffende Verfahrensbeteiligte im früheren Stadium bewusst damit abgefunden hat. In der blossen Nichtgeltendmachung kann ein solcher bewusster Verzicht noch nicht erblickt werden[145]. Besonderes gilt – analog den unverzichtbaren verfassungsmässigen Rechten in der früheren Praxis des Bundesgerichtes – z.B. bei der notwendigen Verteidigung und unzulässigen Verhörmethoden nach StPO 3 II lit. d wie die Narkoanalyse[146]. Hier könnte sich auch ein *venire contra factum proprium* nicht zum Nachteil des Verfahrensbeteiligten auswirken[147].

3. Grundsätze von *fair trial*, des fairen Verfahrens und der Waffengleichheit, BV 29 I, EMRK 6 Ziff. 1, StPO 3 II lit. c, 1. Satzteil

3.1. Verhältnis von *fair trial* und dem Grundsatz der Waffengleichheit

95 Der Begriff von **fair trial** – üblicherweise, eher unpräzise übersetzt mit Anspruch auf ein billiges Verfahren – hat im angloamerikanischen Rechtskreis eine lange Tradition, und vorab auf dem Umweg über EMRK 6 Ziff. 1 hat die Maxime auch ins kontinentaleuropäische Verfassungs- und Verfahrensrecht Eingang gefunden. Nach dieser EMRK-Bestimmung hat der Betroffene Anspruch darauf, dass seine Sache in billiger Weise öffentlich gehört wird[148]. Der Grundsatz war im früheren schweizerischen Verfassungsrecht nicht *expressis verbis* zu finden; er wurde indessen vom Bundesgericht wenn nicht ausdrücklich, so doch der Sache nach gestützt auf aBV 4 als Ausfluss des Anspruchs auf ein rechtsstaatliches Strafverfahren betrachtet[149]. Nunmehr findet die Maxime in BV 29 I («glei-

---

[144] Zur Thematik ZR 103 (2004) Nr. 31; RO 1966 249 Nr. 36, 1970 302 Nr. 41, 47, BGer 8.12.1992 in ZR 91/92 (1992/93) Nr. 62 231; BGE 112 Ia 340, 114 Ia 348, 118 Ia 215, 119 Ib 330 f., 120 Ia 24. *Verspätete Ablehnung* eines Experten, BGE 116 Ia 142 bzw. von Richtern BGE 116 Ia 485, 117 Ia 322, 118 Ia 282; RKG 2001 Nr. 51 oder *behauptete Verletzung des Anklageprinzips*, BGer 12.8.2008, 6B_482/2007, E.9.2. *Keine Revision, wenn Mängel mit Einsprache gegen Strafbefehle hätten geltend gemacht werden können*, siehe BGE 130 IV 75.
[145] So mit Blick auf die frühere Zürcher Kassationsbeschwerde – zu weitgehend – ZR 86 (1987) Nr. 62: Macht der (nunmehr auch durch einen anderen Verteidiger) anwaltschaftlich Vertretene einen Mangel nicht früher geltend, ist darin jedenfalls grundsätzlich kein bewusster Verzicht zu erblicken, wie noch ZR 71 (1972) Nr. 16 = SJZ 68 (1972) 185 annahm. Siehe weiter BGer 17.6.1992 in EuGRZ 19 (1992) 549 zu einem Fall der Vorbefassung sowie ZR 88 (1989) Nr. 47 S. 155.
[146] Zu diesen Methoden N 786 f.
[147] Dazu ZR 71 (1972) Nr. 16, 86 (1987) Nr. 62 S. 158/9.
[148] Englischer Text: «... *entitled to a fair and public hearing* ...».
[149] Dazu m.w.H. BGE 113 Ia 421.

che und gerechte Behandlung») und wörtlich identisch in StPO 3 II lit. c eine direkte Stütze.

Der Grundsatz steht hier wie dort in engem Zusammenhang mit den verwandten Maximen der Öffentlichkeit, der Unabhängigkeit und Unparteilichkeit der Richter, dem Legalitätsprinzip usw. Wie der Name schon besagt, ist das Prinzip von **fair trial** primär auf das gerichtliche Verfahren, also nicht das Ermittlungs- und Untersuchungsstadium, zugeschnitten, und diese Beschränkung gilt nach der Praxis der Europäischen Menschenrechtskommission auch für die Anwendbarkeit von EMRK 6 Ziff. 1[150]. Unabhängig von der Tragweite von EMRK 6 Ziff. 1 gilt aber der Grundsatz eines fairen Verfahrens mit Blick auf den dahinter liegenden zentralen Grundsatz des menschenwürdigen Verfahrens auch für das Ermittlungs- und Untersuchungsverfahren.

96

Im Zusammenhang mit dem fairen Verfahren wird regelmässig der **Grundsatz der Waffengleichheit** angesprochen, der vorab aus der EMRK abgeleitet wird[151], aber ausdrücklich weder dort, in der BV noch der StPO erscheint. Er weist auf eines der Hauptprobleme des rechtsstaatlichen Strafprozesses hin, nämlich auf die Frage, in welcher Weise die Rollen- und Gewichtsverteilung zwischen der beschuldigten Person und den ihr gegenübertretenden Strafverfolgungsbehörden erfolgt. Man hat in vielfacher Weise versucht, dieses Rollenverhältnis zu umschreiben, so, indem man die beschuldigte Person und die sie verfolgende Behörde nach zivilprozessualem Muster als soweit gleichgestellte Parteien bezeichnet. Vor allem ist betont worden, man müsse der beschuldigten Person zur Wahrung ihrer Interessen im Verfahren nach Möglichkeit gleich lange Spiesse wie den sie verfolgenden staatlichen Behörden zur Verfügung stellen. Diese Anliegen werden mit dem Prinzip der Waffengleichheit zusammengefasst. Im Strafprozess tritt aber der Staat von der Natur des Strafrechts und des Strafverfahrens her gesehen bei allen Angleichungsmöglichkeiten und -versuchen vor allem der beschuldigten Person letztlich nicht als gleichgeordneter Streitpartner gegenüber. Eine Gleichstellung ist zwar für das gerichtliche Verfahren, vor allem das Hauptverfahren, zu fordern und auch zu verwirklichen. Nicht möglich, ja gar nicht erstrebenswert ist eine Gleichstellung jedoch im Ermittlungs- und Untersuchungsverfahren[152]. Hier kommt der Feststellung der materiellen Wahrheit Priorität zu. Wollte man bereits in diesen ersten Stadien eine Waffengleichheit herstellen, so wären z.B. die zur Sicherung der Verfahrensziele notwendigen Zwangsmassnahmen letztlich nicht zulässig. Die Erfahrung zeigt nun aber, dass die Rechte und Menschenwürde der beschuldigten Person vorab in diesen ersten Verfahrensstufen gefährdet sind. Die beschuldigte Person bedarf jedoch unabhängig vom Prozessstadium bzw. der Länge der jeweils zur Verfü-

97

---

[150] Dazu BGE 106 IV 88, VPB 47 (1983) Nr. 126 mit weiteren Hinweisen.
[151] Etwa BGE 104 Ia 314; VPB 47 (1983) Nr. 126, 177.
[152] BGer 24.11.1997 i.S. X. ca. StA Fribourg in RFJ/FZR 7 (1998) 87 liess offen, ob das Prinzip der Waffengleichheit im Untersuchungsstadium anwendbar sei.

gung stehenden Waffen des Schutzes. Den Massstab in der konkreten Verfahrenssituation liefert die aus Gründen der Menschenwürde abgeleitete Fairness. Der umfassendere Begriff des fairen Verfahrens ist deshalb dem nur beschränkt anwendbaren Grundsatz der Waffengleichheit vorzuziehen.

3.2. Faires Verfahren nach EMRK 6 Ziff. 1, BV 29 I und StPO 3 II lit. c im Besonderen

98 *3.2.1.* Das Prinzip des fairen Verfahrens – welches, wie erwähnt, neben BV 29 I in identischer Weise ebenfalls in StPO 3 II lit. c zusätzlich aufgeführt ist – besagt, dass das zur Durchsetzung des Strafanspruches dienende staatliche Instrumentarium **nur in korrekter, der besonderen Stellung der rechtsunterworfenen, vor allem der beschuldigten Person und dem Ernst des Zieles entsprechender Weise eingesetzt** werden darf. Der Bürger soll – wie die vorgenannten Bestimmungen besagen – gerecht behandelt werden, und das Recht soll in gleichen Sachverhalten gleich angewandt werden (**Grundsatz der Rechtsgleichheit**)[153]. Dem Charakter des Prinzips (und entgegen dem vorstehend besprochenen, im Ansatz ähnlichen Grundsatz von Treu und Glauben) folgend richtet sich der Grundsatz von **fair trial allein an die Strafverfolgungsbehörden**.

99 Der Grundsatz wird in verschiedenen Bestimmungen der Strafprozessordnung punktuell verfeinert. So erscheint in StPO 6 II die Pflicht der Strafbehörden, den belastenden und entlastenden Umständen des Falls mit gleicher Sorgfalt nachzugehen. In StPO 143 V wird den Strafbehörden zur Pflicht gemacht, bei Einvernahmen «*klar formulierte Fragen und Vorhalte*» zu stellen und damit zweideutige, suggestive Fragen zu unterlassen.

100 Der bedeutsame Charakter der Strafrechtspflege soll dadurch unterstrichen werden, dass sich die Verfahren in einem Rahmen abspielen, der von Ernst, Ruhe, Besonnenheit und einer gewissen **Würde** geprägt ist. Zu **fair trial** gehört in diesem Sinn, dass Strafbehörden den Verfahrensbeteiligten in Ton und Gehabe

---

[153] Zum damit angesprochenen Thema «*Gleichheit im Unrecht*» (gewisse Straftäter werden bestraft, andere nicht) BGE 126 V 392, 109 IV 48, 115 Ia 81 (fragwürdig einschränkend zum vorstehend zitierten ZR 88 [1989] Nr. 6). Ferner BGE 127 I 1 sowie BGer 1.3.2007, 1P.175/2006 (Mittäter einer Tötung wegen Mordes, der tatsächlich die Tat ausführende Jugendliche nur wegen vorsätzlicher Tötung verurteilt); SJZ 89 (1993) 400 (mit Kritik an BGE 115 Ia 81), 85 (1989) 286; ZBJV 128 (1992) 539; BGer 20.12.1993 in plädoyer 3/1994 64; BGer 11.11.1991 (Zulässigkeit, bei einer Geschwindigkeitskontrolle nur jene zu erfassen, die die Tempolimite um mehr als 15 km/h überschritten) und ZR 95 (1996) Nr. 24 E.6 (kein Verstoss gegen Diskriminierungsverbot nach EMRK 14, wenn nur einzelne Pornohändler bestraft werden). Zum Verzicht, ausländischen Motorfahrzeuglenker zu verzeigen, RS 1996 Nr. 114. Zum Thema differenzierend B. WEBER-DÜRLER in ZBl 105 (2004) 19. Zum Fall von *Absprachen zwischen beschuldigter Person und Staatsanwaltschaft* BGer 22.1.2004, besprochen in ZBJV 140 (2004) 288.

absolut korrekt, sachlich-distanziert und mit einer nötigen Gelassenheit[154] gegenübertreten und deren Privatsphäre wahren. Gehässigkeiten und Aggressivität von behördlicher Seite rauben den Betroffenen nicht nur den Anspruch auf ein faires Verfahren; sie führen erfahrungsgemäss oft auch sachlich in die Irre.

3.2.2. Einige **Beispiele** für unfaire und deshalb unzulässige Praktiken, die mit Blick auf StPO 3 II lit. d und 140 (Verbot der Beweiserhebung gegen die Menschenwürde) verboten sind[155]:

– Ein Mithäftling wird (z.B. durch die Zusicherung irgendwelcher Vorteile) veranlasst, einen in Untersuchungshaft sitzenden Täter in Gespräche über die inkriminierten Sachverhalte zu verwickeln, worauf der Mithäftling als Zeuge gegen den Täter verwendet wird. Oder jemand verwickelt einen Verdächtigen bei einem Telefongespräch aktiv (also nicht nur passiv mithörend) in ein solches Gespräch, und dieses wird durch einen Polizeibeamten mitgehört oder eine Telefonüberwachung registriert[156];

– eine Person wird durch einen Angehörigen einer Strafverfolgungsbehörde veranlasst, eine Straftat zu begehen (**agent provocateur**) oder eine nicht mindestens generell vorhandene Tatbereitschaft zu konkretisieren (**verdeckte Ermittlung, undercover agents, V-Leute** und ähnliche Konstellationen). Die Grenzen der Zulässigkeit waren und bleiben trotz der gesetzlichen Zulassung und Verankerung der verdeckten Ermittlung strafrechtlich und strafprozessual heikel[157], auch wenn für diese Ermittlung in StPO 293 gewisse Schranken eingebaut wurden[158];

101

---

[154] So BGer 6.1.2006 in ZZZP 2/2006 121.
[155] Hinten N 786.
[156] EuGRZ 19 (1992) 300; AJP 12 (2003) 1502. Grosszügiger der deutsche Bundesgerichtshof am 13.5.1996, Kriminalistik 1997 179; BGH NStZ 1996, 502, der tendenziell annimmt, dass mindestens bei der Abklärung schwerer Straftaten und fehlender Tauglichkeit anderer Ermittlungsmethoden ohne Zwang gemachte Aussagen dieser Art indirekt verwertbar seien. Grenzen, so etwa zur verdeckten Ermittlung (N 1182 ff.) oder zur Observation (N 1170 ff.), unklar und umstritten, siehe auch N 1156 und dortige Hinweise in Fn. 490. Zur Zulässigkeit von *Zeugeneinvernahmen über Mitteilungen von Aussageverweigerungsberechtigten* hinten N 900 Fn. 272.– Heikel ferner, ob die Strafverfolgungsbehörden einen erkannten und observierten Straftäter bei der laufenden Begehung von Straftaten unbehelligt während längerer Zeit gewähren lassen dürfen, beispielsweise, um Informationen über allfällige Mitbeteiligte zu erhalten; Verstoss gegen Grundsatz bei Drogenhändlern verworfen in KGZ 21.6.2003 i.S. X. ca. StAZ, E. 2 sowie vom BGer 3.3.2004 in NZZ Nr. 70 vom 24.3.2004. Beide Entscheide in ZR 103 (2004) Nr. 40.
[157] Vgl. dazu die vor Erlass des BVE ergangenen Entscheide SJZ 89 (1993) 70 sowie zusammenfassend (zur – später vom BVE und jetzt der StPO überholten – V-Mann-Regelung des Kt. Basel-Landschaft) BGE 125 I 127 ff., ferner das Basler Urteil in BJM 1984 258, welches sich u.a. unter Hinweis auf *«fair trial»* gegen die Zulässigkeit eines V-Mann-Einsatzes aussprach. Zur verdeckten Ermittlung hinten N 1182 ff.
[158] Dazu hinten N 1195 ff.

1. Kapitel: Grundlagen, Geltungsbereich und Grundsätze

- überlange, zu **ermüdende Verfahrenshandlungen** wie Einvernahmen oder Gerichtsverhandlungen[159];
- das Gericht stellt im Urteil wesentlich auf Umstände ab, die zwar allenfalls in den Akten erscheinen, deren Bedeutung aber von einer Partei offensichtlich verkannt wird[160], oder
- Fall des sog. **male captus:** Eine beschuldigte Person wird zur Umgehung des Auslieferungsrechts in eine Falle gelockt und dann verhaftet[161].
- Nicht als unfair wurden hingegen das **unerlaubte private Aufnehmen von Telefongesprächen in einem Mordfall** und das Verwenden der Aufnahmen im Prozess betrachtet[162].

102 *3.2.3.* Unter der Bezeichnung **richterliche Aufklärungs- und Fürsorgepflicht** sowie als Ausfluss von **fair trial** wird heute vermehrt den Strafverfolgungsbehörden zur Aufgabe gemacht, besonders den rechtsungewohnten, vor allem anwaltschaftlich nicht vertretene Verfahrensbeteiligten[163] über ihre Rechte aufzuklären (StPO 143 I lit. c). Die StPO spricht den Grundsatz der Fürsorgepflicht nicht explizit aus, doch kommt er in verschiedenen Verfahrensbestimmungen wie auch in der neueren Gerichtspraxis vielfach zum Ausdruck[164]. So ist

---

[159] Urteil EGMR vom 19.10.2004 i.S. M. ca. Frankreich, plädoyer 6/2004 74.
[160] BGE 116 Ia 458 f. und RKG 2007 Nr. 10. Hier muss die Partei vorgängig auf diese Umstände aufmerksam gemacht und ihr dazu das rechtliche Gehör gewährt werden. Zum Prinzip im Zusammenhang mit *Zeugen von Hörensagen* RKG 2007 Nr. 105.
[161] ZR 66 (1967) Nr. 119; EuGRZ 10 (1983) 435 ff.; eingehend 14 (1987) 75 ff., BGer 5.12.2000. 6P.64/2000 sowie BGer 11.1.2001, 1P.574/2000. Kein Fall von *male captus*, wenn Person freiwillig in die Schweiz kommt, um hier Aussagen zu machen, BGer 1S.18/2005 (Fall Adamov). Vgl. sodann BGE 133 I 234 = JdT 156 (2008) IV 19 = EuGRZ 34 (2007) 571 = FP 1/2008 50 mit Kommentar von A.R. ZIEGLER und C. GERMANN (keine völkerrechtswidrige Entführung, wenn ausländischer Staat die formlose Abholung von beschuldigten Personen erlaubt und somit kein Verstoss gegen seine Souveränität gegeben ist, darin Verweis auf Fall Öcalan in EuGRZ 32 [2005] 364 ff.). *Verbot tendenziell nur bei staatlichem und/oder besonders menschenrechtswidrigem Verhalten,* siehe Urteil der Berufungskammer des UN-Gerichts für Ex-Jugoslawien vom 5.6.2003 i.S. Dragan Nikolij (dieser war ohne Mitwirkung der Anklage oder der SFOR von Unbekannten aus Serbien entführt, in Bosnien-Herzegowina der SFOR übergeben und dann nach Den Haag überstellt worden). Zur Abgrenzung von Auslieferung und fremdenpolizeilichem Sachverhalt in entsprechenden Fällen ZR 104 (2005) Nr. 52 = RKG 2005 Nr. 2 (*in casu* kein Verstoss gegen Treu und Glauben angenommen, da Betroffener nicht in die Falle gelockt wurde).
[162] Fall *Schenk*, BGE 109 Ia 245; VPB 50 (1986) Nr. 95; EuGRZ 15 (1988) 390; zum Thema Beweisverbote StPO 140 und hinten N 783 ff. und N 1165.
[163] *Aktives Orientieren über Verteidigungs- und Fragerechte,* siehe AR GVP 18/2006 Nr. 3500 S. 164 = RS 2008 Nr. 408. Zur Frage- und Hinweispflicht der anwaltschaftlich vertretenen Partei bei Untersuchungsmaxime im Zivilprozess Pra 93 (2004) Nr. 110.
[164] Aus der richterlichen Fürsorgepflicht fliesst Pflicht der Behörden zum Einschreiten bei ungenügender Verteidigung, näher N 737 a.E. Dazu auch den vorstehend erwähnten BGE 124 I 185. Beschränkte Pflichten bei den Ansprüchen des Geschädigten, ZR 104 (2005) Nr. 33.

der Verfahrensbeteiligte z.B. auf seine Verteidigungsrechte (StPO 131, 143 I lit. c, 147, 158)[165] oder bei Antragsdelikten auf sein Antragsrecht aufmerksam zu machen. Es soll allgemein verhindert werden, dass er seiner Rechte aus Unkenntnis verlustig geht[166] oder dass sich Parteien durch ihre Mitwirkung im Verfahren Gefahren aussetzen (**Schutzmassnahmen** nach StPO 149–156[167]). Ausfluss dieser Aufklärungs- und Fürsorgepflicht ist ferner die richterliche **Fragepflicht** analog zu ZPO 56[168] bei unklaren bzw. mehrdeutigen Äusserungen von Verfahrensbeteiligten[169].

Teilweise **überschneidet sich diese Aufklärungs- und Fürsorgepflicht mit sitzungspolizeilichen Befugnissen und Aufgaben**, etwa dort, wo es darum geht, Verfahrensbeteiligte vor Übergriffen zu schützen bzw. ganz allgemein für Sicherheit, Ruhe und Ordnung während der Verhandlungen zu sorgen (StPO 62 f.). 103

4. Grundsatz des rechtlichen Gehörs, BV 29 II, StPO 3 II lit. c 2. Satzteil, 107 und 108, JStPO 15

4.1. Begriff, Inhalt des rechtlichen Gehörs

Der Grundsatz besagt, dass einer gerichtlichen Entscheidung nur **Tatsachen und weitere Umstände wie Beweismittel zugrunde gelegt werden dürfen, die den betroffenen Beteiligten eröffnet wurden und zu denen sie sich äussern konnten.** 104

Der Grundsatz des rechtlichen Gehörs findet sich einerseits in EMRK 6, ist aber anderseits grundrechtlich ebenfalls durch BV 29 II garantiert[170]. Er ist ein **Ausfluss des Prinzips der Wahrung der Menschenwürde**: Gerechtigkeit kann den Beteiligten nur widerfahren, wenn sie ihre Standpunkte ins Verfahren einbringen können und diese in billiger Weise berücksichtigt werden. Die Anhörung des Betroffenen ist nicht nur Mittel zur Sachaufklärung. Sie soll mit Rücksicht auf die persönliche Eigenwürde des Betroffenen auch Gewähr dafür bieten, dass er im staatlichen Verfahren stets Subjekt bleibt und nicht zum blossen Objekt degradiert wird. Das rechtliche Gehör ist in diesem Sinn ein «*persönlichkeitsbezogenes Mitwirkungsrecht*»[171]. Ein Ausserachtlassen der Standpunkte und Anliegen der Verfahrensbeteiligten müsste zwangsläufig zu Willkür und zu Entscheiden 105

---

[165] Dazu hinten N 810, 859 ff. Zu diesen Fragen allgemein BGE 131 I 360 ff., Pra 97 (2008) Nr. 38.
[166] BGE 124 I 189 mit Hinweisen auf den Anspruch auf ein faires Verfahren.
[167] Hinten N 834 ff.
[168] Dazu Botschaft E ZPO BBl 2006 7275.
[169] *Fragepflicht z.B. bei unklaren Rechtsmittelerklärungen*, ZR 89 (1990) Nr. 57; ferner ZR 93 (1994) Nr. 77 S. 204 f; 95 (1996) Nr. 18 = SJZ 92 (1996) 33.
[170] Anspruch wurde früher aus dem Gleichheitsgrundsatz (aBV 4) abgeleitet, siehe BGE 119 Ia 138, 101 Ia 169.
[171] So BGE 118 Ia 19, 113 Ia 288, 115 Ia 11.

führen, die der Verwirklichung der materiellen Wahrheit[172] und damit der Gerechtigkeit widersprächen.

4.2. Folgerungen aus dem Grundsatz des rechtlichen Gehörs im Überblick

106 *4.2.1.* Das rechtliche Gehör ist allen Personen[173] zu gewähren, die durch eine strafprozessuale Massnahme direkt in ihren Interessen tangiert werden. Es sind dies vorab die Parteien i.S. von StPO 104[174], also die **beschuldigte Person,** der **Geschädigte** bzw. das **Opfer** sowie die **Privatklägerschaft**, ferner der die Interessen der Öffentlichkeit wahrende Funktionär, also primär der **Staatsanwalt** im Rahmen des gerichtlichen Hauptverfahrens. Das rechtliche Gehör ist aber auch den **andern Verfahrensbeteiligten** i.S. von StPO 105[175] zu gewähren.

107 *4.2.2.* Das rechtliche Gehör soll vermeiden, dass **für den Betroffenen belastende Entscheide** ohne vorgängige Äusserungsmöglichkeit gefällt werden[176]. **Günstige Entscheide**, z.B. eine Haftentlassung, die Aufhebung einer Beschlagnahmung oder die Einstellung einer Strafuntersuchung (vgl. aber StPO 318 I!) können auch ohne vorgängige Anhörung der **beschuldigten Person** getroffen werden. Grundsätzlich, nach der Praxis aber beschränkt, gilt dies auch für den allenfalls nur mittelbar benachteiligten **Geschädigten**[177]. Rechtliches Gehör ist aber zu gewähren, wenn durch die in Frage stehende prozessuale Massnahme unmittelbar in die Interessen des Geschädigten eingegriffen werden soll, wie dies etwa bei der Aufhebung einer Beschlagnahmung von Deliktsgut unter Rückgabe an die beschuldigte Person der Fall ist. Die Praxis, die Betroffenen auf den Rekursweg zu verweisen und mit der Herausgabe der Gegenstände bis zum Eintritt der Rechtskraft zuzuwarten, ist zwar verfahrensökonomisch von Vorteil, rechtsstaatlich aber fragwürdig (Instanzverlust)[178]. Von der Sache her ist der Anspruch auf rechtliches Gehör auch dort beschränkt oder ausgeschlossen, wo es um **dringliche Verfahrenshandlungen** mit zumeist nur vorläufiger Wirkung und

---

[172] Vorne N 7, hinten N 154.
[173] Bzw. mindestens ihren Rechtsvertretern; es ist möglich, z.B. zum Schutz der Geheimsphäre, die Partei selbst von einer Verhandlung (*in casu*: Ablehnungsbegehren gegen Richter im Zusammenhang mit dessen Bankbeziehungen) *auszuschliessen,* BGer 8.4.1999 i.S. J.D. gegen ao. Gericht des Kt. Wallis, zu den Schutzmassnahmen nach StPO 149 ff. hinten N 834 ff.
[174] Hinten N 633 ff.
[175] Hinten N 638 ff.
[176] BGE 119 Ia 139.
[177] SJZ 67 (1971) 234 = GBBR 1970 402 Nr. 1 für die Einstellung der Strafuntersuchung. Vgl. aber nachfolgend Fn. 197.
[178] Dieses Argument abgelehnt in BGE 110 Ia 82.

mit regelmässig nachfolgender umfassenden Anfechtungsmöglichkeit wie Verhaftung, Durchsuchung, Beschlagnahmung, Nichtanhandnahme u.ä. geht[179].

4.2.3. Der Betroffene hat einerseits Anspruch darauf, von den relevanten Umständen, Akten[180], Beweismitteln usw. Kenntnis zu nehmen. Deshalb ist ihm die **Akteneinsicht** zu gewähren (StPO 101, 107 I lit. a; JStPO 105)[181] sowie die **Teilnahme an Beweiserhebungen** und dergleichen[182] zu ermöglichen (StPO 107 I lit. b; 147 f.). Er ist zu Verfahrenshandlungen, an denen er teilnahmeberechtigt ist, ordnungsgemäss vorzuladen (StPO 201 ff.)[183], und es sind ihm **entscheidungsrelevante Stellungnahmen und Eingaben** (vgl. StPO 109 II) anderer Verfahrensbeteiligter vor einem entsprechenden Entscheid zuzustellen[184]. Inoffizielle Beweiserhebungen ausserhalb der Mechanismen der StPO sind nicht zulässig[185]. Grundsätzlich darf bei Entscheiden – mindestens zum Nachteil des Betroffenen – nur auf Vorgänge und Akten abgestellt werden, die er zur Kenntnis nehmen konnte[186]. Das Gehör ist – da es, wie vorstehend in Ziff. 4.1. erwähnt, primär um persönlichkeitsbezogene Mitwirkungsrechte geht – auch zu gewähren, soweit der in Frage stehende Entscheid gesetzlich zwingend vorgeschrieben ist und ein Entscheidungsspielraum praktisch nicht besteht[187]. Wesentlich ist, dass der **Fremdsprachige** bei Ausübung der hier relevanten Rechte Anspruch auf einen **Übersetzer** hat (StPO 68)[188].

108

4.2.4. Andererseits muss dem Verfahrensbeteiligten Gelegenheit gegeben werden, **sich zur Sache und zum Verfahren zu äussern**. Dies schliesst das

109

---

[179] Dazu BGE 133 I 201 E.2.2., 127 V 431 S. 438, BGer 28.2.2008, 6B_568/2007, E.6.4 (Einstellung). – Anders u.U. auch bei Disziplinarbussen, BGE 111 Ia 274; ZR 91/92 (1992/93) Nr. 1. Zur Möglichkeit einer *Schutzschrift* N 977.
[180] Recht auf Kenntnisnahme ergibt sich aus EMRK 6 Ziff. 1, VPB 61 (1997) Nr. 108.
[181] Näher hinten N 621 ff.
[182] Hinten N 821 ff.
[183] Rechtsungenügende Vorladung ist Verletzung des rechtlichen Gehörs, so RS 2005 Nr. 649.
[184] Pra 94 (2005) Nr. 142. – Anzunehmen ist, dass die Praxis in vielen Kantonen, *Eingaben automatisch den beteiligten andern Parteien zuzustellen*, mancherorts beibehalten wird. Zwingend zuzustellen sind Eingaben im Rahmen von StPO 109 II aber nur, wenn die *Kenntnis für die andere Partei zur Wahrung ihrer Rechte erforderlich* ist, also nicht z.B. bei prozessleitenden Begehren oder solchen, die sich allein auf die betreffende Partei beziehen (Gesuch um Bestellung eines amtlichen Verteidigers o.ä.). Ein unaufgefordert eingereichtes *Privatgutachten*, das allenfalls die Urteilsfindung beeinflussen kann, ist der Gegenpartei mit Blick auf BV 29 II zur Stellungnahme zu unterbreiten, Pra 91 (2002) Nr. 1. Partei muss allerdings Einsicht bzw. Zustellung von Akten selbst verlangen, von denen sie Kenntnis hat, Pra 93 (2004) Nr. 109 S. 611.
[185] RO 1968 253 Nr. 41. Zum *Verbot von Geheimakten* N 570.
[186] Zur Frage, ob Parteien auf unpublizierte Urteile, die das Gericht in seinem Urteil verwenden will, vorgängig hinzuweisen sind, FLÜHMANN/SUTTER in AJP 12 (2003) 1038.
[187] BGE 106 IV 334.
[188] Beschränkt, dazu hinten N 552 ff.

Recht ein, **Anträge** etwa zur Beweiserhebung zu stellen[189] und seinen Standpunkt zur Sach- und Rechtslage vorzutragen (dazu etwa StPO 107 I lit. d und e, 318 I, 331 II, 392 II, 399 III)[190]. Die Verfahrensbeteiligten können bei wesentlich geänderten Umständen oder neuen erheblichen Tatsachen und Beweismitteln etwa den Antrag stellen, dass **verfahrensleitende Entscheide in Wiedererwägung** gezogen werden[191]. Die Bundesgerichtspraxis räumt dem Betroffenen vermehrt (auch ohne entsprechende Anträge) ein **Recht auf Replik** ein, wobei nach neuerer Praxis ein Recht auf Vernehmlassung selbst dann besteht, wenn sich z.B. aus der Vernehmlassung einer Strafbehörde keine neuen Gesichtspunkte ergeben bzw. keine neuen Beweismittel präsentiert wurden[192]. Ein Recht auf nochmalige Äusserung ist sodann angebracht, wenn die Behörde dem Entscheid eine völlig neue, von den Parteien nicht zu erwartende Begründung zugrundelegen will[193].

110 Fraglich ist, inwieweit dem Betroffenen zur Wahrnehmung der hier relevanten Rechte eine **mündliche und öffentliche Verhandlung** zusteht oder inwieweit er sich mit einer schriftlichen Stellungnahme begnügen muss. Ein Anspruch auf mündlichen Vortrag besteht grundsätzlich nur dort, wo eine öffentliche Verhandlung stattfindet, also nicht ein schriftliches Verfahren vorgesehen ist[194]. Dies ist vorab in Rechtsmittelverfahren nicht immer der Fall (siehe StPO 69 III lit. c, 397 I, 406)[195].

111 Wesentlich ist, dass (ohne weitergehende konkrete Vorschrift) das rechtliche Gehör **spätestens in einem Zeitpunkt** gewährt wird, in dem der Standpunkt des

---

[189] Hinten N 647, 777. *Kein unbegrenzter Anspruch der Privatklägerschaft, dass Staatsanwalt angebotene Beweismittel sofort abnimmt oder verlangte Zwangsmassnahmen anordnet*, BGer 12.8.2008, 1B_142/2008 in AJP 1/2009 109.
[190] BGE 129 I 85, 115 Ia 11, 118 Ia 19
[191] So die Praxis des Bundesstrafgerichts, vgl. etwa BB.2005.88 vom 7.12.2006 und BB.2005.72 vom 19.10.2005.
[192] Zu diesem *Replikrecht* etwa BGer 15.8.2008, 6B_67(2008 in FP 2/2009 79 (Replikrecht nicht erforderlich, wenn Einfluss der Eingabe auf Entscheid auszuschliessen ist); BGE 133 I 98 und 100 (Replikrecht nach BV 29 II auch in Fällen, auf die EMRK 6 Ziff. 1 nicht anwendbar ist), ferner BGer 15.3.2005, 5P.18/2005 = ZZZP 2005 125 = Anwaltsrevue 6–7/2005 275, vgl. kritischen Kommentar dazu in ZBJV 143 (2007) 164 im Anschluss an die Praxis des EGMR. Dazu ferner VPB 65 (2001) Nr. 129 = AJP 12 (2003) 100 und 1498 und Fall Ressegatti in VPB 70 (2006) Nr. 108. Daraus kann sich – vor allem mit Blick auf EGMR vom 21.2.2002 i.S. Ziegler sowie vom 28.6.2001 i.S. F.R. ca. Schweiz – ein fast endloser Schriftenwechsel ergeben, siehe P. GOLDSCHMID in ZBJV 128 (2002) 281. Zur Thematik ferner Pra 94 (2005) Nr. 142 m.w.H. Zur EGMR-Praxis m.w.H. sodann STÉPHANE GRODECKI, Strasbourg et le droit à la réplique, plädoyer 2/2007 52. Zur früheren einschränkenden Praxis BGE 111 Ia 3, Pra 91 (2002) Nr. 182, BGE 124 II 137. – Zum Replikrecht im *Haftverfahren* m.w.H. Pra 92 (2003) Nr. 64, bei einer Vernehmlassung BGE 132 I 42 m.w.H.
[193] BGE 114 Ia 97.
[194] Hinten N 309 ff. Dazu RS 2005 Nr. 650.
[195] So bei Beschwerde, hinten N 1525; bei der Berufung, hinten N 1567 f.

Betroffenen noch eingebracht werden kann, damit dieser für den fraglichen Entscheid berücksichtigt werden kann. Allerdings erklärte das Bundesgericht in verschiedenen Entscheiden[196], ein entsprechender Mangel könne **geheilt werden, wenn vor einer oberen Instanz mit voller Kognition das Versäumte nachgeholt werden könne**. Wegen des im Ergebnis hier eintretenden Instanzverlustes[197] ist diese Praxis wie schon erwähnt fragwürdig und demgemäss nur in sehr engem Rahmen zulässig.

4.2.5. Das rechtliche Gehör schliesst die **Pflicht der Behörde ein, von den Äusserungen des Betroffenen Kenntnis zu nehmen und diese beim Entscheid, soweit relevant, in gebührender Weise zu berücksichtigen**[198]. Ausfluss des rechtlichen Gehörs bildet denn auch die **Pflicht, Entscheide zu begründen** (StPO 80 II, StGB 50)[199]. Muss sich aus der Begründung des fraglichen Entscheids ergeben, dass und wie sich die Behörde mit den betreffenden Äusserungen auseinandersetzte? Es besteht keine umfassende Pflicht, sich vorab in den schriftlich begründeten Entscheiden mit allen von den Verfahrensbeteiligten vorgebrachten Argumenten zu befassen. Dem Richter muss zugestanden werden, sich auf die nach seiner Auffassung – vorab mit Blick auf das materielle Recht – wesentlichen und massgeblichen Vorbringen zu beschränken[200]. Es genügt, wenn mit der Begründung die weiteren Vorbringen bloss stillschweigend verworfen werden[201].

112

4.3. Einschränkungen des rechtlichen Gehörs, StPO 108

Entlang den bisher vorab von der Praxis entwickelten Einschränkungen setzt **StPO 108 in allgemeiner Weise dem rechtlichen Gehör gewisse Grenzen**. Daneben kann das rechtliche Gehör, vor allem die daraus abzuleitenden Teilnahmerechte, nach Massgabe von Sondervorschriften, so nach StPO 149 ff.[202],

113

---

[196] BGE 126 I 72, 105 Ib 174, 110 Ia 83; Pra 91 (2002) Nr. 182; vgl. auch TPF 2005 177. Zur (begrenzten) Heilung von Grundsrechtsverstössen BGer 4.5.1999 = ZBJV 135 (1999) 376. Zur Heilung des Gehörsmangels nach der *Praxis des Bundesstrafgerichts im Beschwerdeverfahren* bei Zwangsmassnahmen vgl. TPF 2006 263.

[197] Vorne N 107. Früher wurde im Kanton Zürich üblicherweise in problematischer Weise auch vor Einstellung des Verfahrens u.ä. den allenfalls Kostenbetroffenen keine Gelegenheit zur Vernehmlassung gegeben, anders im Kanton Bern, vgl. ZBJV 136 (2000) 129; RS 2004 Nr. 596 und wohl nun auch nach StPO 318 II.

[198] Dazu ZR 85 (1986) Nr. 47. Bei anwaltschaftlich Vertretenen kann das Gericht sich weigern, Eingaben von diesem direkt entgegenzunehmen, BGE 120 Ia 65 = Pra 83 (1994) Nr. 184 = plädoyer 3/1994 64.

[199] Hinten N 585 ff.

[200] So auch BGE 112 Ia 197. Pflicht zum Eingehen z.B. auf wesentliche Punkte der Parteiplädoyers, NJW 62 (2009) Z 137, Z 139.

[201] So ZR 81 (1982) Nr. 88 S. 212; möglich auch Hinweis auf vorinstanzlichen Entscheid oder Antrag, StPO 82 IV, BGE 114 Ia 285. Zum Verhältnis von (angeblich unrichtigen) Literaturzitaten und Begründungspflicht BGE 126 I 102 f.

[202] Hinten N 834 ff.

weiter eingeschränkt werden. Was StPO 108 I betrifft, so können die Strafbehörden das rechtliche Gehör einerseits einschränken, wenn der **begründete Verdacht besteht, dass eine Partei ihre Rechte missbraucht** (lit. a). Es wäre dies etwa der Fall, wenn konkreter Anlass zur Annahme besteht, dass ein Einsichtsberechtigter die Akteneinsicht dazu benützt, um aus den so gewonnenen Informationen Beteiligten aus parallelen Straf- oder Zivilverfahren Mitteilungen zu machen.

114 StPO 108 I lit. b lässt solche **Einschränkungen sodann im Interesse der Sicherheit von Personen oder zur Wahrung öffentlicher oder privater Geheimnisse** zu[203]. Bei den privaten Geheimnissen stehen Bank-[204], Fabrikations-, Geschäfts-[205] sowie Patentgeheimnisse, bei öffentlichen Geheimnissen[206] solche aus den Bereichen des Militärs oder des Staatsschutzes im Vordergrund.

115 Nach dem Verhältnismässigkeitsgrundsatz sind diese Beschränkungen nur so weit zulässig, als sie zum Schutz der gefährdeten Geheimnisse erforderlich sind. Daraus folgt u.a., dass solche Eingriffe ins Akteneinsichtsrecht **gegenüber Rechtsbeiständen** nur zulässig sind, wenn diese selbst Anlass dafür geben (StPO 108 II); bei ihnen sind allenfalls sichernde Auflagen zu machen[207]. Weiter sind solche Einschränkungen **zeitlich zu befristen** oder aber **auf einzelne Verfahrenshandlungen zu beschränken** (StPO 108 III), also beispielsweise auf eine Zeugeneinvernahme, ein Gutachten usw. Da jedenfalls zum Nachteil des von einer solchen Beschränkung betroffenen Beteiligten nicht aufgrund vorenthaltener Akten usw. entschieden werden darf, setzt eine Verwertbarkeit voraus, dass dem **Betroffenen diese Akten mindestens auszugsweise, in anonymisierter Form oder sonst sinngemäss zur Stellungnahme**, bei einem medizinischen Gutachten z.B. in den Schlussfolgerungen oder einer Zusammenfassung, eröffnet wurden (StPO 108 IV)[208]. Im Übrigen bestimmt StPO 108 V, dass das rechtliche Gehör nach Wegfall des Einschränkungsgrundes nachzuholen ist, was naturgemäss dann nicht gilt, wenn im konkreten Fall die betroffene Person generell und nicht nur zur Zeit vom rechtlichen Gehör, etwa von der Einsicht in ein bestimmtes Dokument, auszuschliessen ist.

---

[203] Hinten N 834 ff.
[204] BGE 95 I 452.
[205] RS 1997 Nr. 300.
[206] Kein Hinderungsgrund bezüglich Einsicht in Untersuchungsakten jedoch das *Untersuchungsgeheimnis*, zumal die berechtigten Verfahrensbeteiligten an Untersuchung teilnehmen konnten, BGer 5.3.1993 i.S. O.A. ca. J.S.
[207] Hinten N 623, 626. Dazu aus dem Blickwinkel des früheren Prozessrechts (zur früheren zürcherischen ZPO 145) ZR 87 (1988) Nr. 59, 60, 91/92 (1992/93) Nr. 17.
[208] BGE 122 I 153, 115 Ia 293 S. 304; BGer 3.4.1997 in NZZ Nr. 133 vom 12.6.1997. Dazu hinten N 626.

5. Verbot menschenunwürdiger Beweise, StPO 3 II lit. d, 140

StPO 3 II lit. d besagt, dass bei der Beweiserhebung nicht Methoden angewendet werden dürfen, die die Menschenwürde verletzen, ein Gebot, das sich mit jenem des fairen Verfahrens überschneidet. Konkretisiert wird dieses Verbot vorab in StPO 140; danach ist es **verboten, bei der Beweiserhebung Zwangsmittel, Gewalt, Drohungen, Versprechungen oder Täuschungen** einzusetzen. Es sind dies unzulässige Beweiserhebungsmethoden, die die physische Integrität der Betroffenen tangieren können und schon deshalb absolut verboten, ja in der Regel strafbar sind. Es sind ebenfalls Vorgehensweisen, die mindestens die Willensfreiheit beeinträchtigen und abgesehen von ihrer Unvereinbarkeit mit einem menschenwürdigen Strafverfahren im Ergebnis regelmässig zu Ergebnissen führen, die dem Gebot der materiellen Wahrheit[209] widersprechen. Die im Widerspruch zu StPO 3 II lit. d sowie 140 erhobenen Beweise sind unverwertbar[210]. Beigefügt sei, dass sich Anklänge an das Verbot der menschenunwürdigen Behandlung in verschiedenen andern Bestimmungen der StPO finden, die die strafprozessualen Eingriffe in die Rechte der vom Strafverfahren Betroffenen beschränken, etwa bei Zwangsmassnahmen. Verwiesen werden kann etwa auf StPO 200 (Gewaltanwendung nur als äusserstes Mittel)[211].

116

§ 7 Prinzip des gesetzlichen, unabhängigen und unparteiischen Richters, EMRK 6 Ziff. 1, BV 29a, 30 I, 191c, StPO 4, MStP 1, BGG 2

Literaturauswahl: AESCHLIMANN N 184; HABSCHEID 40; HÄFELIN/HALLER/KELLER N 850 ff.; HAUSER/SCHWERI/HARTMANN § 27 III; MAURER (zur Vorbefassung) 107; PIQUEREZ (2006) N 370; SCHMID (2004) 115; TRECHSEL (2005) 45; VOGEL/SPÜHLER 2. Kap. N 69 ff.; WALDER 36, 83.

JÜRG AESCHLIMANN, Beschleunigungsgebot und Richterausstand, in Festschrift SKG, Z 110 (1992) 129; PETER ALBRECHT, Richter als (politischer) Parteivertreter? Die Schweizer Richterzeitung 3/2006; CHRISTOPH BANDLI, Zur Spruchkörperbildung an Gerichten: Vorausbestimmng als Fairnessgarantie, FS H. Koller, Basel/Genf/München 2006, 209; DOMINIQUE FAVRE, Le juge et l'activité politique, plädoyer 1/2009 52; STEPHAN GASS, Wie sollen Richterinnen und Richter gewählt werden? Wahl und Wiederwahl unter dem Aspekt der richterlichen Unabhängigkeit, AJP 5/2007 593; ERWIN BEYELER, Das Recht auf den verfassungsmässigen Richter, Diss. Zürich 1978; REINHOLD HOTZ, St.Galler Kommentar zu BV 30; REGINA KIENER, Richterliche Unabhängigkeit. Verfassungsrechtliche Anforderungen an Richter und Ge-

---

[209] Hierzu N 7, 154 ff.
[210] Hinten N 793 ff.; solche Beweise (wie *Lügendetektor* u.ä.) nach traditioneller Auffassung auch nicht zulässig mit Einwilligung der beschuldigten Person und allein zu deren Entlastung, SJZ 50 (1954) 51; 55 (1959) 330 = ZR 60 (1961) Nr. 39; SJZ 67 (1971) 114.
[211] Hinten N 979.

richte, Bern 2001; DIES. Anwalt oder Richter? in: FS 100 Jahre Aargauischer Anwaltsverband, Zürich 2005, 3. GÉRARD PIQUEREZ, Le droit à un juge indépendant et impartial garanti par les articles 58 cst. et 6 ch. 1 CEDH etc., SJ 111 (1989) 114; PATRICK SUTTER, Der Anwalt als Richter, die Richterin als Anwältin, AJP 2006 30 ; STEFAN TRECHSEL, Human Rights in Criminal Proceedings, Oxford 2005, 45 ff.; MARK E. VILLIGER, Handbuch der Europäischen Menschenrechtskonvention (EMRK), Zürich 1993.

Materialien: E 4; BeB 33; ZEV 23; E 4; Botschaft 1129; AB S 1996 990 f., AB N 2007 942.

1. Grundsatz, Rechtsquellen

117 Nach der grundlegenden Bestimmung von BV 30 I – die in ähnlicher Form auch in verschiedenen kantonalen Verfassungen zu finden ist – hat jedermann «*Anspruch auf ein durch Gesetz geschaffenes, zuständiges, unabhängiges und unparteiisches Gericht*». Diese Verfassungsbestimmung ist in Verbindung mit EMRK 6 Ziff. 1 zu lesen. StPO 4 übernimmt diese Grundsätze, indem er bestimmt, dass die Strafbehörden in der Rechtsanwendung unabhängig und nur dem Recht verpflichtet[212] sind.

2. Grundsatz des gesetzlichen Richters im Einzelnen

2.1. Strafrechtliche Sanktionen nur durch Richter

118 Ausgangspunkt ist zunächst der Anspruch des Bürgers darauf, dass über die **Begründetheit strafrechtlicher Anklagen und über allenfalls zu verhängende Sanktionen ein Richter entscheidet**. Dieser Anspruch ergab sich zunächst aus EMRK 5 Ziff. 1 lit. a und 6 Ziff. 1. Dieser Grundsatz war so weit ersichtlich lange im geschriebenen schweizerischen Recht nicht ausdrücklich enthalten, kann aber jetzt aus BV 29a, 30 I und 191b I abgeleitet werden. Er liegt auch unausgesprochen dem übrigen Bundesrecht, etwa dem StGB sowie vor allem der StPO, zugrunde. Es sei nur erwähnt, dass das StGB an zahlreichen Stellen von «*Gericht*» spricht (z.B. Art. 3 II, 6 II; 11 IV, 16 I). StPO 2 behält die Strafrechtspflege den dafür vorgesehenen Behörden vor, und dies sind nach StPO allein Gerichte. Strafen und Massnahmen dürfen demgemäss nur von einem Gericht ausgesprochen werden.

119 Die vorerwähnten Garantien gelten grundsätzlich ebenfalls für das Verhängen von **Bussen**, wofür in der Schweiz bei **Übertretungen** bereits früher oft Verwaltungsbehörden zuständig waren. Die StPO ermöglicht die Fortsetzung dieser Tradition (StPO 17, 357). Der Bundesrat versuchte früher, dieser alten Praxis mit einer auslegenden Erklärung zu EMRK 6 Ziff. 1 Rechnung zu tragen, indem er zusicherte, dass eine letztinstanzliche richterliche Prüfung – allenfalls auf dem

---

[212] In VE und E 4 I hiess es «... *allein Recht und Gerechtigkeit verpflichtet*»; in der Folge wurde die Formulierung auf «*Recht*» verpflichtet, reduziert, u.a. mit dem Hinweis auf die entsprechende Formulierung in BV 191c, AB N 2007 943.

§ 7 Prinzip des gesetzlichen, unabhängigen und unparteiischen Richters

Weg der damaligen staatsrechtlichen Beschwerde ans Bundesgericht – möglich sei[213]. Der EGMR hat indessen diesem Vorbehalt die Gültigkeit abgesprochen[214]. Da die StPO ermöglicht, jede Übertretungsbusse durch Einsprache zur Beurteilung im Sach- und Rechtspunkt vor den erstinstanzlichen Richter zu bringen (StPO 357 i.V. mit 354 ff.)[215], und nachfolgend eine Berufung möglich ist (beschränkt, StPO 398 IV)[216], hat dieses Strassburger Urteil für die Schweiz freilich keine praktische Bedeutung mehr.

Vereinbar mit den eingangs angesprochenen Garantien ist ebenso das **Strafbefehlsverfahren** gemäss StPO 352–356 bzw. bei Übertretungen nach StPO 357[217], da mittels einer Einsprache ebenfalls eine gerichtliche Überprüfung herbeigeführt werden kann[218]. 120

Die grundrechtlichen Unabhängigkeitsregeln von BV 30 I und EMRK 6 Ziff. 1 gelten für die **Strafverfolgungsbehörden nach StPO 12**, also vorab die Angehörigen der Polizei und der Staatsanwaltschaft, nur insoweit, als sie rechtsprechende Funktionen ausüben, also etwa im Strafbefehls- oder Einziehungsverfahren[219]. Bemerkenswert ist, dass StPO 4 I diese Unabhängigkeit auch Polizei, Staatsanwaltschaft und Übertretungsstrafbehörden zugesteht, soweit deren vorgenannte Tätigkeit betroffen ist. Im Übrigen ist bei Befangenheit etc. die Frage der **Ausstandspflichten** dieser Strafverfolgungsbehörden nach StPO 56 ff., ferner aufgrund des Gleichheitsartikels sowie des Gebots der Fairness im Strafverfahren (BV 8, 29 I) zu beurteilen[220]. 121

---

[213] BGE 115 Ia 183, 108 Ia 313, 109 Ia 332, 111 Ia 267.
[214] Entscheid i.S. Belilos in plädoyer 4/1988 30; ferner VPB 50 (1986) Nr. 128; BGE 115 Ia 410 mit weiteren Hinweisen.
[215] Hinten N 1364 ff.
[216] Hinten N 1536 ff.
[217] Hinten N 1352 ff.
[218] ZR 57 (1958) Nr. 115 275 = SJZ 55 (1959) 192.
[219] RKG 2002 Nr. 55; Pra 91 (2002) Nr. 183 S. 976; BGE 112 Ia 142; SJIR 1989 283; SZIER 1991 418; RS 1998 Nr. 474. Nach ZR 89 (1990) Nr. 69 problematisch bei Einstellungen.
[220] Zum *Ausstand* hinten N 520 ff. So mit Blick auf das frühere kantonale Prozessrecht Pra 91 (2002) Nr. 183 (nach BV und EMRK kein Anspruch darauf, dass Ablehnungsanträge gegen *Staats- oder Bezirksanwalt* von einer gerichtlichen Behörde behandelt werden); BGE 127 I 196 =JdT 154 (2006) IV 240 (betr. Freiburger Untersuchungsrichter); GVP SG 2003 Nr. 77. Siehe Fall Bellasi/Saudan (voreilige Äusserungen der eidg. Untersuchungsrichter in einem Boulevardblatt; Annahme von Befangenheit) in Pra 89 (2000) Nr. 192. Vgl. BGer 16.1.2009. 1B_282/2008 = FP 2/2009 77 = RS 2009 Nr. 551 (Staatsanwalt bei Einstellung eines Verfahrens wegen falscher Anschuldigung befangen, veranlasst von der Person, gegen die gleicher Staatsanwalt vorher ein mit Freispruch endendes Verfahren wegen sexueller Nötigung geführt hatte). – Zur alten BV BGE 125 I 123 m.w.H., ferner Pra 87 (1998) Nr. 94 = BGE 124 I 76. Auch bei *Polizeibeamten*, ZBJV 132 (1996) 720 = RS 1998 Nr. 402.

2.2. Anspruch auf Beurteilung durch den zuständigen Richter

122 BV 30 I gewährt dem Betroffenen Anspruch auf Beurteilung durch den gemäss Gesetz sachlich und örtlich zuständigen Richter[221]. Ist der Richter zuständig, so *muss* er amten, es sei denn, er sei aus einem gesetzlichen Grunde ausgeschlossen[222]. Der Anspruch auf einen verfassungsmässigen Richter kann demnach auch dadurch gefährdet sein, dass sich Richter vorschnell als befangen oder vorbefasst erklären. Der Ausstand muss die Ausnahme bleiben[223].

2.3. Anspruch auf ein gesetzmässig besetztes Gericht

123 Das **Gericht** hat sodann hinsichtlich Anzahl der Richter und bezüglich allfälliger positiver oder negativer Qualifikationsmerkmale (richtige Wahl und Bestellung des Richters[224] bzw. Fehlen von Ausstandsgründen[225]; unmanipulierte Zusammensetzung des konkreten Spruchkörpers[226]) eine **gesetzmässige Besetzung** aufzuweisen[227]. Der Anspruch auf den gesetzlichen Richter ist eng verknüpft mit der nachstehend zu besprechenden Unabhängigkeit und Unparteilichkeit sowie den sich aus StPO 56 ergebenden Ausschluss- und Ablehnungsgründen (dazu nachfolgend Ziff. 3).

124 Die Rüge der ungehörigen Besetzung des Gerichtes ist grundsätzlich zu **Beginn der Verhandlungen** zu erheben, ansonsten sie verwirkt ist[228]. Damit die Zusammensetzung des Gerichts überprüft werden kann, muss diese den Verfah-

---

[221] Noch zur alten BV BGE 113 Ia 165. Zur Zuständigkeit hinten N 398 ff.
[222] Der Richter kann sich *nicht selbst ohne entsprechende Gründe in den Ausstand begeben*, z.B. wenn er Probleme mit einer Partei hat, von dieser drangsaliert wird etc., problematisch deshalb BGE 96 I 279 E. 2, 105 Ia 157 und die in NZZ Nr. 216 vom 16.9.2004 und Nr. 225 vom 27.9.2004 rapportierten 13.9.2004, 6P.99/2004, und 14.9.2004,1P.359/2004 (mit kritischem Kommentar).
[223] Vgl. den vorgenannten BGE 105 Ia 157 und BGer 13.11.2006, 1P.583/2006, E.2.5.
[224] BGE 105 Ia 166. Die *Besetzung ist nach StPO 331 I den Parteien vorgängig der Hauptverhandlung mitzuteilen*. Damit diese allfällige Ausstandsgründe feststellen können, sind die am Verfahren Mitwirkenden darin zu nennen, BGE 117 Ia 322, Allgemeine Mitteilung im Staatskalender o.ä. (BGE 114 Ia 278) genügt demnach nicht mehr, so schon die frühere Praxis BGer 19.4.1996 in NZZ Nr. 119 vom 24.5.1996.
[225] BGE 102 Ia 493, 499, 105 Ia 157, 108 Ia 48, 50.
[226] Verfügt ein Gericht z.B. über 6 Richter, besteht der Spruchkörper in den einzelnen Fällen jedoch nur aus 3 Mitgliedern, besteht Gefahr, dass die Zusammensetzung manipuliert wird. Das Bundesverwaltungsgericht versucht, diese bis anhin kaum gelöste Problematik durch eine elektronische Besetzung der Richterbank zu entschärfen, dazu NZZ Nr. 83 vom 11.4.2007.
[227] BGE 129 V 338. Grundsatz verletzt, wenn Richter am Urteil mitwirkt, der während der Parteivorträge nicht anwesend war, Pra 95 (2006) Nr. 62 = ZBJV 143 (2007) 162. Änderung der Besetzung verletzt Anspruch, wenn Referentin der Urteilsberatung an Hauptverhandlung nicht teilnahm, BGer 26.6.2006, 1P.102/2005 in ZBl 108 (2007) 43. Kein Anspruch auf *juristisch ausgebildeten Richter*, BGE 134 I 16 = SJZ 104 (2008) 119.
[228] BGE 111 Ia 74, 112 Ia 340, 114 V 62; Pra 78 (1989) Nr. 1; ZR 102 (2003) Nr. 32. Hinten N 1313 ff.

rensbeteiligten eröffnet werden[229], nach StPO 331 I Satz 2 mit der Ansetzung der Hauptverhandlung.

2.4. Verbot von Ausnahmegerichten

BV 30 I verbietet ausdrücklich **Ausnahmegerichte**[230], d.h. Gerichte, die ausserhalb der verfassungsmässigen Gerichtsorganisation stehen und nur für einen oder mehrere konkrete Fälle gebildet werden[231]. Von den Ausnahmegerichten abzugrenzen sind:

2.4.1. **Sondergerichte**, die aufgrund gesetzlicher Bestimmungen für die Beurteilung von bestimmten Täter- oder Deliktskategorien eingesetzt werden. Der Grund für diese Einsetzung liegt zumeist darin, dass gewisse Gerichte über besonderes Fachwissen verfügen müssen (Spezial- oder Fachgerichte).

Hier wären etwa zu nennen:

- Militärgerichte (Divisions-, Militärappellationsgerichte, Militärkassationsgericht) zur Durchsetzung des materiellen Militärstrafrechts, vorwiegend gegenüber Militärpersonen, gemäss MStP;
- Jugendgerichte zur Beurteilung von Kindern und Jugendlichen von 10 bis 18 Jahren (JStPO 7) oder
- Wirtschaftsstrafgerichte, wie sie bisher in den Kantonen Bern, Freiburg und Neuenburg bestanden[232].

Solche Fachgerichte sind in der Schweizerischen Strafprozessordnung nicht ausdrücklich vorgesehen, jedoch nach StPO 14 II etwa für Wirtschaftsdelikte zulässig[233].

2.4.2. Es widerspricht sodann BV 30 I und der StPO nicht, innerhalb der gesetzlich zuständigen Instanz die Beurteilung bestimmter Sachverhalte einer **besonders bestellten Abteilung** (in Zürich etwa einer Wirtschaftsstrafkammer am Bezirksgericht) bzw. einem spezialisierten Einzelrichter zuzuweisen, denn weder aus BV 30 I noch der StPO lässt sich ein Anspruch auf Aburteilung durch einen bestimmten Richter ableiten. Soweit nach dem Gerichtsorganisationsrecht bzw. den Einführungsgesetzen von Bund und Kantonen **Ersatzrichter** eingesetzt werden dürfen, ist das Gericht grundsätzlich ebenfalls frei, ob und in welcher Anzahl und Kombination diese mitwirken[234], doch muss der Beizug sachlich,

---

[229] BGE 114 V 61, 114 Ia 279; Pra 78 (1989) Nr. 25.
[230] Dazu BGE 105 Ia 161.
[231] BGE 110 Ib 281, 113 Ia 423.
[232] BGE 113 Ia 423.
[233] Botschaft 1138 zu StPO 19. Es wäre verfassungsmässig zulässig, für solche Spezialgerichte besondere Verfahrensvorschriften vorzusehen, siehe BGE 113 Ia 424, doch enthält die StPO keine solchen, und die Kantone wären dazu auch nicht befugt.
[234] BGE 105 Ia 177. Einsetzbar in oberen Instanzen auch Richter unterer Instanzen, BGE 131 I 31 = ZBJV 143 (2007) 162.

also z.B. durch grosse Geschäftslast, gerechtfertigt sein[235]. Zulässig ist auch die Bestellung ausserordentlicher vollamtlicher Ersatzrichter[236].

3. Anspruch auf Beurteilung durch einen unabhängigen und unparteiischen Richter

3.1. Anspruch im Allgemeinen

129 Gemäss ständiger bundesgerichtlicher Rechtsprechung zu aBV 58 gewährte schon die frühere BV nicht nur den Anspruch auf einen gesetzlichen, sondern auch einen unabhängigen und unparteiischen Richter[237], welche Ansprüche nun in BV 30 I und 191c oder in BGG 2 I erscheinen. Diese Ansprüche garantiert ebenfalls EMRK 6 Ziff. 1 (... *unabhängiges und unparteiisches, auf Gesetz beruhendes Gericht* ...).

3.2. Sinn der Unabhängigkeit und Unparteilichkeit

130 Unabhängigkeit und Unparteilichkeit bedeuten, dass der Richter seine Tätigkeit losgelöst von anderen staatlichen Organen sowie frei von fremden Einflüssen und nur dem Recht verpflichtet ausübt. Zentral geht es um die **Unparteilichkeit**: Unparteilich sein heisst, dass der Richter die im Streit stehenden Fragen unvoreingenommen und frei von Bindungen an die Parteien, deren Standpunkte oder andere Drittinteressen entscheidet. Parteilichkeit als primär **innerer** Zustand schliesst ein gerechtes Urteil *a priori* aus. Eine vorab auf das Äussere bezogene Abhängigkeit, z.B. eine Verwandtschaft mit einem Verfahrensbeteiligten, kann, muss aber nicht dazu führen, dass der Richter nicht mehr in der Lage ist, ein unparteiisches Urteil zu fällen.

131 Die Erfahrung zeigt jedoch, dass es häufig **bereits äussere Bindungen** sind, die die Unparteilichkeit gefährden. In der Regel wird deshalb schon an gewisse äussere, die Unparteilichkeit nur möglicherweise gefährdende Momente in der Person des Richters angeknüpft. Für die Annahme einer Abhängigkeit bzw. Parteilichkeit genügt es deshalb, wenn bei objektiver Betrachtungsweise der Anschein einer – vielleicht gar nicht vorhandenen – Voreingenommenheit besteht[238].

Das Erfordernis der Unabhängigkeit und Unparteilichkeit bedarf einiger Erläuterungen:

---

[235] Zur früheren zürcherischen Praxis ZR 86 (1987) Nr. 97, BGE 123 I 49.
[236] Aus der Sicht der früheren zürcherischen Praxis ZR 87 (1988) Nr. 42.
[237] BGE 104 Ia 273 mit Verweisungen.
[238] BGE 108 Ia 51.

3.3. Notwendigkeit der Unabhängigkeit in staatsrechtlicher, organisatorischer, hierarchischer, sachlicher und persönlicher Hinsicht

3.3.1. Die **staatsrechtliche Unabhängigkeit** bedeutet, dass der einzelne Richter in seiner Stellung sowie im Verhältnis zu den übrigen Staatsorganen derart frei sein muss, dass er in seiner Tätigkeit nur das Recht und nicht andere staatliche Interessen als Richtschnur beachtet[239], was übrigens nach StPO 4 I auch für die Staatsanwälte gilt. Die Tätigkeit der Richter soll insbesondere nicht durch irgendwelche politischen Rücksichtsnahmen beeinflusst werden. Diesem Ziel dienen die **Unvereinbarkeitsbestimmungen**, die es den Richtern verunmöglichen, in anderen staatlichen Organen oder zugleich mit verwandten Personen tätig zu sein. Während die von der Bundesversammlung gewählten Richter gemäss BV 144 I, ParlG 14, BGG 6 ff. und E StBOG 35 weder dem National- oder dem Ständerat noch dem Bundesrat angehören und auch nicht Bundesangestellte sein dürfen[240], waren bisher in den Kantonen – oftmals wegen ihrer Kleinheit – die Grenzen nicht so eng gezogen. Das Gleiche gilt für die **Tätigkeit von nebenamtlichen Richtern (vorab solche oberer Instanzen) als Anwälte**[241]. Dieser Bereich ist nicht in der StPO geregelt; er bleibt der Regelung in den Gerichtsorganisations- oder Einführungserlassen von Bund und Kantonen überlassen.

132

Die staatsrechtliche Unabhängigkeit, die auch Unabhängigkeit vom Wahlgremium bedeutet, wird im Ausland oft durch die Ernennung von Richtern auf Lebenszeit anvisiert, ein System, das in der Schweiz nicht bekannt ist. Üblich ist vielmehr eine **Wahl durch Volk oder Parlament** mit der Notwendigkeit von Bestätigungswahlen nach relativ wenigen Jahren. Ein solcher Wahlmodus scheint der richterlichen Unabhängigkeit diametral zuwiderzulaufen. Bis vor kurzem beeinträchtigte dieses Wahlverfahren die Unabhängigkeit der Richter aber kaum merklich. Die Verhärtung des innenpolitischen Klimas innerhalb der letzten zwei Jahrzehnte hat nun aber dazu geführt, dass im Zusammenhang mit missliebigen Entscheiden[242] den betreffenden Richtern von einer gewissen politischen Partei mit «*einschneidenden Konsequenzen bei den nächsten Wahlen*» gedroht wurde – ein skandalöser Vorgang.

133

---

[239] Auch die *Staats- bzw. Ober- oder Generalstaatsanwaltschaften müssen in ihrer rechtsanwendenden Tätigkeit unabhängig von politischen Instanzen sein*, N 253 a.E.

[240] Zur Unvereinbarkeit bei den Mitgliedern des Bundesstrafgerichts E StBOG 35.

[241] An sich nach BGE 133 I 1 (Fall bezog sich auf Kassationsrichter des Kanton Zürich) zwar problematisch, aber nicht unzulässig, kritisch zu diesem Entscheid ZBJV 114 (2008) 804. – Problematisch ebenso, wenn ein Mitglied der nationalrätlichen Gerichtskommission als Anwalt vor Bundesgericht auftritt, vgl. den Fall in «Beobachter» 1/2008 40; in diesem hatte zudem auf kantonaler Ebene ein Gerichtspräsident in den Ausstand zu treten, der früher Jurist in einer im Fall involvierten Firma war.

[242] So etwa BGE 129 I 217 und 232 (Einbürgerungsfrage) und BGE 130 IV 111 (Rassendiskriminierung).

134 **3.3.2.** Damit eine unabhängige Rechtsprechung gewährleistet wird, ist sodann erforderlich, dass die Gerichte im Sinn der **Gewaltenteilung** von den beiden andern klassischen Gewalten (Gesetzgebung[243] und Verwaltung/Regierung) nicht nur persönlich, sondern auch **organisatorisch** getrennt sind. Zu trennen ist die rechtsprechende Tätigkeit des Richters besonders von staatsanwaltschaftlichen Funktionen. Die früher in einigen Kantonen übliche **Personalunion von Untersuchungsorgan und Richter im nachfolgenden Erkenntnisverfahren** widerspricht demnach BV und EMRK[244]. Durch das der StPO zugrunde liegende Staatsanwaltschaftsmodell ist sie ohnehin ausgeschlossen.

135 **3.3.3.** Richter geniessen auch innerhalb der Gerichtsbarkeit **hierarchische Unabhängigkeit**. Sie haben von den Oberbehörden über das, was rechtens ist, keine Weisungen entgegenzunehmen. Die Rechtsprechung der unteren Instanzen darf durch die Oberbehörden allein auf dem Weg der dafür vorgesehenen Rechtsmittel, also nicht auf anderem Weg, z.B. jenem der Dienstaufsicht, mit Dienstanweisungen usw. beeinflusst werden[245]. Ebenfalls die **Präjudizien von oberen oder gleichgeordneten Gerichten sind nicht bindend**. Wenn ihnen in der Praxis oft ein doch beachtlicher Einfluss zukommt, so allein aufgrund ihrer Überzeugungskraft und folglich der inneren, nicht der äusseren Autorität. Eine Bindung an Entscheidungen ist jedoch dort gemäss Gesetz (StPO 409 III bei der Berufung) gegeben, wo im Rechtsmittelverfahren ein Verfahren an die untere Instanz zurückgewiesen wird. Hier ist die Auffassung der oberen Instanz in der konkret entschiedenen Rechtsfrage[246] für die untere bindend[247]. Zu präzisieren bleibt, dass sich die Unabhängigkeit auf die Recht sprechende Tätigkeit bezieht (vgl. BGG 2 I). Etwas anderes ist die in BGG 3 I bzw. E StBOG 25 II vorgesehene **Oberaufsicht** der Bundesversammlung über das **Bundesgericht bzw. das Bundesstrafgericht** oder jene gemäss kantonalem Verfassungs-, Einführungs- oder Gerichtsorganisationsrecht über die **kantonalen Strafbehörden.** In diesem Zusammenhang zu erwähnen sind sodann entsprechende **Weisungsbefugnisse**

---

[243] Zum *Oberaufsichtsrecht der Parlamente* gleich anschliessend N 135.
[244] BGE 112 Ia 290 zum Wallis; BGE 113 Ia 72 zu Freiburg; anders noch BGE 104 Ia 275 f. bezüglich Bern. Zum Kanton Solothurn (UR ordnete UH an, erhob aber faktisch auch Anklage) EGMR in VPB 62 (2001) Nr. 120. Zulässig Beweisabnahme durch Gericht oder Anordnung von solchen, hinten N 516 und dort weitere Hinweise in Fn. 289. – Zur Personalunion von *Fachrichter und Experten* (im Fall von FFE bzw. jetzt fürsorgerischer Unterbringung) EGMR 29.3.2001 i.S. D.N. ca. Schweiz, VPB 65 (2001) Nr. 122 = AJP 12 (2003) 99.
[245] ZR 89 (1990) Nr. 44; BGE 124 I 262 ff.
[246] Vgl. zu diesen Fragen der *Vereinbarkeit einer solchen Oberaufsicht mit der richterlichen Unabhängigkeit* Gutachten des Bundesamts für Justiz vom 13.12.2004 in VPB 69 (2005) Nr. 48. Dazu und zu einer Kontroverse über ein zürcherisches Obergerichtsurteil RO 1996 11 ff.
[247] Für die Berufung hinten N 1580, für die Strafrechtsbeschwerde N 1713.

(vor allem den Strafverfolgungsbehörden gegenüber), welche in StPO 4 II vorbehalten bleiben[248].

3.3.4. Der Richter muss sodann in **sachlicher Hinsicht** frei und unabhängig sein; er muss **unbefangen** sein. Nicht als Richter amten kann vor allem, wer sich früher mit der Sache amtlich oder privat und in einer Weise befasste, die erwarten lässt, dass er bezüglich Schuld oder Nichtschuld nicht mehr unvoreingenommen ist (**Ausstandsgrund der Vorbefassung**, näher StPO 56 lit. b)[249]. 136

3.3.5. Von grosser Wichtigkeit ist sodann die **persönliche Unabhängigkeit**[250], die durch **innere oder äussere Bindungen** des Richters zu Verfahrensbeteiligten oder deren Standpunkt gefährdet oder aufgehoben sein kann. Es ist dies allgemein ausgedrückt die **Befangenheit**, die verschiedene Ursachen haben kann, die aber bewirkt, dass der Ausgang des Verfahrens für die betreffenden Angehörigen einer Strafbehörde nicht mehr offen ist. Es liegen hier in der Regel (gesetzliche) **Ausstandsgründe** (StPO 56, vor allem nach lit. f dieser Bestimmung; BGG 34 ff.[251]) vor, doch besteht auch hier ein direkt aus BV 30 I abzuleitender Anspruch auf einen unabhängigen und unparteiischen Richter[252]. 137

§ 8 Beschleunigungsgebot, Konzentrationsgrundsatz, EMRK 6 Ziff. 1, BV 29 I, StPO 5

Literaturauswahl: AESCHLIMANN N 205; HAUSER/SCHWERI/HARTMANN § 58; MAURER 41; OBERHOLZER N 465; PIQUEREZ (2006) N 325; DERS. (2007) N 304; SCHMID (2004) N 216; TRECHSEL (2005) 138.

ANDREAS DONATSCH, Das Beschleunigungsgebot im Strafprozess gemäss Art. 6 Ziff. 1 EMRK in der Rechtsprechung der Konventionsorgane, in: Aktuelle Fragen zur Europäischen Menschenrechtskonvention, Zürich 1994, 69; DENISE PROFF HAUSER, Die Bedeutung des Beschleunigungsgebots im Sinn von Art. 6 Ziff. 1 EMRK für das zürcherische Strafverfahren, Diss. Zürich, Basel/Frankfurt a.M. 1998; ROLF KÜNG-HOFER, Die Beschleunigung des Strafverfahrens unter Wahrung der Rechtsstaatlichkeit, Diss. Bern 1984; MARC-ANDRÉ NANÇOZ, La durée du procès pénal, Z 100 (1983) 384; WALTER ROTHENFLUH, Die Dauer des Strafprozesses, Z 100 (1983) 366.

Materialien: Aus 29 mach 1 S. 80; VE 5; BeB 34; ZEV 23; E 5; Botschaft 1130; AB S 2006 991, AB N 2007 943.

---

[248] Dazu Botschaft 1129. Zur *Weisungsbefugnis von Staatsanwaltschaft und Gerichten* hinten N 345 ff. Weisungsbefugt jedoch auch politische Oberbehörden wie Bundes- oder Regierungsrat, primär im administrativen Bereich; diese Behörden können auch z.B. *Schwerpunkte in der Kriminalitätsbekämpfung* setzen.
[249] Hinten N 514 ff.
[250] Ausschluss- und Ablehnungsgründe beziehen sich immer auf den einzelnen Funktionär, nicht die Gesamtbehörde, Hinweise hinten zu N 523 in Fn. 305.
[251] Zum Ausstand nach StPO 56 ff. hinten N 507 ff.
[252] BGE 105 Ia 161.

1. Beschleunigungsgebot (Verzögerungsverbot), BV 29 I, EMRK 6 Ziff. 1, StPO 5

1.1. Grundsatz und Sinn

138 *1.1.1.* Das Beschleunigungsgebot besagt, dass staatliche Verfahren, so Strafprozesse von der Einleitung bis hin zum rechtskräftigen Endentscheid[253], **ohne Verzögerungen durchzuführen und zum Abschluss zu bringen sind**. Verfahren sind von den jeweils zuständigen Behörden somit im Rahmen des Möglichen zu fördern und sobald als möglich einer Erledigung zuzuführen. Daraus folgt u.a., dass die Prozessbeteiligten – in erster Linie die beschuldigte Person, jedoch auch die andern Parteien bzw. Verfahrensbeteiligten – Anspruch auf einen Entscheid haben, sobald ein solcher gefällt werden kann[254].

139 *1.1.2.* Der Sinn des Beschleunigungsgebotes ist zuerst ein mehr **praktisch-prozessualer**: Je länger das Verfahren dauert, umso weniger können sich die Verfahrensbeteiligten und Zeugen an die Geschehnisse erinnern. Die materielle Wahrheit (StPO 6) zu ergründen, fällt erfahrungsgemäss schwerer, je mehr Zeit seit dem prozessrelevanten Ereignis verstrichen ist. Ein weiterer Grund ist ein **rechtsstaatlicher**: Der unter dem häufig schweren Vorwurf einer Straftat stehende Bürger hat Anspruch darauf, dass innert nützlicher Frist über seine Schuld oder Unschuld entschieden wird. Auch der Geschädigte bzw. Privatkläger hat vorab mit Blick auf die Schadenersatzregelung Anspruch auf eine rasche Strafrechtspflege. Eine solche ist aber auch wegen des Sinns der Strafe und des Strafrechts zu fordern: Seit *Cesare Beccaria*[255] ist bekannt, dass die dem Strafrecht zugedachte general- und spezialpräventive Funktion nur wirkt, wenn der mutmassliche Täter mit einer rasch greifenden Strafjustiz rechnen muss.

140 Mit dem Beschleunigungsgebot ist das weitere Gebot zu lesen, dass die Strafverfolgungsbehörde sich **ihrer Aufgabe besonnen, gründlich und nicht überstürzt** entledigen und dass zur Vermeidung von Unrecht eine Überprüfung der Entscheide auf dem **Rechtsmittelwege** möglich sein soll. Diese Postulate können einer raschen Verfahrenserledigung hinderlich sein. Welcher (Mittel-)Weg hier zu gehen ist, bleibt eine heikle Ermessensfrage.

---

[253] Somit hin bis zum Rechtsmittelverfahren vor Bundesgericht nach BGG, also auch bei ausserordentlichen Rechtsmitteln, dazu mit Blick auf das frühere Verfahren vor Zürcher Kassationsgericht Pra 90 (2001) Nr. 3.

[254] ZR 98 (1999) Nr. 56. Untersuchungsgrundsatz nach StPO 6, hinten N 153 ff., ändert an der Beschleunigungspflicht nichts, ZR 94 (1995) Nr. 9 = SJZ 92 (1996) 130 = RS 1998 Nr. 478.

[255] In *Dei delitti e delle pene*, erschienen im Jahre 1764.

1.2. Grundsatz im schweizerischen Strafprozess

1.2.1. Ausdrücklich normiertes Beschleunigungsgebot

In **BV 29 I bzw. 31 III sowie EMRK 5 Ziff. 3 und 6 Ziff. 1** ist der Grundsatz zu finden, dass ein Strafprozess innert angemessener Frist zu erledigen ist[256]. Hinsichtlich der Haft wird bestimmt, dass entweder eine Aburteilung innert «*angemessener Frist*» oder eine Haftentlassung während des Verfahrens zu erfolgen habe. BV 29 1 («*Beurteilung innert angemessener Frist*») geht dabei weiter als EMRK 6 Ziff. 1, welche im Prinzip auf zivilrechtliche Ansprüche und strafrechtliche Anklagen beschränkt ist[257]. Das Beschleunigungsgebot ist in Nachachtung der vorerwähnten grundrechtlichen Bestimmungen nunmehr weiter in **StPO 5** ausdrücklich statuiert[258].

141

Das Beschleunigungsgebot ist wie vorstehend angetönt vor allem in **Haftfällen** zu beachten, und StPO 5 II bestimmt denn auch, dass solche «*vordringlich*» durchzuführen seien. Insbesondere im Zusammenhang mit strittigen Haftverlängerungs- oder Haftentlassungsgesuchen haben sich die Haftprüfungsinstanzen immer wieder mit Klagen auseinanderzusetzen, wonach die Strafbehörden das Beschleunigungsgebot missachtet hätten[259].

142

1.2.2. Nicht ausdrücklich, aber als Motiv ist das Beschleunigungsgebot hinter zahlreichen weiteren Gesetzesbestimmungen zu erkennen, so z.B.:

1.2.2.1. Im Strafverfahren gelten häufig **kürzere Fristen** als z.B. im Zivil- und Verwaltungsverfahren. So sind **Rechtsmittel** in Strafsachen teilweise innert 10, teilweise innert 20 Tagen einzulegen (StPO 396 I, 399 I, II; BGG 100 II).

143

1.2.2.2. Nach StPO 89 II gibt es im **Strafverfahren keine Gerichtsferien**, also **keinen Fristenstillstand** während gewisser Zeitperioden[260].

144

---

[256] Dazu ZR 98 (1999) Nr. 56 (Gebot verletzt, wenn zwischen Urteilsfällung und Zustellung des begründeten Urteils mehr als 8 Monate verstreichen, ähnlich RKG 1999 Nr. 5); Pra 86 (1997) Nr. 165 = BGE 122 IV 111, 123 II 158 ff.; VPB 47 (1983) Nr. 148, 149; 56 (1992) Nr. 54; 59 (1995) Nr. 117. Für den Fall einer Rückweisung nach dreijährigem Gerichtsverfahren RKG 1999 Nr. 6. Zur Geltung im Strafvollzug BGE 130 I 273 ff. Weitere Kasuistik nachfolgend in Fn. 264 ff.

[257] BGE 130 I 272: Geltung für sämtliche Gerichts- und Verwaltungsverfahren.

[258] In Rechtshilfeverfahren nach IRSG 17a.

[259] Hinten N 1037. – Dabei ist *jede anrechenbare Haft und damit auch die Auslieferungshaft zu berücksichtigen,* Pra 96 (2007) Nr. 133 = BGE 133 I 168. – Weniger bedeutsam ist das Beschleunigungsgebot hingegen in Einziehungsfällen, BGer 12.3.2009, 6B_801/2008, E.3, und 6B_810/2008.

[260] Hinten N 606. – Hingegen nach BGG 46 im *Verfahren vor Bundesgericht,* also etwa bei der Strafrechtsbeschwerde (mit Ausnahme der internationalen Rechtshilfe in Strafsachen).

1. Kapitel: Grundlagen, Geltungsbereich und Grundsätze

145 *1.2.2.3.* Der Beschleunigung dient sodann die Zuweisung einfacherer Fälle an **Einzelgerichte** (StPO 19 II)[261] oder die Erledigung im **Strafbefehls- oder im abgekürzten Verfahren** (StPO 352 ff. bzw. 358 ff.)[262].

146 *1.2.2.4.* In der Schweizerischen Strafprozessordnung führen etwa die folgenden Vorschriften zusätzlich zur **Verfahrensvereinfachung und damit Beschleunigung**: StPO 82 (Einschränkung der Begründungspflicht); StPO 219 IV, 224 II, 226 I (kurze Fristen bei Verhaftung, Haftrichterentscheid, Ersatzanordnung usw., dazu auch EMRK 5 Ziff. 4 und BV 31 III) oder StPO 65 I und 393 I lit. b (Beschränkung des Beschwerderechts bei verfahrensleitenden Entscheiden).

1.3. Durchsetzung des Grundsatzes in der Praxis

147 *1.3.1.* Soweit der Grundsatz nicht wie vorstehend (Ziff. 1.2.) dargelegt in einzelnen Verfahrensvorschriften konkretisiert ist, erweist sich die **Durchsetzung mit Blick auf den Einzelfall als dornenvoll**. Dies gilt selbst dort, wo versucht wurde, dem Grundsatz durch nähere, aber doch wohl zu generelle Vorschriften im vorerwähnten Sinn schärfere Konturen zu verleihen. Generell sind es aber vorab Fälle mit aussergewöhnlichen Dimensionen in thematischer oder quantitativer Hinsicht (Berufs- und Serienkriminalität; internationaler Drogenhandel[263], Wirtschaftsdelikte[264]; Terrorismus[265]), in denen die Komplexität und Dimension eines Strafverfahrens mit dem Beschleunigungsgrundsatz in Konflikt

---

[261] Hinten N 379.
[262] Hinten N 1352 ff. bzw. N 1374 ff.
[263] VPB 65 (2001) Nr. 121.
[264] Allgemein mit Hinweisen BGE 119 Ib 323 ff. *Zur Kasuistik*: VPB 56 (1992) Nr. 54 (12 Jahre bei Wirtschaftsstraffall kein Verstoss gegen EMRK 6 Ziff. 1); BGE 124 I 139 = Pra 87 (1998) Nr. 117 (3 Jahre und 2 Monate bei internationalem Drogenfall mit mehreren Beteiligten kein Verstoss); BGer 5.8.1996 in RS 1999 Nr. 667 (Haft seit 4 Jahren und 10 Monaten, Verschiebung der Hauptverhandlung um 6 Monate, weil zwei Belastungszeugen in Südamerika zu suchen und vorzuladen sind; kritisch). Verfahren von Ermittlungen bis Obergerichtsurteil trotz Komplexität des Falles zu lang, zumal zeitweise Untätigkeit der Behörden, EGMR 21.9.2006 i.S. MacHugo ca. Schweiz in VPB 70 (2006) Nr. 113. Ferner BGer 25.3.1999 i.S. H.H. und Kons. gegen AKA Genf (6 Monate zwischen Abschluss der Untersuchung und Überweisung/Anklageerhebung beim Gericht in einfacherem Fall zuviel); EGMR in VPB 65 (2001) Nr. 121 = RS 2006 Nr. 79 (UH von fast 2 Jahren und 10 Monaten bei internationalem Drogenhandel nicht zu viel); EGMR in EuGRZ 33 (2006) 26 (6 Jahre und 6 Monate bei offenbar nicht sehr kompliziertem Verfahren wegen dreifachen Betrugs, Missbrauchs von Titeln und Urkundenfälschung zu viel) und BGE 128 I 153 (Zur Beachtung bei UH bzw. Einholung eines psychiatrischen Gutachtens). BGer 4.3.2003, 1P.88/2003, in NZZ Nr. 64 vom 10.3.2003 (Haftentlassung wegen monatelanger Untätigkeit des Gutachters, anschliessendem Gutachterwechsel mit weiteren Verzögerungen bis zur Anklageerhebung).
[265] Im Fall eines Bombenanschlags mit drei Todesopfern und Mordversuch in 104 Fällen, langem Prozess mit 281 Verhandlungsterminen und 169 Zeugen usw. Untersuchungshaft von 5 1/2 Jahren kein Verstoss gegen EMRK 5 Ziff. 3, EGMR 26.10.2006 i.S. Yasser Chraidi gegen Deutschland, EuGRZ 33 (2006) 648.

geraten. Generell formuliert ist der Grundsatz verletzt, wenn die Behörden bei einer objektivierenden Betrachtungsweise der gesamten Umstände des Einzelfalls in der Lage gewesen sein sollten, den Fall innert wesentlich kürzerer Frist abzuschliessen, ihn m.a.W. nicht genügend förderten[266].

1.3.2. Das Schwergewicht der möglichen und auch realisierten **Beschleuni-** 148 **gungsmechanismen** lag in der Schweiz bisher eindeutig bei solchen **aufsichts- oder disziplinarrechtlicher Art.** Es ist zu erwarten (und zu hoffen), dass Bund und Kantone in Anwendung von StPO 14 V die nötigen (und vor allem griffigen) Aufsichtsinstrumentarien schaffen, um besser als bisher eine speditivere Erledigung der Strafverfahren zu gewährleisten. Im Vordergrund stehen **Berichterstattungspflichten über Verfahren von einer bestimmten Dauer** und **Visitationen der Strafbehörden durch die Aufsichtsbehörden,** aber auch ein **wirkungsvolles Supervising** der hängigen Strafverfahren. Zu beachten ist ferner, dass BGG 94 **gegen unrechtmässiges Verweigern oder Verzögern von Entscheiden die Beschwerde ans Bundesgericht zulässt**[267].

1.3.3. Es stellt sich die Frage, was zu geschehen hat, wenn **das Beschleuni-** 149 **gungsgebot trotzdem verletzt wird.** Die StPO äussert sich dazu nicht, und die etwas konkretere Regelung von EMRK 5 Ziff. 3 (und analog BV 30 III), wonach innert nützlicher Frist eine Aburteilung oder aber eine Haftentlassung zu erfolgen habe, erweist sich in der Praxis zumeist als wenig wirksam. Denkbar wäre eine relativ radikale Lösung, etwa – dem amerikanischen Bundesstrafverfahren folgend – eine bestimmte Maximalfrist für die verschiedenen Verfahrensstufen vorzuschreiben und bei deren Missachtung das Verfahren z.B. einzustellen. Es liegt auf der Hand, dass solche Fristen die beschuldigten Personen erst recht zu Verzögerungen animieren könnten, damit das Verfahren an einer Fristüberschreitung scheitert. Ein Prozesshindernis der überlangen Verfahrensdauer mit daraus folgender Einstellung des Verfahrens kann im Übrigen mit anderen, im Strafverfahren zu schützenden Interessen kollidieren und kommt als *ultima ratio* nur in Frage, wenn andere Möglichkeiten der Berücksichtigung der Verletzung des Grundsatzes, z.B. bei der **Strafzumessung** (StGB 48 lit. e), Ausrichtung eines **Wiedergutmachungsbetrages,** nicht (mehr) möglich sind[268]. Allenfalls genügt

---

[266] Zu den Kriterien mit Hinweisen etwa EGMR 29.7.2004 in NJW 2005 3125 und NJW-Spezial 2005 567; BGE 124 I 139, 119 Ib 325; VPB 61 (1997) Nr. 100 ; ZR 99 (2000) Nr. 12; SJ 120 (1998) 247 = RS 2000 Nr. 715. Siehe auch die deutschen Fälle in Kriminalistik 2003 92 oder EuGRZ 30 (2003) 307 (besondere Rolle des Prinzips in Jugendstrafverfahren) oder 31 (2004) 634 (Rolle von Verfahrensunterbrechungen) sowie NJW 2005 3485 = NJW-Spezial 2005 567 = EuGRZ 32 (2005) 626 (8–jährige UH auch bei sechsfachem Mord nicht hinnehmbar); EuGRZ 33 (2006) 279, 283.

[267] Näher hinten N 1656 f. Allenfalls Feststellung der Verfahrensverzögerung (nachfolgend N 149 a.E.) in einem reformatorischen Urteil, BGer 12.3.2009, 6B_801/2008 und 6B_810/2008.

[268] Pra 89 (2000) Nr. 158; 95 (2006) Nr. 49 (Strafmilderung, wenn Untersuchung in einem nicht komplexen Fall ohne ersichtlichen Grund 3 Jahre liegen blieb); BGE 122 IV 111, 124 I 144, BGE 117 IV 126; Pra 88 (1999) Nr. 4 (hier verlangte das Bundesgericht von

die **Feststellung der Verletzung des Beschleunigungsgebots** im Entscheid, so, wenn die Verzögerung keine besondere Belastung verursachte[269].

150 Überlange Verfahren und Untersuchungshaft können sodann nach StPO 429 ff., den allgemeinen Vorschriften über die Haftung öffentlicher Organe oder aber nach EMRK 5 Ziff. 5 und 50 **Schadenersatz- bzw. Genugtuungsansprüche** auslösen[270].

2. Konzentrationsgrundsatz (Grundsatz der Einheit der Verhandlungen)

151 Wie vorstehend (Ziff. 1.1.2.) dargelegt, soll der Grundsatz der Beschleunigung u.a. der besseren Durchsetzung der materiellen Wahrheit im Strafverfahren dienen: Die Qualität der Rechtsprechung ist nicht nur dann gefährdet, wenn der zeitliche Abstand zwischen Ereignis und Urteil zu gross ist, sondern auch dann, wenn zwischen den einzelnen, zum Urteil führenden prozessualen Schritten zu viel Zeit verstreicht. Dies soll die Konzentrationsmaxime verhindern: Demnach ist das **gerichtliche Hauptverfahren als Einheit, also in einem Zuge und ohne unnötige Unterbrechungen, durchzuführen** (so sinngemäss StPO 340 I lit. a sowie bereits StPO 5 I). Dem Grundsatz kommt vorab im unmittelbaren und mündlichen Gerichtsverfahren[271] wesentliche Bedeutung zu. Er ist aber auch im mittelbaren Verfahren[272] und im Vorverfahren zu beachten.

---

einem kantonalen Gericht, bei schwerer Verletzung des Gebots zu prüfen, ob allenfalls eine «*Schuldigsprechung unter gleichzeitigem Verzicht auf Strafe*» Rechnung zu tragen sei). Siehe sodann ZR 90 (1991) Nr. 47; SJZ 87 (1991) 263; ZR 99 (2000) Nr. 12; SJ 120 (1998) 247 = RS 2000 Nr. 715.

[269] Pra 90 (2001) Nr. 3 S. 12, BGer 12.3.2009, 6B_801/2008 und 6B_810/2008.

[270] Hinten N 1752 ff. Zur Berücksichtigung bei der Strafzumessung BGE 119 IV 107; EGRM in EuGRZ 33 (2006) 26; BGer 15.9.1998 in NZZ Nr. 223 vom 26./27.9.1998 16. Zur finanziellen Wiedergutmachung EuGRZ 10 (1983) 482 ff., 15 (1988) 527; VPB 61 (1997) Nr. 101, zu diesem Fall sodann BGE 123 I 329 = Pra 87 (1998) Nr. 65 (keine Revision des Schweizer Verfahrens, wenn dem Betroffenen von der Regierung Entschädigung – *in casu* Fr. 10'000.– – ausgerichtet wurde, dazu und zum Folgenden auch hinten N 1729). Vgl. den Fall TPF 2008 121 E.3.4. (Fr. 5000 Genugtuung bei fünfjähriger Verzögerung). Oft betrachtet der EGMR die Feststellung der Konventionsverletzung und die Berücksichtigung bei Strafzumessung als genügende Sanktion, vgl. EuGRZ 31 (2004) 634. Wenn innerstaatliche Behörden die Konventionsverletzung festgestellt und Wiedergutmachung geleistet haben, gilt die Partei nicht mehr als Opfer einer solchen Verletzung, EGMR 12.8.2005 in VPB 69 (2005) 1635 = RS 2006 Nr. 140. Eine allgemeine Überlastung der Justiz bzw. Systemmängel sind kein Entschuldigungsgrund, BGE 122 IV 111 f., dazu den deutschen Fall in EuGRZ 33 (2006) 279. Zur Haftbarkeit des Gemeinwesens für eine funktionierende Justiz (aus der Sicht des SchKG) BGE 107 II 6; BGer 19.2.1993 in NZZ Nr. 60 vom 13./14.3.1993; EVG 6.5.1997 in plädoyer 4/1997 63.

[271] Hinten N 286 ff. und N 314.

[272] Grundsatz verletzt, wenn *zwischen mündlicher Hauptverhandlung und Urteilsfällung* 10 Monate verstreichen; vorinstanzliche Hauptverhandlung ist in anderer Besetzung zu wie-

Der Konzentrationsgrundsatz gilt grundsätzlich für **alle Hauptverhandlungen** 152
wie auch im **Rechtsmittelverfahren** (vgl. Verweis in StPO 379). Er erscheint
nach seinem Wortlaut («*ohne unnötige Unterbrechungen*») nicht als besonders
zwingend ausgestaltet zu sein. Unterbrechungen sind etwa dann angezeigt, wenn
eine Zweiteilung der Hauptverhandlung (StPO 342) erfolgt oder nachträglich
Beweise abzunehmen sind (StPO 343 II, III). Unterbrechungen können sodann
erforderlich sein, um den Parteien bei einer abweichenden rechtlichen Würdigung ausreichend rechtliches Gehör zu gewähren (StPO 349)[273] oder ihren allgemein die erforderlichen Ruhepausen zu verschaffen. Eine **Wiederholung der
ganzen Hauptverhandlung bei längeren Unterbrüchen** ist nicht vorgesehen.

§ 9 Untersuchungsgrundsatz (Instruktionsmaxime), Wahrheitsgrundsatz, StPO 6

Literaturauswahl: Aeschlimann N 165; Hauser/Schweri/Hartmann § 53; Maurer 39; Piquerez (2006) N 711; ders. (2007) N 540; Schmid (2004) N 268, 139.

GUNTHER ARZT, Die Verwirkung strafprozessualer Rechte durch den Angeklagten (BGE 114
Ia 348 = Pra 78 Nr. 1), recht 9 (1991) 27; OLIVIER JACOT-GUILLARMOD, Problèmes de législation pénale révélés par la jurisprudence de Strasbourg: perspective de droit suisse et de droit
comparé, Z 106 (1989) 242 ff.; PHILIPPE MASTRONARDI, St.Galler Kommentar zu BV 7;
CHRISTOPH ROHNER, St.Galler Kommentar zu BV 9; STEFAN TRECHSEL, Der Einfluss der
EMRK auf das Strafrecht und das Strafverfahrensrecht der Schweiz, ZStW 100 (1988) 667;
DERS., Akteneinsicht, FS J.N. Druey, Zürich 2002, 993.

Materialien: Aus 29 mach 1 S. 80; VE 6; BeB 34; E 6; Botschaft 1130; AB S 2006 991,
AB NR 2007 943.

1. Ermittlung der materiellen Wahrheit als Verfahrensziel, Doppelbedeutung des Grundsatzes

Die Strafrechtspflege kann die ihr in einem Rechtsstaat zugewiesenen Aufgaben 153
nur erfüllen, wenn sie sich zum Ziel setzt, ihren **Entscheiden ein grösstmögliches Mass an historisch gesicherten Sachverhalten zugrunde zu legen**[274].
Dieses Streben nach materieller oder historischer Wahrheit steht allerdings auch
hier im Widerstreit mit anderen Zielen und Maximen des Strafverfahrensrechts,
z.B. dem Beschleunigungsgebot nach StPO 5.

---

derholen, ZR 99 (2000) Nr. 32. Andererseits ist aber der Verteidigung genügend Zeit einzuräumen, z.B. zu einem Gutachten Stellung zu nehmen, ZR 102 (2003) Nr. 4.

[273] Ebenfalls, wenn dies bei *nachträglich eingegangen Akten* erforderlich ist, siehe den Fall in
ZR 59 (1960) Nr. 74, dazu hinten N 1339. Ein weiterer Fall ist die *Änderung bzw. Erweiterung der Anklage* nach StPO 333, ausdrücklich Abs. 4 Satz 2 dieser Bestimmung,
N 1299 ff.

[274] Siehe vorne N 7.

2. Pflicht der Behörden zur Ermittlung der materiellen Wahrheit; Untersuchungs-, Ermittlungs-, Instruktions- oder Inquisitionsgrundsatz

154 Zunächst ist es Aufgabe der Strafverfolgungsbehörden, von Amtes wegen, also unabhängig vom Verhalten sowie vom Vorliegen entsprechender Anträge der Verfahrensbeteiligten[275], die materielle Wahrheit bezüglich des Gegenstands des Verfahrens bildenden Lebenssachverhalte zu ermitteln **(Untersuchungs-, Ermittlungs-, Instruktions- oder Inquisitionsgrundsatz** genannt). Diese Pflicht gilt grundsätzlich für die im Vorverfahren tätigen Behörden (Polizei, Staatsanwaltschaft) ebenso wie für die Gerichte[276]. Sie kann aber von der Sache her dort begrenzt sein, wo obere Gerichte nur über eine beschränkte Kognition verfügen[277].

155 Im Zentrum des Untersuchungsgrundsatzes steht die **Ermittlung des allenfalls strafbaren Sachverhalts**. Der Grundsatz bezieht sich jedoch auf sämtliche **Tatsachen, die für die Beurteilung der betreffenden Person notwendig sind**, also seine Person, seine Lebensumstände, Vergangenheit, Vorstrafen usw. (StPO 6 I). Aus dieser Pflicht, im Rahmen des Erforderlichen die Lebensumstände der beschuldigten Person abzuklären, folgt, dass insoweit eine Datenbeschaffung und -bearbeitung rechtens ist[278].

156 Die Ermittlung der materiellen Wahrheit im vorstehend skizzierten Sinn ist nur möglich, wenn die Behörden sich grösstmöglicher Objektivität befleissigen und alle relevanten Facetten des Sachverhalts einzubringen trachten. StPO 6 II bestimmt denn auch, dass die Strafbehörden «... *die belastenden und entlastenden Umstände mit gleicher Sorgfalt*» untersuchen. Dass eine solche Pflicht ausdrücklich normiert wird, ist bei dem der StPO zugrunde liegenden Staatsanwaltschaftsmodell wesentlich, liegt doch hier die Verantwortung für das ganze Vorverfahren, eingeschlossen die Einstellung, die Anklageerhebung usw. in der Hand der gleichen Behörde, nämlich der Staatsanwaltschaft[279]. Allerdings ist nicht ganz zu Unrecht schon festgestellt worden, mit der Umsetzung dieses Grundsatzes seien die Untersuchungs- und Anklagebehörden gelegentlich überfordert, da ihnen primär die Straf*verfolgung* obliege. Nach der Praxis wird diesen

---

[275] ZR 90 (1991) Nr. 92, 91/92 (1992/93) Nr. 10 S. 22, 94 (1995) Nr. 9 = SJZ 92 (1996) 130 = RS 1998 Nr. 478 (Beschleunigungsgrundsatz ändert daran nichts).
[276] Auch die Berufungsinstanz, ZR 97 (1998) Nr. 30 S. 91, 106 (2007) Nr. 41 = RS 2008 Nr. 359, auch wenn denkbare *Beschränkungen der Berufung* nach StPO 399 III und IV bzw. 404 I den Prüfungsbereich der Berufungsinstanz naturgemäss einschränkt. Instruktionsmaxime sodann beschränkt im *abgekürzten Verfahren* nach StPO 358 ff.
[277] Bei unvollkommenen Rechtsmitteln hinten N 1444 ff. Dazu ZR 93 (1994) Nr. 77 S. 203. Zur Grenze des Grundsatzes bei der *Einvernahme des früheren Verteidigers* KGZ 5.2.2008 in FP 6/2008 338 = FP 6/2008 338.
[278] Zur Datenbearbeitung näher StPO 95 ff. und N 613 ff.
[279] Botschaft 1130.

denn auch bei der Beweiserhebung ein weiter Ermessensspielraum zugestanden, zumal im Vorverfahren oft strittig ist, über welche angeblich belastenden oder entlastenden Umstände Beweise zu erheben sind. Jedenfalls steht es den Verfahrensbeteiligten frei, nach Abschluss der Untersuchung (StPO 318) sowie im gerichtlichen Stadium die Abnahme weiterer Beweise zu beantragen (StPO 331 II, 349). Das Vorverfahren ist, wie schon die Bezeichnung erkennen lässt, bezüglich Beweiserhebungen nur ein vorläufiges.

Das Recht, **Beweisanträge** zu stellen, ist ein Ausfluss des rechtlichen Gehörs[280]. 157 Solche Anträge können jederzeit an die jeweils zuständige Behörde gerichtet werden (etwa StPO 107 I lit. d, 318 I, 331 II, 345, 389 III), die sie zur Kenntnis zu nehmen und zu prüfen hat. Ein uneingeschränktes Recht auf Beweisabnahme besteht jedoch nicht: Nach StPO 139 II wird über Tatsachen, die unerheblich, offenkundig, den Strafbehörden bekannt oder bereits rechtsgenüglich bewiesen sind[281], nicht Beweis geführt[282].

3. Wahrheitspflicht von Strafbehörden und privaten Verfahrensbeteiligten

3.1. Wahrheitspflicht der Behörden

Zur Aufgabe, der Wahrheit zum Durchbruch zu verhelfen, gehört die die Straf- 158 verfolgungsbehörde treffende Pflicht, sich selbst bei allen irgendwie gearteten prozessualen Äusserungen **strikte an die Wahrheit zu halten**. Diese Pflicht folgt insbesondere aus dem Anspruch auf ein faires Verfahren[283]. Sie kann auch durch **Unterlassungen** verletzt werden, so etwa, wenn eine Strafbehörde wissentlich passiv duldet, dass von Verfahrensbeteiligten falsche Zeugenaussagen, unrichtige Expertisen oder Übersetzungen sowie andere fragwürdige Beweise verwendet werden.

---

[280] Vorne N 109. Insbesondere fliesst aus EMRK 6 Ziff. 3 lit. d der Anspruch, dass Entlastungszeugen einvernommen werden, hierzu BGE 121 I 308.
[281] BGE 103 Ia 491, 104 Ia 319; BGer 7.4.1997 in plädoyer 3/1997 60. Zur damit angesprochenen antizipierten Beweiswürdigung hinten N 230. Beschränkt Anspruch der Privatklägerschaft, dass Staatsanwalt angebotene Beweismittel sofort abnimmt oder verlangte Zwangsmassnahmen anordnet, BGer 12.8.2008, 1B_142/2008 in AJP 1/2009 109.
[282] Nach Abs. 3 des entsprechenden VE 137 waren sodann untaugliche oder unerreichbare Beweise nicht einzusetzen, was trotz Streichung dieser Bestimmung im Parlament (die Gründe dafür sind aus AB N 2007 955 nicht ersichtlich) wohl auch für die jetzt beschlossene Fassung dieser Bestimmung gilt, vgl. in dieser Richtung BGE 106 Ia 162; RO 1967 250 Nr. 56. Siehe auch hinten N 778 f.
[283] Hierzu näher vorne N 98 ff.

3.2. Wahrheitspflicht für die beschuldigte Person, ihren Verteidiger und den Geschädigten bzw. das Opfer?

3.2.1. Beschuldigte Person

159 Ob auch die beschuldigte Person einer Wahrheitspflicht unterliegt, wurde schon von jeher diskutiert. Die **Frage kann jedoch offen bleiben**: Einerseits auferlegt ihr die StPO in den einschlägigen Bestimmungen Art. 111 ff. und 157 ff. nicht ausdrücklich Wahrheitspflichten. Anderseits werden bei ihr entgegen dem Zeugen an Lügen keine unmittelbaren Sanktionen geknüpft. Das Lügen findet allerdings seine klare Grenze dort, wo dadurch Straftatbestände gesetzt werden (Urkundenfälschung, StGB 251; falsche Anschuldigung, StGB 303; Anstiftung zu falschem Zeugnis, StGB 307 i.V. mit 24 usw.). Straflos ist jedoch die Selbstbegünstigung, etwa das aktive Vernichten von Tatspuren durch die beschuldigte Person[284].

160 Indirekt können sich **Lügen freilich für die beschuldigte Person negativ auswirken:** So ist mit Blick auf die Strafzumessungsregeln nach StGB 47 eine Bevorzugung des geständigen, einsichtigen Straftäters und damit im Ergebnis eine Benachteiligung des nicht Geständigen üblich, wenn auch nicht unumstritten[285]. Eine Benachteiligung der lügenden beschuldigten Person ist im Ergebnis ebenfalls bei der Kostenauflage denkbar[286]. In jedem Fall ist zu beachten, dass die beschuldigte Person nicht verpflichtet ist, das Strafverfahren durch aktive Teilnahme zu fördern (StPO 113 I, 158 I lit. b); an einfaches Bestreiten oder eine blosse Passivität der beschuldigten Person dürfen deshalb keine prozessualen Nachteile geknüpft werden[287].

3.2.2. Verteidiger

161 Früher herrschte die Meinung vor, der Verteidiger sei als «*Organ der Rechtspflege*», «*Gehilfe des Richters*» o.ä. dazu verpflichtet, der materiellen Wahrheit zum Durchbruch zu verhelfen. Diese Anschauungen sind überholt. Der Verteidiger hat sich zwar an Gesetz und Standespflichten zu halten. Im Übrigen ist er «*allein den Interessen der beschuldigten Person verpflichtet*» (so StPO 128). **Eine Wahrheitspflicht trifft ihn also nicht**[288].

162 Es ist die Kunst der Verteidigung, sich im **Spannungsfeld der Interessen und Gebote** (Pflichten zur Interessen- und Geheimniswahrung einerseits; Verbot des standesunwürdigen und natürlich gesetzeswidrigen oder gar strafbaren Verhal-

---

[284] Soweit sie selbst darüber verfügungsberechtigt ist. – Aus der bundesgerichtlichen Praxis vgl. etwa BGE 124 IV 130, 120 IV 136, 118 IV 181, 102 IV 31.
[285] So Pra 77 (1988) Nr. 23.
[286] Sehr beschränkt, näher hinten N 1762, 1787 ff.
[287] BGE 103 IV 10 für die Anrechnung der Untersuchungshaft. Negative Wertung der Aussageverweigerung tendenziell verboten, näher hinten N 231.
[288] Zu den Pflichten des Verteidigers näher hinten N 755 ff.

tens andererseits) möglichst wirksam für die beschuldigte Person einzusetzen. Die Verteidigertätigkeit ist nicht selten eine Gratwanderung. Umso verfehlter wäre es, an diese straf- oder disziplinarrechtlich einen allzu strengen Massstab anzulegen. So muss es dem Verteidiger möglich sein (allerdings unter Vermeidung bewusst unrichtiger oder rufschädigender Behauptungen) die Glaubwürdigkeit eines Belastungszeugen anzugreifen, ohne sich sofort des Vorwurfes eines ehrverletzenden Verhaltens auszusetzen[289]. Es wäre auch verfehlt, Honorarzahlungen und Vorschüsse, die sich im normalen Rahmen bewegen, den Verteidigern allzu rasch als Geldwäscherei anzukreiden.

3.2.3. Geschädigter bzw. Opfer

Die **Wahrheitspflicht des Geschädigten bzw. Opfers**, auch wenn er/es als Privatklägerschaft[290] auftritt, kann nur insoweit relevant werden, als an deren Verletzung Sanktionen oder prozessuale Nachteile geknüpft werden. Falsche Angaben und Aussagen des Geschädigten können strafrechtlich je nach Sachverhalt als falsche Anschuldigung (StGB 303), Irreführung der Rechtspflege (StGB 304) und vor allem als falsches Zeugnis (StGB 307) relevant werden. Ein täuschendes Verhalten z.B. eines Geschädigten ist allenfalls als Prozessbetrug gemäss StGB 146 erfassbar[291].

163

§ 10 Verfolgungs- und Anklagezwang, Offizial- und Legalitätsprinzip, strafprozessuales Legalitätsprinzip, Justizgewährungspflicht, StPO 7

Literaturauswahl: AESCHLIMANN N 159; HAUSER/SCHWERI/HARTMANN § 47, 48; MAURER 20, 45; OBERHOLZER N 680; PIQUEREZ (2006) N 295; DERS. (2007) N 17; SCHMID (2004) N 79, 95.

URS BRODER, Besonderheiten im Strafverfahren gegen Magistratspersonen, Parlamentarier und Beamte nach zürcherischem Recht, in: FS J. Rehberg, Zürich 1996, 71; ANNEGRET KATZENSTEIN, Strafuntersuchung gegen Behördenmitglieder und Beamte, SJZ 103 (2007) 245; HANS MAURER, Besondere Aspekte des Strafverfahrens gegen eidgenössische Parlamentarier, AJP 2/2005 141; NICCOLÒ RASELLI, Die Ermächtigung zur Strafverfolgung gegen Mitglieder der obersten kantonalen Behörden, in: Festschrift SKG, Z 110 (1992) 137; ROLF HAUENSTEIN, Die Ermächtigung in Beamtenstrafsachen des Bundes, Bern 1995 (ASR Nr. 562).

Materialien: Aus 29 mach 1 S. 45, 79; VE 7; BeB 34; ZEV 23; E 7; Botschaft 1130 f.; AB S 2006 991, AB N 2007 943.

---

[289] Dazu BGE 116 IV 213, BGer 10.7.1992 in NZZ Nr. 236 vom 10./11.10.1992.
[290] Hinten N 697 ff.
[291] BGE 122 IV 98.

1. Allgemeines

164 Wie einleitend vermerkt[292], ist das staatliche Strafmonopol nur aufrechtzuerhalten, wenn der **Staat seine Strafgewalt mit einem gewissen Automatismus wirklich ausübt**. Diese Pflicht ist in materieller Hinsicht durch das Offizialprinzip konkretisiert (nachfolgend Ziff. 2), in formeller und organisatorischer Hinsicht durch das strafprozessuale Legalitätsprinzip (Ziff. 3).

2. Offizialprinzip, Bedeutung und Begründung

2.1. Begriff, Allgemeines

165 Das Offizialprinzip besagt, dass der Staat das Recht und die Pflicht hat, den staatlichen Strafanspruch von Amtes wegen durchzusetzen, mithin **alle zur Kenntnis der staatlichen Strafverfolgungsorgane gelangenden Straftatbestände unabhängig vom Willen der Geschädigten in den dafür vorgesehenen strafprozessualen Formen zu ahnden**.

166 Dass **Delikte grundsätzlich von Amtes** wegen zu verfolgen sind, wurzelt in der Aufgabe, die unsere Rechts- und Sozialordnung dem materiellen Strafrecht zuweist. Gewisse Verstösse gegen die Regeln der Gemeinschaft werden als derart schwerwiegend betrachtet, dass im Sinn des Ausgleichs mit einschneidenderen Sanktionen darauf geantwortet werden muss. Die Erfahrung zeigt, dass der verfolgte Zweck, nämlich die Sicherung des Rechtsfriedens und damit der Gesellschaft schlechthin, nur erreicht wird, wenn dieser **staatliche Strafanspruch mit einem gewissen Automatismus durchgesetzt** wird. Die Durchführung des Strafverfahrens soll mithin grundsätzlich nicht vom Willen des vom Delikt Betroffenen, also vor allem des Geschädigten, abhängen.

2.2. Rechtsgrundlagen des Offizialprinzips

167 Das Offizialprinzip findet sich *expressis verbis* weder im StGB noch in der StPO. Das Offizialprinzip ergibt sich **zunächst aus der Natur von Straf- und Strafprozessrecht als zwingendem öffentlichem Recht**, und insofern besteht ein enger Zusammenhang mit dem nachfolgend in Ziff. 3 zu besprechenden strafprozessualen Legalitätsprinzip nach StPO 7 I sowie 16 I[293]. Konkreter ist der Grundsatz sodann aus dem StGB abzuleiten: Daraus, dass das StGB die Verfolgung gewisser Delikte von einem Strafantrag des Geschädigten abhängig macht, ist *e contrario* abzuleiten, dass die übrigen Delikte nicht auf Antrag, sondern von Amtes wegen zu verfolgen sind. Gleiches ergibt sich aus den weiteren Ausnahmen vom Verfolgungszwang (nachstehend Ziff. 5).

---

[292] Vorne N 6.
[293] So auch Botschaft 1130. Zu StPO 16 I hinten N 351 ff.

2.3. Relativität des Prinzips

Die Pflicht des Staates, die Delikte zu verfolgen, kann nicht darüber hinwegtäuschen, dass der staatliche Strafanspruch faktisch nur durchgesetzt werden kann, wenn gestützt auf eine Strafanzeige oder aber durch eigenes Handeln staatlicher Funktionäre ein Verfahren in Bewegung gesetzt wird. Es ist nun bekannt, dass – aus welchen Gründen auch immer – vorab von privater Seite nur ein mehr oder weniger kleiner Teil der festgestellten Straftaten bzw. Straftäter angezeigt wird. **Eine Pflicht zur Anzeige besteht für Privatpersonen nämlich nicht** (StPO 301 I). Hingegen besteht eine **solche für die Strafbehörden** nach StPO 12 f. (StPO 302 I), während Bund und Kantone die Anzeigepflichten der Mitglieder anderer Behörden regeln (StPO 302 II, III)[294].

168

2.4. Einschränkungen und Ausnahmen vom Offizialprinzip

Es stellt eine der vorne[295] angeschnittenen Antinomien dar, dass ein ausnahmslos verwirklichtes Offizialprinzip zu einer Überreaktion der Gesellschaft und damit zu Ungerechtigkeiten sowie zu Konflikten mit anderen Zielsetzungen der staatlichen Gemeinschaft führen müsste. Diese Überlegungen führen zu **Einschränkungen und Ausnahmen:**

169

2.4.1. Antragsdelikte

Das materielle Strafrecht bestimmt, dass gewisse Delikte nur verfolgt werden, wenn der **Geschädigte einen entsprechenden Antrag** (StGB 30 ff.) stellt. So macht das StGB die Verfolgung von Straftatbeständen mit Bagatellcharakter[296] von einem Antrag des Geschädigten abhängig. In anderen Fällen hat der Gesetzgeber das Offizialprinzip eingeschränkt, weil dessen Anwendung schützenswerte Interessen des Opfers erheblich tangieren könnte und der Verzicht auf Durchsetzung des Prinzips bei der konkreten Deliktsart als vertretbar erscheint. Dies ist einerseits bei Delikten der Fall, bei denen das Opfer in sehr naher Beziehung zum Täter steht (Familien- oder Hausgenosse)[297]. Straftaten können anderseits aber auch in einer Weise die Privatsphäre (und letztlich nur diese) in Mitleidenschaft ziehen, dass es unvertretbar wäre, gegen den Willen des Geschädigten diesen einem Strafverfahren zu unterwerfen. Dies ist der Grundgedanke, weshalb die Ehrverletzungsdelikte (StGB 173 ff.) nur auf Antrag verfolgt werden.

170

Zu beachten ist, dass bei diesen Antragsdelikten der Strafanspruch ebenfalls dem Staat zusteht. Nach herrschender Lehre ist der Strafantrag nur eine Prozessvoraussetzung[298]. Dies bedeutet konkret, dass insbesondere das **Untersuchungsver-**

171

---

[294] Hinten N 1209 ff.
[295] Siehe N 79.
[296] Etwa die Tatbestände in StGB 126, 137 Ziff. 2, 141–142.
[297] So etwa die Vermögensdelikte gemäss StGB 138 Ziff. 2, 139 Ziff. 4, 146 III, 147 III.
[298] Zu diesen hinten N 315 ff.

1. Kapitel: Grundlagen, Geltungsbereich und Grundsätze

fahren von den dafür vorgesehenen staatlichen Organen zu führen und dass von diesen auch Anklage zu erheben ist. Bussen und Geldstrafen fallen an den Staat, nicht den Verletzten; dieser ist auf den Ausgleichsmechanismus von StGB 73 angewiesen.

2.4.2. Ermächtigungsdelikte, StPO 7 II

172 Eine unbeschränkte Anwendung des Offizialprinzips könnte zur Folge haben, dass die Erreichung anderer staatlicher Ziele, so eine ungehinderte Behördentätigkeit oder die Pflege der Beziehungen zum Ausland, gefährdet oder verunmöglicht würde. Gewisse Delikte dürfen deshalb nicht verfolgt werden, es sei denn, die dafür zuständige politische Behörde (Parlament, Exekutive, Verwaltungsbehörde) oder ein Gericht erteilen dazu die **Ermächtigung**[299]. Zu nennen sind vor allem die früher im nunmehr aufgehobenen StGB 347 genannten Fälle:

173 *2.4.2.1.* Delikte von Magistratspersonen des **Bundes** (Bundes-, National- oder Ständeräte, Bundeskanzler, Bundesrichter), seien dies Amts- oder Privatdelikte[300];

174 *2.4.2.2.* Delikte von Mitgliedern von **Behörden der Kantone** gemäss Vorbehalt von StPO 7 II[301]: Darnach können die Kantone einerseits vorsehen, dass die strafrechtliche Verantwortlichkeit der **Mitglieder der gesetzgebenden und richterlichen Behörden** sowie ihrer Regierungen für Äusserungen im kantonalen Parlament ausgeschlossen oder beschränkt wird (lit. a). Sie können anderseits bestimmen, dass die Strafverfolgung der Mitglieder der Vollziehungs- und Gerichtsbehörden wegen im Amt begangener Verbrechen oder Vergehen von der Ermächtigung einer nicht richterlichen Behörde abhängt (lit. b)[302].

---

[299] Auch nach dem Ausscheiden aus dem Amt, BGE 111 IV 37.
[300] Art. 2 und 14 ff. des BG über die Verantwortlichkeit des Bundes sowie seiner Behördenmitglieder und Beamten vom 14.3.1958, SR 170.32. Zur *Immunität* der eidgenössischen *Parlamentarier und der Bundesrichter* vgl. BV 162 I sowie das Parlamentsgesetz vom 13.12.2002, SR 171.10, Art. 16 ff., 31, 61a, und die gleichzeitig revidierten SGG 11a (neu nach E StBOG 41) und BGG 11, zu jener von *Bundesräten und Bundeskanzler* BV 162 I sowie Art. 61a des Regierungs- und Verwaltungsorganisationsgesetzes vom 21.3.1997 (RVOG), SR 172.010. Zur Immunität und Strafverfolgungsprivilegien generell vgl. das Gutachten des Bundesamts für Justiz vom 19.12.2003 in VPB 69 (2005) Nr. 2 = RS 2006 Nr. 129. Für *diplomatische (und ähnliche) Immunitäten* siehe Wiener Übereinkommen vom 24.4.1963 über konsularische Beziehungen, SR 0.191.02 und weitere Abkommen in SR 0.191 und 0.192 ff. und Gutachten zur Immunität von Staatsoberhäuptern in VPB 67 (2003) Nr. 35. Neuerdings sodann BG über die von der Schweiz als Gaststaat gewährten Vorrechte, Immunitäten und Erleichterungen sowie finanziellen Beiträge vom 22.6.2007, SR 192.32. Zu *Zeugeneinvernahmen* solcher Personen ZR 106 (2007) Nr. 80 = SJZ 104 (2008) 100.
[301] Bestimmung ersetzte StGB 347 II, dazu Botschaft 1130.
[302] Vom Bundesrat nur für oberste Vollziehungs- und Gerichtsbehörden vorgesehen, vom Ständerat als Erstrat aber unglücklicherweise auf alle Gerichts- und Verwaltungsbehörden ausgedehnt, RK-S 24./25.4.2006, 23 ff., AB S 2006 991. Eher zu verneinen (und schon

2.4.2.3. Amtsdelikte von **Bundesangestellten** (früher: Bundesbeamte) gemäss   175
Verantwortlichkeitsgesetz[303];

2.4.2.4. Delikte des 16. Titels des StGB (Art. 296–301, **Störung der Bezie-**   176
hungen zum Ausland) können gemäss StGB 302 nur nach Ermächtigung des
Bundesrats verfolgt werden. Gleiches soll nach E StBOG 57 (früher nach
BStP 105) gelten, der für **politische Delikte in einem weiten Sinn** (so z.B. jene
nach StGB 271 oder 273) eine Ermächtigung des Bundesrates voraussetzt.

Eine heikle Frage ist, **nach welchen Kriterien die zuständigen Behörden über**   177
die Ermächtigung zu befinden haben, enthalten doch die entsprechenden Gesetze
darüber regelmässig keine Bestimmungen oder Richtlinien. Was die Delikte
von Bundesangestellten betrifft (Ziff. 2.4.2.3.), so dient das Ermächtigungsverfahren
zunächst als Filter für jene Fälle, in denen das Handeln, weil durch
Amtspflicht gemäss StGB 14 geboten, rechtmässig ist[304]. Es dient sodann dazu,
im Sinn des Opportunitätsprinzips[305] die Bundesangestellten vor Strafverfahren
wegen geringfügiger Delikte zu bewahren, besonders wenn entsprechende Verhaltensweisen,
wären sie im privatwirtschaftlichen Bereich an den Tag getreten,
nicht strafbar wären[306]. Nach teilweise anderen Kriterien richtet sich das **Ermächtigungsverfahren
bei Magistratspersonen.** Auch hier ist zwar eine Filterwirkung
bei fehlender Strafbarkeit und zur Abwehr missbräuchlicher, weil

---

gar nicht mehr zeitgemäss) ist eine Befugnis der Kantone, die Verfolgung von Behördenmitgliedern,
öffentlichen Angestellten usw. generell vom *Vorentscheid einer richterlichen
Behörde* abhängig zu machen, wie dies bisher in einzelnen Kantonen (vgl. etwa St.Gallen
und Zürich) vorgesehen und vom Bundesgericht (BGer 6.3.2003, 1P.337/2002 E.6.3 und
1P.657/2003, zur Thematik auch – noch unentschieden – BGE 120 IV 78 für St.Gallen unter
Herrschaft von StGB 347) als zulässig betrachtet wurde. Bezüglich aller öffentlicher
Bediensteter eine richterliche Bewilligung vorzusehen, widerspricht eindeutig dem Geist
der StPO! – Was allfällige *Bundesrechtsmittel gegen Ermächtigungsentscheide kantonaler
Parlamente* usw. betrifft, so ist die öffentlich-rechtliche Beschwerde nach BGG 83 lit. e
ausgeschlossen. Im sog. Wetziker Taximord wurde die *subsidiäre Verfassungsbeschwerde
ergriffen,* die das Bundesgericht im Entscheid vom 6.2.2009, 6B_413/2008 (BGE 135 I 115)
zuliess, wobei es allerdings allein um formelle Rechte (fehlendes rechtliches Gehör, fehlende
Begründung) ging. Zum *Rechtsmittel bei Ermächtigungsentscheiden* sodann hinten
N 1726.

[303] Art. 15 des vorstehend in Fn. 300 zitierten Verantwortlichkeitsgesetzes. Ermächtigung je
nach Stellung von verschiedenen Behörden, siehe dazu V zum Verantwortlichkeitsgesetz
vom 30.12.1958, SR 170.321, Art. 7 I. Bemerkenswert ist, dass nach Art. 15 V[bis] des Verantwortlichkeitsgesetzes
des Bundes in der Fassung des StBOG (vgl. BBl 2008 8208) die
*Staatsanwaltschaft, die um Ermächtigung nachsuchte, zur Beschwerde gegen entsprechende
Entscheide befugt* sein soll. Kein Beschwerderecht wohl generell gegen Anträge
auf Aufhebung der Immunität, vgl. BStGer 18.11.2008 in TPF 2008 151 = FP 2/2009 86.
Vgl. sodann Bundespersonalgesetz vom 24.3.2000, SR 172.220.1, Art. 25, und Bundespersonalverordnung
vom 3.7.2001, SR 172.220.111.3, Art. 102.

[304] BGE 100 Ib 13.

[305] Hinten N 183 ff.

[306] Etwa bei Rangierunfällen von SBB-Angestellten als fahrlässige Störung des Eisenbahnverkehrs
gemäss StGB 238 II.

primär persönlich, politisch oder aber querulatorisch motivierter Strafanzeigen wesentlich. Die Tatsache, dass das Ermächtigungsverfahren in die Hände politischer Behörden (und nicht in jene z.b. einer obersten Gerichtsinstanz) gelegt ist, bedeutet nach der herrschenden Praxis, dass in den Entscheid auch andere Überlegungen als solche strafrechtlich-strafprozessualer Natur wie z.B. staatspolitische Momente oder gar solche der politischen Opportunität einfliessen können[307].

3. Strafprozessuales Legalitätsprinzip, StPO 7 I

3.1. Begriff des strafprozessualen Legalitätsprinzips

178 Das Legalitätsprinzip besagt, dass es Pflicht der Strafverfolgungsbehörden (Polizei, Untersuchungsrichter, Staatsanwaltschaft, Gerichte) ist, bei Vorliegen genügender Verdachtsgründe und der erforderlichen Prozessvoraussetzungen die ihnen bekannt gewordenen Straftaten zu verfolgen und die verantwortlichen Täter bei festgestellter Strafbarkeit einer Verurteilung zuzuführen. Gelegentlich bezeichnet man zur Abgrenzung vom staatsrechtlichen Legalitätsprinzip (allgemeine und ausnahmslose Bindung der rechtsanwendenden Behörden an das Gesetz) sowie vom strafrechtlichen Legalitätsprinzip gemäss StGB 1 das hier zu besprechende als das **strafprozessuale Legalitätsprinzip**[308]. Dieser Grundsatz, den man auch als **Verfolgungs- und Anklagezwang**[309] verstehen könnte, findet sich in StPO 7.

3.2. Legalitätsprinzip im schweizerischen Strafprozessrecht

3.2.1. Primat des Legalitätsprinzips

179 Zu den vorstehend in § 5 sowie in diesem § 10 in Ziff. 2 besprochenen Verfahrensgrundsätzen des staatlichen Strafmonopols und des Offizialprinzips gehört untrennbar das Legalitätsprinzip. Das Strafrecht kann seine general- und spezialpräventive Aufgabe nur erfüllen, wenn der allein dem Staat zukommende **Strafanspruch regelmässig und ohne Ausnahme durchgesetzt wird**. Die Einleitung von Strafverfahren dem Ermessen der zuständigen Behörden zu überlassen, würde im Übrigen der Willkür Tür und Tor öffnen, dem aus BV 8 und 29 I sowie StPO 3 II lit. c fliessenden Gleichheitsgebot sowie dem zwingenden Charakter

---

[307] Dazu BGE 106 IV 43; siehe auch den Fall von SJ 95 (1973) 85 und die Beratungen der eidg. Räte im Fall von Bundesrätin Kopp in AB N 1989 98 und AB S 1989 67. Neuerdings sodann der vorstehend in Fn. 302 erwähnte BGer vom 6.2.2009, dort und in Fn. 303 auch zu den möglichen Rechtsmitteln.
[308] So auch Botschaft 1130.
[309] VE 7 sprach noch von Verfolgungs- und Anklagezwang.

des Straf- und Strafprozessrechts als Teil des öffentlichen Rechts widersprechen[310].

3.2.2. Rechtsgrundlagen des Legalitätsprinzips; die Justizgewährleistungspflicht

Mit den nachfolgend zu besprechenden Ausnahmen und Einschränkungen beherrscht das strafprozessuale Legalitätsprinzip immer noch das schweizerische Strafverfahrensrecht. Es findet sich mit der Formulierung *«Die Strafbehörden sind verpflichtet, im Rahmen ihrer Zuständigkeit ein Verfahren einzuleiten und durchzuführen, wenn ihnen Straftaten oder auf Straftaten hinweisende Verdachtsgründe bekannt werden»* nun auch in StPO 7 I. Mit diesem Legalitätsprinzip eng verbunden (oder je nach Betrachtungsweise aus diesem abzuleiten) ist das **Justizgewährleistungsprinzip** (auch **Anspruch auf wirkungsvollen Rechtsschutz** genannt). Dieses gibt dem von Straftaten betroffenen Bürger Anspruch darauf, dass sich die staatliche Justiz seines Falles annimmt und ihm Schutz gewährt. Die Gewährleistung dieses staatlichen Rechtsschutzes ist gleichsam das Äquivalent dafür, dass die Bürger (weitgehend) auf den eigenen Anspruch auf Durchsetzung ihrer Rechte verzichtet und der staatlichen Gemeinschaft das Gewaltmonopol übertragen haben.

180

Das **Legalitätsprinzip gilt grundsätzlich für alle strafprozessualen Verfahrensarten**, also nicht nur für jene, die zu einer Bestrafung wegen eines tatbestandsmässigen, rechtswidrigen und schuldhaften Verhaltens führen. Zu nennen wären hier Massnahmen gegen Schuldunfähige (StPO 374 f. i.V. mit StGB 19 III) oder die Einziehung (StPO 376 ff. i.V. mit StGB 69 ff.).

181

3.2.3. Tendenz: Einschränkung des strikten Legalitätsprinzips

Als Folge der heute verstärkt empfundenen Antinomien des Legalitätsprinzips zu anderen Interessen und Kräften, vor allem dem Verhältnismässigkeitsgrundsatz, setzt sich vermehrt die Ansicht durch, dass es in **Randbereichen des Strafrechtsschutzes** zulässig, ja u.U. geradezu geboten ist, auf die strikte Einhaltung des Legalitätsprinzips zu verzichten. Vorab geht es um die weitere Verwirklichung des Grundsatzes *«minima non curat praetor»*, den – wie vorne vermerkt[311] – bereits das materielle Recht in verschiedener Weise berücksichtigt. Dies führt zum Opportunitätsprinzip nach StPO 8.

182

---

[310] Zum Gleichheitsgebot und zum Problem der *«Gleichheit im Unrecht»* vorne N 98. – Der EGMR leitet die Pflicht, in Fällen, in denen Personen durch Polizeieinsätze getötet wurden, von Amtes wegen eine Untersuchung einzuleiten, aus EMRK 2 (Recht auf Leben) ab, Urteil i.S. Scavuzzo-Hager gegen die Schweiz vom 7.2.2006 in VPB 70 (2006) Nr. 106.

[311] N 169 ff. Nach ZR 88 (1989) Nr. 6 S. 20 ist vertretbar, wenn die Behörden bei aStGB 204 (jetzt StGB 197) primär nur auf Anzeigen Privater hin einschreiten; hierzu ferner ZR 95 (1996) Nr. 24.

1. Kapitel: Grundlagen, Geltungsbereich und Grundsätze

§ 11 Verzicht auf Strafverfolgung, Opportunitätsprinzip, StPO 8, JStPO 5, StGB 52–54

Literaturauswahl: AESCHLIMANN N 159, 218; HAUSER/SCHWERI/HARTMANN § 48 II; MAURER 21; OBERHOLZER N 697; PIQUEREZ (2006) N 301; DERS. (2007) N 540; DERS. (2007) N 275; SCHMID (2004) N 95.

RAINER ANGST/HANS MAURER, Das «Interesse der Öffentlichkeit» gemäss Art. 53 lit. b StGB, FP 5/2008 391; FELIX BÄNZIGER, Das gemässigte Opportunitätsprinzip in der Praxis des Kantons Appenzell AR, Z 99 (1982) 287; FELIX BOMMER, Bemerkungen zur Wiedergutmachung, FP 2/2008 171; ROBERT ROTH, Le principe de l'opportunité de la poursuite, ZSR NF 108 (1989) II 169; JÜRG SOLLBERGER, Das Opportunitätsprinzip im Strafrecht, ZSR NF 108 (1989) II 1.

Materialien: Aus 29 mach 1 S. 45; VE 8; BeB 35; ZEV 23; E 8; Botschaft 1131 f.; AB S 2006 991, AB N 2007 943.

1. Begriff des Opportunitätsprinzips, bisherige Entwicklung

183 Das begriffliche Gegenstück zum vorstehend in § 10 besprochenen strafprozessualen Legalitätsprinzip bildet das **Opportunitätsprinzip**. Nach diesem Grundsatz ist es möglich, unter gewissen Voraussetzungen aus Zweckmässigkeitsgründen, vorab in Beachtung des Verhältnismässigkeitsgrundsatzes, ausnahmsweise auf eine Strafverfolgung zu verzichten.

184 Eine Reihe von kantonalen Strafprozessordnungen schufen in der jüngeren Vergangenheit aus diesen Gründen bereits ein **beschränktes, zumeist fakultativ ausgestaltetes Opportunitätsprinzip** in dem Sinn vor, dass bei fehlender Strafwürdigkeit und nicht gegebenem Interesse der Öffentlichkeit bzw. des Geschädigten an einer Bestrafung von einer Verfolgung abgesehen werden konnte. In der Regel handelte es sich um Straftaten mit geringem Schaden bzw. Verschulden des Täters oder aber Delikte, die neben anderen zu verfolgenden Taten nicht ins Gewicht fielen. Es waren Straftaten, bei denen mit Rücksicht auf die allgemeine Überlastung der Strafbehörden und das Verhältnismässigkeitsprinzip ein Verzicht auf Verfolgung als vertretbar erschien[312].

185 Auch in Kantonen, die an sich dem unbeschränkten Legalitätsprinzip verpflichtet waren, hatte sich daneben und *extra legem* z.T. schon früher bei sehr grossen Strafverfahren (z.B. Wirtschaftsdelikten) in der Praxis ein **faktisches Opportunitätsprinzip** entwickelt. Dabei wurde das Verfahren auf Hauptkomplexe beschränkt; Nebendelikte blieben unverfolgt. Es ist zu erwarten, dass diese Praxis auch unter dem Regime der StPO fortgesetzt wird, obwohl in dieser keine gesetzliche Basis dafür vorhanden ist[313]. Eine gewisse Filterfunktion mit gleichem Effekt kann sodann im **Anzeigeverhalten der Polizei** erblickt werden, so wenn

---

[312] Botschaft 1131.
[313] Wohl vor allem im abgekürzten Verfahren nach StPO 358 ff., hinten N 1374 ff.

diese im Rahmen des Ermittlungsverfahrens (StPO 306 f.) darauf verzichtet, nicht strafwürdige Verhaltensweisen oder solche im Grenzbereich i.S. von StPO 307 III der Staatsanwaltschaft oder den Übertretungsstrafbehörden zu rapportieren. Dies gilt vorab in den Bereichen der Massendelinquenz wie etwa im Strassenverkehr[314].

Einige Kantone waren freilich über ein beschränktes Opportunitätsprinzip hinausgegangen: Vier Kantone kannten aufgrund ausdrücklicher Gesetzesvorschrift ein **unbeschränktes Opportunitätsprinzip**[315], wie es für das angloamerikanische Strafverfahren typisch ist.

186

2. Strafbefreiungsgründe nach StGB 52–54 bzw. StPO 8 I

Zunächst verweist StPO 8 I auf jene Konstellationen, die bereits nach StGB 52–54 zwingend zur Strafbefreiung führen. Ein Sonderfall stellt in diesem Zusammenhang StGB 55a dar. Es ist dies zunächst der Fall des fehlenden Strafbedürfnisses nach StGB 52; hier sieht die zuständige Behörde von einer Strafverfolgung ab, wenn **Schuld und Tatfolgen gering** sind. Es ist dies die allgemeine Bagatellklausel, wie sie teilweise bereits den kantonalen Verfahrensgesetzen bekannt war. Gleiches gilt für die **Sondernorm von StGB 322^{octies} für die Bestechungsdelikte**[316]. StGB 53 sieht unter der Marginalie **Wiedergutmachung** von der Strafverfolgung ab, wenn der Täter alle zumutbaren Anstrengungen unternommen hat, um das von ihm bewirkte Unrecht auszugleichen und den Schaden zu decken. Vorausgesetzt ist diesfalls, dass die Voraussetzungen des bedingten Strafvollzugs nach StGB 42 erfüllt und das Interesse der Öffentlichkeit und des Geschädigten an der Strafverfolgung gering sind. Schliesslich sieht StGB 54 in Übereinstimmung mit dem bisherigen StGB 66bis vor, dass von **Strafverfolgung abzusehen (oder die Strafe mindesten zu mildern) ist, wenn der Täter durch die Folgen der Tat so schwer betroffen ist**, so dass eine Strafe unangemessen wäre. Nach StGB 55 I sind diese Strafbefreiungsgründe auch beim Widerruf bedingter Strafen und Entlassungen anwendbar.

187

Auf diese sehr weit gehenden, zwingend anwendbaren Strafbefreiungsgründe kann hier nicht weiter eingegangen werden. Festzustellen ist jedenfalls eine **Inkongruenz zu den Verzichtgründen nach StPO 8 II und III** (dazu gleich anschliessend unter Ziff. 3), die z.B. die Interessen der Privatklägerschaft berücksichtigen, was bei Abs. 1 bzw. StGB 52–54 (relevant ist primär StGB 52) offensichtlich nicht der Fall ist.

188

---

[314] Zum hier relevanten angesprochenen Thema «Gleichheit im Unrecht» vorne N 98 und 179.
[315] Waadt StPO 53; Neuenburg StPO 8; Genf StPO 116, 198 und Jura StPO 97.
[316] Dazu einlässlich BSK-StGB II MARK PIETH Art. 322^{octies} N 1 ff.

3. Opportunitätsprinzip nach StPO 8 II und III

3.1. Verzicht auf Strafverfolgung nach StPO 8 II und III im Allgemeinen

189 In Übereinstimmung mit dem allgemeinen Trend im schweizerischen Strafverfahrensrecht der jüngeren Vergangenheit enthalten StPO 8 II und III ein StGB 52–54 ergänzendes **gemässigtes Opportunitätsprinzip**[317], indem vier Varianten des Verzichts auf Strafverfolgung vorgesehen sind. Der Verzicht in den Fällen nach Abs. 2 ist dabei in Übereinstimmung mit StGB 52–54 **zwingend** ausgestaltet (... *sehen...von Strafverfolgung ab, wenn*...)[318]. Es sind dies Fälle, in denen die beschuldigte Person bereits in Strafuntersuchung steht oder stand und es als überflüssig erscheint, sie wegen anderer oder der gleichen Straftat zusätzlich zu verfolgen[319]. **Nicht zwingend** (*«können»*) ist jedoch die Strafbefreiung nach StPO 8 III (zu diesem Fall nachfolgend Ziff. 3.2.4.).

190 Was die **Voraussetzungen für die Anwendung des Opportunitätsprinzips** nach diesem Abs. 2 und 3 betrifft, so kann dieses nur angewandt werden, wenn kumulativ eine allgemeine sowie eine spezielle Voraussetzung erfüllt sind. Zunächst ist in allgemeiner Hinsicht erforderlich, dass dem Verzicht **nicht wesentliche Interessen der Privatklägerschaft**[320] entgegenstehen. Solche Interessen wären zu beachten, wenn die Privatklägerschaft **Schadenersatzbegehren** angemeldet bzw. angekündigt hat. Fraglich ist, ob vor allem StPO 8 II bei **Antragsdelikten anwendbar ist**. Die Botschaft[321] verneint dies im Fall, dass der Bund wegen UWG-Verstössen Strafantrag gestellt hat. Bei den üblichen Antragsdelikten, die sich in einem Hauptanwendungsfall dadurch auszeichnen, dass es sich gerade um Bagatelldelikte handelt, fragt sich, ob dem Privatkläger, der mit dem Stellen des Strafantrags den ausdrücklichen Willen bekundet, dass der Täter zu verfolgen ist, dieser Anspruch auf dem Wege der Opportunität zunichte gemacht werden kann. Dies vor allem in jenen Fällen, in denen Antragsdelikte die allein zu verfolgenden Straftaten darstellen, ein Fall, der angesichts der Einschränkungen des Prinzips in lit. a–c von StPO 8 II (nicht ohne Weiteres bei StGB 52) wohl eher die Ausnahme bilden dürfte. Die Problematik ist naturgemäss in Fällen, in denen neben dem Antragsdelikt noch weitere Straftaten z.N. der Privatklägerschaft verfolgt werden, die nicht dem Opportunitätsprinzip unterliegen,

---

[317] Botschaft 1131.
[318] Eine Verweigerung kann demgemäss wohl mit Beschwerde nach StPO 393 ff. angefochten werden!
[319] So Botschaft 1131.
[320] Unklar ist, ob StPO 8 II *nur die Interessen des Geschädigten berücksichtigen will, der sich als Privatkläger (StPO 118) konstituierte*. Vorab beim Entscheid über StPO 8 im Vorverfahren wird oft noch unklar sein, ob sich der Geschädigte als Privatkläger konstituieren will. Die Begriffswahl «Privatklägerschaft» dürfte deshalb in dieser Phase verfehlt und durch «Geschädigter» zu ersetzen sein.
[321] S. 1131.

weniger akzentuiert, also beispielsweise wenn sie bei einem Einbruchdiebstahl Strafantrag wegen Hausfriedensbruchs stellt. Bei Antragsdelikten ist jedenfalls das Opportunitätsprinzip nur mit Zurückhaltung anzuwenden. Es kommt wohl nur dann in Frage, wenn bei einem an sich strafbaren Bagatellsachverhalt die Geringfügigkeit eklatant ist, so, wenn wegen eines Vermögensdeliktes mit Fr. 20.– Schaden Strafantrag gestellt wird.

3.2. Die vier Anwendungsfälle des Strafverzichts nach StPO 8 II lit. a-d

Die Liste von StPO 8 II lit. a-d sowie Abs. 3 ist als **abschliessend zu betrachten**. Sie umfasst folgende vier *Anwendungsfälle* des Opportunitätsprinzips: 191

3.2.1. Wenn der **Tat neben anderen, der beschuldigten Person zur Last gelegten Taten für die Festsetzung der zu erwartenden Strafe oder Massnahme keine wesentliche Bedeutung zukommt** (StPO 8 II lit. a). 192

Es sind dies vorab Fälle, in denen unter dem Titel Ideal- oder Realkonkurrenz zahlreiche Straftaten untersucht werden, insbesondere solche der Serien- und Berufskriminalität. Werden der beschuldigten Person bereits 120 Delikte einer bestimmten Art vorgeworfen, ist es für die Strafzumessung unerheblich, ob noch vier weitere Taten mehr begangen wurden. Bei Delikten gegen Individualinteressen wird mit Rücksicht auf die Geschädigtenrechte ein solches Vorgehen indessen nur in Frage kommen, wenn sich die Geschädigten nicht i.S. von StPO 118 ff. als Privatkläger konstituierten[322].

3.2.2. Wenn **eine voraussichtlich nicht ins Gewicht fallende Zusatzstrafe zu einer rechtskräftig ausgefällten Strafe auszusprechen ist** (StPO 8 II lit. b). 193

Es geht hier um eine Variante zu dem vorgenannten Fall von StPO 8 II lit. a, nämlich um Konstellationen, in denen in Anwendung von StGB 49 II nach bereits erfolgter Verurteilung eine Zusatzstrafe auszusprechen wäre, nach dem Mechanismus dieser Bestimmung aber auch bei Einbezug der neu zu verfolgenden Straftaten nicht eine höhere Gesamtstrafe in Frage käme. Wenn – um an das vorgenannte Beispiel anzuknüpfen – der Täter wegen 120 Diebstählen bestraft wurde, ist anzunehmen, dass das Urteil auch bei Kenntnis der weiteren vier gleichen Delikte nicht anders ausgefallen wäre. Früher mussten in solchen Fällen eine Verurteilung unter Verzicht auf eine Zusatzstrafe ergehen, was ein Leerlauf ist.

3.2.3. Wenn **eine im Ausland ausgesprochene Strafe anzurechnen wäre, welche der für die verfolgte Straftat zu erwartenden Strafe entspricht** (StPO 8 II lit. c). 194

Diese Bestimmung knüpft an das in StGB 3 ff. zu findende Anrechnungsprinzip an, also den Grundsatz, dass eine Verurteilung wegen einer Auslandtat in den

---

[322] Hinten N 697 ff. Oder aber die Beschuldigten anerkennen die Zivilansprüche.

fraglichen Fällen eine nochmalige Bestrafung in der Schweiz nicht *a priori* ausschliesst, die vom ausländischen Gericht ausgesprochene Strafe dabei aber anzurechnen ist. Ein zusätzliches schweizerisches Verfahren ergibt wenig Sinn, wenn anzunehmen ist, dass die in der Schweiz zu erwartende die im Ausland ausgesprochene Strafe nicht übersteigen dürfte.

195 3.2.4. **Wenn die Straftat bereits von einer ausländischen Behörde verfolgt oder die Verfolgung an eine solche abgetreten wird** (StPO 8 III).

Analog zu dem vorstehend in Ziff. 3.2.3. erwähnten Fall macht es u.U. wenig Sinn, ein Verfahren einzuleiten bzw. durchzuführen, wenn zwar die Voraussetzungen eines schweizerischen Strafverfahrens nach StGB 3 ff. gegeben sind, sich jedoch bereits eine ausländische Behörde mit dem Fall befasste bzw. noch befasst oder der Fall an eine solche abgetreten wird. Da in einem solchen Fall das Anrechnungs- und nicht das Erledigungsprinzip gilt (vgl. StGB 3 II, 4 II usw.), ist denkbar, dass die ausländische Strafe das schweizerische Strafbedürfnis nicht abdeckt, sodass StPO 8 III als *kann*-Bestimmung formuliert ist[323]. Auch hier ist, wie schon angeführt, kumulativ erforderlich, dass einer solchen Verfahrenserledigung nicht überwiegende Interessen der Privatklägerschaft entgegenstehen.

4. Besondere Fragen bei der Anwendung von StPO 8

4.1. Opportunitätsprinzip bei delegierten Fällen von Bundesgerichtsbarkeit

196 Weist die Staatsanwaltschaft des Bundes nach StPO 25 eine Bundesstrafsache einem Kanton zu, so war gemäss früherem BStP 254 das Verfahren durch Urteil oder Einstellungsbeschluss zu erledigen. Nach den früher zu dieser BStP-Bestimmung herrschenden Ansichten war hier die Anwendung des Opportunitätsprinzips ausgeschlossen. Gleiches wurde bezüglich BStP 258 (welche Bestimmung von einer «*unbedingten*» Verpflichtung sprach) für die dort genannten Widerhandlungen gegen Bundesgesetze, die den kantonalen Behörden überwiesen wurden, angenommen, wobei zu ergänzen ist, dass früher für den Bundesstrafprozess grundsätzlich ein Verfolgungszwang bejaht wurde[324]. Bereits die jüngere Bundesgerichtspraxis tendierte indessen dahin, anzunehmen, dass keine Bundesrechtsbestimmung bestehe, welche (*in casu* beschränkt auf Delegationssachen, jetzt StPO 25) das Opportunitätsprinzip ausdrücklich ausschliesse. Erforderlich sei nur, dass die fraglichen Strafsachen untersucht und durch Urteil

---

[323] Die *Gründe zum Übergang zu einer «kann»-Bestimmung* wurden im Ständerat nicht näher dargelegt; offenbar sollte hier mehr Flexibilität geschaffen werden, dazu AB S 2006 991. In RK-S 29.5.2006, S. 1, wurde der Fall erwähnt, dass jemand im Ausland trotz schweizerischem Tatort verurteilt wurde.
[324] Siehe aber die Ermächtigungsdelikte, vorne N 172 ff.

oder Einstellungsbeschluss, also nicht ohne förmlichen Entscheid, erledigt würden[325].

Nachdem sich nunmehr das Strafverfahren auch in Fällen der Bundesgerichtsbarkeit nach StPO 23 f. wie ebenso die Delegation an die Kantone (StPO 25) nach der StPO richtet, **gilt das Opportunitätsprinzip nach StPO 8 gleichermassen für die Fälle von Bundesgerichtsbarkeit unter Einschluss der den Kantonen delegierten Fälle.** Die kantonalen Strafbehörden können demgemäss in Anwendung von StPO 8 ebenfalls in delegierten Strafsachen auf eine Verfolgung verzichten. Allerdings ist nicht zuletzt aus Gründen der Verfahrensökonomie zu postulieren, dass die Staatsanwaltschaft des Bundes soweit möglich selbst vor dem Delegationsentscheid prüft, ob das Opportunitätsprinzip anwendbar ist und nur jene Strafsachen delegiert, auf die ihres Erachtens das Prinzip nicht anwendbar ist.

197

4.2. Verzicht auf Strafverfolgung und Interessen der beschuldigten Person

Können StPO 8 I und II **gegen den Willen der beschuldigten Person** angewandt werden? Einerseits ist zu berücksichtigen, dass es sich hier um zwingende Vorschriften handelt, die vorrangig die Entlastung der Strafjustiz von nicht strafwürdigen Fällen zum Ziel haben, also primär öffentliche Interessen verfolgen. Andererseits fällt auf, dass die Bestimmung nur die Interessen der Privatklägerschaft, nicht aber jene der beschuldigten Person vorbehält. Erfolgt die Einstellung des Verfahrens unter dem Titel Opportunität, bleibt diese nämlich weiter verdächtig und die bisher erstellten Akten können u.U. gegen sie verwendet werden. Sie hat deshalb (ähnlich wie die hinter StGB 33 IV stehende Idee) u.U. ein Interesse daran, dass in einer materiell begründeten Nichtanhandnahme- oder Einstellungsverfügung bzw. einem Strafurteil ihre Unschuld festgestellt wird. Daraus folgt, dass bei unklarer Beweislage bezüglich der Täterschaft eine Erledigung unter Berufung auf StPO 8 nur sehr zurückhaltend erfolgen sollte, falls die beschuldigte Person ein schützenswertes Interesse an der Klärung dieser Punkte hat[326].

198

---

[325] Näher BGE 119 IV 92.
[326] Im Ergebnis *a.M.* BGer 28.2.2008, 6B.568/2007, E.5.1: Anwendung des *Opportunitätsprinzips auch gegen den Willen der beschuldigten Person*, wobei darauf hingewiesen wird, dass diese allein durch das Dispositiv beschwert sein könne (N 1459), was bei Einstellung in der Regel nicht der Fall ist. Vgl. sodann BGer 26.11.2008, 6B_412/2008 in Anwaltsrevue 4/2009 209 (Einstellung trotz Strafantrag unter Hinweis auf StGB 52 ff. auch gegen Willen des Strafantragstellers und des Einsprechers nach StGB 33 IV). Hinweise auf abweichende Urteile bei N 1461.

4.3. Verzicht auf Strafverfolgung und ungenügender Tatnachweis

199 Ein Blick in die Praxis zeigt, dass die Grenzen zwischen einer Verfahrenserledigung aus Opportunitätsüberlegungen und einer solchen wegen ungenügenden Tatnachweises fliessend sind. Vorab bei Vermögensdelikten wie Betrug wird in der Praxis bei unklarer Beweislage nicht selten das Verfahren relativ rasch eingestellt, wenn z.B. nach einer Schadensdeckung eine **Desinteressement-Erklärung** des Geschädigten vorliegt. Naturgemäss werden Offizialdelikte damit nicht zu Antragsdelikten, doch ist so der Weg für die Anwendung von Opportunitätsüberlegungen frei, zumal der Geschädigte etwa nach der früheren Praxis in einzelnen Kantonen mit einer solchen Erklärung das Recht auf eine Beschwerde gegen die Einstellung verwirken dürfte[327]. Gleiches gilt mit Blick auf StPO 317 V, wenn im Rahmen eines **Vergleichs** (StPO 316)[328] eine Einigung erzielt wird und der Geschädigte sein Desinteresse an der Weiterführung des Verfahrens erklärt. Nur am Rande sei vermerkt, dass ebenfalls das **abgekürzte Verfahren** (StPO 358 ff.)[329], welches ja regelmässig einer Konzentration auf gewisse Deliktskomplexe und damit einem Verzicht auf die Verfolgung der übrigen Straftaten entspricht, Opportunitätselemente enthält.

4.4. Verzicht auf Strafverfolgung und sogenannter Kronzeuge

200 Nach den Grundideen der StPO ist es unzulässig, einem Tatbeteiligten Straffreiheit oder mildere Bestrafung zuzusichern, wenn sich dieser bereit erklärt, als sogenannter **Kronzeuge** gegen seine Komplizen aufzutreten. Diese aus dem angloamerikanischen Rechtskreis stammende Figur ist mit dem Legalitätsprinzip nach StPO 7 I[330] nicht in Einklang zu bringen. Sie wurde bereits im Bericht «*Aus 29 mach 1*»[331] und im VE verworfen[332] und trotz entsprechender Begehren im Vernehmlassungsverfahren auch nicht in den definitiven Gesetzesentwurf übernommen[333].

---

[327] Hinten N 1463. Hierzu im Zusammenhang mit dem Rekurs des früheren zürcherischen Strafprozessrechts SJZ 66 (1970) 291, der Berufung ZR 39 (1940) Nr. 135; *obiter dictum* in ZR 95 (1996) Nr. 90 S. 278/9. Beschränkt nach Pra 96 (2007) Nr. 95 bei Irrtum des Erklärenden und später aufgetauchten neuen Umständen.
[328] Hinten N 1240 ff.; Botschaft 1270.
[329] Hinten N 1374 ff.
[330] Dazu vorne N 178
[331] S. 53.
[332] Aussagen solcher (italienischer) Kronzeugen («*pentiti*») wurden in Schweizer Strafverfahren allerdings als Beweis zugelassen, N 830 Fn. 121 und N 916 Fn. 302. Zur Sonderbestimmung bei Einvernahmen im Rechtshilfeverfahren nach StPO 148 vgl. N 833.
[333] Botschaft 1112 f.

5. Vorgehen bei Anwendung des Opportunitätsgrundsatzes, StPO 8 III

Die Anwendung des Opportunitätsprinzips ist nach den vorstehenden Ausführungen rechtsstaatlich nur vertretbar, wenn es auch in **formaler Hinsicht den im Spiele stehenden Interessen gerecht zu werden vermag**. Zuständig zur Anwendung des Opportunitätsgrundsatzes sind die Staatsanwaltschaft und nach Anklageerhebung die Gerichte, nicht aber die Polizei. Setzen die Kantone zur Verfolgung von Übertretungen Verwaltungsbehörden ein (StPO 17 I), sind diese ebenfalls zur Anwendung des Grundsatzes zuständig (StPO 357 I). Es versteht sich von selbst, dass bei der Anwendung von StPO 8 das **Fairness- und Gleichbehandlungsgebot von StPO 3** (inbesondere Abs. 2 lit. c) zu beachten ist. Unzulässig wäre beispielsweise, wenn bei gewissen Tatkonstellationen nach ständiger Praxis nach Opportunität verfahren würde, aber doch noch einzelne Täter verfolgt würden[334]. 201

Die Erledigung solcher Fälle hat im **Vorverfahren** durch die Staatsanwaltschaft bzw. die Verwaltungsbehörde durch eine Nichtanhandnahme- bzw. Einstellungsverfügung (StPO 310, 319 ff.) zu erfolgen. Für das **gerichtliche Verfahren** sieht StPO 329 IV ebenfalls die Möglichkeit einer Einstellungsverfügung bzw. eines entsprechenden Beschlusses vor (dazu StPO 80)[335]. Die entsprechenden, den Beteiligten zu eröffnenden Beschlüsse bzw. Verfügungen erfolgen **schriftlich und mit Begründung** (vgl. StPO 81, 321). Der beschuldigten Person wie vor allem der Privatklägerschaft stehen dagegen die bei einer Einstellung des Verfahrens möglichen **Beschwerden** (StPO 322 II, 393; BGG 78 ff.) [336] zur Verfügung. 202

§ 12 Anklagegrundsatz (Akkusationsprinzip), EMRK 6 Ziff.1 und 3 lit. a, StPO 9

Literaturauswahl: AESCHLIMANN N 161; HAUSER/SCHWERI/HARTMANN § 50; MAURER 31; OBERHOLZER N 726; PIQUEREZ (2006) N 321; DERS. (2007) N 540; DERS. (2007) N 62; SCHMID (2004) N 195; TRECHSEL (2005) 192 ff.

---

[334] «*Gleichheit im Unrecht*», siehe Hinweise vorne Fn. 153 zu N 98.
[335] Nach dem klaren Wortlaut von StPO 8 IV *eine Einstellung und nicht z.B. im gerichtlichen Verfahren eine Schuldigerklärung mit Absehen von Strafe* (vgl. auch Be B 36 unten und Botschaft 1132 oben). Es ist im Übrigen nicht einzusehen, weshalb bei gleicher Rechtslage im Vorverfahren eingestellt, im gerichtlichen Verfahren ein verurteilendes Erkenntnis ergehen sollte. Diesen letzteren Erledigungsweg hielt das Bundesgericht vor Inkrafttreten der StPO für erforderlich, wenn die Wiedergutmachung erst vor Gericht erfolgte (BGE 135 IV 12, E.3.4. = SJZ 105 [2009] 69 = Anwaltsrevue 2/2009 92). Zur *Kostenauflage* nach StPO 426 II hinten N 1787 und 1790.
[336] Botschaft 1132. Hinten N 1249 ff., 1499 ff.

GIAN SANDRO GENNA, Lebenssachverhalt oder Rechtsanwendung? recht 26 (2008) 150; GEORGES GREINER, Akkusationsprinzip und Wirtschaftsstrafsachen, Z 123 (2005) 98; CHRISTIAN JOSI, «Kurz und klar, träf und wahr» – die Ausgestaltung des Anklageprinzips in der Schweizerischen Strafprozessordnung, Z 127 (2009) 73; JÖRG REHBERG, Der Anklagegrundsatz und das Fahrlässigkeitsdelikt, FS 125 Jahre Kassationsgericht des Kt. Zürich, Zürich 2000, 407; BEAT SCHNELL in: WEHRENBERG/MARTIN/FLACHSMANN/BERTSCHI/SCHMID, Kommentar zum Militärstrafprozess, Zürich 2008, S. 648.

Materialien: Aus 29 mach 1 S. 82; VE 9; BeB 36; E 9; Botschaft 1132; AB S 2006 991, AB N 2007 943.

1. Anklage- oder Inquisitionsprozess als mögliche Verfahrenstypen

203 Für die Durchsetzung des materiellen Strafrechts stehen grundsätzlich **verschiedene Verfahrenstypen** zur Verfügung, die – wie ein Blick auf die Rechtsgeschichte und Rechtsvergleichung zeigt – in reiner oder gemischter Form angewendet wurden oder noch werden.

204 Das rein **akkusatorische Verfahren** des germanischen Prozesses, bei dem der Richter als neutraler Mittler zwischen den Parteien stand und über deren Klagen und Antworten zu entscheiden hatte, wurde unter römisch-kanonistischen Einflüssen in der Rezeptionszeit durch den **Inquisitionsprozess** abgelöst. Hier war der Richter zugleich Untersuchungsbeamter, Ankläger und urteilender Richter. Er vereinigte eine Machtfülle in sich, die zusammen mit der Folter zu krassesten Missbräuchen führte. Im Gefolge der Französischen Revolution führte die Entwicklung unter englischen Einflüssen wieder zurück zum **Anklageverfahren**. Heute ist der Anklagegrundsatz ein unverzichtbares Element eines rechtsstaatlichen Strafprozesses[337], wobei freilich an die Stelle des Verletzten als Kläger überwiegend ein öffentlicher Ankläger getreten ist.

2. Anklagegrundsatz im Allgemeinen

205 Der Anklagegrundsatz besagt, dass ein verurteilendes Erkenntnis nur gestützt auf eine Anklage ergehen kann, die **vom Ankläger einem von diesem unabhängigen Richter** unterbreitet wurde. Die Maxime war bisher in den kantonalen Strafprozessgesetzen kaum ausdrücklich normiert, erscheint nun aber in StPO 9. Der Anklagegrundsatz hat im Übrigen Verfassungsrang[338]. Auf etwas anderer Ebene liegt der sich aus EMRK 6 Ziff. 3 lit. a ergebende Grundsatz, dass jede einer Straftat beschuldigte Person **unverzüglich über den Gegenstand der deliktischen Vorwürfe orientiert wird**.

---

[337] Dazu und zum Folgenden BGE 120 IV 353 ff.
[338] In BGE 116 Ia 458 und BGer 26.3.2009, 6B_1011/2008 = RS 2009 Nr. 582 aus dem Grundsatz des rechtlichen Gehörs abgeleitet.

3. Anklagegrundsatz in seinen konkreten Auswirkungen

3.1. Unvereinbarkeit der Ankläger- und Richterrolle

Zunächst verlangt der Anklagegrundsatz eine **personelle Trennung von Ankläger und Richter**; es besteht insoweit Kongruenz mit dem Prinzip des unabhängigen und unparteiischen Richters[339]. Dieses Prinzip, das zumeist durch die Unvereinbarkeits- und Ausstandsbestimmungen von Bund und Kantonen sichergestellt wird (vgl. etwa StPO 56 lit. b), betrifft zunächst nur die Tätigkeit eines Funktionärs im konkreten Fall[340]. Es ist also möglich, dass ein Staatsanwalt als Ersatzmann eines kantonalen Gerichts oder des Bundesgerichts tätig ist und dabei über die Anklagen seiner Kollegen zu richten hat. 206

Ausnahmen von diesem Erfordernis der persönlichen Trennung werden von StPO 9 II im **Strafbefehls-** (StPO 352 ff.)[341] und im **Übertretungsstrafverfahren** (StPO 357)[342] anerkannt. 207

3.2. Anklage als Prozessthema des Gerichtsverfahrens, Immutabilitätsprinzip

Aus dem Anklagegrundsatz folgt sodann, dass die **Anklage das Prozessthema fixiert**[343]. Dies bedeutet, dass Gegenstand des gerichtlichen Verfahrens sowie des Urteils nur die Sachverhalte sein können, die der beschuldigten Person in der Anklageschrift zur Last gelegt werden (StPO 9, 350)[344]. Weiter ist aus dem Grundsatz abzuleiten, dass das Gericht nicht von sich aus tätig werden [345] und ohne Anklage keine Strafe verhängen kann: **Keine Strafe ohne Anklage**. Aus dem Anklagegrundsatz – dessen Einhaltung eine **Prozessvoraussetzung** ist[346] – sind sodann folgende Forderungen abzuleiten: 208

---

[339] ZR 101 (2002) Nr. 12 S. 49; vorne N 117 ff. – Die Änderungs- und Erweiterungsmöglichkeit nach StPO 333 (dazu hinten N 1297 ff.) ist eine gesetzliche Ausnahme zum Anklage- und Immutabilitätsgrundsatz, dazu aus der Sicht des alten Rechts BGE 126 I 68.

[340] Unvereinbarkeit des Amtes des Staatsanwalts und des Richters im gleichen Fall, RO 1987 62.

[341] Hinten N 1352 ff.

[342] Hinten N 1361 ff., ebenfalls z.B. im Ordnungsbussenverfahren, zu diesem vorne N 35.

[343] Strafantrag fixiert hingegen Prozessthema nur bedingt, vgl. BGer 4.5.2005 in SJZ 101 (2005) 372. – Anklagegrundsatz gilt *unverändert auch im Übertretungsstrafverfahren*, entgegen E 364 I, der ihn lockern wollte.

[344] Teilweise wird sogar verlangt, dass dem Angeklagten *vor* Anklageerhebung Gelegenheit zur Stellungnahme zu den Vorwürfen gegeben wurde (so ZBJV 136 [2000] 136 m.w.H.), was aber eher eine Frage des rechtlichen Gehörs ist, welches regelmässig bereits im Vor- und nachfolgend im Gerichtsverfahren zu gewähren ist.

[345] Also *keine Beweiserhebung über Delikte, die nicht angeklagt sind*, RKG 1999 Nr. 145.

[346] Hinten N 318. Bei Nichtbeachtung *Einstellung des Verfahrens durch das Gericht, nicht Freispruch*, hinten N 1287.

209 *3.2.1.* Erforderlich ist, dass die Anklage die Personalien der beschuldigten Person und die ihr zur Last gelegten Delikte in ihrem Sachverhalt so **präzis umschreibt**, dass die Vorwürfe im objektiven und subjektiven Bereich und nicht zuletzt in zeitlicher Hinsicht[347] genügend konkretisiert sind. Sie muss, wie dies EMRK 6 Ziff. 3 lit. a (und gestützt darauf in ähnlicher Formulierung StPO 325 I lit. f) festhält, «... *in allen Einzelheiten über die Art und den Grund der gegen sie erhobenen Beschuldigungen in Kenntnis gesetzt werden*»[348]. Der Anklage kommt somit **Umgrenzungs- wie auch Informationsfunktionen** zu; beim zweitgenannten Punkt besteht ein Zusammenhang mit dem Anspruch auf rechtliches Gehör[349]. Auf die diesbezüglichen Anforderungen an die Anklage wird in § 80 zurückzukommen sein[350].

210 *3.2.2.* Die Anklageschrift darf im Verlaufe des gerichtlichen Verfahrens grundsätzlich **nicht geändert bzw. auf weitere Personen oder Sachverhalte ausgedehnt** werden[351]. Gemäss dem aus dem Anklagegrundsatz abgeleiteten

---

[347] Näher ZR 104 (2005) Nr. 31 = SJZ 101 (2005) 480 = RKG 2004 Nr. 98. Verjährung muss ausgeschlossen werden können, RS 2005 Nr. 690.

[348] Hinten N 1265 ff. Dazu BGE 120 IV 354 ff. sowie Pra 89 (2000) Nr. 92. Zur Pflicht, bei Straftaten, die durch *Pressepublikationen* begangen wurden, die inkriminierten Stellen in der Anklageschrift genau zu bezeichnen (und nicht erst in der Hauptverhandlung zu verlesen) Pra 89 (2000) Nr. 159. Unzulässig z.B. bei einer Anklage, die auf Körperverletzung durch Schläge lautet, auf eine Selbstverletzung in Form eines unechten Unterlassungsdelikts zu wechseln, BGer 5.3.2003, 6P.151/2002, in SJZ 99 (2003) 281 = RS 2004 Nr. 535, oder anstelle der angeklagten Vereitelung einer Blutprobe wegen Fahrens in angetrunkenem Zustand zu verurteilen, BJM 2003 228 = RS 2005 Nr. 689. Zur genauen Bezeichnung der Verletzungen und der Kausalität bei psychischen Schädigungen, GVP 2006 107 = RS 2007 Nr. 264. *Keine Verletzung des Grundsatzes hingegen,* wenn Sachverhalt nur in unwesentlichem Punkt (Dauer der Arbeitsunfähigkeit bei Körperverletzung) unrichtig ist, Pra 92 (2003) Nr. 81 S. 447, bei Insiderdelikt ZR 104 (2005) Nr. 72 (unrichtige Bezeichnung der involvierten Firma) oder bei Vermögensdelikten z.N. abhängiger juristischer Personen nicht klar ist, welche effektive Geschädigte ist, dies jedenfalls auf eine davon zutrifft (Fall Guido Zäch, BGer 19.3.2007, 6P.183/2006, E.4.). Zulässig ist, wenn Tatbestandselemente einer anderen Tat in der Anklage erwähnt sind; so ist z.B. Schuldspruch wegen Freiheitsberaubung bei Freispruch von Vergewaltigung zulässig, wenn Einschliessung in Anklage genannt ist, BJM 2003 230 (dort weitere ähnliche Fälle aus der Basler Praxis). Genaue Darlegung der Einkommen und der Existenzminima in Fällen von StGB 217 erforderlich, TG RBOG 2006 157 = RS 2007 Nr. 265. – *Generell zulässig Verurteilung wegen Versuchs*, wenn vollendete Tatbegehung angeklagt ist (BGer 9.7.2008, 6B_267/2008, in FP 1/2009 22, E.4.5.2.), tendenziell ebenfalls, wenn *qualifiziertes Delikt angeklagt ist, Schuldspruch aber wegen eines privilegierten Tatbestands* im gleichen Bereich ergehen soll, auch wenn privilegierende Elemente in der Anklage nicht erscheinen (Anklage wegen Mordes, Schuldspruch wegen Totschlags), dazu in einem etwas anderen Konnex ZR 89 (1990) Nr. 92 S. 217.

[349] Vorne N 104 ff. Dazu BGE 126 I 19 E.2.a.; BJM 2007 323.

[350] Hinten N 1265 ff. und die dortigen Verweise auf die Kasuistik, vorab in Fn. 156 ff.

[351] Beispiel in SJZ 64 (1968) 222: Es ist unzulässig, in einem *Berufungsverfahren vor Obergericht die Betrugsanklage auf Urkundenfälschung auszudehnen.* Vgl. auch RJN 2001 181

Immutabilitätsprinzip (Grundsatz der Unabänderbarkeit der Anklage) fixiert diese das Prozess- und Urteilsthema für alle urteilenden Instanzen: Die beschuldigte Person soll nicht nur genau wissen, welches Verhalten ihr vorgeworfen wird[352]. Sie soll sich zudem durch alle Instanzen mit den gleichen Vorwürfen auseinandersetzen müssen und sich nicht plötzlich mit anderen bzw. neuen Anklagepunkten konfrontiert sehen (dazu auch nachfolgend Ziff.3.2.3.). Dieser Grundsatz ist aber aus prozessökonomischen Gründen **gemildert**: Es ist zulässig, ja notwendig, mangelhafte, fehlerhafte oder unvollständige Anklagen zu berichtigen oder gar mit neuen Delikten zu erweitern (StPO 329, 333)[353].

3.2.3. Das Gericht ist als Folge dieses Immutabilitätsprinzips **thematisch an die Anklage gebunden (Erfordernis der Tatidentität)**, d.h., es darf dem Gerichtsverfahren und dem Urteil über Schuld oder Unschuld nur den in der Anklage enthaltenen Sachverhalt, bestehend in der Umschreibung eines bestimmten Lebensvorganges, also eines historischen Ereignisses, zugrunde legen. Dies ergibt sich aus StPO 350 I. 211

3.2.4. Die **Strafbehörden haben das Recht von Amtes wegen anzuwenden**, also unabhängig von den Parteianträgen und insbesondere der Qualifikation der Straftaten in der Anklage. Der Anklagegrundsatz gilt deshalb hinsichtlich der **rechtlichen Würdigung** der angeklagten Lebensvorgänge durch die Anklagebehörde nicht (*iura novit curia*; StPO 350 II, vgl. auch StPO 391 I sowie ZPO 57), und die Gerichte sind auch nicht an deren Anträge bezüglich **der Folgen eines Schuldspruchs,** also hinsichtlich Strafen, Massnahmen, Nebenfolgen usw. gebunden[354]. 212

3.3. Unwiderruflichkeit der Anklage

Aus dem Anklageprinzip wird weiter der Grundsatz abgeleitet, dass von einem bestimmten Zeitpunkt an – üblicherweise dem Beginn der Hauptverhandlung – **die Anklage nicht mehr zurückgezogen werden und nur noch ein Schuld- oder ein Freispruch ergehen kann** (StPO 340 I lit. b)[355]. Die beschuldigte Person hat also Anspruch darauf, dass die Frage ihrer strafrechtlichen Verantwortlichkeit klar mit Ja oder Nein beantwortet wird. Irgendwelche Verdachtsstrafen oder einstweilig freisprechende Urteile (*absolutio ab instantia*) nach Muster des gemeinen deutschen Strafprozesses sind damit ausgeschlossen. 213

= RS 2004 Nr. 565; RS 2007 Nr. 186. Oder unzulässig *Verurteilung wegen StGB 122 III statt 122 I*, BGer 5.10.2007, 6P.51/2007 in RS 2008 Nr. 419.

[352] Pra 92 (2003) Nr. 81 S. 446.
[353] Zu StPO 333 näher N 1294 ff. Dies ist kein Verstoss gegen den Grundsatz des unabhängigen, unbefangenen Richters, sondern eine Ausnahme vom Anklagegrundsatz, BGE 126 I 68.
[354] Hinten N 1341 f. dazu Pra 92 (2003) Nr. 81.
[355] Hinten N 1318.

3.4. Anklageprinzip und Zweiparteienverfahren

214 Zum Anklageprinzip in seiner ursprünglichen Form – etwa nach dem Muster des angloamerikanischen Strafverfahrens – gehört ein mehr oder weniger rein ausgestaltetes Zweiparteienverfahren in der Art des Zivilprozesses: In einem solchen haben die Parteien, also Ankläger und beschuldigte Person, gemäss der Verhandlungsmaxime dem Gericht den Sachverhalt, der die Basis des Urteils bilden soll, darzulegen und zu beweisen. Der Richter beschränkt sich auf die Würdigung der Tat- und Beweisfragen sowie die Rechtsanwendung. Im Spannungsfeld mit anderen Grundsätzen, so mit jenem der Verfahrensbeschleunigung nach StPO 5[356] und der materiellen Wahrheit nach StPO 6[357], ist das Strafverfahren heute üblicherweise nur teilweise akkusatorisch im eingangs geschilderten Sinn ausgestaltet, teilweise ist es inquisitorisch. Das **Vorverfahren** (StPO 299 ff.) ist **inquisitorisch** ausgestaltet (vgl. StPO 311 I: Beweiserhebung durch Staatsanwalt). Das **Gerichtsverfahren** (StPO 328 ff.) ist demgegenüber **eher akkusatorisch aufgebaut**, behält jedoch inquisitorische Elemente (vgl. StPO 341 I: sog. Präsidialverhör), zumal die StPO auf die im VE 378 ff. vorgesehene Möglichkeit des Kreuzverhörs verzichtet[358].

§ 13 Unschuldsvermutung, freie richterliche Beweiswürdigung, EMRK 6 Ziff. 2, BV 32 I, StPO 10

Literaturauswahl: AESCHLIMANN N 194; HAEFELIN/HALLER/KELLER N 865 ff., HAUSER/SCHWERI/HARTMANN § 54; MAURER 26, 35; OBERHOLZER N 459, 788, 793; PIQUEREZ (2006) N 695; DERS. (2007) N 525, 537; SCHMID (2004) N 277, 286; TRECHSEL (2005) 153.

GUNTHER ARZT, In dubio pro reo vor dem Bundesgericht, ZBJV 129 (1993) 1; JÜRG MÜLLER, Der Grundsatz der freien Beweiswürdigung im Strafprozess (nach den Strafprozessordnungen des Bundes und des Kantons Zürich), Diss. Zürich 1992; BERNARD CORBOZ, In dubio pro reo, ZBJV 129 (1993) 403; MARC FORSTER, Die Bundesgerichtspraxis zur strafrechtlichen Unschuldsvermutung – Marschhalt oder Ende einer Odyssee?, ZBJV 129 (1993) 428; CHRISTOPH METTLER, In dubio pro reo – ein Grundsatz im Zweifel, AJP 1999 1107; MARIO POSTIZZI, In dubio pro reo e giudizio di colpevolezza, FS Mario Borghi, Basel/Genf/München 2006, 645; JÖRG REHBERG, Zur Tragweite von BStrP Art. 249, Z 108 (1991) 232; GIUSEP NAY, Freie Beweiswürdigung und in dubio pro reo, Z 114 (1996) 87; FRANZ RIKLIN, Schutz der Unschuldsvermutung – Medien im Graubereich, medialex 11 (2006) 28; REGULA SCHLAURI, Das Verbot des Selbstbelastungszwangs im Strafverfahren. Konkretisierung eines Grundrechts durch Rechtsvergleich, Zürich 2003; MARTIN SCHUBARTH, Zur Tragweite des Grundsatzes der Unschuldsvermutung, Basel/Stuttgart 1978; ESTHER TOPHINKE, Das Grundrecht der Unschuldsvermutung, Bern 1999 (ASR 631); STEFAN TRECHSEL, Struktur und Funktion der Vermutung der Schuldlosigkeit, SJZ 77 (1981) 317, 335; JEAN-MARC VERNIORY, La libre appréciation de la preuve pénale et ses limites, Z 118 (2000) 378; HANS VEST, St.Galler Kom-

---

[356] Vorne N 138 ff.
[357] Vorne N 7, 153 ff.
[358] N 1323. Aufgrund des klar ablehnenden Vernehmlassungsergebnisses, Botschaft 1114.

mentar, 2. Aufl., Zürich/St.Gallen 2008, zu BV 32; HANS WALDER, Der Indizienbeweis im Strafprozess, Z 108 (1991) 299.

Materialien: Aus 29 mach 1 S. 81; VE 11; BeB 37; E 10; Botschaft 1132 f.; AB S 2006 992, AB N 2007 943.

1. Grundsatz der Unschuldsvermutung, StPO 10 I

1.1. Prinzip im Allgemeinen

Der Grundsatz der Unschuldsvermutung, so wie er sich bereits aus EMRK 6 Ziff. 2 und BV 32 I ergibt, besagt in der Umschreibung von StPO 10 I: *«Jede Person gilt bis zu ihrer rechtskräftigen Verurteilung als unschuldig».* Ihre Wurzeln hat diese fundamentale Maxime des rechtsstaatlichen Strafprozesses jedoch weniger in den Menschenrechten, die ja jüngeren Datums sind, sondern im angloamerikanischen Anklage- und Zweiparteienverfahren. In diesem obliegt dem Ankläger traditionsgemäss und insoweit nach zivilprozessualem Muster der Nachweis aller die Schuld des Verdächtigen begründender Umstände[359]. Die Unschuldsvermutung gilt grundsätzlich vom Vorverfahren (StPO 299 ff., vgl. aber Ziff. 1.2.3.) über das erstinstanzliche Hauptverfahren (StPO 328 ff.) bis zur Erschöpfung des im konkreten Fall möglichen Instanzenzuges[360].

215

1.2. Auswirkungen des Grundsatzes der Unschuldsvermutung

1.2.1. Allgemeines

Zunächst wirkt sich dieser auf die **Beweislast** aus, indem es Aufgabe des Staates ist, der beschuldigten Person alle eine Strafbarkeit begründenden Umstände nachzuweisen. Dazu zählen in erster Linie das Vorliegen eines strafbaren Verhaltens und die Verantwortlichkeit der betreffenden beschuldigten Person im Sinn der Erfüllung aller **objektiven und subjektiven**[361] **Tatbestandsmerkmale** in positiver und negativer Hinsicht. Es ist m.a.W. nicht Aufgabe der beschuldigten Person, nachzuweisen, dass sie die Tat nicht beging oder begehen konnte. Dies gilt insbesondere für den Alibibeweis[362].

216

---

[359] Sie gilt deshalb z.B. ebenso im Verfahren gegen Unternehmen nach StGB 102, selbst wenn man der Ansicht ist, Menschenrechte gelten für diese nicht.

[360] Gilt auch für Einstellungsverfügungen und freisprechende Urteile, Pra 94 (2005) Nr. 141 = ZBl 106 (2005) 197 = AJP 10/2005 1276.

[361] Zur Zulässigkeit, vom objektiven auf das Vorhandensein des subjektiven Tatbestands (wobei Letzterer ja kaum objektivierbar ist) zu schliessen, RKG 2005 Nr. 6 S. 25.

[362] Dazu und zum Folgenden Botschaft 1132. Sie muss auch nicht entsprechende Entlastungsfragen stellen, Pra 89 (2000) Nr. 165 = plädoyer 5/2000 68 f. bzw. nicht prozessrechtskonform erhobene Beweise verwertbar machen, ZR 102 (2003) Nr. 56 S. 275; dies ist vielmehr Aufgabe der Anklage. – Grundsatz gilt z.B. ebenso bei unsicherem Alter des Opfers bei Sexualdelikt, BGer 3.12.2004 in SJZ 101 (2005) 68, weiter, wenn Alter des Täters (Jugendlicher oder nicht mehr?) unklar ist.

217 Der Staat trägt die Beweislast auch bezüglich **der übrigen Strafbarkeitsbedingungen** in einem weiteren Sinn, also der objektiven Strafbarkeitsbedingungen (z.B. Konkurseröffnung bei den Konkursdelikten) oder der Prozessvoraussetzungen (wie Vorliegen oder Rechtzeitigkeit eines Antrages bei den Antragsdelikten[363]; Nichteintritt der Verjährung). Grundsätzlich gilt dies auch für Umstände, die den Widerruf einer bedingten Strafe oder Entlassung (etwa StGB 46 oder 89) zur Folge haben können[364].

1.2.2. Einzelfragen

218 *1.2.2.1.* Nicht zu beweisen sind **allgemein bekannte Umstände** (Zugehörigkeit eines bestimmten Ortes zum Gerichtsbezirk X) und die **gerichtsnotorischen Tatsachen**[365].

219 *1.2.2.2.* Nicht zu beweisen ist sodann das Recht (*iura novit curia*)[366]. Die Strafbehörde hat das anzuwendende in- und ausländische Recht, sei dies Straf-, Strafprozess- oder auch z.B. Zivilrecht, von Amtes wegen zu finden und anzuwenden[367].

220 *1.2.2.3.* Zwar sind **Beweislastumkehrungen unzulässig**, obwohl mindestens **Beweislastverschiebungen**, wie sie etwa bei der Einziehung in StGB 72 erscheinen, nicht notwendigerweise der EMRK und StPO 10 I widersprechen[368]. In gewissen Fällen geht schon das materielle Recht von einem Normalfall aus bzw. die Gerichtspraxis muss dies aus prozessökonomischen Gründen tun: So wird davon ausgegangen, dass wer tatbestandsmässig handelte, dies im Normalfall auch rechtswidrig und schuldhaft tat.

Allerdings würde es zu weit gehen, der beschuldigten Person die Beweislast für alle sie entlastenden Umstände, eben z.B. **Rechtfertigungs- oder Schuldausschlussgründe**, aufzubürden[369]. Immerhin ist festzustellen, dass behauptete Rechtfertigungsgründe wie Notwehr oder Notstand oder Schuldausschlussgründe

---

[363] RO 1968 253 Nr. 42.
[364] Dazu EuGRZ 16 (1989) 212.
[365] Hinten N 778.
[366] Hinten N 1341. Zur Einholung von Gutachten auf diesem Gebiet hinten N 932.
[367] Zu den Vorfragen bzw. dem Verhältnis von Zivil- bzw. Strafurteil und Strafentscheid N 1342 f., 1849 ff.
[368] Siehe die Fälle Salabiaku, EuGRZ 14 (1987) 359, und Pham Hoang, EuGRZ 19 (1992) 472 und 521. Ähnlich beim Nachweis der Schuldlosigkeit bei der Anordnung von Ersatzfreiheitsstrafe nach StGB 36 III bzw. 106 II, vgl. zum früheren ähnlichen Fall des Nichtbezahlens von Bussen im Umwandlungsverfahren nach aStGB 49 Ziff. 3 II, mit Hinweisen ZR 93 (1994) Nr. 77. *Keine Vermutung, dass Fahrzeughalter Fahrzeug gelenkt hat,* doch kann die Haltereigenschaft allenfalls Indiz dafür sein, RS 2009 569. – *Steuerpflichtiger* darf nicht dazu verpflichtet werden, durch Auskunftspflichten und Ordnungsbussen zur eigenen Verurteilung beizutragen, hinten N 671 Fn. 68.
[369] ZR 90 (1991) Nr. 27. Nach AGVE 1995 Nr. 23 gilt *in dubio pro reo* auch in Fragen der Schuldfähigkeit, anders noch in der Ausrichtung AGVE 1985 N 20 S. 72 = RS 1987 Nr. 251.

wie fehlende oder herabgesetzte Schuldfähigkeit vom Staat nur beweismässig zu widerlegen sind, wenn sie im konkreten Fall zweifelhaft sind bzw. von der betroffenen beschuldigten Person in einem Mindestmass glaubhaft gemacht werden[370].

1.2.2.4. Eine besonders geartete Unschuldsvermutung, nämlich **zugunsten des Geschädigten**, gilt bei der üblen Nachrede i.S. von StGB 173 Ziff. 2. 221

1.2.3. Vorverfahren und Unschuldsvermutung

Die Unschuldsvermutung ist primär beim Strafurteil zu beachten; im Vorverfahren gilt sie nur eingeschränkt. Dies gilt etwa für die **Einleitung des Strafverfahrens,** die bei Beachtung der Unschuldsvermutung wohl kaum möglich wäre. 222

Die Maxime gilt insbesondere nicht bei der Anordnung von **Zwangsmassnahmen** (StPO 196 ff.)[371], vor allem die Anordnung der **Untersuchungshaft** (StPO 224 ff.)[372]: Soweit die Haft mit Blick auf die inkriminierten Delikte und die zu erwartende Strafe verhältnismässig ist, wird sie überwiegend als mit der Unschuldsvermutung vereinbar erklärt[373]. Gelegentlich wird die Vereinbarkeit mit dem Faktum der zu beseitigenden Störung des Rechtsfriedens begründet. Die strenge Einhaltung des Grundsatzes erweist sich auch in anderen Bereichen als nicht praktikabel. So werden Anklagen so formuliert, als sei die beschuldigte Person tatsächlich der Täter[374]. Teilweise wird der Grundsatz im Interesse der beschuldigten Person selbst eingeschränkt (**vorzeitiger Antritt von Strafen oder sichernden Massnahmen,** StPO 236[375]. 223

Es besteht stets die latente Gefahr, dass die Unschuldsvermutung unterlaufen wird. So kann diese durch die **Publizität seitens der Behörden, aber auch der Massenmedien,** vor allem durch vorzeitige Schuldzuweisungen gefährdet werden[376]. Dass Medienkampagnen die Unvoreingenommenheit der Richter beein- 224

---

[370] KGZ 3.9.1991 i.S. R.K. bezüglich entlastender Angaben (Schutzbehauptungen) der beschuldigten Person. Gleiches gilt für *Strafaufhebungsgründe* wie jene nach StGB 52–54 bzw. StPO 8. So kann z.B. der Beweis für die Schadensdeckung bei StGB 53 sogar weitgehend der beschuldigten Person zugewiesen werden.

[371] Z.B. bei der Einziehungsbeschlagnahme, nachfolgend N 1115, geht die Praxis sogar dahin, bei unklaren Verhältnissen die Massnahme aufrechtzuerhalten, bis der Sachrichter über die Einziehung entschieden hat, vgl. BGE 129 IV 328, E.2.2.4, BStGer 25.10.2006, BB.2006.32, E.5.2.i.S. A.AG ca. Bundesanwaltschaft.

[372] Hinten N 1014 ff. So muss der *Haftrichter von gewissen noch nicht bewiesenen, nur glaubhaft gemachten Schuldzuweisungen ausgehen und kann Akten aus noch nicht rechtskräftig abgeschlossenen anderen Verfahren berücksichtigen,* VPB 57 (1993) Nr. 69 = RS 1997 Nr. 204.

[373] So vom BGer 9.5.1989 in SJIR 1990 241.

[374] Hinten N 1265 ff.

[375] Siehe hinten N 1016.

[376] Zur *Rolle der Presse* nachstehend N 251 ff., ferner N 510, 512. Siehe die Fälle in VPB 47 (1983) Nr. 161 und 60 (1996) Nr. 22 (Verhältnis zu RTVG 3I); EuGRZ 24 (1997) 434; RNJ 1995 102 = RS 1998 Nr. 440. Fall von Schuld feststellenden Äusserungen in Re-

trächtigen, ist aber ohne konkrete Anhaltspunkte in dieser Richtung nicht anzunehmen[377].

2. Freie richterliche Beweiswürdigung, StPO 10 II

2.1. Reglementierte oder freie Beweiswürdigung?

225 Wie vorne angeführt[378], soll dem Strafurteil ein grösstmögliches Mass an materieller Wahrheit zugrunde gelegt werden. Wie hat nun der Richter – dieses Ziel vor Augen – die ihm mehr oder weniger zahlreich vorliegenden Beweise zu werten? Aus der Unschuldsvermutung folgt, dass eine Verurteilung nur erfolgen darf, wenn die Schuld der beschuldigten Person mit hinreichender Sicherheit erwiesen ist, m.a.W. Beweise dafür vorliegen, dass die beschuldigte Person mit ihrem Verhalten objektiv und subjektiv den ihm in der Anklageschrift zur Last gelegten Straftatbestand verwirklicht hat. Vorab in früheren Rechtsordnungen wurde versucht, durch **feste Beweisregeln** (z.B. Notwendigkeit eines Geständnisses oder der Aussagen mindestens zweier Zeugen) der Wahrheit näher zu kommen. Dieses Ziel kann aber eher erreicht werden, wenn das Abwägen der Beweise in die Verantwortlichkeit und Fachkompetenz des Richters gelegt wird. Erforderlich ist, dass das Urteil auf der Überzeugung des Richters beruht, wonach die im Verfahren vorgebrachten Beweise die Schuld der beschuldigten Person in einer vernünftige Zweifel ausschliessenden Weise stützen. Lehnt man starre Beweisregeln ab, so kann diese richterliche Überzeugung nur auf einer die Besonderheiten des Einzelfalles berücksichtigenden und demgemäss **freien Würdigung der Beweise** beruhen. Die richterliche Überzeugung als Urteilsgrundlage und der Grundsatz der freien Beweiswürdigung gehören demgemäss zusammen.

226 Diese Zusammengehörigkeit ergibt sich aus den entsprechenden **gesetzlichen Formulierungen** dieser Grundsätze. So besagt (im Anschluss und in Fortführung der früheren Regel von BStP 249; analog ZPO 157) StPO 10 II: «*Das Gericht würdigt die Beweise frei nach seiner aus dem gesamten Verfahren gewonnenen Überzeugung*». Diese Regel nimmt zugleich Bezug auf die der StPO zu Grunde liegende **beschränkte Unmittelbarkeit** nach StPO 343[379]. Beizufügen ist, dass aus der EMRK keine Beweisregeln abzuleiten sind, da dieser Bereich den einzelnen nationalen Rechten überlassen bleibt[380].

---

gierungsverlautbarungen EGMR 10.2.1995 i.S. Allenet de Ribemont ca. Frankreich, plädoyer 2/1995 65 oder solchen Äusserungen eines Bundesrates, vgl. Bericht zu öffentlichen Äusserungen des Vorstehers des EJPD vom 10.7.2006 in BBl 2006 9051.
[377] Dazu etwa BGE 128 IV 97 und 116 Ia 14.
[378] N 7, 153.
[379] Hinten N 305 ff. und N 1329 ff.
[380] Dazu VPB 52 (1988) Nr. 66.

2.2. Überzeugung des Richters im Einzelnen

Damit eine Verurteilung erfolgen kann, ist zunächst beim Richter eine **persönliche Gewissheit** hinsichtlich der Tatschuld notwendig. Es reicht folglich nicht aus, wenn die vorliegenden Beweise objektiv zwar klar auf eine Schuld der beschuldigten Person hinzuweisen scheinen, den Richter aber persönlich nicht zu überzeugen vermögen. Es kann freilich nicht verlangt werden, dass die Tatschuld gleichsam mathematisch sicher und unter allen Aspekten unwiderlegbar feststeht. «*Eine bloss theoretische, entfernte Möglichkeit, dass der wirkliche Sachverhalt anders sein könnte, genügt nicht, um einen Freispruch ... zu begründen. Es muss genügen, wenn vernünftige Zweifel an der Schuld des Angeklagten ausgeschlossen werden können. Blosse Wahrscheinlichkeit kann aber nie für einen Schuldspruch genügen.*»[381]

227

Die hier relevanten Gesetzesbestimmungen machen deutlich, dass es nicht um eine isoliert zu bildende, rein subjektive richterliche Überzeugung gehen kann. Diese ist nur dann vor dem Vorwurf der Willkür gefeit, wenn sich das Gericht eingehend mit Sachverhalt und Beweislage auseinandersetzt und seine daraus gezogenen Schlüsse rational begründet. Die Bildung der Überzeugung muss **objektivier- und nachvollziehbar** sein.

228

2.3. Freie Beweiswürdigung im Einzelnen

Die Maxime der freien Beweiswürdigung besagt, dass es **keine Rangordnung der Beweise gibt**. Vorausgesetzt, dass diese verwertbar und ordnungsgemäss erhoben wurden[382], sind sie grundsätzlich gleichwertig. Beweisvermutungen, wie sie für die Richtigkeit von Polizeirapporten früher in einzelnen Kantonen im Übertretungsstrafverfahren vorhanden waren[383], widersprechen dem Grundsatz wie auch StPO 10 II. Wenn auch grundsätzlich vom **sachverhaltsnächsten oder «bestmöglichen» Beweismittel** auszugehen ist[384], so gibt es doch keinen Vorrang von Beweisen, denen man gelegentlich besondere Zuverlässigkeit attestiert

229

---

[381] So KGZ in RO 1980 341 Nr. 40; ferner ZR 69 (1970) Nr. 50, 72 (1973) Nr. 80 = SJZ 69 (1973) 109. Vgl. sodann BGer 11.4.2008, 6B_588/2007 in FP 1/2009 11. Im angloamerikanischen Recht: «*prove beyond reasonable doubt*».

[382] Vgl. BGE 133 I 37. – Zu Beweisverwertungsverboten nach StPO 140 f. hinten N 783 ff. Wenn z.B. die VZV vom 27.10.1976, SR 741.51, Art. 138, für den Nachweis der Angetrunkenheit eine Blutprobe vorschreibt, so heisst dies nicht, dass der Nachweis nicht auf andere Weise, so mit Atemtests, erbracht werden kann, BGer 29.6.2001 in SJ 124 (2002) I 45.

[383] So nach StPO 337 der früheren Zürcherischen StPO.

[384] ZR 83 (1984) Nr. 121, 86 (1987) Nr. 97; kritisch zu einer Rangordnung der Beweise ZR 90 (1991) Nr. 27 S. 94 f. Zur Thematik im Zusammenhang mit *Zeugen von Hörensagen* RKG 2007 Nr. 105. Wenn das «*beste*» Beweismittel nicht mehr zu erlangen ist, hat das nicht die Unverwendbarkeit bereits rechtskonform eingeholter anderer Beweise zur Folge, KGZ 18.2.1993 i.S. V.-R.O. Zur *Blutalkoholanalyse* vgl. den vorstehend in Fn. 382 erwähnten BGer 29.6.2001.

wie z.B. bei Zeugen- oder Urkundenbeweis oder von Beweisen, die von elektronischen Geräten geliefert werden[385]. Wesentlich können demnach auch **Hilfsbeweise** oder blosse **Indizien** sein[386], und auch **anonymisierte Zeugenaussagen** können dabei herangezogen werden[387]. Die richterliche Überzeugung beruht somit nicht auf der äusseren, sondern allein der **inneren Autorität eines Beweismittels**, bestehend in dessen zwingend-überzeugender Kraft.

230 Heikel ist die Zulässigkeit der **antizipierten Beweiswürdigung,** also des Vorgehens, bei dem der Richter einen angerufenen Beweis nicht abnimmt mit der Begründung, dass dieses Beweismittel – was immer es ergebe – an einem von ihm mit Blick auf die gegebene Sach- und Beweislage vorweggenommenen Ergebnis nichts ändern könnte[388]. Die Thematik ist in der StPO nicht normiert, wird jedoch in StPO 139 II angesprochen[389]. Eine antizipierte Beweiswürdigung wurde bisher von der Praxis als zulässig betrachtet, wenn die entsprechende richterliche Überzeugung in gesetzmässiger Art und Weise gebildet wurde und nicht auf unrechtmässig eingeflossenen Informationen beruht[390]. Sie erscheint jedoch mit Blick auf die Gewährung des rechtlichen Gehörs nur dann als akzeptabel, wenn die Tatsachen, über die Beweis geführt werden soll, unerheblich, offenkundig, den Strafbehörden schon bekannt oder bereits rechtsgenügend bewiesen sind (so im vorgenannten StPO 139 II)[391] bzw. das Gericht bereit ist, die mit dem Beweismittel zu erhärtende Tatsache auch ohne dieses als erstellt zu betrachten[392].

---

[385] Deutlich BGer 19.11.1987.
[386] Hinten N 772 ff. – Zur Verwertbarkeit von Sozialverhalten und Rollenspielen von Kindern bei Sexualdelikten Pra 89 (2000) Nr. 164. Zum *Verhältnis von Einzelindizien und deren Gesamtheit* Pra 91 (2002) Nr. 180; KGZ 23.7.2008 in FP 2/2009 81 E.4.1.
[387] Näher hinten N 840 ff.
[388] Dazu näher Pra 92 (2003) Nr. 188; BGE 125 I 135 m.w.H., 124 I 284 ff., 103 Ia 491, 103 IV 300; 106 Ia 162, 115 Ia 8, 101; RO 1985 313 Nr. 54; ZR 87 (1988) Nr. 125, 90 (1991) Nr. 76; RS 1996 Nr. 102, 2004 Nr. 520; RKG 1999 Nr. 87; BGer 7.4.1997 in plädoyer 3/1997 60 (Ablehnung des Beizugs der kompletten Unterlagen in Veruntreuungsfall, die vom Gericht als unerheblich und im Widerspruch zu anderen Aussagen betrachtet wurden, *in casu* willkürlich). *Antizipierte Beweiswürdigung* nicht *a priori* verboten nach *EMRK*, VPB 56 (1992) Nr. 57; BGer 21.4. und 1.12.1987 in SJIR 1988 322 f., mindestens, soweit *fair trial* gewahrt bleibt, EKMR Nr. 18959/91 vom 12.1.1995 i.S. S.E.K. gegen Schweiz. Unzulässig bei Belastungszeugen, dem der Beschuldigte keine Fragen stellen konnte, BGE 129 I 157 sowie ZR 102 (2003) Nr. 11 E.3b, 104 (2005) Nr. 81 = SJZ 102 (2006) 41 (dieser Entscheid auch zur Abgrenzung von der sog. *Wahrunterstellung*, dazu auch nachstehend Fn. 392).
[389] Hinten N 778.
[390] ZR 90 (1991) Nr. 76; ferner BGE 124 I 211 und 284 ff. sowie ZR 96 (1997) Nr. 125 S. 282; BGE 121 I 309; BGer 25.8.1998 in EuGRZ 25 (1998) 512; BGer 2.9.2002 in Anwaltsrevue 6 (2003) 227. Die vorgenommene Würdigung der angebotenen Beweise ist zu begründen, BGer 6.3.2009, 6B_699/2008 in Anwaltsrevue 5/2009 260. Für *zurückhaltende Anwendung* Botschaft 1182 Mitte im Zusammenhang mit StPO 139 II.
[391] Die zuerst genannten Gründe entsprechen *grosso modo* der deutschen StPO, § 244 III. Nicht zulässig also z.B., wenn gesagt wird, die beantragten Zeugen wären ohnehin unglaubwürdig, RKG 2004 Nr. 96, hingegen die Feststellung, die angerufenen Fotos seien

§ 13 Unschuldsvermutung, freie richterliche Beweiswürdigung

2.3.2. Der Grundsatz der freien richterlichen Beweiswürdigung ist dahingehend beschränkt, dass er nicht dazu führen darf, im Ergebnis zum Schutz von Verfahrensbeteiligten aufgestellte Regeln zu unterlaufen. So darf der Umstand, dass die beschuldigte Person oder allenfalls der Zeuge von dem ihnen zustehenden **Aussageverweigerungsrecht** Gebrauch machen, nach der herrschenden Lehre und Praxis nicht als Beweis oder Indiz gegen die beschuldigte Person verwendet werden[393]. Sagt die beschuldigte Person aber aus und verweigert dabei die Aussagen nur zu einzelnen Punkten oder verweigert sie die Mitwirkung bei Beweisen, die sie nach ihren Aussagen nur entlasten können[394], so darf dies

231

---

anonym und deshalb von vornherein nicht beweiskräftig, Pra 95 (2006) Nr. 115. Vgl. auch den Fall BGer 21.1.2008, 6B_503/2007, E.7.

[392] Es geht hier um die bereits vorstehend in Fn. 388 erwähnte sog. *Wahrunterstellung*, d.h., das Gericht hält die Tatsache, die mit der beantragten, jetzt aber abgelehnten Beweisabnahme hätte belegt werden sollen, als für bewiesen. Diesfalls darf die Tatsache jedoch aus Gründen der Fairness nur gegen den Antragsteller verwertet werden, wenn er vorgängig auf diese Möglichkeit aufmerksam gemacht wurde, vgl. deutschen Fall in NJW 60 (2007) 2566.

[393] Zu diesem Verbot relativ absolut ZR 96 (1997) Nr. 19 = RKG 1995 22 Nr. 7. Aussageverweigerung *kein Indiz für Fluchtgefahr bei Haftprüfung*, BStrG 30.8.2004 in SJZ 100 (2004) 599 = RS 2006 Nr. 112. Allerdings ist nicht einzusehen, weshalb die Aussageverweigerung nicht im Rahmen der freien Beweiswürdigung u.U. sachverhaltsbezogen berücksichtigt werden darf. Der EGMR hat eine solche Berücksichtigung im Urteil vom 8.2.1996 i.S. *Murray* ca. Vereinigtes Königreich jedenfalls als nicht ohne Weiteres im Widerspruch zur Unschuldsvermutung stehend betrachtet, EuGRZ 23 (1996) 590 f. (Murray war in einem Haus verhaftet worden, in dem die IRA Geiseln festhielt; er verweigerte jegliche Aussage), ähnlich Pra 90 (2001) Nr. 110 E. 3 S. 642 und RKG 2003 Nr. 6. Siehe sodann BGer 14.5.2008, 6B_157/2008 in SZIER 18 (2008) 274 (Schweigen des Beschuldigten zu belastenden Umständen, die nach Erklärung rufen). Ferner EGMR 20.3.2001 i.S. Telfner gegen Österreich in AKP 2003/94. Differenzierend für den Fall des *Teilschweigens* der Deutsche Bundesgerichtshof 18.4.2002 in Kriminalistik 2003 42 (aus Teilschweigen dürfen für den Beschuldigten negative Schlüsse gezogen werden). Abgesehen von diesen Grundproblemen fragt sich, inwieweit die Aussageverweigerung im Einzelfall beim Gericht unbewusst belastend wirkt, wie dies bei gewissen Täterkategorien (etwa im Bereich des Landfriedensbruchs oder Teilnahme an unbewilligten Demonstrationen) der Fall sein könnte. Bezeichnend etwa Urteil des Bezirksgerichts Zürich in NZZ Nr. 77 vom 2.4.2003, wo ausgeführt wurde: *«Indem die Angeklagte jegliche Aussage verweigert, benimmt sie sich zudem in einer für Angeklagte, denen Landfriedensbruch, Vermummung, Teilnahme an unbewilligten Demonstrationen etc. vorgeworfen wird, typischen Verhaltensweise.»* Richtigstellend wurde allerdings beigefügt, dass dies zwar nicht als Schuld stützendes Indiz, hingegen auch nicht als Entlastung gewertet werden dürfe.

[394] So im Ergebnis Genfer Kassationsgericht am 25.6.1992 im Fall D.A.: Dieser wurde der telefonisch ausgeführten Erpressungen beschuldigt, bestritt diese aber vehement. Solche Anrufe waren aufgezeichnet worden, und in der Untersuchung verstellte D.A. offensichtlich ständig seine Stimme und weigerte sich, für eine Expertise *«normal»* auf Band zu sprechen. Ähnlich BGer 30.8.2006, 6S.216/2006, in LGVE 2006 69 = RS 2007 Nr. 279 (Beschuldigter verlangt Stimmenvergleichsgutachten für Telefonprotokolle, verweigert dann aber Mitwirkung).

1. Kapitel: Grundlagen, Geltungsbereich und Grundsätze

u.U. als Indiz gegen sie verwendet werden, stellt sie sich doch hier gleichermassen selbst als frei zu würdigendes Beweismittel zur Verfügung.

232 *2.3.3.* Der freien richterlichen Beweiswürdigung sind auch dort Grenzen gesetzt, wo dem Urteil (zumeist durch entsprechende **Gutachten** ins Verfahren eingebrachte) **wissenschaftliche Erkenntnisse** zugrunde zu legen sind[395].

3. Grundsatz *in dubio pro reo*, StPO 10 III

3.1. *In dubio pro reo* als Ausfluss der Unschuldsvermutung

233 *3.1.1.* Aus der vorne in Ziff. 1 besprochenen Unschuldsvermutung ergibt sich, dass einem verurteilenden Erkenntnis nur Sachverhalte zugrunde gelegt werden dürfen, die der beschuldigten Person mit an Sicherheit grenzender Wahrscheinlichkeit nachgewiesen wurden. **Bestehen unüberwindbare Zweifel an den tatsächlichen Voraussetzungen der angeklagten Tat und deren Folgen**[396]**, so haben die Gerichte im Urteil von dem für die beschuldigte Person günstigeren Sachverhalt auszugehen** (so sinngemäss StPO 10 III). Bestehen Unsicherheiten und Zweifel hinsichtlich der Verantwortung der beschuldigten Person bezüglich der objektiven und subjektiven Tatbestandsmerkmale wie auch aller übrigen tatsächlichen Voraussetzungen eines Schuldspruches – deren Beseitigung Aufgabe der Strafverfolgungsbehörden und nicht der beschuldigten Person ist[397] –, die mehr als bloss theoretischer Natur sind, ist sie freizusprechen. Erfüllt der der angeklagten Person nachweisbare günstigere Sachverhalt z.B. einen minderschweren Tatbestand, ist sie wegen dieses mindergewichtigen Delikts schuldig zu sprechen.

234 *3.1.2.* Das Prinzip «*im Zweifel zugunsten der beschuldigten Person*» enthält zwei Ausrichtungen, nämlich als **Beweislast- und als Beweiswürdigungsregel**[398]: Wenn der Beweis nicht erbracht werden kann, ist die beschuldigte Person

---

[395] Näher hinten N 952.
[396] Also bezüglich Strafzumessung, ZR 104 (2005) Nr. 77.
[397] *Nemo-tenetur*-Grundsatz, N 671 ff.; dazu SJZ 99 (2003) 310.
[398] ZR 61 (1962) Nr. 155; BGE 106 IV 88 ff; Pra 84 (1995) Nr. 24, 90 (2001) Nr. 110. Nach einem verwirrlichen Zickzackkurs des BGer (zwischen dem damaligen Kassationshof und der I. Öffentlich-rechtlichen Abteilung, dazu die einleitend zitierten Beiträge von ARZT, CORBOZ UND FORSTER) um die Frage, ob der Grundsatz nur eine Beweislast- und nicht auch eine Beweiswürdigungsregel sei (nur Beweislastregel nach BGer 6.11.1991 in NZZ Nr. 61 vom 13.3.1992), wurde in BGE 120 Ia 31, gestützt auf einen internen Meinungsaustausch der erwähnten Abteilungen des Bundesgerichts (aaO 34), die Maxime wiederum als *Beweislast- und Beweiswürdigungsregel* betrachtet, deren Verletzung allein mit der damaligen staatsrechtlichen Beschwerde zu rügen war (aaO 38). Siehe ferner Pra 86 (1997) Nr. 146, 147; BGE 127 I 40; Pra 93 (2004) Nr. 51. – Zur interessanten Frage, inwieweit sich das *Opfer* bei Freispruch der beschuldigten Person auf eine Verletzung von *in dubio pro reo* berufen könne, BGer 16.3.1999 in ZBJV 135 (1999) 234 = plädoyer 3/1999 61 (Aufhebung mittels damaliger staatsrechtlicher Beschwerde höchstens dann,

freizusprechen[399]. In diesem Sinn wird der Grundsatz als **Beweislastregel** verstanden.

Praktisch bedeutsamer ist der Grundsatz dort, wo er den Richter verpflichtet, die beschuldigte Person freizusprechen, wenn im Rahmen einer vernünftigen Betrachtungsweise der zweifelsfreie Schuldbeweis nicht als erbracht gelten kann. Er hat hier die Bedeutung einer **Beweiswürdigungsregel**. Er ist verletzt, wenn der Richter bei Würdigung aller vorhandener Beweise[400] entweder trotz vorhandenen erheblichen und unüberwindlichen Zweifeln schuldig sprach oder wenn er nicht zweifelte und schuldig sprach, obwohl vernünftigerweise Anlass zu solchem Zweifeln bestand. Nach richtiger Auffassung erfordert dieser Grundsatz nicht erst dann einen Freispruch, *«wenn nach dem Beweisergebnis überhaupt keine Zweifel am Fehlen des objektiven und subjektiven Tatbestandes erlaubt sind, sondern schon dann, wenn bei objektiver Betrachtung erhebliche oder unüberwindliche Zweifel am Tat- oder Schuldbeweis zurückbleiben»*[401]. Die Regel besagt hingegen nicht, dass beim Vorliegen von sich widersprechenden Beweismitteln vom Gericht automatisch der für die beschuldigte Person günstigere Beweis zu übernehmen wäre[402]. 235

Es wurde schon postuliert, *in dubio pro reo* auf jene Konstellationen zu beschränken, bei denen der **Richter bei der Sachverhaltsfeststellung tatsächlich zweifelt**[403]. Die Reichweite des Grundsatzes kann mit Blick auf das Ergebnis offen bleiben: Auch dort, wo der Richter an sich berechtigte Zweifel gar nicht aufkommen lässt, ist jedenfalls die aus EMRK 6 und StPO 10 fliessende Unschuldsvermutung verletzt, unabhängig davon, ob man über den Grundsatz von *in dubio pro reo* oder direkt zu diesem Ergebnis kommt. 236

---

wenn Beweiswürdigung willkürlich ist, was auch mit Blick auf die Strafrechtsbeschwerde nach BGG gelten dürfte). Nach dem neuen BGG kann nunmehr auch der Staatsanwalt die unrichtige Anwendung des Grundsatzes rügen, nachstehend N 1687.

[399] Kein *Anspruch auf Freispruch in formell-technischem Sinn*: Beschuldigte Person muss sich mit Einstellung zufrieden geben, dazu EGMR in VPB 65 (2001) Nr. 133. Zur Einstellung nachstehend N 1249 ff., wobei allerdings die Begründung der Einstellungsverfügung die Unschuldsvermutung nicht verletzen darf, dazu hinten N 1461.

[400] Der Grundsatz von *in dubio pro reo* bezieht sich nicht auf ein isoliertes Beweismittel oder Indiz, sondern auf die Gesamtwürdigung, dazu m.w.H. ZR 106 (2007) Nr. 46 = RS 2008 Nr. 355, dazu auch Fn. 400.

[401] So ZR 72 (1973) Nr. 75, präzisierend RO 1990 338 Nr. 5. So auch BGE 124 IV 88.

[402] RO 1971 269 Nr. 27. Siehe den instruktiven Fall Pra 91 (2002) Nr. 180, in dem das Bundesgericht festhielt, es sei *zulässig, aus der Gesamtheit verschiedener, isoliert betrachtet nicht genügender Indizien zu einem Schuldspruch zu gelangen*. In gleicher Richtung JdT 2003 III 70 = RS 2005 Nr. 682. Zur *Notwendigkeit, Indizien besonders genau zu prüfen*, sodann PKG 2005 Nr. 16 S. 88. Besonders sorgfältige und überzeugende Beweiswürdigung erforderlich, wenn *bezüglich beschuldigter Person und alleinigem Zeugen Aussage gegen Aussage steht*.

[403] So im Ergebnis auch der vorne in Fn. 398 Mitte erwähnte BGer 6.11.1991 i.S. P.A.

237 *3.1.3.* Dadurch, dass der Grundsatz von *in dubio pro reo* nunmehr in StPO 10 III erscheint, ist die früher im Laufe der Rechtsentwicklung unterschiedlich beantwortete Streitfrage, inwieweit die Maxime eine solche des Bundes-, nur des kantonalen Rechts sei oder aber als Regel von EMRK 6 Ziff. 2 Verfassungsrang habe und damit Bestandteil des schweizerischen Rechts werde, hinfällig. Diese Frage war früher nicht zuletzt für die Wahl des bei Verletzung zu ergreifenden Rechtsmittels bedeutsam. Diese Interessenlage hat sich indessen geändert: Der Grundsatz hat zwar Verfassungsrang, findet nun aber seinen Niederschlag ebenfalls in der StPO, einem Bundesgesetz. Was die Bundesrechtsmittel betrifft, so kann die **Verletzung des Grundsatzes als Verletzung von schweizerischem Recht** i.S. von BGG 95 mit Strafrechtsbeschwerde nach BGG 78 ff. gerügt werden[404].

3.2. Einzelne Aspekte von *in dubio pro reo*

238 *3.2.1.* In *dubio pro reo* findet auf **alle urteilsrelevanten Tatsachen** Anwendung, für die den Staat die Beweislast trifft (vorne Ziff. 1.2.1.). Bei strenger Betrachtungsweise könnte man zunächst zum Schluss kommen, wegen des Konnexes mit der Unschuldsvermutung sei die Maxime dort nicht anwendbar, wo es um ausserhalb der Tatverantwortung liegende weitere Voraussetzungen der Strafbarkeit wie **Prozessvoraussetzungen bzw. fehlende Verfahrenshindernisse** (Strafantrag; nicht eingetretene Verjährung usw.)[405] oder das Einhalten von Fristen z.B. beim Ergreifen von Rechtsmitteln[406] geht. Nach richtiger Auffassung ist der Grundsatz aber allgemein anzuwenden, soll doch nach seiner Grundidee die staatliche Strafgewalt nur eingreifen können, wenn die Voraussetzungen tatsächlicher Art dafür (und dazu gehören in einem weiteren Sinn ebenfalls z.B. Prozessvoraussetzungen) in jeder Beziehung zweifelsfrei erstellt sind.

239 *3.2.2.* In *dubio pro reo* ist grundsätzlich auf jene **Entscheide beschränkt, die von ihrer Sache her zweifelsfreie Sachverhaltsgrundlagen erfordern**, also vorab richterliche Endentscheide zum Schuld- und Strafpunkt, aber auch der Erlass von Strafbefehlen. Dort, wo z.B. nur ein dringender Tatverdacht gefordert wird (bei Zwangsmassnahmen wie Verhaftung[407]; Beschlagnahmungen; Überwachung des Fernmeldeverkehrs[408]; Anklageerhebung), ist er deshalb nicht anwendbar.

240 *3.2.3.* Heikel ist die Frage zu entscheiden, inwieweit *in dubio pro reo* im Widerstreit mit anderen Grundsätzen (vorwiegend den Bedürfnissen der Rechtssicherheit) bei **ausserordentlichen Rechtsbehelfen**, vorab der Revision (Wie-

---

[404] Näher hinten N 1683 ff.
[405] Zur *Verjährung* BGer 18.1.2007, 6B_459/2007, zitiert in SZIER 18 (2008) 277. – Zu diesen Prozessvoraussetzungen bzw. Verfahrenshindernissen N 315 ff.
[406] Hat z.B. der Staatsanwalt die Berufungsfrist von StPO 399 I eingehalten?
[407] BGer 24.8.1990 i.S. P. ca. Basel-Stadt. Dazu und zu Folgendem vorne N 223.
[408] BGE 109 Ia 281, zur Überwachung hinten N 1136 ff.

§ 14   Verbot der doppelten Strafverfolgung, Grundsatz von ne bis in idem

deraufnahme) zugunsten der beschuldigten Person (StPO 410 ff.)[409], steht. Mindestens bei der Revision zugunsten des Verurteilten gilt die Unschuldsvermutung in dem Sinn nicht, als der Verurteilte selbst dartun muss, dass ein Revisionsgrund vorliegt (vgl. StPO 411 I)[410]. Ähnliches gilt für das bei der Strafgerichtsbeschwerde vor Bundesgericht zu beachtende Rügeprinzip (BGG 42 II, 106 II). – Klar wirkt sich der von der beschuldigten Person nach StGB 173 Ziff. 2 im Ehrverletzungsverfahren zu führende **Entlastungsbeweis** *in dubio contra reum* aus.

3.2.4. In dubio pro reo als Grundsatz bei der Tatsachenfeststellung ist bei der **Rechtsanwendung** und vorab der Gesetzesauslegung nicht zu berücksichtigen. Falls dies das Ergebnis der bewährten Auslegungsmethoden ist, dürfen Straf- und Strafprozessgesetze auch zum Nachteil der beschuldigten Person ausgelegt werden[411]. Dies ergibt sich u.a. *e contrario* aus StPO 10 III, der im Zusammenhang mit dem Grundsatz nur von den «*tatsächlichen Voraussetzungen der angeklagten Tat*» spricht.   241

§ 14   Verbot der doppelten Strafverfolgung, Grundsatz von *ne bis in idem,* IPBPR 14 Ziff. 7, Zusatzprotokoll Nr. 7 zur EMRK 4, StPO 11

Literaturauswahl: AESCHLIMANN N 223; HAUSER/SCHWERI/HARTMANN § 84 N 16 ff.; OBERHOLZER N 1352; PIQUEREZ (2006) N 1532; DERS. (2007) N 805; SCHMID (2004) N 588; TRECHSEL (2005) 381.

JÜRG-BEAT ACKERMANN/STEFAN EBERSBERGER, Der EMRK-Grundsatz ne bis in idem – Identität der Tat oder Identität der Strafnorm? AJP 1999 823.

Materialien: Aus 29 mach 1 S. 80; VE 12; BeB 38; E 11; Botschaft 1133; AB S 2006 992, AB N 2007 943.

1.   Grundsatz und Reichweite von *ne bis in idem* im Allgemeinen, StPO 11 I, II

Der Grundsatz, dass jemand wegen der Tat, für die er in der Schweiz verurteilt oder freigesprochen wurde, nicht nochmals verfolgt und vor Gericht gestellt werden darf (*ne bis in idem*, StPO 11 I), gehört zu den wichtigsten Maximen des rechtsstaatlichen Strafverfahrens. Er ist – so mindestens Lehre und Praxis zum Rechtszustand vor Inkrafttreten der StPO – auch im materiellen Bundesstrafrecht verankert, ebenso in der EMRK sowie in IPBPR 14 Ziff. 7[412]. Ein materiell   242

---

[409] Offengelassen in BGE 116 IV 362. Zur Revision hinten N 1582 ff.
[410] So RO 1989 346 Nr. 80.
[411] BGE 103 IV 129, 83 IV 205; SJZ 63 (1967) 108.
[412] Gelegentlich wird der Grundsatz aus BV 8 I (früher BV 4) abgeleitet. Zum Ganzen einerseits ZR 97 (1998) Nr. 110 S. 283 sowie BGE 123 II 464, 120 IV 10, 86 IV 52,

rechtskräftiges Urteil in der gleichen Sache ist ein von Amtes wegen zu prüfendes Verfahrenshindernis[413], das nicht nur die Durchführung eines Gerichtsverfahrens, sondern bereits die Einleitung einer erneuten Strafuntersuchung verunmöglicht (vgl. StPO 300 II). Unerheblich ist, ob verschiedene Behörden über die Tat zu befinden haben[414]. Zu beachten ist freilich, dass nach StGB 3 ff. dieser Grundsatz bei einem früher gefällten ausländischen Urteil nur beschränkt spielt, was sich schon daraus ergibt, dass StPO 11 I ausdrücklich von einer Verurteilung in der Schweiz spricht. Möglich ist auch eine Kumulation von strafrechtlicher und disziplinarischer bzw. administrativer Ahndung[415].

243 Bereits StPO 11 II setzt dem Grundsatz von *ne bis in idem* gewisse Schranken: Im Einklang mit dem übergeordneten Recht[416] bleibt die Wiederaufnahme eines eingestellten oder nicht anhand genommenen Verfahrens (StPO 310 bzw. 319 ff., 323) sowie die Revision (StPO 410 ff.) vorbehalten[417].

2. Einige Aspekte des Grundsatzes von *ne bis in idem*

244 Voraussetzung für die Sperrwirkung von *ne bis in idem* ist eine **Identität von Täter und Tat**. Umstritten ist, wann Tatidentität gegeben ist, m.a.W., ob hier auf den Gegenstand des ersten Verfahrens bildenden Lebensvorgang im Allgemeinen (z.B. der A hat den Tod des B verursacht) oder auf den konkreten Gegenstand der ersten Anklage und des ersten Gerichtsverfahrens bildenden Sachverhalt sowie den damit auch anwendbaren Straftatbestand (der A hat den Tod des B fahrlässig auf die und die Weise verursacht) abzustellen ist. Entscheidend ist, ob die bereits abgeschlossene Strafsache und die dabei angewandte Strafnorm den Unrechtsgehalt des Delikts, das neu verfolgt werden soll, bereits umfasst[418]. Dabei ist zu berücksichtigen, welchen Sachverhalt der erste Richter in Beachtung des Anklageprinzips[419] sowie seiner Pflichten (*iura novit curia* usw.) seinem

---

116 IV 264. Andererseits Art. 4 des Zusatzprotokolls Nr. 7 zur EMRK vom 22.11.1984, SR 0.101.07 (Bezieht sich nur auf Strafverfahren in demselben Vertragsstaat, vgl. VPB 58 (1994) Nr. 106 = RS 1997 Nr. 222).

[413] Dazu nachstehend N 319.
[414] BGE 122 I 262.
[415] ZR 71 (1972) Nr. 100; BGE 101 Ia 175, 307; abweichend BGE 102 Ia 28. Zur Kumulation von *Steuerhinterziehung und Steuerbetrug* BGE 122 I 257, anders noch BGE 116 IV 262. Zur Kumulation von *Führerausweisentzug und Strafe* BGE 122 II 402.
[416] Art. 4 Ziff. 2 des vorgenannten 7. Zusatzprotokolls zur EMRK, Botschaft 1133 unten.
[417] Zu diesen Konstellationen hinten N 1264 bzw. N 1582 ff. Dort wird in N 1592 auf den umstrittenen Fall der nachträglichen Anordnung einer Verwahrung nach StGB 65 II (N 246) verwiesen, von dem teilweise behauptet wird, sie widerspreche *ne bis in idem.*
[418] Vgl. EGMR 29.5.2001 i.S. Franz Fischer gegen Österreich; siehe auch BGer 10.9.2003, 6P.51/2003. Vgl. ferner den Entscheid i.S. Van Straaten des Gerichtshof der Europäischen Gemeinschaften vom 24.9.2006 in EuGRZ 33 (2006) 576 (Einfuhr und Ausfuhr von Drogen grundsätzlich gleiche Tat).
[419] Näher vorne N 203 ff.

§ 14 Verbot der doppelten Strafverfolgung, Grundsatz von ne bis in idem

Entscheid hätte zu Grunde legen können. Insbesondere schliesst der Grundsatz von *ne bis in idem* aus, dass Sachverhalte unter einem Straftatbestand, der zu einem bereits verfolgten Delikt in unechter Konkurrenz steht, erneut untersucht und beurteilt werden[420].

Fraglich ist, inwieweit der Grundsatz von *ne bis in idem* verbietet, dass ein Strafentscheid wegen eines bestimmten Delikts aufgehoben wird, um **Platz für eine Verurteilung wegen einer schärfer bestraften andern Strafnorm zu machen**. Zu denken ist an die Konstellation, dass bei einem Körperverletzungsdelikt das Opfer nach der rechtskräftigen Verurteilung des Täters stirbt, Letzterer also eigentlich wegen eines vorsätzlichen oder fahrlässigen Tötungsdelikts bestraft werden sollte. Oder nach dem Erlass eines Strafbefehls wegen einer Übertretung stellt sich nachträglich heraus, dass der Täter wegen eines Verbrechens oder Vergehens hätte verfolgt werden sollen[421]. Wegen fehlender Tatidentität ist in diesen Konstellationen bei wesentlich veränderter Sachlage ein nachträgliches neues Strafverfahren zulässig.

245

Das materielle Recht sieht in gewissen Konstellationen vor, dass **bei veränderter Sachlage ein Urteil nachträglich zu Ungunsten der verurteilten beschuldigten Person geändert werden kann**. Dies gilt vorab für Massnahmen nach StGB 56 ff. Als Beispiel könnte etwa die nachträgliche Anordnung der Verwahrung nach StGB 65 II genannt werden, die möglich ist, wenn sich erst während des Vollzugs einer Freiheitsstrafe ergibt, dass die Voraussetzungen für die Verwahrung bereits im Zeitpunkt der ursprünglichen Verurteilung bestanden. Es liegt ein revisionsähnlicher Sachverhalt vor[422].

246

---

[420] Vgl. BGE 118 IV 269. Also kein neues Verfahren wegen Sachbeschädigung nach Freispruch wegen Brandstiftung. Ebenso kein neues Verfahren wegen fahrlässiger Tötung, wenn beschuldigte Person wegen des gleichen Vorfalls vom Vorwurf der vorsätzlichen Tötung freigesprochen wurde, ZR 105 (2006) Nr. 59 = plädoyer 4/2006 83 ff. = RS 2007 Nr. 185. Zum Fall des Sachverhalts, der mit bereits beurteilten Sachverhalten vom gleichen einheitlichen Willensentschluss umfasst wird, RVJ/ZWR 2005 321 = RS 2006 Nr. 56. *Keine Identität bei nachgeschobenem Einziehungsverfahren,* BGer 12.3.2009, 6B_801/2008, E.2.3. und 6B_810/2008. – Zum *Dauerdelikt (ne bis in idem* bezieht sich nur auf das bis zur früheren Verurteilung reichende Verhalten, *in casu* rechtwidriger Aufenthalt in der Schweiz) BGE 135 IV 6 = SJZ 105 (2009) 19 und BJM 2006 264. Zum Problem des Dauerdelikts in Form der Unterlassung (Kindsentziehung durch algerischen Vater, der sich beharrlich weigert, schriftliche Einwilligung zur Rückkehr des Kindes zur Mutter zu geben), in deutschem Fall erneute Verurteilung als Verstoss gegen Schuldprinzip qualifiziert, deutsches Bundesverfassungsgericht 27.12.2006 in EuGRZ 34 (2007) 64.
[421] Für diesen Fall sah VE 426 eine Lösung vor, erläutert in BeB 253 f., die jedoch nicht Aufnahme in die StPO fand.
[422] Dazu auch vorne Fn. 417 und hinten N 1592. Im Vorfeld der Schaffung dieser Norm wurde teilweise angeführt, sie widerspreche *ne bis in idem;* der Bundesrat zerstreute diese Bedenken damit, dass es sich hier um eine Revision zu Ungunsten des Täters handle, die völkerrechtlich zulässig sei, BBl 2005 4713 f. Die Problematik besteht jedoch fort, dazu F. RIKLIN in AJP 12/2006 1483.

§ 15 Grundsatz der Öffentlichkeit, EMRK 6 Ziff. 1, IPBPR 14 Ziff. 1, BV 30 III, StPO 69–72, JStPO 14, MStP 48, BGG 59

Literaturauswahl: AESCHLIMANN N 173; HABSCHEID 320; HÄFELIN/HALLER/KELLER N 856 ff.; HAUSER/SCHWERI/HARTMANN § 52; MAURER 28; OBERHOLZER N 750; PADRUTT 281; PIQUEREZ (2006) N 305; SCHMID (2004) N 152; VOGEL/SPÜHLER 6. Kap. N 108 ff.; WALDER 229.

FELIX BOMMER, Öffentlichkeit der Hauptverhandlung zwischen Individualgrundrecht und rechtsstaatlich-demokratischem Strukturprinzip, FS Stefan Trechsel, Zürich 2002, 671; ANDREAS DONATSCH, Die öffentliche Verkündung des Strafurteils gemäss Konventionsrecht, FS J. Rehberg, Zürich 1996, 123; ROBERT HAUSER, Das Prinzip der Öffentlichkeit der Gerichtsverhandlung und der Schutz der Öffentlichkeit, FS H.U. Walder, Zürich 1994, 165; REINHOLD HOTZ, St.Galler Kommentar zu BV 30; FRANZ RIKLIN, Vorverurteilung durch die Medien, recht 9 (1991) 65; MARIANNE HEER/ADRIAN URWILER (Hrsg.), Justiz und Öffentlichkeit, Schriften der Stiftung zur Weiterbildung schweizerischer Richterinnen und Richter, Bd. 7, Bern 2007, GÜNTER KAISER, Funktion der Öffentlichkeit und Strafrecht, FS J. Rehberg, Zürich 1996, 171; FRANZ RIKLIN, Urteilseröffnung beim Strafbefehl, Mélanges pour P.-H. Bolle, Bâle/Genève/Munich 2006, 115; MARTIN SCHUBARTH, Öffentliche Urteilsberatung, FS J. Rehberg, Zürich 1996, 303; KARL SPÜHLER, Gefährdung der richterlichen Unabhängigkeit und Unparteilichkeit durch die Massenmedien, SJZ 86 (1990) 349; DERS. Der Grundsatz der Öffentlichkeit in der Rechtsprechung des Schweizerischen Bundesgerichts, FS J. Rehberg, Zürich 1996, 315; STEFAN TRECHSEL, Human Rights in Criminal Proceedings, Oxford 2005, 117; PETER VOLLENWEIDER, Die Sitzungspolizei im Schweizerischen Strafprozess, Diss. Zürich 1980; FRANZ ZELLER, Gerichtsöffentlichkeit als Quelle der Medienberichterstattung, medialex 8 (2003) 15; HANS WIPRÄCHTIGER, Kontrolle der Strafjustiz durch Medien und Öffentlichkeit – eine Illusion? medialex 9 (2004) 38.

Materialien: Aus 29 mach 1 S. 80, 141; VE 76–79; BeB 65 ff.; ZEV 28; E 67–70; Botschaft 1152 f.; AB S 2006 1001 ff.; AB N 2007 948 f.

1. Begriff und Bedeutung des Öffentlichkeitsgrundsatzes

247 Von Öffentlichkeit des Verfahrens wird gesprochen, wenn die Parteien und andere Verfahrensbeteiligte[423], allenfalls sogar jeder Bürger, die Verhandlungen von Justizbehörden durch Anwesenheit unmittelbar mitverfolgen können. Den Gegensatz bildet das geheime Verfahren, welches unter Ausschluss des Publikums, allenfalls auch jener der Verfahrensbeteiligten, abgewickelt wird. Wie noch zu zeigen sein wird[424], kommt ein öffentliches Verfahren nur für mündliche Verhandlungen in Frage, während ein schriftliches Verfahren zwangsläufig (mindestens für das Publikum) verschlossen, also geheim bleibt.

248 Die **Öffentlichkeit der gerichtlichen Hauptverhandlung,** bei welcher in mündlicher Verhandlung[425] über Schuld und Unschuld der Angeklagten und die Sank-

---

[423] Hinten N 633 ff.
[424] Hinten N 312 ff.
[425] Zur notwendigen Verbindung von Öffentlichkeit und Mündlichkeit Botschaft 1152.

tionen verhandelt sowie entschieden und bei welcher das Urteil verkündet wird, bildet eine der wesentlichen Errungenschaften des modernen freiheitlich-demokratischen Strafverfahrensrechts. Er gehört auch zu den zentralen Garantien von BV 30 III, EMRK 6 Ziff. 1 sowie IPBPR 14 I und findet sich nun auch in StPO 69 I. Worin liegt der tiefere Grund für das Erfordernis der Öffentlichkeit? – Massgebend ist vorab, dass dort, wo der Staat am folgenreichsten in die Sphäre des Bürgers eingreift, dies unter dem wachsamen Auge nicht nur der Verfahrensbeteiligten, sondern der Öffentlichkeit zu geschehen hat. Diese soll überprüfen können, ob den Verfahrensbeteiligten eine korrekte, gesetzmässige Behandlung gewährleistet wird. Dadurch soll nicht zuletzt auch das Verantwortungsbewusstsein des Richters verstärkt werden. Im Weiteren hat die Öffentlichkeit Anspruch darauf, über die Anwendung des vom Volk gesetzten Rechts in der Praxis, aber auch über die Verbrechenswirklichkeit und die dafür Verantwortlichen orientiert zu werden[426]. Der Grundsatz ist also nicht allein in Garantien für die beschuldigte Person zu erblicken. Es besteht demgemäss nicht nur ein sich aus den vorgenannten grundrechtlichen Prinzipien ergebendes Recht auf, sondern im Rahmen von StPO 69 ff. ebenso eine **Pflicht zur Öffentlichkeit**[427]. Der grundrechtliche Anspruch auf Öffentlichkeit ist zwar verzichtbar[428]; ein **Anspruch auf Nichtöffentlichkeit** lässt sich aus dieser und andern Rechtsnormen indessen nicht ableiten[429].

So zental der Grundsatz für einen demokratisch-freiheitlichen Strafprozess ist, so verfehlt wäre es zu glauben, dass er, für sich allein betrachtet, sehr viel zu einem menschenwürdigen Verfahren beitragen könnte (Schauprozesse in absolutistischen Ländern!). Aber auch in durchaus demokratisch-rechtsstaatlichen Ordnungen sind die **Auswirkungen des Öffentlichkeitsgrundsatzes nicht durchweg positiv**. Einige Stichworte müssen genügen: Prangerwirkung und damit Gegeneffekt zu den Resozialisierungsbemühungen des Strafrechts; negative Beeinflussung der Wahrheitsfindung, da Angeklagte, Zeugen usw. wegen der Öffentlichkeit nicht ungehindert aussagen; Beeinträchtigung der Unabhängigkeit des Richters wegen Rücksichtnahme auf Publikumsreaktionen; kriminogene Wirkung des öffentlichen Ausbreitens von Verbrechenspraktiken (umstritten) u.ä.

249

---

[426] Dazu BGE 133 I 107, 111 Ia 239, 113 Ia 318, 416; 117 Ia 389, 119 Ia 104 (dazu ZBJV 113 [1995] 735 f. und AJP 3 (1993) 1279); VPB 47 (1983) Nr. 133.
[427] Hierzu BGE 108 Ia 92, 102 Ia 218; Pra 82(2003) Nr. 24 S. 120. Zum Verhältnis des Anspruchs auf persönliche Freiheit sowie des (*in casu* verneinten) Anspruchs auf Ausschluss der Öffentlichkeit zum Schutz der Persönlichkeit eines jüngeren Straftäters, BGE 119 Ia 99; EuGRZ 21 (1994) 173.
[428] EuGRZ 10 (1983) 194; 15 (1988) 618.
[429] BGE 117 Ia 388. Vor allem kein Verstoss gegen EMRK 8 (und BV 30 III), VPB 57 (1993) Nr. 71. – Gegen *Ausschluss der Öffentlichkeit ohne Gründe* nach StPO 70 steht dem ausgeschlossenen Dritten, z.B. dem Journalisten, eine Beschwerde nach StPO 393 ff. offen; hinten N 1499 ff., N 1464 Fn. 71 und N 1679 Fn. 585, siehe aber BJM 1980 220.

2. Arten der Öffentlichkeit

2.1. Publikumsöffentlichkeit, StPO 69 I, BGG 59

250 Von **Publikumsöffentlichkeit** spricht man, wenn **Verhandlungen** grundsätzlich für jedermann – mindestens für Personen über 16 Jahren (StPO 69 IV) – zugänglich sind, um im Sinn der **unmittelbaren Öffentlichkeit** Kenntnis von den dortigen Vorgängen zu nehmen. Der verfassungsmässige Anspruch auf Öffentlichkeit beschränkt sich denn auch im Wesen auf diese unmittelbare Öffentlichkeit[430].

2.2. Mittelbare oder Medienöffentlichkeit, Gerichtsberichterstattung, StPO 71, 72

251 Im Konnex mit der Publikumsöffentlichkeit spricht man von **mittelbarer oder Medienöffentlichkeit**. Darunter versteht man die **Gerichtsberichterstattung** sowie das Recht der Medien, über einzelne Fälle, die die Strafbehörden beschäftigen, wie auch über die Tätigkeit der Justiz generell, zu berichten. Grundsätzlich steht es den Vertretern von Presse, Radio und Fernsehen frei, im Rahmen publikumsöffentlicher Verfahren an Verhandlungen teilzunehmen und darüber im entsprechenden Medium zu berichten. Allenfalls wird ihnen zu diesem Zweck sogar der Zutritt zu Gerichtsverhandlungen gewährt, bei denen die Öffentlichkeit ausgeschlossen ist (siehe StPO 70 III)[431].

252 Der Bedeutung der **Gerichtsberichterstatter und weiterer Medienschaffender** wird dadurch Rechnung getragen, dass StPO 72 Bund und Kantonen die Möglichkeit einräumt, die Zulassung sowie die Rechte und Pflichten der Gerichtsberichterstatter zu regeln, wie dies bereits bisher in verschiedenen Kantonen und beim Bundesgericht der Fall war[432]. Unklar ist, ob StPO 72 den Kantonen auch die Möglichkeit einräumt, die Medienschaffenden und vor allem die Medien selbst zum Schutz berechtigter Interessen von Verfahrensbeteiligten zu verpflichten, **in ihrem Medium unrichtige Meldungen zu berichtigen**[433] oder auf **die Nennung der Namen vom Verfahrenbeteiligten zu verzichten**[434].

---

[430] BGE 95 I 356. Kein Anspruch auf nachträgliche Bekanntgabe etc. von Urteilen, so MKGE 9 (1973–1979) Nr. 176.

[431] Hinten N 283.

[432] Für den Bund vgl. Richtlinien betreffend die Gerichtsberichterstattung am Bundesgericht vom 6.11.2006, AS 2006 5663, SR 173.111.18., für das Bundesstrafgericht das entsprechende Reglement vom 29.8.2006, AS 2006 4473, SR 173.711.33. Vgl. sodann die diversen Verordnungen etc. der Kantone in der eingangs zitierten Sammelschrift, hrsg. von Marianne Heer und Adrian Urwiler, Justiz und Öffentlichkeit, 134 ff. – Zum Verhältnis von Berichterstattung und Persönlichkeitsschutz m.w.H. BGE 129 III 532.

[433] Zur verfassungsmässigen Zulässigkeit BGE 113 Ia 309.

[434] Nach der herrschenden Gerichtspraxis kann diese Weisung auch ohne gesetzliche Grundlage ergehen, BGE 95 I 365; dazu auch BGE 113 Ia 319; 119 Ia 108. *A.M.* der damalige

§ 15 Grundsatz der Öffentlichkeit

Diese mittelbare Öffentlichkeit kann grundsätzlich nur so hergestellt werden, 253
dass die Journalisten aufgrund ihrer Erinnerung bzw. Notizen über den Gang der
Gerichtsverhandlung berichten. Zum Schutz der Persönlichkeitsrechte der Verfahrensbeteiligten und zur Wahrung der Würde des Gerichtsverfahrens sollten
Bild- und Tonaufnahmen innerhalb des Gerichtsgebäudes sowie Aufnahmen
von Verfahrenshandlungen ausserhalb des Gerichtsgebäudes (etwa bei Augenscheinen) nicht erlaubt sein. Nach E StPO 69 I sollten sie mit Einwilligung der
Verfahrensleitung gestattet sein[435]; das Parlament strich diese Erlaubnisnorm,
sodass nun solche **Aufnahmen generell nicht erlaubt sind** (StPO 71, ebenso
MStP 48 IV)[436]. Das Aufnahmeverbot wird übrigens von Zeitungen durch das
Anfertigen und Publizieren von Zeichnungen sanft, aber legal unterlaufen. Das
Verbot gilt nicht, wenn sich die Parteien auf dem Weg zur Verhandlung oder in
Pausen vor dem Gerichtsgebäude aufhalten oder wenn ein Verfahrensbeteiligter
im Gerichtsgebäude ein Interview geben will. Nicht unter dieses Verbot fällt
naturgemäss der Sonderfall, dass **die Verhandlungen wegen Raumnot in einen
zweiten Saal** übertragen werden.

Der Anspruch des Angeklagten auf einen unabhängigen Richter (StPO 4)[437] wie 254
ein faires Verfahren (StPO 3 II lit. c)[438] kann durch einen **überbordenden Medienrummel** gefährdet sein, welcher mit vorzeitigen Schuldzuweisungen oder
aber umgekehrt mit verfrühten Entlastungen operiert. Gericht und Verfahrensbeteiligte haben an sich die Pflicht, durch entsprechendes Verhalten dazu beizutragen, dass keine Vorverurteilung in den Medien (*trial by press/television oder
sog. Verdachtsberichterstattung*) erfolgt[439]. Entgegen dem amerikanischen Recht

---

zürcherische Obergerichtspräsident Bornatico in NZZ Nr. 179 vom 6.8.2002. Aus dem
Blickwinkel von ZGB 28 hat eine Gerichtsberichterstattung grundsätzlich anonymisiert zu
erfolgen, BGE 129 III 529, wobei zu berücksichtigen ist, ob es sich um prominente Parteien und/oder Sachverhalte handelt, die (insbesondere unter Namensnennung) die Öffentlichkeit bereits beschäftigten (z.B. Kapitalverbrechen oder spektakuläre Wirtschaftsdelikte), vgl. auch BGE 126 II 209, 127 III 481. Vgl. auch den Fall GVP 2007 Nr. 65 (Ausnützen der Akteneinsicht zu sachfremden Zwecken) und Nr. 66 (Prozessvorschau zulässig,
zur ausnahmsweisen Namensnennung). *Keine Schweigepflichten* für Medien, N 559.

[435] Aus dem Öffentlichkeitsprinzip folgt kein Recht auf solche Aufnahmen, PKG 1999 90 =
RS 2004 Nr. 564. Zum Verhältnis von Rundfunkfreiheit und Verbot von Fernsehaufnahmen im Gerichtssaal *ausserhalb der eigentlichen Verhandlungen* im Fall Erich Honecker
und Kons. das deutsche Bundesverfassungsgericht in EuGRZ 21 (1994) 499.

[436] Vgl. AB S 2006 1004. Verboten auch *Aufnahmen mittels Handys u.ä.* Aus ähnlichen
Gründen erscheint es als nicht unzulässig, im Gerichtssaal den Anwesenden den *Gebrauch
von Laptops zu verbieten*; vgl. Entscheid des deutschen Bundesverfassungsgerichts
3.12.2008 im sog. Holzklotzfall in EuGRZ 35 (2009) 762.

[437] Vorne N 129 ff.

[438] Vorne N 98 ff.

[439] Zur Rolle der Presse zwischen Informationsfreiheit, Persönlichkeitsrechten und Unschuldsvermutung BGE 116 IV 31 (*Fall Proksch*), 116 Ia 14 (*Fall Baragiola*, hierzu auch
EKMR in VPB 58 [1994] Nr. 106 = RS 1997 Nr. 194) sowie BGer 17.5.1994 in NZZ
Nr. 169 vom 22.7.1994 (*Fall H.W. Kopp*), BGer 19.3.1998 in plädoyer 3/1998 60 (*Fall
Raphael Huber*); VPB 104 (998) 934 = RS 2000 Nr. 726 (*Fall Walter Stürm*); GVP 2007

ergeben sich aus der StPO keine Möglichkeiten, die Medien zu entsprechendem Verhalten zu zwingen. Wie vorstehend angeführt, ist unklar, ob Kantone in Anwendung von StPO 70 entsprechende Pflichten der Medien schaffen können. Wenn nicht, sind Gerichte auf Ermahnungen an die Presse wie auch an Richter beschränkt[440].

2.3. Parteiöffentlichkeit

255 **Parteiöffentlichkeit** ist gegeben, wenn allen oder nur einzelnen **Parteien des Strafverfahrens,** insbesondere den beschuldigten Personen, allenfalls auch der Privatklägerschaft, und ihren Rechtsbeiständen Gelegenheit gegeben wird, an den Verfahrenshandlungen teilzunehmen, weitere Personen davon aber ausgeschlossen sind. Grundsätzlich schliesst dieses Recht die Möglichkeit ein, im Verhandlungsraum physisch anwesend zu sein[441]. Diese Parteiöffentlichkeit wird in StPO 69 ff. nicht ausdrücklich gewährleistet und geregelt. Sie ergibt sich vorab aus den Bestimmungen, die die Teilnahmerechte der Parteien regeln (StPO 147 f., 159 I).

3. Publikumsöffentlichkeit im Besonderen, StPO 69 I, BGG 59

3.1. Öffentlich durchzuführende Verhandlungen

256 StPO 69 I enthält den allgemeinen Grundsatz, dass die Verhandlungen vor dem erstinstanzlichen Gericht und dem Berufungsgericht sowie die mündliche Eröffnung von Urteilen und Beschlüssen dieser Gerichte mit Ausnahme der Beratungen[442] öffentlich i.S. der Publikumsöffentlichkeit sind.

257 Publikumsöffentlich sind zunächst jene Verhandlungen des **erstinstanzlichen Gerichts** sowie (mit Ausnahmen[443]) des **Berufungsgerichts**, bei denen sich das

---

Nr. 66. Sodann die zivilrechtlichen Entscheide BGE 126 III 209 und 129 III 529 (*Fall Martin Kraska*); RS 2000 Nr. 727. Vorverurteilende Äusserungen von Behörden sind *im Rahmen von StGB 47* strafmindernd zu berücksichtigen, dazu BGE 128 IV 104. – Absolut inakzeptabel (aber leider nicht zu unterbinden!) die von einem Privatsender im Dezember 1999 anlässlich eines Zürcher Mordprozesses durchgeführte Publikumsumfrage vor der Urteilsverkündung, ob die Angefragten den Angeklagten verurteilen würden, und Publikation der Prozentzahlen der für Schuldspruch Votierenden. Beigefügt sei, dass das Oberste Gericht der USA schon im Jahre 1966 (Shepard v. Maxwell, 384 U.S. 333) ein Urteil nach einer solchen Pressekampagne aufhob. Zulässig aber (neutrale, nicht schuldzuweisende) Pressemitteilung über bevorstehende Gerichtsverhandlung, Pra 92 (2003) Nr. 24.

[440] Siehe den Fall ZR 89 (1990) Nr. 44 S. 79.
[441] Hinten N 821 ff.
[442] Öffentliche Beratung jedoch (entgegen dem früheren Rechtszustand) auch in Strafsachen vor Bundesgericht, BGG 59 II, hinten N 1706. Vgl. ZPO 54 II (kantonales Recht bestimmt darüber).
[443] Beim schriftlichen Verfahren nach StPO 406, hinten N 1567.

Gericht im Einklang mit EMRK 6 Ziff. 1 mit «*strafrechtlichen Anklagen*», die i.S. von StPO 324 ff. von der Staatsanwaltschaft erhoben wurden, befasst und eine entsprechende Hauptverhandlung nach StPO 335 ff. bzw. 405 I stattfindet.

Der Grundsatz der Publikumsöffentlichkeit ist jedoch auch bei andern Verfahrensformen zu beachten, so in der Hauptverhandlung beim **abgekürzten Verfahren** (StPO 361) oder im **Verfahren bei selbstständigen nachträglichen Entscheiden des Gerichts** (StPO 363)[444]. Zwar ist das **Strafbefehlsverfahren** nach StPO 69 III lit. d[445] nicht öffentlich, hingegen das Gerichtsverfahren nach erfolgter Einsprache nach StPO 354[446], was auch im **selbstständigen Einziehungsverfahren** nach StPO 376 ff.[447] gilt.

Publikumsöffentlichkeit gilt hingegen dort nicht, wo es sich zwar um eine Strafsache, jedoch nicht um eine «*strafrechtliche Anklage*» handelt. So gilt der Grundsatz nicht bei **prozessleitenden Beschlüssen**[448], etwa der **Verfahrensleitung** nach StPO 61 ff. Nur beschränkt gilt die Maxime bei **Rechtsmitteln**: Soweit im Rechtsmittelverfahren, vorab dem kassatorischen, nicht im Sinn einer vollen Tatsachen- und Rechtsinstanz ein Fall umfassend (neu) zu behandeln und ein schriftliches Verfahren vorgesehen ist, besteht weder nach Verfassung noch nach EMRK ein Anspruch auf ein öffentliches und mündliches Verfahren (dazu näher nachfolgend Ziff. 4)[449].

258

259

---

[444] Angesichts der nach StPO 365 I nur fakultativen Verhandlung mindestens dann, wenn eine Partei es verlangt, wobei ein solcher Antrag rechtzeitig, klar und unmissverständlich gestellt werden muss, BGE 122 V 47 S. 56, BGer 3.8.2007, 8C_67/2007 in SZZP 1/2008 6. Es handelt sich z.B. um Umwandlungsentscheide nach StGB 39 oder 46, hierzu mit Blick auf das frühere zürcherische Recht ZR 99 (2000) Nr. 34, 96 (1997) Nr. 131 = RKG 1997 Nr. 1. Zum Verfahren bei selbstständigen nachträglichen Entscheiden des Gerichts (sog. Nachverfahren) nach StPO 363 ff., hinten N 1390 ff.
[445] Hinten N 1352 ff.
[446] Hinten N 1362 ff.
[447] Hinten N 1431 ff.
[448] ZR 90 (1991) Nr. 92 S. 302. Kein Anspruch auf Öffentlichkeit z.B. im *Ausstandsverfahren*, RS 2001 Nr. 3 .
[449] BGE 107 Ia 163; BGer 7.3.1996 in ZBJV 133 (1997) 703; VPB 47 (1983) Nr. 137, 140, 142–144. Zur Praxis der EMRK-Organe EuGRZ 18 (1991) 415, 419, 420; VPB 62 (1998) Nr. 97, 59 (1995) Nr. 129, 61 (1997) Nr. 113. Differenzierend BGE 119 Ia 221, 316. Kein unbedingter Anspruch auf Öffentlichkeit im *Berufungsverfahren, wenn es nach Rückweisung* (Aufhebung des Schuldspruchs in einigen Punkten) durch das Bundesgericht nur noch um Festsetzung der Strafe ging, zum früheren Recht BGer 1.9.2000 in RVJ/ZWR 2001 304 = RS 2002 Nr. 291. Auch kein Anspruch *im bundesgerichtlichen Beschwerdeverfahren*, vgl. BGG 58 f., hinten N 1706, und allgemein, wenn es *nur um prozessuale Fragen geht*, ZR 107 (2008) Nr. 83 (zivilprozessualer Entscheid).

3.2. Ausgestaltung der Öffentlichkeit

3.2.1. Betroffene Verfahrensstadien

260 Aus StPO 69 I sowie dem übergeordneten Recht (BV 30 III, EMRK 6 Ziff. 1 und IPBPR 14 Ziff. 1) fliesst, dass die **Verhandlungen von ihrer Eröffnung bis zum Abschluss**, üblicherweise bestehend in der Verkündung des Entscheides, dem Publikum zugänglich sein müssen. Dies gilt für das Verlesen der Anklageschrift[450], die Befragung des Angeklagten zum Gegenstand der Anklage, die Abnahme der Beweise[451] sowie die Parteivorträge (Anklagebegründung durch den Ankläger und Verteidigung durch den Angeklagten bzw. den Verteidiger). Was die **Beweisabnahmen** betrifft, so besteht der Anspruch auf Öffentlichkeit nur, soweit diese im Rahmen der mündlichen Hauptverhandlung erfolgt. Ein Anspruch, dass Beweise, vor allem Zeugeneinvernahmen, *nur* in der (öffentlichen) Hauptverhandlung abgenommen werden dürfen und das Verfahren demnach ein unmittelbares[452] sein muss, ist aus dem Öffentlichkeitsgrundsatz nicht abzuleiten[453].

261 StPO 69 besagt insbesondere, dass die **(mündliche) Eröffnung der Entscheide der erstinstanzlichen Gerichte und des Berufungsgerichts**, vor allem der Sachurteile, ebenfalls öffentlich sein muss (Abs. 1), eine Bestimmung, die nicht zuletzt mit Blick auf EMRK 6 Ziff. 1 Satz 2 zwingenden Charakter zu haben scheint[454]. Bemerkenswert ist, dass die StPO im Unterschied zu einigen früheren kantonalen Prozessordnungen[455] eine generelle schriftliche Urteilseröffnung nicht kennt. Allerdings lässt StPO 69 II indirekt einen **Verzicht der Parteien** auf diese öffentliche Verkündung zu, wofür die Zustimmung aller Parteien, also neben der beschuldigten Person ebenfalls der Staatsanwaltschaft sowie der Privatklägerschaft, erforderlich ist. Dieser Verzicht (wie auch jener StPO 84 III Satz 2 bei späterer Urteilsfällung[456]) bindet das Gericht allerdings nicht. Zur **Einsichtnahme** in solche nicht öffentlich verkündeten Strafentscheide vgl. StPO 69 II und nachfolgend Ziff. 4.3.

3.2.2. Praktische Umsetzung der Öffentlichkeit

262 Rein praktisch ist dem Grundsatz dadurch nachzukommen, dass vorgängig der Verhandlungen diese **durch allgemein zugängliche** bzw. in den Gerichtskanz-

---

[450] Zu dieser nachfolgend im Zusammenhang mit dem problematischen StPO 340 II N 1320.
[451] So bei Zeugeneinvernahmen, BGE 121 I 310 ff.
[452] Hinten N 286 ff.
[453] BGE 113 Ia 417.
[454] Teilweise wurde angenommen, eine schriftliche Urteilseröffnung genüge EMRK 6 Ziff. 1 nicht, ja es wurde erklärt, es bestehe keine Verzichtsmöglichkeit der Parteien, so im Kanton Zürich nach RKG 1997 Nr. 5 = ZR 97 (1998) Nr. 42 S. 130.
[455] Für solche Fälle hatte die Schweiz einen Vorbehalt zur EMRK angebracht, vgl. Art. 1 I lit. a des BB vom 3.10.1974 über die Genehmigung der EMRK, AS 1974 2148, der nach RKG 1997 Nr. 5 = ZR 97 (1998) Nr. 42 allerdings als ungültig betrachtet wurde.
[456] Hinten N 596.

leien aufliegende oder dort angeschlagene **Sitzungslisten angekündigt werden,** wofür sich u.a. die Internetseiten der Gerichte anbieten[457]. Der **Gerichtssaal muss während der fraglichen Verfahrenshandlungen unverschlossen** und so eingerichtet sein, dass eine angemessene Anzahl Besucher Platz findet. Bei **grossem Andrang** ergibt sich faktisch eine Begrenzung des Öffentlichkeitsgrundsatzes. Aus diesem kann kein allgemeiner, unbeschränkter Anspruch auf Zulassung abgeleitet werden (vgl. StPO 70 I lit. b)[458]. Dementsprechend ist es zulässig, wenn z.B. Platzkarten gleichmässig und ohne Bevorzugung irgendwelcher Personenkreise abgegeben werden, was auch ohne ausdrückliche Gesetzesbestimmung zulässig ist.

Dürfen die Verhandlungsbesucher **Kontrollmassnahmen** unterzogen werden? 263
Grundsätzlich ist es nicht vertretbar, potenzielle Besucher durch unverhältnismässige Kontrollmassnahmen abzuschrecken und die Öffentlichkeit damit faktisch zu beschränken. Ohne Zweifel ist es bei begründetem Anlass (Terroristenprozesse) zulässig, die Besucher z.B. durch Abtasten usw. nach **Waffen zu durchsuchen** oder durch das **Durchschreiten von elektronischen Schleusen** mit entsprechenden Detektoren auf Metallgegenstände etc. zu kontrollieren Allenfalls könnte eine Ausweiskontrolle noch verhältnismässig sein, problematisch hingegen eine **Registrierung der Besucher**[459].

4. Nichtöffentliche Verfahren, StPO 69 III

4.1. Allgemeines zum Ausschluss der Öffentlichkeit

StPO 69 III sieht eine **Reihe von Fällen vor, in denen die Publikumsöffent-** 264
lichkeit nicht eingeräumt wird. Angeknüpft wird dabei an die bereits erwähnten Schranken dieses grundrechtlichen Prinzips[460], das auf Fälle beschränkt ist, in denen über «*strafrechtliche Anklagen*» befunden wird. Auf den Zusammenhang mit den Prinzipien der Mündlichkeit und Schriftlichkeit ist bereits hingewiesen worden, kann doch die Publikumsöffentlichkeit nur bei mündlichen Verfahren verwirklicht werden. Soweit die in StPO 69 III erscheinenden Ausschlussfälle

---

[457] Pressemitteilung über bevorstehende Gerichtsverhandlung zulässig, Pra 92 (2003) Nr. 24. – Eine Publikation der Sitzungsliste via Internet scheint den heutigen Informationsbedürfnissen am besten zu entsprechen, vgl. dazu den Beitrag «*Hereinspaziert in den Gerichtssaal*» in NZZ N 85 vom 14.4.2009, S. 31.

[458] MKGE 8 (1965–1972) Nr. 43 (Saal mit 30 Besucherplätzen bei Dienstverweigererprozess angemessen). Wenn ein gerichtlicher Augenschein in einem nicht einmal einen Meter breiten Treppenhaus stattfindet und deshalb nur zwei Zuhörer dazu zugelassen werden können, so liegt kein Verstoss vor, wohl aber, wenn die Publikumstribüne mit Polizeischülern gefüllt ist und andere Zuhörer keinen Platz finden, zu den entsprechenden deutschen Entscheiden NJW 59 (2006) 1220.

[459] Nach Pra 98 (2009) Nr. 51 Eingangskontrolle und Registrierung u.U. geboten und Letztere zulässig, wenn Listen nach Verhandlung vernichtet werden.

[460] Vorne N 257.

mündliche Verfahren darstellen, stellt sich nachstehend die Frage, ob jeweils die Parteiöffentlichkeit zu gewährleisten sei. Weiter fragt sich, inwieweit der Ausschluss der Öffentlichkeit zugleich bedeutet, dass die betreffenden Verfahrenshandlungen geheim sind, worauf nachfolgend im Zusammenhang mit StPO 73 einzugehen ist[461].

4.2. Fälle des Ausschlusses der Öffentlichkeit nach StPO 69 III

Nach StPO 69 III ist die Öffentlichkeit in folgenden Fällen ausgeschlossen:

265 *4.2.1.* Nach StPO 69 III lit. a gilt der **Öffentlichkeitsgrundsatz** nicht für das **Vorverfahren** i.S. von StPO 299 ff., d.h. das unter diesem Begriff zusammengefasst erscheinende polizeiliche Ermittlungsverfahren sowie die Untersuchung durch die Staatsanwaltschaft. Was die **Parteiöffentlichkeit** betrifft, so ist diese im polizeilichen **Ermittlungsverfahren** insoweit gegeben, als nach StPO 159 I die Anwesenheit der Verteidigung bei Einvernahmen der beschuldigten Person erlaubt ist. Das staatsanwaltschaftliche **Untersuchungsverfahren**[462] ist mindestens hinsichtlich der Beweisabnahmen wie die Einvernahmen von Zeugen, Auskunftspersonen, beschuldigten Personen oder Gutachtern (näher StPO 147) grundsätzlich parteiöffentlich ausgestaltet[463].

266 *4.2.2.* Nach StPO 69 III lit. b ist das **Verfahren vor dem Zwangsmassnahmengericht** nicht publikumsöffentlich[464]. Insbesondere bei der Behandlung von Angelegenheiten aus dem Bereich der **Untersuchungs- und Sicherheitshaft** (StPO 225 I, beschränkt StPO 227 VI) ist die betroffene beschuldigte Person und ihr Rechtsbeistand jedoch zugelassen, soweit eine mündliche Verhandlung vorgesehen ist. Bei der **Bewilligung anderer Zwangsmassnahmen** wie von DNA-Massenuntersuchungen nach StPO 256, der Überwachung des Post- und Fernmeldeverkehrs nach StPO 274, der Überwachung von Bankbeziehungen nach StPO 284 oder der verdeckten Ermittlung nach StPO 289 sind bereits von ihrer verfahrensmässigen Ausgestaltung her betrachtet schriftliche Verfahren.

267 Die Bestimmungen zur **selbstständigen Anordnung einer Friedensbürgschaft** durch das Zwangsmassnahmengericht nach StPO 379 ff. gehen von der Anwesenheit der Person aus, gegen die sich die Massnahme richten soll. Der bedrohten Person wird Parteistellung zuerkannt (StPO 380 II), und es ist nicht einzusehen, weshalb sie nicht zur Verhandlung zuzulassen ist, mindestens, wenn sie dies verlangt. Die Öffentlichkeit dürfte jedoch auch hier ausgeschlossen sein, es sei denn, man bejahe das Vorliegen einer «*strafrechtlichen Anklage*» i.S. von EMRK 6 Ziff. 1.

---

[461] Hinten N 556 ff.
[462] Hinten N 1205 ff.
[463] Dazu ZR 86 (1987) Nr. 93.
[464] Botschaft 1152.

4.2.3. Nach lit. c von StPO 69 III sind sodann die Verfahren vor der **Be-** 268
schwerdeinstanz (StPO 393 ff.)[465] und, beim **schriftlichen Berufungsverfahren**, **des Berufungsgerichts** (StPO 406)[466] nicht öffentlich[467]. Was die Beschwerdeverfahren betrifft, so sind diese nach StPO 397 I schriftlich, also bereits aus diesem Grunde einem mündlichen, öffentlichen Verfahren entzogen. Es fragt sich indessen, ob der Ausschluss eines mündlichen und damit auch öffentlichen Verfahrens bei jedem Fall, den die **Beschwerdekammer** zu behandeln hat, mit dem übergeordneten Recht vereinbar ist. Dies ist nicht der Fall, wenn mit einer **Einstellungsverfügung** nach StPO 319 ff. i.V. mit StPO 421 I **Kosten- und Entschädigungsfolgen** geregelt werden und ein Betroffener dies mit Beschwerde anfechten will. Dieser hat mindestens mit Blick auf die bisherige Praxis (vorab zur Entschädigungsfrage) Anspruch auf eine öffentliche Verhandlung, weil hier zivilrechtliche Ansprüche i.S. von EMRK 6 Ziff. 1 zu behandeln sind[468].

4.2.4. Nicht öffentlich ist nach StPO 69 III lit. d ferner das typischerweise 269
schriftliche **Straf- und analog das Einziehungsbefehlsverfahren** nach StPO 352 ff. bzw. 376 ff.[469], mit Ausnahme eines nachfolgenden gerichtlichen Einspracheverfahrens[470].

4.3. Einsichtnahme in schriftlich ergangene Urteile und Strafentscheide, StPO 69 II

Bereits die frühere Praxis hatte teilweise eine beschränkte Öffentlichkeit in nicht 270
öffentlichen Verfahren (z.B. mit Blick auf das Strafbefehlsverfahren) geschaffen, indem sie interessierten Personen Einblick in die Strafentscheide gewährte, etwa durch Auflage in der Kanzlei[471] oder (in zunehmendem Masse) durch Veröffentlichung im Internet[472]. StPO 69 II nimmt diese Praxis auf und gewährt bei Ent-

---

[465] Hinten N 1525.
[466] Hinten N 1567, insbesondere auch zur Vereinbarkeit mit dem Öffentlichkeitsgrundsatz.
[467] Botschaft 1152
[468] BGE 124 I 325. Nach BGE 119 Ia 221 = EuGRZ 20 (1993) 407 gilt dies bei Ansprüchen wegen unrechtmässiger Haft i.S. von EMRK 5 Ziff. 5. Da die StPO eine mündliche Verhandlung nicht ausdrücklich vorschreibt, hat der Gesuchsteller eine solche *ausdrücklich und rechtzeitig zu verlangen*, so BGE 119 Ia 229 zur früheren zürcherischen StPO 44, vgl. BGE 134 I 331 = Anwaltsrevue 1/2009 30. Dazu auch hinten N 1525.
[469] Hinten N 1352 ff. und 1431 ff. Möglicherweise missverständlich Botschaft 1152, die vermerkt, es gehe beim Strafbefehlsverfahren um eine strafrechtliche Anklage: Der Strafbefehl ist ein Urteilsvorschlag, der erst zur Anklage wird, wenn Einsprache erhoben wird, N 1352.
[470] Öffentlichkeit beschränkt im Fall, dass Einsprache nur finanzielle Nebenfolgen betrifft, hinten N 1436.
[471] Vgl. Hinweis auf Zürcher Urteil vorne in Fn. 454, wonach schriftliche Urteilseröffnung mit Auflage des Urteils auf Gerichtskanzlei ohne Hinweise an die Öffentlichkeit mit EMRK 6 Ziff. 1 nicht vereinbar sein soll.
[472] Botschaft 1152 unter Verweis auf BGE 124 IV 239 = JdT 154 (2006) IV 165. Für das Bundesgericht BGE 133 I 108 unter Hinweis auf BGG 59. So schon älterer Beschwerde-

scheiden, bei denen die Parteien nach StPO 69 II oder 84 III auf eine mündliche Eröffnung vor erster Instanz oder Berufungsgericht verzichteten oder die im Strafbefehlsverfahren[473] ergangen sind[474], interessierten Personen Einsicht in den Entscheid. Grundsätzlich ist jede Person, die um Einsicht nachsucht, dazu berechtigt; ein Nachweis oder Glaubhaftmachen eines (besonderen) Interesses ist nicht erforderlich[475]. Das Recht auf Einsicht in die zum Entscheid gehörenden Gerichtsakten besteht nicht[476].

5. Einschränkungen und Ausschluss der Öffentlichkeit nach StPO 70, JStPO 14, BGG 59 II

5.1. Allgemeine Vorbemerkungen

271 Das Interesse der Öffentlichkeit, über den Gang der Gerichtsbarkeit im Allgemeinen wie auch über konkrete Gerichtsfälle orientiert zu werden, **kollidiert naheliegenderweise mit anderen schützenswerten Interessen** der Verfahrens-

---

entscheid der Justizdirektion des Kt. Zürich 25.3.1993, erwähnt in NZZ Nr. 79 vom 5.4.1993 (Anspruch eines Journalisten auf Aushändigung eines Strafbefehls). Zur *Publikation von Urteilen,* vor allem zur Praxis des Bundesgerichts, P. TSCHÜMPERLIN in SJZ 99 (2003) 265. Es genügt nach der Praxis zu EMRK 6 Ziff. 1, wenn das Urteil, d.h. dessen Rubrum und Dispositiv, allgemein zugänglich ist bzw. bekannt gemacht wird, etwa durch *Auflage in der Gerichtskanzlei,* Mitteilung an die Presse und interessierte Personen wie Anzeiger, Journalisten etc., dazu der vorerwähnte BGE 124 IV 234 f. = SJZ 94 (1998) 361 = EuGRZ 25 (1998) 516; BGE 117 Ia 388, 111 Ia 243, 113 Ia 416, 116 Ia 66; EuGRZ 12 (1985) 228, 229; KGZ 24.3.1995 i.S. M.J. ca. H.B. Ferner Rechenschaftsbericht Obergericht Kt. Thurgau 2004 Nr. 27 S. 165. Eine *Veröffentlichung via Internet* wird seit einigen Jahren beim *Bundesgericht* (dazu NZZ Nr. 85 vom 14.4.2009: alle Urteilsdispositive mit vollen Namen werden während 4 Wochen öffentlich aufgelegt, alle Urteile sind sodann anonymisiert via Internet zugänglich) und von kantonalen Gerichten praktiziert, teilweise kombiniert mit einer Auflage des Urteils während einiger Zeit in der Kanzlei. Bei einer solchen Veröffentlichung ist eine Anonymisierung vorzunehmen, mindestens soweit bei Verhandlungen die Öffentlichkeit zu beschränken ist (Schutz der Opfer usw.), NZZ Nr. 193 22.8.2003 S. 13. Näher zu dieser Thematik FLÜHMANN/SUTTER in AJP 12 (2003) 1033.

[473] Unklar, ob Einsichtsrecht in *Einziehungsbefehle* nach StPO 377 II (N 1434) besteht, was angesichts der Nähe dieses Instituts zum Strafbefehl zu bejahen ist.

[474] Negativ folgt aus StPO 69 II i.V. mit Abs. 3, dass tendenziell *kein Einsichtsrecht in Entscheide im Vorverfahren, des Zwangsmassnahmengerichts sowie der Beschwerdeinstanz* (und generell bei verfahrensleitenden Entscheiden) besteht. – Beim *Bundesgericht Auflage des Dispositivs,* BGG 59 III.

[475] Botschaft 1152 unten; vor allem die Diskussion im Ständerat in AB S 2006 1002 ff. im Anschluss an RK-S 24./25.4.2006, S. 47 ff., 29.5.2006, S. 22 ff. Zur Auflage der Urteile etc. vgl. den vorne in Fn. 454 erwähnten Entscheid RKG 1997 Nr. 5 = ZR 97 (1998) Nr. 42. Der Entscheid muss nicht anonymisiert sein, anders allenfalls bei *Publikation im Internet,* dazu Fn. 472. Einsicht grundsätzlich *nur während laufender Rechtsmittelfrist,* GVP 2008 Nr. 86.

[476] Ein solches ergibt sich auch nicht aus dem *Öffentlichkeitsgesetz* vom 17.12.2004, SR 152.3, denn nach Art. 3 I lit. a Ziff.2 sind Strafverfahren aus dem Anwendungsbereich ausgeschlossen.

beteiligten, Dritter wie auch der Öffentlichkeit. Zu nennen sind der Schutz der öffentlichen Sicherheit und Ordnung, Ansprüche von Verfahrensbeteiligten auf Geheimnisschutz oder jenen auf ein faires Verfahren[477] usw. Daraus folgt, dass eine Abwägung der Interessen zu einer Beschränkung oder gar zu einem Ausschluss der Öffentlichkeit führen kann, wie dies in StPO 70 vorgesehen ist. Diese Bestimmung steht im Einklang mit BV 30 III, EMRK 6 Ziff. 1 und IPBPR 14 I, welche Normen ebenfalls gewisse Einschränkungen zulassen bzw. vorsehen[478].

Priorität kommt stets dem Grundsatz der Öffentlichkeit zu. Wie auch in EMRK 6 Ziff. 1 zum Ausdruck kommt, ist dabei das Verhältnismässigkeitsprinzip zu beachten, indem die Öffentlichkeit nur so weit auszuschliessen ist, als dies zur Erreichung des damit angestrebten Ziels notwendig ist[479]. Genügt es also beispielsweise, die Öffentlichkeit nur für eine Zeugenaussage auszuschliessen, so ist der Ausschluss auf diese zu beschränken und darf nicht auf die ganze Hauptverhandlung ausgedehnt werden. StPO 70 ist von der **Strafbehörde von Amtes wegen anzuwenden**, d.h., diese entscheidet allenfalls auch ohne Antrag nach Abwägung der im Spiel stehenden Interessen über das Vorliegen eines Ausschlussgrundes. Es ist m.a.W. nicht dem Belieben einer Partei überlassen, ob die Öffentlichkeit zuzulassen ist, was z.B. auch hinsichtlich des Schutzes des Opfers gilt[480]. 272

5.2. Ausschlussfälle nach StPO 70 I lit. a und b im Einzelnen

5.2.1. Ausschluss bei gefährdeter öffentlicher Sicherheit oder Ordnung, StPO 70 I lit. a

Zu denken ist hier primär an Verfahren aus dem Bereich der **Straftaten gegen die Staatssicherheit oder der Sexualdelikte**. 273

5.2.2. Ausschluss bei grossem Andrang, StPO 70 I lit. b

Dazu vorne Ziff. 3.2.2. 274

5.2.3. Ausschluss im schutzwürdigen Interesse einer beteiligten Person, StPO 70 I lit. a

Von diesem Ausschluss ist Gebrauch zu machen, wenn dem Anspruch des Beteiligten auf Wahrung seiner Privatsphäre gegenüber dem Recht der Allgemeinheit auf Öffentlichkeit eindeutig Übergewicht zukommt. Im Vordergrund steht der Schutz der Interessen des **Geschädigten, vorab des Opfers** (hierzu weiter die nachstehend in Ziff. 5.3.5. zu besprechenden StPO 152 i.V. mit 149 II, 153 II) und 275

---

[477] Zum Letzteren vorne N 95 ff.
[478] Botschaft 1153.
[479] So BGE 113 Ia 318, 102 Ia 218; 111 Ia 245.
[480] Botschaft 1153. Zum Opfer gleich nachfolgend N 275 und 280, aber auch hinten N 846 zu StPO 152.

allfälliger **Dritter**[481]. Dieser Ausschluss kommt in Frage, unabhängig davon, ob die betreffende Person persönlich an der Verfahrenshandlung teilnimmt. Der **beschuldigten Person** sind solche Gründe nur ausnahmsweise zuzubilligen, obwohl StPO 70 I lit. a sie nicht grundsätzlich ausschliesst: Jedes Gerichtsverfahren bedeutet eine öffentliche Blossstellung (auch in persönlichen bzw. familiären Angelegenheiten) und eine psychische Belastung, und davon gewisse Personen auszunehmen, weil sie hier besonders empfindlich sind (z.B. Personen mit hohem sozialem Prestige), ist nicht angängig[482]. Allerdings ist denkbar, dass die Öffentlichkeit von einer Gerichtsverhandlung vorübergehend auszuschliessen ist, etwa, wenn bei der persönlichen Befragung beispielsweise ein psychiatrisches Gutachten oder familiäre bzw. geschäftliche Verhältnisse u.ä. besprochen werden, zumal hier regelmässig die Interessen von Drittpersonen (mit)tangiert sein dürften[483].

5.3. Ausschlussfälle ausserhalb StPO 70

5.3.1. Sitzungspolizeiliche Massnahmen, Ausschluss von Störern, StPO 63 II

276 Dazu hinten N 535 f.

5.3.2. Ausschluss zur Verhinderung von Kollusion, StPO 146 IV

277 StPO 146 IV räumt der Verfahrensleitung die Kompetenz ein, Personen vorübergehend von Verhandlungen (sowohl der Untersuchungs- wie den Gerichtsbehörden) auszuschliessen, so zunächst, wenn **Interessenkollisionen** bestehen (lit. a). Die Botschaft[484] nennt hier den Fall, dass eine minderjährige Person über die Verhältnisse im Elternhaus aussagen sollte und demgemäss eine Anwesenheit der Eltern den Wahrheitsgehalt der Aussagen beeinträchtigen würde. Ferner wird der Fall des Opfers erwähnt, bei dem wegen Anwesenheit der Vertrauensperson (StPO 152 II) eine Interessenkollision bestehen könnte. Ausgeschlossen werden können weiter Personen, die noch als Zeuge, Auskunftsperson oder sachverständige Personen einzuvernehmen sind (lit. b.). Der Ausschluss bezieht sich hier primär auf Personen, die im gleichen Verfahren auszusagen haben. Denkbar ist aber auch ein vorübergehender Ausschluss von Personen, die als Mittäter oder

---

[481] Wie Zeugen, soweit nicht der nachfolgend zu besprechenden StPO 149 und (bei verdeckten Ermittlern) StPO 151 in Frage kommt; zur Einvernahme von V-Leuten sodann N 843 ff.
[482] Vorgesehen aber in StPO 374 II lit. b im *Verfahren gegen schuldunfähige Personen* nach StPO 374 f. hinten N 1425.
[483] BGE 119 Ia 105. Typischer Fall in ZBJV 129 (1993) 323. Kein Ausschluss bei Strafprozess gegen Anwalt zum Schutz des Berufsgeheimnisses, BGer 20.8.1996 in plädoyer 5/1996 60, ebenso nicht *in casu* bei Prozess gegen Polizeiinformant, da er und seine Familie offensichtlich nicht gefährdet waren, RFJ/FZR 9 (2000) 99 = RS 2003 Nr. 323.
[484] S. 1186.

sonstige Beteiligte (Hehler), in einem nachfolgenden oder abgetrennten Verfahren zur Rechenschaft gezogen werden[485].

5.3.3. Schutzmassnahmen nach StPO 149

StPO 149 II lit. b und c ermöglichen den Ausschluss der Öffentlichkeit, falls Grund zur Annahme besteht, dass ein **Zeuge, eine Auskunftsperson usw. durch die Mitwirkung im Verfahren sich oder eine ihm nahestehende Person einer erheblichen Gefahr für Leib und Leben oder einem andern schweren Nachteil aussetzen könnte.** Es ist dies im Grunde genommen ein Anwendungsfall der bereits nach StPO 70 I lit. a zu schützenden Interessen eines Verfahrensbeteiligten. 278

5.3.4. Massnahmen zum Schutz verdeckter Ermittler, StPO 151, 288

StPO 151 und 288 sehen bei der Einvernahme **verdeckter Ermittler** zwar nicht ausdrücklich einen Ausschluss der Öffentlichkeit vor, obwohl ein solcher allenfalls bereits nach der allgemeinen Klausel von StPO 70 I lit. a als zulässig erscheint. Im Vordergrund stehen vielmehr andere Schutzmassnahmen wie eine Anonymisierung[486]. 279

5.3.5. Massnahmen zum Schutz des Opfers, StPO 152 i.V. mit 149 II, 153 II

Auch StPO 152, 149 II sowie 153 II regeln nicht primär den Ausschluss der Öffentlichkeit – der allenfalls schon nach der Generalklausel von StPO 70 I lit. a erfolgen kann –, sondern ermöglichen andere Schutzvorkehren wie Verhinderung der Konfrontation zwischen Opfer und beschuldigter Person[487]. 280

5.3.6. Ausschluss im Verfahren gegen Jugendliche, JStPO 14

Die Öffentlichkeit ist bei Verfahren gegen **Jugendliche** grundsätzlich ausgeschlossen, um diese vor unnötigen Blossstellungen, die ihre Entwicklung und Zukunft gefährden könnten, zu schützen. Nach dem massgeblichen JStPO 14 kann das Gericht allerdings unter den dort dargelegten Voraussetzungen eine öffentliche Verhandlung vor Jugendgericht anordnen. 281

5.4. Wirkungen des Ausschlusses

Der Ausschluss der Öffentlichkeit hat – wenn ein vollständiger Ausschluss der Öffentlichkeit angeordnet wird – zur Folge, dass der **fragliche Verfahrensabschnitt ohne Drittpersonen wie Publikum, Medienvertreter usw. durchgeführt wird.** Die Parteiöffentlichkeit wird aber dadurch regelmässig nicht tangiert. Um dem Grundgedanken des Öffentlichkeitsprinzips auch hier – wenn 282

---

[485] Fall des Ausschlusses eines Mittäters bei getrennten Verfahren Pra 80 (1991) Nr. 2 S. 9.
[486] Zur verdeckten Ermittlung näher hinten N 1182 ff.
[487] Zu diesen Schutzmassnahmen hinten N 834 ff.

auch nur beschränkt – Geltung zu verschaffen, können sich nach StPO 70 II die beschuldigte Person, das Opfer und die Privatklägerschaft neben ihrem Rechtsbeistand von **höchstens drei Vertrauenspersonen begleiten lassen**. In Frage kommen selbstredend nur Personen, auf die die Gründe, die zum Ausschluss führten, nicht zutreffen.

283 Schon bisher berücksichtigte die Gerichtspraxis, dass eine Interessenabwägung dazu führen kann, zwar die **Publikumsöffentlichkeit auszuschliessen, hingegen Medienvertreter zuzulassen**[488]. StPO 70 III übernimmt diese Regelung. Darnach kann Gerichtsberichterstattern und weiteren Personen, die ein berechtigtes Interesse haben (z.B. Mitglieder von Strafbehörden oder Sachverständige, die sich früher mit dem Fall befassten; Personen aus Vollzugseinrichtung, die sich später voraussichtlich mit der beschuldigten Person zu befassen haben usw.), «*unter bestimmten Auflagen*» die Anwesenheit gestattet werden. Diese Auflagen beziehen sich darauf, den mit dem Ausschluss der Öffentlichkeit angestrebten Schutzzweck zu erfüllen.

284 Nach StPO 70 IV **eröffnet das Gericht in solchen Fällen des Ausschlusses entsprechend StPO 69 I das Urteil in einer öffentlichen Verhandlung**. Möglich ist jedoch auch, dass das Gericht die Öffentlichkeit «*bei Bedarf in anderer geeigneter Weise über den Ausgang des Verfahrens*» orientiert, also beispielsweise durch eine Mitteilung an die Medien. Entgegen den Fällen von StPO 69 II bzw. 84 III (vorne Ziff. 3.2.1.) dürfte eine allgemeine Einsichtnahme in Urteile[489] nur in Frage kommen, wenn dadurch der Zweck, welcher Anlass zum Ausschluss der Öffentlichkeit gab, nicht gefährdet wird. So ist in einem Fall, der nach StPO 70 I lit. d (grosser Andrang) zu einem (partiellen) Ausschluss der Öffentlichkeit führte, nicht einzusehen, weshalb das Urteil nicht entsprechend StPO 69 II einsehbar sein sollte.

§ 16 Grundsätze der Unmittelbarkeit und Mittelbarkeit, StPO 10 II, 343, 389

Literaturauswahl: AESCHLIMANN N 169; HAUSER/SCHWERI/HARTMANN § 51; MAURER 40, 457, OBERHOLZER N 737; PADRUTT 289; PIQUEREZ (2006) N 316, 1107; DERS. (2007) N 884; SCHMID (2004) N 176.

KLAUS GRIESEBACH, Der Grundsatz der Unmittelbarkeit der Beweisaufnahme im deutschen und schweizerischen Strafprozessrecht, Diss. Freiburg i.Br. 1979; PHILIPP GROSSKOPF, Beweissurrogate und Unmittelbarkeit der Hauptverhandlung, Zürich 2007; ROBERT HAUSER, Zum Prinzip der Unmittelbarkeit, Z 98 (1981) 168; DETLEF KRAUSS, Die Unmittelbarkeit der Hauptverhandlung im schweizerischen Strafverfahren, recht 1986 73 und 1987 42.

---

[488] BGE 117 Ia 387 = EuGRZ 19 (1992) 202. So ist es mit Blick auf den Ausschluss der Öffentlichkeit zulässig, Presseorientierungen vorzunehmen, wenn damit die fraglichen Schutzinteressen gewahrt sind.

[489] Eine *Einsichtnahme in das Urteilsdispositiv* dürfte zumeist unproblematisch sein.

Materialien: Aus 29 mach 1 S. 143; VE 374–378; BeB 223; ZEV 70 ff. E 10 II, 344 f., 397; Botschaft 1283 ff.; AB S 2006 992, 2007 725 ff., AB N 2007 943, 1024, 1031.

1. Begriffe

Die Begriffe Unmittelbarkeit und Mittelbarkeit beziehen sich auf die Art und Weise, wie dem Gericht die Entscheidungsgrundlagen für dessen Urteil vermittelt werden. 285

1.1. Unmittelbarkeit

Von Unmittelbarkeit des Verfahrens spricht man dann, wenn das **Gericht seinen Entscheid gestützt auf das eigene Wahrnehmen** der Urteilsgrundlagen wie die Aussagen der beschuldigten Personen, der Zeugen, der Sachverständigen usw., der Augenscheine, der vorgelegten Sachbeweise wie Urkunden usw. fällt, also gestützt auf eine Beweisabnahme während der Hauptverhandlung[490]. 286

Im Einzelnen bedeutet dies:

1.1.1. Dem Urteil darf **allein** der in der Hauptverhandlung akustisch oder optisch vorgetragene Prozessstoff zugrunde gelegt werden: Personen werden mündlich einvernommen, Schriftstücke verlesen, Urkunden, Augenscheinsobjekte und relevante Örtlichkeiten selbst besichtigt usw. **(Grundsatz der Ausschliesslichkeit)**. 287

1.1.2. Das Gericht muss diese urteilsrelevanten Umstände selbst wahrnehmen und darf dafür nicht andere Personen bzw. Instanzen zwischenschalten **(Prinzip der formellen Unmittelbarkeit)**. Der Stoff des Verfahrens darf nicht durch Beweisersatz mittelbar – also etwa durch Verlesen früher erstellter Protokolle – eingeführt werden **(Prinzip der materiellen Unmittelbarkeit)**. 288

1.1.3. Am Urteil dürfen nur Richter mitwirken, die den Prozessstoff im Rahmen der mündlichen Hauptverhandlung vollständig persönlich aufnehmen konnten. Es ist nicht möglich, im Verlaufe des Verfahrens einen neuen Richter zu bestellen, der anhand von Protokollen usw. Einblick in den bisherigen Gang der Verhandlung erhält. Bei Richterwechsel ist die bisherige Hauptverhandlung zu wiederholen **(Grundsatz der persönlichen Unmittelbarkeit)**. 289

1.1.4. Die Ziele der Unmittelbarkeit können nur erreicht werden, wenn die (mündliche) Hauptverhandlung in gedrängter zeitlicher Abfolge von der Eröffnung bis zum Urteil durchgezogen wird. Längere Unterbrüche sind deshalb zu vermeiden **(Konzentrationsgrundsatz)**, StPO 340 I lit. a)[491]. 290

---

[490] Dazu und zum Folgenden BGE 116 Ia 305.
[491] Vorne N 151 f.

1. Kapitel: Grundlagen, Geltungsbereich und Grundsätze

1.2. Mittelbarkeit

291 Die Mittelbarkeit des Gerichtsverfahrens ist andererseits gegeben, wenn die **Urteilsgrundlagen vorgängig von einer anderen Behörde zusammengetragen wurden und dem urteilenden Gericht in Form von Akten**, vor allem Protokollen, vermittelt werden. Der Richter stützt seinen Entscheid mithin zum Teil auf die Aussagen der beschuldigten Personen, der Zeugen, Sachverständigen usw. in einem früheren Verfahrensstadium, vor allem dem Vorverfahren. Die Hauptverhandlung ist u.U. auf ergänzende Befragungen, das Gewinnen eines persönlichen Eindrucks von den Parteien und die Parteivorträge beschränkt.

2. Vor- und Nachteile der beiden Verfahrensarten

2.1. Unmittelbarkeit

2.1.1. Vorteile des unmittelbaren Verfahrens

292 Das unmittelbare Verfahren entspricht mit seinen hervorstechenden Vorteilen am ehesten den Idealvorstellungen eines rechtsstaatlichen Strafverfahrens:

293 Der Richter urteilt gestützt auf die direkt vorgetragenen und damit nicht irgendwie gefiltert vermittelten Aussagen, Beweise usw. Protokolle – und sind sie noch so konzis abgefasst – vermögen nicht eine der persönlichen Wahrnehmung ebenbürtige Kenntnis zu vermitteln.

294 Vorab für die **Wertung der in unserem Verfahrensrecht bedeutsamen Zeugenaussagen** ist der persönliche Eindruck, den der Zeuge hinterlässt, wie auch die Art und Weise seiner Aussagen sowie seiner Körpersprache entscheidend. Unklarheiten können durch Rückfragen, Konfrontationen usw. behoben werden.

295 Das Unmittelbarkeitsprinzip setzt den **Hauptakzent im Verfahrensablauf auf die Hauptverhandlung**. Hier soll das für Schuld oder Unschuld Entscheidende im publikumsöffentlichen Verfahren präsentiert, und allein hier soll darüber geurteilt werden. Die beschuldigte Person soll Gewissheit haben, dass die Hauptverhandlung vor Gericht nicht bloss Formsache ist, in der längst Feststehendes gegen aussen noch besiegelt wird.

2.1.2. Nachteile des unmittelbaren Verfahrens

296 Bei näherer Betrachtungsweise erweist sich jedoch, dass mit der Unmittelbarkeit oft **idealisierende Vorstellungen** verbunden sind, mit denen die Wirklichkeit nicht immer Schritt zu halten vermag. Mit dem unmittelbaren Verfahren sind nämlich ernstliche Nachteile verbunden:

297 **Umfangreiche Strafverfahren mit komplizierten Sachverhalten**, mit zahlreichen zu befragenden Zeugen oder Sachverständigen und von wochenlanger Dauer usw. (Wirtschaftsstraffälle!) können angesichts des beschränkten menschlichen Erinnerungs- und Aufnahmevermögens nicht oder nur mit Schwierigkeiten

unmittelbar abgewickelt werden. Die Vorteile des Unmittelbarkeitsprinzips vermögen nur bei relativ beschränktem Prozessstoff und bei kurzer zeitlicher Distanz zwischen inkriminiertem Ereignis und Hauptverhandlung durchzuschlagen.

Die Publikumsöffentlichkeit der Hauptverhandlung[492] und die damit u.U. verbundene Anwesenheit von zahlreichem Publikum, Medienvertretern usw. ist nicht geeignet, die **Qualität der Beweiserhebungen vor Gericht, vorab von Zeugenaussagen, zu sichern.** 298

Wenn man bedenkt, dass zumeist der ganze Stoff des Verfahrens bereits im Vorverfahren zusammengetragen wurde (Einvernahmen von beschuldigten Personen, Zeugen usw.), ergeben sich u.U. **verfahrensökonomisch nicht zu vertretende Wiederholungen und Doppelspurigkeiten.** Es entstehen zeitliche Verzögerungen. Nach Jahr und Tag vermögen sich die Zeugen usw. nicht mehr präzis an die Vorgänge zu erinnern, und es muss doch wieder in irgendeiner Form auf die früheren Angaben zurückgegriffen werden. Dies gilt in besonderer Weise dann, wenn man das Prinzip auch im Rechtsmittelverfahren hochhalten will. 299

2.2. Mittelbarkeit

Aus den vorstehenden Ausführungen ergeben sich die **Vorteile**, aber auch Gefahren des mittelbaren Verfahrens. Den verfahrensökonomischen Vorteilen steht vor allem der gewichtige **Nachteil** gegenüber, dass Fehler und Mängel in der Tatbestands- und Beweis-aufnahme des Vorverfahrens mitgeschleppt und u.U. vom urteilenden Gericht nicht mehr behoben werden können. Trotzdem geht der Trend aus pragmatischen Gründen heute in Richtung Mittelbarkeit. Dieser Trend kommt auch in der StPO zum Ausdruck (nachfolgend Ziff. 3.2.). Auch StPO 10 II, 343 und 350 II fahren auf dieser Linie. 300

3. Schweizerisches Strafverfahren zwischen Mittel- und Unmittelbarkeit

3.1. Unmittelbarkeit im Verhältnis zu EMRK und Verfassung

Weder die EMRK noch die BV enthalten Vorschriften, die ein Verfahren nach den Grundprinzipien der Unmittelbarkeit verlangen. Dabei liegt auf der Hand, dass die EMRK – vorab Art. 6 – ideell stark in den angloamerikanischen Vorstellungen über den Ablauf eines Strafverfahrens und damit den Prinzipien des unmittelbaren Anklage- und Zweiparteienverfahrens wurzelt. Dieses Verfahrensrecht kennt kein Vorverfahren im traditionell schweizerischen Sinn, wie sie nun auch für das Staatsanwaltschaftsmodell der vereinheitlichten StPO typisch ist. EMRK 6 ist deshalb nicht ohne Weiteres auf das Vorverfahren nach dem Kon- 301

---

[492] Vorne N 248.

zept der StPO zu übertragen[493]. Nach herrschender Auffassung ist die Maxime primär auf die Hauptverhandlung nach Anklageerhebung zugeschnitten.

302   Ein Einfluss von **EMRK und BV** auf die Frage der Unmittelbarkeit könnte vor allem in folgenden zwei Bereichen relevant werden:

303   – Zunächst fragt sich, ob die in EMRK 6 Ziff. 1 verlangte **Öffentlichkeit** der Gerichtsverhandlung deren Unmittelbarkeit postuliert. Dies wurde bisher vom Bundesgericht verneint[494]. Es ist aber in Anwendung des Grundsatzes des **fairen Verfahrens**[495] zu postulieren, dass wichtige Beweismittel zu bestrittenen Anklagesachverhalten in einer öffentlichen Gerichtsverhandlung abgenommen werden[496].

304   – Die Anliegen des Unmittelbarkeitsprinzips scheint die EMRK sodann in Art. 6 Ziff. 3 lit. d aufzunehmen, wo der beschuldigten Person das Recht eingeräumt wird, «*Fragen an die Belastungszeugen zu stellen oder stellen zu lassen ...*». Das Bundesgericht leitete in seiner bisherigen Praxis daraus aber keinen Anspruch auf Unmittelbarkeit der Hauptverhandlung ab, sondern nur den Anspruch, mindestens einmal während des Verfahrens Gelegenheit zu haben, der Einvernahme von Zeugen, die ihn belasten, beizuwohnen und Ergänzungsfragen zu stellen bzw. (wenn er der Einvernahme nicht beiwohnen kann) schriftlich ergänzende Fragen anzubringen. Ein Anspruch, dass alle diese Einvernahmen vor dem urteilenden Richter durchzuführen sind, also dort eine unmittelbare Beweisabnahme zu erfolgen hat, besteht nach EMRK und nach der BV nicht (**Recht auf einmalige Unmittelbarkeit**)[497].

3.2. Mittelbarkeit und Unmittelbarkeit in der StPO

305   Aus StPO 299 und 308 I folgt, dass der Zweck der Voruntersuchung dahin geht, den Tatbestand in sachverhaltsmässiger und rechtlicher Hinsicht so weit zu ermitteln, dass gegen die beschuldigte Person ein Strafbefehl erlassen, Anklage erhoben oder aber das Verfahren eingestellt werden kann. Im Rahmen des Vorverfahrens sollen «*die Akten auf einen Stand gebracht werden, der es dem Gericht erlaubt, sein Urteil im Schuld- wie auch im Strafpunkt ohne zusätzliche*

---

[493] BGE 104 Ia 315, 105 Ia 397.
[494] Näher BGE 113 Ia 417; dazu auch BGE 116 Ia 291.
[495] Vorne N 95 ff.
[496] So gut im früheren Berner Strafverfahrensgesetz Art. 295 II, wonach in der Hauptverhandlung jene Beweismittel abzunehmen sind: «*die im Schuld- und Sanktionspunkt von erheblicher Bedeutung sein können und bei denen der persönliche Eindruck für die Bildung der richterlichen Überzeugung entscheidend ist*».
[497] Dazu vor allem Pra 90 (2001) Nr. 93 = RS 2007 Nr. 174 = SZIER 2002 438; BGE 125 I 134 = EuGRZ 26 (1999) 134, BGE 113 Ia 422, 114 Ia 180, 116 Ia 289; RS 1989 Nr. 678; EKMR in VPB 59 (1995) Nr. 133. Zum hier einschlägigen StPO 343 vgl. hinten N 1329 ff. Zu den entsprechenden Parlamentsdebatten vgl. AB S 2006 1046 f., AB N 2007 725 f.

Beweiserhebungen zu fällen»[498]. Diese Umschreibung des Ziels der Voruntersuchung steht im Zusammenhang mit der Regelung von Unmittelbarkeit und Mittelbarkeit, also des Beweisverfahrens im erstinstanzlichen Verfahren wie auch im Rechtmittelverfahren:

3.2.1. Unmittelbarkeit und Mittelbarkeit im erstinstanzlichen Gerichtsverfahren, StPO 343

Für das **erstinstanzliche Verfahren** enthält StPO 343 relativ einfache, ja kryptische Regeln, die mit den differenzierenden Vorschriften der vom Parlament verworfenen E 344 f. mit zwei verschieden gestalteten Beweisverfahren für schwerere und leichtere Fälle kontrastieren[499]. Offensichtlich geht StPO 343 i.V.m. 350 II davon aus, dass grundsätzlich die bereits im Vorverfahren erhobenen Beweise massgebend sein sollen. Soweit dies zur Wahrheitsfindung erforderlich ist, werden neue Beweise erhoben bzw. bereits im Vorverfahren unvollständige erhobene Beweise ergänzt (Abs. 1). Soweit Beweise im Vorverfahren nicht ordnungsgemäss erhoben wurden, ist die Abnahme zu wiederholen (Abs. 2). 306

Wesentlich ist Abs. 3, wonach die bereits erhobenen Beweise nochmals abzunehmen sind, «*sofern die unmittelbare Kenntnis des Beweismittels für die Urteilsfällung notwendig erscheint*»[500]. 307

3.2.2. Unmittelbarkeit und Mittelbarkeit im Rechtsmittelverfahren

Weitgehend **mittelbar** sind wiederum – soweit überhaupt eine öffentliche und mündliche Verhandlung stattfindet – die **Rechtsmittelverfahren vor der Beschwerdekammer und dem Berufungsgericht**. Dies ergibt sich vor allem aus StPO 389 I, wonach das Rechtsmittelverfahren auf den im Vorverfahren sowie in der erstinstanzlichen Hauptverhandlung abgenommenen Beweisen beruht. Immerhin kann nach StPO 389 II eine Wiederholung der Beweisabnahme angeordnet werden, wenn Beweisvorschriften verletzt wurden, die Beweisabnahmen unvollständig waren oder die Akten über die Beweisabnahme als unzuverlässig erscheinen. Sind von Amtes wegen oder auf Antrag einer Partei zusätzliche Beweise zu erheben, werden diese durch die Rechtsmittelinstanz abgenommen (StPO 389 III)[501]. 308

---

[498] So Botschaft 1263 Mitte.
[499] Zu diesen beiden Arten einlässlich Botschaft 1283 ff.
[500] Näher hinten N 1330.
[501] Hinten N 1485.

§ 17 Grundsätze der Mündlichkeit und Schriftlichkeit, StPO 66

Literaturauswahl: AESCHLIMANN N 166; HAUSER/SCHWERI/HARTMANN § 51; MAURER 41, 539; PIQUEREZ (2006) N 316, 1107; DERS. (2007) N 884; SCHMID (2004) N 200.
Materialien: VE 71 I; BeB 63; E 69; Botschaft 1151; AB S 2006 1001; AB N 2007 946.

1. Begriffliches, Anwendungsbereiche

309 Das Strafverfahren ist dann vom **Grundsatz der Mündlichkeit** geprägt, wenn der Prozessstoff wie auch die Beweismittel von den Verfahrensbeteiligten mündlich vorgetragen werden und Basis der zu treffenden Entscheide somit primär das gesprochene Wort darstellt. Das schweizerische Strafverfahren ist traditionell stark von der Mündlichkeit geprägt; dieser Grundsatz kommt in StPO 66 zum Ausdruck, wonach das **Verfahren vor den Strafbehörden mündlich ist, soweit die StPO nicht Schriftlichkeit** vorsieht. Im Zentrum des Vorverfahrens (StPO 299 ff.) wie auch der nachfolgenden Verhandlungen vor erster wie in zweiter Instanz (StPO 328 ff. und StPO 398 ff.) stehen denn auch die Einvernahmen (StPO 142 ff., 341), die mündlichen Parteivorträge vor Gericht (StPO 346 f.) und die mündliche Urteilseröffnung (StPO 84 I, 351 III).

310 Wird das Verfahren vom **Grundsatz der Schriftlichkeit** geprägt (oft **Aktenprozess** genannt), so bildet das in den schriftlichen Akten Enthaltene die Grundlage des Entscheids. So sind vor allem Rechtsmittelverfahren von ihrer Ausgestaltung her oft weitgehend schriftlich, so das Verfahren bei Beschwerden (StPO 397 I), teilweise bei Berufungen (StPO 406) oder bei der Revision (StPO 412 I). Schriftlichkeit i.S. des Aktenprozesses baut darauf, dass die (wie gesehen hauptsächlich mündlichen Verfahrenshandlungen) in Beachtung der **Dokumentationspflicht** (dazu StPO 76 ff, 100 ff.)[502] aufzuzeichnen, d.h. zu **protokollieren** sind[503]. Weiterer Ausfluss des Schriftlichkeitsprinzips sind Vorschriften, die die Schriftform für Mitteilungen und Zustellungen (StPO 85 I), Eingaben (StPO 109 f.) oder Rechtsmittelerklärungen (vgl. StPO 396 I, 400 III, 411 I) verlangen.

2. Vor- und Nachteile der beiden Typen

311 Die **Vorteile des mündlichen Verfahrens** liegen darin, dass sich das Gericht einen besseren, weil unmittelbaren Eindruck von den Parteistandpunkten wie auch den vorgebrachten Beweisen machen kann. Im Regelfall ist auch anzunehmen, dass das Verfahren rascher abgewickelt werden kann. Anderseits sind auch die **Nachteile** nicht zu übersehen; diese haben denn auch zur zunehmenden

---

[502] Dazu hinten N 566 ff.
[503] Dazu N 571 ff.

Verstärkung schriftlicher Verfahrensformen geführt. Während sich einfachere Sachverhalte oft gut mündlich präsentieren und auch beurteilen lassen, stösst das mündliche Verfahren angesichts des beschränkten menschlichen Aufnahmevermögens bei komplizierteren Sachverhalten bald an seine Grenzen. Wesentliches kann überhört werden oder im Zeitpunkt der Urteilsfällung vergessen sein. Eine Abwägung der verschiedenen Standpunkte anhand genauer Aufschriebe verspricht demgegenüber eine präzisere Rechtsprechung. Da entsprechend dem vorerwähnten Grundsatz der Dokumentationspflicht ohnehin das ganze Verfahren aktenmässig festzuhalten ist (StPO 76 ff., 100) und die Urteile schriftlich abzufassen und zu begründen sind (StPO 84 ff.)[504], sind die zeitlichen Vorteile eines mündlichen Verfahrens demgemäss beschränkt.

3. Mündlichkeit und Schriftlichkeit im Verhältnis zur Unmittelbar- bzw. Mittelbarkeit sowie Öffentlichkeit des Verfahrens

Ob ein bestimmtes Verfahren oder eine Phase davon mündlich oder schriftlich auszugestalten ist, hängt weitgehend vom **Einfluss anderer Verfahrensgrundsätze ab.** Von Bedeutung ist vor allem, ob das Verfahren öffentlich[505] ist und ob dieses vom Grundsatz der Mittelbarkeit bzw. Unmittelbarkeit[506] geprägt ist. 312

Es ergibt sich hier ein Zusammenhang der folgenden Grundsätze:

3.1. Mündliches und öffentliches – nichtöffentliches und schriftliches Verfahren

Wie vorne[507] dargelegt wurde, ist die Hauptverhandlung, an welcher das Gericht über Schuld und Unschuld der beschuldigten Person befindet, grundsätzlich **öffentlich.** Der Grundsatz der Öffentlichkeit hat nur so weit einen Sinn, als nicht **mindestens** die Verhandlungen in den wesentlichen Teilen (z.B. Befragung der beschuldigten Personen, Vorträge des Anklägers und des Verteidigers, Urteilsverkündung) **mündlich** sind. – Andererseits herrscht dort der Grundsatz der Schriftlichkeit vor, wo – wie dies etwa im Rechtsmittelverfahren der Fall sein kann – ohne Anwesenheit der Parteien, also letztlich in einem **geheimen** Verfahren, entschieden wird[508]. 313

---

[504] Hinten N 595 ff.
[505] Vorne N 247 ff.
[506] Vorne N 285 ff.
[507] N 248.
[508] Zulässig im Rechtsmittelverfahren, vorne N 259, hinten (für die Berufung) N 1567.

3.2. Mündliches und unmittelbares – schriftliches und mittelbares Verfahren

314 Beim **unmittelbaren** Verfahren werden wie bereits dargestellt[509] dem Gericht die Urteilsgrundlagen (Tatsachendarstellungen der Prozessparteien; Beweise; Anträge) hauptsächlich durch mündliche Darlegungen in Form von Aussagen, Plädoyers usw., also direkt und nicht mittelbar durch Protokolle o.ä., vermittelt. Das unmittelbare Verfahren ist damit zwangsläufig in seinen wesentlichen Zügen ein **mündliches**. – Anders beim **mittelbaren** Verfahren, bei dem sich das Gericht das entsprechende Wissen durch (vorab in im Vorverfahren erstellte) schriftliche Protokolle, Berichte usw. verschafft: Ein **schriftliches** Verfahren – im Extremfall ohne jeden mündlichen Vortrag, etwa bei Beschwerden[510] – ist stets ein mittelbares.

§ 18 Prozessvoraussetzungen und Verfahrenshindernisse

Literaturauswahl: AESCHLIMANN N 625; HAUSER/SCHWERI/HARTMANN § 41; MAURER 158, 367, 436; PIQUEREZ (2006) N 994: DERS. (2007) N 794; SCHMID (1974) N 530.

ANDREAS DONATSCH/BRIGITTE TAG, Strafrecht I, 8. Aufl., Zürich 2006, § 30, § 40; GÜNTER STRATENWERTH, Schweizerisches Strafrecht, Allg. Teil I, 3. Aufl., Bern 2005.

Materialien: E 320 I lit. d, 330 lit. b; Botschaft 1278 Mitte.

1. Begriff und Wesen der Prozessvoraussetzungen und Verfahrenshindernisse

315 Damit gegen eine bestimmte Person der staatliche Strafanspruch durchgesetzt und demgemäss ein Strafverfahren eingeleitet und durchgeführt werden kann, ist nicht nur vorausgesetzt, dass der objektive und subjektive Tatbestand des in Frage stehenden Delikts erfüllt ist. Vielmehr ist notwendig, dass ausserhalb der materiell-rechtlichen Voraussetzungen auch noch Bedingungen verfahrensrechtlicher Art erfüllt werden. Es sind dies Voraussetzungen, von deren **Erfüllung die Zulässigkeit der Einleitung und Durchführung eines Strafverfahrens abhängt**. Solche Bedingungen pflegte man traditionsgemäss als **Prozessvoraussetzungen** oder **Sachentscheidungsvoraussetzungen** zu bezeichnen. Handelt es sich um negative Prozessvoraussetzungen, pflegt man von **Verfahrenshindernissen** zu sprechen.

316 Der Sache nach sind die **Prozessvoraussetzungen und Verfahrenshindernisse Teil des Verfahrensrechts**, und man würde denn auch die entsprechenden Regeln primär in der StPO suchen. Prozessvoraussetzungen bzw. Verfahrenshinder-

---

[509] Vorne N 286 ff.
[510] Hinten N 1525.

nisse werden zwar in der StPO an verschiedenen Stellen erwähnt[511], das Gesetz verzichtet indessen (anders ZPO 59) darauf, sie zu definieren und näher zu regeln. Teilweise finden sie sich jedoch im **materiellen Strafrecht**, also im StGB[512]. Keine Verfahrensvoraussetzungen im hier relevanten Sinn sind **objektive Strafbarkeitsbedingungen**, also z.B. die Konkurseröffnung bei verschiedenen Delikten in StGB 163 ff.

2. Arten der Prozessvoraussetzungen bzw. Verfahrenshindernisse

2.1. Unterscheidung zwischen Prozessvoraussetzungen und Verfahrenshindernissen. Anwendungsfälle

2.1.1. Prozessvoraussetzungen

Von Prozessvoraussetzungen spricht man, wenn die Einleitung bzw. Durchführung des Strafverfahrens vom **Vorhandensein** der fraglichen Umstände abhängt.

317

Wichtige Anwendungsfälle sind:

318

- **Vorliegen einer Ermächtigung, Bewilligung bzw. Delegation** bei Untersuchungen gegen Bundesangestellte, Magistratspersonen usw. (StPO 7 II)[513];
- Beachtung des **Anklagegrundsatzes** (StPO 9, 329 I lit. a, 350 I)[514];
- Vorliegen eines Strafantrages bei Antragsdelikten (StGB 30 ff.; StPO 303)[515];
- **Bestehende örtliche und sachliche Zuständigkeit**; zu beachten ist, dass Verfahren, die bei einer unzuständigen Behörde eingeleitet werden bzw. hängig sind, grundsätzlich von Amtes wegen der Zuständigen weiterzuleiten sind (StPO 39 I)[516];
- **Verhandlungsfähigkeit** (StPO 114)[517];
- **Mindestmass an Verdacht, dass das behauptete Verhalten einen Straftatbestand erfüllt**, etwa die Prüfung des hinreichenden Tatverdachtes bei der Eröffnung der Untersuchung (StPO 309 I lit. a) oder bei der Prüfung der Anklage nach StPO 329 I (gilt im letzteren Fall nur beschränkt)[518];

---

[511] Etwa in 310 I lit. a, b, 319 I lit. d, 329 I lit b, c, 339 II lit. b, c.
[512] Dazu vorne N 5.
[513] Vorne N 172 ff.
[514] ZR 107 (2008) Nr. 56 S. 193; AGVE 1994 Nr. 42 S. 136; AR GVP 2006 Nr. 3501 = RS 2008 Nr. 411. Zum Grundsatz vorne N 203 ff. und 208, zu den *Folgen der Verletzung* hinten N 1287.
[515] Nach herrschender Auffassung wird der Strafantrag als Prozessvoraussetzung betrachtet, BGE 105 IV 231.
[516] Hinten N 483.
[517] Hinten N 663 ff.
[518] Hinten N 1228, 1266. Beschränkte Funktion dieser Prozessvoraussetzung bei *Anklageerhebung*, N 1282.

- **Legitimation** des Rechtsmittelklägers bei der Einlegung eines Rechtsmittels (StPO 381 f.)[519];
- Vorliegen einer **Beschwer** bzw. **Verletzung in den rechtlich geschützten Interessen** bei Rechtsmitteln (StPO 382 I; BGG 81 I lit. b)[520], oder
- **Einschluss des Straftatbestandes in den Auslieferungsentscheid** in Auslieferungsfällen (Spezialitätsprinzip; IRSG 28 III).

2.1.2. Verfahrenshindernisse

319 Davon spricht man, wenn die Einleitung oder Durchführung durch das Vorliegen bestimmter Umstände gehindert wird, d.h. ein Verfahren nur möglich ist, **wenn die fraglichen Umstände nicht vorliegen**.

Als Beispiele könnten genannt werden:
- Eintritt der **Verjährung** (StGB 97 f.)[521];
- Eintritt eines **Strafbefreiungs- oder Strafverzichtsgrundes** nach StPO 8 oder StGB 52–54 und 55a bzw. JStG 21 bzw. JStPO 5;
- **Tod der beschuldigten Person**[522];
- **bereits durchgeführtes oder noch hängiges Strafverfahren in der gleichen Sache**; Verfahrenshindernis der bereits rechtshängigen bzw. abgeurteilten Sache, Grundsatz von *ne bis in idem* (StPO 11)[523];
- **fehlende Verhandlungs- bzw. Vernehmungsfähigkeit** (StPO 114)[524];
- **Gewährung einer Amnestie oder einer Begnadigung**[525];
- **Immunität von Diplomaten**[526];
- **für die Privatklägerschaft**: Zivilanspruch bereits beim Zivilrichter pendent[527];
- **Verwirken des staatlichen Strafanspruchs** durch rechtsstaatswidriges Provozieren der Straftat, etwa durch den Einsatz von V-Leuten[528], oder

---

[519] Hinten N 1454 ff. Legitimation muss während der ganzen Dauer des Rechtsmittelverfahrens gegeben sein, ZR 107 (2008) Nr. 5 E.4.1. Prozessvoraussetzung ist weiter das *Leisten allfälliger Kautionen* etc. etwa nach StPO 383, BGG 62 f., N 1468 f., 1703.
[520] Hinten N 1458 f., N 1665 ff.
[521] BGE 76 IV 127; offen gelassen wurde die Rechtsnatur der Verjährung hingegen in BGE 105 IV 9.
[522] Alsdann Verfahrenseinstellung, N 1254. – Faktisch wohl zumeist auch *Konkurs des Unternehmens bei dessen Strafbarkeit nach StGB 102.*
[523] Vorne N 242 ff.
[524] Hinten N 643 ff., 662 ff. und z.B. BJM 2001 142.
[525] Hinten N 1730 ff.
[526] Zur Rolle der diplomatischen Immunität bei Zeugen ZR 106 (2007) Nr. 80.
[527] Hinten N 706 f. Dazu ferner BGE 101 II 377, 96 I 449; RS 1971 Nr. 189 und 190.
[528] Früher umstritten, siehe die Entscheide BJM 1984 258; OGZ II. StrK 30.5.1989 i.S. T.O. etc., in plädoyer 4/1989 73. Dazu weiter vorne N 101 und das dort erwähnte Urteil in SJZ 89 (1993) 70, welches beim unerlaubten Einsatz von V-Männern zu einem Freispruch gelangte; *heute* Strafreduktion oder Absehen von Strafe nach StPO 293 IV, hinten N 1197.

- überlange Verfahrensdauer, also Verletzung des Beschleunigungsgebots[529].

2.2. Prozessvoraussetzungen bzw. Verfahrenshindernisse mit absoluter und solche mit relativer Sperrwirkung

Aus dem Charakter der verschiedenen Prozessvoraussetzungen bzw. Verfahrenshindernisse ergibt sich, dass solche mit absoluter und solche mit relativer Sperrwirkung zu unterscheiden sind. Jene mit **absoluter Sperrwirkung** haben zur Folge, dass die bei Fehlen vorgenommenen Verfahrenshandlungen[530] nichtig sind, so z.B., wenn ein Verhandlungsunfähiger einvernommen wird. Sind Verfahrensvoraussetzungen mit **relativer Sperrwirkung** nicht erfüllt, so hat dies nicht die Nichtigkeit und beweismässige Unverwertbarkeit der Verfahrenshandlung zur Folge. Es ist nur nicht möglich, das Verfahren weiterzuführen und den Täter zu verurteilen. Dies ist etwa der Fall, wenn ein Strafantrag (noch) nicht gestellt ist oder wenn die Delegation bei Delikten der Bundesstrafgerichtsbarkeit (StPO 25)[531] bzw. die Ermächtigung bei Delikten von Bundesangestellten[532] noch nicht vorliegt (StPO 303)[533]. Auch eine Einvernahme, die trotz eingetretener Verjährung durchgeführt wurde, ist nicht an sich nichtig.

3. Folgen nicht erfüllter Verfahrensvoraussetzungen

Aus dem Wesen der Prozessvoraussetzungen sowie der Verfahrenshindernisse folgt, dass **sie von den mit dem Fall befassten Strafbehörden in allen Verfahrensstadien vorweg und laufend sowie von Amtes wegen zu prüfen** (ausdrücklich ZPO 60, vgl. etwa StPO 329 I lit. b, II) und zu berücksichtigen sind[534]. Sind diese Voraussetzungen nicht erfüllt bzw. entsprechende Hindernissen festgestellt, so ergeben sich je nach der Art des damit vorhandenen Hindernisses verschiedene Folgen:

3.1. Vorübergehende bzw. zu beseitigende Hindernisse

Handelt es sich um **bloss momentane bzw. zu beseitigende Hindernisse,** so haben die Strafverfolgungsbehörden die Pflicht, das Ihrige dazu beizutragen, dass die Voraussetzung erfüllt wird (z.B. Auslieferungsbegehren gegen flüchtige beschuldigte Personen; bei Antragsdelikten Aufklärungspflicht dem Geschädigten gegenüber, dass Verfolgung einen Antrag voraussetzt usw.; Behebung einer

---

[529] Vorne N 149.
[530] Zu diesen Verfahrenshandlungen hinten N 529 ff.
[531] Dazu hinten N 414 ff.
[532] Vorne N 175.
[533] BGE 110 IV 46; Ermächtigung kann sogar im Berufungsverfahren nachgeholt werden.
[534] BGE 116 IV 81; RS 1989 Nr. 676.

mangelhaften Anklage, Rückweisung nach StPO 329 II). Die Behörde hat auch die Pflicht, trotz der momentan gegebenen Hindernisse unaufschiebbare Untersuchungshandlungen vorzunehmen, so ausdrücklich vorgesehen in StPO 303 II bei Antragsdelikten[535]. Allenfalls ergeht eine **Sistierung** nach StPO 314 bis feststeht, dass die Voraussetzung erfüllt ist[536].

3.2. Prozessvoraussetzungen nicht herzustellen bzw. definitive Verfahrenshindernisse

323 Ergibt sich, dass die **Prozessvoraussetzung endgültig nicht zu erfüllen** (Beispiel: Strafantragsfrist abgelaufen) oder ein **definitives Verfahrenshindernis eingetreten ist** (z.B. wird die Verjährung festgestellt), so ergeht bei Einleitung des Verfahrens eine **Nichtanhandnahmeverfügung** nach StPO 310[537]. Wird während laufendem Vorverfahren nach dessen Eröffnung das Fehlen einer Verfahrensvoraussetzung festgestellt, so ist eine **Einstellungsverfügung** nach StPO 319 ff. zu erlassen[538]. Ergibt sich bei der Prüfung der Anklage nach StPO 329 ein entsprechender Mangel, ist das **Verfahren bei nicht behebbaren Mängeln einzustellen** (StPO 329 IV)[539]. Wird der Mangel in der erstinstanzlichen Hauptverhandlung (auch in der Berufungsverhandlung) festgestellt und ist er nicht zu beheben, so ist das Verfahren durch einen **Nichteintretens- oder Einstellungsentscheid,** also einen Verfahrensentscheid in Form eines Beschlusses bzw. einer Verfügung (StPO 80 I Satz 2 und nicht durch ein Sachurteil nach StPO 80 I Satz 1 i.S. eines **Freispruchs**) zu beenden[540].

---

[535] Hinten N 1212. Denkbar z.B. sichernde Massnahmen in Fällen *häuslicher Gewalt* nach kantonalen Gewaltschutzgesetzen, N 368 Fn. 57 und N 1422.
[536] Hinten N 1236 ff.
[537] Hinten N 1231.
[538] Hinten N 1249 ff.
[539] Hinten N 1287.
[540] Hinten N 1314, 1318. Ferner ZR 62 (1963) Nr. 15; 66 (1967) Nr. 159; 85 (1986) Nr. 34. *Einstellung und nicht Freispruch also auch bei Verletzung des Anklageprinzips,* missverständlich BGE 133 IV 95/96 = SJZ 103 (2007) 187 = SJ 129 (2007) 363, vgl. dazu auch hinten N 1286 f. Zu *StPO 8* vorne N 202.

2. Kapitel: Strafbehörden, ihre Zuständigkeit und Verfahrenshandlungen, StPO 12–103

1. Teil: Strafbehörden, StPO 12–21, JStPO 6–8

1. Abschnitt: Einleitung; Grundzüge des Konzepts der Behördenorganisation der StPO

§ 19 Mindestvorschriften der Schweizerischen Strafprozessordnung zu den Strafbehörden und deren Organisation, BV 123, StPO 12–14, JStPO 6–8, E StBOG 2, 4 ff.

Literatur: ANDRÉ KUHN, Der Vorentwurf einer vereinheitlichten Strafprozessordnung und seine Auswirkungen auf die Gerichtsorganisation, Anwaltsrevue 8/2004 272; ANDRÉ KUHN/CAMILLE PERRIER, Le projet de Code de procédure pénale unifiée et son incidence sur les organisations cantonales, Z 125 (2007) 259; ARNOLD MARTI, Die Vereinheitlichung des Zivil- und Strafprozessrechts, die Revision des Vormundschaftsrechts und des öffentlichen Rechts, ZBl 108 (2007) 245; FRANZ RIKLIN, Zu den Auswirkungen einer eidgenössisch vereinheitlichten Strafprozessordnung auf die kantonale Behördenorganisation, Solothurner Festgabe zum Schweizerischen Juristentag 1998, 641; NIKLAUS SCHMID, Möglichkeiten und Grenzen der Kantone bei der Organisation ihrer Strafbehörden nach der künftigen Schweizerischen Strafprozessordnung, AJP 2007 699.

Materialien: Aus 29 mach 1 S. 72; VE 13–15; BeB 39; ZEV 24 ff.; E 12 ff.; Botschaft 1134 ff., AB S 2006 992 f., AB N 2007 943.

1. Allgemeines

Gegenstand dieses Buches ist primär die Darstellung des Strafverfahrensrechts im engeren Sinn, d.h. der Vorschriften, die den Ablauf eines Strafverfahrens regeln. Zum Strafprozessrecht im weiteren Sinn gehören aber ebenfalls die Normen, die Aufbau und Funktionen der mit der Rechtsprechung betrauten staatlichen Organe normieren. Diese Normen pflegt man als **Gerichtsverfassungsrecht** zu bezeichnen. Der Umfang der hier einzureihenden Regeln wird freilich unterschiedlich abgesteckt. Teilweise werden unter der Überschrift Gerichtsverfassungsrecht auch die Zuständigkeit, Ausstandsgründe usw. behandelt, also

324

Themen, die im 2. Titel der StPO unter der Überschrift Strafbehörden geregelt werden[1].

2. Strafbehörden im Allgemeinen und deren Funktionsstufen

325 StPO 12 ff. verwenden den **Begriff der Strafbehörde als Oberbegriff** für die im Bereich des Strafverfahrens tätigen eidgenössischen und kantonalen Behörden, wobei in StPO 12 (ähnlich E StOBG 2 I) die **Strafverfolgungsbehörden** (Polizei, Staatsanwaltschaft, Übertretungsstrafbehörden) sowie in StPO 13 (vgl. auch E StOBG 2 II) die **Gerichte** (Zwangsmassnahmengericht, erstinstanzliches Gericht, Beschwerdeinstanz, Berufungsgericht) erwähnt werden. Die **Rechtsmittel ans Bundesgericht** sind nicht in der StPO, sondern im BGG geregelt[2].

326 Üblicherweise pflegt man die in der Strafverfolgung tätigen **Behörden nach den Stufen (oder den Funktionen), auf denen sie tätig sind**, zu unterscheiden. Es ergibt sich, bezogen auf die Gerichtsbarkeit des Bundes und der Kantone, folgende Unterscheidung:

2.1. Ermittlungsbehörden (vorab Polizeibehörden; nachfolgend § 20)

2.2. Untersuchungsbehörden (Staatsanwaltschaft, Übertretungsstrafbehörden; nachfolgend § 21 und § 22)

2.3. Zwangsmassnahmengerichte (nachfolgend § 23)

2.4. Erstinstanzliche Gerichte (Tatrichter der ersten Instanz wie Einzelgericht, Kollegialgericht, Bundesstrafgericht nachfolgend § 24)

2.5. Rechtsmittelbehörden (Gerichte oberer Instanz, die die Entscheide der ersten Instanz überprüfen, also Beschwerdeinstanz, Berufungsgericht; Bundesgericht; § 25–27)

2.6. Vollzugsbehörden (in der Regel Verwaltungsbehörden, StPO 447, nachfolgend § 101

---

[1] Dazu und zum Folgenden Botschaft 1134.
[2] Botschaft aaO.

3. Kompetenzzuweisungsregeln nach BV 123 II und 191b sowie StPO 12 ff. im Allgemeinen

BV 123 II und 191b in der Fassung vom 12.3.2000 weisen die Kompetenz zum Erlass von Straf- und Strafprozessrecht dem Bund zu. Die BV belässt indessen die Organisation der Gerichte unter Vorbehalt abweichender gesetzlicher Regeln den Kantonen, woraus sich ein entsprechender Gesetzgebungsbedarf im Sinn von Einführungsgesetzen o.ä. ergibt[3]. Die StPO nimmt diese Zuständigkeitsordnung auf und enthält Vorschriften zum Bestand, der Organisation und der Tätigkeit der Behörden nur, soweit dies im Interesse der Vereinheitlichung des eigentlichen Verfahrensrechts als notwendig erscheint[4]. Demgemäss lassen die Vorgaben der StPO bezüglich notwendiger Behörden sowie dem eigentlichen Verfahren den Kantonen nur beschränkten Spielraum. Neben der Befugnis der Kantone, die an sich von der StPO vorgegebenen Behörden zu organisieren (StPO 14), wird ihnen die Kompetenz zum Erlass eigener, abweichender Regelungen nur in gewissen engen Bereichen zugestanden (vgl. etwa StPO 142 I und II, je Satz 2; 198 II).

327

Was die von Bund und Kantonen einzusetzenden Behörden und ihre Organisation betrifft, so stellte die StPO unter Berücksichtigung der vorstehend skizzierten Aufgabenteilung zwischen Regelungen der StPO einerseits und Einführungs- bzw. Organisationsvorschriften von Bund und Kantonen anderseits eine Art Grobraster auf. Dieser enthält Konstanten, an die sich die Kantone bei der Organisation ihrer Strafjustiz zu halten haben (nachfolgend Ziff. 4.1.). Anderseits ergeben sich aus StPO 12 ff. Variabeln, die den Kantonen erlauben, Behörden usw. in relativer Freiheit selbst zu gestalten (nachfolgend Ziff. 4.2.).

328

4. Konstante und Variabeln der Organisationsvorschriften nach StPO 12 ff. im Allgemeinen

4.1. Konstante des Grobrasters nach StPO 12 ff., JStPO 6 ff.

Bund[5] und Kantone haben sich bezüglich Einsetzung und Organisation ihrer Behörden zwingend an folgende Vorgaben von StPO 12 ff. zu halten:

329

4.1.1. Bund und Kantone haben gemäss StPO 14 I die in StPO 12 und 13 genannten **Strafbehörden** mit den sich aus StPO 15–21 ergebenden Befugnissen einzusetzen. Sie haben sich an diesen Katalog zu halten, d.h., sie können vorgesehene Behörden nicht weglassen bzw. neue schaffen. Dies hängt teilweise damit

330

---

[3] Dazu einlässlich Aus 29 mach 1 S. 41 ff.
[4] Näher BeB 10. Botschaft 1134 ff.
[5] Der Bund müsste sich nicht an diesen Grobraster halten, da er auf dem Weg der Gesetzgebung von den Vorgaben der StPO abweichen kann. Er tut dies aber in E StOBG 2 und 4 ff. weitgehend nicht, *verzichtet jedoch auf ein Berufungsgericht,* nachfolgend N 391.

zusammen, dass die **StPO auf dem Grundsatz des *numerus clausus* der Verfahrensformen wie auch der Rechtsmittel** beruht.

331 *4.1.2.* Bei gewissen Behörden bestimmt die StPO, dass Bund und Kantone in Abweichung der sonst eingeräumten Freiheit[6] für die fraglichen **Funktionen nur eine** (und nicht mehrere gleichartige) **Behörde einsetzen dürfen**. Dies gilt nach StPO 14 IV zweiter Satzteil für die Beschwerdeinstanz und das Berufungsgericht[7].

4.2. Variabeln im Grobraster der Behördenorganisation

332 Vor allem den Kantonen, aber auch dem Bund räumt die StPO innerhalb des erwähnten Grobrasters hingegen Gestaltungsfreiheit in folgenden Bereichen ein:

333 *4.2.1.* BV 191b II (vgl. auch JStPO 8 II) gestattet es den Kantonen, **gemeinsame richterliche Behörden einzusetzen**. Mehrere Kantone könnten also z.B. ein gemeinsames Wirtschaftsstrafgericht erster Instanz oder gemeinsame Beschwerde- und Berufungsinstanzen usw. einsetzen[8]. Ob diese Möglichkeit von den Kantonen künftig genutzt wird, bleibt abzuwarten.

334 *4.2.2.* Bei gewissen Behörden (Ober- oder Generalstaatsanwalt, StPO 14 III, JStPO 8 III[9]; besondere Übertretungsstrafbehörden, StPO 17; Einzelgericht, StPO 19 II) ist es **Bund und Kantonen sogar freigestellt, ob sie überhaupt solche einsetzen wollen**.

335 *4.2.3.* Bund und Kantone können gewisse Strafbehörden organisatorisch zusammenlegen. So kann das **Zwangsmassnahmengericht** als selbstständige Behörde konzipiert, die Funktion aber auch dem erstinstanzlichen Gericht zugewiesen werden[10]. Oder die Funktionen der **Beschwerdeinstanz** werden vom Berufungsgericht wahrgenommen (StPO 20 II).

336 *4.2.4.* StPO 14 IV überlässt es Bund und Kantonen sodann innerhalb gewisser Schranken[11], ob sie **verschiedene gleichartige Behörden** einsetzen wollen, also z.B. je eine Staatsanwaltschaft oder ein erstinstanzliches Gericht für verschiedene Kantonsteile[12]. Es können für bestimmte Arten der Kriminalität sodann **spezialisierte Behörden** eingesetzt werden, also z.B. eine Staatsanwaltschaft zur Verfolgung von Drogendelikten oder aber Wirtschaftsstrafgerichte

---

[6] Gleich anschliessend N 332.
[7] Ein Antrag, zwei verschiedene Berufungsinstanzen zuzulassen, wurde im Nationalrat abgelehnt, AB N 2007 943. Dies schliesst aber nicht aus, dass innerhalb dieser Instanzen mehrere Kammern mit gleichen Kompetenzen gebildet werden.
[8] Botschaft 1135 Mitte.
[9] Hinten N 354 ff.
[10] Zu den vielfachen Gestaltungsmöglichkeiten bezüglich Zwangsmassnahmengericht Botschaft 1137 f.
[11] Vorstehend N 330 f.
[12] Dezentrale Organisation, Botschaft 1135 oben.

erster Instanz. Diesfalls sind in den Einführungsgesetzen Bestimmungen über die sachliche Zuständigkeit zu erlassen.

4.2.5. Bund und Kantone sind nach StPO 14 I frei, wie sie **die von der StPO vorgegebenen Behörden benennen wollen**. Es ist also zulässig, die Staatsanwälte als Untersuchungsrichter, das erstinstanzliche Gericht als Bezirks-, Amts- oder Kreisgericht, das Berufungsgericht als Appellations- oder Kantonsgericht zu bezeichnen[13]. Eine möglichst weitgehende Umsetzung des Vereinheitlichungsgedankens der StPO lässt es allerdings als wünschenswert erscheinen, dass die von der StPO verwendeten Bezeichnungen übernommen werden. 337

4.2.6. Es steht Bund und Kantonen nach StPO 14 II ff. (JStPO 8 I) weiter frei, wie sie die **Behörden** z.B. hinsichtlich **Grösse, Anzahl der Mitglieder, ihrer Wahl**[14], **der sachlichen Zuständigkeit, administrativem Aufbau sowie hinsichtlich der Aufsicht** organisieren wollen. Wie sich aus dem Sinn von StPO 19 ergibt, ist das erstinstanzliche Gericht, soweit es nach Abs. 2 nicht als Einzelgericht konzipiert ist, als Kollegialgericht mit mindestens drei Mitgliedern auszugestalten. Es bleibt den Kantonen im Weiteren überlassen, ob für die Bekleidung des Amtes in einer Strafbehörde gewisse Voraussetzungen (abgeschlossenes juristisches Studium, Anwaltspatent, besondere Eignungsprüfung) zu erfüllen sind. 338

2. Abschnitt: Strafverfolgungsbehörden, StPO 12, 15–17, E StBOG 4–6, JStPO 6

§ 20   Polizei, StPO 12 lit. a, 15, JStPO 6 I lit. a, E StOBG 4–6

Literaturauswahl: Neben der vorne zu § 19 und hinten zu §§ 77 und 78 zitierten Literatur AESCHLIMANN N 36; HAUSER/SCHWERI/HARTMANN § 25; MAURER 334; OBERHOLZER N 52; PIQUEREZ (2006) N 394; DERS. (2007) N 365; SCHMID (2004) N 306.

GIANFRANCO ALBERTINI/BRUNO FEHR/BEAT VOSER (HRSG.), Polizeiliche Ermittlung. Ein Handbuch der Vereinigung der Schweizerischen Kriminalpolizeichefs zum polizeilichen Ermittlungsverfahren gemäss der Schweizerischen Strafprozessordnung, Zürich 2008.

Materialien: Aus 29 mach 1 S. 72, 121; VE 16–17; BeB 40; ZEV 24; E 15; Botschaft 1136; AB S 2006 992 ff., AB NR 2007 944.

---

[13] Botschaft 1134.
[14] Vor allem äussert sich die StPO nicht dazu, ob die Staatsanwälte und Richter aller Stufen und Funktionen vom Volk, durch das Parlament oder (vor allem bei den Staatsanwälten aktuell) durch die kantonale Regierung oder durch eine Gerichtsbehörde gewählt werden.

2. Kapitel: Strafbehörden, ihre Zuständigkeit und Verfahrenshandlungen

1. Funktionen der Ermittlungsbehörden, vorab der Polizei, im Allgemeinen

339 Das Offizialprinzip[15] bedingt, dass der Staat ein Mindestmass an Eigeninitiative entwickelt, um die Straftaten aufzudecken und die dafür Schuldigen der Bestrafung zuzuführen. Diese Aufgabe wird in einer ersten Phase primär von der Polizei wahrgenommen. Unabhängig von der für diese Behörden verwendeten Bezeichnungen können in einem funktionellen oder materiellen Sinn unter Polizei alle jene öffentlichen Dienststellen eingereiht werden, die im Vorfeld der eigentlichen Justiz im Bereich der Verbrechensbekämpfung die ersten Ermittlungen zu tätigen haben. Dazu sind auf Bundesebene vor allem die **Bundeskriminalpolizei** und weitere Bundesorgane (nachfolgend Ziff. 3) sowie auf kantonaler Ebene die **Polizeikorps der Kantone, teilweise auch jene der grösseren Städte** (nachfolgend Ziff. 4) berufen. Soweit sich die Polizei repressiv mit der Verfolgung von Delikten, vorab Verbrechen und Vergehen, befasst, pflegt man ihre Funktion als **kriminalpolizeilich** zu bezeichnen.

340 Wesentlich ist, dass StPO 12, welche die Strafverfolgungsbehörden auflistet, die **Polizei als Strafverfolgungsorgan** nennt. Daraus folgt, dass die Polizei eine vollwertige Strafbehörde ist, die in ihrer vorgenannten kriminalpolizeilichen Rolle vollumfänglich den Regeln der StPO unterliegt.

341 Ermittlungsfunktionen ausserhalb der vorgenannten Polizeikräfte nehmen gemäss dem Recht des Bundes und der Kantone gestützt auf zumeist verwaltungsrechtlich ausgerichtete Spezialgesetze aber auch diverse **weitere Behörden** wie Jagdaufseher[16], Zollfahnder[17] und weitere Verwaltungsbehörden[18] wahr. Diese haben Straftaten, die im betreffenden Gebiet begangen wurden, festzustellen und den dafür zuständigen Strafbehörden (oft Verwaltungsstrafinstanzen[19]) zu melden. Sie üben ihre Tätigkeit üblicherweise gestützt auf die sie regelnden Spezialgesetze aus.

---

[15] Vorne N 165 ff.
[16] Art. 18 IV des BG über die Jagd und den Schutz wild lebender Säugetiere und Vögel vom 20.6.1986, SR 922.0.
[17] Nach Art. 100 ff. des Zollgesetzes vom 18.3.2005, SR 631.0. Vgl. allgemeiner Hinweis in E StBOG 4 lit. b.
[18] Etwa nach VStrR 19 oder die Kontrollorgane nach EmbG 4. Einen Sonderfall stellen die *Besonderen Untersuchungsmassnahmen der Eidg. Steuerverwaltung* nach DBG 190 ff. dar. Ausnahmsweise sind sogar *Private* mit Ermittlungsaufgaben betraut, so der *Kapitän von Hochseeschiffen*, vgl. Art. 57 des Seeschiffahrtsgesetzes vom 23.9.1995, SR 747.30 oder der *Kommandant eines Luftfahrzeugs* nach Art. 99 des Luftfahrtgesetzes vom 21.12.1948, SR 748.0.
[19] Im Bund etwa jene, die nach VStrR zuständig sind, vorne N 31, hinten N 364.

2. Rahmenvorschrift von StPO 15

2.1. Anwendbarkeit der StPO auf die polizeiliche Tätigkeit im Strafverfahren, StPO 15 I

StPO 15 I stellt klar, dass die **Tätigkeit der Polizei von Bund, Kantonen und Gemeinden, soweit sie der Strafverfolgung dient**, diesem Gesetz unterstellt ist. Entscheidend ist allein, ob sich die betreffende Tätigkeit in irgendeiner Weise materiell auf die Verfolgung von Straftaten des Bundesrechts bezieht. Der StPO untersteht also nicht nur die Tätigkeit der eigentlichen Kriminalpolizei, sondern auch z.B. jene der Verkehrspolizei, wenn sie sich mit der Verfolgung von SVG-Straftaten beschäftigt. Es ist weiter unerheblich, wie die betreffende Dienststelle bezeichnet ist (**materieller Begriff der Kriminalpolizei**). Die **übrigen Aufgaben** der Polizei, vor allem solche sicherheits- oder verkehrspolizeilicher Art, also vor allem ihre Tätigkeit zur Gefahrenabwehr, sind verwaltungsrechtlich zu ordnen, auf kantonaler Ebene also beispielsweise in den Polizeigesetzen[20].

342

2.2. Ermittlungstätigkeit der Polizei im Allgemeinen, StPO 15 II, 299 ff.

StPO 15 II erster Satz sowie StPO 299 ff. umreissen das **Wesen der polizeilichen Ermittlungstätigkeit**, nämlich das Ermitteln von Straftaten aus eigenem Antrieb oder auf behördliche bzw. private Anzeige hin und insbesondere im Auftrag der Staatsanwaltschaft. Allerdings hat die erstgenannte Bestimmung mehr programmatischen Charakter und verleiht selbst keine Befugnis zu polizeilichen Eingriffen. Die Tätigkeit der Polizei im Strafverfahren sowie die ihr dabei zustehenden Befugnisse und Eingriffsrechte ergeben sich vielmehr aus den zahlreichen StPO-Bestimmungen, die das eigentliche Verfahren und dabei die nähere Rolle der Polizei regeln. Es sind dies etwa StPO 198 I lit. c und die das Ermittlungsverfahren allgemein regelnden StPO 306 f. Jedenfalls ist ihre Tätigkeit nicht auf den «*ersten Zugriff*» beschränkt[21]; StPO 15 II erlaubt der Polizei, darüber hinaus die erforderlichen eigenen Ermittlungen zu tätigen.

343

Zu beachten ist, dass es **Bund und Kantonen obliegt, in gewissen Bereichen Sonderregeln über die polizeilichen Befugnisse im Vorverfahren zu erlassen**. Es gilt dies etwa nach StPO 142 II für die Einvernahme von Zeugen oder StPO 219 V für die Verlängerung einer Festnahme nach Ablauf von drei Stunden.

344

---

[20] Botschaft 1136.
[21] Zu diesem Postulat N. RUCKSTUHL in Anwaltsrevue 8/2007 324. Ein entsprechender Antrag war jedoch bereits im Zeitpunkt des Erscheinens dieses Beitrags vom Nationalrat als Zweitrat grossmehrheitlich abgelehnt worden, AB N 2007 944 f. Dazu hinten N 1218.

2.3. Weisungsbefugnisse von Staatsanwaltschaft und Gerichten, StPO 4 II, 15 II Satz 2 und III, 307 II; E StBOG 5 I, 13

345 Das in der StPO verwirklichte Staatsanwaltschaftsmodell ist eingliedrig, d.h., das aus polizeilichem Ermittlungsverfahren und staatsanwaltschaftlicher Untersuchung bestehende Vorverfahren stellt trotz dieser Unterteilung eine Einheit dar. Aus StPO 15 II Satz 2 folgt, dass das gesamte Vorverfahren der Staatsanwaltschaft untersteht. Die Staatsanwaltschaft wurde deshalb schon früher gelegentlich als «*Herrin des Vorverfahrens*» bezeichnet.

346 Aus StPO 15 II Satz 2 sowie StPO 4 II folgt einerseits, dass die Staatsanwaltschaft der Polizei – selbstredend im Rahmen der Gesetze, vorab der StPO selbst – **Weisungen** erteilen kann. Diese können sich auf die kriminalpolizeiliche Tätigkeit im Allgemeinen, jedoch ebenfalls auf die Tätigkeit in einem konkreten Fall beziehen, also z.B. in welcher Weise die Ermittlungsarbeit zu gestalten und darüber zu rapportieren ist. Wie StPO 307 II sowie 312 deutlich machen, schliesst dieses Weisungsrecht das Recht ein, der Polizei auch nach Eröffnung der Untersuchung Aufträge zu erteilen, also z.B. bestimmte Personen einzuvernehmen. Das Weisungsrecht bezieht sich allein auf den fachlichen Bereich, nicht aber auf organisatorische Fragen. Wie das Verhältnis von Polizei und Staatsanwaltschaft organisatorisch auszugestalten ist, bleibt den Kantonen überlassen. Die StPO lässt zu, schreibt aber nicht vor, dass die Kriminalpolizei ganz oder teilweise in die Staatsanwaltschaft integriert wird (nachfolgend Ziff. 4). Kongruent zum Weisungsrecht steht der Staatsanwaltschaft ein **Aufsichtsrecht** zu. Die Staatsanwaltschaft kann also jederzeit Auskunft über die bei der Polizei liegenden Strafverfahren oder Einsicht in die entsprechenden Akten verlangen oder etwa die handelnden Polizeifunktionäre zu Besprechungen zitieren.

347 Ist der Fall durch Anklageerhebung rechtshängig geworden (StPO 328 I), liegt das vorerwähnte **Weisungs- und Auftragsrecht beim zuständigen erst- oder zweitinstanzlichen Gericht** (StPO 15 III). So kann das Gericht der Polizei den Auftrag erteilen, ergänzende Erhebungen zu tätigen (z.B. die Breite einer Strasse auszumessen). Allerdings sollte aus Gründen der Gewaltentrennung dieses Weisungs- und Auftragsrecht von den Gerichten zurückhaltend eingesetzt werden.

3. Bundeskriminalpolizei als Ermittlungsbehörde des Bundes, E StBOG 4

348 Die polizeilichen Aufgaben werden im Bundesstrafverfahren von der im Rahmen der «Effizienzvorlage» mit Wirkung ab 1.1.2002 neu strukturierten **Bundeskriminalpolizei (BKP)**[22] wahrgenommen, die dem Bundesamt für Polizei unter-

---

[22] Effizienzvorlage in AS 2001 3303, 3314. – Mit V betr. die Überführung von Diensten der Staatsanwaltschaft des Bundes in das Bundesamt für Polizeiwesen vom 18.8.1999, SR 172.213.2, wurde die Bundespolizei per 1.9.1999 dem Bundesamt für Polizei unter-

stellt ist. Die Bundeskriminalpolizei und die andern in E StBOG 4 genannten Instanzen nehmen die Ermittlungsaufgaben wahr, die die StPO, namentlich im Rahmen des Ermittlungsverfahrens nach StPO 306 f., der Polizei zuweist. Dies können auch Polizeikräfte der Kantone sein, die alsdann der Weisung der Bundesanwaltschaft unterstehen (E StBOG 4 lit. d, 5 I)[23].

4. Polizei als Ermittlungsbehörde in den Kantonen

Angesichts der Organisationsfreiheit von Bund und Kantonen nach StPO 14 obliegt es **den Kantonen, die nach StPO 15 im Bereich der Strafverfolgung tätige Polizei in ihrer Gesetzgebung zu regeln**. Es stehen ihnen dafür die verschiedensten Modelle zur Verfügung, die hier nur mit einigen Hinweisen skizziert werden können. So steht es den Kantonen frei, ob sie die polizeiliche Tätigkeit im Rahmen der StPO auf ein kantonales Polizeikorps beschränken oder aber auch kommunale Polizeikorps wie z.B. eine Stadtpolizei mit diesen Befugnissen betrauen wollen. Es ist auch ohne Weiteres zulässig, z.B. einer Stadtpolizei nur die Verfolgung von gewissen Bagatelldelikten zuzuweisen. Möglich ist ferner, die **Kriminalpolizei in die Staatsanwaltschaft zu integrieren**, wie dies bisher im Kanton Basel-Stadt der Fall war[24]. Denkbar sind auch Mittellösungen, etwa in der Weise, dass zwar gewisse kriminalpolizeiliche Dienste administrativ dem Polizeikorps zugeordnet bleiben, dienstlich jedoch in die Staatsanwaltschaft eingegliedert werden.

349

§ 21 Staatsanwaltschaft als Untersuchungs- und Anklagebehörde, StPO 12 lit. b, 16, JStPO 6 I lit., E StBOG 7–22

Literaturauswahl: Neben der vorne zu § 19 zitierten Literatur AESCHLIMANN N 40; HAUSER/SCHWERI/HARTMANN §§ 26, 37; MAURER 362; OBERHOLZER N 125; PIQUEREZ (2006) N 400; DERS. (2007) N 371; SCHMID (2004) N 312.

ANDREAS LIENHARD/DANIEL KETTIGER, Die organisatorische Einordnung der Staatsanwaltschaft in die kantonale Behördenstruktur, Schweizerische Richterzeitung 2/2008; CHRISTOPH METTLER, Staatsanwaltschaft. Positionen innerhalb der Gewaltentrias, Funktion im Strafprozess und aufsichtsrechtliche Situation sowie Vorschlag einer Neuordnung, Basel/Genf/

---

stellt. Zur verfassungsmässigen Grundlage der Bundespolizei SJZ 87 (1991) 68 und BGE 117 Ia 202, 214 f. – Zu verweisen ist sodann auf die *Zentralstellen zur Bekämpfung des organisierten und international tätigen Verbrechens* nach dem BG über die kriminalpolizeilichen Zentralstellen des Bundes vom 7.10.1994, SR 360.

[23] Auch das *Militär* verfügt über Polizeidienste und entsprechende Befugnisse, vgl. V über die Polizeibefugnisse der Armee vom 26.10.1994 (VPA), SR 510.32.

[24] Näher Botschaft 1136 Mitte. In der Vernehmlassung wurde ein solches Modell mehrheitlich abgelehnt, ZEV 30 oben. – Ist eine *kantonale Polizei in Bundesaufgaben tätig*, untersteht sie den Weisungen und Aufsicht der Bundesanwaltschaft, 388 a.E.

München 2000; FRANZ RIKLIN, Zur Aufgabenverteilung zwischen Staatsanwaltschaft und Untersuchungsrichtern nach schweizerischem Strafprozessrecht, Gedächtnisschrift P. Noll, Zürich 1984, 369.

Materialien: Aus 29 mach 1 S. 29, 73, 131; VE 18–20; BeB 4; ZEV 24; E 16; Botschaft 1103 ff., 1136; AB S 2006 992, 994, 2007 715, AB NR 2007 943, 946.

Vgl. sodann Empfehlungen des Ministerkomitees des Europarates vom Oktober 2000 zur Rolle der Staatsanwaltschaft.

1. Funktionen der Untersuchungs- und Anklagebehörden, vor allem der Staatsanwaltschaft, im Allgemeinen

350 Die Übertragung der Strafgewalt an staatliche Organe und das daraus resultierende Justizmonopol (StPO 2)[25] sowie die bereits besprochenen Verfahrensmaximen wie der Anklage-[26] und Wahrheits- oder Untersuchungsgrundsatz[27] machen es notwendig, dass der später dem urteilenden Gericht zu unterbreitende **Prozessstoff gesammelt, aufgearbeitet, gesichtet und die gegen die beschuldigte Person schliesslich vorzubringenden Vorwürfe in Form einer Anklage konzentriert** werden. Dies geschieht im Rahmen des Vorverfahrens (StPO 299 ff.), welches aus dem bereits vorstehend skizzierten vorbereitenden polizeilichen Ermittlungsverfahren (StPO 306 f.)[28] und der anschliessenden Untersuchung (StPO 308 ff.)[29] besteht. Die Untersuchung, in welcher der Sachverhalt in tatsächlicher und rechtlicher Hinsicht so weit abgeklärt wird, dass das Verfahren entweder eingestellt oder aber Anklage erhoben werden kann, wird hauptsächlich von der Staatsanwaltschaft (vgl. StPO 308 I, gleich nachfolgend Ziff. 2 ff.), bei Übertretungen allenfalls von den besonderen Übertretungsstrafbehörden (StPO 17[30]) geführt.

2. Staatsanwaltschaft als Untersuchungs- und Anklagebehörde nach der Rahmenvorschrift von StPO 16 und 14 III, E StBOG 7–22

2.1. Funktionen der Staatsanwaltschaft im Rahmen des von der StPO gewählten Staatsanwaltschaftsmodells, StPO 16

351 StPO 16 umreisst nur sehr summarisch die Aufgaben der Staatsanwaltschaft im Rahmen der StPO. Die konkreten Funktionen dieser Behörde (die in ihren Funktionen zwischen einer Justizbehörde und der Exekutive steht) sowie ihre Befug-

---

[25] Vorne N 82 ff.
[26] Vorne N 203 ff.
[27] N 7, 153 ff.
[28] Hinten N 1216 ff.
[29] Hinten N 1224 ff.
[30] Hinten N 360 ff.

nisse ergeben sich aus den weiteren Bestimmungen der StPO. Wesentlich ist StPO 16 II, der bestimmt, dass die **Staatsanwaltschaft das Vorverfahren nach StPO 299 ff. leitet, die Straftaten im Rahmen der Untersuchung verfolgt, gegebenenfalls Anklage erhebt und diese vor Gericht vertritt.** Was die StPO in dieser Bestimmung mit einigen trockenen Worten umreisst, bringt nicht deutlich genug zum Ausdruck, dass die StPO unter den verschiedenen denkbaren Untersuchungsmodellen das **Staatsanwaltschaftsmodell** gewählt hat[31]. Entgegen andern Modellen, die früher in Bund und Kantonen gebräuchlich waren, verzichtet die StPO nämlich auf die Dualität von einem (unabhängigen, allein die Untersuchung führenden) Untersuchungsrichter und dem Staatsanwalt, der sich mehr oder weniger auf die Erhebung der Anklage und deren Vertretung vor Gericht konzentriert. Wie bereits im Zusammenhang mit den Weisungsbefugnissen der Staatsanwaltschaft der Polizei gegenüber (StPO 15 II Satz 2) erwähnt wurde[32], ist die Staatsanwaltschaft im Rahmen des für die StPO typischen eingliedrigen Verfahrens eigentlich die «**Herrin des Vorverfahrens**».

Das Staatsanwaltschaftsmodell bedeutet eine **Vereinigung der bisher oft getrennten Funktionen** von Leitung bzw. Führung der Voruntersuchung in den Phasen Ermittlung und Untersuchung sowie hernach der Anklageerhebung und -vertretung. Die dadurch bewirkte **Kompetenzkonzentration** in der Hand der Staatsanwaltschaft ist umso deutlicher, als diese weitgehend ebenfalls zur **Anordnung von Zwangsmassnahmen** zuständig ist (StPO 198 I lit. a). Der Gesetzgeber wählte dieses Modell primär aus **Effizienzgründen**: Mit dem Staatsanwaltschaftsmodell entfällt die Doppelspurigkeit von Untersuchungsrichter und Staatsanwalt. Das Modell ist allerdings im Laufe der Gesetzgebung immer wieder kritisiert worden. So wurde das Fehlen des mit dem Untersuchungsrichtermodell verbundenen «*Vieraugenprinzips*» bemängelt. Gelegentlich wurde sodann in Frage gestellt, ob die Aufsichtsmechanismen (StPO 14 V) zu genügen vermögen, um die Staatsanwaltschaft in Schranken zu halten. Immerhin ist zu berücksichtigen, dass die StPO als Gegengewicht – verglichen mit den meisten früheren Prozessgesetzen – eine wesentliche Verstärkung der Parteirechte, vorab jener der beschuldigten Person, brachte und Verfahrenshandlungen in einem weiteren Sinn der Staatsanwaltschaft mit Beschwerde (StPO 393 ff.) angefochten werden[33]. 352

StPO 16 I weist der Staatsanwaltschaft in genereller Weise die Aufgabe zu, «**für die gleichmässige Durchsetzung des staatlichen Strafanspruchs verantwortlich**» zu sein. Damit wird verdeutlicht, dass der Staatsanwaltschaft als zentraler 353

---

[31] Dazu und zum Folgenden eingehend Botschaft 1106 sowie BeB 15 ff.
[32] Vorne N 345f.
[33] Hinten N 1503 ff. – Der Gesetzgeber sah davon ab, im *Jugendstrafverfahren* dieses Modell ebenfalls zwingend den Kantonen vorzuschreiben: Die Kantone können nach JStPO 6 II entweder Jugendrichter oder Jugendanwälte für die Untersuchung einsetzen; führt ein Jugendrichter (der Mitglied des urteilenden Gerichts ist) die Untersuchung, erhebt ein Jugendstaatsanwalt die Anklage (JStPO 33 II lit. a).

Strafbehörde im Vorverfahren die Pflicht zukommt, das in StPO 7 I statuierte **Offizial- und Legalitätsprinzip umzusetzen**[34], also dafür besorgt zu sein, dass die zur Kenntnis der Strafbehörden gelangenden Delikte auch wirklich und ohne Rücksicht auf die Person der Verdächtigen verfolgt werden. StPO 16 I, der sinngemäss weitgehend StPO 7 I wiederholt, ist allerdings eher deklaratorischer Natur bzw. eine Bestimmung primär mit Appellwirkung. Die konkreten Pflichten der Strafverfolgungsbehörden und namentlich der Staatsanwaltschaft ebenso wie ihre entsprechenden Befugnisse ergeben sich aus den nachfolgenden Verfahrensvorschriften, namentlich jenen zum Vorverfahren (StPO 299 ff.). Aus StPO 16 I bzw. 7 I direkt können jedenfalls keine Verfahrens- und Eingriffsmöglichkeiten der Staatsanwaltschaft abgeleitet werden. Zu beachten ist, dass die Staatsanwaltschaft zwar im administrativen Bereich Oberbehörden wie einem Regierungsrat unterstellt werden kann; **bei der Behandlung der einzelnen Straffälle ist sie jedoch unabhängig** i.S. von StPO 4 I.

2.2. Schaffung einer Ober- oder Generalstaatsanwaltschaft, StPO 14 III und die weitere Organisation der Staatsanwaltschaft

354 In Präzisierung der in StPO 14 I allgemein umrissenen Freiheit von Bund und Kantonen bei der Organisation ihrer Strafbehörden räumt ihnen StPO 14 III (bzw. JStPO 8 III für das Jugendstrafverfahren) die Möglichkeit ein, als vorgesetzte Behörde der Staatsanwaltschaft eine **Ober- oder Generalstaatsanwaltschaft** einzusetzen. Damit wird dem Umstand Rechnung getragen, dass in mittleren und grösseren Kantonen, aber auch im Bund zur straffen und effizienten Führung der möglicherweise recht zahlreichen Staatsanwälte oder (z.B. bei regionaler oder fachlicher Aufgliederung) der verschiedenen Amtsstellen der Staatsanwaltschaft hierarchische Strukturen notwendig sind[35]. Es ist wünschenswert, dass auch in kleineren Kantonen die Staatsanwälte unter einer einheitlichen Leitung stehen.

355 Die StPO äussert sich nicht näher, wie **Bund und Kantone bei Einsetzung einer Ober- oder Generalstaatsanwaltschaft die Gesamtbehörde Staatsanwaltschaft im Einzelnen zu strukturieren haben**. Jüngere Entwicklungen noch unter der Herrschaft des kantonalen Prozessrechts etwa in den Kantonen Zürich, Solothurn und Zug zeigen indessen, dass je nach Grösse des Kantons bzw. Anzahl der Staatsanwälte **zwei Grundmodelle** denkbar sind. Zum einen gibt es die Möglichkeit, dass die **Oberstaatsanwaltschaft als selbstständige, von der Staatsanwaltschaft organisatorisch getrennte Behörde** strukturiert wird, die sich im Prinzip auf Leitungs- und Aufsichtsfunktionen beschränkt und allenfalls die Vertretung des Kantons vor den Justizbehörden des Bundes übernimmt (so

---

[34] Botschaft 1136 unten. – Zum Offizial- und Legalitätsprinzip nach StPO 7 vorne N 164 ff.
[35] Vgl. AB S 2007 715.

oder ähnlich Kantone Bern oder Zürich). Oder aber der **Oberstaatsanwalt ist** (ohne Schaffung einer eigenen Behörde) **zur Leitung der Staatsanwaltschaft berufen** (Modell Bund, nachfolgend Ziff. 3[36], sowie Kantone Solothurn und Zug). Das letztgenannte Modell einer solchen einheitlichen Staatsanwaltschaft unter Leitung des Oberstaatsanwalts könnte mit Blick auf StPO 14 III als «**unechter**» **Typus einer Ober- oder Generalstaatsanwaltschaft** bezeichnet werden. Eine solche Leitungsstruktur ist zwar ohne Weiteres mit der StPO vereinbar. Fraglich ist allerdings, ob sie bezüglich ihrer Kompetenzen in allen Bereichen mit jener Ober- oder Generalstaatsanwaltschaft vergleichbar ist, die bei der Schaffung der StPO im Vordergrund stand, nämlich solche einer selbstständigen, von der ihr unterstellten Staatsanwaltschaft getrennten Behörde. Vor allem stellt sich die Frage, ob und inwieweit StPO 322 I (Genehmigung der Einstellungsverfügungen), StPO 354 I lit. c (Einsprache gegen Strafbefehl) und StPO 381 II (Rechtsmittellegitimation) auf diese Form der Leitung der Staatsanwaltschaft durch einen Oberstaatsanwalt anwendbar sind. Einiges spricht dafür, dass in dieser Konstellation der unechten Ober- oder Generalstaatsanwaltschaft die Genehmigungsvorschriften spielen, nicht hingegen die Möglichkeit einer Anfechtung, erscheint es doch als problematisch, dass der Ober- oder Generalstaatsanwalt Entscheide seiner eigenen Amtsstelle anfechten kann. Es ist grundsätzlich nicht möglich, dass eine Behörde Rechtsmittel gegen ihre eigenen Entscheide einlegt[37].

Unabhängig davon, ob Bund oder Kantone ihre Staatsanwaltschaft mit oder ohne eine General- oder Oberstaatsanwaltschaft im vorgenannten Sinn ausgestalten, stehen **verschiedene Organisationsmodelle zur Verfügung**. So können regional zuständige Staatsanwaltschaften oder aber Staatsanwaltschaften für gewisse Arten der Kriminalität (z.B. Drogen-, Wirtschaftskriminalität) geschaffen werden, und es ist auch möglich, diese Staatsanwaltschaften unter die Führung z.B. von **leitenden Staatsanwälten** zu stellen, die ihrerseits der Ober- oder Generalstaatsanwaltschaft unterstehen (so bisher im Kanton Zürich). Die vorerwähnten Einstellungsverfügungen bzw. Strafbefehle dieser leitenden Staatsanwälte sind wie solche «*gewöhnlicher*» Staatsanwälte zu betrachten, d.h. die Kantone können nach Massgabe von StPO 322 I, 354 I lit. c oder 381 II die Rolle dieser leitenden Staatsanwälte definieren. Problematisch könnte sein, diesen leitenden Staatsanwälten die vorerwähnten Beschwerde- bzw. Einspracherechte gegen Einstellungsverfügungen und Strafbefehle der ihnen unterstellten Staatsanwälte einzuräumen, da die StPO nach ihrem Wortlaut diese der Ober- oder Generalstaatsanwaltschaft vorbehält. Erwähnt sei schliesslich, dass die Kantone – eben-

356

---

[36] E StBOG 9 ff. mit dem Bundesanwalt, dem stellvertretenden Bundesanwalt und den Leitenden Staatsanwälten.

[37] Nach E StBOG 14 sollen Einstellungs-, Nichtanhandnahme- und Sistierungsverfügungen von Staatsanwälten durch die Leitenden Staatsanwälte, solche von Leitenden Staatsanwälten durch den Bundesanwalt zu genehmigen sein. Eine Einsprache gegen Strafbefehle der Staatsanwälte durch den Bundesanwalt etc. ist nicht vorgesehen.

falls in ihren Einführungsgesetzen – bestimmen, inwieweit Untersuchungshandlungen in Anwendung von StPO 311 I **Mitarbeitern übertragen werden sollen**[38].

3. Bundesanwaltschaft als Untersuchungs- und Anklagebehörden des Bundes, E StBOG 7–22

357 Soweit Bundesgerichtsbarkeit nach StPO 23 und 24 gegeben ist[39], werden die staatsanwaltschaftlichen Funktionen der Bundesanwaltschaft zugewiesen, die die Funktion der Staatsanwaltschaft des Bundes (so noch in dieser Benennung etwa in StPO 24 ff.) ausübt (E StBOG 7). Die Bundesanwaltschaft steht unter der Leitung des vom **Bundesrat gewählten Bundesanwalts**[40]. Dieser nimmt die Funktion eines Oberstaatsanwalts i.S. von StPO 14 V ein (dazu vorne Ziff. 2.2.). Ihm unterstellt sind zwei Stellvertretende Bundesanwälte, die Leitenden Staatsanwälte, die Staatsanwälte und die weiteren Mitarbeiter (E StBOG 9–12). Zu beachten sind die **Weisungsbefugnisse** nach StPO 4 II innerhalb der Bundesanwaltschaft nach E StBOG 13.

358 Die Bundesanwaltschaft ist in **Bern domiziliert, kann jedoch mit Einwilligung des Bundesrats regionale Filialen betreiben** (E StBOG 8). Sie soll nach dem bundesrätlichen Konzept der Aufsicht des Bundesrats bzw. des EJPD unterstehen (E StBOG 20–22)[41].

4. Staatsanwaltschaft der Kantone

359 Wie sich aus den vorstehenden Darlegungen vorab in Ziff. 2 ergibt, stehen den Kantonen diverse Freiheiten in der Ausgestaltung ihrer Staatsanwaltschaften zu. Die StPO geht davon aus, dass sie **die ihren Bedürfnissen entsprechende Organisationsform in ihren Einführungsgesetzen bestimmen**. Diese Bedürfnisse ergeben sich vorab aus der Grösse des Kantons sowie seiner Bevölkerungs- und Wirtschaftsstruktur. Teilweise ist die Organisationsform auch davon abhängig, ob die Verfolgung der Übertretungen nach StPO 17 besonderen Übertretungsstrafbehörden übertragen wird.

---

[38] Z.B. Untersuchungsbeamte, wie sie schon bisher in einzelnen Kantonen wie Solothurn im Einsatz waren.

[39] Hinten N 411 ff.

[40] Zu den Diskussionen zur Organisation der Bundesanwaltschaft und die Aufsicht über diese vgl. den Bericht der GPK des Nationalrats und den Bericht des Bundesrats dazu vom 5.9.2007 in BBl 2009 1979 ff.

[41] Die Aufsicht über die Bundesanwaltschaft war im Vorfeld des bundesrätlichen Antrags zum StBOG *der* grosse Streitpunkt, vgl. dazu einlässlich Botschaft BBl 2008 8157 ff. Nach dem Beschluss des Ständerats als Erstrat vom 9.6.2009 soll der Bundesanwalt vom Parlament gewählt und die Bundesanwaltschaft von einer eigens zu schaffenden Aufsichtskommission beaufsichtigt werden, AB S 2009 587 ff.

§ 22 Übertretungsstrafbehörden, StPO 12 lit. c, 17, 357

Literaturauswahl: Neben der vorne zu § 19 zitierten Literatur SCHMID (2004) N 325.

Materialien: Aus 29 mach 1 S. 73; VE 21; BeB 42; ZEV 24; E 17; Botschaft 1136; AB S 2006 992, 994, AB NR 2007 943, 947, 1025.

1. Fakultative besondere Übertretungsstrafbehörden nach StPO 12 lit. c, 17, 357

StPO 17 räumt Bund und Kantonen die Möglichkeit ein, die Verfolgung und Ahndung von Übertretungen, also die allein mit Busse geahndeten Straftaten (StGB 103) Verwaltungsbehörden zu übertragen[42]. Es sind dies Behörden, die nicht richterlich sind. Es kann sich entweder um Behörden handeln, die primär Verwaltungsaufgaben wahrnehmen. Möglich ist jedoch ebenfalls, dass sich diese Behörden allein mit der Verfolgung von Übertretungen befassen. Da StPO 17 sehr offen ausgestaltet ist, erlaubt diese Norm vorab den Kantonen die Weiterführung jener Tradition, die die **Verfolgung von Übertretungen in die Hände von Behörden wie Regierungsstatthaltern, Präfekten, Polizeirichtern oder andern Verwaltungsbehörden** legte und die bisher in StGB 339 ihre Grundlage hatte. Dadurch, dass diese **Zuweisung fakultativ** ausgestaltet ist, können jene Kantone, die die Verfolgung der Übertretungen bereits früher der Staatsanwaltschaft übertragen hatten, diese Kompetenzregelung weiterführen[43]. Denkbar sind auch **Mischsysteme,** indem z.B. nur SVG-Übertretungen den Verwaltungsbehörden zugewiesen werden. Zulässig mit Blick auf StPO 17 I wäre es wohl auch, Übertretungen nur bis zu einer gewissen Bussenhöhe einer besonderen Übertretungsstrafbehörde zuzuweisen und höhere Bussen dem ordentlichen Verfahren, also beginnend mit der Untersuchung durch den Staatsanwaltschaft nach StPO 308 ff., vorzubehalten. Denkbar ist sodann, dass **innerhalb der Staatsanwaltschaft Verbrechen und Vergehen durch Staatsanwälte, Übertretungen durch Verwaltungsbeamte** verfolgt werden[44]. 360

Zwingend ist indessen StPO 17 II: Staatsanwaltschaft und Gerichte sind zur Verfolgung zuständig, wenn die **Übertretung im Zusammenhang mit einem Verbrechen oder Vergehen** begangen wurde; allerdings können nach StPO 30 aus sachlichen Gründen (bei drohender Verjährung der Übertretung) **die Verfahren getrennt werden.** Im Vordergrund bei der Anwendung von StPO 17 II steht die **Idealkonkurrenz.** Es sind dies beispielsweise SVG-Übertretungen, die zusammen mit einer fahrlässigen Körperverletzung oder Tötung im Strassenverkehr begangen wurden. Die Regel gilt jedoch darüber hinaus für **Delikte, die im Rahmen des gleichen Lebensvorgangs** begangen wurde, z.B., wenn bei einer 361

---

[42] *Nicht im Jugendstrafverfahren*, JStPO 3 II lit. a.
[43] Botschaft 1136.
[44] Hinten N 1353.

Auseinandersetzung zuerst Ehrverletzungen begangen werden, der Streit dann aber in Tätlichkeiten gipfelt. Ein bloss persönlicher Konnex (ein Dieb hat in ganz anderem Zusammenhang noch eine SVG-Übertretung begangen) genügt nicht.

362 Werden Verwaltungsbehörden zur Verfolgung von Übertretungen eingesetzt, so haben sie in diesem Bereich die **Kompetenzen einer Staatsanwaltschaft** (StPO 357 I). Allerdings sind diese Befugnisse etwa im Bereich der Zwangsmassnahmen beschränkt, vorab, weil die einschneidendsten dieser Massnahmen nur bei Verbrechen oder Vergehen zulässig sind[45]. Übertretungsstrafbehörden geniessen bei der Verfolgung von Übertretungen im Rahmen von StPO 4 **richterliche Unabhängigkeit**[46], d.h., sie sind in diesem Bereich abgesehen von denkbaren gesetzlichen Weisungsbefugnissen nach StPO 4 II nicht weisungsabhängig von den ihnen hierarchisch übergeordneten Verwaltungsinstanzen.

363 Das **Übertretungsstrafverfahren** ist summarisch in StPO 357[47] geregelt.

2. Übertretungsstrafbehörden des Bundes

364 StPO 17 und 357 lassen diese Wahlmöglichkeit zwischen Verwaltungsbehörden und Staatsanwaltschaft auch dem Bund offen. Im E StBOG soll darauf verzichtet werden, für **gemeinrechtliche Delikte**, wie jenen nach StGB, besondere Übertretungsstrafbehörden einzusetzen. Dies bedeutet, dass die Bundesanwaltschaft Übertretungen zu verfolgen und allenfalls mit Strafbefehl zu ahnden hat. Immerhin ist zu erwähnen, dass sich unter den in die Bundesgerichtsbarkeit fallenden Delikten nach StPO 23 und 24 auch Übertretungen befinden (vgl. etwa StPO 23 I lit. k). Im Bereich des **Verwaltungsstrafrechts** gemäss VStrR – im vorliegenden Zusammenhang wohl der relevanteste Bereich der Bundesgerichtsbarkeit – ist die von StPO 17 I eröffnete Möglichkeit bereits ausgeschöpft (vgl. VStrR 32 ff.)[48].

3. Übertretungsstrafbehörden der Kantone

365 Wie schon vorstehend in Ziff. 1 sowie allgemein vorne zu StPO 14[49] dargelegt, steht den Kantonen insbesondere beim Aufbau ihrer Übertretungsstrafbehörden eine recht grosse Freiheit wie auch die Möglichkeit offen, ihre angestammten

---

[45] Dazu hinten N 974.
[46] Botschaft 1137. Zum Weisungsrecht oberer Behörden vgl. N 345 ff.
[47] Hinten N 1361. Im VE 418 ff. bzw. E 361 ff. war das Übertretungsverfahren einlässlicher geregelt.
[48] Die *Steuerhinterziehung,* eine Übertretung, wird nach den Normen des Steuerrechts auf besonderen Wegen verfolgt, so nach DBG 188, 190 ff., StHG 57bis sowie den entsprechenden kantonalen Steuerstrafnormen.
[49] N 322 ff.

Institutionen bei der Verfolgung der Übertretungen weiterzuführen. Dies bedeutet, dass sie diese der **Staatsanwaltschaft** übertragen können.

Die andere Möglichkeit ist der **Einsatz von Verwaltungsstellen ausserhalb der eigentlichen Justiz**, auf welchen Fall StPO 17 in erster Linie zugeschnitten ist. Die Kantone haben diese Behörden zu bestimmen, wobei StPO 17 nicht ausschliesst, je nach Art der Übertretung und Höhe der Busse, verschiedene Behörden als für zuständig zu erklären oder Mischsysteme zu betreiben (vorne Ziff. 1).

366

3. Abschnitt: Gerichte, StPO 13, 18–21, JStPO 7

§ 23 Zwangsmassnahmengericht, StPO 13 lit. a, 18, JStPO 7 I lit. a, E StBOG 56

Literaturauswahl: Neben der vorne zu § 19 zitierten Literatur (vorwiegend zum Haftrichter oder Haftgericht) AESCHLIMANN N 100; HAUSER/SCHWERI/HARTMANN § 26 N 4; MAURER 91; OBERHOLZER N 142; PIQUEREZ (2006) N 853; DERS. (2007) N 666; SCHMID (2004) N 429, 690.

Materialien: Aus 29 mach 1 S. 73, 139; VE 22–27; BeB 43 ff.; ZEV 24 f.; E 18; Botschaft 1137, 1381; AB S 2006 992, 994, AB N 2007 943, 947.

1. Zwangsmassnahmengericht nach StPO 18 im Allgemeinen

1.1. Funktion des Zwangsmassnahmengerichts

Die StPO schreibt Bund und Kantonen die **Einführung eines Zwangsmassnahmengerichts in erster Linie als erforderliches Gegengewicht zur starken Stellung von Polizei und Staatsanwaltschaft im Vorverfahren vor**[50]. Der Übergang zum Staatsanwaltschaftsmodell machte jedenfalls die Einführung einer richterlichen Instanz für die Bewilligung von Untersuchungshaft notwendig. Für jene Kantone, die bisher bereits einen Haftrichter kannten, stellt die Institution keine wesentliche Neuerung dar. StPO 18 dehnt jedoch die Befugnisse dieses Gerichts oder Richters über die Haftanordnung (siehe vor allem StPO 225 ff., 229 I) hinaus auf alle Zwangsmassnahmen aus, die von einem Richter angeordnet oder genehmigt werden müssen. Es sind dies die Anordnung von Massenuntersuchungen mittels DNA-Analysen (StPO 256[51]), die Genehmigung der Überwachung des Post- und Fernmeldeverkehrs (StPO 272, 274)[52], des Einsatzes technischer Überwachungsgeräte (StPO 281 IV i.V. mit Art. 272, 274)[53] bzw.

368

---

[50] Dazu und zum Folgenden Botschaft 1137 f.
[51] Näher hinten N 1095 ff.
[52] Näher hinten N 1147 ff.
[53] Hinten N 1168.

von verdeckten Ermittlern (StPO 289)[54] sowie die Überwachung von Bankbeziehungen (StPO 284)[55]. Wie schon bisher in einzelnen Kantonen üblich, ist es zulässig, **dem Zwangsmassnahmengericht auch richterliche Aufgaben ausserhalb des Strafverfahrens zuzuweisen**. Zu denken ist vorab an die Überprüfung der Rechtsmässigkeit und Angemessenheit von Haftmassnahmen nach Art. 80 des BG über die Ausländerinnen und Ausländer vom 16.12.2005 (Ausländergesetz, AuG)[56], aber auch solche des kantonalen Polizeirechts[57].

1.2. Organisation des Zwangsmassnahmengerichts

369 Wie Bund und Kantone das **Zwangsmassnahmengericht organisieren** wollen, steht ihnen in Anwendung von StPO 14 weitgehend frei. Sie können dafür ein **Einzelgericht oder aber ein Kollegialgericht** einsetzen. Dabei sind allerdings gewisse Leitplanken zu beachten: Zunächst schreibt StPO 18 II vor, dass Mitglieder des Zwangsmassnahmengerichts im gleichen Fall nicht gleichzeitig als Sachrichter amten können, eine Regelung, die sich nicht zwingend aus der EMRK oder der BV ergibt[58], im Sinn einer klaren Regelung und zur Vermeidung von Ausstandsanträgen nach StPO 56 ff. wegen Vorbefassung bzw. Befangenheit aber zu begrüssen ist. Ferner ist zu beachten, dass in gewissen Fällen gegen Entscheide des Zwangsmassnahmengerichts eine Beschwerde an die Beschwerdekammer zulässig ist (StPO 20 I lit. c; etwa StPO 222 II, 279 III).

370 Insbesondere mit Blick auf die vorgenannten Beschwerdemöglichkeiten steht die **Ansiedlung des Zwangsmassnahmengerichts** auf **erstinstanzlicher Stufe** im Vordergrund. Wird die Unabhängigkeit der Beschwerdeinstanz in personeller Hinsicht gegenüber einem auf zweiter Instanzenstufe angesiedelten Zwangsmassnahmengericht gewährleistet, ist nach der Botschaft allerdings auch ein solches auf der **Stufe der zweiten Instanz** möglich[59]. Denkt man primär an ein

---

[54] Näher hinten N 1191 f.
[55] Näher hinten N 1177.
[56] SR 142.20. Zu den Anforderungen bezüglich zweier Instanzen BGE 135 II 94.
[57] So der Gewahrsam nach kantonalen Polizeigesetzen oder die in verschiedenen Kantonen anzutreffenden *Gewaltschutzgesetzen*, etwa nach § 13 f. des zürcherischen Gewaltschutzgesetzes vom 19.6.2006, LS 351, bis fünf Tage. Dabei ergeben sich Abgrenzungsfragen etwa zur Friedensbürgschaft nach Art. 66 StGB, die nach Art. 382 f., dazu N 1418 ff., ebenfalls vom Haftrichter angeordnet wird, dazu N 1422.
[58] Dazu mit Hinweisen BeB VE 43 f.
[59] So jedenfalls Botschaft 1138 (unter Hinweis darauf, dass ein Mitglied des Zwangsmassnahmengerichts nicht zugleich Beschwerden gegen Entscheide dieses Gerichts beurteilen kann). Anders der BeB 43 Mitte, der von einer Ansiedelung auf der Stufe der ersten Instanz sprach. Die Ansiedelung auf zweitinstanzlicher Stufe – vor allem denkbar bei kleineren und mittleren Kantonen – erleichtert wohl die einheitliche Durchsetzung des Zwangsmassnahmenrechts, ergibt jedoch Probleme bezüglich Vorbefassung (Zwangsmassnahmerichter dürfen nicht mit Beschwerderichtern identisch sein). Empfehlenswert jedoch aus Gründen der Fachkompetenz, die Befugnis bei «qualifizierten» Massnahmen wie geheime

Zwangsmassnahmengericht auf unterer Instanzenstufe, stehen Bund und Kantonen eine Vielzahl von Gestaltungsmöglichkeiten offen. So können sie ein selbstständiges, organisatorisch von den andern Gerichten getrenntes Gericht schaffen, wobei sie mit der fraglichen Funktion einen **einzelnen Richter oder aber ein Kollegialgericht** betrauen können. Möglich ist aber auch, dass ein Richter oder der Präsident des erstinstanzlichen Gerichts diese Funktion übernimmt. Es spricht sodann nichts dagegen (und könnte in kleineren Kantonen durchaus eine Option darstellen), z.B. ein **Zivil- oder Verwaltungsgericht** mit der Funktion des Zwangsmassnahmengerichts zu betrauen.

2. Zwangsmassnahmengerichte in Bundesstrafsachen, E StBOG 56

Das E StBOG sieht davon ab, für Bundesstrafsachen eigene Zwangsmassnahmen einzurichten, da dies wegen der verschiedenen Standorte der Bundesanwaltschaft nur mit Schwierigkeiten zu bewältigen wäre. Stattdessen überträgt E StBOG 56 die **Aufgabe des Zwangsmassnahmengerichts den entsprechenden kantonalen Gerichten** am Sitz der Bundesanwaltschaft bzw. ihrer Zweigstellen, die über alle Zwangsmassnahmen nach StPO 18 I entscheiden[60]. Massgebend ist dabei der Ort, an dem das Verfahren geführt wird (E StBOG 56 II). **Beschwerden** gegen dessen Entscheide sind jedoch an das Bundesstrafgericht zu richten (E StBOG 56 III). 371

3. Zwangsmassnahmengerichte in den Kantonen

Wie vorstehend in Ziff. 1.2. ausgeführt, steht den Kantonen auch bei der Organisation des Zwangsmassnahmengerichts eine **Vielzahl von Gestaltungsmöglichkeiten** offen, von denen auch hier je nach Grösse des Kantons usw. unterschiedlich Gebrauch zu machen sein wird. Gleiches gilt dafür, wie diese **Instanz zu bezeichnen** ist. Teilweise werden das zu wählende System wie auch die Bezeichnung dadurch vorgegeben sein, ob der betreffende Kanton schon bisher einen Haftrichter hatte und dessen Institution – angepasst an die Erfordernisse der StPO und die nun wohl überall erweiterten Befugnisse des Zwangsmassnahmengerichts – mehr oder weniger unverändert weitergeführt werden kann. Wenig empfehlenswert dürfte sein, die in einigen Kantonen vorhandenen Anklagekammern mit dieser Bezeichnung als Zwangsmassnahmengericht weiterzuführen[61]. 372

Überwachungen *kantonal zu zentralisieren* (und vorab für die Haftmassnahmen dezentrale Gerichte vorzusehen), wie dies früher StGB 348 bei der Telefonüberwachung verlangte.

[60] Alsdann gilt auch eine im *betreffenden Kanton allenfalls gewählte unterschiedliche Zuständigkeit* für Haft- und qualifizierte Zwangsmassnahmen gemäss vorstehender Fn.

[61] Dazu N 386.

§ 24 Erstinstanzliches Gericht, StPO 13 lit. b, 19, JStPO 7 I lit. b, E StBOG 23–27

Literaturauswahl: Neben der vorne zu § 19 zitierten Literatur AESCHLIMANN N 84; HAUSER/SCHWERI/HARTMANN §§ 9 VII, 27; MAURER 88; OBERHOLZER N 145; PIQUEREZ (2006) N 426, 442; SCHMID (2004) N 334.

LAURENT MOREILLON/MICHEL DUPUIS/MIRIAM MAZOU, La pratique judiciaire du Tribunal pénal fédéral, cinq ans de jurisprudence, JdT 156 (2008) 66.

Materialien: Aus 29 mach 1 S. 73, 139; VE 22–27; BeB 43 ff.; ZEV 25 f.; E 19; Botschaft 1138 f.; AB S 2006 992, 995 f., AB N 2007 943, 947 f.

1. Funktion der Erkenntnisbehörden, insbesondere der Gerichte im Allgemeinen

373 Die **Erkenntnisbehörden, vorab die Gerichte**, haben darüber zu befinden,
- ob die beschuldigte Person in objektiver und subjektiver Hinsicht den ihr (in der Anklage) vorgeworfenen Straftatbestand erfüllt hat;
- ob die weiteren Voraussetzungen der Strafbarkeit in positiver und negativer Hinsicht (Rechtfertigungs- und Schuldausschlussgründe; Prozessvoraussetzungen usw.) erfüllt sind, und
- wenn alle diese Voraussetzungen einer Strafbarkeit erfüllt sind, welche strafrechtlichen Sanktionen daran zu knüpfen sind.

374 Entgegen den im Vorverfahren tätigen Behörden, deren Funktionen im Vorverfahren vorbereitend-untersuchend sind, sind jene der Gerichte **abschliessend-urteilend**.

2. Rahmenvorschrift von StPO 19

375 StPO 19 I besagt, dass Bund und Kantone in Strafsachen ein oder mehrere **erstinstanzliche Gerichte** einzusetzen haben. Diese Gerichte beurteilen alle Straftaten, welche nicht in die Zuständigkeit anderer Behörden fallen. Wie sich in Abgrenzung zu dem anschliessend zu besprechenden Einzelgericht ergibt, ist dieses erstinstanzliche Gericht ein **Kollegialgericht, das seine rechtsprechenden Funktionen mit mindestens drei Mitgliedern** ausübt. Eine Mindest- oder Höchstzahl von Richtern schreibt die StPO für die erstinstanzlichen wie auch die weiteren Gerichte indessen nicht ausdrücklich vor (vgl. aber JStPO 7 II).

376 StPO 19 II räumt Bund und Kantonen die Möglichkeit ein, **Einzelgerichte** vorzusehen, d.h. eine Instanz, in welcher ein einzelner Richter urteilt. Sehen Bund und Kantone solche Einzelgerichte vor, so richtet sich deren Zuständigkeit mindestens nach den ursprünglichen Materialien zwingend nach StPO 19 II lit. a. und lit. b, d.h., die Kantone können demnach nicht abweichende Zuständigkeitsregeln erlassen. Darnach beurteilen Einzelgerichte einerseits **Übertretungen**, im

wichtigsten Fall wohl auf Einsprache gegen Strafbefehle hin (StPO 357 II i.V. mit 356). Sie beurteilen sodann **Verbrechen oder Vergehen,** es sei denn, die Staatsanwaltschaft beantrage eine Freiheitsstrafe von mehr als zwei Jahren[62], eine Verwahrung nach StGB 64 oder eine Behandlung nach StGB 59 III[63]. Im Fall von Freiheitsstrafen ist beim gleichzeitigen Widerruf bedingter Sanktionen oder bedingter Entlassungen das Einzelgericht zuständig, wenn zusammengerechnet der Freiheitsentzug nicht mehr als die erwähnten zwei Jahre dauert[64].

3. Bundesstrafgericht als erstinstanzliches Gericht des Bundes, BV 191a I I, E StBOG 23 ff.

Das früher bestehende, als Kammer des Bundesgerichts existierende Bundesstrafgericht wurde per 1.4.2004 durch das **(erstinstanzliche) Bundesstrafgericht** gemäss BV 191a I sowie vor allem dem BG über das Bundesstrafgericht (SGG) vom 4.10.2002[65] abgelöst. Die gesetzlichen Grundlagen dieses Gerichts sollen sich künftig in E StBOG 23 ff. finden. Dieses Gericht hat seinen **Sitz in Bellinzona** (E StBOG 23 I). Die vereinigte Bundesversammlung wählte am 1.10.2003 zunächst 11 Richter; beim Vollausbau soll das Gericht 15 bis 35 Richter umfassen (näher E StBOG 32). Das neue Bundesstrafgericht, das in verschiedene Kammern gegliedert ist (E StBOG 24), übernahm **diverse Befugnisse**, die früher beim Bundesgericht lagen. Neben justizverwaltungsrechtlichen Kompetenzen sind es primär die nachfolgenden Rechtsprechungsbefugnisse:

377

Erstinstanzliche Befugnisse üben beim Bundesstrafgericht eine oder mehrere **Strafkammern** aus, welche die dem Gericht erstinstanzlich unterbreiteten Fälle in der Kompetenz des Bundes (StPO 23 und 24) zu beurteilen haben (BV 191a I,

378

---

[62] Für *Unabänderlichkeit der Strafkompetenz bis zwei Jahre* klar die Botschaft 1139 Mitte. Entgegen dieser Äusserung wird heute überwiegend – so offenbar auch von EJPD – angenommen, die Kantone könnten die Kompetenz ihrer Einzelrichter auf ein geringeres Strafmaximum beschränken. In diese Richtung bereits RK S 29.5.2006 S. 12 oben und AB N 2007 948. Verweist eine Prozessordnung auf StPO 19 II, ohne sich zur Kompetenz zu äussern (wie E StBOG 27 II für den Einzelrichter des Bundesstrafgerichts, nachfolgend N 378), so geht die Kompetenz bis zwei Jahre Freiheitsstrafe.

[63] Ausgeschlossen auch spätere Änderungen des Urteils über StPO 19 II hinausgehend im Rahmen des sog. *Nachverfahrens* nach StPO 363 ff., etwa solche nach StGB 65, hinten N 1391.

[64] Bzw. das kantonal vorgesehene abweichende Strafmaximum. – Bei *verschiedenen Strafarten* hat für das Zusammenrechnen eine Umrechnung nach StGB 36 I bzw. 39 II (180 Tagessätze Geldstrafe = 720 Stunden gemeinnützige Arbeit = 6 Monate Freiheitsstrafe) zu erfolgen (für StPO 352 vgl. hinten N 1355). Gleiches gilt, wenn *verschiedene Sanktionen kumuliert werden*, wobei für die Berechnung des Strafmaximums nach StPO 19 II lit. b eine *allfällig zusätzlich verhängte Busse* nicht zu berücksichtigen ist. – Keine Einzelrichter im Jugendstrafverfahren (vgl. aber JStPO 34 IIII bei der Beurteilung von Strafbefehlen).

[65] Siehe AS 2003 2133, SR 173.71. Zur (bisherigen) Organisation des Bundesstrafgerichts vgl. das Reglement für das Bundesstrafgericht vom 20.6.2006, SR 173.10.

143

näher E StBOG 24, 26 f.). Zu beachten sind sodann die **einzelrichterlichen Befugnisse des Präsidenten der Strafkammer** oder eines von ihm bezeichneten Richters (E StBOG 27 II). Das **Verfahren des Bundesstrafgerichts** richtet sich nunmehr nach der StPO sowie dem StBOG, insbesondere nach StPO 328 ff. (E StBOG 30 I, Ausnahmen in Abs. 2 dieser Bestimmung)[66].

4. Erstinstanzliche Strafgerichte der Kantone

379 Abgesehen von der vorne in Ziff. 1.2. geschilderten Abgrenzung von (kollegialem) erstinstanzlichem Gericht und Einzelgericht bleibt den Kantonen in Anwendung von StPO 14 ein **beträchtlicher Spielraum, wie sie ihre erstinstanzlichen Gerichte organisieren und bezeichnen wollen**. Vor allem können sie – entsprechend den bisherigen **Bezirks-, Kreis-, Amts- und ähnlichen Gerichten** geografisch gegliederte Gerichtskreise festlegen. Auch innerhalb eines Gerichtssprengels kann (ebenfalls wie bisher) ein erstinstanzliches Gericht in mehrere Abteilungen und Kammern aufgeteilt werden. Gleiches gilt für die **Einzelgerichte**. Diese können als organisatorisch selbstständige Gerichte ausgestaltet werden; näherliegend wird allerdings die Möglichkeit sein, dass einzelne (dafür namentlich bestimmte einzelne oder generell alle) Richter des erstinstanzlichen Gerichts mit einzelrichterlichen Funktionen betraut werden. Die Kantone entscheiden auch, ob sie **separate Strafgerichte** (wie bisher z.B. in den Kantonen Basel-Stadt oder Zug) schaffen oder die **Straf- und Zivilrechtsprechung zusammengelegt** und somit den gleichen Richtern übertragen werden sollen.

380 Die Kantone können innerhalb eines einzelnen Gerichtsbezirks oder aber für den ganzen Kanton **spezialisierte erstinstanzliche Gerichte** (z.B. für Wirtschafts- oder Drogenkriminalität) einsetzen. **Schwur- oder Geschworenengerichte** scheinen zwar nach der Freiheit, die StPO 14 und 19 einräumen, nicht ausgeschlossen zu sein. Faktisch sind sie indessen nicht mehr möglich, da in den Vorschriften über das erstinstanzliche Verfahren in StPO 328 ff. die besonderen Vorschriften, die ein schwur- oder geschworenengerichtliches Verfahren erfordert (z.B. Stellung der Geschworenenbank im Verhältnis zum Gerichtshof; Beratung des Urteils usw.), fehlen[67]. Ohne Weiteres möglich sind jedoch Gerichte in der Art der **Schöffengerichte** (Präsident ein Berufsrichter, Beisitzer Laien). Dadurch, dass die StPO kein Privatstrafklageverfahren[68] und auch sonst kein Vermittlungsverfahren im ursprünglichen Sinn (z.B. bei Ehrverletzungs- oder andern Antragsdelikten) mehr kennt, haben die in einigen Kantonen im Bereich

---

[66] Zu den Funktionen der *Beschwerdekammern des Bundesstrafgerichts* nachfolgend N 385.
[67] So auch Botschaft 1138 Mitte. Es wäre nicht zulässig, wenn die Kantone ergänzende prozessuale Vorschriften erlassen würden, denn die StPO regelt das Strafverfahren abschliessend, soweit nicht ausdrückliche Vorbehalte zugunsten des kantonalen Rechts wie in StPO 17 I oder 142 I Satz 2 vorhanden sind.
[68] Hinten N 1349.

der Bagatellkriminalität wirkenden **Friedensrichter oder Vermittler** ihre Rolle im Strafverfahren verloren[69].

Bund und Kantone sind – wie bereits vorstehend in Ziff. 2 angedeutet – ferner frei, wie sie die **Grösse** (3, 5 oder mehr Richter?), die **Zusammensetzung** (nur Berufs- oder auch Laienrichter[70]?), die **Wahl** (Wahl durch Volk oder Parlament?) sowie den **Sitz** dieser Gerichtsinstanzen regeln wollen. Vorab bei den erstinstanzlichen Gerichten ist in den letzten Jahrzehnten eine **Tendenz zur Reduktion der Anzahl der Richter** festzustellen. In der Mehrheit der Kantone dürfte für die erste Instanz ein Gremium von drei-, seltener fünf Richtern üblich geworden sein.

381

§ 25 Beschwerdeinstanz, StPO 13 lit. c, 20, JStPO 7 I lit. c, E StBOG 28 und 29

Literaturauswahl: Neben der vorne zu § 19 zitierten Literatur (vor allem zur Rekurs- oder Beschwerdeinstanz; Anklagekammer) AESCHLIMANN N 75; HAUSER/SCHWERI/HARTMANN § 27; MAURER 88; OBERHOLZER N 137, 1639; SCHMID (2004) N 336.

ARNOLD MARTI, Einzelrichter an Obergerichten: fragwürdige Rationalisierungsmassnahme zu Lasten der Justizkultur, in: Jusletter 16. Juni 2008

Materialien: Aus 29 mach 1 S. 156; VE 26; BeB 45 f.; ZEV 26 f.; E 20; Botschaft 1139; AB S 2006 992, 996, AB NR 2007 943, 948.

1. Funktion der Beschwerdeinstanz nach StPO 20 und 393 ff.

Vorauszuschicken ist, dass die StPO ein **relativ einfaches Rechtsmittelsystem** aufweist. Im Vordergrund steht die Berufung (StPO 398 ff.)[71], mit der grundsätzlich alle erstinstanzlichen Urteile bezüglich aller Urteilspunkte überprüft werden können. Weiter besteht das für jede Verfahrensordnung unabdingbare Rechtsmittel der Revision (Wiederaufnahme; StPO 410 ff.), mit welcher rechtskräftige Entscheide in bestimmten Fällen einer Überprüfung zugeführt werden können. Daneben kannten die früheren kantonalen Prozessordnungen verschiedene weitere Rechtsmittel wie Rekurs, Beschwerde oder Nichtigkeitsbeschwerde. Die StPO

382

---

[69] Es ist den Kantonen verwehrt, ein Vermittlungs- oder Sühnverfahren einzuführen, zum abschliessenden Charakter der Verfahrensvorschriften der StPO vorne Fn. 67. Denkbar ist freilich, Friedensrichter o.ä. als *Übertretungsstrafbehörde* einzusetzen.

[70] Anspruch auf unabhängigen Richter und faires Verfahren kann berührt sein, wenn unerfahrener Laienrichter ohne juristischen Beistand etwa in Form eines Juristen als *Gerichtsschreibers* amtet, BGE 134 I 16 = SJZ 104 (2008) 119 = SZZP 4 (2008) 115. Zur Rolle des Laienrichters N. RASELLI in SJZ 104 (2008) 96. Einem *Gerichtsschreiber* dürfen keine (einzel)richterlichen Befugnisse übertragen werden, Pra 97 (2008) Nr. 138 = BGE 134 I 184.

[71] Nachstehend N 1530 ff.

beschränkt sich ausserhalb der klassischen Rechtsmittel Berufung und Revision auf jenes der **Beschwerde, mit welcher in einem weiten Rahmen Verfahrenshandlungen und Entscheide von Polizei, Staatsanwaltschaft, Übertretungsstrafbehörden und erstinstanzlichen Gerichten angefochten werden können**, soweit sie nicht der Berufung unterliegen (näher StPO 20 I, wiederholt in StPO 393 I, sodann StPO 394 lit. a)[72]. Für die Beurteilung sieht die StPO eine von **Bund und Kantonen zwingend zu schaffende Beschwerdeinstanz** vor. Diese übernimmt Funktionen, die bisher in Bund und Kantonen Rekurs- oder Beschwerdekammern der Ober- oder Kantonsgerichte, Anklagekammern u.ä. wahrgenommen wurden.

383 Aus der vorerwähnten Funktion der Beschwerdeinstanz ergibt sich, dass diese – mindestens in den Kantonen – zwingend auf **zweiter Instanzenebene** anzusiedeln ist. Bund und Kantone können nur eine Beschwerdeinstanz einsetzen (StPO 14 IV zweiter Satzteil), was allerdings nicht ausschliesst, dass diese aus mehreren Kammern besteht. Im Übrigen gilt auch hier für Bund und Kantone eine weitgehende Organisationsfreiheit: Es ist denkbar, dass die Beschwerdeinstanz als selbstständige Behörde konstituiert wird[73], doch ist nach StPO 20 II (JStPO 7 III) ebenso möglich, dass die Befugnisse der Beschwerdeinstanz dem Berufungsgericht zugewiesen werden, indem z.B. innerhalb des Berufungsgerichts eine Beschwerdekammer gebildet wird. Bund und Kantone sind ebenfalls frei, wie sie die Beschwerdeinstanz benennen wollen.

384 Nach der Rechtsprechung zu EMRK 6 Abs. 1 und BV 30 I wird der **Grundsatz der richterlichen Unabhängigkeit** nicht verletzt, wenn Richter, die zunächst in einem Straffall über Beschwerden zu entscheiden hatten, nachfolgend in der Sache selbst urteilen. Die StPO ist indessen bestrebt, Überschneidungen in den Funktionen zu vermeiden, und wie StPO 21 II klarstellt, **kann nicht als Mitglied des Berufungsgerichts tätig werden, wer im gleichen Fall bereits als Mitglied der Beschwerdeinstanz amtete**[74].

2. Beschwerdeinstanz des Bundes, E StBOG 24 lit. b, 28 und 29

385 Das vorstehend erwähnte Bundesstrafgericht[75] verfügte bereits vor Inkrafttreten der StPO über zwei **Beschwerdekammern**, welche im Bereich der Bundesge-

---

[72] Nachstehend N 1499 ff.
[73] Entsprechend der schweizerischen Tradition, dass obere Gerichte Kollegialgerichte sind, wohl als solche, wobei die StPO jedoch auch Einzelgerichte zuzulassen scheint, was indirekt aus StPO 403 abgeleitet werden könnte. Aus der Tatsache, dass auf erstinstanzlicher Stufe (als Ausnahme?!) Einzelgerichte zugelassen werden (StPO 19 II), könnte allerdings auch das Gegenteil geschlossen werden.
[74] Botschaft 1139, 1140; BeB 46 m.w.H. – Zur Unvereinbarkeit der Rollen des *Beschwerde- und Revisionsrichter* hinten N 389.
[75] Vorne N 377 f.

richtsbarkeit weitgehende Aufsichts- und Beschwerdekompetenzen ausübten. E StBOG 24 lit. b beschränkt sich darauf, eine oder mehrere Beschwerdekammern vorzusehen, und auch die Kompetenzbestimmung von E StBOG 28 verzichtet darauf, die Anzahl der Kammern und deren Aufgaben zu umschreiben. Bisher bestand am Bundesstrafgericht eine I. Beschwerdekammer (*Strafverfahrenskammer*), die nach E StBOG 28 I die Beschwerden und weitere gemäss der StPO in die Kompetenz des Bundesstrafgerichts fallende Angelegenheiten behandelt (so etwa gegen Zwangsmassnahmen der Bundesanwaltschaft[76], künftig aber auch gegen Verfahrenshandlungen usw. der Strafkammer des Bundesstrafgerichts nach StPO 393 I lit. b[77]). Ferner besteht eine II. Beschwerdekammer (*Rechtshilfekammer*), welche für die in E StBOG 28 II aufgelisteten Beschwerden und Konflikte, so etwa im Bereich der Rechtshilfe, Beschwerden nach VStrR und bei Konflikten über die Zuständigkeit der militärischen und zivilen Gerichtsbarkeit zuständig ist[78].

3. Beschwerdeinstanz in den Kantonen

Wie sich aus den vorstehenden Darlegungen in Ziff. 1 ergibt, stehen den **Kantonen bei der Ausgestaltung ihrer Beschwerdeinstanz etliche Freiheiten zu**: Sie können eine verselbstständigte Beschwerdeinstanz schaffen, die Aufgaben der Beschwerdeinstanz jedoch auch einer besonderen, von den Berufungskammern personell getrennten Beschwerdeabteilung zuweisen. Auch bezüglich Benennung der Instanz sind sie frei, auch wenn es im Interesse der möglichst weitgehenden interkantonalen Angleichung erwünscht wäre, wenn eine Bezeichnung wie Beschwerdekammer o.ä. gewählt würde. Auf den bisher in verschiedenen Kantonen anzutreffenden Begriff der Anklagekammer sollte verzichtet werden, da diese Instanz nach der StPO nicht mehr die traditionellen Aufgaben einer Anklagekammer (vor allem Entscheide über die Zulassung von Anklagen[79]) ausübt[80]. 386

§ 26 Berufungsgericht, StPO 13 lit. d, 21, JStPO 7 I lit. d

Literaturauswahl: Neben der vorne zu § 19 und 25 zitierten Literatur AESCHLIMANN N 108; HAUSER/SCHWERI/HARTMANN § 27; MAURER 93; OBERHOLZER N 145, 1655; PIQUEREZ (2006) N 443; SCHMID (2004) N 336.

---

[76] Dazu hinten N 980, 1520 f.
[77] Vgl. Botschaft StBOG BBl 2008 8165.
[78] Zu den *Aufgaben der Beschwerdekammern* BBl 2008 8163 f., zur *bisherigen Aufgabenverteilung zwischen den beiden Beschwerdekammern* aaO 8164 f.
[79] BeB 45 f.
[80] Vgl. auch vorne N 372 a.E. In jüngerer Zeit ist diese Bezeichnung denn auch z.B. aus der Bundesstrafrechtspflege oder im Kanton Solothurn verschwunden.

Materialien: Aus 29 mach 1 S. 156; VE 27; BeB 46 f.; ZEV 27, 84 f.; E 21; Botschaft 1140; AB S 2006 992, 996, AB N 2007 943, 948.

1. Funktion des Berufungsgerichts nach StPO 21

387 Wie vorstehend erwähnt[81], verfügt die StPO über ein relativ einfaches Rechtsmittelsystem. Sie beruht auf dem Grundsatz der **zweistufigen Gerichtsbarkeit**, d.h., dass im Prinzip alle erstinstanzlichen Urteile mit Berufung an eine obere Instanz, das Berufungsgericht, weitergezogen und dort einer umfassenden Überprüfung in Tat- und Rechtsfragen zugeführt werden können (**Grundsatz der double instance**). Die **Berufung** (näher StPO 398 ff.) steht also eindeutig im Zentrum des von der StPO gewählten Rechtsmittelsystems. Die dafür von der StPO vorgesehene Instanz ist das Berufungsgericht (StPO 21 I lit. a). Zur Behandlung dieser Berufungen haben vorab die Kantone (zum Bund nachfolgend Ziff. 2) zwingend ein Berufungsgericht einzusetzen, welches von der Sache her ein auf oberer Instanzenebene tätiges Gericht sein muss.

388 Daneben überträgt die StPO dem Berufungsgericht die Entscheidung über **Revisionsgesuche** (StPO 21 I lit. b. Anders im Jugendstrafverfahren, JStPO 41: zuständig ist das Jugendgericht). Die StPO verbietet mit dieser Zuweisung der Revisionskompetenz an das Berufungsgericht den Kantonen, in ihrer Gerichtsorganisation ein selbstständiges, vom Berufungsgericht unabhängiges Revisionsgericht vorzusehen. Beigefügt sei, dass die Lösung der StPO bezüglich der Behandlung der Revisionen nicht zuletzt im Hinblick auf mittlere und kleinere Kantone erfolgte, bei denen es nicht ohne Weiteres möglich bzw. sinnvoll wäre, für die doch eher seltenen Revisionsfälle eine eigene Instanz vorzusehen[82].

389 Die Rechtsprechung zu EMRK 6 Abs. 1 und BV 30 I schliesst nicht grundsätzlich aus, dass Richter, die zunächst in einem Straffall über die **Berufung** zu entscheiden hatten, nachfolgend in der gleichen Sache über ein **Revisionsgesuch** urteilen[83]. Die StPO ist indessen auch hier bestrebt, Überschneidungen der Funktionen zu vermeiden, und wie StPO 21 III bestimmt, können **Mitglieder des Berufungsgerichts nicht im gleichen Fall als Revisionsrichter** amten. Die Botschaft geht offenbar davon aus, dass auch die **Tätigkeit von Beschwerde- und Revisionsrichter** im gleichen Fall unvereinbar sein sollen und dass es auch kleineren Kantonen möglich ist, die verschiedenen Funktionen «*wenn auch nur gerichtsintern*» zu trennen[84]. Selbstverständlich steht den Kantonen hier der

---

[81] N 382, vgl. auch hinten N 1442.
[82] Botschaft 1140 Mitte. – Zur *problematischen Übergangsregel* von StPO 453 hinten N 1604 Fn. 406.
[83] BGE 114 Ia 58, 113 Ia 62, 107 Ia 15; BGer 13.11.2006, 1P.583/2006. So auch Botschaft 1140. Vgl. ferner hinten N 514.
[84] Botschaft 1140 Mitte. Ob sich eine Unvereinbarkeit einer Tätigkeit eines Richters in *Beschwerde- und Revisionsinstanz* zwingend aus StPO 21 II und III ergibt, ist allerdings fraglich.

übliche Organisationsspielraum zur Verfügung. So wäre es denkbar, dass die Funktionen der Revisionskammer der Zivilabteilung des kantonalen Berufungsgerichts übertragen werden.

2. Berufungsinstanz in Bundesstrafsachen?

Bemerkenswert ist, dass im **BGG und den dazugehörigen Materialien die Frage der Schaffung einer Berufungsinstanz** in Bundesstrafsachen eher stiefmütterlich behandelt wurde. Jedenfalls sahen das BGG wie auch das frühere SGG keine entsprechenden Regeln vor. Gleiches gilt für die Literatur zum BGG. Weiter fällt auf, dass BV 191a I nur von einem erstinstanzlichen Bundesstrafgericht spricht, in Abs. 4 allerdings die Einsetzung weiterer gerichtlicher Bundesbehörden auf dem Weg der Gesetzgebung ermöglicht wird. In den Materialien zur StPO hingegen kam immer deutlich zum Ausdruck, dass der Bund primär aus rechtspolitischen Gründen nicht von den Kantonen die Schaffung zweier Instanzen verlangen kann, im Bereich der eigenen Strafrechtsprechung den Anspruch auf die» *double instance*» jedoch verweigern darf[85]. 390

Im Rahmen der Schaffung des E StBOG will nun jedoch der **Bund auf die Schaffung einer Berufung in Bundesstrafsachen verzichten**[86]. Hingegen ist gegen Strafurteile des Bundesstrafgerichts die Strafrechtsbeschwerde am Bundesgericht nach BGG 78 ff. möglich. Die **Aufgaben des Revisionsgerichts** bei Entscheiden des Bundesstrafgerichts nimmt das Bundesgericht wahr (bei solchen der Beschwerdekammern nach E StBOG 28 II nach E StBOG 31 I in Anwendung von BGG 119–122, bei solchen gegen die Strafkammern nach BGG 119a in der Fassung E StBOG nach den Regeln der StPO, also StPO 410 ff.). Offenbar geht das E StBOG von der Annahme aus, dass die Entscheide der Beschwerdekammern nach E StBOG 28 I nicht der Revision nach StPO 410 I unterliegen, was in dieser allgemeinen Form falsch ist[87]. 391

3. Berufungsgerichte in den Kantonen

Den Kantonen stehen ebenfalls bei der **Ausgestaltung ihrer Berufungsgerichte vielfache Gestaltungsmöglichkeiten offen**, auf die teilweise bereits im Zusammenhang mit der Darstellung der Beschwerdeinstanz[88] eingegangen wurde. Wie bisher in vielen Kantonen üblich, kann auf der Stufe der zweiten Instanz die Straf- und Zivilrechtsprechung zusammengelegt und somit dem gleichen 392

---

[85] BeB 46; Botschaft 1126, 1140.
[86] Dazu Botschaft StBOG BBl 2008 8144.
[87] Botschaft StBOG in BBl 2008 8166 unten. So ist eine Revision denkbar, wenn in einem Beschwerdeentscheid z.B. gegen eine Einstellungsverfügung eine Einziehung angeordnet worden war. Hier wohl gleiches Vorgehen wie gegen Entscheide der Strafkammern. – Zur Revision ferner hinten N 1605.
[88] Vorne N 386.

2. Kapitel: Strafbehörden, ihre Zuständigkeit und Verfahrenshandlungen

Spruchkörper bzw. den gleichen Richtern übertragen werden. Möglich ist ohne Weiteres, dass innerhalb eines einheitlichen Berufungsgerichts intern die Aufteilung der Kompetenzen in Zivil- und Strafkammern erfolgt. Denkbar wie bei der ersten Instanz ist ebenso eine Trennung in separate Zivil- und Strafberufungsgerichte. Vorstellbar wäre ferner, dass die Behandlung der Revisionen dem Zivilberufungsgericht bzw. den entsprechenden Kammern zugewiesen wird.

393 Die Kantone sind frei, die **Anzahl der im Berufungsgericht wirkenden Kammern** zu bestimmen, und es ist ihnen auch nicht verwehrt, deren Zuständigkeit nach fachlichen Kriterien aufzuteilen. Sie bestimmen auch die **Zusammensetzung** dieser Spruchkörper, also mit drei, fünf oder mehr Richtern[89].

§ 27 Bundesgericht als eidgenössische Rechtsmittelinstanz, BGG 1 ff.

Literaturauswahl neben der zu § 94 erwähnten Literatur: BERNHARD EHRENZELLER/RAINER J. SCHWEIZER (Hrsg.), Die Reorganisation der Bundesrechtspflege – Neuerungen und Auswirkungen in der Praxis, Schriftenreihe des Instituts für Rechtswissenschaft und Rechtspraxis der Universität St.Gallen, Bd. 40, St.Gallen 2006, 81; THOMAS GÄCHTER/DANIELA THURNHERR, Neues Bundesgerichtsgesetz: Rechtsschutz gewährt, plädoyer 2/2006 32; HÄFELIN/HALLER/ KELLER N 1703 ff.; PETER KARLEN, Das neue Bundesgerichtsgesetz. Die wesentlichen Neuerungen und was sie bedeuten, Basel/Genf/München 2006; REGULA KIENER/MATHIAS KUHN, Das neue Bundesgerichtsgesetz – eine (vorläufige) Würdigung, ZBl 107 (2006) 141; NIGGLI/UEBERSAX/WIPRÄCHTIGER, Basler Kommentar BGG, Basel 2008; HEINRICH KOLLER, Grundzüge der neuen Bundesrechtspflege und des vereinheitlichten Prozessrechts, ZBl 107 (2006) 57 ff.; PIQUEREZ (2007) N 156, 233.

Materialien: Aus 29 mach 1 S. 161; Botschaft zum Bundesgerichtsgesetz in BBl 2001 4313, 4498.

1. Bundesgericht und seine Rechtsprechung im Allgemeinen

394 Das **Bundesgericht** mit Sitz in Lausanne und eine oder mehreren Abteilungen in Luzern (BGG 4) beruht auf den Vorgaben von BV 188 ff. sowie mit Wirkung ab 1.1.2007 den Vorschriften des BG über das Bundesgericht (Bundesgerichtsgesetz, BGG) vom 17.6.2005[90]. Es besteht aus 35–45 von der Bundesversammlung nach Parteienproporz auf sechs Jahre gewählten ordentlichen Bundesrichtern und aus nebenamtlichen Bundesrichtern (BGG 1 III ff.), wobei die Zahl der Richter von der Bundesversammlung in einer Verordnung festgelegt wird (BGG 1 V). Es

---

[89] Dazu vorne N 381. Fraglich ist, ob *Einzelgerichte auf der Stufe Berufungsgericht* – bisher zwar soweit ersichtlich in der Schweiz nicht bekannt – zulässig sind. Wie bei der Beschwerdeinstanz, vorne N 383 Fn. 73 könnte man sich auf den Standpunkt stellen, die Organisationsfreiheit der Kantone nach StPO 14 lasse sie zu.

[90] SR 173.110. Referendumsvorlage in BBl 2005 IV 4045 ff. Die bundesrätliche Botschaft zur Totalrevision der Bundesrechtspflege findet sich in BBl 2001 IV 4202 ff.

bestellt aus seiner Mitte die erforderlichen Kammern, die im BGG nicht im Einzelnen aufgeführt werden und im Regelfall in Dreierbesetzung tagen (BGG 13 ff., 20).

Neben seiner Rechtsprechungsbefugnis übt das **Bundesgericht u.a. die Aufsicht über das Bundesstrafgericht aus** (BGG 15 I lit. a). 395

Zu betonen ist, dass sich die **Rechtsmittel ans Bundesgericht sowie das dortige Verfahren nicht aus der StPO, sondern allein aus dem BGG ergeben.** Eine Ausnahme bildet die vorstehend besprochene Revsion gegen Entscheide des Bundesstrafgerichts nach E StBOG 31 und BGG 119a[91]. 396

2. Strafrechtliche Abteilung des Bundesgerichts zur Beurteilung der Strafrechtsbeschwerden nach BGG 78–81, Zuständigkeit bei den weiteren, mit Strafsachen konnexen Beschwerden

Im Zentrum der im Strafprozess möglichen Bundesrechtsmittel steht die **Beschwerde in Strafsachen** (im Folgenden kurz: **Strafrechtsbeschwerde**) nach BGG 78 ff. gegen letztinstanzliche Urteile und andere Entscheide der kantonalen Gerichte sowie des Bundesstrafgerichts. Diese Strafrechtsbeschwerden werden nach Art. 33 des Reglements über das Bundesgericht[92] von der **Strafrechtlichen Abteilung** des Gerichts behandelt[93], ebenso die Beschwerden in öffentlich-rechtlichen Angelegenheiten und die subsidiären Verfassungsbeschwerden im Zusammenhang mit Strafsachen[94]. Nach Art. 29 III des vorerwähnten Reglements werden Beschwerden in Strafsachen gegen strafprozessuale Zwischenentscheide von der **Ersten öffentlich-rechtlichen Abteilung** behandelt. 397

---

[91] Vorne N 391 f.
[92] Vom 20.11.2006, AS 2006 5635, SR 173.110.131.
[93] Näher N 1705 ff.
[94] Zu diesen hinten N 1721 f., 1724 ff.

2. Teil: Zuständigkeit

1. Abschnitt: Allgemeines

§ 28 Begriff und Arten der Zuständigkeit

Literaturauswahl: HAUSER/SCHWERI/HARTMANN § 32; MAURER 52; OBERHOLZER N 224; PADRUTT 46; PIQUEREZ (2006) N 431; DERS. (2007) N 383; SCHMID (2004) N 371.

1. Allgemeines

1.1. Begriff und Funktion der Zuständigkeitsregeln

398   Zuständig ist eine Behörde, wenn sie im konkreten Fall berechtigt und verpflichtet ist, sich mit der in Frage stehenden Strafsache zu befassen. Die Zuständigkeitsregeln umreissen damit den Aufgabenkreis der verschiedenen Strafverfolgungsbehörden. Von ihrer Funktion her gesehen sind die Zuständigkeitsregeln deshalb einerseits Bestandteil des **Gerichtsorganisationsrechts**, weil dadurch die Tätigkeit der verschiedenen Strafverfolgungsbehörden abgegrenzt wird. Andererseits haben sie – zusammen mit weiteren Regelungen wie die vorstehend besprochenen Verfahrensgarantien[95] – die Aufgabe, den in ein Strafverfahren verwickelten Bürger vor Übergriffen unzuständiger Behörden zu bewahren. Dem Anspruch auf den gesetzlichen Richter wird nicht zufällig der Rang eines verfassungsmässigen Rechts (BV 30 I; vgl. auch EMRK 6 Ziff. 1)[96] eingeräumt. Ein verfassungsmässiger Gerichtsstand, wie er in BV 30 II für das Zivilverfahren gilt, besteht im Strafprozess allerdings nicht[97].

1.2. Besonderheiten der strafprozessualen Zuständigkeitsregeln

399   Die Regeln über die Zuständigkeit sind als Teile des Gerichtsverfassungsrechts grundsätzlich **zwingender Natur**[98]. Vor Eintreten auf eine Strafsache hat die angesprochene Behörde ihre Zuständigkeit von Amtes wegen zu prüfen und die dafür notwendigen Ermittlungen beschleunigt durchzuführen[99]. Mit Blick auf das Offizial- und strafprozessuale Legalitätsprinzip darf eine unzuständige **Strafverfolgungsbehörde** sich der Sache aber grundsätzlich nicht durch Nichteintreten entschlagen: Der Straffall ist der zuständigen Behörde von Amtes wegen weiter-

---

[95]   Vorne N 79 ff.
[96]   Vorne N 117 ff.
[97]   Zu den möglichen Abweichungen nach StPO 38 hinten N 480 ff.
[98]   ZR 35 (1936) Nr. 92. – Es gibt keine «*Vermutung der Unzuständigkeit*»; das Gericht ist zuständig, es sei denn, es bestünden Gründe, die Zuständigkeit zu verneinen, Genfer Cour de Cassation 14.5.2002 i.S. J.Sch. ca. P.R. unter Hinweis auf BGE 125 IV 177.
[99]   BGE 119 IV 102.

zuleiten (näher StPO 39 I)[100]. Nichtanhandnahmeentscheide nach StPO 310 bzw. Einstellungen nach StPO 319 ff. bzw. StPO 329 IV sind nur dort zulässig, wo es an (anderen) Prozessvoraussetzungen fehlt (z.B. Strafantrag; Verjährung) oder die Anzeige aussichtslos ist.

Grundsätzlich ist während des **Vorverfahrens** (StPO 299 ff.)[101] die einmal mit einer Strafsache befasste Behörde (insbesondere für dringende Untersuchungsmassnahmen) nach StPO 42 vor allem für die unaufschiebbaren Massnahmen zuständig, bis eine andere die Zuständigkeit anerkannt hat[102]. Dieser wird der Fall üblicherweise durch eine Abtretungsverfügung überwiesen. Kommt es zwischen den beteiligten Behörden nicht zu einer Einigung, so ist nach StPO 39 ff. der (interkantonale) Gerichtsstandskonflikt vor der Beschwerdekammer des Bundesstrafgerichts auszutragen[103]. 400

Etwas andere Regeln gelten, wenn sich ein **Gericht**, an das eine Strafsache – üblicherweise durch Anklage des Staatsanwaltes – gelangt, für unzuständig hält. Hier wird in aller Regel ein **Nichteintretensentscheid** analog zu einem Einstellungsbeschluss nach StPO 329 IV[104] gefasst. Gegen die entsprechenden Entscheide ist die Beschwerde nach StPO 393 I lit. b gegeben. Es ist Aufgabe der Staatsanwaltschaft, den Fall zuständigenorts neu einzubringen. Den Fall direkt einem anderen Gericht zu überweisen, ist nach der StPO nur im Fall von StPO 334 möglich, also wenn das durch Anklage angerufene Gericht zum Schluss gelangt, dass eine Strafe oder Massnahme in Frage kommt, die seine Kompetenz überschreitet[105]. 401

Eine **Prorogation**, eine **Einlassung** o.ä., nach zivilprozessualem Muster ist dem Strafverfahren nicht bekannt. 402

Die unbegründete Nichtvornahme einer in den Zuständigkeitsbereich der Behörde gewiesenen Amtshandlung kommt einer **Rechtsverweigerung** gleich, die mit Beschwerde nach StPO 393 (vgl. Abs. 2 lit. a) angefochten werden kann. Sie kann sodann Anlass zu Massnahmen aufsichtsrechtlicher Art geben[106]. Andererseits ist die Amtshandlung einer **unzuständigen Behörde** ebenfalls mit Beschwerde nach StPO 393 anfechtbar, oder sie ist sogar nichtig[107]. 403

---

[100] Hierzu BGE 122 IV 168.
[101] Hinten N 1205 ff.
[102] Näher zum Vorgehen bei Gerichtsstandskonflikten und zum Gerichtsstandsverfahren hinten N 483 ff.
[103] Hinten N 488 ff.
[104] Eine eigentliche Einstellung des Verfahrens liegt hier nicht vor, doch erscheint in der StPO ein gerichtliches Nichteintreten nicht ausdrücklich, hinten N 1287 a.E.
[105] Hinten N 1330 f. Zu diesem Fall aus Sicht des früheren Zürcher Prozessrechts SJZ 55 (1959) 175, 87 (1991) 12 = ZR 88 (1989) Nr. 63.
[106] Hinten N 1500 f.
[107] Zur Nichtigkeit im Verhältnis zur Anfechtbarkeit hinten N 1440.

2. Arten der Zuständigkeit

2.1. Örtliche Zuständigkeit, Gerichtsstand

404 Die **örtliche Zuständigkeit** (so nach dem früherer Sprachgebrauch im StGB), in StPO 31 ff. nun aber **Gerichtsstand** genannt, regelt den geografischen Bereich, für den eine Behörde zuständig ist. Sie bestimmt also z.B., ob die Behörden des Kantons Zürich oder jene des Kantons Aargau oder innerhalb des Kantons Zürich jene des Bezirks Uster oder jene des Bezirks Pfäffikon sich des Straffalles anzunehmen haben.

2.2. Sachliche oder materielle Zuständigkeit

405 Nach den Regeln der **sachlichen (oder materiellen) Zuständigkeit** entscheidet sich, welche der verschiedenen, örtlich als zuständig erkannten Behörden sich mit der Sache zu befassen haben. Es stellt sich hier etwa die Frage, ob zur Untersuchung eines Delikts die für Zürich zuständige Staatsanwaltschaft oder aber das Statthalteramt des Bezirkes Zürich zuständig ist.

2.3. Funktionelle Zuständigkeit

406 Die **funktionelle Zuständigkeit** scheidet die Kompetenzen der örtlich und sachlich zuständigen Behörden mit Blick auf die verschiedenen zu durchlaufenden Verfahrensstadien aus. Diese Regeln bestimmen z.B., dass zur Untersuchung eines Vergehenstatbestandes der Staatsanwalt, zur erstinstanzlichen Beurteilung das erstinstanzliche Gericht und zur zweitinstanzlichen Beurteilung die Berufungsinstanz, also z.B. das (kantonale) Obergericht zuständig sind.

2. Abschnitt: Sachliche Zuständigkeit. Abgrenzung der Zuständigkeit zwischen Bund und Kantonen, StPO 22–28

§ 29 Allgemeines, kantonale Gerichtsbarkeit, BV 123 II, StPO 22, JStPO 2, 3 II lit. b

Literaturauswahl: HAUSER/SCHWERI/HARTMANN §§ 10, 34; MAURER 56; OBERHOLZER N 224; PIQUEREZ (2006) N 148, 233; DERS. (2007) N 236.

Materialien: Aus 29 mach 1 S. 75; VE 28; BeB 47; E 22 ff.; Botschaft 1140; AB S 2006 996, AB N 2007 948.

1. Rechtsquellen im Allgemeinen

Die Regelung der **sachlichen und funktionellen Zuständigkeit**[108] im Bereich der Strafgerichtsbarkeit findet sich zunächst in der BV, indem Art. 123 einerseits bestimmt, dass die Strafprozessgesetzgebung Bundessache ist (Abs. 1), die Organisation und Ausübung der Rechtsprechung jedoch eine kantonale Angelegenheit bleibt (Abs. 2). Sodann bestimmt BV 191a, dass der Bund ein Strafgericht einrichtet, welches erstinstanzlich über alle Fälle entscheidet, welche nach Gesetz in die Zuständigkeit des Bundes fallen. Zu erwähnen ist sodann BV 190, wonach das Gesetz die Zuständigkeit des Bundesgerichts u.a. in Strafsachen regelt. Aus diesen Bestimmungen fliesst, dass die Strafrechtspflege zwar wie bisher hauptsächlich eine kantonale Angelegenheit bleibt, dass aber bereits verfassungsrechtlich vorgesehen ist, dass der Bund im Bereich des Strafrechts gewisse Bereiche einer eigenen Justiz zuweisen kann und die Rechtsprechungsbefugnisse des Bundesgerichts als oberste Instanz des Landes vorbehalten werden. Die näheren Vorschriften zur Abgrenzung der kantonalen von der eidgenössischen Strafrechtspflege finden sich – unter Ausschluss der Bundesrechtsmittel, die allein im BGG geregelt sind – in StPO 22–28. Diese Bestimmungen **ändern an der bisherigen Aufgabenverteilung zwischen Bund und Kantonen im Bereich der Strafjustiz kaum etwas**. Die erwähnten StPO 22–28 ersetzen mit materiell soweit vergleichbarem Inhalt vorab StGB 336–338 sowie BStP 18, 18bis, 107, 254 II und 260. Beizufügen bleibt, dass StPO 22–28 nur die (sachliche) Zuständigkeit zwischen Bund und Kantonen aufteilt. Die Regelung der sachlichen Zuständigkeit innerhalb des Bundes sowie der Kantone ist in Anwendung von StPO 14 deren eigene Aufgabe.

407

2. Umfang der kantonalen Gerichtsbarkeit, StPO 22

2.1. Originäre kantonale Gerichtsbarkeit, StPO 22

Aus BV 191a folgt, dass die **nicht ausdrücklich in einem Bundesgesetz dem Bund vorbehaltenen Kompetenzen zur Verfolgung und Beurteilung von Straftaten des Bundesrechts den Kantonen verbleiben**. Diese Regel wird von StPO 22 wiederholt. Der Grossteil der hauptsächlich vorkommenden Delikte, die das StGB unter Strafe stellt, nämlich vorab jene gegen Leib und Leben sowie das Vermögen, aber auch die grosse Masse der Straftatbestände gemäss SVG oder BetmG (diese ausdrücklich Art. 103 II bzw. 28), ist somit von den Kantonen zu verfolgen. Darüber hinaus weisen manche Bundesgesetze die Verfolgung der

408

---

[108] Vorne N 405 f. – Vgl. die *Übergangsregeln für die unter altem Recht noch begonnenen Verfahren* in StPO 449 I (hängige Verfahren werden von den nach neuem Recht zuständigen Behörden weitergeführt), aber grundsätzlich nach neuem Verfahrensrecht (StPO 448 I), hinten N 1859 ff.

darin normierten Straftaten ausdrücklich den Kantonen zu[109], Bestimmungen, die nach dem allgemeinen Inhalt von StPO 22 nunmehr überflüssig geworden sind.

2.2. Delegierte kantonale Gerichtsbarkeit, StPO 25

409 Nach StPO 25 kann die Staatsanwaltschaft des Bundes **Bundesstrafsachen, für welche nach StPO 23 und 24 Bundesgerichtsbarkeit gegeben ist, den kantonalen Behörden zur Verfolgung und Beurteilung übertragen** (delegieren)[110].

3. Sachliche und funktionelle Zuständigkeit der kantonalen Strafbehörden

410 Besteht nach StPO 22 ff. kantonale Gerichtsbarkeit, so **bestimmen nach StPO 14 (JStPO 8 I) die Kantone unter Beachtung des bereits besprochenen Grobrasters**[111] **von StPO 12–21 die Behörden, die zur Ausübung der sich aus der StPO ergebenden Befugnisse berechtigt und verpflichtet sind.** Sie haben gleichzeitig die sachliche und funktionelle Zuständigkeit der von ihnen eingesetzten Strafbehörden zu umschreiben. Die Bezeichnung der Behörden und ihre sachlichen und funktionellen Zuständigkeiten haben in der einführenden Gesetzgebung zur Schweizerischen Strafprozessordnung zu erfolgen.

§ 30 Bundesgerichtsbarkeit im engeren und weiteren Sinn, BV 191a, StPO 23–28, JStPO 3 II lit. b, VStrR 21

Literaturauswahl: HÄFELIN/HALLER/KELLER N 1082, 1093, 1186, 1740; HAUSER/SCHWERI/ HARTMANN § 9; MAURER 56; OBERHOLZER N 39, 227; PADRUTT 25 ff.; PIQUEREZ (2006) N 148; DERS. (2007) N 208; SCHMID (2004) N 350. 366.

FELIX BÄNZIGER/LUC LEIMGRUBER, Das neue Engagement des Bundes in der Strafverfolgung; Kurzkommentar zur «Effizienzvorlage», Bern 2001; ADRIAN D. LOBSIGER, «Verbrechensbekämpfung» durch den Bund, Bern 1999; CHRISTINA KISS, Das neue Bundesstrafgericht, AJP 12 (2003) 141; HANSJÖRG STADLER, Bemerkungen zur Teilrevision vom 1. Juli 1993 des Bundesgesetzes über die Bundesstrafrechtspflege (BStP) im Zusammenhang mit dem eidgenössischen Datenschutzgesetz (DSG), Z 112 (1994) 286; EUGEN THOMANN, Bundesgerichtsbarkeit und kantonale Gerichtsbarkeit am Beispiel eines Prozesses, Kriminalistik 1982 397, 472.

Materialien: VE 29–34; BeB 47; E 23–28; Botschaft 1140; AB S 2006 996, AB N 2007 948.

---

[109] Z.B. Art. 64 des BG über die Berufsbildung vom 13.12.2002, SR 412.10.
[110] Dazu näher hinten N 414 ff.
[111] Vorne N 328 ff.

1. Abgrenzung von Bundesgerichtsbarkeit im engeren und weiteren Sinn

Die Grundregel, wonach die Organisation der Gerichte, das gerichtliche Verfahren und die Rechtsprechung im Bereich des Strafrechts den Kantonen zusteht (BV 123 II, indirekt BV 191a I), ist in verschiedener Hinsicht eingeschränkt. Ausnahmen zu Gunsten des Bundes finden sich zunächst in StPO 23 und 24. Es sind dies vorab Straftaten des StGB, deren Verfolgung schon früher dem Bund vorbehalten waren. Man spricht hier von Bundesgerichtsbarkeit im engeren Sinn (nachfolgend Ziff. 2.). Daneben sind weitere Bereiche der Strafjustiz ausserhalb von StPO 23 und 24 nach der Spezialgesetzgebung Bundessache. Man kann diese Bereiche als Bundesgerichtsbarkeit im weiteren Sinn bezeichnen. Im Vordergrund steht die Verfolgung von Delikten des Bundesverwaltungsrechts nach dem BG über das Verwaltungsstrafrecht (VStrR) vom 22.3.1974[112] sowie der Straftaten im Militärbereich nach dem Militärstrafprozess (MStP) vom 23.3.1979[113]. Die beiden letztgenannten Bereiche werden in diesem Studienbuch nur am Rande behandelt.

411

In der weiteren Nebengesetzgebung ergibt sich die Kompetenzzuweisung an die Kantone oder aber den Bund im Rahmen der Bundesgerichtsbarkeit i.e.S. oder aber als Fall der Bundesgerichtsbarkeit i.w.S., also beispielsweise des VStrR, aus den jeweils anwendbaren Bundesgesetzen. Da es kein allgemeines Prinzip der Zuweisung gibt, sind diese Spezialgesetze in jedem Fall zu konsultieren. Es ist ohne Weiteres denkbar, dass ein Bundesgesetz die darin enthaltenen Delikte teilweise den Kantonen, teilweise gemäss VStrR dem Bund[114] oder aber die Verfolgung je nach Delikt der Bundesgerichtsbarkeit oder aber den Verwaltungsstrafbehörden des Bundes nach VStrR[115] zuweist.

412

2. Bundesgerichtsbarkeit im engeren Sinn, StPO 23–28

2.1. Kompetenznormen von StPO 23 und 24

Die heute in StPO 23 und 24 aufgelisteten Fälle von Bundesgerichtsbarkeit i.e.S. fanden sich früher teilweise in der alten BV (etwa in Art. 114 für politische Delikte), näher indessen in StGB 336 und 337. Art. 23 entspricht dem bisherigen StGB 336 und weist vorwiegend **politische Delikte und solche gegen die Interessen des Bundes** der Bundesgerichtsbarkeit zu. Heute bedeutsamer ist indes-

413

---

[112] SR 313.0, vorne N 31, 364, hinten N 445.
[113] SR 322.1, vorne N 36.
[114] BankG 47 (Verletzung des Bankgeheimnisses) durch Kantone, übrige Widerhandlungen nach VStrR, ähnlich BEHG 43 sowie Art. 86 III und 87 IV des BG betr. die Aufsicht über Versicherungsunternehmen vom 17.12.2004, SR 961.01. Vgl. sodann FINMAG 50 zu den Zuständigkeiten und Art. 51 dieses BG zur Vereinigung von Strafverfahren.
[115] Vgl. etwa Art. 18 I und I[bis] des Güterkontrollgesetzes vom 13.12.1996, SR 946.202.

sen StP0 24, welche Bestimmung ursprünglich als Art. 340bis (später StGB 337) im Rahmen der sog. «**Effizienzvorlage**» zur besseren Bekämpfung der organisierten Kriminalität[116], der Geldwäscherei sowie der Wirtschaftskriminalität gewisse Delikte aus diesem Bereich der **Bundesgerichtsbarkeit** zuwies[117].

2.2. Delegation an die Kantone, StPO 25, 26 I, IV

2.2.1. Delegation im Allgemeinen

414 Unter Delegation i.S. von StPO 25 versteht man die Verfügung, mit welcher die **Staatsanwaltschaft des Bundes eine Strafsache, für die an sich nach StPO 23 und 24 Bundesgerichtsbarkeit besteht, zur Untersuchung und/oder zur Beurteilung einer kantonalen Strafbehörde überweist.**

415 Die **Delegation ist nach StPO 25 I zulässig** in Fällen von StPO 23, der dem früheren StGB 336 I und III entspricht. Nicht delegierbar sind Delikte nach StPO 23 I lit. g, also des 12. Titels[bis] des StGB (Völkermord, StGB 264)[118]. Die Delegation kann Untersuchung sowie Beurteilung umfassen, jedoch auch (nach bereits erfolgten Vorverfahren durch die Bundesstrafverfolgungsbehörden) allein die Beurteilung. **Bei der Bundesstrafgerichtsbarkeit nach StPO 24** (entsprechend dem früheren StGB 340bis bzw. später StGB 337 sowie BStP 18bis) kann eine Delegation zur Untersuchung und Beurteilung nur in einfach Fällen[119] erfolgen.

416 Damit in einschlägigen Fällen überhaupt die Frage der Delegation geprüft werden kann, müssen sich die Staatsanwaltschaften von Bund und Kantonen die

---

[116] Zum *Begriff der Verbrechen einer kriminellen Organisation* i.S. von StGB 340bis und jetzt StPO 24 I: BGE 133 IV 239. Zur Frage des *Zuständigkeitswechsel*s, vor allem im Fall, dass Delikte nach SPO 23 und 24 eingestellt, TPF 2006 301 E.3, bzw. nicht weiter verfolgt werden TPF 2007 9, 90 (unter Berufung auf BGE 125 II 417), wird eine *Zuständigkeitsregel praeter legem* angenommen: Zuständigkeit bleibt aus Gründen der Verfahrensbeschleunigung bei den Bundesstrafbehörden.

[117] BG vom 22.12.1999, AS 2001 3308, 3314; siehe ferner die neueste Fassung von StGB 340bis gemäss BG vom 21.3.2003 in AS 2003 3046, in Kraft ab 1.10.2003. Bei Inkrafttreten der früheren Norm von StGB 340bis bzw. nachher nStGB 337 bereits kantonal pendente Fälle fallen nicht nachträglich in die Kompetenz des Bundes, Chambre d'accusation de Genève 15.5.2002 i.S. PG de Genève ca. X; zum Übergangsrecht ferner BGE 128 IV 231. Zum Fall von z.T. in der Schweiz und z.T. im Ausland begangener Geldwäscherei und zur *Auslegung von jetzt StPO 24 I lit. a* BGE 130 IV 68 = Pra 98 (2004) Nr. 179 = SJ 126 (2004) 378. – *Straftaten von Jugendlichen unterstehen nie der Bundesgerichtsbarkeit*, JStPO 3 II lit. b.

[118] Ebenfalls nicht bei Bundesgerichtsbarkeit nach den vorstehend erwähnten Spezialgesetzen.

[119] Darunter sind solche zu verstehen, die *umfangmässig, bezüglich ihrer Komplexität und allfälliger Deliktsbeträge eher unbedeutend und etwa bezüglich der Anzahl mitbeteiligter ausländischer Staaten sowie Kantone eher einfach strukturiert sind und die demgemäss nicht die Spezialkenntnisse in der Behandlung der in 24 erscheinenden Delikte* (die gesetzgeberisch Anlass zur Zuweisung der Kompetenz an den Bund bildeten) erfordern.

relevanten **Akten unaufgefordert gegenseitig zustellen** (StPO 26 IV). Üblicherweise erfolgt hernach diese Delegation an **die nach den allgemeinen Gerichtsstandsregeln** (StPO 31 ff.)[120] **zuständige kantonale Behörde,** also vorzugsweise den Tatortkanton nach StPO 31. Wurden die Straftaten in verschiedenen Kantonen oder im Ausland begangen und sind daran verschiedene Personen beteiligt, so bestimmt die Staatsanwaltschaft des Bundes, welcher Kanton das Verfahren zu führen hat (näher StPO 26 I)[121]. Die Kantone sind erst nach der erfolgten Delegation zur Verfolgung dieser Straftatbestände zuständig. *Vor* der Delegation dürfen nur die ersten unaufschiebbaren Untersuchungshandlungen (Feststellung des Sachverhalts und der Beteiligten; allfällige vorläufige Festnahmen) vorgenommen werden (näher StPO 27).

Die Verfügung, mit der die Staatsanwaltschaft des Bundes die Delegation vornimmt, **kann nach StPO 28 beim Bundesstrafgericht angefochten werden**[122], welches endgültig entscheidet (BGG 79). 417

2.2.2. *Delegation und Ermächtigung*

Von dieser Delegation wohl zu unterscheiden ist die **Ermächtigung**, wie sie notwendig ist, damit eine kantonale Behörde ein **Amtsdelikt** eines Bundesfunktionärs verfolgen kann (*Ermächtigungsdelikte*)[123]. Diese Amtsdelikte können, müssen aber nicht solche in Bundesgerichtsbarkeit sein. 418

Liegt ein in die Bundeskompetenz fallendes Delikt eines **Bundesangestellten** (*Beispiel*: Er fälscht eine Bundesurkunde) vor, so ist grundsätzlich eine Ermächtigung **und** eine Delegation notwendig[124]. 419

2.2.3. *Folgen der Delegation*

Nach erfolgter Delegation sind die kantonalen Behörden **berechtigt und verpflichtet**, die betreffenden Delikte zu verfolgen. Sie sind grundsätzlich nicht mehr berechtigt, den Fall z.B. mit Blick auf StPO 38[125] an einen anderen Kanton 420

---

[120] Hinten N 438 ff.
[121] Dazu Botschaft 1141 oben; die *Zuweisung kann im Konfliktsfall nach StPO 28 allenfalls auch durch das Bundesstrafgericht bzw. dessen Beschwerdekammer erfolgen.* – Durch die Einordnung von Abs. 1 von StPO 26 könnten *Missverständnisse* entstehen: Die Vorschrift bezieht sich naturgemäss nur auf mehrere Tatorte bzw. Teilnehmer usw. im Zusammenhang mit mehrfacher Zuständigkeit Bund/Kantone bei Delegationsfällen nach StPO 25 f., jedoch nicht auf Gerichtsstandsprobleme bei rein kantonaler Zuständigkeit nach 22. Diesfalls gelten die Vorschriften von StPO 31 ff. und bei Gerichtsstandskonflikten jene von StPO 39–42.
[122] Hinten N 432.
[123] Vorne N 172 ff.; hinten N 1212 f.
[124] Früher begnügte sich die Praxis mit einer Delegation.
[125] Hinten N 480 f.

abzutreten oder die Gerichtsstandsfrage i.S. von StPO 40 vor die Beschwerdekammer des Bundesstrafgerichts zu bringen[126].

§ 31 Konkurrenz der Gerichtsbarkeit der Kantone mit jener des Bundes, StPO 26–28. Grundsatz der Verfahrenseinheit, StPO 29 und 30

Literaturauswahl: Neben der zu § 30 zitierten Literatur HAUSER/SCHWERI/HARTMANN § 11, 15; MAURER 57; OBERHOLZER N 227; PIQUEREZ (2006) N 240; SCHMID (2004) N 442. MARKUS PETER, Bundesstrafgerichtsbarkeit und kantonale Gerichtsbarkeit, Z 87 (1971) 166.
Materialien: VE 33 II; BeB 48; E 26–28; Botschaft 1140; AB S 2006 996, AB N 2007 948.

1. Problemstellung

421 Die Strafverfolgungsbehörden haben sich mitunter mit Tätern zu befassen, die im Sinn der **Real- oder Idealkonkurrenz Straftaten begangen haben, die teilweise der Bundesgerichtsbarkeit im engeren oder weiteren Sinn**[127], **teilweise aber der kantonalen Gerichtsbarkeit unterliegen**. So begeht beispielsweise jemand ein in die kantonale Gerichtsbarkeit fallendes Tötungsdelikt und ein der Bundesgerichtsbarkeit unterstehendes Sprengstoffdelikt. Oder ein Wehrmann verübt Delikte im Militärdienst und nach der Dienstentlassung zu Hause als Privatmann.

422 Es wäre denkbar, die der jeweiligen Gerichtsbarkeit unterstehenden Delikte separat zu verfolgen. Dies würde aber der dem schweizerischen materiellen und formellen Strafrecht zugrundeliegenden Idee der einheitlichen Verfolgung und Bestrafung der Straftaten des gleichen Täters (**Grundsatz der Verfahrenseinheit**, StPO 29, vgl. auch StGB 49)[128] widersprechen. Es sind deshalb **im Bundesrecht Regeln erforderlich, um in diesen Konkurrenzfällen – oder wie StPO 26 sagt: bei mehrfacher Zuständigkeit – eine einheitliche Beurteilung entweder durch den Bund oder aber einen Kanton zu ermöglichen**. Diese nachfolgend zu besprechenden Regeln sind dabei genau von jenen zu trennen, die in StPO 31 ff. den Gerichtsstand regeln und die auf die Abgrenzung der örtlichen Zuständigkeit der Kantone beschränkt sind.

---

[126] So zum alten Recht BGE 99 IV 49, 97 IV 257. Ausnahmen in BGE 97 IV 258.
[127] Vorne N 411 ff.
[128] Hinten N 435 f.

2. Die verschiedenen Varianten der Konkurrenz

2.1. Konkurrenz der Bundesgerichtsbarkeit i.e.S. und der kantonalen Gerichtsbarkeit, StPO 26 II und III

Ist in einer Strafsache sowohl Bundesgerichtsbarkeit i.e.S. nach StPO 23 und 423
24[129] und kantonale Gerichtsbarkeit nach StPO 22 gegeben, ist die Vorschrift von StPO 26 II zu beachten[130]. Diese bestimmt, dass in diesen Fällen die **Staatsanwaltschaft des Bundes**, d.h. die Bundesanwaltschaft, darüber entscheidet, **ob das Strafverfahren für diese Delikte in der Hand des Bundes oder aber eines** (und wenn ja, welches) **Kantons zu vereinigen ist**. Diese Zuständigkeit bleibt erhalten, auch wenn der Teil des Verfahrens, der die Zuständigkeit (also z.B. des zuständig erklärten Kantons) begründete, nachfolgend eingestellt wird (*perpetuatio fori*, StPO 26 III).

StPO 26 II ist eine Kann-Vorschrift und entspricht sachlich StPO 30. Eine **Ver-** 424
einigung ist deshalb nicht zwingend vorgeschrieben. Im Anschluss an die frühere Praxis ist davon auszugehen, dass die Vereinigung aus Zweckmässigkeitsüberlegungen gänzlich unterbleiben[131] oder sich (um das Bundesstrafverfahren nicht mit Bagatelldelikten zu belasten) auf einzelne Straftaten beschränken kann. Ein grosser Teil der hier relevanten Konkurrenzfälle wurde früher den kantonalen Behörden zur Verfolgung zugewiesen. Es bleibt abzuwarten, ob sich dies mit dem Ausbau der Bundesjustiz, vor allem der Aufnahme der Tätigkeit des Bundesstrafgerichts, ändern wird[132].

Es ist wünschenswert, dass die Ausführungsbestimmungen bzw. Dienstanwei- 425
sungen von Bund und Kantonen das Vorgehen der beteiligten Behörde in solchen Konkurrenzfällen näher regeln. Wie bisher dürfte es üblich sein, dass der untersuchungsführende kantonale Staatsanwalt die Akten zur Weiterleitung i.S. von StPO 26 IV und Antragstellung an die Staatsanwaltschaft des Bundes der innerkantonal zur Vertretung des Kantons zuständigen Stelle, z.B. der Ober- oder Generalstaatsanwaltschaft, übermittelt.

Der Zuweisungsentscheid, der in jedem Verfahrensstadium möglich ist, wird von 426
der **Bundesanwaltschaft nach freiem Ermessen aus Zweckmässigkeits-**
überlegungen getroffen[133]. Entgegen StPO 34 ist dabei die Schwere der betrof-

---

[129] Dazu vorne N 413. Unter Vorbehalt besonderer Bestimmungen (so etwa in MStP 220 f., nachfolgend N 427, oder in VStrR 20 III, nachfolgend N 429, sollte die Regel von StPO 26 II auch – ausserhalb von StPO 23 und 24 – auf andere Fälle der Konkurrenz von eidgenössischer und kantonaler Gerichtsbarkeit angewandt werden.
[130] Zur irreführenden Einordnung von Abs. 1 von StPO 26 vorne Fn. 121.
[131] Dazu Pra 40 (1951) Nr. 32.
[132] Beschwerde gegen Entscheide der Bundesanwaltschaft oder bei deren Säumnis ans Bundesstrafgericht, StPO 28 i.V. mit 393 ff., hinten N 1503 f., 1520 f.
[133] Demgemäss ist die auch hier mögliche Beschwerde ans Bundesstrafgericht nach StPO 28, dazu vorne N 417, faktisch beschränkt.

2. Kapitel: Strafbehörden, ihre Zuständigkeit und Verfahrenshandlungen

fenen Taten irrelevant, ebenso die Frage, ob die Delikte in Real- oder Idealkonkurrenz begangen wurden.

2.3. Konkurrenz von Militärgerichtsbarkeit und kantonaler Gerichtsbarkeit, MStGB 220, 221

Es sind hier folgende Varianten der Konkurrenz zu unterscheiden:

427 *2.3.1.* Denkbar ist, dass ein Täter Delikte gemäss StGB und MStG begeht (sog. **subjektive Konnexität**). Nach MStG 221 kann das **VBS bzw. der Oberauditor die gemeinsame Verfolgung und Beurteilung durch die militärischen oder aber zivilen Strafbehörden verfügen**. Bezüglich der militärischen Delikte haben die zivilen Gerichte das MStG (nicht aber die MStP) anzuwenden. Zu beachten ist, dass während des Militärdienstes zivile Strafverfahren ruhen bzw. nur mit Bewilligung des VBS eingeleitet und fortgeführt werden dürfen (näher MStG 222 und MStV 101 und 101a, vorab zur Gerichtsbarkeit bei Strassenverkehrsdelikten) und dass generell die Verfolgung von Delikten, die mit dem militärischen Dienstverhältnis im Zusammenhang stehen, nur mit Ermächtigung des VBS aufgenommen werden darf.

428 *2.3.2.* Möglich ist aber auch, dass mehrere dem MStG bzw. der bürgerlichen Gerichtsbarkeit unterstehende Personen gemeinsam ein Delikt begehen (sog. **objektive Konnexität**). Bei Delikten militärischer Art sind alle Beteiligten der Militärgerichtsbarkeit unterworfen (MStG 220 Ziff. 1). Soweit es sich nicht um rein militärische, also gemeine Delikte handelt, erfolgt nach MStG 220 Ziff. 2 I **grundsätzlich eine getrennte Verfolgung der Beteiligten**. MStG 220 Ziff. 2 II erlaubt hingegen dem Bundesrat die Überweisung von Militärpersonen an die zivile Gerichtsbarkeit.

2.4. Konkurrenz von Verwaltungsstraftaten mit Delikten, die in die kantonale Kompetenz oder jene des Bundes fallen, VStrR 20 III

429 Die ein Delikt gemäss Bundesverwaltungsstrafrecht verfolgende Bundesverwaltungsbehörde darf, wie sich aus dem Sinn von VStrR 19 ff. ergibt, nur Delikte, die dem VStrR unterfallen, verfolgen. Nach VStrR 20 III in der Fassung vom 22.12.1999 kann das Departement, dem die beteiligte Verwaltung angehört, die **Vereinigung der Strafverfolgung in der Hand der sich bereits mit der Sache befassenden Strafbehörde des Bundes oder aber eines Kantons verfügen**[134].

---

[134] Soweit kongruent FINMAG 51 beim Zusammentreffen von Straftaten nach diesem BG (die das Finanzdepartement zu ahnden hat) und solchen, die in die Bundesgerichtsbarkeit oder kantonale Gerichtsbarkeit fallen. Das Eidg. Finanzdepartement entscheidet über die Vereinigung, die Beschwerdekammer des Bundesstrafgerichts über diesbezügliche Anstände, vgl. Botschaft in BBl 2006 2923. Vgl. aber Art. 41 dieses Gesetzes, wonach Mei-

Erforderlich ist einerseits, dass die gleiche beschuldigte Person betroffen ist und ein enger Sachzusammenhang besteht. Anderseits muss die fragliche Strafbehörde der Vereinigung vorgängig zustimmen.

3. Zuständigkeit für erste Ermittlungen, StPO 27

Nicht selten ist bei der Aufnahme eines Vorverfahrens nach StPO 299 ff. durch kantonale Behörden erkennbar, dass **Delikte in Bundesgerichtsbarkeit i.S. von StPO 23 oder 24 vorliegen, die Strafbehörden des Bundes jedoch noch nicht tätig wurden**. StPO 27 I ermächtigt in solchen Fällen die nach den Gerichtsstandsregeln von StPO 31 ff. örtlich zuständigen kantonalen Behörden, d.h. Polizei und Staatsanwaltschaft, die ersten unaufschiebbaren Ermittlungen und Untersuchungshandlungen durchzuführen[135]. Die Staatsanwaltschaft des Bundes ist jedoch über das eingeleitete Verfahren unverzüglich zu orientieren, und ihr ist der Fall so bald als möglich zur Weiterführung bzw. zum Delegations- bzw. Zuständigkeitsentscheid nach StPO 25 und 26 zu übergeben. 430

Umgekehrt räumt StPO 27 II den **Bundesbehörden** (Staatsanwaltschaft des Bundes; Bundeskriminalpolizei) **die Befugnis zu ersten Ermittlungen ein**, vorausgesetzt, dass Straftaten im Ausland oder aber in verschiedenen Kantonen begangen wurden und die Kompetenz des Bundes oder aber eines Kantons zur Verfolgung noch nicht feststeht[136]. 431

4. Lösung von Kompetenzkonflikten und Anständen zwischen den verschiedenen Bundes- und kantonalen Instanzen

4.1. Kompetenzkonflikte in Fällen von Bundesgerichtsbarkeit i.e.S. und kantonaler Zuständigkeit, StPO 28

Neben den noch zu erläuternden, häufigeren Gerichtsstandskonflikten nach StPO 40[137] entscheidet die **Beschwerdekammer des Bundesstrafgerichts** ebenfalls bei **Konflikten zwischen der Staatsanwaltschaft des Bundes und kantonalen Behörden im Zusammenhang mit der Abgrenzung der kantonalen Justiz von jener des Bundes** (StPO 28; E StBOG 28 I) oder mit der **Öffnung von Akten** (StPO 194 III)[138]. Wesentlich ist, dass die Beschwerdekammer des 432

---

nungsverschiedenheiten zwischen der FINMA und Straf- sowie andern Behörden vom Bundesverwaltungsgericht entschieden werden.
[135] Nach MStP 23 auch in Fällen *militärischer Gerichtsbarkeit*.
[136] Dazu Botschaft 1141; es ist nicht nötig, dass dem Bund im entsprechenden Bereich ein Oberaufsichtsrecht zukommt.
[137] Hinten N 487 ff.
[138] Das Bundesstrafgericht entscheidet in allen Fällen von StGB 28 *endgültig*, d.h. nach BGG 79 ist keine Strafrechtsbeschwerde ans Bundesgericht möglich, hinten N 1635. Zu

Bundesgerichts ebenfalls entscheidet, wenn **Delegationsfälle** nach StPO 25 strittig sind, wie dies BStP 18 IV früher klarstellte. Der Wortlaut von StPO 28 scheint zwar nur den **Kantonen bzw. dem Bund die Möglichkeit, solche Konflikte vor das Bundesstrafgericht zu bringen**, einzuräumen, doch ist in Anlehnung an die frühere Praxis zu BStP 18 bzw. 260 davon auszugehen, dass die Legitimation zur Anrufung des Bundesstrafgerichts kongruent zu BGG 81 I lit. b[139] einem weiteren Kreis von Personen, vorab der beschuldigten Person, zusteht[140].

4.2. Kompetenzkonflikte zwischen der Militär- und Ziviljustiz, MStG 223

433 Anstände (oder wie die StPO nunmehr sagt: Konflikte) über die Kompetenz der militärischen bzw. zivilen Gerichtsbarkeit (kantonale oder Bundesgerichtsbarkeit) werden nach MStG 223 **von der Beschwerdekammer des Bundesstrafgerichts entschieden**[141].

4.3. Kompetenzkonflikte zwischen den Verwaltungsstrafbehörden des Bundes nach VStR und Strafbehörden i.S. der Bundesgerichtsbarkeit i.e.S. sowie der kantonalen Justiz

434 Nach VStrR 25 (E StBOG 28 II lit. b) sowie StPO 28 entscheidet die Beschwerdekammer des Bundesstrafgerichts über die «*ihr nach diesem Gesetz zugewiesenen Beschwerden und Anstände*», also ebenfalls über Kompetenzkonflikte zwischen den Verwaltungsstrafbehörden sowie Bundesstrafbehörden.

---

den früheren Kompetenzkonflikten nach BStP 260 BGE 128 IV 225 = Pra 92 (2003) Nr. 39; demnach ist StPO 40 (früher StGB 251 bzw. später StGB 345) analog anwendbar.

[139] Dazu hinten N 1665 f.

[140] Für die Ableitung der Beschwerdelegitimation des Geschädigten gemäss dem früheren BStP 260 aus der Legitimation für die damals zulässige eidgenössische Nichtigkeitsbeschwerde Pra 92 (2003) Nr. 40 = BGE 128 IV 232. Gemäss der damaligen Einschränkung von BStP 270 wurde der Geschädigte nicht zugelassen, was jedoch heute nach BGG 81 Abs. 1 lit. b Ziff. 5 in der Fassung der StPO nicht mehr der Fall ist; vgl. aber das vorgesehene Zurückbuchstabieren im Rahmen des E StBOG hinten N 1672. – Nicht weiter eingegangen wird hier auf die Frage nach der *Art dieses Rechtsbehelfs*. Liegt ein Entscheid vor (z.B. bei der Delegation nach StPO 25) dürfte eine Beschwerde im Vordergrund stehen, was sich vor allem bei der Frist nach StPO 396 I auswirkt.

[141] In der Fassung MStG 223 I gemäss Anhang SGG; zum früheren Recht z.B. BGE 116 Ia 70. – Das Bundesstrafgericht entscheidet nach MStP 21 auch bei *Streitigkeiten betreffend Verweigerung der Rechtshilfe*. Bei *strittigem Gerichtsstand zwischen Militärgerichten* entscheidet jedoch das Militärkassationsgericht, MStP 32.

5. Grundsatz der Verfahrenseinheit, StPO 29 f.

5.1. Grundsatz, StPO 29

StPO 29 I übernimmt den bisher schon im schweizerischen Straf- und Strafprozessrecht beachteten Grundsatz, dass das **Strafverfahren gegen eine Person, die mehrerer Straftaten beschuldigt wird, vereint** zu führen ist (Abs. 1 lit. a), ebenso **Verfahren gegen Mittäter und Teilnehmer, die wegen der gleichen Straftat verfolgt werden** (Abs. 1 lit. b)[142]. StPO 29 und 30 gelten nach ihrer systematischen Einreihung primär für die sachliche innerkantonale, in der Tendenz aber ebenso für die interkantonale örtliche Zuständigkeit[143].

435

Abs. 2 von StPO 29 enthält einen Vorbehalt für Fälle, in denen verschiedene Straftaten zu verfolgen sind, die **teilweise in die Zuständigkeit des Bundes und teilweise in jene eines Kantons fallen** oder die **in verschiedenen Kantonen begangen wurden**. Hier sollen die Sonderregeln von StPO 26 sowie 33–38 vorgehen[144].

436

5.2. Ausnahmen, StPO 30

StPO 30 ermöglicht den Strafbehörden von Bund und Kantonen, an sich nach StPO 29 vereint zu führende Verfahren zu trennen[145] bzw. an sich getrennt zu führende Verfahren[146] zu vereinen. Erforderlich ist allerdings, dass sachliche Gründe (vorab solche der Verfahrensbeschleunigung oder -ökonomie) dafür

437

---

[142] In BGE 134 IV 334 wird unter Hinweis auf BGE 116 Ia 313 und 115 I a 40 sogar erwogen, es könnte «*unter Umständen verfassungsrechtlich geboten sein, Strafverfahren gegen Mittäter zu vereinigen*», dazu auch nachfolgend Fn. 145. *Ausnahme bei Übertretungen*, wenn diese von Verwaltungsbehörden verfolgt werden, StPO 71 II, vorne N 361, dazu BeB 49 Mitte. Vgl. sodann JStPO 11 I (*Verfahren gegen Jugendliche und Erwachsene werden getrennt geführt*, mit Ausnahme in Abs. 2).

[143] Für den Gerichtsstand (wohl überflüssigerweise) wiederholt in StPO 31 III. – Der Grundsatz der Verfahrenseinheit war in VE 35 ff. noch ähnlich wie jetzt in StPO 29 f. bei den Bestimmungen über die sachliche Zuständigkeit eingereiht. In E StPO 29 IV wurde der Grundsatz sachlich wenig überzeugend bei den Regeln zum Gerichtsstand eingereiht. Die eidgenössischen Räte verschoben ihn, in Anlehnung an den VE erweitert, wiederum zu den Regeln zur sachlichen Zuständigkeit (AB S 2006 996 f., AB N 2007 948).

[144] Zu diesen Regeln vorne N 409 und 414 ff. und hinten N 461 ff. Fraglich ist, ob *der Verweis in diesem Abs. 2 von StPO 29 auf StPO 25 richtig ist,* spricht doch dieser nicht von teilweiser Zuständigkeit des Bundes; in Betracht fällt eher StPO 26 II.

[145] *Beispiel*: Von einem Verfahren gegen vier beschuldigte Personen wegen 100 Einbruchdiebstählen wird jenes gegen eine Person abgetrennt, die nur an einem einzigen Einbruch beteiligt war. *Problematisch kann die Abtrennung des Verfahrens gegen Mittäter und Teilnehmer sein*, da etwa bei der Gehilfenschaft, deren Strafbarkeit von jener des Haupttäter abhängt, BGE 116 Ia 313 unten, vorne Fn. 142. – Unzulässig ferner die Aufteilung eines Verfahrens gegen die gleiche beschuldigte Person, um Strafobergrenzen für den bedingten Strafvollzug nach StGB 42 I bzw. beim Strafbefehl nach StPO 352 I zu umgehen.

[146] Z.B. das Verfahren gegen den Vortäter und den Geldwäscher oder Hehler.

sprechen[147]. Wie StPO 29 gilt StPO 30 primär für die sachliche Zuständigkeit nach StPO 22 ff. In Gerichtsstandsfällen erlaubt StPO 38 I[148] ein Abweichen von den üblichen Regeln und damit auch eine getrennte Zuweisung eines Falles an zwei oder mehrere Kantone. Allenfalls sind StPO 30 und 38 kombiniert anzuwenden.

3. Abschnitt: Gerichtsstand (örtliche Zuständigkeit)

§ 32 Gerichtsstand, örtliche Zuständigkeit, StPO 31–38, JStPO 10, VStrR 22, MStP 26–32

Literaturauswahl: AESCHLIMANN N 252; HAUSER/SCHWERI/HARTMANN § 33; MAURER 63; OBERHOLZER N 229; PADRUTT 48; PIQUEREZ (2006) N 256; DERS. (2007) N 244; SCHMID (2004) N 380.

FELIX BÄNZIGER, Wie Gerichtsstandsstreitigkeiten die Wahrheitsfindung behindern, Z 105 (1988) 336; GIUSEP NAY, Kommentierung von Art. 346 ff im BSK-StGB II, 2. Aufl., Genf/Basel/München 2007; FRANZ RIKLIN, Pressedelikte im Vergleich zu den Rundfunkdelikten, Z 98 (1981) 189; ERHARD SCHWERI/FELIX BÄNZIGER, Interkantonale Gerichtsstandsbestimmung in Strafsachen, 2. Aufl., Bern 2004; TRECHSEL/LIEBER, StGB PK, Kommentar zu Art. 340 ff.

Materialien: Aus 29 mach 1 S. 75; VE 38–46; BeB 50 ff.; E 29–36; Botschaft 1141; AB S 2006 997, AB N 2007 948.

1. Allgemeines

1.1. Bedeutung der Gerichtsstandsregeln

438 Der Frage, welche Behörde für eine Strafsache örtlich zuständig ist, kommt in der Praxis **für alle Beteiligten eine grosse Bedeutung** zu. Für die staatlichen Instanzen bedeutet die Bejahung der Zuständigkeit nicht nur das Recht und die Pflicht, das Verfahren gegen den Betroffenen durchzuführen. Daraus folgt u.a. die Verpflichtung, die u.U. sehr hohen Untersuchungs-, Gerichts- und Vollzugskosten zu tragen[149]. Nicht selten entbrennen deshalb Zuständigkeitskonflikte, wobei diese meistens negativer Art sind, indem die betreffenden Kantone durch Ablehnung ihrer örtlichen Zuständigkeit sich die Fälle gegenseitig zuzuschieben versuchen[150].

439 Mit der örtlichen Zuständigkeit hängt die Frage zusammen, inwieweit eine Strafverfolgungsbehörde auch **ausserhalb des eigenen (örtlichen) Zuständigkeits-**

---

[147] Grundsätzlich gesetzliche Zuständigkeit, TPF 2005 89 E.3.4.
[148] Hinten N 480.
[149] BGE 107 IV 160; siehe aber BGE 108 Ia 13 für die Entschädigungspflicht bei Zwangsmassnahmen.
[150] Nachstehend N 487 ff.

bereichs **Amtshandlungen** vornehmen darf (dazu StPO 52 f.) oder ob sie dafür **Rechtshilfe** (dazu StPO 43 ff.; IRSG, vor allem Art. 63 ff.) in Anspruch nehmen muss[151].

1.2. Verhältnis der Bestimmungen über die räumliche Geltung des Strafrechts in StGB 3 ff. und den Gerichtsstandsbestimmungen von StPO 31 ff.

1.2.1. Strafbarkeit nach schweizerischem Recht als Voraussetzung für einen schweizerischen Gerichtsstand

Die Vorschriften über die **räumliche Geltung von StGB 3 ff.** und jene über die **örtliche Zuständigkeit der Gerichte von StPO 31 ff.** stehen zwar in Zusammenhang zueinander, sind aber genau zu trennen: Die Ersteren bestimmen, auf welche Taten das StGB anzuwenden ist und damit auch, wie das schweizerische (materielle) Strafrecht von jenem des Auslandes abzugrenzen ist. Die Gerichtsstandsbestimmungen hingegen regeln die örtliche Zuständigkeit zur Verfolgung der unter das schweizerische Recht fallenden Straftaten. Diese Frage der örtlichen Zuständigkeit einer (schweizerischen) Strafverfolgungsbehörde stellt sich deshalb erst, wenn jene nach der Anwendbarkeit des schweizerischen Rechts bejaht wurde[152]. Aus dieser Grundregel folgt weiter, dass es einen schweizerischen Gerichtsstand für alle Delikte geben *muss*, die gemäss StGB 3 ff. unter die schweizerische Strafhoheit fallen[153]. 440

1.2.2. Einschränkungen

Freilich sind diese **Grundsätze mehrfach durchbrochen**, indem die neuere Rechtsentwicklung vermehrt Konstellationen gebracht hat, in denen schweizerische Strafbehörden auch ohne eine Basis nach StGB 3 ff. zu handeln haben. Erwähnt seien hier die Möglichkeit der Übernahme ausländischer Strafverfahren (IRSG 85 ff.), die selbstständige Einziehung nach StGB 69 ff. bzw. StPO 376 ff.[154] oder die Rechtshilfe. Die Gerichtsbarkeit fehlt aber auch, wenn etwa als Täter ein ausländischer Diplomat in Frage kommt oder ein Delikt an Bord eines ausländischen, sich über der Schweiz befindlichen Flugzeuges begangen wurde und die Schweiz auf die Gerichtsbarkeit verzichtete[155]. 441

---

[151] Dazu N 491 ff. sowie N 503 ff.
[152] BGE 122 IV 167, 108 IV 146; ZR 96 (1997) Nr. 18 S. 52.
[153] BGE 122 IV 167, 119 IV 113.
[154] Näher hinten N 1431 ff.
[155] BG über die Luftfahrt vom 21.12.1984, SR 748.0, Art. 98 III.

2. Kapitel: Strafbehörden, ihre Zuständigkeit und Verfahrenshandlungen

1.3. Rechtsquellen der Gerichtsstandvorschriften

1.3.1. Gerichtsstandsregeln in StPO 31 ff.

442 Aus der Befugnis des Bundes, das materielle Strafrecht zu regeln, wurde vor Inkrafttreten von BV 123 I die Kompetenz abgeleitet, jene Vorschriften zu erlassen, die dessen einheitliche Anwendung gewährleisten. Dazu gehören insbesondere Regeln, die die örtliche Zuständigkeit festlegen und die so positive oder negative Kompetenzkonflikte – mehrere bzw. keiner der in Frage kommenden Kantone wollen die Verfolgung übernehmen – möglichst verhindern sollen. Die mit Inkrafttreten der StPO nunmehr massgebenden StPO 31 ff. gelten unter Vorbehalt gewisser, nachstehend in Ziff. 1.3.2. zu besprechender Ausnahmen und Einschränkungen für **alle Strafverfahren, in denen das StGB oder die Nebenstrafgesetzgebung des Bundes** zur Anwendung gelangt. Sie entsprechen weitgehend den bisherigen Regeln in StGB 340 ff.[156]; sie sind im Übrigen **inter- wie auch innerkantonal anwendbar**[157].

1.3.2. Besondere Gerichtsstandsregeln der Bundesgesetzgebung ausserhalb von StPO 31–37

443 *1.3.2.1.* Die der **Bundesgerichtsbarkeit i.e.S. unterstehenden Delikte** (StPO 23 f.) werden von der Staatsanwaltschaft des Bundes untersucht (StPO 16, E StBOG 7 ff.) und im Fall einer Anklage vom erstinstanzlichen Bundesstrafgericht in Bellinzona beurteilt (BV 191a I, E StBOG 23 ff.)[158], es sei denn, in Fällen von StPO 25 erfolgt eine Delegation an kantonale Behörden[159]. Da es nur *eine* Bundesgerichtsbarkeit gibt, stellt sich grundsätzlich die Frage der örtlichen Zuständigkeit nicht[160]. Überträgt der Bund solche Strafsachen einer kantonalen Behörde (StPO 25), so ist nach StPO 25 und 26 I jener Kanton zuständig, dem Verfolgung und Beurteilung übertragen wurde[161].

444 *1.3.2.2.* Über die Zuständigkeit der **militärgerichtlichen Organe** bestehen besondere Regeln (MStP 26 ff.). Grundsätzlich wird bei der Zuweisung von Strafsachen an die erstinstanzlichen Militärgerichte usw. **nicht von örtlichen**, sondern von **persönlichen** Gesichtspunkten (Zugehörigkeit zu bestimmten Truppenkörpern) ausgegangen (MStP 26 I).

445 *1.3.2.3.* Was den **Gerichtsstand bei Verwaltungsstrafsachen** betrifft, gilt Folgendes: Da es nur *eine* Bundesverwaltung gibt, stellt sich analog der Bundesgerichtsbarkeit (vorne Ziff. 1.3.2.1.) die Frage der örtlichen Zuständigkeit

---

[156] Botschaft 1142.
[157] BGE 113 Ia 165, 106 IV 93; ZR 88 (1989) Nr. 63 S. 200, 102 (2003) Nr. 6 S. 28.
[158] N 377 f.
[159] N 409, 414 ff.
[160] Die Bundesanwaltschaft weist zwar Zweigstellen auf (E StBOG 8 II), doch ändert dies nichts daran, dass sie (wie auch die Zweigstellen) für das gesamte Gebiet der Schweiz zuständig sind.
[161] BGE 99 IV 49, 69 IV 33.

nicht[162]. Tritt die kantonale Gerichtsbarkeit in Funktion, so vor allem beim gerichtlichen Verfahren (VStrR 73 ff.[163]), so ist die zuständige Gerichtsbehörde gemäss VStrR 22 I nach StPO 31 ff. zu bestimmen. Die Verwaltung kann aber auch die Gerichtsbehörden im Wohnbezirk der beschuldigten Person (bzw. am Sitz der juristischen Person) wählen.

1.3.2.4. Grundsätzlich gelten wie schon erwähnt StPO 31 ff. auch für die Verfolgung der **Straftaten gemäss Nebenstrafgesetzgebung des Bundes**. Allerdings regeln vereinzelte, vorab ältere Bundesgesetze den Gerichtsstand gesondert und u.U. abweichend von den Regeln der StPO, z.T. aber materiell übereinstimmend mit jenen Regeln. Die Zahl dieser BG mit abweichenden Regeln war allerdings in jüngerer Zeit stark abnehmend[164]. Als Beispiel noch vorhandener separater Regeln sei auf Art. 84 des BG betreffend die Erfinderpatente vom 25.6.1954[165] verwiesen.

446

1.3.3. Gerichtsstandsvorschriften des kantonalen Rechts

Die Möglichkeiten des kantonalen Rechts, Fragen des Gerichtsstandes bei Strafsachen zu regeln, sind nach den vorstehenden Ausführungen beschränkt: Den Kantonen verbleibt lediglich die soweit autonome Regelung des Gerichtsstandes bei **Straftatbeständen des kantonalen Rechts**, stellen diese nun Übertretungen[166] oder Vergehen dar. Konkurrieren in einem konkreten Straffall Straftatbestände des eidgenössischen und des kantonalen Rechts, so sind diese Verfahren mit Blick auf StGB 49 zu vereinigen[167], wobei sich die örtliche Zuständigkeit wieder nach StPO 31 ff. richtet. StPO 30 bzw. 38 lassen allerdings aus sachlichen Gründen eine getrennte Verfolgung zu.

447

---

[162] Gerichtsstandsbestimmungen nach StPO 31 ff. finden keine Anwendung in Bundesstrafsachen, BGE 133 IV 242. – Untersuchung grundsätzlich am Sitz der beteiligten Verwaltung, BGE 103 IV 221.
[163] Zum Gerichtsstand bei Hinterziehung von Bundessteuern BGE 120 IV 30. Zur Vereinigung von Verfahren VStrR 20 III.
[164] So wies z.B. das aufgehobene BG betr. die gewerblichen Muster und Modelle vom 30.3.1900 in Art. 27 solche besonderen Regeln auf, aber nicht mehr die Nachfolgegesetze MSchG, SR 321.11, und DesG, SR 232.12.
[165] SR 232.14.
[166] BGE 88 IV 45.
[167] Keine Pflicht zur Übernahme der Verfolgung ausserkantonaler Übertretungen, ZR 96 (1997) Nr. 18 S. 53. Kein Verstoss gegen StGB 49 bei Führung getrennter Verfahren aus prozessökonomischen Gründen, BGer 6.3.2003 i.S. X.

2. Grundsätze der Gerichtsstandsregelungen, StPO 31 und 32

2.1. Primärer Gerichtsstand: Tatort, StPO 31

2.1.1. Grundsatz gemäss StPO 31 I

448 Seit der Französischen Revolution hat sich im kontinentaleuropäischen Strafverfahrensrecht der **Tatort als primärer Gerichtsstand** durchgesetzt (**forum delicti commissi**). An diesem Ort können die Straftaten üblicherweise am zuverlässigsten abgeklärt werden, indem die zuständigen Behörden hier die relevanten Fakten am Besten ermitteln können. Oft wohnen hier auch die beschuldigten Personen und/oder die Geschädigten. Die entsprechende Gerichtsstandsregel von StPO 31 I geht allen anderen möglichen Gerichtsständen vor. Für den Fall, dass **Handlungs-** *und* Erfolgsort – einen letzteren gibt es aber nur bei Erfolgsdelikten – in der Schweiz liegen und diese nicht identisch sind, hat sich der Gesetzgeber entschieden, auf den Ort abzustellen, an dem der Täter handelte (Ort der Begehung). Der Erfolgsort ist nur Gerichtsstand, wenn der **Handlungsort** nicht in der Schweiz lag (StPO 31 I Satz 2). Das Ubiquitätsprinzip von StGB 8 (Anknüpfung an den Handlungs- *oder* Erfolgsort) ist demnach in der direkten Anwendung allein ein Grundsatz des internationalen Strafrechts und für die Bestimmung des Gerichtsstandes nur von mittelbarer Bedeutung[168].

2.1.2. Gerichtsstand bei mehreren Handlungs- oder Erfolgsorten, StPO 31 II

449 Handelte der Täter an **verschiedenen Orten**, auch bei einem Kollektivdelikt[169], oder trat (bei einem im Ausland ausgeführten Erfolgsdelikt) der Erfolg in der Schweiz an verschiedenen Orten ein, so sind die Behörden des Ortes zuständig, an dem **zuerst Verfolgungshandlungen vorgenommen wurden.** Es ist dies das so genannte *forum praeventionis*.

450 **Verfolgungshandlungen** gelten in Anlehnung an die frühere Praxis zu StGB 340 II dann **als vorgenommen,** wenn eine Strafsache in einer Weise an eine Strafverfolgungsbehörde, sei dies nun die Polizei oder die Staatsanwaltschaft, herangetragen wird, dass diese zur Ermittlung einer bekannten oder unbekannten Täterschaft aktiv werden muss. Nicht notwendig ist somit, dass die Behörde bereits in dieser Richtung aktiv geworden ist, indem sie etwa Erhebungen tätigte, Einvernahmen durchführte, Fahndungsmassnahmen einleitete u.Ä. Es genügt, dass bei ihr eine nicht als von vornherein haltlos zu betrachtende Straf-

---

[168] BGE 120 IV 151.
[169] BGE 118 IV 91. Analoges gilt bei *mittelbarer Täterschaft* (N 454), BGE 120 IV 285. Keine mehrfache Begehung liegt bei *Hehlerei* vor; hier ist Gerichtsstand der Ort des Erwerbs, nicht jener einer späteren Vertuschungshandlung, BGE 128 IV 24 = SJ 124 (2002) I 170.

anzeige eingereicht wird, wobei diese schriftlich, aber auch bloss mündlich[170] sein kann. Es genügt auch, wenn ein Strafantrag gestellt, ein Polizeirapport erstellt oder telefonisch polizeilicher Einsatz wegen eines Deliktes verlangt wird[171]. Nicht in Betracht fallen aber haltlose Anzeigen[172] und durch eine unzuständige Behörde irrtümlich eröffnete Untersuchungen[173].

2.1.3. Kasuistik zur Gerichtsstandsregelung zu diesen Gerichtsstandsregeln, vorab StPO 31 I

Aus der reichen Gerichtspraxis zum bisherigen StGB 340 I, der wie angeführt materiell identisch mit StPO 31 I ist, seien im Folgenden zusammenfassend einige Grundsätze festgehalten: 451

– **Brieflich, telefonisch, telegrafisch oder durch Telefax, E-Mail, Radio- bzw. Fernsehsendungen u.Ä. begangene Delikte** gelten als dort ausgeführt, wo die entsprechende Postsendung aufgegeben bzw. von wo aus das Gespräch usw. geführt bzw. die Information gesendet wurde[174]. 452

– **Echte und unechte Unterlassungsdelikte** gelten als dort ausgeführt, wo der Täter hätte handeln sollen[175]. Besteht das Unterlassen in einem Nichtleisten von Geld, so ist dies grundsätzlich der Wohnsitz des Gläubigers[176]. 453

– Bei **mittelbarer Täterschaft** gilt die Tat sowohl am Ort, wo der mittelbare Täter (Hintermann), wie auch dort, wo der Tatmittler (Vordermann, Werkzeug) handelt, als ausgeführt[177]. Anderes (nämlich StPO 33) gilt allerdings, wenn der Tatmittler für sein Verhalten wegen Fahrlässigkeit bzw. einem anderen Vorsatzdelikt verantwortlich ist[178]. 454

---

[170] Pra 77 (1988) Nr. 177. Nicht genügend blosse Weiterleitung einer Anzeige durch nichtzuständigen an einen möglicherweise zuständigen Kanton, BGE 121 IV 38.
[171] BGE 106 IV 34, 99 IV 182, 98 IV 63, 86 IV 63, 130, 87 IV 47.
[172] Dazu BGE 98 IV 63, 97 IV 149.
[173] Dazu BGE 72 IV 92.
[174] BGE 68 IV 54; 74 IV 185 für Erpressung; BGE 91 IV 170 für Betrug; 86 IV 223; 102 IV 38; SJZ 63 (1967) 173 für Ehrverletzungen. Zu den *Mediendelikten* nachstehend N 472. Sonderregel bei *falschen Gutachten* nach StGB 307 (Gerichtsstand am Sitz des Gerichts, nicht dort, wo das Gutachten z.B. per Post abgesandt wurde, TPF 2007 121).
[175] BGE 87 IV 153, 82 IV 68. Für StGB 220: BJM 1997 77.
[176] Etwa bei StGB 217; Wohnsitz der alimentenberechtigten Kinder, BGE 98 IV 207, 108 IV 171 bzw. Sitz der Vormundschaftsbehörde, ZR 63 (1964) Nr. 12 oder der unterstützenden Behörde, BGE 81 IV 267.
[177] BGE 85 IV 203, 78 IV 246.
[178] Nachstehend N 463.

2. Kapitel: Strafbehörden, ihre Zuständigkeit und Verfahrenshandlungen

2.1.4. Einheit der Verfolgung; Trennung und Vereinigung von Verfahren, StPO 31 III, JStO 11.

455 StPO 31 III stellt (analog zu StPO 29 I) den **Grundsatz auf, dass mehrere von der gleichen beschuldigten Person am selben Ort begangene Delikte vereint verfolgt werden.** Für die Trennung der Verfahren gelten StPO 30 bzw. 38[179].

2.2. Gerichtsstand bei Straftaten im Ausland oder ungewissem Tatort, StPO 32

456 Die Regeln von StPO 31 I und II versagen, wenn zwar z.B. nach StGB 3 ff. ein (bekannter) Täter dem schweizerischen Strafrecht untersteht, ein **schweizerischer Gerichtsstand aber weder durch Begehung noch Erfolgseintritt in der Schweiz begründet wurde.** Es sind dies etwa die nach StGB 4–7 in der Schweiz verfolgbaren Auslandsdelikte. Denkbar ist aber auch, dass der Begehungsort nicht zu ermitteln ist, z.B. weil ungewiss ist, wo in der Schweiz der ehrverletzende Brief aufgegeben wurde oder weil sich wegen ungewissen Grenzverlaufs der Tatort nicht eindeutig ermitteln lässt[180]. Örtlich zuständig sind gemäss StPO 32 in diesen Konstellationen in nachstehender Reihenfolge:

457 – die **Behörden des Wohnsitzes oder des gewöhnlichen Aufenthalts des Täters**, verstanden (nicht unbedingt kongruent mit ZGB 23 ff.) als Mittelpunkt des Lebens (StPO 32 I)[181];

458 – bei Fehlen von Wohnsitz oder gewöhnlichem Aufenthalt: die **Behörden des Heimatortes** (StPO 32 II 1. Satzteil), bei mehreren jene des zuerst aktiv werdenden Kantons, wenn kein Heimatkanton aktiv wird (der Basler/Berner Doppelbürger wird an der Landesgrenze im Tessin verhaftet) die Behörden des zuletzt erworbenen Heimatortes, oder

459 – bei Fehlen auch eines Heimatorts: **der Ort, wo der Täter angetroffen** (d.h. von der Polizei usw. einvernommen oder verhaftet) wird (StPO 32 II letzter Satzteil).

460 Versagen alle diese Regeln, so sind nach StPO 32 III die **Behörden des die Auslieferung verlangenden Kantons** zuständig.

---

[179] Vorne N 437 hinten N 480 ff.
[180] BGE 71 IV 159. – Regel von StPO 32 gilt auch für die *stellvertretende Strafverfolgung* nach IRSG 85 ff., IRSG 87.
[181] BGE 97 IV 152, 76 IV 265. Bei Umzug der beschuldigten Person zwischen Anhebung der Untersuchung im Ausland und Weiterverfolgung in der Schweiz, BGE 76 IV 268; 119 IV 113.

3. Besondere Gerichtsstände, StPO 33–37

3.1. Gerichtsstand bei mehreren Beteiligten, StPO 33

StPO 33 will sicherstellen, dass mit Blick auf eine gemeinsame Verfolgung die Verfahren gegen Mitbeteiligte eines Deliktes durch die nämlichen Behörden geführt werden. Das Gesetz nennt hier allerdings nur **Anstifter und Gehilfe** einerseits (Absatz 1) und **Mittäter** andererseits (Absatz 2). Nach der Gerichtspraxis zum früheren StGB 343 fallen darunter auch **gesetzessystematisch verselbstständigte Formen der Teilnahme**[182].

461

3.1.1. *Anstifter und Gehilfen, StPO 33 I*

Für die Verfolgung und Beurteilung von Anstifter (StGB 24) und Gehilfe (StGB 25) sind die **Behörden zuständig, denen die Verfolgung des (Haupt)Täters** obliegt. Dies setzt voraus, dass (in der Schweiz) überhaupt ein Haupttäter vor Gericht gestellt werden kann.

462

3.1.2. *Mittäter, StPO 33 II*

Hier wird von der Konstellation ausgegangen, dass **zwei oder mehr Mittäter** – aus Zweckmässigkeitsgründen in analoger Weise wohl auch **Nebentäter**[183] – an verschiedenen Orten handeln. Handeln sie am gleichen Ort, ergibt sich der Gerichtsstand schon aus StPO 29 I[184]. Zuständig ist der Ort, an dem einer der Täter zuerst verfolgt wurde (**forum praeventionis**, vorne Ziff. 2.1.2.), vorausgesetzt, dass dieser überhaupt gemäss StPO 31 I zur Verfolgung zuständig war[185].

463

3.2. Gerichtsstand im Fall mehrerer, an verschiedenen Orten verübter Straftaten, StPO 34

3.2.1. *Grundsatz*

In StPO 29 (und weiteren Bestimmungen wie StPO 17 II, 31 III, 36 II Satz 2 oder StGB 49) kommt der bereits erwähnte Grundsatz zum Ausdruck, dass **alle Straftaten eines Täters gemeinsam verfolgt werden sollen (Grundsatz der Verfahrenseinheit)**[186], Freilich ist einschränkend festzustellen, dass diese Bestimmung keinen bundesrechtlichen Anspruch auf gemeinsame Beurteilung *aller*

464

---

[182] BGE 90 IV 236, 73 IV 204.. StPO 33 auch anwendbar, wenn *mehrere Personen als Nebentäter* oder in Form der *Fahrlässigkeit zu einem deliktischen Erfolg* beitragen (fehlerhafte Autoreparatur in A durch Täter T. Es ereignet sich ein Unfall in B, weil Automobilist Z zusätzlich sein Fahrzeug nicht beherrschte); im letzteren Fall gilt alsdann das *forum praeventionis* nach StPO 33 II.

[183] ZR 102 (2003) Nr. 6.

[184] BGE 72 IV 194, 70 IV 88/89. Zum Begriff der Mittäterschaft bei Betäubungsmitteldelikten BGE 118 IV 397.

[185] BGE 73 IV 58.

[186] Vorne N 435 ff.

Straftaten gibt. StPO 30 bzw. 38 erlauben denn auch, verschiedene Verfahren gegen eine bestimmte und wohl auch verschiedene Personen, die in Anwendung von StPO 31 ff. an sich vereinigt zu führen wären, aus Zweckmässigkeitgründen zu trennen[187].

3.2.2. Gerichtsstand des schwersten Deliktes, StPO 34 I Satz 1

465 Wird jemand **wegen mehrerer** (mindestens zwei) strafbarer, **an verschiedenen Orten begangener Handlungen verfolgt, so sind die Behörden jenes Orts zuständig, an dem die mit der schwersten Strafe bedrohte Tat verübt wurde.** Die Verfahren sind also bei dieser Behörde zu vereinigen, womit der Grundsatz der Verfahrenseinheit[188] wiederum durchschlagen soll.

466 Die Frage nach der mit **der schwersten Strafe bedrohten Tat** beantwortet sich nach dem für die verschiedenen Delikte angedrohten Höchstmass; im Zweifel ist bezüglich Qualifikation der Tat von dem für die beschuldigte Person ungünstigsten Sachverhalt auszugehen[189]. Ist das das Höchstmass der angedrohten Strafe bei den verschiedenen Straftaten gleich, gibt die allfällig höhere Mindeststrafe den Ausschlag. Zu berücksichtigen sind dabei die im betreffenden Straftatbestand enthaltenen Qualifikationen bzw. Privilegierungen (z.B. Gewerbsmässigkeit), nicht aber die sich aus dem Allgemeinen Teil des StGB ergebenden Möglichkeiten der Strafschärfung oder -milderung[190]. Hingegen wird der Versuch als weniger schweres Delikt als das vollendete betrachtet[191].

3.2.3. Gerichtsstand bei gleich schweren Straftaten, StPO 34 I Satz 2

467 Sind die gemäss vorstehender Ziff. 5.2.2. in Frage kommenden, an verschiedenen Orten begangenen Delikte mit der gleichen Strafe bedroht, so sind die Behörden des Ortes zuständig, wo zuerst Verfolgungshandlungen vorgenommen wurden (**forum praeventionis**). Vorausgesetzt ist, dass die betreffende Behörde nach den allgemeinen Gerichtsstandsregeln (primär StPO 31) überhaupt zur Verfolgung der Straftat zuständig ist[192].

3.2.4. Spätester Zeitpunkt der Verfahrensvereinigung, StPO 34 II, 42 III

468 Im bisherigen Gerichtsstandsrecht nach StGB 340 ff. war nicht klar geregelt, bis zu welchem Zeitpunkt die Behörden die nach der jetzigen Vorschrift von StPO 34 I zu erfolgende Vereinigung der Strafverfahren vorzunehmen hatten.

---

[187] Z.B. drohende Verjährung einer Übertretung, Fall aus der Praxis zum alten Zürcher Prozessrecht ZR 68 (1969) Nr. 32 = SJZ 65 (1969) 259.
[188] N 435 ff.
[189] TF 25.1.2008, BG.2008.2 in FP 4/2008 217.
[190] Dazu BGE 98 IV 145, 71 IV 165. Gilt auch für StGB 172ter, BGE 124 IV 134.
[191] BGE 109 IV 57, 75 IV 95.
[192] BGE 74 IV 59, 72 IV 95, 73 IV 58. Wenn noch keine Untersuchung eröffnet wurde und kein Schwergewicht besteht: Zuständigkeit da, wo erstes Delikt begangen wurde, BGE 128 IV 216.

Entgegen der früheren Praxis[193] wird dieser Zeitpunkt vorverlegt: Eine Vereinigung ist nach StPO 34 II wie nach der kongruenten Vorschrift StPO 42 III nur so lange möglich, als im **Verfahren, in welchem eine Vereinigung angestrebt wird, noch keine Anklage erhoben worden ist**[194]. Gelingt dies nicht, ergehen getrennte Urteile, wobei in Anwendung von StGB 49 II das zweiturteilende Gericht eine **Zusatzstrafe** auszufällen hat.

3.2.5. Festlegung einer Gesamtstrafe bei getrennten Urteilen, StPO 34 III

Denkbar ist, dass **weder eine Verfahrensvereinigung nach StPO 34 II noch nach dem Mechanismus von StGB 49 II eine Zusatzstrafe ausgefällt wird**. Dies ist etwa der Fall, wenn zwei Strafverfahren parallel liefen, ohne dass die beteiligten Behörden Kenntnis vom gleichzeitigen Laufen von zwei (oder mehreren Strafverfahren) hatten. In diesem – allerdings eher seltenen Fall – sieht StPO 34 III vor, dass das Gericht, welches die schwerste Strafe ausgesprochen hatte, auf Gesuch der verurteilten Person eine **Gesamtstrafe auszufällen hat**. Vorausgesetzt ist allerdings, dass es sich um gleichartige Strafen handelt, die sich zur Bildung einer Gesamtstrafe überhaupt eignen.

469

3.3. Gerichtsstand bei Straftaten durch Medien, StPO 35

3.3.1. Ausgangspunkt; in Frage kommenden Delikte

Denkbar ist, dass eine Straftat mittels irgendeines Mediums, d.h. **Print- oder elektronischen Medien** wie Radio oder Fernsehen, aber auch Film, Videotex, Teletext, Internet u.Ä., begangen wurde. Typisch für diese Mediendelikte ist, dass die dazugehörenden Verhaltensweisen (Verfassen, Drucken, Senden bzw. Versenden, Empfang) regelmässig an verschiedenen Orten gesetzt werden mit dem Resultat, dass die Bestimmung eines vernünftigen Gerichtsstandes nach den allgemeinen Regeln von StPO 31 kaum möglich wäre. Der Gesetzgeber hat deshalb – um sogenannte «*fliegende*» Gerichtsstände zu verhindern – Sonderregeln geschaffen, die nach einem Kaskadensystem aufgebaut sind, d.h., die primären schliessen die weiteren möglichen Gerichtsstände aus.

470

Bei den hier in Frage kommenden **Delikten handelt es sich um Tatbestände wie Ehrverletzungen (StGB 173 ff.) oder unlauterer Wettbewerb nach UWG**. Nach allgemeinen Regeln richten sich die Gerichtsstände, wenn sich das **Delikt nicht im Medienerzeugnis erschöpft**, also z.B., wenn ein Betrug oder eine Kursmanipulation durch ein Presseerzeugnis eingeleitet wird[195] oder es sich

471

---

[193] Die Praxis ging dahin, dass eine Vereinigung nur bis zum erstinstanzlichen Urteil verlangt werden konnte, BGE 127 IV 135, dazu und zum Folgenden Botschaft 1142 ff. Zum späteren Aufwerfen der Gerichtsstandsfrage hinten Fn. 224.

[194] Der Anklageerhebung ist der *Erlass eines Strafbefehls nach StPO 352 ff.* gleichzusetzen. Bei der *Nichtanhandnahme* bzw. *Einstellung* nach StPO 310 bzw. 319 ff. Gleichstellung nur, wenn diese Verfügungen rechtskräftig werden.

[195] Für Betrug siehe den Entscheid in ZBJV 88 (1952) 44.

um Tatbestände wie Gewaltdarstellung nach StGB 135, harte Pornografie nach StGB 197 Ziff. 3 oder um Rassendiskriminierung nach StGB 261bis IV handelt[196]. StPO 35 ist auch nicht ohne Weiteres auf das kantonale Übertretungsstrafrecht anwendbar[197], es sei denn, das kantonale Recht verweise ausdrücklich auf die Regeln der StPO.

3.3.2. Regelung des Gerichtsstands

472 Gerichtsstand bei Mediendelikten ist in erster Linie der **Ort, an dem das Medienunternehmen seinen Sitz hat** (StPO 35 I). Ist der Autor bekannt und hat er seinen Wohnsitz oder seinen gewöhnlichen Aufenthalt in der Schweiz, so sind auch die Behörden seines Wohnsitzes bzw. des ständigen Aufenthaltsorts zuständig. Alsdann ist der Gerichtsstand am Ort gegeben, an dem zuerst Verfolgungshandlungen vorgenommen wurden. Bei **Antragsdelikten** hat der Antragsberechtigte zwischen den beiden Gerichtsständen zu wählen (StPO 35 II)[198]. Besteht – etwa bei ausländischen Presseerzeugnissen – kein Gerichtsstand nach StPO 35 I oder II, so sind die Behörden des **Verbreitungsortes** zuständig und zwar an jenem Ort, an dem zuerst Verfolgungshandlungen vorgenommen wurden (StPO 35 III[199]).

473 Diese Zuständigkeiten gelten ebenfalls, wenn nach StGB 28 III der **Redaktor etc. verantwortlich** ist, weil die Veröffentlichung ohne Wissen bzw. gegen den Willen des Autors erfolgte.

474 Da StPO 35 auf die Verantwortlichen nach StGB 28 beschränkt ist, dürfte diese Zuständigkeitsnorm indessen nicht auf die nach StGB 322 III bzw. 322bis **subsidiär Verantwortlichen** anwendbar sein; hier gelten die üblichen Gerichtsstandsregeln[200].

3.4. Gerichtsstand bei Betreibungs- und Konkursdelikten und bei Strafverfahren gegen Unternehmen, StPO 36

StPO 36 regelt in Abs. 1 und 2 zwei Konstellationen besonderer Gerichtsstände, die im früheren Gerichtsstandsrecht des StGB nicht geordnet waren[201]:

---

[196] So mindestens Pra 89 (2000) Nr. 16.
[197] SJZ 61 (1965) 245.
[198] BGE 114 IV 181.
[199] Vorausgesetzt, dass überhaupt ein Verbreiten i.S. von StGB 3 ff. in der Schweiz stattfindet, was z.B. bei ausländischen Fernsehsendungen nicht der Fall ist, so m.w.H. SJ 127 (2005) I 461.
[200] Da es sich um *echte Unterlassungsdelikte* (vorne N 453) handelt, dürfte allerdings auch hier mindestens bei Inlandsdelikten wiederum der Sitz des Medienunternehmens der Gerichtsstand sein.
[201] Dazu Botschaft 1143.

3.4.1. Gerichtsstand bei Betreibungs- und Konkursdelikten nach StGB 163–171bis, StPO 36 I

StPO 36 I übernimmt die Tendenz der bisherigen Praxis, wonach bei Betreibungs- und Konkursdelikten das Strafverfahren am **Wohnsitz bzw. am gewöhnlichen Aufenthaltsort bzw. bei juristischen Personen am Sitz des Schuldners** geführt werden sollte. Es ist der Ort, an dem die Beweise am besten gesammelt werden können[202]. Fehlt es an einem Anknüpfungspunkt des Sitzes, ist der Gerichtsstand nach StPO 31–35 zu bestimmen (StPO 36 III). 475

3.4.2. Gerichtsstand bei Strafverfahren gegen Unternehmen nach StGB 102, StPO 36 II

Findet nach Massgabe von StGB 102 ein **Strafverfahren gegen ein Unternehmen** statt, so sind dafür die Behörden am Sitz des Unternehmens (gemäss Handelsregistereintrag oder ZGB 56) zuständig. Wesentlich ist, dass diese Gerichtsstandsbestimmung ebenso gilt, wenn – insbesondere im Fall von StGB 102 II[203] – neben dem Unternehmen auch die **für dieses handelnden Personen** verfolgt werden (so auch StPO 112 IV)[204]. Auch hier sind die üblichen Gerichtsstandsregeln von StPO 31–35 anzuwenden, wenn es an einem schweizerischen Sitz des Unternehmens fehlt (StPO 36 III)[205]. Allerdings ist fraglich, ob und unter welchen Voraussetzungen StGB 102 überhaupt gegen ausländische Unternehmen anwendbar ist. 476

3.5. Gerichtsstand bei selbstständigen Einziehungen, StPO 37

StPO 37 (und kongruent BetMG 24 Satz 2) übernimmt die bisher in StGB 344a zu findende Regelung des Gerichtsstandes bei selbstständigen Einziehungen. Dieses selbstständige Einziehungsverfahren, geregelt in StPO 376 ff., wird am **Ort durchgeführt, an dem sich die nach StGB 69 ff. einzuziehenden Gegenstände oder Vermögenswerte befinden** (Abs. 1). Es ist dies beispielsweise auch 477

---

[202] BeB 52.
[203] Regel gilt ebenso, wenn in Fällen nach StGB 102 I zunächst nicht klar ist, ob ein Verantwortlicher eruiert werden kann und sich Verfahren (zulässigerweise) gleichzeitig gegen das Unternehmen wie einen Verdächtigen richtet. Analog zu StPO 26 III bleibt die Zuständigkeit nach StPO 36 II erhalten, wenn sich Verfahren schliesslich nur gegen den verantwortlichen Täter richtet.
[204] In VE 44 II wurden die Behörden am Sitz des Unternehmens grundsätzlich zur Verfolgung aller Straftaten, die von Organpersonen im Zusammenhang mit ihrer Tätigkeit für ein Unternehmen begangen werden, zuständig erklärt. Fälschlicherweise wird Abs. 2 dieser Regelung in der Botschaft 1143 ein solcher weiter Sinn zugeschrieben, obwohl dieser Gerichtsstand von VE 44 II lit. a im Verlaufe der späteren Gesetzgebungsarbeiten eliminiert wurde und StPO 36 II auf Delikte nach StGB 102 beschränkt ist.
[205] Gerichtsstand hier üblicherweise am *Ort, an dem der Täter vor allem nach StGB 102 II handelte*. Bei Verantwortlichkeit des Unternehmens nach StGB 102 I dürfte es schwierig sein, einen Gerichtsstand nach StPO 31–35 zu bestimmen.

der Ort, an dem die Bankkonten geführt werden, auf welchen die zu beschlagnahmenden und einzuziehenden Vermögenswerte liegen. Befinden sich die Gegenstände und Vermögenswerte, bei denen auf Grund der gleichen Straftat oder Täterschaft ein Zusammenhang besteht, in mehreren Kantonen, so sind die Behörden des Kantons zuständig, in dem zuerst ein Straf- oder Einziehungsverfahren eröffnet wurde (Abs. 2).

478 StPO 37 bestimmt allein den Gerichtsstand bei Einziehungsverfahren. Eine andere Frage ist, welchem Gemeinwesen nach abgeschlossenem Einziehungsverfahren **die eingezogenen Vermögenswerte letztlich zufallen**. Zu beachten ist hier neben StGB 374 das BG über die Teilung eingezogener Vermögenswerte (TEVG) vom 19.3.2004[206]. Dieses BG enthält in Art. 4 ff. Regeln, wie eingezogene Vermögenswerte zwischen den involvierten schweizerischen Gemeinwesen (einziehendes Gemeinwesen; Ort, an dem sich die Vermögenswerte befanden; Bund) verteilt werden (so genanntes **internes Sharing**). Haben sich ausländische Stellen unterstützend am Einziehungsverfahren beteiligt, kann dem betreffenden Staat ebenfalls ein Anteil ausgerichtet werden **(externes Sharing)**.

3.6. Gerichtsstand bei Jugendlichen, JStPO 10, VStrR 23

479 Sind Straftaten von **Jugendlichen** i.S. von JStGB 3 I (zwischen dem 10. und noch nicht zurückgelegten 18. Altersjahr) zu verfolgen, so sind nach JStPO 10 I grundsätzlich die Behörden des **gewöhnlichen Aufenthaltsorts** zuständig, **Übertretungen** hingegen am Ort ihrer Begehung (JStPO 10 III). Damit wird dem Umstand Rechnung getragen, dass das Jugendstrafrecht nicht primär pönale, sondern erzieherisch-fürsorgerische Ziele verfolgt. Diese Aufgaben können die Behörden am Aufenthaltsort des fehlbaren Jugendlichen am besten wahrnehmen. Ist kein gewöhnlicher Aufenthaltsort in der Schweiz vorhanden, gelten die Sonderregeln von JStPO 10 II, falls die schweizerischen Behörden auf Ersuchen einer ausländischen Behörde die Strafverfolgung übernehmen, jene nach JStPO 10 IV[207].

4. Bestimmung eines abweichenden Gerichtsstandes, StPO 38

4.1. Abweichende Vereinbarung eines Gerichtsstandes durch die Staatsanwaltschaften, StPO 38 I

480 StPO 38 I knüpft an die frühere Bestimmung von BStP 262 III bzw. 263 III sowie die Praxis der damaligen Anklagekammer des Bundesgerichts in Gerichtsstandsfragen an, welche den Strafbehörden die Freiheit zugestanden, von den im

---

[206] AS 2004 3503, 3509; SR 312.4. Botschaft in BBl 2002 441.
[207] Näher Botschaft 1359.

Einzelfall u.U. als zu starr erscheinenden gesetzlichen **Gerichtsstandsregeln abzuweichen und den Fall durch Vereinbarung einem an sich nach StPO 31–37 nicht zuständigen Kanton zur weiteren Verfolgung zuzuweisen.** In sinngemässer Anwendung von StPO 29 ist ebenso eine **Aufteilung der Verfahren auf zwei oder mehrere Kantone** möglich. Allerdings sollte ein solches **Abweichen die Ausnahme bleiben.** StPO 38 I nennt hier mit Blick auf die erwähnte Praxis als Gründe für ein Abweichen den Umstand, dass der Schwerpunkt der deliktischen Tätigkeit[208] oder die persönlichen Verhältnisse der beschuldigten Person ein Abweichen nahelegen. Im Sinn einer Generalklausel werden sodann «*andere triftige Gründe*» genannt. Im Anschluss an die bisherige Praxis stehen hier generell formuliert Gründe der Verfahrensökonomie und -beschleunigung im Vordergrund, wobei stets die Interessen der Verfahrensbeteiligten angemessen zu berücksichtigen sind. Zuständig zum Treffen solcher Vereinbarungen sind die **Staatsanwaltschaften der beteiligten Kantone.** Daraus ergibt sich ferner, dass solche Absprachen in jedem Fall vor der Anklageerhebung (StPO 40 II), ja zweckmässigerweise vor Aufnahme der eigentlichen Untersuchung nach StPO 308 ff. zu erfolgen haben.

Solche Vereinbarungen können von den Parteien nach Massgabe von StPO 41 II Satz 2 i.V. mit StPO 393 ff. mit **Beschwerde** angefochten werden. Im Anschluss an die frühere Praxis des Bundesgerichts haben die Beschwerdeinstanzen (wie auch später die Sachrichter) nur bei Ermessensüberschreitungen einzugreifen, nicht aber, wenn die Zuweisung der Zuständigkeit als vertretbar erscheint[209].

4.2. Zuweisung einer Anklage an ein anderes als das nach StPO 31–37 zuständige erstinstanzliche Gericht, StPO 38 II

StPO 38 II ermöglicht wie die vorstehend besprochene Bestimmung ein Abweichen vom Gerichtsstand, wie er sich aus StPO 31–37 ergibt, hat jedoch eine andere Konstellation im Auge[210]. Im Zentrum steht hier nicht eine abweichende inter-, sondern innerkantonale gerichtliche Zuständigkeit. Konkret geht es dar-

---

[208] Aus der *bisherigen Praxis* zu StGB 340 ff. z.B. der Fall, dass mehr als zwei Drittel der Straftaten auf einen Kanton entfallen, es sei denn (wie *in casu*), prozessökonomische Gründe sprechen gegen eine Zuweisung an diesen, BGE 123 IV 23; vgl. auch den Fall TPF 2007 118 (Berücksichtigung der Komplexität des Falles und des Stands des Verfahrens in den verschiedenen Kantonen). Notwendig ist jedoch, dass ein örtlicher Anknüpfungspunkt in dem zu bestimmenden Kanton vorhanden ist, BGE 120 IV 280. Abweichen nicht, wenn nur etwas mehr als ein Drittel der Delikte in anderem Kanton liegt, BGE 129 IV 204. Abweichen auch bei Massenprozessen (Zuweisung an den Wohnsitzkanton der jeweiligen Beschuldigten), BGE 121 IV 224 (Fall *European Kings Club*). Zum Fall des Fehlens einer Untersuchung wie eines Schwergewichts BGE 128 IV 216 = SJ 125 (2003) 43 (Abstellen auf erstes Delikt).

[209] So mindestens die Praxis zum alten Recht m.w.H. BGE 133 IV 246, 132 IV 94, 120 IV 286.

[210] BeB 53, Botschaft 1143.

um, dass es zur **Wahrung der Verfahrensrechte einer Partei**, vor allem des Anspruchs auf einen unabhängigen Richter und ein faires Verfahren, erforderlich sein kann, einen Fall nach Erhebung der Anklage **einem andern als dem an sich nach StPO 31 ff. örtlich zuständigen erstinstanzlichen Gericht zu überweisen**. Es ist an Fälle zu denken, in denen z.B. wegen kleinräumiger Verhältnisse und mit Blick auf die Persönlichkeit der beschuldigten Person sowie der Schwere der Tat das an sich zuständige Gericht als nicht ganz unbefangen erscheint[211]. Zuständig ist die **Beschwerdeinstanz** des betreffenden Kantons, die auf Antrag einer Partei oder von Amtes wegen in sinngemässer Anwendung von StPO 393 ff. entscheidet. Als **Rechtsmittel** gegen einen solchen Zuweisungsentscheid kommt allein die Strafrechtsbeschwerde ans Bundesgericht nach BGG 78 ff. in Frage, vorausgesetzt, man bejaht einen anfechtbaren Zuständigkeitsentscheid nach BGG 92.

§ 33 Verfahren bei strittigem Gerichtsstand, StPO 39–42, JStPO 10 VII

Literaturauswahl: Vgl. die Literaturhinweise vor § 32, vor allem ERHARD SCHWERI/FELIX BÄNZIGER, Interkantonale Gerichtsstandsbestimmung in Strafsachen, 2. Aufl., Bern 2004.
Materialien: Aus 29 mach 1 S. 75; VE 47–49; BeB 53 f.; E 37–40; Botschaft 1143; AB S 2006 997 f., AB N 2007 948.

1. Prüfung der Zuständigkeit und Einigung, StPO 39, 41, 42

483 StPO 39 I besagt an sich eine Selbstverständlichkeit, nämlich die **Pflicht jeder Strafbehörde, ihre Zuständigkeit in örtlicher wie auch sachlicher Hinsicht von Amtes wegen zu prüfen**, bevor eigene Verfahrenshandlungen vorgenommen werden. Diese Prüfung hat nicht nur vor einer formellen Eröffnung einer Untersuchung durch die Staatsanwaltschaft nach StPO 309 zu erfolgen, sondern ebenso vor dem u.U. informellen Einleiten eines polizeilichen Ermittlungsverfahrens nach StPO 306 f. Es versteht sich von selbst, dass diese **Prüfung bei entsprechenden Änderungen im Verfahren später zu wiederholen ist**. Diese Zuständigkeitsprüfung hat beschleunigt zu erfolgen; Säumnis kann u.U. als konkludente Anerkennung des Gerichtsstands betrachtet werden[212]. Aus der Be-

---

[211] Nicht als zulässig erscheint eine Umteilung aus *sachlichen Gründen,* z.B. die Umteilung eines Wirtschaftsstraffalls von einem ländlichen an ein städtisches, in solchen Dingen erfahreneres Gericht.
[212] BGE 119 IV 102.

stimmung fliesst sodann die Pflicht, den Fall bei eigener Unzuständigkeit der zuständigen Stelle weiterzuleiten, was StPO 39 I ausdrücklich festhält[213].

Erweist sich bei dieser ersten Prüfung der Gerichtsstand als unklar, d.h. **erscheinen mehrere Strafbehörden als möglicherweise zuständig**, so informieren sich im inner- wie auch im interkantonalen Verhältnis die beteiligten Staatsanwaltschaften unverzüglich über die wesentlichen Elemente des Falls (StPO 39 II). Im Regelfall wird ein Akten- und Meinungsaustausch erfolgen[214]. Ziel dieses Austausches ist, dass die beteiligten Staatsanwaltschaften eine Einigung über die Zuständigkeit nach StPO 31 ff. erzielen. Gelingt dies, werden die Verfahren mit Verfügung der zuständigen Staatsanwaltschaft abgetreten. Welche Staatsanwaltschaft (Ober- bzw. Generalstaatsanwaltschaft oder untersuchungsführender Staatsanwalt?) innerkantonal zur Abgabe der entsprechenden Erklärungen zuständig ist, besagt das kantonale Recht. 484

Beansprucht eine Strafbehörde nach der Prüfung i.S. von StPO 39 I ihre **Zuständigkeit und ist eine Partei damit nicht einverstanden**, so hat diese nach StPO 41 I unverzüglich bei einer der beteiligten Staatsanwaltschaften die Übertragung des Falls an die ihres Erachtens zuständige Behörde zu beantragen[215]. Die angesprochene Behörde hat darüber mit Verfügung zu entscheiden; bei Verwerfung des Übertragungsantrags steht der Partei die **Beschwerde** nach StPO 393 I lit. a ans Bundesstrafgericht offen. Ebenso können die Parteien Beschwerde beim Bundesstrafgericht gegen eine Gerichtsstandsvereinbarung der Kantone nach StPO 39 II wie auch eine solche nach StPO 38 I erheben (näher StPO 41 II)[216]. Dieses Rechtsmittel ist auch möglich wegen **Säumnis** beim Erlass eines solchen Gerichtsstandsentscheids der beteiligten Kantone. In Überein- 485

---

[213] Dazu und zum *Verbot, Fall informell, etwa durch Nichteintreten o.ä. zu erledigen*, allgemein schon vorne N 89 (Erledigungsgrundsatz, StPO 2 II). – Stellt das *erstinstanzliche Gericht seine Unzuständigkeit* fest, hat es nach StPO 329 IV vorzugehen, N 1287.

[214] BStrG 15.1.2007, BB 2006 33, in RS 2007 Nr. 205. Kommt ein Kanton als zuständig in Frage, hat er relevante Umstände selbst zu ermitteln und darf den bereits untersuchungsführenden Kanton nicht auf die Rechtshilfe verweisen. – Es bleibt zu prüfen, ob die *Gerichtsstandsvereinbarung des KSBS vom 24.10.2006 zur Vermeidung von Gerichtsstandskonflikten bei Strafverfahren minderen Gewichts* unter der StPO noch Bestand hat.

[215] Da die *Zuständigkeit von Amtes wegen festzulegen ist*, muss die Partei bezüglich der zuständigen Behörde keinen konkreten Antrag stellen; sie muss nur verlangen, dass der Fall der «*zuständigen Behörde*» überwiesen wird, RK-S 24./25.4.2006, S. 38, 29.5.2006, S. 15. Naturgemäss steht es ihr frei, diesbezüglich einen konkreten Antrag zu stellen.

[216] StPO 41 II spricht von Beschwerde «*an die nach Art. 40 zum Entscheid über den Gerichtsstand zuständige Behörde*». Bei innerkantonalen Konflikten wäre dies nach StPO 40 I entweder die Ober- oder Generalstaatsanwaltschaft, bei deren Fehlen die kantonale Beschwerdeinstanz. Da es nach der StPO keine Beschwerde an eine (Ober-) Staatsanwaltschaft gibt, ist in jedem Fall die Beschwerdekammer des Kantons Beschwerdeinstanz. Im Hauptfall des *strittigen Gerichtsstandes verschiedener Kantone* dürfte entsprechend den früheren, einfacheren Vorschriften in VE 48 nach StPO 41 II die *Beschwerdekammer des Bundesstrafgerichts* zuständig sein.

stimmung mit der früheren Praxis zu StGB 345 dürfte hier keine Erschöpfung des innerkantonalen Instanzenzugs notwendig sein[217].

486 Da dieser Meinungsaustausch (insbesondere bei Misslingen einer sofortigen Einigung unter den Kantonen) sowie das Gerichtsstandsverfahren nach StPO 40 einige Zeit in Anspruch nehmen kann, sieht StPO 42 I vor, dass bis zur verbindlichen Bestimmung des Gerichtsstands die **zum Entscheid über den Gerichtsstand zuständige Behörde jene Behörde, die sich vorläufig mit der Sache befassen muss,** die unaufschiebbaren Massnahmen wie die Anordnung von Zwangsmassnahmen zu treffen hat. StPO 42 II bestimmt in diesem Zusammenhang, dass **verhaftete Personen** bis zur endgültigen Bestimmung des Gerichtsstands am Ort der Verhaftung bleiben und nicht einem andern Kanton zugeführt werden sollen. Dieser zunächst zuständige Kanton ist zur Durchführung des Haftverfahrens nach StPO 224 ff. zuständig[218].

2. Gerichtsstandskonflikte, StPO 40

2.1. Innerkantonale Gerichtsstandskonflikte, StPO 40 I

487 Können sich die Strafbehörden des gleichen Kantons nach dem Gedankenaustausch nach StPO 37 II nicht über ihre örtliche Zuständigkeit einigen, liegt also ein **innerkantonaler Gerichtsstandskonflikt** vor, so entscheidet darüber endgültig die Ober- oder Generalstaatsanwaltschaft des betreffenden Kantons, wenn keine solche vorhanden ist, die kantonale Beschwerdeinstanz[219]. Diese Regelung gilt vorab für Kompetenzkonflikte zwischen **Staatsanwaltschaften**, allenfalls zwischen Übertretungsstrafbehörden. Anders ist das Vorgehen in **erstinstanzlichen Gerichten** bei festgestellter örtlicher Unzuständigkeit nach erfolgter Anklageerhebung[220].

---

[217] Zu dieser früheren Praxis BGE 122 IV 250, 73 IV 62; 74 IV 189; 83 IV 116. Über Gerichtsstandsverfahren *zwischen Behörden* waren nach Praxis zum früheren Recht beschuldigte Personen bzw. Geschädigte oder die Privatklägerschaft nicht zu orientieren, und sie waren darin auch nicht Partei, Pra 69 (1980) Nr. 102, 92 (2003) Nr. 40. Anders liegen die Dinge naturgemäss, wenn eine *Partei einen andern Gerichtsstand beantragt bzw. den Gerichtsstand bestreitet* (StPO 41 II).
[218] Hinten N 1028 ff.
[219] Fassung Nationalrat AB N 2007 948, vom Ständerat hernach akzeptiert. E 38 I sah dafür die Kompetenz der Beschwerdeinstanz vor. Wenn StPO 40 I wie E 38 I von ... *Strafbehörden des gleichen Kantons*... spricht, so können damit nur Straf*verfolgungs*behörden nach StPO 12 gemeint sein, nicht aber Gerichte.
[220] Hinten N 1287 a.E.

2.2. Interkantonale Gerichtsstandskonflikte, StPO 40 II f., JStPO 10 VII

Kommt bei Konflikten zwischen Strafverfolgungsbehörden von zwei oder mehreren Kantonen keine Einigung i.S. von StPO 39 II zustande, so ist die Angelegenheit unverzüglich, jedenfalls **vor der Anlageerhebung**, der Beschwerdekammer des Bundesstrafgerichts zum Entscheid zu unterbreiten (StPO 40 II; E StBOG 28 I). Das – begründete und zu den relevanten Fragen umfassend dokumentierte – Gesuch ist **von der Staatsanwaltschaft jenes Kantons einzureichen, die zuerst mit der Sache befasst war**, d.h. zuerst i.S. von StPO 31 II Verfolgungshandlungen vornahm[221]. Das kantonale Recht bestimmt, welche von verschiedenen Staatsanwaltschaften (Oberstaatsanwaltschaft oder die mit dem Fall befasste Staatsanwaltschaft?) für dieses Verfahren vor Bundesstrafgericht zuständig ist.

488

Die **Beschwerdekammer des Bundesstrafgerichts bestimmt alsdann für die betroffenen Kantone verbindlich**[222] denjenigen Kanton, der das Verfahren durchzuführen hat. Die Beschwerdekammer kann analog zu den Gründen nach StPO 38 I[223] mit **Rücksicht auf die Gegebenheiten des Einzelfalls von den Gerichtsstandsregeln von StPO 31–36 abweichen**. Ein einmal durch Vereinbarung zwischen den beteiligten Parteien oder durch Entscheid des Bundesstrafgerichts bestimmter Gerichtsstand kann allein **aus neu auftauchenden, wichtigen Gründen und nur vor der Anklageerhebung geändert werden** (StPO 42 III)[224].

489

---

[221] Zu den *Anforderungen an die Begründung* BGE 117 IV 93, 116 IV 175 oder GVP 2006 Nr. 99 S. 279. Zur entsprechenden *Praxis des Bundesstrafgerichts* m.w.H. A.J. KELLER in AJP 2/2007 2006.

[222] Das *Verfahren vor Bundesstrafgericht* in diesen Gerichtsstandsfällen ist in der StPO nicht geregelt; sinngemäss anwendbar dürften die Regeln der Beschwerde (StPO 393 ff., N 1499 ff.) sein. – Zum alten Recht BGE 97 IV 150. Die frühere Praxis ging dahin, dass der *Entscheid verbindlich für die später mit der Sache befassten kantonalen und eidgenössischen Gerichte* sei, was grundsätzlich auch bei einer einvernehmlichen Bestimmung des Gerichtsstandes durch die Kantone nach jetzt StPO 38 I selbst galt, SJ 105 (1983) 516 = RS 1984 Nr. 728, zum Problem der nachträglichen Änderung des Gerichtsstands sodann Fn. 224. Zur *Kostenüberwälzung* BGE 116 IV 89. – Gegen *Entscheide des Bundesstrafgerichts* nach StPO 49 ist nach BGG 79 *keine Strafrechtsbeschwerde ans Bundesgericht* möglich, hinten N 1635, 1717.

[223] Vorne N 480 f.

[224] Die frühere Praxis zum alten Recht verlangte das *Vorliegen eines Revisionsgrundes* nach aOG 136 lit. d (jetzt BGG 121 ff.), BGE 119 IV 106, 107 IV 159. Dies gilt nun ebenfalls für StPO 42 III. Dabei ist freilich unklar, ob bei nicht während des Vorverfahrens nach StPO 38–41 diskutiertem *Gerichtsstand diese Frage später aufgeworfen werden kann, so vor Gericht*: Während das Gericht die Gerichtsstandsfrage frei zu prüfen hat (StPO 39 I, N 1287), dürfte den Parteien mit Blick auf Treu und Glauben bzw. *ein venire contra factum proprium* (StPO 3 II lit. a, vorne N 93) eine nachträgliche Anrufung der örtlichen Unzuständigkeit weitgehend verwehrt sein.

490 Soweit kongruent mit StPO 30 und 38 I[225] erlaubt StPO 40 III sodann, dass die für den **Gerichtsstandsentscheid zuständige Behörde** (Ober- bzw. Generalstaatsanwaltschaft; wie erwähnt ebenso die Beschwerdekammer des Bundesstrafgerichts) ausnahmsweise einen von StPO 31–36 **abweichenden Gerichtsstand** festlegen kann.

4. Abschnitt: Rechtshilfe

§ 34 Nationale Rechtshilfe, StPO 43–53, VStrR 30

Literaturauswahl: AESCHLIMANN N 300, 356, 379; MAURER 68; OBERHOLZER N 269; PIQUEREZ (2006) N 593.

PIERRE CORNU, L'application du concordat sur l'entraide judiciaire dans la pratique des autorités de poursuite pénale, Z 115 (1996) 31, HANSRUEDI MÜLLER, Das Rechshilfekonkordat in der Praxis, Z 115 (1996) 3.

Materialien: Aus 29 mach 1 S. 76; VE 50–60; BeB 54 ff.; ZEV 27; E 41–49; Botschaft 1144; AB S 2006 998 f., AB N 2007 948.

1. Geltungsbereich und Begriff, StPO 43

491 In StPO 43–53 finden sich jene Regeln, die die Rechtshilfe in Strafsachen von Behörden des Bundes und der Kantone zu Gunsten von Strafbehörden anderer Kantone oder des Bundes regeln (StPO 43 I). Als **Rechtshilfe wird dabei jede Massnahme betrachtet, um die eine Behörde im Rahmen ihrer Zuständigkeit zur Unterstützung ihrer Tätigkeit in einem hängigen Strafverfahren ersucht** (StPO 43 IV). Die hier zu besprechenden Regeln betreffen indessen nicht nur die von Strafbehörden unter sich zu leistende Unterstützung, sondern sind auch für die von anderen Behörden (z.B. Verwaltungsinstanzen) von Bund, Kantonen und Gemeinden zu leistende Rechtshilfe massgebend. Nicht unter StPO 43 fällt die von den Strafbehörden zu leistende Unterstützung anderer Behörden von Bund, Kantonen und Gemeinden. StPO 43 ff. schufen nicht neues Recht; diese Bestimmungen fassen vielmehr mit gewissen kleinen Änderungen die **Regeln zusammen, die bisher verstreut in diversen Erlassen zu finden waren**, so in StGB 356–362 oder BStP 252 f. Vor allem wurden die Bestimmungen übernommen, die bisher im **Konkordat vom 5.11.1992 über die Rechtshilfe und die interkantonale Zusammenarbeit in Strafsachen** (im Folgenden: Konkordat) zu finden waren[226]. Dieses Konkordat ist mit der StPO gegenstandslos geworden.

492 Was die Rolle der **Polizei als Strafverfolgungsbehörde** betrifft, so gelten StPO 43 ff. zunächst im Fall, dass sie auf Weisungen von Staatsanwaltschaft,

---

[225] Vorne N 437, 480 f.
[226] AS 1993 2876; dazu näher Botschaft 1144.

Übertretungsstrafbehörden oder Gerichte (StPO 15 II, III, 306 I, 307 II, 312) tätig wird (StPO 43 II). StPO 43 III gestattet sodann die **direkte Rechtshilfe zwischen Polizeibehörden von Bund und Kantonen und von Kantonen unter sich**, soweit sie nicht Zwangsmassnahmen zum Gegenstand hat, über die allein Staatsanwaltschaft oder Gerichte entscheiden können. Dies bedeutet konkret, dass eine Polizeibehörde beispielsweise bei einer andern die Einvernahme einer beschuldigten Person verlangen kann (StPO 157 ff.), im Regelfall aber nicht die Vorführung (StPO 207 ff.) und abgesehen von Fällen, bei denen Gefahr im Verzug ist, auch keine Durchsuchungen (StPO 241 ff.). In diesen Fällen müssen Staatsanwaltschaft oder Gerichte die notwendigen Rechtshilfeschritte in die Wege leiten. Die StPO regelt überdies nur die Rolle der Polizei bei der gegenseitigen Unterstützung in hängigen Strafverfahren. Sie hat darauf verzichtet, die mehr der **Amtshilfe** zuzurechnenden Bestimmungen von StGB 350–355b (Bestimmungen über INTERPOL) sowie jene der BG vom 7.10.1994 über die kriminalpolizeilichen Zentralstellen des Bundes[227] zu übernehmen[228].

2. Grundregeln der Rechtshilfe und gegenseitigen Unterstützung, StPO 43–45

2.1. Grundsätzliche Pflicht zur Rechtshilfe, StPO 44

StPO 44 (soweit kongruent JStPO 31, VStrR 20 II, 30, MStP 18 ff. und ZPO 196) nimmt den früher in StGB 356 II und Konkordat 1 statuierten Grundsatz auf, dass sich Bund und Kantone (unter Einschluss der Gemeinden) bei der Strafverfolgung gegenseitig Rechtshilfe zu leisten haben, soweit es um die Verfolgung von Straftaten des Bundesrechts geht[229]. Die Pflicht trifft nicht nur Straf-, sondern auch andere Behörden, insbesondere die Verwaltung[230]; diese hat

493

---

[227] SR 360. Zur Rechts- bzw. Amtshilfe des Bundes den kantonalen Behörden gegenüber durch die *Führung von polizeilichen Informationssystemen* vgl. nunmehr vor allem das BPI.
[228] Näher Botschaft 1144.
[229] Es ist Aufgabe des kantonalen Rechts, diese Pflicht allenfalls (kongruent zu Konkordat 2 II) auf die kantonalen Straftatbestände auszudehnen, Botschaft 1145.
[230] Rechtshilfepflichten treffen tendenziell auch *Legislativen*, TPF 2005 97 E.2.3. Sie gelten ferner im Verhältnis zu *Sozialversicherungsanstalten*, vgl. etwa allgemein ATSG 32, weiter etwa nach UVG 97 f.; zur Arbeitslosenversicherung AVIG 98a und VPB 62 (1998) Nr. 39 oder nach *Embargogesetz* 6 f. Zum Akteneinsichtsrecht von *Steuerbehörden* nach DBG 112 BGE 124 II 58; gegenseitige Rechtshilfepflichten ferner nach StHG 39; *zum Aktenbeizug bei Steuerbehörden zur Strafzumessung* LGVE 2007 I Nr. 25 = FP 4/2008 216. Weitgehende Pflicht zur Zusammenarbeit auch mit Privaten, die Aufsichtsfunktionen wahrnehmen, so zwischen *Straforganen und Revisoren*, neuerdings vorgesehen in RAG 24 sowie zwischen *Straf- und Finanzmarktaufsichtsbehörden* nach FINMAG 38, wobei nach Art. 41 dieses Gesetzes Streitigkeiten endgültig (BGG 83 lit. v) vom Bundesverwaltungsgericht entschieden werden, vgl. auch Fn. 370. Die Rechtshilfepflicht gilt mit Blick auf MStP 18 auch im Verhältnis zur *Militärjustiz*.

also z.B. **Auskunftsersuchen der Strafbehörden** zu beantworten. Wesentlich in diesem Zusammenhang ist StPO 194 II, der die inner- und ausserkantonalen Behörden im weitesten Sinn verpflichtet, **Akten und weitere Informationen** für ein Strafverfahren zur Verfügung zu stellen[231].

2.2. Allgemeine Regeln der Rechtshilfe, StPO 45–48

494 StPO 45 knüpft primär an den näher in StPO 52–53 geregelten Fall an, dass eine **Behörde ausserhalb ihres üblichen Tätigkeitsrayons**, also etwa in einem andern Kanton, Amtshandlungen vornimmt[232]. Zu diesem Zweck stellt ihnen der betreffende Kanton die notwendigen **Lokalitäten** für Amtshandlungen wie auch etwa zur Unterbringung von Gefangenen zur Verfügung und trifft die **erforderlichen Sicherheitsmassnahmen**. Letzteres gilt entgegen dem engen Wortlaut von StPO 45 II auch für kantonale Amtshandlungen in einem andern Kanton.

495 StPO 46 (ebenso MStP 18 IV), der den **direkten Geschäftsverkehr zwischen der an der Rechtshilfe beteiligten ersuchenden und ersuchten Behörden** vorsieht (schon bisher, StGB 357 I, Konkordat 15 Ziff. 1), dient der Vereinfachung des entsprechenden Verfahrens. Dies äussert sich etwa in der zu beachtenden **Sprache** (vgl. StPO 46 II). Falls unklar ist, welche Behörde Ansprechpartner der ersuchenden Behörde ist, so richtet sie ihr Gesuch an die oberste Staatsanwaltschaft des ersuchten Kantons oder Bundes, welche das Gesuch an die zuständige Behörde weiterleitet (StPO 46 III).

496 Bereits bisher war die **Rechtshilfe grundsätzlich unentgeltlich zu leisten** (StGB 358 I, Konkordat 14, 23; MStP 25). StPO 47 versucht, diese Regeln weiter zu vereinfachen, um unnötigen Verwaltungsaufwand zu vermeiden. StPO 47 I bestätigt zunächst den Grundsatz, dass Rechtshilfe unentgeltlich geleistet wird, macht jedoch bezüglich der Aufwendungen der Kantone in Fällen von StPO 45 für den Bund eine Ausnahme; diese werden vom Bund vergütet. Die für Bund und Kantone entstandenen Kosten werden, soweit sie nicht nach der soeben erwähnten Ausnahmebestimmung vom Bund vergütet werden, der ersuchenden Behörde gemeldet. Zweck dieser Meldung ist, dass die entstande-

---

[231] Grundsätzlich besteht ein *gegenseitiges Akteneinsichtsrecht*, vgl. auch StPO 101 II, was z.B. das in vorstehender Fn. erwähnte RAG 24, besonders betont. Einsichtsrecht der Strafverfolgungsbehörden in Akten der *swissmedic* über Zulassung gewisser Medikamente, Beschwerdekammer Bundesstrafgericht am 27.3.2006 in NZZ Nr. 73 vom 28.3.2006. Es bestehen allerdings vielfache Sondervorschriften, vgl. etwa Art. 58 des Transplantationsgesetzes vom 8.10.2004, SR 810.21. *Zufallsfunde* (Akten anderer Behörden verweisen auf bisher nicht verfolgte Straftaten oder Straftäter hin) können von den Strafbehörden verwertet werden, zum umgekehrten Fall (Strafakten weisen auf z.B. verwaltungsrechtlich relevante Vorgänge bezüglich anderer Personen wie Steuerhinterziehungen hin) vgl. hinten Fn. 504.

[232] Missverständlich Botschaft 1145 Mitte, die zur Annahme verleiten könnte, die Vorschrift gelte analog zu früher BStP 28 f. nur im Verhältnis Bund/Kanton.

nen Kosten allenfalls den kostenpflichtigen Parteien auferlegt werden können (StPO 47 III).

Es ist denkbar, dass vor allem im Zusammenhang mit **Zwangsmassnahmen, die rechtshilfeweise veranlasst wurden, Entschädigungspflichten** entstehen. StPO 47 IV übernimmt die Bundesgerichtspraxis, die wiederholt feststellte, dass diesfalls die **Entschädigungen vom ersuchenden Kanton bzw. Bund** zu erbringen sind[233]. 497

Entstehen **Konflikte im Zusammenhang mit der nationalen Rechtshilfe in Strafsachen i.S.** von StPO 43–47 und 49–53, so werden diese nach StPO 48 endgültig von der Beschwerdeinstanz des Kantons (bei Konflikten zwischen Behörden des gleichen Kantons) bzw. von der Beschwerdekammer des Bundesstrafgerichts (bei solchen zwischen Behörden des Bundes bzw. der Kantone, vgl. ebenso MStP 21) entschieden[234]. Das **Verfahren** bei diesen Konfliktsentscheiden ist in der StPO nicht geregelt; sinngemäss anwendbar dürften die Regeln der Beschwerde (StPO 393)[235] sein. 498

3. Verfahrenshandlungen auf Verlangen des Bundes oder eines anderen Kantons, StPO 49–51

StPO 49–51 sind anwendbar, wenn eine Strafbehörde des Bundes oder eines Kantons, anstatt eine Verfahrenshandlung selbst vorzunehmen, **von einem andern Kanton bzw. vom Bund die Durchführung mittels eines Rechtshilfegesuchs verlangt**. Es geht etwa um Fälle, in denen in einem andern Kanton Zeugen zu befragen oder Durchsuchungen vorzunehmen sind und die früher rudimentär in StGB 352 sowie ausführlicher in Konkordat 15–23 geregelt waren[236]. StPO 49 enthält in Abs. 1 den Grundsatz, dass die Strafbehörden von Bund und Kantonen von den Strafbehörden anderer Kantone bzw. des Bundes die Durchführung von Verfahrenshandlungen verlangen können, wobei auf die bereits erwähnte allgemeine Rechtshilfepflicht von StPO 44 zu verweisen ist[237]. Die **ersuchte Behörde** 499

---

[233] BGE 119 IV 90, 118 Ia 336, 108 Ia 17.
[234] In diesem zweiten Fall kein Weiterzug ans Bundesgericht möglich, BGG 79 (hinten N 1635), wohl aber im erstgenannten Fall. In Strafsachen geht diese Bestimmung jener von Art. 36a des Bundesverwaltungsgerichtsgesetzes vom 17.6.2005 in der Fassung des FINMAG vom 22.6.2007, BBl 2007 4645, SR 173.32, vor. – Es scheint, dass *Konflikte mit allen Bundesbehörden*, also auch jene mit dem Bundesrat oder den eidgenössischen Räten unter StPO 48 fallen, wobei naturgemäss Vorgänge im Zusammenhang mit den verfassungsmässigen Kompetenzen des Bundesrates nach BV 185 ausserhalb der Beurteilungskompetenz des Bundesstrafgerichts liegen.
[235] Hinten N 1499 ff. Wie bei StPO 40, vorne N 489 Fn. 219.
[236] Botschaft 1146.
[237] Vorne N 493. Das Ersuchen ist *für den ersuchten Kanton zwingend*, so Botschaft 1146 oben. Allerdings sollte diese *Rechtshilfe* – Empfehlungen der KSBS von 1998 folgend – *nur in Anspruch genommen werden, wenn dies notwendig und sinnvoll ist*, also z.B. wenn in einem St.Galler Fall ein nicht besonders wesentlicher Zeuge mit Wohnsitz in Genf ein-

2. Kapitel: Strafbehörden, ihre Zuständigkeit und Verfahrenshandlungen

– die Zuständigkeit wird vom betreffenden Kanton bzw. vom Bund bestimmt – **hat dabei die Zulässigkeit und Angemessenheit der verlangten Verfahrenshandlungen nicht zu prüfen** (StPO 49 I Satz 2), wozu sie im Regelfall auch gar nicht in der Lage wäre. Das Korrelat dafür ist die Haftung des ersuchenden Kantons bzw. Bundes für Entschädigungen und Genugtuungen (StPO 429 ff.) nach StPO 47 IV[238] sowie die Regelung, dass abgesehen von der Ausführung des Rechtshilfeersuchens im ersuchten Kanton bzw. Bund die Rechtshilfe mit **Beschwerde im ersuchenden Kanton bzw. Bund anzufechten** sind (StPO 49 II Satz 1). Der ersuchte Kanton bzw. Bund hat ebenfalls nicht zu prüfen, ob die ersuchende Behörde die fragliche Verfahrenshandlung nicht besser selbst im eigenen Kanton oder im ersuchten Kanton auf dem Weg von StPO 52 f. vornehmen sollte[239]. Er hat im Übrigen die üblichen **Teilnahmerechte bei den Verfahrenshandlungen** nach StPO 147 f. und 159[240] zu ermöglichen (StPO 51).

500 Von den Behörden des Bundes bzw. anderer Kantone können auch **Zwangsmassnahmen** verlangt werden, für welchen Fall StPO 50 gewisse Sonderregeln enthält.

4. Verfahrenshandlungen in einem andern Kanton, StPO 52 und 53

501 StPO 52 und 53 übernehmen in konzentrierter Form Konkordat 3–14, welche es zuliessen, dass eine **kantonale Staatsanwaltschaft, Übertretungsstrafbehörde oder Gericht** (nicht jedoch die Polizei) **in einem andern Kanton ohne dessen Bewilligung nach aStGB 359 Verfahrenshandlungen vornahm**[241]. Unklar ist, weshalb (entgegen dem VE) der Bund hier erwähnt ist, können doch seine Strafbehörden ohnehin in der ganzen Schweiz Verfahrenshandlungen vornehmen; für ihn gibt es keinen «*anderen Kantons*». Auf eine umfassendere Übernahme der Konkordatsbestimmungen konnte verzichtet werden, da verschiedene Bereiche wie die Verfahrenssprache (StPO 67), die Zustellung von Gerichtsurkunden (StPO 85) oder die Anzeigepflicht (StPO 302 I) ohnehin vereinheitlicht sind. Wie bisher soll die Staatsanwaltschaft des Kantons, in welchem Verfahrenshandlungen durchgeführt werden, **vorgängig benachrichtigt werden**, es sei denn, es würden nur Akten (bei

---

vernommen werden sollte. Wollen die Zürcher Behörden einen Zeugen mit Wohnsitz in Baden AG einvernehmen, kann die Einvernahme jedoch ohne Weiteres entweder in Zürich oder in Baden durchgeführt werden.
[238] Vorne N 497, hinten N 1804. Nach dem Sinn dieser Bestimmung geht es *allein um Entschädigungen für Zwangsmassnahmen* (vgl. BeB 56 oben), also nicht z.B. um Zeugenentschädigungen, für welche StPO 47 I und III gelten.
[239] Botschaft 1146.
[240] Hinten N 821 ff. Teilnahmerecht auch der ersuchenden Behörde, Botschaft 1146 Mitte.
[241] Dazu und zum Folgenden Botschaft 1146 f. Es bleibt zu prüfen, ob und wenn ja, inwieweit die *Richtlinien der KSBS vom 22.10.1998 über die Handhabung des Rechtshilfekonkordats* unter der StPO noch Bestand haben.

Behörden nach StPO 194, aber auch bei Banken) beigezogen oder Berichte (nach StPO 195) eingeholt (näher StPO 52 II)[242]. Es handelt sich bei StPO 52 II um eine **Ordnungsvorschrift**, deren Einhaltung die Gültigkeit der fraglichen Verfahrenshandlungen nicht tangiert. Unter Vorbehalt der Belastung der Parteien (StPO 426 f.) trägt der ausführende Kanton die **Kosten** (StPO 52 III); dieser trägt auch allfällige Entschädigungen nach StPO 429 ff. (StPO 47 IV).

Was die **Inanspruchnahme der Polizei** betrifft, verhindert StPO 53, dass eine auswärtige Strafbehörde der Polizei direkt Aufträge erteilen kann. Im Vordergrund steht die **polizeiliche Mitwirkung bei Beweisabnahmen sowie Zwangsmassnahmen** wie bei Augenscheinen, Hausdurchsuchungen, Beschlagnahmungen u.ä., die Mitwirkung bei Observationen (StPO 282 ff.) oder bei Überwachungen mit technischen Überwachungsgeräten (StPO 280 ff.) usw. Nicht betroffen ist das Einholen polizeilicher Auskünfte und Berichte (so nach StPO 195). Solche Ersuchen sind stets (auch bei solchen von Gerichten) an die Staatsanwaltschaft des ersuchten Kantons zu richten, wobei dieser die entsprechende Stelle (Ober- oder Generalstaatsanwaltschaft oder z.B. örtlich zuständige Staatsanwaltschaft) zu bezeichnen hat.

502

§ 35 Internationale Rechtshilfe, StPO 54 und 55

Literaturauswahl: AESCHLIMANN N 379; HAUSER/SCHWERI/HARTMANN § 21; MAURER 69; OBERHOLZER N 282; PIQUEREZ (2006) N 641.

PAOLO BERNASCONI, Internationale Amts- und Rechtshilfe bei Einziehung, organisierter Kriminalität und Geldwäscherei, in: N. Schmid (Hrsg.), Kommentar Einziehung, organisiertes Verbrechen, Geldwäscherei, Bd. II, Zürich 2002; LAURENT MOREILLON (Ed.), Commentaire Romand, Entraide internationale en matière pénale, Bâle/Genève/Munich 2004; PETER POPP, Grundzüge der internationalen Rechtshilfe in Strafsachen, Basel/Genf München 2001; ROBERT ZIMMERMANN, La coopération judiciaire internationale en matière pénale, 2ème éd., Berne 2004.

Materialien: Aus 29 mach 1 S. 77; VE 50–60; BeB 54 ff.; E 52–53; Botschaft 1147; AB S 2006 999, AB N 2007 N 948

---

[242] Zwangsmassnahmen wie vor allem *geheime Überwachungsmassnahmen* (StPO 269–298) werden vom verfahrensführenden Kanton angeordnet bzw. bewilligt. Eine Benachrichtigung sollte mit Ausnahme der Überwachung von ausserkantonalen Telefonanschlüssen erfolgen, wenn die Massnahme in einem anderen Kanton vollzogen wird, also z.B. eine dort stattfindende Observation. Zur Benachrichtigung Botschaft 1147 oben. Die Kantone bestimmen ob die Ober- oder Generalstaatsanwaltschaft bzw. die örtlich zuständige Staatsanwaltschaft zu benachrichtigen ist. Kantone sollten (wie bisher von Konkordat 24 verlangt) in ihrem Einführungsrecht eine *Zentralstelle* bezeichnen, an welche diese Meldungen zu ergehen haben.

1. Allgemeines, Anwendbarkeit der StPO in diesem Bereich, StPO 54

503 Die internationale Rechtshilfe, die im Prinzip dem Verwaltungs- und nicht dem Strafprozessrecht zugerechnet wird, wurde gestützt auf BV 54 (vgl. aBV 103, 114bis) schon immer als Bundessache betrachtet. Sie war denn auch schon bisher umfassend im Bundesrecht geregelt. Im Zentrum stehen dabei das BG vom 20.3.1981 über die internationale Rechtshilfe in Strafsachen (IRSG)[243], zahlreiche Staatsverträge sowie gewisse parallel zu diesen erlassene besondere Bundesgesetze[244]. Die StPO geht in Art. 54 davon aus, dass **diese bestehenden bundesrechtlichen Normen vorgehen und die StPO somit nur anwendbar ist, wenn in den vorerwähnten Gesetzen und völkerrechtlichen Verträgen dafür keine Bestimmungen vorhanden sind**. Da das Rechtshilfeverfahren weitgehend im IRSG geregelt ist, kann sich die StPO darauf beschränken, jene Fragen zu regeln, die bisher Gegenstand des kantonalen Rechts bildeten, nämlich vor allem der Zuständigkeit für die Behandlung von Rechtshilfefällen in den Kantonen, soweit die kantonalen Behörden nach IRSG mitzuwirken haben, etwa im Bereich der andern («*kleinen*») Rechtshilfe (IRSG 63 ff.), bei der stellvertretenden Strafverfolgung (IRSG 85 ff.) oder bei der Übertragung der Strafvollstreckung (IRSG 94 ff.)[245].

2. Zuständigkeitsfragen, StPO 55

504 Was die vorgenannten Zuständigkeitsfragen betrifft, bestimmt StPO 55 I im Sinn einer Generalklausel, dass dort, wo nach IRSG kantonale Behörden an der internationalen Rechtshilfe nach IRSG mitzuwirken haben, dazu grundsätzlich die Staatsanwaltschaft zuständig ist (StPO 55 I). Wie allgemein in der Rechtshilfe, ist es auch hier Aufgabe des kantonalen Rechts, zu bestimmen, welche Staatsanwaltschaft (Oberstaatsanwaltschaft oder z.B. örtlich zuständige Staatsanwaltschaft) zuständig sein soll[246], ebenso, ob allfällig weitere notwendige Verfahrensvorschriften zu erlassen sind (StPO 55 VI). Muss eine kantonale Staatsanwaltschaft bei der Ausführung von Rechtshilfeersuchen Verfahrenshandlungen in einem andern Kanton vornehmen, gelten die vorstehend besprochenen Regeln für die nationale Rechtshilfe nach StPO 43 ff. (StPO 55 V).

---

[243] SR 351.1.
[244] Näher Botschaft 1147.
[245] Wäre der Bund zur Verfolgung der fraglichen Straftat zuständig (insbesondere nach StPO 23 f.), kann die Durchführung der Rechtshilfe der mit der Untersuchung solcher Straftaten zuständigen Bundesbehörde, namentlich der Bundesanwaltschaft, überwiesen werden, IRSG 17 IV, 79 II.
[246] Botschaft 1147. – Die Staatsanwaltschaften sind mit Blick auf StPO 55 I auch für *Rechtshilfe in Übertretungsstrafsachen zuständig*, wenn eine solche nicht wegen des Bagatellcharakters (IRSG 4) ausgeschlossen ist.

Gegenüber der staatsanwaltschaftlichen Kompetenz bleiben jedoch die **Befug-** 505 **nisse der Gerichte bzw. der Strafvollzugsbehörden von Bund und Kantonen vorbehalten,** zunächst die Befugnis, **selbst Rechtshilfegesuche** stellen zu können (StPO 55 II und III), also z.B. die Einvernahme eines Zeugen im Ausland zu veranlassen. Wesentlich sind die Einschränkungen, die sich bereits aus dem IRSG ergeben: In gewissen Fällen verlangt dieses (so etwa im Vollstreckungsverfahren nach Art. 94 ff.[247]) einen gerichtlichen Entscheid; diesen hat nach StPO 55 IV die (kantonale) **Beschwerdekammer** zu fällen.

Beigefügt sei, dass zwar in **Rechtshilfesachen** nach aIRSG 23 ein kantonales 506 Rechtsmittel gegen Entscheide in internationalen Rechtshilfesachen vorgesehen war. Nach neu IRSG 25 I i.V. mit E StBOG 28 II lit. a ist nun aber gegen den Rechtshilfeentscheid der Staatsanwaltschaft des Kantons oder des Bundes direkt die **Beschwerde bei der Beschwerdekammer des Bundesstrafgerichts** zu erheben[248]. Nach BGG 84 ist gegen solche Entscheide des Bundesstrafgerichts beschränkt eine **öffentlich-rechtliche Beschwerde ans Bundesgericht** zulässig[249].

5. Abschnitt: Ausstand

§ 36 Ausstand, StPO 56–60, VStrR 29, MStP 33–37

Literaturauswahl: Neben der zu § 7 zitierten Literatur AESCHLIMANN N 427, 456; HAUSER/SCHWERI/HARTMANN § 28–31; MAURER 103, 114; OBERHOLZER N 203; PIQUEREZ (2006) N 379; DERS. (2007) N 357; SCHMID (2004) N 137

Materialien: VE 62–66; BeB 59 ff.; ZEV 27; E 54–58; Botschaft 1148 ff.; AB S 2006 999 f., AB N 2007 948.

1. Allgemeines

Die Ausstandsvorschriften der StPO stehen in **engem Zusammenhang mit dem** 507 **Anspruch der Verfahrensbeteiligten auf Beurteilung durch einen unabhängigen und unparteiischen Richter** nach BV 30 I, EMRK 6 Ziff. 1 sowie StPO 4[250]. Bereits bei der Behandlung dieses strafprozessualen Grundsatzes ist auf die Wichtigkeit der **persönlichen Unabhängigkeit** hingewiesen worden. **Innere oder äussere Bindungen** der in einer Strafbehörde tätigen Person zu Verfahrensbeteiligten oder deren Standpunkte gefährden diese Unabhängigkeit oder

---

[247] Darunter fallen auch Entscheide nach Art. 10 des Übereinkommens über die Überstellung verurteilter Personen vom 21.3.1983, SR 0.343, vgl. den Fall ZR 108 (2009) Nr. 13.
[248] Dazu hinten N 1520.
[249] Hinten N 1721 f.; Botschaft 1148.
[250] Einlässlich vorne N 117 ff. – Zur beschränkten *Anwendbarkeit vorab des Ausstandsgrunds der Befangenheit* vorne N 121 und nachfolgend Fn. 256 ff.

heben sie auf[251]. Die Ausstandsregeln von StPO 56 ff. nehmen auf solche Bindungen Bezug und stellen sicher, dass die in einer Strafbehörde tätigen Personen, auf die ein solcher Grund möglicher Abhängigkeit zutrifft und deren Unparteilichkeit demgemäss fraglich ist, aus dem betreffenden Verfahren ausscheiden.

508 Was das Begriffliche betrifft, ist zu beachten, dass in der Prozesslehre gelegentlich von **Ausstand bzw. Ausstandsgrund als Oberbegriff** gesprochen wird[252]. Unterschieden wird alsdann zwischen **Ausschluss- und Ablehnungsgründen**. Unter den Ausschlussgründen werden jene verstanden, die eine Person von einer Tätigkeit in einer Justizbehörde generell ausschliessen, etwa bei naher Verwandtschaft. Demgegenüber haben die Ablehnungsgründe nur relative Bedeutung: Justizfunktionäre können abgelehnt werden, wenn zwar nicht einer der strengeren Ausschlussgründe vorhanden ist, aber doch andere Gründe vorliegen, die an ihrer Unabhängigkeit zweifeln lassen. Dies gilt etwa bei Freundschaft zwischen Justizperson und Partei. In diesen Fällen ist der Angehörige der Strafbehörde nur nach erfolgreicher Ablehnung von seiner Funktion ausgeschlossen. Die StPO verzichtet auf diese Unterscheidung und spricht demgemäss nur von Ausstand. Sie folgt darin den Regelungen in BGG 34–38 und übernimmt diese (vor allem bezüglich der Ausstandsgründe, BGG 34 in StPO 56) weitgehend. Beigefügt sei, dass die StPO **keine Bestimmungen zur Unvereinbarkeit**, d.h. zum Ausschluss von einer Behördentätigkeit wegen Ausübung eines anderen Berufs oder wegen Verwandtschaft zu einem andern Angehörigen der betreffenden Behörde enthält; die Regelung dieses Bereichs ist dem Einführungs- bzw. Gerichtsorganisationsrecht von Bund und Kantonen überlassen[253].

2. Ausstandsgründe, StPO 56, BGG 34

2.1. Generalklausel der Befangenheit, StPO 56 lit. f

509 Abgesehen von den besonderen, nachfolgend zu besprechenden Ausstandsgründen von StPO 54 lit. a-e sieht lit. f dieser Bestimmung vor, dass die in einer Strafbehörde tätige Person in den Ausstand zu treten hat, wenn sie befangen ist, «*insbesondere wegen Freundschaft oder Feindschaft mit einer Partei oder deren Rechtsbeistand*». Die **Unbefangenheit sowie Unparteilichkeit des Richters ist grundsätzlich zu vermuten**, bis das Gegenteil dargetan ist[254]. Der Ausstand muss zur Wahrung des Prinzips des gesetzlichen Richters (BV 30 I) die Ausnahme bleiben; es ginge nicht an, mit zu hohen Anforderungen an die Unpartei-

---

[251] Vorne N 130 f.
[252] Dazu und zum Folgenden BeB VE 59, Botschaft 1148.
[253] Vorne N 338. Vgl. etwa die Unvereinbarkeitsregeln nach BGG 6 oder E StBOG 34 f.
[254] VPB 56 (1992) Nr. 56.

lichkeit dieses im Vordergrund stehende Prinzip des gesetzlichen Richters über Gebühr zu strapazieren[255].

Im Kern geht es bei der Befangenheit um die heikle Frage, inwieweit die in einer Strafbehörde tätige Person generell[256] und in einer konkreten Verfahrenssituation **persönlich, d.h. innerlich unabhängig ist**, bzw. ob sie gestützt auf irgendwelche Einflüsse in ihren Entscheidungen nicht mehr frei, d.h. eben **befangen** ist. Eine solche Befangenheit kann (neben den nachfolgend in Ziff. 2.2. zu besprechenden besonderen Ausstandsgründen wie familiäre Beziehungen) in **Zu- oder Abneigungen**[257], **wirtschaftlichen**[258] **oder freundschaftlichen Beziehungen** liegen oder durch das **Verhalten des Justizfunktionärs im Verfahren oder in dessen Umfeld**[259] dokumentiert sein. Kritisch sind besonders **Äusserungen von Mitgliedern von Strafbehörden über das Verfahren und dessen mutmassli-**

510

---

[255] Eingehend BGE 114 Ia 154, 105 Ia 162/163, 108 Ia 48; Pra 87 (1998) Nr. 95 S. 548 f.
[256] Gilt neben den Angehörigen der Strafbehörden i.S. von StPO 12 und 13 auch für Gerichtsschreiber, BGE 124 I 262 ff., nicht aber z.b. für Verwaltungsangestellte. Eine *Befangenheit i.S. von StPO 56 lit. f* ist bei den *Strafverfolgungsbehörden* nach StPO 12 mit andern Ellen zu messen als bei Gerichten nach StPO 12, da mit der Rolle der Staatsanwaltschaft vor allem als Partei nach StPO 104 I lit. c trotz StPO 7 II eine gewisse Einseitigkeit vereinbar ist. Eine Befangenheit der Staatsanwaltschaft kommt mithin nur bei schwerwiegenderen Verstössen gegen ihre Objektivitätspflicht in Frage, dazu auch vorne N 121, dort m.w.H. vor allem Fn. 220, ebenso hinten Fn. 268.
[257] Zum Thema der *negativen Äusserungen* über Parteien BGE 127 I 201 und Pra 96 (2007) Nr. 26 = SZZP 2/2006 121. *In casu* keine Befangenheit bei Richter angenommen, der Strafanzeige des Ablehnenden als schikanös bezeichnete, BGer 6.4.2006, 1P.180/2006 in SZZP 2 (2006) 236. Anschein der Befangenheit bejaht, wenn Richter früher gegen Partei Ehrverletzungsklage und Zivilklage auf Genugtuung eingereicht hatte, Pra 97 (2008) Nr. 73 = BGE 134 I 20 = ius.full 3/4/2008 130 (mit Anmerkungen). *Keine Befangenheit* bei unfreundlicher Behandlung der beschuldigten Person durch Richter, BGer 6,11,2006, 1P.147/2996 und 6S.324/2006 in ZBJV 143 (2007) 667, ebenfalls nicht, wenn Parteianwälte für Richterin im Wahlkampf mit Leserbrief geworben hatten, Pra 94 (2005) Nr. 112 = SZZP 1 (2005) 247 = ZBJV 143 (2007) 161, ebenso nicht, wenn eine politische Partei unter massgeblicher Beteiligung des fraglichen Verfahrenbeteiligten die Abwahl des betreffenden Justizbeamten betreibt, BGer 12.5.2006, 1P.251/2006 in plädoyer 4/2006 70 = SZZP 2 (2006) 235. Befangenheit hingegen beim Richter, der für ein politisches Amt in einer Stadt kandidiert, in einem Zivilprozess mit politischen Implikationen gegen diese Stadt, Pra 96 (2007) Nr. 101 = ZBl 109 (2008) 280. Zur Befangenheit eines Richters wegen Beziehung zu einem Anwaltsbüro, das ihn in früherem Disiziplinarverfahren vertrat, BGer 8.3.2005, 1P.53/2005 = ZBl 107 (2006) 337.
[258] Zur Frage der Bankbeziehungen nachfolgend Fn. 272.
[259] Zum Fall *unsachlicher Verhandlungsführung* RKG 1996 22 Nr. 64 und 66 oder *schwerwiegender Beeinträchtigung der prozessualen Stellung einer Partei*, BGer 18.5.2001, 1P.766/2000, E.1, TPF 2007 1 E.5. Befangenheit bejaht bei *richterlichen Attacken auf ein oberes Gericht, in casu* Zürcher Kassationsgericht, ZR 96 (1997) Nr. 125 = plädoyer 4/1997 58 ff. bzw. bei *Äusserung von Unmut über Rechtsmittelentscheid im fraglichen Fall*, Pra 91 (2002) Nr. 144. Keine Befangenheit, wenn ein *Gericht Sicherheitsmassnahmen anordnet*, RS 2000 Nr. 727.

chen Ausgang[260], vor allem solche, die schliesslich in die **Massenmedien** gelangen. Entscheidend ist, dass die in Frage stehenden Umstände bei einer objektivierenden Betrachtungsweise zum Schluss führen, dass der Ausgang des Verfahrens für den betreffenden Angehörigen der Strafbehörde nicht mehr offen ist, auch wenn dies subjektiv vielleicht durchaus der Fall ist.

511 Dabei ist jedoch zu beachten, dass **Rechtsanwendung nicht eine abstrakt vorzunehmende, gleichsam mathematische Aufgabe ist**. Die in der Justiz tätigen Personen unterstehen wie alle Menschen vielfachen Einflüssen. Sie üben ihre Tätigkeit eingebettet in ihr persönliches, berufliches und gesellschaftliches Umfeld aus; sie dürfen und sollen sich auch eine Meinung zu Fragen der Politik usw. machen und diese äussern dürfen. Es würde zu weit führen, Justizpersonen, die sich etwa in rechtlichen, (rechts-)politischen oder religiösen Fragen eine Meinung gebildet und diese auch publik gemacht haben, in Verfahren mit Bezug zu

---

[260] Zu *vorverurteilenden Äusserungen* BGE 127 II 96 bzw. voreiligen Ausführungen über den Verfahrensausgang BGE 115 Ia 181 f. Befangenheit, wenn Richter dem *Verteidiger telefonisch mitteilt, die Berufung sei aussichtslos*, BGE 134 I 245 = SJZ 104 (2008) 325 (Bemerkenswert, dass das deutsche Bundesverfassungsgericht der Auffassung ist, das Fairnessgebot könne verlangen, den Rechtsmittelkläger auf die – einen Rückzug des Rechtsmittels naheliegende – Praxis des Gerichts hinzuweisen, BVerfG 6.12.2008, 2 BvR 1082/08 in NJW Spezial 4/2009 120!). Folgt man dieser Ansicht, wäre es allerdings auch problematisch, wenn Richter vor der Hauptverhandlung *ein schriftliches Referat erstellt und dieses bei den Richtern zirkuliert* oder ein Richter bei *Vergleichsverhandlungen nach StPO 316 und 332 II* (N 1292) *seine Ansicht zur Beweis- und Rechtslage äussert*, wie dies bei solchen Verhandlungen üblich ist; eine Befangenheit wird von der Praxis in Fällen des vorgängig erstellten Referats allerdings regelmässig verneint, m.w.H. nachstehend N 516. Befangenheit liegt nicht notwendigerweise in *Äusserungen des Richters nach* dem Verfahren, RS 1999 Nr. 575. Befangenheit bei einer früheren eidgenössischen Untersuchungsrichterin in Pra 89 (2000) Nr. 192, dazu auch NZZ Nr. 227 vom 29.9.2000, angenommen, da diese einem Boulevardblatt gegenüber Beweise würdigte und Spekulationen über die Tätigkeit der Ehefrau des Angeschuldigten anstellte (*Fall Bellasi/Saudan*), differenzierend für Untersuchungsrichter, der sich zum Stand der Untersuchung äusserte, BGer 3.9.2002, 1P.334/2002, in SJ 2003 I 174 = RS 2005 Nr. 651. Befangenheit bejaht, wenn Richter antizipierte Beweiswürdigung für richtig hält, dieser Standpunkt von der Rechtsmittelinstanz verworfen und der Fall an den gleichen Richter zurückgeht, Pra 95 (2006) Nr. 74. Keine Ausstandspflicht bei *untersuchungsrichterlichem Interview*, soweit Schuldpunkt nicht vorweggenommen wird, Pra 86 (1997) Nr. 113 = plädoyer 3/1997 60. Noch keine Befangenheit des Staatsanwalts vor Gerichtsverfahren gegen zwei Raser («*Raser von Gelfingen*»), die bei privaten Rennen zwei Fussgänger getötet hatten (Äusserung, beschuldigte Personen hätten tödlichen Ausgang in Kauf genommen und ihr Verhalten sei sehr egoistisch gewesen, allerdings Hinweis, dass Vorwürfe vom Gericht beurteilt werden müssten), so BGer 3.2.2003 in plädoyer 2/2003 66. *Aufnahme von Presseberichten in Gerichtsakten*, die die Betroffenen als Raser bezeichnen, begründet noch keinen Verdacht auf Parteilichkeit, RS 1997 Nr. 321 = AGVE 1995 Nr. 25, ebenso Pressemitteilung des Gerichtspräsidenten, dass bestimmte Gerichtsverhandlung stattfinde, Pra 92 (2003) Nr. 24. Auf einem andern Blatt steht, inwieweit *vorverurteilende Äusserungen allenfalls strafmindernd* ins Gewicht fallen, so von den Zürcher Gerichten im sog. Seebacher Vergewaltigungsfall angenommen, vgl. TA 5.4.2008 S. 13.

entsprechenden Problemen als abhängig und parteiisch auszuschalten[261]. So genügt es allein nicht, wenn die betreffende, in einer Strafbehörde tätige Person einer bestimmten **politischen Partei**[262] oder **Religionsgemeinschaft**[263] angehört. Verneint wurde sodann eine *per se* bestehende Befangenheit, wenn z.B. ein Richter früher gegen die fragliche Partei entschied, selbst wenn der betreffende Entscheid von einer Oberinstanz aufgehoben wurde[264], im entsprechenden Entscheid die Prozessführung der Justizperson gerügt worden ist[265] oder dieser mit einem Anwalt des Verfahrens eine freundschaftliche oder sonst wie nähere Beziehung pflegt, ihn etwa mit einer eigenen Verteidigung betraut hat[266]. Problemgeladen sind **berufliche Tätigkeiten, die nebenamtliche Justizfunktionäre, vorab Richter,** ausserhalb ihres Amts ausüben, nicht zuletzt, wenn sie als Anwalt tätig sind[267].

---

[261] *Beispiel:* Ein prononciert Bern-treuer Richter ist in einem Strafverfahren gegen einen Jura-Separatisten nicht *a priori* befangen, BGer 11.7.1989. Keine Befangenheit in Schändungsprozess bei feministischem Engagement einer Richterin, BGE 118 Ia 282. – Befangenheit aber, wenn *Richter eine im fraglichen Fall entscheidende Rechtsfrage in einem publizierten Beitrag* auf eine Weise beantwortete, dass er nicht mehr als frei erscheint, BGE 133 I 89, oder wenn er früher auf politischer Ebene, wenn auch nicht in direktem Konnex zur Streitsache, das generelle Verhalten einer Partei (die Rechtsmittelpraxis des VCS) scharf kritisierte, ZBl 109 (2008) 227 (verwaltungsgerichtlicher Entscheid).

[262] BGer 14.12.1990 in SZIER 1991 408; ZR 105 (2006) Nr. 43.

[263] RKG 2002 Nr. 57.

[264] Dazu BGE 114 Ia 278, 105 Ib 304.

[265] BGE 115 Ia 404.

[266] Pra 89 (2000) Nr. 142.

[267] Befangenheit im Kanton Zürich verneint bei der *Tätigkeit von Strafverteidigern als Kassationsrichter*, ZR 87 (1988) Nr. 33 = SJZ 85 (1989) 86, wobei es allerdings als möglich betrachtet wurde, dass der das Mandat führende Kassationsrichter einen Büropartner mit der Prozessführung vor Kassationsgericht betraut. Zur teilweise als problematisch empfundenen Tätigkeit von nebenamtlich tätigen obersten Richtern (*in casu* Kassationsrichter des Kt. Zürich) als Anwälte NZZ Nr. 216 18.9.2006 S. 27 sowie BGE 133 I 1= (mit Kommentar) SZZP 2/2007 117 = SJ 129 (2007) 526 (These verworfen, dass erstinstanzliche Richter nicht frei sind, wenn im Verfahren ein Kassationsrichter als Anwalt auftritt). Sodann BGE 116 Ia 135 und 124 I 121 (Mitwirken in Urteil mit soweit gleichen Rechtsfragen wie in einem weiteren Verfahren, in dem Richter als Anwalt auftritt; dazu ZBJV 135 [1999] 761), den bereits erwähnten BGE 115 Ia 172 (Journalist und Richter der Rechtsmittelinstanz) sowie SJ 1996 685 = RS 2000 Nr. 716. Vgl. weiter EGMR in NZZ Nr. 299 vom 22.12.2000 = SJ 123 (2001) 455 = VPB 65 (2001) Nr. 127 (Befangenheit eines Zürcher Richters bejaht, der als Anwalt gegen eine Partei in einer anderen Sache die Gegenpartei vertrat), verneint hingegen im Fall, dass ein Parteienvertreter Ersatzrichter ist und in anderen Fällen mit angefochtenem Richter zusammenarbeitet, BGer 17.3.1998 in ZBl 100 (1999) 136. Zur Thematik, bezogen auf einen Schiedsrichter, m.w.H. BGE 135 I 14. Befangenheit des Richters, der früher Ehrverletzungsklage gegen eine Person einreichte, die an späterem Verfahren beteiligt ist, BGE 133 I 20. Für Ausschluss des Richters, der in anderem Verfahren Anwalt des Verfahrensgegners war, BGer 6.10.2008, 5A_201/2008 in SJZ 105 (2009) 61. Zur *Ausstands- und Meldepflicht bei Parallelverfahren mit ähnlichem Sachverhalt* ZBl 109 (2008) 216 (verwaltungsgerichtlicher Entscheid). Es

512 Die innere Unabhängigkeit der in der Justiz tätigen Personen kann allenfalls durch eine **überbordende Publizität in den Massenmedien** in Frage gestellt werden[268]. Im Widerstreit verschiedener Interessen (Pressefreiheit; Beachtung der Unschuldsvermutung; Anspruch auf einen unabhängigen Richter; Öffentlichkeitsgrundsatz) steht hier das zunehmend an Bedeutung gewinnende Problem, inwieweit durch tendenziöse Meldungen in den Massenmedien die richterliche Unabhängigkeit gefährdet wird[269], ist doch je nach ihrer Art davon auszugehen, dass sie nicht ohne Wirkungen auf die betroffenen Justizpersonen bleiben. Wo hier die Grenze zur Befangenheit liegt, ist im Einzelfall nur schwierig zu beurteilen. Jedenfalls genügt zur Annahme der Parteilichkeit, wie schon erwähnt, der sachlich gerechtfertigte Anschein, beim Justizfunktionär sei der Ausgang des Verfahrens nicht mehr offen[270].

2.2. Besondere Ausstandsgründe, StPO 56 lit. a-e

2.2.1. Bei persönlichem Interesse in der Sache, StPO 56 lit. a

513 Von der Mitwirkung in einem Straffall ausgeschlossen ist, wer am **Ausgang des Strafverfahrens ein primär materielles, allenfalls auch ein anders geartetes, also z.B. ideelles Interesse hat**. Es sind vorab Fälle, in denen die Justizperson selbst Partei, namentlich Geschädigter ist. Im Regelfall ist ein direktes Interesse gefordert, indirekte Interessen genügen nicht. Ist z.B. ein Richter in bescheidenerem Mass Aktionär in einem Grossunternehmen, so dürfte diese Tatsache regelmässig nicht bedeuten, dass er von einem Betrugsfall z.N. dieses Unternehmens ausgeschlossen ist[271]. Gleiches dürfte gelten, wenn er bei einer in einem Straffall als Geschädigte auftretenden Bank im üblichen Umfang Kunde ist[272].

2.2.2. Vorbefassung, StPO 56 lit. b, JStPO 9

514 Wie in der Botschaft betont wird, hat das Mitglied einer Strafbehörde, das sich bereits früher mit der gleichen Strafsache befasste, grundsätzlich in den Ausstand

---

ist übrigens Aufgabe des einführenden Rechts von Bund und Kantonen, inwieweit Richter ihre Interessenbindungen offenzulegen haben.

[268] Gefährlich sind u.a. voreilige beweiswürdigende oder sich zur Rechtslage festlegende *Aussagen einer Strafbehörde, so auch eines Staatsanwalts der Presse gegenüber* (bereits erwähnter Fall Bellasi/Saudan, Fn. 260).
[269] Dazu auch vorne N 224.
[270] BGE 114 Ia 57, 158; RO 1981 55; ZR 82 (1983) Nr. 43.
[271] Ebenfalls *Zugehörigkeit des Richters zu einem Verein*, der sich als Privatkläger konstituierte, RVJ/ZWR 38 (2004) 309 = RS 2006 Nr. 92. Polizist im Ausstand, wenn er Opfer des zu untersuchenden Verkehrsunfalls war, GVP 2008 Nr. 76.
[272] Nach BGer 25.5.1998 in RVJ/ZWR 33 (1999) 230 genügt es nicht, wenn Richter und Staatsanwalt *Kunden bei der (Kantonal-)Bank* sind, die in einem Straffall Zivilpartei ist. A.M. im Fall der Gewährung von Hypothekarkredit durch geschädigte Kantonalbank, *in casu* allerdings an einen Experten, BGer 9.8.2002, 1P.294/2002 und 1P.298/2002, i.S. R.C. und Kons. gegen D.Sp., Banque cantonale de Genève und Kons., SJ 125 (2003) I 173.

zu treten (**Ausstand der Vorbefassung**[273]). StPO 56 lit. b betont, dass dieser Grundsatz auch für Parteien, Sachverständige und Zeugen gilt, die in der gleichen Sache[274] bereits auftraten oder noch aufzutreten haben. Es wird damit das der StPO zu Grunde liegende Konzept verstärkt, dass für die diversen Funktionen im Verfahren verschiedene Behörden und Personen zuständig sein sollen und Rollenüberschneidungen zu vermeiden sind[275]. Bereits in StPO 18 ff. wird durch die Vorgaben, die Bund und Kantone bei der Behördenorganisation zu berücksichtigen haben, eine Vorbefassung in verschiedener Hinsicht verhindert, so mit der Vorschrift, dass Mitglieder des Zwangsmassnahmengerichts nicht als Sachrichter (StPO 18 II)[276] und solche des Berufungsgerichts im gleichen Fall nicht zugleich als Revisionsrichter (StPO 21 III)[277] bzw. Mitglied der Beschwerdeinstanz (StPO 21 II) tätig sein können. Die hier zu beachtenden Vorbefassungsregeln beziehen sich sodann auf die **Tätigkeit des gleichen Behördemitglieds in verschiedenen Verfahrensstadien, also in jeweils anderer Funktion**[278]. Eine «*klassische*» Vorbefassung ist in Beachtung der vorstehenden Darlegungen deshalb beim Richter anzunehmen, der vor seiner Wahl in der gleichen Strafsache als Staatsanwalt Untersuchungshandlungen vornahm[279], ebenso beim Mitglied des Berufungsgerichts, das sich vor seiner Wahl in diese Instanz bereits

---

[273] Dazu Pra 92 (2003) Nr. 154; BGE 117 Ia 159, 114 Ia 50, 139, 143, 116 Ia 33, BGer 17.6.1992 in EuGRZ 19 (1992) 548. Gilt ebenfalls für den Rechtsmittelrichter, der sich als Journalist bereits mit dem Fall vor erster Instanz befasste, BGE 115 Ia 172. Frühere Patientin des angeklagten Arztes kann nicht Richterin sein, BGer 17.12.2002 i.S. Dr. X ca. A. und Obergericht des Kantons Schaffhausen in plädoyer 2/2003 67 = ZBl 105 (2004) 206.

[274] Es muss sich um den *gleichen Straffall handeln, Konnexität* (z.B. zuerst Anklage wegen sexueller Nötigung, nach Freispruch Ehrverletzungsklage des Freigesprochenen) *genügt allein nicht*, BGer 16.1.2009, 1B_282/2008 in FP 2/2009 77.

[275] Botschaft 1149. Zum *Problem aus der Sicht der Zeugenstellung* hinten N 873.

[276] Obwohl mit Blick auf BV 30 I und EMRK 6 I nicht grundsätzlich eine *Trennung von Zwangsmassnahmen- und Sachrichter* verlangt wird, siehe dazu BGE 117 Ia 182; ZR 88 (1989) Nr. 72; RS 2001 Nr. 36. Eine Vorbefassung ist anzunehmen, wenn der Richter ein Haftentlassungsgesuch mit schuldbestätigenden Wertungen ablehnte, so BGE 117 Ia 185 und 115 Ia 180; dazu ZBJV 127 (1991) 591. Analog EGRM 24.5.1989 i.S. Hauschildt gegen Dänemark, EuGRZ 20 (1993) 127; AJP 12 (2003) 1497. Haftrichter darf später über *Haftentschädigung* befinden, BGE 116 Ia 387 (ebenfalls Sachrichter, BGE 119 Ia 221 = EuGRZ 20 [1993] 407; kritisch ZBJV 113 [1995] 761). Analog EKMR i.S. Fey und Sainte-Marie, EuGRZ 19 (1992) 42 und 43. Allgemein Botschaft 1138.

[277] Doppelrolle von *Berufungs- und Revisionsrichter* widerspricht nicht *per se* der BV und der EMRK. Dazu vorne N 388 f. Zur Revision hinten N 1582 ff.

[278] Auf dieses – wohl entscheidende Moment – der «*anderen Funktion*» weist ZR 90 (1991) Nr. 92 S. 300 rechte Spalte, Mitte, hin, vgl. auch im Gefolge der StPO stattfinden). Deshalb wohl nicht zulässig, wenn Mitglied der Beschwerdekammer zunächst als *Triagerichter* (StPO 271 I) amtet und später über Beschwerden nach StPO 279 III urteilt.

[279] ZR 87 (1988) Nr. 32 = RO 1987 62; weiter BGE 117 Ia 157, 114 Ia 58 sowie EuGRZ 12 (1985) 301 und 13 (1986) 670. Ausstandspflicht auch für den *Staatsanwalt im Disziplinarverfahren gegen Rechtsanwalt*, BGer 2.6.1989 i.S. D.T.

2. Kapitel: Strafbehörden, ihre Zuständigkeit und Verfahrenshandlungen

auf erstinstanzlicher Ebene mit dem Fall befasste. Einschränkend ist jedoch beizufügen, dass aus Gründen der Verfahrensökonomie oder mit Rücksicht auf die Position der verschiedenen Gerichte in der Gerichtshierarchie gewisse Ausnahmen vorgesehen sind: So entscheidet das Berufungsgericht selbst über die Sicherheitshaft und ist doch für das nachfolgende Berufungsverfahren grundsätzlich nicht als vorbefasst zu qualifizieren (StPO 231 II, 232)[280].

515   In der jüngeren Gerichtspraxis wurden diverse Kombinationen **nicht *per se* als ausschliessende Vorbefassung betrachtet**, sondern generell nur dann, wenn konkrete Anhaltspunkte vernünftigerweise an der Unabhängigkeit des Mitgliedes der Strafbehörde[281] zweifeln lassen; daraus ergibt sich auch, dass sich die Ausstandsgründe der Vorbefassung und der Befangenheit überschneiden.

516   Als an sich **vereinbar** wurden bisher betrachtet die Tätigkeiten als:
- **untersuchender, einstellender und anklagender Staatsanwalt**[282];
- **Zwangsmassnahmenrichter bei Mitbeschuldigten**[283];
- **Sach- und Widerrufsrichter**[284];
- Richter, der den gleichen **Täter** bereits in **früheren Fällen** zu beurteilen hatte oder der **frühere Mittäter abzuurteilen hatte**[285];

---

[280]   Kritisch, wenn *Haftverlängerung von Bejahung einer (bestrittenen) qualifizierten Begehungsform abhängt*, vgl. EGMR 31.7.2007 i.S. E. ca. Norwegen in FP 5/2008 258. – Zur Rolle des Strafrichters, der während der *Hauptverhandlung Verhaftung anordnete*, EGMR 16.3.1999 in VPB 63 (1999) Nr. 107. Zur Sicherheitshaft nachstehend N 1042 ff.

[281]   *Vorbefassungsregeln gelten in der Regel nur für Gerichte*, nicht für den Staatsanwalt, so kein Hindernis für Staatsanwalt, später Vorverfahren gegen Mittäter zu führen, BGer 2.8.1990 i.S. X.

[282]   SJZ 99 (2003) 482. Auch keine Vorbefassung, *wenn untersuchungsführender und anklagender Staatsanwalt* im gleichen Verfahren Haftantrag nach StPO 224 II stellte, zu dieser Thematik BGer 4.5.2005, 1P.109/2005 in LGVE 2005 58 = RS 2007 Nr. 166. *Ausstand jedoch für Staatsanwalt in einer Kommission, die sich i.S. von StGB 62d, 75a usw. mit der Entlassung eines Strafgefangenen befasst*, gegen den er Anklage führte, nicht aber für den *verurteilenden Richter* Pra 98 (2009) Nr. 38 = BGE 134 IV 294 = SJ 130 (2008) 513. – Dazu auch vorstehende Fn.

[283]   Pra 95 (2006) Nr. 1 E.5.

[284]   RS 2000 Nr. 720.

[285]   EGMR 10.8.2006 i.S. Schwarzenberg ca. Deutschland in NJW 60 (2007) 3553 (sogar bei negativen Äusserungen im früheren Verfahren gegen späteren Angeklagten); BGE 115 Ia 40 mit Einschränkungen, vorab in Fällen, in denen sich die beschuldigten Personen gegenseitig die Schuld zuschieben. AGVE 2003 Nr. 24 S. 77. Hingegen nach BGer 24.3.1997 in plädoyer 3/1997 63 Vorbefassung angenommen, wenn gleicher Richter zuerst Haupttäter und hernach Teilnehmer bzw. umgekehrt beurteilte; ähnlich Pra 92 (2003) Nr. 154 (auf S. 847 mit Hinweisen auf prozessökonomische Überlegungen); im Ergebnis zurückhaltender BGer 5.3.2008, 1P.121/2007 in FP 6/2008 329 mit Kommentar. Differenzierend ZR 93 (1994) Nr. 22 = plädoyer 5/1993 62 = SJZ 91 (1995) 239, wenn Richter bei wechselseitiger Abhängigkeit der Tat- und Verschuldensfragen im ersten Verfahren Tatbeitrag des erst später Abgeurteilten derart würdigt, dass das Verfahren für Letzteren nicht mehr als offen zu gelten hat, selbst wenn es nur noch um die Strafzumessung geht. Vorbefassung in diesem Sinn in ZR 95 (1996) Nr. 4 verneint bei bloss margina-

- Richter in einem früheren **Ausstandsverfahren** nach StPO 56 ff.[286] oder
- die an **Vergleichsverhandlungen** (so i.S. von StPO 316 bzw. StGB 53) beteiligt waren (so ausdrücklich für das Schiedsverfahren ZPO 47 II lit. b);
- Richter, die **Vorprüfung der Anklage** nach StPO 329 I[287] vornahmen;
- Richter, der **vorgängig an einem verfahrensleitenden Entscheid,** z.B. nach StPO 331 III, 333, 339 III oder 349, mitwirkte[288],
- Richter, der im Rahmen des **Hauptverfahrens die Abnahme von Beweisen** (z.B. eine Zeugeneinvernahme) gemäss StPO 332 III oder 341 I i.V. mit 343 anordnet, vornimmt bzw. **der Staatsanwaltschaft** delegierte[289];
- Richter, der nach StPO 333 der Staatsanwaltschaft eine **Änderung oder Erweiterung der Anklage erlaubt oder empfiehlt**[290];
- Richter, der als **Referent** bereits vor der Hauptverhandlung einen schriftlichen Urteilsantrag ausarbeitete[291],
- Richter, **die an einem gescheiterten abgekürzten Verfahren** (StPO 362 III)[292] beteiligt waren, für das nachfolgende ordentliche Verfahren;

---

ler gegenseitiger Abhängigkeit von Fällen, ebenso, wenn die Hauptverhandlung zunächst getrennt, die Urteilsberatung aber gemeinsam durchgeführt wird, RKG 1998 Nr. 1. Zulässig, wenn auch nicht unbedingt wünschenswert, hingegen, dass ein *anderer* Richter zuerst Gehilfen beurteilt, ZR 93 (1994) Nr. 76 S. 200. Zur *Vermeidung solcher Probleme sollten Mittäter nach StPO 29 I lit. b gemeinsam beurteilt werden*, dazu m.w.H. BGE 134 IV 334. Kein Ausstandsgrund, wenn Gericht Hauptbelastungszeugen anhört, der vor dem gleichen Gericht schon früher eine wichtige Rolle spielte, RS 2000 Nr. 723. Vgl. den Ausschluss der Vorbefassung nach BGG 34 II im Fall der Mitwirkung in früherem bundesgerichtlichem Verfahren.

[286] BGE 117 Ia 324 = VPB 56 (1992) Nr. 56.
[287] Hinten N 1280 ff.
[288] *Abweisung von Anträgen und Gesuchen kein Ablehnungsgrund*, BGE 116 Ia 135, VPB 70 (2007) Nr. 114, ebenfalls einfache Verfahrensfehler, Pra 91 (2002) Nr. 187. Ebenso die Ablehnung von Beweisanträgen, RS 2002 Nr. 184, oder Beweisergänzungen, ZR 90 (1991) Nr. 92 bzw. Vornahme von solchen, SJZ 90 (1994) 425; ZR 97 (1998) Nr. 30 S. 91, allgemein Zwischenentscheide, BJM 2001 190 (Anordnung einer Prozesskaution im Rechtsmittelverfahren und Äusserung darin zur Aussichtslosigkeit); ausführlich BGE 131 I 113 = SJZ 101 (2005) 323 = EuGRZ 32 (2005) 618 (*Ablehnung der unentgeltlichen Rechtspflege* wegen Aussichtslosigkeit), dazu Kommentare R. KIENER in ZBJV 142 (2006) 822 f. und CH. LEUENBERGER in ZBJV 143 (2007) 157 (Nach ZPO 47 II lit. a ausdrücklich kein Ausstand bei Mitwirkung an Entscheid über unentgeltliche Rechtspflege). Ferner BGer in ZR 93 (1994) Nr. 96 S. 313 ff. Keine Vorbefassung, wenn Gericht dem StA nach StPO 333 Änderung oder Erweiterung der Anklage nahelegt, BGE 126 I 68 = plädoyer 6/2000 73, dazu Kommentar ZbJV 139 (2003) 391 und ZR 99 (2000) Nr. 66; *a.M.* OGZ I. StrK 15.4.99 in NZZ Nr. 87 vom 16.4.1999. – Nach ZPO 47 II lit. d generell kein Ausstand bei Mitwirkung an vorsorglichen Massnahmen.
[289] So mit Blick auf das frühere Zürcher Prozessrecht ZR 90 (1991) Nr. 92 = SJZ 89 (1993) 233; im Ergebnis auch BGer 8.12.1992 in EuGRZ 20 (1993) 290 (Zulässigkeit der Befragung von Zeugen durch Richter bzw. Vorsitzenden, RS 1993 Nr. 490).
[290] Dazu vorne Fn. 288 und hinten N 1295 ff.
[291] BGE 134 I 41; Pra 96 (2007) Nr. 26 = ZZZP 2/2006 121, E.7.1.; ZR 86 (1987) Nr. 87; MKGE 9 (1973–1979) Nr. 100.

2. Kapitel: Strafbehörden, ihre Zuständigkeit und Verfahrenshandlungen

- Richter **bei einer neuen Beurteilung des Falles im Abwesenheitsverfahren** nach StPO 368 ff.[293];
- Richter in einem Fall, der nach **Aufhebung durch eine Rechtsmittelinstanz**[294] gemäss StPO 397 II, 409 I und 414 II zurückgewiesen wird
- Mitglied der Beschwerdekammer im **Beschwerdeverfahren wegen Untersuchungshandlungen bzw. Entscheide des Zwangsmassnahmengerichts und später in jenem gegen die Einstellungsverfügung von Staatsanwaltschaft oder Gericht** (StPO 393)[295], oder
- **Verwaltungsbehörde als Strafbehörde** befasste sich vorgängig verwaltungsrechtlich mit der Angelegenheit[296]

517 Problematisch sind die Fälle, in denen
- der Einzelrichter, der den Fall in Anwendung von StPO 334 an das **Kollegialgericht überweist,** hernach in diesem miturteilen sollte, ebenso,
- wenn im **Verfahren bei einer schuldunfähigen Person** (StPO 374 f.)[297] bei Rückweisung an die Anklagebehörde zur Anklageerhebung gemäss StPO 375 III der rückweisende Richter bei einer später erfolgten Anklageerhebung als Sachrichter amten soll.

518 Obliegt die **Straf- und Zivilrechtspflege dem gleichen Spruchkörper**, wie dies in manchen Kantonen der Fall ist, stellt eine vorgängige Tätigkeit als **Zivilrichter** in einem konnexen Straffall wegen Vorliegens einer andern Sache nicht *a priori* eine Vorbefassung dar, so z.B. Beurteilung einer Vernachlässigung von Unterstützungspflichten nach Tätigkeit als Eheschutzrichter[298]. Gleiches dürfte

---

[292] Hinten N 1387. Gleiches gilt für den *Staatsanwalt,* der im abgekürzten Verfahren Anklage erhoben hatte.
[293] Botschaft 1149. Hierzu (teilweise zum früheren zürcherischen Abwesenheitsverfahren) ZR 91/92 (1992/93) Nr. 13 S. 34 f.; BGE 116 Ia 32 (bestätigt vom EGMR 10.6.1996, in plädoyer 4/1996 65 = RS 1997 Nr. 298); Pra 80 (1991) Nr. 5; ferner BGer 17.6.1992 in EuGRZ 19 (1992) 550. Zum Abwesenheitsverfahren N 1396 ff.
[294] Botschaft 1149 oben. Ferner BGE 114 Ia 58, 113 Ia 408; ZBl 80 (1979) 537; VPB 61 (1997) Nr. 110, 56 (1992) Nr. 52; ZR 100 (2001) Nr. 43 S. 137 ff.
[295] Kein Vorbefassungsproblem, wenn Vizepräsident einer Behörde z.B. Genehmigungen nach StPO 274 erteilt und die gleiche Behörde unter Ausstand des Vizepräsidenten hernach Beschwerden nach StPO 279 III beurteilt (so nunmehr MStP 15 III in der Fassung StPO, BBl 2007 7123), dazu MKGE 13 (2007) Nr. 4 E.2.
[296] Dazu ZBl 108 (2007) 253.
[297] Dazu hinten N 1425 ff.
[298] EKMR 16.1.1996 i.S. J.A.B. ca. Schweiz in VPB 60 (1996) Nr. 115 = RS 1997 Nr. 297. Keine Vorbefassung, wenn Richter zunächst *Beschwerde gegen Einstellung abweist und hernach in arbeitsrechtlicher Angelegenheit amtet,* eingehend zur ganzen Thematik ZR 100 (2001) Nr. 3. Siehe auch VPB 62 (1998) Nr. 101 (zwei Richter des Strafverfahrens schon im Scheidungsprozess des Opfers beteiligt) oder SJZ 104 (2008) 347 (Untersuchungsrichter bei Konkursdelikten war früher Gerichtsschreiber im Zivilfall, der zum Konkurs führte). Vgl. hingegen GVP 2007 Nr. 59 (Vorbefassung der Strafrichterin, die schon im Eheschutzverfahren amtete, in welchem der angeklagte Prozessbetrug begangen worden sein soll).

im Regelfall umgekehrt gelten: So sind die Funktionen des Straf- und nachfolgend als Rechtsöffnungsrichters nicht *a priori* unvereinbar[299]. Tendenziell dürfte sich die Frage anders beantworten, wenn ein Zivilrichter eine Anzeige z.B. wegen falschen Zeugnisses erstattete (StPO 302) und hernach über die entsprechende Anklage urteilen sollte[300].

2.2.3. Ehe oder vergleichbare Beziehungen mit Mitglied der Strafbehörde bzw. der Vorinstanz oder mit Rechtsbeistand, StPO 56 lit. c

In den Ausstand zu treten haben Angehörige von Strafbehörden sodann, wenn sie mit einer Partei oder deren Rechtsbeistand bzw. mit einer Person, die als Mitglied der Vorinstanz tätig war, verheiratet ist, in eingetragener Partnerschaft leben oder eine faktische Lebensgemeinschaft besteht[301]. Welche Behörden haben als Vorinstanz zu gelten? An sich bezieht sich dieser Begriff nur auf Behörden, die im Verhältnis erste/zweite Instanz zueinander stehen, wie dies im Beschwerdefall zwischen Staatsanwaltschaft, erstinstanzlichem Gericht usw. und Beschwerdeinstanz, bei der Berufung im Verhältnis von erstinstanzlichem Gericht und Berufungsgericht gilt. Die Staatsanwaltschaft ist hingegen im erstinstanzlichen Gerichtsverfahren nicht Vorinstanz. Ist also z.B. die Staatsanwältin Ehegatte des Einzelrichters, so hat dieser nicht nach StPO 56 lit. c, wohl aber nach der Generalklausel von StPO 56 lit. f in den Ausstand zu treten.

2.2.4. Andere verwandtschaftliche Beziehungen zu Mitglied der Strafbehörde bzw. der Vorinstanz, StPO 56 lit. d

Die Ausstandspflicht trifft parallel zu StPO 56 lit. c Mitglieder eine Behörde bei Verwandten und Verschwägerten in gerader Linie oder in der Seitenlinie bis und mit dem dritten Grad.

2.2.5. Verwandtschaftliche Beziehungen zum Rechtsbeistand einer Partei usw., StPO 56 lit. e

Der Ständerat als Erstrat beschränkte gegenüber dem als Vorlage dienenden BGG 34 I lit. d und E 54 lit. d die Ausstandspflichten der Mitglieder von Strafbehörden auf nähere verwandtschaftliche Verhältnisse zu Rechtsbeiständen so-

---

[299] So in einem Fall von Rechtsöffnung nach Kostenauflage durch Strafgericht, Pra 92 (2002) Nr. 46.

[300] BGE 117 Ia 322; siehe aber Pra 90 (2001) Nr. 40 (Vorbefassung bejaht bei Personalunion von Scheidungs- und Strafrichter bei Walliser Einzelrichter bei falschem Zeugnis), siehe ferner EKMR in VPB 59 (1995) Nr. 130. Vorbefassung, wenn Gericht selbst Anzeige gegen eine bestimmte Person erstattete, plädoyer 5/1998 76, oder wenn Einzelrichter über beide Bereiche urteilt, BGE 126 IV 171. Letzteres dürfte im Zivil- wie Strafverfahren gelten. Vgl. auch Fn. 298.

[301] *Nicht genügend entfernte Verwandtschaft*, RS 2004 Nr. 488, nach BGer 23.1.2004 ebenfalls nicht Konkubinat einer Richterin mit abgelehntem Richter, SZZP 1 (2005) 1, zusammenfassend zur Relevanz der Beziehungen zwischen Rechtsvertreter und Richter BGer 13.2.2007, 1P.754/2006 in SZZP 3/2007 232.

wie Personen, die in der gleichen Sache in der Vorinstanz tätig waren, auf den 2.Grad[302].

2. Ausstandsverfahren, StPO 57–59, BGG 35–37

2.1. Einleitung und Durchführung des Ausstandsverfahrens

2.1.1. Mitteilungspflicht, Ausstandsgesuch einer Partei, StPO 57 und 58

522 Stellt das Mitglied einer Strafbehörde selbst fest, dass ein **Ausstandsgrund vorliegt, so informiert es darüber rechtzeitig die Verfahrensleitung** (StPO 57)[303]. Ist die Verfahrensleitung selbst betroffen, erfolgt die Mitteilung an ihre Stellvertretung, bei Staatsanwälten an den Leitenden Staatsanwalt bzw. den Ober- oder Generalstaatsanwalt. Diese übernehmen die weitere Führung des Ausstandsverfahrens.

523 Im Fall, dass **eine Partei**[304] **den Ausstand einer in der Strafbehörde tätigen bestimmten**[305] **Person verlangen will,** ist nach StPO 58 das (begründete) Gesuch bei der Verfahrensleitung, wenn es Letztere selbst betrifft, bei deren Stellvertretung einzureichen. Die Pflicht der Partei, **Ausstandsbegehren unverzüglich** nach Kenntnisnahme des Ausstandsgrunds[306] **geltend zu machen,** knüpft an die bereits zum kantonalen Prozessrecht entwickelte Lehre und Praxis an, die unter Berufung auf Treu und Glauben verlangte, dass die Ablehnung so früh als möglich geltend zu machen ist, ansonsten sie als verwirkt betrachtet wird[307].

---

[302] Dazu AB S 2006 999: Beschränkung erfolgte mit Rücksicht auf kleinere Kantone.
[303] Fraglich ist, wie weit die Mitteilungspflicht geht. Sie bezieht sich primär auf Ausstandsgründe, die in *äusseren Umständen liegen* und die früher unter dem Titel Ausschlussgründe figurierten (z.B. die Verwandtschaft), während bei den Ausstandsgründen, die eher in *inneren Umständen* liegen (vorab Befangenheit, aber auch Feindschaft oder Freundschaft, also frühere Ablehnungsgründe) eine Mitteilungspflicht tendenziell nur besteht, wenn Justizperson nach objektiven Gesichtspunkten den Ausstandsgrund erkennen musste.
[304] Partei i.S. von StPO 104 (N 633 ff.), wohl aber auch etwa das Opfer, auch wenn es nicht als Privatklägerschaft auftritt. Im Einzelfall zu prüfen ist, inwieweit andere Verfahrensbeteiligte nach StPO 105 Ausstandsgesuche stellen können, was beispielsweise für den durch eine Beschlagnahme oder Einziehung betroffenen Dritten, aber nicht für einen Zeugen zutrifft.
[305] Die Ausstandsgründe beziehen sich stets auf die *Tätigkeit eines einzelnen Behördemitglieds, nicht auf die Gesamtbehörde*. Ist *ein* Richter vorbefasst, oder befangen, bedeutet das somit nicht, dass alle andern Mitglieder des betreffenden Gerichts usw. in den Ausstand zu treten hätten, ZR 101 (2002) Nr. 12 S. 49 ff.; SJZ 99 (2003) 482. Auf *undifferenzierte Ausstandsgesuche gegen eine gesamte (Kollegial-)Behörde* ist deshalb nicht einzutreten.
[306] VE StPO 64 sah eine Meldefrist von 10 Tagen vor, dazu BeB VE 60. – Wie genau das Parlament seine Arbeit nahm, ersieht man daraus, dass der Ständerat das vom Bundesrat vorgeschlagene «*unverzüglich*» in ein «*ohne Verzug*» abänderte, AB S 2006 1000.
[307] BGer 13.11.2008, 1B_277/2008 = R S 2009 Nr. 555 (bezogen auf BGG 36 und 38); BGE 124 I 123, 119 Ia 227 ff., 117 Ia 322, 118 Ia 214, 292; GVP 2008 Nr. 64; EuGRZ (19) 1992 548; RS 2001 Nr. 1; ZR 103 (2004) Nr. 31; also nicht erst im Rahmen der Straf-

Allerdings ist denkbar, dass die betroffene Partei den **Ausstandsgrund erst nach Abschluss des Verfahrens und Eintritt der formellen Rechtskraft** entdeckt. Diesfalls muss sie den Grund auf dem Weg der Revision (StPO 410 ff.)[308] durchsetzen (StPO 60 III). Die Partei muss die den Ausstand begründenden Tatsachen glaubhaft machen (StPO 58 I). Allfällige einschlägige Urkunden sind einzureichen. Das Ausstandsgesuch der Partei wird der davon **betroffenen Justizperson zur (obligatorischen) Stellungnahme unterbreitet** (StPO 56 II). Diese ist der antragstellenden Partei mit Blick auf BV 29 II sowie EMRK 6 Ziff. 1 wiederum zur (freigestellten) Replik zuzustellen[309].

Aus dem Wortlaut von StPO 56 (... *tritt in den Ausstand* ...) scheint zu fliessen, dass die von einem **Ausstandsgrund betroffene Justizperson obligatorisch,** also nicht erst auf ein Ausstandsgesuch einer Partei nach StPO 58 hin, in den Ausstand zu treten habe, was auch der früheren grundrechtlichen Rechtsprechung entspricht[310]. Wird in diesem Sinn eine (obligatorisch zu beachtende) Vorbefassung bejaht, so kann dieser Mangel nicht in zweiter, mit voller Kognition ausgestatteter Instanz geheilt werden[311]. Allerdings tolerierte das Bundesgericht in seiner früheren Praxis zu entsprechenden kantonalen Bestimmungen, dass zwischen den von Amtes wegen bzw. nur auf Antrag zu beachtenden Ausschluss- und Ablehnungsgründen unterschieden und daran unterschiedliche Folgen geknüpft wurden[312]. Die Ansprüche aus EMRK 6 Ziff. 1, BV 30 I und StPO 4 I auf einen unabhängigen und unparteiischen Richter sind demgemäss nicht unverzichtbar und unverwirkbar: Liegt nicht ein Ausstandsgrund vor, der einer Partei unbekannt war oder dessen Beachtung vom Richter zu erwarten ist (z.B. enge Verwandtschaft mit Gegenpartei), so muss die Partei, die sich z.B. Vorbefassung oder eine andere Befangenheit berufen will, dies wie vorstehend erwähnt unverzüglich tun.

524

2.1.2. Zuständige Behörden, Verfahren, StPO 59

StPO 59 I nennt die für die **Behandlung der Ausstandsgesuche zuständigen Behörden** (je nachdem die Staatsanwaltschaft, die Beschwerdeinstanz, das Berufungsgericht oder das Bundesstrafgericht, d.h dessen Beschwerdekammer, vgl. E StBOG 28 I, siehe im Einzelnen lit. a-d). Allerdings werden die zuständigen

525

---

rechtsbeschwerde ans Bundesgericht, so zur früheren der staatsrechtlichen Beschwerde, BGE 116 Ia 389 ff. Zu Treu und Glauben vorne N 94.

[308] Hinten N 1595 – *Wiederherstellung* nach StPO 94 (N 612) hingegen, wenn im laufenden Verfahren nach Ablauf einer Frist Ablehnungsgrund entdeckt wird, RKG 2001 Nr. 52.

[309] Ohne Rücksicht, ob in der Vernehmlassung neue erhebliche Gesichtspunkte vorgebracht wurden, m.w.H. vorne N 109.

[310] BGE 117 Ia 322, 112 Ia 303, 340, 114 Ia 72; ZR 89 (1990) Nr. 55; KGZ 2.8.1993 in plädoyer 5/1993 62. So auch EGRM im Fall Hauschildt, EuGRZ 20 (1993) 127 mit Hinweisen. Teilweise abweichend ZR 95 (1996) Nr. 4 S. 19 und RKG 1996 13 Nr. 2.

[311] BGE 114 Ia 60; BGer 17.6.1992 in EuGRZ 19 (1992) 549.

[312] BGer in ZR 93 (1994) Nr. 96 S. 310.

Behörden nicht in jedem Fall eines geltend gemachten Ausstandsgrundes aktiv. Geht es um die im Regelfall relativ klar festzustellenden Ausstandsgründe von StPO 56 lit. b-e, so tritt die zuständige Ausstandsbehörde nur in Funktion, wenn die betroffene Justizperson das Vorliegen des fraglichen Ausstandsgrundes bestreitet. Anerkennt sie den Ausstandsgrund, tritt sie damit automatisch in den Ausstand. Anders liegen die Dinge, wenn einer der (nicht ohne Weiteres klare Konturen aufweisenden) Ausstandsgründe gemäss StPO 56 lit. a oder f (persönliches Interesse oder allgemein Befangenheit wie Freundschaft bzw. Feindschaft o.Ä.) vorgebracht wird. In diesen Fällen hat – ungeachtet der Stellungnahme der Justizperson zum Ausstandsgesuch – ebenfalls die Ausstandsbehörde zu entscheiden. Mit dieser Differenzierung wird u.a. erreicht, dass die in ihrer Anwendung häufig heiklen Ausstandsgründe des persönlichen Interesses und der Befangenheit der Disposition des Behördenmitglieds entzogen wird, indem darüber nicht dieses, sondern die Ausstandsbehörde entscheidet. Es besteht nämlich die Gefahr, dass sich Strafbehördenmitglieder allzu leicht unter Berufung auf Ausstandsgründe unliebsamer Verfahren entledigen, womit bei Richtern der Anspruch auf Beurteilung durch den gesetzmässigen Richter gefährdet würde[313].

526 Das Ausstandsverfahren ist **grundsätzlich schriftlich**[314]. Ein Beweisverfahren findet nach StPO 59 I nicht statt, was allerdings die Ausstandsbehörde im Einzelfall nicht daran hindert, leicht erhältliche Beweise zu erheben, ebenso einen Beizug von Akten anderer Verfahren. Eine **Vernehmlassung der andern Parteien**, auf die der Ausstandsgrund nicht zutrifft, erscheint als nicht notwendig (so denn auch ausdrücklich BGG 37 II).

527 Wird ein Ausstandsgesuch gestellt, so übt die davon **betroffene Person ihr Amt zunächst weiter aus** (StPO 59 III). Damit wird bewirkt, dass die betroffene Strafbehörde ihre Tätigkeit fortsetzen kann und nicht z.B. durch ständig neue Ausstandsgesuche gelähmt werden kann. Es bleibt damit der betroffenen Behörde überlassen, ob sie bei (unklaren, streitigen) Ausstandsgesuchen ihre Tätigkeit vorübergehend einstellen und den entsprechenden Entscheid abwarten will oder aber (wie bei den vorgenannten, gelegentlich als querulatorisch zu betrachtenden Gesuchen) ihre Tätigkeit ungeachtet des pendenten Ausstandsverfahrens fortsetzen will. Tut sie Letzteres, trägt sie das Risiko, dass das Gesuch gutgeheissen wird und die zwischenzeitlich vorgenommenen Verfahrenshandlungen i.S. von StPO 60 nichtig werden[315].

---

[313] Dazu schon vorne N 509. Botschaft 1149 unten; BeB 61. Sodann m.w.H. BGer 13.11.2006, 1P.583/2006 in SZZP 2/2007 115 unter Verweis auf BGE 116 Ia 31, 105 Ia 163.
[314] Kein Anspruch auf mündliches Verfahren, RS 2001 Nr. 3, RKG 2006 Nr. 1.
[315] BeB 61 Mitte.

2.2. Ausstandsentscheid, StPO 59

Der Ausstandsentscheid ergeht **mit Verfügung oder Beschluss**. Diese Entscheide sind **schriftlich zu erlassen und zu begründen** (StPO 59 II). Bei Gutheissung des Ausstandsgesuchs werden die **Kosten** auf die Staatskasse genommen; bei Abweisung sowie bei Verspätung oder Mutwilligkeit gehen die Verfahrenskosten zu Lasten der gesuchstellenden Person (StPO 59 IV). Die StPO regelt die Entschädigungsfrage nicht; offenbar soll darüber im Rahmen des Endentscheids befunden werden (in diese Richtung StPO 421 II lit. a)[316]. 528

StPO 59 I besagt, dass die **Ausstandsentscheide endgültig** sind, d.h., es ist **dagegen keine Beschwerde nach StPO 393 ff.** möglich, was ohnehin nur bei Entscheiden der Staatsanwaltschaft nach StPO 59 I lit. a denkbar wäre[317]. Hingegen erscheint (mit Ausnahme von Ausstandsentscheiden des Bundesstrafgerichts in Anwendung von StPO 59 I lit. d in kantonalen Angelegenheiten, BGG 79)[318] eine **Strafrechtsbeschwerde ans Bundesgericht** nach BGG 92 I i.V. 78 ff. als zulässig, allerdings nicht gegen Ausstandsentscheide der Staatsanwaltschaft (vgl. BGG 80)[319]. 529

3. Folgen der Verletzung von Ausstandsvorschriften, StPO 60, BGG 38

StPO 60 I bestimmt, dass **Amtshandlungen, an denen eine zum Ausstand verpflichtete Person mitgewirkt hat, aufzuheben, d.h. nichtig, und zu wiederholen sind, wenn eine Partei**[320] **dies innert fünf Tagen nach Kenntnisnahme des Ausstandsentscheides verlangt**. Im Entscheid ist auf diese Frist hinzuweisen. StPO 60 I gilt einerseits, wenn ein Ausstandsgesuch im Rahmen eines eigentlichen Ausstandsverfahrens nach StPO 59 I gutgeheissen wird. Die gleiche Folge tritt ein, wenn ein Behördenmitglied von sich aus in den Ausstand tritt[321]. Die Regel von StPO 60 I gilt für Verfahrenshandlungen, zu deren Zeitpunkt der fragliche Ausstandsgrund bestand. Tritt also ein familiär begründeter Ausstandsgrund nach StPO 56 lit. c-e oder eine Feindschaft nach StPO 56 lit. f erst während des Verfah- 530

---

[316] Mit entsprechenden Einschränkungen, hinten N 1771 f.
[317] Gegen Entscheide der Beschwerdeinstanz, des Berufungsgerichts und des Bundesstrafgerichts gibt es keine Beschwerde nach StPO 393 ff., N 1502 ff.
[318] Richtet sich das *Ausstandsgesuch gegen Mitglieder des Bundesstrafgerichts*, entscheidet nach StPO 59 I lit. c die Berufungskammer des Bundesstrafgerichts. Gegen deren Entscheide dürfte die Strafrechtsbeschwerde nach BGG 78 ff. zulässig sein (vgl. BGG 92); der Ausschlussgrund von BGG 79 gilt hier nicht.
[319] Es bleibt abzuwarten, ob das Bundesgericht in solchen Fällen trotzdem die Strafrechtsbeschwerde oder aber die subsidiäre Verfassungsbeschwerde zulässt, zu diesem Rechtsmittel hinten N 1724 ff.
[320] Jede Partei, also keine besondere Beschwer erforderlich.
[321] Dazu vorne N 523.

rens ein, so sind grundsätzlich nur die ab Eintritt dieses Grundes durchgeführten Verfahrenshandlungen nichtig.

531 StPO 60 II macht im Einklang mit BGG 38 II (und in Ergänzung zu StPO 141) eine Ausnahme zu diesen Verwertbarkeitsregeln: Kann ein **Beweis** z.B. wegen Todes oder Unauffindbarkeit des Zeugen **nicht wiederholt werden**, darf ihn die Strafbehörde verwerten, vorausgesetzt, er ist im Übrigen ordnungsgemäss erhoben worden. Allerdings wird in diesem Ausnahmefall der Grundsatz der freien Beweiswürdigung besonders sorgfältig zu beachten sein. Zur **Revision** nach StPO 60 III vorne N 523.

6. Abschnitt: Verfahrensleitung

§ 37 Verfahrensleitung und ihre Aufgaben, StPO 61–65, BGG 32 und 33

Literaturauswahl: AESCHLIMANN N 649; MAURER 159.

Materialien: VE 67–70; BeB 61 ff.; ZEV 27; E 59–63; Botschaft 1150; AB S 2006 1001, AB 2007 N 948.

1. Begriffliches, verfahrensleitende Behörden, StPO 61

532 Der **Begriff der Verfahrensleitung** war in den früheren Strafprozessordnungen kaum als solcher zu finden. Zwar war die Verfahrensleitung an sich in der einen oder andern Form zumeist geregelt, allerdings bisweilen eher summarisch und auf das Gerichtsverfahren beschränkt. Die StPO fasst nun in Art. 61–65 die Rechte und Pflichten jener Personen zusammen, die auf den verschiedenen Stufen des Strafverfahrens dafür zu sorgen haben, dass die erforderlichen Verfahrenshandlungen angeordnet, in gesetzmässiger Weise durchgeführt und dabei die Verfahrensgrundsätze nach StPO 3 ff, wie insbesondere das Fairness- bzw. Beschleunigungsgebot, beachtet werden.

533 StPO 61 lit a-d listet unter dem Titel «*Zuständigkeit*» die **Behörden auf, denen die Verfahrensleitung obliegt**. Handelt es sich um **Einzelbehörden** (Staatsanwalt[322], Übertretungsstrafbehörde, Einzelgericht), so ist der betreffende Einzelfunktionär Verfahrensleiter. Dies gilt auch, wenn die betreffende Behörde von einem übergeordneten Behördenmitglied (z.B. einem leitenden Staatsanwalt oder General- bzw. Oberstaatsanwalt) geleitet wird. Handelt es sich um eine **Kollegialbehörde** (erstinstanzliches Gericht, Beschwerdeinstanz, Berufungsgericht), ist

---

[322] Falls vorhanden ist auch die Ober- oder Generalstaatsanwaltschaft eine monokratisch organisierte Einzelbehörde.

der Präsident dieser Instanz Verfahrensleiter, wenn die Instanz in mehrere Kammern gegliedert ist, der Vorsitzende der betreffenden Kammer[323].

2. Aufgaben der Verfahrensleitung, StPO 62–64

2.1. Allgemeine Aufgaben, StPO 62

Die Verfahrensleitung hat nach StPO 62 I alle jene Anordnungen zu treffen, die erforderlich sind, um die gesetzmässige und geordnete Durchführung des Verfahrens auf der betreffenden Stufe zu gewährleisten. Es sind dies m.a.W. die verfahrensfördernden Anordnungen wie Ansetzung der Verfahrenshandlungen, Erlass der Vorladungen, Behandlung von Verschiebungsgesuchen, Verhandlungsführung unter Einschluss der Vornahme der Einvernahmen (StPO 142 ff., 341 I) usw. Ist die Behörde ein Kollegialgericht, so stehen der Verfahrensleitung nach StPO 62 II im Sinn einer Generalklausel alle Befugnisse zu, die nicht ausdrücklich dem Kollegium vorbehalten sind, wie dies etwa bei der Änderung oder Erweiterung der Anklage (StPO 333), beim Entscheid über Vorfragen (StPO 339 III) oder bei der Ergänzung von Beweisen (StPO 349) der Fall ist.

534

2.2. Sitzungspolizeiliche Massnahmen, StPO 63, MStP 49

Die Verfahrensleitung hat sodann im Sinn der Sitzungspolizei **für Sicherheit, Ruhe und Ordnung während der Verhandlungen zu sorgen** (StPO 63 I), wofür sie **Unterstützung durch die Polizei** verlangen kann (StPO 63 III). Personen, seien es Parteien, ihre Rechtsbeistände, andere Verfahrensbeteiligte wie Zeugen oder Dritte, sind – wenn sie den Geschäftsgang stören oder die Anstandsregeln missachten – im Rahmen der Verhältnismässigkeit zuerst zu verwarnen (dazu und zum Folgenden näher StPO 63 II). Nützen diese Warnungen nichts, kann den **Störern das Wort entzogen werden**. Bei drohenden Störungen seitens derjenigen Personen, die im Rahmen der Publikums- bzw. Parteiöffentlichkeit teilnahmeberechtigt sind[324], ist allenfalls nach dem Grundsatz *a maiore minus* eine **audiovisuelle Übertragung in einen andern Raum** zulässig[325], was die StPO allerdings nicht ausdrücklich erwähnt. Denkbar als sitzungspolizeiliche

535

---

[323] Die Verfahrensleitung geht mit Eingang der Anklageschrift beim *erstinstanzlichen Gericht* (StPO 328 I) an dieses über, beim *Berufungsgericht* mit Eingang von Berufungserklärung und Akten (StPO 399 II). – In einigen Kantonen war bisher die Figur des *Instruktionsrichters* bekannt, dem weitgehend die Verfahrensleitung *vor* der Hauptverhandlung zustand. Nach der StPO ist die Verfahrensleitung nach StPO 61 jedoch nicht delegierbar, *offensichtlich anders im Zivilprozess* (ZPO 124 II).
[324] Allgemein vorne N 255.
[325] Dazu ZR 81 (1982) Nr. 122.

Massnahme ist auch – obwohl in StPO 61 nicht aufgeführt – eine **Leibesvisitation**[326].

536 Falls erforderlich und vom Verhältnismässigkeitsgrundsatz gedeckt, können Störer nach StPO 63 II aus dem **Verhandlungsraum gewiesen bzw. daraus entfernt** oder sogar **bis zum Schluss der Verhandlung in polizeilichen Gewahrsam genommen werden**. Bei einem solchen **Ausschluss** werden die Verfahrenshandlungen fortgesetzt (StPO 61 IV), wie wenn der Ausgeschlossene anwesend wäre: Die Betroffenen können sich nicht auf die Anwesenheitsrechte nach StPO 147 berufen[327], und es findet auch kein Abwesenheitsverfahren nach StPO 366 ff. statt. Das in StPO 63 II 3. Satz vorgesehene **Räumen des Sitzungssaals** ist nur als *ultima ratio* zulässig[328], also wenn die Ordnung nicht auf andere Weise – insbesondere mit den vorstehend erwähnten Massnahmen gegen konkrete Störer – hergestellt werden kann.

2.3. Disziplinarmassnahmen, StPO 64

537 Die Verfahrensleitung kann Personen, die den Verfahrensgang stören, den Anstand verletzen oder Anordnungen der Behörde missachten, mit **Ordnungsbussen bis Fr. 1000.–** bestrafen (StPO 64 I). Werden solche Bussen von der Staatsanwaltschaft (und ebenso den Übertretungsstrafbehörden, die nicht erwähnt sind) sowie den erstinstanzlichen Gerichten ausgefällt, so ist dagegen die **Beschwerde** an die Beschwerdeinstanz zulässig, die endgültig entscheidet (StPO 64 II). Gegen Disziplinarentscheide der Beschwerdeinstanz und solchen des Berufungsgerichts ist **Strafrechtsbeschwerde** nach BGG 78 ff. ans Bundesgericht möglich[329].

3. Anfechtbarkeit verfahrensleitender Anordnungen, StPO 65

538 StPO 65 I und 393 I lit. b zweiter Satzteil schränken im Interesse der Verfahrensökonomie und -beschleunigung die Anfechtbarkeit von verfahrensleitenden Anordnungen erstinstanzlicher Gerichte ein, worauf im Zusammenhang mit der

---

[326] Pra 2003 Nr. 22. Zur Zulässigkeit bei Anwälten aus der Sicht des deutschen Rechts, Bundesverfassungsgericht 5.1.2006 in NJW 59 (2006) 1300.
[327] Das rechtliche Gehör ist aber zu gewähren und vor allem StPO 108 V zu beachten, Botschaft 1150. Wird bei notwendiger Verteidigung der Anwalt ausgeschlossen, ist die Verhandlung zu unterbrechen, RK-S 24./25.4.2006 45 f.
[328] Zu dem damit bewirkten Ausschluss der Öffentlichkeit allgemein vorne N 271 ff.
[329] BGer 18.6.2009, 6B_962/2008.– Bei Ordnungsbussen der *Beschwerdekammern des Bundesstrafgerichts* scheint nach BGG 79 eine Anfechtung möglich, können solche Bussen doch als Zwangsmassnahmen im weiteren Sinn betrachtet werden. Gegen Ordnungsbussen der *Strafkammern* dieses Gerichts dürfte eine Strafrechtsbeschwerde hingegen nach BGG 78 unproblematisch sein.

Beschwerde näher einzugehen ist[330]. Wurde eine solche Anordnung[331] *vor* der Hauptverhandlung durch die **Verfahrensleitung eines Kollegialgerichts** erster oder zweiter Instanz getroffen, so können die Parteien anlässlich der Hauptverhandlung nach StPO 65 II ihre Änderung oder Aufhebung verlangen. Das Kollegium kann diese Anordnungen jedoch auch von Amtes wegen aufheben. Allerdings ist nicht einzusehen, weshalb es – in etwas breiterer Auslegung des Gesetzes – nicht möglich sein sollte, auch **Anordnungen des Einzelgerichts** in der Hauptverhandlung auf Antrag oder von Amtes wegen in Wiedererwägung zu ziehen. Soweit eine solche nicht möglich ist, können verfahrensleitende Anordnungen wie auch entsprechende Zwischenbeschlüsse der erstinstanzlichen Gerichte nicht mit Beschwerde, sondern nur zusammen mit dem Entscheid angefochten werden (StPO 65 I)[332].

---

[330] Hinten N 1507 ff., 1516. StPO 65 bezieht sich *nur auf Anordnungen der Gerichte*; jene der Staatsanwaltschaft sind immer anfechtbar (StPO 393 I lit. a), Botschaft 1150 unten.

[331] StPO 65 II spricht von verfahrensleitenden Anordnungen, doch dürften damit – wie die Materialien zeigen, vgl. BeB 62 Mitte – ebenfalls eigentliche Entscheide gemeint sein.

[332] Etwa Entscheide nach StPO 329 II Satz 2, 333 I und II oder 339 III. Zu einer ähnlichen Situation (Rückweisung zur Anklageergänzung) nach früherem zürcherischem Recht ZR 87 (1988) Nr. 57 (mit Minderheitsantrag).

3. Teil: Verfahrenshandlungen

1. Abschnitt: Allgemeine Verfahrensregeln, StPO 66–103

§ 38 Vorbemerkungen zu den behördlichen Verfahrenshandlungen

Literaturauswahl: AESCHLIMANN N 131, 658, 718; HAUSER/SCHWERI/HARTMANN §§ 44 III, 51.

1. Verfahrenshandlungen im Allgemeinen

1.1. Verhandlungshandlungen als Motor des Strafverfahrens

539 Wie jede staatliche Rechtsanwendung, so **erfolgt auch das der Durchsetzung des staatlichen Strafanspruches dienende Strafverfahren nicht automatisch**. Dieses setzt regelmässig eine Vielzahl von Handlungen der mit der Durchführung des Strafprozesses betrauten staatlichen Organe wie auch der betroffenen privaten Verfahrensbeteiligten voraus. Die Prozessgesetze schreiben für die verschiedenen Verfahrensstufen vor, welche Handlungen notwendig sind, um das Verfahren seinem Ziel zuzuführen, nämlich hauptsächlich einen Entscheid über Schuld oder Unschuld der beschuldigten Person herbeizuführen.

1.2. Private und behördliche Verfahrenshandlungen

540 Werden die Verfahrenshandlungen von den nichtbehördlichen Verfahrensbeteiligten i.w.S., also vor allem den Parteien i.S. von StPO 104 f., vorgenommen, so spricht man von **privaten Verfahrenshandlungen** oder **Verfahrenshandlungen der Parteien** (so Titel vor StPO 109 f.)[333]. Gehen solche Handlungen von Strafbehörden (Polizei, Staatsanwaltschaft oder Gericht) aus, so bezeichnet man sie als **behördliche oder amtliche Verfahrenshandlungen**. Der VE sprach demgemäss in der Überschrift zu den nunmehr in StPO 66 ff. zu findenden Regeln von «*Verfahrenshandlungen der Strafbehörden*» und kongruent dazu als Abschnittsüberschrift von heute StPO 109 f. von «*Verfahrenshandlungen der Parteien*»[334]. Diese Differenzierungen sind im Verlauf der weiteren Gesetzgebungsarbeiten etwas verwischt worden; der Begriff der behördlichen Verfahrenshandlungen erscheint nun in der StPO nicht mehr. An dieser Stelle sollen

---

[333] Nachfolgend N 645 ff.
[334] Materiell liegt kein Unterschied zum VE vor. In Botschaft 1165 Mitte wird gegenteils erwähnt, E StPO 107 und 108 bildeten das Gegenstück zu E StPO 64–101, welche die Verfahrenshandlungen der Strafbehörden regelten.

aber trotzdem einzelne Grundsätze zum Recht der Verfahrenshandlungen der Strafbehörden behandelt werden. Die Verfahrenshandlungen der Parteien werden nachfolgend im Zusammenhang mit der Behandlung der Parteien und ihrer Stellung dargestellt[335].

1.3. Arten der Verfahrenshandlungen

Unterschieden werden generell **Erwirkungshandlungen** (rufen Handlungen anderer Verfahrensbeteiligter hervor, z.b. eine Vorladung, ein Strafantrag) und **Bewirkungshandlungen** (bewirken direkt eine Änderung der prozessualen Lage, z.B. Erlass eines Urteils). 541

2. Behördliche Verfahrenshandlungen im Allgemeinen

Unter diesem Titel werden jene Regeln von StPO 66–103 behandelt, die das **allgemeine Gerüst behördlichen Handelns im Strafverfahren** darstellen und demgemäss bei allen später zu besprechenden Teilen der Strafprozessordnung zu beachten sind. Daneben bestehen aber zahlreiche **weitere Bestimmungen, die das strafbehördliche Handeln in besonderen Bereichen normieren**, so im Zusammenhang mit den Beweismitteln (StPO 139 ff.), den Zwangsmassnahmen (StPO 196 ff.) und nicht zuletzt mit den verschiedenen Verfahrensstufen und -formen wie dem Vorverfahren usw. (StPO 299 ff.). 542

Behördliche Verfahrenshandlungen als Ausfluss des Verfahrensrechts sind als Teil des öffentlichen Rechts grundsätzlich **zwingender Natur**. Daraus ergibt sich, dass die möglichen Verfahrenshandlungen mit Ausnahme der Beweismittelfreiheit (StPO 139 I)[336] im Gesetz abschliessend aufgezählt und geregelt sind. Man spricht von einem **numerus clausus** der behördlichen Verfahrenshandlungen[337]. Diese sind in der Regel ebenfalls formgebunden (**Grundsatz der Formstrenge**). 543

3. Fehlerhafte behördliche Verfahrenshandlungen

Entsprechen behördliche Verfahrenshandlungen nicht den anwendbaren Verfahrensvorschriften, so sind die Folgen unterschiedlich, je nachdem, ob **Gültigkeits- oder Ordnungsvorschriften** verletzt wurden: 544

3.1. Charakter von Gültigkeits- und Ordnungsvorschriften

Gültigkeitsvorschriften zeichnen sich dadurch aus, dass sie wesentliche Verfahrensgrundsätze enthalten und deshalb – vor allem im Interesse der Parteien – 545

---

[335] Hinten N 645 ff.
[336] Hinten N 780.
[337] In dieser Richtung, mindestens für Untersuchungshandlungen, ZR 63 (1964) Nr. 32.

absolute Beachtung verdienen. Schützen solche Vorschriften grundlegende Verfahrensrechte, so muss die Folge sein, dass fehlerhafte Verfahrenshandlungen, die solche Regeln verletzen, in aller Regel **nichtig, d.h. unbeachtlich bzw. unverwertbar sind.**

546 **Ordnungsvorschriften** schützen nicht wesentliche Interessen der Verfahrensbeteiligten, sondern sollen – wie die Bezeichnung andeutet – vor allem die Ordnungsmässigkeit des Verfahrensablaufs gewährleisten. Verletzt eine behördliche Verfahrenshandlung solche Vorschriften, hat dies möglicherweise aufsichtsrechtliche Konsequenzen. Sodann führt die Verletzung, wenn sie im Verlauf des weiteren Verfahrens nicht geheilt wird, allenfalls zur Anfechtbarkeit des nachfolgenden Entscheids. Die Gültigkeit der Verfahrenshandlung wird dadurch jedoch nicht weiter tangiert. So stellt beispielsweise die Erstellung einer Schlusseinvernahme (StPO 317)[338] eine blosse Ordnungsvorschrift dar.

3.2. Unterscheidung von Gültigkeits- und Ordnungsvorschriften

547 Neuere Strafprozessgesetze wie die StPO tendieren zumeist dahin, **bezüglich der Unterscheidung von Gültigkeits- und Ordnungsvorschriften Klarheit zu schaffen,** entgegen früheren Gesetzen, die sich darüber oft ausschwiegen. Die StPO enthält denn auch eine beachtliche Zahl von Bestimmungen, die Verfahrenshandlungen bei Verletzungen der entsprechenden Vorschriften als ungültig und auf diese Weise gewonnene Beweise als unverwertbar bezeichnen. So erklärt StPO 141 I, dass Beweise, die in Verletzung von StPO 140 (verbotene Methoden wie Zwangsmittel, Gewalt, Drohungen usw.) erhoben wurden, unverwertbar seien, ebenso StPO 147 IV für Beweisabnahmen unter Verletzung der Teilnahmerechte der Parteien. Im Übrigen ist sie im Einzelfall unter Berücksichtigung der Bedeutung der fraglichen Vorschrift und in Abwägung der im Spiel stehenden Interessen zu gewinnen[339].

4. Folgen der Nichtigkeit bzw. Unverwertbarkeit bei Verletzung von Gültigkeitvorschriften

548 Zwar sind Verfahrenshandlungen, die in Verletzung von Gültigkeitsvorschriften durchgeführt wurden, nichtig bzw. unverwertbar (Ziff. 3.1.). Insbesondere im Zusammenhang mit ungültig erhobenen Beweisen ist jedoch zu prüfen, welches die **weiteren Folgen dieser Unverwertbarkeit** sind. Einerseits fragt sich, ob die auf Grund des unverwertbaren Beweises **indirekt erlangte Beweise** (aus der ungültigen Zeugeneinvernahme ergibt sich, wo die Tatwaffe versteckt ist) verwertet werden können; auf diese besondere Thematik wird im Zusammenhang

---

[338] Dazu hinten N 1243.
[339] Zur entsprechenden Umsetzung in StPO 141 I und II bei der Beweisregelverletzung hinten N 789 ff.

mit dem einschlägigen StPO 141 eingegangen[340]. Weiter ist zu prüfen, ob Aktenstücke, die die unverwertbare Verfahrenshandlung dokumentieren, **aus dem Dossier zu entfernen und zu vernichten sind**. Aus einzelnen Bestimmungen der StPO ergibt sich, dass solche Beweismittel sofort zu vernichten sind (so StPO 277 I Satz 1 bei nicht genehmigten Überwachungsmassnahmen)[341]. Bestehen keine Vorschriften, die solches anordnen, sind die entsprechenden Aktenstücke im Regelfalle aus dem Dossier zu entfernen und bis zum Abschluss des Verfahrens unter besonderem Verschluss zu halten, wie dies StPO 141 V für die Aufzeichnungen über unverwertbare Beweise vorsieht[342].

§ 39 Mündlichkeit, Verfahrenssprache, StPO 66–68, E StBOG 3, BGG 54

Literaturauswahl: AESCHLIMANN N 131, 658, 718; HAUSER/SCHWERI/HARTMANN §§ 44 III, 51; MAURER 41, 241; PIQUEREZ (2006) N 558, 615, 1107; SCHMID (2004) N 316, 549.

REGULA KÄGI DIENER, St.Galler Kommentar zu BV 70.

Materialien: Aus 29 mach 1 S. 96; VE 71–75; BeB 63 ff.; ZEV 28; E 64–66; Botschaft 1151; AB S 2006 1001, AB N 2007 948 f.

1. Grundsatz der Mündlichkeit, StPO 66

Der bereits vorstehend besprochene StPO 66[343] statuiert den für das schweizerische **Strafverfahren seit jeher typischen Grundsatz der Mündlichkeit:** Das Strafverfahren ist unter Vorbehalt der gesetzlichen Ausnahmen mündlich. In diesem Zusammenhang ist bereits auf die korrelierenden Prinzipien der Mündlichkeit und Unmittelbarkeit bzw. der Schriftlichkeit und Mittelbarkeit hingewiesen worden[344].

549

2. Verfahrenssprache, StPO 67, StBOG 3

Als Verfahrenssprache wird jene Sprache bezeichnet, die die Behörden bei ihren Verfahrenshandlungen verwenden und die auch von andern, privaten Verfahrensbeteiligten im mündlichen und schriftlichen Verkehr mit diesen Behörden benützt werden muss oder kann. Es ist **Aufgabe des einführenden Rechts von**

550

---

[340] Hinten N 793 ff.
[341] Hinten N 1155.
[342] Hinten N 800. Ebenso StPO 278 IV für unverwertbare Zufallsfunde bei der Post- und Telefonüberwachung. Aus der Sicht des früheren (zürcherischen) Rechts: SJZ 72 (1976) 64 = ZR 74 (1975) Nr. 78.
[343] Vorne N 309 ff.
[344] N 312 ff.

Bund und Kantonen, im Rahmen der verfassungsrechtlichen Vorgaben (BV 70) diese **Verfahrenssprache im Strafverfahren** zu benennen (StPO 67 I). Zu beachten ist, dass für die Strafbehörden des Bundes in BV 70 I bereits Deutsch, Französisch und Italienisch sowie im Verkehr mit Personen rätoromanischer Sprache auch das Rätoromanische als Verfahrenssprachen bestimmt sind[345]. Die Kantone haben nach BV 70 II ihre Amts- und damit im Verfahrensbereich die Verfahrenssprachen zu bezeichnen und dabei auf die sprachliche Zusammensetzung ihrer Gebiete und sprachliche Minderheiten Rücksicht zu nehmen, so wie dies bisher in sprachlich gemischten Kantonen der Fall war[346].

551 Nach StPO 67 II führen die **Kantone alle Verfahrenshandlungen in ihren Verfahrenssprachen durch,** wobei die Verfahrensleitung **Ausnahmen** gestatten kann. Dies bedeutet, dass die am Ort der Verfahrenshandlung geltende Verfahrenssprache in den (ja überwiegend mündlichen, StPO 66) Verhandlungen, unter Vorbehalt von StPO 68 III in den schriftlichen Eingaben an das Gericht oder in den Parteivorträgen nach StPO 346 zu beachten ist[347]. Ebenfalls für die **Protokollierung** (mit Ausnahmen, StPO 78 II) sowie **das Abfassen der Entscheide** gilt die Verfahrenssprache.

3. Übersetzungen, StPO 68, MStP 95–98

552 StPO 68 I bestimmt nach dem Vorbild der meisten früheren Prozessordnungen, dass bei **Verhandlungen mit Verfahrensbeteiligten, welche der Verfahrenssprache nicht mächtig sind, ein Übersetzer**[348] **beigezogen wird**, der die Verfahrensverhandlungen in deren Muttersprache oder allenfalls eine der Partei bekannte Drittsprache übersetzt. Beizufügen bleibt, dass die StPO einheitlich den Begriff des Übersetzers verwendet, obwohl bei mündlicher Übersetzung eher der

---

[345] Zur Verfahrenssprache vor *Bundesgericht* BGG 54 (in der Regel Sprache des angefochtenen Entscheids), jener der *übrigen Strafbehörden des Bundes* E StBOG 3.

[346] Näher Botschaft 1151. Zu den vielfältige Problemen in Kantonen mit zwei oder drei Amtssprachen vgl. BGE 121 I 204; ZBl 103 (2002) 497; RFJ/FZR 2000 283. Zur Praxis des Bundesstrafgerichts, wenn sich das Bundesstrafverfahren gegen *Personen mit unterschiedlicher Muttersprache* richtet, A.J. KELLER in AJP 2/2007 202 f., TPF 2005 163 E.3.1. – Die Kantone bestimmen auch über die Zulassung z.B. der *Gebärdensprache*, so ausdrücklich vorgesehen in der Zürcher KV 12, deren Benützung wie andere Ausdrucksmittel (z.B. die Blindenschrift) von der Sprachenfreiheit nach BV 18 garantiert ist. In diesen Fällen (falls erforderlich und im konkreten Fall möglich) ebenfalls Anspruch auf einen «*Übersetzer*». Entsprechend ist nach StPO 143 VII bei *Taubstummen* und allgemein *hör- und sprechbehinderten Personen* vorzugehen; hier ist bei Befragungen wenn nötig eine sachverständige Person (Taubstummenlehrer o.ä.) beizuziehen, wobei sich die Bereiche von StPO 68 und 182 ff. überschneiden, dazu N 811.

[347] Kein Anspruch aus IPBPR 14 auf Verkehr mit Behörden in anderer Sprache, BGE 124 III 207.

[348] Zur Frage der Qualitätsansprüche an Übersetzer vgl. A. SCHÄRER/T. HUBER, Das Dolmetscherwesen des Kantons Zürich, SJZ 104(2008) 322.

Begriff des Dolmetschers üblich ist[349]. In **einfachen Fällen** (z.B. eine Einvernahme in einem Übertretungsstrafverfahren) oder bei **zeitlicher Dringlichkeit** (ein Zeuge ist auf der Durchreise und ein Übersetzer ist nicht sogleich verfügbar) kann im Einverständnis mit der betroffenen Person auf den Beizug eines Übersetzers verzichtet werden, wenn die einvernehmende und (kumulativ) die protokollführende Person die fremde Sprache genügend beherrschen (StPO 68 I Satz 2). Auf die Übersetzer sind die **Vorschriften über Sachverständige** anwendbar (StPO 68 V)[350].

Besonders wichtig im Verkehr mit der **beschuldigten Person** sind die Vorschriften in StPO 68 II, die aus dem übergeordneten Recht (BV 32 II, EMRK 6 Ziff. 3 lit. a und e sowie IPBPR 14 III lit. a und f)[351] abzuleiten sind: Die beschuldigte Person – auch wenn sie verteidigt ist – hat Anspruch darauf, dass ihr unverzüglich (also schon im polizeilichen Ermittlungsverfahren) und detailliert in einer ihr verständlichen Sprache (also nicht notwendigerweise in der Muttersprache) die gegen sie vorgebrachten Deliktsvorwürfe vorgehalten werden (näher StPO 158)[352]. Sodann sind ihr jene Verfahrensvorgänge (Zeugeneinvernahmen, Gutachten, Anklage, Parteivorträge, Dispositiv von Entscheiden, weitere wesentliche Akten usw.) zu übersetzen, deren Kenntnis wesentlich ist, um ihr die Verteidigung und ein faires Verfahren zu ermöglichen[353]. Ein Anspruch auf **vollständige Übersetzung aller Verfahrenshandlungen und -akten** besteht im Einklang mit der bisherigen Gerichtspraxis nicht, ebenso z.B. nicht ein Recht auf Simultanübersetzung der ganzen Hauptverhandlung[354].

553

---

[349] Zur Vereinfachung, vgl. Botschaft 1151. MStP 95 etwa spricht von Dolmetscher und Übersetzer.
[350] Botschaft 1152. Zum *Beizug des ermittelnden Polizeibeamten als Übersetzer* RS 2002 Nr. 185. Keine Vorbefassung für *Übersetzer*, der schon in früherer Verfahrensphase, also beispielsweise bei der Polizei, als solcher tätig war, vgl. deutscher Bundesgerichtshof 28.8.2007 in Kriminalistik 2008 9l = NStZ 2008 50. – Bund und Kantone können analog zu StPO 183 II (hinten N 936) *ergänzende Vorschriften über die Zulassung von Dolmetschern* (mit Eignungsprüfung; offizielle Liste der zugelassenen Übersetzer usw.) erlassen, wie dies etwa in Zürich in der Dolmetscherverordnung vom 26./27.11.2003, LS 211.17, der Fall ist.
[351] Botschaft 1151.
[352] Hinten N 858 ff.
[353] Eingehend BGE 118 Ia 464 = ZBJV 129 (1993) 308; ZR 91/92 (1992/93) Nr. 62. Anspruch auf Übersetzung besteht *nicht unbedingt für Anwälte*, wird ihnen doch die mindestens passive Beherrschung von Deutsch, Französisch und Italienisch zugemutet, zur entsprechenden Praxis des Bundesstrafgerichts m.w.H. A.J. KELLER in AJP 2/2007 203 und TPF 2005 163 E.4.2. Hingegen Anspruch des Verteidigers auf Beigabe eines Dolmetschers, wenn er nicht die Sprache seines Mandanten spricht, RFJ 1997 Nr. 11. Kein *Anspruch des Verteidigers auf Übersetzung aller fremdsprachigen Akten, Telefonprotokolle* etc., mindestens, wenn ein zusammenfassender Bericht darüber vorhanden ist. Zur Bestellung der amtlichen Verteidigung hinten N 745 ff. Zum *Strafbefehlsverfahren* hinten N 1360.
[354] BGE 118 Ia 465. Ebenfalls nicht des ganzen *Urteils*, jedenfalls soweit Angeklagter verteidigt ist, BGE 115 Ia 65, 118 Ia 467 = ZBJV 129 (1993) 308, gleicher Fall in ZR 91/92

2. Kapitel: Strafbehörden, ihre Zuständigkeit und Verfahrenshandlungen

554 **Fremdsprachige Strafakten werden soweit erforderlich übersetzt** (StPO 68 III). Dies bezieht sich nach dem Wortlaut dieser Bestimmung auf Akten, «*die nicht Eingaben von Parteien*» sind. Daraus ist abzuleiten, dass es grundsätzlich Aufgabe der Parteien ist, die von ihnen eingereichten Akten in die Verfahrenssprache zu übersetzen. Fremdsprachige Eingaben dürfen jedoch nicht ohne Weiteres aus dem Recht gewiesen werden (*überspitzter Formalismus*)[355].

555 Neu mit Blick auf die bisherigen Vorschriften des OHG ist StPO 68 IV: Während früher das Opfer bei Straftaten gegen die sexuelle Integrität nach OHG 36 I allein verlangen konnte, von einer **Person gleichen Geschlechts** einvernommen zu werden (jetzt StPO 153 I, 335 IV), bezieht sich dieser Anspruch nun ebenfalls auf den **Übersetzer**, vorausgesetzt, dass ein solcher Beizug ohne Verzögerung des Verfahrens möglich ist[356].

§ 40 Geheimhaltung, Orientierung der Öffentlichkeit, Mitteilung an Behörden, StPO 73–75

Literaturauswahl: neben der zu § 15 genannten Literatur AESCHLIMANN N 679; HABSCHEID 320; HAUSER/SCHWERI/HARTMANN § 52; MAURER 165; OBERHOLZER N 754; PADRUTT 281; PIQUEREZ (2006) N 307, 766, 1066 SCHMID (2004).

Materialien: Aus 29 mach 1 S. 81; VE 80–82; BeB 68 ff.; ZEV 28 f.; E 71–73; Botschaft 1153 f.; AB S 2006 1004, AB N 2007 949.

1. Geheimhaltungspflicht, StPO 73

1.1. Geheimhaltungspflichten für Strafbehörden, StPO 73 I

556 Zwar besteht im Rahmen des vorstehend erläuterten Öffentlichkeitsprinzips (StPO 69 ff.)[357] ein Anspruch des Publikums oder mindestens der Parteien, an Gerichtsverhandlungen und weiteren Verfahrenshandlungen teilzunehmen. Soweit vor allem die am Strafprozess nicht direkt beteiligte Öffentlichkeit betroffen ist und sie von den verfahrensrelevanten Vorgängen nicht durch Teilnahme i.S. von StPO 69 Kenntnis nehmen kann, **unterliegt das Verfahren dem Amtsgeheimnis i.S. von StGB 320**. Dieses Verfahrensgeheimnis gilt einerseits für die

---

(1992/93) Nr. 62 = EuGRZ 20 (1993) 292. *A.M.* RO 1986 321 Nr. 7. Ebenfalls kein Anspruch auf *Übersetzung sämtlicher Akten,* ZR 95 (1996) Nr. 70; AGVE 1993 Nr. 45 S. 128 bzw. RKG 1995 23 Nr. 13; hingegen auf Übersetzung der Rechtsmittelbelehrung, RKG 1998 Nr. 6. Kein grundrechtlicher Anspruch auf Beigabe eines Verteidigers mit der Muttersprache der beschuldigten Person, BGE 118 Ia 467 = ZBJV 129 (1993) 309.

[355] Allenfalls Ansetzen einer Frist zur Vorlage einer deutschen Übersetzung.

[356] Bei Opfern beiderlei Geschlechts im gleichen Fall kann die Regel analog zu StPO 335 IV Satz 2 ausser Kraft gesetzt werden. Sie gilt ebenfalls nicht für die Angehörigen des Opfers.

[357] N 247 ff.

nicht publikumsöffentlichen Verfahren nach StPO 69 III (Vorverfahren, Verfahren vor Zwangsmassnahmengericht etc.), unabhängig davon, ob Parteiöffentlichkeit[358] besteht. Die entsprechende Geheimhaltungspflicht der Mitglieder von Strafbehörden sowie der Sachverständigen und Übersetzer (Verweis in StPO 68 V) unterstreicht StPO 73 I. Die Bestimmung folgt dabei dem Geheimnisbegriff von StGB 320[359] und bedeutet, dass Strafbehörden über hängige Verfahren grundsätzlich keine Mitteilungen an aussenstehende Personen, aber ohne gesetzliche Ermächtigung auch nicht an andere Behörden machen dürfen[360]. Betroffen sind Informationen, die dem Behördenmitglied in Ausübung seiner amtlichen Tätigkeit zur Kenntnis gelangte und an deren Geheimhaltung ein öffentliches oder privates Interesse besteht.

1.2. Geheimhaltungspflichten für die Privatklägerschaft, weitere Verfahrensbeteiligte und Dritte, StPO 73 II

Das Amtsgeheimnis nach StGB 320 bzw. StPO 73 I gilt nur für Angehörige der Strafbehörden. Bei **privaten Verfahrensbeteiligten**, aber auch Dritten, setzt eine Pflicht zur Geheimniswahrung und insbesondere ein Schweigegebot eine gesetzliche Grundlage voraus. Nach StPO 73 II kann die Verfahrensleitung die Privatklägerschaft (auch das Opfer) und andere Verfahrensbeteiligte nach StPO 105 sowie deren Rechtsbeistände[361], **nicht aber beschuldigte Personen** (und deren Verteidiger), unter Hinweis auf die Strafdrohung von StGB 292 verpflichten, über das Verfahren und die davon betroffenen Personen Stillschweigen zu bewahren. Ein Schweigegebot für **Zeugen** kann in ähnlicher Weise nach StPO 165 verfügt werden, für **Banken** usw. im Fall von Überwachung von Bankbeziehungen nach StPO 285 I lit. b. Diese Bestimmungen gehen als speziellere Regelungen StPO 73 II vor[362].

557

Verpflichtungen nach StPO 73 II können etwa auferlegt werden, um zu verhindern, dass Parteien ihre Standpunkte in den Massenmedien ausbreiten, mit bestimmten Personen Kontakt aufnehmen usw., bevor die hauptsächlichen Beweismittel erhoben und vor allem die wesentlichen Zeugen einvernommen worden sind. Um die Handlungsfähigkeit der Betroffenen nicht über Gebühr einzuschränken, sollten solche Anordnungen nur mit grosser Zurückhaltung getroffen werden. StPO 73 II sieht vor, dass solche Weisungen zeitlich zu befristen sind;

558

---

[358] Dazu vorne N 255.
[359] Dazu und zum Folgenden Botschaft 1153 f.
[360] Kein Amtsgeheimnis Personen oder Behörden gegenüber, die ein *Akteneinsichtsrecht* (StPO 101) besitzen oder bei *Melde- bzw. Anzeigepflichten bzw. entsprechenden Rechten* (z.B. StPO 75, 84 VI, 253 IV, 301 II, 314 IV, 321), zur Mitteilung an andere Behörden nachfolgend N 564 f.
[361] Die natürlich ihren Klienten gegenüber zur Wahrung des Berufsgeheimnisses gebunden sind, StGB 321.
[362] *Anfechtung* solcher Anordnungen in den Schranken von StPO 393 mit *Beschwerde*, hinten N 1503 ff.

sie sind sodann hinsichtlich der Reichweite (z.B. Verbot bestimmter Kontaktnahmen, von Mitteilungen an Medien usw.) konkret zu umschreiben. Überdies beziehen sich diese Weisungen nur auf Informationen, die i.S. von StGB 320 geheim sind, nicht aber auf solche, die der Öffentlichkeit (z.b. durch eine Orientierung nach StPO 74) bereits bekannt sind.

559 **Dritten,** die nicht in den vorgenannten Bestimmungen als Adressaten solcher Anordnungen erscheinen, können nicht i.S. von StPO 73 II Geheimnis- oder Schweigepflichten auferlegt werden. Dies gilt etwa für **Medien,** die aber der Strafdrohung von StGB 293, Veröffentlichung amtlicher geheimer Verhandlungen, unterstehen[363].

2. Orientierung der Öffentlichkeit, StPO 74, MStV 36

560 In Abweichung von den Geheimhaltungspflichten nach StPO 73 erlaubt StPO 74 I der **Staatsanwaltschaft und den Gerichten**, die Öffentlichkeit über hängige Fälle zu orientieren. Lit. a-d übernehmen dabei die Konstellationen, in denen schon bisher nach vielen Prozessordnungen solche Orientierungen erlaubt waren[364]. Es sind dies einerseits Fälle, in denen die Bevölkerung zur Mithilfe bei der Aufklärung von Delikten oder bei der Fahndung nach Straftätern gebeten wird (lit. a)[365] oder dies zur Warnung oder Beruhigung der Bevölkerung notwendig ist (lit. b). Mitteilungen an die Öffentlichkeit sind weiter zulässig, um unzutreffende Meldungen oder Gerüchte richtigzustellen (lit. c) oder angesichts der besonderen Bedeutung des Falls (lit. d). Insbesondere mit Blick auf diesen letzten Anwendungsfall ist erforderlich, dass überwiegende Gründe vorhanden sein müssen, um die Geheimnispflicht zu durchbrechen. Solche könnten etwa bei Straftaten angenommen werden, die die Öffentlichkeit erregen (Kapitalverbrechen; grosse Fälle aus dem Bereich der Wirtschaft wie der Zusammenbruch der Swissair) und bei denen eine Orientierung als angezeigt erscheint[366].

---

[363] Botschaft 1154. Dazu vorne N 252.
[364] Botschaft 1154. – Dazu E StOBG 17, wonach der *Bundesanwalt Weisungen* über die Orientierung der Öffentlichkeit über hängige Verfahren erlässt.
[365] Bekanntgabe von Name und Bild eines mutmasslichen Hehlers bei Postraub in der Fernseh-Sendung «Aktenzeichen XY» zulässig; verstösst nicht ohne Weiteres gegen die Unschuldsvermutung, BGer 31.1.1995 in EuGRZ 23 (1996) 329 und NZZ Nr. 58 vom 10.3.1995, kommentiert in ZBJV 133 (1997) 662, 681. Zulässig ebenso Pressemitteilungen über bevorstehende Gerichtsverhandlungen, Pra 92 (2003) Nr. 24. Zu Problematik der *Internet-Fahndung* medialex 3/2003 135 und 4/2003 416; dazu auch N 993.
[366] Interesse der *Öffentlichkeit in einem grossen Wirtschaftsstraffall, über Gang des Verfahrens orientiert zu werden,* auch unter Nennung von Namen, wenn diese bereits allgemein bekannt sind, ja der Beschuldigte selbst mehrfach Gang in die Öffentlichkeit wählte, Fall Behring in medialex 3/2008 147, Problematisch eigentliche Pressekonferenzen *nach* Abschluss der Untersuchung. – Für das Vorverfahren nach früherer BStP die eingehenden Richtlinien der Bundesanwaltschaft vom 26.1.1978 betr. Orientierung der Öffentlichkeit usw., VPB 42 (1978) Nr. 19.

Traditionsgemäss informiert die **Polizei** die Medien laufend über Unfälle und schwerere Straftaten, ohne dabei Namen zu nennen. StPO 74 II erlaubt solche Mitteilungen weiterhin. 561

Abs. 3 von StPO 74 statuiert gewisse **Rahmenbedingungen bezüglich Art und Inhalt solcher Meldungen** nach Abs. 1 an die Öffentlichkeit. Ausgehend von der Tatsache, dass solche Mitteilungen zumeist in einem relativ frühen Verfahrensstadium erfolgen, ist wesentlich, dass objektiv orientiert, die Unschuldsvermutung beachtet und auf die Persönlichkeitsrechte der Betroffenen Rücksicht genommen wird. Daraus folgt, dass Schuldzuweisungen zu unterbleiben haben. Es ist also nicht vom «Täter» zu sprechen, sondern von «Verdächtigen» oder allenfalls «mutmasslichen Tätern». In Beachtung des Verhältnismässigkeitsprinzips sind sodann nur jene Informationen preiszugegeben, die zur Erreichung des Zwecks der Orientierung notwendig sind. Vor allem bei der Nennung von Namen ist grösste Zurückhaltung zu üben. 562

Ist ein **Opfer** beteiligt, so schränkte bereits OHG 34 II die Bekanntgabe der Identität des Opfers ausserhalb eines öffentlichen Gerichtsverfahrens ein. StPO 74 IV übernimmt diese Regelung und dehnt sie aus. Darnach darf die Identität nur preisgegeben werden, wenn i.S. von StPO 74 I lit. a die Mithilfe der Bevölkerung bei der Aufklärung von Verbrechen oder bei der Fahndung nach Verdächtigen notwendig ist oder das Opfer bzw. dessen hinterbliebene Angehörige der Veröffentlichung zustimmen[367]. 563

3. Mitteilung an andere Behörden, StPO 75, E StBOG 59

Die Geheimhaltungspflicht nach StPO 73 gilt auch im **Verhältnis von Straf- zu andern Behörden des Bundes und der Kantone**[368]. Zwar sieht StPO 44 eine allgemeine Rechtshilfe- und damit auch Orientierungspflicht der Behörden von Bund und Kantonen den Strafbehörden gegenüber vor; im umgekehrten Verhältnis ist die Zusammenarbeit jedoch beschränkt und setzt nach dem Willen von StPO 75 offensichtlich eine konkrete gesetzliche Grundlage im Bund oder in den Kantonen voraus (vgl. StPO 75 IV, dazu gleich anschliessend). Im Einklang mit verschiedenen kantonalen Regelungen sind die zuständigen **Vollzugsbehörden** über neue Strafverfahren zu orientieren, wenn sich eine beschuldigte Person im Straf- oder Massnahmenvollzug befindet (Abs. 1). Ferner sind die Sozial- oder Erwachsenen- bzw. Kindesschutzbehörden (früher: Vormundschaftsbehörden) zu informieren, wenn dies der Schutz einer beschuldigten oder geschädigten Person oder deren Angehöriger erfordert (Abs. 2), insbesondere auch, wenn bei Strafta- 564

---

[367] VE 81 V sah eine Ordnungsbusse bei Verstoss vor, dazu BeB VE 69, die im Gesetz nicht mehr erscheint. Eine Ordnungsbusse kann jedoch allenfalls nach der allgemeinen Regel von StPO 64 verhängt werden.
[368] Botschaft 1155.

ten, an denen Minderjährige beteiligt sind, Massnahmen erforderlich sind (Abs. 3, bisher StGB 363 f.).

565 Ein weites Feld eröffnet sich im Zusammenhang mit StPO 75 IV sowie der teilweise kongruenten Bestimmung von StPO 84 VI[369], wonach Bund und Kantone **weitere Mitteilungen an Behörden** vorsehen können, wobei die Botschaft StGB 351 und 368 sowie Mitteilungen an Aufsichtsbehörden über Rechtsanwälte, Ärzte, Beamte, Studierende nennt[370]. Nicht zuletzt mit Blick auf das Datenschutzrecht, welches für solche Mitteilungen eine gesetzliche Grundlage verlangt, haben vorab die Kantone ihr gesetzliches Instrumentarium zu überprüfen[371]. Auf einem andern Blatt steht, inwieweit **Behörden Einsicht in die Strafakten** nehmen können; diese Frage ist – offener als in StPO 75 – in StPO 101 II geregelt[372].

2. Abschnitt: Formalien der Verfahrenshandlungen

§ 41 Dokumentationspflicht, Protokolle, StPO 76–79, VStrR 38, MStP 38–41

Literaturauswahl: AESCHLIMANN N 724; HAUSER/SCHWERI/HARTMANN § 44 VI; MAURER 172; OBERHOLZER N 953; PIQUEREZ (2006) N 584; SCHMID (2004) N 205, 564.

HANS-JÜRGEN CZYGAN/OLIVER HERBST, Digitalisierung der Verfahrensakte, Kriminalistik 2007 560; DETLEF KRAUSS, Der Inhalt der Strafakte, BJM 1983 49; PHILIPP NÄPFLI, Das Protokoll im Strafprozess. Unter besonderer Berücksichtigung des Entwurfs zur Schweizerischen Strafprozessordnung und der Zürcher Strafprozessordnung, Diss. Zürich 2007.

Materialien: Aus 29 mach 1 S. 97; VE 83 ff.; BeB 70 ff.; ZEV 29; E 74–77; Botschaft 1155; AB S 2006 1004 ff., AB N 2007 949.

---

[369] Zu dieser Bestimmung betr. Mitteilung von Entscheiden hinten N 599.
[370] Als Beispiel vgl. die Weisungen im Kanton St.Gallen in GVP 2005 Nr. 70 (wobei allerdings nunmehr eine gesetzliche Grundlage notwendig ist). Für das Bundesrecht etwa die Meldepflichten bei Verfehlungen von *Anwälten* nach BGFA 15, die gegenseitigen Orientierungspflichten von *Strafverfolgungs- und Revisionsaufsichtsbehörden* nach Art. 24 des Revisionsaufsichtsgesetzes vom 16.12.2005, BBl 2005 7349, nach *FINMAG* 38 III bzw. GwG 29a sowie die *Zusammenarbeit des Bundesamts für Migration und der Asylrekurskommission* nach Art. 98a des Asylgesetzes vom 26.12.2005, Botschaft BBl 2002 6845, den *Organen der inneren Sicherheit* nach Art. 13 und 17 I des BG über die Wahrung der inneren Sicherheit (BWIS) vom 21.3.1997, SR 120 oder Meldungen an *Sozial- und andere Behörden gemäss BetmG 3c* und *3h*. Zu den Melde- und Anzeigepflichten anderer Behörden sodann hinten N 1211. – Nach *E StBOG 59 Mitteilung, wenn andere Behörde zur Erfüllung ihrer Aufgabe zwingend auf Information angewiesen ist.*
[371] In neuerer Zeit sind wünschenswerte *Mitteilungen von Straf- an Sozialbehörden über Fürsorgemissbrauch* oder bei *Jugendgewalt an Schulbehörden* in den Fokus des politischen Interesses gerückt; für solche fehlte bisher in vielen Kantonen eine gesetzliche Grundlage.
[372] Nachstehend N 627.

1. Dokumentationspflicht

1.1. Dokumentationspflicht als Ausgangspunkt

Der Grundsatz der Dokumentationspflicht (der als solcher nicht ausdrücklich in der StPO erscheint) besagt, dass alle verfahrensmässig relevanten Vorgänge von der handelnden Strafbehörde in geeigneter Form festgehalten und die entsprechenden Aufzeichnungen in die Strafakten integriert, diese geordnet angelegt und aufbewahrt werden müssen[373]. Alle Verfahrenshandlungen sind zu protokollieren, also schriftlich festzuhalten (nachfolgend Ziff. 3 und 4)[374]. Die ordnungsgemässe Protokollierung vermag dem Anspruch auf eine sinnvolle Dokumentation freilich nicht allein zu genügen; notwendig ist vielmehr auch eine generell korrekte Anlage und Aufbewahrung der Akten (StPO 103[375]). 566

Einer vollständigen Dokumentation der prozessualen Vorgänge kommt im Strafprozess eine nicht zu unterschätzende Bedeutung zu. Die angelegten Gerichts- und/oder Untersuchungsakten sind die zentralen **Entscheidungshilfen**, da sie die verfahrensrelevanten Umstände, vorab die in früheren Verfahrensstufen erhobenen Beweise usw., wiedergeben. Das nicht in den Akten Aufgezeichnete ist für das Verfahren weitgehend verloren (**Gedächtnis- und Perpetuierungsfunktion**[376]), was im gemäss StPO weitgehend mittelbar ausgerichteten Beweisverfahren der Hauptverhandlung[377] schwerwiegende Folgen hätte. Aber auch in umfangreicheren mündlichen Verfahren sind Protokolle usw. über zurückliegende Vorgänge unentbehrlich. Im Rechtsmittelverfahren, zumal im schriftlichen[378] sind sie oft die alleinige Entscheidungsgrundlage. Prozessuale Massnahmen stellen häufig schwerwiegende Eingriffe in die Rechte der Betroffenen dar. Sie können in aller Regel sofort oder aber später mittels eines **Rechtsbehelfes** angefochten und damit einer Überprüfung zugeführt werden. Die Überprüfung setzt voraus, dass die fragliche Massnahme in zureichender Weise aktenkundig gemacht wird. Die Dokumentationspflicht hat insofern **Garantiewirkung**. Von besonderer Bedeutung ist sodann, dass im Sinn von EMRK 6 Ziff. 3 lit. b zur **Verteidigung der beschuldigten Person** alle in ihrem Verfahren erstellten Akten, die allenfalls zu ihrer Entlastung führen können, vorhanden sind und ihr zur Verfügung stehen[379]. 567

---

[373] ZR 106 (2007) Nr. 31 S. 153: Nach diesem Entscheid betrifft diese Pflicht nicht die Erhebung und Erlangung von Beweisen als solche; aus der Verletzung der Pflicht folgt nicht direkt ein Beweisverwertungsverbot, sondern dieses fliesst allein aus der Rechtswidrigkeit des verbotenerweise erhobenen Beweises.
[374] Botschaft 1156 oben.
[375] Hinten N 632.
[376] Botschaft 1155.
[377] BeB 70, zur beschränkten Unmittelbarkeit nachstehend N 1329 ff.
[378] Hinten N 1482 ff., 1525, 1567 ff.
[379] Eine *Missachtung der Dokumentationspflicht kann eine Verletzung der Verteidigungsrechte* bedeuten, ZR 106 (2007) Nr. 31 S. 155.

2. Kapitel: Strafbehörden, ihre Zuständigkeit und Verfahrenshandlungen

568 Während die Dokumentationspflicht für Staatsanwaltschaft und Gerichte unbestritten ist, gibt sie mit Blick auf die **polizeiliche Tätigkeit im Ermittlungsverfahren** nach StPO 306 f. immer wieder Anlass zu Diskussionen, wird doch von Seiten der Verteidigung nicht selten geltend gemacht, in den Polizeiakten fehlten wesentliche Hinweise. Einerseits ist die Polizei nicht gehalten, alle **Details ihrer Ermittlungstätigkeit offenzulegen**[380] und (immer im Rahmen des Fairnessgebots) ihre Informanten und eingesetzten Vertrauenspersonen zu nennen[381] oder ihre Arbeitsunterlagen und taktischen Grundlagen zu offenbaren. Angesichts der oft heiklen **Grenzen zwischen sicherheits- und kriminalpolizeilicher Tätigkeit der Polizei** unterliegen anderseits die kriminalpolizeilichen Vorgänge im Allgemeinen erst dann der strafprozessualen Dokumentationspflicht, wenn sie sich – ausgehend von einem Tatverdacht – gegen bestimmte Personen richten. Die der Polizei zustehende Möglichkeit, Personen informell zu befragen, führt dazu, dass allenfalls auf das protokollarische Festhalten der gemachten Angaben verzichtet werden kann (nachfolgend Ziff. 2.1.).

1.2. Folgerungen aus der Dokumentationspflicht

569 Zunächst folgt aus dem Prinzip, dass alle prozessrelevanten Vorgänge entweder **schriftlich-lesbar** oder mindestens **bildlich-visuell erfassbar** dargestellt sein müssen. Mündliche Verfahrensvorgänge[382] sind somit in Schriftform zu übertragen. Verfahrenshandlungen, die in Form von schriftlicher Korrespondenz ergehen (Vorladungen, Rechtshilfeersuchen, Gutachtenaufträge usw.), sind durch Einverleiben der Originale oder von Kopien[383] bzw. Ausdrucken (so von E-Mails) in die Akten zu überführen. Augenscheine und ähnliche Vorgänge sind durch Aktennotizen oder Photos aktenkundig zu machen (näher StPO 193 IV); dies gilt auch für eher informelle Schritte wie Telefonate[384]. Sind Informationen in nicht direkt lesbarer Form vorhanden, sind sie ebenfalls in die Schriftform zu übertragen (sinngemäss StPO 76 I). Tonbandaufnahmen und das auf elektronischen Datenträgern Gespeicherte sind somit grundsätzlich in die Schriftform, Bildaufnahmen in Fotografien o.ä. zu übertragen. Dies gilt auch, wenn nach StPO 76 IV **zusätzlich zur schriftlichen Protokollierung** Verfahrensvorgänge

---

[380] Dazu BGer 18.10.2002, 1P.240/2002 in EuGRZ 30 (2003) 45.
[381] Vgl. BGE 112 Ia 24 E.5.
[382] Vorne N 309 ff. Mündlichkeit bedeutet folglich nicht, dass die entsprechenden Vorgänge nicht zu protokollieren wären. Dies bedeutet, dass z.B. auch die *Parteivorträge zu protokollieren sind*.
[383] *Briefumschläge von Eingaben* sind zur Dokumentierung der Fristenwahrung (Poststempel!) zu den Akten zu nehmen, SJZ 95 (1999) 148, allerdings beschränkt, RKG 2008 Nr. 78.
[384] BGE 124 V 389 = SJZ 95 (1999) 149, 115 Ia 97. Zum Umfang der Dokumentationspflicht RKG 2003 Nr. 95.

durch Ton oder Bild registriert werden[385]. Eine Ausnahme zur Übertragung in die Schriftform stellen die Aufzeichnungen von Einvernahmen per **Videokonferenz** dar (StPO 144 und 78 VI, nachfolgend Ziff. 2.1.2.).

1.3. Verbot von Geheimakten

Aus dem Sinn des Dokumentationsgrundsatzes folgt sodann, dass das Anlegen bzw. das Zurückhalten von Akten, die nicht in die offiziellen, den Verfahrensbeteiligten zugänglichen Untersuchungs- oder Gerichtsakten integriert werden, nicht zulässig ist. Unzulässig wäre insbesondere, nur selektiv z.b. belastende Akten ins offizielle Dossier aufzunehmen[386], oder aber das Anlegen eigentlicher **Geheimakten**. Darunter fallen allerdings nicht die **Sekundärakten**, also z.B. die einem Gutachten zugrunde liegenden Materialien (ganze Buchhaltungen; irgendwelche Spuren); solche können (und müssen vielleicht wegen ihres Umfangs) separat gehalten werden. Dem Dokumentationsprinzip ist hier Genüge getan, wenn Vorhandensein und Standort dieser Sekundärakten in den Hauptakten vermerkt und jene zur Einsichtnahme zur Verfügung gehalten werden.

570

2. Protokollierungspflicht, StPO 76

2.1. Allgemeine Regelungen der Protokollpflicht, StPO 76

2.1.1. Protokollieren als schriftliches Dokumentieren von Verfahrenshandlungen

StPO 76 nimmt die vorstehend in Ziff. 1 erwähnten allgemeinen Grundlagen der Dokumentationspflicht auf und **konkretisiert die Protokollpflicht in Abs. 1** hinsichtlich der Aussagen der Parteien[387], mündlicher Behördenentscheide sowie anderer nicht schriftlich durchgeführter Verfahrenshandlungen wie Einvernahmen von Zeugen, Experten, die Vornahme von Augenscheinen u.ä. Die Pflicht gilt für alle Verfahrensstufen von den polizeilichen Ermittlungen bis hin zu den Verhandlungen der Rechtsmittelinstanzen. In Abs. 2 und 3 wird bestimmt, dass die protokollführende Person, die Verfahrensleitung und allenfalls der Überset-

571

---

[385] Insbesondere bei schweren Delikten wie solchen gegen Leib und Leben sollten vorab die *ersten Einvernahmen (auch) mittels Bild- und Tonaufnahme dokumentiert werden*.

[386] Dazu etwa plädoyer 6/2003 68 und GVP 1990 Nr. 79 mit Hinweisen. Zur *Zulässigkeit von behördeninternen Arbeitspapieren* wie Entwürfen für Anklage u.ä. oder Notizen des Untersuchungsrichters für eigene Handakten (die nicht in die Akten zu integrieren sind) vgl. RS 1998 Nr. 451 sowie von solchen taktischen Natur RS 2000 Nr. 677; kritisch zum Zurückhalten von Akten plädoyer 6/2003 69. Vgl. auch den Fall TPF 2005 119. Zum hier nicht weiter zu behandelnden, verwandten Thema *Aktenvernichtung* BStGer 28.5.2008, 1B_175/2008 in FP 1/2009 15 (Fall Tinner).

[387] Zu diesen hinten N 803 ff.

2. Kapitel: Strafbehörden, ihre Zuständigkeit und Verfahrenshandlungen

zer unterschriftlich die **Richtigkeit des Protokolls zu bestätigen haben**[388] und dass die Verfahrensleitung für eine vollständige und richtige Protokollierung verantwortlich ist. Zu beachten ist allerdings, dass vor allem **bei der allgemeinen Ermittlungstätigkeit der Polizei im Vorfeld konkreter Verdachtsgründe gegen bestimmte Personen**[389] auf die Protokollierung der entsprechenden Vorgänge weitgehend verzichtet werden kann. Die Dokumentationspflicht wird hier grundsätzlich erst im Zusammenhang mit der in StPO 302 und 307 III umrissenen Anzeige- und Rapportierungspflicht[390] (primär im Verfahren gegen bestimmte Personen bei Konkretisierung eines Tatverdachts) aktuell, nicht etwa im Vorfeld bei allgemeinen Ermittlungen.

572 Die Protokollierung mündlicher Verfahrensvorgänge hat mindestens in der definitiven, in die Akten gelangende Form **in einer ohne Hilfsmittel lesbaren Schrift** zu erfolgen. Verfahrenshandlungen, die in Form von schriftlicher Korrespondenz ergehen (Vorladungen, Rechtshilfeersuchen, Gutachtensaufträge usw.), sind durch Einverleiben der Originale oder von Kopien oder Ausdrucken (z.B. des E-Mail-Verkehrs) in die Akten zu dokumentieren. Zu dokumentieren sind wie bereits ausgeführt (Ziff. 1.2.) ebenfalls Augenscheine und ähnliche sowie informelle Verfahrensvorgänge wie Telefonate.

573 Erforderlich ist im Weiteren, dass insbesondere die Protokollierung **sofort** erfolgt. Das Protokoll muss alle **wesentlichen Verfahrenshandlung mit sämtlichen dabei relevanten Angaben** wie Ort, Zeit, d.h. Anfang und Ende der prozessualen Massnahme, Anwesende, die gestellten Anträge sowie alle weiteren Momente, die für das Verfahren von Bedeutung sein können, festhalten. Alle Aktenstücke sind vorab durch **Unterzeichnung** dermassen kenntlich zu machen, dass feststeht, wer für deren Erstellung verantwortlich ist. Die Aktenführung erfolgt grundsätzlich in der **Verfahrenssprache** (StPO 67)[391], doch sind **fremdsprachige Texte** zu übersetzen[392]. Üblicherweise – und soweit es nicht auf die

---

[388] Diese Unterschriften erscheinen als *Gültigkeitserfordernis* für die Verwertbarkeit der Aussage, nicht aber z.B. die übliche Infidierung auf jeder Seite. – Aus *StPO 76 folgt keine Pflicht, dass zu Einvernahmen ein Protokollführer beigezogen wird*, wobei allerdings für Gerichte in StPO 335 I ein Gerichtsschreiber vorgeschrieben ist. Die Kantone können also gestatten, dass bei *Strafverfolgungsbehörden die einvernehmende Person selbst protokolliert*. In diesem Fall und soweit die *Verfahrensleitung Einvernahmen an Mitarbeiter delegiert* (vgl. schon VE 86 II Satz a) (StPO 142 I, hinten N 804), ist das Protokoll naturgemäss nur von den Anwesenden zu unterzeichnen, also z.B. nicht von der abwesenden Verfahrensleitung.

[389] Zur nicht immer leichten *Abgrenzung von sicherheits- und kriminalpolizeilicher Tätigkeit* vorab zu Beginn von Abklärungen nachfolgend allgemein hinten N 1217 und etwa N 1002 zur Anhaltung.

[390] Hinten N 1222 f.

[391] Vorne N 550 f.

[392] Zum Anspruch auf Übersetzung sodann vorne N 552 ff.

wörtliche Wiedergabe ankommt – ist die Protokollierung in der am Gerichtsort üblichen Verfahrenssprache vorzunehmen (näher StPO 67 f.)[393].

2.1.2. Ton- und Bildaufnahmen von Verfahrenshandlungen, Einvernahmen per Videokonferenz

Verfahrenshandlungen können nach StPO 76 IV **zusätzlich** ganz oder teilweise in **Ton oder Bild festgehalten werden,** also z.B. auf Tonband-, Video- oder DVD-Geräten[394]. Auf die Schriftform soll jedoch in diesem Zusammenhang nicht verzichtet werden[395]. Doch auch hier keine Regel ohne Ausnahme: Erst im Parlament wurde die Möglichkeit ins Gesetz eingefügt, **Einvernahmen per Videokonferenz** durchzuführen (StPO 144). In diesem Fall figuriert die Video- oder die vergleichbare Aufnahme als Beweismittel. Die (schriftlich) zu protokollierende Erklärung der einvernommenen Person, sie habe das Protokoll zur Kenntnis genommen, ersetzt die Unterzeichnung (StPO 78 VI). Eine Übertragung in die Schriftform ist zwar denkbar und in vielen Fällen wohl nützlich, für den Beweiswert der Aussage aber nicht zwingend[396].

574

2.2. Beweisfunktion des Protokolls

VE 88 enthielt im Einklang mit manchen früheren Verfahrensgesetzen den Grundsatz, dass ordnungsgemäss geführte Protokolle öffentliche Urkunden sind und die Richtigkeit der darin festgehaltenen Verfahrenshandlungen beweisen, also z.B. die Tatsache, dass Zeuge Z auf seine Zeugenpflichten aufmerksam gemacht wurde[397]. Diese Regel figuriert nicht mehr ausdrücklich in der StPO, dürfte aber nach allgemeinen Prinzipien, so unter sinngemässer Anwendung von

575

---

[393] Vorne N 551.
[394] Eine Pflicht zur Verwendung solcher Hilfsmittel lehnte der Nationalrat ab, RK-N 11./12.5.2007 39 ff. – Zur Möglichkeit von *Einvernahmen via Video- und Telefonkonferenz im Rechtshilfeverkehr* Art. 9 f. des Zweiten Zusatzprotokolls zum Europäischen Übereinkommen über die Rechtshilfe in Strafsachen vom 8.11.2001, Antrag an die eidgenössischen Räte in BBl 2003 3267 ff. Ohne eine solche Rechtsgrundlage mindestens in der Rechtshilfe nicht zulässig, Pra 95 (2006) Nr. 22 = BGE 131 II 132.
[395] Botschaft 1156.
[396] Nach RK-N 22./23.2.2007 28 und offenbar auch RK-S 24./25.4.2006 58 ff., 29.9.2006 9 (im Zusammenhang mit jetzt StPO 154 II lit. d, hinten N 815 und 851), eher unklar RK-S 29.5.2006 56, müssen auch *Beweisaufnahmen via Videokonferenz in schriftliche Form überführt werden,* anders offensichtlich noch RK-S 12.9.2006 5. Die Unsicherheit in dieser Frage beruht teilweise darauf, dass nicht klar ist, was StPO 78 VI unter Protokoll versteht, welcher Begriff dort zweimal verwendet wird. Es scheint immerhin, dass das Gesetz einen Unterschied zwischen den (zusätzlich zum Schriftprotokoll) erfolgten Registrierungen mittels Ton oder Bild nach StPO 76 IV sowie 78 VII und den Aufnahmen nach StPO 78 VI macht, sind doch in Abs. 7 dieser Bestimmung die Videoaufnahmen bezeichnenderweise nicht genannt.
[397] BeB 72.

ZGB 9 I[398], weiterhin gelten. Die Beweiskraft bezieht sich naturgemäss nicht auf den Inhalt der Verfahrenshandlungen, d.h. das Zeugenprotokoll beweist nicht die Richtigkeit der gemachten Aussagen, sondern allein die Tatsache, dass diese in der protokollierten Form gemacht wurden.

3. Verfahrensprotokoll, StPO 77

576 Damit die angelegten Akten ihrer Bedeutung im Sinn der vorstehenden Ziff. 1.1. gerecht werden können, ist erforderlich, dass sie systematisch geordnet, ihr Umfang mittels Inhaltsverzeichnissen fixiert und sie damit zu einem sinnvollen Ganzen verbunden werden. Diese Funktion übernimmt das in StPO 77 geregelte **Verfahrensprotokoll.** Die Zielsetzung dieses Verfahrensprotokolls[399] geht – entgegen dem, was sich *prima vista* aus dem Wortlaut der Bestimmung zu ergeben scheint – nicht vorrangig dahin, dass darin chronologisch alle wesentlichen Verfahrensvorgänge, Ort und Zeit der Verfahrenshandlungen, die Namen der mitwirkenden Behördenmitglieder, die Anträge der Parteien, die Aussagen der einvernommenen Personen, die eingereichten Akten bis hin zu den Entscheiden der betreffenden Behörde festgehalten werden (vgl. detailliert StPO 77 lit. a-h). Entgegen z.B. den Einvernahmeprotokollen, die die Befragungen inhaltlich festhalten, geht es beim Verfahrensprotokoll vielmehr um die zusammenfassende Dokumentation sämtlicher Verfahrensvorgänge. Im Bestreben, den Gesetzestext insbesondere im Bereich der Protokollierung gegenüber dem VE zu straffen[400], ist leider der zum besseren Verständnis und der praktischen Umsetzung dienliche Abs. 2 von VE 84 weggefallen. Dieser bestimmte, dass Bund und Kantone dieses Verfahrensprotokoll auf zweierlei Weise realisieren könnten, welche weitgehend der bisher üblichen Praxis entspricht: Denkbar ist einerseits, dass im Vor- wie nachher im Gerichtsverfahren alle Vorgänge, Einvernahmen etc. **in einem fortlaufend paginierten Heft protokolliert werden**. Anderseits ist möglich, dass die einzelnen Verfahrenshandlungen wie Einvernahmen usw. auf separaten Blättern festgehalten, diese zusammen mit eingereichten Akten, Korrespondenzen **fortlaufend nummeriert und in Aktenverzeichnissen zu einem Ganzen verbunden werden**. Dabei ist die Vorschrift von StPO 100 zur Aktenführung[401] zu berücksichtigen.

---

[398] Die herrschende Lehre beschränkt die Regel von *ZGB 9 I auf die Register und öffentlichen Urkunden des Bundeszivilrechts*, doch dürfte sie als allgemeines Prinzip auf öffentliche Urkunden generell ausdehnbar sein.
[399] Leider äussert sich die Botschaft 1156 überhaupt nicht zu dieser Bestimmung, wohl aber BeB 71.
[400] Dazu Botschaft 1155.
[401] Hinten N 620.

4. Einvernahmeprotokolle, StPO 78

Einvernahmen als Beweismittel, die in StPO 142 ff. allgemein[402] und im Zusammenhang mit der beschuldigten Person (StPO 157 ff.)[403] oder den Zeugen (StPO 162 ff.)[404] noch speziell geregelt sind, spielen im Strafprozess ein wichtige Rolle, und dementsprechend kommt auch ihrer Protokollierung eine erhebliche Bedeutung zu. StPO 78 I bestimmt zunächst, dass die **Aussagen der Parteien, Zeugen usw.** während der Einvernahme **laufend** und zwar in der **Verfahrenssprache** nach StPO 67 (mit Ausnahmen StPO 78 II[405]) **zu protokollieren sind**[406]. Üblich war bisher in vielen Kantonen, dass die (ohnehin in Mundart) gestellten Fragen und die Antworten von der einvernehmenden Person zusammengefasst und dem Protokollführer in einer fortlaufenden Form diktiert wurden. Abs. 3 von StPO 78, der die **wörtliche Protokollierung entscheidender Fragen und Antworten** vorsieht, knüpft an diese (teilweise diskutable) Praxis an und erlaubt sie weiterhin. Die Erfahrung zeigt, dass es zwischen der Verfahrensleitung und der einzuvernehmenden Person bzw. deren Rechtsbeistand oft zu Meinungsverschiedenheit über die Art der Protokollierung kommt. Um diese Schwierigkeiten aus dem Weg zu räumen, kann die Verfahrensleitung nach StPO 78 IV der einzuvernehmenden Person gestatten, die **Aussagen selbst zuhanden des Protokolls zu diktieren**. Ein solches Vorgehen kann auch bei komplizierten Aussagen so von **Sachverständigen** empfehlenswert sein.

577

StPO 78 V sieht vor, dass das Protokoll nach der Einvernahme der einvernommenen Person **vorgelesen oder ihr zum Selbstlesen vorgelegt wird**; das Protokoll ist anschliessend am Schluss **zu unterschreiben** und auf jeder Seite zu visieren. Dies gilt für Einvernahmen im Vor- wie auch im Gerichtsverfahren. Das Protokoll ist auch vom Verfahrensleiter, dem Protokollführer und allenfalls dem Übersetzer zu unterschreiben (StPO 76 II)[407]. **Weigert sich die einvernommene**

578

---

[402] Hinten N 803 ff.
[403] Hinten N 855 ff.
[404] Hinten N 876 ff.
[405] Ausnahmen gelten vorab für einzelne Wendungen, Ausdrücke oder Sätze, die – in die Verfahrenssprache übersetzt – nicht in ihrem wirklichen Sinn zu erkennen wären. Es geht also nicht darum, längere Passagen in der Originalsprache zu protokollieren, und ein Anspruch auf ein Protokoll in der Originalsprache besteht nicht. Als Originalsprachen kommen neben Dialekt nur geläufige Fremdsprachen in Frage, Botschaft 1156.
[406] Unzulässig, Person zunächst in lange Vorgespräche zum Gegenstand der Einvernahme zu verwickeln, ohne dass diese protokolliert werden, BGer Nr. 1P.399/2005 vom 8.5.2006 in plädoyer 4/2006 87. – Das Einführungsrecht bestimmt, ob *zwingend ein Protokollführer einzusetzen ist* oder Einvernehmende die Protokollierung auch selbst vornehmen kann, vorne Fn. 388. Auch die Übersetzungen (StPO 68) sollten fortlaufend erfolgen.
[407] Diese Unterschriften sind Gültigkeitsvoraussetzungen, können aber nachgebracht werden. – Üblicherweise haben die anwesenden Parteien Anspruch auf Aushändigung einer Protokollkopie, vgl. RK-N 25./26.1.2007 43. – Die Protokollierungsvorschriften von StPO 78 sind ein gesetzgeberischer Missgriff, da entgegen VE 85 ff. nicht zwischen Einvernahmen im Vor- und jenen im Gerichtsverfahren unterschieden wird. Dies bedeutet, dass auch im

Person, das Protokoll zu unterzeichnen, wird dies und die Gründe dafür im Protokoll vorgemerkt (Abs. 5 2. Satz). StPO 78 VI bezieht sich auf die bereits erwähnte Einvernahme durch **Videokonferenz** (StPO 144, vorne Ziff. 2.1.2.), während Abs. 7 sicherstellt, dass ungenau, stenografisch oder mittels technischer Hilfsmittel aufgezeichnete Einvernahmen **in Reinschrift übertragen werden**.

5. Berichtigung, StPO 79, E StBOG 31 I

579 Protokolle können unrichtig sein, sodass sie zu korrigieren sind. StPO 79 – auf Entscheide ist die weitgehend analoge Bestimmung von StPO 83 anwendbar[408] – unterscheidet hier zwei Konstellationen: Zunächst ist denkbar, dass das **unrichtige Protokoll auf einem offenkundigen Versehen** beruht (**formelle Fehler**; z.B. sind Personalien oder Zeitangaben falsch; anwesende Personen oder Verfahrenshandlungen nicht oder unrichtig aufgeführt). Die Verfahrensleitung kann solche Versehen zusammen mit der protokollführenden Person soweit formlos korrigieren, doch sind die Parteien darüber in geeigneter Form (schriftlich durch Brief; mündlich anlässlich einer Verfahrenshandlung) zu orientieren (Abs. 1). Nach StPO 79 II entscheidet die Verfahrensleitung über Protokollberichtigungsbegehren[409].

580 Werden Protokolle berichtigt, so sind die **Änderungen, Streichungen und Einfügungen im Protokoll kenntlich zu machen**; bei materiellen Änderungen muss sichergestellt werden, dass der ursprüngliche Text noch erkennbar ist (näher StPO 79 III).

581 Der **Berichtigungsentscheid der Staatsanwaltschaft** kann im Rahmen von StPO 393 I lit. a mit **Beschwerde** angefochten werden, wohl nicht aber jener **erstinstanzlicher Gerichte**[410] sowie der Beschwerde- und Berufungsgerichte[411].

Gerichtsverfahren laufend Einvernahmeprotokolle ausgefertigt, vorgelesen und unterzeichnet werden müssen – mit den ständigen Unterbrechungen ein beträchtlicher Mehraufwand. Einzelne Kantone rechnen damit, dass Gerichtsverhandlungen im Schnitt dreimal länger dauern werden …

[408] Nachfolgend N 594.
[409] E StPO 77 II sah dafür eine Frist von 5 Tagen nach Kenntnisnahme des Protokolls vor, welche Bestimmung von den Räten gestrichen wurde, AB N 2007 949. Daraus folgt, dass solche Gesuche an sich unbefristet gestellt werden können; Treu und Glauben im Verfahren (vorne N 91 ff.) verlangt jedoch, dass *solche Anträge innert vernünftiger Frist nach Kenntnisnahme gestellt werden, ansonst sie verwirkt sind*. In Zweifelsfällen ist den Parteien *vorgängig das rechtliche Gehör zu gewähren*.
[410] Keine Beschwerde gegen verfahrensleitende Verfügungen nach StPO 65 I bzw. StPO 393 I lit. b; zur unklaren Reichweite dieser Bestimmungen N 1509 f.
[411] Wohl auch – da ein Zwischenentscheid vorliegt – nach BGG 93 keine *Strafrechtsbeschwerde ans Bundesgericht*, vgl. N 1651 ff.

§ 42 Entscheide der Strafbehörden, StPO 80–83

Literaturauswahl: AESCHLIMANN N 769, 1595; HAUSER/SCHWERI/HARTMANN § 45; MAURER 459; PIQUEREZ (2006) N 580, 1384, 1123, 1385; SCHMID (2004) N 573.

BERNARD CORBOZ, La motivation de la peine, ZBJV 131 (1995) 1; LUKAS GSCHWEND, Der Rechtsmittel- und Begründungsverzicht in den Strafprozessrechten der Schweizerischen Kantone, Z 116 (1998) 174; LORENZ KNEUBÜHLER, Die Begründungspflicht, Eine Untersuchung über die Pflicht der Behörden zur Begründung ihrer Entscheide, Bern, Stuttgart, Wien 1998; WERNER KUSTER, Die gerichtliche Urteilsbegründung (Grundlagen und Methodik), Zürich 1980; NIKLAUS SCHMID, Strafverfahren und sein Verhältnis zu Administrativuntersuchung und Disziplinarverfahren, in: Bernhard Ehrenzeller/Rainer Schweizer (Hrsg.), Administrativuntersuchung in der öffentlichen Verwaltung und in privaten Grossunternehmen, Schriftenreihe des Instituts für Rechtswissenschaft und Rechtspraxis der Universität St. Gallen, Bd. 24, St.Gallen 2004, 43; STEFAN TRECHSEL, Human Rights in Criminal Proceedings, Oxford 2005, 381 (*protection against double jeopardy*).

Materialien: Aus 29 mach 1 S. 95; VE 91–95; BeB 73 ff.; ZEV 29 f.; E 78–81; Botschaft 1156; AB S 2006 1006 f., AB N 2007 949.

1. Arten der strafprozessualen Entscheide und ihre Inhalte, StPO 80–82

1.1. Endentscheide (Urteile und Strafbefehle), 80 I, 81 und 82, JStPO 37, MStP 153

1.1.1. Sachentscheide enthalten einen **Entscheid über die Straf- und die damit allenfalls gekoppelte Zivilsache selbst** (StPO 80 I Satz 1), d.h. im Strafverfahren wird darin abschliessend über Schuld oder Unschuld des Beschuldigten entschieden. Im Fall eines Schuldspruchs werden die dafür vorgesehenen Sanktionen ausgesprochen. Strafprozessuale Sachentscheide werden im Regelfall von den Gerichten nach StPO 19 und 21 in **Form eines Urteils** gefällt (erstinstanzliches Gericht, Einzelgericht, Berufungsgericht)[412]. Sachentscheide können von Gerichten, aber auch von anderen Behörden in **anderer Form, so als Nichtanhandnahme oder Einstellung** (StPO 310, 319 ff., 329 IV, wenn diese in der Sache entscheiden)[413] oder des **Strafbefehls** (StPO 352 ff., JStPO 32)[414] ergehen. 582

1.1.2. Der **Inhalt** eines (End-)Entscheides vorab im Sinn eines Sachurteils ist in StPO 81 (VStrR 79), jener des Strafbefehls in StPO 352 vorgegeben. Das Urteil, welches schriftlich ist (StPO 80 II), enthält in der üblichen, vollständigen Form (näher StPO 81) drei Teile, nämlich zunächst den 583

---

[412] Zu diesen Gerichten vorne N 373 ff.
[413] Soweit in der *Verfügung die Tatverantwortung des Beschuldigten verneint wird*; anders naturgemäss, wenn wegen fehlenden Prozessvoraussetzungen bzw. Verfahrenshindernissen (fehlender Strafantrag, Tod der beschuldigten Person, Verjährung, allgemein vorne N 315 ff.) vorliegen. Zur Nichtanhandnahme- bzw. Einstellungsverfügung hinten N 1231 und 1249 ff.
[414] Hinten N 1352 ff.

584 *1.1.2.1.* **Urteilskopf** (auch **Rubrum** oder in StPO 81 I lit. a und II **Einleitung** genannt) mit Angaben über die urteilende **Strafbehörde** und deren am Entscheid mitwirkende Mitglieder, dem Datum des Entscheids, die **Bezeichnung der Verfahrensbeteiligten** (Anklagebehörde, Angeklagter mit den vollständigen Personalien, Geschädigte, Parteivertreter usw.) und den **Gegenstand des Verfahrens**. Wiederzugeben sind bei Urteilen ferner die **Schlussanträge der Parteien**.

585 *1.1.2.2.* Es folgt die **Begründung** (StPO 81 III, MStP 42), in welcher ausgehend von der Anklage und den Anträgen der Verfahrensbeteiligten zunächst über Schuld und Unschuld des Angeklagten, bei Schuldspruch über die zu verhängende Sanktion und hernach über die Zivilansprüche sowie die Nebenfolgen wie Kosten[415], Entschädigungen usw. befunden und dargetan wird, welche Überlegungen in tatsächlich-beweismässiger und rechtlicher Hinsicht das Gericht zu seinem Entscheid veranlassten. In diesem Zusammenhang ist StGB 50 zu beachten, welcher das Gericht verpflichtet, die **für die Strafzumessung erheblichen Umstände und deren Gewichtung festzuhalten**[416]. Dieser Teil steht im Zentrum des Urteils. Er ist Ausdruck der allgemeinen Begründungspflicht und letztlich auch des Anspruches auf rechtliches Gehör[417]. Es soll aktenkundig sein, dass die Behörde die Vorbringen der Verfahrensbeteiligten geprüft hat, und es soll weiter ausreichend dargetan werden, weshalb sie mit Blick auf die Sach- und Rechtslage ihren Entscheid so und nicht anders gefällt hat[418]. Das Strafrecht kann seine Sühn- und Versöhnungsfunktion nur erfüllen, wenn die (für die privaten Beteiligten zumeist einschneidenden) Entscheide begründet und damit nachvollziehbar sind. Ob ein Entscheid im Einklang mit der Sach- und Rechtslage steht und auch im Übrigen vernunftgemäss zu vertreten ist, soll nicht nur für die Verfahrensbeteiligten, sondern ebenso für allfällige Rechtsmittelinstanzen überprüf-

---

[415] Beschränkte Begründungspflicht bei Gerichtsgebühr, RKG 2004 Nr. 42.
[416] Diese Bestimmung trägt der Bundesgerichtspraxis Rechnung, die verlangt, dass die Gerichte in ihren Strafurteilen die Tat- und Täterkomponenten so erörtern, dass das Bundesgericht die Rechtmässigkeit der Strafzumessung überprüfen kann, vgl. m.w.H. etwa BGE 127 IV 103 = Pra 90 (2001) Nr. 140, , 118 IV 14, 116 IV 13, 302, 117 IV 114 und nachfolgende Fn.
[417] Zur Begründungspflicht m.w.H. BeB 74 und vorne N 112. Dazu weiter BGE 126 I 102, 104 Ia 322, 122 IV 14 f.; ZR 93 (1994) Nr. 29
[418] Dazu BGE 126 I 102, 103 Ia 205, 112 Ia 107. Zum *Umfang der Begründungspflicht*, die sich auf die für die Urteilspunkte relevanten Gründe, aber nicht notwendigerweise auf alle Vorbringen der Verfahrensbeteiligten, bezieht, etwa Pra 91 (2002) Nr. 119, 87 (1998) Nr. 95 S. 547 f.; BGE 116 IV 291, 111 Ia 4, 112 Ia 110, 114 Ia 242; VPB 61 (1997) Nr. 106; SJZ 92 (1996) 280. Hinweis auf Gesetzesbestimmungen genügt als Begründung zumeist nicht, VPB 62 (1998) Nr. 21 S. 155. Zur Pflicht der *Strafzumessung* BGE 116 IV 16, 120, beim *bedingten Strafvollzug*, BGE 117 IV 150; bei der *Würdigung psychiatrischer Gutachten* ZR 91/92 (1992/93) Nr. 58. Pflicht verletzt, wenn Gericht mit keinem Wort auf ein von einer Partei eingelegtes psychiatrisches Gutachten eingeht, BGer 20.3.2003 i.S. M.T. ca. Procureur général du canton de Genève. Begründungspflicht verletzt, wenn auf Antrag der Staatsanwaltschaft auf Verhängung einer bestimmten Sanktion nicht eingegangen wird, BGE 134 IV 55.

bar sein, was ohne Kenntnis der Entscheidungsgründe nicht möglich ist[419]. Es ist deshalb wesentlich, dass ein Urteil vor allem hinsichtlich der umstrittenen Punkte[420] gut begründet wird.

Die vorstehend skizzierte Begründungspflicht ist mit gewissen Einschränkungen (etwa in StPO 353, vor allem lit. f für den Strafbefehl) ebenfalls für die **besonderen Verfahrensarten** nach StPO 352 ff. sowie das **Rechtsmittelverfahren** nach StPO 379 ff. zu beachten. 586

1.1.2.3. Zwar sind Entscheide, wie vorstehend dargelegt, grundsätzlich zu begründen, doch **schränkt StPO 82** (vgl. auch JStPO 37 IV) **die Begründungspflicht für Strafurteile in gemässigter Form ein**. So verzichtet das erstinstanzliche Gericht (Einzelgericht oder Kollegialgericht) auf eine Begründung, wenn es das Urteil mündlich begründete und (kumulativ) nicht ein Freiheitsentzug von mehr als zwei Jahren bzw. eine Verwahrung nach StGB 64 oder eine Behandlung nach StGB 59 III (näher StPO 82 I) aussprach. Bei einem solchen Verzicht erfolgt somit allein die Aushändigung des Dispositivs nach StPO 84 I oder II und später eine Zustellung einer Urteilsausfertigung ohne Begründung. Ein begründetes Urteil im Sinn von StPO 81 wird indessen allen Parteien zugestellt, wenn eine Partei[421] dies innert 10 Tagen nach Zustellung des Dispositivs verlangt oder ein Rechtsmittel einlegt (StPO 82 II), d.h. Berufung anmeldet (StPO 399 I). Verlangt nur die **Privatklägerschaft** ein begründetes Urteil oder ergreift sie allein ein Rechtsmittel, so wird das Urteil nur in den sie betreffenden Punkten begründet (näher StPO 82 III, JStPO 37 V, VI)[422]. 587

In der Praxis bedeutsam ist die Bestimmung von StPO 82 IV, wonach die **Rechtsmittelinstanzen auf den vorinstanzlichen Entscheid verweisen** können, soweit sie ihm in der Sachdarstellung und den Entscheidungsgründen folgen[423]. Diese Möglichkeit findet dort ihre Grenzen, wo im Rechtsmittelverfahren neue, erhebliche Einwände, die nicht Gegenstand des vorinstanzlichen Urteils bildeten, 588

---

[419] Pra 81 (1992) Nr. 193 S. 721 = SJ 122 (1992) 225 = RS 1995 Nr. 659; BGE 101 Ia 48;
[420] ZR 83 (1984) Nr. 117.
[421] Auch die *Staatsanwaltschaft des Bundes* in Bundesstrafsachen (vorne N 357 f.), soweit sie nach StPO 381 IV Rechtsmittel einlegen kann, Botschaft 1157. – Unklar ist, ob sich die Partei bei *erklärtem Begründungsverzicht später auf Irrtum* oder nur die qualifizierten Gründe von StPO 386 III berufen kann, relativ grosszügig teilweise die frühere Praxis, vgl. etwa GVP 2007 Nr. 91.
[422] Regel gilt auch für *Verfahrensbeteiligte nach StPO 105*, die durch ein Urteil belastet werden (z.B. bezüglich Einziehungen, Kosten und Entschädigungen). Zur Urteilszustellung in diesen Fällen vgl. nachfolgend Fn. 437.
[423] BGer 7.4.2004 in ZBl 106 (2005) 260, BGE 103 Ia 407. – Entgegen StPO 82 I-III *gilt dieser Abs. 4 auch bei andern Rechtsmitteln*, d.h., die Beschwerdeinstanz kann in ihrem Entscheid auf jenen der Vorinstanz verweisen. Ein solcher Verweis dürfte übrigens den Begründungsanforderungen von BGG 112 I lit. b bei den mit *Strafrechtsbeschwerde* anfechtbaren Entscheiden entsprechen.

vorgebracht werden. Zulässig ist ferner, in Entscheiden auf die in früheren, allenfalls aufgehobenen Entscheiden vorgebrachte Begründung zu verweisen[424].

589   *1.1.2.4.* Am Schluss des Urteils erscheint das **Dispositiv**, der **Urteilsspruch** (StPO 81 IV). Das Dispositiv ist die formelhafte Zusammenfassung des Urteils. Es erscheinen darin der Schuldspruch («*X. ist schuldig des Diebstahls i.S. von StGB 139 Ziff. 1*»)[425], die verhängten Sanktionen, der Entscheid über die Zivilansprüche, die Kosten- und weiteren Nebenfolgen, die Rechtsmittelbelehrung (StPO 81 I lit. d; vgl. auch BGG 112 I lit. d)[426] usw. Das Dispositiv wird bei mündlichen Verhandlungen bereits im Rahmen der Urteilsverkündung mündlich eröffnet und den Verfahrensbeteiligten anschliessend schriftlich ausgehändigt (StPO 84 I und II)[427]. Die Rechtskraft (nachstehend Ziff. 2) wie auch die für die Erhebung von Rechtsmitteln notwendige Beschwer[428] beziehen sich allein auf dieses Dispositiv.

1.2. Verfahrens- oder Prozessentscheide, Beschlüsse und Verfügungen

590   Behördliche Erkenntnisse ohne den Charakter der vorerwähnten Strafentscheide i.S. von Endentscheiden ergehen nach StPO 80 I Satz 2 als **Beschlüsse** (soweit von einer Kollegialbehörde erlassen) oder **Verfügungen** (soweit von einem einzelnen Funktionär, dem Staatsanwalt, dem Einzelgericht, der Verfahrensleitung usw. erlassen). Unterschieden werden folgende Arten:

---

[424]   ZR 90 (1991) Nr. 50.
[425]   Ohne Deliktsbetrag, vgl. SJZ 85 (1989) 51.
[426]   Anzugeben sind die konkret nach StPO und BGG möglichen *Rechtsmittel, wenn diese klar sind*; ist dies nicht der Fall (wie z.B. bei einem neuen Rechtsmittelsystem wie jenem nach BGG und allenfalls der StPO), ist auch ein genereller Hinweis auf die nach Gesetz denkbaren Rechtsmittel möglich, Mitteilung des Bundesgerichts in ZBJV 143 (2007) 67 = SJZ 103 (2007) 84. Auf die (theoretisch immer mögliche) *Aufsichtsbeschwerde*, die sich nicht direkt aus der StPO ergibt (vgl. N 1500 f.), ist nicht hinzuweisen – Eine *fehlende bzw. falsche Rechtsmittelbelehrung* bewirkt mindestens nach den zum bisherigen Strafprozessrecht vertretenen Ansichten nicht die Ungültigkeit des Entscheides, sondern stellt allenfalls einen Wiederherstellungsgrund i.S. von StPO 94 dar, mindestens, wenn sich der Betroffene darauf verlassen konnte, ZR 77 (1978) Nr. 105; Pra 84 (1995) Nr. 29 S. 106/7 und Nr. 30; zum früheren OG 35 Anwaltsrevue 7 (2004) 189. Zur *unrichtigen Rechtsmittelbelehrung* zusammenfassend und m.w.H. BGer 23.2.2007, U_283/6, teilw. publiziert in Anwaltsrevue 8/2007 348. Dazu auch vorne N 92 und hinten N 1453. Eine falsche Rechtsmittelbelehrung kann jedoch nicht ein inexistentes Rechtsmittel schaffen, BGE 129 IV 200/201; SJ 126 (2004) 231.
[427]   Näher nachfolgend N 595 ff.
[428]   Dazu hinten N 1458 f., 1665 ff.

1.2.1. *Verfahrensleitende* Beschlüsse oder Verfügungen (Zwischenbeschlüsse bzw. -verfügungen, Zwischenentscheid)

Diese Beschlüsse bzw. Verfügungen **fördern das Verfahren**, ohne es abzuschliessen. Es geht z.B. um die Bestellung eines amtlichen Verteidigers (StPO 132), die Anordnung von Zwangsmassnahmen wie die Untersuchungshaft (StPO 224 ff.) oder der Zweiteilung der Hauptverhandlung (StPO 342). Grundsätzlich sind sie zu protokollieren bzw. **schriftlich mit Begründung** zu erlassen (StPO 80 II). Teilweise schreibt die StPO noch gesondert eine Begründungspflicht vor (so etwa bei der Anordnung der Untersuchungshaft, StPO 226 II; Anordnung einer Überwachung, StPO 274 II), teilweise verzichtet sie ausdrücklich darauf (so bei der Eröffnung der Untersuchung, StPO 309 III). StPO 80 III bestimmt, dass **einfache**[429] verfahrensleitende Beschlüsse oder Verfügungen wie Vorladungen, Bestellung eines amtlichen Verteidigers u.ä. zwar im Protokoll vermerkt und den Parteien in geeigneter Form schriftlich oder mündlich mitzuteilen sind, aber nicht notwendigerweise begründet zu ergehen haben (dazu auch StPO 84 V). Ob in solchen Fällen eine Begründung notwendig ist, muss von Fall zu Fall nach der Art sowie der Eingriffsschwere der fraglichen Massnahme entschieden werden[430].

591

1.2.2. *Verfahrenserledigende* Beschlüsse oder Verfügungen (Prozessurteile, Einstellungsverfügungen und -beschlüsse)

Sie **schliessen das Strafverfahren** ab, ohne sich im Sinn des Sachurteils (StPO 80 I 1. Satz) über Schuld oder Unschuld zu äussern. Es sind dies etwa die Nichtanhandnahme- oder Einstellungsverfügungen (StPO 310, 319 ff., wenn diese sich – wie z.B. bei Einstellung oder bei Rückzug des Strafantrags oder Todes der beschuldigten Person – nicht zur Sache äussern[431]) oder das Nichteintreten auf eine Anklage z.B. wegen Verjährung nach StPO 329 IV[432]. Sie sind an sich gemäss den Vorgaben von StPO 80 ff. auszugestalten, wenn auch nicht notwendigerweise in der Vollständigkeit eines Urteils. Sie ergehen **in Form eines Beschlusses oder einer Verfügung** (StPO 80 I Satz 2).

592

1.2.3. **Urteilsabändernde** Beschlüsse oder Verfügungen, Nachverfahren

Das StGB sieht in verschiedenen Bereichen vor, dass **je nach der späteren Entwicklung des Verurteilten** bzw. wegen anderer Umstände der Richter bzw. eine Vollzugsbehörde abändernd oder ergänzend in das ursprüngliche Urteil eingreifen kann, so, wenn gemäss StGB 46 der bedingte Sanktionsvollzug widerrufen wird. Ergehen solche Entscheidungen im Rahmen eines Sachurteils wegen neuer Straftaten (was die Regel ist, StGB 46 III), teilen sie dessen Schicksal,

593

---

[429] Zur Unterscheidung von «*einfach*» und «*nicht mehr einfach*» nachstehend N 598.
[430] Vorne N 585.
[431] Soweit sie also nicht den Charakter eines Sachentscheids aufweisen, vorne N 582.
[432] Hinten N 1287.

insbesondere was die Form oder die dagegen möglichen Rechtsmittel[433] betrifft. Ausserhalb eines solchen Strafurteils wegen neuer Straftaten wird für solche Anordnungen ein Verfahren bei selbstständigen nachträglichen Entscheiden des Gerichts nach StPO 363 ff. (auch Nachverfahren genannt) durchgeführt[434].

2. Erläuterung und Berichtigung von Entscheiden, StPO 83, E StBOG 31, BGG 129

594 Wenn das **Dispositiv eines Entscheids**[435] **unklar, widersprüchlich oder unvollständig ist oder mit der Begründung im Widerspruch steht**, so hat die Strafbehörde den Entscheid von Amtes wegen oder auf Gesuch einer Partei hin zu erläutern oder zu berichtigen (näher StPO 83 I und II). Eine **Erläuterung** kommt in Frage, wenn der Entscheid unklar ist oder Widersprüche enthält. Es soll festgestellt werden, was die entscheidende Behörde tatsächlich meinte, d.h., es ist gleichsam eine authentische Interpretation vorzunehmen, wobei es nicht darum gehen kann, den Entscheid in Wiedererwägung zu ziehen oder gar zu ändern[436]. Eine **Berichtigung** hingegen bezweckt, offensichtliche Versehen des Entscheids wie eine falsche Bezeichnung der Parteien oder der Richter, Rechnungsfehler u.ä. zu korrigieren. So wird auch vorgegangen, wenn einer Person im Entscheid **falsche Personalien** beigegeben wurden, z.B., weil sie sich unter dem vorgeschobenen Namen eines Dritten oder einem Fantasienahmen verurteilen liess[437]. Den andern Parteien wird Gelegenheit gegeben, sich zum Gesuch zu äussern, falls ein rechtlich erhebliches Interesse dazu erkennbar ist. Falls Anlass dazu besteht, den Entscheid zu erläutern oder zu berichtigen, so wird der erläuterte oder berichtigte Entscheid den Parteien eröffnet (StPO 83 III und IV), wobei (mindestens bei materieller Änderung des Entscheids) **allfällige Rechtsmittelfristen neu anzusetzen sind**. Werden Erläuterungs- oder Berichtigungsgesuche abgewiesen, kann gegen den entsprechenden Entscheid beschränkt **Beschwerde** nach StPO 393 ff. geführt werden[438].

---

[433] Z.B. bei der Berufung, hinten N 1532.
[434] Hinten N 1390 ff.
[435] Zum Dispositiv vorne N 589.
[436] Es geht nicht um Änderung des Entscheids, BGer 13.9.2007, 4G_1/2007 in SZZP 1/2008 68 zu BGG 129.
[437] So noch ausdrücklich in VE 90 IV. – In diesen Fällen also keine Revision nach StPO 410 ff., hinten N 1589.
[438] *Beschwerde gegen Entscheide erstinstanzlicher Gerichte*; hier stellt sich das Problem von StPO 65 I und 393 I lit. b zweiter Satzteil nicht, da mindestens bei Urteilen nach StPO 80 I Satz 1 nicht ein verfahrensleitender Entscheid vorliegt, dazu hinten N 1510. Ebenfalls Beschwerde bei *Entscheiden der Staatsanwaltschaft* (bei Strafbefehlen aber wohl Einsprache nach StPO 354, hinten N 1362 ff.). Gegen *Entscheide der Beschwerde- bzw. Berufungsinstanz* Strafrechtsbeschwerde ans Bundesgericht nach BGG 78 ff. (Ausnahme in BGG 79!). Bei Entscheiden des *Zwangsmassnahmengerichts* ist StPO 393 I lit. c zu beachten, die eine Beschwerde auszuschliessen scheint.

§ 43 Eröffnung der Entscheide und Zustellung, StPO 84–88

Literaturauswahl: Neben der vorne zu § 42 zitierten Literatur vgl. AESCHLIMANN N 769, 1595; HAUSER/SCHWERI/HARTMANN §§ 43 V; MAURER 466; SCHMID (2004) N 560, 847.
Materialien: Aus 29 mach 1 S. 145; VE 96–101; BeB VE 75; ZEV 30; E 82–86; Botschaft 1157 ff.; AB S 2006 1007 f.; AB N 2007 949.

1. Eröffnung der Entscheide, StPO 84, JStPO 37, MStP 152, 154

1.1. Art und Form der Eröffnung, StPO 84 I-III

1.1.2. Eröffnung von Urteilen

StPO 84 knüpft an das Grundkonzept der StPO an, wonach Entscheide, vor allem Sachurteile nach StPO 80 I Satz 1[439], im Rahmen der öffentlichen Hauptverhandlung **sofort beraten und mündlich verkündet** werden. Am Ende der Hauptverhandlung wird den Parteien das **schriftliche Urteilsdispositiv**[440] ausgehändigt und den nicht anwesenden Parteien innert fünf Tagen zugestellt (StPO 84 I und II, JStPO 37 I, II)[441]. Mit der Verkündung bzw. Zustellung des Urteilsdispositivs ist das Urteil eröffnet. Damit beginnen die **Rechtsmittelfristen zu laufen** (StPO 384 lit. a; 396 I, 399 I)[442]. 595

Denkbar ist, dass das **Urteil nicht sofort gefällt werden kann**, so, wenn z.B. neue Beweismittel oder die Parteivorträge das Gericht veranlassen, den Fall in Ruhe nochmals zu überdenken. Diesfalls können Urteilsfällung und -eröffnung verschoben werden. Diese haben jedoch «*so bald als möglich*» zu erfolgen, wobei das Urteil in Nachachtung von StPO 84 I und II wiederum in einer öffentlichen Hauptverhandlung zu eröffnen ist (StPO 84 III). Die Parteien können (nur) in diesem Fall auf eine öffentliche Urteilseröffnung verzichten; in diesem wird ihnen das Dispositiv sofort nach der Urteilsfällung zugestellt[443]. 596

---

[439] Vorne N 582.
[440] Vorne N 589.
[441] Was die Zustellung an die *Staatsanwaltschaft* bzw. *Übertretungsstrafbehörde* betrifft, so erfolgt diese (mit Auslösung der Rechtsmittelfrist nach StPO 384!) an jene Behörde, die die Anklage erhoben bzw. den Strafbefehl erlassen hat, nicht an jene, die nach StPO 381 II und III gemäss Einführungsrecht von Bund oder Kanton als rechtsmittellegitimiert bezeichnet sind.
[442] Dazu N 1470 ff.
[443] Zu dem in diesem Zusammenhang zu beachtenden Öffentlichkeitsgrundsatz vorne N 270, 284.

2. Kapitel: Strafbehörden, ihre Zuständigkeit und Verfahrenshandlungen

597 Ist das **Urteil zu begründen** (dazu StPO 80 II, 81 III und 82[444]), so muss das Gericht den Parteien das begründete Urteil innert 60 Tagen, ausnahmsweise (etwa in komplexen bzw. sehr umfangreichen Fällen) innert 90 Tagen, zustellen. Es handelt sich hier um eine Ordnungsvorschrift, deren Missachtung die Gültigkeit des Urteils nicht tangiert und bei ausserordentlich umfangreichen und komplexen Urteilsbegründungen nicht an sich bereis als Verletzung des Beschleunigungsgebots (StPO 5) interpretiert werden kann. Staatsanwaltschaft und beschuldigte Personen erhalten eine **vollständige Ausfertigung der Begründung**. Die übrigen Parteien oder Verfahrensbeteiligten (z.B. die von einer Einziehung Betroffenen) erhalten nur jene Teile des Urteils, «*die ihre Anträge behandeln*». Parteien und weitere Verfahrensbeteiligte nach StPO 103 erhalten ein Urteil jedoch unabhängig von ihren Anträgen, wenn damit ihre rechtlich geschützten Interessen tangiert werden (StPO 84 IV letzter Satzteil)[445].

1.1.3. Eröffnung von einfachen verfahrensleitenden Beschlüssen und Verfügungen, StPO 84 V

598 In Wiederholung von StPO 80 III bestimmt StPO 84 V, dass einfache verfahrensleitende Beschlüsse und Verfügungen den Parteien schriftlich oder mündlich (diesfalls mit entsprechender Protokollierung) eröffnet werden können. Was heisst «*einfach*»? Das Gesetz schweigt sich darüber aus. Als «*einfach*» sind Anordnungen zu betrachten, die nur das Verfahren selbst betreffen, ohne in die verfahrensrechtliche Stellung der Parteien einzugreifen (Unterbrechung bzw. Verschiebung von Verfahrenshandlungen; Zulassung von Beweisen). Nicht mehr als «*einfach*» hätten demnach der Entscheid über Ausstandsgesuche (StPO 59), die Anordnung von Zwangsmassnahmen (StPO 198), die Abweisung von Beweisanträgen (so nach StPO 331 III) u.Ä. zu gelten.

1.1.4. Mitteilungen an Behörden, StPO 84 VI

599 Es gibt diverse Bestimmungen, die vorsehen, dass Entscheide von Strafbehörden **andern Behörden von Bund und Kantone** zuzustellen sind (dazu und zum Folgenden StPO 84 VI, vgl. auch StPO 75)[446]. Wesentlich ist, dass rechtskräftige

---

[444] Vorne N 585. *Wurde nach StPO 82 auf eine Begründung verzichtet*, erhalten die Parteien eine Urteilsausfertigung ohne Begründung, sobald feststeht, dass nicht ein begründetes Urteil zu erstellen ist.

[445] Unklar ist, ob z.B. *Geschädigte, die sich nicht als Privatklägerschaft konstituierten*, Anspruch auf Zustellung haben, soweit auch der Letzteren entsprechende Ansprüche zustehen. Das Bundesgericht stellt offenbar nach bisheriger Praxis den Geschädigten auf deren Begehren Urteilskopien zu, vgl. Anwaltsrevue 3/2008 134. Eine grosszügige Praxis erscheint mit Blick auf die Akteneinsichtsrechte nach StPO 101 f. (hinten N 621 ff.) gerechtfertigt.

[446] Zu diesen Fällen bereits vorne in N 565 zu StPO 75 IV. Vgl. sodann StGB 365 ff., Strafregister sowie die bisherige VO über die Mitteilung kantonaler Strafentscheide vom 1.11.2004 (Mitteilungsverordnung), SR 312.3 (Anhang mit 23 Bundesgesetzen, die Mitteilungspflicht selbst begründen). Ferner IRSG 103, Abtretung des Strafvollzuges ans

Entscheide den Vollzugs- und Strafregisterbehörden mitzuteilen sind, Rechtsmittelentscheide sodann der Vorinstanz.

2. Form der Mitteilung und der Zustellung, StPO 85 und 86

Soweit Entscheide nicht allein mündlich eröffnet werden (StPO 80 III, 84 V), erfolgt die **Mitteilung in Schriftform,** wobei üblicherweise der Weg der eingeschriebenen Postsendung zu wählen ist (näher StPO 85 I, II)[447]. Denkbar ist jedoch auch eine persönliche Übergabe, z.B. an die bei einer Verfahrenshandlung anwesenden oder inhaftierten Personen. Die Zustellung gilt – andere Anweisung der zuständigen Strafbehörde vorbehalten – als erfolgt, wenn die Sendung vom Adressaten oder einer im gleichen Haushalt lebenden, mindestens sechzehn Jahre alten Person entgegengenommen wird (StPO 85 III)[448]. Wird eine eingeschriebene Postsendung nicht bei der Post abgeholt, so gilt die Zustellung am siebten Tag nach dem erfolglosen Zustellungsversuch als erfolgt, wenn die betreffende Person mit einer Zustellung rechnen musste (StPO 85 IV lit. a)[449]. Nicht genügend ist demgemäss die nach früheren Verfahrensrechten zulässige Ersatzzustellung an die letztbekannte Adresse[450]. Die Zustellung gilt nach StPO 85 IV lit. b sodann als am Tag des Versuchs erfolgt, wenn bei persönlicher Zustellung an den Adressaten dieser die Annahme verweigert und dies vom Überbringer (Post, Polizei usw.) festgehalten wird.

600

Analog zu BGG 60 III für die Rechtsmittel ans Bundesgericht sieht StPO 86 eine **elektronische Zustellung** vor, wenn die betreffende Partei damit einverstanden ist[451]. Nach der Botschaft[452] soll sich das Einverständnis auf den konkreten Fall

601

 Ausland. – Urteilsmitteilung an *gerichtliche Sachverständige* nur im Rahmen der Verhältnismässigkeit, d.h. nur insoweit, dass Gutachter ersehen kann, wie sein Gutachten berücksichtigt wurde.

[447] Einhaltung der Zustellungsvorschriften ist *Gültigkeitserfordernis für die Zustellung.* Allerdings kann sich eine Partei nach Treu und Glauben nicht auf Missachtung der Zustellungsvorschriften berufen, wenn sie die Mitteilung trotzdem erhielt, BGE 132 I 249 = Pra 96 (2007) Nr. 64.

[448] Wenn *Zustellung an Arbeitsort* verlangt wird, genügt Aushändigung an Arbeitskollegen nicht, so nach AGVE 2001 74 = RS 2006 Nr. 117.

[449] Dazu auch die Allgemeinen Geschäftsbedingungen «Postdienstleistungen» Punkt 4 Abschnitt 4.5 gemäss Art. 11 des Postgesetzes vom 30.4.1997, SR 783.0, und der Postverordnung vom 26.11.2003, SR 783.01, dazu Pra 89 (2000) Nr. 2 S. 8 f. Zur Pflicht, bei zu erwartenden Zustellungen aufmerksam zu sein SJ 123 (2001) 449. Zur *Zustellungsfiktion* und ihren Grenzen BGer 23.3.2006, 2P.120/2005, in ZBl 108 (2006) 46 = ZBJV 142 (2006) 553 (Aufmerksamkeitspflicht erlischt nach langer zustellungsfreier Verfahrensdauer) unter Verweis auf BGE 130 III 396, 119 V 89 und 116 Ia 90 sowie BGer 7.1.2008, 9C_481/2007 in SJZ 104 (2008) 121.

[450] Zur dieser Ersatzzustellung nach früherem zürcherischem Recht ZR 104 (2005) Nr. 5 und 53 (1954) Nr. 75.

[451] Zum Gegenstück der elektronischen privaten Verfahrenshandlung StPO 110 II hinten N 650. – Vgl. das für die *elektronische Zustellung beim Bundesgericht* geltende Regle-

beschränken, doch kann dieses z.B. bei Anwälten, die regelmässig mit Strafbehörden verkehren, auch generell erklärt werden. Nach hier vertretener Meinung stellt die im Briefkopf eines Anwaltes erscheinende E-Mail-Adresse ein solches Einverständnis dar, es sei denn, es werde ausdrücklich erklärt, dass keine solchen Zustellungen erwünscht sind. Beigefügt sei, dass elektronische Eingaben an Behörden im Rahmen von StPO 110 II zulässig sind. Die Einzelheiten der elektronischen Zustellung sind vom Bundesrat zu regeln (StPO 110 II Satz 2); solche Bestimmungen sind z.Zt. noch ausstehend.

3. Ort der Zustellung (Zustellungsdomizil), StPO 87, VStrR 34

602 Mitteilungen und Zustellungen haben am **Wohnsitz oder dem gewöhnlichen Aufenthaltsort** des Adressaten bzw. **bei juristischen Personen**[453] u.Ä. an ihrem **Sitz** zu erfolgen (StPO 87 I). Hat eine Partei einen Rechtsbeistand bestellt, können Zustellungen rechtsgültig nur an diesen erfolgen (Abs. 3)[454], wobei auch die Partei selbst damit zu bedienen ist, wenn sie persönlich an einer Verhandlung zu erscheinen hat oder sonst eine Verfahrenshandlung selbst vorzunehmen hat (Abs. 4).

603 Parteien und Rechtsbeistände mit **Wohnsitz etc. im Ausland müssen in der Schweiz ein Zustellungsdomizil** bezeichnen, wenn nicht staatsvertragliche Vereinbarungen eine direkte Zustellung von Mitteilungen ins Ausland erlauben (StPO 87 II).

4. Öffentliche Bekanntmachung, StPO 88, 444; E StBOG 60

604 Kann eine Zustellung nicht erfolgen, weil der Aufenthaltsort des Adressaten nicht zu ermitteln, eine Zustellung unmöglich ist bzw. mit ausserordentlichen Umtrieben verbunden wäre, oder eine Partei entgegen StPO 87 II in der Schweiz kein Zustellungsdomizil bezeichnete, kann anstatt der Zustellung nach StPO 85 f. eine **Veröffentlichung in dem von Bund und Kantonen bezeichne-**

---

ment vom 5.12.2006 in SR 173.110.29. Das Vorgehen kann über www.bger.ch/ abgefragt werden.

[452] S. 1158 oben.

[453] Bei *juristischen Personen* genügt im Prinzip Zustellung an Geschäftsführer, also keine Zustellung an Verwaltungsrat erforderlich, KGZ 27.3.1996 i.S. T. AG ca. S. und StAZ. In sinngemässer Anwendung von StPO 83 III Zustellung an *Unternehmensangehörige wie Sekretärin* der Direktion bzw. der Geschäftsleitung, in analoger Beachtung der SchKG-Regeln eventuell ebenso an Familienangehörige des Organs, vgl. BGE 134 III 112 = SJZ 104 (2008) 176.

[454] Dazu zur früheren Praxis ZR 71 (1972) Nr. 15; SJZ 68 (1972) 155. Zur Auslösung der Rechtsmittelfrist ZR 96 (1997) Nr. 126. Bei Zustellungen an «*banklagernd*»-Adressen genügt Aushändigung an die Bank, so in einem Rechtshilfefall BGE 124 II 124 = Pra 87 (1998) Nr. 127.

ten **Amtsblatt** erfolgen (in Bundesstrafsachen das Bundesblatt, E StBOG 60). Bei Entscheiden beschränkt sich diese Publikation auf das Dispositiv (StPO 88 I, III), wobei die Zustellung als am Tag der Veröffentlichung erfolgt gilt (Abs. 2). **Einstellungsverfügungen und Strafbefehle** gelten auch ohne Veröffentlichung als zugestellt (Abs. 4), vorausgesetzt, die Bedingungen für eine öffentliche Bekanntmachung nach Abs. 1 seien erfüllt[455]. In ähnlicher Richtung geht die Bestimmung von StPO 444, die die **amtlichen Bekanntmachungen** regelt, wie sie etwa in StGB 70 IV bei der Einziehung vorgesehen ist.

§ 44 Fristen und Termine, StPO 89–94, VStrR 31, MStP 46–47, BGG 44 ff.

Literaturauswahl: AESCHLIMANN N 705, 1688; HAUSER/SCHWERI/HARTMANN §§ 43 VII; MAURER 168; PIQUEREZ (2006) N 548, 576; SCHMID (2004) N 554.
Materialien: VE 102–107 ff.; BeB 75 ff.; ZEV 30 f.; E 87–92; Botschaft 1158; AB S 2006 1008, AB N 2007 949.

1. Fristen im Strafverfahren, StPO 89–92

1.1. Allgemeines, Beginn und Berechnung der Fristen, StPO 89, 90 und 92, BGG 44 ff.

Mit der bereits skizzierten relativen Formfreiheit des Strafverfahrens[456] geht 605 einher, dass in diesem Fristen nicht dieselbe Rolle spielen wie z.b. im Zivilprozess. Auch der Strafprozess kommt indessen nicht ohne gewisse Fristen aus. Im Anschluss an die allgemeine Prozesslehre unterscheidet StPO 89 I zwischen gesetzlichen (sind im Gesetz zu finden, z.B. die Rechtsmittelfristen nach StPO 396 I oder 399 I) und gerichtlichen Fristen (sind von der Strafbehörde anzusetzen, z.B. StPO 406 III). **Gesetzliche Fristen sind unabänderlich**, können also von der zuständigen Behörde nicht erstreckt werden. Bei **gerichtlichen Fristen wie auch Terminen zu Verfahrenshandlungen** ist in begründeten Fällen eine **Erstreckung** im Rahmen von StPO 92 zulässig, wenn ein Gesuch vor Ablauf der Frist und mit Begründung eingereicht wird. Für **Verschiebungsgesuche bei Einvernahmen** ist StPO 205 III zu beachten[457].

StPO 89 II sieht vor, dass es im Strafverfahren **keinen allgemeinen Fristenstill-** 606 **stand** während bestimmter Zeiträume, also **Gerichtsferien**, gibt. Dies gilt auch

---

[455] Botschaft 1158 Mitte. – Merkwürdig mutet an, dass gewisse amtliche Publikationen wie Vorladungen des Bundesstrafgerichts «aus Datenschutzgründen» nur in der gedruckten Fassung des BBl erfolgen, nicht aber in der via Internet zugänglichen Fassung (vgl. etwa BBl 2008 403).
[456] Vorne N 549.
[457] Hinten N 983.

für das Verfahren vor den der StPO unterworfenen Bundesstrafbehörden (Staatsanwaltschaft des Bundes, Bundesstrafgericht), nicht aber für die **Rechtsmittel ans Bundesgericht** (BGG 46 I mit Ausnahmen bezüglich vorsorglicher Massnahmen und in Fällen internationaler Rechtshilfe in Abs. 2)[458].

607 Wiederum in Übereinstimmung mit den allgemeinen Lehren des Prozessrechts sieht die StPO bezüglich **Beginn und Berechnung der Fristen** vor, dass Fristen, die durch eine Mitteilung oder den Eintritt eines Ereignisses ausgelöst werden, am nachfolgenden Tag zu laufen beginnen (StPO 90 I)[459]. Fällt der letzte Tag der Frist auf einen **Samstag, Sonntag oder einen am Ort der zuständigen Strafbehörde vom Bundesrecht oder kantonalen Recht anerkannten Feiertag**, so endet sie am nächsten Werktag. Im Widerspruch dazu steht Abs. 2, der auf das Recht des Ortes verweist, an welchem die Partei oder deren Rechtsbeistand den Wohnsitz oder Sitz hat[460].

1.2. Einhaltung der Fristen, StPO 91, BGG 48

608 Fristen sind eingehalten, wenn die **Verfahrenshandlung spätestens am letzten Tag** der Frist vorgenommen wird (StPO 91 I); StPO 91 V enthält eine ähnliche Bestimmung für das Leisten von **Zahlungen an Strafbehörden**. Eingaben müssen spätestens am letzten Tag der Frist bei der Strafbehörde abgegeben oder aber zu deren Handen der schweizerischen Post[461], einer schweizerischen diplomatischen oder konsularischen Vertretung im Ausland oder (bei Inhaftierten) der Anstaltsleitung übergeben werden (Abs. 2; BGG 48 I). Bei **elektronischer Zustellung** muss nach Abs. 3 von StPO 91 (analog BGG 48 II) der Empfang am letzten Tag der Frist vom Informatiksystem der Strafbehörde bestätigt worden sein.

609 Die Frist gilt nach StPO 91 IV auch gewahrt, wenn die Eingabe zwar innert Frist einging, aber irrtümlicherweise an eine unzuständige schweizerische Behörde gerichtet war.

---

[458] Dazu hinten N 1700.
[459] Fristen sind grundsätzlich in Tagen usw. nach Erhalt der Mitteilung etc. (... *innert 10 Tagen nach Erhalt dieser Mitteilung* ...) festzulegen, nicht in Daten (... *bis zum 15. Mai 2010* ...), vgl. GVP 2006 Nr. 96.
[460] Entscheidend dürfte damit *die für die betroffene Partei im konkreten Fall günstigere Regelung sein*, d.h. sie kann sich unabhängig von ihrem Wohnsitz usw. auf die am Ort der Strafbehörde geltenden Feiertage berufen, zusätzlich auf jene an ihrem Wohnsitz. Bei unterschiedlichen Wohnsitzen usw. von Partei und Rechtsbeistand ist bei vertretenen Parteien allein auf den Wohnsitz usw. des Rechtsvertreters abzustellen. – Im Rahmen des Erlasses des StBOG *soll diese missglückte Bestimmung geändert, d.h. BGG 45 angepasst werden*, BBl 2008 8184, 8215.
[461] *Übergabe an ausländische Post genügt nicht*, dazu RS 2004 Nr. 502. Zum Nachweis der Rechtzeitigkeit der postalischen Aufgabe ZR 107 (2008) Nr. 1.

In gewissen Fällen erscheint es als angebracht, insbesondere als Ausfluss des 610
Verbotes des überspitzten Formalismus[462], einer Partei **eine Nachfrist einzuräumen**, um ihr die Behebung eines geringfügigen prozessualen Mangels zu
ermöglichen. In Frage kommen hier beispielsweise das Fehlen einer Unterschrift,
einer Vollmacht, Vertretung durch eine dazu nicht befugte Person u.Ä.[463].

2. Säumnis, Wiederherstellung von Fristen und Terminen, StPO 93 und 94, MStP 47

Wird eine Verfahrenshandlung nicht innert der unter Berücksichtigung von 611
StPO 89–92 zu berechnenden Frist vorgenommen oder erscheint die Partei oder
ein anderer Verfahrensbeteiligter nicht zu einem angesetzten dem Termin, so ist
die betreffende Person **säumig**. Es treten alsdann die gesetzlichen Folgen ein, die
im Zusammenhang mit der Verfahrenshandlung bzw. Termin über das ganze
Gesetz verstreut zu finden sind. So können säumige Personen mit Ordnungsbusse belegt (allgemein StPO 64, z.B. säumige Sachverständige noch besonders
nach StPO 191 lit. a) oder ihnen die verursachten Kosten auferlegt werden
(StPO 417). Ist eine Person beispielsweise hinsichtlich einer Vorladung säumig,
kann sie nach StPO 205 IV ebenfalls mit Ordnungsbusse belegt und überdies
polizeilich vorgeführt werden. Auf **Rechtsmittel**, die verspätet eingereicht werden, wird nicht eingetreten (vgl. z.B. StPO 403 I lit. a).

StPO 94 regelt die **Wiederherstellung versäumter Fristen** sowie von **Termi-** 612
nen (auch Reinigung, Restitution oder Wiedereinsetzung in den vorigen oder
früheren Stand genannt)[464], d.h. die Möglichkeit, dass ausnahmsweise auf die
Rechtsfolgen versäumter Fristen verzichtet und dem betroffenen Verfahrensbeteiligten Gelegenheit gegeben wird, die versäumte Verfahrenshandlung nachzuholen. In den Verfahrensordnungen sind die Voraussetzungen, die an eine solche
Wiederherstellung gestellt werden, unterschiedlich geregelt, vor allem was das
Verschulden der säumigen Person betrifft. StPO 94 I verlangt, dass der Partei
durch die Fristversäumnis «*ein erheblicher und unersetzlicher Rechtsverlust*»
erwachsen würde, also beispielsweise, dass die Möglichkeit eines Rechtsmittels
unwiderbringlich verloren wäre. Sodann ist erforderlich, dass die Partei glaubhaft machen kann, dass sie **an der Säumnis kein Verschulden trifft**[465], d.h. es

---

[462] Zu diesem Grundsatz N 92.
[463] M.w.H. etwa BGE 120 V 419 und zu den Schranken ZR 106 (2007) Nr. 11 (keine Nachfrist, wenn Verfahrenshandlung in Kenntnis des Mangels vorgenommen wurde), vgl. auch PKG 2005 Nr. 17 (Berufung mittels Fax).
[464] Dazu und zum Folgenden Botschaft 1158. Die Wiederherstellung geht (abgesehen vom Sonderfall von StPO 60 III, vorne N 523) der (subsidiären) Revision vor, N 1588 f.
[465] Die *Frage des Verschuldens* war *während der Gesetzgebung umstritten*; der Bundesrat hatte in E 92 II (analog schon VE 107) beantragt, auch bei leichtem Verschulden eine Wiederherstellung zu gewähren, was von den Räten (im Anschluss an die frühere bundesgerichtliche Praxis zu BStP 272 I bzw. OG 35 I und II sowie jene in diversen Kantonen,

ist erforderlich, dass objektive oder subjektive Gründe es dem Betroffenen unmöglich machten, die Frist bzw. den Termin zu wahren. Dabei ist das Verhalten des Rechtsbeistands der Partei grundsätzlich anzurechnen[466]. Kein Verschulden wäre anzunehmen, wenn z.B. eine Verhandlung wegen Ausfall eines öffentlichen Verkehrsmittels, plötzlicher schwerer Erkrankung, einem Unglücks- oder Todesfall in der Familie oder ähnlichen unvorhersehbaren und unvermeidlichen Ereignissen versäumt wird. Ein Verschulden liegt ebenso nicht vor, wenn einem Verurteilten das Laufen einer Rechtsmittelfrist vom Verteidiger gar nicht bekannt gegeben[467] bzw. er über die Aussichten eines Rechtsmittels unrichtig beraten wurde[468]. StPO 94 II-V regeln die **Formalitäten der Wiederherstellung**. Wesentlich ist, dass das Gesuch innert 30 Tagen nach Wegfall des Säumnisgrundes schriftlich und begründet bei der Behörde zu stellen ist, bei welcher die versäumte Verfahrenshandlung hätte vorgenommen werden sollen, und dass innert der gleichen Frist die Handlung nachzuholen ist (Abs. 2). Das Gesuch hat nur aufschiebende Wirkung, wenn die vorerwähnte Behörde sie erteilt (Abs. 3). Das Wiederherstellungsverfahren ist **schriftlich**. Soweit ein Interesse der Gegenpartei am Ausgang dieses Verfahrens zu erkennen ist, muss ihr **Gelegenheit zur Stellungnahme** gegeben werden[469].

---

dazu BGE 114 II 182, 110 Ib 94; BJM 2006 224, 1993 217) abgelehnt wurde, vgl. AB S 2006 1008. Bemerkenswert ist, dass nach *ZPO 148 I bei leichtem Verschulden eine Wiederherstellung möglich ist*.

[466] Dazu BJM 2006 224 m.w.H., so auf die vorgenannten BGE. Zur *Pflicht des Rechtsbeistands, sich so zu organisieren, dass das Einhalten der Fristen gewährleistet ist*, ZR 107 (2009) Nr. 61. Zur Säumnis des Verteidigers bei notwendiger bzw. amtlicher Verteidigung nachfolgende Fn. 468.

[467] RO 1990 343 Nr. 39. Vgl. auch RKG 1997 Nr. 57.

[468] ZR 105 (2006) Nr. 33 S. 159, 86 (1987) Nr. 90. Beim *Verpassen der Frist durch Verteidiger* gilt tendenziell, dass vorab notwendig bzw. amtlich verteidigte beschuldigte Personen das Versäumnis der Verteidigung nicht entgelten sollten, zu dieser Thematik: plädoyer 6/1990 71 und Pra 98 (2009) Nr. 14 (Wiederherstellung der Rechtsmittelfrist bei falscher Beratung durch Anwalt); ferner RKG 2000 Nr. 48 (Erkrankung des Rechtsvertreters während laufender Rechtsmittelfrist). Zu berücksichtigen ist das Verhalten des Verteidigers wie der vertretenen Partei, ZR 96 (1997) Nr. 6, vgl. auch BJM 2006 223 = RS 2007 Nr. 270. Zu Treu und Glauben bei Zustellungen Pra 89 (2000) Nr. 2. – Keine Wiederherstellung wohl notwendig bei *unrichtiger Fristansetzung*, d.h. Ansetzung einer zu langen Frist, ZBl 82 (1981) 288; ZR 87 (1988) Nr. 97, anders allerdings ZR 105 (2006) Nr. 33. Hingegen fehlender Beginn des Fristenlaufes bei *unrichtiger Rechtsmittelbelehrung* ZR 77 (1978) Nr. 105. Zum Fristenlauf für Wiederherstellung nach StPO 94 bei überfordertem Laien erst mit Bestellung eines Rechtsbeistands, vgl. RO 1990 343 Nr. 41. Keine Wiederherstellung bei wissentlichem Verstreichenlassen, RKG 2000 Nr. 49. – Zur *Beweislast bei Wiederherstellungsgesuchen* RKG 2002 Nr. 68. Zur *Revisionsmöglichkeit* bei angeblich verpassten Fristen BGE 127 I 133 = Pra 90 (2001) Nr. 160.

[469] Gegen Wiederherstellungsentscheid in den Schranken von StPO 65 I und 393 *Beschwerde* möglich (N 1506), gegen letztinstanzliche kantonale Entscheide *Strafrechtsbeschwerde ans Bundesgericht* denkbar, vorab, wenn dieser Entscheid den Charakter eines Endentscheids hat.

§ 45 Datenbearbeitung, StPO 95–99

Literaturauswahl: AESCHLIMANN N 752, 1270; HAUSER/SCHWERI GVG 520, 538; MAURER 159; OBERHOLZER N 59; PIQUEREZ (2006) N 887, 944.
Materialien: Aus 29 mach 1 S. 82; VE 108–109; BeB 75 ff.; ZEV 31; E 93–97; Botschaft 1159 ff.; AB S 2006 1009, AB N 2007 949.

1. Vorbemerkungen, Verhältnis von StPO 95–99 zum BG über den Datenschutz

Es ist davon auszugehen, dass das **BG über den Datenschutz vom 19.6.1992 (DSG)**[470] **keine Anwendung auf hängige Strafverfahren findet** (DSG 2 II lit. c), was sowohl für die von den Kantonen wie in Bundeskompetenz zu führenden Verfahren gilt[471]. Üblicherweise fanden sich in den Verfahrensgesetzen die Bestimmungen, die Geheimhaltungsinteressen zu schützen hatten und insoweit Datenschutz beinhalteten, an verschiedenen Orten, wobei diese Regeln vorab die Interessen der beschuldigten Personen zu wahren hatten. Dies vermag nach heutigen Standards nicht zu befriedigen, werden doch üblicherweise gerade in den ersten Phasen der Strafverfolgung, vorab im Rahmen der Fahndung, Personendaten von Personen bearbeitet, die nachfolgend nicht als Parteien im Verfahren erscheinen. Der Gesetzgeber hat deshalb richtigerweise (und in Anlehnung an den bisherigen BStP 29bis) gewisse **Grundsätze für die Datenbearbeitung im Strafverfahren** in die StPO aufgenommen. 613

Der **Begriff der in StPO 95 ff. relevanten Personendaten** wird in der StPO nicht definiert. Die Begriffe der Personendaten wie auch des Bearbeitens sind identisch mit jenen nach DSG 2 ff.[472] 614

2. Regelungen von StPO 95–99 im Einzelnen

2.1. Beschaffung von Personendaten, StPO 95

Wie bisher BStP 29bis II schreibt StPO 95 I vor, dass **Personendaten bei den betroffenen Personen selbst oder für diese erkennbar zu beschaffen sind**, wenn dadurch das Verfahren nicht gefährdet oder unverhältnismässig aufwendig wird. Die betroffene Person ist nachträglich umgehend zu informieren, wenn die Datenbeschaffung für sie nicht erkennbar war. Der entsprechende Abs. 2 sieht allerdings vor, dass diese Mitteilung zum Schutz überwiegender Interessen auf- 615

---

[470] SR 235.1. Vgl. die Revision vom 24.3.2006, in Kraft seit 1.1.2008, AS 2007 4983, 4991.
[471] Botschaft 1159. – Nicht nach StPO 85–99, sondern nach StGB 350 ff. und der weiteren einschlägigen Gesetzgebung von Bund (so vor allem dem BPI) und Kantonen richten sich die polizeilichen Informationssysteme wie der nationale Teil des *Schengener Informationssystem N-SIS* sowie die Zusammenarbeit mit *INTERPOL*.
[472] Botschaft 1160 oben.

geschoben oder unterbleiben kann. Es sind dies die gleichen Gründe, die auch bei Überwachungsmassnahmen (StPO 279 II lit. b, 298 II lit. b) zu einem Verzicht auf Mitteilung führen können[473].

2.2. Bekanntgabe und Verwendung bei hängigem Strafverfahren, StPO 96 und 97

616 Ist ein Strafverfahren hängig, d.h. in einem Stadium von den polizeilichen Ermittlungshandlungen (StPO 306 f.) hin bis zum rechtskräftigen Abschluss (StPO 437) befindlich, so darf die Strafbehörde (wie schon bisher nach BStP 29bis IV) Personendaten für die **Verwendung in einem andern hängigen Verfahren** bekannt geben, wenn anzunehmen ist, dass die Daten wesentliche Aufschlüsse geben können (StPO 96). Gemeint sind damit primär Strafverfahren (mit besonderer Zurückhaltung wohl auch für Zivil- und Verwaltungsverfahren[474]), die bei andern Behörden anhängig sind. Eine Bekanntgabe von Personendaten kann indessen auch über andere Bestimmungen stattfinden, so StPO 74 (Orientierung der Öffentlichkeit), der nachfolgend zu besprechende StPO 97 sowie StPO 101 (Akteneinsicht). Abs. 2 von StPO 96 (in der Fassung des BPI vom 13.6.2008) behält die Regelungen im BWIS, BPI sowie im BG über die polizeilichen Zentralstellen des Bundes vom 7.10.1994 vor.

617 StPO 97 regelt die **Auskunftsrechte bei hängigem Verfahren,** welche entgegen BStP 102bis nur noch den Parteien und andern Verfahrensbeteiligten i.S. von StPO 103 zustehen. Diese haben Anspruch darauf, dass ihnen nach Massgabe des ihnen zustehenden Akteneinsichtsrecht (StPO 101 f.) Auskunft über die sie betreffenden Personendaten erteilt wird. Freilich können sich hier Friktionen mit dem weiter gestalteten Akteneinsichtsrechts nach StPO 101[475] ergeben.

2.3. Berichtigung von Daten, StPO 98

618 Ausgangspunkt von StPO 98 ist das sich aus DSG 5 ergebende Prinzip, dass derjenige, der Personendaten bearbeitet, für deren Richtigkeit verantwortlich ist, und dass die betroffenen Personen die Berichtigung unrichtiger Daten verlangen können. StPO 98 I nimmt diese Grundsätze auf. Die Bestimmung berücksichtigt aber, dass die Besonderheit des Strafverfahrens darin liegt, dass die Richtigkeit bzw. Unrichtigkeit von Personendaten unklar, ja gerade Gegenstand der Untersuchung sein kann. Es sind deshalb nur Daten zu berichtigen, deren Unrichtigkeit ohne Zweifel feststeht[476]. Dementsprechend ist nach Abs. 2 verglichen mit dem DSG auch die Mitteilungspflicht bezüglich der berichtigten Daten beschränkt

---

[473] Hinten N 1163 und N 1204. Diese Vorschriften über die nachträgliche Orientierung bei Überwachungsmassnahmen gehen vor.
[474] Nicht eindeutig ursprüngliche Botschaft zu BStP 29bis IV in BBl 1991 1230.
[475] Hierzu hinten N 621 ff.
[476] Botschaft 1160 Mitte.

(Benachrichtigung der Behörden, denen vorgängig unrichtige Daten mitgeteilt wurden).

2.4. Bearbeitung und Aufbewahrung nach Abschluss des Verfahrens, StPO 99

Das DSG sowie die entsprechenden kantonalen Datenschutzgesetze finden zwar keine Anwendung auf die hängigen, jedoch die (rechtskräftig) abgeschlossenen Strafverfahren, was StPO 99 I unterstreicht. StPO 99 II bestimmt, dass sich die Aufbewahrungsdauer von Personendaten nach StPO 103 richtet, also grundsätzlich von der Verfolgungs- und Vollstreckungsverjährung abhängig ist; Abs. 3 behält allerdings gewisse Sondervorschriften vor, in der Fassung vom 13.6.2008 des BPI auch jene dieses Gesetzes zu den polizeilichen Informationssystemen des Bundes. 619

§ 46 Aktenführung, Akteneinsicht und Aktenaufbewahrung, StPO 100–103, VStrR 36, 61 II, MStP 43–45

Literaturauswahl: AESCHLIMANN N 750; HAUSER/SCHWERI/HARTMANN §§ 43 VI; MAURER 167, 180, 377, 388; OBERHOLZER N 63, 338, 390, 592, 784, 1046, 1365; PIQUEREZ (2006) N 335; SCHMID (2004) N 264.

LORENZ DROESE, Die Akteneinsicht des Geschädigten in der Strafuntersuchung vor dem Hintergrund zivilprozessualer Informationsinteressen, Zürich 2008 (Luzerner Beiträge zur Rechtswissenschaft 24); STEFAN TRECHSEL, Akteneinsicht, FS J.N. Druey, Zürich 2002, 993; JEAN-MARC VERNIORY, L'accès au dossier en procédure pénale, SJ 129 (2007) II 125.

Materialien: VE 110–113; BeB 79 ff.; ZEV 31; E 98–101; Botschaft 1161 ff.; AB S 2006 1009, AB N 2007 949 f.

1. Aktenführung, Aktenaufbewahrung, StPO 100, 103

StPO 100 und 103, die die Aktenführung und -aufbewahrung regeln, sind im Zusammenhang mit der schon früher besprochenen Dokumentations-[477] und damit zusammenhängend der Protokollierungspflicht[478] zu sehen, vor allem auch mit der Pflicht, ein **Verfahrensprotokoll** (StPO 77)[479] zu führen. StPO 100 schreibt in diesem Sinn die Pflicht fest, dass in **jeder Strafsache ein Aktendossier** anzulegen ist. Dieses schliesst die Verfahrens- und Einvernahmeprotokolle sowie die von der Strafbehörde zusammengetragenen und von den Verfahrensbe- 620

---

[477] Siehe vorne N 566 ff.
[478] Siehe vorne N 571 ff.
[479] Vorne N 576.

teiligten eingereichten Akten und Beweisgegenstände[480] ein und enthält (nach Abs. 2 abgesehen von einfachen Fällen mit nur wenigen Aktenstücken) ein **fortlaufend nachgeführtes Verzeichnis**. In einfachen Fällen wird eine chronologische Anlage des Dossiers naheliegend sein, doch kann sich eine andere Systematik empfehlen, z.B., indem für die verschiedenen zu verfolgenden Delikte separate Dossiers, daneben aber ein Hauptdossier (mit den eigentlichen Verfahrensakten wie Eröffnungsverfügungen, Haft- und Personalakten etc.) angelegt werden[481].

2. Akteneinsicht, StPO 101 f., JStPO 15, VStR 36, 61 II, MStP 45

2.1. Allgemeines zur Akteneinsicht

621 Die Akteneinsicht ist **Ausfluss des rechtlichen Gehörs** nach BV 29 II sowie StPO 3 II lit. c und 107 I. Diesem Anspruch kommt für die Wahrung der Rechte der Verfahrensbeteiligten eine ausserordentliche Bedeutung zu[482]. Von grosser praktischer Bedeutung für die Verfahrensbeteiligten, die verfahrensführende Strafbehörde wie auch andere Behörden sowie Dritte ist die Frage, wem, wann und in welcher Weise Einsicht in die Akten eines **hängigen Verfahrens** gewährt wird (anschliessend Ziff. 2.2.-.2.4.). Ebenso bedeutsam ist aber die **Akteneinsicht in die Dossiers abgeschlossener Fälle** (nachfolgend Ziff. 2.5.).

2.2. Akteneinsichtsrecht der Parteien und weiterer Verfahrensbeteiligter in hängigen Fällen, StPO 101 I

2.2.1. Akteneinsicht in persönlicher Hinsicht

622 StPO 101 I sowie 107 I lit a i.V. mit 104 räumen den **Parteien** die Akteneinsicht ein, die eine solche mit formlos (StPO 110 I) gestelltem Begehren verlangen können. Das Recht steht im Rahmen ihrer schutzwürdigen Interessen indessen auch **andern Verfahrensbeteiligten** nach StPO 105 (z.B. Einziehungsbetroffenen, Geschädigte) zu, soweit Aktenkenntnis zur Wahrung ihrer Interessen erforderlich ist. Einsichtsberechtigt sind gleichermassen die **Rechtsbeistände der Parteien** usw. Die Parteien, namentlich die **beschuldigten Personen** (StPO 111), besitzen neben dem Einsichtsrecht ihrer Rechtsbeistände einen

---

[480] Auch *Ton- und Bildaufnahmen von Verfahrenshandlungen,* so nach StPO 76 IV, a.M. SJ 130 (2008) 389 (mit Kommentar B.B.).
[481] Botschaft 1161 Mitte.
[482] Zum rechtlichen Gehör allgemein vorne N 104 ff. Zur Akteneinsicht generell BGE 129 I 253 ff.

§ 46 Aktenführung, Akteneinsicht und Aktenaufbewahrung

selbstständigen Anspruch auf Akteneinsicht[483]. Diese Rechte stehen in gleichem Sinn der **Privatklägerschaft** zu (StPO 118). Für diese ist das Akteneinsichtsrecht aber ein beschränktes: Akteneinsicht steht ihr nur so weit zu, als dies zur Durchsetzung ihrer Verfahrensrechte notwendig ist. Das Einsichtsrecht der Privatklägerschaft ist üblicherweise auf die **eigentlichen Untersuchungsakten** beschränkt. Damit sind primär die Akten gemeint, die zum deliktsrelevanten Sachverhalt gehören, bei welchem die Privatklägerschaft als Geschädigte fungiert. Beschränkt ist das Einsichtsrecht bei den **Akten zur Person** der beschuldigten Person und deren allfälligen Vorakten, die nur für die Strafzumessung von Bedeutung sind. Die Einsicht in solche Akten ist der Privatklägerschaft nur zu gewähren, wenn deren Interessen dies ausdrücklich erfordern. Auf schützenswerte Interessen der andern Parteien ist bei der (ebenfalls beschränkten) **Akteneinsicht der andern Verfahrensbeteiligten** nach StPO 105 *a fortiori* Rücksicht zu nehmen[484].

Grundsätzlich dürfen **Rechtsbeistände ihren Mandanten auch mittelbare Akteneinsicht** gewähren, d.h. Kopien der ihnen zur Einsicht überlassenen Akten aushändigen. Unzulässig und allenfalls standesrechtlich zu sanktionieren wäre hingegen das Aushändigen von ausdrücklich nur dem Anwalt vertraulich überlassenen Akten oder wenn dieser mit Missbräuchen seitens seines Klienten rechnen muss. Vor Aushändigung von Akten bzw. Kopien an Dritte hat der Verteidiger zu prüfen, ob eine Weitergabe wesentliche Interessen der Strafverfolgung oder Dritter, beispielsweise von Geschädigten (oder umgekehrt bei Akteneinsicht durch den Vertreter der Privatklägerschaft bzw. des Geschädigten jene der beschuldigten Person), tangieren könnte, und allenfalls auf die Weitergabe zu verzichten[485]. Denkbar ist, dass die Strafbehörde bei der Gewährung der Akteneinsicht auf eine bestehende Kollusions- oder andere Gefahr hinweist und die Weitergabe allenfalls verbietet[486].

623

---

[483] Eingeschränkt nach Pra 95 (2005) Nr. 83 (Basler Fall; Akteneinsicht durch Anwalt genügt). Keine *Pflicht* der Behörde, dem Beschuldigten Akten von sich aus zur Einsichtnahme vorzulegen bzw. ihn zur Einsicht aufzufordern, Fn. 490 und N 631.
[484] Dazu etwa ZR 97 (1998) Nr. 11 S. 34. – Akteneinsicht naturgemäss auch für die *Rechtsnachfolger oder bei Subrogation nach StPO 121*, dazu hinten N 700 f.
[485] Aufsichtskommission über die Rechtsanwälte in ZR 91/92 (1992/93) Nr. 17. Unzulässige Herausgabe von Videoaufnahmen mit sexuellen Handlungen Dritter, ZR 93 (1994) Nr. 93; zur Thematik auch RFJ/FZR 2003 331 = RS 2006 Nr. 67. Für generelles Verbot noch ZR 63 (1964) Nr. 103, was zu weit geht.
[486] Nur in sehr *engen Grenzen und bei konkreter Missbrauchs- oder andern Gefahren* zulässig. Zur Weitergabe von Informationen über Haftverfahren an Eltern des Betroffenen, Aufsichtskommission Rechtsanwälte Kt. Zürich 2.12.2004 in plädoyer 1/2005 67. Beschränkung, Akten nicht an Klienten weiterzugeben, zulässig nach Pra 95 (2005) Nr. 83. Verbot an Anwalt, seinem Klienten Inhalt eines psychiatrischen Gutachtens wegen «*Gefahr der Destabilisierung*» mitzuteilen, zulässig, plädoyer 5/2005 67. Jedoch kein generelles Weitergabeverbot an Verteidiger, plädoyer aaO 68. Generell ist zu beachten, dass *Akteneinsicht der Rechtsbeistände und die Verwendung der daraus gewonnnen Informatio-*

2. Kapitel: Strafbehörden, ihre Zuständigkeit und Verfahrenshandlungen

2.2.2. Akteneinsicht in zeitlicher Hinsicht

624 Was den **Zeitpunkt der Akteneinsicht** betrifft, so haben diverse kantonale Prozessordnungen – den früheren bundesgerichtlichen Minimalanforderungen folgend – eine solche erst nach Abschluss des Vorverfahrens und damit vor dem gerichtlichen Erkenntnisverfahren gewährt. Die StPO hat diese nicht mehr zeitgemässe Beschränkung aufgegeben. Nach StPO 101 I ist nunmehr den Parteien spätestens **nach der ersten Einvernahme der beschuldigten Person und der Abnahme der übrigen wichtigsten Beweise durch die Staatsanwaltschaft** Akteneinsicht zu gewähren[487]. In einem Fall von sexueller Nötigung ist somit grundsätzlich Akteneinsicht zu gewähren, wenn die beschuldigte Person sowie das Opfer einvernommen sind[488]. Aus dieser Regelung folgt weiter, dass im Vorverfahren die Akteneinsicht **allein durch die Staatsanwaltschaft und nicht durch die Polizei** gewährt wird. Dieses Einsichtsrecht kann nur im Rahmen von StPO 108 eingeschränkt werden, wenn begründeter Missbrauchsverdacht (etwa Kollusionsgefahr) besteht oder dies die Sicherheit von Personen oder zur Wahrung öffentlicher oder privater Geheimnisse erforderlich ist. Die früher mancherorts geltende, schwammige Beschränkung des «Verfahrensinteresses» genügt für einen Ausschluss nicht mehr und ein solcher könnte ebenso mit untersuchungstaktischen Überlegungen nicht mehr begründet werden. Der Rechtsschutz bei der Untersuchungshaft macht übrigens über StPO 101 I hinausgehend die Gewährung sofortiger Akteneinsicht hinsichtlich der haftrelevanten Akten und Beweismittel unumgänglich (StPO 225 II)[489].

2.2.3. Akteneinsicht in sachlicher Hinsicht

625 Grundsätzlich sind **alle Akten** i.S. von StPO 100 unter Einschluss der Beweisgegenstände nach StPO 192 (vgl. dort Abs. 3) wie Ton- und Bildaufnahmen (so nach StPO 76 IV), Tatwerkzeuge, gefundene Spuren usw. zur Einsichtnahme zu öffnen[490], unabhängig davon, ob sie zu den Strafakten im engeren Sinn erhoben

---

nen grundsätzlich auf Zwecke beschränkt sind, die mit dem betreffenden Verfahren konnex sind.

[487] Der Nationalrat lehnte einen Antrag, der beschuldigten Person Akteinsicht «*ab Beginn der Strafuntersuchung*» einzuräumen, ab, AB N 2007 949 f., vgl. auch RK-N 25./26.1.2007 49 f.

[488] Fall aus Botschaft 1161 unten. Die Tatsache, dass die *beschuldigte Person bei der ersten Einvernahme Aussagen verweigert*, blockiert die anschliessende Akteneinsicht nicht, es sei denn, es liege der nachfolgend zu erwähnende Missbrauchsfall von StPO 108 I lit. a vor. Dazu (noch aus der Sicht der früheren BStP) A.J. KELLER in AJP 2/2007 200, DERS. aaO 200 f. zur *Sonderregel von VStrR 61 II* (Einsicht grundsätzlich erst nach Abschluss der Untersuchung) und zu möglichen Einschränkungen des Einsichtsrechts des Verteidigers, wenn sich die beschuldigte Person der *Voruntersuchung bewusst entzieht*.

[489] Botschaft 1162 oben. Dazu hinten N 1032.

[490] In *freiwillig selbst eingereichte Akten* kann man immer Einsicht nehmen, TPF 2006 278. Es besteht keine Pflicht der Behörden, *Parteien zur Akteneinsicht aufzufordern*, nachfolgend N 631. Anders liegen die Dinge, wenn *neue Akten eintreffen, die beim Entscheid ein-*

wurden. Geheimakten sind wie bereits erwähnt verboten[491]. Zu öffnen sind sodann die **beigezogene Akten** (StPO 194)[492], ebenso jene gegen Mittäter, die als Belastungszeugen erscheinen[493]. Bei konkreten, schutzwürdigen Interessen schliesst das Akteneinsichtsrecht auch die Akten abgeschlossener Verfahren ein, die sich nicht im aktuellen Dossier befinden[494].

Ausnahmen vom Grundsatz der umfassenden Akteneinsicht sind in Anwendung des bereits genannten StPO 108 sowie StPO 102 I dort möglich, wo höherwertige Interessen eine Einschränkung oder gar einen Ausschluss gebieten[495]. Dies ist etwa bei Akten denkbar, die die **höchstpersönliche Sphäre** von Parteien oder weiteren Verfahrensbeteiligten, allenfalls auch von Dritten, tangieren[496]. Einschränkungen sind im Weiteren zulässig, wenn der **Geheimnisschutz** dies gebietet. Es kann sich um private[497] Geheimnisse (Bank-[498], Fabrikations-, Geschäftsgeheimnisse[499], Patentgeheimnis) oder solche aus den Bereichen des Militärs oder des Staatsschutzes handeln. Nach dem Verhältnismässigkeitsgrundsatz sind diese Beschränkungen nur im Rahmen des Notwendigen zulässig. Soweit sie den Schutz der Privatsphäre des Beteiligten bezwecken, ist die Einsicht zumeist den **Rechtsbeiständen** (falls erforderlich mit sichernden Auflagen) nicht zu verwei-

626

---

fliessen sollen bzw. Akten vorhanden sind, von denen die Parteien nichts wissen konnten, dazu BGE 124 I 132, BGer 9.7.2002, 1P.83/2002. Angesichts der parteiöffentlichen Beweiserhebung nach StPO 147 und dem angekündigten Untersuchungsabschluss nach StPO 318 dürfte diese Problematik nunmehr kaum mehr von Bedeutung sein. – Denkbar sind auch *adäquate Ersatzformen für Akteneinsicht,* so das Zustellen einer CD (dazu nachfolgend Fn. 512), die gesamte Akten enthält.

[491] Vorne N 570; dort in Fn. 386 auch Hinweise auf interne Akten, die ausgenommen sind.
[492] Akten von Verwaltungsbehörden oder Zivilgerichten; sog. *Vorakten,* d.h. Akten zu früheren Verurteilungen usw. Ebenfalls ausserkantonale Akten bzw. interne Protokolle des Gerichts, BGer 24. bzw. 23.6.1997 in plädoyer 4/1997 60.
[493] KGZ 17.5.1989 in plädoyer 5/1989 65. Akteneinsicht bei *Abtrennung von Verfahren gegen Mittäter,* ZR 103 (2004) Nr. 39. Zur Akteneinsicht in die Dossiers und Telefonabhörprotokolle von separat verfolgten Mittätern, GVP 2005 Nr. 73 = RS 2007 Nr. 176 (Frage der Verweigerung der Akteneinsicht und der dagegen möglichen Rechtsmittel kann sich nur für Akten stellen, die sich schon im betreffenden Dossier befinden).
[494] BGE 127 I 145 = EuGRZ 29 (2002) 56 ff., auch zum Archivgesetz des Kantons Zürich von 1995, LS 432.11; BGE 113 Ia 1, 112 Ia 97.
[495] BGE 113 Ia 257, 101 Ia 17; 112 Ia 97. Dazu VE StPO 118 und vorne N 115.
[496] Ärztliche Gutachten u.Ä. Im Interesse des *Zeugenschutzes,* RFJ/FZR 1997 306 oder des Schutzes der *Privatsphäre von Justizpersonen,* so im Ausstandsverfahren gegen Walliser Richter, BGer 8.4.1999 i.S. J.D. gegen ao. Gericht des Kantons Wallis, vgl. auch nachfolgende Fn. 513. Verweigerung der *Herausgabe einer DVD-Aufnahme der Einvernahme eines jugendlichen Opfers von Sexualdelikten* zu dessen Schutz, Chambre d'accusation de Genève 22.3.2006 in plädoyer 3/2006 72.
[497] Kein Hinderungsgrund bezüglich Einsicht in Untersuchungsakten stellt jedoch das *Untersuchungs*geheimnis dar, zumal die berechtigten Verfahrensbeteiligten an Untersuchung teilnehmen konnten, BGer 5.3.1993 i.S. O.A. ca. J.S.
[498] BGE 95 I 452.
[499] RS 1997 Nr. 300. Vgl. die Erklärungen von Bundesrat Blocher in AB N 2007 950 f.

gern[500]. Generell gilt, dass zum Nachteil des von einer solchen Beschränkung betroffenen Partei nicht aufgrund ihr und ebenfalls ihrem Rechtsbeistand vorenthaltener Akten entschieden werden darf. Eine Verwertbarkeit setzt demgemäss voraus, dass dem Betroffenen diese Akten mindestens auszugsweise, in anonymisierter Form oder sonst sinngemäss zur Stellungnahme, bei einem medizinischen Gutachten z.B. in den Schlussfolgerungen, eröffnet wurden[501].

2.3. Akteneinsichtsrecht von Behörden, StPO 101 II

627 StPO 101 II sieht hinsichtlich **anderer Behörden** in sehr weitgehender Weise – und gleichsam als Gegenstück zu deren allgemeinen Rechtshilfepflichten nach StPO 44[502] – vor, dass sie die Akten hängiger Strafverfahren einsehen können. Vorausgesetzt ist, dass die Einsichtnahme zur Bearbeitung hängiger Zivil-, Strafoder Verwaltungsverfahren erforderlich ist und dieser Einsicht keine überwiegenden öffentlichen oder privaten Interessen entgegenstehen[503]. In der Spezialgesetzgebung ist ein solches Einsichtsrecht ebenfalls vielfach vorgesehen, so in OHG 10 für die Opferberatungsstellen, z.T. auch für Sozialversicherungsanstalten[504] und auch Private, die im Wirtschaftsrecht gleichsam an Stelle des Staates Aufsichts- oder andere Funktionen wahrnehmen[505].

---

[500] Dazu (zur früheren Zürcher ZPO § 145) ZR 91/92 (1992/93) Nr. 17, 87 (1988) Nr. 59, 60.
[501] BGE 122 I 153, BGer 3.4.1997 in NZZ Nr. 133 vom 12.6.1997; GVP 2004 Nr. 71 (psychiatrisches Gutachten). Völliger Ausschluss nur ausnahmsweise, KGZ 28.6.1993 i.S. A.R. ca. STAZ.
[502] Vorne N 493. – Vgl. sodann StPO 96 I für das *Bekanntgeben von Personendaten* für andere (Straf)Verfahren.
[503] Z.B. keine Einsicht in Akten eines Strafverfahrens wegen Sexualdelikten in einer Mietstreitigkeit gegen die beschuldigte Person, vgl. dazu den deutschen Fall in NJW 60 (2007) 1052. Verschaffung der Einsicht nur durch erwähnte Rechtshilfe, nicht aber durch Beschlagnahme, vorne Fn. 231, hinten N 1125 Fn. 401.
[504] Im Bereich der *Sozialversicherung* etwa nach Massgabe von ATSG 32. Zum Akteneinsichtsrecht von *Steuerbehörden* nach DBG 112, BGE 124 II 58 sowie m.w.H. BGer 28.7.2008, 2C_443/2007 in SJ 131 (2009) 107. Einsichtsrecht der Strafverfolgungsbehörden in Akten der *swissmedic* über Zulassung gewisser Medikamente, Beschwerdekammer Bundesstrafgericht am 27.3.2006 in NZZ Nr. 73 vom 28.3.2006. Vgl. auch vorne N 493. Generell gilt, dass die Verwaltungsbehörden die bei der Akteneinsicht gewonnenen Erkenntnisse im Sinn von *Zufallsfunden auch gegen im Strafverfahren nicht involvierte Dritte* verwenden kann, vgl. den vorgenannten steuerrechtlichen Entscheid in SJ 131 (2009) E.6 auf S. 110.
[505] Weitergehende Pflicht zur Zusammenarbeit zwischen Straforganen und *Revisoren* nach RAG 25, vorne N 493. BGE 98 Ia 11 für die Sachwalterin eines in Liquidation befindlichen Anlagefonds; BGer 12.7.1995 in NZZ Nr. 176 vom 2.8.1995 für eine parlamentarische Untersuchungskommission, dazu auch NZZ Nr. 145 vom 26.6.2009 S. 17. Einsichtsrecht auch für *Behörden, die i.S. von StPO 14 V parlamentarische Oberaufsicht über Justiz* ausüben, a.M. mit Blick auf das frühere Recht (BStP 102[quater]) TPF 2007 186 E.3.3.4., 3.4., 3.5. Ein Strafverfahren gegen Funktionäre der Bundesanwaltschaft, die die Geschäftsprüfungskommission mit Informationen beliefert hatte, wegen Verletzung des

2.4. Akteneinsichtsrecht Dritter in hängigen Fällen, StPO 101 III

Dritte können nach StPO 101 III[506] die Akten einsehen, wenn sie dafür ein wissenschaftliches oder ein anderes schützenswertes Interesse geltend machen und der Einsichtnahme kein anderes schützenswertes Interesse entgegensteht[507]. Es versteht sich von selbst, dass hier die Interessenabwägung besonders sorgfältig vorzunehmen ist. Allenfalls ist der Verfahrensbeteiligte, dessen Geheimhaltungsinteresse im Spiel ist, vorgängig anzuhören. 628

2.5. Akteneinsichtsrecht in abgeschlossene Straffälle

Die StPO regelt die Akteneinsicht in abgeschlossene Straffälle nicht. Dies entgegen VE 113 V, der die nähere Regelung dem Bundesrat überlassen und verfahrensmässig VE 112 – entspricht dem jetzigen StPO 102 – anwenden wollte. Die **Akten abgeschlossener Strafverfahren** stehen den Parteien sowie anderen Behörden und (beschränkt) Dritten nach den **Grundregeln sowie in den Schranken von StPO 101 I-III** (vorne Ziff. 2.2.-2.4.) und unter Berücksichtigung von BV 29 II, 30 III sowie StPO 102 zur Einsicht offen[508]. Im Einzelfall zu prüfen ist stets die **Relevanz des Datenschutzrechts**. 629

3. Vorgehen bei Begehren um Akteneinsicht, StPO 102

StPO 102 I legt die **Verantwortung für die Akteneinsicht** in die Hände der Verfahrensleitung, welche einerseits über die Einsichtsbegehren entscheidet (grundsätzlich mit Beschwerdemöglichkeit nach StPO 393[509]), anderseits die 630

Amtsgeheimnisses, wurde (entgegen einer Stellungnahme des Bundesstrafgerichts vom 8.1.2008) eingestellt, NZZ Nr. 141 vom 19.6.2008 und Nr. 154 vom 4.7.2008.

[506] Zu beachten ist, dass *beschwerte Dritte* i.S. von andern Verfahrensbeteiligten nach StPO 105 I lit. f nach Abs. 2 dieser Bestimmung Parteirechte beanspruchen können, nachstehend N 638 ff.

[507] Zur *Akteneinsicht Dritter* grundlegend BGE 129 I 253, dazu ZBJV 140 (2004) 669. Zu jener von *Versicherungen* vgl. GVP 2007 57. Kein Akteneinsichtsrecht nach dem *Öffentlichkeitsgesetz* vom 17.12.2004, SR 152.3, denn nach Art. 3 I lit. a Ziff. 2 sind Strafverfahren aus dem Anwendungsbereich ausgeschlossen. Das kantonale Recht (vgl. neuerdings etwa im Kanton Zürich das Öffentlichkeitsprinzip nach KV 17) könnte kein solches über die StPO hinausgehendes allgemeines Akteneinsichtsrecht schaffen, da die StPO das Strafverfahrensrecht unter Vorbehalt spezieller Bundesgesetze abschliessend regelt.

[508] Zur Einsicht in die Akten einer Administrativuntersuchung nach einem Strafverfahren BGE 129 I 253 ff. Auch *Einsicht von Dritten* in Nichtanhandnahme- und Einstellungsverfügungen, wenn schutzwürdiges Informationsinteresse nachgewiesen ist und der beantragten Einsicht keine überwiegenden öffentlichen oder privaten Interessen entgegenstehen, BGE 134 I 286 = medialex 3/2008 144.

[509] So *Beschwerde gegen Einsichtsverweigerung durch die Staatsanwaltschaft*. Bei solchen im *erstinstanzlichen Gerichtsverfahren* ist StPO 65, vor allem Abs. 2, sowie StPO 393 I lit. b zu beachten, hinten N 1510, die eine selbstständige Beschwerde wohl ausschliessen. Bei hängigem Verfahren wohl *keine Strafrechtsbeschwerde ans Bundesgericht*, N 1630.

notwendigen Massnahmen trifft, um Missbräuche zu verhindern und die berechtigten Geheimhaltungsinteressen zu schützen.

631 Im traditionellen Sinn eröffnete das **Akteneinsichtsrecht die Möglichkeit, die Akten** zu den üblichen Amtszeiten **am Sitz der zuständigen Behörde** (eventuell rechtshilfeweise am Sitz einer andern Behörde) allenfalls in Anwesenheit eines Beamten (also unter Aufsicht) einzusehen und daraus Notizen zu machen (vgl. StPO 102 II Satz 1). Es ist dabei Aufgabe der Person, die Akteneinsicht verlangt, sich um eine solche zu bemühen; es bestehen keine Pflichten der Behörden, sich diesbezüglich aktiv zu verhalten[510]. Der Berechtigte kann gegen angemessene Gebühr die Anfertigung von **Kopien** verlangen (StPO 102 III)[511]. Damit wird die Vorschrift von StPO 102 II Satz 2 gemildert, wonach nur andern Behörden bzw. den Rechtsbeiständen der Parteien die Akten (grundsätzlich aber nicht von Sachbeweisen wie Tatwaffen usw.) zugestellt bzw. mitgegeben werden[512]. Geht es um den **Schutz von Geheimnissen**, so ist unter strenger Beachtung des Verhältnismässigkeitsgrundsatzes die Akteneinsicht zwar zu gewähren, das Anfertigen von Abschriften, Notizen und Fotokopien aber zu beschränken oder zu verbieten[513], eine Einschränkung, die bei Rechtsbeiständen wohl nur in seltenen Ausnahmefällen in Frage kommt. Dass für die Akteneinsicht angemessene **Zeit** eingeräumt werden muss, versteht sich von selbst[514].

4. Aktenaufbewahrung, StPO 103

632 Die **Akten hängiger Verfahren** werden bei der Behörde aufbewahrt, bei welcher das Strafverfahren pendent ist. Nach StPO 103 I sind die Akten von **rechts-**

---

[510] ZR 105 (2006) Nr. 35 S. 163; zur Thematik vorne Fn. 483 und 490.
[511] Nach *früherer Praxis eher nur ausnahmsweise gewährt*, mindestens soweit dies nicht zu unverhältnismässigem Aufwand führte, ZR 105 (2006) Nr. 35; BGE 117 Ia 429, 116 Ia 325, 108 Ia 8, 112 Ia 380; BGer 26.11.2003 in medialex 9 (2004) 54. Es geht hier primär um *Kopien von Akten in Papierform*; allerdings ist nicht einzusehen, weshalb nicht ein Anspruch auf *Kopien von Ton- und Bildaufnahmen*, so nach StPO 76 IV, bestehen sollte, abgelehnt in SJ 130 (2008) 385. Zur *Höhe der Kopiergebühr* i.S. des Äquivalenzprinzips BGE 107 Ia 29 ff.
[512] Mit *Einschränkungen zur Verhinderung von Verfahrensverzögerungen*, ZR 97 (1998) Nr. 20 S. 63. Die Zustellung kann bei sehr umfangreichen Akten rein technisch an Grenzen stossen und wohl auch während des Vorverfahrens eingeschränkt werden, wobei heute in umfangreichen Fällen das *Speichern der gesamten Akten auf CD* zunehmend Praxis wird. Nach BGer 11.7.1994 in NZZ Nr. 178 vom 3.8.1994 konnte die Zustellung umfangreicher Akten in einem Verwaltungsstrafverfahren mindestens während der Untersuchung nicht verlangt werden. Zu den *Rückgabepflichten der Rechtsbeistände und den entsprechenden standesrechtlichen Verantwortlichkeit* ZR 107 (2008) Nr. 63 und BGer 22.5.2008, 2C_344/2007 in ZBJV 144 (2008) 897 = ZBl 110 (2009) 209.
[513] Im (vorne Fn. 496) erwähnten Walliser Ausstandsfall BGer 8.4.1999 wurde das Verbot des Anfertigens von Kopien vom BGer als zulässig betrachtet.
[514] RO 1966 249 Nr. 38; ZR 89 (1990) Nr. 39, präzisiert in ZR 95 (1996) Nr. 10. PKG 1993 96 = RS 1997 Nr. 262.

§ 46 Aktenführung, Akteneinsicht und Aktenaufbewahrung

kräftig abgeschlossenen Straffällen (vgl. StPO 437) mindestens bis zum Abschluss der **Verfolgungs- und Vollstreckungsverjährung** nach StGB 97 ff. aufzubewahren. Für die Aufbewahrung der Akten sind ausführend die eidgenössischen und kantonalen Archivgesetze oder andere einschlägige Vorschriften massgebend, welche längere, nicht aber kürzere Aufbewahrungsfristen vorsehen können[515]. **Originaldokumente,** welche von den Parteien, aber auch Zeugen usw. zu den Akten gegeben wurden, werden nach rechtskräftigem Abschluss des Straffalles den berechtigten Personen gegen Empfangsschein zurückerstattet (StPO 103 II), im Regelfalle nach Anfertigung einer Fotokopie.

---

[515] BeB 80 unten. – Für die *Einträge in den polizeilichen Informationssystemen des Bundes* gehen die Vorschriften des BPI vor, vor allem Art. 6 (Aufbewahrung grundsätzlich, so lange der Bearbeitungszweck dies erfordert, wobei der Bundesrat nach Art. 19 lit. d die Aufbewahrungsdauer regelt). Dazu BGer 30.9.2008, 1C_51/2008 in ZBl 110 (2009) 386.

3. Kapitel: Parteien und andere Verfahrensbeteiligte, StPO 104–138, JStPO 18–25

1. Teil: Allgemeine Bestimmungen StPO 104–110

§ 47 Allgemeines, Begriff und Stellung, StPO 104–108, BGG 39–43

Literaturauswahl: AESCHLIMANN N 503; HAUSER/SCHWERI/HARTMANN § 36; MAURER 118, 153; OBERHOLZER N 349; PIQUEREZ (2006) N 461; DERS. (2007) 410; SCHMID (2004) N 449, 527.

VICTOR LIEBER, Parteien und andere Verfahrensbeteiligte nach der neuen schweizerischen Strafprozessordnung, Z 126 (2008) 174.

Materialien: Aus 29 mach 1 S. 84; VE 114 f.; BeB 82 ff.; ZEV 33 f.; E 102 f.; Botschaft 1162 f.; AB S 2006 1009 ff., AB N 2007 951 f.

1. Allgemeines zum Parteibegriff im Strafverfahren

Das **Strafverfahren kennt verschiedene Beteiligte**, deren Rolle je nachdem eine mehr aktiv-führende oder eine eher passiv-duldende ist. Ihre Rolle kann sodann eine zentrale bzw. eher periphere sein. Neben den im vorliegenden Zusammenhang nicht näher zu thematisierenden Gerichten (StPO 13, 18–21) sowie der Staatsanwaltschaft (StPO 12 lit. b, 104 I lit. c) sind hier vor allem die beschuldigten Personen sowie Geschädigte und Opfer, aber auch Zeugen und Sachverständige als private Rollenträger zu nennen. Es schliesst sich die Frage an, wie diese im Verfahren zu bezeichnen seien. Die bisher im schweizerischen Strafverfahrensrecht für die vorgenannten Beteiligten verwendeten Begriffe waren sehr unterschiedlich. Obwohl man sich in der Strafprozessrechtslehre weitgehend einig ist, dass der **Begriff der Partei** für das Strafverfahren wenig geeignet ist und eigentlich die Bezeichnung Verfahrensbeteiligte vorzuziehen wäre[1], wird er nun in der StPO verwendet. Massgebend dafür waren vor allem Gründe der begrifflichen und sprachlichen Vereinfachung. Diese Begriffswahl nimmt sodann besser auf die romanischen Sprachen Rücksicht, in denen der Begriff des Verfahrensbeteiligten nicht gebräuchlich ist, wohl aber jener der Partei.

633

---

[1] Dazu und zum Folgenden einlässlich m.w.H. BeB 82; Botschaft 1162.

2. Parteien nach StPO 104, JStPO 18

2.1. Beschuldigte Person, Privatklägerschaft und Staatsanwaltschaft, StPO 104 I

634 StPO 104 I nennt zunächst die im Zentrum des Strafprozesses stehenden Akteure, nämlich die **beschuldigte Person**, die **Privatklägerschaft** und die **Staatsanwaltschaft**, die Letztere, soweit es deren Rolle im erstinstanzlichen Hauptverfahren sowie im Rechtsmittelverfahren betrifft. Ihnen stehen *a priori* Parteirechte zu[2]. Damit ist auch klargestellt, dass andere Personen, die in der einen oder andern Rolle im Strafverfahren auftreten, unter Vorbehalt von StPO 105 II nicht die umfassenden Rechte geniessen, die die StPO den Parteien einräumt.

635 Die nationalrätliche Rechtskommission wollte in einem E 102 I[bis] der **kantonalen Fachstelle für Tierschutz** volle Parteirechte einräumen, wobei die Kantone diese Rechte einer andern Behörde, beispielsweise einem Tieranwalt nach zücherischem Muster sollten einräumen können. Die Botschaft hatte eine solche Befugnis abgelehnt[3], und auch der Nationalrat folgte dieser Tendenz. Die Materialien gehen jedoch davon aus, dass die Kantone nach StPO 104 II (nachfolgend Ziff. 2.2.) entsprechende Behörden und einen solchen behördlichen Tieranwalt mit Parteirechten einsetzen können[4], jedoch nicht einen ausserhalb der Behördenorganisation stehenden Tieranwalt gemäss Zürcher Vorbild. Denkbar ist, dass eine zu diesem Anliegen hängige Volksinitiative eine Änderung des Rechtszustands bewirkt[5].

2.2. Weitere Behörden als Parteien, StPO 104 II

636 StPO 104 II nimmt auf die bisherigen kantonalen und eidgenössischen Regelungen Bezug, **die Behörden**[6] **in einzelnen Bereichen Parteistellung einräumen,**

---

[2] Unterschiedlich beantwortet sich demgegenüber die Frage der *Rechtsmittellegitimation*, StPO 382, hinten N 1458 ff.

[3] S. 1113 f. Vorbild ist der Zürcher Tieranwalt, dem bisher wie einer Partei das Recht auf Teilnahme an Verhandlungen, Vorladungen, Zustellungen, Rechtsmittel etc. eingeräumt war, vgl. Kantonales Tierschutzgesetz vom 2.6.1991, § 17, LS 554.1; Kantonale Tierschutzverordnung vom 11.3.1992, § 13 ff., LS 554.11.

[4] AB N 2007 951. Der Tieranwalt nach zürcherischer Façon war nicht Vertreter öffentlicher Interessen i.S. von StPO 104 II, sondern im Grunde genommen der «*Partei*»interessen des Tieres. Typisch § 17 des vorgenannten Tierschutzgesetzes: «*In Strafverfahren ... nehmen die zuständige Direktion sowie ein...Rechtsanwalt die Rechte eines Geschädigten wahr.*»

[5] Hierzu Tierschutzanwalt-Volksinitiative, BBl 2006 1065, die zustande kam, vgl. BBl 2007 6071. Ablehnender Antrag des Bundesrates vom 14.5.2008, BBl 2008 4313, der klarstellt, dass die StPO nur einen öffentlichen Tieranwalt, der in eine Behörde, also etwa das Veterinäramt, eingebunden ist, zulässt, BBl aaO 4320, 4325.

[6] Also beschränkt auf *Behörden*, nicht möglich z.B. bei *halbstaatlichen Unternehmen, selbstständige öffentlich-rechtliche Anstalten* u.Ä. wie kantonale Brandversicherungsanstalten, zu diesen hinten N 701, vor allem Fn. 130.

damit sie – da üblicherweise spezialisiert und damit besser qualifiziert als die auf die Verfolgung allgemeiner Delikte ausgerichtete Staatsanwaltschaft – bei der Verfolgung der in Frage kommenden Straftatbestände die öffentlichen Interessen vertreten können[7]. Ein Hauptfall ist die Strafanzeige der **Sozialbehörden wegen Vernachlässigung der Unterstützungspflichten** nach StGB 217. Darunter fallen aber auch die Behörden, denen die Durchsetzung der **Umweltschutzgesetzgebung** obliegt, also z.B. die Ämter für Gewässerschutz, ferner in beschränktem Masse die Erwachsenen- bzw. Kinderschutz-, Sozial-, Bau-, Gesundheits- oder weitere Behörden sowie Konkursämter[8]. Diese **Parteistellung muss gesetzlich ausdrücklich eingeräumt werden**; keine Parteistellung begründet demgemäss **allein die Tatsache, dass eine Behörde nach StPO 302 II eine Anzeige erstattete** oder ihr nach StPO 84 VI Entscheide mitzuteilen sind[9]. Beigefügt sei, dass im **Verwaltungsstrafrecht** der beteiligten Bundesverwaltung im gerichtlichen Verfahren Parteistellung zukommt (VStrR 74 I).

2.3.   Parteistellung für Verbände?

Im Vorfeld der Schaffung der StPO wurde diskutiert, ob und inwieweit **Vereinigungen, Verbänden usw., die sich die Verfolgung allgemeiner Interessen zur Aufgabe machen**, eine Parteistellung einzuräumen sei[10]. Ausgelöst wurde die Diskussion insbesondere durch zwei in der Bundesversammlung eingereichte Vorstösse mit dem Begehren, antirassistischen Organisationen Parteistellung zuzugestehen. Der Gesetzgeber verwarf jedoch dieses Postulat, indem ausgeführt wurde, dass entgegen andern Rechtsgebieten, die ein Verbandsbeschwerderecht kennen (so UWG 10)[11], im Gebiet des Strafrechts mit der Staatsanwaltschaft eine Behörde vorhanden sei, die allgemeine, überindividuelle Rechte zu wahren und den Strafanspruch von Amtes wegen durchzusetzen hat (StPO 16 I).

637

---

[7]   Nach den Materialien dachte der Gesetzgeber vor allem an Fürsorge-, Sozial- oder die Umweltschutzbehörden BeB 82/83; Botschaft 1162.
[8]   Vor allem relevant bei der Rechtsmittellegitimation, hierzu hinten N 1457. – Soweit nicht Parteirechte gemäss StPO 104 II eingeräumt werden, sind aber tangierte Behörden (wie übrigens auch bei Entscheiden die unteren Instanzen) regelmässig nicht als geschädigte Personen zu betrachten. Ihre Interessen sind von der Staatsanwaltschaft zu wahren, RS 1997 Nr. 301. – Zur prozessualen Stellung *kantonaler Brandversicherungsanstalten* nachfolgend N 701 und Fn. 130.
[9]   Keine Rechtsmittellegitimation bei der Strafrechtsbeschwerde nach BGG 81, nachfolgend N 1671. Vgl. aber Rechtsmittelbefugnis der Staatsanwaltschaft des Bundes und der Bundesverwaltung in StPO 381 IV lit. a und BGG 81 I lit. b Ziff. 7 und II sowie VStrR 80 II, dazu hinten N 1456. und N 1674.
[10] BeB 83; Botschaft 1163.
[11] Ein Verbandsklagerecht ist in ZPO 89 vorgesehen, nicht jedoch möglich im Adhäsionsverfahren nach StPO 122 ff., N 704.

3. Andere Verfahrensbeteiligte, StPO 105

638 Der Parteibegriff ist wie vorstehend angeführt auf die drei Hauptakteure beschränkt. Die anderen Personen, denen im Strafverfahren eine Funktion zukommt, werden in StPO 105 I lit. a-f aufgelistet. Dabei figurieren in Abs. 1 lit. a-d konkrete Rollenträger, während Abs. 1 lit. f im Sinn einer Generalklausel alle beschwerten Dritten erwähnt. Verfahrensbeteiligte ist zunächst nach Abs. 1 lit. a die **geschädigte Person** nach StPO 115, **ebenso das Opfer** nach 116 ff., soweit sie nicht als Privatkläger auftreten[12].

639 Lit. b dieser Norm nennt sodann den **Anzeigeerstatter**. Es ist dies die Person, die – ohne notwendigerweise Geschädigte zu sein – der zuständigen Behörde Mitteilung über einen begangenen Straftatbestand macht (StPO 301)[13]. Ist der Anzeigeerstatter nicht Geschädigter, kann er **aus seiner Anzeige unmittelbar keine Rechte** ableiten. Zwar stehen ihm gewisse Mitteilungsansprüche (näher StPO 301 II) hinsichtlich des Ausgangs des Verfahrens zu, nicht jedoch weitere Verfahrensrechte und namentlich keine Legitimation zu Rechtsmitteln[14]. Eine leichtfertige Anzeige kann jedoch zur Auferlegung der Kosten und zu einer Entschädigungspflicht führen (vgl. StPO 417, 420, 427, 432)[15].

640 Nach StPO 105 lit. b-e sind sodann der **Zeuge, die Auskunftsperson sowie der Sachverständige** als Verfahrensbeteiligte zu betrachten[16].

641 Lit. f nennt als Verfahrensbetroffene weiter im Sinn einer Generalklausel den durch **Verfahrenshandlungen (unmittelbar) beschwerten Dritten**. Von einem Strafverfahren können – namentlich als Reflexwirkung von Zwangsmassnahmen – Personen betroffen werden, die weder beschuldigte Personen noch Geschädigte sind. So sind Drittpersonen u.a. gehalten, **Einziehungen** (StGB 69 ff.; StPO 376 ff.)[17], **Hausdurchsuchungen** (StPO 244 ff.; VStrR 48 ff.), **Beschlagnahmungen** (StPO 263; VStrR 46 ff.[18]), die **Überwachungen ihres Fernmeldeanschlusses bzw. der Post** (StPO 270 lit. b) oder die **Abnahme von DNA-**

---

12 Dazu hinten N 682 ff. und N 693 ff.
13. Hinten N 1209 ff. Kein Anspruch auf Eintreten auf die Strafanzeige nach EMRK, VPB 56 (1992) Nr. 52.
14 Keine Teilnahme am Verfahren, SJ 124 (2002) 517; RS 1996 Nr. 115. Allerdings fliesst aus dem Öffentlichkeitsgrundsatz grundsätzlich ein *Anspruch auf Einsicht in ein Urteil*, vorne N 270, 284, bei legitimem Interesse sogar auf *Akteneinsicht*, N 629.
15 Hinten N 1762, 1794 ff., 1830; dazu BGE 96 I 531, 84 I 13. Wesentlich etwa das *Beschwerderecht*, wenn ein Zeugnisverweigerungsrecht abgelehnt wurde, StPO 174 II, hinten N 903.
16 Hierzu Botschaft 1163.
17 RS 1999 Nr. 568.
18 Keine Rechtsmittellegitimation wirtschaftlich Berechtigter einer aufgelösten Off-Shore-Gesellschaft, BGer 8.3.1999 i.S. S.D. ca. E.H.O.B. etc., teilweise publ. in NZZ Nr. 73 vom 29.3.1999; vgl. auch EBK Bulletin 45/2003 41, hinten N 1108 ff., 1464 Fn. 73.

Proben (StPO 255 ff.)[19] zu dulden. Ausnahmsweise haben Dritte jedoch aktiv mitzuwirken, was eine gesetzlich statuierte Pflicht voraussetzt. So wird angenommen, Zeitungen hätten in Nachachtung von StGB 68 (und damit die Medienfreiheit nach BV 17 einschränkend, vgl. nunmehr auch StPO 415 III) **Gerichtsurteile zu publizieren**[20]. Das Medienunternehmen gilt als Verfahrensbetroffener i.S. dieser lit. f. Verfahrensbetroffene sind ferner etwa **Journalisten usw., die nach StPO 70 von einer Gerichtsverhandlung ausgeschlossen wurden**[21].

Werden Verfahrensbetroffene im vorgenannten Sinn durch Verfahrenshandlungen unmittelbar in ihren Rechten tangiert, so stehen ihnen im Strafprozess in dem sie tangierenden Bereich **nach StPO 105 II gleiche Verfahrensrechte** wie der beschuldigten Person zu, also namentlich rechtliches Gehör (StPO 107), Anwesenheitsrechte (StPO 147 ff.) oder Rechtsmittel (StPO 379 ff., vgl. vor allem StPO 382 I). 642

4. Prozessfähigkeit, StPO 106

StPO 106 I besagt, dass eine **Partei Verfahrenshandlungen nur gültig vornehmen kann, wenn sie handlungsfähig ist**. Damit wird auf ZGB 13 Bezug genommen, nach welcher Bestimmung Handlungsfähigkeit, Volljährigkeit und Urteilsfähigkeit vorausgesetzt wird. Ist die Partei nicht handlungsfähig, wird sie durch ihre gesetzliche Vertretung vertreten (so StPO 106 II). Allerdings können höchstpersönliche Rechte von urteilsfähigen Personen selbst ausgeübt werden (Abs. 3, JStPO 19 II)[22]. Diese Regeln gelten vorab für die **Privatklägerschaft** nach StPO 104 **und die anderen Verfahrensbeteiligten** nach StPO 105. Da die Durchsetzung des staatlichen Strafanspruchs gegen die **beschuldigte Person** i.S. von StPO 111 eine Frage des öffentlichen Rechts ist und die Kriterien der zivilrechtlichen Handlungsfähigkeit nur bedingt gelten, sind für die Partei- und Verhandlungsfähigkeit besondere Kriterien zu beachten[23]. 643

5. Rechtliches Gehör und dessen Einschränkungen, StPO 107, 109 II und 108

Dazu näher im Zusammenhang mit StPO 3 II lit. c bzw. BV 29 II vorne N 104 ff. 644

---

[19] Zu diesen Zwangsmassnahmen hinten N 1136 ff. und zum selbstständigen Einziehungsverfahren N 1431 ff.
[20] Hinten N 1627. Auch Medium, das an Straftat nicht beteiligt war, allenfalls unter Androhung von StGB 292, BGE 113 IV 113.
[21] Vorne N 282 f.
[22] BGE 88 IV 111; ZR 79 (1971) Nr. 19; RS 1997 Nr. 310. Also kein Rechtsmittel des Vertreters bei Sexualdelikten z.N. einer urteilsfähigen minderjährigen Person gegen deren Willen, GVP 2006 Nr. 100 = RS 2007 Nr. 285. Hingegen keine Anerkennung von Zivilansprüchen durch urteilsfähigen Minderjährigen, GVP 2001 Nr. 74.
[23] Hinten N 663 ff.

§ 48 Verfahrenshandlungen der Parteien, StPO 109–110

Literaturauswahl: HAUSER/SCHWERI/HARTMANN § 43; PIQUEREZ (2006) N 682; SCHMID (2004) N 541.

STEFAN KNECHT, Willensmängel bei Prozesshandlungen des Beschuldigten, Diss. Zürich 1980.

Materialien: Aus 29 mach 1 S. 98; VE 71–113, 119–120; BeB 63, 86; ZEV 27 34; E 107 f.; Botschaft 1165; AB S 2006 1010, AB N 2007 952.

1. Verfahrenshandlungen der Parteien im Allgemeinen

645 Wie bereits bei der Besprechung von StPO 66 ff. dargelegt[24], werden Verfahrenshandlungen der Strafbehörden und jene der Parteien unterschieden. Während im früheren Zusammenhang die Verfahrenshandlungen allgemein und jene der Strafbehörden noch besonders dargestellt wurden, werden an dieser Stelle jene der Parteien besprochen.

2. Hauptsächliche Verfahrenshandlungen der Parteien

2.1. Eingaben, StPO 109

2.1.1. Begriff der Eingabe i.S. von StPO 109

646 Wie sich aus den nachstehenden Darlegungen ergibt, können die Parteien im Sinn einer Verfahrenshandlung in verschiedener Weise Einfluss auf den Ablauf des Strafprozesses nehmen. StPO 109 spricht indessen, die Sache nicht ganz treffend, **allein von Eingaben**[25], worunter man nach allgemeinem Sprachgebrauch Schriftsätze versteht. Der Begriff der Eingabe schliesst indessen auch mündliche Erklärungen vor Strafbehörden ein. Zu unterscheiden ist indessen nach dem **Inhalt der Verfahrenshandlung**:

2.1.2. Anträge

647 Mit **Anträgen** wird im Sinn von **Erwirkungshandlungen**[26] die Durchführung behördlicher Prozesshandlungen verlangt. Der Grundsatz des rechtlichen Gehörs[27] verlangt, dass die angesprochene Behörde den Antrag prüft und – soweit er zulässig ist – einen materiellen Entscheid darüber trifft und dem Antragsteller mitteilt. In der Regel sind solche Anträge abänderbar und widerrufbar.

---

[24] Vorne N 540.
[25] Aus 29 mach 1 S. 98 sprach von Anträgen und Erklärungen, VE 119 von Eingaben und Anträgen.
[26] Vorne N 541.
[27] Vorne N 104 ff.

2.1.3. Erklärungen

Erklärungen im Sinn von **Bewirkungshandlungen**[28] greifen unmittelbar gestaltend oder verändernd in die Prozesslage ein (z.B. Stellen eines Strafantrages; Rückzug oder Verzicht auf ein Rechtsmittel). Sie sind oft unabänderbar, unwiderruflich, bedingungsfeindlich und befristet. Umstritten und je nach Konstellation unterschiedlich zu beurteilen ist die Möglichkeit der **Anfechtung wegen Willensmängeln**: Sie fehlt nach der Praxis beim Rückzug des Strafantrags[29], ist aber bei anderen Erklärungen wie Rechtsmittelverzicht oder -rückzug tendenziell unter analoger Anwendung der Wiederherstellungsvorschriften (StPO 94; BGG 50) zu bejahen. Eine Anfechtung ist jedenfalls gegeben, wenn die Erklärung durch Täuschung, ein Delikt oder eine unrichtige Behördenauskunft ausgelöst wurde[30].

648

2.1.4. Aussagen

Aussagen sind in der Regel Wissenserklärungen und keine Prozesshandlungen, obwohl sie ihrerseits solche bewirken können. Die Grenzen sind allerdings fliessend. So ist z.B. das Geständnis als Bewirkungserklärung für den Erlass eines Strafbefehls bedeutsam (StPO 352 I).

649

3. Formalien der privaten Verfahrenshandlungen, vor allem der Eingaben, StPO 110

Verfahrenshandlungen im Sinn von Anträgen, Erklärungen usw. – die StPO spricht in Art. 109 f. wie vermerkt nur von **Eingaben** – können StPO 66 folgend im Regelfalle **mündlich**, d.h. vor der betreffenden Behörde zu Protokoll, oder **schriftlich**, d.h. mit einem datierten und unterzeichneten Schriftstück (StPO 110 I)[31] erfolgen. **Formstrenge** besteht nur dort, wo das Gesetz dies ausdrücklich vorsieht (vgl. StPO 110 III; etwa in StPO 396 I für die Einreichung der Beschwerde[32]). Damit wird u.a. Rücksicht darauf genommen, dass die StPO keinen Anwaltszwang vorsieht und es auch Laien möglich sein soll, Verfahrenshandlungen vorzunehmen. StPO 110 II (vgl. auch BGG 42 IV, 48 II) sieht unter den dort umschriebenen Bedingungen auch eine **elektronische Übermittlung**

650

---

[28] Näher vorne N 541.
[29] BGE 79 IV 100.
[30] Dazu etwa ZR 57 (1958) Nr. 131, 60 (1961) Nr. 46, 76 (1977) Nr. 111.
[31] E 108 III sah vor, dass schriftliche Eingaben in so vielen *Exemplaren zu erfolgen haben, dass das Gericht sowie alle Parteien damit bedient werden können.* Die Bestimmung ist vom Ständerat gestrichen worden, vgl. AB S 2006 1010. Ob das kantonale Recht eine solche Verpflichtung einführen kann, erscheint als fraglich. Verneint man eine solche Pflicht, hat die Strafbehörde die entsprechenden Kopien auf Staatskosten anzufertigen.
[32] Grundsatz noch ausdrücklich in VE 120 I, jetzt direkt nur in der Botschaft 1165 Mitte.

vor[33], das Gegenstück zu der von StPO 86 ermöglichten elektronischen behördlichen Zustellung[34]. Wird **Schriftlichkeit** verlangt, so wurde bisher die Möglichkeit, mittels Telex oder Telefax bzw. fernschriftlich Anträge zu stellen, primär wegen fehlender Originalunterschrift überwiegend abgelehnt[35], welche Ansicht mit Blick auf die heutigen Kommunikationspraktiken lebensfremd anmutet und aufgegeben werden sollte. Die jüngere Praxis hat immerhin die frühere **Formstrenge bei der Gültigkeit schriftlicher Prozesshandlungen stark gelockert (Verbot des überspitzten Formalismus)**[36]. Auf die Frage der **Verfahrenssprachen** (StPO 67) wurde bereits eingegangen[37]. StPO 110 IV räumt der Verfahrensleitung die Befugnis ein, unleserliche, **unverständliche, ungebührliche oder weitschweifige Eingaben zur Überarbeitung** innert Frist zurückzuweisen, mit der Androhung, dass die Eingabe unbeachtlich bliebe, falls sie nicht überarbeitet wird.

4. Möglichkeit der Vertretung

651 Die Parteien und weiteren Verfahrensbeteiligten können sich im Rahmen von StPO 127 ff. vertreten lassen, d.h., die **Verfahrenshandlung kann alsdann rechtsgültig vom Rechtsbeistand vorgenommen werden**[38].

---

[33] Näher Botschaft 1165. Es ist den Gerichten überlassen, ob sie überhaupt den elektronischen Verkehr zulassen wollen. Noch zum alten Recht Pra 95 (2006) Nr. 51 (elektronische Einsprache wurde, da in der anwendbaren Prozessordnung Schriftlichkeit verlangt wurde, als nicht genügend betrachtet. Hingegen überspitzter Formalismus, da nicht auf Mangel aufmerksam gemacht wurde). Dazu auch nachfolgend Fn. 35. Zur Thematik allgemein Anwaltsrevue 6–7/2009 304.
[34] Vorne N 601.
[35] Nach Botschaft 1165 zu StPO 110 soll bei *Schriftlichkeit auch die fernschriftliche Mitteilung zulässig sein*. Zur früheren Praxis, die die Zulässigkeit der erwähnten Substitutionstechniken tendenziell ablehnte, z.B. RS 1995 Nr. 760; Jdt 2002 III 32 = RS 2004 Nr. 485 (Strafantrag), sodass Telefax wie eine fotokopierte Unterschrift, BGE 112 Ia 173, nicht genüge. Anders VPB 59 (1995) Nr. 56 mit Hinweis darauf, dass üblicherweise (hier nach dem früheren OG 30 II) fehlende (Original-)Unterschriften nachgebracht werden können, welche Bestimmung jedoch nach dem neueren Grundsatzurteil BGE 121 II 252 nur für die versehentlich nicht angebrachte Unterschrift gilt. Zur Thematik ferner AGVE 1993 Nr. 47 S. 131 = RS 1996 Nr. 121. In ZR 96 (1997) Nr. 121 = SJZ 94 (1998) 114 Fax-Eingabe mit Blick auf Treu und Glauben als genügend betrachtet, da Gericht im offiziellen Telefonverzeichnis mit der Fax-Nummer, und diese ohne Einschränkungen aufgeführt war. Zu E-Mail-Eingaben vgl. den vorstehend erwähnten Pra 95 (2006) Nr. 51. – Es versteht sich von selbst, dass die hier behandelten Einschränkungen nicht gelten, wenn ein E-Mail-Verkehr nach StPO 110 II gewählt wird.
[36] Näher Pra 91 (2002) Nr. 83 S. 470; BGE 112 Ia 305, 102 Ia 37, 106 Ia 306; vgl. sodann auch BGE 117 Ia 126; 119 Ia 4; Pra 86 (1997) Nr. 34, 85 (1996) Nr. 70; RS 1996 Nr. 119 (Strafantrag auf Französisch).
[37] Vorne N 550 f.
[38] Näher nachstehend N 718 ff.

5. Zeit und Ort der Verfahrenshandlung

Wie sich bereits aus den vorstehenden Ausführungen ergibt, ist das Strafverfahren, welches die StPO vorgibt, von **weitgehender Formfreiheit geprägt**, was auch bezüglich Frist- und Ortsgebundenheit der Verfahrenshandlungen der Parteien durchschlägt. **Fristen** sind im Strafprozess in aller Regel nur bei den erwähnten Bewirkungshandlungen und hier in erster Linie bei der Anmeldung bzw. Begründung von Rechtsmitteln (etwa StPO 396 I, 399 I; BGG 100 f.) bedeutsam[39]. Damit Verfahrenshandlungen die vorgesehene Wirkung entfalten, sind sie **am richtigen Ort bzw. bei der zuständigen Behörde vorzunehmen**. Im Strafverfahren ist diese Frage wiederum nur bei den fristgebundenen Bewirkungshandlungen praktisch bedeutsam. Die Zustellung an die falsche Behörde schadet allerdings wie erwähnt grundsätzlich nicht (StPO 91 IV)[40].

652

---

[39] Zu den Fristen allgemein vorne N 605 ff.
[40] N 609.

2. Teil: Beschuldigte Person, StPO 111–114

§ 49 Beschuldigte natürliche Person, StPO 111, 113 und 114, JStPO 19

Literaturauswahl: neben der zu § 48 erwähnten Literatur AESCHLIMANN N 506; HAUSER/SCHWERI/HARTMANN § 39; MAURER 119, OBERHOLZER N 362; PIQUEREZ (2006) N 461; DERS. (2007) N 411; SCHMID (2004) N 455.

PETER HUBER, Die Stellung des Beschuldigte Person – insbesondere seine Rechte – in der Strafuntersuchung (unter besonderer Berücksichtigung des Kantons Zürich), Diss. Zürich 1974; FRANK TH. PETERMANN, Aussageverweigerung und anwaltliche Sorgfalt, Z 124 (2006) 405; JÖRG REHBERG, Zur «Prozessfähigkeit» des Beschuldigte im Strafverfahren, FS H.U. Walder, Zürich 1994, 243; REGULA SCHLAURI, Das Verbot des Selbstbelastungszwangs im Strafverfahren, Zürich 2003; MARTIN SCHUBARTH, Zur Tragweite des Grundsatzes der Unschuldsvermutung, Basel und Stuttgart 1978; HANS WALDER, Die Vernehmung des Beschuldigten (dargestellt am Beispiel des zürcherischen und deutschen Strafprozessrechts), Hamburg 1965; WOLFGANG WOHLERS/GUNNHILD GODENZI, Strafbewehrte Verhaltenspflichten nach Verkehrsunfällen – unzulässiger Zwang zur Selbstbelastung? AJP 14 (2005) 1045; SVEN ZIMMERLIN, Der Verzicht des Beschuldigten auf Verfahrensrechte im Strafprozess, Zürich 2008 (Zürcher Studien zum Verfahrensrecht Nr. 156).

Materialien: Aus 29 mach 1 S. 84; VE 121–123; BeB 87 ff.; ZEV 34 f.; E 109–112; Botschaft 1166 ff.; AB S 2006 1010 f., AB N 2007 952.

1. Begriff der beschuldigten Person

653 Unter beschuldigter Person versteht man im Sinn eines Oberbegriffes jene primär natürliche[41] Person, die in einer Strafanzeige, einem Strafantrag oder von einer Strafbehörde in einer Verfahrenshandlung einer Straftat verdächtigt, beschuldigt oder angeklagt wird (so StPO 111 I). Dieser Begriff gilt für das gesamte Verfahren von den polizeilichen Ermittlungen hin bis zur rechtskräftigen Verurteilung, somit also auch im Rechtsmittelverfahren. Damit entfallen die in den früher anwendbaren Prozessordnungen je nach Verfahrensstufe zu findenden Unterscheidungen wie Verdächtiger (für das polizeiliche Ermittlungsverfahren), Angeschuldigter (während der staatsanwaltschaftlichen Untersuchung), Angeklagter (nach Anklageerhebung, vorab im Gerichtsverfahren) usw. In wenigen Konstellationen verwendet die StPO jedoch zur Klarstellung abweichende Bezeichnungen, so, wenn in StPO 231 I (analog etwa StPO 440 I) bestimmt wird, dass das erstinstanzliche Gericht nur bei einem Schuldspruch («*verurteilte Person*») die Sicherheitshaft anordnen kann[42].

654 StPO 111 II stellt klar (eine weitere, materielle Bedeutung hat diese Norm nicht), dass in gewissen Fällen eine Person verfahrensmässig als beschuldigt zu gelten

---

[41] Zur prozessualen Stellung des Unternehmens hinten N 675 ff.
[42] Botschaft 1166.

hat, deren Strafverfahren zwar rechtskräftig abgeschlossen ist, dieses aber aus bestimmten Gründen wieder aktiviert werden soll. Es sind dies jene Personen, deren **Voruntersuchung nach einer Einstellung** (StPO 323)[43] bzw. nach einer **Verurteilung auf dem Weg der Revision** (StPO 410 ff.)[44] wieder aufgenommen werden soll[45].

2. Abgrenzung der beschuldigten Person vom Zeugen und von der Auskunftsperson

2.1. Beschuldigte Person und Zeuge

Theoretisch ist die Rollenverteilung insoweit klar, dass als beschuldigt jene Person zu betrachten ist, gegen die sich das auf Durchsetzung des staatlichen Strafanspruches eingeleitete Verfahren richtet, während Zeuge jene Person ist, die – ohne beschuldigt in diesem Sinn zu sein – ihr Wissen über deliktsrelevante Vorgänge in ein Verfahren der fraglichen Art einbringt. In diesem Sinn kommt ein bestimmter Mensch in einem konkreten Verfahren letztlich nur entweder als Beschuldigte Person oder aber als Zeuge in Frage. Entgegen etwa dem angloamerikanischen Verfahrensrecht kann die beschuldigte Person *a priori* nicht Zeugin in eigener Sache sein. Praktisch ergeben sich aber doch **Abgrenzungsprobleme**: 655

2.1.1. Häufig ist in der ersten Phase einer Strafuntersuchung **unklar**, ob der zu Befragende als beschuldigte Person oder aber als Zeuge bzw. Auskunftsperson in Frage kommt. Als Ausfluss des Grundsatzes der Unschuldsvermutung ist davon auszugehen, dass eine Person ohne Hinweise, die auf eine strafrechtlich relevante Mitwirkung (Täterschaft, Anstiftung, Gehilfenschaft; Nachtäterschaft wie Hehlerei, Begünstigung, Geldwäscherei) am inkriminierten Sachverhalt hindeuten, als unbeteiligt und demgemäss grundsätzlich als Zeuge zu gelten hat. Bestehen für die zuständige Behörde konkrete Verdachtsgründe, die für eine deliktische Mitwirkung sprechen, so ist die betreffende Person als beschuldigte Person zu betrachten, und das weitere Verfahren hat sich danach zu richten. Entscheidend ist somit diese **materielle Beschuldigteneigenschaft**, nicht der Umstand, ob dem Wortlaut von StPO 111 I folgend formell bereits eine entsprechende Beschuldigung gegen die betreffende Person erhoben wurde. 656

2.1.2. Es schliesst sich die Frage an, wie vorzugehen ist, wenn zu Beginn des Verfahrens die Rollen, gestützt auf die damalige Situation, **falsch verteilt** wurden und dies während des weiteren Verfahrens erkannt wird. Wird jemand zu **Unrecht als beschuldigte Person betrachtet** und stellt sich später heraus, dass er nur Zeuge ist, so ist das Verfahren gegen ihn zunächst durch Einstellung 657

---

[43] Hinten N 1264.
[44] Hinten N 1582 ff.
[45] Botschaft 1166.

(StPO 319 ff.; allenfalls Nichtanhandnahmeverfügung nach StPO 310) oder Freispruch (StPO 348 ff.) rechtskräftig zu erledigen, worauf er als Zeuge einvernommen werden kann[46].

658 Im umgekehrten Fall – **ein als Zeuge Befragter entpuppt sich später als beschuldigte Person** – ist der Rollenwechsel unproblematisch: Dem Betreffenden wird eröffnet, dass er nunmehr als beschuldigte Person ins Verfahren einbezogen und gegen ihn eine Untersuchung eröffnet wird (StPO 309). Nach der vorerwähnten herrschenden materiellen Lehre sind allfällige falsche Aussagen, die der irrtümlich als Zeuge einvernommene Beschuldigte machte, nicht als falsches Zeugnis nach StGB 307 zu betrachten. Eine (materiell) als beschuldigte Person in Frage kommende Person kann von vornherein nicht Zeugin sein[47]. Solche Aussagen dürfen nicht als Beweise gegen ihn selbst verwendet werden[48].

659 Wird jemand zunächst **irrtümlich als Auskunftsperson**[49] befragt und erweist sich diese Person **nachträglich als eine materiell beschuldigte Person**, so kann die Person fortan als solche behandelt werden[50].

660 *2.1.3.* Die beschuldigte Person kann ebenfalls nicht Zeugin gegen **Mitbeschuldigte** sein. Es muss sich nicht um das gleiche Strafverfahren handeln, ja, ein solches muss noch nicht eröffnet sein. Eine Zeugeneinvernahme ist demgemäss ausgeschlossen, wenn der Verdacht besteht, dass der zu Befragende sich im Zusammenhang mit dem primär gegen andere Personen geführten Verfahren direkt (z.B. als Mittäter, Teilnehmer) oder indirekt (als Hehler, Begünstiger, Täter einer falschen Anschuldigung) selbst strafbar gemacht haben dürfte[51]. Möglich ist aber eine **Einvernahme der mitbeschuldigten Person im gleichen Verfahren als beschuldigte Person**. Sind die **Verfahren getrennt**, erfolgt die Einvernahme im anderen Verfahren als Auskunftsperson[52]. Es ist hingegen grundsätzlich zulässig, nach rechtskräftiger Erledigung des Verfahrens die betreffende, **ursprünglich beschuldigte Person als Zeugin**, z.B. über die Rolle ihrer Mittäter, einzuvernehmen.

2.2. Beschuldigte Person und Auskunftsperson

661 Wenn auch im Prinzip jede Person mit Blick auf einen konkreten Deliktsverdacht nur entweder beschuldigte Person oder Zeuge ist, so lassen sich diese **Rollen, wie schon vorstehend zum Ausdruck kam, in der Praxis oft nicht leicht auseinanderhalten.** Insbesondere ist fraglich, welcher Grad an Tatverdacht

---

[46] Wahl zwischen Einvernahme als Zeuge oder Auskunftsperson war vorgesehen in VE 186 II.
[47] SJZ 63 (1967) 137, 62 (1966) 209, 225.
[48] SJZ 62 (1966) 210.
[49] Dazu hinten N 908 ff.
[50] Zur *Verwertbarkeit* der früheren Aussagen als Auskunftsperson hinten N 927 ff.
[51] SJZ 63 (1967) 137, 62 (1966) 209; ZR 66 (1967) Nr. 156 = SJZ 64 (1968) 151.
[52] Hinten N 916 ff.

notwendig ist, damit eine Person nicht mehr als Zeuge, sondern als beschuldigte Person zu betrachten ist. Ist die Rolle des zu Befragenden unklar, sollten sich die Behörden im Interesse des zu Befragenden wie auch der Wahrheitsfindung nicht auf die eine oder andere festlegen müssen. Deshalb hat das schweizerische Strafprozessrecht in jüngerer Zeit die **Zwischenfigur der Auskunftsperson** entwickelt. Sie findet sich nunmehr ebenfalls in StPO 178 ff.[53]

3. Parteifähigkeit und Prozessfähigkeit der beschuldigten Person

In Anlehnung an das Zivilprozessrecht, aber teilweise davon abweichend, wird im Strafverfahren mit Blick auf die beschuldigte Person unterschieden zwischen:

3.1. Parteifähigkeit

Als beschuldigte Person kommt nur eine Person in Frage, welche **gemäss materiellem Strafrecht Täter eines Straftatbestandes sein kann**. Die Parteifähigkeit richtet sich mithin nach materiellem Strafrecht, also nicht nach Bundeszivilrecht. Parteifähig im Strafrecht ist grundsätzlich jede natürliche Person[54], die das 10. Altersjahr zurückgelegt hat (JStGB 3 I).

662

3.2. Prozess-, Vernehmungs- und Verhandlungsfähigkeit, StPO 114

3.2.1. Prozessfähigkeit in einem weiteren Sinn ist die **Fähigkeit, als beschuldigte Person in einem Strafverfahren eine passive und aktive Rolle zu spielen**[55]. Strafverfahren können m.a.W. nur gegen Personen durchgeführt werden, die prozessfähig sind. Diese zunächst **passive Rolle** erfordert die **Vernehmungs- und Verhandlungsfähigkeit**, d.h., die beschuldigte Person muss psychisch und physisch in der Lage sein, bei der fraglichen Verfahrenshandlung anwesend zu sein, den Verhandlungen zu folgen und die gegen sie erhobenen Beschuldigungen zu verstehen und dazu mit Blick auf ihre Verantwortlichkeit vernünftig Stellung zu nehmen (sinngemäss StPO 114 I). An diese Fähigkeit sind nicht hohe Anforderungen zu stellen, zumal die der beschuldigte Person zustehenden Verfahrensrechte weitgehend von der Verteidigung wahrgenommen werden können[56]. Entscheidend für die Beurteilung der Verhandlungsfähigkeit ist dabei der Zustand im Zeitpunkt der Verfahrenshandlung, nicht der Tat.

663

---

53 Einlässlich hinten N 908 ff.
54 Zum Unternehmen, der juristischen Person, hinten N 675 ff.
55 Zur Prozessfähigkeit im Allgemeinen vgl. StPO 106, vorne N 643. – Etwas anders ist die Partei- und Prozessfähigkeit *im Zivilprozessrecht* umschrieben, vgl. ZPO 66 und 67.
56 Dazu Pra 99 (2009) Nr. 26, E 1.3.; ZR 69 (1970) Nr. 65; ZBJV 129 (1993) 319. Zur (allenfalls fehlenden) Prozessfähigkeit psychopathischer Querulanten BGE 118 Ia 236.

664 **Verfahrenshandlungen gegen beschuldigte Personen, denen die Vernehmungs- oder Verhandlungsfähigkeit vollständig abgeht**, sind grundsätzlich unbeachtlich, soweit sie an solchen teilzunehmen haben (eigene Einvernahme; Hauptverhandlung). Wesentlich ist, dass in diesem Fall eine Vertretung durch den gesetzlichen Vertreter entgegen dem Zivil- und Zivilprozessrecht nicht möglich ist. Zulässig sind hingegen Untersuchungsmassnahmen, die darauf angelegt sind, die Frage der Zurechnungs- bzw. Prozessfähigkeit abzuklären, also z.B. ein Gutachten nach StGB 20.

665 Wie ist vorzugehen, wenn die **Verhandlungsfähigkeit vorübergehend fehlt**? Nach StPO 114 II sind bei vorübergehender Verhandlungsfähigkeit unaufschiebbare Verfahrenshandlungen in Anwesenheit der Verteidigung durchzuführen. Sind solche Verfahrenshandlungen erforderlich, liegt ein Fall notwendiger Verteidigung nach StPO 130 lit. c vor[57]. Im Übrigen ist die Wiederherstellung der Verhandlungsfähigkeit abzuwarten. Fehlen die genannten Fähigkeiten, die als Prozessvoraussetzungen[58] zu betrachten sind, vorübergehend, aber doch während längerer Zeit, ist das Strafverfahren nach StPO 114 III in Anwendung von StPO 314 I lit. a einstweilen zu sistieren.

666 Ist die **Verhandlungsfähigkeit unwiederbringlich verloren**, ist das Verfahren nach StPO 319 ff. definitiv einzustellen (StPO 114 III)[59]. Vorbehalten sind jedoch – was StPO 114 III Satz 2 ausdrücklich erwähnt – **Massnahmen gegen schuldunfähige beschuldigte Personen** (StGB 19 IV; StPO 374 f.)[60]; bei diesen ist Verhandlungsfähigkeit nach StPO 114 nicht erforderlich.

667 *3.2.2.* Zur Prozessfähigkeit gehört sodann die Möglichkeit der beschuldigten Person, im Verfahren durch das Stellen von Anträgen, das Ergreifen von Rechtsmitteln usw. eine **aktive Rolle** zu spielen (nachstehend Ziff. 4.2.).

4. Stellung der beschuldigten Person, StPO 113

Aus der Zielsetzung des Strafprozesses ergibt sich, dass die beschuldigte Person zunächst als

4.1. Objekt des Strafverfahrens

668 eine **passiv-duldende** Rolle spielt: Sie hat **Zwangsmassnahmen** wie Untersuchungshaft (StPO 224 ff.)[61], körperliche und andere Durchsuchungen bzw. Un-

---

[57] Hinten N 730 ff.
[58] Allgemein vorne N 315 ff.
[59] Pra 99 (2009) Nr. 26 E.1.2. unter Verweis auf E 112 III = StPO 114 III. – Diesfalls auch keine weiteren Untersuchungshandlungen, ZR 69 (1970) Nr. 65; RS 1974 Nr. 679. – Zur Einstellung hinten N 1247 ff.
[60] Zu dieser Massnahme hinten N 1425 f. Verhandlungsfähigkeit ist z.B. bei *selbstständigen Einziehungen* nach StPO 376 ff. ebenfalls nicht erforderlich.
[61] Hinten N 1014 ff.

tersuchungen (StPO 241 ff.)⁶², Hausdurchsuchungen (StPO 244 ff.) bis hin zum Freiheitsentzug als Strafe zu dulden (so StPO 113 I Satz 3). Sie muss sodann dulden, dass die Ergebnisse solcher Zwangsmassnahmen wie auch ihre eigenen Aussagen⁶³ als Beweismittel gegen sie verwendet werden. Es entspricht dem heutigen Verständnis des Strafprozessrechts, dass diese Duldungspflichten vermehrt durch die dabei zu beachtenden Grundrechte, vorab die Menschenwürde, eingeschränkt werden⁶⁴.

4.2. Beschuldigte Person als Verfahrenssubjekt

Der beschuldigten Person werden von der Rechtsordnung in zunehmendem Mass aktiv-gestaltende **Mitwirkungsrechte** eingeräumt, d.h., sie kann selbst oder durch ihren Verteidiger durch aktive Teilnahme an behördlichen Verfahrenshandlungen, durch Akteneinsicht und das Stellen von Verfahrensanträgen in das Prozessgeschehen eingreifen und dieses selbst zu beeinflussen suchen. Es handelt sich dabei um Ausflüsse des Anspruches auf rechtliches Gehör⁶⁵. Zumeist geht es um die Wahrung höchstpersönlicher Rechte, die gemäss ZGB 19c I Urteilsfähigkeit, nicht aber Handlungsfähigkeit voraussetzen (StPO 106 III). Auf diese Mitwirkungs- und Teilnahmerechte wird im Folgenden an entsprechender Stelle näher einzugehen sein⁶⁶. 669

Aus der Rolle der beschuldigten Person folgt im Weiteren, dass sie im nachstehend zu beschreibenden Sinn **keine Mitwirkungspflichten** trifft (StPO 113 I Satz 2). Solche setzen bei allen Verfahrensbeteiligten eine gesetzliche Grundlage voraus. Ausserhalb der vorgenannten Duldungspflichten bestehen solche nur insoweit, als eine **Erscheinenspflicht** bei Verhandlungen vor dem Staatsanwalt und den urteilenden Gerichten (StPO 201 ff., 336 I) besteht. Zu diesem Zweck kann eine beschuldigte Person allenfalls vorgeführt (StPO 207 ff.) oder bei Fluchtgefahr in Untersuchungshaft (StPO 221 I lit. a)⁶⁷ gesetzt werden. Im Rahmen dieser Erscheinenspflichten kann sie auch zu **Konfrontationen** mit Zeugen oder mitbeschuldigten Personen gezwungen werden (StPO 146 II). 670

Eine **Pflicht**, durch **aktives Verhalten** die Untersuchung zu fördern und so zu ihrer eigenen Überführung beizutragen, trifft die beschuldigte Person nicht. **Vor allem kann sie nicht gezwungen werden, sich selbst durch Aussagen sowie sonstiges Verhalten zu belasten** («*nemo tenetur se ipsum accusare*»; StPO 113 I Satz 1, 158 I lit. b)⁶⁸. 671

---

⁶² Hinten N 1061 ff.
⁶³ Hinten N 855 ff.
⁶⁴ Hinten N 972 f.
⁶⁵ Vorne N 104 ff.
⁶⁶ Vor allem hinten N 821 ff.
⁶⁷ Hinten N 968 ff. und N 1022.
⁶⁸ Zum Teil wird *Schweigerecht aus der Unschuldsvermutung und EMRK 6 Ziff. 1 abgeleitet*, ausdrücklich ist es in IPBPR 14 Ziff. 3 lit. g enthalten, dazu Pra 90 (2000) Nr. 110

So bestehen keine

672 – **Aussagepflichten**, was in StPO 113 I besonders erwähnt ist. Die beschuldigte Person kann ganz oder teilweise schweigen, ohne dass dies zu Sanktionen führt. Sie kann auch nicht zur Abgabe von Sprech-, Geh- oder Schriftproben gezwungen werden[69];

673 – **Editionspflichten** nach StPO 265; sie ist nicht verpflichtet, Beweisstücke wie Urkunden, Tatwaffen usw. im Verfahren vorzulegen[70], und es trifft sie keine

674 – **Wahrheitspflichten**[71].

§ 50 Unternehmen als beschuldigte Person, StPO 112

Literaturauswahl: neben der zu §§ 48 und 49 erwähnten Literatur MAURER 121, OBERHOLZER N 355; PIQUEREZ (2006) N 469; SCHMID (2004) N 455, 466.

GUNTHER ARZT, Schutz juristischer Personen gegen Selbstbelastung, Besprechungsaufsatz, Juristenzeitung (JZ) 58 (2003) 456; DERS., Strafverfahren ohne Menschenrechte gegen juristische Personen, FS M. Burgstaller, Wien/Graz 2004, 221; CARLO ANTONIO BERTOSSA, Unternehmensstrafrecht – Strafprozess und Sanktionen, Bern 2003 (ASR Nr. 674); URSULA CASSANI, Droit pénal économique 2003–2005. Actualité législative, in: Aktuelle Anwaltspraxis 2005, Hrsg. Walter Fellmann/Tomas Poledna, Bern 2005, 686; ANDREAS DONATSCH/BRIGITTE TAG,

---

E. 3, ZBJV 142 (2006) 832; BGer 14.3.2001, 8G.55/2000 in SZIER 2002 449 = RS 2007 Nr. 173. – Keine Pflicht, bei Einvernahmen anstelle des Untersuchungsbeamten Fragen aufzuwerfen, welche sich allenfalls zu seinem Nachteil auswirken, SJZ 99 (2003) 310. – Zur (kontrovers beantworteten) Frage, inwieweit die *Pflichten aus SVG 51, 91 und 92* EMRK-konform sind, BGer 22.12.2004 in SJZ 101 (2005) 119 = BGE 131 IV 36 ff. (Grundsatz gilt im Prinzip nur dem Staat gegenüber), kritisch zu diesem Entscheid SJZ 101 (2005) 394 und Beitrag von WOHLERS/GODENZI sowie R. KIENER in ZBJV 142 (2006) 831 f. sowie ZBJV 144 (2008) 31. Vgl. ferner AJP 11 (2002) 225. Pflicht des Autohalters, Lenker des Fahrzeugs zu bezeichnen, widerspricht nicht ohne weiteres dieser Maxime, so Pra 93 (2004) Nr. 62 = SJZ 101 (2005) 241, Pra 89 (2000) Nr. 110; SJ 126 (2004) 293. Zur (zulässigen) strafbewehrten Pflicht, Verantwortlichen einer Geschwindigkeitsüberschreitung zu nennen, EGMR 29.6.2007 i.S. O'Holloran u.a. gegen UK, etwa in NJW 61 (2008) 3549, besprochen von W. WOHLERS in FP 1/2008 2. – Grundsatz *nemo tenetur* gilt ebenso im *Steuerrecht*, m.w.H. ST. TRECHSEL in Z 123 (2005) 256. Steuerpflichtiger darf nicht dazu verpflichtet werden, durch Auskunftspflichten und Ordnungsbussen zur eigenen Verurteilung beizutragen, EGMR in VPB 65 (2001) Nr. 128 und AJP 12 (2003) 94 und diesem Entscheid folgend nunmehr DBG 153 I[bis] und 183 I und I[bis], SR 642.1, sowie StHG 53 IV und 57a, SR 642.14, beide in der Fassung vom 20.12.2006, BBl 2007 5. – Reichweite von *nemo tenetur* unklar im Bereich der *verdeckten Ermittlung* nach StPO 286 ff., hinten N 1184.

[69] Hinten N 1106 f. Aussageverweigerung darf grundsätzlich *nicht zum Nachteil der beschuldigten Person ausgelegt werden*, m.w.H. vorne N 231, hinten N 861.

[70] Hinten N 1125 ff.

[71] Vorne N 159 f. Die beschuldigte Person, die wahrheitswidrig eine Straftat bestreitet, macht sich gegenüber dem Anzeigeerstatter, der alsdann als falscher Anschuldiger dasteht, nicht einer Ehrverletzung schuldig, BGE 80 IV 60; SJZ 74 (1978) 128.

Strafrecht I, 8. Aufl., Zürich 2006, § 37; MARC ENGLER, Die Vertretung des beschuldigten Unternehmens (Arbeiten aus dem Iuristischen Seminar der Universität Freiburg Bd. 277), Zürich 2008; MATTHIAS FORSTER, Die strafrechtliche Verantwortlichkeit des Unternehmens nach Art. 102 StGB, Bern 2006 (ASR 723); GÜNTER HEINE, Das kommende Unternehmensstrafrecht (Art. 100quater ff.), Z 121 (2003) 24; DERS., Praktische Probleme des Unternehmensstrafrechts, SZW 77 (2005) 17; CHRISTOPH HOHLER/NIKLAUS SCHMID, Die Stellung der Bank und ihrer Mitarbeiter im Strafverfahren unter besonderer Berücksichtigung von Art. 100quater f., AJP 14 (2005) 515; BSK-Strafrecht I 2. Auflage MARCEL ALEXANDER NIGGLI/GERHARD FIOLKA, Kommentierung von Art. 102a; MARIO POSTIZZI, Sechs Gesichter des Unternehmensstrafrechts, Basel/Genf/München 2006 (Basler Studien zur Rechtswissenschaft, Reihe C: Strafrecht, Bd. 16); JOSÉ HURTADO POZO, Quelques réflexions sur la responsabilité pénale de l'entreprise, FS N. Schmid, hrsg. von JÜRG-BEAT ACKERMANN/ANDREAS DONATSCH/JÖRG REHBERG, Zürich 2001, 187; SANDRINE JOMINI, La responsabilité pénale des collectivités publiques et des fonctionnaires, Z 120 (2002) 26; ALAIN MACALUSO, La responsabilité pénale de l'entreprise. Commentaire des art. 100quater et 100quinquies CP, Zurich 2004; LAURENT MOREILLON, La responsabilité pénale de l'entreprise, Z 117 (1999) 325; MARCEL A. NIGGLI/NATALIA SCHMUKI, Das Unternehmensstrafrecht (Art. 100quater/102 revStGB), Anwaltsrevue 9/2005, 347; MARK PIETH, Risikomanagement und Strafrecht, Festgabe zum Schweizerischen Juristentag, Basel 2004, 597; DENIS PIOTET, Le tiers protégé face à la confiscation pénale et la punissabilité de la personne morale, FS N. Schmid, Zürich 2001, 216; ROBERT ROTH, Responsabilité pénale de l'entreprise, modèles de réflexion, Z 115 (1997) 345 ff.; DERS. L'entreprise, nouvel acteur pénal, in: La responsabilité pénale du fait d'autrui, Publication CEDIDAC Nr. 49, Lausanne 2002, 77; NIKLAUS SCHMID, Einige Aspekte der Strafbarkeit des Unternehmens nach dem neuen Allgemeinen Teil des Schweizerischen Strafgesetzbuchs, FS P. Forstmoser, hrsg. von HANS CASPAR VON DER CRONE/ROLF H. WEBER/ROGER ZÄCH/DIETER ZOBL, Zürich 2003, 761; DERS., Strafbarkeit des Unternehmens: die prozessuale Seite, recht 21 (2003) 201. KURT SEELMANN, Unternehmensstrafbarkeit: Ursachen, Paradoxien, Folgen, FS N. Schmid, hrsg. von JÜRG-BEAT ACKERMANN/ANDREAS DONATSCH/JÖRG REHBERG, Zürich 2001, 169; GÜNTER STRATENWERTH, Zurechnungsprobleme im Unternehmensstrafrecht, FS M. Burgstaller, Wien/Graz 2004, 191; WOLFGANG WOHLERS, Die Strafbarkeit des Unternehmens, SJZ 96 (2000) 381.

Materialien: VE 121–123; BeB 87 f.; ZEV 35; E 110; Botschaft 1166 ff.; AB S 2006 1010 f., AB N 2007 952.

1. Allgemeines

Beschuldigte Person konnte nach früherer, traditioneller Betrachtungsweise nur eine individualisierte **natürliche, nicht aber eine juristische Person, ein Unternehmen**[72] sein. Bis in die jüngste Vergangenheit konnte (mit gewissen Ausnahmen, etwa in VStrR 6) für fehlbares Verhalten nur das Individuum, nicht aber der Verband bestraft werden. Im Jahre 2003 schuf jedoch der Bundesgesetzgeber, dem internationalen Trend folgend, im jetzigen StGB 102 die gesetzlichen Grundlagen, um Unternehmen mit Strafsanktion, d.h. Busse, belegen zu können. Gleichzeitig wurden in StGB 102a einige wenige prozessuale Regeln zum Un- 675

---

[72] Unzulässig deshalb Bezeichnungen wie: *«Der Vorstand des X-Vereins»* oder: *«Die Verantwortlichen der Y. AG».*

ternehmensstrafrecht aufgestellt, deren Schwergewicht bei der Vertretung des Unternehmens im Strafverfahren lag.

676 Diese prozessualen Regeln von StGB 102a wurden in leicht modifizierter und erweiterter Form in StPO 112 überführt. Der Gesetzgeber war sich dabei bewusst, dass es sich bei diesen Regeln – die sich primär wiederum mit der Vertretung des Unternehmens im Strafverfahren befassen – nur um ein «**Minimalprogramm**» handelt, da es zu weit führen würde, alle Besonderheiten, die ein Strafverfahren gegen ein Unternehmen mit sich bringt, gesetzgeberisch lösen zu wollen[73]. So lässt der Gesetzgeber beispielsweise offen, wie vorzugehen ist, wenn das Unternehmen durch Konkurs oder Fusion untergeht, zumal es sich hier teilweise um materiellrechtliche Probleme (bleibt die Prozessfähigkeit[74] erhalten?) geht. Enthält die StPO keine besonderen Bestimmungen zum Verfahren gegen Unternehmen, **gelten die allgemeinen, für die natürlichen Personen geltenden Regeln**. Diese sind allenfalls sinngemäss auf die Besonderheiten des Verfahrens gegen Unternehmen umzusetzen[75].

2. Von StGB 102 bzw. StPO 112 betroffene Unternehmen

677 StGB 102 IV ist dafür massgebend, auf welche Unternehmen StPO 112 anwendbar ist. Es sind dies **juristische Personen des Privatrechts** wie Vereine, Stiftungen, Aktiengesellschaften, Genossenschaften usw., **juristische Personen des öffentlichen Rechts** mit Ausnahme der Gebietskörperschaften wie Gemeinden, **Gesellschaften** wie Kollektiv-, Kommandit- und einfache Gesellschaften sowie **Einzelfirmen,** worunter kongruent mit StGB 29 lit. c **Personen und Personengemeinschaften** zu verstehen sind, die ein Handels- oder Fabrikationsgewerbe betreiben oder eine andere wirtschaftliche Tätigkeit nach kaufmännischen Grundsätzen verfolgen.

3. Vertretung des Unternehmens, StPO 112 I–III

678 Das Unternehmen kann die eigentlich auf eine natürliche Person zugeschnittene Rolle der beschuldigten Person nicht selbst spielen; dafür muss sie **eine Vertretung bestellen**. Denkbar wäre gewesen, die dafür nach Gesellschaftsrecht zuständigen Personen, die das Unternehmen auf zivilrechtlicher Ebene vertreten, zu bestimmen. StPO 112 I–III sieht dafür indessen besondere Regeln vor. Allenfalls

---

[73] Botschaft 1167 oben. Massgeblich war auch die Annahme, dass Strafverfahren gegen Unternehmen eher selten sein werden, was sich mittlerweile bestätigte.
[74] Zur Prozessfähigkeit allgemein vorne N 663 ff.
[75] Botschaft 1167.

wird ein externer Vertreter bestimmt (StPO 112 III a.E.), was allerdings problematisch ist[76].

4. Zuständigkeit bei der Verfolgung von Unternehmen, StPO 112 IV

StPO 112 IV (welche Bestimmung im früheren StGB 102a nicht figurierte) sieht die **Möglichkeit der Vereinigung der Verfahren** vor, wenn diese wegen des gleichen oder eines damit zusammenhängenden Sachverhalts sowohl gegen das Unternehmen wie auch gegen eine natürliche Person geführt wird. Damit wird der Grundgedanke von StPO 29 (**Grundsatz der Verfahrenseinheit**) aufgenommen[77]. Es handelt sich hier um eine Sonderregel, die sowohl die Zuständigkeitsvorschriften von StPO 22–28 wie auch die Gerichtsstandsnormen von StPO 31–38 betrifft, ebenso jene über die sachliche Zuständigkeit, etwa nach StPO 19 II oder jene gemäss Gerichtsorganisationsrecht des Bundes und der Kantone. Massgebend ist dabei der **Gerichtsstand am Sitz des Unternehmens** (StPO 36 II)[78]. 679

Für solche Vereinigungen kommen naheliegenderweise vorab Verfahren in Frage, die sich i.S. von StGB 102 II **kumulativ gegen eine Einzelperson wie das Unternehmen richten**. Ein solches einheitliches Verfahren ist ebenfalls in Fällen denkbar, in denen zunächst nicht feststeht, ob ein Beschuldigter zu ermitteln ist. 680

---

[76] Also ein *aussenstehender Dritter, z.B. ein Anwalt*. Zu Ende gedacht ist gerade die Rolle dieses Dritten zu wenig, denn der Unternehmensvertreter ist nicht nur Vertreter wie der Verteidiger bzw. der Anwalt in Verfahren generell. Wegen seiner Zwitterstellung sollte er auch (da das Unternehmen im Verfahren grundsätzlich allein durch ihn handeln kann) das im Unternehmen vorhandene sachrelevante Wissen ins Strafverfahren einbringen. Selbstverständlich ist niemand verpflichtet, dieses wenig attraktive Vertreteramt zu übernehmen. Dafür, dass ihn das Unternehmen dabei unterstützen muss, fehlen gesetzliche Verpflichtungen. Ungeregelt ist auch, wer ihn entschädigen soll; der *Ständerat lehnte eine Entschädigung* ab, RK-S 21.-23.8.2006 100, mit der Begründung, es bestehe ein Vertragsverhältnis des Unternehmens mit diesem Vertreter, was im hier primär relevanten Fall von StPO 112 III 2. Satz gerade nicht der Fall ist. – Zur *Zustellung* an Unternehmen vorne N 602.

[77] Vorne N 435 f.

[78] Dazu vorne N 476. – Was die *sachliche Zuständigkeit im Verfahren gegen ein Unternehmen*, vorab jene nach StPO 19, betrifft, ist zu beachten, dass StGB *102 trotz der allein möglichen Sanktion der Busse keine Übertretung* darstellt. Zur *Untersuchung ist also stets die Staatsanwaltschaft zuständig*, zur Beurteilung unter Vorbehalt abweichender Regelungen von Bund und Kantonen das (falls vorhanden) Einzelgericht nach StPO 19 II. Vorbehalten bleibt die *Erledigung durch Strafbefehl* nach StPO 352 ff., hinten N 1352 ff.

5. Weitere Grundregeln des Verfahrens gegen Unternehmen

681 Wie schon angetönt, gelten im Strafverfahren gegen Unternehmen abgesehen von den Sondervorschriften von StPO 112 die **allgemeinen Verfahrensvorschriften** der StPO[79]. Das Unternehmen hat die **Stellung einer beschuldigten Person** und **somit deren Verfahrensrechte**; StPO 111 und 113 sind anwendbar. Dies bedeutet beispielsweise, dass die Unschuldsvermutung, der Grundsatz *in dubio pro reo* nach StPO 10 III sowie sämtliche weitere Prinzipien des Strafprozesses gelten. Das Unternehmen muss sich insbesondere nicht selbst belasten, auch nicht durch den nach Abs. 1–3 bestellten Vertreter. Dieser Vertreter wird nach StPO 178 lit. g als **Auskunftsperson** einvernommen und ist als solcher nach StPO 180 I nicht aussagepflichtig[80].

---

[79] Botschaft 1167 Mitte.
[80] Hinten N 918, 923. Zu den *gleichen Verfahrensrechten wie beschuldigte Personen* und somit die *fehlenden Mitwirkungspflichten* nach StPO 113 I Botschaft 1168 Mitte, so nach StPO 285 II ausdrücklich im (natürlich anders gelagerten) Fall der *Überwachung der Bankbeziehungen*.

3. Teil: Geschädigte Person, Opfer, Privatklägerschaft und Zivilklage, StPO 115–126

§ 51 Geschädigte Person, StPO 115

Literaturauswahl: neben der zu § 49, 52 und 53 erwähnten Literatur AESCHLIMANN N 551; HABSCHEID 71; HAUSER/SCHWERI/HARTMANN § 38; MAURER 130; OBERHOLZER N 579; PIQUEREZ N 505; DERS. (2007) N 456, 816; SCHMID (2004) N 502; VOGEL/SPÜHLER 1. Kap. N 39.

FELIX BOMMER, Warum sollen sich Verletzte am Strafverfahren beteiligen dürfen?, Z 121 (2003) 172; DERS., Offensive Verletztenrechte im Strafprozess, Bern 2006; LORENZ DROESE, Die Akteneinsicht des Geschädigten in der Strafuntersuchung vor dem Hintergrund zivilprozessualer Informationsinteressen, Zürich 2008 (Luzerner Beiträge zur Rechtswissenschaft 24); GUNHILD GODENZI, Private Beweisbeschaffung im Strafprozess, Zürich 2008 (Zürcher Studien zum Verfahrensrecht 154); ANTOINE F. GOETSCHEL, Der Zürcher Rechtsanwalt in Tierschutzsachen, Z 112 (1994) 64; DANIELA JABORNIGG, Die Stellung des Verletzten in der schweizerischen Strafprozessordnung, Basel 2001; NIKLAUS SCHMID, Verfahrensfragen bei der Verwendung von Bussen, eingezogenen Vermögenswerten usw. zugunsten des Geschädigten nach StGB Art. 60, FS G. von Castelberg, Zürich 1997, 223; OTMAR SCHNEIDER, Die Rechtsstellung des Verletzten im Strafprozess, Diss. Fribourg 1992.

Materialien: Aus 29 mach 1 S. 85; VE 124–132; BeB 89 ff.; ZEV 35 ff.; E 113; Botschaft 1169 ff.; AB S 2006 1011, AB N 2007 952.

1. Begriff der geschädigten Person, StPO 115 I

Als **geschädigte Person** im Sinn des Strafprozessrechts wird diejenige Person betrachtet, die durch eine objektiv und subjektiv erfüllte, rechtswidrige und schuldhafte Straftat unmittelbar in ihren Rechten verletzt wurde (so StPO 115 I). Üblicherweise ist dies die Trägerin des Rechtsgutes, welches durch das in einem Straftatbestand inkriminierte Verhalten verletzt oder (beim Versuch) hätte verletzt bzw. gefährdet werden sollen. Typisch für die geschädigte Person ist, dass sie durch die Straftat i.S. von OR 41 ff. geschädigt bzw. gefährdet wurde[81]. Hinsichtlich der Geschädigteneigenschaft ist je nach den Interessen, die die verletzte Strafnorm schützen soll, zu differenzieren:

682

---

[81] SJZ 71 (1975) 282; RS 1989 Nr. 664; Pra 92 (2003) Nr. 61 = BGE 128 I 217 = SJ 124 (2002) I 593; BGE 117 Ia 137, 118 Ia 16. Keine Geschädigtenstellung, wenn eine Organisation ein Verbandsklagerecht z.B. nach *UWG* hat, BGE 120 IV 159. Zur Geschädigteneigenschaft bei Spams mit Blick auf UWG 10 ZR 102 (2003) Nr. 39. Geschädigt ist die *SUISA bei Urheberrechtsverletzungen*, ZR 102 (2003) Nr. 47 S. 250. Die *Arbeitslosenkasse* ist nach ZG GVP 1999 160 = RS 2006 Nr. 116 nicht geschädigt im zivilrechtlichen Sinn.

1.1. Straftatbestände zum Schutz individueller Rechtsgüter

683 *1.1.1.* Schützt die Strafnorm Interessen des Individuums wie Eigentum, Vermögen, Ehre, Freiheit, sexuelle Integrität oder Selbstbestimmung usw., so ist der Träger dieses Rechtsgutes, also z.B. der Bestohlene oder der Betrogene geschädigte Person i.S. von StPO 115 I. Im Vordergrund steht somit der **tatbeständlich Verletzte**[82], was je nach Straftatbestand (etwa bei StGB 144) auch der Mieter einer Sache[83] oder derjenige sein kann, in dessen Interessen- und Rechtskreis die Tat unmittelbar eingreift[84]. Die beeinträchtigten Interessen können materieller oder auch ideeller Natur sein.

684 Geschädigt sein kann eine **natürliche wie auch eine juristische Person**[85], doch sind bei der Letzteren deren Mitglieder, Aktionäre etc. nicht geschädigt[86].

685 *1.1.2.* **Indirekte Schäden** genügen nicht[87], wobei für den Fall der gesetzlichen **Subrogation** nach StPO 121 II eine besondere Regelung vorhanden ist[88]. Als (direkt) geschädigte Person wurde hingegen mindestens nach bisheriger Praxis bei **Brandstiftung** der Hypothekargläubiger[89] betrachtet.

686 *1.1.3.* Eine geschädigten-ähnliche Stellung nehmen jene **Behörden** ein, die nach StPO 104 II öffentliche Interessen zu wahren haben[90].

---

[82] Botschaft 1170 oben.
[83] So analog zum Strafantragsrecht BGE 118 IV 209, 74 IV 6, 102 II 87. Siehe auch ZBJV 136 (2000) 363 und 133 (1997) 578. Nicht aber dessen Lebenspartner, RS 2001 Nr. 70.
[84] BGer 16.3.1993 i.S. A.S. und K.S. unter Hinweis auf BGE 118 IV 212. Geschädigte ist z.B. die *Bank, bei der Kundenkonten manipuliert* bzw. Kontengutschriften i.S. von StGB 141bis unrechtmässig verwendet wurden, zum letzteren Fall (allerdings im Zusammenhang mit dem Strafantrag) BGE 121 IV 258; im gleichem Sinn RJN 2000 20 = RS 2004 Nr. 524. Zu Geschädigtenstellung bei UWG- und URG-Delikten Hinweise vorstehend in Fn. 81.
[85] Nach dem *Konkurs der juristischen Person* tritt grundsätzlich die Konkursmasse an die Stelle der geschädigten juristischen Person. Sie ist jedoch mit Blick auf Konkursdelikte des Gemeinschuldners nicht geschädigt, dazu ZBJV 136 (2000) 362 (aaO 363 zur Geschädigtenstellung der Liquidatorin einer AG). Dazu ferner GVP 2008 Nr. 93.
[86] ZR 75 (1976) Nr. 69 für einen *Verein*; 88 (1989) Nr. 58, RS 1997 Nr. 302 f. und für die *AG*. Bei der *einfachen Gesellschaft* ist grundsätzlich jeder Gesellschafter legitimiert, BGE 119 Ia 345 = SJZ 90 (1994) 84, und gleiches dürfte für die *Kollektiv- und Kommanditgesellschaft* gelten.
[87] Also z.B. jene des *Zessionars,* ZR 107 (2008) Nr. 33 = RS 2008 Nr. 482. Zur *Schädigung der Bank, wenn Mitarbeiter Konten manipulieren,* Fn. 84.
[88] Hinten N 701.
[89] BGE 107 IV 182. Zur eher unklaren Stellung der *Brandversicherungsanstalt* hinten N 701.
[90] Vorne N 636.

1.2. Straftatbestände zum Schutz primär allgemeiner, öffentlicher Interessen

1.2.1. Schützt die Strafnorm vorab allgemeine Interessen, so gilt derjenige, 687 dessen private **Interessen unmittelbar (mit)beeinträchtigt** werden, ebenfalls als geschädigte Person[91], also z.B.:

- der Geschädigte der **Anlasstat, die eine Strafbarkeit des Unternehmens** nach StGB 102 auslöst[92];
- der Gefährdete bzw. Verletzte **(durch Sachbeschädigung) bei Tatbeständen** wie StGB 152[93] bzw. StGB 221 ff., 237, 238;
- der **Eigentümer der Sache bei Hehlerei** nach StGB 160;
- der **Gläubiger bei Konkurs- und Betreibungsdelikten** nach StGB 163 ff.[94];
- die **ausgenützte Person bei Straftatbeständen wie StGB 195 f.**;
- der **Belästigte bei Strafnormen wie StGB 197 f.**;
- die geschädigte Person bei Vermögensdelikten (StGB 137 ff.) **bezüglich der diese ermöglichenden Urkundendelikte** (StGB 251 ff.)[95];
- der **Geschädigte bei Falschgelddelikten** (StGB 240 ff.)[96],
- der in seinen **religiösen Überzeugungen etc. bzw. durch rassendiskriminierende Äusserungen Verletzte** (StGB 261[97] und 261bis)[98];

---

[91] Dazu allgemein ZR 74 (1975) Nr. 47; BGE 120 Ia 223, 117 Ia 137.
[92] Zu klären bleibt, inwieweit StGB 102 dem Geschädigten der Anlasstat über OR 41 ff. Ansprüche gegen Unternehmen selbst verschafft, was bei Abs. 1 eher der Fall sein dürfte, dazu recht 6/2003 222.
[93] Pra 89 (2000) Nr. 75.
[94] Im Einzelnen unklar und umstritten. Nicht geschädigt ist das *Betreibungs- oder Konkursamt*, vgl. auch vorne Fn. 85. Für Geltendmachung von Ansprüchen der Gläubiger gegen Verantwortliche aus OR 754 ZR 103 (2005) Nr. 6. Dazu ZR 88 (1989) Nr. 83: keine Geschädigtenstellung des Konkursgläubigers bei StGB 169.
[95] BGE 119 Ia 346; PKG 1988 Nr. 54 S. 178. Keine Geschädigteneigenschaft hingegen von bloss *mittelbar Geschädigten*, RFJ/FZR 11 (2002) 298; ZR 88 (1989) Nr. 58, 74 (1975) Nr. 47 = SJZ 71 (1975) 283.
[96] SJ 129 (2007) 275 = RS 2009 Nr. 558.
[97] BGE 120 Ia 220.
[98] Der Bundesgesetzgeber hat es abgelehnt, in Befolgung einer Motion den *Überlebenden von Völkermord* etc. gesetzlich Geschädigteneigenschaft zuzugestehen. Nach der Botschaft 1170 (vgl. auch BeB 83) soll offenbar die nachstehend zu referierende, differenzierende Bundesgerichtspraxis weitergeführt werden: Je nach Tatbestandsvariante, d.h., ob sich Angriff gegen die betreffende Person direkt richtet und sie in ihrer *Menschenwürde* verletzt wurde, ZR 103 (2004) Nr. 12; BGE 125 IV 206 = Pra 89 (2000) Nr. 16. Ebenfalls, wenn sie gemäss StGB 261bis IV mit Tätlichkeiten, vgl. BGE 128 I 223 = Pra 91 (2002) Nr. 105 = SJZ 98 (2002) 391 und erst recht mit Körperverletzung, vgl. den Fall in SJZ 104 (2008) 24, verbunden ist. Geschädigtenstellung grundsätzlich nur bei *direkter Diskriminierung* der betreffenden Person, nicht z.B. der Rasse als ganzer, der der Betreffende angehört, so BGer 10.8.2000, 6P.78–80/2000, i.S. LICRA, O.K. und G.R. ca. Chambre pénale de la Cour de justice de Genève. Analog bei Leugnen des Völkermords, BGE 129 IV 95: individuelle Rechtsgüter durch diese Tatbestandsvariante nur mittelbar

3. Kapitel: Parteien und andere Verfahrensbeteiligte

- der **Polizist bei Gewalt und Drohung gegen Beamte** (StGB 285)[99];
- wer **durch ein Rechtspflegedelikt** (StGB 303 ff.) einen Nachteil erlitt bzw. wem ein solcher drohte[100];
- der **Private, der bei den Vordelikten der Geldwäscherei** (StGB 305bis) einen **Vermögensschaden erlitt**[101];
- der **Private, der durch die Verletzung des Amtsgeheimnisses** (StGB 320) in seiner Privatsphäre tangiert wird[102];
- der **Belästigte bei Ruhestörungen**[103]; oder
- der **Jagd- und Fischereipächter**, nicht aber das zuständige kantonale Amt bei Jagd- und Fischfrevel[104].

688 *1.2.2.*   Werden durch solche Delikte, die öffentliche Interessen verletzen, private Interessen nicht oder nur **mittelbar** beeinträchtigt, so wird der einzelne Betroffene grundsätzlich nicht als geschädigte Person betrachtet. Seine Interessen sind von der Staatsanwaltschaft wahrzunehmen[105]. Dies gilt – mindestens etwa nach der früheren Praxis in einzelnen Kantonen, die teilweise diskutabel ist

---

geschützt (kritisch zu diesem Entscheid Kommentare in ZbJV 141 (2005) 389 und AJP 2005 434. Zu dieser Thematik siehe sodann ZBJV 138 (2002) 418. PKG 2000 153 = RS 2005 Nr. 696 (keine Beschwerdelegitimation des Vereins AAG Südliches Afrika) sowie ZR 106 (2007) Nr. 42 = RS 2008 Nr. 341. Bemerkenswert ist, dass am 17.5.2001 in Genf StPO Art. 25 ergänzt worden war, sodass auch Organisationen, die den Rassismus bekämpfen, Parteistellung hatten, SJ 124 (2002) II 199. Diese Regelung ist mit der Schweizerischen StPO hinfällig geworden. Zur *Opfereigenschaft* bei den von Delikten nach StGB 261bis betroffenen Personen nachfolgend N 693 Fn. 113.

[99] ZR 74 (1975) Nr. 47 S. 90; anders offenbar neuere Zürcher Praxis.
[100] Dazu (StGB 303) PKG 1987 Nr. 48; zu StGB 307 ZR 63 (1964) Nr. 42 sowie (mit Blick auf BStP 270 I) einschränkend BGE 123 IV 184 = Pra 87 (1998) Nr. 11; SJZ 71 (1975) 282. Nicht geschädigt ist Anzeigeerstatter bei StGB 281 und 282bis, SJ 124 (2002) 517.
[101] So SJ 121 (1999) 165 und 129 (2007) 275 m.w.H.; TPF 2008 97. Es ist allerdings in der Literatur umstritten, ob *StGB 305bis das durch die Vortat verletzte Rechtsgut mitschützt*, was mit BGE 129 IV 322 m.w.H. = SJZ 100 (2004) 21, bestätigt im zivilrechtlichen BGer 1.6.2006, 4C.408/2005 E. 4, jedoch zu bejahen ist. Keine zivile Verantwortlichkeit, wenn es am Vorsatz der Geldwäscherei fehlt, BGE 133 III 334 entgegen SJ 120 (1998) 647. – Keine privaten Geschädigten hingegen bei Verletzung von StGB 305ter I und wohl auch der entsprechenden Normen des GwG.
[102] ZR 89 (1990) Nr. 53; PKG 1988 Nr. 55. Ebenso der Bürger, der Opfer eines *Amtsmissbrauchs* (StGB 312) wurde, PKG 1989 Nr. 56. Siehe aber BGE 122 IV 139. Zivilansprüche jedoch nur für Forderungen nach Zivil-, nicht öffentlichem Recht, N 702. Keine privaten Geschädigten bei ungetreuer Amtsführung (StGB 314), ZR 106 (2007) Nr. 53 und Fn. 105.
[103] So nach kantonalen (im Kanton Zürich Straf- und Justizvollzugsgesetz vom 19.7.2006, LS 331, § 7) oder kommunalen Normen, BGE 118 Ia 14.
[104] ZR 65 (1966) Nr. 74.
[105] Dies gilt im Regelfall auch bei *Amtsdelikten*, durch die die öffentliche Hand (oft nur indirekt) geschädigt wird, z.B. *Bestechung*; hier ist das tangierte Gemeinwesen nicht im hier relevanten Sinn geschädigt, dazu Fn. 102 und N 702. Gleiches gilt bei *Steuerdelikten*.

– etwa für den Unfallbeteiligten bei Verkehrsregelverletzungen nach SVG 90[106] oder den Betroffenen bei der Verbreitung menschlicher Krankheiten.

2. Stellung der geschädigten Person im Strafprozessrecht

2.1. Rechte und Pflichten der geschädigten Person im Allgemeinen

Was die Rechte und Pflichten der geschädigten Person in allgemeiner Hinsicht betrifft, so ist zu beachten, dass nach der **StPO die Parteirolle nur jenen geschädigten Personen zusteht, die sich ausdrücklich als Partei konstituieren** (StPO 118 ff., 104 I lit. b, vgl. aber StPO 105 I lit. a)[107]. Ob der geschädigten Person, die auf diese Rolle verzichtet, Verfahrensrechte und –pflichten zukommen, muss im Übrigen von Fall zu Fall geprüft werden. Generell ist zu bemerken, dass die StPO an verschiedenen Stellen solche Rechte und Pflichten von Nichtparteien, also z.B. als Betroffene bei Zwangsmassnahmen (etwa StPO 270 lit. b), als Dritte als Anzeigerstatter (StPO 301), als Kostenpflichtige (StPO 418 III) oder als zu entschädigende Personen (z.B. StPO 434) nennt; diese Bestimmungen sind auch auf die geschädigte Person ohne die Rolle der Privatklägerschaft anwendbar.

689

2.2. Strafantragsberechtigter als geschädigte Person, StPO 115 II

Wird ein Delikt **nur auf Antrag der geschädigten Person bestraft**, so kommt der nach StGB 30 ff. zur Stellung des Strafantrags berechtigten Person nach StPO 115 II automatisch Geschädigteneigenschaft zu. Die Begriffe des Strafantragsberechtigten und der geschädigten Person sind insofern kongruent. Da dem Geschädigten wie erwähnt nicht automatisch Parteistellung zukommt, ist in diesem Zusammenhang StPO 118 II zu beachten, wonach das Stellen eines Strafantrags bewirkt, dass die **antragstellende Person zur Privatklägerschaft und damit zur Partei wird**; umgekehrt gilt die Erklärung, sich als Strafkläger am Verfahren zu beteiligen, als Strafantrag nach StGB 30. Zu beachten ist, dass bei Antragsdelikten das Strafverfahren nicht eingeleitet und durchgeführt werden kann, solange dieser Strafantrag nicht erstattet ist (StPO 303). Wird ein Strafantrag wegen eines Antragsdelikts gestellt, wird das Verfahren von den Strafver-

690

---

[106] ZR 73 (1974) Nr. 53 = SJZ 71 (1975) 64; ZBJV 133 (1997) 578. Das OHG hat daran nichts geändert, da Gefährdungsdelikte ausgeschlossen sind, N 693 Fn. 114. Fraglich, ob dies auch für SVG 90 Ziff. 2 gilt, so jedenfalls frühere Zürcher Praxis, die Geschädigtenstellung der gefährdeten Personen mit Blick auf SVG 90 Ziff. 1 und 2 verneinte; *gl.M.* GVP 2001 Nr. 73 = RS 2003 Nr. 324.

[107] Ausführlich hinten N 697 ff., N 702 ff.

folgungsorganen in Anwendung von StPO 6 und 7[108] von Amtes wegen betrieben; die StPO kennt kein Privatstrafklageverfahren[109].

2.3. Berechtigung zur Konstituierung als Privatklägerschaft

691 Der geschädigten Person kommen abgesehen vom vorgenannten Strafantragsrecht bei Antragsdelikten **keine Verfahrensrechte zu, es sei denn, sie konstituiere sich gemäss StPO 118 ff. ausdrücklich als Privatklägerschaft**[110]. Die geschädigte Person i.S. von StPO 115 I wird somit nach dem Konzept der StPO erst mit dieser Konstituierung zur Partei (vgl. StPO 104 I). Auf einem andern Blatt steht, inwieweit die geschädigte Person als **Zeuge oder Auskunftsperson** über den Deliktshergang auszusagen hat[111]: Selbstverständlich kann sie in jedem Fall als «*andere Verfahrensbeteiligte*» nach StPO 105 lit. a bzw. als **Anzeigeerstatterin** nach StPO 105 I lit. b bzw. 301 auftreten.

692 Das Verhältnis von geschädigter Person zur Privatklägerschaft ist in der StPO insofern lückenhaft geregelt, als unklar ist, welches die **Stellung der geschädigten Person ist, die in Anwendung von StPO 118 III bis zum Schluss des Vorverfahrens zuwartet, um zu erklären, ob sie sich als Privatklägerin konstituieren will**. Sind ihr bis dahin die Parteirechte zu verweigern? Um diese Phase der Ungewissheit zu verkürzen, sah VE 127 V vor, dass die Staatsanwaltschaft dem Geschädigten möglichst bald nach Eröffnung des Vorverfahrens Frist ansetzen sollte, um sich zu erklären; eine Bestimmung, die nicht in die StPO übernommen wurde. Man könnte sich auf den Standpunkt stellen, dass der Geschädigte, der Parteirechte wahrnehmen will, nun eben Farbe bekennen und sich als Privatklägerschaft konstituieren muss. Es erscheint aber als angemessener (und dürfte sich auch aus StPO 105 I lit. a bzw. Abs. 2 ableiten lassen), den Geschädigten nicht entgelten zu lassen, dass der Gesetzgeber diese Phase der Ungewissheit schuf. Daraus folgt, dass der geschädigten Person während der **Voruntersuchung die Parteirechte auf ihr Begehren hin auch einzuräumen sind, wenn sie sich zu ihrer Rolle als Privatklägerschaft noch nicht entschieden hat**. Sodann liegt auf der Hand, dass sie uneingeschränkte Parteirechte beanspruchen kann, wenn noch gar keine Gelegenheit bestand, sich zur Frage der Konstituierung zu äussern, so, wenn ganz am Anfang des Vorverfahrens eine Nichtanhandnahme (StPO 310), eine Einstellung (StPO 319 ff.) oder ein Strafbefehl (StPO 352 ff.) ergeht.

---

[108] Zu diesen Bestimmungen vorne N 153 ff. und N 164 ff.
[109] Botschaft 1111 f.
[110] Botschaft 1171, hinten N 697 ff.
[111] Hinten N 873, 912.

§ 52 Opfer, StPO 116 und 117, MStP 84a-84k

Literaturauswahl: neben der zu §§ 49, 51 und 53 erwähnten Literatur AESCHLIMANN N 585; HAUSER/SCHWERI/HARTMANN § 38 II; MAURER 147; OBERHOLZER N 627; PIQUEREZ (2006) N 510; DERS. (2007) N 460; SCHMID (2004) N 502.

HEINZ AEMISEGGER/CHARLOTTE SCHODER, Opferhilfe in der Gerichtspraxis, insbesondere in der Rechtsprechung des Bundesgerichts, ZBl 109 (2008) 565; PETER GOMM/DOMINIK ZEHNTNER (Hrsg.) Kommentar zum Opferhilfegesetz, 3. Aufl., Bern 2009; THOMAS HÄBERLI, Das Opferhilferecht unter Berücksichtigung der Praxis des Bundesgerichts, ZBJV 128 (2002) 361; MARTIN KILLIAS, La LAVI comme fruit des recherches sur les attentes et les difficultés des victimes d'infractions criminelles, Z 111 (1993) 397; ULRICH WEDER, Das Opfer, sein Schutz und seine Rechte im Strafverfahren, unter besonderer Berücksichtigung des Kantons Zürich, Z 113 (1995) 39; EVA WEISHAUPT, Die verfahrensrechtlichen Bestimmungen des Opferhilfegesetzes (OHG), Diss. Zürich 1998 (Zürcher Studien zum Strafrecht Bd. 33); DIES. Finanzielle Ansprüche nach Opferhilfegesetz, SJZ 98 (2002) 322, 349; DIES., Besonderer Schutz minderjähriger Opfer im Strafverfahren. Teilrevision OHG, Z 120 (2002) 231; FRANZISKA WINDLIN, Grundfragen staatlicher Opferentschädigung, Diss. Bern 2005 (ASR 701); ESTHER WYSS SISTI, Neuer Strafprozess: Die Rechte der Opfer, plädoyer 1/2008 34; OMAR AL-FAROUD ABO YOUSSEF, Die Stellung des Opfers im Völkerstrafrecht, Schweizer Studien zum Internationalen Recht Bd. 130, Zürich 2008.

Materialien: Aus 29 mach 1 S. 91, 94; VE 124; BeB 89 f.; ZEV 35 ff.; E 114–115; Botschaft 1170 f.; AB S 2006 1011, AB N 2007 952.

1. Begriffe, StPO 116, 117 III

In Wiederholung der Legaldefinition von OHG 1 I wird als **Opfer die geschädigte Person bezeichnet, die durch eine Straftat des Bundesrechts**[112] **in ihrer körperlichen, sexuellen oder psychischen Integrität unmittelbar beeinträchtigt**[113] **und nicht nur gefährdet**[114] **wurde.** Der Begriff des Opfers im Vergleich

693

---

[112] Also nicht des kantonalen Rechts, vgl. RS 2005 Nr. 658. – Die Straftat muss *objektiv und subjektiv erfüllt sein*, was bei einem Sachverhaltsirrtum nicht der Fall ist, BGE 134 II 33.
[113] In Betracht fallen somit in Anlehnung an die Praxis zum früheren OHG in erster Linie *Verletzungsdelikte*. Zu den Gefährdungsdelikten nachfolgende Fn. *Massgebend ist jedoch nicht Natur des Delikts, sondern Tatsache der unmittelbaren Verletzung der körperlichen, sexuellen und psychischen Integrität*, m.w.H. Pra 92 (2003) Nr. 19 S. 93. Relevant sind vorab folgende Straftaten: Gegen Leib und Leben StGB 111–117. Zur Opferrolle von Polizisten bei gegen sie gerichtetem Tötungsversuch ohne physische Verletzung, Kriminalistik 2002 701. StGB 119 Ziff. 2, 122 – 125. StGB 126 je nach Umständen des Einzelfalls, befürwortend bei Kindern Pra 92 (2003) Nr. 202 S. 1102 = BGE 129 IV 218 sowie 125 II 268 bei *«nicht unerheblicher psychischer Beeinträchtigung»* und im Zusammenhang mit StGB 261bis IV BGE 128 I 223, anders offenbar Botschaft BBl 1990 II 977. Bejaht bei herausgeschlagenem Zahn, BGE 127 IV 239; ferner RS 1997 Nr. 272; ZBJV 132 (1996) 473; BJM 1999 272. StGB 127, einschränkend SJ 2002 399. Ferner StGB 128, 129, 133 und 134. Vermögensdelikte i.S. von StGB 140 und eventuell 156, in der Regel aber nicht Diebstahl und Betrug, m.w.H. Pra 92 (2003) Nr. 19 S. 93; BGE 120 Ia 157 = Pra 84 (1995) Nr. 133; BGE 122 IV 76 oder bei Sachbeschädigung, BGer 6S.255/2006 in RS 2007 Nr. 244. Ebenfalls nicht bei StGB 162 bzw. BankG 47, Pra 87 (1998) Nr. 25 und 45. Nur ausnahmsweise bei StGB 173 ff., für schwere Fälle offen gelassen in

zu jenem der geschädigten Person ist damit enger; Jedes Opfer ist gleichzeitig geschädigte Person, aber nicht jede geschädigte Person ist auch Opfer[115].

694 In Anlehnung an OHG 1 II besagt StPO 116 II, dass als **Angehörige** der **Ehegatte, die Kinder, Eltern und weitere nahe Bezugspersonen** wie Konkubinatspartner des Opfers zu betrachten sind. Diese Bestimmung ist im Kontext mit StPO 117 III zu lesen; darnach haben die Angehörigen des Opfers, die im Strafverfahren eigene Zivilansprüche geltend machen, die gleichen Rechte wie das Opfer selbst[116].

2. Stellung des Opfers, StPO 117 I und II

695 **StPO 117 I verweist auf diverse StPO-Bestimmungen,** die dem Opfer im vorstehend erwähnten Sinn besondere Verfahrensrechte zuweisen und die weitgehend aus dem OHG übernommen wurden. Diese Liste ist nicht abschliessend; sie hat materiell-rechtlich keine selbstständige Bedeutung. **StPO 117 II nennt die über die besonderen Rechte von Abs. 1 noch** hinausgehenden Bestimmungen, die für Opfer unter 18 Jahren gelten und die diesem noch besonderen Schutz verleihen. Die Stellung des Opfers wird **abschliessend durch die StPO geregelt.**

BGE 120 Ia 162; bejaht in SJZ 90 (1994) 293 = RS 1997 Nr. 275. Opfereigenschaft je nach Fall bei Freiheitsdelikten i.S. StGB 180–185, bei StGB 181 z.T. verneint, Pra 92 (2003) Nr. 171 S. 936; BGer 6S.255/2006 in RS 2007 Nr. 244. Bei StGB 182 nur ausnahmsweise, BGE 120 Ia 162. Zu bejahen bei Sexualdelikten i.S. von StGB 187 ff., 193, 195 und 196: interessant Frage, ob der Mutter sowie dem Kind, das nach einem Delikt i.S. von StGB 187 geboren wird, bezüglich des künftigen Lebensunterhalts des Kindes Geschädigten- und Opfereigenschaft zukommt, dazu Fall des Zürcher Obergerichts in NZZ Nr. 206 vom 6.9.2007, S. 60. Für StGB 194 I differenzierend RJN 2003 272 = RS 2005 Nr. 659. Nicht hingegen bei StGB 198, so ZBJV 132 (1996) 473; RS 1999 Nr. 537, anders BJM 1999 265 = RS 2003 Nr. 389. Opferstellung kann auch StGB 219 begründen, einschränkend BGE 126 IV 147. Ferner bei StGB 231 und 260, so Hinweise in Pra 92 (2003) Nr. 19 S. 93. Zur Opfereigenschaft bei StGB 261bis IV 1. Satzteil und Abs. 5 BGE 128 I 218 = Pra 91 (2002) Nr. 105 = SJZ 98 (2002) 391 sowie (im Zusammenhang mit Mitgliedern von [angeblichen] Religionen) BGE 131 IV 78 = Pra 94 (2005) Nr. 109 (grundsätzlich nur bei physischen Angriffen oder psychischer Traumatisierung; zur Geschädigtenstellung bei StGB 261bis generell vorne N 687). Keine Opfer bei StGB 271, SJ 126 (2004) 232, ferner bei StGB 303 ff., so bei StGB 303 SJZ 92 (1996) 441 = RS 1997 Nr. 273 oder StGB 305 BGE 120 Ia 162 unten. Keine Opferstellung begründen in der Regel Amtsdelikte wie StGB 312, BGer 8.10.1993 i.S. K, zit. in BGE 120 Ia 162 unten.

[114] Ausgeschlossen sind deshalb regelmässig *Gefährdungsdelikte*, Pra 92 (2003) Nr. 19 S. 93 m.w.H.; BGE 122 IV 71; RS 2000 Nr. 810. Z.B. keine Opferstellung bei StGB 127, SJ 124 (2002) 399. Differenzierend für StGB 129 BJM 2003 286.

[115] Botschaft 1170.

[116] Hinten N 704. – Generell bleiben die OHG-Bestimmungen auch über den Tod des Opfers hinweg anwendbar, näher VPB 58 (1994) Nr. 68.

Zu beachten ist, dass dem Opfer als solchem abgesehen von den vorstehenden 696
Rechten nach StPO 117 **keine Parteistellung zukommt**, was sich indirekt auch
aus StPO 104 I und für das Rechtsmittelverfahren aus StPO 382 II und
BGG 81 I lit. b Ziff. 5 ergibt. Das Opfer, welches über die in StPO 117 besonders genannten Rechte hinaus Verfahrensrechte geltend machen will, **muss sich als Privatklägerschaft konstituieren**[117].

§ 53 Privatklägerschaft, StPO 118–121, JStPO 20

Literaturauswahl: neben der zu §§ 49, 51 und 52 erwähnten Literatur AESCHLIMANN N 551, 571; HAUSER/SCHWERI/HARTMANN § 38; MAURER 130, 147; OBERHOLZER N 579; PIQUEREZ (2006) N 507, 1020; DERS. (2007) N 458; SCHMID (2004) N 502.

FELIX BOMMER, Warum sollen sich Verletzte am Strafverfahren beteiligen dürfen?, Z 121 (2003) 172; DERS., Offensive Verletztenrechte im Strafprozess, Bern 2006; PETER BRUNNER, Die Stellung des Geschädigten im zürcherischen Offizial- und subsidiären Privatstrafklageverfahren, Diss. Zürich 1976; ANTOINE F. GOETSCHEL, Der Zürcher Rechtsanwalt in Tierschutzsachen, Z 112 (1994) 64; PETER GOMM/DOMINIK ZEHNTNER (Hrsg.) Opferhilfegesetz, Stämpflis Handkommentar, Bern 2005; THOMAS HÄBERLI, Das Opferhilferecht unter Berücksichtigung der Praxis des Bundesgerichts, ZBJV 128 (2002) 361; DANIELA JABORNIGG, Die Stellung des Verletzten in der schweizerischen Strafprozessordnung, Basel 2001; JÖRG REHBERG, Zum zürcherischen Adhäsionsprozess, FS M. Keller, Zürich 1989, 627; NIKLAUS SCHMID, Verfahrensfragen bei der Verwendung von Bussen, eingezogenen Vermögenswerten usw. zugunsten des Geschädigten nach StGB Art. 60, FS G. von Castelberg, Zürich 1997, 223; OTMAR SCHNEIDER, Die Rechtsstellung des Verletzten im Strafprozess, Diss. Fribourg 1992.

Materialien: Aus 29 mach 1 S. 85; VE 125–128; BeB 90 ff.; ZEV 35 ff.; E 116–119; Botschaft 1171 ff.; AB S 2006 1011, AB N 2007 952.

1. Begriffe, Voraussetzungen, Konstituierung, StPO 118–120

Wie bereits vorstehend dargelegt[118] kommen grundsätzlich nur der geschädigten 697
Person – **eingeschlossen das Opfer** – Verfahrensrechte zu, die sich als Privatklägerschaft konstituierte. Erforderlich ist dazu nach StPO 118 I die **ausdrückliche Erklärung, dass sich die geschädigte Person am Strafverfahren als Straf- oder Zivilkläger beteiligen will**. Diese Erklärung ist gegenüber einer Strafverfolgungsbehörde spätestens bis zum Abschluss des Vorverfahrens i.S. von StPO 318 schriftlich oder mündlich zu Protokoll abzugeben (StPO 118 III, 119 I). Wer bei einem Antragsdelikt **Strafantrag** stellt, erklärt damit gleichzei-

---

[117] Gleich nachfolgend N 697 ff. Gilt ebenso für Strafrechtsbeschwerde ans Bundesgericht N 1672, dort auch zu den Revisionsbestrebungen im Rahmen des E StBOG. Damit ist nicht ausgeschlossen, dass ein Opfer z.B. in einem Rechtsmittelverfahren geltend macht, es sei zu Unrecht als Privatklägerschaft ausgeschlossen worden.

[118] Vorne N 689.

tig, dass er sich als Privatkläger konstituiert (StPO 118 II)[119]. Äussert sich die geschädigte Person zu Beginn der Untersuchung i.S. von StPO 308 ff. nicht über ihre entsprechenden Absichten, so weist die Staatsanwaltschaft sie auf die Möglichkeit der Abgabe einer solchen Erklärung hin (StPO 118 IV), was wohl am besten **mittels entsprechender Formulare** geschieht[120].

698 Wie StPO 119 II verdeutlicht, hat die geschädigte Person die Wahl, ob sie sich allein im Strafpunkt im Sinn einer **Strafklage oder aber nur im Zivilpunkt** im Sinn einer Zivilklage als Partei konstituieren will oder ob sie von beiden Möglichkeiten kumulativ Gebrauch machen will. Es ist Aufgabe der Strafbehörden, vorab der Staatsanwaltschaft, die geschädigte Person zu eindeutigen Erklärungen zu veranlassen, in welcher Richtung sie sich (wenn überhaupt) als Partei am Strafverfahren beteiligen will. Bei **Unklarheit ist die Erklärung in dem Sinn zu verstehen, dass sich die geschädigte Partei im Straf- wie auch im Zivilpunkt beteiligen will.**

699 Die geschädigte Person kann jederzeit – mit oder ohne vorgängige Konstituierung in einer früheren Verfahrensphase – schriftlich oder mündlich zu Protokoll erklären, dass sie auf ihre **Stellung als Privatklägerin und damit auf alle Verfahrensrechte verzichtet.** Dieser Verzicht ist endgültig (StPO 120 I Satz 2)[121]. Dieser Verzicht kann ausdrücklich als solcher formuliert werden; gleichbedeutend kann die etwa in Vergleichen übliche **Desinteressementerklärung**[122] sein. Der Verzicht kann wiederum entweder nur die Straf- oder aber die Zivilklage oder kumulativ beide erfassen; wird die Erklärung nicht eingeschränkt, umfasst der Verzicht beide Aspekte (StPO 120 II). Der **Rückzug des Strafantrags** bewirkt naturgemäss auch das Ende einer allfälligen Zivilklage, da eine solche nur bei Fortsetzung des Verfahrens im Strafpunkt behandelt werden könnte[123].

2. Rechtsnachfolge, StPO 121

700 Bisher war in verschiedenen Prozessordnungen die Frage der **Rechtsnachfolge beim Tod der verletzten Person** nicht oder nur ungenügend geregelt und von

---

[119] Dazu vorne N 690. Wer *Strafantrag stellt, gilt ohne gegenteilige Erklärung auch als Zivilkläger*, Botschaft 1171/1172. Allerdings erscheint es als möglich, zu erklären, dass sich der *Strafantragsteller nicht weiter als Zivil- oder Strafkläger am Verfahren beteiligen will*, nachfolgend Fn. 123.

[120] Botschaft 1171 mit dem Hinweis darauf, dass das Opfer damit gleichzeitig über seine Rechte nach StPO 305 orientiert werden kann. – Wer eine *Zivilklage nach StPO 122 ff. anhängig macht*, wird damit ohne besondere Erklärung zum Privatkläger.

[121] Zur Bedeutung von Willensmängeln vorne N 648.

[122] Eine solche Erklärung ist nur verbindlich, vorab für den Rechtsmittelverzicht, N 1477 f., soweit sie *in Kenntnis aller relevante Umstände erfolgte*, näher Pra 96 (2007) Nr. 95.

[123] Botschaft 1171/1172. Hingegen soll der *Strafantragsteller auf seine Parteirechte als Straf- wie auch Zivilkläger verzichten können*, ohne dass dies (entgegen der gestrichenen E 118 III) den Rückzug des Strafantrags bedeutet, AB S 2006 1011.

Lehre sowie Praxis unterschiedlich behandelt worden. StPO 121 regelt diese Fragen in folgender Weise: In Abs. 1 wird bestimmt, dass die Rechte der geschädigten Person und damit auch die Möglichkeit, sich als Privatkläger zu konstituieren, auf die Angehörigen nach StGB 110 I in der Reihenfolge der Erbberechtigung übergehen[124]. Der Sinn von StPO 121 I geht offensichtlich dahin, dass die **Rechtsnachfolger nicht nur Zivil-, sondern auch Strafklage** (soweit in Übereinstimmung mit StGB 30 IV beim Strafantrag) stellen können, obwohl Letztere Ausfluss eines höchstpersönlichen, nicht vererbbaren Rechts sein dürfte[125].

StPO 121 II regelt die **Folgen der Subrogation**, also den Fall des Übergangs zivilrechtlicher Ansprüche von Gesetzes wegen an Personen, die nicht selbst Geschädigte sind[126]. Die Materialien verweisen einerseits auf die **Regressansprüche der Behörde nach OHG 7**, die gemäss OHG Entschädigungen und Genugtuung zugesprochen hatten[127]. Anderseits sind hier Fälle relevant, in denen z.B. die Diebstahlversicherung des Bestohlenen, die zwar nicht selbst Geschädigte ist, ihren Schaden im Sinn der versicherungsrechtlichen Subrogation adhäsionsweise nach StPO 121 II im Strafverfahren geltend machen kann. Diese Subrogation gilt bei der **Privat-** (VVG 72 I)[128] wie auch der **Sozialversicherung** (ATSG 72–75)[129]. In verschiedenen Kantonen galt Analoges sodann nach besonderen Vorschriften bei **Brandfällen für die Gebäudeversicherungsanstalten**[130]. StPO 121 II 2. Satzteil stellt klar, dass dem auf dem Weg der Subrogation Berechtigten nicht eine vollumfängliche Parteistellung, sondern nur jene **Verfahrensrechte zukommen, die sich unmittelbar auf die Durchsetzung der**

701

---

[124] Botschaft 1172 oben; BeB 91. Dazu auch vorne N 685 und nachfolgend Fn. 130 für die Sonderfälle des Hypothekargläubigers und der kantonalen Brandversicherungsanstalt. Auch die Rechte der durch *Einziehung Beschwerten* gehen nach StPO 121 über, zum früheren kantonalen Recht SOG 2006 69 = RS 2008 Nr. 326 (nach diesem Entscheid ist Konkursmasse des Verurteilten nicht Partei).
[125] Für die *Rechtsmittelbefugnis der Angehörigen* nach StPO 382 III möglicherweise enger, hinten N 1466.
[126] Botschaft 1172 Mitte.
[127] Botschaft aaO. Allerdings handelt es sich hier nicht um Zivilansprüche!
[128] Dazu ZR 74 (1975) Nr. 47 S. 91; AGVE 2006 61 = RS 2008 Nr. 424 (Aargauer Gebäudeversicherungsanstalt). Analog der Haftpflichtversicherer bei Delikten im Strassenverkehr, SJ 121 (2000) I 60 = RS 2002 Nr. 243.
[129] Kantonale Gesetze oder die Praxis billigte den regressierenden Versicherungen schon bisher teilweise Parteistellung, vgl. etwa ZR 96 (1997) Nr. 47 S. 126.
[130] Im Kanton Zürich etwa § 74 des Gesetzes über die Gebäudeversicherung vom 2.3.1975; LS 862.1; anders etwa im Kanton Graubünden, PKG 2001 Nr. 30 S. 140. Die Materialien, Botschaft 1172; BeB 91, weisen diesen *Fall der Subrogation* zu. Mindestens nach bisheriger Betrachtungsweise handelt es sich jedoch eher um den Fall einer Interessenwahrung nach StPO 104 II, also einer solchen *ex lege,* mindestens, soweit es sich um staatliche *Brandversicherungsanstalten* handelt. Die Aufzählung der Parteien nach StPO 104 f. ist jedoch abschliessend und umfasst bei StPO 104 II nur Behörden, vorne N 636, sodass die Kantone «ihren» Brandversicherungsanstalten (mindestens soweit sie selbstständige Anstalten sind) keine Parteistellung mehr einräumen können.

Zivilklage beziehen. Er kann also z.B. nur jene Akten einsehen und nur an jenen Verfahrenshandlungen teilnehmen, die sich unmittelbar auf den Zivilanspruch beziehen, d.h. vor Gericht kann er nur zum Zivilpunkt plädieren usw.[131]

§ 54 Zivil- (Adhäsions)kläger, StPO 122–126, JStPO 32 III, 34 VI, MStP 163–165

Literaturauswahl: neben der zu §§ 49 und 51–53 erwähnten Literatur AESCHLIMANN N 551; HABSCHEID 71; HAUSER/SCHWERI/HARTMANN § 38; MAURER 130, 139; OBERHOLZER N 614, 658; PIQUEREZ (2006) N 507, 1020; DERS. (2007) N 458, 811; SCHMID (2004) N 511; VOGEL/SPÜHLER 1. Kap. N 39; WALDER 11.

ROBERT HAUSER, Das Adhäsionsurteil, FS SKG, Z 110 (1992) 207; UELI KIESER, Die Auswirkungen des Zivilprozessrechts auf den Adhäsionsprozess, SJZ 84 (1988) 353; JÖRG REHBERG, Zum zürcherischen Adhäsionsprozess, FS M. Keller, Zürich 1989, 627; NIKLAUS SCHMID, Verfahrensfragen bei der Verwendung von Bussen, eingezogenen Vermögenswerten usw. zugunsten des Geschädigten nach StGB Art. 60, FS G. von Castelberg, Zürich 1997, 223; OTMAR SCHNEIDER, Die Rechtsstellung des Verletzten im Strafprozess, Diss. Fribourg 1992.

Materialien: Aus 29 mach 1 S. 85, 91; VE 129–132; BeB 92 ff.; ZEV 35 ff.; E 120–124; Botschaft 1172 ff.; AB S 1011 f., AB N 2007 952.

1. Allgemeines

702 Die StPO führt die für das schweizerische Strafprozessrecht typische Möglichkeit weiter, dass die geschädigte Person **zivilrechtliche Ansprüche aus der Straftat i.S. einer Leistungsklage als Privatklägerschaft adhäsionsweise im Strafverfahren gegen die beschuldigte Person geltend machen kann** (StPO 122 I). Das **Adhäsionsverfahren** soll der geschädigten Person ermöglichen, gleichsam im Schlepptau des Strafverfahrens Schadenersatz zu erlangen. Ein zusätzlicher Zivilprozess gegen den Täter wird ihm so erspart, obwohl er einen solchen separat führen kann[132]. Es handelt sich primär um die Schadenersatz- und Genugtuungsansprüche[133] sowie entsprechende Zinsforderungen[134] i.S. von OR 41 ff. **Ausgeschlossen sind öffentlich-rechtliche Forderungen** gegen

---

[131] Botschaft 1172, BeB 91. Aus StPO 121 II dürfte negativ abzuleiten sein, dass der *blosse Zessionar* im Strafverfahren nicht als Zivilkläger auftreten kann.
[132] So noch ausdrücklich VE 129 I lit. b; vgl. auch OR 53, 60 II. Das *Adhäsionsverfahren kann sich nur gegen die beschuldigte Person*, also nicht gegen angeblich solidarisch mithaftende Personen oder Behörden richten. Dementsprechend *gibt es auch keine Streitgenossenschaft, Haupt- oder Nebenintervention bzw. Streitverkündung* i.S. von ZPO 70 ff. oder *Widerklage* nach ZPO 94
[133] Zur Beweislast hinsichtlich der Höhe der Genugtuung SJ 123 (2001) 556; MKGE 11 (1988–1996) Nr. 88.
[134] Zur *Genugtuung* BGE 129 IV 152 (5 % Zins; bei länger andauernden Delikten ab mittlerem Zeitpunkt; Entscheid zum OHG). Nach neuem OHG keine Verzinsung der Opferansprüche gegen Kanton, OHG 28.

die beschuldigte Person bzw. den Staat, so etwa aus Beamtenhaftung, sodann Steuerforderungen (z.B. bei Steuerbetrug), Opferansprüche gegen Kantone nach OHG 19 ff. oder solche nach StGB 380a bei der Aufhebung der lebenslänglichen Verwahrung[135].

Das Adhäsionsverfahren richtet sich allein nach der StPO, also nicht der ZPO. Es ist allerdings abgesehen von den Vorschriften von StPO 122 ff. sowie gewissen Sonderschriften (etwa in StPO 353 II für das Strafbefehlsverfahren) in der StPO nur dürftig geregelt, wobei dem **Zivilkläger die jeweils der Privatklägerschaft eingeräumten Rechte und Pflichten zukommen**. Generell fliesst aus dem Charakter des Adhäsionsverfahrens, dass im Zentrum des Strafverfahrens naturgemäss die Durchsetzung des staatlichen Strafanspruchs steht und dass die dazu erforderlichen Verfahrensschritte wie Beweisaufnahmen aber ebenfalls dazu dienen müssen, die Grundlagen für den Entscheid in der Zivilsache zu liefern. 703

2. Aktivlegitimation, StPO 122 I, II

Legitimiert zur Zivilklage i.S. von StPO 122 ff. ist, wer nach Massgabe des Zivilrechts aus der Straftat Ansprüche ableiten kann, also ein einzelner Geschädigter. Das **Verbandsklagerecht** nach ZPO 89 ist – da der Gesetzgeber nicht an eine entsprechende Erweiterung dachte – im Adhäsionsverfahren nicht anwendbar. StPO 122 II erweitert die Legitimation auf die **Angehörigen des Opfers** i.S. von StPO 116 II bzw. 117 III, soweit diese gegenüber der beschuldigten Person eigene Zivilansprüche geltend machen[136]. 704

3. Zuständigkeit und Einleitung der Zivilklage, StPO 124 I, 122 III, 123

3.1. Zuständigkeit, StPO 124 I

Aus der Bezeichnung Adhäsionsverfahren folgt, dass sich die **Zuständigkeit zur Behandlung und Beurteilung einer solchen Zivilklage örtlich**[137] **und sach-** 705

---

[135] Vgl. etwa RS 2002 Nr. 270. – Ebenfalls z.b. nicht Kosten der öffentlichen Hand für *Behebung der Folgen eines Ölunfalls,* RS 2006 Nr. 109.
[136] Vorne N 694.- Zu den *Anforderungen an die eigenen Rechte* (vor allem beschränkt bei volljährigen Opfern) BGer 18.6.2008, 1B_276/2007 in AJP 1/2009 109. Die Rechte nach StPO 117 I und II gelten, soweit sie nach ihrem Sinn auch die Angehörigen schützen sollen; so können sich Angehörige im Regelfall nicht auf StPO 68 IV oder 153 I berufen. – Zur *Legitimation bei Konkurs der beschuldigten Person* und zu SchKG 207 siehe GVP 2008 Nr. 93.
[137] *Adhäsionsklagen folgen deshalb dem Gerichtsstand* nach StPO 31 ff., was ZPO 39 (entsprechend Gerichtsstandsgesetz 29) anerkennt. Diese Regelung geht auch den besonderen Gerichtsständen bei unerlaubter Handlung nach ZPO 36–38 vor. Gerichtsstand am *Tatort auch im internationalen Verhältnis,* BGE 133 IV 179. *Entschädigungsansprüche gegen*

lich nach der Zuständigkeit der Strafsache richtet, mit welcher sie verhängt ist. Dabei ist unerheblich, ob das Gericht zivilprozessual für einen solchen Streitwert zuständig wäre (StPO 124 I), was z.B. für das Einzelgericht bedeutsam ist[138]. Einschränkungen gelten etwa im Strafbefehlsverfahren (StPO 353 II).

3.2. Einleitung und Rechtshängigkeit der Zivilklage sowie die Folgen, StPO 122 III

706 Das im Zusammenhang mit dem Strafprozess betriebene Adhäsionsverfahren ist im Prinzip ein Zivilprozess, folgt jedoch eigenen Regeln. Zunächst stellt sich die Frage, wann die **Rechtshängigkeit der Zivilklage** eintritt. StPO 122 III bestimmt, dass diese mit der Erklärung nach StPO 119 II lit. b eintritt[139]. Der Sinn von StPO 119 i.V. mit 121 geht offensichtlich dahin, dass die geschädigte Person lediglich erklären muss, dass sie sich als Zivilklägerin am Verfahren beteiligen will. Nach StPO 123 I hat eine Bezifferung und Begründung der Ansprüche nämlich «*nach Möglichkeit in der Erklärung nach StPO 119*» zu erfolgen, spätestens im (erstinstanzlichen, mündlichen) Parteivortrag (StPO 123 II)[140]. Ein **Schlichtungsverfahren** nach ZPO 202 ff. findet nicht statt.

707 Welches sind die **Auswirkungen der Konstituierung als Zivilklägerschaft** nach StPO 119 i.V. mit 123 **auf ein allfälliges paralleles Zivilverfahren**? Geht man davon aus, die Rechtshängigkeit des Adhäsionsanspruchs trete mit der Erklärung nach StPO 119 ein, ist einerseits anzunehmen, dass eine Adhäsionsklage nicht möglich ist, wenn – was ablaufmässig eher selten sein dürfte – bereits ein Zivilverfahren über den gleichen Anspruch rechtshängig ist. Die zivilprozessualen Folgen einer nach StPO 119 abgegebenen Erklärung auf ein später eingeleitetes Zivilverfahren sind vom Zivilprozessrecht zu bestimmen. Folgerichtig ist, wenn ebenfalls eine Sperrwirkung allein schon in der Erklärung nach StPO 119 erblickt wird.

---

den Staat nach *OHG 19 ff.* sind jedoch stets beim Tatortskanton geltend zu machen, SJZ 93 (1997) 90.

[138] Botschaft 1173; BeB 93.
[139] Anders VE 129 IV, der *Rechtshängigkeit erst mit Bezifferung und Begründung eintreten lassen wollte*, dazu BeB 92, was überzeugender ist, da der Erklärung nach StPO 119 noch jede Bestimmtheit abgeht. Jedenfalls tritt die mit der Rechtshängigkeit *gekoppelte Unterbrechung der Verjährung* nach der Praxis erst mit der Bezifferung der Zivilklage ein, BGE 101 II 79, E.2a, BGer 9.1.2007, 5C.184/2006 in Anwaltsrevue 3/2007 122 und Verweis auf BGE 129 IV 49 = JdT 2000 IV 45 (nach Lehre und Praxis Bezifferung des Anspruchs verlangt).
[140] Dazu Botschaft 1173 oben.

3.3. Sicherheit für die Ansprüche gegenüber der Privatklägerschaft, StPO 125

Die Durchsetzung von Zivilansprüchen auf dem Weg des Adhäsionsverfahrens bietet der geschädigten Person vielfache Vorteile, so, dass das Strafverfahren vom Staat von Amtes wegen betrieben wird. Ebenfalls die Beweise, die auch der Durchsetzung des Zivilanspruchs dienen, werden von Amtes wegen und zunächst auf Kosten des Staates erhoben[141]. Die beschuldigte Person, die hinsichtlich der Zivilklage Beklagte ist, soll jedoch verglichen mit der gleichen Stellung im Zivilprozess nicht benachteiligt werden. StPO 125 übernimmt deshalb die aus dem Zivilprozessrecht her bekannten Vorschriften über die Sicherstellung von Prozesskosten. Der Adhäsionskläger hat demgemäss auf Antrag der beschuldigten Person unter gewissen Voraussetzungen im gerichtlichen Verfahren erster und zweiter Instanz[142] **Kosten, die er bei Unterliegen allenfalls nach StPO 427 I** (nur durch seine Anträge im Zivilpunkt verursachte Kosten) **zu tragen hat**, sicherzustellen. Relevant für eine Sicherheitsleistung sind Fälle des fehlenden Wohnsitzes (oder bei juristischen Personen des Sitzes) in der Schweiz, der Zahlungsunfähigkeit sowie der anderweitigen Gefährdung der Ansprüche der beschuldigten Person (näher StPO 125 I lit. a-c). Das **Opfer** ist von der Sicherstellung ausgenommen (StPO 125 I), was in dieser allgemeinen Form problematisch ist. Das **Nichtleisten der Kaution** hat nicht eine Abweisung der Zivilklage, sondern nach StPO 126 II lit. c nur die Folge, dass die Klage auf den Zivilweg gewiesen wird[143].

708

4. Adhäsionsverfahren, StPO 122–126

Es steht dem **Zivilkläger** frei, ob er seine Klage schriftlich (bis spätestens zur erstinstanzlichen Verhandlung) oder im Rahmen des erstinstanzlichen Plädoyers[144] mündlich begründet. Er hat zu beachten, dass der Untersuchungsgrundsatz (StPO 6) hier nicht gilt, sondern vielmehr die **Verhandlungsmaxime** (entsprechend ZPO 55 I), d.h. der Zivilkläger hat dem Gericht sein Klagefundament selbst zu liefern. Will der Zivilkläger besondere **Beweismittel anrufen**

709

---

[141] Dazu und zum Folgenden Botschaft 1173 unten.
[142] Ergibt sich aus StPO 125 II, der ausdrücklich von Gericht spricht, klar sodann Botschaft 1174 oben. Da Kosten im Beweisverfahren vorab im Vorverfahren entstehen, dürfte StPO 125 weitgehend ins Leere stossen.
[143] Der Entscheid der Verfahrensleitung des Gerichts ist *endgültig* (StPO 125 II Satz 1), also *keine Beschwerde* nach StPO 393 ff. Da kein nichtwiedergutzumachender Nachteil droht (es erfolgt Verweisung auf Zivilweg ohne Rechtsverlust, also anders BGE 128 V 202 ff.), ebenfalls nicht *Strafrechtsbeschwerde ans Bundesgericht* nach BGG 78 ff. und 93 I.
[144] BeB 93 mit dem Hinweis darauf, dass als Folge der *richterlichen Fürsorgepflicht* (vorne N 102) bei nicht anwaltschaftlich vertretenen geschädigten bzw. beschuldigten Personen diese vom Richter entsprechend zu befragen sind, um das Klage- bzw. Verteidigungsfundament zu klären.

(StPO 107 I lit. e), so tut er dies tunlichst in einem möglichst frühen Stadium des Verfahrens. Er ist dazu spätestens bei Ansetzung der Hauptverhandlung (StPO 331 II) verpflichtet. Der **beschuldigten Person** ist Gelegenheit zu geben, sich zur Zivilklage zu äussern und Gegenbeweise zu nennen, wobei dies nach StPO 124 II spätestens im Rahmen der erstinstanzlichen Hauptverfahren – üblicherweise als Teil des Verteidigungsplädoyers – zu geschehen hat. Der nicht verteidigten beschuldigten Person ist im Rahmen der persönlichen Befragung Gelegenheit zu geben, sich zum Zivilpunkt zu äussern[145].

710 Denkbar ist, dass die beschuldigte Person **die Zivilklage anerkennt**. In diesem Fall wird diese Anerkennung (wenn sie nicht schriftlich, z.B. in Brieform erfolgt) im Protokoll festgehalten, und es wird davon im verfahrenserledigenden Entscheid (üblicherweise im Urteil, allenfalls in einem Strafbefehl, StPO 353 II Satz 1[146]) Vormerk genommen (StPO 124 III). Der Entscheid gilt alsdann als definitiver Rechtsöffnungstitel i.S. von SchKG 80 (gerichtliche Schuldanerkennung). **Zieht die Privatklägerschaft ihre Adhäsionsklage vor Abschluss**[147] **der erstinstanzlichen Hauptverhandlung zurück**, so kann sie die Zivilklage (anders als nach ZPO 65 im Zivilprozess) auf dem Zivilweg erneut geltend machen (StPO 122 IV).

5. Entscheid im Zivilpunkt, StPO 126

5.1. Grundsatz: Zivilentscheid bei Schuldspruch, bei Freispruch nur bei Liquidität des Anspruchs, StPO 126 I

711 Machte die geschädigte Person in den vorgesehenen, vorstehend skizzierten Formen eine materiell begründete Zivilforderung geltend, so hat das Gericht darüber im Rahmen des Urteils nach StPO 126 I in folgenden zwei Konstellationen **grundsätzlich zwingend**[148] **ein Sachurteil**[149] zu fällen: Über die Ansprü-

---

[145] Botschaft 1173 unten. Ist ein *Strafbefehl zu erwarten,* hat sich das Verfahren im Zivilpunkt wegen StPO 126 II lit. a und 353 II auf ein Minimum zu beschränken (Einholung der Erklärung nach StPO 118 f., allenfalls Erklärung der beschuldigten Person betr. Anerkennung, aber keine Beweise nach StPO 313).

[146] Gesetzlich nicht eindeutig geregelt ist, ob eine solche Vormerknahme entgegen der bisherigen *Praxis in vielen Kantonen auch* in *Einstellungsverfügungen* nach StPO 319 ff. zu erfolgen hat; aus einem Vergleich von StPO 353 II und 320 III könnte geschlossen werden, dass bei Einstellungen keine solche Vormerkname erfolgt.

[147] D.h. bevor die Verfahrensleitung nach StPO 347 II (dazu N 1337) die Parteiverhandlung für geschlossen erklärt.

[148] So Botschaft 1174 Mitte. Entgegen der früheren Praxis in vielen Kantonen, die eine solche Pflicht nicht kannten und demgemäss sehr häufig, ja fast routinemässig die Ansprüche auf den Zivilweg verwiesen. Kritik an der entsprechenden früheren Praxis («*Leerlauf auf Kosten der Opfer*») von CAROLA REETZ in plädoyer 2/2006 28. – Nach JStPO 34 VI im *Jugendstrafverfahren* Beurteilung nicht zwingend, sondern nur, wenn nicht «*besondere Untersuchung*» notwendig ist.

[149] Vgl. ZR 96 (1997) Nr. 130 S. 304 f.

che[150] ist nach lit. a dieser Bestimmung zunächst bei einem **Schuldspruch**[151] zu befinden. Nach StPO 126 I lit. b ist ein Zivilurteil ebenfalls bei **Freispruch** zu fällen. Entgegen der früheren Praxis[152] soll nach der Botschaft[153] bei Freispruch die Schranke von BV 30 II erster Satz (Gerichtsstand am Wohnsitz des Schuldners) unbeachtlich sein. Voraussetzung für eine materielle Beurteilung bei Freispruch, d.h. eine Gutheissung oder Abweisung der Ansprüche, ist jedoch, dass die **Zivilansprüche spruchreif**[154], m.a.W. ausgewiesen (für Gutheissung) bzw. klarerweise nicht ausgewiesen (für Abweisung, wohl die seltene Ausnahme) sind. Sind die Zivilansprüche nicht spruchreif, erfolgt bei Freispruch eine Verweisung auf den Zivilweg (StPO 126 II lit. d, anschliessend Ziff. 5.2.1.). Sind die Ansprüche nur teilweise ausgewiesen, ergeht ein Teilurteil; der Rest wird auf den Zivilweg verwiesen (nach StPO 126 II lit. b).

5.2. Verweisung auf Zivilweg, StPO 126 II und III

5.2.1. Verweisungsfälle nach StPO 126 II

StPO 126 II sieht gewisse Ausnahmen zu der vorstehend erwähnten grundsätzlichen Beurteilungspflicht von Zivilansprüchen in vier Konstellationen vor. In diesen beurteilt das Gericht die Zivilansprüche nicht materiell, sondern verweist sie auf den Weg des Zivilprozesses[155]. Eine solche Verweisung bedeutet, dass es **Aufgabe der geschädigten Person ist, ihre Klage auf dem Weg des Zivilprozesses durchzusetzen.** Die geschädigte Person hat, wenn sie diesen Weg beschreiten will, das Zivilverfahren selbst in den dafür vorgesehen Wegen einzuleiten[156]: Es erfolgt keine Überweisung an den Zivilrichter von Amtes wegen. Nach

712

---

[150] Dazu und zur hier grundsätzlich anwendbaren Dispositionsmaxime ZR 96 (1997) Nr. 47. Allerdings hat das Strafgericht die *festgestellten Tatsachen von Amtes wegen zu berücksichtigen* und darf *sich nicht auf ein mangelndes Bestreiten seitens der beschuldigten Person berufen*, BGer 1.2.2008, 6B_52/2007 in plädoyer 4/2008 75.
[151] Grundsätzlich *unabhängig von der Verhängung einer Sanktion*, also auch dann, wenn zwar ein Schuldspruch erfolgt, aber von einer Sanktionierung abgesehen wird.
[152] Noch zu aBV 59 SJZ 69 (1973) 242; BJM 1987 167.
[153] So Botschaft 1174.
[154] Zur *beschränkten Behauptungslast des Geschädigten* RKG 2001 Nr. 128. Der Beklagte ist mit materiell-rechtlichen Einreden wie Verrechnung u.Ä. zu hören, RKG 2001 Nr. 127.
[155] *Verweisung erfolgt zusammen mit dem Endentscheid* (vorne N 582 ff) und kann zusammen mit diesem je nachdem mit Beschwerde bzw. im Regelfall (dass die Verweisung mit Urteil erfolgt) mit Berufung angefochten werden, nachfolgend N 1534, 1539, 1553 ff. Anders ZR 96 (1997) Nr. 130 S. 304 f. zum früheren zürcherischen Recht (damals noch Rekurs das Rechtsmittel), gemäss welchem die Verweisung auf den Zivilweg allerdings in einem separaten Beschluss bzw. einer Verfügung erging.
[156] Offizialprinzip und Wahrheitsgrundsatz (vgl. StPO 6 und 7) gelten im Bereich der Zivilklage nicht. Nach ZPO 63 I muss diese *Klageeinreichung – um die ursprüngliche Rechtshängigkeit beizubehalten – beim Zivilgericht innert einem Monat erfolgen*. Wird diese Frist nicht eingehalten, geht der Anspruch zwar nicht verloren, doch muss die Klage nach Massgabe von ZPO 62 neu anhängig gemacht werden.

3. Kapitel: Parteien und andere Verfahrensbeteiligte

ZPO 63 I muss diese Klageeinreichung – um die ursprüngliche Rechtshängigkeit aufrecht zu erhalten – beim Zivilgericht innert einem Monat erfolgen.

713 Eine Verweisung auf den Zivilweg nach StPO 126 II erfolgt zunächst nach lit. a wenn das Strafverfahren nach StPO 319 ff. **eingestellt wird** oder ein **Strafbefehl** (StPO 352 ff.) ergeht. In diesen Fällen liegt kein Strafurteil vor, in dessen Rahmen die Zivilansprüche beurteilt werden könnten; hier erfolgt die Verweisung bereits *ex lege*. Der Verweis auf den Zivilweg muss demgemäss mindestens bei der Einstellung nicht zwingend im Dispositiv der Einstellungsverfügung erscheinen, wohl aber nach der ausdrücklichen Vorschrift von StPO 353 II beim Strafbefehl. Nach lit. b werden die Ansprüche sodann auf den Zivilweg verwiesen, wenn sie nicht **zureichend begründet oder beziffert wurden.** Die StPO sieht also davon ab, zivilprozessualen Mustern folgend eine Klageabweisung und damit für die geschädigte Person einen Rechtsverlust vorzusehen[157], was auch für das bereits besprochene **Nichtleisten einer Kaution** nach Art. 125 (StPO 126 II lit. c) gilt. Auf den Fall des **Freispruchs der beschuldigten Person** (lit. d) wurde schon vorstehend eingegangen[158].

5.2.2. Entscheid nur dem Grundsatz nach StPO 126 III

714 Abs. 3 von StPO 126, der gegenüber der vorstehend dargestellten grundsätzlichen Beurteilungspflicht eine Ausnahme statuiert, wurde aus OHG 38 III übernommen. Sie ist jedoch auf alle Adhäsionsklagen anwendbar, also nicht nur für solche von Opfern i.S. des OHG und StPO 116. Die Bestimmung erlaubt, **Zivilforderungen nur dem Grundsatz nach zu entscheiden und die Forderungen im Übrigen auf den Zivilweg zu verweisen, wenn die vollständige Beurteilung für den Strafrichter unverhältnismässig aufwändig wäre.** Es sind Fälle, in denen die sachverhaltsmässige Beurteilung, insbesondere die Sammlung von Beweisen zur Schadenshöhe (beispielsweise bei Körperverletzungen und Tötungen), allenfalls aber auch zum adäquaten Kausalzusammenhang, zur Schadens-

---

[157] Näher Botschaft 1174 unten.
[158] N 711. Vgl. dazu ferner BeB 94 unten. – Zur *Kostentragungspflicht der Privatklägerschaft bei Verweisung auf Zivilweg* 427 I lit. c, zur *Entschädigungspflicht* StPO 432 I. Die Reichweite dieser Pflichten ist allerdings unklar, da nicht alle Fälle von StPO 126 II einem Obsiegen der beschuldigten Person entsprechen, so sicher nicht, wenn ein Strafbefehl ergeht. – Was die *Anfechtbarkeit einer Verweisung auf den Zivilweg* nach 126 II betrifft, ist die Rechtslage nicht restlos klar. Bezüglich der Berufung ist StPO 398 zu beachten, der dieses Rechtsmittel vor allem in Abs. 5 beschränkt, dazu Botschaft 1314 Mitte und hinten N 1539. Eine separate Anfechtung einer solchen Verweisung mit Beschwerde führt jedoch zu einer bezüglich denkbarer Resultate kaum erwünschten Gabelung des Rechtsmittelwegs. Da die *Verweisung Bestandteil des Urteilsdispositiv bildet* (81 IV lit. b), sollte mit der Einschränkung von StPO 398 V (Streitsumme mindestens Fr. 10'000.–, ZPO 308 II, falls nur dieser Punkt angefochten ist) die Berufung zugelassen werden.

quote, zum Selbstverschulden des Opfers usw.[159], aufwändig wäre[160] oder eventuell bis auf Weiteres gar nicht abgeschlossen werden könnte[161]. Tendenziell sind es Fälle, in denen über die Schuld- und Strafpunkte hinaus noch erhebliche zusätzliche Beweise erforderlich wären, um den Zivilpunkt beurteilen zu können. Nicht Anlass zu einem Vorgehen nach dieser Bestimmung geben hingegen rechtliche Schwierigkeiten[162]. In den hier relevanten Fällen kann sich das Gericht darauf beschränken, ob und aus welchem Grund der Privatklägerschaft die Forderung grundsätzlich zusteht. Diese **Vorurteile** ergehen als Endentscheide nach StPO 80 und 81; sie haben soweit selbstständigen Charakter, auch was die dagegen zu ergreifenden Rechtsmittel betrifft[163].

Die Festsetzung der **Höhe des Zivilanspruchs** ist anschliessend Aufgabe des ordentlichen, für solche Streitsachen zuständigen Zivilgerichts[164], das entgegen OR 55 II an den Grundsatzentscheid des Strafrichters gebunden ist[165].

5.3. Entscheide in Fällen mit Opferbeteiligung, StPO 126 IV

StPO 126 IV übernimmt weitgehend OHG 38 II mit dessen Möglichkeit der Zweiteilung der Hauptverhandlung bei Ansprüchen von Opfern: Würde eine sofortige Behandlung des Zivilpunkts einen unverhältnismässigen Aufwand des Strafgerichts bedeuten, so kann das Gericht **vorerst nur den Strafpunkt**[166] **entscheiden und die Zivilansprüche anschliessend in einer zweiten Verfahrensrunde behandeln**. Nach der Botschaft[167] soll damit dem Opfer (bei andern Geschädigten ist dieses Vorgehen nicht zulässig) erspart bleiben, dass es durch **Zuweisung der Beurteilung der Zivilansprüche an die Verfahrensleitung des Strafgerichts** im Zusammenhang mit der Beurteilung der Zivilansprüche erneut mit den von ihm möglicherweise nur schwer zu verarbeitenden deliktischen Geschehnissen konfrontiert wird. Weiter soll erreicht werden, dass der Abschluss

---

[159] Zum Selbstverschulden m.w.H. auf die eher unklare Lehre und Praxis zur Bedeutung von «*dem Grundsatz nach*» RFJ/FZR 2006 205 und der nachfolgenden Fn. erwähnten ZR-Entscheid.
[160] Entscheidend für die Anwendung dieser Bestimmung ist nach ZR 105 (2006) Nr. 58, *ob dem urteilenden Gericht für die genaue Ermittlung der Schadenersatzforderung ein unverhältnismässiger Aufwand entstehen würde*. Nicht der Fall, wenn nur wenige Erhebungen (in casu Beizug von drei Aktenstücken) notwendig sind, vgl. BGE 123 IV 78.
[161] Allgemein BeB 95 Mitte. Ebenfalls z.B., wenn medizinische Behandlung noch nicht abgeschlossen ist, RS 2000 Nr. 687.
[162] Botschaft 1175 oben.
[163] Zur *Berufung* nach StPO 398 I hinten N 1553, zur *Strafrechtsbeschwerde* nach BGG 78 ff. hinten N 1642. – Zum *Inhalt solcher Urteile* BGE 125 IV 157 unten.
[164] Dazu BGE 125 IV 157.
[165] Siehe BGE 122 IV 37, vgl. auch sodann BGE 120 IV 44, 54 und 120 Ia 107. Beim nachfolgenden Zivilprozess ist jedoch die Gerichtsstandsgarantie von BV 30 II bzw. die Vorschriften von ZPO 36 ff. zu beachten.
[166] Bei Opfern geht der Weg nach Abs. 4 gegenüber jenem von Abs. 3 vor.
[167] Botschaft 1175 unten.

im Strafpunkt nicht verzögert und dieser Teil rechtskräftig wird. Wie bei StPO 124 I ist unerheblich, ob die in dieser zweiten Runde urteilende Verfahrensleitung als Einzelgericht sonst für die Beurteilung des Zivilanspruchs zuständig wäre. Für diese Beurteilung der Zivilklage ist eine erneute Parteiverhandlung anzusetzen. Bei dem Vorgehen nach diesem Abs. 4 *muss* die Verfahrensleitung über die Zivilansprüche entscheiden; ein Vorgehen nach Abs. 3 ist nicht möglich.

717 Wie bei StPO 126 III (vorne Ziff. 5.2.) ist davon auszugehen, dass das **zuerst gefällte Urteil im Schuld- und Strafpunkt als selbstständiges Vor- oder Teilurteil anfechtbar ist**.

4. Teil: Rechtsbeistände, StPO 127–138

§ 55 Grundsätze, StPO 127

Literaturauswahl: (teilweise zum Verteidiger) AESCHLIMANN N 5 HAUSER/SCHWERI/ HARTMANN § 40; PIQUEREZ (2006) N 1253; TRECHSEL (2005) 242.
BERNARD CORBOZ, Le droit constitutionnel à l'assistance judiciaire, SJ 125 (2003) II 67; VERA DELNON/BERNHARD RÜDY, Untersuchungsführung und Strafverteidigung, Z 106 (1989) 43; Handbuch über die Berufspflichten des Rechtsanwaltes im Kanton Zürich, Zürich 1988; HANS NATER, Zur Zulässigkeit anwaltschaftlicher Zeugenkontakte im Zivilprozess, SJZ 102 (2006) 256; MARCEL A. NIGGLI/PHILIPPE WEISSENBERGER (Hrsg.), Handbücher für die Anwaltspraxis, Bd. IV, Strafverteidigung, Basel 2000; GÉRARD PIQUEREZ, Les droits de la défense dans le procès pénal suisse, en: Procédure pénale, Droit pénal international, Entraide pénale, Etudes en l'honneur de D. Poncet, Genève 1997, 71; FELIX WOLFFERS, Der Rechtsanwalt in der Schweiz, Diss. Bern 1986; HANS VEST, St.Galler Kommentar zu BV 32 S. 455.

Materialien: Aus 29 mach 1 S. 86; VE 133; BeB 95; ZEV 37 ff.; E 125; Botschaft 1176; AB S 2006 1012, AB NR 2007 952 ff.

1. Ausgangspunkt; Begriff des Rechtsbeistandes

Die privaten Verfahrensbeteiligten können im Strafverfahren grundsätzlich allein auftreten oder aber zur Unterstützung und teilweise auch zur Vertretung andere Personen, namentlich Rechtsanwälte, beiziehen[168]. Je nach Art könnte man – der Botschaft und der Unterteilung gemäss VE 133 ff. folgend – drei verschiedene Formen unterscheiden: Die **Verteidigung** steht der **beschuldigten Person unterstützend zur Seite**[169]. Sie ist aber abgesehen von der Zivilklage nicht im Sinn der Stellvertretung Vertreterin der beschuldigten Person, da sie grundsätzlich nicht an deren Stelle treten kann. Alle behördlichen Verfahrenshandlungen haben sich gegen die beschuldigte Person persönlich zu richten[170], und diese kann die Verfahrensrechte grundsätzlich auch selbst ausüben[171]. Anders liegen die Dinge im Strafverfahren gegen Unternehmen (StPO 112)[172]. Wenn eine **nicht beschuldigte Person** zur Wahrung ihrer Interessen in straf- und zivilrechtlicher Hinsicht eine Drittperson beizieht, könnte man mit der Botschaft[173] von einem **Rechtsbeistand im engeren Sinn** sprechen, der den Verfahrensbeteiligten abgesehen von strafrechtlich gefärbten und deshalb persönlichen Aspekten vertreten kann. Eine

718

---

[168] Botschaft 1176 oben.
[169] Näher hinten N 726, 755 ff.
[170] Zur Thematik ferner BGE 71 I 3; SJZ 61 (1965) 240 = ZR 65 (1966) Nr. 87.
[171] Unter gewissen Umständen sind die Strafbehörden berechtigt, anzuordnen, dass sie nur mit dem Rechtsbeistand verkehren und nicht auf Anträge etc. der Partei selbst eintreten, so mindestens TPF 2007 25 = RS 2007 Nr. 220. Davon sollte jedoch nur zurückhaltend Gebrauch gemacht werden.
[172] Vorne N 675 ff.
[173] Botschaft 1176 oben.

eigentliche **Vertretung** ist möglich, wenn sich die Unterstützung durch den Dritten auf die Unterstützung der Partei bei der Durchsetzung bzw. der Abwehr zivilrechtlicher Ansprüche beschränkt.

719 Die StPO verwendet nunmehr in Art. 127 ff. die **Bezeichnung Rechtsbeistand als Oberbegriff,** wobei dies nach der Botschaft[174] vor allem aus Gründen der Vereinfachung, der besseren Lesbarkeit und Übersetzbarkeit in die romanischen Sprachen geschieht.

2. Grundregeln für die Rechtsbeistände, StPO 127

720 StPO 127 I nimmt den vorstehend erwähnten Grundsatz auf, dass die beschuldigte Person, die Privatklägerschaft und die anderen Verfahrensbeteiligten zur Wahrung ihrer Interessen einen Rechtsbeistand beiziehen können, aber nicht müssen. Auf den Fall der notwendigen Verteidigung als Ausnahme (StPO 130) wird zurückzukommen sein[175]. Mit dem grundsätzlich fakultativen Beizug eines Rechtsbeistands wird die schweizerische Tradition, die einem Anwaltszwang im Strafverfahren gegenüber ablehnend eingestellt ist, weitergeführt. Dies gilt nach BGG 40 auch für **Verfahren vor Bundesgericht**[176].

721 Das Prinzip des fehlenden Anwaltszwangs äussert sich auch darin, dass die Parteien nach StPO 127 IV **jede handlungsfähige, gut beleumundete und vertrauenswürdige Person als Rechtsbeistand** beiziehen können. Zu beachten sind jedoch die Schranken des Anwaltsrechts: Nach BGF 2 I ist die berufsmässige Vertretung von Personen vor Gericht den Anwälten vorbehalten. Eine weitere Einschränkungen ergibt sich aus Abs. 5 von StPO 127: Darnach ist die **Verteidigung beschuldigter Personen den Anwälten vorbehalten**, die nach BGF 4 ff. in einem kantonalen Anwaltsregister eingetragen sind[177]. Immerhin können die Kantone nach dem 2. Satz von StPO 127 V im Bereich des eidgenössischen und

---

[174] Botschaft 1176 Mitte.
[175] Hinten N 730 ff.
[176] Beschränkt jedoch auf Strafsachen in einem engeren Sinn sowie nach BGE 134 III 523 auch für die *subsidiäre Verfassungsbeschwerde*. Die Ansichten gehen darüber auseinander, ob und wann *Verwaltungs- und Steuerstraf-* sowie *Strafvollzugssachen* darunter fallen, m.w.H. BSK BGG L. MERZ Art. 40 N 26 ff.
[177] Näher Botschaft 1177 Mitte. Ebenfalls nur im betreffenden Kanton tätige Anwälte mit kantonalem Patent, das ebenfalls zur Verteidigung vor den Strafbehörden jenes Kantons berechtigt (BGF 3 II). Beschränkung auf zugelassene Anwälte verfassungsgemäss, BGE 125 I 164. – *Ausschluss ausländischer Anwälte* an sich mit EMRK 6 Ziff. 3 lit. e bzw. IPBR 14 III lit. d (soweit jetzt nicht nach BGFA 21 ff. zugelassen sind) vereinbar, BGE 120 Ia 247. Zuzulassen sind hingegen ohne Weiteres ausländische Anwälte, die die beschuldigte Person in einem parallelen Verfahren im Ausland verteidigen. Zu Beschränkungen vgl. BGE 121 Ia 164 = EuGRZ 22 (1995) 404. Ferner VPB 117 (1997) 100 = RS 2000 Nr. 731. Zum Fall eines ausländischen Anwalts, der in ausländischem Zivilverfahren tätig ist, RS 1997 Nr. 323.

kantonalen **Übertretungsstrafrechts** auch Nichtanwälte zur Verteidigung vor ihren Behörden[178] zulassen.

Abs. 2 von StPO 127 nimmt die bisher zumeist nicht in den Strafprozessgesetzen enthaltene, aber von der Praxis beachtete Regel auf, dass es den **Verfahrensbeteiligten zusteht, sich mehrerer Rechtsbeistände (gleichzeitig) zu bedienen.** Dafür kann insbesondere bei komplizierten, mehrere Sachgebiete beschlagenden Straffällen ein legitimes Interesse bestehen[179]. Der Gefahr, dass die Bestellung mehrerer Rechtsbeistände dazu benützt werden könnte, das Verfahren zu verzögern oder sonst wie zu behindern, wird dadurch begegnet, dass der betreffende Verfahrensbeteiligte einen Rechtsbeistand als Hauptvertreter zu bezeichnen hat, welcher zu den Vertretungshandlungen vor der Strafbehörde befugt ist und dessen Domizil als einzige Zustelladresse gilt. 722

StPO 127 III gestattet anderseits, dass innerhalb der Schranken von Gesetz und Standesregeln **ein Rechtsbeistand im gleichen Verfahren die Interessen mehrerer Verfahrensbeteiligter wahrt**. Eine solche Mehrfachvertretung ist nach Anwaltsrecht bei einer Kollision der Interessen der verschiedenen Verfahrensbeteiligten ausgeschlossen. Vereinfacht ausgedrückt dürfte die Vertretung mehrerer Privatkläger etwa im Fall gleich gearteter Vermögensdelikte durch den gleichen Rechtsbeistand zumeist unproblematisch, die Verteidigung mehrerer, im gleichen Verfahren beschuldigter Personen hingegen praktisch immer wegen Interessenkollision ausgeschlossen sein[180]. 723

---

[178] Vor Bundesgericht sind jedoch bei nachfolgender *Strafrechtsbeschwerde in Zivil- und Strafsachen nur Anwälte zugelassen*, BGG 40 I, vorne Fn. 175.

[179] Botschaft 1176 unten. Gilt auch im *Rechtshilfeverfahren*, so zu BStP 35 II TPF 2007 52. Diese Bestimmung bezieht sich nicht auf den Fall, dass der Verteidiger seinen Substituten einsetzt, TPF 2007 34 zu BStP 35 II.

[180] Zum Problem der *Doppel- und Mehrfachvertretung*, die BGFA 12 widerspricht, H. NATER in SJZ 95 (1999) 352 und ferner ZBJV 139 (2003) 576 = RS 2005 Nr. 698 und Pra 94 (2005) Nr. 46; BGE 135 II 154 E.9.1. Zum Ausschluss von Verteidigung wegen *Interessenkollision* i.S. von BGFA 12 nach früherem Recht RS 1999 Nr. 579, 2003 Nr. 331 und 332 (dazu Kriminalistik 2003 390), vor allem bei Mehrfachverteidigung, d.h. einer Verteidigung von zwei oder mehr beschuldigten Personen in der gleichen Strafsache m.w.H. ZR 98 (1999) Nr. 48, 51; RVJ/ZWR 2008 215 = RS 2008 Nr. 474; BGer 16.3.2009, 1B_7/2009 mit Kommentar F. BOHNET in Anwaltsrevue 5/2009 265. *Zulässigkeit der Doppelverteidigung generell ausgeschlossen* in TPF 2006 259. Unklar ist, ob sich das Verbot (wie ausdrücklich § 146 der deutschen StPO) nur auf die gleichzeitige Vertretung bezieht; fraglich deshalb, ob die sog. *sukzessive Mehrfachverteidigung* (Verteidiger war früher für andern Mitbeteiligten tätig) verboten ist, nicht so im deutschen Recht, m.w.H. NJW 61(2008) 311. Bei *Bürogemeinschaft von Anwälten* ZBJV 132 [1996] 705 = plädoyer 6/1996 60 = RS 2000 Nr. 732. Zu diesem Thema ferner hinten Fn. 265.

3. Kapitel: Parteien und andere Verfahrensbeteiligte

§ 56 Verteidigung, StPO 128–135, JStPO 23–25, VStrR 32 und 33, MStP 99, 109 und 110, 127

Literaturauswahl: neben der zu § 55 und 57 erwähnten Literatur AESCHLIMANN N 5; HAUSER/SCHWERI/HARTMANN § 40; MAURER 123; OBERHOLZER N 479; PIQUEREZ (2006) N 1253; DERS. (2007) N 318, 439; SCHMID (2004) N 476; TRECHSEL (2005) 242.

HANS BAUMGARTNER/RENÉ SCHUHMACHER (Hrsg.), Ungeliebte Diener des Rechts, Beiträge zur Strafverteidigung in der Schweiz, Zürich 1999; HUGO CAMENZIND, Teilnahmerecht der Verteidigung im polizeilichen Ermittlungsverfahren, plädoyer 1/95 30; DERS., «Anwalt der ersten Stunde» – ein zentraler Teil der neuen Schweizerischen Strafprozessordnung, Anwaltsrevue 8/2007 328; BERNARD CORBOZ, Le droit constitutionnel à l'assistance judiciaire, SJ 125 (2003) II 67; VERA DELNON/BERNHARD RÜDY, Untersuchungsführung und Strafverteidigung, Z 106 (1989) 43; Handbuch über die Berufspflichten des Rechtsanwaltes im Kanton Zürich, Zürich 1988; ANDREAS DONATSCH/CLAUDINE CAVEGN, Der Anspruch auf einen Anwalt zu Beginn der Strafuntersuchung, FP 2/2009 104; LORENZ ERNI, Die Verteidigungsrechte in der Schweizerischen Strafprozessordnung, Z 125 (2007) 229; TITUS GRAF, Effiziente Verteidigung im Rechtsmittelverfahren. Dargestellt anhand zürcherischer Berufung und Nichtigkeitsbeschwerde, Zürich 2000; MAX HAURI, Der amtliche Rechtsbeistand in der Schweizerischen Strafprozessordnung – Neuerungen aus Zürcher Sicht, SJZ 105 (2009) 77, URSULA KOHLBACHER, Verteidigung und Verteidigungsrechte unter dem Aspekt der «Waffengleichheit», Diss. Zürich 1979; ELISABETH MÜLLER-HASLER, Die Verteidigungsrechte im zürcherischen Strafprozess, insbesondere deren zeitlicher Geltungsbereich, unter dem Aspekt des fairen Verfahrens, Diss. Zürich 1998; HANS-RUDOLF MÜLLER, Verteidigung und Verteidiger im System des Strafverfahrens, Diss. Zürich 1975; DERS., Die Verteidigung in der zürcherischen Strafprozessordnung, Z 96 (1979) 167; DERS., Die Grenzen der Verteidigungtätigkeit, Z 114 (1996) 176; MARCEL A. NIGGLI/PHILIPPE WEISSENBERGER (Hrsg.), Handbücher für die Anwaltspraxis, Bd. VII, Strafverteidigung, Basel 2002; ESTHER OMLIN, Grenzen der Wahrung de Parteiinteressen, Anwaltsrevue 2/2009 74; GÉRARD PIQUEREZ, Les droits de la défense dans le procès pénal suisse, en: Procédure pénale, Droit pénal international, Entraide pénale, Etudes en l'honneur de Dominique Poncet, Genève 1997, 71; FRANK TH. PETERMANN, Aussageverweigerung und anwaltliche Sorgfalt, Z 124 (2006) 405; PETER POPP, Zur Notwendigkeit des «Anwalts der ersten Stunde», Anwaltsrevue 6–7/2007 266; MARIO POSTIZZI, L'esclusione del difensore di fiducia dal procedimento penale, Rivista ticinese di diritto, I/2005 445; MARKUS RAESS/NADINE KIESER BLÖCHLINGER, Anspruch auf Verteidigung durch mehrere Rechtsanwälte im Untersuchungsverfahren vor den Bundesstrafbehörden?, Anwaltsrevue 5/2006 191; NIKLAUS SCHMID, Zur Stellung der Strafverteidigung im Vorentwurf für eine Schweizerische Strafprozessordnung vom Juni 2001, vor allem im Vorverfahren, AJP 6/2002 619; DERS., «Anwalt der ersten Stunde». Zu den Lösungsvorschlägen des Vorentwurfs für eine Schweizerische Strafprozessordnung vom Juni 2001, FS St. Trechsel, Zürich 2002, 745; KARL SPÜHLER, Zur verfassungsmässigen Stellung der amtlichen Verteidigung, Repertorio 124 (1991) 251; JEAN-MARC VERNIORY, Les droits de la défense dans les phases préliminaires du procès pénal, Berne 2005; HANS VEST, St.Galler Kommentar zu BV 32 S. 455.

Materialien: Aus 29 mach 1 S. 86; VE 135–141; BeB 98 ff.; ZEV 37 ff.; E 126–133; Botschaft 1177 ff.; AB S 2006 1011 ff., AB N 2007 952 ff.

1. Allgemeines, Begriff der Verteidigung

1.1. Verteidigung im materiellen und formellen Sinn

Verteidigung im Strafprozess kann zunächst in einem **materiellen Sinn** verstanden werden: Darunter fällt jede Tätigkeit, die darauf gerichtet ist, zur Entlastung der beschuldigten Person aktiv auf das Verfahren einzuwirken. Als Ausfluss des rechtlichen Gehörs sind dazu die Teilnahme-, Einsichts-, Äusserungs- und Antragsrechte der beschuldigten Person zu zählen[181].

Von **formeller Verteidigung** spricht man, wenn diese Funktionen von einer eigens dazu der beschuldigten Person zur Seite stehenden Person, einem Verteidiger, wahrgenommen werden.

1.2. Sinn und Bedeutung der Verteidigung

Das Recht der beschuldigten Person, auf jeder Verfahrensstufe sich selbst und nach Wunsch unter Beizug eines oder auch mehrerer Beistände zu verteidigen, gehört zu den fundamentalen Maximen eines freiheitlich-demokratischen Rechtsstaates. Im Bereich des Strafrechts, in dem der Staat dem Bürger vor allem im Vorverfahren mit seiner ganzen Machtfülle entgegentritt, ist der Betroffene in der Regel mangels Kenntnis seiner Rechte und mit Blick auf seine persönliche Situation gar nicht in der Lage, das zu seiner Verteidigung Notwendige selbst vorzukehren. Zwar ist der Staatsanwalt nach dem Untersuchungsgrundsatz von StPO 6 II verpflichtet, den entlastenden Umständen mit gleicher Sorgfalt nachzugehen wie den belastenden. Die Erfahrung zeigt aber, dass er bei allem guten Willen zu einer solchen Doppelrolle nur beschränkt befähigt ist[182]. **Im Interesse der Durchsetzung der materiellen Wahrheit wie auch der richtigen Rechtsanwendung ist es deshalb notwendig, dass den juristisch ausgebildeten Strafbehörden auf Seiten der beschuldigten Person eine fachlich gleich befähigte Person gegenübersteht.**

2. Rechtsgrundlagen

Das Grundrecht auf Verteidigung wird zunächst in EMRK 6 Ziff. 3, IPBRP 14 III lit. b und nunmehr in BV 32 II, StPO 129 I i.V. mit 127 I und V sowie VStrR 32 ff. gewährt[183], wobei der sich aus BV 29 III ergebende Anspruch des unbemittelten Bürgers hier z.T. weitergehende Ansprüche zur Folge hat.

---

[181] Dazu BGE 105 Ia 296 und 101 Ia 292 mit weiteren Hinweisen.
[182] Vorne N 156.
[183] Nach der früheren Bundesgerichtspraxis als Ausfluss des Anspruchs auf rechtliches Gehör und damit von aBV 4 betrachtet, BGE 109 Ia 241, 101 Ia 292, 105 Ia 296.

3. Arten der Verteidigung

3.1. Wahlverteidigung, StPO 129, JStPO 23, VStrR 32, MStP 99

728 Grundsätzlich ist unter Vorbehalt des nachfolgend zu besprechenden StPO 130 der Beizug eines Verteidigers nach StPO 129 I **freiwillig.** Nach StPO 158 I lit. c ist die beschuldigte Person (und der Unternehmensvertreter nach StPO 112) bei der ersten polizeilichen oder staatsanwaltschaftlichen Einvernahme auf die Möglichkeit des Verteidigerbeizugs hinzuweisen[184].

729 Bei der **Wahlverteidigung** bestellt[185] und bezahlt[186] die beschuldigte Person den von ihr frei gewählten Verteidiger (der Rechtsanwalt sein muss, StPO 127 V, MStP 99 I), auch wenn ein Fall notwendiger Verteidigung nach StPO 130[187] vorliegt. Nach StPO 129 II setzt die Ausübung der Wahlverteidigung eine **schriftliche Vollmacht** der beschuldigten Person oder eine entsprechende **protokollarische Erklärung** voraus[188].

3.2. Notwendige Verteidigung, StPO 130 und 131, JStPO 24, MStP 109 II

3.2.1. Grundlagen

730 Die meisten Prozessgesetze schrieben schon früher vor, dass **namentlich bei schwereren Delikten** oder aber dann, wenn der beschuldigten Person die Fähigkeit offenbar abgeht, sich selbst wirksam zu verteidigen, auch gegen ihren Willen[189] eine Verteidigung bestellt werden **muss**. Diese **notwendige Verteidigung**[190], auch **Pflichtverteidigung** genannt, die sich nun in StPO 130 f. findet, wird überwiegend als nicht im Widerspruch zu EMRK 6 Ziff. 3 lit. c stehend betrachtet. Diese Bestimmung räumt das Recht ein, sich persönlich zu verteidi-

---

[184] Dazu BGE 124 I 185.
[185] Auch der *urteilsfähige Verbeiständete bzw. Bevormundete ist dazu befugt*, BGE 112 IV 9, BGer 23.3.2007, 5A.10/2007 in NZZ Nr. 94 vom 24.4.2007. Zur freien Anwaltswahl ferner ZR 99 (2000) Nr. 41. Anspruch auf freie Anwaltswahl steht Beschlagnahmemöglichkeit von Vorschüssen deliktischer Herkunft nicht entgegen, m.w.H. TPF 2005 109 E.6.
[186] Bei *notwendiger Verteidigung* (StPO 130) hat allerdings der Staat (im Rahmen der für amtliche Verteidigungen gewährten Entschädigungen) einzustehen, wenn die beschuldigte Person nachträglich den freigewählten Verteidiger nicht bezahlen kann, so BGE 131 I 220 = Pra 95 (2006) Nr. 112, RFJ/FZR 2008 201.
[187] In diesem Fall fehlt es an einer effektiven Verteidigung (N 762 ff.), wenn Anwalt wegen nicht geleistetem Vorschuss nicht tätig wird, RKG 1995 36 Nr. 107. – Zur *Umwandlung einer Wahl- in eine amtliche Verteidigung* RKG 2001 Nr. 94.
[188] Das Vorliegen einer solchen Vollmacht stellt für die *Gültigkeit von Verfahrenshandlungen* nur eine Ordnungsvorschrift dar; die Vollmacht kann auch nachgebracht werden.
[189] BGE 95 I 360; BGer 12.4.1990 i.S. K.E.; BGer 14.4.2003 in SJZ 99 (2003) 406 (auch wenn beschuldigte Person Jurist ist).
[190] Zur Terminologie vgl. BGE 131 I 352 f. = EuGRZ 32 (2005) 714.

gen; sie garantiert die dort erwähnten Rechte grundsätzlich nur alternativ, steht also dem Institut der notwendigen Verteidigung nicht hindernd gegenüber[191].

3.2.2. Fälle der notwendigen Verteidigung, StPO 130 I

Gemäss StPO 130 (vgl. auch VStrR 33) muss die **beschuldigte Person in folgenden Konstellationen notwendigerweise verteidigt sein**, wobei dies vom Vorverfahren (spätestens nach der ersten staatsanwaltschaftlichen Einvernahme)[192] hin bis zum Abschluss der Rechtsmittelverfahren[193] gilt: 731

3.2.2.1. Ein Fall notwendiger Verteidigung ist gegeben, wenn **die Untersuchungshaft gegen die betreffende Person im Zeitpunkt ihrer Anordnung mehr als zehn Tage** (gerechnet ab einer vorläufigen Festnahme nach StPO 217 ff.) **gedauert hat**[194] (lit. a)[195].   732

3.2.2.2. Eine Verteidigung ist sodann notwendig, wenn eine **Freiheitsstrafe von mehr als einem Jahr** oder eine **freiheitsentziehende Massnahme** im Sinn des Strafgesetzbuchs droht, also voraussichtlich von der Staatsanwaltschaft beantragt wird oder (falls nicht schon während der Voruntersuchung eine Verteidigung bestellt wurde) nach Anklageerhebung vom Gericht als möglich erachtet wird (lit. b)[196].   733

---

[191] EuGRZ 10 (1983) 355; 19 (1992) 221; BGE 102 Ia 200; Pra 97 (2008) Nr. 38 mit Kommentar auf S. 264. – Ein Anspruch auf *obligatorische, notwendige* Verteidigung fliesst nicht aus der EMRK, vgl. vorgenannter BGE 131 I 356 ff. = SJZ 102 (2006) 385; dazu R. KIENER in ZBJV 142 (2006) 829 ff.

[192] Also nach dem Willen des Gesetzgebers (vgl. StPO 131 II) *nicht schon im polizeilichen Ermittlungsverfahren*; dazu auch hinten N 737.

[193] BGE 129 I 288. Bereits für ein allfälliges Ausstandsverfahren im Rechtsmittelstadium, Pra 93 (2004) Nr. 92. Beschränkt nach ZR 85 (1986) Nr. 4 im Vollzug, siehe aber LGVE 2001 91 = RS 2003 Nr. 296. Im *Revisionsverfahren* wohl nur amtliche Verteidigung nach StPO 132.

[194] Dazu Botschaft 1178 Mitte und AB S 2006 1012. Haft muss nach zehn Tagen Dauer noch weiterbestehen, AB S 2006 1012 f., d.h. Bestellung hat spätestens am 11. Hafttag zu erfolgen. – In VE 136 lit. a waren 5 Tage vorgeschlagen, welche Lösung im Nationalrat wieder aufgenommen, zugunsten der 10 Tage aber abgelehnt wurde, AB N 2007 952 f. – *Gestützt auf EMRK 6 Ziff. 3 lit. c bzw. BV 32 II besteht kein absoluter Anspruch auf amtliche Verteidigung sofort ab Verhängung der UH,* Pra 81 (1992) Nr. 1 S. 8 f., ebenfalls nach BV 29 III bzw. EMRK 6 Ziff. 3 lit. c auf notwendige Verteidigung während der Haft, aber allenfalls nach Fairnessgebot, BGE 131 I 352 f. = EuGRZ 32 (2005) 714. Die Dauer der notwendigen Verteidigung erstreckt sich über die Untersuchungshaft hinaus auch auf die Sicherheitshaft; ZR 91/92 (1992/93) Nr. 12. – *Bemerkenswert JStPO 24 lit. c*: notwendige Verteidigung bereits nach 24 Stunden Haft.

[195] Liegt nicht zusätzlich noch ein anderer Fall notwendiger Verteidigung vor, *endet dieses Mandat mit der Entlassung aus der Untersuchungshaft,* hinten N 747. – Die Bestimmung von E 130 II lit. a, wonach eine *amtliche* Verteidigung schon nach 3 Tagen Haft möglich sein sollte, wurde im Parlament gestrichen, vgl. AB S 2006 1012 f., AB N 2007 954 f.

[196] *Zusammenzählen von verhängter und zugleich zu widerrufender bedingter Strafe,* BGE 129 I 286; RO 1979 314 Nr. 32; AGVE 1997 Nr. 40. Auch Zusammenzählen bei *möglichem Widerruf bedingter Entlassung,* ZR 100 (2001) Nr. 16. *Addition verschieden-*

3. Kapitel: Parteien und andere Verfahrensbeteiligte

734 *3.2.2.3.* Ein Fall notwendiger Verteidigung ist weiter gegeben, wenn die beschuldigte Person wegen ihres **körperlichen oder geistigen Zustandes oder aus andern Gründen ihre Verfahrensinteressen nicht selbst ausreichend wahren kann** und die gesetzliche Vertretung dazu nicht in der Lage ist (lit. c)[197].

735 *3.2.2.4.* Ebenso besteht notwendige Verteidigung, wenn der **Staatsanwalt vor dem erstinstanzlichen Gericht oder dem Berufungsgericht persönlich auftritt** (lit. d). Es dürfte sich zumeist um Fälle handeln, in denen bereits nach lit. b eine notwendige Verteidigung vorliegt. Lit. d dürfte nur aktuell werden, wenn die Staatsanwaltschaft in Anwendung von StPO 337 Abs. 1 bzw. 4 einen Fall persönlich vor Gericht vertreten will bzw. nach Anordnung des Gerichts vertreten muss[198].

736 *3.2.2.5.* Eine Verteidigung ist sodann notwendig, wenn **ein abgekürztes Verfahren nach StPO 358–362 durchgeführt wird** (lit. e). Dies zur Sicherung der Verfahrensinteressen der beschuldigten Person im Zusammenhang mit den im Rahmen dieses Verfahrens zu führenden Verhandlungen mit der Staatsanwaltschaft[199]. Allerdings dürfte es sich hier häufig um Fälle handeln, bei denen bereits mit Rücksicht auf lit. b eine notwendige Verteidigung erforderlich ist.

3.2.3. Sicherstellung der notwendigen Verteidigung, StPO 131 I, II

737 Das Ziel der notwendigen Verteidigung kann nur erreicht werden, wenn die Verteidigung nach Feststellung, dass ein entsprechender Fall nach StPO 130 vorliegt, **unverzüglich bestellt wird**. Dafür ist die jeweilige Verfahrensleitung, zumeist wohl die Staatsanwaltschaft, verantwortlich (StPO 131 I und II). Die Frage, ob bei einer sich bereits zu Beginn des Vorverfahrens abzeichnenden notwendigen Verteidigung eine solche allenfalls bereits *vor* der ersten Einvernahme zu bestellen sei, hat der Gesetzgeber dahingehend entschieden, **dass die**

---

artiger Sanktionen wie bei StPO 352 III, hinten N 1355. – Keine notwendige Verteidigung bei *ambulanten Massnahmen*. Zur Frage der notwendigen Verteidigung bei *Nach- oder Widerrufsverfahren* nach StPO 365 ff. KGZ 5.9.2008 in RKG 2008 Nr. 107 = FP 2/2009 89 (mit Kommentar N. RUCKSTUHL).

[197] Unklar ist, welche Konstellationen unter die «*andern Gründe*» i.S. dieser Bestimmung fallen; darunter könnte etwa die *Fremdsprachigkeit* fallen, wenn die Übersetzung zur Wahrnehmung der Interessen der beschuldigten Person nicht genügt. In Zweifelsfällen ist entscheidend auf die Fähigkeit der beschuldigten Person abzustellen, sich selbst wirksam verteidigen zu können, BGer 12.4.1990 i.S. K.E. – Im Fall des gesetzlichen Vertreters ist gemeint, dass z.B. der Berufsbeistand (früher Amtsvormund) die Verteidigung übernimmt, wenn er Rechtsanwalt ist.

[198] Dazu Botschaft 1179 oben.

[199] Botschaft 1179. Zu diesem Verfahren nachstehend N 1374 ff. Eine *Bestellung hat nach Eingang des Gesuchs nach StPO 358 I* zu ergehen, allenfalls schon vorher, sobald die beschuldigte Person Interesse an einem solchen Verfahren bekundet.

Bestellung erst *nach* der ersten Einvernahme zu erfolgen hat[200]. Ausgangspunkt war die Überlegung, dass der Staatsanwalt vor allem bei den hier im Vordergrund stehenden Haftfällen (mit polizeilicher Zuführung)[201] im Zeitpunkt der ersten Einvernahme nur über erst rudimentäre Fallkenntnisse verfügt. Es ist dem Staatsanwalt deshalb zuzugestehen, ja für den Erlass der Eröffnungsverfügung nach StPO 309[202] unerlässlich, dass er sich vor der Eröffnung zuerst durch Einvernahme der beschuldigten Person selbst ein Bild über die Straftat und deren mögliche Qualifikation macht. Von dieser ist oft auch die Frage der notwendigen Verteidigung abhängig. Es erscheint deshalb – immer in den Schranken des Fairnessgebots von EMRK 6 Ziff. 1, BV 29 I und StPO 3 II lit. c[203] – im Einklang mit der Regelung in früheren kantonalen Prozessordnungen als vertretbar, dass die Staatsanwaltschaft eine solche Einvernahme der beschuldigten Person *vor* der Bestellung einer (notwendigen) Verteidigung und der Verfahrenseröffnung vornimmt[204]. Rein praktisch bedeutet dies, dass die beschuldigte Person vor Beginn der ersten Einvernahme auf ihre Rechte hinzuweisen ist (StPO 158). Wünscht die beschuldigte Person nach dieser Orientierung und vor Beginn der ersten Einvernahme zu den Tatvorwürfen selbst einen Verteidiger, ist mit dieser Einvernahme zuzuwarten, bis ein Verteidiger anwesend ist. Andernfalls wird der beschuldigten Person im Anschluss an die erste Einvernahme zur Sache eröffnet, dass ein Fall notwendiger Verteidigung bestehe und dass sie entweder eine Wahlverteidigung zu bestellen hat (StPO 129) oder ihr aber nach StPO 132 I lit. a Ziff. 1 eine amtliche Verteidigung beigegeben wird. – Wesentlich ist, dass die notwendige Verteidigung nicht nur formell angeordnet wird. Es liegt nicht zuletzt in der Verantwortlichkeit der jeweiligen Verfahrensleitung, dass diese Verteidigung in allen Verfahrensstufen **faktisch gewährleistet** ist[205].

3.2.4. Folgen der unterbliebenen Bestellung, StPO 131 III

StPO 131 III stellt klar, dass **Beweiserhebungen**, die in einem Fall notwendiger Verteidigung vor deren Bestellung (und in deren Abwesenheit) abgenommen wurden, namentlich Einvernahmen von Zeugen usw. unter Einschluss von Kon- 738

---

[200] Ein Antrag im Nationalrat, bei notwendiger Verteidigung sei eine solche schon *vor* der ersten Einvernahme sicherzustellen, wurde abgelehnt, AB N 2007 953 f. – Zum Vorgehen bei notwendiger Verteidigung auch hinten N 862.
[201] Analoges gilt nach hier vertretener Auffassung für *andere vorgängig angeordnete Zwangsmassnahmen*, also beispielsweise Durchsuchungen, Untersuchungen oder geheime Überwachungsmassnahmen.
[202] Zur Eröffnung hinten N 1227 f.
[203] Allgemein vorne N 95 ff.
[204] Ähnlich im Ergebnis offenbar die (allerdings schwankende) Praxis zu Einvernahmen der Polizei des deutschen Bundesgerichtshofs, Kriminalistik 2007 521.
[205] Fliesst aus *richterlicher Fürsorgepflicht*, vorne N 102. Dazu BGE 120 Ia 48. Auch Einschreiten gegen ungenügende private Verteidigung, BGE 124 I 190; ZR 97 (1998) Nr. 108. Grenzen bei Nichtablehnung eines Richters (*in casu* von Geschworenen) RKG 2002 Nr. 112. Zu den Verteidigungspflichten sodann N 762 ff.

frontationen, **ungültig sind**[206]. Sie sind auf Begehren der beschuldigten Person (und in Anwesenheit der Verteidigung) zu wiederholen[207], wenn im Zeitpunkt der Beweisabnahme erkennbar war, dass eine solche notwendige Verteidigung erforderlich gewesen wäre. War hingegen im Zeitpunkt der Abnahme die Tragweite des Falles noch nicht erkennbar[208], sind die abgenommenen Beweise jedoch gültig und verwertbar[209].

3.3. Amtliche Verteidigung, StPO 132–135, JStPO 25, VStrR 33, MStP 109 II

3.3.1. Grundlagen

739 Das Institut der **amtlichen, d.h. der vom Staat bestellten und bezahlten Verteidigung**, auch **Offizialverteidigung** genannt, knüpft an ähnliche Überlegungen wie die notwendige Verteidigung an: Angesichts der Wichtigkeit der Verteidigung in einem rechtsstaatlichen Strafverfahren hat der Staat unter gewissen Voraussetzungen für eine Verteidigung besorgt zu sein. Das Institut der amtlichen Verteidigung knüpft vorab an BV 29 III Satz 2 an, wonach Personen[210], die nicht über die erforderlichen Mittel verfügen, Anspruch auf einen unentgeltlichen Rechtsbeistand haben, wenn dies zur Wahrung ihrer Rechte notwendig ist. Das Gegenstück dieses Anspruchs auf amtliche Verteidigung bildet die **Pflicht der Rechtsanwälte, in ihrem Registerkanton solche Mandate zu übernehmen** (BGFA 12 lit. g).

---

[206] RO 1986 328 Nr. 77 (für Zeugen); ZR 89 (1990) Nr. 39 (für mitbeschuldigte Personen als Beweismittel). In Fällen *nicht notwendiger Verteidigung* muss die beschuldigte Person selbst für diese sorgen und kann sich bei Passivität später nicht auf fehlende Verteidigung berufen, BGer 20.12.1993 in NZZ Nr. 33 vom 9.2.1994; vgl. auch BGE 120 Ia 48 und vorstehende Fn. – Unverwertbarkeit bezieht sich naturgemäss nur auf Beweisabnahmen, bei denen die beschuldigte Person anwesend sein konnte (StPO 147), nicht z.B. auf geheime Überwachungsmassnahmen (StPO 269 ff.).

[207] Die *Strafbehörde hat festzustellen, ob Wiederholung verlangt wird*, wobei die Verteidigung jedoch bei Passivität den Anspruch mit Blick auf StPO 3 II lit. a verlieren kann. Können *Beweise nicht mehr wiederholt werden* (Tod des Zeugen), ist nach StPO 60 II bzw. 141 II vorzugehen (Verwertung, wenn es um die Verfolgung schwerer Delikte geht).

[208] *Beispiel*: Eine Person wird zunächst einiger nicht sonderlich schwerwiegender Diebstähle beschuldigt; dazu werden Beweise ohne Anwesenheit eines Verteidigers abgenommen. Erst später stellt sich heraus, dass sie überdies als Täterin eines Tötungsdelikts in Frage kommt. Entscheidend sind m.a.W. die Deliktsvorwürfe, die *Gegenstand der Eröffnungsverfügung* (StPO 309) bildeten.

[209] Botschaft 1179 Mitte.

[210] Allenfalls auch Anspruch des *nach StGB 102 verfolgten Unternehmens*, recht 21 (2003) 215. Zur unentgeltlichen Verbeiständung bei juristischen Personen hinten Fn. 272.

3.3.2. Amtlichen Verteidigung bei notwendiger Verteidigung, StPO 132 I lit. a

Der Hauptfall der amtlichen Verteidigung nach StPO 132 I liegt zunächst dann vor, wenn im Fall einer notwendigen Verteidigung nach StPO 130 die **beschuldigte Person über keine Wahlverteidigung nach StPO 129 verfügt**, sei es, dass sie es bei Eintritt eines solchen Falls trotz Aufforderung seitens der Verfahrensleitung und allenfalls innert einer dazu angesetzten Frist unterlässt (Ziff. 1 von StPO 132 Abs. 1 lit. a), selbst für eine Verteidigung besorgt zu sein, sei es, dass einer Wahlverteidigung das Mandat entzogen wurde bzw. dieses selbst niederlegte und die beschuldigte Person nicht innert angesetzter Frist eine neue Wahlverteidigung bestellt (Ziff. 2).

740

3.3.3. Amtliche Verteidigung zur Wahrung der Interessen der beschuldigten Person, die nicht über die notwendigen Mittel verfügt, StPO 132 I lit. b, II, III

3.3.3.1. Allgemeine Voraussetzungen

StPO 132 I lit. b sieht vor, dass die jeweilige Verfahrensleitung auf Antrag der beschuldigten Person oder aber von Amtes wegen eine amtliche Verteidigung anordnet, **wenn die beschuldigte Person nicht über die für eine Wahlverteidigung notwendigen erforderlichen Mittel verfügt und eine Verteidigung zur Wahrung ihrer Interessen geboten ist**[211]. Die StPO übernimmt damit und den weiteren Regeln in Abs. 2 und 3 von StPO 132 weitgehend die bisherige Praxis von **Bundesgericht und EMRK-Organen**, die in ihrer neueren Praxis aus den vorgenannten Gründen **einen grundrechtlichen, aus BV 29 III Satz 2 (bzw. aBV 4) sowie EMRK 6 Ziff. 3 lit. c abgeleiteten Anspruch auf amtliche Verteidigung** ableiteten. Die vom näher ausführenden Abs. 2 gewählte Formulierung (amtliche Verteidigung, wenn «*es sich nicht um einen Bagatellfall handelt und der Straffall in tatsächlicher oder rechtlicher Hinsicht Schwierigkeiten bereitet, denen die beschuldigte Person allein nicht gewachsen wäre*») knüpft zusammenfassend denn auch an die frühere grundrechtliche Rechtsprechung des Bundesgerichts zu BV 29 III bzw. aBV 4 an[212].

741

---

[211] Näher Botschaft 1179.
[212] Zu diesen Voraussetzungen – neben den nachfolgenden Fn. – vgl. zusammenfassend zur früheren Praxis Pra 96 (2007) Nr. 111 («*besondere rechtliche Schwierigkeiten, welche der Betroffene nicht selbst bewältigen kann*»), 95 (2006) Nr. 2, 93 (2004) Nr. 1, 92 (2003) Nr. 136 (im Fall einer rechtskundigen beschuldigten Person); Pra 92 (2003) Nr. 23 (massgebend ist die gesamte Interessenlage der beschuldigten Person wie persönliche Verhältnisse, Jugendlichkeit, mehrere beschuldigte Personen, drohende Landesverweisung, wenn auch nur bedingt beantragt) und BGE 120 Ia 45 bzw. 117 Ia 279 (zu aBV 4) und ZR 96 (1997) Nr. 122, 97 (1998) Nr. 3, Nr. 99 S. 247 = RKG 1998 Nr. 3. Wesentlich ist auch die psychische Verfassung der beschuldigten Person (BGE 115 Ia 106; BGer 7.10.1994 in plädoyer 1/1995 61). Schwierigkeiten können auch in der *Strafzumessung* liegen,

742 Fraglich ist die Rolle der **Mittellosigkeit** («.....*nicht über erforderliche Mittel verfügt....*»), die StPO 130 I lit. b als Voraussetzung der Bestellung eines amtlichen Verteidigers in dieser Konstellation verlangt. Diese Regelung ist an sich mit BV 29 III vereinbar, der diese Einschränkung ebenfalls anspricht[213]. Massgebend ist hier, dass die beschuldigte Person nicht in der Lage ist, die Kosten der Verteidigung aus eigenen Mitteln zu bestreiten, ohne den eigenen Lebensunterhalt und den ihrer Angehörigen zu gefährden[214].

3.3.3.2. Voraussetzung, dass es sich nicht um Bagatellfall handelt, StPO 132 III

743 StPO 132 III, der sich näher zum vorerwähnten **Bagatellfall** i.S. von Abs. 2 äussert, übernimmt ebenfalls weitgehend die bisherige Gerichtspraxis[215], konkre-

---

Jdt 2000 III 50 = AJP 2000 1556. Angeschlagene Gesundheit sowie Vorstrafen der beschuldigten Person und sich daraus ergebende Schwierigkeiten der Strafzumessung, RS 2002 Nr. 195. Schwierigkeiten dürften regelmässig vorliegen, wenn *schriftliche Rechtsmittelerklärungen oder -begründungen* zu liefern sind, so nach StPO 385, 390, 399 III oder 406 III, hinten N 1482 ff., 1546. Zum *Revisionsverfahren* N 1614; hier regelmässig Neubestellung nach StPO 412 IV. – Nicht Anlass zu einer amtlichen Verteidigung geben die denkbaren *zivilrechtlichen Folgen der Straftat*, so jedenfalls TG RBOG 2006 225 = RS 2007 Nr. 275. Der *Anwendungsfall der Untersuchungshaft*, für welchen E 130 II lit. a bei mehr als dreitägiger Dauer eine amtliche Verteidigung vorsah, wurde im Parlament gestrichen, vorne Fn. 195

213 Pra 92 (2003) Nr. 136 S. 733 ff.
214 M.w.H. BGE 124 I 98, 120 Ia 181. Berücksichtigung *allfälliger Steuerschulden*, BGer 1.7.2009, 4D_30/2009. – Zum *Nachweis der Mittellosigkeit* RS 2001 Nr. 47. Zu den *Mitwirkungspflichten des Gesuchstellers* Pra 92 (2003) Nr. 63; BGer 14.10.2008, 1B_133/ 2008 in Anwaltsrevue 1/2009 31; RVJ/ZWR 2004 203 = RS 2004 Nr. 600; plädoyer 6/2004 77; ZR 104 (2005) Nr. 14, 108 (2009) Nr. 1, E.3 (zur früheren zürcherischen ZPO). – Erfolgt die *Bestellung der amtlichen Verteidigung von Amtes wegen* (vorab, wenn die beschuldigte Person offensichtlich zur eigenen Verteidigung nicht in der Lage ist – ein Grenzfall zur notwendigen Verteidigung StPO 130 lit. c), kann die Mittellosigkeit keine Rolle spielen; dafür ist die beschuldigte Person nach StPO 135 IV rückzahlungspflichtig.
215 Zur *bisherigen Praxis zum Bagatellfall bzw. zu den relevanten Schwierigkeiten in tatsächlicher oder rechtlicher Hinsicht* etwa bejahend in Pra 95 (2006) Nr. 2 (unklar, ob einfache oder grobe Verkehrsregelverletzung, zudem verbunden mit Anklage wegen fahrlässiger Tötung); BGE 100 Ia 180 ff.; 111 Ia 81; 113 Ia 221; 115 Ia 103 (Fall mit vier bestrittenen Vergehen und einer drohenden unbedingten Gefängnisstrafe von 3 Monaten); ZR 85 (1986) Nr. 4; EGMR in VPB 55 (1991) Nr. 52 S. 425 ff. = Pra 81 (1992) Nr. 70 = ZBJV 128 (1992) 732. Bejaht auch bei erstinstanzlicher Strafe von fünf Monaten, RKG 1995 22 Nr. 10, verneint bei drei Monaten Gefängnis und 1000 Franken Busse, ZR 100 (2001) Nr. 17 oder bei 90 Tagessätzen zu 80 Franken und 600 Franken Busse, TG RBOG 2007 187 = RS 2008 Nr. 517. Entgegen dem Fall *Quaranta* (EGMR vom 24.5.1991 in Pra 81 [1992] Nr. 70) stellte das BGer (BGE 120 Ia 43 = Pra 83 [1994] Nr. 157 = SJZ 90 [1994] 203 = EuGRZ 21 [1994] 438) bisher nicht auf die abstrakte Strafdrohung, sondern auf den konkret drohenden Eingriff ab. Eher einschränkend BJM 2005 50. Bei *Übertretungen* GVP 2008 Nr. 78; ZBJV 132 (1996) 620 = RS 1999 Nr. 564; VPB 61 (1997) 118; abgelehnt in 1B_133/2008 in Anwaltsrevue 1/2009 31 = RS 2006 Nr. 550 (auffällige Persönlichkeit und Aversion gegen Behörden genügt nicht).

tisiert diese aber. Darnach kann ein Bagatellfall jedenfalls nicht mehr angenommen werden, wenn eine Freiheitsstrafe von mehr als vier Monaten, eine Geldstrafe von mehr als 120 Tageessätzen oder eine gemeinnützige Arbeit von mehr als 480 Stunden zu erwarten ist. Erfolgt der **Widerruf** einer früher bedingt ausgesprochenen Sanktion oder der Widerruf einer bedingten Entlassung auf einer solchen, sind die Sanktionen (allenfalls unter Berücksichtigung der Umrechnungssätze nach StGB 36 I bzw. StGB 39 II) zusammenzuzählen.

3.3.3.3. *Weitere Fälle amtlicher Verteidigung, StPO 132 II*

StPO 132 II betont in der Einleitung, dass «*namentlich*» die Fälle von StPO 132 III Anlass zur Bestellung einer amtlichen Verteidigung geben. Damit wird verdeutlicht, dass die **Verfahrensleitung auch aus anderen Gründen eine amtliche Verteidigung bestellen kann**. Dies beispielsweise, wenn Mitbeschuldigte verteidigt[216] sind oder andern Verfahrensbeteiligten ein unentgeltlicher Rechtsbeistand bestellt wurde und die **Waffengleichheit** vor den Schranken gefährdet wäre, wenn nicht auch der betreffenden beschuldigten Person ein Verteidiger bestellt würde[217]. Generell ist sodann eine Verteidigung zu bestellen, wenn dies zur Wahrung der Interessen der beschuldigten Person als erforderlich erscheint, vorab, wenn diese zu einer adäquaten Selbstverteidigung offensichtlich nicht in der Lage ist. 744

3.3.4. *Bestellung der amtlichen Verteidigung, StPO 133*

Zuständig für die Bestellung des amtlichen Verteidigers ist die in der jeweiligen Verfahrensphase zuständige Verfahrensleitung nach StPO 61 (StPO 133 I)[218], **während des Vorverfahrens** also der verfahrensführende Staatsanwalt, im **Gerichtsverfahren** bei Kollegialgerichten der Präsident bzw. beim Einzelgericht der zuständige Richter. 745

StPO 133 II nimmt die in den meisten früheren Prozessordnungen bekannte Regel auf, dass bei der **Bestellung der amtlichen Verteidigung nach Möglichkeit die Wünsche der beschuldigten Person zu berücksichtigen sind**. Ein Anspruch auf einen Anwalt freier Wahl fliesst aus dieser Bestimmung allerdings 746

Lange Verfahrensdauer an sich noch kein Grund für amtliche Verteidigung, RS 2008 Nr. 423.
[216] Mitbeschuldigte Person verfügt über frei gewählten Verteidiger, GVP 1999 Nr. 70. Insbesondere in Fällen mit *schwierigerer Beweiswürdigung, so wenn Aussage gegen Aussage steht.*
[217] Pra 95 (2006) Nr. 2.
[218] VE 139 hatte zur Vermeidung von Interessenkollisionen die Verfahrensleitung des Zwangsmassnahmengerichts vorgesehen, dazu auch BeB 102. Das Gesetz will den Bedenken mit dem Vorschlagsrecht nach VE 131 II entgegentreten, Botschaft 1180. Denkbar ist, dass die Kantone z.B. die *Bestellung der amtlichen Verteidiger im häufigsten Fall der Staatsanwaltschaft zentralisieren.* – Nach der StPO, die einen Anwalt als Verteidiger verlangt, dürfte es nicht mehr möglich sein, *Anwaltspraktikanten zu mandatieren* (so aber noch BGer 23.4.2007, 6B_708/2007, zit. in SZIER 18 (2008) 278).

nicht[219]. Nach der früheren Praxis einzelner Kantone wurde der beschuldigten Person bezüglich der Person des Verteidigers grundsätzlich nur ein einmaliges Vorschlagsrecht zugestanden, also kein Anspruch auf «*Verteidigung à la carte*»[220], was auch dem Sinn von StPO 133 entsprechen dürfte.

3.3.5. Widerruf und Wechsel der amtlichen Verteidigung, StPO 134. Rechtsmittel

747 StPO 134 I stellt klar, dass die jeweils zuständige Verfahrensleitung das Mandat der amtlichen Verteidigung widerruft, wenn der **Grund für deren Bestellung** dahingefallen ist. Dies ist etwa der Fall, wenn bei einer Anordnung nach StPO 132 I lit. a i.V. mit StPO 130 lit. a die angeschuldigte Person aus der Untersuchungshaft entlassen oder im Rechtsmittelverfahren der Fall zu einem Bagatelldelikt geschrumpft ist[221].

748 Das Problem des **Wechsels in der Person des amtlichen Verteidigers** stellte sich bereits in der Vergangenheit nicht selten, war aber gesetzlich kaum geregelt. StPO 134 II knüpft bei der Lösung dieser Thematik an einen Teil der bisherigen Lehre sowie (teilweise so gehandhabten) Praxis[222] an und geht in gewisser Hinsicht über diese hinaus[223]: Darnach hat die Verfahrensleitung einen Wechsel in der amtlichen Verteidigung vorzunehmen, wenn das **Vertrauensverhältnis**

---

[219] BGE 105 Ia 302, 306; 113 Ia 70. Ferner RS 2002 Nr. 293: Bei *amtlicher Verteidigung kein grundrechtlicher Anspruch auf freie Anwaltswahl* und auch kein Recht auf Anhörung dazu nach BV 29 II oder EMRK. Zum Letzteren sodann VPB 53 (1989) Nr. 59 = RS 1993 Nr. 506; VPB 61 (1997) Nr. 118).

[220] *Bloss einmaliges Vorschlagsrecht nicht willkürlich*, Pra 80 (1991) Nr. 1 sowie BGer 28.4.1992 i.S. A.R. ca. St.H. in NZZ Nr. 126 vom 2.6.1992. Nach BGE 118 Ia 467 = ZBJV 129 (1993) 309 kein grundrechtlicher *Anspruch auf Verteidiger mit Muttersprache der beschuldigten Person*; zum Anspruch auf Übersetzung vorne N 553.

[221] Dazu ferner Botschaft 1180 unter Verweis auf BGE 129 I 129.

[222] BGE 114 Ia 101; Pra 78 (1989) Nr. 261; 116 Ia 106; SJZ 81 (1985) 61; RO 1986 328 Nr. 76; BJM 1991 53 = RS 1995 Nr. 767; RS 1998 Nr. 470; RKG 1999 Nr. 118; BGer 19.12.1994 in plädoyer 3/1995 63 (nach diesem Entscheid *Entlassung nur bei Pflichtverletzungen,* die nicht darin liegen, dass die Verteidigung das tut, was die beschuldigte Person will, z.B. sie immer, wenn sie dies wünscht, im Gefängnis besucht oder das Recht auf Konfrontationseinvernahme erst in der Hauptverhandlung geltend machen will). Zum Wechsel im Rechtsmittelverfahren RKG 2004 Nr. 75 (Zusammenarbeit mit Klienten im schriftlichen Verfahren, *in casu* früheres kantonales Nichtigkeitsverfahren, u.U. weniger wichtig). Kein Wechsel wegen Zugehörigkeit des Anwalts zu einer bestimmten politischen Partei, RS 2000 Nr. 679. Weitergehend der vorstehend in Fn. 220 erwähnte BGer 28.4.1992 bei gestörtem Vertrauensverhältnis und Divergenzen betr. Verteidigungsstrategie. Wechsel aber erforderlich, wenn vor Rechtsmittelinstanz Frage der genügenden Verteidigung bei Vorinstanz zu behandeln ist, RKG 2002 Nr. 114. Nach *Entlassung eines amtlichen und der Bestellung einer Wahlverteidigung* nach früherer zürcherischer Praxis keine Bestellung des Letzteren als amtlichen Verteidiger, ZR 93 (1994) Nr. 4, ebenso nicht nach jener des Bundesstrafgerichts, TPF 2007 18. – Eine *Substituierung* durch den ernannten Verteidiger ist grundsätzlich unzulässig, ZR 102 (2003) Nr. 37.

[223] Botschaft 1180.

zwischen der beschuldigten Person und ihrer amtlichen Verteidigung erheblich gestört ist oder eine wirksame Verteidigung aus andern Gründen nicht mehr gewährleistet ist. Erforderlich ist, dass für die Notwendigkeit eines Wechsels nachvollziehbare Gründe angeführt werden[224] und dass bei einer Verweigerung eines Anwaltswechsels eine sachgerechte Verteidigung nicht (mehr) gewährleistet wäre. Solche Gründe müssen vom Gesuchsteller dargetan werden bzw. sich aus einer entsprechenden gewissenhaften Erklärung des Verteidigers ergeben.

Entscheide über die Bestellung oder Entlassung eines amtlichen Verteidigers sind **mit Beschwerde** nach StPO 393 ff. **anfechtbar**[225], auch solche erstinstanzlicher Gerichte[226]. 749

3.3.6. Dauer der amtlichen Verteidigung

Die Ansprüche auf amtliche Verteidigung gelten für **alle Verfahrensstufen von der staatsanwaltschaftlichen Untersuchung bis hin zum Rechtsmittelverfahren**[227], eingeschlossen ausserordentliche Rechtsmittel, vorausgesetzt, die Umstände, die die Bestellung einer amtlichen Verteidigung bedingten, dauerten an (vgl. StPO 134 I)[228]. Diese Ansprüche bestehen auch im Zusammenhang mit 750

---

[224] So Botschaft 1180 Mitte unter Verweis auf BGE 116 Ia 105, 114 Ia 101. Blosse persönliche, nicht nachvollziehbare Empfindlichkeiten genügen also nicht (..*erheblich gestört...*), ebenso, wenn in allgemeiner Weise die «Chemie» zwischen Verteidiger und Klient nicht optimal ist. – Bei Entzug des Mandats ist dem *Anwalt das rechtliche Gehör zu gewähren*, BGE 133 IV 339 E.6 = Pra 97 (2008) Nr. 97 S. 618. *Strafrechtsbeschwerde ans Bundesgericht* nur bei der Verweigerung der Bestellung, nicht eines Wechsels, hinten N 1652 und dort Fn. 515.

[225] Zur Beschwerde hinten N 1499 ff. Zur möglichen *Strafrechtsbeschwerde* des Anwalts selbst nach BGG 78 ff. und 93, nach BGer, wenn Anwaltswechsel ohne seinen Antrag erfolgte, BGE 133 IV 339 E.5 = Pra 97 (2008) Nr. 97 (problematisch, vgl. N 1652 Fn. 515 und N 1679). Bemerkenswert ist, dass die deutsche Praxis offenbar ein eigenes rechtlich geschütztes Interesse des Verteidigers verneint, vgl. den deutschen Entscheid in NJW 59 (2006) 2712.

[226] Hinten N 1509 f. sowie 1652.

[227] Also bis *Eintritt der Rechtskraft nach StPO 437*, jedoch auch noch für die Prüfung der Rechtsmittelmöglichkeiten gegen den letztinstanzlichen kantonalen Entscheid, dazu Fn. 239, vgl. auch N 731. – Aus der bisherigen Praxis zur *amtlichen Verteidigung im Rechtsmittelverfahren* etwa BGE 120 Ia 43. Nach ZR 97 (1998) Nr. 99 im *Berufungsverfahren* kein Anspruch auf amtliche Verteidigung, wenn Vorinstanz vier oder sechs Monate (Urteil diesbezüglich widersprüchlich) ausspracht, welche Strafe im Berufungsverfahren nicht erhöht werden kann. Ebenso, wenn es im Berufungsverfahren um Fragen, ob zwei oder drei Monate Freiheitsstrafe verhängt sowie ein Strafwiderruf von 12 Monaten erfolgen soll, geht, so PKG 2004 Nr. 15 E. 3 (problematisch, vorne N 743 a.E.). Eingeschlossen in Mandat *Nebenverfahren* wie Rechtsmittel gegen Zwangsmassnahmen, Ablehnungsbegehren etc., BGer 12.1.2009, 5A_710/2008 in Anwaltsrevue 4/2009 208 (zivilprozessualer Entscheid).

[228] So ist die *amtliche Verteidigung nach StPO 132 I aufzuheben*, wenn die beschuldigte Person bei einer Anklage mit einem Strafantrag von einem Jahr Freiheitsstrafe von den

späteren **Revisionsgesuchen** nach StPO 410 ff.[229]. Fraglich ist, inwieweit bei Rechtsmitteln eine amtliche Verteidigung wegen **Aussichtslosigkeit** verweigert bzw. aufgehoben werden kann[230]. Ein Anspruch auf amtliche Verteidigung besteht weiter bei allenfalls von Gerichts- oder aber Verwaltungsbehörden zu treffenden nachträglichen **Widerrufs- oder Vollzugsentscheiden,** zu fällen etwa im entsprechenden besonderen Verfahren nach StPO 363 ff.[231], beim Widerruf bzw. Änderung von Sanktionen[232], bei Rückversetzung in den Straf- oder Massnahmevollzug, aber auch in Fragen der Urlaubsgewährung, die empfindliche Rückwirkungen auf Freiheitsrechte bzw. die persönlichen Verhältnisse haben können[233].

3.3.7. Entschädigung der amtlichen Verteidigung, StPO 135, 426 I, JStPO 25 II

751 **Bezahlt wird die amtliche Verteidigung grundsätzlich vom Staat** (Bund oder Kanton, StPO 426 I)[234], wobei die Entschädigung nach dem **Anwaltstarif**[235] des Bundes oder des verfahrensführenden Kantons berechnet wird (StPO 135 I). Offenbar geht die Meinung dieser Bestimmung dahin, dass Bund und Kantone für amtliche und freigewählte Verteidigung unterschiedliche Honorare vorsehen

---

meisten Anklagepunkten freigesprochen und nur wegen eines Bagatelldelikts zu einer Geldstrafe von 14 Tagessätzen verurteilt wurde und dieses Urteil mit Berufung angefochten wird.

[229] BGE 129 I 133 ff., dazu hinten N 1614.
[230] Dazu BGer 11.12.2008, 1B_296/2008 in Anwaltsrevue 3/2009 141 und Pra 98 (2009 Nr. 73 = plädoyer 2/2009 78 = Anwaltsrevue 4/2009 204 (bei schweren Beeinträchtigungen der persönlichen Freiheit Annahme der Aussichtslosigkeit nur mit Zurückhaltung, wobei in den konkreten Fällen nunmehr nach StPO 130 lit. b offensichtlich eine notwendige Verteidigung erforderlich wäre); BGE 129 I 135 und zusammenfassend ZBJV 139 (2003) 725. Aussichtslosigkeit jedenfalls kein Hinderungsgrund bei notwendiger Verteidigung, also in Fällen, in denen eine schwerwiegende Massnahme oder eine Freiheitsstrafe droht, die den bedingten Vollzug ausschliesst, BGE 129 I 281.
[231] Hinten N 1390 ff. Hier wohl regelmässig *Neubestellung der amtlichen Verteidigung*.
[232] Vgl. Auflistung der Fälle in Botschaft 1298.
[233] Differenzierend BGE 128 I 225 = JdT 154 (2006) 48 = EuGRZ 30 (2003) 267; ferner BGE 117 Ia 277 und ZBJV 139 (2003) 725.
[234] Zu StPO 426 I hinten N 1783. Üblicherweise erst nach Abschluss des Verfahrens; Zwischenrechnung und -vergütung nach Ermessen des Gerichts, ABOG SH 2006 102.
[235] Zu vergüten ist ebenfalls die *MWSt*, BGE 122 I 1 = SJZ 92 (1996) 169, zum anwendbaren Satz RKG 2000 Nr. 136, einschränkend bei Prozessentschädigungen ZR 104 (2005) Nr. 76. MWST ist jedoch *grundsätzlich vom Anwalt in Rechnung zu stellen*, ZR 108 (2009) Nr. 6, S. 22. Eingehend zu den Honoraransprüchen mit Blick auf BV 9 und 27 BGE 132 I 201 = ZBJV 142 (2006) 103635 = SJZ (2007) 414; nach diesem Entscheid muss den Verteidigern ein bescheidener, nicht nur symbolischer Gewinn ermöglicht werden, und deshalb ist für unentgeltliche Rechtsbeistände ein Mindesthonorar von Fr. 180.–/Stunde vorzusehen.

können[236]. Angemessen zu vergüten ist allein der für das konkrete Strafverfahren notwendige Zeitaufwand, nicht hingegen z.B. der Aufwand für eine bloss soziale Betreuung oder für trölerische Rechtsmittel[237]. Die Entschädigung wird am Ende des Verfahrens von der Staatsanwaltschaft bzw. vom urteilenden Gericht festgelegt (StPO 135 II)[238]. Für das Honorar haftet allein der Staat. Der Verteidiger darf darüber hinaus (unter Vorbehalt von StPO 135 IV) von der beschuldigten Person keine weiteren Leistungen beanspruchen[239] oder entgegennehmen.

StPO 135 III bestimmt, dass **gegen den Entschädigungsentscheid Beschwerde** geführt werden kann, entweder bei der Beschwerdeinstanz (Entscheide der Staatsanwaltschaft oder des erstinstanzlichen Gerichts) oder beim Bundesstrafgericht (Entscheide der kantonalen Beschwerdeinstanz oder des Berufungsgerichts)[240]. 752

StPO 135 IV regelt in etwas komplizierter und wenig praxisnaher Weise die **Rückerstattung der vom Staat für die amtliche Verteidigung gemachten** 753

---

[236] Botschaft 1180. Anders der Sinn von VE 141 I, der dahin ging, diese beiden Verteidigerkategorien gleich zu entschädigen, wie dies neuerdings in diversen Kantonen der Fall war, dazu BeB 103 Mitte.
[237] ZR 89 (1990) Nr. 80; BGE 109 Ia 111; RS 1999 Nr. 606; BJM 2002 108 ff. Entschädigung allenfalls auch für *notwendige Kosten vor Ernennung*, z.B. vor Bestellung im Rechtsmittelverfahren, RO 1991 345 Nr. 61. Keine Vergütung von *«unverhältnismässig teurer oder aufwendiger amtlicher Verteidigung»*, BGer 6.11.1995 i.S. RA X. ca. OGZ II. StrK. Das Gebot der Waffengleichheit könnte zur Folge haben, dass dem Anwalt die *Kosten des Beizugs eines Gutachters* vergütet werden, falls ein solcher zur Wahrung der Verteidigungsrechte (z.B. zur Überprüfung der Schlüssigkeit des amtlichen Gutachtens) erforderlich ist, d.h. ein Vorgehen nach StPO 189 nicht genügt. Ein *erforderlicher Dolmetscher* ist dem Verteidiger über StPO 68 zur Verfügung zu stellen.
[238] In E 133 II wurde diese Kompetenz der jeweiligen Verfahrensleitung zugewiesen, welche Regelung vom Ständerat geändert wurde, AB S 2006 1014. Wenn die *Strafbehörde die Rechnung des amtlichen Verteidigers kürzt bzw. mit dem verrechneten Stundenansatz nicht einverstanden ist*, muss der Entscheid begründet werden, BGer 28.11.2008, 6B_752/2008 in Anwaltsrevue 2/2009 93.
[239] So zum Letzteren noch ausdrücklich VE 141 II; vgl. auch Zürcher Entscheid in plädoyer 1/2009 78 (Kosten für Prüfung von Rechtsmitteln sind bei der urteilenden Instanz in Rechnung zu stellen; standesrechtlicher Entscheid). – Zwischen *Verteidiger und Staat besteht ein öffentlich-rechtliches Verhältnis*; unzulässig deshalb, das Risiko der Bezahlung des Honorars in irgendeiner Weise auf den Verteidiger zu überwälzen, BGE 131 I 217 = Pra 95 (2006) Nr. 112.
[240] Es geht hier um die Festsetzung *des Honorars, nicht die Auflage der entsprechenden Kosten* nach StPO 426. *Legitimiert allein der amtliche Verteidiger*, nicht die beschuldigte Person, ZR 107 (2008) Nr. 68. – Gegen Entscheide der kantonalen Beschwerdeinstanz ist alsdann die *Strafrechtsbeschwerde ans Bundesgericht* möglich, hinten N 1679, nicht aber gegen Entscheide der Beschwerdekammer des Bundesstrafgerichts, BGG 79 und hinten N 1643. – Das Bundesgericht schritt bisher nur bei Ermessensüberschreitungen und damit Verletzung von BV 9 der kantonalen Behörden ein, BGer 25.9.2006, 1P.161/2006 in Anwaltsrevue 1/2007 28 sowie BGE 132 I 201, was nunmehr auch unter der Herrschaft der StPO gelten dürfte. Obsiegender Anwalt im *Entschädigungsverfahren hat Anspruch auf Entschädigung*, Pra 97 (2009) Nr. 46.

Aufwendungen: Wird die beschuldigte Person im Endentscheid zur Tragung der Verfahrenskosten verurteilt (StPO 426), so hat sie – sobald es ihre wirtschaftlichen Verhältnisse erlauben – einerseits Bund oder Kanton die Entschädigungen, die diese für amtliche Verteidigungen leisteten, zurückzuerstatten (StPO 135 IV lit. a). Unter den gleichen Voraussetzungen kann – so die Botschaft[241] – die Verteidigung von der beschuldigten Person die Differenz zwischen dem amtlichen und normalen, vollen Verteidigerhonorar einfordern (lit. b)[242]. **Zu differenzieren ist offenbar ein zweiter Fall**, nämlich die Bestellung einer amtlichen Verteidigung nach StPO 132 I lit. a, also ein Fall notwendiger Verteidigung, in welchem die beschuldigte Person keine Wahlverteidigung bestellen will, obwohl sie dazu finanziell in der Lage wäre. Hier steht die beschuldigte Person – so die Annahme des Gesetzgebers in der Botschaft[243] – in wirtschaftlich günstigen Verhältnissen, weshalb sie am Ende des Verfahrens sofort (und damit ausserhalb des Mechanismus von StPO 135 IV) zur Rückerstattung der Kosten der amtlichen Verteidigung zu verpflichten ist[244].

754 Diese Ansprüche des Bundes bzw. der Kantone nach StPO 135 IV lit. a (und auch jene der Verteidigung nach StPO 135 IV lit. b) **verjähren innert 10 Jahren** (StPO 135 V), zu rechnen ab Rechtskraft des Entscheids, mit dem beschuldigte Personen nach StPO 135 IV zur Rückerstattung verpflichtet wurden.

4. Rechte und Pflichten der Verteidigung

4.1. Rolle der Verteidigung im Allgemeinen, StPO 128

755 Der Verteidiger – mindestens soweit er Rechtsanwalt ist – wurde früher gelegentlich als **Gehilfe des Richters** bei der Rechtsfindung, als Organ der Rechtspflege oder Diener des Rechts o.ä.[245] bezeichnet. Diese Formulierungen haben Anlass zu Missverständnissen gegeben, indem daraus u.a. abgeleitet wurde, Verteidiger seien wie die Strafverfolgungsorgane zur Objektivität und zur

---

[241] S. 1181 oben.
[242] Über die Rückforderung nach StPO 135 IV entscheidet generell *die nach StPO 135 II zur Festsetzung der Entschädigung zuständige Behörde*, entweder zusammen mit dem Entscheid nach dieser Bestimmung, allenfalls (wenn sich die verbesserte Vermögenslage erst später zeigt) im Rahmen eines nachträglichen Entscheids nach StPO 363 f. Dagegen sind die gleichen *Rechtsmittel* wie bei jenem Entscheid zulässig, vorne N 735 und Fn. 240. Die Rückforderung selbst haben hernach der Staat bzw. der berechtigte Verteidiger auf dem Weg des SchKG zu betreiben.
[243] S. 1181 oben.
[244] Also Kostenauflage nach StPO 426 I, hinten N 1782 ff. – Eine *Kostenauflage wegen nunmehr günstiger wirtschaftlicher Verhältnisse ist jedenfalls zu begründen*, sei es im auferlegenden Endentscheid (dazu BGer 26.12.2008, 6B_587/2008 in Anwaltsrevue 3/2009 144), sei es in einem nachfolgenden Entscheid. Dazu allgemein und zum Verhältnis zu BV 29 III und EMRK 6 Ziff. 3 lit. c vgl. BGE 135 I 91 = Pra 98 (2008) Nr. 73, = Pra 98 (2009) Nr 73.
[245] BGE 106 Ia 100.

Durchsetzung des Rechts verpflichtet. Die **Verteidigung ist jedoch in den Schranken von Gesetz und Standesregeln allein den Interessen der beschuldigten Person verpflichtet** (so StPO 128). Sie kann deshalb durchaus einseitig das zur Entlastung der beschuldigten Person Notwendige ins Verfahren einbringen und durchsetzen, um so für ihre Klienten ein möglichst günstiges Urteil zu erreichen[246]. Sie hat neben der Beachtung der Rechtsordnung ihre Unabhängigkeit dem Klienten gegenüber zu wahren, und sie darf ihre privilegierte Stellung nicht zu verfahrens- und verteidigungsfremden Zwecken missbrauchen. Hält sich die Verteidigung an diese Grenzen, steht es den Strafbehörden nicht zu, inhaltlich in die Verteidigertätigkeit einzugreifen[247].

4.2. Rechte des Verteidigung

4.2.1. Die Verteidigung hat die **gleichen Rechte wie die beschuldigte Person**. Teils ist dies ausdrücklich gesetzlich vorgesehen, so z.B. das Recht auf Teilnahme bei Beweisabnahmen (vgl. StPO 147 I, 159, MStP 110 I, MStV 43–44)[248] oder auf Mitteilung bzw. Zustellung (StPO 87 III). StPO 159 sieht vor, dass die Verteidigung bereits bei polizeilichen Einvernahmen teilnehmen kann («**Anwalt der ersten Stunde**»[249]). Dieses Teilnahmerecht gilt ebenso für delegierte polizeiliche Einvernahmen nach Eröffnung der Untersuchung nach StPO 312 II[250]. 756

4.2.2. Die Verteidigung kann **weitere Rechte** wahrnehmen, die nach dem Gesetzeswortlaut der beschuldigten Person zustehen, selbst wenn dies in der StPO nicht ausdrücklich statuiert wird, etwa die Einlegung von **Rechtsmitteln** nach StPO 382[251]. 757

4.2.3. Damit die Verteidigung ihre Aufgabe wahrnehmen kann, steht ihr aufgrund von BV 32 II und EMRK 6 Ziff. 3 **freier schriftlicher und mündlicher Verkehr** mit ihrem in Haft befindlichen Mandanten zu. Nach StPO 159 II und 223 II kann die beschuldigte Person während des **Haftverfahrens** jederzeit 758

---

[246] ZR 106 (2007) Nr. 62 = RS 2008 Nr. 353 (grundsätzlich zulässig Absprachen zwischen verschiedenen Verteidigern; zur Frage der Bezahlung des Verteidigerhonorars durch Geschädigten); BGE 106 Ia 100, Pra 89 (2000) Nr. 164 S. 999. Zulässig deshalb, der beschuldigten Person zu empfehlen, sich in ein Drittland zu begeben, ZR 106 (2007) Nr. 37 = RS 2008 Nr. 352.
[247] Zu dieser Thematik BGE 106 Ia 100, 105 Ia 296; ZR 61 (1962) Nr. 10. Zum Ausschluss eines Verteidigers vom Verfahren nachfolgend N 764 a.E.
[248] ZR 101 (2002) Nr. 11. *Verteidiger muss sich selbst um Verteidigung kümmern* und selbst aktiv werden; Recht verwirkt bei Inaktivität, näher BGer 26.6.2006, 1P.102/2006 in SJZ 102 (2006) 389. Keine Substituierung durch andern Anwalt, Fn. 222 a.E.
[249] Dazu Botschaft 1193 f., 1387 oben. Ergibt sich an sich bereits aus EMRK 6 Ziff. 1 und 3 lit. c, EGMR 27.11.2008 i.S. Salduz v. Türkei, publ. in FP 2/2009 71.
[250] Hinten N 1233.
[251] Hinten N 1465, 1668.

ohne Aufsicht mit der Verteidigung verkehren[252], nachher nach Massgabe von StPO 235 IV. Leicht eingeschränkt ist der Verkehr während des **Strafvollzugs** nach StGB 84 IV.

759 *4.2.4.* Bedeutsam ist sodann der Anspruch der Verteidigung auf **rechtliches Gehör,** insbesondere das **Antragsrecht hinsichtlich Beweise etc.** (StPO 107 I lit. e, 109, 318 I Satz 2, 331 II, 345, 389 III, 399 III lit. c) sowie der Anspruch auf **Akteneinsicht** (StPO 3 II lit. c, 101, 107 I lit. a)[253]. Es ist ihr gemäss EMRK 6 Ziff. 3 lit. b auch **genügend Zeit** für eine wirkungsvolle Verteidigung einzuräumen[254].

760 Es steht der Verteidigung sodann frei, **selbst Beweise zu sammeln.** Dazu gehört auch die Möglichkeit, beschuldigte Personen oder potenzielle Zeugen oder Auskunftspersonen zu kontaktieren und selbst zu befragen, was vor allem im Vorfeld eines Verfahrens aktuell ist[255]. Dabei sind allerdings **gewisse Schranken zu beachten,** so etwa **in zeitlicher bzw. verfahrensmässiger Hinsicht**: Problematisch ist die Befragung von Personen, die von der Strafbehörde bereits als Zeugen usw. vorgeladen wurden[256], und ebenso sind Kontakte mit Personen zu unterlassen, denen nach StPO 165 ein **Schweigegebot** auferlegt wurde[257]. Zu unterlassen sind weiter Befragungen von Personen, die bereits von der Strafbehörde einvernommen wurden; hier sollte primär eine erneute Einvernahme beantragt werden. In **sachlicher bzw. formeller Hinsicht** ist zu beachten, dass die zu befragende Person über die Funktion und Interessenlage des Verteidigers (Gegenstand des Verfahrens; vertretene beschuldigte Person) und die Freiwilligkeit der Aussage orientiert wird. Nötigende Beeinflussungen sind also zu unterlassen.

---

[252] *Ab der ersten polizeilichen Einvernahme,* dazu näher hinten N 867, 1027.
[253] Dazu ZR 97 (1998) Nr. 20 S. 62 ff. sowie vorne N 624 ff.
[254] BGer 12.11.2007, 6B_462/2007 in Anwaltsrevue 2/2008 76 unter Verweis auf BGE 131 I 185 mit Grenzen bei Missbrauch, kritischer Kommentar von W. WOHLERS in AJP 5/2006 621; vgl. auch R. KIENER in ZBJV 142 (2006) 833 und F. BOMMER in ZBJV 144 (2008) 28. EGMR 23.10.2001 i.S. Dorsaz in VPB 66 (2002) Nr. 107; BGer 28.1.1992 i.S. S.M.: Kein Anspruch auf Verschiebung einer Verhandlung, wenn beschuldigte Person zur Unzeit amtliche durch erbetene Verteidigung ersetzt und diese wenig Zeit zur Vorbereitung der Hauptverhandlung hat.
[255] Dazu und zum Folgenden einlässlich ZR 106 (2007) Nr. 35 (1. Sachverhalt: Verteidiger betrat nachträglich mit Nachschlüssel Tatort und fand dort Waffe); ZR 106 (2007) Nr. 81. Zur Kontaktierung und Befragung künftiger Zeugen m.w.H. der 2. Sachverhalt in ZR (106) 2007 Nr. 35 S. 164 = plädoyer 4/2007 70 unter Verweis auf ZR 49 (1950) Nr. 46, sodann BJM 2006 47; ZR 95 (1996) Nr. 43; und 104 (2005) Nr. 62; SJZ 102 (2006) 256; GVP 2007 Nr. 94. Eine andere *Frage ist, ob der Verteidiger für solche Erhebungen entschädigt wird,* dazu hinten N 1811. Zum *Verbot der direkten Kontaktaufnahme mit der Gegenpartei,* also nicht über Anwalt, Pra 96 (2007) Nr. 87. Allgemein G. PFISTER in SJZ 105 (2009) 288.
[256] Zur *Kontaktaufnahme mit einem von der Gegenseite angerufenen Zeugen* ZR 86 (2007) Nr. 81. Zur Thematik aus deutscher Sicht etwa MEYER/GOSSNER, Vorbemerkungen zu § 137 N 2 m.w.H.
[257] Zu diesem Geboten hinten N 881.

Dass Beeinflussungen vorab in materieller Hinsicht (also hinsichtlich des Inhalts der zu machenden Aussagen) strikte zu unterlassen sind (da möglicherweise strafbar bzw. zur Annahme einer Verdunkelungsgefahr i.S. von StPO 221 I lit. b führen könnten), versteht sich von selbst. Es ist zwar ohne Weiteres zulässig, die befragte Person über die Stellung, die sie im Verfahren einnehmen wird, aufzuklären, ebenso über ihre Verfahrensrechte- und –pflichten, also z.B. darüber, ob der betreffenden Person, als Zeuge oder Auskunftsperson befragt, ein Aussageverweigerungsrecht zusteht. Abgesehen vom eigenen Klienten (und dessen Angehörige) des Verteidigers diesen von ihm gleichsam aufgebotenen und befragten Personen den Rat zu geben, von solchen Verweigerungsrechten Gebrauch zu machen, ist nicht angängig. Kritisch dürfte auch sein, solche Personen mit den Ergebnissen des bisherigen Verfahrens zu konfrontieren und eigentliche schriftliche, von der befragen Person zu unterzeichnende Einvernahmen durchzuführen.

4.2.5. Die Praxis gesteht mit Blick auf BGFA 12 lit. a der Verteidigung zu, in **Rechtsschriften, Vorträgen, Pressemitteilungen** u.Ä. Behörden, Strafverfahren oder Urteile in gewissen Schranken (Richtigkeit der Darstellung; sachliche Zurückhaltung; anständiger Ton, d.h. Vermeidung unnötig verletzender Darstellung und Erregung der Öffentlichkeit) auch **öffentlich zu kritisieren**[258]. 761

4.3. Pflichten der Verteidigung

Der Verteidiger hat nach BGFA 12 lit. a die Aufgabe, seinen Beruf sorgfältig und gewissenhaft auszuüben. Daraus folgt die Pflicht, die beschuldigte Person **wirkungsvoll zu verteidigen.** Vorab in Fällen notwendiger bzw. amtlicher wie auch freiwilliger Verteidigung ist dieser Pflicht nur Genüge getan, wenn die Verteidigung ihre Pflichten tatsächlich wahrnimmt und das zur Verteidigung Notwendige vorkehrt. Mit Blick auf die tendenziell vorherrschende Mittelbarkeit des Strafverfahrens und der daraus resultierenden entscheidenden Rolle des 762

---

[258] Dazu Pra 88 (1999) Nr. 51, 91 (2002) Nr. 66 («*Wildwestmethoden und gestapomässiges Vorgehen*» als unangebrachte Äusserung), ähnlicher Fall in ZR 104 (2005) Nr. 63. Unzulässig nach BGer 12.10.2005, 2A.368/2005 sodann polemische Unterstellungen mit genereller Abqualifizierung einer Behörde, ähnlich BJM 2008 279. Ferner BGE 106 Ia 108; plädoyer 4/1993 60 = ZBJV 113 (1995) 742; ZR 107 (2008) Nr. 36, 91/92 (1992/1993) Nr. 70, 70 (1971) Nr. 85, 71 (1972) Nr. 98,. Vgl. weiter BGer 11.6.2007, 2A.499/2006 in ZBJV 144 (2008) 893 (*Vorwürfe strafbaren Verhaltens gegen Amtsarzt müsste mit Strafurteil belegt werden*, vor einem solchen zurückhaltende Äusserungen erforderlich) sowie RS 2004 Nr. 569 (EGMR 21.2.2002 i.S. Kubli), 1999 Nr. 603. Vgl. auch EGMR 13.12.2007 i.S. Foglia ca. Schweiz (Angriffe eines Anwalts auf Tessiner Justiz und u.a. Herausgabe von Untersuchungsakten an Presse nicht unverhältnismässig, in: plädoyer 1/2008 74 mit Kommentar sowie weiteren Hinweisen auf die Praxis medialex 13 (2008) 43 sowie in FP 4/2008 202, anders BGer 7.5.2004, 4P.36/2004). Zur *Weitergabe von Akten, so an Journalisten,* vgl. ferner ZR 86 (1987) Nr. 11 S. 28 und Nr. 100. Zu *verfahrensinterner- und externer Kritik* ZR 100 (2001) Nr. 20. Zum Verhältnis solcher Kritik zur Meinungsäusserungsfreiheit Pra 88 (1999) Nr. 51; SJZ 94 (1998) 470; zur Vereinbarkeit von Disziplinarstrafen mit EMRK 10, EKMR in VPB 60 (1996) Nr. 127.

3. Kapitel: Parteien und andere Verfahrensbeteiligte

Vorverfahrens[259] bedeutet dies, dass sich die Verteidigung schon in dieser ersten Phase aktiv verhält, also insbesondere an den Einvernahmen von Zeugen bzw. der mitbeschuldigten Personen teilnimmt[260] und zur Gestaltung der Verteidigung Akteneinsicht verlangen[261] muss. Dabei ist sie zu sorgsamem Umgang mit den ihr anvertrauten Akten verpflichtet[262]. Bei der **Hauptverhandlung** hat sich die Vereidigung mit den wesentlichen Punkten der Anklage eingehend auseinanderzusetzen[263]. Bei einigermassen intakten Chancen sind auch die erforderlichen **Rechtsmittel** zu ergreifen[264]. Das **Gericht hat in Fällen notwendiger Verteidigung selbst für eine auch materiell ausreichende Verteidigung besorgt zu sein**[265]. Eine im Berufungsverfahren festgestellte ungenügende notwendige Verteidigung vor der Vorinstanz führt zur Rückweisung des Falles zur Wiederholung des erstinstanzlichen Verfahrens nach StPO 409 I[266].

763 Zu den Pflichten des Verteidigers gehört es sodann, das **Vorgehen im Strafverfahren mit seinem Klienten abzusprechen**. In diesem Rahmen darf die Verteidigung raten, vom Aussageverweigerungsrecht Gebrauch zu machen; dazu gehört indessen eine Diskussion der Vor- und Nachteile eines solchen Verhaltens mit Blick auf die konkrete Verfahrenssituation. Das **Entwickeln der Verteidigungsstrategie** ist indessen primär Aufgabe der Verteidigung. Wenn der Verteidiger auch so weit als möglich auf die Intentionen seines Mandanten eingehen

---

[259] Nachstehend N 1205 ff.
[260] Mit weiteren Hinweisen ZR 100 (2001) Nr. 5 = RS 2005 Nr. 716. Beschränkte Teilnahmepflichten und keine schwerwiegende Pflichtverletzung nach Pra 92 (2003) Nr. 43, wenn beschuldigte Person in der ersten Einvernahme «*freiwillig*» ein volles Geständnis ablegte und zudem eine stark belastende Aktenlage gegeben ist.
[261] ZR 95 (1996) Nr. 10 S. 29; ZR 97 (1998) Nr. 108.
[262] Siehe den Fall ZR 105 (2006) Nr. 15 und dazu m.w.H. vorne N 625 ff.
[263] ZR 100 (2001) Nr. 43. Ohne anders lautende ausdrückliche Absprache (so in der Vollmacht) beziehen sich die Pflichten der Verteidiger auch auf die *Wahrung der Interessen der beschuldigten Person im Zivilpunkt,* was auch für den *Geschädigtenvertreter* gilt, der auch die Opferansprüche zu wahren hat, vgl. RVJ/ZWR 1/2008 43.
[264] ZR 106 (2007) Nr. 48.
[265] Zur *Pflicht des Gerichts, die Angemessenheit der Verteidigung zu kontrollieren,* RO 1967 250 Nr. 57; ZR 82 (1983) Nr. 74; RKG , 1996 31 Nr. 139, 1995 22 Nr. 9. Zu den *entsprechenden Pflichten der Aufsichtsbehörde* ZR 107 (2008) Nr. 36 S. 134. Aus der *richterlichen Fürsorgepflicht* abgeleitetes Aufmerksammachen auf Verteidigungsrechte, BGE 131 I 360 ff. = EuGRZ 32 (2005) 714, und Einschreiten bei ungenügender Verteidigung, Pra 91 (2002) Nr. 82 und der bereits in Fn. 260 erwähnte Pra 92 (2003) Nr. 43. Zum Fall der *Mehrfachverteidigung* RKG 1998 Nr. 110 und vorne N 723. Bei *trölerischem Verhalten des Anwalts* kann allenfalls amtliche Verteidigung bestellt werden, BGer 28.5.1999 in RS 2002 Nr. 188. Zum *Problem der Anwesenheit des Verteidigers bei Wahlverteidigung,* den diesbezüglichen Pflichten des Gerichts sowie zum Rechtsmissbrauch BGE 131 I 191 ff.
[266] Hinten N 1576. Vgl. den Fall ZR 100 (2001) Nr. 43 aus dem früheren zürcherischen Verfahrensrecht.

sollte, ist er nicht an dessen Aufträge und Anweisungen gebunden[267]. Die Verteidigung hat sich selbst mit dem Prozess und den Akten auseinanderzusetzen und kann sich vor Gericht nicht auf die Wiedergabe der Notizen der beschuldigten Person beschränken[268].

Der Verteidiger hat sich wie erwähnt an **Gesetz und Standesregeln** zu halten und dabei insbesondere auch das **Anwaltsgeheimnis** zu wahren (StGB 321, BGFA 13). Die Verletzung dieser Pflichten kann neben strafrechtlichen auch disziplinarrechtliche Konsequenzen haben. Bei Missbräuchen sind auch Beschränkungen des Kontaktes zum inhaftierten Klienten (StPO 108, 235 IV, StGB 84 IV) oder sitzungspolizeiliche Massnahmen nach StPO 63 denkbar. Fraglich ist, ob eine weitergehende Beschränkung in der Ausübung der Verteidigungsrechte bei Missbrauch derselben sowie ein eigentlicher **Ausschluss** fehlbarer Verteidiger ausserhalb dieser gesetzlichen Möglichkeiten zulässig sind, was zu bejahen ist[269].

764

§ 57 Unentgeltliche Rechtspflege für die Privatklägerschaft, StPO 136–138

Literaturauswahl: neben der zu § 55 und 56 erwähnten Literatur AESCHLIMANN N 612; HAUSER/SCHWERI/HARTMANN §38 N 19; MAURER 141; OBERHOLZER N 605; PIQUEREZ (2005) N 1399; SCHMID (2004) N 520.

STEFAN MEICHSSNER, Das Grundrecht auf unentgeltliche Rechtspflege (Art. 29 Abs. 3 BV), Basel 2008.

Materialien: Aus 29 mach 1 S. 88; VE 143 f.; BeB 104 ff.; ZEV 37 ff.; E 134–136; Botschaft 1181; AB S 2006 1014, AB N 2007 955.

---

[267] Jedoch *kein Rechtsmittel gegen den Willen der beschuldigten Person*, N 1465. – Zum Grundsatz der *Unabhängigkeit des Anwalts* allgemein BGE 123 I 193. Zum Thema ferner BGE 116 Ia 106; BGer 28.4.1992 i.S. A.R. ca. St.H., in NZZ Nr. 126 vom 2.6.1992. So auch bei der Frage, ob Rechtsmittel zu ergreifen (Pra 91 [2002] Nr. 82 S. 467; RGK 2001 Nr. 92 [im Zweifel Rechtsmittel, bei Irrtum Wiederherstellung]) und ob über Zeugen Glaubwürdigkeitsgutachten einzuholen ist, BGer 9.4.2003 in SJZ 99 (2003) 406. Nach RKG 2001 Nr. 93 keine Pflicht zur Begründung eines Rechtsmittels (*in casu* der Nichtigkeitsbeschwerde), wenn keine Gründe ersichtlich sind. Keine anderen Ansprüche aus EMRK, EKMR in VPB 62 (1998) Nr. 106 = RS 2000 Nr. 721.
[268] RO 1981 309 Nr. 38; siehe auch BGE 120 Ia 48.
[269] Vgl. TPF 2004 69 E.8. Zum (extremen) deutschen Fall des Ausschlusses einer Verteidigerin, die vor Gericht fortgesetzt das Bestehen des Holocausts verneinte und den Laienrichtern androhte, sie könnten wegen Fortdauer der Gesetze des Dritten Reichs u.U. mit dem Tode bestraft werden, NJW 33 (2006) 2421 = JZ 61 (2006) 1129.– Zum Ausschluss von Verteidigern wegen *Interessenkollision* sowie zum Problem der *Mehrfachvertretung* m.w.H. vorne N 723.

1. Grundlagen, Voraussetzungen, StPO 136 I

765 StPO 136 I nimmt die grundrechtlichen Vorgaben von BV 29 III sowie die bisherige Gerichtspraxis[270] auf, wonach Prozessparteien Anspruch auf unentgeltliche Rechtspflege im zivilprozessualen Sinn und dabei vor allem auf einen unentgeltlichen Rechtsbeistand haben. Für die Bestellung eines unentgeltlichen Rechtsbeistands ist erforderlich, dass die betroffene Partei, auf sich selbst gestellt, nicht in der Lage wäre, ihre Anliegen wirksam zu vertreten[271]. Unentgeltliche Rechtspflege für den Geschädigten (als natürliche Person[272]) kommt unter diesen Voraussetzungen in Frage, wenn der Geschädigte **als Privatklägerschaft am Verfahren teilnimmt und in diesem Schadenersatzansprüche geltend machen will**. Es ist also eine Konstituierung als Privatklägerschaft nach StPO 118 ff. notwendig. Der Geschädigte muss dabei als Zivilkläger auftreten[273], was **auch für das Opfer** nach StPO 116 gilt.

766 Für die Bestellung einer unentgeltlichen Rechtspflege für die Privatklägerschaft normiert StPO 136 I im Anschluss an BV 29 III **zwei zusätzliche Bedingungen**: Zunächst ist notwendig, dass sie neben den Aufwendungen für den ordentlichen Lebensunterhalt **nicht über die erforderlichen Mittel verfügt, um die Zivilklage zu betreiben** (lit. a)[274]. Sodann ist erforderlich, dass die **Zivilklage nicht**

---

[270] Dazu und zum Folgenden Botschaft 1181 unter Verweis auf BGE 123 I 145.
[271] Zu den *Voraussetzungen* allgemein etwa Pra 97 (2008) Nr. 111 = Anwaltsrevue 3/2008 124 = plädoyer 6/2007 76 unter Verweis auf BGE 128 I 225 (Geschädigter normalerweise fähig, Schadenersatz- und Genugtuungsansprüche selbst anzumelden, nicht jedoch – in casu – bei einer andauernden Bedrohungssituation seitens der beschuldigten Person, allenfalls vorhandenem Therapiebedarf usw.). Vgl. ferner BGE 124 I 1, 123 I 147, 116 Ia 459; BGer 7.8.1989 i.S. H.R., in plädoyer 6/1989 68; RS 1999 Nr. 569; GVP 2000 Nr. 61; VPB 58 (1994) Nr. 66. Anspruch grundsätzlich auch des *ausländischen Geschädigten,* BGE 120 Ia 217. *Kein Anspruch auf rückwirkende Gewährung,* BGE 122 I 203 = SJZ 92 (1996) 468; ZR 76 (1977) Nr. 25; 94 (1995) Nr. 2 S. 7; RKG 2001 Nr. 94. Zum Problem des *rückwirkenden Entzugs* (im Blick auf die frühere zürcherische ZPO § 91) ZR 96 (1997) Nr. 50. – Zu den Ansprüchen nach *OHG* m.w.H. BGE 123 II 548 E.2.a., 121 II 212; plädoyer 2/1997 65. Bezüglich aOHG 3 II und IV (jetzt ähnlich OHG 12 ff.) ergaben sich im Licht der früheren Praxis zum Verhältnis kantonale StPO/OHG gegenüber jetzt StPO 136 ff. subsidiäre, aber tendenziell nicht weitergehende Ansprüche auf juristischen Beistand, dazu plädoyer 3/1994 63 ff.; RFJ/FZR 9 (2000) 305; näher Sozialversicherungsgericht Zürich 21.11.2006 in plädoyer 1/2007 77.
[272] Nach der Praxis tendenziell *keine unentgeltliche Prozessführung und Verbeiständung für justische Personen,* m.w.H. BGE 131 II 326 oder 126 V 42, differenzierend Pra 96 (2007) Nr. 98 in einem Rechtshilfefall sowie BGer 1.9.2006, 2A.488/2006 in ZBJV 143 (2007) 716. Zum Nachweis der Bedürftigkeit TPF 2005 151. – Zur *amtlichen Verteidigung* bei der juristischen Person vorne Fn. 210.
[273] Keine unentgeltliche Rechtspflege, wenn sich *Geschädigter nur als Strafkläger beteiligt*; nicht ausgeschlossen ist allerdings, dass unentgeltlicher Rechtsbeistand auch im Strafpunkt tätig wird, Botschaft 1181.
[274] Analog ZPO 117. – Abstellen auf Bedürftigkeit widerspricht nicht BV 29 III, vorne N 742. Zur *Ermittlung der finanziellen Verhältnisse* der Privatklägerschaft, ZR 94 (1995) Nr. 2 S. 6, 99 (2000) Nr. 35; RS 2001 Nr. 47. Bei *Kindern Mitberücksichtigung der finan-*

als aussichtslos erscheint (lit. b), d.h., dass die Verlustchancen beträchtlich geringer als die Gewinnchancen sind und Erstere deshalb nicht als ernsthaft bezeichnet werden können[275].

2. Umfang der unentgeltlichen Rechtspflege, StPO 136 II

Sind die Voraussetzungen der unentgeltlichen Rechtspflege nach StPO 136 I erfüllt, so kann diese (alternativ oder kumulativ) nach StPO 136 II lit. a einerseits die **Befreiung von Vorschuss- oder Sicherheitsleistungen** (etwa nach StPO 125, 313 II oder 383), nach lit. b dieser Bestimmung sodann von der **Tragung von Verfahrenskosten** i.S. von StPO 427 (nicht aber Entschädigungen nach StPO 432 bzw. 436 I) umfassen.

767

Bedeutsamer ist die Möglichkeit, der Privatklägerschaft einen **unentgeltlichen, also vom Staat bestellten und entschädigten Rechtsbeistand zu bestellen** (StPO 136 II lit. c). Ein solcher ist nur beizugeben, wenn dies zur Wahrung der Interessen der Privatklägerschaft notwendig ist, diese also ohne Rechtsbeistand nicht in der Lage wäre, ihre Zivilklage wirksam einzubringen und zu vertreten[276].

768

3. Bestellung, Entschädigung, StPO 137, 138

Für die Bestellung, den Widerruf und den Wechsel der Verbeiständung verweist StPO 137 auf StPO 133 und 134[277]. Zuständig für die **Bestellung ist wie bei der amtlichen Verteidigung also ebenfalls die jeweils zuständige Verfahrensleitung**. Als Rechtsbeistände kommen nach dem Ziel dieser Institution nur Rechtsanwälte in Frage, wobei auch hier nach Möglichkeit die Wünsche der Privatklägerschaft bezüglich der Person des Anwaltes zu berücksichtigen sind[278].

769

---

ziellen Verhältnisse der Eltern, soweit diese unterhaltspflichtig sind, BGE 127 I 202; Pra 92 (2003) Nr. 1; d.h., elterliche Beistandspflicht geht der staatlichen Pflicht, für Rechtsbeistand zu sorgen, vor, ZR 106 (2007) Nr. 17. – Zu den *Mitwirkungspflichten des Gesuchstellers bei der Feststellung der finanziellen Verhältnisse* vorne Fn. 214.

[275] Zur *Aussichtslosigkeit* BGE 129 I 135 ff.; BGer 27.1.2006, 5P.442/2005 in Anwaltsrevue 5/2006 204. Darüber kein Beweisverfahren, vgl. ZR 106 (2007) Nr. 21. Allenfalls ist der Gesuchsteller bei Abweisung nach Treu und Glauben darauf aufmerksam zu machen, dass er seine Ansprüche selbst beim Gericht anmelden und begründen kann, GVP 2007 Nr. 87.

[276] An sich ist eine gewisse *Kongruenz zum Anspruch der beschuldigten Person auf anwaltschaftlichen Beistand* nach StPO 132 I lit. b, dazu vorne N 741 ff., anzustreben. Rechtsbeistand also nicht bei Bagatellangelegenheiten, sondern nur bei Schwierigkeiten der Bewältigung des Verfahrens in sachverhaltsmässiger oder rechtlicher Hinsicht. Dies ist etwa nicht der Fall, wenn in einem Fall von StGB 217 bereits ein Zivilurteil die Ansprüche der Geschädigten umreisst, RVJ/ZWR 32 (1998) 175.

[277] Vorne N 745 ff.

[278] Zu dieser Wahlmöglichkeit vorne N 746.

770 Die **Entschädigung der unentgeltlichen Verbeiständung** richtet sich nach StPO 135[279] (näher StPO 138 I)[280]. Sie wird vorläufig vom Staat getragen, zu den **Verfahrenskosten geschlagen** (StPO 422 II lit. a) und im Endentscheid je nach Ausgang der beschuldigten Person bzw. der Privatklägerschaft auferlegt (StPO 426 IV bzw. 427). StPO 138 II sieht vor, dass **Prozessentschädigungen zu Lasten der beschuldigten Person**, die der Privatklägerschaft in Anwendung von StPO 433 zugesprochen wurden, im Rahmen der Auslagen von Bund bzw. Kanton für die Aufwendungen für die unentgeltliche Rechtspflege von Gesetzes wegen an die entsprechenden Gemeinwesen fallen.

---

[279] Vorne N 751 ff.
[280] Zur *Festsetzung des Honorars unter Berücksichtigung des Anwaltstarifs*, der Notwendigkeit der erforderlichen Aufwendungen und des Verhältnismässigkeitsgrundsatzes BGer 11.10.2007, 6B_130/2007, in Anwaltsrevue 1/2008 30.

4. Kapitel: Beweismittel, StPO 139–195

1. Teil: Allgemeine Bestimmungen, StPO 139–156

§ 58 Beweise im Allgemeinen, Beweiserhebung und Beweisverwertbarkeit, StPO 139–141

Literaturauswahl: Neben der zu §§ 13 und 16 zitierten Literatur AESCHLIMANN N 823; HABSCHEID 379; HAUSER/SCHWERI/HARTMANN §§ 59–60; MAURER 193; OBERHOLZER N 818; PIQUEREZ (2006) N 682; DERS. (2007) N 512; SCHMID (2004) 593, 113; VOGEL/SPÜHLER 10. Kap.N 1 ff.; WALDER 327.
SERARARD ARQUINT/SARAH SUMMERS, Konfrontationen nur vor dem Gericht, plädoyer 2/2008 38; JÉRÔME BENÉDICT, Le sort des preuves illégales dans le procès pénal, Diss. Lausanne 1994; ROBERTO FORNITO, Beweisverbote im schweizerischen Strafprozessrecht, Diss. St.Gallen 2000; VERA DELNON/BERNHARD RÜDY, Strafbare Beweisführung? Z 116 (1998) 314; ANDREAS DONATSCH/CLAUDINE CAVEGN, Ausgewählte Fragen zum Beweisrecht nach der schweizerischen Strafprozessordnung, Z 126(126) 158; GUNHILD GODENZI, Private Beweisbeschaffung im Strafprozess, Zürich 2008 (Zürcher Studien zum Verfahrensrecht 154); SABINE GLESS, Heiligt der Zweck die Mittel? Beweisverbote im vereinheitlichten eidgenössischen Strafprozess, in: FS F. Riklin, Zürich/Basel/Genf 2007, 399; WALTHER J. HABSCHEID, Beweisverbot bei illegal, insbesondere unter Verletzung des Persönlichkeitsrechts, beschafften Beweismittel, SJZ 89 (1993) 185 (mit Bemerkungen dazu von HANS-ULRICH WALDER); MARTIN MIESCHER, Die List in der Strafverfolgung, Bern 2008 (ASR 749); CHRISTIAN-NILS ROBERT, Les mensonges du détecteur, in: Jusletter 25.8.2008; NIKLAUS RUCKSTUHL, Rechtswidrige Beweise erlaubt, in: Forum Strafverteidigung, Beweismangel und Verwertungsverbot, Beilage zu plädoyer Dezember 2006, 15; NIKLAUS SCHMID, Der Beweis im schweizerischen Strafprozessrecht, in: Der Beweis im Zivil- und Strafprozessrecht der Bundesrepublik Deutschland, Österreich und der Schweiz (Hrsg. Richard Frank), Zürich 1996, 75; HANS VEST, Das Beweisantragsrecht des Beschuldigten oder der lange Abschied vom Inquisitionsprozess, FS St. Trechsel, Zürich 2002, 781; HANS VEST/ANDREA HÖHENER, Beweisverwertungsverbote – quo vadis Bundesgericht?, Z 127(2009) 95; HANS WALDER, Der Indizienbeweis im Strafprozess, Z 108 (1991) 299; WALTER WÜTHRICH, Die Hochrechnung gewonnener Erkenntnisse als Mittel der Beweisführung im Wirtschaftsstrafprozess, Z 123 (2005) 277.

Materialien: Aus 29 mach 1 S. 100; VE 145–150; BeB 106 ff.; ZEV 41 ff.; E 137–139; Botschaft 1182 ff.; AB S 2006 1014, 2007 716, AB N 2007 955 ff.

1. Begriff des Beweises

Unter **Beweis** wird Verschiedenes verstanden: Es kann darunter die Tätigkeit desjenigen verstanden werden, der etwas beweisen möchte. Beweis hat aber als **Synonym von Beweismittel** auch den Sinn eines Oberbegriffes für die beim Beweisen in Frage kommenden einzelnen Mittel (Zeugenbeweis, Beweisgegenstände usw.). Schliesslich wird darunter auch das zu erreichende Ziel verstanden, nämlich beim **Adressaten die Überzeugung zu wecken, dass sich der relevan-**

771

te Vorgang entsprechend zugetragen hat. Im Kern geht es jedenfalls immer um den letztgenannten Aspekt: Beweis bzw. beweisen ist jene Prozesshandlung, mit der bei der rechtsanwendenden Behörde die **Überzeugung** geweckt werden soll, dass eine bestimmte Tatsache, d.h. ein Vorgang oder ein Zustand der Vergangenheit oder der Gegenwart, vorliegt. Beweise sollen im Sinn des Untersuchungsgrundsatzes von StPO 6[1] letztlich der Verwirklichung der materiellen Wahrheit dienen und auf diese Weise eine möglichst zuverlässige Grundlage für die rechtliche Beurteilung der strittigen Tatumstände liefern. Anders bei der **Glaubhaftmachung** (etwa im Ausstandsverfahren, StPO 56 ff.; Schutzmassnahmen nach StPO 149 ff.): Hier wird nur verlangt, dass die Wahrscheinlichkeit des Vorliegens der fraglichen Tatsache dargetan wird.

2. Grundsätze, Gegenstand und Art des Beweises im Allgemeinen, StPO 139

2.1. Gegenstand des Beweises

772 Beim Beweis geht es um das **Einbringen von inneren oder äusseren Tatsachen ins Strafverfahren, um bei der zum Entscheid aufgerufenen Behörde die Überzeugung zu wecken, dass die objektiven und subjektiven Tatbestandsmerkmale des in Frage stehenden Delikts erfüllt oder nicht erfüllt sind.**

773 Es kann sich dabei um **unmittelbar relevante Tatsachen (direkter Beweis)** handeln. **Beispiel**: Der Zeuge erklärt, gesehen zu haben, dass die beschuldigte Person den tödlichen Dolchstoss gegen das Opfer führte.

774 Von Bedeutung können auch bloss **mittelbar relevante Tatsachen (indirekter Beweis)** sein, **beispielsweise**, wenn der Zeuge bestätigt, der beschuldigten Person die Tatwaffe verkauft zu haben.

775 Relevant sind sodann blosse **Hilfstatsachen** sowie **Indizien**[2]. **Beispiele**: Die Zeugin, die Freundin der beschuldigten Person, erklärt, dieser habe nie eine Waffe besessen bzw. er habe sich drohend über das Opfer geäussert.

2.2. Arten von Beweisen

776 Nach der Art des Beweismittels unterscheidet man zwischen **persönlichen (Personalbeweis**, vor allem Einvernahmen)[3] und **sachlichen Beweismitteln (Sachbeweis**, z.B. Beweisgegenstände, Augenschein)[4].

---

[1] Vorne N 153 ff.
[2] Hierzu ZR 106 (2007) Nr. 46, 94 (1995) Nr. 70, Pra 91 (2002) Nr. 180. *Indiz etwa Haltereigenschaft des Motorfahrzeughalters für Verkehrsdelikt*, vgl. BJM 2008 171 unter Verweis auf Pra 90 (2001) Nr. 110

2.3. Beweispflicht und Beweisbedürftigkeit, Beweiswürdigung

2.3.1. Grundsatz

Angesichts der Unschuldsvermutung besteht an sich **Beweisbedürftigkeit, d.h., der verfolgende Staat hat der beschuldigten Person alle objektiven und subjektiven Tatbestandsmerkmale nachzuweisen**[5]. Die Verfahrensbeteiligten können **Beweisanträge** stellen (so z.B. nach StPO 107 I lit. e; 318 I Satz 2, 331 II; VStrR 61 I, 77 II), wobei diesen im Rahmen des Notwendigen zu entsprechen ist[6]. 777

2.3.2. Ausnahmen, StPO 139 II

Nach StPO 139 II wird nicht über Tatsachen Beweis geführt, die unerheblich, offenkundig, der Strafbehörde bekannt oder bereits rechtsgenügend bewiesen sind[7]. Da es beim Beweis um das Einbringen von Tatsachen geht, die im Zusammenhang mit dem fraglichen Straftatbestand relevant sind, versteht sich von selbst, dass Umstände, die diese Relevanz nicht aufweisen, nicht beweismässig zu erforschen sind. Was in diesem Sinn relevant ist, dürfte nicht selten kontrovers sein. Oft taucht in solchen Konstellationen das (umstrittene) Problem der antizipierten Beweiswürdigung auf[8]. Nach StPO 139 II nicht beweisbedürftig sind weiter die offenkundigen, d.h. die jedermann bekannten, so genannten notorischen Tatsachen (z.B., dass der 2. Weltkrieg im Jahre 1945 zu Ende ging und dass sich zu jener Zeit der Holocaust ereignete[9]). Es sind vorab Tatsachen, die in 778

---

[3] StPO 142 ff. Botschaft 1182 oben. Teilweise als indirekte Beweise («*constatations indirectes*») bezeichnet.
[4] StPO 192 ff. Teilweise als direkte Beweise («*constatations directes*») bezeichnet.
[5] Vorne N 216.
[6] Dazu vorne N 109 f. Vgl. BGer 12.8.2008, 1B_142/2008 in AJP 1/2009 109 (beschränktes Beweisantragsrecht des Privatstrafklägers). – Der Beweisantragsteller muss in seinem *Begehren mindestens plausibel machen, dass das beantragte Beweismittel geeignet ist, die fragliche Beweisbehauptung zu stützen und diese wiederum für den Straffall bedeutsam ist*, dazu BGHSt 52, Nr. 34 S. 284.
[7] Berücksichtigung von Beweisbegehren, die rechts- und entscheidrelevant sind, TPF 2004 55 E.2.1. Vgl. auch den Fall BGer 21.1.2008, 6B_503/2007, E.7.
[8] Botschaft 1182 Mitte. Zu dieser – vom Bundesgericht an sich akzeptierten (vgl. BGE 124 I 211) – antizipierten, jedoch *mit Zurückhaltung anzuwendenden Beweiswürdigung* vorne N 230.
[9] BGE 121 IV 85. Nicht entscheidend ist, dass allenfalls eine (extreme) Minderheit diese Offenkundigkeit bestreitet, wie dies bekanntlich beim Holocaust der Fall ist. – Im Unterschied zum vorgenannten ein eher erheiterndes Beispiel, das auch die Problematik solcher Annahmen aufzeigt: In einem Urteil vom 18.9.2000 i.S. R.St. gegen Statthalteramt und Einzelrichter Pfäffikon ZH hielt das Zürcher Obergericht fest (Nr. 000328; E.II.2.), es sei gerichtsnotorisch, dass Techno-Musik von der Umwelt als störend und belästigend empfunden werde, welche Ansicht von den Kindern und Enkeln der urteilenden Richter wohl nicht unbedingt geteilt wird …! Nach dem in SJZ 104 (2008) 26 publizierten Urteil ist es anderseits *nicht* allgemein bekannt, dass Rechtsextreme orange gefütterte Bomberjacken tragen….

Zeitungen, Lexika, der Fachliteratur etc. nachzulesen sind. Es kann sich ferner um nicht unbedingt jedermann bekannte, aber gerichtsnotorische Tatsachen handeln (z.B. dass eine bestimmte Person in Konkurs gefallen ist oder verurteilt wurde). In einem weiteren Sinn gehören auch die gängigen Erfahrungsgrundsätze sowie Natur- und Denkgesetze dazu, so die Berechnung von Brems- oder Überholwegen, die Logik, die sogenannte allgemeine Lebenserfahrung usw. Hier wie bei den gerichtsnotorischen Tatsachen ist jedoch auf die Gewährung des rechtlichen Gehörs zu achten, da diese Tatsachen den Prozessbeteiligten möglicherweise nicht bekannt sind[10] und von den Verfahrensbeteiligten im konkreten Fall vielleicht anders interpretiert werden. Besondere Beobachtungen einzelner Richter (ein Richter beobachtete zufällig den fraglichen Verkehrsunfall) sind hingegen durch Zeugeneinvernahmen ins Verfahren einzubringen. Weiter kann auf Beweise verzichtet werden, die bereits Bewiesenes nochmals beweisen sollen; auch hier kann im Einzelfall strittig sein, ob die Bestätigung eines bereits vorliegenden Beweises unnütz ist oder aber im Interesse eines Verfahrensbeteiligten liegt (dies ist zweifellos der Fall, wenn ein zweiter Zeuge ein strittiges Alibi einer beschuldigten Person zusätzlich untermauern kann). Es dürfte hier vor allem um Tatsachen gehen, die im Verfahren unbestritten sind (z.B. wenn die Staatsanwaltschaft in der Anklage wegen Raubes davon ausgeht, die dabei benützte Schusswaffe sei ungeladen gewesen, braucht die Frage geladen oder ungeladen beweismässig nicht weiter thematisiert zu werden).

779 Teilweise mit den vorstehenden Konstellationen überschneiden sich jene, die nach E 137 III zum Absehen von der Beweiserhebung führen sollten, Varianten, die vom Parlament nicht in die StPO übernommen wurden. So sollte nach E 137 III auf die **Abnahme untauglicher Beweise** verzichtet werden[11], also beispielsweise, wenn eine die Tat bestreitende beschuldigte Person verlangt, der wahre Täter sei durch Einsatz eines Hellsehers als Sachverständigen zu ermitteln oder es sei ein Gutachten über eine von den Strafbehörden zu entscheidende Rechtsfrage einzuholen[12]. Sodann ist naturgemäss bei **Unerreichbarkeit des Beweismittels** von der Erhebung abzusehen, eine Situation mit verschiedenen Facetten: Es liegt auf der Hand, dass bei einer verbrannten Urkunde die Anordnung einer Schriftexpertise sinnlos ist. Fraglich ist hingegen, ob Unerreichbarkeit gegeben ist, wenn ein Zeuge mit einer unpräzisen Adresse in einem überseei-

---

[10] RO 1975 298 Nr. 44, 1988 336 Nr. 45; SJZ 88 (1992) 111.
[11] Das Parlament strich diesen Abs. 3 von E StPO 137, da diese Beweismittel eigentlich bereits nach Abs. 1 («*geeignete Beweismittel*») irrelevant seien. – Schon nach bisheriger Praxis mussten die Strafbehörden nicht alle beantragten Beweise abnehmen, sondern nur solche, die nach ihrer Auffassung verfahrensrelevante Tatsachen betreffen, Beweise, die nicht offensichtlich untauglich sind oder wenn anzunehmen ist, dass die offerierten Beweise am Beweisergebnis voraussichtlich nichts zu ändern vermögen, dazu etwa BGE 125 I 127, 124 I 208, 121 I 306; ZR 105 (2006) Nr. 52 S. 238.
[12] Dazu VE 107 Mitte. – Zum Fall anonym hergestellter Photos Pra 95 (2006) Nr. 115 S. 796.

schen Land einzuvernehmen wäre[13]. In solchen Fällen ist zu beachten, dass die Beweiserhebungspflicht der Strafbehörden an der Zumutbarkeit ihre Grenze findet.

2.3.3. Beweiswürdigung

Wie bereits dargelegt[14] gilt der **Grundsatz der freien Beweiswürdigung** (StPO 10 II). Damit steht im Zusammenhang, dass es **keinen *numerus clausus*** der möglichen Beweismittel gibt[15]. Durch den technischen oder wissenschaftlichen Fortschritt neu ermöglichte Beweise können im Strafverfahren verwendet werden. Die Strafbehörden setzen zur Wahrheitsfindung deshalb alle nach dem Stand von Wissenschaft und Erfahrung geeigneten und rechtlich zulässigen Beweismittel ein (**Grundsatz der Beweisfreiheit**, so StPO 139 I). Zu beachten ist jedoch, dass bei neuen Beweismitteln auf die **Achtung der Menschenwürde Rücksicht** zu nehmen und dass die Erhebung von Beweisen, die mit **Eingriffen in die (verfassungsmässig geschützte) Freiheitssphäre der Betroffenen** gewonnen werden, nur unter einschränkenden Voraussetzungen zulässig ist[16].

780

2.4. Verwertbarkeit von Beweisen, die in konnexen Zivil- oder Verwaltungsverfahren erhoben wurden?

Nicht selten laufen parallel oder zeitlich verschoben Zivil- oder Verwaltungsverfahren, die den gleichen Lebenssachverhalt betreffen, der auch Gegenstand des Strafverfahrens bildet. Dürfen Beweise, die in diesen konnexen Verfahren erhoben wurden (z.B. eine Zeugeneinvernahme durch den Zivilrichter) im Strafprozess beweismässig verwertet werden? Ohne hier auf die zahlreichen denkbaren Varianten einzugehen, ist eine solche Verwertbarkeit zu bejahen, wenn das betreffende Beweismittel auf eine **Weise erhoben wurde, welche im Einklang mit dem Grundtenor**[17] der entsprechenden Vorschriften der StPO steht. Dies gilt vorab für die Anwesenheits- und Fragerechte nach StPO 147 ff. sowie den Hinweis auf die Rechte und Pflichten nach StPO 143 I lit. c bzw. 158 I lit. b[18]. Informationen aus solchen konnexen Verfahren können, auch wenn

781

---

[13] BVE 107 Mitte. Eine andere Frage ist, *zu wessen Nachteil sich eine Unerreichbarkeit auswirkt*; bei Beweispflicht des Staates ist dies grundsätzlich dieser, zur Thematik etwa ZR 105 (2006) Nr. 52 = RS 2007 Nr. 168.
[14] Vorne N 225 ff.
[15] Botschaft 1182 Mitte. Ferner ZR 57 (1958) Nr. 134; SJZ 63 (1967) 29 Nr. 9; RKG 1995 38 Nr. 126. Anders offenbar ZPO 168 I.
[16] Hinten N 973.
[17] Wird z.B. in einem andern Verfahren der später beschuldigten Person erklärt, sie brauche nicht zum eigenen Nachteil auszusagen und könne sich anwaltschaftlich verbeiständen lassen, dürfte dies genügen, auch wenn die Belehrung nicht exakt der von StPO 158 I verlangten entspricht.
[18] Deshalb *keine Verwertung von Aussagen der beschuldigten Person in einem Verwaltungsverfahren*, wenn sie nicht vorgängig auf das Aussageverweigerungsrecht aufmerksam gemacht wurde, vgl. Hinweise zu N 861. Eine *Grauzone* (strafrechtlich gesehen zum An-

sie nicht direkt als Beweise verwertbar sind, in jedem Fall Ausgangspunkt zu eigenen Beweiserhebungen der Strafbehörden bilden.

782 Analoges gilt für Beweise, die in einem **konnexen ausländischen Strafverfahren** erhoben wurden[19].

3. Beweisverbote, insbesondere verbotene Beweiserhebungsmethoden, StPO 3 II lit. d sowie 140

3.1. Begriff, Allgemeines

783 Unter Beweisverboten versteht man in einem weiteren Sinn jene Regeln, die die Beweiserhebung und die Beweisführung im Strafverfahren beschränken. Beweisverbote bringen zum Ausdruck, dass in gewissen Bereichen der Untersuchungsgrundsatz des Strafprozessrechts (StPO 6)[20] insofern an Grenzen stösst, als wegen höherwertiger Interessen, in erster Linie der verfassungsmässig gewährleisteten Freiheitsrechte der Betroffenen, der Menschenwürde usw., vor allem die Unantastbarkeit ihres Kernbereichs (BV 36 IV), das Erheben von Beweisen ausgeschlossen sein kann.

3.2. Arten der Beweisverbote

784 *3.2.1.* Einschränkungen sind gegeben, wenn es **unzulässig ist, bestimmte Tatsachen zum Gegenstand eines Beweises** zu machen (**Beweisthemaverbote**). So darf die Wahrheit der Äusserung bei der üblen Nachrede gemäss StGB 173 nicht erforscht werden, es sei denn, die Voraussetzungen von StGB 173 Ziff. 3 seien erfüllt. Oder: Ein kantonaler Angestellter darf über den Gegenstand seines Amtsgeheimnisses ohne Bewilligung der vorgesetzten Behörde nicht einvernommen werden[21].

785 *3.2.2.* Ferner kann es **unzulässig sein, gewisse Beweismittel zu verwenden** (**Beweismittelverbote**). So ist der die Aussage verweigernde Zeuge als Beweismittel ausgeschlossen, oder die Resultate von Telefonabhörungen gegen zeugnisverweigerungsberechtigte Personen sind unverwertbar (vgl. StPO 271).

---

wendungsbereich von StGB 271) eröffnet sich zunehmend im Bereich der als *verlängerter Arm ausländischer Finanzmarktaufsichts- und damit oft auch Strafbehörden in der Schweiz vorgenommener Recherchen*, z.B. von Anwälten oder Treuhandunternehmen; dazu aus deutscher Sicht Neue Zeitschrift für Strafrecht 29 (2009) 68. – Keine Verwertung der Ergebnisse von z.B. aus *Gründen des Staatsschutzes zulässigen Überwachungsmassnahmen*, wenn die Voraussetzungen nach StPO nicht gegeben gewesen wären. Zur Verwertung von Ergebnissen *polizeilicher oder privater Videoüberwachungen* N 1172 Fn. 502.

[19] Zu den Teilnahmerechten im Rechtshilfeverfahren siehe StPO 148, dazu N 833.
[20] Zu diesem Grundsatz vorne N 153 ff.
[21] Dazu die hinten N 892 unter «Beamte» erwähnten Personalgesetze.

3.2.3. Es ist sodann denkbar, dass bei der **Erhebung von an sich zulässigen Beweisen gewisse Methoden nicht angewandt werden dürfen (Beweismethoden-, Beweiserhebungsverbote)**[22]. Beispielsweise ist die Abnahme von Beweisen in Abwesenheit der Parteien grundsätzlich nicht zulässig (StPO 147, Unverwertbarkeit nach Abs. 4). Untersagt sind abgesehen von den gesetzlich ausdrücklich vorgesehenen Zwangsmassnahmen **alle Beweismethoden,** die mit **psychischer und physischer Gewalt gegen die betroffene Person selbst verbunden sind** und die demgemäss die Menschenwürde missachten sowie im Widerspruch zu dem in EMRK 3 statuierten Verbot erniedrigender Behandlung stehen[23]. Insbesondere sind bei der Erhebung von Beweisen **Zwangsmittel, Gewaltanwendungen, Drohungen** (*«Wenn Sie nicht gestehen, werden Sie in Haft gesetzt!»*), Versprechen gesetzlich nicht vorgesehener Vorteile (*«Wenn Sie gestehen, werden Sie aus der Haft entlassen!»*), **Täuschungen** (*«Gestehen Sie, Ihr Mittäter hat ja ohnehin schon gestanden!»* – obwohl dies nicht stimmt[24]) und Mittel, welche die Denkfähigkeit oder Willensfreiheit einer Person beeinträchtigen können, verboten (StPO 140 I, allgemein StPO 3 II lit. c). Es sind dies oft Methoden, die Straftatbestände wie jenen der Nötigung erfüllen. Unzulässig sind ferner in einem weiteren Sinn **Beeinträchtigungen des körperlichen Wohlbefindens**. Diese können im Entzug von Speise, Trank oder Schlaf, übermässig langen, andauernden Einvernahmen ohne Erholungspausen, Verabreichung von Medikamenten, Alkohol usw.[25] oder in eigentlichen körperlichen oder seelischen Misshandlungen liegen. Verboten sind Praktiken wie **Narkoanalyse, der Einsatz von Lügendetektoren** (Polygrafen) sowie das **Rückversetzen in einen Alkohol- oder Drogenrausch**. Es sind Verhaltensweisen, die strafrechtlich u.U. als Körperverletzung oder Tätlichkeit zu qualifizieren sind.

Die letztgenannten Methoden bleiben selbst dann verboten, wenn die **betroffene Person ihrer Anwendung zustimmt** (StPO 140 II) oder dies gar verlangt[26], da

---

[22] Z.B. *Telefonabhörungen* nur auf den in StPO 269 vorgezeichneten Wegen oder *Geschwindigkeitsmessung mit Radar- oder Lasergeräten* nur von darauf ausgebildeten Personal, m.w.H. hinten N 1167. Die *Dokumentationspflichten*, vorne N 566 ff., betreffen nicht die Erhebung und Erlangung von Beweismitteln, näher ZR 106 (2007) Nr. 31.
[23] Botschaft 1182 unten. Zur Achtung der Menschenwürde vorne N 90.
[24] ZR 73 (1974) Nr. 44 S. 107. Unzulässig nur Vorspiegelungen mit *«finalem Element»*, d.h. wenn beschuldigte Personen bewusst zu einem Geständnis bewegt werden sollten, so RKG 2000 Nr. 119. Nicht *a priori* verboten ist eine *blosse List, d.h.* vorab das Ausnützen *von Irrtümern* auf Seiten der beschuldigten Person: Glaubt diese, ihr Mittäter habe gestanden oder die Strafbehörden hätten die Tatwaffen gefunden (obwohl dies nicht zutrifft) und sie deshalb z.B. geständnisbereit ist, muss die Strafbehörde sie nicht über den wirklichen Sachverhalt aufklären.
[25] In dieser Richtung BGer 20.5.1992 in plädoyer 4/1992 57.
[26] ZR 101 (2002) Nr. 40 = Kriminalistik 2003 190; BGE 118 Ia 31; SJZ 67 (1971) 114. Detailliert beschrieben werden diese Techniken von DAPHNA TAVOR auf S. 153 ff. sowie (negativ) begutachtet von MAX STELLER auf S. 173 ff. in der eingangs zu § 63 erwähnten Sammelschrift von HEER/SCHÖBI. Neuerdings wird das Problem des *Lügendetektors (Polygraf)* teilweise differenziert betrachtet: Nach BGer 23.9.1998 i.S. A.P. nicht an sich be-

bei Freiwilligkeit indirekter Zwang auf die beschuldigte Person, ihr Einverständnis zu erklären, ausgeübt würde[27].

788 **Unzulässig**, aber wohl nur im Sinn einer Ordnungsvorschrift im Sinn von StPO 141 III, sind unklare, mehrdeutige oder suggestiv angelegte Fragen, die StPO 143 V widersprechen[28]. Wenn die beschuldigte Person auf die Frage «*Warum haben Sie vorgestern um 20 Uhr im Rest. «Sternen» in Xwil einen Schuss auf Frau Huber abgegeben?*» erklärt «*Aus Eifersucht!*», obwohl in der Einvernahme bisher von seiner Anwesenheit am besagten Ort und der Schussabgabe nicht die Rede war, so ist eine solche Einvernahme zwar im Widerspruch zu den Grundgedanken von StPO 143, aber wohl verwertbar.

4. Verwertbarkeit rechtswidrig erlangter Beweise, StPO 141

4.1. Allgemeines

789 Es stellt sich die Frage, inwieweit die **Verletzung von Beweisregeln zur Ungültigkeit bzw. zur Nichtverwertbarkeit der so erlangten Beweise z.N. der belasteten Partei, namentlich der beschuldigten Person**, führt – wohl eines der heikelsten und letztlich kaum befriedigend zu lösenden Problemkreise im Strafprozessrecht. Es geht dabei im Hauptfall um Beweise, deren Erhebung bereits gegen prozessuale Vorschriften verstösst (gelegentlich **unselbständige Beweisverwertungsverbote** genannt), anderseits (über die scheinbar engere Bedeutung von StPO 141 hinausreichend) an sich rechtmässig erhobene Beweise, deren Verwertung jedoch höherwertigen Interessen widerspricht (**selbständige Beweisverwertungsverbote**)[29]. In den bisherigen schweizerischen Strafprozessge-

---

denklich, doch nur zulässig, soweit er zur Entlastung der beschuldigten Person und nicht gegen ihren Willen angewandt werde; hierzu TA Nr. 23 vom 29.1.1999, S. 2. Nach RS 2003 Nr. 387 sind solche Tests auf Veranlassung der Verteidigung nicht verboten und als Privatgutachten zuzulassen. In *Deutschland* kein verfassungsmässiger Anspruch auf Abnahme eines solchen Beweises, EuGRZ 25 (1998) 351. Teilweise wird die Anwendung des Lügendetektors weniger gestützt auf menschenrechtliche Überlegungen als vielmehr wegen seiner Untauglichkeit verworfen, Kriminalistik 1999 11, siehe aber Kriminalistik 2003 150 und 2009 365, zumal ein Zusammenhang von Lügen und physiologischen Vorgängen offenbar nicht bewiesen ist, vgl. den Beitrag von CH.-N. ROBERT. Die Unzuverlässig solcher Methoden kennt man übrigens bereits seit der ältesten bekannten Form des «*Lügendetektors*», der antiken «*Bocca della verità*» in Rom...!

[27] Botschaft 1183 oben; zu diesen Methoden ferner vorne N 100 f. Teilweise wird erklärt, die *forensische Hypnose* als erinnerungsstützendes Verfahren beeinträchtige den freien Willen nicht, vgl. ANDREA M. BEETZ und KLAUS WIEST in Kriminalistik 2008 355.

[28] Nichtig nur Aussagen nur, wenn sie *auf Beeinflussung zurückzuführen sind,* so nach RKG 2000 Nr. 115 S. 39.

[29] Inwieweit diese in der neueren Literatur gemachte Differenzierung in unselbstständige und selbstständige Verwertungsverbote weiterführend ist, bleibe hier offen. Wenn die unselbständigen Verwertungsverbote an Verfahrensfehler anknüpfen sollen, so ist jedenfalls bereits dieses Differenzierungsmoment fragwürdig, gibt es doch auch Verwertungsverbote

setzen war das Thema Beweisverwertungsverbote wenn überhaupt, so zumeist nur punktuell geregelt. So enthielten sie mitunter einige besondere Regeln im Zusammenhang mit einzelnen Beweismitteln, so, wenn die Anwesenheitsrechte der beschuldigten Personen bei der Einvernahme von Zeugen usw. missachtet oder Verfahrensbeteiligte nicht auf ihre Rechte aufmerksam gemacht wurden. Solche Regeln im Zusammenhang mit einzelnen Beweismitteln kennt die StPO ebenfalls, wobei sie häufig von **Unverwertbarkeit** (so StPO 150 III, 158 II, 177 III Satz 2, 271 III letzter Satzteil oder 289 VI Satz 2 und wohl auch StPO 147 IV und im Ergebnis StPO 264), teilweise von **Ungültigkeit** (so StPO 177 I) spricht. Diese Differenzierung könnte für das Schicksal solcher Beweise wesentlich sein, spricht doch StPO 141 I 2. Satz von der (absoluten) Unverwertbarkeit solcher unverwertbarer Beweise, eine Regel, die StPO 141 II für ungültige Beweise relativiert.

Was die Problematik der **Verwertbarkeit von Beweisen, die unrechtmässig erhoben wurden oder deren Verwertung das Gesetz verbietet,** im Allgemeinen betrifft, so taten sich Lehre und Praxis bei ihrer Bewältigung bisher schwer. Dementsprechend ist es fraglich, ob und wie diese Verwertbarkeitsfrage angesichts ihrer Vielschichtigkeit gesetzgeberisch überhaupt zu lösen ist. StPO 141 versucht, sie mindestens in den Grundzügen zu lösen – ob in geglückter Weise, wird die Praxis weisen. Diese Norm gilt als allgemeine Regel und tritt hinter die besonderen, vorstehend erwähnten speziellen Beweisverwertungsverbote der StPO zurück. Trotz der verschiedenen hier anwendbaren Bestimmungen bleibt die Regelung der Thematik in der StPO lückenhaft; dessen war sich der Gesetzgeber bewusst[30]. 790

Was die **Vorgaben des übergeordneten Rechts, vor allem der EMRK,** betrifft, so verstösst die Verwendung unrechtmässig erlangter Beweise nicht an sich, sondern nur dann gegen die Grundrechte, wenn dadurch die beschuldigte Person bei einer Gesamtwürdigung des Verfahrens um einen fairen Prozess gebracht wird[31], ein Gedanke, der in StPO 141 II anklingt. 791

---

bei durchaus StPO-mässig erhobenen Beweisen, so, wenn diese nachträglich unverwertbar werden (nachträgliche Verweigerung der Genehmigung von Überwachungsmassnahmen, z.B. StPO 277, dazu hinten N 1155 und 1160, oder bei nachträglicher Heirat eines Zeugen mit der beschuldigten Person, m.w.H. hinten N 885).

[30] Dazu und zum Folgenden Botschaft 1183; BeB 108 ff. *Allfällige Lücken sind als echte zu betrachten,* die vom Richter in Anwendung von ZGB 1 II zu schliessen sind, m.w.H. ZR 106 (2007) Nr. 49 E.3.4.a.

[31] Deshalb bisher *Tendenz, rechtswidrig erlangte Beweise zuzulassen, wenn Verfolgungsinteresse überwiegt,* also kein absolutes Verwertungsverbot, zur Interessenabwägung nachfolgend Hinweise in N 795.

792 Beweisverwertungsverbote gelten grundsätzlich für alle Verfahrensarten und – schritte[32]. Sie sind – wie etwa StPO 147 IV zeigt – tendenziell zugunsten dem mit den fraglichen Regeln zu schützenden Verfahrensbeteiligten, nicht zu dessen Ungunsten, anwendbar. Beweisverwertungsverbote entfalten deshalb mit gewissen Ausnahmen (StPO 140 II. 141 II)[33] nicht absolute Wirkung. Die zu schützende Person kann verzichten, sich auf sie zu berufen[34]. Sodann gilt, dass sich ein Verfahrensbeteiligter, z.B. die beschuldigte Person, nicht auf die Verletzung von Beweisvorschriften berufen kann, die dem Schutz anderer Personen, z.B. des Opfers nach StPO 152–154, dienen (sog. **Rechtskreistheorie**)[35].

4.2. Unverwertbarkeit von Beweisen bei Verletzung von StPO 140, 141 I

793 **Unverwertbar** sind Beweise, bei deren Erhebung die Strafbehörden in Verletzung von StPO 140 **Zwangsmittel, Gewalt usw. anwandten** (Satz 1 von StPO 141 I) oder aber das Gesetz ausdrücklich die **Unverwertbarkeit des Beweismittels vorsieht** (Satz 2 von StPO 141 I). StPO 141 I statuiert die **absolute Unverwertbarkeit solcher Beweise**. Da in diesen Fällen keine Güterabwägung zu erfolgen hat, ist hier gegenüber den früher in Lehre und Praxis zu findenden Ansichten eine klare Verstärkung der Ungültigkeit solcher Beweiserhebungen festzustellen.

4.3. Verwertbarkeit von Beweisen, erlangt in strafbarer Weise oder unter Verletzung von Gültigkeitsvorschriften, StPO 141 II, III

4.3.1. Beweise in strafbarer Weise erlangt, StPO 141 II

794 Es ergeben sich hier Überschneidungen mit dem Beweisverbot nach StPO 140; sind diese Regeln missachtet worden, gehen diese und die Rechtsfolge der abso-

---

[32] Also *nicht nur im Strafverfahren im engeren Sinn*, bei dem es um Schuld und Sanktionen geht, sondern z.B. ebenso beim Entscheid zur Kosten- und Entschädigungsfrage, zu diesem Verfahren hinten N 1771 ff.
[33] Hierzu gleich anschliessend N 793.
[34] Fraglich (und von Fall zu Fall zu prüfen) demgemäss, inwieweit Verbote auch bei *Beweisen, die die beschuldigten Personen entlasten*, gelten, SJZ 93 (1997) 414. Nach der Praxis des deutschen Bundesgerichtshofs sind die *Verwertungsverbote bei der Telefonüberwachung disponibel*, Beschluss vom 7.3.2006 in NJW 2006 1361. – Einen Sonderfall stellt StPO 60 I dar, der für die in *Verletzung von Ausstandsvorschriften erhobenen Beweise* nur ein *Anfechtungsmöglichkeit* schafft und in Abs. 2 die Unverwertbarkeit beschränkt, vorne N 531.
[35] Im Zusammenhang mit der Beschwer bei der früheren eidg. Nichtigkeitsbeschwerde SJ 127 (2005) 569. Weiteres Beispiel: Ein Beschuldigter wird durch einen Mitbeschuldigten belastet, dessen Verteidiger unkorrekterweise nicht vorgeladen wurde, BGH 17.2.2009 in NJW 62 (2009) 1619.

§ 58 Beweise im Allgemeinen, Beweiserhebung und Beweisverwertbarkeit

luten Unverwertbarkeit nach StPO 141 I (Ziff. 4.2.) vor[36]. Der Gesetzgeber will mit StPO 141 II die Regelverstösse, die zur Unverwertbarkeit führen, unterschiedlich gewichten. Er geht davon aus, dass sich die Unverwertbarkeit nach dieser Bestimmung auf «*weniger grundlegende Verfahrensvorschriften*» als jener nach StPO 141 I i.V. mit 140 bezieht[37]. Dies ist bei den nachfolgend zu besprechenden Verletzungen von Gültigkeitsvorschriften, weniger aber bei den auf strafbare Weise erlangten Beweisen nachvollziehbar. Immerhin sind Straftaten denkbar, die nicht mit der in StPO 140 verpönten psychischen oder physischen Gewalt verbunden sind, also beispielsweise die Wegnahme von Urkunden, unerlaubtes Abhören von Gesprächen u.Ä. oder Hausfriedensbruch (etwa unerlaubtes Eindringen in eine Wohnung zur Beweisbeschaffung).

4.3.2. Beweise in Verletzung von Gültigkeits- oder Ordnungsvorschriften erlangt, StPO 141 II, III

Wie bei fehlerhaften Verfahrenshandlungen im Allgemeinen wurde auch bezüglich Verwertbarkeit an sich regelwidrig erhobener Beweise schon bisher zwischen **Gültigkeits- und Ordnungsvorschriften** unterschieden, und die StPO nimmt in StPO 141 II und III diese Unterscheidung auf[38]. Nach der früher vorherrschenden Ansicht stellte die Beweisregelverletzung eine unbeachtliche Ordnungswidrigkeit dar, wenn das Beweismittel auch auf gesetzmässigem Weg erhältlich gewesen wäre; war der Beweis rechtmässig nicht zu erlangen, so wurde Ungültigkeit bzw. Unverwertbarkeit angenommen[39]. Diese Unterscheidung wurde indessen zunehmend kritisiert, und Lehre und Praxis wandten sich später überwiegend einem andern Ansatz zu: Nach diesem ist (falls das Gesetz die Gültigkeits- bzw. Verwertungsfrage nicht selbst ausdrücklich regelt) im Einzelfall unter Berücksichtigung des Fairnessgebots[40] zu prüfen, **ob die mit der fraglichen Beweisregel geschützten Interessen der beschuldigten Person oder anderer Verfahrensbeteiligter nur mit der Unverwertbarkeit der regelwidrig erlangten Beweise gewahrt werden können**[41]. Zu welchen Ergebnissen

795

---

[36] Botschaft 1183 Mitte.
[37] Botschaft aaO.
[38] Dazu vorne N 545 ff. Bei *ausserkantonal erhobenen Beweisen* richtet sich die Gültigkeit nach dem Ort der gerichtlichen Beurteilung, ZR 101 (2002) Nr. 8 S. 31, eine Regel, die nach der Vereinheitlichung des Strafprozessrechts nur noch von marginaler Bedeutung ist, z.B. bei Beweiserhebungen, vorab Zeugeneinvernahmen durch Hilfspersonen der Staatsanwaltschaft nach StPO 311 I zweiter Satzteil und 142 I und II, je Satz 2.
[39] BGE 103 Ia 216, 96 I 441, 99 V 15. Dazu ferner BGE 109 Ia 246 sowie 131 I 273 E.4.1.1. = SJZ 101 (2005) 394 = AJP 5/2006 627 mit kritischem Kommentar von W. WOHLERS; vgl. auch Kommentar in ZBJV 144 (2008) 26. Sodann RVJ/ZWR 36 (2002) 310.
[40] Vorne N 95 ff.
[41] So auch ZR 95 (1996) Nr. 36 S. 108. Ferner RS 1998 Nr. 481, 2007 Nr. 211 (BGer 10.2.2006, 6P.96/2006 und 6S.273/2005, Verwertung von rechtswidrig erstellten DNA-Profilen) und RVJ/ZWR 36 (2002) 310 (Verwertung ungültiger Beweismittel «*nur bei einer Art Notlage*», nicht aber, wenn es allein darum geht, für Zivilprozess Beweismittel zu beschaffen).

dieser Interessenschutzgedanke und der demzufolge im Einzelfall zu prüfende **Schutzzweck der Norm**[42] führt, ist im Zusammenhang mit den verschiedenen Beweismitteln zu behandeln[43]. Allerdings hat die StPO die Abgrenzungsprobleme in den meisten relevanten Konstellationen durch Statuierung ausdrücklicher Verwertungs- oder Gültigkeitsverbote[44] entschärft.

796 Was die **Verletzung von Ordnungsvorschriften** (StPO 141 III) betrifft, so handelt es sich um die Missachtung von bloss untergeordneten, im Prinzip allein die Abwicklung des Strafverfahrens und nicht eigentlich schützenswerte Interessen der Verfahrensbeteiligten sichernde Vorschriften. Solche Verletzungen tangieren die Verwertbarkeit der erhobenen Beweise nicht. So sind Einvernahmen gültig, auch wenn die entsprechenden Vorladungsfristen nach StPO 202 nicht eingehalten wurden. Gleiches gilt, wenn zwar der Zeuge gemäss StPO 177 III auf sein Aussageverweigerungsrecht aufmerksam gemacht wurde, dieser Umstand aber aus Versehen nicht protokolliert wurde[45].

4.3.3. *Verwertbarkeit ungültiger Beweise zur Aufklärung schwerer Straftaten, StPO 141 II*

797 StPO 141 II verzichtet im Interesse der Strafverfolgung darauf, die **Verwertungsverbote absolut auszugestalten.** Die Bestimmung gestattet die Verwertung von Beweisen, die unter Begehung von Straftaten[46] oder Verletzung von Gültigkeitsvorschriften erlangt wurden, wenn sie zur **Aufklärung schwerer Straftaten**[47] **erforderlich sind**[48], eine Lösung, die durchaus nicht ungeteilte

---

42 So Botschaft 1183 unten; BeB 108 Mitte. Dazu bereits vorne N 545.
43 Zur Interessenabwägung zuerst Entscheide im Mordfall *Schenk* BGE 109 Ia 244; VPB 1988 Nr. 66 und EuGRZ 15 (1988) 151 und 390; im Ergebnis nachfolgend bestätigt in BGE 130 I 132, 120 I 320; AJP 12 (2003) 1502; Pra 96 (2007) Nr. 27 S. 170, 95 (2006) Nr. 115 S. 795 (Frage der korrekten Belehrung eines Dolmetschers). Einlässlich vorab BGE 131 I 278 ff. (zu § 41 I der früheren StPO BL, der ausdrücklich eine solche Interessenabwägung vorsah); mit ausführlichen Hinweisen zur EMRK-Rechtsprechung) = SJZ 101 (2005) 394 = AJP 5/2006 627 mit Kommentar von W. WOHLERS. Vgl. auch ZR 73 (1974) Nr. 44 S. 108 = SJZ 71 (1975) 62; ZBl 90 (1989) 420. Zur Praxis kritisch ferner H. VEST/A. EICKER in AJP 7/2005 885. – Zum Fall von *Polizeibeamten, die auf dem Gebiete eines anderen Kantons handelten,* aus dem Blickwinkel des damaligen Rechts ZBl 90 (1989) 418.
44 Siehe die Beispiele vorne in N 789 a.E.
45 Diesfalls trägt jedoch die *Strafbehörde die Beweislast* dafür, dass der Hinweis erfolgte.
46 In keinem Fall Verhaltensweisen nach StPO 140, AB N 2007 957; Botschaft 1183 Mitte. Es dürften damit noch Straftaten im Zusammenhang mit dem *unerlaubten Eindringen in Räume oder der Wegnahme von Beweisstücken* bleiben.
47 In der Literatur ist – nicht unbestritten – vorgeschlagen worden, sich bezüglich der *Schwere am Deliktskatalog bei Überwachungsmassnahmen* (also beispielsweise StPO 269 II) zu orientieren.
48 Nach der Botschaft 1183/1184 zuungunsten oder zugunsten der beschuldigten Person, wobei sich nach hier vertretener Auffassung Beweisverbote grundsätzlich nur zugunsten der Person, zu deren Schutz sie erlassen wurden, wirken, vorne N 792.

Zustimmung findet[49] und deren Vereinbarkeit im Einzelfall mit den Grundsätzen des verbotenen Rechtsmissbrauchs bzw. dem Gebot von Treu und Glauben zu prüfen ist.

3.4. Fernwirkung von Beweiserhebungsverboten, StPO 141 IV

In der bisherigen Lehre und Praxis war umstritten, ob das durch einen unverwertbaren, weil ungültigen Beweis **mittelbar** beschaffte Beweismittel (**Sekundärbeweise**) beachtet werden darf, also z.B. die Einvernahme eines (weiteren) Zeugen verwertbar ist, welcher im Rahmen einer nach StPO 147 IV nicht verwertbaren Einvernahme genannt wurde. Im amerikanischen Strafverfahrensrecht gilt mindestens im Prinzip die Lehre von der Unverwertbarkeit aller Früchte, die auf dem «*giftigen Baum*» gewachsen sind («*tainted fruits of the poisonous tree*»). Die Logik und die Gefahr der Umgehung bzw. eine disziplinierende Komponente der Beweisverbote sprechen dafür, dass alles, was direkt oder indirekt aufgrund verbotener Beweise erlangt wurde, unverwertbar sein sollte. Die strikte Beachtung der Regel gerät jedoch in Konflikt mit dem Prinzip der materiellen Wahrheit (StPO 6)[50]. Sie führt im Ergebnis zu problematischen Freisprüchen offensichtlich Schuldiger, es sei denn, man gewichte die Einhaltung der Verfahrensvorschriften, die Nichtigkeit als Sanktion und damit die rechtsstaatlichen Grundlagen in jedem Fall höher als das Interesse des Staates an der Ahndung auch schwerer Delikte.

798

Lehre und Praxis in diesem früher kaum gesetzlich geregelten heiklen Bereich waren bisher kontrovers und lassen sich nicht auf einen kurzen Nenner bringen. Eine generelle Unverwertbarkeit solcher indirekt erlangter Beweise wurde von der bisher herrschenden Lehre und Praxis eher abgelehnt[51]. StPO 141 IV knüpfte mindestens in der ursprünglichen Version des Bundesrats in E 139 IV an diese

799

---

[49] Vgl. dazu im Zusammenhang mit dem vorerwähnten BGE 131 I 278 ff., weiter etwa W. WOHLERS in AJP 5/2006 627, oder die eingangs erwähnten Beiträge von S. GLESS oder H. VEST/A. HÖHENER sowie die Diskussion sowie abweichende Anträge etwa im Nationalrat, AB N 2007 955 ff. Allerdings finden sich in der (vor allem der Bundesgerichtspraxis und nun den Regelungen der StPO gegenüber) kritischen Literatur kaum Vorschläge für konsistente Lösungen dieser Problematik. Wenn offenbar mindestens tendenziell eine «*Unverwertbarkeit ohne Ausnahmen*» postuliert wird, fragt sich, ob eine solche letztlich aufrecht zu halten ist – die jahrzehntelangen Erfahrungen der USA mit der ursprünglich strikte verstandenen «*fruit of the poisonous tree*»-Regel lassen Zweifel aufkommen, vgl. nachfolgende Fn. und Fn. 58. – Bemerkenswert übrigens, wie simpel ZPO 152 II die Problematik löst: «*Rechtswidrig beschaffte Beweismittel werden nur berücksichtigt, wenn das Interesse an der Wahrheitsfindung überwiegt.*»

[50] Dazu und zum Folgenden ZR 91/92 (1992/93) Nr. 10 S. 28 ff. – Häufig wird übersehen, dass auch die als absolut erscheinende amerikanische Unverwertbarkeitsregel manche Ausnahme kennt, vgl. dazu Fn. 58.

[51] Botschaft 1184 oben; BeB 108/109. Für Verwertbarkeit tendenziell BGE 109 Ia 246; SJZ 77 (1982) 132; ZR 91/92 (1992/93) Nr. 10, vgl. ferner BGE 133 IV 329 = SJZ 103 (200) 582 = SJ 130 (2008) 171.

im Vordergrund stehenden Ansichten an und gestattete grundsätzlich die **Verwertbarkeit**, wenn das unerlaubte Beweismittel im Sinn von StPO 141 I oder II nur zum Auffinden eines weiteren Beweismittels führte. Dies wäre etwa dann der Fall gewesen, wenn das (z.B. wegen Verletzung der Anwesenheitsrechte nach StPO 147 IV) ungültige Zeugnis zum Auffinden der Tatwaffe bei der beschuldigten Person oder eines weiteren Zeugen führte[52] oder beschuldigte Personen gestützt auf einen unverwertbaren Amtsbericht (StPO 195 I) Aussagen machten[53]. Das Parlament[54] hat nun aber eine erhebliche Einschränkung vorgenommen und die Verwertbarkeitsregel von StPO 147 IV auf Fälle nach StPO 141 II beschränkt: Eine **Unverwertbarkeit** in der Version des Parlaments ist m.a.W. stets dann gegeben, wenn das ursprüngliche Beweismittel i.S. von StPO 140[55] und 141 I generell unverwertbar ist. Bei der Anwendung von StPO 141 IV ist jedoch zu beachten, dass der Sekundärbeweis nur unverwertbar bleibt, wenn **er ohne die vorhergehende, nach StPO 141 II ungültige Beweiserhebung nicht möglich gewesen wäre**[56], der ungültige Primärbeweis also *conditio sine qua non* des mittelbar erlangten Beweises war[57]. Das Parlament war sich möglicherweise der Konsequenzen bei der praktischen Umsetzung, die die vorgenommenen Akzentverschiebung in ihrer Starrheit mit sich bringt, nicht bewusst, zumal die Regelung jeden Fall der nach StPO 141 I Satz 2 unverwertbaren Beweise einschliesst. Jedenfalls könnte die vorgenannte Tatwaffe, die gestützt auf eine z.B. nach StPO 147 IV unverwertbare Zeugeneinvernahme gefunden wurde, entgegen den ursprünglichen Gesetzesentwürfen nicht als Beweisgegenstand verwertet werden. Wie die Praxis weiter z.B. ein gestützt auf solche unverwertbaren Be-

---

[52] Botschaft 1184.
[53] So im Fall ZR 91/92 (1992/93) Nr. 10.
[54] AB S 2006 1014.
[55] Als Anwendungsfall von StPO 140 bzw. 141 I Satz 1 erscheint der bekannte deutschen Fall Gräfgen (Verdächtigtem wurden von der Frankfurter Polizei Schmerzen angedroht bzw. zugefügt, damit er Aufenthaltsort seines Entführungsopfers Jakob von Metzler nenne), m.w.H. EGRM 10.4.2007 in EuGRZ 35 (2008) 466, 34 (2007) 508 und 30.6.2008 in FP 1/2009 2. Die Verurteilung Gräfgens wurde schliesslich aufrechterhalten, weil er vor Gericht frei ein Geständnis abgelegt hatte.
[56] Vgl. BGE 133 IV 329 = SJZ 103 (2007) 582 = SJ 140 (2008) 171 = FP 4/2008 212. – Gemäss den Äusserungen des Kommissionssprechers in AB S 2006 1014 sollen indirekte Beweise in Fällen von StPO 141 II offenbar nur verwertbar sein, wenn sie zur Aufklärung schwerer Straftaten unerlässlich sind, ein Schluss, der sich nicht zwingend aus dem Gesetzeswortlaut ergibt.
[57] Als Beispiel für diese mittelbare Unverwertbarkeit wurde früher das *Gutachten genannt, das auf unverwertbaren Zeugenaussagen beruht*, dazu der Fall ZR 104 (2005) Nr. 74, ferner RKG 2000 Nr. 109. Solche Zeugenaussagen fallen jedoch unter StPO 140 I Satz 2, so dass Sekundärbeweise nunmehr ohnehin unverwertbar sind. – Zur hier angesprochenen Thematik aus der Optik des früheren Rechts ferner RO 1966 249 Nr. 34; ZR 77 (1981) 132, 73 (1974) Nr. 44 = SJZ 71 (1975) 61. *Unverwertbarkeit nach Fairnessgebot generell dort, wo bewusst Beweisregeln verletzt wurden*, um auf diese Weise zu sonst nicht erhältlich zu machenden Sekundärbeweisen zu kommen. – Zu den *Sekundär- und Tertiärbeweisen bei der Post- und Fernmeldeüberwachung* siehe N 1160 f.

weise abgelegtes Geständnis der beschuldigten Person behandeln wird, bleibt abzuwarten. Zweifelsfragen können sich auch dort ergeben, wo anzunehmen ist, dass die Strafbehörden wohl ohnehin auf den Zweitbeweis gestossen wären[58] oder die Strafbehörde im Zeitpunkt der Beweiserhebung davon ausgehen konnte, sie sei rechtmässig, aber z.b. eine Voraussetzung dafür nachträglich entfiel (Nichtgenehmigung einer Zwangsmassnahme durch das Zwangsmassnahmengericht[59]). Diskutable Resultate bzw. kaum zu lösende Anschlussprobleme (nicht zuletzt mit Blick auf **Tertiärbeweise**, z.B., wenn gestützt auf den unverwertbaren Beweis, z.B. die gefundene Tatwaffe, die beschuldigte Person ein Geständnis ablegte) sind vorprogrammiert. Solche Tertiärbeweise dürften tendenziell verwertbar sein, zumal es sich dabei häufig um nicht mehr rückgängig zu machende Verfahrensergebnisse handelt (Auffinden von Deliktsgut oder weiteren beschuldigten Personen etc., die ihrerseits zu weiteren Beweisen führen). – StPO 140 und 141 sprechen übrigens vordergründig allein von der Verwertbarkeit von Beweisen, also der direkte Verwendung als Beweismittel i.S. von StPO 157 ff. Ungelöst ist die damit die weitere Frage, ob so gewonnene **Erkenntnisse ohne direkte Bezugnahme auf den unverwertbaren Beweis zum Ausgangspunkt neuer Ermittlungen gemacht werden können**. Dies erscheint mindestens dort als unzulässig, wo (wie in StPO 277 II oder 278) von Verwertbarkeit bzw. Unverwertbarkeit von Erkenntnissen gesprochen wird.

4.5. Vorgehen bezüglich Akten unverwertbarer Beweise, StPO 141 V

In den bisherigen Verfahrensordnungen war das **Schicksal von Akten, die unverwertbare bzw. ungültige Beweisabnahmen dokumentieren** (z.B. ein Zeugenprotokoll) unterschiedlich oder überhaupt nicht geregelt. Teilweise wurden solche Akten sofort aus dem Dossier entfernt und vernichtet, teilweise ausgeschieden und bis zum Abschluss des Verfahrens unter separatem Verschluss gehalten, zum Teil aber einfach in den Akten belassen[60]. Eine Vernichtung solcher Akten ist problematisch, da damit der Beweis bei sich während des Verfahrens ändernder Interessenlage (z.B. möchte sich die beschuldigte Person zu ihrer

800

---

[58] In dieser Richtung im Anschluss an früher vertretene Auffassungen des Autors des vorliegenden Studienbuchs der vorstehend zitierte BGE 133 IV 329 (Telefonüberwachung einer Drogenlieferantin war nicht genehmigt worden, doch wäre diese bei der laufenden Observation ohnehin ermittelt worden, zu diesem Entscheid plädoyer 6/2007 44). Im Rahmen der strengen *Fruit-of-the-poisonous-tree*-Lehre des amerikanischen Verfahrensrechts (keine Verwertung von Zufallsfunden) lässt die Praxis in den U.S.A. diese Ausnahmen unter dem Titel *inevitable-discovery*-Doktrin schon lange zu, vgl. etwa *Nix v. Williams*, 467 U.S. 431 (1984).

[59] Die von der Staatsanwaltschaft einem Zeugen bewilligte Anonymität wird nachfolgend vom Zwangsmassnahmengericht nicht genehmigt (StPO 150 III), doch hatte der Zeuge bereits Aussagen gemacht, vgl. auch N 1160 im Zusammenhang mit der Telefonüberwachung.

[60] Botschaft 1184; BeB 109.

Entlastung später auf die an sich unverwertbaren Beweise berufen) nicht mehr vorhanden ist[61]. StPO 141 V sieht deshalb vor, dass solche **Akten**[62] **nicht sofort, sondern erst nach Eintritt der Rechtskraft des Verfahrens** (StPO 437) **zu vernichten sind**. Bis dahin sind sie unter separatem Verschluss zu halten, d.h., die Verfahrensleitung ist dafür besorgt, dass die Akten aus dem Dossier genommen, in einem Couvert versiegelt aufbewahrt und bei der Akteneinsicht nicht geöffnet werden.

5. Beweiserhebungsverbote und privat beschaffte Beweise

801 Teilweise wird – auch hier in Anlehnung an die Rechtslage in den USA – die Meinung vertreten, dass sich die Prozessnormen und damit **Beweisverbote nur an die Strafbehörden, nicht aber an allenfalls selbst Beweise sammelnde Private** richten. Die mit den Beweisverwertungsverboten zu schützenden Interessen können aber auch im Fall, dass Parteien selbst Beweise sammeln, nicht völlig ausser Acht bleiben[63]. Freilich ist eine differenziertere Betrachtungsweise notwendig, indem z.B. die Beweis**methoden**verbote hier nicht gelten können: Die Befragung eines «*Zeugen*» durch einen Geschädigten ist nicht deshalb unbeachtlich, weil der Erstere nicht auf ein bestehendes Zeugnisverweigerungsrecht aufmerksam gemacht wurde. Ferner können Aussagen Zeugnisverweigerungsberechtigter gegenüber Dritten im Regelfall durch Einvernahme der Letzteren ins Strafverfahren eingeführt werden[64]. Ebenso unterliegen private, nach StGB 179^{quinquies} erlaubte Tonbandaufnahmen nicht den engen Regelungen von StPO 269 ff.[65]

802 Fraglich ist, inwieweit die **Beweisverwertungsverbote von StPO 141** auch bezüglich der von Privaten erhobenen Beweisen gelten, eine Problematik, die in VE 150 hätte geregelt werden sollen. Dieser Vorschlag wurde nicht in die StPO übernommen[66]. Tendenziell sind solche Beweise verwertbar, wenn sie auch von

---

[61] Solche Akten können ebenso für die *Rechtsmittelinstanz* oder (bei fehlerhaftem Verhalten einer Strafbehörde) *für Aufsichts- oder sogar Strafbehörden* relevant sein, Botschaft 1184 unten. – Siehe aber BGE 119 Ia 13 für Akten, erstellt von abgelehntem Richter. Zu den fehlerhaften Prozesshandlungen auch vorne N 544 ff.
[62] Sowohl solche aus unverwertbaren wie ungültigen Beweisabnahmen nach StPO 140 und 141 II, Botschaft 1184 Mitte.
[63] SJZ 77 (1981) 132. Offen gelassen in ZR 73 (1974) Nr. 44 S. 108 = SJZ 71 (1975) Nr. 28. Vgl. auch den zivilprozessualen Entscheid ZR 94 (1995) Nr. 36 = SJZ 92 (1996) Nr. 19.
[64] So RO 1966 249 Nr. 34. Zu Schranken N 900 Fn. 263.
[65] Im Ergebnis BGE 114 IV 20. Vgl. den interessanten Fall in RJN 2001 176 = RS 2004 Nr. 469 (Beschuldigter nahm unerlaubterweise Gespräch mit Polizeifunktionär auf, der der Amtspflichtverletzung beschuldigt wurde).
[66] *Keine Verwertbarkeit deliktisch erlangter Beweise*, dazu BeB 110 f. In der StPO wurde hernach auf eine solche Bestimmung verzichtet, offenbar vor allem mit Blick auf die Vernehmlassungsergebnisse, in denen zum Ausdruck kam, diese *Frage Lehre und Praxis zu überlassen*.

den Strafverfolgungsbehörden hätten erlangt werden können. Zudem ist zu verlangen, dass eine Abwägung der im Spiele stehenden Interessen ähnlich wie in StPO 141 II für eine Verwertung spricht[67] und diese nicht wegen krasser Grundrechtsverstösse an sich (so i.S. von verbotenen Beweiserhebungsmethoden von StPO 140) auszuschliessen ist. Letzteres wäre etwa bei erpressten «*Geständnissen*» der Fall. Im Anschluss an die bisherige Lehre und Praxis sind ausserhalb des Anwendungsbereichs von StPO 140 von privater Seite **deliktisch erlangte Beweismittel** nicht *a priori* unverwertbar, soweit sie nach den vorstehend skizzierten Regeln verwertbar sind[68]. Im Einzelfall ist überdies zu prüfen, ob vorab der Geschädigte – den Grundgedanken etwa von StPO 218 bzw. 263 III (Vorläufige Festnahme bzw. Beschlagnahme durch Privatpersonen) folgend – berechtigt ist, in dringenden Fällen und unter Beachtung der Verhältnismässigkeit selbst zuhanden der Strafverfolgungsbehörden Beweise zu sichern, auch wenn dies an sich deliktisch ist. Ein solches Vorgehen könnte hier u.U. wenn nicht **wegen Notwehr (StGB 15 f.) oder Notstand (StGB 17 f.), so doch wegen Wahrung berechtigter Interessen gerechtfertigt sein**, z.B. wenn der Bedrohte das Gespräch unerlaubterweise auf einem Tonbandgerät registriert oder wenn der Geschädigte der beschuldigten Person ein bedeutsames Beweisstück entwendet, das diese zu vernichten droht.

---

[67] Zur Interessenabwägung bereits BGE 109 Ia 244; dazu ferner EuGRZ 15 (1988) 390; im Ergebnis auch SJ 118 (1986) 636. Vgl. sodann die zivilprozessualen Entscheide ZR 94 (1995) Nr. 36 und SJZ 92 (1996) 360.
[68] Ob Fotos, die durch (privates) unerlaubtes Eindringen in einen Stall ermöglicht wurden, verwertbar sind, schloss das Bundesgericht in Pra 95 (2006) Nr. 115 S. 115 nicht aus (...*Es spricht daher einiges dafür, dass die allenfalls deliktische Herkunft der Fotos ihrer Verwertbarkeit nicht von vornherein entgegensteht* ...). Keine Auswertung gestohlener Verteidigerakten durch die Strafverfolgungsbehörden, BGE 117 Ia 341 = Pra 81 (1992) Nr. 178. Aus zivilprozessualer Sicht SJZ 92 (1996) 360. – Analog den vorstehend erwähnten Überlegungen entscheidet sich die Auswertbarkeit von *Informationen ohne eigenen Beweiswert von privater Seite*, die den Strafbehörden zugespielt wurden, auch wenn diese vom Informant auf rechtswidrige oder sogar strafbare Weise beschafft wurden, z.B. durch Verletzung des Bankgeheimnisses. Soweit die Strafverfolgungsbehörde nicht durch Anstiftung etc. an der ursprünglichen Beschaffung der Information beteiligt war, darf diese in den Schranken des Fairnessgebots (StPO 3 II) zum Ausgangspunkt eigener Ermittlungen gemacht werden. Auf diese Weise zugespielte Beweise wie Urkunden dürfen in den vorgenannt erwähnten Schranken direkt verwertet werden, also beispielsweise wenn von Informanten eine CD mit vollständigen Bankinformationen geliefert werden, wie dies etwa im deutsch/liechtensteinischen Steuerbetrugsfall u.a. gegen Postchef Zumwinkel wegen Steuerbetrugs offenbar der Fall war (vgl. etwa NZZ Nr. 40 18.2.2008, S. 13). Soweit solche Beweise nicht direkt verwertet werden können, dürfen sie als Ausgangspunkt eigener Ermittlungen dienen. – Fraglich im Weiteren, inwieweit Verbot auch bei *Beweisen, die die beschuldigte Person entlasten*, gilt, vorne N 792.

2. Teil: Personalbeweis, Einvernahmen als Beweismittel, StPO 142–191

§ 59 Allgemeine Vorschriften zu den Einvernahmen, StPO 142–156

Literaturauswahl: neben der zu § 58 erwähnten Literatur AESCHLIMANN N 840; MAURER 199; OBERHOLZER N 818; PIQUEREZ (2006) N 726; TRECHSEL (2005) 291 (*right to test witness evidence*).

JÜRG-BEAT ACKERMANN/MARTINA CARONI/LUZIA VETTERLI, Anonyme Zeugenaussagen: Bundesgericht contra EGMR, AJP 9/2007 1071; HANS BAUMGARTNER, Zur Durchführung von Konfrontationseinvernahmen, SJZ 90 (1994) 62; STEFAN BLÄTTLER, Zur Problematik der Täteridentifikation im Rahmen einer Konfrontation aus der Sicht der polizeilichen Praxis, AJP 11/2000 1374; PAUL BAUMGARTNER/THOMAS FINGERHUT, Das Verbot der suggestiven Befragung im zürcherischen Strafprozess, FS 125 Jahre Kassationsgericht des Kt. Zürich, Zürich 2000, 335; STEFAN FLACHSMANN/STEFAN WEHRENBERG, Aussageverweigerungsrecht und Informationspflicht, SJZ 97 (2001) 313; CHRISTOPH HOHLER/NIKLAUS SCHMID, Die Stellung der Bank und ihrer Mitarbeiter im Strafverfahren unter besonderer Berücksichtigung von Art. 100^{quater} f., AJP 14 (2005) 515; UMBERTO PAJAROLA, Gewalt im Verhör zur Rettung von Menschen, Zürich 2007; ALEXANDRA SCHEIDEGGER, Minderjährige als Zeugen und Auskunftspersonen im Strafverfahren, Diss. Zürich 2006 (Zürcher Studien zum Verfahrensrecht, Bd. 147).

Materialien: VE 151–157; VE 111 ff.; ZEV 42 ff.; E 140–143; Botschaft 1185 ff.; AB S 2006 1014 ff., 2007 716, AB N 2007 958 f.

1. Allgemeine Vorbemerkung

803 Der **Personalbeweis in Form einer Einvernahme stellt im Strafverfahren eines der wichtigsten Beweismittel dar**. Grundsätzlich haben **Befragungen von Personen stets in den Formen der Einvernahme nach StPO 142 ff. zu erfolgen**, welche im Rahmen einer mindestens **parteiöffentlichen Verhandlung** stattfindet. Einvernahmen müssen ordnungsgemäss protokolliert werden (StPO 78). Es ist also nicht zulässig, zur Gewinnung von Informationen zum relevanten Sachverhalt z.B. einen Zeugen ausserhalb solcher formalisierter Einvernahmen in Gespräche zu verwickeln. Eine Ausnahme bildet hier das polizeiliche Ermittlungsverfahren, in welchem es der Polizei vor allem im Rahmen der ersten Erhebungen nach StPO 306 II zuzugestehen ist, informelle Befragungen durchzuführen[69].

---

[69] Also ohne Protokollierung und allenfalls auch ohne Vermerk in den Akten. Zur Problematik der Protokollierung N 571, 1218.

2. Einvernehmende Strafbehörde, StPO 142

StPO 142 bestimmt, welche **Strafbehörden von Bund und Kantonen Einvernahmen vornehmen, d.h. formalisierte und protokollierte mündliche Aussagen entgegennehmen können**. Nach Abs. 1 sind zur Vornahme von Einvernahmen von beschuldigten Personen, Zeugen, Auskunftspersonen sowie sachverständigen Personen die **Staatsanwaltschaften, Übertretungsstrafbehörden sowie die Gerichte aller Stufen** befugt[70]. Satz 2 von Abs. 1 überlässt es Bund und Kantonen, in ihrem Bereich generell oder *ad hoc* **Mitarbeitern der vorgenannten Strafbehörden ebenfalls zur Vornahme von Einvernahmen befugt zu erklären**, also beispielsweise Assistenzstaatsanwälte, Untersuchungsbeamte, Sekretäre, Adjunkte, Gerichtsschreiber u.Ä. Der Sinn dieser Vorschrift geht dahin, dass die Erteilung dieser Befugnis auf beruflich qualifizierte Personen (juristische Ausbildung oder mindestens lange Strafrechtspraxis) zu beschränken ist[71]. 804

Die **Polizei** ist eine Strafbehörde (StPO 12 lit. b, 16), und auch ihre Beamten sollen demgemäss beweisbildende Einvernahmen durchführen können. StPO 142 II entspricht weitgehend den bisherigen kantonalen Gesetzen und der Praxis, wonach die **Polizei beschuldigte Personen sowie Auskunftspersonen einvernehmen** kann. Einvernahmen mit strafbewehrter Aussage- und Wahrheitspflicht, vor allem solche von Zeugen, sind ihr hingegen verwehrt, also beispielsweise der Auskunftsperson, soweit sie nach StPO 180 II als Privatklägerschaft zu Aussagen verpflichtet ist[72]. Auch hier lässt StPO 142 II Satz 2 Bund und Kantonen einen gewissen Spielraum, um anknüpfend an eine traditionelle Rollenverteilung in einzelnen Kantonen auch der **Polizei die Befugnis einzuräumen, Zeugen (und Auskunftspersonen**[73]**) einzuvernehmen**. So war dies bisher teilweise bei der *Police judiciaire* in einzelnen Kantonen der Westschweiz der Fall. Allerdings ist dies nur möglich für Einvernahmen, die die Staatsanwaltschaft der Polizei i.S. von StPO 312 nach der Untersuchungseröffnung delegiert. Bund und Kantonen steht es also nicht zu, die Polizei generell zur Einvernahme von Zeugen und Auskunftspersonen befugt zu erklären. Auch im beschränkten Rahmen von StPO 142 II Satz 2 sollte von einer solchen Delegation der Einvernahme vorab von Zeugen zurückhaltend Gebrauch gemacht werden (für das Bundesstrafverfahren E StBOG 61). 805

Ist eine Behörde zur Einvernahme bestimmter Verfahrensbeteiligter zuständig, ist sie auch nach StPO 201 ff. berechtigt, entsprechende **Vorladungen zu erlassen**, verbunden mit der **Pflicht, zu erscheinen**. Für die Polizei bestehen nach 806

---

[70] Bei den Gerichten in Form des *Präsidial-, also nicht des Kreuzverhörs*, hinten N 1323.
[71] Offenbar wollte der Gesetzgeber dem verwandten StPO 311 I Satz 2 bezüglich der Delegierbarkeit von Einvernahmen eine engere Bedeutung geben, d.h. 142 I Satz 2 ist *lex specialis*, dazu hinten N 1232.
[72] Botschaft 1185 Mitte.
[73] So Botschaft 1185 Mitte, vgl. aber schon StPO 142 II.

StPO 206 Sonderregeln[74]. Der **Vorgeladene hat der Vorladung Folge** zu leisten (StPO 205 I), auch wenn er – beispielsweise ein Zeuge – ein Aussageverweigerungsrecht beanspruchen will[75].

3. Durchführung der Einvernahme, StPO 143 und 144

3.1. Formalien zu Beginn der Einvernahme, StPO 143 I-III, VII

3.1.1. Präliminarien, StPO 143 I-III

807 StPO 143 I ff. enthält gewisse, **bei der Eröffnung der Einvernahme zu beachtende allgemeine Regeln,** die für alle Einvernahmen sämtlicher Strafbehörden gelten. Zu beachten ist indessen, dass bei den Vorschriften, die die Einvernahme der beschuldigten Person, der Zeugen usw. regeln, teilweise Sonderbestimmungen vorhanden sind (etwa StPO 158, 177 I), die – soweit sie die Regeln von StPO 143 spezifizieren – vorgehen.

808 StPO 143 I regelt zunächst die bei Beginn der ersten wie jeder späteren[76] Einvernahme einzuhaltenden und auch zu protokollierenden (vgl. StPO 143 II) **Formalien**. Zunächst versteht sich von selbst, dass die Einvernahme an sich in der **Verfahrenssprache erfolgt** (StPO 67)[77]. Bei Fremdsprachigkeit der einzuvernehmenden Person ist ein **Übersetzer** beizuziehen (StPO 68)[78], sodass sie in einer ihr verständlichen Sprache – die nicht die Muttersprache sein muss – über ihre Rechte und Pflichten orientiert (so Einleitung zu StPO 143 I) und hernach zum Gegenstand des Verfahrens befragt werden kann. Zunächst sind die **Personalien** (üblicherweise Name, Vorname, Geburtsdatum, Beruf, Bürgerort/Nationalität, Wohnort; bei beschuldigten Personen wohl regelmässig zusätzliche Informationen wie Namen der Eltern, militärische Verhältnisse usw.) der einzuvernehmenden Person festzustellen. Die Personalien werden primär durch Befragung[79] festgestellt, allenfalls durch Vorlage von Ausweispapieren oder – wenn Zweifel an der Identität der Person vorhanden sind – sogar mittels weiterer Nachforschungen wie Erkundigungen bei andern Behörden (Abs. 3), falls erforderlich auch mittels einer erkennungsdienstlichen Erfassung (StPO 260).

---

[74] Hinten N 985.
[75] ZR 62 (1963) Nr. 8; relativiert für jugendlichen Zeugen in ZR 97 (1998) Nr. 4 S. 9 f. Hinten N 983.
[76] So nach der Botschaft 1185 unten; die Befragung nach den Personalien und die Orientierung über den Gegenstand der Befragung dürften sich allerdings bei späteren erneuten Einvernahmen weitgehend erübrigen. Bemerkenswert, dass die speziellere Bestimmung von StPO 158 bei der beschuldigten Person offenbar nur eine Orientierung bei der *ersten* Einvernahme verlangt, hinten N 859.
[77] Vorne N 550 f.
[78] Vorne N 552 ff.
[79] Botschaft 1185 Mitte.

Die einzuvernehmende Person ist einleitend über den **Gegenstand der Einvernahme zu orientieren**, ebenso über die **Eigenschaft**, in welcher sie einvernommen wird (beschuldigte Person? Zeuge? usw., StPO 143 I lit. b). Es handelt sich hier um summarische Hinweise, da die Details anschliessend im Verlauf der Befragung zur Sprache kommen. Es genügt also, wenn die einvernehmende Strafbehörde erklärt: «*Sie werden als Zeuge im Zusammenhang mit dem Verkehrsunfall einvernommen, der sich am 27. Mai 2009 am Bahnhofplatz in Xwil zutrug.*»

809

Als allgemeine Regel verlangt StPO 143 I lit. c sodann, dass die **einzuvernehmende Person vor jeder Einvernahme über ihre Rechte und Pflichten belehrt wird**. Art und Umfang dieser Belehrung müssen personen- und situationsbezogen sein; die Abgabe eines entsprechenden Informationsblattes vermag nicht zu genügen bzw. muss mit mündlichen Erläuterungen begleitet sein. In den Hauptfällen der beschuldigten Person, der Zeugen bzw. Auskunftspersonen sind hier die besonderen Regeln (StPO 158 bzw. 177 I und III sowie 181 I und II) zu beachten[80].

810

3.1.2. Sprech- und hörbehinderte Personen, StPO 143 VII

Nach dieser Bestimmung werden **sprech- und hörbehinderte Personen** schriftlich oder unter Beizug einer geeigneten Person einvernommen, z.B. unter Beizug eines Taubstummenlehrers[81]. Allenfalls sind auch Sachverständige (StPO 182 ff.) beizuziehen. Das eine oder andere Vorgehen ist zu wählen, wenn eine mündliche Einvernahme nicht möglich ist oder (z.B. wegen Verständigungsproblemen zwischen Strafbehörde und einzuvernehmender Person) keine zuverlässigen Resultate verspricht.

811

3.2. Weiteres Vorgehen bei der Einvernahme, StPO 143 IV-VI

StPO 143 IV-VI stellen **gewisse Grundregeln über den Ablauf der Einvernahme** auf, die im Kontext mit StPO 78, also den Vorschriften über die Protokollierung von Einvernahmen, zu lesen sind[82]. Nach StPO 143 IV ist die einzuvernehmende Person dazu aufzufordern, sich zum **Gegenstand der Einvernahme zu äussern**. Liest man diese Bestimmung im Zusammenhang mit Abs. 5, so wird deutlich, dass das Gesetz davon ausgeht, dass der zu befragenden Person zunächst Gelegenheit zu geben ist, sich zusammenhängend und wenn möglich unbeeinflusst von Zwischenfragen zum relevanten Geschehen zu äussern. Anschliessend soll die Strafbehörde, so der eben erwähnte Abs. 5, durch «*klar for-*

812

---

[80] Hinten N 859 ff., 901 ff., 925.
[81] Vgl. m.w.H. vorne N 550 Fn. 346. MStP 95 II spricht in diesen Fällen übrigens ausdrücklich von Dolmetschern (… *wenn schriftlicher Verkehr nicht genügt.*). – Dass in einzelnen Kantonen im Rahmen der Sprachenfreiheit auch *die Gebärdensprache anerkannt ist* (vgl. z.B. im Kanton Zürich sogar in KV 12), dürfte an diesen Ausführungen nichts ändern.
[82] Vorne N 577 f.

mulierte Fragen und Vorhalte die Vollständigkeit der Aussagen und die Klärung von Widersprüchen» anstreben.

813 Der Personalbeweis, wie er Gegenstand von Einvernahmen bildet, beruht darauf, dass die einzuvernehmende Person **die relevanten Geschehnisse aufgrund ihrer Erinnerung schildert** (so sinngemäss StPO 143 VI Satz 1). Es ist also nicht zulässig, dass sie anhand vorbereiteter Notizen die Ereignisse gleichsam in Form eines Plädoyers vorträgt. Solche Notizen könnten von andern Personen vorbereitet sein und nicht der wirklichen Erinnerung entsprechen. Freilich ist dieses Idealbild einer rein erinnerungsbezogenen Einvernahme dann nicht realistisch und durchführbar, wenn die einzuvernehmende Person zu Details wie zurückliegende Daten, Zahlen, Vorgängen in einer Buchführung etc. einvernommen wird, die zumeist ohnehin in schriftlichen Unterlagen figurieren. Es ist deshalb sinnvoll, dass die einzuvernehmende Person bei der Einvernahme mit Zustimmung der Verfahrensleitung **ausnahmsweise schriftliche Unterlagen verwendet**, welche anschliessend zu den Akten genommen werden (StPO 143 VI Satz 2); ein solches Vorgehen muss im Protokoll festgehalten werden. Die Grenzen zur Einreichung eines schriftlichen Berichts (StPO 145, anschliessend Ziff. 4) sind naturgemäss fliessend.

814 Nicht direkt aus StPO 143, sondern aus StPO 147 I Satz 1 ergibt sich das Recht der anwesenden andern Parteien, der einvernommenen Person **Ergänzungsfragen** zu stellen.

3.3. Einvernahme per Videokonferenz, StPO 144

815 Nach StPO 144, eingefügt im Ständerat als Erstrat, können von Staatsanwaltschaft oder Gerichten **Einvernahmen per Videokonferenz** durchgeführt werden, wenn das persönliche Erscheinen der einzuvernehmenden Person nicht oder nur mit grossem Aufwand möglich ist (Abs. 1)[83], beispielsweise, wenn sich Teilnehmer an verschiedenen Orten in Haft (mit Problemen der Fluchtgefahr bzw. auf der Ebene Sicherheit) oder einzelne Teilnehmer im Ausland befinden. Einvernahmen mittels Videokonferenz sollen die Ausnahme bleiben; Vorrang haben Einvernahmeformen, bei denen das Recht auf physisch unmittelbare Teilnahme nach StPO 147 (die bei StPO 144 fehlt) gewahrt werden kann. Wie ein Vergleich mit StPO 148 zeigt, sind diese Teilnahmerechte insbesondere bei Einvernahmen mit Auslandbezug nicht absolut ausgestaltet. Es ist davon auszugehen, dass bei der quasi-unmittelbaren Parteiöffentlichkeit einer Videokonferenz die entsprechenden Rechte der Parteien (vorab jene der beschuldigten Personen) mit Blick auf die grundrechtlichen Ansprüche als gewährleistet erscheinen. Beigefügt sei, dass solche Einvernahmen mit **Bild und Ton festzuhalten** sind (Abs. 2). Diese

---

[83] AB S 2006 1015.

Aufnahme tritt nach Massgabe von StPO 78 VI an Stelle des sonst erforderlichen schriftlichen Protokolls nach StPO 76 bzw. 78 I–V[84].

4. Schriftliche Berichte, StPO 145, 195, VStrR 40

Einvernahmen sind mündlich und nicht selten in zeitlicher oder anderer Hinsicht aufwändig. StPO 145 gestattet deshalb, – immer **im Sinn einer Ausnahme** – die an sich einzuvernehmende Person einzuladen, **anstelle der Einvernahme oder zu deren Ergänzung einen schriftlichen Bericht einzureichen**. Zu denken ist an Fälle, in denen komplizierte, nur im Zusammenhang mit Belegen verständliche Vorgänge darzustellen sind (dazu schon StPO 143 VI Satz 2, vorstehend Ziff. 3.2.). Vorstellbar ist ein Vorgehen nach StPO 145 bei **Massendelikten,** also z.B. in einem **Betrugsfall mit zahlreichen Geschädigten** und soweit unbestrittenem, identischem täterischen Vorgehen. Hier können die Geschädigten mittels Formularbrief um Auskunft ersucht werden[85]. Üblich sind Ersuchen um Erstattung von schriftlichen Berichten bei Untersuchungen im **Bankbereich** (sog. *Bankabfragen*). Ein solches Vorgehen steht weiter im Vordergrund, wenn **Behörden, Amtsstellen** usw. um Auskunft ersucht werden; hier kommt ein **amtlicher Bericht** nach StPO 195 I in Frage[86]. 816

Es besteht **keine gesetzliche Pflicht**, behördlichen Aufforderungen um Erstatten eines Berichts zu entsprechen[87]. Es ist zu unterstreichen, dass StPO 145 **nicht zur Umgehung der Beweiserhebungsvorschriften sowie zur Beschneidung der Parteirechte** führen darf[88]. Dies bedeutet beispielsweise, dass auch bei sol- 817

---

[84] Vorne N 574 und die dortigen Hinweise zur Frage, ob eine Transkription der Videoaufnahme erforderlich sei.

[85] Vgl. Botschaft 1186 oben. Auf die Probleme einer Justiz «*by letter*» sei hier nicht eingegangen; vor allem besteht etwa bei Geschädigten die Gefahr suggestiver Fragestellungen aufgrund bisher nicht bewiesener Verdachtshypothesen der Staatsanwaltschaft. Im Zentrum eines richtig geführten Vorverfahrens steht nach wie vor die Einvernahme der Parteien, und im Regelfall sollten *schriftliche Berichte nur zur Ergänzung bereits erfolgter Aussagen* eingeholt werden.

[86] Hinten N 968. Protokolle von Telefonkontrollen, ZR 81 (1982) Nr. 44 = SJZ 78 (1982) 31, einschränkend ZR 86 (1987) Nr. 97; hinten N 1153. Zur Abgrenzung vom Gutachten ZR 101 (2002) Nr. 8. Da sich der Beamte als Zeuge im Regelfall ohnehin zumeist massgeblich oder ausschliesslich auf seine Akten stützen müsste, dürften solche Berichte häufig sachdienlicher sein; in dieser Richtung die Eidg. Bankenkommission (EBK) in ihrem Jahresbericht 1996 98. *Amtsberichte ausländischer Behörden* sind nicht nach StPO 145 oder 192 verwertbar, RO 1984 298 Nr. 48: Bericht der amerikanischen Drug Enforcement Agency (DEA). Ebenfalls Telefax-Berichte einer solchen ausländischen Behörde, ZR 91/92 (1992/93) Nr. 92 = SJZ 89 (1993) 289.

[87] Hingegen eine Editionspflicht, nachstehend N 1125 ff. Zu einem (problematischen) Auskunftsersuchen der Staatsanwaltschaft des Bundes gemäss BGE 120 IV 260.

[88] Botschaft 1186 oben. Unzulässig *Umgehung von Beweiserhebungsvorschriften*, so der Anwesenheit der Parteien bei Zeugeneinvernahmen, vgl. RK-N 22./23.2.2007 29, oder bei

chen Berichten die angefragten Personen auf ihre Rechte aufmerksam zu machen sind (so ausdrücklich VStrR 40 bezüglich Zeugnisverweigerungsrecht). Bei Berichten z.B. von Geschädigten sind diese als Zeugen usw. einzuvernehmen, wenn die beschuldigte Person den Wahrheitsgehalt der Berichte bestreitet oder dieser sonst zweifelhaft ist (in diese Richtung VE 155 II). Die **schriftlichen Berichte treten, soweit sie unbestritten bleiben, an die Stelle einer Einvernahme der beschuldigten Person, des Zeugen** usw.[89].

5. Einvernahme mehrerer Personen und Gegenüberstellungen, StPO 146

818 StPO 146 I bringt zum Ausdruck, dass im Strafverfahren Personen grundsätzlich getrennt einvernommen werden, was sowohl für die Voruntersuchung wie das Gerichtsverfahren gilt. Daraus folgt u.a., dass (unter Vorbehalt der Teilnahmerechte der Parteien nach StPO 147) beschuldigte Personen, Zeugen usw. keinen Anspruch besitzen, bei Einvernahmen von Mitbeschuldigten, andern Zeugen usw. anwesend zu sein. Es handelt sich hier allerdings um eine Ordnungsvorschrift i.S. von StPO 141 III. Insbesondere im Gerichtsverfahren erscheint es deshalb als zulässig, bei mehreren beschuldigten Personen diese – abgesehen von der nachfolgend zu besprechenden Gegenüberstellung – in Anwesenheit der andern einzuvernehmen.

819 Abs. 2 von StPO 146 regelt die **Gegenüberstellung (Konfrontation)**. Die Strafbehörden können beschuldigte Personen, aber auch Zeugen, Auskunftspersonen, Sachverständige und beschränkt Opfer (StPO 146 II Satz 2 i.V. mit 152 III und 153 II)[90] einander gegenüberstellen. Dazu befugt ist auch die Polizei, vor allem im Rahmen der sog. **Wahlgegenüberstellung**. Konfrontationen können ebenso im Rahmen eines **Augenscheins** oder einer **Tatrekonstruktion** geschehen

---

Augenscheinen, ZR 98 (1999) Nr. 39. Vgl. dazu den Fall TPF 2006 283. Siehe sodann den zivilprozessualen Entscheid ZR 102 (2003) Nr. 14.

[89] Botschaft 1186 oben. Zur schwachen Beweiskraft formloser schriftlicher Behauptungen und Anzeigen BGer 24.8.1992 in EuGRZ 19 (1992) 514. Siehe sodann BGE 123 IV 159. Anders noch ZR 103 (2004) Nr. 36 zum früheren zürcherischen Recht.

[90] Näher StPO 52 III f., 153 II, 154 IV und näher nachfolgend N 819, 847, 848, 851. – Konfrontationen an sich auch *durch Polizei möglich*, doch sind Anwesenheits- und Verteidigungsrechte nach StPO 147 I und 159 zu beachten, vgl. auch Fn. 94. Bei *notwendiger Verteidigung* ist vor Durchführung von Konfrontationen zuerst nach StPO 131 der Verteidiger zu bestellen. Ist eine *freiwillige Verteidigung* bestellt, ist dieser stets die Teilnahme zu ermöglichen, also auch bei polizeilichen Konfrontationen. Entgegen einer in der Literatur vertretenen Ansicht (vgl. ARQUINT/SUMMERS aaO) sind allerdings weder nach dem Sinn der StPO noch der EMRK-Rechtsprechung Konfrontationen auf das Gerichtsverfahren beschränkt.

(StPO 193 V lit. b)[91]. Nicht zu verwechseln mit der Konfrontation nach dieser Bestimmung ist der primär aus EMRK 6 Ziff. 3 abgeleitete und nun in Art. 147 ausgeführte Anspruch auf Konfrontation der beschuldigten Person mit den Zeugen usw. Im Unterschied zu diesen (verzichtbaren) Teilnahmerechten nach StPO 147 ist die **Teilnahme an Konfrontationen im hier relevanten Sinn für die aufgebotene Person obligatorisch**. Diese muss somit an solchen Gegenüberstellungen passiv teilnehmen. Der betreffende Verfahrensbeteiligte kann – unabhängig von seiner verfahrensmässigen Stellung und allfälligen Aussageverweigerungsrechten – dazu angehalten werden, zu diesem Zweck am Orte der Verfahrenshandlung zu bleiben (Abs. 3). Ein allfälliges **Aussage- bzw. Mitwirkungsverweigerungsrecht** wird durch diese Teilnahmepflicht jedoch nicht tangiert[92]. Daraus folgt, dass eine Pflicht zur **aktiven Mitwirkung** (z.B. durch Abgabe von Sprech- oder Gehproben) nur jene Personen trifft, die sich nicht auf ein solches Verweigerungsrecht berufen können[93]. Es versteht sich von selbst, dass es sich bei dieser Gegenüberstellung um eine Beweisabnahme handelt, bei der die Parteien und ihre Rechtsvertreter nach StPO 147 I teilnahmeberechtigt sind[94].

Auf den **Ausschluss von Personen wegen Interessenkollision bzw. späterer Einvernahme** von der Teilnahme an Einvernahmen nach StPO 146 IV wurde bereits eingegangen[95].

820

6. Teilnahmerechte bei Beweisabnahmen, StPO 51, 107 I lit. b, 147–148, VStrR 35, BGG 56

6.1. Im Allgemeinen, StPO 147

6.1.1. Anwesenheitsrecht, StPO 147 I und III

StPO 147 I statuiert den wichtigen **Grundsatz der Parteiöffentlichkeit bei Beweisabnahmen**[96]. Diese Bestimmung sowie deren weitere Bestandteile kon-

821

---

[91] Hinten N 962 ff. Bei der *Tatrekonstruktion* wird in Form eines Augenscheins mit den Tatbeteiligten (beschuldigte Person, allenfalls dem Opfer, Zeugen usw.) am Tatort der Ablauf der Tat nachgestellt.

[92] Botschaft 1186.

[93] Die beschuldigte Person kann dabei zum Abschneiden eines – zur Tatzeit angeblich noch nicht vorhandenen – Bartes gezwungen werden, BGE 112 Ia 161.

[94] Dazu Pra 96 (2007) Nr. 27 = SJZ 102 (2006) 389 = RS 2007 Nr. 283 (es genügt, wenn die Polizei dem Anwalt den Termin der Konfrontation mitteilt und nachher Protokollkopie zustellt), vgl. auch vorne Fn. 90. – Zur *Fotokonfrontation* (dem Zeugen usw. werden Fotos z.B. der verdächtigen Person vorgelegt) ZR 106 (2007) Nr. 73 = RS 2008 Nr. 364 (wünschenswert, dass einzelne Fotos vorgelegt werden, wobei allerdings Nichtbeachtung nicht zur Unverwertbarkeit führt). Entgegen der eigentlichen Konfronation (vorne N 90) sind Fotokonfrontationen durch die Polizei wohl schon *vor der Bestellung einer Verteidigung und ohne deren Anwesenheit möglich*, handelt es sich doch hier um eine übliche Ermittlungstätigkeit nach StPO 306 II lit. b.

[95] Vorne N 277.

kretisieren primär den sich aus EMRK 6 Ziff. 3 ergebenden Anspruch der beschuldigten Person, **mit den Belastungszeugen konfrontiert zu werden**[97], geht aber in ihrer allgemeinen Ausrichtung weit darüber hinaus. Konkret geht es zunächst um den Anspruch der Parteien, bei **Beweisabnahmen durch Staatsanwaltschaft und Gerichte** anwesend zu sein[98]. Abgesehen von den nachfolgend zu besprechenden Einschränkungen gemäss StPO 149 ff. gilt dieser Anspruch auf Anwesenheit für sämtliche Beweisabnahmen; nach StPO 51 ebenfalls bei solchen, **die auf dem Rechtshilfeweg in andern Kantonen veranlasst werden**. Beispielsweise kann die Privatklägerschaft – abweichend wohl von den meisten bisherigen Prozessordnungen – bei allen Einvernahmen der beschuldigten Person anwesend sein, also bereits bei den ersten Einvernahmen. Handelt die **Polizei**, so bestehen solche Anwesenheitsrechte nicht, es sei denn, die Staatsanwaltschaft hätte nach StPO 312 II die Beweiserhebung an die Polizei delegiert[99].

822 Das Anwesenheitsrecht ist von der Sache her auf **Verfahrenshandlungen beschränkt, die den Parteien zugänglich sind**, also primär Einvernahmen und Augenscheine, darin inbegriffen Konfrontationen, Tatrekonstruktionen u.Ä. So sind Verhandlungen vor dem Zwangsmassnahmengericht nach StPO 225 für die Privatklägerschaft nicht zugänglich[100]. Nicht zugänglich für die Parteien ist ferner etwa die **Tätigkeit von Sachverständigen** bei der Vorbereitung ihrer Gutachten (Befragung des Exploranden etc.).

823 Teilnahmeberechtigt sind einerseits die **Parteien** selbst, also die angeschuldigte Person, die Privatklägerschaft usw., anderseits deren **Rechtsbeistände** (StPO 127 ff.)[101]. Allenfalls sind weitere Personen teilnahmeberechtigt, so die **Vertrauensperson des Opfers** i.S. von StPO 116 I (StPO 117 I lit. b, 70 II, 152 II) bzw. des **Jugendlichen** (JStPO 13). Sollen Aussagen von beschuldigten Personen als Beweise gegen **Mitbeschuldigte dienen**, sind auch diese teilnahmeberechtigt (so noch ausdrücklich VE 159 III). Die Verwendung solcher Einvernahmen setzt voraus, dass diese analog zu EMRK 6 Ziff. 3 lit. d und StPO 147 einmal in Anwesenheit ihrer Verteidiger mit dem Aussagenden kon-

---

[96] VE 113.
[97] Anwesenheitsrecht gilt aber *selbstverständlich nicht nur für Belastungszeugen,* RKG 2006 Nr. 6. Konfrontationsrecht kann allenfalls auch *erst im Rechtsmittelverfahren angerufen werden*, Pra 90 (2001) Nr. 93 S. 549 ff.
[98] Die Anwesenheitsrechte werden beispielsweise verletzt, wenn der Staatsanwalt Gespräche mit dem Zeugen unter Ausschluss der beschuldigten Person führt, vorne N 803 sowie Hinweise nachfolgend in Fn. 105.
[99] Botschaft 1187 mit Hinweisen auf das in StPO 159 enthaltene Recht der Verteidigung auf Anwesenheit bei Einvernahmen von beschuldigten Personen, dazu N 866 ff.
[100] Botschaft 1187, zu diesem Verfahren hinten N 1031 ff.
[101] Die Botschaft 1187 besagt, dass das Anwesenheitsrecht der Rechtsbeistände direkt in Abs. 1 von E StPO 144 (jetzt StPO 147) festgeschrieben sei, was offenbar ein Irrtum ist. Hingegen war dies in VE 158 I ausdrücklich so statuiert! Das Bestehen eines Teilnahmerechts war und ist jedoch unbestritten. – *Beschränktes Teilnahmerecht der Privatklägerschaft an der Hauptverhandlung im Jugendstrafrecht,* JStPO 20 II.

frontiert werden, der beschuldigten Person dabei die fraglichen Aussagen der mitbeschuldigten Person bekannt sind und Ergänzungsfragen gestellt werden können[102]. Frühere Aussagen einer mitbeschuldigten Person dürften verwertbar sein, wenn diese bei der späteren Konfrontation die Aussagen verweigert[103].

StPO 147 statuiert ein **Teilnahmerecht,** nicht jedoch die Pflicht der Strafbehörden, Beweisabnahmen nur in Anwesenheit der Parteien vorzunehmen[104]. Dies bedeutet, dass die Strafbehörde die Parteien in geeigneter Form und rechtzeitig über angesetzte Beweisabnahmen zu orientieren hat. Ob die Parteien daran teilnehmen wollen, ist alsdann ihre Sache. Die Parteien, namentlich beschuldigte Personen sind zu allen[105] Beweisabnahmen vorzuladen, wobei auf die Anwesenheit usw. vorgängig und auch im Nachhinein ausdrücklich oder stillschweigend verzichtet werden kann[106]. Auf der Vorladung ist zu vermerken, dass es sich z.B.

824

---

[102] Nur erforderlich, soweit eine Konfrontation überhaupt noch möglich ist, KGZ 2.3.1999 in plädoyer 4/1999 67. Ferner SJZ 54 (1958) 165; ZR 103 (2004) Nr. 3, 83 (1984) Nr. 27 und 121, 86 (1987) Nr. 87, 88 (1989) Nr. 3, 88 (1989) Nr. 47 S. 155 und RO 1983 313 Nr. 35. Im Zeitpunkt der Konfrontation müssen der *beschuldigten Person die ihr zur Last gelegten Straftaten schon vorgehalten worden,* ZR 95 (1996) Nr. 57 bzw. anderweitig genügend bekannt sein. *Anforderungen an Konfrontationseinvernahme* bezüglich Hinweis auf frühere Aussagen, RKG 1998 Nr. 113. Zur Notwendigkeit des Vorhalts der früheren Aussagen mitbeschuldigter Personen und zur genügenden Vorbereitungszeit der Verteidigung ZR 89 (1990) Nr. 39, präzisiert in ZR 95 (1996) Nr. 10 S. 29 und 102 (2003) Nr. 10 (vorgängige Einsichtnahme in denkbare Aktenstücke, die allenfalls Anlass zu Ergänzungsfragen gaben, muss nicht unbedingt gewährt werden; allenfalls kann eine Ergänzung der Einvernahme verlangt werden, ähnlich TPF 2006 310). Konfrontationen mit Mitbeschuldigten *vor* Zulassung des Verteidigers sind hingegen nicht zulässig, BGer 25.4.1990 in plädoyer 2/1991 71 f. = Pra 80 (1991) Nr. 3. – Gemäss einem früheren Kreisschreiben der Zürcher Staatsanwaltschaft an die Bezirksanwälte vom 27.11.1984 waren Mittäter vorgängig auf StGB 303 und 304 aufmerksam zu machen, wie dies nun StPO 181 II für Auskunftspersonen vorsieht.

[103] So eine Praxis des zürcherischen Kassationsgerichts ZR 98 (1999) Nr. 63 = plädoyer 4/1999 67 für den Fall, dass *Auskunftsperson* aus einfühlbaren Gründen (Drohungen im Drogenmilieu) bei der Konfrontation Aussagen verweigert; nach diesem Entscheid ist es sogar zulässig, die *mitbeschuldigte Person* zuerst in Abwesenheit der beschuldigten Person als Auskunftsperson zu verhören; bestätigend RKG 2000 Nr. 93 und 2001 Nr. 118 für den Fall, der StPO 178 lit. f entspricht. Anders noch ZR 88 (1989) Nr. 3. Zur hier besonders wichtigen richterlichen Würdigung dieser Aussagen BGer 17.8.1998 in RS 2002 Nr. 192. Erfolgt bei Konfrontation *Widerruf* einer früheren Aussage, so kann diese im Rahmen der freien Beweiswürdigung ebenfalls verwertet werden, ZR 98 (1999) Nr. 11 = RKG 1998 Nr. 112 = SJZ 96 (2000) 40, sodann Pra 89 (2000) Nr. 163 und 96 (2007) Nr. 27, E.3.5.

[104] Botschaft 1187 unten.

[105] Nicht zulässig, *Zeugen* zuerst in Abwesenheit der beschuldigten Person zu befragen oder einzuvernehmen, ZR 86 (1987) Nr. 93, 98 (1999) Nr. 63 S. 308, bestätigend RKG 2000 Nr. 93 und OGZ in plädoyer 3/2009 71; nach diesen Entscheiden demgemäss Wiederholung in Anwesenheit nicht möglich, wenn Zeuge durch Vorverhör als fixiert erscheint. Unzulässige Telefonnotiz eines Richters, ZR 90 (1991) Nr. 76.

[106] ZR 103 (2004) Nr. 33 E.2 S. 126 ff., 101 (2002) Nr. 11 S. 43, 71 (1972) Nr. 16, 72 (1973) Nr. 75. Verzicht kein höchstpersönliches Recht, das nur von der beschuldigten Person

um eine Zeugeneinvernahme (und nicht bloss um ein Verhör der beschuldigten Peron selbst) handelt[107]. Ein Anspruch darauf, **vor der Beweisabnahme** zu wissen, **wer** z.B. als Zeuge einvernommen wird und was das Beweisthema ist, besteht jedoch nicht. Wenn StPO 147 II festhält, dass das Teilnahmerecht **keinen Anspruch auf Verschiebung von Beweisabnahmen gibt**, so ist vorab im Verhältnis zu den Rechtsbeiständen festzustellen, dass üblicherweise vor der Ansetzung von Terminen Rücksprachen betreffend die Verfügbarkeit von Rechtsbeiständen angebracht sind und ohne zwingende Gründe darauf Rücksicht zu nehmen ist. Dies ergibt sich aus StPO 202 III[108].

825 Aus dem Teilnahmerecht fliesst konkret, dass die Teilnahmeberechtigten **im Einvernahmeraum physisch anwesend sein dürfen.** Sie müssen sich – wie immer unter Vorbehalt der Einschränkungen nach StPO 149 ff. [109] – nicht z.B. mit einer Fernsehübertragung in ein Nachbarzimmer begnügen. Das Recht auf physische Präsenz wird allerdings dadurch eingeschränkt, dass nach StPO 144 die bereits früher in einzelnen kantonalen Prozessgesetzen sowie in der Rechtshilfe[110] geschaffene Möglichkeit besteht, Einvernahmen auf dem Weg der **Videokonferenz** vorzunehmen (vorne Ziff. 3.3.). Unzulässig, weil im Gesetz nicht vorgesehen, sind **telefonische oder ähnliche Befragungen**.

6.1.2. Fragerecht, StPO 147 I und III

826 Der zweite Teilaspekt des Teilnahmerechts nach StPO 147 I betrifft das **Recht der teilnahmeberechtigten Person, selbst oder durch ihren Rechtsbeistand dem Zeugen usw. direkt Fragen zu stellen**[111]. Dieser Anspruch wird bereits durch EMRK 6 Ziff. 3 lit. d und BV 29 II und 32 II gewährleistet[112].

---

ausgeübt werden könnte; will diese (aber nicht der Verteidiger) teilnehmen, ist sie vorzuladen, KGZ 9.11.1994 i.S. Y.E. ca. StAZ. Andererseits hat der Verteidiger auch bei Fernbleiben der beschuldigten Person die gleichen Anwesenheits- und Fragerechte, ZR 101 (2002) Nr. 11.

[107] OGZ I. StrK 27.9.1976, zitiert in Kriminalistik 1977 516.
[108] Hinten N 982.
[109] Hinten N 834 ff.
[110] Einvernahmen via Videokonferenz erfordern nach BGE 131 II 132 (Rechtshilfefall) eine gesetzliche Grundlage.
[111] Fragerecht also entgegen StPO 341 II *nicht über Verfahrensleitung*. Abweichungen möglich, wenn Partei Fragerecht missbraucht. Zum Fragerecht vgl. ZR 63 (1964) Nr. 29. Befragungsrecht steht nicht der beschuldigten Person höchstpersönlich, sondern der Verteidigung insgesamt zu; Anwesenheit und Befragung durch Verteidiger genügt allenfalls, BJM 1998 151 = RS 2004 Nr. 567. Zum Fall des verspäteten Eintreffens des Dolmetschers RKG 2004 Nr. 76. Nicht *anwaltschaftlich Vertretene sind auf ihr Fragerecht* aufmerksam zu machen, AR GVP 2006 Nr. 3500 S. 164 = RS 2008 N 408.
[112] Zusammenfassend BGE 129 I 151 ff. = SJ 125 (2003) 485 (absoluter Charakter dieses Rechts), Pra 90 (2001) Nr. 93 = RS 2007 Nr. 174, AJP 12 (2003) 1500, ZR 105 (2006) Nr. 44, ferner BGE 114 Ia 180. Unverwertbarkeit von *Zeugenaussagen*, wenn Zeuge in Anwesenheit der beschuldigten Person Beantwortung von Ergänzungsfragen verweigert und diese Zeugenaussagen einziges bzw. ausschlaggebendes Beweismittel sind, näher

In den **Protokollen usw.** ist aktenkundig zu machen, ob den Parteien die Rechte 827
aus StPO 147 gewährt wurden bzw. ob sie darauf, insbesondere auf Ergänzungsfragen, verzichteten (vgl. StPO 77 lit. b, d und f)[113].

6.1.3. Wiederholung bei Nichtgewährung des Teilnahmerechts, StPO 147 III

Die Teilnahmerechte sind – auch hier unter Vorbehalt von StPO 149 ff. [114] – 828
absolut. StPO 147 III statuiert folgerichtig die **Pflicht der Strafverfolgungsbehörden, die Beweisabnahme zu wiederholen, wenn der Rechtsbeistand der Partei oder die Partei ohne Rechtsbeistand aus zwingenden Gründen verhindert waren, obwohl sie ordnungsgemäss vorgeladen wurden und teilnehmen wollten.** StPO 147 III geht nicht von einer absoluten Unbeachtlichkeit, also Nichtigkeit dieser Einvernahmen aus: Vielmehr haben die **Parteien, die eine Wiederholung wünschen, diese ausdrücklich zu verlangen.** Die zwingenden Gründe von StPO 147 III können in äusseren Faktoren wie misslungene Zustellung der Vorladungen, Krankheit, Auslandabwesenheit, Verhinderung durch Verkehrsprobleme usw. oder aber in bestehenden rechtlichen Hindernissen liegen. Zu den letztgenannten Fällen nennt die Botschaft[115] die Gründe von StPO 108 (Einschränkung des rechtlichen Gehörs) sowie StPO 149 ff. (Schutzmassnahmen), in welchen Konstellationen an sich Teilnahmeberechtigte von Beweisabnahmen ausgeschlossen wurden. Hier kommt freilich eine Wiederholung nur in Frage, wenn der Grund, der nach den erwähnten Bestimmungen zum Ausschluss führte, nachfolgend weggefallen ist. Ist dies nicht der Fall, muss das rechtliche Gehör auf andere Weise gewährt werden, wie dies Satz 2 von StPO 147 III in etwas anderem Zusammenhang betont.

ZR 105 (2006) Nr. 44 S. 204 ff.; BGer 12.10.2005 in EuGRZ 33 (2006) 146 unter Verweis auf ZR 103 (2004) Nr. 3, 100 (2001) Nr. 13, dieser Entscheid in Anlehnung an BGE 125 I 127 und Pra 89 (2000) Nr. 164; anders noch ZR 98 (1999) Nr. 63. Anwesenheits- und Fragerechte gelten grundsätzlich auch bei der *Befragung von V-Männern*, BGE 118 Ia 327. Ablehnung von Fragen ohne Bezug zur Sache zulässig, RKG 1995 23 Nr. 11. *Grenzen des Vorlade- und Fragerechts bei Hunderten von Geschädigten* in einem Betrugsfall, BGE 124 I 284 ff. = EuGrZ 25 (1998) 607.

[113] Zum *nachträglichen Stellen von Ergänzungsfragen,* das rechtzeitig erfolgen muss, BGE 118 Ia 470, RKG 2000 Nr. 94 S. 35 sowie BGer 1.10.2004 in SJZ 101 (2005) 394 (wenn Verteidiger Einvernahmeprotokolle kennt, liegt es an ihm, rechtzeitig ergänzende Befragung zu verlangen), zu der verlangten Aktivität des Beschuldigten bzw. des Verteidigers siehe Pra 96 (2007) Nr. 27 = SJZ 102 (2006) 391. Kein Rechtsmissbrauch soll es sein, wenn Ergänzungsfragen erst im Berufungsverfahren gestellt werden, so Pra 94 (2005) Nr. 45. Allerdings muss Fragerecht geltend gemacht werden, wenn dazu z.B. im Vorverfahren Gelegenheit besteht; im Berufungsverfahren kann die verspätet eingebrachte, TG RBOG 2006 194 = RS 2007 Nr. 284. – Zur *Verwertbarkeit früherer Aussagen bei Widerruf anlässlich der Konfrontation* vorne Fn. 103, bei nachträglicher Aussageverweigerung N 823 a.E.

[114] Hinten N 834 ff.
[115] Botschaft 1187 unten.

829 Ist eine **Wiederholung nicht (mehr) möglich**, beispielsweise, weil der Zeuge verstorben, unerreichbar[116] oder unbekannten Aufenthalts ist[117], so muss der beschuldigten Person das Recht auf Äusserung gewährt werden (vgl. StPO 147 III Satz 2)[118]. Es scheint, dass nach den Materialien in diesen Fällen, wenn den Abwesenden nachträglich das rechtliche Gehör gewährt wurde, der Beweis trotz fehlender Wiederholbarkeit und Möglichkeit zum Stellen von Ergänzungsfragen verwertbar ist[119]. War eine Konfrontation nicht möglich, so kann auf die Aussage usw. aber wohl nur abgestellt werden, wenn das fragliche Beweismittel nicht allein massgeblich war bzw. dem streitigen Beweismittel nicht ausschlaggebende Bedeutung zukommt, es also nicht den einzigen oder wesentlichen Beweis darstellt[120].

830 Nach StPO 147 III Satz 2 kann auf eine nochmalig Beweisabnahme verzichtet werden, wenn dies **mit unverhältnismässigem Aufwand** verbunden wäre – der Zeuge befindet sich in Australien – und dem Anspruch auf rechtliches Gehör, vor allem das Recht auf Ergänzungsfragen, auf andere Weise entsprochen werden, beispielsweise, indem man dem Zeugen diese Frage auf dem Rechtshilfeweg (nachfolgend Ziff. 6.2.) unterbreitet[121]. Ist auch dies nicht möglich, so darf nach der Botschaft[122] der in Abwesenheit erhobene Beweis nicht zum Nachteil der betreffenden Partei verwertet werden.

6.1.4. *Unverwertbarkeit von Beweisen nach StPO 147 IV*

831 Nach StPO 147 IV sind **Beweise, bei deren Abnahme die Anwesenheitsrechte[123] der Parteien nicht gewährt und auch nicht nach Massgabe von**

---

[116] Aus nicht von den Behörden zu vertretenden Gründen, BGE 125 I 136; Pra 92 (2003) Nr. 44: ZR 102 (2003) Nr. 11; BGE 129 I 158.
[117] Dadurch kann auch das Fragerecht nach EMRK 6 Ziff. 3 lit. d verwirkt werden, EuGRZ 19 (1992) 476, 522 ff. Für Konfrontation im Ausland (*in casu*: Deutschland) RKG 1996 32 Nr. 143, wohl überholt durch StPO 148, nachfolgend N 833.
[118] Von Amtes wegen, nicht erst auf Begehren hin. – Zum Fall, dass keine Konfrontation mehr stattfinden kann, ZR 98 (1999) Nr. 63 S. 305, bestätigend RKG 2000 Nr. 93, mit Hinweis auf BGE 124 I 285/6.
[119] So wohl zu verstehen Botschaft 1187/1188.
[120] Sonst absolutes Recht auf Konfrontation, BGE 131 IV 486; ferner Pra 92 (2003) Nr. 44, BGE 124 I 286, 125 I 127; ZR 100 (2001) Nr. 13, 102 (2003) Nr. 11; RS 2001 Nr. 38. Zur Thematik mit Blick auf den Schutz *anonymer Personen* hinten N 840 ff.
[121] Botschaft 1187/1888. Zum Fall der rechtshilfeweisen Zeugeneinvernahme im Ausland RKG 1999 Nr. 13; BGE 118 Ia 470 = EuGRZ 20 (1993) 293, jetzt aber vor allem StPO 148, N 833. – Zu Aussagen von sog. «*pentiti*» (bereuende Beschuldigte, die sich als Belastungszeugen zur Verfügung stellen) vgl. BGE 117 Ia 401 = Pra 81 (1992) Nr. 177 sowie EKMR in VPB 58 (1994) Nr. 106.
[122] S. 1188 oben.
[123] Im Parlament entstand eine Diskussion, ob diese Bestimmung nur bei der Verletzung der *Anwesenheits-* oder aber auch *des Fragerechts* greifen sollte. Schliesslich einigten sich die Kammern auf die Beschränkung auf die *Verletzung der Anwesenheitsrechte*, vor allem wegen der Befürchtung, die Nichtzulassung einer Frage führe allenfalls zur Anwendung

SPO 147 III nachgeholt wurden, nicht zu Lasten der betreffenden Partei verwertbar. Diese Regel gilt unter Vorbehalt des vorstehend besprochenen Abs. 3 Satz 2 von StPO 147.

Es besteht weder nach der StPO noch nach BV oder EMRK ein Anspruch darauf, dass die in der Untersuchung korrekt vernommenen Zeugen **vor Gericht nochmals einvernommen werden**[124], soweit damals eine genügende Verteidigung gewährleistet war (**Recht auf einmalige Unmittelbarkeit**)[125].

832

6.2. Im Rechtshilfeverfahren, StPO 148

Verlangen schweizerische Strafbehörden auf dem Rechtshilfeweg die Beweisabnahme im Ausland, stellt sich die Frage, wie die in StPO 147 gewährten Teilnahmerechte zu handhaben sind. Zunächst steht es – was die StPO nicht ausdrücklich besagt – der Partei frei, zu beantragen, dass im Rechtshilfegesuch der Wunsch vermerkt wird, über Zeit und Ort der Beweisabnahme orientiert zu werden, um ein im **ersuchten Staat bestehendes Teilnahmerecht auszuüben**. StPO 148 geht jedoch davon aus, dass Beweiserhebungen im Ausland auch ohne dort vorhandenes bzw. ausgeübtes Teilnahmerecht zulässig sind. Unabhängig von einem solchen ist – wie sich StPO 148 I ausdrückt – dem Teilnahmerecht nach StPO 147 Genüge getan, wenn die **Partei zuhanden der ersuchten Behörde ihre Fragen formulieren kann** (lit. a), nach Eingang des erledigten

833

---

der Regel, zum Ganzen RK-N 22./23.2.2007 31 f., AB N 2007 958 f., später RK-S 2./3.7.2007 3 ff., AB S 2007 716 f. und AB N 2007 1390 (mit Gründen für Ablehnung). – Unverwertbarkeit aber, wenn Anwalt zwar dabei sein konnte, ihm jedoch in Verletzung von EMRK 6 Ziff. 1 (jetzt auch StPO 159 bzw. 223 II) vorgängig der Kontakt mit seinem Mandanten verweigert worden war, ZR 95 (1996) Nr. 36 S. 109 = RS 1998 Nr. 447, was allerdings nach dem Ausbau der Verteidigungsrechte in der StPO (vgl. etwa StPO 159 I, 223) kaum vorkommen dürfte. StPO 147 IV jedoch bedeutungslos, wenn Gericht überhaupt nicht auf fragliche Aussagen abstellte, ZR 95 (1996) Nr. 70 S. 216 ff., wohl aber, wenn fraglicher Beweis doch irgendwie in die richterliche Überzeugungsbildung einfloss, RKG 1995 23 Nr. 12 unter Hinweis auf BGE 118 Ia 468. Unzulässig (wohl unter Vorbehalt von StPO 141 II, vorne N 794 ff.) ist die *Einvernahme von Anwesenden* bei solchen nach StPO 147 IV unverwertbaren Beweiserhebungen als mittelbare Zeugen, hinten N 901 Fn. 272 zum Fall der Zeugnisverweigerung. Zur *nachträglichen Stellung von Ergänzungsfragen*, die rechtzeitig erfolgen muss, BGE 118 Ia 470 und RKG 2000 Nr. 94 S. 35. Unverwertbarkeit gilt auch für die Verhängung von Massnahmen bzw. Nebenstrafen, z.B. Landesverweisung, ZR 104 (2005) Nr. 70 wie Nebenfolgen generell. – Unklar ist, ob bei der *Wiederholung der Einvernahme nach Abs. 3 ausdrücklich auf die Unverwertbarkeit der früheren Einvernahme hingewiesen werden muss,* allenfalls mit der Folge, dass ein Unterlassen dieses Hinweises zur Ungültigkeit auch der wiederholten Aussage führt, strittig in Deutschland, vgl. Kriminalistik 2007 376, nun aber vom BGH 18.12.2008, 4 StR 455/08 in NJW Spezial 5/2009 152 = NStZ 29 (2009) 281 bejaht. Aus Fairnessgründen sollte ein solcher Hinweis erfolgen.

[124] BGE 113 Ia 422; sodann BGE 116 Ia 289. Dazu vorne N 304. Hinten zu StPO 343 N 1329 ff.
[125] Siehe den Fall Isgrö in EuGRZ 8 (1980) 266.

Rechtshilfeersuchens Einsicht in die Protokolle nehmen (lit. b) und alsdann schriftliche Ergänzungsfragen stellen kann (lit. c). Ein Anspruch auf Wiederholung der Beweisabnahme vor der Schweizer Behörde besteht nicht, ebenso nicht im Rahmen der Beweisabnahme in der gerichtlichen Hauptverhandlung nach StPO 343. StPO 148 II verweist auf StPO 147 IV, d.h., die in **Verletzung der Vorschriften** von StPO 148 I abgenommenen Beweise sind beweismässig nicht verwertbar.

7. Schutzmassnahmen, StPO 149–156, MStP 98a-d

7.1. Vorbemerkungen

834 Die neuere Entwicklung des Strafverfahrensrechts ist einerseits von einem Ausbau der Parteirechte geprägt. Nicht zuletzt unter dem Einfluss der EMRK und vergleichbarer Regelwerke wurden vorab die Verteidigungs-, Teilnahme- und Fragerechte der beschuldigten Person ausgeweitet. Damit einher ging anderseits in den letzten Jahrzehnten eine gegenläufige Bewegung, um diese Teilnahmerechte zur Wahrung der Interessen anderer am Strafprozess beteiligter Personen zu beschränken. Im Zentrum steht dabei der **Schutz des Zeugen und des Opfers**[126]. Diese Tendenz fand ihren Niederschlag beispielsweise in einer Empfehlung des Europarats[127], in den strafprozessualen Vorschriften des OHG, einem Zeugenschutzprogramm im Militärstrafgesetz[128] und entsprechenden Vorschriften in BVE 23 zum Schutz verdeckter Ermittler. Die StPO enthält anschliessend an diese vorbestehenden Regelungen, die mit der StPO teilweise hinfällig wurden, ein relativ umfassendes Programm zum Schutz der Verfahrensbeteiligten, welches auch denjenigen der Opfer und der verdeckten Ermittler einschliesst. StPO 149 ff. schaffen die gesetzliche Basis dafür, dass damit die Teilnahmerechte nach StPO 147 aufgehoben oder beschränkt werden können.

835 Ausserhalb der besonderen Schutzvorschriften von StPO 149 ist es eine aus der sitzungspolizeilichen Verantwortlichkeit (StPO 63)[129] fliessende Aufgabe der Verfahrensleitung, die Anwesenden bei Beweisabnahmen, insbesondere die einzuvernehmenden Personen und speziell die Zeugen vor **Beleidigungen** und **diffamierenden, die Persönlichkeitssphäre in Mitleidenschaft ziehenden Fragen** zu bewahren, falls Letztere nicht z.B. für die Beurteilung der Glaubwür-

---

[126] Dazu allgemein Aus 29 mach 1 S. 61 ff. In den Materialien soweit ersichtlich nicht angesprochen wird das Verhältnis von StPO 149 ff. zu andern Massnahmen mit je nach Sachlage ähnlichem Effekt, also etwa die Untersuchungs- und Sicherheitshaft sowie die Friedensbürgschaft, dazu etwa N 1421. Es ist davon auszugehen, dass diese besonderen Massnahmen vorgehen, wenn die Voraussetzungen dazu gegeben sind.
[127] Vom 10.9.1997 betr. Massnahmen zum Schutz von Zeuginnen und Zeugen Nr. R (97) 13; dazu und zum Folgenden Botschaft 1188 unten.
[128] Revision vom 19.12.2003, in Kraft seit 1.6.2004, AS 2004 2691, BBl 2003 767.
[129] Vorne N 535 f.

digkeit notwendig sind. Der immer latenten Gefahr, Zeugen und Opfer gleichsam in eine Beschuldigtenrolle zu drängen und entsprechend zu behandeln, ist entschieden entgegenzutreten. Zu beachten ist sodann, dass **die praktische Ausgestaltung des Strafverfahrens auch ausserhalb der besonderen Regelungen von StPO 149 ff. ein ansehnliches Potenzial an Schutzvorkehren zulässt.** Zu denken ist etwa daran, dass es – freilich nur im Sinn eines beschränkten Schutzes – durchaus möglich ist, in Verhandlungen oder Zustellungen an die beschuldigten Personen die Adressen der zu schützenden Opfer, Zeugen usw. unerwähnt zu lassen.

7.2. Schutzmassnahmen im Allgemeinen, StPO 149

Nach StPO 149 I hat die jeweilige Verfahrensleitung (nicht die Polizei[130]) die Aufgabe, geeignete Schutzmassnahmen zu treffen, wenn **eine am Verfahren mitwirkende Person**, sei sie nun beschuldigte Person, Zeuge, Sachverständiger oder Übersetzer bzw. eine nahestehende Person nach StPO 168 I-III einer **erheblichen Gefahr für Leib und Leben oder einem anderen schweren Nachteil** ausgesetzt ist. Die Liste der in StPO 149 I erwähnten Verfahrensbeteiligten ist als **abschliessend** zu betrachten, d.h. für Rechtsbeistände etwa sind Schutzmassnahmen nicht möglich. In Frage kommen Schutzmassnahmen ebenfalls, wenn auch nur ausnahmsweise, für die beschuldigte Person, was bei einer Gefährdung durch Mittäter, Verbrecherbanden usw. denkbar ist. Als Gefahren stehen solche gegen Leib und Leben im Vordergrund, also z.B. wenn Morddrohungen gegen einen Zeugen oder dessen Angehörige ausgestossen werden. Da andere schwere Nachteile genügen, wäre z.B. der Fall relevant, dass einem Sachverständigen damit gedroht wird, sein Ferienhaus in die Luft zu sprengen[131]. Erforderlich sind ernstzunehmende Anzeichen einer konkreten Gefährdung. Der allgemeine psychische Druck[132] einer Einvernahme in Anwesenheit der beschuldigten Person oder eine mögliche Einschüchterung des Zeugen seitens gewisser Verbrecherkreise genügen allein nicht, ebensowenig die Weigerung z.B. eines Zeugen, in Anwesenheit der beschuldigten Person auszusagen[133], es sei denn, der Zeuge werde ernsthaft bedroht[134]. 836

StPO 149 II listet **beispielhaft, aber nicht abschliessend die in Frage kommenden Schutzmassnahmen** auf. Denkbar ist, dass (allein oder in **Kombination mit andern Massnahmen**) 837

---

[130] Botschaft 1189 oben.
[131] Beispiel aus Botschaft 1189 oben. Auch denkbar bei Aggressivität eines beschuldigten Automobilisten, BGE 132 I 128 ff.
[132] Ausschluss jedoch denkbar bei akuter psychischer oder physischer Gefährdung des Zeugen, GVP 1988 Nr. 77 = RS 1991 Nr. 80; RS 1995 Nr. 770.
[133] ZR 88 (1989) Nr. 3; *a.M.* BGer 1.7.1980 i.S. Pf.
[134] BGer 9.5.1995 in plädoyer 5/1995 73; siehe sodann ZR 98 (1999) Nr. 63 S. 305 und RKG 2000 Nr. 93.

- der am Verfahren teilnehmenden, gefährdeten Person die **Anonymität zugesichert wird** (näher lit. a). Dabei ist die Verfahrensleitung dafür verantwortlich, dass Verwechslungen oder Vertauschen hinsichtlich der Person verhindert werden (StPO 149 VI);
- die Einvernahme unter **Ausschluss der Partei oder der Öffentlichkeit**[135] durchgeführt wird bzw. in gleicher Weise die Feststellung der Personalien erfolgt (lit. b, c). In diesem Zusammenhang ist an StPO 70 zu erinnern, welche Bestimmung Einschränkungen und Ausschluss der Öffentlichkeit in allgemeinerer Weise zulässt[136];
- das **Aussehen oder die Stimme verändert** bzw. die einzuvernehmende Person z.B. durch Platzierung hinter einer Zwischenwand oder eines Einwegspiegels[137] oder in einem andern Raum **abgeschirmt** (lit. d), oder
- die **Akteneinsicht eingeschränkt wird** (lit. e, vgl. auch StPO 102 I Satz 2 und 108 i.V. mit 107 I lit. a)[138].

838 StPO 149 III sieht als weitere Massnahme vor, dass sich die zu schützende Person im Einverständnis mit der Verfahrensleitung **von einem Rechtsbeistand oder von einer Vertrauensperson begleiten lassen kann**[139]. Diese Möglichkeit dient wohl weniger dem unmittelbaren Schutz der betreffenden Person, als zu deren Beruhigung. Soweit **Personen unter 18 Jahren als Zeugen oder Auskunftspersonen** einvernommen werden, kann die Verfahrensleitung zudem Massnahmen anordnen, die nach StPO 154 II und IV bei der Einvernahme von Kindern als Opfer möglich sind[140].

839 **Beschränkungen i.S. von StPO 149–156 sind nur unter strenger Beachtung der Verhältnismässigkeit** zulässig. Von den verschiedenen in Frage stehenden Schutzmassnahmen ist demgemäss stets jene zu wählen, die die Verfahrensrechte der dadurch allenfalls benachteiligten Partei am wenigsten tangieren. Ist also eine direkte Begegnung zwischen der einzuvernehmenden Person und einer andern Partei zu verhindern, kann dies im Regelfall durch eine audiovisuelle Übertragung in einen anderen Raum erreicht werden. Aus StPO 108 II folgt sodann, dass Beschränkungen, zu denen ein Verfahrensbeteiligter Anlass gibt,

---

[135] Ausschluss von Parteien und Öffentlichkeit *kann auch kumulativ erfolgen.*
[136] Vorne N 271 ff.
[137] Einvernahme bei Konfrontationen unter *Verwendung von sog. Einwegspiegeln* ist nach Bundesgericht unwesentliche Einschränkung des Teilnahmerechts, Pra 90 (2001) Nr. 60.
[138] Zur Akteneinsicht allgemein StPO 101 und vorne N 621 ff.
[139] Fassung Nationalrat, RK-N 22./23.2.2007 33 f., AB N 2007 959. – *Begleitmöglichkeit nicht kumulativ* zu verstehen. Vertrauensperson hat ausser Teilnahme und der damit gewährten psychischen Unterstützung *keine Verfahrensrechte*, also z.B. kein Frage- oder Antragsrecht, Recht auf Intervention usw. dazu RK-S 2./3.7.2007 5. Vgl. auch *Anspruch des Jugendlichen auf Begleitung durch Vertrauensperson* nach JStPO 13.
[140] Zu diesen Massnahmen hinten N 849 ff.

regelmässig **nicht auf dessen Rechtsbeistand anwendbar sind**[141]. Zudem ist bei allen Schutzmassnahmen dafür zu sorgen, dass das **rechtliche Gehör der Parteien, deren Teilnahmerechte beschränkt werden, in ausreichendem Masse gewährleistet ist** und dass insbesondere die Rechte der Verteidigung der beschuldigten Person beachtet werden (StPO 149 V)[142].

7.3. Zusicherung der Anonymität, StPO 150, MStP 98b-98d

StPO 150 regelt die bereits in StPO 149 II lit. a als Schutzmassnahme erwähnte Zusicherung der Anonymität näher und restriktiver, handelt es sich doch hier um eine Massnahme, die das rechtliche Gehör der Verfahrensbeteiligten besonders empfindlich tangiert: Die Anonymität beispielsweise eines Zeugen bedeutet, dass die übrigen Verfahrensbeteiligten nicht konkret wissen, wen sie vor sich haben. Die Personalien erscheinen auch nicht in den Verfahrensakten, da die betreffende Person darin nur mit einem Decknamen oder einer Nummer erscheint[143]. Selbstredend haben die Strafbehörden aller Stufen zu prüfen, ob die Person, die sie vor sich haben, mit jener identisch ist, die sich hinter der Anonymität verbirgt[144]. Vor allem ist bedeutsam, dass die Zusicherung der Anonymität, die durch die Staatsanwaltschaft erfolgte, **innert 30 Tagen vom Zwangsmassnahmengericht zu bestätigen ist** (StPO 150 II), welches endgültig entscheidet. Im Fall der Verweigerung der Zustimmung dürfen die unter Zusicherung der Anonymität bereits erhobenen Beweise nicht verwertet werden (StPO 150 III), ebenso, wenn es die Staatsanwaltschaft unterliess, um eine Genehmigung nachzusuchen. Wie die Materialien verdeutlichen, sind entsprechende Zusicherungen nach StPO 150 I durch die erst- und zweitinstanzlichen Gerichte selbst bei vorgängiger Verweigerung durch das Zwangsmassnahmengericht noch möglich und alsdann nicht nach Abs. 2 genehmigungsbedürftig[145]. 840

Die Zusicherung der Anonymität ist nur sinnvoll, wenn sie **Bindungswirkung für alle mit dem Straffall betrauten Strafbehörden** entfaltet (StPO 150 IV), also auch für die nicht nach der StPO, sondern dem IRSG geregelten Rechtshilfe- oder das nach dem BGG geordnete Rechtsmittelverfahren vor Bundesge- 841

---

[141] Botschaft 1189. ZR 101 (2002) Nr. 11 (auch ohne entsprechendes Begehren); RO 1966 249 Nr. 34; ZR 88 (1989) Nr. 3; BJM 1998 152. Zur rechtshilfeweisen Beweiserhebung ZR 81 (1982) Nr. 81 und nunmehr StPO 148, vorne N 833.
[142] Also z.B. bei der Einvernahme anonymer Zeugen mindestens eine indirekte Konfrontation, BGE 132 I 134. Zur Thematik einlässlich ZR 105 (2006) Nr. 44 und anschliessend N 842.
[143] Botschaft 1189 Mitte. – Bemerkenswert ist, dass die MStP im Zusammenhang mit Verfahren gegen ausländische Kriegsverbrecher *im Jahre 2003 als erstes Prozessgesetz einlässliche Vorschriften zur Anonymitätswahrung erhielt* (vgl. AS 2004 2691, 2694, BBl 2003 767).
[144] BGE 132 I 129 unten m.w.H.
[145] Botschaft 1189 unten.

richt[146]. Die zu **schützende Person kann auf die zugesicherte Anonymität verzichten** (StPO 150 V), so, wenn das Schutzinteresse weggefallen ist oder ihre Identität den Verfahrensbeteiligten sonstwie bekannt geworden ist. Nach Abs. 6 von StPO 150 kann die jeweils **zuständige Verfahrensleitung von Staatsanwaltschaft oder Gericht die Zusicherung ebenfalls widerrufen**, wenn das Schutzbedürfnis offensichtlich dahingefallen ist; dies entspricht der Rechtsprechung des Europäischen Gerichtshofs für Menschenrechte[147].

842 Im Zusammenhang mit der Einvernahme anonymer Zeugen usw. ist daran zu erinnern, dass die **Beweiskraft solcher Aussagen** nach der Rechtsprechung von Bundesgericht und EGMR kritisch und bis heute nicht eindeutig geklärt ist. Nach der Rechtsprechung des EGMR soll die beweismässige Auswertung anonymer Zeugnisse ausgeschlossen sein, wenn diesen eine ausschlaggebende Bedeutung zukommt, es mithin den einzigen oder doch einen wesentlichen Beweis darstellt[148]. Das Bundesgericht hat den Widerspruch in dieser Auffassung, die zwar anonyme Zeugen zulässt, deren Beweiswert gerade in Fällen, in denen es auf die Aussagen dieser Zeugen entscheidend ankommt, erkannt und zu lösen versucht. Einerseits hat es die Betrachtungsweise des EGMR als «*formales Kriterium*» bezeichnet und den Widerspruch durch eine Abwägung der im Spiel stehenden Interessen zu lösen versucht. Dabei betonte das Bundesgericht, es sei zu berücksichtigen, ob die durch die Zulassung des anonymen Zeugen bewirkte Beschneidung der Verteidigungsrechte durch schutzwürdige Interessen gedeckt sei und wenn ja, ob sich der Beschuldigte trotzdem wirksam verteidigen konnte, er mithin einen fairen Prozess hatte und mindestens das Recht auf indirekte Konfrontation gewährleistet war[149]. In einem weiteren Entscheid führte das Bundesgericht an, es sei entscheidend, dass der anonyme Zeuge durch das Gericht selbst befragt wurde, diesem die Identität des Zeugen bekannt war und es seine Glaubwürdigkeit überprüfen konnte. Wenn alsdann der beschuldigten Person sowie der Verteidigung ermöglicht wurde, dem optisch und akustisch abgeschirmten Zeugen Fragen zu stellen, bestehe kein Grund, weshalb diese Aussagen nicht als Teilelement der gesamthaft vorliegenden Beweise im Rahmen der freien Beweiswürdigung berücksichtigt werden könnten[150].

---

[146] *A.M.* für das Bundesgericht offenbar Botschaft 1190 oben.
[147] Nachweise in Botschaft 1190 Fn. 270. Gegen solche Entscheide ist die *Beschwerde* nach StPO 393 ff. möglich, hinten N 1503 ff., wohl auch bei erstinstanzlichem Gerichtsentscheid, vgl. N 1510.
[148] Zusammenstellung der Praxis in BGE 125 I 127 E. 6c, vgl. auch BGE 132 I 129/130.
[149] BGE 132 I 130 = SJZ 102 (2006) 385. vgl. auch den in der nachfolgenden Fn. zitierten BGE 133 I 33.
[150] Näher BGE 133 I 33 = SJZ 103 (2007) 76 = JdT 156 (2008) IV 6 = EuGRZ 34 (2007) 280 (Fall noch bei EGMR hängig), kritisch zu diesem Entscheid SJZ 103 (2007) 411 und AJP 9/2007 1071, positiver ZBJV 143 (2007) 713 f. und 144 (2008) 811.

7.4. Massnahmen zum Schutz verdeckter Ermittler, StPO 151

Einen **Sonderfall der Zusicherung der Anonymität** stellen die verdeckten Ermittler nach StPO 286 ff. dar, die nach StPO 150 sowie 288 II Anspruch auf eine solche Zusicherung haben. Diese Massnahmen sah bereits BVE 6 vor. Die Notwendigkeit nach Anonymität liegt darin begründet, dass die Tätigkeit eines verdeckten Ermittlers *per definitionem* voraussetzt, dass seine wahre Identität nicht bekannt wird. 843

StPO 151 I übernimmt weitgehend die Regelungen von StPO 150, verstärkt sie jedoch zum Schutz der verdeckten Ermittler. Die Bestimmung ist im Zusammenhang mit StPO 289 zu lesen, welche Bestimmung den Einsatz der verdeckten Ermittlung und auch die Zusicherung der Anonymität näher regelt (vgl. vor allem Abs. 4 lit. b). StPO 151 I betont, dass die **wahre Identität während und nach dem Verfahren mit Ausnahme bezüglich der Mitglieder des mit dem Fall befassten Gerichts geheim zu halten ist** (lit. a.). Soweit kongruent mit StPO 149 verbietet StPO 151 I lit. b sodann, dass Angaben über die wahre Identität in den Verfahrensakten figurieren. 844

Wenn StPO 151 II der Verfahrensleitung sodann die Pflicht auferlegt, die «*notwendigen Schutzmassnahmen*» **zu treffen**, so werden damit die analogen Bestimmungen von BVE 9 (sowie BVE 23) übernommen. Der verdeckte Ermittler hat Anspruch auf den «*bestmöglichen Schutz*»[151], der entsprechend aufwendig sein kann. 845

7.5. Allgemeine Massnahmen zum Schutz von Opfern, StPO 152

StPO 152-154 **übernehmen weitgehend die bisherigen Bestimmungen von OHG 34 ff.**, welche dem Opfer i.S. von StPO 116 I im Strafprozess besondere Rechte verliehen, verfeinern diese aber teilweise, soweit gestützt auf die bisherigen Erfahrungen Verbesserungsbedarf erkennbar war. 846

StPO 152, welcher die allgemeinen Schutzbestimmungen umreisst, basiert auf dem bisherigen OHG 34. Darnach haben die Strafbehörden aller Stufen in besonderer Weise die **Persönlichkeitsrechte des Opfers** im Strafverfahren zu wahren (Abs. 1). Nach Abs. 2 können sich die Opfer bei allen Verfahrenshandlungen ausser von ihrem Rechtsbeistand von einer **Vertrauensperson begleiten** lassen. Wenn die **Vertrauensperson einen bestimmenden Einfluss auf das Opfer, namentlich ein Kind** nach StPO 154 **ausübt** und demgemäss die Gefahr besteht, dass der Wahrheitsgehalt der Aussagen dadurch beeinträchtigt werden könnte, kann die Verfahrensleitung sie **von der Beweisabnahme ausschliessen**. Nach Abs. 3 vermeiden die Strafbehörden eine **Begegnung des Opfers**[152] **mit der beschuldigten Person**, wenn das Opfer dies verlangt. Dies betrifft einerseits 847

---

[151] So Botschaft zum BVE BBl 1998 4291.
[152] Noch weitergehend für minderjährige Opfer StPO 154, nachfolgend N 849 f.

Einvernahmen des Opfers selbst, bezieht sich jedoch auch auf solche von Drittpersonen, bei denen das Opfer anwesend ist. Rechtsbeistände können aber bei der Einvernahme des Opfers immer physisch anwesend sein. Dabei ist wesentlich, dass dem **Anspruch der beschuldigten Person auf rechtliches Gehör** auf andere Weise Rechnung getragen wird. Denkbar ist einerseits, dass das Opfer unter Anwendung von Schutzmassnahmen nach StPO 149 II lit. b und d (Abschirmung) einvernommen wird. Möglich ist anderseits eine quasi-unmittelbare Anwesenheit der beschuldigten Person, bestehend in einer (audiovisuellen) Übertragung der Einvernahme in einen anderen Raum sowie der Gelegenheit, im unmittelbaren zeitlichen Konnex dazu dem Opfer von dort aus Ergänzungsfragen zu stellen. Der Anspruch auf Ausschluss der beschuldigten Person ist nach Abs. 3 von StPO 152 im Übrigen nicht absolut: Die **Verfahrensleitung kann eine Gegenüberstellung** nach StPO 146 II anordnen, wenn der Anspruch der beschuldigten Person auf rechtliches Gehör nicht anderweitig gewährleistet werden kann (lit. a) oder aber überwiegende Interessen des Strafverfahrens eine Gegenüberstellung zwingend erfordern (lit. b). Der Anspruch auf rechtliches Gehör dürfte sich aber praktisch wohl immer durch Ersatzmassnahmen befriedigen lassen. Beim überwiegenden Interesse des Strafverfahrens nach lit. b ist erforderlich, dass selbst dann, wenn eine Interessenabwägung für eine Konfrontation spricht, diese nur aus zwingenden Gründen erfolgen darf, etwa wenn Aussage gegen Aussage steht und allein eine Gegenüberstellung Klärung der Gegensätze verspricht.

7.6. Besondere Massnahmen zum Schutz von Opfern von Straftaten gegen die sexuelle Integrität, StPO 153

848   StPO 153 verstärkt im Vergleich mit den allgemeinen Opferrechten nach StPO 152 die Schutzmöglichkeiten, wenn es sich um Opfer von Delikten gegen die sexuelle Integrität handelt. Zunächst können diese Opfer im Einklang mit OHG 35 lit. c bei allen Strafbehörden[153], also auch bei der Befragung vor Gericht, verlangen, von einer **Person gleichen Geschlechts einvernommen zu werden** (StPO 153 I). Abs. 2 von StPO 153 verstärkt sodann das bereits aus StPO 152 III fliessende Gebot, das Opfer gegen seinen Willen nicht mit der beschuldigten Person zu konfrontieren. Eine solche Gegenüberstellung darf nur erfolgen, wenn dem Anspruch der beschuldigten Person auf rechtliches Gehör nicht auf andere Weise entsprochen werden kann (dazu vorne Ziff. 7.5. a.E.).

7.7. Besondere Massnahmen zum Schutz von Kindern als Opfer, StPO 154

849   Weitergehende Schutzmassnahmen als jene nach StPO 152 und 153 sind nach StPO 154 I zu ergreifen, wenn das **Opfer ein Kind, also eine Person im Alter**

---

[153]   Botschaft 1190 Mitte.

von weniger als 18 Jahren ist. Diese Bestimmung stammt mit gewissen Nuancen aus den bisherigen OHG 41 ff. Im Unterschied zum bisherigen Recht wird dabei auf das **Alter zur Zeit der Einvernahme bzw. Konfrontation** abgestellt[154].

StPO 154 II verlangt, dass die **erste Einvernahme des Kindes so rasch als möglich nach Einleitung des Vorverfahrens stattzufinden hat, eine Ordnungsvorschrift** i.S. von StPO 141 III. Dies gilt im Prinzip auch für die Vorschrift von StPO 154 IV lit. b, wonach das **Kind während des ganzen Verfahrens in der Regel**[155] **nicht mehr als zweimal einvernommen werden darf.**

850

Die früher geltenden Bestimmungen über den **Ablauf der Einvernahme kindlicher Opfer** (in aOHG von 1991 Art. 10c, vor allem Abs. 2) vermochten in der Praxis – etwa hinsichtlich der obligatorischen Aufzeichnung auf Video und des Beizugs von Spezialisten[156] – nicht zu überzeugen, nicht zuletzt, weil sie unterschiedslos auf alle Opfer anwendbar waren, also z.b. ebenfalls auf die Körperverletzung, die ein 17-jähriger bei einem Verkehrs- oder Sportunfall erlitt. Einige Kantone reagierten dadurch, dass z.B. eine Videoaufzeichnung unterblieb, wenn das Kind darauf verzichtete. StPO 154 IV mit seinen diversen Einschränkungen, die weitgehend nOHG 43 entsprechen, kommt nunmehr allein zur Anwendung, wenn erkennbar ist, dass die **Einvernahme oder Gegenüberstellung für das Kind zu einer schweren psychischen Belastung** führen könnte, wobei im Zweifelsfall eine solche anzunehmen ist[157]. Was die Aufzeichnung der Einvernahme kindlicher Opfer betrifft, ist vor allem StPO 154 IV lit. d 2. Satz zu beachten: Darnach erfolgt zur Dokumentation der Verfahrenshandlung und der Wahrheitsfindung sowie zur Wahrung der Verteidigungsrechte in Anwendung von StPO 76 IV eine **Aufzeichnung in Bild und Ton, also in Form einer Videoaufnahme, wenn keine Gegenüberstellung mit der beschuldigten Person erfolgte**[158].

851

---

[154] Botschaft 1190 unten.
[155] Diese Relativierung (E 151 IV lit. b war beschränkt auf zwei Einvernahmen) eingefügt vom Ständerat AB S 2006 1015 f.
[156] Der Fachmann, der über besondere Erfahrungen im Umgang mit geschädigten Kindern und der speziellen Situation in solchen Einvernehmen verfügen muss, hat im Sinn einer unabhängigen Kontrollperson sicherzustellen und in seinem Bericht festzustellen, dass die Einvernahme kindgerecht abläuft, nicht z.B. die Beurteilung der Glaubwürdigkeit des Kindes.
[157] Näher Botschaft 1191 Mitte. Allenfalls ist für diese Frage eine Fachperson (Psychologe usw.) beizuziehen.
[158] Botschaft 1191 Mitte. – Nach den Materialien soll neben Videoaufnahme eine Transkription der Aussagen notwendig sein, was sich jedoch nicht zwingend aus StPO 154 ergibt, zur Frage der Übertragung von Videoaufnahmen vorne N 574 sowie N 815.

7.8. Besondere Massnahmen zum Schutz von Personen mit einer psychischen Störung, StPO 155

852 Die Einvernahmen von Personen, seien es beschuldigte Personen, Zeugen usw. setzt grundsätzlich **Urteilsfähigkeit hinsichtlich des Verfahrensgegenstandes** voraus. Gefordert wird insbesondere Vernehmungs- und Verhandlungsfähigkeit[159]. Diese kann auch bei Personen mit psychischen Störungen durchaus vorhanden sein. Da strafrechtliche Massnahmen nach StGB 19 III i.V. mit StGB 59–61, 63, 64, 67 oder 67b sowie StPO 374 ff. auch bei schuldunfähigen Personen in Frage kommen, die unter schweren geistigen Störungen leiden, ist auch bei ihnen nach Möglichkeit eine persönliche Befragung in Form einer Einvernahme durchzuführen[160]. In allen diesen Fällen ist zum Schutz der einzuvernehmenden Person die **Einvernahme nach der Ordnungsvorschrift** (StPO 141 III) **von StPO 155 I auf das Notwendigste zu beschränken**. Mehrfache Befragungen werden vermieden.

853 StPO 155 II übernimmt die bereits in früheren kantonalen Gesetzen enthaltene Regelung, wonach die Verfahrensleitung zur Einvernahme Familienangehörige, andere Vertrauenspersonen und – wohl im Vordergrund stehend – Sachverständige wie Psychiater usw. beiziehen kann. Denkbar ist ebenfalls, dass spezialisierte Straf- oder (weniger naheliegend) Sozialbehörden mit der Durchführung der Einvernahme betraut werden. Auch in diesen Fällen ist die Einvernahme zu protokollieren, und je nach Sachverhalt wird zusätzlich eine Einvernahme der einvernehmenden Person als Zeuge notwendig sein[161].

7.9. Massnahmen zum Schutz von Personen ausserhalb eines Verfahrens, StPO 156

854 Die vorstehend besprochenen Massnahmen von StPO 149–155 beziehen sich allein auf den Schutz von Verfahrensbeteiligten während des hängigen Verfahrens. **Ausserprozessuale Schutzmassnahmen, also z.B. solche zum Schutz von Zeugen usw. nach abgeschlossenem Verfahren** (allenfalls ebenso vor Eröffnung eines Verfahrens), wie sie aus ausländischen Rechtsordnungen vorab im Zusammenhang mit der Bekämpfung des organisierten Verbrechens bekannt sind, gehören nicht zum Strafprozessrecht im eigentlichen Sinn und werden deshalb in der StPO nicht thematisiert. StPO 156 überlässt es Bund und Kantonen, in ihrer Rechtsordnung solche Programme vorzusehen[162].

---

[159] Vorne N 663 ff.; hinten N 876 für den Zeugen.
[160] Hinten N 1425 ff.
[161] Botschaft 1191 unten.
[162] Botschaft 1188 unten. Zum Ist-Zustand vgl. Bericht des Bundesrates zur effizienteren Bekämpfung von Terrorismus und organisiertem Verbrechen vom 9.6.2006 in BBl 2006 5722 ff. Vgl. sodann Gutachten des EJPD vom 7.5.2007 zu Fragen des ausser-

§ 60 Einvernahme der beschuldigten Person, StPO 157–161, VStrR 39, MStP 52

Literaturauswahl: neben der zu §§ 58 und 59 erwähnten Literatur AESCHLIMANN N 840; HAUSER/SCHWERI/HARTMANN § 61; MAURER 199; OBERHOLZER N 818; PIQUEREZ (2006) N 726; DERS. (2007) N 551; SCHMID (2004) N 613.

HANS BAUMGARTNER, Zur Durchführung von Konfrontationseinvernahmen, SJZ 90 (1994) 62; PAUL BAUMGARTNER/THOMAS FINGERHUT, Das Verbot der suggestiven Befragung im zürcherischen Strafprozess, FS 125 Jahre Kassationsgericht des Kt. Zürich, Zürich 2000, 335; STEFAN FLACHSMANN/STEFAN WEHRENBERG, Aussageverweigerungsrecht und Informationspflicht, SJZ 97 (2001) 313; ROBERT HAUSER, Zum Schweigerecht des Beschuldigten, ZBJV 113 (1995) 529, 704; MARKUS HUG, Zur Vorbereitung von Konfrontationseinvernahmen aus der Sicht des Strafverteidigers, FS 125 Jahre Kassationsgericht des Kt. Zürich, Zürich 2000, 335; JÖRG REHBERG, Aussagen von Mitbeschuldigten als Beweismittel, FS SKG, Z 110 (1992) 186; NIKLAUS RUCKSTUHL, Strafprozessuale Schweigerechte und verwaltungsrechtliche Mitwirkungspflichten, in: R. Schaffhauser (Hrsg.), Jahrbuch für Strassenverkehrsrecht 2006, St. Gallen 2006; DORRIT SCHLEIMINGER, Konfrontation im Strafprozess. Art. 6 Ziff. 3 lit. d EMRK mit besonderer Berücksichtigung des Verhältnisses zum Opferschutz im Bereich von Sexualdelikten gegen Minderjährige, Basel 2001; HANSJÖRG SEILER, Das (Miss-)Verhältnis zwischen strafprozessualem Schweigerecht und verwaltungsrechtlicher Mitwirkungs- und Auskunftspflicht, recht 23 (2005) 11; SVEN ZIMMERLIN, Miranda-Warning und andere Unterrichtungen nach Art. 31 Abs. 2 BV, Z 121 (2003) 311. DERS., Der Verzicht des Beschuldigten auf Verfahrensrechte im Strafprozess, Zürich 2008 (Zürcher Beiträge zum Verfahrensrecht Bd. 156).

Materialien: Aus 29 mach 1 S. 93; VE 166–170; VE 122 ff.; ZEV 44 ff.; E 154–158; Botschaft 1192 ff.; AB S 2006 1016 ff., 2007 717, AB N 2007 959 ff.

1. Allgemeines zur Bedeutung der beschuldigten Person und ihrer Aussagen

Die beschuldigte Person ist im Strafprozess **Objekt und Subjekt zugleich**[163]. Ihre Doppelstellung bedeutet konkret, dass sich einerseits das Strafverfahren gegen sie richtet, anderseits, dass **ihre Aussagen als Beweismittel** für und gegen sie selbst wie auch allfällige Mitbeschuldigte verwendet werden können. Die einlässliche Einvernahme der beschuldigten Person, die üblicherweise zu Beginn jedes Vorverfahrens erfolgt, ist ein zentraler Bestandteil desselben. Im Rahmen der freien Beweiswürdigung nach StPO 10[164] kommt diesen Aussagen freilich nach heutiger Auffassung kein besonderer Stellenwert zu; dies gilt vor allem für das **Geständnis**. Dieses ist nur eines unter vielen denkbaren Beweismitteln[165]. Das Geständnis bildet m.a.W. keine wesentliche Voraussetzung mehr für eine

855

---

gerichtlichen Zeugenschutzes in VPB 2007.19. – Für *Zurückhaltung im Bereich Zeugenschutzprogramme* Aus 29 mach 1 S. 67 f.
[163] Vorne N 668 ff.
[164] Vorne N 225 ff. – Zur Begutachtung der beschuldigten Person bezüglich ihrer Aussagen GVP 1999 Nr. 73.
[165] Dazu und zum Folgenden ZR 90 (1991) Nr. 30 = RO 1991 347 Nr. 72.

Verurteilung, auch wenn es – soweit es glaubwürdig ist – in aller Regel als relativ sichere Basis für eine solche erscheint. Freilich müssen die Strafbehörden aller Stufen die Aussagen und vor allem ein Geständnis der beschuldigten Person auf ihre Zuverlässigkeit hin überprüfen. An ein Geständnis werden im Übrigen verschiedene Verfahrensvereinfachungen (etwa StPO 160, 352 I) geknüpft.

856 Aus der besonderen Stellung der beschuldigten Person folgt, dass ihr zwar Gelegenheit zur Äusserung zu geben ist (**rechtliches Gehör**; StPO 3 II, 107, 157 II)[166]. Ohne Gewährung des rechtlichen Gehörs ist beispielsweise keine Anklage[167] und kein Abwesenheitsverfahren (StPO 366 IV lit. a)[168] möglich. Die beschuldigte Person ist aber weder zu Aussagen, zu einer anderen aktiven Mitwirkung noch zur Wahrheit verpflichtet (StPO 113)[169].

2. Einvernahme der beschuldigten Person im Einzelnen

2.1. Zuständigkeit, StPO 157

857 StPO 157 I räumt **allen Strafbehörden** nach StPO 12 ff. – **also der Polizei, der Staatsanwaltschaft, allfälligen Übertretungsstrafbehörden sowie den Gerichten aller Stufen – die Befugnis** ein, i.S. von StPO 157 ff. und unter Beachtung der allgemeinen Vorschriften von StPO 142–155 Einvernahmen von beschuldigten Personen durchzuführen, welche alsdann beweisbildend wirken.

2.2. Einleitung und Orientierung über Beschuldigtenrechte, StPO 158

2.2.1. Einleitung der Einvernahme

858 Bei der Einvernahme finden zunächst die im allgemeinen Zusammenhang mit StPO 143 bereits geschilderten **Präliminarien** wie Feststellung der Personalien[170] statt (StPO 143 I lit. a). Soweit es allein um die Feststellung der Personalien geht, ist die **beschuldigte Person aussagepflichtig**[171].

---

[166] Vorne N 104 ff.
[167] Beschränkt beim Strafbefehl, siehe StPO 352 I, hinten N 1354.
[168] Hinten N 1401.
[169] Vorne N 159 f., N 670 ff.
[170] Vorne N 807 ff.
[171] Deshalb *Bestrafung wegen kantonalem oder kommunalem Tatbestand denkbar*, der Namensverweigerung unter Strafe stellt. Zur Frage, ob *Autohalter Führer bezeichnen muss*, vorne N 671.

2.2.2. Orientierung über die Rechte, StPO 158 I

Nach der Feststellung der Personalien haben Polizei[172] und Staatsanwaltschaft nach StPO 158 I bei der ersten Einvernahme – also nicht mehr zwingend bei späteren Einvernahmen[173], ebenso nicht mehr bei solchen durch das Gericht – die beschuldigte Person in einer ihr verständlichen Sprache (StPO 68 I) sowie entsprechend ihrem sprachlichen und intellektuellen Niveau auf ihre Rechte aufmerksam zu machen, wie dies bereits BV 31 II sowie StPO 143 I lit. c in allgemeiner Weise vorsehen[174]. Wesentlich ist, dass StPO 158 I für die erste **Einvernahme aller beschuldigter Personen** gilt; entgegen dem übergeordneten Recht wird demgemäss nicht unterschieden, ob sich die betreffende Person in Freiheit befindet oder nicht[175]. StPO 158 gilt jedoch erst bei der **ersten (formellen) Einvernahme** i.S. von StPO 142 ff., also **nicht bei einer formlosen polizeilichen Befragung** von Personen z.B. bei einer Anhaltung (StPO 215 I lit. b) oder an einem Tat- oder Unfallort ohne bereits konkretisierten Tatverdacht, bei der es primär nur darum geht, z.B. die Rolle der Anwesenden beim verfahrensrelevanten Geschehen zu klären[176].

859

---

[172] Bei der selbständigen Ermittlungstätigkeit nach StPO 306 ff. wie (soweit überhaupt in Frage kommt) bei delegierten Einvernahmen nach StPO 312 II, Botschaft 1192 Mitte.

[173] Anders allerdings die allgemeine Vorschrift von StPO 143 I, vorne N 808. – Fraglich ist, ob die beschuldigte Person bei *jedem, im Verlauf des Vorverfahrens neu ans Tageslicht gekommene Delikt erneut auf ihre Rechte aufmerksam* zu machen ist, welche Pflicht wohl nicht direkt aus StPO 158 abzuleiten ist. Als Folge des *Fairnessgebotes* sollte ein neuer Hinweis jedenfalls erfolgen, wenn thematisch völlig neue Delikte auftauchen, also beispielsweise, wenn in einer Untersuchung, die sich bisher auf einen Diebstahl beschränkte, der Verdacht auf ein Tötungsdelikt aufkommt. Hingegen wäre eine solche Hinweispflicht eher absurd, wenn sich im umgekehrten Fall eines Verfahrens wegen vorsätzlicher Tötung der Verdacht ergibt, der Täter hätte die Tatwaffe vorgängig gestohlen, ebenso, wenn in einem Betrugsfall der Verdacht einer mit dem Vermögensdelikt gekoppelten Urkundenfälschung aufkommt. Ähnliches gilt für *Kollektivdelikte* wie bei Gewerbsmässigkeit; hier genügt der Kollektivvorwurf der gewerbs- oder bandenmässigen Begehung.

[174] Diese Hinweise sind auch dem *Unternehmensvertreter nach StPO 112* zu machen. – Zur Belehrungspflicht aus der Sicht *vor* der Schweizerischen StPO zusammenfassend HANS VEST/ANDREAS EICKER in AJP 7/2005 885.

[175] Botschaft 1192 oben; schon von der Expertenkommission postuliert, Aus 29 mach 1 S. 110 und der früheren Bundesgerichtspraxis entsprechend, BGer 21.1.2008, 6B_503/2007 in FP 1/2009 19. Die heikle Frage, ob z.B. eine länger dauernde polizeiliche Einvernahme faktisch einem Freiheitsentzug i.S. von BV 31 II entspricht (dazu etwa Pra 95 [2006] Nr. 87 mit kritischem Kommentar des Redaktors), stellt sich deshalb nicht mehr.

[176] Typischer Fall in BJM 2008 162 ff. zur Befragung von Personen auf einer Unfallstelle. Orientierung über Rechte gilt also im Prinzip *nur für formelle, protokollierte Einvernahmen,* nicht für Befragungen. Polizeirapporte o.Ä. mit Angaben über Aussagen bei Befragungen sind beweismässig nicht verwertbar, einlässlich RK-S 21.-23.8.2006 112 ff. Gerne wird jedoch ein zentrales Problem übersehen, nämlich, *ob der Polizeibeamte über die bei Befragungen gemachten Aussagen als Zeuge einvernommen werden darf,* auch wenn der Betroffene vorgängig nicht auf sein Aussageverweigerungsrecht aufmerksam gemacht wurde. Jedenfalls darf der Grundsatz der vorgängigen Orientierung der beschuldigten Per-

860 Die beschuldigte Person ist zunächst darüber aufzuklären, dass gegen sie ein **Vorverfahren eingeleitet wurde und welche Straftat Gegenstand dieses Verfahrens bildet** (lit. a), ein Informationsrecht, welches bereits durch BV 32 II und EMRK 6 Ziff. 3 lit. a umfassend gewährleistet ist. Nach dem Sinn dieser Bestimmungen muss die beschuldigte Person **in allgemeiner Weise darüber aufgeklärt werden, welches Delikt ihr zur Last gelegt wird**. Bei der ersten Einvernahme durch Polizei oder Staatsanwaltschaft geht es primär um Fakten, nicht um den Vorhalt strafrechtlicher Begriffe oder Bestimmungen[177]. Vorzuhalten sind folglich die äusseren Umstände der Straftat hinsichtlich Ort, Zeit und Tatumstände. Zwar sind pauschale Vorwürfe nicht genügend («*Sie werden beschuldigt, Einbruchdiebstähle begangen zu haben!*»). Der Vorhalt muss so konkretisiert sein, dass die beschuldigte Person den gegen sie gerichteten Vorwurf *grosso modo* erfassen und sich entsprechend verteidigen kann[178]. Unzulässig wäre jedenfalls, die beschuldigten Person in ein unverfängliches Gespräch ohne konkreten Bezug zu einem Deliktsvorwurf zu verwickeln («*Wo waren Sie am vergangenen Sonntagabend um 20 Uhr?*»). Unzulässig wäre naturgemäss ebenso, eine Person unter dem Vorwurf, an einem Ort einen Diebstahl begangen zu haben, einzuvernehmen, dabei aber Verdachtsgründe für ein ganz anderes Delikt (z.B. ein am angeblichen Diebesort begangenes Tötungsdelikt) zu sammeln. StPO 158 I lit. a wie auch das übergeordnete Recht verlangen jedoch nicht zwingend, dass der beschuldigten Person bereits bei der ersten Einvernahme detailliert dargelegt wird, auf welchen Tatsachen, Verdachtsgründen usw. im Detail die Anschuldigung beruht. Es ist ohne Weiteres zulässig, der beschuldigten Person erst im Rahmen einer späteren Einvernahme vorzuhalten, was der Strafverfolgungsbe-

---

sonen über ihre Rechte nicht durch Vorverlagerung der Befragung in eine solche informeller Art umgangen werden: Sobald eine Person klar als Beschuldigte erkannt und demgemäss näher befragt wird, ist diese vorgängig einer Befragung auf ihre Rechte aufmerksam zu machen, ansonst ihre diesbezüglichen Aussagen (in die Akten eingeführt z.b. durch eine Zeugeneinvernahme des Polizeibeamten) unverwertbar sind (ähnliche Ansichten in Deutschland, Kriminalistik 2007 520). Wenn eine beschuldigte Person hingegen z.B. *spontan und ohne entsprechende Fragen* einem Polizeibeamten (aber auch Dritten) gegenüber gesprächsweise ein Geständnis ablegt, kann der Beamte darüber allerdings als Zeuge einvernommen werden, vgl. dazu den Fall in ZR 105 (2006) Nr. 30 S. 153.

[177] Dem zu Befragenden sind in diesem Stadium die in Frage stehenden Strafnormen noch nicht vorzuhalten, RKG 2003 88. In Deutschland wird sogar diskutiert, ob eine sich schliesslich als unrichtig erweisende rechtliche Qualifikation u.U. als Täuschung betrachtet werden könnte, die zur Unverwertbarkeit der Aussage führt, dazu Kriminalistik 2007 521.

[178] Pra 93 (2004) Nr. 154: Untersuchungsrichter liess die beschuldigte Person raten, weshalb sie in Haft genommen worden sei! Vgl. ferner Pra 94 (2005) Nr. 84. Nicht genügend sodann, wenn in einer Strafuntersuchung wegen Verletzung von StGB 305ter der beschuldigten Person diese Strafbestimmung vorgehalten und an eine frühere Einvernahme über ihre beruflichen Aktivitäten als Vermögensverwalterin angeknüpft wird, TPF 2006 315. Nicht zu teilen die Ansichten über beschränkte Orientierungspflichten in einem VStrR-Fall in TPF 2004 40 E.2.

hörde alles an Belastendem vorliegt[179]. Es ist hier den Strafverfolgungsbehörden – immer im Rahmen des fairen Verfahrens[180] – mit Blick auf die ihnen gut scheinende Untersuchungstaktik und vorab zur Vermeidung von Verdunkelungsmöglichkeiten (Belastungszeugen, die noch nicht befragt sind, werden nicht genannt) ein Ermessensspielraum zuzugestehen. Bei den **späteren Einvernahmen** ist freilich der Tatverdacht durch Vorhalt der genau vorgeworfenen Sachverhalte sowie der belastenden und entlastenden Momente und Beweise sowie der in Frage stehenden Strafnormen zu präzisieren.

Die beschuldigte Person ist sodann darüber aufzuklären, dass sie die **Aussage und Mitwirkung verweigern kann** (lit. b); sie muss sich nicht belasten (StPO 113 I)[181]. Bemerkenswerterweise gehört die aus der amerikanischen *Miranda*-Warnung sowie einzelnen kantonalen Prozessordnungen bekannte ausdrückliche zusätzliche Orientierung darüber, dass die **Aussagen der beschuldigten Person als Beweismittel** gegen sie verwendet werden kann, nach StPO 158 I nicht zum obligatorischen Katalog der Punkte, über die aufzuklären ist[182]. Aus Gründen der Fairness sollte dies trotzdem getan werden. Verweigert die beschuldigte Person Aussagen, widerspricht es dem Grundsatz des fairen Verfahrens von StPO 3 II lit. c und EMRK 6 Ziff. 1 bzw. IPBPR 14 Ziff. 1, wenn (mindes-

861

---

[179] Hierzu und zum Fall, dass Verdachtsgründe erst später auftauchen, RKG 1995 22 Nr. 8.
[180] Vorne N 95 ff.
[181] *Pflicht zur Aufklärung über Schweigerecht* ergibt sich direkt aus BV 31 II; es wird ausdrücklich von IPBPR 14 Ziff. 3 lit. g gewährleistet, wie das die Bundesgerichtspraxis unter Berufung auf aBV 4 schon immer getan hat, BGE 130 Ia 126, 112 Ib 446, 109 Ia 166, 106 Ia 7, 121 II 264, 282 (mit Hinweisen, ob gleicher Anspruch aus EMRK 6 Ziff. 2 abzuleiten ist). Noch nicht völlig geklärt ist, ob in *Verwaltungsverfahren* (mit möglichem Mitwirkungszwang wie üblicherweise im *Finanzmarktaufsichtsrecht*, aber auch an andern Orten, vgl. etwa *EmbG 3* oder die Mitwirkungspflichten nach *VwVG 13* bzw. *KG 41*) mit denkbarem parallelem oder nachfolgendem Strafverfahren die allenfalls beschuldigte Person auf ihr Aussageverweigerungsrecht aufmerksam zu machen ist; dies ist grundsätzlich zu bejahen, mit der Folge, dass *Aussagen im Verwaltungsverfahren hernach im Strafprozess unverwertbar sind, wenn die Person nicht auf ihr Aussageverweigerungsrecht aufmerksam gemacht worden war.* Dazu N 781, 865. Dies gilt ebenfalls in *Verfahren gegen Unternehmen nach StPO 112 bzw. StGB 102.* Zu beachten ist jedoch, dass der *Grundsatz von StPO 113 I nur für Strafverfahren* und nicht etwa als allgemeines Prinzip für alle Verfahren gilt. Ob etwa im Verwaltungsverfahren der Betroffene vorgängig darauf aufmerksam zu machen ist, dass er allenfalls eine ihm nachteilige Mitwirkung am Verfahren und insbesondere Aussagen verweigern kann sowie die Verwertbarkeit der Angaben im Verwaltungsverfahren, bestimmt allein das Verwaltungsrecht, vgl. den deutschen Fall in NJW 60 (2007) 2571. – Tatsache der Aussageverweigerung darf nach vorherrschender Auffassung *nicht als Indiz für oder gegen die beschuldigte Person verwendet werden,* differenzierend vorne N 231. – Selbstverständlich kann sich die *beschuldigte Person jederzeit auf ihr Aussageverweigerungsrecht berufen,* auch, nachdem sie sich zuerst zu Aussagen bereit fand; analog zu StPO 175 II (hinten N 904) können jedoch die früheren Aussagen beweismässig verwertet werden.
[182] In RK-N 22./23.2.2007 37 f. wurde das Anliegen diskutiert, aber nicht weiterverfolgt. Wenig fundiert der dortige Hinweis, es handle sich hier um ein Problem der Beweiswürdigung.

tens bei Abwesenheit des Verteidigers) versucht wird, sie – offensichtlich zur Umgehung der Einvernahmevorschriften – innerhalb oder ausserhalb einer formalisierten Einvernahme trotzdem in ein Gespräch über Sachverhaltsrelevantes zu verwickeln[183].

2.2.3. Orientierung über die Ausübung der Verteidigungsrechte, StPO 158 I lit. c

862 Die beschuldigte Person ist sodann darüber zu orientieren, dass sie eine **Verteidigung** bestellen oder gegebenenfalls eine amtliche Verteidigung beantragen kann (lit. c)[184]. Im Fall einer **notwendigen Verteidigung** hat die Strafbehörde – im Regelfall die Staatsanwaltschaft – diese sicherzustellen (StPO 131)[185]. Aus dem Fairnessgrundsatz folgt, dass die Staatsanwaltschaft auch in andern Fällen der beschuldigten Person, die anwaltschaftlichen Beistand wünscht, beim Beizug eines Verteidigers behilflich ist (Vorlage einer Anwaltsliste, Hinweis auf Anwalts-Pikett[186], Herstellen einer telefonischen Verbindung usw.). Es ist nicht erlaubt, bei einer beschuldigten Person, die ausdrücklich die Anwesenheit eines Anwalts wünscht, auf die Fortsetzung der Einvernahme zu drängen. Wesentlich sind die sich einerseits etwa aus StPO 147 I oder 223, anderseits aus StPO 159 für polizeiliche Einvernahmen (dazu nachfolgend Ziff. 2.3.) ergebenden **Teilnahmerechte der Verteidigung an den Einvernahmen der beschuldigten Person bei sämtlichen Strafbehörden**[187].

---

[183] Man könnte sich freilich auf den Standpunkt stellen, *aus StPO 158 sei kein Verbot an Einvernehmende abzuleiten, nach Aussageverweigerung keine weiteren Fragen zu stellen*, sodass entsprechende Antworten ausgewertet werden dürften, in diese Richtung wohl RKG 2001 Nr. 90; vgl. auch BGer 16.6.2009, 6B_962/2008 (Vorgeladene muss sich Fragen der Strafbehörde anhören). Verwertbar sind jedenfalls *spontane Äusserungen einer beschuldigten Person auch nach Beanspruchung des Aussageverweigerungsrecht*, Fn. 176 a.E.

[184] Das Parlament lehnte Pflicht ab, der beschuldigten *Person zu eröffnen, dass sie Beweisanträge stellen kann*, RK-N 22./23.2.2007 37 f., AB N 2007 959 ff. Nicht in der StPO enthalten ist sodann die *Pflicht, beschuldigte Ausländer gemäss Art. 36 I lit. b des Wiener Übereinkommens über konsularische Beziehungen vom 24.4.1963, SR 0.191.02, darauf aufmerksam zu machen, dass sie konsularische Unterstützung seitens ihres Heimatstaates beanspruchen können*; hingegen erfolgt bei Haftanordnung eine *nachträgliche* Mitteilung nach StPO 214, hinten N 999 f. In Deutschland strittig, ob Aussagen verwertbar sind, wenn *vorgängig* entsprechende Orientierung unterblieb, vgl. Bundesgerichtshof sowie Bundesverfassungsgericht am 29.1.2003, 19.9.2006,25.9.2007 (BGHSt 52, 48) und 20.12.2007 (BGHSt 52, 116), dazu JZ 62 (2007) 887 = NJW 60 (2007) 3587, 61 (2008) 307 = Kriminalistik 2008 18 und NJW 61 (2008) 1090.

[185] Näher vorne N 730 ff.

[186] Bei Verzicht auf Anwalt kein Hinweis auf Bestehen eines sofort verfügbaren Verteidigers via Anwalts-Piketts o.Ä. notwendig, vgl. deutschen Fall BGH St 47, 233 = Strafverteidiger 2002 180, näher Kriminalistik 2007 522 f. Allenfalls gebietet allerdings das Fairnessgebot einen solchen Hinweis.

[187] Vgl. auch die *Teilnahmepflichten* etwa nach StPO 336 II. – Beschuldigte Person bzw. Verteidiger haben im Übrigen selbst in geeigneter Weise tätig zu werden, um Verteidigungs- und Anwesenheitsrechte zu wahren; Rechte (mindestens bei nicht notwendiger

2.2.4. Orientierung über die Möglichkeit, einen Übersetzer beizuziehen, StPO 158 I lit. d

Im Weiteren ist die beschuldigte Person bei der ersten Einvernahme darüber aufzuklären, dass sie einen **Übersetzer verlangen** kann (lit. d). Dieser Hinweis hat nur zu erfolgen, wenn Anlass dazu besteht, daran zu zweifeln, dass die beschuldigte Person der Verfahrenssprache genügend mächtig ist. Versteht die beschuldigte Person die Verfahrenssprache nicht, ist allerdings nach StPO 68 I ein Übersetzer unabhängig von einem entsprechenden Begehren zu bestellen[188].

863

2.2.5. Folgen fehlender Orientierung über Parteirechte, StPO 158 II

Bei Einvernahmen, die **ohne die vorgenannten Hinweise nach StPO 158 I erfolgten, sind nach StPO 158 II die Ergebnisse beweismässig nicht verwertbar** (vgl. auch StPO 141 I[189]), womit die in der früheren Gesetzgebung, Rechtsprechung und Literatur oft strittige Frage eindeutig geklärt ist[190].

864

Diese Unverwertbarkeit gilt grundsätzlich auch für **Aussagen und weitere sachdienliche Auskünfte, die eine beschuldigte Person unter staatlichem Zwang in einem konnexen andern Verfahren**, z.B. in einem Zivil- oder Verwaltungsverfahren machte, ohne dass sie auf ihr Recht, sich nicht selbst belasten zu müssen, aufmerksam gemacht wurde[191].

865

2.3. Polizeiliche Einvernahme im Ermittlungsverfahren, StPO 159

Weitergehend als die meisten der früher geltenden Strafprozessordnungen gewährt StPO 159 I der **Verteidigung ein Anwesenheitsrecht bei allen polizeilichen Einvernahmen**, unabhängig davon, ob diese nun im Rahmen eines selbständigen Ermittlungsverfahren nach StPO 306 f. beruht und ob sich die beschuldigte Person in Haft befindet oder nicht[192]. Da StPO 159 I auf das Ermitt-

866

---

bzw. amtlicher Verteidigung) verwirkt, wenn sie auf Vorladung zu Einvernahmen usw. nicht reagieren, Pra 96 (2007) Nr. 27 = SJZ 102 (2006) 389.
[188] Vorne N 552 ff.
[189] Vorne N 789. Keine Verwertbarkeit nach StPO 141 II, so Botschaft 1193 oben.
[190] Dazu allgemein mit weiteren Hinweisen vorne N 789 ff. – Gilt wohl selbst dann, *wenn Verteidiger anwesend ist und die unterbliebene Belehrung nicht sofort beanstandet*, im Ergebnis *a.M.* BGE 130 I 126, E.3.2., BGer 21.1.2008, 6B_503/2007, E.4.3 sowie (für Auskunftsperson) TG RBOG 2006 232 = RS 2007 Nr. 277. Ob sich die beschuldigte Person allenfalls wegen Rechtsmissbrauchs (StPO 3 II lit. b) bzw. *venire contra factum proprium* (vorne N 94) nicht auf StPO 159 II berufen kann, ist im Einzelfall zu prüfen. – Zur *nachträglichen Berufung auf das Aussageverweigerungsrecht* vorne Fn. 181 a.E.
[191] Z.B. in einem finanzmarktrechtlichen Aufsichtsverfahren, zu solchen vorne Fn. 181. – Zu dieser Thematik, die hier nicht näher abgehandelt werden kann, aus deutscher Sicht KLAUS ELLBOGEN in Kriminalistik 2007 397.
[192] Begründung eingehend in Botschaft 1193 f. unter Hinweis auf den weniger weit gehenden VE 168, der einen Anwaltsbeizug nur nur vorläufiger Festnahme der beschuldigten Person

lungsverfahren zugeschnitten ist, also das Vorverfahren vor der Untersuchungseröffnung nach StPO 309, bezieht sich der Verteidigerbeizug vor allem auf eine Wahlverteidigung (StPO 129)[193], da in diesem Zeitpunkt regelmässig noch keine Verteidigerbestellung gestützt auf eine notwendige Verteidigung nach StPO 130 f. erfolgte[194].

867 StPO 159 II bestimmt sodann, dass die Verteidigung bei polizeilichen Einvernahmen einer vorläufig festgenommenen Personen – in den relativ engen Grenzen der kurzen Fristen im Haftverfahren[195] – **das Recht hat, mit der beschuldigten Person frei und unbeaufsichtigt zu verkehren**. Dieser Anspruch (verstanden als Anspruch auf eine kurze Unterredung) besteht während, nach den nicht sonderlich klaren Materialien offenbar (unter Vorbehalt von StPO 159 III) jedoch bereits **vor der ersten polizeilichen Einvernahme**[196], im Haftverfahren nach StPO 223 II schon vor der ersten staatsanwaltschaftlichen Einvernahme.

868 Aus StPO 159 III ergibt sich, dass der vorstehend besprochene Verteidigerbeizug **keinen Anspruch auf Verschiebung der Einvernahme** gibt. Diese Regelung ist im Zusammenhang mit den kurzen Fristen im Haftrecht (vgl. die 24-Stunden-Frist der Polizei in StPO 219 IV) zu sehen. Der Beizug der Verteidigung soll nicht zu ungebührlichen Verfahrensverzögerungen führen. Um den Anspruch auf Anwaltsbeizug nicht illusorisch zu machen, sind allerdings kleinere Verzögerungen in Kauf zu nehmen, wenn die Verteidigung innert nützlicher Frist verfügbar ist[197].

2.4. Weiterer Ablauf der Einvernahme, StPO 160 und 161

2.4.1. Befragung zur Sache

869 Will die beschuldigte Person aussagen, so folgt in der ersten oder allenfalls einer späteren Einvernahme eine **eingehende Befragung zur Sache**, d.h. zu den

---

zulassen wollte. Bei polizeilichen Einvernahmen gestützt auf eine Delegation nach StPO 312 ergeben sich die Teilnahmerechte aus StPO 312 II.
[193] Vorne N 728.
[194] Zum Zeitpunkt der Bestellung der notwendigen Verteidigung vorne N 737.
[195] Nach Botschaft 1195 kann es sich *lediglich um kurze Besprechungen* handeln, da es andernfalls beschuldigte Person und Verteidigung in der Hand hätten, durch Gesuche um Besprechungen die 24-Stunden-Frist von StPO 219 IV zu torpedieren. Hier stellt sich allerdings die Frage, ob die Einhaltung dieser Frist nicht verzichtbar ist.
[196] In der Richtung bereits VE 168 II: «Bei Einvernahmen ... gewährt die Polizei der Verteidigung das Recht auf Teilnahme und freien Verkehr mit dem Beschuldigten.». In der Botschaft 1195 oben heisst es: «... vor der Einvernahme oder während einer Unterbrechung derselben ...». Für ein Kontaktrecht schon vor der ersten Einvernahme im Ergebnis wohl auch die etwas verwirrende Debatte in RK-N 22./23.2.2007 39 ff. und 26./27.4.2007 4 ff. und Bericht Bundesamt für Justiz vom 4.4.2007 an die RK-N. Allerdings wurde im Nationalrat ein Antrag auf entsprechende Präzisierung dieser Bestimmung («Vor polizeilichen Einvernahmen ...») zurückgezogen, AB N 2007 961
[197] Botschaft 1195 oben. Dazu vorstehende Fn. 195.

der beschuldigten Person vorgeworfenen Straftaten. Verweigert die beschuldigte Person die Aussage, nimmt das Verfahren trotzdem seinen Fortgang (StPO 113 II).

Hat die beschuldigte Person etwa bei der polizeilichen Einvernahme oder auf den ersten Vorhalt bei Beginn der staatsanwaltschaftlichen Einvernahme ein **zuverlässig erscheinendes Geständnis** abgelegt, wird dies üblicherweise zur Folge haben, dass damit das Beweisverfahren verkürzt werden kann. Allerdings darf nicht übersehen werden, dass nicht selten aus verschiedensten Gründen (etwa wegen Einschüchterung, aus Renommiersucht, zum Schutz naher Bezugspersonen usw.) falsche Geständnisse abgelegt werden – und später ein Widerruf erfolgt. StPO 160 sieht deshalb vor, dass **Staatsanwaltschaft und Gerichte die Glaubwürdigkeit des Geständnisses zu überprüfen haben**[198]. Dabei steht im Vordergrund, dass die beschuldigte Person aufgefordert wird, die (üblicherweise nur den Behörden sowie dem wirklichen Täter bekannten) Details der Tat zu schildern. Insbesondere bei Fällen von weniger schwerem Gewicht wird sich vorab die Staatsanwaltschaft bei zuverlässig scheinendem Geständnis auf eine summarische Einvernahme beschränken[199]. Zwar sind ordnungsgemäss durchgeführte polizeiliche Einvernahmen beweismässig auswertbar; bei Widersprüchen empfiehlt es sich jedoch, diese Aussagen der beschuldigten Person in Gegenwart ihres Verteidigers zur Stellungnahme vorzuhalten[200].

870

2.4.2. *Abklärung der persönlichen Verhältnisse im Vorverfahren, StPO 161, 195 II*

Vorstehend in Ziff. 2.2.1. wurde erwähnt, dass die Strafbehörde zu Beginn der ersten Einvernahme die Personalien der beschuldigten Person feststellt. Diese Angaben dürften mindestens dann vorläufig genügen, wenn noch nicht feststeht, ob es zu einer Anklage oder einem Strafbefehl kommt. Endet das Verfahren vermutlich mit einer Bestrafung der beschuldigten Person, sind mit Blick auf StGB 47 für die **Strafzumessung das Vorleben und die persönlichen Verhältnisse zu erforschen**. Dazu sind vorab Berichte über Vorstrafen etc. einzuholen (StPO 195 II). StPO 161 bestimmt demgemäss, dass – beschränkt auf das Vorverfahren[201] – Einvernahmen und weitere Erhebungen über diese persönlichen Verhältnisse, die weitgehend die Privatsphäre tangieren, erst stattfinden sollen,

871

---

[198] Zu dieser Notwendigkeit Botschaft 1195 Mitte.
[199] So ausdrücklich vorgesehen in VE 169 IV.
[200] So die frühere zürcherische Praxis (allerdings mit Einschränkungen zur damals beachteten beschränkten Beweiskraft von Polizeiprotokollen) in RO 1991 345 Nr. 62; eingehend ZR 94 (1995) Nr. 15 S. 46, 51 f. mit Präzisierung in RKG 1999 Nr. 123 für den Fall, dass beschuldigte Person zu früheren Aussagen nicht Stellung nehmen will. Entgegen ZR 101 (2002) Nr. 11 S. 44 wohl Abstellen auf ordnungsgemässe polizeiliche Einvernahme, wenn nachfolgende staatanwaltschaftliche Einvernahme unverwertbar ist.
[201] Im Hauptverfahren verfolgt die *Zweiteilung der Hauptverhandlung* nach StPO 342, hinten N 1325 ff., ähnliche Ziele.

wenn mit einer Bestrafung zu rechnen ist. Einvernahmen zu den persönlichen Verhältnissen sind unter Vorbehalt von StPO 312 von der Staatsanwaltschaft vorzunehmen[202].

872 Selbstverständlich sind **Fälle ausgenommen, in denen die Strafuntersuchung voraussetzt, dass die persönlichen Verhältnisse geklärt werden müssen**, etwa wenn mit Blick auf StGB 19 die Schuldfähigkeit, zur Feststellung von Zeugnisverweigerungsrechten die Familienverhältnisse[203] oder in einem Fall der Vernachlässigung von Unterhaltspflichten nach StGB 217 bzw. einem Vermögensdelikt die wirtschaftlichen Verhältnisse der beschuldigten Person zu klären sind. Nicht unter die Beschränkung von StPO 161 fällt sodann das Einholen eines Vorstrafenberichts; aus diesem ergibt sich beispielsweise, ob die beschuldigte Person noch an anderem Ort in Strafuntersuchung steht. Auch im gerichtlichen Hauptverfahren gelten die Beschränkungen von StPO 161 nicht[204]; hier ist allerdings nach StPO 342 u.U. eine Zweiteilung der Verhandlung vorzunehmen, welche ähnliche Ziele wie StPO 161 verfolgt.

§ 61 Einvernahme von Zeugen, StPO 162–177, VStrR 41, MStP 74–83

Literaturauswahl: neben der zu §§ 58–60 erwähnten Literatur AESCHLIMANN N 848; HABSCHEID 416; HAUSER/SCHWERI/HARTMANN § 62; MAURER 202; OBERHOLZER N 844; PIQUEREZ (2006) N 745; DERS. (2007) N 570; SCHMID (2004) N 628; TRECHSEL (2005) 291 (*right to test witness evidence*); VOGEL/SPÜHLER 10. Kap. N 122 ff.; WALDER 353.

JÜRG-BEAT ACKERMANN/MARTINA CARONI/LUZIA VETTERLI, Anonyme Zeugenaussagen: Bundesgericht contra EGMR, AJP 9/2007 1071; GUNTER ARZT, Moderner Zeugenbeweis und Verhältnismässigkeitsprinzip, FS St. Trechsel, Zürich 2002, 655; J. ALEXANDER BAUMANN, Zeugnisverweigerungsrecht für Unternehmensjuristen, Der Schweizer Treuhänder 6–7/2007 466; ANDREAS DONATSCH, Die Anonymität des Tatzeugen und der Zeuge vom Hörensagen, Z 104 (1987) 397; ANDREAS DONATSCH/WOLFGANG WOHLERS, Strafrecht IV, 3. Aufl., Zürich 2004, 466 ff.; ROBERT HAUSER, Der Zeugenbeweis im Strafprozess mit Berücksichtigung des Zivilprozesses, Zürich 1974; GÜNTHER HEINE, Der Schutz des gefährdeten Zeugen im schweizerischen Strafverfahren, Z 109 (1992) 53; FRANZ HOFFET/DOROTHEA SECKLER, Vom Anwaltsgeheimnis zum «Legal Privilege», SJZ 101 (2005) 333; MARKUS HUG, Glaubhaftigkeitsgutachten bei Sexualdelikten gegenüber Kindern, Z 118 (2000) 19; THOMAS HUG, Zeugenschutz im Spannungsfeld unterschiedlicher Interessen der Verfahrensbeteiligten, Z 116 (1998) 404; ADRIAN KLEMM, Die Befragung von Zeugen im Strafprozess, AJP 9 (2000) 1377; GILBERT KOLLY, Anordnung der Beugehaft: Entscheid über eine strafrechtliche Anklage im Sinn der EMRK?, RFJ/FZR 1992 27; ZINON KOUMBARAKIS, Die Kronzeugenregelung im schweizerischen Strafprozess de lege ferenda, Zürich/St.Gallen 2007; ANDRÉ KUHN/RALUCA ENESCU, L'orde de présentation des témoins lors du procès influence-t-il le choix du verdict? FP 4/2008/234; NATHAN LANDSHUT, Zeugnispflichten und Zeugniszwang im Zürcher Strafprozess, Diss. Zürich 1998 (Zürcher Studien zum Verfahrensrecht Bd. 109); KATJA LERCH,

---

[202] Botschaft 1196 oben.
[203] Beispiel aus Botschaft 1195 unten.
[204] Botschaft 1196 oben.

Strafprozessuale Probleme im Bereich des Kinderschutzes, in: Jürg-Beat Ackermann (Hrsg.), Strafrecht als Herausforderung, Zürich 1999, 435; FRANZISKA ROHNER, Der anonyme Zeuge, in: Jürg-Beat Ackermann (Hrsg.), Strafrecht als Herausforderung, Zürich 1999, 447; ROBERT ROTH, Protection procédurale de la victime et du témoin: enjeux et perspectives, Z 116 (1998) 384; ALEXANDRA SCHEIDEGGER, Minderjährige als Zeugen und Auskunftspersonen im Strafverfahren, Diss. Zürich 2006 (Zürcher Studien zum Verfahrensrecht, Bd. 147); PETER SCHUMACHER, Einvernahmetechnik im Zivilprozess, AJP 6/2005 695; STEFAN SUTTER, Das Berufs- und Beichtgeheimnis kirchlicher Seelsorger, Zürich/St.Gallen 2009; BRIGITTE TAG, Die Verschwiegenheit des Arztes im Spiegel des Strafgesetzbuches und der Strafprozessordnung des Kantons Zürich, Z 122 (2004) 1; SUSANNE VOGEL, Die Auskunftsperson im Zürcher Strafprozessrecht, Diss. Zürich 1999; STÉPHANE WERLY, La protection du secret rédactionnel, Diss. Genf, Zürich 2005; WOLFGANG WOHLERS, Aktuelle Fragen des Zeugenschutzes – zur Vereinbarkeit der im Strafprozessrecht des Kantons Zürich anwendbaren Zeugenschutznormen mit Art. 6 Abs. 3 lit. d EMRK, Z 123 (2005) 144.

Materialien: Aus 29 mach 1 S. 100; VE 172–184; BeB 127 ff.; ZEV 46 f.; E 159–174; Botschaft 159 ff.; AB S 2006 1017 ff., 2007 717, AB N 2007 961 ff.

1. Begriff des Zeugen, StPO 162, 166. Bedeutung des Zeugenbeweises im Strafprozess

Unter Zeuge versteht man **jene (natürliche) Person, die – ohne beschuldigte Person zu sein – in den dafür vorgesehenen gesetzlichen Formen vor einer Strafbehörde über die von ihr wahrgenommenen deliktsrelevanten Tatsachen Aussagen machen soll** (ähnlich StPO 162)[205]. Ausgeschlossen ist somit eine Rollenüberschneidung mit der beschuldigten oder mitbeschuldigten Person[206] und – freilich aus anderen Gründen – mit dem handelnden Polizeifunktionär, Staatsanwalt, Richter, Übersetzer usw.[207] Eine spätere Einvernahme etwa eines Polizeibeamten, Staatsanwalts, Sachverständigen usw. als Zeuge über den Verfahrensablauf, über das Zustandekommen von Beweisen etc. ist aber möglich[208]. Ob die geschädigte Person, die mindestens als Privatklägerin Partei ist, als Zeugin in Frage kommt, kann unterschiedlich beantwortet werden[209]. StPO 166 bestimmt nun, dass die geschädigte Person grundsätzlich Zeugin ist; sie wird nach StPO 178 lit. a hingegen als Auskunftsperson einvernommen, wenn sie sich als Privatklägerschaft konstituierte[210]. Auf diese Zwischenfigur der Auskunftsperson wird nachfolgend besonders einzugehen sein[211]. Als Regel ist

873

---

[205] Ähnlich VE 172 I.
[206] Vorne N 655 ff. Zur *mitbeschuldigten Person als Auskunftsperson* hinten N 916 f.
[207] Vgl. StPO 56 lit. b, vorne N 514.
[208] ZR 86 (1987) Nr. 87. Ein *Rechtsbeistand* kann ebenfalls als Zeuge einvernommen werden, vgl. aber StPO 171.
[209] Denn eine Partei kann an sich nicht Zeuge sein, BGE 92 IV 207. Einvernahme von Verbrechensopfern als Zeugen und nicht Auskunftspersonen widerspricht allerdings nicht der EMRK, EKMR in VPB 58 (1994) Nr. 110.
[210] Näher Botschaft 1197 f.
[211] Hinten N 908 ff.

festzuhalten, dass als **Zeuge nur in Frage kommt, wer nicht als beschuldigte Person oder Auskunftsperson einzuvernehmen ist**.

874 Dem Zeugenbeweis wird im Beweisrecht traditionsgemäss ein hoher Stellenwert eingeräumt, indem ihm oft **grosse Verlässlichkeit** attestiert wird. Empirische Untersuchungen lassen aber ernsthafte Zweifel an der Zuverlässigkeit des menschlichen Erinnerungs- und Wiedergabevermögens vor allem bezüglich der bei Strafverfahren oft wichtigen Details aufkommen.

875 Im Verlauf der Gesetzgebungsarbeiten wurde die Figur des **Kronzeugen** diskutiert. Der Kronzeuge ist gleichzeitig geständiger Täter und wesentlicher Informant der Strafverfolgungsbehörden. Entsprechend den Mustern der angloamerikanischen Rechtsordnungen verzichten die Strafbehörden ganz oder teilweise auf seine Verfolgung oder bieten ihm andere prozessuale Vorteile an, wogegen sich der Kronzeuge bereit erklärt, gegen Mitbeschuldigte auszusagen. Angesichts der rechtsstaatlichen Problematik dieses Instituts wurde seine **Aufnahme in die StPO verworfen**[212].

2. Allgemeine Bestimmungen, StPO 162–167

2.1. Zeugnisfähigkeit und Zeugnispflicht, StPO 163, MStP 74

876 **Grundsätzlich ist jede Person, die bezüglich des Beweisthemas vernunftgemässe Aussagen machen kann, als Zeugin geeignet und zu wahrheitsgemässen Aussagen verpflichtet**[213]. Dies gilt etwa für Minderjährige, aber auch für Geisteskranke. Was das **Alter** betrifft, so bestimmt StPO 163, dass jede Person, die älter als 15 Jahre alt ist, als Zeugin einvernommen werden kann; Personen im Alter darunter sind als Auskunftspersonen einzuvernehmen (StPO 178 lit. b). Die StPO stellt also bei der Zeugnisfähigkeit Jugendlicher nicht – wie frühere Prozessordnungen – auf die im konkreten Fall zu prüfende Urteilsfähigkeit, sondern eine feste Altersgrenze ab[214].

---

[212] Einlässlich Aus 29 mach 1 S. 53 ff.; ferner BeB 29 f.; Botschaft 1112 f. Dazu auch Bericht des Bundesrates zur effizienteren Bekämpfung von Terrorismus und organisiertem Verbrechen vom 9.6.2006 in BBl 2006 5722.

[213] Kongruent zur *Zeugenpflicht gilt bezüglich der Aussagen der Rechtfertigungsgrund der gesetzlich erlaubten Handlung* nach StGB 14, auch bei Aussagen, die trotz Aussageverweigerungsrecht gemacht werden, ZR 107 (2008) Nr. 30. Gilt nach BGer 4.6.2009, 6B_68/2009 in NZZ Nr. 141 vom 22.6.2009 auch für die *freiwillig aussagende Auskunftsperson*, ja grundsätzlich für jede Person (auch die beschuldigte), die nach bestem Wissen und Gewissen Aussagen macht.

[214] Botschaft 1209 oben. So schon Aus 29 mach 1 S. 102. – Fehlt die *Urteilsfähigkeit völlig*, ist eine Zeugeneinvernahme ausgeschlossen; bei beschränkter Urteilsfähigkeit allenfalls Einvernahme als Auskunftsperson (StPO 178 lit. c), zur Schutznorm von StPO 155 vorne N 852, hinten N 914.

Unerheblich ist, ob der Zeuge die fraglichen **Beobachtungen selbst gemacht hat** oder aber nur über entsprechende Mitteilungen anderer Personen Aussagen machen kann. Der **Beweis vom Hörensagen bzw. das mittelbare Zeugnis** wird von der StPO – etwa entgegen den Grundsätzen des angloamerikanischen Strafverfahrens – nicht a priori ausgeschlossen[215]. Anstelle des unmittelbaren Zeugen kommt er aber nur in Frage, wenn der Erstere nicht zur Verfügung steht (also nach dem **Grundsatz des sachverhaltsnächsten oder bestmöglichen Beweismittels**[216]) sowie als Ausnahme zum Schutz erheblicher privater oder öffentlicher Interessen. Schriftliche Erklärungen anonymer Zeugen fallen im Prinzip ebenfalls ausser Betracht[217]. Indirekte Zeugenaussagen unterliegen im Übrigen in besonderer Weise der Abwägung im Rahmen der freien (und kritischen) Beweiswürdigung[218].

877

Im Interesse der Feststellung der materiellen Wahrheit besteht eine **Zeugnispflicht** für jedermann, der nach den vorstehenden Darlegungen zeugnisfähig ist. Vorbehalten bleiben die Zeugnisverweigerungsrechte nach StPO 168 ff. (StPO 163 II a.E., hinten Ziff. 3). Die Pflicht des Zeugen beschränkt sich ohne weitergehende gesetzliche Vorschriften auf die **Mitteilung seines deliktsrelevanten Wissens über in der Vergangenheit liegende Vorgänge**. Zu weiterem aktiven oder passiven Verhalten (Produktion von bzw. Suche nach Beweismitteln, Erstellen von Berichten, Zeichnungen, Bearbeitung von Computerdaten usw.) ist er nicht verpflichtet[219], ebenso nicht zur Beurteilung der von ihm gemachten Beobachtungen oder die Abgabe von Prognosen.

878

2.2. Abklärungen über Zeugen, StPO 164

Im Strafverfahren wird immer wieder versucht, die **Zuverlässigkeit eines Zeugen** damit anzugreifen, dass sein Vorleben und seine persönlichen Verhältnisse sowie Eigenschaften in Zweifel gezogen und von den Strafbehörden entsprechende Nachforschungen verlangt werden. Nach StPO 164 I ist derartigen Anträgen zum Schutz der Persönlichkeit des Zeugen nur zu entsprechen, wenn solche Erhebungen zur Prüfung der Glaubwürdigkeit notwendig sind[220]. Solche Abklärungen sind demnach nur mit Zurückhaltung anzuordnen, denn üblicherweise erlaubt dem Gericht schon das Zeugnis selbst und die Art seiner Präsentation, dieses zu würdigen.

879

---

[215] ZR 86 (1987) Nr. 87 S. 208, 85 (1986) Nr. 55; zur Problematik und den Grenzen RKG 2007 Nr. 105.
[216] Hierzu OGZ II. StrK 2.9.1996 in plädoyer 6/1996 63.
[217] BGE 116 Ia 85. – Zur Anonymität von Zeugen vorne N 840 ff.
[218] RS 1997 326.
[219] Zur Editionspflicht hinten N 1125 ff. – Zur *Entschädigung* der Zeugen StPO 167, dazu N 883.
[220] Dazu Botschaft 1196 unten. Auch Prüfung der Frage, ob jemand nach StPO 178 lit. c als *Auskunftsperson oder aber als Zeuge einzuvernehmen ist*, Botschaft aaO.

880 Bestehen begründete **Zweifel an der Urteilsfähigkeit des Zeugen oder liegen Anzeichen von psychischen Störungen** vor, so kann die Verfahrensleitung eine ambulante, nicht aber eine stationäre Begutachtung des Zeugen anordnen, wenn die Bedeutung des Verfahrens und des Zeugnisses dies rechtfertigen, also unter strenger Beachtung der Verhältnismässigkeit (StPO 164 II)[221]. Solche gutachterlichen Abklärungen durch Sachverständige oder weitere Beweismittel können sich auch zur Überprüfung der **Glaubwürdigkeit** von Zeugen aufdrängen (vgl. StPO 177 II)[222]. Zwar ist die Beurteilung der Glaubwürdigkeit vorab erwachsener Zeugen grundsätzlich Aufgabe des Richters und nicht von Sachverständigen. Eine Begutachtung drängt sich nur auf, wenn die Glaubwürdigkeit gestützt auf aussergewöhnliche Umstände, zweifelhaft ist[223]. Allenfalls ergibt sich aus dieser Abklärungspflicht die Notwendigkeit, entsprechende Akten anderer Verfahren beizuziehen und der beschuldigten Person zu öffnen[224].

2.3. Schweigegebot für die Zeugen, StPO 165

881 Sind mehrere Zeugen, Auskunftspersonen usw. zum gleichen Sachverhalt einzuvernehmen, besteht die Gefahr, dass diese miteinander Kontakt aufnehmen und sich über den Gegenstand der Beweisabnahme unterhalten, wenn nicht absprechen. Entgegen den meisten früheren Prozessgesetzen sieht StPO 165 in Weiterführung der allgemeinen Regel von StPO 73 II vor, dass die einvernehmende Behörde den Zeugen, nicht aber beschuldigten Personen oder Rechtsbeiständen, unter Hinweis auf StGB 292 dazu verpflichten kann, **über die beabsichtigte oder erfolgte Einvernahme und deren Gegenstand Stillschweigen zu bewahren** (Abs. 1)[225]. Diese Verpflichtung ist nach Abs. 2 **zeitlich zu befristen** (also

---

[221] Näher Botschaft 1197 oben.
[222] Allgemein Botschaft 1197 oben und hinten N 932. Neuerdings hierzu BGE 129 I 49 = Pra 92 (2003) Nr. 98 und BGer 8.10.2008, 6B_572/2008 = RS 2009 Nr. 548 (zu den methodischen Anforderungen an die psychologischen Glaubhaftigkeitsgutachten von Zeugenaussagen, das zweite Urteil zu den Unterschieden von Glaubwürdigkeit und Glaubhaftigkeit). Zur Thematik (z.T. eher allgemein) ferner BGE 128 I 86; ZBJV 136 (2000) 138; RS 2001 Nr. 62; GVP 1999 Nr. 73; SJZ 98 (2002) 392; RS 2004 Nr. 495. Zum Sachverständigenbeweis bezüglich Glaubwürdigkeit und ihrer Grenzen PKG 2000 Nr. 33 = RS 2005 Nr. 703 sowie allgemein hinten N 930 ff. Zur *Begutachtung jugendlicher Zeugen* ZR 98 (1999) Nr. 17 = RKG 1998 Nr. 125. Zur Anwendbarkeit von StPO 154 (früher OHG 41 ff.) bei solchen Gutachten Pra 92 (2003) Nr. 217 = 129 IV 186. – Entgegen der Botschaft 1196 unten ist es nicht Aufgabe von StPO 164, die *Begutachtung von psychische Schädigungen als Folge der Straftat* zu regeln; hier greift StPO 251 IV.
[223] Neben der in vorstehender Fn. zitierten Judikatur siehe BGE 118 Ia 31 ff.; RO 1973 299 Nr. 29; ZR 87 (1988) Nr. 123, 88 (1989) Nr. 49; RFJ/FZR 7 (1998) 102.
[224] SJZ 85 (1989) 266 = RO 1988 337 Nr. 71 = KGZ 17.5.1989 i.S. T.G., in plädoyer 5/1989 65.
[225] Bei Auskunftspersonen Schweigegebote nur für zeugenähnliche Auskunftspersonen, so nach 178 lit. a-c. Bei polizeilichen Einvernahmen nach StPO 142 II sollten diese Gebote von der Staatsanwaltschaft ausgesprochen werden, da dieser nach StPO 61 auch die Verfahrensleitung zukommt. – Inwieweit eine öffentliche Bekanntgabe von Informationen

z.B. «*bis 25. April 2008*», nicht angängig also beispielsweise: «*bis zur Einvernahme von X.Y.*»). Sie sollten auch bezüglich der persönlichen Reichweite klar formuliert werden, so dass der Zeuge weiss, ob das Schweigegebot generell Dritten gegenüber oder beispielsweise nur bei Kontakten mit dem Beschuldigten X gilt. Nicht zulässig wäre es selbstredend, dem Zeugen eine Kontaktnahme mit dem eigenen Anwalt zu verbieten.

2.4. Ablauf der Zeugeneinvernahme, StPO 162–167, 177 und 142 ff.

Die Einvernahme der Zeugen richtet sich, soweit StPO 162 ff. und vor allem StPO 177 nicht besondere Vorschriften enthalten, nach den **allgemeinen Regeln von StPO 142–156**[226]. Die einvernehmende Behörde hat den Zeugen vor allem auf seine Zeugnis- und Wahrheitspflichten sowie die **Strafbarkeit wegen falschen Zeugnisses** nach StGB 307 aufmerksam zu machen, welcher Hinweis Voraussetzung für die Verwertbarkeit der Einvernahme ist[227]. 882

2.5. Entschädigung des Zeugen, StPO 167, MStP 83

Der Zeuge hat nach StPO 167 **Anspruch auf angemessene Entschädigung für Erwerbsausfall** (in der Regel nicht für Fixbesoldete) und **Spesen** (primär Reise- und allenfalls Hotelkosten). Höhe und Berechnung der zu leistenden Entschädigungen ergeben sich aus den diesbezüglich von Bund und Kantonen zu erlassenden Vorschriften. Der Begriff der angemessenen Entschädigungen bleibt jedoch ein solcher des Bundesrechts, und entsprechende Entscheide unterliegen deshalb auch der Strafrechtsbeschwerde ans Bundesgericht. 883

3. Zeugnisverweigerungsrechte, StPO 168–176, MStP 75–77

3.1. Grund für die Ausnahmen von der allgemeinen Zeugnispflicht

Die allgemeine Zeugnispflicht (vorstehend Ziff. 2.1.) kann mit anderen Interessen des Wissensträgers (oder der beschuldigten Person), die dieser zu wahren hat, in Konflikt geraten. Zudem sind nach diversen Bundesgesetzen, so z.B. 884

---

nach StPO 165 I sodann unter StGB 293, Veröffentlichung amtlicher geheimer Verhandlungen, fällt, ist im Einzelfall zu prüfen.
[226] Vorne N 803 ff.
[227] Vorne N 810. Für die *Gültigkeit des Zeugnisses* spielt es keine Rolle, ob der Zeuge tatsächlich wegen StGB 307 bestraft werden könnte, was beim *Diplomaten* nicht ohne Weiteres der Fall ist, vgl. ZR 106 (2007) Nr. 80 S. 305 = SJZ 104 (2008) 101, vgl. dazu BGer 3.9.2007, 6B_51/2007, in Pra 97(2008) Nr. 11 E.2 = RS 2008 Nr. 413 = FP 2/2008 95 (vorausgehender Entscheid des Zürcher Kassationsgericht aaO 90).

StGB 162, 320, 321, 321bis, 321ter ^{228} oder BankG 47, gewisse Geheimnisträger unter Strafdrohung gehalten, ihr Wissen nicht preiszugeben. Die Prozessgesetze sehen zum Schutz des Zeugen, der beschuldigten Person oder deren Angehörigen deshalb in unterschiedlicher Weise **Zeugnisverweigerungsrechte** vor, die den Strafverfolgungsinteressen des Staates vorgehen[229]. Das Zeugnisverweigerungsrecht betrifft nur die Aussage und gewisse konnexe Pflichten wie die Edition von Schriften[230], nicht aber z.B. die Mitwirkungspflichten nach StPO 146 II oder SVG 51[231].

3.2. Arten von Zeugnisverweigerungsrechten

885 In der Strafprozesslehre wird üblicherweise zwischen **absoluten und relativen Zeugnisverweigerungsrechten** unterschieden. Von **absoluten Zeugnisverweigerungsrechten** spricht man, wenn sie der betreffenden Person erlauben, das Zeugnis gänzlich zu verweigern; ein solches stellt etwa das Verweigerungsrecht aufgrund persönlicher Beziehungen nach StPO 168 (nachfolgend Ziff. 3.3.1.) dar. Von einem **relativen Zeugnisverweigerungsrecht** spricht man, wenn dieses nur die Beantwortung von Fragen betrifft, um deretwillen dieses Recht geschaffen wurde; dies ist etwa bei StPO 169 (Zeugnisverweigerung zum eigenen Schutz, nachfolgend Ziff. 3.3.2.) oder StPO 172 (Zeugnisverweigerungsrecht von Medienschaffenden, nachfolgend Ziff. 3.3.4.) anzunehmen.

3.3. Einzelne Zeugnisverweigerungsberechtigte, StPO 168–173

Der **(abschliessende) Katalog der Berechtigten** – der über weite Strecken kongruent mit den bisher bekannten strafprozessualen Zeugnisverweigerungsrechten ist – ergibt sich primär aus StPO 168–173. Darin werden genannt:

3.3.1. Zeugnisverweigerungsrecht aufgrund persönlicher Beziehungen, StPO 168

886 Ein Zeugnisverweigerungsrecht kommt zunächst **nahen Verwandten** (vor allem Blutsverwandte in auf- und absteigender Linie, Brüder, Schwestern, Schwäger und Schwägerinnen) sowie den **Ehegatten** (gleichgestellt die **faktische Lebensgemeinschaft** sowie die **eingetragene Partnerschaft**)[232] der beschuldigten Per-

---

[228] *Verletzung des Post- und Fernmeldegeheimnisses* (durch Funktionäre der Fernmeldedienste, die auch privat sein können) gemäss FMG vom 30.4.1997, SR 784.10.
[229] BGE 120 IV 224. Das Zeugnisverweigerungsrecht steht (kongruent zu den Zeugenpflichten allgemein, N 873, sowie den Geheimnispflichten nach StGB 321 oder BankG 47) *nur natürlichen, nicht juristischen Personen* zu.
[230] Dazu nachstehend N 1126; beschränkt bei Beschlagnahme, N 1121 ff.
[231] Dazu, ob *Mitwirkungspflichten nach Steuerrecht oder SVG* EMRK-konform sind, m.w.H. vorne N 671.
[232] Gilt auch für *Vorgänge vor der Eheschliessung bzw. Eingehen einer Partnerschaft* usw. Allfällige vorher erfolgte Aussagen werden unverwertbar (aber wohl nicht die daraus ge-

son zu. Bei der Ehe, der eingetragenen Partnerschaft und bei gewissen Pflegeverhältnissen, nicht aber der faktischen Lebensgemeinschaft, dauert das Zeugnisverweigerungsrecht bei nachträglicher Auflösung fort (vgl. näher StPO 168 I–III)[233]. Dieses **Verweigerungsrecht wirkt absolut** (vorne Ziff. 3.2.), bezieht sich also nicht nur auf Fragen, deren Beantwortung der beschuldigten Person nachteilig sein kann. Das Zeugnisverweigerungsrecht nach StPO 168 I **gilt nicht unbeschränkt**, sondern im Interesse der Wahrheitsfindung sowie des Schutzes des Zeugen nicht, wenn sich das Strafverfahren auf schwere Straftaten wie Tötungsdelikte (näher Katalog StPO 168 IV lit. a) gegen ihm nahestehende Person nach den Absätzen 1–3 bezieht (näher lit. b)[234].

3.3.2. Zeugnisverweigerungsrecht zum eigenen Schutz oder zum Schutz nahestehender Person, StPO 169

Verweigern kann der Zeuge die Beantwortung von Fragen, mit der er sich selbst der **Gefahr strafrechtlicher Verfolgung** aussetzen könnte (StPO 169 I lit. a), wozu z.B. auch **Übertretungen** oder eine drohende **Einziehung** zu zählen sind. Es ist dies die Konsequenz des Grundsatzes, dass sich die beschuldigte Person nicht selbst belasten muss, und des daraus fliessenden Aussageverweigerungsrechts nach StPO 113 I sowie 158 I lit. b[235], welches nicht durch Aussagepflichten des Zeugen zunichte gemacht werden darf. StPO 169 geht aber noch weiter: Das Zeugnis kann auch verweigert werden, wenn der Zeuge **gestützt auf die Aussage zivilrechtlich verantwortlich gemacht werden könnte** und das Schutzinteresse das Strafverfolgungsinteresse überwiegt (StPO 169 I lit. b); über diese Interessenabwägung entscheidet die zuständige Strafbehörde. Andere allenfalls tangierte Interessen wie die Ehrenrührigkeit einer Aussage geben keinen Anlass zur Aussageverweigerung[236]. Nach StPO 169 II (ähnlich ZPO 163) besteht im Rahmen von StPO 168 auch ein Zeugnisverweigerungsrecht, wenn sich die **Nachteile nach Abs. 1 auf eine nach StPO 168 I–III dem Zeugen nahe-** 887

---

wonnenen indirekte Beweise nach StPO 141 IV), wenn sich der Partner später auf das Verweigerungsrecht beruft. Bei Ehe und Pflegekinderverhältnis besteht das *Zeugnisverweigerungsrecht auch nach Auflösung weiter*, bei Pflegeverhältnissen jedoch nur solche nach der entsprechenden Verordnung über die Aufnahme von Kindern zur Pflege und Adoption vom 19,10,1977, SR 211.222.338, vgl. StPO 168 II, also z.B. bei einer Tagesmutter nicht, RK-S 2./3.7.2007 6.

[233] Zu den zeugnisverweigerungsberechtigten Verwandten etc. und den Einschränkungen einlässlich Botschaft 1198 f.

[234] *Zeugnisverweigerungsrecht hat bei schweren Straftaten im Familienkreis gegenüber dem Strafverfolgungsinteresse zurückzutreten*, so Botschaft 1199 Mitte; bereits in Aus 29 mach 1 S. 101. Zur jetzigen Fassung des Nationalrats (AB N 2007 961), die (entgegen E 165 IV lit. b) das *Zeugnisverweigerungsrecht des Geschädigten für Delikte im Familienkreis nicht aufhebt*, vgl. Diskussion in RK-N 31.5.2007 1 ff. Bereits nach der Botschaft 1199 unten sollte übrigens das Aussageverweigerungsrecht des Opfers i.S. von StPO 116 nach StPO 169 IV in jedem Fall vorgehen.

[235] Dazu und zum Folgenden Botschaft 1199 ff. Vorne N 671 ff.; N 861 ff.

[236] Botschaft 1200 oben. Es sei denn, sie könnte zu zivilrechtlicher Verantwortlichkeit führen.

stehende Person auswirken könnten, allerdings wiederum mit der vorgenannten Einschränkung von StPO 168 IV.

888 StPO 169 III räumt dem Zeugen sodann ein Aussageverweigerungsrecht ein, **wenn ihm oder einer ihm nahestehenden Person i.S. von StPO 168 I–III durch die Aussagen eine Gefahr für Leib und Leben oder ein anderer schwerer Nachteil droht**, welcher durch Schutzmassnahmen nach StPO 149 ff. nicht abgewandt werden kann. Nach der Botschaft[237] soll dieser Aussageverweigerungsgrund nur in Ausnahmesituationen zum Tragen kommen.

889 Nach StPO 169 IV kann das **Opfer die Aussage zu Fragen verweigern, die seine Intimsphäre betreffen**[238]. Diese Beschränkung gilt nur bei der Verfolgung von Straftaten gegen die sexuelle Integrität i.S. von StGB 187 ff. Das Aussageverweigerungsrecht bezieht sich nicht nur auf die abzuklärende Tat selbst, sondern allgemein, also z.B. bezüglich des Vorlebens, des allgemeinen sexuellen Verhaltens etc.

890 Aus StPO 169 fliesst in den vorgenannten Fällen ein **relatives Zeugnisverweigerungsrecht** (vorne Ziff. 3.2.): Die Aussagen können nicht generell, sondern nur bezüglich Fragen verweigert werden, deren Beantwortung den Zeugen bzw. seine Angehörigen allenfalls belasten oder den erwähnten Gefahren aussetzen könnte. Was den wohl im Zentrum stehenden Grund von **StPO 169 I lit. a (drohende eigene strafrechtliche Verfolgung)** betrifft, so ist der Zeuge auf dieses Zeugnisverweigerungsrecht aufmerksam zu machen, wenn sich aus den Akten ein gewisser Verdacht eines strafbaren Verhaltens ergibt[239]. Der Zeuge ist hingegen bei verstärkten Verdachtsgründen als Auskunftsperson einzuvernehmen, nämlich dann, wenn seine Beteiligung an den Straftaten, zu denen er befragt werden soll, nicht ausgeschlossen werden kann (StPO 178 lit. d)[240]. Der Verzicht auf dieses Zeugnisverweigerungsrecht ändert nichts daran, dass Aussagen einer materiell als beschuldigt zu betrachtenden Person unverwertbar sind und nicht zur Bestrafung wegen falschen Zeugnisses (StGB 307) führen können[241].

---

[237] S. 1200 Mitte.
[238] *Zeugnisverweigerungsrecht auch, wenn Aussage einziges Beweismittel zur Überführung des Täters ist*, BGE 120 IV 217 = SJZ 90 (1994) 423. Aussageverweigerung schliesst Ansprüche nach OHG nicht grundsätzlich aus, BGer 18.2.2002 in NZZ Nr. 61 vom 14.3.2002. Zeugnisverweigerungsrecht absolut auch in Fällen von StPO 166 IV. – Das *Zeugnisverweigerungsrecht des Opfers ist ein zweischneidiges Schwert*, da so allenfalls die Straftat nicht nachgewiesen werden kann und damit Schadenersatz- sowie OHG-Ansprüche verloren gehen können.
[239] RO 1986 329 Nr. 85. Allenfalls auch erst während Einvernahme, RS 1998 Nr. 504. Zeugnisverweigerungsrecht besteht vor zweiter Instanz, wenn *Gefahr der strafrechtlichen Verfolgung wegen der Aussagen vor erster Instanz besteht*, deutscher BGH 8.4.2008 in Kriminalistik 2008 371.
[240] Hinten N 915. Zu den Zeugenaussagen *früherer* (mit-)beschuldigter Personen, vorne N 657 und 660, hinten N 917.
[241] Vorne N 658.

3.3.3. Zeugnisverweigerungsrecht aufgrund des Amtsgeheimnisses, StPO 170, MStP 77

Beamte, Behördenmitglieder bzw. öffentliche Angestellte i.S. von StGB 110 III sind nach Massgabe des Verwaltungsrechts zur Verschwiegenheit verpflichtet[242]. Verletzungen des Amtsgeheimnisses werden nach StGB 320[243] geahndet. Daraus folgt das Verbot, über Tatsachen als Zeugen auszusagen, die Beamte usw. in ihrer amtlichen Stellung bekannt wurden (StPO 170 I): In diesem Sinn erscheint dieses **Zeugnisverweigerungsrecht als ein relatives** (vorne Ziff. 3.2.). Die Beamten etc. dürfen und müssen nur auszusagen, wenn sie von **ihrer vorgesetzten Behörde zur Aussage schriftlich ermächtigt wurden** (Abs. 2). Beigefügt sei, dass E 167 II lit. a sodann eine Aussagepflicht für Beamte etc. vorsah, die einer Anzeigepflicht unterliegen. Diese Bestimmung wurde vom Ständerat als Erstrat gestrichen[244]. Demgemäss dürfen beispielsweise rapportierende Polizeibeamte und weitere Angehörige von Strafbehörden ohne Entbindung nach Abs. 2 nicht über ihre Feststellungen z.B. an einem Tat- oder Unfallort als Zeuge aussagen, ein Leerlauf, da nicht vorstellbar ist, dass die vorgesetzte Behörde die Einwilligung verweigern könnte[245]. Wesentlich (und gegenüber den bisherigen Prozessgesetzen, nicht aber der Praxis, weitgehend neu) ist Abs. 3 von StPO 170; darnach haben diese **vorgesetzten Behörden die Ermächtigung zur Aussage zu erteilen, wenn das Interesse an der Wahrheitsfindung das Geheimhaltungsinteresse überwiegt**[246].

891

Beim Zeugnisverweigerungsrecht nach StPO 170 (das weder den Beamten usw. noch die beschuldigte Person schützen soll) hat die Praxis bisher die Auffassung

892

---

[242] Gilt auch für das Personal von öffentlich-rechtlichen Institutionen ausserhalb der eigentlichen Verwaltung, z.B. für die *FINMA;* dieses untersteht (inkl. Beauftragte etc.) nach FINMAG 14 dem Amtsgeheimnis, wobei Abs. 3 bei Aussagen ausdrücklich auf die Notwendigkeit einer Ermächtigung der FINMA verweist. Nicht mehr *Angestellte der Post*, dazu GVP 2008 Nr. 59. – Zum Fall eines *ausländischen Diplomaten* ZR 106 (2007) Nr. 80 = SJZ 104 (2008) 100.

[243] Art. 22 des Bundespersonalgesetz (BPG) vom 24.3.2000, SR 172.220.1, und Art. 94 der Bundespersonalverordnung (BPV) vom 3.7.2000 (SR 172.221.111.3); etwa für den Kanton Zürich § 51 des Personalgesetzes vom 27.9.1998, LS 177.10. Kein Zeugnisverweigerungsrecht für kantonale und kommunale Parlamentarier; Verweigerungsrecht in fragwürdiger Weise aber bejaht in SJZ 83 (1987) 101. – Oft wird das *Einfordern eines schriftlichen Berichts* nach StPO 145 oder 195 dienlicher sein, hierzu vorne N 816 f.

[244] AB S 2006 1018 mit der kaum richtigen Begründung, es gehe hier um ein kleine Zahl von Fällen, und die Entbindungspflicht solle nicht durch die Anzeigepflicht umgangen werden. Beim Zeugnisverweigerungsrecht nach StPO 171 (Berufsgeheimnisträger, nachfolgend N 893 ff.) wurde in Abs. 2 lit. a diese Aussagepflicht allerdings beibehalten!

[245] Zur Motivation von E 167 Abs. 2 siehe Botschaft 1201 oben.

[246] Zur früheren Praxis in dieser Frage siehe BGE 123 IV 165. Dem Schutz berechtigter Interessen dient allenfalls die Zusage der ersuchenden Strafbehörde, die Weitergabe von sensiblen Personendaten mit Auflagen gemäss Datenschutzgesetzgebung zu verbinden, vgl. frühere AKA des BGer 4.9.2002, 9G.98/2002, i.S. Bundesanwaltschaft (Entbindung eines Mitarbeiters der Bundesanwaltschaft im Fall einer Administrativuntersuchung).

vertreten, die **ohne Ermächtigung erfolgte Aussage** habe zwar dienst- und allenfalls strafrechtliche Folgen, bedeute aber nicht die Unverwertbarkeit der Zeugenaussage[247].

3.3.4. Zeugnisverweigerungsrecht aufgrund eines Berufsgeheimnisses, StPO 171

893 Die in StGB 321 genannten **Berufsgeheimnisträger** wie **Geistliche, Rechtsanwälte**[248], **Ärzte**[249]**, Zahnärzte, Notare, Apotheker** etc. haben ihr Berufsgeheimnis zu wahren. Sie sind demgemäss nach StPO 171 I weder berechtigt noch verpflichtet, über die von ihnen bei Ausübung ihres Berufs anvertrauten Informationen oder dabei (auch zufällig) gemachten Wahrnehmungen Zeugnis abzulegen. Ausgenommen sind die in StGB 321 (OR 730) erwähnten **Revisoren**, da sie nur ein (nicht Anlass zu besonderem Schutz gebendes) Geschäftsgeheimnis i.S. von StGB 162 zu wahren haben[250]. Das Zeugnisverweigerungsrecht nach StPO 171 gilt für die **Hilfspersonen** der Berufsgeheimnisträger wie Assistenten, Diakone, Gemeindehelfer, Sekretärinnen, Pflege- und Praxispersonal, usw. und wohl auch Chiropraktoren, nicht aber Tierärzte. **Weiteren Berufen, die ein Vertrauensverhältnis voraussetzen, wie nichtärztlichen Psychotherapeuten, Psychologen** u.Ä., die nicht StGB 321 unterstehen, wollte der Bundesgesetzgeber trotz

---

[247] ZR 106 (2007) Nr. 80 S. 305 = SJZ 104 (2008) 102; ZR 75 (1976) Nr. 38; RO 1973 299. Zur Pflicht des Gerichts, eine Entbindung des Beamten bei der Oberbehörde zu erlangen, ZR 91/92 (1992/93) Nr. 10 S. 22. Weigerung von Bundesbehörden (*in casu*: Eidg. Bankenkommission), Beamten zu entbinden, bei der Anklagekammer des Bundesgerichts (bzw. neu bei der Beschwerdekammer des Bundesstrafgerichts, StPO 48 II) anfechtbar, BGE 123 II 371 wie früher BGE 86 IV 139, abweichend von BGE 102 IV 222. Weigern sich kantonale Behörden, ist je nachdem die Beschwerdekammer des betreffenden Kantons (StPO 48 I) oder jene des Bundesstrafgerichts (in Fällen nach StPO 48 II) anzurufen, dazu vorne N 498.

[248] Darin sind auch die von StGB 321 *erwähnten Verteidigerinnen und Verteidiger eingeschlossen*, RK-N 22./23.2.2007 49 ff. – Es ist davon auszugehen, dass das Anwaltsgeheimnis und das Zeugnisverweigerungsrecht nicht nur die dem BGFA unterstellten, also nach Art. 2 I registrierten Anwälte bzw. Verteidiger (und damit direkt nach Art. 13) gelten, sondern auch für die Nichtregistrierten mit kantonalem Patent, zu dieser Problematik B. HESS in SJZ 98 (2002) 491 ff.

[249] Kein Arztgeheimnis bei Tätigkeit als ärztlicher Gutachter, mindestens dem Auftraggeber gegenüber. Eine Entbindung auch erforderlich, wenn zunächst Meldung an die Erwachsenen- und Kinderschutzbehörde nach StGB 358ter erfolgte.

[250] Botschaft 1201 oben. Aus StGB 321 lassen sich für die *Revisoren* keine strafprozessualen Zeugnis- und Editionsverweigerungsrechte ableiten, so Pra 85 (1996) Nr. 198 = plädoyer 3/1996 71, zu diesem Urteil die Beiträge von E. FREY und M. FORSTER in: Der Schweizer Treuhänder 70 (1996) 489 ff.; Urteil mit Kommentar P. NOBEL in SZW 134.3/1996 *Gilt ebenso im Rechtshilfeverfahren*, RFJ/FZW 2006 210, und weiter für Personen, die nach RAG 40 I lit. d das Geheimnis zu wahren haben. – Zum fehlenden Zeugnisverweigerungsrecht im wirtschaftlichen Konnex weiter hinten N 900.

entsprechenden parlamentarischen Vorstössen (bisher) kein Zeugnisverweigerungsrecht nach StPO 171 einräumen[251].

Dieses Zeugnisverweigerungsrecht, ja eigentlich eine Zeugnisverweigerungs- 894 *pflicht,* ist aber, wie sich aus StPO 171 I ergibt, auf Geheimnisse beschränkt, die den Geheimnisträgern «... *aufgrund ihres Berufes anvertraut worden sind*». Befreit ist somit nur das Wissen aus dem berufsspezifischen Bereich, nicht aber beispielsweise die Tätigkeit des **Anwalts als Privatmann, als Verwaltungsrat, bei der Anlage von Geldern oder als Vermögensverwalter**[252]. Ist der Rechtsanwalt für ein Unternehmen sowohl als Verwaltungsrat wie für dieses eigentlich anwaltschaftlich tätig, so sind die diesbezüglichen Bereiche getrennt zu behandeln[253]. Sind die Bereiche nicht zu trennen, so unterstehen sie gesamthaft dem Berufsgeheimnis und damit dem Zeugnisverweigerungsrecht.

Der Berufsgeheimnisträger hat auszusagen, wenn er einer **Anzeigepflicht unter-** 895 **liegt** (StPO 171 II lit. a)[254] oder wenn er vom Geheimnisherr oder schriftlich von einer nach StGB 321 Ziff. 2 **zuständigen Behörde vom Geheimnis entbunden wurde**[255]. Auch bei Entbindung durch den Klienten besteht **keine absolute Aus-**

---

[251] Zur Begründung Botschaft 1201 f. Ein entsprechender Antrag wurde im Nationalrat abgelehnt, RK-N 22./23.2.2007 49 f., AB N 2007 961 ff., wobei teilweise auf laufende Gesetzgebungsarbeiten in diesem Bereich verwiesen wurde – Psychologen oder Physiotherapeuten können u.U. *Hilfsperson eines sie beauftragenden Arztes* sein, vor allem im Fall der sog. delegierten Therapie.

[252] Also primär Rechtsberatung, Vertretung in gerichtlichen und aussergerichtlichen Auseinandersetzungen, Mitwirkung bzw. Durchführung von güterrechtlichen Auseinandersetzungen und Erbteilungen, BGE 114 III 107, 112 Ib 607, 113 Ib 72 ff.; ZR 78 (1979) Nr. 114, zu Grenzfragen etwa bei Konto, das für Klienten geführt wurde, eingehend BGer 11.7.2005, 1P.32/2005, besprochen in ZBJV 141 (2005) 529 = Anwaltsrevue 9 (2006) 336. – Nicht unter das Anwaltsgeheimnis fällt z.B. Tätigkeit als Finanzintermediär, TPF 2008 141, ein Checkinkasso, BGE 120 Ib 119, ferner BGE 115 Ia 197, 117 Ia 341, wohl aber das zu einem geheimnisgeschützten Mandat akzessorische Inkasso, vorgenannter BGer vom 11.7.2005. Unter das Geheimnis fällt ferner nicht das persönliche Bankkonto des Anwaltes, BGer 10.11.1994 i.S. S.R. ca. StAZ. Zu den Abgrenzungsschwierigkeiten dieser Bereiche EGMR 25.3.1998 i.S. H.W. Kopp gegen die Schweiz, Ziff. 73. – Unklar und in der Schweiz bisher kaum diskutiert wurde, inwieweit bei andern Geheimnisträgern eine solche Teilung in geschützte und nicht geschützte Bereiche vorzunehmen ist, zur Diskussion in Deutschland etwa bei Geistlichen, Bundesverfassungsgericht 15.1.2007, NJW 60 (2007) 1856, 1865.

[253] BGE 115 Ia 197; Pra 79 (1990) Nr. 44. Analoges gilt, wenn ein *Arzt in einer staatlichen Klinik* etc. arbeitet; alsdann je nachdem Entbindung alternativ (oder kumulativ) nach StGB 320 bzw. 321, RKG 1996 34 Nr. 156 = ZR 96 (1997) Nr. 32.

[254] Zu diesen Fällen hinten N 1211 und vorne N 892. – Dazu ZBJV 124 (1988) 31 = RS 1991 Nr. 173.

[255] Bei *reformierten Pfarrern* etwa im Kanton Zürich z.B. der Kirchenrat, bei Ärzten die für das Gesundheitswesen zuständige Direktion; bei Anwälten die Aufsichtskommission für Rechtsanwälte, vgl. BGFA 14 und Anwaltsgesetz vom 17.11.2003, LS 215.1, § 33 ff. – *Entbindung nur auf Gesuch des Geheimnisträgers hin,* ZR 91/92 (1992/93) Nr. 67;

sagepflicht Wer entbunden wurde, soll zwar grundsätzlich aussagen. Eine solche Pflicht besteht nach StPO 171 III allerdings nicht, wenn der Berufsgeheimnisträger glaubhaft macht, dass das Geheimhaltungsinteresse gegenüber dem Interesse an der Wahrheitsfindung überwiegt. Allerdings ist davon auszugehen, dass im Fall der Entbindung durch die Aufsichtsbehörde bereits diese die Abwägung der Interessen vorgenommen hat[256].

896 Das **Zeugnisverweigerungsrecht der Rechtsanwälte** gab im vorgenannten Zusammenhang im Parlament einiges zu reden. So war einerseits das Verhältnis zum BGFA strittig, vor allem zu dessen Art. 13, der vorsieht, dass der Anwalt das Zeugnis selbst dann verweigern kann, wenn er vom Geheimnis entbunden wurde. Der VE wie auch der E wollten diese Bestimmung streichen[257]. StPO 171 IV übernimmt nun jedoch diese Einschränkung der Aussagepflicht des BGFA indirekt, indem es dieses Gesetz vorbehält[258]. – Der andere Streitpunkt betrifft die Stellung des **in einem Unternehmen tätigen Anwalts (Unternehmensjurist)**. Unter früherem Recht war strittig, ob er ein Zeugnisverweigerungsrecht beanspruchen könne[259]. Im Nationalrat wurde der Antrag gestellt, diesen Unternehmensjuristen in einem E 68a ein Zeugnisverweigerungsrecht zuzugestehen. Über das Anliegen wurde jedoch nicht entschieden; vielmehr wurde es in

---

BGE 123 IV 75; zu den Anforderungen der Entbindung eines Anwalts ZR 96 (1997) Nr. 124. BGer 23.12.1994 i.S. D. ca. Kt. GE stellte fest, dass ein Entbindungsverfahren eine zivilrechtliche Angelegenheit i.S. von EMRK 6 Ziff. 1 darstelle und demgemäss von einem unabhängigen Gericht zu beurteilen sei, was bei der Entbindung von Ärzten mindestens bezüglich der Funktion der hiefür regelmässig zuständigen kantonalen Gesundheitsdepartemente nicht gegeben sein dürfte.

[256] Botschaft 1204 oben; an die *Glaubhaftmachung sind keine hohen Anforderungen zu stellen*. So schon bisher teilweise die kantonale Praxis, etwa ZR 96 (1997) Nr. 32 = RKG 1996 34 Nr. 156, ZR 104 (2005) Nr. 74 S. 288 für Ärzte.

[257] Dazu und zum Folgenden Botschaft 1203 Mitte.

[258] Vgl. die Diskussionen im Ständerat, RK-S 21–23.8.2006, S. 3 ff.; AB S 2006 1018 ff., sowie im Nationalrat AB N 2007 961 ff. Es bleibt nun das wenig befriedigende Resultat, dass z.B. Ärzte bei Entbindung unter Vorbehalt von StPO 171 III aussagen müssen, Anwälte aber nicht!

[259] Offen gelassen in BGer 28.10.2008, 1B_101/2008 in SJZ 105 (2009) 15 = Anwaltsrevue 2/2009 87, klar abgelehnt vom BStGer am 14.3.2008 in TPF 2008 20 = FP 6/2008 348 als Vorinstanz. Zum früheren Rechtszustand vgl. die Kontroverse hiezu von M.A. NIGGLI, M. PFEIFFER und J. SCHWARZ in Anwaltsrevue 9 (2006) 166, 277, 331 und 338. Bei angestellten Juristen, auch wenn sie das Anwaltspatent besitzen, *fehlt es am typischen Vertrauensverhältnis Anwalt/Klient*, das für die traditionelle Beziehung Anwalt-Klient die Basis des Zeugnisverweigerungsrechts darstellt. Unternehmensjuristen benötigen keine Zulassung als Anwalt, der Rechtsanwalt, der Klienten berät und vertritt (vorne N 895, Hinweise in Fn. 252), aber sehr wohl. Offensichtlich auch das Ergebnis der Beratungen des Parlaments zu SPO 168, aber Prüfung des Problems von Bundesrat Blocher versprochen in AB S 2006 1023. Zur ganzen Thematik vgl. das (zur Einführung eines Zeugnisverweigerungsrechts für Unternehmensjuristen eher negative) Gutachten des Bundesamts für Justiz vom 2.5.2007 z.H. der RK-N.

eine Motion umgewandelt[260], die beim Abschluss des Manuskripts zum vorliegenden Buch noch pendent war.

3.3.5. Quellenschutz für Medienschaffende, StPO 172

Medienschaffende, d.h. Personen, die sich beruflich mit der Veröffentlichung von Informationen im redaktionellen Teil eines periodisch erscheinenden Mediums befassen, **können das Zeugnis über die Identität des Autors oder über Inhalt und Quellen der Informationen verweigern** (StPO 172 I). Es handelt sich demgemäss um ein **relatives Zeugnisverweigerungsrecht** (vorne Ziff. 3.2.). Mit StPO 172 wurde dieser **Quellenschutz** unverändert aus StGB 28a übernommen; StGB 28a gilt jedoch weiter für die Strafverfahren ausserhalb des StGB, so im Bereich des VStrR. In StPO 172 II sind **diverse Fälle aufgeführt, in denen das Aussageverweigerungsrecht höher gewichteten Verfahrensinteressen zu weichen hat**, z.B. zur Abklärung von Tötungsdelikten (näher lit. a und b)[261].

897

3.3.6. Zeugnisverweigerungsrecht bei weiteren Geheimhaltungspflichten, StPO 173

Neben den gleichsam «klassischen» Amts- und Berufsgeheimnisträgern nach StGB 320 und 321 kennt vorab das Bundesrecht noch weitere Berufsgeheimnisse, sei es im StGB, sei es in andern Gesetzen. StPO 173 differenziert hier die Auswirkungen dieser Berufsgeheimnisse auf die Zeugnispflicht: Zunächst haben die in StPO 173 I genannten Berufsgeheimnisträger, nämlich die **Träger von Berufsgeheimnissen in der medizinischen Forschung** nach StGB 321bis (lit. a), sowie weiter das Personal **von Ehe- und Familienberatungsstellen** (ZGB 139 III, vgl. lit. b), von **Schwangerschaftsberatungsstellen** (lit. c)[262], der **Opferberatungsstellen nach OHG 4** (lit. d)[263] oder der **Behandlungs- und Für-**

898

---

[260] Vgl. dazu RK-N 10./11.5.2007 14 ff., 68 f.; AB N 2007 964 f. und M. HENRICH in Anwaltsrevue 2/2008 55.

[261] Der Entscheid, ob nach StPO 172 der *Quellenschutz gegenüber den Strafverfolgungsinteressen* zu weichen hat, wird von der nach StPO 174 zuständigen Behörde (N 902) getroffen, wobei allerdings der Entscheid, der richterlich sein muss (StGB 28a II), nach RK-N 22./23.2.2007 54 offenbar auch ein solcher der Staatsanwaltschaft sein kann, da er mit Beschwerde angefochten werden kann. Der Fall von *StPO 172 II lit. a ist allerdings nicht primär ein strafprozessualer*, so dass der Staatsanwalt mangels eines Strafverfahrens oft nicht zuständig sein wird, was der Gesetzgeber übersah. – Zum früheren (offenbar auch jetzt wieder lückenhaften) Recht etwa im Kt. Zürich ZR 104 (2005) Nr. 22, E.II.1. Zum einschlägigen Fall *Voser* NZZ Nr. 166 vom 19.7.2005; Entscheid auch abrufbar über www.obergericht-zh.ch/ (Anklagekammer lehnte Aufhebung ab, da Staatsanwaltschaft noch nicht alle anderen Beweismittel ausgeschöpft hatte) und entsprechendes Bundesgerichtsurteil 6S.89/2006 vom 11.5.2006 in SJZ 102 (2006) 392 = EuGRZ 33 (2006) 595. – Zu Urteilen des EGMR zum Verbot der Umgehung des Quellenschutzes durch Beugehaft medialex 13 (2008) 48 ff.

[262] Art. 2 des BG über die Schwangerschaftsberatungsstellen vom 9.10.1981, SR 857.5.

[263] Bzw. Art. 11 im neuen OHG. Dazu VPB 58 (1994) Nr. 67.

sorgestellen nach BetMG 15 II (lit. e) grundsätzlich ein (absolutes) Zeugnisverweigerungsrecht. Sie müssen nur aussagen, wenn das Interesse an der Wahrheitsfindung das Geheimhaltungsinteresse überwiegt[264].

899 **Sämtliche Berufsgeheimnisträger nach eidgenössischem oder kantonalem Recht ausserhalb der in StPO 173 I Genannten haben grundsätzlich Zeugnis abzulegen.** Davon werden sie von der zuständigen Behörde nach StPO 173 II nur entbunden, wenn die betreffende Person darlegt, dass das Geheimhaltungsinteresse überwiegt. Zu den bei StPO 173 II relevanten Berufsangehörigen sind etwa **Geheimnispflichtige nach DSG**[265] oder Angehörige der **Einrichtungen der Sozialversicherungen**[266] zu zählen.

3.4. Ausübung des Zeugnisverweigerungsrechts, StPO 174–176

3.4.1. Orientierung sowie Entscheid über Zulässigkeit der Zeugnisverweigerung, StPO 177 III und 174

900 Die Strafbehörde[267] macht den Zeugen nach StPO 177 III **vor der ersten Zeugeneinvernahme, auf das Verweigerungsrecht aufmerksam**[268], soweit aufgrund der Befragung sowie der Akten Anhaltspunkte für ein solches vorliegen[269]. Zur Feststellung eines allenfalls vorhandenen Zeugnisverweigerungsrechts wie auch zur Beurteilung der Glaubwürdigkeit des Zeugen ist naturgemäss notwen-

---

[264] Botschaft 1204 unten. Generell wohl bei *schweren Delikten*, so nach dem Katalog von StPO 172 II lit. b.
[265] Art. 35 des BG über den Datenschutz vom 19.6.1992, SR 235.1.
[266] Schweigepflicht gemäss ATSG 33, zur Schweigepflicht nach BVG 86 BGer 9.5.1996 in NZZ Nr. 187 vom 14.8.1996. Ferner solche der *Bewährungshelfer* nach StGB 93 II. Die Zeugenpflichten bei *wirtschaftlich orientierten Schweigepflichten* etwa nach BankG 47, BEHG 43, StGB 162 oder 321 bezüglich Revisoren oder RAG 40 I lit. d fallen zwar ebenfalls unter StPO 173 II, dürften aber kaum je zu Gunsten übergeordneter Interessen zu weichen haben. Für generellen Ausschluss dieser Fälle offenbar Botschaft 1205 oben sowie schon BeB 134/135.
[267] Die *Polizei* nur, wenn sie dazu i.S. von StPO 142 II oder 312 ermächtigt ist; diesfalls entscheidet sie auch über ein Zeugnisverweigerungsrecht, vgl. Botschaft 1207. Darüber hinaus hat die Polizei im Ermittlungsverfahren nach StPO 306 ff. bei Personen, die bereits ernstlich als Zeugen in Betracht fallen, sie auf ihr Aussageverweigerungsrecht aufmerksam zu machen, vgl. den Fall BJM 2008 169 f. Im *gerichtlichen Verfahren* entscheidet das Gericht, nicht die Verfahrensleitung, Botschaft 1205 Mitte. – Eine andere Frage ist, ob der *Verteidiger dem Zeugen raten darf, das Zeugnis zu verweigern,* dazu vorne N 760.
[268] Vorne N 810. Auch die *Personen, die Quellenschutz* beantragen können.
[269] RKG 1999 Nr. 142. Bei *späteren Zeugeneinvernahmen* nur, wenn Anlass zu Annahme besteht, die Situation hätte sich beim Zeugen geändert, so ausdrücklich noch VE 184 III, dazu BeB 137 Mitte, also nicht jedes Mal Befragung nach StPO 177 II. Bei den *Zeugnisverweigerungspflichten* nach StPO 170 und 171 I ist es primär Aufgabe der Geheimnisträger, davon von sich aus Gebrauch zu machen; sie haben ohnehin nur bei Entbindung auszusagen Botschaft 1205/1206. Kommen *zwei Zeugnisverweigerungsrechte* in Frage (z.B. nach StPO 168 oder 169), muss auf *beide aufmerksam* gemacht werden, ZR 99 (2000) Nr. 58, vgl. auch nachfolgende Fn.

dig, dass die Strafbehörde bei der ersten Einvernahme zunächst durch entsprechende Fragen sein Verhältnis zur beschuldigten Person, den weiteren Personen bzw. zur Straftat feststellt (dazu StPO 177 II); insoweit besteht kein Aussageverweigerungsrecht. Hinzuweisen ist nur auf Zeugnisverweigerungsrechte, für deren Vorhandensein Anhaltspunkte bestehen[270]. Hingegen ist der Zeuge nach StPO 177 I **vor jeder Einvernahme** auf seine **Zeugen- und Wahrheitspflichten sowie die Strafbarkeit des falschen Zeugnisses nach StGB 307** hinzuweisen. Beigefügt sei, dass die Abnahme eines **Eides** ist in der StPO nicht vorgesehen und deshalb unzulässig ist[271].

Unterbleiben die erforderlichen Hinweise nach StPO 177 I bzw. III, so ist die **Einvernahme nach** StPO 177 I 2. Satz **ungültig**, im Fall von StPO 177 III 2. Satz sogar **unverwertbar**[272], wenn sich der Zeuge nachträglich auf sein Aussageverweigerungsrecht beruft. Bezieht sich ein **relatives Zeugnisverweigerungsrecht z.B. nach StPO 169 nur auf einzelne Fragen**, so sind nur die Antworten auf diese unverwertbar[273]. Die (ungültige bzw. unverwertbare) **Einver-**

901

---

[270] BeB 137 unten. Unrichtig nach hier vertretener Auffassung deshalb Botschaft 1207 unten, wonach auf das Zeugnisverweigerungsrecht zum eigenen Schutz nach StPO 169 immer aufmerksam zu machen sei.

[271] Es gibt auch keine «*eidesstattlichen Erklärungen*» oder entsprechende Affidavits; unrichtige Erklärungen dieser Art stellen keine Falschbeurkundung dar, Basler Fall in SJZ 96 (2000) 194 = RS 2002 Nr. 268. Im Ausland bzw. nach früheren StPO (StPO 448 II!) erhobene beeidete Aussagen sind naturgemäss verwertbar. Zur *Verwertbarkeit spontaner Äusserungen* von Personen, die Zeugnisverweigerungsrecht beanspruchten, vorne Fn. 176 und 183.

[272] ZR ; 104 (2005) Nr. 74, SJZ 60 (1964) 304 = ZR 64 (1965) Nr. 68. Ungültigkeit bzw. Unverwertbarkeit (zu den Unterschieden mit Blick auf StPO 141 I und II vorne N 793 ff.) kann auch von der beschuldigten Person geltend gemacht werden, ZR 102 (2003) Nr. 56. Gleiche Folgen ebenfalls, wenn nicht auf *alle* vorhandenen Zeugnisverweigerungsrechte aufmerksam gemacht wird, ZR 99 (2000) Nr. 58. Diese Regeln gelten ebenfalls für *Aussagen bei polizeilichen Befragungen* (vorne Fn. 267), obwohl diese nicht Zeugenaussagen im eigentlichen Sinn sind, ZR 57 (1958) Nr. 12. Unzulässig auch *mittelbares Zeugnis, also Zeugeneinvernahme der bei der Einvernahme Anwesenden über (ungültige) Aussagen*; ZR 66 (1967) Nr. 67; SJZ 63 (1967) 123. *Gl.M.* ZR 91/92 (1992/93) Nr. 8 = SJZ 90 (1994) 121: Keine Zeugeneinvernahmen einer Erzieherin, eines Arztes etc. über Angaben, die ihnen ein 10–jähriges Mädchen gemacht hatte, nachdem dessen *Beistand das Zeugnisverweigerungsrecht* geltend machte. In den Erwägungen dieses Entscheides (E.3.b., S. 14 f.) wird allerdings in (zu) weitgehender Weise ein Ausschluss eines derartigen mittelbaren Einbringens von Aussagen angenommen: Wenn sich der potenzielle Zeuge ausserhalb eines Verfahrens Dritten gegenüber über eigene Beobachtungen äussert, so kann der Dritte darüber als Zeuge einvernommen werden, auch wenn sich der Zeuge im Verfahren selbst auf ein Zeugnisverweigerungsrecht berufen könnte, es sei denn, der Dritte sei von einer Strafverfolgungsbehörde dazu instrumentalisiert worden (zur Letzteren, dem Fairnessgebot widersprechenden Variante vorne N 101).

[273] RO 1980 340 Nr. 33. *Wirkungen der Ungültigkeit* nach StPO 141 I, nach Botschaft 1206 unten allerdings nach (jetzt) StPO 141 II (mit wohl unrichtigem Hinweis auf jetzt StPO 177 I statt auf 177 III). – Bei *Unverwertbarkeit nur einzelner Fragen und Antworten*

nahme kann aber wiederholt und die unterbliebenen Hinweise dabei nachgeholt werden.

902 Wird ein Zeugnisverweigerungsrecht geltend gemacht, so entscheidet im **Vorverfahren die einvernehmende Behörde sowie nach Anklageerhebung das zuständige Gericht, ob ein Zeugnisverweigerungsrecht gegeben ist** (StPO 174 I)[274]; dies gilt auch für die Ausübung des Quellenschutzes nach StPO 172 (vorne Ziff. 3.2.4.). Der Entscheid ergeht in einem einfachen verfahrensleitenden, nicht notwendigerweise gesondert ausgefertigten Beschluss bzw. einer Verfügung i.S. von StPO 80 III und 84 V, insbesondere im Fall des Zugestehens eines Verweigerungsgrundes ohne weitere Begründung. Vorab in Zweifelsfällen ist den Parteien vor dem Entscheid das rechtliche Gehör zu gewähren ist. Der Zeuge (nach der Botschaft mangels Beschwer nicht die andern Parteien[275]) kann den (verweigernden) Entscheid der Strafverfolgungsbehörden und erstinstanzlichen Gerichte mit **einer Beschwerde nach StPO 393 ff.**[276] **bei der Beschwerdeinstanz** anfechten (StPO 174 II). Bis zu deren Entscheid hat der Zeuge ein Verweigerungsrecht (StPO 174 III)[277].

3.4.2. Zeugnisverweigerung als höchstpersönliches Recht, StPO 175

903 Der **Entscheid über die Ausübung** des Zeugnisverweigerungsrechts ist ein **höchstpersönlicher und vom urteilsfähigen Berechtigten selbst zu treffen**[278]. Bei Minderjährigen (vgl. für diese BV 11 II) wird angenommen, dass diese Urteilsfähigkeit ab dem Alter von ungefähr 14 bis 16 Jahren gegeben ist, wobei je nach Art des Delikts und des Zeugnisverweigerungsrechts zu differenzieren ist. Bei Urteilsunfähigen hat der gesetzliche Vertreter zu entscheiden (Eltern, Beistand, Vormund). Besteht ein **Interessenkonflikt** (*Hauptfall:* Sexualdelikt des Vaters mit dem eigenen Kind), ist eine Mitwirkungsbeistandschaft nach

---

sind diese einzuschwärzen; eine Kopie des Originalprotokolls ist nach StPO 141 V unter separatem Verschluss zu halten.

[274] Bei *polizeilichen Einvernahmen nach StPO 142 II Satz 2* entscheidet die Polizei, Botschaft 1205 Mitte.

[275] Botschaft 1206 oben. Dass den *Parteien immer die Beschwer abgeht*, wie die Botschaft aaO oben annimmt, erscheint als problematisch, vorab bei Entscheiden, die das Zeugnisverweigerungsrecht bejahen. Allerdings kann die betroffene andere Partei bei der nachfolgenden Instanz erneut ein Gesuch um Einvernahme des Zeugen stellen (z.B. nach StPO 331 II), womit die Frage des Zeugnisverweigerungsrechts wieder aufgerollt wird.

[276] Da StPO 393 I lit. b an sich gegen verfahrensleitende (erstinstanzliche) Gerichtsentscheide keine Beschwerde zulässt (nach hier vertretener Auffassung allerdings Ausnahmen, vgl. N 1510), soll es sich nach der Botschaft 1206 um ein Rechtsmittel *sui generis* handeln, welche Annahme nicht zwingend ist.

[277] Gegen diesen Beschwerdeentscheid dürfte, wenn er zur Verweigerung eines Zeugnisverweigerungsrechts führt, eine *Strafrechtsbeschwerde ans Bundesgericht* nach BGG 78 ff. bzw. BGG 93 zulässig sein, N 1652.

[278] So noch ausdrücklich VE 182 I.

ZGB 396 anzuordnen[279]. Der Entscheid des gesetzlichen Vertreters usw. bindet den jugendlichen Zeugen jedoch nicht in dem Sinn, dass dieser zu einer Aussage gezwungen werden könnte.

Nach StPO 175 I kann sich der Zeuge **jederzeit auf ein Verweigerungsrecht berufen bzw. einen früher ausgesprochenen Verzicht widerrufen.** Eine z.B. während des Vorverfahrens abgegebene Erklärung, aussagen zu wollen, bindet den Zeugen also nicht. StPO 175 II entscheidet die früher oft strittige Frage, ob bei einer **späteren Berufung auf das Zeugnisverweigerungsrecht die früher nach ordnungsgemässem Hinweis auf das Verweigerungsrecht und StGB 307**[280] **gemachten Aussagen verwertbar seien**, in bejahendem Sinn[281]. Das Gesetz äussert sich jedoch nicht zum Fall, dass der **Grund zur Zeugnisverweigerung erst nachträglich eingetreten ist,** beispielsweise, wenn die Zeugin nach der Einvernahme den Beschuldigten heiratete. In diesem Fall dürfen nach dem Sinn des familiär begründeten Zeugnisverweigerungsrechts und entgegen dem Wortlaut von StPO 175 II die früheren Aussagen und eingelegten Beweisstücke[282] nicht verwertet werden. 904

3.4.3. Unberechtigte Zeugnisverweigerung, StPO 176, MStP 82

Weigert sich der Zeuge vor der Strafbehörde (Staatsanwaltschaft oder Gericht) trotz bestehender Pflicht[283], auszusagen, so kann er mit **Ordnungsbusse**[284] bestraft und zur Tragung der Kosten und Entschädigungen, die er mit seiner Weigerung verursachte, verpflichtet werden (StPO 176 I). Beharrt der Zeuge auf seiner Weigerung, so wird er unter **Hinweis auf StGB 292 nochmals zur Aussage aufgefordert**; bei erneuter Weigerung wird ein Strafverfahren eröffnet (StPO 176 II). 905

---

[279] Ausdrücklich (noch bezogen auf das alte Vormundschaftsrecht) VE 182 III. Dazu SJZ 70 (1974) 315; 73 (1977) 63 = ZR 75 (1976) Nr. 93; ZR 91/92 (1992/93) Nr. 8 E. 3a.

[280] Botschaft 1206 unten; darnach Verwertung nur unter Vorbehalt von StPO 141 II, also zur Abklärung schwerer Straftaten.

[281] Sachlich richtiger VE 182 V, der für die Verwertbarkeit darauf abstellte, dass Aussagen in Kenntnis des Zeugnisverweigerungsrechts gemacht wurden, dazu näher BeB 136 f. – Das Prinzip von StPO 175 II gilt *analog bei andern Verfahrenshandlungen, bei denen gewisse Personen die Mitwirkung verweigern können,* beispielsweise für die beschuldigte Person (StPO 158 I lit. b, vorne N 861), die Auskunftsperson (StPO 180, nachstehend N 922, 924) oder körperliche Untersuchung (StPO 251 IV, hinten N 1084) oder die Editionspflicht (StPO 265 II, hinten N 1126).

[282] SJZ 53 (1957) 123 = ZR 57 (1958) Nr. 13. *Verwertbar sind jedoch Sekundärbeweise* nach StPO 141 IV.

[283] Vorne N 878.

[284] Der Bundesgesetzgeber verzichtete aus verschiedenen Gründen auf das Instrument der *Beugehaft,* Botschaft 1206 f. Ob die Verweigerung allenfalls *Begünstigung* (StGB 305) darstellt, ist im Einzelfall zu prüfen; zu entsprechenden Urteilen in Deutschland Kriminalistik 2008 574.

4. Beweiswert von Zeugenaussagen bei späterem Rollenwechsel

906 Ändert sich die Verfahrensrolle eines ursprünglich als Zeuge einvernommenen Verfahrensbeteiligten, gilt Folgendes[285]: Erscheint die ursprünglich als **Zeugin einvernommene Person in einem späteren Verfahrensstadium als beschuldigte Person**, so sind die früheren Zeugenaussagen gegen sie selbst beweismässig nicht verwertbar (**materielle Beschuldigteneigenschaft**[286]). Erscheint die betreffende **Person nicht mehr als Beschuldigte**, ist das Verfahren einzustellen bzw. durch Freispruch zu erledigen[287]; fortan kann sie zum fraglichen Sachverhalt als Zeugin einvernommen werden[288]. Auf den **Rollenwechsel zwischen Auskunftsperson und Zeuge** wird nachfolgend einzugehen sein[289].

§ 62 Aussagen von Auskunftspersonen, StPO 178–181, VStrR 40, MStP 84

Literaturauswahl: neben der vor § 58–61 angeführten Literatur AESCHLIMANN N 620, 909; HABSCHEID 416; HAUSER/SCHWERI/HARTMANN § 63; MAURER 226; OBERHOLZER N 902; PIQUEREZ (2006) N 740; DERS. (2007) N 565; SCHMID (2004) N 659a.

JAN BANGERT, Auskunftsperson und Wahrheitserforschung im schweizerischen Strafprozessrecht, recht 15 (1997) 65; NIKLAUS SCHMID, Zur Auskunftsperson, insbesondere nach zürcherischem Strafprozessrecht, Z 112 (1994) 87; SUSANNE VOGEL, Die Auskunftsperson im Zürcher Strafprozessrecht, Diss. Zürich 1999.

Materialien: Aus 29 mach 1 S. 103; VE 186–189; BeB 138 ff.; ZEV 47 f.; E 175–178; Botschaft 1298 ff.; AB S 2006 1023 f., AB N 2007 965.

1. Allgemeines

907 Der eidgenössische Gesetzgeber hat dem allgemeinen Trend der Strafprozessentwicklung der letzten Jahrzehnte folgend die Figur der Auskunftsperson in die StPO übernommen (StPO 178–181; VStrR 40). StPO 178 verweist zwar in der Marginalie auf den Begriff der Auskunftsperson, definiert diesen aber nicht im eigentlichen Sinn. Vielmehr enthält die Bestimmung acht – durchaus nicht homogene – Kategorien von Personen, die in dieser Eigenschaft einzuvernehmen sind. Aus dieser Liste lässt sich ablesen, dass die Auskunftsperson als Auffangkonstruktion und Beweisfigur **zwischen der beschuldigten Person und dem**

---

[285] Zum Rollenwechsel aus der Sicht der Parteistellung vorne N 655 ff.
[286] Vorne N 658.
[287] Vorne N 657. Es liegt hier *Ungültigkeit i.S. von StPO 141 II vor*, also nicht Unverwertbarkeit nach StPO 141 I Satz 1; zu den Unterschieden vorne N 789 ff.
[288] *Verurteilte Person kann nach Eintritt der Rechtskraft* des sie betreffenden Strafentscheids grundsätzlich ebenfalls *als Zeugin einvernommen werden*, nachfolgend N 916.
[289] Vorne N 927 f.

Zeugen zu verstehen ist[290]. Es sind m.a.W. Personen, welche **nicht in die traditionellen Figuren der beschuldigten Person einerseits und des Zeugen anderseits passen** (die Fälle von lit. d-f. oder g) oder deren **Person bzw. Stellung es nicht als angezeigt erscheinen lässt, sie in den strengen Formen des Zeugenbeweises einzuvernehmen** (lit. a-c).

In diesen Fällen von StPO 178 lit. a-c handelt es sich bei der **Auskunftsperson um Personen, die von ihrer Stellung zum untersuchten Straftatbestand her gesehen allerdings nahe beim Zeugen liegen** (und früher denn auch üblicherweise als solche einvernommen wurden). Als Auskunftsperson kommt deshalb *a priori* nur jene Person in Frage, die (wie der Zeuge) nicht von vornherein als beschuldigte Person feststeht[291]. Aus der Substitutionsfunktion der Auskunftsperson folgt ferner, dass wer von einem ihm zustehenden Zeugnisverweigerungsrecht Gebrauch macht, nicht als Auskunftsperson einvernommen werden darf. 908

Einvernahmen als Auskunftspersonen i.S. von StPO 178 ff. **können nach StPO 142 von allen Strafbehörden i.S. von StPO 12–21 vorgenommen werden.** Für entsprechende Einvernahmen der **Polizei** gelten die besonderen Regeln von StPO 179 (anschliessend Ziff. 2.2.). 909

2. Als Auskunftsperson einzuvernehmende Verfahrensbeteiligte

2.1. Auskunftspersonen nach StPO 178

StPO 178 sieht (zwingend) vor, dass Personen in den nachgenannten Fällen als Auskunftspersonen (und nicht als beschuldigte Personen bzw. Zeugen) einzuvernehmen sind, welche **Liste abschliessend** ist[292]: 910

2.1.1. der Geschädigte, der sich nach StPO 118 ff. **als Privatkläger konstituierte** (lit. a, vgl. auch StPO 166 II)[293]. Die Privatklägerschaft ist Partei. Sie 911

---

[290] So auch Botschaft 1208 Mitte.
[291] Allgemein PKG 2002 Nr. 27. Für den Fall der falschen Rollenverteilung vorne N 659, 907 und hinten N 927 ff.
[292] Botschaft 1208. – Vom Ständerat gestrichen wurde die Bestimmung von E StPO 175 lit. e, wonach als Auskunftsperson einzuvernehmen ist, wer von der *beschuldigten Person ausdrücklich der falschen Anschuldigung (StGB 303) oder des falschen Zeugnisses (StGB 307) bezichtigt wird.* Begründet wurde die Streichung damit, dass es mit einer solchen Bestimmung genügen würde, um eine Anzeige gegen einen Zeugen einzureichen, um ihn als solchen auszuschalten, vgl. AB S 2006 1023 f. Dabei wurde übersehen, dass nun gerade eintritt, was die (übrigens aus früheren kantonalen Prozessordnungen übernommene) Bestimmung vermeiden wollte: Der Zeuge ist nach erfolgter Anzeige fortan als beschuldigte Person einzuvernehmen (also nicht mehr in der zeugenähnlichen Stellung als Auskunftsperson, wohl auch nicht nach StPO 178 lit. f). Die Person kann erst wieder als Zeugin einvernommen werden, wenn das Verfahren gegen sie eingestellt wurde oder durch Freispruch endete.

kann und soll nicht den an sich nur Personen, die am Ausgang des Verfahrens nicht interessiert sind, zugedachten Zeugen-, vor allem Wahrheitspflichten unterworfen werden. **Vor der Konstituierung gemachte Zeugenaussagen** behalten ihre Gültigkeit und Verwertbarkeit. Der Geschädigte kann ebenfalls nach dem Verzicht auf die Privatklägerschaftsstellung i.S. von StPO 120 als Zeuge einvernommen werden.

912 *2.1.2.* **Kinder, die im Zeitpunkt der Einvernahme das 15. Altersjahr noch nicht zurückgelegt haben** (lit. b), eine Vorschrift, die im Zusammenhang mit StPO 163 I[294] zur Zeugenstellung von Jugendlichen steht.

913 *2.1.3.* Personen, die im Zeitpunkt der Einvernahme **wegen eingeschränkter Urteilsfähigkeit** nicht in der Lage sind, den Gegenstand der Einvernahme vollständig zu erfassen (lit. c). Ob ein Fall fehlender[295] oder nur reduzierter Urteilsfähigkeit vorliegt, ist gemäss StPO 164 II allenfalls **durch ein Gutachten zu klären**[296];

914 *2.1.4.* eine Person, die «ohne selber beschuldigt zu sein, als **Täterin oder Täter, Teilnehmerin oder Teilnehmer der Tat oder einer andern damit zusammenhängenden Straftat Handlung nicht ausgeschlossen werden kann**» (lit. d). Zu denken ist hier vor allem an Fälle, in denen die Person der beschuldigten Person noch nicht feststeht, weil diese aus einem bestimmten oder unbestimmten Kreis von Personen zuerst ermittelt werden muss. Dies wäre etwa der Fall, wenn noch nicht klar ist, wer von vier Autoinsassen das Fahrzeug lenkte. In diesen Fällen soll niemand gezwungen werden, falsches Zeugnis abzulegen[297];

915 *2.1.5.* **mitbeschuldigte Personen bei Einvernahmen zu Delikten, die ihnen nicht zur Last gelegt werden** (lit. e). Werden mehrere Personen **wegen gleicher Vorwürfe im selben Verfahren verfolgt**, werden sie – auch über die Rolle der andern – als (mit-)beschuldigte Personen einvernommen[298]. Denkbar ist indessen, dass eine mitverfolgte Person über Straftaten zu befragen ist, die ihr selbst nicht zur Last gelegt werden[299]. Diesfalls wird diese Person als Auskunftsperson einvernommen;

916 *2.1.6.* **Beschuldigte in einem andern Verfahren wegen einer Tat, die mit der abzuklärenden Straftat im Zusammenhang steht** (lit. f). Denkbar ist, dass

---

[293] Als Privatkläger ist auch jener Geschädigte zu betrachten, der nach StGB 70 I letzter Satzteil oder StGB 73 Ansprüche im Zusammenhang mit Einziehungen geltend macht.
[294] Vorne N 876.
[295] Alsdann ist eine Einvernahme nach StPO 163 I überhaupt nicht möglich, dazu vorne N 852, 876.
[296] Botschaft 1196 unten, dazu vorne N 880. – Zu beachten ist sodann StPO 155, vorne N 852.
[297] Botschaft 1209 oben. Dazu ZR 105 (2006) Nr. 45.
[298] Vorne N 660.
[299] Botschaft 1209 Mitte: Im Verfahren gegen eine Diebesbande wird das Bandenmitglied X über einen Diebstahl befragt, an dem es nicht beteiligt war.

Verfahren wegen der gleichen Straftat oder einem damit zusammenhängenden Delikt wie Begünstigung, Geldwäscherei, Hehlerei u.Ä. aufgeteilt, also nicht von der gleichen Strafbehörde geführt werden oder sonstwie getrennt laufen (etwa in Anwendung von StPO 30, 38[300]). Hier sind die beschuldigten Personen im Verfahren, in dem sie nicht selbst beschuldigt sind, als Auskunftspersonen einzuvernehmen[301]. Auch Mittäter, die im Ausland verfolgt werden, können auf diese Weise vernommen werden[302]. Die frühere mitbeschuldigte Person kann als Zeugin vernommen werden, wenn deren Verfahren rechtskräftig (durch Verurteilung, Freispruch oder Einstellung) erledigt wurde[303].

2.1.7. Der Einzuvernehmende ist in einem nach StGB 102 gegen ein **Unternehmen gerichteten Strafverfahren Unternehmensvertreter nach StPO 112** (lit. g)[304]. Zu den Unternehmensvertretern werden alle jene Personen gezählt, die nach StPO 112 I zu solchen bestellt werden könnten, also jene, *«die uneingeschränkt zur Vertretung des Unternehmens in zivilrechtlichen Angelegenheiten befugt»* sind. Das bisherige Recht (StGB 102a II) äusserte sich nicht zur Frage, in welcher Eigenschaft der Unternehmensvertreter zu vernehmen sei, doch war man sich einig, dass diesen die Rolle einer beschuldigten Person bzw. einer Auskunftsperson zukomme und sie vor allem keine Aussagepflicht treffe. Was die übrigen Unternehmensangehörigen aller Stufen betrifft, versagte ihnen das frühere Recht ein Aussageverweigerungsrecht, um die Strafverfolgung im Unternehmensbereich nicht zu stark zu behindern. StPO 178 lit. g lockert diese enge Regelung etwas. Zwar wird darauf verzichtet, alle Mitarbeiter des Unternehmens als Auskunftspersonen zu bezeichnen und ihnen eine Aussagepflicht zu ersparen, wie dies VE 186 I vorgeschlagen hatte. Parallel zu StGB 321 Ziff. 1, die die Hilfspersonen des Berufsgeheimnisträgers dem Berufsgeheimnis (und damit dem Zeugnisverweigerungsrecht nach StPO 171) unterstellt, werden nun die **Mitarbeiter der Unternehmensvertreter** wie diese selbst behandelt. Es sind dies Sekretärinnen, Assistenten der Geschäftsleitung, Protokollführer des Verwaltungsrats u.Ä., also Personen, die mit den Unternehmensvertretern eng und re-

917

---

[300] Vorne N 437, 480 ff.
[301] Botschaft 1209 Mitte. Vgl. den Fall ZR 105 (2006) Nr. 45.
[302] Selbst *«pentiti»*, d.h. Kronzeugen, BGE 117 Ia 401 = Pra 81 (1992) Nr. 177 und EKMR in VPB 58 (1994) Nr. 106.
[303] Vorne N 657, 907. Wurde die Befragung der (noch) mitbeschuldigten Person unter Wahrung der Verteidigungsrechte der beschuldigten Personen durchgeführt, so ist die Durchführung einer – später möglichen – Zeugeneinvernahme (natürlich unter Vorbehalt von StPO 343, namentlich Abs. 3) nicht nötig, ZR 91/92 (1992/93) Nr. 55. Zum Zeugnisverweigerungsrecht solcher früher mitbeschuldigter Personen nach bisherigem Recht BJM 1983 215, 1985 279. Die Zeugeneinvernahme früherer Mitbeschuldigter setzt im Fall des *abgekürzten Verfahrens* (StPO 358 ff., hinten N 1374 ff.) eine besondere Prüfung der Glaubwürdigkeit voraus, vgl. deutscher Bundesgerichtshof am 11.2.2007 in NJW 62 (2008) 1749 und JZ 63 (2008) 69 unter Verweis auf BGHSt 48, 161.
[304] Ausführlich zu dieser Konstellation Botschaft 1209 ff.

gelmässig dauernd zusammenarbeiten. Nach der Botschaft soll dies für Angehörige von Rechts- oder Compliance-Abteilungen nicht zutreffen[305].

918 Muss ein Unternehmensvertreter nach StPO 112 III ausgewechselt werden, weil **gegen ihn wegen des gleichen oder eines damit zusammenhängenden Sachverhalts ein Strafverfahren** eingeleitet wurde, so wird er fortan als beschuldigte Person behandelt und einvernommen. Seine als Auskunftsperson gemachten Aussagen können im weiteren Verfahren gegen ihn und das Unternehmen beweismässig verwertet werden[306].

2.2. Polizeiliche Einvernahmen, StPO 179

919 StPO 179 berücksichtigt, dass der Polizei als Strafverfolgungsorgan in den meisten Kantonen die Befugnis zugestanden wurde, im Rahmen des Ermittlungsverfahrens Personen sachdienlich zu Protokoll einzuvernehmen, auch solche, denen eigentlich die Stellung eines Zeugen zukommt. Zu Zeugeneinvernahmen ist die Polizei jedoch grundsätzlich nicht befugt[307]. StPO 179 (vgl. auch StPO 142 II Satz 1) übernimmt diesen Regelungsansatz und bestimmt, dass die Polizei **alle Personen als Auskunftspersonen einzuvernehmen hat, soweit sie nicht als beschuldigte Personen zu betrachten sind**[308]. Dabei hat die Polizei in jedem Fall die Vorschriften über die Durchführung der Einvernahmen nach StPO 143, 158, 177 und 181 zu beachten. Nur schon wegen der Anwesenheitsrechte ist es allerdings problematisch, wenn Zeugen, von denen für das Verfahren wesentliche Aussagen erwartet werden, von der Polizei als Auskunftspersonen einvernommen werden. Hier hat stets eine ordentliche Zeugeneinvernahme zu erfolgen. Befragt die Polizei jemanden, der an sich als Zeuge in Frage kommt, sind vor der Polizei gemachte Aussagen als Auskunftsperson beweismässig nur verwertbar, wenn anschliessend der Zeuge noch ordnungsgemäss vom Staatsanwalt oder Gericht vernommen wurde und die Richtigkeit der polizeilichen Protokolle bestätigt wird[309].

---

[305] Botschaft 1210/1211.
[306] Hinten N 929.
[307] Zu den Ausnahmen nach StPO 142 II vorne N 805.
[308] Dazu BeB 140 unten. Die Botschaft äussert sich zu dieser wesentlichen Bestimmung leider nicht. – Für die *polizeiliche Einvernahme der Privatklägerschaft* vgl. StPO 180 II und nachfolgend N 923.
[309] In dieser Richtung schon die bisherige zürcherische Praxis ZR 86 (1987) Nr. 87; RO 1981 309 Nr. 39. Verwertbar allenfalls bei Tod usw., RO 1966 249 Nr. 34, vom OGZ II.StrK 7.4.2009, SB080684, in einem Vergewaltigungsfall bei Tod des Opfers vor Einvernahme durch Staatsanwalt jedoch verneint, Fall geschildert in TA und NZZ Nr. 82 vom 8.4.2009, S. 50. Unzulässig, wenn sich *Staatsanwalt bei dieser Zeugeneinvernahme lediglich die Richtigkeit der früheren polizeilichen Aussagen bestätigen lässt*, OGZ in plädoyer 3/2009 70.

3. Einvernahme der Auskunftsperson im Einzelnen, StPO 180 und 181

3.1. Entscheid über Art der Einvernahmen

Ob eine Person anstatt als beschuldigte Person bzw. Zeugin als Auskunftsperson einzuvernehmen ist, **entscheidet die einvernehmende Strafbehörde anhand der Aktenlage im Zeitpunkt der Einvernahme**. Der Einzuvernehmende und die anwesenden Parteien haben zwar die Möglichkeit, sich zur Art der Einvernahme zu äussern, jedoch kein diesbezügliches Wahlrecht. 920

3.2. Stellung, Rechte und Pflichten der Auskunftsperson, StPO 180

Für die Einvernahme der Auskunftsperson gelten unter Vorbehalt der nachfolgend darzustellenden Abweichungen die Vorschriften über die beschuldigte Person nach StPO 157 ff.[310] und über die Einvernahmen im Allgemeinen nach StPO 143 ff.[311]. So hat auch die Auskunftsperson **die Pflicht, auf Vorladung zu erscheinen** (StPO 205 I); ansonsten kann sie vorgeführt werden (StPO 207 ff.). Mindestens die zeugenähnlichen Auskunftspersonen nach StPO 178 lit. b und c haben **Anspruch auf Entschädigung** nach StPO 167. 921

Nach den bisher geltenden kantonalen Verfahrensgesetzen war die Auskunftsperson zumeist berechtigt, ihre **Aussage und die aktive Mitwirkung am Strafverfahren wie eine beschuldigte Person zu verweigern**. StPO 180 I übernimmt diese Regelung für die Auskunftspersonen nach StPO 178 lit. b-g[312]. 922

Für die **Privatklägerschaft** nach SPO 178 lit. a sieht StPO 180 II hingegen die gegenteilige Lösung vor: Sie ist in Übereinstimmung mit dem Zivilverfahren und in Angleichung an die Stellung des Zeugen[313] zur Aussage vor der Polizei (bei Delegation nach StPO 312), der Staatsanwaltschaft, den Übertretungsstrafbehörden (über StPO 357 I) sowie den Gerichten verpflichtet. Im Übrigen gelten hier neben den allgemeinen Vorschriften von StPO 142–146 jene über die Zeugen- 923

---

[310] Vorne N 855 ff.
[311] Vorne N 803 ff.
[312] Hierzu RS 1995 Nr. 771. *Polizeiliche Einvernahmen ohne Hinweis auf Aussageverweigerungsrechte sind unverwertbar*, RKG 1999 Nr. 144. Aussageverweigerung selbst dann, wenn Aussage z.B. bei Sexualdelikt einziger Beweis ist. Pflicht zur Teilnahme an *Konfrontationen* in den Schranken von StPO 146 (N 819) dürfte bestehen, es sei denn, für Auskunftsperson läge ein familiär bedingtes Zeugnisverweigerungsrecht nach StPO 168 oder ein solches nach StPO 169 bzw. ein Konfrontationsverweigerungsrecht des Opfers nach StPO 152 III, 153 II bzw. 154 IV lit. a vor, dazu vorne N 886, 846, 847, 851. Zur Frage, ob sich die *Auskunftsperson bei freiwilligen Aussagen in Ehrverletzungsverfahren auf den Rechtfertigungsgrund der gesetzlichen Erlaubnis* berufen kann, ZR 107 (2008) Nr. 30, bejahend BGer 4.6.2009, vorne Fn. 213.
[313] Dazu näher Botschaft 1211.

einvernahmen (StPO 162 ff.). Insbesondere sind hier die Vorschriften über die Zeugnisverweigerungsrechte (StPO 168 ff.) zu beachten, naturgemäss mit Ausnahme der Strafbarkeit wegen falschen Zeugnisses nach StGB 307. Nicht anwendbar ist sodann StPO 176, welche Bestimmung Sanktionen gegen widerspenstige Zeugen vorsieht[314].

3.3. Durchführung der Einvernahme, StPO 181

924 Nach StPO 180 I (und in Einklang mit den allgemeinen Vorschriften nach StPO 143 I lit. c) machen die Strafbehörden die **Auskunftsperson zu Beginn der Einvernahme**[315] **auf ihre Aussagepflichten bzw. das Aussageverweigerungsrecht aufmerksam**. Will oder muss die Auskunftsperson aussagen, so ist sie nach Abs. 2 von StPO 180 auf die allfällige **Strafbarkeit der falschen Anschuldigung sowie der Irreführung der Rechtspflege** (StGB 303 f.) hinzuweisen[316]. Diese letzteren Hinweise können im Anschluss an die Praxis zu früheren kantonalen Regelungen als Gültigkeitserfordernisse für die Verwendbarkeit der Einvernahme als Beweismittel betrachtet werden[317]; sie sind jedoch nicht Voraussetzung für eine allfällige Strafbarkeit nach StGB 303 f.[318]. Verweigert eine Auskunftsperson ihre Aussagen, so schliesst dies nicht aus, dass ihre früher in gleicher oder anderer Eigenschaft (beschuldigte Person, Zeuge) gemachten Aussagen als Beweis dienen können, soweit diese rechtens zustandegekommen sind[319].

925 Abgesehen von der **Privatklägerschaft** nach StPO 178 lit. a sind die Auskunftspersonen nach lit. b-g dieser Bestimmung zwar nach StPO 105 I lit. c und d Ver-

---

[314] Botschaft 1211 Mitte. Zu diesen Sanktionen vorne N 906.
[315] *Auskunftspersonen nach StPO 178 b-g* analog zu StPO 158 I zwingend nur bei der *ersten* (N 859), die *Privatklägerschaft nach StPO 178 lit. a* analog zu StPO 177 I und zur allgemeinen Regel von StPO 143 I bei *jeder Einvernahme*, StPO 143 I (*gl.M.* ZR 100 [2001] Nr. 18) und Botschaft 1185 unten, vorne N 901.
[316] Entgegen früheren kantonalen Gesetzen und VE 189 II ist die Auskunftsperson nicht auf ihre Wahrheitspflicht aufmerksam zu machen; dieser Hinweis ist damit fakultativ und nicht Gültigkeitserfordernis. *Berufung auf Aussageverweigerungsrecht ist analog zu StPO 175 zu behandeln*, ebenso bezüglich dessen Abs. 2 (vorne N 904).
[317] So zum früheren zürcherischen Recht ZR 100 (2001) Nr. 18, 99 (2000) Nr. 58 und abweichend ZR 105 (2006) Nr. 45 S. 212 ff. Allerdings könnte man sich fragen, ob der *Hinweis auf die Straffolgen der falschen Anschuldigung bzw. der Irreführung der Rechtspflege Gültigkeits- oder nur Ordnungsvoraussetzung* ist, da dieser Hinweis bei der beschuldigten Person (welcher die Rechtsstellung der Auskunftsperson in diesen Fällen angenähert ist) ebenfalls nicht erfolgt. Unverwertbar auch, wenn Aussage gegen Auskunftsperson selbst verwendet werden soll, also z.B. bei der Kostenauflage, ZR 105 (2006) Nr. 32 = plädoyer 3/2006 75.
[318] Ob Hinweis Voraussetzung für diese Strafbarkeit ist, offen gelassen im vorstehend erwähnten Entscheid ZR 105 (2006) Nr. 32 S. 156.
[319] Dazu einschränkend gleich anschliessend N 927 f.

fahrensbeteiligte, jedoch nicht Parteien[320]. Können sie sich trotzdem auf die **Teilnahmerechte nach SPO 147 berufen und sich bei der Einvernahme von ihrem Rechtsbeistand begleiten lassen?** StPO 178 ff. regeln diese Frage nicht. Bei beschränkter Urteilsfähigkeit in den Fällen nach StPO 178 lit. b und c ist dies in Anwendung von StPO 105 II unproblematisch, wenn die Interessenwahrung dieser Auskunftspersonen es verlangt. Bei den Quasi-Beschuldigten nach StPO 178 lit. d-f dürfte die Zulassung des Rechtsbeistands selbstverständlich sein[321]. Fraglich ist die Zulassung hingegen beim Unternehmensvertreter sowie seiner Mitarbeiter im Fall von StPO 178 lit. g; bei dieser Sachlage wäre jedoch der Rechtsbeistand des Unternehmens selbst als Vertreter wegen Interessenkollision nicht zuzulassen.

4. Beweiswert von Aussagen von Auskunftspersonen bei Rollenwechsel

Ändert sich die Verfahrensrolle eines ursprünglich als Auskunftsperson einvernommenen Verfahrensbeteiligten, gilt Folgendes[322]:

Denkbar ist, dass der Grund, der **Anlass zur Einvernahme als Auskunftsperson gab, später wegfällt.** So zieht der Geschädigte seine Privatstrafklage zurück (StPO 120 i.V. mit 178 lit. a), der Zeuge legt das 15. Altersjahr zurück (StPO 178 lit. b) oder im Fall von StPO 178 lit. d kann der Täter eruiert werden usw. Fortan kann die Person als **Zeugin einvernommen werden.** Die früher rechtmässig erhobenen Aussagen als Auskunftsperson bleiben beweismässig verwertbar. 926

Wird eine Person zunächst **als Zeugin einvernommen, obwohl sie gemäss damaliger Situation als Auskunftsperson zu vernehmen gewesen wäre,** so sind die früheren Zeugenaussagen tendenziell beweismässig unverwertbar. Verwertbarkeit der früheren Aussagen als Zeuge ist jedoch anzunehmen, wenn die **Voraussetzungen für die Einvernahme als Auskunftsperson** erst nach der Zeugeneinvernahme erfüllt wurden, indem z.B. der Geschädigte sich erst nachträglich als Privatklägerschaft konstituierte (StPO 178 lit. a)[323]. Dies gilt wohl ebenso im Fall, dass erst später Tatsachen ans Tageslicht kommen, die eine Tat- 927

---

[320] Vorne N 640. Zur Wahrung der Verteidigungsrechte der beschuldigten Person in solchen Fällen ZR 96 (1997) Nr. 31.
[321] Wie anschliessend in N 928 dargelegt, ist vor allem im wichtigen Fall von StPO 178 lit. d anzunehmen, dass *Aussagen als Auskunftsperson später nicht gegen die gleiche Person als Beschuldigte verwendet werden können.* Es ist deshalb zu empfehlen, bei Fällen, in denen ein späterer Rollenwechsel als denkbar erscheint, die Auskunftsperson bereits zu Beginn auf die Rechte der beschuldigten Person nach StPO 158 (vor allem auf Verteidigerbeizug) aufmerksam zu machen. Die zusätzliche Thematik der notwendigen Verteidigung nach StPO 130, vorne N 730 ff., bleibe hier ausgeklammert.
[322] Zum Rollenwechsel aus der Sicht der Parteistellung vorne N 659, 661.
[323] Zu diesem Fall N 912.

beteiligung des Zeugen als nicht ausgeschlossen erscheinen lassen (lit. d); in diesem Fall ist der betreffende Zeuge zwar fortan als Auskunftsperson zu befragen, doch bleiben die früheren Zeugenaussagen gültig, es sei denn, die betreffende Person erweise sich später als materiell beschuldigte Person.

928 Wie verhält es sich mit der Verwertbarkeit der Aussagen als Auskunftsperson gegen diese Person selbst, wenn insofern ein Rollenwechsel eintritt, dass die frühere **Auskunftsperson nun als beschuldigte Person zu betrachten ist?** Diese wurde zwar auf das ihr zustehende Auskunftsverweigerungsrecht hingewiesen, hingegen damals nicht i.s. von StPO 158 I auf ihre (weiteren) Rechte, vor allem den möglichen Beizug eines Anwalts. Da die Kategorien der Auskunftspersonen alles andere als vergleichbar sind, gibt es zur Verwertbarkeit wohl keine einheitliche Antwort: Unverwertbar sind die **Aussagen der Privatklägerschaft** (StPO 178 lit. a), ebenso wie jene der **andern Quasi-Zeugen nach lit. b und c** und wohl auch lit. e. Im (praktisch sehr wichtigen) Fall der **quasi-beschuldigten Person von lit. d** (sie kann nicht als Täterin ausgeschlossen werden) ist wohl gleich zu entscheiden[324]. In lit. f (**Person wegen der Tat in anderem Verfahren beschuldigt**)[325] ist davon auszugehen, dass sie in dem sie betreffenden Verfahren i.S. von StPO 158 I auf ihre Rechte aufmerksam gemacht wurde, was genügen dürfte: Ihre Aussagen als Auskunftsperson sind später gegen sie als beschuldigte Person verwertbar. Gleiches gilt für den **Unternehmensvertreter** nach StPO 178 lit. g[326].

§ 63 Sachverständige, StPO 182–191, VStrR 43, MStP 85–93

Literaturauswahl: neben der zu §§ 59 und 60 erwähnten Literatur AESCHLIMANN N 916; HABSCHEID 404; HAUSER/SCHWERI/HARTMANN § 64; MAURER 229; OBERHOLZER N 917; PIQUEREZ (2006) N 791; DERS. (2007) N 613; SCHMID (2004) N 660; TRECHSEL (2005) 291. 303 (*expert witnesses*); VOGEL/SPÜHLER 10. Kap. N 150 ff.; WALDER 363.

MATTHIAS BRUNNER, Psychiatrische Gutachten im rechtsfreien Raum, plädoyer 3/2005 36; DERS. Psychiatrische Begutachtung und Verteidigung in der nachstehend erwähnten Sammelschrift von HEER/SCHÖBI, S. 185; ALFRED BÜHLER, Die Stellung von Experten in der Gerichtsverfassung, SJZ 105 (2009) 329; ANDREAS DONATSCH, Rechtsmediziner als Gutachter bei Delikten gegen Leib und Leben, Kriminalistik 1995 513; DERS. Zur Unabhängigkeit und Unbefangenheit des Sachverständigen, FS G. von Castelberg, Zürich 1997, 37; DERS., Der amtliche Sachverständige und der Privatgutachter im Zürcher Strafprozess, FS 125 Jahre Kassationsgericht des Kt. Zürich, Zürich 2000, 363; DERS. Überblick über die wesentlichen Grundlagen für das Gutachten Sachverständiger, Kriminalistik 2007 566; ANDREAS DONATSCH/ SIMONE ZUBERBÜHLER, Die Nutzung von Expertenwissen im Strafverfahren – am Beispiel des

---

[324] Zur Empfehlung, sie deshalb i.S. von StPO 158 I (ebenso bezüglich Verteidigerbeizug) aufzuklären, vorstehend Fn. 321. Immerhin gilt die *Unverwertbarkeitsregel* von StPO 158 II bezüglich dieser Hinweise nicht.
[325] Zu dieser Variante vorne N 917.
[326] Vorne N 919.

Strafprozessrechts des Kantons Zürich sowie des Entwurfs für eine eidgenössische Strafprozessordnung, in: FS F. Riklin, Zürich/Basel/Genf 2007, 337; LUCREZIA GLANZMANN-TARNUTZER, Der Beweiswert medizinischer Erhebungen im Zivil-, Straf- und Sozialversicherungsprozess, AJP 2005/1 73; MARIO GMÜR, Die Anforderungen an psychiatrische Gutachten, plädoyer 4/1999 28; MARIANNE HEER/CHRISTIAN SCHÖBI (Hrsg.), Gericht und Expertise, Schriften der Stiftung zur Weiterbildung schweizerischer Richterinnen und Richter SWR. Band 6. Bern 2005; REGULA KIENER/MELANIE KRÜSI, Die Unabhängigkei von Gerichtssachverständigen, ZSR 125 (2006) I 487; PHILIPP MAIER/ARNULF MÖLLER, Das gerichtspsychiatrische Gutachten gemäss Art. 13 StGB, Zürich 1999; N. NEDOPIL/V. DITTMANN/M. KIESEWETTER, Qualitätsanforderungen an psychiatrische Gutachten, Z 122 (2005) 127; MARIO POSTIZZI, In dubio pro reo e giudizio colpevolezza, FS M. Borghi, Basel/Genf/München 2006, 670; KARL SPÜHLER, Prozessuale Probleme bei Prozessen mit wissenschaftlichen und technisch komplexen Fragestellungen, FS N. Schmid, Zürich 2001 713; EUGEN SPIRIG, Zum psychiatrischen Gerichtsgutachten, ZSR NF 109 (1990) I 415.

Materialien: Aus 29 mach 1 S. 104; VE 190–199; BeB 142 ff.; ZEV 48; E 179–188; Botschaft 1211 ff.; AB S 2006 1024 f., 2007 718, AB N 2007 965 f.

1. Begriff und Bedeutung des Sachverständigen

1.1. Begriff des Sachverständigen, StPO 182

Sachverständige (gleichbedeutende Begriffe: Experten, Gutachter[327]) werden von der Strafbehörde beigezogen, um dieser mit ihrem **besonderen Fachwissen, das der Strafbehörde fehlt**, bezüglich der beweismässigen Beurteilung von Sachverhalten die notwendigen Aufschlüsse in Form eines **Gutachtens** zu erteilen (ähnlich StPO 182, VStrR 43). 929

Der Sachverständige ist tätig 930
- bei der **Ermittlung des Sachverhaltes** (*Beispiele:* Feststellen der Todesursache; Art der Verbuchung einer geschäftlichen Transaktion; Auswertung der Informationen auf Datenträgern[328]);
- bei der **Vermittlung allgemeiner Erfahrungssätze** seines Fachgebietes (*Beispiel:* Auswirkung eines bestimmten Giftes auf den menschlichen Körper);
- beim **Ziehen von Schlüssen aus Sachverhalten, die von den Behörden ermittelt wurden** (*Beispiel:* Feststellen, ob die am Tatort gefundene Kugel aus der Schusswaffe der beschuldigten Person abgefeuert wurde) und
- bei der **Ermittlung des Sachverhaltes und dessen Würdigung mit Blick auf die Regeln seines Fachs** (*Beispiel:* Ermittlung der buchhalterischen Er-

---

[327] StGB 20 spricht sogar von einer «*sachverständigen Begutachtung durch einen Sachverständigen*», (StGB 56 III bzw. Abs. 4 noch von «*sachverständiger Begutachtung*» bzw. von «*Begutachtung durch einen Sachverständigen*»), was des Guten etwas zu viel ist!

[328] Siehe den Fall BGE 124 I 38.

fassung eines geschäftlichen Vorgangs und Frage, ob dies den allgemein anerkannten kaufmännischen Grundsätzen entspricht)[329].

1.2. Funktion und Bedeutung des Sachverständigen

931 Der Gutachter ist in seinem Fachbereich **Gehilfe der Strafbehörde**. Er ist nicht dazu berufen, die von ihm zu begutachtenden Tatsachen (gelegentlich als **Anküpfungstatsachen** bezeichnet) auch strafrechtlich zu würdigen. Es ist demnach unzulässig, zu Rechtsfragen Sachverständige beizuziehen (*iura novit curia*)[330], ebenso in weiteren Bereichen, die eindeutig richterliche sind (z.B. Beurteilung der Glaubwürdigkeit psychisch normaler, erwachsener beschuldigter Personen, Zeugen oder Auskunftspersonen; rechtliche Qualifikation der vom Experten untersuchten Tatsachen)[331].

932 Beim Sachverständigen ist, entgegen dem **Zeugen**, das besondere Fachwissen und das Einbringen dieses Wissens ins Verfahren in behördlichem Auftrag das zentrale Element. Anders als der Zeuge ist der Sachverständige zumeist **austauschbar**. Eine Überschneidung ist allerdings beim **sachverständigen Zeugen** gegeben, der vor seiner offiziellen Bestellung oder in- oder ausserhalb seines Auftrags tatbestandsrelevante Feststellungen (soweit unersetzbar als Zeuge) macht und diese zuhanden des Gerichtes nachher zu interpretieren (als Sachverständiger) hat. So wird z.B. der Amtsarzt, Bezirksarzt[332] oder Rechtsmediziner zum Fundort einer Leiche beordert; nachher muss er über seine Feststellungen am Fundort und die hernach festgestellte Todesursache Aussagen machen und

---

[329] Zur *Abgrenzung vom Amtsbericht einer Polizeistelle* (jetzt StPO 195 I bzw. 307 III) ZR 101 (2002) Nr. 8 = RS 2004 Nr. 590; ZbJV 136 (2000) 131 = RS 2004 Nr. 587, dazu auch vorne N 816 ff.

[330] Die Praxis zeigt, dass Behörden trotzdem immer wieder Rechtsgutachten einholen, vgl. etwa den Fall BGE 133 I 234 = EuGRZ 34 (2007) 571 (Rechtmässigkeit einer auslieferungsähnlichen Überstellung einer beschuldigten Person durch die Dominikanische Republik). Zulässig allerdings, wenn eine Behörde, vorab die Staatsanwaltschaft, losgelöst von einem konkreten Fall zur generellen Zulässigkeit gewisser Strafverfolgungsmassnahmen Gutachten einholt. – Zum Grundsatz *iura novit curia* hinten N 1341; RS 2004 Nr. 484. Dies gilt auch für *ausländisches Recht*, es sei denn, dieses könne vom Richter nicht mit der nötigen Sicherheit ermittelt werden, dazu ZR 91/92 (1992/93) Nr. 62 S. 229 = SJZ 90 (1994) 357 = RS 1997 Nr. 314. – *Privaten Parteien ist es unbenommen, ein Rechtsgutachten einzulegen*, vgl. BGE 105 II 1, 3 E.1.

[331] Zur hier zu beachtenden Beschränkung PKG 2000 Nr. 33 = RS 2005 Nr. 703. *Unzulässig also z.B. Fragen an den medizinischen Experten, ob es sich um leichte oder schwere Körperverletzung handelte* oder ob diese *lebensgefährlich* waren, da es hier um rechtliche Qualifikationen geht. – Tendenziell nicht Gutachter (auch nich sachverständige Zeugen) sind sog. *Profiler*, d.h. Personen, die aus dem Äussern des Tatgeschehens, d.h. aus anderweitigen gewonnenen Beweisen und Erkenntnissen vorab zur Fahndung und Ermittlung, Hinweise auf die mögliche Täterschaft bzw. den Tatablauf geben können, dazu aus deutscher Sicht A. NACK in Goltdammer's Archiv für Strafrecht 156 (2009) 210.

[332] Auch ein *Amts- oder Bezirkstierarzt* (insbesondere nach StPO 183 II bestellt) kann als Sachverständiger beigezogen werden, ZR 105 (2006) Nr. 38 S. 173.

zugleich seinen gutachterlichen Befund darüber abgeben³³³. Oder: In Verfahren wegen Gewässerverschmutzung werden gelegentlich Beamte von Gewässerschutzämtern als sachverständige Zeugen einvernommen.

In unserer von (angeblicher und wirklicher) Wissenschaftlichkeit geprägten Zeit werden Gutachten immer wichtiger. Es besteht allerdings die Gefahr, dass durch eine Überbetonung der **Sachverständigenrolle**³³⁴ dem Richter die Verantwortlichkeit für die Beurteilung eines Straffalls entgleitet. Es darf keine «*démission du juge*» stattfinden! 933

2. Bestellung des Sachverständigen, StPO 182 ff., MStP 87–89

2.1. Anordnung des Gutachtens, StPO 182

Gutachten sind zum Teil **vorgeschrieben**, etwa in StGB 20, 56 III-IVbis, 64b II lit. b oder 64c V sowie bei den aussergewöhnlichen Todesfällen (StPO 253 I, III). Im Übrigen steht die Anordnung **im Ermessen der Staatsanwaltschaft**³³⁵ bzw. des **Gerichts**. StPO 182, der die Grundlage für den Beizug eines Gutachters darstellt, ist jedoch zwingender Natur: Der Richter **muss** einen Sachverständigen beiziehen, wenn ihm die zur Feststellung oder tatsächlichen Würdigung eines Sachverhalts notwendigen Fähigkeiten abgehen. Tut er dies nicht, so liegt ein Verfahrensfehler vor, der Anlass zu Rechtsmitteln gibt, zuletzt zur Strafrechtsbeschwerde ans Bundesgericht nach BGG 78 ff. Eine **Pflicht, in gewissen Fällen** (z.B. Tötungsdelikten) **immer einen Sachverständigen beizuziehen** (z.B. bei Tötungsdelikten zur Frage der Schuldfähigkeit) besteht jedoch nicht³³⁶. In diesem Zusammenhang ist auf die Wichtigkeit des **richtigen Zeitpunkts zur Erteilung eines Gutachtensauftrags** hinzuweisen: Diese sollte erst erfolgen, wenn die Beweislage als mindestens vorläufig gesichert erscheint. 934

2.2. Anforderungen an die Person des Sachverständigen, StPO 183

Nach StPO 183 I kommen als **Sachverständige Personen in Frage, die auf dem betreffenden Fachgebiet die erforderlichen besonderen Kenntnisse und Fähigkeiten besitzen.** Als Gutachter kann **nur eine namentlich bestimmte** 935

---

³³³ Dazu BGE 94 I 421. Zeuge bleibt jedoch, wer über Feststellungen, die er in einer beruflich besonders qualifizierten Stellung machte, aussagen soll, also z.B. der behandelnde Arzt.
³³⁴ Dazu BGE 118 Ia 145.
³³⁵ Teilweise sehen die Kantone eine *Genehmigung der Oberbehörden für Gutachten* mit hohen Kosten vor, im Kanton Zürich etwa bei Kosten über Fr. 20'000.– gemäss § 14 der V über die Gebühren und Kostenansätze der Untersuchungs- und Anklagebehörden vom 18.1.1978/1.9.1993; LS 323.1, und V über die Staatsanwaltschaft § 2 lit. p. – Zum Kostenproblem RS 1999 Nr. 615.
³³⁶ So deutscher Bundesgerichtshof 5.3.2008 in JZ 63 (2008) 640.

natürliche, nicht aber eine juristische Person oder eine Institution usw. beigezogen werden[337]. Hingegen ist es möglich, mehrere Gutachter zu bestellen. Entscheidend für die Bestellung sind allein die besonderen Kenntnisse und Fähigkeiten des zu bestellenden Sachverständigen, nicht das Absolvieren gewisser Studien oder Lehrgänge, die Zugehörigkeit zu irgendwelchen Fachorganisationen etc.[338] Es gibt denn auch keinen festen Katalog von zugelassenen Gerichtsexperten wie teilweise im Ausland. Allerdings können Bund und Kantone nach StPO 183 II für **bestimmte Gebiete dauernd bestellte oder amtliche Sachverständige vorsehen**. Schon bisher haben einzelne Kantone vor allem im Bereich der medizinischen Gutachten solche Regelungen vorgesehen, insbesondere bei aussergewöhnlichen Todesfällen oder psychiatrischen Gutachten[339] sowie bei Übersetzern[340]. Bestehen nicht entsprechende Amtspflichten, ist der angesprochene Gutachter frei, einen solchen Auftrag zu übernehmen; die StPO (anders MStP 89) sieht **keine entsprechende allgemeine Pflicht vor**.

936 Es ist auf **strengste Unparteilichkeit und Unabhängigkeit des Sachverständigen** zu achten, wobei die gleichen Ausstandsgründe wie bei den Strafbehörden gelten (so StPO 183 III)[341]. Generell nicht als Gutachter bestellt werden können

---

[337] ZR 101 (2002) Nr. 8 S. 29; SJZ 104 (2008) 382. LGVE I 2007 57 = RS 2008 Nr. 484. – Ausdrücklich in VE 191 I.

[338] *Gutachten im Bereich des Massnahmenrechts*, so nach StGB 20 und 56, jedoch in der Regel nur durch Psychiater, Botschaft zum AT StGB, BBl 1999 2072.

[339] So z.B. im Kanton Zürich der frühere StPO 110 II, der dem *Regierungsrat die Befugnis einräumte, die Anforderungen an die ärztlichen und psychologischen Experten zu umschreiben*, vgl. dazu die V über psychiatrische Gutachten im Strafverfahren vom 10.2.1999, LS 321.4. Auf einem andern Blatt stehen die etwa von *privaten Organisationen* unternommenen Anstrengungen, das Expertenwesen durch eine Zertifizierung zu ordnen und zu verbessern, vgl. so jenes der technischen und wissenschaftlichen Gerichtsexperten durch die im Januar 2003 in Lausanne gegründete SEC (Swiss Expert Certification SA), dazu Anwaltsrevue 7 (2004) 88 und GUY LANFRANCONI S. 133 ff. in der eingangs erwähnten Sammelschrift von HEER/SCHÖBI. Zu entsprechenden Bemühungen auf überkantonaler Ebene zur *Qualitätssicherung kriminaltechnischer Gutachten* (Daktyloskopie usw.) PETER W. PFEFFERLI in Kriminalistik 2007 572 und bei *naturwissenschaftlichen Gutachten* SJZ 104 (2008) 332. Die Schweizerische Gesellschaft für Forensische Psychiatrie (SGFP) zertifiziert seit Ende 2007 Psychiater, die durch entsprechende Spezialausbildung und Praxis die *Befähigung zur Erstellung forensischer Gutachten* belegt haben, dazu NZZ Nr. 287 vom 10.12.2007.

[340] Vgl. Hinweise vorne zu N 552.

[341] ZR 102 (2003) Nr. 47 S. 231; BGE 124 I 34 (Geschädigter und Strafantragssteller kann nicht Experte sein, dazu ZBJV 135 [1999] 760). Ferner BGE 118 Ia 146, BGE 120 V 357. 366 f. (hierzu ZBJV 133 [1996] 695); RS 1996 Nr. 100; RVJ/ZWR 38 (2004) 317 = RS 2005 Nr. 692. Für Einschränkung der Ausstandsgründe RKG 1995 37 Nr. 115; BGer 9.8.2002 i.S. R.C. und Kons. D.Sp. etc. (Experte Hypothekarschuldner der geschädigten Bank). BV 30 I bzw. EMRK 6 Ziff. 1 sind allerdings nur im Gerichts-, nicht im Vorverfahren anwendbar; der Anspruch auf Unabhängigkeit des Experten in diesem Stadium fliesst allein aus BV 29 I bzw. nunmehr StPO 183 III und 54, (früher BV 4), BGer 8.1.1998 i.S. M.E. ca. L.R. und Kons. sowie StA Unterwallis). Zur *Vorbefassung eines Psychiaters*, der schon im früherem Verfahren tätig war, ZR 102 (2003) Nr. 31. Wie

Personen, die sich schon früher mit der Angelegenheit befassten, also etwa die zu begutachtende Person als Arzt behandelten[342] oder deren Feststellungen oder Meldungen zur Einleitung des Strafverfahrens führten[343]. **Polizeifunktionäre** können hingegen als Gutachter bestellt werden[344].

2.3. Ernennung und Auftrag, StPO 184

Es steht der mit dem Fall befassten **Strafbehörde zu, die Person des oder der Sachverständigen zu bezeichnen** (StPO 184 I). Wie bei der Bestellung des Experten im Einzelnen vorzugehen ist, besagt das Gesetz nicht. Es begnügt sich damit, vorzuschreiben, dass den **Parteien vorgängig Gelegenheit zu geben ist, sich zur Person des zu ernennenden Sachverständigen und zu den Gutachtensfragen zu äussern** (näher StPO 184 III). Um nicht nachträgliche Einwendungen zu riskieren, sollte vor Bestellung ein Einvernehmen mit den Parteien (namentlich der beschuldigten Person) zur Person des Sachverständigen erzielt

937

---

beim Richter genügt schon der Anschein der Befangenheit, BGE 115 V 263; ferner BGer 25.3.1996 in plädoyer 3/1996 68. Anschein der Befangenheit bei einseitigen Kontakten des Sachverständigen mit einer Partei im Konnex mit einer Beweisaufnahme (gemeinsamer Umtrunk, wohl nicht genügend blosses Duzen), BGer 6.12.2006, 4P.254/2006 = SZZP 2/2007 126 = ZGRG 26 (2007) 1/07 13 = SZIER 18 (2008) 273. Keine Frage des Ausstands sind *Zweifel an der fachlichen Fähigkeit des vorgesehenen Experten*, vgl. sozialgerichtliches Zürcher Urteil in plädoyer 1/2009 68. – Fraglich ist, inwieweit die *Regeln von StPO 60 (Ablehnung innert 5 Tagen; vorläufige Verwertbarkeit)* unbesehen auf den Sachverständigen übertragen werden können, was abzulehnen ist.

[342] BGE 124 I 175, 97 I 323. Kein Ausschlussgrund, wenn Person bereits früher als Gutachter amtete, BJM 2004 270 (Fall aus dem ATSG). *Behandelnde Ärzte ausdrücklich ausgeschlossen* etwa bei Gutachten nach StGB 62d II oder 64c IV, dazu BGE 134 IV 289 E.6.1.

[343] Offengelassen in BGer 22.7.1992 in NZZ Nr. 246 vom 22.10.1992. Zur Tätigkeit von Beamten der Eidg. *Steuerverwaltung* im Ermittlungsverfahren der Staatsanwaltschaft des Bundes BGE 122 IV 185. Nicht zulässig Bestellung von Beamten der Eidg. Steuerverwaltung als Experten durch den eidg. Untersuchungsrichter (heute Staatsanwaltschaft des Bundes), die schon im gerichtspolizeilichen Ermittlungsverfahren der Staatsanwaltschaft des Bundes tätig gewesen waren, BGE 122 IV 235. *Nicht Gutachter kann der Geschädigte, Privatkläger, Anzeigeerstatter bzw. Strafantragsteller sein*, Fn. 341. Befangenheit des Gutachters, der Staatsanwaltschaft zur Ergreifung von Rechtsmitteln gegen erstinstanzlichen Entscheid anregte, RO 1990 342 Nr. 31. Gutachter kann hingegen sein, wer schon in früherem Fall oder vor der Vorinstanz Experte war, ZR 101 (2002) Nr. 13 S. 59 f. Siehe sodann den Fall PKG 1994 Nr. 45 S. 145 = RS 1998 Nr. 484 (Lawinenexperte gehört dem gleichen Institut an wie Verfasser des Lawinenbulletins).

[344] *Soweit sie nicht mit den eigentlichen polizeilichen Ermittlungen befasst sind oder waren und sich ihre Tätigkeit auf ihr kriminalistisches bzw. wissenschaftliches Spezialgebiet (Erkennungsdienst; Wissenschaftlicher Dienst) beschränkt.* Dazu ZR 60 (1961) Nr. 38; RO 1970 303 Nr. 42; 1982 316 Nr. 10 = ZR 81 (1982) Nr. 76; ZR 95 (1996) Nr. 37 = RS 1998 Nr. 475; RS 1995 Nr. 750. Zur *Abgrenzung von blossen Amtsberichten* (heute Berichte nach StPO 145) ZR 101 (2002) 28 = RS 2004 Nr. 590; ZbJV 136 (2000) 131 = RS 2004 Nr. 587.

werden[345]. Im Ernennungsverfahren besteht kein Formzwang. So ist nicht erforderlich, dazu eine Verhandlung anzusetzen. Ein Anspruch auf Partei- oder Publikumsöffentlichkeit besteht jedenfalls nur hinsichtlich der späteren Einvernahme der Gutachter vor Gericht, nicht bezüglich des Ernennungsverfahrens[346].

938 Was die **Gutachterfragen** betrifft, verlangt StPO 184 III, dass die Strafbehörde vor der Formulierung der Fragen mit den Parteien entsprechenden Kontakt pflegt und ihnen Gelegenheit gibt, eigene Fragen einzubringen, also kurz: das rechtliche Gehör gewährt (so auch VStrR 43 II)[347]. Dies gilt für sämtliche Gutachten[348]. Sie kann jedoch bei **Laboruntersuchungen** davon absehen, namentlich, wenn es um Routineuntersuchungen wie die Bestimmung der Blutalkoholkonzentration, des Reinheitsgehaltes von Stoffen u.Ä. geht (näher StPO 184 III Satz 2)[349].

939 Gutachten können sehr aufwendig und entsprechend teuer sein. StPO 184 VI sieht deshalb vor, dass die Strafbehörde vorgängig der Auftragserteilung vom Gutachter einen **Kostenvoranschlag** verlangen kann. Abgesehen von Routinegutachten mit allgemein bekannten Tarifen (z.B. der rechtsmedizinischen Institute) ist es in jedem Fall angebracht, die **Vergütung,** auf die der Sachverständige nach StPO 190 Anspruch hat, im Voraus abzusprechen, nicht zuletzt, damit die Gutachterkosten in einem vernünftigen Verhältnis zur Bedeutung des Straffalls stehen[350]. Die Strafbehörde kann die Auftragserteilung von der Leistung eines **Kostenvorschusses der Privatklägerschaft** (im Zivil- und/oder Schuldpunkt) abhängig machen, wenn diese ein Gutachten verlangt (StPO 184 VII), vorab,

---

[345] RO 1976 294 Nr. 36; RFJ/FZR 8 (1999) 87 = RS 2002 Nr. 216; enger RKG 1996 33 Nr. 151. Vgl. auch VStrR 43 II. Aber *kein Anspruch auf den vom Exploranden vorgeschlagenen Experten*, Pra 98 (2009) Nr. 59 E.2.1. Zur Problematik der *Kontaktaufnahme* zwischen dem potentiellen Gutachter und Verteidiger ZR 96 (1997) Nr. 44.
[346] RKG 1996 33 Nr. 151.
[347] Hierzu BJM 1994 84. – Gutachterfragen *müssen dem Experten bezüglich Ausarbeitung und Grundlagen gewisse Freiheiten lassen*; Beispiel eines als unstatthaft betrachteten Auftrags an einen medizinischen Experten mit 103 Fragen auf 27 Seiten in ZR 107 (2008) Nr. 48 (Zivilfall).
[348] E StPO 181 III nahm demgegenüber Gutachten aus, in denen die Fragen an Experten vorgegeben sind, wie dies etwa bei *Standardgutachten* z.B. jenen nach StGB 20 (und insbesondere StGB 56 III), in welchem der Fragenkatalog weitgehend vorgegeben ist. Zu den diesbezüglichen Diskussionen im Parlament vgl. AB N 2007 965 f., RK-S 2./3.7.2007 8 f. – Siehe dazu Fragenkatalog der Schweizerischen Konferenz der Strafverfolgungsbehörden vom 2.11.2006 bei psychiatrischen Gutachten. Ausserhalb der Laboruntersuchungen ist nunmehr ebenfalls bei diesen Standardgutachten das rechtliche Gehör zu gewähren, etwa in dem Sinn, dass abgeklärt wird, ob vom üblichen Katalog abweichende Fragen gestellt werden. – Zur *Begutachtung von Personen aus fremden Kulturkreisen*, RKG 2004 Nr. 91.
[349] Eingefügt vom Nationalrat, AB N 2007 965 f.
[350] Vgl. den sozialversicherungsrechtlichen Fall von BGE 134 I 164, in welchem bei einem Streitwert von Fr. 626.– Gutachterkosten von gegen Fr. 30'000.– geltend gemacht wurden. Aus diesem Entscheid ergibt sich im Übrigen, dass der *Sachverständige bei Kürzung seiner Rechnung Beschwerde beim Bundesgericht einlegen kann*.

wenn dieses vor allem in deren Interesse liegt[351]. Von andern Parteien kann ein Vorschuss nicht verlangt werden.

Dem Gutachter wird nach StPO 184 II ein **schriftlicher Gutachtensauftrag mit den dort erwähnten Bestandteilen** erteilt. Die **Schriftlichkeit** ist nur Ordnungsvorschrift[352], der Hinweis auf die **Straffolgen eines falschen Gutachtens** (StGB 307; StPO 184 II lit. f) hingegen Gültigkeitserfordernis[353]. Besonderes Augenmerk ist der speditiven Abwicklung von Gutachtenaufträgen zu schenken[354]. Mit dem Gutachter sind deshalb **Fristen bezüglich Ablieferung der Expertise zu vereinbaren**, und es ist auf die Folgen von Pflichtversäumnissen nach StPO 191 (Ordnungsbusse, Widerruf des Auftrags ohne Entschädigung) hinzuweisen. Bei ungebührlicher Verzögerung kann der Auftrag nämlich **widerrufen und ein anderer Sachverständiger eingesetzt werden** (StPO 184 V). Dem Gutachter sind – allerdings nur soweit notwendig – die **Untersuchungsakten und Deliktsgegenstände** zur Verfügung zu stellen (StPO 184 IV). Ist der Ablauf der fraglichen Straftat strittig, so muss die Strafbehörde falls erforderlich jenen Sachverhalt umschreiben, von dem der Sachverständige auszugehen hat[355]. – Der Gutachter untersteht als beamtenähnlicher Richtergehilfe der **Schweigepflicht** nach StGB 320 (StPO 184 II lit. e). 940

Die Ernennung und die Auftragserteilung erfolgen (üblicherweise im gleichen) **verfahrensleitenden Beschluss bzw. einer Verfügung.** Diese bedürfen nicht notwendigerweise einer Begründung (StPO 80 III, 84 V). Denkbar ist auch ein zweistufiges Verfahren (zuerst Bestellung des Gutachters, dann Formulierung der Gutachterfragen). Solche Beschlüsse bzw. Verfügungen nach StPO 184 können nach Massgabe von StPO 393 ff. mit **Beschwerde** angefochten werden[356]. 941

---

[351] Botschaft 1212 oben.
[352] Botschaft 1212 oben. Der Auftrag kann auch *mündlich mit entsprechender Protokollierung* erteilt werden, was wohl nur ausnahmsweise in Frage kommt.
[353] Gutachten ohne Hinweis also unverwertbar, ZR 102 (2003) Nr. 47 S. 230. Eingeschränkt u.U. bei Amtsärzten, so ZR 53 (1954) Nr. 91. Auch *ständig bestellte Gutachter* wie solche von RMI sind darauf aufmerksam zu machen, RKG 2006 Nr. 94. – Ein gewöhnliches *ärztliches Zeugnis* ohne diesen Hinweis ist kein Gutachten und hat ohne Zeugeneinvernahme des Arztes keinen Beweiswert, RO 1965 254 Nr. 9; 1974 311 Nr. 28. Siehe auch den Hinweis in N 817 auf ZR 102 (2003) Nr. 14.
[354] Allenfalls Ersatz eines Gutachters, der Expertise nicht beförderlich erstellt, BGer 14.2.1996 i.S. O.Y. ca. StA. Zum *Beschleunigungsgebot* sodann BGE 128 I 149, kritisch zu diesem Entscheid H. VEST in AJP 12 (2003) 857.
[355] ZR 91/92 (1992/93) Nr. 55.
[356] Mindestens bei solchen der Staatsanwaltschaft, hinten N 1503. Im Hinblick auf StPO 65 I und 393 I lit. b wohl nicht zulässig bei solchen erstinstanzlicher Gerichte, hinten N 1509 f. *Keine Strafrechtsbeschwerde ans Bundesgericht*, da Zwischenbeschluss nach BGG 93 ohne drohenden, nicht wieder gutzumachenden Nachteil.

2.4. Besonderheiten der stationären Begutachtung, StPO 186

942 Eine Besonderheit stellt die stationäre Begutachtung dar, d.h. wenn die beschuldigte Person[357] zur Erstellung eines ärztlichen Gutachtens (regelmässig psychiatrischer Art) in eine entsprechende Klinik eingewiesen werden muss. In diesem Fall **überschneidet sich die Erstellung eines Gutachtens mit dem Institut der Untersuchungshaft, was in StPO 186 entsprechend einfliesst.** Eine stationäre Begutachtung ist unter Beachtung des Verhältnismässigkeitsgrundsatzes nur dann zulässig, wenn dies **aus ärztlich-gutachterlichen Gründen notwendig** ist (so der Sinn von StPO 186 I). Dies ist etwa dann der Fall, wenn mit dem Exploranden Tests, Untersuchungen, Beobachtungen usw. durchzuführen sind, die bei einer ambulanten Begutachtung nicht oder nur unverhältnismässig erschwert durchgeführt werden können.

943 Wie sich aus StPO 186 III–V ergibt, ist das Verfahren zur Einweisung in eine Klinik zur Begutachtung jenem bei der Anordnung der Untersuchungs- bzw. Sicherheitshaft angeglichen. Befindet sich die beschuldigte Person in Freiheit, so hat die Staatsanwaltschaft nach Abs. 2 der Bestimmung dem **Zwangsmassnahmengericht diese Einweisung zu beantragen.** Diesfalls muss ein dringender Tatverdacht, nicht aber einer der Haftgründe nach StPO 221 gegeben sein. Im Regelfall ist erforderlich, dass bereits ein Gutachtensauftrag vorliegt und die Klinik des betreffenden Gutachters zur Aufnahme des Exploranden bereit ist. Das Zwangsmassnahmengericht muss nicht eingeschaltet werden, wenn die stationäre Begutachtung während einer schon rechtskräftig angeordneten Untersuchungshaft stattfinden soll. Läuft also beispielsweise in einem Verfahren wegen eines Tötungsdelikts noch eine vom Zwangsmassnahmengericht angeordnete Untersuchungshaft von zwei Monaten, so kann die Staatsanwaltschaft eine Klinikeinweisung ohne Bewilligung des Zwangsmassnahmengerichts verfügen. Gegen die Klinikeinweisung ohne vorbestehende Haft ist keine Beschwerde bei der Beschwerdeinstanz möglich, da das Zwangsmassnahmengericht darüber in einem schriftlichen Verfahren **endgültig entscheidet** (StPO 186 II Satz 2, 393 I lit. c). Ist eine stationäre Begutachtung während des **gerichtlichen Verfahrens** notwendig, so entscheidet das Gericht selbst darüber in einem schriftlichen Verfahren **endgültig** (StPO 186 III), im erstinstanzlichen Verfahren also ohne Einschaltung des Zwangsmassnahmengerichts nach StPO 225 f.[358] Im Übrigen gelten für diese Spitaleinweisung die Vorschriften über die Untersuchungs- und Sicherheitshaft. Der Klinikaufenthalt wird – soweit er durch den Gutachtensauftrag bedingt war – wie Untersuchungs- oder Sicherheitshaft auf die Strafe angerechnet (StPO 186 IV und V).

---

[357] Nicht möglich bei der Begutachtung von Zeugen, StPO 164 II, vorne N 880 und Botschaft 1213 Mitte.
[358] Botschaft 1213.

3. Ausarbeitung des Gutachtens, StPO 185

3.1. Erhebungen des Sachverständigen

Für die **korrekte Ausarbeitung ist der vom Gericht bestimmte Sachverständige verantwortlich** (StPO 185 I), auch wenn in Anwendung von StPO 184 II lit. b der Beizug weiterer Personen gestattet wurde[359], wie dies beispielsweise bei Aufträgen an die Leiter universitärer Institute üblich ist[360]. Es ist Sache des Sachverständigen, darüber zu entscheiden, welche Erhebungen, Untersuchungen usw. für die Erstattung seines Gutachtens notwendig sind[361].

944

Der **Sachverständige darf an sich keine Untersuchungshandlungen wie Einvernahmen durchführen**. Sind solche notwendig, so müssen entsprechende Aktenergänzungen bei der auftraggebenden Strafbehörde veranlasst werden (StPO 185 III). Der Sachverständige muss ebenfalls an diese Behörde gelangen, falls er sein Gutachten auf die Arbeit anderer Experten abstützen sollte[362]. Im Übrigen kann ihn die Verfahrensleitung nach StPO 185 II zu Verfahrenshandlungen wie Einvernahmen, Augenscheinen u.Ä. beiziehen. So wird z.B. der Wirtschaftsprüfer zur Hausdurchsuchung beigezogen, um zu erklären, welche Buchführungsunterlagen, elektronischen Speichermedien etc. für die vorgesehene Buchexpertise notwendig sind.

945

StPO 185 IV gestattet dem Sachverständigen, «**einfache Erhebungen, die mit dem Auftrag im engen Zusammenhang stehen, selber vorzunehmen und zu diesem Zweck Personen aufzubieten**». Zum Zweck dieser Erhebungen, die von der Verfahrensleitung bewilligt werden müssen, kann nötigenfalls sogar eine **polizeiliche Vorführung erfolgen**[363]. Diese Bestimmung knüpft an die bisherige Praxis an, wonach es vorab psychiatrischen Gutachtern zugestanden wird, selbst Befragungen des Exploranden und seines Umfeldes durchzuführen, zumal dieser als Fachmann dazu regelmässig besser in der Lage ist[364].

946

---

[359] Botschaft 1212 Mitte.
[360] Hierzu und zu den Grenzen KGZ 2.9.1997 in plädoyer 1997/5 73.
[361] Es geht hier um die *Ermittlung der Befundtatsachen*. M.w.H. ZR 100 (2001) Nr. 43 S. 140 ff. Zur Notwendigkeit einer persönlichen Untersuchung des Exploranden beim *psychiatrischen Gutachten* (davon darf nur ausnahmsweise abgewichen werden), BGE 127 I 54; SJZ 104 (2008) 328, dieser Entscheid auch zur Verwendung anderer Gutachten. Zur *Verwertbarkeit gelöschter Vorstrafen* BGE 135 IV 92 = SJZ 105 (2009) 116. – Zum Fall der *Verweigerung der Mitwirkung durch den Exploranden* (allenfalls Aktengutachten), Pra 98 (2009) Nr. 59 E.2.2. ff.
[362] ZR 90 (1991) Nr. 8. Zur Problematik der *Kontaktnahme zwischen Gutachter und Verteidiger* ZR 96 (1997) Nr. 44.
[363] So jedenfalls Botschaft 1212/1213, wonach diese Ermächtigung (wie auch jene zur Veranlassung von Verführungen) im Regelfall mit dem Auftrag nach StPO 184 II erteilt wird.
[364] Dazu Botschaft 1212 unten. Befragen des *Exploranden* durch Sachverständigen selbst (nicht jedoch allein durch Hilfsperson) notwendig, ZR 97 (1998) Nr. 25 = plädoyer 5/1997/73. Ein *Anwesenheitsrecht des Verteidigers, des Arztes des Exploranden, einer*

947 StPO 185 V präzisiert, dass die **Aussage- und Mitwirkungsverweigerungsrechte der beschuldigten Person wie auch der Zeugnisverweigerungsberechtigten** ebenfalls gelten, wenn Sachverständige selbst Erhebungen im vorgenannten Sinn vornehmen. Die betroffenen Personen sind von der sachverständigen Person zu Beginn der Erhebungen auf dieses Recht hinzuweisen[365].

3.2. Form des Gutachtens, Stellungnahme der Parteien, StPO 187–189

948 Das Sachverständigengutachten wird in aller Regel **schriftlich** erstattet, wobei darin die am Gutachten mitwirkenden Personen aufzuführen sind (StPO 187 I)[366]. Die Verfahrensleitung (vor allem des Gerichts) kann aber auch anordnen, dass – wohl nur in einfacheren Fällen[367] – das Gutachten in einer **mündlichen** (Gerichts-)Verhandlung zu Protokoll gegeben wird oder ein früher erstattetes schriftliches Gutachten entsprechend mündlich ergänzt oder erläutert wird (StPO 187 II, analog ZPO 187 I Satz 2, vgl. auch MStP 91). In diesem Fall wird der **Gutachter wie ein Zeuge vernommen,** wobei die entsprechenden

---

Vertrauensperson u.Ä. besteht bei Befragungen und weiteren Erhebungen durch Experten nicht, auch nicht für das *Opfer*. Ein entsprechender Antrag auf Anwesenheitsrechte wurde bei den parlamentarischen Beratungen zurückgezogen, vgl. RK-N 22./23.2.2007 50 f., vgl. dazu sodann RK-S 21.8.2006, 11. Kein Anwesenheitsrecht schon nach früherer Praxis, vgl. BGer26.26.2007, I.42/06 7.8.2007, I.991/06 in NZZ Nr. 241 17.10.2007 unter Verweis auf BGE 132 V 443 = SJZ 102 (2006) 494 (Sozialversicherungsfälle), sodann deutscher Bundesgerichtshof in Kriminalistik 2003 167. Ebenfalls *kein Anwesenheitsrecht des Privatgutachters,* RS 2003 Nr. 315. Zur Problematik, u.a. hinsichtlich der Anwesenheitsrechte des Anwaltes des Betroffenen in diesem Fall (allerdings mit Blick auf den früheren ZGB 397e V) Pra 83 (1994) Nr. 192. *Befragen von Personen aus dem Umfeld des Exploranden* durch ärztlichen Experten wird als zulässig betrachtet, RO 1990 348 Nr. 79, sogar des *Geschädigten,* PKG 2002 Nr. 115 (darnach auch hier kein Anspruch auf Teilnahme nach StPO 147!). Zur Notwendigkeit (u.U. heikler) *fremdanamnestischer Erhebungen,* RKG 2000 Nr. 113 S. 38 sowie ZR 100 (2001) Nr. 43 S. 141 = SJZ 98 (2002) 262. Zu den Schranken aus zivilprozessualer Sicht SZZP 2005 33, dazu ZBJV 124 (2006) 34.

[365] Eingefügt durch Ständerat, AB S 2006 1024. In der Sache schon ZR 102 (2003) Nr. 30. Dass *die betreffenden Personen auf dieses Recht hingewiesen wurden, ist angemessen zu dokumentieren,* wobei zu beachten ist, dass die sachverständigen Personen allerdings nicht zur Führung eines Protokolls i.S. von StPO 76 ff. und vor allem 78 verpflichtet sind. Eine *Befragung eines Arztes* durch den Sachverständigen setzt eine Entbindung vom Berufsgeheimnis und Hinweis auf das Zeugnisverweigerungsrecht voraus, andernfalls Gutachten unverwertbar, ZR 104 (2005) Nr. 74 (offen bleibe, ob in solchen Fällen nicht eine Zeugeneinvernahme durch Strafbehörde nach StPO 185 III erfolgen sollte). Denkbar ist naturgemäss ebenfalls, dass – analog zu ZPO 186 II – die *Erhebungen des Sachverständigen im Beweisverfahren nach StPO 343 wiederholt werden.*

[366] Gültigkeitserfordernis ist, dass *Gutachten vom bestellten Gutachter persönlich unterzeichnet wird,* ZR 101 (2002) Nr. 8 S. 29. Unterzeichnung «i.V.» nicht zulässig, RKG 2000 Nr. 108 S. 37.

[367] Der *Verteidigung ist genügend Zeit einzuräumen, zu einem Gutachten Stellung zu nehmen,* was in einer komplizierteren Materie (einem psychiatrischen Gutachten) bloss anhand der Stellungnahme zu einem mündlichen Vortrag nicht zumutbar ist, ZR 102 (2003) Nr. 4.

Formalien (Hinweis auf StGB 307 und evtl. auf ein Zeugnisverweigerungsrecht, vor allem nach StPO 169) zu beachten sind[368]. Das Gutachten muss in jedem Fall begründet und auch für Laien im betreffenden Gebiet nachvollziehbar sein[369]. Es hat deshalb die verwendeten faktischen und wissenschaftlichen **Grundlagen sowie die Untersuchungsmethoden** anzuführen[370], und es müssen sich alle **Dokumente und Unterlagen,** auf die sich der Gutachter stützt, bei den offiziellen Akten (StPO 100) befinden[371].

Wird das Gutachten der Strafbehörde **schriftlich erstattet**, so steht es der beschuldigten Person – der es üblicherweise zuerst zur Stellungnahme vorgelegt wird – und dem Verteidiger zur Einsicht und freigestellten Vernehmlassung offen (StPO 188)[372]. Wird es in mündlicher Verhandlung vorgetragen, haben die Parteien Gelegenheit, Ergänzungsfragen zu stellen und sich dazu in ihren Plädoyers zu äussern. Da die meisten Gutachten schriftlich erstattet werden, stellt sich die Frage, ob ein **Recht auf Konfrontation** aus EMRK 6 Ziff. 3 lit. d und folglich ein **Anspruch auf mündliche Befragung des Experten** (und damit Einhaltung der Parteirechte nach StPO 147) bestehe. Ein solcher Anspruch ist zu bejahen[373]. Ist ein solches Fragerecht nicht im Vorverfahren gewährt worden, müsste die Partei, die ein solches geltend machen will, es vor der erstinstanzli-

949

---

[368] Botschaft 1213 unten. *Nochmaliger Hinweis auf StGB 307,* auch wenn solcher bei der Erteilung des Gutachtens bereits erfolgte. Ein erst bei der mündlichen Befragung erteilte Ermahnung dürfte den Mangel einer bei der Gutachtenserteilung unterbliebenen Belehrung *nicht heilen,* es sei denn, es werde allein auf das mündliche Gutachten abgestellt. Der Sachverständige kann auch zu den *Zusatztatsachen* als Zeuge einvernommen werden, die er ausserhalb seines Mandats wahrgenommen hat; entsprechende Feststellung im Gutachten selbst sind nicht verwertbar, entgegen der Feststellung der vorne in Fn. 361 erwähnten Befundtatsachen.
[369] ZR 85 (1986) Nr. 35 zur früheren Bestimmung von § 171 ff. der Zürcherischen Zivilprozessordnung. Siehe ferner RKG 1996 33 Nr. 153.
[370] Also z.B. *Methode oder Lehre, auf welcher Gutachten beruht.* Bei psychiatrischen *Gutachten muss die Anzahl der Explorationen und deren Dauer* ersichtlich sein, ZR 104 (2005) Nr. 7, mindestens aber die Gesamtdauer der Exploration und die Anzahl der Sitzungen, ZR 105 (2006) Nr. 25.
[371] Z.B. Arztberichte, RKG 2005 Nr. 98. Soweit es sich nicht um untergeordnete Hilfsmittel handelt, ZR 96 (1997) Nr. 31 S. 88. Ferner RO 1979 315 Nr. 35; SJZ 48 (1952) 92, 50 (1954) 311.
[372] *Unaufgefordert eingereichtes Privatgutachten,* das allenfalls die Urteilsfindung beeinflussen kann, ist der Gegenpartei mit Blick auf BV 29 Abs. 2 zur Stellungnahme zu unterbreiten, Pra 91 (2002) Nr. 182.
[373] ZR 105 (2006) Nr. 38 S. 173 (Begehren muss aber spätestens vor erster Instanz gestellt werden, aaO 174); Konfrontationsrecht früher in der zürcherischen Praxis allerdings z.T. abgelehnt, vgl. RKG 1997 Nr. 103 zu einem ärztlichen Gutachten. Nach zürcherischen Praxis zur früheren StPO kein Anspruch auf mündliche Anhörung eines *Privatgutachters,* RKG 1997 Nr. 3 bzw. Anhörung des amtlichen Experten vom Privatgutachten, so mindestens RO 1979 315 Nr. 35. Zur Problematik des Privatgutachters einlässlich ZR 100 (101) Nr. 56, RKG 2000 Nr. 107 und ZR 102 (2003) Nr. 47 S. 30 ff. (Gutachten allenfalls als schriftlicher Bericht verwertbar). Zum Spannungsfeld Amts-/Privatgutachten sodann Fn. 372 und 378.

chen Gerichtsverhandlung i.S. eines Beweisantrags nach StPO 331 II verlangen. Der Gutachter muss dabei allenfalls Fragen beantworten, die sich aus einem Privatgutachten ergeben. Ein Anspruch darauf, dass der Privatgutachter den amtlichen Experten selbst solche Fragen stellen kann, besteht indessen nicht.

3.3. Entschädigung, Pflichtversäumnis des Gutachters, StPO 190 f., MStP 90, 93

950 Auf die Frage der **Entschädigung des Sachverständigen** nach StPO 190 ist schon vorstehend in Ziff. 2.3. eingegangen worden. Zu erwähnen sind sodann die Folgen der **Pflichtversäumnisse des Sachverständigen** gemäss StPO 191, vor allem im Fall, dass der Sachverständige seine Pflichten nicht oder nicht rechtzeitig erfüllt. In diesem Fall können **Ordnungsbussen** (StPO 64) verhängt oder aber der **Auftrag ohne Entschädigung für die bisherigen Bemühungen**[374] widerrufen werden (StPO 184 V).

4. Beweiswert des Gutachtens, Ergänzung und Verbesserung, StPO 189

951 Wie alle Beweismittel unterliegen die Gutachten der **freien richterlichen Beweiswürdigung** (StPO 10 II)[375]. Der Richter kann ihnen folgen oder davon ganz oder teilweise abweichen. Ein Abweichen ist insbesondere denkbar, wenn davon nicht reine Fachfragen, sondern solche betroffen sind, die im Kern eine juristische Fragestellung enthalten, etwa bei der Schuldfähigkeit (StGB 19 f.) oder bei der Anordnung von Massnahmen (StGB 56 ff.). Der Richter darf aber nicht ohne triftige Gründe das Fachwissen des Sachverständigen durch seine eigene Meinung ersetzen. Ein Abweichen muss also stichhaltig begründet werden können[376].

952 Denkbar ist, dass das vorliegende **Gutachten nicht überzeugend, unvollständig, widersprüchlich, ungenau oder nicht überprüfbar ist**[377], ebenso, dass mehrere vorliegende Gutachten – so hat etwa die beschuldigte Person ein **Pri-**

---

[374] Botschaft 1212 oben.
[375] BGE 129 I 57, 96 IV 97. – Zulässig ist auch – vorab zu allgemeinen Fragen eines Wissensgebietes – die Verwertung *des in einem anderen Verfahren erstatteten Gutachtens*, doch ist der Anspruch auf rechtliches Gehör zu beachten, BGE 107 Ia 212.
[376] BGE 129 IV 57 f., 101 IV 129, 107 IV 8, 118 Ia 147; Pra 86 (1997) Nr. 34; RO 1981 310 Nr. 41; RS 2007 Nr. 298. Zur (nicht zu überspannenden) *Begründungspflicht bei abweichenden psychiatrischen Gutachten* ZR 91/92 (1992/93) Nr. 58 = SJZ 92 (1996) 279 = RS 1999 Nr. 559; SJ 2001 I 573 = RS 2003 Nr. 343. Zu diesen Gutachten vgl. sodann vorne Fn. 370.
[377] RO 1965 254 Nr. 10; ferner ZR 88 (1989) Nr. 5 = SJZ 86 (1990) 70. Oder das Gutachten ist ergänzungsbedürftig, weil sich die *Sach- bzw. Beweislage seit der Auftragserteilung (*dazu N 934 a.E.) *änderte*.

vatgutachten eingereicht, was ihr nicht verwehrt ist[378] – voneinander abweichen oder sonstwie Zweifel an der Richtigkeit der Befunde der Sachverständigen vorhanden sind. In einem solchen Fall muss nach StPO 189 (MStP 92) entweder eine **Ergänzung des ersten Gutachtens (vom gleichen Sachverständigen) oder ein neues Gutachten von einem anderen Sachverständigen** eingeholt wird[379]. Solche zusätzlichen Gutachten werden oft fälschlicherweise als Obergutachten bezeichnet, einen Begriff, den die StPO nicht kennt. Alle amtlich eingeholten Gutachten haben im Rahmen der freien Beweiswürdigung (StPO 10 II) an sich den gleichen Rang. Der Richter handelt willkürlich i.s. von BV 8, 9 bzw. 29 I, wenn er sein Urteil auf ein nicht schlüssiges oder sonst i.s. von StPO 189 mangelhaftes Gutachten bzw. die Schlussfolgerungen einer abweichenden, das Gutachten nicht überzeugend widerlegenden andern Expertise stützt[380].

---

[378] Das Bundesgericht ist traditionell sehr kritisch zum *Beweiswert von Privatgutachten*. Abstellen auf solche teilweise als willkürlich bezeichnet, zur Thematik BGer 11.2.1999, 6P.158/1999, zitiert in Pra 96 (2007) Nr. 96 = RS 2007 Nr. 207 (welcher Entscheid Willkürfrage offenliess) und 6S.511/2006. Allenfalls auch Ergänzung, wenn Befunde des Privatarztes jenen des Gutachters widersprechen, Versicherungsgericht St.Gallen 16.5.2007 Nr. IV 2006/91 in plädoyer 6/2007 70 (Sozialversicherungsfall) sowie BGer 5.10.2007, 6B_283/2007 in FP 4/2008 211. Allenfalls Einvernahme des Privatgutachters als *sachverständiger Zeuge*, Fall nach BGE 127 I 73. Zum *Verhältnis von Amts- und Privatgutachten* BGE 127 I 73 (kritisch dazu ZBJV 140 [2004] 29); RS 1996 Nr. 108; RKG 2000 Nr. 107 S. 37 sowie Fn. 372 f. Interessant zu dieser Thematik ferner die Praxis des Eidgenössischen Versicherungsgerichts in BGE 125 V 353 und der Entscheid dieses Gerichts vom 7.11.2002 i.S. D. ca. Verwaltungsgericht des Kantons Nidwalden).

[379] Absehen von dieser Regel nur, wenn Divergenzen von untergeordneter oder nur von ergänzender Bedeutung sind, RKG 2005 Nr. 101. Tauchen *Fragen auf, die die Überzeugungskraft des Gutachtens nicht ernstlich erschüttern,* genügt es allenfalls wenn *Gutachtern Ergänzungsfragen gestellt werden*, BGer 5.10.2007, 6B_283/2007 in RS 2008 Nr. 420.

[380] BGE 118 Ia 146; SJZ 52 (1956) 130; RO 1966 248 Nr. 33; 1978 313 Nr. 36; ZR 85 (1986) Nr. 35 zur früheren zürcherischen ZPO 181; ZR 89 (1990) Nr. 90; RKG 2002 Nr. 125. In wissenschaftlichen Streitfragen ist es dem Richter (bei Vermeidung von Willkür) allerdings nicht verwehrt, sich für einen der entgegen gesetzten Gutachterstandpunkte zu entscheiden, mit Hinweisen SJZ 90 (1994) 273 f. = RS 1997 Nr. 313. *Kein Recht auf Replik und zweiten Vortrag des Privatgutachters* gegen amtlich bestellten Gutachter, BGE 127 I 73, sowie nach RO 1979 315 Nr. 35 kein Anspruch auf Einvernahme des amtlichen Gutachters zu den Befunden des privaten. Die zürcherische Praxis nahm in RKG 2000 Nr. 111 = BGer 28.11.2000 an, StPO 127 der früheren zürcherischen StPO (der einigermassen StPO 189 entspricht) gelte nur für *Divergenzen zwischen amtlichen Gutachten*, was in dieser absoluten Form abzulehnen ist.

3. Teil: Sachliche Beweismittel, StPO 192–195

§ 64 Beweisgegenstände, Augenschein, Beizug von Akten und Berichten, StPO 192–195, VStrR 44, MStP 40

Literaturauswahl: neben der zu § 59 erwähnten Literatur AESCHLIMANN N 910, 1047; HABSCHEID 404; HAUSER/SCHWERI/HARTMANN §§ 65–66; MAURER 228; OBERHOLZER N 910; PIQUEREZ (2006) N 815, 820; DERS. (2007) N 629; SCHMID (2004) N 674; VOGEL/SPÜHLER 10. Kap. N 145 ff., N 106 ff.; WALDER 362, 368.

NIKLAUS SCHMID, Strafprozessuale Fragen im Zusammenhang mit Computerdelikten und neuen Informationstechnologien im Allgemeinen, Z 111 (1993) 81.

Materialien: Aus 29 mach 1 S. 104; VE 200–206; BeB 144 ff.; ZEV 48; E 189–192; Botschaft 1213 ff.; AB S 2006 1024, AB N 2007 966.

1. Begriff und Arten der sachlichen Beweismittel

953 Unter **sachlichen Beweismitteln** werden alle Gegenstände, Örtlichkeiten, Zustände und Vorgänge verstanden, die dem Richter **aufgrund ihrer sinnlichen Erkennbarkeit urteilsrelevante Aufschlüsse vermitteln**. Es geht also nicht allein um die visuelle Wahrnehmbarkeit, sondern auch um Vorgänge und Zustände, die durch andere Sinne wahrnehmbar sind, wie dies etwa beim Anhören einer Tonbandaufzeichnung, dem Feststellen des Geruchs einer Substanz oder der Schärfe einer Waffe der Fall ist. Man könnte in allen diesen Fällen von **Augenscheinsbeweisen i.w.S.** sprechen[381].

954 Von der Sache her sind der **Anwendung dieses Augenscheinsbeweises i.w.S.** keine Grenzen gesetzt. Es kann sich um erhobene Tatwaffen, Tatobjekte (z.B. beschädigte Sachen), Tatspuren (Finger-, Fussabdrücke; Blutspuren usw.; Brandschutt) oder das Besichtigen von Tatorten unter Einschluss der Tatsituation (Sicht-, Witterungsverhältnisse; Zustand des Strassenbelages) oder Tatopfern (Leichen; Feststellung von Verletzungen) handeln. Ein Anwendungsfall ist hier ebenfalls die **Konfrontation** von beschuldigten Personen mit Zeugen, Auskunftspersonen usw. nach StPO 146 III[382] bzw. StPO 193 V lit. b.

955 Die StPO unterteilt die sachlichen Beweismittel in die **Beweisgegenstände** (StPO 192, nachfolgend Ziff. 2) und den **Augenschein** (StPO 193, nachfolgend Ziff. 3). Gleichsam als Anhang wird in StPO 194 f. der **Beizug von Akten** bzw. das **Einholen von Berichten und Auskünften** geregelt (nachfolgend Ziff. 4).

---

[381] So auch BeB 144 unten. Zum *Begriff des Augenscheins* i.e. S. und i.w.S. ZR 98 (1999) Nr. 39 = RS 2003 Nr. 298.
[382] Vorne N 819.

2. Beweisgegenstände, StPO 192

2.1. Begriff und Umfang

Unter Beweisgegenständen versteht man jene der eingangs erwähnten **Beweismittel, die direkt den zuständigen Behörden zur Verfügung** stehen, also in der Regel unmittelbar und im Original zu den Akten genommen werden können (StPO 192 I), z.B. Urkunden, Tatwaffen, Deliktsgegenstände wie Diebesgut, Tatspuren wie Fingerabdrücke usw.[383]   956

Urkunden und der Urkundenbeweis waren in früheren Prozessordnungen oft besonders und mitunter relativ ausführlich geregelt (so noch in ZPO 177 ff.). StPO 192 II behandelt den Urkundenbeweise ziemlich summarisch als Anwendungsfall der Beweisgegenstände. **Urkunden sind Schriftstücke irgendwelcher Art** (Korrespondenzen, Geschäftsakten im weitesten Sinn, aber auch Zeitungsartikel), die durch ihren **gedanklichen Erklärungsinhalt beweisbildend wirken**. Urkunde wird somit in einem umfassenderen als im materiell-rechtlichen Sinn (StGB 110 IV f.) verstanden[384]. Entscheidend ist jedenfalls, dass die Urkunde aufgrund ihres Gedankeninhaltes und der visuellen Erkennbarkeit beweisrelevant ist. Liegt diese Relevanz im äusseren Erscheinungsbild (*Beispiele*: Eine Unterschrift wurde ausradiert; ein kostbares historisches Dokument wurde beschädigt), liegt an sich ein Beweisgegenstand nach Abs. 1 von StPO 192 vor[385]; durch die zusammenfassende Regelung von Beweisgegenstand und Urkunde verlieren die Unterschiede jedoch ihre Bedeutung.   957

Nichtschriftliche Aufzeichnungen mit dem vorerwähnten gedanklichen Inhalt werden von StPO 192 II den Urkunden gleichgesetzt (*... und weitere Aufzeichnungen ...*)[386]. Sie sind grundsätzlich als Beweismittel zugelassen[387], soweit sie nicht in Verletzung von StGB 179bis f. zustandegekommen sind[388]. Dies gilt für **Tonbandaufnahmen**, ebenso für Informationen, die auf **Daten- und Bildträgern** (Festplatten, Disketten, Datenbändern, CD; DVD, kurz: «*elektronischen Dokumenten*») gespeichert sind[389]. Beizufügen bleibt, dass die zu den Akten   958

---

[383] Identifikation von Deliktsgegenständen durch Tatopfer widerspricht nicht an sich EMRK, wenn ihr nicht Gegenstände ohne Deliktsbezug beigemischt werden, EGMR 29.5.2006 i.S. Portmann ca. Schweiz, VPB 70 (2006) Nr. 111.
[384] Botschaft 1214 oben. Erfasst werden also z.B. auch *Aufzeichnungen von Messgeräten*, so von Geschwindigkeitsregistriergeräten der Polizei, ZR 94 (1995) Nr. 6. Diese müssen von ausgebildetem Personal bedient werden, ansonst die Ergebnisse nicht beweisgeeignet sind, OGZ in NZZ Nr. 263 vom 10.11.2008.
[385] *Gutachten erforderlich, wenn auf Schriftbild abgestellt wird*, RKG 2002 Nr. 122.
[386] BGE 108 IV 77. Ebenfalls z.B. Video- oder Fernsehaufnahmen, SJ 109 (1987) 119 = RS 1987 Nr. 292.
[387] ZR 57 (1958) Nr. 134.
[388] Einschränkend vorne N 789 ff.; hinten N 1166 ff.
[389] Botschaft 1214 oben. Ob *Röntgenbilder wirklich Urkunden sind*, wie die Botschaft aaO ausführt, bleibe dahingestellt. Augenscheinsobjekte sind sie alleweil.

genommenen Beweisgegenstände wie Akten generell (StPO 101 ff.)[390] der **Einsicht durch die Parteien** unterliegen (StPO 192 III).

959 Mit dem Wort Urkunde ist oft die Vorstellung von besonderer Verlässlichkeit solcher Schriften verbunden. Die **Urkunden unterliegen jedoch ebenfalls der freien Beweiswürdigung**, was – entgegen dem Zivilprozess (ZPO 179) – auch für öffentliche Urkunden (ZGB 9) gilt.

2.2. Vorgehen bei der Erhebung

960 In aller Regel wird sich eine sofortige Sicherstellung der Beweisgegenstände bereits im Vorverfahren, ja im polizeilichen Ermittlungsverfahren (vgl. StPO 306 II lit. a) aufdrängen. Dies geschieht soweit notwendig unter Einsatz von Zwangsmassnahmen wie **Durchsuchungen** (StPO 241 ff.)[391] und hernach mit der **Beschlagnahme** (StPO 263 ff.)[392]; bei Urkunden genügt – wenn es nicht auf die Beweiskraft des Originals ankommt – das **Anfertigen von Fotokopien** (StPO 192 II, 247 III). Ephemere Spuren (Fingerabdrücke, Blut- oder andere Tatspuren) sind durch die polizeilichen Erkennungsdienste sofort zu sichern, andere Feststellungen durch Fotos festzuhalten, also z.B. Fundsituationen von Leichen, Verletzungen oder Verkehrsunfälle. Allenfalls sind die Befunde durch Aktennotizen (**Grundsatz der Dokumentationspflicht**)[393] festzuhalten. Gelegentlich drängt sich bereits bei der Erhebung der relevanten Fakten der Beizug eines Sachverständigen auf. Augenscheins- und Sachverständigenbeweis überschneiden sich alsdann[394].

3. Augenschein, StPO 193, MStP 94

3.1. Begriff

961 Sachliche Beweismittel sind, wie einleitend bemerkt, stets Augenscheinsbeweise i.w.S., da sie aufgrund ihrer sinnlichen Erkennbarkeit beweisbildend wirken[395]. Unter **Augenschein im engeren Sinn** (auch **Lokalaugenschein** genannt) versteht man einschränkend jene sachlichen Beweismittel, die aufgrund ihrer Beschaffenheit **der Strafbehörde nicht unmittelbar zur Verfügung stehen**. Sie können deshalb nicht (oder höchstens mittelbar mit Fotos etc.) wie Beweisgegenstände zu den Akten genommen werden und müssen deshalb an Ort und Stelle besichtigt werden. Es sind dies Gegenstände (z.B. das in einer Garage

---

[390] Vorne N 621 ff.
[391] Hinten N 1061 ff.
[392] Hinten N 1108 ff.
[393] Vorne N 566 ff.
[394] Herauslesbar aus der Systematik von StPO 109 ff., die die Bereiche vermengen. Evtl. Anwendungsfall des sachverständigen Zeugen, N 933.
[395] Vorne N 954.

sichergestellte Unfallauto), Örtlichkeiten (Tat- oder Unfallort) oder andere ortsgebundene Zustände wie die Sichtverhältnisse an einem Tat- oder Unfallort (sinngemäss StPO 193 I).

3.2. Durchführung, StPO 193

Nach StPO 193 I werden Augenscheine durch die **Staatsanwaltschaft oder das Gericht** durchgeführt, in einfachen Fällen (z.B. Ausmessen oder Fotografieren einer Unfallstelle) durch die **Polizei**. Denkbar ist, dass die Staatsanwaltschaft gestützt auf StPO 312 weitere Delegationen an die Polizei vornimmt[396]. Ordnet das Gericht einen Augenschein an, so findet er üblicherweise im Rahmen der Hauptverhandlung statt. Die Parteien sind in jedem Fall teilnahmeberechtigt (StPO 147)[397]. 962

Die Durchführung von Augenscheinen setzt gelegentlich voraus, dass fremde Grundstücke usw. betreten werden müssen. StPO 193 II statuiert, dass jedermann **solche Augenscheine zu dulden hat und den Teilnehmern Zutritt gewähren muss**. Müssen Häuser, Wohnungen oder sonst nicht allgemein zugängliche Räume betreten werden, sind die Vorschriften über die Hausdurchsuchung (StPO 244 ff.)[398] zu beachten (StPO 193 III). Der **Augenschein ist mittels Bild- oder Tonaufnahmen, Plänen, Zeichnungen usw. zu dokumentieren** (näher StPO 193 IV). 963

Häufig wird ein **Augenschein mit anderen Verfahrenshandlungen verbunden**, etwa mit den Einvernahmen von beschuldigten Personen oder Zeugen, der Konfrontation Beteiligter oder einer Rekonstruktion der Tat. Beschuldigte Personen, Zeugen und Auskunftspersonen haben wie bei StPO 146 II an solchen Rekonstruktionen usw. teilzunehmen, wobei StPO 193 V allerdings die Aussageverweigerungsrechte vorbehält. Wer Aussagen verweigern kann (wie vor allem die beschuldigte Person), muss zwar passiv, nicht aber aktiv teilnehmen[399]. Für das Opfer sind vor allem StPO 152 III, 153 II und 154 IV lit. a zu beachten[400]. 964

---

[396] Botschaft 1214 Mitte.
[397] Auch wenn sie von der Polizei oder dem Staatsanwalt vorgenommen werden, ZR 98 (1999) Nr. 39; BGE 98 Ia 338. Es handelt sich hier um eine *Gültigkeitsvoraussetzung i.S. von StPO 141 II für die Verwertbarkeit der Ergebnisse.*
[398] Hinten N 1068 ff.
[399] Vorne N 671 f.
[400] Vorne N 846 ff.

4. Beizug von Akten, Einholen von Berichten und Auskünften, StPO 194 und 195

4.1. Beizug von Akten, StPO 194

965 In einem Strafverfahren erweist es sich häufig als notwendig, die **Akten anderer Verfahren beizuziehen,** um den Sachverhalt oder aber die persönliche Verhältnisse der beschuldigten Person beurteilen zu können. Es kann sich dabei um Zivil- (Akten eines Scheidungsprozesses; Betreibungsakten), Verwaltungs- (Steuer- oder Fürsorgeakten) oder frühere oder parallele Strafverfahren gegen die gleichen beschuldigten oder aber andere Personen handeln. Berechtigt und verpflichtet zum Beizug sind Staatsanwaltschaft oder Gerichte, nicht aber die Polizei (StPO 194 I)[401].

966 StPO 194 II verpflichtet die **Verwaltungs- und Gerichtsbehörden von Bund, Kantonen und Gemeinden, ihre Akten für Strafverfahren zur Verfügung zu stellen,** soweit dem nicht überwiegende öffentliche oder private Interessen entgegenstehen. Diese Bestimmung steht im Zusammenhang mit StPO 44 und 101 II, welche Bestimmung eine umfassende Pflicht der Behörden von Bund, Kantone und Gemeinden zur Rechtshilfe und zur Gewährung von Akteneinsicht statuiert[402]. Sie geht allen andern (allenfalls einschränkenden) Vorschriften des Rechts von Bund und Kantonen zur Akteneinsicht der Strafbehörden vor. **Konflikte über diesen Aktenbeizug** entscheidet wie bei solchen im Bereich der nationalen Rechtshilfe allgemein (StPO 48) je nachdem die Beschwerdeinstanz des betreffenden Kantons (Konflikte zwischen Behörden des gleichen Kantons) bzw. die Beschwerdekammer des Bundesstrafgerichts (Konflikte zwischen Kantonen bzw. zwischen Kanton und Bund, vgl. StPO 194 III, E StBOG 28 I).

4.2. Einholen von Berichten und Auskünften, StPO 195, VStrR 40

967 Entgegen StPO 194 handelt es sich bei der Regelung von StPO 195 (kongruent ZPO 190 I) um Dokumente, die noch nicht vorliegen, sondern erst noch zu erstellen sind[403]. Aus StPO 195 folgt die Pflicht von Behörden, solche Berichte zu erstellen. Wenn StPO 195 I den Strafbehörden (auch der Polizei) die Aufgabe zuweist, **amtliche Berichte und Arztzeugnisse** über Vorgänge einzuholen, die im Strafverfahren bedeutsam sind, so handelt es sich um eine zu StPO 145[404] parallele Bestimmung (schriftliche Berichte an Stelle einer Einvernahme). Auch

---

[401] Botschaft 1214 unten. Zum *Beizug von Steuerakten zur Strafzumessung* LGVE 2007 I Nr. 25 = FP 4/2008 216.
[402] Vorne N 493. Vgl. Botschaft 1214 unten.
[403] Botschaft 1215 oben.
[404] Vorne N 816 f.

hier soll der Bericht wenn möglich eine Einvernahme des Beamten, Arztes usw. überflüssig machen[405].

Allerdings stossen solche Berichte wie jene nach StPO 145 an gewisse Grenzen: Vor allem ist zu beachten, dass Anfragen zum Liefern solcher Berichte Geheimnisträger wie Behördenmitglieder, Ärzte usw. nicht von ihrem Amts- oder Berufsgeheimnis entbindet[406], es sei denn, sie hätten nach StPO 170 II (Beamte und Behördenmitglieder) bzw. StPO 171 II (Berufsgeheimnisträger) ohnehin auszusagen. 968

StPO 195 II sieht vor, dass die Staatsanwaltschaft und Gerichte (nicht aber die Polizei) zur **Abklärung der persönlichen Verhältnisse** der beschuldigten Person Auskünfte über **Vorstrafen und den Leumund** sowie weitere sachdienliche Berichte von Amtsstellen und Privaten einholen. Die Bestimmung steht im Zusammenhang mit StPO 161 über die Abklärung der persönlichen Verhältnisse im Vorverfahren und ihre Einschränkungen[407]. So wird es angebracht sein, bei Eröffnung jedes Strafverfahrens einen Vorstrafenbericht einzuholen, z.B. einen Leumundsbericht indessen nur, wenn es zu einer Anklage kommt. 969

---

[405] Solche Berichte (*in casu*: des Büros für Flugunfalluntersuchungen) sind keine Gutachten, TPF 2008 66.
[406] Botschaft 1215 oben.
[407] Vorne N 871.

5. Kapitel: Zwangsmassnahmen, StPO 196–298

1. Teil: Allgemeines

§ 65 Allgemeine Bestimmungen, StPO 196–200, JStPO 26, VStrR 45

Literaturauswahl: HÄFELIN/HALLER/KELLER N 302 ff.; HAUSER/SCHWERI/HARTMANN § 67; MAURER 19, 281; OBERHOLZER N 962; PIQUEREZ (2006) N 827; DERS. (2007) N 637; SCHMID (2004) N 684; TRECHSEL (2005) 405 (*measures of coercion*).

JÜRG-BEAT ACKERMANN, Tatverdacht und Cicero – in dubio contra suspicionem maleficii, in: FS F. Riklin, Zürich/Basel/Genf 2007, 319; HANS BAUMGARTNER, Zum V-Mann-Einsatz unter besonderer Berücksichtigung des Scheinkaufs im Betäubungsmittelverfahren und des Zürcher Strafprozesses, Diss. Zürich 1990; WALTER HALLER, Kommentar BV, Persönliche Freiheit, Basel/Zürich/Bern 1987; LORENZ ERNI, Anwaltsgeheimnis und Strafverfahren, in: Das Anwaltsgeheimnis, Bd. 4, Zürich 1997; THOMAS HANSJAKOB, Zwangsmassnahmen in der neuen Eidg. StPO, Z 126 (2008) 90; RAMON MABILLARD, Anwaltsgeheimnis als verfassungsrechtliche Schranke für Zwangsmassnahmen, SJZ 101 (2005) 209; JGÉRARD PIQUEREZ, Les mesures provisoires en procédure civile, administrative et pénale. La procédure pénale, ZSR NF 116 (1997) II 1.

Materialien: Aus 29 mach 1 S. 107 ff.; VE 207–212; BeB 147 ff.; ZEV 49; E 193–198; Botschaft 1215 ff.; AB S 2006 1024, AB N 2007 966.

1. Zwangsmassnahmen als strafprozessuale Notwendigkeit

Die Erfahrung zeigt, dass das Strafverfahren seine **Ziele nicht ohne Eingriffe in die Rechte der Bürger in der Form von Zwangsmitteln erreichen kann**. Dies gilt vorab für die Sicherung von Tätern und Beweisen. Solcher Zwang kann, muss aber nicht in Verhaltensweisen bestehen, die die beschuldigte Person unmittelbarem physischem oder psychischem Zwang aussetzen. Erfasst werden auch Mittel, die geeignet sind, den Strafverfolgungsbehörden zunächst verschlossene Informationen zugänglich zu machen[1].

970

2. Begriff, StPO 196

Nach StPO 196 sind **als Zwangsmassnahmen jene Verfahrenshandlungen der Strafbehörden zu betrachten, die in die Grundrechte der Betroffenen eingreifen und die dazu dienen, Beweise zu sichern** (lit. a), **die Anwesenheit von Personen im Verfahren sicherzustellen** (lit. b) **oder die Vollstreckung des Endentscheides** (lit. c) **zu gewährleisten.**

971

---

[1] Botschaft 1215 Mitte.

972 Zwangsmassnahmen tangieren insbesondere die in BV 7 ff., aber ebenso die durch EMRK 2 ff. sowie IPBPR 6 ff. gewährleisteten **Grundrechte**[2]. Dem Wesen der strafprozessualen Zwangsmassnahmen entsprechend ist unvermeidlich, dass von ihnen auch Unschuldige betroffen werden können[3]. Es liegt auf der Hand, dass das Interesse der Öffentlichkeit an einer effizienten Strafverfolgung mit der Pflicht der gleichen Öffentlichkeit, dem Bürger ein möglichst hohes Mass an Freiheit zu gewähren, kollidieren muss. Vor allem im Hinblick auf die bedenklichen Folgen von Zwangsmassnahmen gegen Unschuldige können daher solche nur in sehr engen Grenzen zulässig sein. **Besondere Zurückhaltung ist bei Zwangsmassnahmen geboten, die in die Grundrechte nicht beschuldigter Personen** eingreifen und die nicht durch einen vorhandenen Tatverdacht gegen sie zu rechtfertigen sind (StPO 197 II)[4].

3. Grundsätze der Zulässigkeit, StPO 197

973 Erforderlich für strafprozessuale Zwangsmassnahmen sind nach BV 36 und StPO 197
1. eine **gesetzliche Grundlage** (lit. a), grundsätzlich in **einem Gesetz im formellen Sinn**, so in einem Prozessgesetz (in der StPO oder einem andern Gesetz wie VStrR)[5];
2. das Vorliegen eines vorbestehenden[6] **hinreichenden Tatverdachts**[7] (lit. b), wobei sich der Verdachtsgrad nach der Eingriffsschwere der betreffenden Massnahme bemisst[8];

---

[2] Hierzu Botschaft 1215 unten. Zur Vereinbarkeit der StPO vorab hinsichtlich der Zwangsmassnahmen mit den internationalen Verpflichtungen der Schweiz siehe Botschaft 1385 ff.
[3] Zwangsmassnahmen sind jedoch *mit der Unschuldsvermutung vereinbar*, vorne N 223.
[4] Botschaft 1216 Mitte mit der Einschränkung, dass Regel nur dann gelten kann, wenn Rechte Dritter sofort erkennbar sind, was bei Beschlagnahme einer Sache im Besitz der beschuldigten Person oft nicht der Fall ist.
[5] Für die *Kumulation* verschiedener Zwangsmassnahmen, die möglich ist, keine besondere zusätzliche gesetzliche Grundlage erforderlich. Notwendig, dass Voraussetzungen der einzelnen Massnahmen erfüllt sind.
[6] Unzulässig ist die *Beweisausforschung («fishing expedition»)*, d.h. Untersuchungsmassnahmen, die den Tatverdacht erst begründen sollen, BGE 125 II 73, 114 Ib 60, 113 Ib 169, 102 Ia 529, 103 Ia 211, 104 IV 132, 106 IV 413. Eine solche Beweisausforschung liegt nicht ohne Weiteres vor, wenn zwar Straftat, nicht aber Straftäter bekannt ist. Dazu auch hinten N 1067 a.E.
[7] Grundsätzlich unabhängig davon, ob StPO bei Zwangsmassnahme noch ausdrücklich einen (hinreichenden oder dringenden) Tatverdacht verlangt.
[8] Botschaft 1216. Z.B. bei der *Beschlagnahmung* genügt mindestens zu Beginn des Verfahrens die blosse Möglichkeit des Deliktskonnexes, RS 2002 Nr. 205, bzw. ein *«hinreichender, objektiv begründeter konkreter Tatverdacht»*, so BGer 7.6.2005, 1S.16/2005, E.5.2. unter Verweis auf BGE 124 IV 316, 122 IV 96. Vgl. sodann BGer 1.11.2007, 1B_160/2007 in Anwaltsrevue 2/2008 78; TPF 2005 84 E.3.1.2, weiter Botschaft 1216

§ 65 Allgemeine Bestimmungen

3. **dass die damit angestrebten Ziele nicht durch mildere Massnahmen erreicht werden können** (lit. c), also Beachtung des **Subsidiaritätsgrundsatzes**;
4. **dass die Bedeutung der Straftat die Zwangsmassnahme rechtfertigt** (lit. d), also die **Beachtung der Verhältnismässigkeit**. Die Zwangsmassnahme muss notwendig und geeignet sein, das Untersuchungsziel zu fördern. Beim Einsatz der fraglichen Zwangsmassnahme muss zwischen dem angestrebten Ziel und dem Eingriff in das Freiheitsrecht ein vernünftiges Verhältnis bestehen (**Verhältnismässigkeit im engeren Sinn**)[9]. Ohne dass dies in der StPO ausdrücklich gefordert würde, wird sodann die **Respektierung des Kerngehalts des Freiheitsrechts** (BV 36 IV; etwa absolutes Verbot menschenunwürdiger Behandlungen gemäss BV 7, EMRK 3 und StPO 3 II lit. c sowie 140, z.B. von Folter[10]; Narkoanalysen u.Ä.) gefordert[11].

Die allgemeinen Vorschriften von StPO 196–200 **beschränken die Zwangsmassnahmen nicht auf bestimmte Delikte oder Deliktstypen** (Verbrechen, Vergehen). Soweit die Bestimmungen zu den einzelnen Zwangsmassnahmen diese nicht z.B. auf Verbrechen oder Vergehen beschränken (etwa Untersuchungs- und Sicherheitshaft, StPO 221 I, DNA-Analysen, StPO 255 I, noch eingeschränkter Überwachungsmassnahmen, z.B. nach StPO 269 II), sind diese (unter besonderer Beachtung des Verhältnismässigkeitsprinzips) auch bei Übertretungen zulässig, also etwa Durchsuchungen nach StPO 241 ff.[12]. 974

Für die Beurteilung, ob eine Zwangsmassnahme verfassungsmässig ist und vor allem die Voraussetzungen der Verhältnismässigkeit erfüllt sind, ist die **Sachlage im Zeitpunkt ihrer Anordnung** massgebend. Dass später eine Voraussetzung entfällt (z.B. ergibt sich bei einem Verhafteten nachträglich dessen Unschuld), ändert nichts. Es können sich dann aber Entschädigungs- und Genugtuungsansprüche ergeben[13]. 975

Mitte. Bei *Beschlagnahmungen* gilt sogar u.U. der Grundsatz *in dubio pro duriore*, hinten Fn. 376. Bei der *verdeckten Ermittlung* spricht man von einem erforderlichen «*gewöhnlichen, aber hinreichenden Tatverdacht*», hinten N 1185, ähnlich bei *Eröffnung der Untersuchung* nach StPO 309 von einem «*mittleren Tatverdacht*», N 1228. Bei *Freiheitsentzug* hingegen müssen die Verdachtsgründe weit konkreter sein, also einem *dringenden Tatverdacht* entsprechen, vgl. StPO 221 I und hinten N 1019. Zu der mit zunehmender *Dauer der Massnahme erforderlichen Verdichtung des Tatverdachts* TPF 2005 116, 2006 269.

9   Zur *Verhältnismässigkeit der Untersuchungshaft* BGE 118 Ia 73, 113 Ia 328; bei Kranken BGE 116 Ia 423. Zum Verhältnis von UH zum FFE (bzw. neu: fürsorgerische Unterbringung) hinten Fn. 100. – Vgl. Strafverfahren gegen den ehemaligen DDR-Staatsratsvorsitzenden Honecker, EuGRZ 20 (1993) 48.
10 Entgegen den im Zusammenhang mit Vorgängen in Deutschland diskutierten Vorschlägen (dazu etwa plädoyer 3/2003 7 ff.) keine Rechtfertigung durch Notwehr etc.
11 Botschaft 1216 oben. BGE 109 Ia 273.
12 Dazu hinten N 1061 ff.
13 Hinten N 1810 ff.

4. Zuständigkeit, StPO 198, JStPO 26

976 Grundsätzlich sind nach StPO 198 I – in den nachstehend zu besprechenden Schranken – der **Staatsanwalt** (lit. a) und nach Anklageerhebung das mit dem Fall befasste **Gericht, in dringenden Fällen deren Verfahrensleitung** (lit. b, generell nach StPO 232, 233, 388 lit. b), zur Anordnung von Zwangsmassnahmen befugt[14]. Die **Polizei** ist für Zwangsmassnahmen nur zuständig, wenn ihr die StPO ausdrücklich entsprechende Kompetenzen einräumt (StPO 198 I lit. c; vgl. etwa StPO 207 ff., 217, 241 III und IV, 255 II, 260 II, 263 III, 282 I). Sie ist in diesem Fall an die gleichen Regeln und Schranken gebunden, innerhalb derer Staatsanwalt und Gericht Zwangsmassnahmen anordnen dürfen. Soweit die Polizei über StPO 198 I zu Zwangsmassnahmen befugt ist, sind dazu grundsätzlich **alle Beamten der Polizei nach StPO 15 zuständig**. Bund und Kantone können nach StPO 198 II diese oder einzelne **Befugnisse speziell bezeichneten Beamten vorbehalten**, also z.b. Offizieren, Bezirkschefs usw.[15] Im Übrigen ist der allgemeine Polizeiauftrag (Sicherung von Ruhe und Ordnung) im Auge zu behalten; die daraus fliessenden polizeilich-verwaltungsrechtlichen Eingriffsmöglichkeiten sind u.U. von den strafprozessualen nicht leicht zu trennen[16]. – In sehr engem Rahmen können ebenfalls **Geschädigte** oder **andere Bürger** Zwangsmassnahmen anwenden (StPO 218, 263 III).

977 Entsprechend der zivilprozessualen Entwicklung[17] können auch im Strafprozessrecht bei drohenden Zwangsmassnahmen die davon erwartungsgemäss Betroffenen mit einer **Schutzschrift** dagegen bei der für die Massnahme zuständigen Behörden vorsorglich Stellung beziehen. Entgegen der ZPO (Art. 270)[18] findet sich jedoch in der StPO keine entsprechende ausdrückliche Regelung.

5. Verfahren, Befehl, StPO 199 und 200

978 Soweit **Zwangsmassnahmen schriftlich** anzuordnen sind – was die Regel bildet, obwohl die entsprechende Pflicht in VE 210 I nicht Gesetz wurde –, werden sie üblicherweise in Form eines **Befehls** verfügt (vgl. StPO 199). Dieser enthält Angaben über die betroffene Person, den Deliktsvorwurf, den Gegenstand der Zwangsmassnahme (z.B. nach welchen Gegenständen zu suchen ist) sowie die

---

[14] Einschränkungen z.B. bei der Haft, N 1031 ff., bei Überwachungsmassnahmen, N 1149 f., usw. Im Übrigen *besteht jedoch nicht generell ein Richtervorbehalt*, d.h., dass Zwangsmassnahmen – wie in andern Rechtsordnungen – nur vom Richter angeordnet werden dürfen. *Anordnungen i.S. von StPO 196 ff. unterliegen sodann nicht den Verfahrensgarantien von EMRK 6* (Anspruch auf öffentliches Verfahren etc.), dazu BGer 29.5.2007, 1P.64/2007, E.3.3. und 3.4., zit. in SZIER (18) 2008 276.
[15] Botschaft 1216 unten.
[16] Z.B. bei *Personenkontrollen, Anhaltungen* u.Ä., StPO 215, hinten N 1001 ff.
[17] Vor allem bei den Handelsgerichten, AJP 7 (1997) 515 ff., 1998 1076 ff.; AGVE 1999 Nr. 10; aber BGE 119a I 53 ff.; ZBJV 140 (2004) 298.
[18] Dazu Botschaft zur ZPO BBl 2006 7357.

ausführenden und anordnenden Behörden[19]. Eine Kopie (dieses mindestens kurz zu **begründenden**[20]) Befehls sowie (sinnvollerweise wohl beschränkt auf Festnahmen u.Ä. sowie Durchsuchungen) ein allfälliges Vollzugsprotokoll sind, soweit die Massnahme ihrer Natur nach nicht (wie z.B. die Überwachungsmassnahmen nach StPO 269 ff.) geheim sind, den von der Massnahme direkt Betroffenen gegen Empfangsbestätigung zu übergeben, sei es bei Vollzug der Massnahme oder unmittelbar nachher (z.b. bei der vorläufigen Festnahme nach StPO 217).

StPO 200 erlaubt der Strafbehörde, zur Durchsetzung von Zwangsmassnahmen unter strenger Beachtung des Verhältnismässigkeitsgrundsatzes **Gewalt anzuwenden**[21]. 979

Die Anordnung von **Zwangsmassnahmen kann wie jede Verfahrenshandlung** nach Massgabe der allgemeinen Vorschrift sowie den Schranken von StPO 393 ff. **mit Beschwerde angefochten werden**; der entsprechende ausdrückliche Hinweis in E 198[22] wurde als offenbar überflüssig gestrichen. Anfechtbar sind auch Zwangsmassnahmen, die in Anwendung von StPO 198 I lit. b in dringenden Fällen von der gerichtlichen Verfahrensleitung angeordnet werden. 980

---

[19] Im Vordergrund stehen hier naturgemäss die von *Staatsanwaltschaft oder Gerichten angeordneten Zwangsmassnahmen*. Inwieweit die *Polizei solche schriftlichen Befehle auszustellen* hat, muss von Fall zu Fall geprüft werden. Bei Routinemassnahmen wie die Anhaltung (StPO 215, hinten N 1001 ff.) oder der zunächst eher sicherheitspolizeilich motivierten Durchsuchung nach StPO 241 IV (hinten N 1064) erübrigt sich ein solcher Befehl; führt z.b. eine Anhaltung zu weiteren strafprozessualen Schritten, genügt das Festhalten dieser Massnahme im Polizeirapport.

[20] Bei in zeitlicher Dringlichkeit vorzunehmenden Zwangsmassnahmen *genügt der Hinweis auf das konkrete Delikt, das Anlass zur Massnahme gibt*. Dies gilt etwa bei Festnahmen, Hausdurchsuchungen oder Beschlagnahmungen, die *naturgemäss ohne vorgängiges rechtliches Gehör ergehen*. In diesen Fällen erscheint eine Heilung einer Gehörsverletzung in einem nachfolgenden Beschwerdeverfahren als möglich, so *Praxis des Bundesstrafgerichts* BB.2005.91 vom 1.12.2005, E.2.1.2 sowie TPF 2006 263. In solchen Fällen können sich die Tatvorwürfe z.B. ebenfalls aus einem parallelen Haftverfahren ergeben. Befehl hat jedenfalls die *Rechtsgrundlage der Massnahme zu erwähnen*, TPF 2004 6 E. 2.1.

[21] Dazu näher Botschaft 1216 f. Für die *Details der Gewaltanwendung* gilt das Polizeirecht des Kantons bzw. des Bundes, für diesen ZAG 1 ff. Zur *Gewaltanwendung bei Festnahmen* u.Ä. BGE 111 IV 113, 94 IV 5, 99 IV 253; SJZ 83 (1987) 138. Allenfalls kann eine *Fesselung* auf diese Bestimmung gestützt werden, hinten N 997.

[22] Zu dieser vorgeschlagenen Bestimmung Botschaft 1217 oben.

2. Teil: Zwangsmassnahmen, die das Recht der persönlichen Freiheit tangieren, StPO 201–240

§ 66 Vorladung, Vorführung und Fahndung, StPO 201–211, VStrR 42, 51, MStP 51, 58, 78

Literaturauswahl: neben der zu § 65 und 67 ff. erwähnten Literatur AESCHLIMANN N 1056; HAUSER/SCHWERI/HARTMANN § 68; MAURER 283; PADRUTT 169; OBERHOLZER N 974; PIQUEREZ (2006) N 827; SCHMID (2004) N 690; TRECHSEL (2005) 405.

Materialien: Aus 29 mach 1 S. 108; VE 213–222; BeB 149 ff.; ZEV 49 f.; E 199–209; Botschaft 1217 ff.; AB S 2006 1025 ff., AB N 2007 966.

1. Vorladungen, StPO 201–206

1.1. Zur Vorladung im Allgemeinen, StPO 201–203, 205

981 Staatsanwaltschaft, Übertretungsstrafbehörden und Gericht bzw. deren Verfahrensleitungen sowie die Polizei in Delegationsfällen nach StPO 312[23] bieten die Verfahrensbeteiligten, die an einer Prozesshandlung teilzunehmen haben, durch eine schriftliche, d.h. im Regelfall postalische, allenfalls fernschriftliche (nach jüngerer Praxis auch Telefax- oder E-Mail), **Vorladung** dazu auf (StPO 201 I). Im Anschluss an die bisherige Praxis ist es zulässig, wenn die jeweilige Verfahrensleitung das **Vorladen dem Kanzleipersonal überträgt**. Wer nur das Recht zur Teilnahme hat (Rechtsbeistände, Privatkläger bei der Einvernahme der beschuldigten Person), wird auf andere Weise orientiert, z.B. durch Zustellung einer Vorladungskopie[24]. Die **Bestandteile** der Vorladung ergeben sich näher aus StPO 201 II: Die Vorladung muss die wesentlichen Angaben wie vorladende Behörde und die für diese handelnde Person, die Person und prozessuale Eigenschaft des Vorgeladenen (beschuldigte Person, Zeuge usw.), Gegenstand der Prozesshandlung, Ort und Zeit der Verfahrenshandlung, Folgen des Ausbleibens (Ordnungsbusse, Vorführung)[25] usw. aufweisen, es sei denn, dass einzelne Angaben etwa zur Vermeidung einer Kollusion wegbleiben. Die **Zustellung** erfolgt nach Massgabe von StPO 84–88[26].

982 Verfahrensbeteiligte sollen nicht mit Vorladungen gleichsam überrumpelt werden. Deshalb sehen StPO 202 I und II unterschiedliche **Vorladungsfristen** vor

---

[23] Bei der selbstständigen Ermittlungstätigkeit nach StPO 206, hinten N 985, 1216 ff.
[24] Botschaft 1217 Mitte.
[25] Näher Botschaft 1217 f. Bei *polizeilichen Vorladungen* sind solche Zwangsmassnahmen und Androhungen nicht zulässig, es sei denn, die Polizei handle gestützt auf eine Delegation der Staatsanwaltschaft nach StPO 312, zu dieser N 1233.
[26] Vorne N 600 ff. Zur Ansetzung der Hauptverhandlung in aufwendigen Fällen vgl. TPF 2007 1 E.5.1.

§ 66 Vorladung, Vorführung und Fahndung

(mindestens 3 Tage im Vorverfahren, 10 Tage im Verfahren vor Gericht, 1 Monat bei öffentlichen Vorladungen nach StPO 88). Dabei ist auf die Abkömmlichkeit der Vorgeladenen angemessen Rücksicht zu nehmen (StPO 202 III); es ist üblich, insbesondere mit den Rechtsbeiständen vorgängig Kontakt aufzunehmen[27]. In **dringenden Fällen oder im Einverständnis mit der vorzuladenden Person** kann nach StPO 203 auf die vorstehend skizzierten Formen und Fristen verzichtet werden, z.B. wenn in einem Haftfall sofortige Zeugeneinvernahmen erforderlich sind[28]. In diesen Fällen sind auch kurzfristige telefonische Vorladungen zulässig[29]. Ohne zwingende Umstände soll aber auf die mit StPO 202 I verbundenen **Deliberations- oder Überlegungsfristen** nicht verzichtet werden[30]. Wer sich bereits am Ort der Verfahrenshandlung oder in Haft befindet, kann hingegen sofort und ohne Vorladung einvernommen werden (StPO 203 II), also z.B. der Begleiter eines Zeugen, eine nach StPO 217 ff. festgenommene Person usw.[31]

StPO 205 I statuiert die **Pflicht des Vorgeladenen, der Vorladung Folge zu leisten**, auch wenn er z.B. der Ansicht ist, er könne als Zeuge nichts Sachdienliches aussagen oder er besitze ein Aussageverweigerungsrecht[32]. **Wer verhindert ist**, muss dies der vorladenden Strafbehörde sofort und mit Angabe von (plausibeln) Gründen mitteilen (näher StPO 205 II). Ein allfälliger Widerruf der Vorladung wird erst dann wirksam, wenn er dem Vorgeladenen mitgeteilt worden ist (StPO 205 III Satz 2)[33]. Das **Missachten einer (obligatorischen) Vorladung** von Staatsanwaltschaft, Übertretungsstrafbehörden oder Gericht kann nach StPO 205 IV mit Ordnungsbusse (StPO 64) bestraft werden. Der Säumige kann zudem polizeilich vorgeführt werden (StPO 207 I lit. a)[34]. Zudem können ihm nach StPO 417 die **durch die Säumnis verursachten Kosten und Entschädi-

983

---

[27] In diesem Sinn ist auch StPO 147 II (vorne N 824) anzuwenden. Zum Thema BGE 115 Ia 15. Bei Vorladungen zu Verhandlungen sollte vorgängig Termin mit Anwalt abgesprochen werden, *obiter dictum* BGer 7.7.2000, 6P.75/2000, i.S. C.H. ca. Procureur Gén. de Genève (bezugnehmend auf eine damalige Praxis des Genfer Korrektionsgerichts, Verhandlungen ohne Rücksprache mit den Anwälten festzusetzen). Allerdings ist die Pflicht, auf Terminwünsche des Anwalts einzugehen, beschränkt, zu einem Fall mit mehrfachem Anwaltswechsel BGer 17.2.2006, 1P.729/2005, in Anwaltsrevue 6–7/2006 250. Zur einzuräumenden *Vorbereitungsfrist* bei Verhandlungen BGE 131 I 188.
[28] Botschaft 1218 unten.
[29] Zum *Anspruch auf Verschiebung* ZR 99 (2000) Nr. 41; TPF 2008 52 (verneint). Auch Partei selbst hat solchen Anspruch, auch wenn Rechtsbeistand anwesend sein kann, vgl. Zürcher Entscheid (Zivilprozess) in plädoyer 1/2009 71.
[30] Botschaft 1218 Mitte. Dazu SJZ 69 (1973) 137 = ZR 71 (1972) Nr. 61.
[31] Hinten N 1009; auch eine nach StPO 215 ff. (N 1001 ff.) angehaltene Person. Allgemein gilt, dass dadurch die *Verteidigungsrechte und das Recht auf genügende Vorbereitungszeit* (vgl. auch Fn. 27) nicht beschnitten werden, MKGE 11 (1988–1996) Nr. 28.
[32] Botschaft 1219 Mitte.
[33] Hierzu noch zum früheren Zürcher Recht ZR 95 (1996) Nr. 71; SJZ 93 (1997) 49 Nr. 7. In der *Vorladung ist auf diesen Umstand aufmerksam zu machen.*
[34] Vorgeführt werden können nur Parteien, Zeugen usw., nicht aber Rechtsbeistände!

gungen auferlegt werden[35]. Ist die beschuldigte Person säumig, kann unter den Voraussetzungen von StPO 366 ein **Abwesenheitsverfahren** durchgeführt werden (StPO 205 V)[36].

1.2. Freies Geleit, StPO 204, MStP 53

984 Oft sind Personen nur bereit, als Zeugen oder Auskunftspersonen vor schweizerischen Strafbehörden auszusagen, wenn sie Gewissheit haben, hier nicht verhaftet oder andern freiheitsbeschränkenden Massnahmen – wie den Ersatzmassnahmen nach StPO 237 ff. – unterworfen zu werden. **Staatsanwaltschaft und Gerichte** (nicht die Polizei) **können deshalb solchen im Ausland befindlichen Personen freies Geleit zusichern**, soweit Straftaten betroffen sind, die die Zeit vor ihrer Abreise betreffen (StPO 204 I). Im Rahmen der prozessualen Regeln kann das freie Geleit an Bedingungen geknüpft werden, z.B. sich in der Schweiz nur während eines bestimmten Zeitraums und an einem bestimmten Ort aufzuhalten oder mit bestimmten Personen keinen Kontakt aufzunehmen[37].

1.3. Polizeiliche Vorladungen, StPO 206

985 Die Befugnis der Polizei, Vorladungen zu erlassen, sind beschränkt. Zunächst kann sie solche nach StPO 206 I **im Ermittlungsverfahren** nach StPO 306 ff.[38] erlassen, um Personen zu befragen (StPO 142 II, 159, 179), ihre Identität festzustellen oder sie erkennungsdienstlich (StPO 260 ff.) zu behandeln. Diesfalls hat die Polizei die Formalien von StPO 201 f. nicht zu beachten, was die Botschaft damit rechtfertigt, dass die betroffenen Personen keine Aussage- und Wahrheitspflicht trifft[39]. Handelt die Polizei indessen nach Eröffnung der Untersuchung auf Delegation der Staatsanwaltschaft hin (StPO 312), so hat die Polizei die Formalien von StPO 201 f. zu beachten. Dies gilt insbesondere, wenn die Polizei in Anwendung von StPO 142 II im Auftrag der Staatsanwaltschaft Zeugen einzuvernehmen hat[40]. Wer einer polizeilichen Vorladung (im Ermittlungsverfahren wie auch bei delegierter Untersuchung nach StPO 312) **nicht Folge leistet,** kann unter den Voraussetzungen von StPO 206 II vorgeführt werden. Erforderlich dafür ist indessen einerseits, dass die Staatsanwaltschaft dies mit Befehl anord-

---

[35] Hinten N 1762.
[36] Hinten N 1396 ff.
[37] Unzulässig wäre es hingegen, das freie Geleit davon *abhängig zu machen, dass die betreffende Person nicht von einem Aussageverweigerungsrecht Gebrauch macht*, Botschaft 1219 oben.
[38] Hinten N 1216 ff.
[39] Botschaft 1219 unten.
[40] Botschaft 1219 f.

net[41], anderseits, dass die Vorführung dem Betroffenen (naheliegenderweise mit der früheren Vorladung) schriftlich angedroht wurde.

2. Polizeiliche Vorführung, StPO 207–209, MStP 51 III

2.1. Voraussetzungen und Zuständigkeit, StPO 207

Die Zwangsmassnahme der **polizeilichen Vorführung stellt einen Freiheitsentzug dar, wie er in StPO 212 ff. normiert ist.** Das Gesetz regelt sie indessen nicht im Zusammenhang mit dem Freiheitsentzug, sondern wegen des engen Konnexes mit der Vorladung im Anschluss an diese Regelungen von StPO 201 ff.[42]. Eine Vorführung kann unter vier Voraussetzungen angeordnet werden, wobei die ersten drei (StPO 207 I lit. a-c) im Zusammenhang mit der Vorladung, die vierte (StPO 207 I lit. d) als Vorstufe zur Untersuchungshaft zu sehen sind. **Zuständig für die Anordnung ist stets die Verfahrensleitung der jeweils zuständigen Strafbehörde**, also der Staatsanwaltschaft, der Übertretungsstrafbehörde oder der Gerichte (StPO 207 II). Für die **Polizei** gilt StPO 206 II[43].

986

Die Vorführung kann angeordnet werden, wenn die betreffende Person **Vorladungen nach StPO 201 f. versäumte** (StPO 207 I lit. a) und dieser die Vorführung angedroht worden war. Dies gilt für alle Vorladungen, also solche, die beschuldigte Personen wie auch Zeugen usw. betreffen. An sich kommt eine solche Vorführung (entgegen VE 220 lit. a) bereits nach einer ersten Säumnis in Frage. Unter Berücksichtigung des Verhältnismässigkeitsprinzips ist indessen zuerst eine zweite Vorladung ins Auge zu fassen, vor allem wenn beispielsweise nicht klar ist, ob die Vorladung den Adressaten überhaupt erreicht hatte. Zurückhaltung ist vor allem bei nicht beschuldigten Personen angebracht (StPO 197 II). Eine Vorführung kann sodann erfolgen, wenn **konkrete Anhaltspunkte dafür vorhanden sind, dass die vorgeladene Person der Vorladung nicht Folge leisten werde** (StPO 207 I lit. b). Diese Variante der Vorführung, die nur sehr zurückhaltend anzuordnen ist, kommt etwa in Frage, wenn die betreffende Person vorgängig erklärte, sie werde Vorladungen nicht nachkommen oder dies schon früher regelmässig tat[44]. Bei der Variante von StPO 207 I lit. c kann eine Vorführung erfolgen, wenn bei **Verfahren wegen Verbrechen oder Vergehen das sofortige Erscheinen im Interesse des Verfahrens unerlässlich ist.** Zu denken ist hier an Fälle, in denen beschuldigte Personen, nur ausnahmsweise

987

---

[41] Denkbar, dass die Staatsanwaltschaft in Fällen von StPO 312 Vorführungsrecht bereits zusammen mit der Delegation gewährt, so Botschaft 1220 oben.
[42] Dazu und zum Folgenden Botschaft 1220 Mitte.
[43] Vorstehend N 985.
[44] BeB 152 Mitte.

Zeugen oder Auskunftspersonen, zur Vermeidung von Kollusion überraschend einvernommen werden sollten[45].

988 StPO 207 I lit. d lässt eine Vorführung weiter zu, wenn die betreffende **Person eines Verbrechens oder Vergehens dringend verdächtigt und Haftgründe zu vermuten sind.** Die Vorführung dürfte hier oft die Vorstufe zu einem Verfahren auf Einleitung der Untersuchungshaft nach StPO 224 ff. darstellen. In Frage kommen vorab Fälle, in denen nicht nach StPO 217 ff. eine vorläufige Festnahme durch die Polizei erfolgte, sondern die Verdachtsgründe z.B. auf einer Anzeige beruhen, die bei der Staatsanwaltschaft direkt eingegangen war[46]. In ähnlicher Weise ergeht ein **Auslieferungshaftbefehl,** mit welchem mit Blick auf ein nachfolgendes Auslieferungsverfahren bei der zuständigen ersuchten Behörde die Verhaftung einer beschuldigten Person verlangt wird.

2.2. Anordnung, Durchführung, StPO 208 und 209

989 Die Vorführung wird nach Massgabe von StPO 208 in einem **schriftlichen Vorführungsbefehl**, in dringenden Fällen mündlich, telefonisch o.Ä. angeordnet (Abs. 1). Dieser Befehl weist die gleichen Angaben wie eine Vorladung (StPO 201 II) und zudem den Hinweis auf, dass die Polizei wenn nötig zum Vollzug Gewalt anwenden und Häuser usw. durchsuchen kann (Abs. 2). Dies bedeutet, dass für das Betreten von Wohnungen etc. nicht zusätzlich ein Hausdurchsuchungsbefehl nach StPO 244 f. erforderlich ist.

990 Das **Vorgehen der Polizei,** die den Vorführungsbefehl auszuführen hat, wird in StPO 209 näher geregelt. Hervorzuheben ist, dass sie mit «*grösstmöglicher Schonung der betroffenen Personen*» vorzugehen hat (Abs. 1); damit sind auch die Familienangehörigen des Vorzuführenden, weitere Hausbewohner usw. gemeint. Falls vorhanden ist der **Vorführungsbefehl vorzuweisen.** Die **Vorführung selbst hat unverzüglich oder zur angegeben Zeit zu erfolgen** (Abs. 2). Es ist nicht Aufgabe der vorführenden Polizei, die betroffene Person einzuvernehmen, etwa im Fall von StPO 207 I lit. d zum Tatverdacht[47]. Es ist die Behörde, die die Vorführung verlangte, die die betroffene **Person unverzüglich** in einer ihr verständlichen Sprache über den **Grund der Massnahme zu orientieren** sowie die beabsichtigte **Untersuchungshandlung sofort vorzunehmen** hat.

---

[45] Botschaft 1220 Mitte; BeB 152 Mitte.
[46] Botschaft 1220 unten.
[47] Der in StPO 209 geregelte Ablauf der Vorführung scheint auszuschliessen, dass diese Befugnis zur ersten Einvernahme etwa von der Staatsanwaltschaft der Polizei delegiert werden kann. Festzustellen ist, dass der ein solches Vorgehen ermöglichende VE 229 III nicht ins Gesetz übernommen wurde und ausserdem nach StPO 309 I lit. b zunächst ein Verfahren zu eröffnen wäre, mit der Folge, dass eine Delegation an die Polizei hernach nur nach StPO 312 möglich wäre. Im Ergebnis *a.M.* Botschaft 1221 oben, wonach die Staatsanwaltschaft eine Zuführung an die Polizei zur Vornahme erster Ermittlungen verfügen kann. Die Staatsanwaltschaft kann hingegen eine Zuführung an die Polizei bei delegierten Einvernahmen nach StPO 312 anordnen.

Anschliessend ist der Betroffene wieder zu entlassen, es sei denn, es werde Untersuchungs- oder Sicherheitshaft beantragt (Abs. 3).

3. Fahndung, StPO 210 und 211, VStrR 54 III, MStP 58, MStV 28–30

3.1. Grundsätze, StPO 210

Ist der Aufenthaltsort von Personen (beschuldigte Personen, aber auch Zeugen usw.), deren Anwesenheit im Strafverfahren notwendig ist, nicht bekannt, so ist nach ihnen im Rahmen der sog. **Gestellungs- oder Fahndungsmassnahmen** zu suchen. Sie sind zu diesem Zwecke **auszuschreiben**. Gleiches gilt für Gegenstände und Vermögenswerte, die für das Strafverfahren benötigt werden (vgl. StPO 210 IV)[48]. StPO 210 enthält dazu einige wenige Grundsätze. Im Übrigen sind diese Fahndungsmassnahmen Gegenstand des Polizei- bzw. Verwaltungsrechts[49]. Die **Polizei** ist denn auch im Normalfall die Behörde, welche mit den ihr zur Verfügung stehenden Fahndungsmitteln auf nationaler und internationaler Ebene[50] die von der Staatsanwaltschaft, den Übertretungsstrafbehörden und den Gerichten angeordneten Ausschreibungen vornimmt (StPO 210 III). Die Polizei selbst ist nach StPO 210 I Satz 2 nur in dringenden Fällen befugt, eine Ausschreibung von Personen von sich aus zu veranlassen; im **Ermittlungsverfahren** ist sie jedoch nach StPO 306 I lit. b dazu aufgerufen, geschädigte und beschuldigte Personen zu eruieren, wozu die erforderlichen Fahndungsmassnahmen gehören.

991

StPO 210 unterscheidet bei der Fahndung nach Personen zwei Fälle: Zunächst erfolgt in einer milderen Form die **Ausschreibung zur Aufenthaltsausforschung** (StPO 210 I), d.h., es wird nach dem Wohn- oder Aufenthaltsort der betreffenden Person gesucht. Die schärfere Form, die **Ausschreibung zur Ver-**

992

---

[48] Etwa als Beweisgegenstände (StPO 192) und zur Beschlagnahme nach StPO 263 ff. Vor allem im letztgenannten Fall erscheint es als zulässig, dass die sog. *Sachfahndung nach wie vor von der Polizei in eigener Kompetenz durchgeführt wird*. Es stellte einen Leerlauf dar, hier die Staatsanwaltschaft zu bemühen. – In anderer Richtung geht die *Rasterfahndung*, bei der durch computermässigen Datenabgleich nach der Täterschaft gefahndet wird; dass sie als Grundrechtseingriff betrachtet wird, wurde offenbar in der Schweiz bisher nicht vertreten, anders in Deutschland (dort §§ 98a ff. StPO).

[49] Botschaft 1221 unten.

[50] Dazu dienen u.a. die vom Bundesamt für Polizeiwesen (fedpol) in Verbindung mit den Kantonen geführten automatisierten Personen- und Sachfahndungssysteme, nunmehr vor allem nach BPI 9 ff. (*polizeilicher Informationssystem-Verbund*), Art. 15 (*automatisiertes Polizeifahndungssystem* für Personen und Sachen), Art. 16 (*nationaler Teil des Schengener Informationssystems, N-SIS*) sowie Art. 17 (*nationaler Polizeiindex*), dazu auch StGB 354.

[50] Botschaft 1160 oben. Die *internationale Fahndung* erfolgt durch Einschaltung von INTERPOL Paris über die Staatsanwaltschaft des Bundes; dazu näher StGB 350 ff. und das vorgenannten BPI.

haftung und Zuführung (StPO 210 II), kommt nur bei beschuldigten Personen in Frage und setzt voraus, dass diese eines Verbrechens oder Vergehens dringend verdächtigt werden und Haftgründe[51] zu vermuten sind. Es sind dies Fälle, in denen nach früherem Sprachgebrauch ein **Steckbrief** erging.

3.2. Mithilfe der Öffentlichkeit, StPO 211

993 Nach StPO 211 I kann die **Öffentlichkeit in geeigneter Weise zur Mithilfe bei der Fahndung nach Personen** (beschuldigte Personen wie auch Geschädigte und in den Schranken von StPO 74 IV Opfer) und **Sachen** usw. aufgefordert werden, welche Möglichkeit im Zusammenhang mit der erforderlichen Durchbrechung der Geheimhaltungspflicht nach StPO 73 bereits in StPO 74 I lit. a erscheint[52]. Die Art des Ersuchens an die Öffentlichkeit ist nach Art und Schwere des in Frage stehenden Delikts zu bemessen[53]. Bund und Kantone können Bestimmungen erlassen, um **Private für ihre Mitwirkung bei der Fahndung** (oder für anderweitige Unterstützung der Strafbehörden) **zu belohnen** (StPO 211 II).

§ 67 Freiheitsentzug im Allgemeinen, polizeiliche Anhaltung und vorläufige Festnahme, StPO 212–219, VStrR 19 III, IV, 51, MStP 54–55

Literaturauswahl: Neben der zu § 66 und (zur Untersuchungs- und Sicherheitshaft) § 68 zitierten vor allem AESCHLIMANN N 1056; HÄFELIN/HALLER/KELLER N 858 ff.; HAUSER/SCHWERI/HARTMANN § 68; MAURER 283; PADRUTT 169; OBERHOLZER N 969, 1023; PIQUEREZ (2006) N 827; DERS. (2007) N 641; SCHMID (2004) N 706; TRECHSEL (2005) 405.

HUGO CAMENZIND, Teilnahmerecht der Verteidigung im polizeilichen Ermittlungsverfahren, plädoyer 1/1995 30; MARC FORSTER, Rechtsschutz bei strafprozessualer Haft, SJZ 94 (1998) 2; MATTHIAS HÄRRI, Zur Problematik des vorzeitigen Strafantritts, Diss. Basel, Bern 1986; DERS. Auswirkungen der Unschuldsvermutung auf das Recht der Untersuchungshaft, AJP 10/2006 1217; MAX HAURI, Fürsorgerische Freiheitsentziehung (mit Seitenblick auf das Strafrecht), Z 124 (2006) 136; MARTIN SCHUBARTH, Festnahmerecht oder Festnahmepflicht? Grundprinzipien des strafprozessualen Festnahmerechts und Art. 216 ff. E-StPO, Z 125 (2007) 85; HANS VEST, St.Galler Kommentar zur schweizerischen Bundesverfassung, 2. Aufl., St.Gallen/Zürich 2008, zu BV 31.

Materialien: Aus 29 mach 1 S. 108 ff.; VE 223–232; BeB 153 ff.; ZEV 49 f.; E 210–218; Botschaft 1222 ff.; AB S 2006 1025 ff., AB N 2007 966.

---

[51] Nach StPO 221, nachfolgend N 1017 ff.
[52] Vorne N 556 ff.
[53] U.U. auch Bekanntgabe von Name und Bild in Fernsehsendungen wie «Aktenzeichen XY», mittels sog. Internetfahndung u.Ä. (neuerdings im Zusammenhang mit der Fahndung nach Straftätern aus dem Kreis der Hooligans aktuell geworden), mit Hinweisen vorne N 560.

1. Bedeutung des Freiheitsentzugs im Strafverfahren. Allgemeine Bestimmungen, StPO 212–214

1.1. Bedeutung und Problematik des Freiheitsentzugs im Strafverfahren

Der von den Strafbehörden angeordnete Freiheitsentzug, namentlich in der Form der Untersuchungs- und Sicherheitshaft, ist die für den Betroffenen **am einschneidendsten wirkende Zwangsmassnahme**. Dass sich diese Zwangsmassnahmen gegen nicht verurteilte und damit als unschuldig geltende Personen (StPO 10 I) richtet, erweist sich regelmässig als besonders problematisch. Untersuchungshaft wird recht häufig angeordnet, und es ist eine Erfahrungstatsache, dass ein beträchtlicher Teil der Verfahren gegen Personen, die in Haft gesetzt worden waren, später eingestellt wird oder durch Freispruch endet[54], was die Problematik dieser Zwangsmassnahme eindrücklich aufzeigt. Der Freiheitsentzug in seinen diversen Anwendungsfällen wird deshalb nicht nur grundrechtlich (BV 31; EMRK 5; IPBPR 9), sondern auch in der StPO eingehend und einschränkend geregelt.

994

1.2. Grundsätze des Freiheitsentzugs, StPO 212

StPO 212 wiederholt das sich bereits aus dem übergeordneten Recht (IPBPR 9 Ziff. 3 Satz 2) ergebende **Prinzip**, dass die **beschuldigte Person während des Strafverfahrens grundsätzlich auf freiem Fuss bleibt**. Freiheitsentzug soll die Ausnahme bilden. Beschuldigten Personen darf die Freiheit nach dem Erfordernis der gesetzlichen Grundlage von StPO 197 I lit. a **nur entzogen werden, soweit die StPO dies vorsieht**.

995

In den verschiedenen Regeln von StPO 212 II und III werden die Erfordernisse der gesetzlichen Grundlage sowie der Verhältnismässigkeit des Freiheitsentzugs konkretisiert: So ist der Freiheitsentzug sofort **aufzuheben, wenn ihre Voraussetzungen nicht mehr erfüllt sind** (StPO 212 II lit. a), die **gesetzliche bzw. vom zuständigen Gericht bewilligte Dauer abgelaufen ist** (StPO 212 II lit. b) und (bei an sich gegebenen Haftgründen) **Ersatzmassnahmen** nach StPO 237 ff. das Ziel des Freiheitsentzugs ebensogut sicherstellen können (StPO 212 II lit. c)[55]. In der Praxis von erheblicher praktischer Bedeutung ist die Einschränkung von StPO 212 III (VStR 57 I): **Untersuchungs- und Sicherheitshaft dürfen nicht länger dauern, als die zu erwartende Freiheitsstrafe**. Die Fortset-

996

---

[54] Im Kanton Zürich wurden bei den im Jahre 1999 abgeschlossenen Untersuchungen in bezirksgerichtlicher Kompetenz 2200 Personen in Untersuchungshaft gesetzt und während durchschnittlich 72 Tagen festgehalten. Bei nicht weniger als 302 Verhafteten erfolgte später eine Einstellung des Verfahrens unter Ausrichtung einer Entschädigung, GBRR 1999 50; keine entsprechenden Zahlen mehr in späteren GBRR.
[55] Solche sind Ausfluss des Verhältnismässigkeitsgrundsatzes, SJ 128 (2006) 395.

zung der Haft ist nach der Praxis nicht mehr gerechtfertigt, wenn die bisherige Dauer der Haft bei Würdigung aller Umstände «*in grosse Nähe der konkret zu erwartenden Strafe rückt*»[56].

1.3. Weitere allgemeine Regeln des Freiheitsentzugs, StPO 213 und 214

997 E 211 schlug einschränkende Regelungen zur **Fesselung der beschuldigten Person** im Zusammenhang mit dem Freiheitsentzug vor, welche jedoch vom Parlament gestrichen wurde, u.a. mit der Begründung, es handle sich hier um ein in die Polizeigesetzgebung gehörende Materie[57]. Denkbar ist immerhin, eine Fesselung auf StPO 200 zu stützen[58].

998 Der Vollzug freiheitsentziehender Massnahmen überschneidet sich gelegentlich mit **der Zwangsmassnahme der Hausdurchsuchung** nach StPO 244 f., indem z.B. für eine Verhaftung eine Wohnung betreten werden muss. In diesem Fall sind nach StPO 213 I die Vorschriften über die Hausdurchsuchung zu beachten, d.h., es ist dazu nach StPO 241 I ein schriftlicher Befehl der Staatsanwaltschaft oder des Gerichts erforderlich. Die entsprechende Bewilligung bildet zumeist Bestandteil des Vorführungs- bzw. Verhaftsbefehls (vgl. StPO 208 II). Die hier regelmässig handelnde **Polizei** kann in dringenden Fällen («*Gefahr in Verzug*»), insbesondere im Fall der vorläufigen Festnahme nach StPO 217 I lit. a, allerdings auch ohne Hausdurchsuchungsbefehl vorgehen (StPO 213 II).

999 Wesentlich sind die Pflichten der Strafbehörden zur **Benachrichtigung von Bezugspersonen** nach StPO 214 (VStrR 56), die bereits für die Polizei[59] gelten. So sind die **Angehörigen** nach StGB 110 I (für diese vorgesehen schon in

---

[56] So BGE 133 I 281, 132 I 28 und 116 Ia 147 oder Pra 96 (2007) Nr. 133 = BGE 133 I 168 (Einbezug der Dauer der *Auslieferungshaft* bei der Anrechnung der Haft wie auch bei Beurteilung der Frage, ob Dauer noch vertretbar ist). Einlässlich ferner BGE 124 I 215 = EuGRZ 25 (1998) 513 f., Pra 89 (2000) Nr. 18 S. 97, 92 (2003) Nr. 189; 107 Ia 258 oder BGer 6.11.2008, 1B_280/2008 (Antrag der Staatsanwaltschaft 180 Tagessätze Geldstrafe, bisherige Haft knapp fünf Monate, nicht mehr verhältnismässig). Hier *keine Berücksichtigung einer möglichen bedingten Verurteilung oder Entlassung* (unter dem Titel Verhältnismässigkeit bei der Haftanordnung vor allem bei der Sicherheitshaft aber schon, m.w.H. N 1020!).

[57] Streichung vom Ständerat beschlossen, RK-S 4.7.2006 40 ff., AB S 2006 1026 f., abgelehnt vom Nationalrat, RK-N 22./23.2.2007 66 ff., AB N 2007 966. Der Ständerat hielt in der Differenzbereinigung an seiner Ansicht fest, RK-S 2./3.7.2007 10, AB S 2007 719, wobei sich schliesslich der Nationalrat mit der Streichung abfand. Dass es sich hier *nicht allein um ein polizeirechtliches Problem handelt* (das Polizeirecht kann nicht bestimmen, was z.B. während einer Hauptverhandlung im Gerichtssaal vorgeht), ergibt sich u.a. daraus, dass verschiedene Kantone planen, in ihrem Einführungsrecht zur StPO die Fesselung vorzusehen.

[58] Dazu vorne N 979. Allenfalls auch gestützt auf StPO 63, sitzungspolizeiliche Massnahme, denkbar.

[59] Dazu und zum Folgenden näher Botschaft 1223 und 1387 Mitte.

BV 31 II Satz 3), der Arbeitgeber und bei ausländischen beschuldigten Personen die zuständige diplomatische oder konsularische **Vertretung des Heimatstaates** (StPO 214 I)[60] über den Freiheitsentzug (nicht den Gegenstand des Verfahrens) zu orientieren. Von diesen Benachrichtigungen kann abgesehen werden, wenn die betroffene Person dies ausdrücklich wünscht, was zu protokollieren ist. Ein Absehen von bzw. ein Aufschub der Mitteilung kann weiter erfolgen, wenn der Untersuchungszweck gefährdet ist, beispielsweise zur Vermeidung einer Kollusion mit Angehörigen oder bei politischen Delikten mit der ausländischen Vertretung[61]. Nach Abs. 3 von StPO 214 sind die zuständigen **Sozialbehörden zu orientieren** (nach dem allgemeineren StPO 75 II allenfalls auch die **Erwachsenen- oder Kindesschutzbehörde**), wenn aufgrund der Umstände angenommen werden muss, dass Personen, die vom Verhafteten abhängig sind, wegen des Freiheitsentzugs in wirtschaftliche oder andere Schwierigkeiten geraten könnten, beispielsweise, wenn eine alleinerziehende Mutter verhaftet wird. Eine solche Mitteilung (die nach Feststellung der Schwierigkeiten der abhängigen Person zu erfolgen hat) kann auch gegen den Willen der festgenommenen Person erfolgen.

Weitgehend neu dürfte die Bestimmung von StPO 214 IV sein: Darnach ist das **Opfer**[62] **über die Anordnung und Aufhebung der Untersuchungs- und Sicherheitshaft sowie über eine Flucht der beschuldigten Person zu orientieren**, nicht aber über die Entlassung nach einer vorläufigen Festnahme und wohl ebenso, wenn die Anordnung von Untersuchungs- oder Sicherheitshaft unterbleibt[63]. Von einer solchen Mitteilung kann abgesehen werden, wenn das Opfer auf solche Mitteilungen verzichtete oder die beschuldigte Person durch eine solche Orientierung einer ernsthaften Gefahr ausgesetzt würde, also im Fall, dass seitens des Opfers oder dessen Umfeld ernsthafte Drohungen gegen den Täter ausgesprochen wurden oder Gefahren nahe liegend sind (z.B. mögliche Blutrache). Die Benachrichtigung erfolgt durch die den Freiheitsentzug anordnende bzw. aufhebende Behörde, also je nachdem durch das Zwangsmassnahmen- oder das urteilenden Gericht bzw. die Staatsanwaltschaft[64].

1000

---

[60] Zu dieser Orientierungspflicht schon vorne N 862, vor allem Fn. 181 m.w.H.
[61] Alsdann müssen die Strafbehörden dafür besorgt sein, dass der Grund für ein Absehen möglichst rasch beseitigt wird, also z.B. durch Einvernahme der Angehörigen, Botschaft 1223.
[62] Opfer i.S. von StPO 116, dazu N 693, aber *wohl nicht Angehörige* nach StPO 117 III i.V. mit 116 II. Unerheblich, ob es sich als *Privatklägerschaft* konstituierte, Botschaft 1223.
[63] So aber wohl noch VE 225 IV, BeB 154 unten.
[64] Näher Botschaft 1223 f. Benachrichtigung wohl nur von *im Inland wohnenden Opfer*.

2. Polizeiliche Anhaltung, Nacheile, StPO 215 und 216, MStP 54 und 54a

2.1. Anhaltung, StPO 215

1001 Die **Anhaltung** (gelegentlich auch **Identitäts-** oder **Passantenkontrolle** oder **Sistierung** genannt[65]) war in vielen kantonalen Prozessordnungen nicht geregelt, hingegen nun in StPO 215. Wie ihr Name schon besagt, wird mit dieser Massnahme kurzfristig und in leichter Weise in die Bewegungsfreiheit und damit die Grundrechte der Betroffenen eingegriffen. Die Bestimmung erlaubt, «*im Interesse der Aufklärung einer Straftat*» Personen vor allem an öffentlich zugänglichen Orten anzuhalten (d.h. rein praktisch am Weitergehen oder -fahren zu hindern), um ihre **Identität zu überprüfen** (StPO 215 I lit. a), sie **kurz zu befragen** (lit. b)[66], **abzuklären, ob sie eine Straftat begangen haben** (lit. c) oder wenn **nach ihr oder Gegenstände, die sich in ihrem Gewahrsam befinden, gefahndet wird** (lit. d). Die Polizei darf **Privatpersonen auffordern, sie bei der Anhaltung zu unterstützen** (StPO 215 III)[67]; eine Hilfepflicht besteht jedoch nicht.

1002 Interpretationsbedürftig ist die Frage, was unter «*Interesse der Aufklärung von Straftaten*» zu verstehen ist. Ein eigentlicher Tatverdacht gegen die anzuhaltende Person ist nicht erforderlich. Es genügt, wenn nach den **Umständen der konkreten Situation ein Zusammenhang der betreffenden Person mit Delikten als möglich erscheint**. Es ist dies z.B. der Fall, wenn in einem Einfamilienhausquartier, das immer wieder von Einbrechern heimgesucht wird, zur Nachtzeit ein Auto mit fremden Kontrollschildern oder ein sich verdächtig verhaltender Passant festgestellt wird. Oder eine Person wird kontrolliert, die Ähnlichkeiten mit einem Täter, nach dem gefahndet wird, aufweist. Dabei liegt auf der Hand, dass sehr häufig die Grenzen zwischen der strafprozessual begründeten Anhaltung und der in manchen kantonalen Polizeigesetzen vorgesehenen sicherheitspolizeilich motivierten Anhaltung[68] sowie den verkehrspolizeilichen Verkehrskontrollen nach VZV 130 ff. fliessend sind und mindestens in der ersten Phase dieser Massnahme oft kaum gezogen werden können.

---

[65] Dazu und zum Folgenden Botschaft 1224.
[66] Diese *Befragung stellt keine Einvernahme* i.S. von StPO 159 dar, also auch keine Hinweise auf allfällige Aussageverweigerungs- und Verteidigungsrechte erforderlich, vorne N 869.
[67] Zum Anspruch auf Schadensvergütung StPO 434, hinten N 1833.
[68] Ein typischer Fall des *Grenzbereichs zwischen polizeilicher und strafprozessualer Anhaltung bzw. Personenkontrolle und Festnahme* in ZR 107 (2008) Nr. 75 = RS 2009 Nr. 549 (Durchführung von Personenkontrollen und erkennungsdienstliche Behandlung mit Festnahme von über 400 gewaltbereiten Fussballfans vor einem Spiel in Zürich). Zum polizeilichen «*kurzfristigen Festhalten*» nach Bundesrecht vgl. ZAG 6 lit. a sowie etwa Zollgesetz 89. Vgl. sodann die in Art. 5 des Entwurfs zu einem BG über den Sicherheitsdienst der Transportunternehmen vom 23.2.2005 (BBl 2005 2570) vorgesehene *Anhaltung in öffentlichen Verkehrsmitteln* (Vorlage vom Nationalrat am 20.3.2009 verworfen).

§ 67 Freiheitsentzug im Allgemeinen, polizeiliche Anhaltung und vorläufige Festnahme

Nach StPO 215 II darf die Polizei die angehaltene Person im Rahmen des Notwendigen verpflichten, die **Personalien anzugeben** (lit. a), **Ausweispapiere vorzulegen** (lit. b), **mitgeführte Sachen vorzuzeigen** (lit. c) sowie **Behältnisse wie Mappen, Koffer u.Ä. sowie Fahrzeuge zu öffnen** (lit. d). Üblicherweise erfolgen diese Kontrollen an Ort und Stelle. Soweit erforderlich und durch den Verhältnismässigkeitsgrundsatz gedeckt, dürfen Personen jedoch auf den Polizeiposten gebracht werden (StPO 215 I Einleitung). Dies ist vor allem dann angemessen, wenn eine erste Kontrolle einen Deliktsverdacht weckte bzw. schon vorher vorhandene Verdachtsgründe verstärkte oder sich die Person nicht ausweisen und eine nähere Überprüfung nur auf dem Polizeiposten durchgeführt werden kann[69]. Dort darf sie nur kurz – vom Moment der Anhalt an gerechnet nach den Materialien «*deutlich weniger als drei Stunden*»[70] – zurückgehalten und befragt werden. Wenn sich z.B. ein Tatverdacht nicht bestätigt und nicht eine vorläufige Festnahme i.S. von StPO 217 ff. zu erfolgen hat, ist die Person unverzüglich freizulassen. 1003

Erfolgen solche Personenkontrollen im Sinn der Anhaltung in grösserem, organisiertem Rahmen, so spricht man von einer **Razzia**, für die in vielen Kantonen bisher ebenfalls eine klare Rechtsgrundlage fehlte. StPO 215 IV schafft diese, ohne dabei (entgegen dem gleichbedeutenden VE 228[71]) von Razzia zu sprechen. Darnach sind solche Massnahmen zulässig, wenn Hinweise dafür vorhanden sind, dass an einem bestimmten Ort Straftaten (auch Übertretungen wie unerlaubtes Glückspiel) im Gange sind oder sich dort Straftäter aufhalten[72]. Dabei ist das Verhältnismässigkeitsprinzip zu beachten, d.h., das Absperren eines Parks oder einer Flughafenhalle und Kontrolle der Anwesenden nach einen schweren Delikt gegen Leib und Leben wäre zulässig, nicht aber nach dem Diebstahl eines Portemonnaies[73]. 1004

Ein **Rechtsmittel** gegen die polizeiliche Anhaltung bzw. Razzia wie auch die später zu behandelnde Festnahme sieht das Gesetz nicht direkt vor, doch ist 1005

---

[69] BGE 109 Ia 146 = Pra 72 (1983) Nr. 281 S. 754 ff., BGer 24.8.1993 i.S. K.R. ca. Polizeiamt Winterthur; RS 1993 Nr. 487.

[70] So Botschaft 1224. Eine solche Anhaltung darf nach hier vertretener Auffassung die betreffende Person gesamthaft gerechnet *nicht mehr als eine Stunde* in ihrer Bewegungsfreiheit behindern. Kurzfristige polizeiliche Festnahme steht nicht im Widerspruch zu EMRK 5, BGE 107 Ia 140 ff., siehe aber BGE 113 Ia 179. – Was das Erfordernis eines *schriftlichen Befehls* o.Ä. betrifft (vorne N 978), ist ein solcher nach dem Ablauf dieser Zwangsmassnahme naturgemäss nicht schon vor der Anhaltung möglich. Hingegen sollte bei Verbringen auf den Polizeiposten ein entsprechendes Vollzugsprotokoll erstellt und dem Betroffenen ausgehändigt werden; der Vorgang muss ja ohnehin aktenkundig gemacht werden.

[71] Dazu BeB 156: «breit angelegte Identitätskontrolle ... mit Elementen der Hausdurchsuchung».

[72] Botschaft 1225 Mitte. Bei *Razzien in Gebäuden* sind zusätzlich die Vorschriften betreffend Hausdurchsuchung, StPO 213 und 244 f., zu beachten, dazu N 1068 ff.

[73] Ähnliche Beispiele in Botschaft 1225 Mitte.

grundsätzlich die Beschwerde nach StPO 393 I lit. a möglich. Diese dürfte allerdings in beiden Fällen aus zeitlichen Gründen nicht praktikabel sein[74].

2.2. Nacheile, StPO 216

1006 Wie bisher StGB 360 erlaubt StPO 216 der Polizei, bei der Verfolgung von beschuldigten Personen den eigenen örtlichen Zuständigkeitsbereich zu überschreiten und im Hoheitsgebiet einer andern Gemeinde, eines andern Kantons oder im Rahmen völkerrechtlicher Verträge auch des Auslands tätig zu werden und dort Tatverdächtige anzuhalten. Die Nacheile in **Überschreitung der Landesgrenzen** ist im Schengen-Assoziierungsabkommen vom 26.10.2004[75] sowie in Polizeiverträgen mit den Nachbarländern Deutschland[76], Österreich und dem Fürstentum Liechtenstein[77] sowie Frankreich[78] gesondert geregelt[79]. Einen Sonderfall der Nacheile im Strassenverkehr statuiert SVG 57a (polizeiliches Überschreiten der Kantonsgrenzen bei Autobahnen), welche Bestimmung der allgemeinen Regel von StPO 216 vorgeht, im Ergebnis aber wohl mit dieser weitgehend deckungsgleich ist[80].

1007 Wenn die Polizei **die angehaltene Person anschliessend vorläufig festnehmen lassen will**, so ist diese (ohne die Formalitäten nach StPO 219 wie Einvernahmen, Hinweise auf Verfahrensrechte usw.) der am Ort der Anhaltung für diese Festnahme zuständigen Behörde zu übergeben, also der dortigen Polizei[81]. Diese hat alsdann nach Massgabe von StPO 217 ff. vorzugehen.

3. Vorläufige Festnahme, StPO 217–219, VStrR 51, MStP 55 und 55a

3.1. Allgemeines zur vorläufigen Festnahme

1008 Eingreifender als die vorstehend besprochene Anhaltung ist die vorläufige Festnahme durch die Polizei (StPO 217) und ausnahmsweise Privatpersonen

---

[74] N 1504. – Entgegen den Anregungen in Aus 29 mach 1 S. 110 sieht die StPO keine speziellen Aufsichts- oder Schutzmassnahmen bzw. eine Ombudsperson zur Kontrolle der polizeilichen Tätigkeit im Haftbereich vor, zu den Gründen BeB 159.
[75] BBl 2004 7149; SR 0.360.268.1.
[76] Vom 27.4.1999, SR 0.360.136.1, Art. 16.
[77] Vom 27.4.1999, SR 0.360.163.1, Art. 11.
[78] Vom 11.5.1998, SR 0.360.349.1, Art. 5, 8.
[79] Dazu Botschaft 1225 unten.
[80] Zu einem Fall einer *Nacheile mit Anordnung einer Blutprobe* ZBl 90 (1989) 418.
[81] So wohl schon – trotz des etwas mehrdeutigen Wortlauts von StGB 360 II – nach bisherigem Recht, also nicht etwa direkte Zuführung an die Staatsanwaltschaft oder gar ans Zwangsmassnahmengericht. In der Regel wird allerdings ein *Vollzugsprotokoll* über diese Anhaltung zuhanden der handelnden wie auch schliesslich zuständigen Strafbehörde zu erstellen sein, vgl. vorne Fn. 70.

(StPO 218), stellt sie doch stets einen Freiheitsentzug dar[82]. Unter vorläufiger Festnahme versteht man in einem engeren Sinn jene Phase des **Freiheitsentzugs, in der durch Polizei oder Private Personen festgenommen und nach erfolgter Einvernahme entweder freigelassen oder zur weiteren Verfügung der Staatsanwaltschaft zugeführt werden**. Die relevante Dauer des Freiheitsentzugs im Rahmen der vorläufigen Festnahme geht jedoch über diesen Zeitraum hinweg, umfasst sie doch in einem weiteren Sinn auch die – gesetzlich nicht besonders bezeichnete und geregelte – **Phase zwischen Zuführung an die Staatsanwaltschaft und dem Haftentscheid des Zwangsmassnahmengerichts** nach StPO 226[83].

3.2. Vorläufige Festnahme durch die Polizei, StPO 217

Ohne staatsanwaltschaftlichen Vorführungsbefehl sind Funktionäre der **Polizei i.S. von StPO 15 zur Festnahme von Personen verpflichtet**, die sie bei einem Verbrechen oder Vergehen auf frischer Tat ertappt bzw. unmittelbar nach Tatbegehung angetroffen haben (sog. **Flagranz**, StPO 217 I Ziff. a; VStrR 51)[84] oder die im Rahmen von Fahndungsmassnahmen nach StPO 210 f.[85] zur Verhaftung ausgeschrieben sind (StPO 217 I lit. b). Diese Pflicht gilt nicht, wenn sich der Beamte mit einer Festnahme selbst in unmittelbare Gefahr begeben würde[86] oder wenn sie (vorab jene nach lit. a) im konkreten Fall unnötig bzw. mit Blick auf StPO 197 I unverhältnismässig ist. Nach StPO 217 II hat die **Polizei das Recht (nicht aber die Pflicht), Personen vorläufig festzunehmen**, die gestützt auf ihre Ermittlungen oder andere zuverlässige Informationen eines Verbrechens oder Vergehens verdächtig sind. Hat der Staatsanwalt das Verfahren i.S. von StPO 309 eröffnet oder i.S. von StPO 307 Abs. 1 und 2 bereits faktisch die Leitung des Vorverfahrens übernommen, kann eine polizeiliche Festnahme nur erfolgen, wenn sie ohne Gefahr nicht aufgeschoben werden kann. Andernfalls hat der Staatsanwalt einen Vorführungsbefehl nach StPO 207 I lit. c oder d i.V. mit StPO 208 auszustellen.

1009

Bei **Übertretungen** lässt das in StPO 217 III umgesetzte Verhältnismässigkeitsprinzip eine vorläufige Festnahme nur in engen Grenzen zu. Sie ist allein bei

1010

---

[82] Dazu und zum Folgenden Botschaft 1226.
[83] Nachstehend N 1033 ff.
[84] Diese Festnahme*pflicht* ist mit Blick auf den Verhältnismässigkeitsgrundsatz (StPO 197 I lit. d) zu relativieren, d.h. konkret auf schwerere Straftaten bzw. solche Delikte zu beschränken, bei denen ein Haftgrund nach 222 lit. a-c offensichtlich ist. – Festnahme *durch Zivil- oder Strafgerichte* z.B. bei *Verdacht der falschen Zeugenaussagen* (wie nach kantonalem Recht gelegentlich noch möglich) offensichtlich nicht mehr nach ZPO noch StPO zulässig, es sei denn, man dehne die sitzungspolizeilichen Befugnisse der Verfahrensleitung nach StPO 62 ff., vorne N 535 f., auf diese Situation aus.
[85] Vorne N 991 ff.
[86] Z.B. bei zahlenmässiger oder anderer Überlegenheit (Bewaffnung usw.) der fraglichen Personen, näher Botschaft 1226 unten.

Flagranz i.S. von StPO 217 I lit. a zulässig und setzt voraus, dass die betroffene **Person ihre Personalien nicht bekannt gibt** (lit. a), sie **nicht in der Schweiz wohnt und nicht unverzüglich eine Sicherheitsleistung für die zu erwartende Busse leistet** (lit. b)[87] oder die **Festnahme erforderlich ist, um die Person bei Wiederholungsgefahr von weiteren Übertretungen abzuhalten** (lit. c). Da es bei Übertretungen keine Untersuchungshaft gibt (StPO 221 I), darf diese Festnahme maximal 24 Stunden dauern (StPO 219 IV)[88]. Soll diese Haft mehr als drei Stunden dauern, verlangt StPO 219 V zudem, dass diese Verlängerung von einem dazu von Bund oder Kanton besonders ermächtigten Polizeiangehörigen (in der Regel wohl ein solcher im Offiziersrang) angeordnet wird.

3.3. Vorläufige Festnahme durch Private, StPO 218

1011 Unter ähnlichen Voraussetzungen wie StPO 217 I – Ertappen auf frischer Tat bzw. unmittelbar nachher (lit. a) oder wenn Öffentlichkeit zur Mithilfe bei der Fahndung aufgefordert wurde (lit. b)[89] – ist bei Verbrechen und Vergehen auch der **Private zur vorläufigen Festnahme** befugt, falls entsprechende polizeiliche Hilfe nicht rechtzeitig zur Verfügung steht. Bei Übertretungen ist die private Festnahme ausgeschlossen, also z.B. bei geringfügigen Vermögensdelikten (StGB 172ter) wie Ladendiebstählen[90]. Private dürfen im Rahmen von StPO 200 Gewalt anwenden (StPO 218 II)[91], was u.U. problematisch ist. Im Übrigen handeln Private in diesem Bereich auf eigenes Risiko; Ansprüche aus StPO 434 sollen ihnen nicht zustehen[92]. Die festgenommene Person ist so bald wie möglich der Polizei zu übergeben (StPO 218 III), die ihrerseits zu prüfen hat, ob die Voraussetzungen der vorläufigen Festnahme nach StPO 217 erfüllt sind und die nach StPO 219 vorzugehen hat[93].

---

[87] Bei kleinen Bussen nicht zulässig. Falls möglich, geht eine *Sicherstellung der Busse durch Beschlagnahme* (363 I lit. b) in jedem Fall vor.
[88] Botschaft 1227 oben.
[89] Vorne N 993. Letztere Voraussetzung in der Fassung des Ständerats, AB S 2006 1027. Ursprünglich bezog sich die Bestimmung auf die zur *Fahndung ausgeschriebenen Personen*, doch wollte man verhindern, dass in solchen Fällen eine organisierte Jagd auf solche Personen erfolgen könnte, RK-S 4.7.2007, S. 3. – Nicht genügend dürfte sein, wenn Privater (*in casu:* Sicherheitsleute in einem Fussballstadion) Personen gestützt auf ein Video einer früheren Veranstaltung als Straftäter erkennen, so aber offenbar Bezirksgericht Zürich 22.10.2008 in NZZ Nr. 248 vom 23.10.2008.
[90] Botschaft 1227 oben. Hier sind *nur die privatrechtlichen Instrumente* (Besitzesschutz, ZGB 926; Selbsthilfe, OR 52 III) möglich, zumal es in der StPO eine private Anhaltung nicht gibt.
[91] Vorne N 979.
[92] So nach der Botschaft 1227 Mitte, was als problematisch erscheint.
[93] ZR 67 (1968) Nr. 93 = SJZ 64 (1968) 375. Zur Dauer des privaten Freiheitsentzugs BGE 128 IV 75.

3.4. Vorgehen der Polizei, StPO 219

Die Polizei stellt nach der Festnahme **unverzüglich die Identität der festgenommenen Person fest** und klärt diese in einer ihr verständlichen Sprache (nicht notwendigerweise die Muttersprache) über die Gründe der Festnahme auf. Sie orientiert die betroffene Person sodann gemäss BV 31 II, EMRK 6 Ziff. 3 und StPO 158[94] über ihre Rechte[95]. Die **Staatsanwaltschaft ist über die Festnahme unverzüglich zu orientieren** (näher StPO 219 I), eine Ordnungsvorschrift. Zweck dieser Orientierung ist, dass das weitere Vorgehen abgesprochen werden kann, z.B. bezüglich der Zuführung nach StPO 219 III. Nach StPO 219 II ist hernach die festgenommene Person in Anwendung von StPO 159[96] allenfalls in Anwesenheit der Verteidigung **zum vorhandenen Tatverdacht zu befragen**, d.h. zu Protokoll zum vorhandenen Tatverdacht und den diesen stützenden Gründen einzuvernehmen. Im Rahmen der beschränkten zeitlichen Möglichkeiten – die Polizeihaft darf maximal 24 Stunden dauern, StPO 219 IV – hat die Polizei die notwendigen Vorkehren zu treffen, um den Tatverdacht sowie die Haftgründe zu erhärten oder zu entkräften.

1012

Bestätigt sich der für eine Fortführung der Haft erforderliche **Tatverdacht nicht und ergeben sich auch keine Haftgründe** i.S. von StPO 221, ist die beschuldigte Person sofort **freizulassen**. Wenn **Tatverdacht und ein Haftgrund vorhanden** sind, ist die **beschuldigte Person der Staatsanwaltschaft zuzuführen** (in einzelnen Kantonen **Transportfälle** genannt). Die Entlassung bzw. die Zuführung an die Staatsanwaltschaft haben sofort nach Vornahme der vorstehend erwähnten Erhebungen zu erfolgen, **spätestens innert 24 Stunden** seit der vorläufigen Festnahme bzw. einer vorausgehenden Anhaltung durch Polizei oder Private (vgl. StPO 218 III und IV)[97].

1013

---

[94] Näher vorne N 859 ff.
[95] Wohl am ehesten mit einem *Formular* (vgl. aber N 810), das zusammen mit dem Festnahmebefehl (am besten dürfte sein, dem Betroffenen eine Kopie des entsprechenden Formularbefehls auszuhändigen) zu übergeben ist.
[96] Vorne N 866 ff.
[97] Wie bei der Anhaltung (vgl. vorne Fn. 70) empfiehlt sich, nach Festnahme durch Polizei und spätestens bei Abschluss dieser Massnahme ein Vollzugsprotokoll zu erstellen und dem Betroffenen in Kopie auszuhändigen. Zur Frage der Beschwerde nach StPO 393 ff. gegen die behördliche vorläufige Festnahme vorne N 1005, hinten N 1504. Allenfalls sind gegen den Privaten Schadenersatz- und Genugtuungsansprüche nach OR 41 ff. möglich, hinten N 1760 m.w.H.

§ 68 Untersuchungs- und Sicherheitshaft, StPO 220–240, JStPO 27–28, VStrR 52–60, MStP 56–61

Literaturauswahl: Neben der zu §§ 65 und 67 zitierten Literatur AESCHLIMANN N 1097; HAUSER/SCHWERI/HARTMANN § 68; MAURER 292; PADRUTT 169; OBERHOLZER N 974; PIQUEREZ (2006) N 834; DERS. (2007) N 647; SCHMID (2004) N 690; TRECHSEL (2005) 405.

PETER ALBRECHT, Die Kollusionsgefahr als Haftgrund, BJM 1999 1; BRUNO FÄSSLER, Die Anordnung der Untersuchungshaft im Kanton Zürich, Diss. Zürich 1992; STÉPHANE ESPOSITO, Détention préventive selon le CCP suisse, Z 125 (2007) 383; SILVA FISNAR, Ersatzanordnungen für Untersuchungshaft und Sicherheitshaft im zürcherischen Strafprozess, unter besonderer Berücksichtigung von EMRK und IPBRP, Diss. Zürich 1997; MARKUS HUGENTOBLER, Gemeingefährliche psychisch kranke Personen in Untersuchungs- und Sicherheitshaft, Zürich 2008; MATTHIAS HÄRRI, Zur Problematik des vorzeitigen Strafantritts, Diss. Basel, Bern 1986; DERS., Auswirkungen der Unschuldsvermutung auf das Recht der Untersuchungshaft, AJP 10/2006 1217; CHRISTIAN MURBACH/MARTINE BOCQUET, Prodédure pénale genevoise. Chambre d'accusation: La détention provisoire au regard de la jurisprudence actuelle et du futur Code de procedure pénale Suisse, SJ 129 (2007) 1; GÉRARD PIQUEREZ, Risque de fuite, droit aux silence et préseomption d'innocence, RJJ 1994 284; DERS., Les mesures provisoires en procédure civile, adminstrative e pénale, Z 116 (1997) 35; FRANZ RIKLIN, Postulate zur Reform der Untersuchungshaft, Z 104 (1987) 57; NIKLAUS SCHMID, Zum Haftgrund der Wiederholungs- und Fortsetzungsgefahr in der neueren schweizerischen Strafprozessentwicklung, SJZ 83 (1987) 225; HANS VEST, St.Galler Kommentar zu BV 31; ULRICH WEDER, Die Haftgründe der Wiederholungs- und Ausführungsgefahr unter besonderer Berücksichtigung des Kantons Zürich, Z 124 (2006) 113.

Materialien: Aus 29 mach 1 S. 111 ff.; VE 233–253; BeB 159 ff.; ZEV 50 ff.; E 219–239; Botschaft 1228 ff.; AB S 2006 1025 ff., 2007 718 ff., AB N 2007 966 ff.

1. Allgemeine Bestimmungen, StPO 220–223

1.1. Begriffe, StPO 220

1014 StPO 220 zeigt die Unterschiede zwischen Untersuchungs- und Sicherheitshaft auf: Die **Untersuchungshaft** umfasst den Freiheitsentzug zwischen der Anordnung durch das Zwangsmassnahmengericht bis zur Freilassung während des Vorverfahrens, dem Antritt einer freiheitsentziehenden Sanktion im Fall des vorzeitigen Straf- oder Massnahmenantritts (StPO 236) oder bis zum Eingang der Anklage beim erstinstanzlichen Gericht (Abs. 1)[98]. Als **Sicherheitshaft** gilt demgegenüber die Haft zwischen dem Eingang der Anklage beim Gericht und der Rechtskraft des Urteils, der Haftentlassung oder dem Antritt einer freiheitsentziehenden Sanktion (StPO 220 II)[99]. StGB 110 VII (vgl. auch IRSG 14) defi-

---

[98] Also bei Eintritt der Rechtshängigkeit beim Gericht nach StPO 328 I, N 1279. *Vor Anordnung der Untersuchungshaft* durch das Zwangsmassnahmengericht liegt eine *vorläufige Festnahme* vor, N 1008.

[99] Im Vollzugsstadium StPO 440. Vgl. auch die *Sicherheitshaft bei der Friedensbürgschaft*, StGB 66 und StPO 373 V, hinten N 1423. Sicherheitshaft auch zulässig im *Nachverfahren*

niert **den Begriff der Untersuchungshaft umfassender**: Nach dieser Bestimmung gilt als Untersuchungshaft *«jede im Strafverfahren verhängte Haft, Untersuchungs- oder Sicherheitshaft»*[100]. Diese Umschreibung ist vor allem für die in StGB 51 geregelte Anrechnung der Haft bedeutsam[101].

Auf die **stationäre Begutachtung** (StPO 186), die in Vielem der Untersuchungs- und Sicherheitshaft angenähert ist, wurde bereits eingegangen[102]. 1015

Zu unterscheiden von Untersuchungs- und Sicherheitshaft ist sodann der **vorzeitige Straf- und Massnahmenantritt** (StPO 236, früher geregelt in den mit der StPO aufgehobenen StGB 75 II bzw. 58 I)[103]. Er soll ermöglichen, dass beschuldigte Personen auf ihren Antrag hin bereits vor ihrer rechtskräftigen Verurteilung in den für sie unter mancherlei Aspekten günstigeren Straf- oder Massnahmenvollzug versetzt werden können. Vorausgesetzt ist, dass eine unbedingte Strafe oder eine sichernde Massnahme zu erwarten ist und der Stand des Strafverfahrens die Versetzung erlaubt (StPO 236 I), also die Untersuchung weitgehend abgeschlossen ist[104]. Zwar ist der vorzeitige Straf- und Massnahmenantritt nicht Untersuchungshaft im hier behandelten Sinn, sondern Strafvollzug nach StGB 74 ff. Die beschuldigte Person ist deshalb ab dem vorzeitigen Antritt von 1016

---

nach StPO 363 ff. (N 1390 ff.), d.h., wenn nach Strafverbüssung bei Scheitern einer ambulanten Massnahme über eine Verwahrung zu entscheiden ist, BGE 128 I 184.

[100] *Jeder Freiheitsentzug im Strafverfahren ist von einer gewissen Dauer* (drei Stunden jedenfalls nicht übersteigend, N 1003 m.w.H.), u.U. auch von Polizei angeordnet, BGE 124 IV 273 = Pra 91 (2002) Nr. 38 = SJZ 95 (1999) 14. Was das *Verhältnis zum FFE* (nach neuem Recht: fürsorgerische Unterbringung, ZGB 426 ff.) betrifft, kann kumulativ sowohl Untersuchungs- oder Sicherheitshaft wie auch FFE angeordnet werden, auch wenn Erstere an sich vorgehen, Zum Verhältnis vgl. BJM 2003 156. Möglichkeit der Anrechnung des FFE bzw. jetzt der fürsorgerischen Unterbringung, der im Konnex mit Strafverfahren ausgesprochen wurde, umstritten. Die Praxis verneint weitgehend eine Anrechenbarkeit eines FFE (bzw. jetzt: fürsorgerische Unterbringung) nach einer UH, SJZ 98 (2002) 534; RS 2005 Nr. 621; anrechenbar aber allenfalls Unterbringung durch Strafbehörde in Männerheim, so jedenfalls RS 2005 Nr. 620, vgl. auch BGE 113 IV 122.

[101] Nicht behandelt wird hier der Sonderfall der nach StPO 50 bzw. IRSG 44 erfolgten Verhaftung zwecks *(interkantonaler) Zuführung bzw. (internationaler) Auslieferung*. Auf diese Verfahren sind StPO 212 ff. nur subsidiär anwendbar, primär gelten hier StPO 50 i.V. mit 208 bzw. IRSG 44 und 47 ff. – Zur Anrechnung der Ausschaffungshaft im Strafverfahren BGE 124 IV 1. – Zur *Verhaftung von Mitgliedern der Bundesversammlung* ParlG 18 IV, 20.

[102] Vorne N 943 ff.

[103] Vgl. AB N 2007 1035.

[104] Botschaft 1236 oben. In der Regel nur, wenn bei *Inhaftierung wegen Kollusionsgefahr* diese nicht mehr besteht, TPF 2005 65 E.2.2. Nach Abschluss der Strafuntersuchung Ablehnung nur möglich, wenn konkrete Anhaltspunkte für Kollusionsgefahr bestehen, BGer 17.6.2008, 1B_140/2008. Denkbar auch, *wenn die beschuldigte Person vorher nicht in Untersuchungshaft war*, RS 2000 Nr. 709. Die antragstellende Person *muss nicht zwingend geständig sein*, doch wird alsdann bei nicht verteidigten Personen der vorzeitige Strafantritt besonders genau zu prüfen sein. – Vorzeitiger Antritt auch im *Nachverfahren* nach StPO 363 ff. möglich, GVP 2008 Nr. 79.

Strafe oder Massnahme dem Vollzugsregime unterstellt (StPO 236 IV). Da noch keine rechtskräftige Verurteilung erfolgte, sind im Zweifelsfall jedoch die Vorschriften über die Untersuchungs- und Sicherheitshaft anwendbar[105], insbesondere auch die Garantien von BV 32 I, EMRK 5 Ziff. 4 und Art. 6 Ziff. 2[106]. Bewilligt werden kann der vorzeitige Straf- und Massnahmenvollzug von der jeweils zuständigen Verfahrensleitung (StPO 236 I). Da dieser Antritt die Frage der erst nachfolgend **vom Gericht auszusprechenden Sanktion präjudizieren kann**[107], ist nach Anklageerhebung die Stellungnahme der Staatsanwaltschaft einzuholen (StPO 236 II). Zudem können Bund und Kantone vorsehen, dass für die **Bewilligung des vorzeitigen Massnahmenvollzugs** die Zustimmung der Vollzugsbehörde erforderlich ist (StPO 236 III).

1.2. Voraussetzungen der Haft, Haftgründe, StPO 221, VStrR 52, MStP 56

1.2.1. Allgemeines

1017 **BV 31 und EMRK 5** stellen für die Anordnung von Haft **Mindestanforderungen** auf (hinreichender Tatverdacht; Orientierung über die Haftgründe und die der Haft zugrunde liegenden Delikte; unverzügliche Vorführung bei einem Richter oder einem zur Ausübung richterlicher Funktionen ermächtigten Beamten; Anspruch auf Aburteilung innert angemessener Frist oder Haftentlassung). Massgebend ist sodann die **bundesgerichtliche Rechtsprechung** zum früher ungeschriebenen, nun in BV 10 II garantierten verfassungsmässigen Recht auf persönliche Freiheit, welche «... *für die Konkretisierung die* ... *Garantien von EMRK 5* ...» einzubeziehen pflegte[108]. Es ist Aufgabe der Strafprozessordnung und weiterhin vor allem der das Haftrecht anwendenden Strafbehörden, den regelmässig und auch künftig eher summarischen gesetzlichen Regeln genauere Konturen zu geben und unter steter Rückbesinnung auf die einschränkenden grundrechtlichen Vorgaben umzusetzen.

---

[105] Also *Beachtung des Verhältnismässigkeitsgrundsatzes*, hingegen nicht ohne Weiteres Urlaubsgewährung, BGE 133 I 278 ff. Zur *Überprüfung eines Entlassungsgesuchs* bzw. der Widerruflichkeit der Zustimmung zum vorzeitigen Vollzug (Entscheide noch zum früheren Recht), BGer 16.4.2007, 1B_48/2007 in EuGRZ 34 (2007) 722 (Fall eines gemeingefährlichen Psychiatriepatienten); ZR 87 (1988) Nr. 124; 89 (1990) Nr. 109, BGE 117 Ia 372, teilweise anders noch BGE 104 Ib 24. Vgl. ferner BGer 19.3.2008, 1B_51/ 2008 in plädoyer 4/2008 73 (keine Fluchtgefahr, wenn schon Grossteil der denkbaren Strafe abgesessen ist). Es gilt auch hier die *Unschuldsvermutung*, BGE 133 I 275. Zum *Haftregime* hinten Ziff. 4. Zur *Entlassung vor Rechtskraft* des Urteils, Zuständigkeit, TPF 2008 147.

[106] Eingehend BGE 126 I 172 = JdT 154 (2006) IV 232; Pra 89 (2000) Nr. 144. Möglich muss u.U. eine Entlassung wegen überlanger Haft (vgl. StPO 212 III) sein.

[107] Botschaft 1236 oben.

[108] ·So BGE 105 Ia 26. Zu den Voraussetzungen des Freiheitsentzugs nach BV, jetzt Art. 31.

Für die Anordnung der Untersuchungshaft sind nach StPO 221 folgende, **ab-** 1018
schliessend aufgezählten materiellen Voraussetzungen zu erfüllen (ähnlich
VStrR 52).

1.2.2. Allgemeiner Haftgrund des dringenden Tatverdachts, StPO 221 I

Untersuchungs- und Sicherheitshaft sind nach StPO 221 I zunächst nur zulässig, 1019
wenn die beschuldigte Person eines Verbrechens oder Vergehens[109] dringend
verdächtigt wird. Man spricht hier vom **allgemeinen Haftgrund des dringenden Tatverdachts**. Es müssen m.a.W. konkrete Anhaltspunkte gegeben sein, die
dafür sprechen, dass die beschuldigte Person Täterin eines Verbrechens oder
Vergehens i.S. von StGB 10 ist. Die blosse Möglichkeit der Tatbegehung, entsprechende Gerüchte oder gewisse vage Verdachtsgründe genügen nicht[110]. Zu
Beginn eines Verfahrens sind jedoch weniger strenge Anforderungen an den
Tatverdacht zu stellen als bei späteren Haftverlängerungen[111]. Auch wenn der
dringende Tatverdacht bejaht wird, verbietet das Verhältnismässigkeitsprinzip,
bei Bagatelldelikten, selbst wenn sie an sich Verbrechen darstellen (kleinere
Diebstähle!), Untersuchungshaft anzuordnen (ausdrücklich VStR 52 II).

Ist für den Fall einer gerichtlichen Verurteilung der **bedingte Sanktionsvollzug** 1020
bzw. **eine bedingte Entlassung** zu erwarten, so schliesst dies die Anordnung der
Untersuchungshaft nicht grundsätzlich aus, es sei denn, die Umstände des Einzelfalls verlangen eine Berücksichtigung. Dieser Umstand hat m.a.W. bei der
Prüfung der Verhältnismässigkeit der Anordnung der Untersuchungshaft ein-
zufliessen[112], vor allem aber, wenn die beschuldigte Person schon einen Grossteil

---

[109] *Nicht möglich bei Übertretungen*, zu den beschränkten Haftmöglichkeiten vorne N 1010.
[110] BGE 116 Ia 143, 146; EKMR in VPB 47 (1983) Nr. 84–86. «*Hohe Wahrscheinlichkeit, dass die beschuldigte Person die fraglichen Delikte beging*», Rep. 1991 398 = RS 1995 Nr. 688. Schweigen des Beschuldigten genügt, entgegen den Anklängen in BGer 31.10.1994 nicht, Entscheid und Kritik von G. PIQUEREZ in RJJ 4 (1995) 280 ff. Nach EGMR 16.2001 (AJP 11 [2003] 92) sollen in einem Fall von angeblichem Terroris- mus die Mitteilungen von vier anonymen Informanten genügen. Tatverdacht darf nach BGer auf einen nachträglich genehmigten Zufallsfund einer Telefonüberwachung gestützt werden, BGer 23.8.2007, 1B_159/2007 in FP 1/2008 9 mit kritischem Kommentar.
[111] N 1036 ff. Dazu SJZ 80 (1984) 64: Ist eine *Strafuntersuchung weit fortgeschritten*, konnte der Täter bisher nicht schlüssig überführt werden und besteht auch keine Aussicht auf Ü- berführung, so hat sich der Tatverdacht, so naheliegend er auch zunächst erscheinen mochte, als nicht dringend im Sinn des Gesetzes erwiesen, und der Verdächtige ist auf freien Fuss zu setzen (Entscheid der Anklagekammer des Zürcher Obergerichts vom 25.8.83 i.S. X). Zur *Notwendigkeit eines sich verstärkenden Tatverdachts* ferner GVP 1986 Nr. 60; Rep. 1998 333 = RS 2002 Nr. 232 und allgemein für Zwangsmassnah- men BGE 122 IV 96.
[112] Pra 89 (2000) Nr. 18 S. 95; BGer 22.12.1995 in EuGRZ 25 (1998) 514 und BGer 12.9.1997 in RS 1999 Nr. 668, vgl. aber BGE 125 I 64 = JdT 154 (2006) IV 114, 124 I 208. In diese Richtung auch Diskussionen in RK-N 22./23.2.2007 65 f., die vorab die bedingte Entlassung aus dem Strafvollzug betrafen.

der zu erwartenden Strafe verbüsste[113]. Dass dies *a fortiori* für die neuen Sanktionen des StGB gilt, die nicht primär einen Freiheitsentzug zum Gegenstand haben (in erster Linie Geldstrafen), liegt auf der Hand.

1.2.3. Kumulatives Erfordernis eines besonderen Haftgrundes

1021 **Kumulativ zum Tatverdacht** als allgemeinem Haftgrund muss mindestens eine der vier nachfolgenden weiteren Voraussetzungen (**besondere Haftgründe**) erfüllt sein:

1.2.3.1. Fluchtgefahr, StPO 221 I lit. a, VStrR 52 I lit. a

1022 Nach dem Gesetz ist sie dann anzunehmen, wenn **ernsthaft zu befürchten ist, die beschuldigte Person werde sich durch Flucht ins Ausland oder Untertauchen im Inland dem Strafverfahren oder der zu erwartenden Sanktion entziehen**. Irgendwelche formalen Kriterien, also z.B., dass sich der Tatverdacht auf ein mit längerer Freiheitsstrafe bedrohtes Delikt bezieht, genügen heute allein nicht mehr. So ist z.B. auch bei Tötungsdelikten[114] oder bei drohender Verwahrung nach StGB 64[115] eine Fluchtgefahr nicht automatisch zu bejahen. Es muss vielmehr in jedem Fall geprüft werden, ob aufgrund der konkreten Umstände bei der beschuldigten Person eine erhöhte Wahrscheinlichkeit für die Annahme spricht, sie werde sich durch Flucht der Verantwortung entziehen, d.h. im gegebenen Zeitpunkt nicht den Behörden zur Verfügung stehen[116]. Dabei sind etwa die familiären, sozialen und wirtschaftlichen Bindungen, das Alter, die Gesundheit[117], Schulden, Reise- und Sprachgewandtheit[118] usw. zu prüfen. Bei

---

[113] Vgl. StPO 212 III und vorne N 996. Dazu BGer 19.3.2008, 1B_51/2008 in plädoyer 4/2008 73 m.w.H. und vorstehende Fn. Eine Berücksichtigung liegt vor allem bei der *Sicherheitshaft* (StPO 231) nahe, wenn einerseits Strafe mehr oder weniger feststeht, anderseits der bedingte Strafvollzug bzw. die bedingte Entlassung zu erwarten ist, so, wenn im Berufungsverfahren diese Punkte wegen des Verschlechterungsgebots (StPO 391 II) nicht mehr geändert werden können, vgl. BGer 31.1.2005, 1P.18/2005 und 28.8.2007, 1B_173/2007.

[114] BGE 117 Ia 69 = Pra 80 (1991) Nr. 196.

[115] So mindestens zur Verwahrung nach dem früheren StGB 42 ZR 89 (1990) Nr. 109 S. 274 f.= RO 1991 337 Nr. 1.

[116] ZR 89 (1990) Nr. 109 S. 275; RVJ/FZR 2001 78 = RS 2004 Nr. 603. Unerheblich ist jedoch, ob das Land, in welches die beschuldigte Person voraussichtlich fliehen könnte, allenfalls eine Auslieferung bewilligen bzw. den Fall zur eigenen Beurteilung übernehmen würde, BGer 11.12.1984 in SJIR 1985 258 und BGer 14.2.1997 in EuGRZ 24 (1997) 159. – Da es nicht nur um Sicherung des Strafvollzugs, sondern die Verfügbarkeit der beschuldigten Person für das Verfahren geht, kommt UH auch in Frage, wenn *Geldstrafe* in Aussicht steht. Ob Untersuchungs- und Sicherheitshaft allein mit Blick auf die Vollstreckung dieser Sanktion zulässig, ist jedoch zu bezweifeln.

[117] Fluchtgefahr verneint bei beschuldigter Frau ohne familiäre und soziale Beziehungen in der Schweiz, die auf ständige medizinische Betreuung angewiesen, weitgehend erwerbsunfähig und von der IV bzw. weiteren Sozialleistungen abhängig ist, Pra 96 (2007) Nr. 39 = plädoyer 1/2007 75. Vgl. TPF 2008 136 (Fall mit reduzierter Fluchtgefahr, der durch Kaution begegnet werden kann).

der Prüfung ist auch die Schwere der zu erwartenden Strafe als Indiz mit zu berücksichtigen, ebenso ein allenfalls zu erwartender bedingter Sanktionsvollzug bzw. eine bedingte Entlassung aus dem Strafvollzug (vgl. vorne Ziff. 1.2.2.) sowie eine Ausschaffung durch die Fremdenpolizei[119]. Auch wenn keine konkreten Fluchtpläne u.Ä. gefordert sind, so sind doch strenge Anforderungen an die Annahme dieses Haftgrundes zu stellen[120].

oder

1.2.3.2. Verdunkelungs- (Kollusions)gefahr, StPO 221 I lit. b, VStrR 52 I lit. b

Eine solche ist anzunehmen, wenn aufgrund konkreter Tatsachen bzw. entsprechender Aktivitäten der beschuldigten Person zu befürchten ist, sie werde **Personen wie Zeugen, Mitbeschuldigte u.Ä. beeinflussen und zu falschen Aussagen veranlassen**. Eine Verdunkelungsgefahr kann sodann darin liegen, dass die beschuldigte Peson, wenn in Freiheit belassen, sonst **auf Beweismittel wie Tatwerkzeuge bzw. -spuren, Deliktsgut, Urkunden usw. einwirken,** also diese beispielsweise verschwinden lassen, verbergen oder verändern könnte, um auf diese Weise die Wahrheitsfindung zu beeinträchtigen[121]. – Die Tatsache allein, dass noch nicht alle Beweise erhoben bzw. die Mitverdächtigen dingfest gemacht werden konnten oder dass die beschuldigte Person die Aussage verweigert, genügt nicht. In die Beurteilung einfliessen kann das Verhalten im bisherigen Vorverfahren[122]. Durch dessen Abschluss wird die Verdunkelungsgefahr

1023

---

[118] Pra 89 (2000) Nr. 18; VPB 62 (1998) Nr. 23; BGer 4.9.2000 in RS 2003 Nr. 410. Frühere Flucht aus Haft, BGer 9.1.1991. Abgewiesenes Asylgesuch und bereits erlassener Ausreisebefehl, BGE 125 I 60 = JdT 154 (2006) IV 114. Intensive Kontakte mit Ausland, BGer 30.4.1997 i.S. G.B. Tatsache, dass Angeklagter, obwohl er «nur» noch ein Jahr abzusitzen hat, (einen an sich bekannten) Wohnsitz im Ausland hatte und von dort ausgeliefert werden musste, BGer 10.12.1998 i.S. R.H. in NZZ Nr. 6 vom 9./10.1.1999; vgl. auch den Fall GVP SG 2003 80. Erhöhte Voraussetzungen verlangt bei Personen mit festem Wohnsitz in der Schweiz, BStGer 30.8.2004 in SJZ 100 (2004) 599. Unzulässig, *Schweigen in der Untersuchung* bei einem im Ausland wohnenden Schweizer als genügend zu betrachten, SJZ 100 (2004) 599 = RS 2006 Nr. 112.

[119] RO 1991 346 Nr. 64; BGer 23.2.2004, 1P.623/2003, in NZZ Nr. 80 vom 3.4.2004. Bei nahender Verjährung Umstand, dass sich (nach jahrelangem Verfahren) ausgelieferte beschuldigte Person durch (erneute) Flucht dem Urteil entziehen könnte, BGer 15.1.1999 i.S. W.K.R. in NZZ Nr. 14 vom 19.1.1999.

[120] Dazu etwa BGE 108 Ia 67, 102 Ia 381, 107 Ia 6; BGer 20.7.1988 und 17.7.1989; VPB 1983 Nr. 101–103; ZR 72 (1973) Nr. 76, 59 (1960) Nr. 76 und 77.

[121] Zu den Anforderungen Pra 96 (2006) Nr. 1; VPB 1983 Nr. 104; ZR 72 (1973) Nr. 76, 77 = SJZ 70 (1974) 124; BJM 1994 161 = RS 1996 Nr. 124; RVJ/FZR 2001 78 = RS 2004 Nr. 603.

[122] Nach Pra 97 (2007) Nr. 1, E 3.2.5., dazu SJZ 103 (2007) 412, soll die Kooperations*willigkeit* der beschuldigten Person ein Indiz *gegen* Kollusionsgefahr, die mangelnde Kooperationsbereitschaft (Schweigen, Bestreiten der Tat, wahrheitswidriges Bestreiten von Indizien) jedoch nicht ein Indiz *für* Kollusionsgefahr darstellen, was in dieser allgemeinen Form wohl diskutabel ist. Unklar ist, ob es sich hier um eine Präzisierung oder Änderung

nicht automatisch beseitigt, doch ist diese besonders sorgfältig zu prüfen; dies gilt vorab für Fälle mit nachfolgender Unmittelbarkeit[123].

oder

1.2.3.3. Wiederholungsgefahr, StPO 221 I lit. c

1024 Wiederholungsgefahr ist dann anzunehmen, wenn **ernsthaft zu befürchten ist, dass die beschuldigte Person durch schwere Verbrechen oder Vergehen[124] die Sicherheit anderer erheblich gefährdet, nachdem sie bereits früher gleichartige Straftaten verübte.** Dieser Haftgrund verfolgte vorab in der Ausgestaltung in den früheren kantonalen Strafprozessordnungen zwei Ziele[125]: Einerseits soll er im Sinn der Gefahrenabwehr verhindern, dass Gewohnheitstäter das Belassen in Freiheit bzw. die Haftentlassung zur Begehung weiterer Straftaten missbrauchen und so die Öffentlichkeit erheblich gefährden. Hier handelt es sich – wie der nachstehend in Ziff. 1.2.3.4. zu besprechende Haftgrund der Ausführungsgefahr – weniger um eine strafprozessual, als um eine primär polizeilich begründete Präventivhaft, die allerdings vor EMRK 5 Ziff. 1 lit. c standhält[126]. Der Haftgrund dient anderseits der Beschleunigung, indem verhindert wird, dass der Verfahrensabschluss durch neue Delikte verzögert wird[127]. Der zweite Grund tritt allerdings etwas in den Hintergrund, da nach der StPO (entgegen einzelnen früheren kantonalen Prozessgesetzen) nicht erforder-

---

der bundesgerichtlichen Rechtsprechung handelt, vgl. Kommentar auf S. 3 des Pra-Entscheids.

[123] BGE 132 I 21 (Kommentar in ZBJV 144 [2008] 867), 117 Ia 261; SZIER 2003 308 = RS 2006 Nr. 74. BGer 12.8.1996 (zwei mutmassliche Haupttäter, die mit dem Betroffenen eng befreundet sind, sind flüchtig) bzw. 15.8.1996 (Indizien dafür vorhanden, dass beschuldigte Person mit Hauptzeugin, die mit ihm intim befreundet war und drogensüchtig ist, kolludieren könnte; andere Zeuginnen könnten wegen ihrer altersbedingten Labilität leicht beeinflusst werden), beide Urteile in NZZ Nr. 207 vom 6.9.1996 = plädoyer 5/1996 60. Argument der bevorstehenden unmittelbaren Hauptverhandlung *in casu* abgelehnt, zumal die beschuldigte Person ein Geständnis abgelegt hatte, Pra 96 (2007) Nr. 39 = plädoyer 1/2007 73, im Ergebnis anders TPF 2008 107 (keine konkrete Kollusionsgefahr). Bei Sexualdelikten besteht (selbst bei Geständnis) Gefahr der Beeinflussung wegen besonderer Beziehungen, so BGE 128 I 153, kritisch zu diesem Entscheid H. VEST in AJP 12 (2003) 857.

[124] Das «*schwer*» bezieht sich naturgemäss ebenso (und *a fortiori*) auf Vergehen, vgl. den französischen Text: *«des crimes ou des délits graves»,* RK-S 21.-23.8.2006 13 ff.

[125] Botschaft 1229 oben.

[126] Botschaft 1229 Mitte; BGE 125 I 361. Allerdings ist schon (nicht ohne Grund) bestritten worden, dass der *Bundesgesetzgeber überhaupt zur Normierung eines solchen Haftgrundes befugt sei*, da das Polizeirecht nach wie vor in die kantonale Zuständigkeit fällt. Immerhin ist zu beachten, dass die Haftgründe der Wiederholungs- und Ausführungsgefahr in der Schweiz traditionsgemäss im Strafprozess- und nicht im Polizeirecht geregelt sind und es wenig wünschbar ist, hier im Zustand der Rechtszersplitterung zu verharren.

[127] Zur *Zulässigkeit dieses Haftgrundes mit Blick auf Verfassung und EMRK* BGE 105 Ia 26; 116 Ia 420; 123 I 270, 125 I 60. Dazu und zum Folgenden auch BGer 7.10.1992 in NZZ Nr. 234 vom 8.10.1992 = EuGRZ 19 (1992) 556.

lich ist, dass die beschuldigte Person während der Rechtshängigkeit des Verfahrens neue Delikte beging. Erforderlich ist allein, dass die beschuldigte Person zunächst im Sinn des allgemeinen Haftgrundes dringend eines Verbrechens oder Vergehens verdächtigt wird. Sodann muss erstellt sein, dass sie bereits früher mindestens zwei schwere, andere Personen in ihrer Sicherheit erheblich gefährdende oder verletzende Verbrechen oder Vergehen begangen hatte. Unklar ist, welche Vordelikte Anlass zur Annahme dieses Haftgrundes geben können. Im Vordergrund stehen Verbrechen schwerer Art gegen Leib und Leben oder die sexuelle Selbstbestimmung. Ausnahmsweise sind auch andere Verbrechen (wohl kaum Vergehen) denkbar, so solche gegen das Vermögen (schwere Vermögenskriminalität wie Einbrechertätigkeit, vorab, wenn der Täter bewaffnet war). Der unverbesserliche Ladendieb oder Serienbetrüger fällt (entgegen gewissen früheren Strafprozessgesetzen) nicht unter diesen Haftgrund. An die Schwere werden im Übrigen umso höhere Anforderungen zu stellen sein, je weniger entsprechende Straftaten in der Vergangenheit begangen wurden. Irrelevant ist, ob es sich bei diesen Vordelikten um in- oder ausländische Delikte handelt. Die Tatsache der erfolgten Tatbegehung kann sich aus rechtskräftig abgeschlossenen früheren Strafverfahren ergeben, doch können diese schweren Straftaten auch Gegenstand jenes pendenten Verfahrens bilden, in dem sich die Frage der Untersuchungs- oder Sicherheitshaft stellt[128]. Da das Gesetz jedoch von *verübten* Straftaten spricht (und damit einen blossen Tatverdacht nicht genügen lässt), kann diese Voraussetzung nur als erfüllt betrachtet werden, wenn mit an Sicherheit grenzender Wahrscheinlichkeit feststeht, dass die beschuldigte Person solche Taten begangen hat. Liegt keine rechtskräftige Verurteilung vor, ist dies vorab bei einem abgelegten glaubwürdigen Geständnis oder einer erdrückenden Beweislage der Fall.

Andererseits ist für die Anordnung der Untersuchungshaft wegen Wiederholungsgefahr erforderlich, dass **konkrete Anhaltspunkte dafür bestehen, die beschuldigte Person werde weitere gleichartige** (nicht notwendigerweise gleiche) **Delikte begehen**[129]. Diese Prognose ist naturgemäss schwergewichtig aus der Intensität der deliktischen Tätigkeit in der Vergangenheit zu ziehen. Die Unschuldsvermutung ist nicht verletzt, wenn ohne rechtskräftige Verurteilung die künftige Begehung solcher Taten im Rahmen einer Gefahrenprognose[130] als möglich betrachtet wird. Von Einfluss ist auch, wenn persönliche Anlagen (Drogen-, Spielsucht bzw. andere psychische Abnormitäten) eine erhöhte Gefahr weiterer Delinquenz indizieren. Wenn bei Annahme einer solchen Gefahr auch

1025

---

[128] Botschaft 1229 Mitte. *Kein Berückichtigung von im Strafregister gelöschten,* aber allenfalls sonst weit zurückliegenden Strafen, BGE 135 I 76.

[129] BGE 123 I 270: «... *einerseits Rückfallsprognose sehr ungünstig und anderseits die zu befürchtenden Delikte von schwerer Natur sind».* Abgelehnt bei einem nach Gutachten nur noch leicht süchtigen Drogenhändler, BGer 11.12.1998 in plädoyer 1/1999 82. Zu einem Fall mit gewerbsmässigem Betrug RVJ/ZWR 2004 307 = RS 2005 Nr. 712.

[130] Zu den Versuchen entsprechender Risikoanalysen Z 124 (2006) 126 ff.

generell Zurückhaltung zu üben ist[131], so sind die Anforderungen dann nicht allzu hoch anzusetzen, wenn der Betreffende nach einer ersten Phase des Vorverfahrens seine strafbaren Aktivitäten – in erster Linie solche, die der Berufskriminalität zuzurechnen sind – in ähnlicher Weise fortsetzt. Diese Wiederholungsgefahr wäre z.B. bei einem Täter zu bejahen, der relativ kurz nach einer Verurteilung bzw. Haftentlassung wegen 50 Einbruchdiebstählen erneut wegen eines Einbruchdiebstahls in Untersuchung gezogen werden musste[132].

1.2.3.4. Ausführungsgefahr, StPO 221 II

1026 Einen Sonderfall innerhalb der Haftgründe von StPO 221 stellt die Ausführungsgefahr dar. Darnach kann Haft angeordnet werden, wenn **ernsthaft zu befürchten ist, jemand werde seine Drohung, ein schweres Verbrechen i.S. von StGB 10 II auszuführen, wahr machen.** Es ist denkbar, dass bereits wegen dieser Drohung bzw. einem entsprechenden versuchten oder vorbereiteten Delikt ein Strafverfahren eingeleitet wurde. Der Haftgrund kommt diesfalls in Frage, wenn der Betreffende während des entsprechenden Strafverfahrens zu erkennen gibt, dass er an seinem Tatplan festhält. Ein solches Strafverfahren wegen Vorbereitungs- bzw. Ausführungshandlungen ist jedoch – anders als in früheren kantonalen Regelungen – nicht erforderlich[133], und entgegen den Haftgründen nach StPO 221 I kann denn auch nicht an einen Tatverdacht angeknüpft und von Untersuchungshaft im eigentlichen Sinn gesprochen werden. Erforderlich ist in jedem Fall die **konkrete Gefahr einer Tatverübung.** Unklar ist das Verhältnis zur **Friedensbürgschaft** nach StGB 66 bzw. dem Verfahren nach StPO 372 f. und allenfalls der **Sicherheitshaft** i.S. von StGB 66 II[134]. Der Haftgrund der Ausführungsgefahr kommt nach dem Subsidiaritätsgrundsatz von StPO 197 I lit. c nur bei angedrohten schwereren Gewaltdelikten und Gefahrenlagen in Frage, denen nicht auf andere Weise (Wegnahme von Waffen u.Ä.; Friedensbürgschaft) begegnet werden kann.

---

[131] BGer 22.2.2001 in RS 2003 Nr. 411, auch zur Verhältnismässigkeit.
[132] BGE 105 Ia 31; 116 Ia 420 = Pra 80 (1991) Nr. 197: Wiederholungsgefahr u.a. angesichts bereits vorliegender 110 Anzeigen (offenbar) wegen Diebstahls bejaht. Siehe ferner RS 1989 Nr. 671, 1997 Nr. 322 und BJM 1994 159, 162 f., 312 f. = RS 1996 Nr. 125 sowie BGE 125 I 63 = SJZ 95 (1999) 13 f. (Untersuchungshäftling gibt zu verstehen, dass er sich mit seinem Lebensumständen nicht abfinden, sondern diese auf kriminelle Weise verbessern will).
[133] BeB 161 oben und dortige Fn. 50. In BGE 125 I 361 wurde das Ausstossen von Todesdrohungen als genügend betrachtet. Vgl. auch das Bundesgerichtsurteil vom 20.10.2005, 1P.660/2005.
[134] Grundsätzlich geht die Untersuchungs- und Sicherheitshaft vorab dem Verfahren nach StPO 372 f. vor, hinten N 1418 ff., dort in N 1422 auch Hinweise auf die kantonalen *Gewaltschutzgesetze;* zu deren Verhältnis zu Ersatzmassnahmen nach StPO 237 ff. nachstehend Fn. 214.

1.3. Verkehr mit der Verteidigung, StPO 223

StPO 223 I wiederholt und präzisiert StPO 147: Er bestimmt kongruent zu StPO 159 I, dass die Verteidigung im Haftverfahren den Einvernahmen der beschuldigten Person und allfälligen weiteren Beweiserhebungen beiwohnen kann[135]. Abs. 2 von StPO 223 gewährt der Verteidigung sodann das Recht, im Haftverfahren nach StPO 224 ff. bereits vor der Anordnung der Haft (und damit wohl auch vor der ersten Einvernahme durch die Staatsanwaltschaft) **unbeaufsichtigt mit der beschuldigten Person zu verkehren**, was sich (bezogen auf polizeiliche Einvernahmen) bereits aus StPO 159 II bzw. 219 II ergibt. StPO 235 IV mit den dortigen Einschränkungsmöglichkeiten des Verkehrs bei Missbrauchsverdacht dürfte erst *nach* Anordnung der Haft anwendbar sein[136]. Für die Akteneinsicht in diesem Verfahrensstadium gilt StPO 225 II[137]. Wurden die wichtigsten Beweismittel (wohl eher ausnahmsweise) bereits im Haftverfahren abgenommen, geht StPO 101 I vor. Das Gesetz geht aber davon aus, dass Akteneinsicht im Regelfall erst vor dem Zwangsmassnahmengericht möglich ist.

2. Untersuchungshaft, StPO 224–228, JStPO 27, MStP 56 ff.

2.1. Haftverfahren vor der Staatsanwaltschaft, StPO 224

Befindet sich die beschuldigte Person vor dem Staatsanwalt – sei es durch Vorführung gestützt einen Vorführbefehl (StPO 207), nach einer vorläufigen Festnahme (StPO 219 III) oder eine Vorladung (StPO 201) –, so sind je nach Sachlage mehr oder weniger einlässlich **die Präliminarien von StPO 158 sowie 219 I zu wiederholen bzw. mindestens festzustellen, ob sie im polizeilichen Haft- bzw. Ermittlungsverfahren eingehalten wurden**. Steht fest, dass die beschuldigte Person bereits korrekt über den Gegenstand des Strafverfahrens und ihre Rechte orientiert wurde, muss dies nicht wiederholt werden[138]. Hernach ist die beschuldigte Person in Anwendung von StPO 143 einlässlich zum Tatverdacht und zu den Haftgründen[139] einzuvernehmen[140]. Es ist ihr also das rechtliche Ge-

---

[135] Sagt beschuldigte Person ohne Anwalt aus, obwohl sie einen solchen verlangte, sind die Aussagen verwertbar, so ZR 99 (2000) Nr. 65.
[136] Nach Meinung des BeB 162 unten sollten offenbar die Einschränkungsmöglichkeiten von VE 248 V und VI (entsprechend dem geltenden StPO 235 IV) denn auch erst nach angeordneter Haft gelten. – Im *Strafvollzug* gilt StGB 84 IV.
[137] So nach Botschaft 1230 oben.
[138] Vorne N 859.
[139] Näher Pra 93 (2004) Nr. 154.
[140] *Verzicht auf Einvernahme wohl nur in seltenen Ausnahmefällen* denkbar (so in Fällen, die *auf ein Verfahren nach StPO 374 f.* hinauslaufen, oder Fall, dass die einer schweren Straftat beschuldigte Person wegen Selbstmordversuchs oder aus andern medizinischen Gründen z.Zt. nicht einvernahmefähig ist, in Juristische Blätter 127 [2005] 399). Verletzung des rechtlichen Gehörs durch Staatsanwalt kann im haftrichterlichen Verfahren geheilt werden, GVP 2004 Nr. 68.

hör zu gewähren. Dabei ist der beschuldigten Person vor allem Gelegenheit zu geben, den Tatverdacht zu entkräften und Haftgründe zu widerlegen[141]. Der Staatsanwalt hat **geeignete und sofort verfügbare Beweise** (wesentliche Zeugen, z.B. ein Hauptbelastungs- oder Alibizeuge, von dessen Aussage der Fall weitgehend abhängt; Urkunden), die geeignet sind, den Tatverdacht oder die Haftgründe zu erhärten oder zu entkräften, abzunehmen (StPO 224 I Satz 2). Bei **notwendiger Verteidigung** (StPO 130) ist im Anschluss an diese erste Einvernahme sofort für Bestellung eines Verteidigers zu sorgen[142].

1029 Ergibt sich, dass Tatverdacht und Haftgründe i.S. von StPO 221 gegeben sind, so hat der Staatsanwalt dem Zwangsmassnahmengericht unverzüglich (BV 31 II Satz 1), **spätestens aber innert 48 Stunden seit der Festnahme**[143], die Anordnung der Untersuchungshaft oder aber einer Ersatzmassnahme nach StPO 237 ff. zu beantragen. Der schriftliche Antrag ist **summarisch zu begründen**[144] und mit den wesentlichen Akten zu versehen (StPO 224 II)[145]. Dem Haftantrag sind al-

---

[141] Die *Hafterstehungsfähigkeit* ist keine Frage der Haftanordnung (die entsprechende Unfähigkeit also nicht gleichsam ein negativer Haftgrund) und des Haftverfahrens nach StPO 224 ff., sondern eine solche des Haftvollzuges, wofür nach der StPO 235 die Kantone zuständig sind, dazu aus der Sicht des früheren zürcherischen Verfahrensrechts ZR 91/92 (1992/93) Nr. 94.

[142] N 737. In den Kantonen mit *Strafverteidiger-Pikett o.Ä.* ist üblicherweise gewährleistet, dass ein Verteidiger sofort zur Verfügung steht, wovon bei notwendiger Verteidigung unbedingt Gebrauch zu machen ist. Besteht keine notwendige Verteidigung und verzichtet die beschuldigte Person auf den Beizug eines Verteidigers, so liegt im fehlenden Hinweis auf diesen Pikettdienst kein Verfahrensfehler, so deutscher Fall in Kriminalistik 2003 244.

[143] Die 48–Stunden-Frist ab polizeilicher Festnahme (Gesamtfrist eingeführt vom Ständerat, AB S 2006 1028 f., vgl. auch RK-S 21.-23.8.2006 16 f.) ist mit der Unverzüglichkeit der Vorführung i.S. EMRK 5 Ziff. 3 und wohl auch BV 31 III vereinbar, BGE 119 Ia 235. Missachtung dieser Fristen allein führt nicht zur Freilassung des Beschuldigten, BGE 116 Ia 65, SJ 128 (2006) 57. Ob die Frist z.B. an Wochenenden bei interkantonalen Zuführungen (StPO 50 II: 24 Stunden) immer eingehalten werden kann, bleibt abzuwarten. – *Anders im Jugendstrafverfahren nach JStPO 27 II:* Erst nach 7 Tagen Haft Verlängerungsgesuch um Zwangsmassnahmengericht.

[144] Zu den Anforderungen an die Darlegung der Haftgründe Pra 96 (2006) Nr. 1. Beim Vorwurf der Geldwäscherei sind die Vortaten genügend zu belegen, vgl. den deutschen Fall in EuGRZ 33 (2006) 612. Zur *Begründungspflicht* insbesondere bei Zwangsmassnahmen vorne N 978.

[145] Dieser *Haftantrag gilt als Festnahmebefehl* bzw. als *Anordnung der Fortsetzung der bereits von der Polizei verfügten vorläufigen Festnahme*. Daraus folgt, dass im Haftverfahren vor der Staatsanwaltschaft nach StPO 224 und bis zum haftrichterlichen Entscheid nach StPO 225 f. *kein besonderer Festnahmebefehl* erforderlich ist. Ob in Ausnahmefällen (z.B. bei geplanter Untersuchungshaft ohne vorgängige vorläufige Festnahme, also nach Vorladung) ein – in der StPO allerdings nicht vorgesehener – staatsanwaltschaftlicher Festnahmebefehl erforderlich sein kann (z.B. weil Haftantrag nicht sofort gestellt werden kann und Gefängnisordnung schriftlichen Befehl verlangt), bleibe offen. Spätestens im Zeitpunkt der Überweisung an das Zwangsmassnahmengericht sollte *das Verfahren nach StPO 309 eröffnet sein*, hinten N 1227 ff. – Zum *Bundesverwaltungsstrafverfahren* VStrR 51: In diesen Verfahren kann die die Untersuchung führende Verwaltung den Ver-

lerdings nicht notwendigerweise die gesamten Akten, jedoch jene beizulegen, die
für das Zwangsmassnahmengericht und die Verteidigung zur Beurteilung der
Haftvoraussetzungen notwendig sind (dringender Tatverdacht etc.). Der **Grundsatz des fairen Verfahrens**[146] erfordert, dass der Staatsanwalt allenfalls auch die
gegen das Vorliegen von Haftgründen sprechenden Akten mitgibt[147]. Obwohl im
Gesetz nicht vorgesehen, dürfte es richtig sein, dass die Staatsanwaltschaft der
beschuldigten Person und allenfalls der Verteidigung sofort eine Kopie des Haftantrags zukommen lässt[148]. Der **Haftantrag kann nicht separat mit Beschwerde** angefochten werden[149].

Stellt der Staatsanwalt dem Zwangsmassnahmengericht kei**nen Haftantrag, so
ist die beschuldigte Person unverzüglich zu entlassen** (StPO 224 III), es sei
denn, sie müsse z.B. zum Vollzug von Strafen oder fremdenpolizeilichen Massnahmen einer andern Behörde zugeführt werden[150]. Stellt der Staatsanwalt dem
Zwangsmassnahmengericht **Antrag auf Anordnung von Ersatzmassnahmen**
(StPO 237 ff.), trifft er die erforderlichen sichernden Massnahmen, also z.B.,
indem er den Pass und weitere Schriften der beschuldigten Person sicherstellt.
Denkbar ist ebenfalls beim Antrag auf Ersatzmassnahmen, dass die beschuldigte
Person bis zum Entscheid des Zwangsmassnahmengerichts vorläufig festgenommen bleibt, z.B. wenn eine Sicherheitsleistung (StPO 237 II lit. a, 238) beantragt wird, diese jedoch nicht bereits im staatsanwaltschaftlichen Haftverfahren
geleistet wurde.

1030

2.2. Haftverfahren vor dem Zwangsmassnahmengericht, StPO 225

Das Zwangsmassnahmengericht[151] setzt sofort nach Eingang der Akten eine
nicht **öffentliche Verhandlung** mit der Staatsanwaltschaft, der beschuldigten

1031

---

hafteten i.S. von VStrR 51 II sowie III selbst und direkt (also ohne Umweg über Polizei und Staatsanwaltschaft) dem Zwangsmassnahmengericht zuführen und einen Antrag auf Anordnung der Untersuchungshaft stellen.
[146] Allgemein vorne N 98 ff.
[147] Was das Zwangsmassnahmengericht allenfalls sicherzustellen hat. – Zum Akteneinsichtsrecht Hinweise anschliessend zu N 1032.
[148] Im Zeitalter der modernen Informationstechnologien z.B. via Fax oder E-Mail.
[149] Also *keine Beschwerde gegen die mit dem Haftantrag (Art. 224 Abs. 2) verbundene vorläufige Festnahme sowie diesen Antrag selbst*, was nur schon aus zeitlichen Gründen einleuchtet. Der Rechtsbehelf für die verhaftete Person ist hier das Haftverfahren vor dem Zwangsmassnahmengericht (Art. 225 f.). Bei *Verzicht auf Haftantrag bzw. Abweisen* eines solchen wird die Ordnungsmässigkeit der vorläufigen Festnahme allenfalls später in einem Verfahren auf Zusprechung von Entschädigung und Genugtuung (Art. 429 ff., N 1803 ff.) überprüft.
[150] Botschaft 1230 Mitte.
[151] Ein Zwangsmassnahmenrichter kann mit Blick auf BV 31 III und IV bzw. EMRK 5 Ziff. 3 und 4 bei Mitbeschuldigten über die Haft entscheiden, Pra 96 (2006) Nr. 1 E. 5, also *keine Vorbefassung*, zu dieser näher m.w.H. vorne N 516.

Person und der Verteidigung an (StPO 225 I). Die Staatsanwaltschaft ist nur zur Teilnahme verpflichtet, wenn das Gericht dies so anordnet (Satz 2 von StPO 225 I), was nach der Botschaft[152] ebenfalls für die Verteidigung gilt. Die **beschuldigte Person ist zur Teilnahme verpflichtet, kann aber ausdrücklich auf eine Verhandlung verzichten** (näher StPO 225 V). Die Erklärung kann bereits vor der Staatsanwaltschaft oder nach Eingang des Haftantrags beim Zwangsmassnahmengericht bei diesem abgegeben werden. Auch bei einem solchen Verzicht kann das Zwangsmassnahmengericht die persönliche Anwesenheit der beschuldigten Person sowie von Staatsanwaltschaft und Verteidigung anordnen. Dieser StPO 225 V steht in einem gewissen Widerspruch zu EMRK 5 Ziff. 3, welche eine obligatorische Vorführung an die richterliche Behörde verlangt[153]. Es ist jedoch zu berücksichtigen, dass diese Bestimmung auf dem angloamerikanischen Recht basiert, gemäss welchem die Zuführung an den Haftrichter direkt durch die Polizei erfolgt und kein Vorprüfungsverfahren durch die Staatsanwaltschaft erfolgt. Jedenfalls sind **an die Verzichtserklärung hohe Ansprüche zu stellen** (beschuldigte Person muss Haftantrag kennen, genaue Aufklärung über Sinn des zwangsrichterlichen Verfahrens, Protokollierung des Verzichts oder Verwendung eines entsprechenden Formulars, bei verteidigter beschuldigter Person Verzicht allein durch Rechtsbeistand).

1032 Das Zwangsmassnahmengericht gewährt der beschuldigten Person und der Verteidigung auf Verlangen vorgängig der Verhandlung **Einsicht in die dem Gericht vorliegenden Akten** (StPO 225 II)[154]. Anlässlich der Verhandlung selbst

---

[152] S. 1231 oben. Bei *notwendiger bzw. amtlicher Verteidigung* ist diese jedoch zur Teilnahme verpflichtet.

[153] Botschaft 1231 Mitte. Mindestens bei Begehren nach EMRK 5 Ziff. 4 ist nach EGMR ein Verzicht möglich, vgl. Urteil vom 22.6.2006 i.S. X. gegen die Schweiz in VPB 70 (2006) Nr. 106, vgl. auch RK-S 21.-23.8.2006 18. Dazu aber BGer 10.7.2007, 1B_120/2007, zit. in SZIER 18 (2008) 270 («..*Eine persönliche Vorführung.....bei der Haftanordnung obligatorisch zu erfolgen.*»). Jedenfalls muss *Erklärung unmissverständlich erfolgen*, vgl. den Fall BGer 16.2.2009, 1B_23/2009 in Anwaltsrevue 5/2009 255.

[154] Zum *Akteneinsichtsrecht* nach StPO 101 f. allgemein vorne N 621 ff., zu jenem im Haftverfahren Pra 97 (2008) Nr. 38, E 3.3.1., BGE 125 I 394, 399, 115 Ia 297, 304. Siehe den Fall SJ 114 (1992) 191 = RS 1995 Nr. 690: Zulässigkeit der Beschränkung der Akteneinsicht wegen Kollusionsgefahr, doch muss (vgl. BGer 12.4.1996 in plädoyer 3/1996 68) Einblick in relevante Akten gewährt werden. Der *beschuldigten Person nicht bekannte Akten dürfen vom Haftrichter nicht berücksichtigt werden*, BGer 3.4.1997 in NZZ Nr. 133 vom 12.6.1997 unter Hinweis auf BGE 122 I 153. Nach EGMR 13.2.2001 u.a. i.S. G.A. ca. Deutschland in AJP 12 (2003) 93 kann Einsicht in Aussagen eines wichtigen Belastungszeugen nicht verweigert werden. Recht auf Replik zu jeder Vernehmlassung der Untersuchungsbehörden, auch wenn diese keine neuen Argumente enthält, BGer 30.9.1998 in SJZ 95 (1999) 13; vgl. auch Pra 92 (2003) Nr. 64. Die Einsicht in allfällige weitere, nicht nach StPO 224 II eingereichte Untersuchungsakten kann nicht im zwangsmassnahmengerichtlichen Verfahren, sondern muss im Rahmen von StPO 101 beim Staatsanwalt verlangt werden. Zur Erforderlichkeit der *kontradiktorischen Ausgestaltung* des Haftverfahrens BGer 8.11.2002, 1P.541/2002 = SZIER 13 (2003) 310 = RS 2006 Nr. 138 und

ist dem Verhafteten und seinem Verteidiger Gelegenheit zu geben, sich **zum Antrag des Staatsanwalts** auf Haftanordnung und zu den vorliegenden Akten mündlich zu äussern. Wenn die **Verteidigung oder die Staatsanwaltschaft an der Verhandlung berechtigterweise nicht teilnehmen,** können sie ihre Anträge schriftlich stellen (StPO 225 III)[155]. Dies gilt ebenso im Fall, dass nach StPO 225 V keine mündliche Verhandlung stattfindet. In diesem Fall kann auch die beschuldigte Person selbst eine entsprechende Eingabe machen; das Gericht entscheidet alsdann aufgrund der gesamten Akten. Damit den Anforderungen von EMRK 5 Ziff. 3 Rechnung getragen wird, ist die **beschuldigte Person vom Haftrichter auf ihr Verlangen persönlich anzuhören.** Ein Beweisverfahren ist – entgegen verschiedenen kantonalen Prozessgesetzen – nach StPO 225 IV vorgesehen, wenn sofort verfügbare Beweise vorliegen, die geeignet sind, den Tatverdacht oder die Haftgründe zu erhärten oder zu entkräften. Angesichts des engen zeitlichen Rahmens des zwangsgerichtlichen Verfahrens (48 Stunden, StPO 226 I) und der Kernaufgaben des Zwangsmassnahmengerichts sind die entsprechenden Möglichkeiten aber begrenzt und beschränken sich z.B. auf die Anhörung eines sofort verfügbaren Alibi- oder Entlastungszeugen o.Ä.[156].

2.3. Entscheid des Zwangsmassnahmegerichts, StPO 226

2.3.1. Das Zwangsmassnahmengericht hat seinen Entscheid gestützt auf die Verhandlung sowie die vorliegenden Akten[157] unverzüglich, **spätestens jedoch innert 48 Stunden**[158] **nach Eingang des Antrags des Staatsanwalts** zu treffen und zu eröffnen (StPO 226 I). Diese Frist läuft an Sonn- und Feiertagen weiter. Fraglich ist, ob sie auf Begehren oder im Einverständnis einer beschuldigten Person bzw. deren Verteidigung erstreckt werden kann, was angesichts ihres gesetzlichen Charakters an sich abzulehnen ist[159]. Im Hinblick auf die vorgehenden Ansprüche des Betroffenen auf Wahrung des rechtlichen Gehörs erscheint

1033

SZIER 18 (2008) 269 f. *Verletzung des rechtlichen Gehörs durch StA* kann im haftrichterlichen Verfahren geheilt werden, GVP 2004 Nr. 68.

[155] So Botschaft 1231 oben. Die Staatsanwaltschaft dürfte ihre Anträge allerdings schon mit dem Haftantrag gestellt haben.

[156] In dieser Richtung auch frühere bundesgerichtliche Rechtsprechung, vgl. BGer 12.9.1996 in plädoyer 1/1997 65 = EuGRZ 24 (1997) 17 sowie BGE 124 I 210 f. = EuGRZ 25 (1998) 512, differenzierend Pra 95 (2006) Nr. 1 S. 3 (... *wenig Raum für ausgedehnte Beweismassnahmen* ...). Solche Beweiserhebungen haben selbstverständlich in Anwesenheit der Verteidigung zu erfolgen.

[157] Ergeben sich *während des haftrichterlichen Verfahrens neue Haftgründe* bzw. neue Anhaltspunkte für deren Vorliegen, können diese vom Staatsanwalt nachgebracht bzw. es kann ein neuer Haftantrag gestellt werden. – Ob ein *Gerichtsschreiber* (Kanzleibeamter) mitzuwirken hat, entscheidet sich nach dem Einführungsrecht von Bund und Kantonen.

[158] *Missachtung der Fristen* und vorab von EMRK 5 Ziff. 4 allein führt nicht zur Freilassung des Beschuldigten, vgl. nachfolgend Fn. 165.

[159] Allenfalls ist ohne Beizug des (unabkömmlichen, überlasteten) Verteidigers zu entscheiden, steht diesem doch hernach immer ein Haftentlassungsgesuch offen.

das Einhalten der Frist allerdings als Ordnungsvorschrift; sie kann in engem Rahmen überschritten werden, wenn dies zur Wahrung der grundrechtlichen Ansprüche des zu Inhaftierenden als notwendig erscheint[160].

1034 Der **Entscheid des Zwangsmassnahmengerichts lautet entweder auf Anordnung der Untersuchung oder Entlassung**. Im Haftverfahren gilt der Anklagegrundsatz nach StPO 9 nicht; denkbar ist deshalb, wenn in der Praxis auch vielleicht eher selten aktuell, dass das Zwangsmassnahmengericht (und später allenfalls die Beschwerdeinstanz) einen andern Haftgrund als jenen gemäss Haftantrag der Staatsanwaltschaft bejaht[161]. Das Zwangsmassnahmengericht kann – mit oder ohne Antrag des Staatsanwalts bzw. der beschuldigten Person – ebenfalls **Ersatzmassnahmen** nach StPO 237 ff. anordnen[162], die Haft zeitlich begrenzen und anordnen, dass der Staatsanwalt innert dieser Frist bestimmte Untersuchungshandlungen vornehmen müsse (StPO 226 IV lit. b). Sinn dieser letzteren Bestimmung kann nicht sein, dass der Staatsanwaltschaft in Verletzung des Gewaltentrennungsprinzips Weisungen für die Untersuchung erteilt werden. Das Zwangsmassnahmengericht hat nur die Möglichkeit, zu verlangen, dass mit Blick auf das Vorhandensein der Haftgründe gewisse Erhebungen vorgenommen werden, in der Meinung, dass bei Unterlassung eine allfällige Haftverlängerung nicht gewährt bzw. ein Haftentlassungsgesuch gutgeheissen würde.

1035 Der **Entscheid des Zwangsmassnahmengerichts** wird der Staatsanwaltschaft, der beschuldigten Person und der Verteidigung unverzüglich mündlich eröffnet, falls sie abwesend sind, schriftlich. Anschliessend stellt das Gericht den Genannten eine kurze, sich aber mit den wesentlichen Argumenten von Staatsanwaltschaft und vor allem des Inhaftierten auseinandersetzende[163] schriftliche Begründung zu (StPO 226 II; zum Orientierungsanspruch des Opfers StPO 214 IV). Diese Mitteilung kann bei erfolgter mündlicher Eröffnung nach Ablauf der 2–Tages-Frist geschehen. Ordnet das Zwangsmassnahmengericht Untersuchungshaft an, so macht es den Inhaftierten (neben dem Hinweis auf ein allfälliges Beschwerderecht nach StPO 222) darauf aufmerksam, dass er jederzeit ein Haft-

---

[160] Hierzu die vorstehend in Fn. 127 bzw. 156 erwähnten BGer 7.10.1992 und BGer 12.9.1996.

[161] Diesfalls muss der beschuldigten Person und der Staatsanwaltschaft *vorgängig das rechtliche Gehör* gewährt werden.

[162] Zu den Ersatzmassnahmen hinten N 1053 ff. Sie sind vor allem zu prüfen, wenn *solche Ersatzmassnahmen von der beschuldigten Person angeboten werden*, bei Verwerfung ist entsprechende Begründung erforderlich, vgl. BGer 22.1.2008, 1B_295/2007. Nach der Botschaft 1232 Mitte soll *keine Haftanordnung möglich sein, wenn Staatsanwaltschaft nur Ersatzmassnahme beantragt*.

[163] Zur *Begründungspflicht* BGer 15.8.2008, 1B_216/2008 in Anwaltsrevue 10/2008 469, BGer 12.9.1996 in plädoyer 1/1997 65. Gemäss BGer 14.2.1997 in EuGRZ 24 (1997) 159 kann der *Haftrichter auf den ausführlichen Antrag des Staatsanwalts verweisen*. Begründung darf nicht Unschuldsvermutung verletzen, also die Schuld bzw. zu erwartende Bestrafung als gegeben betrachten, BGE 124 I 330 ff. = Pra 88 (1999) Nr. 49.

entlassungsgesuch stellen kann (StPO 226 III). Zu den **Rechtsmitteln** gegen Haftentscheide nachfolgend Ziff. 2.6.

2.4. Haftverlängerungsgesuch, StPO 227, JStPO 27 II, III, VStrR 57 II

Sind die vom Haftrichter bewilligte Haftdauer (StPO 226 IV lit. a) oder (bei unbefristeter erster Haftanordnung) drei Monate abgelaufen und bestehen weiterhin Haftgründe, so kann die Staatsanwaltschaft ein **Haftverlängerungsgesuch** stellen (StPO 227 I)[164]. Ein Antrag auf Fortsetzung der Haft kann auch mit der Stellungnahme zu einem Haftentlassungsgesuch der beschuldigten Person verbunden werden. StPO 227 II-VI regeln die Einzelheiten dieses Verfahrens. Darnach hat der Staatsanwalt dem Zwangsmassnahmengericht spätestens vier Tage **vor Ablauf der Haftdauer ein begründetes Verlängerungsgesuch** einzureichen (Abs. 2)[165]. Die verhaftete Person und ihre Verteidigung werden zur freigestellten Vernehmlassung innert 3 Tagen aufgefordert (Abs. 3). Da ein Entscheid über das Verlängerungsgesuch häufig nicht während Laufens der ursprünglichen Haftfrist ergehen kann, sieht Abs. 4 vor, dass das Zwangsmassnahmengericht im Sinn einer vorsorglichen Massnahme das Fortdauern der Haft bis zu seinem Entscheid anordnen kann[166]; dieser Entscheid hat vor Ablauf der ursprünglichen Haftfrist zu ergehen und ist nicht anfechtbar. Das Zwangsmassnahmengericht entscheidet spätestens innert 5 Tagen nach Eingang der Vernehmlassung (näher Abs. 5) in einem üblicherweise schriftlichen Verfahren, ausnahmsweise in einer mündlichen, nicht öffentlichen Verhandlung (Abs. 6).

1036

Die **Verlängerung der Untersuchungshaft** wird für längstens drei, ausnahmsweise (z.B. in einem komplexen Tötungsdelikt mit einer aufwendigen Begutachtung, umfangreiches Wirtschaftsstrafverfahren, zahlreiche Zeugen sind zu befragen[167]) 6 Monate bewilligt (StPO 227 VII). Auch wenn die StPO – entgegen den etwa in der Literatur gemachten Vorschlägen – keine absolute Obergrenze der Untersuchungshaft kennt, ist jedenfalls mit zunehmender Haftdauer die Regel im

1037

---

[164] Bei *Änderung des Gerichtsstandes* oder *Wechsel zwischen kantonaler bzw. Bundesgerichtsbarkeit* behält der ursprüngliche Entscheid des Haftrichters bis zum Ablauf der ursprünglichen Frist seine Gültigkeit, dazu unter dem früheren Recht BGer 8.5.2007, 2A.604/2006 in RS 2007 Nr. 242.

[165] Zur *Begründung dieser Frist* Botschaft 1232 unten: Sie soll ermöglichen, dass das Gericht noch vor Ablauf der ursprünglichen Frist wenn nicht über die Verlängerung selbst, so doch über die provisorische Fortsetzung nach StPO 227 IV soll entscheiden können. Sie erscheint als *Ordnungsvorschrift*. Im Anschluss an die bisherige Praxis bedeutet das *Nichteinhalten der Frist von Abs. 1 nicht, dass die beschuldigte Person automatisch aus der Haft zu entlassen ist*. Zwar kann die abgelaufene Frist nicht nachträglich verlängert, doch kann eine neue Haft angeordnet werden, vgl. Pra 89 (2000) Nr. 145; BGE 116 Ia 65; SJ 128 (2006) 57.

[166] Hierzu Botschaft 1233 oben. Erfolgt keine provisorische Verlängerung, muss das Zwangsmassnahmengericht die Haftentlassung anordnen.

[167] Botschaft 1233 Mitte.

Auge zu behalten, dass die Untersuchungshaft die zu erwartende Freiheitsstrafe nicht überschreiten darf (StPO 212 III)[168]. Im Prüfungsverfahren ist sodann der Verhältnismässigkeitsgrundsatz sowie das Beschleunigungsgebot nach EMRK 5 Ziff. 3 bzw. StPO 5 zu beachten[169]. Die Haftgründe sind bei Verlängerungen von allen beteiligten Behörden immer wieder neu und genau zu überprüfen. Das Zwangsmassnahmengericht ist im Anschluss an die frühere Bundesgerichtspraxis gehalten, den Sachverhalt umfassend zu klären, und darf sich nicht mit den Darlegungen und Behauptungen der Staatsanwaltschaft zufrieden geben[170]. Der Begründungspflicht ist nach Bundesgerichtspraxis Genüge getan, wenn die verlängernde Behörde ausdrücklich oder sinngemäss auf die von der antragstellenden Behörde angeführten Gründe verweist[171]. Zu den **Rechtsmitteln** vgl. nachfolgend Ziff. 2.6.

2.5. Haftentlassungsgesuch, StPO 228, JStPO 27 IV, VStrR 59

1038 Die verhaftete beschuldigte Person ist in jedem Fall auch ohne Gesuch durch den Staatsanwalt zu entlassen, **sobald der Haftgrund weggefallen ist** (StPO 212 II lit. a; VStrR 59 I)[172]. Die **beschuldigte Person kann sodann bei der Staatsanwaltschaft jederzeit schriftlich oder mündlich zu Protokoll ein kurz begründetes Haftentlassungsgesuch stellen** (StPO 228 I). Wenn die Staatsanwaltschaft dem Gesuch nicht entspricht und die betreffende Person nicht

---

[168] Vorne N 996. Dazu und zur *Prüfung von Ersatzmassnahmen bei längerer Haft*, sonst allenfalls Verletzung des rechtlichen Gehörs, BGE 133 I 280. Eine *absolute Höchstgrenze für die Untersuchungshaft* gibt es allerdings nicht, EGMR in EuGRZ 20 (1993) 384 = Pra 82 (1993) Nr. 205 = VPB 58 (1994) Nr. 93; anders EKMR in EuGRZ 20 (1993) 427. Gilt auch bei Kollusionsgefahr, BJM 1999 230, entgegen BJM 1999 18. – Ist die verantwortbare Maximaldauer abgelaufen, ist die beschuldigte Person auch bei fortdauerndem Haftgrund wie Fluchtgefahr zu entlassen, BGE 107 Ia 257. Tendenziell ist stets zu verlangen, dass sich der *Tatverdacht bzw. die Haftgründe in der bisherigen Untersuchung verstärken*; vorstehend N 1019 und dort Fn. 111. Zum Fall, dass *Massnahme zu erwarten ist*, RS 2005 Nr. 711 (*in casu* Abstellen auf mutmassliche Dauer der Strafe, falls nicht Massnahme verhängt würde).

[169] Zum *Beschleunigungsgebot nach StPO 5 allgemein* vorne N 138 ff. Dazu m.w.H. Pra 91 (2002) Nr. 161 (Beschleunigung bei Verfahrensunterbrüchen im Anklagestadium); BGE 128 I 151 (mit Hinweisen zur möglichen Rüge der Verletzung dieses Gebots mit staatsrechtlicher Beschwerde, jetzt Strafrechtsbeschwerde), sodann BGE 124 I 210, 123 I 273, 117 Ia 372; VPB 1983 Nr. 98, 100. Fall von Verschleppungen eines Zürcher Verfahrens, die vom BGer gerügt wurden mit Hinweisen auf die Möglichkeit z.B. des vorzeitigen Strafvollzuges, BGer 4.2.1994 in plädoyer 4/1994 61 ff. *Auslieferungshaft* wird bei Beurteilung der Verfahrensdauer nicht berücksichtigt, EKMR 6.10.1976 i.S. Lynas, unentschieden gelassen in BGer 5.8.1996 i.S. L.S.T.M. ca. StA SG etc. Offengelassen, ob Auslieferungshaft (*in casu* von 3 Jahren und 2 Mt. über 2 Jahre) bei Verhältnismässigkeitsgrundsatz überhaupt ins Gewicht fällt, BGer 15.1.1999 i.S. W.K.R. in NZZ Nr. 14 vom 19.1.1999.

[170] BGE 133 I 282 = plädoyer 5/2007 77.

[171] BGE 114 Ia 285. Siehe auch vorne Fn. 163.

[172] Siehe den Fall BGE 119 Ia 235.

unverzüglich aus der Haft entlässt, so hat sie das Gesuch samt den Akten innert 3 Tagen nach Eingang mit einer begründeten Stellungnahme dem Zwangsmassnahmengericht zu überweisen (StPO 228 II Satz 2), wie dies EMRK 5 Ziff. 4 verlangt[173]. Das Gericht übermittelt die Stellungnahme der beschuldigten Person und deren Verteidigung zur freigestellten Replik innert 3 Tagen. Nach Eingang der Replik entscheidet das Zwangsmassnahmengericht grundsätzlich **innert 5 Tagen in einer nichtöffentlichen Verhandlung**, wobei die beschuldigte Person auf eine solche verzichten kann (näher StPO 228 IV unter Verweis auf StPO 226 II-V)[174].

Nach StPO 228 V kann das Zwangsmassnahmengericht zur Verhinderung rechtsmissbräuchlicher oder sinnloser Wiederholung von Haftentlassungsbegehren mit der Ablehnung einer Haftentlassung eine Frist von maximal einem Monat[175] bestimmen, bis zu welcher kein bzw. **kein neues Haftentlassungsgesuch** möglich ist (**Sperrfrist**)[176]. Davon ist **nur mit grosser Zurückhaltung** Gebrauch zu machen; der Anspruch auf regelmässige Haftprüfung darf damit nicht illusorisch werden.

1039

2.6. Rechtsmittel, StPO 222, JStPO 27 V

In Abweichung vom allgemeinen Beschwerderecht nach StPO 393 schliesst StPO 222 I grundsätzlich ein Rechtsmittel gegen Entscheide über die Anordnung (auch die Nichtanordnung), die Verlängerung und die Aufhebung der Untersuchungs- und Sicherheitshaft aus[177]. Damit können nicht nur die beschuldigte

1040

---

[173] BGE 114 Ia 88; 115 Ia 61; EuGRZ 16 (1989) 441.
[174] Das Verfahren entspricht damit weitgehend dem Verfahren der Haftanordnung, Botschaft 1233 unten. – Im *Verlängerungsverfahren* an sich kein Anspruch aus EMRK auf Vorführung vor die zuständige Behörde, BGer 7.2.1979 in SJIR 1979 201.
[175] Die StPO berücksichtigt die frühere bundesgerichtliche Rechtsprechung, wonach *Sperrfristen von über einem Monat grundrechtlich nur ausnahmsweise akzeptabel sind*, Botschaft 1233 unten unter Verweis auf BGE 123 I 38 ff. = EuGRZ 24 (1997) 159, BGE 126 I 26, BGer 10.10.2006, 1P.547/2005; anders noch BGer 8.4.1994 in EuGRZ 21 (1994) 491. Nach BGer 29.9.1995 in EuGRZ 23 (1996) 469 24–tägige Sperrfrist zulässig. – Fassung des Ständerats, AB S 2006 1029, lautend wie der bundesrätliche Entwurf auf max. zwei Monate, vom Nationalrat wegen Bedenken bezüglich Vereinbarkeit mit übergeordnetem Recht auf einen Monat reduziert, AB N 2007 987. – Allerdings könnte nach *allgemeinen Rechtsmissbrauchsgrundsätzen eine solche Sperrfrist wohl auch ohne ausdrückliche Gesetzesvorschrift verfügt* werden, dazu RS 2007 Nr. 273, und es ist auch möglich, derartige *Gesuche ohne eine solche mit summarischer Begründung abzuweisen*, Botschaft 1233 unten.
[176] Ende der Frist muss *abseh- und berechenbar sein*: Unzulässig demgemäss, festzulegen, dass bis Vorliegen eines Gutachtens kein neues Haftentlassungsgesuch gestellt werden darf, Pra 95 (2006) Nr. 50. Für *Anwalt* Sperrfrist nur, wenn sich Missbrauch (auch) auf sein Verhalten bezieht.
[177] Die *Frage des Beschwerderechts* war im Parlament umstritten; der Ständerat wollte ein solches einführen, der Nationalrat lehnte dies ab, wobei es schliesslich beim Verzicht auf ein Rechtsmittel blieb, vgl. AB S 2006 1027 f., AB N 2007 967, AB S 2007 718 f. Kri-

Person, sondern auch die Staatsanwaltschaft und die Privatklägerschaft Haftentscheide der jeweils verfügenden Behörde (Zwangsmassnahmengericht, bei Entlassung aber auch die Staatsanwaltschaft) nicht anfechten. Ein Rechtsmittel wird auch von der EMRK nicht verlangt. Die Gründe für diesen Ausschluss[178] liegen etwa darin, dass Haftverfahren vordringlich und beschleunigt zu führen sind (StPO 5 II) und ein Rechtsmittel zu Verzögerungen führen könnte. Haftrichterentscheide können jedoch nach BGG 78–81 mit Strafrechtsbeschwerde ans Bundesgericht weitergezogen werden[179]. In StPO 222 in der Fassung des StBOG soll nun allerdings vorgesehen werden, dass Haftentscheide des Zwangsmassnahmengerichts in jedem Fall mit Beschwerde angefochten werden können[180].

1041 Der vorstehende Grundsatz des (mindestens z.Zt.) fehlenden Rechtsmittels wird jedoch in StPO 222 II durchbrochen: Diese Bestimmung lässt gegen **eine Verweigerung der Haftentlassung oder eine Haftverlängerung durch das Zwangsmassnahmengericht**[181] **des Kantons und des Bundes eine Beschwerde an die Beschwerdeinstanz** zu, wenn die Untersuchungs- oder Sicherheitshaft[182] **drei Monate gedauert hat**[183]. Damit ist bei längerdauerndem und damit besonders einschneidendem Freiheitsentzug der **verhafteten Person** eine Überprüfungsmöglichkeit eingeräumt. Eine aufschiebende Wirkung wird nur auf besondere Anordnung der Beschwerdeinstanz erteilt (näher StPO 387). Den andern Verfahrensbeteiligten, vorab der **Staatsanwaltschaft**, steht auch nach drei Monaten gegen für sie negative kantonale Haftentscheide kein Rechtsmittel zur Verfügung[184]. In jedem Fall ist nachfolgend die **Strafrechtsbeschwerde ans Bundesgericht** nach BGG 78–81 zulässig[185].

---

tisch zum Ausschluss eines Rechtsmittels gemäss früherem Zürcher Prozessrecht BGE 133 I 284 und Verweis auf ein früheres Urteil in EuGRZ 1992 556. – Auf einem andern Blatt steht das *Rechtsmittel gegen den Haftvollzug, z.B. die Handhabung des Besuchsrechts*, dazu hinten N 1051 m.w.H.

[178] BeB 165. Die Botschaft äussert sich dazu nicht.
[179] Dazu hinten N 1651 ff. Zu der von BGG 80 nach der jetzigen Fassung verlangten Voraussetzung, dass Vorinstanz eine oberes Rechtsmittelgericht urteilte, N 1726. – Erfahrungsgemäss sind Rechtsmittel gegen erstmalige Haftanordnungen verhältnismässig selten.
[180] Dazu Botschaft StBOG in BBl 2008 8184. Entscheide des kantonalen Zwangsmassnahmengerichts in Bundesstrafsachen beim Bundesstrafgericht, E StBOG 56 III.
[181] Zum Sonderfall der *Sicherheitshaft im Abwesenheitsverfahren* nach StPO 369 III hinten N 1412.
[182] Zur Berechnung dieser dreimonatigen Dauer werden *Untersuchungs- und Sicherheitshaft zusammengezählt*, ebenso im gleichen Fall erstandene unterschiedliche Haftperioden (Haft zuerst vom 1.2.-15.4., später wieder ab 1.5.).
[183] *Nach* der Haftentlassung keine Beschwerde mehr, etwa, um Rechtswidrigkeit der Haft festzustellen. Dazu dient allein das Entschädigungsverfahren nach StPO 429 ff., dazu RFJ/FZR 15 (2006) 394.
[184] Hingegen ist die Staatsanwaltschaft in Haftsachen später zur Strafrechtsbeschwerde ans Bundesgericht legitimiert, vgl. BGG 81 I lit. b Ziff. 3. Ob man ihr vorwerfen kann, sie habe sich entgegen BGG 81 lit. a nicht am vorinstanzlichen Verfahren beteiligt, bleibe hier

3. Sicherheitshaft, StPO 229–233, VStrR 59 III, MStP 60

3.1. Anordnung der Sicherheitshaft, Entlassung, StPO 229 und 230

3.1.1. Fälle der Anordnung im erstinstanzlichen Verfahren

Ist eine **beschuldigte Person bei Anklageerhebung bereits in Untersuchungshaft**, so hat das **Zwangsmassnahmengericht** auf schriftliches Gesuch der Staatsanwaltschaft über die Fortsetzung der Haft, nunmehr in Form der **Sicherheitshaft**[186], zu befinden (StPO 229 I). Die StPO hat hier eine Lösung gewählt, in welcher nicht das Gericht, bei dem die Anklage erhoben worden ist, über die Sicherheitshaft entscheidet. Damit werden Probleme der Vorbefassung bzw. Befangenheit nach StPO 56 vermieden[187]. Voraussetzung ist selbstredend, dass die **Haftgründe fortdauern**. 1042

Denkbar ist auch, dass sich **Haftgründe erst nach Eingang der Anklage beim erstinstanzlichen Gericht ergeben**, die beschuldigte Person sich in diesem Zeitpunkt also auf freiem Fuss befindet (StPO 229 II). 1043

3.1.2. Verfahren, StPO 229

Das **Verfahren bei vorbestehender Untersuchungshaft** richtet sich grundsätzlich nach jenem des Haftverlängerungsgesuchs nach StPO 227 (StPO 229 I, III lit. b)[188]. Dieses Gesuch ist gleichzeitig mit der Anklageerhebung zu stellen, wobei ein Exemplar der Anklageschrift beizulegen ist (StPO 327 II). Ein solches Gesuch ist auch zu stellen, wenn eine früher bewilligte Untersuchungshaft noch nicht abgelaufen ist. Ist **Sicherheitshaft erst nach Anklageerhebung** anzuordnen, führt das erstinstanzliche Gericht in sinngemässer Anwendung von StPO 224[189] mit oder ohne entsprechenden Antrag der Staatsanwaltschaft ein Haftverfahren durch (StPO 229 II, III lit. a). Entgegen VE 244[190] regelt StPO 229 nicht, wer in dieser Variante die Vorführung der beschuldigten Person zu veranlassen hat. Da die Verfahrensherrschaft beim erstinstanzlichen Gericht liegt, dürfte dessen Verfahrensleitung zur Ausstellung des Vorführungsbefehls zuständig 1044

---

offen, vgl. aber hinten N 1663 sowie BGE 134 IV 38. = SJZ 104 (2008) 18. Vgl. auch nachfolgende Fussnote.

[185] Wohl auch von der Staatsanwaltschaft, Fn. 184 sowie N 1667, 1670, 1674, 1686 f.! Entgegen (unwidersprochenen) Ausführungen in der Ständeratsdebatte (AB S 2007 719) also nicht die (subsidiäre) Verfassungsbeschwerde.
[186] Zum Begriff StPO 220 II und vorne N 1014. Zur *Sicherheitshaft* im Strafvollzug StPO 440, hinten N 1855. Zur *vorsorglichen Anordnung von Schutzmassnahmen und Anordnung der Beobachtung im Jugendstrafverfahr*en JStPO 29.
[187] Obwohl nach bisheriger Praxis der Sachrichter durchaus auch über die Haft entscheiden kann, BGE 115 Ia 180, 117 Ia 182; BeB 166 unten; Botschaft 1234.
[188] Vorne N 1036 f.
[189] Vorne N 1031 f.
[190] Dazu BeB 167 oben.

sein, also nicht die Staatsanwaltschaft. Bestätigen sich die Haftgründe, so beantragt sie nach StPO 224 II dem Zwangsmassnahmengericht die Anordnung der Sicherheitshaft.

1045 Der **Entscheid** ist (wie jeder Entscheid) mit mindestens einer summarischen Begründung zu versehen (vgl. analog StPO 226 II Satz 2). Die **Rechtsmittel** gegen die Anordnung der Sicherheitshaft richten sich im einen wie im andern Fall nach StPO 222[191].

3.1.3. Haftentlassung bei Sicherheitshaft, StPO 230

1046 Ebenfalls bei Sicherheitshaft, die grundsätzlich ohne Befristung für die Zeit bis zur Hauptverhandlung angeordnet wird, können die beschuldigte Person wie auch die Staatsanwaltschaft analog zu StPO 228[192] jederzeit ein **Haftentlassungsgesuch** stellen (vgl. StPO 230 V). Dieses ist an die Verfahrensleitung des erstinstanzlichen Gerichts zu richten (StPO 230 II). Entspricht diese dem Gesuch, wird die beschuldigte Person aus der Haft entlassen; andernfalls übermittelt die Verfahrensleitung das Gesuch sofort dem Zwangsmassnahmengericht zum Entscheid (StPO 230 III)[193]. Vorstellbar ist ferner, dass die Verfahrensleitung die Haftentlassung **ohne entsprechendes Parteibegehren** vornehmen will; ist die Staatsanwaltschaft mit der Entlassung nicht einverstanden, entscheidet ebenfalls das Zwangsmassnahmengericht (StPO 230 IV). Die **Rechtsmittel** gegen eine abgelehnte Haftentlassung richten sich wiederum nach StPO 222[194].

3.2. Sicherheitshaft nach dem erstinstanzlichen Urteil und im Berufungsverfahren, StPO 231–233

1047 Das **erstinstanzliche Gericht** (also nicht das Zwangsmassnahmengericht) entscheidet in seinem Urteil, ob die Sicherheitshaft fortgesetzt oder neu angeordnet wird, d.h. ob die beschuldigte und verurteilte Person mit Blick auf den Straf- oder Massnahmenvollzug[195] oder das Berufungsverfahren (StPO 231 I) inhaftiert bleibt. Das Verfahren ist in der StPO nicht geregelt, was vorab im Fall, dass

---

[191] Vorne N 1040 f.
[192] Vorne N 1038 f.
[193] Diese Regelung dürfte im Einklang mit der EMRK stehen. Frühere (freilich anders gelagerte) Regelung von BStP 52, wonach der Bundesanwalt über Haftentlassungsgesuche entschied und dagegen der Rekurs an die Beschwerdekammer des Bundesstrafgerichts möglich war, wurde in BGE 131 I 436 = Pra 95 (2006) Nr. 103 allerdings als EMRK-widrig bezeichnet.
[194] Vorne N 1040 f.
[195] «*Verurteilte Person*» ist in einem weiten Sinn zu verstehen; darunter fällt z.B. auch die betroffene Person im Verfahren gegen Schuldunfähige nach StPO 374 f., näher Botschaft 1234 unten und 1242 Mitte. – *StPO 440 ist subsidiär anwendbar*, d.h., wenn nicht bereits die Gerichte zur Sicherung des Vollzugs Sicherheitshaft anordneten, hinten N 1855.

vorgängig keine Sicherheitshaft angeordnet war, bedauerlich ist[196]. Erfolgt ein **Freispruch**[197], so ist eine bisher inhaftierte Person sofort freizulassen. Der Staatsanwaltschaft wird indessen in StPO 231 II die Möglichkeit eingeräumt, **beim erstinstanzlichen Gericht zuhanden der Verfahrensleitung der Berufungsinstanz die Fortführung der Haft zu verlangen**, wenn sie den Freispruch anfechten will und ihres Erachtens nach wie vor Haftgründe bestehen[198]. In diesem Fall bleibt die Person in Haft, bis die Verfahrensleitung der Berufungsinstanz (innert fünf Tagen nach Antragstellung durch Staatsanwaltschaft) entscheidet. Diese Möglichkeit ist nur gegeben, wenn nach Freispruch eine Freilassung erfolgen soll, nicht aber z.B. im Fall, dass das erstinstanzliche Gericht es ablehnt, auf Antrag des Staatsanwalts eine Sicherheitshaft nach StPO 231 I lit. a zur Sicherung des Sanktionsvollzugs anzuordnen. In diesem Fall muss allenfalls die Vollzugsbehörde nach StPO 440 handeln. StPO 231 III regelt **die Anrechnung der Untersuchung bei späterem Rückzug der Berufung**; darüber entscheidet die erste Instanz in einem nachträglichen Entscheid nach StPO 363 ff.

Wenn sich Haftgründe erst **während eines Verfahrens vor Berufungsgericht** 1048 (d.h. nach Ergehen des erstinstanzlichen Urteils und erklärter Berufung, aber auch bei Einlegung einer Revision nach StPO 412 IV) ergeben, so lässt die Verfahrensleitung des Berufungsgerichts die beschuldigte Person nach StPO 207 ff. vorführen und hört sie an (vgl. StPO 232 I). Die Verfahrensleitung entscheidet innert 48 Stunden in einer nicht anfechtbaren Verfügung über die Anordnung der Sicherheitshaft (StPO 232 II). Diese entscheidet in gleicher Weise innert 5 Tagen

---

[196] *Fraglich, ob erstinstanzlich Verurteilter Garantien aus EMRK 5 Ziff. 3 beanspruchen kann* oder ob sinngemäss EMRK 5 Ziff. 1.a gilt. Gegen Anwendung der Verfahrensgarantien Pra 90 (2001) Nr. 76. Ferner EGRM 23.10.2001 i.S. Dorsaz in VPB 66 (2002) Nr. 107 S. 1292. Hierzu ferner BGer 13.6.1997 in ZBJV 133 (1997) 493 ff.; bejaht mit Blick auf das Günstigkeitsprinzip von EMRK 60 in BJM 1997 261. Rechtliches Gehör muss aber gewährt werden, wenn z.B. Person ausnahmsweise vorher nicht in Haft war, Pra 88 (1999) Nr. 16. Auf *Verlangen auch mündliche Verhandlung*, Pra 92 (2003) Nr. 45 S. 217. Zur *Sicherheitshaft im Rechtsmittelverfahren* sodann hinten N 1545 (Berufung), N 1621 (Revision) und N 1794 (Strafrechtsbeschwerde).

[197] Gemeint ist hier der *Freispruch bezüglich des oder der Delikte, wegen welcher die Sicherheitshaft angeordnet wurde*. Analog zu VE 245 VII erscheint ein Vorgehen nach StPO 231 II ebenfalls als möglich, wenn die Straftaten nach Auffassung der Staatsanwaltschaft unrichtig beurteilt bzw. zu milde bestraft wurden (z.B. anstatt vorsätzlicher Tötung nur schwere Körperverletzung) und das erstinstanzliche Gericht die Sicherheitshaft nicht nach StPO 231 I lit. b der Bestimmung fortsetzen will. – Zum Sonderfall, dass *Freispruch wegen Schuldunfähigkeit* erfolgte, jedoch Massnahmen angeordnet werden, in welchem Fall die Haft fortgesetzt bzw. neu angeordnet werden kann, Botschaft 1234 unten.

[198] Faktisch setzt dieses Vorgehen voraus, dass die *Staatsanwaltschaft bei der erstinstanzlichen Urteilsverkündung* anwesend ist und dort sofort die Berufung erklärt (StPO 399 I, hinten N 1543). Die Kantone sind deshalb gut beraten, für diesen Fall die Kompetenz für die Berufungsanmeldung nach StPO 399 Abs. 1 den Staatsanwälten einzuräumen, also nicht nach StPO 381 II der Ober- oder Generalstaatsanwaltschaft vorzubehalten. – Das Vorgehen von Staatsanwaltschaft und erstinstanzlichem Gericht nach StPO 231 II ist *nicht separat mit Beschwerde anfechtbar*.

ebenfalls über **Haftentlassungsgesuche während eines Verfahrens vor Berufungsgericht** (näher StPO 233). Gegen diese Verfügungen ist kein Rechtsmittel nach der StPO möglich, doch erscheint wie bei den übrigen vorstehend geschilderten Haftkonstellationen eine **Strafrechtsbeschwerde nach BGG 78 ff. ans Bundesgericht** als zulässig[199]. Eine vom Berufungsgericht bzw. deren Verfahrensleitung schon früher angeordnete oder bestätigte Sicherheitshaft bleibt grundsätzlich über das Urteil hinaus aufrecht, wenn das Gericht nicht anders entscheidet bis zum Antritt der Sanktion. Besteht keine gerichtlich angeordnete Sicherheitshaft mehr, muss darüber die Vollzugsbehörde nach StPO 440 entscheiden[200]. In erweiternder Anwendung von StPO 232 kann das Berufungsgericht Sicherheitshaft **gegen eine bisher nicht in Haft befindliche beschuldigte Person auch erst mit Berufungsurteil anordnen.**

4. Vollzug der Untersuchungs- und Sicherheitshaft, StPO 234–236, JStPO 28, VStrR 58, MStP61

1049 Untersuchungs- und Sicherheitshaft werden «*in der Regel*» in **den speziell dafür vorgesehenen Haftanstalten** vollzogen; diese dürfen daneben nur noch zum Vollzug kurzer Freiheitsstrafen benützt werden (StPO 234 I)[201]. Falls dies medizinisch angezeigt ist, kann die dazu zuständige kantonale Behörde die Person in ein Spital oder psychiatrische Klinik einweisen (StPO 234 II), wobei der Sonderfall der stationären Begutachtung (StPO 186)[202] vorbehalten bleibt.

1050 StPO 235 regelt den **Vollzug der Haft.** Wesentlich ist, dass der Untersuchungsgefangene in seiner Freiheit nicht mehr eingeschränkt werden darf, als dies der Zweck der Haft, die Sicherheit des Personals und der Öffentlichkeit sowie die Ordnung der Anstalt verlangen (StPO 235 I). Abs. 2 bis 4 regeln den Verkehr der inhaftierten Person mit der Aussenwelt. Besuche, die grundsätzlich einer Bewilligung der Verfahrensleitung bedürfen, finden soweit nötig unter Aufsicht statt. Kontrolliert wird ebenfalls die ein- und ausgehende Post[203] sowie die Telefonge-

---

[199] Mit der Beschränkung von BGG 98, vorne N 1041, hinten N 1651 ff., 1698 f.
[200] Zur Haft nach StPO 440 hinten N 1855. Zum Weiterdauern der von den Gerichten angeordneten Sicherheitshaft BeB 298 unten. Bisher pflegten Gerichte in solchen Fällen als Teil des Urteilsdispositivs nach StPO 81 IV anzuordnen «*Die beschuldigte Person bleibt in Sicherheitshaft.*»
[201] Zur Trennung von Jugendlichen und Erwachsenen im Haftvollzug nach JStPO 28 I, BGer 7.8.2007, 1P./2007 in SJZ 103 (2009) 524.
[202] Vorne N 943 f.
[203] Zur Briefzensur RS 1998 Nr. 454, 457. Keine Weiterleitung von Briefen mit beleidigendem Inhalt, BGE 119 Ia 71 oder eines Heiratsantrags an Mitbeschuldigten bei Kollusionsgefahr, BGE 117 Ia 465 = EuGRZ 19 (1992) 142. Zum Verkehr mit mitbeschuldigter Ehefrau RJN 2001 93 = RS 2003 Nr. 388. Zum *Kopieren der Korrespondenz* eines Häftlings BGer 25.11.1994 in ZBl 96 (1995) 329, dazu ZBJV 113 (1995) 729;. hierzu einschränkend nachstehend N 1120 ff. und zum Thema Schriftproben (StPO 262) hinten N 1107. Dieses *Kopieren ist streng auf verfahrensmässig relevante Inhalte beschränkt* und nur zu-

spräche. Grundsätzlich ist der **Verkehr mit der Verteidigung frei und ohne inhaltliche Kontrolle** (näher Abs. 4; StPO 223 II, VStrR 58 II)[204], was allerdings den Einsatz von Trennscheiben oder die Kontrolle mitgeführter Taschen u.ä. nicht ausschliesst[205]. Besteht der begründete Verdacht des Missbrauchs durch die Verteidigung, kann die Verfahrensleitung mit (nachfolgender) Genehmigung des Zwangsmassnahmengerichts den **freien Verkehr befristet einschränken**, wobei an den Nachweis einer Missbrauchsgefahr hohe Anforderungen zu stellen sind[206]. Zu den Grenzen der zulässigen Beschränkungen des Verkehrs mit der Aussenwelt sowie der Verteidigung gibt es eine reichhaltige Praxis des Bundesgerichts und der EMRK-Organe[207].

Das **Haftregime** wird nach StPO 234 V im Übrigen durch das kantonale Recht (Strafvollzugsgesetze, Gefängnisverordnungen usw.) normiert, welches die Rechte und Pflichten der Inhaftierten, ihre Beschwerdemöglichkeiten, die Disziplinarmassnahmen sowie die Aufsicht über die Haftanstalten umreisst[208]. Der Verhaftete hat im Prinzip Anspruch auf **Beizug eines Arztes seiner Wahl**[209].   1051

Zum vorzeitigen Straf- und Massnahmenvollzug nach StPO 236 vgl. vorne N 1016.   1052

---

lässig, wenn es im Interesse der Wahrheitsfindung liegt und durch den Grundsatz der Verhältnismässigkeit gedeckt ist.
[204] Vorne N 1027.
[205] Botschaft 1235 unten.
[206] Dazu und zum Verhältnis zu EMRK 6 Ziff. 3 lit. b siehe BeB 169/170 sowie Botschaft 1235 unten. Nach Art. 36 des zu N 862 genannten Wiener Übereinkommens auch *Besuche sowie ungehinderter Briefverkehr der bzw. mit der konsularischen Vertretung.* – Aus StPO 235 IV letzter Satzteil scheint zu folgen, dass eine Beschränkung vom Zwangsmassnahmengericht auch ohne vorgängiges rechtliches Gehör beschlossen werden kann. Es ist davon auszugehen, dass solche Entscheide des Zwangsmassnahmengerichts nicht mit *Beschwerde angefochten werden können* (StPO 393 I lit. c), allenfalls jedoch mit *Strafgerichtsbeschwerde* nach BGG 78 ff. ans Bundesgericht, vgl. N 1511.
[207] Etwa BGE 130 I 65 = Pra 93 (2004) Nr. 153 (Sicherheitskontrollen mit Metalldetektoren); Pra 88 (1999) Nr. 50 (Anwaltskontakte in Zivilverfahren), 87 (1998) Nr. 167; BGE 123 I 221= ZBJV 133 (1997) 496; BGE 102 Ia 296, 103 Ia 165, 293, 105 Ia 27, 106 Ia 139, 285, 299, 107 Ia 148; 112 Ia 161, 113 Ia 304, 325, 116 Ia 420, 118 Ia 64, 360; EuGRZ 5 (1978) 518; 20 (1993) 294; ZBl 2003 311. Zur Abgabe von Mobiltelefonen, Bundesstrafgericht 2.2.2007, BA.2006.2, in Anwaltsrevue 5/2007 213, kritischer Kommentar in AJP 5/2007 672. Zur *Urlaubsgewährung* BGE 117 Ia 257.
[208] Zum *Verhältnis von EMRK und Disziplinarsanktionen* BGE 118 Ia 362; Pra 81 (1992) Nr. 51; EuGRZ 21 (1994) 396; BGer in ZWR/RVJ 1996 3 = RS 2002 Nr. 235 (Anfechtung des Walliser Reglements über die Strafanstalten durch Walter Stürm). Beschränkung des Bargeldbesitzes, BGE 124 I 203. Verbot der Benützung von Playstations, BGer 22.1.2007, 1P.780/2006 in NZZ Nr. 29 vom 5.2.2007. – *Rechtsmittel gegen Haftvollzug*, z.B. bezüglich des Besuchsrechts, demgemäss nach kantonalem Recht, welches ein solches vorzusehen hat, vgl. BGer 16.6.2008, 1B_114/2008 in RS 2008 Nr. 487.
[209] Näher Botschaft 1387 f.

5. Ersatzmassnahmen für Untersuchungs- und Sicherheitshaft, StPO 237–240, VStrR 60

5.1. Allgemeines, denkbare Ersatzmassnahmen, StPO 237 I-III

1053 Nach dem Subsidiaritätsgrundsatz bzw. Übermassverbot sowie dem Verhältnismässigkeitsgrundsatz (vgl. StPO 197 I lit. c und d)[210] ist der zu bannenden Flucht-, Verdunkelungs-, Wiederholungs- oder Ausführungsgefahr i.S. von StPO 221 **wenn möglich mit weniger einschneidenden Mitteln als mit der Untersuchungs- bzw. Sicherheitshaft zu begegnen** (StPO 237 I). Dies drängt sich ebenfalls mit Blick auf die chronische Überbelegung vieler Hafteinrichtungen auf. Ersatzmassnahmen können nur angeordnet werden, wenn die Voraussetzungen der Untersuchungshaft nach StPO 221, also dringender Tatverdacht und ein besonderer Haftgrund[211], erfüllt sind[212]. Die Liste der in StPO 237 II vorgesehenen Ersatzanordnungen, die auch kumulativ eingesetzt werden können[213], ist nicht abschliessend, sondern nur beispielhaft zu verstehen. Denkbar sind also auch andere Ersatzmassnahmen[214], die in Geboten oder Verboten[215], so hinsichtlich einer Berufsausübung, bestehen können. Erforderlich ist jedoch, dass mit solchen Massnahmen den Haftgründen wie der Flucht- oder Kollusionsgefahr entgegengewirkt werden kann; andere Ziele sind nicht zulässig[216]. Dass solche Massnahmen als Ersatzanordnungen einem heutigen Trend im Haftrecht entsprechen, kann nicht darüber hinwegtäuschen, dass damit mancherlei (neue) Probleme (faktisch fehlende Kontrollmöglichkeiten bzw. Sanktionen; an sich

---

[210] Zu diesen allgemeinen Schranken staatlicher Eingriffsmöglichkeiten vorne N 973, 996. Vgl. dazu sodann SJ 128 (2006) 395; BGE 107 Ia 208.
[211] Zu den Haftgründen vorne N 1017 ff.
[212] BGE 133 I 30, E.3.3 = Pra 96 (2007) Nr. 86. Das Bundesgericht scheint der Ansicht zu sein, dass bei Ersatzmassnahmen an die *Haftgründe weniger hohe Anforderungen zu stellen* sind, BGE 130 I 236, E.2.2., Pra 96 (2007) Nr. 39 S. 245 m.w.H. und BGer 24.10.2008, 1B_120/2008 = RS 2009 Nr. 559, vgl. auch TPF 2008 103 (Meldepflicht) und 19 sowie 136 (Kaution), was abzulehnen ist, vgl. FP 3/2008 141; RKG 2007 Nr. 104. Vgl. aber TPF 2008 109 (keine Kaution ohne Fluchtgefahr).
[213] Pra 96 (2007) Nr. 86 = BGE 133 I 32, E.3.5; TPF 2006 313. Ohne Weiteres auch kombinierbar mit *Massnahmen nach kantonalen Gewaltschutzgesetzen*; zu deren Verhältnis zur Friedensbürgschaft N 1422, vgl. auch N 1026.
[214] So schon Pra 96 (2007) Nr. 86 = BGE 133 I 30 zu früher BStP 50 und 53, welche Bestimmungen nur das Leisten von Sicherheit und eine schriftliche Zusage, Vorladungen Folge zu leisten, vorsahen. Nach RFJ/FZR 11 (2002) 308 *Schliessung eines Hanfladens bei Wiederholungsgefahr* zulässig. Oder aber eine *Friedensbürgschaft* nach StGB 66, zur selbstständigen Anordnung (StPO 372 ff.) hinten N 1418 ff.
[215] Weisung, *künftig jede Tätigkeit im Zusammenhang mit der Herstellung und dem Vertrieb von Cannabisprodukten zu unterlassen*, verstösst nicht gegen die BV und die EMRK, BGer 13.1.2000, 1P.727/1999, i.S. BA Winterthur ca. H.D. und vom gleichen Tag gegen R.F., 1P.733/1999.
[216] Problematisch deshalb die *Weisung an HIV-positive beschuldigte Person, ihre Sexualpartner den ärztlichen Behörden zu melden* und die Partner über ihre Krankheit aufzuklären, vgl. den Fall in NZZ Nr. 154 vom 6.7.2006, S. 43.

fehlende Wirksamkeit als Ersatzmassnahme, etwa bei der Pflicht zur Meldung bei einer Behörde) verbunden sind.

StPO 237 II lit. a-g enthält eine **Liste der im Vordergrund stehenden Ersatzmassnahmen**. Im Vordergrund stehen die **Sicherheitsleistung** (lit. a, näher StPO 237–240)[217] sowie die **Ausweis- und Schriftensperre** (lit. b). Um einer denkbaren Flucht der beschuldigten Person entgegenzuwirken, können deren Ausweisschriften, die das Überschreiten der Landesgrenze ermöglichen (Pass, Identitätskarte, auch ausländische) beschlagnahmt bzw. der zuständigen (inländischen) Behörde die Ausstellung oder Aushändigung solcher Schriften untersagt werden[218]. Weiter möglich sind die Auflagen, sich nur oder sich nicht **an einem bestimmten Ort oder in einem bestimmten Haus aufzuhalten** (lit. c)[219] oder sich **regelmässig bei einer Amtsstelle zu melden** (lit. c). Problematisch sind die Auflagen, einer **geregelten Arbeit nachzugehen** (lit. e) oder sich einer **ärztlichen Behandlung oder Kontrolle zu unterziehen** (lit. f), da u.U. fraglich sein kann, ob sie im Sinn der vorstehenden Ausführungen einem Haftgrund entgegenzuwirken vermögen. Denkbar ist allerdings, dass damit einer Wiederholungsgefahr begegnet werden kann. Die Auflage, mit **bestimmten Personen keinen Kontakt zu pflegen** (lit. g), ergibt dann Sinn, wenn damit einer Verdunkelungs- oder allenfalls Wiederholungsgefahr begegnet werden soll.

1054

StPO 237 III schafft die Möglichkeit des **Electronic monitoring**. Darunter versteht man das Anbringen eines elektronisch funktionierenden Überwachungsgeräts z.B. am Bein der betroffenen Person, mit welchem der Verbleib an einem ihr zugewiesenen Aufenthaltsort, also z.B. ein Hausarrest im Rahmen von StPO 237 II lit. c, kontrolliert werden kann[220].

1055

5.2. Sicherheitsleistung, StPO 238–240, VStrR 60

Eine gleichsam klassische Sicherheitsleistung ist die **Fluchtkaution**, d.h. das Leisten eines bestimmten Geldbetrages – zu erbringen in bar oder durch Garantie einer Bank oder Versicherung – , um sicherzustellen, dass sich die beschuldigte Person bei vorhandener Fluchtgefahr jederzeit zu Verfahrenshandlungen oder zum Antritt einer freiheitsentziehenden Sanktion einfindet (StPO 238 I und III). Die Höhe der Sicherheitsleistung ist nach der Schwere der Straftat und den persönlichen Verhältnissen der beschuldigten Person zu bemessen, vorab nach der

1056

---

[217] Näher gleich anschliessend N 1056 ff.
[218] Pra (2007) Nr. 86 = BGE 133 I 27, BGE 117 Ia 72 sowie VPB 62 (1998) Nr. 23 S. 165. Zum Fall einer Hinterlegung eines ausländischen Passes beim Gericht und der Weisung, sein Wohnsitzland Deutschland nicht zu verlassen, BGer 2.6.2008, 1B_57/2008 in Anwaltsrevue 9/2008 417.
[219] Verbot, gewisse Lokalitäten (Restaurants etc.), Strassen oder Plätze aufzusuchen. Denkbar auch ein sog. *Rayonverbot*, so empfohlen in BGer 6.11.2008, 1B_280/2008 in NZZ Nr. 280 vom 29./30.11.2008.
[220] BeB 172 oben; Botschaft 1236 Mitte.

wirtschaftlichen Lage des Leistenden (StPO 238 II)[221]. Sie setzt eine genaue Prüfung derselben wie auch der Herkunft der angebotenen Leistung und damit eine gewisse Zusammenarbeit der beschuldigten Person voraus[222]. Bei den persönlichen Umständen spielen naturgemäss die Vermögensverhältnisse eine wesentliche Rolle[223]. Wer nicht imstande ist, eine seine Flucht voraussichtlich verhindernde Kaution zu erbringen, ist von dieser Ersatzmassnahme faktisch ausgeschlossen. Die Anordnung dieser Ersatzmassnahme steht weitgehend im Ermessen der für die Anordnung der Haft zuständigen Behörde. Ein **Anspruch**, gegen Kaution aus der Haft entlassen zu werden, ergibt sich – da StPO 238 I eine *kann*-Vorschrift darstellt – nicht aus der Strafprozessordnung[224], möglicherweise aber aus EMRK 5 Ziff. 3[225]. In vielen Kantonen spielte diese Ersatzmassnahme mindestens bisher eine eher geringe Rolle, und es ist eher nicht zu erwarten, dass sich unter dem Regime der StPO daran künftig viel ändert.

1057 Die (nicht bereits nach StPO 240 verfallene) **Sicherheitsleistung wird freigegeben**, wenn der Haftgrund weggefallen ist, das Strafverfahren durch Einstellung oder Freispruch rechtskräftig abgeschlossen wurde oder die betroffene Person die freiheitsentziehende Sanktion angetreten hat (StPO 239 I)[226]. Wurde die Fluchtkaution von der beschuldigten Person selbst (und nicht einem Dritten) gestellt, so besteht nach StPO 239 II eine Verrechnungsmöglichkeit mit den von der beschuldigten Person geschuldeten Leistungen (Geldstrafen, Bussen, Ent-

---

[221] Zur *Relevanz der wirtschaftlichen Lage des Leistenden* BGer 27.10.2003, 1A.98/2003, E.3.2. Kein prohibitiver Betrag, dazu BGE 105 Ia 186; BGer 5.9.1997 in plädoyer 6/1997 68 f.; RS 1998 Nr. 502; 1999 Nr. 598; berücksichtigt werden dürfen jedoch aussergewöhnlich hohe Verfahrenskosten, Pra 90 (2001) 309 = RS 2003 Nr. 415, sowie der Deliktsbetrag, besonders, wenn bei einer hohen Deliktssumme der Verbleib des Deliktserlöses unbekannt ist, vgl. BGer 23.9.2002, 1P.429/2002, i.S. P.M.L. ca. Ministère Public du Canton de Genève: 1,2 Mio. Kaution nicht übersetzt angesichts eines verschwundenen Deliktsbetrags von 13 Mio. Zurückhaltung mit dieser Ersatzmassnahme, wenn hohe Strafe in Aussicht steht und Kaution von Dritten erbracht wird, BJM 1994 166. Entlassung erst, wenn Gewissheit der Einzahlung z.B. auf einem Bank- oder Postcheckkonto besteht, BGer 18.7.1995 in NZZ Nr. 210 vom 11.9.1995. Zur *Kaution des Dritten* vgl. BGer 21.4.2004, 1P.197/2004 und TPF 2008 136 E.3.3. (zu leisten durch Eltern).
[222] SJ 128 (2006) 395 bei einer Person, die Kaution offerierte, aber wegen Mittellosigkeit einen amtlichen Verteidiger beanspruchte.
[223] BGE 105 Ia 187. Keine Kaution zulässig, wenn vermögenslose beschuldigte Person wegen Verletzung des Beschleunigungsgebots aus der UH entlassen werden musste, BGer 5.9.1997 i.S. X.
[224] Zur bisherigen Zürcher Praxis ZR 59 (1960) Nr. 77; 61 (1962) Nr. 174. Kaution muss Flucht vermutungsweise verhindern, sonst kann diese Ersatzmassnahme abgelehnt werden, RS 2002 Nr. 231.
[225] Dazu BJM 1997 261 ff.; SJ 102 (1980) 583 = RS 1981 Nr. 126; VPB 47 (1983) Nr. 105, 106; RS 1984 Nr. 619; dagegen BGer 4.6.1980 in SJIR 1981 298.
[226] BGE 107 Ia 206 = Pra 71 (1982) Nr. 67. Oder wenn Vollzugsbehörde bedingte Entlassung verfügte bzw. eine Verurteilung zu einer bedingten Strafe erfolgte, TPF 2008 35. – Nach RS 2003 Nr. 317 ist die in bar geleistete *Kaution zu verzinsen, a.M.* vorerwähnter TPF-Entscheid 4.2.3 (keine gesetzliche Grundlage).

schädigungen)²²⁷. **Zuständig für die Freigabe** (wie auch den nachstehend zu besprechenden **Verfall** nach StPO 240) ist die Behörde, bei der die Sache hängig ist oder zuletzt hängig war (StPO 239 III, 240 III).

Die **Sicherheitsleistung verfällt dem Bund bzw. dem Kanton,** wenn sich die 1058 beschuldigte Person dem Verfahren oder dem Vollzug einer freiheitsentziehenden Massname entzieht²²⁸. Erforderlich ist das Entziehen von einer gewissen Dauer. Das Nichtbeachten einer einzelnen Vorladung, gar eine Verspätung beim Erscheinen oder eine sonstige Widersetzlichkeit genügt nicht. Hat ein **Dritter die Kaution geleistet,** so kann die Behörde auf den Verfall verzichten, wenn diese Drittperson den Behörden rechtzeitig die Informationen geliefert hat, die eine Ergreifung der beschuldigten Person ermöglich hätte (StPO 240 II), also sie beispielsweise über Fluchtpläne oder den Versteckort unterrichtete. Wie erwähnt, verfällt die Sicherheitsleistung an sich dem Bund oder dem Kanton, dessen Gericht die Leistung anordnete. StPO 240 IV übernimmt indessen den Grundgedanken von StGB 73, der im Zusammenhang mit der Einziehung dem Grundsatz folgt, dass sich der Staat nicht zu Lasten der Geschädigten bereichern soll. Die als rechtskräftig als verfallen erklärte (auch die von Dritten geleistete) Sicherheitsleistung wird deshalb in sinngemässer Anwendung von StGB 73 zur **Deckung der Ansprüche der durch das betreffende Delikt Geschädigten** verwendet, d.h. deren Ansprüche gehen vor. Ein allfälliger Überschuss wird zur Deckung von Geldstrafen, Busse und Verfahrenskosten verwendet, der Rest fällt dem Bund oder dem Kanton zu.

5.3. Verfahren der Anordnung von Ersatzmassnahmen, Widerruf, StPO 237 I, IV und V

StPO 237 I und IV stellen klar, dass zur Anordnung von Ersatzmassnahmen das 1059 gleiche Verfahren zu beschreiten ist und die gleichen Behörden zuständig sind, wie dies für die Anordnung der Untersuchungs- und Sicherheitshaft vorgesehen ist. Zuständig zur Anordnung ist also primär das Zwangsmassnahmengericht²²⁹. Üblicherweise stellt die Staatsanwaltschaft in sinngemässer Anwendung von StPO 224 diesem Gericht einen Antrag auf solche Massnahmen, wobei das Zwangsmassnahmengericht nach StPO 226 IV lit. c bei einem eingereichten Haftantrag Ersatzmassnahmen auch ohne Begehren der Staatsanwaltschaft ver-

---

²²⁷ ZR 78 (1979) Nr. 72; ferner BGE 107 Ia 206 = Pra 71 (1982) Nr. 67, BGE 135 I 69 = SJZ 105 (2009) 112 = Anwaltsrevue 3/2009 144. *Entscheidend ist, wer Kaution effektive leistete,* nicht, auf wessen Namen dies geschah, BGer 8.1.2008, 6B_277/2007 in FP 5/2008 285. – Analog zu StPO 442 IV nur *Verrechnung innerhalb des gleichen Verfahrens.* Verrechnungsmöglichkeit bezüglich Ersatzforderungen nach StGB 71 offenbar nicht vorgesehen und deshalb wohl ausgeschlossen, anders noch SJZ 88 (1992) 240.

²²⁸ Annahme, dass Flucht ins Ausland genügt, also auch ohne Vorladung, ist nicht willkürlich, Pra 95 (2005) Nr. 98 S. 705.

²²⁹ Näher BeB 172 Mitte. Im Berufungsverfahren die Verfahrensleitung des Berufungsgerichts, StPO 232 und vorne N 1048, hinten N 1545.

fügen kann. Die Fristen von 24 bzw. 48 Stunden nach StPO 224 II Satz 1 und 226 I gelten nur, soweit sich die beschuldigte Person noch in Haft befindet.

1060 Die betroffene beschuldigte Person kann analog zu StPO 228, 230 bzw. 233 **jederzeit ein Gesuch um Aufhebung der Ersatzmassnahme** stellen, welches sinngemäss nach den Vorschriften über das Haftentlassungsgesuch zu behandeln ist[230]. Nach StPO 237 V kann das Gericht – wiederum in erster Linie das Zwangsmassnahmengericht – von sich aus oder auf Antrag der Staatsanwaltschaft bzw. der beschuldigten Person selbst **Ersatzmassnahmen jederzeit widerrufen, durch andere ersetzen oder Untersuchungs- oder Sicherheitshaft anordnen**. Dies, wenn es die Umstände erfordern, also z.B. eine beschuldigte Person einen Fluchtversuch unternimmt bzw. konkrete Fluchtpläne ans Tageslicht kommen, oder wenn sie die Weisungen nicht beachtet. Allerdings ist in diesem letztgenannten Fall nochmals zu prüfen, ob wirklich ein Haftgrund besteht.

---

[230] Freigabe zu verweigern, wenn nach wie vor Fluchtneigung anzunehmen ist, BGer 24.10.2008, 1B_120/2008 = RS 2009 Nr. 559.

3. Teil: Durchsuchungen, Untersuchungen und Beschlagnahme

§ 69 Durchsuchungen und Untersuchungen, StPO 241–259, VStrR 45, 48–50, 62–69

Literaturauswahl: neben der zu § 65 erwähnten Literatur AESCHLIMANN N 968, 1029; HAUSER/SCHWERI/HARTMANN §§ 70, 72; MAURER 255; PADRUTT 237; OBERHOLZER N 1203; PIQUEREZ (2006) N 895; DERS. (2007) N 702; SCHMID (2004) N 724; TRECHSEL (2005) 556 (*search and seizure*).

MICHAEL AEPLI, Die strafprozessuale Sicherstellung von elektronisch gespeicherten Daten, Zürich 2004 (Zürcher Studien zum Verfahrensrecht 138); GIANFRANCO ALBERTINI/BEAT VOSER/THOMAS ZUBER, Entwurf zu einer schweizerischen Strafprozessordnung. Bemerkungen aus gerichtspolizeilicher Sicht, Kriminalistik 2007 53; WALTER BÄR, Zum Beweiswert von DNA-Analysen, FS J. Rehberg, Zürich 1996, 41; FELIX BOMMER, DNA-Analysen zu Identifizierungszwecken im Strafverfahren, Z 118 (2000) 131; THEOBALD BRUN, Die Beschlagnahme von Bankdokumenten in der internationalen Rechtshilfe für Strafsachen, Diss. Zürich 1996; HEINER BUSCH, DNA-Analytik. Vom Ermittlungsautomatismus zum massenhaften Verdacht, AJP 11 (2002) 637; RAPHAEL COQUOZ/FRANCO TARONI, Preuve par l'ADN, – La génétique au service de la justice, Presses Polytechniques et Universitaires Romandes, Colletion Sciences Forensiques, 2ème éd., Lausanne 2006; ANDREAS DONATSCH, «DNA-Fingerprinting» zwecks Täteridentifizierung im Strafverfahren, Z 108 (1991) 175; CORDULA HAAS/PAMELA VOEGELI/ADELGUNDE KRATZER/WALTER BÄR, Die Schweizerische DNA-Datenbank, Kriminalistik 2006 558; ESTHER KNELLWOLF, Erkennungsdienstliche Unterlagen und Datenschutz, Z 115 (1997) 446; SANDRINE ROHMER, Spécificité des données génétiques et protection de la sphère privée, Collection genevoise vol. 18., Zurich 2006; MARKUS SCHEFER, Verletzen DNA-Untersuchungen die Grundrechte? plädoyer 1/2006 25.

Materialien: Aus 29 mach 1 S. 116; VE 254–272; BeB 173 ff.; ZEV 55 ff.; E 240–258; Botschaft 1236 ff.; AB S 2006 1030 f., 2007 720 ff., AB N 2007 968 f., 987 ff.

1. Allgemeine Bestimmungen, StPO 241–243

1.1. Begriffe, Allgemeines

Durchsuchungen und Untersuchungen dienen dazu, beschuldigte Personen, Beweismittel oder deliktsrelevante Vermögenswerte zu finden, um sie für das Verfahren zu sichern (so VE 254)[231]. Sie bezwecken vor allem, weitere Zwangsmassnahmen wie die Beschlagnahme (StPO 263 ff.) oder einen Freiheitsentzug in Form von Untersuchungs- oder Sicherheitshaft (StPO 220 ff.) zu ermöglichen. Objekte von **Untersuchungen** sind allein lebende oder tote Personen, während **Durchsuchungen** Räumlichkeiten, bewegliche Sachen, Aufzeich-

1061

---

[231] Dazu und zum Folgenden Botschaft 1236 unten; BeB 173. – Durchsuchungen sind im Rahmen der Verhältnismässigkeit nicht nur bei Verbrechen und Vergehen, sondern auch bei *Übertretungen* zulässig.

nungen, aber auch Personen betreffen können. Typisch für diese Zwangsmassnahme ist, dass **sie offen, also für die Betroffenen erkennbar durchgeführt wird**[232]. Was **Personen betrifft**, unterscheiden sich Untersuchung und Durchsuchung durch die Intensität der Massnahme: Die **Durchsuchung bezieht sich bloss auf die Bekleidung, die Körperoberfläche sowie die einsehbaren Körperöffnungen und -höhlen** (vor allem die Mundhöhle, nachfolgend Ziff. 4). Die **Untersuchung hingegen bezieht sich neben dem Körperinneren** auf die nicht einsehbaren Körperöffnungen und Körperhöhlen (nachfolgend Ziff. 5).

1062 Die StPO regelt die Frage nicht, ob **nicht beschuldigte Personen mit einem Aussage- oder Zeugnisverweigerungsrecht vorab zur Beweisbeschaffung Durchsuchungen und Untersuchungen unterworfen werden dürfen**. StPO 264, welche Bestimmung die Möglichkeiten der Beschlagnahme beschränkt[233], beantwortet die Frage jedoch indirekt: Durchsuchungen und Untersuchungen dienen u.a. dem Auffinden von zu beschlagnahmenden Gegenständen usw. Daraus folgt, dass solche Durchsuchungen und Untersuchungen nicht zulässig sind, wenn die gesuchten Gegenstände usw. gemäss StPO 264 nicht der Beschlagnahme unterliegen, welchen Grundsatz VE 256[234], nicht aber die StPO erwähnt. Für körperliche Untersuchungen von Nichtbeschuldigten ist zudem StPO 251 IV zu beachten[235].

1.2. Anordnung, Durchführung, StPO 241 und 242

1063 StPO 241 stellt den Grundsatz auf, dass **Durchsuchungen und Untersuchungen mit einem schriftlichen Befehl anzuordnen** sind, wobei in dringenden Fällen[236] eine mündliche Anordnung mit anschliessender schriftlicher Bestätigung erfolgen kann (Abs. 1). Zuständig ist in erster Linie die **Staatsanwaltschaft**, während des gerichtlichen Verfahrens das zuständige **Gericht** (näher StPO 198)[237]. Der Befehl hat die zu durchsuchenden oder zu untersuchenden, aber auch die beschuldigten Personen, Räumlichkeiten etc., den Zweck der Massnahme und die mit der Massnahme betrauten Behörden oder Personen zu bezeichnen (StPO 241 II)[238].

1064 Was die Befugnisse der **Polizei** betrifft, so kann diese ohne einen solchen Befehl Durchsuchungen nach StPO 244–250[239] vornehmen und Untersuchungen der

---

[232] Deshalb fallen die sog. *Onlinedurchsuchungen* von Computern nicht darunter, dazu nachfolgend Fn. 519.
[233] Nachstehend N 1119 ff.
[234] Dazu BeB 174.
[235] Nachstehend N 1084.
[236] Wohl bedeutungsgleich mit der nachfolgenden «*Gefahr im Verzug*».
[237] Botschaft 1237 oben. – Denkbar ist, dass die Staatsanwaltschaft *einfachere Durchsuchungen i.S. von StPO 311 I Mitarbeitern überträgt*, hinten N 1232.
[238] Zur erforderlichen Begründung vorne N 978.
[239] Praktisch am wichtigsten bei der Hausdurchsuchung, Botschaft 1237 oben.

einsehbaren Körperöffnungen und Körperhöhlen nach StPO 249–252 anordnen, wenn «*Gefahr in Verzug ist*», also im Fall, dass ohne sofortige Vornahme ein Beweisverlust zu befürchten ist (StPO 241 III). Die Polizei kann sodann in solchen dringenden Fällen **Hausdurchsuchungen durchführen** sowie **angehaltene oder festgenommene Personen durchsuchen**[240]. Die zweitgenannten Durchsuchungen sind insbesondere zulässig, um festzustellen, ob die betreffende Person bewaffnet ist, oder um i.S. von StPO 215 I lit. c oder d abzuklären, ob sie eine Straftat begangen hat oder aber sich Gegenstände in ihrem Gewahrsam befinden, nach denen gefahndet wird (StPO 241 IV). Im Unterschied zum polizeilichen Vorgehen nach StPO 241 III ist im Fall von StPO 241 IV die Staatsanwaltschaft nicht sofort zu orientieren. Es versteht sich von selbst, dass sich Durchsuchungen durch die Polizei im Sinn dieser Bestimmung, die einen Tatverdacht voraussetzen, mit einer gleichartigen, sicherheitspolitisch motivierten Durchsuchung überschneiden können, zumal bei einem ersten polizeilichen Kontakt häufig nicht erkennbar ist, ob dieser sicherheitspolizeilich oder aber (auch) kriminalpolizeilich relevant ist[241]. Dass Durchsuchungen nach StPO 241 IV auch bei i.S. von StPO 215 angehaltenen Personen zulässig sind, belegt, dass sich die Bereiche kaum trennen lassen.

Nach StPO 242 I haben die die fraglichen Durchsuchungen und Untersuchungen durchführenden Behörden oder Personen die geeigneten **Sicherheitsmassnahmen zu treffen, um das Ziel der Massnahme zu erreichen**. So kann Personen untersagt werden, sich vom Ort der Massnahme zu entfernen (StPO 242 II), z.B. wenn Gefahr besteht, dass diese Personen Sachen oder Beweismittel, nach denen gesucht wird, mitlaufen lassen könnten. Allenfalls sind solche Personen in analoger Anwendung von StPO 63 II bzw. 215 von der Verfahrensleitung bis zum Abschluss der Massnahme für kurze Zeit (Grössenordnung max. eine Stunde) in Gewahrsam zu nehmen. Auch bei gesicherter Anwesenheit der von der Massnahme betroffenen Personen ist zu verhindern, dass diese Betroffenen nicht Gelegenheit erhalten, Gegenstände oder Personen, nach denen gesucht wird, verschwinden zu lassen. Zu beachten sind sodann die besonderen Durchführungsvorschriften etwa in StPO 244 ff. (Hausdurchsuchung)[242], StPO 246 ff. (Durchsuchung von Aufzeichnungen)[243] oder StPO 249 ff. (Durchsuchung von Personen und von Gegenständen)[244].

1065

---

[240] Auch deren mitgeführte Gegenstände oder Fahrzeuge, so noch ausdrücklich VE 255 IV, jetzt abgeschwächt noch nach StPO 215 II lit. c und d.
[241] Zur Unmöglichkeit, die beiden Bereiche in einer ersten Phase klar zu trennen, vorne N 1002, nachfolgend N 1217, 1116. Bei Durchsuchungen nach StPO 241 IV schriftlicher Befehl nicht notwendig, vorne Fn. 19. – Die *polizeiliche Durchsuchung ist im kantonalen Polizeirecht*, für den *Bund* in ZAG 6 lit. b und c geregelt.
[242] Nachstehend N 1068 ff.
[243] Nachstehend N 1073 ff.
[244] Nachstehend N 1080.

1.3. Zufallsfunde, StPO 243

1066 Entgegen den meisten früheren Strafprozessordnungen regelt die StPO in Art. 243 das Problem der **Zufallsfunde**. Darunter versteht man die bei Durchsuchungen oder Untersuchungen **zufällig entdeckten Beweismittel, Gegenstände, Vermögenswerte usw., die mit der abzuklärenden Straftat nicht im Zusammenhang stehen, aber auf eine andere Straftat oder einen anderen Straftäter hinweisen**[245]. Solche Funde sind von der ausführenden Behörde, üblicherweise der Polizei, sicherzustellen (Abs. 1). Nach StPO 243 II sind sie mit einem Bericht der Verfahrensleitung zu übermitteln, die über das weitere Vorgehen entscheidet (Eröffnung eines Verfahrens nach StPO 309; Weiterleitung nach StPO 39 I an die zuständige Behörde).

1067 Der Sinn des soeben erwähnten StPO 243 II geht nach der Botschaft[246] dahin, dass im vorliegenden Bereich **Zufallsfunde ohne weitere Einschränkungen Anlass zur Eröffnung eines neuen Strafverfahrens gegen bisher bekannte Beschuldigte oder unbekannte Personen geben und in diesem als Beweismittel verwendet werden können**[247]. Vorausgesetzt werden muss indessen, dass die ursprüngliche Massnahme rechtmässig war[248] und die Beweiserhebung auch hinsichtlich des neu entdeckten Delikts bzw. Straftäters verfahrensrechtlich zulässig gewesen wäre[249]. Nicht von Zufallsfunden, sondern von unzulässiger Beweisausforschung («*fishing expedition*») spricht man allerdings dann, wenn der Zwangsmassnahme kein genügender Tatverdacht zugrunde lag, sondern aufs Geratewohl Beweisaufnahmen getätigt werden; die entsprechenden Ergebnisse sind nicht verwertbar[250].

---

[245] So die Umschreibung in StPO 243 I. Zum Begriff weiter RKG 1999 Nr. 137. Weitere Anwendungsfälle von Zufallsfunden hinten N 1156 ff. (bei Überwachung Post- und Fernmeldeverkehr) und N 1203 (bei verdeckter Ermittlung).
[246] S. 1237 unten. Zu den bisherigen Meinungen zum Thema Zufallsfunde BeB 174/175.
[247] Es gilt allgemein der Grundsatz, dass bei Beweiserhebungen ohne anderslautende Vorschrift Zufallsfunde zur Ausdehnung der laufenden bzw. Eröffnung einer neuen Voruntersuchung verwendet werden können. So ist es beispielsweise unbestritten, dass die Aussage einer Zeugin, die allein unter dem Titel eines zu ihrem Nachteil begangenen Diebstahls vorgeladen wurde und die unvermittelt zu Protokoll gibt, sie sei von der beschuldigten Person zudem vergewaltigt worden, Anlass zur Einleitung eines neuen Verfahrens geben kann.
[248] War die Massnahme, die zum Zufallsfund führte, rechtswidrig, so dürfen die Zufallsfunde nur unter den Einschränkungen von 141 IV i.V. mit 141 II verwertet werden, dazu vorne N 789 ff.
[249] Der für *Zwangsmassnahmen vorbestehende Tatverdacht* ist nicht erforderlich, da dieser nach der Natur des Zufallsfundes erst durch diesen hervorgerufen wird. Zu Zufallsfunden bei Hausdurchsuchungen RKG 1998 Nr. 121 = ZR 99 (2000) Nr. 3. Dazu und zum Sonderfall bei technischen Überwachungen hinten N 1156 ff. Allgemein B. STRÄULI in Z 114 (1996) 64 ff.
[250] Botschaft 1237 unten. Vgl. dazu ferner vorne N 973 Fn. 6.

2. Hausdurchsuchung, StPO 244–245, VStrR 19 III, 48, MStP 40, 66

2.1. Voraussetzungen, Zuständigkeit, StPO 244

Das **Hausrecht steht unter dem Schutz von BV 13 I, EMRK 8 Ziff. 1, IPBPR 17 und StGB 186**. Die erforderliche gesetzliche Grundlage für Eingriffe in dieses Freiheitsrecht (StPO 197 I lit. a) findet sich in StPO 244 f. i.V. mit den vorstehend behandelten allgemeinen Bestimmungen in StPO 241–243 (VStrR 48 f.). Der Anwendungsbereich von StPO 244 und 245 ist weitgehend identisch mit dem Schutzbereich von StGB 186, geht aber über jenen von EMRK 8 Ziff. 1 hinaus, welche Bestimmung nur die (Privat-)Wohnung schützt. Erfasst werden alle jene umschlossenen Räume, die Wohn-, Geschäfts- und ähnlichen Zwecken dienen und bei denen der Bürger deshalb Anspruch auf Wahrung der mit solchen Räumen typischerweise verbundenen Privatsphäre hat. Personenautos[251], Lastwagen, offene Gärten, Felder, Schuppen u.Ä. fallen nicht darunter[252], wohl aber (wenn auch zeitweise der Öffentlichkeit zugängliche) Geschäftsräume, Hotelzimmer, Wohnmobile, -wagen und -schiffe, Zelte, Atrium- und Wintergärten u.Ä. 1068

Hausdurchsuchungen (eingeschlossen die **Durchsuchung der im Hause befindlichen Behältnisse** wie Schränke, Pulte usw.) setzen **die Einwilligung der berechtigten Person**, also des Hausberechtigten, voraus (StPO 244 I)[253]. Eine Einwilligung dafür ist nach StPO 244 II **nicht erforderlich**, wenn zu vermuten ist, dass sich in den fraglichen Räumen **gesuchte Personen aufhalten** (lit. a)[254], dass sich darin **Tatspuren, Beweismittel oder zu beschlagnahmende Gegenstände oder Vermögenswerte befinden** (lit. b)[255] oder **dort Straftaten begangen werden** (lit. c). Bei konkreten Vermutungen in dieser Richtung ist diese 1069

---

[251] So RS 1997 Nr. 253 für Durchsuchung des Motorraums.
[252] Ebenfalls nicht *Gefängniszellen*, NJW 58 (2005) 2727 oder *allgemein zugängliche Räume von Restaurants*, vgl. dazu RK-S 21.-23.8.2006 25.
[253] Vorausgesetzt ist, dass der Betroffene die relevanten Umstände kennt, so z.B., dass er selbst eines Delikts verdächtigt wird, vgl. deutscher Fall in Kriminalistik 2004 331.
[254] Nicht nur beschuldigte Personen, sondern z.B. auch vorzuführende, sich versteckende Zeugen, Botschaft 1338 oben. Es müssen vorab bei Wohnungen Dritter konkrete Umstände für die Anwesenheit des Gesuchten im fraglichen Haus usw. sprechen. – Überschneidung mit *Razzia* nach StPO 215 IV, vorne N 1004, denkbar.
[255] Für *Hausdurchsuchungen bei Berufsgeheimnisträgern* wie Anwälten oder Ärzten ist der Verdacht einer schwereren Straftat erforderlich, deutsches Bundesverfassungsgericht 6.5.2008 in NJW 61 (2008) 1937.

Massnahme unter strenger Beachtung der Verhältnismässigkeit[256] auch bei **nicht beschuldigten Personen** zulässig (StPO 197 I und II)[257].

1070 Zuständig zur Anordnung der Hausdurchsuchung im Fall von StPO 244 II ist grundsätzlich die **Staatsanwaltschaft**[258] oder das **Gericht** (StPO 198), die dafür nach StPO 241 I und II einen **Hausdurchsuchungsbefehl** ausstellen[259]. Ist Gefahr in Verzug, kann die Polizei im Rahmen von StPO 241 III eine Hausdurchsuchung auch ohne schriftlichen Befehl vornehmen. Bejaht die Polizei zu Unrecht die zeitliche Dringlichkeit, waren aber im Übrigen die Voraussetzungen für eine Hausdurchsuchung durch den Staatsanwalt erfüllt, ist nur eine Ordnungsvorschrift verletzt, und es können die Ergebnisse ausgewertet werden (StPO 141 III)[260].

2.2. Durchführung, StPO 245, VStrR 49

1071 Abgesehen vom Fall zeitlicher Dringlichkeit nach StPO 241 III sind Hausdurchsuchungen grundsätzlich von der **Staatsanwaltschaft oder dem Gericht** selbst auszuführen. Allerdings kann die Staatsanwaltschaft gestützt auf die Delegationsnorm von StPO 312 in **einfachen Fällen auch die Polizei** mit der Durchführung beauftragen.

1072 StPO 245 enthält einige – gegenüber dem VE und E reduzierte[261] – Regeln über die Durchführung der Hausdurchsuchung. Abs. 1 verlangt, dass (mit Ausnahme dringlicher Fälle nach StPO 241 III) vor Durchführung der Massnahme der **Hausdurchsuchungsbefehl vorzuweisen** und eine Kopie davon dem Haus-

---

[256] Hausdurchsuchung nach Verkehrsübertretung (Geschwindigkeitsüberschreitung) bei Dritten nicht verhältnismässig und Verstoss gegen EMRK 8, so nach EGMR 28.4.2005 in NJW 59 (2006) 1495.
[257] BGE 106 IV 418, 102 Ia 531. Bei Zeugnisverweigerungsberechtigten nur zulässig, falls sich die Suche auf die beschuldigte Person bzw. Gegenstände, die verhaftet bzw. beschlagnahmt werden könnten, (hinten N 1123) bezieht.
[258] Anders als in vielen ausländischen Rechtsordnungen bedarf die *Staatsanwaltschaft also für Hausdurchsuchungen keiner richterlichen Genehmigung*.
[259] Entgegen der früheren Praxis in verschiedenen Kantonen *benötigt die Staatsanwaltschaft nach Sinn und Wortlaut von StPO 241 I und II ebenfalls einen schriftlichen Befehl* (StPO 199, vorne N 978), wenn sie die *Durchsuchung selbst ausführt*. Nicht zulässig (unter Vorbehalt von StPO 241 I letzter Satzteil) ist *nachträgliches Ausstellen eines solchen Befehls*, RFJ/FZR 7 (2003) 98. Der *Vorführungsbefehl* nach StPO 208 II genügt als Hausdurchsuchungsbefehl, vorne N 989.
[260] So mindestens die bisherige Praxis, BGE 109 Ia 244, 96 I 441; siehe aber SJZ 57 (1961) 154 und Pra 93 (2004) Nr. 59 S. 333.
[261] Das Parlament strich Abs. 1 und 2 von E 244 (jetzt StPO 245), wonach abgesehen von dringenden Fällen zur Nachtzeit usw. keine Hausdurchsuchungen vorgenommen werden dürften.

rechtsberechtigten abzugeben ist (StPO 199)[262]. Ein Aufbrechen der Wohnung usw. kommt in sinngemässer Anwendung von StPO 200 nur in dringlichen Fällen und nach erfolgloser Aufforderung zu öffnen, in Frage. Abs. 2 von StPO 245 (VStrR 49 II) sieht weiter vor, dass die anwesenden Inhaber der zu durchsuchenden Räume (oder bei deren Abwesenheit eine geeignete andere Person) der Durchsuchung beizuwohnen haben. Mindestens hinsichtlich des letztgenannten Punktes handelt es sich um eine Ordnungsvorschrift[263]. Über die Ergebnisse der Durchsuchung ist nach StPO 199 ein **Vollzugsprotokoll** und über allfällige beschlagnahmte Gegenstände unter Beizug des Hausberechtigten i.S. von StPO 245 II bzw. einer Amtsperson ein **Verzeichnis** zu erstellen. Sollen bei der Hausdurchsuchung Aufzeichnungen durchsucht werden, sind zusätzlich die entsprechenden Vorschriften nach StPO 246–248 (anschliessend Ziff. 3) zu beachten[264].

3. Durchsuchung von Aufzeichnungen, StPO 246–248, VStrR 50, MStP 67

3.1. Grundsatz, Durchführung, StPO 246 und 247

Schriftstücke, Ton-, Bild- und andere Aufzeichnungen, Datenträger sowie Anlagen zur Verarbeitung und Speicherung von Informationen dürfen nach StPO 246 durchsucht werden, wenn zu vermuten ist[265], dass sich darin Informationen befinden, die der Beschlagnahme unterliegen. Es geht hier um die Durchsuchung von Urkunden im weiteren Sinn, aber auch von allen anderen Trägern menschlicher Gedankenäusserungen und Aufzeichnungen von Vorgängen wie Tonbändern, Trägern von elektronisch gespeicherten Informationen wie Disketten, sodann von Datenverarbeitungsgeräten wie PCs, Laptops usw.[266], ebenso

1073

---

[262] Nimmt die Polizei in dringenden Fällen die Hausdurchsuchung ohne Befehl vor (StPO 241 III, vorne N 1064), entfällt naturgemäss das Vorweisen eines solchen; dieser ist nach StPO 241 I nachzureichen.
[263] BGE 96 I 441.
[264] BeB 180 Mitte.
[265] Nach OGZ III. StrK 18.6.1998 i.S. StAZ ca. R.M. und 21.8.1998 i.S. V.F.D. ca. StAZ (zitiert in: «Die letzte Pendenz», Magazin für Staatsanwaltschaft des Kantons Zürich, Nr. 4 Oktober 1998 S. 8) soll in Anlehnung an BGE 106 IV 418 für Durchsuchungen und Entsiegelung ein *«hinlänglicher Tatverdacht»* genügen, also kein dringender Tatverdacht erforderlich sein, vorne N 973 Fn. 8.
[266] Zum hier geltenden weiten Urkundenbegriff vorne N 958 ff. Für Einbezug der *elektronischen Datenträger*, unter Hinweis auf BGE 116 IV 343 AKA BGer 13.1.1995 in NZZ Nr. 15 vom 19.1.1995 = plädoyer 2/1995 61. Dazu auch Kriminalistik 1999 302. Zu einem Fall von *Durchsuchung und Beschlagnahmung elektronischer Dateien* (mit Kopieren auf separaten Datenträger) RFJ/FZR 2008 86.

Filmen, Videos, DVD oder Fotos[267], kurz um Aufzeichnungen im weitesten Sinn, die als Beweise im Strafverfahren eine Rolle spielen können[268].

1074 In Anwendung der allgemeinen Regel von StPO 241 sind Durchsuchungen von Aufzeichnungen angesichts der Komplexität der Massnahme grundsätzlich von der **Staatsanwaltschaft oder dem Gericht** vorzunehmen; eine Delegation an die **Polizei** nach StPO 312 sollte auf einfache Fälle (z.B. Suche nach einem einzigen Dokument) beschränkt bleiben. Ebenfalls das Handeln der Polizei ohne Befehl von Staatsanwaltschaft oder Gericht sollte sich bei Durchsuchungen nach Aufzeichnungen in dringlichen Fällen auf einfache Sachverhalte beschränken. Was den nach StPO 241 I und II erforderlichen **Befehl** betrifft, so deckt der Sache nach der für die Hausdurchsuchung ausgestellte Befehl in der Regel auch die Durchsuchung von Aufzeichnungen ab.

1075 Es besteht die Gefahr, dass durch solche Durchsuchungen und dem daraus resultierenden unbeschränkten Einbezug der Ergebnisse ins Verfahren schützenswerte Geheimnisse der **beschuldigten Person** oder eines **Dritten** in Mitleidenschaft gezogen werden. Bei der Durchsuchung von Aufzeichnungen, die in jedem Fall unter tunlicher Zurückhaltung und stets unter Berücksichtigung der schützenswerten Interessen der Inhaber vorzunehmen sind (so noch ausdrücklich VE 272 II), müssen deshalb nach StPO 247 gewisse **einschränkende Regeln beachtet werden**. So ist der Inhaber der Aufzeichnungen, **sei er nun beschuldigte Person oder Dritter, vorgängig der Durchsuchung zum Inhalt der Aufzeichnung anzuhören** (StPO 247 I)[269], was voraussetzt, dass ihm zuerst eröffnet wird, wonach gesucht wird. Aufzeichnungen, die nach StPO 264 primär wegen **Bestehens von Zeugnisverweigerungsrechten nicht beschlagnahmt werden dürfen, können ebenfalls nicht Objekt einer Durchsuchung** sein[270]. Zumeist dürfte es sich deshalb als notwendig erweisen, zunächst im Sinn einer Triage abzuklären, welche Teile einer grösseren Menge von Aufzeichnungen unter StPO 264 fallen[271]. Wesentlich ist deshalb Abs. 2 von StPO 247: Danach kann für die Prüfung des Inhalts der zu durchsuchenden Aufzeichnungen eine

---

[267] BGE 108 IV 77 = Pra 71 (1982) Nr. 191 S. 488 , BGE 107 Ia 45; SJ 107 (1987) 119.
[268] Chronique de procédure pénale genevoise (1986–1989) 444.
[269] Allenfalls in *Form einer Einvernahme*, angesichts der zeitlichen Dringlichkeit aber auch in einer informellen mündlichen Befragung. Diese Befragung bezieht sich vor allem auf die *Beweisrelevanz der Aufzeichnungen*, aber auch auf die *Gründe, die allenfalls einer Untersuchung bzw. Beschlagnahme nach StPO 263 ff. entgegenstehen.* – Keine vorgängige Einvernahme des Inhabers notwendig, wenn ersichtlich ist, dass sich dieser der Beschlagnahme bzw. der Entsiegelung widersetzt, RKG 1999 Nr. 132.
[270] ZR 99 (2000) Nr. 15 = plädoyer 6/1999 64. *Nicht bei Bankgeheimnis*, VPB 67 (2003) Nr. 95. Im Zusammenhang mit einem Rechtshilfefall BGE 130 II 193 = SJ 126 (2004) 403. Bei zeugnisverweigerungsberechtigten Verwandten schützt Mitgewahrsam mit beschuldigter Person nicht vor Beschlagnahme, Anwaltsrevue 8/2004 285.
[271] Zu der zu beachtenden *grösstmöglichen Schonung der Privat- und Berufsgeheimnisse*, vorab bei Anwälten, BGer 20.4.2003 in Anwaltsrevue 8/2004 285; aus deutscher Sicht Bundesverfassungsgericht vom 12.4.2005 in EuGRZ 32 (2005) 413; NJW 59 (2006) 3411.

sachverständige Person i.S. von StPO 182 ff. **beigezogen werden**[272], namentlich um festzustellen, ob Teile mit geheimnisgeschütztem Inhalt auszusondern sind. Diese Möglichkeit dürfte insbesondere in Fällen aktuell werden, in denen Aufzeichnungen Dritter und von Berufsgeheimnisträgern durchsucht werden sollen. – Genügt es für die Zwecke des Verfahrens, können die **Inhaber von Aufzeichnungen Kopien davon oder Ausdrucke zur Verfügung stellen** (StPO 247 III, allgemein schon StPO 192 II)[273].

3.2. Siegelung, StPO 248

Inhaber von Aufzeichnungen, aber auch von andern beweisrelevanten Gegenständen (vgl. StPO 264 III) widersetzen sich oft der Durchsuchung und/oder der anschliessenden Beschlagnahmung, indem sie geltend machen, mit der Massnahme würde ihr Zeugnisverweigerungs- oder Aussageverweigerungsrecht tangiert oder andere Interessen verletzt. Die entsprechenden Differenzen, die häufig die Reichweite von StPO 264 betreffen, können zumeist nicht an Ort und Stelle entschieden werden. Das Strafprozessrecht sieht für diesen Fall traditionsgemäss einen besonderen Rechtsbehelf, die **Siegelung** (auch **Versiegelung** genannt), eine Sofortmassnahme[274], vor. Dies bedeutet, dass die fraglichen Aufzeichnungen unter besonderen Verschluss (in versiegelten Umschlägen, Schachteln, bei grosser Menge u.U. in versiegelten Räumen), aber in amtliche Verwahrung genommen werden, wenn der Inhaber entsprechende Interessen glaubhaft macht. Erfolgt eine Versiegelung, dürfen die Aufzeichnungen und Gegenstände von den Strafbehörden weder eingesehen noch im Verfahren verwendet werden

1076

---

[272] Z.B. der *Direktor eines rechtsmedizinischen Instituts bei der Durchsuchung von Patientenunterlagen* bei einem Arzt; *Präsident des kantonalen Anwaltsverbands* bei Klientenakten, BeB 180/181.

[273] Nach der Botschaft 1238 unten soll der Inhaber sogar unter Hinweis auf StGB 292 verpflichtet werden können, Kopien zu erstellen, was abzulehnen ist, da StPO 247 III (entgegen VE 272 IV) *keine solche Pflicht* enthält; die beschuldigten (und teilweise weitere) Personen könnten nach StPO 113 I und 265 II dazu ohnehin nicht verpflichtet werden. Ebenso gestrichen wurde VE 272 V, der eine *Entschädigung Nichtbeschuldigter für grossen Kopieraufwand* vorsah, sodass hierfür nun eine Rechtsgrundlage fehlt.

[274] So Botschaft 1239 oben. Die *Siegelung ist ein Rechtsbehelf sui generis und geht andern Behelfen, vorab der Beschwerde nach StPO 393 ff.* vor, welche Letztere gegen die Durchsuchung selbst demgemäss als nicht möglich erscheint, TPF 2006 307 (offen bleibe, inwieweit *nachträgliche Beschwerde* zulässig ist). Die Siegelung dient jedoch nur der *Wahrung von Geheimhaltungsinteressen*, woraus folgt, dass Beschwerde zu ergreifen ist, wenn die Beschlagnahme aus andern Gründen angefochten wird. Dies gilt etwa bei der *Beschlagnahme von Vermögenswerten*, bei welcher kaum je Geheimhaltungsinteressen tangiert sind. Zu einem Fall von *Siegelung elektronischer Dateien* RFJ/FZR 2008 86 = RS 2008 Nr. 524.

(StPO 248 I a.E.)²⁷⁵. Der betroffene Inhaber ist auf die Möglichkeit, in diesem Sinn die Siegelung zu verlangen, aufmerksam zu machen.

1077 Das **Recht, die Siegelung zu verlangen**, steht wie angeführt dem **Inhaber der fraglichen Information** zu²⁷⁶. Dies ist einerseits der **Drittinhaber**, unabhängig davon, ob er die Aufzeichnungen und Gegenstände freiwillig herausgibt oder ob sie bei ihm im Rahmen einer Hausdurchsuchung beschlagnahmt werden²⁷⁷. Dies gilt aber anderseits für Aufzeichnungen und Gegenstände, die sich bei der **beschuldigten Person** befinden²⁷⁸. Die Siegelung kann nur unmittelbar im zeitlichen Zusammenhang mit der Durchsuchung sowie Beschlagnahmung der Aufzeichnungen und Gegenstände, also nicht erst später bei deren eigentlichen Auswertung, verlangt werden²⁷⁹. Die Durchsuchung bezieht sich unvermeidlich auch auf Aufzeichnungen, die für die Untersuchung bedeutungslos sind²⁸⁰. Der Versiegelung kann deshalb – vorab bei grosser Menge der an sich zu erhebenden Aufzeichnungen – **eine kurze Sichtung und summarische Prüfung seitens der handelnden Strafbehörde vorausgehen**, um die allenfalls verfahrensrelevanten Aufzeichnungen usw. auszusondern, wenn notwendig unter sachverständiger Hilfe i.S. von StPO 247 II und 248 IV²⁸¹ und stets unter Wahrung der zu schützenden Geheimhaltungsinteresen.

---

[275] Mit der Siegelung entsteht ein *suspensiv bedingtes Verwertungsverbot*. Zum Verwertungsverbot BGE 108 IV 75.

[276] *Siegelung kann nur der faktische Inhaber verlangen*, nicht der effektiv Berechtigte, Botschaft 1258 unten. Dementsprechend ist *z.B. der Kontoinhaber zunächst nicht beschwert*, nur im Fall einer nachfolgenden Beschlagnahme, dazu TPF 2005 218. Zur entsprechenden Praxis des Bundesstrafgerichts A.J. KELLER in AJP 2/2007 203 f. Bei *juristischen Personen oder Unternehmen* ganz allgemein sind jedoch diese Inhaber, nicht Personen wie Organe, Angestellte usw., die faktisch über die Unterlagen verfügen. Die Siegelung ist von diesen Organen usw. zu verlangen, im Fall der *Strafbarkeit des Unternehmens* nach StGB 102 von diesen Organen usw. oder dem *Vertreter* nach StPO 112.

[277] Zur früheren Praxis, vor allem im Zusammenhang mit der internationalen Rechtshilfe, BGE 114 Ib 359, 107 Ia 48, 111 Ib 51.

[278] BGE 121 I 240. *A.M.* ZR 87 (1988) Nr. 7 (kein Anspruch der beschuldigten Person auf Siegelung).

[279] BGE 114 Ib 357 = Pra 78 (1989) Nr. 23. U.U. auch erst am Tag darnach, TPF 2005 190 E.4.3. Nicht erst, wenn Akteneinsicht verlangt wird, es sei denn, Untersuchung werde ausgedehnt, ZG GVP 2006 211 = RS 2008 Nr. 357.

[280] BGE 106 IV 413; 108 IV 76.

[281] Zur entsprechenden Praxis des Bundesstrafgerichts A.J. KELLER in AJP 2/2007 204, 206. Zum dreistufigen Vorgehen bei Berufsgeheimnisträgern (*in casu* Anwälten), die selbst beschuldigte Personen sind, Pra 96 (2007) Nr. 21 = BGE 132 IV 63 = SJ 128 (2006) 287 (zuerst Ausscheidung von Dokumenten, die für Untersuchung sachdienlich sind, dann Ausscheiden jener Akten, die durch Berufsgeheimnis geschützt sind, und hernach Anonymisierung der Klientennamen in verbleibenden Dokumenten, d.h. Abdecken der Namen oder Ersetzen durch Codes, allenfalls unter Beizug eines aussenstehenden Sachverständigen); vgl. auch TPF 2006 287 E.3, wo von einem zweistufigen Vorgehen gesprochen wird. – Grundsätzlich gelten die Siegelungsbestimmungen auch in *Rechtshilfefällen*, so zum früheren zürcherischen Recht ZR 98 (1999) Nr. 5, *a.M.* noch ZR 95 (1996) Nr. 93.

Wollen sich Staatsanwaltschaft oder Gerichte Zugang zu den versiegelten Auf- 1078
zeichnungen oder weiteren Gegenständen verschaffen, so müssen sie ein **Entsiegelungsverfahren einleiten.** Um den früher gelegentlich anzutreffenden Verzögerungen beim Stellen von solchen Gesuchen entgegenzuwirken, sieht StPO 248 II vor, dass die versiegelten Akten oder Gegenstände den Inhabern zurückzugeben sind, wenn nicht innert 20 Tagen nach der Versiegelung ein solches Gesuch gestellt wird, eine gesetzliche, nicht erstreckbare Frist (StPO 89 I). Zuständig für den Entsiegelungsentscheid ist im Vorverfahren, also bis zur Anklageerhebung, das **Zwangsmassnahmengericht**, in den übrigen Fällen das **Gericht, bei dem der Fall hängig ist** (StPO 248 III). In diesem Entscheid ist – neben der Ordnungsmässigkeit der Durchsuchung und dem hinreichenden Tatverdacht[282] – allein zu prüfen, ob das Geheimhaltungsinteresse des Inhabers[283] gegenüber dem Verfahrensinteresse zurückzutreten hat[284]. Die eigentliche Durchsuchung und Beschlagnahmung steht der Staatsanwaltschaft zu[285].

Entsiegelungsentscheide werde in StPO 248 III als **endgültig** bezeichnet, d.h. es 1079
ist nach StPO 380 dagegen kein Rechtsmittel nach der StPO und insbesondere keine Beschwerde nach StPO 393 ff. möglich, was angesichts dieses klaren Ausschlusses auch dann gilt, wenn man – wie dies in diesem Handbuch getan wird – den Ausschluss der Beschwerde bei **verfahrensleitenden Entscheiden erstinstanzlicher Gerichte** nach StPO 393 I lit. b zweiter Satzteil differenziert betrachtet[286]. Gegen Entscheide der Beschwerde- und Strafkammern des Bundesstrafgerichts wie auch der zuständigen kantonalen Gerichte in Entsiegelungssachen ist die **Strafrechtsbeschwerde ans Bundesgericht** zulässig; im Regelfall

---

Werden *ganze Räumlichkeiten versiegelt*, wird üblicherweise dagegen eine Beschwerde nach StPO 393 ff. zu ergreifen sein, da es nicht um die Freigabe von einzelnen Schriftstücken geht, RS 2002 Nr. 201.

[282] AKA BGer 13.1.1995 in NZZ Nr. 15 vom 19.1.1995 = plädoyer 2/1995 61. Erforderlich kein *dringender* Tatverdacht, vorne N 973 Fn. 8. Zum *zweistufigen Entsiegelungsverfahren des Bundesstrafgerichts* (zuerst Prüfung, ob Durchsuchung zulässig war, in einem zweiten, ob Voraussetzungen der Entsiegelung gegeben) m.w.H. TPF 2007 96 sowie vorstehende Fn.

[283] *Inhaber ist grundsätzlich alleinige Partei des Entsiegelungsverfahrens*, zur entsprechenden Praxis des Bundesstrafgerichts m.w.H. A.J. KELLER in AJP 2/2007 205 f., wobei Inhaber nur eigene Rechte und Interessen geltend machen kann, also eine Bank etwa bezüglich des Bankgeheimnisses GVP 2006 Nr. 104. *Keine Entsiegelung*, wenn sich Arzt bezüglich beschlagnahmter Patientenakten auf Berufsgeheimnis beruft und keine Entbindung vorliegt, SH ABOG 2005 191 = RS 2007 Nr. 162. Zum Problem der of sehr umfangreichen Akten und des zu wenig genau umschriebenen Tatverdachts TPF 2008 149.

[284] ZR 78 (1979) Nr. 57, 76 (1977) Nr. 74; BGE 106 IV 417. Also auch Rügen die sich auf BV 55, EMRK 8 Ziff. 1 und EMRK 10 stützen, BGer 1.4.1998 i.S. V.D. ca. BAZ und StAZ.

[285] BGE 101 IV 367. Zur Siegelung und Entsiegelung sodann den in Fn. 266 und 282 erwähnten BGer 13.1.1995. Zum Vorgehen bei Entsiegelung mit anschliessender Durchsuchung in Anwesenheit der Parteien VPB 67 (2003) Nr. 85 S. 796.

[286] Näher hinten N 1510; N 1511 zum teilweise problematischen Ausschluss der Beschwerde bei Entscheiden des Zwangsmassnahmengerichts.

ist von einem nach BGG 93 anfechtbaren Zwischenentscheid (mit allenfalls nicht wieder gutzumachendem Nachteil) auszugehen. Da es sich um eine vorsorgliche Massnahme nach BGG 98 handelt, ist die Rüge auf die Verletzung verfassungsmässiger Rechte beschränkt[287].

4. Durchsuchungen von Personen und von Gegenständen, StPO 249–250, MStP 66 II

1080 Nach StPO 249 können (beschuldigte und nicht beschuldigte) **Personen und Gegenstände ohne Einwilligung des Betroffenen** nur durchsucht werden, wenn zu vermuten ist, dass bei ihnen Tatspuren oder zu beschlagnahmende Gegenstände oder Vermögenswerte gefunden werden können. Frühere Strafprozessordnungen sprachen in diesem Zusammenhang von **Leibesvisitation**. Wie StPO 250 präzisiert, umfasst die **Durchsuchung im Sinn dieser Bestimmungen die Kontrolle der Kleider** (z.B. nach Fasern, Blut- oder Spermaspuren), **der mitgeführten Gegenstände, von Behältnissen und Fahrzeugen, der Körperoberfläche und der einsehbaren Körperöffnungen**[288] **und Körperhöhlen**[289]. Soweit das **Körperinnere** tangiert wird, ist nach den Vorschriften über die Untersuchung des Körpers (StPO 251 und 252) vorzugehen (nachfolgend Ziff. 5). Solche Durchsuchungen dienen zumeist der Suche nach deliktsrelevanten, zumeist körperfremden Gegenständen, Stoffen oder Spuren (Tatobjekte; weitere Beweise wie Urkunden; Fasern usw.). In der Regel geht es um die Vorbereitung der **Sicherstellung von Beweisgegenständen** i.S. von StPO 192[290]. Durchsuchungen, die in die **Intimsphäre der Betroffenen eingreifen**, müssen (unter Vorbehalt dringlicher Massnahmen, die keinen Aufschub ertragen[291]) von einer Person des gleichen Geschlechts oder einem Arzt vorgenommen werden (StPO 250 II). Je nach Intensität des Eingriffs ist der Verhältnismässigkeitsgrundsatz besonders zu beachten[292]. **Ausgeschlossen** ist hier wie etwa bei der Durchsuchung von Aufzeichnungen (StPO 246–247)[293] die **Suche nach Gegenständen die nach**

---

[287] Dazu näher hinten N 1652, 1698.
[288] Unter die hier relevanten Öffnungen und Höhlen fallen etwa Mund, Ohren, Nasen, Achselhöhle oder das Äussere der Aftergegend, also Verstecke *inter femora*. Also z.B., wenn Deliktsgut (z.B. Betäubungsmittelkügelchen) im Mund versteckt wird, Kriminalistik 1997 716.
[289] BeB 176 unten.
[290] Vorne N 954 ff. Solche Durchsuchungen als sitzungspolizeiliche Massnahme zulässig, Pra 92 (2003) Nr. 22.
[291] Hier wurden im Parlament Beispiele genannt, in denen im Intimbereich Sprengstoffe oder Gifte vermutet werden, AB N 2007 988.
[292] BGer 3.6.1981, zitiert in BGE 109 Ia 146. – *Private Durchsuchungen*, etwa von Handtaschen in Ladengeschäften, sind (wohl am ehesten unter dem Titel Besitzesschutz, ZGB 926 oder Selbsthilfe, OR 52 III) nur bei dringendem Diebstahlsverdacht zulässig, nicht aber allein gestützt z.B. auf eine Affiche im Geschäftslokal.
[293] Vorne N 1073 ff.

StPO 264 von der Beschlagnahme ausgenommen sind[294]. Für die **Zuständigkeit** zur Anordnung vgl. StPO 241[295].

5. Untersuchungen von Personen, StPO 251–252, VStrR 48 II, MStP 65

5.1. Begriff, Grundsätze, StPO 251

Nach StPO 251 I liegt eine **Untersuchung einer Person vor, wenn der körperliche oder geistige Zustand eines Menschen untersucht wird**[296]. Der Begriff ist jedoch umfassender, als der Gesetzestext vermuten lassen könnte: Eine Untersuchung des Körpers ist einerseits dann gegeben, wenn *im* **menschlichen Körper** (für die Körper*oberfläche* usw. gilt StPO 249 und 250, vorne Ziff. 4) mit oder ohne eigentlichen medizinischen Eingriff (zu diesem StPO 251 III) jene Erhebungen getätigt werden, die zur Ermittlung des Sachverhalts nötig sind (so StPO 251 II lit. a). Es geht dabei um die **Feststellung körperfremder Stoffe** wie auch um die **Erforschung von körpereigenen Zuständen** und von entsprechenden Geschehnissen, etwa um die Entnahme von körpereigenen Substanzen wie Blut[297], Haare[298] oder Mageninhalt zur Feststellung von Gift, Drogen[299], Alkohol usw. Unter dem Vorbehalt des Verbotes entwürdigender oder besonders schmerzhafter bzw. gesundheitsgefährdender Eingriffe (vgl. StPO 251 III) können solche Untersuchungen auch das **Innere des Körpers** tangieren wie Anal- und Darmuntersuchungen bei Drogendelikten, Röntgen[300]- oder gynäkologische Untersuchungen[301] bei Vergewaltigungs- oder Abtreibungsdelikten.

---

[294] Botschaft 1239 unten.
[295] Vorne N 1063 f.
[296] Dazu und zum Folgenden Botschaft 1240.
[297] BGE 128 II 271. Verhältnismässigkeitsgrundsatz ist verletzt, wenn mit *Blutprobe Haschischkonsum i.S. von BetmG 19a Ziff. 1, also eine Übertretung,* abgeklärt werden soll, Amtsbericht über die Rechtspflege des Kt. Obwalden 1994/95 S. 136.
[298] *Entnahme von Haaren* gilt generell als eher leichter Eingriff, Hinweise in BGE 128 II 271, der aber unter StPO 251 fällt. Zulässig Erhebung von Haaren bei Sexualdelikten auch bei gläubigem Sikh, BGer 19.12.1995 in EuGRZ 23 (1996) 470.
[299] Vgl. den in Kriminalistik 1997 568 zusammengefassten deutschen Entscheid, wonach das Verabreichen eines Brechmittels zur Beschaffung verschluckter «*Kokainbömbchen*» nicht zulässig sein soll; so nun aber auch (mindestens, wenn mit natürlichem Ausscheiden gerechnet werden kann, und unter Hinweis auf Todesfälle bei der angewandten Methode) EGMR am 11.7.2006 i.S. X. gegen Deutschland, NZZ Nr. 159 vom 12.7.2006. Nicht zulässig *Magenoperation zur Sicherstellung von Drogen,* Kriminalistik 2003 269. Zu U-rinproben BGer 4.1.1983 in ZBl 85 (1984) 45 (darnach soll kein Eingriff in die körperliche Integrität vorliegen).
[300] Z.B. bei *verschluckten Deliktsgegenständen* oder sogenanntem *Bodypacking* bei Drogen; vgl. dazu vorstehende Fn.
[301] BeB 177 unten.

1082 Der Hauptfall solcher Untersuchungen, nämlich die **Erhebung von Blut-, Urin- oder Speichelproben im Zusammenhang mit Strassenverkehrsdelikten,** ist zwar in SVG 55[302], der Sonderfall der **DNA-Analysen** in StPO 255 ff. geregelt. Zur (grundsätzlich schriftlichen, Art. 241 I) Anordnung von **Blut- oder Urinproben im SVG-Bereich** ist nicht die Polizei, sondern nur die Staatsanwaltschaft oder allenfalls das Gericht zuständig (StPO 241 i.V. mit 198 I)[303].

1083 Unter die körperliche Untersuchung reiht StPO 251 II lit. b auch die zur **Feststellung der Schuld-, Verhandlungs- und Hafterstehungsfähigkeit** erforderlichen medizinischen Untersuchungen (in den erstgenannten Fällen meistens psychiatrischer Natur) ein. Allerdings ist hier mit Blick auf die Feststellung der Schuldfähigkeit auch die entsprechende Bestimmung von StGB 20 zu beachten.

1084 Körperliche Untersuchungen sind primär bei **beschuldigten Personen**[304] vorgesehen. Bei **nicht beschuldigten Personen** (z.B. Opfern von Delikten gegen Leib und Leben oder von Sexualdelikten; nicht konkret beschuldigten Personen bei Fahndungen gegen unbekannte Täterschaft) sind Untersuchungen des Körpers und Eingriffe in die körperliche Integrität gegen ihren Willen nur zulässig, wenn sie unerlässlich sind, um eine schwere Straftat (Delikte nach StGB 111–113, 122, 140, 184, 185, 187, 189, 190 oder 191) aufzuklären (StPO 251 IV)[305]. In diesem Rahmen hat sich auch das **Opfer** i.S. von StPO 116 solchen Untersuchungen zu unterziehen[306]. Die betroffenen nicht beschuldigten Personen sind im Hinblick auf die Grundsätze des fairen Verfahrens über diese Rechtslage vor-

---

[302] BGE 91 I 31.
[303] Entgegen dem VE (dort in Art. 265) ist im Rahmen der körperlichen Untersuchung in der StPO die *Anordnungskompetenz für Blut- und Urinproben nicht gesondert geregelt.* Denkt man an den Hauptanwendungsfall des Strassenverkehrs, ist dies wenig praktikabel. In diesem Zusammenhang ist darauf hinzuweisen, dass zwar mit dem am 1.1.2005 in Kraft getretenen revidierten SVG 55 und VZV 138 ff. an sich wie bisher abschliessend geregelt wird, bei welchen Personen im Zusammenhang mit Verkehrsunfällen eine Blutprobe usw. abgenommen werden kann. SVG 55 Abs. 5, wonach das kantonale Recht bestimmte, wer für die Anordnung dieser Massnahme zuständig war, wurde im Rahmen des Erlasses der StPO ohne Begründung und ersatzlos gestrichen, vgl. Botschaft 1555, BBl 2007 7141. Die Kantone können demnach nicht mehr – jetzt in Abweichung von der StPO – die Anordnungskompetenz der Polizei zuweisen. Ob es zulässig ist – wie offenbar in einzelnen Kantonen geprüft wird –, nur eine Anordnung durch die Staatsanwaltschaft zu verlangen, wenn der Betroffene sich der Entnahme widersetzt, bleibe an dieser Stelle offen. Zum früheren SVG 55 BGE 91 I 31.
[304] Bzw. bei Verdächtigen, z.B. aufgrund eines Robotbildes, BGE 124 I 83.
[305] *Analog zur Beschränkung des Zeugnisverweigerungsrechts* nach StPO 168 IV, BeB 178 oben. In diesen Fällen ist eine *Untersuchung auch gegen den Willen von Zeugnisverweigerungsberechtigten zulässig,* vgl. die Diskussion in RK N 26./27.4.2007, 20 ff.
[306] Die *Aussageverweigerungsrechte von StPO 169 IV werden dadurch nicht tangiert,* BeB 178 oben. Das Opfer kann in solchen Fällen *gegen seinen Willen nicht zu einer psychiatrischen Untersuchung gezwungen werden,* da eine solche naturgemäss Aussage einschliesst, so im Ergebnis zum früheren Recht RJN 2005 162 = RS 2007 Nr. 272.

gängig der Untersuchung aufzuklären[307]. Eine **Duldungspflicht für Nichtbeschuldigte** besteht für die bereits vorerwähnten Blut-, Urin- oder Speichelproben bei **Strassenverkehrsdelikten** (SVG 55 I, II[308]). Zu beachten ist sodann, dass StPO 164 II betreffend die **Begutachtung eines Zeugen vorgeht**, d.h., eine solche kann auch ausserhalb des Deliktskatalogs von StPO 251 IV angeordnet werden.

5.2. Zuständigkeit, Durchführung, StPO 252

Zur Anordnung sind **Staatsanwaltschaft oder Gerichte,** in dringenden Fällen deren Verfahrensleitung zuständig (StPO 198 I). Die **Polizei** kann solche Untersuchungen nicht anordnen oder selbst vornehmen. Eine Ausnahme bilden einfache Fälle ohne oder mit nur geringfügigen Eingriffen in die körperliche Integrität. Bei den Letzteren handelt es sich um Eingriffe im Grenzgebiet zu der in StPO 249 f. geregelten Durchsuchung von Personen bzw. solchen nach Sonderregeln. So ist die Polizei befugt zur Anordnung der Untersuchung von nicht einsehbaren Köperöffnungen und Körperhöhlen (bei Dringlichkeit, StPO 241 III) oder zur Durchführung von Wangenschleimhautabstrichen (dazu StPO 255 II) oder zum Feststellen oder Fotografieren von einfachen Verletzungen. Eigentliche Untersuchungen des Körpers und Eingriffe in die körperliche Integrität dürfen im Übrigen **nur von Ärzten oder anderem medizinischen Fachpersonal durchgeführt werden** (StPO 252).

1085

6. Untersuchungen an Leichen, StPO 253 und 254, MStP 69

StPO 253 regelt zunächst den Fall des **aussergewöhnlichen Todesfalls.** Darunter versteht man Todesfälle, bei denen Anzeichen eines unnatürlichen Todes, insbesondere durch eine Straftat verursacht, bestehen. Es kann sich hier um ein Gewaltverbrechen, aber auch um Suizide, Unglücksfälle oder ärztliche Behandlungsfehler handeln[309]. Es sind ferner Fälle, in denen die Identität eines Toten nicht sofort feststeht (z.B. sog. Fundleichen). Die Kantone bestimmen, welche Medizinalpersonen verpflichtet sind, trotz einem an sich bestehenden Berufsgeheimnis (StGB 321) solche Todesfälle den Strafbehörden zu melden (StPO 253 IV). Bei aussergewöhnlichen Todesfällen ordnet die Staatsanwaltschaft das Erforderliche an, um Identität und Todesart zu klären. Man spricht

1086

---

[307] Die *Einwilligung ist analog zum Zeugnisverweigerungsrecht (StPO 175) jederzeit widerrufbar*, wobei wie in StPO 175 II (dazu vorne N 904) früher mit Einwilligung durchgeführte Untersuchungen verwertbar bleiben. *A.M.* zum letztgenannten Punkt (mit Blick auf das alte Recht) OGZ I StrK 2.4.2009, SB090113, in NZZ Nr. 78 vom 3.4.2009, S. 52.
[308] Vgl. vorne N 1082.
[309] Botschaft 1240 unten.

hier von einer **Legalinspektion**, die unter Beizug eines fachkundigen Arztes, in der Regel eines ausgebildeten Rechtsmediziners, zu erfolgen hat (StPO 253 I)[310].

1087 Bestehen nach der Legalinspektion **keine Hinweise auf eine Dritteinwirkung in Form einer Straftat und steht die Identität des Toten fest**[311], so gibt die Staatsanwaltschaft die Leiche zur Bestattung frei (StPO 253 II). Andernfalls ordnet sie die Sicherstellung der Leiche und weitergehende Untersuchungen durch ein rechtsmedizinisches Institut an, zumeist wohl eine **Obduktion**[312]. Hernach wird die Leiche freigegeben, doch ist es möglich, diese ganz (wohl nur ausnahmsweise) oder Teile davon (z.B. bei Vergiftung die vor allem betroffenen Organe) zurückzubehalten, solange das Strafverfahren dies erfordert (StPO 253 III).

1088 Nach StPO 254 können Staatsanwaltschaft oder Gericht (vgl. StPO 198) eine **Exhumierung einer Leiche oder die Öffnung einer Aschenurne** anordnen, wenn dies zur Aufklärung einer Straftat (üblicherweise eines Tötungsdelikts) erforderlich ist. Vorab Exhumierungen sind mit Rücksicht auf die Wahrung der Totenruhe nur mit Zurückhaltung anzuordnen.

---

[310] Dabei sei daran erinnert, dass bei dieser *Legalinspektion nicht genug Sorgfalt angewandt werden kann*; nach allgemeiner Ansicht bleiben dabei erschreckend viele Tötungsdelikte unentdeckt. – Nicht geregelt sind in der StPO die *formell-verfahrensrechtlichen Seiten dieser Todesfälle*. In Anlehnung an die frühere Praxis in einzelnen Kantonen ist zu empfehlen, in allen diesen Fällen zunächst ein *Verfahren nach StPO 309 zu eröffnen,* auch wenn es an einem konkreten Verdacht auf strafrechtlich relevante Dritteinwirkung fehlt. Ergeben die Erhebungen das Fehlen einer strafrechtlich relevanten Dritteinwirkung, ist das Verfahren nach StPO 319 ff. *einzustellen*. Dabei sind in der Begründung voreilige Schlüsse auf die Todesursache (vor allem bei vermutetem Suizid) mit Rücksicht auf die Interessen der Angehörigen (versicherungsrechtliche Konsequenzen) zu vermeiden; für die Einstellung genügt der Hinweis, dass keine Anhaltspunkte für eine strafrechtlich relevante Dritteinwirkung fehlt. Dabei ist zu beachten, dass eine gesetzliche Grundlage für die *Auferlegung der entstandenen Kosten* für Leichenschau, Sektionen usw. z.L. des Nachlasses des Verstorbenen fehlt (zu diesem Erfordernis allgemein N 1758) und wohl auch nicht von den Kantonen (via Gesundheitsgesetzgebung?) eingeführt werden könnte (vgl. N 45).

[311] Zur *Wichtigkeit der Feststellung der Identität*, da damit die Frage der Todesursache verbunden sein kann, Botschaft 1241 oben. Allerdings sind auch Fälle denkbar, bei denen die *Identität letztlich nicht festgestellt werden kann*, so bei Asylbewerbern, sodass die Regel kaum durchwegs einzuhalten und eher als Ordnungsvorschrift zu betrachten ist. Sind (etwa zur Identitätsfeststellung) *DNA-Analysen erforderlich*, ist zur *Anordnung die Staatsanwaltschaft zuständig*, Botschaft 1241/1242.

[312] Zur Anwendung der EMRK auf Autopsien Pra 90 (2001) Nr. 161 = BGE 127 I 115; vgl. auch BGE 129 I 302.

7. DNA-Analysen, StPO 255–259

7.1. Allgemeines, Verhältnis zum DNA-Analysen-Gesetz

Seit etwa 25 Jahren ist es möglich, durch DNA-Analyse, d.h. den Vergleich von DNA-Profilen, körperliche Spuren wie Sperma, Speichel oder Haare, die z.b. am Tatort oder am Opfer gefunden wurden, mit grosser Sicherheit einer bestimmten Person zuzurechnen («**genetischer Fingerabdruck**»). Ausgangspunkt ist dabei die (mit Ausnahme eineiiger Zwillinge) **bei jedem Individuum spezifische Buchstaben-Zahlen-Kombination, die mit Hilfe molekularbiologischer Techniken aus den nichtcodierenden Abschnitten der Erbsubstanz DNA gewonnen wird und die die Identifizierung einer Person mit einem sehr hohen Wahrscheinlichkeitsgrad erlaubt**[313]. Die bei der verdächtigten Person erhobenen Proben werden in aller Regel nicht auf invasive Weise, d.h. durch einen Eingriff wie eine Blut- oder Gewebeentnahme, sondern nichtinvasiv, nämlich zumeist mittels eines Wangenschleimhautabstrichs (WSA)[314], erhoben. Es handelt sich jedoch bei nichtinvasiver Erhebung ebenfalls um einen Eingriff in ein Freiheitsrecht (mindestens in der Form der in der Schweiz nicht sonderlich prominent diskutierten informationellen Selbstbestimmung).

Zwar konnten in verschiedenen Kantonen DNA-Analysen auf die gesetzlichen Bestimmungen über körperliche Untersuchungen gestützt werden. Es zeigte sich jedoch, dass damit nicht alle Probleme vom Tisch waren. Vor allem war die Rechtsgrundlage fraglich, wenn bei unbekannter Täterschaft auch Nichtbeschuldigte in die Untersuchungen einzubeziehen waren[315]. Zudem erwies es sich als sinnvoll, dass in der Schweiz ein zentrales DNA-Profil-Informationssystem geführt wird, welches per 1.7.2000 gestützt auf die damalige Bestimmung von

1089

1090

---

[313] Vgl. Umschreibung in Art. 2 I des DNA-Profil-Gesetzes. – Zu *Beweiskraft und Methoden* SJZ 90 (1994) 402 = ZR 94 (1995) Nr. 7 = RS 1997 Nr. 312; Kriminalistik 1997 673; RS 1997 Nr. 305. *Kritisch zur Zuverlässigkeit solcher Analysen:* DNA-Profile nicht über alle Zwecke erhaben, so plädoyer 3/2008 13. – Zu diesem *Beweismittel aus zivilprozessualer Sicht* SJZ 88 (1992) 430; aus *deutscher Sicht* BGH 38, 320 sowie BGH 21.1.2009 in NJW 62 (2009) 1159.

[314] Dieser Abstrich (über die technische Seite NZZ Nr. 22 vom 28.1.2003) wurde stets als leichter körperlicher Eingriff betrachtet, BGE 128 II 269.

[315] Zu dieser Thematik allgemein N 1084, zur *Massenuntersuchung* nach StPO 256 nachfolgend N 1095. – Bei schwersten Verbrechen wurden Blutentnahmen für DNA-Vergleichsuntersuchungen u.U. auch gegen nicht beschuldigte Personen schon bisher als zulässig betrachtet, z.B. Angehörige genau eingegrenzter Personengruppen wie Bewohner von bestimmten Häusern oder Besitzer bestimmter Autos, Kriminalistik 1997 216. Ebenso die Abnahme von Speichel- bzw. Blutproben von Personen, die aufgrund eines Robotbildes für ein Sexualdelikt in Frage kommen; Pflicht zur nachträglichen Vernichtung bei negativem Ausgang, BGE 124 I 80 = EuGRZ 25 (1998) 450 = plädoyer 2/1999 65; dazu auch ZBJV 135 (1999) 745. In BGE 128 II 259 = EuGRZ 29 (2002) 336 = Kriminalistik 2002 556 wurde die Abnahme eines Wangenschleimhautabstrichs bei Verdacht auf Sexualdelikte als zulässig betrachtet, wobei nach diesem Entscheid die Proben nach Erstellung des DNA-Profils zu vernichten waren.

StGB 351[septies] (später StGB 349, hernach durch das BPI abgelöst) probeweise seinen Betriebe aufnahm[316]. Die Materie wurde für die Schweizer Strafverfahren hernach einheitlich im **BG über die Verwendung von DNA-Profilen im Strafverfahren und zur Identifizierung von unbekannten oder vermissten Personen vom 20.6.2003** (DNA-Profil-Gesetz)[317] geregelt. Im Zentrum des Gesetzes standen die Voraussetzungen, unter denen DNA-Profile im Strafprozess erhoben sowie verwendet (Erhebung der Proben; Organisation der Analyse, Art. 3–9) und in einem Informationssystem des Bundes bearbeitet werden konnten (Art. 10–14). Relativ breiten Raum nahmen die Datenschutzbestimmungen ein (Art. 15–19). Zu beachten waren ferner die **bisher ergänzende Verordnung über die Verwendung von DNA-Profilen im Strafverfahren** und zur Identifizierung von unbekannten oder vermissten Personen vom 3.12.2004[318] sowie **ergänzende kantonale Vorschriften**[319], wobei abzuwarten bleibt, inwieweit diese unter dem Regime der StPO noch Bestand haben werden.

1091 Wesentliche **Bestimmungen des DNA-Profil-Gesetzes**, die die Probeabnahme und die Verwendung von DNA-Profilen zu strafprozessualen Zwecken regelten (vorab jene des 2. Abschnittes, Art. 3–5, 7), **wurden mit gewissen Anpassungen sowie Straffungen in die StPO übernommen**. Die erwähnten Bestimmungen des DNA-Profil-Gesetzes sind nunmehr für die nach der StPO geführten Strafverfahren nicht mehr anwendbar (Art. 1a des Gesetzes). Das DNA-Profil-Gesetz behält indessen im Strafverfahren über weite Strecken seine Gültigkeit, zumal es nach StPO 259 ergänzend zur StPO anwendbar ist[320]. So gilt das DNA-Profil-Gesetz weiterhin etwa für die Organisation der DNA-Analysen (Art. 8 f.), das DNA-Profil-Informationssystem (Art. 10–13) sowie für Strafverfahren, die nicht in der StPO geregelt sind (z.B. solche nach VStrR oder der MStP, für welche der eingangs erwähnte 2. Abschnitt weiterhin gilt[321]. Das Gesetz regelt sodann nach wie vor die Verwendung von DNA-Profilen ausserhalb von Strafverfahren (z.B. zur Identifizierung von unbekannten, vermissten oder toten Personen, DNA-Profil-Gesetz Art. 1 I lit. c).

1092 Wesentlich bleiben demgemäss die **Zweckumschreibung und deren Schranken** in Art. 1 und 2 des DNA-Profil-Gesetzes: Gemäss Art. 1 I lit. a[322] regelt das

---

316 Siehe hierzu frühere V des Bundesrats vom 31.5.2000 über das DNA-Informationssystem, AS 2000 1715, 2002 111; dazu BGE 128 II 265 ff.
317 SR 363. Vgl. ferner Botschaft des Bundesrats vom 8.11.2000 in BBl 2001 29.
318 SR 363.1, letzte Änderung vom 14.2.2007. Vgl. auch die V vom 29.6.2005 des EJPD über die Leistung- und Qualitätsanforderungen für die forensischen Analysenlabors, SR 363.11.
319 Vgl. etwa im Kanton Zürich in OS 60, 29, LS 321.5.
320 Botschaft 1241 Mitte. – *Nicht anwendbar* in diesem Bereich ist das BG über genetische Untersuchungen beim Menschen vom 8.10.2004, AS 2007 635, SR 812.12, Art. 2 I Satz 2.
321 Vgl. die Revision von Art. 5 lit. a und c des Gesetzes im Rahmen der JStPO, BBl 2009 2011.
322 Unklar ist, weshalb DNA-Gesetz Art. 1 I und III wie auch 1bis mit der StPO (BBl 2007 7140) wie auch mit der JStPO (BBl 2009 2011) gleichlautend geändert wurden,

Gesetz die Verwendung von DNA-Profilen im Strafverfahren, während es nach lit. b das Informationssystem des Bundes und nach lit. c die Identifizierung von unbekannten, vermissten oder toten Personen ausserhalb von Strafverfahren mittels DNA-Analysen regelt. Nach Art. 1 II bezweckt das Gesetz einerseits die «*Verbesserung der Effizienz der Strafverfolgung*». Nach der weit gefassten Umschreibung in lit. a sollen DNA-Profile vor allem zur Identifizierung verdächtiger Personen bzw. zur Entlastung Unschuldiger dienen (näher Ziff. 1–3). Abs. 2 lit. b lässt solche Profil-Abgleichungen sodann im Rahmen der Rechtshilfe und polizeilichen Amtshilfe zu. Art. 2 II stellt klar, dass sich die DNA-Analyse – mit Ausnahme des Geschlechts der betroffenen Person – nicht auf den codierenden Teil beziehen darf, entgegen dem bundesrätlichen Vorschlag z.b. ebenfalls nicht auf die Augen-, Haut- oder Haarfarbe. Art. 2 III bestimmt weiter, dass Profil und Analysenmaterial nur zum vorgegebenen gesetzlichen Zweck nach Art. 1 verwendet werden dürfen.

7.2. Voraussetzungen im Allgemeinen, StPO 255

StPO 255 I (bisher DNA-Profil-Gesetz 3 I, 4) erlaubt die **Abnahme von Proben und die Erstellung eines DNA-Profils** zur Aufklärung von gegenwärtig zu untersuchenden wie auch möglichen zukünftigen Verbrechen oder Vergehen der wegen dringenden Tatverdachts in ein Strafverfahren verwickelten Person oder allgemein ausgedrückt: für strafprozessuale Zwecke[323]. Neben der **beschuldigten Person** (lit. a) können auch **andere Personen, namentlich Opfer oder Tatortberechtigte** diesen Untersuchungen unterworfen werden, sowie dies notwendig ist, um ihre Spuren von jenen der (bereits bekannten oder noch zu eruierenden) beschuldigten Person zu unterscheiden (lit. b). Diese besonderen Regeln gehen jenen von StPO 251 IV vor. Ferner kann **toten Personen** (vor allem im Zusammenhang mit aussergewöhnlichen Todesfällen, StPO 253) sowie von **tatrelevantem biologischem Material** (Spuren wie aufgefundenes Blut, Haare etc.) Proben entnommen und diese für die Erstellung eines DNA-Profils verwendet werden (lit. c und d).

1093

---

wobei Art. 1bis nun allerdings als Art. 1a erscheint. BBl 2008 3154 spricht von redaktionellen Änderungen.

[323] StPO 255 I ist in der Einleitung *unglücklich und missverständlich formuliert*: Einerseits kann es nicht sein, dass, wenn eine Person wegen eines Einbruchdiebstahls verhaftet und dieses Delikts überführt ist, sich diese der Probe widersetzen kann, weil das Delikt ja aufgeklärt sei. Andersseits kann demgemäss auch eine Probe genommen werden, wenn im konkret zu untersuchenden Delikt keine verwertbaren Spuren vorliegen bzw. zur Abklärung des fraglichen Delikts ungeeignet sind, die Probe hingegen bei einem allenfalls begangenen *künftigen* Delikt der beschuldigten Person bedeutsam werden. *A.M.* offenbar RS 2009 Nr. 562. – Zur Feststellung, dass Personen, die wegen geringfügiger Delikte in die DNA-Datenbanken aufgenommen wurden, nicht selten auch Kapitalverbrechen begehen, Kriminalistik 2006 563.

1094 **Zuständig** zur Anordnung der Abnahme von Proben wie zur Durchführung der Analysen sind – teilweise im Einklang mit DNA-Profil-Gesetz 7 I – vor allem Staatsanwaltschaft und Gerichte (StPO 198), wobei sich diese Kompetenzordnung primär auf die **invasiv abzunehmenden Proben** (Blut-, Gewebe- oder Haarentnahmen) bezieht[324]. Werden – wie dies heute üblich ist – **Proben zumeist nicht invasiv, sondern durch Wangenschleimhautabstriche** gewonnen, ist zur Durchführung oder Anordnung nach StPO 255 II lit. a wegen der geringfügigen Natur des Eingriffs ebenfalls die Polizei befugt. Nach den Materialien ist in Fällen nach dieser Bestimmung nicht die Polizei, sondern **nur die Staatsanwaltschaft zur Anordnung der Analyse der Asservate befugt**[325]. Dies gilt jedoch allein im Fall, dass die Zuordnung der z.B. an einem Tatort gefundenen Spuren zu einer bestimmten beschuldigten Person abzuklären ist, nicht aber, wenn die abgenommene Probe ohne Verbindung mit einer bekannten Straftat mit den im DNA-Profil-Informationssystem vorhandenen Registrierungen verglichen bzw. dort im Hinblick auf die Abklärung künftiger Delikte registriert werden soll. Die Befugnis der Polizei, in solchen Fällen ebenfalls die Analyse anzuordnen, ergibt sich aus StPO 255 II lit. b sowie dem allgemeinen Auftrag der Polizei nach StPO 306 II lit. a, im Rahmen des Ermittlungsverfahrens die gefundenen Spuren auszuwerten. Die Analyse erfolgt durch spezialisierte Labors i.S. von DNA-Profil-Gesetz Art. 8–9. Die Polizei kann ausnahmsweise selbst einen entsprechenden Auftrag erteilen[326]. Bei der **Abklärung von aussergewöhnlichen Todesfällen** ist allerdings i.S. von StPO 253 III immer die Staatsanwaltschaft zur Anordnung der Erhebung von DNA-Proben und deren Auswertung zuständig[327].

7.3. Massenuntersuchungen, Anordnung bei verurteilten Personen, StPO 256 und 257

1095 Gelegentlich wird versucht, Delikte dadurch aufzuklären, dass DNA-Proben bei einer grösseren Anzahl von Personen erhoben werden, die zwar nicht verdächtig[328] sind, hingegen bestimmte, in Bezug auf das begangene Delikt festgestellte gemeinsame Merkmale mit dem vermutlichen Täter aufweisen. Es sind dies z.B.

---

[324] Botschaft 1241, die auf die grosse Nähe zur körperlichen Untersuchung verweist. Nur *Entnahmen ab dem Körper relevant*, also nicht bereits abgetrennte Haare, Blutflecken auf Kleidern o.Ä.
[325] Botschaft 1241 unten.
[326] StPO 255 II lit. b ist also *lex specialis* zu StPO 182, dazu Botschaft 1242 oben. – Weggefallen ist die Einspruchsmöglichkeit bei der Staatsanwaltschaft bei entsprechenden Anordnungen nach bisher DNA-Profil-Gesetz 7 II. Soweit die Polizei nicht nach StPO 312 vorgeht, kann gegen ihre Anordnungen nach StPO 393 ff. *Beschwerde* erhoben werden. Zum DNA-Prozess/Message Handler Kriminalistik 2006 564.
[327] So Botschaft 1241/1242. – Gegen *Anordnungen zur Abnahme von Proben durch Polizei oder Staatsanwaltschaft* ist die *Beschwerde* nach StPO 393 ff. möglich. Die Anfechtungsmöglichkeit nach Art. 7 II des DNA-Analysen-Gesetzes besteht in Fällen nach der StPO nicht (Art. 1bis dieses Gesetzes).
[328] Antrag im Nationalrat, einen Verdacht vorauszusetzen, wurde abgelehnt, AB N 2007 989.

Männer einer gewissen Altersgruppe, Personen, die eine bestimmte Automarke fahren und in einem bestimmten Dorf oder Quartier wohnen. Solche Untersuchungen machen naturgemäss nur Sinn, wenn vom Täter herrührende Spuren (z.B. Sperma) vorhanden sind[329], die mit jenen, die bei der Massenuntersuchung beschafft werden, DNA-mässig abgeglichen werden können[330]. Die Anordnung solcher **Massenuntersuchungen,** die nur zur Aufklärung von Verbrechen zulässig sind, setzt eine auf Antrag der Staatsanwaltschaft erfolgte **Genehmigung durch das Zwangsmassnahmengericht** voraus; bereits nach DNA-Profil-Gesetz Art. 7 III lit. a war eine solche Massenuntersuchung nur mit richterlicher Bewilligung zulässig. Wegen ihres erheblich in Grundrechte eingreifenden Charakters dürfen sie nur mit grosser Zurückhaltung und unter strengster Beachtung des Verhältnismässigkeitsgrundsatzes angeordnet werden[331].

StPO 257 erlaubt die **Abnahme von DNA-Proben und die Erstellung eines entsprechenden Profils bei verurteilten Straftätern** (bisher DNA-Profil-Gesetz Art. 5, 7 IV). Diese Anordnung kann erst im Urteil erfolgen und setzt zum Vollzug dessen Rechtskraft (StPO 437) voraus. Es liegt auf der Hand, dass es hier nicht wie bei StPO 255 um die Aufklärung von bereits begangenen Straftaten geht. Vielmehr soll bei einer bestehenden Rückfallgefahr (die allerdings das Gesetz nicht verlangt) für künftige Fahndungszwecke entsprechende Erkenntnisse abrufbar sein. Die Anordnung solcher Untersuchungen setzt voraus, dass die betreffende Person wegen eines vorsätzlich begangenen Verbrechens zu einer Freiheitsstrafe oder zu einem Freiheitsentzug von mehr als einem Jahr verurteilt wurde (StPO 257 I lit. a). Bezieht sich die Verurteilung auf ein vorsätzlich begangenes Verbrechen oder Vergehen gegen Leib und Leben oder gegen die sexuelle Integrität, ist keine Mindeststrafe erforderlich (lit. b). Lit. c von StPO 257 lässt darauf schliessen, dass diese Massnahme nicht einen Schuldspruch voraussetzt; es genügt, wenn zwar das Erfüllen des objektiven und subjektiven Tatbestands festgestellt, aber z.B. wegen Schuldunfähigkeit eine therapeutische Massnahme nach StGB 56 ff. oder eine Verwahrung nach StGB 64 angeordnet wurde[332].

1096

---

[329] Botschaft 1242 Mitte.
[330] Unklar ist, ob die StPO davon ausgeht, dass die Abgleichungen stets in Form eines Gutachtens nach StPO 182 ff. zu erfolgen haben, was eher zu verneinen ist, vgl. dazu den Entscheid zum früheren Recht PKG 2005 Nr. 16 S. 88 ff.
[331] *Beschwerde* zwar nicht gegen generelle Anordnung des Zwangsmassnahmengerichts, hingegen bei Anordnung gegen eine konkrete Person möglich, vgl. RK N 26./27.4.2007, 31 und vorne Fn. 326 f.
[332] Botschaft 1242 Mitte. Ob dies nur möglich ist, wenn nach einem Freispruch i.S. von StGB 19 III eine Massnahme verhängt wird, wie die Botschaft aaO dies offenbar annimmt, ist jedoch fraglich. Eine Anordnung nach StPO 257 lit. c ist ebenso im *selbstständigen Massnahmeentscheid* nach StGB 375 (N 1428) möglich.

7.4 Abnahme von Proben für DNA-Analysen, StPO 258

1097 Soweit Probenahmen bei Personen zu erheben sind, müssen diese nach StPO 258 bei **invasiver Entnahme** durch einen Arzt oder medizinisches Fachpersonal entnommen werden. **Nichtinvasive Entnahmen** können wie bereits erwähnt (Ziff. 7.2.) nach StPO 255 II von der Polizei angeordnet und auch selbst durchgeführt werden, ebenso die **Auswertung von biologischem Spurenmaterial** nach StPO 255 I lit. d.

7.5. Zum DNA-Profil-Informationssystem, Datenschutz

1098 DNA-Analysen und die künftige Verwertung ihrer Resultate sind nur sinnvoll, wenn ein **zentralisiertes Informationssystem** diese speichert und später in Strafverfahren (oder zur anderweitigen Identifizierung von Personen) den Vergleich von DNA-Profilen ermöglicht. Dies stellt das bisher mit Art. 10 ff. und V Art. 8 ff. geschaffene und vom Bund betriebene DNA-Profil-Informationssystem (AFIS DNA Services) sicher (dazu auch StGB 354 III sowie neuerdings BIP 14 II).

1099 Die Abnahme von Proben, deren Analyse und Registrierung sind hinsichtlich des Persönlichkeitsschutzes heikel, so u.a. weil diese Identifizierungsmethode auch ausserhalb des Strafverfahrens eingesetzt werden kann und weil im Rahmen von Strafverfahren davon Personen betroffen sein können, die später als Täter ausscheiden. Das Gesetz enthält deshalb in Art. 15 ff. eingehende Vorschriften zum **Datenschutz**, die das Auskunftsrecht (Art. 15) und vor allem die **Löschung der registrierten DNA-Profile** regeln[333]. Diese Regeln gelten auch im Strafverfahren; sie gehen den allgemeinen Bestimmungen von StPO 95–99 über die Datenbearbeitung vor.

§ 70 Erkennungsdienstliche Erfassung, Schrift- und Sprachproben, StPO 260–262

Literaturauswahl: neben der zu §§ 65 und 69 erwähnten Literatur AESCHLIMANN N 968, 1029; HAUSER/SCHWERI/HARTMANN § 72 II; MAURER 337; PADRUTT 237; OBERHOLZER N 65; PIQUEREZ (2006) N 885; DERS. (2007) N 698; SCHMID (2004) N 732; TRECHSEL (2005) 556 (*search and seizure*).

---

[333] Siehe vor allem Art. 16 in der Fassung JStPO, BBl 2009 2011 f. Wesentlich die in Art. 11 IV bzw. 16 I des Gesetzes zu findenden *Regeln zur Nichtaufnahme in das System bzw. Löschung*, wenn betreffende *Person als Täter ausscheidet* sowie bei *Freispruch und Einstellung* usw. – Bei Verwendung der Profile in einem andern Verfahren: Aufbewahrung, bis auch diese rechtsgültig abgeschlossen sind, vgl. deutschen Fall in NJW 59 (2006) 2714. Zur Problematik der in Art. 16 vorgesehenen Löschungsfristen mit Blick auf englische Erfahrungen Kriminalistik 2006 561. Bedauerlich ist ferner, dass die *Fristen bzw. Voraussetzungen für die Löschung der DNA-Profile* und jene der erkennungsdienstlichen Daten nach StPO 261 unterschiedlich geregelt sind.

BEAT PFISTER, Personenidentifikation anhand der Stimme, Kriminalistik 2001 287.
Materialien: Aus 29 mach 1 S. 119, 125; VE 320–322; BeB 192 ff.; ZEV 60 f.; E 259–261; Botschaft 1243 ff.; AB S 2006 1031, AB N 2007 989 f.

1. Erkennungsdienstliche Erfassung, StPO 260 und 261

1.1. Allgemeines, Anordnung, StPO 260

Bei der erkennungsdienstlichen Behandlung werden die äusserlich wahrnehmbaren Körpermerkmale einer Person durch Lichtbilder, Signalemente hinsichtlich Grösse, Gewicht, Haar- und Augenfarbe, Finger-, Handballen- oder Fussabdrucke usw. festgestellt und registriert (so ähnlich StPO 260 I). Ziel dieser Erfassung ist es, Personen zu identifizieren, um begangene, bisher nicht geklärte wie auch künftige Straftaten bestimmten Personen zuordnen zu können[334]. Es handelt sich bei dieser Behandlung um einen eher leichten Eingriff in die persönliche Freiheit nach BV 10 II bzw. die Privatsphäre nach EMRK 8 Ziff. 1 sowie BV 13[335]. Müssen zur Sachverhaltsabklärung Blut, Urin, Mageninhalt, Haare usw. beschafft werden, sind jedoch die Vorschriften über die Untersuchung des Körpers (StPO 251 f.)[336] oder die DNA-Analyse (StPO 255 ff.)[337] anwendbar, während bei der Erhebung körperfremder Spuren an Kleidern oder am Körper (Textilfasern, Fingernagelschmutz, lose Haare u.Ä.) die Regeln über die Durchsuchung von Personen (StPO 249 f.) zu beachten sind[338]. Die gesetzliche Grundlage für die erkennungsdienstliche Erfassung – die in früheren Strafprozessordnungen oft nicht vorhanden war bzw. aus der allgemeinen Norm für körperliche Untersuchungen abgeleitet wurde[339] – findet sich nun in StPO 260. Angefügt sei, dass eine solche erkennungsdienstliche Erfassung vor EMRK 8 wie der BV standhält[340].

1100

---

[334] Dazu etwa m.w.H. BGE 128 II 271; Obergericht Obwalden 21.12.2007 in plädoyer 1/2008 76. Entgegen der im letztgenannten Urteil vertretenen Ansicht zur StPO des Kantons Obwalden verlangt die Schweizerische StPO bezüglich dieser weiteren Delikte keinen bereits vorhandenen Tatverdacht.

[335] Siehe BGE 133 I 80 f. sowie ZR 107 (2008) Nr. 75 S. 298 ff. (vor allem zur erforderlichen Rechtsgrundlage).

[336] Vorne N 1081 ff.

[337] Vorne N 1089 ff. Zur Abgrenzung der körperlichen Untersuchung von der erkennungsdienstlichen Erfassung mit Blick auf DNA-Profile BGE 128 II 270 ff.

[338] Botschaft 1243.

[339] Teilweise wurden entsprechende Erhebungen auf die polizeiliche Generalklausel gestützt und/oder in Verordnungen geregelt. Für das Bundesstrafverfahren galt BStP 73^{quater} sowie die V vom 21.11.2001 über die Bearbeitung erkennungsdienstlicher Daten, SR 361.2.

[340] BGE 120 Ia 147 = EuGRZ 21 (1994) 492, BGE 107 Ia 145; Pra 72 (1983) Nr. 281. Auch bei Geständigen zulässig, BGer 22.9.1994 in SJZ 91 (1995) 76 = plädoyer 6/1994 62. – Festzustellen ist, dass eine solche Erfassung im Rahmen der Verhältnismässigkeit auch bei *Übertretungen* zulässig ist.

1101 Angesichts der nicht besonderen Schwere des Eingriffs und im Einklang mit den bisher in den Kantonen bekannten Zuständigkeitsregeln dürfen solche Erfassungen nicht nur von **Staatsanwaltschaft und Gerichten**, sondern auch von der **Polizei** angeordnet und durchgeführt werden (StPO 260 II)[341]. Sie sind von diesen Behörden in einem schriftlichen Befehl anzuordnen (näher StPO 260 III analog zu StPO 241 I), wozu Formulare verwendet werden können. Falls sich die betroffene **Person weigert**, sich von der Polizei entsprechend behandeln zu lassen, entscheidet die Staatsanwaltschaft (StPO 260 IV), es sei denn, die Polizei handle nach StPO 312 bereits im Auftrag der Staatsanwaltschaft[342]. Im Rahmen der Verhältnismässigkeit sind, wenn die betreffende Person einer Vorladung zur erkennungsdienstlichen Erfassung nicht befolgt, auch **Zwangsmassnahmen zur Durchsetzung** (polizeiliche Vorführung, näher StPO 206 und 207[343]) zulässig.

1102 Die erkennungsdienstliche Erfassung kann vorab **bei beschuldigten Personen** durchgeführt werden. Bisher wurde sie bei festgenommenen beschuldigten Personen bei sich bestätigtem Tatverdacht fast routinemässig durchgeführt. Im Rahmen der Verhältnismässigkeit und mit grosser Zurückhaltung können auch **nicht beschuldigte Personen** erkennungsdienstlich erfasst werden. Dies kann sich als notwendig erweisen, um festgestellte Spuren wie Fingerabdrücke tatortberechtigten, nicht beschuldigten Personen zuordnen zu können[344].

1.2. Aufbewahrung und Verwendung der erkennungsdienstlichen Unterlagen, StPO 261

1103 Während die Erhebung des erkennungsdienstlichen Materials, wie vorstehend vermerkt, nicht einen besonders einschneidenden Eingriff in die Rechte der von der Massnahme betroffenen Person darstellt, kann die nachfolgende Auswertung und vor allem die **Aufbewahrung zur späteren Verwendung deren Interessen durchaus wesentlich beeinträchtigen**. Es besteht hier ein Interessengegensatz zwischen der von der Erhebung betroffenen Person, der an einer möglichst baldigen Vernichtung gelegen ist, und den Strafverfolgungsbehörden, die die gewonnenen Erkenntnisse für Fahndungszwecke sowie zur Aufklärung künftiger Delikte möglichst lange aufbewahren möchten[345], ein nach der Zielsetzung der erkennungsdienstlichen Erfassung durchaus legitimer Zweck. StPO 261, *lex specialis* zu den allgemeinen Vorschriften über die Datenbearbeitung nach StPO 95–99[346], möchte unter Berücksichtigung der bisherigen Bundesgerichts-

---

[341] Botschaft 1243 Mitte. – *Abnahme ist keine Beweiserhebung* i.S. von StPO 147, kann also ohne Parteiöffentlichkeit und Rechtsbeistände durchgeführt werden.
[342] Gegen *Entscheide der Staatsanwaltschaft Beschwerde* an die Beschwerdekammer, StPO 393 ff., dazu Botschaft 1243.
[343] Dazu vorne N 985 ff.
[344] Botschaft 1243.
[345] Dazu Botschaft 1244 oben.
[346] Vorne N 613 ff. Leider unterschiedliche Aufbewahrungsfristen bei DNA-Proben, vorne Fn. 333.

praxis³⁴⁷ einen **Ausgleich zwischen diesen involvierten gegensätzlichen Interessen** herstellen.

Zunächst ist an den Fall zu denken, **dass erkennungsdienstliche Daten i.S. von StPO 260 Eingang in ein bestimmtes Strafdossier** finden; sie bleiben in diesem Aktendossier, und die Verwendung, Aufbewahrung und Vernichtung ergibt sich aus StPO 100–103³⁴⁸. StPO 261 regelt hingegen Aufbewahrung und Verwendung solcher Unterlagen, die sich **ausserhalb bestimmter Dossiers** und üblicherweise in den entsprechenden polizeilichen Registraturen usw. befinden. StPO 261 I sieht zunächst vor, dass erkennungsdienstliche Unterlagen über beschuldigte Personen je nach Ausgang des Verfahrens **während unterschiedlicher Fristen aufbewahrt und in einem neuen Strafverfahren verwendet werden dürfen,** soweit ein hinreichender Tatverdacht auf ein neues Delikt hinweist (näher lit. a und b)³⁴⁹. Im Fall eines **Freispruchs sowie bei Einstellung und Nichtanhandnahme** dürfen Unterlagen mit Zustimmung der Verfahrensleitung während höchstens 10 Jahren aufbewahrt und verwendet werden (näher StPO 261 II)³⁵⁰. Erforderlich ist dazu eine gewisse Wahrscheinlichkeit, dass die fraglichen Informationen zur Aufklärung weiterer, allenfalls künftiger Delikte von Bedeutung sein könnten.

1104

Erkennungsdienstliches Material über **nicht beschuldigte Personen** muss hingegen gemäss StPO 261 III nach rechtskräftigem Abschluss des Verfahrens gegen die beschuldigte Person vernichtet werden. StPO 261 IV sieht sodann vor,

1105

---

³⁴⁷ Zur früheren Praxis (die jetzt naturgemäss im Lichte von StPO 261 zu lesen ist) etwa BGE 109 Ia 146. Aufbewahrung des ED-Materials im Rahmen der Verhältnismässigkeit nach der früheren Praxis während einiger Jahre auch nach Einstellung des Verfahrens zulässig, BGer 12.1.1990 in NZZ Nr. 127 vom 5.6.1990, vgl. auch BGer 18.12.1989 i.S. X. in plädoyer 2/1990 67, BGE 120 Ia 147 und BGer 2.3.2001, 1P.46/2001. In BGer 23.11.2006, 1P.362/2006 in Anwaltsrevue 2/2007 80 = SJZ 103 (2007) 464 wurde eine sofortige Vernichtung bei Einstellung des Strafverfahrens wegen Rückzugs des Strafantrags mit Blick auf BV 13 II i.V. mit BV 36 II und III verlangt.

³⁴⁸ Vorne N 620 ff.

³⁴⁹ In diese Richtung schon **frühere Praxis,** vgl. BGE 120 Ia 147 = EuGRZ 21 (1994) 492 und BGer vom 22.9.1994 in SJZ 91 (1995) 76 = plädoyer 6/1994 62 (Zweck kann in der Verhinderung künftiger bzw. im Aufklären bereits erfolgter Straftaten liegen; «*seltsames Betragen*», also auch ohne Urteil genügt; ebenfalls bei vorläufiger Einstellung hat das Bundesgericht früher die Aufbewahrung während einiger Zeit als verhältnismässig betrachtet. Vgl. weiter die früheren Entscheide BGE 109 Ia 155 und 107 Ia 147. – Für die nach dem BIP in *polizeilichen Informationssystemen des Bundes* registrierten Daten gilt BIP 6 I, d.h. sie dürfen dort so lange bearbeitet werden, wie es der Bearbeitungszweck erfordert, wobei nach BIP 19 lit. d der Bundesrat die maximale Aufbewahrungszeit festzulegen hat.

³⁵⁰ Darüber wird wohl mit Vorteil direkt in der Einstellungsverfügung bzw. im freisprechenden Urteil entschieden (als Nebenpunkt nach StPO 81 IV lit. e), welcher Entscheid alsdann der *Polizei mitzuteilen ist. –* Fraglich, ob nicht bereits *grundrechtlicher Anspruch auf Löschung* besteht, wenn sich ergab, dass die beschuldigte Person mit dem Delikt nichts zu tun hatte, vgl. Entscheid in plädoyer 6/2007 77 und frühere Praxis vorne in Fn. 347 und nachfolgend N 1105.

dass das **Material auch vor Ablauf der Fristen von Abs. 1 lit. a und b mit oder ohne Begehren des Betroffenen zu vernichten ist**, wenn das Interesse an der Aufbewahrung und Verwendung der Unterlagen offensichtlich dahingefallen bzw. eine weitere Aufbewahrung unverhältnismässig wäre. Die StPO regelt nicht weiter das **Einsichtsrecht des Betroffenen**; nach der früheren Bundesgerichtspraxis besteht grundsätzlich ein Einsichtsrecht in entsprechende Registereinträge[351], nicht aber in Dokumentationen der Erkennungsdienste. Dabei sind StPO 97 ff. sinngemäss anzuwenden[352].

2. Schrift- und Sprachproben, StPO 262

1106 StPO 262 regelt einen **Sonderfall der erkennungsdienstlichen Erfassung, nämlich die Abnahme von Schrift- und Sprachproben**. Im Unterschied zu den auf äusserliche Körpermerkmale beschränkten und von den betroffenen Personen mehr oder weniger passiv zu duldenden Erhebungen nach StPO 260 f. setzen die Proben nach StPO 262 ein aktives Mitwirken der betroffenen Person voraus. Schrift- und Sprachproben, die sich in der Nachbarschaft zur körperlichen Untersuchung befinden, setzen deshalb **eine besondere gesetzliche Grundlage voraus**[353].

1107 StPO 262 I sieht vor, dass beschuldigte Personen, Zeugen und Auskunftspersonen angehalten werden können, zu Vergleichszwecken Schrift- oder Sprachproben zu liefern. Abs. 2 von StPO 262 sieht im Weigerungsfall Ordnungsbusse (StPO 64)[354] vor. Zur Abnahme erscheinen die Staatsanwaltschaft und die Gerichte als zuständig, nicht die Polizei (StPO 198 I). Ausgenommen von Pflicht und allfälliger Ordnungsbusse sind Personen, die nicht gehalten sind, das Strafverfahren durch aktives Tun zu fördern, also insbesondere beschuldigte Personen (auch Unternehmensvertreter nach StPO 112) und – beschränkt – andere Aussage- oder Zeugnisverweigerungsberechtigte[355]. Nicht erzwingbar sind solche

---

[351] BGE 113 Ia 1.
[352] Für die nach dem BIP in *polizeilichen Informationssystemen des Bundes* registrierten Daten richtet sich das *Einsichtsrecht* nach DSG 8 und 9, vgl. dazu BIP 7 f.
[353] Botschaft 1244 unten. – Zu den *Anforderungen an die Vergleichspersonen bei Sprachproben* (Ähnlichkeit mit dem Profil des vorher beschriebenen Verdächtigen), m.w.H. KGZ 23.7.2008 in FP 2/2009 81.
[354] Vorne N 537. Analog zu StPO 176 II erneute *Aufforderung unter Hinweis auf StGB 292* denkbar.
[355] Näher Botschaft 1244 unten, vorab zu Auskunftspersonen (bei diesen aber nur Verweigerungsrecht für die beschuldigtenähnliche Auskunftsperson nach 178 lit. d-g) und Zeugen. – Ungelöst ist die Frage, ob *andere im Strafverfahren vorhandene oder geleistete Schriften*, z.B. in der kopierten Gefängniskorrespondenz (zum Kopieren selbst vgl. BGer 25.11.1994 in ZBl 96 [1995] 329, dazu ZBJV 113 [1995] 729), in beschlagnahmten Schriftstücken oder *Sprachproben* (z.B. bei angekündigten Aufnahmen nach StPO 76 IV oder 144, aber auch in beschlagnahmten Tonbändern) ausgewertet werden dürfen. Tendenziell dürften solche Schriften und Tonaufnahmen verwertbar sein, in jedem Fall, wenn sie

Proben nach der Botschaft[356], soweit solche Verweigerungsrechte auf persönlichen Beziehungen zum Beschuldigten basieren (StPO 168) oder dem persönlichen Schutz dienen (StPO 169) und damit auf Unzumutbarkeit der Mitwirkung beruhen. Nicht zur Verweigerung berechtigt sind aber etwa Berufsgeheimnisträger wie ein Arzt, da es nicht um geschützte Informationen geht, die ihm im Rahmen seiner Berufstätigkeit zukamen[357].

§ 71 Beschlagnahme, StPO 263–268, VStrR 45–47, MStP 41, 63, 64, 68

Literaturauswahl: neben der zu §§ 65 und 69 erwähnten Literatur AESCHLIMANN N 936; HAUSER/SCHWERI/HARTMANN § 69; MAURER 75, 244; OBERHOLZER N 1137; PADRUTT 240; PIQUEREZ (2006) N 910; DERS. (2007) N 706, 720; SCHMID (2004) N 740; TRECHSEL (2005) 556 (*search and seizure*).

FELIX BOMMER/PETER GOLDSCHMID, Die Auswirkungen von Aussagefreiheit und Zeugnisverweigerungsrechten auf Beschlagnahme und Herausgabe, ZBJV 133 (1997) 345; CHRISTIANE LENTJES MEILI, Zur Stellung der Banken in der Zürcher Strafuntersuchung, insbesondere bei Bankabfragen und Beschlagnahmen, Diss. Zürich 1996 (Schweizer Schriften zum Bankrecht Bd. 41); MAURICE HARARI, Corruption à l'etranger: Quel sort reserver aux fonds saisis en Suisse, Z 116 (1998) 1; MARKUS JULMY, Die vorzeitige Beschlagnahme beschlagnahmter Gegenstände im Strafverfahren, in: FS F. Riklin, Zürich/Basel/Genf 2007, 441; DENIS PIOTET, Les effets civils de la confiscation pénale, Berne 1995; GÉRARD PIQUEREZ, La saisie probatoire en procédure pénale, FS N. Schmid, Zürich 2001, 659; NIKLAUS SCHMID, Das neue Einziehungsrecht nach StGB Art. 58 ff., Z 113 (1995) 321; DERS., StGB 58 N 84 ff., StGB 59 N 141 ff. und 171 ff. in: SCHMID (Hrsg.), Kommentar Einziehung, organisiertes Verbrechen und Geldwäscherei, Bd. I, 2. Aufl., Zürich 2007; FRANÇOIS VOUILLOZ, Le nouveau séquestre pénal suisse, Jusletter 18.2.2008, DERS., Le séquestre pénal (art. 263 à 268 CPP), AJP 11/2008 1367.

Materialien: Aus 29 mach 1 S. 114 f.; VE 273–280; BeB 181 ff.; ZEV 58 f.; E 262–267; Botschaft 1245 ff.; AB S 2006 1031 ff., 2007 721, AB N 2007 990.

---

schon vor Beginn des Vorverfahrens erstellt wurden und die Aufnahmen im Anwendung von StPO 263 ff. beschlagnahmt wurden. Auswertbar für Sprachvergleiche sind auch *Aufnahmen, die im Rahmen einer geheimen Überwachungsmassnahme nach StPO 269 ff. bzw. 280 f. korrekt erhoben wurden. Heimliches Beschaffen* (unter Verletzung von StPO 76 IV Satz 2) bzw. unter *Verletzung von Treu und Glauben sowie des Fairnessgebots* jedoch verboten, so heimliche Sprachaufnahmen bei Einvernahmen oder Gesprächen mit Parteien ausserhalb von solchen, Kriminalistik 1994 461.

[356] S. 1244/1245.
[357] Unklar, ob *Berechtigte auf Verweigerungsrecht aufmerksam zu machen sind*, in dieser Richtung plädoyer 6/2003 67 = ZR 103 (2004) Nr. 26 (grundsätzlicher Hinweis auf Freiwilligkeit erforderlich, es sei denn, es stehe fest, dass Mitwirkung freiwillig war). *Verteidiger* muss bei Schriftprobe der beschuldigten Person nach RKG 1999 Nr. 139 nicht anwesend sein, wobei jedoch zu postulieren ist, dass bei der Abnahme solcher Proben die *Teilnahmerechte nach StPO 147 zu gewähren sind.*

1. Allgemeines, Grundsatz, StPO 263

1.1. Begriff der Beschlagnahme

1108 Unter Beschlagnahme (auch Beschlagnahmung genannt) versteht man diejenige Zwangsmassnahme, mit der die **Strafbehörde deliktsrelevante Gegenstände oder Vermögenswerte ohne Einverständnis der betroffenen Person für die Zwecke des Strafverfahrens ihrer Verfügungsgewalt entzieht** bzw. einer **Verfügungsbeschränkung unterwirft**[358]. Häufig geht ihr eine Durchsuchung oder eine Untersuchung i.S. von StPO 241 ff.[359] voraus.

1109 Eine **Beschlagnahme tangiert die zivilrechtlichen Ansprüche an den fraglichen Gegenständen oder Vermögenswerten nicht**. Nach neuerer Bundesgerichtsbarkeit liegt demgemäss keine i.S. einer sichernden, vorsorglichen Massnahme zu verfügende Beschlagnahme mehr vor, wenn die **Beschlagnahme wegen ihrer Dauer und der Art ihrer Vornahme die Verwendung der Sachen zum vorgesehenen Zweck endgültig verunmöglicht** und damit einen irreversiblen Eingriff in die Eigentums- und Vermögensrechte der Betroffenen darstellt. Aktuell wurde diese Frage vor allem im Zusammenhang mit Massnahmen wie dem Umpflügen und Vernichten von Hanffeldern. Es liegt in solchen Konstellationen ein Eingriff von definitivem Charakter und damit nach Bundesgericht eine zivilrechtliche Streitigkeit nach EMRK 6 Ziff. 1 vor, für die der Richter zuständig ist[360]. Im Regelfalle wird die Staatsanwaltschaft hier nach StPO 377 II vorzugehen haben, d.h., sie erlässt einen mittels Einsprache an das erstinstanzliche Gericht weiterziehbaren Einziehungsbefehl[361].

---

[358] BeB 181.
[359] Vorstehend N 1061 ff.
[360] BGE 129 I 107 ff. = Pra 92 (2003) Nr. 117 = EuGRZ 30 (2003) 271 = plädoyer 1/2003 66 (*in casu*: Hanfpflanzen). BGE 130 I 360 (Vernichtung von Hanf während Untersuchung kann nicht mit vorzeitiger Verwertung nach damaligem kantonalem Recht – und jetzt auch nicht mit StPO 266 V – begründet werden). Dies ebenso im Fall der gemäss Verfügung vom 2.9.2003 des Einzelrichters am Bezirksgericht Zürich i.S. B.H. und X. Ltd. bei angeblich für die Aufzucht von Hanfpflanzen zu verwendenden, für den Wiederverkauf bestimmten Utensilien wie Lampen, Präzisionswaagen etc., mit Hinweis auf die lange Verfahrensdauer, den nicht unerheblichen Wertzerfall und die Beeinträchtigung der geschäftlichen Aktivitäten der Beschlagnahmebetroffenen. Vgl. auch BGE 133 IV 278 (Beschlagnahme von Drogengeldern). Dieser Fall liegt jedoch bei einer *bloss sichernden Beschlagnahme bzw. einer Kontosperre* nicht vor, BGer 29.5.2007, 1P.64/2007 in ZBl 109 (2008) 557. – Analog zur eingangs erwähnten Praxis sind wohl *endgültige Sperren zum Zugang zu Internet-Seiten z.B. mit ehrverletzendem oder rassistischem Inhalt zu behandeln*, vgl. dazu den Waadtländer Entscheid 3.4.2008 in FP 5/2008 267.
[361] Hinten N 1434.

1.2. Der Beschlagnahme unterworfene Personen, StPO 263 I

Die Beschlagnahme kann **bei beschuldigten Personen wie auch Drittpersonen** 1110
(und auch Banken oder anderen Unternehmen usw.) vorgenommen werden[362],
wobei die Einschränkungen nach StPO 264 zu beachten sind[363].

1.3. Arten der Beschlagnahme, StPO 263 I lit. a-d, 268

1.3.1. *Beweismittelbeschlagnahme, StPO 196 lit. a, 263 I lit. a, 306 II lit. a*

Die Strafbehörden, im Vorverfahren nach StPO 299 ff. vorrangig die Polizei und 1111
die Staatsanwaltschaft, sind gehalten, im Rahmen ihres Auftrags zur Ermittlung
der materiellen Wahrheit jene **Beweisgegenstände** i.S. von StPO 192 sicherzustellen,
die wahrscheinlich unmittelbar oder mittelbar mit der Straftat in Zusammenhang
stehen und im Strafverfahren beweisbildend sein können[364]. Diese
Sicherstellung erfolgt in Form der **Beweismittelbeschlagnahme**. Vor allem sind
– ungeachtet der dinglichen Ansprüche daran – **Tatwaffen** sowie **deliktsrelevante
Aufzeichnungen**[365] zu beschlagnahmen und damit zu den Akten zu nehmen.

1.3.2. *Beschlagnahme zur Sicherstellung von Kosten, Geldstrafen, Bussen und Entschädigungen, StPO 263 I lit. b, 268*

StPO 263 I lit. b und 268 sowie SchKG 44 lassen in einem weiten Rahmen die 1112
Beschlagnahme von Teilen des Vermögens der beschuldigten Person zu, soweit
dies voraussichtlich zur Deckung der Verfahrenskosten[366] und Entschädigungen
sowie von Geldstrafen[367] und Bussen erforderlich ist. Vorausgesetzt sind Anzei-

---

[362] Zur Beschlagnahme und Mitteilungspflicht in Geschäftsbetrieben nach VStrR BGE 120 IV 166.
[363] Nachfolgend N 1119 ff.
[364] SJZ 58 (1962) 170, 63 (1967) 158; vgl. allgemein StPO 196 lit. a sowie VStrR 46 ff., zu Letzteren Pra 93 (2004) Nr. 59.
[365] Bei *Aufzeichnungen genügen häufig Fotokopien*; bei computergespeicherten Informationen *Ausdrucke,* vgl. StPO 247 III, vorne N 1075. – *Sperrung von Bankkonti zu Beweismittelzwecken* nur beschränkt möglich, da dazu Kontoauszüge u.Ä. dienen, RS 2000 Nr. 837.
[366] BGE 115 III 1; SJZ 99 (2003) 511 = RS 2004 Nr. 532. Für das VStrR BGer 19.12.1994 in NZZ Nr. 6 vom 9.1.1995. Es genügt, wenn sicherzustellender Betrag nur abgeschätzt werden kann, BGer 21.9.1999 i.S. A.H. ca. StAZ. Beschlagnahme auch bei *juristischen Personen* möglich, wenn diese z.B. nach StPO 418 III für Kosten und Bussen mithaften (oder nunmehr nach StGB 102 strafbar sind), BGE 101 Ia 325. Zulässig weiter bei bereits *erfolgter Pfändung bzw. bei Pfandrecht Dritter*, BGE 78 I 215; 103 Ia 8; 105 III 2 (diskutabel). Beschlagnahme auch, wenn Vermögenswerte später ehegüterrechtlich dem nicht beschuldigten Ehegatten zugewiesen werden, BGE 119 Ia 458 = ZBJV 130 (1994) 84 (Kritik bei D. PIOTET in JdT 143 [1995] 165 ff.) bzw. als Fluchtkaution aus dem Ausland überwiesen wurden, BGE 121 I 181.
[367] Wenig hilfreich ist, wenn nach StGB 35 II die *Vollzugsbehörden* die sofortige Sicherstellung von Geldstrafen verlangen können. Diese Beschlagnahme dürfte nur zulässig sein, wenn eine *unbedingte Geldstrafe* zu erwarten ist. – Eine Beschlagnahme mit Blick auf zu

chen dafür, dass die entsprechenden späteren staatlichen Ansprüche durch Flucht, Vermögensverschiebungen u.ä. vereitelt werden könnten[368]. StPO 268 II (der wie Abs. 3 dieser Bestimmung den Verhältnismässigkeitsgrundsatz aufnimmt) sieht vor, dass die Strafbehörde bei der Beschlagnahme auf die Einkommens- und Vermögensverhältnisse der beschuldigten Person und ihrer Familie Rücksicht zu nehmen hat; diese sollen durch die Beschlagnahme nicht in Not geraten[369]. Von der Beschlagnahme ausgeschlossen sind sodann Vermögenswerte, die nach SchKG 92–94 nicht pfändbar sind (StPO 268 III)[370]. Deliktsgut, auf das Geschädigte Anspruch haben und welches nach StPO 263 I lit. c sicherzustellen ist, darf nicht zur Kostendeckung beschlagnahmt werden. Dazu dient allein das Vermögen der beschuldigten Person[371].

1.3.3. Beschlagnahme zur Rückgabe an den Geschädigten, StPO 263 I lit. c, StGB 70 I letzter Satzteil

1113 Diese **Restitutionsbeschlagnahme** nimmt die Bestimmung von StGB 70 I letzter Satzteil sowie StPO 267 II auf, wonach deliktische Vermögenswerte nicht eingezogen werden, wenn sie zur Wiederherstellung des rechtmässigen Zustands den Berechtigten auszuhändigen sind. StPO 263 I lit. c ermöglicht, dass diese Gegenstände und Vermögenswerte durch Beschlagnahme sichergestellt werden[372].

1114 Zugunsten des Geschädigten im Sinn dieser Beschlagnahmung dürfen Gegenstände und Vermögensstücke nur beschlagnahmt werden, wenn sie diesem **direkt** durch die Straftat entzogen wurden. Darunter fallen einerseits z.B. **Diebesgut**, andererseits aber auch etwa **Bankguthaben** u.Ä., die durch deliktisch erlangte Gelder geäufnet wurden (**unechte Surrogate**). Ohne diesen direkten Zusammenhang zwischen Vermögenswert und Straftat, also bloss zur Deckung der zivilrechtlichen Ansprüche des Geschädigten i.S. eines Gläubigerarrestes, ist eine Beschlagnahme nach StPO 263 I lit. c (auch im Lichte von SchKG 44) nicht zulässig[373].

---

vollziehende Freiheitsstrafen und Massnahmen ist nicht vorgesehen, zumal diese Kosten nach StGB 380 grundsätzlich der Staat trägt.

[368] Botschaft 1247 unten.
[369] Zur entsprechenden Stellung einer juristischen Person Pra 96 (2007) Nr. 98 m.w.H.
[370] ZR 90 (1991) Nr. 31 = RO 1991 340 Nr. 19 = SJZ 88 (1992) 316. Beschränkt sodann Beschlagnahme von *BVG-Guthaben*, BGer 5.6.1996 in plädoyer 4/1996 62. Zur *Beschlagnahme künftiger Lohnzahlungen auf Bankkonto* GVP 2002 Nr. 95.
[371] ZR 63 (1964) Nr. 33. Tendenziell geht es also bei StPO 263 I lit. b um die Beschlagnahme von Vermögenswerten *ohne Zusammenhang mit der Straftat*, ZR 90 (1991) Nr. 31, bei Zusammenhang ist primär nach StPO 263 I lit. c und d zu beschlagnahmen.
[372] Zulässig schon nach BGE 126 I 104 unten sowie BGE 128 I 132 ff.
[373] Zur früheren Praxis, vor allem mit Blick auf SchKG 44 vgl. BGer 23.6.2000 in SJZ 96 (2000) 422; ferner BGE 117 Ia 424, 116 IV 204, 76 I 28, 78 I 215, 101 IV 378, 107 III 115; JdT 1988 II 30. Zu eng SJZ 86 (1990) 403; RO 1991 340 Nr. 20. Für *Beschlagnahmbarkeit der Surrogate* JdT 1997 III 30 = RS 1999 Nr. 610, was sehr weit

1.3.4. Beschlagnahme zur Einziehung, StPO 263 I lit. d, StGB 69 ff.

Der Richter muss nach StGB 69 I die **Gegenstände**, die zur Begehung einer 1115
strafbaren Handlung gedient haben oder bestimmt waren oder die durch eine
strafbare Handlung hervorgebracht oder erlangt worden sind, nach StGB 70 I
entsprechende **Vermögenswerte**, einziehen[374]. Damit der Richter später überhaupt in der Lage ist, solche Gegenstände bzw. Werte im Sinn dieser Sicherungs- bzw. Vermögenseinziehung einzuziehen, schafft StPO 263 I lit. d bereits
im Vorverfahren die Möglichkeit, sie im Sinn einer sichernden Massnahme zu
beschlagnahmen[375]. Dafür ist ein hinreichender, nicht notwendigerweise dringender Tatverdacht erforderlich[376]. Einzieh- und damit beschlagnahmbar sind
nach StGB 70 nicht nur die direkt aus dem Delikt stammenden Werte, sondern
auch die an deren Stelle getretenen **Ersatzwerte, die Surrogate**. Ist das Delikts-

---

geht. Dadurch, dass das Strafprozessrecht nunmehr bundesgesetzlich (und damit auf der gleichen Stufe wie das SchKG) geregelt ist, hat SchKG 44 teilweise seine Bedeutung verloren. – Die *Rückgabe an die Berechtigten* steht auch bei der spezialgesetzlich vorgesehenen Beschlagnahme nach Art. 20 des Kulturgütertransfergesetzes vom 20.6.2003, AS 2005 1869 ff., SR 444.1, im Vordergrund.

[374] *Auch ohne entsprechenden Antrag der Anklagebehörde*, d.h. das Anklageprinzip (StPO 9, vorne N 203 ff.) gilt hier nicht. Zu gewähren ist naturgemäss *vorgängig das rechtliche Gehör*. Zur Zuständigkeit der Staatsanwaltschaft des Bundes BGE 122 IV 93. Beschlagnahme nur, wenn Einziehung wahrscheinlich ist, RS 1999 Nr. 591. Zu den Grenzen bei einem bei Ausübung eines Betrugs mitgeführten Autos RS 2002 Nr. 205. Zum Fall der *Schliessung eines Hanfladens als Ersatzmassnahme* für Untersuchungshaft RFJ/FZR 11 (2002) 308. Zur Einziehungsbeschlagnahme bei *Anwaltsvorschüssen* BGer 5.5.2006, 1S.6/2006 in: plädoyer 5/2006 69 = SJ 128 (2006) 489 = RS 2007 Nr. 192. – Rechtsstaatlich fragwürdig die Sperrung von Geldern etc. gemäss Art. 3 der gestützt auf das EmbG erlassenen z.B. gemäss V über *Massnahmen gegenüber Personen und Organisationen mit Verbindungen zu Usama bin Laden, der Gruppierung «Al-Qaïda» oder den Taliban* vom 2.10.2000, SR 946.203, AS 2004 337 und 2579, deren Verhältnis zu strafprozessualen Beschlagnahmungen nicht klar ist (wohl alternativ wie auch komulativ möglich). Zu den Sanktionen sowie dem so genannten Delisting-Verfahren BGer 14.11.2007, 1A.45/2007 in EuGRZ 35 (2008) 66. – Zur *erforderlichen begrifflichen Trennung von Beschlagnahmung und Einziehung* vgl. Fn. 419.

[375] Es wurde schon unter der Herrschaft der kantonalen Strafprozessgesetze angenommen, dass auch ohne kantonale Norm eine *vorläufige Beschlagnahme zur Durchsetzung des Bundesrechts zulässig sein müsse*, ZBl 80 (1979) 175; mit Blick auf den früheren BStP 65 in einem Fall des Verstosses gegen das Spielbankengesetz, BGE 124 IV 316. Auch Beschlagnahme von (nach StGB 69 allenfalls zu vernichtenden) Haschischpflanzen, aber nicht deren sofortige Vernichtung, Pra 90 (2001) Nr. 111; ZBl 103 (2002) 150; RFJ/FZR 7 (1998) 87; BGE 129 I 105, E.2 = plädoyer 1/2003 66. Zum *Sonderfall des Eingriffs in Eigentumsrechte, in welchem Sachen durch Beschlagnahme praktisch wertlos werden*, N 1109.

[376] Vorne N 973 Fn. 8 m.w.H. – Nach der *Praxis der Beschwerdekammer des Bundesstrafgerichts* muss derjenige, der bei einer Beschlagnahme im Hinblick auf StGB 72 die fehlende Verfügungsmacht der kriminellen Organisation geltend machen will, *sofort beweisen können, dass eine solche Verfügungsmacht weder direkt noch indirekt gegeben ist*, es gilt also der *Grundsatz in dubio pro duriore*, BK_B 082/04 vom 25.8.2004, E. 4.3., BB.2005.28 vom 7.7.2005, E.2 a.E., TPF 2004 84 E.3.2.1, 2005 159 E.2.1.

gut nach StGB 70 nicht mehr vorhanden und kommt eine **Ersatzforderung** i.S. von StGB 71 in Frage, so hat eine **sichernde Vermögensbeschlagnahme** gestützt auf StGB 71 III zu erfolgen, welche Bestimmung insoweit StPO 263 I lit. d ergänzt[377]. Unerheblich ist, ob die Einziehung akzessorisch zu einem Strafverfahren (und alsdann in einem Endentscheid i.S. von StPO 81) oder in einem selbstständigen Einziehungsverfahren nach StPO 376 ff. (vgl. auch StPO 378 I) erfolgen soll.

1116 Eine genaue **Trennung von Beweismittel- und Einziehungsbeschlagnahme ist im Vorverfahren oft kaum möglich und auch nicht notwendig**. Es ist zulässig, zunächst unter dem Titel Einziehung Beschlagnahmtes im gerichtlichen Verfahren zu Beweiszwecken heranzuziehen; umgekehrt können zunächst als Beweismittel beschlagnahmte Gegenstände wie Tatwaffen, Drogen usw. später nach StGB 69 eingezogen werden. Denkbar ist, dass bereits während des Vorverfahrens ein nicht mehr als Beweismittel benötigter Gegenstand durch eine neue Verfügung der Einziehungsbeschlagnahme nach StPO 263 I lit. d unterworfen wird.

1.4. Zuständigkeit, Formelles, StPO 263 II, III

1117 Im Einklang mit StPO 241 ist die Beschlagnahme nach StPO 263 II mit einem **schriftlichen Befehl** anzuordnen, wobei in dringenden Fällen eine Beschlagnahme mündlich angeordnet und nachträglich schriftlich bestätigt werden kann[378]. Für die Durchführung der Massnahme ist sodann StPO 266 zu beachten (nachstehend Ziff. 3).

1118 Zur Beschlagnahmung sind grundsätzlich die **Staatsanwaltschaft oder die Gerichte** zuständig (StPO 198). Analog zu StPO 241 III bzw. 218 können in dringenden Fällen die **Polizei oder Private** Gegenstände oder Vermögenswerte vorläufig zuhanden von Staatsanwaltschaft oder Gericht sicherstellen (StPO 263 III, 306 II lit. a; VStrR 48 IV). Die Beschlagnahme ist in allen vier vorstehend behandelten Varianten nur **eine vorläufige Massnahme**, die grundsätzlich nicht den Verfahrensgarantien von EMRK 6 Ziff. 1 unterliegt[379]. Sie ist aufrechtzuerhalten, solange die Gegenstände usw. als Beweise benötigt werden

---

[377] *Beschlagnahme zur Sicherung einer Ersatzforderung bei Dritten* nur im Rahmen von StGB 71 I a.E. i.V.m. 70 II zulässig, BGer 1.11.2007, 1B_160/20007 in Anwaltsrevue 2/2008 78. Steht noch nicht fest, ob eine *Einziehung oder aber eine Ersatzforderung in Frage kommt*, muss sich die beschlagnahmende Behörde in der entsprechenden Verfügung nicht festlegen.

[378] *Entgegen etwa der Untersuchungshaft erfolgt die Beschlagnahme nicht befristet*, sondern grundsätzlich bis zu ihrer Aufhebung z.B. auf entsprechendes Gesuch hin; spätestens wird darüber im Endentscheid befunden, hinten N 1344. – Der *Beschlagnahme- kann bereits Bestandteil des Hausdurchsuchungsbefehls* nach StPO 245 I bilden.

[379] Vernichtung kann also nicht durch Staatsanwalt, sondern nur durch Gericht angeordnet werden, Pra 90 (2001) Nr. 111; ZBl 103 (2002) 156. BGer 19.12.2004 i.S. X. und Kons. ca. URA Berner Oberland, Berner AKA in NZZ Nr. 3 vom 5.1.2005.

bzw. eine spätere gerichtliche Einziehung oder eine Zuweisung nach StPO 267 usw. wahrscheinlich ist[380]. Die Massnahme, angeordnet durch die Staatsanwaltschaft oder das erstinstanzliche Gericht, kann mit **Beschwerde** (StPO 393 ff.)[381] bei der Beschwerdeinstanz angefochten werden[382], und nachfolgend ist eine Strafrechtsbeschwerde ans Bundesgericht in den Schranken von BGG 78 ff. und 98 zulässig[383].

2. Einschränkungen der Beschlagnahme, StPO 264

2.1. Allgemeines

Die Möglichkeiten des Staates zur Sicherstellung deliktischer Gegenstände und Vermögenswerte für die Zwecke des Strafverfahrens müssen dort ihre Schranken finden, **wo dem Schutz höher zu bewertender Interessen von Verfahrensbeteiligten und Dritten Vorrang zukommt.** Es werden hier ähnliche Überlegungen verwirklicht, die etwa in StPO 168 ff. den Zeugen ein Zeugnisverweigerungsrecht einräumen. Allerdings zeigen die entsprechenden Regeln in StPO 264 sofort, dass ein Aussageverweigerungsrecht, wie es etwa beschuldigten Personen oder Zeugen zukommt, diese Personen nicht automatisch, sondern nur punktuell von der Duldung der Beschlagnahme ausnimmt. 1119

2.2. Ausnahmen von der Beschlagnahme, StPO 264 I

Ausgenommen von dieser Zwangsmassnahme sind nur folgende Gegenstände bzw. Vermögenswerte:

2.2.1. Unterlagen aus dem Verkehr der Verteidigung mit der beschuldigten Person, StPO 264 I lit. a

Von der Beschlagnahme ausgenommen sind zunächst nach StPO 264 I lit. a **Unterlagen, die den Verkehr der beschuldigten Person mit ihrer Verteidigung betreffen**. Dies gilt vorab für Korrespondenzen (nicht aber andere, allenfalls beweisträchtige Unterlagen, vgl. Ziff. 2.2.3.), primär solche, die sich bei der beschuldigten Person befinden und die sich direkt oder indirekt auf das hängige Verfahren beziehen. Es ist jedoch irrelevant, wo sich die betreffenden Unterlagen befinden und in welchem Zeitpunkt sie geschaffen wurden[384]. Für jene, die beim 1120

---

[380] BGE 124 IV 313; SJ 116 (1994) 102.
[381] Hinten N 1499 ff., zum Problem der Beschwerde gegen erstinstanzliche Gerichtsentscheide N 1509 ff.
[382] *Nicht legitimiert der Gläubiger des Betroffenen*, RS 1998 Nr. 511.
[383] Hinten N 1651 ff.
[384] So die Fassung des Nationalrats, die schliesslich Gesetz wurde, von Bundesrat Blocher allerdings als überflüssig bezeichnet, AB N 2007 990. Ein entsprechender Antrag war bereits im Ständerat gestellt, aber zurückgezogen worden, AB S 2006 1031 f. Zum Thema sodann Anwaltsrevue 9 (2006) 335 f. zu BGer 13.8.2004, 1P.133/2004. Für Beschlag-

Berufsgeheimnisträger liegen, ist primär StPO 264 I lit. c[385] relevant. Die Regel ist auch auf das **beschuldigte Unternehmen** nach StPO 112 bzw. StGB 102 sowie die beschuldigtenähnlichen **Auskunftspersonen** nach StPO 178 lit. d-g[386] anwendbar[387].

2.2.2. *Persönliche Aufzeichnungen etc. der beschuldigten Person, StPO 264 I lit. b*

1121 Die **beschuldigte Person** kann zwar Aussagen und auch sonst eine aktive Unterstützung des Strafverfahrens verweigern; sie muss jedoch passiv die Beschlagnahme wie auch die vorbereitenden Durchsuchungen bzw. Untersuchungen usw. dulden[388]. Dies gilt auch für die **Auskunftsperson. Ausgenommen sind** nach StPO 264 I lit. b **die persönlichen Aufzeichnungen und Korrespondenzen** der vorgenannten Personen, **wenn der Schutz ihrer Persönlichkeit das Strafverfolgungsinteresse überwiegt.** Betreffen Aufzeichnungen usw. die Intimsphäre der beschuldigten Person (z.B. bei Tagebüchern[389], Agenden, Telefon- und Adressverzeichnissen u.Ä.[390], auch entsprechende elektronische Speicherungen), ist eine Beschlagnahme also nur zulässig, wenn dies eine Interessenabwägung

---

nahmeverbot unabhängig vom Aufbewahrungsort weiter ZR 99 (2000) Nr. 55. Die Aufzeichnungen müssen *jedoch die Verteidigung betreffen*; es liegt auf der Hand, dass Kassiber u.Ä., die über einen Anwalt offenbar an Dritte geleitet werden sollten, nicht darunter fallen, vgl. deutschen Entscheid in Neue Zeitschrift für Strafrecht 28 (2008) 655.

385 Diese sind bereits nach dem Grundgedanken von StPO 235 IV und dem dort bzw. EMRK 6 sowie BV 29 gewährleisteten Recht auf freien Verkehr mit dem Verteidiger von der Beschlagnahme ausgenommen. Ob ein *generelles Beschlagnahmeverbot für die bei der beschuldigten Person und Dritten liegenden Korrespondenzen besteht*, wurde vom BGer 18.10.1993 i.S. F.F. noch offengelassen, für allgemeine Anwaltspost, vorab in zivilrechtlichen Angelegenheiten, jedoch verneint. Nicht beschlagnahmbar jedoch Anwaltsakten aus *konnexen Zivil- oder Verwaltungsverfahren*. Von der Beschlagnahme ausgenommen sind ferner Schriften, die die *beschuldigte Person im Strafverfahren zu ihrer eigenen Verteidigung erstellte*, was z.B. auch für *Aufzeichnungen auf einem Notebook* gilt; so deutscher Bundesverfassungsgerichtshof in Kriminalistik 2002 497. – Zur entsprechenden *Praxis des Bundesstrafgerichts* A.J. KELLER in AJP 2/2007 205.

386 Vorne N 908 ff.
387 BeB 182 Mitte.
388 Botschaft 1245 unten. – Ausgewertet werden kann die der Kontrolle unterliegende *Gefangenenpost*, wofür zumeist in den kantonalen Gefängnis- und Vollzugserlassen die entsprechende gesetzliche Grundlage vorhanden ist. Für solche Kontrollen braucht es keine Genehmigung i.S. von StPO 269 ff., wobei jedoch keine Schriften erhoben werden dürfen, welche nach StPO 264 I und II von der Beschlagnahme ausgenommen sind. Zu diesem Problemkreis ebenfalls Hinweise vorne zu N 1107 aus der früheren Praxis, so BGer 25.11.1994 in ZBl 96 (1995) 329, hierzu ZBJV 131 (1995) 729. Ferner ZR 91/92 (1992/93) Nr. 13 S. 38 ff., 94 (1995) Nr. 70.
389 Dazu GVP 1988 Nr. 79 = RS 1991 Nr. 118.
390 So BeB 182 Mitte.

als angezeigt erscheinen lässt[391]. Eine solche ist auch vorzunehmen, wenn die Aufzeichnungen Mitteilungen von Zeugnisverweigerungsberechtigten nach StPO 168 und 169 enthalten.

2.2.3. Gegenstände usw. aus dem Verkehr mit Zeugnisverweigerungsberechtigten, StPO 264 I lit. c

Ausgenommen von der Beschlagnahme sind sodann nach StPO 264 I lit. c Gegenstände, vor allem **Aufzeichnungen und Korrespondenzen, die aus dem Verkehr zwischen der beschuldigten Person sowie Personen stammen, welche nach StPO 170–173 das Zeugnis verweigern können** und die im gleichen Zusammenhang nicht beschuldigt sind. Es geht hier primär um den Briefverkehr der Berufsgeheimnisträger mit der beschuldigten Person, allenfalls auch fallbezogene Korrespondenzen mit Dritten. Soweit die Verteidigung nach Art. 171 betroffen ist, ist offensichtlich eine Wiederholung zu lit. a festzustellen. Von der Beschlagnahme ausgenommen sind ferner die eigenen Aufzeichnungen, Untersuchungen, Korrespondenzen, Berichte usw. des Berufsgeheimnisträgers oder Dritter im Zusammenhang mit seinem Mandat[392]. Beschlagnahmt werden können solche Unterlagen (unter besonders strenger Beachtung des Verhältnismässigkeitsgrundsatzes und allenfalls nach Beizug eines neutralen, sachverständigen Beobachters, vgl. StPO 247 II) jedoch, wenn der Berufsgeheimnisträger selbst (mit-)beschuldigte Person ist[393]. Beschlagnahmbar sind weiter Aufzeichnungen,

1122

---

[391] Ähnlich Pra 96 (2007) Nr. 113 (Strafuntersuchungsinteresse bei schweren Betrugsdelikten bejaht; vorinstanzlicher Entscheid in SJZ 103 [2007] 558); EuGRZ 16 (1989) 455; RS 1997 Nr. 217. LGVE I 2007 54 = RS 2008 Nr. 459.

[392] Wiederum *unabhängig davon, wo sich die Unterlagen befinden*, vgl. N 1120, anders für Bereiche ausserhalb der Verteidigung, vgl. etwa BGE 114 III 108. Beim *Verteidiger kurz die gesamten Verteidigungsakten*, umfassend die *nach der Tat produzierten Akten und Gegenstände*. Geschützt sind ebenfalls Aufzeichnungen (*in casu*: schriftliches Geständnis), die z.B. dem Geheimnisträger durch Diebstahl abhanden gekommen sind, BGE 117 Ia 341. Keine Beschlagnahme bei nicht beschuldigtem Büropartner des Anwaltes, KGZ 1.8.1999 in plädoyer 6/1999 64. Anwendbar auch auf *Notare*, TPF 2008 17. – *Beschlagnahmbar* hingegen Korrespondenzen des *Klienten mit Dritten* (RS 1987 Nr. 288) sowie *Buchhaltungsunterlagen*, die sich in Verwahrung des Anwalts befinden, BGer 18.11.1993 in ZBJV 130 (1994) 85, ebenfalls *Kontounterlagen* etc., hinten Fn. 395, vor allem für die vom *Anwalt für Klienten geführten Konten («Anwalt-Anderkonto»*, Kriminalistik 2001 779). Bestätigt in BGer 13.8.2004 für die von Anwälten erstellten Dokumente zu den Risiken im Zivilprozess, kritisch dazu BEAT MATHYS und MARK LIVSCHITZ in NZZ Nr. 298 vom 21.12.2004 S. 27. Zur Stellung der *Unternehmensjuristen* BGer 28.10.2008, 1B_101/2008 = SJZ 105 (2009) 15 = Anwaltsrevue 2/2009 87 (VStrR-Fall) und vorne N 896. – Im Rahmen ihres Quellenschutzes nach StPO 172 somit auch die *Medienschaffenden*, vorne N 898. EGMR 25.2.2003 i.S. Roemer & Schmit ca. Luxemburg, plädoyer 2/2003 73 (keine Hausdurchsuchung bei Journalisten).

[393] Vgl. den in der vorstehenden Fn. genannten BGer 28.10.2008, 1B_101/2008 sowie BGE 130 II 196, 125 I 46, 117 Ia 350, 101 Ia 11; 102 IV 214, 106 IV 424. Soweit der Anwalt usw. nicht einvernehmlich mit seinem Klienten delinquierte, kann Letzterer den Schutz des Berufsgeheimnisses nicht verlieren, d.h. allfällige gegen ihn gefundene Bewei-

sachliche Beweismittel, Mitteilungen der beschuldigten Person an Dritte[394] oder Gegenstände z.B. aus einer kommerziellen, also nicht berufsgeheimnisgeschützten Tätigkeit[395]. Personen, die aufgrund persönlicher Verhältnisse (StPO 168) oder zum eigenen Schutz (StPO 169) ein Zeugnisverweigerungsrecht besitzen, sind nicht an sich von der Beschlagnahme von Korrespondenzen und Aufzeichnungen bezüglich der beschuldigten Personen ausgenommen, es sei denn, es liege ein Anwendungsfall von StPO 264 I lit. b vor.

1123 Es versteht sich von selbst, dass sich die nach StPO 264 I von der Beschlagnahme ausgenommenen Personen nicht auf ihr Privileg berufen können, wenn es um die **Sicherstellung von Gegenständen und Vermögenswerten geht, die zur Rückgabe an die deliktisch geschädigte Person** (vgl. StPO 263 I lit. c, 267) bzw. zur **Einziehung** nach StGB 69 ff. beschlagnahmt werden sollen (StPO 264 II; VStrR 50 II)[396]. Die z.B. beim Verteidiger befindliche Tatwaffe, belastende Aufzeichnungen wie eine Buchführung[397] wie auch dort deponierte Vermögenswerte können deshalb beschlagnahmt werden.

1124 Grundsätzlich nach StPO 264 I lit. c sind die **Berufsgeheimnisträger nach StPO 173**[398] **von der Beschlagnahme ausgenommen**. Den Grundgedanken von StPO 173 weiterführend, dürften die Geheimnisträger nach StPO 173 I vorbehältlich einer anders lautenden Interessenabwägung stets von der Beschlagnahme ausgenommen sein. Die **übrigen Berufsgeheimnisträger** nach StPO 173 II (z.B. Revisoren nach StGB 321[399]; Banken nach BankG 47) können sich hingegen nur auf StPO 264 I lit. c berufen, wenn sie glaubhaft machen, dass das Geheimhaltungsinteresse das Interesse an der Wahrheitsfindung überwiegt, was im Lichte der bisherigen Betrachtungsweise bei diesen geschäftlich bedingten Geheimnissen[400] kaum je der Fall sein dürfte.

---

se dürfen gegen ihn nicht verwertet werden. Generell denn auch Beachtung des Verhältnismässigkeitsgrundsatzes bei Durchsuchungen bei Anwälten, EuGRZ 20 (1993) 66 f.

[394] BGE 102 IV 214. Zur Begünstigung in diesen Fällen BGer 5.6.1996 in plädoyer 4/1996 63.

[395] BGer 11.9.1991 in NZZ Nr. 3 vom 6.1.1992 unter Hinweis auf BGE 115 Ia 198, 112 Ib 606, 106 IV 424. Beschlagnahmbar auch *Bankakten*, die sich auf ein vom Anwalt für Dritte geführtes Konto beziehen und sich beim Ersteren befinden, Pra 85 (1996) Nr. 197, dazu auch Fn. 392.

[396] So schon die frühere Praxis, BGE 107 Ia 50, 97 I 388; ZR 61 (1962) Nr. 175; ZBl 80 (1979) 176; RS 2004 Nr. 491. Tendenziell offenbar anders BGer 5.5.1988 in plädoyer 4/1988 36. Strittig, inwieweit beim Verteidiger liegende *Vorschüsse* der beschuldigten Person, die vermutungsweise aus Delikten stammen, beschlagnahmt und eingezogen werden können. Dazu einlässlich TPF 2005 109 E.6, der darauf hinweist, dass an sich kein Anspruch auf selbst entschädigte Wahlverteidigung besteht. *Angemessene Kostenvorschüsse sollten allerdings nicht beschlagnahmt werden*, BeB 183 oben.

[397] BeB 183 oben.

[398] Dazu vorne N 899 f.

[399] Für bankengesetzlichen Revisor SJZ 95 (1999) 557.

[400] Dazu vorne N 900.

3. Herausgabepflicht (Editionspflicht), StPO 265, MStP 64

Durchsuchungen, Untersuchungen und die mit Gewalt durchgesetzte Beschlagnahme sollen nach den Grundsätzen der Verhältnismässigkeit und Subsidiarität (StPO 197 I lit. c) nur durchgeführt werden, wenn die fraglichen Gegenstände und Vermögenswerte nicht auf andere, weniger einschneidende Weise der staatlichen Verfügungsgewalt unterstellt werden können. Auf **Durchsuchungen usw.** ist deshalb **zu verzichten, wenn die Inhaber**, seien sie beschuldigte oder andere Personen[401], die von der Strafbehörde benannten **Gegenstände usw. freiwillig zur Verfügung stellen**[402]. Um dies zu bewerkstelligen, sieht die StPO dem Prinzip von *a maiore minus* folgend vor, **dass bei beschlagnahmbaren Gegenständen etc. grundsätzlich eine Herausgabe- oder Editionspflicht besteht** (Art. 265 I Satz 1) und die Betroffenen vor entsprechenden Zwangsmassnahmen **zuerst zur freiwilligen Herausgabe aufzufordern sind** (Art. 265 III und IV)[403]. Die Herausgabepflicht bezieht sich nur auf die Herausgabe bereits vorhandener Dokumente usw. Die Inhaber sind nicht gehalten, Berichte über den Ablauf von Geschäften, die Interpretation der fraglichen Dokumente etc. zu verfassen. Fraglich ist, inwieweit z.B. in einem Grossunternehmen die Pflicht geht, alle einen bestimmten Vorgang betreffenden Akten zusammenzusuchen.

1125

StPO 265 II **beschränkt die Editionspflicht**: Da die Herausgabe einer aktiven Förderung des Strafverfahrens entspricht, sind **beschuldigte Personen** (Abs. 2 lit. a), **weitere aussageverweigerungsberechtigte Personen wie Zeugen**

1126

---

[401] Editionspflichten treffen sowohl *natürliche wie juristische Personen*, auch wenn Letztere nicht Zeugen sein können (vorne N 873). Analog zu StGB 320 grundsätzlich *keine Editionspflicht bzw. Aktenbeschlagnahme bei Verwaltungsbehörden*, GVP 1981 Nr. 36; die Behörden haben bei der Aktenbeschaffung (wie bei der Entbindung von Beamten vom Amtsgeheimnis, vorne N 892 f.) nach StPO 44 und 101 II insoweit zu kooperieren und Informationen zu liefern, als dies nicht höhere Interessen verbieten; vgl. auch vorne N 493 Fn. 231 und N 627 Fn. 503. Zum Editionsersuchen von Untersuchungsbehörden bei der früheren Eidgenössischen Bankenkommission (jetzt FINMA), die als Rechtshilfegesuch nach StPO 44 (früher StGB 352) betrachtet wurde, Pra 92 (2003) Nr. 185 = BGE 129 IV 141. – *Anspruch auf Entschädigung* für die Aktenbeschaffung durch Dritte, wie er früher bei aufwändigen Beschaffungsaktionen z.T. bejaht wurde, siehe SJZ 92 (1996) 88, war in VE 272 V vorgesehen, erscheint nun aber in der StPO nicht. Ein entsprechender Antrag scheiterte in der parlamentarischen Beratung im Zusammenhang mit jetzt StPO 434 (hinten N 1833), vgl. RK-N 26./27.4.2007, 27 ff., 91 ff.

[402] BeB 183 Mitte; Botschaft 1246 oben. – Gilt auch für *Aufzeichnungen auf Bild- und Datenträgern*. Bei Unterlagen zu *Bankkonten* ist allein die Bank Inhaberin, nicht der Kunde, BGer 6B_104/2007 vom 23.7.2007 in Anwaltsrevue 10/2007 450, dazu auch nachfolgende Fn.

[403] RS 1989 Nr. 650. *Editionsverfügung an Inhaber der zu edierenden Akten* etc., also nicht notwendigerweise an Beschuldigten, Kontoinhaber etc., zur entsprechenden Praxis des Bundesstrafgerichts m.w.H. A.J. KELLER in AJP 2/2007 204. Nicht zulässig Editionsbegehren an Anwalt bezüglich Akten Dritter, besonders, wenn sich Gegenstände im Ausland befinden, RS 2001 Nr. 155.

(Abs. 2 lit. b)[404] und **Unternehmen** (näher relativ weit gehend Abs. 2 lit. c) zwar vor den entsprechenden Zwangsmassnahmen zur Edition aufzufordern; verpflichtet dazu sind sie im Umfang ihres Aussageverweigerungsrechts jedoch nicht[405]. Es gilt die alte Formel: «*Was der Mund nicht zu offenbaren braucht, muss auch die Hand nicht preisgeben*» (**Editionsverweigerungsrecht**)[406]. Angesichts des Aussageverweigerungsrechts von StPO 180 I ist ein solches Editionsverweigerungsrecht auch den dort erwähnten, nicht zur Aussage verpflichteten **Auskunftspersonen** zuzugestehen. Die Betroffenen sind auf diese Verweigerungsmöglichkeit aufmerksam zu machen.

1127 StPO 265 III und IV regeln die Schritte, die von den **Strafbehörden vorzunehmen sind, um den Inhaber der betroffenen Gegenstände oder Vermögenswerte** (eine natürliche oder juristische Person) **zur Herausgabe zu veranlassen**. Üblicherweise ergeht, wie bereits vorstehend erwähnt, zuerst eine mündliche oder schriftliche Aufforderung, d.h. eine **Herausgabe- oder Editionsverfügung**. Diese Verfügung wird allenfalls mit einer Fristansetzung, der Androhung nach StGB 292[407] oder einer Ordnungsbusse verbunden. Es versteht sich von selbst, dass auf Fristansetzung dann zu verzichten ist, wenn eine Hausdurchsuchung ansteht und die herausverlangten Unterlagen etc. sofort vorzulegen sind. Von einem Editionsbegehren ist also abzusehen, wenn ein solches Vorgehen den Zweck der Massnahme vereiteln könnte (Gefahr des Verschwindenlassens usw.)[408]. – Nach ihrer Herausgabe sind die Gegenstände usw. **in den Formen von StPO 263 ff. zu beschlagnahmen**[409].

4. Durchführung der Beschlagnahme, StPO 266

1128 StPO 266 stellt eine Reihe von Regeln auf, die bei der Durchführung einer Beschlagnahme zu beachten sind. Zunächst bestimmt Abs. 1, dass die anordnende

---

[404] Vorne N 884 ff. – *Nicht editionsverweigerungsberechtigt* ist die *Bank* unter Berufung auf das Bankgeheimnis, vorne N 900, hinten N 1176.

[405] Hier Fassung Ständerat, AB S 2006 1032, welche dem *Unternehmen* ein Editionsverweigerungsrecht einräumt, wenn es sich mit der Herausgabe straf- oder zivilrechtlich verantwortlich machen könnte, im zweiten Fall, wenn das Schutzinteresse das Strafverfolgungsinteresse überwiegt. – *Medienschaffende* sind beispielsweise zur Herausgabe verpflichtet, wenn Dokumente für die Aufklärung eines Delikts nach StPO 172 II lit. b benötigt werden, Botschaft 1246 oben. – *StPO 175 ist analog anwendbar*, d.h. Betroffener kann sich jederzeit auf Editionsverweigerung berufen, jedoch ohne Wirkung auf bereits edierte Gegenstände oder Vermögenswerte (vorne N 904).

[406] *Herausgabepflicht jedoch, wenn Zeuge vom Aussageverweigerungsrecht entbunden ist* bzw. (u.U. der Arzt) eine Anzeigepflicht hat, ZBJV 124 (1988) 31 = RS 1991 Nr. 173.

[407] Vgl. den Fall ZR 78 (1979) Nr. 71.

[408] Vgl. TPF 2005 190 E.3.1.

[409] Dafür spricht schon der Wortlaut von StPO 265 I (... *Gegenstände und Vermögenswerte, die beschlagnahmt werden sollen* ...). Missverständlich Botschaft 1246 Mitte zu E 266 (jetzt StPO 267), aus der ein Unterschied zwischen Beschlagnahme und Herausgabe abgeleitet werden könnte.

§ 71 Beschlagnahme

Strafbehörde **im Beschlagnahmebefehl** bzw. **einem entsprechenden Protokoll oder in einer separaten Quittung den Empfang der Gegenstände oder Vermögenswerte bestätigt**[410]. Die Behörde erstellt ein **Verzeichnis** der beschlagnahmten Gegenstände etc. und bewahrt diese sicher und sachgemäss auf (StPO 266 II).

Bei beschlagnahmten Liegenschaften wird eine **Grundbuchsperre** angeordnet (StPO 266 III)[411]. Analog sind auch **Konto-**[412] oder **Banksafesperren**[413] denkbar. Werden **Forderungen beschlagnahmt**, insbesondere Forderungen Banken gegenüber, so wird dies dem Schuldner angezeigt, mit dem Hinweis, dass eine Leistung an den Gläubiger die Schuldverpflichtung nicht tilgt (StPO 266 IV).

1129

Wenig bekannt in den bisherigen Prozessordnungen (vgl. immerhin VStrR 47 III) war die nun in StPO 266 V vorgesehene Möglichkeit, dass Gegenstände, die einer **schnellen Wertverminderung unterliegen oder einen kostspieligen Unterhalt erfordern** (z.B. Garagierung eines Autos) sowie **Wertpapiere mit einem Börsen- oder Marktwert** nach den entsprechenden SchKG-Normen (Art. 124 II und 243 II) sofort verwertet werden können[414]. Anstelle dieser Gegenstände usw.

1130

---

[410] Dazu BGE 112 Ib 234; SJ 105 (1983) 629.
[411] Grundbuchsperren nach ZGB 960 f.; in dringlichen Fällen telefonische oder elektronische vorläufige Anmeldung, Art. 13 IV der Grundbuch-V vom 22.2.1910, SR 211.432.1. Es ist bei Grundbuchsperren, die keine schweren Eingriffe in das Eigentum darstellen, keine endgültige Bewertung notwendig, BGer 21.9.1999 i.S. A.H. ca. StAZ. Vgl. weiter den Fall TPF 2008 180 (Sperre zur Blockierung von Umgehungsgeschäften). Nach SJZ 99 (2003) 512 *Sperrung eines Fahrzeugs* beim Strassenverkehrsamt bzw. Motorfahrzeugkontrolle möglich.
[412] Grundsätzlich nur bei *inländischen Konten,* bei ausländischen auf dem Rechtshilfeweg, näher TPF 2006 280. – Zur *Kontensperre* siehe die noch unter Herrschaft des kantonalen Prozessrechts getroffene Vereinbarung über die zentrale Zustellung von Verfügungen zwischen der Kommission Wirtschaftskriminalität der KKJPD und einzelnen Banken vom 21.2.2000, welche ermöglicht, Sperre- und Auskunftsbegehren an eine zentrale Stelle der Banken zu richten.
[413] Hierzu die – naturgemäss noch unter dem früheren Rechtszustand ergangenen – Empfehlungen der Kommission Wirtschaftskriminalität der Konferenz der Kantonalen Justiz- und Polizeidirektoren an die kantonalen Strafverfolgungsbehörden betr. Kontosperren und Schweigepflicht der Bank vom 7.4.1997 mit Anhang vom 25.3.1997 zur sog. Kontoüberwachung, eine Zwangsmassnahme, die nunmehr in StPO 284 f. geregelt ist, dazu hinten N 1176 ff. Positiv zur Auflage einer *Informationssperre* BGer 25.7.2005 in SJZ 101 (2005) 508 = SJ 128 (2006) 24; diese ist bei *Banküberwachungen* nunmehr nach StPO 285 I lit. a möglich (hinten N 1179) und wohl auf diese beschränkt.
[414] Zum *Notverkauf* aus der Sicht des früheren Rechts Pra 90 (2001) Nr. 111; BGer 16.2.1999 i.S. D.B. ca. BA Winterthur und StAZ sowie RS 2002 Nr. 206 (auch zur *Anlage beschlagnahmter Mittel*). Zum *Notverkauf eines Autos* SJZ 93 (2003) 512; zu diesem Thema sodann BGE 111 IV 41 und BJM 2009 170. Im Einverständnis mit der Person, bei welcher Gegenstand etc. beschlagnahmt wurde, erscheint auch ein *Freihandverkauf* als möglich.

wird der Erlös beschlagnahmt. Schliesslich ermächtigt StPO 266 VI den Bundesrat, die **Anlage beschlagnahmter Vermögenswerte zu regeln**[415].

5. Entscheid über die beschlagnahmten Gegenstände und Vermögenswerte, StPO 267, VStrR 92, MStP 68

5.1. Allgemeine Regeln, StPO 267 I und II

1131 Wie alle Zwangsmassnahmen dürfen **Beschlagnahmen nur so weit angeordnet und so lange aufrechterhalten werden, als sie verhältnismässig und im Hinblick auf ihren Zweck notwendig sind**[416]. Die zuständige Strafbehörde muss oder kann deshalb diese Massnahme jederzeit aufheben oder abändern[417]. Ist der Grund zur Beschlagnahme weggefallen, sind die Gegenstände und Vermögenswerte den Berechtigten (grundsätzlich wieder mit schriftlicher und begründeter Verfügung) auszuhändigen (StPO 267 I). Sind die Ansprüche am Gegenstand oder Vermögenswerte strittig, ist nach StPO 267 IV ff. vorzugehen (nachfolgend Ziff. 5.2.).

1132 Im Einklang mit StGB 70 I letzter Satzteil lässt StPO 267 II zu, bei unbestrittenen Anspruchsverhältnissen **Gegenstände oder Vermögenswerte, die einer bestimmten Person unmittelbar entzogen wurden, dieser bereits vor Abschluss des Verfahrens zurückzugeben**. Es dürfte sich zumeist um Gegenstände usw. handeln, die in Anwendung von StPO 263 I lit. c beschlagnahmt wurden. Sind die Rechte an einem zunächst beschlagnahmten Gegenstand oder Vermögenswert strittig, sollte die Rückgabe in jedem Fall erst mit dem Endentscheid erfolgen (dazu anschliessend Ziff. 5.2.).

5.2. Definitiver Entscheid über das Schicksal beschlagnahmter Gegenstände und Vermögenswerte, StPO 267 III-VI

1133 Wurde die Beschlagnahme[418] **nicht schon vorher aufgehoben, so entscheidet die zuständige Strafbehörde im Rahmen des Endentscheides** (StPO 81) über die Rückgabe der Gegenstände und Vermögenswerte an die berechtigte Person,

---

[415] Diese Bestimmung soll ermöglichen, die Richtlinien der Arbeitsgruppe Wirtschaftskriminalität der Konferenz der Kantonalen Justiz- und Polizeidirektoren (KKJPD) über die Verwaltung beschlagnahmter Vermögenswerte vom 24.3.1999 und das Rundschreiben Nr. 1429 D der Schweizerischen Bankiervereinigung vom 26.3.1999 in verbindliche Form zu überführen, BeB 184 unten, Botschaft 1246 Mitte.
[416] Allgemein vorne N 973.
[417] BGE 120 IV 299. Etwa, wenn die *Werte eindeutig nicht deliktischer Herkunft bzw. geringfügig sind*, Liechtensteinische Juristenzeitung 28 (2007) 460, zum Problem der Dauer einer Vermögenssperre aaO 462.
[418] *Gleichgestellt Gegenstände und Vermögenswerte, die ohne Zwang, also durch Herausgabe nach StPO 265, an die Strafbehörden gelangten*, so Botschaft 1246 unten.

die Verwendung zur Kostendeckung oder über die Einziehung[419], die Verwendung zur Schadensdeckung nach StGB 73, die Vernichtung[420] usw. (StPO 267 III). Es kann sich hier um ein Strafurteil (StPO 348 ff., 81 IV lit. e), einen Strafbefehl (StPO 353 I lit. h)[421] oder aber eine Nichtanhandnahme- oder Einstellungsverfügung (StPO 310, 319 ff., insbesondere StPO 320 II Satz 2)[422] handeln. Der Sachrichter ist bei seinem Entscheid nicht an die vorgängigen rechtskräftigen Beschlagnahmebefehle usw. der Staatsanwaltschaft bzw. entsprechende Beschwerdeentscheide der Beschwerdeinstanz oder des Bundesgerichts im Zusammenhang mit dieser Zwangsmassnahme gebunden[423].

StPO 267 IV ff. behandelt den Fall, dass die **Berechtigung an den beschlagnahmten Gegenständen und Vermögenswerten strittig ist**. Zunächst räumt StPO 267 IV dem Strafrichter (nicht dem Staatsanwalt im Rahmen seiner Einstellungs- und Strafbefehlsbefugnisse) das Recht, nicht aber die Pflicht ein[424], die **entsprechenden (zivilrechtlichen) Fragen im Rahmen des Strafurteils zu entscheiden**. Das Gericht wird nur in klaren Fällen einen entsprechenden Entscheid fällen. Andernfalls spricht die Strafbehörde (diesmal auch die Staatsanwaltschaft[425]) die **Gegenstände usw. einer bestimmten Person zu** (naheliegenderweise jener, die die Besitzesvermutung nach ZGB 930 auf ihrer Seite hat[426]) und setzt den andern Ansprechern Frist zur Anhebung der Zivilklage an (StPO 267 V). Die StPO sieht die in früheren Prozessordnungen vorgesehene Möglichkeit, die Gegenstände z.B. beim Zivilgericht zu hinterlegen, nicht vor[427].

1134

---

[419] Die *Beschlagnahme nach StPO 266 III ist keine Einziehung* (obwohl dieser Begriff, der auf StGB 69 ff. beschränkt bleiben sollte, in diesem Zusammenhang immer wieder von Gerichten verwendet wird, etwa in BGer 26.1.2001 i.S. S.S. ca. StAZ und KGZ). Auch umgekehrt wird irreführend gelegentlich von Beschlagnahme gesprochen, obwohl materiell eine Einziehung vorliegt, vgl. etwa NZZ Nr. 196 25./26.8.2007 zu BGer 12.8.2007, 6B_226/2007.
[420] Dazu Pra 90 (2001) Nr. 111.
[421] Hinten N 1358 ff.
[422] Hinten N 1257.
[423] ZR 90 (1991) Nr. 31 = RO 1991 Nr. 19 = SJZ 88 (1992) 316; BGE 120 IV 300. Dabei ist allenfalls ein *Entscheid über einen zu leistenden Zins* zu treffen, BGE 115 IV 179. – Dem *Beschleunigungsgebot folgend* haben die Betroffenen Anspruch darauf, dass über das Schicksal beschlagnahmter Sachen, Werte etc. innert nützlicher Frist entschieden wird, SJ 112 (1990) 443. Nicht willkürlich aber, wenn Ansprecher Abschluss des Strafverfahrens abwarten muss, BGE 103 Ia 8. Nach BGer 4.5.1994 ist bei komplizierten Recherchen in der Schweiz und im Ausland eine zweijährige Dauer nicht übermässig.
[424] Botschaft 1247 oben.
[425] So auch die Botschaft 1247 Mitte mit der Bemerkung, die *Staatsanwaltschaft dürfe allein nach diesem Abs. 5 vorgehen*.
[426] Botschaft 1246 unten. Fall, dass s*trittige Vermögenswerte bei der Bank liegen*, die selbst Ansprüche daran geltend macht, GVP 2006 Nr. 103 = RS 2007 Nr. 266.
[427] So aber noch VStrR 92 IV. – Zur *früheren Praxis, die teilweise davon ausging, der Strafrichter dürfe bei strittigen Ansprüchen die Gegenstände nicht einer bestimmten Person zusprechen*, aber überwiegend annahm, er müsse jedenfalls einen Entscheid (z.B. Hinterlegung) treffen, ZR 99 (2000) Nr. 31, 44; Pra 84 (1995) Nr. 23 = BGE 120 Ia 122 (Kritik

1135 Sind die **Berechtigten im Zeitpunkt der Aufhebung der Beschlagnahme, üblicherweise des Endentscheides, nicht bekannt**, so werden die Gegenstände und Vermögenswerte zur Anmeldung von Ansprüchen öffentlich ausgeschrieben (StPO 444). Die Gegenstände usw. fallen an den Bund bzw. den Kanton, wenn innert fünf Jahren die Berechtigten ihre Ansprüche nicht anmelden (StPO 267 VI), eine Bestimmung die mit StGB 70 IV im Fall der Einziehung übereinstimmt. Wie dort, ist diese allgemein vorgeschriebene Publikation wenig praxisfreundlich, vor allem, wenn man an die Masse des herrenlosen Deliktsguts denkt, das namentlich bei der Polizei lagert.

---

von D. PIOTET in JdT 143 [1995] 165 ff.), ferner BGE 128 I 133/4; RS 2004 Nr. 492. Der Strafrichter muss *keine Beweise hinsichtlich der Eigentumsverhältnisse abnehmen*, ZR 101 (2002) Nr. 32.

4. Teil: Geheime Überwachungsmassnahmen

§ 72 Überwachung des Post- und Fernmeldeverkehrs, StPO 269–279, MStP 70–70k

Literaturauswahl: neben der zu § 65 erwähnten Literatur AESCHLIMANN N 991; HAUSER/SCHWERI/HARTMANN § 71 I; MAURER 262; PADRUTT 243; OBERHOLZER N 1261; PIQUEREZ (2006) N 946; DERS. (2007) N 753; SCHMID (2004) N 759; TRECHSEL (2005) 540 (*surveillance*).

LAURENCE AELLEN/FRÉDÉRIC HAINARD, Secret professionnel et surveillance des télécommunications, Jusletter 23.3.2009; AUGUST BIEDERMANN, BG betr. Die Überwachung des Post- und Telefonverkehrs vom 6. Oktober 2000, Z 120 (2002) 77; MARCEL BOSSONET, In der Dunkelkammer geheimer Polizeimethoden, in: Forum Strafverteidigung, Beweismangel und Verwertungsverbot, Beilage zu plädoyer Dezember 2006, 6; ANDREAS DONATSCH/ALBERT SCHMID, Der Zugriff auf E-Mails im Strafverfahren – Überwachung (BÜPF) oder Beschlagnahme? In: Christian Schwarzenegger u.a. (Hrsg.), Internetrecht und Strafrecht, 4. Tagungsbd., Bern 2005, 151; THOMAS HANSJAKOB, Kommentar zum Bundesgesetz und zur Verordnung über die Überwachung des Post- und Fernmeldverkehrs, 2. Aufl., St. Gallen 2007; DERS., Die ersten Erfahrungen mit dem Bundesgesetz über die Überwachung des Post- und Fernmeldeverkehrs (BÜPF), Z 120 (2002) 265; ROBERT HAUSER, Die Behandlung heimlicher Tonbandaufnahmen im schweizerischen Recht, FS W. J. Habscheid, Bielefeld 1989, 139; MARC JEAN-RICHARD-DIT-BRESSEL, Ist ein Millionendiebstahl ein Bagatelldelikt? Z 119 (2001) 40; DERS., Die Mailbox – Ziel oder Weg? Zur Abgrenzung von Beschlagnahme und Überwachung im Strafverfahren, Z 125 (2007) 157; INGRID JENT/ANNAGRET KATZENSTEIN/HELEN KELLER, Telefonüberwachung – Verfassungsrechtliche Vorgaben und praktische Umsetzung, Festgabe zum Schweizerischen Juristentag, Zürich 2006, 551; YASMIN IQBAL, Zugriff auf elektronische Post, Anwaltsrevue 7 (2004) 7; HELEN KELLER, Grundrechtliche Schranken von geheimen Überwachungsmassnahmen, in: Jürg-Beat Ackermann (Hrsg.), Strafrecht als Herausforderung, Zürich 1999, 405; JUDITH NATTERER, Die Verwendbarkeit von Zufallsfunden aus der Telefonüberwachung im Strafverfahren, Diss. Basel, Bern 2001 (ASR 652); JÜRG NEUMANN, Überwachungsmassnahmen im Sinn von Art. 179^{octies} StGB, Z 115 (1996) 396; NIKLAUS RUCKSTUHL, Technische Überwachungen aus anwaltschaftlicher Sicht, plädoyer 2/2005 150; NIKLAUS SCHMID, Verwertung von Zufallsfunden sowie Verwertungsverbote nach dem neuen Bundesgesetz über die Überwachung des Post- und Fernmeldeverkehrs (BÜPF), Z 120 (2002) 290; JÜRG SCHNEIDER, Internet Provider im Spannungsfeld zwischen Fernmeldegeheimnis und Mitwirkungspflichten bei der Überwachung des E-Mail-Verkehrs im Internet, plädoyer 2/2005 179.

Materialien: Aus 29 mach 1 S. 117 ff.; VE 281–295; BeB 187; ZEV 59 f.; E 268–278; Botschaft 1248 ff.; AB S 2006 1034 f., 2007 721, AB N 2007 990.

1. Allgemeines

Häufig erscheint es als notwendig, den **Fernmeldeverkehr** (vor allem den Telefon- und Postverkehr unter Einschluss von Telex, Telefax, elektronischer Datenübermittlung, Mobiltelefon[428]-, E-Mail- sowie Internetverkehr[429], Mailbox- 1136

---

[428] Zu Grenzfällen des Mobiltelefonverkehrs vgl. in Fn. 487 unter dem Titel Zufallsfund.

Anschlüssen[430] u.Ä.) einer beschuldigten Person zu überwachen, um strafverfahrensrelevante Informationen zu erlangen. Erfahrungsgemäss werden solche Überwachungen allerdings oft weniger zur Sammlung von Beweisen, sondern primär als Fahndungsmittel eingesetzt. Solche Überwachungen, die das in BV 13 (und indirekt EMRK 8)[431] gewährleistete Post- und Fernmeldegeheimnis tangieren, sind aus verschiedenen Gründen besonders heikle Eingriffe in Freiheitsrechte: Einerseits handelt es sich hier zumeist[432] um **geheime** Überwachungsmassnahmen, und zwar solche, die in besonders empfindliche Privatbereiche, die durch StGB 179 ff. und andere Strafnormen eigens strafrechtlich geschützt sind, eingreifen. Solche geheimen Massnahmen könnten u.U. auch im Widerspruch zum Verbot der Selbstbelastung (*nemo-tenetur*-Grundsatz[433]) gesehen werden, da die Betroffenen in Unkenntnis der Massnahme den Strafbehörden selbst allenfalls sie belastende Informationen liefern[434]. Zum anderen werden von ihnen erfahrungsgemäss häufig **Personen mitbetroffen, die mit der Straftat und der Untersuchung nichts zu tun haben**[435]. Als speziell empfindlich haben sich dabei die Überwachung des Telefonverkehrs (nachstehend Ziff. 3) und andere technische Überwachungen wie solche mittels Minispionen, Minikameras usw. (nachstehend § 73) erwiesen.

1137 **Gesamtschweizerisch** wurden von den Strafbehörden im Jahre 2004 2437 Telefonkontrollen angeordnet[436].

2. Rechtsgrundlagen

1138 Bis 2001 war die Telefon- und Postüberwachung – abgesehen von gewissen bundesrechtlichen Vorgaben – kantonalrechtlich geregelt. Die kantonalen Normen wurden mit Wirkung ab anfangs 2002 durch das **Bundesgesetz betreffend die Überwachung des Post- und Fernmeldeverkehrs vom 6.10.2000**

---

[429] So BGE 126 I 50 = EuGRZ 27 (2000) 231 zum *E-Mail-Verkehr*, der ebenfalls BV 13 und StGB 179[octies] unterliegt; Pflicht des Providers zur Auskunftserteilung ergab sich früher aus FMG 44, BGer 7.11.2000 in NZZ Nr. 290 vom 12.12.2000, jetzt aus BÜPF 11 ff. sowie VÜPF 23 ff.
[430] Unterstellung der Mailboxen bejaht von der deutschen Justiz in Kriminalistik 2003 100.
[431] Dazu EuGRZ 6 (1979) 278, 19 (1992) 300; BGE 122 I 187 mit Hinweisen.
[432] Im *Vordergrund steht der Eingriff in Freiheitsrechte, nicht die Heimlichkeit*, die hier kein entscheidendes Moment darstellt und bei einzelnen Erhebungen (z.B. nachträgliches Erheben von Rechnungs- und Verkehrsdaten, N 1144) fehlen kann.
[433] Hierzu N 670 ff.
[434] Zu dieser Problematik mit Blick auf die verdeckte Ermittlung aus deutscher Sicht KLAUS ELLBOGEN in Kriminalistik 2006 544.
[435] BGE 122 I 189 ff. mit Hinweisen.
[436] So nach NZZ am Sonntag vom 16.10.2005. Im *Kanton Zürich* 2008 allein 733 Gesuche betr. Telefonkontrolle (kein Gesuch betr. Postkontrolle!), RO 2008 151.

(BÜPF)[437] abgelöst. Damit wurde die Materie gesamtschweizerisch vereinheitlicht, unterstützt durch eine **entsprechende Verordnung (VÜPF)**[438]. Die StPO übernimmt in Art. 269 ff. nun die eigentlich strafprozessualen Bestimmungen des BÜPF, wobei die entsprechenden Bestimmungen von BÜPF 3–10 gleichzeitig aufgehoben wurden. Bei der Überführung der strafprozessualen Bestimmungen in die StPO wurden gewisse Änderungen vorgenommen, nicht zuletzt, was die Harmonisierung mit der Regelung anderer Zwangsmassnahmen wie der verdeckten Ermittlung betrifft. Zudem wollen die StPO-Bestimmungen gewisse Unklarheiten und Unzulänglichkeiten der bisherigen Regelungen beseitigen[439]. Der mehr verwaltungsrechtliche Teil der Materie ist nach wie vor im BÜPF geregelt; ihm bleiben **alle** (schweizerischen[440]) **Anbieterinnen von Fernmeldeleistungen unter Einschluss von Internet unterstellt** (BÜPF 1 II). Der Zahlungsverkehr der Postdienste (PostFinance; Postcheck) ist jedoch ausgenommen (näher BÜPF 1 III).

Erfasst wird nach StPO 269 ff. wie nach dem BÜPF der Informations*fluss* (**Verbindungs- oder Kommunikationsdaten**), wozu auch die auf Mailboxes (zwischen)gespeicherten Informationen zu zählen sind, mindestens, bis der Empfänger die E-Mails geöffnet[441], gelöscht oder in den eigenen PC kopiert hat. Mitteilungen wie Telefongespräche auf Ton- oder Datenträgern (Disketten, Harddisks etc., internen [lokalen] Servern, auf Handies gespeicherte Informationen[442]), Briefe, Telegramme, ausgedruckte E-Mails etc., die sich schon beim Empfänger oder Dritten befinden, sind dort nicht nach Massgabe der hier zu besprechenden Normen geschützt[443]. Sie können in Anwendung von StPO 241 ff. bei Durchsuchungen und Untersuchungen eruiert und hernach nach StPO 263 ff. beschlag-

1139

---

[437] AS 2001 3096, SR 780.1, zu den verschiedenen Revisionen vgl. vor allem jene gemäss BG vom 21.3.2003, AS 2003 3046 und jene von Art. 1 I lit. c und 3a (Suche nach vermissten Personen) vom 24.3.2006, AS 2007 921, 939, zur letztgenannten nachfolgend Fn. 454. – Mitte 2009 befand sich eine *Revision des BÜPF und der StPO* in Vorbereitung, um die Bestimmungen den neuen technischen Gegebenheiten anzupassen; Einzelheiten sind noch nicht bekannt.

[438] V über die Überwachung des Post- und Fernmeldeverkehrs (VÜPF) vom 31.10.2001, SR 780.11, die die Einzelheiten der Durchführung der Überwachungen regelt, für *Überwachungen im Rechtshilfeverkehr* IRSG 18a.

[439] Dazu Botschaft 1248 oben.

[440] Im *Ausland angeordnete und dort technisch realisierte Überwachungen*, auch wenn sie z.B. Gespräche aus der Schweiz zum Inhalt haben, unterstehen nicht diesen Regeln; die StPO sowie das BÜPF regelt nur die Tätigkeit der schweizerischen Behörden; vgl. dazu den österreichischen Fall in Juristische Blätter (Wien) 127 (2005) 601.

[441] TPF 2008 42.

[442] Botschaft 1250 Mitte. Z.B. die auf *Mobiltelefonen gespeicherten Adress- bzw. Telefonnummern.* Zu *trojanischen Pferden* bzw. *Online-Durchsuchungen* hinten Fn. 520.

[443] Hier gelten die *Vorschriften über die Durchsuchung und Beschlagnahme von Aufzeichnungen* nach StPO 246–248 bzw. 263 ff. – Die Überwachung betrifft also regelmässig den *künftigen* Informationsfluss; vgl. Kriminalistik 1993 221. Anders deutsches Urteil zur Beschlagnahme von Mobiltelefonen, in Kriminalistik 2005 290, 300.

nahmt werden und unterliegen alsdann (falls verlangt) der Siegelung nach StPO 248[444]. Ein eigentlicher Informationsfluss fehlt zwar ebenfalls bei der **Herausgabe der Verkehrs- und Rechnungsdaten sowie der Teilnehmeridentifikation**. Sie unterliegen nach den Sonderregeln von StPO 273 trotzdem grundsätzlich StPO 269 ff. (nachfolgend Ziff. 3).

1140 StPO 269 ff. und das BÜPF regeln die Materie nicht nur im Bereich des der StPO unterstehenden, von den Strafbehörden des Bundes und der Kantone geführten Strafverfahrens. Sie gelten auch im **Verwaltungsstrafverfahren**, während im Militärstrafprozess neben dem BÜPF MStP 70 ff. zu beachten sind[445]. – **Intertemporal** sei angemerkt, dass sich die Zulässigkeit von Überwachungsmassnahmen und ihrer prozessualen Verwertbarkeit, die vor Inkrafttreten der StPO angeordnet wurden, nach den bisherigen BÜPF-Regeln richten (StPO 448 II). Dies gilt auch für Überwachungen des Post- und Fernmeldeverkehrs, die vor diesem Datum angeordnet wurden und bei Inkrafttreten der StPO noch liefen[446].

3. Voraussetzungen der Überwachung, StPO 269, Verkehrs- und Rechnungsdaten, Teilnehmeridentifikation, StPO 273

1141 StPO 269 I stellt – gegenüber andern Zwangsmassnahmen zur Beweismittelsicherung – wesentlich erhöhte Anforderungen an die Anordnung solcher Überwachungen. Ähnlich wie bisher in BÜPF 3 kann die **Staatsanwaltschaft** eine solche Überwachung nur anordnen, wenn **kumulativ**

1. der dringende Verdacht vorhanden ist, es sei eine der in StPO 269 II erwähnten strafbaren Handlungen begangen worden (lit. a)[447]; und,
2. **die Schwere der strafbaren Handlung die Überwachung rechtfertigt** (lit. b). Damit wird in besonderer Weise der Verhältnismässigkeitsgrundsatz betont; und
3. **die bisherigen Untersuchungshandlungen erfolglos** geblieben sind oder die Ermittlungen sonst aussichtslos wären oder unverhältnismässig erschwert würden (Subsidiaritätsgrundsatz, lit. c).

1142 StPO 269 II enthält den Katalog derjenigen Straftatbestände des StGB und der Nebengesetzgebung, die – wenn die übrigen Voraussetzungen von Abs. 1 von StPO 269 erfüllt sind – Anlass zur Anordnung einer Überwachung geben können. Der Katalog ist gegenüber BÜPF 3 II ff. erweitert, aber auch vereinfacht und dem Deliktskatalog bei der verdeckten Ermittlung (StPO 286 II) angepasst

---

[444] Botschaft 1250 Mitte.
[445] In der Fassung der StPO, also vom 5.10.2007, dazu Botschaft BBl 2006 1538 ff., Referendumsvorlage in BBl 2006 1538.
[446] Hinten N 1860.
[447] RS 1993 Nr. 379: Die Überwachung darf insbesondere nicht dazu dienen, einen konkreten Verdacht erst zu begründen (sog. *Beweisausforschung*), allgemein vorne N 973 Fn. 6.

worden[448]. Damit ist die am Katalog des BÜPF geäusserte Kritik mindestens teilweise berücksichtigt worden[449]. Die Methode des Erfordernisses einer Katalogtat bleibt jedoch problematisch: Einerseits ist es absurd, wenn bei der Katalogtat einer vorsätzlichen Tötung oder gar des Mordes (StGB 111, 112) zusätzlich die Schwere der Straftat (StPO 269 I lit. b) verlangt und von den verantwortlichen Behörden auch geprüft werden soll. Anderseits ist die Auswahl der in den Katalog aufgenommenen Straftaten teilweise immer noch eher willkürlich. So finden sich darin nebst schweren Straftaten wie den vorsätzlichen Tötungsdelikten auch Vergehen wie das Insiderdelikt (StGB 161). Wenig einleuchtend ist demgegenüber etwa, weshalb z.B. bei falschem Zeugnis in einem Mordfall solche Überwachungen nicht zulässig sind[450].

Eher neu und wohl nur sehr selten anzuwenden ist die Bestimmung von StPO 269 III: Wird die **Beurteilung einer der militärischen Gerichtsbarkeit unterstehenden Straftat nach MStG 221 den zivilen Strafbehörden überwiesen**, kann die Überwachung des Post- und Fernmeldeverkehrs von Letzterer auch für Straftaten nach dem besonderen Deliktskatalog von MStP 70 II angeordnet werden[451].

1143

StPO 273 regelt den Sonderfall der **Überwachung bzw. Herausgabe von Verkehrs- und Rechnungsdaten** (auch **Randdaten** genannt) **sowie die Teilnehmeridentifikation**. Es geht hier um Informationen, die vorab die Tatsache des Bestehens von Anschlüssen oder einer Verbindung zwischen zwei oder mehreren Telefonanschlüssen, die Person der Teilnehmer, den Standort eines Mobiltelefons[452], die bezahlten Gebühren etc. betreffen. Zwar bezieht sich die nach StPO 269 ff. relevante Überwachung wie dargelegt primär auf den eigentlichen Fernmelde**verkehr**, d.h. den Informationsfluss (vorne Ziff. 1). Die Verkehrs- und Randdaten sowie die Teilnehmeridentifikation tangieren jedoch gleichermassen das von BV 13 (und wie erwähnt EMRK 8) gewährleistete Post- und Fernmeldegeheimnis[453], sodass auch solche Erhebungen grundsätzlich nur nach StPO 269 ff. und demgemäss mit richterlicher Genehmigung zulässig sind (zur

1144

---

[448] Botschaft 1248 Mitte. In Abs. 2 lit. b soll mit dem StBOG der Verweis an das jetzt geltende Ausländergesetz von 2005, Art. 116 III und 118 III, angepasst werden, BBl 2008 8212.
[449] So erscheinen im Katalog nun – über den früheren BÜPF 3 II f. hinausgehend – *einfacher Diebstahl*, aber auch Rassendiskriminierung oder Völkermord, Botschaft 1248 unten.
[450] So allerdings schon nach früherem kantonal geprägtem Recht, vgl. plädoyer 5/1987 38; in einem *obiter dictum* tendenziell auch BGE 117 Ia 13, später relativiert in BGE 125 I 52, vgl. ebenfalls ZR 98 (1999) Nr. 1 S. 3. – Auf einem andern Blatt steht, dass der Katalog nach StPO 269 II gemäss *Referendumsvorlage offensichtlich Fehler aufweist*: So ist anstatt StGB 118 Ziff. 2 wohl 118 Abs. 2 gemeint.
[451] Dazu Botschaft 1248/1249.
[452] Z.B. auch *Vermittlung von SMS*, vgl. TPF 2006 257, oder Datenermittlung durch sogenannte *IMSI-Catcher*, dazu Kriminalistik 2006 695 und NJW 60 (2007) 351 (greift nach dem deutschen Bundesgerichtshof nicht ins Fernmeldegeheimnis ein).
[453] Botschaft 1250 Mitte. – *Nicht, wenn nur bereits bekannte Randdaten verifiziert werden*, JEAN-RICHARD-DIT-BRESSEL, Z 125 (2007) 177 f. m.w.H., so auf BGE 126 I 50.

Letzteren StPO 273 II)[454]. StPO 273 berücksichtigt nun jedoch bei der Auskunftsbeschaffung hinsichtlich der vorgenannten Informationen, dass der Grundrechtseingriff weniger schwer als bei den in StPO 269 primär anvisierten Fällen wiegt. In Abkehr von BÜPF 5 I, der die Preisgabe der Randdaten usw. nur bei einer Katalogtat zuliess, verlangt StPO 273 I allein, dass einerseits der dringende Verdacht besteht, dass ein Verbrechen oder Vergehen oder eine Übertretung nach StGB 179[septies] begangen wurde und dass anderseits die Voraussetzungen von StPO 269 I lit. b und c (Schwere der Straftat[455] und Erfolglosigkeit der bisherigen Ermittlungen usw.) erfüllt sind[456]. Solche Auskünfte können rückwirkend für sechs Monate verlangt werden (näher StPO 273 III)[457]. Diese Regeln gelten ebenfalls für **Mobiltelefone**[458].

4. Gegenstand der Überwachung, Schutz von Berufsgeheimnissen, StPO 270 f.

1145 StPO 270, der **die zu überwachenden Personen bzw. deren Postadresse und Fernmeldanschlüsse umschreibt**, entspricht weitgehend den bisherigen Regelungen in BÜPF 3 I lit. a und Art. 4. Überwacht werden dürfen zunächst **beschuldigte Personen** (lit. a). Nach StPO 270 lit. b können auch **Drittpersonen** überwacht werden; darunter fallen auch öffentliche Fernmeldestellen u.Ä., die in

---

[454] Schon früher gemäss BGE 126 I 62 f. – *Keine Genehmigung nötig*, wenn in Anwendung von FMG 45 rückwirkend Randdaten bzw. Namen und Adressen der Anrufer im Einverständnis der beschuldigten Person und des Opfers festzustellen sind, vgl. GVP 2006 Nr. 105 = RS 2007 Nr. 280 (allenfalls mit Zustimmung der gesetzlichen Vertreter eines vermissten Opfers, dazu auch nachfolgend Fn. 460), ebenfalls nicht für *Edition des Vertrags* mit der Anbieterin und von Kopien der damals vorgelegten Ausweise, TPF 2006 256. Einen *Sonderfall der Teilnehmeridentifikation und Verkehrsdaten* stellte die in BÜPF 3a in der Fassung vom 24.3.2006 (AS 2007 921, 939) vorgesehene *Suche nach vermissten Personen ausserhalb des Strafverfahrens* (und die damit gekoppelte Auswertung von Zufallsfunden nach BÜPF 9 I[bis]) dar. Diese Bestimmung wurde ein halbes Jahr nach dem Inkrafttreten mit der StPO (BBl 2007 7143) wieder – offenbar aus Versehen – aufgehoben; immerhin blieben entsprechende Zufallsfunde nach StPO 278 V, hinten N 1161, verwertbar. Mit dem StBOG sollen die genannten früheren Bestimmungen in BÜPF 3 (Überwachung zum Auffinden vermisster Personen) und StPO 278 I[bis] (Auswertung entsprechender Zufallsfunde) wiedererweckt werden, BBl 2008 8185, 8212 f.
[455] Zur Schwere bei der rückwirkenden Ermittlung von Randdaten GVP 2002 Nr. 96.
[456] Zur Begründung näher Botschaft 1250 unten.
[457] Dazu sowie zu den parallelen Pflichten der Anbieterinnen BÜPF 12, II, 14, 15; VÜPF 2 lit. d, g, 18 ff.
[458] BÜPF 15 Abs. 5bis in der Novelle von 2003, vgl. AS 2003 3046. Die Praxis unterstellte übrigens auch die *«stillen SMS»* (*«stealth pings»*) dem BÜPF und damit nunmehr den Einschränkungen nach StPO 269 ff. Hier wird der betreffenden beschuldigten Person ein SMS gesandt, die den Empfang jedoch nicht feststellt; auf diese Weise kann der Standort des Mobiltelefons geortet werden. Eine Überwachungsmassnahme ist auch die *Erhebung des PUK-Codes bei sichergestellten SIM-Karten*, (vgl. VÜPF 2 lit. m, 19a) TPF 2006 254.

BÜPF 4 II noch gesondert genannt waren[459]. Solche Überwachungen von Drittanschlüssen sind jedoch nur in zwei Varianten zulässig: Einerseits, wenn aufgrund **bestimmter Tatsachen angenommen werden muss, die beschuldigte Person benutze die Postadresse oder den Fernmeldeanschluss der Drittperson** (StPO 270 lit. b Ziff. 1; Fall des **Anschlussüberlassers**)[460]. Die blosse Tatsache, dass der Verdächtige bei einem Dritten anruft, genügt mindestens nach den Materialien für diese Überwachungsvariante nicht; erforderlich ist, dass die beschuldigte Person die Verbindung wie eine eigene benutzt[461]. Dies ist u.a. dann der Fall, wenn eine beschuldigte Person laufend den Telefonanschluss ihres Ehegatten, Wohnpartners, Arbeitgebers oder der von ihm beherrschten juristischen Person benutzt. Anderseits dürfen Dritte überwacht werden, wenn sie bewusst oder unbewusst **für die beschuldigte Person bestimmte Mitteilungen entgegennehmen oder von dieser stammende Mitteilungen an eine weitere Person weiterleiten** (Art. 270 lit. b Ziff. 2; Fall des **Nachrichtenvermittlers**). Wesentlich ist, dass die verantwortlichen Strafbehörden mit (noch in BÜPF 4 V, nicht aber in StPO 270 ausdrücklich erwähnten) geeigneten **Schutzvorkehren** sicherstellen müssen, dass bei der Überwachung von Drittpersonen wie auch Berufsgeheimnisträgern die Strafbehörden nicht Informationen zur Kenntnis nehmen können, die nicht Gegenstand der Überwachung bilden.

---

[459] So Botschaft 1249 oben.
[460] Fraglich ist, ob *Nichtbeschuldigte*, z.B. *Erpressungs- bzw. Entführungsopfer* oder die *Angehörigen von Geiseln* (von denen vermutet wird, sie stünden mit den Tätern in Kontakt, z.b. in geheimen Verhandlungen über das Lösegeld), ohne ihre Zustimmung (bei Einverständnis ist opfereigener Anschluss im Rahmen von FMG 45 überwachbar, vgl. Fn. 454) abgehört werden können. Die bisherige Praxis liess eine Überwachung unter Berufung auf jetzt StPO 270 lit. b Ziff. 1 offenbar weitgehend zu, *a.M.* TPF 2007 13. Tatsächlich ist fraglich, ob ein *Fall des Anschlussüberlassers* im hier vom Gesetzgeber vorgegebenen Sinn vorliegt. Bei der Überwachung des Handys z.B. eines Entführungsopfers kann von einer mutmasslichen Einwilligung ausgegangen werden.
[461] Botschaft 1249 oben. Siehe dazu auch Entscheide noch zum alten Recht: Beschränkt bei Journalisten, BGE 123 IV 247 ff. = EuGRZ 24 (1997) 634 f. Möglich hingegen *Überwachung des Anschlusses einer beschuldigten Person, die sich in Haft befindet*, BGE 125 I 98 ff. = SJZ 95 (1999) 227 = JdT 154 (2006) 28, bemerkenswerterweise nicht aber zulässig eine Überwachung mit technischen Geräten, StPO 281 III lit. a, hinten N 1169.

1146 **Berufsgeheimnisträger** nach StPO 170–173 dürfen nur überwacht werden[462], wenn sie selbst beschuldigt sind[463] oder in einem der beiden Fälle von StPO 270 lit. b als Dritte überwacht werden können. Damit werden die Möglichkeiten nach BÜPF 4 III lit. b erweitert[464]. Wesentlich ist, dass StPO 271 I (analog zu BÜPF 4 VI) vorschreibt, dass unter Leitung einer von Bund oder Kantonen zu bestimmenden richterlichen Behörde, z.B. dem Zwangsmassnahmengericht oder dessen Präsidenten, eine **Triage der bei solchen Überwachungen gewonnenen Informationen vorzunehmen ist.** Damit sollen Ergebnisse, die mit dem Strafverfahren nicht im Zusammenhang stehen und/oder unter dem Berufsgeheimnis stehen, ausgesondert und vor der Kenntnisnahme durch die Strafverfolgungsbehörden (Polizei, Staatsanwaltschaft) bewahrt werden. Wird der Anschluss eines Berufsgeheimnisträgers überwacht, weil die beschuldigte Person ihn benützt (StPO 270 lit. b Ziff. 1), sind z.B. untersuchungsrelevante Gespräche zwischen dem Berufsgeheimnisträger und Drittpersonen auszusondern, da kein Zusammenhang mit dem Grund der Überwachung besteht[465]. Damit die vorgenannte Triage nicht sinnlos wird, sieht StPO 271 II vor, dass **Direktschaltungen** (d.h. die Telefongespräche werden direkt zur ermittelnden Polizei geleitet und dort aufgezeichnet, damit dort die Ergebnisse ohne Zeitverzug ausgewertet werden können, VÜPF 2 lit. e) nur zulässig sein sollten, wenn sich der (dringende) Tatverdacht gegen den Berufsgeheimnisträger selbst richtet und besondere Gründe die Direktschaltung (z.B. bei einem schweren Delikt müssen die Erkenntnisse sofort ausgewertet werden können) erfordern. Die technischen Gegebenheiten haben sich jedoch mittlerweile geändert, indem die dem BÜPF sowie noch der StPO primär zugrundeliegenden Unterschiede zwischen der vorerwähnten Direktschaltung sowie der früher üblichen Zustellung entsprechender schriftlicher Protokolle nicht mehr aktuell ist: Heute werden die Gespräche usw. beim dafür eingeschalteten Dienst des EJPD (Ziff. 5.1.) aufgezeichnet, und die zuständigen Ermittlungsbehörden von Bund und Kantonen können jederzeit auf die gespeicherten Informationen greifen (nachfolgend Ziff. 5.3.). StPO 271 II (und

---

[462] *Chronique de procédure pénale genevoise* (1986–1989) S. 446 Ziff. 6.3. Telefonabhörung aber zulässig gegen andere Zeugnisverweigerungsberechtigte, so nach StPO 168 f., noch zum alten Recht BGE 125 I 100, 122 I 182 = EuGRZ 23 (1996) 393 (kritisch dazu ZBJV 133 [1997] 687); vgl. auch Kriminalistik 1999 813. – Nicht zulässig bereits nach EMRK, *Telefonanschluss eines Anwalts* abzuhören und dem Betreiber der Fernmeldedienste (damals noch die PTT) die Weisung zu erteilen, Anwaltsgespräche nicht zu erfassen bzw. in Protokollform weiterzuleiten, EGMR 25.3.1998 in: NZZ Nr. 46 vom 25.2.1997 = VPB 62 (1998) Nr. 114 i.S. H.W. Kopp. Siehe ferner die Entscheide RFJ/FZR 9 (2000) 308 sowie RS 2001 Nr. 73. – Zur Überwachung von *Mitgliedern des Bundesrats usw. bzw. der Bundesversammlung* vgl. Fn. 464.
[463] So zum alten Recht BGE 125 I 45 und BGer 10.12.1996 in einem Rechtshilfefall, der einen Genfer Anwalt betraf. – Wird ein *Medienschaffender* wegen eigener Delikte überwacht, darf damit nicht der Informantenschutz nach StPO 172 unterlaufen werden, vgl. deutsche Fälle in NJW 60 (2007) 1117 und 3511.
[464] Botschaft 1249 Mitte.
[465] Botschaft 1249 unten.

274 IV lit. b) hängen insofern in der Luft[466]. Dem Schutz des Berufsgeheimnisses dient ebenso StPO 271 III: Bei der Überwachung anderer Personen als der Amts- und Berufsgeheimnisträger nach StPO 170–173 selbst, also z.B. einer beschuldigten Person, sind Informationen, über die ein Amts- oder Berufsgeheimnisträger das Zeugnis verweigern könnte, aus den Verfahrensakten auszusondern und sofort zu vernichten. Sie sind im hängigen wie auch in andern Verfahren nicht als Beweise verwertbar, was z.B. für ein Telefongespräch zwischen der beschuldigten Person und ihrem Verteidiger gilt[467].

5. Anordnungs- und Genehmigungsverfahren, StPO 269 I, 272–274

5.1. Anordnung, Genehmigungspflicht, StPO 269 I, 272 I

Die Überwachung des Post- und Fernmeldeverkehrs wird, wenn die Voraussetzungen von StPO 269–271 (bzw. StPO 273 bei Randdaten usw.) erfüllt sind, **von der Staatsanwaltschaft**[468] **schriftlich und begründet angeordnet** (StPO 269 I[469]; allgemein StPO 198 f., 241). Die Überwachung wird üblicherweise unter Bezeichnung der betroffenen Person sowie deren Telefonanschluss angeordnet. Die Anordnung wird bei der zur Durchführung zuständigen Dienststelle des Bundes für die Überwachung des Post- und Fernmeldeverkehrs, heute angegliedert dem Eidgenössischen Justiz- und Polizeidepartement (EJPD)[470], schriftlich, im (üblicherweise) dringenden Fall mittel Fax zum Vollzug mitgeteilt. Ausserkantonale Telefonanschlüsse können wie bisher ohne (zusätzliche)

1147

---

[466] Dazu HANSJAKOB 209. Mit der nun gebräuchlichen, sofort nach der Anordnung (und damit vor der richterlichen Genehmigung) wirkenden Direktschaltungen im Sinn einer Echtzeitüberwachung (VÜPF 2 lit. c) wird – worauf der eingangs erwähnte Beitrag von AELLEN/HAINARD hinweist – der Schutz der Berufsgeheimnisse nach den Vorgaben von StPO 271 I und III schwierig. Was möglich ist, muss im Einzelfall entschieden werden; denkbar z.B., dass die Informationen vom Dienst den Untersuchungsbehörden nicht direkt zugänglich gemacht, sondern auf einem Datenträger dem Triagerichter zur Behandlung übermittelt werden.
[467] Botschaft 1250 oben; vgl. auch die Präzisierung, dass Verwendung in jedem Verfahren ausgeschlossen ist, AB S 2006 1034/1035.
[468] Bei der Übertretung nach StGB 179[septies] kann der Antrag auf Bekanntgabe der Randdaten nach StPO 273 von der Übertretungsstrafbehörde gestellt werden, da diese nach StPO 357 I die gleichen Befugnisse wie die Staatsanwaltschaft hat. – Im *Rechtshilfeverfahren* nach IRSG 18a vom Bundesamt.
[469] Zur *Anordnung* näher VÜPF 5, 11, 15, 23, zu den *Überwachungstypen* beim Fernmeldeverkehr VÜPF 16, beim *Internet* BÜPF 24. Vgl. die erforderliche *Ermächtigung bei Parlamentariern* etc. nach Art. 18 des Parlamentsgesetzes vom 13.12.2002, SR 171.10, und Art. 14bis I des Verantwortlichkeitsgesetzes vom 14.3.1958, SR 170.32.
[470] VÜPF 3; zu den Aufgaben dieses Dienstes, die im Folgenden nicht näher dargelegt werden können, BÜPF 2, 11, 13.

Bewilligung des betreffenden Kantons überwacht werden[471]. Der Dienst weist gestützt auf die Anordnung und nach deren Prüfung gemäss BÜPF 11 I lit. a bzw. 13 I lit. a die Anbieterinnen der betreffenden Post- oder Fernmeldedienste an, die notwendigen Massnahmen zu treffen (näher BÜPF 11, 13)[472]. Anschliessend ist die **Anordnung vom Zwangsmassnahmengericht zu genehmigen** (StPO 272 I, 273 II, nachfolgend Ziff. 5.2.).

1148 StPO 272 II (bisher BÜPF 4 IV) lässt ausnahmsweise zu, dass alle identifizierten Anschlüsse, die die zu überwachende Person benützt, im Sinn einer **Rahmenbewilligung** und ohne jedes Mal erneute Genehmigung überwacht werden, wenn sich ergibt, dass diese in rascher Folge den Fernmeldeanschluss wechselt[473]. Diesfalls hat die Staatsanwaltschaft dem Zwangsmassnahmengericht monatlich und nach Abschluss der Überwachung einen Bericht zur Genehmigung vorzulegen. Bei Berufsgeheimnisträgern gelten bei Rahmenbewilligungen besondere Regeln (näher StPO 271 III).

5.2. Genehmigungsverfahren, StPO 273 II, 274

1149 Die Staatsanwaltschaft hat nach StPO 274 I **dem Zwangsmassnahmengericht innert 24 Stunden seit der Anordnung der Überwachung**[474] **oder Auskunftserteilung** die Anordnung (lit. a) und die Begründung dafür und die für die Genehmigung wesentlichen Verfahrensakten (lit. b) einzureichen[475].

1150 Das **Zwangsmassnahmengericht hat innert fünf Tagen** seit der Anordnung der Überwachung oder des Gesuchs um Auskunftserteilung in einem kurz be-

---

[471] Zum alten Recht RO 1986 328 Nr. 83; ZBJV 122 (1986) 36. Chronique de procédure pénale genevoise (1986–1989) S. 446 Ziff. 6.4. Bei *anderen technischen Überwachungsmassnahmen* (N 1166 ff.) ist jedoch allein das Gericht des Kantons, auf dessen Gebiet die Überwachung vorgenommen werden soll, zuständig. Für ausländische Überwachungen vgl. RKG 1996 33 Nr. 150, im Fall des «*international roaming*» RKG 2000 Nr. 105 S. 36.

[472] Entscheide des Dienstes des EJPD können mit *Verwaltungsgerichtsbeschwerde ans Bundesverwaltungsgericht* und hernach gemäss BGG 82 ff. mit öffentlich-rechtlicher Beschwerde ans Bundesgericht weitergezogen werden, nicht aber von den Anbieterinnen mit der Begründung, Überwachungsmassnahmen seien rechtswidrig, vgl. zum früheren Verfahrensrecht BGE 130 II 249 = Pra 94 (2005) Nr. 60. Vgl. aber Bundesverwaltungsgericht 10.3.2009 in plädoyer 3/2009 69 zur Überwachung einer ausländischen Telefonnummer, angefochten durch Swisscom.

[473] Nach herrschender Auffassung ist diese Voraussetzung erfüllt, wenn der *Anschluss dreimal gewechselt wird*.

[474] Mit *Angabe der Uhrzeit der Postübergabe* des Gesuches an zuständigen Dienst. Die Rechtmässigkeit der Anordnung haben allein die Anordnungsbehörden, nicht der Besondere Dienst, zu prüfen, BGE 130 II 254 = Pra 94 (2005) Nr. 60, vgl. aber Fn. 472.

[475] *Keine Genehmigung bei Notsuche* nach früher BÜPF 1 I lit. c und 3a (Standortermittlung) und jetzt Suche nach Personen im Rahmen eines Zufallsfundes nach 278 V notwendig, GVP 2007 Nr. 89 = RS 2008 Nr. 471. Zu diesen, in Wandlung begriffenen Bestimmungen vorne Fn. 454. Ein *Rückzug des Gesuchs* ist nach TPF 2006 320 aus verfassungsmässigen Gründen nicht zulässig, weil die Überwachung üblicherweise bereits läuft.

gründeten Entscheid über diese Massnahmen zu befinden. Das Gericht hat zu prüfen, ob die Voraussetzungen für den Eingriff erfüllt sind. Da Überwachungen üblicherweise zu Beginn der Ermittlungen bei entsprechend dürftigem Informationsstand angeordnet werden, ist eine zuverlässige Beurteilung solcher Anträge allerdings nur beschränkt möglich. Das Zwangsmassnahmengericht kann jedoch eine Ergänzung der Akten oder weitere Abklärungen verlangen sowie die Genehmigung vorläufig, also befristet, oder nur mit Auflagen erteilen (StPO 274 I). Die Bewilligung äussert sich ausdrücklich **zu den erforderlichen Vorkehren zum Schutz von Berufsgeheimnissen** (vgl. StPO 271) sowie zur **Zulässigkeit von Direktschaltungen** (StPO 271 II, 274 IV)[476]. Die Genehmigung wird **für höchstens drei Monate erteilt**, kann aber ein- oder mehrmals für höchstens drei Monate verlängert werden (näher StPO 274 V)[477]. Die Genehmigung wird unverzüglich der Staatsanwaltschaft sowie dem zuständigen Dienst des Bundes mitgeteilt (StPO 274 III, VÜPF 6)[478].

5.3. Durchführung und Beendigung der Massnahme, StPO 275

Die **Registrierung von Telefonverbindungen u.Ä.**[479] erfolgt z.Zt. technisch[480] durch Aufnahme der Gespräche in einem zentralen System (System LIS) des vorstehend in Ziff. 5.1. genannten Dienstes für die Überwachung des Post- und Fernmeldeverkehrs des EJPD. Die Funktionäre der Ermittlungsbehörden von Bund und Kantonen können sich in dieses System einschalten und die dortigen Registrierungen abrufen. Die früher vorhandenen Unterschiede zwischen Direktanschlüssen (mit direkter Übermittlung der Fernmeldeverbindung an die Strafbehörde) und dem vor allem üblichen Vorgehen (Aushändigen der entsprechenden Dokumente oder Datenträger[481] oder aber Liefern von Transkripten der registrierten Gespräche, erstellt durch Beamte dieser Bundesstelle, dazu BÜPF 13 I lit. c, 13 II lit. b) sind damit in den Hintergrund getreten und die ent-

---

[476] Zu den (heute allgemein üblichen) Direktschaltungen vorne N 1146 und nachfolgend N 1151. *Mitwirkungspflicht des Dienstes* bei der Umsetzung der Schutzmassnahmen nach BÜPF 13 I lit. f. – Nicht zulässig nach GVP 2006 Nr. 106 sind *Computerprogramme, mit denen die Polizei direkt auf E-Mail-Verkehr greifen kann*, da für den Vollzug der Überwachungen allein der mehrerwähnte Dienst des EJPD zuständig sei.
[477] Bei *Verlängerungen* muss dargetan werden, dass sich der *Tatverdacht verdichtet bzw. konkretisiert hat*, TPF 2005 116, 2006 269.
[478] Kein *Rechtsmittel* gegen Genehmigung bzw. deren Verweigerung, hinten N 1511 a.E., vgl. aber vorne Fn. 472.
[479] Die weniger wichtige *Postüberwachung*, die im Folgenden nicht mehr weiter thematisiert wird, ist in VÜPF 11 ff. technisch geregelt.
[480] Vorne N 1146. – Zu dieser Seite näher BÜPF 13, VÜPF 15 ff., zur Überwachung von Internet-Zugängen VÜPF 23 ff.
[481] Der Dienst des Bundes kann der anordnenden Behörde *keine Auflagen betreffend Wahrung des Fernmeldegeheimnisses* machen, so noch zum alten Recht BGE 115 IV 67; ZR 90 (1991) Nr. 27.

sprechenden Regelungen von BÜPF und StPO dementsprechend weitgehend überholt.

1152 Die Staatsanwaltschaft hat nach StPO 275 I **die Überwachung unverzüglich einzustellen,** wenn die Voraussetzungen der Überwachung nicht mehr erfüllt sind (lit. a) oder die Genehmigung oder Verlängerung für die Überwachung vom Zwangsmassnahmengericht verweigert wird (lit. b). Stellt die Staatsanwaltschaft i.S. von StPO 275 I lit. a die Überwachung von sich aus ein, ist das Zwangsmassnahmengericht (und naturgemäss der Dienst) zu orientieren (StPO 275 II).

6. Auswertung der Ergebnisse, StPO 276 und 277

1153 Mit den in der StPO erwähnten Beschränkungen sind die Aufzeichnungen oder die entsprechenden Abschriften, soweit sie verfahrensrelevant sind, **zu den Akten** (StPO 100) **zu nehmen.** Die Aufzeichnungen sind beweismässig Beweisgegenstände i.S. von StPO 192[482]; deren Abschriften kommen einem Bericht i.S. von StPO 145 oder 195 I gleich[483]. Zur Kontrolle der wahrheitsgetreuen Protokollierung hat die beschuldigte Person Anspruch darauf, dass dem Gericht die Tonaufnahmen (und nicht bloss Abschriften) zur Verfügung stehen[484]. Allerdings genügen auch Abschriften allein als Beweismittel[485], wenn die Aufzeichnungen nicht mehr vorhanden sind. Auch ausländische Telefonabhörprotokolle können in dieser Weise ausgewertet werden[486]. Die Aufzeichnungen stehen den Parteien im Rahmen der Akteneinsicht (StPO 101 f.) zur Einsicht offen.

1154 Die Erfahrung zeigt, dass ein **Grossteil der Aufzeichnungen für das Strafverfahren wertlos ist.** Zum Schutz der Geheimsphäre der Beteiligten werden solche Aufzeichnungen, die für das Strafverfahren nicht notwendig sind, ausserhalb der eigentlichen Verfahrensakten gesondert aufbewahrt und nach Abschluss des Verfahrens sofort vernichtet (StPO 276 I)[487].

---

[482] Vorne N 954 ff.
[483] Noch zum alten Recht ZR 81 (1982) Nr. 44 = SJZ 79 (1983) 31.
[484] Zum alten Recht ZR 86 (1987) Nr. 97 = SJZ 83 (1987) 382; abweichende Begründung ZR 90 (1991) Nr. 27 = RO 1991 337 Nr. 2.
[485] Einsichtnahme in *unmittelbare Beweismittel, d.h. die Tonaufnahmen,* muss trotzdem u.U. gewährt werden, noch zum früheren kantonalen Recht ZR 96 (1997) Nr. 26 = plädoyer 6/1996 61 = RKG 1995 21 Nr. 4. Es muss sich aus den Strafakten ergeben und nachvollziehbar sein, wer die Transkriptionen und allfällige Übersetzungen besorgte, BGE 129 I 89.
[486] Mit Blick auf das alte kantonale Recht RO 1986 328 Nr. 82; vgl. auch plädoyer 5/1987 38. Erforderlich ist, dass sie unter Bedingungen erhoben wurden, die in etwa den schweizerischen Recht entsprechen; insoweit sind ebenfalls *ausländische Zufallsfunde* (zu diesen nachfolgend N 1156 ff.) verwertbar, Kriminalistik 1996 130.
[487] Also an sich *erst nach Abschluss mit Einstellung oder Urteil*, vorteilhafterweise erst, wenn feststeht, dass keine Beschwerde nach StPO 279 III eingereicht wurde. – Nach dem noch zum früheren kantonalen Recht ergangenen BGE 125 I 101 ff. soll *Anspruch abgehörter*

Wesentlich ist sodann die Bestimmung von StPO 277: **Dokumente und Daten-** 1155
**träger aus nicht genehmigten Überwachungen sind sofort zu vernichten
bzw. die Aufzeichnungen zu löschen**[488] und zurückgehaltene Postsendungen
den Adressaten zu übergeben (StPO 277 I). In diesem Fall dürfen die durch die
Überwachung gewonnenen Erkenntnisse weder im hängigen noch in einem andern Verfahren für die Ermittlung noch zu Beweiszwecken verwendet werden
(Abs. 2)[489]. Gleiches gilt, wenn durch die Überwachung Berufsgeheimnisse erkannt werden, die gemäss StPO 271 geschützt bzw. nicht in den dort gesteckten
Grenzen ausgewertet werden dürfen (vgl. StPO 271 III).

7. Zufallsfunde, StPO 278

7.1. Umfang der Verwertung, StPO 278 I und II

Denkbar ist, dass bei der Überwachung des Post- oder Fernmeldeverkehrs **bisher** 1156
nicht bekannte Straftaten der beschuldigten Person, gegen die die Massnahme angeordnet wurde, bekannt werden. Oder aber es kommen **Delikte weiterer
Personen zum Vorschein**, die nicht Gegenstand der nach StPO 269 ff. angeordneten und genehmigten Überwachung bilden. Es liegt also ein **Zufallsfund**
vor[490]. StPO 278 löst die Problematik verglichen mit der früheren entsprechen-

---

Dritter *auf Vernichtung schon am Ende des Vorverfahrens* bestehen, nicht erst im gerichtlichen Verfahren; zu diesem Entscheid ZBJV 136 (2000) 764.

[488] Fraglich ist, inwieweit hier und anderswo die *Verwertungsverbote disponibel sind,* d.h.
z.B. der Beschuldigte darauf (z.B. weil die an sich unverwertbaren Überwachungsergebnisse zu seinen Gunsten lauten) verzichten kann, dazu vorne N 792.

[489] So die Präzisierung durch den Ständerat, AB S 2006 1034. Zur Verwertung von Beweisen, die gestützt auf später als unverwertbar befundene Erkenntnisse erhoben wurden (*Sekundär- und Tertiärbeweise,* so wenn z.B. die beschuldigte Person ein Geständnis ablegte bzw. ein Zeuge oder eine Tatwaffe gefunden wurde), vorne N 799, nachfolgend N 1160 zu den *Zufallsfunden.* Zur Frage, *ob solche Erkenntnisse als Ausgangspunkt zu neuen Ermittlungen dienen dürfen,* vorne N 799 a.E., nachfolgend Fn. 498.

[490] Zum *Zufallsfund allgemein und im Sinn von StPO 243* vorne N 1066 f. – *Kein Zufallsfund*
(und eigentlich auch keine i.S. von StPO 269 ff. relevante Telefonüberwachung) liegen
vor, wenn beispielsweise ein Tatverdächtiger mit einem Handy (soweit vergleichbare
Konstellationen mit stationären Anschlüssen denkbar) verhaftet wird; das Handy wird von
der Polizei behändigt, und nun erfolgt ein deliktsrelevanter Anruf von Drittseite, der von
der Polizei ab- bzw. mitgehört wird (Fall aus der zürcherischen Praxis). Einiges spricht dafür, dass diese Gespräche verwertet werden dürfen: Wie das Bundesgericht in anderem
Zusammenhang feststellte, verletzt das zufällige Mithören eines fremden Gesprächs
StGB 179bis nicht, vgl. BGE 133 IV 249. Verwertbar wohl auch sog. «*Hörfalle*» (Polizei
hört passiv Gespräch zwischen Verdächtigem und Dritten mit), dazu aus deutscher Sicht
NJW 61 [2008] 2300, welches Vorgehen ebenfalls keine verdeckte Ermittlung darstellen
dürfte, vgl. Fn. 573 und sodann (zu den Grenzen durch *fair trial*) vorne N 101. – *Kein Zufallsfund* liegt weiter vor, wenn übermittelte Informationen erfasst werden, *die zwar die in
der Bewilligung genannte Person und den überwachten Anschluss bzw. die Postadresse
betreffen, jedoch eher zufällig registriert wurden.* Es sind dies z.B. *Hintergrundgespräche*
(registriert etwa bei nicht ordnungsgemäss aufgelegtem Hörer, vgl. aber deutscher Ent-

den Bestimmung von BÜPF 9 in zwar vereinfachter, aber deutlich einschränkender Weise[491]. Ausgangspunkt ist nach der Botschaft[492] die Grundregel, dass nur jene Erkenntnisse verwertet werden dürfen, wenn zur Verfolgung der neu entdeckten Straftatbestände eine Überwachung hätte angeordnet werden dürfen. Sie ist vor allem nur zulässig, **wenn die Zufallsfunde Katalogtaten darstellen.** Dies gilt einerseits für die mit dem Zufallsfund **zusätzlich entdeckten Straftaten der beschuldigten Person**, gegen welche die Massnahme angeordnet worden war (StPO 278 I), anderseits aber auch **bei bisher nicht überwachten Personen** (StPO 278 II)[493].

1157 Wenn StPO 278 I und II **Zufallsfunde nur zulassen, wenn zur Verfolgung der neu entdeckten Delikte** «*eine Überwachung hätte angeordnet werden dürfen*», so wird damit offensichtlich an die Voraussetzungen von StPO 269 I und II angeknüpft. Die Botschaft spricht jedoch in diesem Zusammenhang nur vom **Erfordernis der Katalogtat**[494], also der Voraussetzung von StPO 269 II. Unklar bleibt, ob die Voraussetzungen von StPO 269 I ebenfalls erfüllt sein müssen, was zwar bei lit. b (Schwere der Straftat), kaum aber bei lit. c (Erfolglosigkeit der bisherigen Untersuchungshandlungen) Sinn macht. Jedenfalls wäre es (wie schon nach altem Recht) widersinnig, einen vorbestehenden Tatverdacht i.S. von StPO 197 I lit. b bzw. 269 I lit. a zu verlangen, da dieser ja beim Zufallsfund

---

    scheid in Kriminalistik 2008 678 bzw. BGH 31, 296), *irrtümlich vermittelte oder umgeleitete Telefongespräche* bzw. *Postsendungen.*

[491] Botschaft 1251 oben. – Zum *Übergangsrecht* StPO 448 II und hinten N 1860.

[492] So Botschaft 1251 Mitte.

[493] Zufallsfund für *Administrativverfahren* (Warnentzug des Führerausweises) nur verwertbar, wenn Ergebnisse zur Verfolgung der betreffenden Straftat selbst hätten verwertet werden können, *in casu* bei SVG 95 abgelehnt, BGer 30.4.2007, 6A.113/2006, in NZZ Nr. 111 vom 15.5.2007. Anders Vorinstanz in ABOG SH 2006 131 (strafprozessual nicht verwertbare Telefonprotokolle in Verfahren betreffend Entzug Führerausweis auswertbar, da autonome Regeln für Beweisverwertung mit Interessenabwägung im Verwaltungsverfahren).

[494] Botschaft aaO. Entgegen bisher BÜP F 9 lit. a, der eine Auswertung von Zufallsfunden zuliess, wenn der Vorwurf der Katalogtat, die Anlass zur Überwachung gab, aufrechterhalten werden konnte, können die *Ergebnisse nun für Nebentaten, die nicht Katalogtaten sind, generell nicht ausgewertet werden.* Wie sich die Praxis mit den zu erwartenden, wenig sinnvollen Resultaten (die Sachbeschädigungen und Hausfriedensbrüche einer dank Telefonüberwachung überführten Einbrecherbande können nicht verfolgt werden, womit auch den Geschädigten der Rechtsweg verbarrikadiert bleibt!) arrangieren wird, bleibt abzuwarten. Ungelöst ist auch die Überwachung bzw. *Auswertung von Zufallsfunden im Fall von StGB 102* (Strafbarkeit des Unternehmens). Es macht den Anschein, als sei weder eine *Überwachung des Unternehmens* noch eine Auswertung von Zufallsfunden (die Überwachung eines Firmenangehörigen ergibt, dass ein Fall von StGB 102 vorliegen dürfte) zulässig. Führt die Überwachung zur Überführung des Angehörigen, dürften die Ergebnisse streng genommen auch nicht indirekt gegen das Unternehmen verwertet werden, vgl. nachfolgend N 1160!

typischerweise gerade nicht vorhanden sein kann[495]. Es ist bedauerlich, dass die StPO die bereits bei der früheren Regelung von BÜPF 9 strittige Frage, ob neben der Katalogtat auch noch die weiteren Voraussetzungen erfüllt sein müssen, nicht klar löst.

7.2. Vorgehen bei Zufallsfunden, StPO 278 III und IV

Hält die Staatsanwaltschaft die **Zufallsfunde für verwertbar**, so hat sie nach StPO 278 III vor weiteren Ermittlungen[496] sofort die **Überwachung sowie die Genehmigung** nach StPO 272 und 274 in die Wege zu leiten (dazu vorne Ziff. 5)[497]. 1158

Aufzeichnungen, die nach StPO 278 I und II nicht als Zufallsfunde verwendet werden dürfen, sind nach StPO 278 IV (analog zu StPO 276 I, aber anders als nach BÜPF 9 III) von den Verfahrensakten getrennt aufzubewahren und nach Abschluss des Verfahrens zu vernichten. Verweigert das Zwangsmassnahmengericht die Genehmigung, sind die Unterlagen analog zu StPO 277 sofort zu vernichten. 1159

Dürfen die durch die Überwachung gewonnenen Erkenntnisse nicht verwendet werden, fragt sich, ob die **mittelbar erhältlich gemachten weiteren Beweise auswertbar sind**, also etwa das auf Vorhalt der Telefonprotokolle abgelegte Geständnis, das aufgefundene Deliktsgut usw. (**Problem der Verwertbarkeit der Sekundärinformation; Fernwirkung der Beweisverbote**). Nach der allgemeinen Bestimmung in StPO 141 IV[498] sind bei unverwertbaren Beweisen – wie sie bei StPO 278 gegeben sind – auch Sekundärbeweise i.S. einer Fernwirkung unverwertbar. Inwieweit sich diese Regel konsequent umsetzen lässt, bleibt wie früher dargelegt, abzuwarten, kann sie doch zu fragwürdigen Ergebnissen führen. Ausnahmen zum strikten Beweisverbot vorab bei Sekundärbeweisen sind bei Telefonüberwachungen zu diskutieren, wenn Anordnungs- und Bewilligungsbehörden in guten Treuen davon ausgehen konnten, die Voraussetzungen 1160

---

[495] «*Die Annahme eines vorbestehenden Tatverdachts auch für Zufallsfunde stehen Sinn und Zweck von Art. 9 BÜPF entgegen*», so BGE 132 IV 70, kritisch besprochen von W. WOHLERS in AJP 5/2006 633.
[496] Dazu TPF 2006 274 a.E.
[497] Der Sinn dieser etwas missverständlichen Formulierung geht dahin, dass die *Staatsanwaltschaft nur eine neue Anordnung zu erlassen hat, wenn sie die Überwachung bezüglich der neuen Straftaten fortsetzen will*. Sie kann sich auf die Einholung einer Genehmigung beschränken, wenn es nur um die Auswertung der Zufallsfunde geht. – Zur Verwendung *ausländischer Zufallsfunde* TPF 2005 217.
[498] Dazu vorne N 799. Dort auch zur Frage, ob *Erkenntnisse ohne direkte Verwendung zum Ausgangspunkt neuer Ermittlungen* gemacht werden können; zu dieser Thematik ebenfalls N 1161 a.E. Allerdings eröffnet sich hier eine rechtsstaatlich problematische Grauzone, zumal solche Ausgangspunkte in den polizeilichen Akten oft nicht oder nicht deutlich deklariert werden.

nach StPO 269 seien erfüllt[499] oder wenn anzunehmen ist, das Beweismittel wäre auch sonst aufgefunden worden[500]. Die vorstehend andiskutierten Probleme verschärfen sich naturgemäss bei den **Tertiärbeweisen,** also Beweisen, die erst anhand des Sekundärbeweises gefunden wurden; diese erscheinen als verwertbar, zumal die Ergebnisse häufig faktisch nicht mehr rückgängig zu machen sind[501].

7.3. Verwertung für Fahndungszwecke, StPO 278 V, 278 I[bis] sowie BÜPF 3 in der Fassung E StBOG

1161 Nach StPO 278 V dürfen «*sämtliche Erkenntnisse einer Überwachung*» für die **Fahndung nach gesuchten Personen verwendet werden.** Nach dem Sinn dieser Bestimmung sind solche **Zufallsfunde ohne zwangsgerichtliche Genehmigung** für Fahndungszwecke auswertbar. Dies bedeutet, dass alle Zufallsfunde, die auf den Aufenthaltsort einer wegen Delikten (auch zum Sanktionsvollzug bzw. im Rahmen der Rechtshilfe) oder aus andern Gründen gesuchten Person, also z.B. auch Vermisste, hinweisen, ausgewertet werden können[502]. Nach dem Sinn dieser Bestimmung muss es sich – mindestens bei Personen, nach denen i.S. von StPO 210 gefahndet wird – um eine vorbestehende Fahndung bzw. ein bereits laufendes Strafverfahren handeln, also nicht solche, die erst durch den Zufallsfund und einem darin begründeten Tatverdacht ausgelöst werden[503]. Die Auswertung ist sodann beschränkt auf die **Informationen für diese Fahndung selbst.** Die gewonnenen Erkenntnisse können also nicht als Beweise bei der Untersuchung von Straftaten der gesuchten Personen verwendet werden, es sei denn, es werde nachträglich ein Genehmigungsverfahren nach StPO 278 II durchgeführt. Unklar ist, ob die gewonnenen Informationen zum Ausgangspunkt deliktsbezogener Ermittlungen genommen werden können (also z.B., indem der gesuchten Person nach ihrer Festnahme ein Delikt vorgehalten wird, auf welches der Zufallsfund hinweist). Dies scheint nach den Materialien nicht ausgeschlossen zu sein. Die StPO beantwortet sodann die Frage nicht, ob solche Zufallsfun-

---

[499] Verwertbarkeit der Sekundärbeweise also z.B. diskutabel, wenn die Staatsanwaltschaft diese während des Genehmigungsverfahrens nach StPO 274 (in welchem schliesslich die Genehmigung verweigert wurde) an sich StPO-konform erhältlich machte, im guten Glauben, dass die Anordnung nach StPO 269 rechtens sei. Ebenso, wenn Staatsanwaltschaft und Zwangsmassnahmengericht davon ausgingen, es handle sich um ein geeignetes qualifiziertes Delikt nach StPO 269 II (z.B. bei Sachbeschädigung mit grossem Schaden, StGB 144 III oder bei gewerbsmässigem Wucher, StGB 157 Ziff. 2), die Qualifikation jedoch später verneint wird.
[500] Dazu weitere Hinweise in N 799 Fn. 58.
[501] Vorne N 799 a.E.
[502] Nach Aufhebung von BÜPF 3a offensichtlich auch für *vermisste Personen ausserhalb eines Strafverfahrens.* Mit dem StBOG soll der frühere Rechtszustand mit BÜPF 3a und 9 I[bis] wiederhergestellt werden, dazu vorne Fn. 454.
[503] In diesem Fall liegt ein «gewöhnlicher» Zufallsfund vor, bei dem nach 278 I-III zu verfahren ist.

de bei **Berufsgeheimnisträgern** ausgewertet werden können; der umfassende Wortlaut von StPO 278 V lässt dies offensichtlich zu.

8. Nachträgliche Mitteilung der Überwachung, Beschwerde, StPO 279, MStP 70j und 70k

Das Wesen einer Überwachung nach StPO 269 ff. liegt darin, dass sie geheim durchgeführt und die Betroffenen darüber nicht orientiert werden, auch nicht auf entsprechende Anfrage hin. StPO 279 I (früher BÜPF 10 II bzw. 10 IV) schreibt der Staatsanwaltschaft vor, dass spätestens bei Abschluss des Vorverfahrens (StPO 319 ff.) **den beschuldigten Personen wie auch den nach StPO 270 lit. b betroffenen Drittpersonen** (bzw. nach StPO 87 III ihre Rechtsbeistände)**, deren Postadresse oder Fernmeldeanschluss überwacht worden war, Grund, Art und Dauer der Überwachung mitzuteilen sind.** Zudem hat ein **Hinweis auf die Beschwerdemöglichkeit** nach Abs. 3 zu erfolgen. Diese nachträgliche Mitteilung folgt aus dem Verhältnismässigkeitsgrundsatz und EMRK 13[504]. Der Betroffene kann die im Zusammenhang mit der Überwachung stehenden Akten (Anordnungs- und Bewilligungsakten; Abschriften der von ihm geführten Gespräche) einsehen[505]. Entgegen dem früheren Recht und der entsprechenden Bundesgerichtspraxis sind die **Verbindungspartner** der überwachten beschuldigten Person nicht zu orientieren[506]. 1162

Das Zwangsmassnahmengericht kann als Ausnahme bewilligen, dass eine solche **Mitteilung aufgeschoben wird oder unterbleibt.** Vorausgesetzt ist zunächst, dass die Erkenntnisse nicht zu Beweiszwecken verwendet werden (StPO 279 II lit. a). Nach StPO 279 II lit. b ist kumulativ erforderlich, dass der Verzicht bzw. 1163

---

[504] BGE 109 Ia 273 und ZBl 86 (1985) 19. Die *Mitteilung hat in jedem Fall zu erfolgen*, auch wenn der Betroffene schon auf anderem Weg von der Überwachung erfuhr. *Sie darf sich nicht auf die generelle Eröffnung der Überwachung beschränken*, sondern muss diese für den Betroffenen transparent machen, BGer 21.10.2003 in SJZ 100 (2004) 462. Auch Mitteilung, wenn Betroffener selbst keine Gespräche führte bzw. die Überwachung keine verwertbaren Beweise liefert, dazu TPF 2004 18. Besondere Probleme ergeben sich bei den *rechtshilfeweise in der Schweiz (ebenfalls vom Zwangsmassnahmegericht) angeordneten Überwachungen* (BÜPF 1 I lit. b, IRSG 18a). Hier erscheint es als zulässig, die ersuchende ausländische Behörde aufzufordern, den Betroffenen im gegebenen Zeitpunkt über die durchgeführt Massnahme zu orientieren und sie auf die Beschwerdemöglichkeit (nach schweizerischem Recht) aufmerksam zu machen. Nach dem in RKG 2008 Nr. 114 = plädoyer 6/2008 89 publizierten Entscheid des Zürcher Kassationsgerichts ist eine *Mitteilung Voraussetzung für die Auflage der Kosten der Überwachung*.

[505] Zum Anspruch auf Akteneinsicht BGE 125 I 103.

[506] Also auch keine *Mitteilung* nach StPO 279 I (und *kein Beschwerderecht* nach StPO 279 III, nachfolgend Fn. 507), was aus praktischen Gründen nachvollziehbar, mit Blick auf den Grundrechtsschutz dieser mitbetroffenen Personen jedoch problematisch ist. Zur Überwachung der Mitteilungspartner nach altem Recht (noch vor dem BÜPF) BGE 122 I 182 = EuGRZ 23 (1996) 393; anders noch ZBJV 124 (1988) 32 = RS 1991 Nr. 156.

der Aufschub der Mitteilung zum Schutz überwiegender öffentlicher oder privater Interessen notwendig ist. Dies ist etwa der Fall bei fortdauernden Ermittlungen gegen das organisierte Verbrechen, terroristische oder andere bandenmässig tätige Gruppen (so noch BÜPF 10 III lit. a)[507].

1164 StPO 279 III (früher analog BÜPF 10 VI) räumt den Personen, deren Fernmeldeanschluss oder Postadresse überwacht wurde oder die den überwachten Anschluss oder die Postadresse regelmässig[508] mitbenutzt haben, nicht aber mitbetroffenen Dritten[509], ein **Beschwerderecht gegen diese Massnahme** nach StPO 393 ff. ein. Die Beschwerdefrist beginnt mit Erhalt der Mitteilung zu laufen[510]. Die Beschwerde richtet sich sowohl gegen die Anordnung durch die Staatsanwaltschaft wie auch die Genehmigung durch das Zwangsmassnahmengericht. Geltend gemacht werden können fehlende Rechtmässigkeit und Verhältnismässigkeit der Überwachung. Die Beschwerdeinstanz besitzt volle Kognition, wobei für die Beurteilung die Sachlage im Zeitpunkt der Anordnung der Massnahme entscheidend ist[511]. Nicht Gegenstand dieses Verfahrens ist die beweismässige Verwertung der Überwachungsergebnisse; diese ist allein vom Sachrichter zu beurteilen[512]. Gegen den Entscheid der Beschwerdeinstanz[513] ist die Strafrechtsbeschwerde an das Bundesgericht nach BGG 78 ff. möglich[514].

---

[507] Vgl. die Fälle TPF 2004 23, 2005 199, 2005 229 sowie 2008 3 (begründetes Gesuch spätestens bei Abschluss der Untersuchung bzw. Einstellung).
[508] Also im Sinn von StPO 270 lit. b, vorne N 1145. Kein *Beschwerderecht der Gesprächspartner der überwachten Personen*, nachfolgend Fn. 509. Dazu MKGE 13 (2007) Nr. 4, E.1.3.
[509] Zum mindestens nach früherem Recht (vor dem BÜPF) bejahten *Anspruch dieser Drittbetroffenen, die Anordnung überprüfen zu lassen*, BGE 122 I 182 = EuGRZ 23 (1996) 393, ferner VPB 1988 Nr. 78. Zur *Beschwerde gegen Verfügungen des Besonderen Diensts* nach VBÜPF 32 vorne Fn. 472.
[510] Somit nicht nach blosser Kenntnisnahme, Pra 92 (2003) Nr. 119. *Kein Rechtsmittel gegen ursprüngliche Anordnung*, hinten N 1511 a.E.
[511] MKGE 13 (2007) Nr. 4, E.1.5., 3.2.2.
[512] Vgl. BGE 133 IV 185. – Umgekehrt dürfte es dem *Sachrichter nicht zustehen, die Rechtmässigkeit der Anordnung zu überprüfen*; zum Verhältnis Beschwerde- und Sachrichter vgl. auch nachfolgende Fn. Der Beschwerderichter hat anderseits über das Schicksal unrechtmässig erhältlich gemachter Informationen bzw. entsprechender Datenträger zu befinden (Vernichtung). Ungelöst ist, *ob mit einem gutheissenden Beschwerdeentscheid die Genehmigung durch das Zwangsmassnahmengericht nachträglich aufgehoben werden kann*, was heikle und kaum befriedigend lösbare Probleme der *Beweisverwertung* (vorab der Sekundärfunde) aufwerfen würde (StPO 141, vorne N 789 ff., 1160). Jedenfalls entspricht es der Verfahrensökonomie, dass im *Beschwerdeverfahren über Entschädigungen und Genugtuungen nach StPO 429 ff. und vor allem StPO 431* (dazu vor Entscheid in vorstehender Fn.) entschieden wird. – Zur *Beschwerde* allgemein hinten N 1499 ff. Für die Beurteilung der Recht- und Verhältnismässigkeit massgebend ist eine *Betrachtungsweise ex tunc, also im Zeitpunkt der Anordnung*, MKGE 13 (2007) Nr. 4 = RS 2008 Nr. 512. Zu allfälligen *Schadenersatz- und Genugtuungsansprüchen* (jetzt nach StPO 431) RFJ/FZR 11 (2002) 99. Gemäss hier vertretener Auffassung sind *solche Ansprüche im Verfahren nach StPO 279 III geltend zu machen*, hinten N 1825 Fn. 154. Mitglied der Be-

9. Private Überwachungen zur Beweiserhebung?

Überwachungsmassnahmen i.S. des BÜPF sowie von StPO 269 ff. (wie auch 1165
von StPO 280 f.) dürfen während eines laufenden Strafverfahrens und für dieses
nur von den zuständigen Behörden auf dem dafür vorgeschriebenen Weg angeordnet und durchgeführt werden. In Anlehnung an StGB 15 ff. sowie StPO 218
und 263 III ist es bei drohendem Beweisverlust und insbesondere bei unmittelbar
bevorstehenden oder im Gang befindlichen Delikten u.U. dem Privaten nicht
verwehrt, z.B. an sich geheimnisgeschützte Telefongespräche mittels Tonband[515]
zu registrieren, Räume bei Abwesenheit der Hausbewohner zur Aufdeckung
allfälliger Delikte präventiv durch Abhöreinrichtungen zu überwachen oder Täter
bei der Deliktsverübung zu fotografieren[516].

§ 73 Überwachung mit technischen Überwachungsgeräten, StPO 280 und 281, MStP 71–71c

Literaturauswahl: neben der zu §§ 65 und 72 erwähnten Literatur AESCHLIMANN N 1002;
HAUSER/SCHWERI/HARTMANN § 71 II; MAURER 262, 280; PADRUTT 243; OBERHOLZER N 1267; PIQUEREZ (2006) N 978; SCHMID (2004) N 771; TRECHSEL (2005) 540 (*surveillance*).

PETER GOLDSCHMID, Der Einsatz technischer Überwachungsgeräte im Strafprozess, Diss.
Bern 2001 (ASR 655); HEINRICH GUGGENBÜHL, Einsatz und Verwertbarkeit multimedialer
Bildaufzeichnungen im Strafverfahren, Kriminalistik 2004 578; FRANZ RIKLIN, Recherchen

---

schwerdekammer, das zunächst als *Triagerichter* (StPO 271 I) amtete, ist in diesem Beschwerdeverfahren nach StPO 56 lit. b wegen Vorbefassung (vorne N 514 ff.) ausgeschlossen.

[513] Die *Beschwerdeinstanz ist stets zuständig*, auch wenn in der Zwischenzeit Anklage erhoben wurde – ein u.U. nicht unproblematische Lösung. Nach E StBOG 56 III soll in *Bundesstrafsachen die Beschwerdekammer des Bundesstrafgerichts* solche Beschwerden behandeln, während über die Massnahme selbst nach Abs. 1 dieser Bestimmung das kantonale Zwangsmassnahmengericht entscheidet. – Auffallend ist, dass *praktisch kaum solche Beschwerdentscheide publiziert sind*, eine Ausnahme ist der vorstehend zitierte MKGE 13 (2007) Nr. 4.

[514] Abhängig von der Auslegung von BGG 98, dazu hinten N 1698.

[515] Zulässig wohl auch das nicht von StGB 179bis erfasste Mithören eines Telefongesprächs über einen Zweitapparat durch privaten Dritten, damit dieser als Zeuge dienen kann, vgl. deutschen Fall in Kriminalistik 2003 409. Grenzen zu unfairem Behördeverhalten aber fliessend, N 101.

[516] Die beiden letztgenannten Fälle allerdings solche nach StPO 280 f. – Siehe dazu den Fall RS 1987 Nr. 184 = SJ 108 (1986) 636 (Todesdrohung durch Ehefrau, aufgenommen durch Ehemann). Videoaufnahme von *Diebstählen Betriebsangehöriger*, NJW 1–2/2004 85. Zur Thematik der *privaten Beweissicherung allgemein und zu den Beweisverboten* vorne N 801 f., im Zusammenhang mit StPO 218 und 263 III vorne N 1011 und 1118. Zu den Grenzen BJM 1989 166. Jedoch *nur beschränkte Berufung auf Rechtfertigungsgrund der Wahrung berechtigter Interessen sowie von Beweissicherungsinteressen* nach BGer 7.10.2008, 6B_225/2008 in NZZ Nr. 243 vom 17.10.2009.

mit versteckter Kamera – strafrechtlich legal? media-lex 12 (2007) 55; ALEX TSCHENTER, Das Grundrecht auf Computerschutz, AJP 4/2008 383.

Materialien: Aus 29 mach 1 S. 119; VE 296; BeB 187 f.; E 279–280; Botschaft 1251 f.; AB S 2006 1035, AB N 2007 990.

1. Allgemeines, Zweck des Einsatzes, StPO 280

1166 Der Einsatz von **technischen Überwachungsgeräten zu strafprozessualen Zwecken, deren Verwendung in die Grundrechte der beobachteten Person eingreift,** war bisher bundesrechtlich (insbesondere im BÜPF) nicht geregelt, sondern bildete eine kantonale Materie. Es geht hier primär um den Einsatz von **Geräten, deren Gebrauch nach StGB 179bis-179^{quater} verboten ist.** Allerdings ist zu beachten, dass StPO 280 f. nicht ausdrücklich an den Anwendungsbereich dieser Strafnormen gekoppelt sind und damit auch Geräte erfassen, deren Subsumtion unter diese Normen verneint wird oder mindestens strittig ist[517]. Unter StPO 280 f. fallen zunächst Geräte, **mit denen das nicht öffentlich gesprochene Wort abgehört oder aufgezeichnet wird** (so StPO 280 lit. a)[518]. Es sind dies «**Wanzen**», also **Kleinstmikrofone**[519] mit Kabel oder Mini- bzw. Peilsender[520] sowie **Richtmikrofone** u.Ä. Relevant sind hier ferner **Geräte, mit denen Vorgänge an nicht öffentlichen oder nicht allgemein zugänglichen Orten, also**

---

[517] Z.B. *Peilsender*, etwa in Form des nachfolgend zu besprechenden *GPS*.
[518] Zufälliges Mithören fällt nicht darunter, BGE 133 IV 249, vgl. auch vorne Fn. 490.
[519] Im bemerkenswerten BGer 10.12.1996 in plädoyer 1/1997 60 wurde in einem Rechtshilfefall sogar die *Verwendung eines Kleinstmikrofons durch einen amerikanischen V-Mann* bei dessen Vorsprache bei einem (beschuldigten) Genfer Anwalt, welches Vorgehen mit Bewilligung und unter Kontrolle der schweizerischen Behörden geschah, als zulässig betrachtet.
[520] Zu diesen Techniken Kriminalistik 1998 428 und Sonntags-Zeitung 27.4.2008 S. 113. – Fallen unter diese Regeln ebenso die sogenannten *elektronischen Wanzen bzw. trojanischen Pferde*, bei denen der Computer der zu überwachenden Personen mittels einer durch E-Mail eingeschleusten Steuerung derart programmiert wird, dass der Inhalt des Computers der Strafverfolgungsbehörde übermittelt wird? Unklar ist, ob bei diesem Vorgehen vom Einsatz eines technischen Überwachungsgeräts nach StGB 179bis-179^{quater} gesprochen werden kann; dies würde eine Ausweitung des bisher bei Auslegung dieser Strafnormen beachteten Begriffs des technischen Geräts erfordern. Dafür spricht einiges, wird doch bei diesem Vorgehen der Computer des Überwachten gleichsam zum technischen Überwachungsgerät. Zur Thematik vgl. den Beitrag in NZZ am Sonntag 7.9.2003 S. 13. – Der deutsche Bundesgerichtshof verneinte am 31.1.2007 das Vorliegen einer gesetzlichen Grundlage (die Generalbundesanwaltschaft hatte sich auf dStPO 102, Durchsuchung, berufen) für diese als *verdeckte Onlinedurchsuchung* bezeichnete Massnahme, EuGRZ 34 (2007) 105, dazu die Beiträge in Kriminalistik 2007 177 und 187, NJW 60 (2007) 930, 1169, JZ 62 (2007) 796 und 828, instruktiv Deutsche Richterzeitung 8/2007 225 sowie plädoyer 3/2007 16; vgl. auch Urteil des gleichen Gerichts zu einem Verfassungsschutzgesetz vom 27.2.2008 in NJW 61 (2008) 822 = EuGRZ 35 (2008) 164. – Nach GVP 2006 Nr. 106 stellt es eine Umgehung des BÜPF bzw. der darin festgelegten Funktion des UVEK (d.h. jetzt des Dienstes des EJPD) dar, wenn durch solche Computerprogramme der E-Mail-Verkehr überwacht werden soll.

§ 73 Überwachung mit technischen Überwachungsgeräten

im **Privat- und Geheimbereich**[521], **beobachtet und/oder aufgezeichnet werden** (StPO 280 lit. b). Es geht hier um **Bildaufnahme- oder vergleichbare Geräte** (Foto-, Video-, DVD-, Film- und Fernsehkameras, vorab solche mit Teleobjektiven oder Minikameras; Messung von Funkwellen von Computern ausserhalb von Wohnungen, so genanntes W-LAN-Scannen[522] oder Keylogger). Nach StPO 280 lit. c werden sodann Geräte erfasst, die (z.B. an Personen bzw. Fahrzeugen eines Verdächtigen angebracht) erlauben, **den Standort von Personen oder Sachen festzustellen**[523].

Nicht unter diese Vorschriften fallen technische Überwachungen und Registrierungen von **Vorgängen, die sich in der Öffentlichkeit abspielen**, also z.B. das Aufnehmen der strafbaren Aktivitäten von Drogenhändlern auf Strassen mittels Video[524] oder des regelwidrigen Verhaltens von Strassenbenützern mittels Radar- und ähnlicher Geräte[525], ebenso Aufnahmen von Geräten, die an öffentlich zugänglichen Orten, die deliktsgefährdet sind, zur ständigen Überwachung der

1167

---

[521] Zu diesem Bereich im Verhältnis zu StGB 186, BGE 118 IV 50.
[522] Dazu (und zur *Abgrenzung von der Überwachung des Fernmeldeverkehrs*) aus deutscher Sicht Kriminalistik 2005 514.
[523] Botschaft 1251 unten. Geht es bei *Global Positioning Systems (GPS)* nur um die Ermittlung des Standorts eines Autos usw. *im öffentlichen Raume*, ist fraglich, ob von einem Eingriff in die Privat- und Geheimsphäre gesprochen werden kann, in dieser Richtung BGer 1P.51/2007 vom 24.9.2007 in FP 2/2008 82 (mit Kommentar), E.3.5.4 = RS 2008 Nr. 361, vgl. sodann TPF 2008 119, dazu auch plädoyer 6/2007 43 (nach diesem Entscheid jedenfalls früher BÜPF nicht anwendbar; polizeiliche Überwachung *in casu* als gesetzeswidrig, jedoch wegen Geringfügigkeit des Eingriffs und schwerer verfolgten Straftaten als verwertbar bezeichnet). Da aber StPO 280 lit. c den Fall der Feststellung des Standorts von Sachen erwähnt, dürften hier stets StPO 280 f. (deren Anwendungsbereich wie erwähnt, N 1166, weiter als StGB 179bis ff. sein kann) und nicht die Vorschriften über die *Observation*, hinten Fn. 533, anwendbar sein. Zur *Verwertbarkeit einer an sich unzulässigen GPS-Überwachung* vorgenannter BGer vom 24.9.2007, der nach neuem Recht nur noch beschränkt zu beachten ist Aus Sicht des deutschen Rechts EuGRZ 32 (2005) 254 und Kriminalistik 2005 439. – *Standortermittlungen via Mobiltelefone* erfolgen nach StPO 273 bzw. 269 ff.
[524] ZR 95 (1996) Nr. 70 S. 221 = RKG 1995 24 Nr. 16. Zulässig in den Schranken von ZGB 27 und der Verhältnismässigkeit z.B. die durch *Private erfolgte Registrierung von Benützern von Geldausgabeautomaten* wie Bancomat oder von Bankschaltern mittels Video und alsdann die Auswertung der Ergebnisse auch für strafprozessuale Zwecke. Für private Aufnahmen siehe sodann Kriminalistik 1998 437. Ein Fall aus dem Haftpflichtrecht BGE 129 V 323 (Videoüberwachung durch Versicherer), kritisch plädoyer 1/2004 79 (dort von einer «Jury» etwas vollmundig als «*Fehlurteil des Jahres*» bezeichnet). Einschränkende Lehre und Praxis in Deutschland mit Blick auf die «*informationelle Selbstbestimmung*», dazu ein Fall in Kriminalistik 2004 328. Zu *Überwachung einer Tiefgarage* nachfolgend Fn. 526.
[525] RFJ/FZR 1 (1992) 288, 291 = RS 1996 Nr. 163. Nach VZV 130 sind solche *Geschwindigkeitskontrollen von Polizeibeamten und nicht Privatpersonen durchzuführen*, private Messungen sind unverwertbar, BGer 10.4.2008, 6B_744/2007 in FP 1/2009 37. In gleicher Richtung OGZ in NZZ Nr. 263 vom 10.11.2008, S. 25.

Vorgänge installiert sind[526]. Vorbehalten bleiben hier die nachstehend zu besprechenden Vorschriften über die **Observation** (StPO 282 f.)[527].

2. Voraussetzung und Durchführung, StPO 281

1168 Der Einsatz technischer Überwachungsgeräte richtet sich grundsätzlich nach den Vorschriften für die Überwachung des Post- und Fernmeldeverkehrs nach StPO 269–279 (StPO 281 IV), d.h., es sind die gleichen materiellen Voraussetzungen (z.b. dringender Tatverdacht bezüglich eines Delikts gemäss Katalog von StPO 269 II) zu erfüllen wie auch das Anordnungsprozedere nach StPO 272–274 (also Genehmigung durch das Zwangsmassnahmengericht[528]) zu beachten. Zu berücksichtigen ist, dass diese Zwangsmassnahme u.U. einen erheblich schwereren Grundrechtseingriff als z.B. die Telefonüberwachung darstellt.

1169 StPO 281 sieht demgemäss gegenüber der Überwachung des Post- und Fernmeldeverkehrs gewisse Einschränkungen und Besonderheiten vor. **Zielperson kann nur die beschuldigte Person und nicht ein Dritter sein** (StPO 281 I). Räumlichkeiten und Fahrzeuge Dritter können allerdings überwacht werden, wenn anzunehmen ist, dass sich die beschuldigte Person in den fraglichen Räumen aufhält oder das Fahrzeug des Dritten (z.B. leihweise) benützt (StPO 281 II); wie bei StPO 270 lit. b Ziff. 1 ist in beiden Fällen eine ausgedehnte Benützung (wie diejenige eigener Räume bzw. Fahrzeuge) erforderlich. StPO 281 III lit. a verbietet die **Überwachung von Personen, die sich im Freiheitsentzug** (jeder Freiheitsentzug, also z.B. vorläufige Festnahme, Untersuchungs- oder Sicherheitshaft, Strafvollzug; fremdenpolizeiliche Massnahme, fürsorgerische Unterbringung) **befinden**, zu Beweiszwecken[529]; zulässig ist sie jedoch aus Sicherheits-

---

[526] Teilweise ist die *Videoüberwachung an öffentlichen Orten aus sicherheitspolizeilichen Gründen* gesondert geregelt, vgl. etwa im Bund in der V über die Videoüberwachung durch die Schweizerischen Bundesbahnen SBB vom 5.12.2003, SR 742.147.2 oder im Kanton Zürich die Verordnung über die Videoüberwachung im öffentlichen Verkehr vom 1.11.2006, LS 740.12, Begründung im Amtsblatt des Kantons Zürich 2006 1494. Nach Art. 5 bzw. § 10 dieser V dürfen die Aufzeichnungen u.a. den Strafverfolgungsbehörden übergeben werden, vgl. dazu auch BGE 133 I 80 ff. – Bemerkenswert ist, dass die Frage der Privatsphäre bzw. der Öffentlichkeit in den in BGE 131 I 272 E.2. referierten Urteilen, die sich um die Verwertbarkeit von Videoaufnahmen in der *Tiefgarage* einer Wohnüberbauung drehen, nicht näher thematisiert wurde, obwohl das Urteil von einem «*quasiöffentlichen*» Raum spricht. Dass eine allgemein oder mindestens für die Mieter eine Überbauung zugängliche Tiefgarage zur schützenswerten Privatsphäre der Benutzer gehört, dürfte nicht ohne Weiteres einleuchten, auch wenn man hier allenfalls von einem «*nicht allgemein zugänglichen Ort*» i.S. von StPO 280 lit. b sprechen könnte.

[527] Zur Observation nachfolgend N 1170 ff.

[528] Im *Kanton Zürich* 2008 15 Gesuche betr. technische Überwachung (im Jahr 2007 16), RO 2008 151. – Kein Rechtsmittel gegen Genehmigung bzw. deren Verweigerung, vorne Fn. 478, vgl. aber Fn. 472 sowie hinten N 1511 a.E.

[529] Nach Botschaft 1252 oben soll dies erforderlich sein, um den Kerngehalt der Grundrechte auf persönliche Freiheit und Schutz der Privatsphäre zu schützen. Soweit ersichtlich ergibt

gründen wie die Verhütung eines Suizids, Gefährdung Dritter oder eines Ausbruchs[530]. Lit. b der selben Bestimmung schliesst sodann die **Überwachung von Räumlichkeiten und Fahrzeugen der Amts- oder Berufsgeheimnisträger** nach StPO 170–173 aus, wenn sich die beschuldigte Person darin aufhält, es sei denn, diese Räumlichkeiten usw. würden dieser zur faktisch alleinigen Benützung überlassen.

§ 74   Observation, StPO 282–283

Literaturauswahl: Neben der zu §§ 65 und 72 erwähnten Literatur GIANFRANCO ALBERTINI/BEAT VOSER/THOMAS ZUBER, Zum Entwurf zu einer schweizerischen Strafprozessordnung, Kriminalistik 2007 56; STEFAN BLÄTTLER, Die Stellung der Polizei im neuen schweizerischen Strafverfahren, Z 125 (2007) 245; ROBERTO ZALUNARDO-WALSER, Verdeckte kriminalpolizeiliche Ermittlungsmassnahmen unter besonderer Berücksichtigung der Observation, Diss. Zürich 1998.
Materialien: Aus 29 mach 1 S. 119,   127;   VE 297–298;   BeB 188 f.;   E 281–282;   Botschaft 1252 f.; AB S 2006 1035, AB N 2007 991 ff.

1.   Begriff, Allgemeines

Unter Observation ist in Anlehnung an die Botschaft[531] jene **Ermittlungstätigkeit zu verstehen, bei welcher Personen oder Gegenstände von einer Strafbehörde, namentlich der Polizei, über einen längeren Zeitraum an öffentlich zugänglichen Orten von aussen systematisch sowie zumeist verdeckt beobachtet und die entsprechenden Vorgänge zur Aufklärung bereits begangener oder in Ausführung begriffener Straftaten registriert und ausgewertet werden.** Solche Observationen waren in den früheren Prozessgesetzen nur ausnahmsweise geregelt; teilweise wurden sie – da sie nicht direkt StGB 179[quater] verletzen – auch ohne gesetzliche Grundlage als zulässig betrachtet. In jüngerer Zeit hat sich jedoch die Überzeugung durchgesetzt, dass längerdauernde, systematische Observationen als Grundrechtseingriff – tangiert sind die persönliche Freiheit nach BV 10 II bzw. die Privatsphäre nach EMRK 8 Ziff. 1 sowie BV 13[532] – zu betrachten sind, die eine gesetzliche Grundlage erfordern.

1170

---

sich die Notwendigkeit einer solchen Beschränkung weder aus den Grundrechten nach BV, EMRK usw. noch aus der bisherigen Praxis des Bundesgerichts oder der EMRK-Organe.
[530] Botschaft 1252 oben. Es ist wohl davon auszugehen, dass angesichts der Zielsetzung dieser Norm Zufallsfunde bei den sicherheitspolizeilich motivierten Überwachungen, die auf Delikte hinweisen, nicht verwertbar sind; vgl. auch Fn. 535 f.
[531] S. 1252 Mitte, so schon BeB 188 Mitte.
[532] Siehe BGE 133 I 80 f. im Zusammenhang mit polizeirechtlichen Überwachungskameras.

1171 StPO 282 f. regeln **allein das systematische Überwachen von Vorgängen im öffentlichen Raum**[533]. Die Überwachung nichtöffentlicher Vorgänge in Häusern etc. ist nur nach Massgabe von StPO 280 f. zulässig, da hiefür wohl stets technische Geräte eingesetzt werden müssen[534]. Eine **auf die Registrierung einzelner Vorgänge** beschränkte und kurzfristige Überwachung (z.B. überwacht die Polizei das Wohnhaus eines flüchtigen Straftäters während 24 Stunden, um ihn bei der Heimkehr festzunehmen) fällt nicht unter StPO 282 f. Die Zulässigkeit solcher Überwachungen (und ebenso die beweismässige Verwertbarkeit allfälliger dabei gemachter Videoaufnahmen) lässt sich aus dem allgemeinen polizeilichen Ermittlungsauftrag von StPO 6, 15 II und 306 ableiten[535].

1172 StPO 282 f. regeln die Observation, **die von schweizerischen Strafbehörden über in der Schweiz sich ereignende Vorgänge** angeordnet wird[536]. Die **grenzüberschreitende Observation** ist gestützt auf Art. 19 des Zweiten Zusatzprotokolls zum Europäischen Übereinkommen über die Rechtshilfe in Strafsachen vom 8.11.2001[537] und die im Anschluss daran geschlossenen Verträge über die grenzüberschreitende polizeiliche und juristische Zusammenarbeit mit den Nachbarländern Deutschland[538], Österreich und dem Fürstentum Liechtenstein[539]

---

[533] *Öffentlich* ist, was nicht i.S. von StPO 280 bzw. StGB 179bis-179^{quater} (vorne N 1166) geheim ist, also Vorgänge auf bzw. in Strassen, Plätzen, Bahnhöfen, Stadien, Schulhäusern, Restaurants u.Ä. – *Global Positioning Systems (GPS)* fallen nach hier vertretener Auffassung unter die technische Überwachung nach StPO 280 f., vorne Fn. 523. *A.M.* und für Qualifikation als Observation hingegen STEFAN BLÄTTER in Z 125 (2007) 246 f.

[534] Botschaft 1253 Mitte. Zu diesen technischen Überwachungsgeräten vorne N 1166 ff. *Grenzfälle* (auch zur verdeckten Ermittlung) sind denkbar, so wenn sich ein Informant o.Ä. in einen geschlossenen privaten Kreis (z.B. eine Party) einschleicht, um dort verfahrensrelevante Beobachtungen zu machen.

[535] Vgl. dazu die *Sozialversicherungsentscheide* in BGE 129 V 323 und 132 V 242 (vgl. Kommentar in ZBJV 145 [2009] 97 mit Hinweis auf einen neuen ATSG 44a, vorgeschlagen in BBl 2008 5483), in denen Videoaufnahmen von Privatdetektiven vom Verhalten von Versicherten in der Aussenwelt vor allem gestützt auf die Pflicht der Versicherer zur Sachverhaltsaufklärung nach ATSG 43 (früher UVG 47) als zulässiges Beweismittel betrachtet wurden. Soweit Personen im *Einklang mit dem Sozialversicherungs- bzw. dem kantonalen Sozialhilferecht überwacht werden*, sind die Ergebnisse beweismässig auch im Strafverfahren verwertbar, ebenso *Beobachtungen Privater*, die an sich den Charakter eine Observation hatten.

[536] Nicht weiter behandelt wird hier die von der *Polizei, Verkehrsunternehmen usw. primär zur Gefahrenabwehr – also entgegen der Observation im hier besprochenen Sinn – ohne vorbestehenden Tatverdacht betriebene Überwachung des öffentlichen Raums* mit Video- und ähnlichen Geräten, vorne N 1167. Sind solche *Überwachungen rechtens, können ihre Ergebnisse als Beweise im Strafverfahren verwendet werden,* vgl. dazu aber den vorstehend erwähnten BGE 133 I 80 ff und bereits vorne Fn. 526 sowie nachfolgend Fn. 542.

[537] SR 0.351.12.

[538] Vom 27.4.1999, SR 0.360.136.1, Art. 14 ff.

[539] Vom 27.4.1999, SR 0.360.163.1, Art. 10 ff.

sowie Frankreich[540] in einem weiten, vertraglich ziemlich detailliert geregelten Sinn zulässig.

2. Voraussetzungen, Mitteilung, StPO 282 und 283

Nach StPO 282 I können **im Ermittlungsverfahren die Polizei und nach der Eröffnung der Untersuchung** (StPO 309) **die Staatsanwaltschaft** solche Observationen mit oder ohne Einsatz von Bild- und Tonaufnahmegeräten[541] anordnen und durchführen, wenn **aufgrund konkreter Anhaltspunkte anzunehmen ist, dass Verbrechen oder Vergehen begangen worden sind** (lit. a), eingeschlossen Fälle, in denen die Straftat noch in Ausführung begriffen ist. Erforderlich ist also ein vorbestehender, wenn auch geringer Tatverdacht[542]. Zusätzlich wird gefordert, dass **die Ermittlungen sonst aussichtslos wären oder unverhältnismässig erschwert würden** (StPO 282 I lit. b). Die StPO verzichtet angesichts des relativ geringfügigen Grundrechtseingriffs der Observation auf das Erfordernis der richterlichen Genehmigung[543], doch sieht StPO 282 II vor, **dass die Fortführung einer polizeilichen Observation von der Staatsanwaltschaft zu genehmigen ist,** wenn sie, gerechnet von der Aufnahme der Observation an, länger als einen Monat[544] gedauert hat. 1173

Es versteht sich von selbst, dass **Observationen in jedem Fall aktenkundig** zu machen sind[545]. Die **Ergebnisse** (z.B. Ton- und Bildaufnahmen, auch jene von 1174

---

[540] Vom 11.5.1998, SR 0.360.349.1, Art. 7 ff.
[541] *Drohnen oder ähnliche Systeme* wurden in der Schweiz offenbar bisher nicht für Observationen eingesetzt, doch wäre ihr Einsatz durch StPO 282 f. gedeckt. Fraglich, ob *Tonaufnahmen nur die in der Öffentlichkeit allgemein hörbaren Äusserungen* (z.B. laute Zurufe von Personen auf der Strasse an solche, die sich z.B. an einem Fenster befinden, Sprechchöre oder Ansprachen an Demonstrationen u.Ä.) betreffen oder aber auch z.B. eine Konversation von zwei Personen am Tisch eines Strassencafés. Da Letztere nicht öffentlich ist, sind solche Abhörungen nur nach Massgabe von StPO 280 f. (Überwachung mit technischen Überwachungsgeräten) zuzulassen.
[542] Botschaft 1253 oben mit dem Hinweis, dass *präventive Observationen vom Polizeirecht* zu regeln sind, so auch Bundesrat Blocher in AB N 2007 992; in der gleichen Richtung RK-N 26./27.4.2007 41. Die Grenzen dürften allerdings nicht immer so klar sein. Zur *strafprozessualen Verwertbarkeit solcher Observationen* vgl. Fn. 536.
[543] Botschaft 1253 Mitte. Anders noch VE 297, dazu BeB 189 oben.
[544] Frist von ursprünglich 14 Tagen auf einen Monat erweitert vom Ständerat, AB S 2006 1035. Unklar ist, wie die *Frist zu berechnen* ist, dazu Botschaft 1253 sowie AB N 2007 992 (Berechnung ab Beginn, Unterbrüche nicht zu berücksichtigen), die von einer ununterbrochenen Observation ausgehen. In der Literatur wird z.T. mit guten Gründen die Meinung vertreten, dass die Frist erst zu laufen beginne, wenn die Zielperson tatsächlich erfasst wird, ALBERTINI/VOSER/ZUBER 57. – Unklar ist, ob *Ergebnisse von Observationen, für die keine staatsanwaltschaftliche Genehmigung vorlag, verwertbar sind,* mithin, ob hier eine Gültigkeits- oder nur eine Ordnungsvorschrift (zu den Unterschieden N 544 ff.) verletzt wurde. Einiges spricht für die Annahme einer *Gültigkeitsvorschrift*.
[545] *Verbot von Geheimakten*, N 570. Die *Dokumentationspflicht* bezieht sich auf die Ergebnisse der Observation, die in einem Rapport nach StPO 307 III festzuhalten sind, nicht auf

Zufallsfunden[546] z.B. bezüglich bisher nicht bekannter Verdächtigter bzw. Straftaten) **sind als Beweis im Strafverfahren verwertbar**. Nach StPO 283 I sind (unabhängig von der Dauer der Massnahme) **den von der Observation direkt betroffenen Personen nach Abschluss des Vorverfahrens Grund, Art und Dauer der Massnahme mitzuteilen**. Von der Staatsanwaltschaft[547] (nicht der Polizei) zu orientieren sind die Zielpersonen der Observation, also primär die beschuldigte Person, jedoch nicht weitere Personen, also z.B. die Kontaktpersonen der Beschuldigten oder solche, die als Bewohner des observierten Hauses oder als Passanten eher zufällig von den Aufnahmegeräten erfasst wurden[548]. StPO 283 II sieht analog zu StPO 279 II den **Verzicht auf bzw. den Aufschub der Mitteilung** vor[549].

1175 Die StPO regelt **die Aufbewahrung** der durch die Observation gewonnenen Aufzeichnungen nicht. Soweit die Erkenntnisse Eingang in die Akten eines nach StPO 309 eröffneten Strafverfahrens finden, werden die Aufzeichnungen in die Akten aufgenommen (vgl. StPO 100). Wird kein entsprechendes Verfahren eröffnet und werden die Observationsergebnisse nicht in die Akten eines solchen eröffneten Verfahrens integriert, sollte in **analoger Anwendung der Regeln bei der Aufbewahrung und Vernichtung von erkennungsdienstlichen Unterlagen** von StPO 261, vor allem Abs. 3 und 4, vorgegangen werden. Dies bedeutet, dass die Ergebnisse zu vernichten sind, wenn keine Untersuchung eröffnet oder die Unterlagen sonstwie nicht mehr benötigt werden[550].

§ 75 Überwachung von Bankbeziehungen, StPO 284–285

Literaturauswahl: Neben der zu § 65 zitierten Literatur: BENJAMIN BORSODI/VINCENT JEANNERET, L'interdiction faite à la banque de communiquer à son client l'existence de mesure de contrainte visant la relation bancaire, AJP 2006 280; CHRISTIANE LENTJES MEILI, Zur

---

die polizeitechnischen Details der Massnahme. Polizeiintern ist die Observation *z.B. durch eine interne Verfügung anzuordnen*.

[546] *Zufallsfunde* sind im Rahmen von StPO 243 (vorne N 1066 f.) verwertbar.
[547] *Nicht der Polizei,* auch nicht in Fällen ohne staatsanwaltschaftliche Genehmigung nach StPO 282 II, da auch in diesen Fällen die Sache nach StPO 307 IV der Staatsanwaltschaft zu überweisen ist, mindestens dann, wenn sich die Observation gegen namentlich bekannte und ins Ermittlungsverfahren einbezogene Personen richtete.
[548] Botschaft 1253 unten. Zu orientieren ist auch bei rein *polizeilich angeordneten Observationen*, wobei diesfalls jedoch nach StPO 309 I eine Untersuchung eröffnet werden sollte, hinten N 1228.
[549] Dazu vorne N 1162 ff. – Wohl *nachträgliche Beschwerde* nach StPO 393 ff. an die Beschwerdeinstanz möglich, obwohl StPO 282 und 283 dies (entgegen etwa StPO 279 III oder 285 IV) nicht ausdrücklich vorsehen.
[550] Vorne N 1105. Dabei ist zu beachten, dass die den *organisatorischen Teil des Polizeieinsatzes regelnden Unterlagen* ohnehin nicht in die Strafakten gehören, Fn. 545. Zur zulässigen Dauer der Aufbewahrung von polizeirechtlich erstellten Videoaufnahmen BGE 133 I 77.

Stellung der Banken in der Zürcher Strafuntersuchung, insbesondere bei Bankabfragen und Beschlagnahmungen, Diss. Zürich 1996 (Schweizer Schriften zum Bankrecht Bd. 46).
Materialien: VE 318–319; BeB 190 f.; E 283–284; Botschaft 1254 f.; AB S 2006 1035 f., AB N 2007 993.

1. Allgemeines, Grundsatz, StPO 284

Das die Beziehungen zwischen Bank und Kunde schützende Bankgeheimnis (BankG 47) bewahrt die Bank nicht davor, dass sie über ihre Kundenbeziehungen Auskunft geben und Editionsbegehren seitens der Strafbehörden entsprechen muss[551]. Die Herausgabe von Bankunterlagen über vergangene Vorgänge richtet sich nach StPO 265[552] und stellt keine geheime Überwachungsmassnahme i.S. von StPO 269 ff. dar; sie greift nicht in grundrechtlich geschützte Freiheitsrechte ein. Wie bei der Observation[553] könnte jedoch die Auffassung vertreten werden, bei einer systematischen Überwachung von Bankbeziehungen sei dies durchaus der Fall. Die Motivation des Gesetzgebers, diese Überwachung in der StPO zu regeln, lag indessen primär auf anderer Ebene: Bisher konnten **Banken mangels gesetzlicher Grundlage nicht verpflichtet werden, die Strafbehörden über laufende Vorgänge zu orientieren**, also z.B. diesen sofort mitzuteilen, wenn und an welchem Orte Bezüge zu Lasten eines Kontos z.B. über Bancomat erfolgen oder auf einem Konto bestimmte deliktsverdächtige Vorgänge zu verzeichnen sind. StPO 284 f. schaffen für solche Überwachungen und vor allem die entsprechenden Mitwirkungs- und Mitteilungspflichten der Banken die erforderliche gesetzliche Grundlage[554]. 1176

StPO 284 stellt den Grundsatz auf, dass das **Zwangsmassnahmengericht** auf (begründeten) Antrag der Staatsanwaltschaft zur Aufklärung von Verbrechen oder Vergehen die **Überwachung der Beziehungen zwischen einer beschuldigten Person** (auch einer entsprechend beschuldigten Unternehmung nach 1177

---

[551] Den Bankfunktionären steht unter Vorbehalt von SPO 285 II insbesondere kein Zeugnisverweigerungs- und damit ebenfalls kein Editionsverweigerungsrecht nach StPO 264 zu, vorne N 900, 1126.
[552] Vorne N 1125 ff. Dies gilt auch für sog. *Bankabfragen*, mit welchen Banken über allfällige deliktsrelevante Beziehungen mit bekannten oder unbekannten Personen um Auskunft ersucht werden, ebenso die *Abfrage von Kreditkartendaten*, vgl. dazu den deutschen Fall in EuGRZ 36 (2009) 261A
[553] Vorne N 1170.
[554] Botschaft 1254 oben; BeB 190 Mitte. Für Schaffung einer gesetzlichen Grundlage auch Aus 29 mach 1 S. 115. Solche Überwachungsmöglichkeiten werden übrigens auch in Art. 4 Ziff. 2 des von der Schweiz ratifizierten Übereinkommens des Europarats vom 8. November 1990, SR 0.311.53, über Geldwäscherei sowie Ermittlung, Beschlagnahme und Einziehung von Erträgen aus Straftaten empfohlen. Dem Begriff Überwachung folgend dürfte die *Massnahme eine gewisse Dauer bzw. Systematik voraussetzen*, was allenfalls bedeutet, dass das Verlangen nach der Information über einen einzigen Vorgang nicht darunter fällt (z.B. einmalige Meldung, dass ein Kunde am Bankschalter erscheint).

StGB 102)[555] **und einer Bank oder einem bankähnlichen Institut i.S. des BankG anordnen kann**[556]. In Klarstellung der etwas missverständlichen Botschaft[557] geht es bei dieser Massnahme primär darum, die Bank bezüglich **künftiger Kontakte**[558] mit dem Kunden in die Pflicht zu nehmen, also die Bank dazu anzuhalten, die Staatsanwaltschaft unverzüglich über laufende Vorgänge zu orientieren.

1178 Folgt man dem Wortlaut von StPO 393 I lit. c, ist gegen entsprechende Anordnungen des Zwangsmassnahmengerichts nach StPO 284 eine **Beschwerde** nicht möglich[559]. Gegen Entscheide des Zwangsmassnahmengerichts ist in den Schranken von BGG 98 jedoch **Strafrechtsbeschwerde ans Bundesgericht** nach BGG 78 ff. und 93 möglich[560].

2. Durchführung, StPO 285

1179 Wenn das Zwangsmassnahmengericht dem Überwachungsantrag der Staatsanwaltschaft zustimmt, so erteilt es der Bank schriftliche **Weisungen darüber, welche Informationen und Dokumente sie zu liefern hat**. Es erteilt ferner Weisungen darüber, **welche Geheimhaltungsmassnahmen zu treffen sind**

---

[555] StPO 284 besagt nicht, ob auch *Konten Dritter* überwacht werden können. Dies ist jedoch anzunehmen, zumal auch das Bankgeheimnis aufgehoben ist, wenn deliktische Geldflüsse über Drittkonten fliessen und gemäss StPO 263 I Beschlagnahmen (etwa zur dort genannten Einziehung) ebenfalls Vermögenswerte Dritter umfassen können, dazu vorne N 1110.

[556] StPO 284 f. erfasen also nicht Überwachungen durch andere Unternehmen (auch z.B. Kreditkartenunternehmen); deren Mitwirkung ist freiwillig und ohne die Formalitäten von StPO 284 f. möglich. – *Zuständig Behörde*, wo Strafverfahren geführt wird, nicht dort, wo sich Bankkonto etc. befindet. Ob die *Ergebnisse einer solchen Überwachung, zu der die Bank ohne Genehmigung des Zwangsmassnahmengerichts Hand bot, verwertbar sind*, mithin, ob hier eine *Gültigkeits- oder nur eine Ordnungsvorschrift* (zu den Unterschieden N 544 ff.) verletzt wurde, ist diskutabel, zumal hier, wie vorne in Ziff. 1 dargelegt, weniger der Schutz des Bankkunden, sondern der Bank selbst im Vordergrund steht. Die Beantwortung dieser Frage hängt mit jener zusammen, ob die Bank, die ohne Genehmigung solche Überwachungen vornimmt und Geheimnisse offenbart, das Bankgeheimnis verletzt (und dazu von der Strafbehörde angestiftet wurde?). Alsdann läge die Annahme eines rechtswidrigen Beweises nach StPO 141 II nahe, der nur bei schweren Delikten verwertet werden kann (vorne N 794 ff.). Die Bank wird jedenfalls gut daran tun, *Banküberwachungen im hier relevanten Sinn vom Vorliegen einer zwangsmassnahmengerichtlichen Anordnung abhängig zu machen*. Allerdings darf dies nicht dazu führen, dass nicht betroffene Bankauskünfte über zurückliegende Vorgänge behindert werden.

[557] S. 1254.

[558] VE 318 nannte denn auch ausdrücklich «*die künftigen Beziehungen*» als Gegenstand dieser Zwangsmassnahme.

[559] Hinten N 1511 a.E. *A.M.* RK-S 21.-23.8.2006 44 unten.

[560] Hinten N 1651 ff. 1686 f. – Vorausgesetzt ist, dass die Bank i.S. von BGG 81 I lit. b in ihren eigenen rechtlich geschützten Interessen tangiert ist, was regelmässig fraglich sein dürfte, selbst wenn sie die u.U. *erheblichen Kosten einer solchen Überwachung selbst zu tragen hat*.

(StPO 285 I), ist doch sicherzustellen, dass dem betroffenen Kontoberechtigten usw. die Überwachung verborgen bleibt[561]. Die Banken können u.a. verpflichtet werden, der Staatsanwaltschaft Informationen über den elektronisch abgewickelten Geschäftsverkehr zu geben[562].

Die Bank oder das ähnliche Institut haben analog zu StPO 265 II lit. c ein **Editionsverweigerungsrecht,** wenn sie sich (oder ihre Organe und Angestellten) mit der Herausgabe der Informationen oder Dokumente selbst derart belasten würde, dass sie sich straf- oder zivilrechtlich verantwortlich machen könnte und ihr Schutzinteresse das Strafverfolgungsinteresse überwiegt (StPO 285 II)[563]. Allerdings bewahrt dieses Editionsverweigerungsrecht die Bank nicht vor Zwangsmassnahmen wie Beschlagnahmungen nach StPO 263 ff. 1180

StPO 285 III regelt **die nachträgliche Orientierung des Kontoberechtigten** (bzw. bei Überwachung der Bankkonten Dritter der beschuldigten Person, deren Bankverkehr mitüberwacht wurde) die analog zu StPO 279 I und II von der Staatsanwaltschaft[564] vorzunehmen ist, StPO 284 IV dessen **Beschwerderecht** nach StPO 393 ff.[565] 1181

§ 76 Verdeckte Ermittlung, StPO 286–298, MStP 73a-73n

Literaturauswahl neben der vor §§ 65 und 72–75 angeführten Literatur AESCHLIMANN N 907, 1260; HAUSER/SCHWERI/HARTMANN § 75 N 23; MAURER 347; PADRUTT 94; OBERHOLZER N 78; PIQUEREZ (2006) N 979; DERS. (2007) N 780; SCHMID (2004) N 772a; TRECHSEL (2005) 555.

PETER ALBRECHT, Zur rechtlichen Problematik des Einsatzes von V-Leuten, AJP 11 (2002) 632; DERS., Die Strafbestimmungen des Betäubungsmittelgesetzes (Art. 19–18 BetmG), Stämpflis Handkommentar, 2. Aufl., Bern 2007; FRANZ BÄTTIG, Verdeckte Ermittlung nach Inkrafttreten des BVE aus polizeilicher Sicht, Kriminalistik 2006 130; BERNARD CORBOZ, L'agent infiltré, Z 111 (2002) 307; STEFAN BLÄTTLER, Einsatz von verdeckten Ermittlern aus polizeilicher Sicht, AJP 11 (2002) 635; HANS BAUMGARTNER, Zum V-Mann-

---

[561] Diese Aufforderungen können mit einer Strafandrohung nach StGB 292 verbunden werden. – Auf einem andern Blatt stehen die *Pflichten der Finanzintermediäre und damit auch der Banken* nach andern Gesetzen, so nach GwG 9 (Meldepflichten), 10 (Vermögenssperre) oder 10a (Informationsverbot), vgl. revidierte Bestimmungen in AS 2009 362 ff.

[562] M.w.H. BeB 191 oben. Die Massnahme muss *in zeitlicher Hinsicht verhältnismässig sein,* vgl. dazu TPF 2005 157. – *Zufallsfunde* sind im Rahmen von StPO 243 (vorne N 1066 f.) verwertbar.

[563] Fassung Ständerat AB S 2006 1036, vom Nationalrat akzeptiert, AB N 2007 993. Ob solche schützenswerte Interessen vorgehen, hat das *Zwangsmassnahmengericht zu entscheiden,* so allenfalls auf ein Wiedererwägungsgesuch der betroffenen Bank gegen eine erste Anordnung – Die hier relevante Gefahr der Verantwortlichkeit bezieht sich (entgegen dem vielleicht missverständlichen Gesetzestext) naturgemäss nicht primär auf die Herausgabe selbst, sondern vor allem den *Inhalt der zu liefernden Dokumente* etc.

[564] Dazu Botschaft 1255 oben.

[565] Zu diesem Rechtsmittel vorne N 1164 bzw. hinten N 1511.

Einsatz unter besonderer Berücksichtigung des Scheinkaufs im Betäubungsmittelverfahren und des Zürcher Strafprozesses, Diss. Zürich 1990; ERNST GNÄGI, Der V-Mann-Einsatz im Betäubungsmittelbereich, Diss. Bern 1991; CHARLES HAENNI, Verdeckte Ermittlung, Kriminalistik 2005 248; THOMAS HANSJAKOB, Das neue Bundesgesetz über die verdeckte Ermittlung, Z 122 (2004) 97; DERS., Verdeckte Ermittlung – Gesetz und –Rechtsprechung. Einige Gedanken zu BGE 134 IV 266, FP 6/2008 361; NIKLAUS OBERHOLZER, BG über die verdeckte Ermittlung – Kein Meisterstück der helvetischen Gesetzgebung, Anwaltsrevue 8 (2005) 57; NIKLAUS RUCKSTUHL, Fehlende Parteirechte bei verdeckter Ermittlung, plädoyer 1/2005 34; PETER RÜEGGER/ROLF NÄGELI, Chatroom: Ein Tummelplatz für pädophile Straftäter, Kriminalistik 2006 400; LUZIA VETTERLI, Verdeckte Ermittlung und Grundrechtsschutz, FP 6/2008 367; WOLFGANG WOHLERS, Das Bundesgesetz über die verdeckte Ermittlung (BVE), ZSR 124 (2005) I 219.

Materialien: Aus 29 mach 1 S. 127; VE 299–317; BeB 189 ff.; E 285–297; Botschaft 1255 ff.; AB S 2006 1036, AB N 2007 993.

1. Allgemeines, Rechtsgrundlagen

1182 Unter verdeckter Ermittlung (auch Einsatz von **V-Männern oder V-Personen, Lockspitzel, undercover-agents** genannt) versteht man traditionellerweise jene **Ermittlungsmethoden, bei denen Angehörige der Polizei oder zu diesem Zweck beigezogene andere Personen, die nicht als polizeiliche Funktionäre erkennbar sind und mit einer Täuschung über ihre Identität sowie im Regelfall unter Aufbau eines gewissen Vertrauensverhältnisses zur Zielperson in das kriminelle Umfeld eindringen und so versuchen, besonders schwere Straftaten aufzuklären**[566]. Seit längerer Zeit hat sich die Überzeugung durchgesetzt, dass der Einsatz verdeckter Ermittler einen Eingriff in Freiheitsrechte darstellt und dass es dafür einer gesetzlichen Grundlage bedarf, eine Frage, die früher unterschiedlich beantwortet worden war[567]. Die in verschiedenen Kantonen geschaffenen Rechtsgrundlagen wurden durch das BG über die verdeckte Ermittlung vom 20.6.2003 (BVE)[568] abgelöst, welches für alle Strafverfahren des Bundes und der Kantone anwendbar war. Das BVE wurde vollständig durch StPO 286–298 ersetzt und aufgehoben[569], wobei die bisherigen, z.T. unbefriedi-

---

[566] In dieser Richtung die Legaldefinition von BVE 1, die nicht in die StPO übernommen wurde. Zur qualifizierten Täuschung ZR 107 (2008) Nr. 15. Nicht erfasst sind «*Ermittlungen» von Privatpersonen,* die unter Täuschung über ihre Identität Beweise sammeln; auf einem andern Blatt steht die Tauglichkeit solcher Beweise.

[567] Dazu SCHMID (2004) N 241 und dortige Fn. 250 sowie N 653 sowie dortige Fn. 128.

[568] SR 312.8; Botschaft in BBl 1998 4241. Vgl. sodann V über die verdeckte Ermittlung vom 10.11.2004 (VVE), SR 312 81 mit Vorschriften über die Aktenführung, das Vorzeigegeld sowie die arbeitsrechtlichen Regelungen. – Verdeckte Ermittlung *nach IRSG allein nicht möglich in der internationalen Rechtshilfe,* näher TPF 2005 135 und BGE 132 II 7, aber etwa gestützt auf Staatsverträge, so nach Art. 19 des zweiten Zusatzprotokolls zum europäischen Übereinkommen über die Rechthilfe in Strafsachen (SR 0.351.12) oder den schweizerisch-deutschen Polizeivertrag, TPF 2005 212.

[569] Vgl. Antrag in der Botschaft 1531.

genden Lösungen des BVE[570] überarbeitet, gestrafft und den neuen Strukturen der StPO angepasst wurden.

Nach wie vor sind allerdings die **Grenzen** zwischen der als verdeckte Ermittlung i.S. von StPO 286 ff. zu qualifizierenden Zwangsmassnahme und ähnlichen, jedoch nicht deren besonderen materiellen und formellen Anforderungen unterworfenen Ermittlungs- und Überwachungsmassnahme unklar. Nachteilig wirkt sich aus, dass eine Legaldefinition der verdeckten Ermittlung immer noch fehlt. Das Bundesgericht hat in jüngerer Zeit in Abweichung von der eingangs erwähnten «*klassischen*» Definition der verdeckten Ermittlungen die Voraussetzungen dazu erheblich (und in problematischer Weise) neu umrissen. Darnach liegt bereits eine verdeckte Ermittlung vor, wenn die **als Ermittler eingeschaltete Person mit einem Verdächtigen in Kontakt tritt, ohne sich zu erkennen zu geben**, wobei es irrelevant sein soll, ob und welche Verschleierungstechniken angewandt werden[571]. Die Annahme einer verdeckten Ermittlung liegt in jedem Fall nahe, falls nach StPO 150, 151 und 288 dem Ermittler Anonymität und eine Legende gewährt bzw. falsche Papiere ausgestellt werden (vgl. nachfolgend Ziff. 2.2. und 3.) und diese der Zielperson gegenüber eingesetzt werden, auch wenn dies nicht begriffsnotwendig ist[572]. Soweit die Ansprechpartner nicht aktiv über die Identität getäuscht werden und letztlich nur ein vorhandenes Vertrauen ausgenützt wird, fehlt es jedoch nach hier vertretener Auffassung an den Voraussetzungen einer verdeckten Ermittlung[573]. Ferner sind **Informanten und Ver-**

1183

---

[570] Die Botschaft 1255 Mitte spricht von «*etwas widersprüchlichen*» Regelungen.
[571] Vgl. BGE 134 IV 266 = JdT 156 (2008) IV 35 im Zusammenhang mit *Ermittlungen in Chatrooms*. Vorinstanzlicher Entscheid des Obergerichts Zürich in ZR 107 (2008) Nr. 15 = mit Besprechung in FP 1/2008 11, vgl. ferner NZZ vom 8.9.2007, früherer Entscheid in dieser Sache in ZR 104 (2005) Nr. 68. Vgl. dazu sodann PATRICK BISCHOFF in NZZ Nr. 228 vom 2.10.2007 S. 58. Dieser Fall wirft weiter die Frage auf, ob die verdeckte Ermittlung auch bei bloss einmaligem Vorgehen dieser Art anzunehmen ist oder *eine gewisse Dauer voraussetzt*, wie dies bisher zum BVE üblicherweise vorausgesetzt wurde. Beigefügt sei, dass in Fällen wie dem hier diskutierten eine verdeckte Ermittlung nach dem Konzept der StPO ohnehin kritisch wäre, da ein vorbestehender Tatverdacht fraglich ist.
[572] BGE 134 IV 271 unten.
[573] Ein *bloss passives Verschweigen der Identität bzw. der Rolle des Informanten* usw. genügt nach hier vertretener Auffassung also nicht; es ist ein – anders als im Ansatz des Bundesgerichts – Mindestmass an täuschendem Verhalten erforderlich. So auch RS 2009 Nr. 587 = FP 2009 144 zum blossen Scheinkauf. Also z.B. keine verdeckte Ermittlung, wenn einem *Polizisten in Zivil Diebesware zum Kauf angeboten wird*, weiter die *Testkäufe* bei vermuteten Gesetzesverstössen etwa gegen die Gesundheitsgesetzgebung (schon weil es an der nach hier vertretener Auffassung aktiven Täuschung fehlt, *a.M.* Entscheid Kantonsgericht Basel-Land in FP 2009 139, dazu TA 17., 18. und 19.2.2009 und NZZ Nr. 68 vom 23.3.2009). Weiter ist keine verdeckte Ermittlung gegeben, wenn sich ein *Polizeibeamter in einem Restaurant unerkannt zu einer Tischrunde gesellt* und Deliktsrelevantes mithört, also Fälle der sog. *verdeckt agierenden polizeilichen Fahnder*, vgl. Botschaft BBl 1998 4285, *gl.M. für Fahnder in Zivil* BGE 134 IV 270 unten. Oder ein Polizeibeamter fordert jemanden auf, einen Tatverdächtigen anlässlich eines Gesprächs auszuhorchen; zum *Mithören von Telefongesprächen* durch Polizei (sog. «*Hörfalle*»), vgl. Fn. 490. Demgemäss

trauensleute der Polizei nach wie vor nicht als verdeckte Ermittler zu betrachten[574].

1184 Die verdeckte Ermittlung ist nicht nur wegen der vorstehend geschilderten **Unbestimmtheit ihres Anwendungsgebiets rechtsstaatlich problematisch.** Der Kern der Tätigkeit des verdeckten Ermittlers besteht häufig (naturgemäss ebenso bei den vorgenannten Informanten und polizeilichen Vertrauensleuten) im Aushorchen der zu überwachenden Personen. Es stellt sich deshalb die Frage, ob die von diesen gemachten Aussagen, die in Unkenntnis der Eigenschaft ihres Vis-à-vis gemacht werden, **nicht dem *Nemo-tenetur*-Grundsatz**[575] unterliegen, d.h. die entsprechenden Aussagen des verdeckten Ermittlers über die Äusserungen der überwachten Person beweismässig unverwertbar sind. Die Frage wird kontrovers beantwortet, tendenziell jedoch verneint[576]. Jedenfalls ist in dieser rechtsstaatlichen Grauzone staatlichen Agierens die Beachtung des Fairnessgrundsatzes (StPO 3 II lit. c) besonders wichtig.

2. Voraussetzungen in materieller und personeller Hinsicht, StPO 286–288

2.1. Befugnis zur und Voraussetzungen der Anordnung, StPO 286

1185 StPO 286, der die Voraussetzungen des Einsatzes verdeckter Ermittler festlegt, ist mit gewissen Abweichungen kongruent mit StPO 269 aufgebaut, der die Bedingungen für die Überwachung des Post- und Fernmeldeverkehrs umreisst. Es kann deshalb weitgehend auf die entsprechenden Ausführungen verwiesen werden[577]. Die verdeckte Ermittlung wird ebenfalls von der **Staatsanwaltschaft angeordnet** (Einleitung zu StPO 286 I). Die Polizei ist dazu entgegen BVE 4 nicht mehr befugt. Anders als in den Bestimmungen zur Überwachung der Fernmeldeverbindungen, die einen dringenden Tatverdacht verlangen (StPO 269 I lit. a), genügt bei der verdeckten Ermittlung nach StPO 286 I lit. a

---

auch fraglich, ob z.B. das *Antworten eines Polizeibeamten* (unter seinem eigenen oder einem fingierten Namen) *auf ein Verkaufsinserat*, hinter dem die Polizei Deliktsgut vermutet, eine verdeckte Ermittlung darstellt, ebenso, wenn die Polizei nach einem Bilderdiebstahl unter einem Decknamen ein Inserat «*Kaufe Picasso-Gemälde*» erscheinen lässt.

[574] Botschaft BBl 1998 4284. Also keine verdeckte Ermittlung, wenn die Polizei einen Hotelportier auffordert, die Pässe gewisser Gäste zu kopieren oder deren Ankunft telefonisch zu melden; vgl. auch vorstehende Fn.

[575] Vorne N 671 ff.

[576] Aus der Natur der verdeckten Ermittlung ergibt sich, dass der *Ermittler der beschuldigten Person deren Schweigerecht nicht eröffnen kann und muss*. Unzulässig ist jedoch, eine Person, die sich bereits auf Schweigerecht berufen hat, unter Ausnützung eines Vertrauensverhältnisses zu Aussagen zu drängen, so deutscher Bundesgerichtshof 26.7.2007 in BGHSt 52, 11 = NJW 60 (2007) 3138 = JZ 63 (2008) 258.

[577] Vorne N 1141 ff.

ein «gewöhnlicher», aber hinreichenden Tatverdacht[578]. Damit soll ermöglicht werden, dass diese Massnahme schon in einem früheren Verfahrensstadium als die Überwachung der Fernmeldekontakte eingesetzt wird. Diese Unterschiede in der Betrachtungsweise können dazu führen, dass der vorliegende Tatverdacht für eine verdeckte Ermittlung genügt, nicht aber für eine parallel vorgesehene Telefonüberwachung[579].

Unterschiede ergeben sich ebenfalls beim **Katalog der zur Überwachung Anlass gebenden Straftaten**, der bei StPO 286 II etwas enger als bei jenem der Überwachung des Post- und Fernmeldeverkehrs nach StPO 269 II ist. Der Grund liegt einerseits darin, dass sich nicht alle der in StPO 269 II genannten Delikte zur verdeckten Ermittlung eignen. Die Unterschiede sind andererseits im Umstand begründet, dass der Katalog von StPO 286 II im Prinzip nur schwerere Straftaten und Offizialdelikte enthält, wobei allerdings wie erwähnt nicht ein dringender Tatverdacht verlangt wird. Anders ausgedrückt: Die verdeckte Ermittlung soll in einem früheren Verfahrensstadium, jedoch nur bei schwereren Straftaten möglich sein[580]. 1186

Entgegen BVE 4 I lit. a ist nach den Materialien[581] zu StPO 286 I eine verdeckte Ermittlung **allein zur Abklärung bereits begangener bzw. in Ausführung begriffener Straftaten** und nicht für Ermittlungen im Vorfeld von solchen zulässig, was problematisch ist und vom Gesetzgeber wohl zu wenig reflektiert wurde. Dies schliesst indessen nicht aus, dass solche verdeckten Ermittlungen eingesetzt werden, wenn zwar ein Tatverdacht besteht, dieser sich aber zunächst gegen Unbekannt richtet. Im Übrigen sind die Konsequenzen dieser Einschränkung noch nicht überblickbar[582]. 1187

Fraglich ist, inwieweit *praeter legem* gewisse **Einschränkungen des Einsatzes von verdeckten Ermittlern** zu beachten sind. So ist es analog zu StPO 271 bei der Überwachung des Post- und Fernmeldeverkehrs unzulässig, durch den Einsatz von verdeckten Ermittlern **Berufsgeheimnisträger** auszuhorchen, um über diese Informationen über ihre Klienten zu sammeln. Das Gesetz regelt sodann nicht, ob z.B. ein **verdeckter Ermittler auf eine Person angesetzt werden darf, die das Zeugnis wegen naher familiärer Beziehung verweigern könnte**. Die Frage kann auf **Dritte** allgemein ausgedehnt werden: Da geheime Überwachungsmassnahmen im Prinzip nur gegen beschuldigte Personen zulässig sind, 1188

---

[578] Also kein dringender Tatverdacht erforderlich, TPF 2005 92.
[579] Dazu Botschaft 1256 oben.
[580] So die Begründung in der Botschaft 1256 Mitte. In Abs. 2 lit. b soll mit dem StOBG der Verweis an das jetzt geltende *Ausländergesetz von* 2005, Art.116 III und 118 III, angepasst werden, BBl 2008 8212.
[581] Botschaft 1255 unten.
[582] Nach der vorerwähnten Botschaft soll erforderlich sein, dass ein *Strafverfahren gegen eine bekannte Person oder gegen Unbekannt eröffnet wurde,* dazu StPO 309 I lit. a oder b (hinten N 1227), doch erscheint es als möglich, eine *Eröffnung nachzuschieben,* da eine solche gegen Unbekannt u.U. wenig Sinn macht.

ist die Zulässigkeit des Einsatzes verdeckter Ermittler in den vorgenannten Fällen zu verneinen.

2.2. Anforderungen an die eingesetzten Personen, Legende, Anonymität, StPO 287 f.

1189 StPO 287 I bestimmt, dass **Angehörige in- oder ausländischer Polizeikorps oder vorübergehend für polizeiliche Aufgaben angestellte Personen** als verdeckte Ermittler eingesetzt werden können. Diese Bestellung (durch die Staatsanwaltschaft) hat also *ad-hoc* und nicht generell zu erfolgen. Als **Führungspersonen** (dazu näher nachfolgend Ziff. 4.1.) können nur Angehörige in- oder ausländischer Polizeikorps eingesetzt werden (näher StPO 287 II und III).

1190 Die Staatsanwaltschaft kann diese Ermittler (nicht aber die nachfolgend in Ziff. 4.1. zu erwähnende Führungsperson) mit einer **Legende** ausstatten bzw. besonderen Diensten der Polizei entsprechende Aufträge erteilen. Dies bedeutet, dass die Ermittler eine Identität verliehen erhalten, die von der wahren Identität abweicht (StPO 288 I)[583]. Zudem kann die Staatsanwaltschaft den verdeckten Ermittlern i.S. von StPO 149 II lit. a, 150 und 151 **Anonymität zusichern** (StPO 288 II, 289 IV lit. b)[584]. Nicht zugesichert werden kann, dass die Person von der Aussagepflicht vor Strafbehörden (dazu nachfolgend Ziff. 5) ausgenommen wird, da dies in den vorgenannten Bestimmungen nicht vorgesehen ist. Begehen die verdeckten Ermittler während ihres Einsatzes Delikte, entscheidet das Zwangsmassnahmengericht, ob die Anonymität weiterzuführen oder aber die Person unter ihrer richtigen Identität zu verfolgen ist (StPO 288 III); grundsätzlich ist das Verfahren zunächst unter der nach StPO 288 I verliehenen Identität zu führen. Bei schwereren Straftaten ist das Verfahren immer unter dem richtigen Namen zu führen.

3. Genehmigungsverfahren, StPO 289

1191 Ernennung und Einsatz verdeckter Ermittler sind **nach der Anordnung durch die Staatsanwaltschaft vom Zwangsmassnahmengericht zu genehmigen** (StPO 289)[585]. Das Prozedere (StPO 289 I und II), die Dauer der Massnahme (StPO 289 V) und das Schicksal von Erkenntnissen aus dem nicht genehmigten

---

[583] In der Praxis dürfte das *Verleihen einer eigentlichen Legende selten sein;* in der Regel beschränkt man sich auf das Ausstellen unrichtiger Papiere (StPO 289 III lit. c).

[584] Dazu vorne N 836 ff.

[585] Genehmigung von Ernennung und Einsatz erfolgen immer *ad hoc,* also nicht gleichsam «auf Vorrat». Im *Kanton Zürich* 2008 50 Gesuche betr. verdeckte Ermittlung (im Jahr 2007 nur 5), RO 2008 151. – *Kein Rechtsmittel gegen Genehmigung bzw. deren Verweigerung selbst,* hinten N 1511. Faktisch wohl auch *keine Strafrechtsbeschwerde* der unterliegenden Staatsanwaltschaft ans Bundesgericht (vgl. BGG 98, Beschränkung auf Verletzung verfassungsmässiger Rechte).

Einsatz von verdeckten Ermittlern (StPO 289 VI Sätze 2 und 3) entsprechen weitgehend den Vorschriften von StPO 274 ff. bei der Überwachung des Post- und Fernmeldeverkehrs, sodass auf die vorstehenden Ausführungen dazu verwiesen werden kann[586]. Genehmigungsbedürftig ist auch ein **erheblicher Wechsel in der Ausgestaltung des Auftrags** (z.B. Ausdehnung auf wesentlich andere Delikte; neuer Ermittler mit zuzusichernder Anonymität).

StPO 289 IV bestimmt, dass das Zwangsmassnahmengericht ausdrücklich darüber zu befinden hat, ob es erlaubt ist, zur Vortäuschung falscher Personalien (oder gar zur Stützung einer Legende) **Urkunden herzustellen oder zu verändern** (lit. a). Damit besteht für die damit regelmässig verbundene Urkundenfälschung nach StGB 251 für sämtliche Angehörigen der involvierten Amtsstellen ein Rechtfertigungsgrund nach StGB 14, der in StGB 317bis eine zusätzliche Stütze findet. Genehmigungspflichtig ist sodann die **Zusicherung der Anonymität** (lit. b). Da diese Legende wie auch die Anonymität ab Beginn des Einsatzes vorhanden sein müssen, handelt es sich hier um eine nachträgliche Genehmigung der schon vorher von Staatsanwaltschaft und Polizei hierfür getroffenen Vorkehren. Falsche Ausweise u.Ä. dürfen aber erst nach Vorliegen der gerichtlichen Genehmigung erstellt werden, die jedoch aus praktischen Gründen bereits vor einem konkret ins Auge gefassten Einsatz erteilt werden kann[587]. Angesichts der Bedeutung dieser Frage muss das Gericht sodann den **Einsatz von Personen als verdeckte Ermittler genehmigen, die über keine polizeiliche Ausbildung verfügen** (StPO 289 IV lit. c), ein in der Praxis wohl eher seltener Fall.

1192

4. Einsatz der verdeckten Ermittler, StPO 290–295

4.1. Pflichten von Führungsperson und Ermittler, StPO 290 f.

Die Verantwortung für den Einsatz verdeckter Ermittler trägt die Staatsanwaltschaft, die **vor dem Einsatz die Führungsperson und ebenso den verdeckten Ermittler zu instruieren hat** (StPO 290)[588]. Eine wichtige Rolle kommt dieser **Führungsperson** zu, die von der Staatsanwaltschaft im Einvernehmen mit dem zuständigen Polizeikorps zu bestimmen ist. Üblicherweise wird mit dieser Funktion ein höherer, erfahrener und besonders ausgebildeter Polizeifunktionär betraut. Der verdeckte Ermittler **untersteht während seiner Tätigkeit dieser Führungsperson**, welche als **Mittelsperson zwischen Ermittler und Staats-**

1193

---

[586] Vorne N 1147 ff. – Da nur hinreichender Tatverdacht verlangt wird, ist die besondere Schwere der Straftat besonders zu begründen, TPF 2005 105.
[587] Daraus kann sich eine *Zweiteilung des Bewilligungsverfahrens* ergeben (zuerst generelle Bewilligung der Bestimmung einer Person als verdeckte Ermittlerin sowie der Ausstellung falscher Papier, hernach des Einsatzes in einem konkreten Fall).
[588] Im Unterschied zu BVE 11, der nicht eine direkte Instruktion durch die Verfahrensleitung vorsah, näher zu dieser Änderung Botschaft 1257 oben.

anwalt fungiert (StPO 291 I)[589]. Nach StPO 291 II hat (neben dem Staatsanwalt) ebenfalls die Führungsperson den verdeckten Ermittler **zu instruieren und zu leiten**; sie hat sodann die **mündlichen Berichte des Ermittlers schriftlich festzuhalten**, ein vollständiges **Dossier über den Einsatz zu führen** und den **Staatsanwalt darüber laufend und vollständig zu orientieren** (näher lit. a.-d.). Diese Berichte und Dossiers sind in die Strafakten (StPO 100) zu integrieren[590].

1194 Der verdeckte Ermittler ist zur **pflichtgemässen Ausführung des ihm übertragenen Auftrags verpflichtet**, ebenso dazu, die Führungsperson laufend und vollständig über seine Tätigkeit und die dabei gemachten Feststellungen zu orientieren (StPO 292 II). Zu melden sind naturgemäss vor allem die festgestellten deliktischen Aktivitäten der Zielpersonen.

4.2. Tätigkeit, Mass und Grenzen des Einsatzes, StPO 293 ff.

1195 Die **Tätigkeit des verdeckten Ermittlers** im Strafverfahren ergibt sich aus der einleitend in Ziff. 1 zu findenden Umschreibung der typischen Aktivitäten in diesem Bereich. Charakteristisch für die verdeckte Ermittlung ist primär, dass mit Personen, von denen vermutet wird, dass sie an Delikten (vorab in den Bereichen der Drogendelinquenz oder des organisierten Verbrechens) beteiligt sind, Kontakte herstellt, die betreffenden Personen aushorcht und mit bereits deliktsentschlossenen Personen verbotene Geschäfte vorbereitet oder abschliesst. Wie StPO 293 III und 294 zeigen, geht es u.a. um die Möglichkeit, dass verdeckte Ermittler als **Probe- oder Scheinkäufer von Drogen** auftreten; nach dieser Bestimmung sind sie bei weisungsgemässem Verhalten nicht nach BetMG 19 sowie 20–22 strafbar (StPO 294, BetmG 23 II)[591]. Wichtig ist dabei, dass sich die verdeckten Ermittler durch Vorweisen von entsprechenden Geldmitteln als dazu geeignete Partner präsentieren (vgl. StPO 293 III zweiter Satzteil). Dieses **Vorzeigegeld** ist in StPO 295 näher geregelt.

1196 Von grosser praktischer Bedeutung ist, **inwieweit sich verdeckte Ermittler bei der Fassung des Tatentschlusses der Kontaktpersonen beteiligen dürfen**. StPO 293 umschreibt das Mass der hier zulässigen Einwirkung: Darnach dürfen (wie schon bisher nach BVE 10) verdeckte Ermittler keine allgemeine, bei den Kontaktpersonen noch nicht vorhandene Tatbereitschaft wecken. Allgemein verboten ist vor allem, die Tatbereitschaft auf schwere Straftaten zu lenken. Ihre

---

[589] Bezüglich dieser Kontakte erscheint StPO 291 I (... *ausschliesslich über die Führungsperson*) als Ordnungsvorschrift, die die Einheitlichkeit und Kompetenz der Führung sicherstellen will. Es ist jedoch durchaus möglich, dass der Staatsanwalt z.B. in Absprache und in Anwesenheit mit der Führungsperson direkt eine ergänzende Instruktion des Ermittlers vornimmt.

[590] Verbot der Geheimakten, vorne N 570.

[591] StPO 293 III gilt ebenso als Rechtfertigungsgrund, wenn *ausserhalb des BetMG Probe- oder Scheinkäufe o.Ä. getätigt werden,* also beispielsweise im Bereich des strafbaren Handels mit Waffen, Pornographie etc. Nach RS 2009 Nr. 587 und FP 2009 144 Scheinkauf allein noch keine verdeckte Ermittlung.

Rolle ist – so das Bundesgericht[592] – **auf die Konkretisierung eines bereits vorhandenen Tatentschlusses beschränkt** (Abs. 1). Die verdeckten Ermittler müssen zwar nicht passiv bleiben, dürfen sich jedoch nicht als Anstifter i.S. von StGB 24 in der Form des *agent provocateur* betätigen[593]. Die Tätigkeit des verdeckten Ermittlers darf für den vom Täter gefassten Entschluss zu einer konkreten Straftat also nur von untergeordneten Bedeutung sein (so StPO 293 II). Der Anstoss zur Tat muss vom Täter ausgehen, woraus folgt, dass ein aggressiveres Beeinflussen und Hinführen zu Straftaten (vor allem schwerere, als jene, wozu die Zielperson ursprünglich bereit war) zu unterlassen sind. Die Rolle des Ermittlers beschränkt sich demgemäss m.a.W. auf eine Beeinflussung und Förderung in der Art der (vorab psychischen) Gehilfenschaft. Die Grenze zwischen diesen zulässigen Beeinflussen eines bereits Tatentschlossenen zum konkreten Delikt und dem unerlaubten Wecken eines Tatentschlusses ist in der Praxis allerdings kaum zuverlässig zu ziehen, zumal das Vorhandensein eines mindestens generell vorhandenen Tatentschlusses für den verdeckten Ermittler häufig nicht deutlich zu erkennen ist[594].

Überschreitet der verdeckte Ermittler die ihm gesetzten Grenzen, so wird je nach Intensität und Schwere des Übermasses die vom Ermittler **beeinflusste Person** milder bestraft, oder es wird von Strafe abgesehen (StPO 293 IV)[595]. Ob diese aus BVE 10 IV übernommene Lösung rechtsstaatlich befriedigt, bleibe dahingestellt; immerhin ist zu beachten, dass es als fragwürdig erscheint, eine Person strafrechtlich zu verfolgen, die auf eine staatliche Provokation hin delinquierte. Der **verdeckte Ermittler** selbst kann sich in diesem Fall je nach Intensität der unerlaubten Betätigung als Mittäter oder Anstifter zur betreffenden Tat schuldig machen (vgl. dazu auch StPO 288 III).

1197

4.3. Beendigung des Einsatzes, StPO 297

Die Staatsanwaltschaft hat nach StPO 297 I (früher BVE 19) den **Einsatz des verdeckten Ermittlers unverzüglich zu beenden**, wenn die Voraussetzungen dazu nicht mehr erfüllt sind (lit. a), die Genehmigung oder Verlängerung vom Zwangsmassnahmengericht verweigert wurde (lit. b) oder der verdeckte Ermittler seine Pflichten verletzte (Näher lit. c.).

1198

---

[592] M.w.H. BGE 124 IV 40 f. Enger BJM 1984 263.
[593] Der *agent provateur* handelt rechtswidrig, dazu (und zu den Unterschieden von Lockspitzel und *agent provocateur*) einlässlich BGE 124 IV 40 f. Vgl. auch EGMR 5.2.2008 i.S. R. ca. Litauen in FP 5/2008 54; nach diesem Entscheid soll der verfolgende Staat dafür beweispflichtig sein, dass keine Anstiftung erfolgte.
[594] Dazu etwa den Fall des EGMR i.S. Teixera v. Portugal in EuGRZ 26 (1999) 660.
[595] Gilt nicht für den Fall der fehlenden Genehmigung, ZR 107 (2008) Nr. 15 E.5. – Interessant ZR 106 (2007) Nr. 49, der eine Vorwirkung des entsprechenden E StPO 292 IV auf verdeckte Ermittlungen nach früherem zürcherischen Recht annahm. – Bei *Überschreitung Unverwertbarkeit der gewonnenen Erkenntnisse* (Verstoss gegen faires Verfahren, EMRK 6) vgl. EGMR 5.2.2008, Nr. 74420/01.

1199 Das **Zwangsmassnahmengericht ist über den Abbruch zu orientieren** (StPO 297 II). Die Staatsanwaltschaft hat dafür besorgt zu sein, dass auch nach Beendigung die verdeckten **Ermittler und einbezogene Dritte vor Gefahren geschützt werden** (näher StPO 297 III), vor allem, dass die Schutzmechanismen von StPO 151[596] intakt bleiben.

5. Beweismässige Auswertung der Ergebnisse, Zufallsfunde, StPO 296

1200 Die Führungsperson nach StPO 291 II lit. c und d hat der Staatsanwaltschaft über **Ablauf und Ergebnisse der verdeckten Ermittlung einen Bericht** i.S. von StPO 145 bzw. 195 I zu erstatten, der in die Strafakten integriert wird (vorne Ziff. 4.1.).

1201 Die Tätigkeit als verdeckter Ermittler schützt nicht davor, im Strafverfahren als **Zeuge, Auskunftsperson oder gar beschuldigte Person einvernommen zu werden**[597], ja solche Einvernahmen sind häufig erforderlich, um das deliktische Verhalten der Zielperson beweismässig ins Verfahren einzubringen. Wurde dem verdeckten Ermittler nach StPO 150 f., 288 II und 289 IV lit. b **Anonymität zugesichert**, so sind nach Massgabe von StPO 151 II und III im Rahmen des Erforderlichen Schutzmassnahmen zu treffen. Diese können in einer Veränderung von Stimme und Aussehen, räumlich getrennten Einvernahmen oder gar in einem Ausschluss der Öffentlichkeit oder der beschuldigten Person liegen[598]. Es versteht sich von selbst, dass direkt oder indirekt ins Strafverfahren eingeführte Informationen solcher verdeckter Ermittler in besonderer Weise der freien (und kritischen) Beweiswürdigung unterliegen[599].

1202 **Zufallsfunde**[600] dürfen nach StPO 296 – in der Struktur ähnlich wie StPO 278 bei der Post- und Fernmeldüberwachung, aber in der Sache abweichend – ausgewertet werden, wenn die verdeckte Ermittlung bezüglich dieser neu entdeckten Delikte hätte angeordnet werden dürfen, wenn der Verdacht darauf schon zum Zeitpunkt der ursprünglichen Anordnung bestanden hätte. Im Unterschied zum

---

[596] Dazu vorne N 843 ff.
[597] Der *Anspruch auf Einvernahme des V-Mannes* ergibt sich aus BV 29 II und EMRK 6 Ziff. 3 lit. d, unabhängig davon, ob sich die Aussagen zur Be- oder Entlastung auswirken können, BGer 27.10.2000 i.S. W.F. ca. Procureur Général de Genève. Einvernommen werden kann ebenfalls die *Führungsperson*, soweit sie nach StPO 170 II und III vom Amtsgeheimnis entbunden wurde. Eine solche *Entbindung* erscheint beim verdeckten Ermittler selbst – soweit er Polizeibeamter ist – nicht als notwendig.
[598] Dazu und zu den Schranken näher vorne N 840 ff. Im Regelfall ist allerdings der verdeckte Ermittler der beschuldigten Person bekannt, doch kann ein erhebliches Interesse der Polizei bestehen, dass er mit Blick auf weitere Einsätze nicht allgemein bekannt wird.
[599] Zur *Verwertbarkeit der Aussagen anonymer Zeugen* insbesondere im Zusammenhang mit verdeckten Ermittlern vorne N 836 f.
[600] Allgemein N 1066 f., bei der Post- und Telefonüberwachung N 1158 f.

erwähnten StPO 278 ist die Problematik dadurch entschärft, dass die verdeckte Ermittlung nicht gegen bestimmte Personen angeordnet wird und somit gegen jedermann wirkt. Nach der Botschaft ist deshalb kein neues Verfahren zur Bestellung einer verdeckten Übermittlung mit Genehmigung einzuleiten, wenn sich ergibt, dass beim Delikt, für welches die Massnahme bewilligt wurde, noch weitere Personen als Beschuldigte ins Verfahren einzubeziehen sind[601]. Liegen verwertbare, konkret auf eine weitere Katalogtat hinweisende Zufallsfunde vor, so hat die Staatsanwaltschaft jedoch ein Strafverfahren zu eröffnen, die verdeckte Ermittlung anzuordnen und ein Genehmigungsverfahren einzuleiten (StPO 296 II).

6. Nachträgliche Mitteilung der verdeckten Ermittlung, StPO 298, MStP 73m und k

Soweit analog zu StPO 279[602] hat die Staatsanwaltschaft **nachträglich den betroffenen Personen, hier beschränkt auf die beschuldigten Personen**[603], **mitzuteilen**, dass sie verdeckt überwacht wurden, wobei diese Mitteilung aus bestimmten Gründen aufgeschoben werden oder unterbleiben kann (näher StPO 298 I und II)[604].

1203

Nach StPO 298 III steht Personen, gegen die verdeckt ermittelt wurde, die **Beschwerde** nach StPO 393 ff. zu[605]. Die **Beschwerdefrist** beginnt mit Erhalt der Mitteilung nach StPO 298 I zu laufen[606].

1204

---

[601] Botschaft 1257 Mitte.
[602] Vorne N 1162 ff. ; Botschaft 1257 unten.
[603] Also *beschuldigte Personen, die durch die Überwachung erfasst* bzw. *erst ermittelt wurden* und gegen die im Anschluss daran (bzw. allenfalls schon vorher, Fn. 582) nach StPO 309 ein Verfahren eröffnet wurde, also *nicht miterfasste Dritte*.
[604] Verzicht ebenso bei Unerreichbarkeit der beschuldigten Person, TPF 2005 114.
[605] Vorne N 1164 und hinten N 1511. Einsicht in die *Anordnungs- und Genehmigungsakten sowie Berichte der Führungsperson zuhanden der Staatsanwaltschaft* möglich, nicht aber in jene, die die Anonymität oder die Legende des verdeckten Ermittlers betreffen, ebenso nicht in die internen Akten der Führungsperson, die den polizeitaktischen Bereich betreffen.
[606] Zur Zustellung bzw. Fristberechnung StPO 85 ff. bzw. 90, dazu vorne N 600 ff. bzw. N 605 ff.

6. Kapitel: Vorverfahren, StPO 299–327

§ 77 Allgemeine Bestimmungen zum Vorverfahren, StPO 299–304

Literaturauswahl: AESCHLIMANN N 1215; HAUSER/SCHWERI/HARTMANN §§ 73; MAURER 327; OBERHOLZER N 1326; PIQUEREZ (2006) N 1061; SCHMID (2004) N 773.

ELIO BRUNETTI, Le parti nella fase predibattimentale nella procedura penale ticinese, Bellinzona 1995; HUGO CAMENZIND, Teilnahmerecht der Verteidigung im polizeilichen Ermittlungsverfahren, plädoyer 1/1995 30; HUGO CAMENZIND/JÜRGEN IMKAMP, Delegation von Untersuchungshandlungen an die Polizei, dargestellt am Beispiel der Strafprozessordnung des Kantons Zürich, Z 117 (1999) 197; ANDREAS DONATSCH/FELIX BODMER, Outsourcing im Strafverfahren, Z 126 (2008) 347; HANS MAURER, Der polizeiliche Schusswaffengebrauch. Besondere Aspekte der Untersuchungsführung, Kriminalistik 2003 455; GEORG MORGER, Die Rolle der Polizei im Untersuchungsverfahren, Z 102 (1985) 129; WALTER NÄGELI, Einleitung der Strafuntersuchung und Zusammenarbeit mit der Polizei, Kriminalistik 1970 155, 201, 257; MARKUS ROHRER, Polizei und Untersuchungsrichter, AJP 7 (1997) 406; HANS WALDER, Strafverfolgungspflicht und Anfangsverdacht, recht 8 (1990) 1; HANS WALDER/THOMAS HANSJAKOB. Kriminalistisches Denken, 7. Aufl., Heidelberg 2005; LAURENT WALPEN, Rôle et compétences de la police dans l'enquête préliminaire, Z 102 (1985) 152; ROBERTO ZALUNARDO-WALSER, Verdeckte kriminalpolizeiliche Ermittlungsmassnahmen unter besonderer Berücksichtigung der Observation, Diss. Zürich 1998.

Materialien: Aus 29 mach 1 S. 121 ff.; VE 326–332; BeB 196 ff.; ZEV 62; E 298–304; Botschaft 1257 ff.; AB S 2006 993 f., 1036 ff., 2007 721, AB N 2007 993 ff.

1. Bedeutung, Begriff und Zweck des Vorverfahrens, StPO 299

Mit Vorverfahren wird das erste Stadium des Strafverfahrens bezeichnet. Es ist 1205 die Phase, die (sieht man von den besonderen Verfahren nach StPO 352–378 ab) dem nachfolgenden erstinstanzlichen Hauptverfahren vorgelagert ist. **Zweck dieses Vorverfahrens ist es, ausgehend von einem Tatverdacht Erhebungen zu tätigen und Beweise zu sammeln, um festzustellen, ob gegen eine beschuldigte Person ein Strafbefehl zu erlassen, Anklage zu erheben oder aber das Verfahren einzustellen ist** (so StPO 299 II). Typisch für das von der StPO gewählte Staatsanwaltschaftmodell ist dessen sogenannte **Eingliedrigkeit**: Die zum Vorverfahren gehörenden polizeilichen Ermittlungen und die staatsanwaltschaftliche Untersuchung (StPO 299 I) bilden abgesehen von der begrifflichen Zusammenfassung unter der Bezeichnung Vorverfahren insofern eine Einheit, als dieses gesamte Vorverfahren unter der Leitung der Staatsanwaltschaft steht, woraus sich auch die starke Stellung dieser Behörde in diesem Verfahrensstadium ergibt[1]. Daraus folgt etwa, dass das polizeiliche Ermittlungsverfahren **nur**

---

[1] Botschaft 1105 Mitte, 1257/1258.

vorbereitenden und keinen selbstständigen Charakter hat. Es gilt das **Primat der staatsanwaltschaftlichen Untersuchung,** was verschiedene Auswirkungen hat: Einer Untersuchung hat nicht notwendigerweise ein Ermittlungsverfahren vorauszugehen. Bei der Staatsanwaltschaft eingehende Strafanzeigen können somit ohne polizeiliches Ermittlungsverfahren direkt zur Eröffnung einer Untersuchung bzw. zur Nichtanhandnahme führen; allerdings kann der Staatsanwalt bei unklaren polizeilichen Berichten oder bei Anzeigen, die von anderer Seite eingegangen sind, die Polizei mit ergänzenden Ermittlungen beauftragen (StPO 312).

1206 Dieses (gesetzliche) Primat der staatsanwaltschaftlichen Untersuchung ändert freilich nichts an der Tatsache, dass die **polizeilichen Ermittlungen rein faktisch in den letzten Jahrzehnten immer grösseres Gewicht erlangten.** Die Kriminalpolizei ist dank ihrer besseren personellen und technischen Ausstattung sowie ihrer Spezialisierung[2] oft zu effizienterer Abklärungsarbeit befähigt als der Staatsanwalt in seiner Funktion als «*Einzelkämpfer*». Der polizeiliche Sachbearbeiter ist damit vom Gehilfen zum wichtigen Partner des Staatsanwalts geworden. Er führte bereits bisher in manchen Kantonen etwa bei Seriendelikten die Ermittlungen oft derart umfassend durch, dass der Staatsanwalt nur noch die Schlusseinvernahme durchführte, notwendige Zeugen abhörte etc. Diese **Gewichtsverlagerung** ist zwar verfahrensökonomisch und nützt den in manchen Kantonen hohen Spezialisierungsgrad der Kriminalpolizei aus. Sie ist jedoch unter verschiedenen Aspekten nicht ganz unproblematisch. Die StPO versucht, dieser Problematik mit einer Betonung der Leitungsverantwortung des Staatsanwalts (StPO 15 II, 307 II) sowie einem erheblichen Ausbau der Verfahrensrechte der Parteien, vor allem der beschuldigten Personen (vgl. etwa StPO 159 oder 312 II) im Ermittlungsverfahren zu begegnen.

2. Einleitung des Vorverfahrens, StPO 300

1207 StPO 300 geht von einem **materiellen Begriff der Verfahrenseröffnung** aus. Erforderlich ist somit nicht notwendigerweise eine formelle Eröffnung: Massgebend ist, dass die **Polizei ihre Ermittlungstätigkeit** nach StPO 306 f. aufnimmt (StPO 300 I lit. a). Ein Vorverfahren ist also beispielsweise eröffnet, wenn die Polizei eine telefonische Meldung über ein begangenes Delikt entgegennimmt; von diesem Augenblick sind die Vorschriften der StPO im Allgemeinen und jene über das Vorverfahren im Besonderen, etwa über die Verfahrensrechte der Parteien, anwendbar[3]. Denkbar ist aber auch, dass eine Strafanzeige direkt bei der

---

[2] In grösseren Kantonen gibt es Spezialgruppen- bzw. Abteilungen für die diversen Deliktsarten wie Leib und Leben, Betäubungsmitteldelikte, Betrug und Wirtschaftsdelikte usw.

[3] Botschaft 1258 Mitte. – Nicht der StPO, sondern dem Polizeirecht unterstehen die *Vorermittlungen* bzw. *die Vorfeldarbeit* der Polizei, die sich (noch ohne konkreten Deliktsverdacht bzw. bekannte Täterschaft) mit der allgemeinen Beobachtung und Kontrolle möglicherweise deliktischer Milieus befassen. – Nicht weiter behandelt wird hier das *besondere*

Staatsanwaltschaft eingeht; in diesem Fall wird nach StPO 300 I lit. b das **Vorverfahren mit der Eröffnung der Untersuchung gemäss StPO 309 eingeleitet.**

Nach StPO 300 II ist die **Einleitung des Vorverfahrens nicht (mit Beschwerde) anfechtbar**, unabhängig davon, ob diese informell oder gar konkludent (wie vorstehend erwähnt durch Aktivitäten der Polizei) oder durch eine Eröffnungsverfügung der Staatsanwaltschaft erfolgt[4]. Bei einer Beschwerde würde es regelmässig darum gehen, ob der für die Einleitung eines Vorverfahrens erforderliche genügende Tatverdacht vorhanden ist, eine Frage, die durch das Vorverfahren ja gerade geklärt werden muss. Eine Ausnahme statuiert StPO 300 II zweiter Satzteil beim **Einwand, die Einleitung des Vorverfahrens verstosse gegen das Verbot der doppelten Strafverfolgung** (*ne bis in idem*) gemäss StPO 11[5]. Diese zentrale Frage muss sofort zu Beginn des Strafverfahrens geklärt werden, sodass in diesem Fall eine Beschwerde nach StPO 393 ff. an die Beschwerdeinstanz zulässig ist[6]. Dabei ist allerdings zu beachten, dass nach StGB 3 ff. ein hängiges Strafverfahren im Ausland ein paralleles oder nachgeschobenes Verfahren in der Schweiz nicht ausschliesst.

1208

3. Anzeigerecht, Anzeigepflicht, StPO 301 f., VStrR 19 I, II

StPO 301 I statuiert ein **allgemeines Recht, den Strafbehörden begangene Straftaten anzuzeigen**, so wie es schon bisher für das schweizerische Strafverfahrensrecht typisch war. Gemäss dem Untersuchungsgrundsatz und dem Verfolgungszwang (StPO 6 und 7)[7] haben die Strafverfolgungsbehörden alle ihnen zur Kenntnis gebrachten deliktsrelevanten Sachverhalte abzuklären und bei genügendem Tatverdacht zur gerichtlichen Aburteilung zu bringen. Entsprechende Meldungen an die Strafverfolgungsbehörden, also Wissenserklärungen über begangene Delikte in der Form einer Strafanzeige, können von jedermann schriftlich oder mündlich, ebenfalls anonym[8] oder von Handlungsunfähigen[9] bei einer Strafverfolgungsbehörde erstattet werden.

1209

Vorverfahren bei der Strafverfolgung von *Magistratspersonen wie Mitgliedern des Bundesrats bzw. der Bundesversammlung usw.* nach VG 14a f. und ParlG 18 f.

4 Dazu und zum Folgenden Botschaft 1258 unten.
5 Zu diesem Grundsatz vorne N 242 ff.
6 *Beschwerde an sich bereits gegen Aufnahme eines polizeilichen Ermittlungsverfahrens möglich*; im Regelfall wird sich empfehlen, die formelle Eröffnung der Untersuchung durch die Staatsanwaltschaft nach StPO 309 abzuwarten und diese anzufechten. – Wird der Einwand von *ne bis in idem* (auch) von der Beschwerdeinstanz verworfen, eine *Strafgerichtsbeschwerde ans Bundesgericht* (BGG 78 ff.) als zulässig, kann doch allenfalls i.S. von BGG 93 I lit. b bei Gutheissung der Fall sofort abgeschlossen werden und können damit erhebliche Kosten vermieden werden.
7 Vorne N 153 ff.; N 164 ff.
8 Eine andere Frage ist, inwieweit an sich bekannte Anzeigeerstatter Anonymität beanspruchen können. Es erscheint als zulässig, dass die Polizei in ihrem Rapport nach

1210 Ebenfalls im Einklang mit dem früheren Rechtszustand verschafft **eine Anzeige dem Anzeigeerstatter nach StPO 301 III keine besonderen Verfahrensrechte** und schon gar nicht Parteistellung, es sei denn, solche folgten aus seiner Eigenschaft als Geschädigter oder Privatklägerschaft. Immerhin hat nach StPO 301 II der Anzeigeerstatter **Anspruch darauf, dass ihm die Strafverfolgungsbehörde[10] auf Anfrage hin mitteilt, ob ein Verfahren eingeleitet und wie es erledigt wurde**, also durch Strafbefehl, Anklage oder Einstellung. Anspruch auf Mitteilung von Einzelheiten, eine Begründung oder Akteneinsicht hat der Anzeigeerstatter aber in der Regel nicht[11].

1211 StPO 302 regelt die **Anzeigepflichten**, beschränkt sich in Abs. 1 jedoch darauf, solche für die **Strafbehörden** i.S. von StPO 12 und 13 zu statuieren (weitergehend VStrR 19 II). Die Strafbehörden sind verpflichtet, alle Delikte, die sie bei ihrer amtlichen Tätigkeit feststellen oder die ihnen gemeldet werden, der zuständigen Behörde anzuzeigen, wenn sie nicht selbst z.b. als Staatsanwaltschaft zur Verfolgung zuständig sind. Diese Pflicht gilt auch für ausserkantonal begangene Straftaten[12], nicht jedoch solche im Ausland ohne schweizerische Zuständigkeit nach StGB 3 ff. Die Anzeigepflicht wird durch einen einfachen Verdacht ausgelöst, der für die Eröffnung einer Untersuchung (StPO 309) notwendig ist[13]. **Spezialgesetzliche Anzeige- und Meldepflichten** bestehen sodann für Angehörige gewisser Berufskategorien wie Medizinalpersonen bei aussergewöhnlichen Todesfällen oder im Bereich der Finanzmarktaufsicht für die Aufsichtsbehörden. Dieser Bereich wird auch künftig – soweit nicht bundesrechtliche Regeln bestehen[14] – von den Kantonen zu regeln sein[15]. Die **Anzeigepflichten sowohl für die Strafbehörden** nach StPO 302 I **wie auch für die nach Abs. 2 dieser Bestimmung von Bund und Kantonen zu regelnden Pflichten weiterer Behörden**

StPO 307 III den Anzeigeerstatter nicht nennt («*Von einer nicht genannt sein wollenden Person wurde uns mitgeteilt, dass* ...»). Ob die Anonymität z.B. bei einer Zeugeneinvernahme des anzeigenden Polizisten gewahrt werden kann, ist jedoch fraglich; im Rahmen formalisierter Verfahrenshandlungen ist der Anzeiger nur im Rahmen von StPO 147 ff. geschützt. Zur Thematik sodann hinten Fn. 26.

[9] SJZ 58 (1962) 86. Aus der EMRK fliesst *kein Anspruch auf Eintreten auf eine Anzeige*, VPB 56 (1992) Nr. 52.

[10] Solche *Orientierungspflichten gelten nicht für die Gerichte*; hier kann sich der Anzeigeerstatter durch Anwesenheit an der Gerichtsverhandlung über den Verfahrensausgang ins Bild setzen.

[11] Botschaft 1259 oben. Eine andere Frage ist, inwieweit Interessierte – und das kann auch ein Anzeigeerstatter sein – z. B. *Einblick in einen Strafbefehl oder ein Strafurteil* verlangen können, dazu StPO 69 II und vorne N 270, ja bei schutzwürdigem Informationsinteresse sogar in die Strafakten, vorne N 269.

[12] BeB 197 unten.

[13] Nachfolgend N 1227 ff. Vgl. dazu den Fall in SJZ 105 (2009) 249.

[14] Vgl. etwa ZGB 443 II, BGFA 15, FINMAG 38 III, GwG 9, 23, 27 , RAG 24 III oder BWIS 17 I. Aus dem *Steuerbereich* vgl. DBG 112 und StHG 39. Beim *Tierschutz* TSchG 24 III. Vgl. auch etwa das *Melderecht* nach StGB 305ter II.

[15] Botschaft 1259 Mitte.

sowie von **Beamten**[16] **entfallen,** wenn die betreffende Person nach StPO 113 I bzw. 158 I lit. b[17], 168 , 169[18] oder 180 I[19] ein Aussage- oder Zeugnisverweigerungsrecht besitzt[20].

4. Antrags- und Ermächtigungsdelikte, Form des Strafantrags, StPO 303 f.

Ist eine **Straftat nur auf Antrag oder gestützt auf eine Ermächtigung**[21] **verfolgbar,** so darf ein Vorverfahren erst eingeleitet werden, wenn Strafantrag gestellt oder die Ermächtigung erteilt wurde (StPO 303 I). Nach StPO 303 II kann die zuständige Behörde, im Regelfall wohl die Polizei, sichernde Massnahmen wie die Feststellung der vermutlichen beschuldigten Personen, von Zeugen usw. oder Durchsuchungen bzw. Beschlagnahmen schon vorher durchführen. 1212

Der Strafantrag ist im materiellen Strafrecht, nämlich in StGB 30–33 geregelt. Die Regelung der **Form des Antrags** war jedoch bisher weitgehend dem kantonalen Prozessrecht überlassen; sie wird nunmehr in StPO 304 geregelt. Im Einklang mit den meisten bisherigen kantonalen Vorschriften ist der Strafantrag bei der Polizei, der Staatsanwaltschaft oder der Übertretungsstrafbehörde schriftlich einzureichen oder mündlich zu Protokoll zu geben (Abs. 1)[22]. Üblicherweise verwendet vorab die Polizei dazu entsprechende Formulare. Nach Abs. 2 bedarf auch Verzicht und Rückzug des Strafantrags der gleichen Form, wobei z.B. ein Rückzug naturgemäss auch vor einem Gericht erfolgen kann. 1213

5. Information des Opfers über seine Rechte, StPO 305

StPO 305 I übernimmt die **Pflicht der Behörden zur Orientierung des Opfers im Vorverfahren über seine Rechte** aus OHG 37 II. Die entsprechenden Pflichten des Gerichts im Hauptverfahren ergeben sich aus StPO 330 III. Diese Bestimmung macht es der Polizei wie auch kumulativ der Staatsanwaltschaft in 1214

---

[16] StPO 302 II spricht *nur von Behördenmitgliedern,* doch gilt die Regelung auch (soweit noch bekannt) für Beamte bzw. öffentliche Angestellte i.S. von StGB 110 III. Für den *Bund* vgl. Art. 94 III der Bundespersonalverordnung vom 3.7.2001, SR 172.220.111.3.
[17] Vorne N 671 ff., 861.
[18] Vorne N 884 ff.
[19] Vorne N 923 f.
[20] Personen nach StPO 302 III haben *bezüglich der Anzeigeerstattung in den Ausstand zu treten,* doch fliesst aus StPO 57 keine Pflicht, die Verfahrensleitung etc. über das Vorliegen eines anzeigepflichtigen Sachverhalts zu orientieren. – Zeugnisverweigerungsrecht schliesst *Meldpflicht des Finanzintermediärs* nicht aus, so BGer 2A.599/2006 in RS 2007 Nr. 243 (in allgemeiner Hinsicht fragwürdig).
[21] Vorne N 172 ff., 318
[22] ZR 64 (1965) Nr. 48, 54 (1955) Nr. 147. Strafantrag eines ausländischen Anwalts gültig, RKG 1998 Nr. 115. – Die *fristgemässe Konstituierung als Strafkläger entspricht einem gültigen Strafantrag nach StGB 30,* vorne N 690.

Wiederholung von StPO 143 I lit. c zur Pflicht, das Opfer bei der jeweiligen ersten Einvernahme (also zweimal) umfassend über seine Rechte und Pflichten zu orientieren[23].

1215 StPO 305 II nimmt Bezug auf OHG 8 und macht es der Polizei oder der Staatsanwaltschaft (wenn das Opfer erstmals durch sie einvernommen wurde) weiter zur Pflicht, das **Opfer über die Adressen und Aufgaben der Opferberatungsstellen sowie die finanziellen Leistungen** gemäss OHG und die bei der Einreichung von entsprechenden Gesuchen zu beachtenden Fristen zu informieren, wobei hier die einmalige Orientierung genügt[24]. Wie bisher nach OHG 8 II werden Name und Adresse des Opfers umgehend einer Opferberatungsstelle übermittelt, wenn das Opfer dies nicht ablehnt (StPO 305 III). Neu ist in diesem Bereich die Vorschrift von StPO 305 IV, wonach die Einhaltung der Vorschriften dieses Artikels zu protokollieren ist[25].

§ 78 Polizeiliches Ermittlungsverfahren, StPO 306–307

Literaturauswahl: neben der zu § 77 erwähnten Literatur AESCHLIMANN N 1215; HAUSER/SCHWERI/HARTMANN § 75; MAURER 334; OBERHOLZER N 102, 113; PIQUEREZ (2006) N 1046; DERS. (2007) N 830; SCHMID (2004) N 777.

GIANFRANCO ALBERTINI/BEAT VOSER/THOMAS ZUBER, Entwurf zu einer schweizerischen Strafprozessordnung. Bemerkungen aus gerichtspolizeilicher Sicht, Kriminalistik 2007 53; GIANFRANCO ALBERTINI/BRUNO FEHL/BEAT VOSER (Hrsg.) Polizeiliche Ermittlung. Ein Handbuch der Vereinigung der Schweizerischen Kriminalpolizeichefs zum polizeilichen Ermittlungsverfahren gemäss der Schweizerischen Strafprozessordnung, Zürich 2008; STEFAN BLÄTTLER, Die Stellung der Polizei im neuen schweizerischen Strafverfahren, Z 125 (2007) 242; THOMAS FINGERHUT, Auskünfte von Drittpersonen sind ein Minenfeld, in: Forum Strafverteidigung, Beweismangel und Verwertungsverbot, Beilage zu plädoyer Dezember 2006, 30; NIKLAUS OBERHOLZER, Die Regeln bei polizeilich erhobenen Daten sind unklar, in: Forum Strafverteidigung, Beweismangel und Verwertungsverbot, Beilage zu plädoyer Dezember 2006, 23.

Materialien: Aus 29 mach 1 121 ff.; VE 333–337; BeB 198 ff.; ZEV 62 f.; E 305–306; Botschaft 1260 ff.; AB S 2006 993 f., 1037, AB N 2007 994.

1. Allgemeines zum Ermittlungsverfahren, StPO 15 II, 306

1.1. Funktion des Ermittlungsverfahrens, StPO 306 I

1216 Ziel des polizeilichen Ermittlungsverfahren ist es, auf der Grundlage von Anzeigen[26], Anweisungen der Staatsanwaltschaft oder gestützt auf eigene Feststellun-

---

[23] Dazu Botschaft 1260 oben.
[24] Botschaft 1260 Mitte.
[25] Botschaft 1260 unten.
[26] Zu denken ist nicht *nur an formelle Anzeigen, sondern an Hinweise, Tipps usw. von Seiten bekannter oder unbekannter Personen, Informanten* usw. Informanten müssen in den

gen (also ohne Strafanzeige) **den für eine Straftat**[27] **relevanten Sachverhalt festzustellen** (so StPO 306 I). Mit den Ermittlungen sollen im Sinn einer vorläufigen Abklärung dem Staatsanwalt die Grundlagen für dessen Untersuchung (StPO 308 ff.) geliefert werden, vor allem, ob überhaupt Grund für die Eröffnung einer Untersuchung besteht. Einerseits ist festzustellen, ob ein für die Einleitung einer eigentlichen Strafuntersuchung hinreichender Tatverdacht besteht. Andererseits sollen die als Täter in Frage kommenden Personen festgestellt und zusammen mit den erforderlichen Tatspuren sowie weiteren Beweisen für die Untersuchung gesichert werden. Ziel muss es sein, die polizeilichen Ermittlungen so zu fördern, dass die Strafsache möglichst bald vom Staatsanwalt zur Untersuchung übernommen werden kann[28].

Man pflegt diese erste polizeiliche Ermittlungstätigkeit als **selbstständige polizeiliche Ermittlungen zu bezeichnen**[29]. Sie werden häufig ohne direkte Einflussnahme seitens der Staatsanwaltschaft durchgeführt, auch wenn diese jederzeit in die Ermittlungen eingreifen kann (StPO 307 II). Entgegen der Untersuchung durch die Staatsanwaltschaft (StPO 309) wird das polizeiliche Ermittlungsverfahren nicht durch eine formelle Verfügung, sondern rein faktisch durch eine auf Strafverfolgung gerichtete polizeiliche Aktivität eröffnet (StPO 300 I lit. a)[30]. Dabei ist zu beachten, dass die StPO die **Abgrenzung von primär sicherheits- oder verkehrspolizeilichem Handeln und dem eigentlich strafprozessual gefärbten Ermittlungsverfahren** weder vornimmt noch vornehmen kann. Tendenziell ist deshalb zu fordern, dass die StPO erst wirksam wird, wenn sich der Deliktsverdacht gegen bestimmte Personen oder einen Personenkreis bzw. mindestens wegen einer bestimmten Straftat zu verdichten beginnt.

1217

1.2. Aufgaben der Polizei im Ermittlungsverfahren, StPO 15 II, 306 II

StPO 306 II nennt im Anschluss an StPO 15 II **beispielhaft, also nicht abschliessend die Massnahmen**, die bei diesen Ermittlungen im Vordergrund stehen, wobei hier an die traditionellen Kompetenzen der Polizei in den meisten schweizerischen Kantonen angeknüpft wird[31]. Es geht hier zunächst um **unauf-**

1218

Rapporten nach StPO 307 III nicht zwingend genannt werden, vorne Fn. 8 und N 568.
Zur *Verwertung von rechtswidrig erlangten privaten Informationen* vorne N 802.

[27] Das hier geregelte polizeiliche *Ermittlungsverfahren gilt für alle Straftaten*. Die im parlamentarischen Stadium vorab im Ständerat gestellten Anträge, die selbstständige Ermittlungstätigkeit der Polizei auf dringliche und leichte Fälle zu beschränken, wurde abgelehnt, AB S 2006 993 f.

[28] So noch deutlicher VE 336. Vgl. dazu ZR 54 (1955) Nr. 147.

[29] BeB 199 oben, Botschaft 1260 unten.

[30] Dazu schon vorne N 1207.

[31] Zu StPO 15 II vorne N 339 ff. Zur aufsichtsrechtlichen Kontrolle und Leitungsfunktion der Staatsanwaltschaft als Gegengewicht Botschaft 1261 Mitte.

schiebbare Sicherungsmassnahmen, also Aufgaben, die bereits im Zusammenhang mit dem Beweisrecht[32] und den Zwangsmassnahmen[33] besprochen wurden. Es ist dies zunächst die **Sicherstellung und Auswertung von Spuren und Beweismitteln** (lit. a), also auch die Feststellung potenzieller Zeugen[34]. Ferner gehören dazu **die Ermittlung und Befragung der geschädigten und verdächtigen Personen** (lit. b)[35], wobei unter **Befragung** sowohl solche formloser Art wie auch formelle Einvernahmen nach StPO 142 II zu verstehen sind. Mindestens wesentliche Aussagen von nur informell Befragten sind nach dem das Strafverfahren beherrschende Dokumentationsprinzip[36] festzuhalten. Zu den Ermittlungshandlungen gehören sodann **das Anhalten (StPO 215) und die vorläufige Festnahme tatverdächtiger Personen** (StPO 217 ff.) bzw. **die Fahndung nach ihnen** (StPO 210 f.) (lit. c)[37]. Die Polizei hat weiter festzustellen, ob ein **Offizial- oder Antragsdelikt** vorliegt und ob bei den Letzteren Strafantrag gestellt wird, vor allem im Hinblick auf StPO 303 I. Gesamthaft gesehen gehen die Aufgaben der Polizei somit wesentlich über den sog. «*ersten Angriff*» hinaus[38].

1219 Die Polizei hat sich bei ihren Ermittlungen an die Regeln der StPO und unter Vorbehalt besonderer Vorschriften insbesondere jene über die Untersuchung, die Beweismittel und die Zwangsmassnahmen zu halten (StPO 306 III). Die Polizei hat wie Staatsanwaltschaft und Gerichte vor allem die **Grundsätze zum Schutz der Freiheitsrechte zu beachten**[39].

2. Zusammenarbeit mit der Staatsanwaltschaft, StPO 307

1220 StPO 307, der die Zusammenarbeit von Polizei und Staatsanwaltschaft regelt, knüpft an die bereits erwähnte Eingliedrigkeit des Vorverfahrens und die damit verbundene, schon in StPO 16 II statuierte Leitungsfunktion der Staatsanwaltschaft[40] an. Wesentlich ist, dass die Staatsanwaltschaft vor allem bei schweren

---

[32] Vorne N 771 ff.
[33] Vorne N 970 ff.
[34] Diese sind *nur als Auskunftspersonen zu befragen*, StPO 178 I, vgl. vorne N 920. *Zeugnisverweigerungsrechte sind zu beachten*, zum früheren Recht näher mit Hinweisen ZR 96 (1997) Nr. 45.
[35] Dazu gehören (über den engeren Wortlaut von StPO 210 und 211 hinausgehend) auch *entsprechende Fahndungsmassnahmen*, die die Polizei selbst anordnet, vgl. vorne N 991.
[36] Vorne N 566 ff.
[37] Zur Anhaltung vorne N 1001 ff., zur vorläufigen Festnahme N 1008 ff. Zu den sog. Gestellungs- oder Fahndungsmassnahmen N 991 ff.
[38] Vorne N 343. Ein Antrag, die Polizei auf diesen «*ersten Angriff*» zu beschränken, wurde im Nationalrat abgelehnt, AB N 2007 944 f.
[39] Botschaft 1261 oben.
[40] Vorne N 345, 351. StPO 307 I könnte in dem Sinn missverstanden werden, dass der Anspruch der Staatsanwaltschaft auf sofortige Orientierung nur auf solche schweren Fälle beschränkt ist. Es versteht sich von selbst, dass aus StPO 15 II und 307 II eine *Befugnis der Staatsanwaltschaft fliesst, ebenfalls in andern Fällen (sofort) orientiert zu werden*, falls sie dies wünscht.

Straftaten (Verbrechen und schweren Vergehen) diese Leitungsfunktion so bald als möglich wahrnimmt; zu diesem Zweck sieht StPO 307 I vor, dass die **Polizei die Staatsanwaltschaft unverzüglich über schwere Straftaten sowie andere schwerwiegende Ereignisse** mit möglicherweise strafrechtlichen Implikationen (Brände, Explosionen, schwere Verkehrsunfälle, aussergewöhnliche Todesfälle) **zu informieren hat**, wobei Bund und Kantone diese Informationspflicht näher regeln können. Mit dieser Informationspflicht wird erreicht, dass der Staatsanwalt sofort am Orte des Geschehens erscheinen und die Leitung des Vorverfahrens übernehmen kann. Diese Regelung knüpft an das schon in vielen Kantonen bekannte und bewährte **Pikett- oder Brandtoursystem** an[41]. In diesen Fällen führt die Staatsanwaltschaft die ersten wesentlichen Einvernahmen selbst durch (StPO 307 II Satz 2). Dies gilt etwa bei einer Person, die eines Tötungsdelikts beschuldigt wird.

Die Leitungsfunktion der Staatsanwaltschaft im Vorverfahren wirkt sich weiter dahingehend aus, dass sie **in jedem Stadium des Ermittlungsverfahrens der Polizei Weisungen über Art und Inhalt ihrer Tätigkeit im anstehenden konkreten Fall erteilen** sowie diesen zur **Untersuchung jederzeit an sich ziehen kann** (StPO 307 II Satz 1). Letzteres bewirkt faktisch einen sofortigen Übergang vom Ermittlungs- zum Untersuchungsverfahren[42], mit der Konsequenz, dass sogleich eine Eröffnung der Untersuchung nach StPO 309[43] zu erfolgen hat. 1221

Schon bisher war es üblich, dass die polizeilichen Ermittlungen in Nachachtung der allgemeinen Dokumentationspflicht nach StPO 76 in sogenannten **Rapporten** zusammengefasst und diese mit den erstellten Einvernahmen, anderen erhobenen Beweisen sowie den beschlagnahmten Vermögenswerten und Gegenständen (StPO 263 III) unverzüglich auf dem Dienstweg der **zuständigen Staatsanwaltschaft übermittelt werden**. StPO 307 III übernimmt diese traditionelle Regelung, sieht jedoch in wenig geglückter Form vor, dass diese Übermittlung nach Abschluss der Ermittlungen erfolgen könne, während die Botschaft betont, diese Aktenübermittlung habe sofort nach den ersten Ermittlungen zu erfolgen[44]. Die Staatsanwaltschaft kann immerhin gestützt auf StPO 307 II die Weisung erteilen, dass ihr die Ermittlungsakten von der Polizei laufend übermittelt werden. 1222

Diese **generelle Rapportierungspflicht erfährt dort eine Einschränkung**, wo zu weiteren Verfahrensschritten der Staatsanwaltschaft offensichtlich kein Anlass besteht (StPO 307 IV lit. a). Es geht hier vorab um Fälle, in denen die Täterschaft unbekannt oder eine bekannte Täterschaft trotz Fahndung nicht ermittelt 1223

---

[41] Botschaft 1262 oben. – Allerdings wird damit die *Kompetenz der Polizei, Festgenommene einzuvernehmen* (StPO 219 II), nicht ausgeschlossen, dazu den Fall RKG 2008 Nr. 110.
[42] Aus 29 mach 1 S. 129; BeB 199 unten.
[43] Zu dieser nachfolgend N 1227 f. Möglich allerdings, dass *zuerst Einvernahme der beschuldigten Person erfolgt*, vorne N 737.
[44] Botschaft 1262 Mitte.

werden konnte. Hier ist es zweckmässig, die Akten zur weiteren Bearbeitung bei der Polizei zu belassen; würden sie der Staatsanwaltschaft übermittelt, müsste eine Weiterleitung zur Eröffnung einer Untersuchung, zu einer Sistierung bzw. Einstellung usw. und damit oft zu nutzlosem Aufwand führen[45]. Diese vereinfachte Aktenbearbeitung ist jedoch nur zulässig, **wenn keine Zwangsmassnahmen** wie z.B. vorläufige Festnahmen, Hausdurchsuchungen, Beschlagnahmungen, Observationen, verdeckte Ermittlungen[46] oder aber **formalisierte Ermittlungshandlungen** wie z.b. die Einvernahme von beschuldigten Personen stattfanden (StPO 307 IV lit. b). Letzteres gilt z.B. im nicht seltenen Fall, dass ein Verdächtiger als solcher nach StPO 142 II einvernommen wurde, ohne dass sich der Verdacht in der Folge erhärtete, nicht aber z.b. bezüglich der an einem Tat- oder Unfallort oder später informell Befragte. Aus diesen Regeln folgt, dass wer als beschuldigte Person einvernommenen oder Zwangsmassnahmen unterworfenen wurde, Anspruch auf formelle Erledigung, also z.B. Einstellung des Verfahrens hat. Die Ermittlungsakten sind in diesem Fall auf dem üblichen Weg der Staatsanwaltschaft zuzuleiten[47].

§ 79   Untersuchung durch die Staatsanwaltschaft, StPO 16 II, 308–318, JStPO 30

Literaturauswahl: neben der zu §§ 77 und 78 erwähnten Literatur AESCHLIMANN N 1322; HAUSER/SCHWERI/HARTMANN § 76; MAURER 362; OBERHOLZER N 1326; PIQUEREZ (2006) N 1061; DERS. (2007) N 844; SCHMID (2004) N 783.

ANDREAS EICKER, Zum Vorentwurf für eine gesamtschweizerische Strafprozessordnung. Staatsanwaltschaftliche Kompetenz-Konzentration und ihre Kompensationsmöglichkeiten im Ermittlungsverfahren, AJP 1/2003 13; CATHERINE FALLER, Historique de la médiation pénale dans le Code de procédure pénale suisse: de son introduction à la suppression, Z 127 (2009) 18; CORNELIA HÜRLIMANN, Die Eröffnung einer Strafuntersuchung im ordentlichen Verfahren gegen Erwachsene im Kanton Zürich, Zürich 2006 (Zürcher Studien zum Verfahrensrecht Bd. 148); ANNEGRET KATZENSTEIN, Strafuntersuchung gegen Behördenmitglieder und Beamte, SJZ 103 (2007) 245; ERWIN MERZ, Grundzüge und Organisation des strafrechtlichen Untersuchungsverfahrens nach den Rechtspflegeerlassen des Kantons Schwyz, Zürich 1992.

Materialien: Aus 29 mach 1 S. 131 ff.; VE 338–349; BeB 201 ff.; ZEV 63 ff.; E 307–319; Botschaft 1263 ff.; AB S 2006 1037 ff., AB N 2007 994 ff.

---

[45]   Botschaft 1262 unten.
[46]   Hier mindestens bei bekannter Täterschaft. *Leichte Eingriffe in die Rechte der betroffenen Person wie eine Anhaltung* (auch mit Transport auf den Polizeiposten) ohne strafprozessuale Weiterungen, eine blosse *Vorladung ohne formelle Einvernahme, Fahndungsmassnahmen* oder *Wangenschleimhautabstriche* fallen nach hier vertretener Auffassung nicht unter die Rapportierungspflicht.
[47]   Dazu näher BeB 200 unten; Botschaft 1262 unten. Zur anschliessenden *Eröffnungspflicht der Staatsanwaltschaft nach StPO 309* hinten N 1228.

1. Begriff und Zweck der Untersuchung, StPO 308

Die Untersuchung ist jener Teil des Verfahrens, in dem aufbauend auf den Ergebnissen der polizeilichen Ermittlungen durch entsprechende Verfahrenshandlungen, vor allem das Erheben von Beweisen, der **Deliktsvorwurf in tatsächlicher und rechtlicher Hinsicht so weit abgeklärt werden kann, dass anschliessend Anklage erhoben, ein Strafbefehl erlassen oder aber das Verfahren eingestellt werden kann** (ähnlich StPO 308 I, vgl. auch 299 I). Diese Untersuchung wird üblicherweise durch den **Staatsanwalt** geführt, kann jedoch bei Übertretungen auch in die Kompetenz der **Übertretungsstrafbehörden** (dazu StPO 12 lit. c, 17, 357) fallen. 1224

Im Fall einer zu erwartenden gerichtlichen Anklage oder eines Strafbefehls sind sodann **Akten über die persönlichen Verhältnisse der beschuldigten Person** (Vorstrafen- und Leumundsberichte usw. (Lebenslauf, Familienverhältnisse, Vorstrafen, Leumund usw.) zusammenzutragen (StPO 308 II und 195 II, vgl. auch StPO 161), also jene Informationen, die besonders für die Strafzumessung erforderlich sind. 1225

Das spätere Gerichtsverfahren gemäss der StPO ist tendenziell **mittelbar** (zur **beschränkten Unmittelbarkeit** näher StPO 343)[48]. Dies führt dazu, dass die Akten bei der Anklageerhebung spruchreif sein sollten (sinngemäss StPO 308 III). Einer gründlichen, umfassenden Untersuchung kommt deshalb eine entscheidende Bedeutung zu. Der Staatsanwalt handelt bei der Beweiserhebung nach dem **Untersuchungsgrundsatz** (StPO 6)[49] in der Regel von sich aus, doch können die Verfahrensbeteiligten, vorab beschuldigte Personen oder Privatkläger, entsprechende Beweisanträge stellen (StPO 107 I lit. e). Der Staatsanwalt muss sodann gemäss StPO 6 II den belastenden und entlastenden Tatsachen mit gleicher Sorgfalt nachgehen. Obwohl im Rahmen von StPO 343 auch in der gerichtlichen Hauptverhandlung noch Beweise abgenommen werden, können **Fehler und Unterlassungen im Vorverfahren** wegen der zeitlichen Verzögerungen später oft nicht mehr behoben werden. 1226

2. Eröffnung der Untersuchung, Nichtanhandnahme, StPO 309 und 310

2.1. Eröffnung der Untersuchung, StPO 309

Entgegen den polizeilichen Ermittlungen[50] hat die **Eröffnung** der staatsanwaltschaftlichen Untersuchung formalisiert, d.h. mit einer **entsprechenden Verfü-** 1227

---

[48] Vorne N 305 ff., hinten N 1329 ff.
[49] Vorne N 153 ff.
[50] Vorne N 1216 ff.

gung zu erfolgen (StPO 300 I lit. b, 309 III, 311 II)[51]. Es handelt sich hier um eine amtsinterne Verfügung z.B. in Form einer Aktennotiz oder eines Formulars. Diese Verfügung hat sich darüber auszusprechen, gegen **welche Personen** die Untersuchung eröffnet wurde, wobei allerdings auch eine Untersuchung **gegen unbekannte Täterschaft**[52] eröffnet werden kann. Ferner hat sie konkret die **Straftatbestände** zu nennen, die zu untersuchen sind (vgl. StPO 309)[53]. Die Verfügung, die nicht zu begründen ist, wird den Parteien nicht als solche mitgeteilt; diese (namentlich die beschuldigte Person) erfahren davon durch andere Verfahrenshandlungen wie Vorladungen, Einvernahmen usw.[54]. Die Verfügung selbst ist unter Vorbehalt der Ausnahme von StPO 300 II[55] auch **nicht anfechtbar** (SPO 309 III Satz 3). Beizufügen bleibt, dass die Eröffnungsverfügung lediglich **deklaratorische Bedeutung** hat. Sie soll aktenmässig klarstellen, dass eine Untersuchung läuft, gegen wen sie gerichtet ist und welche Delikte diese betrifft. Die Bestimmungen über die Untersuchung, z.B. die Verteidigungs- und Teilnahmerechte nach StPO 127 ff. und 147 ff., gelten indessen schon ab dem ersten prozessualen Handeln von Staatsanwalt bzw. bereits jenem der Polizei. Der Staatsanwalt kann dementsprechend schon *vor* dieser formellen Eröffnungsverfügung Untersuchungshandlungen wie Einvernahmen durchführen oder Zwangsmassnahmen anordnen, ohne dass diese damit ungültig wären[56].

1228 Eine solche Eröffnung hat nach StPO 309 I (sowie nach StPO 311 II zusätzlich für **nachträglich entdeckte Delikte**) im Hauptfall dann zu erfolgen, wenn sich aus den der Staatsanwaltschaft vorliegenden Informationen (Berichte der Polizei, eingereichte Strafanzeige, eigenes Wissen, z.B. in einem andern Fall gewonnen)

---

[51] Eine solche Verfügung hat *nicht nur zu Beginn der Untersuchung* bei der ersten (oder den ersten) zu untersuchenden Straftat(en) zu erfolgen. Sie ist nach dem Sinn von StPO 311 II offenbar jedes Mal zu erlassen, wenn z.B. bei der *Verfolgung eines Serientäters wieder ein neues Delikt ans Tageslicht kommt,* was einen nicht unbeträchtlichen administrativen Aufwand erfordert. Bei Kollektivdelikten (Gewerbsmässigkeit bei Vermögens- oder Drogendelikten u.Ä.) genügt eine einmalige Eröffnung unter diesem Titel, soweit sich nicht zur Klarstellung der Untersuchungseröffnung etwa im Interesse eines Privatklägers eine Eröffnung in jedem Einzelfall empfiehlt. – Anders nach *VStrR 38 I,* dazu BGE 106 IV 413, BGer 20.6.2008, 6B_92/2008, E.2.2.

[52] In diesem Fall zwingend bei *Anordnung von Zwangsmassnahmen,* StPO 309 I lit. b. Eröffnung ferner naheliegend, wenn Staatsanwaltschaft in schwerwiegenderen Fällen selbst Untersuchungshandlungen durchführt oder die Strafanzeige direkt bei ihr einging, ebenso in Fällen von StPO 309 I lit. c. Bei Ermittlung der Täterschaft bei zuerst unbekannter Täterschaft ist allenfalls eine neue Eröffnungsverfügung empfehlenswert. – Im *Massengeschäft der unaufgeklärten Delikte* wie Diebstähle jedoch Vorgehen nach StPO 307 IV lit. a möglich, d.h. Ablage der Akten in den entsprechenden Registern der Polizei, dazu vorne N 1223.

[53] Also z.B.: «Betrug z.N. der Finanzbank AG» oder: «vorsätzliche Tötung, ev. Mord, i.S. +Hans Meier».

[54] Botschaft 1264 oben.

[55] Zu dieser Bestimmung vorne N 1208.

[56] Auch eine *erste Einvernahme der beschuldigten Person*, selbst bei notwendiger Verteidigung nach StPO 131, vorne N 737, nachfolgend N 1228 a.E.

ein hinreichender Tatverdacht ergibt (lit. a). Vorausgesetzt ist damit ein «*mittlerer Verdacht*», also erhebliche Gründe, die für das Vorliegen eines Tatverdachts sprechen, nicht notwendigerweise ein dringender Tatverdacht, wie er z.B. bei der Anordnung der Untersuchungshaft nach StPO 221 I erforderlich ist[57]. Eine Eröffnung hat sodann zwingend zu erfolgen, wenn die **Staatsanwaltschaft Zwangsmassnahmen anordnete oder veranlasste** wie z.B. Untersuchungshaft, Überwachungen des Post- und Fernmeldeverkehrs, Observationen usw. (lit. b). Nach dem Sinn dieser Bestimmung[58] sollte dies auch gelten, wenn die **Polizei Zwangsmassnahmen**, so z.B. Hausdurchsuchungen, vorläufige Festnahmen usw., anordnete[59]. Eine Eröffnung ergeht sodann, wenn **die Polizei die Staatsanwaltschaft bei schweren Delikten i.S. von StPO 307 I**[60] **orientierte** (lit. c). Aus StPO 131 II ist abzuleiten, dass die Staatsanwaltschaft vor dieser Eröffnung im Fall einer notwendigen Verteidigung ohne vorgängige Bestellung einer solchen eine erste Einvernahme durchführen kann[61].

Sind die Voraussetzungen der Eröffnung aus den vorliegenden Berichten und Strafanzeigen nicht deutlich ersichtlich, so kann die **Staatsanwaltschaft die Akten der Polizei zur Vornahme ergänzender Ermittlungen** zurückweisen (StPO 309 II). Von dieser Möglichkeit sollte allerdings zurückhaltend und mit präziser Bezeichnung der noch zu ermittelnden Punkte Gebrauch gemacht werden, denn einerseits ist die Untersuchung primär Sache der Staatsanwaltschaft und anderseits sollte möglichst bald über die Eröffnung entschieden werden. Zudem besteht auch nach Eröffnung der Untersuchung nach StPO 312 immer

1229

---

[57] Zum dringenden Tatverdacht vorne N 1019.
[58] Der Sinn dieser Bestimmung geht allein dahin, dass sichergestellt ist, dass *in solchen Fällen mit einschneidenderen Massnahmen gegen beschuldigte Personen ein Verfahren eröffnet und hernach formell (mit Einstellung, Anklage oder Strafbefehl) abgeschlossen wird*, vgl. vorne N 1223. In *zeitlicher Hinsicht* (Eröffnung vor, während oder unmittelbar nach Zwangsmassnahme?) lässt sich aus StPO 309 I lit. b nichts Zwingendes ableiten. Die Bestimmung spricht von «*anordnet*», verwendet also die Gegenwartsform. Es erscheint als zulässig, zuerst die Eröffnung und nachfolgend die Zwangsmassnahme anzuordnen – oder umgekehrt. Im Normalfall wird (nur schon wegen der Dringlichkeit) die Zwangsmassnahme mit einer allenfalls dazu notwendigen Einvernahme der beschuldigten Person vorausgehen. Nach hier vertretener Auffassung ist es bei *allen* Zwangsmassnahmen zulässig, vor der Anordnung bzw. Eröffnung eine erste Einvernahme mit der beschuldigten Person durchzuführen, vorne N 737. Zur *verdeckten Ermittlung* m.w.H. vorne N 1187. – Bei *Überweisung des Falls an den Haftrichter* nach StPO 224 II (vorne N 1029) muss das Verfahren indessen eröffnet sein, ebenfalls vor Überweisung eines Falles an das Zwangsmassnahmengericht zur Anordung bzw. Genehmigung anderer Zwangsmassnahmen.
[59] Also Fälle, die nach StPO 307 (vorne N 1223) der Staatsanwaltschaft zu rapportieren sind. Wohl mit *Ausnahme leichter Eingriffe* wie bei der *Personen- oder Sachfahndung* nach StPO 210 sowie *der Anhaltung* nach StPO 215, vgl. auch vorne Fn. 46.
[60] Zu dieser Orientierung vorne N 1220.
[61] Hierzu vorne N 737 und 1227 a.E.

noch die Möglichkeit, die Polizei später mit ergänzenden Erhebungen zu beauftragen[62].

1230 Nach StPO 309 IV verzichtet die Staatsanwaltschaft auf den Erlass einer Eröffnungsverfügung, wenn sie **sofort und ohne eigene Untersuchungshandlungen eine Nichtanhandnahmeverfügung** nach StPO 310[63] oder einen **Strafbefehl** nach StPO 352 ff.[64] erlässt. Andere Möglichkeiten des Vorgehens (abgesehen vom vorgenannten nach StPO 309 II) gibt es in diesem Anfangsstadium der Untersuchung nicht. Vor allem scheint ein sogenanntes **Vorabklärungsverfahren** nicht mehr möglich, nachdem das Parlament den entsprechenden E 309 ersatzlos strich[65].

2.2. Nichtanhandnahme, StPO 310

1231 Anzeigen, die von vornherein aussichtslos sind, werden nach StPO 310 von der Staatsanwaltschaft sofort durch eine **Nichtanhandnahmeverfügung** erledigt. Typisch für diese Verfahrenserledigung ist, dass die Staatsanwaltschaft vorgängig keine eigenen Untersuchungshandlungen vornimmt[66]. Eine solche Verfügung ergeht, wenn die in Frage stehenden Straftatbestände oder Prozessvoraussetzungen eindeutig nicht erfüllt (StPO 310 I lit. a) bzw. Verfahrenshindernisse wie Verjährung gegeben sind (StPO 310 I lit. b) oder es sich um eine Zivil- und nicht eine Strafsache handelt[67]. Sodann ist eine solche Verfügung zu erlassen, wenn

---

[62] Botschaft 1263 unten. – Keine *Beschwerde* gegen solche Aufträge nach StPO 309 II oder 312, dazu N 1502.
[63] Gleich anschliessend N 1231.
[64] Nachstehend N 1352 ff.
[65] Das *Vorabklärungsverfahren* – eine neuere Entwicklung des schweizerischen Strafprozessrechts – ermöglicht es der Staatsanwaltschaft, etwa bei komplexen und zunächst unklaren Deliktsvorwürfen (z.B. bei Meldungen aus dem Bereich des Finanzmarkts über Insider- und ähnliche Delikte), vor der Verfahrenseröffnung relativ formlos und ohne Mitwirkungspflichten der involvierte Personen durch eigene Ermittlungen einen vorerst undeutlichen Tatverdacht abzuklären und erst darnach über Eröffnung bzw. Nichtanhandnahme zu entscheiden, dazu Botschaft 1264. Zur Ablehnung vgl. AB N 2007 994; Bericht Bundesamt für Justiz vom 2.5.2007 an die RK-N; RK-N 26./27.4.2007 49 f., 10./11.5.2007 22 f. Wenn teilweise erklärt wurde (RK-S 2./3.7.2007 15), die Staatsanwaltschaft könne ja ohnehin die Polizei mit Ermittlungen betrauen, so wird verkannt, dass es beim bisher praktizierten Vorabklärungsverfahren um Erhebungen der Staatsanwaltschaft selbst ging. Solche dürften ohne Eröffnung nach StPO 309 nicht zulässig sein.
[66] BeB 203.
[67] Ebenfalls, wenn *objektive Strafbarkeitsbedingungen* wie z.B. die Konkurseröffnung bei Delikten nach StGB 163 ff. fehlt. *Nichtanhandnahme nur in klaren Fällen zulässig*, sonst hat Eröffnung zu erfolgen, vgl. SH ABOG 2006 159 = RS 2007 Nr. 278. Bei *Ereignissen mit schwerwiegenden Folgen* ist tendenziell ein Strafverfahren durchzuführen (z.B. schwere Körperverletzungen, grössere Brandfälle, Flug- oder Eisenbahnunfälle u.ä.), wenn nach ersten Erhebungen Straftat nicht eindeutig ausgeschlossen werden kann, vgl. GVP 2007 Nr. 90 = RS 2008 Nr. 478.

nach StPO 8 aus Opportunitätsgründen[68] auf eine Strafverfolgung zu verzichten ist. Auf das Verfahren bei diesen Nichtanhandnahmeverfügungen sind nach StPO 310 II die Vorschriften über die Verfahrenseinstellung nach StPO 319 ff.[69] anwendbar[70].

3. Durchführung der Untersuchung, StPO 311–315

3.1. Hauptaufgabe: Beweiserhebung durch die Staatsanwaltschaft, StPO 311–314

Im Zentrum der Untersuchung steht gemäss StPO 299 II und 308 I wie bereits erwähnt die Erhebung der erforderlichen Beweise, damit hernach über das weitere Schicksal des Straffalls befunden werden kann[71]. Diese **Beweise sind von den Staatsanwälten abzunehmen,** wobei Bund und Kantone in ihren Einführungsbestimmungen vorsehen können, dass «*einzelne Untersuchungshandlungen*» den **weiteren Mitarbeitern der Staatsanwaltschaft wie Assistenten, Adjunkten, Sekretären usw. übertragen werden können** (StPO 311 I Satz 2). Nach der Botschaft soll es hier vor allem um einfachere Einvernahmen von Verfahrensbeteiligten gehen, etwa im Zusammenhang mit Strafbefehlen[72]. Denkbar in diesem Zusammenhang sind sodann der Erlass entsprechender Vorladungen, der Aktenbeizug (StPO 194), das Einholen von Berichten (StPO 195), die Durchführung von einfacheren Durchsuchungen (StPO 241 ff.) sowie die Sistierung (StPO 314). Wesentliche Einvernahmen sollte der Staatsanwalt jedoch selbst durchführen, und er darf seine Untersuchungsfunktionen im Übrigen nicht an andere Behörden delegieren. Insbesondere bleibt für die Untersuchungseröffnung, weitere Zwangsmassnahmen (vor allem Haftanordnungen), Anklagen und

1232

---

[68] Dazu vorne N 183 ff.
[69] Nachstehend N 1249 ff. Unklar ist, ob die beschränkte materielle Rechtskraft i.S. von StPO 320 IV, nachfolgend N 1263, auch für die Nichtanhandnahme gilt. Jedenfalls sind die Voraussetzungen einer Wiederaufnahme nach StPO 323 (N 1264) weniger streng anzuwenden.
[70] Klarzustellen ist, dass den Betroffenen der Erlass einer Nichtanhandnahmeverfügung nicht nach StPO 318 I anzukündigen ist (N 1244 ff.), da dieses Vorgehen auf die Einstellung nach abgeschlossener Untersuchung zugeschnitten ist. Es ist demgemäss *nicht zwingend vorgängig das rechtliche Gehör zu gewähren,* BGer 28.2.2008, 6B_568/2007, E.6.4. – *Keine Nichtanhandnahme bei örtlicher Unzuständigkeit,* hier Weiterleitung an zuständige Stelle nach StPO 39 II, vorne N 399, 483 ff.
[71] Vorstehend N 1205.
[72] Botschaft 1265 Mitte. – Bemerkenswert ist, dass die Delegationsnorm von StPO 142 I letzter Satzteil, vorne N 804, eindeutig weiter geht und für Einvernahmen entgegen den Materialien zu StPO 312 keine Beschränkung auf einfachere Fälle vorsieht. Man könnte sich auf den Standpunkt stellen, StPO 142 I gehe als die speziellere Norm vor, vorne N 804.

Einstellungen stets der Staatsanwalt zuständig[73]. Diese Beweisabnahmen erfolgen grundsätzlich **mündlich** (StPO 66)[74] und **geheim** (StPO 69 III lit. a, 73 ff.)[75] grundsätzlich aber **parteiöffentlich**[76], was naturgemäss auch für die an Mitarbeiter übertragenen Beweiserhebungen gilt[77].

1233 StPO 312 sieht vor, dass die **Staatsanwaltschaft auch *nach* Eröffnung der Untersuchung nach StPO 309 die Polizei mit ergänzenden Ermittlungen beauftragen kann**. Dazu ist ein schriftlicher Auftrag notwendig, wobei in dringenden Fällen auch mündliche Anweisungen genügen. Diese Bestimmung geht davon aus, dass solche Ermittlungsaufträge nicht mehr (wie früher teilweise in Kantonen üblich), in sehr allgemeiner Form erteilt werden dürfen[78]. Vielmehr ist die Delegation auf konkret umschriebene Abklärungen zu beschränken (StPO 312 I Satz 2)[79]. Wesentlich ist, dass durch diese Ermittlungsaufträge – wie dies der früheren Delegationspraxis gewisser Kantone vorgeworfen wurde[80] – die Verfahrens- und vor allem die Teilnahmerechte der Parteien nicht untergraben werden. StPO 312 II sieht deshalb vor, dass **bei delegierten Einvernahmen den Parteien die gleichen Verfahrens-, vor allem Anwesenheitsrechte zukommen, die ihnen nach StPO 147 bei staatsanwaltschaftlichen Einvernahmen zustehen**.

1234 Wie vorstehend erwähnt, sollen die Akten insbesondere im Fall der Anklageerhebung spruchreif sein, d.h. dem Gericht ermöglichen, ohne eigene Beweiserhebungen das Urteil zu fällen. Dies bezieht sich grundsätzlich auch auf die Beurteilung der **Zivilansprüche der Privatklägerschaft** nach StPO 122 ff. Immerhin ist zu beachten, dass es sich um ein Strafverfahren handelt; StPO 313 sieht deshalb vor, dass Beweiserhebungen zur Beurteilung der Zivilansprüche nur zu erfolgen haben, wenn dadurch das Strafverfahren nicht wesentlich erschwert

---

[73] Vorne N 309 ff., 549. Ferner Botschaft 1265 Mitte; BeB 203/204. Es ist anzunehmen, dass auch der Erlass von *Strafbefehlen* nicht delegierbar ist; gemäss BeB 204 oben sollte dies ausgeschlossen sein, wobei auffällt, dass in der (im Übrigen weitgehend kongruenten) Botschaft 1265 Mitte dieser Ausschluss nicht mehr erscheint. – Ist die Staatsanwaltschaft für die Verfolgung von *Übertretungen* zuständig, kann sie bei entsprechender gesetzlicher Grundlage deren Verfolgung i.S. von StPO 17 und 357 vollständig dem Verwaltungspersonal überlassen, vorne N 360, hinten N 1352.
[74] ZR 44 (1945) Nr. 31.
[75] Vorne N 556 ff.
[76] Vorne N 255 und N 821 ff.
[77] Botschaft 1266 Fn. 360.
[78] Etwa mit der Formulierung «*Die Untersuchungsakten gehen zur weiteren Ermittlung an das Polizeikommando*».
[79] Botschaft 1265 unten; BeB 204; AB S 2006 1038. Keine *Beschwerde* gegen diese Delegation, N 1502. Die Delegationsvorschriften von StPO 312 I erscheinen als *Ordnungsvorschriften*, d.h. auch ohne bzw. ohne korrekte Delegation der Staatsanwaltschaft erhobene Beweise sind verwertbar.
[80] Botschaft 1265 unten.

oder verzögert wird[81]. Nach 313 II können für solche Beweise **Kostenvorschüsse** verlangt werden[82].

In gewissen Fällen hat die Staatsanwaltschaft mit Untersuchungsgremien der Verwaltung zusammenzuarbeiten. Es betrifft dies einerseits die **Unfalluntersuchungsstelle Bahnen und Schiffe** (UUSBS) des Eidg. Departements für Umwelt, Verkehr und Kommunikation (UVEK), die bei Unfällen und andern schweren Vorfällen im Eisenbahn- und Schiffsverkehr die Verantwortung für die administrative Untersuchung zur Klärung der Ursachen und zur Bestimmung der erforderlichen Massnahmen trägt[83]. Eine ähnliche Kommission besteht für die Untersuchung von **Flugunfällen**[84]. 1235

3.2. Sistierung, Wiederaufnahme, StPO 314–315

StPO 314 sieht eine vorläufige bzw. einstweilige Einstellung des Verfahrens im Vorverfahren vor und benennt diese (zur Unterscheidung von der endgültigen Einstellung nach StPO 319 ff.) **Sistierung**. Die Staatsanwaltschaft (analog das Gericht nach StPO 329 II, III) kann generell ausgedrückt eine **Untersuchung sistieren, wenn diese zurzeit nicht weitergeführt bzw. abgeschlossen werden kann**[85]. Es sind dies nach StPO 314 I vorab Verfahren, in denen die **Täterschaft**[86] **oder deren Aufenthaltsort**[87] **unbekannt sind oder andere Verfahrenshindernisse bestehen** (lit. a), z.B. wenn die beschuldigte Person wegen längerer Auslandsabwesenheit oder Krankheit nicht greifbar ist. Eine Sistierung 1236

---

[81] Botschaft 1266 oben. Beschränkte Pflichten, wenn Strafbefehl zu erwarten ist, vorne N 709 Fn. 143. *Solche Beweiserhebungen im Vorverfahren setzen eine Konstituierung als Privatklägerschaft* nach StPO 119 II lit. b und 122 III voraus.

[82] Vgl. auch StPO 184 VII für *Gutachten*. Allenfalls Erlass wegen *unentgeltlicher Rechtspflege*, StPO 136 II lit. a. Von der Kautionspflicht ist bei *Opfern* nur in Ausnahmefällen Gebrauch zu machen. Fraglich, aber wohl zu bejahen ist, ob StPO 313 auch im *erstinstanzlichen Gerichtsverfahren* gilt. – Mit Ausnahme der Gutachten, StPO 184 VII, vorne N 940, aber *keine generelle Kautionspflicht* der Privatklägerschaft für Beweisabnahmen, zu jener des *Adhäsionsklägers für die Aufwendungen der beschuldigten Person* nach StPO 125, vorne N 708.

[83] Gestützt auf Art. 15 des Eisenbahngesetzes vom 21.12.1957, SR 742.101. Dazu die Unfalluntersuchungsverordnung vom 28.6.2000, SR 742.161, wobei die verschiedenen Untersuchungen zu koordinieren sind.

[84] Gemäss Art. 25 des BG über die Luftfahrt vom 21.12.1948, SR 748.0; V über die Untersuchung von Flugunfällen und schweren Vorfällen vom 23.11.1994, SR 758.126.3.

[85] So schon früher in diversen Kantonen, in Zürich etwa allein nach der Praxis, RO 1950 309 Nr. 1; 1960 359 Nr. 5. Dazu Botschaft 1266. – Sistierung im *gerichtlichen Verfahren* nach StPO 329 I und II (im Rechtsmittelverfahren über StPO 379), wobei StPO 314 sinngemäss anzuwenden ist, vor allem bezüglich der Sistierungsgründe nach Abs. 1.

[86] Allerdings ist zu beachten, dass nach StPO 307 IV die Akten bei unbekannter Täterschaft nicht zwingend der Staatsanwaltschaft zu überweisen sind und demgemäss zu einer Einstellung bzw. Sistierung zu führen haben, dazu vorne N 1223.

[87] Ein Vorverfahren gegen Abwesende gibt es folglich nicht. Das Verfahren ist auch bei *Unerreichbarkeit eines wichtigen Zeugen* zu sistieren, ZR 106 (2007 Nr. 44.

ist weiter denkbar, wenn der **Ausgang der Untersuchung von einem andern Verfahren abhängt und es als richtig erscheint, zunächst dessen Ausgang** (lit. b), z.B. wenn ein präjudizielles Zivil- oder Strafurteil oder allenfalls ein Verwaltungsentscheid **abzuwarten ist**[88]. Zu nennen ist sodann der Fall von StPO 329 II (Sistierung bei Mängeln von Anklage oder Akten)[89]. Eine solche Sistierung erfolgt auch, wenn wegen der gleichen Sache ein ausländisches Strafverfahren hängig ist, vor dessen Ausgang z.B. mit Blick auf StGB 3 III eine Entscheidung ausgeschlossen ist.

1237 Ferner ist eine Sistierung zulässig, **wenn ein Vergleichsverfahren** in- oder ausserhalb von StPO 316 hängig ist und es angebracht ist, dessen Ausgang abzuwarten. Allerdings darf in diesem Fall die Untersuchung wegen der dabei zu erwartenden zeitlichen Verzögerung für längstens drei Monate sistiert werden (StPO 314 I lit. c, II). Eine Sistierung kann weiter erfolgen, wenn ein **Sachverhalt von der weiteren Entwicklung der Tatfolgen abhängt** (StPO 314 I lit. d), also beispielsweise zur Zeit unklar ist, welches die Folgen einer Körperverletzung sind. Eine Sistierung (vor der Anpassung an die StPO noch provisorische Einstellung genannt) ist sodann nach StGB 55a in Fällen von **Körperverletzung unter Ehegatten und Lebenspartnern** möglich, wenn das Opfer mit einer solchen Sistierung einverstanden ist (StGB 55a I)[90], ebenso in Fällen von **Exhibitionismus** nach StGB 194 II, wenn sich der Täter einer ärztlichen Behandlung unterzieht.

1238 Nach StPO 314 III **erhebt die Staatsanwaltschaft vor der Sistierung die Beweise, deren Verlust zu befürchten ist**. Zudem ist sie dafür besorgt, dass bei unbekannter Täterschaft oder unbekanntem Aufenthalt der verdächtigten Person **die erforderlichen Fahndungsmassnahmen** nach StPO 210 ergriffen werden, falls dies nicht schon vorher primär durch die Polizei veranlasst worden sein sollte. Die Sistierung, die der **beschuldigten Person, der Privatklägerschaft und dem Opfer mitzuteilen ist**, erfolgt im Übrigen bezüglich Form, Genehmigung durch eine Oberbehörde, zulässige Rechtsmittel usw. nach den **Vorschrif-**

---

[88] *Sistierung im Widerstreit mit dem Beschleunigungsgebot eher nur als Ausnahme*, vgl. den zivilprozessualen Entscheid BGE 135 III 134 m.w.H. Zur *Sistierung eines Zivil- wegen eines pendenten Strafverfahrens* (jetzt nach ZPO 126 möglich) ZR 96 (1997) Nr. 119, wegen *eines andern Strafverfahrens* Pra 97 (2008) Nr. 122 = BGE 134 IV 43. Zur *Sistierung eines Opferhilfe- wegen eines pendenten Strafverfahrens* RS 2009 Nr. 560. – Zur früheren bundesrechtlichen Zulässigkeit solcher Einstellungen BGE 122 II 217 unter Hinweis auf ZBl 82 (1982) 554. Bei einer solchen Sistierung erfolgt *kein Entscheid über Kosten und Entschädigungen*; zur früheren Praxis etwa im Kanton Zürich ZR 83 (1984) Nr. 49.

[89] Hierzu nachfolgend N 1285.

[90] Vgl. entsprechende Anpassung von StGB 55a, die von der Bundesversammlung mit der StPO am 5.10.2007 beschlossen wurde, BBl 2007 7118.

ten über die Einstellung nach StPO 320–322 sowie StPO 80 f. (StPO 314 IV und V)[91].

Eine Sistierung erlangt **keine materielle Rechtskraft**[92]. Fällt der Grund für die Sistierung dahin, erfolgt nach StPO 315 I durch die Staatsanwaltschaft von Amtes wegen eine **Wiederanhandnahme**[93]. Diese ist nach StPO 315 II **nicht mit Beschwerde anfechtbar**[94]. Im Fall der Sistierung nach StGB 55a wird das Verfahren wieder aufgenommen, wenn das Opfer seine Zustimmung zur Sistierung widerruft (StGB 55a II), bei StGB 194 II, wenn sich der Täter der Behandlung entzieht. 1239

4. Vergleich, StPO 316, JStPO 16

Nach traditioneller Auffassung entscheidet die Strafjustiz die zwischenmenschlichen Konflikte, die sich in den Straftaten äussern, autoritativ und einseitig, d.h. durch das Verhängen von Sanktionen. In der neueren Entwicklung ist diese sanktionierende Rolle des Staats etwas in den Hintergrund getreten, indem **andere Formen der Konfliktbewältigung** zunehmend an Bedeutung gewinnen. Es geht um Lösungen, die auf Ausgleich der zwischen den Parteien bestehenden Konflikte und demgemäss einer Annäherung ihrer Interessen ausgerichtet sind, Wege der Konfliktbewältigung, die für alle Involvierten besser als die Bestrafung des Täters sein können[95]. Die StPO nimmt – wie das StGB etwa in Art. 53 – diese Entwicklungen auf, so einerseits im Rahmen des Opportunitätsprinzips nach StPO 8. Anderseits regelt StPO 316 den **Vergleich**, der bei Antragsdelikten schon in verschiedenen kantonalen Prozessordnungen vorgesehen oder mindestens in der Praxis weit verbreitet war und der eine von den Strafbehörden selbst betreute Verfahrenshandlung darstellt. Die neuere **Mediation** hingegen stellt eine besondere, regelmässig von verfahrensneutralen Personen oder Institutionen ausserhalb der Strafjustiz geführte Form der Konfliktbewältigung dar[96]. Die eidgenössischen Räte haben allerdings nach längerem Hin und Her die im bun- 1240

---

[91] Dazu hinten N 1249 ff. – Entscheid betr. Anordnung der Sistierung mit *Beschwerde* (StPO 393 ff., hinten N 1506) anfechtbar. Gegen den Beschwerdeentscheid keine *Strafrechtsbeschwerde* nach BGG 93 (hinten N 1651 ff.), *wenn nicht Beschleunigungsgebot verletzt wird,* Pra 97 (2008) Nr. 122 = BGE 134 IV 43. *Verweigerung einer Sistierung* wohl nicht mit Beschwerde anfechtbar, da kein Anspruch auf Sistierung besteht und diese dem Ermessen der Strafbehörde überlassen ist.
[92] Aus 29 mach 1 S. 136; BeB 213 unten.
[93] Im Unterschied zur Wiederaufnahme nach der (definitiven) Einstellung nach StPO 323, zu dieser hinten N 1264. Die Aufhebung kann *informell*, allenfalls nach StPO 84 V oder einer Aktennotiz, erfolgen.
[94] Da regelmässig Rechtsschutzinteresse fehlt, BeB 214 oben, Botschaft 1266 unten. Deshalb auch keine Strafrechtsbeschwerde ans Bundesgericht nach BGG 78 ff.
[95] M.w.H. Botschaft 1267.
[96] Botschaft 1269 oben.

desrätlichen Entwurf (E 317[97]) vorgesehene Mediation gestrichen. Ebenso wurde der Vorschlag verworfen, die Einführung dieses Instituts dem kantonalen Recht zu überlassen. Denkbar ist eine Mediation allerdings auf freiwilliger und privater Basis, wobei die Resultate allenfalls im Rahmen des StGB 53 oder aber StPO 8 oder 316 berücksichtigt werden können[98].

1241 Nach StPO 316 I Satz 1 kann die Staatsanwaltschaft bei Antragsdelikten die **strafantragstellende sowie die beschuldigte Person zu einer Verhandlung vorladen, um einen Vergleich zu erzielen.** Die Botschaft geht davon aus, dass die Staatsanwaltschaft von dieser Möglichkeit grundsätzlich Gebrauch zu machen hat, auch wenn ein solcher Vergleichsversuch bei Antragsdelikten entgegen dem VE nicht mehr zwingend ist[99]. Es liegt auf der Hand, dass sich ein solches Vorgehen vor allem dann aufdrängt, wenn nur Antragsdelikte Gegenstand der Strafuntersuchung bilden. Üblicherweise geht es darum, dass die antragstellende Partei ihren Strafantrag zurückzieht und die beschuldigte Person dafür einen Ausgleich in Form einer Schadenersatzzahlung, einer Entschuldigung o.Ä. leistet. Von Bedeutung ist StPO 316 I Satz 2: **Bleibt die antragstellende Person bei dieser Verhandlung unentschuldigt aus, so gilt der Strafantrag als zurückgezogen**, welche Bestimmung insoweit StGB 33 ergänzt. Damit diese Wirkung eintritt, ist jedoch in der Vorladung auf diese Regelung hinzuweisen. **Bleibt hingegen die beschuldigte Person aus**, so wird ein fehlender Einigungswille angenommen, und die Untersuchung wird fortgesetzt (StPO 316 IV Satz 1). Gelingt eine Einigung[100] und wird der Strafantrag zurückgezogen, so wird ein entsprechendes Protokoll erstellt, das von den Parteien (oder mindestens der antragstellenden Partei) zu unterzeichnen ist. Hernach wird das Verfahren nach StPO 319 ff. eingestellt (StPO 316 III). Gelingt eine Einigung nicht, ist die Untersuchung fortzusetzen. Dabei kann die antragstellende Partei zu einem Vorschuss für Kosten und Entschädigungen verpflichtet werden (StPO 316 IV zweiter Satz). Die Botschaft[101] verweist hier vorab auf Fälle, in denen der Antragsteller mutwillig seine Zustimmung zum Vergleich verweigert oder dieser an ihren unverhältnismässigen Ansprüchen scheitert und als Folge davon mit hohen Prozesskosten zu rechnen ist. Zu denken ist sodann an Fälle der offensichtlichen Überschuldung bzw. Zahlungsunfähigkeit. Verweigert die antragstellende Person ihre Zustimmung, so können ihr bei späterem Unterliegen nach StPO 427 II Kosten allerdings nur auferlegt werden, wenn ihr Verhalten als fehlerhaft er-

---

[97] Dazu Botschaft 1269 f.
[98] Zu den Diskussionen im Parlament AB S 2006 1039 ff., 2007 722 ff., 825 ff.; AB N 2007 995 ff., 1391 ff., 1576 ff. – Zur Mediation im *Jugendstrafverfahren* JStPO 17 und JStG 21.
[99] «... kann die Staatsanwaltschaft ...,», dazu Botschaft 1268 oben; vgl. auch VE 346.
[100] Dabei wird wohl auf die bevorzugende Lösung der Kostenfrage nach StPO 427 III hinzuweisen sein.
[101] Botschaft 1268 unten.

§ 79 Untersuchung durch die Staatsanwaltschaft

scheint[102]. Diese Voraussetzung ist bei einer blossen Weigerung, einem Vergleich zuzustimmen, wohl selten erfüllt.

In StPO 316 II ist der Fall der **Strafbefreiung nach einer Wiedergutmachung** i.S. von StGB 53 besonders geregelt, also die Möglichkeit, von einer Strafverfolgung abzusehen, wenn der Täter den Schaden gedeckt oder sonst Anstrengungen unternommen hat, um das von ihm bewirkte Unrecht auszugleichen. Die Bestimmung ist nicht auf Antragsdelikte beschränkt. Sie verlangt, dass die Staatsanwaltschaft die Parteien zu entsprechenden (nicht zu protokollierenden) Verhandlungen einlädt, um im Rahmen des Zumutbaren eine Wiedergutmachung zu erzielen. Ausbleiben einer Partei hat jedoch keine Rechtsnachteile zur Folge. In diesem Fall wird angenommen, es fehle am Einigungswillen, und die Untersuchung wird sofort weitergeführt (dazu Abs. 4). Kommt eine **Einigung zustande** und sind die Voraussetzungen von StGB 53 erfüllt, so stellt die Staatsanwaltschaft das Verfahren ein; denkbar ist auch eine Sistierung nach StPO 314 I lit. c, bis eine Einigung erzielt wird[103]. 1242

5. Abschluss der Untersuchung, StPO 317 und 318

5.1. Schlusseinvernahme, StPO 317

Hält der Staatsanwalt die Untersuchung i.S. von StPO 308 I für vollständig, so schliessen sich die in StPO 317 f. vorgesehenen Schritte an: Zunächst hat er – mindestens in umfangreichen und komplizierten Fällen – die beschuldigte Person nochmals in einer zusammenfassenden **Schlusseinvernahme** mit den wesentlichen Ergebnissen der Untersuchung und den sich daraus ergebenden Vorwürfen in sachverhaltsmässiger und rechtlicher Hinsicht zu konfrontieren. Die Schlusseinvernahme dient verschiedenen Zwecken[104]: Einerseits gibt sie den Parteien, vorab der beschuldigten Person, aber auch den sich nachfolgend mit dem Fall befassenden Parteien sowie Gerichten in konzentrierter Form Aufschluss über die am Schluss der Untersuchung vorhandenen Deliktsvorwürfe. Anderseits 1243

---

[102] Nach der Botschaft 1269 soll dies nach jetzt StPO 427 auch bei mutwillig verweigerter Zustimmung zu einem Vergleich möglich sein, was fraglich ist. Zu den Kostenfolgen ferner BeB 207/08. Faktisch hängt die Kautionspflicht nach StPO 316 IV Satz 2 weitgehend in der Luft, nachdem das Parlament von der allgemeinen Kostentragungspflicht des unterliegenden Strafantragstellers (E 434 II) abgesehen hat.

[103] Botschaft 1268 unten. Unklar ist, ob nur Geschädigte einzubeziehen sind, die sich nach StPO 118 ff. als Privatkläger konstituierten bzw. dies offenbar noch zu tun gedenken oder aber auch solche, die nach StPO 120 verzichteten. – Zu den Folgerungen für das *Strafbefehlsverfahren* hinten N 1354, 1357.

[104] Dazu Botschaft 1270 unten. Es handelt sich bei StPO 317 um eine *Ordnungsvorschrift* (allgemein vorne N 544 ff.), d.h., das *Fehlen einer Schlusseinvernahme tangiert die Gültigkeit der nachfolgenden Anklage nicht.* Allerdings erscheint es als möglich, dass das Gericht im Rahmen von StPO 329 I das Fehlen einer Schlusseinvernahme beanstandet und den Fall an die Staatsanwaltschaft zurückweist.

dient sie auch der Selbstkontrolle des Staatsanwalts, der damit feststellen kann, ob alle Deliktsvorwürfe genügend geklärt sind. Vorab in Fällen, in denen nachfolgend eine Anklage ergehen soll, erfolgt die Schlusseinvernahme vorzugsweise aufbauend auf dem bereits vorliegenden Entwurf der Anklage.

5.2. Abschluss, StPO 318

1244 Entgegen diversen bisherigen Strafverfahrensordnungen mit formlosem Verfahrensabschluss sieht StPO 318 vor, dass die Staatsanwaltschaft den Parteien den **Abschluss der Untersuchung mit einer schriftlich zu erlassenden und den Parteien mit bekanntem Wohnsitz zuzustellenden Schlussverfügung ankündigt**. StPO 318 I in der Fassung des Nationalrats schränkt diese Schlussverfügung nunmehr auf jene Fälle ein, die mit Anklage oder Einstellung abgeschlossen werden sollen; sie ist nicht vorgesehen für den Fall, dass nach Abschluss der Untersuchung ein Strafbefehl ergeht[105]. Der Erlass einer solchen Schlussverfügung ist, soweit vorgesehen, aber in allen Fällen zwingend, entgegen VE 349 III, der aus Praktikabilitätsgründen ein Absehen davon in einfachen Fällen vorgeschlagen hatte[106]. In dieser (nicht zu begründenden) Verfügung wird mitgeteilt, ob die Staatsanwaltschaft den Fall mit Anklage oder Einstellung abzuschliessen gedenkt[107]. Gleichzeitig (und regelmässig mit der gleichen Verfügung) wird den Parteien Frist angesetzt, **um Beweisanträge zu stellen**. Es handelt sich dabei um eine gerichtliche und damit grundsätzlich erstreckbare Frist (vgl. StPO 89 I)[108].

1245 Die **Staatsanwaltschaft hat mit schriftlicher und begründeter Verfügung über die Beweisanträge zu entscheiden**, wobei die Begründung kurz oder gar verzichtbar sein kann, wenn den Anträgen entsprochen wird[109]. StPO 318 II geht davon aus, dass Beweisanträgen grundsätzlich zu entsprechen ist, denn den Parteien soll in der entscheidenden Phase der Untersuchung mindestens im letzten

---

[105] AB N 2007 998. Der Ständerat, stimmte dieser Fassung im Rahmen der Differenzbereinigung zu, AB S 2007 725. Also Mitteilung in jedem Fall ebenfalls bei *geplanter Einstellung*. – Ungeregelt ist, ob bei Einstellung die beschuldigte Person einzuladen ist und *allfällige Ansprüche nach StPO 429 anzumelden* sind, was mit Blick auf das hier geltende Offizialprinzip (SPO 429 II, hinten N 1820) als empfehlenswert erscheint.

[106] Ob die vom VE in Art. 349 I und III vorgesehene vereinfachte Eröffnung z.B. am Schluss der letzten Einvernahme möglich ist (BeB 208 unten), erscheint als fraglich. Jedenfalls würde es nicht verwundern, wenn die Praxis neben der auch nach der Einschränkung durch den Nationalrat zu starren und aufwändigen Regelung von StPO 318 I (sie gilt z.B. an sich ebenfalls bei Einstellungen im Übertretungsstrafverfahren, StPO 357 III!) einfachere Eröffnungsmöglichkeiten entwickeln würde.

[107] Damit die Parteien entsprechende Beweisergänzungsanträge stellen können, ist bei mehreren untersuchten Straftatbeständen und bei unterschiedlicher Erledigungsart im Rahmen der Praktikabilität an sich bei jedem anzugeben, wie die Erledigung erfolgen soll. Es versteht sich von selbst, dass z.B. in einem Fall mit 200 Vermögensdelikten dies nicht für jeden Sachverhalt erfolgen kann.

[108] Botschaft 1271 oben.

[109] Dazu und zum Folgenden Botschaft 1271 Mitte.

Stadium eine Mitgestaltungsmöglichkeit eingeräumt werden. Die Staatsanwaltschaft kann – die Grundsätze von StPO 139 II weiterführend[110] – solche Anträge nur ablehnen, wenn damit Beweiserhebungen über Tatsachen verlangt werden, die unerheblich, offenkundig, der Strafbehörde bekannt oder bereits rechtsgenüglich bewiesen sind. Allerdings sind **entsprechende Entscheide** (wie übrigens auch jene nach StPO 318 I betreffend den Abschluss der Untersuchung) **nicht mit Beschwerde anfechtbar** (StPO 318 III). Begründet wird dies in den Materialien mit der Verfahrensökonomie und der Tatsache, dass nach StPO 318 II Beweisanträge (unabhängig davon, ob sie von der Staatsanwaltschaft abgewiesen wurden) im gerichtlichen Hauptverfahren wiederholt werden können[111].

Die StPO regelt nicht, wie vorzugehen ist, wenn die Staatsanwaltschaft nach der Schlussverfügung mit oder ohne nachfolgende Beweisergänzung eine andere **Erledigungsart als die mit der Schlussverfügung angekündigte vornehmen will**. So entschliesst sie sich beispielsweise, anstatt der angekündigten Anklage das Verfahren nun doch einzustellen oder umgekehrt. Die Staatsanwaltschaft ist zwar bezüglich Erledigungsart nicht an die Schlussverfügung gebunden[112], hat jedoch den Wechsel in der vorgesehen Erledigungsart den Parteien in geeigneter Form zu eröffnen, soweit dies der Anspruch auf rechtliches Gehör verlangt. So ist der beschuldigten Person eine neue Frist zur Nennung von Beweisergänzungen anzusetzen, wenn entgegen der angekündigten Einstellung eine Anklage ergehen soll. Falls die Staatsanwaltschaft **Beweisergänzungen** vornimmt und gestützt darauf bei zentralen Punkten des Verfahrens[113] die Erledigungsart ändern will, ist eine neue Verfügung nach StPO 318 I zu erlassen.

1246

§ 80 Einstellung des Verfahrens und Anklageerhebung, StPO 319–327, E StBOG 14, MStP 114, 116

Literaturauswahl: neben der zu §§ 12, 78 und 79 aufgeführten Literatur AESCHLIMANN N 1395; HAUSER/SCHWERI/HARTMANN §§ 77–79; MAURER 400, 405, 426; OBERHOLZER N 1348, 1399; PIQUEREZ (2006) N 1088; DERS. (2007) N 870; SCHMID (2004) N 790.

JÜRG-BEAT ACKERMANN/LUZIA VETTERLI, Brisante Aspekte der neuen Anklageschrift, Z 126 (2008) 193; BERNARD CLOËTTA, Nichthandnahme und Einstellung der Strafuntersuchung in der Schweiz, Diss. Zürich 1984; STEFAN FLÜCKIGER, Art. 66bis/Art. 54 f. StGB – Betroffenheit durch Tatfolgen. Straftatfolgen als Einstellungsgrund und Strafersatz?, Bern 2006 (ASR Nr. 728); DANIEL JOSITSCH, Strafbefreiung gemäss Art. 52 ff. StGBneu und prozessrechtliche Umsetzung, SJZ 100 (2004) 2; NATHAN LANDSHUT, Hinreichender Tatverdacht als Voraussetzung für eine Anklage im Zürcher Strafprozessrecht, in: Jürg-Beat Ackermann

---

[110] Vorne N 778 f.
[111] Botschaft 1271 unten. – Kongruent zur parallelen Vorschrift von StPO 394 lit. b. Dementsprechend ist aber auch die *Beschwerde zuzulassen, wenn Beweisverlust droht*, hinten N 1515.
[112] BeB 208 unten.
[113] Wieder im Rahmen der Praktikabilität, vorne Fn. 106.

(Hrsg.), Strafrecht als Herausforderung, Zürich 1999, 423; NIKLAUS SCHMID, Die Wiederaufnahme des Verfahrens nach Nichtanhandnahme oder Einstellung des Strafverfahrens, Z 108 (1991) 251; CHRISTIAN SCHWARZENEGGER/MARKUS HUG/DANIEL JOSITSCH, Strafrecht II, Strafen und Massnahmen, 8. Aufl., Zürich 2007, 60, 67.

Materialien: Aus 29 mach 1 S. 136 ff.; VE 350–360; BeB 210 ff.; ZEV 66 f.; E 320–328; Botschaft 1272 ff.; AB S 2006 1043 f., AB N 2007 998 ff.

1. Allgemeines

1247 Ist die staatsanwaltschaftliche Untersuchung abgeschlossen (StPO 318), folgt als letzte Phase des Vorverfahrens der Entscheid, ob das Verfahren einzustellen oder aber Anklage zu erheben sei bzw. ein Strafbefehl[114] ergehen solle. Dem **Erledigungsgrundsatz** nach StPO 2 II[115] folgend kann eine Untersuchung nur in diesen vom Gesetz vorgesehenen Formen abgeschlossen werden. Strafprozessrechtlich pflegt man diese letzte Stufe zumeist als **Zwischenverfahren** zu bezeichnen[116]. Diese Bezeichnung wurde noch in der VE (vor Art 350 ff.) verwendet; sie erscheint aber nicht mehr in der StPO.

1248 Typisch für das von der StPO gewählte Staatsanwaltschaftmodell ist, dass die **untersuchungsführende Staatsanwaltschaft zugleich zur Einstellung, zum Erlass des Strafbefehls sowie für Anklage zuständig ist**[117]. Dies bedeutet einen Verzicht auf das in vielen Kantonen bekannte «**Vier-Augen-Prinzip**» (also Trennung von untersuchender und erledigender Funktion), wobei immerhin bei Sistierungen eine Genehmigungspflicht vorgesehen werden kann (SPO 322 I, nachfolgend Ziff. 2.4.)[118].

---

[114] Hinten N 1352 ff. – Bemerkenswert ist, dass im schweizerischen Strafverfahrensrecht bisher *die Einstellung neben dem Strafbefehl wohl überall die häufigste Erledigungsart war*. So wurden beispielsweise im *Jahre 2008 im Kanton Zürich* von den Staatsanwaltschaften 9'198 Einstellungsverfügungen, hingegen 12'028 Strafbefehle und 2'369 Anklagen (alles ohne Übertretungen) erlassen. Dieses Zahlenverhältnis dürfte unter der Herrschaft der StPO ähnlich sein, auch wenn wegen der Verstärkung der Strafbefehlskompetenz der Staatsanwaltschaft eine Zunahme der Strafbefehle verbunden mit einer teilweise erheblichen Abnahme der Zahl der Anklagen zu prognostizieren ist.

[115] Vorne N 89.

[116] Näher BeB 210.

[117] Der Staatsanwalt ist *nicht vorbefasst* (dazu allgemein vorne N 514), weil er zuerst das Vorverfahren führte, SJZ 99 (2003) 482, vgl. vorne N 516.

[118] Möglich ist hingegen, dass z.B. gewisse Einstellungsverfügungen oder Anklagen gestützt auf entsprechende allgemeine oder *ad-hoc*-Weisungen eines Oberstaatsanwalts oder eines leitenden Staatsanwalts diesem zuerst vorzulegen sind.

2. Einstellung des Verfahrens, StPO 319–323, MStP 116

2.1. Begriffliches, Abgrenzung

Unter Einstellung (in den Kantonen früher auch z.B. Aufhebung oder Sistierung genannt) i.S. von StPO 319 ff. versteht man die Verfügung, mit welcher ohne weitergehende Strafverfolgungsmassnahmen wie Anklageerhebung oder Strafbefehl das Strafverfahren ganz oder teilweise definitiv beendigt wird. Der Entscheid über die Einstellung ist – den Grundlinien des Staatsanwaltschaftsmodells schweizerischer Prägung folgend – in die Hände der Staatsanwaltschaft, also nicht einer gerichtlichen Behörde gelegt[119]. Mit dem Entscheid über die Weiterführung des Strafverfahrens bzw. dessen Beendigung durch Einstellung erfolgt eine wesentliche Weichenstellung für das Schicksal der Strafsache und damit auch jenes der Verfahrensbeteiligten, vor allem der beschuldigten Personen. 1249

In der Ausrichtung ist die Einstellungsverfügung weitgehend mit der bereits besprochenen **Nichtanhandnahmeverfügung** nach StPO 310 kongruent, mit welcher vor Eröffnung der Strafuntersuchung einer Strafklage keine weitere Folge gegeben wird[120]. Die (definitive) Einstellung nach StPO 319 ff. ist sodann von der **Sistierung** (einstweilige Einstellung) nach StPO 314 zu unterscheiden, welche das Verfahren nur vorübergehend ruhen lässt[121]. 1250

2.2. Gründe für die Einstellung, StPO 319

2.2.1. *Haupteinstellungsgründe nach StPO 319 I*

Eine definitive Einstellung ergeht[122] nach StPO 319 I lit. a, wenn **die Untersuchung den ursprünglich vorhandenen Tatverdacht nicht derart erhärtete, dass sich eine Anklage rechtfertigen würde.** Einzustellen ist m.a.W., wenn sich während des Vorverfahrens der Tatverdacht nicht derart verdichtete, dass bei erfolgter Anklage mit einem verurteilenden Erkenntnis des Gerichts gerechnet werden könnte, also mit Sicherheit oder grosser Wahrscheinlichkeit mit einem Freispruch zu rechnen wäre[123]. Da die Staatsanwaltschaft als Untersuchungsbehörde nicht dazu berufen ist, über Recht oder Unrecht zu richten, darf sie jedoch nicht allzu rasch und gestützt auf eigene Bedenken (die irrtümlich sein können) zu einer Einstellung schreiten: In Zweifelsfällen beweismässiger[124] und 1251

---

[119] Botschaft 1272 oben. Keine Vorbefassung des Staatsanwalts, vorne Fn. 117.
[120] Vorne N 1231.
[121] Vorne N 1236 ff.
[122] Die Einstellungsgründe sind in StPO 319 abschliessend aufgezählt. Die in Abs. 1 *aufgelisteten Gründe sind zwingend,* vgl. dazu Botschaft 1273 Mitte (im Unterschied zur Einstellung nach StPO 319 II).
[123] Botschaft 1272 unten. Dazu etwa ZR 107 (2008) Nr. 75 S. 258.
[124] Vor allem ist eine *Abwägung widersprechender Beweise nicht Sache der Staatsanwaltschaft,* Botschaft 1273 oben.

vor allem rechtlicher Art ist Anklage zu erheben. Der Grundsatz *in dubio pro reo* nach StPO 10 III[125] spielt hier also nicht[126].

1252 Einzustellen ist sodann nach StPO 319 I lit. b, wenn **kein Straftatbestand erfüllt ist,** d.h. wenn das inkriminierte Verhalten, selbst wenn es nachgewiesen wäre, den objektiven und subjektiven Tatbestand einer Strafnorm nicht erfüllt. Dies ist vor allem der Fall, wenn eine Anzeige einen nur zivilrechtlich relevanten Sachverhalt betrifft.

1253 Eine Einstellung hat nach StPO 319 I lit. c weiter zu erfolgen, wenn **Rechtfertigungsgründe vorliegen.** Es gelten sinngemäss die vorstehend zu StPO 319 I lit. a zu findenden Bemerkungen, d.h., eine Einstellung darf nur ergehen, wenn die Rechtfertigungsgründe klar dargetan sind und mit hoher Wahrscheinlichkeit einer Verurteilung im Wege stehen. In Zweifelsfällen ist auch hier der Entscheid dem Gericht zu überlassen und demgemäss Anklage zu erheben. Obwohl dies die StPO nicht ausdrücklich besagt, gilt StPO 319 I lit. c auch beim **Vorliegen von Schuldausschlussgründen** wie Schuldunfähigkeit nach StGB 19 I[127].

1254 Die Untersuchung ist nach StPO 319 I lit. d sodann einzustellen, wenn eine **Prozessvoraussetzung definitiv nicht erfüllt** ist oder ein **Prozesshindernis nicht beseitigt werden kann** (Rückzug des Strafantrages bzw. unbenütztes Verstreichen der Frist, Verjährung, dauernde Verhandlungsunfähigkeit, Tod der beschuldigten Person)[128].

1255 Ebenso erfolgt eine Einstellung, wenn **nach einer gesetzlichen Vorschrift auf Strafverfolgung oder Bestrafung verzichtet werden kann** (StPO 319 I lit. e). Es sind dies Fälle, für die die StPO (vgl. etwa Art. 316 III) oder aber bereits der allgemeine oder besondere Teil des StGB (z.B. Art. 3 III, 22 II, 52–54, 55a oder Art. 171 II, 171bis, 187 Ziff. 3, 188 Ziff. 2, 192 II, 193 II, 304 Ziff. 2, 305 II, 322octies oder SVG 100 Ziff. 1 Satz 2) eine Strafbefreiung vorsieht[129]. Hier einzureihen sind sodann Fälle, in denen bei Anwendung von StGB 49 II auf die **Aus-**

---

[125] Vorne N 233 ff.
[126] Es gilt gegenteils das Prinzip *in dubio pro duriore*, Botschaft 1273 oben, dazu BGer 11.4.2008, 6B_588/2007 , E.3.2.3., in FP 1/2009 12; Pra 86 (1997) Nr. 59 S. 317. Anklage ist vor allem *bei schweren Fahrlässigkeitsdelikten* zu erheben, wenn Freispruch nicht zweifelsfrei zu erwarten ist, GVP 2002 Nr. 97. Allgemein ZR 107 (2008) Nr. 75 S. 258.
[127] Hat die Untersuchung ergeben, dass die beschuldigte Person *im Tatzeitpunkt schuldunfähig* i.S. von StGB 19 I war, aber Massnahmen erforderlich sind, so hat die *Staatsanwaltschaft ohne Einstellungsverfügung das besondere selbstständige Massnahmenverfahren* nach StPO 374 f. einzuleiten, hinten N 1425 ff.
[128] Vorne N 323.
[129] Mit Formulierungen wie: «... wird in der Schweiz nicht mehr verfolgt ...», «... so bleibt er straflos ...», «... sieht von einer Strafverfolgung ab ...» oder «... so kann der Richter von einer Bestrafung Umgang nehmen»; zu diesen Fällen Botschaft 1273 und hinten N 1343 a.E. Zu StPO 8 bzw. StGB 52 ff. vorne N 198.

fällung einer Zusatzstrafe verzichtet wird. Zu erwähnen ist weiter die Anwendung des **Opportunitätsprinzips** nach StPO 8 II und III[130].

2.2.2. Einstellung nach StPO 319 II

Entgegen den traditionellen Einstellungsgründen von StPO 319 I ist jener nach Abs. 2 dieser Bestimmung **neueren Datums** und **grundsätzlich fakultativer Art**. StPO 319 II übernimmt aus OHG 44 die Möglichkeit der **Einstellung im Interesse des kindlichen Opfers**. Erforderlich ist, dass das Interesse eines Opfers unter 18 Jahren die Einstellung zwingend verlangt und dieses Interesse jenes des Staats an der Strafverfolgung offensichtlich überwiegt (lit. a) und das Opfer bzw. bei Urteilsunfähigkeit dessen gesetzlicher Vertreter der Einstellung zustimmt (lit. b). 1256

2.3. Formalien, StPO 320–321

Die Staatsanwaltschaft erlässt die begründete **Einstellungsverfügung, wobei sie bezüglich Form und Inhalt StPO 80 f. beachtet** (StPO 320 I)[131]. Mit der Verfügung werden noch bestehende Zwangsmassnahmen aufgehoben. Gleichzeitig wird i.S. von StGB 69 ff. die **Einziehung** von Gegenständen und Vermögenswerten sowie allenfalls die Zuweisung an den Geschädigten verfügt (StPO 320 II). Damit erübrigt sich ein selbstständiges Einziehungsverfahren nach StPO 376 ff.[132]. Über **Zivilansprüche** wird nicht entschieden; StPO 320 III stellt klar, dass trotz der im Strafverfahren bewirkten Rechtshängigkeit des Zivilanspruchs (StPO 122 III) eine solche Klage vor Zivilgerichten anhängig gemacht und dort weiterbetrieben werden kann[133]. 1257

Die Staatsanwaltschaft teilt nach StPO 321 I die Einstellungsverfügung den Parteien (lit. a), dem Opfer (lit. b)[134], andern von der Verfügung betroffenen 1258

---

[130] Botschaft 1273 oben. Zum Opportunitätsgrundsatz vorne N 183 f., bei Anwendung stets Einstellung, also auch bei Anwendung von StGB 53 i.V. mit StPO 8, m.w.H. N 202. Eine Einstellung unter diesem Titel sollte nur erfolgen, wenn die *Täterschaft bezüglich der beschuldigten Person klar ist*, dazu vorne N 198. Zum *Problem der Kostenauflage* in diesen Fällen hinten N 1787 und 1790.

[131] Das *Dispositiv einer Einstellungsverfügung* enthält gestützt auf StPO 81 IV lit. c jedoch nur die Formel «*Die Strafuntersuchung gegen X.Y. wegen Diebstahls wird eingestellt.*», also nicht Feststellung über eine nicht vorhandene Schuld, eine genaue Nennung der Straftatbestände usw. Näheres hat sich aus der Begründung zu ergeben. – Je nach Gewicht des Straffalls wird die *Begründung länger oder kürzer* ausfallen. Die *Nennung von Anzeigerstattern* kann (schon in den Polizeiakten) unterbleiben, wenn dies zu ihrem Schutz empfehlenswert ist, vorne Fn. 8 und 26 sowie N 568.

[132] Botschaft 1273 unten. Gegen solche Einziehungsverfügungen ist die Beschwerde nach StPO 393 ff. möglich, nachfolgend N 1261 f.

[133] Botschaft 1273/74. Die *Verweisung erfolgt ex lege*, muss also (anders als beim Strafbefehl nach StPO 353 II) im Dispositiv nicht besonders erwähnt werden, N 713. Zur erforderlichen Klageeinleitung beim Zivilgericht nach ZPO 63 I siehe N 712.

[134] Unabhängig davon, ob es sich nach StPO 118 ff. als Privatklägerschaft konstituierte.

Verfahrensbeteiligten (lit. c)[135] sowie allfälligen von Bund und den Kantonen bezeichneten Behörden mit, falls diesen ein Beschwerderecht zusteht (lit. d). Letzteres gilt zunächst für jene Behörden, denen nach StPO 104 II entsprechende Parteirechte eingeräumt sind. Zu beachten ist ebenfalls StPO 84 VI, welche Bestimmung Mitteilungspflichten an Behörden auslösen kann[136]. Auf dieses Mitteilungsrecht kann der private Verfahrensbeteiligte bereits vor Erlass der Verfügung ausdrücklich oder konkludent verzichten (StPO 321 II). Im Übrigen richtet sich die Mitteilung nach StPO 84–88 (StPO 321 III), vor allem auch StPO 88 IV, wonach Einstellungsverfügungen auch ohne Veröffentlichung[137] als zugestellt gelten.

1259 Wie ist vorzugehen, wenn die Staatsanwaltschaft ein Verfahren wegen Verbrechen oder Vergehen einstellt und **nur noch Übertretungen zur Verfolgung übrig bleiben** und das Recht von Bund oder Kanton vorsieht, dass für Übertretungen eine besondere Behörde zuständig ist (StPO 17 und 357)? Die Staatsanwaltschaft hat in einem solchen Fall die Untersuchung wegen Verbrechen oder Vergehen einzustellen und die Akten nach Eintritt der Rechtskraft der Einstellung zur Ahndung der Übertretungen der dafür zuständigen Behörde zu überweisen. Sie kann dabei in Anwendung von StPO 421 selbst über die **bisher entstandenen Kosten** entscheiden (vorab bezüglich der allein im Zusammenhang mit dem Verbrechen oder Vergehen entstandenen Kosten) oder die Verwaltungsbehörde nachfolgend über die Kosten entscheiden lassen.

2.4. Genehmigung, Rechtsmittel, StPO 322, E StBOG 14

1260 Falls im Bund oder in einem Kanton eine **Ober- oder Generalstaatsanwaltschaft** bestellt wird (StPO 14 II), kann in den entsprechenden Einführungsbestimmungen vorgesehen werden, dass diese **Behörde die Einstellungsverfügungen zu genehmigen hat** (StPO 322 I; für den Bund vorgesehen in E StBOG 14). Andere Behörden können dafür nicht bestimmt werden[138]. Falls eine solche Genehmigung vorgesehen ist, stellt sie ein Gültigkeitserfordernis dar. Nach dem Sinn dieses Erfordernisses ist die Genehmigung (trotz der systema-

---

[135] Also *Personen, die durch Einziehungs-, Kosten- oder Entschädigungsentscheide* betroffen sind, dazu BeB 212. – Zum *Einsichtsrecht Dritter in Nichtanhandnahme- und Einstellungsverfügungen* N 629 Fn. 508.
[136] Botschaft 1274. Zu StPO 84 VI vorstehend N 599.
[137] Auf einem andern Blatt steht die *Veröffentlichung von Einstellungsverfügungen* im Interesse des Entlasteten nach StGB 68 II – eine bisher kaum genutzte Möglichkeit.
[138] Man könnte sich fragen, ob die Kantone befugt sind, Leitungsgremien auf Zwischenstufen (im Kanton Zürich etwa die *Leitenden Staatsanwälte*) mit der Genehmigungsbefugnis nach StPO 322 I auszustatten. Die Tendenz scheint in grösseren Kantonen jedoch in diese Richtung zu gehen, zumal nun sogar der Bund in E StBOG 14 solches vorsieht. Jedenfalls ist es nicht so, dass Kantone mit einer Ober- oder Generalstaatsanwaltschaft automatisch diese Genehmigungspflicht einführen müssten, RK-S 21.-23.8.2006 52 f.

tisch andern Abfolge dieser Bestimmungen) selbstredend *vor* der Mitteilung nach StPO 321 einzuholen.

Gemäss StPO 322 II steht den **Parteien** i.S. von StPO 104[139] die **Beschwerde** 1261 nach StPO 393 ff. an die **Beschwerdeinstanz zur Verfügung**. Es versteht sich von selbst, dass dieses Beschwerderecht auch **andern Verfahrensbeteiligten** i.S. von StPO 105 zusteht, soweit sie in ihren rechtlich geschützten Interessen tangiert werden. Dies gilt beispielsweise für jene, die durch Einziehungen i.S. von StGB 69 ff. oder eine Kostenauflage bzw. einen Entschädigungsentscheid nach StPO 417, 427 oder 434 beschwert sind. Einer allenfalls vorhandenen **General- oder Oberstaatsanwaltschaft steht kein Beschwerderecht zu**[140].

Gegen Entscheide der kantonalen Beschwerdeinstanz ist die **Strafrechtsbe-** 1262 **schwerde ans Bundesgericht zulässig** (BGG 78 ff.)[141], nicht aber gegen entsprechende **Entscheide der Beschwerdekammer des Bundesstrafgerichts in Bellinzona** in Bundesstrafsachen (BGG 79)[142].

2.5. Wirkung; Wiederaufnahme, StPO 320 IV, 323

Einer **definitiven, rechtskräftig gewordenen Einstellungsverfügung** nach 1263 StPO 319 ff. kommt in Bezug auf den untersuchten Sachverhalt wie einem freisprechenden Urteil **materielle Rechtskraft**[143] zu (StPO 320 IV). Diese ist allerdings – wie schon in den meisten bisherigen kantonalen Verfahrensordnungen – beschränkt, weil die Einstellung entgegen einem richterlichen Urteil regelmässig nicht auf einer umfassenden Prüfung der Sach- und Rechtslage beruht[144].

---

[139] Die *Privatklägerschaft* erscheint dann als nicht legitimiert, wenn sie sich *nur als Zivilklägerin nach StPO 118 I und 122 ff. am Verfahren beteiligte*, auch wenn wegen der Abhängigkeit der Zivil- von der Strafsache eine gewisse Beschwer gegeben sein dürfte.

[140] Die entsprechende Befugnis im Fall, dass das Recht von Bund und Kanton keine Genehmigung vorsieht, vorgeschlagen in E 323 II Satz 2, wurde vom Parlament gestrichen, vgl. AB N 2007 999. Der General- und Oberstaatsanwalt kann zwar als Partei i.S. von StPO 104 I lit. c betrachtet werden; als solche kann er jedoch ohne ausdrückliche Gesetzesbestimmung nicht einen Rechtsbehelf gegen einen Entscheid der gleichen Behörde ergreifen.

[141] Hinten N 1643. *Nicht anfechtbar jedoch gutheissende Beschwerdeentscheide*, die die Weiterführung des Verfahrens bewirken, hinten N 1653.

[142] Hinten N 1635.

[143] Zur Rechtskraft vgl. hinten N 1846 ff. – Zum interessanten Fall, dass *Dispositiv der Einstellungsverfügung entgegen der Begründung*, die in einzelnen Punkten eine Anklage vorsieht, eine vollständige Einstellung des Verfahrens vornimmt, MKGE 13 (2007) Nr. 6 (in diesem Fall keine Anklage mehr möglich).

[144] Botschaft 1274 oben. ZR 63 (1964) Nr. 30; BGE 81 IV 222. Zur Frage, ob *in der gleichen Sache ergangene, nicht angefochtene separate Einstellungsverfügungen i.S. von StPO 392 von der Beschwerde miterfasst werden bzw. die eingestellten Sachverhalte bei der Beurteilung der verbleibenden berücksichtigt werden können*, siehe BJM 2003 167 f. (Fall von Rassendiskriminierung etc.). Zur Thematik ferner RKG 1996 15 Nr. 10 und hinten N 1496 f.

1264 StPO 323 I lässt denn auch bei einer **Einstellung** (wie auch bei einer **Nichtanhandnahme** nach StPO 310[145]) eine vom Staatsanwalt mit Verfügung vorgenommene **Wiederaufnahme** zu. Erforderlich dafür ist nach StPO 323 II, dass nach der Einstellung bzw. Nichtanhandnahme neue Beweismittel oder Tatsachen bekannt werden, die für eine strafrechtliche Verantwortlichkeit der beschuldigten Person sprechen und die sich (kumulativ) nicht bereits aus den früheren Akten ergeben[146]. Es muss sich somit die **Beweislage geändert** haben. Wird in den früheren Akten ein Zeuge genannt, wurde dieser aber nicht oder nur unvollständig befragt, so kann – so die Botschaft[147] – eine Wiederaufnahme nicht damit begründet werden, dieser Zeuge vermöge Aussagen zu machen, die die beschuldigte Person wesentlich belasten. Anderseits steht einer Wiederaufnahme nichts entgegen, wenn es der Staatsanwaltschaft möglich gewesen wäre, das betreffende, in den Akten nicht erwähnte Beweismittel wie einen Zeugen ausfindig zu machen, es sei denn, Treu und Glauben stehe dem nachträglichen Anrufen entgegen[148]. Eine **bloss abweichende Betrachtungsweise bezüglich Beweis- und Rechtslage** genügt in jedem Fall nicht[149]. Für die **Rechtsmittel gegen Wiederaufnahmeentscheide** gelten weitgehend die Ausführungen vorne zu StPO 322 II[150].

---

[145] Dazu vorne N 1236. Keine *Wiederaufnahme bei einer Sistierung* nach StPO 314, hier eine Wiederanhandnahme nach StPO 315, vorne N 1239.

[146] Über den engen Wortlaut von StPO 323 I lit. a hinaus erscheint eine *Wiederaufnahme auch z.B. bezüglich Nebenfolgen wie Kosten, Entschädigungen oder Einziehungen* als zulässig; vorab im letztgenannten Fall also keine Revision nach StPO 410 ff., dazu m.w.H. N 1587.

[147] S. 1274/1275. Differenzierend BeB 214 Mitte. Bemerkenswert ist, dass damit die *Wiederaufnahme- enger als die Revisionsgründe*, hinten N 1591 ff., sein dürften, dazu BGE 96 IV 357, was sich damit begründen lässt, dass die Wiederaufnahme nach StPO 323 primär die beschuldigte Person bzw. das staatliche Strafverfolgungsinteresse betrifft. Was die Interessen etwa der Privatklägerschaft betrifft, so hat diese bei ungenügender Ausschöpfung der Beweise gegen die Einstellungsverfügung Beschwerde gegen die Einstellungsverfügung einzulegen.

[148] Näher Botschaft 1275 oben. – Wiederaufnahme auch denkbar, wenn *bezüglich Prozessvoraussetznngen bzw. Verfahrenshindernissen neue Tatsachen bekannt werden*, so, wenn das Verfahren wegen vorgetäuschten Todes der beschuldigten Person eingestellt worden war, vgl. den Fall BGHSt 52, 120.

[149] Auch kein Zurückkommen auf Einstellung aus *Zweckmässigkeitsgründen*, RJN 2007 194 = RS 2008 483 oder wenn ein *Sachverhalt irrtümlich eingestellt* wurde, vgl. den vorne Fn. 143 erwähnten Enscheid des MKG. Dementsprechend auch keine Wiederaufnahme, wenn bei der *Anwendung des Opportunitätsprinzips* nach StPO 8 bei der Interessenabwägung die Akzente anders gesetzt werden sollten.

[150] N 1261 f. Wird die Wiederaufnahme von der Staatsanwaltschaft abgelehnt, steht z.B. der *Privatklägerschaft die Beschwerde* und (gegen kantonale Entscheide) die Strafrechtsbeschwerde ans Bundesgericht offen, da ein Endentscheid (BGG 80, 90) vorliegt.

3. Anklageerhebung, StPO 324–327, JStPO 33, VStrR 73, MStP 114–115

3.1. Begriff, Voraussetzungen und Bedeutung der Anklageschrift, StPO 324 I

Die **Anklage ist das Schriftstück, mit dem der Staatsanwalt gestützt auf ein vorausgehendes Vorverfahren gegen bestimmte Personen genau dargelegte Deliktsvorwürfe erhebt und zur Beurteilung dem Gericht überweist**. Angesichts des Anklageprinzips nach StPO 9[151] ist die Anklage für die nachfolgenden Verfahrensstufen von zentraler Bedeutung. Der Eingang des Falls beim Gericht mit der Anklage bedeutet sodann den **Übergang der Verfahrensherrschaft an das Gericht** (StPO 328)[152]. 1265

Die Staatsanwaltschaft erhebt Anklage, wenn **sie gestützt auf die Ergebnisse des Vorverfahrens zur Überzeugung gelangt, dass hinreichende Verdachtsgründe vorliegen, die es als gerechtfertigt erscheinen lassen, das Gericht über Schuld oder Unschuld entscheiden zu lassen**. Sie hat anzuklagen, wenn sie **eine Verurteilung der beschuldigten Person für wahrscheinlich hält**. Wie schon dargelegt, darf sie das Verfahren nur einstellen, wenn relativ klar zu Tage tritt, dass eine Strafbarkeit nicht gegeben bzw. nicht nachweisbar ist[153]. Eine negative Voraussetzung der Anklageerhebung liegt darin, dass der Fall nicht mit einem Strafbefehl nach StPO 352 ff. abgeschlossen werden kann (StPO 324 I). 1266

3.2. Inhalt der Anklageschrift, StPO 325 und 326

3.2.1. Zu den Hauptbestandteilen nach StPO 325 I

Die Anklage hat nach StPO 325 I neben den mehr formellen Angaben (Ort und Datum, anklagende Staatsanwaltschaft, Gericht, beteiligte Parteien, vgl. lit. a-e), «*möglichst kurz, aber genau*» die **der beschuldigten Person vorgeworfenen Taten mit Beschreibung von Ort, Datum, Zeit, Art und Folgen**[154] **der Tatausführung** (lit. f) zu bezeichnen. Die StPO schreibt formell keinen bestimmen 1267

---

[151] Vorne N 203 ff. – Die Beachtung des Anklagegrundsatzes ist *Prozessvoraussetzung*, N 318.
[152] Eintritt der Rechtshängigkeit, nachfolgend N 1279. – Im gerichtlichen Verfahren in *Bundesverwaltungsstrafsachen* vor kantonalen Gerichten wie Bundesstrafgericht gilt nach VStrR 73 II die Überweisung als Anklage, d.h., diese Bestimmung geht StPO 324–327 vor.
[153] Vorne N 1251.
[154] *Tatfolgen ergänzend vom Ständerat eingefügt*; nach AB S 2006 1044 und RK-S 21.-23.8.2006 53 soll also beispielsweise der *Deliktsbetrag* angegeben werden, der indessen bei den meisten Straftatbeständen nicht tatbestandsrelevant ist und dessen Angabe (abgesehen von Erfolgsdelikten wie etwa qualifizierter Sachbeschädigung nach StGB 144 III, Fn. 158), da nicht eigentlich «*Tatfolge*» eine *Ordnungsvorschrift* darstellt. Bei den *Erfolgsdelikten* gehören die Tatfolgen bereits zum objektiven Tatbestand.

Aufbau der Anklage vor; ebenfalls der Detaillierungsgrad ist nicht vorgegeben, auch wenn sich dieser allgemein ausgedrückt nach der Bedeutung sowie Komplexität des konkreten Falls richtet. In der Anklage enthalten sein müssen jedoch in grösstmöglicher Kürze die der beschuldigten Person zur Last gelegten Handlungen oder Unterlassungen mit allen Angaben, die zum eingeklagten objektiven und subjektiven Straftatbestand gehören, d.h., es sind die gesetzlichen Tatbestandsmerkmale der angerufenen Strafbestimmung vollumfänglich durch entsprechende Tatsachenbehauptungen zu «*unterlegen*». Die Vorwürfe müssen sich aus der Anklageschrift selbst ergeben; ein Verweis auf Akten ist nicht zulässig. Die StPO verzichtet demgemäss auf ein Anklagesystem mit einer mehr oder weniger ausführlichen Umschreibung der behaupteten Straftaten mit Angaben zum Gang des Strafverfahrens, den Verdachtsgründen, den Beweisen usw., wie es in verschiedenen Kantonen bisher üblich war[155]. Nach StPO 325 I lit. g sind sodann die **angeblich verletzten Gesetzesbestimmungen** zu nennen[156]. Sind **verschiedene Beteiligte vorhanden,** ist die Anklage so zu formulieren, dass deren Rolle objektiv und subjektiv klar zu Tage tritt[157]. Der **Deliktsbetrag** gehört in die Anklage, wenn er für den anwendbaren Straftatbestand erheblich ist[158].

---

[155] Ausführlich dazu und zum Folgenden Botschaft 1275 f. Die Anklage braucht sich auch *nicht zur Zuständigkeit und den weiteren Prozessvoraussetzungen* (z.B., dass Strafantrag gestellt wurde) *zu äussern*, BGE 133 IV 245. Auch die *Rechtswidrigkeit* sowie die *Schuldfähigkeit* sind nicht positiv zu behaupten, es sei denn, ein Verhalten sei nur bei positiv erstellter Rechtswidrigkeit (wie etwa bei der Nötigung, StGB 181) strafbar.

[156] Vgl. dazu auch vorne N 209 und dortige Kasuistik. – Bei *unechten Unterlassungsdelikten* müssen die Umstände, die die Garantenstellung begründen, in der Anklage erscheinen, BGE 120 IV 355, 116 Ia 202. Bei *Vorsatzdelikten* genügt die Behauptung, dass die beschuldigte Person *vorsätzlich* oder *mit Wissen und Willen* gehandelt habe; eine Nennung des Eventualvorsatzes ist nicht erforderlich, ZR 107 (2008) Nr. 56 E.1, 105 (2006) Nr. 36 = RS 2007 Nr. 178; RKG 1999 Nr. 147, 2001 Nr. 121. Ist die vorsätzliche *und* fahrlässige Begehungsweise strafbar, muss aus der Anklage hervorgehen, welche Variante angeklagt wird, RKG 2000 Nr. 120. Der Vorwurf des Vorsatzes bei Veruntreuung nach StGB 138 Ziff. 1 II enthält auch jenen der *unrechtmässigen Bereicherung*, ZR 105 (2006) Nr. 36, was bei Anklagen wegen der entsprechenden Straftaten (z.B. Diebstahl) generell für die *Bereicherungs- und Aneignungsabsicht*, die also nicht speziell zu behaupten ist, gilt; so allgemein BGE 120 IV 356 2. Absatz für den subjektiven Tatbestand. Bei *Fahrlässigkeitsdelikten* muss die Anklage behaupten, worin die Sorgfaltspflichtverletzung liegt, BGE 120 I 156, RKG 1997 Nr. 109 S. 38. Wird *Mittäterschaft* behauptet, so ist bei der einzelnen beschuldigten Person die Behauptung der Täterschaft genügend, RKG 2000 Nr. 121; darin ist auch die blosse *Gehilfenschaft* eingeschlossen, RKG 2000 Nr. 122. Zur Frage Alleintäterschaft/Mittäterschaft ZR 93 (1994) Nr. 90. Zur Pflicht, bei *Straftaten, die durch Pressepublikationen* begangen wurden, die inkriminierten Stellen in der Anklageschrift genau zu bezeichnen (und nicht z.B. erst in der Hauptverhandlung zu verlesen) Pra 89 (2000) Nr. 159.

[157] Hierzu BGE 120 IV 354 ff.

[158] Dazu Fn. 154. Etwa bei der Behauptung eines *geringfügigen oder grossen Schadens* etc., z.B. bei StGB 172ter, 144 III oder 144bis Ziff. 1 II. Billigend Pra 92 (2003) Nr. 81 S. 447 f. Der Anklagegrundsatz verlangt nicht, dass Punkte in die Anklage aufgenommen werden, die nur für die Strafzumessung oder den Zivilpunkt relevant sind.

§ 80 Einstellung des Verfahrens und Anklageerhebung

Aus dem **Anklageprinzip** und der daraus abzuleitenden **Umgrenzungs- und** 1268
Informationsfunktion der Anklage[159] folgt, dass die **beschuldigte Person
genau weiss, was ihr konkret vorgeworfen wird**[160]. Ungenauigkeiten in den
Orts-[161], Zeit-[162] oder Personenangaben[163] sowie hinsichtlich des Deliktsguts
bzw. Deliktsbetrags[164] beeinträchtigen dieses Erfordernis allerdings – immer
unter Berücksichtigung der konkreten Umstände – nicht und führen nicht zur
Unbeachtlichkeit der Anklage bzw. zum Freispruch. Gleiches gilt bezüglich
einer falschen rechtlichen Würdigung des Sachverhalts (*iura novit curia*, dazu
StPO 337 II, 350).

Aus der Aufzählung der Bestandteile der Anklageschrift in StPO 325 I folgt 1269
negativ, dass **die Anklage nur zu behaupten, nicht zu beweisen hat.** Dazu sind
die Akten des Vorverfahrens bzw. die Ergebnisse der Hauptverhandlung da. Die
Nennung von **Beweisen oder Verdachtsgründen** gehört demgemäss wie schon
vorstehend angeführt **nicht in die Anklage**[165].

---

[159] Vorne N 208 ff. Zusammenfassend BGE 133 IV 245.
[160] Eher allgemein ZR 60 (1961) Nr. 43; BGE 120 IV 354 ff. sowie ZBJV 136 (2000) 136.
Zur Konkretisierung der Vorwürfe bei *Körperverletzung* GVP 2006 Nr. 107; bei *Veruntreuung* RKG 2002 Nr. 130; bei *Konkursdelikten* PKG 1996 Nr. 34, bei *sexueller Nötigung* (genaues Umschreiben der sog. tatsituativen Zwangssituation erforderlich) BGer 28.8.2008, 6B_8/2008 in plädoyer 2/2009 76; bei *Vernachlässigung von Unterstützungspflichten*; bei *Beteiligung an einer kriminellen Organisation* SJZ 95 (1999) 79 = RS 2003 Nr. 367 und bei *Nichtbezahlen von Militärpflichtersatz* ZR 93 (1994) Nr. 88 S. 274 bzw. in RKG 2002 Nr. 129. Erforderlich ist ferner selbstverständlich, dass der beschuldigten Person vorgängig Gelegenheit zur Stellungnahme zu den Anklagevorwürfen gegeben wurde, so betont in ZBJV 136 (2000) 136, was ihm Vorverfahren nach StPO kein Problem darstellen sollte.
[161] Aus einem Zürcher Tötungsfall: Tatort «*... ein unbekannt gebliebener Ort in der Umgebung von Zürich, eventuell der Heuschober ... bei Sihlbrugg ...*»; Umschreibung vom Zürcher Geschworenengericht als genügend betrachtet, siehe Kriminalistik 2007 789.
[162] ZR 55 (1956) Nr. 131; anders aber SJZ 87 (1991) 343 für den Fall mit grösseren zeitlichen Abweichungen. Zeitrahmen von nahezu einem Jahr in konkreten Fall in ZR 104 (2005) Nr. 31 als zu unbestimmt angesehen. Angabe «*mitten in der Nacht*» genügt, so nach ZBJV 136 (2000) 138.
[163] Bei Insiderdelikt ZR 104 (2005) Nr. 72 E. 1. Kein Mangel, wenn bei *Kriegsverbrechen Namen der Opfer nicht angegeben werden*, MKGE 11 (1997–2005) Nr. 21 E.4.
[164] ZR 38 (1939) Nr. 91; *Umschreibung der einzelnen Vermögensverfügungen bei Serienbetrügern oder Grammangaben bei Drogendelikten*, RO 1986 329 Nr. 88 und 89; RKG 1995 30 Nr. 57.
[165] So noch ausdrücklich VE 358 IV. Dazu BeB 216 unten; Botschaft 1276 unten. – Die Anklage dürfte – entsprechend der bisherigen Praxis in verschiedenen Kantonen im *Idealfall aus drei Teilen bestehen, die man als Ober- (1), Unter-(2) und Schlussatz (3) bezeichnen könnte*, wobei vorab in einfachen Fällen sog. *Schlangensätze* verwendet werden können. Illustriert an einem einfachen Beispiel könnte eine Anklage deshalb wie folgt formuliert werden:
(1) *X.Y. hat vorsätzlich einen Menschen getötet, indem er*

3.2.2. Alternativ- und Eventualanklage, StPO 325 II

1270 Die Anklage kann bezüglich des gleichen Sachverhalts nach StPO 325 II einen **Haupt- und einen Eventualpunkt** aufweisen, also etwa zunächst den Vorwurf des Tötungsversuchs bzw. des Diebstahls erheben und für den Fall, dass dieser vom Gericht nicht als erfüllt betracht wird, in einem zweiten Vorwurf (der auf «**eventuell**» lautet), der beschuldigten Person vorsätzliche Körperverletzung bzw. unrechtmässige Aneignung oder Hehlerei vorwerfen[166]. Zulässig ist ebenfalls eine **Alternativanklage**, die nicht leicht von der Eventualanklage abzugrenzen ist bzw. sich mit dieser überschneidet. Eine Alternativanklage (die auf «**oder**» lautet) ist z.b. anzunehmen, wenn der Tathergang für die Staatsanwaltschaft nicht geklärt ist und sie den Entscheid darüber dem Gericht überlassen will. Es wird also z.b. der beschuldigten Person vorgeworfen, sie habe entweder den Brand selbst gelegt oder jemanden dazu angestiftet[167].

3.2.3. Weitere Bestandteile, StPO 326

1271 Nach StPO 326 hat die Staatsanwaltschaft dem Gericht im Zusammenhang mit der Anklage noch **weitere Angaben zu liefern, wobei diese entweder in die Anklageschrift selbst integriert oder aber in einem die Anklage begleitenden Schriftstück enthalten sein können**. Dabei können Listen oder Formulare verwendet werden. Damit soll den Adressaten ermöglicht werden, sofort einen Überblick über weitere, für das gerichtliche Verfahren und vor allem das Urteil

---

(2) am 22. August 2009 um 2025 Uhr vor dem Hause Bahnstr. 17 in Xhofen mit seiner Pistole Walther Nr. 992.584 vorsätzlich einen Schuss auf A.B. abgab, um diesen zu töten. A.B. erlitt dadurch einen Herzdurchschuss, der zu seinem sofortigen Tode führte.
(3) Damit hat sich X.Y. der vorsätzlichen Tötung i.S. von Art. 111 StGB schuldig gemacht.
Allerdings verlangt StPO 325 I nur den Mittelsatz (Ziff. 2) und den Schlusssatz (Ziff. 3), die einleitende – hier Obersatz genannte Ziff. 1 (der den Straftatbestand wiedergibt) – jedoch nicht.

[166] Inwieweit das letztgenannte Beispiel (Diebstahl/Hehlerei), das immer wieder im vorliegenden Zusammenhang genannt wird, bloss theoretisch ist, bleibe hier offen. Jedenfalls schliessen sich diese beiden Vorwürfe nicht gegenseitig aus oder scheitern am Grundsatz in dubio pro reo, wie teilweise in der Literatur nachzulesen ist: Behauptet der geständige Dieb D, am Diebstahl sei H beteiligt gewesen, während H zwar zugibt, die vom ihm versteckte Beute bösgläubig entgegengenommen zu haben, am Diebstahl selbst aber nicht beteiligt gewesen zu sein, kann H der Mittäterschaft bei Diebstahl, eventualiter aber der Hehlerei angeklagt werden. Weiteres Beispiel in BJM 2007 323: In einem BetmG-Fall wird der beschuldigten Person vorgeworfen, der von ihr mitgeführte Koffer mit verbotenen Substanzen habe entweder ihr oder aber dem Lieferanten des Stoffs gehört. Das Gegenstück bildet in solchen Fällen das Urteil auf Wahlfeststellung, dazu hinten N 1341.

[167] So im Fall Pra 92 (2003) Nr. 82. Zur Thematik ferner BeB 216; Botschaft 1276 f.; ZR 101 (2002) Nr. 13 S. 58 f.; 65 (1966) Nr. 80; SJZ 85 (1989) 102, 90 (1994) 31. Eher als Alternativ- denn als Eventualanklage ist auch jene Anklage bei nicht restlos geklärtem modus operandi zu bezeichnen, so wenn bei einem Tötungsdelikt mit unklarer Todesursache der beschuldigten Person vorgeworfen wird, sie habe das Opfer entweder erwürgt oder erstochen, vgl. den Fall in Kriminalistik 2007 789. – Alternativ gegen verschiedene Personen kann jedoch nicht Anklage erhoben werden («A oder B .... hat ....»).

wesentliche Punkte zu erlangen[168]. Es sind dies die in StPO 326 I lit. a-h im Einzelnen erwähnten Angaben, also z.B. ein Verzeichnis der Privatkläger und der von ihnen geltend gemachten Schadenersatzansprüche, der angeordneten Zwangsmassnahmen sowie der beschlagnahmten Gegenstände und Vermögenswerte, der Anträge der Staatsanwaltschaft bezüglich Widerruf von bedingt ausgesprochenen Sanktionen bzw. einer bedingten Entlassung aus dem Strafvollzug[169], der Sicherheitshaft sowie der Sanktionen (wenn der Staatsanwalt die Anklage nicht vor Gericht vertritt[170]) usw.

Die Anklage enthält, wie bereits angeführt, **keine Begründungen**[171]. Es wird davon ausgegangen, dass der Staatsanwalt seine zur Stützung der Anklage erforderlichen Ausführungen in einem Plädoyer vor den Schranken des Gerichts persönlich vorträgt. Die StPO sieht jedoch nicht zwingend eine solche Anklagevertretung vor Gericht vor (näher StPO 337[172]). Wenn der **Ankläger die Anklage nicht persönlich vor Gericht vertritt**[173]**, kann er der Anklage zur Erläuterung einen auch die Beweise würdigenden Schlussbericht** beifügen (StPO 326 II). Dieser kann sich – über den Wortlaut von StPO 326 II hinausreichend – auch zur Strafzumessung äussern. Er kann im Vorfeld der Hauptverhandlung, allenfalls auch noch später nachgereicht werden. Parteien oder Gericht können die Staatsanwaltschaft nicht zur Präsentation eines solchen Berichts verpflichten[174]. Besteht Erläuterungsbedarf, hat das Gericht die Staatsanwaltschaft nach StPO 337 IV zur Hauptverhandlung vorzuladen[175]. 1272

3.3. Zustellung der Anklage, StPO 327, JStPO 33 III

Die Staatsanwaltschaft (und nicht, wie früher in manchem Kanton üblich, das Gericht) **stellt die Anklage** nach StPO 325, **die Verzeichnisse etc.** nach StPO 326 I sowie **einen allfälligen Schlussbericht** nach StPO 326 II der beschuldigten Person, der Privatklägerschaft, dem Opfer[176], dessen Rechtsbeistän- 1273

---

[168] Botschaft 1277 Mitte.
[169] StPO 326 I lit. g, die von nachträglichen richterlichen Entscheidungen spricht, meint offenbar diesen Fall. Dazu im Zusammenhang mit StPO 363 I hinten N 1390 ff.
[170] Vor allem bei *Fällen, die dem Einzelgericht unterbreitet werden sollen* (StPO 19 II), ist der Strafantrag in der Anklage zu nennen, auch sonst, wenn Zuständigkeit oder Besetzung des Gerichts von der beantragten oder zu erwartenden Strafe abhängt.
[171] Vorne N 1269.
[172] Hinten N 1309.
[173] Nur in diesem Fall, BeB 217 oben; Botschaft 1277 Mitte, da sonst Waffengleichheit verletzt würde, vgl. RK-N 10./11.5.2007 30 f.
[174] Regel ist keine Gültigkeitsvorschrift für Anklage, ZR 62 (1963) Nr. 16.
[175] Dazu hinten N 1309.
[176] Den beiden Letzteren *nur bezüglich der sie betreffenden Anklagepunkte*, es sei denn, nach der Art der Delikte (z.B. gewerbsmässige Vermögensdelikte) oder aus Gründen der Praktikabilität lasse sich eine nur teilweise Mitteilung der Anklage usw. kaum bewerkstelligen. Bei der Art der Mitteilung können auch die Bedürfnisse des Persönlichkeits- bzw. Geheimnisschutzes einfliessen.

den (StPO 87 III) und dem **zuständigen Gericht** (unter Beilage der Vorverfahrensakten, der beschlagnahmten Gegenstände und Vermögenswerte) zu.

1274 Beantragt die Staatsanwaltschaft die **Fortsetzung der Haft in Form der Sicherheitshaft** (StPO 229 I), so übermittelt sie gleichzeitig mit der Zustellung an die Parteien usw. nach StPO 327 II ein Anklagedoppel zusammen mit dem Gesuch um Anordnung der Sicherheitshaft dem Zwangsmassnahmengericht[177].

1275 Im Unterschied zu verschiedenen bisherigen Strafprozessordnungen sieht die StPO kein formalisiertes **Anklage-Vorprüfungsverfahren** vor einer soweit unabhängigen Instanz (früher z.B. eine Anklagekammer) vor. Zu verweisen ist jedoch auf die **Prüfung der Anklage nach StPO 329 durch das angerufene Gericht selbst**[178].

3.3. Kein Rechtsmittel gegen Anklageerhebung, StPO 324 II

1276 Ob gegen das Erheben einer Anklage ein Rechtsmittel möglich ist, war in den bisherigen Prozessordnungen unterschiedlich geregelt und entsprechend ebenfalls im Verlaufe der Entstehung der StPO umstritten[179]. Vorab im Interesse der Verfahrensbeschleunigung und mit Blick auf die Prüfung der Anklage durch das Gericht nach StPO 329 sieht die StPO **keine Beschwerde gegen die Anklageerhebung vor**, also weder gegen die Tatsache der Anklageerhebung an sich noch gegen deren Inhalt.

---

[177] Zur Sicherheitshaft vorne N 1014, 1042 ff.
[178] Hinten N 1280 ff.
[179] Dazu und zum Folgenden Botschaft 1275 Mitte. Rechtsmittel noch verlangt von den Experten in Aus 29 mach 1 S. 138.

7. Kapitel: Erstinstanzliches Hauptverfahren, StPO 328–351

§ 81 Allgemeines, Rechtshängigkeit und Vorbereitung der Hauptverhandlung, StPO 328–334, JStPO 34, VStrR 73–75, MStP 124–129

Literaturauswahl: Neben der zu § 80 zitierten Literatur AESCHLIMANN N 1517; HAUSER/ SCHWERI/HARTMANN §§ 80 ff.; MAURER 425; OBERHOLZER N 1406; PIQUEREZ (2006) N 1104; DERS. (2007) N 881; SCHMID (2004) N 828.

ULRICH WEDER, Die Mitwirkung der Anklagebehörde im gerichtlichen Hauptverfahren, FS St. Trechsel, Zürich 2002, 801.

Materialien: Aus 29 mach 1 S. 139 ff.; VE 361–366; BeB 218 ff.; ZEV 68 ff.; E 329–335; Botschaft 1277 ff.; AB S 2006 1044 f., AB N 2007 1020 ff.

1. Begriffliches, anwendbare Bestimmungen

Im **Hauptverfahren befindet das Gericht darüber, ob die in der Anklageschrift behaupteten Straftatbestände sowie alle weiteren Voraussetzungen der Strafbarkeit erfüllt sind und setzt bejahendenfalls die dafür vorgesehenen Sanktionen sowie die Nebenfolgen des Urteils fest.** Das Hauptverfahren **beginnt mit dem Eingang der Anklage** beim urteilenden Gericht und **endet mit der Urteilseröffnung.** Während dieser gesamte Abschnitt des Strafprozesses als Hauptverfahren bezeichnet wird, gilt der **engere Begriff der Hauptverhandlung** allein für die sich **unmittelbar vor den Gerichtsschranken abspielende und üblicherweise publikumsöffentliche Parteiverhandlung**[1]. 1277

StPO 328–351 regeln das Hauptverfahren vor allen Gerichten, die nach StPO 19 **als erste Instanzen** tätig sind, seien es Einzelgerichte i.S. von StPO 19 II, Kollegialgerichte oder von den Kantonen eingesetzte besondere Gerichte wie Wirtschaftsgerichte[2]. Diese Vorschriften gelten nicht nur für das ordentliche erstinstanzlichen Verfahren, sondern unter Vorbehalt besonderer Vorschriften ebenso für das **gerichtliche Verfahren bei den besonderen Verfahrensarten** von StPO 352 ff. sowie über StPO 379 für das **Rechtsmittelverfahren.** Sie sind auch auf das **Verfahren vor den Strafkammern des Bundesstrafgerichts** anwendbar (E StBOG 30 I). 1278

---

[1] Botschaft 1278 oben.
[2] Botschaft 1277 unten.

2. Rechtshängigkeit, StPO 328

1279 Mit dem Eingang der Anklage beim erstinstanzlichen Gericht wird nach StPO 328 I das erstinstanzliche Hauptverfahren eröffnet. Die **Rechtshängigkeit** tritt damit bereits mit dem Eingang der Anklage beim erstinstanzlichen Gericht bei den erwähnten Gerichten ein[3], nicht erst mit dem erfolgreichen Bestehen der Vorprüfung nach StPO 329. Nach StPO 328 II gehen diese **Befugnisse im Verfahren an das angerufene Gericht über**, zunächst unabhängig davon, ob dieses schliesslich zuständig ist. Dies bedeutet, dass die Staatsanwaltschaft von diesem Zeitpunkt an keine Verfahrenshandlungen mehr vornehmen darf: Mit der Anklageerhebung entgleitet dem Staatsanwalt die Verfahrensherrschaft (Ausnahmen: z.B. StPO 329 II Satz 2, 332 III, 333)[4].

3. Prüfung der Anklage, StPO 329

3.1. Umfang der Vorprüfung durch die Verfahrensleitung, StPO 329 I

1280 Wie bereits dargelegt, kennt die StPO kein besonderes Anklagezulassungsverfahren, welches der Eröffnung des Hauptverfahrens vorgelagert ist[5]. Hingegen sieht StPO 329 eine **Vorprüfung der Anklage und der Akten durch die Verfahrensleitung des angerufenen Gerichts** vor, die allerdings nicht in einem formalisierten Verfahren erfolgt[6]. Wie weit diese Prüfungsbefugnisse gehen, lässt sich aus dem Gesetz nicht klar herauslesen, und das entsprechende Verfahren ist ebenfalls nicht näher geregelt. So ist nicht vorgesehen, dass den Parteien Frist zur Stellungnahme zur Anklage anzusetzen ist. Es ist also diesen überlassen, ob sie nach Zustellung der Anklage nach StPO 327 I Einwände i.S. von StPO 329 I anmelden wollen. Bei der **Prüfung nach StPO 329 handelt es sich jedenfalls um eine vorläufige und regelmässig wohl eher summarisch durchgeführte Prüfung**, die verhindern soll, dass Anklagen bzw. entsprechende Akten, die formell oder materiell eindeutig ungenügend sind, zu einer mehr oder weniger aufwendigen Hauptverhandlung führen. Insbesondere der beschuldigten Person soll diesfalls die mit einer öffentlichen Hauptverhandlung verbundene Prangerwirkung erspart bleiben.

1281 **Ergeben sich bei der Prüfung durch die Verfahrensleitung keine Mängel** und nimmt das Verfahren seinen weiteren Gang, so entfaltet der entsprechende Entscheid **keine materielle Rechtskraft,** d.h., die Mängel können anlässlich der Hauptverhandlung (etwa als Vor- oder Zwischenfrage nach StPO 339 oder im

---

[3] Botschaft 1234 oben, S. 1278 oben.
[4] Zur Inhaftierung nach Anklageerhebung StPO 229 II, 231 f. vorne N 1043 ff. Zu dieser Problematik ZR 68 (1969) Nr. 61. Relativierend RKG 2000 Nr. 100 S. 36.
[5] Vorne N 1275.
[6] BeB 218 unten.

Parteivortrag nach StPO 346) erneut vorgebracht werden, unabhängig davon, ob sie schon im Verfahren nach StPO 329 geltend gemacht wurden.

Nach StPO 329 I zu prüfen, ob die **Anklageschrift und die Akten ordnungsgemäss erstellt sind** (lit. a), ob die **Prozessvoraussetzungen** (wie Vorliegen eines Strafantrags[7], Zuständigkeit[8]) erfüllt sind (lit. b) oder ob **Prozesshindernisse** (z.B. Eintritt der Verjährung; Zuständigkeit; Prozesshindernis der rechtshängigen bzw. abgeurteilten Sache[9]) bestehen (lit. c). **Bei der Prüfung der Anklage** geht es primär um deren formale Ordnungsmässigkeit nach StPO 325 und 326[10]. Es ist jedoch nicht Aufgabe dieser Vorprüfung, zu untersuchen, ob die Beweislage für eine Verurteilung ausreicht; eine **Rückweisung zur Beweisergänzung wäre nicht zulässig**[11]. Auch wenn das **Bestehen eines ausreichenden Tatverdachts üblicherweise als Prozessvoraussetzung** bezeichnet wird[12], können nur Fälle, in denen ein solcher Tatverdacht offensichtlich fehlt bzw. der geltend gemachte Anklagesachverhalt, selbst wenn er erfüllt wäre, den angerufenen Straftatbestand klar nicht erfüllen könnte, zu einem Vorgehen nach StPO 329 IV führen. Hinsichtlich der **Akten** ist zu prüfen, ob diese **vollständig und ordnungsgemäss** angelegt sind, die beschuldigte Person zu den Anklagepunkten einvernommen und ihr die Verfahrensrechte gewährt wurden.

1282

Ergibt diese Vorprüfung **keine Mängel, so hält die Verfahrensleitung dies z.B. in einer Aktennotiz oder Formularverfügung fest**, die nicht notwendigerweise eine Begründung zu enthalten hat. Der Entscheid ist den Parteien sinnvollerweise nur mitzuteilen, wenn eine Partei in dieser Phase **Mängel der Anklage bzw. der Akten** geltend gemacht hat. Diese Verfügung ist als bloss prozessleitender Entscheid nach StPO 65 I und 393 I lit. b **nicht mit Beschwerde anfechtbar**; anfechtbar ist im Regelfall der entsprechende Endentscheid, mit welchem die Begründung für die Abweisung entsprechender Einreden nachgeliefert wird[13].

1283

---

[7] Vorne N 317 f.
[8] Bei der *sachlichen Zuständigkeit ist allein von der Sachverhaltsumschreibung der Anklage auszugehen*, RO 1965 254 Nr. 12. Zum Ganzen BGE 120 IV 350 ff. Ist z.B. der Tatort oder das Alter der beschuldigten Person (Erwachsenen- oder Jugendstrafrecht?) strittig, hat dies der Sachrichter zu entscheiden, ZR 105 (2006) Nr. 57.
[9] Vorne N 319.
[10] Dazu vorne N 1267 ff. Prüfung, ob *alle objektiven Tatbestandsmerkmale aufgeführt sind*, BGE 133 IV 96 = SJZ 103 (2007) 187 = SJ 129 (2007) 363. Es ist nach diesem Entscheid nicht zulässig, bei Mängeln der Anklage auf diese nicht einzutreten; es hat eine Rückweisung zu erfolgen. Zu diesem Entscheid nachfolgend Fn. 18.
[11] In dieser Richtung Diskussion im Nationalrat, vor allem die bundesrätliche Antwort zu einem Antrag auf Ergänzung von E Art. 330 II, jetzt StPO 329 II, AB N 2007 1020 f. Rückweisung wohl nur, um *Fehler bei der Beweisabnahme zu korrigieren*, hinten Fn. 62, was sich u.a. aus StPO 343 ergibt.
[12] Dazu vorne N 318. So auch Botschaft 1278 Mitte.
[13] Zur Frage der *Strafrechtsbeschwerde bei solchen Zwischenbeschlüssen* sowie zur Möglichkeit, über entsprechende Einwände in einem nach BGG 93 I lit. b (*Vor- und Zwischen-*

3.2. Vorgehen bei Mängeln, StPO 329 II-V

3.2.1. Behebbare Mängel, StPO 329 II, III

1284 Werden **Mängel festgestellt, so können diese behebbarer Art sein**, etwa dahin gehend, dass die Anklage nicht im Einklang mit StPO 325 und 326 formuliert wurde, bei einem Ermächtigungsdelikt[14] die erforderliche Ermächtigung nicht vorliegt oder eine beschuldigte Person zu einem ihr vorgeworfenen Sachverhalt nicht einvernommen worden war. Kann demgemäss zurzeit ein Urteil nicht ergehen, so **sistiert das Gericht** (also nicht die Verfahrensleitung allein[15]) **das Verfahren in Anwendung von StPO 314**, wobei den Parteien das rechtliche Gehör vorgängig nicht notwendigerweise zu gewähren ist. Denkbar ist, dass auch Gründe nach StPO 314 I zur Sistierung führen. Ein solches Vorgehen ist nicht nur im Rahmen der Vorprüfung nach StPO 329 I, sondern auch dann zu wählen, wenn entsprechende Mängel erst in einer späteren Phase des Hauptverfahrens, also etwa während Laufens der Hauptverhandlung, ans Tageslicht kommen (StPO 329 II Satz 1).

1285 Falls erforderlich **weist das Gericht nach StPO 329 II Satz 2 die Anklage** und allenfalls (was das Gesetz allerdings nicht ausdrücklich besagt) die **Akten zur Ergänzung oder Berichtigung an die Staatsanwaltschaft zurück**[16]. Der entsprechende verfahrensleitende Beschluss, der den Parteien zu eröffnen ist (StPO 80 III), hat sich nach StPO 329 III darüber auszusprechen, ob die **Rechtshängigkeit beim Gericht verbleibt oder aber für die Dauer der Sistierung an die Staatsanwaltschaft übergeht**. Diese Anordnung ist insbesondere deshalb bedeutsam, damit klargestellt ist, wer z.B. für Zwangsmassnahmen zuständig ist; bei einer solchen Rückweisung kann die Staatsanwaltschaft das Verfahren nach StPO 319 ff. noch einstellen, da die Verfahrensherrschaft wieder bei ihr liegt. Gegen den Rückweisungsbeschluss als bloss verfahrensleitender Entscheid dürfte eine **Beschwerde** nach StPO 65 I und 393 I lit. b nicht zulässig sein[17].

1286 Die **Ergänzung und Berichtigung richten sich sinngemäss nach StPO 333**, der sich allerdings primär auf eine Änderung oder Erweiterung der Anklage bezieht (hinten Ziff. 5). Unklar ist, **inwieweit das Gericht der Staatsanwaltschaft verbindlich Weisungen zum weiteren Vorgehen erteilen kann und darf**, da sich hier das Problem der Gewaltentrennung sowie der richterlichen Unabhängigkeit stellt. Verbindliche Weisungen kann das Gericht mit Rücksicht auf diese Grundsätze nicht erteilen. Kommt die Staatsanwaltschaft den Weisun-

---

entscheid zur Vermeidung von Zeit und Aufwand) anfechtbaren Zwischenentscheid zu befinden, hinten N 1654.
[14] Vorne N 172 ff., 318.
[15] Hierzu und zum Folgenden Botschaft 1278/1279.
[16] Rückweisung nur durch Gericht, nicht durch Staatsanwaltschaft (i.S. einer «Rücknahme») selbst.
[17] Zum Problem der Beschwerde gegen verfahrensleitende Gerichtsbeschlüsse hinten N 1507 ff.

gen nicht nach, kann das Gericht nachfolgend wohl allein mit einer Einstellung des Verfahrens nach StPO 329 IV antworten[18]. Denkbar ist, dass z.B. die beschwerte Privatklägerschaft gegen die Weigerung der Staatsanwaltschaft, die vom Gericht verlangten Ergänzungen oder Berichtigungen vorzunehmen, Beschwerde nach StPO 393 I lit. a einreicht.

3.2.2. Nicht behebbare Mängel, StPO 329 IV

Denkbar ist, dass **Mängel festgestellt werden, die ein Urteil definitiv verunmöglichen**, etwa Prozesshindernisse wie Verjährung, Tod der beschuldigten Person, das Verfahrenshindernis der bereits abgeurteilten Sache oder das Vorliegen von Strafbefreiungs- oder Strafverfolgungsverzichtsgründen nach StPO 8 bzw. StGB 52 ff. In diesen Fällen ist das **Verfahren vom Gericht mit Beschluss** (des Kollegialgerichts) **bzw. Verfügung** (des Einzelgerichts) in analoger Anwendung von StPO 320 **einzustellen** (StPO 329 IV). Anders als beim Vorgehen nach Abs. 2 ist hier den Parteien und allenfalls den durch die Einstellung beschwerten Dritten das rechtliche Gehör zu gewähren. Denkbar ist, dass in einer mehrere Sachverhalte umfassenden Anklage einzelne Punkte z.B. wegen Eintretens eines Prozesshindernisses wie Verjährung oder Rückzug des Strafantrags nicht weiter zu verfolgen sind. In diesem Fall sieht StPO 329 V aus verfahrensökonomischen Gründen vor, **dass der Einstellungsbeschluss bzw. eine entsprechende Verfügung nicht sofort, sondern erst zusammen mit dem Urteil ergehen kann.** Eine besondere Konstellation (auf die StPO 329 nicht eingeht) stellt die festgestellte **Unzuständigkeit** dar, bei welcher (abgesehen vom Sonderfall von StPO 334, nachfolgend Ziff. 6) keine direkte Überweisung an das zuständige Gericht erfolgen kann. Hier hat ein in der StPO nicht ausdrücklich vorgesehener **Nichteintretensentscheid** in Form eines verfahrenserledigenden Beschlusses bzw. einer Verfügung zu ergehen[19].

1287

---

[18] Also insbesondere, wenn *Prozessvoraussetzungen nach wie vor nicht erfüllt sind*, also beispielsweise der Anklagegrundsatz immer noch nicht beachtet wird. Entgegen dem, was BGE 133 IV 95/96 = SJZ 103 (2007) 187 = SJ 129 (2007) 363 zu suggerieren scheint, *erfolgt bei Missachtung des Anklagegrundsatzes also kein Freispruch*. A.M. auch TPF 2008 66 (darnach Freispruch). Entgegen der früheren Praxis unter neuem Recht *ebenfalls Einstellung durch das Gericht, wenn in Anwendung von StPO 8 etwa wegen StGB 53 von Strafe abgesehen wird*, dazu vorne N 202 Fn. 325.

[19] Siehe vorne N 401, 487. Bei der *örtlichen interkantonalen Zuständigkeit* ist allerdings StPO 40 II zu beachten, wonach *Gerichtsstandskonflikte nur bis Anklageerhebung vors Bundesstrafgericht* gebracht werden können (vorne N 488 ff., dort mit Hinweisen in Fn. 224 zur Frage, ob die Gerichte, die die Unzuständigkeit feststellen, an StPO 40 II gebunden sind). – Gegen Einstellungen ist allenfalls eine *Wiederaufnahme* nach StPO 323 möglich. *Gegen separate erstinstanzliche Einstellungsbeschlüsse nach StPO 329 V ist Beschwerde* nach StPO 322 II und 393 ff. zulässig, also nicht Berufung zusammen mit dem Urteil.

4. Vorbereitung der Hauptverhandlung, StPO 330–332, VStrR 75

4.1. Vorbereitung und Ansetzung der Hauptverhandlung, StPO 330–332

1288 Ergibt die Vorprüfung von Anklage und Akten nach StPO 329 keine Mängel, so trifft die Verfahrensleitung unverzüglich die **zur Durchführung der Hauptverhandlung notwendigen Anordnungen** (StPO 330 I). Urteilt ein Kollegialgericht, so setzt sie die Akten bei den Richtern in Zirkulation (StPO 330 II). Sofern dies nicht bereits im Vorverfahren geschehen ist, **orientiert die Verfahrensleitung das Opfer über seine Rechte**, wobei StPO 305 sinngemäss anwendbar ist (StPO 330 III).

1289 Im Zentrum dieser Vorphase steht das **Ansetzen der Hauptverhandlung durch die Verfahrensleitung**, welches StPO 331 regelt. Dazu gehört zunächst, dass sie den Parteien mitteilt, in welcher **Zusammensetzung das Gericht** tagen werde und **welche Beweise von Amtes wegen abgenommen werden sollen** (StPO 331 I). Entscheidend ist dabei die Vorschrift von StPO 343 über die in der Hauptverhandlung abzunehmenden Beweise[20]. Gleichzeitig wird den Parteien Frist angesetzt, um **begründete Beweisanträge** zu stellen (näher Abs. 2), bei denen naturgemäss die Art des Beweisverfahrens nach StPO 343[21] zu berücksichtigen ist. Die Verfahrensleitung entscheidet über diese Beweisanträge. Werden sie abgelehnt, so teilt sie dies den Parteien mit kurzer Begründung mit. Gegen die Ablehnung von Beweisen ist kein Rechtsmittel (Beschwerde) möglich[22], doch können die Anträge anlässlich der Hauptverhandlung erneuert werden (StPO 331 III). Beigefügt sei, dass StPO 331 II insoweit eine **Ordnungsvorschrift ist, als Beweisanträge auch noch später**, so während und am Schluss der Hauptverhandlung, gestellt werden können, worauf neben StPO 345 der zweite Satzteil von StPO 331 II (Kostenfolgen verspäteter Beweisanträge, vgl. StPO 417) hinweist.

1290 Wesentlicher Bestandteil dieses vorbereitenden Stadiums bildet das **Ansetzen von Datum, Zeit und Ort der Hauptverhandlung** und der **Erlass der Vorladungen** an Parteien, Zeugen, Auskunftspersonen und Sachverständige. Diese Anordnungen liegen ebenfalls in der Kompetenz der Verfahrensleitung, welche auch über Verschiebungsgesuche, die vor Beginn der Hauptverhandlung gestellt werden, endgültig zu entscheiden hat (StPO 331 IV und V).

---

[20] Hinten N 1322 ff.
[21] Dazu hinten N 1329 ff.
[22] Also keine Beschwerde nach StPO 393 ff.; auch eine Strafrechtsbeschwerde ans Bundesgericht ist mit Blick auf BGG 92 f. nicht möglich.

4.2. Vorverhandlungen, StPO 332

Im Interesse einer speditiven Verfahrenserledigung kann es lohnend sein, wenn die Verfahrensleitung mit den Parteien, vorab der Staatsanwaltschaft, der beschuldigte Person und deren Rechtsvertreter, eine **nur parteiöffentliche Vorverhandlung** durchführt. Dabei können Fragen der Gestaltung der Hauptverhandlung, der notwendige Zeitbedarf, Ausstandsbegehren, die abzunehmenden Beweise, der Beizug von Übersetzern u.Ä., insbesondere aber auch **Vorfragen** i.S. von 339 II besprochen werden[23].

StPO 332 II erlaubt es der Verfahrensleitung, unter den Voraussetzungen von StPO 316 I **Vergleichsverhandlungen durchzuführen**. Sie kann auch i.S. von StPO 316 II (nochmals) auf eine Wiedergutmachung hinwirken, doch sind solche Verhandlungen nicht zwingend. Folgt daraus ein Rückzug des Strafantrags bzw. eine Wiedergutmachung nach StGB 53, hat das Gesamtgericht in Anwendung von StPO 329 IV das Verfahren einzustellen.

StPO 332 III ermöglicht, dass **Beweise, die anlässlich der Hauptverhandlung nicht oder nicht mehr erhoben werden könnten**, vorgängig abgenommen werden, sei es durch eine Delegation des Gerichts, sei es, dass damit in dringenden Fällen die Staatsanwaltschaft oder rechtshilfeweise eine auswärtige Behörde (so nach StPO 49) beauftragt wird. Es ist an Fälle zu denken, in denen ein Zeuge vor einer längeren Auslandsreise steht oder aber dessen Gesundheitszustand keinen Aufschub erträgt[24]. Die Teilnahmerechte nach StPO 147 f. sind zu beachten.

5. Änderung und Erweiterung der Anklage, StPO 333

5.1. Ausgangspunkt: Anklage- oder Akkusations- sowie Immutabilitätsgrundsatz

Mit dem **Anklage- oder Akkusationsprinzip** nach StPO 9 verbunden ist das **Immutabilitätsprinzip**, d.h., eine einmal erhobene Anklage darf nicht geändert werden[25]. StPO 333 sieht vorab zur Vermeidung materiell nicht verantwortbarer Freisprüche sowie aus verfahrensökonomischen Gründen vor, dass unter gewissen Voraussetzungen Anklagen geändert oder erweitert werden können. Diese Bestimmung steht im Zusammenhang mit StPO 329 II, wonach mangelhafte Anklagen an die Staatsanwaltschaft zurückgewiesen werden können.

---

[23] BeB 220; Botschaft 1280.
[24] Botschaft 1280 Mitte.
[25] Vorne N 210, nachfolgend N 1333.

5.2. Änderung der Anklage, StPO 333 I

1295 Nach StPO 333 I gibt das Gericht (nicht die Verfahrensleitung allein) der Staatsanwaltschaft Gelegenheit, die Anklage zu ändern, wenn der darin **umschriebene Sachverhalt nach seiner Auffassung einen andern Straftatbestand erfüllen könnte,** die Anklageschrift aber eine Verurteilung wegen dieses andern Straftatbestandes nicht ermöglicht. In der Botschaft ist der Fall erwähnt, dass die Anklage auf qualifizierte Veruntreuung lautet, das Gericht jedoch zur Auffassung gelangt, der Sachverhalt könnte als Betrug qualifiziert werden. Es liegt auf der Hand, dass ein Schuldspruch wegen Betrugs nur ergehen kann, wenn die Anklage den Vorwurf der arglistigen Täuschung enthält[26].

1296 Diese Bestimmung ist nur anwendbar, wenn innerhalb des **bereits in der Anklage enthaltenen Sachverhalts eine andere Qualifikation** in Frage kommt. Die Abänderung der Anklage kann zu einer milderen, aber auch schärferen Bestrafung der beschuldigten Person[27] bzw. zu einer Erweiterung des Anklagesachverhalts führen, soweit dieser den gleichen Lebensvorgang betrifft. So kann neben dem bereits vorne erwähnten Beispiel eine Anklage wegen Körperverletzung auf fahrlässige Tötung ausgedehnt werden, wenn das verletzte Unfallopfer nach der Anklageerhebung stirbt[28]. Hingegen kann z.B. eine Betrugsanklage nicht auf Urkundenfälschung ausgedehnt werden[29]. Sind **bisher nicht Gegenstand der Anklage bildende Vorgänge** betroffen, kommt allein die Bestimmung von StPO 333 II in Frage. Nicht nach StPO 333 I zu behandeln sind sodann Fälle, in denen eine **Anklage innerhalb des gleichen Straftatbestands zu berichtigen** ist, also beispielsweise bei einer Betrugsanklage ausreichende Hinweise zur Arglist fehlen, eine wesentliche Zeitangabe unrichtig ist usw. Hier hat das Gericht nach StPO 329 II vorzugehen[30].

---

[26] Näher Botschaft 1280 unten. – Der ähnliche *Fall der Ergänzung oder Berichtigung der Anklage* richtet sich nach StPO 329 II, dazu vorne N 1284.

[27] In diese Richtung Aus 29 mach 1 S. 144. So zur ähnlichen Bestimmung des früheren zürcherischen Prozessrechts SJZ 56 (1960) 140.

[28] ZR 69 (1970) Nr. 41. Zur Änderung der Anklage ferner ZR 87 (1988) Nr. 57, 84 (1985) Nr. 22 und der Fall in SJZ 102 (2006) 167 (Wechsel vom Tatbestand von StGB 303 Ziff. 1 Abs. 1 zu jenem von Abs. 2). Denkbar auch Einreichen einer Eventualanklage auf fahrlässige Tötung, wenn Gericht Parteien darauf aufmerksam macht, dass allenfalls ein Tötungsvorsatz verneint würde; zu einem solchen Fall (in dem das Zürcher Geschworenengericht allerdings ohne Anklageänderung im Urteil von vorsätzlicher auf fahrlässige Tötung wechselte) NZZ Nr. 280 vom 1./2.12.2007 S. 19. Oder die Beweisabnahme vor Gericht ergibt, dass die angeklagten Vorgänge nicht nur fahrlässige Tötung und Gefährdung des Lebens, sondern vorsätzliche Tötung darstellen dürften, so in einem Fall vor dem Zürcher Geschworenengericht, NZZ Nr. 33 vom 9./10.2.2008 S.57.

[29] So zur ähnlichen Bestimmung des früheren zürcherischen Prozessrechts SJZ 64 (1968) 222.

[30] Vorne N 1284. Mit einem Vorgehen nach StPO 333 I *kann nicht eine Akten- oder Beweisergänzung verbunden werden*; Beweisergänzungen sind allenfalls vom Gericht selbst vorzunehmen, vorne N 1282.

5.3 Erweiterung der Anklage, StPO 333 II, III

Es kommt gelegentlich vor, dass **während des Hauptverfahrens neue Straftaten bekannt werden, die nicht Gegenstand der Anklage bilden**. Im Unterschied zum Fall von StPO 333 I geht es hier um einen Lebenssachverhalt, der bisher nicht in der Anklage erschien. So räumt ein Serientäter vor den Schranken des Gerichts ein, noch weitere Delikte begangen zu haben[31]. An sich müsste in solchen Fällen zunächst ein neues Vorverfahren eingeleitet und alsdann eine weitere Anklage eingereicht werden[32]. Aus verfahrensökonomischen Gründen lässt StPO 333 II zu, dass die Staatsanwaltschaft während der Rechtshängigkeit des Verfahrens eine Nachtragsanklage formuliert und sofort dem Gericht unterbreitet, damit diese noch Gegenstand des hängigen Verfahrens wird. Wegen der einschränkenden Bestimmungen von StPO 333 III und IV, die gleich anschliessend zu besprechen sind, dürfte die Anwendung dieser Vorschriften nur in seltenen Ausnahmefällen aktuell werden.

Wenn bei einer Erweiterung der Anklage nach StPO 333 II verfahrensökonomische Gründe im Vordergrund stehen, kann sie **nur in Frage kommen, wenn dadurch das weitere Verfahren nicht über Gebühr erschwert wird**[33]. StPO 333 III sieht deshalb zunächst vor, dass eine Ergänzung ausgeschlossen ist, wenn damit das Verfahren erheblich erschwert würde. Zu denken ist an Fälle, in denen **weitere Beweise zu erheben wären**, also beispielsweise Geschädigte zu eruieren und zu befragen wären. Eine Erweiterung der Anklage ist auch ausgeschlossen, wenn dadurch die **Zuständigkeit geändert würde**, also beispielsweise damit nicht mehr das Einzel-, sondern nunmehr das Kollegialgericht zuständig würde. Besteht bei den weiteren ans Tageslicht gekommenen Delikten der **Verdacht der Mittäterschaft oder Gehilfenschaft Dritter**, ist eine Erweiterung ebenfalls nicht zulässig[34].

1297

1298

5.4. Anwendung und Schranken dieser Vorschrift, StPO 333 III, IV

Die Platzierung von StPO 333 im Konnex mit den Vorschriften über das Vorstadium des Hauptverfahrens könnte vermuten lassen, dass Änderungen und Erweiterungen von Anklage nur *vor* der Hauptverhandlung möglich wären. Wie bei der parallelen Vorschrift von StPO 329 II Satz 2 (... *oder später im Verfahren* ...) **ist die Vorschrift indessen ebenfalls während der Hauptverhandlung**[35]

1299

---

[31] BeB 230.
[32] Also nach StPO 299 ff., vorne N 1205 ff.
[33] Dazu Botschaft 1281 oben.
[34] Eine Ausdehnung der Anklage nach StPO 333 II auf bisher nicht angeklagte Personen wäre ohnehin nicht zulässig.
[35] Im *Berufungsverfahren nach StPO 398 ff.* ist Änderung der Anklage nach StPO 333 I über die allgemeine Vorschrift von StPO 379 möglich (RKG 2006 Nr. 99), hinten N 1340. Erweiterung der Anklage gemäss StPO 333 II nach früherer Praxis (vgl. etwa RFJ/FZR

anwendbar. Sie dürfte sogar gerade in dieser Phase ihre hauptsächliche Bedeutung erlangen, da die Mangelhaftigkeit der Anklage häufig erst während der Hauptverhandlung zu Tage tritt[36], ja allenfalls erst während der **Urteilsberatung**[37].

1300 Tritt der Fall einer Änderung oder Erweiterung der Anklage nach StPO 333 I und II ein, so hat das **Gericht unter Vorbehalt von StPO 333 III und IV der Staatsanwaltschaft dazu Gelegenheit zu geben** und dieser dafür eine Frist anzusetzen[38]. Diese ist jedoch **nicht verpflichtet, davon Gebrauch zu machen**[39]. Verzichtet sie auf eine **Änderung** nach StPO 333 I, riskiert sie allenfalls eine Verfahrenseinstellung nach StPO 329 IV oder einen Freispruch. Bei einem Verzicht auf eine **Erweiterung** nach StPO 333 II ist es der Staatsanwaltschaft allerdings unbenommen, wegen der neu entdeckten Delikte ein neues Vorverfahren i.S. von StPO 308 ff. zu eröffnen.

1301 Eine wesentliche Schranke für die Änderung und vor allem die Erweiterung der Anklage nach StPO 333 I und II besteht darin, dass sie nur in Frage kommen, wenn die **Parteirechte der beschuldigten Person wie auch der Privatklägerschaft** (und allenfalls weiterer tangierter Verfahrensbeteiligter) gewahrt wurden (StPO 333 IV). Um diesen Personen das rechtliche Gehör zu gewähren, dürfte im Regelfall eine **Unterbrechung bzw. Vertagung der Hauptverhandlung erforderlich sein.**

1302 Für die in Anwendung von StPO 333 I und II (neu) **eingereichte Anklage gelten die Vorschriften von StPO 325–327**[40]. Sie wird von der Verfahrensleitung nach StPO 329 vorgeprüft[41]. Entsprechend StPO 324 II ist gegen die geänderte oder erweiterte Anklage **kein Rechtsmittel** zulässig. Nach StPO 393 I lit. b ist auch keine Beschwerde gegen die Einladung des Gerichts an die Staatsanwaltschaft zur Änderung oder Erweiterung der Anklage möglich[42].

---

14 [2005] 407 = RS 2006 Nr. 110) wegen des Instanzverlusts im Prinzip nicht zulässig, denkbar aber wohl mit Zustimmung der beschuldigten Person, da ein Einbezug der neu entdeckten Straftaten u.U. in ihrem Interesse liegt (kein neues Verfahren).

36 Im VE war die Bestimmung (sie regelte nicht nur die Änderung und Erweiterung, sondern auch die Berichtigung der Anklage, Art. 383) denn auch unter den Vorschriften zur Urteilsfällung eingereiht, vgl. BeB 229 f.

37 Dazu hinten N 1340.

38 Mit der Einladung nach StPO 333 I und II tritt keine die Unabhängigkeit des Richters tangierende Vorbefassung bzw. Befangenheit ein, vorne N 516.

39 Dazu und zum Folgenden Botschaft 1281 oben. Es ist *allein Sache der Staatsanwaltschaft, über die Anklage und damit eine Änderung usw. zu befinden*, ZR 87 (1988) Nr. 57 S. 144.

40 Vorne N 1267 ff.

41 Vorne N 1280 ff.

42 Dazu vorne N 1276. – Also in *beiden Fällen keine Beschwerde* nach StPO 393 ff.; auch eine Strafrechtsbeschwerde ans Bundesgericht ist mit Blick auf BGG 92 f. nicht möglich; vgl. dazu BGer 6.2.2008, 1B_273/2008 in Anwaltsrevue 5/2008 242 f.

6. Überweisung des Falles, StPO 334

Denkbar ist, dass das erstinstanzliche Gericht im Verlaufe des Hauptverfahrens zum Schluss kommt, dass für die angeklagten Delikte eine Strafe oder eine andere Sanktion in Frage kommt, die seine (sachliche) **Zuständigkeit überschreitet**[43]. Im Regelfall dürfte diese Konstellation das Einzelgericht betreffen, welches z.B. feststellt, dass eine Freiheitsstrafe von mehr als zwei Jahren (vgl. StPO 19 II lit. b) in Frage kommt[44]. Diesfalls hat das Gericht nach StPO 334 I den Fall spätestens nach Abschluss der Parteivorträge, allenfalls aber erst als Resultat der Urteilsberatung nach StPO 348 ff. dem Gericht zu überweisen, in dessen Zuständigkeit der Fall liegt. Ein **Rechtsmittel gegen diese Überweisung ist nicht gegeben** (StPO 334 II)[45].

1303

Ergänzend ist festzuhalten, dass eine **Rückweisung nicht stattfindet**, wenn das Kollegialgericht bei einer direkt eingereichten oder nach Massgabe von StPO 334 ihm überwiesenen Anklage nachfolgend eine **geringere, in die Zuständigkeit des Einzelgerichts** fallende Sanktion ausfällen möchte[46]. Hier greift der **Grundsatz der** *perpetuatio fori*, d.h., die Zuständigkeit bleibt erhalten[47].

1304

§ 82 Durchführung der Hauptverhandlung, StPO 335–351, JStPO 35 und 36, VStrR 77, MStP 130–154

Literaturauswahl: Neben der zu § 12 und 81 zitierten Literatur AESCHLIMANN N 1517; HAUSER/
SCHWERI/HARTMANN § 82; MAURER 431; OBERHOLZER N 1435; PIQUEREZ (2006) Nr. 1110; DERS. (2007) N 881.

PHILIPP GROSSKOPF, Beweissurrogate und Unmittelbarkeit der Hauptverhandlung, Zürich 2007; HANS MATHYS, Gedanken zur Urteilsfindung, SJZ 103 (2007) 324; MARK PIETH, Spart die Schweiz im Strafprozessrecht den Richter ein?, FS Roland Miklau, Wien 2006, 383; BEAT WOLFFERS, Der Schuldinterlokut in der Schweiz, insbesondere im Kanton Zürich, Z 117 (1999) 215.

Materialien: Aus 29 mach 1 S. 143 ff.; VE 367–384; BeB 221 ff.; ZEV 69 ff.; E 336–354; Botschaft 1281 ff.; AB S 2006 1045, AB N 2007 1021 ff.

---

[43] Gilt nur im Fall dieser sachlichen Zuständigkeit, nicht aber z.B. *bei fehlender örtlicher Zuständigkeit*. Hier ist ein Nichteintretensentscheid zu fällen, vorne N 1287 a.E.
[44] Botschaft 1281 Mitte. Denkbar auch, dass die Kantone erstinstanzliche Gerichte mit unterschiedlicher Kompetenz schaffen (z.B. «gewöhnliche» Gerichte für Strafen bis fünf Jahre, ein Kriminalgericht für Fälle mit höheren Strafanträgen).
[45] Also *keine Beschwerde nach StPO 393 ff.* (ebenfalls nicht, wenn Antrag der beschuldigten Person auf Überweisung verworfen wird); auch eine Strafrechtsbeschwerde ans Bundesgericht ist mit Blick auf BGG 93 nicht möglich. – Zur (kritischen) Frage der *Vorbefassung des überweisenden Einzelrichters* vorne N 517.
[46] BeB 220 unten, Botschaft 1281 Mitte.
[47] Dazu BGE 133 IV 245.

1. Gericht und Verfahrensbeteiligte, StPO 335–337

1.1. Zusammensetzung des Gerichts, StPO 335, JStPO 7 II, MStP 130

1305 Wesentlich ist zunächst, dass das **Gericht während der gesamten Dauer der Hauptverhandlung in seiner gesetzlichen Zusammensetzung** (die sich nach StPO 14 II aus dem einführenden Recht von Bund und Kantonen ergibt und die nach StPO 331 I den Parteien angekündigt wurde[48]) tagt (StPO 335 I); diese Bestimmung sieht zwingend vor, dass während der gesamten Hauptverhandlung (auch z.B. bei einem Augenschein) ein **Gerichtsschreiber**[49] anwesend ist. **Fällt ein Richter aus**, so ist nach StPO 335 II die gesamte Hauptverhandlung zu wiederholen, es sei denn, die Parteien verzichteten darauf. Nach StPO 335 III kann die Verfahrensleitung anordnen, **dass von Anfang an ein Ersatzrichter an der Hauptverhandlung teilnimmt**, damit er notfalls einen Richter ersetzen kann. Diese Bestimmung stammt aus den Regelungen einzelner Kantone des früheren Geschworenengerichtsverfahrens; wie dort wird sie vor allem anzuwenden sein, wenn das Richterkollegium relativ gross ist und mit einem längeren Verfahren zu rechnen ist. Der Ersatzrichter muss auch in die Aktenzirkulation nach StPO 330 II einbezogen werden[50].

1306 StPO 335 IV nimmt die Regelung von OHG 35 lit. b auf, wonach das **Opfer** das Recht hat, zu verlangen, dass dem **Gericht mindestens ein Vertreter des selben Geschlechts angehört**. Damit die Regel bei **Einzelgerichten** praktikabel bleibt und bisherige Kontroversen zu diesem Punkt gegenstandslos werden[51], sieht Satz 2 der Bestimmung vor, dass sie nicht anwendbar ist, wenn im gleichen Fall Opfer beiden Geschlechts beteiligt sind.

1.2. Anwesenheit der beschuldigten Person und ihrer Verteidigung, StPO 336, JStPO 35, VStrR 74 I, MStP 130–133

1307 Nach StPO 336 I hat die **beschuldigte Person** (auch das **Unternehmen** bzw. dessen Vertreter nach StGB 102 bzw. StPO 112) grundsätzlich persönlich an der Hauptverhandlung teilzunehmen, auch wenn sie verteidigt ist. Diese obligatorische Teilnahme bezieht sich nach lit. a der erwähnten Bestimmung auf Fälle, in denen **Verbrechen oder Vergehen behandelt werden** oder, nach lit. b, wenn (vorab bei Übertretungen) **die Verfahrensleitung die persönliche Anwesenheit**

---

[48] Ein sich aufdrängender *Wechsel in der Zusammensetzung* ist den Parteien analog zu StPO 331 I Satz 2 rechtzeitig anzukündigen.
[49] Diesem dürfen aber *keine (einzel)richterlichen Befugnisse übertragen werden*, Pra 97 (2008) Nr. 138 = BGE 134 I 184. Der Gerichtsschreiber kann jedoch (entgegen den Richtern nach StPO 335 II) *ersetzt werden*.
[50] Botschaft 1281 unten.
[51] Dazu BeB 221 unten.

anordnet. Das **persönliche Erscheinen kann der beschuldigten Person jedoch auf ihr Gesuch hin erlassen werden**, wenn sie wichtige Gründe geltend macht und ihre Anwesenheit nicht erforderlich ist (StPO 336 III)[52]. In diesem Fall wird die Hauptverhandlung durchgeführt, wie wenn die beschuldigte Person anwesend wäre. Es kann gegen sie aber auch bei unentschuldigter Abwesenheit verhandelt werden (**Abwesenheitsverfahren**, StPO 336 IV, 366 ff.; JStPO 36, VStrR 76)[53].

Die **amtliche sowie die notwendige Verteidigung** nach StPO 130 und 132[54] haben nach StPO 336 II an der Verhandlung persönlich teilzunehmen; bleiben sie – verschuldet oder unverschuldet – aus, wird die Verhandlung verschoben (StPO 336 V). Ein allenfalls bestellter **Wahlverteidiger** wird nach StPO 129 zur Verhandlung vorgeladen. Seine Anwesenheit ist jedoch nicht zwingend, auch wenn sein Nichterscheinen im Regelfall zur Verschiebung der Hauptverhandlung führt.

1308

1.3. Anwesenheit der Staatsanwaltschaft, StPO 337, VStrR 24, 74 I, 75 IV, MStP 130 I

Die **Staatsanwaltschaft** kann dem Gericht schriftliche Anträge oder aber solche persönlich vor Gericht stellen (StPO 337 I). Sie kann demgemäss in jeder Hauptverhandlung auftreten. **Zwingend ist die Anwesenheit des Staatsanwalts**, wenn er eine Freiheitsstrafe von mehr als einem Jahr oder eine freiheitsentziehende Massnahme beantragt (StPO 337 III)[55], sei es, dass er diese Anträge bereits in der Anklage formuliert hat, sei es, dass er sich darin entsprechende Anträge anlässlich der Hauptverhandlung vorbehielt (StPO 326 I lit. f.). Die **Verfahrensleitung kann die Staatsanwaltschaft in jedem Fall zur persönlichen Teilnahme verpflichten**, falls dies als notwendig erscheint (StPO 337 IV), so etwa, wenn Schwierigkeiten in sachverhaltsmässiger oder rechtlicher Hinsicht zu erwarten oder noch Beweis abzunehmen sind[56]. **Erscheint die Staatsanwaltschaft**

1309

---

[52] ZR 67 (1968) Nr. 97. *Verteidiger darf das Gesuch nur im Einverständnis mit der beschuldigten Person stellen*, RO 1990 343 Nr. 39. Zur Ausdrücklichkeit vgl. auch EuGRZ 19 (1992) 539 und 581. Keine Verletzung der Verteidigungsrechte bei Abreise ins Ausland in Kenntnis der Vorladung und Anwesenheit des Verteidigers, KGZ 5.5.2000 in plädoyer 5/2000 73.
[53] Hinten N 1396 ff.
[54] Vorne N 728 ff.
[55] Sind solche *Sanktionen nicht beantragt, werden aber vom Gericht ins Auge gefasst*, so steht es diesem frei, die Staatsanwaltschaft nach StPO 337 IV vorzuladen. – Nach VStrR 75 IV allgemein und speziell etwa FINMAG 50 III haben die Vertreter der Bundesanwaltschaft und der Bundesverwaltung nicht persönlich zur Hauptverhandlung zu erscheinen – wohl *leges speciales* zu StPO 337!
[56] Nach EGMR vom 25.6.1992 i.S. Thorgeir Thorgeirson v. Island, Serie A Nr. 239, § 52, soll es EMRK 6 Ziff. 1 widersprechen, wenn in *Abwesenheit des Staatsanwalts wichtige Zeugen einvernommen werden*. Allerdings sieht StPO 341 (entgegen VE 378 IV ff. und sehr vielen ausländischen Verfahrensordnungen) das Präsidialverhör vor.

trotz **Verpflichtung nicht**, wird die Hauptverhandlung verschoben (StPO 337 V); es findet kein Abwesenheitsverfahren (StPO 366 ff.) statt.

1.4. Anwesenheit der Privatklägerschaft und Dritter, StPO 338, JStPO 20 II, MStP 163–164

1310 Die **Privatklägerschaft** (bzw. das Opfer) hat ein Recht auf Anwesenheit sowie auf Vorladung zur Hauptverhandlung (anders JStPO 20 II), wenn sie darauf nicht verzichtete. Aus (dem vom Ständerat eingefügten[57]) StPO 338 scheint sich *prima vista* zu ergeben, dass sie grundsätzlich eine Erscheinenspflicht hat, wie dies bei Vorgeladenen nach StPO 205 I die Regel bildet, welcher Pflicht sie sich allerdings mit einem Vorgehen nach StPO 338 III, etwa einer entsprechenden Eingabe, entschlagen kann. Die Privatklägerschaft kann nach StPO 338 I von der persönlichen Anwesenheit **dispensiert werden**, wenn diese nicht erforderlich ist, was zumeist der Fall sein dürfte, wenn sie nicht als Auskunftsperson zu befragen ist oder wenn sie nicht noch ihre Zivilklage beziffern und begründen muss (StPO 123). Denkbar ist ferner, dass sich die Privatklägerschaft **vertreten lässt oder schriftliche Anträge** stellt (StPO 338 III a.E.), auf welche Möglichkeiten in der Vorladung zu verweisen ist.

1311 StPO 338 regelt nicht ausdrücklich die **Folge des unentschuldigten Ausbleibens der Privatklägerschaft** vor Gericht. Nach den allgemeinen Regeln von StPO 205 IV und V scheinen ausser Ordnungsbusse bzw. (kaum aktuell) einer Vorführung keine Sanktionen möglich zu sein. Eine Folge unentschuldigten Ausbleibens der **Privatklägerschaft als Strafklägerin** ist allein, dass sie z.B. des Parteivortrags nach StPO 346 I lit. b verlustig geht. Welches ist das **Schicksal einer eingereichten Zivilklage bei Ausbleiben**? Hat die Privatklägerschaft i.S. von StPO 122 und 123 I ihre Zivilklage bereits im Vorverfahren oder durch eine Eingabe ans Gericht ausreichend begründet, hat sich das Gericht wohl auch bei Abwesenheit der Privatklägerschaft mit der Zivilklage materiell auseinanderzusetzen und darüber im Urteil zu entscheiden (StPO 124 I). Genügen diese Angaben nicht und wäre eine nähere Begründung nach StPO 123 II nötig, so hat das Gericht die Privatklägerschaft z.B. im Vorladungsformular auf diesen Umstand aufmerksam zu machen, ebenso auf die Folgen mangelnder Begründung (Verweis auf Zivilweg, StPO 126 II lit. b[58]). Das Ausbleiben der Privatklägerschaft dürfte demgemäss generell höchstens zur Folge haben, dass auf ihre Anträge nicht eingetreten bzw. die Zivilklage auf den Zivilweg verwiesen wird.

1312 Der von einer **Einziehung Betroffenen** (auch der Ansprecher aus StGB 73) hat zwar nach StPO 105 I lit. f. und II (VStrR 74 II) das Recht auf Vorladung und Teilnahme an der Hauptverhandlung. Das persönliche Erscheinen ist ihm jedoch stets freigestellt (StPO 338 II). Da das Einziehungsrecht – vereinfacht gespro-

---

[57] AB S 2006 1045 f. Entsprechende Regelung schon in VE 370.
[58] Vgl. dazu VE 370 III und BeB 222.

chen – von Amtes wegen anzuwenden ist, müssen solche Betroffene aber u.U. (so bei Unklarheiten) obligatorisch vorgeladen werden.

2. Beginn der Hauptverhandlung, StPO 339, 340

2.1. Eröffnung der Hauptverhandlung, Vor- und Zwischenfragen, StPO 339, MStP 134–136

Die **Verfahrensleitung eröffnet die Hauptverhandlung**. Sie gibt die Zusammensetzung des Gerichts bekannt und stellt die Anwesenheit der vorgeladenen Personen fest (StPO 339 I). Anschliessend daran können nach StPO 339 II das **Gericht wie auch die Parteien Vorfragen aufwerfen**, die die Ordnungsmässigkeit des Verfahrens an sich bzw. dessen Ablauf betreffen. Diese Vorfragen decken sich teilweise mit den Einwänden, die bei der Prüfung der Anklage nach 329 I vorgebracht werden können. Es sind Gründe, bei denen es sinnvoll ist, sie vor der materiellen Behandlung der Anklage zu entscheiden. Vorausgesetzt ist, dass das Gericht befugt ist, über solche Vorfragen zu entscheiden, was etwa bei Ausstandsfragen nach StPO 59 I lit. b nicht zutrifft[59]. Vorfragen betreffen beispielsweise die **Gültigkeit der Anklage** (lit. a), **Prozessvoraussetzungen bzw. Verfahrenshindernisse**, vor allem die Zuständigkeit oder die Verjährung, allenfalls die **Anwendung des Opportunitätsprinzips** nach StPO 8 (lit. b und c), ferner die Ordnungsmässigkeit der **Akten** und die **erhobenen bzw. noch zu erhebenden Beweise** (vgl. StPO 331 I, III Satz 2), z.B. die Einholung eines psychiatrischen Gutachtens, die Einvernahme von Zeugen, die nach StPO 331 III Satz 1 zunächst abgelehnt wurden, u.Ä. (lit. d), die **Öffentlichkeit der Verhandlung** nach StPO 69 ff. (lit. e) oder die **Zweiteilung derselben** nach StPO 342 (lit. f).

1313

Abgesehen von Fragen, die die Durchführung der Hauptverhandlung betreffen (etwa die Frage der Öffentlichkeit, lit. e) und die deshalb sinnvollerweise stets vor Beginn der Hauptverhandlung geklärt werden, sind die Parteien allerdings nicht gehalten, vorab Einwände i.S. von StPO 339 I lit. a-d stets zu Beginn der Hauptverhandlung vorzubringen. Diese Fragen können ohne prozessuale Nachteile ebenso später als **Zwischenfragen** i.S. von StPO 339 IV oder im Rahmen des Schlussplädoyers nach StPO 346 (etwa die Frage der Verjährung) aufgeworfen werden. Dies gilt naturgemäss primär für Fragen der Prozessvoraussetzungen bzw. Verfahrenshindernisse, die von den Strafbehörden in jeder Phase des Verfahrens von Amtes wegen zu berücksichtigen sind[60].

1314

---

[59] Botschaft 1282 Mitte. Zum *Ausstand* vorne N 507 ff. Werden Ausstandsgründe zu Beginn der Hauptverhandlung vorgebracht (und diese nicht verspätet sind), so sind StPO 59 und 60 zu beachten Nach StPO 59 III kann die abgelehnte Justizperson unter dem Risiko der späteren Aufhebung der Amtshandlungen nach StPO 60 weiteramten.

[60] Vorne N 321.

1315 Werden Vor- oder Zwischenfragen aufgeworfen, so wird den Parteien das rechtliche Gehör gewährt; anschliessend **entscheidet das Gericht sofort darüber** (StPO 339 III). Je nach Art der aufgeworfenen Vorfrage wird der Entscheid verschieden lauten. Vereinfacht gesprochen sind hier die Bestimmungen über die Vorprüfung durch die Verfahrensleitung nach StPO 329 II-V analog anzuwenden. So ist es ebenfalls denkbar, dass der Entscheid etwa über eine Prozessvoraussetzung oder ein Verfahrenshindernis wie in StPO 329 V vorgesehen auf den Endentscheid verschoben wird[61]. Entsprechend StPO 329 II sieht StPO 339 V vor, dass das Gericht die Hauptverhandlung – im Interesse der Beschleunigung des Verfahrens nur ausnahmsweise – jederzeit vertagen kann, damit es selbst oder die damit betraute Staatsanwaltschaft die **Akten und Beweise ergänzen**[62] kann. In diesem Fall kann das Gericht das Verfahren analog zu StPO 329 II Satz 1 sistieren, wobei aber der Fall entgegen StPO 329 III immer bei ihm hängig bleibt.

2.2. Fortgang der Verhandlung, StPO 340

1316 Sind allfällige Vorfragen behandelt, so hat dies zur Folge, dass zur **materiellen Behandlung der Anklage übergegangen wird**. Dieser Zeitpunkt hat nach StPO 340 I verschiedene prozessrechtliche Konsequenzen:

1317 *2.2.1.* Von diesem Zeitpunkt des materiellen Eintretens auf die Anklage an gilt nach StPO 340 I lit. a die **Beschleunigungs- und Konzentrationsmaxime** (StPO 5 I zweiter Satzteil), d.h. die Hauptverhandlung ist wenn möglich in einem Zug und damit ohne unnötige Unterbrechungen zu Ende zu führen[63].

1318 *2.2.2* Ferner ist dieser Zeitpunkt insofern von Bedeutung, als **nunmehr die Anklage unter Vorbehalt von StPO 333**[64] **nicht mehr zurückgezogen oder geändert werden kann** (StPO 340 I lit. b). Daraus ist abzuleiten, dass nachher grundsätzlich **nur noch ein Schuld- oder ein Freispruch ergehen kann**[65]. Diese Regel gilt jedoch nur, wenn materiell auf die Anklage einzutreten ist. Ergibt sich, dass **Prozessvoraussetzungen** bzw. nicht zu beseitigende **Verfahrenshin-**

---

[61] Botschaft 1282 Mitte. Vorne N 1287.
[62] Es geht hier primär um nicht korrekt abgenommene Beweise. Hingegen kann *keine Rückweisung an die Staatsanwaltschaft erfolgen, um neue, dem Gericht als wesentlich erscheinende Beweise abzunehmen*, zu dieser Thematik im Zusammenhang mit StPO 329 vorne N 1282 und dort Fn. 11.
[63] Einlässlich vorne N 138 ff.
[64] Vorne N 1294 ff.
[65] Dazu Botschaft 1283 oben. So noch ausdrücklich VE 372 I lit. c, dazu BeB 222 unten. Ausnahmen denkbar etwa nach StGB 52–54 oder 55a III, nachfolgend N 1343. Ferner zum Thema BGE 133 IV 96 = SJZ 103 (2007) 187 = SJ 129 (2007) 363 und vorne Fn. 10 und 18.

dernisse vorhanden sind, so ergeht auch nach diesem Zeitpunkt noch eine **Einstellung des Verfahrens** analog zu StPO 329 IV i.V. mit StPO 320[66].

2.2.3. StPO 340 I lit. c enthält sodann die sitzungspolizeilich motivierte Vorschrift, dass vom Beginn dieser Verhandlungen an die **Parteien den Verhandlungsort nur noch mit Einwilligung des Gerichts verlassen dürfen.** Verlässt eine Partei unerlaubterweise den Verhandlungsort, so wird die Verhandlung trotzdem fortgesetzt (zweiter Satzteil dieser Bestimmung), und zwar so, wie wenn die Partei anwesend wäre[67].

1319

2.3. Eröffnung der «Anträge» der Staatsanwaltschaft, StPO 340 II

Der Erledigung allfälliger Vorfragen folgt nach StPO 340 II – wie sich das Gesetz in der Fassung des Parlaments[68] ausdrückt – die **Eröffnung der Anträge der Staatsanwaltschaft.** E StPO 340 II sprach – wohl im Einklang mit praktisch allen früheren Prozessordnungen – von einem Verlesen der Anklageschrift. Mit dieser neuen Formulierung sollte verhindert werden, dass vorab bei sehr umfangreichen Anklagen beschuldigte Personen mit dem Begehren, die ganze Anklageschrift müsse verlesen werden, die Verhandlung blockieren könnten. Die Formulierung ist jedoch missglückt, primär, weil der Begriff des Antrags unklar und missverständlich ist, zumal er durch StPO 326 I lit. e-g sowie 346 I Satz 1 bereits mit anderer Bedeutung besetzt ist[69]. Mit *«Anträgen»* dürfte StPO 340 II eine Zusammenfassung der Anklage nach StPO 325 meinen. Immerhin sei daran erinnert, dass zum einen sicherzustellen ist, dass die beschuldigte Person die Anklage kennt. Zum andern macht die Publikumsöffentlichkeit der Hauptverhandlung nur Sinn, wenn den Anwesenden ausreichende Kenntnisse der Anklage vermittelt werden, was häufig ein Verlesen der Anklage voraussetzt[70].

1320

---

[66] BeB 223 oben. Zur Einstellung nach StPO 319 ff. bzw. 329 II vorne N 1249 ff. sowie allgemein N 323. Gilt auch, wenn *erst im Gerichtsverfahren das Opportunitätsprinzip (StPO 8) angewandt wird,* also kein Freispruch, m.w.H. vorne N 202 sowie N 1287; zur *Kostenauflage* in diesen Fällen hinten N 1787 und 1790.

[67] Die letztgenannte Konsequenz noch ausdrücklich in VE 372 lit. e a.E. Dies bedeutet u.a., dass diesfalls *kein Abwesenheitsverfahren* nach StPO 366 ff. stattfindet und dass keine *Verletzung irgendwelcher Parteirechte* wie rechtliches Gehör oder Anwesenheitsrechte nach StPO 147 geltend gemacht werden kann. Diese Regel gilt ebenfalls, wenn eine *Partei bei einem Verhandlungsunterbruch, so bei einer mehrtägigen Hauptverhandlung, nicht mehr zu nachfolgenden Verhandlungen erscheint,* ebenfalls, wenn sich eine in *Haft befindliche beschuldigte Person weigert, zu späteren Verhandlungen vorgeführt zu werden.*

[68] Vgl. AB S 2006 1046; AB N 2007.

[69] Nicht eben klärend wirkt die Tatsache, dass die romanischen Sprachen in den hier relevanten Bestimmungen keinen einheitlichen Begriff verwenden, sondern von *conclusions* bzw. *propositions* sowie *conclusioni, proposte* bzw. *richieste* sprechen.

[70] Das Verlesen der Anklage generell als (abzuschneidender) «*alter Zopf*» zu bezeichnen (so in RK-S 21.-23.8.2007 61), dürfte deshalb zu weit gehen: Man scheint zu vergessen, dass dieses Verlesen als gleichsam klassischer Bestandteil des Öffentlichkeitsgrundsatzes (dazu

1321 Was immer man unter «*Anträgen*» versteht: Die (anwesenden[71]) **Parteien können auf deren Eröffnung verzichten** (StPO 340 II letzter Satzteil, MStP 135 II). Diese Bestimmung verleiht aber den Parteien, vorab der beschuldigten Person, nicht den Anspruch, dass die Anklage anlässlich der Hauptverhandlung nicht ganz oder teilweise dem anwesenden Publikum zur Kenntnis gebracht oder gar verlesen wird[72]. **Beweispersonen wie Zeugen** usw. können während der Eröffnung der Anträge nach StPO 146 IV lit. b[73] wie auch im anschliessenden Beweisverfahren nach StPO 341 ff. **ausgeschlossen werden**[74], wenn dies der Wahrheitsfindung dient.

3. Beweisverfahren, StPO 341–345, MStP 138–142

3.1. Allgemeines, Leitung, Einvernahmen, StPO 341

1322 Im Zentrum der Hauptverhandlung steht die Abnahme der erforderlichen Beweise, d.h. der Präsentation der für die Urteilsfindung erforderlichen Grundlagen in beweismässiger Hinsicht. Die Kernfrage ist dabei, auf welche Weise die Beweise dem Gericht vermittelt werden sollen. Es bietet sich dabei einerseits die Form der **Unmittelbarkeit** an, bei welcher die Beweisabnahme wie vor allem Einvernahmen von beschuldigten Personen, Zeugen, Auskunftspersonen sowie Sachverständigen durch das Gericht selbst erfolgen. Denkbar ist sodann eine **Mittelbarkeit** in dem Sinn, dass das Gericht sein Urteil auf Beweise gründet, die vorgängig von andern Strafbehörden, vor allem von der Staatsanwaltschaft im Rahmen von StPO 308, erhoben wurden[75]. Die bisher geltenden Strafprozessgesetze von Bund und Kantonen folgten diesen Modellen in unterschiedlicher Weise, wobei nicht selten die Praxis Wege beschritt, die sich nicht unbedingt aus den Gesetzestexten ergaben. Die StPO basiert in StPO 341 ff. und vor allem StPO 343, wie bereits erläutert, auf einer **beschränkten Unmittelbarkeit**[76], bei

---

vorne N 260) gehört. Besucher heutiger Gerichtsverhandlungen ohne Verlesen der Anklage beklagen sich denn auch immer wieder darüber, sie hätten gar nicht verstanden, um was es gegangen sei. Deshalb ist die Anklage auch bei Verzicht der beschuldigten Person zu verlesen bzw. eine Zusammenfassung davon wiederzugeben, falls die Wahrung der Publikumsöffentlichkeit im erwähnten Sinn dies erfordert.

[71] Dazu und zum Folgenden Botschaft 1283 oben.
[72] Bei Verlesen der Anklage bzw. «*Eröffnung der Anträge*» hat die beschuldigte Person bzw. Verteidigung keinen Anspruch auf Replik in Form eines entgegnenden «*opening statement*» im Sinn des angloamerikanischen Rechts, ZR 106 (2007) Nr. 58 = RS 2008 Nr. 354.
[73] Zu dieser Bestimmung vorne N 277, 820.
[74] So noch ausdrücklich VE 373 II.
[75] Zu diesen beiden Modellen einlässlich vorne N 285 ff. Angesichts der Tatsache, dass das Gericht die Akten kennt, erfolgt (entgegen früheren Prozessordnungen) *kein Verlesen der Einvernahmeprotokolle und weiterer Beweise wie Gutachten*.
[76] So schon aus 29 mach 1 S. 143; ferner BeB 223 f.; Botschaft 1283.

welcher Elemente der Unmittelbarkeit und Mittelbarkeit gemischt angewandt werden.

Das **Beweisverfahren wird von der Verfahrensleitung geleitet**, die auch bestimmt, in welcher Reihenfolge die Beweise abgenommen werden[77]. Im Zentrum des Beweisverfahrens stehen üblicherweise **Einvernahmen** i.S. von StPO 142 ff. Diese erfolgen durch die Verfahrensleitung oder einem von ihr bestimmten Gerichtsmitglied (sog. **Präsidialverhör**, StPO 341 I). Das Konzept des VE, diese Einvernahmen im Prinzip in Form des **Kreuzverhörs**[78] durchzuführen, wurde angesichts des grossen Widerstands im Vernehmlassungsverfahren[79] nicht übernommen[80]. Nachfolgend haben die andern Mitglieder des Gerichts[81] sowie die Parteien die Möglichkeit, durch die Verfahrensleitung und in der von dieser bestimmten Reihenfolge **Fragen** zu stellen[82], wobei diese nicht nur Ergänzungen zu bereits behandelten Fragethemen betreffen müssen. Mit Einwilligung der Verfahrensleitung können die Berechtigten solche Fragen auch selbst und direkt stellen (StPO 341 II a.E.). Die Verfahrensleitung entscheidet über die Zulässigkeit solcher Fragen und lässt diese nicht zu, wenn sie einen suggestiven oder sonst unzulässigen Inhalt aufweisen.

1323

Wesentlich in der Tradition des schweizerischen Strafprozesses ist, dass die Verfahrensleitung **die beschuldigte Person in diesem Verfahrensstadium einleitend mehr oder weniger eingehend zu den persönlichen Verhältnissen, den Anklagevorwürfen und zu den Ergebnissen des Vorverfahrens befragt** (StPO 341 III, MStP 137), eine zwingende Bestimmung. Diese Befragung ist durchzuführen, unabhängig davon, ob und wie hernach gemäss StPO 343 Beweise abgenommen werden[83]. Die Befragung zum bisherigen Verfahren bezieht (und beschränkt) sich üblicherweise vor allem darauf, zu klären, ob sich die beschuldigte Person im Sinn der Anklage schuldig erklärt und wie sie sich zu den bereits im Vorverfahren erhobenen Beweisen stellt. Die Befragung konzentriert sich naturgemäss auf eine Besprechung der von der beschuldigten Person bestrittenen Anklagepunkte. Allgemein besteht eine **richterliche Fragepflicht bei unklaren oder widersprüchlichen Stellungnahmen** vorab der unverteidigten beschuldigten Person. Abweichungen von der in StPO 341 III vorgegebenen umfassenden Befragungen ergeben sich einerseits im Fall eines Schuldinterlo-

1324

---

[77] Noch ausdrücklich E StPO 341, gestrichen vom Ständerat, AB S 2006 1047.
[78] Beim Kreuzverhör vernimmt jede Partei die von ihr angerufenen Zeugen usw. selbst, vgl. VE 378.
[79] ZEV 72 f.
[80] Botschaft 1114. Damit ist es *nicht zulässig, die Befragung von Zeugen usw. vollständig den Parteivertretern zu überlassen*. Zu den Ausnahmen bei Ergänzungsfragen nach StPO 341 II a.E. gleich anschliessend.
[81] Nicht die Ersatzrichter nach StPO 335 III, so Botschaft 1284 oben.
[82] Dazu und zum Folgenden Botschaft 1284.
[83] Dazu Botschaft 1285.

kuts (nachfolgend Ziff. 5.2.)[84]. StPO 341 III erscheint bezüglich des **Zeitpunkts der Befragung** («... *zu Beginn des Beweisverfahrens ...*») im Übrigen als Ordnungsvorschrift und demgemäss nicht als zwingend. So ist es durchaus zulässig und u.U. sinnvoll, bei soweit bekannten Standpunkten etwa der beschuldigten Person z.B. zuerst einen wesentlichen Zeugen anzuhören.

3.2. Zweiteilung der Hauptverhandlung (Tat- bzw. Schuldinterlokut), StPO 342

1325 Vorab die Behandlung der persönlichen Verhältnisse der beschuldigten Person im Rahmen der Hauptverhandlung bedeutet zumeist ein Ausbreiten höchstpersönlicher Informationen vor den Augen der Öffentlichkeit. Dieses Offenlegen kann sich dann als unnötig und letztlich persönlichkeitsverletzend erweisen, wenn die beschuldigte Person nachträglich freigesprochen wird, denn in diesem Fall wäre das vorab zum Zweck der Festlegung der Sanktionen erfolgte Behandeln der persönlichen Umstände nicht erforderlich gewesen. Aber auch Gründe der Verfahrensökonomie können dafür sprechen, **Schuld- und Strafpunkt getrennt zu behandeln**[85]. Eine solche **Aufteilung der Hauptverhandlung** ist nach StPO 342 in jedem Fall[86] möglich, für das Gericht (Einzel-, Kollegial- oder Berufungsgericht) aber nicht zwingend.

1326 Je nach Ausgestaltung wird diese Zweiteilung **Tat- bzw. Schuldinterlokut** genannt. In der erstgenannten Form wird erreicht, dass zuerst nur über die Tat- und Schuldfrage verhandelt wird, also ob die Anklagevorwürfe zutreffend sind. Erst wenn darüber in einem **unselbstständigen Teilurteil** entschieden, d.h. die beschuldigte Person ganz oder teilweise schuldig befunden bzw. freigesprochen wurde, kommen mit Blick auf die Beurteilung der Urteilsfolgen (vor allem bei einem Schuldspruch die Sanktionen) in einem zweiten Verfahrensteil auch die persönlichen Verhältnisse zur Sprache (in dieser Richtung StPO 342 I lit. a, **Schuldinterlokut**). Denkbar ist in einer Variante, dass in einem ersten Verfahrensteil zuerst die Tatfrage (Hat der Angeklagte X die ihm vorgeworfene Straftat begangen?) und in einem zweiten die Schuldfrage und anschliessend die Folgen eines Schuld- und Freispruchs behandelt werden (lit. b dieser Bestimmung, **Tatinterlokut**). Diesfalls ist sogar eine **Dreiteilung des Verfahrens** (zuerst Tat-, hernach Schuld- und zuletzt Sanktionsfrage) denkbar[87]. Ein Tatinterlokut in der

---

[84] Botschaft 1284 Mitte.
[85] Dazu und zum Folgenden Botschaft 1284 f.; Aus 29 mach 1 S. 141 f.
[86] VE 376 sah die *Möglichkeit der Zweiteilung nur bei Fällen mit qualifiziertem Beweisverfahren* (also nur in Fällen des Kollegialgerichts) vor, dazu BeB 225 Mitte. Eine Zweiteilung dürfte bei geständigen Tätern oder dann, wenn es nur um Rechtsfragen geht, wenig sinnvoll sein, vgl. BeB 225 unten.
[87] Vorstellbar eine Teilung der Hauptverhandlung aus verfahrensökonomischen Gründen ebenfalls, wenn z.B. *schwierige nachträgliche richterliche Entscheide* nach StPO 81 IV lit. d oder heikle Nebenfolgen nach StPO 81 IV lit. e (z.B. *umfangreiche Einziehungen*

erstgenannten Variante steht dann im Vordergrund, wenn (vorab bei einem bestreitenden Angeklagten) zur Schuldfrage aufwendige Beweiserhebungen (Gutachten zur Frage der Schuldfähigkeit, StGB 19, StPO 182 ff., 251 II lit. b) erforderlich sind, die sich erübrigen, wenn die beschuldigte Person die ihr vorgeworfene Tat gar nicht begangen hat.

Ob eine solche **Zweiteilung erfolgt, wird** von Amtes wegen oder auf Antrag der beschuldigten Person[88] **als Vorfrage** (StPO 339 II lit. f.) entschieden (StPO 342 I). Der **Entscheid ist nicht anfechtbar** (StPO 342 II)[89]. Wird die Verhandlung zweigeteilt, so dürfen die **persönlichen Verhältnisse der beschuldigten Person nachfolgend nur im Fall eines Schuldspruches zum Gegenstand der Hauptverhandlung gemacht werden**. Ausgenommen sind persönliche Umstände, die für die Frage des objektiven und subjektiven Tatbestands, also letztlich für die Beweiswürdigung, von Bedeutung sind (StPO 342 III). Solche Ausnahmen sind etwa hinsichtlich Vorstrafen, die gleiche Vorgänge wie die nunmehr angeklagten zum Gegenstand haben, oder bezüglich psychiatrischer Gutachten denkbar. 1327

Hat das Gericht ein Schuld- und/oder Tatinterlokut beschlossen, so **ergeht nach durchgeführter Verhandlung zunächst ein Teilurteil** i.S. von StPO 351, das auf die Tat- und/oder die Schuldfrage beschränkt ist und sofort eröffnet wird[90]. Bei einem Schuldspruch wird in einem nachfolgenden Verfahrensteil über die Sanktionen und weiteren Verfahrensfolgen (bei einem Freispruch allein über Letztere) verhandelt und entschieden und hernach zu diesen Punkten erneut ein Teilurteil gefällt und eröffnet. Das Teilurteil zur Schuld ist – wenn es auf Schuldigsprechung lautet – nur zusammen mit dem zweiten Entscheid über die Sanktionen, die Nebenfolgen usw., also als gesamtes Urteil, anfechtbar (StPO 342 IV). 1328

3.3. Beweisabnahme, StPO 343, MStP 138–142

3.3.1. Beweisanordnungen des Gerichts

Das vom Gesetzgeber gewählte Modell der **Beweisabnahme durch das erstinstanzliche Gericht entspricht einer beschränkten Unmittelbarkeit**[91]. Das 1329

---

oder Ersatzforderungen nach StPO 70 ff. gegen Drittpersonen) zu entscheiden sind, die von einem (*in casu* umstrittenen) Schuldpunkt abhangen.

[88] Kein Antragsrecht der Privatklägerschaft, Botschaft 1284 Mitte, auch nicht des Opfers.

[89] Also keine *Beschwerde* nach StPO 393 ff. Ebenfalls eine Strafrechtsbeschwerde ans Bundesgericht ist mit Blick auf BGG 92 f. gegen diesen *Zwischenentscheid* nicht möglich, hinten N 1651 ff.

[90] So schon Aus 29 mach 1 S. 141. *Keine Berufung* gegen diesen Entscheid, da kein selbstständiges Vorurteil nach StPO 398 I vorliegt, ebenso (da *kein Teilentscheid* i.S. von BGG 91 gegeben ist) *keine Strafrechtsbeschwerde ans Bundesgericht*.

[91] Dazu allgemein vorne N 305 f. und 1321. Dies ergibt sich auch aus StPO 10 II, vorne N 225 ff., woraus abzuleiten ist, dass *auch bei erneuter Beweisabnahme durch das Ge-*

Parlament war offensichtlich bestrebt, den Akzent entgegen dem VE und dem E hin zu mehr Unmittelbarkeit zu verschieben[92], doch wird angesichts der eher summarischen und teilweise kryptischen Regelungen erst die Praxis weisen, wie sich das Beweisverfahren zwischen Mittelbarkeit und Unmittelbarkeit einpendeln wird. Aus StPO 343 i.V.m. StPO 350 II ergibt sich zunächst, dass für die Urteilsbildung sowohl die im Vorverfahren wie auch die während der Hauptverhandlung erhobenen Beweise massgebend sind. StPO 343 scheint sogar tendenziell davon auszugehen, dass das erstinstanzliche Urteil vorrangig auf die bereits im Vorverfahren erhobenen Beweise gestützt werden soll, schreibt diese Norm doch nicht zwingend eine Unmittelbarkeit der Beweisabnahme vor. Das Gericht hat jedoch **bei Lückenhaftigkeit von Amtes wegen selbst neue Beweise abzunehmen** bzw. bereits abgenommene zu ergänzen (StPO 343 I). Sodann sind die im **Vorverfahren nicht ordnungsgemäss erhobenen Beweise zu wiederholen**, so, wenn einer Partei die Teilnahmerechte nach StPO 147 verweigert wurden (StPO 343 II). Generell ist es Pflicht des Gerichts, im Hinblick auf den Grundsatz der materiellen Wahrheit bzw. den Untersuchungsgrundsatz (StPO 6)[93] bei unklarer Beweislage, Widersprüchlichkeit oder Zweifel bezüglich der vorliegenden Beweise von Amtes wegen selbst die notwendigen Beweiserhebungen und -ergänzungen vorzunehmen.

1330 Von wesentlicher Bedeutung ist StPO 343 III, eine Vorschrift, deren praktische Umsetzung wegen des damit verbundenen Ermessensspielraums der Praxis noch Schwierigkeiten bereiten dürfte: Darnach hat das Gericht auch die **im Vorverfahren ordnungsgemäss erhobenen Beweise nochmals abzunehmen, sofern die unmittelbare Kenntnis des Beweismittels für die Urteilsfällung notwendig erscheint**. Ohne auf Einzelheiten einzutreten, erfordert diese Vorschrift, dass einerseits die **entscheidenden Beweismittel**[94] zu bestrittenen Anklagepunkten vor Gericht nochmals abgenommen werden. Gleiches gilt für die in Fragen der Schuld bzw. Strafzumessung entscheidenden Beweismittel, also beispielsweise bei einem psychiatrischen Gutachten zur Schuldfrage nach StGB 20, dessen Feststellungen und Schlussfolgerungen bestritten sind. Es versteht sich von

---

richt nach StPO 343 jene während des Vorverfahrens in die freie richterliche Beweiswürdigung einfliesst.

[92] So mindestens in AB S 2007 726, vgl. auch RK-S 2./3.7.2007. – StPO 343 beruht auf der Fassung des Nationalrats (AB N 2007 1024), welche die ursprüngliche des Ständerats (AB S 2006 1046 f.) leicht modifizierte; der Ständerat «*entschlackte*» (so AB S 2007 726, vgl. auch RK-S 2./3.7.2007 18 ff., 25 ff.) anschliessend die nationalrätliche Fassung nochmals. Vgl. demgegenüber E StPO 344 f. (und VE 374 ff.), welche zwei Formen (ordentliche und vereinfachte Beweisabnahme, je nach Höhe des Strafantrags und mit unterschiedlicher Gewichtung der Unmittelbarkeit bzw. Mittelbarkeit, dazu Botschaft 1285 f., vgl. eingehend BeB 223 ff.) vorsah.
[93] Vorne N 153 ff.
[94] Vgl. den Fall BJM 2008 167 (keine Einvernahme von Polizisten bei Verkehrsunfall, bei welchem der Lenker nicht eindeutig zu bestimmen war, da diese Polizisten erst nach dem Unfall am Tatort erschienen).

selbst, dass in dieser Frage dem Gericht ein weites Feld des Ermessens offen steht, auch wenn StPO 343 III von Amtes wegen anzuwenden ist. Die Partei, die unter Berufung auf diese Bestimmung eine Wiederholung der Beweisabnahme verlangt, beantragt dies mit Vorteil nach StPO 331 II, also mit Begründung. Andernfalls läuft sie Gefahr, dass sie sich später nicht mehr darauf berufen kann[95].

In StPO 343 ungelöst bleibt die Frage, ob die Beweismittel, die im Vorverfahren ordnungsgemäss erhoben wurden, jedoch nach Abs. 3 nochmals vor Gericht abgenommen werden sollten, verwertbar bleiben, wenn eine **Wiederholung nicht mehr möglich ist**. Dürfen beispielsweise die Aussagen einer im Vorverfahren korrekt einvernommenen wichtigen Zeugin verwertet werden, die verstorben oder unauffindbar ist? Eine Verwertbarkeit erscheint hier als zulässig, allerdings unter besonderer Betonung der Wichtigkeit einer sorgfältigen Beweiswürdigung[96]. 1331

3.3.2. Beweisanträge der Parteien

Soweit das Gericht solche Beweisabnahmen nicht bereits selbst in Anwendung von StPO 343 anordnet, steht es den **Parteien frei, entsprechende Beweisanträge zu stellen** (vgl. StPO 331 I und II, allgemein StPO 107 I lit. e)[97]. Es ist die Pflicht des Gerichts, die von der beschuldigten Person **angebotenen Entlastungsbeweise bei Tauglichkeit und in den Schranken von StPO 139 II** abzunehmen[98]. Geht man davon aus, dass das beschränkt mittelbare Beweisverfahren von StPO 343 primär auf den während der Voruntersuchung gesammelten Beweisen basiert, sind Beweisanträge der Parteien im Lichte dieses Grundsatzes zu stellen und zu behandeln. Konkret bedeutet dies, dass die Partei, die die Abnahme neuer oder bereits früher erhobener Beweismittel beantragt, im Rahmen der Begründung nach StPO 331 II dartun muss, inwieweit das angerufene Beweismittel neu ist bzw. die früher erhobenen Beweise unvollständig oder nicht ordnungsgemäss abgenommen wurden. 1332

---

[95] Nach dem Grundsatz von Treu und Glauben, vorne N 91 ff.
[96] Soweit analog zu StPO 50 II, vorne N 531. Leider wurde der soweit elastische VE 377 II nicht in die StPO übernommen. Dass *unerreichbare Beweismittel* nicht abgenommen werden können und nicht abzunehmen sind, dürfte übrigens selbstverständlich sein und war in E 137 III noch ausdrücklich enthalten.
[97] Zu diesen Anträgen, die auch noch während der Hauptverhandlung gestellt werden können, vorne N 1289. Auch späterer *Verzicht auf Abnahme* möglich, was schon bisher in der Praxis oft vorkam und in E 344 IV noch ausdrücklich vorgesehen war.
[98] *Allgemein und zu den Schranken* vorne N 109, 777 ff. Sodann RO 1967 250 Nr. 56; ausführlich ZR 90 (1991) Nr. 92 = SJZ 89 (1993) 233; 94 (1995) Nr. 9 = SJZ 92 (1996) 130. Zur *Pflicht des Gerichts, nichtige Beweisabnahmen zu wiederholen*, ZR 97 (1998) Nr. 30. Vgl. sodann BGE 106 Ia 162. – *Keine Rechtsmittel gegen Beweisbeschlüsse* im Rahmen von StPO 343, vgl. StPO 393 I lit. b, so auch AB S 2007 726.

3.4. Abweichende rechtliche Würdigung, Abschluss des Beweisverfahrens, StPO 344 f., MStP 148

1333 Das Gericht ist nach StPO 9 i.V. mit 350 I zwar an den in der Anklage umschriebenen Sachverhalt, nicht aber an dessen rechtliche Würdigung gebunden[99], kann also in seinem Urteil vom diesbezüglichen Antrag der Staatsanwaltschaft (vor allem gemäss StPO 325 I lit. g) abweichen. Der Grundsatz des rechtlichen Gehörs nach BV 29 II und StPO 3 II lit. c bzw. 107 verlangt allerdings, **dass eine vom Gericht ins Auge gefasste bzw. als möglich erachtete**[100] **andere rechtliche Qualifikation den anwesenden Parteien möglichst frühzeitig eröffnet**[101] und ihnen **Gelegenheit zur Stellungnahme**, z.B. im Plädoyer nach StPO 346, gegeben wird (sog. **Würdigungsvorbehalt**)[102]. StPO 344 ist auch zu beachten, wenn es um eine qualitativ andere rechtliche Betrachtungsweise ohne schärfere Strafdrohung, also beispielsweise anstatt Betrug Veruntreuung[103], ja sogar um eine mildere Betrachtungsweise geht, also etwa anstatt Täterschaft Gehilfenschaft angenommen werden soll[104].

1334 Findet ein Beweisverfahren im Rahmen der Hauptverhandlung statt und ist dieses abgeschlossen, sind mit Ausnahme des in StPO 349 vorgesehen Falls der Ergänzung von Beweisen im Rahmen der Urteilsberatung keine weiteren Beweiserhebungen mehr möglich[105]. Es erscheint deshalb als richtig, dass – wie dies in StPO 345 vorgesehen ist – den Parteien (oder auch einzelnen Gerichtsmitgliedern) **nochmals Gelegenheit gegeben wird, weitere Beweisabnahmen zu verlangen,** unabhängig davon, ob i.S. von StPO 343 noch Beweise abgenommen wurden. Über diese Anträge wird im Rahmen eines prozessleitenden Beschlusses bzw. einer Verfügung nach Massgabe von StPO 80 III entschieden, der nicht selbstständig anfechtbar ist[106]. Liegen keine entsprechenden Anträge

---

[99] Zu diesem *Ausfluss des Anklageprinzips* näher N 211, 1294.
[100] Botschaft 1286 oben.
[101] ZR 84 (1985) Nr. 74. Z.B. auch *Wechsel der Teilnahmeform* (Anklage geht von Alleintäterschaft aus, Gericht hält Mittäterschaft für möglich), ZR 93 (1994) Nr. 90.
[102] Idealerweise schon bei einer *Vorverhandlung* nach StPO 332 oder aber bei der *Eröffnung der Hauptverhandlung nach StPO 339*, an sich spätestens vor Beendigung des Beweisverfahrens. Denkbar auch, die *Parteien zu einer schriftlichen Stellungnahme aufzufordern*, RK-S 21.-23.8.2006 69 f. Ergibt sich eine abweichende Beurteilung erst *anlässlich der Urteilsberatung* (StPO 348 ff.), ist diese zu unterbrechen bzw. eine neue Hauptverhandlung anzusetzen, damit den Parteien das rechtliche Gehör gewährt werden kann.
[103] Vgl. BGE 126 I 19 m.w.H.; ZR 84 (1985) Nr. 134.
[104] EGMR in EuGRZ 26 (1999) 323. – Auch Hinweis, falls bei der Beurteilung des Anklagesachverhalts Umstände, die nicht in der Anklage erscheinen, herangezogen werden sollen oder sich das Gericht auf juristische Argumente stützen will, die den Parteien bisher nicht bekannt waren, BGE 116 Ia 458 f.
[105] Dazu Botschaft 1286 Mitte.
[106] *Keine Beschwerde*, vgl. StPO 393 I lit. b zweiter Satzteil. *Keine Strafrechtsbeschwerde ans Bundesgericht*, BGG 92 f.

vor bzw. wurden diese abgelehnt, wird das Beweisverfahren als geschlossen erklärt.

4. Parteivorträge und Abschluss der Parteiverhandlungen, StPO 346 f., MStP 144

Nach Abschluss des Beweisverfahrens folgen nach StPO 346 I die Parteivorträge in der in lit. a-d vorgegebenen Reihenfolge, wobei zunächst der **Staatsanwalt** plädiert. Es bleibt diesem überlassen, wie detailliert er auf den Fall eingehen will; ein verfassungsmässiger Anspruch auf zusammenfassende Darstellung der vielleicht umfangreichen Akten und der gesamten Beweislage besteht nicht[107]. Der Staatsanwalt ist bei seinen Anträgen an den angeklagten Sachverhalt, nicht aber die rechtliche Qualifikation (StPO 325 I lit. g)[108] sowie die mit der Anklage allenfalls bereits schriftlich beantragten Sanktionen (StPO 326 I lit. f.) gebunden (StPO 337 II). Die Staatsanwaltschaft kann bzw. muss auch **Freispruch** beantragen, falls die Ergebnisse des Beweisverfahrens dies nahelegen[109]. 1335

Es folgt das Plädoyer der **Privatklägerschaft;** diese kann je nach dem Umfang ihrer Konstituierung nach StPO 118 II (Strafklage und/oder Zivilklage) im Schuld- und oder Zivilpunkt (zu diesem näher StPO 122 ff., vor allem 123 II[110]) plädieren, nicht jedoch im Strafpunkt[111]. Anschliessend können die von einer **Einziehung betroffenen Dritten plädieren**, also Personen, gegen die sich diese Massnahme nach StGB 69 ff. richtet oder die etwa nach StGB 73 Ansprüche geltend machen. Am Schluss folgt die **Verteidigung der beschuldigten Person**, wobei diese bei der nicht verteidigten beschuldigten Person in der Regel mit der persönlichen Befragung gekoppelt ist[112]. StPO 346 II gewährt das **Recht auf einen zweiten Vortrag**, welcher aber der Verteidigung nur zusteht, wenn zunächst die Staatsanwaltschaft replizierte[113]. 1336

---

[107] BGer 1.9.1980 i.S. J.L.G. – Die *Parteivorträge sind nach StPO 76 I – entgegen der Regelung in einzelnen Kantonen – zu protokollieren* oder die *Plädoyernotizen sind anstelle des Protokolls zu den Akten zu geben.*

[108] Entgegen der Botschaft 1287 oben *auch möglich, wenn das Gericht dies nicht i.S. von jetzt StPO 344 vorbehalten hat.* Weicht die Staatsanwaltschaft in ihrem Plädoyer von ihrer ursprünglichen rechtlichen Würdigung ab (was ihr nicht verwehrt ist), ist dem Anspruch auf rechtliches Gehör der andern Parteien auf angemessene Weise Rechnung zu tragen, so z.B. durch einen Verhandlungsunterbruch vor den andern Plädoyers, vgl. auch vorne Fn. 102.

[109] Botschaft 1286 unten.

[110] Vorne N 702 ff.

[111] Botschaft 1286 unten. Allenfalls aber zur *Einziehung* nach StGB 69–73 sowie bei Betroffenheit zur Kosten- und Entschädigungsfrage.

[112] BeB 227/228. – Die Verteidigung hat sich ebenso zum Zivilpunkt wie auch zu den Nebenfolgen wie Kosten, Einziehungen etc. zu äussern.

[113] BeB 228 oben.

1337 StPO 347 I räumt der beschuldigten Person (nicht der Verteidigung) das **Recht auf das letzte Wort** ein. Bereits nach dieser Bezeichnung handelt es sich um kürzere Schlussbemerkungen, nicht ein zusätzliches Plädoyer[114]. Die beschuldigte Person ist auf ihr Recht, sich nochmals ans Gericht zu wenden, aufmerksam zu machen[115]. Anschliessend an das Schlusswort **erklärt die Verfahrensleitung die Parteiverhandlung für geschlossen** (StPO 347 II).

5. Urteil, StPO 348–351, JStPO 37, VStrR 79, MStP 145–147

5.1. Urteilsberatung, Beweisergänzungen, StPO 348 f.

1338 Sind die Parteiverhandlungen geschlossen, schreitet das Gericht zur **geheimen Urteilsberatung**[116], wobei der Gerichtsschreiber[117] daran mit beratender Stimme teilnimmt (StPO 348 I und II, 335 I)[118].

1339 Zunächst ist zu prüfen, ob nach den Ergebnissen des Vorverfahrens sowie der Hauptverhandlung (vgl. StPO 350 II) **der Fall spruchreif ist**, d.h. ob die Aktenlage eine zuverlässige Beurteilung der Anklage sowie allenfalls der zu verhängenden Sanktionen ermöglicht. Ist dies nicht der Fall, sind gestützt auf StPO 349 (MStP 142) mit einem Beschluss die erforderlichen **Beweisergänzungen** und damit die Wiedereröffnung der Parteiverhandlungen und Beweisabnahmen anzuordnen[119]. Entgegen früheren kantonalen Prozessordnungen hat das Gericht die Beweisergänzungen **selbst durchzuführen** (Zeugeneinvernahmen; Gutachtensaufträge; Aktenbeizug[120]); es kann also damit nicht die Staatsanwaltschaft beauftragen. Mangels Verfahrensherrschaft dürfte der Staatsanwalt solche Ergänzungen übrigens nicht von sich aus vornehmen. Im Regelfall wird sich zur Vornahme der Beweisergänzungen ein **Abbruch der Hauptverhandlung und deren Vertagung auf einen späteren Zeitpunkt aufdrängen. Liegen die Beweisergänzungen vor,** ist den Parteien dazu in geeigneter Form das rechtliche

---

[114] Vgl. Aus 29 mach 1 S. 144 («*kurzes Schlusswort*»). Deshalb *Möglichkeit der Verfahrensleitung, bei ausufernden Schlussworten das Wort zu entziehen*, Pra 91 (2002) Nr. 141.
[115] BeB 228 Mitte.
[116] Zu den Gründen der geheimen Beratung Botschaft 1278 Mitte.
[117] Nach der Botschaft 1278 Mitte nehmen auch allfällige nach StPO 335 III *bestellte Ersatzrichter teil, jedoch ohne beratende Stimme, was fragwürdig ist*: Wenn die Hauptverhandlung ohne Notwendigkeit des Einsatzes dieser Ersatzrichter bis zur Urteilsberatung gediehen ist, dürften diese mitwirken zu entlassen sein.
[118] *Beratung muss alle wesentlichen Urteilspunkte*, ZR 91/92 (1992/93) Nr. 13 S. 35 ff., auch den *Zivilpunkt*, ZR 90 (1991) Nr. 74, einschliessen.
[119] Botschaft 1287 unten. – *Keine Beschwerde* gegen diesen Entscheid, vgl. StPO 393 I lit. b zweiter Satzteil, ebenfalls keine Strafrechtsbeschwerde ans Bundesgericht, BGG 92 f.
[120] Vgl. RKG 1997 Nr. 111.

Gehör zu gewähren, in der Regel im Rahmen einer neuen, ergänzenden Hauptverhandlung[121].

Kann die Anklage in diesem Stadium noch i.S. von StPO 333 I geändert werden[122]**?** Die Frage ist von praktischer Bedeutung, wird sich doch nicht selten erst während der Urteilsberatung ergeben, dass zwar ein (anderer) Straftatbestand erfüllt sein könnte, dafür aber die Sachverhaltsumschreibung in der Anklage nicht ausreicht[123]. Die Platzierung der Vorschrift von jetzt StPO 333 im Vorentwurf in Art. 383 unter dem Titel Urteilsfällung (Art. 381 ff.) indiziert, dass die Materialien eine solche spätere Berichtigungsmöglichkeit durchaus zulassen wollten. Das rechtliche Gehör ist angemessen zu gewähren (Ansetzen einer ergänzenden neuen Hauptverhandlung, Einladung zur schriftlichen Stellungnahme o.Ä.).

1340

5.2. Bindung an die Anklage, Grundlage des Urteils, StPO 350, MStP 147, 148 I

Der Richter ist – unter Vorbehalt von Änderungen und Erweiterungen nach StPO 333[124] an den in der Anklage wiedergegebenen **Sachverhalt gebunden (Anklage- bzw. Immutabilitätsprinzip,** StPO 9 und StPO 350 I)[125]. Das Gericht hat hingegen das Recht von Amtes wegen anzuwenden (*iura novit curia*), sodass es **nicht an die rechtliche Würdigung des Anklagesachverhalts durch die Anklagebehörde gebunden** ist[126]. Denkbar ist ein **Alternativurteil** (Wahlfeststellung)[127].

1341

---

[121] Botschaft 1287 unten; ZR 59 (1960) Nr. 74. Möglich ist auch eine *schriftliche Vernehmlassung*. Verurteilung aufgrund der ursprünglichen Aktenlage denkbar, wenn Untersuchungsergänzungen nicht möglich waren, so ein Entscheid zur früheren Zürcher Prozessordnung des KGZ 18.2.1993 i.S. V.-R. O. – Längere Unterbrechungen der Hauptverhandlung *führen entgegen früheren Prozessordnungen* (und z.B. MStP 143 II) *nicht zu einer gänzlichen Wiederholung der Hauptverhandlung*, vorne N 152.

[122] Zu StPO 333 allgemein vorne N 1294 ff. *Eine Erweiterung der Anklage* nach StPO 333 II ist im Urteilsstadium jedoch nicht mehr möglich, Fn 35.

[123] Dazu vorne N 1295, 1301 mit Hinweisen auf die Wichtigkeit des zu gewährenden rechtlichen Gehörs. Die *Möglichkeit der Anklageänderung* noch in diesem Stadium erscheint ebenfalls u.a. aus prozessökonomischen Gründen als angebracht, zumal ein solches Begehren um Änderung sonst in der Berufungsverhandlung erneut gestellt werden könnte.

[124] Vorne N 1294 ff.

[125] Vorne N 205 ff., 1265 ff.

[126] Zur geplanten *abweichenden rechtlichen Würdigung*, die sich auch erst während der Urteilsberatung ergeben kann (*Würdigungsvorbehalt*, StPO 344), vorne N 1333 sowie Fn. 102 und 108.

[127] Zur Alternativanklage u.ä. vorne N 1270; ZR 55 (1956) Nr. 49; SJZ 85 (1989) 102. Eine *Wahlfeststellung* ist nur bei *gleichartigen und in der Schwere vergleichbaren Delikten* zulässig, also bei dem in diesem Zusammenhang immer wieder genannten (einfachen) Diebstahl bzw. Hehlerei.

1342 Das Gericht ist sodann dazu berufen, die von den zuständigen Verwaltungs- oder Zivilbehörde nicht bereits bindend entschiedenen **Vorfragen** aus dem Verwaltungs- oder Zivilrecht (z.B. Eigentumsverhältnisse an der Sache bei einer Diebstahlsanklage) zu beurteilen[128].

5.3. Urteilsfällung, StPO 351 I und II, MStP 146

1343 Was den **Ablauf der Urteilsberatung und -fällung** betrifft, so ist – wenn auch nicht in der StPO geregelt – üblich, dass der Referent zuerst einen Antrag zum **Schuldpunkt** stellt. Hernach äussern sich die weiteren Richter (bei einem Dreiergericht zunächst der sog. Korreferent und schliesslich der Präsident) dazu[129]. Ob Basis der Beratungen **schriftliche oder aber mündliche Referate** bilden sollen, lässt die StPO offen. Es folgt die Abstimmung, an der die Richter ihre Stimme abgeben müssen; die einfache Mehrheit entscheidet (StPO 351 II). Ein **Schuldspruch** erfolgt, wenn nach dem Grundsatz der freien Beweiswürdigung (StPO 11; VStrR 77 III)[130] und aufgrund der Gesamtheit der Akten, also nach dem Ergebnis des Vorverfahrens wie auch der Hauptverhandlung (StPO 350 II) beim Richter die Überzeugung der Schuld geschaffen wurde[131]. Andernfalls ergeht ein **Freispruch**[132].

---

[128] So noch ausdrücklich VE 382 I. Zum *Verhältnis der Entscheide aus verschiedenen Rechtsgebieten* hinten N 1849 ff.
[129] *Keine Verweigerung des rechtlichen Gehörs, wenn Referent gestützt auf Akten bereits Referat vorbereitet hat*, problematisch aber, wenn dann überhaupt nicht auf Plädoyer der Verteidigung eingegangen wird (wie dies leider immer wieder vorkommt), dazu BGer 18.7.2005 i.S. X ca. OG Zürich, Anwaltsrevue 2/2006 64.
[130] Vorne N 225 ff.
[131] Einstellung ebenfalls, wenn bei der retrospektiven Konkurrenz nach StGB 49 II von einer Zusatzstrafe abgesehen wird, vorne N 1255.
[132] Nicht *Freispruch, sondern Einstellung* nach StPO 8 I, 319 I lit. e bzw. 329 II bzw. IV, wenn StGB oder StPO Verzicht auf Strafverfolgung oder Bestrafung bzw. ein Absehen von Strafe vorsehen (etwa StGB 23 I oder III, 52–54 bzw. 55a III) oder – sachlich wohl gleichbedeutend – vorsieht, dass von Strafe Umgang genommen wird (so StGB 304 Ziff. 2, 305 II, vorne N 1255) oder allgemein ausgedrückt *Prozessvoraussetzungen nicht erfüllt sind bzw. Verfahrenshindernisse bestehen*, dazu vorne N 323. Zu StGB 52 ff. wurden früher z.T. abweichende Ansichten vertreten (also Freispruch), welche nun aber durch den klaren Wortlaut von StPO 8 korrigiert werden; dazu vorne Fn. 18 und N 202 Fn. 325. Ein *Freispruch* hat selbstverständlich dort zu erfolgen, wo (z.T. in Fällen, die das alte StGB noch den vorerwähnten Kategorien zuordnete), der *Täter als schuldlos bezeichnet wird* (z.B. StGB 16 II, 18 II), dazu BGE 120 IV 315, 106 IV 193 zum früheren Fall des Verbotsirrtums nach aStGB 20 II. Dazu im *Zusammenhang mit Kosten und Entschädigungen* N 1787 ff., N 1810 ff. *Kein Freispruch* ergibt, wenn nur eine von der Anklage abweichende rechtliche Beurteilung erfolgt, ZR 99 (2000) Nr. 6, also z.B. nicht wegen eines Tötungs-, sondern wegen eines Körperverletzungsdelikts bzw. anstatt wegen einer vollendeten Tat wegen Versuchs oder anstatt Täterschaft bzw. Mittäterschaft wegen Teilnahme verurteilt wird, zu dieser Thematik vgl. auch FZR/RFJ 2006 399 unter Hinweis auf SJ 1994 555.

Je nach dem Ergebnis der Abstimmung über den Schuldpunkt wird hernach in gleicher Weise über die weiteren Folgen, d.h. in erster Linie die **zu verhängenden Sanktionen** sowie die **Nebenfolgen wie Einziehungen** (StGB 69 ff.) sowie in jedem Fall über die **Kosten- und Entschädigungsfragen** (StPO 416 ff.) beraten und entschieden (StPO 351 I a.E.). Teil des Urteils bilden sodann **nachträgliche richterliche Entscheide** im Bereich des **Sanktionsvollzugs**, insbesondere der Widerruf einer bedingten Sanktion bzw. Entlassung aus dem Strafvollzug, also beispielsweise solche nach StGB 36 II, 39, 46, 59 IV, 60 IV, 89 oder StGB 95 IV[133]. Ebenso wird über die **Zivilansprüche**, die die Privatklägerschaft geltend machte, nach Massgabe von StPO 126[134] entschieden. Das Gericht hat sodann über die **Aufhebung oder Fortsetzung von noch in Kraft stehenden Zwangsmassnahmen** zu befinden, so betreffend **Anordnung bzw. Beibehaltung der Sicherheitshaft** (StPO 231)[135]. Erfolgt ein **Freispruch wegen Schuldunfähigkeit**, so werden allfällige erforderliche sichernde Massnahmen nach StGB 59–61, 63, 64, 67, 67b angeordnet[136].

1344

Es ist empfehlenswert, die **Beratungen** (soweit sie nicht auf schriftlichen Referaten basieren) **in geeigneter Form festzuhalten**, da sie Grundlage für die nachzuliefernde Urteilsbegründung (81 III) bilden. Eine Pflicht, die Beratungen selbst im Detail zu protokollieren, ergibt sich jedoch nicht aus der StPO und war auch schon bisher kaum vorgeschrieben. Eine **überstimmte Minderheit bzw. der Gerichtssekretär** kann eine abweichende Ansicht mit Begründung zu Protokoll geben, was bei Gerichten mit geheimer Urteilsberatung (wie sie die StPO vorschreibt) von Bedeutung ist.

1345

5.4. Eröffnung des Urteils, StPO 351 III, JStPO 37, MStP 152

Die Eröffnung des Urteils (üblicherweise direkt im Anschluss an die Urteilsberatung) findet grundsätzlich **öffentlich sowie mündlich** und in den Formen von StPO 84 ff.[137] statt, in der Regel durch **Verlesen des Urteilsdispositivs und allenfalls verbunden mit kürzeren Begründung** (StPO 84 I)[138]. Bedeutsam ist die **Aushändigung des Dispositivs** nach StPO 84 II, da dies im Regelfall die

1346

---

[133] E 354 sah für diese *Widerrufe einen separaten Verfahrensteil nach der eigentlichen Hauptverhandlung vor*; das Parlament strich diese Bestimmung aus guten Gründen, AB S 2006 1047. So hätte sich u.a. nachfolgend eine unerwünschte Spaltung des Rechtsmittelwegs ergeben (Berufung gegen Urteil, Beschwerde gegen Widerrufsentscheid). Auch mit dem nun gewählten System des einheitlichen Verfahrens dürfte es richtig sein, in der Vorladung zur Hauptverhandlung darauf hinzuweisen, dass auch über den Widerruf einer bedingten Strafe bzw. Entlassung verhandelt wird.
[134] Dazu vorne N 711 ff. und Aus 29 mach 1 S. 147 ff.
[135] Zur *Sicherheitshaft oder den entsprechenden Ersatzmassnahmen nach dem erstinstanzlichen Urteil* nach StPO 231 vorne N 1047 f., 1545.
[136] Als *Teil des Urteils,* also nicht mit separatem und als solchem anfechtbaren Beschluss.
[137] Dazu vorne N 595 ff.
[138] Aus 29 mach 1 S. 145.

Rechtsmittelfristen auslöst (näher StPO 384). Muss das Urteil begründet werden, stellt das Gericht nach Massgabe von StPO 84 IV das vollständige begründete Urteil zu. Das schriftliche Urteil wird je nachdem **verschiedenen in- und ausländischen Behörden** mitgeteilt (StPO 84 VI)[139]. Bei einem freisprechenden Urteil kann allenfalls nach StGB 68 eine **Urteilspublikation** erfolgen.

---

[139] Vorne N 599.

8. Kapitel: Besondere Verfahren

§ 83 Allgemeines

Literaturauswahl: neben der vor §§ 79 und 80 zitierten Literatur AESCHLIMANN N 1438; HAUSER/SCHWERI/HARTMANN § 85; PADRUTT 442; PIQUEREZ (2006) N 1142; DERS. (2007) N 903.

Materialien: Aus 29 mach 1 S. 153; BeB 245 ff.; ZEV 75; Botschaft 1288 f.

Es war schon bisher für das schweizerische Strafverfahren typisch, dass es ausser den ordentlichen Verfahrensformen, bestehend im Vorverfahren vor der Untersuchungs- und Anklagebehörde und nachfolgend – gestützt auf eine entsprechende Anklage – in einem Hauptverfahren vor Kollegial- oder Einzelgericht noch **andere Formen der Behandlung und justizieller Erledigung von Strafsachen** kannte[1]. Neben den gleichsam «*klassischen*» besonderen Verfahrensformen wie dem Strafbefehls-, Abwesenheits- oder Jugendstrafverfahren, die in praktisch allen kantonalen Strafprozessordnungen zu finden waren, haben sich im Zuge der allgemeinen Verfeinerung des strafrechtlichen und strafprozessualen Instrumentariums weitere Formen solcher besonderer Verfahren entwickelt. Sie waren nicht immer im geschriebenen Recht zu finden, sondern gelegentlich allein Konstrukte der Strafrechtspraxis. 1347

Die Verfahrensarten berücksichtigen beispielsweise **Besonderheiten bezüglich der beschuldigten Person** (Verfahren bei jugendlichen oder schuldunfähigen Straftätern oder bei Abwesenheit), die **Art der Straftat** (Bagatellcharakter beim Strafbefehl- oder Übertretungsstrafverfahren) oder **der Sanktion** (selbstständiges Massnahmeverfahren). 1348

Die StPO enthält in Art. 352–378 ein relativ **gut ausgebautes System von besonderen Verfahrensarten**. Allerdings fanden nicht alle solchen Verfahren, die bisher bekannt waren, Aufnahme. So wurde auf das noch in einigen Kantonen bekannte **Privatstrafklageverfahren** verzichtet, also die Verfahrensart, bei welcher vergleichbar mit dem Zivilprozess der Privatstrafkläger die Rolle des Staatsanwalts übernehmen muss[2]. Die eidgenössischen Räte verzichteten sodann auf das noch vom Bundesrat vorgeschlagene besondere **Übertretungsstrafverfahren**[3]. 1349

Die besonderen Verfahrensarten nach StPO 352 ff. sind als **Ausnahmen zum ordentlichen Strafverfahren gedacht** und deshalb **nur in den gesetzlich dafür** 1350

---

[1] Dazu und zum Folgenden Botschaft 1288 f.
[2] Zu den Gründen des Verzichts Aus 29 mach 1 S. 151; BeB 28 f.; Botschaft 1111 f., 1289 oben. Vgl. die *Übergangsregeln für die unter altem Recht noch begonnenen Verfahren* in StPO 456.
[3] Vorgesehen in E StPO 361–369; dazu Botschaft 1292 ff. Gestrichen vom Ständerat, AB S 2006 1051. Geblieben ist nur die eher summarische Sondernorm in StPO 357.

vorgesehenen Fällen anwendbar. Soweit für diese besonderen Verfahren keine besonderen Regeln vorhanden sind, bleiben die allgemeinen Vorschriften anwendbar[4]. Dies bedeutet etwa, dass das **Verfahren nach StPO 319 ff. einzustellen** ist, wenn kein Anlass besteht, es in den besonderen, hier vorgesehen Formen (also z.B. mit Strafbefehl oder Einziehungsbefehl) oder auf den ordentlichen Wegen abzuschliessen.

1351 Daneben bestehen noch die **spezialgesetzlich vorgesehenen besonderen Strafverfahrensformen**, auf die in diesem Studienbuch nicht weiter eingegangen wird. Es sind dies etwa das **Verwaltungsstrafverfahren** im Bereich des Bundesverwaltungsrechts nach dem VStrR[5] sowie das **Militärstrafverfahren** nach MStP[6]. Das **Ordnungsbussenwesen** soll nach wie vor der entsprechenden eidgenössischen und kantonalen Spezialgesetzgebung überlassen bleiben[7]. Das **Jugendstrafverfahren**, in den früheren kantonalen Strafprozessgesetzen zumeist als besondere Verfahrensart enthalten, ist nunmehr in der separaten **Schweizerischen Jugendstrafprozessordnung (JStPO)** geregelt[8].

§ 84 Strafbefehlsverfahren, Übertretungsstrafverfahren StPO 352–357, JStPO 32, VStrR 64–72, MStP 114 II, 119–124

Literaturauswahl: AESCHLIMANN N 1438; HAUSER/SCHWERI/HARTMANN § 86; HAUSER/SCHWERI GVG 562, 740; MAURER 411; OBERHOLZER 1383; PADRUTT 442; PIQUEREZ (2006) N 1150; DERS. (2007) N 881; SCHMID N 872, 903.

MARTIN FELIX ALTORFER, Der Strafbefehl im Kanton Zürich, Diss. Zürich 1966; ANDREAS DONATSCH, Der Strafbefehl und ähnliche Verfahrenserledigungen mit Einsprachemöglichkeit, insbesondere aus dem Gesichtswinkel von Art. 6 EMRK, Z 112 (1994) 317; HANS DUBS, Der Strafbefehl, in: FS J. Rehberg, Zürich 1996, 139; GWALADYS GILLIÉRON/MARTIN KILLIAS, Strafbefehl und Justizirrtum – Franz Riklin hatte Recht, in: FS F. Riklin, Zürich/Basel/Genf 2007; MICHEL HOTELIER, L'ordonnance pénale en procédure genevoise, Z 106 (1989) 202; EMANUEL JÄGGI, Ist der Strafbefehl ein erstinstanzliches Urteil?, Z 124 (2006) 437; MARTIN KILLIAS/GWALADYS GILLIÉRON, Wie lässt sich die Zahl der Fehlurteile vermeiden? Drei von vier Verfahren enden mit einem Strafbefehl, Plädoyer 6/2007 33; KLAUS B. LÄMMLI, Die Strafverfügung nach solothurnischem Prozessrecht, Diss. Bern, Olten 1983; FELIX LOPEZ, Das Strafbefehlsverfahren im Kanton Basel-Landschaft, Diss. Basel 2001; LAURENT MOREILLON, Ordonnance pénale – simplification ou artifice? erscheint in der Z; PETER OBERHÄNSLI, Die Gestaltung des Strafverfügungsverfahrens nach der Strafprozessordnung des Kt. Thurgau, Diss. Zürich 1983; FRANZ RIKLIN, Urteilseröffnung beim Strafbefehl, Mélanges pour P.-H. Bolle, Bâle/Genève/Munich 2006, 115; MARTIN SCHUBARTH, Zurück zum Grossinquisitor? Zur rechtsstaatlichen Problematik des Strafbefehls, in: FS F. Riklin, Zü-

---

4 Botschaft 1289 oben.
5 Vorne N 31.
6 Vorne N 36.
7 Aus 29 mach 1 S. 151. Vorne N 35.
8 Botschaft 1289 oben. Vorne N 30.

rich/Basel/Genf 2007, 527; MARK SCHWITTER, Der Strafbefehl im aargauischen Strafprozess, Diss. Zürich, Aarau/Frankfurt a.M. 1996.

Materialien: Aus 29 mach 1 S. 153 ff.; VE 412–417; BeB 245 ff.; ZEV 79 ff.; E 355–360; Botschaft 1289 ff.; AB S 2006 1047 ff., 2007 726, AB N 2007 1024 ff.

1. Allgemeines zum Strafbefehlsverfahren, Voraussetzungen, StPO 352

1.1. Sinn des Strafbefehlsverfahrens

Die Möglichkeit, mit dem Strafbefehlsverfahren **Straftaten von geringerer Bedeutung mittels eines vom untersuchenden Staatsanwalt[9] erlassenen Strafbefehls zu erledigen**, war – teilweise unter der Bezeichnung Strafverfügung, Strafmandat oder Strafbescheid – bereits in den früheren Strafprozessgesetzen verbreitet. Mit dem Strafbefehl soll für die beschuldigte Person und die Strafjustiz das Verfahren verkürzt und dadurch beschleunigt werden. Typisch für diese Erledigungsform ist, dass die untersuchende Strafbehörde, also nicht ein Gericht, den Strafbefehl erlässt. Die Strafverfolgungsbehörde, vorab der Staatsanwalt geniesst in diesem Bereich zwar richterliche Unabhängigkeit nach StPO 4. Der Staatsanwalt wird aber dadurch nicht zum Richter[10]. Vor allem ist der Strafbefehl kein richterliches Urteil, sondern **nur ein Angebot an die Parteien zur Verfahrenserledigung**[11]. Sind diese mit dieser Erledigung nicht einverstanden, können sie die Strafsache durch Einsprache nach StPO 354 zur richterlichen Beurteilung bringen[12]. In diesem Fall übernimmt der **Strafbefehl die Funktion der Anklage** (StPO 356 I Satz 2, hinten Ziff. 3.2.).

1352

1.2. Zuständigkeit zum Erlass eines Strafbefehls, StPO 352 I

Zuständig zum Erlass eines Strafbefehls ist wie dargelegt die **Staatsanwaltschaft**, d.h. der mit dem Fall befasste Staatsanwalt, in Fällen von **Bundesgerichtsbarkeit die Staatsanwälte des Bundes** nach E StBOG 9 ff. Ob die Kantone dazu Hilfspersonen i.S. von StPO 142 I Satz 2 bzw. 311 I Satz 2 einsetzen können, ist fraglich[13]. Befugt sind je nach Ausgestaltung durch die Einführungsgesetzgebung sodann die **Übertretungsstrafbehörden** (StPO 17, 357)[14], und

1353

---

[9] *Erlass des Strafbefehls bei Verbrechen und Vergehen nur durch Staatsanwaltschaft*; ein Antrag, dass die Kantone die Behörde bestimmen, die solche Befehle erlassen, wurde im Ständerat abgelehnt, AB S 2006 1047 ff.
[10] Keine Verletzung von aBV 4, 58 bzw. nBV 30 und EMRK 6, wenn *Ankläger zunächst Strafbefehl erlässt und bei Einsprache Fall vor Gericht vertritt*, BGE 124 I 76.
[11] So auch Botschaft 1291 oben. Missverständlich deshalb Botschaft 1152 (allerdings im Zusammenhang mit dem Öffentlichkeitsprinzip) vermerkt, es gehe beim Strafbefehlsverfahren um eine strafrechtliche Anklage.
[12] Dazu und zum Folgenden BeB 245; Botschaft 1289 Mitte.
[13] Vorne N 1233.
[14] Vorne N 360 ff., 1361.

wenn der Staatsanwaltschaft das Übertretungsstrafverfahren zugewiesen wird, können für den Erlass von Strafbefehlen in diesem Bereich die vorgenannten Hilfspersonen eingesetzt werden.

1.3. Voraussetzungen für den Erlass eines Strafbefehls, StPO 352

1354 Der Erlass eines Strafbefehls hängt davon ab, ob verschiedene, kumulativ zu erfüllende Voraussetzungen erfüllt sind. Sind sie erfüllt, ist der **Erlass eines Strafbefehls zwingend**[15]. Im Zentrum steht dabei die Frage, ob erforderlich ist, dass die beschuldigte Person den ihr zur Last gelegten Sachverhalt in einer polizeilichen oder staatsanwaltschaftlichen Einvernahme zugegeben hat, eine Frage, die in den früheren kantonalen Prozessordnungen unterschiedlich geregelt war. StPO 352 I folgt einem «*gemischten Modell*»: Danach ist **erforderlich, dass entweder die beschuldigte Person im Vorverfahren den Sachverhalt eingestanden hat oder aber dieser anderweitig ausreichend geklärt ist**[16]. Soweit also z.B. die polizeilichen Ermittlungsakten – insbesondere die Befragung der beschuldigten Person im Schuld- und Strafpunkt – eine zuverlässige Beurteilung zulassen, kann der **Strafbefehl allein gestützt auf diese Akten** ergehen. Spricht z.B. eine Blutalkoholanalyse klar für die Angetrunkenheit eines Motorfahrzeuglenkers, kann somit ein Strafbefehl ergehen, auch wenn dieser in diesem Punkt nicht geständig ist[17]. Dies bedeutet, dass das rechtliche Gehör[18] der beschuldigten Person *vor* Erlass des Strafbefehls nicht stets vollumfänglich gewährleistet ist, was als problematisch erscheint. Um – bei Strafbefehlen gemäss Untersuchungen besonders gehäuft auftretende – Fehlentscheide zu vermeiden, sollten vorab bei Verbrechen und Vergehen (und besonders in gewichtigeren Fällen) an das Erfordernis der ausreichenden Klärung erhöhte Ansprüche gestellt werden. In vielen Fällen erweisen sich deshalb eine polizeiliche oder staatsanwaltschaftliche Einvernahme als unumgänglich, worauf nachfolgend noch einzugehen sein wird. Eine nähere Befassung mit dem Straffall ist sodann in jenen Fällen für die Staatsanwaltschaft unverzichtbar, in denen im Hinblick auf StGB 53 bzw. StPO 316 **zwingend Vergleichsverhandlungen** durchzuführen sind[19].

1355 Ein Strafbefehl kommt (mit Ausnahme der nachstehend zu erwähnenden strafbefehlsändernden Befehlen) grundsätzlich allein in Frage, wenn eine **Person we-**

---

[15] Dies gilt auch, wenn von *mehreren Mitbeschuldigten nur bei einzelnen die Voraussetzungen von StPO 352 erfüllt sind*. Hier hat allenfalls eine Verfahrenstrennung nach StPO 30 mit nachfolgender unterschiedlicher Erledigung (Strafbefehl bzw. Anklage) zu erfolgen.
[16] Näher Botschaft 1289 f.; BeB 246. Das Strafbefehlsverfahren ist in Fällen von StGB 102 bzw. StPO 112 auch gegen *Unternehmen* möglich, wobei nach StPO 352 I lit. a gegen dieses eine Busse in unbeschränkter Höhe möglich ist, anschliessend N 1355.
[17] Beispiel aus BeB 246 und Botschaft 1289 unten. Ebenfalls bei Vorliegen von *Radar-Fotos bei Verkehrsdelikten.*
[18] Allgemein vorne N 104 ff.
[19] Hinten N 1242.

gen eines **Straftatbestandes schuldig gesprochen wird**[20]. Eine weitere Kernfrage des Strafbefehlsverfahrens stellt die **Art und Dauer bzw. Höhe der Sanktion** dar, die mit diesem Strafbefehl ausgesprochen werden kann, eine Frage, die in den bisherigen Prozessgesetzen unterschiedlich gelöst war[21]. Dem allgemeinen Trend folgend, das Anwendungsgebiet dieser Verfahrensart auszudehnen, kann die Staatsanwaltschaft nach StPO 352 I lit. a-b mit dem Strafbefehl neben **Busse in unbeschränkter Höhe** eine **Geldstrafe von höchstens 180 Tagessätzen, gemeinnützige Arbeit von höchstens 720 Stunden** sowie eine **Freiheitsstrafe von höchstens 6 Monaten** Dauer verhängen. Dabei können diese Sanktionen mit **Massnahmen** nach StGB 66–73 verbunden werden (Abs. 2). Ebenso ist es möglich, die Strafen nach Abs. 1 lit. b-d miteinander zu verbinden[22]. Hier wie beim Widerruf bedingter Strafen oder Entlassungen sind für die Errechnung der vorerwähnten Obergrenzen der Sanktionen die zu verhängende und die zu widerrufende Sanktion zusammenzuzählen[23]. Dies gilt nicht für eine **zusätzliche Busse,** die immer möglich ist (StPO 352 III).

In entsprechender Weise ergehen **strafbefehlsändernde bzw. -ergänzende Verfügungen** i.S. von **selbstständigen nachträglichen Entscheiden**. Massgebend dafür ist StPO 363, wobei StPO 363 II ausdrücklich die Kompetenz der Strafbefehlsbehörden für diese nachträglichen Entscheide festhält[24]. 1356

In den bisherigen kantonalen Prozessordnungen war unterschiedlich geregelt, inwieweit der Erlass des Strafbefehls eine **Einvernahme der beschuldigten Person durch den Staatsanwalt** (oder allenfalls die Mitarbeiter nach StPO 142 II Satz 2 bzw. 311 I Satz 2 bzw. die Übertretungsstrafbehörde) voraussetzt. Zwar werden im Strafbefehlsverfahren im Prinzip keine Beweise abgenommen[25]. Eine Einvernahme durch die Staatsanwaltschaft sollte nach E StPO 356 in gewissen Fällen (vor allem bei zu verbüssender Freiheitsstrafe) notwendig sein. Diese Bestim- 1357

---

[20] Also *kein Freispruch oder Absehen von Strafe*, etwa nach StGB 52 ff. In gewissen Kantonen wurden früher mit Strafbefehl auch Fälle erledigt, in denen ein Schuldspruch zu ergehen hatte, indessen aus materiell-strafrechtlichen Gründen von einer *(Zusatz-)Strafe abgesehen wurde* (etwa nach StGB 49 II, 305 II). Hier erfolgt nunmehr kein Schuldspruch und auch kein Strafbefehl mehr, sondern eine Einstellung nach StPO 319 I lit. e, vorne N 1255, 1343 Fn. 132.
[21] Botschaft 1290 oben.
[22] Dieser Abs. 3 vom Nationalrat eingefügt, AB N 2007 1024.
[23] Bei Widerruf wie Kumulation der Sanktionen nach 352 I bzw. III erfolgt eine *Umrechnung* nach StGB 36 I bzw. StGB 39 II (180 Tagessätze Geldstrafe = 720 Stunden gemeinnützige Arbeit = 6 Monate Freiheitsstrafe), vgl. Botschaft 1290 Fn. 393. – Als überflüssig, ja möglicherweise irreführend erscheint das Einschiebsel «allfällig» (fr. *éventuelle*, it. *eventuale*) in StPO 352 I; es ändert nichts daran, dass eine Addition nur erfolgt, wenn tatsächlich ein Widerruf erfolgt.
[24] So im Sinn der sog. *nachträglichen richterlichen Entscheidungen* bzw. *Nachverfahrens* nach StPO 363 ff., hinten Fn. 31 und N 1390 ff.
[25] Botschaft 1290 Mitte.

mung ist von den eidgenössischen Räten gestrichen worden[26]; die Folge ist, dass unter Vorbehalt von StPO 352 I (Geständnis bzw. sonst ausreichend geklärter Sachverhalt) eine solche Einvernahme nicht erforderlich ist. Bei Straffällen von einigem Gewicht, vor allem Verbrechen und Vergehen, dürfte aber mindestens eine zuverlässige und aussagekräftige polizeiliche Einvernahme unverzichtbar sein[27]. Eine Einvernahme bzw. die Erhebung weiterer Beweise durch den Staatsanwalt ist in jedem Fall erforderlich, wenn die Ermittlungsakten nicht im vorgenannten Sinn schlüssig bzw. widersprüchlich oder Berichte (Vorstrafenberichte usw.) vorzuhalten sind[28], wie vorstehend erwähnt wohl auch regelmässig bei einem Vorgehen nach StPO 316 II bzw. StGB 53.

2. Inhalt und Eröffnung des Strafbefehls, StPO 353

2.1. Strafbefehl bei Verbrechen oder Vergehen, StPO 353

1358 Der Strafbefehl hat **alle Punkte zu regeln, die üblicherweise Bestandteil eines Strafurteils bilden**[29], wobei diese in StPO 353 I lit. a-k detailliert aufgeführt sind. Er ist deshalb auch entsprechend aufzubauen. Im Zentrum stehen das Aufführen des vorgeworfenen Sachverhalts, des damit erfüllten Straftatbestandes, der dafür verhängten Sanktion sowie der Nebenfolgen. Wesentlich ist, dass der **Strafbefehl grundsätzlich nicht begründet wird**, was auch für die – bedingt oder unbedingt ausgesprochenen – Sanktionen gilt[30]. Kurz zu begründen ist hingegen nach StPO 353 I lit. f der Widerruf einer bedingten Sanktion oder einer bedingten Entlassung[31]. Bei **Gewährung des bedingten Sanktionsvollzugs** ist der zu Bestrafende anlässlich einer Einvernahme oder im Strafbefehl selbst (bzw.

---

[26]   AB S 2006 1050, AB N 2007 1024.
[27]   Oft wohl auch bei der Prüfung, ob nach StGB 37 I eine *gemeinnützige Arbeit* bzw. nach StGB 41 I eine *kurze unbedingte Freiheitsstrafe* in Frage kommen, vgl. RK-N 11./12.5.2007 44.
[28]   Botschaft 1290 Mitte noch zum bundesrätlichen Vorschlag. Hier wird noch (überflüssigerweise) betont, dass diese Einvernahmen nicht öffentlich seien. Ist die beschuldigte Person in diesem Stadium *nicht auffindbar*, ist das Verfahren nach StPO 314 zu sistieren, vorne N 1236, also kein Abwesenheitsverfahren.
[29]   Botschaft 1290 unten. Zu den Urteilsbestandteilen gemäss StPO 81 vorne N 583 ff. Strafbefehl auch zulässig *im Verfahren gegen Unternehmen* nach StGB 102, vorne Fn. 16.
[30]   Vorab vom Ständerat damit begründet, dass das Strafmass aufgrund der Akten kaum zu begründen sei, vgl. dazu RK-N 11./12.5.2007 51. Gilt offenbar *als lex specialis et posterior entgegen StGB 41 II auch bei kurzen Freiheitsstrafen*. Wird eine *unbedingte Freiheitsstrafe* ausgesprochen, kann die beschuldigte Person bei andauernden Haftgründen und noch laufender Haftfrist *in Untersuchungshaft behalten werden*, da ja die Untersuchung noch fortdauert. Nach StPO 229 I und 327 II vorzugehen ist erst, wenn der Strafbefehl als Anklage ans erstinstanzliche Gericht geht (StPO 355 III lit. a) oder nach StPO 355 III lit. c Anklage erhoben wird.
[31]   Staatsanwaltschaft bzw. Übertretungsstrafbehörde haben über den *späteren* Widerruf in einem Nachverfahren nach StPO 363 ff. ebenfalls mit Strafbefehl zu verfügen, wenn sie diesen nachträglichen Entscheid selbst zu treffen haben, vorne N 1356, hinten N 1391.

in einem beigelegten Merkblatt) auf das Wesen dieser Massnahme aufmerksam zu machen, ebenso wenn eine Bewährungshilfe und Weisungen angeordnet werden (StGB 44 II, III). Verhängt die Staatsanwaltschaft eine **Busse**, ist nach StGB 106 II für den Fall, dass diese nicht bezahlt wird, eine Ersatzfreiheitsstrafe festzusetzen. Davon hat die Verwaltuings- als Übertretungsstrafbehörde abzusehen, wenn sich der Strafbefehl allein auf eine Übertretung bezieht, da in diesem Fall bei notwendigem Widerruf der Richter entscheidet (StGB 36 II i.V. mit StGB 106 V)[32]. Am Schluss des Strafbefehls figurieren die **Nebenfolgen** wie Einziehungen, Kosten etc. sowie der Hinweis auf die mögliche Einsprache usw. (näher Abs. 1 lit. g-k).

Der Staatsanwalt **entscheidet nicht über nicht anerkannte Zivilforderungen** der Privatklägerschaft (anders JStPO 32 III). Diese werden auf den Zivilweg gewiesen (StPO 126 II lit. a; 353 II Satz 2), wobei dieser Verweis im Dispositiv erscheint[33]. Hingegen wird von anerkannten Forderungen Vormerk genommen (StPO 353 II Satz 1; 124 III). Dies gilt auch für Zivilansprüche des Opfers. Eine solche Vormerknahme führt dazu, dass der Strafbefehl als definitiver Rechtsöffnungstitel nach SchKG 80 dienen kann[34]. 1359

Der Strafbefehl ist nach StPO 353 III jenen Behörden und Personen, die nach StPO 354 I zur Einsprache befugt sind, in Anwendung der allgemeinen Vorschriften von StPO 84 ff. **zuzustellen**. Es sind dies die **beschuldigte Person, weitere Betroffene** (z.B. im Zusammenhang mit **Einziehungen**[35]) und soweit im Einführungsrecht von Bund und Kantonen vorgesehen[36], die **Ober- oder Generalstaatsanwaltschaft von Bund bzw. des betreffenden Kantons**. Je nach Sachverhalt ist der Strafbefehl noch verschiedenen weiteren **Amtsstellen** zuzustellen (StPO 84 VI)[37]. Nach dem Willen des Parlaments soll offenbar keine Zustellung an die **Privatklägerschaft** erfolgen (dazu nachfolgend Ziff. 3.1.); allerdings dürfte sich die Notwendigkeit einer Zustellung an diese aus der allgemeinen Vorschrift von StPO 84 ergeben. Die Eröffnung erfolgt **schriftlich**, also durch Zustellung nach Massgabe von StPO 85 ff., allenfalls (z.B. bei Personen ohne festen Wohnsitz oder auf blosser Durchreise) durch persönliche Übergabe 1360

---

[32] Hinten N 1390. Allerdings ist nicht einzusehen, weshalb die Verwaltungsbehörde nicht selbst mit Strafbefehl – der ja mit Einsprache vor den Richter gebracht werden kann (StPO 354, hinten N 1364 ff.) – diese Umwandlung sollte vornehmen können.
[33] Entgegen der Verweisung auf den Zivilweg bei der Einstellung nach StPO 319 ff., vorne N 713.
[34] Soweit *Ansprüche nicht nur dem Grundsatz nach anerkannt wurden*, Botschaft 1290/1291. Gilt auch für *Opferansprüche*.
[35] Z.B. Person, *in casu* Unternehmen, der (dem) eingezogene Werte gehörten, RKG 2002 Nr. 137.
[36] Insoweit klarer VE 415 II, der eindeutig festlegte, dass Bund und Kantone ein solches Einspruchsrecht einräumen können. Räumt ein Kanton seiner Oberstaatsanwaltschaft ein solches ein (aber nur dann), steht dieses in den in StPO 381 IV (dazu N 1456) geschilderten Fällen *ebenfalls der Staatsanwaltschaft des Bundes zu*.
[37] Allgemein N 599.

unmittelbar nach Erlass. Zu beachten ist die besondere Zustellungsvorschrift nach StPO 88 IV[38]. **Fremdsprachigen beschuldigten Personen** ist der Strafbefehl auf ihr Begehren hin oder von Amtes wegen zu übersetzen, wenn ersichtlich ist, dass sie ihn nicht verstehen. Um den grundrechtlichen Ansprüchen auf ein öffentliches Gerichtsverfahren (und vor allem eine öffentliche Urteilsverkündung) zu genügen, sind Strafbefehle **interessierten Personen zur Einsichtnahme aufzulegen** (StPO 69 II)[39].

2.2. Strafbefehl bei Übertretungen, StPO 357

1361 StPO 357 ersetzt das in E StPO 361–364 vorgesehene besondere Übertretungsstrafverfahren[40]. Das Verfahren bei Strafbefehlen im Fall von Übertretungen richtet sich sinngemäss nach jenen Bestimmungen (StPO 357 II). An die **Stelle der Staatsanwaltschaft tritt die Übertretungsstrafbehörde**, die staatsanwaltschaftliche Befugnisse besitzt (StPO 357 I). Ist der Straftatbestand erfüllt, wird ein Strafbefehl i.S. von StPO 353[41] erlassen. Ist das Verfahren einzustellen, ergeht eine nur kurz zu begründende Einstellungsverfügung i.S. von StPO 319 ff. (Abs. 3). Die Verwaltungsbehörde überweist den Fall der Staatsanwaltschaft, wenn sich ergibt, dass der Sachverhalt als Verbrechen oder Vergehen zu qualifizieren ist (Abs. 4). Eine solche Überweisung hat auch zu erfolgen, wenn erst im Einspracheverfahren (Ziff. 3.2.2.) festgestellt wird, dass Verbrechen oder Vergehen vorliegen[42].

3. Einsprache als Rechtsbehelf gegen Strafbefehle, StPO 354–356

3.1. Einsprache, StPO 354

1362 Die beschuldigte Person, betroffene Dritte, die nach StPO 104 II legitimierten Behörden, nach SPO 381 IV die Staatsanwaltschaft des Bundes und soweit vorgesehen die Ober- oder Generalstaatsanwaltschaft, nach dem Willen des Parla-

---

[38] Vorne N 604.
[39] Vorne N 270.
[40] Ausführlicher war das Übertretungsverfahren in VE 418–426 geregelt. Vgl. dazu die Diskussion in AB N 2007 1024, in welcher das neu vorgeschlagene Übertretungsverfahren teilweise als untauglich gehalten wurde.
[41] Also nicht eine Bussenverfügung wie nach VE 422. Entgegen VE 425 III gilt nunmehr *ebenfalls das Anklage- und Immutabilitätsprinzip* (StPO 9 bzw. 350 I, vorne N 203 ff., 1341), d.h., das Gericht kann nach Einsprache allein die sich aus dem Strafbefehl ergebenden Deliktsvorwürfe behandeln. Daraus folgt u.a., dass wegen der Funktion des Strafbefehls als Anklage (StPO 356 I Satz 2, vorne N 1352) diese *ebenfalls bei Übertretungen bezüglich der Sachverhaltsumschreibung* (StPO 353 I lit. c) *vollständig sein müssen*.
[42] Sind *neben dem Verbrechen oder Vergehen noch Übertretungen zu verfolgen*, gilt StPO 17 II, vorne N 361.

ments aber nicht die Privatklägerschaft[43], können innert 10 Tagen gegen den Strafbefehl schriftlich Einsprache erheben[44]. Es ist dies – abgesehen von der Revision nach StPO 410 ff.[45] – der **einzige gegen Strafbefehle zulässige Rechtsbehelf**. **Die Einsprache ist kein Rechtsmittel**. Sie bewirkt allein, dass das gerichtliche Verfahren eingeleitet wird, in welchem über die Gegenstand des Strafbefehls bildenden Vorwürfe entschieden wird[46]. Die Einsprache ist zu begründen[47]. Sie hat auch die Punkte zu nennen, in denen ein abweichendes Gerichtsurteil beantragt wird. Ausgenommen von diesen Pflichten ist allerdings die Einsprache der beschuldigten Person (StPO 354 II). Damit soll vorab den nicht anwaltschaftlich Verbeiständeten die Benützung dieses Rechtsbehelfs nicht unnötig erschwert werden[48]. Wie ist vorzugehen, wenn Begründung und Anträge fehlen? In diesem Fall hat die Staatsanwaltschaft analog zu StPO 385 II eine Nachfrist anzusetzen oder bei nicht anwaltschaftlich vertretenen, offensichtlich unbeholfenen Verfahrensbeteiligten z.B. in Form einer Befragung nach deren Absichten zu fragen[49].

---

[43] Vorgesehen noch im bundesrätlichen Entwurf, Art. 358 I lit. b. Die Legitimation gestrichen vom Ständerat als Erstrat, AB S 2006 1050. Gemäss Bundesrat Blocher aaO sei ein Einspracherecht «*nicht gerechtfertigt, da in Strafverfahren nicht über Zivilforderungen entschieden*» werde. Zudem wird gelegentlich geltend gemacht, im Strafbefehlsverfahren könne kein Freispruch ergehen. Es ist indessen nicht einzusehen, weshalb die Privatklägerschaft den Strafbefehl nicht sollte anfechten können, wenn z.B. entgegen StPO 353 II von der Anerkennung der Zivilansprüche nicht Vormerk genommen wurde oder ihre Interessen durch eine ihres Erachtens falsche (z.B. zu milde) Qualifikation der Straftat (Tätlichkeit statt Körperverletzung) oder der Kosten- oder Entschädigungspunkt tangiert sind. Unverständlich primär aber die Inkongruenz zu StPO 382 II (hinten N 1462) sowie BGG 81 I lit. b Ziff. 5 (hinten N 1672) bzw. BGG 111 I, die der Privatklägerschaft in Schuld- und andern sie beschwerenden Punkten die Rechtsmittellegitimation zuerkennen.

[44] Fax oder E-Mail dürfte nicht genügen, zum Letzteren aber BGer 30.8.2005, IP.254/2005 (überspitzter Formalismus). *Relativ kurze Einsprachefrist kein Verstoss gegen EMRK 6 I*, EuGRZ 20 (1993) 68. *Wiederherstellung* i.S. von StPO 94 durch Staatsanwaltschaft nach früherer (zürcherischer) Praxis möglich, näher ZR 98 (1999) Nr. 30. Wird nach Ablauf der Frist *Ablehnungsgrund entdeckt*, nach StPO 60 III Revision (vorne N 523, hinten 1595); anders die frühere Zürcher Praxis, die Wiederherstellung zuliess, RKG 2001 Nr. 52. – Bei *Tod der beschuldigten Person* während Laufens der Einsprachefrist oder des Einspracheverfahrens gelten die entsprechenden Regeln des Berufungsverfahrens, hinten N 1542. *Übergangsrechtlich* sind StPO 455 i.V. mit 453 zu beachten, hinten N 1869.

[45] Hinten N 1584. – Beschwerde aber wohl bei *abgelehnten Erläuterungs- und Berichtigungsgesuchen* nach StPO 83, vorne N 594, hinten N 1506 Fn. 170.

[46] So Botschaft 1291. Auch *Einsprache, wenn die Zulässigkeit und Ordnungsmässigkeit des Strafbefehlsverfahrens bestritten wird*.

[47] Die Begründung ist *Gültigkeitserfordernis*, so zürcherische Praxis zur entsprechenden früheren Regelung, ZR 105 (2006) Nr. 63 S. 267. – Der *Inhalt der Begründung* richtet sich nach StPO 385 I.

[48] Keine *Begründungspflicht auch für Verteidiger*, so wohl zu verstehen Botschaft 1291 oberhalb Mitte.

[49] Die hier relevante *richterliche Frage- und Fürsorgepflicht* fliesst aus dem Fairnessgebot im Strafverfahren, StPO 3 II lit. a, vorne N 102 f.

1363 Der Strafbefehl ist zwar **kein erstinstanzliches Strafurteil**[50]. Soweit gegen ihn keine gültige Einsprache erhoben wird, erlangt er indessen die Wirkung eines rechtskräftigen Urteils (StPO 354 III, 437), auf welche Folgen die Parteien im Strafbefehl aufmerksam zu machen sind (StPO 353 I lit. i). Mit Erlass des (unangefochtenen) Strafbefehls endet nach StGB 97 III der Verjährungslauf. Erfolgt eine Einsprache, läuft die **Verjährungsfrist** mit Blick auf diese Bestimmung jedoch während des erstinstanzlichen Hauptverfahrens weiter; sie endet erst mit Erlass des erstinstanzlichen Urteils[51].

3.2. Verfahren bei Einsprache, StPO 355

3.2.1. Nachträgliches Beweisverfahren

1364 Erfolgt eine Einsprache[52], hat sich zunächst wieder die Staatsanwaltschaft (und bei Übertretungen allenfalls die Übertretungsstrafbehörde, StPO 357 I) mit dem Fall zu befassen. Da, wie gesehen, der Strafbefehl zumeist ohne **Beweisverfahren** – und häufig ohne Einvernahme der beschuldigten Person – erging (Ziff. 1.3.), hat die Staatsanwaltschaft eine **Untersuchung i.S. von StPO 308 ff**. nachzuholen. Daraus folgt u.a., dass nach StPO 309 **ein Verfahren zu eröffnen**, in welchem vor allem die erforderlichen Beweise zu erheben sind (StPO 355 I). Wenn der Einsprecher einer Einvernahme durch die Staatsanwaltschaft unentschuldigt[53] **fernbleibt, gilt die Einsprache als zurückgezogen** (StPO 355 II). Der vorgeladene Einsprecher muss in der Vorladung auf diese Folge aufmerksam gemacht werden.

---

50 Vom Bundesgericht erstmals in BGE 92 IV 161 im Zusammenhang mit der Bestimmung von aStGB 31 I festgestellt, wonach der Rückzug des Strafantrags bis zur Verkündung des erstinstanzlichen Urteils zulässig war. Nunmehr nach StGB 33 I Rückzug bis zur Eröffnung des *zwei*instanzlichen Urteils möglich. Anderes soll nach BGE 133 IV 117 im Unterschied zum Strafbescheid nach VStR 64 für die Strafverfügung nach VStrR 70 gelten.

51 Dazu SJ 125 (2003) II 57. *Verjährung endet nur bei verurteilendem, nicht einem freisprechendem* erstinstanzlichem Urteil, BGE 134 IV 331. – Kann der *Strafbefehl nicht zugestellt werden*, gilt die Sonderbestimmung von StPO 88 IV (vorne N 604 und 1360), d.h., er gilt unter den Voraussetzungen von Abs. 1 jener Bestimmung als zugestellt und der Verjährungslauf damit als beendet. Sollte sich die fiktive Zustellung nach StPO 85 IV nachträglich als unzulässig erweisen bzw. ein Wiederherstellungsgesuch nach StPO 94 gutgeheissen werden, beginnt die Verjährungsfrist ab Datum der Gutheissung dieses Gesuchs neu zu laufen.

52 Über deren *Gültigkeit* entscheidet nicht die Staatsanwaltschaft, sondern das Gericht, StPO 356 II, hinten N 1371.

53 Frage der *Entschuldbarkeit* gleich zu beantworten wie bei StPO 368 III, hinten N 1411. Bei Säumnis nach StPO 355 II nur die Folge des Rückzugs, *keine Ordnungsbusse* nach StPO 64 möglich. Zum *Vorgehen bei unbekanntem Aufenthalt* vorne Fn. 28, also auch hier kein Abwesenheitsverfahren. – *Erfolgt die Einsprache nicht von der beschuldigten Person* und bleibt diese bei einer obligatorischen Vorladung aus, ist nach StPO 93 bzw. 205 IV vorzugehen.

3.2.2. Erledigung nach Abschluss des Beweisverfahrens

Ist dieses **Beweisverfahren abgeschlossen** (oder ist ein solches, vor allem im Fall von StPO 355 III lit. a oder b, nicht erforderlich)[54] und hält der Einsprecher an seinem Rechtsbehelf fest[55], stehen dem Staatsanwalt **vier Möglichkeiten** offen; Ausgangspunkt ist dabei, dass die **Staatsanwaltschaft nicht an den ersten Strafbefehl gebunden ist**[56]:

3.2.2.1. Will die Staatsanwaltschaft an ihrem *Strafbefehl festhalten*, so überweist sie ohne Vorgehen nach StPO 318 die Einsprache und die **Akten sofort dem erstinstanzlichen Gericht** (StPO 355 III lit. a, 356 I). Eine solche Überweisung hat auch dann zu erfolgen, wenn der zur Einsprache berechtigte Ober- oder Generalstaatsanwalt mit seiner Einsprache eine Sanktion beantragt, die den Rahmen der entsprechenden Zuständigkeit der Staatsanwaltschaft von StPO 352 I sprengt[57]. Ebenso hat eine Überweisung zu erfolgen (im Regelfall ohne vorgängige Untersuchung), wenn der Staatsanwalt die Einsprache für ungültig, z.B. weil verspätet, hält. In diesen Konstellationen übernimmt der **Strafbefehl die Funktion der Anklage** (StPO 356 I; analog im Bundesverwaltungsstrafverfahren, VStrR 73 II). Dies setzt voraus, dass er den Standard einer Anklage erreicht, also vor allem i.S. von StPO 325 I lit. f den Sachverhalt genügend präzis schildert.

3.2.2.2. StPO 355 III lit. b gibt der Staatsanwaltschaft sodann die Kompetenz, das Verfahren nach Massgabe von StPO 319 ff. **einzustellen**, wenn sich Gründe dafür nach StPO 319 I ergeben[58].

3.2.2.3. Die Staatsanwaltschaft kann sodann nach StPO 355 III lit. c einen **neuen, gegenüber dem ersten anders lautenden Strafbefehl** erlassen, wobei zunächst nach StPO 318 vorzugehen ist. Dies ist aber nur bei veränderter Beweis- oder Rechtslage zulässig, also wenn der ursprüngliche Strafbefehl im Schuld- und/oder im Strafpunkt zu ändern ist, die Sanktion aber noch im Rah-

---

[54] Unklar, ob erneut nach StPO 318 vorzugehen ist. Dies ist zu verneinen (vgl. aber N 1368), da der Abschluss nach StPO 355 III ein solcher *sui generis* ist, bei dem das Gesetz eine solche (erneute) Schlussverfügung nicht vorsieht.
[55] Nicht klar ist, wie vorzugehen ist, wenn die *Einsprache während dieser nachgeschobenen Untersuchung zurückgezogen wird*. Eine praktisch-verfahrensökonomische Betrachtungsweise legt den Schluss nahe, dass die Staatsanwaltschaft *in einer Verfügung den Fall abschreibt,* wenn die Akten noch bei ihr liegen, in dieser Richtung zum früheren Zürcher Strafverfahrensrecht plädoyer 6/2000 70 = ZR 99 (2000) Nr. 113. Damit bleibt es beim Strafbefehl. *Gegen diese Abschreibungsverfügung ist die Beschwerde* nach StPO 393 ff. möglich.
[56] Botschaft1291 Mitte.
[57] Zur Thematik im alten Recht ZR 39 (1940) Nr. 42.
[58] In sinngemässer Anwendung von StPO 356 VII bzw. 392 sind wohl auch die *Verfahren gegen Mitbeschuldigte (im gleichen oder in separaten Strafbefehlen) einzustellen,* die nicht selbst Einsprache erhoben.

men von StPO 352 I bleibt. Ergeht ein neuer Strafbefehl, kann dagegen wiederum Einsprache nach StPO 354 erhoben werden.

1369 *3.2.2.4.* Die Staatsanwaltschaft kann weiter eine **Anklage erheben** (StPO 355 III lit. c, 324 ff.)[59]. Eine solche kommt allein dann in Frage, wenn nach der Untersuchung i.S. von StPO 355 I die Voraussetzungen des Strafbefehls, vor allem die beschränkten Sanktionsmöglichkeiten nach StPO 352 I, nicht mehr gegeben sind. Diese Situation dürfte vor allem dann aktuell werden, wenn die nachgeschobene Untersuchung zu einer andern Qualifikation des Delikts führte oder zusätzliche Straftaten ans Licht förderte.

4. Verfahren vor dem erstinstanzlichen Gericht, StPO 356

1370 Liegt der Fall nach einem Festhalten der Staatsanwaltschaft am Strafbefehl beim erstinstanzlichen Gericht (StPO 355 III lit. a, 356 I), so findet ein Hauptverfahren nach StPO 328 ff. mit einer entsprechenden **Hauptverhandlung** statt, zu welcher die Parteien gemäss StPO 336 ff. vorzuladen sind[60]. Diese ist mündlich und öffentlich. Das Gericht entscheidet jedoch in einem **schriftlichen Verfahren,** wenn sich die Einsprache allein auf die Kosten- und Entschädigungsfrage sowie weitere Nebenfolgen wie insbesondere die Einziehung bezieht (StPO 356 VI). Damit EMRK 6 Abs. 1 Genüge getan wird, können der Einsprecher und (über den Wortlaut von StPO 356 VI hinausgehend) allfällige durch den angefochtenen Entscheid beschwerte andere Personen i.S. von StPO 105 eine mündliche Parteiverhandlung verlangen[61].

1371 In der Hauptverhandlung wird – falls diese Punkte umstritten sind – zunächst als Vorfrage nach StPO 339 II geprüft, **ob der Strafbefehl**[62] **und die Einsprache gültig**[63] sind. Ist der **Strafbefehl fehlerhaft,** so wird er vom erstinstanzlichen Gericht aufgehoben. Der Fall wird bei Ungültigkeit des Strafbefehls mit Beschluss bzw. Verfügung zur Durchführung eines neuen Vorverfahrens i.S. von StPO 299 ff. an die Staatsanwaltschaft überwiesen (StPO 356 V). Ist die **Ein-**

---

[59] Keine Verletzung von BV und EMRK, wenn der Ankläger zunächst einen Strafbefehl erlässt und bei Einsprache den Fall vor Gericht vertritt, Fn. 10.

[60] BeB 249 oben. Die *beschuldigte Person* ist nicht zur Anwesenheit verpflichtet, *e contrario* aus StPO 336 I. Zum Hauptverfahren vorne N 1277 ff.

[61] Zu diesen andern Verfahrensbeteiligten vorne N 638 ff. Zur *Möglichkeit und Grenzen der Schriftlichkeit solcher Verhandlungen* siehe m.w.H. sodann vorne N 1486.

[62] Also z.B. Vorliegen eines Geständnisses, Einhaltung der Sanktionslimiten nach StPO 352 I, Botschaft 1291/1292.

[63] Hier wird geprüft, *ob die Einsprache innert Frist erfolgte und genügend begründet war.* Denkbar (vor allem bei einer Laieneinsprache) ist allerdings, dass der Mangel bezüglich einer genügenden Begründung durch die anlässlich der Einvernahme des Einsprechers nach StPO 355 I nachgelieferte Begründung geheilt wird

sprache ungültig, wird auf sie nicht eingetreten, und es bleibt beim Strafbefehl[64].

Die gleiche Folge (Nichteintreten auf Einsprache) sieht die StPO vor, wenn der private Einsprecher der **Hauptverhandlung unentschuldigt**[65] **fernbleibt und sich auch nicht vertreten lässt** (StPO 356 IV)[66]. In diesem Fall findet kein Abwesenheitsverfahren statt[67]. Das Einspracheverfahren wird auf die gleiche Weise erledigt, wenn die **Einsprache zurückgezogen wurde**. Dies ist bis zum Ende der Hauptverhandlung (bis zur Erklärung nach StPO 347 II) möglich (StPO 356 III)[68]. 1372

Das erstinstanzliche Gericht entscheidet, falls es Strafbefehl und Einsprache materiell (also im Schuld- und/oder Strafpunkt) behandelt, in einem **Urteil** (StPO 80 I erster Satzteil). Es versteht sich von selbst, dass das Anklageprinzip gilt, d.h., dass der Strafbefehl die Funktion der Anklage übernimmt, an welche das Gericht gebunden ist[69]. Gegen das Urteil ist im Rahmen von StPO 398 die **Berufung möglich**[70]. Obwohl die Einsprache kein Rechtsmittel ist, erklärt StPO 356 VII die **Bestimmung von StPO 392 für anwendbar**, d.h., wenn gegen verschiedene Personen wegen gleicher Taten Strafbefehle ergehen und nur einzelne Einsprache erheben, können unter den in StPO 392 angeführten Bedingungen auch die Strafbefehle jener beschuldigten Personen geändert werden, die diesen Rechtsbehelf nicht ergriffen[71]. Bezog sich die Einsprache nur auf die Kosten, Entschädigungen, Einziehungen u.Ä., entscheidet das Gericht in einer 1373

---

[64] Gegen solche Verfügungen bzw. Beschlüsse bei *Feststellung der Ungültigkeit der Einsprache* Beschwerde nach StPO 393 I lit. b, hernach *Strafrechtsbeschwerde ans Bundesgericht* nach BGG 78 ff., jedoch nur bei Feststellung, dass Einsprache ungültig ist (alsdann Endentscheid, BGG 90). Wird die *Gültigkeit der Einsprache* festgestellt, liegt ein nicht beim Bundesgericht anfechtbarer Zwischenentscheid (BGG 93) vor. – Ähnlich die Rechtsmittelmöglichkeiten, wenn nach StPO 356 V die *Gültigkeit bzw. Ungültigkeit des Strafbefehls* festgestellt wird (Beschwerde; mindestens im erstgenannten Fall die vorgenannten Rechtsmittel. Bei Ungültigkeit und Rückweisung Zwischenentscheid nach BGG 93, allenfalls auch nur prozessleitender Entscheid nach StPO 65 I bzw. 393 I lit. b).
[65] Zu «*unentschuldigt*» hinten (zu StPO 368 III) N 1411.
[66] Persönliches Erscheinen also nicht zwingend, es sei denn, die Verfahrensleitung verlange dies, BeB 249 Mitte.
[67] Botschaft 1290.
[68] *Rückzug nur möglich vor Entscheid* nach StPO 355 III und wenn Staatsanwaltschaft in Anwendung von StPO 355 II lit. a am Strafbefehl festhält, nicht in den andern Erledigungsvarianten von StPO 355 III, BeB 249 oben.
[69] Dies gilt – entgegen E StPO 364 I – auch bei Übertretungen.
[70] Hinten N 1530 ff. Anschliessend Strafrechtsbeschwerde ans Bundesgericht, BGG 78 ff., hinten N 1628 ff.
[71] BeB 249 f. Unabhängig davon, ob Verurteilung im gleichen oder separatem Strafbefehl erging. Zu StPO 392 näher hinten N 1496 ff.

Verfügung bzw. einem Beschluss (StPO 80 I Satz 2); dieser Entscheid kann mit **Beschwerde** nach StPO 393 ff. angefochten werden[72].

§ 85 Abgekürztes Verfahren, StPO 358–362

Literaturauswahl: neben der vorne zu § 83 zitierten Literatur PIQUEREZ (2006) 1015; DERS. (2007) N 806; (négociation dans la justice pénale) ROBERT BRAUN, Das abgekürzte Verfahren nach der StPO des Kantons Basel-Landschaft vor dem Hintergrund der Diskussionen um informelle Absprachen im Strafprozess, AJP 2001 157; DERS., Strafprozessuale Absprachen in abgekürzten Verfahren, Diss. Basel 2003; ALINE BREGUET, La procédure simplifiée dans le CPP: un réel progrès?, in Jusletter 16.3.2009; ANDREAS DONATSCH, Vereinbarungen im Strafprozess, in: Gauthier/Marty/Schmid (Hrsg.), Aktuelle Probleme der Kriminalitätsbekämpfung, Bern 1992, 159; MARC FORSTER, Grenzen der Zulässigkeit von Prozessvereinbarungen im Strafverfahren (Urteilsbesprechung zu Urteil 6S.186/2003 des Kassationshofs des Bundesgerichts), ZBJV 140 (2004) 288; CHRISTA HAUSHERR, Das abgekürzte Verfahren in der schweizerischen Strafprozessordnung – Entlastung der Strafverfolgungsbehörden versus Rechtsstaatlichkeit, FP 5/2008 308; EMANUEL JAGGI, Die prototypische Absprache, Legitimität im Lichte des Strafzumessungsrechts, Bern 2006 (ASR 274); DANIEL JOSITSCH/PATRICK BISCHOFF, Das abgekürzte Verfahren gemäss Art. 365–369 des Entwurfs zu einer Schweizerischen Strafprozessordnung, in: FS F. Riklin, Zürich/Basel/Genf 2007, 429; NIKLAUS OBERHOLZER, Informelle Absprachen im Strafverfahren, AJP 1992 7; EDY SALMINA, Tra celerità e accordo delle parti: prime annotazioni sul rito abbreviato e le altre recenti modifiche del Codice di procedura penale ticinese, Rivista di diritto amministrativo ticinese (RDAT) 1998 417; REGULA SCHLAURI, Das abgekürzte Verfahren in den Strafprozessordnungen der Kantone Baselland und Tessin – eine schweizerische Form des US-amerikanischen plea-bargaining?, in: JÜRG-BEAT ACKERMANN (Hrsg.), Strafrecht als Herausforderung, Zürich 1999, 486; DANIEL SCHWANDER, Plea Bargaining als «abgekürztes Verfahren» im Entwurf für eine Schweizerische Strafprozessordnung, SJZ 103 (2007) 142; CHARLOTTE WIESER, Kritische Anmerkungen zum abgekürzten Verfahren gemäss Art. 385 ff. VE, BJM 2003 1.

Materialien: Aus 29 mach 1 S. 50 ff. (zum *plea bargaining*); VE 385–380; BeB 231 ff.; ZEV 75 ff.; E 465–369; Botschaft 1294 ff.; AB S 2006 1051 ff., 2007 726 ff., 2007 829, AB N 2007 1025 ff., 1393 ff.

1. Allgemeines

1374 Ein Strafurteil kann nach bisheriger allgemeiner Auffassung nur ergehen, wenn nach einem vorab den Schuld- und Strafpunkt umfassend klärenden Vorverfahren und einer darauf aufbauenden Anklage das Gericht in einem Hauptverfahren die in der Anklage erhobenen Vorwürfe prüft und darüber urteilt. Es ist deshalb entgegen dem Zivilprozess (mit der diesen beherrschenden Dispositionsmaxime) im Strafverfahren mit seinem Untersuchungsgrundsatz sowie dem Grundsatz der materiellen Wahrheit (StPO 6)[73] nach traditioneller Auffassung nicht möglich,

---

[72] BeB 249 unten; Botschaft 1292 Mitte. Zur Beschwerde N 1499 ff. Anschliessend Strafrechtsbeschwerde ans Bundesgericht, BGG 78 ff., hinten N 1628 ff.
[73] Vorne N 153 ff.

dass der Angeklagte die Anklage anerkennt und sich damit ein näheres Eingehen auf diese und vor allem die Erhebung von Beweisen erübrigen[74]. In andern Rechtssystemen wie vorab dem angloamerikanischen sind **Absprachen zwischen Staatsanwaltschaft, der beschuldigten Person sowie allenfalls dem Gericht und damit eine vorgerichtliche Einigung über die Anklage** allerdings nicht unbekannt. Der Grund für solche Absprachen liegt vorab in prozessökonomischen Überlegungen: In Rechtsordnungen, die vor Gericht eine strikte Unmittelbarkeit der Beweisabnahme kennen, wäre die Strafjustiz zumeist handlungsunfähig, wenn nicht in einem Grossteil der Straffälle ein aufwendiges Beweisverfahren dadurch vermieden werden könnte, dass sich die Parteien vorgängig im Schuld- und Strafpunkt einigen[75]. Es versteht sich von selbst, dass eine Rezeption solcher oder ähnlicher Verfahrensformen rechtsstaatlich problematisch ist, rühren diese doch an die bereits vorstehend angeführten fundamentalen Grundsätze unserer Strafverfahrensordnung.

Allerdings hatten schon früher drei Kantone[76] unter dem Titel «**abgekürztes Verfahren**» eine – verglichen mit den vorerwähnten angloamerikanischen Mustern gemässigte – Möglichkeit der Absprachen zwischen den Parteien eingeführt. Die Erfahrungen damit waren unterschiedlich. Freilich ist davon auszugehen, dass in andern Kantonen auch ohne entsprechende gesetzliche Grundlagen solche Absprachen vorkamen. Nicht zuletzt der Erledigungsdruck in den zahlen- und umfangmässig zunehmenden Wirtschaftsstraffällen dürfte die Neigung zu solchen verstärken. Der Bundesgesetzgeber war sich der rechtsstaatlichen Problematik solcher Institute durchaus bewusst, und im Parlament war die Einführung dieses Instituts denn auch umstritten[77]. Wenn er ein abgekürztes Verfahren nach dem Muster der drei kantonalen Prozessordnungen trotzdem in die StPO übernahm, so nicht zuletzt deshalb, um zu vermeiden, dass sich in der Strafrechtspraxis solche Absprachen in einer gleichsam rechtsfreien Zone abspielen. Eine gesetzliche Regelung ermöglicht es, solche Absprachen in reglementierte Bahnen zu lenken[78]. Die Alternative wäre ehrlicherweise wohl nur gewesen,

1375

---

[74] Dazu und zum Folgenden BeB 231 f., Botschaft1294 f.
[75] System des *plea bargaining*, welcher Begriff allerdings nur die entsprechenden Verhandlungen meint. Diese führen zu einer *guilty plea*, d.h., nach den entsprechenden Verhandlungen erklärt sich die beschuldigte Person vor den Gerichtsschranken im Sinn gewisser (und eben regelmässig nicht aller ihr ursprünglich vorgeworfener) Delikte schuldig. In den USA wird davon ausgegangen, dass über 90–95% der Straffälle mit solchen Absprachen erledigt werden.
[76] Tessin, Basel-Landschaft und Zug. – Nicht zu verwechseln mit dem *«abgekürzten Verfahren»* nach VStrR 65 bei Bussen bis Fr. 500.–.
[77] Vgl. die einleitend in den Materialien zu findenden Hinweise.
[78] Botschaft 1295 Mitte. Ähnliche Überlegungen führten dazu, dass die deutsche Bundesregierung gemäss einer im Spätsommer 2006 beschlossenen Vorlage in einem § 257c Absprachen zwischen den Parteien ebenfalls reglementieren, dabei aber einen andern Weg gehen will, Deutsche Richterzeitung 9/2006 255 f. – Freilich dürfte kein Kraut dagegen

solche Absprachen gesetzlich ausdrücklich zu verbieten, welche Forderung aber soweit ersichtlich selbst von den schärfsten Gegnern solcher Verfahrensformen bemerkenswerterweise nicht erhoben wurde.

2. Grundsätze, StPO 358

1376 StPO 358 I bestimmt, dass der **Antrag zur Durchführung des abgekürzten Verfahrens von der beschuldigten Person auszugehen hat** und diese anwaltschaftlich verteidigt sein muss (StPO 130 lit. e). Allerdings ist damit nicht ausgeschlossen, dass die Initiative von der Staatsanwaltschaft ausgeht. Jedenfalls soll vermieden werden, dass die Staatsanwaltschaft die beschuldigte Person mit Versprechungen usw. unter Druck setzt, um sie zu einem solchen abgekürzten Verfahren zu drängen[79]. Der Antrag auf Einleitung des abgekürzten Verfahrens kann von der beschuldigten Person schriftlich gestellt oder zu Protokoll erklärt werden.

1377 Voraussetzung für die Durchführung des abgekürzten Verfahrens ist sodann, dass die beschuldigte Person **hinsichtlich der relevanten Straftaten geständig ist** und die **Zivilansprüche mindestens dem Grundsatz nach anerkennt** (StPO 358 I, zu den Letzteren StPO 359 II)[80]. Aus dieser eher summarischen Vorschrift ist herauszulesen, dass vorab das Geständnis zumeist auf vorangehenden **Verhandlungen zwischen der beschuldigten Person und der Staatsanwaltschaft** beruht. Häufig wird dabei die Staatsanwaltschaft das Geständnis mit dem Angebot erwirken, im Gegenzug auf die Verfolgung gewisser weiterer Straftaten zu verzichten und/oder sich mit einem beschränkten Strafantrag zu begnügen. Diese vorausgehenden, in der StPO nicht geregelten informellen Verhandlungen[81] dürften üblicherweise nicht schon zu Beginn des Strafverfahrens, sondern erst dann stattfinden, wenn die «*Konturen der strafrechtlichen Verantwortlichkeit der beschuldigten Person einigermassen klar ersichtlich sind*» und damit die Grundlagen vorhanden sind, damit sich die Parteien über den Sachverhalt

---

gewachsen sein, dass sich auch *ausserhalb des nun vorgesehenen abgekürzten Verfahrens* weitere Formen der Absprache erhalten bzw. entwickeln.

[79] Botschaft 1295 Mitte.
[80] Also z.B. i.S. von StPO 126 III. Nach der Botschaft 1295 Anerkennung durch Erklärung zu Protokoll oder Vergleich mit Privatklägerschaft. – Bei *mehreren beschuldigten Personen* sollten nach Möglichkeit alle in dieses Verfahren eingebunden werden können. Allerdings erscheint es als nicht ausgeschlossen, eine Aufteilung der Verfahren (StPO 30) vorzunehmen, damit die Willigen von den Vorteilen dieses Verfahrens profitieren. Dies dürfte aber mit Blick auf StPO 3 II lit. c nur in Frage kommen, wenn in den beiden Verfahren nicht unbillige Ergebnisse bzw. eklatante Unterschiede vorab hinsichtlich des Strafmasses resultieren.
[81] Botschaft 1295 unten. Dem Wesen des ganzen Verfahrens entsprechend sind diese *Verhandlungen nicht zu protokollieren,* was rechtsstaatlich nicht ganz unproblematisch ist.

und die zu verhängende Strafe einigen können[82]. Das Gesuch muss jedenfalls **vor der Anklageerhebung** gestellt werden (so StPO 358 I).

Die Anwendung des abgekürzten Verfahrens ist insofern beschränkt, als es nur in Frage kommt, wenn die Staatsanwaltschaft **nicht eine Freiheitsstrafe von mehr als fünf Jahren** zu beantragen gedenkt (StPO 358 II). Diese besondere Verfahrensart eignet sich damit auch zur Erledigung mittelschwerer Fälle, etwa aus dem Bereich der Wirtschaftskriminalität. 1378

3. Einleitung, Anklageschrift, StPO 359 f.

3.1. Gesuch um Einleitung des Verfahrens, StPO 359

Die Durchführung des abgekürzten Verfahrens ist **nur im Einverständnis mit der Staatsanwaltschaft möglich**, die über die Durchführung entscheidet (StPO 359). Allerdings wird in der Praxis ein Gesuch i.S. von StPO 358 I kaum ohne bereits vorhandene positive Signale der Staatsanwaltschaft gestellt. Die Verfügung der Staatsanwaltschaft über Durchführung oder Ablehnung ist nicht zu begründen. Dieser **Entscheid ist endgültig**, also insbesondere im Fall der Ablehnung des Gesuchs nicht mit Beschwerde anfechtbar (vgl. StPO 359 I). 1379

Stimmt die Staatsanwaltschaft der Durchführung eines abgekürzten Verfahrens zu, wird dies den **Parteien mitgeteilt.** Gleichzeitig wird der **Privatklägerschaft** eine Frist von 10 Tagen angesetzt, um ihre **Ansprüche (Zivilansprüche und Verfahrensentschädigung** für ihre notwendigen Aufwendungen, StPO 433) anzumelden (StPO 359 II), falls entsprechende Erklärungen nicht schon in einem früheren Verfahrensstadium abgegeben wurden. Verpasst sie diese Frist, kann sie die Ansprüche (auf Zivilansprüche) nicht mehr im abgekürzten Verfahren, sondern allein auf dem Zivilweg geltend machen[83]. 1380

3.2. Anklageschrift, weiteres Vorgehen, StPO 360

Liegen eine Erklärung der beschuldigten Person bezüglich Geständnis sowie jene der Privatklägerschaft über ihre Ansprüche vor, erstellt die Staatsanwaltschaft in Anwendung von StPO 360 eine **Anklageschrift.** Diese unterscheidet sich von der üblichen Anklage dadurch, dass sie nicht nur die bekannten Inhalte nach StPO 325 und 326 aufweisen muss (StPO 360 I lit. a). Da die Bedeutung der Anklage in diesem besonderen Verfahren weitergeht und nach StPO 362 II die wesentliche Basis für das später vom Gericht zu fällende Urteil darstellt, enthält sie ebenfalls **Urteilselemente,** so nach StPO 360 I lit. b-g die zu treffenden Anordnungen bezüglich Strafmass, allfällige Massnahmen, Weisungen im Fall des bedingten Strafvollzugs, Widerruf von bedingt ausgesprochenen Strafen, die 1381

---

[82] So Botschaft 1295 unten.
[83] Botschaft 1296 oben.

Regelung der zivilrechtlichen Ansprüche der Privatklägerschaft sowie die Kosten- und Entschädigungsfolgen. Wesentlich ist die Vorschrift von StPO 360 I lit. h, wonach die Anklage den Hinweis zu enthalten hat, dass die Parteien **mit einer Zustimmung zur Anklageschrift auf ein ordentliches Strafverfahren sowie auf Rechtsmittel verzichten.**

1382 Die Staatsanwaltschaft stellt nach StPO 360 II die **Anklageschrift in Anwendung von StPO 84 ff. den Parteien**[84] zu. Zugleich wird ihnen eine Frist angesetzt, um zu erklären, ob sie der Anklageschrift zustimmen oder sie ablehnen. Eine anschliessend abgegebene **Zustimmung ist unwiderruflich**, wobei freilich auf die einschränkende Bestimmung von StPO 361 II lit. a zu verweisen ist. Versuche im Parlament, im Interesse der Praktikabilität auf die Zustimmung der Privatklägerschaft zu verzichten, scheiterten; immerhin gilt es nach der durch das Parlament ergänzten Fassung von StPO 360 als Zustimmung der Privatklägerschaft, wenn sie die Anklageschrift nicht innert der Frist nach Abs. 1 ablehnt (StPO 360 III). Stimmen die Parteien – also die beschuldigte Personen wie die Privatklägerschaft (je nach ihrer Konstituierung nach StPO 118 I in Zivil- und/oder Schuld-, in keinem Fall im Strafpunkt) zu, übermittelt die Staatsanwaltschaft Anklageschrift und Akten dem erstinstanzlichen Gericht. Stimmen nicht alle Parteien zu, führt die Staatsanwaltschaft ein ordentliches Vorverfahren durch bzw. führt dieses zu Ende (StPO 360 V). Dabei ist nicht ausgeschlossen, dass – falls zur Zeit keine Zustimmung erhältlich ist – in einer späteren Phase erneut ein abgekürztes Verfahren beantragt wird[85].

1383 Nicht eindeutig gesetzlich geregelt ist die Frage, was mit dem Vorverfahren bezüglich **Straftaten, die gestützt auf die getroffenen Absprachen nicht Aufnahme in die Anklage finden**, geschehen soll. Eine formlose Erledigung erscheint dann als angebracht, wenn ein Verfahren bezüglich (vorab «*opferlose*») Delikt noch nicht i.S. von StPO 309 eröffnet wurde oder die fraglichen Straftaten nur Nebendelikte von angeklagten Tatbeständen darstellen (z.B. Urkundenfälschung bei Betrug oder Veruntreuung). Wurde jedoch ein entsprechendes Verfahren bereits eröffnet, ist eine summarisch begründete Einstellungsverfügung (StPO 319 ff.) erforderlich. Mit der Zustimmung zur Anklage verzichtet diesfalls die Privatklägerschaft auf das Recht zur Beschwerde gegen entsprechende Einstellungsverfügungen, ebenfalls gegen die vorerwähnte stillschweigende, formlose Erledigung bei noch nicht eröffneten Untersuchungen.

---

[84] U.U. ebenfalls der Staatsanwaltschaft des Bundes, soweit diese nach StPO 381 IV rechtsmittellegitimiert ist, BeB 233 unten.
[85] Botschaft 1296 Mitte.

4. Hauptverhandlung, Urteil oder ablehnender Entscheid, StPO 361 und 362

4.1. Hauptverhandlung, StPO 361

Sind die Akten dem erstinstanzlichen Gericht übermittelt, führt dieses in Anwendung der allgemeinen Vorschriften von StPO 328 ff. ein **Hauptverfahren mit einer öffentlichen Hauptverhandlung** durch (StPO 361 I)[86]. Letztere dürfte allerdings zumeist eher summarisch sein. Die Teilnahme der Parteien richtet sich auch hier nach StPO 336 ff. Mit der Hauptverhandlung soll dem Gericht ermöglicht werden, gleichsam unter den Augen der Öffentlichkeit die Zulässigkeit sowie Ordnungsmässigkeit dieser rechtsstaatlich kritischen Verfahrenserledigung zu überprüfen[87]. Im Zentrum der Hauptverhandlung steht die **Befragung der beschuldigten Person durch das Gericht**, um festzustellen, ob sie den Sachverhalt, der der Anklage zu Grunde liegt, anerkennt (StPO 361 II lit. a). Ferner hat das Gericht zu prüfen, ob dieses **Geständnis mit der Aktenlage kompatibel ist** (StPO 361 II lit. b). Diese Prüfung wird in der Regel eine rudimentäre sein, vor allem, wenn – wie dies häufig der Fall sein wird, da dies ja ein Ziel des abgekürztes Verfahrens ist – die Beweise nicht vollständig erhoben wurden. Falls erforderlich **befragt das Gericht die andern anwesenden Parteien**. Ein **Beweisverfahren findet jedoch nicht statt** (StPO 361 III, IV), ebenso **keine Parteivorträge,** wobei Staatsanwaltschaft und Verteidigung sich allenfalls im Rahmen von 361 III äussern können, so beispielsweise, wenn Zweifel an der Zulässigkeit des abgekürzten Verfahrens nach StPO 361 II oder 362 I vorhanden sind.

1384

4.2. Urteil oder ablehnender Entscheid, StPO 362

Anschliessend hat das Gericht nach StPO 362 I «*frei*» darüber zu befinden, ob die Durchführung des abgekürzten Verfahrens «*rechtmässig und angebracht*» ist (lit. a), ob die **Anklage im Einklang mit dem Ergebnis der Hauptverhandlung und den Akten steht** (lit. b) und ob die beantragte Strafe angemessen ist (lit. c)[88]. Die Prüfung des Gerichts vorab bezüglich Ordnungsmässigkeit des bisherigen Verfahrens und dem Übereinstimmen der Anklage mit den bisherigen Verfahrensergebnissen ist – dem Charakter dieser Verfahrensart folgend – nur eine beschränkte. Dies nicht zuletzt deshalb, weil die Akten der Voruntersuchung die in der Anklage enthaltenen Straftaten häufig nur fragmentarisch bele-

1385

---

[86] StPO 333 (*Änderung bzw. Ergänzung der Anklage*) dürfte in dieser Verfahrensart nicht oder höchstens bezüglich Abs. 1 anwendbar sein (vgl. aber N 1386); ebenfalls StPO 329 (*Vorprüfung der Anklage*) erlangte hier nur eine beschränkte Bedeutung.

[87] BeB 234 oben; Botschaft 1296 Mitte. Bei Ausbleiben der beschuldigten Person dürfte ein *Abwesenheitsverfahren* nach StPO 366 ff. nicht ausgeschlossen sein.

[88] Dazu und zum Folgenden Botschaft 1296 f. Sollte das Gericht vorsehen, nach StPO 362 III vorzugehen, ist den (anwesenden) Parteien vorgängig das *rechtliche Gehör* zu gewähren.

gen. Die Prüfung wird sich demgemäss darauf konzentrieren, ob den Parteien die ihnen zustehenden Rechte gewährt wurden[89] und ob das Geständnis der beschuldigten Person plausibel ist.

1386 Erachtet das Gericht die **Voraussetzungen für ein Urteil im abgekürzten Verfahren als erfüllt**, erhebt es die Anklageschrift bezüglich erfüllter Straftatbestände, Sanktionen und Zivilansprüche zum Urteil[90], wobei die Erfüllung dieser Voraussetzungen summarisch zu begründen ist (StPO 362 II). Kann das Gericht in einzelnen Punkten etwa in der rechtlichen Würdigung oder im Strafmass von der Anklage abweichen oder diese sogar ändern? Ohne vorgängige Zustimmung der Parteien, vorab der beschuldigten Person und der Staatsanwaltschaft, erscheint dies nicht als möglich[91], da der mit der Anklage dem Gericht unterbreitete, auf Konsens der Parteien beruhende Vorschlag als Gesamtheit zu betrachten ist.

1387 Sind die **Voraussetzungen** für ein Urteil im abgekürzten Verfahren **nicht erfüllt**, so weist das Gericht in einer Verfügung oder in einem Beschluss die Akten zur Durchführung eines ordentlichen Vorverfahrens an die Staatsanwaltschaft zurück (StPO 362 III)[92]. Diese Rückweisung kann in eher formellen Mängeln begründet sein, so etwa, wenn die Erklärungen nach StPO 360 II mangelhaft sind. Oder aber es fehlt an einem nachvollziehbaren Konnex zwischen Untersuchungsakten und Geständnis der beschuldigten Person. Massgebend können auch eher materielle Gründe sein, so wenn das Gericht mit dem Strafmass nicht einverstanden ist[93]. Lehnt das Gericht ein Urteil ab, wird dies den **Parteien mündlich und schriftlich im Dispositiv** (StPO 84) eröffnet. Dieser Entscheid ist **nicht mit Beschwerde anfechtbar** (StPO 362 III 3. Satz)[94].

1388 Eine Anklage im abgekürzten Verfahren nach StPO 360 beruht wie schon erwähnt regelmässig auf Verhandlungen zwischen den Parteien und hängt zumeist von gegenseitigen **Zugeständnissen** ab, auf Seiten der beschuldigten Person

---

[89] BeB 234 Mitte.

[90] Entgegen gewissen in der Literatur zu findenden Ansichten (vgl. DONATSCH/CAVEGN in Z 126 [2008] 163) handelt es sich hier um ein Strafurteil i.S. von StPO 80 I Satz 1, jedoch mit der Besonderheit, dass die Begründung nicht jener von StPO 81 III entspricht.

[91] So auch Botschaft 1297 Mitte. *Für Änderungsmöglichkeit mit Zustimmung der Parteien* unter Hinweis auf Tessiner Praxis BeB 235.

[92] Diese nimmt das *Verfahren in jenem Stadium wieder auf,* in welchem nach StPO 350 das *abgekürzte Verfahren eingeleitet wurde.* Im neuen Verfahren dürften die Staatsanwälte und Richter, die am gescheiterten abgekürzten Verfahren beteiligt gewesen sind, *nicht wegen Vorbefassung (StPO 56 lit. b) ausgeschlossen* sein, vorne N 516.

[93] Botschaft 1297 Mitte.

[94] BeB 235 oben mit dem Hinweis, dass sich solche Entscheide einer Überprüfung durch eine obere Instanz weitgehend entziehen. Immerhin ist zu beachten, dass ein solcher *Rückweisungsentscheid nicht in materielle Rechtskraft* erwächst, d.h. einem späteren Begehren um Durchführung des abgekürzten Verfahrens nicht im Wege steht. – Gegen *Rückweisungsbeschluss ebenfalls keine Strafrechtsbeschwerde ans Bundesgericht* (Zwischenentscheid, BGG 93).

primär in einem Geständnis. Solche **Zugeständnisse werden mit der Verwerfung der Anklage** hinfällig, und sie dürfen im nachfolgenden ordentlichen Verfahren nicht beweis- oder sonst verfahrensmässig verwertet werden[95]. Dies bedeutet, dass beispielsweise der Staatsanwalt über entsprechende Verhandlungen sowie die dabei erfolgten Aussagen der beschuldigten Person nicht als Zeuge einvernommen werden darf und dass entsprechende Schriftstücke aus den Akten zu entfernen, zu vernichten bzw. bis zum Abschluss des Verfahrens unter besonderen Verschluss zu nehmen sind (StPO 362 IV und 141 V).

Das abgekürzte Verfahren erfüllt seine Zweckbestimmung nur, wenn die **Rechtsmittel dagegen beschränkt sind.** Die Berufung ist gemäss StPO 362 V nur möglich, wenn die Partei geltend macht, sie habe der Anklageschrift nicht zugestimmt oder das Urteil entspreche dieser nicht[96]. Nicht geltend gemacht werden kann beispielsweise von der beschuldigten Person, das Geständnis sei zwar abgelegt worden, doch entspreche dieses nicht den Tatsachen, ebenso nicht, der Anklagesachverhalt sei unbewiesen. Aus den gleichen Gründen ist eine spätere **Revision** (StPO 410 ff.) mit der Behauptung, es seien neue Beweismittel aufgetaucht, nicht zulässig[97]. Diese Einschränkungen erscheinen als rechtsstaatlich verantwortbar, da die Parteien vorgängig der Anklageschrift zustimmten und sich damit der Konsequenzen (und auch jener von StPO 362 V) bewusst waren[98].

1389

---

[95] Dies gilt für die *nach Antragstellung zur Durchführung des abgekürzten Verfahrens nach StPO 358 gemachten Zugeständnisse*, also ebenfalls, wenn die Staatsanwaltschaft nach StPO 359 die Durchführung ablehnt oder ein solches Verfahren wegen fehlender Zustimmung nach StPO 360 II nicht stattfindet. StPO 362 I gilt jedoch nicht für die früher während des Vorverfahrens abgelegten Geständnisse usw. Es versteht sich von selbst, dass die während des abgekürzten Verfahrens abgelegten Geständnisse etc. in jedem Fall *nur beschränkte Beweiskraft gegen Mitbeschuldigte* haben, zu dieser Thematik Deutscher Bundesgerichtshof 6.11.2007 unter Verweis auf BGHSt 48, 161 in BGHSt 52, 78 = JZ 63 (2008) 69 und (mit Kommentar) S. 796.

[96] Im gleichen Sinn § 337 Abs. 2 der vorne in Fn. 78 erwähnten deutschen Vorlage für die gesetzliche Reglementierung von Absprachen. *Nicht berufen* auf StPO 362 V kann sich naturgemäss die Privatklägerschaft, die im Fall von StPO 362 III durch Säumnis der Anklageschrift zustimmte. – Im Ergebnis dürfte sich auch die *Strafrechtsbeschwerde ans Bundesgericht* auf die Rügen nach StPO 362 V beschränken, da die Kognition des Bundesgerichts nicht weiter als jene der Berufungsinstanz gehen kann. Verwehrt wäre alsdann dem Bundesgericht z.B. die Überprüfung der Strafzumessung oder eine Korrektur der Sachverhaltsfeststellung nach BGG 105 II, ebenso ein reformatorischer Entscheid nach BGG 107 II.

[97] Botschaft 1297 unten. *Beschränkt möglich allerdings aus andern Gründen*, hinten N 1587 Fn. 352.

[98] Botschaft 1297 unten.

§ 86 Verfahren bei selbstständigen nachträglichen Entscheiden des Gerichts (sog. Nach- oder Widerrufsverfahren), StPO 363–365, MStP 159

Literaturauswahl: neben der vorne zu §§ 82 und 83 zitierten Literatur MAURER 468; OBERHOLZER N 1871.
Materialien: Aus 29 mach 1 S. 155; VE 390–393; BeB 236 f.; ZEV 77 f.; E 370–372; Botschaft 1297 ff.; AB S 2006 1052, AB N 2007 1031.

1. Allgemeines, Zuständigkeit, StPO 363, E StBOG 67

1390 Das StGB sieht in verschiedenen Bestimmungen vor, dass nach einem ergangenen Strafentscheid noch Entscheide zu dessen Ergänzung oder Abänderung zu treffen sind, die dem Gericht vorbehalten sind. Es sind überwiegend Entscheide im Bereich des Sanktionsvollzugs, also beispielsweise solche nach StGB 36 II, 39, 46, 59 IV, 60 IV, 64c V, 65 I über StGB 73[99] bis hin zu StGB 95 IV oder die Fälle nach JStPO 43[100]. Diese Entscheide sind – wenn sie nicht mit einem Urteil wegen neuer Straftaten verbunden werden können[101] – in einem gesonderten selbstständigen Verfahren zu behandeln. Die in diesem Verfahren (auch Nach- oder Widerrufsverfahren genannt) zu treffenden nachträglichen richterlichen Entscheide ergehen regelmässig in einer Verfügung bzw. in einem Beschluss. Die nachträgliche Anordnung der Verwahrung nach StGB 65 II stellt einen Sonderfall dar; sie ergeht in den Formen der Revision und durch die für diese vorgesehenen Behörden[102].

1391 **Zuständig** für diese nachträglichen richterlichen Entscheide ist unter Vorbehalt abweichender Regelungen von Bund und Kantonen das Gericht, welches erstinstanzlich[103] das ursprüngliche **Strafurteil** fällte (StPO 363 I), bei **Strafbefehlen**

---

[99] *Nachträgliche Entscheide auf Zuweisung* nach StGB 73 III, nachdem das Gericht schon Einziehung anordnete, Bussen oder Geldstrafen verhängt hatte etc. *Nachgeschobene Einziehungen (Beispiel:* Nach rechtskräftiger Verurteilung tauchen bei der beschuldigten Person noch einzuziehende Vermögenswerte auf) ergehen hingegen im selbstständigen Einziehungsverfahren nach StPO 376–378, hinten N 1431 ff. Zur *Zulässigkeit nachgeschobener Einziehungen* (kein Verstoss gegen *ne bis in idem*) BGer 12.3.2009, 6B_801/2008, E.2.3. und 6B_810/2008. Zu den *nichtrichterlichen nachträglichen Entscheiden im Bundesstrafverfahren* E StBOG 67 (zuständig: Bundesanwaltschaft).
[100] Vgl. die Liste in Botschaft 1298 oben.
[101] BeB 236. Es ist dies beispielsweise ein *Widerruf wegen Missachtung von Weisungen*, die im Zusammenhang mit einem bedingten Strafvollzug auferlegt wurden, StGB 95 V. Kann ein solcher nachträglicher Entscheid mit einer Anklage verbunden werden, ist der Antrag auf Widerruf mit der Anklage zu verbinden, StPO 326 I lit. g, dazu Botschaft 1298 unten.
[102] Hinten N 1592.
[103] Also (zur Vermeidung eines Instanzverlusts) auch dann, wenn *fraglicher Urteilspunkt erst im zweitinstanzlichen Entscheid erscheint*, z.B. weil die erste Instanz freisprach.

die Strafbefehlsbehörde (StPO 363 II)[104]. Die entsprechenden Befugnisse des **Einzelgerichts** stossen allerdings an die Grenzen von StPO 19 II[105], d.h., es könnte nachträglich z.B. keine Massnahme nach StGB 59 III, 64 oder 65[106] anordnen. Einen Sonderfall stellt sodann die **Bussenumwandlung nach StGB 106 II** dar, bei welcher unter Vorbehalt von StGB 36 II bereits im Bussenentscheid die Ersatzfreiheitsstrafe festzusetzen ist.

StPO 363 III stellt klar, dass die hier behandelten **Bestimmungen nur anwendbar sind, wenn der nachträgliche Entscheid nach StGB einem Gericht vorbehalten ist.** Der Strafvollzug selbst ist grundsätzlich Administrativbehörden zugewiesen, und wenn das StGB – etwa in Art. 62d, 63 II, 63a I – von «*zuständiger Behörde*» spricht, sind damit diese Strafvollzugsbehörden (dazu StPO 439 ff.) und nicht Gerichte angesprochen[107]. 1392

2. Verfahren, Entscheid, StPO 364 und 365

Nach StPO 364 I wird das Verfahren auf nachträgliche richterliche Entscheide unter Vorbehalt abweichender Regelungen des Bundesrechts von «*den zuständigen Behörden*» **von Amtes wegen eingeleitet.** Da mit diesem Verfahren vereinfacht ausgedrückt die Anordnung von Ersatzsanktionen oder die Änderung bzw. Verlängerung bereits früher angeordneter Sanktionen angestrebt wird, dürfte der Anstoss zu solchen Verfahren oft von den Vollzugsbehörden ausgehen. Diese oder aber die Staatsanwaltschaft haben die Voraussetzungen für solche nachträglichen Anordnungen zu prüfen und – wenn sie erfüllt sind – dem zuständigen Gericht unter Beilage der Akten einen entsprechenden schriftlichen, kurz begründeten Antrag zu stellen[108]. Die **beschuldigte Person** oder andere berechtigte Personen[109] können ebenfalls ein schriftliches und begründetes Gesuch um 1393

---

[104] Botschaft 1298/1299. Wurde der *Strafbefehl* nach Einsprache durch ein Gerichtsurteil ersetzt (N 1370 ff.), ist die urteilsfällende Gerichtsbehörde zuständig, bei einem *reformatorischen Bundesgerichtsurteil* (BGG 107, hinten N 1710 f.) das Bundesgericht. – Vgl. die *Übergangsregeln für die unter altem Recht gefällten Entscheide, zu denen unter neuem Recht nachträglich ein Entscheid zu fällen ist,* in StPO 451.

[105] Vorne N 370.

[106] Hier trotz des anders lautenden, aber älteren StGB 65 I Satz 2.

[107] Botschaft 1299 oben.

[108] *Vorgängiges rechtliches Gehör* ist nicht notwendigerweise zu gewähren, da dieses alsdann im Gerichtsverfahren möglich ist, nachfolgend N 1394. Zur Frage der *notwendigen Verteidigung* in diesen Nachverfahren KGZ 5.8.2008 in FP 2/2009 89 (mit Kommentar N. RUCKSTUHL).

[109] Unklar ist, wer mit diesen *Dritten* gemeint ist. Sollten (wie nach BeB 237 Fn. 25) die *Geschädigten* gemeint sein, die nach StGB 73 eine Zusprechung eingezogener Vermögenswerte verlangen, so ist dieser Fall bereits durch StPO 378 abgedeckt.

Durchführung eines solchen nachträglichen richterlichen Verfahrens stellen (StPO 364 II)[110].

1394 Das anschliessende gerichtliche Verfahren ist üblicherweise **schriftlich**, wobei auf Begehren einer Partei **eine mündliche, publikumsöffentliche Verhandlung anzusetzen ist** (vgl. StPO 365 I)[111]. Das Gericht hat der jeweiligen Gegenpartei in geeigneter Form **das rechtliche Gehör zu gewähren**, d.h. Gelegenheit zur Stellungnahme zu geben (StPO 364 IV)[112], soweit dies nicht schon in der vorangehenden Verfahrensphase erfolgte. Das Gericht prüft nach StPO 364 III, ob die **Voraussetzungen für den nachträglichen richterlichen Entscheid erfüllt sind**. Das **Anklageprinzip** gilt hier nicht. Wenn erforderlich, hat das Gericht von Amtes wegen die Akten zu ergänzen oder durch die Polizei ergänzen zu lassen. Findet eine mündliche Verhandlung statt, wird der Entscheid sofort mündlich eröffnet. Andernfalls ergeht der Entscheid schriftlich. Dieser ist in jedem Fall kurz schriftlich **zu begründen** (StPO 365 II).

1395 Ein selbstständiger nachträglicher richterlicher Entscheid i.S. von StPO 365 ist mit **Beschwerde** nach StPO 393 ff. bzw. JStPO 43[113] anfechtbar. Erging er **mit Strafbefehl**, ist **Einsprache** nach StPO 354 zu erheben[114]. Wird ein nachträglicher Entscheid zusammen mit einem neuen Sachentscheid gefällt und wird Letzterer angefochten, gilt im Regelfall der nachträgliche Entscheid mit der **Berufung als mitangefochten** (vgl. StPO 399 IV lit. g)[115].

---

[110] *Sicherheitshaft* ist in sinngemässer Anwendung von StPO 229 ff. möglich, auch wenn jene Bestimmungen den Fall des Nachverfahrens nicht ausdrücklich nennen, so zum früheren zürcherischen Strafprozessrecht BGE 128 I 184.
[111] Botschaft 1299 oben, ausdrücklich noch VE 393 I. Ergehen solche *nachträglichen Entscheide im Rahmen eines Hauptverfahrens wegen neuer Delikte*, so ist die Verhandlung und Urteilsverkündung ohnehin öffentlich. Die frühere Praxis ging teilweise davon aus, dass bei Widerruf der bedingten Entlassung (aStGB 34 IV) kein Anspruch auf mündliche Verhandlung bestehe, wenn die betreffende Person von der Verwaltungsbehörde angehört worden war, ZR 99 (2000) Nr. 34, 96 (1997) Nr. 131 = RKG 1997 Nr. 1.
[112] Dazu RKG 2006 Nr. 13.
[113] Zu diesem Rechtsmittel hinten N 1499 ff. Die Rechtsmittelfrist beginnt nach StPO 396 I mit der Zustellung des schriftlich begründeten Entscheids zu laufen; es wird m.a.W. nicht i.S. von StPO 84 II fristauslösend ein Dispositiv ausgehändigt. – Anschliessend *Strafrechtsbeschwerde ans Bundesgericht*, BGG 78 ff., hinten N 1628 ff.
[114] Vorne N 1362 ff.
[115] Hinten N 1432.

§ 87 Verfahren bei Abwesenheit der beschuldigten Person, StPO 366–371, JStPO 36, VStrR 76, 103, MStP 155–158

Literaturauswahl: neben der vorne zu § 82 zitierten Literatur AESCHLIMANN N 1524; HAUSER/SCHWERI/HARTMANN § 91; MAURER 438, 551; OBERHOLZER 1420; PIQUEREZ (2006) N 1167; DERS. (2007) N 996; SCHMID (2004) N 857.

CLAUDIA BÜHLER, Das Abwesenheitsverfahren im zürcherischen Strafprozessrecht, Diss. Zürich 1992; DOMINIQUE PONCET/BERNHARD STRÄULI, Suspensions des débats, renvoi des débats et défaut, in: FS N. Schmid, Zürich 2001, 679; FRANZ RIKLIN, Die Regelung des Abwesenheitsverfahrens in der Schweiz aus der Sicht der EMRK, in: Beiträge zum europäischen Recht, Festgabe zum Juristentag 1993, Fribourg 1993, 331; DERS., Die Frage der Verjährung im Abwesenheitsverfahren, Z 113 (1995) 161; NIKLAUS SCHMID, Das zürcherische Abwesenheitsverfahren nach Aufhebung von StPO § 197, in: FS J. Rehberg, Zürich 1996, 285

Materialien: Aus 29 mach 1 S. 151 ff.; VE 394–400; BeB 237 ff.; ZEV 77 f.; E 373–378; Botschaft 1299 ff.; AB S 2006 1053, 2007 829, AB N 2007 1031.

1. Allgemeines

Grundsätzlich setzt die ordnungsmässige **Durchführung der Hauptverhandlung nach StPO 336 die persönliche Anwesenheit der beschuldigten Person** voraus. Diese hat einen grundrechtlichen Anspruch (EMRK 6) darauf, in ihrer Anwesenheit beurteilt zu werden[116]. Unter gewissen Voraussetzungen verzichtet die StPO (ebenso VStrR 76) im Interesse der Verfahrensökonomie bzw. eines beschleunigten Abschlusses des Strafverfahrens indessen auf eine umfassende Hauptverhandlung nach StPO 339 ff. in Anwesenheit der beschuldigten Person. Es sind dies einerseits Konstellationen, in denen die StPO zulässt, auf **Begehren oder mindestens im Einverständnis mit der beschuldigten Person auf deren Anwesenheit zu verzichten** (StPO 336 III[117] oder **bei unerlaubtem Entfernen bzw. Fernbleiben nach Eröffnung der Hauptverhandlung** (StPO 340 I lit. c). Ebenfalls kein Abwesenheitsverfahren findet statt, wenn die beschuldigte Person in Anwendung von StPO 63 II und IV wegen **Renitenz aus dem Gerichtssaal gewiesen wird,** wenn die **Anwesenheit der Verteidigung genügt** (vgl. den Fall von StPO 356 IV) oder im **selbstständigen Verfahren gegen Schuldunfähige** bei Anwendung von StPO 374 II lit. a[118]. Denkbar ist auch, dass das **Ausbleiben der beschuldigten Person einen Rechtsverlust** (aber grundsätzlich keine weiteren negativen Konsequenzen) zur Folge hat (Nichteintreten auf Einsprache bzw. Rechtsmittel nach StPO 355 II, 356 IV bzw. 407 I). In diesen Fällen wird die Hauptverhandlung durchgeführt, wie wenn die beschuldigte Person anwesend wäre. Bei notwendiger und amtlicher Verteidigung hat jedoch zwingend der

1396

---

[116] Vgl. nur BGE 127 I 251; SJ 126 (2006) 451.
[117] Vorne N 1307.
[118] Hinten N 1427.

8. Kapitel: Besondere Verfahren

Verteidiger seines Amtes zu walten. Anderseits sieht StPO 366 ff. im Einklang mit praktisch allen früheren kantonalen Strafprozessgesetzen vor, dass **bei unentschuldigtem Ausbleiben ein Abwesenheitsverfahren nach besonderen Regeln** durchgeführt, also ein Verfahren und ein Urteil auch ohne Anwesenheit der beschuldigten Person stattfinden bzw. gefällt werden kann.

2. Voraussetzungen des Abwesenheitsverfahrens, StPO 366

2.1. Unentschuldigtes Ausbleiben bei der ersten Hauptverhandlung, StPO 366 I

1397 Erste Voraussetzung für die Durchführung des Abwesenheitsverfahrens nach StPO 366 ff. ist **das Ausbleiben**[119] **der beschuldigten Person anlässlich einer erstinstanzlichen Hauptverhandlung**[120] **trotz ordnungsgemässer Vorladung** nach StPO 201 ff.[121]. Entgegen früheren kantonalen Prozessgesetzen knüpft StPO 366 I und II allein an die Abwesenheit der ordnungsgemäss vorgeladenen Person an; ob die Abwesenheit verschuldet war, ist erst bei der Bewilligung der neuen Beurteilung nach StPO 368 II und III zu prüfen (hinten Ziff. 4.2.). Diesem Nichterscheinen werden weitere Konstellationen gleichgestellt: Es ist dies einerseits das **Nichterscheinen nach abgelehntem Verschiebungsgesuch** (StPO 205 II). Ebenfalls die beschuldigte Person, die sich **selbst in den Zustand der Verhandlungsunfähigkeit versetzte** oder **sich weigert, aus der Haft zur Hauptverhandlung vorgeführt zu werden**, wird als unentschuldigt abwesend betrachtet (StPO 366 III). In diesen letztgenannten Fällen kann **sofort ein Abwesenheitsverfahren** nach StPO 366 ff. durchgeführt werden, also ohne Ansetzung einer zweiten Vorladung nach StPO 366 I.

1398 Erscheint die beschuldigte Person, **nicht aber ihre Verteidigung, ist bei notwendiger bzw. amtlicher Verteidigung** zwingend eine neue Hauptverhandlung anzusetzen. Wurde durch Einreichung der Vollmacht eine **Wahlverteidigung**

---

[119] Also *Säumnis nach StPO 93*, dazu vorne N 611 ff. Eine *Respektstunde* (Eintritt der Säumnis erst eine Stunde nach Termin) gibt es entgegen VE 194 IV nicht. Dies wirft die Frage auf, wann nach Verpassen eines Verhandlungstermins (bereits nach 5 Minuten?) Säumnis anzunehmen ist, ohne dass die Strafbehörde dem überspitzten Formalismus (dazu N 92) verfällt; dazu der Fall MKGE 12 (1997–2005) Nr. 31 (Beschuldigte Person teilte mit, dass sie in Anfahrt zum Gerichtsort sei. Sie blieb aber im Verkehr stecken. Das Gericht nahm nach 30minütigem Warten unentschuldigte Abwesenheit an).

[120] M.w.H. BGE 127 I 215 und SJ 126 (2004) 436, dazu mit Hinweisen auf entsprechenden EGMR-Entscheid SJZ 98 (2002) 416. Kein Abwesenheitsverfahren im *Strafbefehlsverfahren* (vorne Fn. 28 und 53), ebenfalls nicht z.B. bei *selbstständigen Massnahmen* nach StPO 372 ff., hingegen bei *selbstständigen nachträglichen Entscheiden des Gerichts* nach StPO 363 ff., falls die beschuldigte Person obligatorisch zum Erscheinen verpflichtet wurde. – Der offenbar einschränkende Hinweis, dass das Abwesenheitsverfahren bei *erstinstanzlichen* Hauptverhandlungen möglich sei, ist missverständlich, da es ein solches *auch im Berufungsverfahren* gibt, StPO 407 II und hinten N 1573.

[121] Zur *Voraussetzung der ordnungsmässigen Vorladung* RS 2003 Nr. 294 = JT 2001 III 139.

(StPO 129) bestellt und bleibt diese aber trotz Vorladung aus, so hat dies die beschuldigte Person nicht zu entgelten. In diesem Falle ist (abgesehen von eindeutigen Missbrauchsfällen[122]) ebenfalls zu einer neuen Hauptverhandlung vorzuladen.

2.2. Ansetzen einer zweiten Verhandlung, StPO 366 I, II

Stellt das Gericht die Abwesenheit der beschuldigten Person im vorgenannten Sinn fest, muss es **eine neue Hauptverhandlung** ansetzen. Es muss die beschuldigte Person erneut vorladen oder aber vorführen lassen (StPO 366 I)[123].

Erst wenn die beschuldigte Person **anlässlich dieser zweiten Hauptverhandlung erneut im erwähnten Sinn** ausbleibt, kann das Abwesenheitsverfahren nach StPO 366 ff. durchgeführt werden. Das Gericht kann das Verfahren jedoch analog zu StPO 314 **sistieren** (StPO 366 II Satz 2); es *muss* sistieren, wenn die Akten nicht als spruchreif erscheinen (nachfolgend Ziff. 2.4., 3.1.). Kann eine widerspenstige beschuldigte Person polizeilich vorgeführt werden, sollte dieser Weg beschritten werden und trotz an sich bestehender gesetzlicher Möglichkeit nicht sofort zum Abwesenheitsverfahren gegriffen werden[124].

2.3. Vorgängig gewährtes rechtliches Gehör, StPO 366 IV lit. a

Die Durchführung des Abwesenheitsverfahrens setzt sodann voraus, dass sich die beschuldigte Person **im bisherigen Verfahren zu den Anklagevorwürfen ausreichend äussern konnte** (StPO 366 IV), d.h. sie zu den Deliktsvorwürfen **eingehend einvernommen wurde** bzw. ihr **mindestens Gelegenheit zu Aussagen gegeben wurde**. Es ist also eine **Einvernahme durch die Staatsanwaltschaft erforderlich**; solche der Polizei würden nicht genügen[125]. Erforderlich ist auch sonst, dass die beschuldigte Person ihre Verteidigungsrechte ausüben konnte[126]. **Verschwand die beschuldigte Person,** bevor ihr das rechtliche Gehör in

---

[122] Der Verteidiger bleibt in Absprache mit dem Klient zur Verfahrensverzögerung der Verhandlung fern.

[123] Abwesenheitsverfahren widerspricht EMRK 6 Ziff. 1 und 3 lit. c, wenn das Gericht weiss, dass der Täter im Ausland in Haft ist, EuGRZ 19 (1992) 539, bzw. dessen ausländische Adresse bekannt ist und trotzdem keine Anklage bzw. Vorladung zugestellt wird, EuGRZ 19 (1992) 541, 581; ferner RS 2003 Nr. 294 = JT 2001 III 139. Zur Abwesenheit bei *Zustellungsdomizil* nach jetzt StPO 87 BGE 126 I 36. – *Zweimalige Vorladung vorausgesetzt nach* JStPO 36 lit. a.

[124] In dieser Richtung bereits ZR 31 (1932) Nr. 118.

[125] *Abwesenheitsverfahren allgemein unzulässig, wenn Anklage allein auf polizeilichen Ermittlungen beruht und diese dem Betroffenen nicht vorgehalten wurden,* RKG 2001 Nr. 2. Allerdings ist ein solches Vorgehen nach der StPO an sich nicht mehr möglich. Vgl. aber StPO 113 II.

[126] So Botschaft 1300 Mitte. Wenn z.B. nach dem Verschwinden der beschuldigten Person noch ein wesentlicher Zeuge einvernommen wurde und die beschuldigte Person nicht an-

diesem Sinn gewährt werden konnte, ist das Verfahren nach Anordnung der notwendigen Fahndungsmassnahmen i.S. von StPO 314[127] zu sistieren (vgl. StPO 366 II)[128]. Es stellt sich ohnehin die Frage, ob diese einstweilige Einstellung nicht regelmässig adäquater wäre, erscheint doch das Abwesenheitsverfahren unter verschiedenen Aspekten als nicht mehr zeitgemäss[129].

2.4. Weitere Voraussetzungen, StPO 366 IV lit. b

1402 Ein Abwesenheitsverfahren setzt weiter voraus, dass die Akten- und die sich daraus ergebende Beweislage eine **Beurteilung ohne Anwesenheit der beschuldigten Person** erlauben (StPO 366 IV lit. b). Andernfalls ist das Verfahren nach StPO 314 zu sistieren[130].

1403 Vorausgesetzt ist naturgemäss, dass die beschuldigte Person nach StGB 3 ff. **dem schweizerischen Strafrecht** untersteht. In Fällen der aktiven Personalität (StGB 7) kann der Schweizer wegen der Auslandstat nicht verfolgt werden, wenn er sich im Ausland befindet, und es kann deshalb kein Abwesenheitsurteil ergehen[131].

3. Verhandlung und Urteil im Abwesenheitsverfahren, StPO 367

3.1. Abwesenheitsverhandlung

1404 Beschliesst das Gericht die Durchführung einer Abwesenheitsverhandlung, wird eine **Hauptverhandlung angesetzt**, die abgesehen vom Fehlen der beschuldigten Person in jeder Hinsicht einer normalen Hauptverhandlung entspricht (StPO 367 IV)[132]. Dies bedeutet vor allem, dass die Rechte und Pflichten der Parteien im Übrigen die gleichen sind. Im Unterschied zu früheren Prozessordnungen sind denn auch die Parteien, namentlich die **Staatsanwaltschaft** und die **Verteidigung**, vorzuladen und zum Vortrag zugelassen (StPO 367 I)[133]. Im Fall

---

wesend sein konnte, ist diese Voraussetzung nicht erfüllt, es sei denn, sie habe Kenntnis von der Einvernahme gehabt oder der Verteidiger sei anwesend gewesen.
[127] Vorne N 991 ff.
[128] Botschaft 1300 Mitte. Zur Sistierung vorne N 1236 ff.
[129] Einziger erkennbarer Vorteil: Verfolgungs- wird von der (auch nach der Revision des Verjährungsrechts von 2002 zumeist noch) längeren Vollstreckungsverjährung abgelöst, was auch die Botschaft 1300 oben vermerkt.
[130] Vorne N 1236 ff.
[131] BGE 108 IV 145. Anders, wenn sich die beschuldigte Person erst *nach* Anklageerhebung ins Ausland absetzt und Verfolgung am ausländischen Tatort auszuschliessen ist, BGer 31.3.1993 i.S. A. ca. Procureur Général de Genève.
[132] Botschaft 1300 unten.
[133] Zulassung des Verteidigers ergibt sich aus EMRK 6 Ziff. 1 i.V. mit 6 Ziff. 3 lit. c, EGMR vom 21.1.1999 i.S. *Van Geyseghem* in EuGRZ 26 (1999) 9 und drei Entscheiden von

§ 87 Verfahren bei Abwesenheit der beschuldigten Person,

einer notwendigen bzw. amtlichen Verteidigung muss der Verteidiger anwesend sein und plädieren[134].

Nach StPO 367 II urteilt das Gericht **gestützt auf die im Vorverfahren und im Hauptverfahren erhobenen Beweise**[135]. Es steht ihm allerdings frei, anlässlich der Hauptverhandlung selbst Beweise zu erheben. Ein Anspruch der Parteien auf ein Beweisverfahren nach StPO 341 ff. besteht jedoch nicht[136]. 1405

Das Gericht kann nach **Abschluss der Hauptverhandlung,** d.h. der Parteivorträge, sofort ein auf Verurteilung oder Freispruch lautendes Urteil fällen. Das Gericht kann aber die Beurteilung jedoch so lange aufschieben, bis sich die beschuldigte Person stellt oder ergriffen wird (StPO 367 III), das Verfahren also sistieren. 1406

3.2. Urteil im Abwesenheitsverfahren

Das **Abwesenheitsurteil** entspricht in allen Teilen einem Entscheid, wie er im ordentlichen Verfahren nach StPO 350 ff. gefällt und in Anwendung von StPO 84 ff. zugestellt wird[137]. Das Urteil wird unter den üblichen Voraussetzungen (StPO 437 ff.) **formell und materiell rechtskräftig**[138]. Es wird deshalb (bei Verurteilung) im Strafregister eingetragen. Nach Ablauf der Berufungsfrist, also 10 Tage nach Eröffnung des Urteils (StPO 399 I i.V. mit StPO 384)[139], ist es vollstreckbar, sodass nunmehr die **Verfolgungs-** (StGB 97) von der **Vollstreckungsverjährung** (StGB 99) abgelöst wird. Es ist anzunehmen, dass die Verfolgungsverjährung auch mit Blick auf das neue Verjährungsrecht (StGB 97 III) bei neu aufgenommenem Verfahren wieder zu laufen beginnt[140]. 1407

2001, u.a. den die Schweiz betreffenden Fall *Medenica*, zitiert in AJP 12 (2003) 96 = VPB 65 (2001) Nr. 130 = RS 2006 Nr. 85; AJP 12 (2003) 1497.
[134] Dazu Botschaft 1300 unten.
[135] Allenfalls auch nach StPO 332 III vorgängig erhobene Beweise, AB S 2006 1053, RK-S 21.-23.8.2006 84.
[136] So Botschaft 1300 unten; klarer in dieser Richtung VE 395 III.
[137] Botschaft 1301 oben. Das Abwesenheitsverfahren steht der Gewährung des *bedingten Sanktionsvollzugs* nicht entgegen, vgl. dazu MKGE 11 (1988–1996) Nr. 56. – Zustellung im Regelfall an (erbetenen oder amtlichen) *Verteidiger*; einer persönlichen Zustellung an die beschuldigte Person bedarf es alsdann nicht, (OGZ II. StrK 8.6.1989 i.S. D.S.), allenfalls bei noch bestehender Adresse an *Angehörige etc.* nach StPO 85 III bzw. IV, evtl. auf dem Rechtshilfeweg an den ausländischen Wohnsitz des Verurteilten; ferner denkbar Auslösung der Frist durch *Publikation des Urteilsdispositivs* nach StPO 88. Bei *ausländischem Wohnsitz* bzw. *Ausschaffung* noch *vor* der Hauptverhandlung kann allenfalls nach StPO 87 II ein Zustellungsempfänger bestimmt werden.
[138] Hinten N 1838 ff.
[139] StPO 437; nachfolgend N 1842 ff.
[140] So CH. DENYS in SJ 125 (2003) II 58 f. entgegen der dort zitierten bundesrätlichen Botschaft. Mit Blick auf das alte Verjährungsrecht wurde die sog. *Ruhetheorie* vertreten, ZR 55 (1956) Nr. 126; SJZ 64 (1968) 220; RFJ/FZR 1997 292 = RS 1999 Nr. 638. Daneben *Anrechnungstheorie*, die davon ausgeht, die Verfolgungsverjährung laufe mit

1408 Gegen **ein Abwesenheitsurteil sind die üblichen Rechtsmittel** (Berufung, StPO 398 ff. gegen erstinstanzliche Urteile; Strafrechtsbeschwerde ans Bundesgericht, BGG 78 ff.[141], gegen Abwesenheitsurteile des Berufungsgerichts) zulässig. Zum **Verhältnis von Berufung und Gesuch um neue Beurteilung** gemäss StPO 371 nachfolgend Ziff. 4.3.

4. Neue Beurteilung, StPO 368–370

4.1. Gesuch um neue Beurteilung, StPO 368

1409 Typisch für das Abwesenheitsverfahren ist, dass die beschuldigte Person mindestens im Fall eines sie beschwerenden Entscheids die Durchführung einer neuen Hauptverhandlung in ihrer Anwesenheit verlangen kann, nachdem der Grund des Ausbleibens wegfiel, etwa, indem sie sich stellte oder sie verhaftet werden konnte. Dieses **Gesuch um neue Beurteilung** (auch Begehren um **Wiederaufnahme, Wiedereinsetzung, Restitution, Reinigung** oder **Durchführung des ordentlichen Verfahrens** genannt[142]) kann von der in Abwesenheit verurteilten Person innert zehn Tagen gestellt werden, nachdem ihr das Urteil – entweder im Dispositiv i.S. von StPO 84 II oder als später ausgefertigtes begründetes Urteil i.S. von StPO 81 bzw. 84 IV – persönlich ausgehändigt wurde[143]. Eine Zustellung an den Verteidiger löst diese Frist in Abweichung von StPO 87 III nicht aus, ebenfalls nicht Ersatzzustellungen nach StPO 85 III und IV, 87 II und 88[144]. Die beschuldigte Person ist bei Aushändigung des Urteils auf die erwähnte Frist aufmerksam zu machen. Zum **Verhältnis des Vorgehens nach StPO 368 und der Berufung und Wiederaufnahme** nachfolgend Ziff. 4.3.

1410 Im Gesuch (oder in einer nachfolgenden, innert der zehntägigen Frist zu erfolgenden Eingabe) hat die beschuldigte Person kurz **zu begründen**, weshalb sie nicht an der Hauptverhandlung teilnehmen konnte (StPO 368 II). Insbesondere bei Personen, die nicht anwaltschaftlich vertreten sind, sind an die Begründung keine allzu hohen Anforderungen zu stellen.

Aufhebung des Abwesenheitsurteils weiter, wobei die Verjährung in der Zwischenzeit nicht ruhe, sondern *ex tunc* (also bezogen auf das Abwesenheitsurteil) wieder auflebt; dazu GVP 2008 Nr. 57. Frage offengelassen in BGE 122 IV 351 f. Dieser Meinungsstreit dürfte unter dem neuen Verjährungsrecht und auch der Schweizerischen StPO andauern.

[141] Dazu nachfolgend N 1662 a.E.
[142] Botschaft 1301 Mitte.
[143] Vgl. die *Übergangsregeln für Gesuche um neue Beurteilung, die bei Inkrafttreten des Gesetzes hängig waren* in StPO 452 I sowie für *Gesuche um neue Beurteilung bei Abwesenheitsurteilen nach altem Recht* in StPO 452 II. – Vor Aushändigung ist ein Verzicht nicht möglich, vgl. zu den etwas anderen Bestimmungen der MStP MKGE 12 (1997–2005) Nr. 8 E.2.c.
[144] So offenbar auch der Sinn der Materialien (BeB 239 Mitte und Botschaft 1301 oben), die von *Aushändigung an die beschuldigte Person* sprechen. Verteidiger selbst kann Gesuch nicht stellen, MKGE 11 (1988–1996) Nr. 7.

Materielle Voraussetzung einer vom Gericht zu bewilligenden neuen Hauptverhandlung ist, dass die **beschuldigte Person zur versäumten Verhandlung ordnungsgemäss vorgeladen wurde, dieser jedoch nicht unentschuldigt ferngeblieben ist** (StPO 368 III[145]). Als unentschuldigt gilt, wer die korrekt ergangene Vorladung erhielt und nicht erschien, obwohl es ihm (bei Vorliegen von Verhinderungsgründen) möglich gewesen wäre, nach StPO 203 II um eine Verschiebung zu ersuchen[146] oder mindestens sein Nichterscheinen rechtzeitig zu begründen. Damit das Abwesenheitsurteil bzw. die Ablehnung einer neuen Beurteilung vor BV und EMRK[147] standhält, ist zu prüfen, ob der Verurteilte der Abwesenheitsverhandlung letztlich freiwillig, ja bewusst fernblieb. Ob die beschuldigte Person bei der Abwesenheitsverhandlung von StPO 367 in vorwerfbarer Weise ausblieb, hat das **Gericht im Einzelfall festzustellen, wobei es dem Staat obliegt, dieses Verschulden nachzuweisen**[148]. Um den grundrechtlichen Anforderungen Genüge zu tun, ist dem Gesuch zu entsprechen, wenn nicht eindeutig erwiesen ist, dass die beschuldigte Person in nicht entschuldbarer Weise ausblieb[149]. Es dürfte also genügen, dass die beschuldigte Person glaubhaft macht, dass sie unverschuldeterweise (z.B. wegen tatsächlich unterbliebener ordnungsgemässer Zustellung der Vorladung[150], Krankheit, Verkehrsproblemen, Verschulden des Verteidigers[151] u.Ä.) nicht erscheinen konnte. Daraus könnte im Ergebnis eine relativ grosszügige Praxis bei der Gewährung eines neuen Verfahrens resultieren – unter Ausschluss eindeutiger Missbrauchsfälle. Immerhin ist zu berücksichtigen, dass beim parallelen Institut der Wiederherstellung nach StPO 94 I in der Fassung des Parlaments jedes Verschulden genügt, um diese Rechtswohltat zu verweigern und dass bei bloss leichtem Verschulden keine Ausnahmen gemacht werden[152].

1411

---

[145] Fassung Ständerat AB S 2006 1053, vom Nationalrat in AB N 2007 1031 stillschweigend genehmigt.
[146] Wesentlich ist hier StPO 205 III Satz 2, wonach der *Widerruf einer Vorladung erst mit Mitteilung an die vorgeladene Person* wirksam wird. Zum hier relevanten persönlichen Verschulden (mit Blick auf das frühere Genfer Prozessrecht) SJ 126 (2006) 452.
[147] Hierzu BGE 127 I 213, 126 I 36, 106 Ib 400, 113 Ia 225; Pra 90 (2001) Nr. 4; RS 2002 Nr. 182 sowie die EGMR-Fälle *Colozza* in EuGRZ 12 (1985) 629 ff. sowie *Medenica*, vorne in Fn. 127.
[148] Präziser VE 398 I: «... *der Hauptverhandlung nachweislich schuldhaft entzogen* ...».
[149] Dazu m.w.H. Botschaft 1302 oben.
[150] Entscheidend ist allerdings nicht die Ordnungsmässigkeit der Zustellung an sich, sondern die *Tatsache, dass die beschuldigte Person keine Kenntnis der angesetzten Hauptverhandlung hatte*.
[151] Hierzu RKG 1995 32 Nr. 65.
[152] Vorne N 612. Heikel ist, inwieweit neben den hier genannten, mehr äusseren auch *innere Gründe*, z.B. das blosse Vergessen einer Verhandlung, das Verwechseln des Termins etc. entschuldbar ist. Entgegen der strengen Regelung bei StPO 94 II dürften StPO 368 III (der ein freiwilliges, wie erwähnt sogar bewusstes Fernbleiben verlangt), für eine Verweigerung nicht genügen.

4.2. Entscheid über das Gesuch. Hauptverhandlung und Urteil im neuen Verfahren, StPO 369 f.

1412 Nach der vom Ständerat[153] beschlossenen, nicht rundweg geglückten neuen Fassung von StPO 369 I setzt die Verfahrensleitung eine neue Hauptverhandlung an, wenn sie – im Sinn eines für die nachfolgende Hauptverhandlung nicht verbindlichen Vorentscheids – die Voraussetzungen für eine neue Beurteilung nach StPO 368 III als voraussichtlich erfüllt betrachtet. Bei dieser neu angesetzten Verhandlung hat das Gericht zunächst zu **prüfen, ob das Gesuch um neue Beurteilung formell sowie materiell** (vgl. vorstehend Ziff. 4.1.) **in Ordnung geht**. Diese Prüfung erfolgt ohne eigenes formelles Verfahren[154]. **Lehnt das Gericht das Gesuch ab** (mit Verfügung beim Einzel- bzw. Beschluss beim Kollegialgericht), ist dagegen die **Beschwerde** nach StPO 393 ff. zulässig[155]. Wenn das Gericht **eine neue Beurteilung bewilligt**, schreitet es sofort zur Wiederholung der Hauptverhandlung[156]. Wesentlich ist, dass das Abwesenheitsurteil nicht bereits mit der Bewilligung des neuen Verfahrens oder der Eröffnung der neuen Hauptverhandlung dahinfällt, sondern erst dann, wenn ein rechtskräftiges neues Urteil nach StPO 370 vorliegt. Die Verfahrensleitung entscheidet über die **Gewährung der aufschiebenden Wirkung** bezüglich des Abwesenheitsurteils sowie die **Sicherheitshaft** (StPO 369 III)[157]. Wurden gegen das Abwesenheitsurteil von andern Parteien Rechtsmittel eingelegt, die noch hängig sind, werden diese von den zuständigen Rechtsmittelinstanzen sistiert (StPO 369 II).

---

[153] Massgebend war, *dass es dem Gericht möglich sein soll, innerhalb der gleichen Verhandlung sowohl über die Bewilligung des neuen Verfahrens zu entscheiden wie auch nachfolgend die neue Hauptverhandlung durchzuführen*, dies angeblich zur Vereinfachung, AB S 2006 1053. Allerdings kann das Gericht auch vorgängig mit einem Beschluss bzw. Verfügung (ohne öffentliche Verhandlung) über das Gesuch entscheiden, wie das die Idee von VE und E war; vgl. auch nachfolgende Fn.

[154] Botschaft 1302 Mitte. Den andern Parteien, vorab der *Staatsanwaltschaft ist das rechtliche Gehör zu gewähren*. Bei offensichtlich fehlenden materiellen und/oder formellen Voraussetzungen erscheint es auch möglich, das Gesuch um neue Beurteilung ohne Hauptverhandlung *in einem schriftlichen Verfahren (mit Einräumung des rechtlichen Gehörs) abzuweisen*.

[155] Botschaft 1302 oben. Anschliessend Strafrechtsbeschwerde ans Bundesgericht, BGG 78 ff., hinten N 1628 ff., die vom Verurteilten nur bei *Verwerfung des Gesuchs* ergriffen werden kann, dazu hinten N 1643. Fraglich ist, ob gegen die *Bewilligung einer erneuten Beurteilung* dieses Rechtsmittel zulässig ist, vgl. StPO 65 und 393 I lit. b zweiter Teilsatz bzw. BGG 93 (nicht anfechtbarer Zwischenentscheid, nachfolgend N 1651 ff.).

[156] Das *Gericht kann gleich besetzt sein wie bei der Abwesenheitsverhandlung*; der Ausstandsgrund der Vorbefassung ist nicht anwendbar, dazu Botschaft 1302 Mitte und vorne N 516.

[157] Letzteres in Abweichung von der allgemeinen Regel (Anordnung im erstinstanzlichen Verfahren durch Zwangsmassnahmengericht) von StPO 229, Botschaft 1302 Mitte. *Rechtsmittel* bei erstinstanzlichem Entscheid wohl analog zu StPO 222 (vorne N 1040 f.), da jene Regeln schon nach ihrem Wortlaut nicht auf Entscheide des Zwangsmassnahmengerichts beschränkt sind. *Haftentlassungsgesuche* sind nach StPO 230 bzw. 233 zu behandeln.

Denkbar ist, dass die beschuldigte Person der neu angesetzten Hauptverhandlung 1413
wiederum unentschuldigt fernbleibt; ein zweites Abwesenheitsurteil ergeht
nicht. Auf diese Folge ist in der Vorladung zur neuen Verhandlung hinzuweisen.
Bei erneutem verschuldetem Ausbleiben behält das (erste) Abwesenheitsurteil
seine Gültigkeit (StPO 369 IV). Möglich ist, das Gesuch um neue Beurteilung
bis zum **Schluss der Parteiverhandlungen zurückzuziehen**; ebenfalls in diesem Fall bleibt das Abwesenheitsurteil bestehen (StPO 369 V). Nach der Botschaft[158] hat die beschuldigte Person in analoger Anwendung von StPO 428 I
Satz 2 die Kosten des neuen Verfahrens zu tragen und allenfalls die Privatklägerschaft nach StPO 433 zu entschädigen.

Bei Bewilligung der neuen Beurteilung fällt das **Gericht hernach ein neues** 1414
Urteil, gegen welches die üblichen Rechtsmittel möglich sind (StPO 370 I, nachfolgend Ziff. 3.3.). Wesentlich ist, dass mit Rechtskraft (StPO 437) dieses neuen
Urteils (und erst mit diesem) das Abwesenheitsurteil, die dagegen bereits erhobenen Rechtsmittel und allfällige im Rechtsmittelverfahren ergangenen Entscheide dahinfallen (StPO 370 II).

4.3. Verhältnis zur Berufung, StPO 371, und zur Wiederherstellung, StPO 94

Die in Abwesenheit verurteilte Person hat nach Aushändigung des Urteils (vorne 1415
Ziff. 4.1.) die Möglichkeit, unter der Voraussetzung von StPO 368 ein neues
Verfahren zu verlangen. Sie kann jedoch anstelle oder neben diesem Gesuch
auch **Berufung** nach StPO 398 ff. einlegen (StPO 371 I), vorausgesetzt, dass die
Berufungsfrist nach StPO 399 I noch läuft. Auf diese Möglichkeit ist die beschuldigte Person aufmerksam zu machen (StPO 371 i.V. mit StPO 368 I). Ergreift sie nur Berufung, verliert sie eine Instanz, stellt sie nur das Gesuch um
neue Beurteilung, läuft sie Gefahr, dass auf das Gesuch nicht eingetreten wird,
weil die Voraussetzungen von StPO 368 III nicht erfüllt sind. Ergreift sie beide
Behelfe, wird die Berufung sistiert und alsdann nur behandelt, falls es im Abwesenheitsverfahren nicht zu einem Urteil in der neuen Hauptverhandlung kommt
(StPO 371 II)[159]. Wird Berufung ergriffen, kann die beschuldigte Person auch
geltend machen, die Voraussetzungen zu einem Abwesenheitsverfahren nach
StPO 366 seien nicht erfüllt gewesen, in welchem Fall die Berufungsinstanz
zunächst diesen Punkt zu überprüfen hat. Bejaht die Berufungsinstanz, dass das
erstinstanzliche Gericht StPO 366 ff. rechtens anwandte, geht sie zur Behandlung der weiteren Rügen über. Hält die Berufungsinstanz die Voraussetzungen

---

[158] S. 1303 oben.
[159] Zu dieser Subsidiarität Botschaft 1303 Mitte.

für die Durchführung eines Abwesenheitsverfahrens für nicht gegeben, ist der Fall nach StPO 409 an die erste Instanz zurückzuweisen[160].

1416 Unklar ist das **Verhältnis zwischen der Möglichkeit des neuen Verfahrens** nach StPO 366 ff. **und der Wiederherstellung** nach StPO 94. StPO 94 V 2. Satz beschränkt sich auf den Hinweis, dass die Bestimmungen über das Abwesenheitsverfahren vorbehalten bleiben. Man ist deshalb versucht, die Bestimmungen zum neuen Verfahren nach StPO 368 ff. als besondere Regeln vorgehen zu lassen. Dies vor allem, weil sie gesamthaft gesehen für die beschuldigte Person eher günstiger zu sein scheinen, insbesondere was die Beweislast für die Säumnis betrifft. Dies gilt jedoch nicht bezüglich der zu beachtenden Fristen, die unterschiedlich sind (10 Tage beim Gesuch um ein neues Verfahren, StPO 368 I; 30 Tage bei der Wiederherstellung, allerdings nach Wegfall des Hindernisses StPO 94 II). Daraus könnte der Schluss gezogen werden, dass das Gesuch um ein neues Verfahren und dieses selbst nach StPO 366 ff. wie vorerwähnt grundsätzlich vorgehen, die Wiederherstellung nach StPO 94 indessen zuzulassen ist, wenn ein Gesuch nach StPO 368 nicht oder wegen verpasster Frist nicht mehr zulässig ist.

§ 88 Selbstständige Massnahmeverfahren, StPO 372–378

Literaturauswahl: HAUSER/SCHWERI/HARTMANN §§ 92–93; MAURER 121, 252; SCHMID (2004) N 756, 804

RENÉ KISSLING, Friedensbürgschaft und Zwangsmassnahmen, SJZ 103 (2007) 197.

Materialien: VE 401–411; BeB 242 ff.; ZEV 78 f.; E 379–386; Botschaft 1303 ff.; AB S 2006 1053 ff., AB N 2007 1031.

1. Allgemeines

1417 **Massnahmen nach StGB (z.B. Art. 56 ff. und 66 ff.) werden üblicherweise zusammen mit einem Strafurteil verhängt**, welches sich gegen eine bestimmte beschuldigte Person richtet. Ein solches Urteil spricht sich einerseits über den Schuldpunkt, andererseits über die zu verhängenden Sanktionen und damit eben auch die Massnahmen aus[161]. In diesem Fall sind bezüglich des Vorverfahrens StPO 299 ff. und das Hauptverfahren StPO 328 ff. anwendbar; die Massnahme wird i.S. von StPO 81 IV lit. b bzw. e ins Urteilsdispositiv aufgenommen. In bestimmten Fällen sind jedoch Massnahmen losgelöst von einem ordentlichen Verfahren im vorgenannten Sinn zu verhängen, hauptsächlich, weil keine auf einen Schuldspruch gerichtete Anklage gegen eine bestimmte Person vorliegt.

---

[160] Nachfolgend N 1576 ff. – Zur Möglichkeit der *Revision gegen Abwesenheitsurteile* MKGE 11 (1988–1996) Nr. 38.
[161] Dazu und zum Folgenden Botschaft 1303 unten.

Für solche Fälle sehen StPO 372 ff. besondere Verfahrensvorschriften vor, die gegenüber den üblichen Verfahren Besonderheiten aufweisen.

2. Verfahren bei der Anordnung der Friedensbürgschaft, StPO 372–373

2.1. Voraussetzungen und Zuständigkeit, StPO 372

Die Friedensbürgschaft hat sich zwar in der Vergangenheit aus verschiedenen Gründen nicht als besonders wirksam erwiesen, und sie wurde früher denn auch selten angewandt. Sie erscheint trotzdem erneut im AT StGB in Art. 66. Kann die **Friedensbürgschaft nicht im Rahmen eines Strafverfahrens gegen die beschuldigte Person** angeordnet werden, findet ein selbstständiges Verfahren nach Massgabe von StPO 372 f. statt (StPO 372 I). Nach StPO 372 II wird allerdings keine Friedensbürgschaft angeordnet, falls sich die betreffende **Person wegen Wiederholungs- oder Ausführungsgefahr in Haft befindet**: Die Gründe, die Anlass zur Friedensbürgschaft geben (Androhen der Ausführung eines Delikts und Wiederholungsgefahr), sind ebenfalls Haftgründe (StPO 221 I lit. c, II)[162]. Die StPO geht davon aus, dass bei einer solchen Gefahr grundsätzlich die Untersuchungshaft vorgehen sollte, die Friedensbürgschaft aber allenfalls als mildere Ersatzmassnahme in Betracht zu ziehen ist[163]. Eine Friedensbürgschaft kommt ebenso nicht in Frage, wenn sich die drohende Person im **Strafvollzug** – auch im vorzeitigen nach StPO 236 – befindet oder sich nicht in der Schweiz aufhält. 1418

Eine Friedensbürgschaft wird **nur auf Antrag des Bedrohten** angeordnet (StGB 66 I). Dieser Antrag ist nicht fristgebunden und so lange zulässig, als die Verwirklichung des angedrohten Übels zu befürchten ist. Ein entsprechendes Gesuch ist mündlich (StPO 66) oder schriftlich bei der **Staatsanwaltschaft des Orts einzureichen, an dem die Drohung ausgesprochen oder die Wiederholungsabsicht geäussert wurde** (StPO 372 III), bei brieflich, telefonisch oder via E-Mail ausgestossenen Drohungen am Ort, von dem aus diese Äusserung versandt wurde[164]. 1419

2.2. Verfahren, StPO 373

Die Staatsanwaltschaft hat die **beteiligten, also die bedrohte wie auch die androhende Person zu befragen**. Die **bedrohte Person hat** nach StPO 373 II **die** 1420

---

[162] Zu diesen Haftgründen näher vorne N 1024 ff.
[163] Botschaft 1304 oben.
[164] Zum Tatort nach StPO 31 I vorne N 448 ff. Es dürfte richtig sein, analog zu StPO 309 *ein entsprechendes Verfahren zu eröffnen*, was übrigens auch für die andern selbstständigen Massnahmeverfahren gilt.

8. Kapitel: Besondere Verfahren

Stellung der Privatklägerschaft[165]. Sie kann verpflichtet werden, für die **Kosten des Verfahrens und die allenfalls zu leistenden Entschädigungen Sicherheit zu leisten**. Sie wird als Auskunftsperson einvernommen (StPO 178 lit. a). Die **drohende Person** hat nach StPO 373 III die Rechte einer beschuldigten Person (StPO 111 ff.), also u.a. das Recht auf Aussageverweigerung (StPO 113) und allenfalls eine amtliche Verteidigung nach StPO 132 I lit. b und II[166].

1421 Die Staatsanwaltschaft kann **die Person, von der eine unmittelbare Gefahr ausgeht, vorläufig in Haft setzen**; ergriffen werden können auch **mildere Massnahmen** wie solche nach StPO 149. Diese Sicherheitshaft im Verfahren nach StPO 373 ist nicht mit der nach StGB 66 II später vom Gericht auszusprechenden Sicherheitshaft zu verwechseln. Zuständig für die Anordnung dieser Haft ist das Zwangsmassnahmengericht, dem die Person unverzüglich zuzuführen ist (StPO 373 V). Dabei sind StPO 224 ff. sinngemäss anwendbar. Hält die Staatsanwaltschaft die Voraussetzungen der Friedensbürgschaft nach StGB 66 für erfüllt, überweist sie nach Abschluss ihrer Erhebungen die **Akten mit einem schriftlichen und kurz begründeten Antrag dem Zwangsmassnahmengericht, welches für das weitere Verfahren zuständig ist** (dazu StPO 373 I)[167]. Das Zwangsmassnahmengericht hat eine Verhandlung durchzuführen, die partei-, mindestens nach StPO 69 III lit. b aber nicht publikumsöffentlich ist[168]. Es entscheidet hernach mit Beschluss bzw. Verfügung über die Anordnung der nach StGB 66 möglichen Massnahmen (Abnahme des Versprechens, die Tat nicht auszuführen; Leistung von Sicherheit, näher StGB 66 I, II; StPO 373 I).

1422 Kaum diskutiert wurde bisher das Verhältnis der Friedensbürgschaft zu Massnahmen, die **kantonale Gewaltschutzgesetze** (also Gesetze zur Verhinderung häuslicher Gewalt) ermöglichen[169]. Die Instrumente dürften je nach Sachlage alternativ oder kumulativ einsetzbar sein. Dabei fällt in Betracht, dass der gemäss den kantonalen Gesetzen mögliche Gewahrsam regelmässig zeitlich beschränkt ist, im Kanton Zürich nach § 14 des Gewaltschutzgesetzes auf insgesamt fünf Tage. In schweren Bedrohungsfällen erscheint es deshalb als durchaus möglich, einen Gewahrsam gemäss solcher Gewaltschutzgesetze nachfolgend durch eine Sicherheitshaft nach StGB 66 II abzulösen, während es bei minder

---

[165] Eine *Konstituierung* nach StPO 118 ist dazu nicht erforderlich.
[166] Zum ähnlichen Fall von *Rayon- und Kontaktverboten* nach kantonalem Gewaltschutzgesetz BGer 24.9.2008, 1C_339/2008 in Pra 98 (2009) Nr. 30 = Anwaltsrevue 1/2009 30.
[167] Hält sie die *Voraussetzungen für nicht erfüllt*, sollte unter sinngemässer Anwendung von Art. 319 ff. eine *Einstellungsverfügung* ergehen, dazu vorne N 1249 ff.; dagegen Beschwerde nach StPO 393 ff., vgl. hinten N 1499 ff. – Der *Anklagegrundsatz (StPO 9, 350 I) gilt in diesem Verfahren nicht*; das Zwangsmassnahmengericht kann also seinen Entscheid auch auf andere Gründe als jene stützen, die im Antrag der Staatsanwaltschaft erscheinen.
[168] Vorne N 267, allgemein 255.
[169] Vgl. etwa Gewaltschutzgesetz des Kantons Zürich vom 19.6.2006, LS 351. Dazu BGE 134 I 140.

schweren Bedrohungslagen angebracht sein kann, es bei einem Gewahrsam und den weiteren möglichen Massnahmen nach Gewaltschutzgesetz zu belassen.

Entscheid, Rechtsmittel

Es ist Aufgabe des Zwangsmassnahmengerichts, der drohenden Person i.S. von StGB 66 das **Versprechen abzunehmen, die Tat nicht auszuführen und dafür angemessene Sicherheit zu leisten** (StGB 66 I). Werden Versprechen oder Sicherheitsleistung verweigert, so kann das Zwangsmassnahmengericht **Haft anordnen** (StGB 66 II). Wenn die Sicherheitsleistung nach StGB 66 III verfällt, entscheidet das Zwangsmassnahmengericht darüber in analoger Anwendung von StPO 240 in einem nachträglichen Entscheid nach StPO 363 ff.[170] 1423

Was die **Rechtsmittel** gegen die Anordnungen des Zwangsmassnahmengerichts betrifft, so lässt StPO 373 I Satz 3 eine Beschwerde gegen die Anordnung von Haft bei der Beschwerdekammer zu. Es ist anzunehmen, dass damit die Fälle der Haft bei unmittelbarer Gefahr nach StPO 373 V wie auch jene nach StGB 66 II gemeint sind[171]. Nach der allgemeinen Regel von StPO 393 I lit. c ist gegen die **anderen Anordnungen des Zwangsmassnahmengerichts** bzw. die Verweigerung von solchen (Abnahme von Versprechen bzw. Sicherheitsleistung) keine Beschwerde zulässig, was fragwürdig ist[172]. 1424

3. Verfahren bei schuldunfähigen beschuldigten Personen, StPO 374 und 375

3.1. Voraussetzungen und Zuständigkeit, StPO 374 I

Hat die Untersuchung ergeben, dass die beschuldigte Person **im Tatzeitpunkt**[173] **schuldunfähig** war (StGB 19 I), so kann keine auf eine Schuldigsprechung und Bestrafung gerichtete Anklage ergehen, es sei denn, es liege ein Fall von StGB 19 IV (*actio libera in causa*) oder StGB 263 (Verübung einer Tat in 1425

---

[170] Dazu vorne N 1058 bzw. 1390 ff. Es handelt sich hier um einen in *Form eines Beschlusses bzw. einer Verfügung ergehenden Endentscheid* i.S. von StPO 80 I Satz 2.
[171] In diesem weiteren Sinn wohl auch der Präsident der Rechtskommission des Ständerats in AB S 2006 1054, wobei dessen Aussagen allerdings an die nachfolgend vom Nationalrat umgestossene Regel anknüpft, dass Haftanordnungen des Zwangsmassnahmengerichts immer mit Beschwerde angefochten werden können.
[172] Dazu hinten N 1511. Zulässig ist in jeder Konstellation *eine Strafrechtsbeschwerde ans Bundesgericht nach BGG 78 ff.* Strafrechtsbeschwerde gegen Entscheide des Zwangsmassnahmengerichts als einzige kantonale Instanz soll ausdrücklich vorgesehen werden in BGG 80 II Satz 2 in der Fassung StBOG, BBl 2008 8210. Beschwerde auch durch Bedrohten, hinten N 1464.
[173] Ist ein (z.B. Dritte gefährdender) geistiger Zustand *erst nach der Tat eingetreten*, sind allein Massnahmen nach dem Erwachsenen- und Minderjährigenschutzrecht (ZGB 360 ff.) möglich. Allenfalls ist die Verhandlungsfähigkeit nach StPO 114 tangiert, nachfolgend Fn. 175.

selbstverschuldeter Unzurechnungsfähigkeit) vor. Hingegen sind auch gegen Schuldunfähige Massnahmen nach StGB 59–61, 63, 64, 67 und 67b möglich (StGB 19 III). Ergibt sich die Schuldunfähigkeit *nach* erfolgter Anklage erst während einer Hauptverhandlung nach StPO 328 ff., hat das **Gericht** die beschuldigte Person freizusprechen und die erforderlichen Massnahmen in einer Verfügung bzw. einem Beschluss anzuordnen[174]. Häufiger **ergibt sich die Schuldunfähigkeit nach Einholen der erforderlichen Gutachten jedoch bereits während des Vorverfahrens,** in welchem Fall das selbstständige Verfahren nach StPO 374 f. durchzuführen ist.

1426 Stellt die Staatsanwaltschaft einerseits die **Schuldunfähigkeit,** anderseits die **Notwendigkeit von Massnahmen** fest[175], **beantragt sie dem erstinstanzlichen Gericht,** welches bei Annahme der Schuldfähigkeit für die Beurteilung des Falles örtlich und sachlich zuständig gewesen wäre, **schriftlich die erforderlichen Massnahmen** (StPO 374 I)[176]. Im entsprechenden Antrag wird ähnlich wie bei einer Anklage[177] der Täter und seine Tat umschrieben. Nimmt der Staatsanwalt nicht an der nachfolgenden Verhandlung teil, hat er seinem Bericht den Antrag auf eine bestimmte Massnahme sowie eine Begründung beizufügen[178]. Wesentlich ist, dass **diese Überweisung ohne vorgängige Einstellung erfolgt** (so ausdrücklich StPO 374 I a.E.), was mit verfahrensökonomischen Überlegungen begründet werden kann. Es fragt sich allerdings, ob dadurch nicht z.B. die Rechte der Privatklägerschaft erheblich tangiert werden, der so die Beschwerde gegen die Annahme der Schuldunfähigkeit verwehrt ist[179]. Allerdings kann die Privatklägerschaft an der anschliessenden, mindestens parteiöffentlichen Verhandlung teilnehmen (StPO 374 III), dort ihren Standpunkt vertreten und im Sinn von StPO 375 III den Antrag stellen, die beschuldigte Person sei als schuldfähig zu qualifizieren[180].

---

[174] Botschaft 1304 f.
[175] Einstellung nach StPO 319 ff., wenn Täter schuldunfähig, aber nicht massnahmebedürftig ist. – Kein Vorgehen nach StPO 374 f., wenn z.B. aus *psychischen Gründen die Verhandlungsfähigkeit erst nach der Tat eintritt*; diesfalls ist nach StPO 114 II und III vorzugehen, vorne N 665 f. *Zweifelt die Staatsanwaltschaft an der in den entsprechenden Gutachten dargestellten Schuldunfähigkeit bzw. Massnahmebedürftigkeit,* hat sie Anklage zu erheben.
[176] Allenfalls beim *Einzelgericht,* soweit dieses nach StPO 19 II lit. b und dem anwendbaren Einführungsrecht auch für Massnahmen zuständig ist.
[177] Zum Anklageinhalt vorne N 1267 ff. – Allerdings dürfte der *Anklagegrundsatz (StPO 9, 350 I) in diesem Verfahren (abgesehen von der angeführten Straftat) nicht gelten*; das Gericht kann also seinen Entscheid ebenfalls auf andere Gründe als jene stützen, die im Antrag der Staatsanwaltschaft erscheinen.
[178] «...*Bericht und ... Antrag*», so Botschaft 1305 oben.
[179] Analog zu StPO 334 II ist diese *Überweisungsverfügung nicht mit Beschwerde anfechtbar.*
[180] Dazu Botschaft 1305 oben.

3.2. Verfahren, StPO 374 II-IV

Nach Eingang des vorerwähnten Berichts der Staatsanwaltschaft findet ein 1427 Hauptverfahren statt, auf welches ohne abweichende besondere Bestimmungen die Vorschriften von StPO 328 ff. anwendbar sind (StPO 374 IV). Entgegen den allgemeinen Regeln (StPO 114)[181] ist eine **Verhandlungsfähigkeit der betreffenden Person nicht erforderlich**. Mit Rücksicht auf die Gesundheit und zum Schutze der Persönlichkeit der beschuldigten Person kann die **Hauptverhandlung in Abwesenheit** der beschuldigten Person sowie unter **Ausschluss der Öffentlichkeit** durchgeführt werden (StPO 374 II)[182], in welchem Fall die Regeln von StPO 70 gelten[183]. Für die Anwesenheit der **Staatsanwaltschaft** gilt StPO 337; sie hat insbesondere dann anwesend zu sein, wenn eine freiheitsentziehende Massnahme beantragt wird (StPO 337 III). Die Anwesenheits- und Verfahrensrechte der **Privatklägerschaft** sind wie bereits vorstehend erwähnt zu wahren (StPO 374 III), allenfalls durch die Möglichkeit, ihre Anträge in einer schriftlichen Eingabe zu stellen.

3.3. Entscheid, StPO 375

Das Gericht hat zunächst zu prüfen, ob die **beschuldigte Person die ihr vorge-** 1428 **worfenen Delikte beging, jedoch schuldunfähig i.S. von StGB 19 I war**. Bejaht das Gericht Täterschaft und Schuldunfähigkeit, hat es zu prüfen, ob die von der Staatsanwaltschaft beantragte oder eine andere Massnahme erforderlich ist. Wird die Massnahmebedürftigkeit festgestellt, ordnet das Gericht die Massnahme an und entscheidet gleichzeitig über die **Zivilansprüche**. Diese Entscheide ergehen in einem **Urteil** i.S. von StPO 80 f. (StPO 375 I und II)[184]. Dies entgegen VE 400, der hiefür eine Verfügung bzw. einen Beschluss des zuständigen Gerichts vorsah. Dass nunmehr Urteilsform vorgesehen ist, wird in den Materialien mit der Bedeutung der hier zu treffenden Entscheide sowie mit der damit geschaffenen **Berufungsmöglichkeit** begründet[185].

Wenn das Gericht die beschuldigte Person für **schuldfähig betrachtet** oder aber 1429 die Voraussetzungen von StGB 19 IV (*actio libera in causa*) bzw. StGB 263 (Verübung einer Tat in selbstverschuldeter Unzurechnungsfähigkeit) für erfüllt

---

[181] Vorne N 663 ff.
[182] Verhandlung ohne beschuldigte Person auch *gegen deren Willen*. In solchen Fällen ebenfalls kein Anspruch auf Öffentlichkeit, RKG 1996 13 Nr. 3. Ein *Abwesenheitsverfahren* wird hier nicht durchgeführt, vorne N 1396.
[183] Vorne N 271 ff.
[184] *Zivilansprüche* naturgemäss nur insoweit, als sie angesichts der Schuldlosigkeit des Täters bzw. der Billigkeitshaftung nach OR 54 überhaupt in Frage kommen. Für die *Kosten* ist bei Schuldunfähigkeit StPO 419 anwendbar, also trotz des Verweises in StPO 426 V nicht die Regel von Abs. 1 und 2 dieser Bestimmung, dazu hinten N 1766, 1793.
[185] Botschaft 1305 unten. Die *Urteilsform ist an sich systemwidrig* und die *Vorteile einer Berufung kaum ersichtlich*, da auch die Beschwerde ein vollkommenes Rechtsmittel mit möglicher mündlicher Verhandlung ist, vgl. N 1512, 1525.

hält, weist es nach StPO 375 III den Antrag der Staatsanwaltschaft ab. Das Gesetz äussert sich nicht zur **Form dieses Entscheides**. An sich wäre es folgerichtig, auch hiefür jene des Urteils vorzusehen. Da es sich hier jedoch nicht um einen Endentscheid i.S. von StPO 80 I und 81 handelt, steht die Form der Verfügung bzw. des Beschlusses im Vordergrund. Dagegen kann **Beschwerde** (StPO 393 ff.) eingelegt werden[186]. Ist dieser **Entscheid rechtskräftig, hat die Staatsanwaltschaft das Vorverfahren fortzusetzen** und mit Anklage oder Einstellung abzuschliessen. Eine Wiederholung eines Verfahrens nach StPO 374 f. erscheint als ausgeschlossen, es sei denn, es ergäben sich bezüglich der Schuldfähigkeit wesentlich neue Erkenntnisse (neues Gutachten usw.). Nicht ausgeschlossen ist allerdings, dass das Gericht nach erfolgter Anklage entgegen dem früheren Entscheid auf Schuldunfähigkeit erkennt und Massnahmen anordnet, da der vorerwähnte erste Beschluss nicht in materielle Rechtskraft erwuchs[187].

1430 Nicht geregelt im Gesetz bezüglich der Art der Erledigung sind die (in der Praxis zwar wohl seltenen) Fälle, in denen das Gericht zum **Schluss kommt, die Täterschaft der angeschuldigten Person sei nicht erwiesen oder es fehle die Massnahmebedürftigkeit**[188]. Auch hier scheint in analoger Anwendung von StPO 375 II *prima vista* eine Erledigung mittels **Urteils** zu stehen[189], gegen welches alsdann die Berufung möglich ist.

4. Selbstständiges Einziehungsverfahren, StPO 376–378, VStrR 66–69

4.1. Voraussetzungen, StPO 376, 378

1431 Es ist denkbar, dass zwar in der Schweiz Gegenstände oder Werte festgestellt werden, die nach StGB 69 ff. oder nach weiteren Bundesgesetzen, so BetmG 24, einzuziehen sind, dass es jedoch generell oder mindestens **zur Zeit nicht möglich ist, eine akzessorische Einziehung** (also konnex mit einem Strafverfahren) durchzuführen. Dies ist etwa bei bereits eingetretenem Tod des Täters oder unbekannter Täterschaft der Fall. Oft handelt es sich jedoch um **Straftaten, die im Ausland begangen wurden**, wobei diskutabel ist, ob erforderlich ist, dass die Straftat vorab nach StGB 3 ff. der schweizerischen Strafrechtshoheit unter-

---

[186] Es handelt sich um einen *verfahrenserledigenden Entscheid* nach StPO 80 I Satz 2 und 393 I lit. b, N 1508. Gegen nachfolgende kantonale Beschwerdeentscheide ist die *Strafrechtsbeschwerde ans Bundesgericht* nach BGG 93 ausgeschlossen, da es sich um einen Zwischenentscheid handelt, nachfolgend N 1651 ff.
[187] Botschaft 1305.
[188] Ausdrücklich offen gelassen in Botschaft 1305 Fn. 421. Zur (kritischen) Frage der *Vorbefassung des rückweisenden Richters für das spätere Verfahren* vorne N 517.
[189] Bei Verneinung der Täterschaft sowie bei verneinter Massnahmebedürftigkeit (bei bejahter Täterschaft und Schuldunfähigkeit) durch *Freispruch*.

steht[190]. Kann die **Einziehung** nicht zusammen mit einem Strafurteil (StPO 81 III lit. a und IV lit. e), einem Strafbefehl (StPO 353 I lit. h) oder einer Einstellungsverfügung (StPO 320 II Satz 2) angeordnet werden, findet ein in StPO 376–378 geregeltes **selbstständiges Einziehungsverfahren** statt[191]. In diesem Verfahren kann (neben einer Einziehung oder allein[192]) ebenfalls über das **Aussprechen einer Ersatzforderung** nach StGB 71 oder über eine **Zuweisung an den Geschädigten** nach StGB 73 entschieden werden (StPO 378).

4.2. Verfahren, StPO 377

4.2.1. Vorverfahren, Einziehungsbefehl, StPO 377 I-III

Werden von den Strafverfolgungsbehörden voraussichtlich einzuziehende Gegenstände oder Vermögenswerte festgestellt, sind diese in Anwendung von StPO 263 ff. **zu beschlagnahmen** (StPO 263 I lit. d, 377 I). Anschliessend hat die Staatsanwaltschaft des Orts, wo sich die einzuziehenden Gegenstände und Vermögenswerte befinden (näher StPO 37)[193] in der Art einer verkürzten Untersuchung zu prüfen, ob die Voraussetzungen der Einziehung nach StGB 69 ff. erfüllt sind. Es gelten in diesem Einziehungsverfahren die **üblichen Beweisregeln**, so auch die **Beweislast des Staats für das Vorliegen der Einziehungsvoraussetzungen**[194]. Da es bei der selbstständigen Einziehung nicht selten um die Früchte von ausländischen Straftaten, vor allem Drogendelikte, geht, die bereits Gegenstand eines **entsprechenden ausländischen Straf- oder Einziehungsverfahrens** sind oder waren, sah VE 410 III vor, dass im Sinn einer Beweiserleichterung die tatsächlichen Feststellungen in ausländischen Urteilen sowie die in jenen Verfahren gesammelten Beweise im selbstständigen Einzie-

1432

---

[190] So allerdings BGE 128 IV 150 ff., der jedoch übersieht, dass das Einziehungsrecht nicht an den Täter (der bei StGB 3 ff. im Zentrum steht) anknüpft, sondern als Sanktion *in rem* an einen in der Schweiz befindlichen deliktischen Gegenstand oder Vermögenswert. Werden deliktische Vermögenswerte in die Schweiz transferiert, liegt indessen oft eine hier begangene Geldwäscherei vor, die Anlass zu einer (u.U. selbstständigen) Einziehung gibt. Zum Thema der *Rechtshilfe bei Einziehung im Fall einer amerikanischen civil forfeiture* BGE 132 II 178 = Pra 96 (2007) Nr. 83.

[191] Selbstverständlich regelt sich das Verfahren (auch jenes auf Zuweisung nach StGB 73) *allein nach der StPO, und die Kantone wären nicht befugt, hier besondere Regeln vorzusehen*. Dies, obwohl das Parlament StGB 73 III, der ein solches rasches kantonales Verfahren vorschreibt, stehen liess. Ein Streichungsantrag im Nationalrat wurde gestützt auf ein Votum von Bundesrat Blocher, wonach es sich hier nicht um ein Straf-, sondern ein Verwaltungsverfahren handle, das den Kantonen obliege, abgelehnt (AB N 2007 1034 f.). Diese Erklärung ist falsch, entscheidet doch über Zuweisungen nach StGB 73 allein der (Straf-)Richter (vgl. Abs. 1 und 2!). StGB 73 III ist heute m.a.W. gegenstandslos.

[192] In diesem Fall als *selbstständiger nachträglicher Entscheid* nach StPO 363 ff., vorne N 1390 ff.

[193] Vorne N 477 f. Analog zu StPO 309 ist *ein entsprechendes Verfahren zu eröffnen*.

[194] Vorne N 216 ff. Vgl. aber die *Beweislastverschiebungen* in StGB 72. Im Übrigen wirken sich auch hier Zweifel zugunsten des Einziehungsbetroffenen aus, JdT 1990 III 124 = RS 1996 Nr. 22.

hungsverfahren als Beweismittel verwendet werden könnten[195], eine Bestimmung, die nunmehr in der StPO fehlt.

1433 Die Staatsanwaltschaft hat in diesem Vorverfahren den durch die Einziehung betroffenen Personen i.S. von StPO 105 I lit. f (vorab Besitzer bzw. Eigentümer sowie bei Forderungen wie Bankguthaben den obligatorisch Berechtigten)[196] in **Form einer Einvernahme** nach StPO 142 ff. **oder einer schriftlichen Stellungnahme das rechtliche Gehör zu gewähren** (StPO 107 und 109)[197].

1434 Sind die Voraussetzungen der Einziehung i.S. von StGB 69 ff. erfüllt, verfügt die Staatsanwaltschaft diese in einem **Einziehungsbefehl** in der Art des Strafbefehls (StPO 377 II) und entscheidet gleichzeitig über eine allfällige Zuweisung an die Geschädigten nach StGB 73[198]. Dieser Befehl ist, wenn man StPO 353 I folgt, nicht zu begründen – eine wohl nicht unbedingt beabsichtigte Folge späterer Änderungen am VE und E[199], wenn man bedenkt, dass bei Einziehungsbefehlen Millionenbeträge relevant sein können. Nach hier vertretener Auffassung sind solche Einziehungsbefehle in Befolgung der allgemeinen Regel von StPO 81 I lit. b und III (wenn allenfalls auch nur kurz) **zu begründen**. Sind die Voraussetzungen der Einziehung nicht erfüllt, **stellt die Staatsanwaltschaft das Verfahren in einer StPO 320 ff. entsprechenden Verfügung ein** und gibt damit die beschlagnahmten Gegenstände oder Vermögenswerte i.S. von StPO 267 zuhanden der daran berechtigten Person frei (StPO 377 III)[200]. Für die **Kosten** gilt StPO 426, vor allem Abs. 1, 2 und 5 i.V. mit StPO 422 ff.

---

[195] Ähnlich Art. 14 Ziff. 2 des Übereinkommens Nr. 141 des Europarates über Geldwäscherei sowie Ermittlung, Beschlagnahme und Einziehung von Erträgen aus Straftaten vom 8.11.1990, genehmigt von der Bundesversammlung am 2.3.1991, SR 0.311.53 und der früheren Zürcherischen StPO 106a. Zu den Grenzen einer solchen Bestimmung RKG 2000 Nr. 106 (verwertbar nur Beweise, nicht aber Zusammenfassungen oder Hinweise in Rechtshilfegesuchen). Für Verwendung eines amerikanischen *plea bargaining* ZR 103 (2004) Nr. 33. Es erscheint allerdings auch ohne eine entsprechende Vorschrift möglich, Beweismittel, Akten usw. aus ausländischen Verfahren beizuziehen und im Rahmen der freien Beweiswürdigung zu berücksichtigen.

[196] Zu diesen *anderen Verfahrensbeteiligten* allgemein vorne N 638 ff. Verfahrensrechte kommen den Personen zu, die durch Einziehungsmassnahmen betroffen sind bzw. aus den Einziehungsbestimmungen Rechte für sich ableiten, etwa aus StGB 70 Abs. 1 letzter Satzteil oder StGB 73.

[197] Vgl. RS 1999 Nr. 568.

[198] Unklar, ob für *Interessierte Einsichtsrecht nach StPO 69 II besteht* (allgemein vorne N 270), was eher zu bejahen ist.

[199] Nach VE 413 I lit. e und E 357 I lit. e waren bei Strafbefehlen die Sanktionen zu begründen.

[200] Auch Einstellung, *wenn Gegenstände oder Vermögenswerte* nach StPO 267 III und vor allem StGB 70 I letzter Satzteil *direkt dem Geschädigten ausgehändigt werden*. Vor *Rückgabe an die beschuldigte Person* ist zu prüfen, ob Gegenstände oder Vermögenswerte nicht zur Kostendeckung heranzuziehen sind (StPO 267 II, 268). Erwähnt sei ferner, dass die Bestimmung von StPO 378 Satz 2 falsch platziert ist; sie gehört der Sache nach zu StPO 377 III.

4.2.1. Einsprache, Einspracheverfahren, StPO 377 IV

Gegen den **Einziehungsbefehl wie auch die Einstellungs- und Freigabeverfügung** stehen die Rechtsbehelfe zur Verfügung, die die StPO gegen Strafbefehle bzw. Einstellungsverfügungen vorsieht. Gegen den Einziehungsbefehl ist demgemäss eine **Einsprache** nach StPO 354 ff.[201], bei der Einstellungs- und Freigabeverfügung eine **Beschwerde** nach StPO 393 ff.[202] zulässig. Zu diesen Rechtsbehelfen sind (eine Beschwer vorausgesetzt) die Einziehungsbetroffenen, die Ansprüche nach StGB 73 stellenden Geschädigten sowie allenfalls die Ober- oder Generalstaatsanwaltschaft (vgl. StPO 354 I lit. c)[203] legitimiert.

1435

Wird gegen einen **Einziehungsbefehl Einsprache erhoben**, findet ein erstinstanzliches Verfahren nach StPO 355 f. statt[204], wobei nur auf Begehren einer Partei eine öffentliche Hauptverhandlung anzusetzen ist (StPO 356 VI). Das Gericht ordnet in einer Verfügung bzw. einem Beschluss (nicht einem Urteil) die Einziehung sowie allenfalls eine Zuweisung nach StGB 73 an, wenn die Voraussetzungen dazu erfüllt sind; wenn nicht, weist sie den Einziehungsantrag ab und gibt die beschlagnahmten Gegenstände oder Vermögenswerte frei (analog StPO 377 III, IV). Der Entscheid des erstinstanzlichen Gerichts ist mit **Beschwerde** nach StPO 393 ff.[205] anfechtbar.

1436

---

[201] Vorne N 1362 ff.
[202] Vorne N 1499 f.
[203] Dazu vorne N 1362.
[204] Der *Anklagegrundsatz (StPO 9, 350 I) gilt in diesem Verfahren nicht*; das Gericht kann also seinen Einziehungsentscheid auch auf andere Gründe als jene stützen, die im Einziehungsbefehl der Staatsanwaltschaft erscheinen. Bei der *Gerichtsverhandlung fakultative Anwesenheit der Einziehungsbetroffenen* mit der Möglichkeit, sie nach StPO 336 I lit. b obligatorisch vorzuladen.
[205] Hinten N 1499 ff. Anschliessend *Strafrechtsbeschwerde* ans Bundesgericht, BGG 78 ff., hinten N 1628 ff., 1644. Nach RS 1992 Nr. 321 kein späterer *Rechtsbehelf eines Dritten bei behauptetem besserem Recht*. Zur Rechtsnachfolge vorne N 700 f. Nach SOG 2006 69 = RS 2008 Nr. 326 *keine Legitimation der Konkursmasse des Verurteilten*.

9. Kapitel: Rechtsmittel, StPO 379–415, JStPO 38–41, VStrR 26–28, 80–89, MStP 166–209, BGG 78 ff.

1. Teil: Allgemeines

§ 89 Begriff und Arten der Rechtsmittel

Literaturauswahl: AESCHLIMANN N 1640; HAUSER/SCHWERI/HARTMANN §§ 94–98; MAURER 473; PADRUTT 337; OBERHOLZER N 1594; PIQUEREZ N 1174; DERS. (2007) N 904; SCHMID (2004) N 951; TRECHSEL (2005) 360 (*right to appeal*).
TITUS GRAF, Effiziente Verteidigung im Rechtsmittelverfahren. Dargestellt anhand zürcherischer Berufung und Nichtigkeitsbeschwerde, Zürich 2000; LUKAS GSCHWEND, Der Rechtsmittel- und Begründungsverzicht in den Strafprozessrechten der Schweizerischen Kantone, Z 116 (1998) 174; DOMINIK INFANGER/DOMINIK VOCK, Rechtsmittel gegen Entscheide betreffend Zivilansprüche im Strafprozess, in: JÜRG-BEAT ACKERMANN (Hrsg.), Strafrecht als Herausforderung, Zürich 1999, 389; NIKLAUS SCHMID, Die Rechtsmittel der Schweizerischen Strafprozessordnung – Einige Randbemerkungen, in: FS F. Riklin, Zürich 2007, 511.
Materialien: Aus 29 mach 1 S. 156 ff.; VE 450 ff.; BeB 255 ff.; ZEV 82 ff.; E 387 ff.; Botschaft 1306 ff.; AB S 2006 1054, AB N 2007 1031.

1. Begriff des Rechtsmittels, Rechtsbehelf

Rechtsmittel sind jene **Verfahrenshandlungen von Parteien und weiteren Verfahrensbeteiligten, mit denen diese – im Regelfall bei einer oberen Instanz – eine Aufhebung oder Änderung eines für sie nachteiligen Entscheides verlangen können.** 1437

Unter **Rechtsbehelfen** versteht man (unter Einbezug der Rechtsmittel) alle jene **Möglichkeiten, die einer Partei und weiteren Verfahrensbeteiligten zur Verfügung stehen, um zur Wahrung ihrer Interessen den Verfahrensablauf zu beeinflussen.** In einem engeren Sinn werden jene Prozesshandlungen als Rechtsbehelfe bezeichnet, mit denen auf einem eigens dafür vorgesehenen prozessualen Weg korrigierend oder gestaltend in das Verfahren eingegriffen werden kann, ohne dass sie (vor allem wegen des fehlenden Instanzenzugs) als Rechtsmittel betrachtet werden könnten. Als Rechtsbehelf (auch **Sonderbehelfe** genannt) in diesem Sinn sind etwa das Ausstandsgesuch (StPO 58 I)[1], die Erläuterung und Berichtigung (StPO 83)[2], das Haftentlassungsgesuch (StPO 228)[3], das 1438

---
1 Vorne N 523.
2 Vorne N 594.
3 Vorne N 1038 f.

Siegelungsbegehren (StPO 248)[4] oder die Einsprache beim Straf- oder Einziehungsbefehl (StPO 354, 377 IV)[5] zu betrachten.

1439 **Die StPO trifft diese Unterscheidung in Rechtsbehelfe und Rechtsmittel nicht ausdrücklich.** Sie spricht vor allem in StPO 379 ff. **nur von Rechtsmitteln.** Von praktischem Interesse ist diese Unterscheidung nur insofern, als die Rechtsbehelfe im engeren Sinn besonderen Regeln folgen und deshalb auf sie z.B. die allgemeinen Bestimmungen für die Rechtsmittel nach StPO 379 ff. nicht oder nur beschränkt anwendbar sind.

1440 Die Partei bzw. der Verfahrensbeteiligte, der bzw. dem ein Entscheid eröffnet wird oder der in anderer Weise von einer Verfahrenshandlung betroffen ist, hat grundsätzlich davon auszugehen, dass diese – selbst wenn sie fehlerhaft sein sollte – nicht absolut unbeachtlich und nichtig, sondern gültig und demgemäss auf dem Rechtsmittelweg anzufechten ist (**Grundsatz der Gültigkeit von Verfahrenshandlungen**). Unbeachtlich und nichtig sind nach Lehre und Praxis nur krass fehlerhafte Verfahrenshandlungen, also beispielsweise den Parteien nicht eröffnete und zugestellte Entscheide, das Ausfällen von Freiheitsstrafen durch ein Scheidungsgericht oder eine Übertretungsstrafbehörde i.S. von StPO 17[6].

2. Sinn der Rechtsmittel und grundrechtlicher Anspruch darauf, BV 32 III

1441 Entscheide von Behörden können fehlerhaft sein. Es gehört deshalb zu den wesentlichen Säulen eines rechtsstaatlichen Strafprozesses, dass dem von einem **ungünstigen Entscheid Betroffenen ein Minimum an Überprüfungsmöglichkeiten** in der Gestalt eines Rechtsmittels eingeräumt wird[7]. Dieser Anspruch wird heute von BV 32 III, IPBPR 14 V sowie der EMRK[8] gewährleistet. Das

---

[4] Vorne N 1076 ff.
[5] Vorne N 1362 ff. – Weiter etwa die *Einschaltung des Bundesstrafgerichts bei Konflikten beim Gerichtsstand oder bei der Rechtshilfe* nach StPO 40 II bzw. 48 II, vorne N 489 und 498.
[6] Dazu etwa m.w.H. BGer 23.1.2009, 6B_744/2008 in Anwaltsrevue 4/2009 209; TPF 2005 172 E.3. (auch zur Subsidiarität der Berufung auf Nichtigkeit); BGE 129 I 363, 122 I 99; ZR 108 (2007) Nr. 10 S. 57, 99 (100) Nr. 19.
[7] Botschaft 1306 unten.
[8] Art. 2 des Zusatzprotokolls Nr. 7 zur EMRK vom 22.11.1984, AS 1988 1596 ff.; SR 0.101.07. Diese Garantie *verlangt jedoch nicht, dass die Rechtsmittelinstanz Tat- und Rechtsfragen frei überprüft*, RS 2003 Nr. 447, 1998 Nr. 458; BGE 124 I 92 = Pra 87 (1998) Nr. 132, dazu ZBJV 135 (1999) 762; EKMR in BGer 6.6.1997 i.S. A.G.A. ca. Corte di cassazione e di revisione penale del Cantone Ticino; VPB 58 (1994) Nr. 104; 59 (1959) Nr. 125. Die in den Prozessgesetzen wie die StPO erscheinenden Rechtsmittel, die Legitimation dazu etc. sind abschliessend geregelt, also nicht etwa über das Prinzip der Waffengleichheit ausdehnbar, BGE 122 I 255 = SJZ 92 (1996) 468. – Kein grundrechtlicher Anspruch auf *Kostenlosigkeit der Rechtsmittel*, BGer 12.6.2002 in SJZ 98 (2002) 528. Auch *Kautionspflicht* nicht konventionswidrig, dazu N 1469.

Grundproblem aller Rechtsmittel liegt darin, dass sie im Spannungsfeld der Bedürfnisse nach Rechtssicherheit (Anspruch auf rasche und endgültige Erledigung von streitigen Rechtsfällen) und jenen nach Verwirklichung der materiellen Wahrheit, des Rechts und der Gerechtigkeit liegen. Aus diesem und andern Gründen wäre es verfehlt, anzunehmen, dass die Qualität des rechtsstaatlichen Strafverfahrens von der Anzahl der möglichen Rechtsmittel abhängt.

3. Rechtsmittel der StPO, der JStPO und des BGG

Entgegen früheren kantonalen Strafprozessordnungen verfügen die **StPO wie die JStPO über ein relativ einfaches Rechtsmittelsystem** mit **wenigen Rechtsmitteln**[9]. Was die Rechtsmittel an die oberen kantonalen Instanzen sowie an eine eidgenössische Instanz (vorab in Bundesstrafsachen)[10] betrifft, sind es die **Beschwerde** (StPO 393 ff., JStPO 39)[11], die **Berufung** (StPO 398 ff., JStPO 40)[12] sowie die **Revision** (StPO 410 ff., JStPO 41)[13]. Die **Rechtsmittel ans Bundesgericht** richten sich nicht nach der StPO, sondern nach dem BGG. Im Rahmen der Ablösung der früheren OG und BStP durch dieses BGG sind die Rechtsmittel ebenfalls vereinfacht worden; hier steht die **Strafrechtsbeschwerde** als sog. **Einheitsbeschwerde** nach BGG 78 ff. im Vordergrund[14].

1442

Zu beachten ist jedoch, dass StPO und BGG die Rechtsmittel im Bereich des Strafverfahrens **nicht abschliessend regeln**[15]. **Weitere Bundesgesetze sehen Rechtsmittel bzw. Rechtsbehelfe** in Strafsachen vor, die in diesem Studienbuch nur teilweise bzw. am Rande behandelt werden, etwa diejenigen nach der MStP[16].

1443

4. Kategorien der Rechtsmittel

4.1. Ordentliche und ausserordentliche Rechtsmittel

Diese Unterscheidung – sie ist wie die nachfolgenden Kategorien weitgehend eine solche der Strafprozesslehre und nicht der StPO – wird nicht einheitlich vorgenommen: Teilweise werden unter **ordentlichen Rechtsmitteln** jene verstanden, die (im Sinn der nachstehend in Ziff. 4.3. beschriebenen vollkommen

1444

---

[9] Botschaft 1306 unten. Analog ZPO 308 ff. – Vgl. die *Übergangsregeln für die unter altem Recht gefällten Entscheide* in StPO 453 f., hinten N 1867 f.
[10] Es handelt sich primär um *Rechtsmittel ans Bundesstrafgericht*, nachfolgend N 1628 ff., 1719 ff.
[11] Hinten N 1499 f.
[12] Hinten N 1530 ff.
[13] Hinten N 1582 ff.
[14] Hinten N 1629.
[15] Zu der in der StPO nicht genannten *Wiedererwägung* vorne N 109, hinten N 1839.
[16] Vorne N 36.

Rechtsmittel) die volle Überprüfung des Entscheides bezüglich aller tatsächlichen und rechtlichen Grundlagen ermöglichen. Es sind Rechtsmittel, die der zuständigen Instanz m.a.W. **volle Kognition** einräumen (*Beispiele*: Beschwerde nach StPO 393 ff., grundsätzlich die Berufung nach StPO 398 ff.)[17]. Andererseits versteht man darunter jene **Rechtsmittel, die den Eintritt der Rechtskraft und demzufolge regelmässig auch die Vollstreckbarkeit des Entscheides hindern** (*Beispiel*: Berufung, StPO 402, beschränkt BGG 103 II lit. b)[18].

1445 Unter **ausserordentlichen Rechtsmitteln** werden hingegen jene verstanden, die nur die Überprüfung bestimmter Fragen ermöglichen, bei denen also nur eine **beschränkte Kognition** gegeben ist (Beschränkung auf Rechtsfragen wie grundsätzlich bei der Strafrechtsbeschwerde ans Bundesgericht, BGG 95), oder aber jene, bei denen der Eintritt der Rechtskraft nicht gehindert wird (so Grundregel der StPO in Art. 387)[19].

4.2. Primäre und subsidiäre Rechtsmittel

1446 Gewisse Rechtsmittel sind in dem Sinn **primär**, dass sie bei Zulässigkeit jedes andere ebenfalls denkbare Rechtsmittel ausschliessen (*Beispiel*: Berufung nach StPO 398 ff.)[20]. Von **subsidiären** Rechtsmitteln spricht man dann, wenn diese nur zulässig sind, wenn kein anderes Rechtsmittel (mehr) zulässig ist (*Beispiel*: Beschwerde, StPO 394 lit. a; grundsätzlich die Strafrechtsbeschwerde an das Bundesgericht, BGG 78–80)[21].

4.3. Vollkommene und unvollkommene Rechtsmittel

1447 Die **vollkommenen** Rechtsmittel wie grundsätzlich die Berufung (StPO 398 II) oder die Beschwerde (undeutlich StPO 393 II)[22] berechtigen und verpflichten[23] die Rechtsmittelinstanz zu einer unbeschränkten Überprüfung der Tat- und Rechtsfragen (*revisio in facto et in iure*, sog. Tatsacheninstanz). Die **unvollkommenen** beschränken die Nachprüfung auf bestimmte Aspekte des Entscheides, z.B. auf eine blosse Rechtskontrolle (*revisio in iure*, z.B. grundsätzlich bei der Strafrechtsbeschwerde ans Bundesgericht, BGG 95)[24].

---

[17] Hinten N 1512 bzw. N 1534.
[18] Hinten N 1557 bzw. N 1704.
[19] Zur *Strafrechtsbeschwerde* N 160 ff. Beschränkt ebenso Kognition bei der *Berufung gegen Übertretungsurteile* nach StPO 398 IV, N 1536 ff.
[20] Hinten N 1530 ff., vgl. auch zu StPO 394 lit. a hinten N 1514.
[21] Dazu N 1514 bzw. N 1628, 1638.
[22] Hinten N 1530, 1534 bzw. N 1512.
[23] ZR 60 (1961) Nr. 28, 52 (1953) Nr. 121.
[24] Hinten N 1680 ff.

4.4. Suspensive und nicht suspensive Rechtsmittel

Ohne anderweitige Anordnung der Rechtsmittelinstanz ist das Urteil beim **nicht suspensiven** Rechtsmittel sofort (nach StPO 439 ff.) vollstreckbar; man spricht in diesem Fall von der fehlenden **aufschiebenden Wirkung** (vgl. StPO 387). Die aufschiebende Wirkung fehlt nach dieser Bestimmung, wenn das Gesetz nicht Ausnahmen vorsieht oder die Rechtsmittelinstanz diese aufschiebende Wirkung anordnet. Das **suspensive** Rechtsmittel (z.b. die Berufung, StPO 402 oder die Strafrechtsbeschwerde ans Bundesgericht im Rahmen von BGG 103 II lit. b) hingegen hemmt die Vollstreckbarkeit des Urteils. Auch hier ist auf die uneinheitliche Terminologie hinzuweisen, werden doch als suspensiv auch diejenigen Rechtsmittel bezeichnet, die den **Eintritt der Rechtskraft hindern**.

1448

4.5. Devolutive und nicht devolutive Rechtsmittel

Von **devolutiven** Rechtsmitteln spricht man, wenn damit die Sache von einer unteren Instanz (*iudex a quo*) an eine höhere Instanz (*iudex ad quem*) gebracht wird, während bei den **nicht devolutiven** sich der gleiche Richter nochmals mit dem Fall befasst. Mit Ausnahme der Revision (vgl. StPO 21 I lit. b, 410 ff.)[25] sind die Rechtsmittel der StPO devolutiv.

1449

4.6. Reformatorische und kassatorische Rechtsmittel

Beim **reformatorischen Rechtsmittel** hebt die Rechtsmittelinstanz den Entscheid der Vorinstanz auf und setzt an dessen Stelle ihren eigenen (*Beispiele*: in der Regel bei der Berufung, StPO 408). Beim **kassatorischen Rechtsmittel** wird der angefochtene Entscheid bei Gutheissung aufgehoben und die Sache zur neuen Beurteilung an die Vorinstanz zurückgewiesen. Die untere Instanz ist im aufgehobenen Urteilspunkt an die im Rechtsmittelentscheid vertretene Rechtsauffassung der oberen Instanz gebunden (vgl. etwa StPO 409 III).

1450

Während früher die Rechtsmittel zumeist entweder reformatorisch oder aber kassatorisch ausgestaltet waren, sind sie in **modernen Prozessgesetzen aus Gründen der Verfahrensökonomie und -beschleunigung eher flexibel ausgestaltet**. Dies bedeutet, dass die Rechtsmittelinstanzen entweder reformatorisch (wenn der Fall spruchreif ist) oder aber kassatorisch (wenn Aktenergänzungen erforderlich sind) entscheiden können. Diese Alternativität hinsichtlich reformatorischer bzw. kassatorischer Ausgestaltung besteht nunmehr bei den meisten Rechtsmitteln, so der Beschwerde (StPO 397 II)[26], etwas weniger ausgeprägt bei

1451

---

[25] Vorne N 388 f., hinten N 1604. Nicht devolutiv ferner Beschwerde im Sonderfall einer solchen gegen Entscheid der Strafkammern des Bundesstrafgerichts, vorne N 385 und nachfolgend Fn. 177.

[26] Hinten N 1526 ff.

der Berufung (StPO 408 f.)[27], der Revision (StPO 413 II)[28] wie auch auf Bundesebene bei der Strafrechtsbeschwerde[29] sowie der subsidiären Verfassungsbeschwerde ans Bundesgericht (BGG 107 II bzw. 117 i.V. mit 107 II)[30].

§ 90 Anfechtbare Entscheide, Rechtsmittellegitimation und -verfahren

Literaturauswahl: Siehe Hinweise zu § 89
Materialien: Siehe Hinweise zu § 89.

1. Mit Rechtsmitteln anfechtbare Entscheide

1452 Anfechtungsobjekt kann allein eine **behördliche Verfahrenshandlung**[31] sein. Verfahrenshandlungen nicht behördlicher Parteien oder anderer Verfahrensbeteiligter unterliegen nicht unmittelbar Rechtsmitteln[32]. Im Vordergrund als Anfechtungsobjekte stehen **Entscheide** i.S. von StPO 80 ff.[33], allenfalls aber auch **Verfahrenshandlungen generell** in einem nachfolgend[34] für die einzelnen Rechtsmittel zu besprechenden Sinn. **Ausgeschlossen sind Rechtsmittel** nach der StPO[35], wenn diese einen **Entscheid als endgültig oder nicht anfechtbar bezeichnet** (StPO 380), wie dies etwa bei StPO 318 III oder StPO 324 II der Fall ist[36].

1453 Damit die Rechtsmittelmöglichkeiten ausgeschöpft werden können, sind die Entscheide mit einer **Rechtsmittelbelehrung** zu versehen, welche auf das zu ergreifende Rechtsmittel, die Frist und die Rechtsmittelbehörde verweist (StPO 81 I lit. d; BGG 112 I lit. d)[37].

---

[27] Hinten N 1576 ff.
[28] Hinten N 1618 ff.
[29] Hinten N 1710 ff.
[30] Hinten N 1724 ff.
[31] Zu diesen allgemein vorne N 539 ff. Bei der *Beschwerde fällt auch eine Unterlassung in Betracht*, N 1502.
[32] Z.B. bei *Pflichtverletzungen eines notwendigen Verteidigers*; hier allenfalls Pflichtverletzung der Strafbehörde, die mangelhafte Verteidigung duldet, N 738, 762.
[33] Vorne N 582 ff.
[34] Vgl. etwa für die Beschwerde hinten N 1502 ff.
[35] Hingegen *Strafrechtsbeschwerde ans Bundesgericht denkbar*, Botschaft 1307 Mitte. Zu diesem Rechtsmittel nachfolgend N 1628 ff.
[36] Es gibt *nie zwei gleiche Rechtsmittel hintereinander*; zudem kennt die StPO keine Nichtigkeitsbeschwerde. Dazu näher Botschaft 1307 Mitte sowie hinten N 1517, 1529, 1581.
[37] *Belehrung an sich nur Ordnungsvorschrift*, N 589. Zur *unrichtigen Rechtsmittelbelehrung* siehe vorne m.w.H. N 92, 589.

2. Legitimation zur Einlegung von Rechtsmitteln, StPO 381 und 382, JStPO 38, VStrR 74 I, BGG 81

Nach StPO 381 f. sind folgende **Behörden** bzw. **Personen im Sinn einer Prozessvoraussetzung**[38] zur Ergreifung von Rechtsmitteln befugt, soweit nicht besondere Vorschriften (etwa im VStrR) vorhanden sind: 1454

2.1. Legitimation der Staatsanwaltschaft und weiterer Behörden, StPO 381, 104 I lit. c, JStPO 38 II, VStrR 80 II, BGG 81 I lit. b Ziff. 3, II, E StOBG 15

Die **Staatsanwaltschaft** ist nach StPO 381 I zum Einlegen von Rechtsmitteln zugunsten wie auch zuungunsten der verurteilten Person befugt. Sie ist m.a.W. durch jeden unrichtigen Entscheid beschwert. Eine Beschwer (zu dieser nachfolgend Ziff. 2.2.1.) als Partei wie bei privaten Verfahrensbeteiligten ist also nicht erforderlich. Unerheblich sind demgemäss auch die von ihr in früheren Verfahrensstadien vertretenen Auffassungen und gestellten Anträge[39]. **Nicht legitimiert** ist die **Staatsanwaltschaft generell im Zivilpunkt**. Sehen Bund und Kantone eine **Ober- oder Generalstaatsanwaltschaft** vor, so haben sie zu bestimmen, ob diese oder aber eine untere Staatsanwaltschaft zur Einlegung von Rechtmitteln legitimiert ist (StPO 381 II[40]. Breite Kompetenzpalette für die Bundesanwaltschaft vgl. E StOBG 15). Diese Bestimmung erlaubt ebenso, die Rechtsmittellegitimation vorgesetzten Staatsanwälten auf Zwischenstufen[41] zuzuweisen. Bund und Kantone bestimmen ebenfalls, welche Behörden **im Übertretungsstrafverfahren** Rechtsmittel ergreifen können (StPO 381 III)[42]. 1455

Die **Staatsanwaltschaft des Bundes** kann gegen **kantonale Entscheide**[43] Rechtsmittel ergreifen, wenn das Bundesrecht vorsieht, dass ihr oder einer andern Bundesbehörde der Entscheid mitzuteilen ist oder wenn sie die Strafsache der kantonalen Behörde in Anwendung von StPO 25 und 26 zur Untersuchung 1456

---

[38] Vorne N 318.
[39] Vgl. Entscheide zum früheren Zürcher Verfahren ZR 76 (1977) Nr. 74, 62 (1963) Nr. 16.
[40] Zu beachten ist, dass die in E 323 II Satz 2 vorgesehene Möglichkeit der Beschwerde der Ober- oder Generalstaatsanwaltschaft gegen Einstellungen im Parlament gestrichen wurde, vorne N 1261. *Zustellung der Entscheide* jedoch stets an anklagende Staatsanwaltschaft, vorne N 588.
[41] Wie z.B. im Kanton Zürich den Leitenden Staatsanwälten, die die Vorgesetzten der Staatsanwälte sind, jedoch der Oberstaatsanwaltschaft unterstehen. So auch für den Bund vorgesehen in E StBOG 14.
[42] Also (u.U. neben einer Staatsanwaltschaft) auch der *Übertretungsstrafbehörde*. Bei kantonalen Entscheiden bei der *Strafrechtsbeschwerde ans Bundesgericht jedenfalls nur die Staatsanwaltschaft*, BGG 81 I lit. b Ziff. 3, hinten N 1457 und 1671.
[43] Gilt auch für Einsprachebefugnisse gegen Strafbefehle, vorne N 1360. Zur *Rechtsmittelbefugnis gegen Entscheide der Bundesstraf- bzw. Verwaltungsbehörden* vgl. BGG 81 I lit. b Ziff. 7.

und Beurteilung überwiesen (delegiert) hatte (StPO 381 IV, VStrR 80[44], BGG 81 II[45]). Diese Regelung entspricht materiell dem bisherigen Recht[46].

1457 Bund und Kantone können nach StPO 104 II **weiteren Behörden, die öffentliche Interessen zu wahren haben, volle oder beschränkte Parteirechte einräumen**[47]. Sie können diesen Behörden die Rechtsmittelbefugnisse zugestehen, diese aber in den entsprechenden Fällen auch der Staatsanwaltschaft zuweisen. Räumen sie den fraglichen Behörden volle Parteirechte ein, ohne sich zur Rechtsmittelbefugnis zu äussern, sind solche Befugnisse anzunehmen[48]. Zu beachten ist, dass aus StPO 104 II nur eine *Parteistellung bezüglich der Rechtsmittel nach StPO, hingegen nach BGG 81 I nicht für die Rechtsmittel vor Bundesgericht* abzuleiten ist. Dies bedeutet, dass in Fällen, in denen gestützt auf StPO 104 II kantonale Behördenvertreter vor kantonalen Gerichten auftraten, vor Bundesgericht die Staatsanwaltschaft die Interessen des Staats zu vertreten hat[49].

2.2. Legitimation der übrigen (privaten) Parteien, StPO 382, VStrR 74 I, BGG 81 I

2.2.1. Allgemeines Erfordernis des rechtlich geschützten Interesses bzw. der Beschwer

1458 StPO 382 räumt die Rechtsmittellegitimation sodann den **Parteien ein, die ein rechtlich geschütztes Interesse an der Aufhebung oder Änderung eines Entscheides haben** (ähnlich BGG 81 I lit. b). Im Zentrum der Rechtsmittellegitimation steht – entgegen der Gesetzgebungstechnik der meisten früheren Strafprozessordnungen – somit die **Beschwer** und nicht eine detaillierte Aufzählung der Legitimierten. Ziel des Rechtsmittels ist es, anstelle des für den Betroffenen nachteiligen Entscheides einen für ihn günstigeren Entscheid zu erlangen[50]. Die Parteien und weitere Verfahrensbeteiligte können einen Entscheid somit nur bezüglich Punkten anfechten, die für sie selbst ungünstig lauten, die sie also

---

[44] Nach VStr 74 I ebenfalls die *beteiligte Verwaltung, auch vor Bundesgericht*, BGG 81 I lit. b Ziff. 7 in der Fassung der StPO. Dazu hinten N 1671, 1674.
[45] *Legitimiert ebenso vor dem Bundesstrafgericht*, BGer 22.6.2004 in NZZ Nr. 155 vom 7.7.2004 unter Verweis auf BGE 125 IV 222 (zur früheren Anklagekammer des BGer).
[46] Näher Botschaft 1307 Mitte. – Legitimiert *nicht nur der Bundesanwalt selbst, sondern auch die Staatsanwälte des Bundes*, BGE 133 IV 190 f.
[47] Dazu vorne N 636. Vgl. etwa Rechtsmittellegitimation der beteiligten Verwaltung nach VStrR 80 II.
[48] Aus einer *Anzeigepflicht* nach StPO 302 II allein fliesst (entgegen der gelegentlich anzutreffenden Betrachtungsweise zum früheren kantonalen Recht, vgl. BJM 2007 211) keine Rechtsmittellegitimation. – Ist die Behörde nach StPO 104 II rechtsmittellegitimiert, ist sie in der Stellung der Staatsanwaltschaft nach StPO 381, d.h., sie kann das Rechtsmittel zugunsten wie auch zu ungunsten der Partei einlegen.
[49] Hinten N 1671 sowie N 1674 mit Hinweisen auf die Sonderregel von BGG 81 I lit. b Ziff. 7 für Bundesverwaltungsstrafsachen. – Zur Verfahrensstellung von *Tierschutzstellen der kantonalen Verwaltung* u.Ä. vorne N 635.
[50] Vorne N 1441.

persönlich beschweren und diese Beschwer noch andauert[51]. Andernfalls fehlt ein Rechtsschutzinteresse in diesem Sinn und damit eine Prozessvoraussetzung[52].
– Bemerkenswert ist übrigens, dass die StPO – entgegen BGG 81 I lit. a für die Strafrechtsbeschwerde ans Bundesgericht[53] – **nicht voraussetzt, dass sich die Partei am vorinstanzlichen Verfahren beteiligte.**

Die Beschwer ergibt sich **allein aus dem Dispositiv** des fraglichen Entscheides[54]. Eine Beschwer kann also im Regelfall nicht in einer dem betreffenden Verfahrensbeteiligten nachteiligen Begründung z.B. eines Schuld- oder Freispruchs (Letzterer wird mit Zurechnungsunfähigkeit begründet, obwohl die beschuldigte Person die Täterschaft überhaupt bestritt) erblickt werden[55]. 1459

2.2.2. Legitimation der beschuldigten Person

Im Vordergrund der zu Rechtsmitteln Legitimierten steht naturgemäss die **beschuldigte Person** (unter Einschluss des **beschuldigten Unternehmens** bzw. dessen Vertreter nach StGB 102 bzw. StPO 112). Rechtsmittel können von **urteilsfähigen verbeiständeten bzw. bevormundeten**[56] oder **geistesschwachen beschuldigten Personen**[57] eingelegt werden, zu welchem Zweck diese auch selbst einen Rechtsbeistand bestellen können[58]. Dies gilt für den Schuld- und Strafpunkt, aber nicht bezüglich selbstständiger Rechtsmittel hinsichtlich des Zivilpunkts. 1460

---

[51] Allgemein BGE 118 IV 67, 69. So kann sich der Beschuldigte nicht auf die Verletzung von Beweisvorschriften berufen, die *zum Schutz anderer Personen* (z.B. des kindlichen Opfers nach StPO 154) aufgestellt sind. So im Zusammenhang mit der Beschwer bei der früheren eidg. Nichtigkeitsbeschwerde und jetzt OHG 43, SJ 127 (2005) 569 und vorne N 792. Für die Hausdurchsuchung TPF 2005 187 E.2. (nicht beschwert ist, wer nicht Zielperson der Hausdurchsuchung ist, sondern nur einer andern Person Domizil gewährt); sodann keine Beschwer, wenn Beweisanträge der Gegenpartei abgelehnt wurden, ZR 107 (2008) Nr. 2 E.3.5.b = SJZ 104 (2008) 74. – Auch keine Beschwer, wenn z.B. *Zwangsmassnahme mittlerweile aufgehoben bzw. bereits abgeschlossen ist*, TPF 2004 34 E.2.2, es sei denn, als öffentliches Interesse am Entscheid besteht, weil sich wieder eine ähnliche Situation ergeben könnte, TPF 2006 283 und hinten N 1461, 1655 und 1665.

[52] Allgemein N 318. *Rechtsschutzinteresse fehlt auch bei querulatorischen oder rechtsmissbräuchlichen Rechtsmitteln*, BGE 118 IV 291.

[53] Hinten N 1661 ff.

[54] BGer 28.2.2008, 6B.258/2007 E.5.2. (zur Beschwer bei *Einstellung unter Anwendung des Opportunitätsprinzips gegen den Willen der beschuldigten Person*); ZR 60 (1961) Nr. 45; RKG 2002 Nr. 138; zum Dispositiv allgemein vorne N 589 und nachfolgend Fn. 59.

[55] RKG 2002 Nr. 138; MKGE 11 (1988–1996) Nr. 2. Nach ZR 99 (2000) Nr. 7 = RS 2003 Nr. 351 allerdings Beschwer gegeben, wenn Verfahren nach StGB 54 eingestellt wird, obwohl Täter Tat bestreitet; mit abweichender Minderheitsmeinung. Vgl. aber den in der vorstehenden Fn. zitierten BGer 28.2.2008, 6B_568/2007, E.5.

[56] ZR 89 (1990) Nr. 105. Für das *Jugendstrafverfahren* siehe JStPO 38 I lit. a.

[57] ZR 66 (1967) Nr. 164; BGE 88 IV 111.

[58] BGE 112 IV 9. Bei Bestellung eines Beistands wegen Interessenkollision keine Rechtsmittellegitimation mehr der Eltern, ZR 107 (2008) Nr. 5 = RS 2008 Nr. 412.

1461 Aus dem vorstehend dargelegten Erfordernis der Verletzung der rechtlich geschützten Interessen bzw. der Beschwer ergibt sich etwa, dass **die beschuldigte Person z.B. die Einstellungsverfügung** nach StPO 319 ff. (bezüglich der Einstellung selbst) oder ein freisprechendes Urteil (bezüglich des Freispruches) **nicht** anfechten kann[59]. Dies gilt auch für eine Sistierung bzw. Einstellung des Verfahrens nach StPO 329 II und IV[60]. Die Beschwer fehlt im Weiteren bei Zwangsmassnahmen (Verhaftung; Beschlagnahme), wenn diese *vor* dem Rechtsmittelentscheid aufgehoben wurden[61], ebenso wenn eine beschuldigte Person mit dem Entscheid bezüglich einer mitbeschuldigten Person nicht einverstanden ist oder wenn zugunsten eines Verfahrensbeteiligten Anordnungen getroffen werden, die die Gegenseite nicht in ihren Interessen tangieren. Hingegen liegt eine Beschwer der beschuldigten Person stets in einem **unrichtigen Schuldspruch** (z.B. Diebstahl anstatt Betrug), selbst wenn der Straf- oder Zivilpunkt davon nicht betroffen wird[62].

2.2.3. *Legitimation der Privatklägerschaft, StPO 382 II, 121, BGG 81 I lit. b Ziff. 4*

1462 Diese Bestimmung in der Fassung des Parlaments umschreibt die Legitimation der Privatklägerschaft negativ, indem er diese **bezüglich der ausgesprochenen Sanktion ausschliesst**. Dies entgegen E StPO 390 II, welcher die Legitimation im Schuld- und Zivilpunkt (nicht aber im Strafpunkt)[63] vorsah. Grund für die

---

[59] Z.B. GVP 2008 Nr. 82. Siehe aber BGE 115 IV 223. Allerdings darf nach neuerer Bundesgerichtspraxis die *Begründung z.B. einer Einstellung nicht die Unschuldsvermutung verletzen* BGE 119 IV 46. Pra 94 (2005) Nr. 141 = ZBl 106 (2005) 197 = AJP 10/ 2005 1276, BGer 28.2.2008, 6B_568/2007 E.5.2. – Ebenfalls keine Anfechtung, wenn trotz an sich bejahter Verletzung eines Straftatbestandes z.B. in Anwendung von StGB 52–54 (siehe die Fälle vorne in N 198 und 1255) von Strafe abgesehen und gemäss StPO 319 ff. das Verfahren eingestellt wird (N 1249 ff.). Vgl. jedoch den vorstehend in Fn. 55 erwähnten ZR 99 (2000) Nr. 7 = RS 2003 Nr. 351.

[60] So bei *Nichtzulassung der Anklage* nach früherem Zürcher Prozessrecht ZR 49 (1950) Nr. 161. Zu StPO 329 II und IV vorne N 1289 ff.

[61] ZR 81 (1982) Nr. 19; Pra 78 (1989) Nr. 51 für eine Safe-Sperre. Vgl. dazu Fn. 51 a.E.

[62] BGE 100 IV 2, 96 IV 66.

[63] Bezüglich der *Strafe fehlt es im Regelfall schon am rechtlichen Interesse* wie auch am Einfluss auf die Beurteilung der Zivilansprüche, so mindestens Botschaft 1308. Fraglich ist hingegen, ob dies ebenfalls gilt, wenn die beschuldigte Person zwar im Sinn der Anklage schuldig gesprochen wurde, die Strafe z.B. wegen erheblicher Herabsetzung der Schuldfähigkeit gemildert wurde. Legitimation aber zu bejahen, wenn der Straftatbestand zwar als erfüllt betrachtet, hingegen wegen verneinter Strafwürdigkeit (z.B. nach StGB 52–54) das Verfahren eingestellt wird (hierzu vorne N 1255 und Fn. 59), da in diesen Fällen vereinfacht ausgedrückt die Schuld verneint wird. Bei StGB 54 erscheint der Geschädigte als legitimiert, wenn er eine Wiedergutmachung durch die beschuldigte Person bestreitet. *Keine Legitimation der Privatklägerschaft im Schuldpunkt jedoch, wenn sie sich nur im Zivilpunkt konstituierte,* selbst dann, wenn z.B. ein Freispruch naturgemäss Rückwirkungen auf den Zivilpunkt hat, vgl. vorne N 1261 Fn. 139. Zur *Rechtsnachfolge bei der Privatklägerschaft* StPO 121 I, vorne N 700.

Änderung war das (berechtigte und soweit unbestrittene) Anliegen, der Privatklägerschaft im **Kosten- und Entschädigungspunkt** eine Rechtsmittellegitimation einzuräumen[64]. Ob der Wechsel im gesetzgeberischen Ansatz geglückt ist, darf bezweifelt werden: Was etwa die Sanktion der **Einziehung** betrifft, dürfte jedenfalls klar sein, dass die Privatklägerschaft wie bis anhin (etwa bei Fragen von StGB 70 I letzter Satzteil oder 73) sehr wohl rechtsmittellegitimiert ist, obwohl die Sanktion betroffen ist. Ähnliches gilt nach hier vertretener Auffassung für den Bedrohten bei der **Friedensbürgschaft**[65]. Selbstredend kann die Privatklägerschaft zur Wahrung ihrer Interessen auch **verfahrensleitende (Zwischen-)Entscheide** mit Beschwerde anfechten[66].

Diese Bestimmung, die ebenfalls auf das **Opfer** anwendbar ist, geht über manche bisherige kantonale Regelung und auch jene in der BStP sowie in der ursprünglichen Fassung des BGG[67] hinaus. Für den Geschädigten wie das Opfer ist Voraussetzung, dass sie sich als **Privatklägerschaft konstituierten** (StPO 118 f.), es sei denn, sie konnten dies (z.B. bei einer Nichtanhandnahmeverfügung)[68] bisher noch nicht tun[69]. Wer eine **Desinteressement-Erklärung** abgab, verliert seine Rechtsmittellegitimation[70]. 1463

2.2.4. Legitimation von weiteren Verfahrensbeteiligten

StPO 382 I geht bei der Rechtsmittellegitimation im Einklang mit StPO 104 f. von einem weiten Parteibegriff aus. Nach StPO 105 II stehen auch **andern Verfahrensbeteiligten** die zur Wahrung ihrer Interessen erforderlichen Verfahrensrechte zu[71]. Dazu gehört auch das Recht, Entscheide und weitere Verfahrenshandlungen, die in die rechtlich geschützten Interessen dieser Verfahrensbeteiligten eingreifen, mit Rechtsmitteln anzufechten. Demgemäss können diese auch von Personen ergriffen werden, die z.B. **durch Zwangsmassnahmen wie Beschlagnahmungen, durch Ordnungsbussen** oder aber durch **Einziehungs-**, 1464

---

64 AB S 2006 1055, stillschweigend akzeptiert vom Nationalrat, AB N 2007 1031.
65 Seine Rechtsmittelmöglichkeiten erscheinen allerdings als beschränkt, vorne N 1424.
66 Soweit bei *erstinstanzlichen Gerichtsentscheiden* überhaupt eine Beschwerdefähigkeit bejaht wird (vgl. StPO 65 I und 393 I lit. b), zu dieser Problematik hinten N 1509 ff. Zur Legitimation zur *Beschwerde bei verweigerten Zwangsmassnahmen* hinten Fn. 173.
67 Dazu nunmehr hinten N 1672.
68 Vorne N 1231.
69 Allgemein Botschaft 1308.
70 Vorne N 699. Insbesondere für die *Privatklägerschaft* bedeutet dies einen Verzicht auf ihre Verfahrensrechte. So für den Rekurs nach früherem zürcherischem Prozessrecht SJZ 66 (1970) 291. Einschränkend, so für Berücksichtigung eines Irrtums und neuer Umstände, Pra 96 (2007) Nr. 95. Eine solche Erklärung ist nur verbindlich, soweit sie in Kenntnis aller relevanten Umstände erfolgte, BGer 1.2.2007, 6P.88/2006 i.S. A. ca. X etc.
71 Dazu vorne N 642. – In Randbereichen können auch *nicht verfahrensbeteiligte Personen* rechtsmittellegitimiert sein und somit eine sonst nicht bekannte *Popularklage* gegeben sein, so, wenn jemand in Verletzung des Öffentlichkeitsgrundsatzes (StPO 69 f., vorne N 247 ff.) von einer Gerichtsverhandlung ausgeschlossen oder die *Einsicht in Entscheide* gemäss StPO 69 II (vorne N 270) verweigert wurde.

Kosten- oder Entschädigungsentscheide[72] belastet werden. Legitimiert ist also beispielsweise der **Inhaber des Kontos**, dessen Unterlagen oder Guthaben beschlagnahmt werden[73].

2.2.5. Legitimation der gesetzlichen Vertreter und Rechtsbeistände

1465 Es versteht sich von selbst, dass Rechtsmittel auch von den **gesetzlichen Vertretern** der vorgenannten legitimierten Personen (so ausdrücklich JStPO 38 I lit. b und BGG 81 I lit. b Ziff. 1) sowie von den **Rechtsbeiständen** der Parteien in deren Namen eingelegt werden können, bei beschuldigten Personen aber nicht gegen deren Willen[74].

2.2.6. Legitimation der Rechtsnachfolger, StPO 382 III

1466 In vielen kantonalen Verfahrensordnungen war nicht geregelt bzw. unklar, inwieweit nach dem **Tod einer rechtsmittellegitimierten Partei** die Angehörigen ein Rechtsmittel erklären bzw. bereits hängige Rechtsmittelverfahren weiterführen konnten. StPO 382 III sieht vor, dass in diesem Fall die Angehörigen der beschuldigten Person sowie der Privatklägerschaft nach StGB 110 I nach dem Tod in der Reihenfolge ihrer Erbberechtigung Rechtsmittel ergreifen oder ein

---

[72] RO 1967 249 Nr. 51 = ZR 67 (1968) Nr. 101 (Drittbetroffener bei Kostenbeschlagnahmung nach StPO 268); BGE 133 IV 133 E.1.3 (Kontoinhaber bei Einziehung), BGE 121 IV 369 (Dritter bei Einziehung); Pra 86 (1997) Nr. 45 (Geschädigter als Betroffener der Einziehung bei StGB 69 ff.; RS 1997 Nr. 304. Zur Einziehung ferner den Fall ZR 104 (2005) Nr. 73 S. 276. Ein *tatsächliches Interesse* genügt nicht; so ist z.B. Gläubiger des Betroffenen bei Kontosperre nicht beschwert, RS 1998 Nr. 511, 2002 Nr. 209, wirtschaftlich Berechtigter nur in Ausnahmefällen, TPF 2007 158 E.1.2. *Legitimation der Bank bei Beschlagnahme nur bei eigener Betroffenheit*, also nicht allein deshalb, weil Konto bei ihr besteht, Rep 1998 363 = RS 2002 Nr. 204 = RS 2002 Nr. 283, ebenso RS 2003 Nr. 300. Legitimiert hingegen, wenn sie ihr Pfand- oder Verrechnungsrecht nicht ausüben kann, vgl. TPF 2007 70 E.2, nach TPF 2007 158 E.1.3. nicht bei Guthaben, die sie für Garantien in Anspruch nehmen kann. Bei Beschlagnahmungen grundsätzlich nur Inhaber, so für die Rechtshilfe BGE 127 II 151, für die entsprechende Praxis des Bundesstrafgerichts A.J. KELLER in AJP 2/2007 203 f. Diese Regeln gelten auch für *Einsprache bei Strafbefehl*, RKG 2002 Nr. 137.
[73] Vgl. BGE 130 II 162 E.1.1, 128 IV 145. *Nicht aber die kontoführende Bank oder der wirtschaftlich oder obligatorisch Berechtigte* oder derjenige, der ein Konto für andere, z.B. eine AG, eröffnete, BGer 6.2.2006, 6S.365/2005 i.S. X ca. Ministère public du Canton de Vaud. Nach TPF 2004 16 muss die Bank bei Beschlagnahmungen darlegen, inwieweit sie einen Nachteil erleidet. Dazu auch nachfolgend Fn. 78.
[74] Zu den entsprechenden *Pflichten der Verteidigung* vorne N 762 ff. Kein Rechtsmittel des Vertreters bei Sexualdelikten z.N. einer urteilsfähigen minderjährigen Person gegen deren Willen, da höchstpersönlicher Bereich betroffen, GVP 2006 Nr. 100. Rechtsvertreter können *in eigenem Namen Rechtsmittel* nur insoweit einlegen, als ihr Recht auf freie Berufsausübung eingeschränkt wird, Pra 87 (1998) Nr. 98 E.1d; m.w.H. TPF 2007 38 E.1.3., 2005 153, vgl. sodann BGE 133 IV 339 (legitimiert, wenn Mandat als amtlicher Rechtsbeistand von Behörde beendigt wird, vgl. N 1652 Fn. 515). Eigenes Rechtsmittel auch, wenn es um das *Honorar des amtlichen Verteidigers bzw. unentgeltlichen Rechtsbeistands geht*; hier jedoch nicht Klient, vgl. RKG 2008 Nr. 66.

Rechtsmittelverfahren weiterbetreiben können. Damit wird der Grundsatz der Rechtsnachfolge von StPO 121 I weitergeführt[75]. Vorausgesetzt ist jedoch, dass (offensichtlich anders als bei StPO 121 I) diese **Angehörigen in ihren eigenen rechtlich geschützten Interessen** verletzt sind. Wie weit dieses Interesse geht, dürfte zu Auslegungsproblemen führen. Dass dieses Interesse hinsichtlich der im Verfahren geltend gemachten **Zivilansprüche** und weiterer **Streitpunkte mit finanziellen Auswirkungen** (Kosten und Entschädigungen; Einziehungen) vorhanden ist, dürfte unbestritten sein[76]. Soweit der Schuld- und Strafpunkt betroffen ist, fehlt den Nachkommen der Privatklägerschaft indessen zumeist ein eigenes rechtlich geschütztes Interesse, es sei denn, der Schuldpunkt sei für die Beurteilung ihrer nach StPO 122 ff. angemeldeten Zivilansprüche bedeutsam. Bei der **Berufung** sind für die Rechtsnachfolge beim Tod der beschuldigten Person allerdings besondere Regeln zu beachten[77].

2.2.7. Legitimation im Rechtshilfeverfahren mit dem Ausland

Handelt es sich um Angelegenheiten des **Rechtshilfeverfahrens mit dem Ausland** (IRSG 23 bzw. 80e ff.), richtet sich die Legitimation nicht nach StPO 382 f., sondern primär nach IRSG 21 III, 80h und IRSV 9a[78] bzw. im Verfahren vor Bundesgericht nach BGG 89 i.V. mit 84. 1467

3. Sicherheitsleistung, StPO 383, BGG 62

Das Gegenstück zu den weitgehenden Rechtsmittelmöglichkeiten der Privatklägerschaft bilden einerseits die Kosten- und Entschädigungspflichten nach StPO 417, 427, 428 und 432[79]. Anderseits statuiert StPO 383 die Möglichkeit, dass die Verfahrensleitung der Rechtsmittelinstanz die **Privatklägerschaft** verpflichten kann, **innert einer anzusetzenden Frist für allfällige Kosten und** 1468

---

[75] Botschaft 1308 Mitte. StPO 121 ist die *allgemeine Rechtsnachfolgeregelung* bezüglich des Geschädigten, StPO 382 III die *besondere Regelung für den Fall der Rechtsmittel,* anwendbar jedoch auf die Rechtsnachfolge bei der beschuldigten Person wie auch der Privatklägerschaft.
[76] *Keine Rechtsmittellegitimation,* wenn die *geschädigte Person zu Lebzeiten auf Zivilansprüche verzichtete,* diese schon vollumfänglich gedeckt sind oder darüber eine rechtsgültige Vereinbarung, ein Vergleich etc. getroffen wurde.
[77] Hinten N 1542. Zur *Strafrechtsbeschwerde ans Bundesgericht* vgl. die ähnlichen Überlegungen in N 1677 f.
[78] Legitimiert u.a. die *Bank, die im Rechtshilfeverkehr Beweismaterial herausgeben soll und dabei in ihren eigenen Interessen betroffen ist,* so (die noch unter altem IRSG ergangenen) BGE 118 Ib 442; ZR 91/92 (1992/93) Nr. 44, tendenziell bestätigt in BGE 123 II 161, 164. Legitimiert grundsätzlich nicht der allein wirtschaftlich Berechtigte, BGE 123 II 157, EBK Bulletin 45/2003 41, hingegen der Inhaber eines von der Rechtshilfe betroffenen Bankkontos, BGE 124 II 183, nicht aber der ausländische Staat, selbst wenn er Geschädigter ist, BGE 125 II 411, vgl. auch vorstehende Fn. 72 f.
[79] Hinten N 1794 ff., N 1830.

Entschädigungen Sicherheit zu leisten[80]. Dass diese Sicherheit geleistet wird, ist eine Prozessvoraussetzung[81]. Wird sie nicht erbracht, tritt die Rechtsmittelinstanz nicht auf das Rechtsmittel ein (StPO 383 II)[82]. Von der **beschuldigten Person** werden (auch bei Antragsdelikten) keine Sicherheitsleistungen verlangt[83].

1469 Die Kautionspflicht widerspricht an sich nicht EMRK 6 Ziff. 1 und BV 32 III[84]. Um aber den durch diese Bestimmungen gewährleisteten Zugang zum Gericht nicht in unzulässiger Weise zu beschränken, haben die **Rechtsmittelinstanzen vom Einfordern solcher Sicherheitsleistungen nur zurückhaltend Gebrauch zu machen**. Davon ist ganz oder teilweise abzusehen, wenn in analoger Anwendung der Vorschriften über die unentgeltliche Rechtspflege (StPO 136)[85] die Privatklägerschaft nicht über die erforderlichen Mittel verfügt und das Rechtsmittel nicht als aussichtslos erscheint.

4. Formalien

4.1. Fristen, Fristbeginn, StPO 384, VStrR 31, MStP 46 und 47, BGG 100 f., 44 ff.

1470 Die **Rechtsmittelfristen**, d.h. die Frist, innert welcher das Rechtsmittel bei der dafür vorgesehenen Instanz einzubringen ist, betragen bei der Beschwerde (StPO 396 I) und bei der Berufung (Anmeldung, StPO 399 I) 10 Tage. Anderes gilt bei der Revision (in der Regel keine Frist, ausnahmsweise 90 Tage, StPO 411 II) und im Rechtsmittelverfahren vor Bundesgericht (in der Regel

---

[80] Dazu die Botschaft 1308 unten. Denkbar analoges Vorgehen bei Rechtsmittelkläger, der im Zusammenhang mit Einziehungen als Geschädigter Ansprüche aus StGB 70 I letzter Satzteil oder StGB 73 durchsetzen will. *Voraussetzung der Sicherheitsleistung* ist, dass Anhaltspunkte dafür vorhanden sind, dass die Privatklägerschaft wegen angespannter wirtschaftlicher Verhältnisse (Vorhandensein von Betreibungen bzw. Pfändungen; Konkurseröffnung) oder aus andern Gründen (ausländischer Wohnsitz) nach Abschluss des Verfahrens nicht in der Lage oder willens sein könnte, die sie treffenden Kosten- und Entschädigungsfolgen zu tragen.

[81] Zu den Prozessvoraussetzungen allgemein vorne N 315 ff.

[82] Durch *verfahrenserledigenden Beschluss* bzw. *Verfügung des Gerichts* (StPO 80 I Satz 2, 81), nicht der Verfahrensleitung. Gegen solche Entscheide kantonaler Instanzen ist die *Strafrechtsbeschwerde ans Bundesgericht nach BGG 78 ff.* zulässig.

[83] Anderes sah VE 453, BeB 257 unten bei Antragsdelikten vor. Generelle Kautionspflicht aber nach BGG 62 f., hinten N 1703.

[84] Dazu etwa Pra 96 (2007) Nr. 15 = BGE 132 I 134, BGE 128 I 239 = ZBJV 139 (2003) 736 sowie die in VPB 60 (1996) Nr. 112 S. 899 erwähnten Fälle der EMRK-Instanzen.

[85] Zu dieser Regelung vorne N 765 ff. Vgl. Botschaft 1308 unten.

30 Tage, in der internationalen Rechtshilfe 10 Tage, BGG 100 f.). Die Fristen gelten uneingeschränkt **für alle Parteien**[86].

StPO 384 (für das BGG vgl. Art. 44 ff.) bestimmt unter dem Marginale Fristbeginn, **wann die Rechtsmittelfrist zu laufen beginnt**. Im Hauptfall eines Urteils ist dies der **Zeitpunkt der Aushändigung oder Zustellung des schriftlichen Dispositivs** i.S. von StPO 81 IV (StPO 384 lit. a i.V. mit 84 II, III), bei andern Entscheiden die **Zustellung** (d.h. Erhalt) **des Entscheides** nach StPO 84 ff. (StPO 384 lit. b) und **bei nicht schriftlich eröffneten Verfahrenshandlungen die Kenntnisnahme** (StPO 384 lit. c)[87]. Denkbar ist freilich, dass **Rechtsmittel nicht an Fristen gebunden sind**, etwa bei der Beschwerde wegen Rechtsverweigerung und Rechtsverzögerung nach StPO 396 II (BGG 100 VII) oder bei der Revision nach StPO 411 II a.E. (anders BGG 124)[88]. 1471

Die **Einhaltung der Fristen** richtet sich nach StPO 91; zu beachten ist vorab dessen Abs. 4. Darnach ist die Frist eingehalten, wenn die Rechtsmittelschrift irrtümlich bei einer **unzuständigen schweizerischen Behörde eingereicht wird**[89]. Grundsätzlich ist bei allen Rechtsmitteln eine **Wiederherstellung der Frist** nach StPO 94 (BGG 50) möglich[90]. 1472

4.2. Begründung und Form, StPO 385, BGG 42

Vor allem im schriftlichen Rechtsmittelverfahren (StPO 390) ist unabdingbar, dass der Rechtsmittelkläger begründet, weshalb das Rechtsmittel ergriffen wird. **Das Gesetz sieht deshalb bei den meisten Rechtsmitteln vor, dass diese in der entsprechenden Schrift begründet werden müssen** (vgl. etwa StPO 396 I für die Beschwerde, StPO 399 III, IV, StPO 411 I für die Berufung; ebenso BGG 42 für die Beschwerden vor Bundesgericht). Damit wird bereits die Ak- 1473

---

[86] Anders VE 454 III für den Fall, dass Bund oder Kantone Rechtsmittelbefugnis einer Ober- oder Generalstaatsanwaltschaft zuweisen, dazu BeB 258 Mitte.

[87] Bei Verfügungen usw., die zuerst mündlich eröffnet und hernach noch schriftlich (z.B. i.S. von StPO 199) bestätigt werden, läuft die *Frist ab Aushändigung des schriftlichen Entscheids*, vgl. RK-S 21.-23.8.2006 88 ff.

[88] Zu diesen Rechtsmitteln hinten N 1500, 1523 (Beschwerde), N 1700 (Strafrechtsbeschwerde) und N 1609 (Revision). Bei *zu langem Zuwarten bei unbefristeten Rechtsbehelfen* kann freilich das Rechtsschutzinteresse (vorne N 1458, hinten N 1665 f.) verloren gehen bzw. der Behelf u.U. gar als wider Treu und Glauben (StPO 3 II) erhoben betrachtet werden. Befristung von Rechtsmitteln widerspricht im Übrigen nicht EMRK 6 Ziff. 1, VPB 60 (1996) Nr. 116.

[89] Zu diesem Grundsatz vorne N 608.

[90] Näher vorne N 612, bei *gerichtlichen Fristen allenfalls eine Erstreckung bzw. Nachfrist*, dazu N 605. *Wiederherstellung* kann verlangt werden, wenn nach Ablauf der Frist Ausstandsgrund entdeckt wird, RKG 2001 Nr. 52, bei Entdeckung erst nach Abschluss des Verfahrens Revision, StPO 60 III, vorne N 523. Insbesondere bei Verschulden des Verteidigers, mindestens im Fall der notwendige Verteidigung, AGVE 1997 Nr. 38, 1999 Nr. 25. Zur Rechtsmittelbelehrung und deren Unterbleiben SJZ 75 (1979) 300 und sodann vorne N 92 und 1453.

zentverschiebung vom mündlichen zum schriftlichen Rechtsmittelverfahren angedeutet, welche der StPO zu Grunde liegt und welche die Parteien noch vermehrt dazu zwingen wird, sich eines professionellen Rechtsbeistandes zu bedienen.

1474 Verlangt die StPO, dass ein Rechtsmittel begründet wird, so muss der Rechtsmittelkläger genau angeben, **welche Punkte des vorinstanzlichen Entscheids angefochten** werden (StPO 385 I lit. a). Es ist weiter mit der erforderlichen Klarheit darzulegen, **welche Gründe in sachverhaltsmässiger und/oder rechtlicher Hinsicht einen andern Entscheid nahelegen** (StPO 385 I lit. b)[91] und **welche Beweismittel angerufen werden** (StPO 385 I lit. c)[92]. Bei (auch nur eventuell) reformatorisch wirkenden Rechtsmitteln ist anzugeben, wie der **Entscheid nach Auffassung des Rechtsmittelklägers lauten sollte**[93]. Fraglich ist, ob nach Ablauf der Rechtsmittelfrist ergänzende Begründungen nachgereicht werden können[94].

1475 Entspricht die Rechtsmittelschrift nicht den Anforderungen von StPO 385 I, weist sie die Rechtsmittelbehörde unter **Ansetzung einer kurzen Nachfrist zur Verbesserung zurück**. Entspricht die Schrift nachher immer noch nicht den Anforderungen, tritt die Rechtsmittelinstanz nicht auf das Rechtsmittel ein (StPO 385 II)[95]. Ist die **Rechtsmittelschrift von einem Laien verfasst,** stellt sich allerdings die Frage, ob die Rechtsmittelinstanz nach dem Grundsatz des fairen Verfahrens und der daraus abzuleitenden richterlichen Fürsorge- und Fragepflichten (StPO 3 II lit. c) nicht mindestens der beschuldigten Person gegenüber verpflichtet ist, ihr nach StPO 132 II eine amtliche Verteidigung zu bestellen und/oder sie persönlich zu befragen[96]. Es gilt ferner das **Verbot des über-**

---

[91] Bei *Doppel- oder Mehrfachbegründungen* muss zwingend dargelegt werden, dass alle unzutreffend sind, siehe etwa Pra 96 (2007) Nr. 129 = BGE 133 IV 119 = SJ 129 (2007) 404; RKG 1997 Nr. 120. Zu dieser Thematik bei der Strafrechtsbeschwerde hinten N 1701 Fn. 644.

[92] *Verweise auf frühere Rechtsschriften* oder solche anderer Parteien sind unzulässig.

[93] Kann das Rechtsmittel kassatorisch *oder* reformatorisch wirken (wie dies nunmehr praktisch durchwegs der Fall ist, vorne N 1451), hat der Rechtsmittelkläger vorsichtshalber stets anzugeben, wie der Entscheid lauten sollte; er kann m.a.W. – falls eine reformatorische Erledigung möglich ist – nicht einfach die Aufhebung des Entscheids verlangen. Für die Strafrechtsbeschwerde ans Bundesgericht hinten N 1701.

[94] Abgelehnt von der früheren zürcherischen Praxis beim Rekurs, welcher *grosso modo* der Beschwerde der StPO entspricht. Diese Beschränkung ist fragwürdig, da dieser frühere Rekurs wie heute die Beschwerde ein ordentliches, vollkommenes Rechtsmittel ist. Mindestens Tatsachen und Beweismittel, die bei ordentlichen Rechtsmitteln dem Rechtsmittelkläger erst nach Ablauf der Frist bekannt wurden, sollten nachgereicht werden können, in dieser Richtung ZR 53 (1954) Nr. 76.

[95] Der Nichteintretensbeschluss ist mit *Strafrechtsbeschwerde beim Bundesgericht* anfechtbar (BGG 78 ff., Endentscheid nach BGG 90).

[96] Zu dieser Thematik ZR 89 (1990) Nr. 57. Zur Fürsorge- und Fragepficht vorne N 102.

spitzten **Formalismus**: So kann eine Vollmacht[97] oder eine fehlende Unterschrift noch nach Ablauf der Rechtsmittelfrist nachgebracht werden[98].

Eine **irrtümlich unrichtige Bezeichnung** des Rechtsmittels schadet nicht und macht es nicht ungültig (StPO 385 III). Die «*Einsprache*» gegen ein nur der Berufung unterliegendes Urteil ist deshalb als solche zu betrachten[99]. Jedenfalls muss aus der Erklärung hervorgehen, dass der Betreffende den Entscheid nicht annimmt und eine Überprüfung auf dem Wege eines Rechtsmittels wünscht. Eine entsprechende Eingabe ist – vorab wiederum bei solchen von Laien – *pro appellante* auszulegen[100].

1476

5. Verzicht und Rückzug, StPO 386

Die Person, die zur Ergreifung des Rechtsmittels legitimiert ist, kann nach Ergehen eines rechtsmittelfähigen Entscheides durch eine ausdrückliche und eindeutige **schriftliche oder mündliche Erklärung**[101] **der entscheidenden Behörde gegenüber auf das Rechtsmittel verzichten** (StPO 386 I)[102]. Bei verteidigten beschuldigten Personen darf das Gericht einen Verzicht nur im Einvernehmen mit dem Verteidiger entgegennehmen.

1477

Alle **Rechtsmittel können nach Ergreifung zurückgezogen werden**. Bei mündlichen Verfahren kann dieser Rückzug bis zum Schluss der Parteiverhandlung (StPO 347), bei schriftlichen Verfahren bis zum Abschluss des Schriftenwechsels und allfälligen Beweis- und Aktenergänzungen erfolgen (näher StPO 386 II).

1478

Verzicht und Rückzug sind endgültig und können auch während noch laufender Rechtsmittelfrist nicht widerrufen werden. Willensmängel sind unbeachtlich[103]; Ausnahmen davon und damit vom Grundsatz der Unwiderruflichkeit

1479

---

[97] BGE 86 I 6.
[98] ZR 69 (1970) Nr. 35; RJN 2003 208 = RS 2004 Nr. 578. Allgemein BGE 118 Ia 15.
[99] BGE 93 I 209, weiteres Beispiel in BGE 133 I 337 (Beschwerde beim Bundesgericht anstatt als Strafrechts- als subsidiäre Verfassungsbeschwerde eingereicht). StPO 385 III ist aber nicht anwendbar, wenn eine Partei, vor allem die durch einen Anwalt vertretene, bewusst und ausdrücklich ein bestimmtes (falsches) Rechtsmittel ergreift, BGE 120 II 270. Aus StPO 385 III folgt weiter, dass das *Rechtsmittel bei irrtümlicher Adressierung der zuständigen Instanz weiterzuleiten ist*. Wird z.B. eine letztlich als *Aufsichts- oder Disziplinarbeschwerde* zu qualifizierend Eingabe als Beschwerde nach StPO 393 ff. deklariert und der Beschwerdeinstanz eingereicht (zu den Abgrenzungsschwierigkeiten N 1500 f.), ist sie der Aufsichtsbehörde zuzuweisen.
[100] Dazu der Fall in ZR 82 (1983) Nr. 59 und im Fall der Berufung hinten N 1547.
[101] Botschaft 1309 Mitte. *Verzicht möglich und verbindlich also frühestens nach mündlicher Eröffnung* nach StPO 84 I.
[102] Ein vorher erklärter Verzicht ist unbeachtlich; Ausnahmen denkbar bei sog. Desinteressement-Erklärungen des Geschädigten bzw. der Privatklägerschaft, vorne N 699, 1463.
[103] Unrichtig in der allgemeinen Form wohl Botschaft 1309 unten, wo generell ein Willensmangel als genügend betrachtet wird. So denn auch klar anders BeB 259 oben.

werden gemacht, wenn die Partei durch Täuschung, eine Straftat (z.B. eine Nötigung) oder eine unrichtige behördlich Auskunft zu ihrer Erklärung veranlasst worden war (StPO 386 III).

6. Aufschiebende Wirkung und vorsorgliche Massnahmen, StPO 387 und 388, BGG 103 f.

1480 Nach StPO 387 (differenzierend BGG 103) haben **Rechtsmittel grundsätzlich keine aufschiebende, d.h. keine suspensive Wirkung**[104], es sei denn, das Gesetz (StPO 402 für die Berufung) oder eine Anordnung der Verfahrensleitung der Rechtsmittelinstanz sehen etwas anderes vor. Daraus folgt, dass Urteile grundsätzlich sofort vollstreckbar (StPO 439 ff.) sind[105].

1481 StPO 388 gibt der **Verfahrensleitung** der Rechtsmittelinstanz in Einklang mit StPO 62 und 330 ff. die Befugnis, nach **Eingang der Rechtsmittelerklärung die notwendigen und unaufschiebbaren verfahrensleitenden und vorsorglichen Massnahmen zu treffen**. Die Betonung liegt hier bei der Unaufschiebbarkeit solcher Massnahmen. Dazu gehören beispielsweise die Befugnis, **die Staatsanwaltschaft mit unaufschiebbaren Beweiserhebungen zu beauftragen** (StPO 388 lit. a, analog zu StPO 332 III), etwa im Fall, dass aus den Akten ersichtlich ist, dass ein wichtiger Zeuge, der von der Rechtsmittelinstanz nach StPO 389 einzuvernehmen wäre, vor einem längeren Auslandaufenthalt steht oder schwer erkrankt ist; allerdings kann die Rechtsmittelinstanz solche Erhebungen auch selbst durchführen. Die Verfahrensleitung kann sodann in Anwendung von StPO 231 II, 232 oder 413 IV **Sicherheitshaft** (lit. b)[106] anordnen, also etwa, wenn die Staatsanwaltschaft gegen ein freisprechendes Urteil Berufung einlegte (so im Fall von StPO 231 II), wenn ein Urteil im Rahmen eines Revisionsgesuchs aufgehoben wird und Fluchtgefahr besteht[107]. Sie kann sodann gemäss StPO 132 ff. **eine amtliche Verteidigung** bestellen (lit. c)[108].

7. Beweisergänzungen, StPO 389

1482 Das **Rechtsmittelverfahren beruht auf den Beweisen, die im Vorverfahren und im erstinstanzlichen Hauptverfahren abgenommen wurden** (StPO 389 I). Daraus folgt, dass die in StPO 343 zum Ausdruck kommende beschränkte

---

[104] Zur Unterscheidung suspensive und nicht suspensive Rechtsmittel vorne N 1448.
[105] BeB 259 oben, hinten N 1485. Im Regelfall *keine Strafrechtsbeschwerde ans Bundesgericht* wegen Verweigerung der aufschiebenden Wirkung, da blosser Zwischenentscheid (BGG 93) vorliegt.
[106] Näher vorne N 1047 ff., hinten N 1621.
[107] Zu diesen Fällen Botschaft 1310 oben.
[108] Vorne N 739 ff.

Unmittelbarkeit an sich nur für das erstinstanzliche Haupt-, nicht aber für das Rechtsmittelverfahren gilt[109].

Diese Regel findet aber dort ihre **Grenzen, wo die Beweisabnahme durch Staatsanwaltschaft und/oder Vorinstanz mangelhaft ist oder als unzuverlässig erscheint**[110]. So hat die Rechtsmittelinstanz nach StPO 389 II und III von Amtes wegen oder auf Antrag einer Partei[111] **die erforderlichen Beweise abzunehmen bzw. die Beweisabnahme der Vorinstanzen zu wiederholen, wenn diese Beweisvorschriften verletzten** (StPO 389 II lit. a), also beispielsweise den Parteien die Anwesenheitsrechte nach StPO 147 verweigert wurden. Die Rechtsmittelinstanz erhebt weiter selbst Beweise, wenn die **Beweisabnahmen unvollständig** waren (lit. b), also z.B. Beweisanträge abgelehnt oder einem Zeugen, Sachverständigen usw. entscheidungsrelevante Fragen nicht gestellt wurden[112]. Beweise sind auch abzunehmen, wenn die **Akten der Beweisabnahme als unzuverlässig erscheinen** (lit. c). Dies ist etwa der Fall, wenn die Protokollierung einer Zeugeneinvernahme anscheinend mangelhaft ist. Es ist aber z.B. dem Berufungsgericht auch ausserhalb der Fälle von StPO 389 II unbenommen, einen wichtigen Zeugen nochmals einzuvernehmen.

1483

8. Schriftliches Verfahren, StPO 390, BGG 57, 100 ff.

Sieht das Gesetz ein schriftliches Rechtsmittelverfahren (bei der Beschwerde, StPO 397 I), bei der Berufung, StPO 406, und der Revision, StPO 412 I, vgl. auch BGG 57) vor, hat der **Rechtsmittelkläger eine Rechtsmittelschrift einzureichen** (StPO 390 I), welche den Anforderungen von StPO 385 I entsprechen muss[113]. Ergibt eine erste Prüfung, dass das Rechtsmittel nicht offensichtlich unzulässig und unbegründet ist, stellt die Verfahrensleitung die Rechtsmittelschrift den andern Parteien sowie der Vorinstanz zur (freigestellten) **Stellungnahme** innert einer angesetzten Frist. Kann die Rechtsmittelschrift den andern Parteien nicht zugestellt werden oder bleibt die Stellungnahme aus, wird das Rechtsmittelverfahren trotzdem weitergeführt (StPO 390 II).

1484

---

[109] BeB 259 Mitte.
[110] BeB 259 Mitte.
[111] Die *Parteien müssen entgegen StPO 331 II nicht dazu aufgefordert werden*, da die Grundregel nach StPO 389 I davon ausgeht, dass im Rechtsmittelverfahren Beweise nicht mehr abgenommen werden.
[112] *Untersuchungsgrundsatz* von StPO 6, vorne N 153 ff., geht im Rechtsmittel-, speziell im Berufungsverfahren, nicht weiter als im Vorverfahren, ZR 97 1998 Nr. 30, 106 (2007) Nr. 43, ja dürfte wegen der Beschränkbarkeit der Berufung faktisch eingeschränkt sein. *Plant die Rechtsmittelinstanz eine Beweisergänzung,* sind die Parteien darüber zu orientieren, auch wenn das Erscheinen zur Rechtsmittelverhandlung fakultativ ist, BGE 118 Ia 17.
[113] Hierzu vorne N 1473 ff.

9. Kapitel: Rechtsmittel

1485 Wenn dies zur Klärung der im Rechtsmittelverfahren relevanten Sach- oder Rechtsfragen bzw. zur Wahrung des Anspruchs auf rechtliches Gehör[114] erforderlich ist, ordnet die Verfahrensleitung einen **zweiten Schriftenwechsel** an (StPO 390 III).

1486 Im schriftlichen Rechtsmittelverfahren fällt die zuständige Behörde die **Rechtsmittelentscheide** aufgrund der Akten auf dem Zirkularweg oder in einer nicht öffentlichen Beratung (StPO 390 IV). Sie kann von Amtes wegen oder auf Antrag einer Partei eine **mündliche, publikumsöffentliche Verhandlung** ansetzen (StPO 390 V). Nach der Botschaft[115] sind dies etwa Berufungsverfahren bei Übertretungen, die nach StPO 406 I lit. c im Prinzip schriftlich sind und bei denen es zur Wahrung der aus EMRK 6 fliessenden Ansprüche auf ein öffentliches Verfahren erforderlich ist, auf Verlangen der beschuldigten Person eine mündliche Berufungsverhandlung durchzuführen[116].

9. Entscheid, StPO 391 und 392

9.1. Grundsätze der Entscheidfindung, StPO 391 I

1487 Das Strafverfahren ist vom **Grundsatz der materiellen Wahrheit** (StPO 6), vom **Legalitätsprinzip** (StPO 7)[117] sowie dem **Grundsatz der Rechtsanwendung von Amtes wegen** (*iura novit curia*)[118] beherrscht. Daraus folgt, dass die Rechtsmittelinstanz bei ihrem Entscheid **mit Ausnahme des Zivilpunkts nicht an die von den Parteien zur Begründung des Rechtsmittels vorgebrachten Begründungen und Anträge gebunden ist** (StPO 391 I)[119]. Der Anspruch der Parteien auf rechtliches Gehör gebietet zwar, dass die Rechtsmittelinstanz auf diese Begründungen und Anträge eingeht[120]. Sie kann aber ihrem Entscheid andere sachverhaltsmässige und rechtliche Überlegungen zu Grunde legen und damit in den Schlussfolgerungen und im Entscheid nicht nur vom vorinstanzlichen Entscheid, sondern auch von den Anträgen und Begründungen der Rechtsmittelkläger abweichen.

---

[114] Welcher Anspruch mit Blick auf das im Rechtsmittelverfahren relevante *Recht auf Replik* in jüngerer Zeit vermehrt betont wurde, näher vorne N 109 und Botschaft 1310 unten, wo auf den Entscheid des EGMR vom 18.2.1997 i.S. Niederöst-Huber gegen die Schweiz, Rec. 1997–I, 110, Ziff. 24, verwiesen wird.
[115] S. 1310 unten.
[116] BeB 259/260. Zu ähnlichen Bedürfnissen bei der Beschwerde nachfolgend N 1525. Das Begehren um eine öffentliche Rechtsmittelverhandlung kann, falls ein solcher Anspruch besteht, *auch noch während dem Schriftenwechsel gestellt werden*: Antrag muss klar und rechtzeitig gestellt werden, Beweisanträge allein genügen nicht, BGE 134 I 331 = Anwaltsrevue 1/2009 30.
[117] Vorne N 153 ff. bzw. N 164 ff.
[118] Vorne N 212, 1341.
[119] Botschaft 1311 oben.
[120] Vorne N 112.

Im **Hauptfall der Berufung** kann das Berufungsgericht z.B. anstatt Veruntreu- 1488
ung, die Gegenstand des erstinstanzlichen Entscheids bildete, Betrug annehmen,
wobei naturgemäss das Anklageprinzip (StPO 9; 350 I) und der Anspruch auf
rechtliches Gehör (StPO 3 II lit. c, 107, 344) zu beachten sind. Oder es kann
ohne Antrag ein Freispruch ergehen oder eine andere Sanktion ausgesprochen
werden. Zu beachten ist allerdings, dass einerseits im Berufungsverfahren im
Prinzip nur die angefochtenen Punkte zu überprüfen sind (mit Ausnahmen
StPO 404)[121], anderseits das nachfolgend darzustellende Verschlechterungsverbot z.N. des privaten Rechtsmittelklägers gewisse Grenzen setzt.

9.2. Verschlechterungsverbot, Verbot der *reformatio in peius*, StPO 391 II, III

9.2.1. Verbot der Schlechterstellung der beschuldigten Person als Rechtsmittelklägerin, nach StPO 391 II Satz 1

Rechtsmittel sollen zu einer **Überprüfung des Entscheides und allenfalls zu** 1489
einem für den Rechtsmittelkläger günstigeren neuen Entscheid führen. Sie
dienen aber auch, wie vorstehend erwähnt, der besseren Verwirklichung der
materiellen Wahrheit und damit des Rechts. Würde der letztere Gesichtspunkt
immer durchschlagen, könnte dies bewirken, dass vorab **die beschuldigte Person** aus Angst, von der Rechtsmittelinstanz (noch) härter angefasst zu werden,
vom Einlegen eines Rechtsmittels abgehalten würde. Nach dem in StPO 391 II
niedergelegten Grundsatz (der sich übrigens nicht aus der BV oder der EMRK
herleiten lässt[122]), darf der **Entscheid nicht zuungunsten der beschuldigten**
oder verurteilten Person abgeändert werden, wenn das Rechtsmittel von ihr
oder der Staatsanwaltschaft allein zu ihren Gunsten eingelegt wurde (StPO
391 II Satz 1). Vereinfacht ausgedrückt geht es um die im fraglichen Urteil ausgefällte **Sanktion**, die nicht schärfer ausfallen darf, und nicht um den anderen
Inhalt des Entscheides, so etwa den Schuldspruch. Aus der Zielsetzung des Verschlechterungsverbots ergibt sich, dass (obwohl StPO 391 allgemein von Entscheiden spricht) primär **Strafurteile i.S. von Endentscheiden** (StPO 80 I
Satz 1; 81) gemeint sind. Der Anwendungsbereich des Verbots der *reformatio in*
peius erfasst jedoch ebenfalls andere Endentscheide, die Sanktionen zum Gegenstand haben, also etwa solche im selbstständigen Massnahmeverfahren nach
StPO 372 ff. Ob der Grundsatz auch bei **Rechtsmitteln gegen verfahrenslei-**
tende Beschlüsse und Verfügungen[123] anwendbar ist, erscheint hingegen als
eher zweifelhaft.

---

[121] Botschaft 1311 oben; nachstehend N 1561 f.
[122] So BGer 9.3.2004 in RVJ/ZWR 39 (2005) 220; SJ 105 (1973) 401 und BGer 22.12.1997 i.S. M.F. ca. Procureur Général de Genève, E.5.a.
[123] Zu diesen vorne N 591.

1490 Aus dem Grundsatz folgt, dass wenn die **Staatsanwaltschaft** eine schärfere Bestrafung erreichen will, sie selbst das entsprechende Rechtsmittel einzulegen hat[124]. Selbst in diesem Fall kann die Rechtsmittelinstanz das Urteil **zugunsten** der verurteilten Person (auch ohne deren Anträge) abändern, also ein gegenüber dem angefochtenen Entscheid milderes Urteil fällen (*reformatio in melius*). Bei einem von der Staatsanwaltschaft zugunsten oder zuungunsten der beschuldigten Person eingelegten Rechtsmittel ist die Rechtsmittelinstanz in der Beurteilung somit immer frei.

1491 Früher wurde der Grundsatz des Verschlechterungsverbots teilweise dann als nicht oder nur beschränkt anwendbar erklärt, wenn der Entscheid der Vorinstanz bei einem **kassatorisch wirkenden Rechtsmittel**[125] vollständig aufgehoben und der Fall zur Neubeurteilung an die Vorinstanz zurückgewiesen wird[126]. Die hier im Vordergrund stehende **Berufung** kann reformatorisch wie auch kassatorisch wirken (StPO 408 f.)[127]. Es fällt in Betracht, dass StPO 391 II uneingeschränkt auf alle Rechtsmittel anwendbar ist. Die Grundgedanken des Verbots der *reformatio in peius* legen dessen Anwendung auch bei Rückweisung zur Neubeurteilung nahe, sodass das Verbot auch in Fällen der kassatorischen Rückweisung auf das nachfolgend wiederholte erstinstanzliche Verfahren anwendbar ist[128]. Das Verbot gilt im Anschluss an die frühere Praxis zur eidgenössischen Nichtigkeitsbeschwerde ebenfalls, wenn das **Bundesgericht in Anwendung von BGG 107 II einen Fall zur neuen Beurteilung an die Vor- oder erste Instanz zurückweist**[129]. Zu beachten ist jedoch, dass das Verbot der *reformatio in peius* nur bei Rechtsmitteln i.S. von StPO 379 ff., nicht bei **Einsprachen gegen Straf- oder Einziehungsbefehle** nach StPO 352 ff. bzw. StPO 377 II gilt[130].

9.2.2. Anwendungs- und Einzelfragen, Kasuistik zu StPO 391 I Satz 1

1492 **Unzulässig,** weil gegen das Verschlechterungsgebot verstossend, ist somit beispielsweise, wenn
– **eine längere Freiheitsstrafe** (auch wenn dafür nun der bedingte Vollzug gewährt wird);

---

[124] Hierzu ZR 97 (1998) Nr. 45.
[125] Vorne N 1450.
[126] So die frühere zürcherische Praxis, RO 1983 314 Nr. 47 = ZR 83 (1984) Nr. 102; BGE 110 IV 116, 98 IV 59; Pra 80 (1991) Nr. 190 E.4.
[127] Vorne N 1575 ff.
[128] So auch die jüngere zürcherische Praxis, RKG 1996 36 Nr. 173.
[129] Zur *Bindung an das Verbot bei der Neufestsetzung der Strafe nach Kassation und Rückweisung* die frühere Praxis in BGE 113 IV 47, 110 IV 117. Wirkt das Urteil des Bundesgerichts nach BGG 107 II reformatorisch, wird dem Grundsatz dadurch Rechnung getragen, dass das Gericht nach BGG 107 I nicht über die Begehren der Parteien hinausgehen darf, hinten N 1708 i.V. mit N 1710 ff.
[130] ZR 83 (1984) Nr. 102; RS 1989 Nr. 662.

§ 90 Anfechtbare Entscheide, Rechtsmittellegitimation und -verfahren

- **anstelle einer Geldstrafe oder gemeinnützigen Arbeit eine Freiheitsstrafe** (wenn auch umgerechnet mit gleich vielen Tagessätzen);
- anstelle einer **Freiheits- eine Geldstrafe** angeordnet wird und die Zahl der Tagessätze Erstere überschreitet[131];
- **anstelle einer bedingten Strafe eine teilbedingte Strafe** nach StGB 43, wenn auch von gesamthaft kürzerer Dauer;
- **anstatt Busse eine** (auch vielleicht relativ kurze) **Freiheitsstrafe** oder
- **zusätzlich zur Strafe eine Massnahme**[132], so wenn anstatt einer Freiheitsstrafe (gekoppelt allenfalls mit ambulanter Massnahme) eine stationäre Massnahme (vor allem nach StGB 59 ff.), verhängt wird[133].
- Unzulässig ferner, wenn **neu eine Einziehung** nach StGB 69 ff.[134] verhängt wird; ferner wenn
- neu der **bedingte Strafvollzug** (StGB 42 ff.) verweigert[135];
- die **Probezeit verlängert oder eine Weisung und/oder Bewährungshilfe angeordnet**,
- die **Untersuchungs- oder Sicherheitshaft nicht oder nur teilweise angerechnet** oder
- die **Kosten- und Entschädigungsregelung** z.N. des Rechtsmittelklägers geändert wird[136].

Keine Schlechterstellung (weil keine Verschärfung der Bestrafung) ist (teilweise in Anlehnung an die bisherige Praxis) anzunehmen, wenn 1493
- eine **schärfere Qualifikation des Sachverhaltes** (Vorsatz anstatt Fahrlässigkeit; Vollendung statt Versuch, Täterschaft statt Gehilfenschaft) erfolgt[137];

---

[131] Vgl. den deutschen Entscheid in NJW 61 (2008) 1014.
[132] Zu unbedingter Strafe wird ohne Kompensation ambulante Massnahme ausgesprochen, RKG 1995 39 Nr. 129.
[133] Zu bedenken ist allerdings, dass das Gericht nach StGB 65 *Massnahmen nachträglich ändern und auch verschärfen kann*. Dies dürfte trotz StPO 391 II während eines Rechtsmittelverfahrens möglich sein, zumal StGB 65 in einem weiteren, nachgeschobenen Verfahren angewandt werden kann, dazu N 1390 ff.
[134] RKG 1995 39 Nr. 130 lehnte bei einer *Vermögenseinziehung eine Erhöhung des Einziehungsbetrages im Berufungsverfahren ab*. Umstritten, inwieweit Grundsatz bei Sicherungseinziehung nach StGB 69 gilt: War die Einziehung im ersten Verfahren kein Thema, kann jedoch u.U. ein selbstständiges Einziehungsverfahren nach StPO 376 ff., vorne N 1431 f., nachgeschoben werden.
[135] Beantragt die Staatsanwaltschaft lediglich die Schuldigsprechung in einem von der Vorinstanz durch Freispruch erledigten Punkt, kann das Gericht nicht entgegen der Vorinstanz den bedingten Sanktionsvollzug verweigern, wenn dieser Punkt nicht mitangefochten war, dazu ZR 97 (1998) Nr. 45 = RKG 1997 Nr. 124.
[136] SOG 2006 76 = RS 2008 Nr. 365. *Unzulässig Kürzung der Entschädigung an amtlichen Verteidiger*, wenn nicht gesetzlich vorgesehen, BGE 129 I 66.
[137] ZR 37 (1938) Nr. 6, 57 (1958) Nr. 18 und 139, 59 (1960) Nr. 59; üble Nachrede anstatt Beschimpfung; Betrug anstatt Veruntreuung, BJM 1995 223. Qualifizierte Begehungsform bei Betäubungsmitteln, SOG 2006 73 = RS 2008 Nr. 366. Zu beachten ist freilich der Anklagegrundsatz (StPO 9, 350 I, vorne N 203 ff.), ebenso, dass in Anwendung von

- die **Begründung des Entscheides gewechselt wird**[138];
- anstelle einer **Freiheitsstrafe eine kürzere Freiheitsstrafe kombiniert mit Busse** (StGB 42 IV) verhängt wird;
- **Ersetzen einer Freiheitsstrafe durch Geldstrafe oder gemeinnützige Arbeit**;
- andere **Gewichtung der Strafzumessungsgründe, Verneinung von Strafmilderungsgründen** u.Ä. nach StGB 47 ff., wenn Strafe nicht erhöht wird;
- der **Angeklagte bei mehreren Anklagepunkten teilweise freigesprochen**, aber trotzdem mit der gleichen Strafe wie von der Vorinstanz belegt wird; ein «*Verbesserungsgebot*» besteht hier nach der Praxis nicht[139];
- trotz nunmehriger **Annahme eines Strafmilderungsgrundes** wie einer verminderten Schuldfähigkeit nach StGB 19 II die gleiche Strafe verhängt wird[140];
- bei einer **kürzeren, bedingten Freiheitsstrafe und dem gleichzeitig angeordneten Widerruf des bedingten Vollzuges** bezüglich einer früher ausgesprochenen, längeren Freiheitsstrafe betreffend der letzteren auf den Widerruf verzichtet, hingegen bezüglich der ersteren der bedingte Sanktionsvollzug verweigert wird[141]; oder
- es um die Ansetzung der **Gerichtsgebühren** geht (StPO 422 I)[142].

9.2.3. *Ausnahmen zum Verbot der Schlechterstellung, StPO 391 II Satz 2*

1494 StPO 391 II Satz 2 schränkt das Verbot der *reformatio in peius* ein. Darnach ist eine **strengere Bestrafung gestützt auf Tatsachen, die dem erstinstanzlichen Gericht nicht bekannt sein konnten, zulässig**. Es wäre stossend, wenn die Rechtsmittelinstanz Akten und Beweismittel, die erst nachträglich bekannt wurden, nicht berücksichtigen und allenfalls zum Nachteil der beschuldigten Person verwenden dürfte. Sollten solche nachträglich zum Vorschein kommenden Beweise nicht berücksichtigt werden können, würde sich oft die Frage einer späteren Revision (StPO 410) stellen, was das Verfahren unnötig erschweren würde[143]. Die fraglichen Akten oder Beweismittel können dabei **Vorgänge betref-**

StPO 344 vorgängig das rechtliche Gehör zu gewähren ist, dazu vorne N 203 ff., 1341. Zu diesen Fragen sodann EuGRZ 26 (1999) 323.

[138] ZR 44 (1945) Nr. 126.
[139] SJZ 98 (2002) 187; ZR 57 (1958) Nr. 139 = SJZ 54 (1958) 88, ZR 63 (1964) Nr. 5. MKGE 11 (1988–1996 Nr. 1. Dazu ferner nachfolgende Fn.
[140] So teilweise die frühere zürcherische Praxis, wobei diese in den beiden letzten Konstellationen fragwürdig ist, mindestens unter dem Gesichtspunkt des fairen Verfahrens nach StPO 3 II.
[141] Pra 80 (1991) Nr. 190 E.4.
[142] Wohl aber bezüglich *Kostentragungspflicht* nach StPO 426 ff. oder die zu *leistenden Entschädigungen* nach StPO 429 ff., dazu vorstehende N 1492 a.E.
[143] Allerdings ist zu beachten, dass StPO 410 I lit. a verlangt, dass die neuen Beweise etc. eine «*wesentlich strengere Bestrafung*» bewirken dürften, was bei den neuen Tatsachen nach StPO 391 II Satz 2 nicht der Fall ist.

fen, die vor oder nach dem vorinstanzlichen Entscheid eintraten[144]. Zu denken ist etwa an den Fall, dass sich nachträglich ein wichtiger, bisher unbekannter Zeuge meldet oder sich herausstellt, dass die beschuldigte Person entgegen dem der Vorinstanz vorliegenden, falschen Vorstrafenbericht vielfach vorbestraft ist[145]. Denkbar ist aber ebenso, dass nach dem vorinstanzlichen Entscheid im Leben der angeschuldigten Person Umstände auftreten, die nach StGB 47 für die Strafzumessung relevant sind.

9.2.4. Verbot der Schlechterstellung bei Zivilansprüchen, StPO 391 III

StPO 391 III dehnt das Verbot der *reformatio in peius* auf die **Rechtsmittel aus, die nur von der Privatklägerschaft im Zivilpunkt eingereicht werden**. Das Verbot gilt naturgemäss bezüglich des Zivilpunkts ebenso, wenn allein die beschuldigte Person gegen den Zivilpunkt ein Rechtsmittel einreicht.

9.3. Ausdehnung gutheissender Rechtsmittelentscheide, StPO 392

Bei mehreren verurteilten Mitbeteiligten (Täter, Teilnehmer)[146] usw. in gleichen Verfahren[147] ist es denkbar, dass nur einer oder einzelne ein Rechtsmittel ergreifen und sich so ein günstigeres Urteil erstreiten. An sich gilt dieses neue Urteil nur für die erfolgreichen Rechtsmittelkläger, doch wäre es stossend – und würde zumeist zu Revisionsgesuchen der übrigen Verurteilten führen –, wenn das ursprüngliche, materiell unrichtige Urteil gegen diese bestehen bliebe. StPO 392 sieht deshalb vor, dass die **Rechtsmittelinstanz das Urteil auch zugunsten der nicht am Rechtsmittelverfahren Beteiligten** aufhebt (z.B. bei Freispruch) oder abändert, auch wenn das Urteil bezüglich der Mitbeteiligten bereits rechtskräftig ist[148]. Diese Regel, die auch bei der Einsprache bei **Strafbefehlen**[149] gilt

1495

1496

---

[144] So ausdrücklich VE 459 III.
[145] BeB 260 Mitte.
[146] Nicht anwendbar ist die Regel, wenn einer von mehreren *Privatklägern oder die Staatsanwaltschaft* bei Rechtsmitteln z.N. einer beschuldigten Person obsiegt. Diskutabel ist, ob der Grundsatz von StPO 392 – dem Grundgedanken dem früheren OHG 8 I lit. c (später OHG 37 I lit. c, Gleichstellung von beschuldigter Person und Opfer hinsichtlich der Rechtsmittel) folgend – bei *Rechtsmitteln von Opfern* angewandt werden soll, also z.B. bei einer erfolgreichen Einstellungsbeschwerde eines Opfers eine Ausdehnung auf die nicht beschwerdeführenden weiteren Opfer erfolgen sollte.
[147] StPO 392 soll nach seinem Wortlaut *nur innerhalb des gleichen Verfahrens angewandt werden*; nach den Materialien (RK-N 26./27.4.2007 83) ist bei getrennten Verfahren allenfalls die Revision zu ergreifen. Z.T. anders die frühere kantonale Praxis, vgl. AGVE 1995 Nr. 31. Anwendbar aber wohl z.B. bei *Beschwerden gegen Einstellungen* nach StPO 322 II (im engen Bereich, in welchem beschuldigte Personen legitimiert sind, also etwa bei Kosten, Entschädigungen oder Einstellungen), dazu auch vorne N 1261.
[148] ZR 33 (1934) Nr. 163, 43 (1944) Nr. 6. Zur *Subsidiarität dieses Behelfs* (anwendbar nur, wenn kein ordentlicher Behelf wie Beschwerde oder Berufung bzw. im Abwesenheitsverfahren neue Beurteilung nach StPO 368 verlangt werden kann) ZR 84 (1985) Nr. 128.

(StPO 356 VII), ist entgegen früheren kantonalen Prozessordnungen **zwingend**[150].

1497 Voraussetzung für eine Ausdehnung der Rechtsmittelinstanz ist, dass die Rechtsmittelinstanz **den Sachverhalt anders beurteilt und die Erwägungen auch für die anderen Beteiligten zutreffen** (StPO 392 I lit. a und b). StPO 392 ist somit nur in Konstellationen anwendbar, in denen der Entscheid – ähnlich wie bei der Revision in der Variante von StPO 410 I lit. b (widersprechende Urteile)[151] – zu einer materiellrechtlich anderen Beurteilung des Falls **vorab im Bereich des objektiven Tatbestands**[152] ebenfalls hinsichtlich der Mitbeteiligten und deshalb zu einem Freispruch bzw. einer milderen Bestrafung führt. Erkennt beispielsweise das Berufungsgericht bei der Wegnahme einer Sache durch zwei Täter nicht wie die erste Instanz auf Veruntreuung i.S. von StGB 138, sondern wegen Fehlens des Anvertrautseins der Sache bloss auf unrechtmässige Aneignung i.S. von StGB 137, so ist das Berufungsgerichtsurteil auf den Mittäter, der nicht Berufung einlegte, auszudehnen. Gleiches gilt, wenn das Gericht im Zweiturteil feststellte, dass es sich bei den angeblichen Drogen, die Gegenstand des ersten Urteils bildeten, um Waschpulver handelte[153]. Das Urteil bleibt jedoch bezüglich des Nichtappellierenden unverändert, wenn das Berufungsgericht bloss das Verschulden des Appellierenden nach StGB 47 als weniger gravierend einstuft und deshalb die Strafe herabsetzt[154].

Wird jedoch ein *Urteil vom Bundesgericht*, dazu hinten N 1712 ff., *aufgehoben*, ohne dass dieses richtigerweise den Grundsatz dieser Norm anwandte, so hat die wieder mit der Sache befasste kantonale Instanz StPO 392 anzuwenden.

[149] Vorne N 1373.

[150] SJZ 98 (2002) 159; ZR 75 (1976) Nr. 43. Die Regel kann wohl kaum *gegen den Willen der betroffenen Person angewandt werden.* Diese ist jedenfalls anzuhören, RKG 23008 Nr. 121.

[151] ZR 91/1992 (1992/1993) Nr. 48; dementsprechend sind auch hier *spätere Praxisänderungen nicht relevant.*

[152] SJZ 98 (2002) 159 (Fehlen der Arglist); in dieser Richtung schon ZR 75 (1976) Nr. 43. StPO 392 dürfte regelmässig auch bei *Prozessvoraussetzungen bzw. Verfahrenshindernissen* anwendbar sein, also wenn die Rechtsmittelinstanz feststellte, dass die Taten insgesamt verjährt waren oder der Strafantrag ungültig war, tendenziell ebenso, wenn das *Opportunitätsprinzip* nach StPO 8 angewandt wird.

[153] Beispiel aus ZR 91/92 (1992) Nr. 48 S. 190.

[154] In RKG 2001 Nr. 138 zur gleich lautenden früheren zürcherischen Regelung auf den Fall angewandt, dass das Berufungsgericht wegen *Verletzung des Beschleunigungsgebots* von Bestrafung absieht, in RKG 2001 Nr. 139 hingegen nicht bei anderslautendem *Kosten- und Entschädigungsentscheid*. StPO 392 weiter nicht anwendbar, wenn *Mittäter wegen Mordes, ein dem Jugendstrafrecht unterliegender Täter (der die eigentliche Tötung ausführte) hingegen allein wegen vorsätzlicher Tötung verurteilt* wurde, BGer 1.3.2007, 6P.175/2006 (unter dem Titel Verletzung des Gleichheitsgebots behandelte staatsrechtliche Beschwerde). Tendenziell fallen also eher *subjektiv gefärbte Tatbestandselemente nicht unter StPO 392*, also beispielsweise Vorsatz, besondere Gefährlichkeit, Gewerbsmässigkeit usw.

Der Staatsanwaltschaft und weiteren Verfahrensbeteiligten (so den Privatklä- 1498
gern) ist wenn nötig vorgängig des Entscheides nach StPO 392 I **Gelegenheit
zur Stellungnahme** zu geben (StPO 392 II), den privaten, falls der geänderte
Schuldspruch in ihre rechtlich geschützten Interessen eingreifen könnte.

2. Teil: Rechtsmittel nach der StPO

§ 91 Beschwerde, StPO 393–397, JStPO 39, VStrR 26–28, MStP 166–171

Literaturauswahl: neben der vorne zu §§ 89 und 90 zitierten Literatur (zu Rekurs und Beschwerde nach früherem Recht) AESCHLIMANN N 1698; HAUSER/SCHWERI/HARTMANN § 100; MAURER 494, 506; PADRUTT 340; OBERHOLZER N 1639; PIQUEREZ (2006) N 1222; DERS. (2007) N 941 (*recours, plainte*); SCHMID (2004) N 991.

ARNOLD MARTI, Die Vereinheitlichung des Zivil- und Strafprozessrechts, die Revision des Vormundschaftsrechts und des öffentlichen Rechts, ZBl 108 (2007) 257 ff. (zur Aufsichts- und Disziplinarbeschwerde).

Materialien: Aus 29 mach 1 S. 157 f; VE 461 ff.; BeB 261 ff.; ZEV 83 f.; E 393 ff.; Botschaft 1311 ff.; AB S 2006 1055 ff., AB N 2007 1031.

1. Begriff, Abgrenzung der sachlichen Beschwerde von der Aufsichts- bzw. Disziplinarbeschwerde

1.1. Sachliche Beschwerde

1499 Die in StPO 393 ff. geregelte **Beschwerde** (früher teilweise **Rekurs** genannt) **ist ein ordentliches, vollkommenes, in der Regel nicht suspensives, subsidiäres, devolutives sowie wahlweise reformatorisches oder kassatorisches Rechtsmittel**[155]**, mit welchem primär Verfügungen, Beschlüsse und weitere Verfahrenshandlungen von Strafverfolgungsbehörden (StPO 12) und erstinstanzlichen Gerichten (StPO 13 lit. b, 19) bei der Beschwerdeinstanz angefochten werden können**, soweit dagegen (vor allem bei Urteilen als Anfechtungsobjekt) nicht die Berufung nach StPO 398 ff. möglich ist. Die Beschwerde richtet sich vorab gegen konkrete Verfahrenshandlungen, aber auch Unterlassungen unter Einschluss der Rechtsverweigerung und Rechtsverzögerung, Sie wird in dieser Funktion auch **sachliche Beschwerde** genannt.

1.2. Beschwerde nach der StPO sowie ihre Abgrenzung von der Aufsichts- und Disziplinarbeschwerde nach dem Einführungsrecht von Bund und Kantonen

1500 Wenn StPO 393 ff. die Beschwerde u.a. gegen Rechtsverweigerung und Rechtsverzögerung zulässt, so gerät sie in die Nähe der **Aufsichts- oder Justizaufsichtsbeschwerde**, ein Rechtsbehelf, der in der StPO nicht gesondert erwähnt und geregelt ist[156]. Diese Aufsichtsbeschwerde in ihren verschiedenen Schattie-

---

[155] BeB 261 Mitte. Zu diesen Unterscheidungskriterien vorne N 1450.
[156] So BeB 261 Mitte.

rungen dient als Ausfluss des in StPO 14 V vorbehaltenen Aufsichtsrechts dazu, die übergeordnete (Aufsichts-)Behörde zu veranlassen, von ihrer Aufsichts- und Disziplinargewalt Gebrauch zu machen, also gegen Missstände in einem weiteren Sinn einzuschreiten. Gelegentlich bezeichnet man diesen primär aufsichts- bzw. verwaltungsrechtlich begründeten Behelf als **disziplinarische Beschwerde**. Die Abgrenzung der Beschwerde nach StPO 393 ff. vom rein aufsichtsrechtlichen Behelf (der im Einführungsrecht von Bund und Kantonen zu regeln ist) bereitete in vielen Kantonen schon bisher Schwierigkeiten. Dies dürfte sich unter dem Regime der Schweizerischen Strafprozessordnung nicht wesentlich ändern: Generell können mit der Beschwerde i.S. der vorerwähnten sachlichen Beschwerde einerseits fehlerhafte, z.B. gegen das Prozessrecht verstossende Verfahrenshandlungen, anderseits die Unterlassung, Verweigerung oder Verzögerung gebotener Verfahrenshandlungen gerügt werden. Ein wesentlicher Teil der von Parteien oder weiteren Verfahrensbetroffenen gerügten Spielarten von Fehlverhalten von Strafbehörden kann deshalb mit Beschwerde nach StPO 393 ff. gerügt werden[157].

Anders liegen die Dinge indessen bei **eigentlich disziplinarisch gefärbten Beschwerden**, also beispielsweise, wenn dem Funktionär beleidigendes, unanständiges Verhalten, Tätlichkeiten gegen Parteien etc. vorgeworfen werden, also regelmässig Verhaltensweisen, welche nicht in unmittelbarem Konnex mit der Verfahrensführung im konkreten Fall stehen. Solche Vorgänge sind nicht nach StPO 393 ff., sondern im Rahmen des nach StPO 14 V Bund und Kantonen vorbehaltenen Aufsichtsrecht und von den dafür vorgesehenen Aufsichtsbehörden zu behandeln[158]. Gleiches gilt, wenn eine Strafbehörde die Weisungen der Beschwerdeinstanz nach StPO 397 IV missachtet[159]. Allerdings kommt die Aufsichtsbeschwerde nach der vorgenannten Priorität der Beschwerde nur in Frage, wenn Letztere nicht möglich ist. 1501

2. Zulässigkeit und Beschwerdegründe, StPO 393 f.

2.1. Zulässigkeit der Beschwerde, StPO 393 I

Gemäss dem als **abschliessend** zu verstehenden **Katalog** von StPO 393 I sind Verfahrenshandlungen in einem weiten Sinn mit Beschwerde anfechtbar. Mit 1502

---

[157] So im Ergebnis («*umfassender Rechtsbehelf*») schon BeB 261. – Naturgemäss nur bei *Behörden, gegen die nach StPO 391 I Beschwerde möglich ist*, also beispielsweise nicht gegen die Berufungs- und Beschwerdeinstanz. Zur *Subsidiarität der Aufsichtsbeschwerde* vgl. schon GVP 2008 Nr. 85
[158] Zu beachten ist allerdings, dass *moderne kantonale Personalgesetze kein Disziplinarrecht mehr kennen, zumal der Beamtenstatus oft aufgehoben ist*.
[159] Dazu und zum Umstand, dass die Beschwerdeinstanz vorab bei Rechtsverweigerungs- und verzögerungsentscheiden gegen säumige Justizfunktionäre *keine Sanktionen androhen oder aussprechen kann*, nachfolgend N 1528.

dieser angefochten werden können nicht nur **formalisierte Verfahrenshandlungen wie Entscheide in Form von Verfügungen usw.**, sondern darüber hinausgehend **alle Verfahrenshandlungen der Strafverfolgungsbehörden und erstinstanzlichen Gerichte** nach StPO 12 und 13. Eingeschlossen sind wie vorstehend erwähnt ebenfalls **Unterlassungen** und damit auch Fälle von **Rechtsverweigerung**[160]. Die Beschwerde ist demgemäss generell gegen jedes nach aussen wirkendes behördliches Verhalten zulässig[161]. Unerheblich ist, ob im Zusammenhang mit einer Verfahrenshandlung die StPO – wie etwa in StPO 322 II bei der Einstellungsverfügung – ausdrücklich ein Beschwerderecht einräumt.

2.1.1. Verfügungen und Verfahrenshandlungen von Polizei, Staatsanwaltschaft und Übertretungsstrafbehörden, StPO 393 I lit. a

1503 Mit Beschwerde anfechtbar sind zunächst **Verfügungen und Verfahrenshandlungen von Polizei, Staatsanwaltschaft sowie der Übertretungsstrafbehörden** (StPO 393 I lit. a), entgegen StPO 393 I lit. b auch bei verfahrensleitenden Anordnungen[162]. Es ist jedoch daran zu erinnern, dass die StPO in gewissen Fällen ein Beschwerderecht gegen Verfahrenshandlungen ausdrücklich ausschliesst (vgl. etwa StPO 300 II bei der Einleitung des Vorverfahrens; StPO 309 III Satz 3 bei Eröffnung der Untersuchung; StPO 324 II bei der Anklageerhebung).

1504 Für viele Kantone ist die Möglichkeit neu, das **Handeln der Polizei im strafprozessualen Bereich mit Beschwerde** anfechten zu können[163]. Mit dem Einbezug polizeilichen Handelns in den Anwendungsbereich der Beschwerde wird verdeutlicht, dass die Polizei nach dem Grundkonzept der StPO eine vollwertige und -verantwortliche Strafverfolgungsbehörde ist. Im Vordergrund stehen naturgemäss Zwangsmassnahmen, welche bei der Polizei die vorläufige Festnahme, die Beschlagnahme, Hausdurchsuchungen, Observationen u.Ä. einschliessen[164]. Da nach der Zielsetzung des polizeilichen Ermittlungsverfahrens die Verfahrens-

---

[160] So ausdrücklich Botschaft 1312 oben; vorne N 1499.
[161] Zu den Verfahrenshandlungen im Allgemeinen vorne N 539 ff. Von der Sache her ausgeschlossen ist die Beschwerde bei *rein behördeninternen Vorgängen* wie z.B. der Zusammenarbeit von Polizei und Staatsanwaltschaft nach StPO 307 oder Aufträgen an die Polizei nach StPO 309 II oder 312. Ausgeschlossen sind auch *Disziplinarentscheide*, gestützt auf das kantonale Aufsichts-, Disziplinar- bzw. Personalrecht.
[162] Botschaft 1150 unten. Für das *Jugendstrafverfahren* siehe die *besonderen Beschwerdegründe* in JStPO 39 II.
[163] *Nehmen kantonale Polizeibehörden* nach E StBOG 4 lit. d *Bundesaufgaben wahr*, sind entsprechende Handlungen nach E StBOG 5 II beim Bundesstrafgericht anfechtbar.
[164] Botschaft 1311 unten. Also beispielsweise, wenn eine *Strafverfolgungsbehörde wie die Polizei auf eine Eingabe oder einen Antrag einer Partei nicht reagiert.*

§ 91 Beschwerde

herrschaft möglichst bald an die Staatsanwaltschaft übergehen soll[165], ist allerdings damit zu rechnen, dass das Beschwerderecht hier eine eher untergeordnete Rolle spielt. Zu bedenken ist jedoch, dass der Polizei im Rahmen der nach StPO 312 delegierten Untersuchungshandlungen vermehrte Befugnisse zukommen können (Vorladungen, Einvernahmen usw.), die Gegenstand von Beschwerden sein können[166].

Was die Verfügungen und Verfahrenshandlungen der **Staatsanwaltschaft** (wenn vorhanden, StPO 14 III bzw. 17, auch der Ober- oder Generalstaatsanwaltschaft[167] bzw. der **Übertretungsstrafbehörden**) betrifft, so sind solche in allen **Vorverfahren, also ebenfalls in den besonderen Verfahren nach StPO 352 ff.**[168], anfechtbar. Beispielhaft sind folgende Bereiche zu nennen:

1505

– **Verzögerung** von Verfahren (vgl. StPO 5, 393 II lit. a); 1506
– bei **Anfechtung des Gerichtsstands durch Parteien** (StPO 41 II)[169];
– **Protokollführung** (StPO 76 ff.), so auch Entscheide bezüglich **Protokollberichtigungsbegehren** nach StPO 79[170];
– Entscheide bei **Wiederherstellungsgesuchen** (StPO 94)[171];
– Gewährung bzw. Verweigerung der **Akteneinsicht** (StPO 101 f.);
– **Zulassung von Rechtsbeiständen** (StPO 127 ff.)[172];
– **Bestellung von amtlichen Verteidigern oder unentgeltlichen Rechtsbeiständen bzw. Verweigerung der Bestellung** (StPO 130 ff.);

---

[165] Vorne N 1205, 1220. Generell ist eine *Beschwerde gegen das Verfahren der Polizei im Ermittlungsstadium* nur möglich, wenn sie nicht auf Anordnung der Staatsanwaltschaft usw. handelt; im letzteren Fall ist diese letztere Anordnung anzufechten.
[166] Die *Delegation als behördeninterne Anordnung ist selbst nicht beschwerdefähig*, vorne N 1233 Fn. 78. Grundsätzlich sind *sodann staatsanwaltschaftliche Anträge an andere Behörde* nicht mit Beschwerde anfechtbar, vgl. etwa StPO 324 II (Anklage) oder Anträge der Immunität nach StPO 7 II, vgl. BStGer 18.11.2008 in FP 2/2009.86.
[167] Ebenfalls gegen *Zwischenstufen wie Leitende Staatsanwälte* o.Ä., falls die Kantone solche vorsehen. Zu beachten ist, dass alle diese Beschwerden stets an die Beschwerdeinstanz gehen; die Kantone wären nicht befugt, vorzusehen, dass Beschwerden gegen Staatsanwälte usw. zuerst bei der Oberstaatsanwaltschaft einzureichen sind.
[168] Vorne N 1347 ff.
[169] Näher vorne N 485. Die Instrumentarien zur Beilegung von *Konflikten unter Behörden bei der nationalen Rechtshilfe* nach StPO 48 II (näher vorne N 498, hinten N 1635, 1658) und *Gerichtsstandskonflikten unter Behörden* nach StPO 40 (näher vorne N 488 ff., 1635, 1658) sind nicht Beschwerdefälle im eigentlichen Sinn, sondern eher Sonderbehelfe (N 1483), auch wenn mangels anderer Vorschriften jene über das Beschwerdeverfahren sinngemäss anzuwenden sind, vorne N 489 Fn. 215, N 498 Fn. 215.
[170] ZR 75 (1976) Nr. 44. Zur Protokollberichtigung im Allgemeinen vorne N 579 ff. Beschwerde wohl auch bei *abweisenden Erläuterungs- bzw. Berichtigungsbegehren bei Strafbefehlen* nach StPO 83.
[171] ZR 57 (1958) Nr. 131. Zur Wiederherstellung im Allgemeinen vorne N 612.
[172] Rechtsvertreter selbst nicht beschwerdelegitimiert, TPF 2005 153.

- **Abnahme von Beweisen** (StPO 139 ff.), so bei Zeugen bezüglich Zeugnisverweigerungsrechten (StPO 174 II); bei Sachverständigen, vor allem deren Auswahl;
- **Vorladungen** zu Verfahrenshandlungen (StPO 201 ff.);
- **Zwangsmassnahmen** wie Durchsuchungen, Untersuchungen und Beschlagnahme (StPO 241 ff.) oder entsprechende Herausgabebefehle gestützt auf StPO 265[173];
- **Weigerung**, gegen eine beschuldigte Person eine Untersuchung zu eröffnen (StPO 309)[174];
- **Nichtanhandnahme** (StPO 310), **Sistierung** (StPO 314)[175] und **Einstellung** (StPO 319 ff.) **des Verfahrens.** Bei der Nichtanhandnahme sowie bei der definitiven Einstellung ist die beschuldigte Person im Regelfall nicht beschwert, wohl aber bei der Sistierung und bei einem im Zusammenhang mit den vorgenannten Verfügungen ergehenden, sie belastenden Kosten-, Entschädigungs- oder Einziehungsentscheid;
- **Verweigerung der Wiederaufnahme** nach eingestellter Untersuchung (StPO 323), oder
- **Entscheide in der internationalen Rechtshilfe** (IRSG 25 I)[176].

2.1.2. *Verfügungen, Beschlüsse und Verfahrenshandlungen der erstinstanzlichen Gerichte, StPO 393 I lit. b*

1507 Ähnlich wie beim Vorverfahren unterliegen auch die **Verfügungen und Beschlüsse sowie die Verfahrenshandlungen der erstinstanzlichen Gerichte**

---

[173] Ausdrücklich noch in E 198, etwa bei Verletzung des Verhältnismässigkeitsgrundsatzes, BGE 119 Ia 458 f. Besonderheiten z.B. beim Haftregime (StPO 222, vorne N 1040 f.). Rechtsbehelf der *Siegelung bzw. Entsiegelung* nach StPO 248 geht der Beschwerde gegen die Beschlagnahme vor, so zum früheren zürcherischen Prozessrecht BGer 1.4.1998 i.S. V.D. ca. Bezirksanwaltschaft Zürich und Staatsanwaltschaft des Kantons Zürich. Vgl. vorne N 1076 Fn 274. Wenig geklärt ist die Frage, inwieweit der *Geschädigte bzw. die Privatklägerschaft die Nichtvornahme von Zwangsmassnahmen anfechten kann*, d.h. ein rechtlich geschütztes Interesse hat. Dies erscheint mindestens dort als prüfenswert, wo z.B. die Beschlagnahme eng mit Ansprüchen nach 263 I lit. c, StGB 70 I letzter Satzteil oder StGB 73 gekoppelt sind, anders offenbar Anklagekammer St.Gallen 8.4.2008 in FP 6/2008 337 sowie BGer 12.8.2008, 1B_142/2008, zitiert in AJP 1/2009 109 (Privatklägerschaft hat keinen unbedingten Anspruch auf Abnahme von Beweisen bzw. Durchführung von Zwangsmassnahmen).
[174] ZR 43 (1944) Nr. 55. *Eröffnung* einer Untersuchung aber nicht beschwerdefähig, StPO 309 III Satz 3, vorne N 1227.
[175] Wohl nur gegen *Anordnung der Eröffnung, nicht gegen Verweigerung*, vorne N 1238 Fn. 91.
[176] Sind jedoch direkt *bei der Beschwerdekammer des Bundesstrafgerichts einzureichen*, N 506, dagegen beschränkt öffentlich-rechtliche Beschwerde ans Bundesgericht, hinten N 1721.

(Kollegial- oder Einzelgerichte, StPO 19) der Beschwerde an die Beschwerdeinstanz (StPO 393 I lit. b)[177].

Was die Verfahrenshandlungen betrifft, so stehen zunächst die **verfahrenserledigenden Verfügungen und Beschlüsse**, soweit sie nicht Urteile darstellen (dazu StPO 80 ff.)[178], im Vordergrund. Es geht um analoge Sachverhalte, wie sie vorstehend in Ziff. 2.1.2. im Zusammenhang mit der Beschwerde im Vorverfahren nach StPO 393 I lit. a erwähnt wurden, also z.B. Beschwerde bei folgenden Entscheiden:

– **Einstellung des Verfahrens** durch das erstinstanzliche Gericht, z.B. wegen Wegfalls einer Prozessvoraussetzung (Rückzug des Strafantrages, Tod der beschuldigten Person, Verjährung, Fälle nach StPO 8 bzw. StGB 52 ff.) nach StPO 329 IV[179];
– Entscheide im **Verfahren bei selbstständigen nachträglichen Entscheiden der Gerichte**, also in den **Nachverfahren** (StPO 363 ff.)[180];
– Entscheide im **selbstständigen Massnahmeverfahren**[181], etwa im **selbstständigen Einziehungsverfahren** (StGB 69 ff. bzw. StPO 376 ff.)[182], oder
– gegen die **Abweisung von Erläuterungs- und Berichtigungsentscheiden** (StPO 83)[183].

1508

Nach StPO 65 I[184] und 393 I lit. b zweiter Satzteil unterliegen **verfahrensleitende Verfügungen und Beschlüsse** der erstinstanzlichen Gerichte **nicht der separaten Beschwerde**; sie sind zusammen mit dem Endentscheid anzufechten. Der weite Wortlaut dieser Bestimmung könnte so interpretiert werden, dass sie auf sämtliche verfahrensleitenden Verfügungen usw.[185] anwendbar ist, unabhängig

1509

---

[177] Bei Beschwerden gegen *Entscheide der Strafkammern des Bundesstrafgerichts* ergibt sich dabei die Besonderheit, dass *eine andere Kammer des gleichen Gerichts*, nämlich die 1. Beschwerdekammer (Strafverfahrenskammer) darüber zu entscheiden hat, vorne N 385. – Unklar ist, ob gegen *Verfügungen der Verfahrensleitung generell eine Beschwerde ausgeschlossen ist*, spricht doch StPO 393 I lit. b nur von Gericht. Es ist jedoch davon auszugehen, dass in StPO 12 ff. die Verfahrensleitung nicht als Strafbehörde genannt ist und demgemäss gegen alle ihre Entscheide jene Rechtsmittel möglich sind, die gegen Gerichtsentscheide zulässig sind.
[178] Bei Urteilen Berufung nach StPO 398 ff., hinten N 1530 ff.
[179] Zum früheren zürcherischen Prozessrecht ZR 61 (1962) Nr. 180, 66 (1967) Nr. 161. Zur Einstellung vorne N 1287.
[180] Vorne N 1390 ff.
[181] N 1417 ff. – Berufung jedoch gegen *Urteile im Verfahren gegen Schuldunfähige* i.S. von StPO 374 f., N 1428.
[182] Vorne N 1431 ff.; ZR 84 (1985) Nr. 128. Zum Sonderfall der *Friedensbürgschaft* gleich anschliessend N 1511.
[183] Zur B*erichtigung* vorne N 594. Bei *Gutheissung* wird Rechtsmittelfrist neu angesetzt, sodass gegen den ursprünglichen Entscheid das gegebene Rechtsmittel zu ergreifen ist.
[184] Dazu und zur *Möglichkeit der Anfechtung* nach StPO 65 II vorne N 538.
[185] Also solche im Sinn der Ausführungen vorne in N 591. Jeder nicht verfahrenserledigende Enntscheid ist demgemäss ein verfahrensleitender Beschluss usw., was StPO 65 I und 393 I lit. b in wenig differenzierender Weise nicht zu berücksichtigen scheinen.

von ihrem Gegenstand sowie davon, ob sie vor oder während der Hauptverhandlung ergehen. Dieser Schluss erscheint jedoch als fraglich. Zunächst ist es richtig, solche **Entscheide, die *während* der Hauptverhandlung ergehen**, immer der eingangs erwähnten Regel zu unterwerfen, wie dies auch VE 463 I lit. b tat: Es soll nicht möglich sein, den Gang der Hauptverhandlung zu stören, indem mit Beschwerde gegen solche Anordnungen Unterbrechungen herbeigeführt werden[186]. Eine andere Betrachtungsweise ist bei verfahrensleitenden Anordnungen angebracht, die ***vor* der Hauptverhandlung ergehen**. Dafür sprechen verschiedene Gründe: Einerseits treffen die hauptsächlichen Gründe für die Beschränkung (Verhinderung von Verzögerungen während der Hauptverhandlung) hier nicht ohne Weiteres zu. Anderseits ist zu berücksichtigen, dass solche Verfügungen und Beschlüsse u.U. nach BGG 98 der Strafrechtsbeschwerde ans Bundesgericht unterliegen, das Verfahren damit ohnehin verzögert werden kann und es mit Blick auf den «*double-instance*»-Grundsatz von BGG 80 als wünschenswert erscheint, dafür einen Entscheid einer oberen Instanz zu verlangen. Bei der Anwendung von StPO 65 I bzw. 393 I lit. b sollte deshalb eine gewisse Kongruenz mit den in BGG 93 I[187] zu findenden Grundsätzen für die Zulässigkeit der Strafrechtsbeschwerde ans Bundesgericht gegen Zwischenentscheide hergestellt werden. Folgt man in diesem Sinn den Grundideen von BGG 93 I, unterliegen selbstständig eröffnete Entscheide (gegen die das Gesetz ein Rechtsmittel nicht ausdrücklich ausschliesst wie z.B. von StPO 248 III bei Entsiegelungen) des erstinstanzlichen Gerichts vor der Hauptverhandlung[188] einerseits der Beschwerde, wenn sie **einen nicht wieder gutzumachenden Nachteil** bewirken. Anderseits ist zu prüfen, ob die Beschwerde entgegen dem Wortlaut von StPO 393 I lit. b zugelassen werden sollte, wenn die Gutheissung der Beschwerde zur **Vermeidung eines bedeutenden Aufwands an Zeit oder Kosten für ein weitläufiges Beweisverfahren sofort einen Endentscheid ermöglichen würde**.

1510 Folgt man diesen Grundsätzen weiter, so unterliegen beispielsweise **nicht der Beschwerde** Verfügungen und Beschlüsse, die sich mit dem Verfahrenslauf selbst befassen, also beispielsweise die Ansetzung von Verhandlungen, Vorladungen, Entscheide über Protokollberichtigungs- und Verschiebungsgesuche, die Abnahme von Beweisen u.ä. Es sind Anordnungen, die man als **formellprozessleitend** bezeichnen könnte. Eine Beschwerde ist nach hier vertretener

---

[186] So auch Botschaft 1312 unten. Es scheint also, dass diese die verfahrensleitenden Entscheide während der Hauptverhandlung und nicht jene vorher im Auge hatte. Bemerkenswert sind auch die offensichtlichen Divergenzen zwischen den Versionen der drei Amtssprachen (fr. «*sauf contre ceux de la direction de la procédure*», it. «*sono eccettuate le decisioni ordinatorie*»).

[187] Zu diesen Anforderungen bei der Strafrechtsbeschwerde ans Bundesgericht hinten N 1651 ff.

[188] Ob in den hier relevanten Fällen die Beschwerde mit Blick auf BGG 93 immer auszuschliessen ist, wenn *während der Hauptverhandlung solche Entscheide gefällt werden*, so insbesondere bei *Zwangsmassnahmen*, bleibe hier offen.

Auffassung hingegen möglich gegen erstinstanzliche Entscheide, wenn diese die verfahrensrechtliche Stellung der Parteien unmittelbar tangieren und die man deshalb als **materiell-prozessleitend** bezeichnen könnte. Als Beispiele solcher materiell-prozessleitender Anordnungen, gegen die die Beschwerde zulässig ist, könnten genannt werden:
- **Zulassung einer Person als Partei** (vgl. StPO 104);
- Verweigerung (nicht aber Wechsel[189]) einer **amtlichen Verteidigung** bzw. **der unentgeltlichen Rechtspflege** (StPO 132 f.)[190];
- **Widerruf einer Anonymitätszusage** (StPO 150 VI)[191];
- **Durchsuchungen, Untersuchungen oder Beschlagnahme** (StPO 241 ff.) und eventuelle **weitere Zwangsmassnahmen**[192], falls diese (wohl eher die Ausnahme) durch das erstinstanzliche Gericht angeordnet werden, oder die
- **Sistierung** des Verfahrens (aber wohl nicht deren Verweigerung) nach StPO 314[193].

2.1.3. *Entscheide des Zwangsmassnahmengerichts in den in diesem Gesetz vorgesehenen Fällen, StPO 393 I lit. c*

Nach StPO 393 I lit. c ist eine Beschwerde gegen Entscheide des Zwangsmassnahmengerichts «*in den im Gesetz genannten Fällen*» möglich. Bemerkenswert ist, dass beim schwerwiegendsten Eingriff in die Rechte der beschuldigten Person, nämlich bei Anordnung der **Untersuchungshaft,** gegen den Entscheid des Haftrichters nach dem gegenwärtigen Stand der Gesetzgebung nur beschränkt eine Beschwerde möglich ist (StPO 222)[194]. Beschränkt ist die Beschwerde weiter gegen **Überwachungsmassnahmen,** nämlich erst im Anschluss an die nachträgliche Mitteilung[195], also nach StPO 279 III (Post- und Fernmeldeverkehr),

1511

---

[189] Vgl. BGE 126 I 211. Zu diesen Fällen im Zusammenhang mit der Strafrechtsbeschwerde hinten N 1652.
[190] N 745 ff.
[191] Vorne N 841.
[192] Zu den erstgenannten Massnahmen vorne N 1061 ff. Beschwerde ebenfalls, wenn *Zwangsmassnahme nach StPO 198 I lit. b von der Verfahrensleitung* angeordnet wird, vorne N 980. Die Anordnung der *Sicherheitshaft* während des erstinstanzlichen Verfahrens unterliegt Sonderregeln (StPO 229, vorne N 1042 ff., Rechtsmittel allein nach StPO 222, vorne N 1040 f.).
[193] Zur *Sistierung* vorne N 1236 ff. Über den Verweis von StPO 314 V ergibt sich die Beschwerdemöglichkeit (allerdings primär auf die staatsanwaltschaftliche Sistierung bezogen) bereits aus StPO 322 II.
[194] Vorne N 1040 f. mit *Hinweisen auf die beantragte Änderung von StPO 222 im Rahmen des Erlasses des StBOG* (Haftentscheide danach stets anfechtbar bei der Beschwerdeinstanz).
[195] Also keine Beschwerde gegen *Anordnung bzw. Genehmigung oder Verweigerungen der vorgenannten geheimen Überwachungsmassnahmen.* Da die Anordnung dieser Massnahmen wegen ihres geheimen Charakters den Betroffenen nicht bekannt ist, käme allein die *Beschwerde der Staatsanwaltschaft* gegen ablehnende Entscheide in Frage, die nach der StPO nicht zulässig ist, da nicht ausdrücklich vorgesehen, im Ergebnis so schon zum frü-

StPO 281 IV i.V. mit 279 III (technische Überwachungsgeräte) und StPO 298 III (verdeckte Ermittlungen)[196]. Folgt man StPO 393 I lit. c, muss eine Beschwerde als nicht zulässig betrachtet werden in folgenden Fällen, was allerdings mitunter problematisch ist, etwa im Fall der Anordnung oder Verweigerung der **Friedensbürgschaft** nach StGB 66 bzw. StPO 372 ff., handelt es sich doch hier (soweit ersichtlich entgegen allen andern Entscheiden des Zwangsmassnahmengerichts) nicht um einen Zwischen-, sondern einen Endentscheid[197]. Immerhin wird der Mangel in allen Fällen dadurch kompensiert, dass gegen solche Entscheide des Zwangsmassnahmengerichts in den Schranken von BGG 78 ff. und 93 direkt die Strafrechtsbeschwerde ans Bundesgericht zulässig ist, so bei:

– **Beschränkung des Verteidigerverkehrs** nach StPO 235 IV[198];
– **Entsiegelungsentscheiden**[199] nach StPO 248 III lit. a; oder
– **Anordnung der Überwachung von Bankbeziehungen** nach StPO 284[200].

2.2. Beschwerdegründe, StPO 393 II

1512 Da die Beschwerde ein **vollkommenes Rechtsmittel** ist, können mit ihr die Sachverhaltsermittlung, die Rechtsanwendung wie auch die Ausübung des Ermessens durch die Vorinstanz gerügt werden, was StPO 393 II eher undeutlich und nicht überzeugend formuliert zum Ausdruck bringt[201]. Nach dieser Bestimmung können einerseits **Rechtsverletzungen**, einschliesslich Überschreitung und Missbrauch des Ermessens, Rechtsverweigerung und Rechtsverzögerung (StPO 393 II lit. a), anderseits eine **unvollständige oder unrichtige Feststellung des Sachverhalts** (StPO 393 II lit. b) gerügt werden. Es sind demgemäss auch

---

heren Recht Pra 97 (2008) Nr. 18 = BGE 133 IV 183 = SJ 129 (2007) 364. *Nachträglich* kann jedoch ebenfalls der Entscheid des Zwangsmassnahmengerichts angefochten werden, dazu vorne N 1164.

[196] Botschaft 1312 Mitte. Auch bei der *Observation* (StPO 282 f.), die nach einem Monat von der Staatsanwaltschaft bewilligt werden muss, allenfalls Beschwerde an die Beschwerdekammer. *Gegenstand der Anfechtung* ist – wie in allen andern hier relevanten Fällen – die Anordnung der Überwachung wie auch die Genehmigung durch das Zwangsmassnahmengericht.

[197] Vorne N 1423.
[198] Vorne N 1050.
[199] Zu diesen vorne N 1079. Also Ausschluss der Beschwerde wie bei jenen der erstinstanzlichen Gerichte, vorne N 1509 Klar gegen Beschwerde sodann RK-S 21.-23.8.2006 29.
[200] Vorne N 1176 ff. Hier steht eine *Beschwerde der Bank selbst* im Vordergrund, soweit ihre eigenen Interessen betroffen sind. Auf einem andern Blatt steht naturgemäss die nachträgliche Beschwerde nach StPO 284 IV, vorne N 1181.
[201] Deutlicher in dieser Richtung VE 461 I (*....alle Mängel von Entscheiden und des Verfahrens......*). Die Möglichkeit einer vollumfänglichen Überprüfung ausdrücklich erwähnt in BeB 261 Mitte und Botschaft 1312 Mitte (*...umfassendes Rechtsmittel. ...Sie kann ohne Einschränkung erhoben werden.*»).

neue **Tatsachenbehauptungen und Beweise** zulässig[202]. Nach dem vom Ständerat eingefügten neuen Beschwerdegrund gemäss lit. c von StPO 393 I kann ferner die **Unangemessenheit** (fr. *inopportunité*, it. *inadeguatezza*) **des vorinstanzlichen Entscheids** gerügt werden, ein bisher im schweizerischen Strafprozessrecht soweit ersichtlich in dieser Form nicht bekannter Beschwerdegrund[203]. Die Materialien verstehen darunter Ermessensfehler, die nicht einen eigentlichen Ermessensmissbrauch darstellen[204], wobei die Abgrenzung dieser beiden Kategorien heikel sein dürfte. Die genaue Reichweite von «*Unangemessenheit*» erscheint aber als letztlich belanglos, da es sich bei der Beschwerde wie eingangs erwähnt um ein vollkommenes Rechtsmittel handelt, welches zu einer andern Anwendung des Ermessens angerufen werden kann. Schränkt die Beschwerdeinstanz ihre Überprüfungsbefugnis ein, stellt dies übrigens eine Verweigerung des rechtlichen Gehörs dar[205], anfechtbar beim Bundesgericht mit Strafrechtsbeschwerde nach BGG 78 ff.[206]

Zur Abgrenzung von der **Aufsichts-, Justizaufsichts- bzw. Disziplinarbeschwerde** vorne Ziff. 1.2.   1513

2.3.   Ausschluss der Beschwerde

2.3.1.   Ausschluss vor allem nach StPO 394

Die Beschwerde ist wie erwähnt (vorne Ziff. 1.1., 2.3.1.) ein subsidiäres Rechtsmittel. Sie ist **nicht zulässig, wenn gegen den Entscheid das primäre Rechtsmittel der Berufung möglich ist** (StPO 394 lit. a in Wiederholung von StPO 20 I).   1514

Nach StPO 394 lit. b (analog soweit StPO 318) ist die Beschwerde sodann ausgeschlossen, wenn während des Vorverfahrens die **Staatsanwaltschaft oder die Übertretungsstrafbehörde Beweisanträge ablehnt**, vorausgesetzt, der Antrag kann nach StPO 331 III vor dem erstinstanzlichen Gericht ohne   1515

---

[202] So ausdrücklich VE 461 II. Zum früheren Zürcher Rekursrecht RKG 1995 39 Nr. 131; ZR 93 (1994) Nr. 77 S. 203, 82 (1983) Nr. 85; BGE 112 Ia 146/7. Auch *Beschwerdegegner* hat Novenrecht, RKG 1996 36 Nr. 174.

[203] Im Ständerat wurde fälschlicherweise behauptet, der Beschwerdegrund der Unangemessenheit hätte schon im VE figuriert (dort war in Art. 461 – wie auch in E 401 – und nunmehr jetzt in StPO 393 I lit. a allein von Überschreitung bzw. Missbrauch des Ermessens die Rede) bzw. in der Botschaft werde dieser Grund genannt, vgl. AB S 2006 1055. Da die *Beschwerde ein vollkommenes Rechtsmittel* (vorne N 1499) *ist*, gehört auch die Überprüfung des Ermessens zur Kognition. Dabei wird sich die Beschwerdeinstanz insbesondere bei der Überprüfung von Verfahrenshandlungen der Staatsanwaltschaft allerdings regelmässig auf Rechtsverletzungen und damit Missbrauch des Ermessens beschränken, vgl. TPF 2005 145 E.2.1.

[204] RK-S 12.9.2006 S. 30 und die vorausgehende Diskussion in RK-S 21.-23.8.2008 S. 90 ff. zu jetzt StPO 398 III lit. c.

[205] BGE 117 Ia 5.

[206] Dazu hinten N 1628 ff., N 1684 f.

Rechtsnachteil wiederholt werden. Damit sollen Verfahrensverzögerungen verhindert werden[207], zumal während des Vorverfahrens noch nicht feststeht, ob der Fall überhaupt zur Anklage gelangt oder aber eingestellt wird. Eine Beschwerde wäre hingegen möglich, wenn die Staatsanwaltschaft es ablehnt, einen Beweis abzunehmen, der verloren gehen könnte, so bei einem sich nur vorübergehend in der Schweiz aufhaltenden oder schwer erkrankten Zeugen[208].

1516 Auf die **Einschränkung** des Beschwerderechts bei **prozessleitenden Beschlüssen und Verfügungen, die Gerichte während der Hauptverhandlung gefasst haben**, gemäss StPO 393 I lit. b II 2. Satzteil, ist bereits eingegangen worden[209].

1517 Eine **Beschwerde ist sodann gegen Berufungsurteile und Beschwerdeentscheide ausgeschlossen**, was sich indirekt aus StPO 20 und 21 ergibt[210].

2.3.2. Weitere Ausschlussbestimmungen

1518 Die **StPO enthält eine ganze Reihe von weiteren Ausnahmen vom allgemeinen Beschwerderecht** gegen Verfahrenshandlungen, auf die teilweise bereits eingegangen wurde (vorne Ziff. 2.1.1. und 2.1.2.). Zumeist geht es darum, im Interesse der Verfahrensbeschleunigung dieses Rechtsmittel auszuschliessen. Massgebend kann jedoch auch die Überlegung sein, dass das Interesse an einer Überprüfung der fraglichen Verfahrenshandlung für die Parteien gering ist (z.B. StPO 334, Verfahrensüberweisung[211]). Oder aber es ist im entsprechenden Verfahrensstadium kaum möglich, die Verfahrenshandlung ohne Vorgreifen auf das Urteil zu überprüfen (StPO 325 II, Anklageerhebung).

1519 Zu berücksichtigen ist ferner, dass bei gewissen Verfahrenshandlungen die StPO oder weitere Bundesgesetze einen andern Rechts(mittel)weg vorsehen. So sind Fragen der **Zuständigkeit oder der Rechtshilfe** wie bereits erwähnt der Beschwerdekammer des Bundesstrafgerichts vorzulegen (StPO 40 II, 48 II)[212]. **Verfügungen der Rechtshilfebehörden von Bund und Kantonen im internationalen Rechtshilfeverfahren** sind nach IRSG 25 I direkt mit Beschwerde beim Bundesstrafgericht anzufechten (E StBOG 28 II lit. a). Diese Beschwerde ist nicht in der StPO geregelt, gehen doch hier Sondervorschriften des IRSG (etwa zum Gegenstand der Beschwerde nach IRSG 80e-g, zur Legitimation nach IRSG 80h oder den Beschwerdegründen nach IRSG 80i) vor.

---

[207] So Botschaft 1312 unten.
[208] Dazu ZR 62 (1963) Nr. 8. StPO 394 lit. b *gilt diesbezüglich auch für den parallelen Fall von StPO 318 III*, vorne N 1245.
[209] Vorne N 1507 ff.
[210] Dies war in E StPO 402 lit. c bezüglich Beschwerdeentscheide noch ausdrücklich erwähnt, vom Ständerat gestrichen, AB S 2006 1055.
[211] Es fehlt die Beschwer, ZR 87 (1988) Nr. 40.
[212] Vorne N 489, 498, 1506 Fn 169.

3. Beschwerdeinstanz, StPO 20, 395, JStPO 39 II, E StBOG 28 f.

Zuständig zur Behandlung der Beschwerden ist **einheitlich die Beschwerdeinstanz** des Bundes oder des Kantons[213] nach StPO 20. Zu beachten sind die **Unvereinbarkeitsbestimmungen** von StPO 21 II, d.h., die Mitglieder des Berufungsgerichts können nicht zugleich Beschwerderichter sein[214]. 1520

Im Sinn der Entlastung der Beschwerdeinstanz sieht StPO 395 vor, dass im Fall, dass die Beschwerdeinstanz eine Kollegialbehörde ist, die Verfahrensleitung (d.h. die Präsidentin oder der Präsident) dieses Gerichts die Beschwerden im Sinn eines Einzelgerichts entscheidet, wenn Gegenstand der **Beschwerde allein Übertretungen** sind (StPO 395 lit. a), unabhängig davon, ob Verfahrenshandlungen der Staatsanwaltschaft, einer Übertretungsstrafbehörde (StPO 17 I) oder eines Gerichts angefochten sind. Die Verfahrenleitung allein ist weiter zuständig, wenn bei Beschwerden, die ausschliesslich die **wirtschaftlichen Nebenfolgen des Entscheids** wie Kosten, Entschädigungen, Einziehungen oder die Honorierung amtlich bestellter Rechtsbeistände zum Gegenstand haben, der strittige Betrag nicht mehr als 5000 Franken beträgt (lit. b)[215]. 1521

4. Legitimation

Es gelten die **allgemeinen, vorstehend zu findenden Regeln** von StPO 381 f. bzw. JStPO 38[216]. 1522

5. Form und Frist, StPO 396

Die Beschwerde ist bei schriftlich oder mündlich eröffneten Entscheiden **innert 10 Tagen**[217] schriftlich und begründet[218] bei der Beschwerdeinstanz einzu- 1523

---

[213] *Beschwerdekammern des Bundesstrafgerichts* künftig zuständig für Beschwerden gegen Entscheide der Strafkammer desselben Gerichts, vorne N 385. Der *Sonderfall der Beschwerde gegen kantonale Entscheide in der internationalen Rechtshilfe* nach IRSG 25, wurde in der vorstehenden N bereits erwähnt, dazu weiter vorne N 506, hinten N 1721. Vgl. ebenfalls den *Sonderfall nach JStPO 39 II.* (systemwidrig ist im *Jugendstrafverfahren im Fall von Untersuchungs- oder Sicherheitshaft das Zwangsmassnahmengericht Beschwerdeinstanz!*)

[214] Mindestens nicht im gleichen Fall, vorne N 384, 389 und hinten N 1540. Zur Vereinbarkeit der Rolle von *Beschwerde- und Revisionsrichter* vorne N 389.

[215] Entscheidend ist der im *Zeitpunkt der Beschwerde* noch strittige Betrag. Bei mehreren stritten Beträgen (selbst aus Ansprüchen unterschiedlicher Art) werden diese zusammengezählt, BeB 263 unten.

[216] Vorne N 1454 ff.

[217] Gilt generell für alle Beschwerden, entgegen der früheren besonderen Regelung, dazu A.J. KELLER in AJP 2/2007 206, auch bei *Gerichtsstandsstreitigkeiten*.

9. Kapitel: Rechtsmittel

reichen (StPO 396 I). Die **Fristen** richten sich nach StPO 89 ff. bzw. 384, die **Begründung** nach StPO 385 I[219]. Beschwerden **wegen Rechtsverweigerung und Rechtsverzögerung** (StPO 393 II lit. a) sind hingegen an keine Frist gebunden (StPO 396 II)[220]. Eine **Anschlussbeschwerde**, d.h. das nachträgliche Einreichen einer Beschwerde durch die Gegenpartei der zuerst eingelegten Beschwerde nach Ablauf der Beschwerdefrist bzw. das Stellen entsprechender Anträge in der schriftlichen Beantwortung der Beschwerde, ist nicht möglich[221].

6. Wirkung der Beschwerde, StPO 387

1524 Der Beschwerde hat **keine aufschiebende Wirkung** (näher StPO 387)[222]. Sie ist jedoch ein **devolutives Rechtsmittel**, geht doch die Entscheidungsbefugnis an die nächsthöhere Instanz, die Beschwerdeinstanz, über (StPO 20, 396 I).

7. Beschwerdeverfahren, Entscheid, StPO 397

1525 Das Beschwerdeverfahren ist grundsätzlich **schriftlich** (StPO 397 I, vgl. auch StPO 69 III lit. c), wobei dazu näher StPO 390 zu beachten ist. Es kann nach StPO 390 V eine **mündliche Verhandlung** angesetzt werden[223]. Die Beschwerdeschrift wird (wenn sich die Beschwerde nicht sofort als unzulässig bzw. unbegründet erweist) den andern Parteien und der Vorinstanz zur Beantwortung in-

---

[218] Zu den *erhöhten Anforderungen an die Anträge sowie die Begründung angesichts der möglichen reformatorischen Wirkung* vorne N 1474; zur gleichen Thematik mit Blick auf BGG 42 II hinten N 1701. Bei einer *Doppel-, Alternativ- oder Mehrfachbegründung des angefochtenen Entscheids* sind alle selbstständigen Begründungen anzufechten, vorne N 1474 und hinten N 1701 Fn. 644.

[219] Zu den Fristen vorne N 1470 ff.

[220] Aus StPO 3 II lit. a und b sowie 382 I folgt allerdings die *Pflicht, auch solche Beschwerden ohne unnötigen Verzug einzubringen, d.h.* mindestens, solange noch ein Rechtsschutzinteresse besteht.

[221] So zum früheren, mit der Beschwerde vergleichbaren Rekurs ZR 76 (1977) Nr. 74. Vgl. sodann MKGE 12 (1997–2005) Nr. 5 E.1.b. (Ankläger verlangt Herabsetzung der dem Freigesprochenen zugesprochene Genugtuung; Letzterer verlangte auf dem Weg des Anschlussrekurses – unzulässigerweise – Erhöhung derselben). Ebenfalls *keine bedingte Beschwerde* für den Fall, dass Gegenpartei Beschwerde einlegt, BGE 133 I 270, E.2.3. = SJZ 104 (2008) 271. Während Laufens der Beschwerdefrist ist Beschwerde der Gegenpartei selbstverständlich noch möglich.

[222] Dazu vorne N 1480 f.

[223] *Mündliche Verhandlung* z.B., wenn von einer solchen *weitere, wesentliche Erkenntnisse* (z.B. zur Massnahmebedürftigkeit in Fällen von nachträglichen richterlichen Entscheiden, StPO 363 ff., vorne N 1390 ff.) zu erwarten sind, RKG 1996 Nr. 3. – *Anspruch auf mündliche und öffentliche Verhandlung*, wenn bei Beschwerde gegen Einstellungsverfügungen über Einziehungs-, Kosten- und Entschädigungsfolgen entschieden wird, vorne N 268 (nicht gegen Einstellung selbst), *nicht aber bei Beschwerden gegen Beschlagnahme, Kontensperren usw.*, es sei denn, diese hätten definitiven Charakter, dazu N 1109 und für die Rechtshilfe Pra 97 (2008) Nr. 124 E.7.1.

nert einer anzusetzenden Frist zugestellt (StPO 390 II)²²⁴. Allenfalls ist ein zweiter Schriftenwechsel anzuordnen (vgl. StPO 390 III)²²⁵. Aus dem grundsätzlich schriftlichen Verfahren folgt, dass die Beschwerdeinstanz ihr Verfahren im Prinzip auf die **Akten der Vorinstanz stützt und keine eigenen Beweise erhebt** (StPO 389 I). Dies gilt etwa zur Frage des Tatverdachts bei der Überprüfung von Zwangsmassnahmen; hier darf das Beschwerdeverfahren nicht dem Urteil des Sachrichters vorgreifen²²⁶.

Der **Entscheid im Beschwerdeverfahren** ergeht in Beachtung von StPO 391 f.²²⁷ Die Beschwerdeinstanz kann nach StPO 397 II bei Gutheissung der Beschwerde einen neuen Entscheid fällen (**reformatorische Wirkung**), der in diesem Fall an die Stelle des Vorentscheides tritt²²⁸. Die Beschwerdeinstanz kann aber den angefochtenen Entscheid auch aufheben und die Sache zur neuen Prüfung und Entscheidung an die Vorinstanz zurückweisen (**kassatorische Wirkung**)²²⁹. Eine kassatorische Rückweisung erfolgt beispielsweise, wenn die Vorinstanz wesentliche Rechtsfragen nicht behandelte oder wegen Verweigerung des rechtlichen Gehörs kein ordentliches Verfahren stattfand. Weist die **Beschwerdeinstanz die Beschwerde** ab, bleibt es beim vorinstanzlichen Entscheid. 1526

Beschwerden **gegen Einstellungsverfügungen** (StPO 320, 322 II) **sind häufig**. Unklar nach bisherigem kantonalem Recht war mitunter, ob bei (wenn gegen Einstellung an sich gerichtet stets kassatorischer) **Gutheissung der Beschwerde** (und der damit bewirkten Rückversetzung des Verfahrens in das Stadium des Vorverfahrens) **die Beschwerdeinstanz der Staatsanwaltschaft Weisungen über den weiteren Gang des Verfahrens erteilen kann**. Üblicherweise wird der Beschwerdeführer (zumeist die Privatklägerschaft) mit seinen Anträgen verlangen, dass die Staatsanwaltschaft verpflichtet werde, Anklage zu erheben bzw. zunächst noch gewisse Beweismittel zu erheben²³⁰. StPO 397 III stellt klar, dass die Beschwerdeinstanz der Staatsanwaltschaft oder der Übertretungsstrafbehörde solche Weisungen – die unter dem Gesichtspunkt der Trennung der Funktionen zwischen Untersuchungs- und Anklagebehörden sowie Gerichten 1527

---

²²⁴ Grundsätzlich immer, BGer 3.10.2000 i.S. K. ca. Firma A sowie Staatsanwaltschaft des Kantons Zürich.
²²⁵ Nach dem relativ alten BGer 29.11.1972 i.S. H. und S. besteht eine solche Pflicht nicht, wohl aber nach der neueren allgemeinen Praxis zum rechtlichen Gehör, dazu vorne N 109.
²²⁶ Dazu BGE 124 IV 313, 316, 120 IV 166 f., ferner etwa BGer 28.3.2006, 1S.42/2005 E.6.2. oder 7.6.2005, 1S.16/2005.
²²⁷ Vorne N 1487 ff.
²²⁸ Dazu allgemein vorne N 1450.
²²⁹ Dazu allgemein vorne N 1450.
²³⁰ In diese Richtung auch Botschaft 1313. – Nach Gutheissung einer Beschwerde gegen eine Einstellungs- und üblicherweise auch eine Nichtanhandnahmeverfügung ist es im Regelfalle der *Staatsanwaltschaft verwehrt, den Fall durch blosse (erneute) Nichtanhandnahme zu erledigen*, vgl. RKG 2005 Nr. 22.

heikel sind[231] – erteilen darf. Die Reichweite dieses Weisungsrechts bleibt indessen unklar. Parallel zu StPO 394 lit. a (Ausschluss der Beschwerde gegen Beweisanträge durch die Staatsanwaltschaft) sollte die Beschwerdeinstanz Zurückhaltung darin üben, der Staatsanwaltschaft verbindliche Weisungen zur Beweiserhebung zu erteilen, zumal nach Anklageerhebung bei der ersten Instanz solche Beweisanträge ohne Rechtsverlust wiederholt werden können (vgl. StPO 331 II). Jedenfalls steht es der Beschwerdebehörde zu, die **einstellende Behörde zur Anklageerhebung zu verpflichten.**

1528 Weisungen können ebenfalls erteilt werden, wenn die **Beschwerdeinstanz eine Rechtsverweigerung oder Rechtsverzögerung** (StPO 393 II lit. a[232]) **feststellt** (StPO 397 IV), wobei die vorerwähnten Probleme der Funktionstrennung von Untersuchungs- und Anklagebehörden einerseits sowie Gerichtsbehörden andererseits gleichermassen aktuell sind. Im Vordergrund dürften hier Weisungen stehen, vorgesehene oder notwendige Untersuchungshandlungen (vor allem den Abschluss der Voruntersuchung[233]) innert einer angesetzten Frist durchzuführen. Sanktionen z.B. bei Nichteinhaltung dieser Fristen kann die Beschwerdeinstanz jedoch weder androhen noch verhängen. Dies ist allenfalls Aufgabe der von Bund und Kantonen nach StPO 14 V zu bestellenden Aufsichtsbehörden[234].

8. Endgültigkeit der Beschwerdeentscheide, Bundesrechtsmittel dagegen, StPO 397, BGG 78 ff.

1529 Beschwerdeentscheide sind **endgültig**, d.h., es ist dagegen kein weiteres Rechtsmittel (nochmalige Beschwerde, Berufung) nach der StPO möglich[235]. Denkbar ist jedoch die **Strafrechtsbeschwerde ans Bundesgericht**, soweit die Voraussetzungen dafür nach BGG 78 ff. erfüllt sind[236].

§ 92 Berufung, StPO 398–409, JStPO 40, MStP 172–183

Literaturauswahl: neben der vorne zu §§ 89 und 90 zitierten Literatur AESCHLIMANN N 1745; HAUSER/SCHWERI/HARTMANN § 99; MAURER (Appellation) 520; OBERHOLZER N 1655; PADRUTT 360; PIQUEREZ (2006) N 1229; DERS. (2007) N 948; SCHMID (2004) N 1020.

---

[231] Hierzu BeB 264 Mitte sowie ZR 101 (2002) Nr. 12 zur Vereinbarkeit mit der Gewaltentrennung.
[232] Zu diesem Beschwerdegrund vorne N 1499, 1502.
[233] BeB 264 Mitte.
[234] Vorne N 338.
[235] E 402 lit. c sah vor, dass es gegen Beschwerdeentscheide keine weitere Beschwerde gibt; Gleiches ergibt sich schon aus StPO 20 I. Eine Berufung ist nach StPO 21 I lit. a sowie 398 ausgeschlossen, da diese nur gegen erstinstanzliche Urteile zulässig ist. Ebenfalls keine Revision gegen Beschwerdeentscheide, hinten N 1587.
[236] Hinten N 1628 ff., vgl. etwa die Fälle in N 1643.

RICHARD CALAME, Appel et Cassation. Étude de leur fonction en procédure pénale, Berne 1993; ROLF BRÜNDLER, Die Appellation im Rechtsmittelsystem des Luzerner Strafverfahrens, Diss. Zürich 1990; MARC KÄSLIN, Appellation im luzernischen Strafverfahren, Diss. Zürich 1993.

Materialien: Aus 29 mach 1 S. 159 f.; VE 467–478; BeB 264 ff.; ZEV 84 f.; E 406–416; Botschaft 1313 ff.; AB S 2006 2006 1055 f., 729; 2007 729, AB N 2007 1031.

1. Begriff und Bedeutung

Die **Berufung** gemäss StPO 398 ff. ist ein **ordentliches, primäres, weitgehend vollkommenes und suspensives, devolutives und zumeist reformatorisches Rechtsmittel**[237], mit dem erstinstanzliche Urteile[238] im Sinn von StPO 80 beim Berufungsgericht angefochten werden können. 1530

Da die Berufung – mit Ausnahme der Urteile im abgekürzten Verfahren (StPO 362 V)[239] sowie bei Übertretungen (StPO 398 IV, nachfolgend Ziff. 2.3.) – eine **vollständige Überprüfung des vorinstanzlichen Urteils** ermöglicht, gewährleistet sie eine zweifache umfassende Überprüfung der Sach- und Rechtslage wie auch der Ermessensfragen, in erster Linie bei der Strafzumessung. Ihr Wert wird in der neueren rechtspolitischen Diskussion trotzdem oft in Frage gestellt, etwa weil sich erfahrungsgemäss die Möglichkeiten der zuverlässigen Beweisführung mit laufender Zeit markant verschlechtern. 1531

2. Zulässigkeit und Berufungsgründe, StPO 398

2.1. Zulässigkeit der Berufung, StPO 398 I

Wie vorstehend erwähnt, lässt StPO 398 I die **Berufung gegen Urteile von Einzel- und Kollegialgerichten** zu, wobei diese Bestimmung präzisiert, dass anfechtbar jene (Sach-)Urteile sind, mit denen das vorinstanzliche Verfahren ganz oder teilweise abgeschlossen wird. Im Hauptfall sind es Urteile, mit denen ausgehend von einer Anklage der Staatsanwaltschaft über Schuld und Strafe entschieden wird, also der **Fall vor erster Instanz gänzlich abgeschlossen wird**. Mit der Berufung angefochten werden können indessen nicht allein das **Urteil im Schuld- und Strafpunkt**, also Urteile, die auf Schuld- oder Freispruch lauten und mit denen Sanktionen gemäss StGB verhängt werden[240], sondern vereinfacht ausgedrückt alle Punkte, die nach StPO 81 IV Gegenstand des Urteilsdispositivs bilden. Berufung (also nicht Beschwerde) ist mithin ebenfalls zu ergreifen, wenn 1532

---

[237] Zu diesen Unterscheidungskriterien allgemein vorne N 1444 ff.
[238] Vorne N 1338 ff., zum Urteil nach StPO 80 ff. allgemein vorne N 582 ff. – Keine *Berufung gegen Urteile des Bundesstrafgerichts* nach dem Konzept des E StBOG, vgl. vorne N 391
[239] Vorne N 1389.
[240] Botschaft 1313 unten.

das Urteil nur in **Nebenpunkten** wie Wiederrufsentscheiden[241], Zivilpunkt, Kosten- und Entschädigungsfragen, Einziehung usw. angefochten wird, was sich indirekt übrigens aus StPO 399 IV lit. c-g ergibt[242].

1533 Anfechtbar sind nach StPO 398 I sodann **selbstständige Vor- bzw. Teilurteile** (*... Verfahren ... oder teilweise abgeschlossen ...*). Im Vordergrund stehen Entscheide i.S. von StPO 126 III und allenfalls nach StPO 126 IV, wenn zunächst das Verfahren im Schuld- und Strafpunkt mit selbstständig gefasstem und eröffnetem Urteil beendet wurde[243].

2.2. Umfassende Kognition des Berufungsgerichts, StPO 398 II, III

1534 Mit der Berufung als ordentlichem, weitgehend vollkommenem Rechtsmittel können nach StPO 398 II, soweit sich die erste Instanz mit Verbrechen oder Vergehen auseinandersetzte, **alle Mängel des vorinstanzlichen Urteils und des Verfahrens gerügt und neue Behauptungen und Beweise vorgebracht werden**. Dies war in VE 467 III klipp und klar festgehalten. Überflüssigerweise wurde in den späteren Fassungen der offenbar als Erläuterung gedachte ausführlichere Abs. 3 eingefügt, wie bei der Beschwerde ergänzt hernach im Parlament mit dem (vor allem bei der Berufung) überflüssigen Rügegrund der Unangemessenheit (StPO 398 III lit. c)[244]. Wie schon StPO 398 II andeutet und StPO 399 III und 404 konkretisieren, ist die **Berufung aber nicht auf eine Überprüfung des gesamten Urteils, sondern der angefochtenen Urteilspunkte fokussiert**. Entgegen manchen früheren kantonalen Prozessordnungen kann nämlich eine Beschränkung der Berufung vorgenommen werden (anschliessend Ziff. 5.3.). Innerhalb der Berufungsanträge ist allerdings das Berufungsgericht **nicht an die konkreten Anträge** gebunden (StPO 391 I), d.h., es kann z.B. bei Antrag auf Schuldigsprechung wegen fahrlässiger statt vorsätzlicher Tötung den Angeklagten völlig freisprechen. Ein Freispruch wäre jedoch nicht möglich, wenn die

---

[241] *Beschwerde hingegen bei selbstständigen nachträglichen Entscheiden des Gerichts* nach StPO 363 ff., N 1395.
[242] Dass auch Nebenpunkte des Urteils mit Berufung anzufechten sind, war in VE 467 II ausdrücklich vorgesehen.
[243] Botschaft 1313 unten. Zu diesen Entscheiden vorne N 1714 ff., zur Frage des Teilentscheides nach BGG 91 hinten N 1645.
[244] Ebenfalls bei der Beschwerde, vorne N 1512. Abs. 3 von StPO 398 ist in dieser Ausführlichkeit ohnehin überflüssig; vgl. VE 467, der vereinfachend und auf den Punkt gebracht nur von einer «*umfassenden Prüfung durch das Berufungsgericht*» sprach. Insbesondere mit der Berufung kann *naturgemäss* nicht nur Unangemessenheit etwa bei der Strafzumessung geltend gemacht werden, sondern diese generell der Überprüfung zugeführt werden.

Berufung allein die Strafzumessung betrifft[245]. Eine Schranke zugunsten des Angeklagten bildet freilich das Verbot der *reformatio in peius* (StPO 391 II)[246].

Im Übrigen bildet die **Anklage** auch die **Basis des Berufungsverfahrens (Anklage- bzw. Immutabilitätsgrundsatz**, StPO 9, 350 I)[247]. Allerdings ist im Berufungsverfahren noch eine **Änderung oder Ergänzung der Anklage** i.S. von StPO 333 I, nicht aber eine Erweiterung nach StPO 333 II[248] möglich. 1535

2.3. Beschränkte Berufung bei Übertretungen, StPO 398 IV

StPO 398 lässt zwar in Nachachtung des von BV 32 III gewährten Anspruchs auf zwei Instanzen generell die Berufung gegen erstinstanzliche Urteile zu, schränkt diese aber in Abs. 4 im Einklang mit diversen früheren kantonalen Prozessordnungen ein: Bildeten ausschliesslich Übertretungen Gegenstand des erstinstanzlichen Hauptverfahrens, so kann das Urteil nur angefochten werden, wenn geltend gemacht wird, **es sei rechtsfehlerhaft. Die unrichtige Feststellung des Sachverhalts kann nicht gerügt werden, es sei denn, es werde geltend gemacht, die Feststellung des Sachverhalts sei offensichtlich unrichtig oder beruhe auf einer Rechtsverletzung**[249]. Neue Behauptungen und Beweise können nicht vorgebracht werden. Dies bedeutet, dass die Berufung auf die Überprüfung des erstinstanzlichen Entscheides hinsichtlich Rechtsverletzungen konzentriert ist. Die Berufung nähert sich damit in diesem Bereich der in bisherigen kantonalen Strafprozessordnungen bekannten Nichtigkeitsbeschwerde an[250]. 1536

Die Sonderregelung von StPO 398 IV ist anwendbar, wenn «*ausschliesslich Übertretungen Gegenstand des erstinstanzlichen Verfahrens*» bildeten. Entscheidend ist somit nicht, dass sich das Urteil auf einen Schuldspruch bezüglich Übertretungen beschränkt. Die (unbeschränkte) Berufung ist demgemäss möglich, wenn anlässlich der Verhandlung (auch) Verbrechen oder Vergehen behandelt wurden[251], insbesondere, weil die Anklage mit oder ohne Übertretungen auch Verbrechen oder Vergehen, der Schuldspruch jedoch nur noch Übertretungen umfasste. Dies etwa im Fall, dass bei Verkehrsunfällen wegen der angeklagten Körperverletzung ein **Freispruch ergeht und nur noch SVG-Übertre-** 1537

---

[245] Unter Vorbehalt von StPO 404 II, hinten N 1562.
[246] Vorne N 1489 ff. Hat die *Staatsanwaltschaft die Berufung erklärt,* kann das Berufungsgericht über deren Strafantrag hinausgehen, ohne die beschuldigte Person vorgängig zu orientieren, RKG 1999 Nr. 161.
[247] Vorne N 203 ff., N 1294.
[248] Zu StPO 333 näher vorne N 1294 ff. Zur *bisherigen Praxis der Änderung der Anklage im Berufungsverfahren* etwa im Kanton Zürich RO 1982 316 Nr. 36 und ZR 87 (1988) Nr. 57.
[249] So beachte auch nachher vom Nationalrat akzeptierte neue Formulierung des Ständerats, AB S 2006 1056.
[250] Botschaft 1314 oben.
[251] Abstellen auf Verhandlung nach BeB 265 Mitte.

tungen zur Verurteilung führen[252]. Die Problematik des Abstellens auf den Gegenstand des erstinstanzlichen Hauptverfahrens und nicht auf das Urteil wird allerdings in dem wiederum bei Verkehrsunfällen gelegentlich anzutreffenden Fall deutlich, in welchem der **Strafantrag wegen Körperverletzung vor der ersten Instanz** – und allenfalls bereits vor der Hauptverhandlung- **zurückgezogen wird** und nur noch Übertretungen zu behandeln sind. Allerdings spricht nichts dagegen, StPO 398 IV so zu interpretieren, dass die Regel nur gilt, wenn sich die Vorinstanz in ihrem Endentscheid materiell noch mit Verbrechen bzw. Vergehen auseinanderzusetzen hatte. Dies ist beim vorerwähnten Rückzug des Strafantrags nicht der Fall.

1538 StPO 398 IV lässt eine Berufung bei Übertretungen, wie vorstehend erwähnt, nur zu, wenn einer (oder kumulativ mehrere) der folgenden Mängel geltend gemacht werden:

- **Fehler bei der Anwendung des anwendbaren materiellen oder formellen Rechts** (StPO 398 III lit. a erster Teil), insbesondere des StGB und der StPO. Im Vordergrund steht die **Verletzung von Bundesrecht** i.S. von BGG 95, welches nach BGG 111 III bei der Strafrechtsbeschwerde von den Vorinstanzen des Bundesrechts mindestens zu überprüfen ist[253].
- Gerügt werden können sodann **Überschreitungen und Missbrauch des Ermessens sowie Rechtsverweigerung und Rechtsverzögerung** (StPO 398 III lit. a zweiter Teil), nicht aber blosse Unangemessenheit i.S. von StPO 398 III lit. c)[254].
- Nach StPO 398 IV kann sodann bei Übertretungsurteilen die **offensichtlich unrichtige Feststellung des Sachverhalts** gerügt werden. Dieser Anfechtungsgrund entspricht BGG 97 I, der die Strafrechtsbeschwerde ans Bundesgericht zulässt, wenn die Feststellung des Sachverhalts durch die Vorinstanz offensichtlich unrichtig ist oder auf einer Verletzung von Bundesrecht beruht. Gerügt werden können damit nur **klare Fehler bei der Sachverhaltsermittlung**, wobei zunächst an Versehen und Irrtümer, ferner an Diskrepanzen zwischen der sich aus den Akten sowie der Hauptverhandlung ergebenden Beweislage und den Feststellungen im Urteil zu denken ist. In Betracht fallen sodann (in Kongruenz mit dem vorstehenden Rügegrund der Rechtsverletzung und in Übereinstimmung mit BGG 97 I) Fälle, in denen die **gerügte Sachverhaltsfeststellung auf einer Verletzung von Bundesrecht**, vorab der StPO selbst, beruht. Zu denken ist weiter an Fälle, in denen die an sich zur **Verfügung stehenden Beweismittel offensichtlich ungenügend ausgeschöpft wurden**, also der Sachverhalt unvollständig festgestellt und damit der Grundsatz der Wahrheitserforschung von Amtes wegen (Untersuchungs-

---

[252] Botschaft 1314 oben.
[253] BeB 265 oben.
[254] So ein Votum im Ständerat AB S 2006 1056.

grundsatz, StPO 6)²⁵⁵ missachtet wurde. Gesamthaft gesehen dürften hier regelmässig Konstellationen relevant sein, die früher als **willkürliche Sachverhaltsfeststellung** qualifiziert wurden.

2.4. Beschränkung der Berufung im Zivilpunkt, StPO 398 V

StPO 398 V beschränkt die Berufung im Zivilpunkt, um die Parteien im Adhäsionsprozess gegenüber Parteien, die ihre zivilrechtlichen Auseinandersetzungen auf dem Wege des Zivilprozesses austragen, nicht zu bevorzugen. Ist **nur der Zivilpunkt angefochten**, wird dieser nach der genannten Regelung nur so weit überprüft, als das am betreffenden Gerichtsstand anwendbare Zivilprozessrecht eine Überprüfung des betreffenden Urteils im Zivilpunkt zulassen würde. Diese Regelung, die auf das geltende kantonale Zivilprozessrecht wie auch die künftige Schweizerische ZPO²⁵⁶ passt, gilt primär, wenn die erste Instanz tatsächlich ein Urteil im Zivilpunkt fällte, jedoch ebenfalls, wenn die Ansprüche auf den Zivilweg gewiesen wurden²⁵⁷. Die Beschränkungen von StPO 398 V gelten im Übrigen nicht, wenn das **Urteil noch in andern Punkten angefochten ist**²⁵⁸. 1539

3. Berufungsinstanz, StPO 21

Berufungsinstanz ist allein das **Berufungsgericht** (StPO 21). Dabei ist auf die **Unvereinbarkeitsbestimmung** von StPO 21 II und III zu achten, d.h., die Mitglieder des Berufungsgerichts können nicht zugleich Beschwerde- und Revisionsrichter sein²⁵⁹. 1540

4. Legitimation, StPO 381 f., JStPO 38

Die Legitimation richtet sich nach den **allgemeinen Bestimmungen von StPO 381 f.**²⁶⁰ Da mit der Berufung alle Punkte des erstinstanzlichen Urteils angefochten werden können (und dafür kein anderes Rechtsmittel zur Verfügung steht), sind auch Personen, die durch die Nebenfolgen wie durch Kosten-, Entschädigungs- oder Einziehungsentscheide allein belastet sind, zur Berufung legitimiert (vorne Ziff. 2.1.). 1541

---

²⁵⁵ Vorne N 153 ff.
²⁵⁶ ZPO 308 II setzt einen Streitwert von mindestens Fr. 10'000.– voraus.
²⁵⁷ Vorne N 712.
²⁵⁸ BeB 265 Mitte und Botschaft 1314 wollen die Beschränkung nur fallen lassen, wenn auch Schuld- und Strafpunkt angefochten sind, was als zu eng erscheint. Entscheidend dürfte sein, dass sich das *Berufungsgericht (neben der Adhäsionsklage) noch mit andern Punkten des vorinstanzlichen Urteils zu befassen hat, z.B. mit einer Einziehung.*
²⁵⁹ Mindestens nicht im gleichen Fall, vorne N 384 und 389.
²⁶⁰ Vorne N 1454 ff.

1542 **Stirbt die beschuldigte Person** vor Eintritt der formellen Rechtskraft (StPO 437)[261], d.h. vor Ablauf der Berufungsfrist bzw. bei einer noch zu ihren Lebzeiten ergriffenen Berufung vor rechtskräftiger Erledigung derselben, gehen die Rechtsmittelbefugnisse entgegen StPO 382 III nicht an die Angehörigen über. Vielmehr wird das Strafverfahren als durch Tod der beschuldigten Person erledigt abgeschrieben, d.h. nach StPO 329 IV eingestellt. Dies bedeutet, dass das Verfahren im Straf- und Schuldpunkt weder durch deren Angehörige noch andere an sich zu Rechtsmitteln Legitimierte weitergeführt werden kann. Da die Adhäsion wegfällt, können ebenso die **Zivilansprüche** nicht mehr weiter verfolgt werden; diese sind auf dem Zivilweg weiter zu verfolgen.

5. Form und Frist, StPO 399 f.

5.1. Anmeldung der Berufung und Berufungserklärung, StPO 399

1543 Die Berufung ist nach StPO 399 I innert **10 Tagen** seit Eröffnung des Urteils gemäss StPO 84 und 384[262] bei der urteilsfällenden ersten Instanz schriftlich einzureichen oder mündlich zu Protokoll zu erklären. Die Möglichkeit einer mündlichen Berufungserklärung ist namentlich auf den Fall zugeschnitten, dass eine Partei vor den Schranken des erstinstanzlichen Gerichts nach Eröffnung des Urteils sofort die Berufung erklären will[263]. Die genannte Frist gilt ebenfalls, wenn im Sinn von StPO 82 auf eine **Begründung des Urteils verzichtet wurde**[264]. Die Berufungserklärung nach StPO 399 I beschränkt sich darauf, dass die Partei erklärt, sie wolle Berufung ergreifen. Eine Begründung usw. ist mit dieser Erklärung nicht zu verbinden.

1544 Bei **Abwesenheitsurteilen** nach StPO 366 ff. läuft die Berufungsfrist ebenfalls ab Eröffnung (allenfalls im Sinn einer Ersatzzustellung nach StPO 85–88) des Entscheids[265]. Für die Behandlung von **Wiederherstellungsgesuchen** bezüglich

---

[261] Hinten N 1841 ff.
[262] Also *Aushändigung des Dispositivs, nicht Zustellung des begründeten Urteils*. Dazu näher vorne N 595 ff. und N 1471; zur Fristberechnung sodann StPO 89 ff., vorne N 605 ff. – Eine *verspätete Berufung* kann nicht in eine Anschlussberufung umgedeutet werden, zivilprozessualer Entscheid in SJZ 103 (2007) 474.
[263] Botschaft 1314 Mitte. – Wünscht die beschuldigte Person eine Berufung bzw. ist sie unentschlossen, ist es in der Regel *Aufgabe des notwendigen oder amtlichen Verteidigers, die Berufung zu erklären*, dazu RKG 2006 Nr. 113 (für die frühere zürcherische Nichtigkeitsbeschwerde). – Für die *Staatsanwaltschaft sofortige Berufungserklärung notwendig*, wenn sie bei Freispruch nach StPO 231 II eine Fortsetzung der Sicherheitshaft verlangt, vorne N 1047.
[264] Dazu näher vorne N 587.
[265] Zum *Verhältnis des Gesuchs um neue Beurteilung und Berufung* StPO 371 und vorne N 1415.

der Berufungsfrist ist das urteilende erstinstanzliche Gericht zuständig (StPO 94 II).

Das erstinstanzliche Gericht **übermittelt die Berufungsanmeldung** nach Ausfertigung des begründeten Urteils (StPO 81 f., 84 IV) zusammen mit den Akten (ohne eigene Vorprüfung) dem Berufungsgericht. Dafür ist (abgesehen von jener nach StPO 84 IV) keine Frist vorgesehen. Mit Eingang der Akten beim Berufungsgericht tritt die dortige **Rechtshängigkeit** ein. Damit geht die Verfahrensherrschaft an das Berufungsgericht über. Dieses bzw. dessen Verfahrensleitung ist fortan für alle verfahrensmässigen Vorkehren zuständig. Die Verfahrensleitung hat namentlich über die **Sicherheitshaft** zu befinden (näher StPO 231 ff.)[266]. 1545

5.2. Berufungserklärung, StPO 399 III

Die StPO beruht bezüglich der Berufung auf einem **zweistufigen Anmeldungs- und Begründungsverfahren**: Nach der (unbegründeten) Berufungsanmeldung nach StPO 399 I (vorne Ziff. 5.1.) läuft der appellierenden Partei nach Zustellung des begründeten Urteils eine zweite Frist von 20 Tagen, damit sie nach StPO 399 III in einer **schriftlichen Berufungserklärung**, die wiederum ohne Begründung erfolgt, angibt, ob sie das **Urteil vollumfänglich oder im Sinn von StPO 399 IV nur in Teilen anficht** (lit. a), **welche Änderungen des erstinstanzlichen Urteils verlangt werden** (lit. b) und **welche Beweisanträge sie stellt** (lit. c). Hat eine Partei Berufung angemeldet, ist sie bei Zustellung des begründeten Urteils auf die nun neu laufende Frist aufmerksam zu machen. Unklar ist, inwieweit StPO 399 III als Ordnungs- oder Gültigkeitsvorschrift zu qualifizieren ist[267]. Da die Benennung der Rügen i.S. dieser Norm nicht unter den Vorschriften, die nach StPO 403 I zum Nichteintreten auf die Berufung führen können, figuriert, erscheint sie eher als **Ordnungsvorschrift**. Ist die Erklärung nicht klar, ist nach StPO 400 I (nachfolgend Ziff. 5.4.) vorzugehen. 1546

5.3. Einschränkung der Berufung, StPO 399 IV

Im Einklang mit verschiedenen früheren kantonalen Strafprozessordnungen sieht die StPO in Art. 399 IV die Möglichkeit vor, dass die appellierende Person die Berufung im Interesse der Verfahrensökonomie **auf einzelne Punkte des erstinstanzlichen Urteils beschränken kann**. Diese Beschränkung kann im Rahmen der Berufungserklärung nach StPO 399, aber auch in einem späteren Zeitpunkt 1547

---

[266] Vorne N 1048. Allenfalls Ersatzmassnahmen nach StPO 237 ff., vorne N 1053 ff. Zur hier besonders aktuellen *Berücksichtigung eines zu erwartenden bedingten Strafvollzugs bzw. einer bedingten Entlassung*, m.w.H. vorne N 1020.

[267] Anmeldung der Beanstandungen hingegen Gültigkeitserfordernis nach früherer zürcherischer Praxis zu ähnlichen Vorschriften, siehe Hinweise in ZR 105 (2006) Nr. 63 S. 267. – Zur Unterscheidung Ordnungs- und Gültigkeitsvorschrift vorne N 544 ff.

9. Kapitel: Rechtsmittel

(im Sinn eines Rückzugs nach StPO 386 II, hinten Ziff. 8.1.) erklärt werden. In lit. a–g von StPO 399 IV sind die einzeln anfechtbaren Urteilspunkte abschliessend[268] aufgelistet, wobei selbstredend auch zwei oder mehrere Punkte miteinander angefochten werden können, also beispielsweise der Schuldpunkt (lit. a) und die Strafzumessung (lit. b). Ohne klar ausgedrückte Beschränkung gilt das Urteil als Ganzes angefochten; im Zweifel erfasst die Berufung m.a.W. das ganze Urteil. Hier wie bei andern im Strafverfahren von den (privaten) Parteien abzugebenden Erklärungen ist das **Verbot des überspitzten Formalismus**[269] zu beachten.

1548 Es ist zu erwarten, dass **die vorstehend umschriebene Einschränkung der Berufung in der Praxis gewisse Schwierigkeiten bereitet**. Kann z.B. der Verurteilte seine Berufung nur auf die **Frage der Gewährung des bedingten Sanktionsvollzugs** – ein häufiges Anliegen verurteilter Personen – beschränken[270]? Darf sich das Berufungsgericht mit der Strafe bzw. der Strafzumessung und den **weiteren Folgen des Schuldspruchs** befassen, wenn die beschuldigte Person den Schuldspruch allein anficht (und damit Erfolg hat)? Es ist naheliegend, in die Überprüfung des Urteils weitere, an sich nicht angefochtene Punkte einzubeziehen, wenn eine enge Konnexität der angefochtenen mit weiteren, nicht angefochtenen Urteilspunkten besteht. So liegt es auf der Hand, dass je nach Ausgang der Überprüfung eines oder mehrerer Schuldsprüche sich die Fragen der Sanktionierung und der Kosten- und Entschädigungsfolgen unausweichlich neu stellen. Insbesondere bei einem **vollständigen Freispruch** wäre ein Festhalten am Entscheid der Vorinstanz in den vorgenannten Punkten auch ohne entsprechendes Berufungsbegehren nicht möglich. Es ist deshalb davon auszugehen, dass eine Berufungserklärung, mit der ein vollständiger Freispruch verlangt wird, bei Erfolg automatisch zu einer neuen Prüfung aller andern Urteilspunkte führt. Die Beschränkung gilt hingegen, wenn bei einer auf den Schuldspruch beschränkten Berufung dieser bestätigt wird. Eine Schranke des Einbezugs nicht angefochtener Urteilspunkte bildet im Übrigen stets das Verbot der *reformatio in peius* (StPO 391 II)[271].

1549 Die Folge dieser möglichen **Teilanfechtung**, die den Gegenstand der Berufung endgültig fixiert, ist, dass
– sich das Berufungsgericht (unter Vorbehalt einer Berufung einer andern legitimierten Partei bzw. einer Anschlussberufung) **nur mit den angefochtenen Punkten zu beschäftigen hat** (StPO 404, hinten Ziff. 7.2.);

---

[268] Botschaft 1314 unten.
[269] Vorne N 92.
[270] Dieser häufige strittige Punkt soll nach Hinweisen in den Materialien unter dem Titel Strafzumessung (StPO 399 IV lit. b) anfechtbar sein, so RK-N 26./27.4.2007 88, obwohl nur schon materiell-rechtlich die Bereiche Strafzumessung und bedingter Vollzug getrennt sind!
[271] N 1489 ff.

- eine spätere Ausdehnung der Berufung nicht möglich ist, hingegen eine weitere **Beschränkung**[272], und dass
- die **nicht angefochtenen Urteilspunkte sofort in Rechtskraft erwachsen** (**Teilrechtskraft**, StPO 402, hinten Ziff. 6).

An sich wäre es naheliegend, dass die die Berufung einlegende Partei wegen der Folgen der Beschränkung auf eine solche verzichtet. Zu bedenken sind jedoch die **Kosten- und Entschädigungsfolgen**: Nach StPO 428 werden die Kosten des Rechtsmittelverfahrens nach Massgabe des Obsiegens bzw. Unterliegens auferlegt. Wenn eine Partei das Urteil vollumfänglich anficht, jedoch nur einzelne Punkte im Visier hat und in diesen letztlich auch obsiegt, läuft sie Gefahr, im Umfang des Unterliegens kosten- und entschädigungspflichtig zu werden[273].

1550

5.4. Vorprüfung, StPO 400 I, II

Die Verfahrensleitung des Berufungsgerichts prüft **zunächst, ob aus der Berufungserklärung nach StPO 399 eindeutig ersichtlich ist, ob das erstinstanzliche Urteil gänzlich oder nur teilweise angefochten wird** (StPO 400 I), jedoch nicht die Eintretensfrage an sich (dazu nachfolgend StPO 403). Ist die Berufungserklärung bezüglich des Umfangs der Berufung nicht klar, so fordert die Verfahrensleitung die Partei auf, die Erklärung innert angesetzter Frist zu präzisieren. Dabei ist die Berufungserklärung gerade des juristischen Laien *pro appellante* auszulegen[274]. Äussert sie sich trotz Fristansetzung immer noch nicht deutlich zu ihren Anfechtungsabsichten, ist das gesamte Urteil als angefochten zu betrachten (vorne Ziff. 5.3.).

1551

Die Verfahrensleitung des Berufungsgerichts **stellt den andern Parteien unverzüglich eine Kopie der Berufungserklärung zu.** Diese Zustellung hat auch dann sofort zu erfolgen, falls es sich als notwendig erweist, die Berufungserklärung i.S. von StPO 400 I a.E. präzisieren zu lassen. Die andern Parteien sind selbstredend ebenfalls mit Kopien der nachfolgend eingehenden bereinigten Berufungsklärungen zu bedienen[275]. Die andern Parteien können nach StPO 400 III innert 20 Tagen nach Empfang bzw. Zustellung nach StPO 85 ff. der Berufungserklärung beim Berufungsgericht **Nichteintreten auf die Beru-**

1552

---

[272] Botschaft 1314 unten. Also keine *Ausdehnung in der Begründung der Berufung im mündlichen oder schriftlichen Verfahren* nach StPO 405 oder 406, vgl. m.w.H. GVG 2007 Nr. 92. Als zulässig erscheint jedoch eine *Anschlussberufung* eines Berufungsklägers nach StPO 401 im Fall, dass andere Berufungskläger mit ihrer Berufung Urteilspunkte anfechten, die nicht in der Anfechtungsliste des Erstappellanten figurieren, vgl. N 1555 a.E.
[273] Hinten N 1798, 1835 ff.
[274] BeB 266 unten verweist auf die allenfalls gegebene *Notwendigkeit, dem unbeholfenen Berufungskläger einen amtlichen Verteidiger nach StPO 132 oder einen unentgeltlichen Rechtsbeistand nach StPO 136 II lit. c beizugeben*, vgl. dazu auch vorne N 741 ff. und N 768 ff.
[275] Geht auch *nach erneuter Fristansetzung keine deutliche Berufungserklärung ein*, ist den andern Parteien mitzuteilen, dass das ganze Urteil als angefochten gilt.

fung (lit. a) oder aber **Anschlussberufung** (lit. b, anschliessend Ziff. 5.5.) erklären, worauf sie bei der Zustellung der Berufungserklärung hinzuweisen sind. War die Berufungserklärung unklar und führte i.s. von StPO 400 I zu Ergänzungen, so ist den betroffenen Verfahrensbeteiligten nach deren Eingang nochmals Frist zur Anschlussberufung anzusetzen.

5.5. Anschlussberufung, StPO 401

5.5.1. Erheben der Anschlussberufung, StPO 401

1553 **Legitimiert zur Anschlussberufung** sind einerseits **die (privaten) Parteien**, die bezüglich der Urteilspunkte, die sie anfechten wollen, in ihren rechtlich geschützten Interessen tangiert und damit ihrerseits rechtsmittellegitimiert sind (StPO 382 I)[276]. Dies bedeutet beispielsweise, dass die Anschlussberufung der Privatklägerschaft grundsätzlich auf den Schuld- und Zivilpunkt beschränkt ist[277]. Wird die Berufung von einer privaten Partei eingelegt, so ist die **Staatsanwaltschaft** im Rahmen ihrer breiten Rechtsmittellegitimation nach StPO 381 I mit Ausnahme des Zivilpunkts zur Anschlussberufung legitimiert[278].

1554 StPO 401 I bestimmt, dass sich das Einreichen der **Anschlussberufung sinngemäss nach StPO 399 III und IV richtet,** d.h., es ist in der Anschlussberufung zu erklären, welche Teile des Urteils angefochten, welche Änderungen des Urteils verlangt und welche Beweismittel angerufen werden usw.[279]. Für allenfalls notwendige Präzisierung unklarer Anschlussberufungen, deren Zustellung an die übrigen Parteien usw. gilt wiederum StPO 400 I (vorne Ziff. 5.4.).

5.5.2. Umfang und Wirkung der Anschlussberufung

1555 Die im früheren kantonalen Strafprozessrecht unterschiedlich geregelte Frage, ob die Anschlussberufung auf die mit der Hauptberufung angefochtenen Urteilspunkte beschränkt sei (**akzessorischer Charakter der Anschlussberufung**), löst StPO 401 II in der Weise, dass die **Anschlussberufung *nicht* auf den Umfang der Hauptberufung beschränkt** ist. Eine Ausnahme bildet der **Zivilpunkt**: Hier ist die Anschlussberufung nur möglich, wenn sich auch die Hauptberufung auf diesen bezieht (2. Satzteil von StPO 401 II) bzw. ohne Einschrän-

---

[276] Vorne N 1458 ff.
[277] Vorne N 1462 ff. sowie BeB 266 unten. Allenfalls auch auf *Einziehungsfragen*, wenn Ansprüche nach StGB 70 I letzter Satzteil bzw. 73 anstehen.
[278] Vorne N 1455 ff. – Fraglich ist, ob es eine *Umwandlung einer Berufung in eine Anschlussberufung gibt*, wie dies in E StBOG 15 II in der Kompetenznorm für die Einlegung von Rechtsmitteln durch die Bundesanwaltschaft erwähnt ist (dazu Botschaft BBl 2008 8155 unten). Ein Vorteil eines solchen Vorgehens ist jedenfalls kaum ersichtlich, es sei denn, man betrachte die Anschlussberufung allein als Druckmittel zum Rückzug der (Haupt-)Berufung, dazu nachfolgend N 1556.
[279] Botschaft 1315 oben, BeB 266 unten.

kung das gesamte Urteil umfasst[280]. Greift die **Anschlussberufung** (ausserhalb des Zivilpunkts) **Urteilspunkte auf, die mit der Hauptberufung nicht angefochten wurden**, kann der Hauptberufungskläger in diesen neu aufgegriffenen Punkten seinerseits in Anwendung von StPO 401 Anschlussberufung erheben.

Wesentlich ist hingegen, dass die **Anschlussberufung vom Schicksal der Hauptberufung abhängig** ist. Wird auf die Hauptberufung nicht eingetreten (StPO 403 III) oder wird sie zurückgezogen (StPO 386 II), fällt die Anschlussberufung dahin (StPO 401 III). Die Anschlussberufung erhält damit teilweise den Charakter eines Druckmittels, um den Berufungskläger zum Rückzug seines Rechtsmittels zu veranlassen[281]. Die Partei, die eigene Berufungsziele verfolgt, tut deshalb gut daran, eine eigenständige Berufung nach StPO 398 f. einzureichen.

1556

6. Wirkung der Berufung, StPO 402

Die Berufung wirkt **devolutiv**, indem das Berufungsgericht für das Berufungsverfahren zuständig ist. Nach StPO 402 **hemmt die Berufung die Rechtskraft** des vorinstanzlichen Urteils, d.h., dieses kann in den angefochtenen Punkten nicht vollstreckt werden. Die Berufung wirkt insoweit **suspensiv**[282]. Bezüglich der nicht angefochtenen Punkte tritt somit die **(Teil-)Rechtskraft** (StPO 437) und damit Vollstreckbarkeit ein.

1557

7. Eigentliches Berufungsverfahren, StPO 403–407

7.1. Eintreten, StPO 403

StPO 403 I sieht ein schriftliches Verfahren vor, in welchem auf Antrag einer Partei (StPO 400 III lit. a) oder auf Veranlassung der Verfahrensleitung geprüft wird, ob auf die **Berufung überhaupt einzutreten ist**. Gleiches gilt für allfällige **Anschlussberufungen**. Diese Prüfung erfolgt zunächst, wenn geltend gemacht wird, die Anmeldung oder Erklärung der Berufung (StPO 399) sei **verspätet oder unzulässig** (lit. a), also z.B. wenn eine fehlende Rechtsmittellegitimation geltend gemacht wird[283]. Im Rahmen dieses Eintretensverfahrens kann weiter

1558

---

[280] Zum letzteren Fall vorne N 1547.
[281] Vgl. Bemerkungen in Botschaft 1316 unten.
[282] Dazu allgemein vorne N 1448.
[283] Zur *fehlenden Berufungserklärung* nach StPO 399 III und IV vorne N 1546 ff. – Denkbar ist auch, dass die *Eintretensfrage auf den Beginn der Hauptverhandlung verschoben* und die betreffenden Punkte wie fehlende Prozessvoraussetzungen usw. dort nach StPO 339 als *Vorfrage* behandelt werden. Es ist auch möglich, dass die Parteien die an sich vorweg zu behandelnden Eintretensfragen erst zu Beginn der Berufungsverhandlung oder (alsdann als Zwischenfrage) während der Berufungsverhandlung (oder im Verlaufe der schriftlichen Berufungsverfahrens, StPO 406) aufwerfen.

9. Kapitel: Rechtsmittel

geltend gemacht werden, die **Berufungsvoraussetzungen nach StPO 398 seien nicht erfüllt** (lit. c), so die fehlende Kognition. Sodann kann vorgebracht werden, es fehlten **Prozessvoraussetzungen oder es seien Prozesshindernisse** gegeben (lit. c), also beispielsweise es sei die Verjährung eingetreten[284]. Ein solches formalisiertes Prüfungsverfahren findet also nur statt, wenn die Zulässigkeit der Berufung zweifelhaft ist; ist dies nicht der Fall, wird sofort nach StPO 404 ff. vorgegangen.

1559 Werden Mängel i.S. von StPO 403 I geltend gemacht, so gibt das Gericht den andern Parteien **Gelegenheit, sich dazu innert anzusetzender Frist zu äussern** (StPO 403 II). Ergibt sich, dass die Berufung bzw. die Anschlussberufung wegen eines der in StPO 403 I lit. a-c erwähnten Mangels unzulässig ist, ergeht schriftlich ein begründeter **Nichteintretensentscheid** durch das Berufungsgericht, also nicht durch die Verfahrensleitung allein (StPO 403 III)[285]. Erweist sich die Berufung trotz Bestreitens einer Partei als zulässig, ergeht ein (nicht selbstständig anfechtbarer[286]) **Eintretensentscheid**, der nach den Materialien[287] nicht formell zu fassen und den Parteien zu eröffnen ist. Er muss aber naturgemäss diesen in geeigneter Form (z.B. in einer kurzen, unbegründeten Mitteilung zusammen mit der Vorladung zur Berufungsverhandlung nach StPO 405 III) mitgeteilt werden. Die im Rahmen von StPO 403 I lit. a-c geltend gemachten Einwände können im weiteren Berufungsverfahren erneut vorgebracht werden. Sie sind hernach im Berufungsentscheid zu behandeln, und diese Punkte können zusammen mit diesem angefochten werden.

1560 Erscheint die Berufung als zulässig, so trifft die Verfahrensleitung des Berufungsgerichts nach StPO 403 IV die zur **Durchführung des weiteren Berufungsverfahrens** (StPO 404 ff.) **notwendigen Anordnungen**. Dabei sind die Vorschriften über das erstinstanzliche Hauptverfahren (StPO 328 ff.) sinngemäss anzuwenden[288].

---

[284] Botschaft 1315 unten. – Die Anwendung des *Opportunitätsgrundsatzes* nach StPO 8 ist nicht ausgeschlossen, analog dem erstinstanzlichen Verfahren nach StPO 329 I und IV, vorne N 202, 1287.

[285] Dieser ist unter den Voraussetzungen von BGG 78 ff. und 90 *als Endentscheid mit Strafrechtsbeschwerde beim Bundesgericht anfechtbar*, Botschaft 1315 unten, hinten N 1643. – Ein *Sonderfall liegt vor, wenn die Berufungsinstanz ein Prozesshindernis* wie Verjährung (vgl. aber StGB 97 III) oder den Tod der beschuldigten Person feststellt. Hier hat analog zu StPO 329 IV eine Einstellung des Verfahrens zu erfolgen, die auch das erstinstanzliche Urteil hinfällig werden lässt, zum Fall des Todes vgl. N 1542.

[286] Es liegt ein nach BGG 93 *nicht mit Strafrechtsbeschwerde beim Bundesgericht anfechtbarer Zwischenentscheid* vor.

[287] Botschaft 1316 oben. Es ist wohl sinngemäss nach StPO 84 V vorzugehen; die *Begründung* kann mit dem Endentscheid nachgeliefert werden.

[288] Botschaft 1316 oben.

7.2. Umfang der Überprüfung, StPO 404

Unabhängig davon, ob ein mündliches (StPO 405) oder ein schriftliches (StPO 406) Berufungsverfahren stattfindet (nachfolgend Ziff. 7.3. bzw. 7.4.), ist dieses auf eine **Überprüfung in den nach StPO 399 III bzw. IV angefochtenen Punkten des erstinstanzlichen Urteils beschränkt** und kann nicht über die Anträge hinausgehen (StPO 404 I). Die in der Berufung bzw. allfälligen Anschlussberufungen nicht angefochtenen Punkte sind somit im Rahmen des Berufungsverfahrens nicht zu prüfen.

1561

StPO 404 II schränkt diese Grundsätze allerdings ein, **um gesetzwidrige oder unbillige Entscheidungen zu verhindern**. Das Berufungsgericht kann das erstinstanzliche **Urteil auch ohne Antrag zugunsten der beschuldigten Person abändern**. Dies gilt ebenso, wenn die beschuldigte Person selbst keine Berufung einlegte, bei einer Berufung der Privatklägerschaft jedoch nicht im Zivilpunkt. Im Vordergrund stehen Fälle, in denen das vorinstanzliche Urteil – ohne dass dies im Rahmen der Berufungsanträge gerügt wurde – auf einer offensichtlichen Verletzung von materiellem und formellem Recht beruht. Zu nennen wäre das Beispiel, dass bei den konkret anstehenden Straftaten gar nicht zulässige Sanktionen verhängt, die Strafzumessungsregeln von StGB 47 ff. eindeutig verletzt oder die Ausdehnungsregel nach StPO 392[289] missachtet wurde. Teilweise kann sich hier eine Überschneidung von StPO 404 II mit der Regel ergeben, dass Prozessvoraussetzungen (fehlender Strafantrag) bzw. Prozesshindernisse (eingetretene Verjährung) von Amtes wegen zu berücksichtigen sind. Die Ausnahmeregel von StPO 404 II darf freilich von den Parteien (vorab der beschuldigten Person) nicht dazu missbraucht werden, um nachträglich eine sonst nach StPO 399 nicht mehr mögliche Ausdehnung der ursprünglichen Berufungsanträge zu erreichen. Gedenkt das Gericht, StPO 404 II anzuwenden, so ist (analog zu StPO 392 II[290]) den durch eine solche Änderung des Urteils allenfalls in ihren rechtlichen Interessen tangierten **weiteren Parteien vorgängig Gelegenheit zur Stellungnahme** einzuräumen.

1562

7.3. Mündliches Verfahren, StPO 405

Das Verfahren vor dem Berufungsgericht, d.h. die Hauptverhandlung, ist **grundsätzlich mündlich**[291] und damit i.S. von StPO 69 ff. **öffentlich** (StPO 69 I). Damit ist es u.A. möglich, dass das Berufungsgericht vor Eröffnung der eigentlichen Berufungsverhandlung i.S. von StPO 339 Vorfragen behandelt.

1563

Die **beschuldigte Person oder die Privatklägerschaft, die Berufung bzw. Anschlussberufung erklärten**, wird von der Verfahrensleitung zur **Berufungsverhandlung vorgeladen**. Sie haben zu erscheinen, wenn sie nicht in einfachen

1564

---

[289] Vorne N 1496 ff.
[290] Vorne N 1498.
[291] Botschaft 1316 Mitte.

9. Kapitel: Rechtsmittel

Fällen auf ihr Gesuch hin von der Teilnahme dispensiert werden und ihnen gestattet wird, ihre Anträge schriftlich zu stellen sowie zu begründen (StPO 405 II)[292]. Selbstredend sind auch die **übrigen Parteien**, somit vorab die privaten Berufungsbeklagten, ebenfalls zur mündlichen Verhandlung vorzuladen (StPO 331 IV i.V. mit StPO 405 II). Sie sind jedoch – mit **Ausnahme der beschuldigten Person, wenn sich die Berufung im Schuld- oder Strafpunkt gegen sie richtet** (vgl. StPO 407 II) – nicht zum Erscheinen verpflichtet.

1565 Die **Teilnahme der Staatsanwaltschaft** richtet sich nach StPO 405 III und IV. Die Staatsanwaltschaft ist in Übereinstimmung mit StPO 337 III und IV zur Berufungsverhandlung vorzuladen, wenn sie bereits **vor der Vorinstanz eine unbedingte Freiheitsstrafe oder eine freiheitsentziehende Massnahme beantragte** und solche Sanktionen **nach ihren Anträgen auch mit dem Berufungsurteil angeordnet werden sollen** oder die Verfahrensleitung der **Berufungsinstanz die Anwesenheit der Staatsanwaltschaft verlangt** (StPO 405 II lit. a). Die Staatsanwaltschaft hat nach StPO 405 III lit. b sodann zu erscheinen, wenn sie **Berufung oder Anschlussberufung** erklärte. Nach der nicht unbedingt einleuchtenden Begründung der Botschaft[293] soll damit verhindert werden, dass die Anschlussberufung erklärt wird, um die Gegenseite zum Rückzug ihrer Berufung zu veranlassen. Ist die Staatsanwaltschaft **nicht zum Erscheinen verpflichtet und demgemäss nicht vorgeladen, kann sie schriftliche Anträge und Begründungen einreichen oder aber persönlich erscheinen** (StPO 405 IV).

1566 Die **Berufungsverhandlung wickelt sich im Übrigen analog zu den Vorschriften über die erstinstanzliche Hauptverhandlung** (StPO 335 ff.) ab (StPO 405 I), wobei diese sich naturgemäss auf die angefochtenen Punkte des erstinstanzlichen Urteils konzentriert (StPO 398 II, 404 I). Zu beachten ist indessen, dass die Parteien zwar in analoger Anwendung von StPO 331 II zur Stellung von Beweisanträgen aufzufordern sind, die Beweisabnahme nach StPO 389 indessen beschränkt ist. Unabhängig von den Beweisanträgen kann das Berufungsgericht selbst Beweisabnahmen anordnen (StPO 389 II), falls dies zur Wahrheitserforschung erforderlich ist, so z.B., um einen Zeugen mit nachträglich ans Tageslicht gekommenen Fakten zu konfrontieren[294].

---

[292] Dies gilt auch, wenn *ein durch Kosten-, Entschädigungs- oder Einziehungsentscheide Betroffener Berufung erklärt*. Notwendiger und amtlicher Verteidiger haben auf alle Fälle zu erscheinen, auch wenn ungewiss ist, ob beschuldigte Person erscheint und sie diese nicht erreichen konnten, RKG 2006 Nr. 87. – Zu den Versäumnisfolgen StPO 407 und nachfolgend N 1572 f.

[293] S. 1316 unten.

[294] Zum *Untersuchungsgrundsatz* im Berufungsverfahren RKG 1999 Nr. 163. Beschuldigter kann Ergänzungsfragen an Zeugen etc. auch erst im Berufungsverfahren stellen, Pra 94 (2005) Nr. 45. StPO 345 dürfte im Berufungsverfahren nicht anwendbar sein, d.h. die Parteien sind mit Blick auf StPO 389 I nicht nochmals zur Nennung von Beweisen aufzufordern. – Nach *Schluss der Berufungsverhandlung Urteilseröffnung* nach 84 II bzw. III. Anschliessend muss das *Urteil* nach StPO 80 II, 81 III, 84 IV und BGG 112 *begründet wer-*

7.4. Schriftliches Verfahren, StPO 406

7.4.1. Allgemeines

Einem Trend der neueren Strafprozessentwicklung folgend sieht StPO 406 zur Entlastung der Berufungsinstanz die **(fakultative) Möglichkeit eines schriftlichen Berufungsverfahrens** vor. Mit Blick auf den grundrechtlichen Anspruch auf eine öffentliche Gerichtsverhandlung in Anwesenheit der beschuldigten Person (EMRK 6 Ziff. 1; IPBPR 14 I) ist Schriftlichkeit jedoch nur in gewissen Grenzen zulässig[295]. Zusätzlich zu den nachfolgend in Ziff. 7.4.2. zu behandelnden Einschränkungen nach StPO 406 I und II kommt ein solches Verfahren nur in Frage, wenn das Berufungsgericht anhand der Berufungserklärungen nach StPO 399 sowie der vorinstanzlichen Akten erkennt, dass diese Unterlagen genügend Klarheit darüber verschaffen, um die sich im Berufungsverfahren stellenden Fragen beantworten zu können. Hingegen ist ein mündliches Verfahren anzuordnen, wenn trotz erfüllten Voraussetzungen nach StPO 406 I und II die Notwendigkeit von weiteren Abklärungen besteht, so, wenn bei einer Laienberufung (allenfalls trotz einem Verfahren nach StPO 400 I) keine Sicherheit darüber besteht, welches die Zielrichtung des Rechtsmittels ist. Oder aber es ist vorauszusehen, dass der Berufungskläger einem schriftlichen Verfahren nicht gewachsen ist[296]. Ausgeschlossen ist ein schriftliches Verfahren vor allem bei der Anordnung zusätzlicher Beweisabnahmen nach StPO 389.

1567

Allerdings ist ebenfalls eine **Kombination von mündlichem und schriftlichem Verfahren bzw. ein Wechsel von einer Verfahrensart zur anderen zulässig**: Ein zunächst mündlich begonnenes Berufungsverfahren kann z.B. nach einer ersten mündlichen Hauptverhandlung und einer dabei oder nachfolgend durchgeführten Beweisabnahme schriftlich fortgesetzt werden. Umgekehrt kann ein zunächst schriftlich begonnenes Berufungsverfahren abgebrochen und in Form eines mündlichen Verfahrens fortgesetzt werden.

1568

7.4.2. Voraussetzungen und Anordnung des schriftlichen Berufungsverfahrens

Ein schriftliches Berufungsverfahren ist nach StPO 406 zulässig, wenn ausschliesslich

1569

---

den. Erst die Zustellung dieses begründeten Urteils löst die *Frist für die Einlegung der Strafrechtsbeschwerde beim Bundesgericht aus* (BGG 100 I, vgl. auch BGG 112), zu dieser hinten N 1581 und 1628 ff.

[295] Zum Grundsatz der Öffentlichkeit, StPO 69 ff., allgemein vorne N 247 ff., N 268. – Zur *grundrechtlichen Zulässigkeit eines schriftlichen Verfahrens* m.w.H. BeB 268 f.; Botschaft 1316 unten; EuGRZ 18 (1991) 419; BGE 119 Ia 316 = EuGRZ 20 (1993) 465, für das *Rechtsmittelverfahren* vgl. N 1486.

[296] Den Bedenken von ZEV 85 oben Rechnung tragend. Hier aber wird wohl regelmässig die Anordnung einer amtlichen Verteidigung zu prüfen sein, vorne N 741 Fn. 212.

9. Kapitel: Rechtsmittel

- **Rechtsfragen angefochten** sind (Abs. 1 lit. a), also beispielsweise umstritten ist, ob eine Straftat verjährt ist oder wie ein an sich unbestrittener Sachverhalt strafrechtlich zu qualifizieren ist[297];
- der **Zivilpunkt** angefochten ist (Abs. 1 lit. b);
- **Übertretungen** Gegenstand des erstinstanzlichen Urteils bildeten und mit der Berufung nicht ein Schuldspruch wegen eines Verbrechens oder Vergehens beantragt wird (Abs. 1 lit. c). Bei Übertretungen ist die Kognition der Berufungsinstanz nach StPO 398 IV ohnehin vorwiegend auf eine Rechtskontrolle beschränkt (vorne Ziff. 2.3.);
- **Kosten-, Entschädigungs- und Genugtuungsfolgen** (Abs. 1 lit. d)[298], oder
- **Massnahmen nach StGB 66–73** angefochten sind (Abs. 1 lit. c), wobei **Einziehungen** im Vordergrund stehen[299].

1570 StPO 406 II ermöglicht in zwei weiteren Konstellationen die Durchführung des schriftlichen Verfahrens, doch ist hier (entgegen den Fällen von Abs. 1) das **Einverständnis der Parteien** vorausgesetzt: Einerseits ist nach Abs. 2 lit. a das schriftliche Verfahren zulässig, wenn die **Anwesenheit der beschuldigten Person nicht erforderlich ist.** Dies ist etwa der Fall, wenn diese nicht persönlich zu befragen ist und sich damit die Berufungsverhandlung auf die Plädoyers beschränkt, die ohne Weiteres durch Rechtsschriften ersetzt werden können[300]. Anderseits kann nach StPO 406 II lit. b Schriftlichkeit angeordnet werden, wenn ein **Urteil des Einzelgerichts angefochten ist**. Es sind dies häufig Fälle im Bagatellbereich, bei denen eine mündliche Verhandlung als überflüssig erscheinen kann.

1571 Sind diese Voraussetzungen erfüllt, kann das **Berufungsgericht** (nicht die Verfahrensleitung) **mit einem nicht anfechtbaren**[301] **einfachen verfahrensleitenden Beschluss i.S. von StPO 80 III das schriftliche Verfahren anordnen**. Dieses ist nach StPO 69 III lit. c nicht öffentlich. Nach Anordnung setzt die Verfahrensleitung dem Berufungskläger Frist an, um eine schriftliche Berufungsbe-

---

[297] Botschaft 1317 oben.
[298] Zu beachten ist jedoch, dass das *Verfahren auf Entschädigung und Genugtuung* den Verfahrensgarantien von *EMRK 6 Ziff. 1 unterliegt*, d.h., der Betroffene kann mindestens für das erstinstanzliche Verfahren eine mündliche Verhandlung verlangen BGE 124 I 325. Nach BGE 119 Ia 221 = EuGRZ 20 (1993) 407 gilt dies ebenso bei Ansprüchen wegen unrechtmässiger Haft i.S. von EMRK 5 Ziff. 5; da die StPO an sich eine mündliche Verhandlung nicht vorschreibt, hat der Ansprecher eine solche ausdrücklich und rechtzeitig zu verlangen, BGE 119 Ia 229. Mandat des amtlichen Verteidigers bezieht sich übrigens grundsätzlich auch auf diese Phase des Verfahrens, ZR 96 (1997) Nr. 15. Dazu und zur *Möglichkeit, das schriftliche Verfahren auch noch während des Schriftenwechsels zu verlangen*, m.w.H. N 1486.
[299] Der EMRK-Vorbehalt gemäss vorstehender Fn. gilt auch hier.
[300] BeB 269 unten; Botschaft 1317 oben.
[301] Die allein in Frage kommende *Strafrechtsbeschwerde* ans Bundesgericht ist nach BGG 93 I nicht möglich, selbst wenn der Beschluss selbstständig eröffnet werden sollte, hinten N 1651 ff.

gründung einzureichen (StPO 406 III). In dieser sind die Berufungsanträge nach StPO 399 III und IV zu begründen. Das weitere Verfahren richtet sich nach StPO 390 II-IV (StPO 406 IV)[302]. Im Fall einer Anschlussberufung ist der betreffenden Partei mit der Zustellung der vorgenannten Schrift des Berufungsklägers i.S. von StPO 390 II Frist zur Begründung anzusetzen; diese hat mit dieser Beantwortungsschrift zu erfolgen[303].

7.5. Säumnis der Parteien, StPO 407

StPO 407 I sieht verschiedene Konstellationen vor, in denen die Berufung oder Anschlussberufung bei **Säumnis der die Berufung einreichenden Partei als zurückgezogen gilt**. Dies ist der Fall, wenn der Berufungskläger (Appellant) 1572

- der (mündlichen) **Berufungsverhandlung schuldhaft fernbleibt**, also i.S. von StPO 93 säumig ist[304] **und sich auch nicht vertreten lässt** (StPO 407 I lit. a), was wohl auch für den berufungsführenden Staatsanwalt gilt;
- der Berufungskläger **im schriftlichen Verfahren keine Eingabe** (gemeint offensichtlich die **Anträge bzw. Begründung** i.S. von StPO 405 II Satz 2 und 406 III) **einreicht** (lit. b). Diese Regel soll nach den Materialien[305] nicht für die Staatsanwaltschaft gelten, da diese im Fall von StPO 405 IV nicht zur Einreichung einer Rechtsschrift verpflichtet sei; oder
- **nicht vorgeladen werden kann** (lit. c). Zu denken ist an Parteien mit bekanntem oder unbekanntem Wohnsitz im Ausland, die entgegen StPO 87 II kein Zustellungsdomizil in der Schweiz bezeichneten[306].

StPO 407 II und III regeln im Speziellen die **Säumnis der beschuldigten Person**. Erscheint diese bei einer Berufung der Staatsanwaltschaft oder der Privatklägerschaft im Schuld- oder Strafpunkt zu ihrem Nachteil unentschuldigt nicht (wohl aber allenfalls die Verteidigung), wird ein **Abwesenheitsverfahren** nach StPO 366 ff.[307] durchgeführt. Bleibt nur die (notwendige oder freiwillig bzw. amtlich bestellte) Verteidigung oder die Staatsanwaltschaft im Fall von 1573

---

[302] Vorne N 1483 f. – *Urteilsfällung* im schriftlichen Berufungsverfahren nach 390 IV. *Eröffnung* mit schriftlicher Zustellung des begründeten Urteils nach 84 IV (also nicht zuerst Zustellung des Dispositivs nach 84 II und III) sowie BGG 112, womit nach BGG 100 I Frist für Strafrechtsbeschwerde ans Bundesgericht ausgelöst wird, zu dieser hinten N 1581 und 1628 ff.
[303] Botschaft 1317 Mitte.
[304] Dazu vorne N 611 und 983. Zu beachten vor allem StPO 205 III 2. Satz (solange Partei auf Verschiebungsgesuch keinen Bescheid erhalten hat, muss sie von Gültigkeit der Vorladung ausgehen). – Vorbehalten in allen Fällen nach StPO 407 bleibt ein *Wiederherstellungsgesuch* nach StPO 94, dazu vorne N 611 ff.
[305] So Botschaft 1317 unten.
[306] Vorne N 603.
[307] Dazu vorne N 1396 ff. – *Sofortiges Abschreiben der Berufung wäre nicht zulässig*, so zur früheren Luzerner Praxis BGE 133 I 12 = SJZ 103 (2007) 412.

StPO 405 III aus, wird die Verhandlung vertagt[308]. Bezieht sich die Berufung der Privatklägerschaft auf den **Zivilpunkt allein**, so entscheidet das Berufungsgericht bei Säumnis der beschuldigten Person aufgrund der Akten und der vorinstanzlichen Hauptverhandlung (so StPO 407 III), zusätzlich wohl aber auch gestützt auf die Ergebnisse der Berufungsverhandlung.

8. Berufungsentscheid, StPO 408 und 409

8.1. Abschreibungsentscheid ohne materielle Behandlung

1574 Denkbar ist, dass vorab aus den in StPO 403 I genannten Gründen auf die **Berufung nicht eingetreten wird,** in welchem Fall das Gericht das Verfahren mit einem Beschluss abschreibt (vorne Ziff. 7.1.). Sodann werden erfahrungsgemäss viele Berufungen im Verlauf des Rechtsmittelverfahrens **zurückgezogen**, z.B. dann, wenn angesichts des späteren Verlaufs des Verfahrens die Chancen des Rechtsmittels als gering eingestuft werden. Ein Rückzug ist im mündlichen Berufungsverfahren bis zum Abschluss der Parteiverhandlungen (StPO 347), im schriftlichen Verfahren bis zum Abschluss des Schriftenwechsels und allfälliger Beweis- und Aktenergänzungen zulässig (StPO 386 II)[309]. Bei Rückzug wird die Berufung (im mündlichen Berufungsverfahren ohne mündliche Verhandlung) als durch Rückzug erledigt abgeschrieben. In beiden vorgenannten Fällen wird das Verfahren also ohne materielle Behandlung erledigt, und es bleibt beim erstinstanzlichen Urteil.

8.2. Neues Urteil nach materieller Behandlung, StPO 408

1575 Tritt das Berufungsgericht materiell auf die Berufung ein, fällt es ein neues Urteil, welches an die Stelle des vorinstanzlichen Entscheids tritt (StPO 408). Grundsätzlich wirkt also das Berufungsurteil **reformatorisch**[310]. Dies gilt primär, wenn das Urteil als Ganzes angefochten wird, nur aber teilweise, wenn – wie dies die StPO ermöglicht – die Berufung auf einzelne Punkte beschränkt wird und die übrigen Punkte bereits früher in Rechtskraft erwachsen sind (StPO 402, Problem der **Teilrechtskraft**[311]).

---

[308] Botschaft 1317 unten; zum *Ausbleiben der Verteidigung* vgl. StPO 336 V und vorne N 1389.

[309] Gleiches Abschreiben auch, wenn das *Berufungsgericht die Voraussetzungen der Berufung hinsichtlich Frist bzw. Formalien etc. als nicht erfüllt betrachtet* und deshalb ein Nichteintretensentscheid nach StPO 403 ergeht, vorne N 1558 ff.

[310] Botschaft 1318 oben. – Zu den *Kosten* StPO 428, vor allem Abs. 3, hinten N 1798 ff., vor allem N 1800. Zur *Entschädigung und Genugtuung* StPO 436, hinten N 1835 ff.

[311] Vorne N 1557. Zum Inhalt des *Dispositivs* des Berufungsurteils bei *Teilrechtskraft* (welches Problem die StPO nicht regelt) etwa die frühere bernisches StrV 359: Danach wird im Dispositiv des Berufungsurteils zuerst festgehalten, welche Urteilspunkte bereits rechtskräftig sind.

8.3. Aufhebung und Rückweisung, StPO 409

8.3.1. Voraussetzungen für einen kassatorischen Entscheid

StPO 409 I sieht – eher als Ausnahme gedacht – eine **Aufhebung des vorinstanzlichen Urteils und eine Rückweisung an die erste Instanz** zur Wiederholung des erstinstanzlichen Verfahrens im Sinn eines **kassatorischen Entscheids**[312] vor. Ein solcher Entscheid ergeht, wenn das erstinstanzliche Verfahren wesentliche Mängel aufweist, die im Berufungsverfahren nicht geheilt werden können[313]. Es geht vorab um Fälle, in denen **grundlegende Verfahrensregeln zum Nachteil des Berufungsklägers verletzt wurden**[314]. Dies gilt für alle zur Berufung legitimierten Parteien, vorab die beschuldigte Person wie auch die Privatklägerschaft, für diese z.B. bezüglich ihrer Adhäsionsklage[315]. Wie bereits nach früherem Recht soll damit gewährleistet werden, dass dem Betroffenen die Prüfung der anstehenden wesentlichen Tat- und Rechtsfragen durch zwei Instanzen gewährleistet ist[316]. Es geht m.a.W. um Fälle, bei denen – allgemein formuliert – keine ordnungsgemässe Hauptverhandlung stattfand und in denen dem Berufungskläger, würde das Berufungsgericht selbst materiell entscheiden, eine Instanz verlorenginge. Zu nennen sind hier etwa folgende Fälle:

1576

– nicht richtige **Besetzung des Gerichts**;
– **fehlende Zuständigkeit**;
– unterbliebene **Vorladung zur erstinstanzlichen Verhandlung**[317];
– Verweigerung des **rechtlichen Gehörs** auf andere Weise;
– nicht gehörige **Verteidigung**[318] oder anderweitige **Verletzungen der Verteidigungsrechte** oder
– die **unterbliebene Beurteilung aller Anklage- oder Zivilpunkte**[319].

Im Einklang mit der früheren kantonalen Praxis zu Normen, die mit StPO 409 vergleichbar sind, verlangt diese Bestimmung jedoch nicht, dass sich zur Vermeidung eines Instanzverlusts das **erstinstanzliche Gericht und das Berufungsgericht mit den genau gleichen Sachverhalten, Beweisen sowie identi-**

1577

---

[312] Allgemein vorne N 1450. – Zur *Kostentragung* StPO 428, vor allem Abs. 4, hinten N 1801; zur *Entschädigung und Genugtuung* StPO 436 III, hinten N 1836.
[313] Zur *Heilung von Grundrechtsverstössen im Rechtsmittelverfahren* BGer 4.5.1999 = ZBJV 135 (1999) 376.
[314] Anwendungsfälle aus dem früheren zürcherischen Prozessrecht ZR 78 (1979) Nr. 103, 95 (1996) Nr. 91. StPO 409 gilt auch hinsichtlich des *Zivilpunkts,* ZR 96 (1997) Nr. 47, bzw. beim *Widerruf des bedingten Strafvollzugs,* RKG 1996 36 Nr. 177. Drohende Verjährung kein Grund zum Verzicht auf Rückweisung, RKG 2001 Nr. 143.
[315] Botschaft 1318. Fall einer nicht vorgeladenen Privatklägerschaft in ZR 69 (1970) Nr. 74.
[316] Botschaft 1318 oben.
[317] ZR 69 (1970) Nr. 74.
[318] Vorne N 762 a.E. Nicht nur *fehlende, sondern auch ungenügende Verteidigung,* RKG 2008 Nr. 122.
[319] Zu diesen Fällen Botschaft 1318 Mitte. Oder kein *Entscheid über Einziehung,* RJN 2007 18 = RS 2008 Nr.441.

schen **rechtlichen Kriterien auseinandersetzen**. Der Charakter der Berufung als ordentliches und vollkommenes Rechtsmittel[320] bringt es mit sich, dass sich die Berufungsinstanz u.U. mit neuen Behauptungen und Beweisen zu Tat- und Rechtsfragen auseinandersetzen muss, für deren Beurteilung alsdann nur eine Instanz zur Verfügung steht[321].

8.3.2. *Vorgehen bei kassatorischem Entscheid, Folgen für erste Instanz*

1578 **Stellt das Berufungsgericht eine solche Verletzung grundlegender Verfahrensregeln fest, hebt es das erstinstanzliche Urteil ohne materielle Behandlung der Berufungsanträge mit Beschluss auf und weist den Fall zur Durchführung einer neuen Hauptverhandlung und zur Fällung eines neuen Urteils an die Vorinstanz zurück** (StPO 409 I). Im Fall eines mündlichen Berufungsverfahrens (StPO 405) ist nicht zwingend eine vorgängige mündliche Verhandlung erforderlich, doch ist – wenn die Berufungsinstanz z.B. bereits anhand der Berufungserklärung (StPO 399) die Notwendigkeit einer Rückweisung feststellt – den Parteien vorgängig Gelegenheit zur Stellungnahme zu geben[322]. Ein solcher Rückweisungsbeschluss kann nach BGG 93 **nicht mit Strafrechtsbeschwerde ans Bundesgericht angefochten werden**[323].

1579 Das Berufungsgericht **bezeichnet in seinem Rückweisungsbeschluss die Verfahrenshandlungen, die zu wiederholen sind** (StPO 409 II), in der Meinung, dass sich das erstinstanzliche Gericht bei der neuen Hauptverhandlung auf diese Punkte beschränken und sich beim neu zu fassenden Urteil im Übrigen auf die Erkenntnisse des ersten Hauptverfahrens beziehen kann. Allerdings ist es dem erstinstanzlichen Gericht nicht verwehrt, allenfalls durch die zu wiederholenden Verfahrenshandlungen veranlasst oder durch die seit dem ersten Urteil veränderte sachverhaltsmässige Grundlage des Falls bedingt zusätzliche Beweise abzunehmen. Mindestens in der letztgenannten Konstellation dürfte das Verbot der *reformatio in peius*[324] nicht gelten, wenn sich bisher nicht bekannte Tatsachen i.S. von StPO 391 II Satz 2 ergeben.

1580 Das erstinstanzliche Gericht ist an die vom Berufungsgericht im **Rückweisungsbeschluss vertretenen Rechtsauffassungen und an die Weisungen des Berufungsgerichts** gebunden (StPO 409 II, III).

---

[320] Zu diesen Kategorien vorne N 1444 und 1447.
[321] Zur früheren zürcherischen Praxis ZR 97 (1998) Nr. 30 S. 90. Für den Fall eines *später eingeholten psychiatrischen Gutachtens*, ZR 95 (1996) Nr. 91 = RKG 1995 40 Nr. 134.
[322] So nach dem noch zum alten zürcherischen Prozessrecht ergangenen ZR 99 (2000) Nr. 5. Ebenfalls, wenn das Berufungsgericht den Fall im schriftlichen Berufungsverfahren (StPO 406) zurückweisen will und dies in der Berufungs- oder Anschlussberufungsbegründung (StPO 406 III) nicht beantragt wurde.
[323] Hinten N 1653.
[324] Dazu vorne N 1489 ff.

9. Endgültigkeit des Berufungsurteils, Bundesrechtsmittel dagegen, BGG 78 ff.

Berufungsurteile i.S. von StPO 408 und 409 sind **endgültig**, d.h., die StPO lässt dagegen – mit Ausnahme des ausserordentlichen Behelfs der Revision (StPO 410 ff.)[325] – kein weiteres Rechtsmittel zu. Reformatorische Berufungsurteile können jedoch mit **Strafrechtsbeschwerde** nach BGG 78 ff. **ans Bundesgericht** weitergezogen werden[326], allenfalls auch mit **subsidiärer Verfassungsbeschwerde** nach BGG 113 ff.[327]. 1581

§ 93 Revision, StPO 410–415, JStPO 41, VStrR 84–89, MStP 200–209, E StBOG 31, E BGG 119a, BGG 121–125

Literaturauswahl: neben der zu §§ 89 und 90 erwähnten Literatur AESCHLIMANN N 1912; HAUSER/SCHWERI/HARTMANN § 102; MAURER 559; OBERHOLZER N 1701; PADRUTT 369; PIQUEREZ N 1263; DERS. (2007) N 972; SCHMID (2004) N 1133.

FELIX BOMMER, Nachträgliche Verwahrung als Revision zulasten des Verurteilten?, in: FS F. Riklin, Zürich/Basel/Genf 2007, 55; ADAM-CLAUS ECKERT, Die Wiederaufnahme des Verfahrens im schweizerischen Strafprozessrecht, Berlin 1974; STEPHAN GASS, Kommentierung von StGB 397 in BSK II; JEAN GAUTHIER, Procédure pénale et revision des arrêts du Tribunal fédéral, in: L'Organisation judiciaire et Procédures fédérales, Publication CEDIDAC No. 22, Lausanne 1992, 101; BSK-StGB I MARIANNE HEER zu Art. 65; DIES., Nachträgliche Verwahrung – ein gesetzgeberischer Irrläufer, AJP 8/2007 1031; FRANÇOIS DE MONTMOLLIN, La révision pénale selon l'article 397 CPS et les lois vaudoises, Diss. Lausanne 1981; HANS WALDER, Die Wiederaufnahme des Verfahrens in Strafsachen nach StGB 397, insbesondere auf Grund eines neuen Gutachtens, in: Berner Festgabe zum Schweizerischen Juristentag 1979, Bern 1979, 341.

Materialien: Aus 29 mach 1 S. 160 f.; VE 479–485; BeB 272 ff.; E 417–422; Botschaft 1318 ff.; AB S 2006 1057, AB N 2007 1031.

1. Begriff und Bedeutung

Die **Revision** i.S. von StPO 410 ff., gelegentlich auch **Wiederaufnahme**[328] genannt, ist ein **ausserordentliches, subsidiäres und nicht vollkommenes und nicht suspensives sowie teilweise devolutives sowie wahlweise reformatori- 1582

---

[325] Hinten Nr. 1583 ff.
[326] Hinten Nr. 1628 ff. Zur *Auslösung der 30-tägigen Rechtsmittelfrist* nach BGG 100 I vorne Fn. 294 und 302.
[327] Hinten Nr. 1724 ff.
[328] Nicht zu verwechseln mit der *Wiederaufnahme nach Einstellung* gemäss StPO 323, vorne N 1264. – Früher enthielt *StGB 385 Mindestvorschriften für eine Wiederaufnahme zugunsten des Verurteilten.* Diese Bestimmung wurde bei Erlass der StPO irrtümlicherweise nicht aufgehoben (vgl. BBl 2007 7120), doch ist sie als gegenstandslos zu betrachten.

sches oder kassatorisches Rechtsmittel[329], mit welchem bei nachträglicher Entdeckung von neuen Tatsachen und Beweismitteln nach Eintritt der formellen Rechtskraft eines Strafentscheids die Wiederaufnahme des Strafverfahrens verlangt werden kann.

1583 Bei der Revision wird die **Rechtskraft**[330] eines Urteils ausnahmsweise zugunsten der Verwirklichung der materiellen Wahrheit durchbrochen. Es liegt auf der Hand, dass solches nur in einem relativ engen Rahmen zulässig sein kann, sollen nicht die (durch die materielle Rechtskraft gewährleistete) Rechtssicherheit und der Rechtsfrieden allzu sehr in Mitleidenschaft gezogen werden. Die Revision ist deshalb nur in den gesetzlich vorgesehenen Fällen zulässig[331].

2. Zulässigkeit, StPO 410 I

2.1. Mit Revision anfechtbare Entscheide, StPO 410 I

1584 Eine Wiederaufnahme ist gemäss StPO 410 I möglich bezüglich **Urteile im weiteren Sinn,** mit denen in Anwendung der StPO Sanktionen des Strafrechts verhängt oder geändert wurden bzw. ein Freispruch erging[332]. Zunächst fallen Strafentscheide der **erstinstanzlichen Gerichte wie auch der Berufungsgerichte** i.S. von StPO 80 I Satz 1[333] in Betracht. Die Revision ist nach StPO 410 I sodann zulässig gegen **Strafbefehle** der Staatsanwaltschaft und der Verwaltungsstrafbehörden[334], gegen **nachträgliche richterliche Entscheidungen** nach StPO 363 ff.[335], also z.B. jene über den Vollzug einer bedingten Sanktion[336] oder gegen **Entscheide im selbstständigen Massnahmeverfahren** nach StPO 372 ff.[337], also etwa der Friedensbürgschaft (StPO 372 ff.), im Verfahren gegen schuldunfähige Personen (StPO 374 ff.) oder im selbstständigen Einziehungsverfahren nach StPO 376 ff. (ausdrücklich VStrR 84 IV)[338].

---

[329] Zu diesen Unterscheidungskriterien vorne N 1444 ff.
[330] Hinten N 1841 ff.
[331] BGer 17.6.1998 i.S. Ph.M. ca. Procureur Général de Genève. – Interessant auch die *Rehabilitation* nach Art. 3 ff. des *BG über die Aufhebung von Strafurteilen gegen Flüchtlingshelfer zur Zeit des Nationalsozialismus* vom 20.6.2003, SR 371 (eine Art «*formloser Revision*», vgl. BBl 2002 7794), in ähnlicher Richtung sodann BG über die Rehabilitierung der Freiwilligen im Spanischen Bürgerkrieg vom 20.3.2009, dazu hinten N 1739.
[332] Vorne N 582 ff., N 1343 ff.
[333] Vorne N 1343 ff., N 1574 ff. Revisionsfähig auch *Abwesenheitsurteile*, dazu MKGE 11 (1988–1996) Nr. 38 (nach diesem Entscheid nicht bezüglich der Voraussetzungen des Abwesenheitsverfahrens). Zur *Revision von Entscheiden des Bundesstrafgerichts* hinten N 1605.
[334] Botschaft 1318 unten. Vorne N 1352 ff. und N 1361. Für das *Bundesverwaltungsstrafverfahren* siehe VStrR 84. – Zum Rechtsmissbrauch m.w.H. vorne N 369.
[335] Vorne N 593, 1390 ff.
[336] Botschaft 1310 oben.
[337] Vorne N 1417 ff.
[338] Auch *Einziehungen im Rahmen einer Einstellung*, nachfolgend Fn. 346.

Hat das **Bundesgericht** nach BGG 107 II einen reformatorischen Entscheid gefällt[339], richtet sich dessen Revision nach BGG 121 ff.; diese ist also gegen den bundesgerichtlichen Entscheid (und nicht den letztinstanzlichen kantonalen) Entscheid zu richten[340]. Wird der Revisionsgrund *nach* dem anzufechtenden letztinstanzlichen Entscheid, aber vor dem bestätigenden bundesgerichtlichen Beschwerdeentscheid entdeckt, ist nach BGG 125 die Revision nach StPO 410 ff. zu ergreifen, ansonst die Revision nach BGG wie auch jene nach StPO verwirkt ist[341].

1585

Im Vordergrund dürfte in den vorgenannten Varianten eine Revision des Strafentscheids im **Schuld- und Strafpunkt** stehen. Die Revision kann demgemäss auch die **Anrechnung der Untersuchungs- oder Sicherheitshaft** zum Gegenstand haben[342]. Die Revision ist ebenfalls im **Zivilpunkt** allein zulässig[343], allerdings nur unter der Voraussetzung, dass das am Gerichtsstand anwendbare Zivilprozessrecht die Revision gestattet (StPO 410 IV, anders MStP 201)[344].

1586

Ausgeschlossen ist die Revision gegen

1587

- **verfahrensleitende und -erledigende Beschlüsse und Verfügungen**[345], namentlich
- bei **Nichtanhandnahme- und Einstellungsverfügungen** der Staatsanwaltschaft nach StPO 310 und 320 (hier Wiederaufnahme nach StPO 323)[346];
- **Nichteintretens- bzw. Einstellungsentscheide der Gerichte** nach StPO 329 IV oder StPO 403 III[347];
- **Beschwerdeentscheide** (StPO 397)[348];

---

[339] Hinten N 1710 f.
[340] Zur Revision von Strafentscheiden des Bundesgerichts bei Abweisung bzw. Kassation mit Rückweisung Revision hinten N 1712 ff. und N 1728 f. unter Verweis auf BGE 134 IV 48 = Pra 97 (2008) Nr. 135. Vgl. ZR 107 (2008) Nr. 81 für das *vergleichbare Verhältnis von Revision und früherer zürcherischer Nichtigkeitsbeschwerde* (zivilprozessualer Entscheid).
[341] Vgl. auch hinten N 1728 a.E. – Zur *Parallelität von Revisionsgesuch nach StPO und Strafrechtsbeschwerde,* insbesondere zur Fristwahrung, nachfolgend Fn. 355.
[342] In dieser Richtung die frühere zürcherische Praxis RO 1973 300 Nr. 37.
[343] Botschaft 1319 oben.
[344] Dies bedeutet, dass hiefür künftig die *Revisionsgründe von ZPO 328* anwendbar sind, die (abgesehen von StPO 410 I lit. b und Abs. 4) weitgehend mit jenen von StPO 410 kongruent sind. *Übergangsrechtlich* gilt ZPO 405 II, d.h. für die Revision altrechtlicher Entscheide gilt das neue Recht, d.h. die Revisionsgründe nach ZPO 328.
[345] Botschaft 1310. Dazu vorne N 592 f. Z.B. gegen Nichteintreten auf Anklage bzw. Einstellung nach Rückzug des Strafantrages oder Eintritt der Verjährung, KGZ 17.5.1995 i.S. Sch.A. ca. StA. Analog für den *Zivilprozess* ZR 107 (2009) Nr. 81 S. 317 (zur früheren Zürcher ZPO).
[346] Zu diesen Entscheiden vorne N 1231 und 1249 ff. Wiederaufnahme ebenfalls *z.B.* bezüglich Nebenfolgen wie Kosten, Entschädigungen oder Einziehungen im Rahmen von Einstellungen. A.M. TPF 2005 148 (darnach mit Einstellung verfügte Einziehung revisionsfähig).
[347] RS 1989 Nr. 622. Zu diesen Entscheiden vorne N 1287 ff. bzw. N 1559.

- bezüglich der **Kosten- und Entschädigungsfolgen** (StPO 416 ff.)[349] oder **Entschädigungsentscheiden bei der amtlichen Verteidigung** nach StPO 135;
- im Verfahren nach dem BG über die **Ordnungsbussen im Strassenverkehr**[350] sowie
- in **Justizverwaltungssachen** (z.B. Ordnungsbussen nach StPO 64 I)[351].

Nur **beschränkt möglich** ist die Revision sodann bei **Urteilen im abgekürzten Verfahren** (StPO 358 ff.)[352].

2.2. Subsidiarität der Revision, Verhältnis zu andern Rechtsbehelfen

1588 Die Revision setzt wie erwähnt (Ziff. 2.1.) voraus, dass der anzufechtende **Strafentscheid formell rechtskräftig** (StPO 437) ist. Diese formelle Rechtskraft[353] tritt ein, wenn der fragliche Entscheid nicht mehr mit einem ordentlichen Rechtsmittel des Bundesrechts angefochten werden kann mit der Wirkung, dass die neuen Tatsachen oder Beweismittel dort eingebracht werden können[354]. Eine Wiederaufnahme kommt deshalb nur in Frage, **wenn kein anderes Rechtsmittel oder keine anderen prozessualen Behelfe, welche die revisionsbegründenden neuen Tatsachen usw. mitberücksichtigen können, (mehr) vorhanden** sind. Ein pendentes ausserordentliches Rechtsmittel – soweit ersichtlich allein die Strafrechtsbeschwerde ans Bundesgericht – ist im Regelfall zu sistieren, bis über

---

[348] So schon die frühere zürcherische Praxis zu Rekursentscheiden. Auch *keine Revision bei Entscheiden im Rechtshilfeverfahren*, GVP 1992 106 Nr. 41 und RKG 1996 36 Nr. 179. Zu den Beschwerdeentscheiden allgemein vorne N 1526 ff. – Bei Beschwerdeentscheiden des *Bundesstrafgerichts* nach E StBOG 28 II soll die Revision nach E StBOG 31 I und BGG 119a (in der Fassung E StBOG) ans Bundesgericht möglich sein, vgl. auch nachfolgend N 1605.

[349] Botschaft 1319 oben. RO 1970 304 Nr. 51.

[350] BGE 106 IV 206. Zum *Ordnungsbussengesetz* vorne N 35.

[351] ZR 48 (1949) Nr. 203. Im Militärbereich nicht gegen Disziplinarentscheide, MKGE 11 (1988–1996) Nr. 13.

[352] Dazu vorne N 1389 und Botschaft 1297 unten. Ausgeschlossen mindestens im Fall, dass im Zusammenhang mit den angeklagten (und Gegenstand des Urteils bildenden) Sachverhalten *neue Tatsachen bzw. Beweise aufgetaucht sein sollen*, ebenso wegen *Widerspruchs mit anderem Strafurteil* (Fälle von StPO 410 I lit. a und b). Hingegen Revision denkbar, wenn z.B. nachträglich neue Beweise zur Schuldfähigkeit oder (soweit kongruent mit StPO 362 V) zur Zulässigkeit des abgekürzten Verfahrens auftauchen. Revision ebenso bei *strafbarer Einwirkung auf Verfahren* nach StPO 410 I lit. c.

[353] Dazu hinten N 1841 ff.

[354] Zu den *Möglichkeiten, im Beschwerde- und Berufungsverfahren neue Tatsachen und Beweismittel einzubringen* vorne N 1512 und N 1534.

das Revisionsgesuch entschieden ist[355]. Die Revision dient sodann nicht dazu, ein verpasstes Rechtsmittel nachzuholen[356].

Aus der Subsidiarität der Revision folgt weiter, dass **keine Revision möglich ist,** wenn im Urteil Personen verwechselt, insbesondere dem Verurteilten im **Urteil unrichtige Personalien beigegeben** wurden, so, weil er im Verfahren unter dem vorgeschobenen Namen eines Dritten oder einem Fantasienamen auftrat. In diesem Fall hat eine blosse **Berichtigung** im Urteil, Strafregister usw. zu erfolgen (StPO 83, Erläuterung und Berichtigung in BGG 129)[357]. Anschliessend ist allerdings eine Revision zugunsten oder zuungunsten der beschuldigten Person denkbar[358]. 1589

Eine Revision tritt ebenso zurück, wenn das Gericht die **neuen Tatsachen oder Beweismittel den andern Tatbeteiligten über die Ausdehnungsnorm von StPO 392** zugute halten kann[359]. Desgleichen ist nicht der Weg der Revision nach StPO 410 ff. zu beschreiten, wenn gestützt auf materielles Recht Sanktionen, namentlich **Massnahmen geändert bzw. aufgehoben werden,** so beispielsweise nach StGB 62c[360]. 1590

3. Revisionsgründe, StPO 410 I, II, VStrR 84, MStP 200, StBOG 31 II, BGG 121–123

3.1. Allgemeines

StPO 410 I und II nennt abschliessend die Gründe, die – und darin unterscheidet sich die StPO von vielen früheren kantonalen Strafprozessordnungen – unter gleichen Voraussetzungen eine Revision sowohl **zugunsten wie auch zuun-** 1591

---

[355] Zum Vorgehen, wenn ein *Revisionsgesuch gegen ein Urteil des Berufungsgerichts während Laufens der Rechtsmittelfrist nach BGG 100 eingereicht wird*: Grundsätzlich geht nach BGG 125 die Revision nach StPO vor (vorne N 1585, hinten N 1702 und 1728). Ist parallel Strafrechtsbeschwerde beim Bundesgericht einzureichen (mit der Folge, dass das Bundesgericht wohl sein Verfahren auf Antrag hin bis zum Revisionsentscheid sistiert, vgl. BGE 92 II 135) oder ist BGG 100 VI anwendbar, d.h., die Rechtsmittelfrist beginnt erst mit Eröffnung des Revisionsentscheids des Berufungsgerichts zu laufen? Verfahrensökonomische Gründe sprechen eher für die zweitgenannte Lösung, wobei BGG 100 VI allerdings auf den Fall zugeschnitten ist, dass eine dritte kantonale Instanz vorhanden ist. Bis die *Frage höchstrichterlich geklärt ist, empfiehlt sich, Revisionsgesuch sowie Strafrechtsbeschwerde parallel einzureichen.*
[356] So Botschaft 1319 oben. – Soweit möglich, geht ebenfalls die *Wiederherstellung* nach StPO 94 (vorne N 612) vor.
[357] Dazu SJZ 79 (1983) 113; auch BGE 101 Ib 222. Zur Berichtigung vorne N 594.
[358] ZR 78 (1979) Nr. 11 = SJZ 75 (1979) 333. Anders, wenn *Unbeteiligter als beschuldigte Person erscheint,* ZR 94 (1995) Nr. 4.
[359] Dazu vorne N 1496 ff.
[360] Anders bei *nachträglicher Anordnung einer Verwahrung* nach StGB 65 II, nachfolgend N 1592 a.E.

gunsten der beschuldigten Person zulassen[361]. Bei diesen Revisionsgründen geht es allein um eine veränderte tatsächliche Grundlage des Urteils in einem weiteren Sinn[362], grundsätzlich nicht um deren Bewertung[363] und vor allem nicht um die rechtliche Beurteilung. Dementsprechend geben neue rechtliche Anschauungen, die etwa auf Gesetzesänderungen oder einen Praxiswechsel oberer Instanzen zurückzuführen sind, nicht Anlass zu einer Revision[364]. Bei den Revisionsgründen unterscheidet man **absolute** (führen in jedem Fall zur Aufhebung des Urteils) und **relative** (Aufhebung nur, wenn sie sich für den Betroffenen positiv auf das Urteil auswirken) **Gründe**.

3.2. Revisionsgründe nach StPO 410 I, VStrR 84 I, MStP 200 I

3.2.1. Neue Tatsachen und Beweismittel, StPO 410 I lit. a, StGB 65 II

1592 Es handelt sich um den wichtigsten, in der Abgrenzung aber auch schwierigsten Revisionsgrund, der bereits früher nach der Minimalvorschrift von aStGB 385 für das gesamte Strafprozessrecht galt. Eine Wiederaufnahme ist nach dieser Vorschrift möglich, **wenn erhebliche Tatsachen und Beweismittel vom ursprünglichen Richter bei seinem Entscheid, d.h. vor allem bei der Beurteilung des Schuldpunkts oder bei der Strafzumessung**[365]**, nicht berücksichtigt wurden**. Zudem ist erforderlich, dass diese **neuen Tatsachen und Beweismittel geeignet sind, einen Freispruch oder eine wesentlich mildere oder strengere Bestrafung der verurteilten Person oder eine Verurteilung der freigesprochenen Person herbeizuführen** (so StPO 410 I lit. a, also ein **relativer Revisionsgrund**). Einen Sonderfall stellt die **nachträgliche Anordnung einer Verwahrung** nach StGB 65 II dar, die zwar materiell allein nach den Voraussetzungen dieser Norm, bezüglich des Verfahrens jedoch ebenfalls auf dem Weg der Revision, also nunmehr nach StPO 410 ff., erfolgt[366].

---

[361] Botschaft 1319. Bemerkenswert ist, dass in der Literatur, die sich gegen den Revisionsgrund von StGB 65 II wendet (dazu etwa nachfolgend Fn. 366), auch nach Verabschiedung der StPO hartnäckig erklärt wurde, das schweizerische Strafprozessrecht kenne eine Revision zuungunsten des Verurteilten nicht bzw. sei einer solchen gegenüber abgeneigt ...!

[362] Also nicht nur den objektiven und subjektiven Tatbestand betreffend, sondern sämtliche weiteren Voraussetzungen einer Verurteilung wie jene nach StGB 3 ff., Prozessvoraussetzungen, Verfahrenshindernisse etc.

[363] Zur differenzierenden Betrachtungsweise bei neuen Gutachten nachstehend N 1995.

[364] ZR 54 (1955) Nr. 69; 88 (1989) Nr. 87; RVJ/ZWR 2007 322 = RS 2008 Nr. 344. Auch nicht möglich hinsichtlich Gründen, die die *Rechtsmittellegitimation* (Frage, ob Partei beim angefochtenen Entscheid wirklich rechtsmittellegitimiert war) betreffen, Genfer Kassationsgericht 7.4.2000 i.S. J.M. und R.M.T. ca. Procureur Général und *allgemein nicht bei behaupteten Rechts- oder Verfahrensfehlern*, BGer 14.8.2003, 1P.331/2003, i.S. D.B. ca. M.G., Procureur Général de Genève usw., E. 4.

[365] BGE 120 IV 246.

[366] Dazu BBl 2005 4317 f., zu dieser Umwandlung die eingangs erwähnten Werke von M. HEER sowie Beiträge von F. RIKLIN in AJP 12/2006 1481 und F. BOMMER. Nach-

Es sind folgende Voraussetzungen zu erfüllen:

Im Zentrum dieses Revisionsgrundes stehen **neue Tatsachen oder Beweismittel** (sog. **Nova**), also entweder neue urteilsrelevante Umstände (das angeblich vom Täter zerstörte Bild wird unversehrt aufgefunden) oder (alternativ, nicht kumulativ) neue Beweismittel (ein Zeuge meldet sich und bezeichnet einen Dritten als Täter). Diese beiden Beispiele zeigen, dass sich die **beiden Revisionsgründe überschneiden** (und demgemäss nicht leicht zu differenzieren sind), denn auch das neue Beweismittel bezieht sich regelmässig auf bisher im Verfahren nicht berücksichtigte Tatsachen, im vorgenannten Beispiel auf eine angebliche Dritttäterschaft. 1593

Es muss sich um **neue**[367], im Zeitpunkt des umzustossenden Urteils bereits vorhandene, darin aber nicht ausgewertete Tatsachen bzw. Beweismittel, also nicht nach dem Urteil eingetretene Umstände, handeln[368]. Es genügt, wenn diese Tatsachen bzw. Beweismittel in der nun vorliegenden Bedeutung dem Gericht anhand der Akten oder anlässlich der Hauptverhandlung nicht unterbreitet und von der betreffenden Strafbehörde bei der Urteilsfindung nicht berücksichtigt wurden, auch wenn sie ihr hätten zu Grunde gelegt werden können[369]. Der Umstand, dass eine tatsächliche Feststellung im vorerwähnten Sinn dem Gericht vorgetragen wurde, sich das Urteil aber nicht weiter damit auseinandersetzte, genügt allerdings nicht: Ein Übergehen von Akten, vorgelegten Beweismitteln usw. im Urteil muss mit den gegen dieses zur Verfügung stehenden Rechtsmitteln angefochten werden. Im Übrigen ist zu vermuten, dass das Gericht von allen vorge- 1594

---

trägliche Verwahrung soll nach einem deutschen BGH-Urteil vom 21.12.2006 (JZ 62 [2007] 1004) möglich sein, wenn während Strafvollzug eine gefährliche *«gefestigte und genuine Pädophilie»* ans Tageslicht tritt, die für den Erstrichter nicht erkennbar war. Zu Vereinbarkeit mit *ne bis in idem* (StPO 11) vorne N 246.

[367] *Neu z.B. Tatsache*, dass zur Zeit der Verurteilung wegen Amtsdelikten Juden Gefahr liefen, in Konzentrationslager eingeliefert zu werden, was im Urteil von 1940 nicht berücksichtigt wurde, RS 2001 Nr. 88, oder im Zeitpunkt des Urteils unbekannt war, dass bei einem bestreitenden Verurteilten zur Zeit seiner angeblichen Sexualdelikte am Tatort noch ein anderer, gleich vorgehender Täter auftrat, RVJ/ZWR 33 (1999) 241. *Keine neue Tatsache*, wenn ein früher vernommener Zeuge z.B. die Seriosität bzw. Glaubwürdigkeit des Geschädigten bzw. die Wahrscheinlichkeit einer Tat nun anders einschätzt, SJ 125 (2003) I 13; BGer 14.8.2003 i.S. D.B. ca. M.G., Procureur Général de Genève etc.

[368] Botschaft 1319 unten. Zu solchen *nicht revisionsbegründenden, weil nachträglich* entstandenen Tatsachen, ZR 60 (1961) Nr. 48; RS 1999 Nr. 580 und 2001 Nr. 86; SJ 123 (2001) 285 = RS 2003 Nr. 373 (Achtung des Familienlebens bei Landesverweisung). *Nachträgliche tätige Reue*, BGer 6.9.1991 in plädoyer 1/1992 60 f., oder *nachträgliche Wiedergutmachung* nach StGB 53; *nachträglicher Gesinnungswandel* eines Militärdienstverweigerers, MKGE 11 (1988–1996) Nr. 25. Ebenso *keine Revision bei nachträglichem Eintritt der Schuldunfähigkeit* etc.

[369] In diese Richtung die deutsche Praxis, vgl. deutsches Bundesverfassungsgericht am 14.9.2006 in NJW 4/2007 208, E 3. – Bei StGB 65 II (vorne N 1592 a.E.) Revision mit Bezug auf Tatsachen und Beweismittel, *«... ohne dass das Gericht davon Kenntnis haben konnte ...»*, also unter engeren Voraussetzungen.

tragenen Akten usw. Kenntnis hatte, die Relevanz der im Urteil nicht genannten Akten etc. also stillschweigend verwarf[370]. Der Revisionsgrund ist sodann nicht gegeben, wenn die Tatsachen und Beweismittel zwar vom Richter – auch nur als Hypothese – geprüft wurden, dieser daraus jedoch unrichtige Schlüsse zog[371].

1595 Eine Wiederaufnahme ist beispielsweise möglich, wenn
- die Tatsache der **beschuldigten Person bekannt war und sie es unterliess, sie dem Gericht zur Kenntnis zu bringen**, allerdings unter dem **Vorbehalt des Rechtsmissbrauchs**[372];
- die beschuldigte Person **nachträglich ein Geständnis ablegte**[373];
- die **Tatsachen in den Akten vorhanden war, vom Richter aber offensichtlich übersehen wurde**[374], oder ein polizeiliches Gutachten über die schlechte Qualität von Drogen damals vorhanden, aber nicht an die Justiz weitergeleitet wurde[375];
- nachträglich ein **Rechtfertigungs- oder Schuldausschlussgrund** (StGB 14 ff.) bzw.
- ein **Ausstandsgrund** bekannt wird (so ausdrücklich StPO 60 III)[376];
- ein **bereits früher vorhandenes Beweismittel in wesentlichen Punkten nicht ausgeschöpft wurde**, so, wenn einem Zeugen wesentliche Fragen zu einer neu aufgetauchten Tatsache nicht gestellt wurden[377];
- durch **Gesetzesänderung möglich gewordene Beweiserhebungen**[378];

---

[370] Zu diesem Thema nachfolgende Randnote und m.w.H. Fn. 374.
[371] Botschaft 1319 unten.
[372] Vgl. denn auch den entsprechenden Verwirkungsgrund in BGG 125. Zur Thematik ferner RO 1973 300 Nr. 38. *Nichteintreten auf Revisionsgesuch wegen Rechtsmissbrauchs*, wenn fragliche Tatsachen mit Einsprache gegen Strafbefehl hätten geltend gemacht werden können, Pra 94 (2005) Nr. 35 = BGE 130 IV 75, GVP 2005 Nr. 75 sowie RJN 2005 168 = RS 2007 Nr. 206. Ebenso, wenn *Rechtsmittelmöglichkeiten nicht genutzt und längst bekannte Tatsachen früher nicht mitgeteilt wurden*. Nach BGE 125 IV 302 kann man sich nicht auf Tatsachen berufen, die im früheren Verfahren zufolge prozessualer Versäumnis nicht vorgelegt wurden.
[373] Vgl. BGE 133 IV 342. – In früheren kantonalen Prozessgesetzen zum Teil ausdrücklich genannt, BeB 273 oben. Dieser Revisionsgrund ist allerdings – vor allem wenn das Geständnis erst nach dem Urteil abgelegt wurde – strittig.
[374] BGE 99 IV 183; RO 1970 304 Nr. 52; RVJ/ZWR 7 (2003) 191. Nach BGE 122 IV 66 ist zu vermuten, dass *alle in den Akten enthaltenen und vor Gericht vorgetragenen Fakten dem Gericht bei der Urteilsfällung bekannt waren*; ein Nichtbeachten muss, damit es zur Revision führt, offensichtlich sein. Keine neuen Tatsachen liegen vor, wenn aktenkundige Tatsachen als Hypothesen diskutiert wurden, RS 1993 Nr. 35. Umstand muss aus Akten unschwer zu erkennen gewesen sein, RS 2001 Nr. 156.
[375] KGZ 1.2.1988 i.S. K.B.
[376] Zu diesem *Sonderfall der Revision* vgl. vorne N 523. Grundsätzlich nur, wenn Ausstandsgrund nach Eintritt der formellen Rechtskraft entdeckt wurde, vorher ist der Mangel mit dem entsprechenden Rechtsmittel zu rügen. Nach BGer 25.4.1991, 1P.208/1991 *Revision auch dann, wenn erfolgreich abgelehnte Justizperson trotzdem an Entscheid mitwirkt*.
[377] BGE 116 IV 357. Siehe ferner ZR 100 (2001) Nr. 9 S. 25 für *Zeugenaussagen des früheren Verfahrens, welche durch Noven eine neue Bedeutung erhalten sollen*.

- ein **Zeuge von einem früher beanspruchten Zeugnisverweigerungsrecht nicht mehr Gebrauch machen** und nun aussagen will[379];
- das **neue Beweismittel, auch ein Privatgutachten**[380], **die einem früheren Beweismittel zugrunde liegende Tatsachenfeststellung in Frage stellt**[381]. Hingegen ist es nicht möglich, eine im früheren Entscheid diskutierte Streitfrage, z.B. über das Vorhandensein einer verminderten Schuldfähigkeit oder die Glaubwürdigkeit eines jugendlichen Opfers[382] ohne neue Tatsachen, z.B. einen bisher nicht erkannten psychischen Zustand, mit der Revision anzufechten bzw. mit einem Gutachten erneut aufzurollen[383],
- die neuen Tatsachen oder Beweismittel bewirken können, dass **ein im angefochtenen Urteil angenommener Strafaufhebungsgrund**, z.B. nach **StGB 52 ff. bzw. StPO 8 wegfällt**, oder
- bei Erlass des fraglichen Entscheides übersehen wurde, dass die **Verjährung bereits eingetreten war, ein gültiger Strafantrag fehlte**[384] oder ein **Rechtsmittel entgegen dem früheren Entscheid rechtzeitig eingereicht wurde**[385].

Vorausgesetzt ist sodann, dass bei der **Revision zugunsten der beschuldigten Person** die fraglichen Tatsachen oder Beweismittel allein oder in Verbindung mit früher erhobenen Tatsachen und Beweisen die **Freisprechung** der beschuldigten Person oder doch mindestens eine **wesentlich mildere Bestrafung** zur Folge haben dürften. Es ist bei diesem relativen Wiederaufnahmegrund also **Erheblichkeit der Nova** gefordert, wobei sich diese auf den Schuldspruch (primär Feststellung der objektiven und subjektiven Tatbestandsmässigkeit) oder aber die Strafzumessung beziehen können[386]. Vor allem im Zusammenhang mit

1596

---

[378] Es wird eine vorher nicht bestehende Aussagepflicht des Arztes eingeführt, BGer 7.11.2006, 4C.111/2006, in SZZP 3/2007 300 (zivilprozessualer Entscheid).
[379] Unter Vorbehalt des Rechtsmissbrauchs, vorne Fn. 372, ist eine Revision sodann zulässig, wenn beschuldigte *Person zunächst Aussagen verweigerte und später aussagen will*. Mit Zurückhaltung sodann zu prüfen bei *späterem Widerruf eines Geständnisses*.
[380] ZR 54 (1955) Nr. 70; MKGE 11 (1988–1996) Nr. 59, 70, 12 (1997–2005) Nr. 32 (vierzeilige Meinungsäusserung eines Psychiaters genügt nicht).
[381] RO 1972 283 Nr. 41.
[382] Durch ein medizinisches (Privat-)Gutachten (sog. «*psychologische Stellungnahme*»), Pra 92 (2003) Nr. 38 = SJ 125 (2003) 13 = RS 2005 Nr. 646. Nach BGer 1.10.2005, 6S.452/2004 ist erforderlich, dass das *neue Gutachten mit überzeugenden Gründen das frühere Gutachten als fehlerhaft erscheinen lässt*.
[383] Dazu BGE 101 IV 249, 78 IV 56; SJ 112 (1990) 478. MKGE 11 (1988–1996) Nr. 67 (allenfalls Ausnahme, wenn spätere Entwicklung das frühere Gutachten als fraglich erscheinen lässt); MKGE 12 (1997–2005 Nr. 3 (Privatgutachten 10 Jahre nach Verurteilung *in casu* unbehelflich).
[384] Kein Revisionsgrund aber, *wenn nach rechtskräftiger Verurteilung eines Beteiligten der Strafantrag gegen einen anderen Beteiligten zurückgezogen wurde*.
[385] BGE 127 I 133 = Pra 90 (2001) Nr. 160.
[386] Keine Berufung auf nachträglich bekannt gewordene Beeinflussung eines früheren Experten, wenn Fehler ohne Auswirkung auf Urteil blieb, weil ein neuer Experte zu gleichen

einer neu behaupteten Verminderung der Schuldfähigkeit geht die Praxis (die sich häufig mit dieser Konstellation zu befassen hat) dahin, nur dann eine Wiederaufnahme zuzulassen, wenn eine gegenüber dem früheren Urteil wesentlich mildere Strafe[387] oder eine Massnahme anstelle einer unbedingten Freiheitsstrafe[388] wahrscheinlich ist. Bei mehreren Delikten genügt allerdings die Möglichkeit eines Teilfreispruchs, unabhängig davon, ob dieser eine mildere Bestrafung nach sich zieht[389].

1597 Zulässig im grundsätzlich gleichen Rahmen ist eine **Revision zuungunsten des Freigesprochenen oder Verurteilten**. Richtet sich die **Revision gegen einen Freispruch**, so müssen die Nova geeignet sein, einen Schuldspruch zu bewirken. Sie ist ebenso zulässig, wenn (in einem Fall, in dem im angefochtenen Urteil sowohl Schuld- wie auch Freisprüche ergingen), ein zusätzlicher Schuldspruch wegen eines einzelnen Sachverhalts die Strafhöhe nicht wesentlich beeinflussen dürfte. Bei vorgängigem Schuldspruch ist die Revision zulässig, falls **diese zu einer wesentlich strengeren Bestrafung** der beschuldigten Person führen dürfte. Gleichbedeutend ist die Möglichkeit einer bezüglich Schwere der Sanktion einschneidenderen Anordnung einer Massnahme, z.B. eine nachträgliche Anordnung einer Verwahrung nach StGB 65.

3.2.2. Widersprechende Strafentscheide, StPO 410 I lit. b

1598 Dieser – grundsätzlich **absolute**[390] – Wiederaufnahmegrund ist ein Sonderfall der neuen Tatsachen und Beweismittel. Er findet Anwendung, **wenn der frühere Strafentscheid mit einem Strafentscheid, der nachträglich zum gleichen Sachverhalt erging, in einem derart unverträglichen Widerspruch steht, dass einer dieser Entscheide notwendigerweise falsch sein muss**[391]. Dieser Revisionsgrund bezieht sich auf eine unterschiedliche Würdigung des Sachverhalts, vorab im Fall, dass Strafverfahren wegen des gleichen Lebensvorgangs,

---

Erkenntnissen gelangte, BGer 6.2.2001, 6P.181 & 673/2001, i.S. W.K. Rey in NZZ Nr. 43 vom 21.2.2002. Denkbar ist, dass früher mangels Erheblichkeit abgelehnte Wiederaufnahmegründe zusammen mit neuen Tatsachen und Beweismitteln nunmehr erheblich sind, BGE 116 IV 397. Keine Erheblichkeit, wenn beschuldigte Person einem Strafbefehl zustimmte, dabei aber nicht wusste, dass gegen ihn bereits ein weiteres Strafverfahren hängig war, BGer 17.6.1998 i.S. Ph.M. ca. Procureur Général de Genève.

[387] BGE 120 IV 248, BGer 1.10.2005, 6S.452/2004; ZR 83 (1984) Nr. 81.
[388] BGE 117 IV 40.
[389] BGE 101 IV 317.
[390] So ZR 87 (1988) Nr. 5.
[391] Vgl. RVJ/ZWR 41 (2007) 325 (an sich gleicher Sachverhalt wegen inzwischen erfolgter Praxisänderung des Bundesgerichts zur verjährungsrechtlichen Einheit anders qualifiziert). – Revisionsgrund ebenfalls nicht gegeben bei abweichendem *Zivilurteil* oder in einem Entscheid in parallelem *Disziplinar- oder Administrativverfahren*.

aber nicht notwendigerweise wegen der gleichen Strafnormen[392], gegen verschiedene Verantwortliche getrennt geführt wurden. Ein Widerspruch liegt vor allem dann vor, wenn im zweiten Entscheid der auf der Basis des ersten Urteils bildende **Sachverhalt anders gewürdigt und damit der objektive Tatbestand** als unbewiesen betrachtet wird, also z.B., wenn von mehreren Teilnehmern am gleichen Delikt der eine später freigesprochen wird, weil das Gericht die Tat nicht für erwiesen hält[393], oder wenn zwei verschiedene Personen für ein offensichtlich in Alleintäterschaft begangenes Delikt verurteilt wurden. Nicht revisionsbegründend ist hingegen, wenn in einem andern Verfahren die Verjährung der Taten – die in einem ersten Urteil nicht behandelt wurde – eingetreten ist[394].

Eine bloss **abweichende rechtliche Würdigung**, vorab im **subjektiven Bereich**, genügt nicht[395]. So ist der Revisionsgrund in folgenden Konstellationen nicht gegeben: 1599

- Bei **Mitbeteiligen erfolgt bei Annahme eines gleichen Sachverhalts eine andere Beurteilung von Vorsatz, Fahrlässigkeit, Mittäterschaft bzw. Teilnahme oder von Rechtfertigungsgründen;**
- **subjektive Tatbestandsmerkmale wie die besondere Verwerflichkeit oder Gefährlichkeit** etwa bei StGB 112 oder 140 Ziff. 3 werden anders beurteilt;
- beim **Verzicht auf die Strafverfolgung** nach StGB 52–54 bzw. StPO 8 II werden unterschiedliche Massstäbe angelegt;
- andere **Beurteilung von Fragen der Schuld** wie der Schuldfähigkeit sowie der Strafzumessungsgründe nach StGB 47[396], oder
- mit dem **zweiten Urteil wird eine neue Gerichtspraxis begründet**[397].

---

[392] Denkbar also der Fall, dass nach der Verurteilung des Haupttäters wegen Diebstahls das zweite Gericht im Urteil gegen den Hehler zum Schluss kommt, der Diebstahl als Vortat sei nicht erfüllt.

[393] Botschaft 1320 oben. Dazu die Anwendungsfälle in ZR 49 (1950) Nr. 165; 87 (1988) Nr. 5: Im späteren Urteil wegen Hausfriedensbruch wurde angenommen, die Hausbesetzer hätten sich in gutem Glauben auf das Bestehen eines gültigen Vertragsverhältnisses berufen können. ZR 88 (1989) Nr. 78: Im zweiten Verfahren wegen falschen Zeugnisses wurde erklärt, die im betreffenden ersten Verfahren zu beurteilende Straftat könne nicht als bewiesen betrachtet werden.

[394] Vgl. den zivilrechtlichen Fall BGE 123 III 218. Wurde in einem ersten Urteil die bereits damals eingetretene Verjährung übersehen, ist StPO 392 anwendbar, zu diesem Rechtsbehelf und dessen Schranken vorne N 1496.

[395] Botschaft 1320 oben.

[396] SJZ 69 (1973) 92, 71 (1975) 179. *Unterschiedliche Beurteilung des Einflusses unerlaubter Beweismittel*, so nach StPO 141 bzw. beim Einsatz verdeckter Ermittler auf die Tatbereitschaft, ZR 91/92 (1992) Nr. 48.

[397] Botschaft 1320 oben. ZR 88 (1989) Nr. 87, 91/92 (1992) Nr. 48. Differenzierend zu Praxisänderungen AGVE 33 (1996) 109 = RS 2000 Nr. 804.

3.2.3. Einwirkung durch eine Straftat; StPO 410 I lit. c, BGG 123 I

1600 Eine Revision ist sodann möglich wenn sich **in einem andern**[398] **Strafverfahren ergibt, dass durch eine objektiv und subjektiv erfüllte**[399] **Straftat auf das Ergebnis des zu revidierenden Entscheids eingewirkt wurde** (StPO 410 I lit. c). Dieser Revisionsgrund stellt angesichts der Schwere der hier zutage tretenden Einwirkung einen **absoluten Wiederaufnahmegrund** dar, d.h., es muss nicht dargetan werden, dass die Einwirkung kausal ein für den Betroffenen nachteiliges Urteil bewirkte[400]. Es ist demgemäss unerheblich, ob ohne die Einwirkung ein milderes bzw. strengeres Urteil wahrscheinlich gewesen wäre. Bei den relevanten Straftaten dürfte es sich regelmässig um **Rechtspflegedelikte** (vor allem falsche Anschuldigung, StGB 303, und falsches Zeugnis, StGB 307), allenfalls ein **Amts- oder Bestechungsdelikt** (StGB 312 ff., StGB 322ter ff.) handeln.

1601 Dieser Revisionsgrund setzt voraus, dass **in einem (in- oder ausländischen) Strafverfahren** dargetan wird, dass **mit einem objektiv und subjektiv erfüllten Straftatbestand auf das Urteil eingewirkt wurde**. Dieser Revisionsgrund setzt somit ein eingeleitetes Strafverfahren voraus[401]. In der Regel liegt ein entsprechendes Strafurteil vor, was jedoch nicht erforderlich ist. Stirbt also die Person, die falsches Zeugnis ablegte, vor Abschluss des gegen sie gerichteten Verfahrens oder musste das Verfahren z.B. wegen Verjährung oder Schuldunfähigkeit eingestellt werden, genügt es, wenn sich das falsche Zeugnis aus den bereits erstellten Akten ergibt[402]. War ein Strafverfahren nicht (mehr) möglich (so bei der Romanfigur des falschen Zeugen, der auf dem Totenbett ein Geständnis ablegt), kann nach StPO 410 I lit. c letzter Satzteil der Nachweis der strafbaren Handlung auch auf andere Weise erbracht werden (identisch BGG 123 I)[403].

---

[398] Unklar ist, was die Bedingung des *«andern»* Strafverfahrens soll. Sie ist überflüssig und findet sich denn auch weder in VE 479 I noch in BGG 123 I oder im früheren OG 137.
[399] Dazu ZR 106 (2007) Nr. 38 S. 173 E.3.1.
[400] ZR 106 (2007) Nr. 38 = RS 2008 Nr. 421 = RKG 2006 Nr. 115. Für den Fall des bestochenen Richters Botschaft 1320 Mitte. – Ob dieses Urteil richtig ist, hat der Revisionsrichter ebenfalls nicht zu prüfen.
[401] Entgegen VE 479 I lit. a und BGG 123 I, die im Einklang mit manchen kantonalen StPO diese Bedingung nicht enthalten und den Beweis für eine strafbare Einwirkung auch auf andere Weise zulassen.
[402] So Botschaft 1320 Mitte.
[403] Fraglich ist, *ob ein indirektes falsches Zeugnis genügt* (z.B. in dem einer Verurteilung nach StGB 217 zugrundeliegenden Vaterschaftsurteil). Hier ist jedenfalls eine neue Tatsache gegeben, so Urteil Kass.-Ger. Genf vom 8.10.1999 i.S. M. J.-R. ca. Procureur Général de Genève, in welchem eine Revision gewährt wurde, nachdem ein rechtsmedizinisches Gutachten nachträglich den Beweis dafür lieferte, dass der Verurteilte nicht der Vater des betreffenden Kindes ist.

3.3. Revisionsgrund nach StPO 410 II

StPO 410 II nimmt den bereits in OG 139a, MStP 200 I lit. f, nunmehr BGG 122 sowie in manchen kantonalen Prozessordnungen enthaltenen **Revisionsgrund der Verletzung der EMRK** auf. Entgegen der früheren Praxis ist es aber nicht mehr möglich, über ein Revisionsverfahren eine Entschädigung wegen Verletzung der EMRK zu beantragen. Eine gerechte Wiedergutmachung ist im Verfahren vor dem Gerichtshof in Strassburg geltend zu machen[404]. Spricht der Gerichtshof eine Entschädigung zu oder weist er die Forderung ab, kann in der Schweiz unter diesem Titel keine Revision mehr beansprucht werden. Eine Revision kann demgemäss nur verlangt werden, wenn der Europäische Gerichtshof für Menschenrechte in einem endgültigen Urteil feststellte, dass die EMRK oder ein Zusatzprotokoll verletzt wurde (StPO 410 II lit. a) und die zugesprochene Entschädigung bzw. allenfalls die Feststellung der Verletzung[405] allein nicht geeignet ist, deren Folgen auszugleichen (StPO 410 II lit. b), sondern dazu vielmehr eine Revision notwendig ist (StPO 410 II lit. c).

1602

Da bei den **Verfahren vor dem EGMR praktisch immer Entscheide des Bundesgerichts zur Diskussion stehen und demgemäss diese nach BGG 122**[406] **zu revidieren sind**, dürfte die Bedeutung dieses Revisionsgrundes gemäss der StPO begrenzt sein. Macht das Bundesgericht von diesem Revisionsgrund Gebrauch, führt dies nach BGG 128 zur Aufhebung des bundesgerichtlichen Entscheids und zu dem dort geregelten weiteren Vorgehen[407].

1603

4. Revisionsinstanz, StPO 21 I lit. b, III, JStPO 41

Revisionsinstanz bei kantonalen Entscheiden ist nach StPO 21 I lit. b das **Berufungsgericht**, unabhängig von der Strafbehörde, welche den aufzuhebenden Strafentscheid fällte[408]. Für Fälle, in denen die Revision eigener Entscheide des

1604

---

[404] Dazu und zum Folgenden Botschaft BBl 2001 4353.
[405] Keine Revision, wenn EGMR Konventionsverletzung feststellte, gleichzeitig aber auch, dass verfahrensmässig kein entstandener materieller Nachteil erkennbar sei; Feststellung der Konventionsverletzung genügt deshalb, vgl. die Fälle BGer 25.4.2007, 2A.318/2006 in Anwaltsrevue 8/2007 347, oder der Entscheid EGMR vom 15.3.2007 i.S. Kaiser ca. Schweiz in Pra 96 (2007) Nr. 110. Vgl. ferner Pra 96 (2006) Nr. 49 mit Kommentar auf S. 313 f.
[406] Zu dieser Bestimmung sodann hinten N 1729.
[407] Näher N 1728.
[408] Gilt auch für *Fälle nach StGB 65 II* (N 1592 a.E.), da Satz 2 für die «*Zuständigkeit und Verfahren*» auf das Recht der Wiederaufnahme verweist. – *Problematisch die Übergangsregelung* von 453 I, die für altrechtliche Urteile auf das frühere Revisionsrecht und die früheren Revisionsbehörden verweist, was bei in späteren Zeiten eingereichten Revisionsgesuchen zu erheblichen Schwierigkeiten führen wird; besser ZPO 405. Sind die früheren Revisionsbehörden nicht mehr vorhanden, wird nichts anderes übrig bleiben, als Gesuche dem Berufungsgericht zuzuweisen und nach StPO 410 ff. zu behandeln. – Im *Jugendstraf-*

Berufungsgerichts ansteht, bestimmt StPO 21 III, dass nicht die gleichen Richter als Berufungs- *und* Revisionsrichter tätig sein können[409]. Die Kantone müssen also dafür besorgt sein, dass sie einen personell von der Berufungskammer unabhängigen Spruchkörper für Revisionen schaffen[410].

1605 Was die Urteile des **Bundesstrafgerichts** betrifft, geht die Botschaft[411] davon aus, dass das Bundesgericht Revisionsinstanz sei und dieses dabei das BGG anzuwenden habe. Diese Lösung klingt in E StBOG 31 bzw. E BGG 119a (in der Fassung des StBOG) an, wobei das Bundesgericht bei Revisionen gegen Urteile der Strafkammern die StPO, bei solchen der Beschwerdekammern BGG 121 ff. anwenden soll[412].

5. Legitimation, StPO 381 f., 410, JStPO 38, VStrR 85 I, MStP 202

1606 Grundsätzlich richtet sich die Legitimation zur Revision nach den allgemeinen Bestimmungen von StPO 381 f. Wesentlich ist, dass die Revision zugunsten des Verurteilten im Schuld- und Strafpunkt auch nach **Eintritt der Verjährung** (StPO 410 III) möglich ist. Sie kann nach dem **Tod der beschuldigten Person nach Massgabe von StPO 382 III von deren Angehörigen** und nach der allgemeinen Bestimmung von StPO 381 I in jedem Fall ebenfalls von der **Staatsanwaltschaft** betrieben werden. Nach dem Tod der beschuldigten Person kann eine Revision nur auf **Freispruch**[413], **nicht auch auf eine mildere Bestrafung** gerichtet sein[414].

1607 Der **Privatklägerschaft** steht die Legitimation zur Revision im Rahmen der allgemeinen Norm von StPO 382 I und II[415] zu, wobei die Beschränkung von StPO 410 IV (vorne Ziff. 2.1) zu beachten ist.

---

verfahren ist das Jugendgericht Revisionsinstanz (JStPO 41), was diverse Fragen aufwirft (Rechtsmittel gegen Entscheide etc.).

[409] Dazu vorne N 388 f. Obwohl an sich mit Blick auf das aus BV 30 I und EMRK 6 Ziff. 1 fliessende Verbot der Vorbefassung eines Richters die gleichen Richter über die Revision urteilen könnten, so mindestens nach bisheriger Praxis, Botschaft 1140 oben sowie BGE 113 Ia 62, 407 für den Zivilprozess. – Zur Vereinbarkeit der Rolle von *Beschwerde- und Revisionsrichter* vorne N 384.

[410] Botschaft 1321 oben.

[411] 1321 oben.

[412] Dazu näher Botschaft StBOG BBl 2008 8183.

[413] Damit ist *nicht ein vollständiger Freispruch gemeint*; es genügt, wenn in *einem* Anklagepunkt ein Freispruch angestrebt wird.

[414] Darüber hinaus Revision aber wohl nach Massgabe von StPO 410 IV im Zivilpunkt und etwa bei Einziehungen denkbar.

[415] Vorne N 1458 f., 1462.

6. Form und Frist, StPO 411, BGG 124

Ein Revisionsverfahren kann vom urteilenden Gericht **nicht von Amtes wegen** eingeleitet und durchgeführt werden[416]. Vielmehr ist dazu nach StPO 411 I ein von einem dazu Legitimierten (Ziff. 5) beim Berufungsgericht **eingereichtes schriftliches und begründetes Gesuch**[417] erforderlich. Darin sind die **Revisionsgründe zu bezeichnen und so weit möglich zu belegen**[418]. Es ist z.B. anzugeben, zu welchen Tatumständen der neu angerufene Zeuge Z urteilsrelevante Aussagen machen kann. Dabei ist zu beachten, dass im **Revisionsverfahren nicht von der Unschuldsvermutung auszugehen ist** (*«Im Zweifel für die Rechtskraft des Urteils»*): Vielmehr hat der Verurteilte darzutun, dass ein Revisionsgrund gegeben ist[419].

Die Revision ist nach StPO 411 II nur dann an eine **Frist** (90 Tage nach Kenntnisnahme) gebunden, wenn sie sich auf die Revisionsgründe von StPO 410 I lit. b (widersprechendes weiteres Urteil, vorne Ziff. 3.2.3.) bzw. StPO 410 II (Urteil des Europäischen Gerichtshofs für Menschrechte, vorne Ziff. 3.3.) bezieht (ähnlich ZPO 329). Der Zeitpunkt der Kenntnisnahme ist in diesen Fällen vom Revisionskläger im Zweifelsfall glaubhaft zu machen. Im Übrigen ist die Revision an keine Frist gebunden. Die **Revision zugunsten des Verurteilten** ist auch nach der Strafverbüssung, eingetretener Verjährung und Tod des Verurteilten zulässig (StPO 382 III, 410 III, vorne Ziff. 5., 6.), **diejenige zuungunsten des Freigesprochenen usw.** hingegen nur zu dessen Lebzeiten und so lange, als das Delikt nicht verjährt ist (VStR 84 III), d.h. – in richtiger Lesart –, wenn ohne das freisprechende Erkenntnis die Verjährung noch nicht eingetreten wäre[420].

Eine **Anschlussrevision** ist der StPO nicht bekannt, doch kann die Gegenpartei des Revisionsklägers naturgemäss ihrerseits ein Revisionsgesuch einreichen[421].

---

[416] Gilt ebenfalls beim quasi-materiellrechtlichen Revisionsgrund von StGB 65 II, zu diesem vorne N 1592 a.E.
[417] Zu diesen Voraussetzungen nach StPO 390 vorne N 1482 ff.
[418] Diese Regel erscheint als *Ordnungsvorschrift*, deren Missachtung nicht sofort zur Verwerfung des Gesuchs nach StPO 413 führt. Vielmehr ist eine Nachfrist anzusetzen, der Rechtsunkundige allenfalls zu einer Befragung vorzuladen bzw. ein amtlicher Verteidiger zu bestellen, zu Letzterem Fn. 431.
[419] RO 1989 346 Nr. 80. Es ist nicht Aufgabe der Revisionsinstanz, nach Gründen und Belegen dafür zu suchen, MKGE 12 (1997–2005) Nr.16 E.2.
[420] Zum *Einfluss des neuen Verjährungsrechts* vgl. die nachfolgende Fn. 422.
[421] Ein *Beispiel aus der früheren Justizpraxis*: Im Kanton Aargau verlangte ein wegen fünffachen Mordes Verurteilter die Revision in einem Tötungsfall; gleichzeitig wurde mindestens anfänglich von der Staatsanwaltschaft eine nachträgliche Verwahrung auf dem Revisionswege nach StGB 65 II (zu dieser vorne N 1592 a.E.) ins Auge gefasst.

7. Wirkung des Revisionsverfahrens, StPO 387, VStrR 85 III, MStP 203 III, BGG 103

1611 Da das Berufungsgericht u.U. über die Wiederaufnahme der eigenen Urteile befindet, hat die Wiederaufnahme nicht immer **devolutive** Wirkung. **Suspensivwirkung** hat sie nur auf besondere Anordnung der Revisionsinstanz hin (StPO 387, VStrR 85 III, differenzierend BGG 103). Das Revisionsgesuch zugunsten wie auch dasjenige zuungunsten des Verurteilten lässt die **Verfolgungsverjährung** nicht neu aufleben[422], doch läuft allenfalls die Vollstreckungsverjährung weiter[423].

8. Grundzüge des Wiederaufnahmeverfahrens, StPO 412 f., VStrR 85 ff., E BGG 119a, BGG 126 ff.

8.1. Vorprüfung, StPO 412

1612 Die Berufungsinstanz unterzieht das Revisionsgesuch in einem schriftlichen Verfahren einer **vorläufigen Prüfung**. Erweist sich dabei, dass das Gesuch offensichtlich unzulässig[424] oder unbegründet ist oder dass die ins Feld geführten Gründe schon in einem früheren Revisionsgesuch angeführt und verworfen wurden[425], tritt das Berufungsgericht in einem Beschluss darauf nicht ein (StPO 412 I und II)[426].

---

[422] Zum *Thema Revision und Verjährung* vorne N 1609, in der Richtung des vor einigen Jahren in der heutigen Form geschaffenen StGB 97 III, der den Lauf der *Verjährungsfrist* mit dem erstinstanzlichen Urteil enden lässt. Folgt daraus, dass eine Revision zuungunsten des Freigesprochenen ohne zeitliche Beschränkung möglich ist? Das Problem, auf welches CHRISTIAN DENYS in SJ 125 (2003) II 55 f. hinwies, könnte entschärft werden, dass man mit BGE 134 IV 331 StGB 97 III nur auf verurteilende, nicht aber freisprechende erstinstanzliche Urteile für anwendbar erklärt. Im Ergebnis würde damit die vor Erlass von StGB 97 III im Jahre 1997 geltende Praxis übernommen, die annahm, bei der Revision zuungunsten des Freigesprochenen laufe die Verfolgungsverjährung weiter, so analog zu früheren Ansichten bezüglich Verjährung bei der eidgenössischen Nichtigkeitsbeschwerde bei Freispruch gemäss BGE 97 IV 157. Im Ergebnis wohl auch RIEDO/ZURBRÜGG in AJP 3/2009 377, die zwar den vorerwähnten BGE 134 IV 331 im hier relevanten Punkt für verfehlt halten, aber annehmen, dass bei einer Revision zu Ungunsten des Beurteilten StGB 97 III sowie 333 IV lit. d *«gänzlich aus dem Spiel zu lassen»* seien. Für *Nichtaufleben der Verfolgungsverjährung nach altem Recht bei Revision zugunsten des Verurteilten* BGE 85 IV 170 = Pra 49 (1960) Nr. 27 und Pra 78 (1989) Nr. 45.

[423] So bei *Revision zugunsten der Verurteilten* im Zusammenhang mit früherem Verjährungsrecht nach BGE 114 IV 138.

[424] Fehlende Legitimation, Nichteinhalten der Voraussetzungen nach StPO 411 usw.

[425] ZR 65 (1966) Nr. 91. Denkbar ist indessen, dass ein *früher verworfener Revisionsgrund zusammen mit neuen Tatsachen bzw. Beweismitteln nun zur Revision führt*, Botschaft 1321 Mitte.

[426] Abweisung ohne Vernehmlassung zulässig, so zum früheren zürcherischen Revisionsrecht RKG 1997 Nr. 132. – Es handelt sich um einen *Endentscheid,* gegen den die Strafrechtsbe-

Führt die Vorprüfung nicht zu einem Nichteintretensbeschluss, so wird das Revisionsgesuch ohne weitere Formalitäten (es ergeht also kein formeller Eintretensbeschluss[427]) samt den eingereichten Akten und Beweismitteln[428] **den andern Parteien sowie der Instanz, die den zu revidierenden Strafentscheid fällte, zur freigestellten Stellungnahme zugestellt** (StPO 412 III), wobei auch eine mündliche Verhandlung (StPO 390 V) möglich ist. 1613

Das Berufungsgericht nimmt von Amtes wegen die **erforderlichen Akten- und Beweisergänzungen** vor, die notwendig sind, um festzustellen, ob ein Revisionsgrund vorhanden ist (StPO 412 IV, vgl. auch StPO 389). Es kann über deren Ergebnis gestützt auf StPO 390 V eine **mündliche Verhandlung** durchführen, an der die Parteien teilnehmen können[429]. Das Berufungsgericht trifft auch **vorläufige Massnahmen**; vorbehalten sind die nach StPO 388[430] der Verfahrensleitung zustehenden Befugnisse wie jene zur Inhaftierung (StPO 229 ff.). Allenfalls ist von der Verfahrensleitung des Berufungsgerichts ein **amtlicher Verteidiger** zu bestellen (StPO 132 ff., 388 lit. c, MStP 204)[431]. 1614

8.2. Revisionsentscheid, StPO 413, MStP 207

8.2.1. Grundsätze bei der Beurteilung der Revisionsgründe

Die Revisionsinstanz muss alsdann entscheiden, ob **das Revisionsgesuch begründet und demnach gutzuheissen** ist[432]. Fraglich ist, welcher **Grad der Gewissheit**, dass wirklich neue **erhebliche Tatsachen oder Beweismittel** vorliegen, für eine Gutheissung gegeben sein muss. Nach der bundesgerichtlichen Praxis zum früheren StGB 385 dürfen in diesem Prüfungsverfahren nicht zu hohe Anforderungen an den Nachweis behaupteter neuer Tatsachen gestellt wer- 1615

---

schwerde nach BGG 78 ff. und 90 ans Bundesgericht zulässig ist, vgl. dazu hinten N 1622.
[427] Gegen dieses Eintreten keine Strafrechtsbeschwerde ans Bundesgericht, da ein nicht *anfechtbarer Zwischenentscheid* nach BGG 93 vorliegt, hinten N 1653.
[428] Gewährung des rechtlichen Gehörs, Botschaft 1321.
[429] Botschaft 1321 unten.
[430] Dazu vorne N 1481.
[431] Vorne N 739 ff.; ZR 64 (1965) Nr. 55. Im Regelfall *Neubestellung, da normalerweise amtliche Verteidigung mit Rechtskraft* (StPO 437) *des ursprünglichen Entscheids endete.* Amtliche Verteidigung wohl auch bei früherer notwendiger Verteidigung nach StPO 130. Eine Bestellung erfolgte nach der früheren zürcherischen Praxis «*nur bei einigermassen begründeten Anhaltspunkten für das Vorliegen eines Revisionsgrundes*», ZR 96 (1997) Nr. 118, ebenso bei nachfolgenden Rechtsmitteln gegen Revisionsentscheid RKG 2004 Nr. 75, was mit Blick auf StPO 130 ff. (N 723 ff.) auch für das vereinheitlichte Strafprozessrecht gelten dürfte.
[432] Grundsätzlich sollten *alle geltend gemachten Revisionsgründe geprüft und darüber entschieden werden*, mit der Folge, dass der Sachrichter nachfolgend an den Entscheid gebunden ist. *A.M.* ZR 75 (1976) Nr. 98 S. 257: Aufhebung, wenn auch nur *ein* geltend gemachter Revisionsgrund gegeben ist, mit der Folge, dass der Sachrichter in den übrigen Punkten frei ist.

den: Die Wiederaufnahme ist mit Blick auf StPO 410 zu bewilligen, wenn durch die neuen Tatsachen bzw. Beweismittel eine Veränderung des dem angefochtenen Urteil zugrundeliegenden Sachverhalts, die zu einem für den Revisionskläger günstigeren Urteil führen dürfte, **wahrscheinlich ist**[433]. Insbesondere beim häufigsten Revisionsgrund der neuen Tatsachen oder Beweismittel von StPO 410 I lit. a ist deshalb nur ein **Glaubhaftmachen** notwendig. Das Berufungsgericht als Revisionsinstanz prüft die neue Sach- oder Beweislage im Übrigen nur vorläufig und summarisch, da die einlässliche Würdigung im Fall der Gutheissung des Gesuchs dem Sachrichter vorbehalten ist[434].

1616 Beim **Revisionsgrund des unverträglichen Widerspruchs mit einem späteren Urteil** (StPO 410 I lit. b, vorne Ziff. 3.2.2.) ist nur dieser Widerspruch festzustellen, nicht aber welches der beiden Urteile zutreffend ist[435]. Höhere Hürden sind beim **Revisionsgrund der strafbaren Einwirkung** (StPO 410 lit. c) zu nehmen, da diese Einwirkung zu beweisen ist (vorne Ziff. 3.2.3.).

8.2.2. Abweisung des Revisionsgesuchs, StPO 413 I

1617 Kommt das Berufungsgericht zum Schluss, die **angerufenen Revisionsgründe**[436] **seien nicht gegeben**, weist es das Gesuch unter Aufhebung allfälliger verfügter vorsorglicher Massnahmen in Form eines Beschlusses ab (StPO 413 I).

8.2.3. Gutheissung des Revisionsgesuchs, StPO 413 II-IV

1618 Erachtet das **Berufungsgericht einen oder mehrere Revisionsgründe als gegeben**, d.h. deren Vorliegen als wahrscheinlich (vorne Ziff. 8.2.1.), so hebt es den angefochtenen Entscheid ganz oder teilweise (z.B. wenn nur einzelne Anklage- oder Nebenpunkte wie Anrechnung der Untersuchungshaft oder eine Einziehung angefochten wurden) auf. Das Berufungsgericht hat dabei einerseits die Möglichkeit, den **Straffall an die von ihm bezeichnete Vorinstanz** zur neuen Behandlung und Beurteilung zurückzuweisen (StPO 413 II lit. a). Die **Rückweisung an die Staatsanwaltschaft** kommt in Frage, wenn ein Strafbefehl aufzuheben oder wenn in einem ordentlichen Strafverfahren weitere Beweise zu erheben und alsdann über die Erledigung des Verfahrens nach StPO 414 I (Anklage, Strafbefehl oder Einstellung) neu zu entscheiden ist[437]. Denkbar ist aber auch eine **Rückweisung an das erstinstanzliche Gericht**, welches das Haupt-

---

[433] Botschaft 1321 Mitte. So schon BGE 116 IV 353, 361; dazu und zum Folgenden ZR 91/92 (1992/93) Nr. 11. Die *militärgerichtliche Praxis* verlangt eine «hohe Wahrscheinlichkeit», m.w.H. MKGE 12 (1997–2005) Nr. 11 E.2.a., Nr. 16 E.2.
[434] ZR 77 (1978) Nr. 65 = SJZ 75 (1979) 231. Zum zweiten Satzteil vgl. den deutschen Verfassungsgerichtshof in EuGRZ 21 (1994) 592.
[435] KGZ 19.12.1989 i.S. S.G.W.
[436] Das Revisionsgericht hat zwar zu berücksichtigen, *wenn die angerufenen Revisionsgründe allenfalls unter falscher Bezeichnung geltend gemacht wurden* (StPO 391 I), aber nicht nach allfälligen weiteren Gründen zu suchen.
[437] Botschaft 1322 oben.

verfahren i.S. von StPO 328 ff. zu wiederholen hat (StPO 414 II, nachfolgend Ziff. 9.1). Wegen des Instanzenverlusts kommt bei zu revidierenden Berufungsurteilen eine **Rückweisung an die Berufungsinstanz selbst** wohl nur ausnahmsweise in Frage.

Im Fall einer Rückweisung **bestimmt das Berufungsgericht, in welchem Umfang die festgestellten Revisionsgründe die Rechtskraft und Vollstreckbarkeit des aufgehobenen Entscheids beseitigen** – abgesehen vom Straf- auch im Zivilpunkt. Es ordnet ferner an, in **welchem Stadium das Verfahren wieder aufzunehmen ist** (StPO 413 III); damit gekoppelt ist die Frage, an welche Instanz der Fall zurückgewiesen wird. Bei einem solchen Entscheid mit Rückweisung sind die **Kosten des Revisionsverfahrens** und allenfalls des vorinstanzlichen Verfahrens nach StPO 428 IV auf die Staatskasse zu nehmen, da der Revisionskläger als Obsiegender erscheint; nach den Materialien soll es allerdings auch möglich sein, diese Kosten zunächst auf die Staatskasse zu nehmen und den definitiven Entscheid darüber hernach jener Behörde zu überlassen, die anschliessend nach StPO 414 f. einen neuen Entscheid zu treffen hat[438]. 1619

Nach StPO 413 II lit. b ist sodann möglich, dass das **Berufungsgericht als Revisionsinstanz selbst einen neuen Entscheid fällt**. Dabei ist zugleich über die **Kosten des ersten Verfahrens** zu entscheiden, während die Kosten des Revisionsverfahrens die Staatskasse trägt (StPO 428 IV, V). Diese **reformatorische Wirkung** kommt in Betracht, wenn die **Akten spruchreif sind** und sich deshalb aus verfahrensökonomischen Gründen ein sofortiger Entscheid durch die Revisionsinstanz aufdrängt[439]. Im Vordergrund dürften hier Fälle stehen, in denen nach dem bisherigen Ergebnis des Revisionsverfahrens nur noch ein Freispruch der beschuldigten Person in Frage kommt. Zu denken ist primär an den Fall eines gutheissenden Revisionsentscheids **zugunsten eines verstorbenen Verurteilten**: Hier kommt nur ein Freispruch in Frage[440], ist doch ein neues Hauptverfahren gegen einen Verstorbenen nicht denkbar. Im Übrigen ist es möglich, dass die Staatsanwaltschaft erklärt, angesichts der nunmehrigen Akten- und Beweislage auf eine **weitere Verfolgung verzichten** zu wollen bzw. **Antrag auf Freispruch stellt**, was im Einklang mit einzelnen früheren kantonalen Regelungen ebenfalls zum sofortigen Entscheid der Revisionsinstanz führen kann. 1620

Im Fall der Gutheissung kann das Berufungsgericht die beschuldigte Person vorläufig in **Sicherheitshaft** setzen oder belassen (StPO 413 IV). Diese Haft gilt, bis z.B. die Staatsanwaltschaft, an die der Fall häufig zurückgewiesen wird, die 1621

---

[438] So nach BeB 289 unten; Botschaft 1328 unten.
[439] Botschaft 1322 oben.
[440] Dazu vorne N 1606. – Stirbt der Verurteilte *nach* dem gutheissenden Revisionsentscheid, ist auf die Anklage nicht mehr einzutreten und das Verfahren einzustellen (Verfahrenshindernis nach StPO 319 I lit d bzw. 329 IV, N 319, N 1254 zu StPO 319 bzw. N 1287 zu StPO 329), offengelassen in BGE 114 IV 141.

Notwendigkeit der Untersuchungshaft geprüft und wenn erforderlich ein entsprechendes Verfahren vor dem Zwangsmassnahmengericht (StPO 224 ff.) eingeleitet hat[441].

8.3. Rechtsmittel gegen Revisionsentscheid

1622 Gegen den **Entscheid** des Berufungsgerichts als Revisionsinstanz, der i.S. von StPO 413 I auf **Abweisung** lautet, ist die **Strafrechtsbeschwerde** nach BGG 78 ff. ans Bundesgericht[442] möglich. Ein **gutheissender Revisionsentscheid** i.S. von StPO 413 II hingegen unterliegt als Zwischenentscheid nach der einschränkenden Bestimmung von BGG 93 I diesem Rechtsmittel nicht[443].

9. Neues Verfahren, neuer Entscheid, StPO 414 f., VStrR 87 ff., MStP 208–209, BGG 128 II

9.1. Neues Verfahren, StPO 414

1623 Bei Rückweisung des Verfahrens richtet sich dieses nach den im betreffenden Stadium geltenden Vorschriften. Im Fall der Rückweisung an die **Staatsanwaltschaft** hat diese nach Abschluss ihrer zusätzlichen Untersuchungen gemäss StPO 308 ff. darüber zu entscheiden, ob sie den Fall durch Anklage, Strafbefehl oder Einstellung erledigen will (StPO 414 I)[444]. Wird der Fall an ein **Gericht** zurückgewiesen, erhebt dieses die notwendigen Beweise und fällt nach einer neuen Hauptverhandlung i.S. von StPO 335 ff. ein neues Urteil (StPO 414 II). Dieses neue Urteil ergeht gestützt auf die alten und neuen Beweise, die frei gewürdigt werden. Das Gericht entscheidet ebenfalls über die **Kosten des ersten Verfahrens** (StPO 428 V)[445].

1624 Eine neue Beurteilung i.S. von StPO 414 steht übrigens **nicht im Widerspruch zum Verbot der doppelten Strafverfolgung** (*ne bis in idem*) nach StPO 11[446]. Fraglich ist, ob es notwendig ist, dass das Gericht bei der Neubeurteilung personell anders zusammengesetzt ist als beim ursprünglichen, nun aufgehobenen

---

[441] Botschaft 1322 Mitte.
[442] Zur *früheren eidgenössischen Nichtigkeitsbeschwerde* siehe Pra 64 (1975) Nr. 254; BGE 107 IV 133, 106 IV 45. Zur Kognition des Bundesgerichts aus der Perspektive des früheren Rechts BGE 116 IV 360, 109 IV 173. Zur Strafrechtsbeschwerde allgemein hinten N 1628 ff.
[443] Hinten N 1653.
[444] Rückweisung hat *automatisch Neueröffnung* nach StPO 309 zur Folge. Im Fall der *Einstellung Entscheid über Kosten des ersten Verfahrens*, StPO 428 V.
[445] Näher Botschaft 1328 unten.
[446] Vorne N 242 ff. Dazu Botschaft 1322 unten. Ebenfalls *kein Widerspruch zur EMRK*, vgl. Art. 4 Ziff. 2 des Protokolls Nr. 7 zur EMRK vom 22.11.1984, zitiert vorne in N 242 Fn. 410.

Entscheid (**Anspruch auf einen sachlich unabhängigen, nicht vorbefassten Richter**, EMRK 6 Ziff. 1, BV 30 I, 191c, StPO 4, 56 lit. b). Dies wurde bisher von der Praxis verneint[447].

9.2. Folgen des neuen Entscheids, StPO 415

Nach StPO 415 I werden im Fall, dass die beschuldigte Person im wieder aufgenommenen Verfahren zu einer höheren Strafe verurteilt wurde, ihr die **bisher verbüsste erste auf die neu verhängte Strafe angerechnet**[448]. Diese Regelung bezieht sich vorab auf den Fall, dass die Staatsanwaltschaft oder die Privatklägerschaft die **Revision zuungunsten der verurteilten bzw. freigesprochenen beschuldigten Person einlegten**[449]. Diesfalls gilt das **Verschlechterungsverbot** (Verbot der *reformatio in peius*)[450] nach StPO 391 II nicht. 1625

StPO 415 II bezieht sich auf den **Fall einer zugunsten der verurteilten Person eingelegten Revision**. Hier ist das vorgenannte **Verschlechterungsverbot** nach StPO 391 II zu beachten[451]. Wird die verurteilte Person nunmehr freigesprochen oder milder bestraft bzw. wird das Verfahren eingestellt, so wird sie gemäss den Garantien von Art. 3 des Zusatzprotokolls Nr. 7 zur EMRK[452] sowie IPBPR 14 VI wieder in alle ihre Rechte eingesetzt[453]. Dies bedeutet, dass ihr **die (zu viel) bezahlten Bussen** oder **Geldstrafen zurückerstattet werden**. Sodann ist der Person im Rahmen von StPO 436 IV eine **Entschädigung** sowie eine **Genugtuung auszurichten**[454]. 1626

Zur Wiedergutmachung gehört, dass bei Freispruch (anstelle einer früheren Verurteilung) die beschuldigte Person und nach deren Tod die Angehörigen die **Veröffentlichung des neuen Urteils** verlangen können (StPO 415 III), eine schon den früheren Prozessrechten bekannte, in der Praxis jedoch kaum je genutzte Möglichkeit. Sie setzt voraus, dass diese **Publikation zur Wiederherstellung des guten Rufs des Freigesprochenen erforderlich ist** (ausdrücklich 1627

---

447 Vorne N 516.
448 Nach der Botschaft 1223 oben erster Satz keine Vollstreckbarkeit mehr (und Feststellung dieses Umstandes – offenbar analog zu BGE 114 IV 141 – im Urteil), wenn die neu ausgesprochene Strafe im Zeitpunkt des neuen Urteils verjährt ist.
449 Botschaft 1322 unten.
450 Allgemein vorne N 1489 ff.
451 Botschaft 1322 unten. Zur früheren Praxis zu StGB 385 BGE 114 IV 138. – Anwendbar ist allerdings StPO 391 II Satz 2, wonach eine *strengere Bestrafung gestützt auf nachträglich bekannt gewordene Tatsachen möglich ist*.
452 Zu diesem Protokoll vorne N 242 Fn. 412.
453 Botschaft 1323 oben.
454 Dazu und der dort bzw. in StPO 431 II (dazu hinten N 1827 ff.) geschaffenen Möglichkeit, den im aufgehobenen Verfahren erlittenen Freiheitsentzug bei andern Straftaten anzurechnen. – Die Ansprüche nach Art. 3 von Protokoll Nr. 7 zur EMRK vom 22.11.1984 (vorne N 242 Fn. 412), dazu näher TRECHSEL (2005) 372, dürften nicht weiter gehen als StPO 436 IV.

VE 485 III). Die Möglichkeit der Urteilspublikation findet sich übrigens – zugeschnitten auf den Fall der Freisprechung und der Einstellung allgemein und unter Voraussetzung eines öffentlichen Interesses – ebenfalls in StGB 68 II. Die **Publikationskosten gehen zulasten der Staatskasse**[455].

---

[455] Allenfalls *Rückgriff* nach StPO 420 auf Person, die Einleitung des ursprünglichen Verfahrens schuldhaft verursachte.

3. Teil: Weitere Rechtsmittel und Rechtsbehelfe nach Bundesrecht

§ 94 Beschwerde in Strafsachen (Strafrechtsbeschwerde) ans Bundesgericht, BGG 78–81

Literaturauswahl: neben der vorne zu §§ 27 und 89 zitierten Literatur PIQUEREZ (2006) N 1440; DERS. (2007) N 1022.

FELIX BÄNZIGER, Der Beschwerdegang in Strafsachen, in: Bernhard Ehrenzeller/Rainer J. Schweizer (Hrsg.), Die Reorganisation der Bundesrechtspflege – Neuerungen und Auswirkungen in der Praxis, Schriftenreihe des Instituts für Rechtswissenschaft und Rechtspraxis der Universität St.Gallen, Bd. 40, St.Gallen 2006, 81; DERS., Der Beschwerdegang in Strafsachen, in: La nuova legge sul Tribunale federale, Atti della giornata di studio del 6 ottobre 2006, Commissione ticinese per la formazione permanente die giuristi, vol. 22, Basilea 2007, 103; FELIX BOMMER, Ausgewählte Fragen der Strafrechtspflege nach Bundesgerichtsgesetz, in: Pierre Tschannen (Hrsg.), Neue Bundesrechtspflege, Berner Tage für die juristische Praxis BTJP 2006, Bern 2007, 153; BERNARD CORBOZ, Introduction à la nouvelle loi sur le Tribunal fédéral, SJ 128 (2006) 319; STEPHANIE EYMANN, Zur Frage der selbständigen Anfechtung von Zwischenverfügungen gemäss IRSG, AJP 7/8/2008 847; TARAK GÖKSU, Die Beschwerden ans Bundesgericht, Zürich/St.Gallen 2007; EMANUEL JAGGI, Das neue Bundesgerichtsgesetz. Zivilrechtliche und strafrechtliche Aspekte, recht 25 (2007) 49; YVAN JEANNERET/ROBERT ROTH, Le recours en matière pénale, in: Les recours au Tribunal fédéral, Zürich 2007, 109; PETER KARLEN, Das neue Bundesgerichtsgesetz, Bern 2006; LAURENT MOREILLON, Le recours en matière pénale, in: Nouvelle loi sur le Tribunal fédéral, Lausanne 2007, 173; NIGGLI/UEBERSAX/WIPRÄCHTIGER, Bundesgerichtsgesetz (BGG), Kommentar, Basel 2007; HERIBERT RAUSCH, Öffentliches Prozessrecht auf der Basis der Justizreform, Zürich 2005; NIKLAUS RUCKSTUHL, Die Beschwerde in Strafsachen machts leichter, plädoyer 4/2007 28; HANSJÖRG SEILER/NICOLAS VON WERDT/ANDREAS GÜNGERICH, Stämpflis Handkommentar (SHK), Bundesgerichtsgesetz (BGG), Bern 2007; NIKLAUS SCHMID, Die Strafrechtsbeschwerde nach dem Bundesgerichtsgesetz – eine erste Ausslegeordnung, Z 124 (2006) 160; MARTIN SCHUBARTH, Nichtigkeitsbeschwerde 2001, Bern 2001; KARL SPÜHLER/ANNETTE DOLGE/DOMINIK VOCK, Kurzkommentar zum Bundesgerichtsgesetz (BGG), Zürich/St.Gallen 2006; PATRICK SUTTER, Rechtsschutzlücke gegen Urteil des Bundesstrafgerichts über Zivilansprüche (Adhäsionsklagen), AJP 2/2007 214; MARC THOMMEN, Kommentar zu BGG 78–81, in: BSK BGG-Kommentar; DERS., Kosten und Entschädigungen im strafrechtlichen Beschwerdeverfahren, FP 1/2009 51; MARC THOMMEN/HANS WIPRÄCHTIGER, Die Beschwerde in Strafsachen, AJP 6/2006 651; MARTIN ZIEGLER, Zur Rechtsnatur der künftigen Einheitsbeschwerde, SJZ 102 (2006) 56.

Materialien *Zur StPO*: Aus 29 mach 1 S. 161; BeB 255 f.; Botschaft 1306 f. – *Zum BGG:* vgl. vor allem Botschaft zur Totalrevision der Bundesrechtspflege sowie zum Bundesgerichtsgesetz in BBl 2001 4202, 4313, 4498. AB S 2003 881, 2005 117, 552, 664; AB N 2004 1570. 2005 640, 968. Referendumsvorlage in BBl 2005 4045.

9. Kapitel: Rechtsmittel

1. Begriff und Bedeutung

1628 Die **Beschwerde in Strafsachen** (im Folgenden kurz: **Strafrechtsbeschwerde**) i.S. von BGG 78 ff.[456] ist ein **tendenziell eher ordentliches**[457], **primäres, unvollkommenes, teilweise suspensives, devolutives und teilweise reformatorisches bzw. kassatorisches Rechtsmittel**[458], mit dem beim **Bundesgericht grundsätzlich alle**[459] **letztinstanzlichen kantonalen Strafentscheide und beschränkt solche des (erstinstanzlichen) Bundesstrafgerichts**[460] **vor allem auf die Verletzung von Bundes- und Völkerrecht, kantonaler verfassungsmässiger Rechte und des interkantonalen Rechts und beschränkt auf weitere Punkte** hin überprüft werden können.

1629 Dieses mit Wirkung ab 1.1.2007 geschaffene Rechtsmittel hat den Charakter einer **Einheitsbeschwerde**: Die Strafrechtsbeschwerde fasst die früheren Rechtsmittel der eidgenössischen Nichtigkeitsbeschwerde zur Überprüfung der Anwendung des Bundesrechts, vor allem des Bundesstrafrechts, nach den früheren BStP 268 ff. einerseits und die nach OG 84 ff. zur Geltendmachung von Verletzungen von Verfassungsrecht zur Verfügung stehende staatsrechtliche Beschwerde anderseits zusammen. Teilweise ersetzt sie ebenfalls die bisherige Verwaltungsgerichtsbeschwerde (nachstehend Ziff. 2.1.3.). Die bisherige staatsrechtliche Beschwerde ist allerdings nicht völlig aufgegeben worden, sieht doch das BGG in Art. 113 ff. eine subsidiäre Verfassungsbeschwerde vor[461]. Die Einheitsbeschwerde ist kein vollständig neu konzipiertes Rechtsmittel. Vielmehr führt sie die Grundregeln der bisherigen vorgenannten Bundesrechtsmittel weiter, so dass ein ansehnlicher Teil der bisher von Lehre und Praxis entwickelten Regeln auch unter der Ägide der Strafrechtsbeschwerde zu beachten sein wird.

---

[456] Die *StPO regelt die Rechtsmittel ans Bundesgericht nicht*; diese richten sich allein nach dem BGG, vorne N 1442.
[457] Zur *Rechtsnatur* vgl. m.w.H. Anwaltsrevue 8/2007 322, wo die Einheitsbeschwerde vor allem wegen ihres (möglichen) reformatorischen Charakters als ordentliches Rechtsmittel qualifiziert wird, was angesichts der beschränkten Kognition indessen diskutabel ist.
[458] Zu diesen Unterscheidungskriterien vorne N 1444 ff.
[459] Die im bundesrätlichen Entwurf zum BGG in Art. 74 I lit a vorgesehene Beschränkung (Ausschluss des Rechtsmittels bei geringeren Strafen, also gleichsam ein «*Streitwert*») ist vom Parlament fallengelassen worden.
[460] Hinten N 1635, 1717 f. Zu dieser ab 1.4.2004 wirkenden Instanz vorne N 377 f. – Nicht anfechtbar mit Strafrechtsbeschwerde sind sodann Entscheide der *Militärgerichte*, hier ist *die Kassationsbeschwerde oder der Rekurs ans Militärkassationsgericht* nach MStP 184 ff. bzw. 195 ff. gegeben. Ausgeschlossen sind sodann gewisse strafrechtlich gefärbte Verwaltungssachen wie *Sanktionen nach KG* 49a, *Warnentzüge von Führerausweisen* nach SVG 16 ff. oder Entscheide bei *Steuerhinterziehung* nach StHG 56 oder DBG 175 ff.
[461] Hinten N 1724 ff.

2. Anfechtbare Entscheide, BGG 78–80, 90–94

2.1. Strafentscheide als Anfechtungsobjekt, BGG 78, Ausnahme in BGG 79

Die vorstehend in Ziff. 1 geschilderte breite Anwendung der Strafrechtsbeschwerde als **Rechtsmittel gegen Strafentscheide** schlechthin wird in BGG 78 näher erläutert, findet indessen in BGG 79 eine Einschränkung: 1630

2.1.1. Strafentscheide i.w.S. nach BGG 78 I

Unter den Begriff des Strafentscheids fallen grundsätzlich alle **Entscheide, die unter Anwendung von materiellem Strafrecht oder Strafprozessrecht ergehen**[462]. Anfechtbar sind in erster Linie Entscheide, die den staatlichen Strafanspruch zum Gegenstand haben, sich also damit befassen, ob **Straftatbestände des Strafgesetzbuchs oder der Nebenstrafgesetzgebung wie dem SVG oder VStrR erfüllt oder nicht erfüllt sind** und welche **Sanktionen** daran zu knüpfen bzw. ob solche aufzuheben oder zu ändern sind. Unter dem relativ weiten Begriff des Strafentscheids fallen auch Entscheide, die z.B. in Anwendung von StPO 128 ff. die **Verteidigung**[463] oder StPO 416 ff. die **Kosten- und Entschädigungsfolgen** eines Entscheids oder Verfahrens regeln[464], ebenso solche, die sich (u.U. allein) mit der Frage der **Einziehung** nach StGB 69–73 befassen[465]. Im Vordergrund steht die **Anwendung des materiellen Bundesstrafrechts sowie der bundesrechtlichen Verfahrensvorschriften, vorab jener der StPO**. Bei Entscheiden, die sich mit dem **kantonalen Straf- und Strafprozessrecht** auseinandersetzen, können nur Verletzungen des eidgenössischen, nicht des kantonalen Rechts gerügt werden (näher nachstehend Ziff. 6.2.). Was die **Art** des anfechtbaren Entscheids betrifft, steht die Anfechtung von **Endentscheiden** (Ziff. 2.3.1.) im Vordergrund, doch können in einem noch zu besprechenden Umfang auch **Teil-, Vor- und Zwischenentscheide** angefochten werden (Ziff. 2.3.3.). 1631

---

[462] So Botschaft des Bundesrats zum BGG in BBl 2001 4313. Also andere Kriterien als bei Strafsachen i.S. von EMRK 6 Ziff. 1. Anfechtbar auch *Entscheid bezüglich Entschädigung des unentgeltlichen Rechtsbeistandes*, BGer 11.10.2007, 6B_130/2007, Anwaltsrevue 1/2008 30, dazu vorne Fn. 74. Auch *richterliche Exequaturentscheide* nach IRSG 105 i.V. mit StPO 32, die nach StPO 55 IV von der (kantonalen) Beschwerdekammkammer zu fällen sind, ferner *Ausstandsentscheide* nach StPO 59, BGer 16.1.2009, 1B_282/2008, E.1, zu diesen sodann nachfolgend N 1650.
[463] BGE 133 IV 337 E.2.
[464] BGer 13.11.2007, 6B_300/2007 in RS 2008 Nr. 345.
[465] Pra 97 (2008) Nr. 69 = BGE 133 IV 278. Zur Frage des Rechtsmittels gegen (kantonale) *Begnadigungsentscheide* hinten N 1754.

2.1.2. Anfechtung von Zivilentscheiden, BGG 78 II lit. a

1632 Anfechtbar sind sodann – ohne Beachtung einer Streitwertgrenze – Entscheide, wenn sich diese mit Zivilansprüchen befassen, vorausgesetzt, dass «*diese zusammen mit der Strafsache zu behandeln sind*». Es geht hier um **Zivilklagen** i.S. von StPO 122 ff.[466]. Entsprechende Entscheide können – in Abweichung vom deutschen Gesetzestext von BGG 78 II lit. a und unter Abstellen auf den italienischen Gesetzestext – indessen nur angefochten werden, wenn die letzte kantonale Instanz sowohl über den Straf[467]- wie auch den Zivilpunkt entschied bzw. hätte entscheiden müssen[468].

1633 Muss sich das **Bundesgericht nicht auch mit dem Strafpunkt befassen** und handelt es sich nicht um einen Anspruch, der ohne Rücksicht auf den Streitwert der Zivilrechtsbeschwerde unterläge, so hat die Privatklägerschaft bzw. die beklagte beschuldigte Person **Zivilrechtsbeschwerde nach BGG 72 ff.** einzulegen[469]. Diese ist aber grundsätzlich nur zulässig, wenn der Streitwert mindestens Fr. 30'000.– beträgt (näher BGG 74)[470]. Merkwürdig ist, dass BGG 75 I (… *gegen Entscheide der letzten kantonalen Instanzen und des Bundesverwaltungsgerichts* …) in solchen Konstellationen eine Zivilrechtsbeschwerde auszuschlies-

---

[466] Vorne N 702 ff. Nicht Staatshaftungsansprüche, BGer 13.11.2007, 6B_300/2007 in RS 2008 Nr. 345 (hier öffentlich-rechtliche Beschwerde).

[467] *Einziehungen* sind zum Begriff «*Strafsache*» zu zählen, so dass es genügt, wenn in dieser Frage eine Strafrechtsbeschwerde erhoben wurde, um das Rechtsmittel auch bezüglich des Zivilpunkts zuzulassen; dies ist wesentlich, falls Zivilansprüche mit solchen aus StGB 73 gekoppelt sind.

[468] BGE 133 III 701 = SJZ 104 (2008) 21 = SZZP 1/2008 62 mit Kommentar M. SCHUBARTH AJP 3/2008 370. Der deutsche Gesetzestext würde eher zum Schluss führen, dass darauf abzustellen ist, dass sich das Bundesgericht neben dem Straf- auch mit dem Zivilpunkt zu befassen hat. Zur Verwirrung trägt bei, dass nach der Botschaft BBl 2001 4202 ff., 4313 massgebend sein soll, ob es sinnvoll ist, Straf- und Zivilpunkt miteinander zu behandeln. Dieser Hinweis könnte dahingehend verstanden werden, dass auf die gemeinsame vorinstanzliche Behandlung verzichtet werden soll – eine in jeder Beziehung fragwürdige Ansicht.

[469] Z.B. im Fall, dass nach StPO 126 IV der Straf- und Zivilpunkt getrennt beurteilt wird, dazu N 716 f., dazu BGer 17.1.2008, 4A_330/2007 in plädoyer 2/2008 70.

[470] Dazu BGer 23.10.2007, 4A_328/2007 in SJZ 104 (2008) 21. – *Strafrechtsbeschwerde beschränkt auf Zivilpunkt zulässig*, wenn beschuldigte Personen vor kantonalem Gericht Anschlussberufung im Strafpunkt gegen die Berufung der Geschädigten im Zivilpunkt eingelegt hatte, BGE 129 IV 151. Ansprüche sind wie bei der zivilrechtlichen Berufung zu beziffern, ansonsten nicht auf Strafrechtsbeschwerde eingetreten wird, dazu BGE 125 II 412. Zur *Berechnung des Streitwerts bei Genugtuung* BGE 128 IV 70 (keine Addition der den einzelnen Geschädigten zugesprochenen Beträge, d.h., jeder Betrag muss mindestens [im Zeitpunkt der Ergreifung des Rechtsmittels] Fr. 30'000.– erreichen). Hingegen Addition von Schadenersatz und Genugtuung, vgl. den in vorstehender Fn. zitierten BGer 17.1.2008. Anfechtbar auch Höhe der Genugtuung, zur Beweislast hinsichtlich der Höhe derselben SJ 123 (2001) I 556. – Zu beachten ist, dass nach BGG 112 I lit. d neben der Rechtsmittelbelehrung im vorinstanzlichen Urteil bei möglicher Strafrechtsbeschwerde im Zivilpunkt der *relevante Streitwert* anzugeben ist.

sen scheint, wenn die Strafkammern des Bundesstrafgerichts in Anwendung von StPO 122 ff. über zivilrechtliche Ansprüche entschieden und die Strafrechtsbeschwerde nicht gegeben ist. Ob die Zivilrechtsbeschwerde gegen Entscheide des Bundesstrafgerichts generell ausgeschlossen ist, erscheint mehr als fraglich. Sollte es Fälle geben, in denen das Bundesstrafgericht allein noch über den Zivilanspruch befindet[471], wäre jedenfalls die Zivilrechtsbeschwerde zuzulassen.

2.1.3. Vollzug von Strafen und Massnahmen, BGG 78 II lit. b

Entgegen dem früheren Recht, welches die Anfechtung von Vollzugsentscheiden der Verwaltungsgerichtsbeschwerde ans Bundesgericht zuwies, sind nunmehr auch Entscheide über den **Vollzug von Strafen und Massnahmen mit der Strafrechtsbeschwerde anzufechten**. Vorausgesetzt wird nun allerdings, dass die letzte kantonale Vorinstanz ein oberes Gericht war. Dies kann allerdings auch ein Verwaltungsgericht sein (Ziff. 2.2.2.). 1634

2.1.4. Ausnahme von BGG 79 bei Beschwerdeentscheiden des Bundesstrafgerichts

Entschied das Bundesstrafgericht in Bellinzona in einer Beschwerdesache (StPO 393 ff., E StBOG 28 f.), ist nach BGG 79 die Strafrechtsbeschwerde ans Bundesgericht nur zulässig, wenn der **Entscheid der Beschwerdekammer Zwangsmassnahmen zum Gegenstand hatte**, sich also z.B. mit einem Haftentlassungsgesuch, einer Beschlagnahme usw. befasste[472] oder wenn damit eine Einziehung angeordnet wurde[473]. Anfechtbar sind ebenfalls **Entscheide des Präsidenten der Strafkammer oder dieser selbst** im Vorfeld der Hauptverhandlung, z.B. betreffend Haft oder bei Entzug von Reisepapieren[474]. Andere Entscheide, also z.B. nach E StBOG 28 II lit. a über **Konflikte betreffend die Zuständigkeit und die interkantonale Rechtshilfe** nach StPO 40 II, 41 II oder 48[475] oder **Beschwerdeentscheide bezüglich der Entschädigung amtlicher Verteidiger** (StPO 135 III lit. b)[476] sind somit nicht anfechtbar. 1635

---

[471] Vgl. BGE 133 III 701 zur Zulässigkeit der Zivilrechtsbeschwerde gegen Entscheide von Strafgerichten, allerdings solche oberer Instanz.
[472] Nicht aber, wenn Beschwerde Weigerung der Staatsanwaltschaft des Bundes, ein Verfahren zu eröffnen, betrifft, BGer 20.3.2007, 6C_1/2007 = RS 2007 Nr. 215.
[473] BGE 133 IV 278 E.1.2.
[474] So jetzt BGE 134 IV 237 = Pra 98 (2009) Nr. 13 = SJZ 104 (2008) 376 = SJ 131 (2009) 89, anders noch BGE 133 IV 186 und 1B_23/2008 vom 31.l.2008 in NZZ Nr. 47 vom 26.2.2008 (betr. Abgabe von Reisepapieren). Bestellung eines Verteidigers, BGer 16.3.2009, 1B_7/2009 in SJZ 105 (2009) 221.
[475] Vorne N 481, 489, 498 und hinten N 1688.
[476] Vorne N 752. – In allen diesen Fällen *auch keine subsidiäre Verfassungsbeschwerde* nach BGG 113 ff., da mit dieser nur kantonale Entscheide angefochten werden können, hinten N 1724 a.E.

2.2. Vorinstanzen, Letztinstanzlichkeit, BGG 80

2.2.1. Im Allgemeinen

1636 Aus den allgemeinen Hinweisen in Ziff. 1 ergibt sich, dass mit der Strafrechtsbeschwerde primär Entscheide kantonaler Instanzen und (beschränkt, Ziff. 2.1.4.) des Bundesstrafgerichts angefochten werden können. Aus BGG 80 ergeben sich bezüglich der erforderlichen Vorinstanz einerseits Einschränkungen bezüglich der Zulässigkeit dieses Rechtsmittels, anderseits Anforderungen an das vorgeschaltete kantonale Verfahren in folgenden Richtungen:

2.2.2. Gericht als Vorinstanz

1637 Wie sich aus BGG 80 II ergibt, muss es sich bei dieser letzten kantonalen Instanz in Strafsachen **um ein Gericht handeln**. Gegen Entscheide von (oberen) Verwaltungs- wie auch Untersuchungs- und Anklagebehörden erscheint somit die Strafrechtsbeschwerde als ausgeschlossen. Dadurch, dass die StPO Entscheide in Strafsachen – auch der Strafverfolgungsbehörden – weitgehend[477] wenn nicht der Berufung ans Berufungsgericht (StPO 21, StPO 398 ff.), so der Beschwerde an die Beschwerdeinstanz (StPO 20, 393 ff.) unterwirft, dürfte die vom BGG verlangte Rechtsweggarantie in Strafsachen weitgehend gewährleistet sein. **Nicht erforderlich ist hingegen, dass ein Strafgericht als Vorinstanz** fungiert. In Strafvollzugsfragen können also die Kantone weiterhin Verwaltungsgerichte einsetzen, auch wenn nun für das Bundesgericht selbst der Gesetzgeber in diesem Bereich in BGG 78 II lit. b einen Schwenker hin zum strafprozessualen Rechtsmittel vollzog. Sollte in gewissen Konstellationen eine gerichtliche Vorinstanz doch fehlen, müsste die subsidiäre Verfassungsbeschwerde zur Verfügung stehen.

2.2.3. Gericht muss als obere, letzte und zweite kantonale Instanz entschieden haben

1638 Die kantonale **Vorinstanz muss als oberes Gericht entschieden haben**. Diese Regel knüpft an die frühere Lehre und Praxis zu BStP 268 Ziff. 1 2. Satz an, welche Norm die damalige Nichtigkeitsbeschwerde bei letztinstanzlichen Urteilen unterer Gerichte ausschloss, wenn diese als einzige kantonale Instanz urteilten[478]. Da die StPO nunmehr in praktisch allen Fällen gegen kantonale Entscheide entweder die Berufung ans Berufungsgericht (StPO 21, StPO 398 ff.) oder die Beschwerde an die Beschwerdeinstanz (StPO 20, 393 ff.) zulässt, wird diesen Anforderungen mindestens in weiten Bereichen Genüge getan. Das Rechtsmittelsystem der StPO gewährleistet sodann weitgehend, dass – wie dies BGG 80 verlangt – die vorgenannten oberen Instanzen **als letzte kantonale Instanz** ent-

---

[477] Zur Ausnahme der (nach StPO endgültigen) *Ausstandsentscheide der Staatsanwaltschaft* nach StPO 59 I lit. a siehe vorne N 525, hinten N 1650.
[478] Dazu BGE 116 IV 79. Anders nach dem früheren VStrR 83, BGE 105 IV 287.

schieden haben (**Erfordernis der Letztinstanzlichkeit**), d.h., dass gegen den fraglichen Entscheid kein Rechtsmittel nach der StPO mehr zur Verfügung steht[479]. Mit dem von der StPO vorgegebenen Instanzenzug verwirklicht die StPO sodann die aus dem bisherigen Wortlaut von BGG 80 abzuleitende **Regel der *double instance***, d.h. der Grundsatz, dass dem Bundesgericht eine zweistufige Gerichtsbarkeit vorgeschaltet sein muss, eine Regel, die das BGG primär an die Kantone adressierte[480]. Allerdings enthält die StPO verschiedene Ausnahmen, in denen z.B. das Zwangsmasssnahmengericht, die Beschwerdeinstanz oder aber das Berufungsgericht als einzige Vorinstanz entscheidet (z.B. StPO 222 bei Haftentscheiden, StPO 59 bei Ausstandsentscheiden oder StPO 232 f. bei haftrichterlichen Entscheiden des Berufungsgerichts, in StPO 59 I lit. a sogar endgültige Ausstandsentscheide der Staatsanwaltschaft). In BGG 80 II in der Fassung des E StBOG soll nun allerdings in einem 2. Satz festgehalten werden, dass dort, wo die StPO das Zwangsmassnahmengericht oder ein anderes Gericht als einzige kantonale Instanz bezeichnet, auf diese Zweistufigkeit verzichtet wird[481].

2.2.4. Entscheide einer dritten kantonalen Instanz?

BGG 100 VI nahm Rücksicht darauf, dass es unter der Herrschaft des früheren kantonalen Strafprozessrechts in einzelnen Kantonen möglich war, den Entscheid oberer kantonaler Gerichte i.S. von BGG 80 II noch bei einer weiteren, dritten Instanz anzufechten. Diese Kassationsgerichte hatten vor allem Nichtigkeitsbeschwerde gegen Strafentscheide oberer kantonaler Instanzen wie Obergerichte zu behandeln. Da die StPO keine Nichtigkeitsbeschwerde vorsieht und im Übrigen die Rechtsmittel abschliessend regelt, ist diese Vorschrift betreffend solcher dritter kantonalen Instanzen mindestens im Strafprozessrecht obsolet geworden.

2.2.5. Verwirklichung des *double-instance*-Prinzips bezüglich Urteile des Bundesstrafgerichts

BGG 80 I beschränkt sich darauf, zu bestimmen, dass die Strafrechtsbeschwerde gegen Entscheide letzter kantonaler Instanzen und des **Bundesstrafgerichts** möglich sei. Die Frage der Verwirklichung des *double-instance*-Prinzips ist damit nicht beantwortet. Während die Botschaft zum BGG das Problem des

---

[479] Gegen *Abwesenheitsurteile* nach StPO 369 f. ist die Strafrechtsbeschwerde nur nach Ablehnung des Gesuchs um Wiederaufnahme (vorne N 412) zulässig, zum früheren Recht etwa BGE 121 IV 340.
[480] Grundsatz ergibt sich nicht direkt aus der BV, CHRISTINA KISS/HEINRICH KOLLER, St.Galler Kommentar zu BV Art. 191b (Justizreform) N 25. Zum allgemeinen Grundsatz des Vorhandenseins eines Rechtsmittels vorne N 1441.
[481] Dazu Botschaft StBOG in BBl 2008 8182. Vgl. auch hinten N 1726, dort ebenfalls zur Frage, ob in diesen Konstellationen allenfalls die subsidiäre Verfassungsbeschwerde zulässig sein könnte, bis die Revision von BGG 80 II greift. Zur *geplanten Einschränkung von double instance* im Rahmen des StBOG ferner hinten N 1715 und 1726.

Fehlens der sonst für die Strafrechtsbeschwerde erforderlichen zwei Vorinstanzen verdrängte[482], stellte die Botschaft zur Schweizerischen Strafprozessordnung klar, dass es dem Bund nicht ansteht, von den Kantonen die Schaffung von zwei Instanzen zu verlangen, für sich selbst aber eine Ausnahme vorzusehen. Allerdings ist nicht klar, wie die Berufungsinstanz auf Bundesebene aussehen sollte. Denkbar sind die Schaffung einer eidgenössischen Berufungsinstanz (als separate, räumlich getrennte Instanz oder aber als Berufungskammer des Bundesstrafgerichts selbst) oder aber die Erweiterung der Strafrechtsbeschwerde ans Bundesgericht auf eine Berufung mit der Wirkung, dass das Bundesgericht Tat- und Rechtsfragen überprüfen würde[483]. Das Bundesgericht als *«die oberste Recht sprechende Behörde des Bundes»* (so BGG 1 I) als Berufungsinstanz einzusetzen, dürfte wohl nicht der Weisheit letzter Schluss sein. Mit dem StBOG soll nun jedoch auf eine Berufung gegen Urteile des Bundesstrafgerichts verzichtet werden[484].

2.3. Anfechtbarkeit hinsichtlich der Art des Entscheids, BGG 90–94

2.3.1. Endentscheide, BGG 90

1641 Mit der Strafrechtsbeschwerde sollen in erster Linie Endentscheide anfechtbar sein. Andere Entscheide wie Vor- oder Zwischenentscheide sind nur unter den engeren Bedingungen von BGG 91–93 anfechtbar (nachfolgend Ziff. 2.3.3.). Endentscheide sind solche, die das Verfahren vor der Vorinstanz abschliessen. Darunter fallen zunächst **verfahrenserledigende Sachentscheide**[485], also solche, die ein **Verfahren formell zum Abschluss bringen**[486]. Es sind dies Entscheide, mit denen über die Strafsache selbst befunden wird, indem darin abschliessend über Schuld oder Unschuld der beschuldigten Person entschieden und im Fall der Schuld die dafür vorgesehenen Sanktionen verhängt werden[487]. Dabei kann es sich um **verurteilende oder freisprechende Urteile des Berufungsgerichts** handeln (StPO 408 und 80 I Satz 1), unter Einschluss des Entscheids über zivilrechtliche Ansprüche. Im Regelfall handelt es sich um **reformatorisch wirkende Berufungsurteile**; bei kassatorisch wirkenden Urteilen liegt kein Endentscheid vor[488].

---

[482] BBl 2001 4317.
[483] Botschaft Ziff. 1.8.2., Separatausgabe S. 45.
[484] Botschaft in BBl 2008 8144 ff., vorne N 391.
[485] Dazu und zum Folgenden allgemein vorne N 582 ff.
[486] BGer 5A.9/2007 E.1.2.2.
[487] Auch *Einziehungsentscheide*, die vor Einleitung eines Vorverfahrens ergehen (was nach der StPO kaum mehr denkbar ist, vgl. StPO 309 I lit. a), *in casu* gegen Entscheid der Beschwerdekammer des Bundesstrafgerichts, Pra 97 (2008) Nr. 69 = BGE 133 IV 278.
[488] Vorne N 1576 ff., 1628, hinten N 1653. Dies gilt auch für jene *Urteilspunkte, die unangefochten blieben*.

§ 94 Beschwerde in Strafsachen (Strafrechtsbeschwerde) ans Bundesgericht

Einen Sonderfall des Endentscheids stellt hier die **zweistufige Verfahrenserledigung** dar, wie sie von StPO 126 IV für Schadenersatzansprüche des Opfers vorgezeichnet ist, sich aber in StPO 126 III für Zivilansprüche allgemein findet[489]: Hier wird dem Gericht (auch dem Berufungsgericht, wenn hier wohl auch weniger aktuell) die Möglichkeit eingeräumt, zuerst nur den Strafpunkt und nachgeschoben in einem zweiten Verfahrensteil die Zivilansprüche zu beurteilen (StPO 126 IV). Oder aber das Gericht entscheidet über die Zivilansprüche nur dem Grundsatz nach und überlässt die Bemessung hernach dem Zivilgericht (StPO 126 III). Die Qualifikation dieser Entscheide mit Blick auf die Kategorien von BGG 90–93 fällt nicht leicht, sind doch diese primär auf den Zivilprozess zugeschnitten und die Übertragung auf das Strafverfahren problematisch. Der vorgezogene Grundsatzentscheid bei StPO 126 III entspricht am ehesten einem Vor- oder Zwischenentscheid nach BGG 93, der bei StPO 126 IV getroffene erste Entscheid im Schuld- und Strafpunkt eher einem Teilurteil nach BGG 91 lit. a. Bei einer **Zweiteilung der Hauptverhandlung** nach StPO 342 (**Schuldinterlokut**)[490] hingegen ist erst das Gesamturteil anfechtbar, was naturgemäss auch für die Rechtsmittel nach BGG gilt. 1642

Unter BGG 90 fallen sodann **verfahrenserledigende Endentscheide ohne den umfassenden Charakter der vorgenannten Sachentscheide**[491]. Es sind dies Entscheide, die das Verfahren beenden, ohne sich selbst über Schuld, Unschuld und Sanktionen abschliessend zu äussern. Darunter fallen etwa **Verfügungen bzw. Beschlüsse bezüglich Nichteintreten, Nichtanhandnahme bzw. Einstellung eines Strafverfahrens**[492] sowie **vergleichbare Entscheide wie solche auf Nichteintreten auf die Anklage**[493] **bzw. ein Rechtsmittel**[494]. Anfechtbar sind auch Entscheide betreffend **Festsetzung der Entschädigung des amtlichen Verteidigers (StPO 135 III lit. a)**[495]. Konkret bedeutet dies, dass **Entscheide kantonaler Beschwerdeinstanzen oder Berufungsgerichte, die im Fall solcher Verfahrenserledigungen** ergehen (StPO 397 bzw. 403 III)[496], ans Bundesgericht weitergezogen werden können. 1643

---

[489] Zu diesen Möglichkeiten vorne N 714 ff.
[490] Vorne N 1325 ff. Soweit ein solches *Interlokut auch im Berufungsverfahren angewandt wird*, was wohl eher selten der Fall sein wird.
[491] N 592.
[492] Vorne N 1231 ff., N 1249 ff., N 1287; BGE 122 IV 45, dazu anschliessend N 1453. *Grundsätzlich keine Strafrechtsbeschwerde gegen Sistierungen* (StPO 314, vgl. Ausnahmen in Fn. 520 f.). Keine Strafrechtsbeschwerde, wenn Beschwerde nach StPO 393 ff. gutgeheissen wurde und somit noch kein Endentscheid vorliegt.
[493] Vgl. vorne N 1287. Zur früheren Nichtigkeitsbeschwerde BGE 133 IV 94.
[494] Z.B. bei Berufung nach StPO 403 III, N 1559.
[495] Dazu vorne N 752. *Hingegen keine Strafrechtsbeschwerde, wenn Entschädigungsentscheid z.B. nach StPO 135 III lit. b von der Beschwerdekammer des Bundesstrafgerichts gefällt wird*, BGG 79.
[496] Vorne N 1226 ff. und N 1559.

1644 In die Kategorie der anfechtbaren Endentscheide sind weitere Entscheide einzureihen, etwa **im selbstständigen Massnahmeverfahren** bei der Friedensbürgschaft nach StGB 66 bzw. StPO 372 ff., der Einziehung nach StPO 376 ff.[497] und im Verfahren gegen Schuldunfähige nach StGB 19 und StPO 374 f.[498]. Anfechtbar sind sodann letztinstanzliche Entscheide, mit denen frühere Strafentscheide abgeändert oder ergänzt werden, also solche bei selbstständigen **nachträglichen Entscheiden eines Gerichts** (StPO 363 ff.)[499]. Im Vordergrund stehen solche nachträgliche richterliche Beschlüsse oder Anordnungen im Zusammenhang mit dem Straf- oder Massnahmevollzug; vor allem dem Widerruf des bedingten Strafvollzugs nach StGB 46 und weitere Anordnungen wie solchen nach StGB 36 III oder 39, soweit sie nicht im Zusammenhang mit einem neuen Strafurteil ergehen[500]. Im Regelfall sind entsprechende erstinstanzliche kantonale Entscheide mit Beschwerde bei der Beschwerdeinstanz anzufechten, ausnahmsweise – im Fall der selbstständigen Massnahmen gegen Schuldunfähige, die nach StPO 375 II in einem Urteil ergehen – mit Berufung. Gegen den Beschwerde- bzw. Berufungsentscheid ist hernach die Strafrechtsbeschwerde zulässig.

2.3.2. Teilentscheide, BGG 91

1645 Die Beschwerden nach BGG stehen nach BGG 91 gegen **Entscheide offen, mit welchen nur ein Teil der Begehren behandelt wird**, vorausgesetzt, dass diese Begehren unabhängig von den andern beurteilt werden und somit auch Gegenstand eines eigenen Verfahrens bilden können (lit. a). Lit. b dieser Bestimmung, der sich auf die Streitgenossenschaft bezieht, dürfte im Strafverfahren *a priori* nicht relevant werden. Unklar ist indessen ebenfalls, inwieweit BGG 91 lit. a (abgesehen von den vorstehend in Ziff. 2.3.1. erwähnten Fällen von Vor- bzw. Teilurteilen nach StPO 126 III und IV) auf Strafentscheide anwendbar ist. Es fällt auf, dass die Botschaft zum BGG[501] sich allein auf zivilprozessuale Konstellationen bezieht[502]. Denkbar wäre immerhin, dass von einem strafprozessualen Teilentscheid i.S. von BGG 91 lit. a gesprochen wird, wenn eine Anklage, die sich gegen mehrere Beschuldigte richtet oder mehrere Tatvorwürfe enthält, aufgeteilt wird und die Teile anschliessend separat beurteilt werden. Gleiches dürfte für den Fall zutreffen, dass aus einem grösseren Komplex von Vorwürfen einzelne durch Nichtanhandnahme- bzw. Einstellungsverfügung erledigt werden. Man könnte allerdings in diesen Konstellationen auch von einzelnen Endentscheiden i.S. von BGG 90 sprechen.

---

[497] BGE 108 IV 155; SJ 119 (1997) I 241 = Pra 86 (1997) Nr. 45. – Zum *Rechtsmittel bei Ansprüchen aus StGB 73* BGE 118 Ib 263 = Pra 82 (1993) Nr. 215.
[498] Zu diesen Verfahren vorne N 1417 ff.
[499] Vorne N 1390 ff.
[500] Vorne N 1390.
[501] BBl 2001 4332.
[502] Bezeichnend ist, dass *in den gängigen Lehrbüchern des schweizerischen Strafprozessrechts der Begriff des Teilentscheids bisher soweit ersichtlich nicht figurierte.*

2.3.3. Vor- und Zwischenentscheide über Zuständigkeit und Ausstand, BGG 92

2.3.3.1. Im Allgemeinen

Nach BGG 92 ist eine Strafrechtsbeschwerde möglich, wenn **Vor- oder Zwischenentscheide über die Zuständigkeit und den Ausstand**[503] **selbstständig eröffnet werden.** Damit soll im Sinn der Verfahrensökonomie verhindert werden, dass zuerst der Endentscheid abgewartet werden muss und damit allenfalls bei festgestellter Unzuständigkeit oder bei vorhandenen Ausstandsgründen Leerläufe auftreten. Damit wird eine Regelung übernommen, die früher nach OG 87 I für die staatsrechtliche Beschwerde galt.   1646

Nach BGG 92 II sind solche **Vor- und Zwischenentscheide sofort anzufechten.** Rügen betreffend die Zuständigkeit bzw. hinsichtlich der Ausstandsfragen können somit nicht erst im Rahmen einer Strafrechtsbeschwerde gegen den Endentscheid vorgebracht werden.   1647

Auf die beiden angesprochenen Entscheide in Zuständigkeits- und Ausstandsfragen bezogen ergibt sich Folgendes:

2.3.3.2. Entscheide über die Zuständigkeit

Vorauszuschicken ist, dass im Hauptfall strittiger Zuständigkeit, nämlich bei **bestrittener interkantonaler örtlicher Zuständigkeit**, das Gesuch um Bestimmung des Gerichtsstands an das Bundesstrafgericht gemäss StPO 40 II i.V. mit E StBOG 28 I vorgeht. Gleiches gilt, wenn die Zuständigkeit der kantonalen Justiz oder aber der Bundesgerichtsbarkeit strittig ist (StPO 28 i.V. mit E StBOG 28 I). Das Bundesstrafgericht entscheidet auch **Konflikte bei der nationalen Rechtshilfe** zwischen Behörden des Bundes und der Kantone sowie zwischen Behörden verschiedener Kantone (StPO 48 II). Gegen entsprechende Entscheide der Beschwerdekammer des Bundesstrafgerichts ist in diesen Fällen **keine Strafrechtsbeschwerde zulässig** (BGG 79)[504]. **Gerichtsstandskonflikte unter Strafbehörden des gleichen Kantons, innerkantonale Konflikte über die nationale Rechtshilfe** und Zuständigkeitskonflikte im Übergangsrecht entscheidet die Beschwerdekammer dieses Kantons endgültig (StPO 40 I, 48 I bzw. StPO 449 II[505]); solche Entscheide dürften allerdings – entgegen dem vorgenannten Fall der interkantonalen Konflikte – der Strafrechtsbeschwerde ans Bundesgericht unterliegen. Dass es sich hier um selbstständig eröffnete Entscheide handelt, liegt auf der Hand. **Kein hier relevanter Zuständigkeitsent-**   1648

---

[503] Wohl auch *Ausstand eines Gutachters*, vgl. BGer 1B_22/2007 in RS 2007 Nr. 241.
[504] Schon BGE 133 IV 288 vor Inkrafttreten der StPO.
[505] Zu dieser Regelung (die entgegen den andern erwähnten Fällen nicht von einem endgültigen Entscheid spricht) hinten N 1863.

scheid liegt vor, wenn eine Strafbehörde die Anwendbarkeit des schweizerischen Strafrechts nach StGB 3 ff. bejaht[506].

1649 Denkbar ist, dass auch letztinstanzliche Entscheide über die **sachliche Zuständigkeit kantonaler Strafbehörden** mit Strafrechtsbeschwerde ans Bundesgericht gebracht werden. Die StPO, insbesondere StPO 14 II, überlässt die Gerichtsorganisation und damit auch die innerkantonale sachliche Zuständigkeit weitgehend den Kantonen. Bei bestrittener innerkantonaler sachlicher Zuständigkeit dürfte es damit weitgehend um die behauptete Verletzung kantonalen Rechts gehen, es sei denn, es werde die in StPO 15–21 vorgegebene Zuständigkeitsordnung verletzt. Wird die Verletzung der kantonalen Zuständigkeitsvorschriften geltend gemacht, ergibt sich eine Beschränkung der Kognition des Bundesgerichts auf die Prüfung behaupteter Verletzungen des Verfassungs- bzw. allenfalls Völkerrechts (EMRK; BGG 95, hinten Ziff. 6.2.).

2.3.3.3. Entscheide über Ausstandsfragen

1650 Aus der Zuständigkeitsordnung für Entscheide im Ausstandsverfahren nach StPO 59 I ergibt sich, dass im Regelfall eine andere, übergeordnete Behörde über strittige Ausstandsgesuche entscheidet. Nach StPO 59 II ergehen Ausstandsentscheide schriftlich und begründet. Daraus folgt, dass sie **selbstständig eröffnet werden und damit nach BGG 92 der Strafrechtsbeschwerde an das Bundesgericht zugänglich sind**. Als **ausgenommen** davon erscheinen Entscheide der Staatsanwaltschaft bei Ausstandsgesuchen gegen die Polizei (StPO 59 I lit. a), da hier keine gerichtliche Vorinstanz gegeben ist (BGG 80, vorne Ziff. 2.2.); in Frage kommen könnte die subsidiäre Verfassungsbeschwerde nach BGG 113 ff.[507] Sodann ist gegen **Ausstandsentscheide des Bundesstrafgerichts** nach StPO 59 I lit. d keine Strafrechtsbeschwerde ans Bundesgericht möglich. Unklar ist, wer **Ausstandsgesuche gegen Mitglieder des Bundesstrafgerichts** behandelt; enthalten doch StPO, E StBOG wie auch BGG darüber offensichtlich keine Bestimmungen.

2.3.4. Andere Vor- und Zwischenentscheide, BGG 93

1651 Nach den in BGG 93 I zu findenden Grundsätzen sind in Anlehnung an OG 87 II selbstständig eröffnete andere **Vor- und Zwischenentscheide nur mit Strafrechtsbeschwerde anfechtbar**, wenn sie **einen nicht wieder gutzumachenden Nachteil** bewirken könnten (lit. a) oder wenn die **Gutheissung der Beschwerde zur Vermeidung eines bedeutenden Aufwands an Zeit oder Kosten für ein weitläufiges Beweisverfahren sofort einen Endentscheid ermöglichen würde** (lit. b).

---

[506] Pra 97 (2008) Nr. 70 E.2.2.
[507] Hinten N 1724 ff.

Die **Voraussetzung des nicht wieder gutzumachenden Nachteils nach lit. a** 1652
entspricht der früheren Regelung in OG 87 II bei der staatsrechtlichen Beschwerde[508] und ist in Strafsachen restriktiv auszulegen[509]. Es ist in Anlehnung an die frühere Praxis zu dieser Bestimmung demgemäss erforderlich, dass ein **Schaden rechtlicher Natur erwachsen könnte**, der durch einen nachfolgenden günstigen Entscheid in der Sache selbst nicht mehr vollständig beseitigt werden könnte[510]. Bloss faktische Nachteile wie eine mögliche Verlängerung und Verteuerung des Verfahrens würden demnach nicht genügen[511], was in der Literatur teilweise abgelehnt wird[512]. Ein relevanter Nachteil ist vor allem gegeben

- bei **Entscheiden betreffend Anordnung oder Aufrechterhaltung der Untersuchungs- oder Sicherheitshaft** (StPO 226 f., 229 ff., 440) und
- weiterer **Zwangsmassnahmen wie Beschlagnahmungen** (StPO 263 ff.)[513];
- bei der **Nichtzulassung einer Person als Partei** (StPO 104)[514];
- im Zusammenhang mit **Anordnungen einer amtlichen Verteidigung** bzw. der **unentgeltlichen Verbeiständung** (StPO 132 ff.)[515] oder

---

[508] So Pra 96 (2007) Nr. 143 = BGE 133 IV 139 = SJ 129 (2007) 370 E. 4 = SJZ 103 (2007) 413 und 104 (2008) 405.
[509] So BGE 133 IV 288 E.3.2.-3.3 = SJZ 104 (2008) 405.
[510] Pra 96 (2007) Nr. 144 = BGE 133 IV 217, 131 I 57 = SJ 123 (2001) 312, BGE 124 I 259 f.; 106 Ia 233; 108 Ia 204; 115 Ia 311, 334; 116 Ia 184, 446; Pra 85 (1996) Nr. 71. Blosse Möglichkeit eines solchen Nachteils genügt, BGE 126 I 100, und nachfolgende Fn.
[511] Auch nicht allenfalls unnötige Kosten, BGE 133 IV 125, ferner SJ 129 (2007) 371. Allenfalls aber auch vermögenswerte Anliegen einschliessendes schutzwürdiges Interesse, m.w.H. BGer 21.11.2008, 1C_119/2008, in Anwaltsrevue 2/2009 88 (zur Publikation vorgesehen).
[512] Vgl. die eingangs erwähnten Werke von KARLEN und RUCKSTUHL.
[513] So auch Botschaft BBl 2001 4334. Generell Nachteil bejaht ebenso bei *Beschlagnahmungen, Konten- oder Grundbuchsperren*, ebenso bei *Abweisung von Aufhebungs- bzw. Herausgabeersuchen* in diesem Bereich, dazu m.w.H. etwa BGE 128 I 131, 126 I 101, wohl auch *Entsiegelungsentscheide* nach StPO 248. Unklar, ob bei *Vorladungen* (wegen der Möglichkeit der Vorführung) gegeben, BGer 12.3.2009, 1B_46/2009 in RS 2009 Nr. 603. Zu den *Zwischenentscheiden in der internationalen Rechtshilfe* hinten N 1752. – Keine Strafrechtsbeschwerde der *Staatsanwaltschaft*, wenn zuständige Gerichtsbehörde die Anordnung bzw. Genehmigung von Überwachungsmassnahmen verweigert, so BGE 133 IV 185 = SJ 129 (2007) 364.
[514] *Nichtzulassung eines angeblichen Geschädigten als Partei*, vgl. Pra 92 (2003) Nr. 61 E.2.2., S. 306 = BGE 128 I 217 = SJ 124 (2002) I 593 (Entscheid für Abgewiesenen als Endentscheid betrachtet). Hingegen *kein Nachteil bei Zulassung*, nachfolgende N 1653.
[515] Allgemein vorne N 747 ff. Zu Fällen der *unentgeltlichen Verbeiständung und amtlichen Verteidigung*, Pra 97 (2008) Nr. 67 (Fall unentgeltlicher Verbeiständung im Eheschutz), Nr. 111 E.1; BGE 129 I 131, 281, 125 I 162 m.w.H., 126 I 210. Nach bisheriger Praxis tendenziell *nicht bei Wechsel der amtlichen Verteidigung*, BGE 126 I 211, dazu ZBJV 139 (2003) 390, BGer 11.11.2008, 1B_245/2008 in Anwaltsrevue 2/2009 92 = RS 2009 Nr. 557, oder *Ablehnung eines zweiten Verteidigers*, RS 2001 Nr. 4, wohl ab*er, wenn gewünschte private Verteidigung verunmöglicht wird*, BGer 16.3.2009, 1B_7/2009 in SJZ

9. Kapitel: Rechtsmittel

- bei der **Verweigerung eines Zeugnisverweigerungsrecht** (StPO 174)[516].

1653 Hingegen **fehlt ein solcher Nachteil** z.B. bei
- **verfahrensleitenden Entscheiden** (StPO 80) wie beim
- **Anordnungen bezüglich Verfahrenssprache der Hauptverhandlung** bzw. **Übersetzer** (StPO 67 f.);
- **Entscheid über Verschiebungsgesuche** (StPO 92)[517];
- **Entscheiden über Akteneinsicht** (StPO 102)[518];
- **Zulassung einer Person als Privatklägerschaft** (StPO 118)[519];
- **Sistierung des Verfahrens** (StPO 314)[520];
- **gutheissenden Beschwerdeentscheiden** gegen die **Einstellung** eines Strafverfahrens (StPO 322 II, 397[521]);
- **hinsichtlich der Vorprüfung einer Anklage** (StPO 329 I)[522];
- **Beweisanordnungen** (etwa nach StPO 331 III), so bezüglich Gutachten[523];
- **Entscheiden betreffend die aufschiebende Wirkung** nach StPO 387[524];

---

    105 (2009) 221. Nach BGer jedoch bei einem Wechsel der amtlichen Verteidigung usw., initiiert durch Strafbehörde selbst wegen Interessenkollision, BGE 133 IV 338 E.4. = Pra 97 (2008) Nr. 97 = Anwaltsrevue 11–12/2007 505, hinten N 1679. (Problematisch, da Anwalt kein rechtlich geschütztes Interesse an der Fortführung seines Mandats hat; die vom Bundesgericht auf S. 340 Mitte zur Begründung angeführten Präjudizien beziehen sich alle auf eine völlig andere Konstellation, nämlich die Entschädigung des Rechtsbeistands!). Zur Thematik der *Beendigung solcher Mandate* hinten N 1679 a.E., zur *Rechtsmittellegitimation* vorne N 1465.

[516] Vorne N 903.
[517] RS 2001 Nr. 4.
[518] Vorne N 630.
[519] So BGer 10.3.2008, 1B_59/2008 in Anwaltsrevue 6–7/2008 301.
[520] Es sei denn, es werde dargelegt, dass das *Beschleunigungsgebot verletzt ist* bzw. *es trete für die Partei ein anderer nicht wieder gutzumachender Nachteil ein*, Pra 97 (2008) Nr. 122 = BGE 134 IV 43 und vorne Fn. 492 und N 1238.
[521] BGer 5.12.1988 i.S. C.M. ca. H.B. Gilt naturgemäss auch bei Strafrechtbeschwerde gegen die *Sistierung eines Strafverfahren* nach StPO 314, vorstehende Fn. *Ergänzung der Anklageschrift*, BGer 1B_273/2008, 6.2.2008, in Anwaltsrevue 5/2008 242 f.
[522] BGE 115 Ia 313, 114 Ia 179; Pra 87 (1998) Nr. 44 S. 287. Ebenfalls *nicht bei Anklage gegen Anwalt*, vgl. BGer 3.12.2007, 1B_240/2007 in Anwaltsrevue 3/2008 128. Bei *Zulassung der Anklage bei bestrittener funktionaler Zuständigkeit*, vgl. Pra 89 (1990) Nr. 72 (vgl. jetzt aber BGG 92!). *Allgemein bei Rückweisungen*, BGer in ZBJV 140 (2004) 209.
[523] Anordnung einer *psychiatrischen Begutachtung im Strafvollzug*, BGer 4.2.2007, 6B-56/2007 in NZZ Nr. 122 30.5.2007. Wohl auch kein solcher Nachteil, wenn *ambulante Begutachtung eines Zeugen* nach StPO 164 II, wohl aber, wenn z.B. gegen einen *Geschädigten eine körperliche Untersuchung* nach StPO 252 IV mit eigentlichem Eingriffscharakter angeordnet wird. In BGer 12.8.2008, 1B_142/2008, E.1. wurde offen gelassen, ob die *Nichtanordnung von Untersuchungs- und Zwangsmassnahmen* durch die Staatsanwaltschaft unter BGG 91 I lit. a fällt.
[524] So in SJ 129 (2007) 371, vgl. aber BGE 120 Ia 264.

§ 94 Beschwerde in Strafsachen (Strafrechtsbeschwerde) ans Bundesgericht

- **gutheissenden Rechtsmittelentscheiden von Beschwerdeinstanz und Berufungsgericht** (StPO 397 II, 409), die im Sinn einer Rückweisung zur Wiederholung des vorinstanzlichen Verfahrens führen[525];
- **Eintreten auf die Berufung** nach StPO 403[526] oder auf ein **Revisionsbegehren** nach StPO 412[527];
- **Anordnung des schriftlichen Berufungsverfahrens** nach 406 I[528];
- gleichermassen bei **gutheissenden Revisionsentscheiden des Berufungsgerichts** (StPO 413 II)[529] sowie
- Entscheiden hinsichtlich der **Kosten- und Entschädigungsfolgen bei Zwischenentscheiden**[530].

BGG 93 I lit. b (**Vor- und Zwischenentscheid zur Vermeidung von Zeit und Aufwand**) stammt aus OG 50, also der früheren (zivilprozessualen) Berufung. Die Bestimmung ist eher auf den Zivilprozess zugeschnitten, könnte jedoch auch im Strafverfahren ihre Wirkung entfalten, auch wenn sie vor allem hier restriktiv anzuwenden ist[531]. So ist die Behandlung von **Vor- und Zwischenfragen** in StPO 339 vorgesehen, wobei die Frage der selbstständigen Eröffnung allerdings nicht geregelt ist. Grundsätzlich erscheint es als nicht ausgeschlossen, dass ein Strafgericht zu einer wichtigen präjudiziellen Frage einen Vor- oder Zwischenentscheid z.B. zur Verjährung fällt und diesen selbstständig eröffnet. Wird z.B. der Eintritt der **Verjährung** bejaht, ergeht allerdings ein Endentscheid nach StPO 80 I Satz 2 auf Einstellung des Verfahrens (329 IV i.V. mit Abs. 2), der – soweit er von der Beschwerdekammer bestätigt wird – mit Strafbeschwerde anfechtbar ist (BGG 90). Wird der Eintritt der Verjährung hingegen verneint, wird üblicherweise ohne selbstständige Eröffnung im vorgenannten Sinn sofort zur materiellen Behandlung der Anklage übergegangen. Sollte jedoch bei Verneinung der Verjährung ein solcher selbstständig eröffneter Entscheid aus-

1654

---

[525] Zum BGG BGE 133 IV 125; BGer 28.11.2008, 4A_427/2008 in Anwaltsrevue 3/2009 143 BGer 25.7.2007, 9C_15/2007 in SJZ 103 (2007) 529 oben –. Gilt auch, wenn *Rechtsmittelinstanz über einzelne Anklagepunkte entscheidet, in andern aber eine Neubeurteilung durch die Vorinstanz anordnet*, Pra 96 (2007) Nr. 144 = BGE 133 IV 137. Bezieht sich auch auf *Kosten- und Entschädigungsentscheid* in der Rückweisung, BGer 13.11.2007, 9C_105/2007 in Anwaltsrevue 2/2008 80. Zum alten (soweit identischen) Recht BGE 117 Ia 398. Dürfte auch gelten, wenn *Wiederherstellungsgesuch nach StPO 94 gutgeheissen wird*, bei *Abweisung* liegt hingegen u.U. Endentscheid nach BGG 90 vor.
[526] Vorne N 1559.
[527] Vorne N 1613.
[528] Vorne N 1567.
[529] Vorne N 1618 f., N 1622.
[530] Soweit solche nach StPO 421 II nicht im Zwischenentscheid selbst ergehen, hinten N 1772. Dazu BGer 18.12.2007, lC_324/2007 in Anwaltsrevue 3/2008 125, mit Blick auf den früheren OG 87 BGE 131 III 404, 122 I 39.
[531] Dazu Pra 97 (2008) Nr. 70 sowie Pra 97 (2008) Nr. 56 = BGE 133 IV 217, ein Rechtshilfefall.

nahmsweise[532] ergehen, erscheint eine Strafrechtsbeschwerde nach BGG 93 I lit. b als zulässig.

1655 Soweit die **Strafrechtsbeschwerde gegen solche Vor- oder Zwischenentscheide nicht möglich ist oder nicht ergriffen wurde**, können diese – entgegen den Vor- und Zwischenfragen nach BGG 92 – **mit dem Endentscheid** angefochten werden, soweit sie sich auf diesen auswirken (BGG 93 III). Letzteres (oder anders ausgedrückt: ein **aktuelles Rechtsschutzinteresse** nach BGG 81 I lit. b, hinten Ziff. 5.3.1.) wird vom Bundesgericht tendenziell bei Zwangsmassnahmen verneint, die schon vor oder spätestens mit dem Endentscheid aufgehoben wurden, eine nicht ganz unproblematische Praxis[533].

2.3.5. Rechtsverweigerungs- und Rechtsverzögerungsbeschwerde, BGG 94

1656 BGG 94 lässt in sehr allgemeiner Weise eine **Beschwerde wegen Rechtsverweigerung und Rechtsverzögerung beim Erlass eines anfechtbaren Entscheids** zu. In diesem Fall liegt üblicherweise (noch) kein Entscheid vor, welcher Anfechtungsobjekt sein könnte. Diese Beschwerde ist zulässig, wenn einer direkten Vorinstanz des Bundesgerichts i.S. von BGG 80 I Untätigkeit vorgeworfen wird und der verweigerte Entscheid für den Beschwerdeführer nach BGG 78 ff. und 90 ff. anfechtbar wäre. Sie ist überdies zulässig, wenn die vorerwähnten Vorinstanzen nicht gegen die Rechtsverweigerung oder Rechtsverzögerung der ihnen vorgelagerten Gerichtsinstanzen[534] einschreiten. Als Vorinstanzen kommen die Strafkammer des Bundesstrafgerichts oder die kantonalen Beschwerde- und Berufungsinstanzen in Frage, nicht aber die Beschwerdekammern des Bundesstrafgerichts, dessen Entscheide nach BGG 79 grundsätzlich nicht mit Strafrechtsbeschwerde angefochten werden können[535]. Auch eine Rechtsverweigerung bzw. Rechtsverzögerung des Bundesgerichts selbst könnte – falls dies über-

---

[532] Im Regelfall wird bei Verwerfung solcher Einreden ohne Weiteres zur Hauptverhandlung geschritten und zudem sind solche verfahrensleitenden Beschlüsse nicht mit Beschwerde anfechtbar, vorne N 1283.

[533] Es sei denn, *aufgeworfene Rechtsfrage könnte sich in Zukunft wieder stellen*, vorne N 1458 Fn. 51 sowie Pra 97 (2008) Nr. 18 S. 89 und Verweis auf BGer 13.7.2007, 1C_89/2007, so schon die Praxis zur früheren staatsrechtlichen Beschwerde, etwa in BGE 124 I 231 E.1. Zum kritischen Verhältnis dieser Praxis zur Rechtsweggarantie von BV 29 bzw. EMRK 13 vgl. BGE 125 I 394 (Untersuchungshaft) und im Anschluss an den EGMR-Entscheid Camenzind (Fall von Hausdurchsuchung) gegen die Schweiz allgemein der Beitrag von MARION SPORI in AJP 2/2008 147 ff., die verlangt, dass Beschwerden zu behandeln sind, wenn die Rechtmässigkeit des Hoheitsaktes in keinem andern Verfahren mit diesbezüglich mindestens gleichwertigem Rechtsschutz beurteilt werden kann.

[534] Offenbar bereits zulässig gegen erstinstanzliche Entscheide, SJZ 105 (2009) 241 Ziff. 9.– Nicht anwendbar ist BGG 94 bei nicht gerichtlichen Instanzen wie Staatsanwaltschaften, da diese offensichtlich nicht Vorinstanzen i.S. des BGG sind.

[535] Hier allenfalls *Aufsichtsbeschwerde*, gestützt auf BGG 17 IV lit. g, dazu P. TSCHÜMPERLIN in SJZ 105 (2009) 233, wobei festzustellen ist, dass weder die StPO, der E StBOG noch das BGG eine eigentliche Aufsichts- und Administrativbeschwerde vorsehen, vgl. dazu vorne N 1500 f. zur umfassenden Funktion der Beschwerde gemäss StPO.

haupt aktuell werden sollte – nicht mit der Beschwerde nach BGG 94 angefochten werden. Die Beschwerde nach dieser Bestimmung scheint sich deshalb primär auf Konstellationen zu beziehen, in denen die Rechtsverweigerung oder Rechtsverzögerung den obersten kantonalen Instanzen bzw. dem Bundesstrafgericht selbst vorgeworfen wird.

Anders dürfte sich die Sache präsentieren, wenn die **Vorinstanzen Entscheide über Rechtsverweigerungs- und Rechtsverzögerungsbeschwerden fällen**, die gegen untere Instanzen eingereicht wurden. Gleiches gilt, wenn sich die Rechtsverweigerung bzw. Verzögerung aus dem anzufechtenden Entscheid selbst ergibt. In diesen Konstellationen liegt ein anfechtbarer Entscheid vor, der – mindesten nach der Botschaft[536] – allenfalls nach BGG 78 ff. anfechtbar ist. 1657

3. Verhältnis zu anderen Rechtsmitteln

Die Strafrechtsbeschwerde ist das **primäre** eidgenössische Rechtsmittel gegen Entscheide der oberen kantonalen Instanzen in Strafsachen. Sie soll das einzige Rechtsmittel gegen Urteile der Strafkammern des Bundesstrafgerichts sein[537]. Die Zivilrechtsbeschwerde nach BGG 72 ff., die öffentlich-rechtliche Beschwerde nach BGG 82 ff. sowie die subsidiäre Verfassungsbeschwerde nach BGG 112 ff. sind im Bereich des Strafverfahrens grundsätzlich subsidiär[538]. Es ist weiter daran zu erinnern, dass **gewisse andere Rechtsbehelfe** vorgehen, so vor allem das Gesuch bei streitigem Gerichtsstand sowie bei interkantonalen Rechtshilfekonflikten nach StPO 40 und 48 II sowie E StBOG 28 II lit. a an die Beschwerdekammer des Bundesstrafgerichts[539]. 1658

4. Rechtsmittelbehörde

Rechtsmittelbehörde ist das «**Bundesgericht**» (vgl. BGG 78 I). Entgegen dem OG und der BStP nennt das BGG die einzelnen Kammern des Bundesgerichts nicht mehr, sondern bestimmt in Art. 13 ff. (teilweise in Wiederholung von BV 188 II) lediglich, dass sich das Bundesgericht selbst organisiert und die einzelnen Abteilungen bestimmt. Damit soll dem obersten Gericht bei seiner Organisation eine gewisse Flexibilität eingeräumt werden[540]. Die Strafrechtsbe- 1659

---

[536] BBl 2001 4334.
[537] So das Konzept, welches z.Zt. mit dem Entwurf zum StBOG beim Parlament liegt, vorne N 391. – Abgesehen von der Beschwerde gegen Zwangsmassnahmeentscheide, BGG 79, vorne N 1635, hinten 1717.
[538] Zu diesen Beschwerden hinten N 1719 ff. Zur Abgrenzung zusammenfassend recht 7 (1989) 141.
[539] Vorne N 488 ff. und N 498, hinten N 1717.
[540] Botschaft in BBl 2001 4284.

schwerden werden nach Art. 33 des Reglements über das Bundesgericht[541] von der **Strafrechtlichen Abteilung** behandelt[542].

5. Recht zur Beschwerde, Legitimation, BGG 81

5.1. Allgemeines

1660 BGG 81 umreisst unter dem Titel Beschwerderecht die **Voraussetzungen, unter denen ein an sich anfechtbarer Strafentscheid mit Strafrechtsbeschwerde angefochten werden kann**, also die Beschwerdelegitimation. Entgegen BStP 270, der grundsätzlich abschliessend die zur Nichtigkeitsbeschwerde befugten Verfahrensbeteiligten aufzählte, ist im BGG die Berechtigung (wenn materiell auch weitgehend auf der Linie des früheren Rechts) flexibler umrissen. Vor allem wird nunmehr betont, dass nicht eine bestimmte frühere Verfahrensrolle, sondern einerseits die Beteiligung am vorinstanzlichen Verfahren, andererseits das rechtlich geschützte Interesse massgebend ist.

5.2. Teilnahme am vorinstanzlichen Verfahren, BGG 81 I lit. a

5.2.1. Grundsatz

1661 Strafrechtsbeschwerde kann nach BGG 81 I lit. a im Sinn einer Legitimationsvoraussetzung[543] nur erheben, **wer sich am vorinstanzlichen Verfahren beteiligte oder wer dazu keine Möglichkeit hatte**. Mindestens die erste Voraussetzung entspricht einer Bedingung, wie sie in früheren kantonalen Strafprozessordnungen und etwa auch nach BStP 270 lit. e Ziff. 1 für die Rechtsmittellegitimation des Opfers bekannt war[544]. Die Reichweite dieser Einschränkung ist freilich – mindestens für die Anwendung in Strafsachen – mit Unklarheiten behaftet. Dazu trägt auch die Botschaft des Bundesrats bei, in welcher ausgeführt wird, eine Teilnahme setzte voraus, dass «*die betroffene Partei zumindest Anträge zur Beschwerde gestellt*» habe[545]. Die nachfolgenden Darlegungen der Botschaft lassen erkennen, dass hier das vorinstanzliche Beschwerdeverfahren (in der Regel allerdings eher ein Berufungsverfahren) gemeint ist, an welchem sich die betreffende Partei mit Stellungnahmen und Anträgen beteiligt haben müsse. Eine nähere Betrachtungsweise legt den Schluss nahe, dass dies nicht zwingend der Fall sein dürfte und diese **einschränkende Bestimmung nur mit grösster Zurückhaltung anzuwenden ist**:

---

[541] Vom 20.11.2006, AS 2006 5635, SR 173.110.131.
[542] Näher vorne N 397.
[543] So BGE 134 IV 38 E.1.3.2. = SJZ 104 (2008) 18.
[544] Zur entsprechenden Praxis zu dieser früheren BStP-Bestimmung etwa BGE 119 IV 172 = Pra 82 (1993) Nr. 217, 120 IV 55 f., zusammenfassend BGE 127 IV 185 und Pra 92 (2003) Nr. 147 S. 790. Massgebend für die Rolle des Geschädigten/Opfers ist auch hier das Anklageprinzip, BGE 122 IV 71.
[545] BBl 2001 4317.

§ 94 Beschwerde in Strafsachen (Strafrechtsbeschwerde) ans Bundesgericht

Mit der Botschaft[546] ist es zweifellos richtig, die Partei, die **im vorinstanzlichen Verfahren Gleichgültigkeit und Interesselosigkeit bekundete**, von der Strafrechtsbeschwerde auszuschliessen. Dies galt schon bisher etwa für die **Desinteressement-Erklärungen** von Geschädigten, an welche üblicherweise die Folge geknüpft wird, dass die Betreffenden ihre Verfahrensrechte und damit auch die Rechtsmittelbefugnisse verlieren[547]. Dies dürfte auch im vorliegenden Konnex durchschlagen. Was den Hauptfall des **vorgängigen Berufungsverfahrens** betrifft, ergibt sich für den Berufungskläger bereits aus StPO 407, dass das Rechtsmittel als zurückgezogen gilt, wenn er sich passiv verhält[548]. Demgemäss kann der Fall des passiven **Berufungsklägers** kaum mit Strafrechtsbeschwerde ans Bundesgericht gelangen. Anders liegen die Dinge beim **Berufungsbeklagten**: Dieser muss sich bei den Rechtsmitteln nach StPO am entsprechenden Verfahren nicht aktiv beteiligen, sieht man von den Anwesenheitspflichten der beschuldigten Person und der Staatsanwaltschaft ab (StPO 336 f., 405 IV, 407). Es erschiene als unbillig, an eine fehlende aktive Teilnahme im vorinstanzlichen Verfahren, die die StPO nicht verlangt, hernach die rechtsmittelausschliessende Wirkung von BGG 81 I lit. a zu knüpfen. Beigefügt sei, dass die StPO bei der Rechtsmittellegitimation (StPO 381 f.) eine Beteiligung am vorinstanzlichen Verfahren gerade nicht verlangt, so dass es als fraglich erscheint, auf der Ebene der Strafrechtsbeschwerde andere Massstäbe anzulegen[549]. Nicht selten wird sich eine Partei im kantonalen Rechtsmittelverfahren nach StPO 379 ff. – wie gesehen erlaubterweise – passiv verhalten, weil der erstinstanzliche Entscheid für sie günstig ausgefallen war und demgemäss kein Anlass zu Anträgen bestand. Es wäre stossend, sie von der Strafrechtsbeschwerde auszuschliessen, wenn der Entscheid der kantonalen Rechtsmittelinstanz dann doch zu ihrem Nachteil ausfällt. Die Problematik zeigt sich übrigens im besonderen Fall des **Abwesenheitsverfahrens**, das sich durch ein verschuldetes Fernbleiben der beschuldigten Person bei der Hauptverhandlung auszeichnet (StPO 366 ff.), ein Verfahren, das auch im Berufungsstadium möglich ist[550]. Den Betroffenen hier von der Strafrechtsbeschwerde auszuschliessen, dürfte nicht zu begründen sein.

1662

---

[546] BBl aaO. So nun auch BGer 8.11.2008, 6B_334/2008 in Anwaltsrevue 2/2009 93.
[547] Dazu vorne N 699.
[548] Vorne N 1572 f.
[549] Vorne N 1458. Unklar die Konsequenz von BGer 8.11.2008, 6B_334/2008 in Anwaltsrevue 2/2009 93, der bezüglich des Stellens von Anträgen relativ strenge Massstäbe anzulegen scheint (Dritter, der Kaution geleistet hatte, wurde nicht zur Strafrechtsbeschwerde zugelassen, da er vor der Vorinstanz keine Anträge auf Herausgabe etc. gestellt hatte. Nicht ersichtlich ist allerdings, ob er von der Vorinstanz dazu überhaupt aufgefordert wurde). Tendenziell und vereinfacht dargestellt sollten nur *jene Parteien bzw. Verfahrensbeteiligte von der Strafrechtsbeschwerde ausgeschlossen werden, die zur Durchsetzung ihrer Ansprüche vor Vorinstanz hätten Anträge stellen müssen und dazu aufgefordert wurden und dazu in der Lage gewesen wären, darauf jedoch ausdrücklich oder konkludent verzichteten.*
[550] Vorne N 1573.

1663 Besondere Probleme ergeben sich, wenn man diese **Beschränkung auf die Staatsanwaltschaft** anwenden möchte. Dieser stehen generell Rechtsmittel zur Verfügung, nicht nur zur Durchsetzung des staatlichen Strafanspruchs, sondern ebenso im Interesse der Verwirklichung der materiellen Wahrheit. Sie kann demgemäss ein Rechtsmittel zugunsten oder zuungunsten der beschuldigten Person einlegen[551]. Der Staatsanwaltschaft sollte deshalb die Strafrechtsbeschwerde auch zugänglich sein, wenn für sie im vorinstanzlichen Verfahren kein Grund zur Beteiligung, etwa durch Stellen von Anträgen, bestand[552]. Für die Strafrechtsbeschwerde der **Staatsanwaltschaft des Bundes** in den Konstellationen nach BGG 81 I lit. b Ziff. 7 (nachfolgend Ziff. 5.4.7.) gilt die Voraussetzung der Beteiligung am vorinstanzlichen Verfahren offensichtlich ohnehin nicht. Die Strafrechtsbeschwerde wird in diesen Fällen (wie in jenen nach BGG 81 II, nachfolgend Ziff. 5.4.8.) üblicherweise gerade dann aktuell, wenn ohne vorgängige Beteiligung der Staatsanwaltschaft des Bundes dieser ein Urteil nach StPO 381 IV i.V. mit 25 mitzuteilen ist. Analog ist auch die **Strafrechtsbeschwerde des Eidg. Justiz- und Polizeidepartements** nach BGG 81 III (nachfolgend Ziff. 5.4.9.) zulässig, auch wenn sich dieses vorgängig nicht am Verfahren beteiligte[553].

1664 Weniger problematisch ist die **Alternativvoraussetzung**, dass auf die vorgängige Teilnahme im besprochenen Sinn verzichtet wird, wenn die **betroffene Partei keine Möglichkeit zur Teilnahme hatte**. Es liegt auf der Hand, dass jener Partei, welche z.B. wegen unterbliebener Vorladung bzw. Einladung zur schriftlichen Stellungnahme der Möglichkeit zur Teilnahme am vorinstanzlichen Verfahren verlustig ging, die fehlende Teilnahme nicht entgegengehalten werden kann.

5.3. Rechtlich geschütztes Interesse als allgemeine Voraussetzung, BGG 81 I lit. b

5.3.1. Allgemeines zum Erfordernis des rechtlich geschützten Interesses bzw. der Beschwer

1665 Entgegen der früheren Legitimationsklausel von BStP 270 operiert BGG 81 nach dem System von Generalklausel und Regelbeispielen: Grundsätzlich ist jede (natürliche oder juristische) Person, die **ein rechtlich geschütztes Interesse an der Aufhebung oder Änderung des Entscheides hat**, zur Strafrechtsbeschwerde legitimiert (Einleitung zu BGG 81 I lit. b; ähnlich StPO 382 I). Die Partei bzw. der Verfahrensbeteiligte muss m.a.W. **durch den fraglichen Entscheid**

---

[551] Vorne N 1455.
[552] Für den Kanton Zürich genügt für die Legitimation der Oberstaatsanwaltschaft, wenn ein ihr in diesem Bereich untergeordnetes Statthalteramt vor Vorinstanz auftrat, BGE 134 IV 38 E.1.3.2. = SJZ 104 (2008) 18 und nachfolgend Fn. 566.
[553] Vgl. den typischen Fall in BGE 135 I 65.

beschwert sein[554], welcher Nachteil durch das Rechtsmittel beseitigt werden soll. Diese Beschwer – eine Prozessvoraussetzung[555] – muss sich grundsätzlich aus dem Dispositiv des Entscheids (StPO 81 IV)[556] ergeben. Die Verletzung der rechtlich geschützten Interessen wurde in BStP 270 allein im Fall von Einziehungen und Urteilspublikationen ausdrücklich erwähnt, Fälle, die in BGG 81 nicht mehr erscheinen, aber nach der Generalklausel nach wie vor die Beschwerdelegitimation begründen (nachstehend Ziff. 5.5.2.). BGG 81 zählt anschliessend an diese allgemeine Voraussetzung des rechtlich geschützten Interesses in Ziff. 1 ff. enumerativ, also nicht abschliessend, die wesentlichsten Fälle der Beschwerdelegitimierten auf. Damit kommt zum Ausdruck, dass auch bei den aufgezählten sechs Fällen von grundsätzlich Legitimierten zu prüfen ist, ob das rechtlich geschützte Interesse vorhanden ist. **Voraussetzt ist dabei generell, dass die betreffende Person in ihren Rechten, die Strafrecht und Strafprozessrecht schützen und deren Verletzung nach BGG 95–98 gerügt werden können, verletzt ist.**

Allenfalls tangierte **ideelle oder moralisch motivierte Interessen genügen für die Legitimation nicht**[557]. Nicht gerügt werden kann sodann die **Verletzung allgemeiner Rechte** und jener, **die andere, auch nahestehende Personen** schützen. So kann sich beispielsweise wie bisher ein Beschuldigter nicht auf die Verletzung von Beweisvorschriften berufen, die zum Schutz anderer Personen (z.B. des Opfers nach StPO 152) aufgestellt sind[558]. 1666

5.3.2. Sonderfall des öffentlichen Anklägers

Dem öffentlichen Ankläger, also dem Staatsanwalt des Kantons oder des Bundes, wird generell die Pflicht zugewiesen, sich unabhängig von Parteistandpunkten für die Durchsetzung des Rechts einzusetzen. Daraus folgt, dass er (mit Ausnahme der Zivilklage, StPO 122 ff.) **zur Strafrechtsbeschwerde zugunsten oder zuungunsten des Verurteilten legitimiert ist, ungeachtet dem vor den Vorinstanzen eingenommenen Standpunkt** (nachfolgend Ziff. 5.4.3.)[559]. Erforderlich ist jedoch wie früher gemäss Praxis zur eidgenössischen Nichtigkeitsbeschwerde die Möglichkeit, dass eine Änderung zugunsten der beschuldigten Person überhaupt noch erreicht werden kann, welche Voraussetzung fehlt, wenn 1667

---

[554] Der Begriff der Beschwer, der früher gebräuchlicher war, dürfte sich weitgehend mit jenem Erfordernis des rechtlichen Interesses decken. Dazu allgemein vorne N 1458 f. Beschwert ist z.B. der *Inhaber eines eingezogenen Bankkontos*, BGE 133 IV 278 E. 1.3, nicht aber der Anzeigeerstatter, BGE 133 II 468 (Disziplinarverfahren gegen Notar). Erforderlich ist ein *aktuelles Rechtsschutzinteresse*, vorne N 1655.
[555] Vorne N 318.
[556] Vorne N 589.
[557] Zu diesen allgemeinen Voraussetzungen aus der Perspektive des früheren Rechts BGE 101 IV 325; 96 IV 67.
[558] Zum früheren OHG 43 im Zusammenhang mit der Beschwer bei der eidg. Nichtigkeitsbeschwerde BGE 131 IV 191 = SJ 127 (2005) 569.
[559] Dazu schon allgemein in N 1455; BGE 124 IV 107; 72 IV 160; 73 IV 47.

inzwischen ein Prozesshindernis (Tod der beschuldigten Person; Verjährung) eingetreten ist[560].

5.4. Die nach BGG 81 I lit. b sowie Abs. 2 und 3 aufgeführten Beschwerdelegitimierten

5.4.1. Beschuldigte Person, BGG 81 I lit. b Ziff. 1

1668 Zur Strafrechtsbeschwerde ist zunächst – materiell soweit kongruent mit BStP 270 lit. a, die vom Angeklagten sprach – die **beschuldigte Person** legitimiert. Dies ist auch der urteilsfähige Minderjährige oder Verbeiständete[561]. Es versteht sich von selbst, dass der **Verteidiger der beschuldigten Person**[562] (wie generell der Rechtsbeistand einer Partei) namens seines Mandanten ebenfalls zur Strafrechtsbeschwerde legitimiert ist. Legitimiert ist auch das **Unternehmen,** welches nach StGB 102 verfolgt wurde[563].

5.4.2. Gesetzliche Vertreterin oder gesetzlicher Vertreter der beschuldigten Person, BGG 81 I lit. b Ziff. 2

1669 Es ist soweit selbstverständlich, dass der **gesetzliche Vertreter der beschuldigten Person Strafrechtsbeschwerde einlegen kann, also die Eltern, der Vormund, Beistand** etc.[564] Das Rechtsmittel der urteilsfähigen beschuldigten Person geht allerdings vor. Legitimiert ist auch der **Vertreter des Unternehmens** nach StPO 112[565].

5.4.3. Staatsanwaltschaft, BGG 81 I lit. b Ziff. 3

1670 Zur Strafrechtsbeschwerde legitimiert ist sodann im Einklang mit dem früheren BStP 270 lit. c sowie jetzt StPO 381 die Staatsanwaltschaft, d.h. der **öffentliche kantonale Ankläger, der nach dem Recht des betreffenden Kantons zur Vertretung der Anklage vor den Bundesinstanzen befugt ist** (dazu StPO 381 II, allgemein vorne Ziff. 5.3.2.)[566]. Unter diese Bestimmung fällt

---

[560] BGE 116 IV 83 E. 2.
[561] BGE 70 IV 118, 68 IV 158.
[562] Die Vertretung der Parteien ist in BGG 39 ff. geregelt.
[563] Vorne N 140, 675 ff. Das *Unternehmen* ist neben dem Vertreter nach StPO 112, dazu gleich anschliessend N 1669, selbst legitimiert. Bei unterschiedlichen Anträgen gehen jene des Unternehmens selbst vor.
[564] Gilt nach Pra 97 (2008) Nr. 123 E.1.2.1. *nur für gesetzlichen Vertreter der beschuldigten Person.* – Im Jugendstrafverfahren allenfalls die «*Behörde des Zivilrechts*», also nach neuem ZGB die Kindesschutzbehörde. – Wenn für minderjähriges Kind Beistand ernannt wurde, kann der gesetzliche Vertreter nicht mehr für das Kind handeln (vgl. nunmehr ZGB 306 III), SJ 2006 549 = RS 2007 Nr. 214; vgl. auch den Fall Pra 97 (2008) Nr. 123.
[565] Dazu vorne N 678.
[566] Zur *Staatsanwaltschaft allgemein* vorne N 350 ff., zu deren Rechtsmittelbefugnis nach StPO vorne N 1455 ff. *Keine Legitimation im Zivilpunkt, auch nicht bei Verweisung auf Zivilweg,* BGer 12.12.2008, 6B_406/2008, E.9. Legitimation unabhängig davon, ob vor

jedoch auch die **Staatsanwaltschaft des Bundes**, soweit nach BGG 81 I lit. b Ziff. 7 bzw. BGG 81 II nicht Sonderregeln (nachfolgend Ziff. 5.4.7., 5.4.8.) zu beachten sind. Die Staatsanwaltschaft des Bundes ist nach dieser Bestimmung insbesondere befugt, **Entscheide des Bundesstrafgerichts mit Strafrechtsbeschwerde** anzufechten.

BGG 81 I lit. b Ziff. 3 gilt ebenfalls dort, wo Bund und Kantone für die Verfolgung von Übertretungen nach StPO 17 und 357 **Verwaltungsbehörden** einsetzen oder **andern Behörden Parteirechte einräumen** (StPO 104 II und 381 III)[567]. Während für die Bundesverwaltung die Regelung von BGG 81 lit. b Ziff 7 (nachfolgend Ziff. 5.4.7.) anzuwenden ist, ist davon auszugehen, dass die nach den erwähnten Bestimmungen an sich über StPO 104 II bzw. 381 III legitimierten kantonalen Behörden nicht Strafrechtsbeschwerde vor Bundesgericht führen und ihnen die Kantone nicht entsprechende Befugnisse einräumen können. StPO 104 II, 357 I sowie 381 III gelten mit andern Worten nur für die Rechtsmittel auf kantonaler Ebene.

1671

5.4.4. Privatklägerschaft, BGG 81 I lit. b Ziff. 5 in der Fassung der StPO; Änderungsvorschlag nach E StBOG (nur noch Legitimation des Opfers)

Für die Rechtsmittellegitimation der Privatklägerschaft[568] verweist BGG 81 I lit. b Ziff. 5 in der ursprünglichen Fassung der StPO vom 5.10.2007 auf die Regelung der StPO 382 II. Darnach kann die **Privatklägerschaft den Entscheid im Schuld- und Zivilpunkt, nicht aber im Strafpunkt** anfechten[569]. Erfasst wird hier auch das **Opfer,** das somit nur beschwerdelegitimiert ist, wenn es sich als Privatkläger konstituierte[570]. Damit wurden die früher zu beachtenden Schranken der Rechtsmittelmöglichkeit des Geschädigten vorab im staatsrechtli-

1672

---

den Vorinstanzen z.B. eine untergeordnete Staatsanwaltschaft auftrat, BGE 134 IV 38 E.1.3.2. = SJZ 104 (2008) 18. Im Ergebnis bereits bisher, BGE 128 IV 238, 131 IV 142. Schon mit Blick auf die frühere BStP war z.B. für den Kanton Zürich der ursprünglich handelnden *Verwaltungsbehörde* die Rechtsmittellegitimation abgesprochen worden, BGE 115 IV 152 (anders noch BGE 111 IV 112). Dies gilt auch für die im Zusammenhang mit E 102 diskutierte, aber als Verfahrenspartei schliesslich abgelehnte *Fachstelle für Tierschutz*, vorne N 635, dort ebenfalls zur hängigen Volksinitiative. Wie immer jene Frage entschieden wird: Nach der gegenwärtigen Regelung gemäss BGG wäre jene Stelle nicht rechtsmittellegitimiert.

[567] Dazu vorne N 636. Zur Rechtsmittelbefugnis nach StPO 381 III und 104 II vorne N 1455 und 1457.
[568] Zur *Privatklägerschaft im Allgemeinen* vorne N 697 ff.
[569] Näher vorne N 1462 f. Nur im *Rahmen der Konstituierung* nach StPO 118 I.
[570] Entgegen BGG 81 I lit. b Ziff. 5 in der ursprünglichen Fassung, welche dem *Opfer* die Legitimation zusprach, wenn «*der angefochtene Entscheid sich auf die Beurteilung seiner Zivilansprüche auswirken kann*». Durch die Erweiterung der Legitimation der Privatklägerschaft gegenüber bisher Ziff. 4 (die sich auf die gegenstandslos gewordene Legitimation des Privatstrafklägers nach kantonalem Recht bezog) in neu Ziff. 5 wurde diese Sonderregelung obsolet.

chen Beschwerdeverfahren[571] aufgehoben. Allerdings setzt BGG 78 II lit. a der Strafrechtsbeschwerde des Privatklägers gewisse Grenzen (vorne Ziff. 2.1.2.). Beigefügt sei, dass mit dem Antrag zum Erlass des StBOG der Bundesrat vorschlägt, zur früheren Fassung von BGG 81 I lit. b zurückzukehren und demgemäss *nur dem Opfer die Beschwerdelegitimation* einzuräumen, falls sich der angefochtene Entscheid auf seine Zivilansprüche auswirken kann, während dem «gewöhnlichen» Privatstrafkläger diese Legitimation, abgesehen vom Zivilpunkt, grundsätzlich nicht zustehen soll[572]. Allerdings soll er sich auf den allgemeinen Legitimationsgrund nach BGG 81 I lit. b berufen können, was im Einklang mit der früheren Gesetzgebung bedeuten dürfte, dass er sich nur auf verweigerte Verfahrensrechte berufen kann[573], nicht aber z.B. auf die unrichtige Anwendung des StGB. Im Ergebnis würde eine Revision der hier relevanten Ziff. 5 im vorgenannten Sinn eine Rückkehr zur früheren Regelung und damit eine *Beschränkung der Rechtslegitimation auf das Opfer* bedeuten, wie früher *vorausgesetzt,* dass sich der Entscheid im Sinn der entsprechenden Praxis *auf die Zivilansprüche*[574] (bzw. jene der Angehörigen, StPO 117 III[575]) *auswirken kann* oder dass es die *Verletzung von Rechten geltend macht, die ihm das OHG bzw. nun die prozessualen Vorschriften der StPO einräumen.* Durch die (grundsätzlich problematische) Abkoppelung der Rechtsmittelbefugnis der Geschädigten usw. im BGG von jener der StPO ist unklar geworden, ob die Rechtsmittelbefugnis des Opfers eine Konstituierung als Privatklägerschaft nach StPO 118 voraussetzt.

---

[571] Er konnte mit Blick auf OG 88 vereinfacht ausgedrückt nur Rügen hinsichtlich Verletzungen vorbringen, die seine verfahrensrechtliche Stellung nach dem anwendbaren kantonalen Prozessrecht wie auch der verfassungsmässigen Rechte betrafen und die im Ergebnis einer Willkür bzw. einer formellen Rechtsverweigerung gleichkamen.

[572] Zur Begründung dieses Zickzackkurses BBl 2008 8182 (Angst vor Überlastung des Bundesgerichts!).

[573] Vgl. etwa BGE 133 I 185 E.6.2., BGer 13.11.2007, 6B_2007, E.2.1. Vgl. auch BGer 12.8.2008, 1B_142/2008 in AJP 1/2009 109 (beschränktes Beweisantragsrecht des Privatstrafklägers). Mit Blick auf die Vereinheitlichung des Strafprozessrechts erscheint es auch als möglich, dass der *Privatstrafkläger die Verletzung der StPO zu seinem Nachteil mit Strafrechtsbeschwerde rügt,* falls das Konzept des E StBOG Gesetz werden sollte.

[574] Zur bisherigen Praxis etwa BGE 125 I 109, 123 I 190, 123 IV 254 = Pra 87 (1998) Nr. 45, BGE 121 II 252. Nicht *z.B. öffentlich-rechtliche Haftungsansprüche etwa gegen Beamte,* vgl. etwa Pra 92 (2003) Nr. 18 = BGE 128 I 188, 125 IV 161. Solche können übrigens auch nicht nach StPO 126 ff. adhäsionsweise geltend gemacht werden, N 702. – Entgegen der früheren Regelung wird in dieser Bestimmung nicht mehr verlangt, dass sich das *Opfer schon früher am Verfahren beteiligte,* da dies nach BGG 81 I lit. a schon eine allgemeine Voraussetzung für dieses Rechtsmittel darstellt.

[575] Soweit z.B. *Eltern Ansprüche aus eigenem Recht geltend machen* (BGE 126 IV 42, Pra 97 [2008] Nr. 123) bzw. als *gesetzliche Vertreter des Opfers handeln,* BGG 81 I lit. b Ziff. 2.

5.4.5. Strafantragsteller, BGG 81 I lit. b Ziff. 6

Der Strafantragsteller ist kongruent mit der bisherigen Regelung in BStP 270 lit. f nur zur Nichtigkeitsbeschwerde befugt, soweit **es um das Strafantragsrecht als solches geht**. Den Entscheid in der Sache selbst kann er nicht anfechten[576].

1673

5.4.6. Staatsanwaltschaft des Bundes und die beteiligte Verwaltung in Verwaltungsstrafsachen des Bundes, BGG 81 I lit. b Ziff. 7 in der Fassung der StPO

Im Rahmen der Schaffung der Schweizerischen Strafprozessordnung wurde die Liste der Beschwerdelegitimierten von BGG 81 I lit. b um eine Ziff. 7 erweitert. Diese stellt klar, dass die **Staatsanwaltschaft des Bundes und** (selbstständig, also unabhängig vom Vorgehen der Staatsanwaltschaft des Bundes) **die beteiligte Bundesverwaltung in Fällen nach VStrR zur Strafrechtsbeschwerde legitimiert sind**[577].

1674

5.4.7. Staatsanwaltschaft des Bundes nach BGG 81 II

Diese Bestimmung, mit welcher materiell der frühere BStP 270 I lit. d und die Übergangsbestimmungen in aSGG 33 III lit. b übernommen wurden[578], räumt der Staatsanwaltschaft des Bundes die Strafrechtsbeschwerde **gegen kantonale Entscheide ein, wenn das Bundesrecht es vorsieht, dass ihr ein Entscheid mitzuteilen ist**[579] oder wenn die **Strafsache in Anwendung von StPO 25 f. den kantonalen Behörden zur Beurteilung überwiesen worden war (Delegationsfälle**[580]).

1675

5.4.8. Gewisse Bundesbehörden, BGG 81 III

BGG 81 III übernimmt weiter die (in der Praxis bisher nicht sehr bedeutsame) Regelung von OG 103 lit. b, die – kumulativ zu BGG 81 I lit. b Ziff. 7 – gewisse **Bundesbehörden im Straf- und Massnahmenvollzug** zur Verwaltungsgerichtsbeschwerde legitimierte. Primär geht es darum, dem Eidg. Justiz- und Poli-

1676

---

[576] BGE 120 IV 51 und 57; 127 IV 188 f. Z.B. der *Verletzte bei Ehrverletzungsdelikten*, RS 2001 Nr. 161. Kein *Beschwerderecht des Bundes* bei Strafklagen nach UWG 10 II lit. c, BGE 128 IV 95 = Pra 92 (2003) Nr. 77.

[577] Ersetzt VStrR 83, dazu Botschaft zur StPO in BBl 2006 1337, Referendumsvorlage BBl 2007 7116. Unklar ist, weshalb der Bundesgesetzgeber am 20.3.2008, AS 2008 3452 mit einer solchen Ziff. 7 «nachdoppelte». – Bereits Rechtsmittellegitimation der Bundesverwaltung im kantonalen Verfahren nach VStrR 80 II.

[578] Botschaft in BBl 2001 4318. – *Legitimiert nicht nur der Bundesanwalt selbst*, sondern auch die Staatsanwälte des Bundes, BGE 133 IV 190 f. und künftig E StBOG 15. Vgl. auch vorne N 1456.

[579] Bisher nach der sog. Mitteilungsverordnung, SR 312.3.

[580] Zu Delegation vorne N 414 ff.

zeidepartement die Legitimation zur Strafrechtsbeschwerde in Vollzugsfragen nach BGG 78 II lit. b einzuräumen[581].

5.5. Weitere allenfalls legitimierte Personen ausserhalb der Liste von BGG 81 I lit. b Ziff. 1–6 und Abs. 2 und 3

5.5.1. Verwandte der beschuldigten Person

1677 Die **Verwandten bzw. Nachkommen der beschuldigten Person** sind entgegen BStP 270 lit. b nicht mehr ausdrücklich als beschwerdelegitimiert aufgeführt. Sie bleiben jedoch insofern legitimiert, als sie gemäss der Generalklausel (Ziff. 5.3.) durch den vorinstanzlichen Entscheid in ihren rechtlich geschützten Interessen unmittelbar tangiert, d.h. beschwert sind. Zudem ist erforderlich, dass sie sich (bzw. bei Tod der beschuldigten Person diese zu ihren Lebzeiten) selbst am Verfahren beteiligten (ähnlich StPO 382 III)[582]. Das BGG will es der Praxis überlassen, in den Details Klarheit zu schaffen. Im **Zivilpunkt** dürfte eine solche Legitimation ohne weiteres gegeben sein, ebenso, wenn diese Personen z.B. durch **Einziehungsmassnahmen z.N. des Verstorbenen** oder die **Kosten- und Entschädigungsfolgen** des Entscheids betroffen sind.

1678 Das BGG räumt den **Nachkommen der beschuldigten Person** im Schuld- und Strafpunkt allein keine Legitimation zur Strafrechtsbeschwerde ein[583]. Ist ihnen *praeter legem* eine solche einzuräumen, und können sie ein bereits eingeleitetes Beschwerdeverfahren nach Eintritt des Todes des Beschuldigten als Beschwerdeführer weiterführen? Der Strafrechtsbeschwerde kommt von Gesetzes wegen aufschiebende Wirkung zu, wenn sie sich gegen einen Entscheid richtet, mit dem eine unbedingte Freiheitsstrafe (vgl. StGB 42, 43, auch Widerruf nach StGB 46, nicht aber Verweigerung einer bedingten Entlassung) oder eine freiheitsentziehende Massnahme (StGB 59–61, 64) ausgesprochen wurde (BGG 103 II lit. b, hinten Ziff. 8). Mindestens in diesen Fällen tritt die Rechtskraft erst nach unbenütztem Ablauf der Rechtsmittelfrist bzw. Abschluss des bundesgerichtlichen Beschwerdeverfahrens ein. Dies bedeutet, dass das Beschwerdeverfahren bei Tod der beschuldigten Person vor Ablauf der Beschwerdefrist bzw. bei eingeleitetem Beschwerdeverfahren vor Abschluss das Strafverfahren wie bei der Berufung[584] als durch Tod erledigt abzuschreiben ist. Ob in andern Fällen, so bei Strafentscheiden, die eine bedingte Sanktion zum Gegenstand haben (und bei denen die aufschiebende Wirkung nicht gegeben ist), eine Ausnahme zu machen ist, erscheint als fraglich, könnte aber mit Blick auf den in der Literatur teilweise bejahten Charakter der Beschwerde als ordentliches Rechtmittel (vorne Ziff. 1) gerechtfertigt sein. Es dürfte sich demgemäss empfehlen, das Strafverfahren

---

[581] Keine Legitimation einer kantonalen Strafvollzugsbehörde; öffentliche Interessen sind allein vom EJPD wahrzunehmen, so BGE 133 IV 121 = SJZ 103 (2007) 328.
[582] Botschaft in BBl 2001 4318. Zu StPO 382 III vorne N 1466.
[583] Anders noch BStP 270 lit. b; dazu und zum Folgenden M. SCHUBARTH (2001) N 286 ff.
[584] Vorne N 1542.

generell als erledigt abzuschreiben, wenn die beschuldigte Person während Laufens der Rechtsmittelfrist nach BGG 100 bzw. während Laufens eines entsprechenden bundesgerichtlichen Verfahrens stirbt.

5.5.2. Weitere Betroffene

Dadurch, dass BGG 81 zur Begründung der Beschwerdelegitimation eine Generalklausel und sodann einen nur enumerativen Katalog von Legitimierten enthält, kommen ausserhalb der in BGG 81 I lit. b Ziff. 1–7 ausdrücklich erwähnten Verfahrensbeteiligten weitere Personen als legitimiert in Frage. Vorausgesetzt ist, dass sie sich am Verfahren der Vorinstanz beteiligten (vorne Ziff. 5.2.) und dass der letztinstanzliche Vorentscheid in ihre rechtlich geschützten Interessen (Ziff. 5.3.) eingreift. Es sind dies beispielsweise Personen im Sinn von weiteren Verfahrensbeteiligten (StPO 105)[585], deren Interessen durch:

1679

- **strafprozessuale Zwangsmassnahmen** gegen nicht beschuldigte Personen wie Durchsuchungen, Beschlagnahmungen, Massnahmen gegen unbotmässige Zeugen oder Sachverständige usw.;
- **Einziehungsmassnahmen** i.S. von StGB 69–73[586]. Dieser Fall war in BStP 270 lit. h noch ausdrücklich genannt, ebenso Personen, die durch
- eine **Urteilspublikation** (StGB 68),
- Aufhebung des **Mandats als amtlicher Verteidiger oder unentgeltlicher Rechtsbeistand** nach StPO 134 oder 137[587],
- **Festsetzung bzw. Kürzung des Honorars eines solchen Rechtsbeistands oder eines Sachverständigen**[588] oder
- im Zusammenhang mit **Kosten- und Entschädigungsentscheiden** (vor allem nach StPO 421)[589] tangiert werden, wobei keine Streitwertgrenze zu beachten ist.

---

[585] Vorne N 638 ff. – Auch Verfahrensbeteiligte, wenn z.B. von der Berufungsinstanz *Anspruch auf Öffentlichkeit verletzt wurde*, vorne N 1464 Fn. 71.

[586] Also *Inhaber des eingezogenen Bankkontos,* Pra 97 (2008) N 69 = BGE 133 IV 278. *Aufhebung einer Kontosperre und Herausgabe von Vermögenswerten* nach StGB 70 I, BGer 1.7.2008, 6B_344/2007, E.1.4; BGer 24.11.2008, 6B_403/2008; BGer 12.3.2008, 1B_212/2007, E.1.4. (Ansprecher aus StGB 73, der sich gegen Freigabe beschlagnahmter Vermögenswerte wehrt).

[587] So BGE 133 IV 339 E.5 = Pra 97 (2008) Nr. 97 S. 617. Zur Strafrechtsbeschwerde bei *Verweigerung bzw. Aufhebung solcher Mandate* ferner vorne N 1652 Fn. 515. *Öffentlichrechtliche Beschwerde* hingegen, wenn Anwalt von Aufsichtskommission bzw. Verwaltungsgericht wegen Interessenkollision von Verteidigung ausgeschlossen wird, BGer 28.1.2009, 2C_504/2008 (hier keine Legitimation der beschuldigten Person. Entscheid zur Publikation in BGE und Pra vorgesehen).

[588] Für private und amtliche Verteidigung Pra 98 (2009) Nr. 69 = BGE 135 IV 45, ferner etwa BGer 30.5.2007, 6B_6/2007 und 5.9.2007 6B_183/2007, zu den Honorarkürzungen bei Gutachtern BGE 134 I 159.

[589] Hinten N 1771 ff. Bei Belastung mit Kosten etc. unabhängig von der prozessualen Stellung; in diesen Fällen sind auch die Erben legitimiert, dazu näher BGer 12.8.2008,

6. Kognition, Beschwerdegründe, BGG 95 ff.

6.1. Vorbemerkungen

1680 Dadurch, dass die Strafrechtsbeschwerde als Einheitsbeschwerde ausgestaltet ist, welche die bis anhin getrennte Nichtigkeitsbeschwerde und die staatsrechtliche Beschwerde vereinigt (vorne Ziff. 1), sind auch die früher hochgehaltenen, mitunter **schwierigen Abgrenzungsfragen bezüglich der Kognition der beiden Rechtsmittel hinfällig geworden.** Insbesondere die früher u.U. heikle Abgrenzung von Bundesrecht und Verfassungsrecht erübrigt sich nunmehr. Die nachfolgenden Unterscheidungen zwischen den verschiedenen denkbaren Rügen, wie sie die Aufzählung von BGG 95 nahelegt, sind demgemäss nur noch von mässigem Wert.

1681 Die Beschwerde nach BGG ans Bundesgericht ist in allen ihren Schattierungen **nicht ein vollkommenes Rechtsmittel,** sondern wie die frühere Nichtigkeitsbeschwerde in Strafsachen (BStP 277bis I Satz 2) im Prinzip eine *revisio in iure*. Im Zentrum steht die Prüfung von Rügen, die eine Verletzung von Bundesrecht zum Gegenstand haben (BGG 95, nachfolgend Ziff. 6.2.). Das Bundesgericht überprüft den Sachverhalt grundsätzlich nicht. Nach BGG 105 sowie 99 geht es vom Sachverhalt aus, den die Vorinstanz in ihrem Entscheid feststellte. Dies gilt bei der Strafrechtsbeschwerde vor allem hinsichtlich der tatsächlichen Feststellungen der kantonalen Behörden oder des Bundesstrafgerichts bezüglich des objektiven und subjektiven Tatbestands wie auch der übrigen tatsächlichen Voraussetzungen der Strafbarkeit[590]. Damit ist eine Überprüfung der dem angefochtenen Entscheid zugrunde liegenden Tatsachenfeststellung wie auch der Beweiswürdigung ausgeschlossen, es sei denn, diese beruhten auf einer Rechtsverletzung. Bereits gemäss BStP 277bis I Satz 2 war der Grundsatz jedoch durchbrochen. Entgegen dem früheren Recht, das Aktenwidrigkeit nicht als selbstständigen Beschwerdegrund anerkannte[591], kann nun nach BGG 97 die offensichtlich unrichtige Feststellung des Sachverhalts selbstständig gerügt werden (nachfolgend Ziff. 6.3.) und vom Bundesgericht auch ohne Antrag berücksichtigt werden (BGG 105 II)[592].

1682 Mit der Strafrechtsbeschwerde als *revisio in iure* kann ebenfalls **nicht eine Nachprüfung des Ermessens** erreicht werden, wie es etwa bei der richterlichen

---

[590] 6B_482/2007. Zum Fall *Verrechnung der Kaution eines Dritten mit Kosten* usw., BGer 8.11.2008, 6B_334/2008 in Anwaltsrevue 2/2008 93.
Statt vieler BGE 106 IV 143, 107 IV 10, 109 IV 19, 47, 173. – Zur *beschränkten Kognition im abgekürzten Verfahren* nach StPO 358 ff., vorne N 1389 Fn. 96.
[591] BGE 97 IV 179; ZR 55 (1956) Nr. 115 = SJZ 52 (1956) 167.
[592] BGG 105 II auf offensichtlich unrichtige Sachverhaltsfeststellungen beschränkt; bei lückenhafter Sachverhaltsermittlung keine Anwendung dieser Bestimmung, sondern Rückweisung i.S. von BGG 107 II, BGE 133 IV 293 = SJZ 103 (2007) 526 und 104 (208) 405, Kommentar in AJP 2/2008 251. – Anwendung von BGG 105 II sodann nur, wenn Bundesgericht im Sachverhalt der Vorinstanz offenkundige Ungenauigkeit feststellt, BGE 133 IV 286 E.6.2.

Strafzumessung eine wesentliche Rolle spielt. Das Bundesgericht hat zwar frei zu prüfen, ob die ausgesprochene Strafe schweizerisches Recht i.S. von BGG 95 verletzt. Wurden die gesetzlichen Strafzumessungskriterien (StGB 47 ff.) beachtet, so hat es indessen nur einzugreifen, wenn die Vorinstanz den vorgegebenen Strafrahmen missachtete, sachfremde Kriterien berücksichtigte bzw. gesetzliche Strafzumessungskriterien ausser Acht liess bzw. falsch gewichtete. Oder aber er greift ein, wenn die Strafe überaus hart oder milde angesetzt wurde, mithin Ermessensmissbrauch und -überschreitung vorlag[593], ebenso wenn z.b. die Festsetzung einer Strafe durch das Berufungsgericht gegenüber jener der Vorinstanz nicht einsichtig ist[594].

6.2. Verletzung schweizerischen Rechts als hauptsächlicher Anfechtungsgrund, BGG 95

6.2.1. Schweizerisches Recht nach BGG 95 im Allgemeinen

Typisch für die mit dem BGG geschaffene Einheitsbeschwerde ist, dass damit in allen ihren drei Ausgestaltungsformen die gleichen Rügen vorgebracht werden, die sich auf den **gemeinsamen Nenner der Verletzung schweizerischen Rechts** reduzieren lassen. Damit ist klargestellt, dass mit den drei Beschwerden primär die Einheitlichkeit der Anwendung des inländischen Rechts sichergestellt werden soll. Demgegenüber kann die Anwendung des **ausländischen Rechts** nur ausnahmsweise Gegenstand einer Beschwerde ans Bundesgericht sein (BGG 96), Ausnahmen, die soweit ersichtlich für die Strafrechtsbeschwerde höchstens am Rande von Bedeutung sind[595]. Auf einem andern Blatt steht sodann, dass gewisse der Normen, deren Verletzung nach BGG 95 Gegenstand einer Beschwerde sein können, für die Strafrechtsbeschwerde bedeutungslos sind, etwa BGG 95 lit. d (kantonale Bestimmungen über die politische Stimmberechtigung).

1683

---

[593] BGE 81 IV 123, 90 IV 79, 107 IV 62, 116 IV 288, 292, 117 IV 151, 122 IV 241. Siehe auch BGE 114 Ib 31. Bezüglich bedingtem Sanktionsvollzug BGE 92 IV 200; 116 IV 279. Für die Begründungspflicht BGE 117 IV 114, 151; 118 IV 14. Gerichte eines Kantons durch Strafzumessung gegen Mitbeteiligte in anderem Kanton nicht gebunden, BGer 6S.460/1999, erwähnt in TA 3.11.1999.
[594] BGE 118 IV 18, 21.
[595] Da es bei BGG 96 primär um die richtige Anwendung des internationalen Privatrechts geht, könnte diese Bestimmung im Zusammenhang mit Zivilklagen nach StPO 122 ff. relevant werden. Was die Überprüfung von *vorfrageweise angewandtem ausländischem (Straf)Recht* betrifft (so, ob das bei der Anwendung von Bundesrecht zu berücksichtigende ausländische Recht, etwa bei StGB 3 II, 6 II und 7 III., richtig angewandt wurde), ist die angeblich falsche Anwendung nicht gemäss BGG 96, sondern nach BGG 95 zu rügen; vgl. zur früheren Nichtigkeitsbeschwerde BGE 114 IV 83.

6.2.2. Bundesrecht, BGG 95 lit. a

6.2.2.1. Allgemeines zum Bundesrecht

1684 BGG 95 lit. a übernimmt BV 189 I lit. a, wonach das Bundesgericht Streitigkeiten wegen Verletzung von Bundesrecht beurteilt. Der Begriff des Bundesrechts ist umfassend zu verstehen. Somit können **Verletzungen von Bestimmungen des materiellen und formellen Bundesrechts wie auch der Bundesverfassung** gerügt werden. Von der Zielsetzung des Rechtsmittels her und mit Blick auf das Vorgängerinstitut der Nichtigkeitsbeschwerde in Strafsachen[596] steht die Überprüfung der **Anwendung des Bundesstrafrechts**, zu finden im StGB und in der Nebenstrafgesetzgebung (SVG, BetmG, VStrR usw.) im Vordergrund. Der Begriff des Bundesrechts geht aber weiter und umfasst das **gesamte private und öffentliche Recht des Bundes,** wobei es unerheblich ist, ob es sich um Regeln handelt, die in **Gesetzen oder aber in Verordnungen** zu finden sind. Zu denken ist beispielsweise an die richtige Anwendung von **Zivilrecht** (unmittelbar etwa OR 41 ff. im Zusammenhang mit Schadenersatz- oder Genugtuungsansprüchen[597]; vorfrageweise z.b. bei der Prüfung der Rechtsnatur eines Sparhefts[598]) oder des **Verwaltungsrechts** (etwa Auslieferungsrecht wie das IRSG im Zusammenhang mit der Anwendung von StGB 3 ff.; Spezialitätsgrundsatz in der Rechtshilfe[599]) oder ob eine – allenfalls auch kantonale – Amtspflicht i.S. von StGB 14, bestand[600]). Irrelevant ist sodann, ob die fraglichen Bundesrechtsnormen **materielle Rechtsregeln oder Verfahrensvorschriften** darstellen[601]. Zu den Letzteren gehören nunmehr vor allem die **Vorschriften der StPO**.

1685 Unter den Begriff des Bundesrechts fällt sodann die **Bundesverfassung** (vgl. BV 189 I lit. a), wobei im Strafprozessrecht vor allem die Grundrechte nach BV 7–33 relevant sind. Es bleibt abzuwarten, wie die Praxis des Bundesgerichts mit dem Problem umgehen wird, dass die StPO als Bundeserlass der Überprüfung durch das Bundesgericht entzogen ist (BV 189 IV). Die früher zur Differenzierung der Bundesrechtsmittel vorab bei den verfassungsmässigen Rechten, aber auch jenen gemäss Staatsverträgen wie der EMRK vorgenommene Unterscheidung in unmittelbare und mittelbare Verletzungen[602] dürfte gegenstandslos

---

[596] Vorne N 1629. – Beschränkte Kognition widerspricht nicht Art. 2 des 7. Zusatzprotokolls zur EMRK, EKMR in VPB 58 (1994) Nr. 104.
[597] Z.B. Verletzung von OR 49 II, Pra 82 (1993) Nr. 216 S. 815.
[598] BGE 99 IV 144. Z.B. Bestehen eines Retentionsrechts, BGE 115 IV 212.
[599] BGE 117 IV 222; BGE 123 IV 42 = Pra 86 (1997) Nr. 79 S. 405.
[600] BGE 115 IV 164; ZR 90 (1991) Nr. 94 S. 317 sowie RO 1990 341 Nr. 28. Siehe aber ZR 87 (1988) Nr. 58.
[601] Nicht aber *Verwaltungsverordnungen oder Weisungen eines Departements,* die den Richter nicht binden, ZR 93 (1994) Nr. 20 = SJZ 90 (1994) 355.
[602] BGE 102 IV 155, 104 IV 93, 112 IV 139. Auch bei Verletzung des 7. Zusatzprotokolls zur EMRK, BGE 116 IV 268. BGE 105 IV 67. Von einem Sikh behaupteter *Verstoss der Helmtragpflicht für Motorradfahrer gegen Glaubens- und Gewissensfreiheit* nach jetzt

geworden oder höchstens noch für die Subsumtion des Anfechtungsgrundes unter BGG 95 lit. a oder aber lit. b relevant sein. Gleiches gilt für die frühere Unterscheidung in verfassungsmässige Rechte und andere Verfassungsbestimmungen[603].

6.2.2.2. Staatsanwaltschaft und deren Berufung auf verfassungsmässige Rechte

Neu ist, dass die **Staatsanwaltschaft vor Bundesgericht die Verletzung verfassungsmässiger Rechte** (unter Einschluss der sich aus dem Völkerrecht ergebenden Grundrechte, nachfolgend Ziff. 6.2.3.) **geltend machen kann.** Teilweise wird dies mit Blick auf die traditionelle Rolle der Grundrechte als Schutzschild für die Bürger (und nicht für die Behörden) in Frage gestellt und auf die bisherige Praxis des Bundesgerichts, die dem verfolgenden Staat die Berufung auf verfassungsmässige Rechte absprach, verwiesen[604]. Dabei wird einerseits übersehen, dass die Staatsanwaltschaft ihre Rechtsmittel zugunsten wie auch zuungunsten der privaten Verfahrensbeteiligten einsetzen kann und deshalb beispielsweise die Verletzung der Glaubens- und Gewissensfreiheit, der Eigentumsfreiheit usw. zum Nachteil eines privaten Verfahrensbeteiligten durch die Vorinstanz rügen kann. Andererseits ist nicht einzusehen, weshalb die Staatsanwaltschaft nicht geltend machen sollte, dass verfassungsmässige Rechte wie die Unschuldsvermutung bzw. der Grundsatz *in dubio pro reo* (StPO 10 III), der Anklagegrundsatz (StPO 9) etc. zugunsten einer privaten Partei zu weit ausgelegt worden seien[605].

1686

Es liegt auf der Hand, dass sich die Staatsanwaltschaft, was ihre eigene verfahrensmässige Stellung betrifft, **nicht auf Freiheitsrechte berufen kann, die ihrem Wesen nach mit der Person des damit zu schützenden Individuums verbunden sind**, also etwa die Menschenwürde, die Meinungsäusserungsfreiheit oder die persönliche Freiheit. Demgegenüber wäre nicht zu begründen, weshalb es Behörden wie der Staatsanwaltschaft verwehrt sein sollte, Grundrechte, die weniger personenbezogen sind und mehr den Charakter von prozessualen Rechten erlangt haben, anzurufen. Dies gilt vorab für den im Strafverfahren besonders wichtigen **Anspruch auf rechtliches Gehör** (StPO 3 II lit. c) sowie das **Willkürverbot**[606]. Die Problematik wird allerdings dadurch entschärft, dass die **strafprozessual relevanten Grundrechte nunmehr weitgehend in die StPO,**

1687

BV 15 bzw. EMRK 9 Ziff. 1, BGE 119 IV 260 = EuGRZ 20 (1993) 595. – Vgl. sodann BGE 119 IV 107; dazu auch BGE 117 IV 124 und ZR 98 (1999) Nr. 56 E.8.
603 Botschaft in BBl 2001 4335.
604 BGE 133 IV 191 unter Hinweis auf BGer 21.12.2006, 6S.150.2006, bezogen allerdings auf die Frage, ob die Bundesanwaltschaft unter der Herrschaft des alten Rechts nach SGG 33 staatsrechtliche Beschwerde erheben könne.
605 In dieser Richtung nun klar BGE 134 IV 39 E.1.4. = SJZ 104 (2008) 18.
606 Vorne N 91 und N 106 ff. Dass die Staatsanwaltschaft Willkür rügen kann, wurde bereits in der Botschaft BBl 2001 4318 erwähnt, allerdings bezogen auf die willkürliche Anwendung kantonalen Prozessrechts. Vgl. nun den in der vorstehenden Fn. erwähnten BGE.

vor allem Art. 3–11 integriert sind. Und dass die Staatsanwaltschaft die Verletzung dieser Bundesgesetzesnormen zu ihrem Nachteil rügen kann, dürfte auch bei jenen unbestritten sein, für die die Berufung auf verfassungsmässige Rechte durch den Staat und seine Organe ein Unding ist. Im Zusammenhang mit dem **Willkürverbot** ist zu beachten, dass BGG 97 I vor Bundesgericht gesondert die Rüge zulässt, die Feststellung des Sachverhalts durch die Vorinstanz sei offensichtlich unrichtig oder beruhe auf einer Rechtsverletzung (nachfolgend Ziff. 6.3.). Die darunterfallende willkürliche Sachverhaltsfeststellung kann ohne Zweifel auch von der Staatsanwaltschaft gerügt werden. – Der Anspruch, sich auf die (sie tangierende) Verletzung verfassungsmässiger Rechte zu berufen, ist übrigens auch der **Privatklägerschaft** zuzugestehen, soweit sie nach BGG 81 I lit. b Ziff. 5 zur Strafrechtsbeschwerde ans Bundesgericht legitimiert ist (dazu vorne Ziff. 5.4.4.).

6.2.2.3. Vorgehende andere Bundesrechtsmittel bei Verletzung von Bundesrecht

1688 Es ist in Erinnerung zu rufen, dass die Verletzung von Bundesrecht in Einzelfällen mit **anderen Bundesrechtsmitteln** zu rügen ist:
– **Entscheide im Bereich der internationalen Rechtshilfe**[607] (BGG 84; gegen Entscheide der Beschwerdekammer des Bundesstrafgerichts mit öffentlichrechtlicher Beschwerde), und
– bei **strittigem interkantonalem Gerichtsstand** (StPO 40 II) ist die Beschwerdekammer des Bundesstrafgerichts zuständig[608], ebenso bei weiteren **Anständen betreffend die Zuständigkeit und die innerstaatliche Rechtshilfe** (StPO 48 II, E StBOG 28 I)[609]. Gegen Entscheide der Beschwerdekammer des Bundesstrafgerichts ist in diesen Fällen die **Strafrechtsbeschwerde nicht möglich** (BGG 79).

6.2.3. Verletzung von Völkerrecht, BGG 95 lit. b

1689 Im Vordergrund steht hier im Einklang mit BV 189 I lit. b die Verletzung des im Strafverfahren anzuwendenden **Staatsvertragsrechts**[610], vorab **der EMRK und des IPBPR**[611]. Da bezüglich der Beschwerden nach dem BGG die Verletzungen der verschiedenen Rechte verfahrensmässig gleich behandelt werden (vorne Ziff. 6.2.2.1), dürfte sich erübrigen, jene Praxis des Bundesgerichts weiterzuführen,

---

[607] Vorne N 1635, hinten N 1721 f.
[608] Vorne N 488 ff. Anders bei *Fragen der Anwendung von StGB 3–8*: Hier Strafrechtsbeschwerde, noch zum alten Recht BGE 122 IV 167 mit Hinweisen.
[609] Dazu vorne N 488 ff. Nach StPO 28, VStrR 25 bzw. MStP 223 ebenso Konflikte um kantonale bzw. Bundesgerichtsbarkeit bzw. zwischen Verwaltungsstraf-, Militär- und Ziviljustiz, vorne N 432 ff.
[610] BGE 81 IV 285, 90 IV 50.
[611] Vorne N 41 ff.

die die Verletzung der EMRK als solche der Verfassung betrachtete[612]; eine Ausnahme bildet hier die Sonderregel von BGG 98 (dazu nachfolgend Ziff. 6.4.). Nach den Materialien soll sich der Einzelne im Einklang mit der bisherigen Praxis nur auf völkerrechtliche Bestimmungen berufen können, wenn diese direkt anwendbar (*self executing*) sind[613], was bei den im Strafverfahren im Vordergrund stehenden EMRK und IPRPB der Fall ist.

6.2.4. Kantonale verfassungsmässige Rechte, BGG 95 lit. c

BGG 95 lit. c ist im Zusammenhang mit BV 189 I lit. d zu sehen, wonach das Bundesgericht wegen Verletzung kantonaler verfassungsmässiger Rechte angerufen werden kann. Unter verfassungsmässigen **Rechten werden dabei jene verstanden, die in den Kantonsverfassungen zu finden sind und die dem Einzelnen Garantien verleihen**. Es ist hingegen in Fortführung der Praxis zur früheren staatsrechtlichen Beschwerde davon auszugehen, dass diese Garantien nur relevant sind, wenn sie die Schutzrechte von BV, EMRK wie auch der StPO überschreiten. Da im Bereich des Strafverfahrensrechts diese verfassungs- und völkerrechtlichen wie auch strafprozessual-bundesgesetzlichen Garantien weitgehend umgesetzt sind, dürften im Strafverfahren die kantonalen verfassungsmässigen Garantien kaum eine praktische Bedeutung aufweisen[614]. Dies gilt auch bei Berücksichtigung der Tatsache, dass insbesondere neuere kantonale Verfassungen einen gegenüber früher oft erheblich erweiterten Katalog von verfassungsmässigen Rechten aufweisen.

1690

Aus dieser Beschränkung der Rüge der unrichtigen Anwendung des kantonalen Rechts folgt, dass die **Anwendung des übrigen kantonalen Rechts**, vor allem des – ohnehin nur noch rudimentär vorhandenen – formellen und materiellen kantonalen Strafrechts nicht gerügt werden kann. Im Einklang mit der bisherigen Lehre und Praxis dürfte dies ebenfalls gelten, wenn das **kantonale Recht zur Ergänzung auf Bundesrecht verweist**[615]. Bundesrecht ist hingegen verletzt, wenn geltend gemacht wird, bei der Anwendung des kantonalen Rechts seien

1691

---

[612] Vgl. etwa BGE 101 Ia 67, 69 ff., 128 III 144.
[613] Botschaft in BBl 2001 4335 unter Berufung auf BGE 119 V 174 ff. Vgl. dazu ferner BGE 125 III 281.
[614] Interessant aber, dass z.B. nach Art. 18 I der Zürcher Kantonsverfassung vom 27.2.2005, SR 131.211, der Verfahrensbetroffene *Anspruch auf eine rasche Erledigung des Verfahrens hat*, welche Bestimmung nach den Materialien eine Verstärkung des Beschleunigungsgebotes nach BV 29 I, EMRK 6 Ziff. 1 und allenfalls auch StPO 5 (dazu vorne N 138 ff.) bedeuten soll; vgl. dazu GIOVANNI BIAGGINI, Kommentar zur Zürcher Kantonsverfassung, Zürich 2007, Art. 18 N 14. Zu beachten ist aber, dass die *Kantone selbst in ihren Verfassungen die vorgehenden Regeln der StPO als eidgenössisches Recht nicht abändern* bzw. etwa die Verfahrensrechte zugunsten der Parteien sowie weiteren Verfahrensbeteiligten erweitern können.
[615] BGE 129 IV 278; 124 IV 146; 97 IV 69; 106 IV 47; 120 IV 103, 208; siehe auch BGE 120 IV 210 f., Pra 91 (2002) Nr. 158.

verfassungsmässige Rechte (z.B. Schutz vor Willkür; Treu und Glauben, BV 9) verletzt worden[616].

6.2.5. Interkantonales Recht, BGG 95 lit. e

1692 Die Anfechtungsmöglichkeit der Anwendung interkantonalen Rechts steht im Zusammenhang mit BV 189 I lit. c, der dem Bundesgericht die Beurteilung von Beschwerden wegen Verletzung von interkantonalem Recht zuweist. Ob diese Variante im Strafverfahren von praktischer Bedeutung ist, erscheint als fraglich. An sich stehen **Konkordate i.S. von BV 48 oder andere interkantonale Abkommen** im Vordergrund, etwa die diversen Strafvollzugskonkordate[617]. Der einzelne Verfahrensbetroffene kann allerdings die Verletzung eines Vertrags zwischen Kantonen nur anfechten, soweit ihm dieser unmittelbar Rechte einräumt und das Konkordat nicht allein die Beziehungen zwischen den Kantonen zum Gegenstand hat[618].

6.2.6. Verletzung des schweizerischen Rechts

1693 **Schweizerisches Recht im vorstehend skizzierten Sinn ist mit besonderem Blick auf die Strafrechtsbeschwerde verletzt,** wenn die Vorinstanz[619] unrichtigerweise bei der Behandlung einer Haupt- oder Vorfrage (BGG 31)
– ein **Verhalten unter die Bestimmung einer Norm des schweizerischen Rechts subsumiert oder dieses falsch auslegt** (Subsumtions- und Auslegungsfehler). Die Frage nach der richtigen Anwendung kann sich dabei unmittelbar oder nur mittelbar, d.h. im Rahmen der **Prüfung einer Vorfrage**, stellen, beispielsweise, wenn
– **schweizerisches Recht wegen angeblichen Widerspruchs zur EMRK**[620] bzw.;
– **anstatt schweizerischen Rechts kantonales oder ausländisches Recht**[621] oder umgekehrt anstatt kantonalen oder ausländischen Rechts Bundesrecht[622] angewandt wird;
– **ein Kanton in Verletzung von StGB 335 etwas unter Strafe stellt**[623];

---

[616] BGE 133 I 203; BGer 13.6.2007, 4A_61/2007 in SJ 130 (2008) 112.
[617] Das Konkordat über die Rechtshilfe und die interkantonale Zusammenarbeit in Strafsachen vom 5. November 1992, welches hier von einer gewissen Relevanz war, ist in der StPO aufgegangen und damit in den Kantonen auch ohne formelle Aufhebung gegenstandslos geworden.
[618] BGE 115 Ia 215 E.2a.
[619] Bei Fehlern der ersten Instanz bzw. z.B. der Staatsanwaltschaft nur, wenn sich diese auf den angefochtenen Entscheid auswirkten, vgl. zum früheren zürcherischen Prozessrecht ZR 107 (2008) Nr. 2 E.II/2/d.
[620] BGE 117 IV 125.
[621] Dazu etwa BGE 104 IV 107, 290, 106 IV 47, Pra 78 (1989) Nr. 89.
[622] BGE 130 IV 29.
[623] BGE 73 IV 134; 107 IV 148; 116 IV 19.

§ 94 Beschwerde in Strafsachen (Strafrechtsbeschwerde) ans Bundesgericht

- an ein tatbestandsmässiges Verhalten **eine nicht gesetzmässige Folge geknüpft wird** (Ausfällung einer Geld- statt der obligatorischen Freiheitsstrafe);
- **über der Stufe der Tatsachenfeststellung liegende, aber auf dieser aufbauende gesetzliche objektive oder subjektive Tatbestandskategorien** wie Vorsatz, Eventualvorsatz, Fahrlässigkeit, Gefährlichkeit, leichter Fall, Begriffe im Strafzumessungsrecht nach StGB 47 ff. wie achtenswerte Beweggründe etc.[624], zumutbare Anstrengungen, geringfügige Tatfolgen usw. unzutreffenderweise bejaht bzw. verneint wurden, oder
- soweit ähnlich, **Entscheidungsgrundsätze genereller Art** (Gesetze der Logik und der Kausalität; naturwissenschaftliche Gesetzmässigkeiten; allgemeine Erfahrungsgrundsätze mit normativem Charakter[625]) unrichtig angewandt werden.

Nicht notwendig ist, dass die Verletzung des schweizerischen Rechts **zu einer milderen oder schärferen Bestrafung der beschuldigten Person** führte, als dies bei korrekter Rechtsanwendung der Fall wäre[626]. 1694

6.3. Unrichtige Feststellung des Sachverhalts, BGG 97 I

Beschwerden ans Bundesgericht nach BGG und damit auch die Strafrechtsbeschwerde sind grundsätzlich auf eine reine Rechtskontrolle ausgerichtet. Die Feststellung des Sachverhalts ist somit Sache der Vorinstanzen (vorne Ziff. 6.1.)[627]. Dies gilt primär für die kantonalen Vorinstanzen, jedoch gleichermassen, wenn das Bundesstrafgericht Vorinstanz war[628]. Bereits nach dem früheren BStP 277bis I Satz 2 hatte das Bundesgericht indessen **offensichtliche Irrtümer** (*«blanker Irrtum»*) auf **Antrag in der Beschwerde** hin[629] zu berichtigen. Ähnlich wie OG 104 lit. b und 105 II, aber weitergehend sieht nun BGG 97 vor, dass die **Feststellung des Sachverhalts gerügt werden kann, wenn er offensichtlich unrichtig ist oder auf einer Rechtsverletzung nach BGG 95 beruht und (kumulativ) die Behebung des Mangels für den Ausgang des Verfahrens entscheidend sein kann.** Diese Bestimmung wird durch BGG 105 II er- 1695

---

[624] Siehe z.B. BGE 103 IV 68, 104 IV 36, 109 IV 150, 119 IV 1. Nicht geprüft wird jedoch, ob der täterische Vorsatz das Wissen um normative Tatbestandselemente einschliesst, RKG 1995 28 Nr. 43.
[625] BGE 115 IV 195, 117 II 226, 279; 118 II 365 f.; SJZ 93 (1997) 393. Auch *allgemeine Lebenserfahrung*, KGZ 9.5.1991.
[626] Dazu BGE 96 IV 66, 100 IV 2.
[627] Dazu und zum Folgenden Botschaft in BBl 2001 4338.
[628] Also *Beschwerden gegen Entscheide der Strafkammern des Bundesstrafgerichts wie auch (nach BGG 79 beschränkt) solche der Beschwerdekammern*. Gemäss der Botschaft des Bundesrats zum E StBOG soll auf eine Berufung gegen Entscheide der Strafkammern verzichtet werden, vorne N 390 f.
[629] BGE 118 IV 88.

9. Kapitel: Rechtsmittel

gänzt, der es dem Bundesgericht erlaubt, entsprechende Sachverhaltsergänzungen – oder Berichtigungen **von Amtes** wegen vorzunehmen[630].

1696 Nach der herrschenden Lehre und Praxis wird eine **offensichtlich unrichtige Sachverhaltsfeststellung angenommen, wenn eine tatsächliche Feststellung des Entscheides unhaltbar und damit willkürlich i.S. von BV 9 ist**[631]. Zu denken ist vorab – in Anlehnung an die frühere Praxis zum vorstehend genannten «*blanken Irrtum*» bei der Sachverhaltsermittlung – an sofort erkennbare eindeutige Irrtümer. Dies ist etwa der Fall, wenn Verfahrensbeteiligte bzw. deren Rolle im Strafverfall verwechselt oder Akten, Beweismittel usw. in einem offensichtlich unrichtigen Sinn für das Urteil herangezogen werden, ebenso wenn z.B. das Gericht bei einer Verurteilung einen nicht auf den betreffenden Beschuldigten lautenden Strafregisterauszug berücksichtigte oder bei der Strafzumessung nach StGB 47 von einer falschen Zahl von Vorstrafen ausging[632]. Als zweite Variante erscheint nach BGG 97 ebenfalls als zu korrigierende Sachverhaltsermittlung, **wenn diese auf einer Rechtsverletzung nach BGG 95 beruht**. Relevant sind hier Rechtsfehler bei der Ermittlung des Sachverhalts, die sich vorab aus einer **Verletzung der entsprechenden Vorschriften der StPO**, so primär der Verfahrensgrundsätze nach StPO 3–11 (etwa Verletzung des rechtlichen Gehörs, Rechtsmissbrauch u.Ä., StPO 3 II) bzw. der eigentlichen Beweisvorschriften nach StPO 139 ff. ergeben[633]. Mit der Vereinheitlichung des Strafprozessrechts ist der Anwendungsbereich dieser Regel ungleich grösser geworden. Abschliessend bleibt im Zusammenhang mit diesen Varianten festzustellen, dass die ausserhalb der offensichtlich unrichtigen bzw. auf einer Rechtsverletzung basierenden Sachverhaltsfeststellung liegende Sachverhaltsermittlung bzw. Beweiswürdigung nicht nach BGG 97 gerügt werden kann, und ebenfalls kann nicht geltend gemacht werden, die Sachlage hätte sich nach dem angefochtenen Entscheid verändert[634].

1697 Zusätzlich ist erforderlich, dass die **unrichtige Ermittlung des Sachverhalts einen entscheidenden Einfluss auf den Verfahrensausgang haben könnte**.

---

[630] Entsprechend der früheren Praxis zu OG 63 II (vgl. etwa BGE 115 II 399) nur, wenn *Vorinstanz bestimmte Aktenstelle übersah oder unrichtig,* d.h. nicht in ihrer wahren Gestalt, insbesondere nicht mit ihrem wirklichen Wortlaut, wahrnahm, BGer 22.3.2007, 5A_52/2007 = SJZ 103 (2007) 383. Ausgeschlossen etwa bei *Strafrechtsbeschwerden gegen Urteile im abgekürzten Verfahren,* vorne N 1389 N 96.
[631] Vgl. etwa BGE 134 IV 36, E.1.4.1., 133 I 149, 133 II 249 (dieser Entscheid vorab zu den *strengen Anforderungen an die Begründungspflicht*), BGE, 132 I 32: «... eindeutig und augenfällig unzutreffend..», BGer 13.2.2007, 5A_21/2007 und weitere Hinweise in ZR 107 (2008) Nr. 21 S. 70 ff.
[632] So in BGE 88 IV 58 im Fall der früheren Verwahrung nach aStGB 42. Zur Aktenwidrigkeit vgl. sodann BGE 132 II 296, 125 II 42.
[633] Botschaft in BBl 2001 4338. Siehe BGer 26.2.2007, 6B.7/2007 in SZZP 3/2007 291: Begriff «*offensichtlich unrichtig*» ist mit «*willkürlich*» gleichzusetzen.
[634] In diesem zweiten Fall *Revision* nach StPO 410 ff., dazu vorne N 1582 ff. und nachfolgend N 1702 und 1728 f.

Der Beschwerdeführer muss mit seiner Beschwerde also glaubhaft machen, dass das Verfahren bei ordnungsgemässer und rechtskonformer Sachverhaltsermittlung anders ausgegangen wäre[635]. Es bleibt abzuwarten, wo die bundesgerichtliche Praxis die Grenzpfähle dieser Voraussetzungen stecken wird. Je nachdem ist zu prognostizieren, dass BGG 97 I zum Einfallstor dafür werden könnte, dass Verfahrensbeteiligte mit der Strafrechtsbeschwerde eine Neuüberprüfung des Sachverhalts im Sinn einer Berufung erreichen[636].

6.4. Beschränkter Beschwerdegrund bei vorsorglichen Massnahmen, BGG 98

Das BGG geht davon aus, dass zwar Endentscheide umfassend auf ihre Rechtskonformität hin zu überprüfen sind. Bei Vor- oder Zwischenentscheiden hingegen ist nicht unbedingt eine umfassende Überprüfung erforderlich. Dies gilt vorab für **vorsorgliche Massnahmen**. Es handelt sich hier um einen bisher im Zivil- bzw. Zivilprozessrecht, soweit ersichtlich aber nicht im Strafverfahrensrecht verwendeten Begriff. Es scheint aber, dass der Gesetzgeber damit ebenfalls entsprechende Massnahmen im Strafverfahren erfassen wollte. In Betracht fallen hier **primär die Zwangsmassnahmen** i.S. von StPO 196 ff.[637], also die Massnahmen, die dazu dienen, Täter und Beweise in der Form von Untersuchungs- oder Sicherheitshaft, aber auch z.B. Vermögenswerte für die Durchsetzung der Verfahrensziele in Form der Beschlagnahme zu sichern[638]. BGG 98 beschränkt die Beschwerde bei solchen vorsorglichen Massnahmen auf die **Rüge der Verletzung verfassungsmässiger Rechte**[639]. Dazu zählen solche des Bundes- wie (wenn überhaupt noch relevant, vorne Ziff. 6.2.4.) des kantonalen Verfassungs-

1698

---

[635] Botschaft in BBl 2001 4338.
[636] Und dadurch *Umgehung der Bindung an vorinstanzliche Sachverhaltsfeststellung*, vgl. Botschaft in BBl 2001 4338. An der früher gängigen Formel, dass «*auf appellatorische Kritik*» nicht eingegangen werde, sollte festgehalten werden.
[637] Vorne N 970 ff.
[638] Dazu und zum Folgenden Botschaft BBl 2001 4340. Man beachte, dass hier der *Fristenstillstand nach BGG 46 nicht gilt*, hinten N 1700.
[639] Dazu gehört auch der *Grundsatz der derogatorischen Kraft des Bundesrechts*, BGer 18.9.2007, 5A_433/2007 in SJZ 103 (2007) 581. – Soweit ersichtlich wurde die Frage bisher nicht geklärt, ob diese Beschränkung der Kognition auch für die Bundesgerichtsbeschwerde bei *nachträglichen Beschwerden gegen Überwachungsmassnahmen* etwa nach StPO 279 III (vorne N 1164) gilt. Entgegen den andern hier relevanten vorsorglichen Massnahmen in Form von Zwangsmassnahmen geht es nicht darum, zu prüfen, ob die Fortsetzung der Massnahme zu rechtfertigen ist; vielmehr wird *nach Abschluss der Massnahme* deren Rechtmässigkeit überprüft. Es geht mithin im Grunde genommen um einen End- und nicht um einen Zwischenentscheid, wie er bei vorsorglichen Massnahmen im Regelfall vorliegen dürfte. Es scheint deshalb richtig, BGG 98 nicht auf solche Beschwerdeentscheide anzuwenden. Damit ist auch eine kongruente Behandlung mit jenen Beschwerden erreicht, die gegen solche Entscheide der Beschwerdekammern des Bundesstrafgerichts eingereicht werden und bei denen die Beschränkung nach BGG 98 ebenfalls nicht gilt (vgl. N 1717).

rechts. Dem Sinn dieser Beschränkung und der früheren Praxis zum OG folgend dürfte hier ebenfalls – soweit ihnen eine relevante Selbstständigkeit zukommt – die Verletzung von Rechten bedeutsam sein, die die **EMRK und der IPBPR einräumen.**

1699 Zwar kann nicht geltend gemacht und vom Bundesgericht ebenso nicht überprüft werden, ob die entsprechenden **Normen der StPO zu den fraglichen Zwangsmassnahmen richtig angewandt wurden**, hingegen, ob die Zwangsmassnahmen im konkreten Fall vor den Grundrechten standzuhalten vermögen, bei den hier besonders relevanten **Haftmassnahmen also der persönlichen Freiheit** (BV 10 II). Im Kontext mit der öffentlich-rechtlichen Beschwerde hat das Bundesgericht der **Anrufung des Verhältnismässigkeitsgrundsatzes** nach BV 5 II Grenzen gesetzt und im Ergebnis auf Fälle beschränkt, die gegen das Willkürverbot nach BV 9 verstossen[640]. Da die verfassungsmässigen Rechte ihren Niederschlag in zahlreichen StPO-Vorschriften, vorab in StPO 3–11, finden, wird die Praxis weisen müssen, inwieweit BGG 98 letztlich doch auf eine Überprüfung der richtigen Anwendung der StPO hinausläuft. Das Bundesgericht wendet diese **Grundrechte übrigens nicht von Amtes wegen, sondern nur auf Rüge hin** an (BGG 106 II, dazu nachfolgend Ziff. 7).

7. Einlegung der Strafrechtsbeschwerde, BGG 100 ff.

1700 Nach BGG 100 I ist (analog zur früheren Bestimmung von BStP 272) die **Strafrechtsbeschwerde innert 30 Tagen nach der Eröffnung der vollständigen, also begründeten Ausfertigung beim Bundesgericht einzureichen.** Dem Trend der Zeit entsprechend ist eine elektronische Zustellung möglich (näher BGG 42 IV)[641]. Die Fristen sind in BGG 44 ff. näher geregelt. Der Fall von StPO 82 II (Zustellung eines begründeten Urteils nur auf Verlangen) dürfte unter dem Regime der StPO nicht relevant sein, da StPO 82 dies nur für erstinstanzliche Urteile vorsieht. **Beschwerden wegen Rechtsverweigerung und Rechtsverzögerung** nach BGG 94 können jederzeit eingereicht werden (BGG 100 VII). Der **Stillstand der Fristen** (Gerichtsferien) nach BGG 46 I gilt (anders noch OG 34 II) auch bei der Strafrechtsbeschwerde. Ausgenommen vom Stillstand sind nach BGG 46 II Beschwerden im Bereich der internationalen Rechtshilfe in Strafsachen sowie bei vorsorglichen Massnahmen, also z.B. bei angefochtenen Zwangsmassnahmen wie Haftmassnahmen (vorne Ziff. 6.4.)[642]. – Beigefügt sei,

---

[640] BGE 134 I 153, dazu der Beitrag von MATHIAS OESCH in Anwaltsrevue 6–7/208 271. Das *Bundesgericht prüft im Fall von BGG 98 nur klar und detailliert erhobene und, soweit möglich, belegte Rügen*, BGE 133 II 249, E.1.4.2., BGer 1B_229/2008, E.4.1. und N 1701.
[641] Dazu Reglement des Bundesgerichts über den elektronischen Rechtsverkehr mit Parteien und Vorinstanzen vom 5.12.2006, SR 172.110.29.
[642] BGE 133 I 273 = plädoyer 5/2007 77 = SJZ 103 (2007) 525. Vgl. auch SJZ 105 (2009) 367 (Beschlagnahmen und Kontensperren).

§ 94 Beschwerde in Strafsachen (Strafrechtsbeschwerde) ans Bundesgericht

dass **das BGG keine Anschlussbeschwerde**[643] in dem Sinn kennt, dass nach Einlegung dieses Rechtsmittels eine zweite Frist läuft, in welcher sich andere Parteien der Beschwerde anschliessen könnten.

Das aus OG 90 I lit. b (und soweit kongruent BStP 273 I lit. b) bekannte **Rügeprinzip** findet sich in konzentrierter Form wieder in BGG 42 II. Darnach ist in der Beschwerdeschrift «*in gedrängter Form*» **darzulegen, inwiefern der angefochtene Entscheid eine Rechtsverletzung nach BGG 95–98 enthält und welche Änderungen des vorinstanzlichen Entscheids beantragt werden**[644]. Angesichts des möglichen reformatorischen Urteils (nachfolgend Ziff. 10.2.) muss der Beschwerdeführer **konkrete Anträge bezüglich der verlangten Änderungen des vorinstanzlichen Urteils stellen**. Er kann sich also nicht darauf beschränken, die Kassation des Entscheids zu verlangen[645]. **Verletzungen von Grundrechten** (gemäss Verfassungen von Bund und Kantonen, aber auch gemäss völkerrechtlichem Vertrag wie der EMRK oder IPBPR), des interkantonalen sowie des kantonalen Rechts werden nur geprüft, falls eine solche Rüge vorgebracht sowie klar und detailliert[646] begründet werden (BGG 106 II); dieser Anwendungsbereich des doppelten Rügeprinzips entspricht der bisherigen Praxis zur staatsrechtlichen Beschwerde[647]. Der angefochtene vorinstanzliche **Entscheid und allfällige Urkunden sind beizulegen** (BGG 42 III).

1701

---

[643] Ebenfalls *keine bedingte Beschwerde* für den Fall, dass Gegenpartei Beschwerde einlegt, BGE 133 I 270, E.2.3. = SJZ 104 (2008) 271 = SJ 130 (2008) 306.

[644] Vorausgesetzt ist, dass der Beschwerdeführer wenn auch nur in gedrängter Form ausführt, *weshalb der angefochtene Entscheid Recht verletzt*, vgl. BGE 134 II 245. – Beruht ein Urteil auf *Eventual-, Alternativ-, oder Doppel- oder Mehrfachbegründungen*, müssen alle angefochten und die Rechtsschrift entsprechend begründet werden, ansonsten das Bundesgericht auf die Beschwerde nicht eintritt, Pra 96 (2007) Nr. 129 = BGE 133 IV 119 = SJ 129 (2007) 404; ZR 107 (2008) Nr. 76 E.5. Bei *ungenügender Begründung Nichteintreten*, also im Grundsatz keine Nachfrist, BGE 134 II 247 = SJZ 104 (2008) 378. Allerdings gewährt das Bundesgericht in besonders schwierigen Fällen *ausnahmsweise eine Nachfrist* zur Beschwerdebegründung, BGE 134 IV 161 E.1.6. unter Verweis auf BGE 133 IV 271 E.2.1. – Zur früheren parallelen Praxis Pra 91 (2002) Nr. 113, BGE 111 II 397 und 398, 121 IV 94, Pra 86 (1997) Nr. 136 (hält die Hauptbegründung stand, ist auf Rügen betreffend die Eventualbegründungen etc. nicht einzutreten). – Bei Strafrechtsbeschwerden des *Opfers* gestützt auf BGG 81 I lit. b. Ziff. 5 muss dieses entgegen der früheren Praxis (BGE 120 IV 44, 122 IV 141) nicht mehr dartun, inwieweit sich der angefochtene Entscheid auf die Zivilforderung auswirken kann bzw. welche Ansprüche im Strafverfahren geltend gemacht werden sollen (BGE 123 IV 190 = Pra 87 (1998) Nr. 25), was sich aber mit der pendenten Gesetzesänderung im Rahmen des E StBOG (vorne N 1672) wieder ändern soll! – Zu empfehlen ist zudem, dass die *Legitimation* belegt wird, also z.B. bestehendes Strafantragsrecht etc., RS 2001 Nr. 160.

[645] Vorne N 1474, dazu NZZ Nr. 142 vom 22.6.2007 = SJZ 103 (2007) 364.

[646] BGE 135 III 234, 134 II 244, 133 III 393.

[647] Botschaft BBl 2001 4344 unter Verweis auf BGE 125 I 71); Pra 97 (2008) Nr. 83 = BGE 133 IV 286 E.1.4. – Bei *Verletzung des Rügeprinzips* erfolgt *Nichteintreten auf Beschwerde*, vorstehend Fn. 644.

1702 Die **Strafrechtsbeschwerde** befasst sich mit der Aktenlage zur Zeit des vorinstanzlichen Urteils (BGG 105 I). Änderungen in der sachverhaltsmässigen Lage *nach* diesem Urteil können im Rahmen der Strafrechtsbeschwerde nicht berücksichtigt werden[648]. Solche Änderungen sind im Rahmen einer *Revision* nach StPO 410 ff. bei der zuständigen Revisionsinstanz (StPO 411) geltend zu machen[649]. Das **Vorbringen neuer Tatsachen, neuer Einreden, Bestreitungen und Beweismittel** ist unzulässig, soweit sie nicht durch den vorinstanzlichen Entscheid provoziert werden (**Novenverbot**, BGG 99 I). Insbesondere, was die **Einreden** betrifft, scheint diese Bestimmung allerdings auf die Zivilrechtsbeschwerde fokussiert zu sein. Im Strafverfahrensrecht sind solche Einreden u.Ä. jedoch nicht der Dispositionsmaxime unterworfen, sondern – mindestens was die Prozessvoraussetzungen bzw. Prozesshindernisse betrifft – von Amtes wegen zu berücksichtigen. Einreden der Verjährung[650], des fehlenden Strafantrags etc. sind deshalb auch noch im Beschwerdeverfahren vor Bundesgericht zulässig, ja von diesem auch von Amtes wegen zu berücksichtigen.

1703 Aus dem früheren Recht (bisher OG 150 f.) in leicht veränderter Form übernommen wurde die Pflicht des Beschwerdeführers (auch der beschuldigten Person!), die **Gerichtskosten und Parteientschädigung sicherzustellen und einen Vorschuss für die Barauslagen zu leisten** (näher BGG 62 f., 48 IV). Das Bundesgericht kann jedoch die unentgeltliche Rechtspflege gewähren (BGG 64).

8. Wirkung der Strafrechtsbeschwerde, vorsorgliche Massnahmen, BGG 103 und 104

1704 Die Strafrechtsbeschwerde wirkt **devolutiv**, indem die Entscheidungsbefugnis der höheren Instanz, dem Bundesgericht, übertragen wird. Diese Wirkung betrifft auch **vorsorgliche Massnahmen**, die vom Instruktionsrichter, also nicht etwa der Vorinstanz anzuordnen sind (BGG 104). Der Instruktionsrichter hat damit offenbar auch über die **Fortführung der Sicherheitshaft** zu befinden[651]. Die Strafrechtsbeschwerde wirkt in der Regel nicht **suspensiv** (BGG 103 I). Sie hat jedoch **aufschiebende Wirkung,** wenn sie sich gegen einen **Entscheid** richtet,

---

[648] Botschaft BBl 2001 4340. Ob dies bei einer reformatorischen Behandlung der Beschwerde nach vorausgehender Gutheissung (hinten N 1710 f.) ausnahmsweise möglich sein sollte, bleibe offen.

[649] So nach Botschaft zum BGG in BBl 2001 4340 oben. Dies gilt vorab für die *echten tatsächlichen Noven*, vgl. BGE 133 IV 342 = SJZ 103 (2007) 580 (nachträgliches Geständnis des angeblich wirklichen Täters). Zum Verhältnis der *Revision nach StPO 410 ff. und jener nach BGG unter besonderer Berücksichtigung von BGG 125* hinten N 1728, zum Verhältnis von Revision und Strafrechtsbeschwerde in verfahrensmässiger Hinsicht vorne N 1588.

[650] Bei der *Verjährung* ist jedoch StGB 97 III zu beachten.

[651] Diese Frage wird, soweit ersichtlich, bemerkenswerterweise in den Materialien (etwa Botschaft BBl 2001 4343) nicht angesprochen, ebenfalls nicht in den diversen mittlerweile vorliegenden Kommentarwerken.

mit dem eine **unbedingte Freiheitsstrafe oder eine freiheitsentziehende Massnahme** verhängt wurde[652]. Andere Urteilspunkte, vorab der Entscheid über Zivilansprüche, unterliegen dieser Ausnahme aber nicht (BGG 103 II lit. b). Dem **Instruktionsrichter** steht indessen die Möglichkeit offen, bezüglich der aufschiebenden Wirkung andere Anordnungen als die in BGG 103 I und II vorgegebenen zu treffen (BGG 103 III), also beispielsweise im Zivilpunkt.

9. Verfahren der Strafrechtsbeschwerde, BGG 29 ff., 102 ff.

Das weitere bundesgerichtliche **Prozedere ergibt sich aus den einlässlichen allgemeinen Verfahrensbestimmungen** in BGG 29 ff. sowie Art. 102 ff. Es kann hier nicht im Einzelnen beprochen werden. Tendenziell ist das **Verfahren vor dem Bundesgericht schriftlich**. Zunächst erfolgt ein **Schriftenwechsel** (näher BGG 102 und 43).

1705

Die hernach gefällten **Entscheide des Bundesgerichts** sollen wie bis anhin in der Regel auf dem **Weg der Aktenzirkulation** ergehen[653]. Der Abteilungspräsident kann indessen eine **mündliche Parteiverhandlung** anordnen (BGG 57, 58 II). Diese mündliche, öffentliche Verhandlung findet nunmehr ebenfalls in Strafsachen (und entgegen den engeren früheren Regeln für den Kassationshof) statt, wenn dies vom Gericht selbst so angeordnet wird (näher BGG 58 I lit. a) oder wenn sich in der Abteilung hinsichtlich des Entscheids keine Einigkeit ergibt (BGG 58 I lit. b). Diesfalls sind nicht nur die Parteiverhandlungen, sondern auch die anschliessenden mündlichen **Beratungen sowie die Abstimmungen des Gerichts öffentlich** (BGG 59 I), es sei denn, dass die Öffentlichkeit zur Wahrung höherer Interessen **ausgeschlossen** ist (näher BGG 59 II)[654]. Die Abteilungen tagen im Regelfall in **Dreierbesetzung**, (BGG 20 I), bei Rechtsfragen von grundsätzlicher Bedeutung oder auf Antrag eines Richter in **Fünferbesetzung** (BGG 20 II)[655].

1706

Wie schon früher (OG 36a) ist ein **vereinfachtes Verfahren** möglich (BV 191 IV; BGG 108 f.[656]). Entweder entscheidet hier der **Präsident der Abteilung als Einzelrichter**, vorab in Fällen von Nichteintreten aus formellen

1707

---

[652] Dazu schon vorne N 1678. Also *nicht bei anderen Sanktionen* wie Geldstrafen, gemeinnützige Arbeit und Bussen, es sei denn, der angefochtene Entscheid wandle diese Sanktionen in zu vollziehende Freiheitsstrafen um. Ebenfalls keine aufschiebende Wirkung *ex lege* bei *Entscheiden, die sich mit der bedingten Entlassung aus einem Freiheitsentzug befassen.*
[653] So nach der Botschaft in BBl 2001 4302; darnach wurden 1999 97 % aller Urteile im Zirkularverfahren gefällt.
[654] Anwendbar sind hier analog die gleichen Grundsätze wie in StPO 70 und 149 ff., vorne N 271 ff. und N 834 ff.
[655] Ob dieser Fall vorliegt, *entscheidet die zuständige Kammer; Parteien haben kein Antragsrecht,* BGer 28.2.2008, 6B_568/2007, E.2.1.
[656] Erläuternd Botschaft BBl 2001 4231 f., 4346 ff.

Gründen (BGG 108), welches kurz zu begründen ist (BGG 108 III). Bedeutsamer sind die Fälle, die in **Dreierbesetzung** entschieden werden. So kann Nichteintreten beschlossen werden, wenn mit der Beschwerde keine Rechtsfrage von grundsätzlicher Bedeutung aufgeworfen wird oder aber kein besonders bedeutender Fall vorliegt; dies im Fall, dass die Beschwerde, wie in BGG 74 und 83–84 vorgesehen, nur unter dieser Bedingung zulässig ist (näher BGG 108 I). Die Dreierbesetzung entscheidet ebenfalls, wenn Beschwerden offensichtlich unbegründet oder begründet sind, vorab, wenn der angefochtene Entscheid von der Bundesgerichtspraxis abweicht und kein Anlass besteht, diese zu ändern (BGG 109 II). Diese Entscheide werden summarisch begründet (BGG l09 III).

10. Entscheid des Bundesgerichts und dessen Wirkung für das nachfolgend kantonale bzw. eidgenössische Verfahren, BGG 107

10.1. Allgemeines

1708 Nach BGG 106 entscheidet das Gericht in den **in der Beschwerde aufgerollten Rechtsfragen von Amtes wegen frei** und ohne Bindung an die vorgebrachten Begründungen[657]. Entscheidet das Bundesgericht materiell, so kann es wie bisher **nicht über die Begehren der Parteien hinausgehen** (*ne eat iudex ultra petita*, BGG 107 I)[658].

1709 Während die frühere eidgenössische Nichtigkeitsbeschwerde im Strafpunkt mindestens bei Gutheissung grundsätzlich kassatorischer Art war (näher BStP 277ter ff.), regelt BGG 107 II diese Frage elastischer: Wird die **Beschwerde abgewiesen,** bleibt es beim letztinstanzlichen kantonalen Entscheid oder jenem des Bundesstrafgerichts, der z.B. auch ins Strafregister eingetragen wird. Erfolgt eine **Gutheissung**, weil die Verletzung schweizerischen Rechts für den unrichtigen Entscheid kausal ist (vorne Ziff. 6), kann das Bundesgericht reformatorisch (nachfolgend Ziff. 10.2.) oder aber kassatorisch (nachfolgend Ziff. 10.3.) entscheiden. Ob das Bundesgericht reformatorisch oder kassatorisch entscheidet, ist seinem Ermessen überlassen; es ist in diesem Punkt nicht an die Anträge der Parteien gebunden[659].

---

[657] BGE 133 I 152. Aus dem *Blickwinkel des früheren Rechts* BGE 103 IV 155. Das Rügeprinzip gilt somit insoweit nicht, auch wenn das Bundesgericht naturgemäss nicht alle im fraglichen Fall relevanten Fragen des Bundesrechts prüfen muss.

[658] Abweisung, wenn die Staatsanwaltschaft nur die Zurückweisung des Falles zur Schuldigsprechung wegen des Delikts X beantragt, nach Auffassung des Bundesgerichts dieses Delikt nicht, hingegen allenfalls Delikt Y gegeben ist, BGE 123 IV 125 = ZBJV 133 (1997) 571. Unklar ist, ob das Bundesgericht (analog zu StPO 391, vorne N 1490) zugunsten der beschuldigten Person über die Anträge der Staatsanwaltschaft hinausgehen kann, was bei diesem unvollkommenen Rechtsmittel eher zu verneinen ist.

[659] Frage strittig.

10.2. Reformatorischer Entscheid, BGG 107 II Satz 1

Beim reformatorischen Entscheid fällt das Bundesgericht in der Sache selbst einen neuen Entscheid, der – **auch in den nicht angefochtenen Punkten – an die Stelle des vorinstanzlichen Urteils tritt**. Er wird alsdann als Urteil ins Strafregister eingetragen.

1710

Ein reformatorischer Entscheid ist vor allem dann zu fällen, wenn die **Aktenlage dem Bundesgericht** nach Korrektur der (im Zentrum der Beschwerde stehenden) Rechtsverletzung **einen sofortigen neuen Entscheid** ermöglicht, beispielsweise, wenn es zum Schluss kommt, dass dem Beschwerdeführer entgegen der Vorinstanz der bedingte Strafvollzug zu gewähren ist, wenn die Straftat als verjährt betrachtet wird, ein Freispruch unumgänglich ist, nur Kosten- und Entschädigungsregelungen zu korrigieren sind, eine Zwangsmassnahme wie Untersuchungshaft aufzuheben ist usw.[660] Gesamthaft gesehen werden reformatorische seltener als kassatorische Entscheid anzutreffen sein, auch wenn das Bundesgericht aus verfahrensökonomischen Gründen wenn immer möglich reformatorisch urteilen sollte.

1711

10.3. Kassatorischer Entscheid, BGG 107 II Satz 2

Das Bundesgericht kann sodann – ohne selbst einen neuen materiellen Entscheid zu fällen – das angefochtene Urteil ganz oder teilweise aufheben[661] und die Sache zur neuen Beurteilung an die Vorinstanz zurückweisen[662]. Ein **kassatorischer Entscheid** wird beispielsweise zu fällen sein, wenn die Akten nicht spruchreif, sondern zu ergänzen sind[663], wenn das (an sich dem Sachrichter zukommende) Ermessen überschritten wurde, wenn das vorinstanzliche Verfahren sonst mangelhaft war, die Strafzumessung erneut vorzunehmen ist und sich eine Wiederholung nur schon zur Vermeidung eines Instanzverlusts aufdrängt. Besonders im letztgenannten Fall kann sich die nun mögliche **Rückweisung an die erste Instanz** aufdrängen, was in BGG 107 II Satz 2 vorgesehen ist.

1712

Wie bereits unter dem Regime der früheren eidgenössischen Nichtigkeitsbeschwerde haben die letzte **kantonale Instanz bzw. das Bundesstrafgericht** bei kassatorischer **Gutheissung und Rückweisung** der Strafrechtsbeschwerde eine **neue Verhandlung durchzuführen** oder den Beteiligten sonst in angemessener Form das rechtliche Gehör zu gewähren. Allenfalls ist der beschuldigten Person Gelegenheit zu geben, sich zu urteilsrelevanten Änderungen in den persönlichen

1713

---

[660] Interessant BGer 12.3.2009, 6B_801/2008 und 6B_810/2008: Reformatorisch wurde festgestellt, dass *kantonales Verfahren Beschleunigungsgebot* (vorne N 147 ff.) *verletzte*.
[661] Siehe etwa die Ausnahmen in BGE 91 IV 21; 117 IV 330.
[662] Rückweisung an die erste Instanz beispielsweise, wenn *umfangreiche zusätzliche Beweiserhebungen* erforderlich sind.
[663] Also bei lückenhafter Sachverhaltsermittlung keine Sachverhaltsergänzung nach BGG 105 II, sondern Rückweisung, BGE 133 IV 293 = SJZ 103 (2007) 526.

Verhältnissen zu äussern[664]. Die **Vorinstanz ist in ihrem neuen Entscheid an die rechtliche Begründung des Bundesgerichts gebunden**[665]. Sie befasst sich nur noch mit den Punkten, in denen das Bundesgericht kassierte. Die anderen Teile des früheren Urteils werden ins neue Urteil übernommen[666]. Dabei sind allerdings auch jene Punkte des ursprünglichen Urteils neu zu beurteilen, die bei unveränderter Übernahme ins neue Urteil zur Folge hätten, dass das aufgrund des bundesgerichtlichen Entscheids abgeänderte Urteil im Ergebnis bundesrechtswidrig wäre[667].

1714 Gegen den **neuen kantonalen Entscheid ist wiederum Strafrechtsbeschwerde zulässig**. Dabei sind Rügen ausgeschlossen, die schon in der ersten Beschwerde hätten vorgebracht werden können oder die mit der ersten Beschwerde abgewiesen wurden[668]. Die neue Strafrechtsbeschwerde kann sich m.a.W. nur auf jene Punkte beziehen, die Gegenstand der Rückweisung bildeten[669]. Bei einer erneuten Strafrechtsbeschwerde ist das Bundesgericht an seinen ersten Entscheid gebunden[670].

11. Übergangsbestimmungen, BGG 130 f.

1715 Das BGG trat am 1.1.2007 in Kraft, mit der Wirkung, dass das neue Rechtsmittelsystem sofort auf alle *nach* diesem Datum gefällten vorinstanzlichen Entscheide anwendbar wurde (BGG 132 I). Hingegen wurde mit den Übergangsbestimmungen von BGG 130 I und II in der Fassung vom 23.6.2006[671] den Kantonen die Möglichkeit eingeräumt, die vom BGG verlangten Vorinstanzen sowie die Rechtsweggarantie erst auf den Zeitpunkt des Inkrafttretens der vereinheitlichten StPO und ZPO zu schaffen. Bemerkenswert ist, dass mit dem StBOG in BGG 80 II der **Anspruch auf zwei kantonale Instanzen im Strafverfahren**

---

[664] Näher BGE 103 Ia 139. Neue Hauptverhandlung vor allem dann, wenn neue *Sachverhaltselemente abgeklärt werden müssen*, TPF 2007 60 E.1.4.
[665] Ergibt sich entgegen BStP 277ter II nicht aus dem Gesetz direkt, hingegen aus den Materialien, BBl 2011 4344.
[666] BGE 101 IV 105; 103 IV 74. Bei *Abweisung der Beschwerde dürfen diese Punkte nicht neu beurteilt werden,* MKGE 1988–1996 Nr. 4. Strafzumessungsgründe können unter Berücksichtigung des Verbots der *reformatio in peius* neu gewürdigt werden, BGE 110 IV 116, 113 IV 47. Für die am *bundesgerichtlichen Verfahren nicht beteiligten mitbeschuldigten Personen* gilt StPO 392, dazu vorne N 1496 ff.
[667] BGE 117 IV 105 sowie 119 IV 10, wobei fraglich ist, ob diese frühere Praxis nicht dem Sinn von BGG 105 ff. (früher BStP 273 I lit. a bzw. 277bis I) widerspricht, die den Gegenstand des bundesgerichtlichen und damit an sich ebenso des nachfolgenden wiederholten kantonalen Verfahrens auf die gerügten Urteilspunkte beschränken. Zur Thematik auch ZR 94 (1995) Nr. 17 S. 60 sowie SJZ 94 (1998) 424.
[668] Vgl. BGE 133 III 208.
[669] So zum früheren Recht BGer 21.2.1992 i.S. G.I.
[670] BGE 101 IV 105; 106 IV 197; 117 IV 104 ff.
[671] BBl 2006 5799, Botschaft in BBl 2006 2067.

eingeschränkt werden soll: Vom Grundsatz der *double instance* ausgenommen werden sollen demnach Fälle, in denen das Zwangsmassnahmengericht oder ein anderes Gericht als einzige kantonale Instanz entscheidet[672].

§ 95 Weitere Rechtsbehelfe des Bundesrechts gegen Strafentscheide

Literaturauswahl: Zur Rechtslage *vor* Erlass des BGG AESCHLIMANN N 1984; HÄFELIN/HALLER N 1667; HAUSER/SCHWERI/HARTMANN § 105; MAURER 584; OBERHOLZER 571; PIQUEREZ N 3774; SCHMID (2004) N 1111 und weitere Literatur zu § 94.

GUNTHER ARZT, Grundrechtsverwirkung im Strafverfahren, in: FS N. Schmid, Zürich 2001, 633; MARC FORSTER, Staatsrechtliche Beschwerde, in: GEISER/MÜNCH, Prozessieren vor Bundesgericht, Basel/Frankfurt a.M. 1996, 41 ff.; ARTHUR HAEFLIGER, Alle Schweizer sind vor dem Gesetze gleich. Zur Tragweite des Artikels 4 der Bundesverfassung, Bern 1985; WALTER HALLER, Kommentar BV, Art. 113, Basel/Zürich/Bern 1987; WALTER KÄLIN, Das Verfahren der staatsrechtlichen Beschwerde, Bern 1984; KARL SPÜHLER, Die Legitimation des Geschädigten zur staatsrechtlichen Beschwerde, SJZ 85 (1989) 165; DERS., Die Praxis der staatsrechtlichen Beschwerde, Bern 1994.

Zur *Rechtslage nach Inkrafttreten des BGG vgl. entsprechende Literatur* vor § 94 sowie
PATRICK GUIDON/WALTER WÜTHRICH, Zur Praxis der Beschwerde gegen das Bundesstrafgericht, plädoyer 2005 34; ANDREAS J. KELLER, Strafverfahren des Bundes. Praxis der Beschwerdekammer des Bundesstrafgerichts zu Verfahrensfragen, AJP 2/2007 197; PIQUEREZ (2006) N 1456.

Materialien: Aus 29 mach 1 S. 161; BeB 255.

1. Vorbemerkung

Die Strafrechtsbeschwerde ist wie dargelegt[673] als Einheitsbeschwerde konzipiert, d.h., sie sollte grundsätzlich ermöglichen, sämtliche Rügen gegen vorinstanzliche, vor allem kantonale Entscheide dem Bundesgericht zur Überprüfung zu unterbreiten. Dieses Postulat wurde zwar weitestgehend, aber nicht vollständig umgesetzt. Dies bedeutet, dass **in gewissen Fällen nicht die Strafrechtsbeschwerde, sondern andere, vom BGG eingeräumte Beschwerden** ans Bundesgericht in Betracht zu ziehen sind. Oder aber Entscheide können überhaupt nicht ans Bundesgericht weitergezogen werden, vor allem wenn letzte Instanz das Bundesstrafgericht ist.

1716

---

[672] Vgl. BBl 2008 8182, 8210, dazu auch vorne N 1638 und hinten N 1726.
[673] N 1629.

2. Instrumentarium des Bundesstrafgerichts, E StBOG 28

1717 Zu beachten ist, dass dem **Bundesstrafgericht gewisse Entscheidungs- und Rechtsmittelbefugnisse** eingeräumt wurden, nicht zuletzt, um das Bundesgericht zu entlasten. Auf diese Befugnisse, für die auf E StBGO 28 (vorher SGG 28) sowie StPO 40 ff. bzw. 48 II verwiesen werden kann, wurde schon vorstehend eingegangen[674]. Wesentlich ist, dass die Strafrechtsbeschwerde gegen entsprechende Entscheide der Beschwerdekammer des Bundesstrafgerichts nach BGG 79 nicht zulässig ist, **soweit nicht Zwangsmassnahmen**[675] **betroffen sind**. Die Einschränkung von BGG 98 I (Rügen beschränkt auf die Verletzung verfassungsmässiger Rechte) gilt hier nicht.

1718 Entscheide des Bundesstrafgerichts im **Bereich der internationalen Rechtshilfe in Strafsachen** sind gemäss BGG 86 I lit. b in den Schranken von BGG 84 mit **öffentlich-rechtlicher Beschwerde** an das Bundesgericht weiterziehbar (nachfolgend Ziff. 4)[676].

3. Beschwerde in Zivilsachen ans Bundesgericht (Zivilrechtsbeschwerde), BGG 72 -77

1719 Wie bereits erwähnt[677], können zwar die mit **Urteilen in Strafsachen gekoppelten Zivilurteile, also Adhäsionsurteile, unter gewissen Bedingungen mit Strafbeschwerde angefochten werden**. Es ergeben sich allerdings Lücken, da sich das Bundesgericht wie dargelegt nur im Konnex mit einer bei ihm hängigen Strafsache mit Zivilansprüchen befasst (BGG 78 II lit. a). Es ist deshalb kongruent mit dem bisherigen BStP 271 II anzunehmen, dass die Zivilrechtsbeschwerde möglich ist, wenn dieser Konnex fehlt, dieses Rechtsmittel hingegen bei Berücksichtigung der Streitwertgrenzen von BGG 74[678] zulässig ist.

---

[674] Vorne N 385, 432 ff., 487 ff., 498, 1635. – In Einzelfällen auch *Beschwerde ans Bundesverwaltungsgericht*, N 493 Fn. 230.

[675] Anordnung und Weiterdauern von Haft (soweit Beschwerde an die Beschwerdekammer des Bundesstrafgerichts möglich war, vorne N 1040 f.), Durchsuchungen, Beschlagnahmungen, Konten- und Grundbuchsperren, Entsiegelungen, nach der wenig konsistenten Praxis des Bundesgerichts aber nicht z.B. Editionsverfügungen, m.w.H. A.J. KELLER in AJP 2/2007 212. Anfechtbar auch Entscheide der Beschwerdekammern des Bundesstrafgerichts bei *nachträglichen Beschwerden gegen Zwangsmassnahmen*, so nach StPO 279 (vorne N 1162 ff., im Ergebnis wohl parallel zu den Entscheiden der kantonalen Beschwerdeinstanzen, vorne Fn. 638, wiederum ohne Begrenzung von BGG 98), *nicht aber gegen solche Anordnungen selbst*, die ja wegen der Geheimhaltung ohnehin nur bei Verweigerung von der Staatsanwaltschaft ergriffen werden könnte, N 1150 und 1511 a.E.

[676] Vgl. dazu auch vorne N 506.

[677] N 1632 f.

[678] Im Fall der *Anfechtung des Zivilpunkts ist Begehren zu beziffern* und anzugeben, ob der Streitwert von Fr. 30'000.– erreicht ist, so noch zum früheren Recht BGE 127 IV 141. Al-

Bemerkenswert ist, dass BGG 75 I als denkbare Vorinstanzen das **Bundesstrafgericht** nicht nennt, obwohl dieses nach StPO 122 ff. privatrechtliche Ansprüche beurteilen kann. Es dürfte sich hier um ein gesetzgeberisches Versehen handeln, denn es ist nicht einzusehen, weshalb dieses Rechtsmittel zwar gegen Entscheide des Bundesverwaltungsgerichts, nicht aber gegen Zivilurteile des Bundesstrafgerichts gegeben sein soll.

4. Beschwerde in öffentlich-rechtlichen Angelegenheiten (öffentlich-rechtliche Beschwerde) ans Bundesgericht, BGG 82–89

Wie bereits angetönt, ist bei Strafsachen in Randbereichen nicht die Strafrechtsbeschwerde, sondern die Beschwerde in öffentlich-rechtlichen Angelegenheiten zu ergreifen. Es sind dies nach BGG 84 **Entscheide in der internationalen Rechtshilfe in Strafsachen im bereits skizzierten Rahmen,** wobei als (erste und einzige gerichtliche) **Vorinstanz das Bundesstrafgericht** figuriert (IRSG 25 I, vorne Ziff. 2)[679]. Die Beschwerde ist in diesem Bereich dadurch eingeschränkt, dass nur einschneidende Entscheide (Auslieferung, Beschlagnahme etc., BGG 84 I) angefochten werden können, jedoch nur, wenn es sich «*um einen besonders bedeutenden Fall*» handelt[680], namentlich[681] einen solchen nach BGG 84 II[682]. Dabei sollte der Beschwerdeführer dartun, worin der bedeu- 1720

---

lenfalls ist Zivilrechtsbeschwerde nach BGG 74 II lit. a bei einer Grundsatzfrage ohne Streitwertgrenze möglich.

[679] Zum Verfahren vor Bundesstrafgericht vorne N 506. Sie werden nach Bundesgerichtsreglement 33 von der Strafrechtlichen Abteilung behandelt, dazu auch vorne N 397. – *Strafrechtsbeschwerde jedoch gegen Beschwerdeentscheide im Exequaturverfahren*, vorne N 1631 Fn. 463.

[680] Ein solcher Fall nach BGE 133 IV 129 = SJZ 103 (2007) 327 nicht gegeben im Zusammenhang mit der Lüftung eines Bankgeheimnisses (zur Frage der Dreier- oder Fünferbesetzung in solchen Fällen BGE 133 IV 125 = SJZ 103 [2007] 380 = SJ 129 [2007] 401), ebenso nicht in einem Dopingfall, der einen bekannten Sportler betraf, BGer 17.7.2007, 1C_138/2007 in NZZ Nr. 169 14.7.2007 = RS 2008 Nr. 334, 335, mit dem Hinweis, bei Fall mit erheblicher politischer Tragweite könnten die Voraussetzungen erfüllt sein. Auch im *Auslieferungsverfahren nur ausnahmsweise Annahme eines solchen Falls, so bei der Frage der Wirksamkeit diplomatischer Zusicherungen*, BGE 134 IV 161. – *Kein bedeutender Fall*, wenn sich angefochtener Entscheid auf gefestigte Bundesgerichtspraxis stützt, von der abzuweichen kein Anlass besteht, BGE 133 IV 129 = FP 1/2008 41. Keine öffentlich-rechtliche Beschwerde nach BGG 84 gegen Entscheide des Bundesstrafgerichts nach IRSG 80p IV, BGE 133 IV 134 = Anwaltsrevue 8/2007 349 = SJ 129 (2007) 400.

[681] *Liste also nicht abschliessend*; Voraussetzung erfüllt, wenn es um grundsätzliche Rechtsfrage geht oder Vorinstanz die bisher geltende Rechtspraxis verletzte, Pra 97 (2008) Nr. 58 E.1.2. = BGE 133 IV 218. Grundsätzlichkeit der *Rechtsfrage, die über einen Einzelfall hinausreichen muss*, ist vom Beschwerdeführer darzutun, BGer 10.10.2007, 5A_357/2007 in SZZP 1/2008 36.

[682] *Erfordernis eines gravierenden Fehlers im ausländischen Verfahren* ist restriktiv anzuwenden, Pra 96 (2007) Nr. 142 = BGE 133 IV 132. Einschränkung gilt auch für Zwi-

tende Fall liegt[683]. Bemerkenswert ist weiter, dass solche Beschwerden **innert 10 Tagen einzureichen** sind (BGG 100 II lit. b) und dass das Bundesgericht **Nichteintretensentscheide** innert 14 Tagen nach Abschluss des Schriftenwechsel zu fällen hat (BGG 107 III). Zur aufschiebenden Wirkung der Beschwerde in diesem Bereich vgl. BGG 103 II lit. c[684].

1721 **Vor- und Zwischenentscheide** in diesem Bereich sind nach BGG 93 II nur bezüglich Auslieferungshaft sowie bezüglich der Beschlagnahme von Vermögenswerten und Wertgegenständen möglich, soweit die Voraussetzungen von BGG 93 I[685] erfüllt sind.

1722 Zu wiederholen ist sodann, dass nach BGG 78 II lit. b demgegenüber **Vollzugsentscheide bei Strafen und Massnahmen** entgegen dem früheren Recht nicht mehr mit Verwaltungsrechtsbeschwerde (OG 97 ff.), sondern mit Strafrechtsbeschwerde anzufechten sind[686].

5. Subsidiäre Verfassungsgerichtsbeschwerde, BGG 113–119

1723 Wie früher erwähnt, beschränkt sich das BGG entgegen den bundesrätlichen Vorschlägen nicht auf die drei Formen der Einheitsbeschwerde, sondern ergänzt diese noch mit einer, erst in einem späteren Gesetzgebungsstadium eingefügten subsidiären Verfassungsbeschwerde. Sie wurde eingeführt, weil befürchtet wurde, durch den Wegfall der staatsrechtlichen Beschwerde werde der Rechtsschutz beeinträchtigt. **Beim Bundesgericht kann danach die Verletzung von verfassungsmässigen Rechten** (unter Einschluss unmittelbarer Verletzungen der von EMRK sowie IBBPR garantierten Verfahrensrechte[687]) **gerügt werden, wenn gegen einen Entscheid einer letzten kantonalen Instanz nicht eine der drei Beschwerden nach BGG 72–89 zulässig ist** (BGG 113, 116)[688]. **Nicht zulässig**

---

schenentscheide, Pra 97 (2008) Nr. 56 E.1.2. = BGE 133 IV 217. Für Teilschlussverfügung Pra 96 (2007) Nr. 141 = BGE 133 IV 131.

[683] Vgl. BGE 133 IV 132.
[684] Gilt *auch bei Auslieferungsentscheiden*, BGer 18.12.2007, 1C_2005/2007 = SJZ 104 (2008) 120 (nicht publizierter Teil von BGE 134 IV 156).
[685] Vorne N 1651 ff. Bei derartigen *Zwischenverfügungen in der internationalen Rechtshilfe* ist ein solcher Nachteil im Anschluss an die bisherig Praxis zu IRSG 80e II wohl nur zu bejahen, wenn ein solcher mit konkreten Hinweisen glaubhaft gemacht werden kann, BGE 128 II 353, 130 II 329 ff., was zunehmend kritisiert wird.
[686] Vorne N 1634.
[687] Nicht zuletzt *Rüge der Willkür*. Mit Blick auf die frühere staatsrechtliche Beschwerde BGE 111 IV 154, 112 IV 138, 119 IV 107. Es gilt auch hier ein strenges Rügeprinzip, BGer 10.9.2007, 2C_224/2007 in Anwaltsrevue 1/2008 26.
[688] Gemäss BGer 30.4.2007, 2D_2/2007 in SJZ 103 (2007) 330 = mit krit. Kommentar in AJP 7/2007 892 kann Beschwerdelegitimation im Anschluss an die bisherige Praxis (m.w.H. BGE 121 I 268 f., 126 I 90 ff.) nicht direkt aus dem Willkürverbot von BV 9 abgeleitet werden. Erforderlich sei wie schon früher, dass Gesetzesrecht, dessen willkürliche

ist die Beschwerde gegen Entscheide von Bundesinstanzen, vorab des Bundesstrafgerichts, da der Gesetzgeber davon ausging, es bestehe in diesem Bereich nur das Bedürfnis zur Überprüfung kantonaler Entscheide.

Ist in Strafsachen überhaupt eine subsidiäre Verfassungsbeschwerde denkbar? Der generelle Verweis in BGG 116 auf BGG 72–89 lässt zunächst vermuten, dass **die subsidiäre Verfassungsbeschwerde auch in Strafsachen in Frage kommt**. Dieser Schluss wird allerdings dadurch in Frage gestellt, dass BGG 114 als Vorinstanzen nur auf BGG 75 (Vorinstanzen bei der Zivilrechtsbeschwerde) und BGG 86 (Vorinstanzen bei der öffentlich-rechtlichen Beschwerde) verweist. Die Vorinstanzen der Strafrechtsbeschwerde werden nicht genannt. Ob dies absichtlich (im Sinn eines bewussten Ausschlusses von Strafsachen)[689] oder aufgrund eines gesetzgeberischen Versehens geschah, bleibe dahingestellt. Offensichtlich wurde dieses Rechtsmittel denn auch primär geschaffen, um jenen Parteien, die wegen Nichterreichens der Streitwertgrenze von der Zivilrechtsbeschwerde ausgeschlossen sind, doch noch die Hintertüre zum Bundesgericht zu öffnen. Daraus folgt, dass Zivilentscheide oberer kantonaler Strafgerichte sowie des Bundesstrafgerichts, die **mangels Konnexes mit einer Beschwerde im Strafpunkt nicht mit Strafrechtsbeschwerde** und zudem wegen **Nichterreichens der Streitwertgrenze von BGG 74 I nicht der Zivilrechtsbeschwerde unterliegen, mit subsidiärer Verfassungsbeschwerde** angefochten werden können.

1724

Es fragt sich, inwieweit die subsidiäre Verfassungsbeschwerde gegen kantonale Entscheide zulässig ist, die zwar **letztinstanzlich sind, aber nicht BGG 80 entsprechend von einer oberen richterlichen Instanz auf dem Rechtsmittelweg gefällt wurden**. Es sind dies vorab Entscheide, die von zumeist oberen kantonalen Instanzen wie der Staatsanwaltschaft (Ausstandsentscheide nach StPO 59 I lit. a), der Beschwerdeinstanz (z.B. Ausstandsentscheide nach StPO 59 I lit. b) oder des Berufungsgerichts (Haftentscheide nach StPO 232 f.), aber auch vom Zwangsmassnahmengericht (vgl. etwa StPO 222 bzw. 393 I lit. c) gefällt werden, ebenso Ermächtigungsentscheide politischer Behörden nach StPO 7 II lit. b[690]. Denkbar ist, dass das Bundesgericht in diesen Fällen eigentlich

1725

Anwendung gerügt wird, dem Beschwerdeführer einen Rechtsanspruch einräumt und den Schutz seiner Interessen bezweckt.

[689] Es wird fast durchwegs die Ansicht vertreten, diese Beschwerde sei in Strafsachen nicht anwendbar, so HEINZ AEMISEGGER in der zu § 94 erwähnten Sammelschrift von BERNHARD EHRENZELLER/RAINER J. SCHWEIZER 199 f. sowie von ANDREAS KLEY in ZBJV 143 (2007) 559. Immerhin nennt das Bundesgerichtsreglement (SR 173.110.131) in Art. 33 im Zusammenhang mit Strafsachen die subsidiäre Verfassungsbeschwerde ausdrücklich und weist sie der Strafrechtlichen Abteilung zu, dazu auch vorne N 397. Bezieht sich die subsidiäre Verfassungsbeschwerde aber auf den Zivilpunkt, dürfte jedoch nach Art. 31 des Bundesgerichtsreglements die Erste zivilrechtliche Abteilung zuständig sein. Fragen offengelassen in BGer 6B_99/2007 = RS 2007 Nr. 240.

[690] Dazu schon vorne N 1638. Zu den *Ermächtigungsfällen* weiter N 174 und 177 mit Hinweisen, ferner den dort genannten Anwendungsfall in BGer 6.2.2009, 6B_413/2008 (zur

contra legem die Strafrechtsbeschwerde zulässt[691]; falls nicht, wäre es naheliegend, hier die subsidiäre Verfassungsbeschwerde zuzulassen. Die Problematik wird allerdings dann entschärft, wenn im Rahmen des E StBOG BGG 80 II in dem Sinn ergänzt wird, dass die Strafrechtsbeschwerde generell gegen Entscheide des Zwangsmassnahmengerichts sowie ein anderes kantonales Gericht zugelassen wird, falls diese nach StPO als einzige kantonale Instanz entscheiden[692].

1726 Das **Beschwerderecht** wird in BGG 115 (und damit im Einklang mit BGG 81 I lit. a und der Einleitung von lit. b bei der Strafrechtsbeschwerde) demjenigen eingeräumt, der **am vorinstanzlichen Verfahren teilnahm oder keine Möglichkeit der Teilnahme hatte und zudem ein rechtlich geschütztes Interesse an der Aufhebung oder Änderung des fraglichen Entscheids hat**[693]. Die **Legitimation** entspricht jener der früheren staatsrechtlichen Beschwerde[694]. Der Entscheid kann **reformatorisch** wirken, dürfte aber im Regelfall eher **kassatorisch** ausgerichtet sein (BGG 107 II i.V. mit 117)[695].

6. Revision bundesgerichtlicher Entscheidungen, BGG 121–128

1727 Die **Revision bundesgerichtlicher Entscheide ist im BGG in weitgehender Anlehnung an die frühere Regelung in OG 136 ff. bzw. BStP 229 geregelt**[696]. Diese kommt nur zur Anwendung, wenn sich der Revisionsgrund auf den Bundesgerichtsentscheid selbst[697] bzw. die Zulassungsvoraussetzungen der Strafrechtsbeschwerde auswirkte oder aber das Bundesgericht im Hauptfall der behaupteten neuen Tatsachen bzw. Beweismittel in dem zu revidierenden Entscheid nach BGG 97 oder 105 II den Sachverhalt berichtigt oder ergänzt hatte[698].

Publikation bestimmt), bei dem es um einen Ermächtigungsentscheid des Zürcher Kantonsrats ging. Die *öffentlich-rechtliche Beschwerde* ist in diesen Fällen nach BGG 83 lit. e ausgeschlossen.

[691] Vorne N 1638.
[692] Vgl. entsprechende Vorlage des Bundesrats in BBl 2008 8182 und 8210 sowie vorne N 1638, und 1715. Nicht gelöst wird dadurch das Problem z.B. *bei letztinstanzlichen Entscheiden der Staatsanwaltschaft*, doch scheint das Bundesgericht mindestens nach dem Übergangsrecht in solchen Fällen die Strafrechtsbeschwerde zuzulassen (BGer 18.6.2009, 6B_962/2008, Ordnungsbusse).
[693] Dazu vorne N 1661 ff.
[694] Berechtigung wie bei der früheren staatsrechtlichen Beschwerde nur für jene *Personen, die sich auf eine durch Gesetz oder ein spezielles Grundrecht geschützte Rechtsstellung berufen können*, BGE 133 I 185.
[695] Der Beschwerdeführer muss also Anträge zur Sache stellen, BGer 16.1.2008, 4A_349/2007 = SZZP 4 (2008) 181.
[696] Botschaft BBl 2001 4352 ff.
[697] Vgl. BGE 92 II 135.
[698] BGE 134 IV 51, E.1.5 = Pra 97 (2008) 135 = Anwaltsrevue 2/2008 79. Dieser Entscheid behandelt allein den Revisionsgrund der neuen Tatsachen oder Beweismittel, dürfte jedoch sinngemäss auch auf den Revisionsgrund von StPO 410 I lit. b (unverträglicher Wi-

Abgesehen von den hier nicht weiter zu behandelnden Revisionsgründen nach
BGG 121, die eher den Charakter von Nichtigkeitsgründen haben, interessiert
vor allem die Reichweite von BGG 122 und 123. Hier ist in erster Linie
BGG 128 zu beachten, der je nach dem Charakter des zu revidierenden Bundesgerichtsentscheids zwei Wege aufzeigt: Abs. 1 knüpft primär an den Fall des
reformatorisch wirkendes Strafurteils nach BGG 107 II an, erfasst jedoch
auch die Konstellation, dass das Bundesgericht im früheren Entscheid die **Beschwerde abgewiesen hatte**[699]. Hier hebt das Bundesgericht seinen früheren
Entscheid auf und fällt einen neuen. Was die Anwendung dieser Revisionsgründe bei einem früher gefällten **kassatorischen Entscheid** des Bundesgerichts
betrifft, ergibt sich aus BGG 128 II, dass das Bundesgericht diesen aufhebt und
(soweit analog zu StPO 413 III) die Vorinstanz anweist, welches die Auswirkungen der Revision auf den neuen Entscheid sind, welchen die Vorinstanz zwischenzeitlich gefällt haben dürfte. Die Vorinstanz, die diesen Entscheid aufzuheben hat, führt anschliessend i.S. von StPO 414 II eine neue Hauptverhandlung
durch und urteilt gestützt auf die bundesgerichtlichen Vorgaben neu. Für ein
bundesgerichtliches Revisionsverfahren bezüglich eines den vorinstanzlichen
Entscheid bestätigenden Bundesgerichtsentscheids ist ferner die **Schranke von
BGG 125** (entsprechend bisher OG 138) zu berücksichtigen: Darnach kann eine
Revision nach BGG 121 ff. nicht verlangt werden, wenn der Revisionsgrund
schon *vor* dem zu revidierenden Bundesgerichtsentscheid bekannt geworden war
und der Grund mit einer Revision nach StPO 410 ff. hätte geltend gemacht werden können.

Abgesehen von diesen wohl nicht sehr häufigen Konstellationen, in denen eine 1728
Revision des bundesgerichtlichen Entscheids möglich ist, richtet sich die Revision nach StPO 410 ff. und ist demgemäss beim **kantonalen Berufungsgericht**
(StPO 21 I lit. b, 411 I) bzw. (bei Entscheiden des Bundesstrafgerichts) **beim
Bundesgericht** (so nach E StBOG 31 und E BGG 119a in der Fassung StBOG
i.V. mit BGG 121 ff.) einzuleiten.

Für das Strafverfahren bedeutsam ist die Akzentverschiebung, die bezüglich der 1729
früher in OG 139a[700] und nun in BGG 122 (und für Strafverfahren überflüssigerweise zusätzlich durch Verweis von BGG 123 II lit. b in der Fassung StPO
auf StPO 410 II) geregelten **Revision bei einer vom Europäischen Gerichtshof
für Menschenrechte festgestellten Verletzung der EMRK oder der Zusatz-**

---

derspruch mit späterem Strafentscheid, vorne N 1598 f.) anwendbar sein. Vgl. sodann mit
Hinweisen zur früheren Rechtsprechung BGE 134 II 48.

[699] Vorne N 1710 f.
[700] Zur *Revision nach dem früheren OG 139a* (jetzt BGG 122) und zum Verhältnis dieser
Bestimmung zu aEMRK 50, BGE 123 I 283 und 329 sowie BGE 124 II 480 = EuGRZ 26
(1999) 229; BGE 125 II 185 = EuGRZ 26 (1999) 376; Pra 90 (2001) Nr. 92 = EuGRZ 28
(2001) 319. Dazu Gutachten der Direktion Völkerrecht vom 19.12.2001 in VPB 67 (2003)
Nr. 32.

protokolle festzustellen ist[701]. Wie bereits im Zusammenhang mit dem kongruenten Revisionsgrund von StPO 410 II dargelegt[702], ist eine Revision allein möglich, wenn die Folgen der EMRK-Verletzung nicht bereits durch die durch den EGMR gewährte Wiedergutmachung geheilt sind. Dies ist etwa der Fall, wenn eine EMRK-widrige Verurteilung aufgehoben werden muss.

Anhang

§ 96   Begnadigung, Amnestie, BV 117 I lit. k, StGB 381–384, MStG 232a-e

Literaturauswahl: AESCHLIMANN N 2097; HÄFELIN/HALLER N 713, 748; MAURER 629; PADRUTT 468; PIQUEREZ (2006) N 151; SCHMID (2004) N 1168.

STEPHAN GASS, Kommentierung von StGB 381 ff. in BSK II, 2. Aufl., Basel 2007; URS HESS-ODONI, Die Begnadigung – ein notwendiges Instrument der Strafjustiz, SJZ 97 (2001) 413; AMADÉE KASSER, La grâce en droit fédéral et en droit vaudois, Diss. Lausanne 1991; NOËLLE LANGUIN/CLAUDINE LUCCO-DÉNÉRÉAZ/CHRISTIAN NILS ROBERT/ROBERT ROTH, La grâce, institution entre tradition et changements, Lausanne 1988; GEORG MÜLLER, Reservate staatlicher Willkür – Grauzonen zwischen Rechtsfreiheit, Rechtsbindung und Rechtskontrolle, in: FS H. Huber, Bern 1981, 109; ARTHUR SCHLATTER, Die Begnadigung im Kanton Zürich, Diss. Zürich 1970; CHRISTIAN SCHWARZENEGGER/MARKUS HUG/DANIEL JOSITSCH, Strafrecht II, Strafen und Massnahmen, 8. Aufl., Zürich 2007, 261; GÜNTER STRATENWERTH, Schweizerisches Strafrecht, Allgemeiner Teil II, 2. Aufl., Bern 2006, 259; GÜNTER STRATENWERTH/WOLFGANG WOHLERS, Schweizerisches Strafgesetzbuch, Kurzkommentar, Bern 2007; HANS VEST, St.Galler Kommentar, 2. Aufl., Zürich/St.Gallen 2008, zu BV 173; MARIANGELA WALLIMANN, Die Amnestie, SJZ 81 (1985) 196.

1.   Grundsätzliches

1.1.   Begriffe

1.1.1.   Begnadigung

1730   Unter **Begnadigung** versteht man den **vollständigen oder teilweisen Verzicht auf den Vollzug einer rechtskräftigen Strafe** gegenüber **einer einzelnen, bestimmten natürlichen oder juristischen Person oder die Umwandlung einer Strafe in eine mildere.**

1731   Die Begnadigung und das entsprechende Verfahren sollen nicht im Sinn eines Rechtsmittels ein «*richtiges*» Urteil bewirken. Das Urteil selbst wird nicht überprüft. Vielmehr handelt es sich um einen ausserordentlichen, **aus Gründen der mitmenschlichen Rücksichtnahme oder Billigkeit gebotenen Eingriff** in den Gang der Justiz und deren Entscheide, ein Eingriff, der dementsprechend nicht

---

[701]   Einlässlich Botschaft BBl 2001 4352 f.
[702]   Vorne N 1602, vgl. auch N 1588.

durch rechtsprechende, sondern politische Behörden vorgenommen wird. Die Begnadigung soll ermöglichen, in Fällen, in denen der Strafvollzug eine aussergewöhnliche Härte bedeuten würde, ausnahmsweise die sonst unerbittliche Strenge des Gesetzes zu lockern. Dass hier «*Gnade vor Recht*» geht, führt dazu, dass weitgehend rechtsfremden Wertungen Vorrang eingeräumt wird; die Begnadigung ist dementsprechend kein justizieller, sondern ein politischer Akt. Dem Wesen der Begnadigung entspricht, dass darauf **kein Rechtsanspruch** besteht und die Ausübung des Gnadenrechts somit im **Ermessen** der zuständigen Behörden steht. Entsprechende Beschlüsse sind denn auch grundsätzlich der richterlichen Überprüfung entzogen[703].

StGB 383 sieht die Möglichkeit der **Begnadigung für alle Strafen**, die aufgrund des StGB oder anderer Bundesgesetze verhängt werden, vor. In StGB 382 und 383 finden sich **rudimentäre Verfahrensbestimmungen**. Ein Recht auf Begnadigung lässt sich freilich aus diesen Bestimmungen nicht ableiten. Für den beschränkten Bereich des kantonalen Strafrechts (StGB 335) gelten StGB 381–384 nicht, sondern allein das kantonale Recht.

1732

1.1.2. Amnestie, Abolition, BV 173 I lit. k, StGB 384

Unter **Amnestie** versteht man den **Verzicht auf den Strafvollzug gegen eine Mehrheit von nicht einzeln bezeichneten Personen, deren Verurteilungen auf gleichen oder ähnlichen Lebensvorgängen beruhen**[704]. Es handelt sich um eine **Massenbegnadigung**.

1733

Ähnlich die **Abolition**, die Niederschlagung des Strafverfahrens: Hier handelt es sich um den **Verzicht auf eine noch nicht rechtskräftig abgeschlossene Strafverfolgung gegen eine Mehrheit von (u.U. nicht individuell eruierten) Personen**, deren Delikte auf gleichen faktischen Grundlagen beruhen.

1734

Amnestie und Abolition waren bis zum Erlass des neuen AT StGB nicht im StGB, sondern – zusammenfassend unter dem Begriff der **Amnestie** – in BV 173 I lit. k geregelt. Die Amnestie erscheint nun (ebenfalls summarisch geregelt) in StGB 384.

1735

---

[703] Zur *Begnadigung allgemein* plädoyer 1/2004 11. Ferner BGE 95 I 544; 106 Ia 132. Aus der *EMRK fliesst kein Anspruch auf Begnadigung*; Verfahren unterliegt auch nicht den Garantien von EMRK 6, Pra 81 (1992) Nr. 197 S. 739. – Keine *Begnadigung, sondern ein revisionsähnlicher Behelf* ist die vorne in N 1583 Fn. 331 erwähnte Rehabilitation von Fluchthelfern aus der Nazizeit. Zum Erlass betr. *Spanienkämpfer* Fn. 708.

[704] Zum Verhältnis zum *Schutz des Lebens bzw. Schutzpflicht des Staats nach BV 10 I, 35 bzw. EMRK 2 I* vgl. BGer 11.8.20008, 6B_627/2007, E 4.3.5. (Amnestie auch bei Mord möglich, zur Publikation bestimmt) sowie BGer 6.2.2009, 6B_413/2008 E.2.1.(zur Publikation bestimmt)

1.2. Rechtsgrundlagen

1.2.1. Bundesrechtliche Zuständigkeitsvorschriften

1.2.1.1. Bei der Begnadigung

1736 Bei der Begnadigung ergeben sich die **Voraussetzungen sowie die Zuständigkeit** aus BV 173 I lit. k sowie StGB 381. In der StPO finden sich keine entsprechenden Regelungen. Darnach ist für Strafen, die von den Strafkammern des **Bundesstrafgerichts** in Anwendung von StPO 23 ff. und 328 ff. oder (vorab nach VStrR) von **Bundesverwaltungsstrafbehörden** ausgesprochen wurden, die **Vereinigte Bundesversammlung** zuständig (StGB 381 lit. a; BV 157 I lit. c, VStrR 21 I[705]), in **Militärgerichtsfällen** daneben auch der Bundesrat oder der General (MStG 232). Diese Zuständigkeit der Bundesversammlung gemäss der Regelung in lit. a von StGB 381 ist jedoch insofern unvollständig, als offensichtlich auch Strafen, die in **reformatorischen Entscheiden des Bundesgerichts** nach BGG 107 II Satz 2 verhängt wurden, der Begnadigung durch die Bundesversammlung unterliegen.

1737 Wurde die Strafe (ebenfalls in delegierten Bundesstrafsachen[706]) von einer kantonalen Instanz ausgefällt, ist nach StGB 381 lit. b die **von den Kantonen bezeichnete Begnadigungsbehörde** zuständig. Örtlich zuständig ist jener Kanton, dessen Behörden die durch Begnadigung zu erlassende Strafe rechtskräftig ausgefällt haben. Massgebend ist dabei das Hauptunteil, nicht z.B. der Widerrufsentscheid nach StGB 46[707]. Innerhalb der vom Bundesrecht vorgegebenen Regeln haben die Kantone in ihren Einführungsgesetzen o.Ä. das Begnadigungsverfahren zu normieren.

1.2.1.2. Bei Amnestie und Abolition; entsprechendes Verfahren

1738 **Amnestie** unter Einschluss der **Abolition** ist nach BV 173 I lit. k (auch StGB 384) allein durch die Vereinigte Bundesversammlung möglich, unabhängig davon, ob es sich um Bundesstrafsachen i.S. von StPO 23 und 24 oder (delegierte oder originäre) kantonale Strafsachen i.S. von StPO 22 bzw. 25 f. oder verwaltungsstrafrechtliche oder militärgerichtliche Verfahren handelt. Kantonale Behörden sind dazu nicht befugt.

1739 Das Begehren um Erlass einer Amnestie oder Abolition wird in der Regel durch das Mittel der **Petition an die eidgenössischen Räte** herangetragen. Diese Massnahmen ergehen nach der Praxis in Form eines einfachen, nicht dem Referendum unterstehenden Bundesbeschlusses. In der Schweiz werden Amnestien

---

[705] Zum *Verfahren* nachfolgend N 1752 ff.
[706] Vorne N 414 ff.
[707] So schon zum früheren Recht BGE 101 Ia 283.

nur aus zwingenden Gründen und eher zurückhaltend beschlossen[708]. Dieses Verfahren wird im Folgenden nicht weiter behandelt.

2. Gegenstand der Begnadigung

2.1. Strafen

Begnadigungsfähig sind **alle Strafen**, also jene nach StGB 34 ff. und Art. 106, somit Geldstrafe, gemeinnützige Arbeit, Freiheitsstrafe oder Busse, die aufgrund eidgenössischen Rechts rechtskräftig verhängt wurden[709]. **Nicht gnadenfähig** sind nach traditioneller Lehre und Praxis **Massnahmen** i.S. von StGB 56–65 (therapeutische Massnahmen und Verwahrung) wie auch «**andere Massnahmen**» i.S. von StGB 66–73. Diese restriktive Auslegung wird zumeist damit begründet, dass StGB 383 I nur die Strafen nennt; dafür spricht auch, dass die Massnahmen nach StGB 66–73 nach ihrer Notwendigkeit mindestens teilweise geändert werden können. Angesichts der gegenseitigen Durchlässigkeit, welche das Strafen- und Massnahmenrecht des neuen AT StGB kennzeichnet, lassen Zweifel an dieser traditionellen und streng differenzierenden Betrachtungsweise zwischen Strafen und Massnahmen aufkommen. – **Ausgeschlossen von der Begnadigung sind auf jeden Fall Nebenfolgen** des Urteils wie Anrechnung der Untersuchungshaft, Weisungen, Kosten- und Entschädigungsentscheide sowie die im Rahmen des Strafverfahrens beurteilten Zivilansprüche. 1740

Für eine Begnadigung in Frage kommen alle **Strafentscheide im weiteren Sinn**, also neben den Urteilen i.S. von StPO 80 I Satz 1[710] auch z.B. Strafbefehle von Staatsanwaltschaft oder Verwaltungsbehörden, soweit diese eine Strafvollstreckung auslösen. 1741

---

[708] Abgelehnt etwa im Zusammenhang mit den Zürcher Jugendunruhen (AB N 1982 1641; AB S 2006 1982 683), mit Blick auf Jura-Straftäter (AB S 1985 314; AB N 1986 688), aus Anlass der 700–Jahrfeier der Schweiz (AB N 1990 1870), für Wehrdienstverweigerer (AB S 1991 598) oder für Spanienkämpfer (AB N 2000 35; bereits einmal verworfen im Jahre 1939, dazu BBl 2008 9152). Verzeichnis früherer Fälle in SJZ 81 (1985) 197; zu der auf Verfassungsstufe erlassenen Steueramnestie von 1968 BBl 1966 I 944 ff. Unbekannt in der Schweiz sind *Amnestien z.B. aus Anlass von Staatsfeiertagen, Jubiläen usw.* – Einen Sonderfall stellt die *Rehabilitation* von Gesetzes wegen gemäss dem *BG über die Rehabilitierung der Freiwilligen im Spanischen Bürgerkrieg* vom 20.3.2009 (SR 321.1, Referendumsvorlage in BBl 2009 1987) dar, der die Aufhebung aller Urteile gegen Spanienkämpfer bewirkte (näher Art. 3), ein Gesetz, dass sich bemerkenswerterweise nicht auf die Bundeskompetenz zu Amnestie und Begnadigung (BV 173 I lit. k) bezieht, zum ähnlichen Erlass zur Aufhebung von Strafurteilen gegen Flüchtlingshelfer aus der Nazizeit, Hinweise vorne zu N 1583.

[709] Die Kantone können die materiellen Voraussetzungen der Begnadigung, die sich auf grundsätzlich alle Strafen nach StGB bezieht, nicht einschränken, dazu GASS aaO Art. 381 N 5 sowie nachfolgend Ziff. 8.1.

[710] Auch z.B. *Urteile im abgekürzten Verfahren* nach StPO 362, vorne N 1385 ff.

2.2. Vollstreckbarkeit der Strafe als Hauptvoraussetzung

1742 Die Begnadigung bezweckt den Verzicht auf die Vollstreckung der Strafe. Somit ist **Rechtskraft sowie rechtliche und faktische Vollstreckbarkeit der Strafe** notwendig. Eine Begnadigung bei bedingtem Sanktionsvollzug i.S. von StGB 42 setzt einen Widerruf desselben wegen Nichtbewährung nach StGB 46 voraus. Analoges gilt nach einer bedingten Entlassung aus dem Strafvollzug (StGB 86)[711]. Nach erfolgtem Strafvollzug ist eine Begnadigung nicht möglich[712]. Eine Begnadigung entfällt sodann, wenn es an der faktischen Vollstreckungsmöglichkeit fehlt, so bei Auslandsaufenthalt oder Hafterstehungsunfähigkeit des Verurteilten. Es ist zu erwarten, dass das neue Sanktionenrecht des AT StGB diverse weitere Fragen zum Erfordernis der Vollstreckbarkeit aufwirft. So ist anzunehmen, dass beim neuen Institut der teilbedingten Strafe (StGB 43) die Begnadigung bezüglich des unbedingt ausgesprochenen Teils sofort, hinsichtlich des bedingt verhängten Teils aber erst nach einem allfälligen Widerruf verlangt werden kann.

3. Verhältnis zu den Rechtsmitteln

1743 Die Begnadigung ist ein ausserordentlicher Rechtsbehelf. Sie ist **kein Rechtsmittel**, da sie nicht die Überprüfung des Urteils zum Ziel hat (vorstehend Ziff. 1.1.1.). Die Begnadigung ist nur möglich, wenn gegen ein rechtskräftiges, vollstreckbares Urteil keine Rechtsmittel mehr möglich sind (zum Verhältnis zur Revision nachstehend Ziff. 8.3.). Fraglich ist, ob Mechanismen des neuen AT StGB mit begnadigungsähnlichen Wirkungen wie jene nach StGB 36 III, z.B. die Herabsetzung des Tagessatzes, vorgehen, was hier nicht näher untersucht wird, im Prinzip aber zu bejahen ist.

4. Begnadigungsbehörden, StGB 381

1744 Zuständig zur Begnadigung auf Bundesebene ist die **Vereinigte Bundesversammlung**. Die für die **Begnadigung auf kantonaler Ebene** zuständigen Behörden werden von den Kantonen bezeichnet. Üblicherweise sind es die kantonalen Parlamente, doch ist auch denkbar, Begnadigungsfunktionen (vorab bei geringeren Strafen) den Kantonsregierungen zuzuweisen (vgl. vorne Ziff. 1.2.1.1.).

5. Legitimation, StGB 382 I

1745 Das Gesuch kann neben dem **Verurteilten** auch von dessen gesetzlichen Vertreter bzw. Verteidiger oder Ehegatten oder einem eingetragenen Partner gestellt

---

[711] Dazu BGE 117 Ia 87 = Pra 82 (1993) Nr. 24.
[712] *A.M.* VPB 19 (1955) Nr. 91 176.

werden (StGB 382 I). Einzutreten ist aber auch auf ein Gesuch anderer naher Bezugspersonen (z.B. Eltern). Bei Delikten mit politischem Einschlag kann das Gesuch auch vom **Bundes- oder Regierungsrat** gestellt werden (StGB 382 II). Aus dieser Ausdehnung der Antragsbefugnis folgt, dass in diesen Fällen ein Begnadigungsverfahren **gegen den Willen des Verurteilten** durchgeführt werden kann, was in den übrigen Fällen nicht als zulässig erscheint.

6. Einreichung des Begnadigungsgesuches

Die Begnadigung wird **durch ein entsprechendes Gesuch** bei der nach kantonalem Recht zuständigen Stelle, zumeist beim **Regierungsrat** eingeleitet. Gesuche um Begnadigung durch die **Bundesversammlung** sind dieser einzureichen und werden dort von der Kommission für Begnadigungen und Zuständigkeitskonflikte vorbehandelt[713]. Es gelten weder Formvorschriften noch irgendwelche Fristen. Es wäre bundesrechtswidrig, falls ein Kanton eine Begnadigungsmöglichkeit befristen würde[714]. Hingegen kann die Begnadigungsbehörde bestimmen, dass ein abgelehntes Gesuch innert einer bestimmten Frist nicht erneuert werden darf (StGB 382 III).

1746

7. Wirkung

Das StGB räumt einem Begnadigungsgesuch **keine aufschiebende Wirkung** ein. Es erscheint jedoch als zulässig, dass das kantonale Recht im Fall von Begnadigungen, die nach StGB 381 lit. b in den Zuständigkeitsbereich der Kantone fallen, eine solche vorsieht[715].

1747

8. Voraussetzungen der Begnadigung

8.1. Fehlen eines abschliessenden Katalogs von Begnadigungsgründen

Die materiellen Voraussetzungen der Begnadigung, also die **Begnadigungsgründe, sind weder im Bundesrecht** (insbesondere nicht in StGB 381 ff.) **noch im kantonalen Recht umschrieben**. Es ist auch nicht möglich, diese Gründe abschliessend aufzulisten, was mit der Ausserordentlichkeit dieses Rechtsbehel-

1748

---

[713] Art. 40 des BG über die Bundesversammlung (Parlamentsgesetz, ParlG) vom 13.12.2002, SR 171.10.
[714] BGE 106 Ia 133.
[715] Dazu etwa ZR 85 (1986) Nr. 7.

fes zusammenhängt[716]. Im Übrigen wären die Kantone nicht befugt, die Begnadigungsgründe im Sinn einer Einschränkung zu umschreiben[717].

8.2. Begnadigungswürdigkeit als Voraussetzung

1749 Vorausgesetzt ist nach feststehender Praxis die **Begnadigungswürdigkeit**, d.h., der Gesuchsteller muss sich im Hinblick auf sein Vorleben, seine persönlichen Verhältnisse und vor allem die für seine Zukunft zu stellende Prognose der mit einer Begnadigung verbundenen Wohltat würdig erweisen[718].

1750 Im Übrigen können verschiedene **Umstände** Anlass zu einer Begnadigung geben, so etwa,
- wenn der Strafvollzug im konkreten Fall und für den konkreten Täter eine **ausserordentliche Härte** darstellt und/oder Gründe der Menschlichkeit einen Verzicht auf den Strafvollzug nahelegen[719]. *Beispiel:* Der Täter ist behindert oder alt;
- wenn die mit der Strafe **verfolgten Zwecke**, vor allem jene der General- und Spezialprävention beim Verurteilten, **nicht mehr relevant** sind. *Beispiele*: Der Sexualdelinquent hat sich kastrieren lassen; langer Zeitraum seit Verurteilung und seitherige soziale Bewährung;
- wenn sich die dem Strafurteil zugrunde liegenden faktischen und rechtlichen **Verhältnisse wesentlich geändert** haben. *Beispiel*: Die betreffende Strafnorm ist in der Zwischenzeit aufgehoben worden, oder
- wenn sich *in concreto* die Korrektur einer vom **Gesetz her unvermeidlichen Härte** aufdrängt. *Beispiele*: Ein Unterstützungspflichtiger zahlt unmittelbar nach der zweitinstanzlichen Hauptverhandlung die geschuldeten Beiträge, doch kann nach StGB 33 I der Strafantrag nicht mehr zurückgezogen werden; der bedingte Strafvollzug muss nach StGB 42 II aus objektiven Gründen verweigert werden[720].

---

[716] Dementsprechend wurde im Zusammenhang mit der Schaffung eines neuen AT StGB abgelehnt, einen solchen Katalog zu erarbeiten, GASS aaO vor Art. 381 N 2.
[717] Vorne Fn. 850.
[718] Umstritten (und im Zusammenhang mit der Begnadigung von RAF-Terroristen Anfang 2007 in Deutschland heftig diskutiert) ist, inwieweit die Begnadigung voraussetzt, dass *Verurteilte Reue* zeigen oder doch mindestens die ihnen vorgeworfenen Taten eingestehen müssen. Es ist der Begnadigungsbehörde anheimgestellt, diese Faktoren bei ihrem Entscheid der Begnadigungswürdigkeit zu berücksichtigen.
[719] VPB 67 (2003) Nr. 9 (Strafe wegen Dienstverweigerung): 12 Jahre seit Verurteilung; nunmehr Möglichkeit, die durch Begnadigung auf 6 Monate reduzierte Strafe gegen den Verurteilten als alleinerziehenden Familienvater in der Halbgefangenschaft zu vollziehen.
[720] VPB 57 (1993) Nr. 40. Eigentliches gesetzgeberisches Versehen, VPB 57 (1993) Nr. 41.

8.3. Begnadigung bei behaupteten Fehlurteilen?

Entgegen der in der Literatur gelegentlich vertretenen Auffassung lehnen es die Begnadigungsbehörden verschiedener Kantone ab, auf Begnadigungsgesuche einzutreten, mit denen direkt oder sinngemäss das Vorliegen eines Fehlurteils behauptet wird. Dies ist grundsätzlich richtig, kann es doch nicht Aufgabe der Begnadigungsbehörden sein, die Richtigkeit von Urteilen zu überprüfen (vorne Ziff. 1.1.1.). In solchen Fällen muss die **Revision** (StPO 410 ff.)[721] korrigierend eingreifen. Ein eindeutig fehlerhaftes Urteil bei nicht möglicher Revision durch Begnadigung zu korrigieren, dürfte aber mit Blick auf die Grundanliegen der Begnadigung vertretbar sein[722]. 1751

9. Kantonales Begnadigungsverfahren

Bei der praktisch wichtigeren kantonalen Begnadigung wird das Verfahren durch das kantonale Einführungsrecht bestimmt. Bisher üblich war, dass zunächst ein **Instruktionsverfahren durch die für das Justizwesen zuständige Direktion der kantonalen Regierung** durchgeführt wird. Dabei sind die Akten beizuziehen und Vernehmlassungen der Staatsanwaltschaft sowie des erkennenden Gerichts einzuholen. Dem Gesuchsteller ist hernach nochmals das rechtliche Gehör zu gewähren[723]. Hierauf leitet die für das Justizwesen zuständige Direktion das Gesuch mit ihrem Antrag der Kantonsregierung weiter. Diese unterbreitet das Begnadigungsgesuch nach einer allfällig ihr zustehenden Vorprüfung[724] hernach dem kantonalen Parlament. Dieses entscheidet anschliessend über die Begnadigung. 1752

Fragwürdig ist die bisherige Bundesgerichtspraxis, den in den meisten Kantonen üblichen **Verzicht auf eine Begründung** der Entscheide der kantonalen Exekutive wie auch der Parlamente als zulässig zu betrachten[725]. Diese Praxis dürfte BV 29 widersprechen und jedenfalls mit BGG 112 I nunmehr ein Ende haben, verlangt doch diese Bestimmung, dass Entscheide, die der Beschwerde ans Bundesgericht unterliegen, zu begründen sind. 1753

---

[721] Vorne N 1582 ff.
[722] Dazu BGE 100 Ia 427.
[723] Nach BGer 14.2.1992 in plädoyer 3/1992 57 nur, wenn in diesen Vernehmlassungen neue Behauptungen aufgestellt bzw. Beweise erhoben werden.
[724] So etwa nach §§ 490 ff. der früheren zürcherischen Strafprozessordnung. Vorprüfung nach BGE 95 I 542 verfassungsmässig zulässig, vgl. auch BGer 24.2.2005, 1P.738/2001 (zulässig, dass Regierungsrat über Vorlage an Kantonsrat entscheidet).
[725] Dazu BGE 118 Ia 107, 107 Ia 103; zur allgemeinen Begründungspflicht vorne N 112, 585 f. Vor allem mit Blick auf die neue Bundesgerichtspraxis zur Einbürgerung, die einen begründeten Entscheid verlangt, BGE 129 I 217 und 232. Im Rahmen der Arbeiten für den neuen AT StGB wurde darauf verzichtet, eine solche Begründungspflicht einzuführen, dazu GASS aaO vor Art. 381 N 2.

1754 Das StGB, welches hier vor allem anwendbar ist, sieht kein **Rechtsmittel** gegen allfällige Vorentscheide der kantonalen Regierung wie auch gegen den Begnadigungsentscheid des kantonalen Parlaments selbst vor. Rechtsmittel nach StPO fallen ebenfalls ausser Betracht. Als möglich gegen kantonale Begnadigungsentscheide erscheint (entsprechend der früher zulässigen staatsrechtlichen Beschwerde) die **öffentlich-rechtliche Beschwerde ans Bundesgericht nach BGG 82 ff.**, obwohl in der Literatur teilweise auch auf die Anwendbarkeit der Strafrechtsbeschwerde hingewiesen wird. Dieses Rechtsmittel ist allerdings wie bei der hier früher zulässigen staatsrechtlichen Beschwerde nur bei Verletzung von Partei- und Verfahrensrechten, nicht aber wegen der Verweigerung der Begnadigung selbst zulässig[726]. Da ablehnende Begnadigungsentscheide nicht in materielle Rechtskraft erwachsen[727], ist es möglich, vorab bei veränderter Sachlage, später **erneut ein Begnadigungsgesuch bzw. ein Wiedererwägungsgesuch** zu stellen.

10. Begnadigungsentscheid, Umfang der Begnadigung

1755 Mit der Begnadigung kann nach StGB 383 I der vollständige **Verzicht** auf die Strafvollstreckung angeordnet werden. Denkbar nach der gleichen Bestimmung ist aber ebenso ein **teilweiser Verzicht** in Form des **quantitativen** (*Beispiel:* Der zu sechs Jahren Freiheitsstrafe Verurteilte wird nach Verbüssung von zwei Jahren begnadigt) oder eines **qualitativen Verzichts** (*Beispiele:* Die dreijährige Freiheitsstrafe wird in eine teilbedingte Strafe von 1½ Jahren und eine zu vollziehende Strafe von gleicher Dauer umgewandelt. Eine Freiheits- wird in eine Geldstrafe umgewandelt).

1756 In diversen Kantonen ging die Praxis bisher dahin, die totale oder teilweise (quantitative) Begnadigung **bedingt auszusprechen**, was zwar in StGB 381 ff. nicht ausdrücklich vorgesehen, aber nach dem Grundsatz *a maiore minus* zulässig ist[728]. Analog zu StGB 42, 44 bzw. 87 wird dem Begnadigten eine Probezeit (und allenfalls eine Weisung, etwa kein Motorfahrzeug zu lenken, sich in ärztliche Behandlung zu begeben etc.) auferlegt. Ebenfalls analog zu StGB 46 und 89 kann bei Nichtbewährung unter Gewährung des rechtlichen Gehörs **ein Widerruf der Begnadigung** erfolgen, wozu dafür meistens die kantonale Direktion, die für das Justizwesen zuständig ist, befugt ist[729].

---

[726] Vgl. die frühere Praxis BGE 106 Ia 131, 107 Ia 103, 117 Ia 85 sowie den Widerrufsfall in Pra 81 (1992) Nr. 197.
[727] Ergibt sich indirekt aus StGB 382 III.
[728] BGE 84 IV 143. Entspricht im Ergebnis der Gewährung eines bedingten anstatt des unbedingten Strafvollzuges, RS 1996 Nr. 153.
[729] *Kein richterliches Verfahren nach EMRK 5 Ziff. 4 notwendig*, BGE 118 Ia 104; Pra 81 (1992) Nr. 197.

1757 Die **Begnadigung berührt nur die Vollstreckung** der Strafe selbst. Das (rechtskräftige) Urteil wird deshalb weder aufgehoben noch abgeändert[730], und auch der Strafregistereintrag bleibt bestehen[731]. Unberührt bleiben auch die **Kosten- und Entschädigungsregelungen** sowie der Entscheid im **Zivilpunkt** (vorne Ziff. 2.1.).

---

[730] BGE 80 IV 11.
[731] BGE 80 IV 11; SJZ 66 (1970) 12.

10. Kapitel: Verfahrenskosten, Entschädigung und Genugtuung, StPO 416–436, JStPO 44 und 45, VStrR 94–102

§ 97 Allgemeine Bestimmungen, StPO 416–421

Literaturauswahl: AESCHLIMANN N 2017; HAUSER/SCHWERI/HARTMANN § 108; MAURER 589; OBERHOLZER N 1806; PADRUTT 390; PIQUEREZ (2006) N 1134; SCHMID (2004) N 1198. MARGRITH BIGLER-EGGENBERGER, Überinterpretation der Unschuldsvermutung gemäss Art. 6 Ziff. 2 EMRK?, recht 13 (1995) 20; MARC FORSTER, «Kurzer Prozess» – die Unschuldsvermutung bei Kostenauflagen an Nichtverurteilte, in: FS St. Trechsel, Zürich 2002, 691; THOMAS HANSJAKOB, Kostenarten, Kostenträger und Kostenhöhe im Strafprozess (am Beispiel des Kantons St. Gallen), Diss. St. Gallen 1988; GUIDO JENNY, Einstellung und Freispruch mit Kosten, BJM 1985 1; CLAUDE ROUILLER, La condamnation aux frais de justice du prévenu libéré de toute peine en relation avec la présomption d'innocence, SJZ 79 (1984) 205; ALEX ZINDEL, Kosten- und Entschädigungsfolgen im Strafverfahren des Kantons Zürich, Diss. Zürich 1972.

Materialien: Aus 29 mach 1 162 ff.; VE 486–492; BeB 278 ff.; ZEV 104; E 423–428; Botschaft 1223 ff. AB S 2006 1057, AB N 2007 1031 ff.

1. Allgemeines zu den Kosten und Entschädigungen im Strafverfahren, Anwendungsbereich von StPO 416–436, VStrR 94, BGG 62 ff.

Die Strafverfahren verursachen dem Staat wie auch den beteiligten Privaten erhebliche Kosten. Es ist Aufgabe der in StPO 416 ff. zu findenden Bestimmungen, die Tragung dieser Kosten zu regeln und zu bestimmen, in **welchem Umfang vorab die staatlichen Kosten den Parteien auferlegt werden können**. Ferner ist zu regeln, inwieweit die **privaten Parteien Anspruch** darauf haben, dass ihnen **der Staat oder allenfalls andere Parteien die ihnen entstandenen Kosten vergüten** und allenfalls sogar **Genugtuung** leisten. Die entsprechenden Bestimmungen der StPO fallen im Vergleich mit den meisten bisherigen kantonalen Regelungen durch einen relativ hohen Detaillierungsgrad auf. Dies hängt damit zusammen, dass nach heutiger Auffassung die **Auferlegung von Verfahrenskosten wie auch prozessuale Entschädigungspflichten eine gesetzliche Grundlage voraussetzen**[1]. 1758

Nach StPO 416 sind die Bestimmungen von StPO 417–436 bezüglich Kosten und Entschädigungen **in allen nach Massgabe der StPO geführten Strafverfahren**, 1759

---

[1] Botschaft 1323 Mitte und hinten N 1777 f., 1786. In *Gesetz in formellem Sinn*, dazu allgemein Pra 97 (2008) Nr. 84 = BGE 133 V 402 E.3.2 (Sozialversicherungsfall). Eine gesetzliche Grundlage wurde beispielsweise verneint bezüglich der *Kosten einer privaten Bewachungsfirma für die Überwachung eines Hanffeldes*, RJF/FZR 16 (2007) 231.

10. Kapitel: Verfahrenskosten, Entschädigung und Genugtuung

also auch in den **besonderen Verfahrensarten** nach StPO 352 ff., anwendbar. Sie gelten damit auch in Verfahren vor **Bundesstrafgericht**. Im **Verfahren vor Bundesgericht** hingegen gelten – mit Ausnahme der Revision gegen Urteile der Strafkammern des Bundesstrafgerichts gemäss E BGG 119a – die Vorschriften von BGG 62 ff.[2].

1760 Die Bestimmungen dieses 10. Titels der StPO **regeln die Kosten- und Entschädigungspflichten des Staats wie auch der privaten Verfahrensbeteiligten grundsätzlich abschliessend**, soweit Verfahrenshandlungen der StPO betroffen sind[3]. Kosten, Entschädigungen und allenfalls Genugtuungen im Strafverfahren, dieses beginnend mit den polizeilichen Erhebungen bis hin zum Abschluss der Rechtsmittel nach StPO, sind somit allein nach dieser geschuldet. Solche Ansprüche können weder gegen Bund oder Kanton noch die handelnden Beamten bzw. andere Verfahrensbeteiligte nach weiteren Haftungsnormen des privaten oder öffentlichen Rechts des Bundes oder der Kantone geltend gemacht werden (Grundsatz **der Ausschliesslichkeit der strafprozessualen Kosten- und Entschädigungsregeln**)[4]. Weiter: **Kosten- und Entschädigungsansprüche gegen Verfahrensbeteiligte wie auch den verfolgenden Bund oder Kanton können entsprechend verfahrensmässig allein auf den Wegen geltend gemacht werden, die in**

---

[2] Botschaft 1323 Mitte. Zur Revision gegen Entscheide des Bundesstrafgerichts vorne N 1605. Die Revision gegen *Entscheide der Beschwerdekammern des Bundesstrafgerichts* soll sich nach E StBOG 31 hingegen nach BGG 121 ff. und damit bezüglich Kosten nach BGG 62 richten.

[3] Die Grenzen sind allerdings u.U. schwierig zu ziehen, vorab bei *rechtswidrigem schädigendem Verhalten von Strafbehörden*, z.B. gewalttätigem Verhalten bei Verhaftungen oder wenn sich bei einer Hausdurchsuchung aus einer Polizeiwaffe unbeabsichtigt ein Schuss löst und dadurch jemand verletzt wird, BeB 279, dazu auch nachfolgende Fn.

[4] Also keine Staatshaftung im üblichen Sinn, wie das BGer in Pra 98 (2009) Nr. 69 E.1.1.2. = BGE 135 IV 46 E.1.1.2. = SJ 131 (2009) 123 = RS 2009 Nr. 556 unter dem früheren Recht annahm und von einer «*prétention en responsabilité civile contre le canton de Vaud*» sprach. Die *Exklusiv- und Ausschlusswirkung dieser Kosten- und Entschädigungsregel* war in VE 487 IV und 491 I ausdrücklich vorgesehen, dazu BeB 279 Mitte, doch wurden diese Bestimmungen nicht in die StPO übernommen; sie gilt nach hier vertretener Auffassung trotzdem, dazu hinten N 1760 und 1831. Vgl. immerhin Hinweise in Botschaft 1325 oben. Bei *privatem unrechtmässigem Handeln* etwa im Rahmen von StPO 218 (vorne N 1011) dürfte jedoch OR 41 ff. anwendbar sein. Differenzierend zur Frage der *Abgrenzung von strafprozessualen Entschädigungsansprüchen und solchen nach kantonalem Haftungsgesetz* ZR 106 (2007) Nr. 60, in welchem Entscheid ein Interesse auf Feststellung einer Persönlichkeitsverletzung bejaht wurde. Zur Abgrenzung der Haftung des Bundes und des Kantons in einem Fall des *Zusammenwirkens von Zollorganen und Kantonspolizei* in einem BetmG-Fall BVGE 2008 Nr. 6 E.3.2. – Zur *Ersatzpflicht z.B. der Haftpflichtversicherung* für Anwalts- und Expertisekosten im Strafverfahren BGE 97 II 267; 117 II 106. - Nicht nach der StPO, sondern dem anwendbaren Verwaltungsrecht von Bund und Kanton entscheidet sich, ob das *Gemeinwesen für seine Aufwendungen auf fehlbare Beamte Rückgriff* nehmen kann, Botschaft 1325 oben. Ausserhalb des hier relevanten Bereichs liegt ebenfalls die *Haftung des Gemeinwesens bei Aufhebung der lebenslänglichen Verwahrung* nach StGB 380a mit den Regressmöglichkeiten nach Abs. 2 und 3.

StPO 416 ff. vorgegeben sind. Werden solche Ansprüche nicht im Strafverfahren geltend gemacht, sind sie verwirkt und können nicht später geltend gemacht werden[5].

Die früher insbesondere vom Bundesgericht vertretene Ansicht, bei **ungesetzlichen Zwangsmassnahmen, vor allem Haft** ergäben sich Schadenersatz- und Genugtuungsansprüche unmittelbar[6] aus EMRK 5 Ziff. 5 und der Verfassung[7], trifft zwar nach wie vor zu. Es ist jedoch davon auszugehen, dass diese keine über die Regeln von StPO 429 ff., vor allem StPO 431, hinausgehenden Ansprüche einräumen und jedenfalls keine Wege der Geltendmachung ausserhalb der StPO eröffnen.

1761

2. Kostenpflicht bei fehlerhaften Verfahrenshandlungen, StPO 417

StPO 417 ermöglicht es, **Verfahrenskosten und Entschädigungen einem Verfahrensbeteiligten unabhängig vom Verfahrensausgang aufzuerlegen**, wenn er sie **durch Säumnis oder fehlerhafte Verfahrenshandlungen verursachte**. Die säumige oder sonst fehlerhaft handelnde **Partei**, aber auch säumige **Zeugen, Sachverständige** usw. können somit zur Tragung von Verfahrenskosten und Entschädigungen verpflichtet werden, was etwa in StPO 176 I (unberechtigte Zeugnisverweigerung) oder StPO 331 II (für verspätete Beweisanträge) noch ausdrücklich genannt wird[8]. Ein vorwerfbares, also schuldhaftes Verhalten ist nicht erforderlich. Der Wortlaut der Bestimmung («*Verfahrensbeteiligte*») dürfte auch zulassen, **Rechtsbeiständen** i.S. von StPO 127 ff., die durch ihr Verhalten unnötige Kosten verursachten, diese Kosten und entsprechende Entschädigungen an die beschuldigten Personen oder andere Verfahrensbeteiligte aufzuerlegen, wovon jedoch nur mit Zurückhaltung Gebrauch zu machen ist[9].

1762

---

[5] E 492 V sah genau dies vor, dazu BeB 283. Angesichts der *Exklusivwirkung der Regeln* von StPO 416 ff. (vgl. vorstehende Fn.), die sich auch auf das Verfahren der Kosten- und Entschädigungen beziehen, gilt dies trotz Streichen dieser Bestimmung ebenso in der nun verabschiedeten StPO.
[6] BGE 110 Ia 143.
[7] BJM 1985 85, 2003 287; BGE 119 Ia 224 = EuGRZ 19 (1993) 406, 118 Ia 103, 118 II 258 f., 112 Ib 446, 113 IV 93; VPB 47 (1983) Nr. 115; ZBl 89 (1988) 357. Bei *rechtmässig angeordneter, aber unschuldig erlittener Haft* ergaben sich nach früherer Praxis zum kantonalen Prozessrecht Schadenersatz- und Genugtuungsansprüche nicht aus BV oder EMRK, sondern allein aufgrund kantonalen Rechts, BGE 118 Ia 338, 110 Ia 140; VPB 61 (1997) Nr. 104 (bei Auslieferungshaft).
[8] Dazu Botschaft 1324 oben.
[9] Zum ähnlichen früheren OG 156 (jetzt BGG 66 III) Pra 89 (2000) Nr. 143 E.2 und BGE 129 IV 208 = SJZ 99 (2003) 415 sowie BGer 6.12.2007, 2D_128/2007 in Anwaltsrevue 3/2008 124, in welchen Fällen *Anwälte offensichtlich unzulässige Rechtsmittel eingelegt* hatten und ihnen deshalb die Kosten auferlegt wurden; kritisch plädoyer 5/2002 27;

3. Beteiligung mehrer Personen und Haftung Dritter, StPO 418

1763 StPO 418 regelt den häufigen Fall, dass in einem Straffall mehrere Personen kostenpflichtig werden, im Regelfall wohl eine Mehrheit von beschuldigten Personen. Nicht ausdrücklich in dieser Bestimmung (jedoch im ursprünglichen VE 489 I und II) zu finden ist allerdings die Grundregel, wonach die Kosten (nicht aber Entschädigungen, da dafür – entgegen VE 489 – die gesetzliche Grundlage fehlt) primär nach **Massgabe der kausalen Verursachung aufzuerlegen** sind. Kosten, die also nur im Zusammenhang mit einer bestimmten Person erwuchsen (z.B. in den Schranken von StPO 135 IV jene der amtlichen Verteidigung oder einer psychiatrischen Begutachtung; Kosten für fehlerhaftes Verhalten nach StPO 417), sind dieser aufzuerlegen. Kosten hingegen, die **nicht einer bestimmten Person zugerechnet werden können**, sind **anteilsmässig unter die Kostenpflichtigen** aufzuteilen (StPO 418 I). Dies bedeutet, dass z.B. bei der Einvernahme eines Zeugen oder der Einholung eines Gutachtens bei drei beschuldigten Personen diesen die entsprechenden Kosten je zu einem Drittel aufzuerlegen sind. Es kann dabei auch die Rolle der kostenpflichtigen Personen gewichtet werden[10]: Betrifft die Kostenpflicht ein Verfahren wegen eines Tötungsdelikts und ist darin der Täter und nur ein untergeordnet wirkender Gehilfe beteiligt, versteht sich von selbst, dass bei der Auflage der Kosten eines rechtsmedizinischen Gutachtens nach der Tatbeteiligung zu differenzieren ist.

1764 StPO 418 II eröffnet den Strafbehörden allerdings die Möglichkeit, in analoger Anwendung von OR 60 eine **solidarische Haftung der kostenpflichtigen Personen** anzuordnen (grundsätzlich Solidarität hingegen nach VStrR 95 III). Im Vordergrund dürften hier Fälle von Mittäterschaft und Teilnahme stehen, in denen es Billigkeitsgründe nahelegen, eine Solidarität anzunehmen. Dies etwa dann, wenn eine wohlhabende eine mittellose Person dazu anstiftet, ein Delikt zu begehen[11].

1765 In ähnliche Richtung geht StPO 418 III, wonach das **Gericht einen Dritten dazu verpflichten kann, nach Massgabe der Haftungsgrundsätze des Zivilrechts** (ZGB 55 und 333 bzw. OR 50 oder 55) **die Kosten solidarisch mit der beschuldigten Person zu tragen**. Auch hier ist an Fälle zu denken, in denen es als billig erscheint, einen Dritten mithaften zu lassen, so wiederum in Fällen, in denen der Täter auf Anweisung, im Interesse oder zum Nutzen dieser (natürlichen oder juristischen) Person handelte[12].

---

ferner ZR 105 (2006) Nr. 7 (Fall nach der früheren zürcherischen ZPO 66 III). Kostenauflage ausdrücklich nach MStP 133 z.L. säumiger Verteidiger und Sachverständiger.
[10] Botschaft 1324 oben.
[11] Botschaft 1324 Mitte. Solidarität auch möglich, wenn *Unternehmen* nach StGB 102 II ebenfalls strafbar ist.
[12] Botschaft 1324 unten.

4. Kostenpflicht von Schuldunfähigen, StPO 419

Bereits bisher ermöglichten viele kantonale Prozessordnungen eine Kostenauflage (wieder unter Ausschluss von allenfalls zu leistenden Entschädigungen) im Fall von Einstellung oder Freispruch zu Lasten von schuldunfähigen Personen im Sinn einer **Billigkeitshaftung**. StPO 419 übernimmt diese Regelung, allerdings beschränkt auf den Hauptfall der beschuldigten Person. Eine Kostenauflage in analoger Anwendung von OR 54 I ist nur zulässig, **wenn dies nach den Grundsätzen dieser Norm als angemessen erscheint**[13]. Die Beurteilung der Billigkeit setzt eine Interessenabwägung voraus[14]: Eine Kostenauflage kommt mithin nur bei guten wirtschaftlichen Verhältnissen der beschuldigten Person in Frage und wenn deshalb eine Kostenübernahme durch den Staat stossend wäre[15].

1766

5. Rückgriff, StPO 420, VStrR 102

StPO 420 (ähnlich VStrR 102 I) erlaubt dem **Bund oder Kanton, für die von ihm getragenen Kosten** (und bei extensiver Auslegung allenfalls ebenso für geleistete **Entschädigungen sowie Genugtuungen**[16]) **auf Personen** – wohl zumeist solche, die nicht Partei des Verfahrens waren – **Rückgriff zu nehmen**[17]. Die Bestimmung ist eine Folge der bereits erwähnten Ausschlusswirkung der strafprozessualen Kosten- und Entschädigungsregeln (vorne Ziff. 1), die zur Folge hat, dass namentlich die beschuldigte Person im Zusammenhang mit dem Strafverfahren allein Schadenersatz- und Genugtuungsansprüche nach Massgabe der StPO gegen den ihn verfolgenden Staat erheben kann, auch wenn dieser von andern Verfahrensbeteiligten durch Anträge usw. zur fraglichen schädigenden Verfahrenshandlung veranlasst wurde[18]. Die beschuldigte Person hat also z.B. keine (direkten) Ansprüche gegen einen Zeugen, der durch unrichtige Aussagen ihre Inhaftierung verursachte[19]. Er muss seine Ansprüche gegen Bund oder Kan-

1767

---

[13] BGE 116 Ia 171, 113 Ia 76; BGE 112 Ia 371 beim Freispruch wegen Schuldunfähigkeit in einem zürcherischen Ehrverletzungsprozess; kritisch dazu ZBJV 124 (1988) 501; RO 1986 329 Nr. 92; 1988 332 Nr. 17.
[14] BGE 115 Ia 111, 113 Ia 76.
[15] ZR 89 (1990) Nr. 128.
[16] So zu verstehen offenbar Botschaft 1325 oben. Da das *Gesetz aber nur die Kosten nennt*, stellt sich das Problem der genügenden gesetzlichen Grundlage (vorne N 1758). Jedenfalls unverständlich, dass der Gesetzgeber die Frage des Einbezugs der Entschädigungen entgegen dem diesbezüglich eindeutigen VE 491 III nicht in der Bestimmung selbst klarstellte.
[17] Zum *Rückgriff auf fehlbare Beamte*, der nicht in der StPO, sondern allenfalls im Verwaltungs- und Beamtenrecht zu regeln ist, Hinweise vorne in Fn. 4.
[18] Botschaft 1325 oben. So noch ausdrücklich VE 491 I und II.
[19] Botschaft 1325 oben. Auf einem andern Blatt steht der Fall, dass durch die *Zeugeneinvernahme usw. ein Delikt wie falsche Anschuldigung oder üble Nachrede begangen wird* und daraus zivilrechtliche Ansprüche eines Geschädigten erwachsen. Der Anspruch bei Schäden, die direkt im Zusammenhang mit letztlich unkorrekten Verfahrenshandlungen ent-

10. Kapitel: Verfahrenskosten, Entschädigung und Genugtuung

ton geltend machen, und diesen wiederum können im Rahmen von StPO 420 Rückgriff nehmen.

1768 Das Gesetz nennt **drei Fälle**, die zu einem solchen Rückgriff führen können, wobei **stets ein vorsätzliches oder grobfahrlässiges Verhalten seitens der Person, auf die Rückgriff genommen werden soll,** erforderlich ist: Zunächst kann ein solcher erfolgen, wenn die **fragliche Person die Einleitung des Verfahrens bewirkte** (lit. a). Neben einer falschen Anschuldigung i.S. von StGB 303 ist das Erstatten einer verwerflichen oder leichtfertigen Anzeige relevant (vgl. auch VStrR 102 I). Sinngemäss gilt dies ebenfalls für den **Strafantragsteller**. Ein Rückgriff kommt nur bei haltlosen Verdächtigungen[20], nicht aber bei einer in guten Treuen oder irrtümlich erstatteten unrichtigen Strafanzeige[21] in Frage.

1769 Ein Rückgriff kann sodann auf Personen erfolgen, **die das Verfahren erheblich erschweren** (lit. b). Erfasst werden hier Zeugen usw., die durch bewusst unrichtige Aussagen das Verfahren in die falsche Richtung lenkten, dadurch verzögerten und (zusätzliche) Kosten verursachten. Ferner kann der Staat auf jene Personen Rückgriff nehmen, die **einen im Revisionsverfahren aufgehobenen Entscheid verursachten** (lit. c), also wieder z.B. Personen, die durch falsche Anzeigen, Aussagen, Gutachten usw. das unrichtige und deshalb zu revidierende Urteil bewirkten. Im Fall der Revision zugunsten eines Verurteilten umfasst der Rückgriff vorab die vom Staat zu leistenden Entschädigungen nach StPO 415 II und 436 IV.

1770 Wie hat der Rückgriff nach StPO 420 zu erfolgen? Dazu ist ein (Straf-)**Gerichtsentscheid** erforderlich. Dieser ergeht üblicherweise im Rahmen des **Endentscheids** nach StPO 80 und 81 (vgl. vor allem Abs. 4 lit. e). Ist dies nicht möglich, ist der Rückgriff in einem **selbstständigen nachträglichen Entscheide des Gerichts** nach StPO 363 ff. anzuordnen[22].

6. Kostenentscheid und Rechtsmittel dagegen, StPO 421

6.1. Kostenentscheid, StPO 421

1771 StPO 421 I enthält den Grundsatz, dass über die **Kosten** – entgegen dem engen Wortlaut wieder unter Einschluss allfällig zu leistender **Entschädigungen** und **Genugtuungen** – im **Endentscheid** zu befinden ist (vgl. Nebenfolgen nach

---

standen sind, sind hingegen öffentlich-rechtlicher Natur und nach StPO 416 ff. zu behandeln.
[20] BGE 96 I 531.
[21] ZR 63 (1964) Nr. 35, 56 (1957) Nr. 75. Zur *Kausalität beim Zusammentreffen mehrerer Faktoren* RKG 1998 Nr. 118, bei erfolgter Anklageerhebung RKG 1996 35 Nr. 164 bzw. Erlass eines Strafbefehls RS 1997 Nr. 316.
[22] Vorne N 1390 ff.

StPO 81 IV lit. e). Dieser Entscheid ergeht von Amtes wegen[23], und das Anklageprinzip nach StPO 9 und 350 I[24] gilt hier nicht. Je nach Ausgang des Verfahrens ist dieser Entscheid in einer **Nichtanhandnahme- bzw. Einstellungsverfügung** (StPO 310 bzw. 319 ff.), im **Strafurteil** (StPO 351 I), im **Strafbefehl** (StPO 353 I lit. g) oder im **Entscheid in einem selbstständigen Massnahmeverfahren** (StPO 372 ff.) zu treffen[25]. Solche Entscheide sind näher (traditionsgemäss eher kurz) **zu begründen**[26].

StPO 421 II lässt Durchbrechungen des Grundsatzes von Abs. 1 zu, wonach der **Kosten- und Entschädigungsentscheid erst mit dem Endentscheid** zu treffen ist. So können Kostenentscheide nach lit. a dieser Bestimmung bei **Zwischenentscheiden** ergehen. Dies kann sich z.B. dann empfehlen, wenn am Entscheid nicht nur die eigentlichen Parteien, sondern andere Personen wie Zeugen (beim Entscheid über Zeugnisverweigerungsrechte, StPO 174) oder Inhaber von Aufzeichnungen u.Ä. (bei Entsiegelungsentscheiden, StPO 248) beteiligt sind. Bei lit. b handelt es sich gleichsam um eine «*unechte*» Ausnahme, da der Entscheid über die **Einstellung nur in einzelnen Punkten der Untersuchung** bezüglich dieser eigentlich einen Endentscheid darstellt. Werden aus einem grossen Vorverfahren z.B. wegen Seriendelikten einzelne Deliktsvorwürfe eingestellt, dürfte es regelmässig richtig sein, keinen separaten Kosten- und Entschädigungsentscheid zu treffen, sondern diesen dem Endentscheid vorzubehalten. Dies gilt vorab, wenn die Kosten- und Entschädigungsfrage nur die weiterhin verfolgte beschuldigte Person betrifft. Anderseits ist ein separater Entscheid angezeigt, wenn eine aufwendige Untersuchung wegen eines Tötungsdelikts eingestellt

1772

---

[23] Für die *Entschädigungen* StPO 429 II. – Zum hier geltenden *Untersuchungsgrundsatz* nach StPO 6 vgl. die Botschaft 1325 Mitte, noch ausdrücklich in VE 492 I. Es findet üblicherweise *kein separates Beweisverfahren zur Kosten- und Entschädigungsfrage* statt; eine Kostenauflage kann jedoch nur gestützt auf die sich aus den Strafuntersuchungsakten ergebende klare, korrekt zustande gekommene Beweislage erfolgen. Zu den Beweisgrundsätzen einlässlich ZR 105 (2006) Nr. 12 E. 3 = plädoyer 1/2006 76; RKG 2000 Nr. 129. Es ist *Aufgabe des Ansprechers*, seine Schadenersatz- bzw. Genugtuungsansprüche zu *substanziieren und zu belegen*, StPO 429 II Satz 2, Botschaft 1325 Mitte und hinten N 1820.

[24] Zu StPO 9 vgl. vorne N 203 ff. Also Entscheid auch ohne Anträge der Staatsanwaltschaft und der Parteien.

[25] Zu dem dabei zu gewährenden *rechtlichen Gehör* Pra 90 (2001) Nr. 5, allgemein vorne N 104 ff. Zuim Sonderfall der *Festsetzung der Entschädigung des amtlichen Verteidigers* nach StPO 135 II vorne N 752.

[26] Dazu ZR 100 (2001) Nr. 7. Zusprechung mit Begründungen wie «*ex aequo et bono*» u.Ä. genügen nicht, BGer 29.1.2003 i.S. S.B. c. Procureur général de Genève. Insbesondere ist das *Abweichen von den üblichen Ansätzen zu begründen,* so, wenn z.B. die Rechnung des amtlichen Verteidigers gekürzt wird bzw. die Behörde mit dem verrechneten Stundenansatz nicht einverstanden ist, BGer 28.11.2008, 6B_752/2008 in Anwaltsrevue 2/2009 93, vgl. auch MKGE 11 (1988–1996) Nr. 45. – Zu den *Verrechnungsmöglichkeiten,* die von der entscheidenden Strafbehörde oder aber erst im Vollstreckungsstadium erfolgen kann, StPO 442 IV, hinten N 1857.

10. Kapitel: Verfahrenskosten, Entschädigung und Genugtuung

wird und nur noch einige untergeordnete Delikte zur weiteren Verfolgung übrig bleiben. StPO 421 II lit. c wendet sodann die Regeln von lit. a und lit. b auf Entscheide bei **Rechtsmitteln gegen Zwischen- und Einstellungsentscheide** an.

6.2. Rechtsmittel gegen Kosten- und Entschädigungsentscheide

1773 Zu beachten ist, dass die StPO entgegen früheren kantonalen Verfahrensordnungen für den relativ häufigen Fall, dass eine Partei nur die **Regelung der Kosten- und Entschädigungsfrage mit einem Rechtsmittel anfechten will**, kein besonderes Verfahren vorsieht. Soll also ein Entscheid nur in diesem Punkt angefochten werden, ist kongruent zur Anfechtung im Hauptpunkt das dafür vorhandene Rechtsmittel, also primär **Berufung** (StPO 398 ff.)[27] oder **Beschwerde** (StPO 393 ff.)[28], zu ergreifen. Insbesondere StPO 406 I lit. d macht deutlich, dass selbst dann, wenn ein **Urteil** nur bezüglich der Kosten-, Entschädigungs- oder Genugtuungsfolgen angefochten werden soll, die **Berufung zu ergreifen ist**. Die subsidiäre Beschwerde (vgl. StPO 394 lit. a) kommt demzufolge nur zum Zuge, wenn nicht die Berufung zur Verfügung steht[29]. Dies dürfte vorab der Fall sein, wenn ausserhalb eines Urteils solche Kostenentscheide getroffen werden, also z.B. in einer Einstellungsverfügung nach StPO 320.

1774 Gegen **letztinstanzliche kantonale Entscheide** und solche der Strafkammern des Bundesstrafgerichts ist – auch nur im Kosten-, Entschädigungs- und Genugtuungspunkt allein und ungeachtet irgendwelcher Streitwertgrenzen – die **Strafrechtsbeschwerde ans Bundesgericht** nach BGG 78 ff. zulässig[30]. Geltend gemacht werden kann allein die **Verletzung von Bundesrecht**[31], also beispielsweise nicht die Verletzung der kantonalen Regelungen über Verfahrenskosten und Gebühren (StPO 424)[32].

§ 98 Verfahrenskosten, StPO 422–428, JStPO 44, VStrR 94–98, BGG 62–67 ff., MStP 117, 151

Literaturauswahl: Vgl. Literaturangaben zu § 97.

---

[27] Vorne N 1530ff.
[28] Vorne N 1499 ff. Zur Geltung von *reformatio in peius* N 1492.
[29] Vorne N 1514.
[30] Vorne N 1631. *Entgegen der früheren Praxis,* die bei Entschädigungsansprüchen für Genugtuung von einer Zivilklage gestützt auf kantonales öffentliches Rechts sprach und den Beschwerdeführer auf die öffentlich-rechtliche Beschwerde mit den Streitwertgrenzen von BGG 85 I lit. a verwies, BGE 135 IV 46, E.1.1.2. = SJ 131 (2009) 123 = RS 2009 Nr. 556.
[31] Vorne N 1680 ff.
[32] Hier nur die *Geltendmachung der Verletzung verfassungsmässiger Rechte,* vorne N 1690 f., also z.B. die willkürliche Festsetzung der Gerichtsgebühr.

Materialien: Aus 29 mach 1 S. 163 f., VE 486–492; BeB 284 ff.; ZEV 104; E 429–436; Botschaft 1225 ff. AB S 2006 1057 ff., AB N 2007 1032.

1. Begriff der Verfahrenskosten, Grundsätze, StPO 422 f.

1.1. Verschiedene Arten von Kosten, StPO 422, 424, VStR 94, BGG 65

Im Strafprozess entstehen dem Gemeinwesen umfangreiche Kosten. Diese liegen einerseits in den **allgemeinen Aufwendungen des Staats** für die Bereitstellung der Strafbehörden (Besoldungen, Räumlichkeiten usw.). Diese Kosten gehen primär zu Lasten des Gemeinwesens, welches das Verfahren führt, also Bund oder Kantone. Die Parteien partizipieren an diesem allgemeinen Aufwand, indem ihnen nach Massgabe der StPO **Gebühren** auferlegt werden (StPO 422 I erster Satzteil). Diese haben sich dabei an das im Verwaltungsrecht zu beachtende Äquivalenzprinzip zu halten, d.h., die Gebühren dürfen nicht höher sein als die Kosten, die dem Staat bei der Erbringung dieser Leistung erwuchsen. Zudem müssen sie sich in einem vernünftigen Rahmen halten[33].

Anderseits entstehen im Zusammenhang mit einem konkreten Fall **Auslagen** (so die Wortwahl von StPO 422 I zweiter Satzteil und Abs. 2), gelegentlich auch **amtliche Kosten** oder **Barauslagen**[34] genannt. Darunter fallen nach StPO 422 II namentlich Kosten für die amtliche **Verteidigung** (lit. a), für **Übersetzungen** (lit. b), **Gutachten** (lit. c), die Mitwirkung anderer **Behörden** (lit. d[35]) sowie für **Post-, Telefon- und ähnliche Spesen** (lit. e). Weiter zu nennen wären **Entschädigungen für Zeugen** (StPO 167), **Sachverständige** (StPO 190) u.Ä.[36]

1775

1776

---

[33] Botschaft 1325 unten. Dazu etwa TPF 2007 99 E.4.2.
[34] So in VE 493 I oder wieder in BGG 63.
[35] Etwa *Kosten von Berichten bzw. Gutachten des wissenschaftlichen Dienstes der Polizei oder von rechtsmedizinischen Instituten*, Botschaft 1326 oben. – *Allgemeine Aufwendungen der Polizei als Strafbehörde sind nicht verrechenbare Auslagen i.S. von StPO 422 II*, wobei die Grenzen heikel sind: Die Aufwendungen der Erkennungsdienste z.B. dürften, da zur strafprozessualen Ermittlungstätigkeit zählend, abgesehen von Aufwendungen für Material u.Ä. nicht verrechenbar sein. Überträgt die Strafbehörde (soweit überhaupt möglich, vgl. StPO 2 I, vorne N 85) Aufgaben an Private, können die Kosten nicht nach StPO 422 auferlegt werden. Vgl. dazu nachfolgend Fn.
[36] Kosten der *Telefonüberwachung* (soweit von andern Behörden etwa des Bundes in Rechnung gestellt) sowie allenfalls *Transporte*, vgl. Urteil des Zürcher Kassationsgerichts in plädoyer 6/2008 89; zu den *Standkosten beschlagnahmter Fahrzeuge* BJM 2009 169. – Offenbar will der Gesetzgeber die *Kosten der Untersuchungs- und Sicherheitshaft nicht zu den Verfahrenskosten nach StPO 422 zählen* (wie noch ausdrücklich die entsprechende VE 493 II lit. b), dazu hinten N 1785.

1.2. Grundsätzliche Kostentragungspflicht des Staats, StPO 423 I, JStPO 44 I

1777 StPO 423 I statuiert den Grundsatz, dass **ohne gesetzliche Bestimmungen**, die es ermöglichen, Verfahrenskosten (privaten) Verfahrensbeteiligten aufzuerlegen, diese Kosten vom verfahrensführenden Bund oder Kanton zu tragen sind. Eine Kostenauflage zu Lasten privater Verfahrensbeteiligter erfordert somit wie schon erwähnt eine gesetzliche Grundlage[37]. Im Zusammenhang mit diesem Grundsatz ist auch die – in der StPO[38] nicht ausdrücklich enthaltene – Regel zu sehen, dass die **Kostentragungspflicht nur private Verfahrensbeteiligte und nicht die Strafbehörden** trifft. Dies bedeutet, dass vor allem im Fall eines Freispruchs die Kosten nicht der Staatsanwaltschaft auferlegt werden können, und ebenso kann der Kanton z.B. bei Unterliegen der Staatsanwaltschaft des Bundes mit einem Rechtsmittel vor den kantonalen Instanzen den Bund mit Kosten belasten. Der verfahrensführende Bund oder Kanton belastet diese Kosten seiner Staatskasse. Die Staatsanwaltschaft hat bei Obsiegen ebenfalls **keinen Anspruch auf Entschädigung**[39].

1778 Das Einfordern von **Vorschüssen für die allenfalls zu tragenden Kosten (Kautionen)** verlangt ebenfalls eine gesetzliche Grundlage. Vorschüsse sind nach der StPO[40] nur in sehr engem Rahmen möglich und beschränken sich auf die **Privatklägerschaft** (StPO 125, 373 II Satz 2, 383). Das Ausüben von Verfahrensrechten durch die **beschuldigte Person** ist nach der StPO **nicht von Vorschüssen abhängig** (anders für die Strafrechtsbeschwerde ans Bundesgericht, BGG 62 f.[41]).

1.3. Weitere allgemeine Vorschriften zu den Verfahrenskosten, StPO 423 II, III, 424

1779 StPO 423 II und III (vgl. auch VStrR 98) regeln die Kostentragung in **Fällen, die nach StPO 25 den Kantonen delegiert wurden**. Diese Bestimmungen ermöglichen im Anschluss an die früheren Regeln von BStP 257 bzw. 106 II, dass dem

---

[37] Vorne N 1758.
[38] Wohl aber in VE 488 I, dazu BeB 280 Mitte.
[39] Botschaft 1226 oben. Nach BGG 66 IV können Bund und Kantonen in der Regel keine Gerichtskosten auferlegt werden, dazu BGer 11.4.2008, 6B_588/2007, E.5.1., in FP 1/2009 11, vgl. auch vorne N 1777.
[40] Die Kantone wären nicht befugt, über die StPO hinausgehend Kautionspflichten einzuführen.
[41] Rechtsweggarantie von BV 32 III sowie EMRK 6 Ziff. 1 schliesst das Erheben von Kostenvorschüssen und Kostenauflagen auch gegen beschuldigte Personen nicht aus, mit Blick auf eine entsprechende Regelung der früheren StPO von Basel-Stadt BGE 128 I 239 = ZBJV 139 (2003) 736. Siehe sodann m.w.H. N 1469.

Kanton die erwachsenden ausserordentlichen Kosten vergütet werden. Im Rahmen des Erlasses des StBOG sollen diese beiden Absätze aufgehoben werden[42].

Die StPO enthält keine Vorschriften über die Art und Weise der **Berechnung** 1780 **der Verfahrenskosten und über die Gebührensätze**. Nach StPO 424 I haben Bund und Kantone in ihrem Bereich die erforderlichen Vorschriften zu erlassen. Sie haben die Möglichkeit, für einfache Fälle (vor allem Strafbefehle) **Pauschalsätze** festzulegen[43]. Solche Pauschalgebühren umfassen alsdann sowohl die Gebühren wie auch die üblichen Auslagen für Telefonate, Porti usw.[44]

StPO 425 sieht vor, dass die Strafbehörde[45] Forderungen aus Verfahrenskosten 1781 unter Berücksichtigung der wirtschaftlichen Verhältnisse der kostenpflichtigen Person **stunden, herabsetzen oder erlassen kann**. Dies kann auf Gesuch der zahlungspflichtigen Partei hin, aber auch von Amtes wegen erfolgen. Stundung und Erlass setzen begrifflich voraus, dass zunächst eine Kostenauflage erfolgte. Aus dem Wortlaut der Bestimmung lässt sich nicht ohne Weiteres ableiten, dass daraus ebenfalls die Befugnis der Strafbehörden fliesst, bereits bei der **Auflage der Verfahrenskosten im fraglichen Entscheid auf die wirtschaftliche Lage der kostenpflichtigen Person Rücksicht zu nehmen**; dies ergibt sich jedoch aus der Botschaft zu E 432[46]. In jüngerer Zeit wird denn auch in der Praxis verstärkt auf eine an sich mögliche Kostenauflage verzichtet, um auf die prekäre finanzielle Lage von beschuldigten Personen Rücksicht zu nehmen. Im Vordergrund steht das Motiv, die Resozialisierung der kostenpflichtigen Verfahrensbeteiligten, vor allem der beschuldigten Personen, nicht durch eine Vergrösserung des (üblicherweise ohnehin schon drückenden) Schuldenbergs zu gefährden[47]. Der Entscheid über einen Kostenerlass kann im Anschluss an die bisherige Praxis in einzelnen Kantonen wohl ebenso auf den **Zeitpunkt des Kostenbezugs verschoben werden**, also die Vollstreckung nach StPO 442[48]. Es handelt sich

---

[42] Siehe Botschaft BBl 2008 8143, 8185, 8212 (auf die *Abgeltung von Leistungen soll gegenseitig verzichtet werden*).

[43] Nach E 431 sollte der Bundesrat hier einheitliche Regeln erlassen, abgeändert vom Ständerat, AB S 2006 1057.

[44] Für den Bund bisher V vom 22.10.2003 über die Kosten der Bundesstrafrechtspflege, AS 2003 4055; SR 312.025.

[45] Unklar ist, ob diese Möglichkeit nach dem Wortlaut der Bestimmung («*Strafbehörde*») nur der ursprünglich entscheidenden Behörde i.S. von StPO 12 und 13 selbst zusteht. Da es sich hier um einen *Akt der Justizverwaltung* handelt, ist davon auszugehen, dass für Stundung und Erlass die dazu nach Organisationsrecht von Bund und Kantonen (StPO 14) bei den Strafbehörden zuständigen Stellen befugt sind, also allenfalls z.B. die *Gerichtskasse, die Gerichtsverwaltung o.Ä.*

[46] S. 1326 Mitte, wobei diese eigentlich am Wortsinn von jetzt StPO 425 vorbeigeht.

[47] RKG 1995 38 Nr. 120.

[48] So die frühere zürcherische Praxis RO 1987 337 Nr. 70. Aufschub insbesondere dann angebracht, wenn im Zeitpunkt des Kostenentscheids die *gegenwärtige und künftige finanzielle Lage der Kostenpflichtigen nicht überblickbar ist*. – Nicht eingegangen wird an dieser Stelle auf die Frage, inwieweit die Kantone bezüglich ihrer Kosten Stundung und Verzicht selbst noch näher (und allenfalls abweichend von StPO 425) regeln können.

alsdann um Stundung und Verzicht, die der Wortlaut von StPO 425 primär im Auge zu haben scheint.

2. Kostentragungspflicht der beschuldigten Person und anderer Verfahrensbeteiligter, StPO 426, JStPO 44 III, VStR 95, MStP 117 II, 151, BGG 66

2.1. Tragung bei Verurteilung, StPO 426 I, JStPO 44 III, VStrR 95 I, MStP 151 I

2.1.1. Grundsatz

1782 Wird die beschuldigte Person verurteilt, so folgt daraus, dass sie die Einleitung des Verfahrens verschuldet hat und deshalb grundsätzlich die durch die Straftat adäquat kausal verursachten Verfahrenskosten tragen soll (vgl. den Grundsatz in StPO 426 I Satz 1, VStrR 95 I)[49]. Diese Regel gilt nach StPO 422 I ebenfalls im selbstständigen Massnahmeverfahren (nachfolgend Ziff. 2.3.)[50].

2.1.2. Ausnahmen von der Kostenauflage, StPO 426 I und III

1783 Nach StPO 426 I Satz 2 werden die **Kosten der (amtlichen) Verteidigung** nicht der verurteilten beschuldigten Person auferlegt, sondern unter Vorbehalt von StPO 135 IV auf die Staatskasse genommen. Nach StPO 135 IV kann die beschuldigte Person in Abweichung von EMRK 6 Ziff. 3 lit. c **zur Rückerstattung an die Staatskasse verpflichtet werden**, sobald es ihre wirtschaftlichen Verhältnisse erlauben[51].

1784 **Weitere Ausnahmen** finden sich in StPO 426 III lit. a und b sowie Abs. 4:
– Der beschuldigten Person (sowie analog auch kostenpflichtigen weiteren Verfahrensbeteiligten) können nicht **Kosten auferlegt werden, die die**

---

[49] Gilt auch für das nach StGB 102 *verurteilte Unternehmen.* – Zum *Teilfreispruch* ZR 99 (2000) Nr. 6; zur *Teilverurteilung*, weil Rest verjährt ist, RKG 2001 Nr. 105, zur *Teileinstellung* RKG 2008 Nr. 114. Im Rahmen von ZGB 277 II sind die Eltern volljähriger Kinder zum Tragen von Prozesskosten verpflichtet, SJ 123 (2001) 572. – Zur *adäquaten Verursachung der Kosten* etwa RKG 2008 Nr. 114 = plädoyer 6/2008 88; damit ist die *Auflage von unnötig verursachten Kosten ausgeschlossen*, dazu nachfolgend N 1784.

[50] Mit Ausnahme des *Massnahmeverfahrens gegen schuldunfähige Personen* nach StPO 374 ff., zu diesem vorne N 1425 ff., hinten N 1793.

[51] Rückforderung (dazu – ebenfalls zur entsprechenden Begründungspflicht – sodann m.w.H. vorne N 753 f. und Botschaft 1131) nach der auslegenden Erklärung des Bundesrates zur entsprechenden Bestimmung von EMRK 6 Ziff. 3 lit. c zulässig, AS 1974 2148; EuGRZ 10 (1983) 150; ZR 76 (1977) Nr. 115; dazu auch BGE 106 Ia 215, 122 I 6. – Zu entscheiden ist auch über *ausserkantonale Kosten* (StPO 47 III), dazu aus der Sicht des früheren Rechts BGE 121 IV 34.

Strafbehörden von Bund oder Kantonen durch unnötige oder fehlerhafte Verfahrenshandlungen verursachten[52].
- Immer auf die Staatskasse zu nehmen sind sodann in Nachachtung von EMRK 6 Ziff. 3 lit. e die **Übersetzungskosten**, die durch die Fremdsprachigkeit der beschuldigten Person (nicht hingegen von Zeugen usw.) verursacht wurden (lit. b)[53]. Diese Beschränkung der Kostenauflage gilt nur für die beschuldigte Person, nicht für andere kostenpflichtige Personen[54].
- Eine weitere **Ausnahmen** findet sich in StPO 426 IV: Die beschuldigte Person trägt, falls sie nach Abs. 1 Satz 1 kostenpflichtig ist, analog zu StPO 135 IV die **Kosten der unentgeltlichen Verbeiständung der Privatklägerschaft** nur, wenn sie sich in günstigen wirtschaftlichen Verhältnissen befindet.
- Eine ausdrückliche Regelung der Auflage der Kosten des Freiheitsentzugs in Form der **Untersuchungs- und Sicherheitshaft** im Fall der Verurteilung fehlt in der StPO. VE 493 II lit. b zählte sie ausdrücklich zu den Auslagen, nicht mehr jedoch StPO 422, wobei offenbar die Ansicht massgebend war, diese Kosten könnten mit Blick auf StGB 380 ohnehin nicht der beschuldigten Person auferlegt werden: Kommt es nämlich zu einem Vollzug der Sanktion, auf die die Untersuchungs- oder Sicherheitshaft angerechnet wurde (StGB 51, 110 VII; StPO 431 II und III), so trägt grundsätzlich der Staat die Kosten des Sanktionsvollzugs. Nach StGB 380 II bzw. JStPO 45 V oder VI

---

[52] Kosten, die nicht adäquate Folge der Straftat sind, vorne N 1782. Also z.B. *Einvernahme offensichtlich unnötiger Zeugen*, Kosten der *Wiederholung fehlerhafter Verfahrenshandlungen* u.Ä., dazu schon BGE 133 IV 187 und TPF 2007 145 E.5.4. *Einholung eines für den untersuchten Drogenhandel irrelevanten Gutachtens* über den Drogenkonsum der beschuldigten Person RKG 2008 Nr. 114 = plädoyer 6/2008 89. – Gestrichen wurde vom Parlament aus nicht ganz einsichtigen Gründen (vgl. RK-S 21.-23.8.2006 99) E 433 lit. c, d.h. die Möglichkeit der *Übernahme unverhältnismässiger hoher Kosten auf die Staatskasse*, also z.B. hohe Beweiserhebungs- wie etwa Gutachterkosten in einem Bagatellfall; diese Konstellationen können aber allenfalls als Fall nicht kausal verursachter Kosten bzw. als fehlerhafte Verfahrenshandlung i.S. von StPO 426 III lit. a bezeichnet werden. Zu dieser Thematik aus der Sicht des früheren Rechts RS 1998 Nr. 487; Pra 89 (2000) Nr. 147. Ferner TPF 2008 189 (hohe Haftkosten unverhältnismässig zu Verschulden). Es würde nicht einleuchten, *diese Einschränkung von StPO 426 III lit. a nur bei der Kostenauflage zu Lasten der beschuldigten Person* gelten zu lassen; die Regel in VE 494 IV lit. a ging denn auch in dieser Richtung. – Ein *Spezialfall unnötiger Untersuchungshandlungen* ist die sog. *Überhaft*, d.h. der Freiheitsentzug durch Untersuchungs- und Sicherheitshaft, die die schliesslich ausgesprochene Strafe übersteigt, dazu StPO 431 II und näher hinten N 1827 ff.

[53] Der im Jahre 2000 zurückgezogene Vorbehalt der Schweiz zu dieser EMRK-Vorschrift (vgl. AS 2002 1143) war ungültig, Botschaft 1327, ferner Pra 90 (2001) Nr. 124 = BGE 127 I 141 = SJ 123 (2001) 444; RKG 1997 Nr. 9 = ZR 97 (1998) Nr. 109. Auflage hingegen möglich bei Übersetzungskosten von Einvernahmen, bei denen die beschuldigte Person nicht dabei war, RKG 2001 Nr. 9.

[54] Dazu Botschaft 1327 oben.

kann allerdings der Verurteilte bzw. dessen Eltern in angemessener Weise an diesen Kosten beteiligt werden kann[55].

2.1.3. Tragung der Kosten bei Tod der beschuldigten Person

1785 Entgegen VE 490 I regelt die StPO die Kostentragung im Fall des **Todes der beschuldigten Person** nicht. Stirbt die beschuldigte Person *während* des **Verfahrens**, konnten nach früherer Praxis vieler Kantone die Kosten dem Nachlass auferlegt werden[56]. Die neuere Bundesgerichtspraxis verlangt eine ausdrückliche gesetzliche Grundlage[57], die in der StPO nunmehr fehlt. Eine Kostenauflage ist deshalb nicht möglich. Stirbt der **Kostenpflichtige** *nach* Rechtskraft des Kostenentscheides (StPO 437), gelten die erbrechtlichen Bestimmungen[58].

2.2. Tragung bei Einstellung und Freispruch, StPO 426 II, VStrR 95 II, MStP 117 I, II, 151 III

2.2.1. Grundsatz der Kostentragung durch den Staat, Ausnahme der Auflage an die beschuldigte Person bei rechtswidrigem und schuldhaftem Verhalten

1786 Bei Einstellung oder Freispruch[59] werden die Verfahrenskosten des gesamten Verfahrens nach dem allgemeinen Grundsatz von StPO 423 I (vorne Ziff. 1.2.) **auf die Staatskasse** genommen. In diesen Fällen wird keine Staatsgebühr ausgesprochen. StPO 426 II lässt indessen zu, der beschuldigten Person die Verfahrenskosten[60] ganz oder teilweise aufzuerlegen, *«wenn sie rechtswidrig und schuldhaft die Einleitung des Verfahrens bewirkt oder dessen Durchführung erschwert hat»*. Die StPO übernimmt damit die Grundsätze, welche die bisherige Praxis des Bundesgerichts sowie der Strassburger EMRK-Organe zu diesen Voraussetzungen der Kostenauflagen, nämlich der widerrechtlichen und schuld-

---

[55] Zählen die Haftkosten nicht zu den Verfahrenskosten nach StPO 422, so können sie auch nicht nach StPO 417, 420 oder 427 II einem andern Verfahrensbeteiligten auferlegt werden! Hier angeführte Regeln gelten ebenso für den vorzeitigen Strafvollzug nach jetzt StPO 236, BGE 133 IV 198. – Differenziertere Regelung war vorgesehen in VE 494 III (Auflage, wenn sie in günstigen wirtschaftlichen Verhältnissen leben, dazu BeB 285 f.). Besondere Regeln im *Jugendstrafverfahren*, JStPO 45.

[56] ZR 36 (1937) Nr. 75; vgl. auch ZBJV 140 (2004) 762. Auch *Entschädigungen an Geschädigten bzw. Privatklägerschaft*, ZR 96 (1997) Nr. 62 S. 160.

[57] BGE 132 I 117 = SJZ 102 (2006) 362, 413 f. – Offen bleibe, inwieweit eine Kostenauflage *z.L. des Nachlasses eines Verstorbenen mit der Unschuldsvermutung zu vereinbaren ist.*

[58] Pra 90 (2001) Nr. 154 S. 917.

[59] Nicht als Freispruch gilt, wenn die *beschuldigte Person wegen anderer als der angeklagten Strafbestände schuldig gesprochen wird,* RFJ/FZR 15 (2006) 399 unter Hinweis auf SJ 116 (1994) 555; vgl. auch ZR 99 (2000) Nr. 6.

[60] Ohne jene der Untersuchungs- und Sicherheitshaft, da dafür eine gesetzliche Grundlage zu fehlen scheint, dazu vorne N 1785.

haften Verursachung der Kosten, entwickelte[61], Voraussetzungen, die sich vor allem an der Unschuldsvermutung nach BV 32 I und EMRK 6 Ziff. 2 orientieren.

2.2.2. Voraussetzungen des kumulativ rechtswidrigen und schuldhaften Verhaltens

2.2.2.1. Nach der neueren, gegenüber früher herrschenden Anschauungen einschränkenden Bundesgerichtspraxis ist zur Annahme eines rechtswidrigen Verhaltens ein **rechtlich vorwerfbares Verhalten notwendig, also ein gegen geschriebene oder ungeschriebene Verhaltensnormen verstossendes Verhalten**. Das **Verletzen bloss moralischer oder ethischer Pflichten** genügt zur Kostenauflage nicht, was die jüngere einschlägige Gerichtspraxis hervorzuheben pflegt. Es handle sich hier – so wird betont – nicht um eine Haftung für strafrechtliches Verschulden, sondern eine zivilrechtlichen Grundsätzen angenäherte Haftung für fehlerhaftes Verhalten («*prozessuales Verschulden*»), wobei ein objektiver Massstab anzulegen sei. Eine so begründete Kostenauflage widerspricht – so die bisherige Praxis – grundsätzlich weder der Unschuldsvermutung von BV 32 I und EMRK 6 Ziff. 2[62] noch nach bisheriger Betrachtungsweise dem nunmehr aus BV 9 sowie StPO 3 II lit. b fliessenden Willkürverbot[63]. Denkbar ist ebenso, dass dieses Verhalten gleichzeitig einen **Straftatbestand erfüllt**[64]. Mit Blick auf den neuen AT StGB ist diese Variante vor allem in jenen Fällen bedeutsam, in denen trotz an sich erfülltem objektivem und subjektivem Tatbestand von Strafe bzw. einer Strafverfolgung abgesehen wird (etwa StGB 52–54, vgl. auch StPO 8 II) und demgemäss nach heutiger Betrachtungsweise das Verfahren durch die Staatsanwaltschaft oder Gericht einzustellen ist[65].

1787

Zu beachten ist, dass **nicht allein Verletzungen zivilrechtlicher Pflichten bzw. strafrechtlicher Verbote**[66] **als Prüfstein für dieses rechtswidrige Verhalten dienen**[67]. Zum einen können auch Rechtsverletzungen anderer Art (z.B. Verletzungen verwaltungsrechtlicher Normen wie Bauvorschriften, des Notariats- oder

1788

---

61 Botschaft 1326 unten. – Zur *Kostenauflage bei aussergewöhnlichen Todesfällen* vorne N 1086 Fn. 310.
62 BGE 107 Ia 166, 109 Ia 160, 237, 114 Ia 302; SJ 123 (2001) 120.
63 BGE 112 Ia 371.
64 RO 1987 337 Nr. 69. Zur *Verletzung strafrechtlicher Gebote* RKG 1999 Nr. 8. Nicht genügend, wenn Strafnorm nachträglich aufgehoben wurde, RKG 2002 Nr. 5.
65 Also kein Freispruch, hierzu vorne N 202, 323, 1255, 1318 und N 1343 Fn. 121. Zu diesen Einstellungen nachfolgend N 1790 a.E.
66 Dazu die Ausführungen m.w.H. vorne in N 1787 a.E. sowie in N 1790 a.E. und Fn. 79.
67 Wie dies etwa BGE 116 Ia 162 unten in der Regeste vermuten lassen könnte. – Bisherige Basler Praxis verlangt *strafprozessual vorwerfbares Verhalten*, bei welchem jedoch auch ein «*ausserstrafrechtliches Verschulden*» genügt. Ein unethisches oder nur unter zivilrechtlichen Gesichtspunkten vorwerfbares Verhalten genügt darnach nicht, m.w.H. BJM 2003 174 f. = RS 2006 Nr. 106.

10. Kapitel: Verfahrenskosten, Entschädigung und Genugtuung

Standesrechts[68]; Verletzung von Vorschriften des Finanzmarktrechts) zur Annahme eines rechtswidrigen Handelns führen[69]. Zum andern könnte die Fixierung auf die Verletzung zivilrechtlicher Pflichten dazu führen, dass jede Vertragsverletzung, jedes sittenwidrige Verhalten im Sinn von OR 20 oder jeder Verstoss gegen ZGB 2 als verwerfliches Verhalten in Betracht fielen, was nicht dem Sinn dieser Ausnahmebestimmung entspricht[70].

1789 *2.2.2.2.* Damit hängt zusammen, dass die Kostenauflage nicht mit der Rechtswidrigkeit allein begründet werden kann. StPO 426 II verlangt zudem ein **Verschulden**, d.h., die rechtswidrig verursachte Einleitung des Verfahrens bzw. dessen Erschwerung müssen mindestens in der Form der Fahrlässigkeit vorwerfbar sein. Die Praxis tendiert mit Recht dahin, für eine Kostenauflage nicht jeden Regelverstoss genügen zu lassen, sondern einen **qualifiziert rechtswidrigen und schuldhaften**[71] **sowie zudem rechtsgenüglich nachgewiesenen Sachverhalt** zu verlangen. Vorab geht es um die Verletzungen **besonderer gesetzlicher Pflichten**[72] oder aber Verhaltensweisen mit aggressiver bzw. provokativer, of-

---

[68] Sexuelle Beziehungen eines amtlich bestellten psychiatrischen Gutachters mit der Explorandin, OGZ II. StrK 20.9.1999 i.S. Dr. X.
[69] In dieser Richtung auch der vorgenannte BGE 116 Ia 169.
[70] In Pra 90 (2001) Nr. 59 wurde die Verletzung der Persönlichkeitsrechte der Geschädigten nach ZGB 28 als genügend betrachtet (S. 352: ... *Gegen den Vorwurf der Verletzung zivilrechtlicher Vorschriften bietet die Unschuldsvermutung keinen Schutz* ...), was in dieser allgemeinen Form problematisch ist. Nicht ausreichend ist die *Verletzung ehelicher Treue und Beistandspflichten* nach ZGB 159, vgl. RKG 2005 Nr. 7.
[71] Es *genügt nicht jede leichte Widerrechtlichkeit*, also z.B. eine Ordnungswidrigkeit, ZR 99 (2000) Nr. 8 = RKG 1998 Nr. 119 = plädoyer 6/1999 66. Ein sinngemässer Verweis auf die Geschäftsherrenhaftung nach OR 55 bzw. ZGB 55 genügt ebenfalls nicht, SJZ 97 (2001) 408. In RFJ/FZR 14 (2005) 78 Kostenauflage nach Freispruch wegen versuchter sexueller Handlungen mit Kindern gegen 55-jährigen Beschuldigten, der einer 14-jährigen die Backe streichelte, die Schulter berührte und einen Kuss vorschlug mit der Bemerkung, sie sei «e schös Chäferli» (problematisch). Vgl. Fall in RFJ/FZR 15 (2006) 412 (Kostenauflage trotz Freispruch vom Vorwurf nach StGB 191 bei zwei Beschuldigten, die mit alkoholisierter Frau sexuell verkehrten und dabei auch eine Flasche verwendeten). Ähnlich der Fall RFJ/FZR 16 (2007) 234 = RS 2008 Nr. 416 (Freispruch in Vergewaltigungsfall wegen unklarer Umstände; der alkoholisierte Täter hatte der Frau dabei leichte Verletzungen zugefügt). *Verletzung der Sorgfaltspflicht* bei der *Entgegennahme von Honorarvorschuss durch Anwalt*, der zwar von der Geldwäscherei freigesprochen wurde, Bezirksgericht Zürich in NZZ Nr. 94 vom 23.4.2008. Im Zusammenhang mit Geldwäscherei genügen *jedoch ungewöhnliche Vermögenstransaktionen nicht*, TPF 2008 121.
[72] So ZR 104 (2005) Nr. 51; BGE 114 Ia 303; siehe auch ZR 85 (1986) Nr. 34: Verstoss gegen baupolizeiliche Vorschriften. Missachtung der aktienrechtlichen Aufsichtspflichten des Verwaltungsrates, BJM 1981 269 und RFJ/FZR 10 (2001) 353 oder der aktienrechtlichen Treuepflicht RKG 2002 Nr. 5, vgl. auch RVJ/ZWR 2008 208. Verwendung einer unrichtigen Bilanz und absichtliche Täuschung i.S. von OR 28, BGer 23.3.2000 in RVJ/ZWR 35 (2001) 310 = RS 2003 Nr. 320. Unsorgfältige Erfüllung arbeitsrechtlicher Pflichten, TPF 2005 101 E.2.2.2. Verletzung der Vorsichtspflicht eines Motorbootführers, ZR 96 (1997) Nr. 62 = RKG 1996 14 Nr. 5 oder der Pflicht nach VZV 138, an einem Atemtest mitzuwirken, Pra 87 (1998) Nr. 166 S. 895. Verletzung des Grundsatzes *neminem*

fensichtlich straftatbestandsnaher Ausrichtung, auf die der Staat vernünftigerweise nicht anders als mit der Einleitung eines Strafverfahrens reagieren konnte[73]. Die Kostenauflage wegen **Erschwerung der Durchführung des Strafverfahrens** setzt eine **Verletzung klarer prozessualer Pflichten** voraus[74]. Selbstverständlich kann das blosse Wahrnehmen verfahrensmässiger Rechte, etwa des Schweigerechts der beschuldigten Person[75], für eine Kostenauflage nicht genügen, auch wenn dadurch das Verfahren erschwert wird.

laedere, Pra 92 (2003) Nr. 135; 95 (2006) Nr. 25 (mit kritischem Kommentar); jedoch gewisse Schwere erforderlich, vgl. BGer 30.7.2007, 1P.18/2007 in Anwaltsrevue 10/2007 446. Verstoss gegen das Spielbankgesetz, BGer in plädoyer 4/1999 66. Ferner Verletzung der Wahrheits- und Aufklärungspflichten nach UVG 47 III, Pra 91 (2002) Nr. 203, Verletzung der elterlichen Pflichten, RS 2001 Nr. 57, oder Ausstossen ernstlicher Morddrohungen AGVE 2006 59 = RS 2008 Nr. 362 (Entscheid bezüglich Verweigerung Entschädigung). – Nicht genügend *Verstoss gegen ausländische Rechtsvorschriften*, für die in der Schweiz nicht annähernd ein Äquivalent vorhanden ist, selbst wenn unter ethischen Gesichtspunkten allenfalls verwerflich, OGZ im Fall Swissair in NZZ Nr. 131 7./8.6.2008.

[73] ZR 99 (100) Nr. 8 = RKG 1998 Nr. 119 = plädoyer 6/1999 66, ferner Fälle in BGE 109 Ia 164 und 116 Ia 172. Schaffung des Anscheins, dass Delikt begangen worden sei, m.w.H. RFJ/FZR 9 (2000) 316. In Frage kommen weiter z.B. falsche Selbstbezichtigungen oder sonst krass wahrheitswidriges Benehmen des Angeschuldigten oder konkrete Vorbereitungshandlungen. Straftatbestand objektiv erfüllt, aber späterer *Wegfall einer Prozessvoraussetzung* bzw. *Eintritt eines Verfahrenshindernisses* wie Rückzug des Strafantrags bzw. Eintritt der Verjährung, zum letzteren Fall vorne N 1787 und 1790 und nachfolgend Fn. 77 und BGer 5.5.1997 in RS 1999 Nr. 674. Zum *Rückzug des Strafantrags* StPO 427 III, dazu hinten N 1795.

[74] Allgemein zum *prozessualen Verschulden* BGE 109 Ia 163, 114 Ia 303; ZR 67 (1968) Nr. 98. Für den Fall eines *Geständniswiderrufes*, RO 1970 303 Nr. 43. *Qualifiziertes Lügen*, RKG 1998 Nr. 117. *Verschuldete Säumnis*, BGE 109 Ia 164, 116 Ia 172. *Aktives Vertuschen bzw. Täuschen der Strafbehörden z.B. durch falsche Aussagen*, EKMR in VPB 60 (1996) Nr. 117. *Unterlassen bzw. Verzögern der zumutbaren Aufklärung der Strafverfolgungsorgane über entlastende Momente*, also z.B. ein vorwerfbares Nennen von Entlastungszeugen erst in späterer Phase, BJM 2003 175. Ähnlich BGer 15.2.2002 i.S. J.M.C.R. ca. Kt. Genf (Freispruch von Drogenhandel. Beschuldigte Person mit Landesverweisung wegen Drogenhandels war in die Schweiz eingereist, begab sich zu Person, bei welcher Drogen gefunden wurde. Verweigerung von irgendwelchen Erklärungen zur Einreise bzw. zum Treffen mit dieser Person. Aussagen erst, als er von jener Person beschuldigt wurde). Siehe auch den Fall Pra 86 (1997) Nr. 114. – *Keine Pflichtverletzung* im Sinn einer Verfahrenserschwerung beim erst späteren Nennen von Präjudizien, PKG 2001 Nr. 20 S. 101. *Blosses Lügen genügt nicht*; notwendig ist, dass die beschuldigte Person durch krass unwahre Aussagen die Behörden zur Eröffnung unnötiger Verfahren bzw. Durchführung unnützer Erhebungen veranlasst, BGer 13.11.2007, 6B_295/2007 in Anwaltsrevue 2/2008 76; BGer 6.12.1996 in NZZ Nr. 19 vom 24.1.1997. Keine vorwerfbare Erschwerung weiter, wenn (bewilligte) Fristerstreckungsgesuche gestellt wurden, KGZ 9.10.1990 i.S. F.W. ca. K.M.

[75] BGE 116 Ia 172, 109 Ia 166. Auch nicht Verhalten, das erlaubt ist, aber zur Verfahrensverzögerung beiträgt, ZR 104 (2005) Nr. 51 S. 196 ff., oder Verhalten, das allenfalls als *mutwillig erscheint, jedoch erlaubt ist*, aber zur Verzögerung beiträgt, ZR 104 (2005) Nr. 51 S. 196 ff. Zu einem Fall mit *Rückzug des Strafantrags* JT 2004 III 87 = RS 2005

1790 **2.2.2.3. Unvereinbar mit der Unschuldsvermutung ist nach der Praxis eine Kostenauflage, wenn diese den Eindruck erweckt, der Betreffende werde nach wie vor als schuldig betrachtet**[76]. Unzulässig soll es dementsprechend sein, wenn eine Kostenauflage bei Wegfall einer Prozessvoraussetzung (Rückzug des Strafantrages) bzw. dem Auftreten eines Verfahrenshindernisses (Eintritt der Verjährung) allein damit begründet wird, im Fall eines Urteils wäre die beschuldigte Person voraussichtlich schuldig gesprochen worden[77]. Es ist weiter nicht angängig, eine Kostenauflage als «Ausgleich» für einen wohlwollenden Freispruch in Anwendung von *in dubio pro reo* vorzunehmen, ebenso nicht, wenn ein Straftatbestand objektiv nicht erfüllt ist[78]. Inwieweit sich die eingangs erwähnten Grundsätze bezüglich Unvereinbarkeit der Begründung der Kostenauflage mit der Unschuldsvermutung vorab bei Einstellungen etwa in Anwendung des Opportunitätsprinzips (StPO 8) aufrechterhalten lassen[79], bleibt abzuwarten.

Nr. 706. Problematisch der in BJM 2003 176 zitierte Entscheid (*Kostenauflage, wenn Berufung nur zur Herbeiführung der Verjährung eingelegt wurde*, zur Verjährung sodann nachfolgend Fn. 77).

[76] ZR 84 (1985) Nr. 135; BGE 116 Ia 175, 115 Ia 309, Pra 79 (1990) Nr. 43 = BGE 115 Ia 309. Vgl. auch RKG 2000 Nr. 132 (Hinweis, Betroffener habe UWG 4 lit. b verletzt, sei unzulässig, da Schuldvorwurf).

[77] BGE 116 Ia 162 mit Hinweis auf frühere Entscheide wie BGE 107 Ia 166; ZR 83 (1984) Nr. 32 = SJZ 79 (1983) 197. Siehe auch EuGRZ 19 (1992) 121. Zur Kostenfolge bei Eintritt der *Verjährung* nach BGer 15.5.2008, 6B_75/2008 in plädoyer 1/2009 74 (keine Kostenauflage, wenn diese mehr oder weniger mit den gleichen Vorwürfen, die im Strafverfahren behandelt wurden, gestützt wird), zum bisherigen Privatstrafklageverfahren in Zürich (Abstellen darauf, ob durch vorwerfbares Verhalten Gegenstandslosigkeit verschuldet wurde), ZR 104 (2005) Nr. 51 S. 196 ff. und den früheren Entscheid ZR 91/92 (1992/93) Nr. 21. Zum *Rückzug des Strafantrags* der bereits in Fn. 73 erwähnte Entscheid JT 2004 III 87 = RS 2005 Nr. 706 und Hinweise zu StPO 427 II. *Unschuldsvermutung verletzt*, wenn in der Einstellungsverfügung, mit der Kostenauflage erfolgte, auf die strafrechtliche Verantwortung Bezug genommen wird, auch wenn dies in späterer Vernehmlassung an die Rechtsmittelinstanz relativiert wird, Pra 97 (2008) Nr. 37.

[78] Keine Vorwerfbarkeit, wenn bei einem Fall von *Fahren in angetrunkenem Zustand* die Blutalkoholkonzentration unter 0,8 Promille bleibt und keine weiteren Anhaltspunkte für die Fahrunfähigkeit vorhanden waren, ZR 89 (1990) Nr. 127. Im Ergebnis gl.M. BGE 119 Ia 332. *Annahme von Geschenken durch Beamte* etc., das nicht vom StGB erfasst wird, genügt nicht, Fall Aliesch, Pra 93 (2004) Nr. 19. Keine Kostenauflage, wenn wegen Fehlens eines objektiven Tatbestandselements nicht hätte Anklage erhoben werden dürfen, ZR 105 (2006) Nr. 24. Bei Verletzung des Amtsgeheimnisses, bei welcher jedoch eine Bestrafung wegen Sachverhaltsirrtums entfällt, FZR/RFJ 10 (2001) 94 = RS 2006 Nr. 103.

[79] Vorab in diesen *Fällen der Opportunität* mutet es seltsam an, dass die Einstellung zwar eine erstellte Täterschaft voraussetzt (dazu m.w.H. vorne N 198 und 1255), die Kostenauflage jedoch nicht mit dieser an sich gegebenen Strafbarkeit begründet werden kann, sondern einigermassen künstlich eine zivilrechtliche Haftung o.Ä. konstruiert werden muss (zur *Kostenauflage bei Opportunität* m.w.H. GVP 2008 Nr. 89). Die Frage stellt sich ebenso bei den vorgenannten und vorne in N 1254 ff. erwähnten Fällen der Einstellung bei Wegfall einer Prozessvoraussetzung bzw. Vorliegen eines Verfahrenshindernisses, aber bei objektiv und subjektiv erfülltem Straftatbestand.

2.2.3. Prüfung des rechtswidrigen und schuldhaften Verhaltens für jede Verfahrensstufe

Bei Einstellung und insbesondere bei Freispruch ist die Frage der Kostenauflage für jede **Verfahrensstufe**[80] und bei Teilfreispruch für jeden **Anklagekomplex**[81] gesondert zu prüfen. Dies bedeutet beispielsweise, dass erstinstanzliche Gerichte zum Schluss kommen können, die beschuldigte Person hätte die Einleitung des Vorverfahrens durch ein rechtswidriges Verhalten verschuldet, nicht aber die Anklageerhebung und das anschliessende erstinstanzliche Verfahren. Die Folge ist hier, dass der beschuldigten Person allein die Kosten des Vorverfahrens auferlegt werden dürfen. In solchen Fällen wie bei Teilfreispruch kann sich die Notwendigkeit einer **Aufrechnung** der dem Staat geschuldeten Kosten wie die der beschuldigten Person zuzusprechenden Entschädigungen ergeben.

1791

2.3. Tragung der Verfahrenskosten durch die Parteien im selbstständigen Massnahmeverfahren, StPO 426 V

Die Bestimmungen über die Kostenauflage von StPO 426 I-IV sind nach StPO 426 V auch auf die **Parteien im selbstständigen Massnahmeverfahren** nach StPO 372 ff.[82] anwendbar, gegen die sich das Verfahren richtet und die im abschliessenden Entscheid gleichsam als Unterlegene erscheinen[83]. Dies ist etwa der Fall, wenn bei der **Friedensbürgschaft** gegen die drohende Person Massnahmen ergriffen werden (StPO 373) oder gegen eine Person in einem **selbstständigen Einziehungsverfahren** ein auf Einziehung lautender Entscheid (vgl. StPO 377)[84] gefällt wird. Im **Verfahren gegen schuldunfähige beschuldigte Personen** nach StPO 374 f.[85] kann eine Kostenauflage nur nach Massgabe von StPO 419 erfolgen[86].

1792

---

[80] RO 1971 269 Nr. 23. Für die Entschädigung ebenso, vgl. N 1808.
[81] Näher ZR 96 (1997) Nr. 7 mit Verweisen.
[82] Botschaft 1327 oben. Zu diesen Verfahren vorne N 1417 ff.
[83] Siehe VE 494 I: «*Beschuldigte und weitere Personen, gegen die sich ein Verfahren richtet, tragen die Verfahrenskosten, ...der Entscheid in anderer Weise zu ihrem Nachteil ausfällt.*»
[84] Zu *diesen Verfahren* vorne N 1418 ff. bzw. N 1431 ff. – Im *Einspracheverfahren gegen Einziehungsbefehle* (StPO 377 IV) wurden bisher teilweise die Kostenregeln von Obsiegen und Unterliegen (StPO 428 I, nachfolgend N 1798) angewandt, vgl. ZR 104 (2005) Nr. 73 S. 282 ff.
[85] Vorne N 1425 ff.
[86] Vorne N 1766.

3. Kostentragung der Privatklägerschaft und der strafantragstellenden Person, StPO 427

3.1. Auflagen der Kosten im Zivilpunkt, StPO 427 I

1793 StPO 427 bringt zum Ausdruck, dass die StPO der Privatklägerschaft zwar vermehrte Verfahrensrechte einräumt, sie aber gleichzeitig bezüglich Kostentragung in die Pflicht nimmt. Allerdings sieht die StPO davon ab, die Privatklägerschaft gleichsam nach zivilprozessualem Muster beim Unterliegen mit ihren Anträgen als umfassend kostenpflichtig zu erklären[87]: Die Privatklägerschaft i.S. von StPO 118 ff. kann bei Unterliegen nur zur **Tragung jener Verfahrenskosten** verpflichtet werden, **die durch ihre Anträge zum Zivilpunkt** (also im Rahmen von StPO 122 ff.) **kausal verursacht wurden** (StPO 427 I)[88]. Diese Kostenauflage ist sodann auf Fälle beschränkt, in denen das Verfahren eingestellt oder die beschuldigte Person freigesprochen wird (lit. a), die Privatklägerschaft ihre Zivilklage vor Abschluss der erstinstanzlichen Hauptverhandlung zurückzieht (lit. b) oder die Zivilklage abgewiesen oder auf den Zivilweg verwiesen wurde (lit. c).

3.2. Auflage der Kosten bei Antragsdelikten, StPO 427 II

1794 StPO 427 II regelt die **Kostenauflage zu Lasten der Privatklägerschaft bei Antragsdelikten**[89]. Während E 434 II bei Einstellung oder Freispruch generell eine Kostenauflage zu Lasten des unterliegenden Strafantragstellers ermöglichte, schränkt die vom Parlament beschlossene Fassung diese Kostenauflage stark ein. Sie ist nur möglich, wenn bei Einstellung oder Freispruch die beschuldigte Person nicht nach StPO 426 II kostenpflichtig ist und kumulativ die antragstellende Peron mutwillig oder grobfahrlässig die Einleitung des Verfahrens bewirkte oder dessen Durchführung erschwerte[90] oder aber die Kosten nach StPO 427 I der Privatklägerschaft auferlegt werden. Dies bedeutet beispielsweise, dass in Abkehr von der bisherigen Regelung vieler Kantone z.B. ein Ehrverletzungskläger (mindestens im Strafpunkt) weitgehend ohne eigenes Kostenrisiko prozessieren kann[91].

---

[87] Näher Botschaft 1327 Mitte.
[88] Somit nur bei Beweiserhebungen, die ausschliesslich mit Blick auf den Zivilpunkt abzunehmen waren, die also für den Schuld- und Strafpunkt irrelevant waren. Solche Fälle dürften eher selten sein.
[89] Wenn StPO 427 II zwischen Strafantragsteller und Privatkläger zu unterscheiden scheint, ist darauf hinzuweisen, das nach StPO 118 II der Strafantragsteller *ex lege* Privatkläger ist.
[90] Ob ein *Verstoss gegen Treu und Glauben* genügt, wie ein kantonaler Entscheid zum früheren Recht (RJJ 17 [2007] 1 = RS 2008 Nr. 363) annahm, erscheint als fraglich.
[91] Anders allerdings bezüglich *Entschädigung* nach StPO 432, dazu hinten N 1829.

3.3. Sonderfälle bei Rückzug des Strafantrags, StPO 427 III und IV

StPO 427 III baut der Privatklägerschaft wie auch der beschuldigten Person gleichsam eine goldene Brücke, falls sie Hand zu einer gütlichen Erledigung des Strafverfahrens bieten: Kommt ein **Rückzug des Strafantrags im Rahmen eines durch die Staatsanwaltschaft vermittelten Vergleichs** (StPO 316, wohl auch durch das Gericht nach StPO 332 II)[92] zustande, tragen «*in der Regel*» Kanton oder Bund die Verfahrenskosten. Einigen sich die Parteien anderweitig, also z.B. im Rahmen eines parallelen Zivilprozesses, erscheint diese Kostenübernahme als nicht möglich.

1795

StPO 427 IV bezieht sich auf den Fall, dass sich **die beschuldigte Person und die Privatklägerschaft in einem Vergleich über den Rückzug des Strafantrag einigen** und dabei gleichzeitig bestimmen, wer die Verfahrenskosten zu tragen hat und wie die Entschädigungsfrage zu regeln ist. Solche Vereinbarungen bedürfen der Genehmigung durch die Behörde, die die Einstellung erlässt (Staatsanwaltschaft, StPO 319 ff.; Gericht, StPO 329 IV). Es ist nämlich denkbar, dass die Privatklägerschaft Kosten übernimmt, die an sich von der beschuldigten Person zu tragen wären, und Erstere hernach nicht in der Lage ist, die Kosten zu bezahlen. Mit der Genehmigungspflicht solcher Vereinbarungen soll verhindert werden, dass der Staat geschädigt wird[93].

1796

4. Kostentragung im Rechtsmittelverfahren, StPO 428, MStP 171, 183, 193, 207

4.1. Grundsatz: Kostenauflage nach Massgabe des Obsiegens bzw. Unterliegens, StPO 428 I

StPO 428 I Satz 1 stellt den Grundsatz auf, dass die **Kosten des Rechtsmittelverfahrens von den Parteien** nach StPO 104 (eingeschlossen die an einem Rechtsmittel beteiligten weiteren Verfahrensbeteiligten nach StPO 105[94]) **nach Massgabe ihres Obsiegens oder Unterliegens zu tragen sind**. Einem neueren Trend im Strafverfahrensrecht folgend[95] werden im Bereich der Rechtsmittel damit zivilprozessuale Regeln der Kostenfolgen übernommen. Obsiegt der private Rechtsmittelkläger in diesem Sinn mit einem Rechtsmittel, werden die Kosten

1797

---

[92] Vorne N 1240 ff. Denkbar auch bei *Anwendung von StGB 53*, also wenn beschuldigte Person Wiedergutmachung leistete und demgemäss eine Einstellung erfolgt.
[93] Botschaft 1327 unten. – Dritte oder der Staat könnten ohne ihr Einverständnis ohnehin nicht mit Kosten bzw. zu leistenden Entschädigungen belastet werden.
[94] Z.B. *die an einem Einziehungsverfahren beteiligten Personen*, etwa der nach StGB 70 II einziehungsbetroffene Dritte oder der Zeuge, der mit einem Zeugnisverweigerungsbegehren (StPO 174) unterliegt.
[95] Botschaft 1328 oben. Beigefügt sei, dass aus BV 32 III nicht die Kostenlosigkeit des Rechtsmittelverfahrens folgt.

des Rechtsmittelverfahrens auf die Staatskasse genommen[96]. Satz 2 von StPO 428 I präzisiert, dass als unterliegend auch jene Partei betrachtet wird, auf deren **Rechtsmittel nicht eingetreten wird** oder welche das **Rechtsmittel zurückzieht**[97]. Gleiches gilt für die Partei, die die **Gegenstandslosigkeit des Rechtsmittels verursachte**[98].

4.2. Abweichen von diesen Regeln, StPO 428 II

1798 Bereits die frühere Lehre und Praxis, teilweise auch neuere Prozessordnungen, sahen vor, dass in gewissen Konstellationen von der vorstehend genannten Grundregel abgewichen werden kann. Nach Abs. 2 von StPO 428 können die Kosten einer (privaten) Partei trotz Obsiegens auferlegt werden, wenn einerseits die **Voraussetzungen für das Obsiegen erst im Rechtsmittelverfahren geschaffen wurden** (lit. a). Obsiegt die Partei, weil sie ein ihr schon früher bekanntes Beweismittel erst während des Rechtsmittelverfahrens nannte oder weil sie die Bedingungen für ein Absehen von Strafe etwa nach StGB 53 erst nach dem erstinstanzlichen Verfahren schuf[99], also den Schaden erst nachträglich deckte, können ihr Kosten auferlegt werden. In diesen Konstellationen wäre es stossend, die schliesslich mit ihren Anträgen durchdringende Partei als obsiegend von Kosten zu befreien[100]. Gleiches gilt nach lit. b für den Fall, dass das **Urteil nur unwesentlich geändert wurde**, also beispielsweise durch eine **andere Ausübung des richterlichen Ermessens** die Sanktion lediglich geringfügig reduziert wurde. Die Regel von StPO 428 II lit. b basiert auf der Annahme, dass hier nicht ein eigentlich unrichtiger Entscheid vorliegt[101]. Bei der Bestimmung handelt sich hier um eine *kann*-Vorschrift, bei deren Anwendung den Rechtsmittelbehörden viel Ermessen zusteht.

---

[96] Botschaft 1328 oben. *Unterliegenden Strafbehörden wie der Staatsanwaltschaft selbst können nicht Kosten bzw. Entschädigungspflichten auferlegt werden*, vorne N 1777.
[97] Bedenkenswert ist die neue zürcherische Praxis, die Kosten eines Berufungsverfahrens auf Staatskasse nahm, wenn das Rechtsmittel (in der Sprache der StPO) vor Einreichung der Berufungserklärung (StPO 399 III) zurückgezogen wird, ZR 106 (2007) Nr. 70.
[98] Also Staat kosten- und entschädigungspflichtig, wenn Zwangsmassnahme aufgehoben wird, die Gegenstand des Rechtsmittels bildete, vgl. BGE 118 Ia 488, E.4a, BGer 30.7.2004, 2A.573/2003, E.2.7.
[99] Diese Beispiele in Botschaft 1328 Mitte.
[100] In der Tendenz scheint StPO 428 II lit. a an ein *irgendwie der obsiegenden Partei vorwerfbares Verhalten anzuknüpfen*. Werden die Gründe zum milderen Urteil nachträglich *ohne Zutun der Partei* geschaffen (entlastender Beweis kommt zufällig ans Tageslicht; nachträglicher Eintritt der Verjährung) erscheint die Anwendung der Regel als fraglich, und es ist im konkreten Fall wohl nach Billigkeit zu entscheiden.
[101] Dazu BeB 289 oben mit weiteren Beispielen.

4.3. Kosten der Vor- und Rechtsmittelinstanz, StPO 428 III und IV

Fällt die **Rechtsmittelinstanz** einen **reformatorischen Entscheid** nach StPO 397 II (Beschwerde) bzw. 408 (Berufung)[102], so entscheidet sie über die Kosten (und wohl auch allfällige Entschädigungen usw.) des Rechtsmittels-, aber auch jene des vorinstanzlichen Verfahrens (StPO 428 III). 1799

StPO 428 IV regelt demgegenüber den **Fall des kassatorischen Entscheids**, verbunden mit einer **Rückweisung des Falls an die Vorinstanz** (StPO 397 II bei der Beschwerde, StPO 409 bei der Berufung). Diesfalls wird davon ausgegangen, der vorinstanzliche Entscheid sei mangelhaft; die **Kosten des Rechtsmittelverfahrens** werden deshalb vom Bund oder dem Kanton getragen[103]. Was die **Kosten der Vorinstanz** betrifft, entscheidet darüber die Rechtsmittelinstanz nach Ermessen und unter Berücksichtigung der Umstände des konkreten Falls. Die Rechtsmittelinstanz wird vorab zu prüfen haben, welche dieser Verfahrenskosten auf fehlerhafte Verfahrenshandlungen der Vorinstanz entfallen, und wird diese auf die Staatskasse nehmen[104]. 1800

Auf die **Sonderregeln zur Kostentragung bei Gutheissung eines Revisionsgesuchs** nach StPO 428 V wurde bereits eingegangen[105]. 1801

§ 99 Entschädigung und Genugtuung, StPO 429–436, VStrR 99–101, BGG 68

Literaturauswahl: Neben jener zu §§ 97 und 98 AESCHLIMANN N 2064; HAUSER/SCHWERI/HARTMANN § 109; MAURER 606; OBERHOLZER N 1837; PIQUEREZ N 1551; DERS. (2007) N 1077; SCHMID (2004) N 1217; TRECHSEL (2005) 360 (*right of compensation for wrongful conviction*).

P. CORBOZ/F. BAUMANN, L'indemnisation des personnes poursuivies à tort (art. 242 ss CPP), RFJ 2007 355; LOUIS GAILLARD, L'indemnisation des personnes détenues ou poursuivies à tort en droit genevois, Z 99 (1982) 7; MICHEL HOTTELIER, L'indemnisation des personnes detenues ou poursuivies à tort en droit genevois, Études en honneur de Dominique Poncet, Genève 1997, 37; MARTIN SCHUBARTH, Die Entschädigung des Angeklagten für ausgestandene Untersuchungshaft bei Freispruch, Receuil des travaux présentés au IXe Congrès international de droit comparé, Basel 1976, 255; DERS., Anrechnung von Untersuchungshaft auf eine ausgesprochene Strafe oder Entschädigung für ungerechtfertige Untersuchungshaft, Z 116 (1998) 112; ANTOINE THÉLIN, L'indemnisation du prévenu aquitté en droit vaudois, JdT 143 (1995) III 98; RUTH WALLIMANN BAUR, Entschädigung und Genugtuung durch den Staat an

---

[102] Zu den *Unterschieden zwischen reformatorischem und kassatorischem Entscheid* allgemein vorne N 1450.
[103] Botschaft 1328 Mitte.
[104] Näher BeB 289 Mitte und Botschaft 1328 Mitte.
[105] N 1619, dort ebenso zur Frage, ob die *Kosten des Revisionsverfahrens* zunächst auf die Staatskasse zu nehmen sind.

10. Kapitel: Verfahrenskosten, Entschädigung und Genugtuung

unschuldig Verfolgte im ordentlichen zürcherischen Untersuchungsverfahren, Diss. Zürich 1998.

Materialien: Aus 29 mach 1 S. 164 ff.; VE 499–505; BeB 290 ff.; ZEV 88 f.; E 437–444; Botschaft 1329 ff.; AB S 2006 1059 f., AB N 2007 1032.

Rechtsquellen: V über die Entschädigungen in Verfahren vor dem Bundesstrafgericht vom 26.9.2006, SR 173.710.

1. Ansprüche der beschuldigten Person, StPO 429–432, VStrR 99–101

1.1. Allgemeines zu den Ansprüchen gemäss StPO 429 ff.

1.1.1. Grundsätze des Anspruches auf Entschädigung, StPO 429

1802 Wird die **beschuldigte Person verurteilt**, trägt sie üblicherweise (näher StPO 426)[106] die Verfahrenskosten. Irgendwelche Entschädigungsansprüche gegen den Staat bestehen in diesem Fall mit Ausnahme der nachstehend zu besprechenden Regelung von StPO 431 (Ziff. 1.4.) nicht. Hingegen stellt sich die Entschädigungsfrage bei **Einstellung des Verfahrens und Freispruch der beschuldigten Person**.

1803 Die **beschuldigte Person**[107] hat bei **Einstellung** bzw. bei vollständigem oder teilweisem **Freispruch** nach StPO 429 ff. grundsätzlich Anspruch auf Ersatz des während des gesamten Verfahrens unter Einschluss der polizeilichen Ermittlungen nach StPO 306 f. erlittenen **Schadens**[108], wenn nicht ein Grund zur Herabsetzung oder Verweigerung nach StPO 430 vorhanden ist. Es geht hier zunächst allein um den **Ausgleich des Schadens** im haftpflichtrechtlichen Sinn[109] (nach-

---

[106] Vorne N 1782 ff.
[107] Gilt nicht für *Auskunftspersonen* (TPF 2008 40), jedoch für Personen in *beschuldigtenähnlicher Stellung*, vor allem die von einem *selbstständigen nachträglichen Verfahren* nach StPO 363 f. oder einem *selbstständigen Massnahmeverfahren* nach StP 372 ff. betroffene Person und das Verfahren durch Einstellung bzw. Abweisung endet. So z.B., wenn, *gegen solche Personen ein Einziehungsanspruch geltend gemacht wurde*, das (akzessorische oder nach StPO 376 f. selbstständige) Einziehungsverfahren jedoch durch Einstellung oder abweisenden Gerichtsbeschluss endete.
[108] ZR 68 (1969) Nr. 37; RO 1967 249 Nr. 50. Bei den nach StPO 43 ff. *rechtshilfeweise verlangten Zwangsmassnahmen* ist der ersuchende Kanton entschädigungspflichtig, StPO 47 IV, vorne N 497, BGE 119 IV 90, 118 Ia 336, ebenfalls, wenn der Fall *später an einen andern Kanton abgetreten wurde*, BGE 108 Ia 17, BGer 12.7.1999 und 7.11.2000 i.S. Rovina ca. Strafgericht Genf. *Ausführungshandlungen in der internationalen Rechtshilfe* sind keine Bundestätigkeit, deshalb sind dafür die Kantone und nicht der Bund verantwortlich, BGer 13.11.2002, 2A.253/2002. Zur Frage, ob *Aufforderung zur Einreichung von Ansprüchen* zu ergehen hat, vorne N 1244 Fn. 105.
[109] ZR 82 (1983) Nr. 60. Zur Adäquanz der staatlichen Verursachung des Schadens etwa TPF 2008 160. Zu vergüten ist z.B. ebenfalls ein *Zins* von 5%, RKG 1998 Nr. 120, mit Hinweisen BJM 1996 42 f.; BGE 129 IV 152 (nach OHG) und Genugtuung auch bei fakti-

stehend Ziff. 1.2.). Der Staat hat darüber hinaus ebenso **Genugtuung** für immateriellen Schaden zu leisten (nachfolgend Ziff. 1.2.4.).

Für die i.S. von StPO 429 relevanten Vermögenseinbussen ist die beschuldigte 1804 Person im Sinn einer **Kausalhaftung des Staats** zu entschädigen, d.h., ein Verschulden der Strafverfolgungsbehörden ist nicht Voraussetzung der Entschädigungspflicht[110]. Sind die nachfolgend zu skizzierenden Voraussetzungen erfüllt, ist **voller Ersatz der entstandenen Kosten** zu leisten[111]. Es ist nicht zulässig, diesen mit der Begründung zu reduzieren oder zu verweigern, die beschuldigte Person usw. bleibe verdächtig. Hingegen entspricht es ohne Weiteres dem Sinn von StPO 430, lediglich teilweise Schadenersatz zuzusprechen, so bei einem Teilfreispruch oder wenn z.b. ein verwerfliches Verhalten des Freigesprochenen nur eine Teilursache für die Einleitung des Strafverfahrens bildete[112].

StPO 429–434 regeln relativ umfassend die **Schadenersatz- und Genugtuungs-** 1805 **ansprüche der beschuldigten Person**. Soweit ersichtlich, **bestehen nach BV und EMRK keine weitergehenden Ansprüche**, so dass die Frage, ob solche – vorab bei Freiheitsentzug und weiteren Zwangsmassnahmen[113] – aus den Grundrechten abzuleiten sind, wohl müssig ist.

1.1.2. Einzelfragen

Geschuldet werden die Entschädigung wie auch die Genugtuung im Fall von 1806 Einstellung und Freispruch mit Ausnahme des Falles von StPO 432 (dazu nachfolgend Ziff. 1.5.) **allein vom verfahrensführenden Bund oder Kanton**[114]. Die Rückgriffsmöglichkeit gemäss StPO 420[115] ist im Sinn eines Regressanspruchs zu verstehen.

Allenfalls drängt sich auf, dass nur **für einzelne Verfahrensstufen** eine Ent- 1807 schädigung auszurichten ist, während für andere eine Kostenauflage zu erfolgen

---

schem Entzug der Bewegungsfreiheit (Beschlagnahmung der Schriften bei Ausländern) ZBl 99 (1998) 34.

[110] Botschaft 1329 oben. Ferner RKG 2000 Nr. 133. BGer 22.11.1983 in SJIR 1984 215. Zum analogen Fall des FFE (bzw. neuerdings fürsorgerische Unterbringung) BGE 118 II 259.

[111] ZR 102 (2003) Nr. 49. Grundsätzlich *keine Reduktion bei Bestehen einer Rechtsschutzversicherung*, RS 2001 Nr. 58, anders RS 2004 Nr. 498 und RFJ/FZR 18 (2009) 406.

[112] RO 1976 294 Nr. 40; ZR 77 (1978) Nr. 120 = SJZ 75 (1979) 230. Vgl. auch hinten N 1807.

[113] BJM 2003 287, 1985 85; BGE 119 Ia 224 = EuGRZ 19 (1993) 406, 118 II 258 f., 118 Ia 103, 112 Ib 446, 113 IV 93; VPB 47 (1983) Nr. 115; ZBl 89 (1988) 357. Bei *rechtmässig angeordneter, aber unschuldig erlittener Haft* ergeben sich Schadenersatz- und Genugtuungsansprüche nicht aus der BV (die sich zu diesen Entschädigungsansprüchen nicht äussert) oder EMRK, sondern allein aufgrund der StPO, früher nach kantonalem Recht, BGE 118 Ia 338, 110 Ia 140; VPB 61 (1997) Nr. 104 (bei Auslieferungshaft), vgl. sodann SJ 2001 I 120. Zu den *Ansprüchen bei Haft* siehe nachstehend N 1818 und 1827 ff.

[114] So noch ausdrücklich VE 491 II.

[115] Vorne N 1767 ff.

hat. Hat die beschuldigte Person die Einleitung der Untersuchung zwar durch ein verwerfliches Verhalten verschuldet, hätte aber der Staatsanwalt klarerweise keine Anklage erheben dürfen, so ist dem freigesprochenen Angeklagten allein für das Gerichtsverfahren eine Entschädigung zuzusprechen[116]. Denkbar ist sodann, dass für die Wiederholung der Hauptverhandlung der Vorinstanz nach Aufhebung des Urteils gemäss einem Berufungsurteil für diese Wiederholung eine Entschädigung zu leisten ist[117].

1808 Entschädigungs- und Genugtuungsansprüche werden **nicht dadurch ausgeschlossen, dass die beschuldigte Person** nicht gegen die die Ansprüche begründenden Verfahrenshandlungen der Strafbehörden, häufig Zwangsmassnahmen wie Haft, opponierte und dagegen Rechtsmittel einlegte[118].

1.2. Ansprüche bei Freispruch oder Einstellung im Einzelnen, StPO 429, VStrR 99, MStP 117 III, 151 III

1.2.1. Freispruch oder Einstellung, StPO 429 I

1809 Die Ansprüche aus StPO 429 werden einerseits bei **Einstellung** nach StPO 319 ff. durch die Staatsanwaltschaft bzw. Übertretungsstrafbehörde aktuell, ebenso bei einer durch die Gerichte nach StPO 329 II und IV vorgenommenen Einstellung. Anderseits ist über solche Ansprüche zu entscheiden, wenn ein Gericht in einem Urteil nach StPO 80 ff. und 348 ff. die beschuldigte Person **vollständig oder teilweise freispricht**[119]. Als Freispruch sind auch jene Entscheide auszugestalten, in denen der Täter nicht schuldhaft handelte (z.B. nach StGB 16, 18 oder 19)[120]; auch in diesen Fällen gelten die Regeln von StPO 429 ff.

---

[116] Zu dieser Thematik im Zusammenhang mit der Kostenauflage bereits vorne N 1792. Vgl. sodann ZR 83 (1984) Nr. 33. RO 1966 248 Nr. 32 für die Fortsetzung der Haft wegen unrichtigen Gutachtens; analog RO 1969 255 Nr. 35 bei einem teilweisen Freispruch.

[117] Parallel zur Kostentragung vorne N 1801. Zu dieser Wiederholung vorne N 1579.

[118] Zum *Anspruch auf Genugtuung bei Hausdurchsuchung* im Fall, dass Ansprecher selbst Polizei aufbot RFJ/FZR 11 (2002) 98.

[119] Entschädigung (unter Vorbehalt der nachstehend zu besprechenden Anrechnungsbestimmung von StPO 431 II bzw. StGB 51), wenn wegen der *haftbegründenden Deliktsvorwürfe freigesprochen wurde*, im Übrigen aber ein Schuldspruch erging, dazu RFJ/FZR 15 (2006) 98 402.

[120] In diese Richtung schon frühere Entscheide zu dem bis Ende 2006 geltenden AT StGB, BGE 120 IV 313 = SJZ 91 (1995) 81; ZR 72 (1973) Nr. 82 = SJZ 70 (1974) 58). Dazu vorne N 1343 Fn. 121. Hingegen *Einstellung des Verfahrens*, wenn z.B. nach StGB 52–54 bzw. StPO 8 oder aus andern Gründen, so wegen Fehlens von Prozessvoraussetzungen bzw. Verfahrenshindernissen von Bestrafung abgesehen wird, vorne N 323, 1255, 1318 und N 1343 Fn. 132 sowie 1788.

1.2.2. Entschädigungen für Aufwendungen zur Wahrung der Verfahrensrechte, StPO 429 I lit. a

Zu den unter diesem Titel zu entschädigenden Aufwendungen der beschuldigten Person gehören primär die **Kosten der frei gewählten Verteidigung**[121], wenn die Verbeiständung angesichts der tatsächlichen oder rechtlichen Komplexität des Falls geboten war[122]. Handelt es sich sachlich und persönlich nicht um einen leichten Fall, so ist der Beizug eines Anwalts immer gerechtfertigt und demgemäss zu entschädigen. Dies ist mit Ausnahme von Bagatelldelikten bei Verbrechen und Vergehen regelmässig der Fall. Bei Übertretungen ist im Anschluss an die frühere Praxis die Vergütung der Anwaltskosten auf Fälle beschränkt, in denen die Einschaltung eines Verteidigers sachlich geboten war, weil der Fall in tatsächlicher oder rechtlicher Hinsicht Schwierigkeiten bot[123]. Kommt ein Bagetelldelikt, namentlich eine Übertretung, durch Einsprache gegen einen Strafbefehl vor ein Gericht, so sind solche Schwierigkeiten allerdings regelmässig zu bejahen[124].

1810

Die Verteidigerkosten sind nach **Anwaltstarif** zu vergüten[125], wobei der Aufwand für die Verteidigung und die Wichtigkeit der Sache in einem gewissen

1811

---

[121] Diejenigen der *amtlichen Verteidigung* werden nach StPO 135 primär auf die Staatskasse genommen, näher vorne N 751 ff.

[122] Botschaft 1329, womit angedeutet ist, dass die früher von der Gerichtspraxis entwickelten und hier referierten Grundsätze der Vergütung der Verteidigerkosten weitergelten. Kein Anspruch aus EMRK 6 Ziff. 3 lit. c auf Übernahme der Verteidigerkosten durch Staat, VPB 61 (1997) Nr. 119.

[123] Pra 91 (2002) Nr. 139 (Busse von Fr. 60.– wegen sog. Rollstopps kein Grund für Anwaltsbeizug). BGer 11.11.1996 in ZBJV 133 (1997) 670 f. (Busse von Fr. 50.– wegen Kehrichtsackbenützung ohne Marke); Pra 96 (2007) Nr. 108 (Busse von Fr. 60.– wegen Ruhestörung); BGer 7.8.2007, 6B_208/2007 in Anwaltsrevue 10/2007 446 f. (Busse von Fr. 120.– wegen geringfügiger Geschwindigkeitsübertretung). Pra 97 (2008) Nr. 34 (Einsprache nach Verkehrsbusse von Fr. 150.– mit anschliessenden diversen Untersuchungsergänzungen, namentlich Zeugeneinvernahmen). – Ferner BGE 120 Ia 43. PKG 2001 Nr. 20 (nicht leichte Rechtsfragen beim Linksabbiegen). Differenzierend in der Abgrenzung der Fälle ZR 105 (2006) Nr. 1 (Notwendigkeit des Anwaltsbeizugs bei Fr. 5000.– beantragter Busse bejaht). Siehe ferner SJZ 66 (1970) 168 und 171; ZR 77 (1978) Nr. 16, 96 (1997) Nr. 60; ZBJV 132 (1996) 620. Allgemein vorne N 741 ff.

[124] Vgl. BGer 14.9.2007, Nr. 1P.805/2007 in plädoyer 6/2007 73 und FP 4/2008 208 (ursprüngliche Busse wegen SVG-Übertretungen, Einspracheverfahren mit Einvernahmen von drei Personen und angedrohter Anklage an Gericht). Differenzierend der vorerwähnte ZR 105 (2006) Nr. 1. Sodann ZR 97 (1998) Nr. 3 und präzisierend ZR 99 (2000) Nr. 54 (Anwalt nicht notwendigt bei Erlass eines Strafbefehls nach polizeilicher Ordnungsbusse).

[125] Zum *Grundsätzlichen* näher BGE 121 Ia 113 und 115 IV 156; ZR 101 (2002) Nr. 19 = plädoyer 3/2002 66; RO 1974 312 Nr. 31; Anwaltsrevue 5/2003 166. Kein Anspruch aus EMRK 6 Ziff. 3 lit. c auf bestimmtes Verteidigerhonorar, EKMR in VPB 92 (1995) Nr. 150. – Zur *Festsetzung* im Einzelnen: Grundsätzlich nach den Anwaltsgebühren-Verordnungen (mindestens in einfacheren Fällen), nicht nach Honorarnote, so die frühere zürcherische Praxis, RKG 2000 Nr. 130, 135, und auch nicht Entschädigung wie amtlicher Verteidiger, OGZ III. StrK 23.10.1997 in plädoyer 3/1998 59 m.w.H. Falls es sich nicht

Verhältnis zueinander stehen müssen und der Aufwand für eine sachgerecht geführte Verteidigung notwendig war[126].

1812 Zu entschädigen sind ferner ausnahmsweise Aufwendungen für ein als erforderlich erscheinendes **Privatgutachten** im sachverhaltsmässigen Bereich (technische Expertisen u.Ä.)[127], nicht aber für Rechtsgutachten.

1.2.3. Entschädigungen für wirtschaftliche Einbussen, StPO 429 I lit. b

1813 Die beschuldigte Person hat bei Einstellung oder Freispruch sodann nach StPO 429 I lit. b Anspruch darauf, dass ihr die **wirtschaftlichen Einbussen ersetzt werden, soweit diese kausal auf die notwendige aktive oder passive Beteiligung am Strafverfahren zurückzuführen sind**[128]. Im Vordergrund stehen **Lohn- und Verdienstausfälle**, die auf einen **Freiheitsentzug** nach StPO 207–209 sowie 212–233 zurückzuführen sind. Im Fall eines durch Revision aufgehobenen Urteils können solche Einbussen ebenso auf den **Strafvollzug** zurückzuführen sein[129]. Bei Freiheitsentzug werden solche Ansprüche auf Ent-

---

um einfaches Standardverfahren handelt, ist hingegen grundsätzlich von der Honorarnote der Verteidigung auszugehen, *Zürcher Praxis* in ZR 102 (2003) Nr. 49, 105 (2006) Nr. 12 S. 59 = plädoyer 1/2006 76 (mit Prüfung auf Angemessenheit). Unangemessenheit vorbehalten kann Vergütung eines vereinbarten höheren Honorars als jenes gemäss Verordnung beansprucht werden (Fr. 350.– statt 250.–), KGer 24.2.2003 in plädoyer 3/2003 60. Zu entschädigen ist ebenfalls die *Mehrwertsteuer*, dazu Hinweise vorne zu N 751. Zur Vergütung der *Kosten des Verteidigers für Kopien*, BJM 1996 36 sowie 2003 55; für allfällige *Dolmetscherkosten des Verteidigers*, RS 1998 Nr. 497; von *Recherchen in Internet und Literatur* etc. im Zusammenhang mit Gutachten, BJM 2003 55. Beschränkt – *Reduktion* bis zur Hälfte – wenn Anwalt in eigener Sache prozessiert, so Zürcher Praxis in OGZ I. StrK 23.2.1989 i.S. RA X, bzw. der *Anwalt zugleich Organ der vertretenen Partei ist*, ZR 106 (2007) Nr. 19 (Zivilfall); vgl. auch den weiteren Zivilfall in ZR 106 (2007) Nr. 78 S. 295 (Anwalt Angestellter der Partei). Reduktion ebenfalls, wenn *Anwalt hauptberuflich in Treuhandfirma bzw. in einer Amtsstelle etc. tätig ist*, BJM 1993 334 bzw. ZR 96 (1997) Nr. 58.
126 BJM 2002 108 ff. Grundsätzlich kein *Anspruch auf Entschädigung, insbesondere auf Ersatz der Verteidigerkosten, wenn Strafantrag gestützt auf einen Vergleich zurückgezogen wird*, da dieser auch die Parteientschädigungen zu umfassen hat, so RS 1997 Nr. 319. *Grundsätzliches zur Festsetzung der Entschädigung* (nur für notwendigen Aufwand, nicht unbedingt für eigene Ermittlungen und Aktensuche), Pra 97 (2008) Nr. 149. Also Reduktion, wenn *unnötige Bemühungen* in Rechnung gestellt werden, BJM 2003 51, bzw. diese zum Fall unverhältnismässig hoch ist, GVP 2006 Nr. 109.
127 Solche sind allerdings in erster Linie nach StPO 107 I lit. e i.V. mit StPO 182 ff. bei der zuständigen Strafbehörde zu beantragen.
128 BeB 291 oben. Erforderlich also, dass die betreffende *Verfahrenshandlung von der Strafbehörde angeordnet wurde*. Deshalb keine Entschädigung für die Zeit, die die beschuldigte Person *selbst zur Ausübung des rechtlichen Gehörs usw. einsetzte*, also beispielsweise das zeitraubende Lesen der umfangreichen Verfahrensakten oder Anklagen, Gespräche mit dem Verteidiger, die Suche nach Beweisen usw. Für *Zeitaufwand für die Teilnahme an Verfahrenshandlungen* Entschädigung grundsätzlich nur, wenn Lohnausfall belegt werden kann.
129 Ein Fall in plädoyer 6/1992 60.

schädigung und Genugtuung übrigens traditionsgemäss direkt aus EMRK 5 Ziff. 5 abgeleitet; wobei diese Ansprüche freilich nicht weitergehen als die von StPO gewährleisteten (vgl. vorne Ziff. 1.1.1.).

Vorab im Fall des Freiheitsentzugs im vorerwähnten Sinn ist **voller Ersatz** für 1814 Lohnausfall[130], Stellenverlust, künftige Einbussen bezüglich Lohn bzw. Lohnaufbesserungen[131], Krankheit (Haftpsychose) oder eingetretener Arbeitsunfähigkeit zu leisten[132]. Zu beachten ist allerdings, dass nach StGB 51 (vgl. auch StPO 431 II sowie 436 IV 2. Satz) nunmehr die in einem durch Einstellung oder Freispruch beendeten Strafverfahren **erstandene Untersuchungs- oder Sicherheitshaft wenn möglich auf eine in einem andern Verfahren ausgesprochenen Sanktion anzurechnen ist** (näher hinten Ziff. 1.4.2.). In diesem Fall dürften die vorstehend genannten Entschädigungs- wie auch die Genugtuungsansprüche (nachfolgend Ziff. 1.2.4.) weitgehend entfallen.

Zu vergüten sind selbstredend (und unabhängig von erlittener Haft) weitere ver- 1815 mögenswerte Einbussen, also beispielsweise **Reisespesen**[133] oder **Schädigungen in der Karriere**[134].

1.2.4. *Genugtuung bei besonders schweren Verletzungen in den persönlichen Verhältnissen, insbesondere Freiheitsentzug, StPO 429 I lit. c*

StPO 429 I lit. c sichert der beschuldigten Person bei Einstellung oder Freispruch 1816 sodann eine Genugtuung[135] zu, wenn sie durch Untersuchungshandlungen im Sinn von ZGB 28 bzw. OR 49 besonders schwer in ihren persönlichen Verhältnissen verletzt wurde. Das Gesetz nennt hier den **Fall des Freiheitsentzugs**

---

[130] Zur Thematik eher allgemein sodann ZR 66 (1967) Nr. 155 (keine Anrechnung des vom Arbeitgeber während Haft freiwillig bezahlten Lohns); 82 (1983) Nr. 60 (zur Frage des Nachklagerechts nach OR 46 II); BJM 1995 166 (kein Anspruch bei vorbestehender Erwerbslosigkeit), 1996 37 ff. (Verlustvermehrung als Schaden; Schaden durch verspäteten Stellenantritt). Vgl. sodann nachfolgende Fn.

[131] Interessant zu den Ansprüchen eines *freigesprochenen Bankangestellten* RFJ/FZR 15 (2006) 403 (Ansprüche für Verlust der arbeitgeberseitigen Pensionskassenbeiträge, des Mitarbeiterrabatts auf Hypotheken sowie entgangene künftige Lohnaufbesserungen). Zu entschädigen wären allenfalls künftig entgehende *vertragliche Boni*.

[132] *Entschädigung trotz Unterstützung der Familie durch Sozialbehörden*, BJM 1999 342. – Zu beachten ist, dass *IV-Renten* nach ATSG 21 V während einer mehr als drei Monate dauernden Haft sistiert werden; bei solchem Ausfall also keine Entschädigung nach StPO 429 I lit. b, dazu BGE 113 V 273, 114 V 143 und 133 V 1. Wird die IV-Rente ausgerichtet, besteht naturgemäss kein Anspruch auf entsprechenden Lohnersatz nach StPO.

[133] BeB 291 oben.

[134] Zum Fall eines *Karriereknicks* eines Professors ZR 105 (2006) Nr. 12 = plädoyer 1/2006 76 = RS 2007 Nr. 167. Zur Entschädigung für entgangenen *Ferien-Genuss* ZR 96 (1997) Nr. 16 = RKG 1995 27 Nr. 35 = SJZ 93 (1997) 419 bzw. *PR-Kosten* SJZ 97 (2001) 408 f. Zum bekannten Genfer *Fall Michaïlov* eingehend plädoyer 3/2001 49 ff.

[135] *Zuzüglich Zins* ab dem schädigenden Ereignis, BGE 129 IV 152 (zum früheren OHG) sowie Fn. 109.

besonders. Genugtuungen sind nur bei ausgeprägten Formen der Persönlichkeitsverletzungen geschuldet. Die mit jedem Strafverfahren in grösserem oder kleinerem Ausmass verbundene psychische Belastung, Demütigung und Blossstellung gegen aussen genügt im Regelfall nicht[136].

1817 Bezogen auf den Hauptfall der **Untersuchungs- oder Sicherheitshaft** ist Genugtuung regelmässig geschuldet[137]. Mit Blick auf die Systematik von StPO 429 und 431 I betrifft die Regel von StPO 429 I lit. c **primär rechtmässig angeordnete Verfahrenshandlungen**, vorab Zwangsmassnahmen (zu rechtswidrigen Zwangsmassnahmen hinten Ziff. 1.4.). Es sind dies Verfahrenshandlungen, etwa die Anordnung eines Freiheitsentzugs, deren Voraussetzungen im Zeitpunkt der Anordnung gegeben waren. Genugtuungen können jedoch auch durch andere Verfahrenshandlungen ausgelöst oder solche Ansprüche im Zusammenhang mit Haftanordnungen verstärkt werden. Zu denken ist an **persönlichkeitsverletzende Mitteilungen von Strafbehörden an die Medien** wie z.B. vorverurteilende Pressecommuniqués oder spektakuläre, in Pressekonferenzen bzw. in den Massenmedien ausgeschlachtete Verhaftungen[138].

---

[136] BGer 2.7.2001 in RVJ/ZWR 36 (2002) 309.
[137] Botschaft 1329 Mitte. Zusammenfassung der früheren BGer-Praxis mit Kasuistik in BJM 2003 288 ff. = RS 2005 Nr. 702 sowie in TPF 2007 104 E.3.2. Instruktiver Fall in RFJ/FZR 14 (2005) 74 (Fr. 50'000.– Genugtuung bei 8 Tagen Haft in einem spektakulären Fall wegen Bestechung etc. gegen Polizeifunktionär; mit umfangreichen Hinweisen auf Praxis). Auch bei *kurzer Haft* von wenigen Stunden, RS 2004 Nr. 500. Zu einem Fall mit unberechtigtem Terrorismusverdacht (eintägige UH, Telefonüberwachung etc., Genugtuung Fr. 1000.–) BGer 17.6.2003 in SJZ 100 (2004) 462. Bei *ungesetzlicher Haft* u.U. auch bei gleichzeitiger Auflage der Kosten, KGer 4.4.01 in plädoyer 4/2001 67. Die AKA des BGer ging schon 1997 davon aus, dass grundsätzlich Fr. 200.–/Tag Genugtuung zu leisten seien, AKA BGer 5.5.1997 i.S. B. gegen Staatsanwaltschaft des Bundes und 7.12.2000, 8G.59/2000, i.S. G.B. ca. Staatsanwaltschaft des Bundes. Mindestens (bei nur kurzem Freiheitsentzug) Fr. 300.–, Fr. 300.– auch gemäss BGer 9.9.2003, 8G.122/2002, in NZZ Nr. 23 26.9.2003, sonst aber Gesamtbetrachtung, RKG 2000 Nr. 102 und RS 2004 Nr. 499 (Fr. 30'000.– für 400 Tage). Noch für Fr. 100.–/Tag Rep. 1998 379 = RS 2002 Nr. 210, für Fr. 100.– oder *in casu* Fr. 150.– BJM 1999 340 = RS 2002 Nr. 212. Fr. 50'000.– in besonderem kriegsgerichtlichen Fall bei 712 Tagen Haft (1. Instanz hatte Fr. 100.–/Tag zugesprochen), vgl. MKGE 12 (1997–2005) Nr. 5. Zur *Aargauer Praxis* (grundsätzlich Fr. 200.–/Tag; regelmässig nicht bloss bei Hausdurchsuchung; Kürzung bei Vorbestraftem, dies problematisch) AGVE 2002 Nr. 31 S. 93. Genugtuung auch bei *faktischem Entzug der Bewegungsfreiheit* (Beschlagnahmung der Schriften bei Ausländern) ZBl 99 (1998) 34. Genugtuungsanspruch besteht auch für *Minderjährige*, JdT 2000 III 85 = RS 2002 Nr. 211. Vgl. neuerdings die sehr instruktive Zusammenstellung der Praxis durch SABINE L'EPLATTENIER in plädoyer 2/2008 12, die grosse Unterschiede in den von den Kantonen ausgerichteten Haftentschädigungen darstellt.
[138] Beispiele in TPF 2008 121 E.3 und 141 (zum Kausalzusammenhang zwischen staatlicher Tätigkeit und behaupteter Unbill); Pra 86 (1997) Nr. 114; BGE 112 Ib 446, 460; Pra 77 (1988) Nr. 96 und 153; ZR 67 (1968) Nr. 93; AGVE 1986 Nr. 22; BJM 1996 41 f., 49 f.; BGer 11.1.1989; BGer 6.4.1994 in plädoyer 3/1994 64. *Genugtuung ohne Haft*, so bei Rufschädigung, OGZ III. StrK 11.7.1995, in plädoyer 5/1995 71; RFJ/FZR 9 (2000) 104 = RS 2002 Nr. 223. *Genugtuung bei Verfahrensverzögerung*, dazu vorne N 150.

Anspruch auf Genugtuung hat **nur die beschuldigte Person selbst**, nicht deren Angehörige[139]. Die Ansprüche richten sich grundsätzlich nach den **Kaufkraftsverhältnissen in der Schweiz**[140].

1818

1.2.5. Prüfung der Ansprüche vom Amtes wegen, StPO 429 II

Über die Ansprüche auf Entschädigung und Genugtuung wird nicht nur auf Antrag, sondern **von Amtes wegen entschieden** (StPO 429 II)[141]. Der dazu massgebende Sachverhalt wird ebenfalls von Amtes wegen ermittelt (**Offizialprinzip**, StPO 6 I). Die Ansprüche sind jedoch verzichtbar[142]. Nach Satz 2 von StPO 429 II kann die beschuldigte Person aufgefordert werden, ihre **Ansprüche zu beziffern und zu belegen**[143]. Liefert der Ansprecher diese gewünschten Angaben nicht, sind diese für den Entscheid unentbehrlich und können die erforderlichen Informationen von der Strafbehörde nicht ohne unzumutbaren weiteren Aufwand beschafft werden, ist der Anspruch abzuweisen oder nur im plausibel gemachten Umfang gutzuheissen[144].

1819

1.3 Herabsetzung oder Verweigerung der Entschädigung oder Genugtuung, StPO 430, VStrR 99 I letzter Satzteil

1.3.1. Allgemeines

StPO 430 sieht verschiedene Konstellationen vor, in denen die nach StPO 429 geschuldeten **Entschädigungen und Genugtuungen herabgesetzt oder verweigert** werden können. Es handelt sich wiederum um eine *kann*-Vorschrift, die

1820

---

[139] *Keine Genugtuung für Kinder des Betroffenen*, BJM 2003 291, 294 = RS 2005 Nr. 702. Entsprechendes gilt wohl für *Schadenersatzbegehren* nur mittelbar betroffener Dritter, auch Angehöriger, dazu nachfolgend Fn. 178.

[140] Nach ZR 102 (2003) Nr. 46 = plädoyer 4/2003 69 (mit Hinweisen auf weitere Urteile wie BGE 121 III 252, 123 III 10, 124 II 14 oder ZR 95 [1996] Nr. 86), also keine Reduktion unter Hinweis auf grössere Kaufkraft in der Heimat der beschuldigten Person (*in casu* Kosovo) oder GVP 2005 Nr. 77 (*in casu* Slowakei).

[141] Gilt auch für das Beschwerdeverfahren vor Bundesgericht, BGer 3.11.2008, 8C_629/2007 in Anwaltsrevue 2/2009 94 (sozialrechtlicher Entscheid).

[142] Zu den Schranken RKG 2001 Nr. 104.

[143] *Zwingend bei den Ansprüchen der Privatklägerschaft* nach StPO 433 II. Ansprecher kann auch dazu verpflichtet werden, Kausalität zwischen Verfahrenshandlung und Schaden zu belegen, BJM 1995 164, 1996 37.

[144] Ist das Gesuch *zu wenig substanziiert*, so ist der Ansprecher zunächst dazu aufzufordern; das Gesuch darf nicht einfach mangels Substanziierung abgewiesen werden, vor allem, wenn Freispruch vorher noch gar nicht feststand, Pra 90 (2001) Nr. 5; KGZ 3.10.1996 i.S. A.D. ca. StA = plädoyer 1997/5 20. Nicht zulässig Abweisung mit Begründung, zu einer Aufstellung fehlten Belege, BGer 12.12.2003, 1P.519/2003, in NZZ Nr. 7 vom 9./10.1.2004. Allenfalls *Schätzung des Schadens, wenn Substanziierung nicht möglich ist*, TPF 2008 141 E.3.1. Wer das *Anmelden von Ansprüchen unterlässt, obwohl er dazu aufgefordert wurde und dies hätte tun können*, verliert seine Ansprüche, und er kann sie nicht später auf andere Weise geltend machen (Ausschlusswirkungen der StPO-Regelungen, vorne N 1760. Verwirkung ausdrücklich vorgesehen in VE 492 V).

es den Strafbehörden ermöglicht, auf die Umstände des Einzelfalles (vor allem bei Teileinstellung und -freispruch[145]) einzugehen und dabei ein gewisses Ermessen einfliessen zu lassen. Grundsätzlich ist davon auszugehen, dass sich eine **Kostenauflage nach StPO 426 I und II sowie das Ausrichten von Entschädigung und Genugtuung nach StPO 429 gegenseitig ausschliessen** (näher nachfolgend Ziff. 1.3.2.)[146].

1.3.2. Herabsetzungsgründe nach StPO 430 I

1821 Im Vordergrund steht StPO 430 I lit. a, welche Bestimmung eine Reduktion bzw. Ausschluss von Entschädigung und Genugtuung zulässt, wenn die **beschuldigte freigesprochene Person rechtswidrig und schuldhaft die Einleitung des Verfahrens bewirkte oder dessen Durchführung erschwerte**. Es sind die gleichen Gründe, die nach StPO 426 II eine Auflage der Verfahrenskosten erlauben[147]. Liegen solche Gründe vor, sind Entschädigung und Genugtuung zumeist ausgeschlossen[148]. Liegt seitens der beschuldigten Person jedoch nur ein leichtes Verschulden vor, ist denkbar, dass Entschädigungen oder Genugtuungen entsprechend gekürzt werden[149].

1822 StPO 430 I lit. b nimmt auf den Fall Bezug, dass die **beschuldigte Person in Anwendung von StPO 432 von der Privatklägerschaft zu entschädigen ist** (nachfolgend Ziff. 1.5.). In diesem Fall besteht eine direkte Verpflichtung der Privatklägerschaft der beschuldigten Person gegenüber[150], für die der verfahrensführende Bund oder Kanton in keiner Weise (mit-)haftet.

1823 Bereits die frühere kantonale Praxis und jene des Bundesgerichts gingen dahin, die Entschädigungspflicht des Staats auf den Ausgleich wesentlicher Umtriebe zu beschränken. Diese Regel übernimmt StPO 430 I lit. c. Dem Bürger ist zuzumuten, **geringfügige Umtriebe** ohne Entschädigung in Kauf zu nehmen, also z.B. das ein- oder zweimalige Erscheinen zu Verhandlungen[151].

1.3.3. Herabsetzungsgründe im Rechtsmittelverfahren nach StPO 430 II

1824 StPO 430 II stellt klar, dass die Ausrichtung von Entschädigung und Genugtuung zudem unter den **gleichen Voraussetzungen ganz oder teilweise verweigert**

---

[145] Zu solchen Fällen auch vorne Fn. 49.
[146] BeB 291 unten.
[147] Vorne N 1787 ff., wobei diese Voraussetzungen hier gleich auszulegen sind wie in StPO 426 II, zum soweit vergleichbaren früheren zürcherischen Prozessrecht ZR 69 (1970) Nr. 67 und 69 = SJZ 66 (1970) 170 f.
[148] BeB 292 oben; N 1820 a.E.
[149] Botschaft 1330 oben. So z.B. bei *Passivität der Strafbehörden während längerer Zeit*, auch nachfolgend Fn. 153.
[150] BeB 292 oben.
[151] Botschaft 1330 oben. RVJ/ZWR 35 (2001) 212, 309 = RS 2003 Nr. 309. Zur Entschädigung für Zeitaufwand bei *Teilnahme an Verfahrenshandlungen* vorne Fn. 128.

werden kann, die nach StPO 428 II zur Auflage der Verfahrenskosten trotz Obsiegens im Rechtsmittelverfahren führen kann[152].

1.4. Ansprüche bei rechtswidrig angewandten Zwangsmassnahmen, StPO 431

1.4.1. Ansprüche bei rechtswidrigen Zwangsmassnahmen im Allgemeinen, StPO 431 I

StPO 431 I enthält den allgemeinen Grundsatz, dass – **unabhängig vom Ausgang des Verfahrens mit Verurteilung, Einstellung oder Freispruch** – ein Entschädigungs- und Genugtuungsanspruch besteht, wenn die beschuldigte Person rechtswidrig Zwangsmassnahmen unterworfen wurde. Rechtswidrige Zwangsmassnahmen liegen dann vor, wenn im Zeitpunkt ihrer Anordnung bzw. Fortsetzung die gesetzlichen Voraussetzungen dazu nach StPO 196 ff. in materieller und/oder formeller Hinsicht nicht erfüllt waren[153]. Vom Fall von StPO 431 I zu unterscheiden sind die bereits vorne in Ziff. 1.2. behandelten Zwangsmassnahmen, deren Voraussetzungen im Zeitpunkt ihrer Anordnung erfüllt waren, die davon betroffene beschuldigte Person sich jedoch im Nachhinein als unschuldig erweist und Schadenersatz- und Genugtuungsansprüche nach StPO 429 in Frage kommen. Ansprüche nach StPO 431 bestehen, wenn mit oder ohne Verurteilung solche Ansprüche wegen ungesetzlicher Haft oder nicht gerechtfertigter anderer Schädigungen (z.B. unrechtmässige Beschlagnahmungen nach StPO 263 ff. oder unrechtmässige Überwachungen z.B. des Fernmeldeverkehrs) geltend gemacht werden. Wie die unterschiedlichen Formulierungen von StPO 429 I lit. c und 431 I zeigen, will die StPO bei rechtswidrigen Zwangsmassnahmen eine Genugtuung und damit StPO 431 I offensichtlich nicht an die Voraussetzung der «*besonders schweren Verletzung in den persönlichen Voraussetzungen*» knüpfen (oder diese als stets gegeben betrachtet). – Über solche Schadenersatz- und Genugtuungsansprüche ist ebenfalls von Amtes wegen **im Endentscheid zu befinden**[154].

1825

1.4.2. Fall der Überhaft, StPO 431 II und III

StPO 431 II regelt den Fall der **Überhaft**, d.h., wenn Untersuchungs- und Sicherheitshaft im Einklang mit den materiellen und formellen Voraussetzungen

1826

---

[152] Vorne N 1799.
[153] Oder wenn Haft wegen Passivität der Strafbehörden während einer gewissen Zeit als unrechtmässig zu betrachten ist, BJM 2003 288 = RS 2005 Nr. 702, gestützt auf BGer 12.12.1998 i.S. G.T.
[154] BeB 293 unten. – Soweit zur *Feststellung der (Un-)Rechtmässigkeit ein besonderes Verfahren* vorgesehen ist wie bei der Überwachung des Fernmelde- oder Postverkehrs nach StPO 279 III, ist die Entschädigung etc. im entsprechenden Beschwerdeverfahren geltend zu machen, vorne N 1164. Zu *rechtswidrigen Handlungen von Privaten*, etwa im Rahmen von StPO 218, vorne Fn. 4.

angeordnet wurden, diese Haft aber den schliesslich im Endentscheid ausgesprochenen Freiheitszug nicht erreicht[155]. Ebenso ist an den Fall zu denken, in dem nach einer wegen eines Verbrechens oder Vergehens angeordneten Untersuchungshaft schliesslich nur eine Verurteilung wegen einer Übertretung erfolgt bzw. eine Busse ausgesprochen wird[156]. Die Überhaftsproblematik stellt sich im Hinblick auf die Sanktionen der Geldstrafen und der gemeinnützigen Arbeit in neuer Form. StPO 431 II (analog StPO 436 IV Satz 2) geht zunächst davon aus, dass eine solche **Überhaft zwingend an eine gegen die betroffene beschuldigte Person von einer andern schweizerischen Strafbehörde ausgesprochene Sanktion anzurechnen** ist, eine Anrechnungsbestimmung, die im Kern mit StGB 51 kongruent ist[157]. Die Anrechnung an Geldstrafen oder gemeinnützige Arbeit erfolgt nach dem Umrechnungssatz von StGB 51 Satz 2.

1827 Die **Details dieser Regelung** ergeben sich jedoch weder aus dem Gesetz noch den Materialien. Angesichts des Wortlauts dieser Bestimmung, die von ausgesprochener und nicht von zu verbüssender Sanktion spricht, ist davon auszugehen, dass die **Anrechnung auch auf bloss bedingt ausgesprochene Sanktionen** erfolgt. Weiter ist unklar, **welche Strafbehörde diese Anrechnung anordnen soll**, ist doch jene, bei deren Verfahren über die Anwendung von StPO 431 II erster Satzteil über die Entschädigung zu befinden hat, nicht zwingend identisch mit jener, die die Sanktion wegen der andern Delikte ausspricht oder noch aussprechen (oder bei bereits eingetretener Rechtskraft vollstrecken) muss, an welche die Haft anzurechnen ist. Praktikabilitätsüberlegungen sprechen dafür, dass dies die **Behörde ist, die über die Anwendung von StPO 431 zu entscheiden hat**. In diesem Fall ist die Behörde, die den andern Straf- bzw. Vollzugsentscheid fällte oder noch zu fällen hat, mit einer Kopie des Entscheids zu orientie-

---

[155] Es erscheint deshalb als problematisch, wenn die StPO diesen Fall unter dem Titel rechtswidrige Zwangsmassnahmen einreiht. Unverständlich ist, wenn das Gesetz von Überschreitung der «*zulässigen Haftdauer*» spricht, geht es doch hier um die haftrichterlich bewilligte Haft, also eine rechtmässig angeordnete, eine «*zulässige*» Massnahme. – Ob bei *Überhaft* im hier relevanten Sinn ein Anspruch aus EMRK 5 Ziff. 5 besteht, wurde bisher unterschiedlich beantwortet. Vom BGer 23.6.82 in SJIR 1984 214 offengelassen, verneint im Ergebnis in Pra 87 (1998) Nr. 78. Bejaht aber in BJM 1985 86 f. und Rep. 1991 548 = RS 1994 Nr. 557.

[156] Botschaft 1330 Mitte sowie BeB 292, dieser auch mit Hinweisen darauf, wie die Thematik früher (kontrovers) behandelt wurde und dass Ansprüche aus der EMRK nur bei einer Verletzung von Art. 5 Ziff. 3 Satz 2 (Aburteilung innert nützlicher Frist) fliessen. Siehe auch die Regel von VStrR 99 I (Entschädigung von Haft etc., wenn schliesslich nur Verurteilung wegen Ordnungswidrigkeit erfolgt).

[157] Vgl. schon vorne N 1814. Damit Aufgabe des früher (vgl. etwa BGE 101 IV 6, ZR 100 [2001] Nr. 59) bei der Anrechnung beachteten *Grundsatzes der Tatidentität*. In Richtung der jetzigen Regelung in StPO 431 II allerdings bereits jüngere BGer-Entscheide, vgl. Pra 91 (2002) Nr. 93 S. 543. Anrechnung tritt damit zwingend an die Stelle einer Haftentschädigung, BGE 133 IV 150 = SJZ 103 (2007) 385.

ren[158]. Kann keine solche Anrechnung erfolgen, ist der beschuldigten Person für die Überhaft **Schadenersatz für die gleichsam unnötige Haft** und ebenfalls **Genugtuung**[159] zu leisten[160].

Im Anschluss an die bisherige Praxis[161] setzt StPO 431 III der **Überhaftsregel von Abs. 2 gewisse Grenzen**: Im Fall, dass eine Geldstrafe, gemeinnützige Arbeit oder eine Busse ausgesprochen wurde, bestehen die Ansprüche einerseits nur, wenn **diese Strafen – umgewandelt in Freiheitsstrafe** nach den Umwandlungssätzen von StGB 35, 36, 39 und 106 – **wesentlich kürzer als die erstandene Untersuchungs- oder Sicherheitshaft sind** (lit. a). Unerhebliche Überschreitungen fallen also nicht in Betracht[162]. Die Regel gilt auch im Fall der **Anrechnung auf Freiheitsstrafen**[163]. Nicht geregelt im Gesetz ist sodann der Fall, dass Untersuchungs- und Sicherheitshaft **auf stationäre oder ambulante Massnahmen nach StGB 56 ff. anzurechnen** sind. Eine Umrechnung im vorgenannten Sinn hat ebenfalls bei solchen Sanktionen zu erfolgen; hier eröffnet sich dem Richter ein weites Feld des fallbezogenen Ermessens[164]. Nach lit. b von StPO 431 III liegt sodann keine Überhaft mit allfälligen Entschädigungs- und Genugtuungsfolgen vor, **wenn die ausgesprochene Freiheitsstrafe bedingt verhängt wird**. Wenn diese Bestimmung nur von bedingten Freiheitsstrafen spricht, ist damit nicht eine Einschränkung auf diese Sanktion gemeint. Die Regel gilt – in Kombination mit jener von Abs. 3 lit. a – auch z.B. für **bedingt ausgesprochene Geldstrafen**[165].

1828

---

[158] Sollte es in einem Fall (wohl ausnahmsweise) darum gehen, die ausgestandene Haft auf eine von der andern Behörde noch nicht verhängte Strafe anzurechnen, ist denkbar, dass die erstentscheidende Behörde ihren *Entscheid zu StPO 431 II f. aussetzt* bzw. *einen nachträglichen Entscheid nach StPO 363 ff. fällt*.
[159] Zur Genugtuung bei Überhaft nach früherem Recht SJZ 98 (2002) 53.
[160] Also anderseits *keine Haftentschädigung bei Anrechnung in anderem Verfahren*, RS 2007 Nr. 297. – Zum Sonderfall des *Verzichts auf Zusatzstrafe* nach StGB 49 II (jetzt StPO 8 II lit. b) zu ausländischer Grundstrafe, die gnadenhalber erlassen wurde, BJM 1997 163. Zur *Überhaft bei Auslieferungsbegehren*, dem sich die beschuldigte Person zu Unrecht widersetzte, AGVE 2003 Nr. 23 S. 75.
[161] Dazu etwa ZBJV 128 (1992) 227 und 139 (2003) 577; SJZ 98 (2002) 53 = RS 2004 Nr. 586.
[162] Dies ist beispielsweise der Fall, wenn die beschuldigte Person 21 Monate Untersuchungs- oder Sicherheitshaft erstand, schliesslich aber zu 20 Monaten Freiheitsstrafe verurteilt wurde.
[163] So zu verstehen wohl auch der Hinweis in Botschaft 1330.
[164] Vgl. Botschaft 1330 unten.
[165] Vgl. BGer 7.5.2009, 6B_1023/2008 in NZZ Nr. 127 vom 5.6.2005 (darnach auch Anrechnung auf Bussen).

1.5. Ansprüche gegenüber der Privatklägerschaft, StPO 432

1829 **Obsiegt die beschuldigte Partei** – im Regelfall durch Einstellung des Verfahrens, Freispruch oder Abweisung des Zivilanspruchs[166] –, hat sie gegenüber der Privatklägerschaft **Anspruch auf angemessene Entschädigung der Aufwendungen, die durch deren Anträge zum Zivilpunkt** (nicht im Schuldpunkt[167]) verursacht wurden (StPO 432 I). Zu denken ist vorab an allfällige **Anwaltskosten**, diese jedoch beschränkt auf die notwendigen Aufwendungen für die erwähnten Anträge. StPO 432 II sieht sodann kongruent mit StPO 427 II vor, dass bei Obsiegen der beschuldigten Person **im Schuldpunkt bei Antragsdelikten** der Strafantragsteller die beschuldigte Person für deren angemessenen Aufwand bei der Wahrung der Verfahrensrechte zu entschädigen hat, allerdings entgegen E 440 nur, wenn er mutwillig oder grobfahrlässig die Einleitung des Verfahrens bewirkte oder dessen Durchführung erschwerte[168]. Nach dem Wortlaut von StPO 432 II ist anzunehmen, dass diese **Beschränkung nur für den Strafantragsteller gilt,** der sich nicht als Privatstrafkläger konstituieren will[169], während die Privatklägerschaft offenbar auch ohne mutwilliges bzw. grob fahrlässiges Verhalten mit Kosten belastet werden kann.

2. Ansprüche der Privatklägerschaft und Dritter, StPO 433 und 434

2.1. Ansprüche der Privatklägerschaft, StPO 433

1830 Die Privatklägerschaft[170] hat **gegenüber der beschuldigten Person Anspruch auf angemessene Entschädigung für ihre Aufwendungen im Verfahren** (StPO 433 I), einerseits wenn **sie obsiegt** (lit. a), anderseits, wenn die **beschuldigte Person nach StPO 426 II**[171] **kostenpflichtig** ist (lit. b). Die zu entschädigenden Aufwendungen der Privatklägerschaft für die Teilnahme am Strafverfah-

---

[166] Bei *Verweisung des Zivilanspruchs auf den Zivilweg* ist in den Fällen nach StPO 126 II (mit Ausnahme von lit. a bei Strafbefehl), nicht aber im Fall von StPO 126 III ein Unterliegen anzunehmen.
[167] Zu den Gründen dieser Differenzierung Botschaft 1331 oben und BeB 294 Mitte.
[168] Das Parlament strich die in E 440 III vorgesehene *subsidiäre Haftung des Staats* für die bei der Privatklägerschaft uneinbringlichen Entschädigungsforderungen der beschuldigten Person nach jetzt StPO 432 II, so dass solche als nicht gegeben zu betrachten sind.
[169] Trotz StPO 118 II soll es möglich sein, dass sich ein *Strafantragsteller nicht als Privatkläger konstituiert*, vorne N 697 Fn. 119 und 699 Fn. 123.
[170] Gilt auch für das *Opfer,* wobei dieses nach OHG nicht ohne Weiteres Anspruch darauf hat, die zugesprochene Parteientschädigung übersteigenden Anwaltskosten vergütet zu erhalten, vgl. BGE 133 II 361 = Pra 97 (2008) Nr. 25 = SJZ 104 (2008) 405.
[171] Vorne N 1787 f. Entschädigung also auch, wenn (beschränkt, vgl. Fn. 166) mit *Einstellung oder Freispruch Zivilansprüche nach StPO 126 II auf den Zivilweg gewiesen werden.*

ren[172] müssen im Anschluss an die bisherige Praxis einen gewissen Umfang erreichen, nicht unnötig und durch ein schutzwürdiges Interesse gedeckt sein[173]. Der Anspruch ist nicht ausgeschlossen, wenn die Zivilansprüche auf den Zivilweg verwiesen werden. Es dürfte richtig sein, gemäss der früheren Praxis zu vergleichbaren kantonalen Regelungen in diesem letztgenannten Fall nur die unmittelbar für das Strafverfahren notwendigen Bemühungen zu entschädigen. Folgt man dieser Ansicht, hat die Privatklägerschaft die im Hinblick auf das Schadenersatzbegehren entstandenen weiteren Kosten im Zivilverfahren geltend zu machen[174].

Die Privatklägerschaft muss ihre Ansprüche gegen die beschuldigte Person **bei der Strafbehörde anmelden, beziffern und ausreichend belegen** (StPO 433 II Satz 1); die Strafbehörde handelt hier nicht von Amtes wegen. Nach Satz 2 dieser Bestimmung tritt die Strafbehörde auf den Antrag nicht ein, wenn die Privatklägerschaft die Pflicht zur Bezifferung und zur Belegung der Forderung nicht einhält. Die Ansprüche sind verwirkt, wenn die Privatklägerschaft Gelegenheit hatte, ihre Ansprüche anzumelden[175]. Tritt die Strafbehörde auf den Entschädigungsanspruch ein, wird darüber im **Endentscheid befunden.** Dieser Anspruch kann nicht auf den Zivilweg gewiesen werden[176]. Gutgeheissene Ansprüche unterliegen den **Verrechnungsansprüchen des Staats** gemäss StPO 138 II für dessen **Aufwendungen für die unentgeltliche Rechtspflege**[177]. 1831

2.2. Ansprüche von Dritten, StPO 434

Durch Verfahrenshandlungen kann **Dritten unmittelbar**[178] **Schaden zugefügt werden**, insbesondere durch Zwangsmassnahmen wie Hausdurchsuchungen oder 1832

---

[172] *Teilnahme an Verhandlungen* genügt, auch ohne Stellen von Anträgen, RO 1972 282 Nr. 38 (beschränkt, vgl. Fn. 128 a.E.); *Kosten für privates Gutachten,* ZR 23 (1924) Nr. 13. Siehe ferner RKG 1996 35 Nr. 162.
[173] ZR 55 (1956) Nr. 50. Zu einem Fall von URG-Verletzung ZR 102 (2003) Nr. 47 S. 252.
[174] KGZ 19.12.1988 i.S. R.B. ca. H.L., plädoyer 3/1989 69.
[175] Botschaft 1331 unten. Zur Verwirkung m.w.H. vorne N 1760 sowie Fn. 4, 5 und 144.
[176] So die frühere zürcherische Praxis RO 1973 300 Nr. 30; SJZ 85 (1989) 232.
[177] Vorne N 770.
[178] *Mittelbarer Schaden genügt nicht,* also z.B., dass ein *Arbeitgeber Vermögenseinbussen erleidet, weil sein Angestellter verhaftet wurde.* Deshalb wohl ebenfalls keine Ersatzpflicht des Staats, wenn Ehegatte durch Verhaftung Schock erleidet, dazu den österreichischen Fall in Juristische Blätter 129 (2007) 794. In dieser Richtung auch der vorne in Fn. 139 zitierte Basler Fall. Erforderlich ist ein relativ *enger Konnex zwischen Strafverfahren und Schaden.* Dieser dürfte etwa fehlen, wenn bei einer Verhaftungsaktion mit Schusswechsel eine unbeteiligte Person von einer verirrten Kugel getroffen wird (hier allgemeine Staatshaftung) oder die beschuldigte Person im Verhörzimmer des Staatsanwalts einen Zeugen mit einem Messer anfällt. Die Grenzen zwischen unmittelbarem und mittelbarem Schaden zuverlässig zu ziehen dürfte jedoch gelegentlich heikel sein.

Beschlagnahmungen[179]. Dritte können weiter dadurch einen Schaden erleiden, dass sie **Strafverfolgungsbehörden bei ihrer Tätigkeit unterstützen**, so etwa nach StPO 215 III bei der Anhaltung[180]. StPO 434 sieht dafür eine (Kausal-) Haftung für Schadenersatz und Genugtuung des verfahrensführenden Bundes oder Kantons vor, beschränkt diese jedoch auf Fälle, in denen diese Schäden nicht auf andere Weise gedeckt sind, z.B. durch eine Unfallversicherung dieses Dritten. StPO 424 II behält diese Ansprüche wiederum dem **Endentscheid** vor[181], ermöglich jedoch, dass die Staatsanwaltschaft darüber schon **während des Vorverfahrens** befindet, d.h. bei klar ausgewiesenen Ansprüchen diese selbst regelt. Diese **Entschädigungen trägt der Staat** (vgl. StPO 423 I); für die Belastung einer Partei damit, vor allem der beschuldigten Person, fehlt die gesetzliche Grundlage[182].

3. Besondere Bestimmungen, StPO 435–436

3.1. Verjährung, StPO 435

1833 StPO 435 übernimmt bezüglich der Verjährung von Entschädigungs- und Genugtuungsansprüchen, die die StPO Bund und Kantonen gegenüber begründet, die Verjährungsregelung von OR 60. Diese **Ansprüche verjähren somit innert 10 Jahren** nach Rechtskraft des Entscheids. Diese Frist gilt einerseits für das Geltendmachen solcher Ansprüche dem Gemeinwesen gegenüber[183]. Die gleiche Verjährungsfrist gilt sodann – über den engen Wortlaut von 435 hinaus – für Forderungen, die Private gegeneinander gestützt auf StPO 432 oder 433 und

---

[179] Keine *Entschädigung für Unternehmensvertreter* nach StPO 112, vgl. Hinweise zu vorne N 678.
[180] Botschaft 1331 unten. Weitere Fälle: StPO 218 und 263 III, zu diesen Fällen vorne N 1001, 1011, 1118. Abgelehnt vom Parlament im Fall, dass *Unternehmen durch das Kopieren von Akten grosser Aufwand entsteht*, dazu vorne N 1125 Fn. 401.
[181] Also auch der Staatsanwalt im Rahmen der *Einstellung oder des Strafbefehls*. Ist dies im Rahmen des Endentscheids nicht möglich, selbstständiger nachträglicher Entscheid nach StPO 363 ff., vorne N 1390 ff.
[182] Insbesondere handelt es sich nicht um Auslagen i.S. von StPO 422. – Ein anderer Fall ist die Entschädigung nach StGB 380a bei *Aufhebung der lebenslänglichen Verwahrung*.
[183] Der Wortlaut dieser Bestimmung zeigt, dass es hier primär um die *Verjährung von Ansprüchen geht, über die in einem Strafentscheid entschieden wurde*; die allgemeine Verjährungsfrist von 10 Jahren dürfte gelten, wenn über solche Ansprüche bisher nicht entschieden wurde. Da Ansprüche verwirkt sind, die nicht im Rahmen des betreffenden Verfahrens geltend gemacht werden (zur Exklusivwirkung der Regeln von StPO 416 ff. und der *Verwirkung von Ansprüchen*, die nicht im Strafverfahren geltend gemacht werden, vorne N 1760, 1831 und vor allem Fn. 4, 5, 144), könnte die vorliegende Verjährungsregel wohl nur in Fällen aktuell werden, in denen einem Ansprecher keine Möglichkeit gegeben wurde, Ansprüche im Verfahren selbst geltend zu machen, etwa, indem ihm der Endentscheid nicht mitgeteilt wurde oder er sonstwie nicht Gelegenheit hatte, seine Ansprüche geltend zu machen.

allenfalls StPO 436 geltend machten[184]. Sie gilt nach StPO 442 II sodann für Forderungen des Staats aus Verfahrenskosten privaten Verfahrensbeteiligten gegenüber[185].

3.2. Entschädigung und Genugtuung im Rechtsmittelverfahren, StPO 436, MStP 171, 183, 193

Entschädigungen und Genugtuungen im Rechtsmittelverfahren richten sich nach den **allgemeinen Vorschriften von StPO 429–434** (StPO 436 I). **Erfolgt weder ein vollständiger noch teilweiser Freispruch**, obsiegt die unterliegende Partei hingegen in einem andern Punkt (z.B. bezüglich einer Reduktion der Sanktion, deren bedingtem Vollzug, Einziehung, Kosten- und Entschädigungsfolgen), hat sie Anspruch auf angemessene Entschädigung ihrer prozessualen Aufwendungen (StPO 436 II). 1834

StPO 436 III regelt den Fall, dass ein **Entscheid im Rechtsmittelverfahren nach StPO 409 aufgehoben** wird. Nach dem bereits besprochenen StPO 428 IV[186] werden die Kosten des Rechtsmittelverfahrens und allenfalls auch des erstinstanzlichen Verfahrens in dieser Konstellation von Bund oder Kanton getragen; für das erstinstanzliche Verfahren wird nach den Materialien StPO 426 II nicht angewandt[187]. Soweit kongruent dazu, haben die Parteien **Anspruch auf angemessene Entschädigung für das Rechtsmittelverfahren sowie den aufgehobenen Teil des erstinstanzlichen Urteils.** Bei **Teilfreispruch oder Teileinstellung** kann demgemäss eine Art Aufrechnung von Kostenauflage nach StPO 428 und Entschädigung nach StPO 436 erfolgen. 1835

Die Sonderregel von StPO 436 IV bezieht sich auf den Fall, dass nach **einer Revision die beschuldigte Person freigesprochen oder milder bestraft wird.** Hier hat die beschuldigte Person nicht nur Anspruch auf Ersatz ihrer **Aufwendungen im Revisionsverfahren,** sondern ebenfalls auf Rückerstattung der im **früheren Verfahren getragenen Verfahrenskosten**[188] sowie nach StPO 415 II **allfällig bezahlter Geldstrafen oder Bussen.** Zudem ist ihr die erlittene **weitere Unbill zu entschädigen.** 1836

Eine **Entschädigung und Genugtuung** für eine allfällig **verbüsste Sanktion** ist zu leisten, soweit diese **nicht auf eine wegen anderer Straftaten ausgespro-** 1837

---

[184] Für allgemeine Anwendung von OR 60 in diesem Bereich VE 492 VI, dazu BeB 283. 10jährige Frist gilt auch für Regressanspruch des Staats nach StPO 420, anders VStrR 102 IV (Rückforderungsanspruch nur innert 3 Monaten nach Rechtskraft des Entscheids, mit welchem über Entschädigungsansprüche befunden wurde).
[185] Hinten N 1857.
[186] Vorne N 1800.
[187] Botschaft 1332 Mitte.
[188] Ergibt sich nicht ausdrücklich aus StPO 436 IV, dürfte aber selbstverständlich sein.

chene Strafe angerechnet werden kann (StPO 436 IV a.E., 431 II)[189]. Die Anrechnung hat jedenfalls in sinngemässer Anwendung der im Zusammenhang mit StPO 431 III lit. a (vorne Ziff. 1.4.2.) erwähnten Umrechnungssätze zu erfolgen. Die Frage der Entschädigung und/oder Genugtuung ist bei den neuen Strafen des AT StGB wie gemeinnützige Arbeit oder Halbgefangenschaft noch offen[190]. Es dürfte aber richtig sein, bei solchen Sanktionen bei erfolgter Verbüssung eine angemessene Entschädigung sowie eine Genugtuung auszurichten.

---

[189] Botschaft 1332. – Der *Entschädigungsanspruch für Freiheitsentzug bei späterer Revision* ergibt sich bereits aus den identischen Vorschriften vom Art. 3 des 7. Zusatzabkommens zur EMRK und IPBPR 14 VI.

[190] Nach Botschaft 1332 unten wird es Sache der Praxis sein, zu entscheiden, ob bei *verbüssten neuen Sanktionen wie gemeinnütziger Arbeit oder Halbgefangenschaft eine Genugtuung zu leisten ist, was im Grundsatz zu bejahen ist.*

11. Kapitel: Rechtskraft und Vollstreckung der Strafentscheide. Übergangsbestimmungen, StPO 437–456

§ 100   Rechtskraft, StPO 437 und 438, MStP 210

Literaturauswahl: AESCHLIMANN N 1655; HAUSER/SCHWERI/HARTMANN § 84; MAURER 620; OBERHOLZER N 1863; PADRUTT 390; PIQUEREZ (2006) N 1532; SCHMID (2006) 582.
Materialien: Aus 29 mach 1 S. 167; VE 506–508; BeB 297 f.; E 445–446; Botschaft 1332 f.; AB S 2006 1059 1060, AB N 2007 1032 f.

1.   Problemstellung

Sinn jedes Prozessverfahrens und Urteils ist es, strittige Rechtsverhältnisse definitiv zu klären und so den Rechtsfrieden wiederherzustellen. Dieses Ziel kann nur erreicht werden, wenn Entscheide im Rahmen des fraglichen Verfahrens und für die beteiligten Behörden, aber auch mit Blick auf spätere Prozesse verbindlich und unabänderbar, d.h. **rechtskräftig werden**. Dies verlangt die **Rechtssicherheit**.   1838

Diese Unabänderbarkeit spielt vorab bei den verurteilenden oder freisprechenden **Sachentscheiden** i.S. von StPO 80 I Satz 1[1] und (beschränkt) bei den **verfahrenserledigenden Beschlüssen oder Verfügungen**[2] eine Rolle. Anders liegen die Dinge bei den **verfahrensleitenden Beschlüssen oder Verfügungen**: Sie dienen nicht der abschliessenden Beurteilung des staatlichen Strafanspruchs, sondern haben allein das Verfahren zu regeln und zu fördern. Die Rechtssicherheit verlangt nicht, dass sie unangetastet bleiben. Im Gegenteil: Sie sollen an die Entwicklung und die Bedürfnisse des Strafverfahrens angepasst werden und müssen deshalb grundsätzlich z.B. auf **Wiedererwägungsgesuch** hin abänderbar sein[3]. Tendenziell werden sie deshalb (vor allem materiell, anschliessend Ziff. 3) nicht rechtskräftig[4].   1839

---

[1] Vorstehend N 582 ff.
[2] Vorne N 592.
[3] Bei wesentlich geänderten Umständen oder neuen erheblichen Tatsachen und Beweismitteln *Anspruch auf Wiedererwägung,* N 109 und TPF 2005 180, auch wenn die StPO diesen Rechtsbehelf nicht nennt, dazu RVJ/ZWR 2/2008 207. Eine solche dient jedoch *nicht der Wiederherstellung verpasster Fristen,* BJM 2008 56.
[4] Gilt auch für *Rechtsmittelentscheide gegen Zwischenentscheide* (Beschwerde, Beschwerde ans Bundesgericht), dazu ZR 91/92 (1992/93) Nr. 13 S. 40; RO 1982 316 N 40; GVP 2004 Nr. 70. Ebenso bei den verwaltungsrechtlich gefärbten *Entscheiden im Rechtshilfeverfahren,* BGE 121 II 93.

1840 Mit Blick auf die vorstehend erwähnte Rechtssicherheit kann die Rechtskraft von Endentscheiden **nur ausnahmsweise beiseitegeschoben werden**, etwa bei der **Wiederherstellung** (StPO 94)[5], der **Wiederaufnahme** nach einer Nichtanhandnahme- und Einstellungsverfügung (StPO 323) oder der **Revision** (StPO 410 ff.)[6].

2. Formelle Rechtskraft, StPO 437

2.1. Begriff der formellen Rechtskraft, Eintritt, StPO 437, BGG 61

1841 Unter formeller Rechtskraft versteht man die **Unabänderlichkeit eines Entscheids und die Beendigung des Verfahrenslaufs in der fraglichen Strafsache**[7]. Sie tritt nach StPO 437 I bei Urteilen oder andern verfahrenserledigenden Entscheiden, gegen die nach der StPO ein Rechtsmittel möglich ist, mit dem **unbenützten Ablauf der Rechtsmittelfristen** (lit. a, StPO 384, 396 I, 399 I), mit dem **Verzicht oder Rückzug des Rechtsmittels** (lit. b, StPO 386[8]) oder dadurch ein, dass die Rechtsmittelinstanz auf das **Rechtsmittel nicht eintritt oder es abweist** (lit. c). Vorausgesetzt ist in jedem Fall eine **ordnungsgemässe Eröffnung und Zustellung des fraglichen Entscheids** nach StPO 84 ff. Ist gegen einen Entscheid **ein Rechtsmittel nach der StPO nicht möglich** – vor allem Beschwerdeentscheide nach StPO 397 II und III oder Berufungsurteile nach StPO 408 f. – tritt die Rechtskraft mit der Ausfällung ein (StPO 437 III).

1842 Zur Vereinfachung der Festsetzung des relevanten Zeitpunkts und zur Beseitigung von Zweifelsfällen[9] tritt nach StPO 437 II die **Rechtskraft rückwirkend an dem Tag ein, an dem der Entscheid gefällt wurde**[10].

1843 Gegen Entscheide, die aufgrund der StPO ergehen, ist nach Massgabe von BGG 78 ff. **Strafrechtsbeschwerde ans Bundesgericht** möglich. Wird dieses Rechtsmittel ergriffen, ist der Verfahrenslauf noch nicht abgeschlossen, womit die Regel von StPO 437 I, die nur auf die Verfahren gemäss StPO zugeschnitten ist, relativiert wird. Dies vor allem dann, wenn nach BGG 103 II lit. b der Strafrechtsbeschwerde in den dort skizzierten Schranken aufschiebende Wirkung

---

[5] Vorne N 612.
[6] Vorne N 1582 ff.
[7] Botschaft 1333 oben; BeB 297 oben.
[8] Vorne N 1477 f.
[9] Dazu Botschaft 1333 Mitte.
[10] Dazu SJZ 101 (2005) 21, ZR 77 (1978) Nr. 63; BGE 111 IV 90, 105 IV 310. Nicht massgebend ist der *Zeitpunkt der Zustellung des begründeten Urteils*, BGE 101 IV 394.

zukommt[11]. **Urteile des Bundesgerichts** erwachsen am Tag ihrer Ausfällung in Rechtskraft (BGG 61).

2.2. Feststellung der formellen Rechtskraft, StPO 438

Um insbesondere bei den Parteien Klarheit über den Eintritt der Rechtskraft zu schaffen, sieht StPO 438 I im Einklang mit verschiedenen früheren kantonalen Strafprozessordnungen vor, dass die Behörde, die den fraglichen Entscheid fällte, den **Eintritt der Rechtskraft in den Akten oder im Urteil zu vermerken hat**. Allenfalls ist einer Partei der Eintritt der Rechtskraft in einer separaten Mitteilung zu bestätigen, so z.b., wenn das schriftliche Urteil nach StPO 84 IV oder 82 II noch nicht vorliegt. Nach Abs. 2 von StPO 438 wird den Parteien, denen das Ergreifen eines Rechtsmittels mitgeteilt wurde, ebenfalls der Eintritt der Rechtskraft mitgeteilt[12]. In StPO 438 III und IV wird sodann der Fall geregelt, dass der **Rechtskrafteintritt strittig** ist. Darüber entscheidet die Behörde, die den fraglichen Entscheid fällte. Gegen diesen Entscheid ist die **Beschwerde** nach StPO 393 ff. zulässig, allerdings nur gegen solche erstinstanzlicher Gerichte bzw. (im Strafbefehlsverfahren) der Staatsanwaltschaft und allenfalls der Übertretungsstrafbehörde (vgl. StPO 393 I). Gegen solche Entscheide dürfte die **Strafrechtsbeschwerde ans Bundesgericht** nach BGG 78 ff. zulässig sein.

1844

2.3. Folgen der formellen Rechtskraft, Vollstreckbarkeit

Ist die formelle Rechtskraft eingetreten, so folgt daraus einerseits die **materielle Rechtskraft** (nachfolgend Ziff. 3), anderseits die **Vollstreckbarkeit** des Entscheids. Die Vollstreckung richtet sich nach StPO 439 ff. Eine wesentliche Folge der formellen Rechtskraft ist ferner, dass die **Verfolgungsverjährung** nach StGB 97 f. bzw. 109 durch die Vollstreckungsverjährung nach StGB 99 f. bzw. 109 abgelöst wird. Allerdings ist zu beachten, dass gemäss StGB 97 III die Tat nach dem Erlass des erstinstanzlichen Urteils[13] nicht mehr verjährt.

1845

---

[11] Die anderslautenden Ausführungen in der Botschaft 1333 Mitte und der dortige Hinweis auf BGG 61 gehen deshalb fehl. Die aufschiebende Wirkung nach dieser Bestimmung tritt automatisch, entgegen dem früheren Recht also ohne entsprechendes Begehren ein.
[12] So primär, wenn vorher *Zustellung von Rechtsmittelschriften* nach 390 II und 400 II an die Gegenpartei erfolgt war. Zur Praxis der *automatischen Zustellung von Eingaben etc. an Gegenpartei* N 108 Fn. 184.
[13] Eröffnung des Urteils grundsätzlich nicht massgebend, BGE 130 IV 101 = SJZ 101 (2005) 21.

3. Materielle Rechtskraft

3.1. Begriff der materiellen Rechtskraft

1846 Die (in der StPO nicht direkt normierte) **materielle Rechtskraft bedeutet die Verbindlichkeit eines (formell rechtskräftigen) Entscheids über einen Deliktsvorwurf für spätere Verfahren gleicher Art.** Die materielle Rechtskraft bezieht sich nur auf das **Dispositiv** (StPO 81 IV) und nicht auf die Begründung (StPO 81 III)[14]. Angesichts der Kürze und Formelhaftigkeit des Dispositivs ist aber das Erfassen des Urteils ohne Kenntnis der Begründung in aller Regel nicht möglich[15].

3.2. Auswirkungen der materiellen Rechtskraft

Die wichtigsten Auswirkungen der materiellen Rechtskraft im Strafverfahren sind die folgenden:

3.2.1. Eintritt des Verbots der doppelten Strafverfolgung (ne bis in idem, Sperrwirkung der abgeurteilten Sache), StPO 11

1847 Dazu vorne N 242 ff.

3.2.2. Feststellungswirkung

1848 Wenn der **Strafrichter** seinen Entscheid anknüpfend an ein früheres Strafurteil zu fällen hat, so ist er an dieses gebunden[16], es sei denn, dieses sei geradezu falsch oder unhaltbar. So ist es dem Richter verwehrt, zu überprüfen, ob das gemäss StGB 42 II einen bedingten Strafvollzug grundsätzlich ausschliessende frühere Strafurteil rechtens war. Umgekehrt darf die Vollzugsbehörde die Richtigkeit eines Strafurteils nicht überprüfen[17]. Der Richter ist sodann bei der Prüfung eines Revisionsgesuchs (StPO 410 ff.) an das Strafurteil gebunden, das im Sinn von StPO 410 I lit. c eine strafbare Einwirkung auf das zu revidierende Urteil festhält[18].

---

[14] Ein Beispiel in BGE 120 IV 10 = SJZ 90 (1994) 202: Das militärgerichtliche Verfahren wegen Entwendung einer Handgranate gegen B. war mangels Beweisen eingestellt worden. Dies hinderte ein ziviles Strafgericht nicht, B. wegen Mordversuchs, begangen durch Zustellung dieser Granate an eine ehemalige Freundin, zu verurteilen.
[15] BGE 94 IV 64.
[16] Offengelassen in BGE 106 IV 334.
[17] AGVE 2000 127 = RS 2006 N 127.
[18] Dazu vorne N 1600 f.

3.2.3. Anhang: Verhältnis von Straf- und Zivilurteil bzw. Verwaltungsentscheid

Aus dem Grundsatz der richterlichen Rechtsanwendung (*iura novit curia*[19]) folgt, dass der Strafrichter **vorfrageweise** auch Normen des Zivil- oder Verwaltungsrechts anwenden kann und muss[20], wobei dieser Entscheid allein in den Erwägungen und nicht im Urteilsdispositiv aufscheint und deshalb auch nicht an der Rechtskraft teilnimmt[21]. Inwieweit sind aber in der gleichen Sache bereits ergangene Straf- und Zivilurteile bzw. Verwaltungsentscheide gegenseitig verbindlich? Es ist dies nicht ein Problem der Rechtskraft im engeren Sinn, da die Identität von Streitgegenstand und oft auch Parteien fehlt. Im Grunde geht es aber um Ähnliches, nämlich die Rechtssicherheit, sowie die u.a. vom Prinzip der Einheit der Rechtsordnung rechtsstaatlich geforderte Verhinderung von staatlichen Entscheiden, die sich im Ergebnis widersprechen. Die Frage der Bindung ist vielschichtig und kann nur in der einzelnen Konstellation zuverlässig beantwortet werden.

1849

Praktisch wichtig ist, dass der **Zivilrichter** z.B. bei der Beurteilung von Schadenersatzansprüchen **nicht** an das Strafurteil gebunden ist (OR 53), es sei denn, es liege ein Vorentscheid i.S. von StPO 126 III Satz 1 vor[22]. Dies gilt auch für die Feststellung der Tat und der Widerrechtlichkeit im Strafurteil[23].

1850

Liegt ein **Zivilurteil** vor, so ist der **Strafrichter** an Gestaltungsentscheide gebunden, also etwa an Entscheide bezüglich der objektiven Strafbarkeitsvoraussetzung der Konkurseröffnung bei den Konkursdelikten (StGB 163 ff.). Dies gilt gleichermassen bei der Vernachlässigung von Unterstützungspflichten (StGB 217) für Scheidungs- und Vaterschaftsurteile und die darin festgelegten Unterhaltsbeiträge[24]. Wie weit darüber hinaus eine Bindung besteht, ist unklar. Jedenfalls ist z.B. bei der Beurteilung eines Eigentumsdelikts der Strafrichter an

1851

---

[19] Hierzu vorne N 1341.
[20] Vorne N 1342. Dazu BGG 31 sowie noch ausdrücklich VE 382 I. Allgemein PKG 1999 Nr. 35 S. 130 f. Zur Überprüfung einer Verwaltungsverfügung ZR 87 (1988) Nr. 58. – Jedoch keine Berechtigung des Strafrichters, über *Patentrechte* vorfrageweise zu entscheiden, OGZ III. StrK 7.7.1994 i.S. R.B. AG ca. StAZ und Th.A.
[21] BGE 105 II 311.
[22] BGE 112 II 79, 93 II 502.
[23] Dazu ZR 108 (2009) Nr. 33 S. 130, 96 (1997) Nr. 119, 79 (1980) Nr. 95; anders noch ZR 75 (1976) Nr. 113. Keine Bindung des Scheidungsrichters bei der Frage der Zuteilung der elterlichen Gewalt an Einstellungsbeschluss in einem Verfahren gegen den Kindsvater wegen sexueller Übergriffe auf das Kind, BGE 125 III 410, mit Hinweis auf einen unveröffentlichten BGer, wonach der Zivilrichter allerdings aus Gründen der Zweckmässigkeit im Regelfall nicht von der Auffassung des Strafrichters abweichen wird.
[24] BGE 93 IV 2.

ein Zivilurteil gebunden, welches die Eigentumsverhältnisse an der fraglichen Sache feststellte[25].

1852 In ähnlicher Weise besteht eine Bindung des Strafrichters an **konstitutivgestaltende Verwaltungsentscheide**, so bei Erteilung oder Entzug von Bewilligungen[26]. Gleiches gilt für Administrativ-Anordnungen beim Ungehorsamstatbestand von StGB 292, wenn der Entscheid von einem Verwaltungsgericht gefällt bzw. nicht offensichtlich rechtswidrig und nichtig ist oder verwaltungsgerichtlich hätte angefochten werden können[27]. Umgekehrt ist die **Verwaltungsbehörde an das Strafurteil gebunden** (z.B. beim Entzug von Führerausweisen bei angetrunkenem Fahren nach SVG 16a-c), wenn nicht nachträglich sich ergebende neue Gesichtspunkte in sachverhaltsmässiger oder rechtlicher Hinsicht eine andere Würdigung nahelegen[28].

§ 101 Vollstreckung der Strafentscheide, StPO 439–444, JStPO 42 und 43, StBOG 65 und 66, VStrR 90–93, MStP 211–215, BGG 69 und 70

Literaturauswahl: AESCHLIMANN N 2017; MAURER 623; OBERHOLZER N 1862; PADRUTT 390.

Materialien: Aus 29 mach 1 S. 168; VE 509–514; BeB 298 ff.; E 447–450; Botschaft 1333 f.; AB S 2006 1060, AB N 2007 1032.

1. Allgemeines zum Strafvollzug, StPO 439

1853 Die StPO als Strafverfahrensgesetz enthält zum Strafvollzug, der eigentlich eine eigene, verwaltungsrechtlich orientierte Materie des formellen Strafrechts darstellt, nur relativ wenige Bestimmungen. Diese sollen gewisse Fragen einheitlich und abgestimmt mit der StPO regeln. **StPO 439 I überlässt im Übrigen die Regelung des Strafvollzugs und des dazu notwendigen Verfahrens Bund**[29] **und Kanto-**

---

[25] Jedoch keine Bindung an *Entscheide im summarischen oder ähnlichen Verfahren*, etwa im Besitzesschutz.

[26] Z.B. von *Führerausweisen* mit Blick auf SVG 95 und 96, vgl. BGE 88 IV 118. Zur Überprüfung einer *Einreisesperre* vgl. RO 1991 337 Nr. 4. Feststellung der Diensttauglichkeit verbindlich für Militärrichter, MKGE 11 (1988–1996) Nr. 3.

[27] Dazu etwa BGE 110 Ib 397, 99 IV 166, 104 IV 137; SJZ 89 (1993) 13.

[28] Verwaltungsbehörde sollte grundsätzlich *Strafentscheid abwarten*, näher BGE 119 Ib 163 ff.; auch bei Strafbefehlen, BGer 7.7.1995 in SJZ 91 (1995) 471; ABOG SH 2006 133. – Zur Bindung der *OHG-Behörden an das Strafurteil* (keine Bindung an rechtliche Erwägungen zum Zivilpunkt) BGE 129 II 317 und Kommentar in AJP 12 (2003) 1484.

[29] Der Vollzug der von *Bundesinstanzen verhängten Sanktionen* soll durch das StBOG neu geordnet werden, indem nicht mehr der Bundesrat bzw. das EJPD zuständig ist (näher Botschaft StBOG BBl. 2008 8178). Nunmehr sollen die Kantone nach E StBOG 65 zum Vollzug der dort genannten *Strafen und Massnahmen, die von den Strafbehörden des*

nen, wobei natürlich die Vorschriften des StGB zum Vollzug von Strafen und Massnahmen (Art. 74 ff., 372 ff.) vorbehalten bleiben[30]. Das Vollzugsrecht von Bund und Kantonen bestimmt (unter dem Vorbehalt des Sonderfalls von StPO 440, der sich nach der StPO richtet) auch die **Rechtsmittel gegen die kantonalen Vollzugsentscheide** der Verwaltungsbehörden wie auch der Gerichte. Dafür können Straf- oder aber Verwaltungsgerichte eingesetzt werden[31].

Die zuständige Vollzugsbehörde (regelmässig eine Verwaltungsbehörde, im Jugendstrafverfahren nach JStPO 42 I die Untersuchungsbehörde) erlässt nach StPO 439 II einen **Vollzugsbefehl**. Dabei besteht nach StPO 439 III der Grundsatz, dass rechtskräftig gewordene **Freiheitsstrafen und freiheitsentziehende Massnahmen sofort zu vollstrecken sind**, wenn die betreffende Person fluchtgefährlich (lit. a) bzw. die Öffentlichkeit erheblich gefährdet ist (lit. b) oder bei einer Belassung der betroffenen Person in Freiheit die Erfüllung des Massnahmezwecks erheblich gefährdet wäre (lit. c). Zur Durchsetzung des Vollzugsbefehls kann die zuständige Behörde nach StPO 439 IV **die betreffende Person verhaften** (wohl mit Vorführungsbefehl nach StPO 208), zur Fahndung ausschreiben (StPO 210 f.) oder ihre Auslieferung verlangen.

1854

2. Sicherheitshaft im Strafvollzug, StPO 440

Die Vollzugsbehörde ist nach StPO 440 ermächtigt, verurteilte Personen zur **Sicherung des Straf- und Massnahmenvollzugs in Sicherheitshaft**[32] **zu setzen**, vorab in den bereits in StPO 439 III genannten Fällen der Fluchtgefahr usw. Die Behörde hat den Fall nach StPO 440 II und III innert fünf Tagen nach der Verhaftung gemäss StPO 339 IV dem urteilenden Gericht bzw. bei Strafbefehlen dem Zwangsmassnahmengericht zum Entscheid darüber zu unterbreiten, ob die verurteilte Person bis zum Antritt der Strafe oder Massnahme in Haft zu bleiben hat[33]. Dieser Entscheid ist **endgültig** (StPO 380), kann also nur mit Strafrechtsbeschwerde ans Bundesgericht (BGG 78 ff., 93) angefochten werden[34].

1855

Bundes ausgefällt wurden, zuständig sein, auch Entscheide des Bundesgerichts, vgl. neue Fassung von BGG 70 II lit. c. Die *Bundesanwaltschaft* ist nach E StBOG 66 zum Vollzug aufgerufen, soweit die Kantone nicht zuständig sind, etwa die Einziehungsentscheide des Bundes oder eine Veröffentlichung des Urteils (Botschaft aaO 8179).

30   Botschaft 1333 oben; BeB 297 oben.
31   Gegen letztinstanzlichen Vollzugsentscheid ist unabhängig von der Vorinstanz (Strafoder Verwaltungsgericht) die *Strafrechtsbeschwerde ans Bundesgericht* möglich (BGG 78 II lit. b), somit nicht mehr wie früher Verwaltungsgerichtsbeschwerde.
32   Zur Sicherheitshaft allgemein vorne N 1042 ff.
33   StPO 440 ist auf den Fall zugeschnitten, dass sich erst im Anschluss an einen *verurteilenden Strafentscheid die Sicherheitshaft als notwendig erweist.* Eine schon vom Gericht (dessen Strafe zu vollziehen ist) angeordnete Sicherheitshaft (nach StPO 231 und 232) bleibt ohne anderen Entscheid aufrechterhalten, bis die Vollzugsbehörde nach StPO 439 (vor allem in Anwendung von Abs. 3) entscheidet, N 1048. – Weniger klar ist, ob StPO 440 greift, wenn die *Vollzugsorgane die bedingte Entlassung wegen erheblicher*

3. Vollstreckungsverjährung, StGB 99 f., StPO 441

1856 Die Vollstreckungsverjährung ist in StGB 99 f. geregelt. StPO 441 beschränkt sich darauf, dazu gewisse prozessuale Regeln aufzustellen. Es versteht sich von selbst, dass **verjährte Strafen nicht vollzogen werden dürfen** (Abs. 1). Um solche Fälle zu verhindern, hat die Vollzugsbehörde nach Abs. 2 von Amtes wegen die Verjährungsfrage zu prüfen. StPO 441 III räumt der verurteilten Person sodann ein **Beschwerderecht** gegen den drohenden Vollzug bei der Beschwerdeinstanz des Vollzugskantons ein, wobei diese Behörde auch über die aufschiebende Wirkung der Beschwerde entscheidet. Sicherheitshaft ist in dieser Konstellation allenfalls in Anwendung von StPO 440 (Ziff. 2) möglich. Bund und Kantone haben die Einzelheiten dieses Verfahrens zu regeln[35]. Wird trotz dieser Kautelen eine verjährte freiheitsentziehende Sanktion vollstreckt, räumt StPO 441 IV der betroffenen Person die gleichen Ansprüche gegen das vollziehende Gemeinwesen ein, die nach StPO 431 bei rechtwidrigen Zwangsmassnahmen gegeben sind[36]. **Zuständig** für die Beurteilung solcher Schadenersatz- und Genugtuungsansprüche dürfte das Gericht sein, welches letztinstanzlich die unrechtmässig vollzogene freiheitsentziehende Sanktion verhängt bzw. deren Vollzug angeordnet hatte.

4. Vollstreckung bezüglich Verfahrenskosten usw. sowie im Zivilpunkt, StPO 442 und 443, MStP 211, 214

1857 StPO 442 regelt die Vollstreckung von Entscheiden über die Verfahrenskosten und weitere, dem Gemeinwesen geschuldete finanzielle Leistungen wie Ersatzforderungen aus Einziehungen (StGB 71). Diese werden von den dazu von Bund und Kanton bezeichneten Behörden nach Massgabe des SchKG eingefordert (Abs. 1 und 3)[37]. **Forderungen aus Verfahrenskosten gegen Parteien verjähren in 10 Jahren** seit Rechtskraft des Entscheids (näher StPO 442 II); darunter

---

Verstösse gegen Weisungen der Bewährungshilfe oder anderer schwerwiegender Vorkommnisse widerrufen lassen wollen und das bisherige Verhalten der betreffenden Person Rückschlüsse auf ihre Gefährlichkeit oder eine Fluchtgefahr zulassen. Gemäss StPO 439 I sind jedenfalls die Kantone befugt, für diesen Fall eine Sicherheitshaft vorzusehen.

[34] Vorne N 1651 f.
[35] Näher zu diesem Mechanismus Botschaft 1333 f.
[36] Bei *andern Sanktionen* (Geldstrafen, Bussen, Einziehungen) erfolgt eine Rückerstattung der fraglichen Beträge mit Zins.
[37] Zu verzinsen ab Rechtskraft des Kosten- oder Einziehungsentscheids, so noch ausdrücklich VE 492 VII. – Bei der *Vollstreckung von Einziehungsentscheiden* ist das BG über die Teilung eingezogener Vermögenswerte vom 19.3.2004 (TEVG), SR 312.4, zu beachten, welches bei Werten von über 100'000 Franken eine Teilung zwischen Bund, Kanton und allenfalls beteiligten ausländischen Staaten vorsieht.

fallen auch z.B. Rückgriffsansprüche nach StPO 420[38] sowie Ersatzforderungen gegen Einziehungsbetroffene nach StGB 71[39]. Zu erwähnen ist sodann StPO 442 IV, welcher eine **Verrechnung** der Forderungen der Strafbehörden aus Verfahrenskosten mit Entschädigungen zulässt, die der zahlungspflichtigen Partei **aus dem gleichen Strafverfahren** zustehen, ebenso mit beschlagnahmten Vermögenswerten[40]. Eine **Verrechnung mit Genugtuungsansprüchen der beschuldigten Person ist nicht möglich**[41]. Die Verrechnungsmöglichkeiten sind ferner dadurch eingeschränkt, dass offenbar auch bezüglich beschlagnahmter Vermögenswerte nur innerhalb des gleichen Verfahrens verrechnet werden kann[42]. Während die Verrechnung von Verfahrenskosten und Entschädigungen von der entscheidenden Strafbehörde oder aber von der Vollzugsbehörde erklärt werden kann, muss die Verrechnung mit beschlagnahmten Werten gemäss StPO 267 III i.V. mit StPO 268 im (gerichtlichen) Endentscheid ergehen[43].

Urteilt das Gericht über **Zivilansprüche**, so hat die Privatklägerschaft das Urteil nach Massgabe des Zivilprozessrechts und des SchKG selbst zu vollstrecken (StPO 443). Die besonderen Wege nach StGB 70 I letzter Satzteil bzw. 73 bleiben vorbehalten.

1858

§ 102 Übergangsbestimmungen, StPO 448–456

Materialien: BeB 301; E 454–462; Botschaft 1350 ff.; AB S 2006 1060 f., 2007 729, AB N 2007 1033 ff.

1. Allgemeine Bestimmungen, StPO 448 und 449

1.1. Anwendbares Recht, StPO 448, JStPO 47

Ausgangspunkt der nachfolgenden Ausführungen ist das Ziel der StPO, die bisherigen Verfahrensordnungen von Bund und Kanton möglichst rasch abzulösen[44]. Die StPO ist deshalb nicht nur ausnahmslos auf die nach dem Inkrafttreten der StPO (voraussichtlich am 1.10.2011) eingeleiteten Strafverfahren anwendbar; nach StPO

1859

---

[38] *Verjährung der Ansprüche gegen Bund und Kantonen ebenfalls in zehn Jahren gemäss* StPO 442 II, vorne N 1833.
[39] *Ansprüche gegen den Staat nach StGB 73 dürften* (analog zu StGB 70 IV) in fünf Jahren verjähren, gerechnet ab Schaffung der Voraussetzungen dafür (Vorliegen eines Zivilurteils etc.; Verfügbarkeit des zuwendbaren Vermögenswerts usw. beim Staat).
[40] Eine Verrechnung mit Forderungen und Beschlagnahmungen aus *anderen* Strafverfahren ist somit (entgegen VE 512 III) nicht möglich, eine der vielen problematischen Lösungen der StPO im Bereich Kosten und Entschädigungen. Vgl. hingegen die *Verrechnung mit verfallenen Sicherheitsleistungen* nach StPO 240 IV, vorne N 1057 f.
[41] Botschaft 1334 Mitte.
[42] Anders ausdrücklich VE 512 III.
[43] Botschaft 1334 unten, zu StPO 267 III ff. vorne N 1133 f., zu StPO 268 N 1112.
[44] Botschaft 1350.

11. Kapitel: Rechtskraft und Vollstreckung der Strafentscheide

448 I wird sie auch auf die an diesen **Zeitpunkt hängigen Strafverfahren** angewandt, es sei denn, StPO 450 ff. verweisen ausnahmsweise auf das bisherige Verfahrensrecht.

1860 Um den Übergang vom alten Verfahrensrecht zur StPO bei bereits hängigen Fällen praktikabel zu gestalten, sieht StPO 448 II vor, dass die **unter dem alten Recht vorgenommenen Verfahrenshandlungen ihre Gültigkeit behalten.** Beweise, die nach altem Verfahrensrecht abgenommen wurden, können somit auch unter dem Regime der StPO beweismässig verwertet werden, auch wenn die Beweiserhebung nicht der StPO entspricht oder nach dieser sogar ungültig wäre[45]. Wurde etwa eine Observation oder Banküberwachung ohne die einschränkenden Bestimmungen von StPO 282 f. bzw. 284 f. durchgeführt, können die Ergebnisse also trotzdem verwertet werden[46].

1861 Eine andere Frage ist freilich, ob nicht in gewissen Konstellationen die **Fortsetzung des früher von einem unabhängigen Untersuchungsrichter geführten Verfahrens** durch den zum Staatsanwalt mutierten gleichen Beamten mit Blick auf EMRK und BV problematisch wird. Kann der Untersuchungsrichter, der unter früherem Recht so weit im Einklang mit EMRK und BV die Untersuchungshaft anordnete, den Fall als Staatsanwalt weiterführen und zur Anklage bringen? Inwieweit die Unvereinbarkeit der Rollen von haftanordnendem Funktionär und Staatsanwalt in diesem Fall durchschlägt, sei hier nicht im Einzelnen behandelt. Den Kantonen mit Untersuchungsrichtersystem und ohne Haftrichter ist jedenfalls zu empfehlen, bereits im Vorfeld des Inkrafttretens der StPO die Haft nicht durch den untersuchenden und (später als Staatsanwalt) anklagenden, sondern durch einen andern UR anordnen zu lassen[47].

1.2. Zuständigkeit, StPO 449, JStPO 48

1862 Die Einführung der StPO bedingt in vielen Kantonen eine mehr oder weniger einschneidende Umgestaltung der Behördenorganisation, mit der Folge, dass neue Behörden an die Stelle von aufgehobenen Instanzen treten. Unter Vorbehalt abweichender Bestimmung sieht StPO 449 I für die hängigen Verfahren in allgemeiner Form vor, dass die Verfahren von der nach neuem Recht zuständige Behörde weitergeführt werden. Im Hauptfall des pendenten Vorverfahrens über-

---

[45] Zu dieser Problematik vorne N 72.
[46] Botschaft 1351. Dies bedeutet weiter, dass vor dem Inkrafttreten der StPO gemachte *Zufallsfunde*, die nach BÜPF 9 verwertbar waren, nach StPO 278 hingegen nicht mehr, verwertbar bleiben. *Anders* BGH 27.11.2008, 3 StR 342/08 in NJW Spezial 4/2009 121 = NJW 62 (2009) 791 (unter Verweis auf die sofortige Geltung neuen Verfahrensrecht, wobei keine StPO 448 II entsprechende Bestimmung zu beachten war). *Nach altem Recht unverwertbare Beweise* dürften hingegen unverwertbar bleiben, auch wenn sie dies nach der StPO nicht mehr wären.
[47] In diese Richtung die Praxis im Kanton Zug vor Übergang zum Staatsanwaltschaftsmodell per 1.1.2008.

nimmt also der Staatsanwalt das Verfahren z.B. vom Verhör- oder Untersuchungsrichter.

Da wahrscheinlich ist, dass trotz der an sich simplen Zuständigkeitsregel von StPO 449 I je nach früherem Verfahrensrecht mehr oder weniger grosse Umstellungsschwierigkeiten auftreten, bestimmt StPO 449 II, dass **Konflikte über die Zuständigkeit im Zusammenhang mit dem Wechsel zur StPO**[48] von der Beschwerdekammer des betreffenden Kantons bzw. des Bundesstrafgerichts entschieden werden. Es kann sich dabei um positive wie auch negative Kompetenzkonflikte handeln[49]. Diese Entscheide sind mit keinem Rechtsmittel nach StPO anfechtbar, hingegen – soweit die Beschwerdekammer eines Kantons entschieden hat – mit Strafrechtsbeschwerde ans Bundesgericht nach BGG 92 (Zwischenentscheid zur Zuständigkeit)[50]. 1863

2. Übergangsrecht im erstinstanzliche Hauptverfahren und bei besonderen Verfahren, StPO 450–452, JStPO 49

StPO 450 statuiert gegenüber dem sofortigen Wechsel zur Schweizerischen Strafprozessordnung in allen hängigen Fällen (Ziff. 1.1.) insofern eine Ausnahme, als die bei **Inkrafttreten der StPO beim erstinstanzlichen Gericht hängigen Fälle nach bisherigem Recht weitergeführt und abgeschlossen werden**. Das bisherige Recht entscheidet auch darüber, ob die Rechtshängigkeit bei der ersten Instanz bereits eingetreten ist[51]. In Anwendung der allgemeinen Regel von StPO 448 I richten sich die **weiteren Rechtsmittel indessen nach neuem Recht, also der StPO**. 1864

Selbstständige **nachträgliche richterliche Entscheide** nach StPO 363 ff.[52] sind von jener Behörde zu fällen, die nach der StPO für das erstinstanzliche Urteil zuständig gewesen wäre (StPO 451)[53]. 1865

StPO 452 enthält gewisse Sondervorschriften für das **Abwesenheitsverfahren** nach StPO 366 ff.[54] (JStPO 50), vor allem für das bei Gesuchen um neue Beurteilung (StPO 368) anwendbare Recht. War ein **Gesuch um neue Beurteilung bei Inkrafttreten des Gesetzes hängig**[55], erklärt Abs. 1 das frühere Recht als für 1866

---

48 Andere Zuständigkeitskonflikte regeln sich etwa nach StPO 28, 39 ff. oder 48.
49 Botschaft 1351.
50 Vorne N 1646. Die Botschaft 1351 unten scheint ein Rechtsmittel generell auszuschliessen und vermerkt, die Frage der Zuständigkeit könne in später im Verfahren als Prozessvoraussetzung wieder aufgeworfen werden.
51 Botschaft 1351 unten.
52 Dazu vorne N 1390 ff.
53 Bei Inkrafttreten der StPO hängige Verfahren dieser Art werden aber analog zu StPO 450 nach altem Recht behandelt und abgeschlossen.
54 Dazu vorne N 1396 ff.
55 Wie bei StPO 456 entscheidet sich die *Frage der Hängigkeit nach bisherigem Recht*, Botschaft 1352.

den Entscheid (und auch das dahin führende Verfahren) anwendbar. Nach Abs. 2 ist im Fall, dass **nach Inkrafttreten der StPO ein solches Gesuch** bezüglich eines früher gefällten Abwesenheitsurteils gestellt wird, das für den Gesuchsteller günstigere Recht abzustellen. Dies könnte bezüglich der formellen Punkte des Gesuchs (Form und Frist)[56], aber auch etwa bezüglich der Gründe, die eine neue Beurteilung zulassen, relevant werden. Kommt es nach StPO 369 f. zu einer neuen Beurteilung, erfolgt diese in Beachtung des allgemeinen Prinzips von StPO 448 I nach Massgabe der StPO und zwar durch das Gericht, welches nach der StPO für das Abwesenheitsurteil zuständig gewesen wäre.

3. Übergangsrecht im Rechtsmittelverfahren, StPO 453 und 454, JStPO 51

1867 Zunächst regelt StPO 453 den Fall, dass ein **Entscheid vor Inkrafttreten der StPO gefällt** worden war. Unabhängig vom Datum der Eröffnung[57] richten sich die Rechtsmittel nach dem im Zeitpunkt der Urteilsfällung geltenden früheren Recht (Abs. 1). Wird ein nach früherem Recht gefällter Entscheid **nach Inkrafttreten der StPO von einer Rechtsmittelinstanz nach StPO oder dem Bundesgericht aufgehoben** und zur neuen Beurteilung an eine Vorinstanz zurückgewiesen, so ist die Instanz zuständig, die nach der StPO zuständig wäre. Diese entscheidet in Anwendung der StPO (Abs. 2). Gegen das Urteil sind die nach neuem Recht zulässigen Rechtsmittel möglich.

1868 StPO 454 bestimmt in Wiederholung der allgemeinen Regel der sofortigen Anwendbarkeit der StPO (StPO 448, vorne Ziff. 1.1), dass auf **Rechtsmittel gegen erstinstanzliche Entscheide, die nach Inkrafttreten der StPO gefällt werden,** das neue Recht anwendbar ist (Abs. 1).

4. Übergangsrecht bei Strafbefehlen und bei Privatstrafklageverfahren, StPO 455 und 456

1869 Bei **Strafbefehlen** gilt StPO 453 sinngemäss (StPO 455), d.h., wurde gegen einen vor Inkrafttreten der StPO erlassenen Strafbefehl (oder ein damit vergleichbares Institut des früheren Rechts) eine Einsprache bzw. der nach früherem Recht dagegen vorgesehene Rechtsbehelf ergriffen, so richtet sich das nachfolgende gerichtliche Verfahren nach altem, die gegen den Gerichtsentscheid zulässigen Rechtsmittel jedoch nach neuem Recht. Wird ein nach altem Recht ergangener Strafbefehl nach Inkrafttreten der StPO vom Gericht erster oder zweiter Instanz aufgehoben und an die Staatsanwaltschaft zurückgewiesen, richtet sich das nachfolgende Verfahren (und allenfalls der Erlass eines neuen Strafbefehls)

---

[56] So mindestens die Botschaft 1352 oben.
[57] Dazu Botschaft 1352: Abstellen auf Fällung des Entscheids, weil Zustellung an Parteien zu unterschiedlichen Zeitpunkten erfolgen kann.

nach der StPO. Führte schon das bisherige Recht dazu, dass sich nach der Einsprache analog zu jetzt StPO 355 der Staatsanwalt wiederum mit dem Fall zu befassen hatte, erscheint es als richtig, dass dieser das Verfahren nach Massgabe dieser neuen Vorschrift weiterführt und abschliesst.

Privatstrafklageverfahren sind in der StPO nicht vorgesehen[58], doch ist denkbar, dass bei Inkrafttreten der StPO solche Verfahren noch vor einer kantonalen Instanz hängig sind. War ein solches Verfahren noch im **Untersuchungsstadium** vor dem früheren Untersuchungsrichter usw., der jetzt zum Staatsanwalt mutierte, pendent, so führt dieser das Verfahren in Anwendung von StPO 448 I nach neuem Recht weiter. Das bisherige Recht entscheidet auch darüber, ob z.B. in Ehrverletzungsfällen ordnungsgemäss Strafantrag gestellt wurde (StGB 33 ff.). War der Fall hingegen bereits beim **Gericht anhängig** (also auch z.B. bei einem in solchen Fällen früher gelegentlich tätigen gerichtlichen Untersuchungsrichter), so führt dieses es in Anwendung des bisherigen Rechts bis zum erstinstanzlichen Abschluss weiter (StPO 456). Die Rechtsmittel gegen den erstinstanzlichen Entscheid richten sich nach neuem Recht, also der StPO (StPO 454 I), nach StPO 453 II ebenfalls **das weitere Verfahren nach einer von der oberen Instanz erfolgten Rückweisung**.

1870

---

[58] Vorne N 1349.

Artikelregister

(verweist auf die zu den einzelnen Bestimmungen von StPO, JStPO, VStrR, MStP, E StBOG, ZPO, BGG sowie StGB und MStG vorhandenen Fundstellen (Artikel) durch Angabe der entsprechenden Randnoten. Fettgedruckte Hinweise beziehen sich auf die Stellen, an denen die fragliche Thematik besonders behandelt wird.)

Strafprozessordnung (StPO)

1 N 66
2 **N 85 ff.**, 1247
3 N 81 f., **90 ff.**, 179, 201, 254, 621, 737, 759, 783 ff., 856, 1160, 1184, 1333, 1476, 1488, 1686, 1696, 1788
4 **N 117 ff.**, 132, 135, 254, 353, 357, 362, 507, 524, 1352, 1624
5 **N 138 ff.**, 153, 1037, 1040, 1317, 1506
6 N 99, 139, **153 ff.**, 214, 690, 726, 771, 783, 708, 1171, 1209, 1226, 1329, 1374, 1487, 1538
7 **N 164 ff.**, 353, 690, 1209, 1487, 1726
8 **N 183 ff.**, 319, 1240, 1255, 1287, 1313, 1508, 1595, 1599, 1787, 1790
9 **N 203 ff.**, 318, 1034, 1294 ff., 1333, 1340 f., 1488, 1535, 1686
10 **N 215 ff.**, 285 ff., 681, 780, 855, 951 f., 994, 1251, 1686
11 **N 242 ff.**, 319, 1343, 1624, 1847
12 N 121, 168, **324 ff.**, 633, 805, 857, 1211, 1224, 1499, 1502
13 **367 ff., 373 ff., 382 ff., 387 ff.**, 633, 1211, 1499
14 N 127, 148, **327 ff.**, 334, 354, 357, 369, 379 f., 383, 410, 1260, 1305, 1500 f., 1505, 1528, 1649
15 **N 339 ff.**, 351, 492, 1171, 1206, **1216 ff.**, 1649
16 N 167, **350 ff.**, 443, 637, 805, 1220, **1224 ff.**
17 N 119, 201, 334 ff., **360 ff.**, 1224, 1259, 1353, 1505, 1521, 1671
18 **367 ff.**, 371, 514
19 N 145, 334, 338, **373 ff.**, 679, 1303, 1391, 1499, 1507
20 N 335, 369, **382 ff.**, 1514, 1517, **1520 f.**, 1637
21 **N 387 ff.**, 514, 1449, 1517, 1520, **1540**, 1604, 1637, 1728a
22 **407 ff.**, 679, 1738
23 N 197, 357, 364, 378, **411 ff.**, 423, 1736, 1738
24 357, 364, 378, **411 ff.**, 423. 1736, 1738
25 N 196 f., 409, **414 ff.**, 420, 435, 443, 1456, 1663, 1675, 1738, 1779
26 N 416, **421 ff., 420**, 443, 1456
27 N 416, **430 f.**
28 N 385, 417, 434, 1648
29 N 422, **435 f.**, 455, 463, 480, 679
30 N 361, 424, **437**, 447, 464, 490, 916
31 N 404, 416, 430, **438 ff.**, 480, 484, 488 f., 679
32 **N 456 ff.**
33 N 435 f., 454, **461 ff.**
34 N 426, 435, **464 ff.**
35 **N 470 ff.**
36 N 464, **475 f.**, 680
37 **N 477 f.**, 487, 1432
38 N 420, 447, 464, **480 ff.**, 489, 916
39 N 318, 399, 400,. **483 ff.**, 488, 1066
40 N 385, 400, 420, 468, **486 ff.**, 1519, 1648, 1658, 1688, 1717
41 N 481 f., **485**, 1506
42 **N 486**, 564,
43 N 439, **491 ff.**
44 **N 493**, 499, 627, 966
45 **N 494**, 496
46 **N 495**
47 **N 496 f.**, 499
48 N 385, **498**, 966, 1519, 1648, 1658, 1688, 1717
49 N 439, **499 ff., 1293**
50 N 500
51 N 499, **821 ff.**

Artikelregister

52 **N 501 f.**, 501 f.
53 N 502
54 **N 503**, 509
55 **N 504 ff.**
56 N 121, 123, 206, 369, **507 ff.**, 771, 1042, 1624
57 **N 522 ff.**
58 **N 523 f.**, 1438
59 **N 525 ff.**, 598, 1313, 1638, 1650, 1726
60 N 523, 527, **530 f.**, 1595
61 N 259, **532 f.**, 1481
62 N 103, **534**
63 N **535 f.**, 764, 1065, 1396
64 N **537**, 611,950, 983, 1587
65 N 146, **538**, 581, 1285, **1509 f.**
66 **N 309 ff.**, **549 ff.**, 650, 1232, 1419
67 N 501, **550**, 577, 650, 808, 1653
68 **N 551 ff.**, 641, 808, 859, 863, 1627, 1653
69 N 82, 110, **247 ff.**, 1313, 1360, 1421, 1525, 1563, 1571
70 N 262, **271 ff.**, 641, 823, 837, 1427
71 N 264
72 **N 251 ff.**
73 **N 556 ff.**, 881, 993, 1232
74 **N 560 ff.**, 616, 993
75 **N 564 f.**, 599, 999
76 N 310 f., **566 ff.**, 625, 815, 851, 1222, 1506
77 N **576**, 629, 827
78 N 551, **577 f.**, 812, 815
79 **N 579 ff.**, 1506
80 N 112, 202, 323, **582 ff.**, 714, 902, 941, 1238, 1283, 1334, 1345, 1373, 1428 f., 1386, 1389, 1508, 1530, 1571, 1584, 1641, 1653, 1741, 1770. 1810, 1839
81 N 202, **582 ff.**, 714, 1115, 1133, 1386, 1389, 1409, 1429, 1431, 1434, 1453, 1471, 1532, 1545, 1665, 1770, 1846
82 N 146, **582 ff.**, 1543, 1700
83 **N 594 ff.**, 803, 1438, 1471, 1508, 1589
84 N 261, 270, 284, 309, 565, 589, **595 ff.**, 636, 902, 941, 981, 1258, 1346, 1360, 1360, 1382, 1387, 1407, 1409, 1471, 1543, 1545, 1841
85 N 310, 501, **600**, 1360, 1544, 1552
86 **N 601**
87 **N 602 f.**, 1162, 1409, 1572
88 **N 604**, 1258, 1360, 1366, 1409
89 N 144, **605 ff.**, 1078, 1244, 1273, 1523

90 N 607
91 **N 608 ff.**, 652, 1472
92 **N 605**
93 **N 611**, 1572, 1653
94 **N 612**, 648, 1411, **1416**, 1472, 1506, 1544, 1700, 1840
95 **N 613 ff.**, 1099, 1103
96 **N 616**
97 **N 617**, 1105
98 **N 618,** N 621 ff.
99 **N 619**
100 N 310 f., 576, **629**, 948, 1104, 1153, 1175, 1193
101 N 108, 565, 617 f., 625, **621 ff.**, 759, 958, 966, 1027, 1153, 1506
102 N 624, 626, **630 f.**, 837
103 N 566, 597, 617, 619, **632**
104 N 106, 540, 622, **633 ff.**, 643, 686, 689, 691, 696, 1258, 1362, 1455 ff., 1464, 1510, 1652, 1671, 1798
105 N 557, 622, **638 ff.**, 643, 689, 691 f., 925, 1261, 1312, 1370, 1433, 1464, 1679, 1798
106 **N 643, 663 ff.**
107 **N 104 ff.**, 157, 622, 642, 644, 709, 759, 777, 837, 856, 1226, 1332, 1433
108 N 109, **113 ff.**, 624, 626, 644, 764, 837, 839
109 N 310, **540, 644 ff.**, 759, 1433
110 N 601, **650**
111 N 159, 622, 643, **653 ff.**, 681, 1420
112 N 475 f., **675 ff.**, 718, 728, **917 f.**, 1107, 1120, 1307, 1460, 1669
113 N 160, **668 ff.**, 681, 856, 861, 869, 887, 1420, 1650
114 N 319, 318, **663 ff.**, 1427
115 N 638, **682 ff.**
116 **N 693 ff.**, 704, 714, 765, 823, 846 f., 1084
117 N 622, **693 ff.**, 704, 823
118 N 638, 689, 690, 691 f., **697 ff.**, 765, 911, 1336, 1463, 1794
119 **N 697 ff.**, 706
120 **N 699**, 911, 926
121 N 685, **700 ff.**, 1466
122 **N 702 ff.**, 710, 1234, 1257, 1311, 1336, 1466, 1632, 1633, 1667, 1720, 1793, 1829
123 **N 705** ff., 1310, 1311
124 **N 705, 709 f.**, 716, 1311
125 **N 708**, 713, 767, 1778

860

126 **N 711 ff.**, 1311, 1359, 1533, 1642, 1850
127 N 651, **718 ff.**, 823, 1227, 1506, 1762
128 N 162, **724 ff.**, **755 f.**, 1631
129 **N 727 ff.**, 740, 866, 1308, 1398
130 N 665, 720, **730 ff.**, 747, 866, 1308, 1376, 1376, 1506
131 N 109, **N 737 f.**, 862
132 N 591, 737, **739 ff.**, 753. 1308, 1420, 1475, 1481, 1510, 1614, 1652
133 **N 745 f.**, 769
134 **N 747 ff.**, 769, 1679
135 **N 751 ff.**, 770, 1587, 1643, 1763, 1783
136 **N 765 ff.**, 1469
137 **N 769**, 1652, 1679
138 **N 770**, 1832
139 N 157, 230, 239, 542 f., **771 ff.**, 1245, 1506, 1696
140 N 116, 140 f., **783 ff.**, 793
141 N 531, 547 f., **789 ff.**, **794 ff.**, 818, 850, 1139, 1160, 1070, 1388
142 N 309, 327, 577, **803 ff.**, 857, 882, 909, 919, 985, 1218, 1223.1323, 1353, 1357, 1433
143 N 99, 102, 781, 788, **807 ff.**, 858, 900, 919, 921, 924, 1028, 1214
144 N 569, 574, 578, **815**, 825
145 N 813, **816 f.**, 968, 1153, 1200
146 **N 277**, 670, **818 f.**, 847, 864, 954, 964, 1321
147 N 108, 255, 265, 499, 536, 547, 642, 756, 781, 786, 789, 799, 814, 815, 819, **821 ff.**, 862, 949, 1027, 1227, 1233, 1293, 1329, 1483
148 N 815, **833**
149 N 102, 113, 275, 278, 280, 771, 821, 825, 828, **834 ff.**,1190, 1421
150 N 789, **840 ff.**, 1183, 1190, 1192 f., 1510
151 N 279, 792, **843 f.**, 1183, 1190, 1192, 1199, 1201
152 N 275, 277, 280, 792, 819, 823, **846 f.**, 964, 1666
153 N 275, 280, 555, 792, 819, **848**, 964
154 N 792, **849 ff.**, 964
155 **N 852 f.**
156 **N 854**
157 N 159, 492, 577, **855 ff.**, 921
158 N 160, 553, 671, 728, 781, 789, 807, 810, **858 ff.**, 887, 919, 928, 1012, 1028

159 N 255, 265, 756, 758, 862, **866 ff.**, 985, 1012, 1027, 1206
160 N 855, **869 f.**
161 **N 871 f.**, 969, 1225
162 N 577, **873 ff.**
163 **N 876 ff.**, 912
164 **N 879 f.**, 1084
165 N 557, 759, **881**
166 **N 873**, 911, 923
167 **N 883**, 921, 1776
168 N 836, 878, **884 ff.**, 901, 923, 1107, 1119, 1121 f.
169 **N 887 ff.**, 948, 1107, 1121 f.
170 **N 891 f.**, 967, 1122, 1146, 1169
171 **N 893 ff.**, 917, 968. 1122. 1146, 1169
172 N 884, **897**, 902, 1146, 1169
173 **N 898 f.**, 1124, 1146, 1169
174 **N 900 ff.**, 1652, 1772
175 **N 903 f.**
176 **N 905**, 923, 1762
177 N 789, 796, 799, 807, 810, 880, 882, 900, **907 ff.**, 919
178 N 661, 681, 873, 876, 890, **910 ff.**, **922 f.**, 925, 985, 1120, 1420
179 N 909, **919**
180 N 681, 805, **921 f.**, 1126
181 N 919, **924 f.**
182 N 811, **929 ff.**, 1075, 1326
183 **N 935 f.**
184 **N 937 ff.**, 950
185 **N 944 ff.**
186 **N 942 ff.**, 1015, 1049
187 **N 948**
188 **N 949**
189 **N 951 f.**
190 N 939, 950, 1776
191 N 611, 950
192 **N 953 ff.**, 1080, 1075, 1111, 1153
193 N 569, 819, **953 ff.**
194 N 501, 625, **965 f.**, 1232
195 N 502, 799, 816, 871 f., **967 f.**, 1153, 1200, 1225, 1232
196 N 223, 542, **970 ff.**, 1111, 1698, 1826
197 N 78, **973 ff.**, 987, 1009, 1026, 1069, 1125, 1157, 1968
198 N 327, 352, 598, **976 f.**, 1063, 1068, 1088, 1107, 1147
199 **N 978 ff.**, 1072

Artikelregister

200 **N 979**, 997, 1072
201 N 108, 670, 806, **981 ff.**, 986, 987, 989. 1028, 1397, 1506
202 N 796, 824, 982
203 N 921, 982
204 **N 984**
205 N 605, 611, 806, 921, **983**, 986, 1310 f., 1397
206 N 806, **985**
207 N 492, 670, 976, 983, **986 ff.**, 1028, 1048, 1814
208 **N 989**, 998, 1853
209 **N 990**
210 **N 991 f.**, 1009, 1161, 1218, 1238, 1854
211 **N 993**
212 **N 994 ff.**, 1037 f., 1814
213 **N 997 f.**
214 **N 999 f.**, 1035
215 N 869, **1001 ff.**, 1064 f., 1218
216 **N 1006 f.**
217 N 732, 978, 982, 988, 998, 1003, 1007, **1008 ff.**, 1218
218 N 802, 976, **1011**, 1165
219 N 146, 868, 976, 1010, **1012 f.**, 1027 f.
220 **N 1014 ff.**, 1061
221 N 670, 943, 974, 1010, 1013, **1017 ff.**, 1053, 1418
222 N 1035, **1040 f.**, 1045, 1046, 1511, 1638, 1726
223 N 758, 862, 867, **1027**, 1050
224 N 146, 223, 486, 591, 668, 988, **1028 ff.**, **1059**, 1421, 1621
225 N 266, 367, 624, 822, 943, 1027, **1031 f.**, 1044
226 N 146, 591, 1008, **1032 ff.**, 1036, 1038, 1044, 1059, 1653
227 N 266, **1036 f.**, **1044**
228 N 378, **1038 f.**. 1045, 1060, 1438
229 N 367, **1042 ff.**
230 **N 1046**, 1060
231 N 514, 653, **1047 ff.**, 1344, 1481, 1545
232 N 514, **1048**, 1481, 1726
233 **N 1048**, 1060
234 **N 1049 ff.**
235 N 223, 764, 1027, **1050**, 1511
236 **N 1016**, 1052
237 N 984, 996, 1029 f., 1034, **1053 ff.**, **1059** f.
238 N 1029, **1056 ff.**
239 **N 1057**
240 **N 1057 ff.**, 1423
241 N 492, 960, 974, 976, 998, **1061 ff.**, 1068, 1070, 1073, 1080. 1082, 1101, 1108, 1117 f., 1232, 1506, 1510
242 **N 1065**
243 **N 1066 f.**
244 N 641, 668, 963, 989, 998, 1065, **1068 ff.**
245 **N 1071 f.**
246 N 1065, 1072, **1073 ff.**, 1080
247 N 960, **1075**, 1222
248 **N 1076 ff.**, 1139, 1438, 1509, 1511, 1772
249 N 1065. **1080**, 1081, 1100
250 **N 1080**
251 N 1062, 1080, **1081 ff.**, 1093, 1100, 1326
252 **N 1085**
253 N 934, **1086 f.**, 1093, 1094
254 **N 1088**
255 N 641, 974, 976, 1082, **1089 ff.**, 1100
256 N 266, 367, **1095**
257 **N 1096**
258 **N 1097**
259 **N 1089 ff.**
260 N 808, 976, 985, **1099 ff.**
261 **N 1103 ff.**, 1175
262 **N 1106 f.**
263 N 641,802, 960, 976, 1061, **1108 ff.**, 1125, 1139, 1165, 1222, 1432, 1652, 1826
264 N 789, 1062, 1075,1080, 1110, **1119 ff.**
265 N 673, **1125 ff.**, 1176, 1180, 1506
266 N 1117, **1128 ff.**
267 N 1113, **1131 ff.**, 1857
268 **N 1112**, 1857
269 N 801, 974, 978, **1136 ff.**, **1141 ff.**. 1157, 1168, 1185 f.
270 N 641, 689, **1145**, 1169
271 N 784, 789, **1146**, 1188
272 **N 1147 f.**, 1168
273 N 1139, **1144**, 1147
274 N 367, 591, **1149 ff.**
275 **N 1151 f.**
276 **N 1153 ff.**, 1159
277 N 548, 789, 799, **1155**
278 **N 1156 ff.**, 1159, 1202
279 N 616, **1162 ff.**, 1171, 1181, 1203, 1511
280 502, **1166 ff.**
281 N 367, **1168 ff.**, 1511
282 N 502, 976, 1167, **1170 ff.**, 1860

862

283 **N 1174**
284 N 266, **1176 ff.**, 1511
285 N 557, **1179 f.**
286 N 1142, **1182 ff.**
287 **N 1189**
288 N 280, **1190**, 1192,1201
289 N 266, 367, 789, 1190, **1191 f.**, 1201
290 **N 1193**
291 **N 1193**, 1200
292 **N 1194**
293 **N 1195 ff.**
294 **N 1195**
295 **N 1195**
296 **N 1202**
297 **N 1198 f.**
298 N 615, **1203 f.**, 1511
299 N 214, 215, 265, 305, 309, **343 f.**, 350 f., 400, 542, 1111, **1205 ff.**, 1224, 1232, 1371, 1417
300 N 242, **1207 f.**, 1217, 1227, 1503
301 N 168, 639, 689, 691, **1209 f.**
302 N 168, 318, 320, 501, 518, 571, 636, **1211**
303 N 322, 480, 690, **1212**, 1218
304 **N 1213**
305 N 985, **1214 f.**
306 N 185, 483, 492, 568, 616, 803, 866, 960, 991, 1094, 1111, 1118, 1171, **1216 ff.**, 1804
307 N 185, **345 ff.**, 492, 571, 1009, 1206, **1220 ff.**
308 N 305, 1216, **1234 ff.**, 1232 f., 1322 1364, 1623
309 N 318, 591, 658, 737, 866, 1009, 1066, 1173, 1175, 1211, 1217, 1221, **1227 ff.**, 1364, 1383, 1503, 1506
310 N 202, 243, 323, 399, 582, 592, 657, 692, 1133, 1230, **1231**, 1250, 1264, 1506, 1771
311 N 214, 356, **1232 ff.**, 1353, 1357
312 N 346, 756, 805, 821, 923, 962, 981, 985, 1101, 1205 f., 1229, **1233**, 1504
313 N 767, **1234**
314 N 322, 665, 1232, **1236 ff.**, 1242, 1250, 1284, 1400 ff., 1506, 1510
315 **N 1239**
316 N 199, 1237, **1240 ff.**, 1255, 1354, 1357, 1796
317 N 199, **1243**

318 N 156 f., 697, 777, **1244 ff.**, 1247, 1366, 1368, 1452, 1515
319 N 202, 243, 268, 323, 399, 582, 592, 657, 666, 692, 713, 1133, 1231, 1241, **1247 ff.**, 1350, 1285, 1383, 1461, 1506. 1771, 1797, 1810
320 N 1133, 1238, **1257**, 1263, 1287, 1431, 1434, 1587, 1627, 1773
321 N 202, **1258 f.**, 1260
322 N 355 f., 1248, **1260**, 1264, 1502, 1627, 1653
323 N 243, **1263 ff.**, 1506, 1840
324 N 257, **1265 ff.**, **1276**, 1302, 1452
325 N 209, **1267 ff.**, 1282 f., 1333, 1335, 1366, 1503, 1518
326 **N 1271 f.**, 1282 f., 1309, 1320, 1335
327 N 1044, **1273 f.**, 1280
328 N 214, 215. 309, 380, 1265, **1277 ff.**, 1384, 1417, 1425 f.
329 N 202, 210, 318, 321 ff., 399, 401, 516, 582, 592, 1236, 1275, 1279, **1280 ff.**, 1288, 1292, 1294, 1296 1299 f., 1302 , 1313, 1315. 1318, 1461, 1542, 1560, 1653 f., 1797, 1810
330 N 1214, **1288**, 1305. 1318
331 N 109, 124, 156 f., 516, 598, 709, 777, 949, **1289**, 1305, 1313, 1329, 1330, 1332, 1515, 1527, 1564, 1566, 1653, 1762
332 N 516, 976, 1279, **1291 ff.**, 1581, 1726, 1796
333 N 210 f., 516, 534, 976, 1279, **1294 ff.**, 1318, **1340**, 1341, 1535, 1726
334 N 401, 516, 1287. **1303 f.**, 1518
335 N 257, 555, **1305 ff.**, 1338, 1566, 1623
336 N 670, **1307 f.**, 1384, 1396, 1662
337 N 735, 1268, 1272, **1309**, 1335, 1427, 1565
338 **N 1310 f.**
339 N 516, 534, 1281, 1291, **1313 ff.**, 1327, 1371, 1563, 1654
340 N 151, 213, 290, **1316 ff.**, 1321, 1396
341 N 214, 285 ff., 516, **1321 ff.**, 1405
342 N 152, 591, 872, 1313, **1325 ff.**, 1642
343 N 152, 226, 306, 516, 1226, 1289, **1329 ff.**, 1485
344 **N 1333 f.**, 1488
345 N 157, **1334**
346 N 309, 551, 1281, 1311, 1314, 1320, 1333, **1335 f.**
347 **N 1337**, 1372, 1478, 1574

863

348 N 145, 657, 1133, 1303, **1338 ff.**, 1810
349 N 152, 516, 534, 1334, **1339**
350 N 208, 211 f., 300, 306, 318, 1268, 1329, 1333, 1339, **1341 f.**, 1407, 1488, 1535, 1771
351 N 309, 1328, **1343 ff.**
352 N 119 f., 145, 207, 269, 582, 649, 692, 703, 710, 855, 1205, 1230, 1278, **1347 ff.**, 1352, 1491, 1759
353 N 586, 705, 713, 1133, 1358 ff., **1358 ff.**, 1431, 1438, 1771
354 N 354 f., 1352, **1360, 1362 ff.**, 1435, 1491
355 **N 1364 ff.**, 1396, 1436
356 N 258, 1352, 1366, **1370 ff.**, 1396, 1436, 1496
357 N 119 f., 201, 207, **360 ff.**, 923, 1224, 1259, 1353, **1361**, 1364, 1671
358 N 199, 736, **1374 ff.**, 1586
359 N 1377, **1379 f.**
360 **N 1381 ff.**, 1387
361 N 258, **1384**
362 N 516, **1385 ff.**, 1531, 1865
363 N 258, 593, 750, 1047, 1356, **1390 ff.**, 1423, 1508, 1584, 1644
364 **N 1393**
365 **N 1394 f.**
366 N 536, 856, 983, 1307, 1309, **1396 ff.**, 1415, 1544, 1573, 1662, 1866
367 **N 1404 ff.**
368 N 516, **1409 ff.**, 1415, 1416, 1866
369 N 1412, **N 1412 f.**
370 **N 1414**
371 **N 1415 f.**
372 N 1026, **1417 ff.**, 1389, 1511, 1584, 1644, 1771, 1793
373 **N 1420 ff.**, 1778
374 N 181, 517, 666, 852, 1396, **1425 ff.**, 1429, 1584, 1644, 1793
375 N 517, 1426, **1428 ff.**, 1644
376 N 181, 258, 269, 477 f., 641, 1115, **1431 ff.**, 1508, 1584, 1644
377 N 1109, **1432 ff.**, 1438, 1793
378 N 1115
379 N 152, 267, 586, 642, 1662, 1278
380 N 267, **1452**
381 N 318, 356, 1362, **1454 ff.**, 1522, 1541, 1553, 1606, 1662, 1663, 1670 f.
382 N 318, 642, 696, 757, **1458 ff.**, 1542, 1553, 1606 f., 1609, 1665, 1677

383 N 767, **1468 f.**, 1778
384 N 595, 1346, 1407, **1470 ff.**, 1523, 1543, 1841
385 N 1362, **1473 ff.**, 1523
386 **N 1477 ff.**, 1547, 1556, 1574, 1841
387 N 1041, 1445, **1480**, 1524, 1611, 1653
388 N 976, **1481**, 1614
389 N 157, 285 ff., 308, 1481, **1482 f.**, 1525, 1566, 1567, 1612
390 **N 1484 ff.**, 1525, 1571, 1613 f.
391 N 212, **1487 ff.**, 1526, 1534, 1548, 1579, 1606, 1625 f.
392 N 109, 1373, **1496 ff.**, 1562, 1589
393 N 202, 268, **382 ff.**, 401, 403, 481, 485, 498, 516, 529, 581, 594, 630, 749, 902, 941, 943, 980, 1005, 1040, 1079, 1118, 1164, 1178, 1181, 1208, 1261, 1283, 1302, 1373, 1395, 1412, 1424, 1435 f., 1442, 1444, 1447, **1499 ff.**, 1523, 1528, 1635, 1637 f., 1726, 1773, 1844
394 N 318, 382, 1446, **1514 ff.**, 1527, 1773
395 **N 1520 f.**
396 N 143, 310, 595, 650, 652, 1470 f., 1473, **1523**, 1841
397 N 110, 268, 308, 310, 516, 1451, 1482, 1501, **1525 ff.**, 1526, 1528 f., 1587, 1643, 1653, 1801, 1841
398 N 119, 309, 382, **387 ff.**, 1373, 1408, 1446 f., 1499, **1530 ff.**, 1556, 1558, 1569, **1637 f.**, 1773
399 N 143, 587, 595, 652, 1395, 1407, 1415, 1442, 1470, 1473, 1532, 1534, **1543 ff.**, 1551, 1554, 1558, 1561, 1567, 1571, 1578, 1841
400 N 310, 1546, **1551 ff.**, 1554, 1558, 1567
401 **N 1553 ff.**
402 N 1444, 1448, 1480, 1549, **1557**
403 N 1546, 1551, 1556, **1558 ff.**, 1563, 1574, 1643, 1653
404 N 1534, 1558, 1560, **1561 f.**
405 N 257, 1559, 1561, **1563 ff.**, 1572, 1578, 1662
406 N 110, 268, 1482, 1486, 1561, **1567 ff.**, 1653, 1773
407 N 1396, 1564, **1572 f.**, 1662
408 N 1450 f., 1491, **1574 f.**, 1641, 1841
409 N 135, 516, 762, 1415, 1442, 1450 f., 1491, **1576 ff.**, 1653, 1801, 1836

410 N 240, 243, 382, 391, 523, 654, 750, 1362, 1389, 1449, 1494, 1497, 1581, **1582 ff.**, 1702, 1728 f., 1751, 1840, 1848
411 N 240, 310, 1470 f., 1473, **1608 ff.**. 1702, 1728a
412 N 1048, 1484, **1612 ff.**, 1653
413 N 1451, 1481, **1615 ff.**, 1653, 1728
414 N 516, 1618 f., **1623 f.**, 1728
415 N 641, **1625 ff.**, 1769, 1837
416 N 1344, 1587, 1631, **1758 ff.**
417 N 611, 639, 983, 1261, 1289, **1762**
418 N 689, **1763 ff.**
419 N 310, **1766**, 1793
420 N 639, **1767 ff.**, 1807, 1857
421 N 268, 528, 1259, 1587, 1679, **1771 f.**
422 N 770, 1434, 1493, **1775 ff.**, 1782, 1785
423 **N 1777 ff.**, 1783, 1787
424 N 1763, 1774, 1775. **1780**, 1833
425 **N 1781**
426 N 501, 751, 753, 770, 1434, 1493, **1782 ff.**, 1795, 1821, 1826, 1831
427 N 639, 708, 767, 770, 1241, 1261, 1468, **1794 ff.**, 1830
428 N 1413, 1468, 1550, 1619, **1708 ff.**, 1825
429 N 499, 501, 1493, **1803 ff.**, 1826, 1835
430 N 1804 f., 1818, **1821 ff.**
431 N 1785.1803, 1815, 1818, 1826 ff., 1837, 1856
432 N 639, 767, 1468, 1807, 1823, **1830**, 1834
433 N 1380, 1413, **1831 f.**, 1834
434 N 689, 1261, **1833**
435 **N 1834**
436 N 767, 1526, 1769, 1814, **1835**
437 N 616, 632, 800, 1096, 1363, 1407, 1414, 1542, 1557, 1588, 1785, **1838 ff.**
438 **N 1844**
439 N 1392. 1448, 1480, 1828, 1845, **1853 f.**
440 N 653, 1047, **1855**
441 **N 1856**
442 N 1781, **1857**
443 **N 1858**
444 N 604, 1135
445 N 46
448 N 72, 1140, **1859 ff.**
449 **N 1862 f.**
450 N 1859, **1864 ff.**
451 **N 1865**
452 **N 1866**
453 **N 1867**, 1869 f.
454 **N 1868**, 1870
455 **N 1869**
456 **N 1870**

Jugendstrafprozessordnung (JStPO)

5   N 183 ff., 319,
6   N 339 ff.
7   N 368 ff., 383, 1305 f.
8   N 334, 338, 354, 410
10 N 479, 488
11 N 455
13 N 823
14 N 281
15 N 104 ff., 621 ff.
18 N 633 ff.
19 N 653 ff.
20 N 697 ff.
23 N 724 ff.
24 N 730 ff.
25 N 739 ff., 751
26 N 976 ff.
27 N 1014 ff.
28 N 1049 ff.
30 N 1224 ff.
31 N 493
32 N 1352 ff.,1359,
33 N 1265 ff.
34 N 1277 ff.
35 N 1305 ff.
36 N 1307, 1396 ff.
37 N 582 ff., 595 ff., 1338 ff.
38 N 1454 ff., 1532, 1541 f., 1606 f.
39 N 1442, 1499 ff.
40 N 1442, 1530 ff.
41 N 1442, 1582 ff.
42 N 1854
43 N 1390 ff.
44 N 1775 ff.
45 N 1784
47 N 1859 ff.
48 N 1862 f.
49 N 1864 ff.
50 N 1866
51 N 1867 f.

Verwaltungsstrafrecht (VStrR)

6	N 675	52	N 1014 ff., 1018
19	N 31, 429, 994 ff., 1068 ff., 1209 ff.	54	N 991
20	N 429, 493	56	N 999
21	N 411 ff., 1736	57	N 1036 f.
22	N 445	58	N 1049 ff.
23	N 1309	59	N 1038 f., 1042 ff.
23	N 479	50	N 1053 ff.
25	N 434	61	N 620 ff., 777
26	N 1499 ff.	62	N 1061 ff.
29	N 507 ff.	64	N 1352 ff.
30	N 491 ff.	65	N 970 ff.
31	N 605 ff., 1470 f.	66	N 1431 ff.
32	N 364, 724 ff.	73	N 445, 1265 ff., 1277 ff., 1366
33	N 724 ff.	74	N 1454
34	N 602 f.	75	N 1288 ff.
35	N 821 ff.	74	N 636, 1307 f., 1309, 1312, 1454 ff.
36	N 620 ff.	75	N 1309
38	N 566 ff.	76	N 1307, 1396 ff.
39	N 855 ff.	77	N 777, 1305 ff., 1343
40	N 907 ff., 967 ff.	79	N 583, 1338 ff.
41	N 873 ff.	80	N 1437 ff., 1455 f.
42	N 981 ff.	84	N 1582 ff., 1584
43	N 929 ff., 938	85	N 1606 ff.
44	N 953 ff.	87	N 1623 ff.
45	N 1061 ff., 1108 ff.	90	N 1853 ff.
46	N 641	92	N 1131 ff.
47	N 1130	94	N 1758 ff., 1775 ff.
48	N 641, 1061 ff., 1068, 1081 ff., 1118	95	N 1764, 1782 ff.
49	N 1071 f.	98	N 1779
50	N 1073 ff., 1123	99	N 1802 ff.
51	N 981 ff., 1009, 1029	102	N 1767 ff.

Militärstrafprozess (MStP)

1	N 117 ff.	49	N 535 ff.
18	N 493, 495	51	N 981 ff., 986 ff.
21	N 498	52	N 855 ff.
25	N 496	53	N 984
26	N 438 f., 444	54	N 994 ff., 1001 ff.
33	N 507 ff.	55	N 994 ff., 1001 ff., 1008 ff.
38	N 566 ff.	55a	N 1008 ff.
40	N 1068 ff.	56	N 1014 ff.., 1017 ff., 1028 ff.
41	N 1108 ff.	58	N 991 ff.
42	N 585	60	N 1042 ff.
43	N 620 ff.	61	N 1049 ff.
46	N 605 ff., 1470 ff.	62	N 1061 ff.
48	N 247 ff.	63	N 1104 ff., 1125 ff.

65	N 1081 ff.	124	N 1277 ff.
66	N 1080	127	N 724 ff.
67	N 1073 ff.	130	N 1305 ff.
68	N 1068 ff., 1104 ff.	134	N 1313 ff.
69	N 1086 ff.	135	N 1321
70	N 1108 ff., 1140, 1143	137	N 1324
70j, k	N 1162 ff.	138	N 1329 ff.
71	N 1166 ff.	142	N 1339
73a	N 1182 ff.	144	N 1335 f.
73m	N 1203 ff.	145	N 1338 ff.
74	N 873 ff.	146	N 1343 ff.
75	N 884 ff.	147	N 1341 f.
77	N 891	148	N 1333 ff.
78	N 981 ff.	151	N 1775 ff., 1782 ff., 1809 ff.
82	N 905	152	N 1346
83	N 883	153	N 582 ff.
84	N 907 ff.	159	N 1390 ff.
84a	N 693 ff.	163	N 702 ff., 1310 ff.
85	N 929 ff.	166	N 1499 ff.
87	N 934	171	N 1797 ff.
89	N 935	172	N 1530 ff.
90	N 950	183	N 1797 ff., 1834 ff.
91	N 948	184	N 1628
92	N 952	193	N 1797 ff., 1834 ff.
93	N 950	195	N 1628
94	N 961 ff.	200	N 1582 ff.
95	N 552 ff.	201	N 1586
98a	N 834 ff.	202	N 1606 ff.
96b	N 849 ff.	203	N 1611
99	N 724 ff., 729	204	N 1614
109	N 724 ff., 730 ff.	207	N 1615 ff.
110	N 724 ff., 756	208	N 1623 ff., 1797 ff.
114	N 1265 ff., 1352 ff.	210	N 1838 ff.
116	N 1249 ff.	211	N 1853 ff., 1857
117	N 1775 ff., 1782 ff., 1809 ff., 1834 ff.	214	N 1857
119	N 1352 ff.		

Entwurf Bundesgesetz über die Organisation der Strafbehörden des Bundes (E StBOG)

2	N 324 ff.	14	N 1260
3	N 550 f.	15	N 1455
4	**N 339 ff.**, 348	20	N 358
5	**N 345 ff.**	23	**N 377 f., 443**
7	N 350 ff., 357, 443	24	**N 377 f.**, 385
8	N 358	25	N 135
9	N 357, 1353	26	N 378
13	**N 343 ff.**, 357	27	N 378

28	N 385, 391, 432, 434, 488, 506, 525. 966, 1519 f., 1635 1688, 1717 f.	56	**N 371**, 1041
		57	N 176
30	N 378, 1278	59	N 564 f.
31	N 391, **579 f.**, **1591 ff.**, 1605, 1728	60	N 604
32	N 377	65	N 1853 ff.
35	N 132	66	N 1853 ff.
55	**N 367 ff.**	67	N 1390 ff.

Zivilprozessordnung (ZPO)

47	N 516	163	N 887
55	N 709	177	N 957
56	N 102	179	N 959
57	N 212	187	N 948
59	N 316	190	N 967
60	N 321	196	N 493
63	N 712	202	N 706
65	N 710	270	N 977
89	N 704	329	N 1609
157	N 226		

Bundesgerichtsgesetz (BGG)

1	**N 394 ff.**, 1640	59	N 247 ff., 250, 260 ff., 271, 1706
2	N 117 ff.	61	N 1843
3	N 135	62	N 1468 ff., 1758 ff.
6	N 132	62	N 1703
13	N 394, 1659	64	N 1022, 1703
15	N 395	65	N 246
20	N 394, 1706	66	N 1026
29	N 1705	69	N 441
30	N 318, 1213	72	N 220, 1633, 1658, **1719 f.**
31	N 1693, 1213	73	N 1058, 1431, 1434 f.
32	**N 532 ff.**	74	N 1633, 1707, 1719, 1725
34	N 137, 508	75	N 1633, 1720, 1725
35	N 522 ff.	78	N 19, 202, 237, **397**, 482, 529, 934, 1040 f., 1048, 1118, 1178, 1262, 1408, 1442, 1511 f., 1529, 1581, 1622, **1628 ff.**, 1659, 1719, 1723, 1774, 1843
37	N 526		
38	N 530 f.		
39	**N 633 ff.**		
40	N 720	79	N 417, 529, 1079, 1262, **1635**, 1648, 1656, 1688, 1717
42	N 240, 650, 1473, 1700 f.		
43	N 1705	80	N 529, 1040, 1079. 1509, **1636 ff.**, 1656, 1726
44	**N 605 ff.**, 1470 ff., 1700		
46	N 217, 606, 650, 1700	81	N 696, 1455 ff., 1655, **1660 ff.**, 1687, 1727
48	**N 608 ff.**, 648		
50	N 1472	82	N 1658, 1721, 1754
56	N 246, 509 ff.	83	1707
57	N 1486, 1706	84	N 506, 1467, 1718, **1721 ff.**
58	N 1706	86	N 1718, 1725

89	N 217, 1467	107	N 1451, 1491, 1585, 1603, **1708 f.**, 1721, 1727 f.
90	**N 1641 ff.**		
91	**N 1645**	108	**N 1707**
92	N 529, **1646 ff.**, 1655, 1863	109	N 1707
93	N 1079. 1509, 1511, 1578, **1651 ff.**, 1722	111	N 1538
		112	N 589, 1453, 1658
94	N 148, 1656, 1688	113	N 1581, 1629, **1724 ff.**
95	N 237, 1445, 1447, 1538, 1649, **1680 ff.**, 1701	114	N 1725
		115	N 1727
97	N 1538, 1681, **1695 ff.**, 1723, 1728	116	**N 1724 f.**
98	N 1079, 1118, 1178, 1509, 1689, 1698, 1717	117	N 1451, 1727
		119	N 391
99	N 1681, 1702	119a	N 387 ff., 390 f.???
100	N 143, 652, 1470 ff., 1639, 1678, **1700 ff.**, 1721	121	N 391, 1585, 1591 ff., **1728 f.**, 1753
		122	N 1602 f., **1728**
102	**N 1705**	123	N 1600 f., 1729
103	N 1444, 1448, 1480, 1611, 1678, **1704**, 1721	125	1728
		128	1603, 1729
104	**N 1704**	129	1589
105	N 1681, 1695, 1702, 1728	130	N 1715
106	N 240, 1699, 1701, 1708	132	N 1715

Strafgesetzbuch (StGB)

1	N 70, 178	34	N 1740
2	N 70 f.	35	N 1829
3	N 69, 195, 242, 440 f., 456, 1208, 1211, 1236, 1255, 1403, 1431, 1684	36	N 743, 1644, 1743, 1344, 1358, 1390 f., 1644, 1829
4	N 195, 456	39	N 743, 1644, 1344, 1390, 1644, 1829
7	N 1403	42	N 187, 1492 f., 1678, 1742, 1750, 1756, 1848
8	N 448		
10	N 1019, 1026	43	N 1492, 1678, 1742
14	N 177, 1595, 1684	44	N 1644, 1358, 1756
15	N 802, 1165	46	N 1756, 593, 1344, 1390, 1678
16	N1810	47	N 160, 871, 1493 f., 1498, 562, 1599, 1682, 1696
17	N 802		
18	N 1810	48	N 149, 1493, 1693
19	N 181, 666, 852, 872, 951, 1253, 1326, 1425, 1428 f., 1493, 1644, 1810	49	N 193, 422, 447, 464, 468 f., 1255
		50	N 112, 585
		51	N 1785, 1815, 1827
20	N 28, 664, 934, 1083, 1330	52	N 28, 187 ff., 319, 1255, 1287, 1508, 1595, 1599, 1788
22	N 1255		
24	N 462, 1196	53	N 187 ff., 319, 1240, 1242, 1255, 1354, 1357, 1599, 1799
25	N 462		
28	N 473 f.	54	N 187 ff., 319, 1255, 1292, 1599
28a	N 897	55	N 187
30	N 28, 71, 690, 170	55a	N 187, 319, 1237, 1239, 1255
33	N 198, 1241, 1750, 1870	56	N 934, 951, 1096, 1417, 1740, 1829

Artikelregister

59	N 376, 587, 1344, 1390 f., 1426, 1492, 1678	146	N 163
		152	N 687
60	N 1344, 1390, 1425, 1678	137	N 687
61	N 1344, 1425, 1678	160	N 687
62c	N 1590	161	N 1142
62d	1392	162	N 884, 893
63	N 852. 1344, 1392, 1425	163	N 316, 475, 687 1851
63a	N 1392	168	N 1068
64	N 376, 587, 852, 1096, 1391, 1425, 1678	171	N 1255
		171bis	N 1255
64b	N 934	172ter	N 1011
64c	N 934, 1390	173	N 172, 221, 240, 471, 784
65	N 1390 f., 1592, 1597	179	N 1136
66	N 1355, 1417, 1418 ff., 1569, 1644, 1740	179bis	N 958, 1166
		179ter	N 1166
67	N 852, 1344, 1425	179quater	N 1166, 1170
67b	N 852, 1344, 1425	179quinquies	N 801
68	N 641, 1346, 1627, 1679	179septies	N 1144
69	N 181, 477,641, 1631, 1115 f., 1123, 1257, 1261, 1336 1344, 1431 ff., 1492, 1508, 1569, 1631, 1679	181	N 87
		183	N 87
		184	N 1084
70	N 604, 1113, 1115, 1132, 1135, 1462, 1858	185	N 1084
		187	N 889, 1255
71	N 171, 1115, 1431, 1857	188	N 1255
72	N 220	189	N 1084
73	N 1133, 1312, 1336, 1390, 1569, 1858	191	N 1084
		192	N 1255
74	N 20, 1016, 1853	193	N 1255
84	N 758, 764	194	N 1237, 1239
86	N 1742	197	N 687
87	N 1756	217	N 636, 872, 1851
89	N 1344	221	N 687
95	N 1344, 1390	237	N 687
97	N 28, 71, 319, 632, 1363, 1407, 1845	251	N 159, 687, 1192
99	N 1407, 1856	261	N 687
102	N 476, 675 ff., 687, 917, 1120, 1177, 1307, 1460, 1668	261bis	N 687
		263	N 1425, 1429
103	N 360	264	N 415
106	N 1740, 1358, 1391, 1829	271	N 176
109	N 1845	273	N 176
110	N 700, 891, 957, 999, 1014, 1466, 1785	285	N 287
		292	N 57, 881, 905, 1127, 1179, 1852
111	N 1084, 1142	293	N 559
112	N 1084, 1142, 1599	296	N 176
113	N 1084	302	N 176
122	N 1084	303	N 159, 163, 687, 924, 1600, 1768
140	N 1084, 1599	304	N 163. 687, 1255
144	N 683		

305	N 1255	322octies	N 1255
305bis	N 687	335	N 5, 47, 66, 1693, 1732
307	N 159, 163, 882, 687, 890, 900, 904, 940, 948, 1600	354	N 1098
		372	N 1853
312	N 1600	374	N 478
317bis	N 1192	380	N 1785
320	N 556 ff., 658, 587, 884, 891, 898, 945	380a	N 702
		381	N 28, **1730 ff.**
321	N 764. 884, 891, 893, 895, 898, 917, 923, 1086, 1124	382	N 1732, **1745 f.**
		383	N 1732. 1740
321bis	N 884, 898	384	**N 1733 ff.**
322	N 474	389	N 71
322ter	N 1600		
322octies	N 187		

Militärstrafrecht (MStG)

220	N 428
221	N 427, 1143
222	N 427

Gesetzes- und Sachregister

Die Zahlen in Normalschrift verweisen auf die Artikel-Nummern der Schweizerischen Strafprozessordnung, *jene in Kursivschrift auf die Randnoten des vorliegenden Studienbuchs.*

A

Abdrucke von Körperteilen 260 ff.
N 1110 ff.
abgekürztes Verfahren 130, 358 ff.
N 1374 ff.
- Anklageschrift 360 *N 1381 ff.*
- Einleitung 359 *N 1379 f.*
- Grundsätze 358 *N 1376 ff.*
- Hauptverhandlung 361 *N 1384 f.*
- Urteil 362 *N 1386 ff.*
abgeurteilte Sache, ne bis in idem 11
N 242 ff.
- als Verfahrenshindernis *N 319*
- Sperrwirkung der abgeurteilten Sache 11, 300 II *N 242 ff., 1208*
Ablehnung, Ablehnungsgründe, Ablehnungs- verfahren 56 ff.,
N 507 ff. s. Ausstand
Abklärungen über Zeugen 164 *N 879 f.*
Abolition BV 173 I *N 1734, 1738*
Absehen von Strafe 8, StGB 52–54
N 183 ff., 1255
Abschluss
- des Beweisverfahrens 345 *N 1334*
- der Parteiverhandlungen 347 *N 1337*
- der Untersuchung 317 f. *N 1243 ff.*
abweichender
- Gerichtsstand 38 *N 480 f.*
- rechtliche Würdigung 344 *N 1333 f.*
Abwesenheit, Abwesenheitsverfahren
336 IV, 366 ff., *N 1396 ff.*, s. auch
Säumnis *N 611 f.*
- Ausbleiben bei erneuter Verhandlung 369 IV *N 1413*
- Durchführung und Entscheid 367
N 1404 ff.
- und Berufung 371 *N 1415*
- im Berufungsverfahren 407 *N 1573*

- Gesuch um neue Beurteilung 368
N 472 ff.
- Verfahren 369 *N 1412*
- neues Urteil 370 *N 1414*
- bei Einspracheverfahren gegen Strafbefehl 356 IV *N 1372 ff.*
- Voraussetzungen 366 *N 1397 f.*
- im Verfahren gegen Schuldunfähige 374 II *N 1396, 1427*
- Übergangsbestimmung 452 *N 1866*
- Verhältnis zu Rechtsmitteln 369 II, 371
N 1412, 1415
Adhäsionsprozess 122 ff. *N 702 ff.* s.
Zivilklage
AFIS DNA Services N 1098
agent provocateur *N 1196*
Akkusationsprinzip 9, 337 II, 350 I
N 203 ff., 1335, 1341, s. Anklage
Akten, Akteneinsicht, Aktenführung
etc. 100 ff. *N 108, 620 ff.*
- *allgemein*
- Aktenaufbewahrung 103 *N 632*
- Aktenbeizug 104, 194 , *N 632, 966*
- Aktenführung 100, 103 *N 620*
- Bestandteil des Dossiers 100 I *N 620*
- erkennungsdienstliche Unterlagen 261 *N 1103*
- Feststellung Eintritt Rechtskraft 438 I *N 1844*
- Akten für Sachverständigen 184 IV
N 941
- im Haftverfahren 225 II *N 1032*
- in hängige Verfahren 101 *N 622 ff.*
- Herausgabe im interkantonalen Verkehr 52 II *N 501 f.*
- Übersetzung von Akten 68 II, III
N 553 f.
- aus Überwachungen 276 ff.
N 1136 ff.

873

- Aktenergänzung im Revisionsverfahren 412 IV *N 632*
- *Akteneinsicht* 97, 101 f., 225 I *N 621 ff.*
- als Ausfluss des rechtlichen Gehörs 107 I *N 104 ff., 621, 644*
- Einschränkung als Schutzmassnahme 149 II *N 837*
- Einsicht in Beweisgegenstände 192 III *N 959*
- gegenseitige Akteneinsicht von Behörden etc. 194 II *N 965 f.*
- Rechtsmittel N 1505, 1510, 1653
- Vorgehen bei Begehren um Einsicht 102 *N 630 ff.*

aktuelles Rechtsschutzinteresse *N 1458, 1655, 1665*

Alternativ- und Eventualanklage 325 II *N 1270*

Amnestie BV 173 I *N 1733 ff., 1738*

amtliche Bekanntmachungen 88, 444 *N 604*

amtliche Berichte 195 I *N 967 ff.* s. auch Berichte

amtliche Verteidigung, 132 ff. *N 739 ff.*, s. auch Rechtsbeistand, Verteidiger
- Bestellung 133 *N 745 f.*
- Entschädigung 135 *N 751 ff.*
- Kürzung des Honorars, Rechtsmittel *N 1679*
- Kosten der 426 IV *N 1785*
- Widerruf und Wechsel 134 *N 747 ff.*

amtlich bestellte Sachverständige 183 II *N 936*

Amtsberichte 195 I *N 967 f.*

Amtsblatt, Publikation in 88 *N 604*

Amtsdelikt als Revisionsgrund *N 1600*

Amtsgeheimnis
- der Strafbehörden allgemein 73 ff. *N 556 ff.*
- Zeugnisverweigerungsrecht auf Grund Amtsgeheimnis 170 *N 892*
- Überwachung von Amtsgeheimnisträgern *N 1146, 1169*

Amtssprache 67 s. auch Verfahrenssprache *N 550 ff.*

Amtsstelle, Meldung bei, als Ersatzmassnahme 237 II *N 1054*.

andere Verfahrensbeteiligte 105 *N 638 ff.*

Änderungen im Protokoll 79 III *N 579 ff.*

Andrang, grosser, Ausschluss der Öffentlichkeit 70 I *N 262, 274*

Anerkennung der Zivilklage 124 III *N 710*

Anfechtung Gerichtsstand durch Partei 41 *N 458*

Angehörige
- des Opfers 116 II, 117 III *N 694*
- Zivilklage 122 II *N 704*
- Orientierung über Haftanordnungen 214 I *N 999*
- bei Rechtsnachfolge des Privatklägers 121 *N 700 f.*

Angeschuldigter, 111 ff., *N 653 ff.,* s. beschuldigte Person

Angestellte, öffentliche, früher Beamte
- Anzeigepflicht 302 *N 122*
- Ermächtigung, Ermächtigungsdelikte 303 I *N 172 ff., 1212 f.*
- Zeugnisverweigerungsrecht 170 *N 892 f.*

Anhaltung, polizeiliche 215, 306 II *N 1001 ff., 1218*
- Durchsuchung 241 IV *N 458, 1063*

Anklage, Anklageerhebung, Anklageschrift 324 ff.
- Anklagegrundsatz 9, 337 II, 350 I *N 203 ff., 1335, 1341, 1394*
- Anklageschrift *N 1265 ff.*
- allgemeines 324 I *N 1265 f.*
- im abgekürztes Verfahren 360 *N 1381 ff.*
- Änderung
- der Anklage 333 340 I *N 1295 ff., 1340*
- des Gerichtsstands bis Anklageerhebung 42 III *N 468, 489*
- Bindung an Anklage 9, 337 II, 350, *N 203 ff., 1335, 1341,* s. auch Anklageprinzip
- im Berufungsverfahren *N 1535*
- Begründung der Anklage in Hauptverhandlung 346 *N 1335 ff.*

- Berichtigung der Anklage 329 II 333
  N 1294 ff., 1340
- Ergänzung der Anklage 329 II
  N 1285 f.
- Erhebung der Anklage 324 ff.
  N 1265 ff.
  - durch Staatsanwalt 16 II, 324 I
    N 350, 1265 f.
  - im Strafbefehlsverfahren 355 III
    N 1366
- Erweiterung der Anklage 333
  N 1297 ff., 1340
- Grundsätze 324 *N 1265 f.*
- Inhalt der Anklage 325 *N 1280 ff.*
- Prüfungsverfahren 329 *N 1335 ff.*
- Rückzug 340 I *N 1318*
- Sicherheitshaft 326 I, 327 II, 220 ff.
  N 1271, 1274, 1014 ff.
- Staatsanwalt als Ankläger 16 II, 324 I
  N 350, 1265
- Strafbefehl als Anklage 356 I *N 1352*
- Verlesung der Anklage in
  Hauptverhandlung 340 II *N 1320*
- Vertretung der Anklage durch
  Staatsanwalt 16 II, 337 *N 350, 1309*
- Weitere Angaben und Anträge 326
  N 1271 f.
- Zustellung der Anklage 327 *N 1273 ff.*

Anklagegrundsatz, Anklageprinzip 9,
377 II, 350 I *N 203 ff., 318, 1335, 1341,
1394, 1535*

Anlage beschlagnahmter Werte 266 VI
N 1130

Annahmeverweigerung 85 IV *N 600*

Anonymität
- allgemein 149 ff. *N 836 ff.*
  - Zusicherung 149 II, 150 II, 151
    N 837, 840 ff. 843
- bei der verdeckten Ermittlung 151, 288,
  289 IV, *N 843, 1190*

Anordnung der Friedensbürgschaft
372 f. *N 1418 ff.*
- Öffentlichkeit der Verhandlung *N 267*
- Voraussetzungen und Zuständigkeit
  372 *N 1372*
- Verfahren 373 *N 1420 ff.*

Anschlussberufung 401 *N 1553*

Anschlussbeschwerde *N 1523*

Ansprüche
- auf Entschädigung und Genugtuung
  429 ff. *N 1803 ff.*
- der geschädigten Person 122 ff.
  N 702 ff. s. Zivilklage

Anstände s. Konflikte

Antinomien des Strafprozessrechts *N 79*

Anträge, s. auch Beweisanträge,
Antragsdelikte
- im Rechtsmittelverfahren
  - bei Berufung 399 III *N 1546*
  - keine Bindung an 391 I *N 1487 ff.*
- der Staatsanwaltschaft
  - im Rahmen der Anklage 326, 337,
    340 I, *N 1271 f., 1309, 1320 f.,
    1335*

Antragsdelikte s. auch Strafantrag
- Vergleichsverhandlungen bei
  Antragsdelkten 316 I *N 1240 ff.*
- Entschädigungspflicht 432 *N 1830*
- Kostenpflicht 427 *N 1795 ff.*
- Vorverfahren erst bei Antrag 303
  N 1212

Anwälte, 127 ff. *N 718 ff.* s. auch
Rechtsbeistand, Verteidiger
- Verteidigung den Anwälten
  vorbehalten 127 V *N 721*
- Zeugnisverweigerungsrecht der 171
  N 894 ff.

Anwendung des Strafverfahrensrechts,
N 63 ff., s. Auslegung, Gerichtsstand,
Zuständigkeit

Anzeige, Anzeigerstatter
- als Ausgangspunkt für Vorverfahren
  15 II, 301 ff. *N 343, 1209 ff.*
- Anzeigerstatter als anderer
  Verfahrensbeteiligter 105 I *N 639*
- Kostenpflicht 418 III, 427 *N 1765,
  1795*

Anzeigepflicht 302 *N 1211*
- kein bei Zeugnisverweigerungsrecht
  171 II *N 896*

Apotheker, Zeugnisverweigerungsrecht
171 *N 894 ff.*

Appellation, 398 ff. *N 1530 ff.*, s.
Berufung

875

Arbeitgeber, Orientierung über
 Freiheitsentzug 214 *N 999*
Arzt
– Behandlung durch, als
 Ersatzmassnahme 237 II *N 1054*
– Einholung von Berichten bei 195 I
 N 967 f.
– Abnahme invasiver DNA-Proben 258
 N 1097
– Untersuchungen in körperliche
 Integrität 252 *N 1085*
– Zeugnisverweigerungsrecht 171
 N 894 ff.
Assistenten *N 893*
Aufbewahrung, s. auch Akten
– von Daten 99 *N 619.*
– erkennungsdienstlichen Unterlagen 261
 N 1103 ff.
Aufenthalt im Ausland
– Bezeichnung Zustellungsdomizil 87
 N 603
– Öffentliche Bekanntmachung 88 *N 604*
Aufenthaltsort
– Ermittlung des 210 *N 991 ff.*
– Weisung betreffend Aufenthaltsort, als
 Ersatzmassnahme 237 II *N 1054*
Aufklärungs- und Fürsorgepflicht,
 richterliche 3 II *N 102 f.*
Auflagen als Ersatzmassnahmen für Haft
 237 II *N 1054*
Aufnahmegeräte 280 ff. *N 1166 ff.*, s.
 Überwachung mit technischen Überwa-
 chungsgeräten
aufschiebende Wirkung
– im Abwesenheitsverfahren 369 III
 N 1412
– bei Rechtsmitteln 387 *N 1480*
– bei Berufung 402 *N 1557*
– bei Wiederherstellungsgesuchen 94 III
 N 612
Aufsicht über Strafbehörden 4 II, 14 V
 N 135
– der Staatsanwaltschaft über Polizei 4 II,
 15 II, 307 II *N 121, 135, 345 f., 1221*
Aufsichtsbehörden Anzeigepflichten
 N 1211

Aufsichtsbeschwerde, s. auch
 Beschwerde
– allgemein 393 ff. *N 1500 f.*
Aufträge an Polizei
– der Gerichte 15 III *N 347*
– im Rechtshilfeverkehr 53 *N 502*
– der Staatsanwaltschaft 15 II, 309 II, 312
 N 345 f., 1229, 1233
Aufzeichnungen s. auch Protokoll
– über Augenschein 193 IV *N 964*
– unverwertbarer Beweise 141 V *N 800*
– Durchsuchung von 246 ff. *N 1073 f.*
– Durchführung 247 *N 1074*
– Siegelung 248 *N 1076 ff.*
– aus Überwachungen 276 f. *N 1153 f.*
Augenschein 193 *N 962 ff.*
Ausbleiben im Verfahren, s. auch
 Abwesenheitsverfahren, Säumnis
– der beschuldigten Person bei
 Hauptverhandlung 336 IV *N 1307*
– des Berufungsklägers 407 I *N 1572*
– des Privatklägers 338 *N 1311*
– der Staatsanwaltschaft 337 V *N 1309*
– der Verteidigung 336 II, V *N 1308 ff.*
Ausdehnung
– der Untersuchung 311 *N 1227*
– Rechtsmittelentscheid auf andere
 Verurteilte 392, 356 VII *N 1496 ff.,*
 1373
Ausführungsbestimmungen 445
Ausführungsgefahr
– als Haftgrund 221 I *N 1026*
– Verhältnis zu Friedensbürgschaft 372 II
 N 1418
Ausforschungsbeweis *N 973*
Ausführungsgesetzgebung *N 45*
Auskünfte
– über beschuldigte Person 195 II *N 502,*
 969
– über bearbeitete Daten 97 *N 617*
Auskunftsperson 178 ff. *N 908 ff.*
– allgemeines 178 *N 908 f.*
– Aussageverweigerungsrechte 180
 N 923 f.
– Ausschluss von Verhandlungen 146 IV
 N 819

- Editionsverweigerungsrecht 265
  N 1181
- Einvernahme
  - durch Strafbehörde 142, 181 I
    N 804, 910
  - Hinweis auf Rechte und Pflichten
    143 I, 181 *N 810, 925*
  - durch Polizei 142 II, 179, 180 II
    N 805, 920, 924
  - Protokollierung der Aussagen 78 I
    N 577 f.
  - als anderer Verfahrensbeteiligter 105 I
    N 640
  - Personen als 178 *N 911 ff.*
  - polizeiliche Einvernahmen 179 *N 920*
  - Schutzmassnahmen 149 ff. *N 834 ff.*
  - Stellung 180 *N 922 ff.*
  - Unternehmensvertreter als 178 *N 681, 918*

Ausland
- Delikte im, Gerichtsstand 32 *N 456 ff.*
- Einvernahmen im 148 *N 833*
- Fluchtgefahr als Haftgrund 221 I
  N 1022
- Polizeibeamten aus als verdeckte
  Ermittler 287 III *N 1189*
- Verfolgung ins, Nacheile 216 *N 1006 f.*

Ausländergesetz *N 368*
ausländische Vertretung, Orientierung
über Freiheitsentzug 214 I *N 999*
Auslanddelikt, Gerichtsstand 32 *N 456 ff.*
Ausnahmegerichte, Verbot von *N 125 ff.*
Auslegung der StPO *N 73 ff.*
Aussagen s. Einvernahme, Beweise
142 ff. *N 803 ff.*
Aussagepflicht
- beschränkt bei Auskunftsperson 180
  N 923 f.
- des Zeugen 163 *N 878*

Aussageverweigerungsrecht
- der Auskunftsperson 180 *N 923*
- der beschuldigten Person 113, 158 I ff.
  N 671 ff., 861
  - bei Begutachtungen 185 V *N 948*
  - bei Zeugen 168 ff. *N 884 ff.*

aussergewöhnliche Todesfälle 253
N 1086

Ausschliesslichkeit
- Grundsatz der 2 *N 89*
- der Kosten- und
  Entschädigungsregelungen der StPO
  N 1760

Ausschluss von Verhandlungen
- der Öffentlichkeit 70 *N 271 ff.*
  - als sitzungspolizeiliche Massnahme
    63 II, IV *N 536*
  - als Schutzmassnahme 149 ff.
    N 834 ff.
- der Parteien
  - als Schutzmassnahme 149 ff.
    N 834 ff.
- von Verhandlungen bei
  Interessenkollision 146 IV *N 277, 820*

Ausschreibung zur Fahndung 210 *N 992*
ausserordentliche Rechtsmittel *N 1445*
Äusserungs- und Beweisantragsrecht
der Partei 3 II, 107 I *N 109, 644*
Ausstand, Ausstandsgesuch 56 ff. *N 137, 507 ff.*
- Ausstandsgesuch einer Partei 58 *N 523*
- Ausstandsgründe 56 *N 509 ff.*
- Entscheid 59 *N 528 f.*
- Folgen der Verletzung von
  Ausstandsregeln 60 *N 530 f.*
- Mitteilungspflicht 57 *N 522*
- Zuständigkeit zur Beurteilung 59 *N 525*

Ausübung Strafrechtspflege 2 *N 85 ff.*
Ausweis- und Schriftensperre als Ersatzmassnahmen für Haft 237 II *N 1054*
Autor
- Gerichtsstand bei Mediendelikten 35 ff.
  N 472 ff.
- Zeugnisverweigerungsrecht 172 *N 898*

B

Bankbeziehungen, Überwachung von
284 f., *N 1176 f.*, s. Überwachung von
Bankbeziehungen
Bankkonto Sperre 266 III *N 1129*
Barauslagen s. auch Verfahrenskosten
- allgemein 422 II *N 1776*
- im Rechtshilfeverkehr 47 III *N 496*

877

Beamte
- Anzeigepflichten 302 *N 1211*
- Zeugnisverweigerungsrecht 170 *N 892 f.*

Beanstandungen, Nennung der bei der Berufung 399 III *N 1546*

bedrohte Person bei Friedensbürgschaft 372 f. *N 1418 ff.*

Befangenheit 56 *N 137*

Befehl s. auch schriftlicher Befehl
- Anordnung von Durchsuchungen und Untersuchungen 241 *N 1063*
- bei Zwangsmassnahmen allgemein 199 *N 978 ff.*

Begehren um Akteinsicht 102 *N 630 f.*

Begehungsgefahr, als Haftgrund 221 II *N 1022*

Begnadigung *StGB 381 ff., N 1730 ff.*
- Allgemeines *N 1730 ff.*
- Begnadigungsbehörden *N 1744*
- Begnadigungsentscheid *N 1755 ff.*
- Einreichung des Gesuchs *N 1746*
- Gegenstand der Begnadigung *N 1740 ff.*
- Legitimation *N 1745*
- Verfahren *N 1752 ff.*
- Voraussetzungen der Begnadigung *N 1748 ff.*
- Wirkung *N 1747*

Begriff
- des Strafprozessrechts *N 1 ff.*

Begründung
- von *Anträgen, Begehren usw.*
- bei Beweisanträgen 331 II *N 1289*
- bei Einsprachen im Strafbefehlsverfahren 354 II *N 1362*
- Genehmigung von Überwachungsmassnahmen 274 I, 284, 289 II *N 1149, 1177, 1191*
- Haftanträgen und -entscheiden 224 II, 226 II *N 1029, 1035*
- im Rechtsmittelverfahren 385 I
  - bei Berufung 406 *N 1571*
  - bei Beschwerde 396 *N 1523*
  - bei Revision 411 *N 1608*
- keine Bindung der Rechtsmittelinstanz an Begründung 391 I *N 1487*
- von *Entscheiden*

- allgemein 81 III *N 585*
- im abgekürzten Verfahren 362 II *N 1386*
- einfache verfahrensleitende Entscheide 80 III *N 591*
- bei Endentscheiden 81 III *N 585*
- innert 90 Tagen 84 IV *N 597*
- keine bei Eröffnungsverfügung 309 III *N 1227*
- im Rechtsmittelverfahren 82 IV *N 588*
- bei selbstständigen nachträglichen Entscheiden 365 II *N 1394.*
- bei Strafbefehlen 353 I *N 1362*
- der *Zivilklage* 123 *N 706*

Begutachtung 182 ff. *N 930 ff.*, s. Sachverständige
- stationäre Begutachtung 186 *N 953 f.*
- von Zeugen 164 II *N 880*

Behandlungsstellen nach BetMG, Zeugnisverweigerungsrecht 173 *N 899 f.*

Behältnisse, Durchsuchung 249 f. *N 1080*

Behörden, Behördemitglieder
- Akteneinsicht von anderen Behörden 101 II *N 627*
- Anzeigepflichten 302 *N 1211*
- Mitteilung an andere Behörden 75, 321 I *N 564 f., 1258*
- Strafbehörden 12 ff. *N 324 ff.*
- Zeugnisverweigerungsrecht 170 I *N 892 f.*

behördliche Prozesshandlungen 66 ff. *N 539 ff.* s. Verfahrenshandlungen

Beistand Zeugnisverweigerungsrecht 168 I *N 886*

Beizug von Akten 194 *N 966 f.*

Bekanntmachung, amtliche und öffentliche 88, 444 *N 604*

Belohnung bei Fahndung 211 II *N 993*

Benachrichtigung von Angehörigen etc. bei Freiheitsentzug 214 *N 884 ff.*

Berichte, Berichterstattung
- Beizug von 195 *N 967 ff.*
- der Polizei über Ermittlungen 307 III *N 1222*

- Absehen von Berichterstattung 307 IV *N 1223*
- Rückweisung zur Ergänzung 309 II *N 1229*
- Schriftliche, anstelle Einvernahme 145 *N 816*

Berichtigung
- von Daten 98 *N 618*
- von Protokollen 79 *N 579 ff.*
- von Entscheiden 83 *N 594*
  - Abgrenzung zur Revision *N 1589*

Berufsgeheimnis, Berufsgeheimnisträger
- Beschlagnahmungsverbot 264 *N 1120 ff.*
- Editions- bzw. Herausgabepflicht 265 *N 1126*
- Erstattung von Berichten nach 195 *N 968*
- Verbot von Überwachungsmassnahmen 271, 272 III, 281 III *N 1146, 1169*
- Zeugnisverweigerungsrecht 171 *N 894 ff.*

Berufung, Berufungsgericht 398 ff., 13, 14 IV, 20 II, 21 *N 1530 ff, 1540, 331,335, 387 ff.*
- im abgekürzten Verfahren 362 V *N 1389*
- Abschreiben ohne materiellen Entscheid *N 1574*
- Abwesenheit im Berufungsverfahren 407 *N 1572 f.*
- beim Abwesenheitsurteil 371 *N 1415*
- Anmeldung der Berufung 399 I *N 1543 f.*
- Anschlussberufung 401 *N 1553 ff.*
- Aufhebungsentscheid 409 *N 1576 ff.*
- aufschiebende Wirkung 402 *N 1557*
- Berufungsentscheid 408 f. *N 1574 ff.*
- Berufungserklärung 399 III *N 1546*
- Berufungsgründe 398 *N 1534 f.*
- Beschränkung der Berufung 399 III, IV, 401 II *N 1547 ff.*
  - im Zivilpunkt 398 V *N 1554*
- keine Beschwerde bei Berufung 394 *N 1514*

- Berufungsgericht 13, 14 IV, 20 II, 21 *N 331,335, 387 ff.*
- als Beschwerdeinstanz 20 II *N 335*
- Ausstand als Beschwerde- und Revisionsrichter 21 II, III. *N 384, 389*
- keines in Bundesstrafsachen *N 390*
- Zuständigkeit allgemein 21 I, 398 ff. *N 387 ff., 1530 ff.*
  - in Ausstandsfällen 59 I *N 525*
- anfechtbare Entscheide 398 I *N 1530, 1532 f.*
- Beweisanträge 399 III *N 1546*
- Einlegung der Berufung 399 *N 1543 ff.*
- Eintreten auf 403 *N 1558 ff.*
- Frist und Form 399 f. *N 15438 f.*
- kassatorische Behandlung 409 s. auch Rückweisung *N 1576 ff.*
- Kognition der Berufungsinstanz *N 1534 ff.*
  - bei Übertretungen *N 1536 ff.*
- Kosten- und Entschädigungsfolgen 428, 436, *N 1798 ff., 1835 ff.*
- Legitimation 381 f. *N 1454 ff., 1541 f.*
- mündliches Verfahren 405 *N 1563 ff.*
- neues Urteil 408 *N 1575*
- Nichteintreten 400 *N 1552*
- Öffentlichkeit der Verhandlung 69 I, III *N 256, 268*
- reformatorische Behandlung 408 *N 1575*
  - Kosten 428 III *N 1800*
- Rückweisung an Vorinstanz 409 *N 1576 ff.*
  - Kosten 428 IV *N 1801*
- Rückzug 386, 401 III *N 1477 ff.,1586*
- Säumnis im Berufungsverfahren 407 *N 1572 f.*
- schriftliches Verfahren 406 *N 1567 ff.*
- Sicherheitshaft 231 ff. *N 1047 ff.*
- Teilrechtskraft *N 1549, 1575*
- bei Übertretungen 398 IV. 406 I *N 1536 f., 1576 ff.*
- Umfang der Überprüfung 404 *N 1561 f.*
- Verfahren 403 ff. *N 1558 ff.*
  - mündliches 405 *N 1563 ff.*
  - schriftliches 406 *N 156 ff.*

- Verhältnis zu Abwesenheitsverfahren 371 *N 1415*
- Verzicht auf 386 *N 1477 ff.*
- Vorprüfung 400 *N 1551 f.*
- Wirkung der Berufung 402 *N 1557*

Beschlagnahme 263 ff. *N 1108 ff.*
- Arten der Beschlagnahme 263 I *N 1111 ff.*
- Begriff, Grundsatz 263 *N 1108 ff.*
- Beschlagnahme und Aussageverweigerung 264 *N 1120 ff.*
- Beschlagnahme zur Kostendeckung 268 *N 1112 ff.*
- Beschlagnahme zur Rückgabe an Geschädigten 173 I *N 1113*
- Beweismittelbeschlagnahme 263 I *N 1111*
- Einschränkungen 264 *N 1119 ff.*
- Editionspflicht 265 *N 1125 ff.*
- Entscheid über die Verwendung 267 *N 1131 ff.*
- Einziehungsbeschlagnahme 263 I *N 456 ff., 1115 f.*
  - Einziehungsentscheid 267 III *N 1133*
- definitive Verwendung 267 *N 1131 ff.*
- Durchführung 266 *N 1128 ff.*
- Formelles 266 *N 1128 ff.*
- Herausgabepflicht 265 *N 1125 ff.*
- Vermögensbeschlagnahme 263 I *N 1112*
- Verwertung vorzeitige 266 V *N 1130*

Beschleunigungsgrundsatz, Beschleunigungsgebot 5, 340 I *N 138 ff., 1317*
- allgemein, Grundsatz *N 138 ff.*
- bei Gutachten *N 951*
- in Haftfällen 5 II *N 142*
- Verletzung des, als Prozesshindernis *N 149 f.*

Beschlüsse
- bei Endentscheiden 80 I *N 582 ff.*
- einfache verfahrensleitende 80 III *N 591*
  - keine Beschwerde 65 I, 393 I *N 538, 1409 f.*

beschränkte Unmittelbarkeit vgl. 10 II, 343 *N 226, 286 ff.; 1329 ff.*

Beschränkung der Berufung 399 IV *N 1547 f.*

beschuldigte Person
- Begriff 111 *N 653 f.*
- als Partei 104 I *N 634*
- Abwesenheit, Anwesenheit 336 IV, 340 I. 366 ff. *N 1307, 1319, 1396 ff.*
- Aussageverweigerungsrecht 113 *N 672*
  - bei Begutachtung 185 V *N 948*
- Anspruch auf Übersetzung 68 II *N 553 ff.*
- keine Editionspflicht 265 II *N 1126*
- Eingriff in körperliche Integrität 251 III *N 1081 ff.*
- Einvernahme der 142 ff.,157 ff., 219 *N 804 ff., 855 ff., 1012*
  - Grundsatz 157 *N 857*
  - Abklärung persönliche Verhältnisse 161 *N 871 ff.*
  - einer geständigen Person 160 *N 870*
  - Hinweise bei erster Einvernahme 158, 219 I *N 858 ff., 1012*
  - polizeiliche Einvernahmen im Ermittlungsverfahren 159, 219 *N 866 ff., 1012*
- Entschädigung der 429 ff. *N 1803 ff.*
- Geltung der Regeln 111 II *N 654*
- Genugtuung für 429 ff. *N 1803 ff.*
- Kostentragungspflicht 426 *N 1782 ff.*
- Legitimation zu Rechtsmitteln 382 *N 1460*
  - Angehörige *N 1466*
- keine Mitwirkungspflichten 113 *N 670 ff.*
- Schutzmassnahmen 149 ff. *N 834 ff.*
- Teilnahmepflicht bei Hauptverhandlung 336 I *N 1307*
- Teilnahmerechte bei Einvernahmen 51, 147 ff. *N 499, 821 ff.*
- unzulässige Vernehmungsmethoden 140 *N 783 ff.*
- Überwachung von 270, 281, 284 I *N 1145, 1169, 1177*
- Unternehmung als beschuldigte Person 112 *N 675 ff.*

- Verhör des 142 ff., 157 ff. *N 1129, 855 ff.*
- Verhandlungsfähigkeit 114 *N 663 ff.*
- Zwangsmassnahmen gegen 113, 196 ff., *N 668 ff., 970 ff.*

Beschreibung von Augenscheinen 193 IV *N 964*

Beschwer bei Rechtsmitteln 382 I *N 1458 f.*

Beschwerde, Beschwerdeinstanz 13, 20, 393 ff. *N 382 ff., 1499 ff.*
- Begriff, Zulässigkeit *N 1499 ff.*
- Ausschluss der Beschwerde 394 *N 1514 ff.*
- Beschwerdegründe 393 *N 1512 ff.*
- Beschwerde bei
  - Ausstandsfällen 59 I *N 529*
    - Bestimmung eines abweichenden Gerichtsstands 38 II *N 482*
  - Einstellungsverfügungen 322 II *N 1262*
  - Rechtskraftfeststellung 438 IV *N 1844*
  - bei Überwachungsmassnahmen 279 III, 285 IV, 298 III *N 1164, 1181, 1203*
  - Verfügungen, Verfahrenshandlungen und Beschlüsse 65 I, 393 I *N 538, 1507 ff.*
  - bei Entscheid über Verteidigerentschädigung 135 III *N 1129*
  - Entscheide Zwangsmassnahmengericht 393 I *N 1511*
  - Zuständigkeitsfragen im Übergangsrecht 449 II *N 1863*
- Entscheid der Beschwerdeinstanz 397 *N 1526 ff.*
- Form und Frist 396 *N 1523*
- Kollegialgericht als Beschwerdeinstanz 395 *N 1521*
- Kognition 393 II *N 1512 f.*
- bei Konflikten über die Rechtshilfe 48 I, 49 II *N 498, 499*
- in der internationalen Rechtshilfe 55 IV *N 505 f.*

- Beschwerde in Strafsachen BGG 78 ff. BGG 92 *N 1628 ff.* s. Strafrechtsbeschwerde
- Beschwerdeinstanz 13, 14 IV *N 331, 382 ff., 1520*
  - als Berufungsinstanz 20 II, 21 II *N 1540 N 383*
  - allgemeine Zuständigkeit 20 I *N 382*
  - Übertragung Befugnisse auf Berufungsgericht 20 II *N 383*
  - beschränkte Öffentlichkeit 69 III, 390 V *N 268*
  - öffentlich-rechtliche Beschwerde BGG 82 ff. *N 1721 ff.*
  - Verfahren der Beschwerdeinstanz 397 *N 1525 ff.*
  - Zeugnisverweigerungsentscheid, Beschwerde bei 174 III *N 902, 1506*
  - Zivilsache, Beschwerde in BGG 72 ff. *N 1719 f.*
  - Zulässigkeit und Beschwerdegründe 393 *N 1502 ff.*

besondere Verfahren 352 ff. *N 1347 ff.*

Bestechungsdelikt als Revisionsgrund *N 1600*

Bestellung von Rechtsbeiständen, Verteidigern etc. 127 ff. *N 718 ff.*

Bestimmung, Bezeichnung der Strafbehörden 14 II *N 324 ff.*

Besuche bei Verhafteten 235 II *N 1050*

Betäubungsmittel, Betäubungsmitteldelikte
- Beratungsstellen, Zeugnisverweigerungsrecht 173 *N 899*
- Einsatz verdeckter Ermittler 294 *N 1195*

Betreten von Räumlichkeiten, s. auch Hausdurchsuchung
- bei Anhaltung oder Festnahme 213 *N 998*
- bei Augenschein 193 III *N 964*
- Anordnung mit Vorführungsbefehl 208 II *N 989*

Betroffene, bei Zwangsmassnahmen etc. 105, *N 641*, s. auch Dritte

Bevölkerung, Orientierung 74 I *N 560 ff.*

881

Bewährungshelfer,
Zeugnisverweigerungsrecht 173 II
N 899
Beweisanträge s. auch Beweise usw.
- nach Abschluss 318 *N 1244 ff.*
- vor Hauptverhandlung 331 II, III
  N 1289
- als Ausfluss des rechtlichen Gehörs
  107 I *N 104 ff., 621*
**Beweise, Beweisgegenstände,
Beweismittel** 139 ff. *N 771 ff.*
- allgemeines. Begriffe, Grundsätze 139
  N 771 ff.
- Arten von Beweisen *N 776*
- Aufzeichnungen unverwertbarer
  Beweise 141 V *N 800*
- Beschlagnahme von 263 ff., 306 II
  N 1108 ff., 1218
  - Sicherstellung durch Polizei 306 II
    N 1218 f.
- Beweisabnahmen
  - keine zu unerheblichen,
    offenkundigen usw. Tatsachen
    139 II, 318 II *N 778 f.*
  - in Hauptverhandlung 341 ff.
    N 1322 ff.
  - vor Sistierung 314 III *N 1238*
  - im Strafbefehlsverfahren nach
    Einsprache 355 *N 1364*
  - im Vorverfahren 311ff. *N 1232 ff.*
  - Nichtabnahme untauglicher
    Beweismittel 139 II, 318 II
    N 778 f., 1245
  - im Rechtsmittelverfahren 389,
    399 II *N 1481 ff., 1546*
  - Wiederholung von Beweisabnahmen
    147 III *N 828 ff.*
- Beweisanträge 107 I. 331 II *N 644,
  1289*
  - nach Abschluss der Untersuchung
    318 I *N 1244*
  - als Ausfluss des rechtlichen Gehörs
    3 II, 107 I *N 104 ff., 644*
  - im Rechtsmittelverfahren 389 III
    N 1485 f.
- Beweisausforschung, unerlaubte *N 973*,
- Beweisergänzungen

  - im erstinstanzlichen Verfahren 339
    V, 349 *N 1315, 1339*
  - im Rechtsmittelverfahren 388, 389
    N 1481, 1485 f.
- strafbar erlangte Beweise 141 II *N 794*
- Beweiserhebung
  - im Haftverfahren 224 I, 225 IV
    N 1028, 1032
  - in der Untersuchung 311 ff. *N 1232*
- Beweiserhebungsverbote 140 *N 783 ff.*
- Beweisfreiheit, Grundsatz der 139
  N 780
- Beweisgegenstände 192 ff. *N 957 ff.*
  - Einsichtnahme in 101 *N 625*
- Beweislast, Beweispflicht 10 *N 215 f*
  - in dubio pro reo 10 III *N 233*
- Beweismethodenverbote 140 *N 786*
- Beweismittel
  - neue
    - Grund für Wiederaufnahme
      323 *N 1264*
    - als Revisionsgrund 410
      N 1592 ff.
  - persönliche 142 ff. *N 776, 803 ff*
  - sachliche 192 ff. *N 954 ff.*
  - Zulässigkeit von Beweisen 139
    N 780
- Beweismittelbeschlagnahme 263 I
  N 1111
- Beweismittelverbote 140 *N 783 ff.*
- Beweisregelverletzungen 140 f.
  N 783 ff.
- Beweissachen, 192 ff., *N 954 ff.*, s.
  sachliche Beweismittel
- Beweisverbote 3 II lit. d, 140 f.,
  N 116, 783 ff. s. auch Verwertbarkeit
- Beweiswürdigung, freie 10 II *N 225 ff.*
  - Einsichtnahme in Beweismittel 101
    N 625
- Fernwirkung von Beweisverboten
  141 IV *N 798 f., 1160*
- sachliche Beweismittel 192 ff. *N 954 ff.*
- Sicherstellung durch Polizei 306 II
  N 1218 f.
- Unverwertbarkeit von Beweisen

- bei Einvernahmen ohne Hinweise auf Rechte 158 II, 175 II, 177 I, II *N 864,*
- von Erklärungen im abgekürzten Verfahren 362 IV *N 1388*
- von Ergebnissen unrechtmässiger Überwachungsmassnahmen 276 ff. 289 VI *N 1155 f.*
- indirekt erlangter Beweise 141 IV *N 798 f., 1160*
- bei unterlassener Rechtsbelehrung 158 II, 177 III
- verbotene Beweise 140 f., 276 ff. *N 789 ff., 1155 ff.*
- bei Verletzung der Teilnahmerechte 147 IV *N 831 f.*
- verbotene Beweiserhebungsmethoden 140 *N 783 ff.*

Bezifferung der Zivilklage 123 *N 706*

Bild- und Tonaufnahmen
- und Akten 100 *N 625*
- Durchsuchung 246 ff. *N 1073 ff.*
- bei Protokollierung 76 IV *N 574*
- in Verhandlungen 71 *N 253*

Billigkeitshaftung Schuldunfähiger 419 *N 1466*

Bindung an Anklage 9, 337 II, 350 *N 203 ff., 1335, 1341,* s. auch Anklage

blanker Irrtum
- bei der Strafrechtsbeschwerde BGG 97 I *N 1695*

Blutuntersuchungen 184 III, 251 ff., 255 ff. *N 939, 1081 ff., 1089 ff.*

Brandtour 307 I, 309 I *N 1220, 1228*

Buchhaltungsunterlagen 246 ff. *N 1073 ff.,* s. Durchsuchung von Aufzeichnungen

Bund
- Bundesanwaltschaft *N 357 f.,* s. Bundesan- waltschaft
- Bundesgericht BGG 1 ff., *N 394 ff., N 1628 ff.*
- Bundeskriminalpolizei *N 348*
- Bundesstrafgericht 40 II, 48 II, 59 I *N 377 f. s.* Bundesstrafgericht
- Staatsanwaltschaft des Bundes, s. Bundesanwaltschaf

- Übertretungsstrafbehörden des *N 364*
- Zwangsmassnahmengericht des *N 371*

Bundesanwaltschaft, Staatanwaltschaft des Bundes
- allgemeines *N 357 f.*
- Befugnis
  - zur Delegation 25 *N 414 ff.,* 425
  - bei ersten Ermittlungen 27 *N 430*
  - bei mehrfacher Zuständigkeit 26 *N 421 ff.*
- Strafbefehle
  - Erlass *N 1353*
  - Einsprache *N 1362*
- Konflikte mit Kantone 28 *N 432*
- Legitimation zu Rechtsmitteln 381, BGG 81 I,II *N 1455 ff., 1670, 1674 f.*
- Zuständigkeit bei Bundesgerichtsbarkeit 23 ff. *N 407 ff.*

Bundesbeamten, Verfahren gegen, Ermächtigung *N 175*

Bundesgericht
- allgemeines *N 33, 394 ff., 1628 ff.*
- kein Anwaltszwang *N 720*
- öffentlich-rechtliche Beschwerde *N 1721 ff.*
- Strafrechtsbeschwerde *N 1628 ff.*
- subsidiäre Verfassungsbeschwerde *N 1724 ff.*
- Zivilrechtsbeschwerde *N 1719 f.*

Bundesgerichtsbarkeit s. auch Bundesanwaltschaft, Bundeskriminalpolizei, Bundesstrafgericht
- allgemein 23 ff. *N 411 ff.*
- kein Berufungsgericht *N 390*
- Delegation an Kantone 25 *N 414 ff.,* 425
- Konflikte mit Kantonen 28 *N 417*
- Konkurrenz mit kantonaler Zuständigkeit 26 II, 28 *N 423 ff.*
- bei organisiertem Verbrechen etc. 24 *N 413*
- Zuständigkeit für erste Ermittlungen 27 *N 430*

Bundeskriminalpolizei (BKP) *N 348*

Bundesrecht
- im Strafprozessrecht *N 24 ff.*

883

- Verletzung von, als Anfechtungsgrund
  BGG 95 N 1683 ff.
Bundesstrafgericht
- allgemein *N 33, 377 f., 1717*
- keine Berufung *N 390*
- Revision gegen Entscheide *N 391*
- Zuständigkeit
  - allgemein 19, 23 II *N 375 ff.*
  - für Ausstandsentscheide 59 I *N 525*
  - bei Konflikten
    - über Aktenbeizug 194 III *N 966*
    - über die Rechtshilfe 48 II *N 498*
    - über Zuständigkeit 28, 40 II
      N 417, 488 ff.
Bundesverfassung *N 23 f.*
BÜPF *N 39,* jetzt 269 ff., s. Überwachung Post- und Fernmeldeverkehr
Bussenverfügung, s. Strafbefehl 352 ff., 357 *N 1352 ff., 1361*
BVE *N 40,* jetzt 286 ff., *N 1182 ff.,* s. verdeckte Ermittlung

C

Computer, s. Daten, Datenträger, Datenverarbeitungsanlagen

D

Daten, Datenträger, Datenverarbeitungsanlagen,
- Durchsuchung 246 ff. *N 1073 ff.*
- aus Überwachungen 277 *N 1155*
Datenbearbeitung im Strafverfahren 95 ff. *N 613 ff.*
- Auskunftsrechte bei hängigem Verfahren 97 *N 617*
- Datenbeschaffung 95 *N 615*
- Dauer der Aufbewahrung 99 II *N 619*
- Bearbeitung und Aufbewahrung nach Verfahrensabschluss 99 *N 619*
- Bekanntgabe und Verwendung in hängigem Verfahren 96 f. *N 616 f.*
- Berichtigung von Daten 98 II *N 618*
Daten- und Bildträger
- Durchsuchung von 246 ff. *N 1073 ff.*

- bei Überwachungsmassnahmen 277 *N 1155*
Datenschutz, Zeugnisverweigerungsrecht 173 *N 900*
definitive Einstellung, 319 ff., *N 1247 ff.* s. Einstellung
Delegation
- an die Kantone 25, 26 IV *N 414 ff., 425*
- von Einvernahmen an die Polizei 312 *N 805*
Delikte gegen sexuelle Integrität
- Schutzmassnahmen für Opfer 153 *N 848*
- Zeugnisverweigerungsrecht des Opfers 169 IV *N 890*
Diktat der eigenen Aussagen 78 IV *N 577*
direkter Geschäftsverkehr der Strafbehörden 43 III, 46 *N 492, 495*
Direktschaltungen
- bei Berufsgeheimnisträgern 271 II, 274 IV *N 1146, 1150*
Dispensation von Hauptverhandlung 336 III *N 1307*
Dispositiv
- als Teil des Urteils 81 IV *N 589*
- begründetes Urteil Zustellung nach Dispositiv 84 IV *N 597*
- Aushändigung nach Eröffnung 84 II *N 595*
- Erläuterung und Berichtigung 83 II *N 594*
- Abgrenzung zur Revision *N 1589*
- Rechtsmittelfrist ab Zustellung 384, 399 *N 1470 ff.*
- Veröffentlichung nur des 88 III *N 604*
- Zustellung bei späterer Urteilsfällung 84 III *N 596*
Disziplinarmassnahmen 64 *N 537*
DNA-Analysen, 255 ff. *N 40, 1089 ff.*
- Allgemeines, Voraussetzungen 255 *N 1089 ff.*
- Datenschutz *N 1999*
- Durchführung der Probenabnahme 258 *N 1097*
- DNA-Informationssystem *N 1098 f.*
- Massenuntersuchungen 256 *N 1095*

- bei Verurteilten 257 *N 1096*
- Zuständigkeit *N 1094*

Dokumentationspflicht, *N 566 ff.*, s. auch Akten, Protokolle
- allgemein 76 ff., 100 ff. *N 566 ff., 571 ff*
- bei Augenscheinen 193 IV *N 963*

Dolmetscher 68 *N 552 ff.*, s. Übersetzer

dringender Tatverdacht
- als Haftvoraussetzung 221 I *N 1019*
- als Voraussetzung für Überwachung nach 269 I *N 1141*

Dritte, Drittpersonen
- Akteneinsicht 101 III *N 628*
- beschwerter Dritter als anderer Verfahrensbeteiligter 105 I *N 638 ff.*
- Entschädigung 434 *N 1833*
- Kostentragungspflicht 418 III *N 1765*
- Legitimation zu Rechtsmitteln 382 I *N 1464*, BGG 81 I *N 1679*
- Teilnahme an Hauptverhandlung 338 II *N 1312*
- Zwangsmassnahmen gegen, allgemein 197 II *N 971*
  - bei Beschlagnahmen *N 1110*
  - Edition-, Herausgabepflicht 264 *N 1125*
  - Überwachung von 270, 281 II, III *N 1145, 1169*
  - Mitteilung an überwachte Dritte 279 *N 1162*

Drohungen
- verboten bei Beweisabnahmen 140 I, *N 116*
- Unverwertbarkeit 141 I *N 794*
- bei Friedensbürgschaft 372 f. *N 1418 ff.*

Due process of law 7 I, Legalitätsprinzip *N 178 ff.*

Durchsuchungen und Untersuchungen 241 ff. *N 1061 ff.*
- allgemeines, Begriff *N 1061 f.*
- Anordnung 241 ff. *N 1063 ff.*
- von Aufzeichnungen 246 ff. *N 1073 ff.*
- Durchführung 242 *N 1064 f.*
- Hausdurchsuchungen 244 f. *N 1068 ff.*
- von Personen und Gegenständen 249 f. *N 1080*

- Untersuchung von Personen 251 f. *N 1081 ff.*
- Zufallsfunde 243 *N 1066*

Durchsuchung von Aufzeichnungen 246 ff. *N 1073 ff.*
- Grundsatz 246 *N 1073 ff.*
- Durchführung 247 *N 1075*
- Siegelung 248 *N 1076 ff.*

Durchsuchung von Personen und Gegenständen 249 f. *N 1080 f.*
- allgemeines, Grundsatz 246 *N 1073*
- Beschlagnahme 263 ff. *N 1108 ff.*
- von Datenverarbeitungsanlagen,
  - Geräte, Durchsuchung 246 ff. *N 1073*
  - Verkehr, Überwachung 269 ff. *N 1080*
- Durchführung 250 *N 1080*

E

Edition 265 *N 1125 ff.*, s. auch Herausgabe

EDV, EDV-Anlagen
- Durchsuchung 246 ff. *N 1073 ff.*
- EDV-Verkehr, Überwachung 269 ff. *N 1136 ff.*

Effekten, Durchsuchung 249 f. *N 1080 ff.*

Ehegatte
- bei der Revision 382 III *N 1606*
- Zeugnisverweigerungsrecht 168 I *N 886*

Ehe- und Familienberatungsstellen, Zeugnisverweigerungsrecht 173 *N 899*

Eid, eidesstattliche Erklärung *N 901*

einfache verfahrensleitende Entscheide 80 III

Einfügungen im Protokoll 79 III *N 580*

Eingaben
- Form 110 *N 650*
  - bei elektronischen Eingaben 110 II *N 650*
- Fristeinhaltung 91 *N 608 ff.*

eingetragene Partnerschaft
- als Ausstandsgrund 56 *N 519*
- als Zeugnisverweigerungsgrund 168 I *N 886*

eingliedriges Untersuchungsverfahren 16 II, 299 ff. *N 351 ff., 1205*
Eingriffe in körperliche Integrität 251 f. *N 1081 f.*
Einhaltung von Fristen 91 *N 608 ff.*
Einheit des Verfahrens, Grundsatz 29 *N 435 ff.*
Einheit der Verhandlungen, Grundsatz *N 151 ff.*
Einholung von Berichten 195 *N 967 ff.*
Einleitung bei Endentscheiden 81 II *N 584*
Einleitung des Strafverfahrens 300 *N 1207 f.*
Einschränkung der Berufung 399 IV *N 1547 f*
Einsicht in die Akten, 101f., *N 621 ff.*, s. Akteneinsicht
Einsprache, s. auch Rechtsmittel
– gegen Strafbefehl 354 ff. *N 1362 ff.*
– Übergangsbestimmung 455 *N 1869*
Einstellung, Einstellungsverfügung 319 ff., *N 1249 ff.*, s. auch Nichtanhandnahme, Sistierung
– einstweilige Einstellung s. Sistierung, 314 *N 1236 ff.*
– *Einstellung bei 319*
  – bei Anwendung Opportunitätsgrundsatz 8 IV, 319 I *N 1255*
  – in Interesse des Opfers 319 I *N 1256*
  – bei fehlender Prozessvoraussetzung etc. 319 I *N 1254, 323*
  – bei Rechtfertigungsgründen 319 I *N 1253*
  – bei Schuldunfähigkeit 319 I *N 1253*
  – bei selbstständiger Einziehung 377 III *N 1434*
  – kein Tatverdacht oder kein Straftatbestand 319 I *N 1251*
  – bei Vergleich 316 III *N 991 N 1241*
  – Verhandlungsunfähigkeit 114 III *N 666*
– *einstellende Behörde*
  – Gericht 329 IV *N 1287*
  – Staatsanwaltschaft 319 *N 1248*

– Übertretungsstrafbehörde 17, 357 *N 360 ff., 1361*
– *Einstellungsverfügung* 320 *N 1257 ff.*
  – Begründung 81 III *N 585*
  – Entschädigung 429 ff. *N 1810 ff.*
  – Inhalt 80 f., 320 *N 583 ff., 1257 ff.*
  – Genehmigung 322 I *N 1260*
  – Kostenauflage 81 IV, 416 ff., 429 ff. *N 585, 1758 ff., 1803 ff.*
  – bei Schuldunfähigen 419 *N 1766*
  – Mitteilung 321 *N 1258*
  – Publikation nur im Dispositiv 88 IV *N 604*
  – Rechtsmittel 322 II *N 107, 1261 f.*
  – Zustellung 84 ff., 321 *N 595 ff., 1258*
– *Wiederaufnahme* 323 *N 1264*
Eintreten, Eintretensentscheid s. auch Vorprüfung
– des Berufungsgerichts 400 *N 1551 f.*
– erstinstanzlicher 339 *N 1313 ff.*
– der Revisionsinstanz, Vorprüfung 412 f. *N 1612 ff.*
Einvernahmen 142 ff. *N 803 ff.*
– der Auskunftsperson 180 f. *N 921 ff.*
– Ausschluss von Personen 146 IV *N 819 f.*
– Durchführung der Einvernahme 143 f. *N 807 ff.*
– Einvernahme mehrerer Personen 146 *N 818 f.*
– einvernehmende Behörde 142, 157 I *N 804 ff., 857*
– Präsidialverhör 341 I *N 214, 1323*
– des Beschuldigten 157 ff. *N 855 ff.*
– in Hauptverhandlung 341 *N 1323*
– Konfrontation 146 II *N 819 f.*
– polizeiliche
  – von beschuldigten Personen 157 I, 159 *N 857, 866 ff.*
  – von Auskunftspersonen 179 *N 920*
  – im Ermittlungsverfahren 159 *N 866 ff.*
– Protokoll 78 *N 577 f.*
– Schutzmassnahmen bei 149 ff. *N 836 ff.*
  – allgemein 149 *N 836 ff.*
  – Schutz von Opfern 152 ff. *N 846 ff.*

- bei Straftaten gegen die sexuelle Integrität 153 *N 848*
- bei Kindern als Opfer 117 II,154 *N 695, 849 ff.*
- Schutz von Personen mit psychischer Störung 155 *N 852 f.*
- Schutz verdeckter Ermittler 151 *N 843 ff.*
- Schutz von Personen ausserhalb des Verfahrens 156 *N 854*
- Zusicherung Anonymität 149 II, 150, 151, 288, 289 IV *N 837, 840 ff., 843, 1190*
- Teilnahmerechte 147 ff. *N 821 ff.*
- mittels Videokonferenz 78 VI, 144 *N 578, 815*
- des Zeugen 162 ff. *N 873 ff.*

Einvernahmeprotokoll
- allgemein 78 *N 577 f.*
- in den Akten 100 I *N 620*

Einzelgericht 19 II *N 376, 379*
- Hauptverfahren vor 328 ff. *N 1277 ff.*
- sachliche Zuständigkeit 19 *N 376, 1391*
- Verfahrensleitung 61 *N 533*
- Zusammensetzung 335 IV *N 1306*

Einziehung, Einziehungsbefehl
- Aussageverweigerung *N 887*
- Beschlagnahme zur 263 I *N 115 f.*
- in Einstellungsverfügung 320 II *N 1257*
- im Endentscheid 81 IV, 267 IIII *N 1133*
- mit Strafbefehl 353 I *N 1358 ff., 1438*
- im selbstständigen Verfahren 376 ff. *N 1431 ff.*
  - Gerichtsstand 38 *N 477 f.*
- Teilnahme an Hauptverhandlung 338 II, III *N 1312*

electronic monitoring als Ersatzmassnahme für Haft 237 III *N 1055*

elektronische
- Eingaben 110 II *N 650*
- Zustellung 86 *N 601*
  - Fristeinhaltung 91 *N 608*

E-Mail
- Gerichtsstand bei Versand 31 ff. *N 452*
- Überwachung 266 ff. *N 1136 ff.*

EMRK
- allgemein *N 42 f.*
- Verletzung der
  - als Revisionsgrund 410 II *N 1602 f.*
  - als Rügegrund nach BGG 122 *N 1729*

Endentscheide 80 ff, *N 582 ff.*
- materielle als Urteil 80 I. 81 *N 582*
- Begründung 81 III *N 585*
  - Einschränkung der Begründungspflicht 82 *N 587*
- Inhalt 81 *N 583 ff.*
- andere als Beschlüsse bzw. Verfügungen 80 I *N 689 ff., 592*
- als Gegenstand der Strafrechtsbeschwerde BGG 90 *N 1641 ff.*
- in Zivilsachen 126 *N 711 ff.*

endgültige
- Einstellung 319 f. *N 1249 ff.*
- endgültige und nicht anfechtbare Entscheide 380 *N 1452*
- Entscheide siehe Endentscheide 80 ff. *N 582 ff.*

Entbindung
- vom Amtsgeheimnis 170 II, III *N 892 f.*
- vom Berufsgeheimnis 171 II-IV *N 896*

Entmündigte s. Prozessfähigkeit
- urteilsfähige 106 III *N 643*

Entschädigungen 429 ff., *N 1803 ff.*, s. auch Kosten- und Entschädigungsfolgen
- Ansprüche
  - von Dritten 434 *N 1833*
  - der beschuldigten Person 429 *N 1803 ff.*
  - gegenüber Privatklägerschaft 432 *N 1830*
- Herabsetzung und Verweigerung 430 *N 1821 ff.*
- der Privatklägerschaft 433 *N 1831 f.*
- bei rechtswidrig angewandte Zwangsmassnahmen 431 *N 1826 ff.*
- im Rechtsmittelverfahren 436 *N 1835 ff.*
- Verjährung 435 *N 1834*

887

– für amtliche Verteidigung 135, 426 IV
  N 751 ff., 1785
Entscheide 80 ff. *N 582 ff.*
– *allgemein*
  – Begründung 80 III, 81 III *N 591,
    585*
    – Einschränkung 82 *N 587 f.*
  – über beschlagnahmte Gegenstände
    etc. 267
  – Form etc. 80 I *N 582*
    – Sachentscheide in Form eines
      Urteils 80 I *N 582*
    – andere als Verfügung oder
      Beschluss 80 I *N 582*
    – Eröffnung,
      Publikumsöffentlichkeit 84, 69 I
      N 559 f., 250 ff.
    – Inhalt der Endentscheide 81
      N 583 ff.
    – Schriftlichkeit 80 II *N 583*
    – Zustellung 80 II, 85 ff. *N 600 ff.*
– *Endentscheide,* 81 f. *N 582 ff.*
  – endgültige und nicht anfechtbare
    Entscheide 380 *N 1425*
  – materielle als Urteil 80 I *N 582*
  – Dispositiv 81 IV *N 589*
  – Einschränkung der
    Begründungspflicht 82 *N 587*
  – Inhalt 81 *N 583 ff.*
– *im Rechtsmittelverfahren*
  – allgemein 391 f. *N 1487 ff.*
  – im Berufungsverfahren 408 f.
    N 1574 ff.
  – im Beschwerdeverfahren 397
    N 1529
  – im Revisionsverfahren 413
    N 1615 ff.
– *in Zivilsachen* 126 *N 711*
Entsiegelung 248 *N 1076 ff.*
– Rechtsmittel 248 III *N 1509, 1511*
Erben
– Rechtsnachfolge der Privatklägerschaft
  121 I *N 700 f.*
Erfolgsort als Zuständigkeitsort 31 I
  N 448 ff.
Ergänzung von Beweisen

– vor der ersten Instanz 329, 341 ff., 349
  N 1281, 1322 ff., 1339
– im Rechtsmittelverfahren 388 f.
  N 1481, 1485 f.
– im Revisionsverfahren 412 IV
  N 1614
– im Vorverfahren 309 II, 312, 318
  N 1229, 1233, 1244 f.
ergänzende Ermittlungen der Polizei
  309 II, 312 *N 1229, 1233*
Ergänzungsfragen 341 II *N 1323*
**Erhebungen, eigene, des
  Sachverständigen** 185 *N 946 ff.*
erkennungsdienstliche Erfassung 260 ff.
  N 1100 ff.
– Aufbewahrung der Unterlagen 261
  N 1103 ff.
– Schrift- und Sprachproben 262
  N 1106 f.
Erlass von Verfahrenskosten 425 *N 1781*
Erläuterung 83 *N 593 ff.*
Erledigungsgrundsatz 2 II *N 89*
Ermächtigung
– Ermächtigungsdelikte 7 II, 303
  N 172 ff., 1212
– Ermächtigung zu Zeugenaussagen
  170 II *N 891 f., 968*
Ermessensmissbrauch als Rügegrund bei
  Rechtsmitteln
– bei Berufung 398 III *N 1534*
– bei Beschwerde 393 II *N 1512 f.*
Ermittlung
– Behörden 12 ff. *N 324 ff.*
– Ermittlungsverfahren, polizeiliches,
  306 f., *N 1216 ff.,* s. polizeiliches
  Ermittlungsverfahren
– ergänzende, durch Polizei 309 II, 312
  N 1229, 1233
– erste, Zuständigkeit 27 *N 430 f.*
– verdeckte, 286 ff. *N 1136 ff.,* s.
  verdeckte Ermittlung
Eröffnung
– der Anklage
  – im Hauptverfahren 340 II *N 1320 f.*
  – im abgekürzten Verfahren 360 II
    N 1382

- von Entscheiden, 84 ff. *N 595 ff.*, s. auch
- Mitteilung, Zustellung bei berichtigtem oder erläutertem Entscheid 83 IV *N 594*
- der Hauptverhandlung 339 *N 1313*
- des Strafbefehls 353 III *N 1360*
- der Untersuchung 309 *N 1227 f., 1364*

Ersatzmassnahmen für Untersuchungs- und Sicherheitshaft 224 III, 226, 237 ff. *N 1030, 1034,1053 ff.*
- allgemeine Bestimmungen 237 *N 1053*
- Electronic monitoring 237 III *N 1055*
- Sicherheitsleistung 238 *N 1056 ff.*
  - Freigabe 239 *N 1057*
  - Verfalls 240 *N 1058*
- Verfahren 224 III, 226, 237 *N 1030, 1034, 1059 f.*

Ersatzrichter
- und gesetzmässiger Richter *N 128*
- in der Hauptverhandlung 335 III *N 1305*

Erscheinen, Erscheinenspflicht, persönliches
- des Angeklagten im Hauptverfahren 336 I *N 1307*
  - im Berufungsverfahren 405, 407 *N 1564 f., 1572 f.*
- des Privatstrafklägers 338 *N 1310*
- der Unternehmens 336 I *N 1307*
- bei Vorladung 205 *N 983*

erstinstanzliches Gericht, erstinstanzliches Hauptverfahren 328 ff., *N 1277 ff.*, s. auch Hauptverhandlung
- allgemein 13, 19, 328 ff. *N 377 ff., 1277 ff.*
- Änderung und Erweiterung der Anklage 333 *N 1294 ff., 1340*
- Ansetzen der Hauptverhandlung 331 *N 1289*
- Öffentlichkeit 69 I *N 250, 256 ff.*
- Prüfung der Anklage 329 *N 1280 ff.*
- Rechtshängigkeit 328 *N 1279*
- im Strafbefehlsverfahren 356 *N 1370 ff.*
- Sicherheitshaft 229 ff. *N 1042 ff.*
- Übergangsbestimmung 450 *N 1864*

- Überweisung an zuständiges Gericht 334 *N 1003 f.*
- Vorbereitung der Hauptverhandlung 330 *N 1288 ff.*
- Vorverhandlungen 332 *N 1291 f.*
- Zuständigkeit 19 *N 375*

Erstreckung von Fristen 92 *N 605*
Erwachsenenschutzbehörden s. Sozial- und Vormundschaftsbehörden
Erweiterung der Anklage 333 *N 1294 ff.*
Erwirkungshandlung *N 541*
Exhumierung 253 *N 1088*
Existenzminimum bei Kostenbeschlagnahme 268 III *N 1112*
Experte, Expertise, 182 ff. *N 930 ff.*, s. auch Sachverständige, Begutachtung
Eventualanklage 325 II *N 1270*

F

Fahndung 210 f., 306 II *N 991 ff.*
- Grundsätze 210 *N 991 f.*
- Festnahme durch Private bei Ausschreibung 218 I *N 1011*
- Mithilfe der Öffentlichkeit 211 *N 993*
  - Orientierung der Öffentlichkeit 74 I *N 560 ff.*
- bei unbekannter Täterschaft bzw. Aufenthalt 314 III *N 1238*
- Verwertung von Zufallsfunden 278 V *N 1161*

Fahrzeuge, Durchsuchung 249 f. *N 1080*
faires Verfahren, fair trial, 3 I *N 95 ff.*
- und EMRK *N 98 ff.*
- bei der verdeckten Ermittlung *N 1184*

faktische Lebensgemeinschaft
- als Ausstandsgrund 56 *N 519*
- als Zeugnisverweigerungsgrund 168 I *N 886*

Feindschaft als Ausstandsgrund 56 *N 509*
Feiertag und Fristberechnung 90 II *N 607*
fehlerhafte Verfahrenshandlungen, Haftung 217 *N 1022*
Fernmeldemelderverkehr, Überwachung des, 269 ff., s. Überwachung des Post- und Fernmeldeverkehrs

Fernsehen
- Delikte durch, Gerichtsstand 35 *N 427 ff.*
- Verbot von Aufnahmen von Verhandlungen 71 *N 253*

Fernwirkung von Beweisverboten 141 IV *N 798 f., 1160*

Festnahme, vorläufige 217 ff. *N 1008 ff.*, s. vorläufige Festnahme

Finanzierung des Terrorismus Zuständigkeit 24 *N 413*

Flagranz, bei vorläufiger Festnahme 217 f. *N 1009, 1011*

Fluchtgefahr
- als Haftgrund 221 I *N 1022*
- Sicherheitsleistung bei 237 ff. *N 1053 ff.*

Fluchtkaution 237 ff. *N 1056 ff.*

Folterverbot 3 II, 140 f. *N 98 ff., 786*

Forderungen, Beschlagnahme 266 IV *N 1129*

Form der Verfahrenshandlungen, s. auch Mündlichkeit, Schriftlichkeit
- allgemein 66 *N 549 ff.*
- Mündlichkeit 66, 110 I *N 549, 650*
  - bei Rechtsmitteln
    - allgemein 385, 390 *N 1473*
    - bei Beschwerde 396 I, 397 *N 1523, 1525*
    - bei Berufung 399 I, III, 405 f. *N 1543 ff., 1563 ff.*
    - bei Revision 411 I, 412 III *N 1608 f., 1614*
- Schriftlichkeit 110 I *N 650*
- Strafantrag 304 *N 1213*

formelle Rechtskraft 437 *N 1841 ff.*

formelles Strafrecht *N 2 ff.*

forum praeventionis 33 II, 34 I, 35 III, 37 II *N 449, 463, 467, 477*

Fotos s. Bild- und Tonaufnahmen
- Dokumentierung von Augenscheinen 193 IV *N 964*
- Durchsuchung 192 II, 246 ff. *N 961, 1073 ff.*
- bei Protokollierung 76 IV *N 574*
- verboten in Verhandlungen 71 *N 253*

Fotokopien Herstellung von 102 III, 192 II *N 631, 961*

Fragepflicht, richterliche *N 102*

Fragerecht 147 I, 341 II *N 826 f., 1323*

freies Geleit 204 *N 984*

Freigabe der Fluchtkaution 240 *N 1067*

Freiheitsentziehende Zwangsmassnahmen, Freiheitsentzug 212 ff. *N 994 ff.*
- Betreten von Räumlichkeiten 213 *N 998*
- Benachrichtigung 214
  - der Angehörigen etc. 214 I *N 999*
  - des Opfers 214 V *N 1000*
  - der Sozialbehörden 214 III *N 999*
- Grundsätze 212 *N 995 f.*

Freiheitsentzug, keine Überwachungen 281 III *N 1169*

Freispruch
- ne bis in idem als Folge 11 I, 300 II *N 242 ff., 319, 1208*
- Entschädigung und Genugtuung 429 ff. *N 1803 ff.*
- Freispruch nach Revision 415, 428 *N 1625 ff.*
- Kostenfolgen 426 II *N 1787 ff.*
  - bei Revision 415 II, 436 IV *N 1625, 1837*
  - bei Schuldunfähigkeit 418 *N 1766*
  - Rechtsmittel gegen Kostenentscheid *N 1773 f.*
- Behandlung der Zivilklage 126 *N 711*

Freundschaft als Ausstandsgrund 56 *N 509*

Friedensbürgschaft, Verfahren bei 372 f., *N 267, 1420 ff.* s. Anordnung der Friedensbürgschaft

Fristen, Termine 89 ff. *N 605 ff.*
- allgemeines 89 *N 605 ff.*
- Beginn und Berechnung 90 *N 607*
- Einhaltung der Frist 91 *N 608 ff.*
  - bei öffentlicher Bekanntmachung 88 II *N 604*
  - bei Zahlungen 91 V *N 608*
- Erstreckung von Fristen 92 *N 605*
- keine Gerichtsferien 89 II *N 606*
  - anders BGG 46 I *N 1700*

- gesetzliche Fristen 89 I *N 605*
- Säumnis 93 *N 611*
  - bei Vorladung 205 *N 983*
  - bei Rechtsmitteln 384 *N 1470*
    - Berufung 407 *N 1572 f.*
    - Beschwerde 396 *N 1523*
    - Revision 411 II *N 1608 f.*
  - Vorladungsfristen 202 f. *N 982 f.*
  - Wiederherstellung 94 *N 612*

Fruit of the poisonous tree 141 IV *N 798 f., 1160*

Führungsperson, bei verdeckter Ermittlung 287 II. 291, 292 II *N 1193 ff.*

Fürsorgepflicht, richterliche 3 II *N 102 f.*

G

Gebühren 422 I, 424 *N 1775, 1780*

Gegenüberstellungen
- allgemein 146 *N 818 ff.*
- kombiniert mit Augenschein 193 V *N 965*

Gegenstände, s. auch Beweissachen, Durchsuchungen
- Beschlagnahme 263 ff. *N 1108 ff.*
- Durchsuchung von 249 f. *N 1080*
- Einziehung 263 I, 320 II, 353, 376 f. *N 1115 f., 1257, 1358. 1431 ff.*
- Fahndung nach 210 IV *N 991 f.*
- Siegelung 248 *N 1076 ff.*

geheime Überwachungsmassnahmen 269 ff. *N 1136 ff.*

Geheimhaltungsinteresse, Geheimnisschutz
- bei Akteneinsicht 102 I *N 631*
- Einschränkung des rechtlichen Gehörs 108 *N 104 ff., 621*
- bei Siegelung 248 *N 1076 ff.*
- bei Zeugnisverweigerungsrechten 168 ff. *N 884 ff.*

Geheimhaltungspflichten
- bei der Erstattung von Berichten nach 195 II *N 968*
- der Sachverständigen 73 II, 184 II *N 556, 940*
- der Strafbehörden 73 *N 556*

- bei andern Verfahrensbeteiligten 73 II *N 1193 ff.*
- bei Zeugen und Auskunftspersonen 165 *N 881*

Geheimnisträger s. Berufsgeheimnisse, Berufsgeheimnisträger, Zeugnisverweigerungsrechte

Gehör, rechtliches
- allgemein 3 II, 107 *N 104 ff*
- Akteneinsichtsrecht 101 I, 107 I *N 621 ff.*
- Einschränkungen 108 *N 113 ff.*
- als Schutzmassnahme 149 ff. 149 V *N 834 ff.*
- bei Gutachtensaufträgen 184 III *N 938*
- Recht auf Beweisanträge 3 II, 107 I, 318, 331 II *N 109, 644, 1244, 1289*
- Stellungnahme zu Gutachten 188 *N 950*

Geistliche Zeugnisverweigerungsrecht 171 I *N 894 ff.*

Geleit, freies 204 *N 984*

Geltungsbereich der StPO 1 *N 64 ff.*

gemässigtes Unmittelbarkeitsprinzip 343 *N 305 ff., 1226, 1329 ff.*

Generalstaatsanwaltschaft 14 III *N 354 ff.*, s. auch Oberstaatsanwaltschaft

Genomanalyse 255 ff. *N 1089 ff.*, s. DNA-Analyse

Genugtuung, 429 ff. *N 1803 ff.*, s. auch Entschädigung

Gerichte 13, 18 ff. *N 324 ff., 367 ff.*
- erstinstanzliches 13, 19 *N 324 ff., 373 ff.*
- Berufungsgericht 13, 14 IV, 21, 398 ff. *N 329 ff., 387 ff., 1540*
- Beschwerdeinstanz 13, 14 IV, 20, 393 ff. *N 329 ff, 1520 ff.*
- Einvernahmen durch 142 I *N 804 ff.*
- Zuständigkeit für Zwangsmassnahmen 198 I *N 976*
- Zwangsmassnahmengericht 13, 18 *N 324 ff., 367 ff.*

gerichtliche Polizei 12 14 *N 339 ff.*, s. Polizei

gerichtliches Verfahren
- erstinstanzliches 328 ff. *N 1277 ff.*

891

- Rechtsmittelverfahren
  - allgemein 379 ff. *N 1452 ff.*
  - Berufungsverfahren 403 ff. *N 1558 ff.*
  - Beschwerdeverfahren 397 *N 1525 ff.*
  - Revisionsverfahren 412 f. *N 1612 ff.*
  - Verfahren bei der Strafrechtsbeschwerde BBG 29 ff. *N 1705 ff.*

Gerichtsbarkeit, kantonale 22 *N 408 ff.*
Gerichtsberichterstatter 72 *N 251 ff.,* 559
- Bild- und Tonaufnahmen 71 *N 253*
- Zulassung zu nicht öffentlichen Verhandlungen 70 III *N 253*

Gerichtsferien
- keine im Verfahren nach StPO 89 II *N 609*
- bei der Strafrechtsbeschwerde BGG 46 I *N 1700*

gerichtsnotorische Tatsachen
- kein Beweis 139 II *N 778 f.*

Gerichtspräsident als Verfahrensleiter 61 *N 533*
Gerichtsschreiber, Anwesenheit des 335 I *N 1305*
Gerichtsstand 31 ff. *N 438 ff.*, s. auch Zuständigkeit
- *Gerichtsstände*
  - bei Auslandtat 32 *N 456 ff.*
  - mehrere Beteiligte 33 *N 461 ff.*
  - bei Betreibungs- und Konkursdelikten 36 *N 475*
  - bei Anordnung Friedensbürgschaft 372 II *N 1419 ff.*
  - bei Mediendelikten 34 *N 472 ff.*
  - grundsätzlich am Tatort 31 *N 448 ff.*
  - bei mehreren verschiedenen Orten begangen Delikten 34 *N 464 ff.*
  - bei selbständiger Einziehung 37 *N 477 f.*
  - bei Strafverfahren gegen Unternehmung 36 *N 476*
  - Vereinbarung eines abweichenden Gerichtsstands 38 *N 480 f.*
    - Zuweisung Anklage an unzuständiges Gericht 38 II *N 482*

- *Gerichtsstandsverfahren* 39 ff. *N 483 ff.*
  - Änderung Gerichtsstand 42 III *N 468.*
  - Anfechtung des Gerichtsstandes durch Parteien 41 *N 485*
  - Gerichtsstandskonflikte 40 *N 487 ff.*
  - Prüfung der Zuständigkeit 39 *N 483 ff.*

Geschädigte Person, Geschädigter, 115 *N 682 ff.,* s. auch Opfer, Privatklägerschaft
- Begriff 115 *N 682 ff.*
- als Auskunftsperson 166 II, 178 ff. *N 873, 912*
- Konstituierung als Privatkläger 118 ff. *N 697 ff.*
- als anderer Verfahrensbeteiligter 105 I *N 638*
- Verfahrensrechte und –pflichten *N 689 ff.*
- Vermögensbeschlagnahme zu seinen Gunsten 263 I *N 1113*
- Verzicht auf Rechte als Privatkläger 120 *N 699*
- als Zeuge bzw. Auskunftsperson 166, 178 *N 673, 912*

Geschäftsgeheimnis
- Ausschluss der Öffentlichkeit zum Schutz 70 I *N 271*
- und Zeugnisverweigerungsrecht 173 I *N 900*

Geschwister Zeugnisverweigerungsrecht 168 I *N 886*
Geschworenengerichte *N 380*
gesetzliche Fristen 89 I *N 605*
gesetzlicher, verfassungsmässiger Richter 2 I *N 117 ff.*
gesetzlicher Vertreter, Rechtsmittel der 382 *N 1465*
- bei der Strafrechtsbeschwerde BGG 81 I *N 1669*

Geständnis Einvernahme bei 160 *N 870*
Gestellungsmassnahmen 219 f. *N 991 ff.,* s. Fahndung
Gewaltanwendung
- verboten bei Beweisabnahmen 3 II, 140 I *N 116, 783 ff.*

- Unverwertbarkeit der Beweise 141 I
  N 789
- bei Zwangsmassnahmen 200 *N 979*
- bei polizeilicher Vorführung 209 III
  N 990
Gewaltenteilung *N 134*
Gewohnheitsrecht *N 48 f.*
Glaubwürdigkeit des Zeugen 164 I *N 880*
Gleichbehandlung, Gleichheit 3 II *N 98*
Global Positioning Systems (GPS) 280 f.
  N 1166
grosser Andrang, Ausschluss der
  Öffentlichkeit 70 I *N 262, 274*
Grundbuchsperre 266 III *N 1129*
Grundsätze des Strafprozessrechts 3 ff.
  N 79 ff.
Grundsatz der Verfahrenseinheit 29 f.
  N 435 ff.
Gültigkeitsvorschriften
- allgemein *N 545 ff.*
- im Zusammenhang mit
  Beweiserhebungen 141 *N 789 ff.*
Gutachten, Gutachter, 182 ff., *N 930 ff.*
  s. Begutachtung, Sachverständige

H

Haaruntersuchungen 255 ff. *N 1089 ff.*,
  s. DNA-Analysen
Haftanstalten für Untersuchungs- und
  Sicherheitshaft 234 *N 1049 ff.*
Haft 212 ff. *N 995 ff.* s.
  Untersuchungshaft- und Sicherheitshaft
- beschleunigte Behandlung von
  Haftfällen 5 II *N 142*
- bei Friedensbürgschaft 373 I, V
  N 1421, 1423
Haftentlassungsgesuch
- Hinweis auf Möglichkeit 226 III
  N 1035
- bei Sicherheitshaft 230, 233 *N 1048*
- bei Untersuchungshaft 228 *N 1038 f.*
Haftgründe
- allgemein 221 *N 1017 ff.*
- bei vorläufiger Festnahme 217 I
  N 1009 ff.

Haftentschädigung 429 I, 431
  N 1817 ff., 1826 ff.
Haftrichter 13, 18 *N 376 ff.* s.
  Zwangsmassnahmengericht
Haftverfahren 224 ff. *N 1028 ff.*
Haftverlängerungsgesuch 227 *N 1036 ff.*
Handlungsfähigkeit 106 *N 643*
Handlungsort, Ort der Zuständigkeit
  31 ff. *N 448 ff.*
hängiges Verfahren
- Akteneinsicht 101 *N 622 ff.*
Hauptverfahren, Hauptverhandlung
  328 ff. *N 1277 ff.*
- *allgemein*
- erstinstanzlich 328 ff. *N 18, 1277 f.*
- im Berufungsverfahren 405 I
  N 1563 ff.
- im abgekürzten Verfahren 368
  N 1384 ff.
- Abschluss der Parteiverhandlungen
  347 *N 1337 ff.*
- im Abwesenheitsverfahren 366 f.
  N 1396 ff.
- Änderung und Erweiterung der
  Anklage 333 *N 1295 ff., 1340*
- Ansetzen der Hauptverhandlung 331
  N 1298
- Beginn der Hauptverhandlung 339 f.
  N 1313 ff.
- Abschluss des Beweisverfahrens
  345 *N 1334*
- abweichende rechtliche Würdigung
  344 *N 1333 f.*
- Einvernahmen 341 *N 1323*
- Einstellung des Verfahrens 329 IV
  N 1287
- Eröffnung, Vor-, Zwischenfragen
  339 *N 1313 ff.*
- Fortgang der Verhandlung 340
  N 1316 ff.
- Zweiteilung der Hauptverhandlung
  342 *N 1325 ff.*
- *Beweisverfahren* 342 ff. *N 1226,
  1322 ff., 1329 ff.*
- Beweisabnahme, vorgängige
  332 *N 1393*
- Beweisergänzung 349 *N 1339*

893

- *Durchführung der Hauptverhandlung* 335 ff. *N 1305 ff.*
  - Einvernahmen 341 *N 1322 ff.*
  - Gericht, Zusammensetzung 335 *N 1305*
  - Parteivorträge 348 f. *N 1335 ff, 1364*
  - Prüfung der Anklage 329 *N 1280 ff.*
  - Rechtshängigkeit 328 *N 1279*
  - Schuldinterlokut 342 *N 1325 ff.*
  - Sistierung des Verfahrens 314, 329 *N 1236 ff., 1284*
  - Teilnahme 147, 336 f. *N 1307 ff.*
    - beschuldigte Person, Verteidigung 336 *N 1307 f.*
    - Privatklägerschaft, Dritte 338 *N 1310*
    - Staatsanwaltschaft 337 *N 1309*
    - Überweisung an anderes Gericht 334 *N 1303 f.*
- *Urteil* 348 f. *N 1338 ff.*
  - Bindung an Anklage 350 *N 210 f., 1341*
  - Ergänzung von Beweisen 349 *N 1339*
  - Urteilsberatung 348 *N 1338*
  - Urteilsfällung und Urteilseröffnung 351 *N 1343 ff.*
- Vertretung der Anklage durch Staatsanwalt 326 II, 377 *N 1272, 1309*
- Vorbereitung der Hauptverhandlung 331 *N 1288 ff.*
- Vorverhandlungen 332 *N 1291 ff.*
- Zusammensetzung des Gerichts 335 *N 1305*

Hauptvertreter bei Mehrfachverbeiständung 127 II *N 723*

Hausdurchsuchung s. auch **Durchsuchungen und Untersuchungen** 244 f. *N 1064, 1068 ff.*
- allgemein, Voraussetzungen 244 *N 1068 ff.*
- bei Anhaltung oder Festnahme 213 *N 998*
- bei Augenschein 193 III *N 964*
- Hausdurchsuchungsbefehl 245 *N 1071*
- durch Polizei 241 III *N 1064*

- Anordnung mit Vorführungsbefehl 208 II *N 989*

Hebammen Zeugnisverweigerungsrecht 168 I *N 894*

Herausgabe, Herausgabepflicht 265 f. *N 1125 ff.*
- Entscheid über Beschlagnahmtes 267 *N 1131 ff.*
- Durchführung 266 *N 1128 ff.*
- keine Pflicht 265 II *N 1126 ff.*

Hilfstatsachen als Beweise *N 775*

Hilfspersonen, Zeugnisverweigerungsrecht 171 f. *N 894*

hinreichender Tatverdacht
- Eröffnung der Untersuchung 309 I *N 1228*
- als Voraussetzung für Zwangsmassnahmen 197 *N 973*

höchstpersönliche Rechte 106 III *N 643*

I

Identität, falsche, des verdeckten Ermittlers 150, 151, 288 *N 840 ff., 1190*

Identitätsfeststellung
- zu Beginn Vorverfahren 143 I *N 808*
- erkennungsdienstliche Erfassung 260 ff. *N 1100 ff.*

Immunität kantonaler Parlamentarier, Magistraten und Beamten 7 II *N 172 ff.*

Immutabilitätsprinzip 9, 350 I *N 210 f., 1294,* s. auch Anklage
- Ausnahmen 333 *N 1294 ff., 1340*
- im Berufungsverfahren *N 1435*

Inanspruchnahme der Polizei
- durch Staatsanwaltschaft und Gericht 15 II, III, 312 *N 346 f., 1233.*
- bei Verfahrenshandlungen in anderem Kanton 53 *N 502*

in dubio pro reo 10 III *N 233 ff.*
- allgemein *N 233 ff*
- nicht bei Einstellung *N 1251*

Instruktion des verdeckten Ermittlers 290 *N 1193 ff.*

Instruktionsgrundsatz 6 *N 153 ff.*

Integrität, körperliche, sexuelle etc.,

894

- Delikte gegen
  - Opferbegriff 116 I *N 693*
  - Schutzmassnahmen für Opfer 153 *N 848*
  - Zeugnisverweigerungsrecht des Opfers 169 IV *N 890*
  - Untersuchungen mit Eingriff in die 251 f. *N 1081 f.*
- **Interesse, persönliches,** als Ausstandsgrund 56 *N 513*
- **Interessenkollision,** Grund für Ausschluss von Verhandlungen 146 IV *N 277, 820.*
- **Internationaler Pakt über bürgerliche und politische Rechte** *N 43*
- **internationale Rechtshilfe, Verträge** s. auch Rechtshilfe, allgemein *N 44 f.*
  - Anwendung der StPO 54
  - Nacheile 216 *N 1006 f.*
  - Zuständigkeiten 55 *N 504*
- **Intimsphäre**
  - Delikte gegen s. auch Opfer
    - vgl. Opferbegriff 116 I *N 693*
  - Untersuchungen in der 251 f. *N 1081 ff.*
  - Zeugnisverweigerungsrecht des Opfers 169 *N 890*
- **invasive DNA-Proben** 258 *N 1097*
- **IPBPR** *N 43*
- **Irrtum im Urteil** s. Berichtigung 83 *N 594*
  - Abgrenzung zur Revision *N 1589*
- **irrtümliche Bezeichnung eines Rechtsmittels** 385 III *N 1476*
- **iura novit curia**
  - allgemein 350 I *N 219, 1341*
  - bei Gutachten *N 912*

J

- **Journalist,** Zeugnisverweigerungsrecht 172 *N 898*
- **Jugendstrafgesetz** *N 29*
- **Jugendstrafprozessordnung** *N 30*
- **juristische Person** s. Unternehmen 112 *N 675 ff.*
- **Justizförmigkeit des Strafprozesses** 2 II *N 8 f.*
- **Justizgewährungspflicht,** *N 85 ff.*
- **Justizmonopol** 2 *N 85 ff.*

K

- **kantonales Recht**
  - allgemein *N 56 f.*
- **Kaution** s. auch Sicherheitsleistung
  - für Beweisabnahme für Zivilklage 313 II *N 1234 ff.*
  - anstelle Haft 237 ff. *N 1053 ff.*
- **kassatorische Wirkung**
  - allgemeines *N 1450 f.*
  - der Berufung 409 *N 1576 ff.*
  - der Strafrechtsbeschwerde BGG 107 *N 1712 ff.*
- **Keylogger** 280 f. *N 1166*
- **Kinder**
  - Ausübung höchstpersönlicher Rechte 106 III *N 643*
  - unter 15 Jahren Einvernahme als Auskunftsperson 163, 178 I *N 876, 913*
  - Schutz von Kindern als Opfer 117 II, 149 ff., 154 *N 695, 834 ff., 849 ff.*
  - Zeugnisfähigkeit ab 15 Jahre 163 I *N 876*
  - Zeugnisverweigerungsrecht 168 I *N 886*
- **Kindesschutzbehörden** s. Sozial- und Vormundschaftsbehörden
- **Kleider, Durchsuchung** 249 f. *N 1080 f.*
- **Kollegialgericht**
  - als Berufungsgericht 21 *N 1540*
  - als Beschwerdeinstanz 20, 395 *N 1520 f.*
  - erstinstanzliches Gericht 19 I *N 374 ff.*
  - Verfahrensleitung 61, 62 II *N 532*
- **Kollusionsgefahr**
  - als Haftgrund 221 I *N 1023*
- **Kommunnikationsdaten** *N 1139*
- **Kompetenz,** s. Zuständigkeit 22 ff. *N 389 ff.*
- **Kompetenzkonflikte Bund/Kantone** 28 *N 432*
- **Konfrontation** 146 II *N 819*
  - mit Augenschein 193 IV *N 965*

- bei Opfern 146 II, 152 III, 153 III *N 819, 846 ff.*
- mit Sachverständigen? *N 950*

Konflikte
- über Aktenbeizug 194 III *N 966*
- in Gerichtsstandsfragen 39 ff. *N 483 ff.*
- bei Rechtshilfe 48 *N 498*
- bei Zuständigkeitsfragen zwischen Bund und Kantone 28 *N 432*
- bei übergangsrechtlichen Zuständigkeitsfragen 449 II *N 1862 f.*

Konkretisierung des Tatentschlusses, bei der verdeckten Ermittlung 293 *N 1196 ff.*

Konkubinatspartner s. Lebensgemeinschaft

Konkurrenz der Gerichtsbarkeiten
- Bund/Kantone 26 *N 421 ff.*
- Militärgerichtsbarkeit/Kanton *N 427 f.*
- Verwaltungsstrafrecht/Bund bzw. Kanton *N 429*

Konkurs- und Betreibungsdelikte Gerichtsstand 36 *N 475*

Konstituierung als Privatkläger 118 ff. *N 697 ff.*

Kontosperre 266 III *N 1129*

Kontumazialverfahren 366 ff. *N 1396 ff.* Abwesenheitsverfahren

Konzentrationsgrundsatz 5 I, 340 I *N 151, 1317*

Kopien
- bei Durchsuchungen 247 III *N 1075.*
- Herstellung von 102 III, 192 II *N 631, 961*

körperliche Untersuchungen, Untersuchung des Körpers 251 f. *N 1081 f.*
- Durchführung durch Arzt 252 *N 1085*
- Köperöffnungen und Körperhöhlen, Untersuchung durch Polizei 241 III *N 1064*

Kosten- und Entschädigungsfolgen 416 ff. *N 1758 ff.*
- allgemein 416 ff. *N 1758 ff.*
- in Ausstandsfällen 59 IV *N 528*
- Begründung im Endentscheid 81 III *N 585, 589*

- Beschlagnahmung zur Kostendeckung 267 III, 268 *N 112, 1131 ff.*
- Einsprache bei Strafbefehlen 356 VI *N 1370*
- Entscheid darüber
  - im Strafbefehl 353 *N 1358*
  - im Urteil 81 IV, 421 *N 589*
- bei Freispruch und Einstellung 426 II, 429 ff. *N 1787 ff., 1804 ff.*
- bei Schuldunfähigen 419 *N 1766*
- bei Strafbefehlen 353 I *N 1358*
- in der nationalen Rechtshilfe 47 *N 496 f.*
- im Rechtsmittelverfahren 428 *N 1800 ff.*
- Rechtsmittel gegen Kostenentscheide *N 1773 ff.*
- und reformatio in peius *N 1492*
- Kosten der Übersetzungen 422, 426 III *N 1775 ff., 1784*
- bei Verfahrenshandlungen in anderem Kanton 52 III *N 501*
- Vermögensbeschlagnahme zur Kostendeckung 263 I *N 1112*
- der Verteidigung 426 I *N 1783*
- bei Verurteilung 426 I *N 1782 ff.*

Kostenvorschuss, s. auch Sicherheitsleistung, Kaution
- bei Beweiserhebungen für Zivilklage 313 II *N 1234 ff.*

Kreuzverhör *N 214, 1323*

Kriminalpolizei s. Polizei *N 589*

kriminelle Organisation Zuständigkeit 24 *N 413*

Kronzeuge *N 875*

L

Laienrichter *N 380 f.*

Lebensgemeinschaft, faktische
- als Ausstandsgrund 56 *N 519*
- als Zeugnisverweigerungsgrund 168 I *N 886 f.*

Lebenspartner. Partnerschaft
- als Ausstandsgrund 56 *N 519*
- als Zeugnisverweigerungsgrund 168 I *N 886*

Legalinspektion von Leichen 253
  N 1086 f.
Legalitätsprinzip, strafprozessuales 7
  N 164 ff.
Legende, bei verdeckter Ermittlung 288
  N 1190
Legitimation
– bei Begnadigung *N 1745*
– zur Einsprache bei Strafbefehl 354
  N 1362
– zur Ergreifung von Rechtsmitteln 381 f.
  N 1454 ff.
– bei der Strafrechtsbeschwerde
  BGG 81 *N 1660 ff.*
– zur Zivilklage 122 *N 704*
Leibesvisitation 249 f., *N 1080*, s.
  Durchsuchung von Personen
Leichen, Untersuchungen von 253 ff.
  N 1086 f.
Letztinstanzlichkeit
– bei Strafrechtsbeschwerde BGG 80
  N 1638 ff.
Leumundsberichte 195 II *N 969*
Liegenschaften, Beschlagnahme 266 III
  N 1129
Literatur zum Strafprozessrecht *N 56 ff.*
Lückenfüllung im Strafprozessrecht
  N 77 f.
Lügendetektor, verboten nach 3 I, 140 I
  N 90, 101, 786, 793, 973

M

Magenuntersuchungen 251 ff. *N 1081 f.*
Magistratspersonen, Verfahren gegen
  7 II *N 172 ff.*, 1212
Mailbox-Anschluss, Überwachung 269 ff.
  N 1136 ff.
Mass der zulässigen Einwirkung, bei
  verdeckter Ermittlung 293 *N 1196 f.*
Massenmedien s. Mediendelikte *N 472 ff.*
Massenuntersuchungen mit DNA-
  Analysen 256 *N 1095*
Massnahmen s. auch Zwangsmassnahmen
– sitzungspolizeiliche 63 *N 535 f.*
– unaufschiebbare, bei
  Gerichtsstandskonflikten 42 I *N 486*

Massnahmeverfahren, selbstständige
  372 ff., *N 1417 ff.*, s. selbstständige
  Massnahmeverfahren
Massnahmevollzug 439 ff., *N 1853 ff.* s.
  Straf- und Massnahmevollzug
materielle Rechtskraft
– allgemein *N 1846 ff.*
– Aufhebung
  – durch Revision, 410 ff. *N 1583.*
  – durch Wiederaufnahme 323
    N 1263 f.
– Folgen, ne bis in idem 11, 300 II
  N 242 ff., 319, 1208
Mediation *N 1240*
Mediendelikte, Medienschaffende
– Gerichtsstand 34 *N 472 ff.*
– keine Editions- bzw. Herausgabepflicht
  265 II *N 1126*
– keine Haussuchung und
  Beschlagnahme 264 *N 1062, 1122 ff.*
– keine Geheimnispflicht *N 559*
– keine Überwachungsmassnahmen 270,
  281 *N 1146, 1169*
– Zeugnisverweigerungsrecht 172 *N 898*
– Zulassung zu nicht öffentlichen
  Verhandlungen 70 III *N 253*
Medizinalpersonen, Meldepflicht 253 IV
  N 1086
medizinische Forschung,
  Zeugnisverweigerung 173 *N 899*
mehrere Beteiligte, Gerichtsstand 33
  N 461
Mehrfachvertretung bei
  Rechtsbeiständen 127 III *N 723*
Meldepflicht bei gewissen Delikten, s.
  auch Anzeigepflicht, Mitteilung
– bei aussergewöhnlichen Todesfällen
  253 IV *N 1086*
Menschenwürde Achtung der 3 I *N 90 ff.*
– Verletzung der 3 II *N 116*
– Verbot menschunwürdig erhobener
  Beweise 140 f. *N 116, 783 ff.*
Militärstrafrecht,
  Militärgerichtsbarkeit
– allgemein *N 32, 36*
– Konkurrenz mit kantonaler
  Gerichtsbarkeit *N 427 f.*

- Zuständigkeit *N 69, 427 f.*
Minderjährige, s. Jugendliche
Minisender, Minispione 280 f. *N 1166 ff.*, s. technische Überwachungen
Mitarbeiter von Unternehmen, Einvernahme als Auskunftsperson 112, 178 I *N 675 ff., 918*
Mitbeschuldigter in anderem Verfahren, Einvernahme als Auskunftsperson 178 I *N 917*
Mithilfe der Öffentlichkeit bei Fahndung 211 *N 993*
Mittäter
. Einheit des Verfahrens 29 I *N 435*
- Gerichtsstand 33 II *N 463*
Mitteilung, Mitteilungspflicht
- bei Ausstandsgründen 57 *N 522*
- an andere Behörden 75, 84 VI, 314 IV, 321 *N 565, 599, 1211, 1258*
- Form der Mitteilung 85 f. *N 600*
- von Entscheiden, s. auch Zustellung 84 ff. *N 595 ff.*
  - an Behörden 84 VI *N 599*
  - bei Einstellung 321 *N 1258*
  - bei Sistierung 314 IV *N 1238*
- von Überwachungsmassnahmen 279, 283, 285 III, 298 *N 1162,1174, 1181*
mittelbare Täterschaft Gerichtsstand 33 II *N 454*
Mittelbarkeit, Grundsatz der 343 *N 286 ff., 1226,1329 ff.*
Mittäter, Mitbeschuldigter
- Einvernahme des 178 *N 917*
- Gerichtsstand 33 II *N 483*
- Vereinigung bzw. Trennung der Verfahren 29 f. *N 435 ff.*
Mobiltelefone Überwachung 269 ff. *N 1136 ff.*
Motivation 81 III, s. Begründung *N 112, 585*
Mündlichkeit, Grundsatz der
- allgemein 66 ff. *N 549*
- im erstinstanzlichen Verfahren 339 ff. *N 383*
- des Rechtsmittelverfahrens
  - Berufung 405 *N 1563 ff.*
  - Beschwerde 390 V, 397 I *N 1484, 1525*

- Verfahrensprache 67 *N 550 ff.*
- Übersetzungen 68 *N 552 ff.*

N

Nacheile 216 *N 1006 f.*
nachträgliche Mitteilung von Überwachungsmassnahmen 279, 283, 285 III, 298 *N 1162 ff., 1174, 1181, 1203*
Nachverfahren, nachträgliche Entscheide 81 IV, 363 ff., *N 1390 ff.*, s. auch Verfahren bei selbstständigen nachträglichen Entscheiden des Gerichts
Narkoanalyse, verbotene 3 I, 140 *N 90, 101, 786, 793, 973*
nationale Rechtshilfe 43 ff. s. *N 491 ff.*, s. auch Rechtshilfe
- Geltungsbereich 43 *N 491 f.*
- direkter Geschäftsverkehr 46 *N 495*
- Konflikte 48 *N 498*
- Kosten 47 *N 496 f.*
- Unterstützung 45 *N 494*
- Verfahrenshandlungen auf Verlangen von Bund oder anderem Kanton 49 ff., *N 499 f.*
- Verfahrenshandlungen in anderem Kanton 52 f. *N 501 f.*
- Verpflichtung zur Rechtshilfe 44 *N 493*
natürliche Personen, als Gutachter 183 I *N 936*
ne bis in idem
- Grundsatz 11 *N 242 ff.*
- als Verfahrenshindernis *N 319*
- Verletzung bei Einleitung des Vorverfahrens 300 II *N 1208*
nemo-tenetur-Grundsatz 113, 169 I *N 671 ff., 888 ff.*
- und verdeckte Ermittlung *N 1184*
neues Verfahren, neues Urteil
- im Abwesenheitsverfahren 368 ff. *N 1409 ff.*
- im Berufungsverfahren 408 *N 1575*
- nach Revisionsentscheid 414 f. *N 1623 ff.*

Nichtanhandnahmeverfügung 310
  N 107, 1231 s. auch Einstellung,
  Einstellungsverfügung
nicht beschuldigte Personen s. auch
  Dritte
– Aufbewahrung erkennungsdienstlichen
  Materials 261 III *N 1105*
– Eingriff in körperliche Integrität 251 IV
  N 1084
– Nicht invasive DNA-Probeabnahmen
  255 II *N 1094*
nichtinvasive Proben 255 *N 1094* s.
  DNA-Analysen
Notar Zeugnisverweigerungsrecht 171
  N 894 ff.
notorische Tatsachen, kein Beweis 139 II
  N 778
Notverkauf bei Beschlagnahme 266 V
  N 1130
notwendige Verteidigung 130 f. *N 730 ff.*
Nova, neue Beweismittel
– keine bei Strafrechtsbeschwerde
  BGG 99 I, 105 I *N 1702*

O

Obduktion 253 *N 1097*
Oberstaatsanwaltschaft
– allgemein 14 III *N 354 ff.*
– Aufsichtsrecht 14 V *N 338*
– Einsprache bei Strafbefehlen 354 I
  N 1360, 1362
– Genehmigung von Einstellungen 322 I
  N 1260
– Rechtsmittellegitimation 381 II *N 1455*
  – bei der Strafrechtsbeschwerde
    N 1667, 1670 ff.
– Unabhängigkeit 4 I *N 121*
– Weisungsbefugnisse 4 II, 15 II *N 345 f.,*
  354 f.
Observation, 282 f. *N 502, 1170 ff.*
– Mitteilung 383 *N 1175*
– Voraussetzung 382 *N 1173*
offenkundige Tatsachen, keine
  Beweisabnahme 139 II *N 778 f.*

**öffentliche Ordnung, Sittlichkeit und
  Sicherheit,** Schutz der
– Ausschluss der Öffentlichkeit 70 I
  N 273
– sitzungspolizeiliche Massnahmen 63 I
  N 536
öffentliche Orientierung 74 *N 560 ff.*
**öffentliche Vorladungen und
  Zustellungen** 88 *N 604*
– Frist 202 I *N 982*
Öffentlichkeit
– Mithilfe der bei Fahndung 211 *N 993*
– Überwachung in der 280 f., 282 f.
  N 1166 ff., 1170 ff.
Öffentlichkeitsgrundsatz *N 247 ff.*
– allgemeines, Begriff 69 ff. *N 247 ff.*
– öffentliche Verhandlungen 69 I, II, IV
  N 250 ff., 256 ff.
– nicht öffentliche Verfahren 69 III
  N 264 ff.
– Einschränkungen, Ausschluss der
  Öffentlichkeit 69 III, 70 *N 265 ff.,*
  271 ff.
– im Verfahren gegen Schuldunfähige
  374 II *N 1427*
öffentlich-rechtliche Beschwerde
  BGG 82 ff. *N 1721 ff.*
Offizialprinzip 7 *N 164 ff.*
– im Entschädigungsverfahren 429 II
  N 1820
Offizialverteidiger, Offizialverteidigung
  132 ff., 135, 426 IV *N 739 ff., 1785,* s.
  amtliche Verteidigung
Online-Durchsuchung, verdeckte
  N 1166
Opfer, Opferhilfe, s. auch Geschädigter
– Begriff 116 *N 693*
– Angehörige 116 II, 117 III *N 694,*
  605 f.
– Berufungslegitimation 382 *N 1463,*
  1541 f.
– Einvernahmen 142 ff. *N 804 ff.*
  – minderjähriger Opfer 117 II, 154
    N 695, 849 ff.
  – von Opfern von Sexualdelikten 153
    N 848

Gesetzes- und Sachregister

- Orientierung über Rechte 143 I, 305, 330 III *N 810, 1214 f., 1288*
- Besondere Opferrechte 117 *N 695 f.*
  - bei Gegenüberstellungen 146 II, 152 III f., 153 II, 154 IV *N 819, 847, 848, 851*
  - als Privatklägerschaft 118 *N 697, 765*
  - Stellung des Opfers 117 *N 695 f.*
  - Rechtsmittel 382 *N 1463*
    - bei der Strafrechtsbeschwerde BGG 81 I *N 1672*
  - Schadenersatzansprüche 122 ff. *N 702 ff.* s. Zivilklage
  - Schutzmassnahmen
    - allgemein 117 I, 152 *N 695 f.*
    - bei Straftaten gegen die sexuelle Integrität 153, 335 IV *N 848*
    - bei kindlichen Opfern 117 II, 154 *N 695, 849 ff.*
    - bei Orientierung der Öffentlichkeit 74 IV *N 563*
  - Orientierung über Freiheitsentzug des Täters 214 IV *N 1000*
  - Anspruch auf gleichgeschlechtlichen Übersetzer 68 IV *N 555*
  - Schweigepflicht 73 II *N 557*
  - Zeugnisverweigerungsrecht 169 IV *N 890*
  - Zivilklage des 122 II, 126 IV *N 704, 716 f.*,
    - keine Kautionspflicht 125 I *N 708*
  - Zusammensetzung des Gerichts 335 IV *N 1306*

Opferberatungsstellen
- Information des Opfers über 305 II *N 1455*
- Zeugnisverweigerungsrecht 173 *N 1215*

Opportunitätsprinzip 8 *N 183 ff.*
- Kostauflage *N 1787, 1790*
- Nichtanhandnahme bzw. Einstellung bei Anwendung des 310 I, 319 I, 329 I, IV, 339 II *N 202, 1313, 1231, 1255, 1287*

ordentliche Rechtsmittel *N 1444*
Ordnungsbussengesetz *N 35*
Ordnungsbussen gemäss StPO
- allgemein 64 *N 537*

- gegen säumige Sachverständige 191 *N 951*
- bei versäumter Vorladung 205 IV *N 983*
- bei unerlaubten Ton- und Bildaufnahmen 71 II *N 253*
- bei Verweigerung von
  - Schrift- oder Sprachprobe 262 II *N 1107*
  - Zeugenaussagen 176 *N 906*

Ordnungsvorschriften
- allgemein *N 544 ff.*
- bei Beweisvorschriften 141 III *N 795*

Organisation der Strafbehörden 14 II *N 324 ff.*

organisierte Kriminalität
- Gerichtsstand 24 *N 413*

Orientierung der Öffentlichkeit 74 *N 560 ff.*

originäre kantonale Gerichtsbarkeit 22 *N 408*

Ort der Verfahrenshandlung,
Gerichtsstand, 31 ff. *N 438 ff.*, s. örtliche Zuständigkeit

P

Papiere, Durchsuchung 246 ff. *N 1073 ff.*
Parlamentarier. Immunität 7 II *N 174*
Parteien 104 ff. *N 633 ff.*
- *allgemein*
  - Anspruch auf rechtliches Gehör 3 II, 107 *N 104 ff.*
  - Einschränkungen 108 *N 113 ff., 644*
  - Ausstandsgesuch 58 *N 523*
  - Behörden als Partei 104 II *N 636*
  - einzelne Personen usw. als Partei 104 I *N 634*
  - Protokollierung der Aussagen 78 I *N 577 f.*
  - Prozessfähigkeit 106 *N 643*
  - Tieranwalt, Tierschutzstelle N 635
  - Verbände als Parteien? *N 637*
  - Verfahrenshandlungen 109 f. *N 104 ff.*
    - Form 110 *N 650 ff.*

- *Teilnahmerechte* 147 ff.
  - allgemeine Regeln 147 *N 821 ff.*
  - Ausschluss als Schutzmassnahme 149 II *N 837*
  - im Rechtshilfeverfahren 148 *N 833*
  - Folgen der Verletzung 147 IV *N 789, 799, 821*

Parteihandlung 109 f. *N 645 ff.* s. Verfahrenshandlung

Parteiöffentlichkeit 147 ff. *N 821 ff.* s. Teilnahmerecht

Parteivorträge 364 *N 1335 ff.*
- keine im abgekürzten Verfahren *N 1384*

Partnerschaft, eingetragene
- als Ausstandsgrund 56 *N 519*
- als Zeugnisverweigerungsgrund 168 I *N 886*

Pass- und Schriftensperre als Ersatz für Haft 237 *N 1054*

Pauschalgebühren 424 II *N 1780*

Personalbeweis 142 ff. *N 776, 803 ff.*

Personen
- Durchsuchung von 249 f. *N 682 ff., 1080*
- Ermittlung des Standorts 280 *N 1166*
- Untersuchung von 251 f. *N 1091 ff.*

Personendaten 95 ff. *N 613 ff.* s. auch Datenbearbeitung

persönliche Aufzeichnungen
  Beschlagnahme 264 *N 1120 f.*

persönliche Freiheit BV 10 II
- relevant bei Beschwerde nach BGG 98 *N 1699*
- und erkennungsdienstliche Massnahmen *N 1100*
- und Observation N 1170
- tangiert bei freiheitsentziehenden Zwangsmassnahmen *N 1017*

persönliches Interesse als Ausstandsgrund 56 *N 513*

persönliche Verhältnisse, Abklärung
- der beschuldigten Person 161, 308 II *N 871, 1225*
- Einholung von Berichten 195 II, 308 *N 969, 1225*
- des Zeugen 164 *N 879 f.*

- bei Zweiteilung der Hauptverhandlung 342 III *N 1325 ff.*

Persönlichkeitsschutz s. auch Schutzmassnahmen
- Beschränkung der Beschlagnahme 264 *N 1119 ff.*
- bei Einvernahmen Strafverfahren 149 ff. *N 834 ff*
- des Opfers 152 ff. *N 846 ff*
- bei Orientierung der Öffentlichkeit 74 IV *N 562*

Pfarrer Zeugnisverweigerungsrecht 171 *N 894 ff.*

Pflegeeltern Zeugnisverweigerungsrecht 168 I *N 886*

Pflegepersonal Zeugnisverweigerungsrecht *N 893*

Pflichtversäumnis des Sachverständigen 191 *N 951*

Pflichtverteidigung 130 ff., *N 730 ff.*, s. notwendige Verteidigung

Plädoyer s. Parteivorträge

Pläne von Augenscheinen 193 IV *N 964*

politische Delikte *N 176*

Polizei
- als Strafverfolgungsbehörde 12, 15 *N 339 ff.*
- Anhaltung durch 215, 306 II *N 1001 ff., 1218*
- Aufgaben im Ermittlungsverfahren 15 II, 306 *N 343, 1216 ff.*
- Ausschreibungen durch 210 *N 991*
- Bericht über Ermittlungen 307 III *N 1322 f.*
- Beschlagnahmen 263 III *N 1118*
- Bindung an Recht StPO 306 III *N 1219*
- Durchsuchung und Untersuchungen
  - allgemein 241 III, IV *N 1064*
  - von Aufzeichnungen *N 1074*
  - Hausdurchsuchung 241 III *N 1070*
  - von Personen *N 1080*
- Einvernahmen im Ermittlungsverfahren 159 *N 866 ff.*
- erkennungsdienstliche Erfassung 260 ff. *N 1100 ff.*
- Ermittlungsverfahren, polizeiliches 306 f. *N 1216 ff.*

901

- Hausdurchsuchung 244 f. i.V. mit 241 III *N 1070, 1228*
- Inanspruchnahme bei Verfahrenshandlungen in anderem Kanton 53 *N 502*
- Information der Staatsanwaltschaft 307 I, 309 I *N 1220 ff.*
- Nacheile 216 *N 1006 f.*
- nationale Rechtshilfe 43 II, III *N 492*
- nicht invasive DNA-Proben 255 II *N 1094*
- Observation 282 f. *N 1170 ff.*
- Orientierung der Öffentlichkeit 74 II *N 561*
- Rapporte 307 III *N 1222*
- Beizug für sitzungspolizeiliche Massnahmen 63 III *N 535 f.*
- verdeckter Ermittlung 287 *N 1182 ff.*
- vorläufige Festnahme durch 217 ff. *N 1008 ff., 1228*
  - Vorgehen der Polizei 219 *N 1012 f.*
- Vorführung 207 *N 986 ff.*
- Vorladung durch 206 *N 985*
- Weisungsrechte von Staatsanwaltschaft und Gerichten 4 II, 14, 15 II, III, 307 II, 312 *N 121, 345 ff., 1220 ff., 1233.*
- Zuständigkeit für Zwangsmassnahmen 198 I, II, 215 f., 217 ff., 241 IV, 255 II, 263 III, 282 f. *N 976, 1001 ff., 1008 ff.,1064, 1094, 1118, 1170 ff.,* 1228

polizeiliche
- Anhaltung 215, 306 II *N 1001 ff., 1218*
  - Razzia 215 IV *N 1004*
- Ermittlung 306 f. *N 1216 ff., s..* polizeiliche Ermittlung
- Vorführung 207 ff. *N 986 ff.*
  - Form der Anordnung 208 *N 989*
  - Voraussetzungen und Zuständigkeit 207 *N 986 ff.*
  - Vorgehen 209 *N 989 f.*
- Vorladung 206 *N 985*

polizeiliches Ermittlungsverfahren, 306 f. *N 1216 ff.*
- Aufgaben der Polizei 306 *N 1216*
- Zusammenarbeit mit Staatsanwaltschaft 307 *N 1220 ff.*

Post- und Fernmeldeverkehr 269 ff. *N 1136 ff.*, s. Überwachung Post- und Fernmeldeverkehr

Postcheckverkehr unterliegt nicht 269 ff. *N 1139*

Prävention beim Gerichtsstand 33 II, 34 I, 35 III, 37 II *N 449, 463, 467, 477*

Präsident 61 ff. *N 532 ff.*, s. Verfahrensleitung

Präsidialverhör 341 I *N 214, 1323*

Praxispersonal
Zeugnisverweigerungsrecht 171 I *N 893*

Presse- bzw. (jetzt) Mediendelikte
- Gerichtsstand 35 *N 472 ff.*
- Quellenschutz 172 *N 897*
- Zeugnisverweigerungsrecht 172 N 897

primäre Rechtsmittel
- Berufung als 394 *N 1514, 1530*

Private, Privatpersonen, s. auch Privatklägerschaft
- Festnahme durch 218 *N 1011*
- Mitwirkung bei Anhaltung 215 III *N 1001*
- private Prozesshandlungen *N 645 ff.*

Privatgutachten s. auch Sachverständige *N 953*

Privatjustiz Ausschluss von *N 87 f.*

Privatklägerschaft
- allgemeines
  - Begriff und Voraussetzungen 118 *N 697 ff.*
  - Einvernahme als Auskunftsperson 178 I *N 1004*
  - Entschädigungspflichten 432 f. *N 1830 ff.*
  - Erklärung, als Privatkläger zu fungieren 118 ff. *N 697 ff.*
    - Form und Inhalt 119 *N 697 f.*
    - Frist zur Abgabe 118 III *N 697*
    - Verzicht und Rückzug 120 *N 699*
  - als Partei 104 I *N 634*
- Kautionspflicht 125, 184 VII, 383 *N 708, 940, 1468 f.*
  - Befreiung bei unentgeltlicher Rechtspflege 136 II *N 767*
  - bei Gutachten 184 VII *N 940*

– bei Zivilklage 125 *N 708.*
– Kostenpflicht 427 *N 1794*
– überwiegendes Interesse bei Opportunitätsgrundsatz 8 II, III *N 190*
– Rechtsnachfolge 121. 382 III *N 700 f., 1466*
– Rechtsmittellegitimation beschränkt 382 II *N 1462 f.*
– bei der Strafrechtsbeschwerde *BGG 82 I N 1672*
– Teilnahme an Hauptverhandlung 338 *N 1310 ff.*
– im Verfahren gegen Schuldunfähige 374 III, 375 II *N 1427 f.*
– unentgeltliche Rechtspflege für Privatklägerschaft 136 *N 765 ff.*
  – Voraussetzungen 136 *N 765 f.*
  – Entschädigung und Kostentragung 138 *N 770*
  – Bestellung, Widerruf und Wechsel 137 *N 769*
– unentgeltlicher Rechtsbeistand 136 II *N 768*
– Urteil, Anspruch auf begründetes 82 III *N 587*

Privatstrafklageverfahren
– keines mehr in StPO *N 1349*
– Übergangsbestimmung 456 *N 1870*

Privatverhaftung 218 *N 1011*

Probe- oder Scheinkäufe bei der verdeckten Ermittlung 293 III, 295 *N 1195*

Protokolle, Protokollpflicht 76 ff. *N 571 ff.*
– allgemeines 76 *N 571 ff.*
– Berichtigung 79 *N 579 ff.*
– Einvernahmeprotokolle 78, 143 II *N 577 f., 803 f., 807 f.*
– Verfahrensprotokoll 77 *N 576*

prozesserledigende Entscheide 80 ff. *N 582 ff.,* s. Endentscheid, Urteil

Prozessfähigkeit 106 *N 643*

Prozesshandlungen s. Verfahrenshandlungen

Prozesshindernis, vorhandene
– allgemeines und Arten *N 315 ff.*

– Nichteintreten auf Berufung 403 *N 1558*
– Nichtanhandnahme 310 I *N 1231*
– Einstellung 319 I, 329 *N 1254*
– Prüfung im Rahmen der Vorfragen 329 I *N 1282, 1563*

prozessleitende Entscheide 65, 80 III, 84 V, 393 I lit. b *N 591* s. verfahrensleitende Entscheid

Prozesssubjekte 104 ff. *N 634 ff.,* s. auch Parteien

Prozessentscheide *N 590 ff.,* s. Entscheide, Verfahrensentscheide

Prozessvoraussetzungen, fehlende
– allgemeines und Arten *N 315 ff.*
– Anklagegrundsatz als *N 208*
– Nichteintreten auf Berufung 403 *N 1558*
– Nichtanhandnahme 310 I *N 1231*
– Einstellung 319 I, 329 *N 1254, 1287*
– Prüfung im Rahmen der Vorfragen 339 I *N 1313 f., 1562*

Prüfung. Prüfungsverfahren
– bei Eingang der Anklage 329 *N 516, 1280 ff.*
– bei Revision 412 f. *N 1612 ff.*

psychiatrische Begutachtung
– allgemein 182 ff. *N 930 ff.*
– stationäre 186 *N 943 f.*
– Untersuchung des psychischen Zustands 251 f. *N 1081 ff.*
– von Zeugen 164 II *N 880*

psychische Störungen
– Personen mit, Schutz 155 *N 852 f.*
– Zeugen, Begutachtung 164 II *N 880*

Publikumsöffentlichkeit 69 ff. *N 256 ff.*

Publikation, von Entscheiden etc. 88, 444 *N 604*

Q

Quellenschutz,
Zeugnisverweigerungsrecht 172 *N 898*

R

Radio
- Delikte durch, Gerichtsstand 35 *N 470 ff.*
- Zeugnisverweigerungsrecht der Medienschaffenden 172 *N 898*

Rahmenbewilligung, bei Überwachung des Post- und Fernmeldeverkehrs 272 *N 1148*

Randdaten, bei Überwachung des Post- und Fernmeldeverkehrs 273 *N 1139, 1144*

Rapporte, der Polizei 307 III *N 1222*

Razzia 215 IV *N 1004*

Rechtfertigungsgründe
- Einstellung bei 319 I *N 1253*

rechtliches Gehör, Grundsatz des 3 II *N 104 ff.*
- der Parteien usw. 107 *N 644*
  - bei Änderung der Anklage 333 IV *N 1300, 1340*
  - Einschränkungen 109, 149 ff. *N 113 ff., 834 ff.*
  - als Schutzmassnahme 149 ff., 149 V *N 834 ff.*
- vor Einstellung 329 IV *N 1287*
- bei Gutachtensaufträgen 184 III *N 938*
- Stellungnahme zu Gutachten 188 *N 950*

Rechtsanwalt, s. auch Anwälte, Verteidiger
- Zeugnisverweigerungsrecht 171 *N 894 ff.*

Rechtsbehelf
- allgemein *N 1438 f.*
- Einsprache bei Strafbefehl 354 ff. *N 1362 ff.*
- und Rechtsmittel 379 ff. *N 1437 ff.*

Rechtsbeistand 127 ff. *N 718 ff.*
- allgemeines, Recht auf Beizug 107 I, 127 I *N 718 ff.*
- Tätigkeit als Ausstandsgrund 56 *N 519, 521*
- Schweigepflicht 73 II *N 557 ff.*
- unentgeltlicher Rechtsbeistand 136 II *N 767*

- Vorbehalt für Rechtsanwälte als Verteidiger 127 III *N 721*
- Zustellungen an 87 *N 602*

Rechtshängigkeit
- bei Berufungsinstanz *N 1545*
- bei erster Instanz 328 I *N 1279*
- Einfluss auf Übergangsrecht 448 I *N 1859*

Rechtshilfe 43 ff. *N 491 ff.*
- *internationale* 54 f. *N 1011*
  - Nacheile 216 *N 1006 f.*
  - Rechtsmittel der öffentlich-rechtlichen Beschwerde BGG 82 ff. *N 1721 ff.*
  - Teilnahmerechte 148 *N 833*
- *nationale*
  - Geltungsbereich 43 *N 491 f.*
  - direkter Geschäftsverkehr 46 *N 495*
  - zur Gewährung von Akteneinsicht 102 II *N 631*
  - Konflikte 48 *N 498*
  - Kosten 47 *N 496*
  - Nacheile 216 *N 1006 f.*
  - Unterstützung 45 *N 494*
  - Verpflichtung zur Rechtshilfe 44 *N 493*

Rechtskraft 437 f. *N 1838 ff.*
- ne bis in idem als Folge 11 I *N 242 ff., 319, 1208*
- einer unangefochtenen Einstellungsverfügung 320 IV *N 1263*
- Durchbrechung
  - bei Wiederaufnahme 323 *N 1264*
  - bei Revision 413 III *N 1583, 1618*
- Eintritt der 437 *N 1841 ff.*
- Feststellung der 438 *N 1844*
- formelle Rechtskraft 437 *N 1841 ff.*
  - Feststellung 438 *N 1844*
- materielle Rechtskraft *N 1846 ff.*
- Mitteilung der 438 II *N 1844*

Rechtsmissbrauch, Verbot des 3 II *N 91 ff.*

Rechtsmittel, Rechtsmittelverfahren im Allgemeinen 379 ff. *N 19, 1437 ff*, s. auch Berufung, Beschwerde, Revision
- und Abwesenheitsverfahren *N 1408, 1415 f.*

- aufschiebende Wirkung 387 f. *N 1480 f.*
- Ausdehnung der Rechtsmittelentscheide 392 *N 1496 f.*
  - im Strafbefehlsverfahren 356 VII *N 1373*
- Begründung und Form 385 *N 1473 f.*
- Beweisergänzungen 389 *N 1481, 1485 f.*
- Entschädigungen und Genugtuung 430 II, 436 *N 1825, 1835 ff.*
- Entscheid 391 f. *N 1487 ff.*
- Kostentragung 428 *N 1798 ff.*
- Legitimation 381 f. *N 1454 ff.*
  - der Staatsanwaltschaft 381 *N 1455 ff.*
  - der übrigen Parteien 382 *N 1458 ff.*
  - zur Strafrechtsbeschwerde BGG 81 *N 1661 ff.*
- Publikumsöffentlichkeit 69 I *N 250 ff.*
- Rechtsmittelbehörden 13, 20 f. *N 382 ff.*
- Rechtsmittelbelehrung 81 I *N 92, 589*
- Rechtsmittelfristen
  - allgemein, Fristbeginn 384 *N 1470 ff.*
  - bei Berufung 399 I *N 1543 f.*
  - bei Beschwerde 396 *N 1523*
  - bei Revision 411 II *N 1609*
- Rechtsmittelinstanzen 13, 20 f. *N 324 ff., 382 ff.*
- Reformatio in peius 391 *N 1489 ff.*
- Rückzug 386 *N 1478 f.*
- schriftliches Verfahren 390 *N 1482 ff.*
- Verzicht 386 *N 1477 f.*

Rechtsnachfolge
- bei Privatklägerschaft 121 *N 700 ff.*
- bei Rechtsmitteln 382 III *N 1466*
  - bei Berufung *N 1542*
  - bei Revision *N 1606*
  - bei Strafrechtsbeschwerde *N 1677 f.*

Rechtsquellen *N 50 ff.*

Rechtsprechung *N 51 ff.*

Rechtsschutzinteresse, aktuelles *N 1458, 1655, 1665*

Rechtsverletzung als Rügegrund bei Rechtsmitteln
- bei Berufung 398 II, III *N 1534 f.*

- bei Beschwerde 393 II *N 1512 ff.*
- bei Strafrechtsbeschwerde BGG 95 ff. *N 1683 ff.*

Rechtsverweigerung
- als Beschwerdegrund 393 II, 396, 397 IV *N 1499, 1512, 1528*
- bei der Strafrechtsbeschwerde BGG 94, *N 1656 ff.*

rechtwidriges und schuldhaftes Verhalten Grund für Kostenauflage 426 II *N 1782 ff.*

Rechtsverzögerung
- als Beschwerdegrund 393 II, 396, 397 IV *N 1499, 1512, 1528*
- bei der Strafrechtsbeschwerde BGG 94, *N 1656 ff.*

Redaktor
- Gerichtsstand bei Mediendelikten 35 *N 472 ff.*
- Zeugnisverweigerungsrecht 172 *N 898*

Referat, Referent bei Urteilsberatung *N 1343*

reformatio in peius 391 *N 1489 ff.*

reformatorische Wirkung
- allgemeines *N 1450 f.*
- der Berufung 408 *N 1575*
- bei der Beschwerde 397 II *N 1526*
- bei der Strafrechtsbeschwerde BGG 107 *N 1710 f.*

Reinigung s. Wiederherstellung 94 *N 612*

Rekonstruktion der Tat und Augenschein 193 V *N 965*

Rekurs s. Beschwerde 393 ff. *N 1499 ff.*

Replik, Recht auf *N 109*

res iudicata
- Rechtskraft 437 ff. *N 1838 ff.*
- Sperrwirkung der abgeurteilten Sache, ne bis in idem 11 II *N 242 ff, 319, 1208*
- als Verfahrenshindernis 300 II *N 242 ff., 1208*

Restitution s. Wiederherstellung 94 *N 612*

Restitutionsbeschlagnahmung 263 I *N 1113 f.*

Revision, Wiederaufnahme 410 ff. *N 1582 ff.*
- anfechtbare Entscheide 410 I *N 1584 ff.*

905

- gegen Entscheide des
  Bundesstrafgerichts *N 391, 1605*
- Aufhebung von ne bis in idem 11 II
  N 242 ff., 319, 1208
- in Ausstandsfällen 60 III *N 523*
- Ansprüche bei Freispruch oder
  Einstellung 415 II, 46 IV *N 1626 ff.,
  1837*
- Einlegung 411 *N 1608 f.*
- Entschädigung bei Gutheissung 415
  II,436 IV *N 523, 1802*
- Entscheid der Revisionsinstanz 413,
  428 III *N 1615 ff.*
- Folgen des neuen Entscheids 415
  N 1625 ff.
- Form und Frist 411 *N 1608 ff,*
- Gründe für Revision 410 *N 1591 ff.*
- Kostentragung bei Gutheissung 428 V
  N 1620, 1802
- neues Verfahren 414 *N 1623 ff.*
- Kostenentscheid 428 V *N 1620, 1802*
  - Rückgriff für Kosten 420 *N 1767 ff.*
- Legitimation 410 *N 1606 f.*
- Rechtsmittel gegen
  Revisionsentscheide *N 1612, 1622*
- Revisionsinstanz 21 *N 388 f., 391,
  1604 f.*
- Subsidiarität *N 1588 ff.*
- zugunsten des Verurteilten 410 I, III
  N 1591, 1606
- zuungunsten des Freigesprochenen 410
  N 1591
- wegen Verletzung der EMRK 410 II,
  BGG 122 *N 1602 f., 1729*
- Übergangsbestimmungen 453 f.
  N 1867 f.
- Vorprüfung und Eintreten 412
  N 1612 f.
- Zulässigkeit und Revisionsgründe 410
  N 1584 ff.
- Zuständigkeit 21 I *N 388 f.*

**Richter, unabhängiger und
unparteiischer** 4 *N 117 ff.*
Richtmikrophone 280 ff. *N 1136 ff.* s.
technische Überwachungsgeräte
Rubrum Einleitung des Urteils 81 II
N 584

Rückgriff für Kosten 420 *N 1767 ff.*
Rückgabe
- beschlagnahmter Gegenstände etc. 267
  N 1131 ff.
- an Geschädigte, Beschlagnahme zur
  263 I *N 1113 f.*

Rückweisung
- im Berufungsverfahren 409 *N 1576 ff.*
- Kostenregelung 428 IV *N 1801*
- bei Revision 413 II, III *N 1618*
- bei ungültigem Strafbefehl 356 V
  N 1371
- Übergangsrecht bei Rückweisung
  oberer Instanzen 453 I *N 1867*

Rückzahlung Verteidigungskosten
135 IV f. *N 753*

Rückzug
- der Anklage 340 I *N 1318*
- der Einsprache gegen Strafbefehl
  355 II, 356 III, IV *N 1364, 1372*
- Gesuch neue Beurteilung im
  Abwesenheitsverfahren 369 V *N 1413*
- der Privatstrafklage 120 *N 699*
- eines Rechtsmittels 386 *N 1477 ff.*
- des Strafantrags bei Ausbleiben bei
  Vergleichsverhandlungen bei
  Antragsdelikten 316 I *N 1241*
- der Zivilklage 122 IV *N 710*

S

Sachbearbeiter mit
Untersuchungsbefugnissen 311 I
N 1332
Sachentscheide 80 ff. *N 582 ff.*
Sachverständige 182 ff. *N 930 ff.* s. auch
Begutachtung
- Anforderungen an Gutachter 183
  N 936 f.
- Ausarbeitung des Gutachtens allgemein
  185 *N 935 ff.*
- Ausstandsgründe 56, 183 III *N 507 ff.,
  937*
- Beizug *N 938*
  - zu Durchsuchungen von
    Aufzeichnungen 247 II *N 1075*

- zu Verfahrenshandlungen 185 II
  N 948
- Entschädigung des Gutachters 190
  N 951
  - Kürzung des Honorars, Rechtsmittel
    N 1679
- Ernennung und Auftrag 184 *N 938 ff.*
  - rechtliches Gehör bei Ernennung
    usw. 184 III *N 938*
- Ergänzung und Verbesserung des
  Gutachtens 189 *N 953*
- Form des Gutachtens 187 *N 950*
- Geheimhaltungspflicht 73 I, 184 II
  N 556, 940
- Kostenauflage 422 I, 426 *N 1776,
  1782 ff.*
- Kostenvoranschlag 184 VI *N 940*
- Pflichtversäumnis 191 *N 951*
- psychiatrische Begutachtung 251
  N 1083 f.
  - stationäre 186 *N 943 f.*
- Schutzmassnahmen 149 ff. *N 834 ff.*
- stationäre Begutachtung 186 *N 943 f.*
- Anwendung der Regeln auf Übersetzer
  68 V *N 552*
- als anderer Verfahrensbeteiligter 105 I
  N 640

Säumnis s. auch Abwesenheitsverfahren
- allgemein 93 *N 611*
- Abwesenheitsverfahren bei 366 ff.
  N 1396 ff.
  - in erneuter Hauptverhandlung
    369 IV *N 1413*
- der beschuldigten Person bei
  Hauptverhandlung 336 IV, 407 II, III
  N 1307 ff., 1565 f.
- der Parteien im Berufungsverfahren
  407 *N 1572 f.*
- des Sachverständigen 191 *N 951*
- des Einsprechers im
  Strafbefehlsverfahren 355 II, 356 IV
  N 1364, 1372
- der Verteidigung bei Hauptverhandlung
  336 V *N 1308*
- bei Vorladungen 205 *N 983*

Schadenersatzansprüche
- des Beschuldigten 429 ff. *N 1803 ff,* s.
  auch Entschädigung
- des Geschädigten 122 ff., 433 *N 702 ff.,
  1831 f.,* s. Entschädigung, Zivilklage

Schein- oder Probekäufe bei der
verdeckten Ermittlung 293 III, 295
N 1195

Schlichtungsverfahren ZPO 202 ff.
N 706

Schlussbericht, des Staatsanwalts 326 II
N 1272

Schlusseinvernahme 317 *N 1243*

Schöffengericht *N 380*

Schriften, Schriftstücke
- Durchsuchung von 246 *N 1073 ff.*

Schriftensperre als Ersatzmassnahme für
Haft 237 *N 1054*

schriftlicher Befehl für
Zwangsmassnahmen 199, 208, 241,
245, 260 III, 263 II, 266 *N 978, 989,
1063,1072, 1101, 1117, 1128*

schriftliche Berichte anstatt Einvernahme
145 *N 816 f.*

Schriftlichkeit, schriftliches Verfahren
- allgemein 66 *N 309 ff.,* 549
- Berufungsverfahren 406 *N 1567 ff.*
- Beschwerdeverfahren 396 f. *N 1525*
- Einspracheverfahren bei Kosten und
  Entschädigungen 356 VI *N 1370*
- des Gutachtens 187 *N 949*
- im Haftverfahren 225 III, V, 227 VI,
  228 IV *N 1031, 1036, 1038*
- bei nachträglichen richterlichen
  Entscheiden 365 *N 1394*
- Rechtsmittelverfahren 390 *N 1482 ff.*

Schrift- und Sprachprobe 262 *N 1106 f.*

Schriftstücke
- Durchsuchung 246 *N 1073 ff.*

Schuldausschlussgründe Einstellung bei
N 1253

Schuldinterlokut 339 II, 342 *N 1513,
1325 ff.*

Schuldunfähigkeit
- Einstellung bei 319 *N 1253*
- Kostenpflicht 419 *N 1766*

- Verfahren gegen Schuldunfähige 374 ff. *N 1425 ff.*
- Verhandlungsunfähigkeit der beschuldigten Person 114 *N 665 f.*

Schuldspruch
- Entscheid über Zivilansprüche 126 *N 711*

Schutzmassnahmen 149 ff. *N 834 ff.*
- im allgemeinen 149 *N 834 ff.*
- Zusicherung der Anonymität 149 II, 150, 151 *N 837, 840 ff., 843*
- bei verdeckten Ermittler 151 *N 843 ff.*
- bei Friedensbürgschaft 373 V *N 1424*
- bei Opfern
  - allgemein 152 *N 846 ff.*
  - Straftaten gegen die sexuelle Integrität 153 *N 848 ff.*
    - Kinder als Opfer 117 II, 154 *N 695, 849 ff.*
- für Parteien bei Einvernahmen etc. 149 ff. *N 834 ff.*
- bei Personen mit psychischen Störungen 155 *N 852 f.*
- bei Personen ausserhalb des Verfahrens 156 *N 854*

Schutzschrift *N 977*

schutzwürdige Interessen, Ausschluss der Öffentlichkeit 70, 149 ff. *N 834 ff.*

Schwangerschaftsberatungsstellen, Zeugnisverweigerung 173 *N 899 f.*

Schweigegebot
- für Banken bei Überwachungen *N 1179*
- für andere Verfahrensbeteiligte 73 II *N 557 ff.*
- für Zeugen 165 *N 881*

Schweigerecht der beschuldigten Person 113, 158 *N 671 ff., 861*

Schwurgericht *N 380*

Sekretäre der Staatsanwaltschaften usw., Befugnisse 142 II *N 804*

Sekundärbeweise bei rechtswidrigen Beweisen 141 IV *N 798 f., 1160*

Selbstbelastung, keine Pflicht zur, s. auch Zeugnisverweigerungsrecht
- Auskunftsperson 180 *N 923*
- Bank 285 II *N 1180*

- beschuldigte Person 113 I, 158, 265 II *N 671 ff., 861, 1126*
- des Unternehmens 180 I i.v.m. 178, 265 II *N 918, 923, 1126*
- Zeugen 169 *N 888 ff.*

selbstständige Beweisverwertungsverbote *N 789*

selbstständiges Einziehungsverfahren 376 ff. *N 1431 ff.*
- Einziehungsbefehl 377 II *N 1434*
- Gerichtsstand 37 *N 477 f.*
- Kostenpflicht 426 V *N 1793*
- Verfahren 377 *N 1432 ff.*
- Voraussetzungen 376 *N 1431*
- Verwendung zugunsten des Geschädigten 378 *N 1431*

selbstständige Massnahmeverfahren
- allgemein 372 ff. *N 1417*
- Kostenpflicht 426 V *N 1793*
- Revision 410 I *N 1584*

selbstständige nachträgliche Entscheide des Gerichts 363 ff. *N 1390 ff.*
- Entscheid 365 *N 1394*
- Kostenpflicht 426 V *N 1793*
- Revision 410 I *N 1584*
- Verfahren 364 *N 1393*
- Übergangsrecht 451 *N 1865*

Sexualdelikte
- Schutzmassnahmen für Opfer 153 *N 848*
- Zeugnisverweigerungsrecht des Opfers 169 IV *N 890*
- Zusammensetzung des Gerichts 335 IV *N 1306*

Sicherheit
- Ausschluss der Öffentlichkeit bei Gefährdung 70 I *N 271 ff.*
- Sicherheit, Ruhe und Ordnung während Verhandlungen 63 I *N 553 ff.*
- Einschränkung des rechtlichen Gehörs 108 *N 113 ff., 644*

Sicherheitshaft s. auch Untersuchungs- und Sicherheitshaft, Untersuchungshaft
- im Abwesenheitsverfahren 369 III *N 1412*
- Begriff 220 II *N 1014*

- Anordnung durch Zwangsmassnahmengericht 18 I, 229 ff. *N 367 ff., 1042 ff.*
- Ersatzmassnahmen 237 ff. *N 1053 ff.*
- im Rechtsmittelverfahren 231 ff., 413 IV *N 1047 ff., 1621*
- Rechtsmittel 222, 232 II, 233 *N 1041 f., 1046, 1048*
- stationäre Begutachtung 186 *N 944*
- im Strafvollzug 440 *N 1855*
- Vollzug der Haft 234 ff. *N 1049 ff.*

Sicherheitsleistung s. auch Kaution, Kostenvorschuss
- Befreiung bei unentgeltlicher Rechtspflege 136 II *N 767*
- Fluchtkaution, anstelle Haft, 237 ff. *N 1053 ff., 1056 ff.*
- bei Friedensbürgschaft 373 IV *N 1421*
- der Privatstrafklägerschaft
  - für Beweisabnahmen 313 II *N 1234*
  - bei Gutachten 184 VII *N 940*
  - bei Zivilklage 125, 313 II *N 708, 1234*
- im Rechtsmittelverfahren 383 *N 1468*
  - Verzicht bei unentgeltlicher Rechtspflege 136 *N 767*
- nach gescheiterten Vergleichsverhandlungen 316 IV *N 1241*

Sicherstellung s. Sicherheitsleistung
Siegelung 248 *N 1076 ff.*
Sistierung 314 *N 1236 ff.* s. auch Einstellung
- im Abwesenheitsverfahren 366 II, 369 II *N 1401, 1412*
- durch Gericht 329 *N 1253*
- bei Verhandlungsunfähigkeit 114 III *N 1253*
- Wiederanhandnahme 315 *N 1253*

Sittlichkeit, gefährdete, Ausschluss der Öffentlichkeit 70 I *N 273*
Sitzungspolizei 63 *N 553 ff.*
Solidarität für Kosten 418 II *N 1764*
Sozial- und Vormundschaftsbehörden (jetzt Erwachsenen- und Kindesschutzbehörden)
- Orientierung

- über Haftanordnungen 214 III *N 999*
- über Verfahren und Entscheide 75 II, III *N 565*
- Verfahrensrechte nach 104 II *N 636*

Sperrfrist bei Haftentlassungsgesuchen 228 V *N 1039*
Sperrwirkung der abgeurteilten Sache 11 *N 242 ff., 319, 1847*
Sprache 66 ff., *N 549 ff.*, s. auch Verfahrenssprache
Sprach- und Schriftproben 262 *N 1106 f.*
sprech- und hörbehinderte Personen 143 VII *N 811*
Spurensicherung im Ermittlungsverfahren 306 II *N 1218*
Staatsanwaltschaft, Staatsanwalt
- allgemeines, Staatsanwaltschaft als Strafverfolgungsbehörde 12, 16 *N 325 ff., 350 ff.*
- Anklage
  - Erhebung der Anklage 324 ff. *N 1265 ff.*
  - Vertretung vor Gericht 337 *N 1309*
  - im Berufungsverfahren 405 III, IV *N 1565*
- des Bundes *N 357 f.*
- Befugnis zur Delegation 25 *N 414 ff., 425*
- bei ersten Ermittlungen 27 *N 431 f.*
- bei mehrfacher Zuständigkeit 26 *N 421 ff.*
- Konflikte mit Kantone 28 *N 432*
- Rechtsmittellegitimation 381 IV *N 1456*
- bei der Strafrechtsbeschwerde BGG 81 I *N 1670 f., 1674 f.*
- Einvernahmen durch 142 I *N 804*
- Einstellung 319 ff. *N 1249 ff.*
- Haftverfahren vor 224 *N 1028 ff.*
- in internationaler Rechtshilfe 55 I *N 504*
- Partei im Gerichtsverfahren 104 I *N 634*
- Genehmigung Observation 282 II *N 1173*
- Leitung des Vorverfahrens 15 II, 16 II *N 345 f., 351, 1205*

- Nichtanhandnahme 310 *N 1231 ff.*
- Rechtsmittellegitimation 381 *N 1455 ff.*
  - bei der Strafrechtsbeschwerde BGG 81 I *N 1670 f., 1674 f.*
- Sistierung 314 *N 1236 ff.*
  - Wiederanhandnahme 315 *N 1239*
- Strafbefehlskompetenz 352 ff. *N 1352 ff.*
- Teilnahme an Hauptverhandlung 337 *N 1309*
- Unabhängigkeit 4 *N 121*
- Untersuchungsführung durch 308 ff. *N 1224 ff.*
- Verfahrensleitung durch 61 *N 533*
- Teilnahme an Hauptverhandlung 337 *N 1309*
- Weisungsbefugnisse der Polizei gegenüber 4 II, 15 II, 307, 312 *N 345 ff., 1221, 1233*
- Zuführung an durch Polizei 219 III *N 1013*
- Zuständig für Zwangsmassnahmen 198 I *N 976*

Standesregeln für Anwälte 127 III, 128 *N 723, 755*

staatsrechtliche Unabhängigkeit des Richters 4 *N 132*

Standort von Personen und Sachen, Ermittlung mit technischen Geräten 280 f. *N 1166*

stationäre Begutachtung 186 *N 943 f.*

Störer, Ausschluss 63 *N 535 f.*

Strafakten 100 ff. *N 620 ff.*

Strafantrag
- begründet Beschuldigteneigenschaft 111 I *N 653*
  - Geschädigteneigenschaft 115 II *N 690*
  - Eigenschaft als Privatkläger 118 II *N 697*
- Form 304 *N 1213*
- Einleitung Vorverfahren erst nach Stellen des Antrags 303 I *N 1212*
- Kosten- und Entschädigungsfolgen 427, 432 *N 1795, 1830*
- Einstellung bei Rückzug 319 I *N 1254*
- Rückzug und Verzicht 304 II *N 1213*

- Vergleichsverhandlungen bei Antragsdelikten 316 I *N 1240 ff.*

Strafanzeige s. auch Anzeige, Strafantrag
- allgemein 301 ff. *N 1209 ff.*
- begründet Beschuldigteneigenschaft 111 I *N 653*

Straf- und Massnahmenantritt, vorzeitiger 236 *N 1016*

Straf- und Massnahmenvollzug 439 ff. *N 20*
- Orientierung der Behörden 75
- vorzeitiger 236 *N 1016*

Strafbefehl, Strafbefehlsverfahren 352 ff. *N 1352 ff.*
- Vorbehalt Anklagegrundsatz 9 II *N 207*
- Abklärung persönliche Verhältnisse 161 *N 87 f.*
- Einsprache 354 ff. *N 1362 ff.*
  - Übergangsregelung 455 *N 1869*
- Inhalt und Eröffnung des Strafbefehls 353 *N 1358 ff.*
- nachträgliche gerichtliche Entscheide 363 II *N 1301*
- Öffentlichkeitsgrundsatz, Einsicht in Strafbefehle 69 II, III *N 270*
- Publikation nur im Dispositiv 88 IV *N 604*
- Übergangsrecht 455 *N 1869*
- Verfahren bei Einsprache 355 f. *N 1264 ff.*
- Voraussetzungen 352 *N 1354 ff.*

Strafbefreiung 8 *N 324 ff.*

Strafbehörden 12 ff. *N 1480 f.*
- Einvernahmen durch 142 ff. *N 803 ff.*

Strafbescheid, *N 1352 ff.*, s. Strafbefehl

Strafklage
- der Privatklägerschaft 119 *N 697 ff.*

Strafgerichte 13, 18 ff. *N 32 ff., 367 ff.*

Strafgesetzbuch *N 27 f.*

Strafmediation *N 1240*

Straf- und Justizmonopol 2 *N 85 ff.*

Strafprozessrecht
- Begriff des *N 1 ff.*
- Anwendung des 1 *N 64 ff.*
- Auslegung des *N 73 ff.*
- Geltungsbereiche des *N 64 ff.*

Strafrecht

Gesetzes- und Sachregister

- Abgrenzung von materiellem und formellem *N 4*
- Funktionseinheit von materiellem und formellem *N 6*
- formelles *N 2*

Strafrechtsbeschwerde, Beschwerde in Strafsachen BGG 78 ff. *N 1628 ff.*
- Begriff, Bedeutung BGG 92 *N 1628*
- Beschwerdegründe BGG 95 ff. *N 1680 ff.*
- anfechtbare Entscheide BGG 78 ff. *N 1630 ff.*
  - Art des Entscheides BGG 90 ff. *N 1641 ff.*
  - Letzinstanzlichkeit BGG 80 *N 1636 ff.*
- Entscheid des Bundesgerichts BGG 107 *N 1708 ff.*
- Einlegung der Beschwerde BGG 100 ff. *N 1700 ff.*
- Kognition BGG 95 ff. *N 1680 ff.*
- Legitimation BGG 81 *N 1660 ff.*
- Rechtsmittelbehörde *N 1659*
- Übergangsbestimmungen BGG 130 f. *N 1715*
- Verfahren der Beschwerde *N 1705 ff.*
- Vorinstanzen BGG 80 *N 1636 ff.*
- Wirkung der Beschwerde *N 1704*

Strafrechtspflege, Ausübung der 2 *N 85 ff.*

Strafurteil s. Urteil

Strafverfolgung s. auch Opportunitätsprinzip
- Verzicht auf *N 183 ff.*

Strafverfolgungsbehörden 12, 15–17 *N 339 ff.*

Strafverfügung, im Übertretungsstrafverfahren, *N 1352 ff.*, s. Strafbefehl

Straf- und Massnahmenvollzug 439 ff., *N 1853 ff.*, s. Vollstreckung

Strafzumessung
- Begründungspflicht 80 III *N 585*
- und Strafrechtsbeschwerde *N 1682*

Strassenverkehr, Ordnungsbussen *N 35*

Streichungen im Protokoll 79 III *N 580*

Streitwert irrelevant bei Zivilklage 124 I, 126 IV *N 705, 716*

Subrogation 121 II *N 701*

subsidiäre Rechtsmittel
- allgemein *N 1446*
- Beschwerde 394 I *N 1499, 1514*
- der Revision *N 1582, 1588 f.*

subsidiäre Verfassungsbeschwerde BGG 113 ff. *N 1724 ff.*

suspensive Rechtsmittel
- allgemein *N 1448*
- Grundsatz der StPO 387 *N 1480*
- Ausnahmen StPO 388 *N 1481*
  - bei der Berufung *402 N 1577*
  - bei der Strafrechtsbeschwerde BGG 103 f. *N 1704*

SUVA, als Geschädigte *N 701*

T

Tatentschluss, Konkretisierung des, bei der verdeckten Ermittlung 293 *N 1196*

Tatfragen Ausschluss bei Strafrechtsbeschwerde BGG 99, 105 *N 1681, 1695*

Tatinterlokut 339 II, 342 *N 1513, 1325 ff.*

Tatort als Gerichtsstand 31 *N 448 ff.*

Tatrekonstruktion *N 819, 964*

Tatsachen, neue
- als Grund für Wiederaufnahme 323 *N 1264*
- als Revisionsgrund 410 I *N 1592 ff.*

Tatverdacht
- als Haftvoraussetzung 221 *N 1019*
- als Voraussetzung für
  - Eröffnung einer Untersuchung 309 I *N 1228*
  - Zwangsmassnahmen 197 *N 973*

Tatverdächtiger als Auskunftsperson 178 *N 915*

Taubstumme *N 550, 811*

Täuschungen
- verboten bei Beweisabnahmen 3 II lit. d, 140 I *N 116, 783 ff.*
- Unverwertbarkeit 141 I *N 793*

technische Überwachungsgeräte 280 ff. *N 1166 ff.*

911

- als Ersatzmassnahme für Haft 237 III
  N 1055
Teilentscheid BGG 91 *N 1645*
Teilnahme an Delikt
- Gerichtsstand 33 *N 461 ff.*
- Vereinigung bzw. Trennung des Verfahrens 29 *N 435 f.*
Teilnahme an Verfahrenshandlungen 147 ff. *N 108, 821 ff.*
- allgemeine Regeln 147 *N 821*
  - Ausfluss des rechtlichen Gehörs 3 II, 107 I *N 108, 644*
- bei polizeilichen Einvernahmen im Auftrag der Staatsanwaltschaft 312 II *N 435 f.*
- im Rechtshilfeverfahren 148 *N 833*
- im interkantonalen Verhältnis 51 *N 499*
- Folgen der Verletzung 147 IV *N 831 f.*
- der Verteidigung bei polizeilichen Einvernahmen 159 *N 866 ff.*
- als Voraussetzung für Strafrechtsbeschwerde BGG 81 I *N 1661 ff.*
Teilnehmeridentifikation 273 *N 1139, 1144*
Telefax, Telex
- Delikte durch, Gerichtsstand 31 ff. *N 452*
- Überwachung 269 ff. *N 1136 ff.*
Telefon, Telefonverkehr
- Gerichtsstand bei Delikt mit 31 ff. *N 452*
- Überwachung des, 269 ff. *N 1136 ff., 1139*
Teleobjektive 280 f. *N 1166*
Termine 89 ff. *N 605 ff.* s. Fristen
- Wiederherstellung 94 *N 612*
Tod
- der beschuldigten Person
  - Folgen für Kostenauflage *N 1786*
  - als Einstellungsgrund 319 ff., 329 IV *N 1254, 1287*
  - Rechtsmittellegitimation der Angehörigen 382 III *N 1466*
    - bei der Strafrechtsbeschwerde *N 1677 f.*
- der Privatklägerschaft

- Rechtsnachfolge 121, 383 III *N 700 f., 1466*
Todesfälle, aussergewöhnliche 253 *N 1086 f.*
Ton- und Bildaufnahmen
- Durchsuchung 246 ff. *N 1073 ff*
- von Verhandlungen 71 *N 253*
- bei Augenscheinen 193 III *N 1086 f*
- von Einvernahmen 76 IV *N 574*
- Einvernahme mittels Videokonferenz 78 VI, 144 *N 574, 815*
- bei Überwachungsmassnahmen 280 f. *N 1166 ff.*
Transport, Transportfälle *N 1013*
Trennung von Verfahren 30 *N 437*
Treu und Glauben, Gebot von 3 II *N 91 ff.*

U

Überarbeitung von Eingaben 110 IV *N 650*
Übergangsbestimmungen 448 ff. *N 1859 ff.*
- Abwesenheitsverfahren 452 *N 1866*
- für Bundesgericht BGG 130 f. *N 1715*
- anwendbares Recht 448 *N 1859 f.*
- Einsprache gegen Strafbefehle 455 *N 1869*
- erstinstanzliches Hauptverfahren 450 *N 1864*
- Privatstrafklageverfahren 456 *N 1870*
- Rechtsmittelverfahren 453 f. *N 1867 f.*
- selbstständige nachträgliche Entscheide 452 *N 1865*
- Zuständigkeit allgemein 449 *N 1862 f.*
Überhaft 431 II, III *N 1827 f.*
überlanges Verfahren s. Beschleunigungsgrundsatz 5 *N 138 ff.*
Übersetzungen, Übersetzer
- allgemein 68 *N 552 ff.*
- Kosten 422, 426 III *N 1775 ff., 1784*
- Recht auf Beizug 68, 158 I *N 55 ff., 863*
- Unterzeichnung Protokoll 76 II *N 571*
überspitzter Formalismus 3 *N 92*

Übertretungen,
Übertretungsstrafbehörden
- allgemein, Verfahren bei, 357 *N 1361*
- Behörden 12, 17 II *N 324 ff., 360 ff., 1361*
- Beschwerde bei 393 I, 395 *N 1521*
- Berufung bei 398 IV, 406 *N 1536 ff., 1569*
- Festnahme bei 217 III *N 1010*
- nachträgliche gerichtliche Entscheide 363 II *N 1391*
- Übertretungsstrafverfahren 357 *N 1361*
- Vorläufige Festnahme 217 III *N 1010*
- Zuständigkeit 12, 17 II,. 357 *N 324 ff., 360 ff., 1361*

Übertretungsstrafbehörden 12, 17, 357 *N 324 ff., 360 ff., 1361*

Überwachung von Bankbeziehungen 284 ff. *1176 f.*

Überwachungsgeräte, technische 280 f., *N 1166 ff* s. Überwachung mit technischen Überwachungsgeräten

Überwachungsmassnahmen, geheime 269 ff. *N 1136 ff.*

Überwachung des Post- und Fernmeldeverkehrs 269 ff. *N 1136 f.*
- allgemeines, Rechtsgrundlagen *N 1136 ff.*
- Anordnungsverfahren 269, 274 *N 1141 ff., 1147*
- Auswertung der Ergebnisse 276 f. *N 1153 ff*
  - nicht benötige Ergebnisse 276 *N 1154*
  - nicht genehmigte Überwachungen 277 *N 1155*
- Beendigung der Überwachung 275 *N 1152*
- Beschwerde 279 III *N 1164*
- von Berufsgeheimnisträger 271, 274 IV *N 1146, 1150*
- Gegenstand der Überwachung 270 *N 1145*
- Genehmigungspflicht und Rahmenbewilligung 272 *N 1147 ff.*
- Genehmigungsverfahren 274 *N 1149 f.*
- nachträgliche Mitteilung 279 *N 1162 ff.*
- private Beweiserhebungen *N 1165*
- Schutz von Berufsgeheimnissen 271 *N 1146*
- Teilnehmeridentifikation 273 *N 1139, 1144, 1147*
- Verkehrs- und Rechnungsdaten 273 *N 1139, 1144, 1147*
- Voraussetzungen der Anordnung 269 *N 1141 ff.*
- Zufallsfunde 278 *N 1156 ff.*

Überwachung mit technischen Überwachungsgeräten 280 f. *N 502, 1166 ff.*
- Durchführung 281 *N 1168 f.*
- Voraussetzungen 281 *N 1168 f.*
- Zweck des Einsatzes 280 *N 1166*

Überwachung von Bankbeziehungen 284 f. *N 1176 ff.*
- Beschwerde 285 IV *N 1181*
- gegen Anordnung Zwangsmassnahmen- gericht? *N 1177*
- Durchführung 285 *N 1179 f.*
- Genehmigung Zwangsmassnahmengericht 284 I, 285 I *N 1177 ff.*
- Grundsatz 284 *N 1176 f.*
- nachträgliche Mitteilung 285 III *N 1181*
- Zweck der Massnahme 284 *N 1176*

Überweisung an zuständiges Gericht 334 *N 1303 f*

Überzeugung, richterliche 10 II *N 225 f*

Unabhängigkeit des Richters 4 *N 117 ff.*

Unangemessenheit als Rechtsmittelgrund
- bei der Berufung 398 II *N 1565*
- bei der Beschwerde 393 II *N 1512*

unbekannter Aufenthalt
- Publikation im Amtsblatt 88 I *N 604*
- Sistierung 314 I *N 1236*

unbekannte Täterschaft, Sistierung 314 I *N 1236*

undercover agents 286 ff. *N 101, 1182 ff.*

unentgeltlicher Rechtsbeistand 136 II *N 768*

unentgeltliche Rechtspflege für Privatklägerschaft 136 *N 765 ff.*
- Voraussetzungen 136 *N 765*

- Entschädigung 138 II *N 770*
- Bestellung, Widerruf und Wechsel 137 *N 769*
- Kostentragung 426 IV, 427 *N 1785, 1794*
- Strafrechtsbeschwerde bei Verweigerung *N 1652, 1679*

unerhebliche Beweise, keine Abnahme 139 I *N 778*

ungesetzliche Haft, Entschädigung, Genugtuung für 429, 431 *N 1810 ff., 1826 ff.*

ungewisser Tatort, Gerichtsstand 32 *N 456 ff.*

Unmittelbarkeit vgl. 343 *N 226, 286 ff.; 1329 ff.*

Unmündige Orientierung von Behörden 75 III *N 564.*

unparteiischer Richter *N 117 ff.*

unschuldig erlittene Haft 429 ff. *N 1810 ff., 1826 ff.*

Unschuldsvermutung
- Grundsatz der 10 I *N 210 ff.*
- Schutz bei Orientierung der Öffentlichkeit 74 III *N 562*

unselbstständige Beweisverwertungsverbote *N 789*

Unterlassungsdelikte Gerichtsstand *N 453*

Unternehmen, juristische Person
- beschränkte Beschlagnahme 264 I *N 1120*
- als Beschuldigter 112 *N 675 ff.*
- Erscheinenspflicht vor Gericht 336 I *N 1307*
- Gerichtsstand bei Verfahren gegen 36 *N 476*
- keine Herausgabepflicht 265 II *N 1126*
- Unternehmensvertreter 112 I-III *N 678*
  - Einvernahmen als Auskunftsperson 178 I *N 918 f.*

Unterstützung
- gegenseitige der Strafbehörden 44 *N 493*
- der Strafbehörden durch Private 215 III, 218, 263 III, 434 *N 1001, 1011, 1118, 1833*

Untersuchung durch Staatsanwaltschaft 308 ff. *N 1224 ff.*
- Abschluss der Untersuchung 317 f., 318 *N 1243 ff.*
- Anklageerhebung 324 ff., *N 1265 ff.*
  s. auch Anklage
- Aufträge an Polizei 312 *N 1233*
- Ausdehnung der Untersuchung 311 *N 1227*
- Begriff und Zweck der Untersuchung 308 *N 1224 f.*
- Beweiserhebung 311 *N 1232 ff.*
  - im Zusammenhang mit Zivilklagen 313 *N 1234*
- Durchführung 311 ff. *N 1232 ff.*
- Einstellung 319 ff. *N 1249 ff.,* s. auch Einstellung
- Eröffnung 309 *N 1227 ff.*
- Nichtanhandnahmeverfügung 310 *N 1231*
- Schlusseinvernahme 317 *N 1243*
- Sistierung 314 *N 1236 ff.*
- Umfang bei Anklageerhebung 308 III *N 1225 f.*
- Vergleich 316 *N 1240 ff.*
- Wiederanhandnahme nach Sistierung 315 *N 1239*
- Zivilklagen 313 *N 1234*

Untersuchung an Leichen 253 f. *N 1086 f.*
- aussergewöhnliche Todesfälle 253 *N 1086*
- Exhumierung 254 *N 1088*

Untersuchung von Personen 251 ff., *N 1081 f,* s. auch Durchsuchungen und Untersuchungen
- Begriff, Grundsatz 251 *N 1081 ff.*
- Durchführung 252 *N 1085*
- Untersuchung, psychiatrische 251 I *N 1083*
  - stationäre Begutachtung 186 *N 943 f.*
- von Zeugen 164 II *N 880*

Untersuchungsbeamter, Untersuchungsbehörden 12 ff., 142 *N 324 ff., 350 ff., 804*

Untersuchungsgeheimnis 73 I *N 556*

Gesetzes- und Sachregister

Untersuchungsgrundsatz
- allgemein 6 *N 153 ff.*
- nicht im Zivilverfahren *N 709*

Untersuchungs- und Sicherheitshaft
- Begriffe 220 *N 1014 ff.*
- Anordnung durch Zwangsmassnahmengericht 18 I, 225 ff. *N 367 ff., 1034 ff.*
- Benachrichtigung von Angehörigen etc. 214 *N 999 f.*
- beschleunigte Behandlung von Haftfällen 5 II *N 142*
- Betreten von Räumlichkeiten 213 *N 998*
- Entschädigung und Genugtuung 429 ff. *N 1810 ff.*
- Ersatzmassnahmen 224 III, 226, 237 ff. *N 1030, 1034,1053 ff.*
- Grundsätze 212 *N 995 f.*
- Haftanstalten 234 *N 1049*
- Haftentlassungsgesuch 228 *N 1038 ff.*
- Haftgründe 221 *N 1017 ff.*
- Haftverfahren
  - vor dem Zwangsmassnahmengericht 225 *N 1031 f.*
  - Entscheid 226 *N 1033 ff.*
  - bei der Polizei 219 *N 1012 f.*
  - bei der Staatsanwalt 224 *N 1028 ff.*
- Haftverlängerung 227 *N 1036 f.*
- Rechtsmittel 222, 232 II, 233 *N 1040 ff., 1048, 1048*
- stationäre Begutachtung 186 *N 943 f.*
- Überhaft 431 II, III *N 1827 ff.*
- Unterbringung im Rechtshilfeverkehr 45 I *N 494*
- Verkehr mit Verteidigung 223 *N 1027*
- Vollzug 235 *N 1051 f.*
- Voraussetzungen 221 *N 1017 ff*

Untersuchungsverfahren 308 ff. *N 1224 ff.*, s. Untersuchung durch Staatsanwalt

Unvereinbarkeit
- bei Zwangsmassnahmengericht 18 II *N 369*
- bei Berufungsgericht 21 II, III *N 384, 389*

Unverwertbarkeit, vor allem von Beweisen
- bei Einvernahmen ohne Hinweise auf Rechte 158 II, 175 II, 177 I, II *N 864, 901, 925*
- von Erklärungen im abgekürzten Verfahren 362 IV *N 1388*
- bei Gutachten ohne Hinweise auf Pflichten *N 941*
- verbotener Beweise 141, 277 *N 793 ff.*
- bei Verletzung der Teilnahmerechte 147 IV *N 831 f.*
- von Ergebnissen von Überwachungsmassnahmen 277 f., 289 VI *N 1155 ff.*

unvollkommene Rechtsmittel *N 1447*

Unzurechnungsfähige, Unzurechnungsfähigkeit s. Schuldunfähigkeit

Unzuständigkeit s. Zuständigkeit

Urkunden
- als Beweismittel 192 ff. *N 958 ff.*
  - Herstellung von Kopien 192 II *N 961*
- Beschlagnahme 263 ff. *N 1108 ff.*

Urteil 80 ff. *N 582 ff.* siehe auch Entscheid, Endentscheid
- im abgekürzten Verfahren 362 *N 1386 ff.*
- Abwesenheitsurteil 367 *N 1407 f.*
- Begründung 81 III, 82 *N 585, 587 f.*
- Erläuterung, Berichtigung 83 *N 594*
  - Abgrenzung zur Revision *N 1589*
- Eröffnung und Mitteilung 84 ff., 351 *N 595 ff.*
- Form 80 *N 582 ff.*
- Inhalt 81 *N 583 ff.*
- Mitteilung der Rechtskraft 438 *N 1844*
- unangefochtener Strafbefehl als 354 III *N 1363*
- Urteilsberatung 348 *N 1338*
- im Verfahren gegen Schuldunfähige 375 *N 1428 ff.*
- Verzicht auf öffentliche Verkündung 84 III *N 596*

urteilsabändernde Entscheide 363 ff. *N 1390 ff.*, s. selbständige nachträgliche Entscheide

915

Urteilsberatung 348 *N 1338 ff.*
Urteilseröffnung 84 ff., 351 *N 595 ff.,*
 1346 s. auch Urteil, Eröffnung
urteilfähige handlungsunfähige
 Personen 106 III *N 643*
Urteilsfähigkeit von Zeugen 163 I, 164
 N 876 ff.
– bei beschränkter Einvernahme als
 Auskunftsperson 178 I *N 914*

V

Verbände als Parteien? *N 637*
– bei der Zivilklage *N 704*
Verbot persönlicher Kontakte 237 II
 N 1054
Verbot der doppelten Strafverfolgung
 11 *N 242 ff.*
verbotene Beweiserhebungen 140
 N 783 ff.
– Verwertbarkeit verbotener Beweise 141
 N 794 ff.
Verdächtiger als Auskunftsperson 178
 N 915
verdeckte Ermittlung 286 ff. *N 1182 ff.*
– allgemeines, Voraussetzungen 286
 N 1182 ff.
– Anonymität 149 II, 151, 288, 298 IV
 N 837, 840 ff. 843 f., 1190
– Anforderungen an eingesetzte Personen
 287 *N 1189 ff.*
– Beendigung Einsatz 297 *N 1189*
– Betäubungsmitteldelikte, Einsatz bei
 294 *N 1195*
– und faires Verfahren *N 1184*
– Führungsperson 287 II, 291, 292 II
 N 1189, 1193
– Genehmigungsverfahren 289 *N 1191 f.*
– Instruktion vor Einsatz 290 *N 1193*
– Legende und Zusicherung der Anony-
 mität 149 II, 150 II, 151, 288, 298 IV
 N 840 ff.,843 f., 1190
– Mass der zulässigen Einwirkung 293
 N 1195 ff.
– Mitteilung, nachträgliche 298 *N 1203*
– und *nemo tenetur* N *1184*
– Pflichten der Ermittler 292 *N 1194 ff.*

– Schutzmassnahmen 151 *N 843 f.*
– Vorzeigegeld 295 *N 1195*
– Zufallsfunde 296 *N 1202 ff.*
verdeckte Online-Durchsuchung *N 1166*
Verdunkelungsgefahr, als Haftgrund
 221 I *N 1023*
– bei unzulässigen Ermittlungen des
 Verteidigers *N 760*
Vereinheitlichung des
 Strafprozessrechts *N 21 ff.*
Vereinigung von Verfahren
– allgemein 29 *N 435 ff.*
– bei gemischter Zuständigkeit 26 II
 N 423 ff.
– bei Verfahren gegen Unternehmen und
 weitere beschuldigte Personen 112 IV
 N 679 f.
Verfahren, s. auch Verfahrenshandlungen
– abgekürztes Verfahren 358 ff.
 N 1374 ff.
– bei Abwesenheit der beschuldigten
 Person 366 ff. *N 1396 ff.*
– bei Anordnung Friedensbürgschaft 373
 N 1420 ff.
– erstinstanzliches 328 ff. *N 1277 ff.*
– selbstständiges Massnahmeverfahren
 372 ff. *N 1418 ff.*
 – Einziehungsverfahren 376 ff.
  N 1431 ff.
 – Friedensbürgschaft 272 f. *N 1418 ff.*
 – bei Schuldunfähigen 374 f.
  N 1425 ff.
– faires, menschenwürdiges 3 II *N 95 ff.*
– Rechtsmittelverfahren 397 ff.
 N 1437 ff., s. auch Beschwerde, Beru-
 fung, Revision
– bei selbstständigen nachträglichen
 Entscheiden des Gerichts 363 ff.
 N 1390 ff.
– Strafbefehlsverfahren 352 ff. *N 1352 ff.*
– bei der Strafrechtsbeschwerde
 BGG 29 ff., 102 ff. *N 1705 ff.*
– Übertretungsstrafverfahren 357 *N 1361*
Verfahrensakten, 100 ff. *N 620 ff.,* s.
 Akten
Verfahrensbeschleunigung,
 Beschleunigungsgrundsatz 5 *N 138 ff.*

Verfahrensbeteiligte, andere
- allgemein, Begriff 105 *N 638 ff.*
- Legitimation zu Rechtsmitteln *N 1464*
- Schweigepflicht 73 II *N 557 ff.*

Verfahrensbetroffene 105 *N 638 ff.*, s. andere Verfahrensbeteiligte

Verfahrenseinheit, Grundsatz der 29 *N 435 f.*
- Ausnahmen 30 *N 437 f.*

Verfahrensentscheide *N 591*

verfahrenserledigende Entscheide 80 ff.
- allgemein *N 582,592f*
- Beschwerde dagegen 393 I *N 1508*
- Revision 410 *N 1584 ff.*

Verfahrensgrundsätze 3 ff. *N 79 ff.*

Verfahrenshandlungen
- *allgemein* 66 *N 309 ff., 539 ff.*
  - fehlerhafte, Haftung für 417*N 1762*
  - Mündlichkeit, Schriftlichkeit 110 I *N 650f*
  - Übergangsrecht 448 II *N 1140, 1860*
  - Übersetzungen 68 *N 552 ff.*
- *der Parteien*
  - Eingaben 109 *N 646 ff.*
  - Form 110 *N 650*
    - bei Rechtsmitteln
      - allgemein 385, 390 *N 1473 ff., 1482 ff.*
      - bei Beschwerde 396 I, 397 *N 152, 1525 ff.*
      - bei Berufung 399 I, III, 405 f. *N 1543 ff., 1563 ff.*
      - bei Revision 411 I, 412 III *N 1608, 1613*
    - Schriftlichkeit 110 I *N 650*
- *der Strafbehörden*
  - in anderem Kanton 52 ff. *N 501 f.*
  - Inanspruchnahme der Polizei 53 *N 502*
  - Kosten 52 III *N 501*
  - in internationaler Rechtshilfe 55 V *N 504 ff.*
  - auf Verlangen eines andern Kantons etc. 49 ff. *N 499 f.*
  - Sprache der 66 f. *N 549 ff.*
  - Verbindung mit Augenschein 193 V *N 965*

Verfahrenshindernis
- Einstellung bei 319 I *N 1254*
- Nichtanhandnahme bei 310 I *N 1231*
- Prüfung bei Vorfragen 329 I *N 1282*
- Sistierung bei 314 I *N 1238*

Verfahrenskosten 416 ff. *N 1758 ff.*
- Begriff, Arten der 422 *N 1775 f.*
- Berechnung der 424 *N 1780*
- Beschlagnahme zur Sicherstellung 263 I, 268 *N 1112 f.*
- Gebühren 424 *N 1780*
- Geltungsbereich 416 *N 1758 ff.*
- Grundsätze 423
- Kostenentscheid 421 *N 1771 f.*
  - Rechtsmittel dagegen *N 1773 f.*
- Kostenpflicht bei fehlerhaften Handlungen 417 *N 1762*
- Kostentragung
  - des Freigesprochenen 426 II *N 1787 ff.*
  - des Verurteilten 426 I *N 1782 ff.*
  - im selbstständigen Massnahmeverfahren *426 V N 1793*
  - der Privatklägerschaft und Antragsteller 427 *N 1794 ff.*
  - im Rechtsmittelverfahren 428 *N 1798 f.*
- Kostenpflicht von Schuldunfähigen 419 *N 1766*
- Rückgriff 420 *N 1767 ff.*
- Verjährung 435, 442 *N 1834, 1857*
- Verrechnung 267 III, 442 IV *N 1058, 1857 f.*
- Vollstreckung 442 *N 1857 ff.*

verfahrensleitende Entscheide *N 591*
- Anfechtung 65, 393 I *N 538, 1509 ff.*
- keine Revision *N 1587*
- Wiedererwägung *N 109*

Verfahrensleitung 61 ff. *N 532 ff.*
- Anfechtbarkeit von Anordnungen der 65 *N 538, 1509 f.*
- Aufgaben 62 ff. *N 534 ff.*
- Dizilinarmassnahmen 64 *N 537*
- Sitzungspolizeiliche Massnahmen 63 *N 535 f.*
- Zuständigkeit 61 *N 533.*

Verfahrensmaximen 3 ff. *N 79 ff.*

Verfahrensprotokoll 77 *N 576*
- in den Akten 100 I *N 620*

Verfahrenssprache
- Allgemein 67 *N 550 ff.*
- Protokollierung in 78 II *N 577*
- in der nationalen Rechtshilfe 46 II *N 495*
- Rechtsmittel *N 1653*

Verfall der Fluchtkaution 240 *N 1057 f.*

Verfasser bei Mediendelikten
- Gerichtsstand 35 *N 472 ff.*
- Zeugnisverweigerungsrecht 172 *N 898*

Verfassungsbeschwerde, subsidiäre BGG 113 ff. *N 1724 ff.*

Verfassungsrecht und StPO
- allgemein *N 21 ff.*
- subsidiäre Verfassungsbeschwerde BGG 113 ff. *N 1724 ff.*
- Verletzung, Geltendmachung
  - mit Strafrechtsbeschwerde BGG 95 *N 1684 ff.*
  - bei vorsorglichen Massnahmen BGG 98 *N 1698 f.*
  - mit subsidiärer Verfassungsbeschwerde BGG 113 ff. *N 1724 ff.*

Verfolgungszwang 7 *N 164 ff.*

Verfügungen als Entscheid einer Einzelbehörde 80 I *N 590*

Vergleich 316 *N 1240 ff.*
- Sistierung bei hängigen Verhandlungen 314 I *N 1236*
- im Strafbefehlsverfahren *N 1354, 1357*
- Vergleichsverhandlungen im Vorverfahren 316 *N 1237, 1240 ff.*
- Vorladung zu Verhandlungen 332 II *N 1292*

Verhältnismässigkeitsprinzip
- bei Zwangsmassnahmen 197 I *N 973*

Verhaftung, 212 ff. *N 994 ff.*, s. Freiheitsentzug, Untersuchungs- und Sicherheitshaft, vorläufige Festnahme,

Verhandlungen
- Hauptverhandlung, erstinstanzliche 328 ff. *N 1277 ff., 1288 ff.*
- im Rechtsmittelverfahren
  - allgemein 390 IV *N 1452 ff.*
- im Berufungsverfahren 405, 307 *N 1563 ff.*
- im Beschwerdeverfahren 390 V *N 1525*
- vor Bundesgericht BGG 24 ff. *N 1705 ff.*
- Vergleichsverhandlungen 316 I

Verhandlungsmaxime im Adhäsionsverfahren *N 709*

Verhandlungsunfähigkeit
- der beschuldigten Person 114 *N 318, 664 ff.*, *1427*

Verheiratung
- als Ausstandsgrund 56 *N 519*
- Zeugnisverweigerungsrecht 168 *N 886*

Verhör des Beschuldigten 157 ff. *N 855 ff.*, s. Einvernahme

Verjährung
- Aufbewahren der Akten 103 I *N 632*
- Entschädigungen und Genugtuungen 435 *N 1834*
- als Verfahrenshindernis *N 319*
  - Einstellung bei 319 ff., 329 IV *N 1254, 1287*
- der Verfahrenskosten 442 II *N 1857*
- der Vollstreckung von Strafen 441 *N 1856*

Verkehrsdaten, bei Überwachung des Post- und Fernmeldeverkehrs 273 *N 1139, 1144*

Verletzter 115 ff. *N 682 ff.* s. Geschädigter, Opfer, Privatklägerschaft

Veröffentlichung des Urteils 415 III *N 1627*

Vermögensbeschlagnahme 263 ff. *N 1111 ff.*

Vermögenseinziehung
- Beschlagnahme zur 263 I *N 1115*
- in Einstellungsverfügung 320 II *N 1257*
- im Endentscheid 81 IV, 267 IIII *N 1133*
- mit Strafbefehl 353 I *N 1358 ff.*
- im selbstständigen Verfahren 376 ff. *N 1431 ff.*
- Gerichtsstand 36 *N 477*

Vermögenswerte, s. auch Beweissachen, Gegenstände
- Beschlagnahme 263 ff. *N 1108 ff.*

- selbstständiges Einziehungsverfahren 376 ff. *N 1431 ff.*
- Fahndung nach 210 IV *N 991*

Vernehmungsmethoden, unzulässige 140 *N 783 ff.*

Vernichtung
- von erkennungsdienstlichem Material 261 *N 1105*
- von Erkenntnissen aus Überwachungen 276 I, 278 IV, 289 VI *N 1155, 1159, 1191*

Verschiebung von Terminen 92 *N 605*
- keine bei Teilnahmerechte 147 II *N 824*
- keine bei Beizug Verteidiger 159 III *N 868,*

Verschlechterungsverbot bei Rechtsmitteln 391 *N 1489 ff.*

Verschwägerung
- als Ausstandsgrund 56 *N 520*
- Zeugnisverweigerungsrecht 168 *N 886*

Versehen, Berichtigung 79, 83 *N 579 ff., 594*
- Abgrenzung zur Revision *N 1589*

Versicherung, als Geschädigte, Subrogation, vgl. 121 II *N 701*

Versiegelung 248 *N 1076 ff.*

Verspätung s. Säumnis 93 *N 611*

Versprechungen
- verboten bei Beweisabnahmen 3 II lit. d, 140 I *N 116, 783 ff.*
- Unverwertbarkeit 141 *N 789 ff.*

Verstorbene, s. Tod

Verteidiger, Verteidigung 128 ff., *N 724 ff.,* s. auch Rechtsbeistand
- allgemein, Begriff 128 *N 724 f.*
- amtliche Verteidigung 132 *N 739 ff.*
  - Bestellung 133 *N 745 f.*
  - Entschädigung 135 *N 751 ff.*
  - Widerruf und Wechsel 134 *N 747 ff.*
    - Rechtsmittel *N 1652, 1679*
- im Abwesenheitsverfahren *N 1404*
- keine Beschlagnahme von Unterlagen aus Verkehr mit 264 *N 1120*
- freier Verkehr mit Verhafteten 159, 223, 235 IV *N 866 f., 1027, 1050*
- freiwillige 129 *N 728 f.*

- Legitimation zu Rechtsmitteln *N 1465, 1668*
- notwendige 130 *N 730 ff.*
  - Sicherstellung der notwendigen Verteidigung 131 *N 737*
- Pflichten der Verteidigung *N 762 ff.*
- bei polizeilichen Einvernahmen 159 *N 866 f.*
- Recht auf Beizug 127 I, 129 I, 158 I *N 720 ff., N 728, 862*
- Rechte der Verteidigung *N 755 ff.,*
- Teilnahmepflicht bei Hauptverhandlung 336 II *N 1308*
- unentgeltliche *N 739 ff.,* s. amtliche Verteidigung
- Wahlverteidigung 129 *N 728 ff.*
- Wahrheitspflichten? *N 161 f.*
- Zeugnisverweigerungsrecht 171 *N 894 ff.*

Vertrauenspersonen, Begleitung durch 70 II, 117 I, 149 III, 152 II, 154 III, 155 II *N 695, 849 ff., 852 f.*

Vertrauensverhältnis zu Verteidiger, gestörtes 134 II *N 748*

Vertreter 127 ff., *N 718 ff.,* s. Rechtsbeistand, Verteidige, unentgeltlicher Rechtsbeistand

Vertretung bei Prozesshandlungen 127 ff., *N 718 ff.,* s. Rechtsbeistand, Verteidiger, unentgeltlicher Rechtsbeistand
- des Unternehmens 112 *N 679*

Verurteilung, Kostentragung bei 426 *N 1982 ff.*

Verwaltungsbehörden als Strafbehörden 17, 357 *N 360 ff., 1361*

Verwaltungsstrafrecht, des Bundes
- allgemein *N 31, 364, 411*
- Vereinigung der Verfahren *N 429*

Verwandtschaft
- als Ausstandsgrund 56 *N 519 ff.*
- als Zeugnisverweigerungsgrund 168 *N 886 ff.*

Verweisung von Zivilklagen auf Zivilweg
- bei Einstellung 320 III *N 1257*
- bei Strafbefehl 353 II *N 1359*

919

- in Urteil 122 IV, 126 II, III *N 710, 742 ff.*
Verwertbarkeit von Beweisen, *N 783 ff.* s. Beweisverbote
Verzeiger 105, 301 f. *N 639, 1209 ff.*
Verzicht auf
- auf Einstellungsverfügung 321 II *N 1258*
- des Geschädigten auf Privatklage 120 *N 699*
- Rechtsmittel 386 *N 1477 ff.*
- auf Strafverfolgung 8 *N 183 ff.*
- Urteilsbegründung 82 *N 587 f.*
- öffentliche Urteilsverkündung 84 III *N 596*
Verzögerungsverbot 5, *N 138 ff.*, s. Beschleunigungsgebot
Videokonferenz Einvernahme mittels 78 VI, 144 *N 815*
V-Leute 286 ff. *N 101, 1182 ff.*, s. verdeckte Ermittlung
vollkommene Rechtsmittel *N 1447*
Vollstreckung der Strafentscheide s. auch Vollzug 439 ff. *N 1853 ff.*
- Entscheide betr. Verfahrenskosten etc. 442 *N 1857*
- Sicherheitshaft bei Vollstreckung 440 *N 1855*
- Verfahrenskosten *N 1857*
- Vollstreckungsverjährung 441 *N 1856*
- Vollzug der Untersuchungshaft 235 *N 1050*
- im Zivilpunkt 443 *N 1858*
Vollzug *N 1853 ff.*, s. auch Vollstreckung
- der Untersuchungs- und Sicherheitshaft 234 ff. *N 1049 ff.*
- vorzeitiger Straf- und Massnahmenvollzug 236 *N 1016*
Vollzugsbefehl für Strafen und Massnahmen 439 II *N 1854*
Vorbefassung als Ausstandsgrund 56 *N 136, 514 ff.*
Vorbereitung der Hauptverhandlung 330 ff. *N 1288 ff.*
Vorentscheid BGG 92 *N 1646 ff.*

Vorführung, Vorführungsbefehl 207 ff. *N 986 ff.*
Vorfragen
- in Hauptverhandlung 339 *N 1313 ff.*
- Verhältnis von Straf- und Zivilrecht etc. *N 1849 ff.*
- aus Zivil- oder Verwaltungsrecht bei Urteil *N 1342*
Vorinstanzen bei der Strafrechtsbeschwerde BGG 80 *N 1636 ff.*
Vorladungen 201 ff. *N 981 ff.*
- allgemein 201 ff. *N 981 ff.*
- im Berufungsverfahren 405 *N 1563 ff.*
- Erscheinenspflicht 205 *N 983*
- Fristen 202 *N 982*
- Ausnahmen 203 *N 982*
- Form und Inhalt 201 *N 981*
- freies Geleit 204 *N 984*
- im erstinstanzlichen Hauptverfahren 331 IV, 332, 336 ff. *N 1290, 1310*
- polizeiliche Vorladung 206 *N 985*
- Verhinderung und Säumnis 205 IV, 206 II *N 983, 985*
- Vorführung bei Nichtbeachtung 207 ff. *N 986 ff.*
vorläufige Festnahme 217 ff. *N 1008 ff.*
- in anderem Kanton 50 *N 500*
- durch Polizei 217, 306 II *N 1009 f.*
- Durchsuchung 241 IV *N 1064*
- Vorgehen der Polizei 219 *N 1012 f.*
- durch Privatpersonen 218 *N 1011*
- im Übertretungsstrafverfahren 217 III *N 1010*
- im internkantonalen Verkehr 50 *N 500*
Vorleben
- der beschuldigten Person, Abklärung des 161, 195 II *N 871 f., 969, 1325 ff.*
- des Zeugen 164 I *N 879 f.*
Vormund bzw. Beistand
- Rechtsmittel *N 1460, 1668 f.*
- Zeugnisverweigerungsrecht 168 I *N 886 f.*
Vormundschaftsbehörde (jetzt Erwachsenen- und Kindsschutzbehörden) s. Sozialbehörde
Vorprüfung

- der Anklage 329 *N 516, 1280 ff.*
- bei Berufung 400 *N 1551*
- bei Revision 412 *N 1612 ff.*

Vorschüsse und Sicherheitsleistungen s. auch Kautionen
- bei Gutachten 184 VII *N 708*
- bei Adhäsionsklage 125 *N 708*
- im Rechtsmittelverfahren 383 *N 520*
  - bei Strafrechtsbeschwerde BGG 62 f. *N 1703*
- Verzicht bei unentgeltlicher Rechtspflege 136 *N 767*

Vorstrafenberichte 195 II *N 969*
Vor-Urteil 126 III, IV *N 714 ff*
Vorverfahren 299 ff. *N 1205 ff.*
- Antrags- und Ermächtigungsdelikte 303 *N 1212 f.*
  - Form des Strafantrags 304 *N 1213*
- Anzeigepflicht 302 *N 1211*
- Anzeigerecht 301 *N 1209 f.*
- Begriff und Zweck *N 1205 f.*
- Einleitung 300 *N 1207 ff.*
- Leitung durch Staatsanwaltschaft 15 II, 16 II, 307 II *N 345 ff., 351 ff., 1205*
- Information des Opfers über seine Rechte 305 *N 1214 f.*
- keine Öffentlichkeit 69 III *N 265*
- polizeiliche Ermittlungen 306 ff. *N 1216 ff.*
- Untersuchung durch Staatsanwalt 398 ff. *N 1224 ff.*

Vorverhandlungen 332 *N 1291 ff.*
vorwerfbares Verhalten, Kostenauflage 426 II *N 1787 ff.*
Vorzeigegeld 295 *N 1195*
vorzeitiger Strafen- und Massnahmenantritt 236 *N 1016*

W

Waffengleichheit, Grundsatz der *N 95 ff.*
Wahl der Strafbehörden 14 II *N 133*
Wahlgegenüberstellung 146 II *N 819*
Wahlverteidigung 129 *N 728*
Wahrheit, materielle, Wahrheitsgrundsatz 6
- allgemein *N 153 ff.*
- nicht im Zivilverfahren *N 709*

Wahrheitspflicht
- allgemein 6 *N 153 ff.*
- der Auskunftsperson *N 924 f.*
- der Behörden 6 *N 153 ff.*
- der beschuldigten Person *N 159 f., 674*
- des Geschädigten, Opfer *N 163*
- des Verteidigers *N 161 f.*
- des Zeugen 163 II, 177 I *N 163, 876, 882*

Wangenschleimhautabstrich bei DNA-Analysen 255 ff. *N 1094*
«Wanzen» 280 f. *N 1166 ff.* siehe Überwachung mit technischen Überwachungsgeräten
Weisungen, Weisungsrecht s. auch Aufsicht
- allgemein, Weisungsrecht 4 II *N 121*
- der Führungsperson bei verdeckten Ermittlungen 291 *N 1193*
- der Gerichte 4 II, 14, 15 III *N 121, 345 ff.*
- der Staatsanwaltschaft der Polizei gegenüber 4 II, 14, 15 II, 307 I, II, 312 *N 135, 345 f., 1221, 1233*

Wiederanhandnahme nach Sistierung 315 *N 1239*
Wiederaufnahme nach Einstellung 323 *N 1264*
- Aufhebung von ne bis in idem 11 II *N 242*
- und Rechtskraft *N 1840*

Wiedereinsetzung in den früheren Stand s. Wiederherstellung 94 *N 612*
Wiedererwägung *N 109, 1839*
Wiedergutmachung nach StGB 53
- Einstellung bei 8 I, 316 II, 329 IV *N 187, 2342, 1255, 1292*
- im Strafbefehlsverfahren *N 1354, 1357*

Wiederherstellung von Fristen 94 *N 612*
Wiederholung von Beweisabnahmen 147 III *N 828 ff.*
Wiederholungsgefahr
- als Haftgrund 221 I *N 1024 f.*
- Verhältnis zu Friedensbürgschaft 372 II *N 1418*

widersprüchliches Verhalten, Verbot
3 II *N 93* f.
Widerruf und Wechsel
– der amtlichen Verteidigung 134
   N 747 ff.
– der unentgeltlichen Rechtspflege für
   Privatkläger 137 *N 769*
– Rechtsmittel, Verzicht, Rückzug 386
   N 1679
Willensmängel bei Prozesshandlungen
N 648
Willkür, Willkürverbot 3 II *N 91*
– bei der Strafrechtsbeschwerde *N 1687,
   1696*
Wirkung, aufschiebende, nicht
   aufschiebende
– bei Begnadigung *N 1747*
– bei Rechtsmitteln
   – allgemein 387 f. *N 1480 f.*
   – bei Berufung 402 *N 1557*
   – bei der Strafrechtsbeschwerde
      BGG 103 f. *N 1704*
   – bei Revision 387 *N 1611*
– bei der Wiederherstellung 94 III *N 612*
WLAN-Scanner 280 f. *N 1166*
WSA s. Wangenschleimhautabstrich,
   DNA-Analyse
Würdigungsvorbehalt 350 *N 1333*

Z

Zahlungen Einhaltung der Frist 91 V
N 699 ff.
Zahnarzt Zeugnisverweigerungsrecht 171
N 894 ff.
Zeichnungen von Augenscheinen 193 IV
N 964
Zeit der Prozesshandlung 89 ff.
N 605 ff., s. auch Fristen, Termine
Zeugen
– Begriff 162 *N 873*
   – als anderer Verfahrensbeteiligter
      105 I *N 640.*
– Abgrenzung zur Auskunftsperson vgl.
   178 I *N 873, 908*
– Abklärung über Zeugen 164 *N 879 f.*

– Ausschluss von Verhandlungen 146 IV
   N 819
– Begutachtung 164 II *N 880*
– Editionsverweigerungsrecht 265 II
   N 1126 ff.
– Einvernahme des Zeugen 142 ff., 177
   – Einvernahme durch Polizei 142 II
      N 805
   – Hinweis auf Rechte und Pflichten
      143 I, II, 177 I, III *N 808, 810, 901*
   – Protokollierung der Aussagen 78 I
      N 577, 808
– Entschädigung 167 *N 883*
– Geschädigter als Zeuge 166 *N 673*
– Sachverständiger als Zeuge 187 II
   N 949
– Schutzmassnahmen 149 ff. *N 834 ff.*
– Schweigegebot 73 II, 165 *N 557 ff., 881*
– Teilnahmerechte des Beschuldigten an
   Einvernahme 147 ff. *N 821 ff.*
– Urteilsfähigkeit 163 I, 164 II *N 876 ff.*
– Zeugnispflicht 163 *N 878*
– Zeugnisfähigkeit 163 *N 876*
Zeugnisverweigerungsrechte 168 ff.
N 884 ff.
– Ausübung 175 *N 904 ff.*
– Entscheid über Zulässigkeit 174 *N 903*
   – Rechtsmittel 174 II, III *N 903, 1506*
– Herausgabe, Verweigerung der 265 II
   N 1126
– Hinweis auf Verweigerungsrecht
   177 III *N 901*
– bei Schrift- und Sprachproben 262 II
   N 1107
– Siegelung 248 I *N 1067 ff.*
– unberechtigte Verweigerung 176 *N 906*
– Zeugnisverweigerungsberechtigte
   168 ff. *N 886 ff.*
   – Amtsgeheimnis 170 *N 892 f.*
   – Berufsgeheimnis 171 *N 894 ff.*
   – Quellenschutz der
      Medienschaffenden 172 *N 898*
   – weitere Geheimhaltungspflichten
      173 *N 899 f.*
   – aufgrund persönlicher Beziehungen
      168 *N 886 ff.*
   – zum eigenen Schutze 169 *N 888 ff.*

Zivilklage, Zivilkläger, Zivilansprüche, Zivilpunkt 122 ff., *N 702 ff.,* s. auch Adhäsionsklage, Geschädigte, Opfer
- allgemein 122 *N 702 f.,*
- Anerkennung der Zivilklage 124 III *N 710*
- Berufung im Zivilpunkt 398 V, 399 IV, 406 I *N 1539, 1547, 1569*
- Beweiserhebungen für 313 *N 1234*
- Bezifferung und Begründung 123 *N 706*
- keine Behandlung bei Einstellung 320 III *N 1257*
- Entscheid über 126 *N 711*
- Kautionsleistung 125, 184 VII, 383 *N 708*
- Legitimation 122 I *N 704*
  - bei Berufung *N 1541 f.*
  - bei Rechtsmitteln allgemein *N 1462 f.*
  - zur Einsprache bei Strafbefehl *N 1359, 1362*
- der Opferangehörigen 117 III *N 694*
- der Privatklägerschaft 119 *N 697 ff.,*
- Rechtsnachfolge 121 *N 700 f.*
- Revision im Zivilpunkt 410 IV *N 1586*
- Sicherheitsleistung 125 *N 708*
- im Strafbefehlsverfahren 353 II *N 1359*
- Strafrechtsbeschwerde gegen Zivilentscheid BGG 78 II *N 1632 f.*
- Subrogation 121 II *N 701*
- Verweis auf Zivilweg 122 IV, 126 II, III *N 712 ff.*
  - bei Einstellung 320 III *N 1257*
  - bei Strafbefehl 353 II *N 1359*
- im Verfahren gegen Schuldunfähige 375 II *N 1428*
- Zivilrechtsbeschwerde BGG 72 ff. *N 1719 f.*
- Zuständigkeit und Verfahren 124 I *N 705*

Zivilprozessordnung *N 61, 703, 1586*
zivilrechtliche Verantwortlichkeit
- Editionsverweigerungsrecht 265 II *N 1126*
- Zeugnisverweigerungsrecht 169 I *N 888*

Zivilrechtsbeschwerde BGG 72 ff. *N 1719 f.*
Zufallsfunde bei
- bei Durchsuchungen und Untersuchungen 243 *N 1066 f.*
- bei Observationen *N 1174*
- bei verdeckter Ermittlung 296 *N 1202*
- bei Überwachung Post- und Fernmeldeverkehr 278 *N 1156 ff.*

Zuführung
- in Gerichtsstandsfällen 42 II *N 486*
- im interkantonalen Verkehr 50 *N 499 f.*
- durch Polizei an Staatsanwaltschaft 219 III *N 1013*

Zulassung der Anklage keine nach StPO *N 1275*
Zurechnungsunfähige, Zurechnungsunfähigkeit s. Schuldunfähigkeit
Zusammensetzung
- der Strafbehörden allgemein 14 II *N 117 ff.*
- des Gerichts 335 *N 1305 f.*
  - bei Delikten gegen sexuelle Integrität 335 IV *N 1306*

Zusatzstrafe Verzicht auf Verfolgung 8 II *N 193*
- Einstellung 319 I *N 1255*

Zuständig, Zuständigkeit, allgemeines
- *allgemeines*
  - Begriff und Arten *N 398 ff.*
  - Anspruch auf Beurteilung durch zuständigen Richter 4 *N 122*
  - Prüfung der 39 I *N 483*
  - Grundsatz der Verfahrenseinheit 29 *N 435 f.*
- *bei Bundesgerichtsbarkeit* 23 ff. *N 377 f., 394 ff., 411 ff.*
  - allgemeine Zuständigkeit 23 f. *N 411 ff.*
  - erste Ermittlungen 27 *N 430 f.*
  - mehrfache Zuständigkeit 26 *N 421 ff.*
  - Konflikte über Zuständigkeit 28 *N 432*
- *Gerichtsstand, örtliche Zuständigkeit* 31 ff. *N 438 ff.*
  - bei Auslandtat 32 *N 456 ff.*

923

- mehrere Beteiligte 33 *N 461 ff.*
- bei Betreibungs- und Konkursdelikten 36 *N 475*
- bei Mediendelikten 35 *N 472 ff.*
- am Tatort 31 *N 448 ff.*
- bei mehreren verschiedenen Orten begangen Delikten 34 *N 464 ff.*
- bei selbständiger Einziehung 37 *N 477*
- bei Strafverfahren gegen Unternehmung 36 *N 476*
- Vereinbarung eines abweichenden Gerichtsstands 38 *N 480 f.*
- *Gerichtsstandsverfahren* 39 ff. *N 483 ff.*
  - Anfechtung des Gerichtsstandes durch Parteien 41 *N 485*
  - Gerichtsstandskonflikte 40 *N 487 ff.*
  - Prüfung der Zuständigkeit 39 *N 483*
- *sachliche Zuständigkeit*
  - des Berufungsgerichts 21 *N 387 ff.*
  - der Beschwerdeinstanz 20 *N 382 ff.*
  - des Bundesgerichts BGG 1 ff., 72 ff. *N 394 ff., 1628 ff.*
  - des Bundesstrafgerichts *N 377 f., 1717*
  - des Einzelgerichts 19 II *N 379*
    - Überweisung an zuständiges Gericht 334 *N 1303 f.*
  - des erstinstanzlichen Gerichts 19 *N 375*
  - kantonale Gerichtsbarkeit 22 I, 25 *N 40 f.*
    - nähere Regelung durch Kantone 14 IV *N 324 ff.*
  - bei selbstständigen nachträglichen Entscheiden des Gerichts 363 *N 1391*
  - Polizei 15 *N 339 ff.*
  - der Staatsanwaltschaft 14 III, 16 *N 351 ff., 1205, 1224 f.*
    - des Staatsanwalts im Strafbefehlverfahren 352 I *N 1353*
  - Übergangsrecht 449 *N 1861 f.*
  - Übertretungsstrafbehörde 17 *N 360 ff.*

- Zwangsmassnahmengericht 18 *N 367*
- *Zuständigkeit für Zivilklagen* 124 *N 705*
- *Zuständigkeit für Zwangsmassnahmen* 198 *N 976*

Zustellungen 84 ff. *N 595 ff.*
- elektronische 86 *N 601*
- öffentliche Bekanntmachung 88, 444 *N 604*
- Zustellungsdomizil 87 *N 603*
- bei mehreren Rechtsbeiständen 127 II *N 722*

Zwangsmassnahmen 196 ff. *N 970 ff.*
- Begriff 196 *N 971*
- Entschädigung bei rechtswidrigen 431 *N 1826 ff-*
- Eröffnung der Anordnung 199 *N 978 f.*
- Eröffnung einer Untersuchung bei 309 I *N 1228*
- Grundsätze 197 *N 973 f.*
- Genehmigung 18 I *N 367*
- Gewaltanwendung 199 *N 979*
- in anderem Kanton 50 *N 500*
- Pflicht der beschuldigten Person, sich zu unterziehen 113 I *N 668*
- Vollzugsprotokoll 199 *N 978*
- Zuständigkeit 198 *N 976*

Zwangsmassnahmengericht
- *allgemeines*
  - als Institution 12, 18 *N 324 ff., 367 ff.*
  - Unvereinbarkeit mit Sachrichter 18 II *N 369*
  - keine Öffentlichkeit 69 III *N 266*
  - Rechtsmittel gegen Entscheide 222, 393 I lit. c *N 1511*
  - Zuständigkeiten 18 I, 255 ff., 229 f,, 237 I, 248 III, 256, 274, 289 *N 367 ff.,1031 ff. 1042 ff., 1059 f., 1078 f., 1095, 1149 f., 1177 f., 1191 f.*
- *Aufgaben, Bewilligung bzw. Genehmigungen von*
  - Anonymität. Zusicherung 150 II, 298 IV *N 840 ff. 843, 1190*
  - Anordnung Friedensbürgschaft 373 *N 1420 ff.*

- Beschränkung
Verteidigerkontakte 235 IV *N 1050*
- Entsiegelung 248 III *N 1078 f.,
1509, 1511*
- Ersatzmassnahmen für Haft 237 ff.
N 1053 ff.
- DNA-Massenuntersuchungen 256
N 1095
- stationärer Begutachtungen 186 II
N 944
- Sicherheitshaft 18 I, 229, 230 III,
IV, 327 II, 440 *N 367, 1042,1274,
1855*
- Überwachungen
  - der Bankbeziehungen 284 I
  N 1177
  - verdeckte Ermittlung 289
  N 1191 f.
  - Post- Fernmeldeverkehr 274,
  279 II *N 1149 f.*
  - technische Überwachungsgeräte
  281 IV *N 1168*
- Untersuchungshaft 18 I, 225 ff.,
N 367, 1031 ff.

Zwangsmittel s. auch
Zwangsmassnahmen
- verboten bei Beweisabnahmen 140 I
N 786
- Unverwertbarkeit 141 I *N 793*

Zweiteilung der Verhandlung 339 II,
342 *N 1313, 1325 ff.*

Zwischenentscheid
- allgemein 339 IV, V *N 1313 ff.*
  - verfahrensleitende Entscheide *N 591*
  - Beschwerde 65 I, 393 I *N 538, 1509 ff.*
  - Kostenentscheid bei 421 II *N 1772*
  - und Strafrechtsbeschwerde BGG 92 f.
  N 1646 ff.

Zwischenfragen
- in Hauptverhandlung 339 *N 1313 ff.*

Zwischenverfahren *N 1247*